D1690524

Wimmer · Dauernheim · Wagner · Weidekind
Handbuch des Fachanwalts Insolvenzrecht

Handbuch des Fachanwalts Insolvenzrecht

Herausgegeben von:

Dr. Klaus Wimmer Martin Wagner
Jörg Dauernheim Sabine-Sofie Weidekind

Bearbeitet von:
Dr. Wolfgang Boochs, Regierungsdirektor am Finanzamt Neuss
Dr. Kurt Bruder, Rechtsanwalt Fachanwalt für Arbeitsrecht und Insolvenzrecht, Insolvenzverwalter in München
Jörg Dauernheim, Rechtsanwalt und Fachanwalt für Steuerrecht und Insolvenzrecht, Insolvenzverwalter in Altenstadt
Ernst Eisenbeis, Rechtsanwalt und Fachanwalt für Arbeitsrecht in Köln
Josef Gietl, Rechtsanwalt und Fachanwalt für Steuerrecht in Hof
Dr. Hendrik Hefermehl, Rechtsanwalt, vereidigter Buchprüfer und Insolvenzverwalter in Stuttgart
Kai Henning, Rechtsanwalt in Dortmund
Professor Dr. Wolfhard Kohte, Professor an der Universität Halle-Wittenberg
Karl-Heinrich Lorenz, Rechtsanwalt und Fachanwalt für Steuerrecht, Insolvenzverwalter in Mannheim
Klaus Albert Maier, Rechtsanwalt und Insolvenzverwalter in Stuttgart
Werner M. Mues, Rechtsanwalt und Fachanwalt für Arbeitsrecht in Köln
Alexander Scholl, Rechtsanwalt und Fachanwalt für Steuerrecht in Ansbach
Bernd Peter Schneider, Insolvenzreferat Versicherung, Bad Nauheim
Klaus-Jörg Schneider, Consultant Corporate Finance in Nürnberg
Dr. Erik Silcher, Rechtsanwalt und Fachanwalt für Verwaltungsrecht und Insolvenzrecht, Insolvenzverwalter in Heilbronn
Bernd Stocker, Consultant Corporate Finance in München
Frank Thiele, Rechtsanwalt und Lehrbeauftragter für Bauvertragsrecht in Köln
Martin Wagner, Rechtsanwalt und Fachanwalt für Insolvenzrecht, Insolvenzverwalter in Stuttgart
Frank Weber, Rechtsanwalt in Mannheim
Dr. Sabine-Sofie Weidekind, Unternehmens- und Personalberaterin in Bamberg
Raymund Weyand, Oberstaatsanwalt in Saarbrücken
Dr. Klaus Wimmer, Ministerialrat und Referatsleiter Insolvenzrecht im BMJ, Berlin

Luchterhand

Die Deutsche Bibliothek – CIP-Einheitsaufnahme
Handbuch des Fachanwalts. – Neuwied ; Kriftel : Luchterhand
Insolvenzrecht / Klaus Wimmer ... (Hrsg.). – 2002
  ISBN 3-472-03884-5

Alle Rechte vorbehalten.
© 2002 by Hermann Luchterhand Verlag GmbH, Neuwied, Kriftel.
Das Werk einschließlich aller seiner Teile ist urheberrechtlich geschützt.
Jede Verwertung außerhalb der engen Grenzen des Urheberrechtsgesetzes ist ohne
Zustimmung des Verlages unzulässig und strafbar. Das gilt insbesondere für Vervielfältigungen, Übersetzungen, Mikroverfilmungen und die Einspeicherung und Verarbeitung in elektronischen Systemen.
Umschlaggestaltung: Ute Weber GrafikDesign, Geretsried
Satz: Satz-Offizin Hümmer GmbH, Waldbüttelbrunn
Druck: Betz-Druckerei, Darmstadt
Binden: Buchbinderei Schaumann, Darmstadt
Printed in Germany.

∞ Gedruckt auf säurefreiem, alterungsbeständigem und chlorfreiem Papier.
www.luchterhand.de

VORWORT

Spätestens seit dem Inkrafttreten der Insolvenzordnung hat sich das Insolvenzrecht zu einem eigenständigen Rechtsgebiet entwickelt, das dynamischen Entwicklungen unterliegt. Ein Beweis dafür sind u. a. die Vielzahl von neuen Zeitschriften, Kommentaren und Monografien, die seit dem 01. 01. 1999 erschienen sind.

Angesichts der derzeit stetig steigenden Unternehmensinsolvenzen entdecken auch immer mehr Rechtsanwälte die Insolvenzabwicklung als neues Betätigungsfeld. Für die Abwicklung von Insolvenzverfahren sind neben vertieften Kenntnissen der insolvenzrechtlichen Vorschriften auch umfangreiche Kenntnisse auf dem Gebiet des Gesellschafts- und Arbeitsrechts unerlässlich. Da der Insolvenzverwalter grundsätzlich den Betrieb bis zum Berichtstermin fortzuführen hat, sind daneben betriebswirtschaftliche und steuerrechtliche Grundkenntnisse erforderlich.

Die Breite dieses Beratungsfeldes legt das Handbuch dar.

Seit dem 01. 01. 1999 gibt es die Möglichkeit, die Bezeichnung Fachanwalt für Insolvenzrecht zu erwerben und zu führen. Die Bezeichnung ist an den Nachweis besonderer theoretischer Kenntnisse und besonderer praktischer Erfahrung geknüpft. Das vorliegende Handbuch des Fachanwalts Insolvenzrecht hat sich zum Ziel gesetzt, das in der Fachanwaltsordnung für den Erwerb der besonderen theoretischen Kenntnisse erforderliche Wissen zu vermitteln. Daher wendet sich das Handbuch des Fachanwalts für Insolvenzrecht an Rechtsanwälte, die die Fachanwaltsbezeichnung erwerben wollen.

Ein weiterer Adressatenkreis sind bereits tätige Insolvenzverwalter mit oder ohne Fachanwaltsbezeichnung, denen das Handbuch einen aktuellen, komprimierten Überblick über die im Zusammenhang mit der Abwicklung von Insolvenzverfahren entstehenden Fragen geben will.

Das Handbuch wendet sich darüber hinaus an diejenigen, die im Rahmen ihrer anwaltlichen Tätigkeit, Schuldner oder Gläubiger über die Auswirkungen und Folgen eines Insolvenzverfahrens kompetent beraten wollen.

Das Handbuch befindet sich durchweg auf dem Rechtsstand April 2002. Das »Gesetz zur Änderung der Insolvenzordnung und anderer Gesetze« vom 26. 10. 2001, das Zivilprozessreformgesetz vom 27. 07. 2001 und das am 01. 01. 2002 in Kraft getretene Schuldrechtsmodernisierungsgesetz und ihrer Auswirkungen sind berücksichtigt.

Der besondere Dank der Herausgeber und des Verlages gilt Frau Assessorin Silke Wassermann, die maßgeblichen Anteil am Gelingen dieses Handbuches hat.

Dr. Klaus Wimmer Mai 2002
Jörg Dauernheim
Martin Wagner
Sabine-Sofie Weidekind

INHALTSVERZEICHNIS

1. **Kapitel – Das Regelverfahren: Insolvenzgründe und Wirkungen – Das Antragsverfahren** 1
   (von Dr. Hendrik Hefermehl)
   A. Zulässigkeit des Insolvenzverfahrens 4
      I. Insolvenzantrag 4
      II. Eigenantrag des Schuldners 10
      III. Fremdantrag eines Gläubigers 17
      IV. Zuständigkeit des Insolvenzgerichtes 26
      V. Insolvenzfähigkeit des Schuldners 35
      VI. Prüfung der Zulässigkeit des Insolvenzantrags 42
   B. Die Insolvenzgründe 43
      I. Funktion der Insolvenzgründe 43
      II. Zahlungsunfähigkeit 46
      III. Drohende Zahlungsunfähigkeit 54
      IV. Überschuldung 57
      V. Prüfung und Feststellung des Eröffnungsgrundes durch das Insolvenzgericht 71

2. **Kapitel – Amt und Aufgaben des Insolvenzverwalters** 75
   (von Dr. Kurt Bruder)
   A. Das Amt des Insolvenzverwalters 80
      I. Anforderungen (§ 56 InsO) 80
      II. Auswahlverfahren 86
      III. Vertretung des Insolvenzverwalters 91
      IV. Verschwiegenheitspflicht 97
      V. Auskunftspflicht 105
      VI. Akteneinsichtsrecht 106
      VII. Tätigkeitsverbote 114
      VIII. Beendigung des Amtes 116
   B. Die Aufgaben des vorläufigen Insolvenzverwalters 123
      I. Vorbemerkung 123
      II. Der starke vorläufige Insolvenzverwalter 124
      III. Der schwache vorläufige Verwalter (§ 22 Abs. 2 InsO) 153
      IV. Das Gutachtenmodell (§§ 5, 21 Abs. 1 InsO) 164
      V. Aufhebung von Sicherungsmaßnahmen 167
      VI. Masseunzulänglichkeit im Eröffnungsverfahren 168
   C. Die Aufgaben des Insolvenzverwalters 171
      I. Der Insolvenzverwalter vor dem Berichtstermin 171
      II. Der Insolvenzverwalter und die Gläubigerautonomie 218
      III. Der Insolvenzverwalter als Masseverwerter (§ 159 InsO) . 236
      IV. Der Insolvenzverwalter als Prozesspartei 252
      V. Behandlung von Insolvenzforderungen (§§ 174 ff. InsO) 270
      VI. Verteilung der Insolvenzmasse (§§ 187 ff. InsO) 306
      VII. Beendigung des Insolvenzverfahrens 330

3. **Kapitel – Insolvenzeröffnungsverfahren – Wirkungen der Verfahrenseröffnung** 347
   (von Klaus Albert Maier)
   A. Allgemeine Einführung 351
      I. Gesetzliche Regelung 353
      II. Beteiligte am Insolvenzverfahren 353

	III.	Vorbemerkung zum Insolvenzverfahren	354
	IV.	»Starker«/»schwacher« Verwalter	355
	V.	Eigenverwaltung	356
B.	Voraussetzungen des Insolvenzeröffnungsverfahrens		357
	I.	Antrag	357
	II.	Zuständigkeit	358
C.	Eröffnungsverfahren		361
	I.	Maßnahmen der vorläufigen Sicherung (Vorverfahren)	361
	II.	Vorläufige Untersagung/Einstellung von Zwangsvollstreckungsmaßnahmen	361
	III.	Vorläufiger Insolvenzverwalter	362
	IV.	Postsperre	365
	V.	Auskunfts- und Mitwirkungspflichten des Schuldners	367
	VI.	Zustellung im Insolvenzverfahren	370
	VII.	Bekanntmachungen im Eröffnungsverfahren (§ 23 InsO)	373
D.	Inhalt und Bekanntmachung des Eröffnungsbeschlusses		375
	I.	Unterzeichnung des Eröffnungsbeschlusses	375
	II.	Eröffnungszeitpunkt	376
	III.	Terminsbestimmungen	377
	IV.	Sonstiges	379
E.	Wirkungen des Eröffnungsbeschlusses		379
	I.	Übergang der Verwaltungs- und Verfügungsbefugnis	380
	II.	Auswirkungen auf die personenrechtliche Stellung des Schuldners	384
	III.	Weitere Auswirkungen der Eröffnung des Verfahrens auf den Schuldner	385
	IV.	Aufrechnung (§§ 94 ff. InsO)	389
	V.	Auswirkungen auf anhängige Gerichtsverfahren (§§ 85, 86 InsO, 240 ZPO)	392
	VI.	Rückschlagsperre (§§ 88 f. InsO)	401
	VII.	Vollstreckungsverbot bei Masseverbindlichkeiten (§ 90 InsO)	406
F.	Rechtsmittel in der Insolvenzordnung		409
	I.	Sofortige Beschwerde	409
	II.	Rechtsbeschwerde	412
G.	Auskunftserteilung im Insolvenzverfahren		413
	I.	Recht auf Akteneinsicht	413
	II.	Auskunftsberechtigte Personen	413
	III.	Rechtliches Interesse	414
	IV.	Zeitpunkt des Auskunftsbegehrens	415
H.	Die Insolvenzmasse		415
	I.	Soll-/Ist-Masse	416
	II.	Auslandsvermögen	416
	III.	Neugläubiger	417
	IV.	Einzelfragen der Massezugehörigkeit	418
		Verhaltenskodex der Mitglieder des Arbeitskreises der Insolvenzverwalter Deutschland e.V.	423
		Präambel	423

4. Kapitel – Aussonderung, Absonderung und Aufrechnung im Insolvenzverfahren 427
(von Jörg Dauernheim)

A.	Aussonderung		430
	I.	Begrifflichkeit/Soll- und Ist-Masse	430
	II.	Dispositionsfreiheit	432
	III.	Gegenstand des Aussonderungsrechts	432
	IV.	Inhaber des Aussonderungsrechts	433
	V.	Anspruchsgegner	434

	VI.	Aussonderungsfähige Rechte	437
	VII.	Verfahren der Aussonderung	448
B.	Absonderung		451
	I.	Allgemeines	451
	II.	Absonderungsberechtigte Gläubiger	452
	III.	Die Immobiliarpfandrechte nach § 49 InsO	452
	IV.	Die Mobiliarpfandrechte (§ 50 InsO)	455
	V.	Verwertung der Mobiliarsicherheiten	461
	VI.	Verwertung der besitzlosen Mobiliarrechte	462
	VII.	Auskunftsanspruch des Gläubigers nach § 167 InsO	465
	VIII.	Mitteilung der Veräußerungsabsicht nach § 168 InsO	466
	IX.	Schutz des Gläubigers vor einer Verzögerung der Verwertung	468
	X.	Entschädigung für eintretenden Wertverlust (§ 172 InsO)	468
	XI.	Freigabeverpflichtung bei Wertzuwachs	469
	XII.	Freigabe des mit dem Absonderungsrecht belasteten Gegenstandes	470
	XIII.	Verwertung von Besitz voraussetzenden Mobiliarpfandrechten	471
	XIV.	Verwertung durch den Gläubiger nach § 173 InsO	471
	XV.	Verteilung des Erlöses und Berechnung der Kostenbeiträge (§§ 170, 171 InsO)	472
C.	Aufrechnung in der Insolvenz		476
	I.	Allgemeines	476
	II.	Voraussetzungen einer Aufrechnung im Insolvenzverfahren	477
	III.	Eintritt der Aufrechnungslage nach Verfahrenseröffnung	480
	IV.	Gesetzliche Unzulässigkeit der Aufrechnung	482
	V.	Möglichkeit der Aufrechnung durch den Insolvenzverwalter	483
	VI.	Aufrechnungsmöglichkeiten der Finanzverwaltung	484

5. Kapitel – Die Abwicklung der Vertragsverhältnisse in der Insolvenz 485
(von Martin Wagner)

A.	Das Wahlrecht des Insolvenzverwalters nach § 103 InsO		489
	I.	Einleitung	489
	II.	Voraussetzungen des Wahlrechts des Verwalters	491
	III.	Wirkungen der Verfahrenseröffnung	499
	IV.	Ausübung des Wahlrechts durch den Verwalter	503
	V.	Rechtsfolgen der Wahlrechtsausübung	510
B.	Sonderbestimmungen bei bestimmten Vertragstypen		516
	I.	Die Sonderregelung des § 105 InsO	516
	II.	Fix- und Finanztermingeschäfte (§ 104 InsO)	523
	III.	Vorgemerkte Ansprüche (§ 106 InsO)	530
	IV.	Eigentumsvorbehalt (§ 107 InsO)	536
C.	Abwicklung der Mietverhältnisse in der Insolvenz		547
	I.	Anwendungsbereich	547
	II.	Das Mietverhältnis in der Insolvenz des Mieters	550
	III.	Das Mietverhältnis in der Insolvenz des Vermieters	560
	IV.	Leasingverträge im Insolvenzverfahren	565
D.	Sondervorschriften für Auftrag, Geschäftsbesorgungsvertrag und Vollmacht in der Insolvenz		570
	I.	Das Erlöschen von Aufträgen	570
	II.	Das Erlöschen von Vollmachten gem. § 117 InsO	575

6. Kapitel – Insolvenzanfechtung 581
(von Jörg Dauernheim)

A.	Grundlagen der Anfechtung nach den §§ 129–147 InsO		583
	I.	Ziel und Gegenstand der Insolvenzanfechtung	583
	II.	Überblick über die Insolvenzanfechtung	585

	III.	Abgrenzung und Verhältnis der Insolvenzanfechtung zu rechtsähnlichen Tatbeständen	588
B.		Die allgemeinen Voraussetzungen der Anfechtung	589
	I.	Rechtshandlung	589
	II.	Handelnde Personen	591
	III.	Gläubigerbenachteiligung	592
	IV.	Zeitpunkt der Vornahme einer Rechtshandlung und Rechtshandlungen nach Verfahrenseröffnung	594
	V.	Berechnung der Fristen	596
	VI.	Nahe stehende Personen (§ 138 InsO)	597
C.		Die Anfechtungstatbestände in den §§ 130–137 InsO	601
	I.	Die Besondere Insolvenzanfechtung	601
	II.	Die Anfechtung wegen vorsätzlicher Benachteiligung	614
	III.	Die Anfechtung wegen unentgeltlicher Leistung	617
	IV.	Die Anfechtung der Rückgewähr bei kapitalersetzenden Darlehen (§ 135 InsO)	620
		Allgemeines	620
	V.	Die Anfechtung bei der stillen Gesellschaft (§ 136 InsO)	646
D.		Die Geltendmachung der Anfechtung	648
	I.	Einleitung	648
	II.	Der Rückgewähranspruch als Schuldverhältnis	648
	III.	Anfechtungsgegner	649
	IV.	Auskunftsanspruch	651
	V.	Verteidigung des Anfechtungsgegners	651
	VI.	Verfahrensrecht	652
	VII.	Verjährung des Anfechtungsanspruchs	654
E.		Rechtsfolgen der Anfechtung	655
	I.	Der Anspruch auf Rückgewähr	655
	II.	Sekundäransprüche	657
	III.	Die Ansprüche des Anfechtungsgegners	658

7. Kapitel – Arbeits- und Sozialrecht in der Insolvenz ... 659
(von Ernst Eisenbeis und Werner M. Mues)

A.		Geltungsbereich des Kündigungsschutzgesetzes	664
	I.	Betriebsbedingte Kündigung in der Insolvenz	665
	II.	Änderungskündigung in der Insolvenz	669
	III.	Personen- und verhaltensbedingte Kündigung in der Insolvenz	671
	IV.	Außerordentliche Kündigung in der Insolvenz	672
	V.	Massenentlassung in der Insolvenz	673
B.		Kündigung eines Dienstverhältnisses	676
	I.	Anwendungsbereich	676
	II.	Kündigungsfrist (§ 113 Abs. 1 Satz 2 InsO)	683
	III.	Sonderkündigungsschutz	685
	IV.	Rechtsfolgen der Kündigung	695
	V.	Klageerhebungsfrist (§ 113 Abs. 2 InsO)	702
C.		Betriebsübergang und Haftung des Betriebserwerbers in der Insolvenz	703
	I.	Zur Anwendbarkeit des § 613 a BGB in der Insolvenz	703
	II.	Tatbestandliche Voraussetzungen des Betriebsübergangs	706
	III.	Umfang der Haftung des Betriebserwerbers	710
D.		Betriebsänderung	711
	I.	Betriebsänderungen und Vermittlungsverfahren	711
	II.	Gerichtliche Zustimmung zur Durchführung einer Betriebsänderung	712
	III.	Umfang des Sozialplans	727
	IV.	Sozialplan vor Verfahrenseröffnung	734
	V.	Interessenausgleich und Kündigungsschutz	743
	VI.	Beschlussverfahren zum Kündigungsschutz	760

	VII.	Klage des Arbeitnehmers	770
	VIII.	Betriebsveräußerung	773
	IX.	Kündigung von Betriebsvereinbarungen	776
E.	\multicolumn{2}{l}{Vergütungsansprüche des Arbeitnehmers in der Insolvenz, Insolvenzgeld, Masseverbindlichkeiten und Insolvenzforderungen}	783

E. Vergütungsansprüche des Arbeitnehmers in der Insolvenz, Insolvenzgeld, Masseverbindlichkeiten und Insolvenzforderungen 783
    I. Gesetzliche Regelung des Insolvenzgelds 783
    II. Arbeitsentgeltansprüche aus der Zeit vor Insolvenzeröffnung .. 791
    III. Arbeitsentgeltansprüche aus der Zeit nach Eröffnung des Insolvenzverfahrens 837
    IV. Abfindungen 841
    V. Bezüge aus dem Dienstverhältnis 845

8. **Kapitel – Steuerrecht in der Insolvenz** 851
(von Dr. Wolfgang Boochs)
  A. Grundsätzliche Auswirkungen der Insolvenzordnung auf das Steuerrecht 855
    I. Allgemeines 855
    II. Eröffnung des Insolvenzverfahrens 856
    III. Die Stellung des Steuergläubigers nach dem Verfahren der InsO 860
    IV. Die vor Eröffnung des Insolvenzverfahrens begründeten Steuerforderungen und Erstattungsansprüche 869
    V. Anmeldung von Steuerforderungen 879
    VI. Der Prüfungstermin 879
    VII. Die Wirkungen des Insolvenzverfahrens auf das Besteuerungsverfahren 880
    VIII. Die Vorrechte im Verfahren nach der InsO 894
    IX. Die während des Insolvenzverfahrens entstehenden Steuerforderungen 895
    X. Steuerforderungen nach Abschluss des Insolvenzverfahrens ... 901
  B. Behandlung der Einzelsteuer im Verfahren nach der InsO 902
    I. Einkommensteuer 902
    II. Körperschaftsteuer 912
    III. Lohnsteuer 914
    IV. Gewerbesteuer 919
    V. Umsatzsteuer 922
    VI. Grunderwerbsteuer 946
    VII. Kraftfahrzeugsteuer 947
    VIII. Investitionszulage 948
    IX. Grundsteuer 949
    X. Nebenforderungen, Säumniszuschläge, Verspätungszuschläge, Zinsen 949
  C. Rechte und Pflichten des Insolvenzverwalters im Besteuerungsverfahren 950
    I. Steuererklärungspflicht von Insolvenzverwaltern 950
    II. Berichtigung von Steuererklärungen 952
    III. Umsatzsteuerliche Stellung des Insolvenzverwalters 953
    IV. Vergütung des Insolvenzverwalters 953
    V. Haftung des Insolvenzverwalters 953
  D. Steuerfreie Sanierungsgewinne 955
  E. Vorläufige Insolvenzverwaltung 956
  F. Insolvenzplan 957
  G. Verbraucherinsolvenzverfahren 958
    I. Außergerichtlicher Einigungsversuch 959
    II. Schuldenbereinigungsverfahren 959
    III. Entscheidung über den Schuldenbereinigungsplan 960
    IV. Durchführung des vereinfachten Verfahrens 961

H. Restschuldbefreiung 962
J. Eigenverwaltung 963
K. Besonderheiten und Einzelfragen 964
    I. Steuergeheimnis 964
    II. Auswirkungen der Schweigepflicht der mit Steuerangelegenheiten des Schuldners befassten Personen 965
    III. Besteuerung des Veräußerungs- und Betriebaufgabegewinns .. 965
    IV. Insolvenzrechtliche Probleme der Personengesellschaften 968
    V. Verlustausgleich und Verlustabzug 969
    VI. Haftung von Gesellschaftern oder Geschäftsführern 970
    VII. Zinsabschlag in der Insolvenz 976
    VIII. Auflösungsverluste wesentlich beteiligter Gesellschafter gemäß § 17 Abs. 4 EStG 978
L. Zuständigkeiten der Dienststellen der Finanzämter im Insolvenzverfahren 988
M. Schemata 992
    I. Verfahrensablauf bei Steuerinsolvenzforderungen 992
    II. Widerspruchs- oder Feststellungsverfahren bei der Gewerbesteuer 993
N. Checklisten für die Bearbeitung von Insolvenzfällen im Finanzamt 994
    I. Nach Eingang der Meldung von der Insolvenzeröffnung 994
    II. Festsetzung von Steuern für Zeiträume vor Verfahrenseröffnung 995
    III. Checkliste Festsetzungsverfahren gemäß § 178 AO 997
    IV. Die Bearbeitung der Insolvenzfälle nach dem Prüfungstermin . 997

9. Kapitel – Gesellschaftsrecht in der Insolvenz 999
(von Alexander Scholl)

A. Grundsätzliches 1007
    I. Nachruf 1007
    II. Insolvenzmasse 1008
    III. Gesellschaftsrecht und Insolvenzrecht 1009
    IV. Allgemeiner Hinweis 1010
B. Insolvenzgründe nach Gesellschafts-Insolvenzrecht 1011
    I. Überblick 1011
    II. Zahlungsunfähigkeit 1011
    III. Überschuldung 1013
    IV. Drohende Zahlungsunfähigkeit 1015
    V. Sonstiges 1015
C. Insolvenzfähigkeit der Gesellschaften 1016
    I. Insolvenzfähigkeit 1016
    II. Beginn der Insolvenzfähigkeit 1019
    III. Ende der Insolvenzfähigkeit 1020
    IV. Stille Gesellschaften 1020
    V. Sonstiges 1021
D. Antragsrecht und Antragspflicht bei Gesellschaften 1021
    I. Antragsrecht 1022
    II. Antragspflicht 1023
E. Kapitalersatz in der Insolvenz der GmbH 1029
    I. Erhaltung des Stammkapitals 1029
    II. Unterbilanz 1029
    III. Überschuldungsstatus 1030
    IV. Auszahlungsverbot 1031
    V. Beweislast 1032
    VI. Verjährung 1032
    VII. Eigenkapitalersetzende Gesellschafterdarlehen 1032
    VIII. Voraussetzungen für Eigenkapitalersetzende Darlehen 1034

IX.	Kreditunwürdigkeit	1036
X.	Rechtsprechungsregeln zum Eigenkapitalersatz	1037
XI.	Die Novellen-Regeln	1038
XII.	Verhältnis Rechtsprechungsregeln/Novellen-Regeln	1038
XIII.	Darlehenszusage	1040
XIV.	Stehenlassen von Darlehen	1040
XV.	Kurzfristige Überbrückungskredite	1042
XVI.	Finanzplandarlehen	1043
XVII.	Eigenkapitalersetzende Darlehen Dritter	1044
XVIII.	Eigenkapitalersetzende Bürgschaften der Gesellschafter	1045
XIX.	Eigenkapitalersetzende Darlehen unter Einschaltung Dritter	1046
XX.	Eigenkapitalersetzende Nutzungsüberlassungen durch Gesellschafter	1047
XXI.	Beendigung der kapitalersetzenden Gebrauchsüberlassung	1052
XXII.	Wiederherstellung des Gesellschaftskapitals	1052
XXIII.	Kleinbeteiligungen (§ 32 a Abs. 3 Satz 2 GmbHG)	1053
XXIV.	Sanierungsprivileg (§ 32 a Abs. 3 Satz 3 GmbHG)	1054
XXV.	Beweislast	1054
XXVI.	Verjährung	1055
XXVII.	Haftung	1055
XXVIII.	Eigenkapitalersetzende Darlehen bei GmbH & Co. KG und AG	1055
F.	Haftung des GmbH-Geschäftsführers aus Insolvenzverschleppung	1056
I.	Insolvenzverschleppung	1056
II.	Antragspflicht	1057
III.	Antragsfrist	1058
IV.	Haftungsumfang	1060
V.	Weitere Fälle der Antragspflicht	1062
VI.	Beweislast	1062
VII.	Geltendmachung des Schadens	1063
VIII.	Haftung des Insolvenzverwalters	1064
IX.	Verjährung	1064
X.	Aktiengesellschaft	1064
G.	Außenhaftung des GmbH-Geschäftsführers nach § 41 GmbHG und §§ 283 ff. StGB	1065
H.	Organhaftung gegenüber der Gesellschaft	1065
I.	Innenhaftung des GmbH-Geschäftsführers nach § 43 GmbHG	1065
II.	Masseschmälerung nach § 64 Abs. 2 GmbHG	1072
III.	Verantwortlichkeit der Vorstandsmitglieder nach § 93 AktG	1075
J.	Stammeinlage und Kapitalerhöhung	1076
I.	Überblick	1076
II.	Kontoübertragung	1078
III.	Verdeckte Sacheinlage	1079
IV.	Nichtzahlung	1080
V.	Hin- und Herzahlungen	1080
VI.	Umgehungsabrede	1081
VII.	Rückzahlung	1082
VIII.	Rechtsfolgen	1084
IX.	Kapitalerhöhung	1084
X.	Ausschüttungs-Rückholverfahren	1085
XI.	Offen gelegtes »Schütt-aus-hol-zurück«-Verfahren	1086
XII.	Verbotene Verrechnung	1086
XIII.	Heilung der verdeckten Sacheinlage	1088
K.	Konzernhaftung im qualifiziert faktischen GmbH-Konzern	1091
I.	Grundsätzliches	1092
II.	»Autokran«-Urteil	1093
III.	»Tiefbau«-Urteil	1094

	IV.	»Video«-Urteil	1095
	V.	»TBB«-Urteil	1096
	VI.	Darlegungs- und Beweislast	1096
	VII.	Rechtsfolge	1097
	VIII.	Der Weg zur Konzernhaftung	1097
	IX.	Ersatzansprüche bei der Aktiengesellschaft	1100
L.	Dritte, Handelnde		1101
	I.	Faktischer Geschäftsführer	1101
	II.	Anstifter oder Gehilfe	1103
	III.	Quasi-Gesellschafterhaftung	1104
	IV.	Einflussnahme auf Aktiengesellschaft	1104
	V.	Pfandgläubiger	1105
	VI.	Atypisch stiller Gesellschafter	1105
	VII.	Haftungsfolgen	1106
	VIII.	Sittenwidrige Schuldnerknebelung	1106
	IX.	Haftung für Inanspruchnahme persönlichen Vertrauens	1107
	X.	Durchgriffshaftung	1108
M.	Handelndenhaftung (§ 11 Abs. 2 GmbHG)		1109
	I.	Vorbemerkung	1109
	II.	Vorgründungsgesellschaft	1110
	III.	Vorgesellschaft	1110
	IV.	Einpersonengesellschaft	1111
	V.	Erlöschen der Haftung	1111
	VI.	Vorbelastungshaftung	1111
	VII.	Verlustdeckungshaftung	1114
	VIII.	Haftung in der Gründungsphase	1114
	IX.	Innenhaftung	1115
	X.	Außenhaftung	1115
	XI.	Gründungshaftung bei der Aktiengesellschaft	1117
N.	Haftung der Kommanditisten		1118
	I.	Haftsumme	1119
	II.	Pflichteinlage	1119
	III.	Haftung vor Eintragung	1120
	IV.	Haftungsumfang	1120
	V.	Geltendmachung	1121
	VI.	Wegfall der Haftung	1121
	VII.	Einlage und Haftung	1123
	VIII.	Aufleben der Haftung	1124
	IX.	Haftung nach Buchverlust	1125
	X.	Beweislast	1126
	XI.	Verdeckte Einlagenrückgewähr	1126
	XII.	Haftung des persönlich haftenden Gesellschafters	1127
	XIII.	Besonderheiten der GmbH & Co KG	1127
O.	Haftung des stillen Gesellschafters		1128
	I.	Vorbemerkung	1128
	II.	Stille Einlage als Pflichteinlage	1128
	III.	Eigenkapitalersetzende stille Einlage	1129
	IV.	Atypisch stille Gesellschaft im Steuerrecht	1131
	V.	Unterbeteiligung	1131
P.	Kaduzierung von Geschäftsanteilen (§ 21 ff. GmbHG)		1132
	I.	Überblick	1132
	II.	Ablauf der Kaduzierung	1133
	III.	Verjährung	1136
	IV.	Beschränkte Nachschusspflicht	1136
	V.	Aktiengesellschaft	1136
Q.	Kapitalersatz und Rangrücktritt		1137
	I.	Keine Passivierung von Eigenkapitalersatz	1138

	II.	Passivierungspflicht bis zum (bedingten) Forderungsverzicht . .	1139
	III.	Passivierungspflicht bis zur (schuldrechtlichen) Rangrücktrittserklärung	1140
	IV.	Ausweis im Überschuldungsstatus	1141
R.	Überschuss bei der Schlussverteilung		1142

10. Kapitel – Die Insolvenzdelikte 1143
(von Raymund Weyand)
- A. Vorbemerkung 1144
- B. Die objektive Bedingung der Strafbarkeit 1144
- C. Die Tatbestände der §§ 283 bis 283 d StGB 1145
  - I. Der Bankrott (§ 283 StGB) 1145
  - II. Der besonders schwere Fall des Bankrotts (§ 283 a StGB) 1162
  - III. Verletzung der Buchführungspflicht (§ 283 b StGB) 1164
  - IV. Gläubigerbegünstigung (§ 283 c StGB) 1165
  - V. Schuldnerbegünstigung (§ 283 d StGB) 1168

11. Kapitel – Grundzüge des internationalen Insolvenzrechts 1171
(von Dr. Klaus Wimmer)
- A. Einleitung 1173
  - I. Aufgabe des Internationalen Insolvenzrechts (IIR) 1173
  - II. Rechtsnatur und Begriff des IIR 1173
  - III. Grundlegende Prinzipien des IIR 1178
- B. Internationalen Übereinkommen auf dem Gebiet des IIR 1181
  - I. Verträge mit der Schweiz 1181
  - II. Deutsch-österreichischer Konkursvertrag 1181
  - III. Die Verordnung über Insolvenzverfahren 1182
  - IV. Sonstige Bemühungen zur Abwicklung grenzüberschreitender Insolvenzverfahren 1190
- C. Artikel 102 EGInsO 1198
  - I. Artikel 102 EGInsO als Provisorium 1198
  - II. Anerkennungsfähigkeit des ausländischen Verfahrens 1198
  - III. Voraussetzung der Anerkennung 1198
  - IV. Das Anerkennungsverfahren und die Bedeutung der Anerkennung 1200
  - V. Aufrechnung 1203
  - VI. Eigentumsvorbehalt 1203
  - VII. Miet- oder Pachtverträge 1204
  - VIII. Arbeitsverhältnisse 1204
  - IX. Leistungen an den Schuldner in Unkenntnis der Verfahrenseröffnung 1205
  - X. Anfechtung (Artikel 102 Abs. 2 EGInsO) 1205
  - XI. Insolvenzpläne, Restschuldbefreiung 1206
  - XII. Territorialinsolvenzverfahren (Artikel 102 Abs. 3 EGInsO) . . . 1207

12. Kapitel Insolvenzplanverfahren 1211
(von Josef Gietl und Stefan Langheinrich)
- A. Überblick 1214
  - I. Allgemeines und gesetzliche Grundlagen 1214
  - II. Definition und Rechtsnatur des Insolvenzplans 1215
  - III. Zielsetzung und Zweck des Insolvenzplans 1216
  - IV. Regelungsgegenstand und Arten von Insolvenzplänen 1216
- B. Gliederung des Insolvenzplans 1221
  - I. Der darstellende Teil (§ 220 InsO) 1221
  - II. Der gestaltende Teil (§§ 221 ff. InsO) 1223
  - III. Die Plananlagen (§§ 229, 230 InsO) 1230
  - IV. Mustergliederung eines Insolvenzplans 1234

C. Das Insolvenzplanverfahren 1236
    I. Stellung des Insolvenzplans im Insolvenzverfahren 1236
    II. Schematische Übersicht 1238
    III. Ablauf des Insolvenzplanverfahrens 1239
D. Die Wirkungen des bestätigten Insolvenzplans (§§ 254 ff. InsO) 1279
    I. Allgemeine Wirkungen des Plans (§ 254 InsO) 1279
    II. Die Wiederauflebensklausel (§§ 255, 256 InsO) 1281
    III. Vollstreckung aus dem Insolvenzplan (§ 257 InsO) 1284
    IV. Aufhebung des Insolvenzverfahrens (§§ 258, 259 InsO) 1286
E. Die Überwachung der Planerfüllung (§§ 260 ff. InsO) 1287
    I. Allgemeines (§ 260 InsO) 1288
    II. Aufgaben, Befugnisse und Anzeigepflicht des Insolvenzverwalters im Rahmen der Planüberwachung (§§ 261, 262 InsO) 1288
    III. Zustimmungsbedürftige Geschäfte (§ 263 InsO) 1290
    IV. Nachrangigkeit von Forderungen (§§ 264 ff. InsO) 1290
    V. Prozessuales (§§ 267 ff. InsO) 1292
F. Praxistauglichkeit des Insolvenzplanverfahrens 1294
G. Anhang/Muster 1295
    I. Beispiel eines Insolvenzplans 1295
    II. Erklärung zur Fortführung und Haftung (§ 230 Abs. 1 Satz 2 InsO) 1316
    III. Zustimmungserklärung zur Übernahme von Anteilsrechten (§ 230 Abs. 2 InsO) 1317
    IV. Zustimmungserklärung zur Übernahme von Verpflichtungen (§ 230 Abs. 3 InsO) 1318
    V. Schlussbericht 1319

13. Kapitel – Verbraucherinsolvenzverfahren 1327
(von Kai Henning)
A. Einführung 1333
B. Übersicht über das Verfahren 1335
    I. Die einzelnen Verfahrensabschnitte 1335
    II. Der Verfahrensablauf in Stichworten 1335
C. Die Verfahrensabänderungen durch das InsOÄndG vom 28. 6. 01 1338
D. Die Besonderheiten des Verbraucherinsolvenzverfahrens im Vergleich zum Regelinsolvenzverfahren 1340
E. Die besonderen Zulässigkeitsvoraussetzungen des Verbraucherinsolvenzverfahrens 1341
    I. Einführung mit Zuordnungsübersicht 1341
    II. Der deutsche Schuldner mit Wohnsitz im Ausland 1342
    III. Der nicht selbstständig wirtschaftlich Tätige 1343
    IV. Der aktuell selbstständig wirtschaftlich Tätige 1344
    V. Der in der Vergangenheit wirtschaftlich selbstständig Tätige .. 1345
    VI. Die Wahl- und Gestaltungsmöglichkeiten des Schuldners hinsichtlich der Beantragung einer bestimmten Verfahrensart 1346
    VII. Die Möglichkeit der Angreifbarkeit der gerichtlichen Zuordnung eines Verfahrens 1348
F. Die außergerichtlichen Verhandlungen 1348
    I. Einführung 1348
    II. Die Kritik am Zwang zu außergerichtlichen Verhandlungen .. 1348
    III. Der übliche Ablauf der außergerichtlichen Verhandlungen im Überblick 1349
    IV. Die gesetzlichen Anforderungen an die außergerichtlichen Verhandlungen 1350
    V. Die inhaltliche Kontrolle der außergerichtlichen Verhandlungen durch das Insolvenzgericht 1351

VI.	Der Verhandlungsbeginn mit dem Erstanschreiben	1351
VII.	Die Auskunftsverpflichtung des Gläubigers	1354
VIII.	Die Notwendigkeit der Verhandlungsführung mit allen Gläubigern	1355
IX.	Die Prüfung der mitgeteilten Forderungen	1357
X.	Der außergerichtliche Entschuldungsplan	1357
XI.	Der Abschluss der außergerichtlichen Verhandlungen	1364
XII.	Die Bescheinigung über das Scheitern des außergerichtlichen Einigungsversuches	1366
XIII.	Die Einschränkungen der Zwangsvollstreckung während der außergerichtlichen Verhandlungen	1366
XIV.	Die anwaltliche Bearbeitung eines außergerichtlichen Verbraucherinsolvenzmandats	1368
XV.	Die Rechtsanwaltsgebühren im außergerichtlichen Verfahren	1375
G. Die Antragstellung		1378
I.	Einführung	1378
II.	Der Antrag des Schuldners	1379
III.	Der Antrag eines Gläubigers	1388
IV.	Die Bearbeitung und Prüfung der Schuldner- und Gläubigeranträge durch das Gericht	1390
H. Das gerichtliche Schuldenbereinigungsplanverfahren		1393
I.	Einführung	1393
II.	Übersicht: Verfahrensablauf des Schuldenbereinigungsplanverfahrens	1394
III.	Die Entscheidung des Gerichts über die Durchführung des Schuldenbereinigungsplanverfahrens	1395
IV.	Die Beteiligung des Schuldners am Schuldenbereinigungsplanverfahren	1396
V.	Die Beteiligung der Gläubiger am Schuldenbereinigungsplanverfahren	1396
VI.	Die Möglichkeit der Abänderung des Schuldenbereinigungsplanes gem. § 307 Abs. 3 InsO	1398
VII.	Die Zustimmungsersetzung gem. § 309 InsO	1399
VIII.	Der zustande gekommene Schuldenbereinigungsplan	1405
J. Die Zwangsvollstreckung im Insolvenzeröffnungsverfahren		1407
K. Die Gerichtskosten und Rechtsanwaltsgebühren im Schuldenbereinigungsplanverfahren		1408
I.	Die Gerichtskosten	1408
II.	Die anwaltlichen Gebühren	1408
L. Das vereinfachte Verbraucherinsolvenzverfahren der §§ 311–314 InsO		1409
I.	Einführung	1409
II.	Die Stundung der Verfahrenskosten	1410
III.	Das eröffnete Verbraucherinsolvenzverfahren	1414
IV.	Die Zwangsvollstreckung im eröffneten Verfahren	1427
V.	Die Gerichtskosten, Rechtsanwaltsgebühren und Treuhändervergütungen im vereinfachten Insolvenzverfahren	1428
M. Anhang		1429
I.	Fragebogen und Belehrung Verbraucherinsolvenz- und Restschuldbefreiungsverfahren	1429
II.	Amtlicher Vordruck für das Verbraucherinsolvenz- und Restschuldbefreiungsverfahren mit amtlichen Hinweisen zum Ausfüllen des Antragsvordrucks	1434

14. Kapitel – Restschuldbefreiungsverfahren 1483
(von Kai Henning)
A. Einführung 1487
B. Übersicht über das Verfahren 1489

C. Die Prüfungsphase ... 1491
  I. Der Antrag auf Erteilung der Restschuldbefreiung ... 1491
  II. Die Versagensgründe ... 1499
  III. Der Versagensantrag ... 1509
  IV. Checklisten Prüfungsphase ... 1513
D. Die Bewährungsphase ... 1514
  I. Einführung ... 1514
  II. Der Beginn der Wohlverhaltensperiode ... 1514
  III. Die vermögensrechtliche Stellung des Schuldners in der Wohlverhaltensperiode ... 1515
  IV. Die Verteilung der bei dem Treuhänder eingegangenen Beträge an die Gläubiger ... 1516
  V. Die Dauer der Wohlverhaltensperiode ... 1516
  VI. Das von der Abtretung gem. § 287 Abs. 2 Satz 1 InsO erfasste Einkommen ... 1519
  VII. Der Ausschluss der Abtretung ... 1528
  VIII. Die Obliegenheiten des Schuldners gem. § 295 Abs. 1 InsO ... 1529
  IX. Der Versagensantrag wegen eines Verstoßes gegen Obliegenheiten aus §§ 295 und 297 InsO ... 1543
  X. Die Zwangsvollstreckung in der Wohlverhaltensperiode ... 1547
  XI. Das Problem auflaufender Unterhaltsschulden in der Wohlverhaltensperiode ... 1548
  XII. Die Aufrechnung in der Wohlverhaltensperiode ... 1551
  XIII. Die Bonusregelung des § 292 Abs. 1 InsO ... 1552
  XIV. Aufgaben und Stellung des Treuhänders in der Wohlverhaltensperiode ... 1553
  XV. Checklisten Wohlverhaltensperiode ... 1561
E. Die Erteilungsphase ... 1563
  I. Das Ende der Wohlverhaltensperiode ... 1563
  II. Die Entscheidung über die Restschuldbefreiung ... 1564
  III. Die Wirkungen der Restschuldbefreiung ... 1564
  IV. Die von der Restschuldbefreiung ausgenommenen Forderungen ... 1566
  V. Der Widerruf der Restschuldbefreiung ... 1570
F. Die Gerichtskosten und Rechtsanwaltsgebühren im Restschuldbefreiungsverfahren ... 1571
  I. Die Gerichtskosten ... 1571
  II. Die Rechtsanwaltsgebühren ... 1571
G. Die Rechtsbehelfe im Restschuldbefreiungsverfahren ... 1572
  I. Die Rechtsbehelfe des Schuldners ... 1572
  II. Die Rechtsbehelfe des Gläubigers ... 1573
  III. Die Rechtsbehelfe des Treuhänders ... 1574
  IV. Die Gegenvorstellung ... 1574
H. Die gerichtlichen Zuständigkeiten im Restschuldbefreiungsverfahren ... 1575
  I. Die Zuständigkeit des Rechtspflegers gem. §§ 3 Nr. 2 e), 18, 11 Abs. 1 RpflG ... 1575
  II. Die Zuständigkeit des Richters gem. §§ 11 Abs. 2, 18 Abs. 1 und 2 RpflG ... 1576
J. Anhang ... 1576
  I. §§ 283 bis 283 c StGB ... 1576
  II. § 18 BSHG ... 1578
  III. § 1574 BGB ... 1580
  IV. § 1610 a BGB ... 1580
  V. § 121 SGB III ... 1580

15. Kapitel – Verfahrenskostenstundung ... 1583
(von Dr. Wolfhard Kohte)

A.	Einführung	1584
B.	Überblick: Das Modell der Verfahrenskostenstundung	1587
C.	Verfahrenskostenstundung im Eröffnungsverfahren	1590
	I. Subjektive Voraussetzungen	1590
	II. Objektive Voraussetzungen	1594
	III. Antrag auf Verfahrenskostenstundung	1595
	IV. Gerichtliche Entscheidung	1597
D.	Verfahrenskostenstundung in weiteren Verfahrensabschnitten	1600
	I. Stundung im eröffneten Insolvenzverfahren	1600
	II. Stundung in der Treuhandperiode	1601
	III. Stundung im Schuldenbereinigungsplanverfahren	1602
E.	Anwaltliche Beiordnung	1604
F.	§ 4 b InsO: Zweite Stundungsstufe	1606
	I. Einkommens- und Vermögensprüfung	1607
	II. Verfahrensrechtliche Fragen	1608
	III. Änderung der Verhältnisse	1609
G.	Aufhebung der Verfahrenskostenstundung	1610
	I. Unrichtige Angaben/Fehlende Angaben	1611
	II. Fehlende Voraussetzungen	1613
	III. Verschuldeter Zahlungsrückstand	1614
	IV. Unterlassen angemessener Erwerbstätigkeit	1615
	V. Versagung und Widerruf der Restschuldbefreiung	1616
	VI. Verfahrensrechtliche Fragen	1617

16. Kapitel Nachlassinsolvenzverfahren ... 1619
(von Dr. Erik Silcher)

A.	Einleitung	1622
B.	Antrag auf Eröffnung des Insolvenzverfahrens	1622
	I. Antragsberechtigte Personen nach § 317 InsO	1623
	II. Antragsrecht nach § 318 InsO	1626
	III. Antragsfrist	1626
	IV. Zulässigkeit der Eröffnung	1627
	V. Eröffnungsgründe	1629
C.	Zuständigkeit	1633
	I. Sachliche Zuständigkeit	1633
	II. Örtliche Zuständigkeit	1633
	III. Auseinanderfallen von Insolvenz- und Nachlassgericht	1633
D.	Beteiligte am Nachlassinsolvenzverfahren	1634
	I. Der Schuldner	1634
	II. Gläubiger	1635
	III. Der Insolvenzverwalter	1635
E.	Die Insolvenzmasse	1635
	I. Allgemeines	1635
	II. Besonderheiten der Insolvenzmasse	1637
F.	Insolvenzanfechtung im Rahmen des Nachlassinsolvenzverfahrens	1640
	I. Allgemeines	1641
	II. Voraussetzungen der Anfechtbarkeit nach § 322 InsO	1641
	III. Inhalt des Anfechtungsrechts	1641
	IV. Erfüllungshandlung	1642
	V. Weitere Anfechtungstatbestände	1643
G.	Verbindlichkeiten im Nachlassinsolvenzverfahren	1645
	I. Nachlassverbindlichkeiten	1645
	II. Ansprüche des Erben nach § 326 InsO	1647
	III. Nachrangige Verbindlichkeiten im Nachlassinsolvenzverfahren	1649
	IV. Masseverbindlichkeiten	1653
	V. Regelung des § 328 InsO	1656
H.	Nacherbfolge und Erbschaftskauf	1657

	I.	Nacherbfolge	1658
	II.	Erbschaftskauf	1659
J.	Zeitgleiche Nachlass- und Erbeninsolvenz		1662
	I.	Allgemeines	1662
	II.	Die Erbeninsolvenz	1662
	III.	Die Gesamtvermögensinsolvenz	1662
	IV.	Haftungsbeschränkung nach § 331 Abs. 1 InsO	1663
	V.	Zum Gesamtgut gehörender Nachlass gemäß § 331 Abs. 2 InsO	1664
K.	Zwangsvollstreckung nach dem Erbfall		1665
	I.	Zwangsvollstreckungsmaßnahmen i. S. d. § 321 InsO	1665
	II.	Ausnahmetatbestände	1665
	III.	Rechtliche Folgen des Verbots	1666

17. Kapitel Besonderheiten der Bauinsolvenz 1669
(von Frank Thiele)

A.	Wirtschaftliche Überlegungen des Insolvenzverwalters		1674
	I.	Vorüberlegungen	1674
	II.	Grundlagen der Kalkulation eines Bauauftrags	1677
	III.	Wirtschaftliche Überlegungen in Bezug auf die Eigenart der Baustellenfertigung	1680
	IV.	Die Belastung des Bauunternehmers durch Sicherheitsleistungen	1683
	V.	Baurisiken als Finanzierungsproblem	1686
	VI.	Die Leistungsabrechnung als weitere Besonderheit im Baubetrieb	1689
	VII.	Die Beurteilung des Jahresabschlusses unter der Berücksichtigung der Branchenbesonderheiten	1691
	VIII.	Bilanzsicht beim Bauunternehmen durch den Insolvenzverwalter	1694
	IX.	Bewertung der noch auszuführenden Verträge durch den vorläufigen Insolvenzverwalter	1698
B.	Rechtliche Überlegungen des Insolvenzverwalters		1699
	I.	Allgemeine Probleme des Bauvertragsrechts	1699
C.	Der vorläufige Insolvenzverwalter in der Krise des Bauunternehmens		1705
	I.	Einführung	1705
	II.	Beachtung der umsatzsteuerlichen Problematik durch den vorläufigen Insolvenzverwalter	1706
	III.	Sicherung der Leistungen Dritter zur Fortführung des Bauunternehmens	1708
	IV.	Kündigungsmöglichkeit des Bestellers gemäß § 8 Nr. 2 Abs. 1 VOB/B	1709
	V.	Zahlungsmodalitäten bei Vertragskündigung wegen Insolvenz	1714
	VI.	Einführung zu § 103 InsO	1716
	VII.	Abrechnung bei Einheits- und Pauschalpreisvertrag unter Berücksichtigung des § 103 InsO	1722
	VIII.	Erfüllungswahl des Insolvenzverwalters bei teilbaren Leistungen	1730
	IX.	Behandlung von Verzugsschaden und Vertragsstrafe durch den Insolvenzverwalter	1733
	X.	Behandlung von Sicherheitseinbehalten durch den Insolvenzverwalter	1735
	XI.	Sonderproblem: Der Gemeinschuldner befindet sich bei Insolvenzeröffnung in ARGE mit anderen Bauunternehmern	1737
	XII.	Probleme des Insolvenzverwalters der Bauunternehmung mit dem Subunternehmer des Gemeinschuldners	1740

XIII.	Insolvenz und Nachbesserungsansprüche gegen den Gemeinschuldner	1742
XIV.	Insolvenzanfechtung bei der Bauinsolvenz	1744
XV.	Allgemein zur Kenntnis des Gläubigers von der Zahlungsunfähigkeit des Schuldners nach der Insolvenzordnung	1749
XVI.	Insolvenzanfechtung und Direktzahlungen des Bestellers an Gläubiger des Unternehmers gemäß § 16 Nr. 6 VOB/B	1755
XVII.	Bauinsolvenz und Weitergabe von Kundenschecks durch den Schuldner an seine Gläubiger	1757

18. Kapitel – Haftung des Insolvenzverwalters 1759
(von Frank Weber)
    Vorwort 1760
A. Die Haftung des Verwalters bis zur Einführung der Insolvenzordnung . 1761
B. Die allgemeine Haftung des Insolvenzverwalters 1762
    I. Insolvenzspezifische Haftungsgrundlagen (§ 60 InsO)........ 1762
    II. Nicht insolvenzspezifische Haftungsgrundlagen............. 1769
C. Die Haftung für Masseverbindlichkeiten (§ 61 InsO) 1772
    I. Allgemeines 1772
    II. Voraussetzungen 1773
    III. Rechtsfolge: Schadensersatz........................... 1773
    IV. Anspruchsausschluss 1774
    V. Haftung des Insolvenzverwalters bei Betriebsfortführung..... 1775
D. Ausblick 1777
E. Die Haftung für Gehilfen (§ 60 Abs. 2 InsO)...................... 1778
    I. Gehilfen 1778
    II. Selbstständige 1778
    III. Angestellte des Schuldners 1779
F. Die Verjährung von Haftungsansprüchen (§ 62 InsO) 1779
G. Exkurs: Die Haftung des vorläufigen Insolvenzverwalters (§§ 21 Abs. 2 Nr. 1, 60 ff. InsO)... 1780
H. Exkurs: Die Haftung des Gläubigerausschusses (§ 71 InsO) 1781
J. Exkurs: Die Haftung des Insolvenzgerichts (§§ 21 Abs. 2 Nr. 1, 58, 59 InsO; § 839 BGB i. V. m. Art. 34 GG) 1782
K. Strafrechtliche Risiken für den Insolvenzverwalter 1782

19. Kapitel Buchführung, Bilanzierung 1785
(von Bernd Stocker)
A. Grundlagen der Buchführung 1787
    I. Einführung.. 1787
    II. Überblick über die Technik der doppelten Buchführung 1789
    III. Rechtliche und organisatorische Grundlagen der Buchführung 1794
B. Grundlagen der Bilanzierung und Bewertung 1798
    I. Systematisierung der wichtigsten Bilanzierungsgrundsätze 1798
    II. Allgemeine Bilanzierungs- und Bewertungsgrundsätze 1811
    III. Die Bewertungsmaßstäbe.............................. 1826
    IV. Abschreibungen 1834
    V. Wertaufholung 1836
    VI. Bewertung der Bilanzposten 1836
C. Aufbau und Inhalt des Jahresabschlusses 1839
    I. Gesetzliche Vorschriften und Inhalt der Bilanz.............. 1839
    II. Die handelsrechtliche Bilanzgliederung 1839
    III. Aufbau der Gewinn- und Verlustrechnung 1844
    IV. Die Erläuterung der Bilanz und der Gewinn- und Verlustrechnung durch den Anhang und den Lagebericht 1856

20. Kapitel – Bilanzanalyse ... 1859
(von Klaus-Jörg Schneider)
- A. Grundlagen der Jahresabschlussanalyse ... 1860
- B. Analysebereiche und Vergleichsebenen der Jahresabschlussanalyse ... 1861
- C. Grenzen der Jahresabschlussanalyse ... 1862
- D. Aufbereitung der Bilanz und des Anhangs ... 1864
- E. Strukturanalyse der Bilanz ... 1867
  - I. Analyse der Vermögensstruktur ... 1867
  - II. Analyse der Kapitalstruktur ... 1870
- F. Analyse der Unternehmensliquidität und Finanzierung ... 1871
  - I. Statische Liquidität ... 1871
  - II. Dynamische Liquiditätsanalyse ... 1873
- G. Analyse der Gewinn- und Verlustrechnung ... 1877
  - I. Erfolgsspaltung ... 1878
  - II. Analyse der Aufwands- und Ertragsstruktur ... 1880
  - III. Wertschöpfungsanalyse ... 1881
  - IV. Analyse der Rentabilität ... 1883
- H. Fallbeispiel zur Jahresabschlussanalyse ... 1884

21. Kapitel Rechnungslegung in der Insolvenz ... 1899
(von Josef Gietl)
- A. Überblick ... 1901
  - I. Allgemeines ... 1901
  - II. Dualismus der Rechnungslegung ... 1901
- B. Interne (insolvenzrechtliche) Rechnungslegung ... 1904
  - I. Rechnungslegung im Vorfeld der Eröffnung des Insolvenzverfahrens – Prüfung der insolvenzauslösenden Tatbestände ... 1905
  - II. Rechnungslegung während des Insolvenzverfahrens ... 1909
  - III. Rechnungslegung zur Beendigung des Insolvenzverfahrens ... 1938
- C. Externe (handels- und steuerrechtliche) Rechnungslegung ... 1952
  - I. Rechnungslegung nach Handelsrecht ... 1953
  - II. Steuerrechtliche Buchführungs- und Rechnungslegungspflichten ... 1963

22. Kapitel – Allgemeine betriebswirtschaftliche Aspekte ... 1965
(von Dr. Sabine-Sofie Weidekind)
- A. Betriebswirtschaftliche Aspekte der Insolvenzordnung ... 1967
  - I. Allgemeine markt- bzw. betriebswirtschaftliche Ausrichtung der Insolvenzordnung ... 1967
  - II. Betriebswirtschaftliche Herausforderungen für den Insolvenzverwalter ... 1970
  - III. Der Insolvenzplan als betriebswirtschaftliches Kernstück des neuen Insolvenzrechtes ... 1973
- B. Allgemeine betriebwirtschaftliche Grundlagen zur Analyse des Unternehmens ... 1977
  - I. Begriffe und Inhalte ... 1977
  - II. Beschreibung des Unternehmens ... 1979
  - III. Krisenursachenanalyse ... 1985
  - IV. Lagebeurteilung ... 1990
- C. Relevante Erkenntnisse aus der strategischen Planung ... 1997
  - I. Begriff und Entwicklung der strategischen Planung ... 1997
  - II. Unternehmensexterne Analyse ... 2002
  - III. Instrumente der empirischen Planungsforschung ... 2004
  - IV. Instrumente zur Unternehmensanalyse ... 2012
  - V. Von der strategischen Planung zum operativen Marketing ... 2023
- D. Marketing ... 2025
  - I. Begriff und Entwicklung des Marketing ... 2025

	II.	Bestandteile eines Marketing-Konzeptes	2028
	III.	Gegenstand und Methoden der Marketing-Forschung	2033
	IV.	Instrumente des Marketing-Mix	2036
E.	Organisation und Personalwesen		2046
	I.	Begriff und Entwicklung	2046
	II.	Organisationstheoretische Fragestellungen	2047
	III.	Personalwirtschaftliche Fragestellungen...................	2055
F.	Controlling		2064
	I.	Begriff und Entwicklung des Controlling	2064
	II.	Controlling als System	2066
	III.	Aufgaben des Controlling	2068
	IV.	Bereiche des Controlling	2073

23. Kapitel Versicherungen im Insolvenzverfahren 2077
(von Bernd Peter Schneider)

A.	Vorbemerkung	2077
B.	Abschluss eines Rahmenvertrags	2078
C.	Abschluss notwendiger betrieblicher Versicherungen	2079
D.	Der Musterrahmenvertrag	2081
E.	Hinzuziehung eines Versicherungsfachmanns oder eigene Risikoeinschätzung durch den Insolvenzverwalter?	2084
F.	Typische Praxisprobleme	2086

24. Kapitel – Vergütung des Insolvenzverwalters 2089
(von Karl-Heinrich Lorenz)

A.	Vergütung des Insolvenzverwalters		2094
	I.	Allgemeines	2094
	II.	Berechnungsgrundlage (§ 1 InsVV)......................	2098
	III.	Regelvergütung (§ 2 InsVV)............................	2109
	IV.	Abweichen von der Regelvergütung (§ 3 InsVV)............	2117
	V.	Sonderinsolvenzverwalter	2138
	VI.	Mehrere Insolvenzverwalter	2140
	VII.	Vergütungsvereinbarungen	2141
	VIII.	Einsatz besonderer Sachkunde (§ 5 InsVV)	2141
	IX.	Geschäftskosten (§ 4 InsVV)	2146
	X.	Nachtragsverteilung (§ 6 Abs. 1 InsVV)	2155
	XI.	Überwachung und Erfüllung eines Insolvenzplans (§ 6 Abs. 2 InsVV)...	2158
	XII.	Umsatzsteuer (§ 7 InsVV)	2161
	XIII.	Festsetzungsverfahren (§ 8 InsVV)	2162
	XIV.	Rechtsmittel	2171
	XV.	Rechtskraft	2171
	XVI.	Fälligkeit	2172
	XVII.	Verjährung	2173
	XVIII.	Vergütungsansprüche bei Masseunzulänglichkeit	2174
	XIX.	Vorschuss (§ 9 InsVV)	2176
B.	Vergütung des vorläufigen Insolvenzverwalters, des Sachwalters und des Treuhänders im vereinfachten Verfahren		2181
	I.	Allgemeines	2181
	II.	Vorläufiger Insolvenzverwalter (§§ 11, 10 InsVV)............	2182
	III.	Sachwalter (§§ 12, 10 InsVV)	2207
	IV.	Treuhänder im vereinfachten Verfahren (§§ 13, 10 InsVV)	2214
C.	Treuhänder im Restschuldbefreiungsverfahren (§§ 14–16 InsVV)		2220
	I.	Allgemeines	2220
	II.	Vergütung nach § 14 InsVV und Auslagenersatz	2222
	III.	Vergütung nach § 15 InsVV	2224
	IV.	Festsetzung der Vergütung	2226

	V.	Vorschüsse (§ 16 Abs. 2 InsVV)	2231
	VI.	Rechtsmittel	2232
D.	Vergütung der Mitglieder des Gläubigerausschusses (§§ 17, 18 InsVV)		2232
	I.	Allgemeines	2232
	II.	Regelmäßige Zeitvergütung (§ 17 Satz 1 InsVV)	2234
	III.	Abweichungen vom Regelsatz (§ 17 Satz 2 InsVV)	2235
	IV.	Ausschluss des Vergütungsanspruchs	2238
	V.	Auslagenersatz (§ 18 Abs. 1 InsVV)	2239
	VI.	Umsatzsteuer (§ 18 Abs. 2 InsVV)	2241
	VII.	Festsetzungsverfahren	2241
	VIII.	Ausfallhaftung der Staatskasse	2243
	IX.	Vorschüsse	2243
E.	Übergangs- und Schlussvorschriften		2244

LITERATURVERZEICHNIS

App	Die Insolvenzordnung, 1995
Aderhold	Auslandskonkurs im Inland, 1992
Arbeitskreis für Insolvenz- und Schiedsgerichtswesen (Hrsg.)	Kölner Schrift zur Insolvenzordnung, 2. Aufl. 2000
Balz/Landfermann	Die neuen Insolvenzgesetze, 2. Aufl. 1999
Bassenge/Herbst	Gesetz über die Angelegenheiten der freiwilligen Gerichtsbarkeit/Rechtspflegergesetz, 8. Aufl. 1999
Baumbach/Hefermehl	Wettbewerbsrecht, Gesetz gegen den unlauteren Wettbewerb, Zugabeverordnung, Rabattgesetz und Nebengesetze, 22. Aufl. 2001
dies.	Wechsel- und Scheckgesetz, 22. Aufl. 2001
Baumbach/Hopt	Handelsgesetzbuch, 30. Aufl. 2000
Baumbach/Hueck	GmbH-Gesetz, 17. Aufl. 2000
Baumbach/Lauterbach/ Albers/Hartmann	Zivilprozessordnung mit GVG und anderen Nebengesetzen, Kommentar, 59. Aufl. 2001
Baur/Stürner	Lehrbuch des Sachenrechts, 7. Aufl. 1999
Baur/Stürner	Zwangsvollstreckungs-, Konkurs- und Vergleichsrecht, 6. Aufl. 1989; Bd. II Insolvenzrecht, 12. Aufl. 1990
dies.	Insolvenzrecht, 3. Aufl. 1991
Becker	Marketing-Konzeption, 6. Aufl. 1998
Becker/Etzel/Bader/ Fischermeier/Friedrich/ Lipke/Pfeiffer/Rost/ Spilger/Vogt/Weigand/ Wolff	Gemeinschaftskommentar zum Kündigungsschutzgesetz und zu sonstigen kündigungsschutzrechtlichen Vorschriften, 6. Aufl. 2002
Becker/Etzer/ Fischermeier/Friedrich/ Lipke/Pfeiffer/Rost/ Spilger/Weigand/Wolff	KR – Gemeinschaftskommentar zum Kündigungsschutzgesetz und zu sonstigen kündigungsschutzrechtlichen Vorschriften, 6. Aufl. 2001
Bergerfurth	Das Eherecht, 7. Aufl. 1984
Bichlmeier/Engberding/ Oberhofer	Insolvenzhandbuch, 1998
Biethahn/Huch (Hrsg.)	Informationssysteme für das Controlling, 1994
Bindemann	Handbuch Verbraucherkonkurs, 2. Aufl. 1999
Blersch	Insolvenzrechtliche Vergütungsverordnung, Kommentar, 2000
ders.	Insolvenzrechtliche Vergütungstabellen 1999
Bley/Mohrbutter	Vergleichsordnung VerglO, 4. Aufl., Bd. 1 1979, Bd. 2 1981

Bloching	Pluralität und Partikularinsolvenz, 1. Aufl. 2000
Böhle-Stammschräder/ Kilger	Vergleichsordnung, VerglO, Kommentar, 11. Aufl. 1986
Boochs/Dauernheim	Steuerrecht in der Insolvenz, 2. Aufl. 2000
Bork	Einführung in das neue Insolvenzrecht, 2. Aufl. 1998
Bork/Kübler	Insolvenzrecht 2000, 2001
Braun/Uhlenbruck	Muster eines Insolvenzplans, 1998
Braun/Uhlenbruck	Unternehmensinsolvenz: Grundlagen, Gestaltungen, Sanierung mit der Insolvenzordnung, 1997
Breuer	Das neue Insolvenzrecht, 1998
ders.	Insolvenzrechts-Formularhandbuch mit Erläuterungen, 1999
Breutigam/Blersch/ Goetsch	Insolvenzrecht, Kommentierung der Insolvenzordnung mit Antragsmustern für die Praxis, Stand 2001
dies.	Berliner Praxiskommentar Insolvenzrecht, 2000
Brox	Erbrecht, 17. Aufl. 1998
Brox/WalkerD.	Zwangsvollstreckungsrecht, 5. Aufl. 1996
Bruckmann	Verbraucherinsolvenz in der Praxis, 1. Aufl. 1999
Budde/Clemm u. a.	Beck'scher Bilanz-Kommentar, 4. Aufl. 1999
Burger	Unternehmenskrise und Unternehmenssanierung, 1988
Böckenförde	Unternehmenssanierung, 2. Aufl. 1996
Bühner	Betriebswirtschaftliche Organisationslehre, 5. Aufl. 1991
Canaris	Bankvertragsrecht, 3. Aufl. 1998
Caspers	Personalabbau und Betriebsänderung im Insolvenzverfahren, Beiträge zum Insolvenzrecht, Band 18, 1998
Dassler/Schiffhauer/ Gerhardt	Gesetz über die Zwangsversteigerung und Zwangsverwaltung, Kommentar, 12. Aufl. 1991
Dallmayer/Eickmann	Rechtspflegergesetz, Kommentar, 1996
Dauernheim	Das Anfechtungsrecht in der Insolvenz, 1999
Delhaes	Der Insolvenzantrag – verfahrens- und kostenrechtliche Probleme der Konkurs- und Vergleichsantragstellung, 1994
Dietz/Richardi	Betriebsverfassungsgesetz. Mit Wahlordnungen, 6. Aufl., Bd. 1 1981, Bd. 2 1982
Döbereiner	Die Restschuldbefreiung nach der Insolvenzordnung, 1997
Dorndorf/Weller/ Hauck/Kriebel/Hölland/Neef	Heidelberger Kommentar zum Kündigungsschutzgesetz, 3. Aufl. 1999
Drukarczyk	Unternehmen und Insolvenz, 1987

ders.	Insolvenzplan und Obstruktionsverbot, Regensburger Diskussionsbeiträge zur Wirtschaftswissenschaft, Nr. 315, 1998
Ehlers/Drieling	Unternehmenssanierung nach dem neuen Insolvenzrecht, 1998
Eickmann	Konkurs und Vergleichsrecht, 2. Aufl. 1980
ders.	Aktuelle Probleme des Insolvenzverfahrens aus Verwalter- und Gläubigersicht, RWS-Skript Nr. 88, 3. Aufl. 1995
ders.	InsO, Vergütungsrecht, Kommentar zur InsVV, 1999
ders.	VergVO, Kommentar zur Vergütung im Insolvenzverfahren, 2. Aufl. 1997
Eickmann/Flessner/ Irschlinger/Kirchhof/ Kreft/Landfermann/ Marotzke	Heidelberger Kommentar zur Insolvenzordnung, 2. Aufl. 2001
Eickmann/Mohn	Handbuch für das Konkursgericht, 5. Aufl. 1976
Eidenmüller	Der Insolvenzplan als Vertrag, Jahrbuch für Neue Politische Ökonomie 15 (1996), 164
ders.	Unternehmenssanierung zwischen Markt und Gesetz, 1999
Eisenbeis/Mues	Arbeitsrecht in der Insolvenz, 2000
Ermann/Bearbeiter	Handkommentar zum Bürgerlichen Gesetzbuch, 2 Bde., 10. Aufl. 2000
Fabricius/Kraft/Wiese/ Kreutz/Oetker/Raab/ Weber (Hrsg.)	Betriebsverfassungsgesetz, Gemeinschaftskommentar, 7. Aufl. 2002
Fechner	Praxis der Unternehmenssanierung, 1999
Feuerrich/Braun	Bundesrechtsanwaltsordnung, 4. Aufl. 1999
Fitting/Kaiser/Heither/ Engels	Kommentar zum Betriebsverfassungsgesetz, 20. Aufl. 2000
Frese	Grundlagen der Organisation, 6. Aufl. 1995
Frotscher	Steuern im Konkurs, 4. Aufl. 1997
Gagel/Steinmeyer	Sozialgesetzbuch III – Arbeitsförderung 2000
Geimer	Internationales Zivilprozessrecht, 3. Aufl. 1996
Gerhardt	Grundpfandrechte im Insolvenzverfahren, RWS-Skript Nr. 35, 9. Aufl. 2001
ders.	Die systematische Einordnung der Gläubigeranfechtung, Göttinger Rechtswissenschaftliche Studien, Bd. 75, 1969
Gerhardt/Kreft	Aktuelle Probleme der Insolvenzanfechtung – KO, GesO, AnfG –, RWS-Skript Nr. 82, 8. Aufl. 2001
Gerkan von/Hommelhoff	Kapitalersatz im Gesellschafts- und Insolvenzrecht, RWS-Skript Nr. 196, 3. Aufl. 1994

Germelmann/Matthes/Prütting	Kommentar zum Arbeitsgerichtsgesetz, 3. Aufl. 1999
Gernhuber/Coester-Waltjen	Familienrecht, 4. Aufl. 1994
Gerold/Schmidt/v. Eiken/Madert	Bundesgebührenordnung für Rechtsanwälte, 14. Aufl. 1999
Gless	Unternehmenssanierung; Grundlagen, Strategien, Maßnahmen, 1996
Gottwald (Hrsg.)	Insolvenzrechts-Handbuch, 2. Aufl. 2001
Groß	Sanierung durch Fortführungsgesellschaften, 2. Aufl., 1988
Grunsky	Kommentar zum Arbeitsgerichtsgesetz, 7. Aufl. 1995
Haarmeyer/Wutzke/Förster	Insolvenzordnung InsO/EGInsO, Kommentierte Textausgabe, 1995
dies.	Handbuch zur Insolvenzordnung, InsO/EGInsO, 3. Aufl. 2001
dies.	Gesamtvollstreckungsordnung, Kommentar zur Gesamtvollstreckungsordnung GesO und zum Gesetz über die Unterbrechung von Gesamtvollstreckungsverfahren GUG, 4. Aufl. 1998
dies.	Vergütung in Insolvenzverfahren InsVV/VergVO, 2. Aufl. 1999
Hachenburg/Ulmer	Gesetz betreffend die Gesellschaften mit beschränkter Haftung GmbHG, Großkommentar Bd. 1: §§ 1–34, 8. Aufl. 1992 Bd. 2: §§ 35–52, 8. Aufl. 1997 Bd. 3: §§ 53–85, 8. Aufl. 1997
Hanisch	Nachlassinsolvenzverfahren und materielles Erbrecht, in Festschrift für Henckel, 1995, S. 369
Harbert	Controlling-Begriffe und Controlling-Konzeptionen, 1982
Häsemeyer	Insolvenzrecht, 2. Aufl. 1998
Hess/Weis	Liquidation und Sanierung nach der Insolvenzordnung, Herne, 1999
Heile	Die Anweisung im Konkurs des Schuldners, 1976
Henckel	Pflichten des Konkursverwalters gegenüber Aus- und Absonderungsberechtigten, RWS-Skript Nr. 25, 2. Aufl. 1979
Hess	Kommentar zur Konkursordnung KO, 6. Aufl. 1998
ders.	Kommentar zur Insolvenzordnung mit EGInsO, 1999
Hess/Binz/Wienberg	Gesamtvollstreckungsordnung GesO, Kommentar, 4. Aufl. 1998
Hess/Boochs/Weis	Steuerrecht in der Insolvenz, 1996

Hess/Fechner/Freund/ Körner	Sanierungshandbuch, 3. Aufl. 1998
Hess/Kranemann/Pink	InsO 99 – Das neue Insolvenzrecht, 1998
Hess/Obermüller	Die Rechtsstellung der Verfahrensbeteiligten nach der Insolvenzordnung, 1995
dies.	Insolvenzplan, Restschuldbefreiung und Verbraucherinsolvenz, 2. Aufl. 1999
Hess/Pape, G.	InsO und EGInsO, Grundzüge des neuen Insolvenzrechts, RWS-Skript Nr. 278, 1995
Hess/Weis	Anfechtungsrecht, 2. Aufl. 1999
Heymann/Bearbeiter	Handelsgesetzbuch, Kommentar, 2. Aufl. 1995 ff.
Horvath & Partner	Das Controlling-Konzept, 4. Aufl. 2000
Horvath	Controlling, 7. Aufl. 1998
Huber	Anfechtungsgesetz, 9. Aufl. 2000
Hueck/v. Hoyningen-Huene	Kommentar zum Kündigungsschutz, 12. Aufl. 1997
Hübschmann/Hepp/ Spitaler	Kommentar zur Abgabenordnung und Finanzgerichtsordnung, Loseblattausgabe, 10. Aufl. 1995
Jaeger	Lehrbuch des Deutschen Konkursrechts, 8. Aufl. 1973
Jaeger/Henckel	Konkursordnung KO, Großkommentar, 9. Aufl. 1997
Jaeger/Lent	Konkursordnung KO, Kommentar, 8. Aufl. 1985
Jaeger/Weber	Konkursordnung, Kommentar, 8. Aufl. 1985
Jauernig/Bearbeiter	Bürgerliches Gesetzbuch, 9. Aufl. 1999
Jauernig	Zwangsvollstreckungs- und Insolvenzrecht, 21. Aufl. 1999
Jonas/Pohle	Zwangsvollstreckungsnotrecht, 16. Aufl. 1954
Keller	Vergütung und Kosten im Insolvenzverfahren, 2000
Kleinknecht/Meyer-Goßner	Kommentar zur StPO, 44. Aufl. 1999
Kilger/Huber	Anfechtungsgesetz, 8. Aufl. 1995
Kilger/Schmidt, K.	Konkursordnung KO, Kurzkommentar, 16. Aufl. 1993
Kilger/Schmidt, K.	Insolvenzgesetze KO/VglO/GesO, 17. Aufl. 1997 (auch zitiert als K. Schmidt InsG)
Klein/Orlopp	Abgabenordnung, 7. Aufl. 2000
Koch, A.	Die Eigenverwaltung nach der Insolvenzordnung, 1998
Kohte/Ahrens/Grote	Restschuldbefreiung und Verbraucherinsolvenzverfahren, 1999
Kommission für Insolvenzrecht	Erster Bericht 1985 und Zweiter Bericht 1986, Hrsg. Bundesministerium der Justiz
Kosmider	Controlling im Mittelstand, 2. Aufl. 1994
Kraemer	Das neue Insolvenzrecht – Gesetze, Begründungen, Materialien, 1995

Krystek	Unternehmenskrisen, 1987
Kübler	Neuordnung des Insolvenzrechts, 1989
Kübler/Prütting	Das neue Insolvenzrecht, Bd. I: InsO, Bd. II: EGInsO, RWS-Dok. 18, 2. Aufl. 2000
dies. (Hrsg.)	InsO, Kommentar zur Insolvenzordnung, Stand 3. Lieferung 2001
Kuhn/Uhlenbruck	Konkursordnung, Kommentar KO, 11. Aufl. 1994
Larenz	Lehrbuch des Schuldrechts, Bd. I: Allgemeiner Teil, 14. Aufl. 1987
Leipold (Hrsg.)	Insolvenzrecht im Umbruch, Analysen und Alternativen, 1991
Lutter/Hommelhoff	GmbH-Gesetz, 15. Aufl. 2000
Lüke/Wax (Hrsg.)	Münchener Kommentar zur Zivilprozessordnung, 2. Aufl. 2001
Marotzke	Gegenseitige Verträge im neuen Insolvenzrecht, 2. Aufl. 1998
ders.	Das Unternehmen in der Insolvenz, 2000
Mayer	Controlling-Konzepte, 2. Aufl. 1987
Meffert	Marketing, 8. Aufl. 1998
Meyer-Cording	Das Recht der Banküberweisung, 1951
Mohrbutter/Drischler/ Radtke/Tiedemann	Die Zwangsversteigerungs- und Zwangsverwaltungspraxis, Bd. 1: 7. Aufl 1986, Bd. 2: 7. Aufl. 1990
Mohrbutter/Mohrbutter	Handbuch der Insolvenzverwaltung, 7. Aufl. 1997, bis zur 6. Auflage wurde das Werk unter dem Titel »Handbuch der Konkurs- und Vergleichsverwaltung« geführt
dies.	Handbuch des gesamten Vollstreckungs- und Insolvenzrechts, 2. Aufl. 1974
Musielak	Zivilprozessordnung, Kommentar, 2. Aufl. 2000
Mrozynski	Sozialgesetzbuch I, 2. Aufl. 1995
Müller-Gugenberger/ Bieneck	Wirtschaftsstrafrecht, 3. Aufl. 2000
MünchKomm-Bearbeiter	1. Münchener Kommentar zum Bürgerlichen Gesetzbuch, Rebmann/Säcker (Hrsg.), 4. Aufl. 2000 ff.
	2. Münchener Kommentar zur Insolvenzordnung, Kirchhof/Lwowski/Stürner (Hrsg.), 2001 ff.
	3. Münchener Kommentar zur Zivilprozessordnung, Lüke/Wax (Hrsg.), 2. Aufl. 2000 ff.
Nieschlag/Dichtl/ Hörschgen	Marketing, 18. Aufl. 1997
Nerlich/Römermann	Insolvenzordnung InsO, Kommentar, Stand 2000

Neumann	Die Gläubigerautonomie in einem künftigen Insolvenzverfahren, Schriften zum Deutschen und Europäischen Zivil-, Handels- und Prozessrecht, Bd. 153, 1995
Obermüller	Handbuch des Insolvenzrechts für die Kreditwirtschaft HdbInsR, 4. Aufl. 1991
ders.	Insolvenzrecht in der Bankpraxis, 5. Aufl. 1997
Obermüller/Hess	InsO, Eine systematische Darstellung der Insolvenzordnung unter Berücksichtigung kreditwirtschaftlicher und arbeitsrechtlicher Aspekte, 3. Aufl. 1999
Oechsler	Personal und Arbeit, 6. Aufl., 1997
Onusseit	Umsatzsteuer im Konkurs, 1988
Onusseit/Kunz	Steuern in der Insolvenz, RWS-Skript Nr. 271, 2. Aufl. 1997
Palandt/Bearbeiter	Bürgerliches Gesetzbuch, Kurzkommentar, 60. Aufl. 2001
Petersen/Kleinfeller	Konkursordnung für das Deutsche Reich, 3. Aufl. 1892
Pohl	Der Zahlungsverkehr der Bank mit dem Kunden während der Krise und nach Vergleichseröffnung, 1982
Pohlmann	Befugnisse und Funktionen des vorläufigen Insolvenzverwalters, 1998
Porter	Wettbewerbsvorteile, 1986
Preißler (Hrsg.)	Controlling in der Praxis, Intensivkurs für Führungskräfte, 1985
Prölls/Martin	Versicherungsvertragsgesetz, 26. Aufl. 1998
Prütting (Hrsg.)	Insolvenzrecht 1996, RWS-Forum 9, 1997
Reinhart	Sanierungsverfahren im internationalen Insolvenzrecht, 1995
Richardi	Kommentar zum Betriebsverfassungsgesetz, 7. Aufl. 1998
Richardi/Wlotzke	Münchener Handbuch zum Arbeitsrecht, MünchArbR, 2. Aufl. 2000 ff.
Rödel/Kastl/Weidekind	Going Global, 2000
Rosenberg/Gaul/Schilken	Zwangsvollstreckungsrecht, 11. Aufl. 1997
Schack	Internationales Zivilverfahrensrecht, 2. Aufl. 1996
Schaub	Arbeitsrechts-Handbuch, 9. Aufl. 2000
Schiessler	Der Insolvenzplan, 1997
Schimansky/Bunte/Lwowski	Bankrechtshandbuch, 2. Aufl. 2001
Schilken	Zivilprozessrecht, 2. Aufl. 1995
Schlegelberger/Bearbeiter	Handelsgesetzbuch, Kommentar von Geßler/Hefermehl/Hildebrand/Martens/Schröder/K. Schmidt, 5. Aufl. 1973 ff.

Schlüter	BGB-Familienrecht, 8. Aufl. 1998
Schmidt	Einkommensteuergesetz EStG, Kommentar, 20. Aufl. 2001
Schmidt	Handelsrecht, 5. Aufl., 1999
Schmidt-Räntsch	Insolvenzordnung mit Einführungsgesetz, 1995
Scholz/Bearbeiter	Kommentar zum GmbH-Gesetz, 9. Aufl. 2000
Schmidt/Uhlenbruck	Die GmbH in Krise, Sanierung und Insolvenz, 1997
Schrader/Uhlenbruck	Konkurs- und Vergleichsverfahren, 4. Aufl. 1977
Schröder	Modernes Unternehmens-Controlling, 1982
Schwarz/Dumke/ Frotscher/Schultz	Kommentar zur Abgabenordnung AO 1977, Loseblattausgabe 1976 ff.
Serick	Eigentumsvorbehalt und Sicherungsübertragung, Bd. III: Die einfache Sicherungsübertragung, Zweiter Teil, 1970
Smid	Grundzüge des neuen Insolvenzrechts, 3. Aufl. 1999
ders. (Hrsg.)	Insolvenzordnung, Kommentar, 2. Aufl. 2001
Smid/Rattunde	Der Insolvenzplan: Handbuch für das Sanierungsverfahren nach dem neuen Insolvenzrecht mit praktischen Beispielen und Musterverfügungen, 1998
Smid (Hrsg.)/Zeuner/ Rattunde	Gesamtvollstreckungsordnung, Kommentar, Das Insolvenzrecht der fünf neuen Bundesländer und Ostberlins, 3. Aufl. 1997
Soergel/Bearbeiter	Bürgerliches Gesetzbuch mit Einführungsgesetz und Nebengesetzen, 13. Aufl. 1999 ff.
Spahlinger	Sekundäre Insolvenzverfahren bei grenzüberschreitenden Insolvenzen, 1998
Staub/Bearbeiter	Großkommentar zum HGB, 4. Aufl. 1983 ff.
Staudinger/Bearbeiter	Bürgerliches Gesetzbuch mit Einführungsgesetzen und Nebengesetzen, Großkommentar, 13. Aufl. 1993 ff.
Stein/Jonas	Kommentar zur Zivilprozessordnung, Bd. 2: §§ 91–252, 21. Aufl. 1993 ff.
Stöber	Förderungspfändung, 11. Aufl. 1996
Stoll	Stellungnahmen und Gutachten zur Reform des deutschen Internationalen Insolvenzrechts, 1992
Stoll	Vorschläge und Gutachten zur Umsetzung des EU-Übereinkommens über Insolvenzverfahren im deutschen Recht, 1997
Tiedemann	GmbH-Strafrecht, 3. Aufl. 1995
Tiedemann	Insolvenz-Strafrecht, 2. Aufl. 1995
Thomas/Putzo	Zivilprozessordnung, Kommentar, 23. Aufl. 2001
Thomas/Putzo	Zivilprozessordnung ZPO, 23. Aufl. 2001

Tipke/Kruse	Abgabenordnung/Finanzgerichtsordnung, Kommentar zur AO 1977 und FGO ohne Strafrecht, Loseblattausgabe
Tröndle/Fischer	Kommentar zum StGB, 50. Aufl. 2001
Trunk	Internationales Insolvenzrecht, 1998
Uhlenbruck	Die GmbH & Co. KG in Krise, Konkurs und Vergleich, 2. Aufl. 1988
ders.	Das neue Insolvenzrecht, Insolvenzordnung und Einführungsgesetz nebst Materialien, 1994
Uhlenbruck/Delhaes	Konkurs und Vergleichsverfahren, Handbuch der Rechtspraxis, 5. Aufl. 1990
Weidekind	Der Steuerberater als Personalberater, 1999
Weidekind	Finanzierungsmarketing, 1994
Weidekind/Rödl	Der Steuerberater als Insolvenzberater, 1999
Weinbörner	Das neue Insolvenzrecht mit EU-Übereinkommen, 1997
Weisemann/Smid	Handbuch Unternehmensinsolvenz, 1999
Wendl/Staudig u. a.	Das Unterhaltsrecht in der familienrechtlichen Praxis, 5. Aufl. 2000
Weyand	Insolvenzdelikte, 5. Aufl. 2001
Wimmer	Frankfurter Kommentar zur Insolvenzordnung, 3. Auflage 2001
Wimmer/Stenner	Lexikon des Insolvenzrechts, 1999
Zeller/Stöber	Zwangsversteigerungsgesetz ZVG, 16. Aufl. 1999
Zöller/Bearbeiter	Zivilprozessordnung, Kommentar, 22. Aufl. 2001
Zuck	Anwalts-ABC Berufsrecht, 1999
Zwanziger	Das Arbeitsrecht der Insolvenzordnung, 1997

Tipke/Kruse	Abgabenordnung/Finanzgerichtsordnung, Kommentar zur AO 1977 und FGO ohne Steuerstrafrecht, Loseblattausgabe
Uhlenbruck/Fischer	Kommentar zur SGB, 50. Aufl. 2001
Frank	Internationales Insolvenzrecht, 1998
Uhlenbruck	Die GmbH & Co. KG in Krise, Konkurs und Vergleich, 2. Aufl. 1988
ders.	Das neue Insolvenzrecht, Insolvenzordnung und Einführung, gezeigt nebst Materialien, 1994
Uhlenbruck/Delhaes	Konkurs- und Vergleichsverfahren, Handbuch der Rechtspraxis, 5. Aufl. 1990
Wedeking	Der Steuerberater als Personalberater, 1999
Widenmann	Finanzierungsmarketing, 1994
Welzel/Rößl	Der Steuerberater als Insolvenzberater, 1999
Wenzönner	Das neue Insolvenzrecht mit EU-Überleitungsnormen, 1997
Westermann/Sandel	Handbuch Unternehmensinsolvenz, 1999
Wendl/Staudig, u.a.	Das Unterhaltsrecht in der familienrechtlichen Praxis, 5. Aufl. 2000
Wenzel	Insolvenzdelikte, 5. Aufl. 2001
Wimmer	Frankfurter Kommentar zur Insolvenzordnung, 3. Auflage 2001
Wimmer/Steuner	Lexikon des Insolvenzrechts, 1999
Zeller/Stöber	Zwangsversteigerungsgesetz, ZVG, 16. Aufl. 1999
Zeller/Handkerter	Zivilprozeßordnung, Kommentar, 22. Aufl. 2001
Zuck	Anwalts ABC Beraterrecht, 1993
Zwanziger	Das Arbeitsrecht der Insolvenzordnung, 1997

ABKÜRZUNGSVERZEICHNIS

a. A.	anderer Ansicht, anderer Auffassung
AA	Arbeitsamt
a. a. O.	am angegebenen Ort
AB	Ausführungsbestimmung
ABA	Zeitschrift »Arbeit, Beruf und Arbeitslosenhilfe«
AbgG	Gesetz über die Rechtsverhältnisse der Mitglieder des Deutschen Bundestages, Abgeordnetengesetz
ABl.	Amtsblatt
abl.	ablehnend
ABlEG	Amtsblatt der Europäischen Gemeinschaften
Abs.	Absatz
Abschn.	Abschnitt
abw.	abweichend
AcP	Archiv für die civilistische Praxis
a. E.	am Ende
a. F.	alte Fassung
AfA	Absetzung für Abnutzung
AFG	Arbeitsförderungsgesetz
AFKG	Arbeitsförderungs-Konsolidierungsgesetz
AFRG	Arbeitsförderungs-Reformgesetz
AG	Amtsgericht, Aktiengesellschaft, Die Aktiengesellschaft (Zeitschrift)
AGB	Allgemeine Geschäftsbedingungen
AGBE	Entscheidungssammlung zum AGB-Gesetz
AGBG	Gesetz zur Regelung des Rechts der Allgemeinen Geschäftsbedingungen
AgrarR	Zeitschrift »Agrarrecht«
AIB	Allgemeine Versicherungsbedingungen für die Insolvenzsicherung der betrieblichen Altersversorgung
AktG	Aktiengesetz
Alg	Arbeitslosengeld
Alhi	Arbeitslosenhilfe
Alt.	Alternative
a. M.	anderer Meinung
amtl.	amtlich
amtl. Begr.	amtliche Begründung
ANBA	Amtliche Nachrichten der Bundesanstalt für Arbeit
ÄndG	Änderungsgesetz
AnfG	Gesetz betr. die Anfechtung von Rechtshandlungen eines Schuldners außerhalb des Konkursverfahrens, Anfechtungsgesetz
AnfR	Anfechtungsrecht
AngKSchG	Gesetz über die Fristen für die Kündigung von Angestellten, Angestelltenkündigungsschutzgesetz
Anh.	Anhang

Anm.	Anmerkung
AnwBl.	Anwaltsblatt
AO	Abgabenordnung
AOK	Allgemeine Ortskrankenkasse
AP	Arbeitsrechtliche Praxis, Nachschlagewerk des Bundesarbeitsgerichts
ArbG	Arbeitsgericht
ArbGG	Arbeitsgerichtsgesetz
AR-Blattei	Arbeitsrecht-Blattei
ArbEG	Gesetz über Arbeitnehmererfindungen
ArbPlSchG	Gesetz über den Schutz des Arbeitsplatzes bei Einberufung zum Wehrdienst, Arbeitsplatzschutzgesetz
ArbRdG	Zeitschrift »Das Arbeitsrecht der Gegenwart«
ArbSG	Gesetz zur Sicherstellung von Arbeitsleistungen zum Zwecke der Verteidigung einschließlich des Schutzes der Zivilbevölkerung, Arbeitssicherstellungsgesetz
ArchBürgR	Archiv für bürgerliches Recht
ARGE	Arbeitsgemeinschaft
Art.	Artikel
ASiG	Gesetz über Betriebsärzte, Sicherheitsingenieure und andere Fachkräfte für Arbeitssicherheit, Arbeitssicherheitsgesetz
AT	Allgemeiner Teil
AuA	Zeitschrift »Arbeit und Arbeitsrecht«
AuB	Zeitschrift »Arbeit und Beruf«
Aufl.	Auflage
AÜG	Gesetz zur Regelung der gewerbsmäßigen Arbeitnehmerüberlassung, Arbeitnehmerüberlassungsgesetz
AuR	Zeitschrift »Arbeit und Recht«
AVG	Angestelltenversicherungsgesetz
AVO	Ausführungsverordnung
AWD	Außenwirtschaftsdienst des Betriebs-Beraters
Az.	Aktenzeichen
BA	Bundesanstalt für Arbeit
BAG	Bundesarbeitsgericht
BAGE	Entscheidungen des Bundesarbeitsgerichts
BAnz.	Bundesanzeiger
BABl.	Bundesarbeitsblatt
BauFdgG	Gesetz über die Sicherung der Bauforderungen
BauR	Zeitschrift »Baurecht«
Ba-Wü.	Baden-Württemberg
BayNotV	Mitteilungen des Bayerischen Notarvereins
BayObLG	Bayerisches Oberstes Landesgericht
BayObLGZ	Entscheidungen des Bayerischen Obersten Landesgerichts in Zivilsachen
BB	Zeitschrift »Der Betriebs-Berater«
BBiG	Berufsbildungsgesetz
Bd.	Band
Bde.	Bände
BDSG	Bundesdatenschutzgesetz

Begr.	Begründung
Beil.	Beilage
Bek.	Bekanntmachung
BerHG	Beratungshilfegesetz
BErzGG	Gesetz über die Gewährung von Erziehungsgeld und Erziehungsurlaub, Bundeserziehungsgeldgesetz
Beschl.	Beschluss
BetrAV	Zeitschrift »Betriebliche Altersversorgung«
BetrAVG	Gesetz zur Verbesserung der betrieblichen Altersversorgung
BetrVG	Betriebsverfassungsgesetz
BewG	Bewertungsgesetz
BewHi	Bewährungshilfe
BezG	Bezirksgericht
BfA	Bundesversicherungsanstalt für Angestellte
BFH	Bundesfinanzhof
BFHE	Entscheidungen des Bundesfinanzhofs
BFuP	Zeitschrift »Betriebswirtschaftliche Forschung und Praxis«
BGB	Bürgerliches Gesetzbuch
BGBl.	Bundesgesetzblatt
BGB-RGRK	BGB Kommentar, (Hrsg.) von Reichsgerichtsräten und Bundesrichtern
BGE	Amtl. Sammlung der Entscheidungen des Schweizerischen Bundesgerichts
BGH	Bundesgerichtshof
BGHSt	Entscheidungen des Bundesgerichtshofs in Strafsachen
BGHZ	Entscheidungen des Bundesgerichtshofs in Zivilsachen
BHO	Bundeshaushaltsordnung
BK	Breutigam/Blersch/Goetsch, Berliner Praxiskommentar Insolvenzrecht, 2000
BKK	Zeitschrift »Die Betriebskrankenkasse«
BlPMZ	Blätter für Patent-, Muster- und Zeichenwesen
BlSchKG	Blätter für Schuldbetreibung und Konkurs Schweiz
BMF	Bundesminister für Finanzen
BMJ	Bundesminister der Justiz
BNotO	Bundesnotarordnung
BörsG	Börsengesetz
BR	Bundesrat
BRAGO	Bundesrechtsanwaltsgebührenordnung
BR-Drucks.	Bundesratsdrucksache
BReg.	Bundesregierung
Breith.	Sammlung von Entscheidungen aus dem Sozialrecht Breithaupt
BR-Prot.	Ständige Berichte des Bundesrates (zitiert nach Jahr, Seite)
BRRG	Beamtenrechtsrahmengesetz
BRTV-Bau	Bundesrahmentarifvertrag für das Baugewerbe
BSG	Bundessozialgericht
BSGE	Entscheidungen des Bundessozialgerichts
BSHG	Bundessozialhilfegesetz

Bsp.	Beispiel
BStBl.	Bundessteuerblatt
BT	Bundestag
BT-Drucks.	Bundestagsdrucksache
Buchst.	Buchstabe
BUrlG	Mindesturlaubsgesetz für Arbeitnehmer, Bundesurlaubsgesetz
BuW	Zeitschrift »Betrieb und Wirtschaft«
BVerfG	Bundesverfassungsgericht
BVerfGE	Entscheidungen des Bundesverfassungsgerichts
BVerfGG	Gesetz über das Bundesverfassungsgericht, Bundesverfassungsgerichtsgesetz
BVerwG	Bundesverwaltungsgericht
BVerwGE	Entscheidungen des Bundesverwaltungsgerichts
BWNotZ	Zeitschrift für das Notariat in Baden-Württemberg
bzgl.	bezüglich
bzw.	beziehungsweise
ca.	circa
cic	culpa in contrahendo
DAV	Deutscher Anwaltsverein
DB	Zeitschrift »Der Betrieb«
DBW	Zeitschrift »Die Betriebswirtschaft«
ders.	derselbe
dgl.	dergleichen
DGO	Deutsche Gemeindeordnung
DGVZ	Deutsche Gerichtsvollzieher-Zeitung
d. h.	das heißt
Die Beiträge	Zeitschrift »Die Beiträge zur Sozial- und Arbeitslosenversicherung«
Die Justiz	Amtsblatt des Ministeriums für Justiz, Bundes- und Europaangelegenheiten Baden-Württemberg
dies.	dieselbe(n)
diff.	differenzierend
Diss.	Dissertation
DNotZ	Deutsche Notar-Zeitschrift
DöKV	Deutsch-österreichischer Konkursvertrag
DöKVAG	Ausführungsgesetz zum Deutsch-österreichischen Konkursvertrag
Dok.	Dokumentation
DOK	Zeitschrift »Die Ortskrankenkasse«
DR	Zeitschrift »Deutsches Recht«
DRiZ	Deutsche Richterzeitung
Drucks.	Drucksache
DRZ	Deutsche Rechts-Zeitschrift
DStR	1. Deutsche Steuer-Rundschau bis 1961 2. Deutsches Steuerrecht ab 1962
DStZ	Deutsche Steuer-Zeitung
DSWR	Zeitschrift »Datenverarbeitung, Steuer, Wirtschaft, Recht«

DtöKoVtr	Vertrag zwischen der Bundesrepublik Deutschland und der Republik Österreich auf dem Gebiete des Konkurs- und Vergleichs-(Ausgleichs-)rechts
DtZ	Deutsch-Deutsche Rechts-Zeitschrift
DÜVO	2. Datenübermittlungs-Verordnung
DuR	Demokratie und Recht
DVO	Durchführungsverordnung
DVR	Deutsche Verkehrssteuer-Rundschau
DZWiR	Deutsche Zeitschrift für Wirtschaftsrecht (bis 1999)
DZWIR	Deutsche Zeitschrift für Wirtschafts- und Insolvenzrecht (ab 1999)
ECU	European Currency Unit
EFG	Entscheidungen der Finanzgerichte
EG	1. Einführungsgesetz 2. Europäische Gemeinschaft
EGBGB	Einführungsgesetz zum Bürgerlichen Gesetzbuch
EGHGB	Einführungsgesetz zum Handelsgesetzbuch
EGInsO	Einführungsgesetz zur Insolvenzordnung
EGKO	Einführungsgesetz zur Konkursordnung
EGStGB	Einführungsgesetz zum Strafgesetzbuch
EheG	Ehegesetz
EignÜG	Gesetz über den Einfluss von Eignungsübungen der Streitkräfte auf Vertragsverhältnisse der Arbeitnehmer und Handelsvertreter sowie auf Beamtenverhältnisse, Eignungsübungsgesetz
Einf.	Einführung
Einl.	Einleitung
einschl.	einschließlich
EInsO	Entwurf einer Insolvenzordnung
EKH	Eigenkapitalhilfeprogramm
ErbbauVO	Verordnung über das Erbbaurecht
ErbStG	Erbschaft- und Schenkungsteuergesetz
ERP	European Recovery Program
ErsK	Zeitschrift »Die Ersatzkasse«
EStG	Einkommensteuergesetz
EStRG	Einkommensteuerreformgesetz
etc.	et cetera
EuGH	Europäischer Gerichtshof
EuGHE	Entscheidungen des Europäischen Gerichtshofes
EuGVÜ	Europäisches Übereinkommen über die gerichtliche Zuständigkeit und die Vollstreckung gerichtlicher Entscheidungen in Zivil- und Handelssachen
EuZW	Europäische Zeitschrift für Wirtschaftsrecht
EV	Einigungsvertrag, Einführungsverordnung
e. V.	eingetragener Verein
evtl.	eventuell
EWiR	Zeitschrift »Entscheidungen zum Wirtschaftsrecht« ab 1985
EzA	Entscheidungssammlung zum Arbeitsrecht

EzAÜG	Entscheidungssammlung zum Arbeitnehmerüberlassungsgesetz
f./ff.	folgend/fortfolgend(e)
FamRZ	Zeitschrift für das gesamte Familienrecht
FAZ	Frankfurter Allgemeine Zeitung
FEVS	Fürsorgerechtliche Entscheidungen der Verwaltungs- und Sozialgerichte
Ffm.	Frankfurt am Main
FG	Finanzgericht
FGG	Gesetz über die Angelegenheiten der freiwilligen Gerichtsbarkeit
FGO	Finanzgerichtsordnung
FK-InsO	Frankfurter Kommentar zur Insolvenzordnung, 3. Auflage 2001
FLF	Zeitschrift »Finanzierung, Leasing, Factoring«, vorher »Teilzahlungswirtschaft«
Fn.	Fußnote
FR	Finanz-Rundschau
FS	Festschrift
G	Gesetz
GBl.	Gesetzblatt
GBO	Grundbuchordnung
GbR	Gesellschaft bürgerlichen Rechts
GebrMG	Gebrauchsmustergesetz
gem.	gemäß
GenG	Gesetz betr. die Erwerbs- und Wirtschaftsgenossenschaften, Genossenschaftsgesetz
GeschmMG	Gesetz betr. das Urheberrecht an Mustern und Modellen, Geschmacksmustergesetz
GesO	Gesamtvollstreckungsordnung
GesRZ	Zeitschrift »Der Gesellschafter«
GewO	Gewerbeordnung
GewStDV	Gewerbesteuer-Durchführungsverordnung
GewStG	Gewerbesteuergesetz
GG	Grundgesetz
ggf.	gegebenenfalls
GK	Gemeinschaftskommentar
GK-AFG	Ambs u. a., Gemeinschaftskommentar zum Arbeitsförderungsgesetz, Loseblatt
GK-HGB	Ensthaler (Hrsg.), Gemeinschaftskommentar zum Handelsgesetzbuch, 6. Aufl. 1999
GK-SGBI	Burdenski/v. Maydell/Schellhorn, Gemeinschaftskommentar zum Sozialgesetzbuch – Allgemeiner Teil
GKG	Gerichtskostengesetz
GMBl.	Gemeinsames Ministerialblatt
GmbH	Gesellschaft mit beschränkter Haftung
GmbHG	Gesetz betr. die Gesellschaften mit beschränkter Haftung
GmbHR	Zeitschrift »GmbH-Rundschau« ab 1984
GmbH-Rdsch.	Zeitschrift »GmbH-Rundschau« bis 1983

grds.	grundsätzlich
Grdz.	Grundzüge
GrS	Großer Senat
GrEStG	Grunderwerbsteuergesetz
GrStG	Grundsteuergesetz
GRUR	Zeitschrift »Gewerblicher Rechtsschutz und Urheberrecht«
GS	Gedächtnisschrift
GuG	Zeitschrift »Grundstücksmarkt und Grundstückswert«
GVG	Gerichtsverfassungsgesetz
GVBl.	Gesetz und Verordnungsblatt
HAG	Heimarbeitsgesetz
hans.	hanseatisches
Hdb.	Handbuch
HdbInsR	Handbuch des Insolvenzrechts für die Kreditwirtschaft
HFR	Höchstrichterliche Finanzrechtsprechung
HK-InsO	Heidelberger Kommentar zur Insolvenzordnung, Eickmann, u. a. (Hrsg.)
h. M.	herrschende Meinung
HGB	Handelsgesetzbuch
HöfeO	Höfeordnung
HOLG	Hanseatisches Oberlandesgericht
HRR	Zeitschrift »Höchstrichterliche Rechtsprechung«
(hrsg.)/(Hrsg.)	herausgegeben/Herausgeber
HS	Halbsatz
i. d. F.	in der Fassung
i. d. R.	in der Regel
i. e. S.	im engeren Sinne
IHK	Industrie- und Handelskammer
IIR	Internationales Insolvenzrecht
INF	Zeitschrift »Die Information über Steuer und Wirtschaft«
InsO	Insolvenzordnung
InsolvenzRHdb	Insolvenzrechts-Handbuch, Gottwald (Hrsg.)
InsVV	Insolvenzrechtliche Vergütungsverordnung
InVo	Zeitschrift »Insolvenz & Vollstreckung«
IPRax	Zeitschrift »Praxis des Internationalen Privat- und Verfahrensrechts«
IPRG	Gesetz zur Neuregelung des Internationalen Privatrechts
i. S.	im Sinne
i. S. d.	im Sinne des/der
i. S. v.	im Sinne von
i. V. m.	in Verbindung mit
i. w. S.	im weiteren Sinne
IZPR	Internationales Zivilprozessrecht
JA	Zeitschrift »Juristische Arbeitsblätter«
JFG	Jahrbuch für Entscheidungen in Angelegenheiten der freiwilligen Gerichtsbarkeit und des Grundbuchrechts
Jg.	Jahrgang
JMBl.	Justizministerialblatt
JPrax.	Zeitschrift »Juristische Praxis«

JR	Juristische Rundschau
JurBüro	Zeitschrift »Das juristische Büro«
JURA	Zeitschrift »Juristische Ausbildung«
JuS	Zeitschrift »Juristische Schulung«
JW	Juristische Wochenschrift
JZ	Juristenzeitung
KAGG	Gesetz über Kapitalanlagegesellschaften
Kap.	Kapitel
KapAEG	Kapitalaufnahmeerleichterungsgesetz
KG	1. Kommanditgesellschaft
	2. Kammergericht
KGaA	Kommanditgesellschaft auf Aktien
KO	Konkursordnung
KölnerKomm	Zöllner, Kölner Kommentar zum Aktiengesetz
Komm.	1. Kommission
	2. Kommentar
KostO	Kostenordnung
KR	Gemeinschaftskommentar zum Kündigungsschutzgesetz und sonstigen kündigungsschutzrechtlichen Vorschriften
krit.	kritisch
KS-InsO	Kölner Schrift zur Insolvenzordnung
KSchG	Kündigungsschutzgesetz
KStG	Körperschaftsteuergesetz
KStZ	Kommunale Steuer-Zeitschrift
KTS	Zeitschrift »Konkurs-, Treuhand- und Schiedsgerichtswesen« Fortsetzung von KuT
KündFG	Kündigungsfristengesetz
KuT	Zeitschrift »Konkurs- und Treuhandwesen«
KV	Kostenverzeichnis
KVStG	Kapitalverkehrsteuergesetz
KWG	Gesetz über das Kreditwesen, Kreditwesengesetz
LAA	Landesarbeitsamt
LAG	Landesarbeitsgericht
LAGE	Entscheidungen der Landesarbeitsgerichte
LFZG	Lohnfortzahlungsgesetz
LG	Landgericht
lfd.	laufend
lit.	littera
LM	Lindenmaier/Möhring, Nachschlagewerk des Bundesgerichtshofs
LohnFG	Gesetz über die Fortzahlung des Arbeitsentgelts im Krankheitsfall, Lohnfortzahlungsgesetz
LS	Leitsatz
LSG	Landessozialgericht
LStDV	Lohnsteuer-Durchführungsverordnung
LuftfzRG	Gesetz über Rechte an Luftfahrzeugen
LuftVG	Luftverkehrsgesetz
LVA	Landesversicherungsanstalt
LZ	Leipziger Zeitschrift für Deutsches Recht

m.	mit
m. E.	meines Erachtens
MDR	Monatszeitschrift für Deutsches Recht
MHbeG	Gesetz zur Beschränkung der Haftung Minderjähriger
MinBlFin.	Ministerialblatt des Bundesministers der Finanzen
MitbestG	Gesetz über die Mitbestimmung der Arbeitnehmer, Mitbestimmungsgesetz
Mitt.	Mitteilungen
MiZi.	Allgemeine Verfügung über Mitteilungen in Zivilsachen
MK	Münchener Kommentar
MontanMitbestG	Gesetz über die Mitbestimmung der Arbeitnehmer in den Aufsichtsräten und Vorständen der Unternehmen des Bergbaus und der Eisen und Stahl erzeugenden Industrie
MünchArbR	Münchener Handbuch zumr Arbeitsrecht
MuSchG	Gesetz zum Schutz der erwerbstätigen Mutter, Mutterschutzgesetz
m. w. N.	mit weiteren Nachweisen
Nachw.	Nachweise
NdsRpfl.	Niedersächsische Rechtspflege
n. F.	neue Fassung
NJW	Neue Juristische Wochenschrift
NJW-RR	NJW-Rechtsprechungs-Report
n. r.	nicht rechtskräftig
Nr./Nrn.	Nummer/Nummern
NRW	Nordrhein-Westfalen
NStZ	Neue Zeitschrift für Strafrecht
NWB	Neue Wirtschaftsbriefe
NZA	Neue Zeitschrift für Arbeits- und Sozialrecht
NZI	Neue Zeitschrift für das Recht der Insolvenz und Sanierung
NZM	Neue Zeitschrift für Mietrecht
NZS	Neue Zeitschrift für Sozialrecht
o.	oben
o. ä.	oder ähnliches
ÖBGBl.	Österreichisches Bundesgesetzblatt
OFD	Oberfinanzdirektion
OGH	Oberster Gerichtshof Österreich
OHG	Offene Handelsgesellschaft
OLG	Oberlandesgericht
OLGE	Entscheidungen der Oberlandesgerichte
OLGZ	Entscheidungen der Oberlandesgerichte in Zivilsachen
OVG	Oberverwaltungsgericht
OWiG	Gesetz über Ordnungswidrigkeiten
PatG	Patentgesetz
PersV	Personalvertretung
PersVG	Personalvertretungsgesetz
PKH	Prozesskostenhilfe
pp.	per prokura
Prot.	Protokoll
PSVaG	Pensions-Sicherungs-Verein auf Gegenseitigkeit

RabelsZ	Rabels Zeitschrift für ausländisches und internationales Privatrecht
RAG	Reichsarbeitsgericht
RAGE	Entscheidungen des Reichsarbeitsgerichts
RAO	Reichsabgabenordnung
rd.	rund
RdA	Zeitschrift »Recht der Arbeit«
RdErl.	Runderlass
Rdnr.	Randnummer
RegE	Regierungsentwurf
RFH	Reichsfinanzhof
RFHE	Sammlung der Entscheidungen und Gutachten des Reichsfinanzhofs
RG	Reichsgericht
RGBl.	Reichsgesetzblatt
RGRK	Reichsgerichtsrätekommentar
RGSt	Entscheidungen des Reichsgerichts in Strafsachen
RGZ	Entscheidungen des Reichsgerichts in Zivilsachen
RiLi	Richtlinie
RIW	Recht der Internationalen Wirtschaft
RKG	Reichsknappschaftsgesetz
ROHG	Reichsoberhandelsgericht
Rpfleger	Zeitschrift »Der Deutsche Rechtspfleger«
RpflG	Rechtspflegergesetz
RRG	Rentenreformgesetz
RsDE	Beiträge zum Recht der sozialen Dienste und Einrichtungen
rsp.	respektive
Rspr.	Rechtsprechung
Rspr.-Dienst	Rechtsprechungsdienst der Sozialgerichtsbarkeit
RStBl.	Reichssteuerblatt
RTV	Rahmentarifvertrag
RV	Zeitschrift »Die Rentenversicherung«
RVO	Reichsversicherungsordnung
RWS	RWS-Skript, Verlag Kommunikationsforum Recht – Wirtschaft – Steuern
Rz.	Randziffer
s.	siehe
S.	Seite
SAE	Sammlung arbeitsrechtlicher Entscheidungen
ScheckG	Scheckgesetz
SchiffsRG	Gesetz über Rechte an eingetragenen Schiffen und Schiffsbauwerken
SchiffsRO	Schiffsregisterordnung
SchlHAnz.	Schleswig-Holsteinische Anzeigen
SchKG	Bundesgesetz über Schuldbetreibung und Konkurs Schweiz
SdL	Zeitschrift »Soziale Sicherheit in der Landwirtschaft«
SeemG	Seemannsgesetz
Sen.	Senat
SeuffArch	Seufferts Archiv für Entscheidungen der obersten Gerichte

SG	Sozialgericht
SGb	Zeitschrift »Die Sozialgerichtsbarkeit«
SGB	Sozialgesetzbuch
SGG	Sozialgerichtsgesetz
SJZ	1. Schweizerische Juristen-Zeitung
	2. Süddeutsche Juristenzeitung
s. o.	siehe oben
sog.	so genannte
SozR	Zeitschrift »Sozialrecht«
SozSich.	Zeitschrift »Soziale Sicherheit«
Sp.	Spalte
SR	Systematische Sammlung des Bundesrechts Schweiz
st.	ständig(e/er)
StA	Staatsanwaltschaft
StAnpG	Steueranpassungsgesetz
StBerG	Steuerberatungsgesetz
StbJb	Steuerberater-Jahrbuch
StGB	Strafgesetzbuch
StPO	Strafprozessordnung
str.	streitig
StrÄndG	Strafrechtsänderungsgesetz
StrEG	Gesetz über die Entschädigung für Strafverfolgungsmaßnahmen
StRK	Höchstgerichtliche Entscheidungen in Steuersachen (Steuerrechtsprechung in Karteiform)
st. Rspr.	ständige Rechtsprechung
StudKomm	Studienkommentar
StuW	Steuer und Wirtschaft
StVollzG	Strafvollzugsgesetz
StWa	Zeitschrift »Steuer-Warte«
teilw.	teilweise
TVG	Tarifvertragsgesetz
TzBfG	Gesetz über Teilzeitarbeit und befristete Arbeitsverträge
u.	unten/und
u. a.	unter anderem
u. ä.	und ähnliches
u. ä. m.	und ähnliches mehr
UrhG, UrhRG	Gesetz über Urheberrecht und verwandte Schutzrechte, Urheberrechtsgesetz
UR	Umsatzsteuer-Rundschau
Urt.	Urteil
USK	Urteilssammlung für die gesetzliche Krankenversicherung
UStDV	Umsatzsteuer-Durchführungsverordnung
UStG	Umsatzsteuergesetz
usw.	und so weiter
u. U.	unter Umständen
UWG	Gesetz gegen den unlauteren Wettbewerb
v.	vom, von

VAG	Gesetz über die Beaufsichtigung der privaten Versicherungsunternehmungen und Bausparkassen, Versicherungsaufsichtsgesetz
VerbrKrG	Verbraucherkreditgesetz
VerglO	Vergleichsordnung
VergütVO/ VergVO	Verordnung über die Vergütung des Konkursverwalters, des Vergleichsverwalters, der Mitglieder des Gläubigerausschusses und der Mitglieder des Gläubigerbeirats, Vergütungsverordnung
VerlG	Gesetz über das Verlagsrecht
VermBG	Gesetz zur Förderung der Vermögensbildung der Arbeitnehmer
VermG	Gesetz zur Regelung offener Vermögensfragen
VersR	Zeitschrift »Versicherungsrecht«
Vfg.	Verfügung
VG	Verwaltungsgericht
VGH	Verwaltungsgerichtshof
vgl.	vergleiche
VglO	Vergleichsordnung
v. H.	von Hundert, %
VIZ	Zeitschrift für Vermögens- und Investitionsrecht
VO	Verordnung
VOB	Verdingungsordnung für Bauleistungen
VRG	Vorruhestandsgesetz
VRTV	Vorruhestandtarifvertrag
VStG	Vermögensteuergesetz
VuR	Zeitschrift »Verbraucher und Recht«
VVaG	Versicherungsverein auf Gegenseitigkeit
VVG	Gesetz über den Versicherungsvertrag, Versicherungsvertragsgesetz
Vw.	Verwaltung
VW	Zeitschrift »Versicherungswirtschaft«
VwGO	Verwaltungsgerichtsordnung
VwVfG	Verwaltungsverfahrensgesetz
VwVG	Verwaltungsvollstreckungsgesetz
VZS	Vereinigte Zivilsenate
WahlO	Wahlordnung
WEG	Gesetz über das Wohnungseigentum und das Dauerwohnrecht, Wohnungseigentumsgesetz
WarnRspr.	Sammlung zivilrechtlicher Entscheidungen des Reichsgerichts, Warneyer-Rechtsprechung
WG	Wechselgesetz
WiB	Zeitschrift »Wirtschaftsrechtliche Beratung«
WiKG	Gesetz zur Bekämpfung der Wirtschaftskriminalität
WiSt	Zeitschrift »Wirtschaftswissenschaftliches Studium«
WiStG	Gesetz zur Vereinfachung des Wirtschaftsstrafrechts, Wirtschaftsstrafgesetz
WiStra	Zeitschrift für Wirtschaft, Steuer und Strafrecht
WM	Zeitschrift »Wertpapier-Mitteilungen«

WpflG	Wehrpflichtgesetz
WPg.	Zeitschrift »Die Wirtschaftsprüfung«
WPO	Wirtschaftsprüfungsordnung
WRV	Weimarer Reichsverfassung
WuB	Entscheidungssammlung zum Wirtschafts- und Bankrecht
WuM	Zeitschrift »Wohnungswirtschaft und Mietrecht«
WuW	Zeitschrift »Wirtschaft und Wettbewerb«
WZG	Warenzeichengesetz
WzS	Zeitschrift »Wege zur Sozialversicherung«
ZAkDR	Zeitschrift der Akademie für Deutsches Recht
ZAP	Zeitschrift für die Anwaltspraxis
z. B.	zum Beispiel
ZBB	Zeitschrift für Bankrecht und Bankwirtschaft
ZBR	Zeitschrift für Beamtenrecht
ZB Reform	Zweitbericht der Kommission für Insolvenzrecht
ZDG	Gesetz über den Zivildienst der Kriegsdienstverweigerer, Zivildienstgesetz
ZEuP	Zeitschrift für Europäisches Privatrecht
ZfA	Zeitschrift für Arbeitsrecht
ZfB	Zeitschrift für Betriebswirtschaft
zfbf	Zeitschrift für betriebswirtschaftliche Forschung
ZfG	Zeitschrift für das gesamte Genossenschaftswesen
zfo	Zeitschrift »Führung und Organisation«
ZfS	Zentralblatt für Sozialversicherung, Sozialhilfe und Versorgung
ZfSH	Zeitschrift für Sozialhilfe
ZfZ	Zeitschrift für Zölle und Verbrauchsteuern
ZGR	Zeitschrift für Unternehmens- und Gesellschaftsrecht
ZgS	Zeitschrift für die gesamte Staatswissenschaft
ZHR	Zeitschrift für das gesamte Handelsrecht und Wirtschaftsrecht
Ziff.	Ziffer
ZIP	Zeitschrift für Wirtschaftsrecht und Insolvenzpraxis
zit.	zitiert
ZInsO	Zeitschrift für das gesamte Insolvenzrecht
ZivildienstG	Zivildienstgesetz
ZKF	Zeitschrift für Kommunalfinanzen
ZKredW	Zeitschrift für das gesamte Kreditwesen
ZKW	Zeitschrift für Kreditwesen
ZMR	Zeitschrift für Miet- und Raumrecht
ZPO	Zivilprozessordnung
ZRP	Zeitschrift für Rechtspolitik
ZStW	Zeitschrift für die gesamte Strafrechtswissenschaft
z. T.	zum Teil
ZuSEG	Gesetz über die Entschädigung von Zeugen und Sachverständigen
zust.	zustimmend
ZVersWiss	Zeitschrift für die gesamte Versicherungswissenschaft

ZVG	Gesetz über die Zwangsversteigerung und die Zwangsverwaltung, Zwangsversteigerungsgesetz
ZVglRWiss	Zeitschrift für vergleichende Rechtswissenschaft
ZZP	Zeitschrift für Zivilprozess

1. KAPITEL – DAS REGELVERFAHREN: INSOLVENZGRÜNDE UND WIRKUNGEN – DAS ANTRAGSVERFAHREN

Inhalt

Seite

A.	Zulässigkeit des Insolvenzverfahrens	4
I.	Insolvenzantrag	4

1. Antragsverfahren 4
   a) Gläubigerantrag 4
   b) Schuldnerantrag 5
   c) Antragspflicht für juristische Personen 5
2. Der Insolvenzantrag als Prozesshandlung 7
   a) Partei- und Prozessfähigkeit 8
   b) Bedingung und Befristung............................. 9
   c) Widerruf und Anfechtbarkeit 10
3. Form des Insolvenzantrags 10

II. Eigenantrag des Schuldners 10

1. Antragsrecht des Schuldners 11
   a) Natürliche Person 11
   b) Antragsberechtigung juristischer Personen und Gesellschaften ohne Rechtspersönlichkeit 11
   c) Rücknahme des Insolvenzantrags...................... 13
2. Inhalt des Antrags 14
   a) Darlegung des Eröffnungsgrundes 15
   b) Glaubhaftmachung 15
   c) Sonderfall: Verbraucherinsolvenzverfahren.............. 16
   d) Mit dem Insolvenzantrag verbundene Anträge 16

III. Fremdantrag eines Gläubigers 17

1. Antragsrecht des Gläubigers 17
2. Forderung des Gläubigers................................. 18
   a) Bestehen der Forderung 18
   b) Glaubhaftmachung der Forderung..................... 19
   c) Gegenglaubhaftmachung............................. 20
3. Eröffnungsgrund 21
   a) Glaubhaftmachung der Zahlungsunfähigkeit............. 21
   b) Gegenglaubhaftmachung............................. 23

Hefermehl

		4.	Das rechtliche Interesse an der Insolvenzeröffnung	23
			a) Vollstreckung auf einfachere, schnellere und zweckmäßigere Weise	23
			b) Keine Befriedigungsaussichten	24
			c) Verfolgung insolvenzfremder Zwecke	24
			d) Höhe der Gläubigerforderung	25
		5.	Antragsrücknahme	25
	IV.		Zuständigkeit des Insolvenzgerichtes	26
		1.	Zuständigkeit des Amtsgerichts	26
			a) Umfassende (sachliche) Zuständigkeit	26
			b) Aufgabenkonzentration	26
		2.	Funktionelle Zuständigkeit	27
		3.	Örtliche Zuständigkeit.	28
			a) Maßgebender Zeitpunkt	28
			b) Mittelpunkt einer selbstständigen wirtschaftlichen Tätigkeit..	29
			c) Allgemeiner Gerichtsstand	31
			d) Örtliche Zuständigkeit mehrerer Insolvenzgerichte	32
			e) Prüfung von Amts wegen	32
			f) Rechtsmittel und Verweisung	32
			g) Internationale Zuständigkeit	34
	V.		Insolvenzfähigkeit des Schuldners	35
		1.	Begriff	35
			a) Sonderinsolvenz	35
			b) Prozessfähigkeit des Schuldners	35
		2.	Natürliche Personen	36
		3.	Juristische Personen	37
		4.	Nicht rechtsfähiger Verein	38
		5.	Juristische Personen des öffentlichen Rechtes	38
		6.	Gesellschaften ohne Rechtspersönlichkeit	38
			a) Offene Handelsgesellschaft	39
			b) Kommanditgesellschaft	39
			c) Gesellschaft bürgerlichen Rechts	39
		7.	Partnerreederei, EWIV	41
		8.	Sonderinsolvenzen	41
		9.	Ende der Insolvenzfähigkeit	41
	VI.		Prüfung der Zulässigkeit des Insolvenzantrags	42
		1.	Zurückweisung des Antrags als unzulässig	42
		2.	Rechtsmittel gegen die Zurückweisung	43
		3.	Zulassung des Antrags	43
B.			Die Insolvenzgründe	43
	I.		Funktion der Insolvenzgründe	43
		1.	Allgemeines	43
		2.	Rechtzeitige Verfahrenseröffnung..........................	44
		3.	Betriebswirtschaftliche Krise und Insolvenzgründe	45

Hefermehl

II.	Zahlungsunfähigkeit	46
	1. Allgemeiner Eröffnungsgrund	46
	2. Begriff	46
	3. Merkmale der Zahlungsunfähigkeit	47
	a) Bestehende Zahlungspflicht	47
	b) Fälligkeit der Zahlungspflicht	47
	c) Mangel an Zahlungsmitteln	49
	d) Verzicht auf das Merkmal der »Dauer«	49
	e) Verzicht auf das Merkmal der »Wesentlichkeit«	51
	4. Feststellung der Zahlungsunfähigkeit	52
	a) Finanzplan	52
	b) Zahlungseinstellung	53
III.	Drohende Zahlungsunfähigkeit	54
	1. Zweck des Insolvenzgrunds	54
	2. Feststellung der drohenden Zahlungsunfähigkeit	55
	a) Verbindlichkeiten	55
	b) Ungewisse Verbindlichkeiten und drohende Verluste	55
	c) Prognosezeitraum	56
	3. Verfahren	56
IV.	Überschuldung	57
	1. Besonderer Insolvenzgrund für juristische Personen	57
	2. Bedeutung des Insolvenzgrunds	58
	3. Begriff der Überschuldung	59
	a) Unterbilanz	59
	b) Bilanzielle Überschuldung	59
	4. Prüfung der Überschuldung	60
	a) Zweistufige (alternative) Prüfung	60
	b) Modifizierte zweistufige Prüfung	60
	5. Fortführungsprognose	61
	a) Unternehmenskonzept	62
	b) Finanzplan	62
	c) Ergebnis der Fortführungsprognose	63
	d) Prüfung der Überschuldung	63
	6. Aufstellung des Überschuldungsstatus	64
	a) Bewertung bei positiver Fortführungsprognose	64
	b) Bewertung bei negativer Fortführungsprognose	65
	c) Bewertung von Aktiva und Passiva	66
	7. Eintritt der Überschuldung	70
	a) Bei positiver Fortführungsprognose	70
	b) Bei negativer Fortführungsprognose	71
V.	Prüfung und Feststellung des Eröffnungsgrundes durch das Insolvenzgericht	71
	1. Vorliegen des Eröffnungsgrundes	71
	2. Prüfung von Amts wegen	72
	3. Sonderfall: Die Gläubigerforderung ist insolvenzbegründend	72
	4. Darlegungs- und Beweislast	73
	5. Rechtsmittel	73

Hefermehl

A. Zulässigkeit des Insolvenzverfahrens

1 Nach Eingang eines Insolvenzantrags hat das Insolvenzgericht zu prüfen, ob dieser zulässig ist. Das Zulassungsverfahren stellt eine Vorprüfung[1] dar. Bereits die Eröffnung des vorläufigen Insolvenzverfahrens kann sich wegen der damit verbundenen Bekanntmachung, § 23, auf die wirtschaftlichen Verhältnisse des Schuldners nachteilig, mitunter sogar existenzvernichtend auswirken. War zum Zeitpunkt der Antragstellung das schuldnerische Unternehmen noch nicht insolvenzreif, so tritt diese oftmals nachfolgend ein, wenn Gläubiger und Kundschaft hiervon unterrichtet werden. Die Voraussetzungen für die Zulassung des Insolvenzantrags sind deshalb mit besonderer Sorgfalt vom Insolvenzgericht zu prüfen.

2 In diesem Verfahrensabschnitt besteht eine selbstständige Ermittlungspflicht des Insolvenzgerichtes gem. § 5 Abs. 1 noch nicht.[2] Die Prüfung erfolgt ausschließlich anhand der Angaben des Antragstellers.[3] Dem Insolvenzgericht obliegt allerdings eine Hinweispflicht nach § 139 ZPO, wenn behebbare Mängel vorliegen.[4]

I. Insolvenzantrag

1. Antragsverfahren

3 Die Eröffnung des Insolvenzverfahrens erfordert einen Antrag. Das Insolvenzverfahren kann nicht von Amts wegen eingeleitet werden; es handelt sich immer um ein Antragsverfahren.

a) Gläubigerantrag

4 Gläubiger werden im Grundsatz bevorzugen, ihre offenen Ansprüche im Wege der Einzelzwangsvollstreckung gegenüber dem Schuldner zu realisieren. Der Anspruch auf vollständige Befriedigung bleibt erhalten und sie können den Ablauf des Zwangsvollstreckungsverfahrens steuern. Demgegenüber bilden die Gläubiger im Insolvenzverfahren eine sog. Verlustgemeinschaft; sie werden nur gemeinschaftlich befriedigt und besitzen deshalb auch nur einen Anspruch auf quotenmäßige Befriedigung.[5] Der Gläubiger muss deshalb vor Stellung des Insolvenzantrages sorgfältig prüfen, ob die Durchführung eines Insolvenzverfahrens für ihn voraussichtlich wirt-

---

1 Haarmeyer/Wutzke/Förster, Handbuch zur Insolvenzordnung, 3. Aufl. 2001, Kap. 3 Rdnr. 13.
2 HK-InsO/Kirchhof, 2. Aufl. 2001, § 14 Rdnr. 27; MK-InsO/Ganter, 2001 ff., § 5 Rdnr. 13.
3 OLG Zweibrücken ZIP 2000, 2172.
4 LG Mannheim NZI 2000, 490.
5 Häsemeyer, Insolvenzrecht, 2. Aufl. 1998, Rdnr. 2.17.

schaftlich vorteilhafter sein wird, als ein weiteres Vorgehen im Rahmen der Einzelzwangsvollstreckung.

Mit der Stellung eines Insolvenzantrags sind zudem für den Gläubiger Kostenrisiken verbunden.[6] Nach § 50 Abs. 1 GKG ist er Kostenschuldner, wenn der Insolvenzantrag z. B. mangels Masse nach § 26 abgewiesen wird. Wird Sicherungsgut im Insolvenzverfahren vom Verwalter verwertet, so sind aus dem Verwertungserlös Kostenbeiträge gem. § 171 an die Masse zu bezahlen, die ansonsten nicht anfallen.

b) Schuldnerantrag

Insolvenzverfahren werden überwiegend aufgrund von Eigenanträgen des Schuldners eröffnet. Eine Verpflichtung zur Antragstellung besteht nicht, wenn es sich bei dem Schuldner um eine natürliche Person handelt.[7] Ist diese nicht selbstständig tätig, müssen jedoch für den Eröffnungsantrag wie auch die Verfahrensabwicklung die besonderen Bestimmungen für das Verbraucherinsolvenzverfahren und sonstige Kleinverfahren nach den §§ 304 ff. beachtet werden. In den Anwendungsbereich dieser Vorschriften fallen auch Schuldner als natürliche Personen, die eine selbstständige wirtschaftliche Tätigkeit ausüben unter der Voraussetzung, dass ihre Vermögensverhältnisse überschaubar sind und gegen sie keine Forderungen aus Arbeitsverhältnissen bestehen, § 304 Abs. 1.

Eine Antragspflicht besteht auch nicht für Personenhandelsgesellschaften[8] mit mindestens einem persönlich haftenden Gesellschafter. In der Praxis wird deshalb zur Vermeidung der Pflicht zur Stellung eines Insolvenzantrages bei einer GmbH & Co. KG versucht, einen – i. d. R. vermögenslosen – persönlich haftenden Gesellschafter in das Unternehmen aufzunehmen oder die Komplementär-GmbH durch ihn zu ersetzen. Befindet sich das Unternehmen bereits in der Krise, so kann durch derartig manipulierte Gesellschaftsverhältnisse die Antragspflicht der Geschäftsleitung nicht wirksam aufgehoben werden.

c) Antragspflicht für juristische Personen

Die Vertreter juristische Personen haben gesetzliche Pflichten zur Stellung eines Insolvenzantrages zu beachten. Liegt ein gesetzlicher Eröffnungsgrund vor, so ist das Unternehmen in das Insolvenzverfahren zu überführen, in dem – unter maßgebender Beteiligung der Gläubiger – über dessen Liquidation oder Fortführung zu entscheiden ist. Sobald der organschaftliche Vertreter die Insolvenzreife erkennt, hat er die Pflicht, ohne schuldhaftes

---

6 MK-InsO/Hefermehl, § 54 Rdnr. 12 f.
7 Ein Anreiz zur Antragstellung ergibt sich für Verbraucher aus der Möglichkeit der Restschuldbefreiung nach, §§ 283 ff.
8 Dazu zählen die BGB-Gesellschaft wie auch die Partnerschaft, vgl., §§ 1 Abs. 1, 8, PartGG.

Zögern spätestens innerhalb der maximalen Frist von drei Wochen die Eröffnung des Insolvenzverfahrens zu beantragen.[9] Dieser Zeitraum verbleibt damit noch, um durch Kapitalzufuhr oder sonstige Maßnahmen das Insolvenzverfahren abzuwenden. Ohne konkrete Sanierungschancen darf jedoch die 3-Wochen-Frist nicht ausgeschöpft werden.[10] Die Pflicht zur rechtzeitigen Stellung des Insolvenzantrags bezweckt, die gegenwärtigen wie auch künftigen Gläubiger vor einer weiteren Gefährdung ihrer Vermögensinteressen zu schützen. Schuldhafte Verletzungen der Insolvenzantragspflicht sind sowohl zivil- wie auch strafrechtliche sanktioniert, vgl. §§ 64 Abs. 2, 84 Abs. 1 Nr. 2 GmbHG, §§ 93 Abs. 2 Satz 2, 401 Abs. 1, 283 Nr. 14 AktG.

9   Antragsverpflichtet sind gemäß den jeweiligen gesetzlichen Bestimmungen:

10
- Aktiengesellschaft, §§ 92 Abs. 2, 268 Abs. 2 AktG
- GmbH, §§ 64 Abs. 1, 71 Abs. 4 GmbHG
- Genossenschaft, § 99 Abs. 1 GenG
- rechtsfähiger Verein, §§ 42 Abs. 2, 48 Abs. 2 BGB
- Stiftung, §§ 53, 86 BGB
- Körperschaften, Stiftungen und Anstalten des öffentlichen Rechtes, soweit Insolvenzfähigkeit besteht, § 89 Abs. 2 i. V. m. § 42 Abs. 2, 48 Abs. 2 BGB
- offene Handelsgesellschaft sowie Kommanditgesellschaft, wenn keine der persönlich haftenden Gesellschafter eine natürliche Person ist, §§ 130 a, 177 a HGB
- europäische wirtschaftliche Interessenvereinigung, § 11 Satz 2, 1 EwiV-AG
- In der Nachlassinsolvenz bestehen Antragspflichten für die Erben, § 1980 BGB, den Nachlassverwalter und Testamentsvollstrecker, §§ 1985 Abs. 2, 2219 Abs. 1 BGB)

11 Die Antragspflicht trifft jeden einzelnen organschaftlichen Vertreter. Sie ist unabhängig von der satzungsgemäßen Ausgestaltung der Vertretungsbefugnis, internen Zuständigkeitsverteilungen[11] oder tatsächlichen Einflussmöglichkeiten.[12] Im Hinblick auf die Antragspflicht sind Geschäftsführer bzw. Vorstand verpflichtet, die wirtschaftliche Lage des Unternehmens mit der Sorgfalt eines ordentlichen Kaufmanns laufend zu beobachten.[13] Sind Anzeichen einer Krise erkennbar, haben sie insbesondere zu prüfen, ob Zahlungsunfähigkeit und Überschuldung eingetreten sind. Zu diesem Zweck ist u. a. ein Liquiditätsplan und eine Vermögensübersicht aufzustellen.[14] Empfehlenswert ist in jedem Fall auch die fachkundige Beratung.[15]

---

9 BGH NJW 1994, 2220; NJW 1979, 1823; BayObLG BB 2000, 1314.
10 BGH NJW 1979, 1823.
11 BGH NJW 1995, 2850.
12 OLG Naumburg BB 1999, 1570.
13 BGH NJW 1994, 2149; MK-InsO/Schmahl, § 15 Rdnr. 76 f.
14 BGH NJW 2000, 668; NJW 1994, 2220.
15 OLG Düsseldorf NZI 1999, 156.

Hefermehl

Zur Insolvenzantragstellung verpflichtet ist auch der faktische Geschäftsführer.[16] Voraussetzung ist, dass er tatsächlich nach außen hin die Geschäfte wie ein solcher führt und dadurch die bestellten organschaftlichen Vertreter im maßgeblichen Umfang verdrängt.[17]

Wird der Geschäftsführer von seinem Amt abberufen oder endet dieses aufgrund (wirksamer) Niederlegung, so ist dieser grundsätzlich nicht mehr zur Stellung eines Insolvenzantrags berechtigt. Damit besteht für ihn auch nicht mehr die Verpflichtung zur Antragstellung.[18] Durch eine Beendigung seiner Amtsstellung kann der Geschäftsführer jedoch nicht nachträglich die Rechtsfolgen beseitigen, die aus einer bereits eingetretenen Verletzung der Antragspflicht sich ergeben.[19] Die Antragspflicht entfällt für die organschaftlichen Vertreter nicht dadurch, dass von einem Gläubiger Insolvenzantrag gestellt wurde. Dieser ist berechtigt, diesen wieder zurückzunehmen, § 13 Abs. 2. Erst nach Verfahrenseröffnung besteht die Antragspflicht nicht mehr.

Die Gesellschafter der juristischen Person sind nicht zur Stellung des Insolvenzantrags verpflichtet.[20] Dies wäre nur anders, wenn sie die Stellung eines faktischen Geschäftsführers einnehmen. Auch besteht für eine BGB-Gesellschaft keine Antragspflicht, da sie ihren Gläubigern – wie natürliche Personen – unbeschränkt haftet.

2. Der Insolvenzantrag als Prozesshandlung

Der Antrag auf Eröffnung des Insolvenzverfahrens ist Prozesshandlung.[21] Seine Wirksamkeit richtet sich deshalb nach den Vorschriften der Zivilprozessordnung, § 4. Der Antrag muss eindeutig erkennbar auf die Eröffnung eines Insolvenzverfahrens über das schuldnerische Vermögen oder über ein Sondervermögen i. S. d. § 11 Abs. 2 Nr. 2 gerichtet sein.[22] Der Antragsteller muss indes nicht angeben, ob das Insolvenzverfahren als Regelinsolvenz- oder Verbraucherinsolvenzverfahren abgewickelt werden soll. Das Gericht hat aufgrund eigener Ermittlungen gem. § 5 zu entscheiden, welches die einschlägige Verfahrensart ist.[23] Dies gilt auch hinsichtlich eines Insolvenzantrags über das Inlandsvermögen eines Schuldners mit ausländischem Gerichtsstand nach Art. 102 Abs. 3 EG-InsO. Der Antragsteller hat die Mög-

---
16 BGH NJW 2000, 2285; Lutter/Hommelhoff, GmbH-Gesetz, 15. Aufl. 2000, § 63 Rdnr. 10 m. w. N.; strittig, nach a. A. ist der faktische Geschäftsführer nur verpflichtet, dafür zu sorgen, dass die organschaftlich bestellten Vertreter rechtzeitig Eröffnungsantrag stellt, MK-InsO/Schmahl, § 15 Rdnr. 44.
17 Kübler/Prütting, Kommentar zur Insolvenzordnung, 3. Lfg. 2001, § 15 Rdnr. 14; FK-InsO/Schmerbach, 3. Aufl. 2002, § 15 Rdnr. 11.
18 Kübler/Prütting, a. a. O., § 15 Rdnr. 8.
19 MK-InsO/Schmahl, § 15 Rdnr. 73.
20 BayObLG ZIP 1999, 1599.
21 Häsemeyer, a. a. O., Rdnr. 7.06.
22 Haarmeyer/Wutzke/Förster, a. a. O., Kap. 3 Rdnr. 18.
23 AG Hamburg ZIP 2000, 323; LG Mannheim NZI 2000, 490; LG Kassel NZI 2000, 34.

lichkeit, den Antrag auf eine bestimmte Verfahrensart, z. B. Verbraucherinsolvenzverfahren, zu beschränken.[24] Der Antrag ist nur dann zulässig, wenn auch die Zulässigkeitsvoraussetzungen für die gewählte Verfahrensart vorliegen. Ist das nicht der Fall, muss der Antrag durch Beschluss vom Insolvenzgericht als unzulässig abgewiesen werden.[25]

16 Im Antrag sind die Beteiligten möglichst genau zu bezeichnen, damit deren Identität einwandfrei festgestellt werden kann. Anzugeben sind deshalb Vor- und Zunamen oder die vollständige Firma.[26] Ebenso sind anzugeben die Rechtsform sowie die zustellungsfähigen Anschriften der Beteiligten.[27] Ist der Schuldner im Handelsregister eingetragen, so ist dieses vorzulegen, jedenfalls muss das Gericht anhand der Angaben einen Registerauszug anfordern können.[28]

17 Die ladungsfähige Anschrift des Schuldners muss nicht zwangsläufig angegeben werden. Ist diese unbekannt, so hat der Antragsteller die Voraussetzungen für eine öffentliche Zustellung darzulegen. Der Antragsteller hat auch die erforderlichen Angaben zur Prüfung der örtlichen Zuständigkeit des angerufenen Insolvenzgerichtes zu machen,[29] insbesondere dann, wenn der Mittelpunkt der selbstständigen wirtschaftlichen Tätigkeit und der allgemeine Gerichtsstand des Schuldners abweichen, vgl. § 3 Abs. 1. Weist der Insolvenzantrag Mängel auf, so hat das Insolvenzgericht durch Verfügung hierauf hinzuweisen und ggf. auf die Behebung der Mängel hinzuwirken.[30] Kann das Insolvenzgericht davon ausgehen, dass die bestehenden Zweifel an der Zulässigkeit ohne weiteres ausgeräumt werden können, ist es nicht gehindert, bereits mit der Prüfung der Begründetheit des Insolvenzantrags zu beginnen und insoweit auch zur Verhinderung einer nachteiligen Veränderung der Vermögenslage Sicherungsmaßnahmen nach § 21 anzuordnen.

a)   Partei- und Prozessfähigkeit

18 Der Antragsteller muss partei- und prozessfähig sein. Bestehen hieran Zweifel, sind diese vom Antragsteller auszuräumen, da dem Insolvenzgericht im Zulassungsverfahren keine Ermittlungspflicht gem. § 5 trifft.[31] Bei juristischen Personen oder Gesellschaften ohne Rechtspersönlichkeit erfolgt die Antragstellung durch die vertretungsberechtigten Organe, vgl. hierzu im

---

24 OLG Köln NZI 2000, 542; OLG Celle NZI 2000, 229; OLG Schleswig NZI 2000, 164.
25 HK-InsO/Kirchhof, § 14 Rdnr. 28.
26 HK-InsO/Schmahl, § 13 Rdnr. 77.
27 Haarmeyer/Wutzke/Förster, a. a. O., Kap. 3 Rdnr. 20.
28 FK-InsO/Schmerbach, § 14 Rdnr. 12.
29 FK-InsO/Schmerbach, § 14 Rdnr. 13.
30 Haarmeyer/Wutzke/Förster, a. a. O., Kap. 3 Rdnr. 34; HK-InsO/Kirchhof, § 14 Rdnr. 28.
31 OLG Zweibrücken NZI 2000, 32.

Einzelnen § 15. Der Antrag eines Prozessunfähigen ist durch dessen gesetzlichen Vertreter zu stellen,[32] ansonsten ist er als unzulässig abzuweisen.

Die Antragstellung kann auch durch einen bevollmächtigten Vertreter erfolgen, der das Bestehen der Vollmacht jedoch nachzuweisen hat. Ein Rechtsanwalt hat dagegen die schriftliche Vollmacht[33] nur auf Verlangen des Gerichtes oder Rüge des Gegners vorzulegen, §§ 88 ZPO i. V. m. 4.

b) Bedingung und Befristung

Der Eröffnungsantrag ist bedingungs- und befristungsfeindlich.[34] Der Antragsteller kann deshalb die Stellung des Insolvenzantrags nicht mit folgenden Einschränkungen verknüpfen:

- Die Stellung des Insolvenzantrags wird davon abhängig gemacht, dass zugleich dem Antrag auf Eigenverwaltung entsprochen wird.[35]
- Der Antragsteller verlangt bei Antragstellung, dass das Insolvenzgericht von der Anordnung bestimmter Sicherungsmaßnahmen absieht bzw. diese anordnet.[36]
- Die Antragstellung wird von der Einsetzung einer bestimmten Person zum Insolvenzverwalter abhängig gemacht.
- Die Antragstellung erfolgt unter der Bedingung, dass dem Antragsteller keine Kosten entstehen.
- Der Insolvenzantrag wird vorsorglich gestellt für den Fall des Eintritts eines Insolvenzgrunds.[37]

Der Ablauf des Eröffnungsverfahrens wird vom Insolvenzgericht bestimmt. Auf diesen darf der Antragsteller im Interesse der Gesamtheit der Gläubiger keinen unsachlichen Einfluss ausüben. Als statthaft ist es jedoch anzusehen, den Insolvenzantrag an innerprozessuale Bedingungen zu knüpfen, wie z. B. an die Bewilligung der Prozesskostenhilfe.[38] Auch wenn der Schuldner die Eröffnung des Regelinsolvenzverfahrens beantragt, verbleibt ihm die Möglichkeit, hilfsweise die Eröffnung des Verbraucherinsolvenzverfahrens über sein Vermögen zu beantragen. Beantragt ein Gläubiger die Eröffnung des Insolvenzverfahrens, so kann der Schuldner den Antrag auf Zurückweisung in zulässiger Weise mit dem Hilfsantrag auf Durchführung des Verbraucherinsolvenzverfahrens verbinden.[39]

---

32 Häsemeyer, a. a. O., Rdnr. 7.06.
33 AG Köln InVo 1999, 82.
34 HK-InsO/Kirchhof, § 13 Rdnr. 3.
35 Schlegel, ZIP 1999, 954, 957.
36 Haarmeyer/Wutzke/Förster, a. a. O., Kap. 3 Rdnr. 25.
37 AG Köln NZI 2000, 284.
38 OLG Köln ZIP 2000, 1033.
39 Haarmeyer/Wutzke/Förster, a. a. O., Kap. 3 Rdnr. 26.

Hefermehl

c) Widerruf und Anfechtbarkeit

22 Der Insolvenzantrag ist wegen seines Charakters als Prozesshandlung wegen Willensmängel nicht anfechtbar.[40] Gleichfalls kommt ein Widerruf nicht in Betracht. Dem Antragsteller verbleibt nur die Möglichkeit, innerhalb der zeitlichen Grenzen des § 13 Abs. 2 den Antrag wieder zurückzunehmen.

3. Form des Insolvenzantrags

23 Die Stellung des Insolvenzantrags ist im Regelinsolvenzverfahren an keine bestimmte Form gebunden. Die Antragstellung kann schriftlich oder zu Protokoll der Geschäftsstelle des Insolvenzgerichtes erfolgen. Benutzt der Antragsteller ein Fax, was zulässig ist, tritt bereits Anhängigkeit mit Eingang des Schreibens beim Insolvenzgericht ein.[41] Soweit vom Antragsteller für die Glaubhaftmachung der Eröffnungsvoraussetzungen Unterlagen vorzulegen sind, müssen diese i. d. R. jedoch im Original vorgelegt werden.[42]

Der Eröffnungsantrag des Schuldners im Verbraucherinsolvenzverfahren muss gem. § 305 schriftlich erfolgen.

II. Eigenantrag des Schuldners

24 Der Schuldner ist nach § 13 in jedem Fall berechtigt, die Eröffnung des Verfahrens über sein eigenes Vermögen zu beantragen. Der Eigenantrag des Schuldners ist – auch wenn sich dies nicht klar aus dem Gesetz ergibt – auf seine Zulässigkeit hin zu prüfen.[43] Zwar ist i. d. R. nicht zu erwarten, dass sich ein Schuldner ohne Bestehen eines Insolvenzgrundes »freiwillig« einem Insolvenzverfahren aussetzt; die missbräuchliche Antragstellung ist jedoch nicht ausgeschlossen, insbesondere im Hinblick auf die Möglichkeiten der Restschuldbefreiung nach §§ 1, 286 ff. Zur Zulässigkeit des Antrags gehört, dass der Schuldner sein Antragsrecht sowie einen in Frage kommenden gesetzlichen Eröffnungsgrund darlegt.[44]

---

40 MK-InsO/Schmahl, § 13 Rdnr. 63.
41 FK-InsO/Schmerbach, § 14 Rdnr. 10.
42 Haarmeyer/Wutzke/Förster, a. a. O., Kap. 3 Rdnr. 19.
43 AG Köln NZI 2000, 284; AG Hamburg, NZI 2000, 238.
44 Haarmeyer/Wutzke/Förster, a. a. O., Kap. 3 Rdnr. 40.

Hefermehl

1. Antragsrecht des Schuldners

a) Natürliche Person

Ist der Schuldner eine natürliche Person, kann er den Insolvenzantrag selbst stellen. Es ist eine Prozesshandlung. Seine Wirksamkeit richtet sich deshalb nach den allgemeinen Vorschriften der ZPO i. V. m. § 4. Der Schuldner muss deshalb z. B. prozessfähig sein.[45]   25

b) Antragsberechtigung juristischer Personen und Gesellschaften ohne Rechtspersönlichkeit

Die Ausübung des Antragsrechtes bei juristischen Personen und Gesellschaften ohne Rechtspersönlichkeit ist in § 15 geregelt. Danach ist jeder organschaftliche Vertreter einer juristischen Person und jeder persönlich haftende Gesellschafter einer nach § 11 insolvenzfähigen Gesellschaft ohne Rechtspersönlichkeit berechtigt, für die Gesellschaft Insolvenzantrag zu stellen. Die Antragsberechtigung ist nicht davon abhängig, wie die Vertretungsbefugnisse in der Satzung oder dem Gesellschaftsvertrag geregelt sind, ob hier z. B. Gesamtvertretung vorgeschrieben ist oder in anderer Weise beschränkt ist. Weisungen der Gesellschafter sind unbeachtlich.[46] Nach Auflösung der juristischen Person oder Gesellschaft ohne Rechtspersönlichkeit ist jeder Abwickler zur Antragstellung berechtigt; wer Abwickler ist, richtet sich nach den jeweils einschlägigen gesetzlichen Bestimmungen, vgl. §§ 265, 219 AktG, § 66 GmbHG, § 93 GenG.   26

Die Antragsberechtigung ist gegenüber dem Insolvenzgericht nachzuweisen. Dies geschieht i. d. R. durch Vorlage eines aktuellen – beglaubigten – Registerauszugs.[47] Für das Antragsrecht gilt im Einzelnen: 27

- Das Antragsrecht steht bei der Aktiengesellschaft jedem Vorstandsmitglied, § 78 AktG, bei der GmbH jedem Geschäftsführer, § 35 GmbHG, und bei der Genossenschaft sowie dem Verein jedem Vorstandsmitglied, §§ 24 f. GenG, 26 Abs. 2 BGB, zu. Nach Auflösung der Gesellschaft geht das Antragsrecht auf die Liquidatoren bzw. Abwickler über.
Die Antragsbefugnis endet, wenn das jeweilige Vorstandsmitglied bzw. der jeweilige Geschäftsführer wirksam abberufen wurde oder sein Amt niedergelegt hat.[48] Zweifelhaft ist, ob das Antragsrecht – und damit korrespondierend auch die Antragspflicht – weiter besteht, wenn die Beendigung des Amtes erst nach Eintritt der Krise, und damit ggf. zur Unzeit erfolgt, und von den Gesellschaftern kein Nachfolger bestellt wurde. Werden von ihnen trotz Amtsniederlegung[49] bzw. Abberufung die Geschäfte

---

45 HK-InsO/Kirchhof, § 13 Rdnr. 5.
46 OLG Naumburg ZIP 1999, 1362.
47 MK-InsO/Schmahl, § 15 Rdnr. 45.
48 Gottwald, Insolvenzrechts-Handbuch, 2. Aufl. 2001, § 10 Rdnr. 11.
49 Zur Wirksamkeit der Niederlegung ohne Benachrichtigung der Gesellschafter, NZI 2000, 97.

Hefermehl

der Gesellschaft tatsächlich weitergeführt, weil z. B. keine Nachfolgeregelung erfolgte, müssen sie weiterhin als antragsberechtigt und damit auch verpflichtet angesehen werden. Ihnen kommt zumindest die Stellung eines faktischen Geschäftsführers zu.[50]
- Bei einer Gesellschaft ohne Rechtspersönlichkeit sind antragsbefugt jeder Gesellschafter, der persönlich haftet. Dies sind bei der oHG und BGB-Gesellschaft jeder Gesellschafter, §§ 125 Abs. 1 HGB, §§ 709, 714 BGB, bei der Partnerschaftsgesellschaft jeder Partner, § 7 PartGG, bei der europäischen wirtschaftlichen Interessenvereinigung jeder Geschäftsführer, Art. 20 EWIV, und bei der Partnerreederei jeder Reeder, § 491 HGB. Für die Antragsbefugnis ist auch hier unerheblich, ob die Person nach den vertraglichen Vereinbarungen auch vertretungsberechtigt ist.
- Ist bei einer Gesellschaft ohne Rechtspersönlichkeit kein persönlich haftender Gesellschafter eine natürliche Person, so richtet sich die Antragsberechtigung nach § 15 Abs. 3. Es gelten damit die Vorschriften des § 15 Abs. 1 und 2 für das Antragsrecht der organschaftlichen Vertreter und Abwickler entsprechend. Bei einer GmbH & Co. KG steht deshalb das Antragsrecht jedem Geschäftsführer oder Abwickler der Komplementär GmbH zu.
- Antragsberechtigt ist auch der faktische Geschäftsführer.[51] Voraussetzung ist, dass er im Unternehmen tatsächlich auch die Aufgaben wahrnimmt, die der Funktion und Stellung eines Geschäftsführers bzw. Vorstandsmitglieds entsprechen.[52] Soweit dem faktischen Geschäftsführer ein Antragsrecht zukommt, trifft ihn auch die Pflicht zur Antragstellung nach Eintritt von Zahlungsunfähigkeit oder Überschuldung.
- Im Nachlassinsolvenzverfahren ist antragsberechtigt jeder Erbe, Miterbe, Testamentsvollstrecker sowie die sonstigen in § 317 genannten Personen.

28 Wird der Insolvenzantrag nicht von allen gem. § 15 zur Antragstellung berechtigten Personen gestellt, so verschärft das Gesetz gem. § 15 Abs. 2 die Anforderungen an dessen Zulässigkeit. Der Schuldner hat bei einem Eigenantrag im Regelfall das Vorliegen eines gesetzlichen Eröffnungsgrundes nicht glaubhaft zu machen. Ist sich die Geschäftsführung nicht darüber einig, ob Insolvenzantrag gestellt werden soll oder muss, so hat die den Antrag stellende Person den Eröffnungsgrund glaubhaft zu machen. Mit dem Verlangen nach Glaubhaftmachung des Eröffnungsgrundes bezweckt das Gesetz, der Stellung willkürlicher Insolvenzanträge aus Anlass gesellschaftsinterner Auseinandersetzungen entgegenzuwirken.[53] Das Gesetz begnügt sich hiermit jedoch nicht; es verlangt darüber hinaus, dass das Insolvenzgericht gem. § 15 Abs. 2 Satz 2 die übrigen antragsberechtigten Personen zum Insolvenzantrag anhört. Deren zustellungs- bzw. ladungsfähige Anschriften hat deshalb der Antragsteller im Antrag aufzuführen.

---

50 FK-InsO/Schmerbach, § 15 Rdnr. 11. Auf Antrag kann das Registergericht einen Not-Geschäftsführer bestellen, OLG Köln ZIP 2000, 280.
51 BGH ZIP 1988, 771; OLG Brandenburg ZInsO 2001, 76; HK-InsO/Kirchhof, § 15 Rdnr. 7.
52 Vallender, MDR 1999, 282.
53 HK-InsO/Kirchhof, § 15 Rdnr. 11.

Hefermehl

Der Schuldner kann den Insolvenzantrag auch auf den neu geschaffenen Insolvenzgrund der drohenden Zahlungsunfähigkeit i. S. d. § 18 stützen. Um auch in diesen Fällen zu vermeiden, dass einzelne Geschäftsführer das Antragsrecht benützen, um auf Mitgeschäftsführer, Gesellschafter oder die Gesellschaft unzulässigen Druck auszuüben, ist die Antragsberechtigung eingeschränkt. Das Recht, die Insolvenz bereits bei drohender Zahlungsunfähigkeit auszulösen, wird nur den zur Vertretung der juristischen Person oder der Gesellschaft berechtigten Personen zugestanden. Ob Vertretungsbefugnis besteht, richtet sich nach dem Gesetz oder den vertraglichen Regelungen in der Satzung bzw. im Gesellschaftsvertrag. Danach können z. B. Miterben wegen der gemeinschaftlichen Vertretungsbefugnis den Insolvenzantrag nur gemeinsam stellen.

29

Wird der Insolvenzantrag wegen der drohenden Zahlungsunfähigkeit zwar von vertretungsberechtigten Personen gestellt, jedoch nicht von allen nach § 15 Abs. 1 zur Stellung eines Insolvenzantrags berechtigten Mitgliedern des Vertretungsorgans bzw. persönlich haftenden Gesellschaftern, so gilt § 15 Abs. 2 Satz 2 entsprechend. Diese müssen deshalb zum Insolvenzantrag angehört werden.[54]

30

c) Rücknahme des Insolvenzantrags

Der Insolvenzantrag kann zurückgenommen werden. Die Rücknahmebefugnis ist jedoch eingeschränkt bis zur Eröffnung des Insolvenzverfahrens bzw. dessen rechtskräftiger Abweisung, § 13 Abs. 2. Wird der Insolvenzantrag vom Schuldner gestellt, so kann nur dieser ihn zurücknehmen. Ist Schuldner eine juristische Person oder Gesellschaft ohne Rechtspersönlichkeit, richtet sich die Befugnis zur Rücknahme nach dem Antragsrecht entsprechend §§ 15, 18 Abs. 3. In strittigen Fällen kommt es vor, dass der Geschäftsführer einer GmbH zur Erfüllung seiner Antragspflicht und damit auch zur Vermeidung eines Haftungsrisikos Insolvenzantrag stellt, mit dem die Gesellschafter nicht einverstanden sind. Er kann nur von ihm persönlich zurückgenommen werden, ist ein Mitgeschäftsführer bestellt, ist dieser zur Antragsrücknahme nicht berechtigt.[55] In dieser Konstellation können sie den Geschäftsführer jedoch abberufen. Die Rücknahme des Insolvenzantrags kann sodann vom verbliebenen Geschäftsführer oder einem – nach der Abberufung – neu bestellten Geschäftsführer vorgenommen werden, wenn dies noch gem. § 13 Abs. 2 zeitlich möglich ist.[56] Der abberufene Geschäftsführer verliert mit der Beendigung seines Amtes das Recht, auf die Frage der Rücknahme des Insolvenzantrages noch Einfluss zu nehmen; er muss deshalb vom Insolvenzgericht auch nicht hierzu entsprechend § 15 Abs. 2 Satz 2 angehört werden.

31

---

54 MK-InsO/Schmahl, § 15 Rdnr. 50.
55 HK-InsO/Kirchhof, § 13 Rdnr. 14.
56 Breutigam/Blersch/Goetsch, Kommentar zur Insolvenzordnung, 2001, § 13 Rdnr. 40; Kuhn/Uhlenbruck, Kommentar zur Konkursordnung, 11. Aufl. 1994, § 103 Rdnr. 3; a. A. AG Duisburg NZI 2002, 209; LG Dortmund ZIP 1985, 1341; AG Magdeburg, ZInsO 1998, 43; Kübler/Prütting, a. a. O., § 13 Rdnr. 20.

Hefermehl

32 Sobald der Insolvenzantrag wirksam zurückgenommen ist, entfallen die damit verbundenen Wirkungen.[57] Die vom Insolvenzgericht angeordneten Sicherungsmaßnahmen werden hinfällig; soweit sie bekannt gemacht wurden, ist deren Aufhebung – klarstellend – gem. § 25 Abs. 1 zu veröffentlichen.

33 Die mit der Antragsrücknahme verbundenen Kosten hat der Antragsteller nach § 269 Abs. 3 Satz 2 ZPO i. V. m. § 4 zu tragen.[58] Dies gilt gleichfalls, wenn der Gläubiger nach Zahlung des geschuldeten Betrages den Antrag zurücknimmt, da die Forderung nicht mehr besteht.[59] Um diese unangemessene Kostenbelastung zu vermeiden, wird es als zulässig angesehen, dass der Gläubiger eine einseitige Erledigungserklärung abgibt, der sich der Schuldner ggf. anschließen kann. Die zu treffende Kostenentscheidung ergeht nach §§ 91 bzw. 91 a ZPO.[60]

34 Die Befugnis zur Antragsrücknahme endet nach § 13 Abs. 2,

- sobald das Insolvenzverfahren eröffnet ist. Die Eröffnung des Insolvenzverfahrens wird wirksam, wenn der Eröffnungsbeschluss aus dem internen Geschäftsbetrieb des Gerichtes herausgegeben wird und damit aufhört, ein Internum des Insolvenzgerichts zu sein. Erfolgt die Antragstellung vor allem, um auf Beteiligte Druck auszuüben und nicht in der Absicht, eine Insolvenz einzuleiten, ist dies höchst riskant; der Antragsteller kann durch eine Verfahrenseröffnung leicht überrascht werden. Das einmal eröffnete Insolvenzverfahren kann nur gem. § 200 aufgehoben werden, allenfalls kommt eine vorzeitige Einstellung nach §§ 212, 213 in Betracht.
- Wenn der Insolvenzantrag rechtskräftig abgewiesen wird. Die Rechtskraft der Abweisung des Insolvenzantrags tritt erst mit Ablauf der Beschwerdefrist ein.

35 Im Verbraucherinsolvenzverfahren ist die Fiktion der Antragsrücknahme nach § 305 Abs. 3 Satz 2 zu beachten, wenn der Schuldner der Aufforderung des Insolvenzgerichtes binnen einer Frist von einem Monat nicht nachkommt, fehlende Erklärungen und Unterlagen nachzureichen.[61]

2. Inhalt des Antrags

36 Das Gesetz unterstellt, dass kein Schuldner ohne hinreichenden Anlass sich zur Stellung eines Insolvenzantrags entschließt. Auch wenn das Gesetz keine besonderen gesetzlichen Anforderungen an die Zulässigkeit des Antrags stellt, so muss der Antrag einen notwendigen Inhalt besitzen.[62]

---

57 OLG Köln ZIP 1993, 936.
58 MK-InsO/Hefermehl, § 54 Rdnr. 33.
59 LG Magdeburg ZInsO 1999, 481.
60 BGH NZI 2002, 91; OLG Köln NZI 2002, 157; AG Göttingen NZI 2001, 385; AG Köln ZIP 1999, 1889; FK-InsO/Schmerbach, § 13 Rdnr. 100.
61 OLG Köln ZIP 2000, 1397; BayObLG DZWIR 1999, 456.
62 Haarmeyer/Wutzke/Förster, a. a. O., Kap. 3 Rdnr. 40.

a) Darlegung des Eröffnungsgrundes

Im Insolvenzantrag des Schuldners wird i. d. R. das Vorhandensein eines in Frage kommenden gesetzlichen Eröffnungsgrundes, §§ 17 bis 19, ausdrücklich behauptet. Das ist jedoch nicht erforderlich. Für einen zulässigen Eigenantrag ist es ausreichend, wenn er einen Sachverhalt konkret darstellt, aus dem sich der Eröffnungsgrund, z. B. die Zahlungsunfähigkeit oder ggf. Überschuldung, nachvollziehbar ergibt.[63] Eine derartige Antragsbegründung ist in jedem Fall erforderlich.[64] Indes hat der Schuldner – anders als der Gläubiger nach § 14 – den Insolvenzeröffnungsgrund i. d. R. nicht glaubhaft zu machen. Der Umfang seiner Darlegungspflicht darf auch im Interesse der Gläubiger an einer rechtzeitigen Insolvenzantragstellung deshalb nicht überspannt werden; er liegt weit unterhalb dessen, was für eine Glaubhaftmachung als erforderlich angesehen wird. Der Schuldner sollte möglichst ein vollständiges Verzeichnis über Gläubiger und Schuldner, eine Auflistung der Vermögensgegenstände und einen Vermögensstatus vorlegen; oftmals ist er hierzu jedoch nicht in der Lage, weil z. B. die Buchhaltung in der Vergangenheit wegen Geldmangels nicht geführt wurde oder unvollständig ist. Die Zulässigkeit des schuldnerischen Insolvenzantrags kann deshalb hiervon nicht abhängig gemacht werden. Ausreichend ist es vielmehr, wenn der Schuldner die verfügbaren und ggf. kurzfristig liquidierbaren Mittel angibt und diesen die wesentlichen fälligen Verbindlichkeiten gegenüberstellt; diese erforderlichen Erstinformationen sind dem Schuldner bekannt oder er kann sie zumindest ohne größeren Aufwand kurzfristig beschaffen. Werden jedoch vom Schuldner noch nicht einmal derartige Erklärungen und Unterlagen abgegeben, so ist der Antrag unvollständig. Ohne eine solche Minimal-Antragsbegründung kann vom Insolvenzgericht nicht geprüft werden, ob überhaupt eine ernsthafte Antragstellung vorliegt. Wird der unzureichende Antrag des Schuldners deshalb trotz Aufforderung des Insolvenzgerichtes innerhalb einer gesetzten Frist nicht ergänzt und hinreichend substantiiert, so kann er von vornherein nicht zugelassen werden.[65]

b) Glaubhaftmachung

Der Schuldner hat grundsätzlich das Vorliegen des Insolvenzgrundes nicht glaubhaft zu machen. Die Glaubhaftmachung ist jedoch dann Zulässigkeitsvoraussetzung, wenn gem. § 15 Abs. 2 der Antrag einer juristischen Person oder Gesellschaft ohne Rechtspersönlichkeit nicht von allen Mitgliedern des Vertretungsorgans oder sämtlichen persönlich haftenden Gesellschaftern gestellt wird. Die Glaubhaftmachung richtet sich nach den gleichen Regeln, wie sie beim Gläubigerantrag gelten.

---

63 HK-InsO/Kirchhof, § 13 Rdnr. 18.
64 MK-InsO/Schmahl, § 13 Rdnr. 82.
65 AG Hamburg NZI 2000, 283; Haarmeyer/Wutzke/Förster, a. a. O., Kap. 3 Rdnr. 40.

Hefermehl

c) Sonderfall: Verbraucherinsolvenzverfahren

39 Ist der Schuldner eine natürliche Person, die keine selbstständige wirtschaftliche Tätigkeit ausübt oder ausgeübt hat, so gilt für ihn das Verbraucherinsolvenzverfahren nach den §§ 304 ff. Nach dem neugefassten § 304 Abs. 1 ist das Kleinverfahren auch für solche Schuldner einschlägig, die eine selbstständige wirtschaftliche Tätigkeit ausgeübt haben, wenn ihre Vermögensverhältnisse überschaubar sind und gegen sie keine Forderungen aus Arbeitsverhältnissen bestehen. Nach der Legaldefinition in § 3 Abs. 2 sind die Vermögensverhältnisse überschaubar, wenn der Schuldner zu dem Zeitpunkt, zu dem der Antrag auf Eröffnung des Insolvenzverfahrens gestellt wird, weniger als 20 Gläubiger hat. Ziel der Gesetzesänderung war es, das Verbraucherinsolvenzverfahren zu entlasten, indem die Insolvenzen von ehemals selbstständig tätigen Schuldnern mit einer Vielzahl von Gläubigern in das Regelinsolvenzverfahren zurückverlagert werden. Diese Regelung erleichtert die bisherige schwierige Abgrenzung von Verbraucher- und Regelinsolvenzverfahren.[66]

40 Wird von einem Schuldner als natürliche Person, der eine selbstständige wirtschaftliche Tätigkeit ausgeübt hat, Insolvenzantrag gestellt, so ist im Zweifel von einem Antrag auf Durchführung des Regelinsolvenzverfahrens auszugehen. Im Rahmen der Amtsermittlung hat das Insolvenzgericht aufzuklären, ob dieses die zutreffende Verfahrensart ist. Ist nach Auffassung des Gerichtes das Verbraucherinsolvenzverfahren zutreffend, da der Schuldner zum Personenkreis nach § 304 Abs. 1 Satz 2 gehört, so hat es diesen gem. § 305 Abs. 3 zur Ergänzung seines Antrags aufzufordern. Kommt der Schuldner dem nicht nach, gilt der Antrag als zurückgenommen.[67] Hat – umgekehrt – der Schuldner Antrag auf Durchführung des Verbraucherinsolvenzverfahrens gestellt, ist jedoch nach Auffassung des Insolvenzgerichtes das Regelinsolvenzverfahren die zutreffende Verfahrensart, so hat es ihn hierauf hinzuweisen. Stimmt der Schuldner dem zu, kann das Insolvenzverfahren, sofern die sonstigen Voraussetzungen erfüllt sind, eröffnet werden. Ist der Schuldner aber nicht damit einverstanden, so ist der Antrag auf Durchführung des Verbraucherinsolvenzverfahrens als unzulässig abzuweisen;[68] gegen den Abweisungsbeschluss kann der Schuldner sofortige Beschwerde nach § 34 einlegen.[69]

d) Mit dem Insolvenzantrag verbundene Anträge

41 Der Schuldner kann mit der Stellung des Insolvenzantrags weitere Verfahrensanträge verbinden.

---

[66] Vgl. hierzu OLG Celle ZIP 2000, 802; OLG Naumburg NZI 2000, 603.
[67] OLG Köln NZI 2000, 317; nach LG Frankfurt/Oder ZIP 2000, 1067 hat Abweisung des Antrags als unzulässig zu erfolgen.
[68] LG Halle ZInsO 2000, 227.
[69] OLG Köln ZIP 2000, 2032.

Hefermehl

- Antrag auf Eigenverwaltung nach §§ 270 ff. Die Anordnung der Eigenverwaltung kann jedoch nicht zur Bedingung der Insolvenzeröffnung gemacht werden. Das Institut der Eigenverwaltung hat sich im Übrigen in der Praxis nicht durchgesetzt, da der Schuldner i. d. R. nicht in der Lage ist, die Insolvenzverwaltung im Interesse der Gläubiger auszuführen.
- Antrag auf Restschuldbefreiung, § 287 Abs. 1 Satz 3. Im Regelinsolvenzverfahren über das Vermögen einer natürlichen Person soll dieser bereits im Eröffnungsverfahren gem. § 20 Abs. 2 darauf hingewiesen werden, dass er nach Maßgabe der §§ 286 bis 303 Restschuldbefreiung erlangen kann. Der Antrag auf Restschuldbefreiung hat nach § 287 Abs. 1 spätestens innerhalb von zwei Wochen nach Erteilung dieses Hinweises zu erfolgen, sofern ihn der Schuldner nicht bereits mit dem Eröffnungsantrag verbunden hat. Das Gesetz will frühzeitig Klarheit über die Frage schaffen, ob der Schuldner eine Restschuldbefreiung erlangen will.
Im Bereich des Verbraucherinsolvenzverfahrens hat der Schuldner nach § 305 Abs. 1 Nr. 2 bereits bei Stellung des Insolvenzantrags den Antrag auf Restschuldbefreiung vorzulegen oder zu erklären, dass er Restschuldbefreiung nicht beantragt.

Beabsichtigt der Schuldner die Durchführung eines Insolvenzplanverfahrens, so kann er den Insolvenzplan zugleich mit der Antragstellung vorlegen, vgl. §§ 217 ff.

42

III. Fremdantrag eines Gläubigers

Gläubiger des Schuldners sind gem. § 13 zur Stellung eines Insolvenzantrags gegen den Schuldner berechtigt. Der Antrag eines Gläubigers ist nach § 14 nur zuzulassen, wenn er die gegen den Schuldner gerichtete Forderung sowie den Eröffnungsgrund glaubhaft macht und ein rechtliches Interesse an der Eröffnung des Insolvenzverfahrens besitzt. Für die Prüfung des Gläubigerantrags ist deshalb zu unterscheiden zwischen dem Zulassungsverfahren und dem Verfahren, das zur Entscheidung über den Insolvenzantrag führt.[70]

43

1. Antragsrecht des Gläubigers

Nur derjenige Gläubiger ist zur Stellung des Insolvenzantrags befugt, der eine gegen den Schuldner gerichtete Forderung besitzt, wobei es sich um einen im Zeitpunkt der Entscheidung über den Eröffnungsantrag begründeten persönlichen Vermögensanspruch handeln muss. Ansprüche, die wie z. B. Duldungs- oder Unterlassungsansprüche keinen Geldwert besitzen und auch nicht in einen solchen umgerechnet werden können, vgl. § 45, be-

44

---

70 Häsemeyer, a. a. O., Rdnr. 7.05.

rechtigen nicht zur Antragstellung. Auch Gläubiger, die über Sicherheiten verfügen, sind antragsberechtigt;[71] dies gilt zumindest insoweit, als ihnen der Schuldner auch persönlich haftet, § 52. Im Hinblick auf ihre Absonderungsrechte kann im Einzelfall jedoch zweifelhaft sein, ob sie ein rechtliches Interesse an der Verfahrenseröffnung besitzen.[72] Gläubiger von Aussonderungsrechten sind dagegen nicht zur Stellung eines Insolvenzantrags berechtigt; der Anspruch auf Aussonderung bestimmt sich gem. § 47 Satz 2 nach den gesetzlichen Regelungen, die außerhalb des Insolvenzverfahrens gelten.[73] Nachrangige Insolvenzgläubiger i. S. d. § 39 sind grundsätzlich als antragsberechtigt anzusehen, wenn auch bei ihnen im Einzelfall das Vorliegen eines Rechtsschutzbedürfnisses zweifelhaft sein kann.[74]

45 Die Fälligkeit der Forderung des Gläubigers ist nicht Antragsvoraussetzung. Betagte wie auch bedingte Forderungen gelten nach §§ 41, 42 als fällig.[75] Der Pensions-Sicherungsverein (PSV) ist i. d. R. nicht antragsberechtigt, die Forderung des PSV gegen den Schuldner entsteht erst mit Entscheidung über den Insolvenzantrag.[76]

46 Beantragt der Gläubiger die Eröffnung eines Insolvenzverfahrens über das Vermögen einer BGB-Gesellschaft, § 11 Abs. 2 Nr. 1, so muss sich seine Forderung gegen das Gesamthandsvermögen richten.[77] Besteht die Forderung ausschließlich gegenüber einzelnen Gesellschaftern, berechtigt sie nur zur Insolvenzantragstellung gegen die betreffenden Gesellschafter, nicht jedoch in Bezug auf die Gesellschaft des bürgerlichen Rechts. Bürgen oder Gesamtschuldner können ihre Forderung, die sie durch eine Befriedigung des Gläubigers gegen den Schuldner erwerben, im Insolvenzverfahren nach § 44 grundsätzlich nicht geltend machen. Sie besitzen deshalb kein Antragsrecht. Wurde jedoch die Forderung des Gläubigers durch den Bürgen oder Gesamtschuldner vollständig befriedigt, so könnten diese ihre (übergegangenen) Ansprüche im Insolvenzverfahren über das Vermögen des Schuldners geltend machen; in diesem Fall sind sie deshalb auch zur Stellung eines Insolvenzantrags berechtigt.

2. Forderung des Gläubigers

a) Bestehen der Forderung

47 Der Gläubiger hat den Bestand der Forderung gegen den Schuldner, auf die der Insolvenzantrag gestützt wird, schlüssig darzutun.[78] Anders als in der

---

71 Haarmeyer/Wutzke/Förster, a. a. O., Kap. 3 Rdnr. 53.
72 MK-InsO/Schmahl, § 14 Rdnr. 48; a. A. FK-InsO/Schmerbach, § 14 Rdnr. 33.
73 Haarmeyer/Wutzke/Förster, a. a. O., Kap. 3 Rdnr. 52.
74 MK-InsO/Schmahl, § 14 Rdnr. 46, 50.
75 HK-InsO/Kirchhof, Rdnr. 5.
76 HK-InsO/Kirchhof, Rdnr. 5.
77 HK-InsO/Kirchhof, § 14 Rdnr. 5.
78 AG Göttingen ZIP 1999, 1567; Kübler/Prüttung a. a. O., § 14 Rdnr. 6.

Hefermehl

Einzelzwangsvollstreckung muss er keinen Titel für seine Forderung vorlegen.[79] Ob die Forderung des Antragstellers tatsächlich besteht, hat das Insolvenzgericht nicht zu entscheiden. Auch ist das Gericht nicht verpflichtet, den Sachverhalt, auf den der Gläubiger seinen Anspruch stützt, von Amts wegen zu ermitteln. Es ist ausschließlich Sache des Gläubigers, die zur Glaubhaftmachung erforderlichen Beweismittel vorzulegen.[80] Forderungen des Gläubigers gegen einen dritten Schuldner begründen nicht die Zulässigkeit des Eröffnungsantrags. Behauptet der Gläubiger, der Schuldner hafte für nach § 25 HGB auf ihn übergegangene Ansprüche, so muss diese Rechtsfolge sich aus den Angaben im Insolvenzantrag nachvollziehbar ergeben.[81] Der Gläubiger ist berechtigt, die zunächst behauptete Forderung auszuwechseln und den Insolvenzantrag auf andere gegen den Schuldner gerichtete Ansprüche zu stützen.[82] Maßgebender Zeitpunkt für das Bestehen der Forderung des Gläubigers ist die Entscheidung des Insolvenzgerichtes über den Eröffnungsantrag.

b) Glaubhaftmachung der Forderung

Der Gläubiger hat das Bestehen seiner Forderung gegen den Schuldner glaubhaft zu machen. Die Glaubhaftmachung eines Teilbetrags genügt. Dies gilt auch, wenn vom Bestehen der Forderung der Eröffnungsgrund abhängig ist, da es für die Zulässigkeit des Antrags ausreichend ist, wenn das Insolvenzgericht den Bestand der Forderung für überwiegend wahrscheinlich hält.[83] Die Glaubhaftmachung kann durch alle präsenten Beweismittel einschließlich der eidesstattlichen Versicherung des Gläubigers geführt werden, § 294 Abs. 1 ZPO. Beweisantritte sind unzulässig wie auch eine Bezugnahme auf Unterlagen in anderen Akten oder sonstige Auskünfte.[84]

48

Mittel der Glaubhaftmachung können u. a. sein:

49

- Die Glaubhaftmachung erfordert die Spezifizierung der Forderung unter Vorlage von Lieferscheinen, Bestätigungsschreiben, Wechsel oder sonstiger Nachweise; aus ihnen muss sich der geltend gemachte Anspruch dem Grunde und der Höhe nach ergeben. Kontoauszüge oder Rechnungen können zur Glaubhaftmachung herangezogen werden;[85] nicht ausreichend zur Glaubhaftmachung sind aber bloße schriftliche Zusammenstellungen über die behauptete Forderung.[86]

---

79 AG Duisburg ZIP 1999, 2065.
80 OLG Köln ZIP 1989, 789; Kuhn/Uhlenbruck, a. a. O., § 105 Rdnr. 3 d.
81 OLG Köln ZR-Report 2001, 246.
82 AG Köln NZI 2000, 95, Kübler/Prütting, a. a. O., § 14 Rdnr. 5.
83 OLG Köln ZInsO 2000, 396; Nerlich/Römermann, Kommentar zur Insolvenzordnung, 2000, § 14 Rdnr. 32.
84 MK-InsO/Schmahl, § 14 Rdnr. 15.
85 OLG Dresden ZInsO 2000, 561; OLG Köln ZIP 2000, 506
86 OLG Hamm KTS 1971, 55; Haarmeyer/Wutzke/Förster, a. a. O., Kap. 3 Rdnr. 75.

Bei titulierten Forderungen ist der Titel vom Gläubiger zumindest in Abschrift vorzulegen.[87] Vorläufig vollstreckbare Titel, wie Versäumnisurteile oder Vollstreckungsbescheide sind für die Glaubhaftmachung ausreichend.[88]

- An die Glaubhaftmachung von Forderungen der Sozialversicherungsträger sind i. d. R. geringere Anforderungen zu stellen als bei sonstigen Gläubigern.[89] Das Insolvenzgericht darf davon ausgehen, das Eröffnungsanträge öffentlich-rechtlicher Gläubiger erst aufgrund sorgfältiger interner Prüfung des Bestehens dieser Ansprüche gestellt werden. Sozialversicherungsträger haben insoweit ordnungsgemäße Beitragsnachweise vorzulegen, aus denen die Rückstände des Schuldners ersichtlich sind.[90] Zur Glaubhaftmachung reicht die bloße Vorlage eines Leistungsbescheides i. d. R. aus.[91] Ebenso genügt es für die Glaubhaftmachung, wenn der Sozialversicherungsträger im Insolvenzantrag die Forderung so weit spezifiziert, dass die Insolvenzgerichte ohne weiteres erkennen können, für welche Zeit und in welcher Höhe rückständige Sozialversicherungsbeiträge geschuldet werden; Säumniszuschläge, Zinsen, Kosten und Gebühren sind aufzuschlüsseln und kenntlich zu machen.[92]
- Wird vom Finanzamt Insolvenzantrag gestellt, so hat dieses die geltend gemachten Forderungen im Einzelnen zu substantiieren und nachvollziehbar darzulegen.[93] Zur Glaubhaftmachung genügt i. d. R. die Vorlage der entsprechenden Steuerbescheide.

50   Dem Gläubiger ist die Glaubhaftmachung gelungen, wenn das Gericht das Bestehen der behaupteten Forderung als überwiegend wahrscheinlich ansieht. Der volle Beweis ist gerade nicht erforderlich.[94]

c)   Gegenglaubhaftmachung

51   Im Rahmen seiner Überzeugungsbildung hat sich das Insolvenzgericht auch mit Einwendungen des Schuldners zu befassen, die dieser gegen die Gläubiger vorbringt. Gegenüber der vom Gläubiger glaubhaft gemachten Forderung kann sich der Schuldner nicht mit dem bloßen Bestreiten oder der Aufstellung von pauschalen Gegenbehauptungen begnügen. Er muss vielmehr seine Einwendungen gleichfalls mit den Mitteln der Glaubhaftmachung

---

87   Durch die Vorlage eines ausschließlich dinglichen Titels kann die Forderung i. d. R. nicht ausreichend glaubhaft gemacht werden, OLG Frankfurt ZInsO 2002, 45.
88   HK-InsO/Kirchhof, § 14 Rdnr. 9; a. A. LG Potsdam NZI 2000, 233.
89   OLG Dresden ZInsO 2000, 560; OLG Celle ZInsO 2000, 216; OLG Naumburg NZI 2000, 349; MK-InsO/Schmahl, § 14 Rdnr. 77; dagegen zur Abwehr missbräuchlich gestellter Anträge Schmohl, NZI 2002, 177; Frindl/Schmidt, ZInsO 2002, 8.
90   OLG Köln ZInsO 2000, 43.
91   HK-InsO/Kirchhof, § 14 Rdnr. 8.
92   OLG Zweibrücken ZR-Report 2001, 45; BayObLG NZI 2000, 320.
93   vgl. zur allgemeinen Verwaltungsvorschrift über die Durchführung der Vollstreckung nach der Abgabenordnung BGH NJW 1990, 2675; App, ZIP 1992, 460 f.
94   Haarmeyer/Wutzke/Förster, a. a. O., Kap. 3 Rdnr. 73.

Hefermehl

(Gegenglaubhaftmachung) bekräftigen.[95] So kann sich der Schuldner z. B. auch gegen einen vom Gläubiger vorgelegten vollstreckbaren Titel verteidigen, indem er die Erfüllung behauptet und glaubhaft macht.[96]

Aufgabe des Insolvenzgerichte ist es nicht, bestrittene oder rechtlich zweifelhafte Gläubigerforderungen abschließend rechtlich zu prüfen. Dies ist Sache des zuständigen Prozessgerichtes. Legt der Gläubiger zur Glaubhaftmachung seiner Forderung bei der Antragstellung einen noch nicht rechtskräftigen Titel vor, so muss der Schuldner auch die prozessualen Rechtsbehelfe wahrnehmen, um z. B. die Aufhebung des Vollstreckungsbescheides durchzusetzen, wenn er diesen für unrichtig hält.[97] Gelingt dem Schuldner dies, so ist eine derartige Entscheidung des Prozessgerichtes grundsätzlich auch für das Insolvenzgericht bindend. 52

Die Gegenglaubhaftmachung des Schuldners ist erfolgreich, wenn das Insolvenzgericht aus diesem Grund die Forderung des Gläubigers als nicht – mehr – überwiegend wahrscheinlich ansieht. Der Insolvenzantrag ist als unzulässig abzuweisen; gegen diesen Beschluss kann der Gläubiger sofortige Beschwerde, § 34 Abs. 1, einlegen. 53

3. Eröffnungsgrund

Der Antrag eines Gläubigers ist nur zuzulassen, wenn er auch das Vorliegen eines Eröffnungsgrundes glaubhaft macht. Der Gläubiger kann den Insolvenzantrag aus praktischen Gründen i. d. R. nur auf den Insolvenzgrund der Zahlungsunfähigkeit stützen.[98] Die für eine Beurteilung der Überschuldung erforderlichen Angaben und Unterlagen, wie z. B. Bilanzen oder Vermögensverzeichnisse, liegen ihm nicht vor; für den Gläubiger ist die Aufstellung eines Überschuldungsstatus deshalb als ausgeschlossen zu betrachten. 54

a) Glaubhaftmachung der Zahlungsunfähigkeit

Nach § 17 Abs. 2 ist der Schuldner zahlungsunfähig, wenn er nicht in der Lage ist, die fälligen Zahlungsverpflichtungen zu erfüllen. Der Gläubiger, der die Interna des schuldnerischen Unternehmens nicht kennt, kann deshalb i. d. R. den Eintritt der Zahlungsunfähigkeit nicht direkt glaubhaft machen. Er hat deshalb äußere Anzeichen und Umstände darzulegen, aus denen abgeleitet werden kann, dass der Schuldner – überwiegend wahrscheinlich – außerstande ist, seinen fälligen Verbindlichkeiten noch nachzukommen.[99] Indes ist die bloße Nichterfüllung der Forderung des Gläubigers 55

---

95 LG Göttingen DZWIR 2000, 342. OLG Köln ZIP 1988, 665.
96 MK-InsO/Schmahl, § 14 Rdnr. 22.
97 Vgl. hierzu LG Potsdam NZI 2000, 233; HK-InsO/Kirchhof, § 14 Rdnr. 9.
98 HK-InsO/Kirchhof, § 14 Rdnr. 15.
99 BGH NZI 2001, 417.

auch über einen längeren Zeitraum kein hinreichender Anhaltspunkt, um hieraus allein auf den Eintritt der Zahlungsunfähigkeit schließen zu können.[100] Die Möglichkeit, dass auf Seiten des Schuldners eine reine Zahlungsunwilligkeit besteht, kann z. B. wenn allein ein Scheck nicht eingelöst wurde, nicht ausgeschlossen werden.

56 Nach § 17 Abs. 2 Satz 2 ist i. d. R. Zahlungsunfähigkeit anzunehmen, wenn der Schuldner seine Zahlungen eingestellt hat. Als Mittel der Glaubhaftmachung für das Vorliegen der Zahlungseinstellung kommen z. B. in Betracht:

- Vorlage des Protokolls des Gerichtsvollziehers über einen erfolglosen Zwangsvollstreckungsversuch oder Vorlage der entsprechenden Fruchtlosigkeitsbescheinigung.[101] Die Vorlage der Fruchtlosigkeitsbescheinigung ist jedoch andererseits nicht Voraussetzung für die Glaubhaftmachung des Insolvenzgrundes. Insolvenzanträge können auch aufgrund nicht titulierter Forderungen gestellt werden, woraus deutlich wird, dass kein Zwang zur Durchsetzung erfolgloser Zwangsvollstreckungen für den Gläubiger besteht.
- Abgabe der eidesstattlichen Versicherung oder mehrere Haftbefehle zu ihrer Erzwingung.[102]
- Ausdrückliche Erklärungen des Schuldners, in denen er die Zahlungseinstellung bzw. Zahlungsunfähigkeit kund tut.[103]
- Werden unbestrittene Sozialversicherungsbeiträge nicht beglichen, so soll dies nach der Rechtsprechung indes erst bei einem Rückstand von mindestens sechs Monaten ein Indiz für die Zahlungsunfähigkeit des Schuldners sein.[104]
- Soll die Zahlungsunfähigkeit einer Gesellschaft durch den Nachweis vergeblicher Zwangsvollstreckungsmaßnahmen glaubhaft gemacht werden, muss grundsätzlich bei allen Geschäftsstellen erfolglos vollstreckt worden sein. Ist der Schuldner Einzelkaufmann, muss die ergebnislose Vollstreckung sowohl in der Privatwohnung wie auch im Geschäftslokal glaubhaft gemacht werden.[105]

57 Der Beweiswert der einzelnen Mittel der Glaubhaftmachung ist unterschiedlich und abhängig von den sonstigen Begleitumständen. Sind z. B. einzelne Indizien für sich zur Glaubhaftmachung der Zahlungseinstellung nicht ausreichend, so können sie jedoch, wenn sie zusammentreffen, zur Glaubhaftmachung des Insolvenzgrundes in der Lage sein.[106] Eine – veraltete – Bescheinigung über eine mehr als sechs Monate zurückliegende fruchtlose Pfändung kann deshalb als Indiz für die Glaubhaftmachung

---

100 LG Halle ZIP 1993, 1036.
101 LG Hamburg DZWIR 2000, 341.
102 OLG Celle NZI 2000, 216.
103 LG Cottbus ZIP 1995, 234 ; Haarmeyer/Wutzke/Förster, a. a. O., Kap. 3 Rdnr. 86.
104 OLG Köln ZInsO 2000, 43; OLG Naumburg NZI 2000, 263; OLG Celle NZI 2000, 216; FK-InsO/Schmerbach, § 14 Rdnr. 77.
105 Nerlich/Römermann, a. a. O., § 14 Rdnr. 43.
106 Kuhn/Uhlenbruck, a. a. O., § 105 Rdnr. 3 d; Kübler/Prütting, a. a. O., § 14 Rdnr. 10.

Hefermehl

der Zahlungsunfähigkeit gewertet werden, wenn daneben noch weitere Indizien dargetan werden, wie z. B. die mehrmonatige Nichtzahlung von Sozialversicherungsbeiträgen oder Steuern.[107]

b) Gegenglaubhaftmachung

Der Schuldner hat die Möglichkeit, die Glaubhaftmachung des Insolvenzgrundes durch den Gläubiger durch eine Gegenglaubhaftmachung zu erschüttern. Hierzu ist es z. B. erforderlich, dass er einen Finanzplan vorlegt, aus dem sich im Einzelnen ergibt, wie die offenen Verbindlichkeiten jeweils zu ihrem Fälligkeitszeitpunkt bedient werden können.[108]

58

4. Das rechtliche Interesse an der Insolvenzeröffnung

Das Insolvenzverfahren greift in die Vermögensverhältnisse des Schuldners in tief greifender Weise, mitunter existenzvernichtend ein. Sein Interesse geht deshalb dahin, vor unredlichen und missbräuchlichen Gläubigeranträgen geschützt zu werden. Nach der gesetzlichen Regelung in § 14 ist davon auszugehen, dass der Gläubiger, der seine Forderung und den Eröffnungsgrund glaubhaft gemacht hat, grundsätzlich auch zur Verfahrenseinleitung legitimiert ist. Nur bei Hinzutreten besonderer Umstände, kann ihm an der Verfolgung seines Insolvenzantrags das Rechtsschutzinteresse abgesprochen werden.[109]

59

a) Vollstreckung auf einfachere, schnellere und zweckmäßigere Weise

Das rechtliche Interesse an der Antragstellung kann ausnahmsweise fehlen, wenn der Gläubiger auf einfachere, schnellere und zweckmäßigere Weise seine Forderung befriedigen kann.[110] Der Gläubiger, der die Aussonderung eines nicht zur Insolvenzmasse gehörenden Gegenstandes geltend machen kann, hat diesen Anspruch nach § 47 Satz 2 außerhalb des Insolvenzverfahrens zu verfolgen. Er ist deshalb nicht Insolvenzgläubiger; ihm fehlt zudem das Rechtsschutzinteresse an der Eröffnung eines Insolvenzverfahrens. Absonderungsberechtigte sind, zumindest wenn ihnen der Schuldner auch persönlich haftet, zur Stellung eines Insolvenzantrags berechtigt.[111] Sind ihre persönlichen Forderungen jedoch durch die ihnen gestellten Sicherheiten vollständig und unzweifelhaft abgesichert, ist ihnen das Rechtsschutzinteresse zu versagen.[112]

60

---
107 OLG Dresden NZI 2001, 472.
108 BGH ZIP 1999, 76; OLG Celle NZI 2000, 28.
109 Kuhn/Uhlenbruck, a. a. O., § 105 Rdnr. 6 ff.; Nerlich/Römermann, a. a. O., § 14 Rdnr. 11; MK-InsO/Schmahl, § 14 Rdnr. 42.
110 OLG Köln ZIP 1989, 789.
111 FK-InsO/Schmerbach, § 14 Rdnr. 33.
112 MK-InsO/Schmahl, § 14 Rdnr. 48; ferner Kübler/Prütting, a. a. O., § 14 Rdnr. 11; a. A. Smid, InsO, § 14, Rdnr. 17

61 Gläubiger des Schuldners sind nicht verpflichtet, vor Insolvenzantragstellung alle Möglichkeiten der Einzelzwangsvollstreckung wahrzunehmen. Glaubt deshalb der Gläubiger, die Stellung eines Insolvenzantrages sei für ihn wirtschaftlich vorteilhafter, so kann ihm wegen möglicherweise noch bestehender Vollstreckungsmöglichkeiten das Rechtsschutzinteresse nicht abgesprochen werden. Nur wenn mit Sicherheit dem Gläubiger zur Durchsetzung seiner Forderung ein einfacherer, schnellerer und zweckmäßigerer Weg als im Insolvenzverfahren zur Verfügung steht, kann es gerechtfertigt sein, hierauf zu verweisen und den Antrag auf Eröffnung eines Insolvenzverfahrens als unzulässig zu betrachten.[113]

b) Keine Befriedigungsaussichten

62 Das Rechtsschutzinteresse entfällt für den Gläubiger nicht deshalb, weil die Eröffnung des Insolvenzverfahrens ihm keine realistischen Befriedigungsaussichten verspricht.[114] Die Insolvenzanträge von Gläubigern nachrangiger Insolvenzforderungen i. S. d. § 39 können deshalb nicht wegen fehlenden rechtlichen Interesses zurückgewiesen werden; nur wenn der Gläubiger insolvenzwidrige Zwecke damit verfolgen sollte, kann ihm das Rechtsschutzinteresse abgesprochen werden. Für die Geltendmachung verjährter Forderungen durch Insolvenzantragstellung besteht kein rechtliches Interesse.[115]

c) Verfolgung insolvenzfremder Zwecke

63 Das erforderliche Rechtsschutzinteresse fehlt einem Gläubiger, der mit seinem Antrag insolvenzfremde Zwecke verfolgt, d. h. wenn es ihm nicht in erster Linie um die Durchführung des Insolvenzverfahrens zum Zwecke der gemeinschaftlichen Befriedigung gem. § 1 geht.[116] Das ist der Fall, wenn der Gläubiger mit dem Insolvenzantrag beabsichtigt, einen Wettbewerber oder lästigen Vertragspartner auszuschalten,[117] Zahlungen eines noch zahlungsfähigen, aber weil z. B. die Forderung streitig ist, zahlungsunwilligen Schuldners zu erzwingen[118] oder Information über den Schuldner zu erhalten.[119] Für eine missbräuchliche Insolvenzantragstellung müssen jedoch konkrete und nachvollziehbare Anhaltspunkte vorhanden sein, wie z. B. das Verlangen des Gläubigers, von kostenauslösenden Ermittlungsverfahren abzusehen und den Antrag im Hinblick auf noch schwebende Vergleichsverhandlungen ruhen zu lassen.[120]

---

113 LG Göttingen ZIP 1993, 446; Kuhn/Uhlenbruck, a. a. O., § 105 Rdnr. 6 b.
114 MK-InsO/Schmahl, § 14 Rdnr. 44; Smid, Kommentar zur Insolvenzordnung, 2. Aufl., 2001, § 14, Rdnr. 14.
115 OLG Köln KTS 1970, 226.
116 MK-InsO/Schmahl, § 14 Rdnr. 50.
117 OLG Frankfurt ZIP 1984, 195.
118 AG Memmingen ZIP 2000, 1452; AG Hamburg ZIP 2000, 1019; Häsemeyer, a. a. O., Rdnr. 7.08.
119 AG Gummersbach KTS 1964, 61.
120 MK-InsO/Schmahl, § 14 Rdnr. 51.

Die Stellung von Insolvenzanträgen erfolgt vom Sozialversicherungsträger häufig auch nur, um auf den Schuldner Druck auszuüben. Werden gleichzeitig Teilzahlungen akzeptiert, sind an die Glaubhaftmachung der Zahlungsunfähigkeit erhöhte Anforderungen zu stellen, im Einzelfall kann sich daraus auch deren Unzulässigkeit ergeben.[121]   64

d) Höhe der Gläubigerforderung

Die Höhe der Forderung ist für das rechtliche Interesse des Gläubigers an der Eröffnung des Insolvenzverfahrens grundsätzlich ohne Bedeutung. Kleingläubigern ein rechtliches Interesse an der Antragstellung abzusprechen, liefe faktisch auf deren Entrechtung hinaus.[122] Hatte der Gläubiger über einen längeren Zeitraum keine Zwangsvollstreckungsmaßnahmen unternommen, lässt ein derartige Abwarten oder Zögern das Rechtsschutzinteresse an einen Insolvenzantrag nicht entfallen.   65

5. Antragsrücknahme

Der Gläubiger kann den Insolvenzantrag innerhalb der zeitlichen Grenzen nach § 13 Abs. 2 zurücknehmen. Die Rücknahmeerklärung ist – wie die Antragstellung – eine Prozesshandlung. Sie muss unbedingt erfolgen und ist grundsätzlich nicht anfechtbar.[123] Zulässig ist auch der nicht im Gesetz geregelte Verzicht auf den Insolvenzantrag.[124] Nimmt der Gläubiger den Insolvenzantrag zurück, so hat er gem. § 269 Abs. 3 Satz 2 ZPO i. V. m. § 4 die Kosten des Eröffnungsverfahrens zu tragen.[125]   66

Der Gläubiger kann sich auch z. B. in einer Zahlungsvereinbarung mit dem Schuldner verpflichten, den Insolvenzantrag zurückzunehmen. Der Insolvenzantrag des Gläubigers ist als unzulässig abzuweisen, wenn er dieser Verpflichtung nicht nachkommt. Erfüllt nachfolgend der Schuldner nicht die in der Vereinbarung mit dem Gläubiger getroffenen Zahlungszusagen, so ist im Hinblick hierauf eine erneute Insolvenzantragstellung des Gläubigers als zulässig anzusehen.   67

Zur Rücknahme des von einem Organ einer juristischen Person oder Personengesellschaft gestellten Insolvenzantrags ist grundsätzlich nur derjenige berechtigt,[126] der ihn auch gestellt hat. Die übrigen antragsbefugten Mitglieder des Vertretungsorgans sind zu hören, vgl. § 15 Abs. 2.   68

---

121 Vgl. LG Hamburg NZI 2002, 164; AG Potsdam DZWIR 2001, 262; Frind/Schmidt ZInsO 2002, 8 f.; Schmohl NZI 2002, 177 m. w. N.
122 Häsemeyer, a. a. O., Rdnr. 7.08.
123 LG Göttingen ZIP 1998, 1389; Kübler/Prütting, a. a. O., § 14 Rdnr. 11.
124 MK-InsO/Schmahl, § 13 Rdnr. 100.
125 MK-InsO/Hefermehl, § 54 Rdnr. 13.
126 Smid, InsO, § 13 Rdnr. 21; Uhlenbruck, GmbHR 1999, 313 f.; vgl. auch I Ziff. 1 lit. c.

IV. Zuständigkeit des Insolvenzgerichtes

1. Zuständigkeit des Amtsgerichts

69 Das Amtsgericht ist nach § 2 Abs. 1 für das Insolvenzverfahren zuständig. Die Zuständigkeit ist ausschließlich. Sie unterliegt nicht der Disposition der Parteien.

a) Umfassende (sachliche) Zuständigkeit

70 Die (sachliche) Zuständigkeit des Insolvenzgerichtes ist umfassend und betrifft das gesamte Verfahren. Das Amtsgericht als Insolvenzgericht ist zuständig für die Abnahme der eidesstattlichen Versicherung, vgl. §§ 98, 101 Abs. 1, 153 Abs. 2 Satz 1, wie auch für Vollstreckungserinnerungen nach § 89 Abs. 3 oder Anträge nach § 765 a ZPO. Nach § 36 Abs. 1 gelten die §§ 50, 850 a, 850 c, 850 e, 850 f Abs. 1, §§ 850 g bis 850 i der Zivilprozessordnung im Insolvenzverfahren entsprechend.[127] Für die Entscheidung, ob ein Gegenstand danach der Zwangsvollstreckung unterliegt, ist nach § 36 Abs. 4 ausdrücklich das Insolvenzgericht zuständig. Über den Antrag des Treuhänders im Verbraucherinsolvenzverfahren, Arbeitseinkommen und vom Schuldner bezogenes pauschaliertes Wohngeld gem. § 850 e Nr. 2 ZPO zusammenzurechnen, hat deshalb das Insolvenzgericht zu befinden.[128]

71 Nicht in die Zuständigkeit der Insolvenzgerichte fallen dagegen die im Verlauf des Insolvenzverfahrens entstehenden Auseinandersetzungen zwischen den Beteiligten,[129] z. B. über das Bestehen von Aus- und Absonderungsrechten, die Massezugehörigkeit einer Forderung,[130] die Forderungsfeststellung zur Insolvenztabelle,[131] §§ 180, 185, oder über Anfechtungsansprüche. Die Prozessgerichte sind weiterhin zuständig für Rechtsstreitigkeiten, die bei Eröffnung des Insolvenzverfahrens anhängig sind. Auch besteht keine Zuständigkeit der Insolvenzgerichte für nicht vermögensrechtliche Streitigkeiten, z. B. über einen gegen den Schuldner persönlich gerichteten Unterlassungsanspruch.

b) Aufgabenkonzentration

72 Die Konzentration der Insolvenzverfahren bei den Amtsgerichten soll deren Kompetenz wie auch größere Sachnähe nutzen. Das Gesetz sieht für den Regelfall in § 2 Abs. 1 vor, dass die Aufgaben des Insolvenzgerichtes

---

127 Vgl. hierzu ferner auch Rdnr. 15.
128 InsOÄndG vom 26. 10. 2001; zur früheren Rechtslage vgl. OLG Köln NZI 2000, 529; OLG Frankfurt NZI 2000, 531.
129 OLG Hamburg NZI 2001, 320.
130 MK-InsO/Ganter, § 2 Rdnr. 8.
131 BGH ZIP 1984, 1501; AG Duisburg NZI 2000, 385.

bei dem Amtsgericht konzentriert werden, in dessen Bezirk ein Landgericht seinen Sitz hat. Nur dieses Amtsgericht ist für den gesamten Landgerichtsbezirk Insolvenzgericht.

Trotz dieser ausschließlichen Aufgabenzuweisung bleiben Rechtshilfeersuchen des Insolvenzgerichtes wegen allgemeiner prozessualer Maßnahmen, wie z. B. der Anhörung Beteiligter gem. §§ 156 ff. GVG an andere Amtsgerichte des Bezirks zulässig.[132] Indes gilt dies nicht, wenn es sich um Handlungen handelt, für die das Insolvenzgericht gerade ausschließlich zuständig ist, wie den Erlass einer Vorführungs- bzw. Haftanordnung[133] und die Abhaltung eines Prüfungstermins nach § 176.

73

Die Landesregierungen bzw. Landesjustizverwaltungen sind nach § 2 Abs. 2 allerdings ausdrücklich berechtigt, im Hinblick auf ihre örtlichen Bedingungen die Konzentration auf ein Insolvenzgericht im Landgerichtsbezirk abzumildern und damit die Zahl der für Insolvenzsachen zuständigen Amtsgerichte zu erhöhen. Von dieser Ermächtigung hat die Mehrheit der Bundesländer in unterschiedlichem Umfang Gebrauch gemacht,[134] so sind z. B. in Nordrhein-Westfalen die Amtsgerichte am Ort der 19 Landgerichte die Insolvenzgerichte, während in Baden-Württemberg von den 108 Amtsgerichten 24 Insolvenzgerichte sind, davon 17 am Ort der Landgerichte, vgl. Verzeichnis der ab 01. 01. 1999 zuständigen Insolvenzgerichte, ZInsO 1998, 270 ff.

74

2. Funktionelle Zuständigkeit

Die Abwicklung eines Insolvenzverfahrens wird seit je als Teil der Zwangsvollstreckung in der Form der Generalexekution verstanden. Sie fiel deshalb nach der Konkursordnung in den Aufgabenbereich des Rechtspflegers. Die InsO hat an dieser überkommenen und bewährten Verteilung der Aufgaben im Insolvenzverfahren zwischen Richter und Rechtspfleger festgehalten.[135] Die Abwicklung des Verfahrens nach Insolvenzeröffnung ist danach gem. § 3 Nr. 2 lit. e RPflG grundsätzlich Aufgabe des Rechtspflegers. Nur einzelne in § 18 Abs. 1 RPflG genannte Geschäfte verbleiben beim Richter. Er kann jedoch, wenn er es für erforderlich hält, das Verfahren jederzeit ganz oder teilweise gem. § 18 Abs. 2 Satz 3 RPflG wieder an sich ziehen, sog. Evokationsrecht.

75

Der Rechtspfleger hat seine Entscheidungen selbstständig zu treffen, vgl. § 9 RPflG. Im Hinblick auf die Verfahrensabwicklung ist der Richter nicht berechtigt, ihm Weisungen zu erteilen.

76

---

132 BGH WM 1998, 622.
133 HK-InsO/Kirchhof, § 2 Rdnr. 10; strittig a. A. FK-InsO/Schmerbach, § 2 Rdnr. 12; Breutigam/Blersch/Goetsch, a. a. O., § 3 Rdnr. 19; MK-InsO/Ganter, § 2 Rdnr. 12.
134 OLG Köln ZIP 1999, 1605.
135 Kritisch Übertragung des gesamten Insolvenzverfahrens auf den Rechtspfleger, Frind, NZI 2002, 138; Fuchs, ZInsO 2001, 1033 f.

77 Dem Insolvenzrichter sind danach vorbehalten:

- Die Entscheidung über den Eröffnungsantrag und das vorausgehende Eröffnungsverfahren, und zwar auch im Verbraucher- oder Kleininsolvenzverfahren unter Einbeziehung des Schuldenbereinigungsverfahrens.
- Die Ernennung des Insolvenzverwalters.
- Entscheidung über den Antrag des Gläubigers auf Versagung der Restschuldbefreiung, § 18 Abs. 1 Nr. 2 RPflG, und über die Zulässigkeit des Antrags auf Restschuldbefreiung. Das Verfahren der Restschuldbefreiung wird im Übrigen grundsätzlich vom Rechtspfleger abgewickelt.[136]
- Zwangsweise Vorführung und Haft des Schuldners, § 98 Abs. 2 i. V. m. § 4 Abs. 2 Nr. 2 RPflG.

78 Die funktionelle Zuständigkeit ist eine ausschließliche. Hat jedoch der Insolvenzrichter entschieden, obwohl an sich der Rechtspfleger zuständig gewesen wäre, so ist dieser Verfahrensfehler folgenlos. Dem Insolvenzrichter steht gemäß dem Evokationsrecht jederzeit eine Entscheidungskompetenz zu.

79 Das Insolvenzverfahren ist ansonsten dem Rechtspfleger übertragen, § 3 Nr. 2 e RPflG. Dazu gehören u. a. auch folgende Geschäfte:

- Nach Verfahrenseröffnung die Festsetzung der Vergütung des vorläufigen Insolvenzverwalters.[137]
- Die Abweisung eines unzulässigen Antrags auf Restschuldbefreiung.[138]

Für Entscheidungen nach § 89 Abs. 3 im Rahmen der Zwangsvollstreckung ist allerdings der Insolvenzrichter zuständig, da es sich dem Wesen nach um eine Erinnerung nach § 766 ZPO handelt.[139]

3. Örtliche Zuständigkeit

80 Die örtliche Zuständigkeit gem. § 3 Abs. 1 ist eine ausschließliche. Sie kann nicht durch Vereinbarung abgeändert werden, § 40 Abs. 2 ZPO. Die Bestimmung der örtlichen Zuständigkeit erfolgt unabhängig von der Rechtsform des Schuldners. § 3 gilt für natürliche wie auch juristische Personen; er regelt auch die örtliche Zuständigkeit des Gerichts im Verbraucherinsolvenzverfahren.

a) Maßgebender Zeitpunkt

81 Die örtliche Zuständigkeit des Insolvenzgerichtes richtet sich gem. § 4 i. V. m. § 261 Abs. 3 Nr. 2 ZPO nach den Umständen im Zeitpunkt der An-

---

136 Vgl. hierzu im Einzelnen MK-InsO/Ganter, § 2 Rdnr. 18.
137 OLG Köln NZI 2000, 587; OLG Zweibrücken NZI 2000, 271.
138 OLG Köln NZI 2000, 585; eingehend Franke/Burger NZI 2001, 403 f.
139 OLG Zweibrücken NZI 2000, 271.

Hefermehl

bringung des Insolvenzantrags.[140] War die örtliche Zuständigkeit zu diesem Zeitpunkt begründet, z. B. weil der Schuldner gem. § 3 Abs. 1 Satz 1 im Bezirk des Insolvenzgerichtes seinen allgemeinen Gerichtsstand besaß, so entfällt diese nicht durch spätere Veränderungen. Nachträgliche Sitzverlegungen können die zunächst begründete Zuständigkeit nicht beseitigen.[141] War dagegen die örtliche Zuständigkeit bei Eingang des Insolvenzantrags nicht begründet, so ist dies unschädlich, wenn spätestens bis zur Entscheidung aufgrund nachträglicher Änderungen diese bejaht werden kann.[142]

In der Praxis wird bei einem sich abzeichnenden Insolvenzverfahren mitunter versucht, die Zuständigkeit eines örtlich entfernten Gerichtes durch Sitzverlegung zu begründen, um auf diese Weise vor allem der Aufmerksamkeit der Gläubiger zu entgehen.[143] Ob eine Sitzverlegung anzuerkennen ist, hängt nach der Rechtsprechung von den Umständen des Einzelfalles ab. Wird der Insolvenzantrag innerhalb von drei Wochen nach Beurkundung der Sitzverlegung gestellt, so kann aus der zeitlichen Abfolge geschlossen werden, dass die Absicht, einen neuen effektiven Firmensitz zu begründen, nicht vorhanden war, sondern der Gerichtsstand erschlichen werden sollte.[144] Allerdings ist bei der Annahme einer Gerichtsstandserschleichung Vorsicht geboten. Allein der Umstand, dass am neuen Sitz keine nennenswerte werbende Tätigkeit aufgenommen wurde, schließt die Ernsthaftigkeit der Sitzverlegung nicht aus; dies kann allenfalls ein Indiz sein, diese in Zweifel zu ziehen.[145]

82

Wird der Sitz der Gesellschaft in das Ausland verlegt, ist zu prüfen, ob der Schuldner dort überhaupt noch weiterhin geschäftlich tätig ist. Wenn dies nicht der Fall ist, rechtfertigt dies die Annahme, die Sitzverlegung sei nur zum Schein erfolgt, um sich der Stellung eines Insolvenzantrags bzw. der Abwicklung eines Insolvenzverfahrens nach deutschem Recht zu entziehen.[146]

83

b) Mittelpunkt einer selbstständigen wirtschaftlichen Tätigkeit

Die örtliche Zuständigkeit richtet sich in erster Linie gem. § 3 Abs. 1 Satz 2 danach, ob der Schuldner eine selbstständige wirtschaftliche Tätigkeit ausübt. Im Rahmen der kaufmännischen Insolvenz bestimmt deren Mittelpunkt den Gerichtsstand.[147] Bei der Prüfung ist auf die tatsächlichen Verhältnisse abzustellen. Nur zum Schein nach aufgenommene Aktivitäten können die örtliche Zuständigkeit des Gerichtes nicht begründen.[148] Die

84

---

140 AG Göttingen NZI 2000, 493; AG Hamburg NZI 2000, 96; a. A. AG Duisburg NZI 2000, 608.
141 OLG Hamm NZI 2000, 220.
142 OLG Naumburg NZI 2000, 476.
143 MK-InsO/Ganter, § 3 Rdnr. 5.
144 MK-InsO/Ganter, § 3 Rdnr. 38; HK-InsO/Kirchhof, § 3 Rdnr. 18.
145 BGH DZWIR 1996, 322 mit Anmerkung Smid; LG Göttingen ZIP 1997, 988.
146 BGH DZWIR 1996, 322; LG Magdeburg ZIP 1996, 2027.
147 MK-InsO/Ganter, § 4 Rdnr. 45.
148 OLG Köln ZIP 2000, 673; HK-InsO/Kirchhof, § 3 Rdnr. 6.

wirtschaftliche Tätigkeit des Schuldners muss keine gewerbliche im Rechtssinn sein. Ausreichend ist jede nachhaltige, auf Erwerb zielende unternehmerische Tätigkeit, z. B. auch von Freiberuflern oder Landwirten. Sie muss indes auf Gewinnerzielung gerichtet sein.[149] Selbstständig wirtschaftlich tätig ist auch, wer im eigenen Namen handelt, z. B. der Pächter oder Kommissionär. Welchen Umfang die selbstständige wirtschaftliche Tätigkeit besitzt, ist für die Bestimmung der örtlichen Zuständigkeit irrelevant. Die bloße Aufbewahrung von Geschäftsunterlagen eines Unternehmens nach dessen Abwicklung reicht zur Annahme einer wirtschaftlichen Tätigkeit nicht aus.[150]

85 Der Mittelpunkt der wirtschaftlichen Tätigkeit befindet sich dort, wo die Geschäfte nach außen hin abgewickelt werden. Maßgebend ist auch hier der tatsächliche Geschäftsablauf, weshalb die Anmeldung des Gewerbes, die Eintragung im Handelsregister oder die satzungsmäßige Feststellung des Sitzes der Gesellschaft allenfalls Indizfunktion besitzen.[151] Wird der Schwerpunkt der geschäftlichen Tätigkeit tatsächlich an einen anderen Ort verlegt, so wird dadurch die örtliche Zuständigkeit begründet, auch wenn die Verlegung des Sitzes mit der Eintragung in das Handelsregister erst später erfolgt.[152] Durch reine Sitzverlegung kann andererseits nicht eine neue örtliche Zuständigkeit begründet werden, wenn der vormalige Mittelpunkt der geschäftlichen Tätigkeit beibehalten wird.

86 Unterhält ein Unternehmen mehrere Niederlassungen oder Betriebsorte, so ist i. d. R. der Ort der zentralen Verwaltung maßgeblich, da dieser als Mittelpunkt der geschäftlichen Betätigung nach außen anzusehen ist. Entscheidend sind die tatsächlichen Verhältnisse. Bei konzernrechtlich verbundenen Gesellschaften ist die Muttergesellschaft nur dann für die Insolvenzverfahren ihrer Tochtergesellschaften zuständig, wenn sie diese wirklich wirtschaftlich leitet und gelenkt hat.[153] In der Insolvenz über das Vermögen einer Personengesellschaft und deren Gesellschafter ist für jedes Verfahren die örtliche Zuständigkeit gesondert zu prüfen und festzustellen. Für den einzelnen Gesellschafter muss der Schwerpunkt seiner wirtschaftlichen Tätigkeit nicht am Sitz der Gesellschaft liegen.[154]

87 Hatte der Schuldner bei Eingang des Eröffnungsantrags seine wirtschaftliche Tätigkeit voll beendet, ist § 3 Abs. 1 Satz 2 nicht mehr anwendbar. Nach Einstellung der Geschäftstätigkeit richtet sich die Zuständigkeit nach § 3 Abs. 1 Satz 1. Für eine GmbH ist danach zuständig das Insolvenzgericht, in dessen Bezirk die Gesellschaft ihren satzungsgemäßen festgelegten Sitz hat.[155] Der Wohnsitz des Geschäftsführers ist nicht maßgebend,

---

149 MK-InsO/Ganter, § 3 Rdnr. 6.
150 OLG Hamm ZInsO 1999, 534.
151 OLG Braunschweig ZIP 2000, 1118; abweichend KG NZI 1999, 499.
152 LG Hamburg ZInsO 2000, 118.
153 LG Hamburg ZInsO 2000, 118.
154 LG Dessau ZIP 1988, 1007; Ehricke, DZWIR 1999, 359.
155 KG ZInsO 2000, 44; HK-InsO/Kirchhof, § 3 Rdnr. 12.

Hefermehl

auch wenn er mit der Durchführung und Abwicklung des Insolvenzverfahrens eigens beauftragt wurde, wenn er die Geschäftsbücher und Unterlagen an sich genommen hatte sowie Korrespondenz führt.[156]

Für das Nachlassinsolvenzverfahren ist die Sonderregelung in § 215 zu beachten. Danach ist das Insolvenzverfahren vorrangig an dem Ort abzuwickeln, an dem der Mittelpunkt der selbstständigen wirtschaftlichen Tätigkeit des Erblassers gelegen war. Dadurch soll erreicht werden, dass ein Insolvenzverfahren über den Nachlass eines Einzelkaufmanns am Sitz des Unternehmens durchgeführt werden kann.[157]

c) Allgemeiner Gerichtsstand

Übt der Schuldner im Zeitpunkt der Antragstellung keine selbstständige wirtschaftliche Tätigkeit aus oder hat er diese tatsächlich eingestellt, so richtet sich die örtliche Zuständigkeit nach seinem allgemeinen Gerichtsstand. Dieser bestimmt sich nach den §§ 13 bis 19 ZPO i. V. m. § 4. Handelt es sich bei dem Schuldner um eine natürliche Person, ist abzustellen auf dessen Wohnsitz. Aus der polizeilichen Meldung kann i. d. R. auf den Wohnsitz geschlossen werden; dies ist jedoch nicht zwingend, da maßgebend die tatsächlichen Verhältnisse sind.[158]

Der allgemeine Gerichtsstand juristischer Personen richtet sich nach deren Sitz, § 17 Abs. 1 Satz 1 ZPO. Dies gilt entsprechend für nicht rechtsfähige Vereine oder Gesellschaften ohne Rechtspersönlichkeit, über deren Vermögen das Insolvenzverfahren nach §§ 11 Abs. 1 Satz 2, 11 Abs. 1 Nr. 1 eröffnet werden kann. Der Sitz einer GmbH ist gem. § 3 Abs. 1 Ziff. 1 GmbHG der Ort, den der Gesellschaftsvertrag bestimmt; nach § 10 Abs. 1 GmbHG ist dieser in das Handelsregister einzutragen. Eine Sitzverlegung erlangt deshalb erst mit der Eintragung in das Handelsregister Wirksamkeit, § 54 Abs. 3 GmbHG.[159]

Besitzt der Schuldner keinen eingetragenen Sitz, ist gem. § 17 Abs. 1 Satz 2 ZPO der Ort als Sitz anzunehmen, an dem die Verwaltung geführt wird. Verfügt z. B. eine BGB-Gesellschaft über eine derartige eigenständige Verwaltung an einem vom Wohnsitz ihrer Gesellschaft verschiedenen Ort, so richtet sich hiernach die örtliche Zuständigkeit des Insolvenzgerichts.[160] Ist auch über das Vermögen der einzelnen Gesellschafter ein Insolvenzverfahren abzuwickeln, so bestehen wegen der abweichenden Wohnsitze auch verschiedene örtliche Zuständigkeiten für die einzelnen Insolvenzverfahren.

---

156 OLG Braunschweig NZI 2000, 266; OLG Hamm NZI 2000, 250; OLG Köln ZIP 2000, 672.
157 OLG Hamm ZInsO 1999, 533; OLG Düsseldorf DZWIR 1999, 463; a. A. im Hinblick auf die Tätigkeit eines Liquidators MK-InsO/Ganter, § 3 Rdnr. 8.
158 Kübler/Prütting, a. a. O., § 3 Rdnr. 5.
159 OLG Naumburg InVo 2000, 12.
160 Vgl. FK-InsO/Schmerbach, § 3 Rdnr. 10.

Hefermehl

d) Örtliche Zuständigkeit mehrerer Insolvenzgerichte

92 Nach § 3 Abs. 1 kann sich im Einzelfall ergeben, dass die örtliche Zuständigkeit mehrerer Insolvenzgerichte – abstrakt – begründet ist, z. B. wenn der Schuldner zwei Wohnsitze innehat oder eine selbstständige wirtschaftliche Tätigkeit an mehreren Orten ausübt, ohne dass ein Mittelpunkt festgestellt werden kann. Der Antragsteller kann dann zwischen den zulässigen Gerichtsständen wählen, § 35 ZPO i. V. m. § 4. Mit dieser Wahl legt er zugleich die ausschließliche Zuständigkeit des zuerst angerufenen Insolvenzgerichtes fest, § 3 Abs. 2. Die zuerst begründete Zuständigkeit bleibt bestehen, auch wenn der Schuldner nach Antragstellung diesen Wohnsitz aufgeben und einen neuen Wohnsitz begründen sollte.[161]

e) Prüfung von Amts wegen

93 Die Prüfung der örtlichen Zuständigkeit hat von Amts wegen zu erfolgen, § 5 Abs. 1 Satz 1.[162] Der Antragsteller hat bei der Antragstellung alle Tatsachen vollständig vorzutragen, die die Zuständigkeit des angerufenen Gerichtes begründen. Soll die örtliche Zuständigkeit sich aus dem Schwerpunkt der selbstständigen wirtschaftlichen Tätigkeit des Schuldners ergeben, müssen die hierfür relevanten tatsächlichen Umstände angegeben werden. Deshalb sind Registeranmeldung, Gewerbeanmeldung o. dgl. vorzulegen, auch wenn diese Unterlagen nur Anhaltspunkte für die Begründung der örtlichen Zuständigkeit sind.[163]

94 Die Prüfung der Zulässigkeit des Eröffnungsantrags erfolgt – einseitig – auf der Grundlage der Angaben des Antragstellers. Die Pflicht des Insolvenzgerichtes nach § 5 Abs. 1, von Amts wegen alle Umstände zu ermitteln, die für das Insolvenzverfahren von Bedeutung sind, gilt erst, wenn der Insolvenzantrag zugelassen wird. Kann der Antragsteller – auch nach entsprechendem Hinweis gem. § 139 ZPO – die behauptete Zuständigkeit des angerufenen Insolvenzgerichtes nicht hinreichend darlegen, so kann dieses den Antrag als unzulässig zurückweisen.

f) Rechtsmittel und Verweisung

95 Wird das Insolvenzverfahren aufgrund des Antrags eines Gläubigers irrtümlich von einem örtlich unzuständigen Insolvenzgericht eröffnet, so kann hiergegen der Schuldner nach § 34 Abs. 2 sofortige Beschwerde einlegen. Hat das Insolvenzgericht ihn jedoch zur Frage der örtlichen Zuständigkeit zuvor gehört, so ist er mit der Rüge nach § 512a ZPO i. V. m. § 4 ausgeschlossen.[164] Der Verfahrensmangel wird mit Rechtskraft des Eröffnungsbe-

---

161 MK-InsO/Ganter, § 3 Rdnr. 15; HK-InsO/Kirchhof, § 3 Rdnr. 12.
162 MK-InsO/Ganter, § 3 Rdnr. 20.
163 Kübler/Prütting, a. a. O., § 3 Rdnr. 13; Haarmeyer/Wutzke/Förster, a. a. O., Kap. 3 Rdnr. 60.
164 LG Hamburg ZInsO 2000, 118.

schlusses geheilt; das Insolvenzgericht ist für das weitere Verfahren zuständig.

Hält sich das angerufene Insolvenzgericht dagegen nicht für örtlich zuständig, so ergeben sich verschiedene Verfahrensmöglichkeiten. **96**

- Trotz gerichtlichen Hinweises nach § 139 ZPO stellt der Antragsteller keinen Antrag auf Verweisung. Das Insolvenzgericht hat deshalb den Eröffnungsantrag als unzulässig abzuweisen. Legt der Antragsteller hiergegen sofortige Beschwerde ein, § 34 Abs. 2, kann die Verweisung von ihm noch im Beschwerdeverfahren beantragt werden.[165]
- Das Insolvenzgericht verweist auf Antrag das Verfahren an das nach seiner Beurteilung örtlich zuständige Gericht gem. § 281 Abs. 2 Satz 5 ZPO. Der Verweisungsbeschluss ist grundsätzlich für das Gericht, an das verwiesen wird, bindend; dieses ist damit als zuständiges Insolvenzgericht anzusehen.[166]
- Verweisungsbeschlüsse nach § 281 Abs. 2 Satz 5 ZPO entfalten jedoch nach der Rechtsprechung keine Bindungswirkung und sind deshalb unbeachtlich, wenn sie offensichtlich gesetzeswidrig oder offensichtlich unrichtig sind. Sieht sich deshalb das Insolvenzgericht, an das verwiesen wurde, nicht durch den Verweisungsbeschluss gebunden und verneint gleichfalls seine örtliche Zuständigkeit, so ist im Zuständigkeitsbestimmungsverfahren nach § 36 ZPO das letztlich zuständige örtliche Insolvenzgericht zu bestimmen. Im Rahmen des Bestimmungsverfahrens hat das höhere Gericht auch zu prüfen, ob dem Verweisungsbeschluss des zunächst angerufenen Insolvenzgerichtes Bindungs- und Perpetuierungswirkung gemäß der Rechtsprechung zugekommen ist.[167]

▸ **Beispiel:**

Die Antragstellerin – eine GmbH – mit Sitz in Stuttgart beantragte am 22. 11. 1999 beim Insolvenzgericht in Stuttgart die Durchführung des Insolvenzverfahrens über ihr Vermögen. Sie trug u. a. vor, am 8. 11. 1999 einen neuen Geschäftsführer bestellt und zugleich den Verwaltungssitz nach Esslingen am Neckar verlegt zu haben. Das angerufene AG Stuttgart erklärte sich daraufhin für unzuständig und verwies das Verfahren an das Insolvenzgericht des AG Esslingen. Auf Anfrage des AG Esslingen teilte die Schuldnerin mit, dass die Verlegung des Verwaltungssitzes nur zur Prüfung und Durchführung des möglichen Insolvenzverfahrens erfolgt sei. Daraufhin erklärte sich auch das AG Esslingen für unzuständig und legt die Sache zur Zuständigkeitsbestimmung dem OLG vor. **97**

---

165 OLG Köln ZIP 2000, 462; Kuhn/Uhlenbruck, § 71 Rdnr. 7 b.
166 HK-InsO/Kirchhof, § 3 Rdnr. 20.
167 OLG Köln NZI 2000, 232; OLG Hamm ZInsO 1999, 534; Haarmeyer/Wutzke/Förster, a. a. O., Kap. 3 Rdnr. 63.

98 Die Voraussetzungen für eine Zuständigkeitsbestimmung nach § 36 Abs. 1 Nr. 6 Abs. 2 ZPO sind gegeben. Die beiden mit der Sache befassten Insolvenzgerichte haben sich rechtskräftig für unzuständig erklärt, eines ist für die Entscheidung über den Insolvenzantrag aber zuständig. Die in dem Verweisungsbeschluss – nach Anhörung der Schuldnerin – vertretene Auffassung des AG Stuttgart ist nur dann nicht beachtlich, wenn sie offensichtlich gesetzeswidrig bzw. offensichtlich unrichtig ist. Zwar wird die Verlegung des Gesellschaftssitzes gem. § 54 Abs. 3 GmbH-Gesetz erst mit der Eintragung in das Handelsregister wirksam. Die Verweisung ist jedoch gem. den Angaben der Antragstellerin nicht objektiv willkürlich. Sinn der Bindungswirkung des § 281 Abs. 2 Satz 5 ZPO ist es auch, zur Vermeidung unnötiger Zuständigkeitsstreitigkeiten auch sachlich unrichtige Verweisungsbeschlüsse zu decken.[168]

g) Internationale Zuständigkeit

99 Die Regelung der örtlichen Zuständigkeit in § 3 bestimmt auch die internationale Zuständigkeit des Insolvenzgerichtes. Übt der Schuldner zum Zeitpunkt der Antragstellung in Deutschland keine selbstständige wirtschaftliche Tätigkeit aus und besitzt auch keinen Wohnsitz nach § 13 ZPO, so sind die deutschen Insolvenzgerichte nicht international zuständig.[169]

▶ **Beispiel:**

100 Der Schuldner hatte seinen Wohnsitz in Deutschland. Er übte eine wirtschaftliche Betätigung aus, deren Mittelpunkt im Ausland war. Der Schuldner stellte Insolvenzantrag am Insolvenzgericht seines Wohnorts.

101 Die internationale Zuständigkeit ist in jedem Verfahren von Amts wegen zu prüfen. Der Schuldner hat zwar seinen Wohnsitz im Inland und damit gem. § 3 Abs. 1 hier seinen allgemeinen Gerichtsstand. Primär zuständig ist jedoch das Insolvenzgericht, in dessen Bezirk der Mittelpunkt der vom Schuldner ausgeübten selbstständigen wirtschaftlichen Tätigkeit liegt. Befindet sich dieser im Ausland, sind die inländischen Insolvenzgerichte nicht zuständig; der Insolvenzantrag ist als unzulässig zurückzuweisen.[170]

102 Besteht eine internationale Eröffnungszuständigkeit der deutschen Insolvenzgerichte nicht, so kommt jedoch die Durchführung eines inländischen Partikularinsolvenzverfahrens gem. Art. 102 Abs. 3 Satz 1 EG-InsO in Betracht. Voraussetzung ist, dass der Schuldner über inländisches Vermögen verfügt.[171] Besitzt ein ausländischer Unternehmer in Deutschland eine im Handelsregister eingetragene Zweigniederlassung, so ist diese zwar keine selbstständige juristische Person i. S. v. § 13, zum Schutz der inländischen Interessen kann jedoch über deren Vermögen nach Art. 102 EG-InsO ein

---

168 OLG Düsseldorf NZI 2000, 601; OLG Hamm NZI 2000, 220.
169 OLG Köln NZI 2001, 380.
170 BGH NZI 2001, 647; AG Münster DZWIR 2000, 123.
171 LG Stuttgart ZIP 2000, 1122; HK-InsO/Kirchhof, Art. 102 EG-InsO Rdnr. 29, 31.

Sonderinsolvenzverfahren eröffnet werden. Das örtlich zuständige Insolvenzgericht bestimmt sich nach § 3.[172]

V. Insolvenzfähigkeit des Schuldners

1. Begriff

Die §§ 11, 12 regeln die Insolvenzfähigkeit. Die Insolvenzfähigkeit ist eine formelle Voraussetzung für die Zulässigkeit des Insolvenzverfahrens.[173] Sie regelt die Fähigkeit, Schuldner eines Insolvenzverfahrens sein zu können. Insolvenzfähig sind danach alle natürliche Personen, juristische Personen und sonstigen Rechtsträger eines Vermögens, deren Haftung durch das Insolvenzverfahren realisiert werden soll. 103

a) Sonderinsolvenz

Von der Insolvenzfähigkeit zu unterscheiden ist die in § 11 Abs. 2 Nr. 2 geregelte Frage, über welche Sondervermögen ein eigenständiges Insolvenzverfahren eröffnet werden kann.[174] Derartige Sonderinsolvenzen sieht das Gesetz für den Nachlass vor, indem dieser als Ganzes bestimmten Gläubigern – unter Ausschluss anderer Gläubiger – haftungsrechtlich zugewiesen wird; ebenso sind Sonderinsolvenzen zulässig über das Gesamtgut einer fortgesetzten Gütergemeinschaft sowie über das Gesamtgut einer Gütergemeinschaft, das von den Ehegatten gemeinschaftlich verwaltet wird. 104

b) Prozessfähigkeit des Schuldners

Die Insolvenzfähigkeit ist von anderen prozessualen Zulässigkeitsvoraussetzungen abzugrenzen. So ist die Rechtsfähigkeit nicht Voraussetzung der Insolvenzfähigkeit. Deshalb kann, wie sich aus § 11 Abs. 2 Nr. 1 ergibt, über ein haftungsrechtlich verselbstständigtes Vermögen wie z. B. die oHG, KG oder BGB-Gesellschaft ein Insolvenzverfahren durchgeführt werden, ohne dass diesem Rechtsfähigkeit zukommt.[175] 105

Die Insolvenzfähigkeit entspricht im Wesentlichen der passiven Parteifähigkeit des Zivilprozesses nach §§ 50 Abs. 2, 735 ZPO.[176] Ob der Schuldner geschäftsfähig oder beschränkt geschäftsfähig ist, ist für die Insolvenzeröff- 106

---

172 LG München ZInsO 2001, 863.
173 Kübler/Prütting, a. a. O., § 11 Rdnr. 6.
174 Kübler/Prütting, a. a. O., § 11 Rdnr. 7; Kuhn/Uhlenbruck, a. a. O., § 209 Rdnr. 3.
175 Häsemeyer, a. a. O., Rdnr. 6.17.
176 Kübler/Prütting, a. a. O., § 11 Rdnr. 7.

Hefermehl

nung ohne Bedeutung. Auf Seiten des Schuldners muss auch nicht Prozessfähigkeit[177] bestehen, um am Eröffnungsverfahren teilnehmen zu können.

▶ **Beispiel:**

107 Ein Gläubiger stellte gegen eine GmbH wegen fälliger Forderungen Insolvenzantrag. Das Insolvenzgericht stellte fest, dass die GmbH über keine Organe verfügte, nachdem alle früheren Geschäftsführer und Gesellschafter im Handelsregister gelöscht waren. Zulässigkeit des Insolvenzantrags?

108 Nach § 4 sind auch die Bestimmungen der ZPO über die Prozessfähigkeit, §§ 21 ff. ZPO im Insolvenzverfahren entsprechend anzuwenden. Voraussetzung für die Eröffnung des Insolvenzverfahrens wäre deshalb neben der Insolvenzfähigkeit auch die Prozessfähigkeit des Schuldners. Jedoch wird die Person des Schuldners oder des organschaftlichen Vertreters für eine Entscheidung nach § 21 oder die Eröffnung nicht benötigt. Nicht erforderlich ist deshalb, dass auf entsprechenden Antrag des Gläubigers ein Notgeschäftsführer bestellt wird.[178] Die Gläubigerin kann auch beantragen, für die schuldnerische GmbH einen Verfahrenspfleger nach § 57 ZPO zu bestellen.[179]

2. Natürliche Personen

109 Natürliche Personen sind stets insolvenzfähig, unabhängig von ihrem Alter oder ihrer ausgeübten Tätigkeit. Ist für einen ausländischen Staatsangehörigen nach § 3 ein deutsches Insolvenzgericht zuständig, so kann über sein Vermögen ein Insolvenzverfahren abgewickelt werden, unabhängig davon, ob er nach seinem Heimatrecht insolvenzfähig wäre.

110 Ist der Schuldner eine natürliche Person, die keine selbstständige wirtschaftliche Tätigkeit ausübt oder ausgeübt hat, so gelten für ihn die Sondervorschriften über das vereinfachte Insolvenzverfahren[180] nach den §§ 304 ff. Diese gelten auch für ehemalige Kaufleute, die eine selbstständige wirtschaftliche Tätigkeit ausgeübt haben, sofern ihre Vermögensverhältnisse überschaubar sind und gegen sie keine Forderungen aus Arbeitsverhältnisse bestehen, § 304 Abs. 1 Satz 2. Als überschaubar werden nach § 304 Abs. 2 die Vermögensverhältnisse angesehen, wenn der ehemals kaufmännisch tätige Schuldner zu dem Zeitpunkt, in dem er Antrag auf Eröffnung des Insolvenzverfahrens stellt, weniger als 20 Gläubiger besitzt.

---

177 Henckel, ZIP 2000, 2046.
178 Smid, a. a. O., § 14 Rdnr. 10; Pape, ZInsO 2000, 215; vgl. aber OLG Köln ZIP 2000, 282; OLG Dresden NZI 2000, 137; kritisch Gerkan, EWIR 2000, 400.
179 LG Berlin NZI 2002, 163; Kutzer, ZIP 2000, 654.
180 Geändert durch InsOÄndG vom 26. 10. 2001; vgl. hierzu Pape, ZInsO 2001, 587.

Hefermehl

3. Juristische Personen

Insolvenzfähig sind nach § 11 Abs. 1 die juristischen Personen. Die Insolvenzfähigkeit beginnt jeweils mit der Entstehung der juristischen Person, d. h. der Eintragung in das jeweilige Register, z. B. nach §§ 41 Abs. 1, 278 Abs. 3 AktG, § 11 Abs. 1 GmbHG. 111

Aber auch die Vorgesellschaft, die mit dem formwirksamen Abschluss des Gesellschaftsvertrages entsteht, wird nach h. M. – entsprechend der juristischen Person – als insolvenzfähig angesehen, da bereits ein rechtlich verselbstständigtes Vermögen vorhanden ist, das Träger von Rechten und Pflichten sein kann.[181] Der Zusammenschluss von Personen zum Zwecke der Errichtung einer Gesellschaft in der Rechtsform einer juristischen Person, sog. Vorgründergesellschaft, ist dagegen i. d. R. mangels eigener Vermögensbildung als reine Innengesellschaft nicht insolvenzfähig.[182] Hat die Vorgründergesellschaft jedoch bereits eigenes Vermögen gebildet, so ist sie als Gesellschaft bürgerlichen Rechtes und, wenn sie darüber hinaus einen vollkaufmännischen Geschäftsbetrieb aufgenommen hat, als offene Handelsgesellschaft insolvenzfähig.[183] 112

Sind verschiedene juristische Personen in einem Konzern unternehmensrechtlich verbunden, so bleiben sie rechtlich dennoch selbstständig, vgl. § 15 AktG. Der Konzern selbst ist nicht insolvenzfähig.[184] Vielmehr ist über die jeweils rechtlich selbstständigen Gesellschaften ein eigenständiges Insolvenzverfahren durchzuführen. 113

Nach dem UmwG können Rechtsträger (juristische Personen, Personenhandelsgesellschaften und im Einzelfall auch natürliche Personen, vgl. § 3 UmwG) verschmolzen werden mit der Folge, dass die übertragenen Rechtsträger mit der Eintragung im Handelsregister erlöschen. Damit endet auch deren Insolvenzfähigkeit. Solange der Umwandlungsvorgang jedoch noch nicht durch Eintragung abgeschlossen ist, kann über das Vermögen der beteiligten Rechtsträger das Insolvenzverfahren noch eröffnet werden.[185] 114

Ist die juristische Person nicht wirksam errichtet worden, so ist sie dennoch insolvenzfähig.[186] Zur Insolvenzfähigkeit nach Auflösung des Rechtsträgers vgl. § 11 Abs. 3. 115

---

181 BGH NJW 1983, 2822; Häsemeyer, a. a. O., Rdnr. 30.22; Kuhn/Uhlenbruck, a. a. O., § 207 Rdnr. 2 a.
182 MK-InsO/Ott, Rdnr. 15; Braun/Uhlenbruck, Unternehmensinsolvenz, 1997, S. 68.
183 HK-InsO/Kirchhof, § 11 Rdnr. 12.
184 Kuhn/Uhlenbruck, a. a. O., § 207 Rdnr. 4.
185 Pfeiffer ZInsO 1999, 547 f.; MK-InsO/Ott, § 11 Rdnr. 17.
186 Voraussetzung ist allein, dass ein haftungsrechtlich abgegrenztes Vermögen vorhanden ist, vgl. Häsemeyer, a. a. O., Rdnr. 30.22.

Hefermehl

4. Nicht rechtsfähiger Verein

116 Der nicht rechtsfähige Verein wird den juristischen Personen gleichgestellt, § 11 Abs. 1 Satz 2. Die Insolvenzfähigkeit des nicht rechtsfähigen Vereins entspricht der Regelung der passiven Parteifähigkeit nach § 50 Abs. 2 ZPO, die auch dem Schutz der Gläubiger dient.[187] Insolvenzschuldner ist deshalb der Verein, dessen Vermögen die Insolvenzmasse bildet.[188]

5. Juristische Personen des öffentlichen Rechtes

117 Insolvenzverfahren über das Vermögen juristischer Personen des öffentlichen Rechtes sind gemäß der in § 12 enthaltenen Ausnahmeregelung eingeschränkt. Der Bund und die Länder sind nicht insolvenzfähig.

118 Ferner sind juristische Personen des öffentlichen Rechtes, die der Aufsicht eines Landes unterstehen, insolvenzunfähig, wenn dies landesrechtlich angeordnet ist,[189] wie z. B. Kreise, Städte, Gemeinden, rechtsfähige Anstalten oder Stiftungen des öffentlichen Rechts. Nicht insolvenzfähig sind zudem die öffentlich-rechtlichen Rundfunkanstalten, Kirchen und kirchliche Organisationen.

119 Demgegenüber werden als insolvenzfähig angesehen die bundesunmittelbaren juristischen Personen des öffentlichen Rechtes, z. B. Rechtsanwaltskammern, Industrie- und Handelskammern oder Sozialversicherungsträger.[190]

120 Juristische Personen des öffentlichen Rechtes, die nicht insolvenzfähig sind, unterliegen der Beitrags- und Umlagepflicht hinsichtlich Insolvenzgeld und der Sicherung der Betriebsrenten. Zum Schutz der Arbeitnehmer im Falle der Zahlungsunfähigkeit und Überschuldung bestimmt deshalb § 12 Abs. 2, dass diesen unmittelbar ein Zahlungsanspruch gegen das Land zusteht, der demjenigen gegen das Arbeitsamt bzw. dem PSV entspricht.[191]

6. Gesellschaften ohne Rechtspersönlichkeit

121 Nach § 11 Abs. 1 Ziff. 1 sind Gesellschaften ohne Rechtspersönlichkeit, d. h. nicht rechtsfähige Personenvereinigungen, insolvenzfähig. Die Eröffnung des Insolvenzverfahrens über das Gesellschaftsvermögen ist hierauf beschränkt; das Privatvermögen der Gesellschafter wird nicht vom Insolvenzbeschlag erfasst.[192] Deshalb ist in diesen Fällen zu unterscheiden zwi-

---

187 Nach, § 735 ZPO ist ebenso zur Einzelzwangsvollstreckung in das Vermögen des nicht rechtsfähigen Vereins ein gegen diesen gerichteter Titel ausreichend.
188 Haarmeyer/Wutzke/Förster, a. a. O., Kap. 1 Rdnr. 53.
189 Eingehend Gundlach, DZWIR 2000, 369.
190 Gundlach, NZI 2000, 561; MK-InsO/Ott, § 12 Rdnr. 17.
191 Gundlach, DZWIR 2000, 369.
192 In der Gesellschaftsinsolvenz kann die persönliche Haftung des Gesellschafters gem. § 93 nur vom Insolvenzverwalter geltend gemacht werden.

Hefermehl

schen der Insolvenz der Gesellschaft und Insolvenzverfahren über das Vermögen der einzelnen Gesellschafter.

Eine auf fehlerhaften Gesellschaftsvertrag beruhende Gesellschaft, die in Vollzug gesetzt und im Rechtsverkehr aufgetreten ist, ist mit dem von ihr begründeten Sondervermögen insolvenzfähig.[193] Demgegenüber ist die Scheingesellschaft, bei der ein Gesellschaftsvertrag überhaupt nicht vorhanden ist, nicht insolvenzfähig; die Gesellschafter können allein aufgrund des Rechtsscheins kein gemeinsames Vermögens, das haftungsrechtlich den Gläubigern zugeordnet werden kann, bilden.[194]   122

a) Offene Handelsgesellschaft

Die offene Handelsgesellschaft (oHG) ist keine rechtsfähige juristische Person, kann jedoch unter ihrem Namen klagen und verklagt werden. Sie verfügt auch über ein weitgehend verselbstständigtes Vermögen. Die Insolvenzfähigkeit der oHG beginnt bei Betrieb eines Handelsgewerbes mit der Aufnahme einer nach außen hin gerichteten Tätigkeit, andernfalls gem. § 105 Abs. 2 HGB mit der Eintragung der Gesellschaft in das Handelsregister.   123

b) Kommanditgesellschaft

Die Kommanditgesellschaft (KG) entsteht gem. § 161 Abs. 2 HGB entsprechend der oHG nicht erst mit der Eintragung in das Handelsregister, sondern mit der Aufnahme der Geschäftstätigkeit, sofern der Gesellschaftszweck auf den Betrieb eines Handelsgewerbes gerichtet ist. Ist dagegen die Eintragung in das Handelsregister für die Entstehung der KG konstitutiv, §§ 161 Abs. 1, 105 Abs. 2 HGB, liegt zuvor eine insolvenzfähige BGB-Gesellschaft vor, wenn aufgrund der Geschäftstätigkeit bereits ein eigenes Vermögen vorhanden ist.   124

Die GmbH & Co. KG ist insolvenzrechtlich eine Kommanditgesellschaft und insoweit insolvenzfähig; dies gilt auch dann, wenn die Komplementär-GmbH noch nicht in das Handelsregister eingetragen ist. Das Vermögen der GmbH & Co. KG ist rechtlich abzugrenzen vom Vermögen der Komplementär-GmbH. Über das Vermögen beider Gesellschafter müssen im Insolvenzfall deshalb getrennte Insolvenzverfahren eröffnet werden.[195]   125

c) Gesellschaft bürgerlichen Rechts

Gesellschaften bürgerlichen Rechts sind nach § 11 Abs. 2 Ziff. 1 insolvenzfähig. Haftungsrechtlich wird die BGB-Gesellschaft damit verselbststän-   126

---

193 FK-InsO/Schmerbach, § 11 Rdnr. 20.
194 HK-InsO/Kirchhof, § 11 Rdnr. 14; MK-InsO/Ott, § 11 Rdnr. 47.
195 Förster, ZInsO 2001, 110.

digt.[196] Das Gesellschaftsvermögen unterliegt dem Haftungszugriff der Gesellschaftsgläubiger. Es muss deshalb abgegrenzt werden vom Eigenvermögen der Gesellschafter wie auch deren Eigenschulden. Wird über das Vermögen einzelner oder aller Gesellschafter das Insolvenzverfahren eröffnet, so wird hiervon jedoch nicht das Sondervermögen der Gesellschaft erfasst.

127 Gehört zum Gesellschaftsvermögen ein Grundstück, kann der Insolvenzvermerk im Grundbuch gem. § 32 nur im Falle der Insolvenz der Gesellschaft, nicht aber im Falle der Gesellschafterinsolvenz eingetragen werden.[197]

▶ **Beispiel:**

128 Über das Vermögen der Softwareentwicklungsgesellschaft A & B wird das Insolvenzverfahren eröffnet. Der Lieferant L sieht deshalb keine Chance mehr, seinen Kaufpreisanspruch gegen die Gesellschaft weiterzuverfolgen. Er klagt deshalb seinen Kaufpreisanspruch gegen den Gesellschafter A ein. Mit Recht?

129 Die Kaufpreisschuld stellt eine Verbindlichkeit der Gesellschaft dar, für die auch grundsätzlich der Gesellschafter A persönlich einzustehen hat, vgl. BGH NJW 2001, 1056. Die persönliche Haftung der Gesellschafter für Verbindlichkeiten der Gesellschaft kann aber nach § 93 nur vom Insolvenzverwalter geltend gemacht werden, um eine Begünstigung einzelner Gläubiger zu vermeiden. Die Klage ist deshalb unzulässig.

130 Die Erscheinungsformen der BGB-Gesellschaften sind im Rechtsleben vielfältig. Insolvenzfähig sind nach dem Gesetz nicht nur die unternehmerisch tätigen BGB-Gesellschaften, sondern auch Gelegenheitsgesellschaften, wie z. B. Lotto- und Fahrgemeinschaften, von Ehegatten gebildete Gesellschaften.[198] Voraussetzung ist jedoch jeweils, dass sie nach außen hin tätig geworden sind und ein Gesellschaftsvermögen begründet haben. Reine Innengesellschaften bleiben weiterhin insolvenzunfähig, da ihnen ein Gesamthandsvermögen nicht zugerechnet werden kann.[199]

131 Die stille Gesellschaft ist als reine Innengesellschaft nicht insolvenzfähig. Ihre Abwicklung richtet sich nach den außerhalb des Insolvenzverfahrens geltenden allgemeinen Vorschriften.[200]

---

196 Der Gesetzgeber wollte mit der Anerkennung der Insolvenzfähigkeit in den Streit um die Rechtsnatur der BGB-Gesellschaft nicht eingreifen. Der BGB-Gesellschaft hat der BGH in der Grundsatzentscheidung vom 29. 1. 2001 – NJW 2001, 1056 – nunmehr im Wesentlichen die Rechtsfähigkeit wie auch die aktive und passive Parteifähigkeit zuerkannt.
197 LG Leipzig Rechtspfleger 2000, 111.
198 MK-InsO/Ott, § 11 Rdnr. 53; strittig, z. B. einschränkend Häsemeyer, a. a. O., Rdnr. 33, 70; Smid, a. a. O., § 11 Rdnr. 14.
199 Kübler/Prütting, a. a. O., § 11 Rdnr. 13.
200 HK-InsO/Kirchhof, § 18 Rdnr. 18.

Hefermehl

7. Partnerreederei, EWIV

Die Partnerreederei, §§ 489 HGB, ist insolvenzfähig. Dies gilt auch für die Europäische Wirtschaftliche Interessenvereinigung, vgl. Art. 1 Abs. 2 EWIV-VO. 132

8. Sonderinsolvenzen

Gegenstand eines Insolvenzverfahrens können nach § 11 Abs. 2 Nr. 2 auch bestimmte Sondervermögen sein. Insolvenzfähig sind danach der Nachlass als Ganzes, § 1975 BGB, das Gesamtgut einer fortgesetzten Gütergemeinschaft, §§ 1483, 1489 Abs. 2 BGB, sowie das Gesamtgut einer Gütergemeinschaft, das von den Ehegatten gemeinschaftlich verwaltet wird, §§ 1416, 1450 BGB. 133

Die insolvenzrechtliche Liquidation erfasst ausschließlich das Sondervermögen, auf das sich z.B. auch die Insolvenzeröffnungsgründe beziehen. Schuldner im Nachlass- oder Gesamtgutinsolvenzverfahren sind dagegen die Rechtsträger, z.B. Erben oder Ehegatten. Ihr Privatvermögen wird jedoch durch die Sonderinsolvenz nicht berührt. Eigengläubiger des Erben können deshalb am Insolvenzverfahren nicht teilnehmen. Auch die Bruchteilsgemeinschaft i.S.d. §§ 741 f. BGB ist als insolvenzfähig anzusehen.[201] 134

9. Ende der Insolvenzfähigkeit

Die Insolvenzfähigkeit einer juristischen Person oder Gesellschaft ohne Rechtspersönlichkeit endet nicht bereits mit ihrer Auflösung, wie in § 11 Abs. 3 klarstellend hervorgehoben wird. Die Insolvenzfähigkeit bleibt so lange bestehen, bis das Vermögen des Insolvenzschuldners vollständig verteilt ist. Aufgabe des Insolvenzverfahrens ist es, auch das Vermögen des Schuldners im Insolvenzverfahren möglichst vollständig abzuwickeln und dadurch insbesondere bei juristischen Personen eine anschließende gesellschaftsrechtliche Liquidation zu vermeiden. 135

▶ **Beispiel:**

Der Antrag über das Vermögen der Schuldnerin, einer G-GmbH, das Insolvenzverfahren zu eröffnen, wurde nach § 26 mangels Masse abgewiesen. Nachfolgend wurde die Schuldnerin im Handelsregister gelöscht. Nunmehr tauchten im Rahmen eines Ermittlungsverfahrens Vermögensgegenstände der Schuldnerin auf. Daraufhin wurde von Gläubigern erneut Insolvenzantrag gestellt. 136

---

201 AG Göttingen NZI 2001, 102; a. A. HK-InsO/Kirchhof, § 11 Rdnr. 20.

137 Die Schuldnerin ist insolvenzfähig. Die Insolvenzfähigkeit dauert unabhängig von der Auflösung fort, solange die Verteilung des Vermögens noch nicht vollzogen ist. Ein – neues – Insolvenzverfahren kann deshalb eröffnet werden. Auf Antrag des Gläubigers ist zum Zweck der Vertretung ggf. ein Nachtragsliquidator zu bestellen.[202]

138 Die Insolvenzfähigkeit endet nach § 11 Abs. 3 erst mit der Verteilung des Vermögens. Dies schließt jedoch nicht aus, dass der Insolvenzverwalter das Recht hat, unverwertbare Gegenstände aus der Masse freizugeben. Zwar gehörte es zu den Absichten der Insolvenzordnung, die Vollabwicklung des schuldnerischen Vermögens durch insolvenzrechtliche Liquidation zu verwirklichen.[203] Die Regelungen über die Einstellung des Insolvenzverfahrens, wenn eine die Verfahrenskosten deckende Masse nicht vorhanden ist, §§ 26, 207, zeigen jedoch auch, dass das Gesetz eine Verfahrensbeendigung vorsieht, obgleich noch Vermögenswerte vorhanden sein können. Auch dem Verwalter steht deshalb das Recht zu, im Interesse der Masse nicht verwertbare oder diese belastende Vermögensgegenstände aus dem Insolvenzbeschlag freizugeben;[204] diese unterliegen dann ggf. der gesellschaftsrechtlichen Liquidation.

VI. Prüfung der Zulässigkeit des Insolvenzantrags

1. Zurückweisung des Antrags als unzulässig

139 Das Insolvenzgericht hat einen bei ihm eingehenden Insolvenzantrag zunächst auf seine Zulässigkeit zu prüfen, im Falle eines Gläubigerantrags sind die besonderen Zulässigkeitsvoraussetzungen des § 14 zu beachten. Maßgebend für die Prüfung im Zulassungsverfahren sind die Angaben des Antragstellers. Die Ermittlungspflicht des Gerichtes von Amts wegen nach § 5 Abs. 1 greift noch nicht ein.[205] Das Insolvenzgericht hat vielmehr den Antragsteller zur Ergänzung seines Antrags gem. § 139 ZPO aufzufordern, wenn nach seiner Auffassung behebbare Mängel bestehen. Gelangt das Insolvenzgericht zur Auffassung, dass der Antrag die für die Zulassung erforderlichen Voraussetzungen nicht erfüllt, so hat es diesen als unzulässig abzuweisen.

---

202 AG Göttingen DZWIR 1999, 439.
203 MK-InsO/Ott, § 11 Rdnr. 72.
204 Auch das Gesetz geht von der Zulässigkeit der Freigabe aus, vgl. § 32 Abs. 3 Satz 1; a. A. K. Schmidt, Gesellschaftsrecht, § 11 Abs. 4 Ziff. 4.
205 OLG Zweibrücken ZIP 2000, 2172; AG Göttingen ZInsO 2001, 137.

Hefermehl

2. Rechtsmittel gegen die Zurückweisung

Wird die Eröffnung des Insolvenzverfahrens abgewiesen, steht dem Antragsteller nach § 34 Abs. 1 das Rechtsmittel der sofortigen Beschwerde zu. Ob es sich bei dem Antragsteller um den Schuldner oder einen Gläubiger handelt, ist unerheblich.

140

3. Zulassung des Antrags

Ist der Insolvenzantrag nach Auffassung des Insolvenzgerichts zulässig, prüft es im Anschluss hieran seine Begründetheit.[206] Die Zulassung des Eröffnungsantrags ist ein gerichtsinterner Vorgang, der nach § 6 nicht beschwerdefähig ist.[207] Damit beginnt zugleich das eigentliche Eröffnungsverfahren. Das Insolvenzgericht ist nunmehr verpflichtet, gem. § 5 von Amts wegen den maßgebenden Sachverhalt und insbesondere das Vorliegen von Insolvenzgründen festzustellen. Nach § 20 ist der Insolvenzschuldner verpflichtet (»ist der Antrag zulässig«), dem Insolvenzgericht die notwendigen Auskünfte zu erteilen und an der Aufklärung mitzuwirken. Das Insolvenzgericht ist damit in der Lage, den Schuldner auch zu zwingen, die zur Prüfung erforderlichen Auskünfte zu erteilen und die benötigten Unterlagen vorzulegen. Das Insolvenzgericht kann ferner gem. § 21 alle Sicherungsmaßnahmen treffen, um eine nachteilige Veränderung der Vermögenslage des (künftigen) Insolvenzschuldners zu verhindern.

141

B. Die Insolvenzgründe

I. Funktion der Insolvenzgründe

1. Allgemeines

Die Aufgabe des Insolvenzrechts ist die Haftungsverwirklichung im Interesse der Gläubiger. Die Eröffnung des Insolvenzverfahrens setzt gem. § 16 voraus, dass ein Eröffnungsgrund gegeben ist. Mit Eröffnung des Insolvenzverfahrens wird dem Schuldner die Möglichkeit genommen, seine Schulden individuell privatautonom zu regeln; er verliert die Verwaltungs- und Verfügungsmacht über sein Vermögen, vgl. § 80. Dieser Eingriff in die Rechtsposition des Schuldners wird durch das Vorliegen der Eröffnungsgründe legitimiert.[208] Zahlungsunfähigkeit und Überschuldung legen den

142

---

206 Häsemeyer, a. a. O., Rdnr. 7.13.
207 OLG Köln ZInsO 2000, 170, 104.
208 Häsemeyer, a. a. O., Rdnr. 7.15; Kübler/Prütting, a. a. O., § 16 Rdnr. 2.

Hefermehl

Eintritt der materiellen Insolvenz des Schuldners fest. Die damit zu Tage getretene Unfähigkeit des Schuldners zur Tilgung sämtlicher Forderungen seiner Gläubiger führt zwangsläufig auch zu einem Verteilungskonflikt unter diesen. Anstelle der den Gläubigern überlassenen Einzelzwangsvollstreckung tritt zum Zwecke der Schuldenregulierung die haftungsrechtliche Gesamtabwicklung in der Insolvenz. Diese dient der gemeinschaftlichen Befriedigung der Gläubiger nach dem Prinzip der Gleichbehandlung (par conditio creditorum).

143 Die Eröffnung des Insolvenzverfahrens greift insoweit zugleich auch in die Rechtsposition der Gläubiger ein. Eine individuelle Rechtsverfolgung ist ihnen nach Insolvenzeröffnung untersagt. Sie haben nur Anspruch auf eine quotenmäßige Befriedigung ihrer zur Insolvenztabelle festgestellten Forderungen, §§ 38, 39, 174 ff. Die nach der Insolvenzordnung vorzunehmende gemeinschaftliche Gläubigerbefriedigung findet Ausdruck in den Regelungen über die Gläubigerautonomie. Die Gläubiger, deren Vermögensinteressen im Insolvenzverfahren auf dem Spiel stehen, haben autonom über die Form und die Art der Masseverwertung (Liquidation oder Sanierung) sowie den Gang des Verfahrens zu entscheiden, vgl. §§ 74, 77, 157, 158 f.

2. Rechtzeitige Verfahrenseröffnung

144 Eines der wesentlichen Reformziele der InsO war es, gegenüber der Konkursordnung in einem weitaus größeren Teil der Insolvenzen die Eröffnung des Verfahrens zu ermöglichen. Nach der KO war die Verfahrenseröffnung i. d. R. an der vorhandenen Masselosigkeit gescheitert. Um den damit verbundenen Funktionsverlust des Konkursrechts zu überwinden, bezweckt die InsO eine möglichst frühzeitige Eröffnung des Insolvenzverfahrens.[209] Bei einer frühzeitigen Einleitung des Verfahrens kann eher erwartet werden, dass das vorhandene Schuldnervermögen für eine Insolvenzeröffnung ausreichend ist und damit zugleich auch eine höhere Befriedigung der Gläubigerforderungen möglich ist.

145 Die in die InsO aufgenommenen Definitionen der Zahlungsunfähigkeit und Überschuldung sind von der gesetzgeberischen Absicht getragen, eine erleichterte und rechtzeitige Verfahrenseröffnung zu gewährleisten. Die Insolvenzauslösung soll vorverlegt werden, um einer andernfalls weiter zu befürchtenden Vermögensverschlechterung des Schuldners zu begegnen. Entsprechend diesem Gesetzeszweck wurde auch der Insolvenzgrund der drohenden Zahlungsunfähigkeit, § 18 neu eingeführt. Dem angeschlagenen Insolvenzunternehmen soll durch (vorzeitige) Einleitung des Verfahrens die Möglichkeit gegeben werden, sich unter den »Schutz des Insolvenzrechts« zu stellen und auf diese Weise die Chancen für eine Erhaltung des Unternehmens zu fördern.

---

209 KS-InsO/Balz, 2000, Rdnr. 37 m. w. N.

3. Betriebswirtschaftliche Krise und Insolvenzgründe

Die Insolvenzgründe beschreiben die rechtlichen Voraussetzungen, bei deren Vorliegen ein Insolvenzverfahren eröffnet werden kann. Sie sind jedoch von der betriebswirtschaftlichen Definition der Krise zu unterscheiden. Unter einer Unternehmenskrise wird betriebswirtschaftlich das Vorliegen einer unmittelbaren Gefahr verstanden, die den Fortbestand des Unternehmens substanziell gefährden oder sogar unmöglich machen kann.[210] Ihr Eintritt verpflichtet aber noch nicht z. B. den Geschäftsführer oder Vorstand einer GmbH bzw. AG, ein Insolvenzverfahren zu beantragen. Um die Krise zu überwinden, können von dem Unternehmen verschiedene Maßnahmen ergriffen werden, wie Eigenkapitalzufuhr, Kostenreduzierung, Veräußerung von Betriebsteilen u.dgl. Erst wenn die (betriebswirtschaftliche) Krise sich zu einer rechtlichen Krise entwickelt bzw. darin mündet, liegt ein Insolvenzgrund vor; dieser löst bei juristischen Personen eine Verpflichtung der Geschäftsleitung aus, innerhalb einer Frist von höchstens drei Wochen die Eröffnung des Insolvenzverfahrens zu beantragen, vgl. § 64 Abs. 1 GmbHG, § 92 Abs. 2 AktG.

146

In der Praxis werden Unternehmenskrisen i. d. R. zu spät wahrgenommen. Maßnahmen zur Gegensteuerung und Beseitigung der Krisenursachen werden deshalb nicht rechtzeitig ergriffen. Die funktionelle Aufgabe der Insolvenzgründe besteht deshalb darin, innerhalb des Verlaufs der Krise den Zeitpunkt festzulegen, zu welchem das schuldnerische Unternehmen wegen Scheiterns der privatautonomen Steuerung seiner Vermögens- und Haftungsverhältnisse aus dem Markt auszuscheiden hat, um eine weitere Verlagerung des unternehmerischen Risikos auf die Gläubiger zu verhindern.[211] In diesem Kontext gehört es auch zu den Zielen der Insolvenzordnung, vgl. § 1, im Interesse der maximalen Gläubigerbefriedigung neben der Gewährleistung der Liquidation dem fortführungsfähigen und fortführungswürdigem insolventen Unternehmen ein rechtliches Instrumentarium zur Reorganisation und Sanierung zur Verfügung zu stellen. Nach angloamerikanischen Vorbild kann die Insolvenz eines Unternehmens auf der Grundlage eines Insolvenzplans nach den §§ 217 ff. zur vollständigen Entschuldung führen.

147

---

210 Vgl. eingehend Gottwald, a. a. O., Rdnr. 5 f.
211 Gottwald, a. a. O., § 6 Rdnr. 3.

II. Zahlungsunfähigkeit

1. Allgemeiner Eröffnungsgrund

148 Allgemeiner Eröffnungsgrund für ein Insolvenzverfahren ist die Zahlungsunfähigkeit. Sie bildet Eröffnungsgrund für jedes Insolvenzverfahren. Das Insolvenzverfahren über das Vermögen natürlicher Personen kann nur wegen drohender oder eingetretener Zahlungsunfähigkeit, §§ 17, 18 eröffnet werden. Die drohende Zahlungsunfähigkeit kann allerdings Eröffnungsgrund nur sein, wenn das Insolvenzverfahren vom Schuldner beantragt wird. Demgegenüber kann über das Vermögen juristischer Personen wie der GmbH oder Aktiengesellschaft zusätzlich bei eingetretener Überschuldung, § 19, das Insolvenzverfahren eröffnet werden.

149 Die verschiedenen Eröffnungsgründe beruhen auf der gesetzgeberischen Entscheidung, bei natürlichen Personen den Eintritt einer Überschuldung insolvenzrechtlich nicht zu berücksichtigen. Die »Kreditfähigkeit« der natürlichen Person beruht auf ihrer unbeschränkten persönlichen Haftung, verbunden mit ihrer Tüchtigkeit sowie dem geschäftlichen Ruf.[212] Auch wenn eine Überschuldung in den Vermögensverhältnissen eingetreten ist, soll sie dennoch am Wirtschaftsleben noch teilnehmen können. Der Schutz des Rechtsverkehrs erfolgt durch strafrechtliche Sanktionen, wie §§ 263 f. StGB. Erst nach Eintritt der Zahlungsunfähigkeit kann ein Insolvenzverfahren eingeleitet werden. Da die Konkursordnung keine Entschuldungsmöglichkeiten vorsah, spielten nach altem Recht Konkursanträge natürlicher Personen keine wesentliche Rolle. Dies hat sich jedoch geändert. Nach § 1 zählt zu den Zielen des Insolvenzverfahrens auch, dem redlichen Schuldner die Gelegenheit zu geben, sich von seinen restlichen Verbindlichkeiten zu befreien.

150 Die hinter juristischen Personen stehenden Personen haften demgegenüber grundsätzlich nicht mit ihrem Privatvermögen. Zum Schutz der Interessen der Gläubiger verlieren allein juristische Personen ihr Recht, am Geschäftsverkehr teilzunehmen auch mit Eintritt der Überschuldung. Damit von diesen Gesellschaften zudem ein Insolvenzverfahren rechtzeitig eingeleitet wird, hat das Gesetz den geschäftsführenden Personen Insolvenzantragspflichten auferlegt, deren Verletzung scharfe Sanktionen auslöst.

2. Begriff

151 Der Begriff der Zahlungsunfähigkeit war unter der Geltung der KO von der Rechtsprechung festgelegt worden. Zahlungsunfähigkeit war danach »das auf dem Mangel an Zahlungsmitteln beruhende voraussichtliche dauernde Unvermögen des Schuldners, seine fälligen Geldverbindlichkeiten im We-

---

212 Häsemeyer, a. a. O., Rdnr. 7.16.

sentlichen zu erfüllen«.²¹³ Die Feststellung der Zahlungsunfähigkeit bereitete in der Praxis erhebliche Schwierigkeiten. Der Gesetzgeber hat deshalb – in Anlehnung an die bisherige Rechtsprechung – in § 17 Abs. 2 Satz 1 den Begriff der Zahlungsunfähigkeit nunmehr definiert. Er hat in der Legaldefinition bewusst auf die Merkmale der »Dauer« und der »Wesentlichkeit« verzichtet; im Interesse der Rechtsklarheit sollten damit die Auslegungsschwierigkeiten abgebaut und vor allem die Eröffnung des Insolvenzverfahrens gegenüber dem früheren Rechtszustand vorverlagert werden. Die anhaltende Diskussion über den Begriff der Zahlungsunfähigkeit zeigt allerdings, dass die gesetzgeberischen Intentionen sich nicht voll erfüllt haben.²¹⁴

152 Die Insolvenzfähigkeit ist in der Praxis ganz überwiegend der Auslöser für die Stellung eines Insolvenzantrags. Die Geschäftsleitung einer juristischen Person ist nach Eintritt der Zahlungsunfähigkeit verpflichtet, ohne schuldhaftes Zögern spätestens innerhalb der Frist von drei Wochen die Eröffnung des Insolvenzverfahrens zu beantragen, §§ 92, 401 AktG, §§ 64, 84 Abs. 1 GmbHG, §§ 130 a, 130 b HGB. Der Beginn der gesetzlichen Antragsfrist knüpft an den Eintritt der Zahlungsunfähigkeit an, so dass der möglichst exakten Feststellung dieses Zeitpunktes erhebliche Bedeutung zukommt.

153 Das Vorliegen des Eröffnungsgrundes ist für die Zulässigkeit vom Antragsteller darzulegen; ist der Antragsteller Gläubiger, hat er ihn glaubhaft zu machen.²¹⁵ Für die Eröffnung des Insolvenzverfahrens kommt es darauf an, dass die Zahlungsunfähigkeit (spätestens) im Zeitpunkt der Entscheidung über den Insolvenzantrag tatsächlich vorliegt.

3. Merkmale der Zahlungsunfähigkeit

a) Bestehende Zahlungspflicht

154 Der Schuldner muss den seinen Gläubigern gegenüber bestehenden Zahlungspflichten nicht nachkommen können. Eine Zahlungspflicht besteht, wenn der Schuldner aufgrund eines Vertrages oder Gesetzes zu einer Geldzahlung verpflichtet ist. Der Anspruch des Gläubigers muss einredefrei sein. Der Anspruch auf Rückzahlung eines eigenkapitalersetzenden Darlehens gegenüber einer GmbH verstößt gegen § 30 GmbHG; seine Nichterfüllung kann deshalb eine Zahlungsunfähigkeit nicht begründen.²¹⁶

b) Fälligkeit der Zahlungspflicht

155 Die Zahlungsunfähigkeit erfordert, dass der Schuldner seinen fälligen Verbindlichkeiten nicht nachkommen kann. Die Fälligkeit einer Geldschuld

---

213 BGH NJW 1962, 102.
214 Niesert, ZInsO 2001, 735; Harz, ZInsO 2001, 193.
215 Vgl. im Einzelnen Rdnr. 18 f.
216 Kübler/Prütting, a. a. O., § 17 Rdnr. 7.

richtet sich nach § 271 BGB. Forderungen, die gestundet sind, sind nicht fällig. Der Eintritt des Verzugs ist gem. § 286 BGB nicht Voraussetzung für die Fälligkeit des Anspruchs.

- Verbindlichkeiten aus Lieferung und Leistung sind nach Rechnungsstellung und Ablauf des Zahlungsziels uneingeschränkt fällig. Gelten indes aufgrund Branchenübung, Handelsbrauch oder sonstiger Umstände bestimmte Zahlungsfristen, so tritt Fälligkeit erst nach deren Verstreichen ein.
- Hat der Schuldner die ihm von der Bank eingeräumten Kreditlinien überzogen, so können die Überziehungen nicht ohne weiteres in die Feststellung der Zahlungsunfähigkeit einbezogen werden. Sind die Kontoüberziehungen nicht ausdrücklich oder konkludent eingeräumt, so kann die Bank deren Rückführung vom Schuldner zwar jederzeit fordern. Solange die Bank eine umgehende Rückführung jedoch nicht verlangt, liegt dem Schuldner gegenüber insoweit auch noch keine fällige Verbindlichkeit vor.

156 Der Gesetzgeber hat in der Legaldefinition der Zahlungsunfähigkeit ausdrücklich auf das Erfordernis verzichtet, dass der Gläubiger die fällige Verbindlichkeit »ernstlich eingefordert« haben muss. Gesetzgeberische Absicht war auch hier, den Schuldner zu einer frühzeitigen Stellung des Insolvenzantrags zu veranlassen. Dieser Gesetzeszweck darf nicht verwässert werden, indem an Merkmalen festgehalten wird, die ausdrücklich nicht mehr Bestandteil der Legaldefinition sind. Für die Feststellung der Zahlungsunfähigkeit spielt es deshalb keine Rolle mehr, ob die Zahlungsansprüche gegenüber dem Schuldner im Wege von Mahnungen, Klagen oder Mahnbescheiden geltend gemacht wurden.[217] Auch nicht angemahnte Verbindlichkeiten können fällig sein und sind damit sofort zu erfüllen.

157 Das Interesse des Gläubigers an einer bestmöglichen Befriedigung seiner Ansprüche geht oftmals nicht dahin, den Schuldner durch frühzeitige Antragstellung zur Einleitung eines Insolvenzverfahrens zu veranlassen. Deshalb ist er bei Zahlungsschwierigkeiten bereit »stillschweigend« Stundung einzuräumen, um die Aussicht auf die vollständige Befriedigung seiner Ansprüche durch Eröffnung eines Insolvenzverfahrens nicht zu verlieren. Derartige »Stundungsvereinbarungen« können indes eine bereits eingetretene Zahlungsfälligkeit nur dann nachträglich aufheben, wenn der gewährte Zahlungsaufschub auch erkennbar nach außen in Erscheinung tritt.[218] Gläubigerforderungen, die besichert sind, sind bei Ermittlung der Zahlungsunfähigkeit in Höhe des vermutlichen Ausfalls zu berücksichtigen. Nur wenn der Gläubiger die Forderung auch insoweit stundet, kann die Fälligkeit als hinausgeschoben angesehen werden.

---

217 Kübler/Prütting, a. a. O., § 17 Rdnr. 6; MK-InsO/Eylenberger, § 17 Rdnr. 9; a. A. HK-InsO/Kirchhof, § 17 Rdnr. 10, der daran festhält, dass die Verbindlichkeiten »eingefordert« sein müssen.
218 Kübler/Prütting, a. a. O., § 17 Rdnr. 6.

Hefermehl

c) Mangel an Zahlungsmitteln

Die Zahlungsunfähigkeit muss beruhen auf einem Mangel an Zahlungsmitteln. Sie muss objektiv vorhanden sein.[219] Werden vom Schuldner fällige Verbindlichkeiten, z. B. weil er diese bestreitet, nicht bezahlt, so ist er deshalb nicht zahlungsunfähig, sondern allenfalls zahlungsunwillig. Im Rahmen der Feststellung des Insolvenzgrunds der Zahlungsunfähigkeit hat das Insolvenzgericht eine in Betracht kommende Zahlungsunwilligkeit des Schuldners vor allem dann zu prüfen, wenn dieser das Vorhandensein ausreichend hoher Geldmittel nachvollziehbar darlegt. Verfügt der Schuldner feststellbar noch über ausreichende liquide Mittel, um seinen Zahlungsverpflichtungen nachzukommen, so ist Zahlungsunfähigkeit nicht eingetreten.[220] Allein durch Zahlungsverweigerung kann der Schuldner das Vorliegen des Eröffnungsgrundes nicht herbeiführen bzw. provozieren. Es wäre nicht gerechtfertigt, in dieser Situation den Gläubigern die Aussicht auf Durchsetzung ihrer Forderungen im Wege der Einzelzwangsvollstreckung durch eine Verfahrenseröffnung zu vereiteln.[221]

158

Der Gläubiger kann indes nicht immer beurteilen, weshalb der Schuldner seinen fälligen Zahlungsverpflichtungen nicht nachkommt. Wenn aus dem Verhalten des Schuldners auf eine Zahlungseinstellung geschlossen werden kann, wird nach § 17 Abs. 2 Satz 2 auch der Eintritt der Zahlungsunfähigkeit gesetzlich vermutet. Den Gegenbeweis hat der Schuldner zu führen.

159

d) Verzicht auf das Merkmal der »Dauer«

Die Zahlungsunfähigkeit ist nicht davon abhängig, dass diese auf einem »andauernden« Unvermögen des Schuldners beruht, seine fälligen Geldverbindlichkeiten zu berichtigen. Der Gesetzgeber hat bei der Festlegung des Begriffs der Zahlungsunfähigkeit bewusst auf das Merkmal der »Dauer« verzichtet, um zu verhindern, dass mit dieser Begründung die Stellung des Insolvenzantrags verzögert werden kann.

160

Allerdings kann eine vorübergehende, kurzfristige Zahlungsstockung nicht den Eintritt der Zahlungsunfähigkeit begründen. Die Zahlungsunfähigkeit lässt sich deshalb nicht ausschließlich daraus ableiten, dass der Schuldner zu einem bestimmten Zeitpunkt nicht in der Lage ist, die fälligen Verbindlichkeiten mit den ihm zur Verfügung stehenden Zahlungsmitteln zu bedienen, sog. Zeitpunktilliquidität.[222] Vielmehr muss zur Beurteilung der Zahlungsunfähigkeit auch die weitere Liquiditätsentwicklung des Schuldners berücksichtigt werden, um zu verhindern, dass vom Schuldner zu überwindende Zahlungsstockungen zur Insolvenzeröffnung führen können. Die

161

---

219 Häsemeyer, a. a. O., Rdnr. 7.18.
220 HK-InsO/Kirchhof, § 17 Rdnr. 15; Kübler/Prütting, a. a. O., § 17 Rdnr. 15.
221 Kübler/Prütting, a. a. O., § 17 Rdnr. 15 f.; Nerlich/Römermann, a. a. O., § 17 Rdnr. 21.
222 MK-InsO/Eylenberger, § 17 Rdnr. 15.

Feststellung der Zahlungsunfähigkeit verlangt deshalb nicht nur die Illiquidität in Bezug auf einen bestimmten Zeitpunkt; um sie gegenüber der Zahlungsstockung angemessen abzugrenzen, muss sie auch für einen gewissen Zeitraum bestehen, sog. Zeitraumilliquidität.[223]

162 Indes hat der Gesetzgeber nicht geregelt, welche Zeit dem Schuldner noch zugestanden wird, seine Liquidität wiederherzustellen. Aus dem ausdrücklichen Verzicht auf das Kriterium der Dauer wird deutlich, dass der Schuldner binnen einer sehr kurzen Frist wieder in der Lage sein muss, die fälligen wie auch die künftig fällig werdenden Verbindlichkeiten vertragsgemäß zu tilgen. Als zeitliche Obergrenze sind drei Wochen anzusehen.[224] Sie stimmt insoweit überein mit der gesetzlichen Frist von drei Wochen zur Stellung des Insolvenzantrags bei juristischen Personen nach Eintritt des Eröffnungsgrundes, vgl. §§ 92 AktG, 64 GmbHG. Allerdings kann es sich nur dann um eine nicht relevante Zahlungsstockung handeln, wenn der Schuldner die begründete Aussicht hat, innerhalb der maximalen 3-Wochen-Frist sich die erforderlichen finanziellen Mittel zu beschaffen, um sämtliche fälligen Geldschulden zu befriedigen.

163 Als Maßnahmen kurzfristiger Liquiditätsbeschaffung kommen in Betracht:
- Verwertung nicht betriebsnotwendiger oder sonstiger nicht belasteter Vermögensgegenstände,
- die Beleihung von Grundvermögen,
- Aufnahme neuer Kredite,[225] wobei aber zu berücksichtigen ist, ob der Schuldner werthaltige Sicherheiten stellen kann.[226]

164 Zahlungsunfähigkeit kann aber nur verneint werden, wenn die – kurzfristig zu beschaffenden – finanziellen Mittel für die Schuldtilgung frei verfügbar und nicht zum Einsatz anderer Zwecke gebunden sind. Bloße Hoffnungen auf die Bewilligung neuer Kredite und dergleichen schließen die Zahlungsunfähigkeit nicht aus.

165 Ob die sich aus einer Gegenüberstellung der Zahlungsmittel und der fälligen wie auch künftig fällig werdenden Verbindlichkeiten ergebenden Liquiditätslücken überwunden werden können, beurteilt sich nach objektiven Kriterien zum maßgebenden Beurteilungszeitpunkt. Hatte der Schuldner zunächst tatsächlich die begründete Erwartung, die Liquiditätsschwierigkeiten zu überwinden, wird sie jedoch durch die nachfolgende Entwicklung nicht bestätigt, so tritt Zahlungsunfähigkeit in dem Zeitpunkt ein, ab dem dies bei Anwendung der erforderlichen kaufmännischen Sorgfalt absehbar war.

---

223 Kübler/Prütting, a. a. O., § 17 Rdnr. 9; HK-InsO/Kirchhof, § 17 Rdnr. 18.
224 AG Köln ZIP 1999, 1891; Niesert, ZInsO 2001, 735; HK-InsO/Kirchhof, § 17 Rdnr. 18; dagegen Kübler/Prütting, a. a. O., der dem Schuldner nur eine Zeitraum-Illiquidität von wenigen Tagen zubilligt.
225 BGH WM 1990, 1590.
226 OLG Köln ZIP 2000, 153.

e) Verzicht auf das Merkmal der »Wesentlichkeit«

Die Zahlungsunfähigkeit knüpft an die Geldliquidität des Schuldners an. Reichen diese nicht aus, tritt Illiquidität ein. Nach der Konkursordnung war dies jedoch nicht der Fall, wenn die Zahlungslücke nur einen relativ kleinen Teil der Verbindlichkeiten, und damit keinen »wesentlichen« Teil betraf. Um auch hier Verzögerungen bei der Eröffnung des Insolvenzverfahrens zu vermeiden, hat der Gesetzgeber auf die Übernahme des Merkmals der »Wesentlichkeit« in die Legaldefinition der Zahlungsunfähigkeit ausdrücklich verzichtet. Einer übermäßig einschränkenden Auslegung des Begriffs sollte entgegengewirkt werden. Allerdings sah es der Gesetzgeber als selbstverständlich an, dass ganz geringfügige Liquiditätslücken unbeachtlich sind, ohne diese jedoch näher zu umschreiben.

166

Wann Liquiditätslücken als »ganz geringfügig« anzusehen sind, ist streitig. Nach der Rechtsprechung tritt Zahlungsunfähigkeit nicht ein, wenn maximal 5% der Gesamtverbindlichkeiten vom Schuldner nicht erfüllt werden können.[227] Eine derartige quantitative Betrachtungsweise ist nicht überzeugend. Gemäß der gesetzlichen Legaldefinition in § 17 Abs. 2 können auch im Verhältnis zu den Gesamtverbindlichkeiten geringfügige Liquiditätslücken zum Eintritt der Zahlungsunfähigkeit führen. Insoweit gilt zutreffend der Satz, wer geringe Geldbeträge nicht zahlen kann, ist erst Recht nicht in der Lage, größere Verbindlichkeiten zu begleichen. Abzustellen ist deshalb vielmehr darauf, ob der Schuldner innerhalb der gesetzlichen Insolvenzantragspflicht von drei Wochen in der Lage sein wird, eingetretene Liquiditätslücken wieder vollständig auszugleichen.[228] Nur wenn die konkrete objektivierbare Erwartung besteht, dass dies gelingt, kann der Eintritt der Zahlungsunfähigkeit verneint werden.[229] Voraussichtliche Zahlungsstockungen über diesen Zeitraum hinaus, unabhängig davon, welchen Umfang der Verbindlichkeiten sie betreffen, können im Interesse eines effektiven Schutzes der Gesamtgläubigerschaft nicht hingenommen werden. Auch wenn der Schuldner noch Zahlungen in beträchtlichem Umfang leisten kann, so ist dennoch Zahlungsunfähigkeit gegeben, wenn er zur Begleichung einzelner,[230] auch nur geringerer Verbindlichkeiten nicht in der Lage ist und auch nicht zu erwarten ist, dass dies innerhalb von maximal drei Wochen der Fall sein wird.

167

---

227 AG Köln ZIP 1999, 1891; Nerlich/Römermann, a. a. O., § 17 Rdnr. 18; im Schrifttum wird die Grenze teilweise weitergezogen und z. B. eine Unterdeckung von weniger als 10% noch als geringfügig betrachtet, HK-InsO/Kirchhof, § 17 Rdnr. 20; Haarmeyer/Wutzke/Förster, a. a. O., Kap. 1 Rdnr. 83; hierzu ferner Hintzen, ZInsO 1998, 15; ferner aus strafrechtlicher Sicht Reck, ZInsO 2000, 121; Bittmann, WISTRA 1998, 223.
228 BGH NZI 2002, 91.
229 Niesert, ZInsO 2001, 735 m. w. N.; MK-InsO/Eylenberger, § 17 Rdnr. 22.
230 BGH ZIP 1995, 930.

Hefermehl

4. Feststellung der Zahlungsunfähigkeit

168 Der Gesetzgeber hat mit der Legaldefinition der Zahlungsunfähigkeit vor allem bezweckt, den Eröffnungsgrund so auszugestalten, dass die rechtzeitige Auslösung eines Insolvenzverfahrens erreicht wird. Mit dem Verzicht vor allem auf die Kriterien der »Dauer« und »Wesentlichkeit« sollten deshalb die Auslegungsspielräume beseitigt und die Eröffnungsschwelle herabgesetzt werden. Das ist jedoch nur teilweise gelungen. Weiterhin bestehen erhebliche Schwierigkeiten, den insolvenzrechtlichen Zeitpunkt des Eintritts der Zahlungsunfähigkeit exakt nachvollziehbar zu ermitteln. Aussagekräftige Liquiditätsbilanzen werden deshalb i. d. R. vom Unternehmen selbst nicht aufgestellt werden können. Im Hinblick auf die mit einer Verletzung der Insolvenzantragsverpflichtung verbundenen Haftungsfolgen ist jeder antragspflichtigen Person dringend anzuraten, einen Sachverständigen hinzuzuziehen.

a) Finanzplan

169 Die Feststellung der Zahlungsunfähigkeit erfordert die Aufstellung eines Liquiditätsstatus, der stichtagsbezogen aufgebaut ist.[231] In diesem sind die verfügbaren Zahlungsmittel des Schuldners (Bargeld, Schecks, Bankguthaben oder freie Kreditlinien) aufzuführen und den zum Stichtag (bereits) fälligen Verbindlichkeiten gegenüberzustellen. Der Liquiditätsstatus zeigt, ob bereits Liquiditätslücken eingetreten sind.[232] Ergibt sich hieraus, dass die vorhandene Liquidität nicht ausreichend ist, so ist zu prüfen, ob ggf. nur eine vorübergehende Zahlungsstockung vorliegt. Dies verlangt eine Prognose der Liquiditätsentwicklung für die nahe Zukunft, insbesondere der nächsten drei Wochen. Dies macht deshalb die Aufstellung eines Finanz- oder Liquiditätsplans erforderlich.

170 Zu diesem Zweck sind die zum Stichtag verfügbaren Mittel für den Planungszeitraum »fortzuschreiben«. Dies geschieht durch taggenaue Erfassung der erwarteten Einzahlungen, sei es aus Forderungserlösen, der Verwertung von Gegenständen oder sonstigen Quellen. Gleichzeitig sind die voraussichtlichen Auszahlungen in den Finanzplan einzustellen, jeweils bezogen auf den Zeitpunkt ihrer Zahlungsfälligkeit.[233] Aus dieser Gegenüberstellung ergibt sich per saldo, ob innerhalb des Prognosezeitraums die Liquidität zur Begleichung sämtlicher fälliger wie auch künftig fällig werdender Verbindlichkeiten ausreichend sein wird oder ein ungedeckter Liquiditätsplanbedarf vorhanden ist. Kann dieser voraussichtlich innerhalb von drei Wochen ab dem Stichtag nicht ausgeglichen werden, ist der Eintritt

---

231 MK-InsO/Eylenberger, § 17 Rdnr. 13 ff.
232 Der Umfang der nicht gedeckten Verbindlichkeiten ist nur dann von Bedeutung, wenn geringfügige Liquiditätslücken, z. B. von weniger als 10% der gesamten fälligen Verbindlichkeiten für die Feststellung der Zahlungsunfähigkeit unbeachtlich sind.
233 Zur Feststellung des Eintritts der Zahlungsunfähigkeit nach der sog. kriminalistischen Methode, vgl. Harz, ZInsO 2001, 193 f.

Hefermehl

der Zahlungsunfähigkeit zu bejahen. Für den Geschäftsführer einer juristischen Person beginnt mit diesem Zeitpunkt die Frist zur Stellung eines Insolvenzantrags zu laufen.

b) Zahlungseinstellung

Der Gläubiger, dem die internen Geschäftsverhältnisse des schuldnerischen Unternehmens nicht bekannt sind, kann als Außenstehender nur unzureichend beurteilen, ob das Ausbleiben von fällig gewordenen Zahlungen auf Zahlungsunfähigkeit oder anderen Gründen beruht. Nur in wenigen Fällen, vor allem in sog. Groß-Insolvenzen tritt der Schuldner mit der Erklärung an die Öffentlichkeit, seine Zahlungen wegen Eintritts der Zahlungsunfähigkeit ab einem fixierten Zeitpunkt eingestellt zu haben. In den meisten Fällen verbleibt dem Gläubiger nur die Möglichkeit, zur Glaubhaftmachung der Zahlungsunfähigkeit des Schuldners sich auf äußere Anzeichen einer Krise zu stützen. 171

Hat der Schuldner seine Zahlungen eingestellt, so knüpft daran das Gesetz die widerlegliche Vermutung des Eintritts der Zahlungsunfähigkeit. Die Zahlungseinstellung zeigt sich darin, dass der Schuldner nach außen zu erkennen gibt, wegen eines Mangels an Zahlungsmitteln nicht mehr in der Lage zu sein, seine fälligen Verbindlichkeiten zu berichtigen.[234] Die Zahlungseinstellung ist nur ein Indiz der Zahlungsunfähigkeit. Dieses kann vom Schuldner widerlegt werden, indem er z. B. die Begleichung sämtlicher fälliger Verbindlichkeiten wieder aufnimmt.[235] Auch wenn die Zahlungsunfähigkeit bereits eingetreten ist, bevor der Schuldner seine Zahlungen tatsächlich einstellt, so ist die Zahlungseinstellung in der Praxis der eigentliche Auslöser für ein Insolvenzverfahren. 172

Die für eine Zahlungseinstellung sprechenden Anhaltspunkte müssen nach außen erkennbar hervortreten.[236] Ob der Schuldner selbst ihnen eine derartige Bedeutung beimisst, ist unerheblich. Anhaltspunkte für die Zahlungseinstellung können u. a. sein: 173

- Der Schuldner hat durch ausdrückliche Erklärung, wie z. B. Rundschreiben oder Presseerklärung, aber auch durch konkludentes Handeln, wie z. B. Geschäftsschließung, die Zahlungseinstellung nach außen zum Ausdruck gebracht. Auch die Rückgabe von Vorbehaltsware an die Lieferanten in großem Umfang kann hierfür sprechen.[237]
- Die Nichtbezahlung von Löhnen und Gehältern wie auch von Sozialversicherungsbeiträgen oder Steuern kann Indiz der Zahlungseinstellung

---

234 BGH NZI 2001, 417, NZI 2000, 363; Kübler/Prütting, a. a. O., § 17 Rdnr. 17.
235 BGH NZI 2002, 34; der Annahme der Zahlungseinstellung steht nicht entgegen, wenn der Schuldner noch Zahlungen – sei es auch in beachtlicher Höhe – leistet, BGH ZIP 1998, 2008; NJW 1992, 624.
236 Ausreichend ist, dass die Zahlungseinstellung für den Gläubiger deutlich geworden ist, der Insolvenzantrag gestellt hat, BGH ZIP 1985, 363.
237 OLG Stuttgart ZIP 1997, 652.

sein, insbesondere wenn auch andere Verbindlichkeiten nicht mehr fristgerecht bezahlt werden.[238]
- Zahlt der Schuldner einen von seiner Hausbank gekündigten Betriebsmittelkredit nicht fristgemäß zurück, so lässt dies auf die Zahlungseinstellung schließen.[239] Nicht genehmigte oder nicht geduldete Kontoüberziehungen auf laufenden Geschäftskonten sind allerdings keine ausreichenden Indizien. Auch deuten allein unpünktliche und schleppende Zahlungen nicht unbedingt auf Zahlungseinstellung hin, zumal in vielen Branchen eine außerordentlich schlechte Zahlungsmoral herrscht.
- Einzelne Wechselproteste oder Scheckrückgaben bringen die Zahlungseinstellung, wenn es sich nicht jeweils um besonders hohe Beträge handelt, noch nicht zum Ausdruck. Erforderlich ist vielmehr, dass mehrere Wechsel oder Schecks platzen bzw. nicht eingelöst werden, und zwar innerhalb eines begrenzten Zeitraums, etwa von sechs Monaten.[240]
- Einzelvollstreckungsmaßnahmen sind noch nicht Anhaltspunkt für eine eingetretene Zahlungseinstellung. Nur gehäufte – erfolglose – Pfändungsmaßnahmen sprechen hierfür, ebenso die Vorlage von Unpfändbarkeitsbescheinigungen des Gerichtsvollziehers, die Ableistung der eidesstattlichen Versicherung durch den Schuldner oder die Vorlage von Haftbefehlen zu deren Erzwingung.

III. Drohende Zahlungsunfähigkeit

1. Zweck des Insolvenzgrunds

174 Der Eröffnungsgrund der drohenden Zahlungsunfähigkeit wurde neu in die Insolvenzordnung übernommen. Sein Zweck besteht darin, dem Schuldner die Möglichkeit zu verschaffen, in einem frühen Stadium der Krise, in dem Sanierungsbemühungen erfahrungsgemäß noch größere Aussicht auf Erfolg besitzen, bereits ein Insolvenzverfahren einzuleiten, obgleich eigentlich die finanziellen Mittel noch ausreichen, um den fälligen Verbindlichkeiten gegenüber den Gläubigern nachzukommen. Nur der Schuldner kann einen Insolvenzantrag auf drohende Zahlungsunfähigkeit stützen. Der Gesetzgeber wollte verhindern, dass Gläubiger bereits bei auftretenden Zahlungsschwierigkeiten versuchen, den Schuldner durch Drohung mit der Stellung eines Insolvenzantrags unter Druck zu setzen. Auch begründet § 18 keine Pflicht des Schuldners zur Stellung eines Insolvenzantrags.

175 In der Praxis werden häufig Insolvenzanträge von GmbH-Geschäftsführern auf den Eintritt drohender Zahlungsunfähigkeit gestützt. Die Berufung auf diesen Insolvenzgrund geschieht allerdings i. d. R. zu dem Zweck, um

---

238 BGH NZI 2001, 247.
239 BGH ZIP 1995, 930.
240 BGH NJW 1962, 104.

Hefermehl

von der tatsächlich verspäteten Antragstellung abzulenken. Zur Insolvenzantragstellung verpflichtete Personen wollen damit Vorwürfen vorbeugen, ihnen sei die eingetretene Zahlungsunfähigkeit längst bekannt gewesen. Für diesen Personenkreis hat der neu geschaffene Eröffnungsgrund damit eine Bedeutung erlangt, die der gesetzgeberischen Zwecksetzung vollständig widerspricht. Der Anteil der tatsächlich bereits bei drohender Zahlungsunfähigkeit gestellten Eigenanträge dürfte in der Praxis – schätzungsweise – äußerst gering sein.

2. Feststellung der drohenden Zahlungsunfähigkeit

Der Schuldner droht nach § 18 Abs. 2 zahlungsunfähig zu werden, wenn er voraussichtlich nicht in der Lage sein wird, die bestehenden Zahlungsverpflichtungen im Zeitpunkt ihrer Fälligkeit zu erfüllen. Die Feststellung der drohenden Zahlungsunfähigkeit verlangt eine Prognose. Notwendig ist daher die Erstellung eines Finanz- oder Liquiditätsplans. In diesem werden die Einzahlungen und Auszahlungen für die ersten Wochen detailliert dargestellt, während die späteren Zahlungsströme auf Monats- oder Quartalsangaben zusammengefasst wiedergegeben werden.[241]

176

Für die Aufstellung des Plans ist u. a. zu beachten:

a) Verbindlichkeiten

Nach dem Wortlaut des § 18 Abs. 2 sind nur die bereits bestehenden Zahlungsverpflichtungen in den Finanzplan einzustellen. Jedoch ergibt sich aus der Gesetzesbegründung, dass sowohl die noch nicht fälligen wie auch die zukünftigen, noch nicht begründeten Zahlungsverpflichtungen in den Finanzplan einbezogen werden müssen. Voraussetzung ist, dass mit ihrer Entstehung, wie z. B. bei Löhnen und Gehältern, Mieten, Strom- oder Telefonkosten u.dgl. gerechnet werden muss. Die Liquiditätsentwicklung des schuldnerischen Unternehmens lässt sich andernfalls nicht zutreffend im Plan abbilden.[242]

177

b) Ungewisse Verbindlichkeiten und drohende Verluste

In die Prognose muss die gesamte Entwicklung der Finanzlage des Schuldners bis zur Fälligkeit aller bestehenden Schulden einbezogen werden. Ungewisse Verbindlichkeiten müssen als zukünftige Zahlungsverpflichtungen in dem Liquiditätsplan berücksichtigt werden, wenn eine Inanspruchnahme zu erwarten ist. Es handelt sich dann um entstandene Verbindlichkeiten, die lediglich noch nicht fällig sind. Drohende Verluste aus der Abwicklung schwebender Verträge sind – entsprechend den in der Bilanz ausgewiesenen

178

---

241 MK-InsO/Drukarczyk, § 18 Rdnr. 20; Haarmeyer/Wutzke/Förster, a. a. O., Kap. 3 Rdnr. 72.
242 HK-InsO/Kirchhof, § 18 Rdnr. 6; a. A. Nerlich/Römermann, a. a. O., § 18 Rdnr. 26 f.

Hefermehl

Rückstellungen – in die Prüfung der Zahlungsfähigkeit des Unternehmens einzubeziehen, soweit mit ihnen gerechnet werden muss.

c) Prognosezeitraum

179 Der Prognosezeitraum wird vom Gesetz nicht vorgeschrieben, jedoch ergibt sich aus der Begründung zur InsO, dass die Entwicklung der Finanzlage des Schuldners »bis zur Fälligkeit aller bestehenden Verbindlichkeiten« erfasst und dargestellt werden soll. Bestehen jedoch langfristige Verbindlichkeiten, wie z. B. aus Darlehen, Miet- oder Leasingverträgen, so müsste sich der Prognosezeitraum u. U. über viele Jahre erstrecken; dies ist jedoch unrealistisch, zumal die Prognose umso ungenauer und unzuverlässiger wird, je länger der Zeitraum ist, auf den sie sich bezieht. Der Prognosezeitraum muss deshalb so bemessen werden, dass aus ihm eine gesicherte und plausible Aussage über die künftige Liquiditätslage abgeleitet werden kann. Er sollte deshalb mindestens sechs Monate erfassen und das nachfolgende Geschäftsjahr miteinbeziehen.[243]

180 Eine drohende Zahlungsunfähigkeit ist anzunehmen, wenn aus dem aufgestellten Finanzplan ersichtlich ist, dass der Schuldner voraussichtlich zur Deckung seiner Verbindlichkeiten künftig außerstande sein wird. Der Eintritt der Zahlungsunfähigkeit muss wahrscheinlicher sein als deren Vermeidung. In diesem Fall ist die Befriedigung der Gläubiger so stark gefährdet, dass die Eröffnung eines Insolvenzverfahrens auch aus Sicht der Gläubiger, deren Forderungen bei Antragstellung eigentlich vom Schuldner noch voll bezahlt werden könnten, gerechtfertigt ist.

3. Verfahren

181 Der auf drohende Zahlungsunfähigkeit gestützte Eigenantrag des Schuldners wird i. d. R. durch sein Interesse motiviert, die Chancen für die Erhaltung und Sanierung des Unternehmens zu erhöhen. Wegen des damit verbundenen Prognoserisikos hat das Gesetz bei juristischen Personen oder Gesellschaften ohne Rechtspersönlichkeit die Antragsbefugnis auf die zur Vertretung berechtigten Personen beschränkt, sofern nicht alle Mitglieder des Vertretungsorgans bzw. alle persönlich haftenden Gesellschafter oder Abwickler diesen stellen, § 18 Abs. 3.

182 Der für die Beurteilung der künftigen Zahlungsfähigkeit aufzustellende Liquiditätsplan muss nicht mit einem Wirtschaftsprüfertestat versehen sein. Im Einzelfall kann auf seine Vorlage bei Stellung des Insolvenzantrags auch verzichtet werden, wenn aus anderen Umständen auf eine drohende Zahlungsunfähigkeit ohne weiteres geschlossen werden kann, z. B. bei einem raschen Ertragsverfall, wenn das Unternehmen über keine Vermö-

---

[243] MK-InsO/Drukarczyk, § 18 Rdnr. 41 f.; für drei Jahre als Prognosezeitraum dagegen FK-InsO/Schmerbach, § 18 Rdnr. 8 a.

Hefermehl

gensreserven verfügt, oder bei einer von der Hausbank angezeigten Kreditkündigung zu einem bestimmten späteren Zeitpunkt.[244]

Da im Zeitpunkt der Antragstellung die Gläubiger im Grundsatz noch bedient werden, hat das Insolvenzgericht sorgfältig zu prüfen, ob tatsächlich drohende Zahlungsunfähigkeit vorliegt. Vorübergehende Zahlungsstockungen etc. sind nicht ausreichend. Einen Insolvenzantrag bereits wegen der drohenden Zahlungsunfähigkeit stellen zu können, eröffnet dem Schuldner auch Missbrauchsmöglichkeiten.[245] So kann mit der Antragstellung eine »Flucht in die Insolvenz« bezweckt sein, um z. B. unerwünschte Einzelzwangsvollstreckungsmaßnahmen abzuwehren, die Erfüllung ungünstiger Verträge zu verweigern oder einen Personalabbau – kostengünstiger – vorzunehmen. 183

Das Insolvenzgericht wird deshalb i. d. R. die Vorlage eines ausgearbeiteten Finanzplans verlangen, ggf. wird es auch im Rahmen der angeordneten Sicherungsmaßnahmen einen Sachverständigen mit der Prüfung der künftigen Liquiditätsentwicklung beauftragen. Die Stellung eines auf drohende Zahlungsunfähigkeit gestützten Insolvenzantrags kann u. U. zu einer dramatischen Verschlechterung der Liquiditätssituation führen, insbesondere wenn sich die Prüfung des Eröffnungsgrundes während des Eröffnungsverfahrens hinzieht. Kommt es darauf hin zum Eintritt der Zahlungsunfähigkeit, muss sich das Insolvenzgericht nicht mehr mit der Frage befassen, ob – zuvor – drohende Zahlungsunfähigkeit bestand. Maßgebend für die Feststellung des Eröffnungsgrundes ist der Zeitpunkt, in dem über die Verfahrenseröffnung vom Gericht entschieden wird. 184

IV. Überschuldung

1. Besonderer Insolvenzgrund für juristische Personen

Überschuldung ist – neben der Zahlungsunfähigkeit – Eröffnungsgrund bei juristischen Personen sowie Gesellschaften ohne Rechtspersönlichkeit, bei denen keiner der persönlich haftenden Gesellschafter eine natürliche Person ist, § 19 Abs. 3 Satz 1. Bei diesen Unternehmen fehlt es an der unbeschränkten Haftung natürlicher Personen. Im Interesse des Gläubigerschutzes sind juristische Personen und beschränkt haftende Personengemeinschaften von der weiteren Teilnahme am Rechtsverkehr ausgeschlossen, wenn deren Eigenkapital, der sog. Haftungsstock, aufgezehrt und damit nicht mehr vorhanden ist. 185

---

244 HK-InsO/Kirchhof, § 18 Rdnr. 15.
245 Kübler/Prütting, a. a. O., § 18 Rdnr. 11.

2. Bedeutung des Insolvenzgrunds

186 Der Eröffnungsgrund der Überschuldung ist für Insolvenzanträge von Gläubigern weitgehend ohne Bedeutung. Ihnen liegen i. d. R. keine Bilanzen etc. vor, so dass sie Anträge auf Insolvenzeröffnung über das Vermögen juristischer Personen nicht mit Überschuldung, sondern ausschließlich mit eingetretener Zahlungsunfähigkeit bzw. Zahlungseinstellung begründen.

187 Auf der Seite des Schuldners ist dagegen die Frage, ob das Unternehmen überschuldet ist, in vielfacher Hinsicht von Wichtigkeit. Die Stellung des Eigenantrags auf Insolvenzeröffnung wird zwar ganz überwiegend in erster Linie auf den Eintritt der Zahlungsunfähigkeit nach § 17 gestützt. Für die Geschäftsleitung der juristischen Person ist jedoch der Eintritt der Überschuldung vornehmlich haftungsrechtlich von Bedeutung. Für sie besteht die Verpflichtung, die wirtschaftliche Lage des Unternehmens laufend zu beobachten, insbesondere wenn eine insolvenzrechtliche Gefahr droht. Nach Eintritt der Überschuldung sind sie verpflichtet, ohne schuldhaftes Zögern, spätestens drei Wochen nach deren Eintritt die Eröffnung des Insolvenzverfahrens zu beantragen.[246] Für die sich aus einer schuldhaften Verletzung der Antragspflicht ergebenden Schäden haften Geschäftsführer bzw. Vorstand zivilrechtlich in weitem Umfang; daneben trifft sie eine strafrechtliche Verantwortung. Im zivilrechtlichen Haftungsprozess haben sie sich zu entlasten. Die Geschäftsführer sind darlegungs- und beweispflichtig dafür, in welcher Weise sie tätig geworden sind, um ihre sich aus dem Gesetz ergebenden Insolvenzantragspflichten mit der Sorgfalt eines ordentlichen Kaufmanns zu erfüllen.[247]

188 Da die Entwicklung zur Überschuldung eines Unternehmens ein dynamischer Prozess ist, können bereits erste Krisensymptome für die Geschäftsführung Anlass zur Prüfung sein. Diese ist in jedem Fall durchzuführen, wenn Umstände bekannt werden, die auf den Eintritt einer Überschuldung schließen lassen. Dazu zählen:

- Verlust in Höhe des Stammkapitals, vgl. § 62 Abs. 1 AktG, § 49 Abs. 3 GmbHG
- Ausweis eines nicht durch Eigenkapital gedeckten Fehlbetrages in der Handelsbilanz gem. § 268 Abs. 3; die ausgewiesene (buchmäßige) Überschuldung hat für den Eintritt der Insolvenzreife indizielle Bedeutung.[248]
- Notwendigkeit der Aufnahme von – nicht im Finanzplan vorgesehenem – Fremdkapital, um erhebliche Verluste aus Umsatzrückgängen, Forderungsausfällen etc. auszugleichen.

---

246 BGH NJW 1995, 2850; NJW 1994, 2149; OLG Düsseldorf NZI 1999, 156; vgl. ferner Rdnr. 8.
247 BGH NJW 1994, 2220; vgl. ferner KS-InsO/Henze/Bauer, S. 1311, 1315 m. w. N. Zu den Haftungsgefahren in Krise und Sanierung des Unternehmers Bauer ZInsO 2002, 153.
248 BGH NZI 2001, 300.

Hefermehl

Wegen der mit der Feststellung einer Überschuldung verbundenen Schwierigkeiten sollte sich in der Krise die Geschäftsleitung in jedem Fall sachkundig umfassend rechtlich beraten lassen.²⁴⁹   189

3. Begriff der Überschuldung

Überschuldung liegt vor, wenn das Vermögen der Gesellschaft nicht mehr die bestehenden Verbindlichkeiten deckt. Der Überschuldungsbegriff ist in § 19 Abs. 2 gesetzlich definiert; die in verschiedenen einzelnen Gesetzen vormals enthaltenen Begriffsbestimmungen sind beseitigt.   190

a) Unterbilanz

Die insolvenzrechtliche Überschuldung ist zu unterscheiden vom Vorliegen einer Unterbilanz. Eine solche liegt vor, wenn das Eigenkapital durch Verlust oder sonstige Eigenkapitalminderungen geschmälert wird, so dass das Reinvermögen (Summe der Aktiva abzgl. Schulden) in der Bilanz die Eigenkapitalziffer nicht mehr erreicht.²⁵⁰ Der Eintritt der Unterbilanz verpflichtet die Geschäftsleitung zur unverzüglichen Einberufung einer Haupt- bzw. Gesellschafterversammlung, §§ 92 Abs. 1 AktG, § 49 Abs. 3 GmbHG. Die Verlustanzeige muss – zumindest bei der Aktiengesellschaft, § 124 Abs. 4 AktG – aus der Tagesordnung klar erkennbar sein.   191

b) Bilanzielle Überschuldung

Die Unterbilanz wird zur bilanziellen Überschuldung, wenn die Verbindlichkeiten nicht mehr durch das Vermögen gedeckt werden. Ein Reinvermögen ist nicht mehr vorhanden. Die (buchmäßige) Überschuldung wird dadurch in der Bilanz sichtbar, dass gem. § 268 Abs. 3 HGB der über das Eigenkapital hinausgehende Verlust zum Ausgleich der Bilanz als gesonderter Posten auf der Aktivseite eingestellt wird.   192

Der ausgewiesene Fehlbetrag gibt jedoch nur die rein rechnerische Höhe der Überschuldung an. Aus ihr allein kann jedoch die Insolvenzreife nicht abgeleitet werden; sie ist lediglich Ausgangspunkt für die weitere Ermittlung des wahren Wertes des Gesellschaftsvermögens.²⁵¹   193

▶ Beispiel:

Im Jahresabschluss der Gesellschaft ist eine buchmäßige Überschuldung ausgewiesen. In den Grundstücken des Unternehmens wurden jedoch stille Reserven gebildet. Die Aufdeckung der stillen Reserven ist geeignet, eine eingetretene bilanzielle Überschuldung zu neutralisieren.   194

---

249 BGH NJW-RR 1995, 659.
250 Goette DStR 1997, 1496.
251 Zuletzt BGH NZI 2001, 300.

4. Prüfung der Überschuldung

195 Die Feststellung der Überschuldung erfolgt nicht auf der Grundlage der nach § 242 HGB aufzustellenden Handelsbilanz. Sie wird vielmehr ermittelt durch eine Gegenüberstellung der Vermögenswerte und der Verbindlichkeiten in einem zu diesem Zweck aufzustellenden Überschuldungsstatus (Überschuldungsbilanz). Es handelt sich um eine Vermögensbilanz, für die die Ansatz- und Bewertungsvorschriften nach HGB nicht zur Anwendung kommen.

196 Die Überschuldung ist ein Rechtsbegriff.[252] Ob Überschuldung vorliegt, hängt in erster Linie davon ab, nach welchen Maßstäben die Aktiva und Passiva bewertet werden. Indes fehlen gesetzliche Vorschriften oder anerkannte Regeln zur Bewertung im Rahmen der Überschuldungsprüfung. Dies hat zu verschiedenen Auffassungen darüber geführt, wie ein Überschuldungsstatus aufzustellen ist. Im Grundsatz lassen sich zwei methodische Ansätze unterscheiden:

a) Zweistufige (alternative) Prüfung

197 Im Rahmen der Überschuldungsprüfung wird zunächst eine (betriebswirtschaftliche) Fortbestehensanalyse durchgeführt.[253] Ergibt sich danach für das Unternehmen eine positive Fortführungsprognose wird ein Überschuldungsstatus basierend auf Fortführungswerten aufgestellt. Weist der Überschuldungsstatus ein negatives Ergebnis auf, ist Überschuldung eingetreten u. a. mit der Folge, dass Insolvenzantrag zu stellen ist; ergibt sich demgegenüber aus dem Überschuldungsstatus ein positives Ergebnis, kann das Unternehmen weitergeführt werden, da eine Überschuldung nach § 19 verneint werden kann. Bei negativer Fortbestehensprognose sind dagegen Liquidationswerte anzusetzen; anhand derer ist zu ermitteln, ob Überschuldung vorliegt.

b) Modifizierte zweistufige Prüfung

198 Der Überschuldungsstatus wird zunächst nach Liquidationswerten aufgestellt, d. h. zu den Werten, zu denen die Vermögensgegenstände im Liquidationsfall verkauft werden können, sog. rechnerische Überschuldungsprüfung. Verfügt das Unternehmen noch über ein positives Vermögen, liegt keine Überschuldung vor. Ist das Unternehmen jedoch – rechnerisch – überschuldet, hat zur Klärung, ob auch eine rechtliche Überschuldung besteht, eine Fortbestehensprognose zu erfolgen.[254]

199 Besteht für das Unternehmen eine positive Fortbestehenserwartung, ist Überschuldung nicht eingetreten. Eine weitere Prüfung findet nicht statt.

---

252 Häsemeyer, a. a. O., Rdnr. 7.24.
253 Bittmann, WISTRA 1999, 10 f.; Harz, ZInsO 2001, 198 f.
254 Haarmeyer/Wutzke/Förster, a. a. O., Kap. 1 Rdnr. 93 f.

Wegen der zu bejahenden Fortführungschancen soll das Unternehmen nicht aus dem Markt ausscheiden müssen. Können dagegen dem Unternehmen keine ausreichenden Fortführungschancen eingeräumt werden, ist die – bereits festgestellte – rechnerische Überschuldung auch zugleich Überschuldung im Rechtssinn.

In seiner jüngeren Rechtsprechung zur KO war der BGH der sog. modifizierten zweistufigen Prüfung gefolgt.[255] Eine Überschuldung lag danach vor, wenn das Vermögen bei Ansatz von Liquidationswerten unter Einbeziehung aller stillen Reserven die bestehenden Verbindlichkeiten nicht deckt (exekutorisches Element) und die Finanzkraft der Gesellschaft nach überwiegender Wahrscheinlichkeit mittelfristig nicht zur Fortführung des Unternehmens ausreicht (prognostisches Element). Beide Kriterien wurden als gleichwertig nebeneinander gestellt. Dies hatte zur Folge, dass bei einer positiven Fortführungs- bzw. Überlebensprognose stets eine Überschuldung nicht vorlag. Eine weitere Überschuldungsprüfung auf der Grundlage einer Bewertung der Aktiva und Passiva nach Fortbestehenswerten war nicht vorzunehmen. Die Geschäftsführung war insoweit auch nicht verpflichtet, einen Überschuldungsstatus nach Liquidationswerten aufzustellen, solange die Lebensfähigkeit des Unternehmens nicht zweifelhaft erschien.

200

Der Gesetzgeber ist jedoch mit der Definition der Überschuldung in § 19 dieser Rechtsprechung nicht gefolgt. Ausgehend von der Legaldefinition ist ein Unternehmen – unabhängig von der zur Anwendung kommenden Bewertungsmethode – überschuldet, wenn das nach § 19 Abs. 2 Satz 2 bewertete Vermögen nicht ausreicht, die bestehenden Verbindlichkeiten zu decken. Auch bei positiver Fortführungsprognose hat – als dritter Prüfungsschritt – eine Bewertung der Vermögensgegenstände zu erfolgen.[256] Sind nach dieser Bewertung die bestehenden Verbindlichkeiten nicht gedeckt, so liegt Überschuldung i. S. d. § 19 vor. Eine positive Fortbestehensprognose schließt danach – im Gegensatz zur (modifizierten) zweistufigen Überschuldungsprüfung – den Eintritt der Überschuldung nicht aus.

201

5. Fortführungsprognose

Grundlage der Überschuldungsprüfung ist die Feststellung der Fortführungsfähigkeit des Unternehmens. Vorrangiger Bestandteil der Fortführungsprognose ist die Erstellung eines Unternehmenskonzeptes,[257] in dem die unternehmerischen Ziele wie auch die Maßnahmen zur Verwirklichung im Einzelnen dargestellt sind. Im Kontext mit dem Unternehmenskonzept

202

---

255 BGH ZIP 1995, 819; NJW 1994, 2220; ferner Scholz Kommentar zum GmbHG, 9. Aufl. 2000, § 63 Rdnr. 12 f.
256 Haarmeyer/Wutzke/Förster, Handbuch, Kap. 1 Rdnr. 97.
257 Empfehlung Fachausschuss Recht des IDW, WPG 1997, 22 f. und ferner WPG 1999, 200 f.; Bork ZIP 2000, 1711; ferner HK-InsO/Kirchhof, § 18 Rdnr. 14.

Hefermehl

ist die Finanzplanung zu entwickeln. In dieser spiegeln sich die finanziellen Auswirkungen des Unternehmenskonzeptes wieder. Die Finanzplanung hat insbesondere die Frage zu beantworten, ob das Unternehmen mittelfristig seinen Zahlungsverpflichtungen voraussichtlich nachkommen kann oder Zahlungsunfähigkeit zu befürchten ist.

203 Der Finanzplan entscheidet im Ergebnis darüber, ob für das Unternehmen eine positive oder negative Fortbestehensprognose abgegeben werden kann. Hiervon ist wiederum abhängig, ob im Überschuldungsstatus die Aktiva und Passiva mit Fortbestehens- oder Liquidationswerten angesetzt werden können.

a) Unternehmenskonzept

204 Das Unternehmenskonzept hat darüber Auskunft zu geben, mit welcher unternehmerischen Strategie das Unternehmen künftig im Markt agieren will, wie es seine Ertragskraft wiederherstellen will und welche Maßnahmen zur Umsetzung erforderlich sind, wobei die finanziellen Auswirkungen des Unternehmenskonzeptes offen zu legen und zu bewerten sind.

205 Die einzuschlagende Unternehmensstrategie hängt davon ab, mit welchen Produkten/Leistungen sich das Unternehmen befasst und wie die gegenwärtigen und künftigen Marktverhältnisse zu beurteilen sind. Zu berücksichtigen sind ferner, ob und inwieweit Wachstumschancen bestehen und welche Investitionen in der Zukunft notwendig sind. Das Unternehmen kann nur Erfolg haben, wenn es sich am Markt gegenüber seinen Mitbewerbern durchsetzen kann. Die Konkurrenzsituation muss deshalb sorgfältig analysiert und in die Unternehmensplanung einbezogen werden. Vorteile gegenüber Mitbewerbern können u. U. liegen in niedrigeren Kosten, erfolgreichen Rationalisierungsmaßnahmen, günstiger Personalstruktur oder sonstigen Produktionsvorteilen.

206 Ziel des aufzustellenden Unternehmenskonzeptes muss es sein, die Ertragskraft wiederherzustellen, d. h. die Fähigkeit des Unternehmens, aus eigener Kraft heraus einen Überschuss der Einnahmen über die Ausgaben zu erzielen. Die Darstellung der cash-flow-Entwicklung während des Prognosezeitraums (Ertragsplan), ist deshalb auch Bestandteil der Gesamtfinanzplanung.

b) Finanzplan

207 Die Finanzplanung bildet die Grundlage zur Beurteilung der Fortbestehensprognose. Der Finanzplan stellt eine dynamische, zeitraumbezogene Liquiditätsbetrachtung dar.[258] In ihm sind deshalb die Ein- und Auszahlungen entsprechend den vorhandenen Gegebenheiten einzustellen. Zu berücksichtigen sind ferner die Auswirkungen der Sanierungsmaßnahmen, erfor-

---

258 MK-InsO/Drukarczyk/Schüler, § 19 Rdnr. 83 f.

Hefermehl

derliche Investitionsaufwendungen u.dgl. Gleichfalls sind im Finanzplan einzustellen auch Mittelzuflüsse durch Gesellschafterleistungen, Veräußerung nicht betrieblich notwendiger Vermögenswerte oder sonstiger Kapitalmaßnahmen.

Jede Prognose einer künftigen Entwicklung ist mit Unsicherheiten verbunden. Um diese möglichst gering zu halten, müssen die dem Plan zugrunde gelegten Annahmen plausibel und verifizierbar sein. Ferner muss auch für Risiken ausreichend Vorsorge getroffen werden. 208

Für welchen Zeitraum der Finanzplan aufgestellt werden muss, steht in Abhängigkeit zu dem verfolgten Unternehmenskonzept. Der Planungszeitraum muss so angelegt sein, dass eine realistische Beurteilung der künftigen Entwicklung der Zahlungsfähigkeit des Unternehmens möglich ist. Er wird deshalb mindestens das laufende wie auch das folgende Geschäftsjahr umfassen; im Einzelfall können auch längere Prognosezeiträume erforderlich sein. 209

c) Ergebnis der Fortführungsprognose

Die Fortführungsprognose soll angeben, welche Chancen für ein Überleben des Unternehmens bestehen. Sie fällt positiv aus, wenn sich aus dem Finanzplan nachvollziehbar ergibt, dass das finanzielle Gleichgewicht mittelfristig (ca. ein bis zwei Jahre) gewahrt oder ggf. verbessert werden kann. Dies setzt voraus, dass alle im Prognosezeitraum fälligen Verbindlichkeiten ordnungsgemäß vom Unternehmen erfüllt werden können. 210

Entscheidendes Kriterium für die Bejahung positiver Fortführungsaussichten ist, dass Zahlungsfähigkeit besteht bzw. wiederhergestellt werden kann.[259] Darüber hinaus ist nicht erforderlich, dass das Unternehmen auch einen Überschuss der Einnahmen über die Ausgaben erwirtschaften kann.[260] Im maßgebenden Prognosezeitraum ist dies schon deshalb meist nicht möglich, da die Umsetzung des Sanierungskonzeptes mit erheblichen (einmaligen) Sonderaufwendungen verbunden ist; Erträge lassen sich i. d. R. erst dann realisieren, wenn die Sanierungsphase abgeschlossen ist. 211

Weist demgegenüber der Finanzplan innerhalb des Prognosezeitraums eine finanzielle Unterdeckung aus, so fällt die Fortbestehensprognose negativ aus. Die Finanzkraft reicht nicht aus, um die Fortführung des Unternehmens zu gewährleisten. 212

d) Prüfung der Überschuldung

Die Geschäftsführer einer juristischen Person sind verpflichtet, laufend die wirtschaftliche Lage des Unternehmens zu beobachten. Bei Anzeichen 213

---
[259] Braun/Uhlenbruck, a. a. O., S. 292.
[260] Smid, a. a. O., § 19 Rdnr. 11; a. A. HK-InsO/Kirchhof, § 19 Rdnr. 12, mittelfristig muss mindestens Aussicht auf Gewinne bestehen.

einer Krise haben sie sich Gewissheit über die Vermögenslage zu verschaffen. Ergibt sich, z. B. aus dem Jahresabschluss oder Zwischenabschlüssen, dass die Vermögenswerte zur Abdeckung der Verbindlichkeiten nicht mehr ausreichen, so ist eine Prüfung vorzunehmen, ob das Unternehmen nach § 19 überschuldet ist. Ergibt ein nach Liquidationswerten aufgestellter Überschuldungsstatus, dass eine rechnerische Überschuldung vorliegt, so ist zu prüfen, ob für das Unternehmen dennoch eine positive Fortführungsprognose aufgestellt und auf diese Weise der Eintritt der Insolvenz vermieden werden kann. Wird das Unternehmen im Hinblick auf eine positive Fortführungsprognose weitergeführt, so sind die insolvenzantragspflichtigen Geschäftsführer der GmbH darlegungs- und beweispflichtig für deren Aufstellung und Richtigkeit.[261]

214 Die Fortführungsprognose muss zusammen mit dem Unternehmenskonzept und der Finanzplanung nachvollziehbar aufgestellt und begründet werden. Der Aufwand für die Erstellung der Planunterlagen ist im Interesse des Gläubigerschutzes unabdingbar. Der Geschäftsführer kann sich im Haftungsprozess nur entlasten, wenn er diesen Anforderungen nachgekommen ist. Die Fortführungsprognose muss deshalb – wie der darauf aufbauende Überschuldungsstatus – im Einzelnen dokumentiert sein.[262] Wegen ihrer Bedeutung für die Sanierungsfähigkeit des Unternehmens wie aber auch die Haftung empfiehlt es sich unbedingt, zur Erarbeitung Sachverständige heranzuziehen und eine laufende Beratung zu gewährleisten. Auch der Insolvenzverwalter wird grundsätzlich bei der Prüfung, ob von der Geschäftsführung im Hinblick auf die Überschuldungssituation rechtzeitig Insolvenzantrag gestellt wurde, geeignete sachverständige Personen beauftragen bzw. ein Gutachten einholen.[263]

6. Aufstellung des Überschuldungsstatus

215 Vom Ergebnis der Fortführungsprognose ist abhängig, ob die Vermögenswerte und Verpflichtungen im Überschuldungsstatus mit ihren Fortführungs- oder Liquidationswert anzusetzen sind. Deshalb ist zu unterscheiden:

a) Bewertung bei positiver Fortführungsprognose

216 Die Aktiva umfassen alle Vermögenswerte des Unternehmens. Wirtschaftsgüter, die handelsrechtlich nicht bilanzierungsfähig sind, sind in den Überschuldungsstatus einzubeziehen, wenn ihre Verwertung rechtlich und tatsächlich möglich ist, wie z. B. im Unternehmen entwickelte Gebrauchsmuster, Patente, Warenzeichen oder sonstige immaterielle Vermögensgegenstände. Ebenso sind sämtliche Verbindlichkeiten auf der Passivaseite an-

---

261 BGHZ 126, 181, 199; BGH NJW 1994, 2220.
262 BGH BB 1997, 2138.
263 OLG Düsseldorf GmbHR 1999, 479.

Hefermehl

zusetzen, mit deren Geltendmachung aus Sicht des Unternehmens gerechnet werden muss.

Für die Bewertung der Vermögensgegenstände bei günstiger Fortführungsaussicht bestehen unterschiedliche Ansatzpunkte. Als maßgebend wird überwiegend der Wiederbeschaffungswert angesehen.[264] Das ist der Wert, zu dem ein (potenzieller) Käufer sich den Vermögensgegenstand verschaffen kann. Der Wiederbeschaffungswert ist damit abhängig von den jeweiligen bestehenden Marktverhältnissen. Er liegt damit grundsätzlich auch über den Anschaffungs- oder Herstellungskosten für das Wirtschaftsgut. Der Ansatz von Wiederbeschaffungskosten hat den Vorteil, dass diese ggf. durch Neubewertung zum Stichtag ermittelt und den einzelnen Vermögensgegenständen jeweils zugeordnet werden können. Aus der Summe der angesetzten Einzelwerte ergibt sich der gesamte Wert des Unternehmens, der sich allerdings an dem Substanzwert orientiert.[265]

217

Deshalb wird – alternativ – für die Ermittlung des Fortführungswerts auch vorgeschlagen, zunächst den Wert des Gesamt-Unternehmens nach dessen Ertragswert zu beurteilen.[266] In diesem Fall müssten die einzelnen Wirtschaftsgüter mit den Werten im Überschuldungsstatus angesetzt werden, mit denen sie Bestandteil eines Gesamtkaufpreises für das Unternehmen wären. Jedoch existiert kein praktikabler Maßstab, nach dem der Ertragswert des Gesamt-Unternehmens auf die einzelnen Vermögenswerte aufgeteilt werden kann.[267] Transparenter ist demgegenüber, die einzelnen Wirtschaftsgüter gemäß ihrem Wiederbeschaffungswert im Status anzusetzen und einen Ertragswert, soweit dieser über den gesamten Wiederbeschaffungskosten liegt, als Geschäftswert gesondert einzustellen.[268]

218

Sollen im Rahmen der Sanierung Betriebe oder Betriebsteile als Ganzes veräußert werden, so sind diese auch als Ganzes zu bewerten. Maßgeblich sind die voraussichtlich zu erzielenden Verkaufserlöse, nicht die Wiederbeschaffungswerte der einzelnen Gegenstände.

219

b) Bewertung bei negativer Fortführungsprognose

Im Fall negativer Fortführungsprognose ist von der Liquidation des Unternehmens auszugehen. Der Überschuldungsstatus ist deshalb nach Liquidationsgesichtspunkten aufzustellen.

220

Aktivierbar sind alle Vermögenswerte, die einen Veräußerungserlös erwarten lassen. Ob die Vermögenswerte handelsrechtlich bilanzierungsfähig sind, ist unerheblich; auf den Liquidationsstatus finden die handelsrechtlichen Bewertungsregeln keine Anwendung. Der Ansatz der Liquidations-

221

---

264 BGH NJW 1995, 1739; NJW 1992, 2891.
265 HK-InsO/Kirchhof, § 19 Rdnr. 14.
266 Götz, ZInsO 2000, 80; Spliedt, DB 1999, 1949 f.
267 Haarmeyer/Wutzke/Förster, a. a. O., Kap. 1 Rdnr. 97.
268 Harz, ZInsO 2001, 199; Heni, ZInsO 1999, 609; Hoeffner, ZIP 1999, 2088.

werte richtet sich nach den bei einer Einzelveräußerung der Wirtschaftsgüter zu erzielenden Preisen. Soll demgegenüber das Unternehmen als Ganzes veräußert werden, ist der insoweit zu erzielende Verkaufspreis maßgebend.

222 Auch der angesetzte Liquidationswert ist deshalb ein Prognosewert.[269] Er wird insbesondere auch von der Art und Weise der beabsichtigten Verwertung beeinflusst. Grundsätzlich gilt der Erfahrungssatz, dass die Verwertungserfolge umso geringer sind, je weniger Zeit für die Verwertung zur Verfügung steht. Besteht nur eine Liquidationsfrist von wenigen Wochen, so können z. B. für nicht marktgängige Maschinen und Anlagen keine Käufer gefunden werden; als Liquidationswert kann im Überschuldungsstatus deshalb nur der Schrottwert angesetzt werden, obgleich innerhalb eines längeren Liquidationszeitraums potenzielle Absatzchancen bestanden hätten. Der Marktpreis bildet die Obergrenze für die Liquidationsbewertung, der sog. Zerschlagungswert die Untergrenze. Im Überschuldungsstatus hat eine realistische Bewertung zu erfolgen. Die Aktiva können deshalb nur mit dem Wert eingestellt werden, zu dem sie im Hinblick auf die eingeschlagene Liquidationsstrategie tatsächlich veräußerbar sein werden. Im Zweifel hat die Bewertung nach dem kaufmännischen Vorsichtsprinzip zu erfolgen, vgl. § 242 Abs. 1 HGB.

223 Die Passiva umfassen sämtliche Verbindlichkeiten, mit deren Geltendmachung das Unternehmen rechnen muss. Dazu gehören auch die mit der Liquidation des Unternehmens in Zusammenhang stehenden Verbindlichkeiten, z. B. Schadenersatzansprüche aus nicht mehr erfüllbaren Vertragsverhältnissen, Kosten für die Räumung der angemieteten Betriebsstätte oder die Beseitigung von Altlasten.[270] Hat das Unternehmen bereits die Stilllegung des Betriebes oder eines Teilbetriebes beschlossen, so sind auch Sozialplanansprüche im Hinblick auf den notwendigen Personalabbau als künftige Verbindlichkeiten im Überschuldungsstatus zu berücksichtigen. Zu beachten ist allerdings, dass Verbindlichkeiten, die erst durch die Eröffnung des Insolvenzverfahrens ausgelöst werden, nicht in den Überschuldungsstatus aufzunehmen sind. Sind z. B. Betriebsteile noch lebensfähig, so sind die Ansprüche aus einem Interessenausgleich oder Sozialplan nicht zu berücksichtigen, auch wenn zu erwarten ist, dass infolge einer Insolvenz die Betriebsstilllegung notwendig wird. Die Verbindlichkeiten werden indes erst durch die Verfahrenseröffnung und dessen Folgen ausgelöst.[271]

c) Bewertung von Aktiva und Passiva

224 Für die Wertansetzung einzelner Positionen im Überschuldungsstatus auf der Aktiva- und Passivaseite gilt:

---

269 Häsemeyer, a. a. O., Rdnr. 7.25.
270 Kuhn/Uhlenbruck, a. a. O., § 102 Rdnr. 6 i ff.
271 Jaeger/Weber, Kommentar zur Konkursordnung, 8. Aufl. 1985, §§ 207, 208 Rdnr. 21.

Hefermehl

Aktiva

- Ausstehende Einlagen der Gesellschafter wie auch satzungsmäßige Nachschüsse stellen aktivierbare Forderungen der Gesellschaft dar. Ist freilich zweifelhaft, ob die Forderungen im Hinblick auf die Vermögensverhältnisse der Gesellschafter in vollem Umfang realisiert werden können, müssen sie entsprechend wertberichtigt und können nur mit dem Teilwert angesetzt werden. Das gilt auch für Ansprüche nach §§ 30, 31 GmbHG. Auf die Bewertung hat das Bestehen einer positiven oder negativen Fortführungsprognose keinen Einfluss. 225
- Aufwendungen für die Ingangsetzung oder aktive Steuerabgrenzung, vgl. §§ 269, 274 Abs. 2 HGB, stellen keine selbstständig verwertbaren Vermögensgegenstände dar. Finanzierungshilfen sind nicht geeignet, eine Überschuldung auszugleichen. Sie können nicht angesetzt werden.[272] 226
- Ein erworbener (derivativer) Firmenwert ist bilanzierungsfähig, § 255 Abs. 4 HGB. Im Überschuldungsstatus kann er – weiter – zum voraussichtlichen Veräußerungswert angesetzt werden. Für einen vom Unternehmen selbst geschaffenen (originären) Firmenwert, besteht handelsrechtlich ein Bilanzierungsverbot. Er kann indes in den Überschuldungsstatus einbezogen werden, wenn er – ggf. zusammen mit Betrieben oder Betriebsteilen – eine selbstständige Verwertbarkeit besitzt. Hierfür müssen tatsächliche Anhaltspunkte vorhanden sein.[273] 227
- Immaterielle Vermögenswerte wie gewerbliche Schutzrechte, Lizenzen, Konzessionen aber auch Know-how sind im Überschuldungsstatus nur dann aktivierbar, wenn sie selbstständig verkehrsfähig und damit verwertbar sind.[274] 228
- Eigene Aktien oder Geschäftsanteile besitzen im Liquidationsfall grundsätzlich keinen Wert. Da sie nicht veräußerbar sind, können sie auch nicht angesetzt werden. 229
- Die technischen Anlagen sowie die Betriebs- und Geschäftsausstattung sind bei positiver Prognose mit dem Wiederbeschaffungswert zu aktivieren, ansonsten mit ihrem Liquidationswert.[275] Verwertungskosten sind abzusetzen. Dies gilt auch für betriebliche Grundstücke und Gebäude. Vorhandene stille Reserven sind aufzudecken; damit verbundene steuerliche Auswirkungen sind zu beachten. 230
- Die Bewertung der Vorräte wird maßgeblich davon beeinflusst, ob eine positive oder negative Fortbestehensprognose angenommen werden kann. Im Fall günstiger Fortführungschancen richtet sich die Bewertung der Roh-, Hilfs- und Betriebsstoffe nach ihren Marktpreisen. Unfertige Erzeugnisse können – da wegen der Fortführung des Unternehmens mit ihrer Fertigstellung gerechnet werden kann – zum geschätzten Verkaufspreis abzgl. der noch anfallenden Fertigstellungskosten in Ansatz 231

---

272 K. Schmidt/Uhlenbruck, Die GmbH in Krise, Sanierung und Insolvenz, 2. Aufl. 1999, S. 339.
273 K. Schmidt/Uhlenbruck, a. a. O., S. 338.
274 HK-InsO/Kirchhof, § 19 Rdnr. 20; MK-InsO/Drukarczyk/Schüler, § 19 Rdnr. 93.
275 Hachenberg/Ulmer, Kommentar zum GmbHG, 8. Aufl. 1997, § 63 Rdnr. 43.

gebracht werden. Vorhandene fertige Erzeugnisse sind zu ihren tatsächlich erzielbaren Verkaufspreisen zu bewerten.[276] Allerdings ist sorgfältig zu prüfen, ob nicht im Hinblick auf Lagerbestände, technischen Wandel etc. Abschläge vorzunehmen sind.

Bei negativer Prognose bestehen i. d. R. für die Roh-, Hilfs- und Betriebsstoffe sowie halbfertigen Erzeugnisse keine Verwendungs- und Verwertungsmöglichkeiten. Insoweit müssen sie deshalb mit ihrem Zerschlagungswert angesetzt werden. Auf fertige Erzeugnisse sind gleichfalls Bewertungsabschläge vorzunehmen, da Erwerber i. d. R. wegen Risiken bei der Ersatzteilbeschaffung, der Gewährleistung etc. Preisnachlässe fordern und durchsetzen werden können.

232 • Forderungen des Unternehmens aus Lieferung und Leistung sind mit dem Buchwert anzusetzen.[277] Ihre Bewertung erfolgt nach dem kaufmännischen Vorsichtsprinzip. Wertberichtigungen sind vorzunehmen, wenn der Bestand der Forderung aufgrund Einwendungen des Schuldners zweifelhaft ist oder die Bonität des Schuldners unsicher. Die voraussichtliche Realisierbarkeit des Anspruchs ist Bewertungsmaßstab.

233 • Im Überschuldungsstatus anzusetzen sind auch die Ansprüche gegen Gesellschafter oder Geschäftsführer. Die Bewertung ist oftmals schwierig; sie können nur zu dem Wert im Überschuldungsstatus berücksichtigt werden, zu dem sie voraussichtlich auch realisiert werden können.

234 • Aktiva Rechnungsabgrenzungsposten sind Vorauszahlungen auf künftige Aufwendungen, z. B. Vorauszahlungen auf die Miete oder Versicherungsprämien. Sie können deshalb im Überschuldungsstatus nur dann in Ansatz gebracht werden, wenn im Falle der vorzeitigen Kündigung des zugrundeliegenden Vertragsverhältnisses aktivierbare Ersatzansprüche bestehen.[278] Im Falle der Fortführung des Unternehmens bestehen i. d. R. die Vertragsverhältnisse weiter; bereits vorgenommene Vorauszahlungen verringern insoweit die benötigte Liquidität. Ein Bewertungsansatz ist aber nicht möglich.

Passiva

235 Im Überschuldungsstatus sind alle Verbindlichkeiten anzusetzen, die im Falle einer Eröffnung des Insolvenzverfahrens Insolvenzforderungen darstellen. Auch nachrangige Forderungen i. S. v. § 39 sind zu berücksichtigende Ansprüche, außer dass entsprechend § 39 Abs. 2 ein Nachrang – ausdrücklich – vereinbart ist. Verbindlichkeiten brauchen dagegen nicht eingestellt werden, wenn sie erst durch die Verfahrenseröffnung begründet werden. Der Ansatz der Verbindlichkeiten erfolgt zu dem Geldbetrag, der zur Tilgung der Schuld zum Fälligkeitszeitpunkt erforderlich ist. Haftungsansprüche aus z. B. übernommenen Bürgschaften, Gewährleistungspflichten oder Patronatserklärungen sind als künftige Verbindlichkeiten

---

276 Hachenberg/Ulmer, a. a. O., § 63 Rdnr. 424.
277 Kuhn/Uhlenbruck, a. a. O., § 102 Rdnr. 6 k.
278 Kuhn/Uhlenbruck, a. a. O., § 102 Rdnr. 6 k.

mit dem Betrag der voraussichtlichen Inanspruchnahme im Überschuldungsstatus zu passivieren. Im Einzelnen:

- Für die Feststellung der Überschuldung ist das Eigenkapital (gezeichnetes Kapital, Rücklagen, Jahresergebnis) ohne Bedeutung.[279]   236
- Ob Genussscheine dem Eigenkapital zuzuordnen sind, hängt von der Ausgestaltung der Genussrechtsbedingungen ab. In der Regel wird der Anspruch auf einen etwaigen Liquidationserlös ausgeschlossen. Wenn das Genussrechtskapital die Funktion von Eigenkapital besitzt, sind Ansprüche der Zeichner nicht zu passivieren. Zu prüfen ist jedoch, ob die Genussrechtsbedingungen mit dem AGB-Gesetz vereinbar sind.   237
- Die Beteiligung eines stillen Gesellschafters zählt nicht zum Eigenkapital. Maßgeblich für die Beurteilung ist, ob nach dem Gesellschaftsvertrag der stille Gesellschafter mit der Einlage am Verlust beteiligt sein soll. Ist die Verlustbeteiligung ausgeschlossen, kann der stille Gesellschafter gem. § 236 Abs. 1 HGB ein Rückzahlungsanspruch geltend machen, dieser ist im Überschuldungsstatus zu berücksichtigen.   238
- Verpflichtungen z. B. aus Gewährleistung oder Pensionszusagen stellen ungewisse Verbindlichkeiten dar, für die im Jahresabschluss Rückstellungen zu bilden sind, § 249 Abs. 1 HGB. Im Überschuldungsstatus sind sie einzustellen; die Höhe der Rückstellung ist nach dem wahrscheinlichen Grad und Umfang der Inanspruchnahme zu bestimmen. Nach diesen Grundsätzen sind im Überschuldungsstatus auch ggf. Prozess- oder Steuerrückstellungen zu bilden. Bei positiver Fortführungsprognose sind Rückstellungen für Drohverluste aus schwebenden Geschäften nur zu bilden, wenn diese bereits als entstanden zu beurteilen sind. Kann dagegen bei negativer Fortführungsprognose mit der Erfüllung schwebender Verträge nicht mehr gerechnet werden,[280] so ist die Höhe der sich daraus ergebenden Schadenersatzansprüche zu schätzen und im Überschuldungsstatus einzustellen.   239
- Passive Rechnungsabgrenzungsposten stellen vor dem Jahresabschlussstichtag angefallene Einnahmen dar, die Ertrag für eine bestimmte Zeit nach dem Abschlussstichtag darstellen, wie z. B. Vorauszahlungen von Miete, Versicherungsprämien, Zinsen o.dgl. Ergeben sich hieraus im Liquidationsfall Rückzahlungsverpflichtungen, so sind diese zu passivieren.   240
- Verbindlichkeiten, die vom schuldnerischen Unternehmen bestritten werden, sind dennoch aus Vorsichtsgründen zum Nennwert zu passivieren. Nur wenn die konkrete Erwartung besteht, z. B. auf der Grundlage eines eingeholten Gutachtens, dass die Verpflichtung ganz oder teilweise nicht besteht, kann insoweit von ihrer Passivierung abgesehen werden.   241
- Eigenkapitalersetzende Gesellschafterleistungen nach § 32 a GmbHG sind im Status grundsätzlich als Verbindlichkeit aufzunehmen. Hat der betreffende Gesellschafter einer Forderung mit eigenkapitalersetzenden   242

---

279 BGHZ 31, 272; HK-InsO/Kirchhof, § 19 Rdnr. 24.
280 MK-InsO/Drukarczyk/Schüler, § 19 Rdnr. 100.

Charakter einen Rangrücktritt erklärt, so entfällt damit die Passivierungspflicht. Stellt sich der Gesellschafter wegen seiner Ansprüche aus einer in funktionelles Eigenkapital umqualifizierten Drittleistung auf die selbe Stufe, auf der er selbst und seine Mitgesellschafter hinsichtlich Einlagen stehen, besteht keine Notwendigkeit, diese Forderungen in den Schuldenstatus der Gesellschaft aufzunehmen.[281] Eine über den Rangrücktritt hinausgehende Erklärung des Gesellschafters, insbesondere einen Forderungsverzicht bedarf es nicht. Der BGH begründet diese Auffassung damit, dass ein Forderungsverzicht die Mitgesellschafter begünstigte. Die Interessen der außenstehenden Gläubiger werden jedoch durch die Rangrücktrittserklärung ebenso gewahrt wie der Wunsch des Gesellschafters, die GmbH zu erhalten.[282]

7. Eintritt der Überschuldung

243 Die Feststellung der Überschuldung ist vorrangig ein Bewertungsproblem. Aus dem vom Unternehmen aufgestellten Überschuldungsstatus ergeben sich für die Beurteilung, ob Überschuldung eingetreten ist, damit folgende Alternativen:

a) Bei positiver Fortführungsprognose

244 Ist eine rechnerische Überschuldung (Bewertung nach Liquidationswerten) nicht vorhanden, so ist das Unternehmen auch (insolvenz-) rechtlich nicht nach § 19 überschuldet, da es noch über ein Reinvermögen verfügt. Aus der positiven Fortführungsprognose lässt sich schlussfolgern, dass auch eine Zahlungsunfähigkeit nicht droht; vielmehr kann in der Zukunft mit Vermögenszuwächsen gerechnet werden.

245 Ist dagegen das Unternehmen rechnerisch überschuldet, so kommt für die Beurteilung, ob eine rechtliche Überschuldung eingetreten ist, der positiven Fortführungsprognose die maßgebende Bedeutung zu. Aufgrund der günstigen Prognose kann das Vermögen der Schuldnerin nach Fortführungswerten bewertet werden, § 19 Abs. 1 Satz 2. Ergibt sich auf der Grundlage dieser Bewertung, dass die Verbindlichkeiten durch das Vermögen des schuldnerischen Unternehmens gedeckt sind, so liegt keine Überschuldung nach § 19 vor. Vielmehr besteht die Erwartung, dass das finanzielle Gleichgewicht auch mittelfristig gewahrt bleibt, so dass die Fortführung der unternehmerischen Tätigkeit auch im Hinblick auf die Gläubigerinteressen gerechtfertigt ist.[283]

---

281 BGH ZIP 2001, 35; HK-InsO/Kirchhof, § 19 Rdnr. 26; FK-InsO/Schmerbach, § 19 Rdnr. 18.
282 Wittig, NZI 2001, 169.
283 Gottwald, a. a. O., § 6 Rdnr. 23.

Ergibt sich aus dem Überschuldungsstatus trotz der Bewertungskorrektur im Hinblick auf die positive Fortführungsprognose eine Unterdeckung, so ist Überschuldung i. S. d. § 19 Abs. 2 gegeben. Obgleich das Unternehmen eigentlich noch Überlebenschancen besitzt, will das Gesetz den Gläubigern nicht zumuten, die mit der Fortführung verbundenen Risiken und Gefährdungen ihrer Vermögensinteressen hinzunehmen.[284] Die wegen der positiven Fortführungsaussichten i. d. R. vorhandenen Sanierungsmöglichkeiten können nach Auffassung des Gesetzgebers auch – besser – im Insolvenzverfahren genutzt werden. 246

b) Bei negativer Fortführungsprognose

Ergibt sich aus dem Überschuldungsstatus, dass das Unternehmen auch unter Ansatz von Liquidationswerten noch ein Reinvermögen besitzt, also rechnerisch nicht überschuldet ist, so begründet auch eine negative Fortführungsprognose keine Überschuldung nach § 19 Abs. 2. Dieses Stadium kann als »drohende« Überschuldung aufgefasst werden. Eine Verpflichtung für die Geschäftsführer der juristischen Person zur Insolvenzantragstellung besteht nicht. Im Hinblick auf die negative Fortführungsprognose kann i. d. R. davon ausgegangen werden, dass eine drohende Zahlungsunfähigkeit i. S. d. § 18 vorliegt, so dass die Unternehmensleitung bereits eine Insolvenz einleiten kann, um ggf. unter dem Schutz der Insolvenz die Zerschlagung des Unternehmens noch abzuwenden. 247

Bei negativer Fortbestehensprognose kann das Vermögen des Schuldners grundsätzlich nur mit Liquidationswerten angesetzt werden. Ergibt der Liquidationsstatus eine Unterdeckung, ist diese gleich bedeutend mit der insolvenzrechtlichen Überschuldung und damit auch der Verpflichtung für die Geschäftsführer des Unternehmens, Insolvenzantrag zu stellen.[285] 248

V. Prüfung und Feststellung des Eröffnungsgrundes durch das Insolvenzgericht

1. Vorliegen des Eröffnungsgrundes

Ist der Eröffnungsantrag zulässig, so setzt die gerichtliche Prüfung der Begründetheit des Insolvenzantrags ein. Das Insolvenzgericht kann das Insolvenzverfahren nur eröffnen, wenn es davon überzeugt ist, dass ein Eröffnungsgrund tatsächlich vorliegt. 249

---

284 Häsemeyer, a. a. O., Rdnr. 7.25.
285 Gottwald, a. a. O., § 6 Rdnr. 22.

250 Das Insolvenzgericht ist nicht an den vom Antragsteller behaupteten Eröffnungsgrund gebunden. Wird der Insolvenzantrag vom Geschäftsführer der GmbH z. B. begründet mit eingetretener Überschuldung, so kann das Insolvenzverfahren abweichend hiervon wegen Zahlungsunfähigkeit nach § 17 eröffnet werden.

2. Prüfung von Amts wegen

251 Das Insolvenzgericht hat das Vorliegen des Eröffnungsgrundes von Amts wegen zu ermitteln, § 5 Abs. 1. Im Hinblick auf die mit der Insolvenzeröffnung verbundenen erheblichen Folgen für den Schuldner wie aber auch für die Gläubiger hat das Insolvenzgericht den Sachverhalt umfassend und vollständig aufzuklären.

252 Hierfür sind i. d. R. die Auskünfte und die Mitwirkung des Schuldners unerlässlich. Das Gesetz hat diesen deshalb weit gehende Auskunfts- und Mitwirkungspflichten auferlegt, deren Erfüllung vom Gericht notfalls auch durch zwangsweise Vorführung, Anordnung der Haft wie auch Anordnung der Abgabe der eidesstattlichen Versicherung durchgesetzt werden kann, vgl. § 20. Die Ermittlungsaufgabe des Gerichtes entfällt auch dann nicht, wenn der Schuldner das Vorliegen des Eröffnungsgrundes ausdrücklich einräumt.

3. Sonderfall: Die Gläubigerforderung ist insolvenzbegründend

253 Der Insolvenzantrag eines Gläubigers ist nach § 14 nur zulässig, wenn dieser das Bestehen einer gegen den Schuldner gerichteten Forderung glaubhaft macht. Auch für die Eröffnung des Insolvenzverfahrens ist es im Allgemeinen ausreichend, wenn das Bestehen der Gläubigerforderung im Zeitpunkt der Entscheidung über den Insolvenzantrag glaubhaft gemacht ist.

254 Hiervon besteht jedoch eine Ausnahme: Ergibt sich, dass vom Bestand der Forderung des Gläubigers das Vorliegen des Eröffnungsgrundes abhängig ist, so ist die bloße Glaubhaftmachung, sofern die Forderung bestritten wird, nicht mehr ausreichend. Das Insolvenzverfahren kann nur eröffnet werden, wenn nach Überzeugung des Insolvenzgerichtes ein gesetzlicher Eröffnungsgrund vorliegt; ist die glaubhaft gemachte Forderung des Gläubigers insolvenzbegründend, muss sie deshalb auch nach Überzeugung des Gerichtes unzweifelhaft bestehen.[286]

255 Ist die Gläubigerforderung nicht tituliert und wird sie vom Schuldner ernsthaft bestritten, so ist es nicht Aufgabe des Insolvenzgerichtes, eine abschließende Klärung herbeizuführen. Dies ist Sache des Prozessgerichtes, so dass

---

286 BGH NJW-RR 1992, 919; OLG Köln NZI 2000, 174.

der Gläubiger auf die Bestreitung des Rechtsweges verwiesen werden muss.[287] Bestreitet der Schuldner jedoch nur pauschal die Gläubigerforderung, so ist dies nicht ausreichend, um deren Bestand zweifelhaft erscheinen zu lassen. Kann der Gläubiger hinsichtlich seiner insolvenzbegründenden Forderung einen vorläufig vollstreckbaren Titel vorlegen, so ist das Insolvenzgericht an die Feststellung grundsätzlich nicht gebunden.[288] Bestehen nach seiner Beurteilung aufgrund der Einlassungen des Schuldners Zweifel am Bestehen der Forderung, ist deshalb die abschließende Entscheidung des Prozessgerichtes hierüber herbeizuführen. Soweit allerdings die Forderung des Gläubigers nach mündlicher Verhandlung vom Prozessgericht festgestellt wurde, kann das Insolvenzgericht im Allgemeinen von deren Bestand auch ausgehen und damit das Vorliegen eines Eröffnungsgrundes bejahen.[289]

4. Darlegungs- und Beweislast

Hat das Insolvenzgericht nach Ausschöpfung aller Aufklärungsmöglichkeiten den Eröffnungsgrund nicht mit hinreichender Sicherheit festgestellt, so ist der Insolvenzantrag als unbegründet zurückzuweisen. Das Risiko, dass der behauptete Eröffnungsgrund materiell nicht besteht, hat der Antragsteller zu tragen.

256

5. Rechtsmittel

Maßgebend für das Vorliegen des Eröffnungsgrundes ist nach § 16 der Zeitpunkt, in dem vom Insolvenzgericht über die Verfahrenseröffnung entschieden wird. Hatte der Gläubiger Insolvenzantrag gestellt, wird seine Forderung aber nachfolgend vom Schuldner voll bezahlt, so kann auf diesen Antrag hin das Insolvenzverfahren nicht eröffnet werden. Das Bestehen einer gegen den Schuldner gerichteten Forderung ist Antragsvoraussetzung für den Gläubiger. Dieser muss deshalb den Insolvenzeröffnungsantrag zurücknehmen oder in der Hauptsache für erledigt erklären. Wird gegen die Ablehnung der Eröffnung des Insolvenzverfahrens vom Antragsteller Rechtsmittel eingelegt, vgl. § 34 Abs. 1, so ist maßgebend für das Vorliegen des Eröffnungsgrundes der Zeitpunkt der Entscheidung über die Beschwerde.[290]

257

---

287 HK-InsO/Kirchhof, § 16 Rdnr. 23.
288 MK-InsO/Schmahl, § 16 Rdnr. 36; vgl. aber LG Leipzig ZIP 1996, 880.
289 OLG Frankfurt KTS 1983, 149.
290 Der Schuldner kann gegen die Verfahrenseröffnung keine Beschwerde mit dem Ziel einlegen, den Eröffnungsantrag mangels Masse abzuweisen, OLG Köln NZI 2002, 101; ferner OLG Brandenburg NZI 2002, 44.

Hefermehl

2. KAPITEL AMT UND AUFGABEN DES INSOLVENZVERWALTERS

Inhalt

		Seite
A.	Das Amt des Insolvenzverwalters	80
I.	Anforderungen (§ 56 InsO)	80
	1. Allgemeines	80
	2. Einzelfallentscheidung	82
	3. Geschäftskunde	82
	4. Unabhängigkeit	84
	5. Natürliche Person	86
II.	Auswahlverfahren	86
	1. Auswahlermessen	86
	2. Bestellung zum Insolvenzverwalter	86
	3. Verfassungsmäßigkeit des Auswahlverfahrens (Bewerberlisten)	87
	4. Rechtsmittel	89
III.	Vertretung des Insolvenzverwalters	91
	1. Rechtsgeschäftliche Vertretung	91
	a) Allgemeines	91
	b) Im Berichtstermin	91
	c) Im Prüfungstermin	92
	d) Im Schlusstermin	93
	e) Sonstige Handlungen	94
	2. Sonderinsolvenzverwalter	95
IV.	Verschwiegenheitspflicht	97
	1. Grundlagen	97
	2. Umfang	98
	3. Einschränkungen	99
	4. Berufsspezifische Pflichten	100
	5. Zeugnisverweigerungsrecht	102
	a) Im Strafprozess	102
	b) Im Zivilprozess	104
V.	Auskunftspflicht	105

VI.	Akteneinsichtsrecht		106
	1. Einsicht des Insolvenzverwalters in Insolvenzakten		106
	2. Einsicht des Insolvenzverwalters in Akten des Anwalts des Schuldners		106
	3. Einsicht des Insolvenzverwalters in Akten des Finanzamtes/Finanzgerichtes		108
	4. Einsicht des Insolvenzverwalters in Strafakten		109
		a) In beschlagnahmte Schuldnerakten	109
		b) In sonstige beschlagnahmte Akten und in die eigentlichen Gerichtsakten	109
		aa) Natürliche Person als Schuldner	110
		bb) Juristische Person als Schuldner	110
	5. Einsicht von Gläubigern in Insolvenzakten		112
VII.	Tätigkeitsverbote		114
	1. Vorbefassung als Rechtsanwalt		115
	2. Vorbefassung als Insolvenzverwalter		115
	3. Sozietätserstreckung		116
VIII.	Beendigung des Amtes		116
	1. Abwahl durch die Gläubigerversammlung (§ 57 InsO)		116
	2. Entlassung des Insolvenzverwalters (§ 59 InsO)		120
		a) Allgemeines	120
		b) Entlassungsgründe	120
		c) Antragsrecht	121
		d) Gerichtliche Entscheidung	122
	3. Aufhebung des Insolvenzverfahrens (§§ 200, 258 InsO)		122
	4. Einstellung des Insolvenzverfahrens (§§ 207 ff. InsO)		122

B. Die Aufgaben des vorläufigen Insolvenzverwalters ... 123

I.	Vorbemerkung		123
II.	Der starke vorläufige Insolvenzverwalter		124
	1. Allgemeines		124
	2. Sicherung und Erhaltung des Vermögens		124
		a) Sicherung (Inbesitznahme, Hausrecht, Postsperre etc.)	124
		b) Erhaltung (Verwaltung/Verwertung)	126
	3. Betriebsfortführung/Betriebseinstellung		129
		a) Betriebsfortführung	129
		b) Finanzierungsmöglichkeiten	131
		c) Betriebseinstellung	135
	4. Sonderrechte		136
		a) Aussonderung (Eigentumsvorbehalt)	137
		b) Absonderung (Sicherungsübereignung)	138
		c) Absonderung (Globalzession)	139
	5. Sonstige Verwaltungs- und Verfügungsbefugnis		142
		a) Abschluss von gegenseitigen Verträgen	142
		b) Ausspruch von Kündigungen	143
		c) Prozessführung	143
		d) Steuergeheimnis	145
		e) Bankgeheimnis	146
	6. Begründung von Masseverbindlichkeiten (§ 55 Abs. 2 InsO)		147

		7. Prüfung der Kostendeckung (§ 22 Abs. 1 Satz 2 Nr. 3 InsO)....	149
		8. Sachverständigentätigkeit (§ 22 Abs. 1 Satz 2 Nr. 3 Fall 2 InsO).	152
	III.	Der schwache vorläufige Verwalter (§ 22 Abs. 2 InsO)	153
		1. Allgemeines...	153
		2. Sicherung und Erhaltung................................	154
		3. Betriebsfortführung im Rahmen von § 22 Abs. 2 InsO.........	155
		4. Zustimmungsvorbehalt (§ 21 Abs. 2 Nr. 2 Fall 2 InsO)	156
		5. Sonstige Befugnisse und Pflichten.........................	158
		a) Betreten der Geschäftsräume	158
		b) Einsicht in Geschäftsbücher	158
		c) Prozessführung	158
		d) Steuergeheimnis....................................	162
		e) Bankgeheimnis.....................................	163
	IV.	Das Gutachtenmodell (§§ 5, 21 Abs. 1 InsO)	164
	V.	Aufhebung von Sicherungsmaßnahmen	167
	VI.	Masseunzulänglichkeit im Eröffnungsverfahren	168
		1. Kein Verwertungsrecht nach §§ 208 ff InsO	168
		2. Berichterstattung an das Insolvenzgericht (§ 22 Abs. 1 Satz 2 Nr. 3 InsO)...........................	168
		3. Berichtigung von Masseverbindlichkeiten (§ 25 Abs. 2 InsO) ...	169
		4. Abweisung mangels Masse (§ 26 InsO)	170
C.	Die Aufgaben des Insolvenzverwalters.............................		171
	I.	Der Insolvenzverwalter vor dem Berichtstermin	171
		1. Gerichtliche Maßnahmen	171
		a) Terminsbestimmungen...............................	171
		b) Beauftragung des Insolvenzverwalters mit Zustellungen	171
		c) Vorlage von Verzeichnissen und Vermögensübersicht.......	172
		aa) Verzeichnis der Massegegenstände (§ 151 InsO)	173
		bb) Gläubigerverzeichnis (§ 152 InsO).................	178
		cc) Vermögensübersicht (§ 153 InsO)	181
		d) Postsperre (§ 99 InsO)	186
		2. Umfang der Insolvenzmasse (§§ 35, 36 InsO)	187
		a) Vorhandenes Vermögen	187
		b) Neuerwerb..	188
		3. Verwaltungs- und Verfügungsbefugnis (§ 80 Abs. 1 InsO)......	190
		4. Inbesitznahme und Verwaltung (§ 148 InsO)	191
		a) Allgemeines.......................................	191
		b) Einzelmaßnahmen	193
		aa) Betriebsräume	193
		bb) Privaträume	193
		cc) Immobilien	194
		dd) Wertgegenstände...............................	195
		ee) Besitz dritter Personen	197
		ff) Unterlagen des Rechtsanwaltes/Steuerberaters	197
		gg) Gegenstände von Aus-/Absonderungsgläubigern......	199
		hh) Ausländisches Vermögen	201
		c) Rechtsmittel.......................................	201

Bruder

	5.	Freigabe von Insolvenzmasse	201
		a) Im Rahmen der KO	201
		b) Änderungen durch die InsO	202
		c) Arten der Freigabe	205
		aa) Freigabe an den Schuldner	205
		bb) »Freigabe« an die Gläubiger	206
		d) Gegenstand der Freigabe	207
		e) Freigabeerklärung	207
		f) Freigabewirkung	208
		aa) Freigabe bei Mieträumen	209
		bb) Freigabe bei Altlasten	210
		cc) Steuerliche Auswirkungen	213
		dd) Prozessuale Auswirkungen	218
II.		Der Insolvenzverwalter und die Gläubigerautonomie	218
	1.	Betriebsfortführung (§ 157 InsO)	218
		a) Allgemeines	218
		b) Beschlüsse der Gläubigerversammlung	220
		c) Aufgaben des Insolvenzverwalters bei Fortführung	221
	2.	Gläubigerausschuss (§ 67 InsO)	223
		a) Vorläufiger Gläubigerausschuss	223
		b) Endgültiger Gläubigerausschuss	227
	3.	Berichtstermin/Gläubigerversammlung (§ 156 InsO)	228
		a) Berichtspflichten	228
		b) Beschlussfähigkeit	230
	4.	Notwendigkeit von Zustimmungen (§ 160 InsO)	231
		a) Allgemeines	231
		b) Rechtshandlungen von besonderer Bedeutung	232
		c) Einzelfälle	233
		d) Wirkung der Zustimmung	234
III.		Der Insolvenzverwalter als Masseverwerter (§ 159 InsO)	236
	1.	Begriff der Verwertung	236
		a) Insolvenzplan	237
		b) Fortführung mit übertragender Sanierung	237
		c) Einzelveräußerungen	238
	2.	Einzelprobleme der Verwertung	239
IV.		Der Insolvenzverwalter als Prozesspartei	252
	1.	Prozessbeginn nach Insolvenzeröffnung	252
	2.	Anhängige Prozesse bei Insolvenzeröffnung	254
	3.	Aufnahme von Aktivprozessen (§ 85 InsO)	257
		a) Aufnahme durch den Insolvenzverwalter	257
		b) Verzögerung der Aufnahme	259
		c) Ablehnung der Aufnahme	260
	4.	Aufnahme besonderer Passivprozesse (§ 86 InsO)	260
	5.	Aufnahme allgemeiner Passivprozesse (§ 87 InsO)	263
	6.	Streitwert	266
	7.	Prozesskosten	267
V.		Behandlung von Insolvenzforderungen (§ 174 ff. InsO)	270
	1.	Begriff	270

	2. Forderungsanmeldung (§ 174 InsO)................	272
	a) Aufforderung durch das Gericht...............	272
	b) Adressat................................	276
	c) Form...................................	277
	d) Frist...................................	278
	e) Inhalt..................................	279
	f) Fehlerhafte Anmeldungen...................	283
	g) Nachrangige Forderungen...................	284
	3. Tabellenerstellung (§ 175 InsO)..................	285
	4. Prüfungstermin (§ 176 InsO)	290
	a) Formelles	290
	b) Forderungsprüfung und –feststellung	292
	c) Änderung der Tabelle	296
	5. Folgen der Forderungsprüfung (§§ 178, 179 InsO) ...	298
	a) Festgestellte Forderungen...................	298
	b) Bestrittene Forderungen	300
	aa) Nicht titulierte Forderungen.............	300
	bb) Titulierte Forderungen..................	303
	cc) Kostenerstattung (§ 183 Abs. 3 InsO)	305
VI.	Verteilung der Insolvenzmasse (§§ 187 ff. InsO).........	306
	1. Abschlagsverteilung	306
	a) Allgemeines..............................	306
	b) Verteilungsverzeichnis (§ 188 InsO)	307
	c) Einwendungen	313
	d) Auszahlung..............................	314
	2. Schlussverteilung (§ 196 InsO)	315
	a) Abschluss des Verfahrens...................	315
	b) Schlussbericht............................	316
	c) Schlussrechnung im engeren Sinne............	317
	d) Schlussverzeichnis	319
	e) Schlusstermin (§ 197 InsO)..................	321
	aa) Vorbereitung.........................	321
	bb) Abhaltung...........................	322
	f) Ausschüttung/Endabrechnung	324
	g) Chronologische Abfolge der Schlussverteilung...	325
	3. Überschussverteilung (§ 199 InsO)................	326
	4. Nachtragsverteilung (§ 203 InsO).................	327
VII.	Beendigung des Insolvenzverfahrens	330
	1. Aufhebung des Insolvenzverfahrens (§ 200 InsO).....	330
	2. Einstellung wegen Masselosigkeit (§ 207 InsO).......	332
	3. Einstellung wegen Masseunzulänglichkeit (§§ 208, 211 InsO)...	335
	a) Allgemeines..............................	335
	b) Sonstige Masseverbindlichkeiten (§ 55 InsO)	336
	aa) Verwaltung, Verwertung, Verteilung (§ 55 Abs. 1 Nr. 1 InsO).................................	336
	bb) Gegenseitige Verträge (§ 55 Abs. 1 Nr. 2 InsO)...	338
	cc) Ungerechtfertigte Bereicherung (§ 55 Abs. 1 Nr. 3 InsO)	338
	dd) Ansprüche aus dem vorläufigen Insolvenzverfahren (§ 55 Abs. 2 InsO)	338
	c) Prüfung der Masseunzulänglichkeit............	339
	d) Anzeige der Masseunzulänglichkeit (§ 208 InsO)...	339
	e) Folgen der Masseunzulänglichkeit (§ 209 InsO)...	340

Bruder

f) Verfahren (§ 214 InsO)................................ 342
4. Einstellung wegen Wegfalls des Eröffnungsgrundes (§ 212 InsO) 343
5. Einstellung mit Zustimmung der Gläubiger (§ 213 InsO) 344

A. Das Amt des Insolvenzverwalters

I. Anforderungen (§ 56 InsO)

1. Allgemeines

1 Die Auswahl des Insolvenzverwalters wird oft als Schicksalsfrage für die Schuldnerin bezeichnet.[1] Dies ist einerseits sicherlich richtig, andererseits aber durchaus übertrieben. Richtig ist, dass sich das Insolvenzrecht im Laufe der letzten 20 Jahre zu einer hochkomplizierten Materie entwickelt hat, die nur derjenige beherrschen kann, der sich ständig mit ihr theoretisch und praktisch, in der Regel als Insolvenzverwalter, befasst. Diese Spezialkenntnisse beziehen sich sowohl auf rechtliche, als auch insbesondere bei einer Betriebsfortführung auf betriebswirtschaftliche Fragen. Rechtlich sind insbesondere gesellschaftsrechtliche Probleme zu erwähnen. Man denke nur an die hochdifferenzierte Rechtsprechung zur wirksamen Einzahlung des Stammkapitals, zu eigenkapitalersetzenden Darlehen und Sicherheiten und zu Insolvenzanfechtungen. In vielen kleineren Insolvenzverfahren rekrutiert sich die Masse, mit der eine Verfahrenseröffnung erst möglich ist, ausschließlich aus der erfolgreichen Geltendmachung mindestens einer der drei genannten Anspruchsgrundlagen. Dies zeigt, dass derartige Kenntnisse bereits beim Gutachter oder vorläufigen Verwalter vorhanden sein müssen, damit kompetent über die Insolvenzeröffnung entschieden werden kann.

Über gesellschaftsrechtliche Fragen hinaus sind aber fast in jedem Verfahren auch arbeitsrechtliche Probleme zu lösen und zwar sowohl auf dem Gebiet des Individual- als auch des Kollektivarbeitsrechtes. Dies gilt vor allem dann, wenn ein Betriebsrat besteht, ein Interessenausgleich und Sozialplan abzuschließen und Kündigungen auszusprechen sind. Hier können leicht Fehler entstehen, die zu einer erheblichen Belastung der Insolvenzmasse führen.

2 Aber nicht nur rechtliche Spezialkenntnisse sind für einen Insolvenzverwalter wichtig, sondern auch betriebswirtschaftliche Erfahrungen. Dies gilt für die Ausproduktion von vorhandenen Warenvorräten oder halbfertigen Arbeiten, erst recht aber für die zeitweilige Betriebsfortführung. Ein Rechtsan-

---

1 Haarmeyer/Wutzke/Förster, Handbuch zur InsO/EGInsO, 2. Aufl. 1998, Kap. 5 Rdnr. 14.

walt als Insolvenzverwalter soll in der Regel nicht bereits dann einen Steuerberater oder Wirtschaftsprüfer hinzuziehen, wenn es lediglich um die Aufstellung von Liquiditäts- oder Rentabilitätsplänen geht. Alles dies ist aber nicht neu und eine Erfindung der Insolvenzordnung, auch wenn §§ 22 Abs. 1 Nr. 2, 156 ff. InsO von einer Betriebsfortführung bis zum Berichtstermin ausgehen. Schon unter der Konkursordnung haben die Sequester und Konkursverwalter den Betrieb in dafür geeigneten Fällen fortgeführt und meist eine übertragende Sanierung versucht, die auch durchaus oft gelungen ist. Die Behauptung, dass sich mit Inkrafttreten der Insolvenzordnung auch der Kreis und der Zuschnitt der zu berufenden Insolvenzverwalter den veränderten Anforderungen anpassen müssten,[2] unterschätzt die bisherige Tätigkeit und Berufsauffassung der Sequester und Konkursverwalter.

Die Behauptung, die Auswahl des Insolvenzverwalters sei eine Schicksalsfrage für das Unternehmen, ist insoweit aber übertrieben, als unter der Konkursordnung wohl mindestens 70 – 80 % aller Betriebe bei Konkursantrag eingestellt waren oder mit diesem Antrag eingestellt wurden. Unter der Insolvenzordnung hat sich dieser Prozentsatz nicht wesentlich geändert. Es werden zwar erheblich mehr Kleinverfahren eröffnet, bei denen bisher der Antrag mangels Masse abgelehnt wurde, bei denen aber in der Regel durch Kündigung der Aufträge seitens der Kunden und Abwanderung der besten Arbeitnehmer bereits vollendete Tatsachen in Richtung Betriebseinstellung geschaffen wurden. In diesen von der Anzahl der Insolvenzverfahren her weit überwiegenden Fällen ist es nicht für das Unternehmen selbst, aber für die Geschäftsführer und Gesellschafter eine Schicksalsfrage, ob ein in gesellschaftsrechtlichen Fragen versierter Gutachter oder vorläufiger Insolvenzverwalter bestellt wird. Oft führt – über die persönliche Haftung gegenüber Banken und auch Leasinggesellschaften hinaus – die Geltendmachung von Ansprüchen aus persönlicher Haftung, z. B. § 64 GmbHG, eigenkapitalersetzenden Darlehen oder Sicherheiten zum persönlichen Insolvenzverfahren der Geschäftsführer und Gesellschafter. Gleiches gilt übrigens, wenn gegenüber Banken die Verrechnung von Geldeingängen auf debitorischen Konten angefochten wird, sofern sich Personen gegenüber der Bank verbürgt hatten. Hier kann sich insbesondere auch wegen der vereinfachten Anfechtung nach § 131 Abs. 1 Nr. 1 und 2 InsO für die Bürgen völlig unerwartet ein großer Haftungsbetrag aufbauen.

3

Im Vergleich zu diesen Anforderungen ist die gesetzliche Vorgabe für die Auswahl der Insolvenzverwalter durch das Gericht sehr knapp und beschränkt sich im Grunde auf vier Kriterien:

4

- Einzelfallentscheidung
- Geschäftskunde
- Unabhängigkeit
- natürliche Person.

---

2 Haarmeyer/Wutzke/Förster, a. a. O., Kap. 5 Rdnr. 5.

2. Einzelfallentscheidung

5 Gem. § 56 Abs. 1 InsO ist zum Insolvenzverwalter u. a. eine für den jeweiligen Einzelfall geeignete Person zu bestellen. Bei der Bestellung darf das Gericht also nicht schematisch nach irgendeiner Liste vorgehen, sondern muss prüfen, ob es für den konkreten Fall einen Verwalter mit entsprechenden Spezialkenntnissen gibt. Dieses Erfordernis der auf den Einzelfall abgestellten Qualifikation darf aber nicht überbewertet werden. Es mag durchaus sein, dass die Qualifikationen und Anforderungen an einen Verwalter je nach Unternehmen, Branche, Marktsegmenten etc. unterschiedlich sein können,[3] man wird aber sicherlich nirgends einen Verwalter finden, der sich nur mit landwirtschaftlichen oder metallverarbeitenden Betrieben befasst. Gerade für ein auf Insolvenzverfahren spezialisiertes Büro ist es von dem Umfang her überhaupt nicht möglich, sich auf eine oder zwei Branchen zu beschränken. Dies erscheint auch nicht erforderlich, weil sich der Verwalter branchenspezifische Kenntnisse kurzfristig aneignen kann und eine Betriebsfortführung ohne einen Teil des vorhandenen Managements nicht möglich ist. Darüber hinaus verfügen langjährige Verwalter über Erfahrungen in vielen Branchen, was in der Regel eine bessere Übersicht und einen freieren Blick für die vorhandenen Möglichkeiten verschafft.

Das Kriterium der Eignung für den Einzelfall wird sich also meist auf die Größe des konkreten Verfahrens beziehen. Ein Unternehmen mit 1.000 Arbeitnehmern und 10.000 Gläubigern wird nicht von einem »Einzelkämpfer« als Insolvenzverwalter bearbeitet werden. Auch wenn das Verfahren kleiner ist, aber der Betrieb noch nicht eingestellt und eine Betriebsfortführung notwendig ist, darf kein Insolvenzverwalter beauftragt werden, der mit Betriebsfortführungen bisher nur wenig Erfahrungen hatte.

3. Geschäftskunde

6 Ein Insolvenzverwalter ist dann geschäftskundig, wenn er die zur Erfüllung seiner Aufgaben erforderlichen Erfahrungen und Kenntnisse besitzt.[4] Dies bedeutet zum einen, dass er umfangreiche Rechtskenntnisse, z. B. auf dem Gebiet des Gesellschafts- und Arbeitsrechtes, aber vor allem genaue Kenntnisse der Insolvenzordnung besitzen muss. Daneben sind betriebswirtschaftliche und steuerrechtliche Grundkenntnisse erforderlich. Der Umfang der notwendigen theoretischen Kenntnisse ist nunmehr in den Anforderungen für einen *Fachanwalt für Insolvenzrecht* festgelegt. Dies sind zwar keine rechtlich verbindlichen Voraussetzungen im Sinne von § 56 InsO. Es wird sich aber in der Praxis zeigen, dass die Gerichte, um ihrer Verpflichtung nach § 56 InsO gerecht zu werden, nur noch Fachanwälte für Insolvenzrecht bestellen werden, von langjährigen älteren Insolvenzverwal-

---

3 Haarmeyer/Wutzke/Förster, a. a. O., Kap. 5 Rdnr. 6.
4 BegrRegE in Kübler/Prütting, Das neue Insolvenzrecht, 2. Aufl. 2000, S. 225.

tern abgesehen, die diesen Titel nicht mehr erworben haben, aber ausgewiesenermaßen über die erforderliche Geschäftskunde verfügen.

Damit werden als Insolvenzverwalter allein von den theoretischen Anforderungen her nur noch Rechtsanwälte und ggf. Wirtschaftsprüfer und Steuerberater infrage kommen.

Zu diesen theoretischen Kenntnissen müssen aber noch praktische Erfahrungen kommen. Dabei wird es nicht ausreichen, wenn es sich lediglich um allgemeine Erfahrungen im Geschäftsleben, Gesellschafts- oder Vertragsrecht handelt. Es müssen konkrete Erfahrungen bei der Abwicklung von Insolvenzverfahren vorhanden sein. Dies wird in der Regel nur durch Mitarbeit in einem Insolvenzverwalterbüro möglich. Ggf. können auch langjährige Erfahrungen bei der Vertretung von Schuldnern in deren Insolvenzverfahren ausreichen.

Ob man Insolvenzverwalter mit einer Berufserfahrung von nur wenigen Jahren und »nebenberufliche« Insolvenzverwalter von der Übernahme des Amtes ausschließen sollte,5 erscheint fraglich. Dies kann man nur im Rahmen der Einzelfallentscheidung beurteilen. Bei Kleinverfahren, insbesondere mit eingestelltem Geschäftsbetrieb bestehen insoweit keine Bedenken gegen deren Bestellung.

Das Büro des Insolvenzverwalters muss aber immer eine entsprechende Infrastruktur aufweisen, die im Verhältnis zu dem zu übertragenden Verfahren ausreichend sein muss. Nach der Insolvenzordnung ist seit 1.1.99 die Insolvenztabelle vom Insolvenzverwalter zu führen, was eine erhebliche Mehrarbeit bedingt. Allerdings hatte der Verwalter nach der Gesamtvollstreckungsordnung diese Verpflichtung bereits früher und die Gerichte in den alten Bundesländern waren unter der Konkursordnung in den letzten Jahren schon dazu übergegangen, die Konkurstabelle intern von den Konkursverwaltern erstellen zu lassen. 7

Es ist auch ausreichend, wenn sich der Insolvenzverwalter die erforderlichen Kapazitäten durch Beauftragung anderer Büros, z. B. Wirtschaftsprüfer oder anderer Fachleute holt. Bei Insolvenzverwaltern von Großverfahren ist es üblich, sich die erforderliche Kapazität durch Zusammenarbeit mit freiberuflichen Spezialisten zu verschaffen.

Der Insolvenzverwalter hat die Verpflichtung, sich ständig im angemessenen Rahmen fortzubilden.6 Dies ist im Übrigen notwendige Voraussetzung für den Erhalt des Titels *Fachanwalt für Insolvenzrecht*. Hier müssen der zuständigen Anwaltskammer jährlich mindestens 10 Stunden Fortbildung nachgewiesen werden. 8

---

5 Haarmeyer/Wutzke/Förster, a. a. O., Kap. 5 Rdnr. 7.
6 S. Richtlinien des Arbeitskreises Insolvenzrecht im Deutschen Anwaltverein (DAV), AnwBl. 1992, 118.

Bruder

9   Zu den persönlichen Anforderungen an einen Insolvenzverwalter gehören auch seine Zuverlässigkeit und Vertrauenswürdigkeit. Die Bestellung eines Verwalters ohne Prüfung dieser Eigenschaften ist rechtswidrig.[7] Eine solche Beurteilung durch den Insolvenzrichter setzt ein persönliches Vertrauensverhältnis zu dem Insolvenzverwalter voraus, das nur durch längeren regelmäßigen Kontakt entstehen kann. Erst dann wird der Richter in die Lage versetzt, die persönliche und fachliche Eignung des Verwalters sowie dessen Infrastruktur zu beurteilen.[8]

10 Der Pflicht zur Bestellung einer geeigneten Person als Insolvenzverwalter entspricht die Pflicht zum Schadenersatz, wenn hiergegen verstoßen wird. Gegen das entsprechende Bundesland können Schadensersatzansprüche geltend gemacht werden, wenn der Insolvenzrichter eine ungeeignete Person als Insolvenzverwalter bestellt.[9]

4. Unabhängigkeit

11 Der Insolvenzverwalter muss vom Schuldner und den Gläubigern unabhängig sein, um die Interessen aller am Insolvenzverfahren Beteiligten wahren zu können. Der Verwalter muss allen Beteiligten gegenüber mit der gebotenen Objektivität handeln können. Er ist somit vom Gericht nicht zu bestellen und hat, falls er vorgeschlagen wird, die Bestellung abzulehnen, wenn seine Unabhängigkeit gefährdet ist oder er sich befangen fühlt. Die Unabhängigkeit ist bereits dann gefährdet, wenn die Besorgnis der Befangenheit besteht, d. h. wenn aus der Sicht der anderen Verfahrensbeteiligten der Insolvenzverwalter voraussichtlich nicht mit der gebotenen Objektivität wird handeln können.[10]

Die Unabhängigkeit muss somit einerseits gegenüber dem Schuldner, andererseits auch gegenüber zumindest Großgläubigern gewährleistet sein.

Der Insolvenzverwalter oder auch einer seiner Sozien darf weder den Schuldner bzw. dessen Gesellschafter, gesetzlichen Vertreter oder nahe Angehörige des Schuldners vertreten oder beraten haben. Eine Ausnahme gilt ggf. insoweit, als sich diese Beratung oder Vertretung ausschließlich auf den privaten Sektor (z. B. Familienrecht, Unterhaltsrecht) bezogen hat.[11] Aber auch hier wird man verlangen müssen, dass der Insolvenzverwalter oder sein Sozius mit Übernahme der Insolvenzverwaltung diese Vertretung niederlegt.

---

7   BGH VersR 65, 1194.
8   Vgl. Holzer, RWS-Skript 284 Rdnr. 557 zu den Grenzen eines solchen persönlichen Vertrauensverhältnisses.
9   BGH ZIP 1990, 1141.
10 FK-InsO/Hössl, 3. Aufl. 2002, § 65 Rdnr. 29.
11 Vgl. Richtlinien des Arbeitskreises Insolvenzrecht im Deutschen Anwaltverein (DAV), a. a. O.

Dies gilt in gleicher Weise, wenn der Insolvenzverwalter in einer sog. Großkanzlei tätig ist, die selbst oder deren Mitglieder an einer Wirtschaftsprüfungsgesellschaft beteiligt sind und diese Wirtschaftsprüfungsgesellschaft die Schuldnerin geprüft hat. Angesichts der immer wieder aufkommenden Kritik an den Prüfungsberichten der Wirtschaftsprüfungsgesellschaften und den sich daraus möglicherweise ergebenden Schadenersatzansprüchen besteht mindestens der Anschein einer Interessenskollision. Die erforderliche Unabhängigkeit des Insolvenzverwalters wäre stark gefährdet.

Weiterhin wird eine Vertretung eines Großgläubigers oder eines im Verfahren wesentlich beteiligten Kreditversicherers zumindest zu einem Anschein einer Interessenkollision führen. Es erscheint keinesfalls ausreichend, wenn der Insolvenzverwalter diese Verbindung erst im Berichtstermin erwähnt.

Wichtig ist nicht nur, dass der Insolvenzverwalter bei Bestellung unabhängig ist, sondern auch, dass er seine Unabhängigkeit während des Verfahrens bewahrt. Er und seine Sozien dürfen deshalb auch während des Verfahrens weder für den Schuldner bzw. dessen Gesellschafter, gesetzliche Vertreter oder nahe Angehörige des Schuldners ein Mandat übernehmen. Er und seine Sozien dürfen sich auch nicht unmittelbar oder mittelbar, z. B. Familienangehörige, an Verwertungs-, Auffang- oder ähnlichen Gesellschaften beteiligen.[12]

Ebenso wenig darf er während des Verfahrens die anwaltliche Vertretung von Großgläubigern oder wesentlich beteiligten Kreditversicherungen oder die Leitung oder Vertretung eines am Verfahren beteiligten Pools übernehmen. Gleiches gilt für dem Insolvenzverwalter nahe stehende Personen. In diesem Zusammenhang ist selbstverständlich, dass der Insolvenzverwalter jegliche Vergütung für Leistungen, die im Insolvenzverfahren erbracht werden, ablehnen muss, sofern diese nicht in die Insolvenzmasse selbst fließen (z. B. Vermittlungsprovisionen für Grundstücke). Er hat auch zu verhindern, dass derartige Vergütungen an ihm nahe stehenden Personen gezahlt werden.[13]

Zusammenfassend kann man von folgenden Hauptfällen einer Interessenskollision ausgehen, die zumindest den Anschein einer fehlenden Unabhängigkeit erwecken:

> **Interessenkollision vor Bestellung zum (vorläufigen) Insolvenzverwalter**
>
> - Beratung/Vertretung des Schuldners bzw. nahe stehender Personen
> - Beratung/Vertretung von Großgläubigern des Schuldners
> - Verbindung zwischen der Kanzlei des Insolvenzverwalters und einer Wirtschaftsprüfungsgesellschaft, die den Schuldner oder nahe stehende Personen beraten oder geprüft hat

12

13

---

12 Vgl. Richtlinien des Arbeitskreises Insolvenzrecht im Deutschen Anwaltverein (DAV), a. a. O.
13 Vgl. Richtlinien des Arbeitskreises Insolvenzrecht im Deutschen Anwaltverein (DAV), a. a. O.

> - Übernahme einer Beratung/Vertretung des Schuldners bzw. nahe stehender Personen
> - Übernahme einer Beratung/Vertretung eines beteiligten Pools etc.
> - mittelbare oder unmittelbare Beteiligung an einer Verwertungs-, Auffang- oder ähnlichen Gesellschaft
> - Annahme von persönlichen Provisionen bzw. Zahlung von Provisionen an nahe stehende Personen

5. Natürliche Person

14 § 56 InsO bestimmt ausdrücklich, dass zu Insolvenzverwaltern immer nur natürliche Personen bestellt werden können. Diese Beschränkung war im Entwurf der Bundesregierung noch nicht enthalten. Erst der Rechtsausschuss des Deutschen Bundestages hat den Entwurf entsprechend geändert. Indem er sich gegen juristische Personen als Insolvenzverwalter ausgesprochen hat, betonte er die höchstpersönliche Wahrnehmung dieses Amtes.

II. Auswahlverfahren

1. Auswahlermessen

15 Das Insolvenzgericht hat nach § 56 InsO unter der Zahl der möglichen Insolvenzverwalter einen für den Einzelfall geeignete, insbesondere geschäftskundige und von den Gläubigern und dem Schuldner unabhängige natürliche Person auszuwählen. Daraus ergibt sich, dass es insbesondere bei kleineren Verfahren nicht verpflichtet ist, den sachlich besten und erfahrensten Bewerber auszuwählen.[14]

Diesem Ermessen entspricht, dass ein Bewerber keinen Anspruch auf Bestellung zum Insolvenzverwalter hat.[15]

2. Bestellung zum Insolvenzverwalter

16 Das Insolvenzverfahren beginnt mit dem Eröffnungsbeschluss gem. § 27 InsO. Dieser Beschluss muss enthalten:

- Firma oder Namen und Vornamen, Geschäftszweig oder Beschäftigung, gewerbliche Niederlassung oder Wohnung des Schuldners;
- Namen und Anschrift des Insolvenzverwalters;
- die Stunde der Eröffnung.

---

14 Henssler, Das Berufsbild des Insolvenzverwalters, S. 49 in Aktuelle Probleme des neuen Insolvenzrechts, RWS-Verlag.
15 BGH NJW-RR 86, 412, 414; BVerfG NJW 75, 1015 (zum Pflichtverteidiger).

Nur wenn die Stunde der Eröffnung nicht angegeben ist, gilt als Zeitpunkt der Eröffnung die Mittagsstunde des Tages, an dem der Beschluss erlassen worden ist (§ 27 Abs. 3 InsO). Der Eröffnungsbeschluss ist nach § 18 Abs. 1 Nr. 1 RpflG – wie das Vorverfahren – noch Aufgabe des Richters.[16] Der Richter selbst ernennt somit den Insolvenzverwalter. Üblicherweise wird nach dem Eröffnungsbeschluss das Verfahren von den Rechtspflegern geführt.

Das Amt des Insolvenzverwalters beginnt erst mit der Übernahme durch den bestellten Verwalter. Diese Übernahme kann ausdrücklich, aber auch stillschweigend erklärt werden.[17] Will der ausgewählte Verwalter das Amt nicht übernehmen, hat er dies unverzüglich mitzuteilen. Geschieht dies nicht oder wird der ausgewählte Verwalter bereits im Verfahren tätig, hat er das Amt stillschweigend übernommen und kann dieses nicht mehr zurückweisen oder niederlegen. Es ist dann nur noch eine Entlassung nach § 59 InsO möglich. Eine Pflicht zur Übernahme der Insolvenzverwaltung besteht nicht.

Der Insolvenzverwalter erhält bei Antritt seines Amtes eine Urkunde über seine Bestellung (§ 56 Abs. 2 Satz 1 InsO). Diese Urkunde leistet dem Verwalter bei seiner Legitimation gegenüber Behörden, Gläubigern etc. gute Dienste. Insbesondere bei notariell zu beglaubigenden oder zu beurkundenden Grundstücksgeschäften ist das Original oder eine gerichtlich bzw. notariell beglaubigte Abschrift der Bestellungsurkunde in der Regel unverzichtbare Voraussetzung (§ 29 Abs. 2 GBO).

Es ist aber zu beachten, dass die Bestellungsurkunde keinen öffentlich-rechtlichen oder privat-rechtlichen Vertrauenstatbestand schafft. Auch das Original der Bestellungsurkunde schützt Personen nicht, die darauf vertrauen.[18]

Bei Beendigung des Amtes hat der Insolvenzverwalter die Bestellungsurkunde dem Insolvenzgericht zurückzugeben (§ 56 Abs. 2 InsO). Werden Vermögenswerte nach Abschluss des Insolvenzverfahrens einer Nachtragsverteilung vorbehalten (§ 203 InsO), kann dem Insolvenzverwalter die Bestellungsurkunde noch belassen werden, weil diese Vermögenswerte noch dem Insolvenzbeschlag unterliegen und der bisherige Verwalter insoweit noch als Insolvenzverwalter tätig wird.

3. Verfassungsmäßigkeit des Auswahlverfahrens (Bewerberlisten)

In den letzten Jahren hat sich die Diskussion über die Verfassungsmäßigkeit des bei den Insolvenzgerichten praktizierten Auswahlverfahrens und insbesondere der Bewerberlisten erheblich intensiviert.[19]

---
16 Vgl. BGH NJW-RR 1986, 412.
17 FK-InsO/Hössl, § 57 Rdnr. 35; OLG Düsseldorf KTS 1973, 270.
18 FK-InsO/Hössl, § 56 Rdnr. 42.
19 Vgl. Haarmeyer, InVO 1997, 57; Uhlenbruck, KTS 1998, 1; Henssler, a. a. O.; Lüke ZIP 2000, 485; Kesseler, ZIP 2000, 1565, jeweils mit weiteren Nachweisen.

Bruder

Auch die Gerichte hatten in zwei Verfahren zu entscheiden, ob potenzielle Insolvenzverwalter einen Anspruch haben, auf den gerichtlichen Listen berücksichtigt zu werden.[20] Die Praxis sieht in der Tat so aus, dass es bei den Insolvenzgerichten Listen gibt, die mehr oder weniger geschlossen sind. In der Regel werden diese Listen offiziell lediglich als Adressenlisten von möglichen Verwaltern bezeichnet. Tatsächlich werden meist aber nur Verwalter aus diesen Listen eingesetzt. Neubewerbungen von Verwaltern berücksichtigen die Gerichte durch Aufnahme in die Liste nur in unregelmäßigen Abständen, wenn z. B. durch die steigende Zahl von Insolvenzverfahren neue Verwalter benötigt werden oder alte Verwalter ausgeschieden sind. Ein förmliches Verfahren gibt es weder bei der Auswahl des konkreten Insolvenzverwalters noch bei der Aufnahme in die Liste. Den konkreten Insolvenzverwalter bestimmt der zuständige Insolvenzrichter nach §§ 27, 56 InsO im Rahmen seiner richterlichen Unabhängigkeit. Der Aufnahme in die Liste geht oft eine mündliche Absprache zwischen den Richtern des jeweiligen Insolvenzgerichtes voraus.

21 Diese Handhabung wird vielfach als verfassungswidrig angesehen, weil die Tätigkeit des Insolvenzverwalters die charakteristischen Merkmale eines eigenständigen Berufsbildes aufweise, zumindest aber die spezifische Berufstätigkeit und ihr Zugang vom Begriff des Berufes in Art. 12 GG erfasst werde.[21]

22 Gefordert werden deshalb gesetzliche Zulassungsvoraussetzungen zumindest für die Vorstufe, nämlich für die Aufnahme von Bewerbern in die Auswahllisten. Die Zulassungsvoraussetzungen sind dabei nicht das Problem, weil sich diese aus § 56 InsO ergeben.[22] Bei der Ausgestaltung des Zulassungsverfahrens ergeben sich aber erhebliche Probleme und die Vorschläge sind dementsprechend vielfältig.[23]

Allen Vorschlägen ist aber letztlich gemeinsam, dass aus – behaupteten – verfassungsrechtlichen Gründen die Bewerberlisten offen sein müssten, d. h., dass jeder im Sinne von § 56 InsO geeignete Bewerber in diese Listen aufgenommen werden müsste. Folglich würden die Listen nicht nur in Ballungsräumen einen Umfang von 100 oder vermutlich mehreren 100 Insolvenzverwaltern haben. Das Erfordernis der regionalen Präsenz wird es voraussichtlich wegen der starken Zunahme der überörtlichen Sozietäten in absehbarer Zeit nicht mehr geben. Werde aber ein Bewerber trotz ausreichender Verfahrenszahl im Gerichtsbezirk über einen längeren Zeitraum (etwa 2 Jahre) vom Gericht nicht berücksichtigt, so spreche dies ebenso wie im verwaltungsrechtlichen Vergabewesen für eine willkürliche Benachteiligung dieser

---

20 OLG Düsseldorf NJW-RR 1996, 1273; OLG Koblenz ZIP 2000, 507.
21 Vgl. Haarmeyer, InVO 1997, 57; Uhlenbruck, KTS 1998, 1, 26 f.; KS/Mönning, S. 396; Henssler, a. a. O., S. 56 f.
22 Vgl. Rdnr. 5 ff.
23 Vgl. nur Haarmeyer, a. a. O., S. 63; Henssler, a. a. O., S. 56 ff.; KS/Mönning, a. a. O., der – de lege ferenda – das Erstbenennungsrecht durch den Richter als auch die Bestätigung des Ernannten durch die Gläubigerversammlung zur Disposition stellen möchte.

Person. Diese müsste dann die Möglichkeit erhalten, über eine Verfassungsbeschwerde gegen eine Verwalterbestellung die Verfassungswidrigkeit des Verfahrens feststellen zu lassen.[24]

Ein solches Verfahren würde voraussichtlich dazu führen, dass die jeweiligen Insolvenzrichter sich aus den offiziellen Bewerberlisten wiederum einen kleinen Kreis – inoffiziell – auswählen, deren Fähigkeiten sie aus einer größeren Anzahl von Verfahren kennen und den restlichen Verwaltern alle zwei Jahre einmal ein kleines Verfahren geben. In diese Richtung geht bereits das Insolvenzgericht in Hamburg. Die dortigen Insolvenzrichter haben die Abschaffung der Bewerberlisten beschlossen. Jeder Richter wählt nunmehr in eigener richterlicher Unabhängigkeit den jeweiligen Verwalter aus, der nach Angabe der Richter ggf. auch einen auswärtigen Kanzleisitz haben könne.

Bei der Frage der Verfassungswidrigkeit des derzeitigen Auswahlverfahrens muss mehr als bisher in der Literatur berücksichtigt werden, dass der Staat in Gestalt des Richters nur für begrenzte Zeit, nämlich bis zum Berichtstermin über die Person des Insolvenzverwalters entscheidet. Im Berichtstermin haben die Gläubiger die Möglichkeit, mit den entsprechenden Mehrheiten ohne jede Begründung, einen anderen Insolvenzverwalter zu wählen. Ohne Zweifel ist die Entscheidung des Richters eine wichtige Vorentscheidung, die in einer Vielzahl von Fällen durch die Gläubiger nicht mehr korrigiert wird. Wenn es aber um die Frage des staatlichen Eingriffes in die Freiheit der Berufsausübung oder sogar der Berufswahl geht, kann dies nicht unberücksichtigt bleiben.[25] Die Gläubiger haben das Recht, geeignete Personen, die möglicherweise vielfach von den Insolvenzrichtern übergangen worden sind, als Insolvenzverwalter zu wählen.

23

Letztlich wird diese Frage vom Bundesverfassungsgericht entschieden werden müssen. Möglicherweise können schon bald Ausführungen dazu erwartet werden, nachdem gegen die Entscheidung des OLG Koblenz[26] Verfassungsbeschwerde eingelegt wurde.

24

4. Rechtsmittel

In den Verfahren vor dem OLG Düsseldorf[27] und OLG Koblenz[28] hatten potenzielle Insolvenzverwalter auf Aufnahme in die Bewerberlisten geklagt, um in Zukunft bei Insolvenzverfahren berücksichtigt zu werden. Im Verfahren OLG Düsseldorf hatte das Amtsgericht die Existenz einer solchen Liste geleugnet. Das OLG hatte den Antrag gem. § 23 EGGVG als unzulässig zurückgewiesen, da die Mitteilung des Amtsgerichtes kein anfecht-

25

---

24 So Henssler, a. a. O., S. 57.
25 Henssler, a. a. O., S. 51.
26 OLG Koblenz ZIP 2000, 507.
27 OLG Düsseldorf NJW-RR 1996, 1273.
28 OLG Koblenz ZIP 2000, 507.

Bruder

barer Justizverwaltungsakt sei. Es gäbe kein förmliches Vorverfahren zur Bestellung von Verwaltern, so dass die Ablehnung der Aufnahme in die Liste auch keine Regelung sein könne. Es könne lediglich die Ernennung selbst gem. § 73 Abs. 3 KO angefochten werden.

In dem Verfahren OLG Koblenz hatte das Amtsgericht mitgeteilt, es sei mit den beiden regelmäßig beauftragten Insolvenzverwaltern zufrieden und beabsichtige auch in Zukunft nicht, dem Antragsteller ein Verfahren zu übertragen. Auch hier hatte das OLG den Antrag nach § 23 EGGVG als unzulässig zurückgewiesen, und zwar mit der zusätzlichen Begründung, dass die vom Insolvenzrichter mitgeteilte Entscheidungsabsicht selbst keine Entscheidung darstelle. Gegen den Beschluss des OLG Koblenz wurde Verfassungsbeschwerde eingelegt. Ein Zeitpunkt für die Entscheidung ist noch nicht abzusehen.

In der Literatur wird die Frage der Rechtsmittel sehr unterschiedlich erörtert. Die Entscheidungen des OLG Düsseldorf und OLG Koblenz werden zum Teil stark kritisiert. Der jeweilige Standpunkt ist wesentlich geprägt von der Ansicht, ob das derzeitige Auswahlverfahren verfassungswidrig ist.[29]

26 Unstrittig ist, dass die Bestellung des Insolvenzverwalters selbst nicht nach § 23 EGGVG überprüft werden kann. Sie gilt als Akt der rechtsprechenden Gewalt. Die Insolvenzordnung sieht auch kein isoliertes Beschwerderecht mehr gegen die Bestellung eines – auch nur vorläufigen – Insolvenzverwalters vor. Nur gegen den Eröffnungsbeschluss insgesamt kann der Schuldner sofortige Beschwerde erheben (§ 34 Abs. 2 InsO).[30]

Nur die Gläubiger können den vom Gericht bestellten Insolvenzverwalter nach § 57 InsO im Berichtstermin abwählen, und das Gericht kann ihn bei Vorliegen eines wichtigen Grundes entlassen (§ 59 InsO). Neben diesen von der Insolvenzordnung zugelassenen Möglichkeiten gibt es keine weiteren Rechtsmitteln, insbesondere nicht für einen übergangenen Mitbewerber des vom Gericht bestellten Insolvenzverwalters. Entscheidend ist die Willensäußerung der Gläubiger im Berichtstermin, auch wenn in Kleinverfahren häufig kein Gläubiger erscheint. Wenn die Gläubigerversammlung keinen anderen Insolvenzverwalter wählt, geht es nicht an, dass sich ein übergangener Mitbewerber über den Rechtsweg zum neuen Insolvenzverwalter bestellen lässt, ohne dass die Gläubiger eine Einwirkungsmöglichkeit hätten.[31]

27 Wird ein übergangener Bewerber willkürlich von der Berücksichtigung als Insolvenzverwalter ausgeklammert, so muss dieser Verstoß gegen Art. 3 GG angreifbar sein. Er kann aber nicht direkt gegen die Bestellung eines anderen Insolvenzverwalters mit seiner Verfassungsbeschwerde vorgehen, sondern nur gegen die Nichtaufnahme in die Bewerberlisten. Hier müsste er aber einen Verstoß gegen das Willkürverbot geltend machen, dass er näm-

---

[29] Vgl. Lüke, ZIP 2000, 485; Kesseler, ZIP 2000, 1567; Henssler, a. a. O., S. 58.
[30] Nerlich/Römermann, Kommentar zur Insolvenzordnung, 2000, § 56 Rdnr. 16; HK-InsO/Eickmann, § 56 Rdnr. 1.
[31] Vgl. Henssler, a. a. O., S. 58.

lich ohne jeden nachvollziehbaren Grund unter Verstoß gegen den Gleichheitssatz nicht in den Bewerberkreis aufgenommen wurde.[32] Es wird sicherlich auf den Einzelfall ankommen, ob ein solcher Nachweis möglich ist. Auch hier könnte die gegen die Entscheidung des OLG Koblenz[33] eingelegte Verfassungsbeschwerde einen Fingerzeig geben, falls das Bundesverfassungsgericht sachlich darüber entscheidet.

III. Vertretung des Insolvenzverwalters

1. Rechtsgeschäftliche Vertretung

a) Allgemeines

Es ist selbstverständlich, dass der Insolvenzverwalter sich bei seinen vielfältigen Aufgaben im Rahmen der Abwicklung eines Insolvenzverfahrens von einer Vielzahl von Mitarbeitern vertreten lassen muss. Dies können Mitarbeiter des Schuldners oder des eigenen Büros des Insolvenzverwalters sein. In vielen Fällen, z. B. in Steuersachen oder Rechtsstreiten wird der Insolvenzverwalter durch besonders beauftragte Rechtsanwälte, Steuerberater etc. vertreten. Der Insolvenzverwalter kann auch Mitarbeiter wirksam bevollmächtigen, Verträge zu Lasten der Masse abzuschließen (z. B. Kaufverträge, Mietverträge, Arbeitsverträge). Das Gesetz selbst geht davon aus, dass der Insolvenzverwalter zur Erfüllung der ihm als Verwalter obliegenden Pflichten Mitarbeiter einsetzen muss (§ 60 Abs. 2 Satz 1 InsO). 28

Aber bereits zur Konkursordnung war strittig,[34] wo der Bereich der höchstpersönlichen Aufgaben begann, bei denen sich der Insolvenzverwalter nicht vertreten lassen konnte. Dies gilt in gleicher Weise für die Insolvenzordnung, nachdem der Gesetzgeber hierzu keine Regelungen getroffen hat. Als höchstpersönliche Aufgaben kommen die Wahrnehmung der gerichtlichen Termine (Berichtstermin, Prüfungstermin, Schlusstermin) und die Forderungsprüfung generell in Frage. 29

b) Im Berichtstermin

Im Berichtstermin hat der Insolvenzverwalter über die wirtschaftliche Lage des Schuldners und ihre Ursachen zu berichten. Er hat weiterhin darzulegen, ob Aussichten bestehen, das Unternehmen des Schuldners im Ganzen oder in Teilen zu erhalten, welche Möglichkeiten für einen Insolvenzplan bestehen und welche Auswirkungen jeweils für die Befriedigung der Gläubiger eintreten würde (§ 156 Abs. 1 InsO). Daran schließen sich ggf. die Stel- 30

---
32 Vgl. Henssler, a. a. O., S. 59.
33 OLG Koblenz ZIP 2000, 507.
34 S. BAG ZIP 1989, 57, 58.

lungnahmen des Schuldners, des Gläubigerausschusses, des Betriebsrates, der IHK oder der Handwerkskammer an. Schließlich beschließt die Gläubigerversammlung, ob das Unternehmen stillgelegt oder vorläufig fortgeführt werden soll und ob der Verwalter mit der Ausarbeitung eines Insolvenzplanes beauftragt wird (§ 157 InsO). Im Rahmen dieser Beschlüsse kann die Gläubigerversammlung anstelle des vom Gericht bestellten Insolvenzverwalters eine andere Person wählen (§ 57 InsO).

Die Insolvenzordnung hat den Berichtstermin, also die erste Gläubigerversammlung, so angelegt, dass hier die entscheidenden Beschlüsse des Insolvenzverfahrens gefasst werden. Grundlage für diese Entscheidung ist der Bericht des Insolvenzverwalters, der diesen mündlich vorzutragen hat.[35] Bei dieser Weichenstellung mitzuwirken, ist ureigenste Aufgabe des Insolvenzverwalters, die er nicht delegieren kann.[36]

Die persönliche Anwesenheit des Insolvenzverfahrens im Berichtstermin ist auch deshalb notwendig, weil den Gläubigern sonst keine Möglichkeit für eine fundierte Entscheidung bezüglich der Wahl eines anderen Insolvenzverwalters gegeben wird. Nur der persönliche Eindruck bei der Berichterstattung verschafft den Gläubigern die vom Gesetz vorgesehene Entscheidungsgrundlage.

31 Aufgrund dieser zentralen Bedeutung des Berichtstermines ist auch bei Verhinderung des Insolvenzverwalters, z. B. durch Krankheit, die Bestellung eines Sonderinsolvenzverwalters nicht zulässig. Der Termin ist in diesem Falle zu vertagen.

c) Im Prüfungstermin

32 Dem Prüfungstermin kommt diese eminente Bedeutung nicht mehr zu. Dementsprechend sind hier die Meinungen auch geteilt. Die Befürworter einer rechtsgeschäftlichen Vertretung argumentieren, es könne nicht übersehen werden, dass der – wegen seiner Professionalität allgemein gewollte – »Profiverwalter« sich ohnehin bei der Prüfung der Hilfe der Mitarbeiter des Schuldnerunternehmens und seiner eigenen Mitarbeiter bedient, so dass sich im Falle der Entsendung eines qualifizierten Vertreters für den Ablauf des Prüfungstermines keine Nachteile ergäben.[37]

Die herrschende Meinung ist aber auch hier der Ansicht, dass die Wahrnehmung des Prüfungstermines eine höchstpersönliche Aufgabe des Insolvenzverwalters ist, die nicht delegiert werden könne. Der Verwalter dürfe keinen Bevollmächtigten entsenden, der über seine Vorgaben hinaus verbindliche

---

35 Vgl. KS/Wellensiek, S. 403, 408.
36 Kübler/Prütting, Kommentar zur Insolvenzordnung, 3. Lfg. 2001, § 156 Rdnr. 11, der aber in extremen Ausnahmefällen eine Vertretung für zulässig hält; vgl. LG Stendal ZIP 2000, 982, 984.
37 Breutigam/Blersch/Goetsch, Kommentar zum Insolvenzrecht, 2001, § 176 InsO Rdnr. 9; Hess/Kropshofer, Kommentar zur Konkursordnung, 6. Aufl. 1998, § 141 Rdnr. 3.

Erklärungen abgibt, aber auch keinen, der sich im Prüfungstermin zu allen kritischen Fragen einer Äußerung zu enthalten hat.[38]

Das Ergebnis aber nicht die Begründung der herrschenden Meinung überzeugt. Die Forderungsprüfung ist zwar weitgehend eine Routinearbeit, die insbesondere bei größeren Verfahren zum Teil von Mitarbeitern des Schuldners oder des Insolvenzverwalters erledigt wird. Wenn über die Anerkennung oder das Bestreiten einer Forderung im Termin diskutiert werden sollte, dann weiß auch oft der vom Insolvenzverwalter Bevollmächtigte besser Bescheid, als der Verwalter selbst. Die Frage der Sachnähe ist hier aber nicht entscheidend. Man wird dieses Problem aus der Stellung des Insolvenzverwalters und der Systematik der Insolvenzordnung zu entscheiden haben. Die Insolvenzordnung hat die Führung der Tabelle im Gegensatz zur Konkursordnung dem Verwalter übertragen und in § 56 Abs. 1 InsO ausdrücklich bestimmt, dass nur eine natürliche Person Insolvenzverwalter sein kann. Aufgrund dieser Betonung darf auch eine rechtsgeschäftliche Vertretung im Prüfungstermin nicht zulässig sein.[39]

33 Das Gericht kann aber bei Verhinderung des Insolvenzverwalters – anders als im Berichtstermin – einen Sonderinsolvenzverwalter bestellen. Wegen der geringeren Bedeutung des Prüfungstermines kann die Wahrnehmung zwar nicht durch einen rechtsgeschäftlich vom Verwalter bestellten Vertreter wohl aber durch einen vom Gericht bestellten Sonderverwalter erfolgen.

34 Hat der Insolvenzverwalter die Forderung im Prüfungstermin bestritten, so kann er die Forderung aufgrund weiterer Erkenntnisse nachträglich schriftlich anerkennen (§ 178 InsO). In diesem Fall gilt nichts anderes, als bei der Anerkennung der Forderungen im Prüfungstermin. Die schriftliche Anerkennung der Forderung muss vom Insolvenzverwalter persönlich unterzeichnet sein. Eine rechtsgeschäftliche Bevollmächtigung ist nicht zulässig.

d) Im Schlusstermin

35
> Der Schlusstermin dient
> - zur Erörterung der Schlussrechnung des Insolvenzverwalters,
> - zur Erhebung von Einwendungen gegen das Schlussverzeichnis und
> - zur Entscheidung der Gläubiger über die nicht verwertbaren Gegenstände der Insolvenzmasse

In diesem Termin hat der Insolvenzverwalter Rede und Antwort zu stehen und zu erhobenen Einwendungen gegen die Schlussrechnung oder das Schlussverzeichnis Stellung zu nehmen bzw. entsprechende Fragen zu be-

---
38 Kübler/Prütting, a. a. O., § 176 Rdnr. 8; Haarmeyer/Wutzke/Förster, a. a. O., Kap. 7, Rdnr. 41; HK-InsO/Irschlinger, § 176 Rdnr. 2; Nerlich/Römermann, a. a. O., § 176 Rdnr. 9; Kilger/Schmidt K., Insolvenzgesetze, 17. Aufl. 1997, § 141 Anm. 2.
39 Haarmeyer/Wutzke/Förster, a. a. O., Kap. 7 Rdnr. 4; vgl. zur KO, Kuhn/Uhlenbruck, Konkursordnung, 11. Aufl. 1994, § 79 Rdnr. 2.

antworten. Dieser Termin betrifft in seinem wesentlichen Inhalt die persönliche Amtsführung des Insolvenzverwalters, so dass auch hier der höchstpersönliche Aufgabenbereich angesprochen ist. Eine persönliche Anwesenheit im Termin ist zwingend.[40]

36 Aus den gleichen Gründen wie im Berichtstermin ist hier auch die Bestellung eines Sonderinsolvenzverwalters nicht möglich. Bei Verhinderung ist der Termin zu vertagen.

e) Sonstige Handlungen

37 Auszugehen ist davon, dass Stellvertretung im rechtsgeschäftlichen Verkehr grundsätzlich zulässig ist, soweit das Gesetz keine Ausnahme vorsieht. In Insolvenzverfahren ist aber zu unterscheiden zwischen normalem rechtsgeschäftlichen Handeln und sog. insolvenzspezifischen Geschäften. Nimmt der Insolvenzverwalter Rechtsgeschäfte vor, die der Schuldner auch vor Eintritt seiner Verfügungsbeschränkung hätte vornehmen könnten, handelt es sich um normales rechtsgeschäftliches Handeln, bei dem Vertretung im Willen und in der Erklärung möglich ist. Handelt der Insolvenzverwalter aber Kraft des ihm durch die Insolvenzordnung eingeräumten eigenen Gestaltungsspielraumes, wie etwa bei der Ausübung des Wahlrechtes nach § 103 InsO, dann liegt ein insolvenzspezifisches Geschäft vor, bei dem zumindest keine Vertretung im Willen möglich ist.[41]

Zu normalen rechtsgeschäftlichen Handlungen zählen der Abschluss von Abwicklungsverträgen, die Kündigung von Arbeitsverhältnissen,[42] die Beauftragung von Steuerberatern, Rechtsanwälten etc.

Typische insolvenzspezifische Geschäfte sind z. B. Insolvenzanfechtungen nach § 129 ff. InsO, Aufnahme von Prozessen (§§ 85, 86 InsO) und – wie erwähnt – das Wahlrecht nach § 103 InsO. Strittig ist, ob in diesen Fällen eine Vertretung in der Erklärung zulässig ist, wenn nämlich der Vertreter infolge eigener Willensbildung des Vertretenen (Insolvenzverwalter) hinsichtlich des Erklärungsinhaltes und der Art und Weise der Erklärungsabgabe durch Weisungen so gebunden ist, dass ihm nur noch die Erklärungsabgabe namens des Vertretenen verbleibt.[43] Eine Vertretung in der Erklärung ist m. E. in diesen Fällen möglich. Der Insolvenzverwalter muss das Recht haben, einen Rechtsanwalt mit der Aufnahme eines Prozesses zu beauftragen. Die Aufnahme eines Rechtsstreites ist eine Prozesshandlung, die ggf. nur von einem bei diesem Gericht zugelassenen Anwalt abgegeben werden

---

40 Nerlich/Römermann, a. a. O., § 197 Rdnr. 2; Breutigam/Lärsch/Goetsch, a. a. O., § 197 Rdnr. 3; Haarmeyer/Wutzke/Förster, a. a. O., Kap. 8 Rdnr. 67; Kübler/Prütting, a. a. O., § 197 Rdnr. 2; vgl. zur KO: Bratvogel, KTS 1977, 229.
41 BAG ZIP 1989, 57, 58.
42 Vgl. LAG Köln ZIP 2001, 433.
43 Dafür LAG Schleswig-Holstein ZIP 1988, 250; dagegen MK-BGB/Thiele, 3. Aufl. 1992 ff., Vor § 164 Rdnr. 55 ff.; Palandt/Heinrichs, Kommentar zum BGB, 60. Aufl. 2001, Einf. vor § 164 Rdnr. 12; offen gelassen von BAG ZIP 1989, 57, 58; OLG Düsseldorf ZIP 1988, 855, 856.

kann.⁴⁴ Schon deshalb muss die Vertretung in der Erklärung möglich sein. Gleiches gilt von der Insolvenzanfechtung. Letztlich besteht die Anfechtung erst in der Klageeinreichung, denn nur diese unterbricht die Verjährung des Anfechtungsanspruches (§ 146 InsO). Ist der Insolvenzverwalter nicht Rechtsanwalt, muss er sich bei der Anfechtungsklage vor dem Landgericht von einem Anwalt vertreten lassen. Nicht notwendig ist, dass der Insolvenzverwalter vorher selbst die Anfechtung erklärt hat.

Nachdem dies immer noch strittig ist, sollte der Insolvenzverwalter insolvenzspezifische Handlungen so weit als möglich selbst vornehmen.

2. Sonderinsolvenzverwalter

Die Möglichkeit der Einsetzung eines Sonderinsolvenzverwalters ist in der Insolvenzordnung ebenso wenig geregelt, wie schon in der Konkursordnung. Allerdings sah § 77 RegE die Bestellung eines Sonderinsolvenzverwalters ausdrücklich vor. Der Rechtsausschuss des Deutschen Bundestages war allerdings der Meinung, dass diese Regelung überflüssig sei, weil eine Sonderinsolvenzverwaltung auch ohne ausdrückliche Regelung zulässig sei. Damit stützte er sich auf die Handhabung im Rahmen der Konkursordnung.⁴⁵

Ein Sonderinsolvenzverwalter kann eingesetzt werden, wenn der Insolvenzverwalter in rechtlicher oder tatsächlicher Hinsicht verhindert ist.

Eine rechtliche Verhinderung liegt z. B. dann vor, wenn ein unzulässiges In-sich-Geschäft gegeben wäre. Erwirbt der Insolvenzverwalter – ausnahmsweise – aus seinem eigenen Insolvenzverfahren einen Gegenstand, ist dies rechtlich nur bei Einsetzung eines Sonderinsolvenzverwalters möglich. Richten sich Gesamtschadensansprüche (§ 92 InsO) gegen einen Insolvenzverwalter, so können diese nur von einem neu bestellten Insolvenzverwalter geltend gemacht werden. Dies kann auch ein Sonderinsolvenzverwalter sein. Meldet ein Insolvenzverwalter in einem anderen Verfahren, in dem er ebenfalls Verwalter ist, eine Forderung an, so ist eine Prüfung und Anerkennung dieser Forderung durch ihn wegen Interessenkollision nicht zulässig. Hierzu muss ein Sonderverwalter bestellt werden.⁴⁶

Eine tatsächliche Verhinderung des Insolvenzverwalters liegt z. B. bei Erkrankung oder Urlaub vor. Aber nicht in allen Fällen kann hier ein Sonderinsolvenzverwalter bestellt werden. Unzulässig ist dies, wenn es sich um einen höchstpersönlichen Aufgabenbereich handelt, der die persönliche Anwesenheit des Insolvenzverwalters unbedingt erfordert (z. B. Berichtstermin).⁴⁷

---

44 S. hierzu BGH ZIP 2001, 578; s. a. Rdnr. 367.
45 Für viele HK-InsO/Eickmann, § 56 Rdnr. 19.
46 Vgl. LG Magdeburg ZIP 1999, 1685.
47 S. Rdnr. 30 f.

Der Sonderverwalter kann den Insolvenzverwalter nur in den Fällen ergänzen, in denen dieser nicht handeln kann. Die Bestellung des Sonderverwalters darf die Tätigkeit des Insolvenzverwalters nicht einschränken und damit einer Teilabberufung gleichkommen.[48]

Der Sonderinsolvenzverwalter ist kein Vertreter des Insolvenzverwalters, sondern im Rahmen des Bereiches, für den er bestellt wurde, ein eigenständiger Insolvenzverwalter mit den entsprechenden Rechten und Pflichten.[49]

39 Er haftet wie ein Insolvenzverwalter entsprechend §§ 56, 66 InsO und hat bei Beendigung seines Amtes Rechnung zu legen. Seine Vergütung soll nach weit verbreiteter Meinung analog §§ 1915, 1836 BGB erfolgen. Dies erscheint nicht sachgerecht, weil das Gesetz vom Grundsatz her davon ausgeht, dass die Vormundschaft unentgeltlich geführt wird. Diesen Fall kann es bei dem Sonderinsolvenzverwalter auch aufgrund der Rechtsprechung des BVerfG nicht geben.[50] Die Vergütung muss sich nach Art und Umfang der Beauftragung richten. Wird der Sonderinsolvenzverwalter mit der Prüfung eines oder mehrerer Ansprüche betraut, so liegt die analoge Anwendung der BRAGO nahe. Hat der Sonderinsolvenzverwalter eine Sondermasse abzuwickeln, sollte er analog der Insolvenzrechtlichen Vergütungsverordnung vergütet werden.

40 Die Vertretungsmöglichkeiten des Insolvenzverwalters im Überblick:

	Insolvenz-spezifisch	Höchstpersönlich
Teilnahme am		
– Berichtstermin (§ 156 InsO)	ja	ja
– Sonstige Gläubigerversammlung (§ 74 ff. InsO)	ja	ja
– Prüfungstermin (§ 176 InsO)	ja	Sonderverwalter möglich
– Schlusstermin (§ 197 InsO)	ja	ja
Vorlage von Verzeichnissen		
– Massegegenstände (§ 151 InsO)	ja	Sonderverwalter möglich
–Gläubigerverzeichnis (§ 152 InsO)	ja	Sonderverwalter möglich
–Vermögensübersicht (§ 153 InsO)	ja	Sonderverwalter möglich
–Verteilungsverzeichnis (§ 188 InsO)	ja	Sonderverwalter möglich
–Schlussrechnung (§ 197 InsO)	ja	ja

---

48 LG Magdeburg ZIP 1999, 1685; vgl. auch LG Frankfurt/O DZWIR 1999, 514.
49 LG Frankfurt/O ZInsO 1999, 45.
50 BVerfG ZIP 1993, 838.

	Insolvenz-spezifisch	Höchstpersönlich
Sonstige Handlungen		
–Insolvenzanfechtung (§ 129 ff. InsO)	ja	Vertretung möglich
–Wahlrecht (§ 103 InsO)	ja	Vertretung möglich
– Aufnahme von Prozessen (§§ 85, 86 InsO)	ja	Vertretung möglich
– Abschluss von Abwicklungsverträgen	nein	
– Kündigung, Klagen	nein	

IV. Verschwiegenheitspflicht

1. Grundlagen

In der Insolvenzordnung findet sich keine Bestimmung über die Verschwiegenheitspflicht des Insolvenzverwalters. Dies galt schon für die Konkursordnung, Gesamtvollstreckungsordnung und Vergleichsordnung bezüglich der dortigen Verwalter. Lediglich aus § 60 Abs. 1 InsO ist zu entnehmen, dass der Insolvenzverwalter allen Beteiligten zur Wahrung deren Rechte verpflichtet ist und Schadenersatz leisten muss, wenn er schuldhaft die Pflichten verletzt, die ihm nach der Insolvenzordnung obliegen. Obwohl auch hieraus nicht direkt eine Schweigepflicht des Insolvenzverwalters zu entnehmen ist, wurde schon zur Konkursordnung gefolgert, dass der Insolvenzverwalter aufgrund seines Amtes – und zwar unabhängig von seiner sonstigen Qualifikation als Rechtsanwalt, Wirtschaftsprüfer oder Steuerberater zur Verschwiegenheit verpflichtet ist.[51]

41

Der Insolvenzverwalter hat als Partei kraft Amtes die Verwaltungs- und Verfügungsbefugnis des Vermögensinhabers in eigenem Namen und aus eigenem Recht, nicht als Vertreter des Schuldners.[52] Es handelt sich dabei nicht um ein öffentliches, sondern um ein privates Amt.[53]

Kraft dieser Verwaltungs- und Verfügungsbefugnis über fremdes Vermögen erhält der Insolvenzverwalter eine Vielzahl von Informationen nicht nur des Schuldners und der Gläubiger, sondern auch anderer Beteiligter, z. B. der

42

---

[51] Vgl. Robrecht, KTS 1971, 139, 141; Uhlenbruck, BB 1976, 1198, 1200; Brüning, Die berufsrechtliche Stellung des Rechtsanwalts als Insolvenzverwalter, 1998, S. 201; Henssler, a. a. O., S. 69.
[52] BGH ZIP 1984, 82, 83 (ständige Rechtsprechung).
[53] BGH NJW 1968, 300, 302; BGH NJW 1991, 40 (der BGH, setzt in dieser Entscheidung die Stellung des Konkursverwalters als Partei kraft Amtes voraus).

Arbeitnehmer. Auch wenn diese nicht Gläubiger sind, kennt der Insolvenzverwalter deren sämtliche höchst persönlichen Daten, soweit sie beim Schuldner als Arbeitgeber gespeichert sind. Die Gläubiger müssen bei der Geltendmachung ihrer Rechte ebenfalls eine Reihe von Interna mitteilen. Insbesondere aber hat der Insolvenzverwalter Zugang zu sämtlichen Geschäfts- und Betriebsgeheimnissen des Schuldners, wie Patente, technische Arbeitsmittel und -methoden, Preiskalkulation, Kreditumfang, Geldgeber, Teilhaber etc. Der Schuldner hat ihm über alle das Verfahren betreffende Verhältnisse umfassend Auskunft zu geben, auch wenn die Tatsachen geeignet sind, ihn strafrechtlich zu belasten (§ 97 Abs. 1 InsO). Bei Vorliegen der Voraussetzungen kann eine Postsperre vom Gericht erlassen werden, die auch die Privatpost der Geschäftsführer, Vorstände und Aufsichtsräte betreffen kann, wenn der Schuldner eine juristische Person ist, ansonsten des Schuldners selbst (§§ 99, 101 InsO). Die Postsperre und somit das Informationsrecht umfasst sogar den Schriftverkehr zwischen dem Schuldner (ggf. Geschäftsführer, Vorstand, Aufsichtsrat) und seinem Verteidiger.[54] Diesen umfassenden Informationsmöglichkeiten steht die Pflicht des Insolvenzverwalters zur Verschwiegenheit gegenüber, wobei es darüber hinausgehend für Auskünfte des Schuldners unter Umständen ein Verwertungsverbot in Straf- und Ordnungswidrigkeitenverfahren gibt (§ 97 Abs. 1 Satz 3 InsO).[55]

Der BFH gewährt dem Insolvenzverwalter in seinem Beschluss vom 15. 6. 2000[56] im Rahmen eines Finanzgerichtsverfahrens Einsicht in die Steuerakten des Schuldners und setzt dabei die Schweigepflicht des Verwalters voraus. Es liege auf der Hand, dass der Insolvenzverwalter gehalten sei, seine dabei erworbenen Kenntnisse nur in der Insolvenz zu verwerten.

2. Umfang

43 Unter die Schweigepflicht des Insolvenzverwalters fallen alle Interna der Verfahrensabwicklung, die ihm im Rahmen des Insolvenzverfahrens von den Beteiligten bekannt werden.[57] Allgemein formuliert, bezieht sich die Verschwiegenheitspflicht auf alles, was dem Insolvenzverwalter in Ausübung seines Amtes bekannt wird. Dabei ist bedeutungslos, von wem und auf welche Weise er sein Wissen erworben hat. Es muss ihm aber »im Rahmen« und nicht bloß »anlässlich« seiner Tätigkeit als Insolvenzverwalter bekannt geworden sein.[58]

Offenkundige Tatsachen bedürfen keiner Geheimhaltung. Gleiches gilt für Tatsachen, die ihrer Bedeutung nach nicht geheim gehalten werden müs-

---

54 BVerfG ZIP 2000, 2311.
55 Ebenso Robrecht, a. a. O.; Uhlenbruck, a. a. O.; Brüning, a. a. O.; Henssler, a. a. O.
56 ZIP 2000, 1262, 1263 a. E. noch zur KO.
57 Vgl. Robrecht, a. a. O., S. 141.
58 Vgl. zur Schweigepflicht eines Rechtsanwalts Feuerich/Braun, Bundesrechtsanwaltsordnung, 4. Aufl. 1999, § 43 a Rdnr. 17.

sen.⁵⁹ Insoweit besteht aber ein »Graubereich«, der den Insolvenzverwalter veranlassen sollte, in diesem Bereich bei Mitteilungen vorsichtig zu sein.

Die Schweigepflicht dauert auch an, wenn der Insolvenzverwalter von seinem Amt entbunden wird oder das Insolvenzverfahren beendet ist.

Auch Angestellte des Insolvenzverwalters unterliegen in gleicher Weise einer Verschwiegenheitspflicht (zu Angestellten eines Rechtsanwalts vgl. § 203 Abs. 3 StGB).

3. Einschränkungen

Der Kreis, demgegenüber eine Schweigepflicht besteht, lässt sich nur jeweils im Einzelfall, und zwar anhand des Insolvenzzweckes festlegen. Hier besteht auch der entscheidende Unterschied zur Verschwiegenheitspflicht des Rechtsanwalt. Während diese ausschließlich vom Verhältnis Rechtsanwalt/Mandant geprägt wird und der Rechtsanwalt lediglich seinem Mandanten gegenüber verantwortlich ist, wird der Insolvenzverwalter zur Wahrung der Rechte aller am Insolvenzverfahren Beteiligten verpflichtet. Im Rahmen des Insolvenzverfahrens sind viele Beteiligte gezwungen, nicht für die Öffentlichkeit bestimmte Tatsachen zu offenbaren. Dies kann nur durch den Insolvenzzweck, nämlich Haftungsverwirklichung durch bestmögliche Verwertung, gerechtfertigt werden. Wie das Vermögen des Schuldners verwertet wird, entscheiden die Gläubiger und ggf. der Insolvenzverwalter. Danach hat sich der Insolvenzverwalter insbesondere auch bei der Bekanntgabe von Interna zu richten. Wenn das Unternehmen des Schuldners zumindest zeitweilig fortgeführt oder saniert werden soll, darf er Betriebsgeheimnisse nicht offenbaren. Falls aber der Betrieb zerschlagen und die einzelnen Wirtschaftsgüter verwertet werden sollen oder der Betrieb insgesamt auf einen Übernehmer übertragen werden soll, muss er Interna des schuldnerischen Betriebes, insbesondere Patente, Betriebsgeheimnisse etc. den Käufern gegenüber offenbaren.

Richtschnur für das Verhalten des Insolvenzverwalters ist das Ziel des Insolvenzverfahrens, das Vermögen des Schuldners möglichst vollständig zu erfassen und bestmöglich zugunsten der Gläubiger zu verwerten.⁶⁰ Daran hat sich die Schweigepflicht des Insolvenzverwalters zu orientieren. Werden Interna im Rahmen der pflichtgemäßen Verfahrensdurchführung verwertet, besteht keine Schweigepflicht. Außerhalb des Insolvenzverfahrens besteht die Schweigepflicht in vollem Umfang.⁶¹

Im Gegensatz zur Schweigepflicht des Rechtsanwaltes gegenüber seinem Mandanten ist der Insolvenzverwalter selbst »Herr des Geheimnisses«.⁶²

---
59 Vgl. Feuerich/Braun, a. a. O., Rdnr. 19.
60 Vgl. BVerfG ZIP 2000, 2311, 2312.
61 Ebenso Henssler, a. a. O., S. 70.
62 S. BGH ZIP 1990, 48, 52.

Nicht der Schuldner, sondern der Insolvenzverwalter kann deshalb den Rechtsanwalt des Schuldners von der Verschwiegenheitspflicht entbinden, soweit die Tatsachen die Insolvenzmasse betreffen.[63]

Weil der Insolvenzverwalter selbst »Herr des Geheimnisses« ist, kann ihn wiederum niemand von seiner Verschwiegenheitspflicht entbinden. Selbst wenn der Schuldner ihm erlauben würde, Betriebsgeheimnisse zu offenbaren, dürfte er dies nur dann, wenn die Offenbarung zur pflichtgemäßen Verfahrensdurchführung notwendig wäre. Diese Verpflichtung besteht gegenüber allen anderen Beteiligten des Insolvenzverfahrens, insbesondere den Gläubigern.

4. Berufsspezifische Pflichten

45 Jeder Rechtsanwalt ist zur Verschwiegenheit verpflichtet (§ 43 a Abs. 2 Satz 1 BRAO). Diese Pflicht bezieht sich auf alles, was ihm in Ausübung seines Berufes bekannt geworden ist (§ 43 a Abs. 2 Satz 2 BRAO). Dies gilt nicht für Tatsachen, die offenkundig sind oder ihrer Bedeutung nach keiner Geheimhaltung bedürfen (§ 43 a Abs. 2 Satz 3 BRAO). Es stellt sich deshalb die Frage, ob diese Bestimmung und ggf. andere Pflichten nach der Bundesrechtsanwaltsordnung auf Insolvenzverwalter anwendbar sind, die die Qualifikation als Rechtsanwalt haben. Dies ist abzulehnen. Der Insolvenzverwalter ist selbst »Herr des Geheimnisses«, zumindest bezüglich sämtlicher Daten des Schuldners, die die Insolvenzmasse betreffen.[64] Demgegenüber ist im Mandatsverhältnis der Mandant »Herr des Geheinmisses« und kann den Rechtsanwalt von der Schweigenpflicht entbinden. Dann muss der Rechtsanwalt reden. Die Verschwiegenheitspflicht des Rechtsanwaltes betrifft damit eine andere Ebene als die des Insolvenzverwalters. Dieser hat niemanden, der ihn von der Schweigepflicht entbinden kann. Richtschnur für das Handeln des Insolvenzverwalters und damit für den Umgang mit der Schweigepflicht ist der Zweck des Insolvenzverfahrens.[65]

Der Insolvenzverwalter ist mehrseitig fremdbestimmt,[66] weil er die Rechte aller am Insolvenzverfahren Beteiligten zu wahren hat (§ 60 InsO). Dies steht zwar nicht im Widerspruch zur Qualifikation eines Rechtsanwaltes, ist aber mit dem klassischen Mandatsverhältnis, auf das § 43 a Abs. 2 BRAO insbesondere bezüglich der Ausnahmen von der Schweigepflicht zugeschnitten ist, nicht vergleichbar. Deshalb ist § 43 a Abs. 2 BRAO auf den Insolvenzverwalter nicht anwendbar, auch wenn dieser die Qualifikation eines Rechtsanwaltes hat.[67]

---

63 BGH ZIP 1990, 48, 52, s. a. Rdnr. 57.
64 BGH ZIP 1990, 48, 52; s. a. Rdnr. 44.
65 S. Rdnr. 44.
66 Vgl. Henssler, a. a. O., S. 70.
67 Ebenso Braun/Uhlenbruck, Unternehmensinsolvenz, 1997, S. 724 f.; Brüning, a. a. O., S. 203, 231 ff.; a. A. Henssler, a. a. O., S. 70; Feuerich/Braun, a. a. O., § 113 Rdnr. 16.

Das gleiche gilt, wenn der Insolvenzverwalter Wirtschaftsprüfer und/oder Steuerberater ist. In allen diesen Fällen gilt lediglich die spezielle – im Gesetz nicht ausdrücklich normierte – Schweigepflicht des Insolvenzverwalters. **46**

Auch andere in der Bundesrechtsanwaltsordnung statuierte Pflichten sind auf den Rechtsanwalt als Insolvenzverwalter nicht anwendbar.[68] So werden § 43 a Abs. 1 und Abs. 4 BRAO durch die für Insolvenzverwalter geschaffenen Spezialvorschriften § 45 BRAO und § 56 InsO verdrängt.[69] Auch § 43 a Abs. 3 BRAO ist nicht anwendbar. Die Grenzen des zulässigen Handelns eines Insolvenzverwalters ergeben sich aus dem Insolvenzzweck und den gesetzlichen Vorschriften, insbesondere §§ 56, 59 InsO und den Vorschriften des Strafgesetzbuches. **47**

Soweit der Insolvenzverwalter mit Geld der Insolvenzmasse umgeht, gilt nicht § 43 a Abs. 5 BRAO, sondern es gelten die Vorschriften der Insolvenzordnung. Der Insolvenzverwalter hat bei Ausschüttungen an die Gläubiger einen relativ weiten Ermessensspielraum (§ 187 Abs. 2 und Abs. 3 InsO). Eine »unverzügliche« Auszahlung der Gelder ist nicht erforderlich, sondern auch hier sind wieder die Vorschriften der Insolvenzordnung und der Insolvenzzweck entscheidend.

Was die Fortbildungspflicht der Rechtsanwälte betrifft (§ 43 a Abs. 6 BRAO), so wird diese ebenfalls durch § 56 InsO verdrängt. Bildet sich der Insolvenzverwalter nicht fort, wird er in absehbarer Zeit die Qualifikation nach § 56 InsO nicht mehr haben und nicht mehr als Insolvenzverwalter eingesetzt werden. Ist der Insolvenzverwalter »Fachanwalt für Insolvenzrecht«, unterliegt er insoweit selbstverständlich der Fachanwaltsordnung.

Zu Recht ist in die Bundesrechtsanwaltsordnung und in die Berufsordnung nicht mehr die Pflicht des Rechtsanwaltes zur Beantwortung von Anfragen eines Kollegen aufgenommen worden. Damit erübrigt sich der frühere Streit, ob diese Pflicht auch den Insolvenzverwalter trifft, der Rechtsanwalt ist.[70]

Die Rechtsprechung und damit die Haltung der Rechtsanwaltskammern in Deutschland zu diesen Problemen war lange Zeit geprägt durch die Entscheidung des Anwaltssenates des BGH vom 17. 5. 1982.[71] Danach sei es – damals – zu keiner Zeit zweifelhaft gewesen, dass die Tätigkeit als Konkursverwalter Ausübung des Rechtsanwaltsberufes ist, und damit Pflichtverletzungen nach § 113 Abs. 1 BRAO und nicht nach § 113 Abs. 2 BRAO zu ahnden sind. Damals hatte ein Treuhänder in einem Liquidationsvergleichsverfahren 5 Jahre lang Anfragen von Vergleichsgläubigern nicht beantwortet und

---

68 A. A. Feuerich/Braun, a. a. O., § 113 Rdnr. 16; Zuck, Anwalts-ABC Berufsrecht, 1999, S. 132.
69 S. hierzu Rdnr. 62 ff.
70 S. hierzu noch die Ausführungen von Heidland, BRAK-Mitt. 1978 S. 74.
71 BRAK-Mitt. 1982 S. 177.

Bruder

keine Rechenschaftsberichte abgegeben. Der BGH konstatierte, dass die Pflicht zur Beantwortung der Anfragen bei vergleichbarer Sachlage jedem Treuhänder gegenüber jedem Gläubiger oblegen hätte. Die Verletzung dieser zivilrechtlichen Auskunftspflicht bilde zugleich einen Verstoß gegen das Standesrecht. Der BGH hatte damals einen Verstoß gegen § 43 Satz 2 BRAO gesehen. Der Anwalt habe sich nicht der Achtung und des Vertrauens, welche die Stellung des Rechtsanwalts erfordert, würdig erwiesen.

In jüngerer Zeit mehren sich allerdings die Stimmen, die nach der Funktion unterscheiden, in der der Rechtsanwalt auftritt. Wird er ausschließlich als Insolvenzverwalter tätig, ist die BRAO nicht anwendbar. Tritt er in seiner Funktion als Rechtsanwalt auf, unterliegt er dem Berufsrecht.[72] Teilweise wird darüber hinausgehend vertreten, dass die Insolvenzverwaltertätigkeit gewerbliche Tätigkeit sei.[73]

Die herrschende Meinung und die weit überwiegende Zahl der im Jahr 2000 befragten Rechtsanwaltskammern in Deutschland geht aber davon aus, dass die Tätigkeit eines Rechtsanwaltes als Insolvenzverwalter als berufliche zu werten sei und er damit dem anwaltlichen Berufsrecht unterliege.[74]

Insolvenzrechtlich gesehen kommt es letztlich auf diese Streitfrage nicht an, weil für einen Insolvenzverwalter – gleichgültig ob er Rechtsanwalt ist oder eine andere Qualifikation hat – die spezielleren Vorschriften der Insolvenzordnung gelten und er sein Handeln am Insolvenzzweck auszurichten hat.

5. Zeugnisverweigerungsrecht

48 Wenn der Insolvenzverwalter – ggf. zwangsweise – die Möglichkeit hat, sich im Rahmen des Verfahrens umfangreiche Informationen über den Schuldner und andere Personen zu verschaffen und daraus eine Verschwiegenheitspflicht resultiert, so stellt sich die Frage, ob dem im Straf- bzw. Zivilprozess ein Zeugnisverweigerungsrecht entspricht.

a) Im Strafprozess

49 Nach § 53 Abs. 1 Nr. 3 StPO sind u. a. Anwälte, Wirtschaftsprüfer, Steuerberater, Ärzte zur Verweigerung des Zeugnisses berechtigt. Zweck dieser Vorschrift ist der Schutz des Vertrauensverhältnisses zwischen bestimmten Berufsangehörigen und denen, die ihre Hilfe und Sachkunde in Anspruch nehmen.[75]

---

72 Vgl. Braun/Uhlenbruck, a. a. O., S. 724 f.; Brüning, a. a. O., S. 202, 231 ff.
73 Sächsischer AGH v. 17. 12. 1999, Az. AGH 8/99 (II) u. a.; a. A. FG Bremen EFG 1999, 843; vgl. auch BFH NJW 1998, 2999 (Rechtsanwalt als Testamentsvollstrecker).
74 Vgl. auch Feuerich/Braun, a. a. O., § 113 Rdnr. 16 m. w. N.
75 OLG Oldenburg NJW 1982, 2615; Kleinknecht/Meyer-Goßner, Kommentar zur StPO, 44. Aufl. 1999, § 53 Rdnr. 1; s. o. Rdnr. 45 ff.

Wie bereits erwähnt, besteht ein solches – auf freiwilliger Basis beruhendes – Vertrauensverhätnis zwischen Insolvenzverwalter und Schuldner nicht. Dies ist unabhängig davon, ob der Insolvenzverwalter die Qualifikation eines Rechtsanwaltes oder Wirtschaftsprüfers hat. Das berufsabhängige Zeugnisverweigerungsrecht kann auch nicht durch entsprechende Anwendung von § 53 StPO auf andere, dort nicht genannte Berufe ausgedehnt werden. Dies widerspräche dem klar erkennbaren Regelungswillen des Gesetzgebers. Die Vorschrift verleiht nur bestimmten, genau bezeichneten Berufen eine Weigerungsbefugnis und ordnet damit gleichzeitig an, dass es im Übrigen »bei der allgemeinen und uneingeschränkten Zeugnispflicht des Bürgers bewenden soll«.[76]

Der Insolvenzverwalter, auch wenn er Rechtsanwalt ist, hat somit kein Zeugnisverweigerungsrecht im Strafprozess. Dies verstößt nicht gegen Art. 2 Abs. 1 i. V. m. Art. 1 Abs. 1 GG, weil das Insolvenzverfahren nicht den unantastbaren Bereich der Privatsphäre, sondern in der Regel den Bereich einer gewerblichen Betätigung betrifft. Selbst wenn die Aussage wichtige Geschäfts- oder Betriebsgeheimnisse gefährden würde, würde dies im Interesse einer funktionstüchtigen Strafrechtspflege nicht zu einer Beschränkung der Zeugnispflicht, sondern allenfalls bei einer Verhandlung zum Ausschluss der Öffentlichkeit führen.[77] So wie der Schuldner seinen Auskunftspflichten gem. § 97 InsO in vollem Umfang nachkommen muss, und dies ggf. zwangsweise durchgesetzt werden kann (§ 98 InsO), weil er zu den von ihm geschädigten Gläubigern in einem besonderen Pflichtenverhältnis steht und in der Insolvenz einer der wichtigsten Informationsträger ist,[78] so besteht keine Veranlassung, dem Insolvenzverwalter ein § 53 StPO vergleichbares Zeugnisverweigerungsrecht zuzubilligen.[79]

Die Verpflichtung des Insolvenzverwalters zur Aussage im Strafverfahren verletzt auch nicht Art. 3 Abs .1 GG. Die in § 53 Abs. 1 Nr. 3 StPO genannten Beratungs- und Heilberufe sind stärker als andere Berufstätigkeiten davon abhängig, dass derjenige, der sie – als Klient oder Patient – in Anspruch nimmt, die Möglichkeit hat, sich seinem Gegenüber frei, offen und rückhaltlos anzuvertrauen, ohne befürchten zu müssen, dass diese Tatsachen offenbart werden.[80] Einen solchen Beratungsberuf, aufgrund dessen der Schuldner zu ihm – freiwillig – in ein besonderes Vertrauensverhältnis tritt, übt der Insolvenzverwalter nicht aus.

Den besonders schutzwürden Belangen des Schuldners wird dadurch Rechnung getragen, dass der Gesetzgeber bei Selbstbezichtigungen in § 97 Abs. 1 Satz 3 InsO ein Verwertungsverbot für das Straf- oder Ordnungswidrigkeitenverfahren geschaffen hat. Das Bundesverfassungsgericht[81] hatte in ver-

50

---

76 BVerfG NJW 1975, 588.
77 BVerfG a. a. O.
78 BVerfG NJW 1981, 1431, 1432.
79 Ebenso LG Aachen ZIP 1988, 111.
80 BVerfG NJW 1975, 588, 589 (zum Tierarzt).
81 BVerfG NJW 1981, 1431.

Bruder

fassungskonformer Auslegung der Konkursordnung bereits ein Verwertungsverbot bei Selbstbezichtigung durch den Schuldner geschaffen. Es hatte dabei bewusst kein Offenbarungsverbot,[82] also letztlich ein Zeugnisverweigerungsrecht des Insolvenzverwalters, sondern nur ein Verwertungsverbot festgelegt. Dies hat für den Insolvenzverwalter den Vorteil, dass er nicht entscheiden muss, wo sein Zeugnisverweigerungsrecht und damit auch die Pflicht, davon Gebrauch zu machen, beginnt. Vielmehr haben die Strafverfolgungsbehörden bzw. die Strafgerichte zu entscheiden, welche Angaben des Schuldners gem. § 97 Abs. 1 Satz 3 InsO nicht verwertet werden dürfen.[83]

Steht dem Insolvenzverwalter kein Zeugnisverweigerungsrecht nach § 53 StPO zu, hat er gem. § 95 StPO die Pflicht, in seinem Gewahrsam befindliche Gegenstände des Schuldners im Sinne von § 94 StPO auf Anforderung der Staatsanwaltschaft oder des Gerichtes vorzulegen. Ordnungs- und Zwangsmittel nach § 70 StPO können festgesetzt werden, eine Beschlagnahme der Gegenstände bei dem Insolvenzverwalter kann ebenfalls erfolgen.

b) Im Zivilprozess

51 Nach § 383 Abs. 1 Nr. 6 ZPO können Personen, denen kraft Ihres Amtes, Standes oder Gewerbes Tatsachen anvertraut sind, deren Geheimhaltung durch ihre Natur oder durch gesetzliche Vorschrift geboten ist, das Zeugnis verweigern. Im Gegensatz zu § 53 StPO ist diese Vorschrift wesentlich weiter gefasst und bezieht sich auf Träger von Ämtern oder Funktionen, deren Ausübung die Kenntnis schutzwürdiger Geheimnisse Dritter bedingt.[84] Darunter fallen auch Aufsichtsrats- und Vorstandsmitglieder einer Aktiengesellschaft (§§ 116, 93 Abs. 1 Satz 2 AktG) und Geschäftsführer, die ebenfalls bezüglich der Betriebsinterna Stillschweigen zu bewahren haben. § 383 Abs. 1 Nr. 6 ZPO dient ausschließlich den Interessen der Firma, also dem »Herrn des Geheimnisses«.[85] Diese Interessen sind nunmehr vom Insolvenzverwalter wahrzunehmen, so dass er als Zeuge die Aussage verweigern kann. Dabei handelt es sich aber um ein verzichtbares Recht. Der Anwendungsbereich deckt sich nicht mit dem des § 203 StGB.[86] Der Insolvenzverwalter muss in eigener Verantwortung prüfen, ob seine Aussage dem Insolvenzverfahren förderlich, also vom Insolvenzzweck gedeckt ist. Dann handelt er nicht unbefugt, wenn er sich zur Aussage entschließt.

---

82 Vgl. das Sondervotum des Verfassungsrichters Heußner, NJW 1981, 1433.
83 S. hierzu auch Mönning, EWiR 1988, 97, Anm. zu LG Aachen ZIP 1988, 111.
84 Zöller, Kommentar zur Zivilprozessordnung, 22. Aufl. 2001, § 383 Rdnr. 20.
85 S. Rdnr. 44 ff.
86 Zöller, a. a. O., § 383 Rdnr. 16.

V. Auskunftspflicht

Der Umfang der Auskunftspflichten richtet sich danach, wem gegenüber Auskunft gegeben werden soll.

Nach § 58 InsO hat das Insolvenzgericht im Rahmen seiner Aufsicht jederzeit das Recht, vom Insolvenzverwealter Auskünfte oder einen Bericht über den Sachstand und die Geschäftsführung zu verlangen. Es kann den Umfang der Auskunft nach pflichtgemäßem Ermessen abstufen. Die Anforderungen können von einem viertel- oder halbjährlichen Sachstandsbericht über die Vorlage von einzelnen Kontoauszügen bis zur vollständigen Zwischenabrechnung nebst Vorlage aller Belege gehen.

Im Rahmen der Aufsichtspflicht kann das Gericht aber nicht in die Zweckmäßigkeit der Entscheidungen des Verwalters eingreifen. Es hat ausschließlich die Rechtmäßigkeit des Verwalterhandelns zu überprüfen.[87] Insoweit kann es zwar Auskunft verlangen, ihm aber keine Weisungen erteilen.

Auch die Gläubigerversammlung hat ein Auskunftsrecht (§§ 79, 156 InsO), ebenso wie der Gläubigerausschuss (§ 69 InsO). Dieser hat sich über den Gang der Geschäfte zu unterrichten sowie die Bücher und Geschäftspapiere einzusehen und den Geldverkehr und -bestand prüfen zu lassen. Die Grenzen dieser Auskunftspflicht sind bei Interessenkollision und Rechtsmissbrauch zu ziehen. Auskünfte über ein zu einer beabsichtigten Klage eingeholtes Gutachten müssen dem zu verklagenden Gläubiger ebenso wenig erteilt werden, wie Unterlagen über das Know-How der Schuldnerin, das von Gläubigern missbraucht werden könnte.[88]

Einzelnen Gläubigern gegenüber besteht keine Auskunftspflicht weder mündlich, noch schriftlich. Um allerdings die vielen Sachstandsanfragen weitgehend zu vermeiden, kann es sich empfehlen, den Gläubigern Rundschreiben über den Verfahrensstand zukommen zu lassen. Es hat sich teilweise eingebürgert, Kurzanfragen mit Freiumschlag in ebenso kurzer Form zu beantworten. Zukünftig werden wesentliche Verfahrensdaten wohl über die Homepage des Verwalters abgerufen werden können.

Bei Auskunftsverlangen von Sicherungsgläubigern muss der Insolvenzverwalter allerdings aufgrund der Vertragsbeziehungen zwischen diesen und dem Schuldner reagieren. Er hat über Handlungen des Gemeinschuldners (Auslieferung unter Eigentumsvorbehalt stehender oder sicherungsübereigneter Waren, Eingang abgetretener Forderungen) Auskunft zu erteilen. Sollte es sich ausschließlich um Vorgänge handeln, an denen er selbst nicht beteiligt war, kann er ausnahmsweise den Sicherungsgläubiger darauf verweisen, sich die verlangten Informationen durch Einsichtnahme in die Geschäftsunterlagen selbst zu beschaffen, wenn die Auskunftserteilung mit

---

87 Haarmeyer/Wutzke/Förster, a. a. O., Kap. 5 Rdnr. 39.
88 Vgl. Uhlenbruck, BB 1976, 1198, 1200.

einem für ihn unzumutbaren Zeit- und Arbeitsaufwand verbunden wäre. Die Unzumutbarkeit ist von Fall zu Fall zu prüfen.[89]

VI. Akteneinsichtsrecht

1. Einsicht des Insolvenzverwalters in Insolvenzakten

56 Dass der Insolvenzverwalter in die Insolvenzakten Einsicht nehmen darf, ist ernstlich nicht zu bestreiten. Er ist im Insolvenzverfahren Verfahrensbeteiligter und hat als solcher Einsicht gem. § 4 InsO i. V. m. § 299 Abs. 1 ZPO. Der Insolvenzverwalter hat auch das Recht der Akteneinsicht durch Mitnahme in sein Büro. Die Pflicht des Insolvenzverwalters, die Akten gründlich durchzuarbeiten und wichtige Schriftstücke zu kopieren, überwiegt das Interesse des Gerichts an einer ständigen Verfügbarkeit der Akten. Ein evtl. Interessenkonflikt kann durch eine kurze Rückgabefrist ausgeglichen werden.[90]

2. Einsicht des Insolvenzverwalters in Akten des Anwalts des Schuldners

57 Der Insolvenzverwalter kann weitgehend in die Akten des Anwalts des Schuldners Einsicht nehmen. Das Mandatsverhältnis zwischen Anwalt und Mandant ist in der Regel ein auf Geschäftsbesorgung gerichteter Dienstvertrag (§§ 676, 611 BGB). Von wenigen Ausnahmen abgesehen, erlischt dieser Vertrag mit Insolvenzeröffnung, wenn sich das Mandatsverhältnis auf das zur Insolvenzmasse gehörende Vermögen bezieht (§ 115 Abs. 1 InsO). In diesem Falle stehen die aus dem beendeten Mandatsverhältnis entstandenen Ansprüche der Insolvenzmasse zu (§ 35 InsO) und unterliegen der Verwaltungs- und Verfügungsbefugnis des Insolvenzverwalters (§ 80 Abs. 1 InsO). Damit kann der Insolvenzverwalter unter den gleichen Voraussetzungen und in demselben Umfang Herausgabe oder Einsicht verlangen, wie es ohne die Insolvenz bei einer anderweitigen Mandatsbeendigung der Schuldner selbst gekonnt hätte.[91] Nach § 675 BGB i. V. m. §§ 666, 667 BGB hat der Rechtsanwalt dem Auftraggeber alles herauszugeben, was er zur Ausführung des Auftrages erhalten und was er aus der Geschäftsbesorgung erlangt hat. Damit muss der Anwalt in erster Linie die ihm vom Schuldner übergebenen Akten (auch Fotokopien) zurückgeben. Zu den Un-

---

[89] BGH ZIP 2000, 1061; grundlegend schon BGH NJW 1968, 300.
[90] Vgl. LG Hagen ZIP 1987, 932; a. A. früher wohl OLG Köln KTS 1984, 133; vgl. zum Einsichtsrecht im Insolvenzverfahren generell: Haarmeyer/Wutzke/Förster, a. a. O., Kap. 2 Rdnr. 25 ff. und Holzer, ZIP 1998, 1333 ff.
[91] BGH ZIP 1990, 48, 50.

terlagen, die nach § 667 BGB herauszugeben sind, gehören aber auch die Handakten des Anwalts insoweit, als sie den gesamten für den Mandanten geführten Schriftverkehr betreffen. Dieser Herausgabepflicht unterliegen auch Besprechungsnotizen, soweit sie nicht bloße Arbeitshilfe oder Gedächtnisstütze des Anwalts sind.[92]

Keine Herausgabepflicht besteht bei Notizen über persönliche Eindrücke oder vertrauliche Hintergrundinformationen.[93] Gleiches gilt für Schreiben, von denen der Mandant bereits Abschriften erhalten hat, und für den Schriftwechsel zwischen Rechtsanwalt und Mandant (§ 362 BGB – Erlöschen des Anspruchs; § 50 Abs. 3 Satz 2 BRAO). Kann der Insolvenzverwalter substantiiert geltend machen, dass die vom Anwalt dem Mandanten (= Schuldner) bereits ausgehändigten Schreiben und sonstigen Informationen nicht bzw. nicht mehr vorhanden sind, hat er zumindest einen Anspruch auf Akteneinsicht nach § 666 BGB.[94] Diese Verpflichtung des Anwalts aus dem beendeten Mandatsverhältnis unterliegt keinen festen zeitlichen Schranken und kann ggf. nur aus Treu und Glauben beschränkt sein.[95]

Den Herausgabe- und Einsichtsrechten des Insolvenzverwalters steht die Verschwiegenheitspflicht des Rechtsanwalts nicht entgegen. Diese dient nicht dem eigenen Geheimhaltungsinteresse des Anwalts, sondern ausschließlich dem in den Schutzbereich der anwaltlichen Tätigkeit fallenden Mandanten.[96] Insbesondere auch aus § 97 InsO ergibt sich, dass der Konflikt zwischen dem Geheimhaltungsinteresse des Schuldners und dem Interesse des Insolvenzverwalters, die für das Insolvenzverfahren notwendigen Informationen zu erhalten, zu Lasten des Schuldners zu entscheiden ist. Der Schuldner hat nach dieser Vorschrift für alle das Verfahren betreffenden Verhältnisse Auskunft zu geben und auch Tatsachen zu offenbaren, die geeignet sind, eine Verfolgung wegen einer Straftat oder einer Ordnungswidrigkeit herbeizuführen. Diese Auskunftspflicht verletzt nicht die Grundrechte des Schuldners.[97]

Eine Ausnahme kann sich nur bei den oben bereits erwähnten persönlichen Eindrücken und vertraulichen Hintergrundinformationen ergeben. Ansonsten hat der Anwalt gegenüber dem Insolvenzverwalter die vollen Auskunfts-, Rechenschafts- und Herausgabepflichten nach §§ 666, 667 BGB.

Zu Auskunfts- und Herausgabepflichten des Steuerberaters des Schuldners siehe unten Rdnr. 234 ff.

---

92 BGH a. a. O; vgl. auch § 50 BRAO.
93 BGHZ 85, 327, 335.
94 BGH ZIP 1990, 48, 51.
95 BGH a. a. O; NJW 1985, 2699.
96 BGH ZIP 1990, 48, 51; Der 2. Strafsenat des OLG Koblenz NJW 1985, 2038, hatte im gleichen Konkursverfahren vorher anders entschieden, als der Konkursverwalter in die von der Staatsanwaltschaft beschlagnahmten Unterlagen des Rechtsanwalts der Schuldnerin Einsicht beantragt hatte.
97 BVerfGE 56, 37 zu § 100 KO.

3. Einsicht des Insolvenzverwalters in die Akten des Finanzamtes/Finanzgerichtes

58 Ein Recht auf Akteneinsicht ist in der Abgabenordnung im Gegensatz zu § 29 VwVfG nicht ausdrücklich vorgesehen. Nach § 89 AO hat die Finanzbehörde den Beteiligten über die ihnen im Verwaltungsverfahren zustehenden Rechte und die ihnen obliegenden Pflichten Auskunft zu erteilen. Sie muss den Beteiligten Gelegenheit geben, sich zu den für die Entscheidung erheblichen Tatsachen zu äußern (§ 91 AO) und es sind den Beteiligten die Unterlagen der Besteuerung mitzuteilen (§ 364 AO). Dies alles gewährt im Verwaltungsverfahren (Besteuerungsverfahren) den Beteiligten dennoch kein Recht auf Akteneinsicht.[98] Die Finanzbehörden haben aber nach pflichtgemäßem Ermessen über einen derartigen Antrag zu entscheiden, wobei insbesondere die Rechte Dritter (Steuergeheimnis!) aber auch die Interessen des Steuerpflichtigen (Wechsel des Steuerberaters, Insolvenzeröffnung etc.) zu berücksichtigen sind.[99]

Erst im finanzgerichtlichen Verfahren können die Beteiligten nach § 78 FGO die Gerichtsakten und die dem Gericht vorgelegten Akten, also die Akten der Finanzbehörde, einsehen und sich Abschriften davon erteilen lassen. Dieses Recht hat auch der Insolvenzverwalter, und zwar bereits vor Aufnahme des gem. § 155 FGO i. V. m. § 240 ZPO unterbrochenen Prozesses, weil ab Insolvenzeröffnung die Prozessführungsbefugnis auf ihn übergegangen ist. Einem solchen Akteneinsichtsrecht steht das Steuergeheimnis (§ 30 AO) nicht entgegen, weil der Insolvenzverwalter über § 97 InsO alle die Besteuerung betreffenden Auskünfte vom Schuldner verlangen kann und damit an seine Stelle getreten ist.[100]

Der Insolvenzverwalter hat selbst dann das Recht zur umfassenden Akteneinsicht, wenn der Schuldner zusammen mit seinem Ehegatten veranlagt wurde und sich aus den Akten die Besteuerungsgrundlagen des Ehegatten ergeben. Werden die Eheleute zusammen veranlagt, sind sie Gesamtschuldner. Unter Gesamtschuldnern hat die Wahrung des Steuergeheimnisses keine Bedeutung.[101] Sollten sich aber in den Akten Unterlagen des Ehegatten des Schuldners befinden, die nicht mit den streitbefangenen Steuerbescheiden im Zusammenhang stehen, so sind diese vor Akteneinsicht zu entfernen.

59 In diesem Zusammenhang ist noch auf das im Verwaltungsverfahren nach § 29 VwVfG bestehende Akteneinsichtsrecht und das Einsichtsrecht im Verwaltungsprozess gem. § 100 Abs. 1 VwGO hinzuweisen. Die Verwaltungsbehörden sind zur Vorlage der Akten an das Gericht verpflichtet (§ 99 Abs. 1 VwGO). Soweit § 99 Abs. 1 Satz 2 i. V. m. Abs. 2 Satz 1 VwGO die Aktenvorlage auch in denjenigen Fällen ausschließt, in denen

---

98 Tipke/Kruse, Kommentar zur AO 1977 und FGO, Stand 4/99, § 91 Rdnr. 12, 14; § 364 Rdnr. 3; Klein/Orlopp, Abgabenordnung 1995, § 91 Anm. 2; § 364.
99 Tipke/Kruse, a. a. O., § 91 Rdnr. 14.
100 BFH ZIP 2000, 1262.
101 BFH ZIP 2000, 1262, 1263.

die Gewährung effektiven Rechtsschutzes von der Kenntnis der Verwaltungsvorgänge abhängt, ist diese Bestimmung mit Art. 19 Abs. 4 GG unvereinbar und verfassungswidrig.[102]

4. Einsicht des Insolvenzverwalters in Strafakten

Hier ist mit Karsten Schmidt das »fehlende Verständnis« verschiedener Rechtsgebiete füreinander zu beklagen und eine »Versöhnung« miteinander zu fordern.[103]

60

Die Entscheidung des OLG Koblenz vom 26. 2. 1985 wurde oben[104] bereits erwähnt. Der BGH musste in seinem Urteil vom 30. 11. 1989[105] diese Entscheidung zumindest auf zivilrechtlichem Gebiet zurechtrücken. Dennoch hat das OLG Frankfurt mit Beschluss vom 1. 2. 1996[106] dem am Verfahren nicht Beteiligten Konkursverwalter[107] keine Akteneinsicht in die Ermittlungsakten gewährt, obwohl es hier nicht um das Spezialproblem der Einsicht in anwaltliche Akten ging. Dabei ist grundsätzlich zu unterscheiden, ob die Einsichtnahme in beschlagnahmte Akten des Schuldners selbst, in sonstige beschlagnahmte oder in die eigentlichen Gerichts- bzw. Ermittlungsakten beansprucht wird.

a) In beschlagnahmte Schuldnerakten

Hat das Gericht – vor oder nach Insolvenzeröffnung – Akten des Schuldners beschlagnahmt, dann ist der Insolvenzverwalter Verfahrensbeteiligter, weil das Verwaltungs- und Verfügungsrecht über diese Akten ab Insolvenzeröffnung auf ihn übergegangen ist (§ 80 InsO). Er hat mittelbaren Besitz (§ 868 BGB), den ihm der Schuldner ggf. noch übertragen muss.[108] Als Verfahrensbeteiligter hat er gem. § 147 Abs. 1 – 3, 7 StPO ein Akteneinsichtsrecht, das höchstens insoweit beschränkt sein könnte, als die Ermittlungen dadurch nicht wesentlich verzögert werden dürfen.

61

b) In sonstige beschlagnahmte Akten und in die eigentlichen Gerichtsakten

Bei Einsichtnahme in sonstige beschlagnahmte Akten und in die eigentlichen Straf- bzw. Ermittlungsakten gilt der Insolvenzverwalter nach weit verbreiteter Ansicht nicht als Verfahrensbeteiligter, sondern als Dritter.[109]

---

102 BVerfG NJW 2000, 1175.
103 KS/Karsten Schmidt, S. 1199, 1207.
104 OLG Koblenz NJW 1985, 2083; s. oben Rdnr. 57.
105 BGH ZIP 1990, 48.
106 OLG Frankfurt NJW 1996, 1484.
107 Es handelte sich um den weithin bekannten »Peanut-Konkurs« des Dr. S.
108 Vgl. BGH ZIP 1990, 48, 53.
109 Vgl. OLG Frankfurt NJW 1996, 1484, OLG Hamm NStZ-RR 96, 11; OLG Koblenz NStZ 88, 89.

aa) Natürliche Person als Schuldner

62 Generell wird man dieser Ansicht aber zumindest seit Inkrafttreten der Insolvenzordnung nicht mehr zustimmen können.

Wurde das Insolvenzverfahren über das Vermögen einer natürlichen Person eröffnet, dann ist der Insolvenzverwalter im Ermittlungsverfahren gegen den Schuldner zwar nicht Verletzter,[110] aber zumindest Beteiligter im weiteren Sinne. Alles das, was den Beschuldigten betrifft, wirkt sich auch auf das Insolvenzverfahren aus. Nachdem der Neuerwerb des Schuldners in die Insolvenzmasse mit einbezogen wurde (§ 35 InsO), hat der Insolvenzverwalter im Verhältnis zum Schuldner im Gegensatz zur Konkursordnung eine wesentlich erhöhte Überwachungspflicht und ein entsprechendes Verfügungsrecht. Berücksichtigt man darüber hinaus die weit gehenden Auskunfts- und Mitwirkungspflichten des Schuldners gegenüber dem Insolvenzverwalter nach § 97 InsO, dann muss dem Insolvenzverwalter im Ermittlungsverfahren gegen den Schuldner eine Beteiligtenstellung eingeräumt werden.

Wie oben bereits erwähnt[111] muss der Konflikt zwischen dem Geheimhaltungsinteresse des Schuldners und dem Interesse des Insolvenzverwalters, die für das Insolvenzverfahren erforderlichen Informationen zu erhalten, zu Lasten des Schuldners entschieden werden.[112] Der Insolvenzverwalter einer natürlichen Person muss somit wie ein Beteiligter Einsicht auch in sonstige beschlagnahmte Akten und die eigentlichen Ermittlungsakten erhalten.

bb) Juristische Person als Schuldner

63 Der Insolvenzverwalter einer juristischen Person muss im Rahmen der Akteneinsicht wohl als Dritter angesehen werden. Er wird in der Regel aber auch Verletzter sein, weil in den meisten Fällen mindestens Ansprüche der sich in Insolvenz befindlichen juristischen Person gegen den beschuldigten Geschäftsführer/Gesellschafter aus § 64 GmbHG gegeben sind. Reicht die Darlegung, dass Vermögensinteressen verletzt wurden, nicht aus, um Akteneinsicht zu erhalten, kann sich für den Insolvenzverwalter bei Vorliegen der Voraussetzungen eine Strafanzeige empfehlen, um in den Rang eines Verfahrensbeteiligten zu kommen.

Aber selbst dann, wenn der Insolvenzverwalter als Dritter behandelt wird, muss ihm Akteneinsicht in Ermittlungsverfahren gegen den Geschäftsführer gewährt werden. Der Insolvenzverwalter hat ein berechtigtes Interesse, alle Informationen zu erhalten, die sich auf die in Insolvenz befindliche Person beziehen. Dazu zählen auch alle Beziehungen zwischen der juristischen Person und Ihrem Geschäftsführer bzw. alle Handlungen, die der Ge-

---

110 Vgl. OLG Frankfurt a. a. O.
111 Rdnr. 57.
112 Vgl. BGH ZIP 1990, 48, 52, s. a. BVerfG ZIP 2000, 2311 und unten Rdnr. 63.

schäftsführer im Rahmen der geschäftlichen Tätigkeit für die juristische Person vorgenommen hat. Hierüber hat der Geschäftsführer nach § 97 InsO umfassend Auskunft zu geben. Aus diesem Grund kann der Geschäftsführer keine Einwendungen erheben, wenn sich der Insolvenzverwalter diese Informationen anderweitig, z. B. durch Einsicht in die Ermittlungsakten verschafft.

Das OLG Frankfurt[113] beruft sich bei seiner Verweigerung der Akteneinsicht für den Insolvenzverwalter auf das im Volkszählungsurteil aus dem Jahre 1983 vom Bundesverfassungsgericht entwickelte informationelle Selbstbestimmungsrecht, in das nur aufgrund gesetzlicher Ermächtigung, die Umfang und Voraussetzungen des Eingriffs klärt, eingegriffen werden könne.[114] Dieses Recht umfasse jegliche Verwertung, Weiterleitung und das Zugänglichmachen von Informationen über eine Person, wie sie z. B. auch bei staatsanwaltschaftlichen und gerichtlichen Akten vorhanden seien. Eine solche Eingriffsermächtigung für eine Akteneinsicht durch Dritte, die nicht Verletzte im Sinne der StPO seien, sei nicht vorhanden.[115] Insoweit könne nicht – auch nicht übergangsweise – auf Nr. 185 Abs. 3 RiSTBV zurückgegriffen werden, da es sich um Verwaltungsanordnungen ohne Gesetzeskraft handle.

Das OLG Frankfurt hätte sich insoweit mit § 100 KO (jetzt § 97 InsO) und den Ausführungen des BGH[116] hierzu auseinander setzen müssen. Gerade weil die weit gehenden Auskunfts- und Mitwirkungspflichten des Schuldners verfassungsgemäß[117] sind, kann sich der Schuldner nicht auf sein informationelles Selbstbestimmungsrecht berufen, wenn der Insolvenzverwalter sich derartige Informationen beschafft. Es geht nicht vornehmlich um ein staatliches oder öffentliches Informationsbedürfnis, sondern um die Wahrung der Interessen Dritter, nämlich der Gläubiger.

Ausdrücklich mit dieser Begründung hat das Bundesverfassungsgericht in dem Nichtannahmebeschluss vom 6. 11. 2000[118] entschieden, dass die Postsperre im Insolvenzeröffnungsverfahren auch die Verteidigerpost umfassen dürfe. Die uneingeschränkte Kontrolle, auch der Verteidigerpost, könne zur Ermittlung von verborgenen Vermögenswerten führen und die Gefahr verringern, dass Vermögensgegenstände dem Zugriff der Gläubiger entzogen würden. Dies gelte vor allem, wenn das Ermittlungs- oder Strafverfahren Vermögensdelikte betreffe, die mit der Einleitung des Insolvenzeröffnungsverfahrens im Zusammenhang stünden.[119]

Angesichts dieser Ausführungen darf dem Insolvenzverwalter die Einsicht in die Strafakten nicht verwehrt und die Verweigerung insbesondere nicht

---

113 OLG Frankfurt NJW 1996, 1484.
114 BVerfG NJW 1984, 419.
115 BVerfG a. a. O., OLG Hamm NStZ-RR 1996, 11.
116 BGH ZIP 1990, 48, 52.
117 Vgl. BVerfGE 56, 37.
118 BVerfG ZIP 2000, 2311.
119 BVerfG a. a. O., 2312.

auf das informationelle Selbstbestimmungsrecht des Schuldners gestützt werden. In aller Regel beziehen sich die Ermittlungen der Staatsanwaltschaft auf Vermögensdelikte, die mit dem Insolvenzverfahren im Zusammenhang stehen bzw. sogar direkt auf Insolvenzdelikte. Die Akteneinsicht des Insolvenzverwalters dient gerade dem vom Bundesverfassungsgericht herausgestellten Zweck, möglichst alle Vermögenswerte des Schuldners den Gläubigern zuzuführen.

5. Einsicht von Gläubigern in Insolvenzakten

64 Anspruchsgrundlage für die Einsichtnahme von Gläubigern in Insolvenzakten ist § 4 InsO i. V. m. § 299 ZPO. Ist der Gläubiger selbst Antragsteller, steht ihm das Recht nach § 299 Abs. 1 ZPO zu. Dieses umfasst auch die Einsicht in den Bericht eines Gutachters oder eines vorläufigen Insolvenzverwalters. Das Gutachten ist keine zur Vorbereitung einer gerichtlichen Entscheidung gelieferte Arbeit im Sinne von § 299 Abs. 3 ZPO.[120] Das informationelle Selbstbestimmungsrecht des Schuldners wird durch eine derartige Akteneinsicht in der Regel nicht verletzt, weil es nicht vornehmlich um ein staatliches oder öffentliches Informationsbedürfnis, sondern um die Wahrung der Interessen Dritter, hier der Gläubiger, geht.[121] Außerdem könnte sich der Gläubiger durch einen eigenen Insolvenzantrag jederzeit zum Verfahrensbeteiligten machen und hätte dann Einsicht nach § 299 Abs. 1 ZPO.[122]

Die Versuche der Gerichte, die Akteneinsicht von Gläubigern in Insolvenzakten einzuschränken,[123] sind nicht verständlich. Der Gesetzgeber hat den Gläubigern das Insolvenzverfahren zur möglichst weit gehenden, gemeinschaftlichen Befriedigung ihrer Forderungen zur Verfügung gestellt. Er hat deshalb die Rechte des Schuldners stark eingeschränkt und umfassende Auskunfts- und Mitwirkungspflichten festgelegt (§ 97 InsO). Es ist unstreitig, dass die Gläubiger, zumindest soweit sie ihre Forderungen angemeldet haben, im eröffneten Verfahren auf Antrag Akteneinsicht erhalten, es sei denn, es liegt ein Ausnahmetatbestand vor, dass z. B. durch Bekanntwerden von Betriebsgeheimnissen die Fortführung des Unternehmens gefährdet würde.[124]

Die Gläubiger haben damit Zugang zu allen Informationen, die der Insolvenzverwalter aufgrund seiner umfassenden Machtbefugnis zu deren Befriedigung zusammengetragen hat. Wenn sich nunmehr im Rahmen des Antragsverfahrens herausstellt, dass nicht einmal genug Masse vorhanden ist,

---

120 OLG Düsseldorf ZIP 2000, 322; OLG Brandenburg (2. Senat) DZWIR 1999, 80; OLG Köln ZIP 1999, 1449; a. A. OLG Brandenburg (11. Senat) ZIP 2000, 1541.
121 BVerfG ZIP 2000, 2311, 2312.
122 OLG Brandenburg DZWIR 1999, 80; Kübler/Prütting, a. a. O., § 5 Rdnr. 30.
123 OLG Brandenburg ZIP 2000, 1541 und ZIP 2001, 1922; OLG Celle NZI 2000, 319; vgl. den Überblick bei Graf/Wunsch, ZIP 2001, 1800.
124 Vgl. Holzer, ZIP 1998, 1333, 1336 f.

um die Verfahrenskosten zu decken und damit die Eröffnung des Insolvenzverfahrens zu ermöglichen und der Staat damit den Gläubigern dieses Verfahren nicht zur Verfügung stellt, dann ist kein Grund ersichtlich, warum die Gläubiger nicht in gleicher Weise wie im eröffneten Verfahren Zugang zu den Informationen haben sollen, die der Gutachter oder vorläufige Insolvenzverwalter gesammelt hat. Das Insolvenzverfahren und damit auch das Antragsverfahren dient ausschließlich zur Befriedigung der Gläubiger. Die Ermittlung von verborgenen Vermögenswerten und die Verringerung der Gefahr, dass Vermögensgegenstände dem Zugriff der Gläubiger entzogen werden und damit die Wahrung der Interessen der Gläubiger, hat im eröffneten Verfahren einen so hohen Stellenwert, dass es eine Postsperre und sogar die Kontrolle der Verteidigerpost durch den Insolvenzverwalter rechtfertigt.[125]

Angesichts dieser Wertentscheidung dürfen die Gläubiger von der Information über die in Ihrem Interesse im Insolvenzantragsverfahren eingeholten Informationen nicht ausgeschlossen werden. Es muss für die Gläubiger wie Hohn klingen, wenn z. B. das OLG Celle formuliert, ein rechtliches Interesse im Sinne von § 299 Abs. 2 ZPO liege nicht vor, weil »lediglich ein wirtschaftliches Interesse« verfolgt werde.[126] Das Insolvenzverfahren und damit auch schon das Antragsverfahren wird allein im wirtschaftlichen Interesse der Gläubiger durchgeführt. Soweit Gläubiger bezüglich des Insolvenzantragsverfahrens als Dritte im Sinne von § 299 Abs. 2 ZPO anzusehen sind, weil sie noch nicht Beteiligte sein können, besteht ihr rechtliches Interesse an der Akteneinsicht gerade darin, an Informationen zu kommen, die möglicherweise noch zu einer teilweisen Befriedigung führen können. Auch geht es fehl zu unterscheiden, ob der Gläubiger mit der Akteneinsicht Informationen über eine »verfahrensfremde Person«[127] oder über den Schuldner selbst ermitteln will. Es befremdet bereits, dass mit »verfahrensfremder Person« in der Regel der Geschäftsführer gemeint ist, der bei einer GmbH immerhin gesetzlicher Vertreter des Schuldners ist und wohl kaum als verfahrensfremd angesehen werden kann. Vor allem aber übersieht diese Argumentation, dass Ansprüche gegen Geschäftsführer in der Regel Ansprüche der Gesellschaft, also des Schuldners gegen den Geschäftsführer sind (vgl. §§ 43 Abs. 2, 3; 64 Abs. 2 GmbHG). Die Gläubiger versuchen somit, über die Akteneinsicht noch an vorhandene Vermögenswerte des Schuldners zu kommen: Ein vom Zweck des Insolvenzverfahrens umfasstes legitimes rechtliches Interesse des Gläubigers.

Es ist deshalb festzuhalten, dass bei Bestehen eines solchen Interesses dem Gläubiger Akteneinsicht in Insolvenzakten uneingeschränkt zu gewähren ist.[128] Zur Glaubhaftmachung dieses Interesses ist keine titulierte Forderung erforderlich. Es genügen die Beweismittel gem. § 294 Abs. 1 ZPO (entspre-

---

125 BVerfG ZIP 2000, 2311.
126 OLG Celle NZI 2000, 319, 320.
127 OLG Brandenburg ZIP 2000, 1541; ähnlich wieder in ZIP 2001, 1922.
128 Ebenso Kübler/Prütting, a. a. O., § 20 Rdnr. 17.

chende Korrespondenz, Rechnungen, Anerkenntnisse, Stundungsgesuche des Schuldners etc.).[129] Wollte man für die Akteneinsicht an einem titulierten Anspruch festhalten, entstünde die widersprüchliche Situation, dass ein Gläubiger ohne Titel zwar einen zulässigen und begründeten Insolvenzantrag stellen und auch an der Gläubigerversammlung teilnehmen und mitstimmen kann, aber keine Akteneinsicht erhalten könnte.[130]

Könnten durch die Akteneinsicht berechtigte Interessen des Schuldners berührt sein, ist der Schuldner vor der Genehmigung zu hören. In den weitaus meisten Fällen der Akteneinsicht bei Abweisung eines Insolvenzantrags mangels Masse werden Geheimhaltungsbedürfnisse des Schuldners kaum vorliegen und werden Wettbewerbsnachteile durch die Akteneinsicht eines Gläubigers kaum zu befürchten sein, weil der Betrieb in der Regel bereits eingestellt ist. Sollte dennoch ein solches Bedürfnis gegeben sein, was gelegentlich im laufenden Insolvenzverfahren der Fall sein könnte, sind diese Unterlagen von der Akteneinsicht auszunehmen.[131]

VII. Tätigkeitsverbote

65 Die Versagung der Berufstätigkeit von Rechtsanwälten nach §§ 43 a und 45 BRAO, die Insolvenzverwalter waren oder werden sollen, hängt zusammen mit der Verpflichtung nach § 56 InsO, einen unabhängigen Insolvenzverwalter zu bestellen und mit dem strafrechtlichen Parteiverrat nach § 356 StGB. Generell ist aber festzustellen, dass die Bundesrechtsanwaltsordnung und das anwaltliche Berufsrecht – über das materielle Strafrecht hinausgehende – Verpflichtungen für Rechtsanwälte aufstellt, deren Verletzungen nicht regelmäßig zu einer Strafbarkeit des Anwalts führen.[132]

Die 1994 in Kraft getretene Neufassung von § 45 BRAO erscheint aber im Verhältnis zu § 56 InsO missglückt.[133] Während das Insolvenzgericht bei der Prüfung der notwendigen Unabhängigkeit eines zu bestellenden Insolvenzverwalters eine Einzelfallprüfung vornehmen kann, presst § 45 BRAO die einzelnen Fälle der Vorbefassung in ein starres, unnötig unflexibles Korsett.

---

129 Ebenso Holzer, ZIP 1998, 1333, 1336; a. A. Haarmeyer/Wutzke/Förster, a. a. O., Kap. 2 Rdnr. 46.
130 Ebenso Holzer, a. a. O.
131 Vgl. OLG Köln a. a. O.; Holzer, ZWIR 1999, 82; Haarmeyer/Wutzke/Förster, a. a. O., Kap. 2 Rdnr. 25 ff.
132 OLG Nürnberg NJW 1999, 2381.
133 Henssler, a. a. O., S. 45, 68.

1. Vorbefassung als Rechtsanwalt

War ein Rechtsanwalt vor Insolvenzantrag z. B. mit einer Forderung gegen den späteren Insolvenzschuldner befasst, die bei Insolvenzantrag noch besteht, untersagt § 45 Abs. 2 Nr. 1 BRAO diesem Rechtsanwalt die Tätigkeit als Insolvenzverwalter. Diese Regelung erscheint in vielen Fällen nicht sachgerecht und könnte über § 56 InsO angemessener geregelt werden. Die Geltendmachung einer Inkassoforderung durch eine Anwaltskanzlei für einen Gläubiger bedeutet in der Regel nicht, dass es dieser Kanzlei an der nötigen Unabhängigkeit für das Amt des Insolvenzverwalters fehlen würde. Für Großkanzleien ist diese Regelung bei Insolvenzverfahren bundesweiter Unternehmen das Aus. Es erscheint kaum denkbar, dass große überörtliche Sozietäten nicht zumindest einen Gläubiger dieses Unternehmens vertreten.

66

Ein derartiges Tätigkeitsverbot gibt es im Übrigen bei Wirtschaftsprüfern und Steuerberatern nicht, so dass u. a. gegen die Regelung in § 45 Abs. 2 Nr. 1 BRAO verfassungsrechtliche Bedenken aus Art. 3 GG geltend gemacht werden.[134]

War der Rechtsanwalt vor Insolvenzantrag für den späteren Insolvenzschuldner zeitnah tätig, wird in der Regel das Tätigkeitsverbot nach § 43 a Abs. 4 BRAO vorliegen, wenn er trotzdem Insolvenzverwalter werden möchte. Der Rechtsanwalt darf keine widerstreitenden Interessen vertreten. Diese Regelung ist sicher gerechtfertigt und auch im Sinne der von § 56 InsO geforderten Unabhängigkeit notwendig. Evtl. Abgrenzungsschwierigkeiten, z. B. wenn der Rechtsanwalt den Schuldner 3 Jahre vor Insolvenzeröffnung in einer einfachen Inkassosache vertreten hat, wird man durch Auslegung der Begriffe »widerstreitende Interessen« und »Unabhängigkeit« lösen können. Bleiben Zweifel, geht dies zu Lasten des vorbefassten Rechtsanwalts. Es muss bereits der Anschein einer fehlenden Unabhängigkeit vermieden werden.[135]

2. Vorbefassung als Insolvenzverwalter

Dass ein Insolvenzverwalter während eines Insolvenzverfahrens weder den Insolvenzschuldner, noch einen Gläubiger in einer das Insolvenzverfahren betreffenden Angelegenheit vertreten kann, regelt § 43 a Abs. 4 BRAO und dürfte sich von selbst verstehen.

67

Will ein früherer Insolvenzverwalter nach Beendigung des Verfahrens für einen Gläubiger gegen den früheren Insolvenzschuldner in Angelegenheiten tätig werden, mit denen er im Rahmen des Insolvenzverfahrens befasst war, so verbietet diese Tätigkeit § 45 Abs. 1 Nr. 3 BRAO.[136]

---

134 Vgl. Henssler, a. a. O.
135 S. oben Rdnr. 11 ff.
136 Auch diese Vorschrift hält Henssler, a. a. O., für überflüssig, weil der Auffangtatbestand nach § 43 a Abs. 4 BRAO eine flexiblere Handhabung gewährleiste.

Bruder

Will der frühere Insolvenzverwalter für einen Gläubiger eine Neuforderung gegen den Schuldner geltend machen, steht dem weder § 45 Abs. 1 Nr. 3 noch § 43 a Abs. 4 BRAO entgegen. Es liegen keine widerstreitenden Interessen vor.[137]

Bei einer Tätigkeit des ehemaligen Insolvenzverwalters für den Schuldner gegen einen Gläubiger ist in gleicher Weise zu unterscheiden. Handelt es sich um eine Angelegenheit, die bereits Gegenstand des Insolvenzverfahrens war, liegen widerstreitende Interessen und damit ein Tätigkeitsverbot nach § 43 a Abs. 4 BRAO vor. Handelt es sich um eine erst nach Beendigung des Insolvenzverfahrens entstandene Angelegenheit, kann der frühere Insolvenzverwalter als Rechtsanwalt ohne weiteres tätig werden.

3. Sozietätserstreckung

68 Die Vorschriften §§ 43 a Abs. 4 und 45 BRAO erhalten erst dadurch ihre Brisanz, dass sich die Verbote auch für die mit dem Rechtsanwalt in Sozietät oder in sonstiger Weise zur gemeinschaftlichen Berufsausübung verbundenen oder verbunden gewesen Rechtsanwälte und Angehörigen anderer Berufe erstrecken (§ 45 Abs. 3 BRAO). Diese Sozietätserstreckung gilt nach dem reinen Wortlaut nur für die Verbote nach § 45 Abs. 1 und Abs. 2 BRAO, nach herrschender Meinung aber auch für § 43 a Abs. 4 BRAO.[138]

§ 3 Abs. 2 Berufsordnung für Rechtsanwälte (BO) geht noch weiter und unterwirft auch eine Bürogemeinschaft dem Verbot widerstreitender Interessen nach § 3 Abs. 1 BO.[139]

VIII. Beendigung des Amtes

1. Abwahl durch die Gläubigerversammlung (§ 57 InsO)

69 Die Gläubigerversammlung kann den vom Insolvenzgericht bestellten Verwalter in der ersten Gläubigerversammlung (Berichtstermin) abwählen (§ 57 InsO). Diesen Berichtstermin bestimmt das Insolvenzgericht gem. § 29 InsO bereits im Eröffnungsbeschluss. Der Eröffnungsbeschluss ist nach § 30 InsO sofort öffentlich bekannt zu machen. In dieser öffentlichen Bekanntmachung ist gleichzeitig die Ladung zur Gläubigerversammlung gem. § 74 Abs. 2 InsO enthalten. Über § 30 Abs. 2 InsO erhalten die Gläubiger – und auch die Schuldner des Schuldners – den Beschluss besonders zugestellt und werden somit auf die erste Gläubigerversammlung aufmerk-

---

137 Henssler, a. a. O.; Feuerich/Braun, a. a. O., § 45 Rdnr. 24.
138 Feuerich/Braun, a. a. O., § 43 a Rdnr. 66.
139 S. hierzu auch Westerwelle, NJW 1997, 2781.

sam gemacht. An dieser dürfen alle absonderungsberechtigten Gläubiger, alle Insolvenzgläubiger, der Insolvenzverwalter, die Mitglieder des Gläubigerausschusses und der Schuldner teilnehmen (§ 74 Abs. 1 InsO).

Ein wesentlicher Tagesordnungspunkt des Berichtstermins ist die Wahl eines anderen Insolvenzverwalters, also die Abwahl des vom Gericht bestellten Verwalters. Dieses Recht der Gläubiger ist – wie schon in der Konkursordnung – Ausdruck ihrer Autonomie. Die Gläubiger sollen letztlich das Recht haben, zu bestimmen, welcher Verwalter nach ihrer Ansicht bestmöglich das Verfahren abwickelt. In diesem Zusammenhang wurde die Befürchtung immer lauter, dass institutionelle Großgläubiger, insbesondere Banken die Rechtslage ausnutzen und die vom Gericht bestellten Insolvenzverwalter abwählen, um ihnen genehme Verwalter zu bestellen.[140] Die Insolvenzordnung begünstigte dies, weil Absonderungsrechte beim Stimmrecht außer Betracht blieben, wenn der Schuldner auch persönlich haftete (§ 76 Abs. 2 InsO). Dem hat nunmehr die Änderung der Insolvenzordnung dadurch Rechnung getragen, dass für die Wahl eines anderen Insolvenzverwalters neben der in § 76 Abs. 2 InsO genannten Mehrheit auch die Mehrheit der abstimmenden Gläubiger verlangt wird (§ 57 Satz 2 InsO).

Das Recht zur Wahl eines anderen Insolvenzverwalters ohne weitere Begründung haben die Gläubiger aber nur im Berichtstermin, also in der ersten Gläubigerversammlung. Danach ist nur noch eine Entlassung des Verwalters nach § 59 InsO möglich.[141]

Wahlberechtigt sind nur die im Berichtstermin anwesenden Gläubiger. Das Stimmrecht bestimmt sich nach § 77 InsO. Die Forderungen müssen angemeldet und dürfen vom Insolvenzverwalter nicht bestritten sein. Kommt bei bestrittenen Forderungen in der Gläubigerversammlung eine Einigung zwischen Verwalter und erschienenen Gläubigern über das Stimmrecht nicht zustande, so entscheidet das Insolvenzgericht (§ 77 Abs. 2 InsO). Nachrangige Gläubiger sind nicht stimmberechtigt (§ 77 Abs. 2 Satz 2 InsO).

Jeder anwesende Gläubiger kann einen anderen Insolvenzverwalter vorschlagen. Ein lediglich schriftlich bei dem Insolvenzgericht eingereichter Vorschlag ist nicht ausreichend. Hierüber muss nicht abgestimmt werden, weil nur anwesende Gläubiger ein Antragsrecht haben.

Beschlüsse der Gläubigerversammlung kommen zustande, wenn die Summe der Forderungsbeträge der zustimmenden Gläubiger mehr als die Hälfte der Summe der Forderungsbeträge der abstimmenden Gläubiger beträgt; es gilt also die einfache Mehrheit. Wenn der Schuldner absonderungsberechtigten Gläubigern nicht persönlich haftet, tritt der Wert des Absonderungsrechts an die Stelle des Forderungsbetrages (§ 76 Abs. 2 InsO).

---

140 Vgl. Graeber, ZIP 2000, 1465.
141 OLG Zweibrücken ZIP 2000, 2173 in einem obiter dictum.

Zur Wahl eines neuen Insolvenzverwalters bedarf es aufgrund der Änderung der Insolvenzordnung zusätzlich noch der Mehrheit der abzustimmenden Gläubiger (Kopfmehrheit) nach § 57 Satz 2 InsO.

70 Die Gläubigerversammlung hat verschiedene Möglichkeiten, wie sie mit dem Tagesordnungspunkt »Wahl eines anderen Insolvenzverwalters« umgehen kann:

- Hat die Gläubigerversammlung bei Erörterung dieses Tagesordnungspunktes von einer ausdrücklichen Beschlussfassung über die Beibehaltung des vom Gericht bestellten Verwalters abgesehen, dann ist dieser damit praktisch bestätigt. Der Antrag eines Gläubigers auf wiederholte Befassung mit diesem Tagesordnungspunkt ist unzulässig, da mit der Entscheidung der Beibehaltung bzw. dem Verzicht darauf die Gläubigerversammlung von der ihr zustehenden Entscheidungskompetenz bereits Gebrauch gemacht hat.[142]

- Die Gläubigerversammlung fasst einen ausdrücklichen Beschluss, wonach der Insolvenzverwalter beibehalten wird. Auch hier ist eine nochmalige Abstimmung nicht zulässig.[143]

- Es liegt ein Antrag auf Bestellung eines konkret genannten anderen Insolvenzverwalters vor. Die Gläubigerversammlung muss über diesen Antrag abstimmen.

- Es liegen mehrere Anträge auf Wahl verschiedener neuer Insolvenzverwalter vor. Hier kann die Gläubigerversammlung darüber abstimmen, in welcher Reihenfolge über diese Anträge abgestimmt wird. Verlangt die Gläubigerversammlung dies nicht, erfolgt die Abstimmung nach der chronologischen Reihenfolge der Anträge. Der erste mit entsprechender Mehrheit Gewählte muss zum Insolvenzverwalter bestellt werden. Eine Abstimmung über die weiteren Anträge ist dann nicht mehr zulässig, weil auch hier die Gläubigerversammlung bereits von der ihr zustehenden Entscheidungskompetenz einmal Gebrauch gemacht hat. Die Reihenfolge der Abstimmungen kann deshalb von entscheidender Bedeutung sein.

- Ein Gläubiger stellt nur den Antrag auf Abwahl des vom Gericht bestellten Insolvenzverwalters, ohne einen neuen vorzuschlagen. Eine Abstimmung über diesen Antrag ist gem. § 57 InsO unzulässig. Eine Umdeutung in einen Entlassungsantrag nach § 59 InsO ist nicht möglich, da hierfür die Voraussetzungen nicht vorliegen.

---

142 LG Brandenburg ZInsO 1999, 300; vgl. hierzu auch OLG Naumburg ZIP 2000, 1394.
143 LG Brandenburg a. a. O.

Die Wahl eines neuen und damit die Abwahl des alten Insolvenzverwalters **71** ist keine gerichtliche Entscheidung und schon deshalb nicht mit sofortiger Beschwerde anfechtbar.[144] Die Gläubiger können nach der Wahl eines neuen Insolvenzverwalters auch keinen Antrag auf Aufhebung dieses Beschlusses nach § 78 Abs. 1 InsO stellen, weil die Vorschrift über die Versagung der Ernennung des neuen Verwalters nach § 57 Satz 2 InsO eine abschließende Spezialregelung ist.[145] Das Gericht darf die Bestellung des Gewählten deshalb nur versagen, wenn dieser für die Übernahme des Amtes nicht geeignet ist (§ 57 Satz 3 InsO). Prüfungsmaßstab kann hier nicht das gemeinsame Interesse im Sinne des § 78 Abs. 1 InsO sein.[146] Die Insolvenzordnung bindet damit das Gericht weitgehend an die Entscheidung der Gläubigerversammlung. Ob der Gewählte für die Übernahme des Amtes geeignet ist, richtet sich nach § 56 InsO.[147] Es muss eine für den jeweiligen Einzelfall geeignete, insbesondere geschäftskundige und von den Gläubigern und dem Schuldner unabhängige natürliche Person sein, wobei Zuverlässigkeit und Vertrauenswürdigkeit unter die allgemeine Geeignetheit im Sinne von § 56 InsO fällt.[148]

Wegen der Einzelheiten zu § 56 InsO siehe oben Rdnr. 6 ff.

Hält das Gericht den Gewählten für geeignet, dann bestellt der funktional zuständige Insolvenzrichter diesen und entlässt gleichzeitig den früheren Insolvenzverwalter. Dieser hat kein Beschwerderecht.[149] Die Bestellung des neuen und die Entlassung des früheren Insolvenzverwalters sollte allerdings erst dann erfolgen, wenn sich der Insolvenzrichter davon überzeugt hat, dass der neue Insolvenzverwalter das Amt auch annimmt. Denn weder mit der Wahl der Gläubigerversammlung, noch mit der Bestellung durch das Insolvenzgericht wird der Gewählte zum Insolvenzverwalter, sondern erst mit seiner Annahme des Amtes. Solange bleibt der frühere Insolvenzverwalter im Amt.

Hält das Insolvenzgericht den gewählten Insolvenzverwalter für ungeeignet, lehnt es die Bestellung durch Beschluss ab. Der frühere Insolvenzverwalter bleibt im Amt. Gegen diese Entscheidung hat jeder Insolvenzgläubiger das Recht der sofortigen Beschwerde. Dieses Recht ist von § 57 Satz 4 InsO nicht auf die Insolvenzgläubiger beschränkt, die an der Abstimmung oder der Gläubigerversammlung persönlich teilgenommen haben, so dass das Beschwerderecht allen Insolvenzgläubigern zusteht.[150]

---

144 OLG Saarbrücken InVO 2000, 205; OLG Zweibrücken ZIP 2000, 2173; vgl. auch Nuscheler/Bloch, ZIP 2000, 1474.
145 OLG Naumburg ZIP 2000, 1394; offengelassen von OLG Celle ZIP 2001, 1597, 1599.
146 OLG Naumburg ZIP 2000, 1394.
147 S. oben Rdnr. 6 ff und OLG Celle ZIP 2001, 1597.
148 FK-InsO/Hössl, § 57 Rdnr. 18.
149 OLG Saarbrücken InVO 2000, 205; OLG Zweibrücken ZIP 2000, 2173.
150 S. a. FK-InsO/Hössl, § 58 Rdnr. 24.

Bruder

2. Entlassung des Insolvenzverwalters (§ 59 InsO)

a) Allgemeines

72 § 56 InsO stellt bei der Bestellung eines Insolvenzverwalters hohe Ansprüche an dessen Eignung und § 57 InsO lässt darüber hinaus noch eine Korrektur durch die Gläubigerversammlung zu, falls diese meint, ein anderer Insolvenzverwalter sei geeigneter als der vom Gericht bestellte. Diesen hohen Anforderungen entspricht es, dass der Insolvenzverwalter dann sein Amt abgeben muss, wenn er aus objektiven oder subjektiven Gründen nicht oder nicht mehr geeignet ist, das Amt fortzuführen. Die Gläubigerversammlung kann nur einmal, nämlich im Berichtstermin (§ 57 InsO), den Insolvenzverwalter ohne Begründung auswechseln. Eine spätere Entlassung bedarf eines wichtigen Grundes, damit die Kontiunität und die zügige Abwicklung des Verfahrens nicht gefährdet wird.

b) Entlassungsgründe

73 Nach § 59 InsO kann der Insolvenzverwalter nur aus wichtigem Grund aus dem Amt entlassen werden. Ein solcher Grund liegt vor, wenn sich im Laufe des Verfahrens herausstellt, dass der Insolvenzverwalter den Anforderungen des Amtes in keiner Weise gewachsen ist und die Kriterien des § 56 InsO entgegen den ursprünglichen Erwartungen nicht erfüllt.[151]

Anders als bei Bestellung des Insolvenzverwalters nach § 56 InsO, wo bereits die Möglichkeit oder der Anschein einer Abhängigkeit oder Parteilichkeit ausreicht, den Insolvenzverwalter nicht zu bestellen, muss bei der Entlassung nach § 59 InsO der wichtige Grund nachgewiesen werden. Der Schein einer nicht ordnungsgemäßen Verwaltung reicht insoweit nicht aus.[152]

Vertritt der Insolvenzverwalter während des Verfahrens einen Gläubiger oder einen Schuldner, liegt ein wichtiger Grund für die Entlassung vor. Generell kann ein Verstoß gegen Tätigkeitsverbote nach der Bundesrechtsanwaltsordnung als Entlassungsgrund angesehen werden. Ebenso dürften in der Regel Verstöße gegen die Verhaltensrichtlinien des Arbeitskreises Insolvenzrecht im Deutschen Anwaltverein[153] z. B. eine Beteiligung an einer Verwertungsgesellschaft wichtige Gründe sein. Zu diesen – nach den Kategorien des Kündigungsschutzgesetzes – verhaltensbedingten Gründen zählen auch schwere Verstöße gegen Vorschriften der Insolvenzordnung, z. B. Nichtbeachtung der Zustimmungsbedürftigkeit von Rechtshandlungen durch den Gläubigerausschuss. Ob ein einzelner Verstoß ausreicht, erscheint fraglich und muss der Einzelfallprüfung vorbehalten blei-

---

151 LG Magdeburg ZIP 1999, 1685.
152 LG Stendal ZInsO 1999, 233, 234; Haarmeyer/Wutzke/Förster, a.a.O., Kap. 5 Rdnr. 40.
153 AnwBl 1992, 118; s. a. oben Rdnr. 6 ff.

ben.¹⁵⁴ Wenn der Insolvenzverwalter allerdings die gesetzlich vorgesehenen Mitwirkungsrechte anderer Organe des Insolvenzverfahrens beharrlich missachtet, wird immer von einem wichtigen Grund für die Entlassung auszugehen sein.

Ein vom Insolvenzverwalter verursachter Schaden, für den er nach § 60 InsO haftet, begründet nicht ohne weiteres seine Entlassung.¹⁵⁵ Es müssen im Einzelnen die vom Insolvenzverwalter vorgenommenen Handlungen überprüft werden, die zu dem Schaden führten.¹⁵⁶

Zur Abberufung reicht auch nicht ein fehlendes oder gestörtes Vertrauensverhältnis. Auch hier muss im Einzelnen geprüft werden, welche Handlungen des Insolvenzverwalters zu der Störung des Vertrauensverhältnisses geführt haben.¹⁵⁷

Zweckmäßigkeitsentscheidungen des Insolvenzverwalters bei der Abwicklung des Verfahrens hat das Gericht nicht zu überprüfen. Dieses hat lediglich die Rechtsaufsicht, so dass ein Streit über die Zweckmäßigkeit von Handlungen des Insolvenzverwalters nie zu einer Entlassung nach § 59 InsO führen kann.¹⁵⁸

Zu den Entlassungsgründen in der Person des Insolvenzverwalters zählen – nach den Kategorien des Kündigungsschutzgesetzes – auch langandauernde Krankheit und berufliche Überlastung.

Die Entlassung des Insolvenzverwalters ist die ultima ratio. Wenn andere Zwangsmittel, z. B. Zwangsgeld (§ 58 Abs. 2 InsO), zum Ziel führen können, sind diese vom Gericht anzuwenden. Aus diesem Grunde hat das Gericht trotz eines Beschlusses der Gläubigerversammlung die Entlassung abzulehnen, wenn ein Zwangsgeld ausreicht, um rechtmäßige Zustände herzustellen.

c) Antragsrecht

Die Entlassung des Insolvenzverwalters obliegt in erster Linie dem Insolvenzgericht, wenn es von wichtigen Gründen im Sinne von § 59 InsO erfährt. Diese Verpflichtung besteht – anders als bisher nach § 84 Satz 2 KO – während des gesamten Insolvenzverfahrens.

74

Den Entlassungsantrag können auch die Gläubigerversammlung, der Gläubigerausschuss und der Verwalter selbst stellen. Der einzelne Gläubiger hat kein Antragsrecht. Zu beachten ist, dass auch der Insolvenzverwalter seine Entlassung nur beantragen kann, wenn ein wichtiger Grund vorliegt.

---

154 S. LG Mainz Rpfl. 1986, 490 – Verkauf eines Grundstücks ohne notwendige Zustimmung der Gläubigerversammlung; FK-InsO/Hössl, § 59 Rdnr. 6.
155 KG Berlin Rpfl. 1987, 211.
156 Vgl. zur Untreue eines Verwalters BGH ZIP 2001, 383.
157 LG Stendal a. a. O.; s. auch Haarmeyer/Wutzke/Förster, a. a. O.
158 Haarmeyer/Wutzke/Förster, a. a. O., Kap. 5 Rdnr. 40.

Bruder

d) Gerichtliche Entscheidung

75 Das Gericht entscheidet durch Beschluss, dass der Insolvenzverwalter entlassen wird. Der Beschluss ist zu begründen, da gegen die Entlassung dem Verwalter die sofortige Beschwerde zusteht. Hat der Verwalter selbst oder der Gläubigerausschuss den Antrag gestellt, steht dem Verwalter bzw. dem Gläubigerausschuss ein Beschwerderecht zu, wenn der Antrag abgelehnt wurde. Hat die Gläubigerversammlung den Antrag gestellt, so hat jeder Insolvenzgläubiger das Beschwerderecht, unabhängig davon, ob er an der Gläubigerversammlung teilgenommen hat.[159]

Nach der ausdrücklichen Regelung von § 18 Abs. 1 Satz 1 RpflG fällt nur die Ernennung des Insolvenzverwalters in die Zuständigkeit des Richters, nicht aber die Entlassung. Nachdem der Rechtspfleger in der Regel das Insolvenzverfahren führt, ist dieser bei der Bewertung der Entlassungsgründe sachnäher, so dass diese Regelung sinnvoll erscheint. Für den Entlassungsbeschluss ist somit funktional der Rechtspfleger zuständig.

3. Aufhebung des Insolvenzverfahrens (§§ 200, 258 InsO)

76 Sobald die Schlussverteilung die Schlussverteilung vollzogen ist, beschließt das Insolvenzgericht die Aufhebung des Insolvenzverfahrens (§ 200 Abs. 1 InsO). Mit Rechtskraft dieses Beschlusses endet das Amt des Insolvenzverwalters, ohne dass es dazu noch einer Handlung des Insolvenzgerichtes bedarf.

Gleiches gilt auch für die Aufhebung des Verfahrens nach Bestätigung des Insolvenzplanes (§ 258 InsO).

4. Einstellung des Insolvenzverfahrens (§§ 207 ff. InsO)

77 Das Insolvenzverfahren kann mangels Masse (§ 207 InsO), nach Anzeige der Masseunzulänglichkeit (§ 211 InsO), wegen Wegfalls des Eröffnungsgrundes (§ 212 InsO) und mit Zustimmung der Gläubiger (§ 213 InsO) eingestellt werden. Mit Rechtskraft des Einstellungsbeschlusses endet das Amt des Insolvenzverwalters wie bei der Aufhebung des Verfahrens, ohne dass es noch einer Handlung des Insolvenzgerichts bedürfte (§ 215 Abs. 2 InsO).

---

159 FK-InsO/Hössl, § 60 Rdnr. 22; a. A. Hess, a. a. O., § 84 Rdnr. 14.

B. Die Aufgaben des vorläufigen Insolvenzverwalters

I. Vorbemerkung

Die Rechte und Pflichten des vorläufigen Insolvenzverwalters richten sich nach §§ 21, 22 InsO und damit entscheidend danach, welche Sicherungsmaßnahmen das Insolvenzgericht anordnet. Die Betonung liegt dabei auf Sicherungsmaßnahmen. Dieser Aspekt prägt sowohl die Maßnahmen, die das Gericht anordnet, als auch die Rechte und Pflichten des vorläufigen Insolvenzverwalters. Ganz deutlich spiegelt sich dies in § 22 Abs. 1 Satz 2 Nr. 1 InsO wider, wonach der vorläufige Insolvenzverwalter das Vermögen des Schuldners zu sichern und zu erhalten hat.

78

Der Gesetzgeber hat dem Gericht eine Reihe von Möglichkeiten an die Hand gegeben, um bis zur Entscheidung über den Antrag eine den Gläubigern nachteilige Veränderung in der Vermögenslage des Schuldners zu verhindern (§ 21 Abs. 1 InsO). Am stärksten typisiert ist die Kombination aus der Bestellung eines vorläufigen Insolvenzverwalters und dem Erlass eines allgemeinen Verfügungsverbotes (hier starker vorläufiger Verwalter genannt). In § 22 InsO ist weitgehend bestimmt, welche Rechte und Pflichten der starke Verwalter hat.

Die Bestellung eines vorläufigen Insolvenzverwalters ohne Erlass eines allgemeinen Verfügungsverbotes (hier schwacher vorläufiger Verwalter genannt) ist zwar in § 22 Abs. 2 InsO erwähnt, die Rechte und Pflichten sind aber nicht im Einzelnen geregelt. Nach dem Willen des Gesetzgebers hat das Gericht die Pflichten des vorläufigen Insolvenzverwalters zu bestimmen.

§ 5 InsO verpflichtet das Insolvenzgericht von Amts wegen alle Umstände zu ermitteln, die für das Insolvenzverfahren von Bedeutung sind. Es kann zu diesem Zweck insbesondere Zeugen und Sachverständige vernehmen. Dem entspricht § 21 InsO, wonach das Gericht alle Maßnahmen zu treffen hat, die erforderlich erscheinen, um nachteilige Veränderungen in der Vermögenslage des Schuldners zu verhüten.

79

Der nachfolgend in § 21 Abs. 2 InsO aufgeführte Katalog beinhaltet nur Beispiele und ist nicht abschließend (»insbesondere«). Das Gericht kann also, ohne einen vorläufigen Insolvenzverwalter zu ernennen, einen Gutachter bestellen und daneben ggf. weitere Sicherungsanordnungen erlassen (hier Gutachtermodell genannt).

Entscheidungen des Insolvenzgerichtes, die der Vorbereitung einer Entscheidung über die Eröffnung des Verfahrens dienen, somit auch die Anordnung von Sicherungsmaßnahmen, sind nicht beschwerdefähig.[160] Ausnah-

80

---

160 OLG Brandenburg ZIP 2001, 207.

men bilden der Erlass einer vorläufigen Postsperre und die Anordnung von Haft gegen den Schuldner (§ 21 Abs. 2 Nr. 4 i. V. m. § 99 Abs. 3 Satz 1 InsO und § 21 Abs. 3 Satz 3 i. V. m. § 98 Abs. 3 Satz 3 InsO)[161]

> In der Literatur und der bisherigen Praxis der Gerichte wurden für das vorläufige Insolvenzverfahren im Wesentlichen 3 Modelle entwickelt:
> - der starke vorläufige Insolvenzverwalter
> - der schwache vorläufige Insolvenzverwalter
> - der Gutachter.

II. Der starke vorläufige Insolvenzverwalter

1. Allgemeines

81 Wie erwähnt, hat der Gesetzgeber dieses Modell in § 22 InsO am stärksten typisiert. Bestellt das Gericht einen vorläufigen Insolvenzverwalter und erlässt es gleichzeitig ein allgemeines Verfügungsverbot, dann geht die Verwaltungs- und Verfügungsbefugnis über das Vermögen des Schuldners automatisch auf den vorläufigen Insolvenzverwalter über. Eine Begrenzung dieser Befugnisse ergibt sich aus der Prämisse des Gesetzgebers in § 21 Abs. 1 InsO, wonach bis zur Entscheidung über den Antrag eine den Gläubigern nachteilige Veränderung in der Vermögenslage des Schuldners vermieden werden muss. Das bei Erlass des gerichtlichen Beschlusses vorhandene Vermögen soll bei einer evtl. Eröffnung des Verfahrens zwar nicht körperlich, aber wertmäßig noch vorhanden sein.[162]

2. Sicherung und Erhaltung des Vermögens

Sicherung und Erhaltung des Vermögens ist nach dem gesetzgeberischen Willen eine der wichtigsten Aufgaben des vorläufigen Verwalters.

a) Sicherung (Inbesitznahme, Hausrecht, Postsperre etc.)

82 Sicherung des Schuldnervermögens bedeutet in erster Linie eine schnelle In-Besitznahme. Der vorläufige Verwalter sollte noch am Tage der gerichtlichen Anordnung, spätestens aber am darauf folgenden Tage die Sicherungsmaßnahmen umsetzen.[163] Dies scheitert leider manchmal an der Praxis der Gerichte. Bis der richterliche Beschluss dem vorläufigen Verwalter mitgeteilt wurde und bis der Beschluss geschrieben und dem vorläufigen Ver-

---

161 Vgl. OLG Köln NZI 2000, 369.
162 Vgl. Nerlich/Römermann, a. a. O., § 21 Rdnr. 23.
163 Vgl. Nerlich/Römermann, a. a. O., § 21 Rdnr. 47.

walter ausgehändigt wurde, vergehen einige Tage (von Ausnahmen abgesehen).

Weiterhin hat der starke vorläufige Verwalter die vorgefundene Masse aufzuzeichnen und zumindest bis zur Erstellung seines Berichtes auch zu bewerten. Zur Sicherung des Vermögens können Gegenstände oder Grundstücke gesiegelt werden (§ 150 InsO analog). Hierzu ist der vorläufige starke Verwalter befugt, weil die Verwaltungs- und Verfügungsbefugnis über das Vermögen des Schuldners auf ihn übergegangen ist (§ 22 Abs. 1 Satz 1 InsO). Er übt damit auch das Hausrecht im schuldnerischen Betrieb aus. Er allein entscheidet, wer diesen betreten darf. Ein Streit über dieses Hausrecht ist vor dem Insolvenzgericht auszutragen. Eine einstweilige Verfügung des Zivilgerichtes ist unzulässig.[164]

Je nach Fall kann es sich als notwendig erweisen, die gesamte Schließanlage des Betriebes oder die Schlösser einzelner Räume auszuwechseln oder bestimmte wertvolle Gegenstände (EDV-Datenbestand) in einem Banksafe in Sicherheit zu bringen. Nachdem in einem Insolvenzverfahren und insbesondere auch im vorläufigen Verfahren in einem ganz erstaunlichen Umfange Diebstähle durch Betriebsangehörige vorkommen, dürfte in vielen Fällen die Bewachung der Schuldnerin durch ein entsprechendes Unternehmen zumindest nachts dringend erforderlich sein.

Die Sicherung des schuldnerischen Vermögens verlangt mitunter auch die Anregung durch den vorläufigen Verwalter, eine vorläufige **Postsperre** nach § 21 Abs. 2 Nr. 4 InsO anzuordnen. Nicht selten wird durch die per Post übersandte Rechnung für eine Versicherungsprämie ein weiteres Kraftfahrzeug oder eine Lebensversicherung festgestellt.[165] Der Gesetzgeber hat aus verfassungsrechtlichen Gründen im Gegensatz zu § 121 KO, wo die Postsperre keines Grundes und keiner Begründung bedurfte und regelmäßig angeordnet wurde, in § 99 InsO ausdrücklich vorgesehen, dass die Postsperre nur dann angeordnet werden darf, soweit dies erforderlich erscheint, um für die Gläubiger nachteilige Rechtshandlungen des Schuldners aufzuklären oder zu verhindern. Eine formularmäßige Wiedergabe des Gesetzestextes als Begründung für die Postsperre reicht nicht aus. Es müssen konkrete Anhaltspunkte für eine Missbrauchsmöglichkeit vorliegen. Dies ist in der auch für juristische Personen zwingend vorgeschriebenen Begründung (§ 99 Abs. 1 Satz 1 InsO) genau darzulegen.[166] Vor der Anordnung der Postsperre ist der Schuldner anzuhören, sofern dadurch nicht wegen besonderer Umstände des Einzelfalls der Zweck der Anhörung gefährdet wird. Gegen die Anordnung der Postsperre steht dem Schuldner die sofortige Beschwerde zu (§ 99 Abs. 3 Satz 1 InsO).

83

---

164 Vgl. LG Duisburg ZIP 1999, 1106 zum Sequester.
165 Es wird nicht immer der berühmte Versicherungsschein für die bisher unbekannte Motoryacht im Mittelmeer sein.
166 OLG Celle ZIP 2000, 1898; OLG Zweibrücken ZInsO 2000, 627; LG Frankfurt, InVO 1999, 346; so schon zu § 121 KO,: OLG Bremen NJW 1993, 798.

Nach Sinn und Zweck von § 99 InsO wären auch eingehende Telefaxe und e-mails von der Postsperre erfasst. Diese kann aber im EDV-Bereich nur dann durchgesetzt werden, wenn der Verwalter die entsprechenden technischen Voraussetzungen dafür schafft.

Die Postsperre umfasst auch bereits im Eröffnungsverfahren die Verteidigerpost. Das Amtsgericht kann anordnen, dass die Postsendungen des Strafverteidigers, die für den in Untersuchungshaft befindlichen Schuldner bestimmt sind, zunächst dem vorläufigen Insolvenzverwalter zugeleitet werden.[167] Verfassungsrechtliche Grundsätze werden nicht verletzt, weil es nicht vornehmlich um ein staatliches oder öffentliches Informationsbedürfnis, sondern um die Wahrung der Interessen Dritter, der Gläubiger, geht.[168]

Liegen die Voraussetzungen für eine Postsperre nicht vor, sollte der starke vorläufige Verwalter durch eine Vertrauensperson im Betrieb sicherstellen, dass ihn die Post vollständig erreicht. Ist der Betrieb bereits eingestellt und sind ggf. die Betriebsräume aufgegeben, kann der Verwalter zulässigerweise die Wirkungen der Postsperre auch durch einen Post-Nachsendeantrag herbeiführen.

84

> **Die Sicherungsmaßnahmen im Überblick:**
> - Inbesitznahme
> - Aufzeichnung/Inventarisierung
> - Bewertung
> - Ausübung des Hausrechtes
> - Siegelung
> - Wechsel der Schlösser
> - Bewachung
> - Postsperre.

b)   Erhaltung (Verwaltung/Verwertung)

85   Der starke Verwalter hat aber nicht nur das Vermögen zu sichern, sondern auch zu erhalten. Die Erhaltung des Vermögens ist kein statischer Begriff, sondern ein dynamischer Vorgang, der eng mit den Begriffen der Verwaltungs- und Verwertungsbefugnis zusammenhängt. Dies zeigt sich deutlich auch darin, dass nach § 22 Abs. 1 Satz 2 Nr. 2 InsO der starke Verwalter eine Fortführungspflicht hat. Eine Fortführung des Unternehmens ohne Verwertungshandlungen ist nicht möglich. Es stellt sich deshalb die Frage nach der Abgrenzung der Verwaltung gegenüber der Verwertung.

Mit Kirchhof[169] können die Vorschriften über die Bruchteils- und Erbengemeinschaft §§ 745, 747 und §§ 2038 und 2040 BGB zur Auslegung herangezogen werden.

---

167 BVerfG ZIP 2000, 2311.
168 BVerfG a. a. O., 2312.
169 Kirchhof, ZInsO 1999, 436.

Danach umfasst »Verwaltung« die notwendige Erhaltung (§ 744 Abs. 2 BGB). Der Begriff der Verwaltung ist wirtschaftlich zu verstehen und auf die Förderung des Schuldnervermögens als Ganzes – nicht auch aller seiner einzelnen Bestandteile – zu beziehen. Deshalb kann eine ordnungsgemäße Verwaltung neben der Nutzung auch dingliche Verfügungen, also z. B. Verwertungshandlungen beinhalten. Alles was die Fortführung des Unternehmens mit sich bringt, ist dem vorläufigen Verwalter gestattet, wenn es sich im Rahmen des bisherigen Betriebes bewegt. Dann darf er Warenvorräte verarbeiten, die fertigen Produkte verkaufen und die Forderungen einziehen. Er kann das Vermögen zur Absicherung von Massekrediten verwenden und, um die nötige Liquidität zu schaffen, Umlaufvermögen oder sogar nicht benötigte Gegenstände des Anlagevermögens, z. B. überflüssige Kraftfahrzeuge, in gewissem Umfang verkaufen.

Kirchhof[170] zieht die Grenze zur Verwertung dort, wo entweder erheblich mehr Massebestandteile abgegeben werden, als für den Erhalt des Schuldnervermögens als Ganzes erforderlich wäre, oder wo Gegenstände des Anlagevermögens veräußert werden, die für eine spätere Fortführung des Schuldnerunternehmens möglicherweise wesentlich werden könnten.

Nach einhelliger Meinung sind echte Verwertungshandlungen immer dann erlaubt, wenn Gefahr im Verzuge ist. Die Gefahr muss sich aus der Eigenart des Vermögensgegenstandes selbst ergeben. Typische Beispiele dafür sind leicht verderbliche Lebensmittel oder Gegenstände mit Ablaufdatum oder modische Textil-Saisonware. Diese muss in der jeweiligen Sommer – bzw. Wintersaison verkauft werden, soll sie nicht weitestgehend ihren Wert verlieren.[171]

Gleiches gilt, wenn die Lagerung oder Bewachung von Gegenständen unverhältnismäßig hohe Kosten verursachen würde. Richtlinie muss immer sein, dass das Vermögen des Schuldners gesichert wird, d. h. sich die Vermögenslage nicht nachteilig verändert.

Fraglich ist, ob der vorläufige Verwalter mit Zustimmung des Schuldners echte Verwertungshandlungen vornehmen kann. Dies wird uneinheitlich behandelt. Nach Pohlmann[172] darf der vorläufige Insolvenzverwalter mit Zustimmung des Schuldners alle Veräußerungen vornehmen, die den Wert des schuldnerischen Vermögens nicht mindern, solange die Gläubigergemeinschaft bei einer entsprechenden Maßnahme im eröffneten Verfahren nach Maßgabe des § 160 InsO ebenfalls keine Mitwirkungsbefugnis zustünde. Eine solche Mitwirkung nach § 160 InsO im eröffneten Verfahren möchte Pohlmann[173] im Eröffnungsverfahren durch die Zustimmung des Insolvenzgerichtes ersetzen.

---

170 Kirchhof, a. a. O.
171 Vgl. den Fall OLG Düsseldorf ZIP 1992, 344.
172 Pohlmann, Befugnisse und Funktionen des vorläufigen Insolvenzverwalters S. 200.
173 Pohlmann, a. a. O.

Kirchhof[174] will dem vorläufigen Verwalter Verwertungshandlungen nur im Einvernehmen mit allen Beteiligten, also auch allen Gläubigern, gestatten, was auch nach seiner Ansicht praktisch kaum zu erreichen sein wird. Ein Gläubigerausschuss kann hier ebenfalls nicht helfend eingreifen. § 67 InsO ist auf das Vorverfahren mangels ausdrücklicher Regelung nicht anwendbar. Einen »vorläufig« vorläufigen Gläubigerausschuss gibt es nicht, auch wenn gelegentlich ein rechtspolitisches Bedürfnis behauptet wird.[175]

Das OLG Hamm[176] hatte noch zur Konkursordnung entschieden, dass ein Sequester jedenfalls im Zusammenwirken mit dem späteren Gemeinschuldner massegünstige Geschäfte vornehmen dürfe.[177] Der BGH hatte in der Revisionsinstanz diese Frage in seinem Beschluss vom 6. 3. 1997[178] ausdrücklich offen gelassen. Es war aber zur Konkursordnung und Gesamtvollstreckungsordnung einhellige Meinung, dass der Sequester nur Sicherungs- und keine Verwertungsaufgaben hat,[179] und er nur dann verwerten darf, wenn die Verwertungshandlung im Interesse der Konkursgläubiger eine geradezu zwingend gebotene Maßnahme zur Sicherung des Schuldnervermögens darstellt.[180]

Trotz Pflicht zur Unternehmensfortführung hat sich dies unter der Insolvenzordnung nicht geändert. Der vorläufige Insolvenzverwalter darf echte Verwertungshandlungen nur in den oben bezeichneten Fällen und ansonsten nur mit Zustimmung aller Beteiligten vornehmen. Eine Verwertung mit Zustimmung des Insolvenzgerichts ist im Gesetz nicht vorgesehen und ist als unzulässige Rechtsfortbildung einzuordnen.

87 Nimmt der vorläufige Verwalter die echte Verwertung dennoch vor, muss zwischen Außenverhältnis und Innenverhältnis unterschieden werden. Im Außenverhältnis gilt § 22 Abs. 1 Satz 1 InsO, wonach der starke Verwalter die Verwaltungs- und Verfügungsbefugnis hat. Seine Verfügung ist somit gegenüber Dritten wirksam. Im Innenverhältnis kann er sich aber gem. § 60 InsO schadensersatzpflichtig machen. Dies bedeutet, dass der starke Verwalter grundsätzlich nur dann haftet, wenn er nicht in der bestmöglichen Weise verwertet hat. Die schutzwürdigen Interessen der Beteiligten erschöpfen sich in einem möglichst hohen Erlös.[181] Sonstige Gläubigerinteressen fallen regelmäßig nicht in den Schutzbereich des § 60 InsO; insoweit gilt die Rechtsprechung des BGH zu § 82 KO fort.[182] Ausnahmen

---

174 Kirchhof, a. a. O.
175 Breutigam/Blersch/Goetsch, a. a. O., § 67 Rdnr. 4; h. M.; a. A.: AG Köln ZIP 2000, 1350 mit einer Übersicht über den derzeitigen Streitstand, s. a. unten Rdnr. 92.
176 OLG Hamm ZIP 1995, 50.
177 Vgl. auch BAG NJW 1985, 1484.
178 BGH NJW 1997, 1570, 1571.
179 S. z. B. BGH NJW 1988, 1912; 1992, 2483.
180 S. zuletzt OLG Hamm NZI 1999, 199 m. w. N.
181 Kirchhof, ZInsO 1999, 436.
182 BGH WM 1993, 348; WM 1993, 1055; Das Finanzamt wurde mit seinen Klagen gegen den Sequester auf Schadensersatz wegen entgangener Umsatzsteuer abgewiesen, ob-

hiervon könnten allerdings dann vorliegen, wenn Aussonderungsberechtigte durch die Verwertung weiter gehend geschädigt sind oder aber, wenn der Schuldner mit der Verwertung nicht einverstanden war und das Insolvenzverfahren nicht eröffnet wird. Hier könnte den Schuldner über die bestmögliche Verwertung des Gegenstandes hinaus ein Schaden entstanden sein.

Verwertet der starke Verwalter in erlaubter Weise ausnahmsweise Vermögenswerte des Schuldners, dann kann er Verwertungskostenbeiträge gem. §§ 171, 172 InsO analog geltend machen, wenn an den verwerteten Waren Absonderungsrechte bestanden.[183]

88

Diese Frage wurde bisher – soweit ersichtlich – noch keiner gerichtlichen Entscheidung zugeführt. Das Problem ist aber für die starken vorläufigen Verwalter durchaus heikel. Sind die §§ 171, 172 InsO im Vorverfahren nicht analog anzuwenden, fallen also keine Verwertungskostenbeiträge an, dann könnte sich der Verwalter möglicherweise schadensersatzpflichtig machen, weil er schon vor Insolvenzeröffnung verkauft und damit die Kostenbeiträge nicht zugunsten der Masse nutzt.[184]

3. Betriebsfortführung/Betriebseinstellung

a) Betriebsfortführung

Die Pflicht zur Betriebsfortführung ist ein ganz wesentliches Element der neuen Regelungen in der Insolvenzordnung.[185] Hintergrund ist die gestärkte Gläubigerautonomie. Die Gläubiger sollen nicht nur das Recht, sondern auch noch die Möglichkeit haben, nach Eröffnung des Insolvenzverfahrens im Berichtstermin über eine Unternehmensfortführung zu entscheiden (§ 157 InsO). Soll diese Bestimmung nicht schon theoretisch leer laufen, muss zumindest der starke Verwalter zur Betriebsfortführung verpflichtet werden. Hier ist allerdings zwischen Theorie und Praxis zu unterscheiden. Bisher waren mindestens drei Viertel aller Unternehmen bei Konkursantrag eingestellt oder wurden von den Inhabern gleichzeitig mit diesem Antrag eingestellt. Dies wird sich nach den bisherigen Erfahrungen unter der Insolvenzordnung nicht ändern. Hatte der Schuldner aber seinen Betrieb bereits eingestellt, muss der vorläufige Verwalter diesen im Allgemeinen nicht wieder in Gang setzen.[186]

89

---

wohl dieser über die zur Sicherung und Erhaltung des Vermögens notwendigen Maßnahmen hinaus im Eigentum des Schuldners stehende Gegenstände – allerdings zu durchaus günstigen Konditionen – verkauft hatte.
183 Ebenso Nerlich/Römermann, a. a. O., § 22 Rdnr. 138; Kirchhof, ZInsO 1999, 436; ähnlich AG Duisburg ZInsO 1999, 748; a. A. u. a. Delhaes, NZI 1998, 102.
184 Vgl. Delhaes, a. a. O.
185 S. unten Rdnr. 277 ff.
186 HK-InsO/Kirchhof, § 22 Rdnr. 11.

Damit hat das »Herzstück« der Insolvenzreform in der Praxis bei weitem nicht die große Bedeutung, wie oft behauptet wird, zumal auch früher in durchaus größerer Zahl in geeigneten Fällen die Betriebe im Rahmen der Sequestration fortgeführt wurden. Die bei Insolvenzantrag noch nicht eingestellten Betriebe, also das restliche Viertel ist in der Regel nicht nur überschuldet, sondern auch zahlungsunfähig, so dass der Geschäftsbetrieb bereits ins Stocken gekommen ist und in wenigen Tagen zum Erliegen kommen wird. Zum einen drohen die Arbeitnehmer, dem Betrieb den Rücken zu kehren, und zum anderen werden die Lieferanten überhaupt nicht mehr oder nur noch gegen Vorauskasse zu Lieferungen bereit sein. Aus diesem Grunde sind neben einem ausführlichen Gespräch mit der Geschäftsführung die ersten wichtigen Maßnahmen eine Betriebsversammlung oder auch Einzelgespräche mit wichtigen Mitarbeitern und Gespräche mit den beteiligten Banken über einen Massekredit. Erst dann lässt sich in etwa abschätzen, ob überhaupt eine Chance für eine Betriebsfortführung besteht. Deshalb muss das Gericht vor Einsetzung eines starken Verwalters diesem die Gelegenheit geben, die rechtlichen, organisatorischen und wirtschaftlichen Voraussetzungen einer Betriebsfortführung zu prüfen und sich ein Bild von den noch vorhandenen Fortführungspotenzialen zu machen, die für eine Betriebsfortführung unverzichtbar sind.[187] Aus der Sicht der Praxis empfiehlt es sich deshalb dringend, in vielen Fällen zuerst nur einen Gutachter oder einen schwachen vorläufigen Verwalter zu bestellen.[188]

Eine Betriebsfortführung ohne einen Massekredit oder sonstige Zuführung neuen Kapitals ist in der Regel ausgeschlossen. Die bei der Betriebsfortführung anfallenden Kosten können nur in ganz seltenen Fällen aus den Geldeingängen der Debitoren gedeckt. Dies gilt schon deshalb, weil meist eine Globalzession vorhanden sein wird. Auch sinkt bei Kenntnis der Drittschuldner vom Insolvenzantrag die Zahlungsmoral in ganz erstaunlicher Weise.

90 Alle diese Verhandlungen, sei es mit den Arbeitnehmern, den Banken, den Lieferanten oder Kunden, führt der starke Verwalter in eigener Verantwortung. Er hat nach außen die volle Verfügungsmacht und nach innen die volle Verwaltungsbefugnis. Dies ändert aber nichts daran, dass die Einbindung der bisherigen Führungskräfte in die Fortführung des Unternehmens unerlässlich, aber eine in der Regel psychologisch schwierige Aufgabe ist. Die Fortführung des Geschäftsbetriebes gehört zu den schwierigsten und am meisten risikobehafteten Maßnahmen im Rahmen der InsO, die nur gelingen kann, wenn man sich auf die gewachsenen Strukturen im Unternehmen verlassen und diese auf seine Seite ziehen kann. Rechtlich gesehen bleibt es aber dabei, dass der starke Verwalter gegenüber den Arbeitnehmern Arbeitgeber wird, gegenüber den Lieferanten und Kunden Vertragspartner und gegenüber der Bank Kreditnehmer – mit den entsprechenden Haftungsgefahren aus § 60 und insbesondere § 61 InsO.

---

187 Ebenso Nerlich/Römermann, a. a. O., § 21 Rdnr. 101.
188 S. unten Rdnr. 139 ff. u. 159 ff.

b) Finanzierungsmöglichkeiten

Wie erwähnt, ist einer der entscheidenden Punkte bei der Betriebsfortführung die Beschaffung liquider Geldmittel. Dabei sind die theoretischen Möglichkeiten durchaus umfangreich, schrumpfen in der Praxis aber nicht selten auf Null.

91

Um einen Betrieb am Laufen zu halten, muss der Insolvenzverwalter eine Vielzahl von Einzelverbindlichkeiten eingehen. Dies beginnt bei den laufenden Kosten für Personal, Miete, Telefon, Strom etc., geht über die Instandhaltungskosten einschl. der Versicherungsverträge bis hin zum Warenbezug. An dieser Stelle sei darauf hingewiesen, dass es bei jeder Betriebsfortführung von größter Wichtigkeit ist, einerseits den Bestand der Versicherungen, andererseits aber auch die Zahlung der fälligen Prämien zu überprüfen. Hier lauern immense Gefahren für den vorläufigen (natürlich auch für den endgültigen) Verwalter, wenn z. B. die Kraftfahrzeuge oder die Risiken der Betriebsunterbrechung, des Feuers oder der Haftpflicht für Umweltschäden nicht versichert sind. Zu alledem ist viel Geld nötig, das aufgrund der Zahlungsunfähigkeit des Schuldners in der Regel nicht vorhanden ist.

Es wäre schon ein seltener Idealfall, wenn wenigstens die laufenden Kosten aus den Geldeingängen der Debitoren gedeckt werden könnten. Meist sind diese aber abgetreten. Selbst wenn der vorläufige Verwalter die Forderungen einziehen dürfte, kann er sie nicht zur Betriebsfortführung verwenden, weil er sie nach § 170 InsO letztlich an den Gläubiger auskehren muss.[189]

Der vorläufige Verwalter muss sich somit nach einem Geldgeber umsehen. Vielfach hat die Hausbank oder eine der beteiligten Banken z. B. aufgrund einer Globalzession ein erhebliches Interesse, dass der Betrieb fortgeführt wird, damit die ihr abgetretenen Forderungen werthaltig werden oder bleiben. In der Insolvenzordnung ist nicht ausdrücklich vorgesehen, dass der vorläufige Verwalter zu einer solchen Darlehensaufnahme irgendeine Zustimmung einzuholen hat. Dies verwundert deshalb, weil der Insolvenzverwalter im eröffneten Verfahren in der Regel die Zustimmung des Gläubigerausschusses oder der Gläubigerversammlung nach § 160 Abs. 2 Nr. 2 InsO benötigt. Zwar muss das Darlehen die Insolvenzmasse erheblich belasten, es gibt aber – zumindest bisher – noch keine Kriterien, was unter erheblicher Belastung zu verstehen ist, so dass sich der Verwalter im eröffneten Verfahren jegliche Darlehensaufnahme genehmigen lassen sollte.[190]

92

Gläubigerversammlung und Gläubigerausschuss sind aber Organe im eröffneten Insolvenzverfahren, die nicht ohne ausdrückliche Gesetzesermächtigung auf das Eröffnungsverfahren übertragen werden können. Es findet sich auch kein Anhaltspunkt, der für eine analoge Anwendung sprechen würde. Aus § 22 Abs. 2 Satz 2 Nr. 2 InsO ist vielmehr umgekehrt zu entnehmen, dass – soweit im Einzelnen vom Gesetzgeber bestimmt –

---
189 KG ZInsO 1999, 716; AG Duisburg NZI 1999, 421; s. a. unten Rdnr. 11 ff.
190 Ebenso FK-InsO/Wegener, § 160 Rdnr. 7.

das Insolvenzgericht die Aufgabe des Gläubigerausschusses oder der Gläubigerversammlung übernimmt. Im vorläufigen Verfahren hat der Insolvenzverwalter nach der genannten Vorschrift die Zustimmung des Insolvenzgerichtes einzuholen, wenn er das Unternehmen des Schuldners stilllegen möchte. Zwischen Eröffnung des Verfahrens und dem Berichtstermin hat § 158 InsO dieses Zustimmungsrecht dem vorläufigen Gläubigerausschuss zugewiesen. Die Zustimmung eines »vorläufig« vorläufigen Gläubigerausschusses im Eröffnungsverfahren ist somit nicht vorgesehen.[191]

Auch ein Zustimmungsvorbehalt des Insolvenzgerichtes kommt nicht in Frage. Das Gesetz schreibt im Vorverfahren die Zustimmung des Gerichtes nur für eine Stilllegung des Unternehmens vor. Dies lässt sich nicht auf andere Maßnahmen des vorläufigen Verwalters ausdehnen.[192]

93 Somit muss der vorläufige Verwalter in eigener Machtvollkommenheit allein entscheiden, ob und welche Massedarlehen er aufnimmt. Dem entsprechen allerdings auch die Haftungsgefahren. Im Gegensatz zur Konkursordnung sind nunmehr die vom vorläufigen Verwalter aufgenommenen Darlehen im nachfolgenden Insolvenzverfahren Masseverbindlichkeit (§ 55 Abs. 2 InsO). Für diese Verbindlichkeiten hat der Verwalter nach § 61 InsO persönlich zu haften, es sei denn, er konnte bei der Begründung der Verbindlichkeiten nicht erkennen, dass die Masse voraussichtlich zur Erfüllung nicht ausreichen würde. Gerade die Exculpationsmöglichkeit führt dazu, dass Banken und Lieferanten nicht selten von vorneherein in irgendeiner Art eine persönliche Haftung des vorläufigen Verwalters wünschen.

94 Die Aufnahme eines persönlichen Kredites durch den vorläufigen Verwalter ist theoretisch möglich, aber äußerst problematisch. Der Insolvenzverwalter – auch der vorläufige – soll der objektive und unabhängige Wahrer der Interessen aller am Insolvenzverfahren Beteiligten sein.[193] Nimmt dieser nunmehr selbst ein Darlehen auf und gewährt dieses dem schuldnerischen Unternehmen, so verquickt er seine persönlichen Vermögensinteressen mit diesem Betrieb. Er kann die Geschäfte nicht mehr unabhängig und objektiv führen und kommt in erhebliche Interessenskollisionen bezüglich der Sicherung oder Rückzahlung des von ihm persönlich gegebenen Darlehens.[194]

---

191 Vgl. Breutigam/Blersch/Goetsch, a. a. O., § 67 Rdnr. 4; h. M.; wohl a. A. Fink, Maßnahmen des Verwalters zur Finanzierung in der Unternehmensinsolvenz, RWS-Verlag S. 151 f.; AG Köln ZIP 2000, 1350 mit einem Überblick über den Streitstand; s. a. oben Rdnr. 86.
192 A. A. Fink, a. a. O., S. 153 f.
193 S. oben Rdnr. 1 ff.
194 Rechtlich gesehen, liegt ein In-Sich-Geschäft vor, weil der vorläufige Insolvenzverwalter als Privatperson der Schuldnerfirma, deren Verwaltungs- und Verfügungsbefugnisse er hat, ein Darlehen gibt. Kann und darf er sich dieses Darlehen z. B. an Vermögensgegenständen der Schuldnerfirma absichern? Vgl. zur Vermögensbetreuungspflicht des Konkursverwalters: BGH ZInsO 2000, 662 und zur Untreue: BGH ZIP 2001, 383.

Derartige Darlehen korrigieren auch in unzulässiger Weise die »Marktentscheidung«, wenn sich sowohl die Anteilseigner, als auch die professionellen Kreditgeber (Banken etc.) nicht mehr engagieren wollen. Es ist deshalb jedem vorläufigen Insolvenzverwalter nur abzuraten, persönliche Darlehen zu geben.[195]

Auch ein Kostenvorschuss zur Eröffnung des Insolvenzverfahrens aus dem persönlichen Vermögen des vorläufigen Insolvenzverwalters verstößt gegen dessen Pflicht zur Objektivität und Unabhängigkeit und ist deshalb unzulässig.

95

Relativ häufig verlangen die Lieferanten vom vorläufigen Verwalter allerdings eine Garantie, dass die Lieferungen auch bezahlt werden, was im Hinblick auf die Exculpationsmöglichkeit des Verwalters in § 61 InsO verständlich ist. Erscheint die Betriebsfortführung sinnvoll, wird sich der vorläufige Verwalter diesem Wunsch vielfach nicht verschließen können. Der Wortlaut solcher Erklärungen ist ungeheuer variantenreich. Er beginnt bei vorsichtigen Formulierungen:

96

> »Nach dem jetzigen Stand des Verfahrens dürfte die Bezahlung der Lieferung gesichert sein.«

und führt über ernsthaftere Erklärungen

> »Auf dem von mir eingerichteten Anderkonto ist ausreichend Geld zur Bezahlung der Lieferung vorhanden.«

bis zu völlig eindeutigen Garantieerklärungen:

> »Ich garantiere persönlich die Bezahlung dieser Lieferung.«

Wie immer man diese Erklärungen des vorläufigen Verwalters rechtlich einordnet, ob als Garantie, persönlichen Schuldbeitritt, Bonitätserklärung etc., es steht dahinter der Wunsch des Lieferanten, neuen Warenkredit nur bei 100 %iger Sicherheit zu geben, mit der Folge der vollen Haftung des vorläufigen Verwalters, wenn die Lieferungen nicht bezahlt werden können.[196]

Ein wichtiges und viel benutztes Mittel zur Kreditbeschaffung ist die Vorfinanzierung des Insolvenzgeldes. Nach §§ 183 ff. SGB III erhalten die Arbeitnehmer für die letzten 3 Monate des Arbeitsverhältnisses vor Insolvenzeröffnung oder vor Ablehnung der Eröffnung mangels Masse Insolvenz-

97

---

195 A. A. FK-InsO/Schmerbach, § 22 Rdnr. 20, der eine solche persönliche Kreditaufnahme sogar dann empfiehlt, wenn das Geld nur »voraussichtlich« während der Zeit der vorläufigen Insolvenzverwaltung zurückfließt; s. aber FK-InsO/Schmerbach § 26 Rdnr. 97.
196 Vgl. OLG Brandenburg ZIP 1999, 1979 zum Sequester.

geld.[197] Vor Insolvenzeröffnung leistet allerdings das Arbeitsamt bei bestehenden Arbeitsverhältnissen keine Vorschüsse auf das Insolvenzgeld.[198] Nachdem in der Regel aber die finanziellen Mittel nicht ausreichen, um im Eröffnungsverfahren auch noch die Personalkosten zu bezahlen, andererseits die Arbeitnehmer ohne Bezahlung nicht mehr arbeiten und somit eine Betriebsfortführung unmöglich machen würden, wird das Insolvenzgeld (früher Konkursausfallgeld) seit langem in folgenderweise vorfinanziert:

Die Arbeitnehmer verkaufen ihre Gehaltsansprüche, an denen das Insolvenzgeld hängt, an eine Bank. Diese Bank gewährt Zug um Zug gegen Abtretung der Gehälter den Arbeitnehmern ein Darlehen in Höhe des Nettolohnes. Die Bank zeigt die Abtretung dem Arbeitsamt an. Liegen dann die Auszahlungsvoraussetzungen für das Insolvenzgeld vor, erhält dieses die Bank direkt überwiesen.

Die Vorfinanzierung des Insolvenzgeldes ist aus Betriebsfortführungen nicht mehr wegzudenken. Nach vielfachen Änderungen ist die Übertragung oder Verpfändung der Löhne und Gehälter zur Vorfinanzierung des Insolvenzgeldes gem. § 188 Abs. 4 SGB III nunmehr so geregelt, dass sie von der Zustimmung des Arbeitsamtes abhängt. Diese Zustimmung darf nur erteilt werden, wenn Tatsachen die Annahme rechtfertigen, dass durch die Vorfinanzierung der Löhne und Gehälter ein erheblicher Teil der Arbeitsplätze erhalten bleibt. Der vorläufige Insolvenzverwalter muss also dem Arbeitsamt eine positive Prognose-Entscheidung glaubhaft machen, damit der Vorfinanzierung zugestimmt wird. Die bisherige Praxis zeigt, dass die Arbeitsämter sowohl bei der Glaubhaftmachung, als auch bei dem Begriff »ein erheblicher Teil der Arbeitsplätze« einen durchaus großzügigen Maßstab anlegen, vor allem aber auch innerhalb kürzester Frist in wenigen Tagen entscheiden.

98 Weitere Möglichkeiten von Liquiditätsbeschaffung ergeben sich, wenn ein Insolvenzplanverfahren durchgeführt wird und in diesem Rahmen z. B. das Kapital erhöht, eine Beteiligung erworben oder ein Gesellschafterdarlehen gegeben wird.

99 **Die Finanzierungsmöglichkeiten im Überblick:**

- Zahlung aus Geldeingängen (seltener Idealfall)
- Massedarlehen von Banken
- persönliche Darlehen des vorläufigen Insolvenzverwalters (sehr problematisch)
- persönlicher Schuldbeitritt/Garantie/Bonitätserklärung
- Vorfinanzierung Insolvenzgeld
- Insolvenzplan mit allen Möglichkeiten wie Kapitalerhöhung, Beteiligungserwerb, Gesellschafterdarlehen etc.

---

197 S. hierzu aber EuGH ZIP 1997, 1658; ZIP 1997, 1663; FK-InsO/Schmerbach § 22 Rdnr. 21 b.
198 S. a. LSG Nordrhein-Westfalen ZIP 2000, 1119; §186 Abs. 1 Nr. 1 SGB III gewährt nur dann einen Anspruch auf Vorschuss, wenn das Arbeitsverhälnis beendet ist.

c) Betriebseinstellung

Die Betriebsfortführung ist kein Selbstzweck, sondern soll den Gläubigern im Berichtstermin die Entscheidung über das Schicksal des Betriebes in möglichst weitem Umfang offenhalten, darf aber andererseits zu keiner erheblichen Verminderung des Vermögens führen (§ 22 Abs. 1 Satz 2 Nr. 2 InsO). Der starke Verwalter muss also ein vollkaufmännisches Rechnungswesen führen und anhand betriebswirtschaftlicher Rechnungen (Plan-Ertragsrechnung, Liquiditätsbedarfsrechnung, Soll-Ist-Vergleich) ständig prüfen, ob die Gefahr einer erheblichen Verminderung des Vermögens droht. Was unter »erheblich« zu verstehen ist, hat der Gesetzgeber nicht weiter konkretisiert. Zum Teil wird versucht, diesen Begriff sprachlich einzugrenzen »beträchtliche Verluste«, »nicht mehr zumutbare Vermögenseinbußen«,[199] was aber auch keine Klärung herbeiführt.

100

Betragsmäßig kann man eine erhebliche Verminderung des Vermögens sicherlich nicht festmachen. Es wird regelmäßig auf den Einzelfall ankommen.[200] Ob man aus anderen Vorschriften der Insolvenzordnung Anhaltspunkte für eine Auslegung des Begriffes »erheblich« entnehmen kann (z. B. § 138 Abs. 2 Nr. 1 InsO: 25 % Kapitalbeteiligung ist eine erhebliche Beteiligung), erscheint fraglich. In diesem Sinne wäre dann erst eine Verminderung des Vermögens des Schuldners, also der Sollmasse (das um Aus- und Absonderungsrechte bereinigte Vermögen) um mehr als 25 % als erhebliche Verminderung anzusehen.[201] Dies ist zu hoch gegriffen. Ein erhebliche Vermögensminderung ist bereits dann gegeben, wenn die Befriedigung der Gläubiger sich ernsthaft zu verschlechtern droht, wobei eine Einbuße von 10 % bereits erheblich ist.[202]

Dabei muss der vorläufige Insolvenzverwalter beachten, dass dem Stilllegungsrecht eine Stilllegungspflicht entspricht. Nach § 22 Abs. 1 Satz 2 Nr. 2 InsO muss der Insolvenzverwalter einerseits den Betrieb fortführen, er muss aber andererseits den Betrieb stilllegen, wenn eine erhebliche Verminderung des Vermögens droht.

101

Damit der Verwalter bei der Betriebsfortführung die Flinte nicht zu schnell ins Korn wirft, kann er die Entscheidung, den Betrieb stillzulegen, nicht alleine treffen. Er benötigt hierzu gem. § 22 Abs. 1 Satz 2 Nr. 2 InsO die Zustimmung des Insolvenzgerichtes. Der Antrag ist zu begründen. Daraus muss sich ergeben, dass die weitere Fortführung des Betriebes zu Verlusten führt, die eine erhebliche Verminderung des Vermögens verursachen. Die Vorlage der vom Verwalter sorgfältig erstellten Plan-Ertragsrechnungen dürfte hierbei genügen, um dem Gericht eine ausreichende Entscheidungs-

102

---

199 Nerlich/Römermann, a. a. O., § 22 Rdnr. 165.
200 S. AG Aachen ZIP 1999, 1494; dieser Fall ist sicherlich eindeutig. Die freie Masse betrug DM 235.000,–. Bei weiterer Fortführung wären Erlösen von DM 146.000,– Kosten in Höhe von DM 419.000,– gegenüber gestanden.
201 So Nerlich/Römermann, a. a. O., § 22 Rdnr. 166.
202 Vgl. HK-InsO/Kirchhof, § 22 Rdnr. 10.

grundlage zu geben.²⁰³ Aber auch eine einfache Liquiditätsrechnung kann für einen solchen Antrag genügend sein, wenn sich daraus ergibt, dass weder die Forderungseingänge, noch ein evtl. gewährter Massekredit derzeit ausreichen, noch ausreichen werden, um die bereits entstandenen und zukünftig noch entstehenden Verbindlichkeiten zu befriedigen. In diesem Falle ist nicht genügend liquide Masse vorhanden, um die sofort zu erfüllenden Verbindlichkeiten (z. B. Vorauskasse) zu begleichen. Liquidität wäre dann nur noch über echte – und damit im Prinzip unzulässige – Verwertungshandlungen verfügbar. Der Schuldner ist wieder zahlungsunfähig. In diesem Fall kann der vorläufige Verwalter die Fortführung – lediglich unter entsprechender Anzeige an das Insolvenzgericht – sogar ohne Zustimmung einstellen.²⁰⁴

103 Die Beteiligung des Schuldners bei der Stilllegung im vorläufigen Verfahren ist in der InsO nicht vorgesehen. Allerdings wird ihm wegen der großen Bedeutung einer Stilllegung seines Betriebes rechtliches Gehör gewährt werden müssen, wobei wegen der Eilbedürftigkeit dieser Entscheidung sehr kurze Fristen gesetzt werden können. Bei unzumutbarer Verzögerung kann ggf. auch darauf verzichtet werden.²⁰⁵

104 Zu beachten sind aber noch die arbeitsrechtlichen Probleme. Wenn der vorläufige Verwalter einen Betrieb stilllegt, in dem ein Betriebsrat vorhanden ist, muss er sich an die betriebsverfassungsrechtlichen Bestimmungen und das Kündigungsschutzgesetz halten. Er muss also z. B. mit dem Betriebsrat über einen Interessenausgleich und einen Sozialplan verhandeln (§§ 111, 112 BetrVG). Insofern ist für das vorläufige Verfahren in der Insolvenzordnung nichts geregelt, so dass der vorläufige Verwalter letztlich nicht mehr Rechte hat als der Schuldner selbst (s. § 121 InsO).

4. Sonderrechte

Die Behandlung von Sonderrechten durch den vorläufigen starken Verwalter wird noch sehr kontrovers diskutiert. Hier soll nur zwischen folgenden Sonderrechten unterschieden werden:

- Aussonderung (Eigentumsvorbehalt)
- Absonderung (Sicherungsübereignung)
- Absonderung (Globalzession)

---

203 S. auch AG Aachen, a. a. O.
204 Kirchhof, ZInsO 1999, 365, 368.
205 Vgl. Nerlich/Römermann, a. a. O., § 22 Rdnr. 167.

a) Aussonderung (Eigentumsvorbehalt)

Der häufigste Fall der Aussonderung ist nach noch herrschender Meinung der einfache Eigentumsvorbehalt. Mit der Aussonderung wird geltend gemacht, dass der beanspruchte Gegenstand nicht zum Schuldnervermögen gehört. § 47 InsO legt fest, dass sich der Anspruch auf Aussonderung des Gegenstandes nach den Gesetzen bestimmt, die außerhalb des Insolvenzverfahrens gelten. Die Sicherungsmaßnahmen nach § 21 InsO beziehen sich nur auf das Vermögen des Schuldners. So ist auch die Verwaltungs- und Verfügungsbefugnis des starken vorläufigen Verwalters auf diese Vermögensmasse begrenzt. Jeder Eigentümer hat somit das Recht, seine Gegenstände vom vorläufigen Verwalter herauszuverlangen, es sei denn, dieser hat ein Recht zum Besitz.[206] Dieses kann zum einen aus dem mit dem Schuldner abgeschlossenen Kaufvertrag herzuleiten sein, wenn der Eigentümer/Verkäufer z. B. noch keinen Rücktritt erklärt oder noch nicht in zulässigerweise das Besitzrecht des Schuldners widerrufen hat. Zum anderen kann sich ein solches Besitzrecht auch aus insolvenzrechtlichen Vorschriften ergeben.

105

Zwar kann der vorläufige Verwalter das Wahlrecht nach § 103 InsO noch nicht ausüben, da eine analoge Anwendung dieser Vorschrift auf das Vorverfahren nach einhelliger Meinung nicht zulässig ist.[207] § 107 Abs. 2 InsO bestimmt aber ausdrücklich, dass der Insolvenzverwalter sein Wahlrecht nach § 103 InsO nach entsprechender Aufforderung erst unverzüglich nach dem Berichtstermin ausüben muss, wenn der Schuldner vor Eröffnung des Insolvenzverfahrens eine bewegliche Sache unter Eigentumsvorbehalt gekauft und vom Verkäufer den Besitz erlangt hatte. Der von § 107 Abs. 2 InsO umfasste Zeitraum betrifft auch das Vorverfahren.

106

Dies bedeutet, dass der vorläufige Verwalter keine Erklärung nach § 107 InsO abgeben muss, dies bedeutet aber auch, dass er die Herausgabe des Gegenstandes verweigern kann, weil sonst das Recht des endgültigen Verwalters nach § 107 Abs. 2 InsO ausgehöhlt würde. Damit gibt § 107 Abs. 2 InsO dem starken vorläufigen Verwalter ein insolvenzrechtliches Besitzrecht. Gleiches gilt im Übrigen aufgrund von § 112 InsO für einen gemieteten oder gepachteten Gegenstand.[208]

Ein quasi formelles Recht zum Besitz hat der vorläufige Verwalter dann, wenn das Gericht ein Vollstreckungsverbot gem. § 21 Abs. 2 Nr. 3 InsO erlassen hat. Dieses hindert den Eigentümer an der gerichtlichen Durchsetzung seines Herausgabeverlangens.[209]

---

206 Für viele: FK-InsO/Joneleit/Imberger, § 47 Rdnr. 17; KS/Wellensiek, S. 413; s. BegrRegE in Kübler/Prütting, Die neue Insolvenzordnung, S. 217; zur KO: BGHZ 10, 69, 72.
207 Vgl. Nerlich/Römermann, a. a. O., § 22 Rdnr. 132; FK-InsO/Schmerbach, § 22 Rdnr. 13; Pohlmann, a. a. O., S. 243 f.
208 Vgl. Kirchhof, ZInsO 1999, 436; Braun/Uhlenbruck, a. a. O., 254 f.; FK-InsO/Joneleit/Imberger, § 47 Rdnr. 23; AG Mühldorf ZInsO 1999, 481; a. A. Pohlmann, a. a. O., S. 211; Nerlich/Römermann, a. a. O., § 22 Rdnr. 132.
209 S. LG Berlin ZInsO 1999, 355; Kirchhof, a. a. O.

Bruder

107 Hat der starke vorläufige Verwalter aber ein Recht zum Besitz, kann er auch die Sache nutzen. Dies gilt nach § 107 Abs. 2 InsO nur dann nicht, wenn in der Zeit bis zum Berichtstermin eine erhebliche Verminderung des Wertes der Sache zu erwarten ist und der Gläubiger den Verwalter auf diesen Umstand hingewiesen hat. Dieser Wortlaut lässt darauf schließen, dass nicht erhebliche Verminderungen des Wertes und erhebliche Verminderungen, auf die der Gläubiger nicht hingewiesen hat, vom Verwalter nicht ersetzt werden müssen. Dies steht zwar in einem gewissen Gegensatz zu den Zinszahlungs- und Wertausgleichspflichten bei Absonderungsrechten gem. §§ 169 und 172 InsO. Ein Vergleich zwischen § 107 Abs. 2 Satz 2 InsO einerseits und §§ 169, 172 InsO andererseits zeigt, dass eine unterschiedliche Behandlung beim Wertausgleich zwischen Aus- und Absonderungsrechten aber gewollt ist. Die §§ 169, 172 InsO sind insoweit deshalb nicht analogiefähig.[210]

108 Eine Verwertung von Aussonderungsgut ist nicht zulässig. Sollte allerdings das Insolvenzverfahren eröffnet und vom Insolvenzverwalter das Wahlrecht so ausgeübt werden, dass er in den Kaufvertrag eintritt, dann hätte die – unberechtigte – Verwertung keine Folgen. Es wäre nur der Kaufpreis an den Gläubiger zu bezahlen, es sei denn, der vorläufige Verwalter hätte den Gegenstand unter Wert verkauft.

b) Absonderung (Sicherungsübereignung)

109 Im Gegensatz zu den Aussonderungsrechten hat der Gläubiger mit einem Absonderungsrecht keinen Anspruch auf die Sache selbst, sondern lediglich auf den Wert bis zur Höhe seiner Forderung. Damit könnte der absonderungsberechtigte Gläubiger nur Herausgabe der Sache zu Verwertungszwecken verlangen (§§ 51, 166 ff. InsO). Einer der wichtigsten Fälle eines Absonderungsrechtes ist die Sicherungsübereignung. Nach § 166 Abs. 1 InsO darf der Insolvenzverwalter eine bewegliche Sache, an der ein Absonderungsrecht besteht, freihändig verwerten, wenn er die Sache in seinem Besitz hat. Dies ist ein entscheidender Unterschied zur Aussonderung. Der Verwalter hat bei einer unter Eigentumsvorbehalt stehenden Sache nur ein Wahlrecht, bei einer sicherungsübereigneten Sache aber ein Verwertungsrecht. Daraus ist für den starken vorläufigen Verwalter zu schließen, dass dieser den Gegenstand nicht herausgeben muss und ihn bis zur Verwertung nutzen kann. Müsste der vorläufige Verwalter den sicherungsübereigneten Gegenstand an den Gläubiger herausgeben, würde das Verwertungsrecht nach § 166 InsO leer laufen.[211]

110 § 169 Satz 2 InsO weist im Übrigen auf eine andere Möglichkeit hin, dem Gläubiger das Herausgaberecht zu verwehren, nämlich auf den Erlass eines

---

210 Ebenfalls für ein Benutzungsrecht: KS/Wellensiek, S. 414, der aber § 172 Abs. 1 Satz 1 InsO analog anwenden möchte.
211 Vgl. Kübler/Prütting, Kommentar zur Insolvenzordnung, § 22 Rdnr. 6; Nerlich/Römermann, a. a. O., § 22 Rdnr. 133 ff.; HK-InsO/Kirchhof, § 22 Rdnr. 9; Pohlmann, a. a. O., S. 236.

Vollstreckungsverbotes nach § 21 Abs. 2 Nr. 3 InsO.[212] Nach § 169 Satz 2 InsO kann bereits den starken vorläufigen Verwalter eine Zinszahlungspflicht treffen, wenn nämlich der Gläubiger aufgrund einer Anordnung nach § 21 InsO an der Verwertung des Gegenstandes gehindert wurde und der Gegenstand 3 Monate nach dieser Anordnung noch nicht verwertet ist. Die Pflicht zum Ausgleich des Wertverlustes nach § 172 InsO trifft wiederum nur den Insolvenzverwalter selbst und nicht den vorläufigen Verwalter.

c) Absonderung (Globalzession)

Bei der Globalzession als einem weiteren Fall des Absonderungsrechtes liegen die Verhältnisse noch etwas anders. Hier hat die Gesetzgebung für reichlich Verwirrung gesorgt.[213] So hatte der Regierungsentwurf des heutigen § 166 Abs. 2 InsO noch einen weiteren Halbsatz und lautete wie folgt:

111

> »(2) Der Verwalter darf eine Forderung, die der Schuldner zur Sicherung eines Anspruchs abgetreten hat, einziehen oder in anderer Weise verwerten, wenn die Abtretung dem Drittschuldner nicht angezeigt worden ist.«

Der Rechtsausschuss hat den letzten Halbsatz gestrichen und darauf hingewiesen, dass dadurch das Verwertungsrecht des Verwalters erweitert wird.

Möglicherweise aufgrund dieser redaktionellen Änderung wird vertreten, dass der vorläufige Verwalter nach § 21 InsO ermächtigt werden kann, sicherungsabgetretene Forderungen einzuziehen,[214] bzw. dass § 166 Abs. 2 InsO bereits seine Schatten ins Vorverfahren wirft, so dass auch der vorläufige Verwalter zur Einziehung der Forderungen berechtigt sei.[215] Das Verwertungsrecht nach § 166 Abs. 2 InsO gilt aber erst im eröffneten Verfahren und ist aufgrund des klaren Wortlautes nicht der Analogie fähig. Dies bedeutet, dass der vorläufige Verwalter sich an die Vereinbarungen zu halten hat, die der Schuldner mit dem Gläubiger getroffen hat. Wenn die Einziehungsermächtigung noch nicht widerrufen ist, kann der starke vorläufige Verwalter weiterhin die Forderungen einziehen. Die Bestellung eines solchen Verwalters lässt die Einziehungsermächtigung nicht automatisch erlöschen. Dies geschieht erst durch die Insolvenzeröffnung selbst.[216]

112

Dies hilft aber dann nichts, wenn der Gläubiger die Einziehungsermächtigung eindeutig widerrufen hat. In diesem Fall kann ihm das Recht nicht verwehrt werden, die Forderungen selbst einzuziehen, indem er die Dritt-

---

212 S. hierzu LG Berlin ZInsO 1999, 355.
213 S. Folties ZInsO 1999, 386.
214 Vgl. AG Duisburg ZInsO 1999, 487; ebenso wohl BayObLG NZI 2001, 592.
215 So KG ZInsO 1999, 716; Nerlich/Römermann, a. a. O., § 22 Rdnr. 134 f.; s. aber OLG Hamm ZInsO 1999, 535 (Schadensersatz gegen Sequester wegen Vereitelung des Rechts auf abgesonderte Befriedigung).
216 BGH ZIP 2000, 895 (zur Sequestration); Kirchhof, ZInsO 2001, 1, 9, und 1999, 437; HK-InsO/Kirchhof, § 22 Rdnr. 9; a. A. Pohlmann, a. a. O., S. 226.

schuldner zur Zahlung an sich auffordert.[217] Auch das Insolvenzgericht kann den Gläubigern insoweit nicht untersagen, die Forderungen selbst einzuziehen.[218] Es fehlt hierzu an einer gesetzlichen Grundlage.

113 Erst mit Eröffnung des Insolvenzverfahrens kann der endgültige Verwalter die Rechte aus § 166 Abs. 2 InsO geltend machen. Diese Folge kann der endgültige Verwalter nur durch Insolvenzanfechtung beseitigen, soweit die Voraussetzungen dafür jeweils gegeben sind.[219]

114 **Die Möglichkeiten des (vorl.) Insolvenzverwalters bei Sonderrechten:**

InsAntrag	EV-Ware (Aussonderung)		Rückgabe
	InsEröff.	Berichtstermin	Verwertung
1) ev. schuldrechtl. Besitz- und NutzungsR	1) wie vorher	1) wie vorher	
2) »materielles« ins.-rechtl. BesitzR (§ 103/107) Ausnahme § 107 Abs. 2 Satz 2	2) wie vorher	2) ggf. kein BesitzR mehr	
3) »formelles« ins-rechtl. BesitzR § 21 Abs. 2 Nr. 3	3) entfällt	3) entfällt	
4) NutzungsR (aber 107 Abs. 2 Satz 2)	4) wie vorher	4) kein NutzungsR mehr	
5) Entschädigung: keine Entschädigung nach InsO	5) Entschädigung: wie vorher	5) Entschädigung: evtl. schuldrechtl. Entschädigung	

---

217 Kirchhof, ZInsO 2001, 1, 9.
218 A. A. KG ZInsO 1999, 716.
219 Vgl. Kirchhof, a. a. O.

	Miete/Pacht		
InsAntrag	InsEröff.	Berichtstermin	Rückgabe Verwertung
1) ev. schuldrechtl. Besitz- und NutzungsR	1) wie vorher	1)-6) wie nach InsEröffnung	
2) »materielles« ins.-rechtl. BesitzR – bei bewegl. Gegenständen wg. § 103 – bei unbewegl. Gegenständen ggf. wg. § 112	2) ins.-rechtl. BesitzR – bei bewegl. Gegenständen bis zur Ausüb. des Wahlrecht – bei unbewegl. Gegenständen wie vorher		
3) »formelles« ins-rechtl. BesitzR § 21 Abs. 2 Nr. 3	3) entfällt		
4) NutzungsR	4) NutzungsR – bei bewegl. Gegenständen je nach Wahlrecht – bei unbewegl. Gegenständen je nach Kündigung		
5) Mietzinszahlungspflicht wird Masseschuld nur bei starkem Verwalter § 55 II	5) Mietzinszahlungspflicht je nach Wahlrecht bzw. Kündigung		
6) Kündigung: nur vertraglich	6) Kündigung – bei unbewegl. Gegenständen: ges. K.Frist § 109 – bei bewegl. Gegenständen: Wahlrecht § 103		

	SiÜ-Ware (Absonderung)		
InsAntrag	InsEröff.	Berichtstermin	Rückgabe Verwertung
1) ev. schuldrechtl. Besitz- und NutzungsR	1) wie vorher	1) wie vorher	
2) »materielles« ins.-rechtl. BesitzR wg. §§ 166, 159	2) wie vorher	2) Verwertungspflicht	
3) »formelles« ins-rechtl. BesitzR § 21 Abs. 2 Nr. 3	3) entfällt	3) entfällt	
4) NutzungsR	4) wie vorher	4) Verwertungspflicht	
5) Entschädigung: bei § 21 II Nr. 3 nach 3 Monaten Zinsausgleich § 169 S. 2	5) Entschädigung: a) wie vorher b) Ausgleich Wertverlust bei Nutzung § 172	5) Entschädigung: a) wie vorher b) wie vorher	

5. Sonstige Verwaltungs- und Verfügungsbefugnis

115 Unter den sonstigen Rechten im Rahmen der Verwaltungs- und Verfügungsbefugnis sollen hier hervorgehoben werden:

- Abschluss von gegenseitigen Verträgen,
- Ausspruch von Kündigungen,
- Prozessführung.

a) Abschluss von gegenseitigen Verträgen

116 Die Zulässigkeit des Abschlusses von gegenseitigen Verträgen ist für den starken vorläufigen Insolvenzverwalter aufgrund seiner Verwaltungs- und Verfügungsbefugnis rechtlich unproblematisch. Er ist zur Betriebsfortführung verpflichtet, dies setzt die Fortführung alter Verträge und den Abschluss von Neuverträgen mit Lieferanten, Kunden etc. geradezu voraus. Wie oben bereits erwähnt[220] hat der starke vorläufige Verwalter aber keine Möglichkeit, ein Wahlrecht gem. § 103 InsO auszuüben und für den späteren endgültigen Verwalter verbindlich die Erfüllung eines gegenseitigen Vertrages zu verlangen oder aber die Erfüllung eines solchen Vertrages abzulehnen. Bezüglich dieser gegenseitigen Verträge gelten für den starken vorläufigen Verwalter die ganz normalen Vorschriften des BGB, HGB etc.

117 Es fragt sich aber, ob sich nicht aus dem Sicherungszweck des vorläufigen Insolvenzverfahrens (§ 22 Abs. 1 Satz 2 Nr. 1 InsO) auch für den starken vorläufigen Verwalter trotz seiner Verwaltungs- und Verfügungsbefugnis Grenzen dieser Befugnis nicht nur nach innen, sondern auch nach außen ergeben. Zum Abstecken dieser Grenzen wird man nur noch zum Teil die frühere Rechtsprechung zum Sequester heranziehen können, weil dieser mit geringen Ausnahmen gerade keine eigene Verfügungsbefugnis hatte. Die Verwaltungs- und Verfügungsbefugnis des starken vorläufigen Verwalters zusammen mit der Konsequenz, dass dieser Masseverbindlichkeiten nach § 55 Abs. 2 InsO begründen kann, sollte das Vertrauen der beteiligten Verkehrskreise in die Tätigkeit eines starken Verwalters stärken und damit eine Betriebsfortführung erleichtern. Diese Absicht würde konterkariert, wenn man vorschnell Handlungen des starken Verwalters für unwirksam erklärt oder der Anfechtung unterwirft, weil sie außerhalb des Sicherungszweckes im Sinne von § 22 InsO lägen.[221] Werden durch Rechtshandlungen des starken vorläufigen Verwalters Masseverbindlichkeiten begründet, gesichert oder erfüllt, sind diese der Anfechtung entzogen. Im Übrigen unterliegen sie den allgemeinen Anfechtungsregeln.[222]

Die Grenze für die Unwirksamkeit muss dort gezogen werden, wo sich der vorläufige Verwalter so weit von dem Sicherungszweck des vorläufigen Insolvenzverfahrens entfernt, dass dies auch für alle Beteiligten erkennbar ist.

---

220 Rdnr. 106.
221 HK-InsO/Kirchhof, § 22 Rdnr. 22.
222 Kirchhof, ZInsO 2000, 297.

> **Beispiele aus der Rechtsprechung zum Sequester:**
> - Handlungen des Sequesters gegenüber beteiligten Dritten sind nichtig, wenn bloße Konkursforderungen durch Anerkenntnis oder Bestellung von Sicherheiten rechtsgeschäftlich zu Masseschulden verstärkt werden, obwohl dies zur Betriebsfortführung nicht unabweisbar notwendig ist.[223]
> - Gleiches gilt, soweit der Sequester bloße Insolvenzforderungen aus dem verwalteten Vermögen bezahlt, Vermögen des Schuldners unentgeltlich einem Dritten überlässt oder zu Unrecht Absonderungsrechte anerkennt.[224]

b) Ausspruch von Kündigungen

Aus der Verfügungsbefugnis des starken vorläufigen Verwalters folgt auch die Zulässigkeit von einseitigen Rechtsgeschäften, z. B. von Kündigungen. Sonderkündigungsrechte des endgültigen Verwalters, z. B. § 113 InsO, stehen ihm aber nicht zu. Das Gesetz hat diese Rechte ausdrücklich der Insolvenzverwaltung selbst vorbehalten.[225]

118

c) Prozessführung

Wie sehr der starke Verwalter dem endgültigen Verwalter angenähert ist, zeigt sich auch bei der Frage der Prozessführung. Ein Rechtsstreit wird nach § 240 ZPO bereits dann unterbrochen, wenn die Verwaltungs- und Verfügungsbefugnis über das Vermögen des Schuldners auf einen starken vorläufigen Insolvenzverwalter übergegangen ist. Dieser hat dann auch das Recht – wie ein endgültiger Verwalter – Aktivprozesse aufzunehmen (§ 24 Abs. 2 i. V. m. § 85 Abs. 1 InsO). Dabei entsteht die bemerkenswerte Situation, dass der endgültige Verwalter für die Aufnahme eines solchen Prozesses in der Regel die Zustimmung des Gläubigerausschusses oder der Gläubigerversammlung einzuholen hat (§ 160 Abs. 2 Nr. 3 InsO), für den starken vorläufigen Verwalter aber eine entsprechende Bestimmung nicht existiert. Eine analoge Anwendung scheidet aus, weil es im vorläufigen Insolvenzverfahren noch keine »Selbstverwaltungsorgane« der Gläubiger, also weder einen Gläubigerausschuss, noch eine Gläubigerversammlung gibt. Wegen dieser Situation möchte Pohlmann[226] den starken vorläufigen Verwalter in Analogie zu § 160 Abs. 2 Nr. 3 InsO an eine Zustimmung des Insolvenzgerichtes binden. Auch eine solche Analogie ist unzulässig, da der Gesetzgeber im Vorverfahren eine § 160 InsO entsprechende Vorschrift bewusst nicht geschaffen hat und die Bindung an eine Zustimmung des Insolvenzgerichtes über eine zulässige »Rechtsfortbildung« hinausgin-

119

---

223 Vgl. BGHZ 118, 379 f.
224 Vgl. BGH NJW 1997, 1571.
225 Strittig; a. A. FK-InsO/Eisenbeis, § 113 Rdnr. 11.
226 Pohlmann, a. a. O., S. 295.

ge. Der starke vorläufige Verwalter wird nur in einem einzigen Fall an die Zustimmung des Insolvenzgerichtes gebunden und zwar bei seiner Entscheidung, ob das Unternehmen stillgelegt werden soll (§ 22 Abs. 2 Satz 2 Nr. 2 InsO). Nur diese für das künftige Insolvenzverfahren bedeutendste Entscheidung soll der starke vorläufige Verwalter nicht alleine treffen dürfen.

Damit kann er im Eröffnungsverfahren Aktivprozesse mit höchstem Streitwert und größter Bedeutung aufnehmen, ohne eine Zustimmung einholen zu müssen.[227]

120 Mangels Verweisung in § 24 Abs. 2 InsO ist der starke Verwalter aber nicht berechtigt, die Aufnahme von Aktivprozessen entsprechend § 85 Abs. 2 InsO endgültig abzulehnen. Im vorläufigen Verfahren können also Schuldner und Gegner den starken Verwalter nicht zu einer Entscheidung zwingen, ob er einen Aktivprozess aufnimmt oder ablehnt.

121 Normale Passivprozesse, die die Insolvenzmasse betreffen, können im Eröffnungsverfahren von keiner Partei aufgenommen werden. Dies ist erst nach dem Prüfungstermin möglich (§§ 87, 174, 179, 180 InsO). Ausnahmen hierfür bestimmt § 86 Abs. 1 InsO für

- die Aussonderung eines Gegenstandes aus der Insolvenzmasse,
- die abgesonderte Befriedigung oder
- eine Masseverbindlichkeit.

Zur Frage der Prozessführung eines vorläufigen Insolvenzverwalters ist bereits eine Entscheidung des BGH ergangen. Gerade im Hinblick auf Stimmen in der Literatur, die den schwachen vorläufigen Verwalter (mit Zustimmungsvorbehalt § 21 Abs. 2 Nr. 2 InsO) dem starken Verwalter (mit Verwaltungs- und Verfügungsbefugnis § 22 Abs. 1 Satz 1 InsO) bezüglich der Begründung von Masseforderungen gem. § 55 Abs. 2 InsO gleichsetzen wollen,[228] erklärt der BGH eindeutig, der schwache vorläufige Verwalter habe keine Verwaltungs- und Verfügungsbefugnis und werde damit von § 240 ZPO nicht erfasst. Ein Rechtsstreit, in dem für eine Partei nur ein schwacher vorläufiger Verwalter bestellt ist, werde somit nicht unterbrochen.[229]

Dieser Entscheidung sind keinerlei Anhaltspunkte zu entnehmen, dass die Konstellation eines schwachen vorläufigen Verwalters mit Zustimmungsvorbehalt eine unzulässige Umgehung[230] sein könnte.

122 Ordnet das Gericht lediglich ein allgemeines Verfügungsverbot an, ohne zugleich einen vorläufigen Verwalter zu bestellen, so tritt dadurch keine Unterbrechung des Rechtsstreits nach § 240 ZPO ein. Da durch das Verfügungsverbot jedoch die Handlungsfähigkeit des Schuldners nicht mehr ge-

---

227 Vgl. HK-InsO/Kirchhof, § 22 Rdnr. 26.
228 S. Bork, ZIP 1999, 781.
229 BGH ZIP 1999, 1314.
230 Bork, a. a. O.

geben ist, muss ein Rechtsstreit in entsprechender Anwendung des § 148 ZPO solange ausgesetzt werden, bis das Insolvenzgericht einen vorläufigen Verwalter einsetzt oder über die Eröffnung entschieden hat.[231]

d) Steuergeheimnis

Möchte der vorläufige Verwalter Auskunft haben, ob Steuererstattungsansprüche bestehen bzw. wie hoch die Steuerforderungen sind oder welche Beträge in der letzten Zeit vor Insolvenzantrag vollstreckt worden sind, wird ihm von den Finanzbehörden in der Regel entgegengehalten, Auskünfte könnten wegen des Steuergeheimnisses nicht erteilt werden. In der Tat bestimmt § 30 Abs. 4 AO, dass das Steuergeheimnis zu wahren ist, und ein Amtsträger dieses verletzt, wenn er Verhältnisse eines anderen, insbesondere fremde Betriebs- oder Geschäftsgeheimnisse unbefugt offenbart, die ihm u. a. in einem Verwaltungsverfahren bekannt gemacht worden sind (§ 30 Abs. 1 u. 2 AO). Eine Offenbarung dieser Kenntnisse ist in der Regel nur dann zulässig, wenn

- sie der Durchführung eines Steuerverfahrens dient,
- sie durch Gesetz ausdrücklich zugelassen ist,
- der Betroffene zustimmt.

123

Man wird deshalb im vorläufigen Insolvenzverfahren bezüglich des Steuergeheimnisses danach differenzieren müssen, welche Sicherungsmaßnahmen das Gericht angeordnet hat. Wurde ein starker vorläufiger Verwalter bestellt, und damit auch ein allgemeines Verfügungsverbot erlassen (§ 22 Abs. 1 InsO), dann ist dieser Verwalter gem. § 34 Abs. 3 AO Vertreter des Schuldners und hat damit dessen steuerliche Pflichten zu erfüllen.[232] Steuerbescheide sind damit an den starken vorläufigen Verwalter zu richten, so dass diesem auch alle zur Durchführung des vorläufigen Verfahrens notwendigen Auskünfte zu geben sind. Eine Offenbarung ist nach § 30 Abs. 4 Nr. 1 AO zulässig. Im Übrigen unterliegt das Steuergeheimnis im Falle eines Insolvenzverfahrens als notwendige Folge der gesetzlichen Regelung des Insolvenz- und des Besteuerungsverfahrens grundsätzlich Einschränkungen.[233]

124

Lassen sich der Schuldner und sein Ehegatte zusammen zur Einkommensteuer veranlagen, sind sie Gesamtschuldner. Unter diesen hat die Wahrung des Steuergeheimnisses keine Bedeutung, so dass die durch die Zusammenveranlagung bedingte Information des starken vorläufigen sowie des endgültigen Verwalters auch über Einkünfte des nicht an der Insolvenz beteiligten Ehegatten des Schuldners keine Verletzung des Steuergeheimnisses ist.[234]

---

231 Thüringer OLG ZInsO 2000, 566.
232 Vgl. Verfügung der OFD Koblenz v. 30. 6. 1999, ZInsO 1999, 566.
233 BFH ZIP 2000, 1262, 1263.
234 BFH ZIP 2000, 1262, 1263.

e) Bankgeheimnis

125 Ebenso wie die Finanzbehörden halten auch die Banken dem vorläufigen Insolvenzverwalter in der Regel das Bankgeheimnis entgegen, wenn dieser Auskünfte über Bankguthaben, Sicherheiten oder Geldeingänge vor bzw. nach Insolvenzantrag haben möchte. Im Gegensatz zum Steuergeheimnis gibt es bezüglich des Bankgeheimnisses keine ausdrückliche gesetzliche Regelung.

126 Gegenüber staatlichen Eingriffen lässt sich das Bankgeheimnis sowohl auf Grundrechte des Kunden als auch auf Grundrechte der Bank zurückführen. Auf Seiten der Bank ist das Bankgeheimnis durch Art. 12 Abs. 1 GG geschützt.[235] Auf Seiten des Kunden wird zum Teil auf das »allgemeine Persönlichkeitsrecht« im Rahmen von Art. 1 und 2 GG abgestellt, aber auch auf das Recht zur freien Entfaltung der Persönlichkeit im Sinne von Art. 2 Abs. 1 GG. Durch diese Rechte werden die Freiheit, sich vorbehalt- und gefahrlos einem anderen anvertrauen und bei ihm Rat und Unterstützung suchen zu können, die Freiheit der wirtschaftlichen Betätigung, die Vertragsfreiheit und das Recht auf informationelle Selbstbestimmung geschützt.[236] Der Schutz des Bankgeheimnisses kann folglich aufgrund der Schrankentrias des Art. 21 Abs. 1 Halbsatz 2 durch die »verfassungsmäßige Ordnung«, d. h. durch jede formell und materiell verfassungsmäßige Form eingeschränkt werden, soweit diese Einschränkung zumutbar und verhältnismäßig ist.[237]

127 Im Verhältnis zwischen Dritten und der Bank ist das Bankgeheimnis nur im Rahmen der sog. Drittwirkung der Grundrechte geschützt. Als Abwehrrecht kann Art. 2 GG deswegen nicht bei Privaten herangezogen werden. Der umfassende Schutz des Bankgeheimnisses ergibt sich jedoch aus der Sonderbeziehung zwischen Bank und Kunden. Strittig ist, ob dieser Schutz auf der vertraglichen Beziehung gründet, oder ob es sich um einen Unterfall der auf der Geschäftsbeziehung beruhenden Vertrauenshaftung der Bank handelt.[238] Anerkannt ist jedenfalls, dass das Bankgeheimnis schon im vorvertraglichen Stadium geschützt, von der Nichtigkeit des Vertrages unabhängig ist und Umstände betrifft, die die Bank lediglich im Zusammenhang mit der Geschäftsverbindung als solcher erfahren hat.[239]

Welche Bedeutung dem Bankgeheimnis vom Gesetzgeber beigemessen wird, lässt sich auch aus § 30 a AO entnehmen, der durch das Steuerreformgesetz 1990 vom 28. 7. 1988[240] eingefügt wurde. Danach haben die Finanzbehörden bei der Ermittlung des Steuersachverhaltes auf das Vertrauensver-

---

235 Canaris, Bankvertragsrecht, 3. Auflage 1998, Rdnr. 38.
236 Dazu ausführlicher Canaris, a. a. O., Rdnr. 36 ff.
237 Vgl. Canaris, a. a. O., Rdnr. 37 m. w. N.
238 Dazu auch Canaris, a. a. O., Rdnr. 42.
239 Canaris, a. a. O., Rdnr. 42 a. E. m. w.N.
240 BGBl. I 1988, S. 1093.

hältnis zwischen den Kreditinstituten und deren Kunden besonders Rücksicht zu nehmen (§ 30 a Abs. 1 AO).

Einem starken vorläufigen Insolvenzverwalter kann die Bank aber das Bankgeheimnis nicht entgegenhalten. Wird ein solcher Verwalter bestellt, also dem Schuldner auch ein allgemeines Verfügungsverbot auferlegt (§ 22 Abs. 1 InsO), geht die Verwaltungs- und Verfügungsbefugnis über das Vermögen des Schuldners auf den vorläufigen Insolvenzverwalter über. Somit steht diesem auch die Befugnis zu, von der Bank Auskünfte über das Vermögen des Schuldners zu verlangen. Der Schuldner selbst kann dies nicht verhindern. Er kann sich nicht auf das Recht zur freien Entfaltung der Persönlichkeit im Sinne von Art. 2 Abs. 1 GG berufen, da es sich bei der Anordnung des allgemeinen Verfügungsverbotes um eine staatliche Maßnahme handelt, die ihre gesetzliche Grundlage in § 22 Abs. 1 Satz 1 InsO findet. Bei dringendem Verdacht auf Verdunkelungshandlungen des Geschäftsführers des Schuldners kann das Gericht den vorläufigen Insolvenzverwalter darüber hinaus ermächtigen, bei Kreditinsituten Auskünfte auch über deren Geschäftsbeziehungen zum Geschäftsführer einzuholen. Das Bankgeheimnis steht dem nicht entgegen, weil der Geschäftsführer auch insoweit nach §§ 97, 101 InsO umfassend zur Auskunft verpflichtet ist.[241]

6. Begründung von Masseverbindlichkeiten (§ 55 Abs. 2 InsO)

Wie bereits erwähnt, entspricht die Begründung von Masseverbindlichkeiten gem. § 55 Abs. 2 InsO der Stellung des starken vorläufigen Verwalters mit Verwaltungs- und Verfügungsbefugnis. Entgegen der Rechtsprechung zum Sequester, der nach herrschender Meinung keine Masseverbindlichkeiten begründen konnte,[242] ist in § 55 Abs. 2 InsO ausdrücklich bestimmt, dass der starke vorläufige Verwalter dies in erheblichem Umfang kann. 128

Das sind zum einen Verbindlichkeiten aus dem Handeln des starken vorläufigen Verwalters, und zwar unabhängig davon, ob es sich um vertragliche oder gesetzliche Verbindlichkeiten handelt. Darunter fallen also alle Ansprüche aus den vom Verwalter abgeschlossenen Verträgen, und zwar nicht nur Erfüllungs-, sondern auch vertragliche Schadensersatzansprüche. Gleiches gilt für die steuerlichen Folgen des Verwalterhandelns, die Umsatzsteuer, Gewerbesteuer, Grunderwerbssteuer, Einkommensteuer etc. 129

Das sind zum anderen Verbindlichkeiten aus Dauerschuldverhältnissen, soweit der starke vorläufige Verwalter die Gegenleistung in Anspruch genommen hat. Dauerschuldverhältnisse sind im Wesentlichen Miet- und Pachtverträge und Dienst- und Arbeitsverträge. Nutzt der starke vorläufige Verwalter die Miet- oder Pachträume, dann begründet er im nachfolgenden Insolvenzverfahren Masseverbindlichkeiten. Nimmt er die Arbeitsleistung 130

---

241 AG Duisburg NZI 2000, 606; vgl. auch grundlegend Huber, ZInsO 2001, 289.
242 Vgl. BGH NJW 1986, 1496.

der Arbeitnehmer entgegen, gilt das Gleiche. Will er die Begründung von Masseverbindlichkeiten vermeiden, muss er die Arbeitnehmer freistellen. Werden diese im vorläufigen Insolvenzverfahren nicht bezahlt und erhalten Insolvenzgeld, so gehen die Ansprüche der Arbeitnehmer mit dem jeweiligen Rang auf die Bundesanstalt für Arbeit über (§ 187 SGB III).[243] Das heißt, waren die Arbeitnehmer freigestellt, so hatten diese keine Masseforderungen und die Bundesanstalt für Arbeit muss das Insolvenzgeld als normale Forderung zur Tabelle anmelden. Hatte der starke vorläufige Verwalter die Arbeitsleistung entgegengenommen, waren die Entgeltansprüche Masseverbindlichkeiten, was sich wieder auf das Insolvenzgeld auswirkt. Die Bundesanstalt für Arbeit hatte einen Masseanspruch.[244]

131 Die Entstehung von Masseverbindlichkeiten hatte bewirkt, dass in einer größeren Zahl von Fällen nicht der starke vorläufige Verwalter sondern lediglich ein schwacher vorläufiger Verwalter mit Zustimmungsvorbehalt bestellt wurde. Der Bundestag hat deshalb in seinem Änderunggesetz zur Insolvenzordnung § 55 Abs. 3 InsO angefügt. Wenn nunmehr Ansprüche auf Arbeitsentgelt, die nach § 55 Abs. 2 InsO begründet wurden, gem. § 187 SGB III auf die Bundesanstalt für Arbeit übergehen, so kann die Bundesanstalt diese nur als einfache Insolvenzgläubigerin geltend machen.

Für Altfälle (Insolvenzverfahren, die vor Inkrafttreten des Änderungsgesetzes eröffnet worden sind) bleibt es aber dabei, dass die Ansprüche der Bundesanstalt Masseverbindlichkeiten sind. Daran ändert auch § 108 Abs. 2 InsO nichts. Nach dieser Vorschrift kann ein Gläubiger aus einem Dauerschuldverhältnis Ansprüche für die Zeit vor der Eröffnung des Insolvenzverfahrens nur als Insolvenzgläubiger geltend machen. § 55 Abs. 2 InsO ist gegenüber § 108 Abs. 2 InsO lex specialis. Diese Vorschrift greift im vorläufigen Insolvenzverfahren erst dann ein, wenn der starke Verwalter die Leistung nicht entgegengenommen hat.[245] Die gegenteilige Auslegung erscheint nicht zulässig. Eine Heraufstufung von Forderungen zu Masseansprüchen hatte schon zu Zeiten der Konkursordnung den Zweck zu gewährleisten, dass derjenige, der seine vollwertige Leistung – weiterhin – zur Masse erbringt, auch ungeschmälert die dafür zu entrichtende Gegenleistung erhalten und nicht auf eine Konkursforderung beschränkt sein soll.[246] Gleiches gilt insbesondere auch für § 55 Abs. 2 InsO, der dem Schutz der Personen dienen soll, die Geschäfte mit einem vorläufigen Insolvenzverwalter abschließen oder ihm gegenüber ein Dauerschuldverhältnis erfüllen, das sie mit dem Schuldner vereinbart hatten.

---

243 S. aber jetzt § 55 Abs. 3 InsO.
244 Vgl. Nerlich/Römermann, a. a. O., § 55 Rdnr. 132 f.
245 Nerlich/Römermann, a. a. O., § 55 Rdnr. 135; HK-InsO/Eickmann, § 55 Rdnr. 27; Kübler/Prütting, a. a. O., § 22 Rdnr. 22; Bork, ZIP 1999, 781; Wiester, ZInsO 1998, 99; im Ergebnis ebenso LAG Hamm ZIP 2000, 590; ArbG Aachen ZIP 1999, 1982; LAG Köln ZIP 2000, 805; a. A. z. B. Berscheid, NZI 1999, 6.
246 BGHZ 72, 263 ff.; BGH ZIP 1993, 1874 ff.

Würde man der Gegenmeinung folgen, dann hätte § 55 Abs. 2 InsO auch nur noch einen äußerst geringen Anwendungsbereich. Obwohl das Äquivalenzprinzip (Leistung nur gegen Zubilligung einer Masseforderung) allgemein[247] gerade bei Miet- und Arbeitsverträgen als den weitaus häufigsten Dauerschuldverhältnissen gefordert wird, würden diese Verträge gerade bei § 55 Abs. 2 InsO ausgeklammert, so dass nur noch völlig untergeordnete Dauerschuldverhältnisse wie z. B. Energiebezugsverträge etc. zum Tragen kämen. Dies widerspräche aber der Intention des Gesetzgebers, bei Betriebsfortführungen auch im Eröffnungsverfahren Sicherheit für die Gläubiger zu schaffen, die in dieser Krisensituation noch Leistungen erbringen.

Allerdings kamen das LAG Köln, das LAG Hamm und in seinen Revisionsentscheidungen auch das Bundesarbeitsgericht[248] aufgrund einer »teleologischen Reduktion« von § 55 Abs. 2 Satz 2 InsO zu dem Ergebnis, dass die Arbeitnehmerforderungen erst in der Hand der Bundesanstalt für Arbeit zu einfachen Insolvenzforderungen zurückgestuft werden. Eine solche Rückstufung war dem Gesetzestext vor der Einfügung von § 55 Abs. 3 InsO auch nicht andeutungsweise zu entnehmen. Wenn die Ansprüche der Arbeitnehmer Masseforderungen sind, dann sind sie es auch aufgrund der Legalzession in der Hand der Bundesanstalt für Arbeit. Eine Herabstufung dieser übergegangenen Masseforderungen zu einfachen Insolvenzforderungen wäre nur durch einen – jetzt vollzogenen – Akt des Gesetzgebers möglich gewesen. Eine Korrektur durch die Gerichte wäre ein Eingriff der Judikative in die Rechte der Legislative.[249]

7. Prüfung der Kostendeckung, (§ 22 Abs. 1 Satz 2 Nr. 3 InsO)

Eine wesentliche Aufgabe des vorläufigen Verwalters ist die Prüfung der Kostendeckung gem. § 22 Abs. 1 Satz 2 Nr. 3 InsO, d. h. ob das Vermögen des Schuldners die Kosten des Verfahrens decken wird. Denn davon hängt letztlich die Eröffnung des Insolvenzverfahrens ab. § 22 Abs. 1 InsO korrespondiert insoweit mit § 26 Abs. 1 InsO, wonach das Insolvenzgericht den Antrag auf Eröffnung des Insolvenzverfahrens abweist, wenn das Vermögen des Schuldners voraussichtlich nicht ausreichen wird, um die Kosten des Verfahrens zu decken. Das verwertbare Vermögen ist damit den Kosten des Insolvenzverfahrens gegenüberzustellen.

Unter verwertbarem Vermögen ist das zu verstehen, was nach Verfahrenseröffnung voraussichtlich versilbert werden kann. Das Anlagevermögen ist mit dem geschätzten effektiven Verwertungserlös anzusetzen. Dabei sind direkt an der Verwertung hängende Kosten, z. B. Verkaufsprovision, Umsatzsteuer etc. abzuziehen. Bei Forderungen ist ggf. eine Wertberichtigung durchzuführen und es sind eine evtl. notwendige Durchsetzung im Prozess-

---

247 BGH a. a. O.
248 BAG ZIP 2000, 805; ZIP 2000, 590; ZIP 2001, 1964.
249 Vgl. BVerfG NJW 1984, 475 (zum Sozialplan).

wege und das Vollstreckungsrisiko zu beachten. Letztlich ist auch der künftige Erwerb des Schuldners zu bewerten, wenn dieser realistisch geschätzt werden kann.

134 Diesem Vermögen sind die Verfahrenskosten gegenüberzustellen. Diese bestehen nach § 54 InsO aus:

- Gerichtskosten für das Insolvenzverfahren
- Vergütung und Auslagen des vorläufigen Insolvenzverwalters
- Vergütung und Auslagen des Insolvenzverwalters
- Vergütung und Auslagen der Mitglieder des Gläubigerausschusses.

Die Gerichtskosten für das Insolvenzverfahren setzen sich aus den Kosten für das der Eröffnung vorausgegangene Eröffnungsverfahren und den Kosten für die Durchführung des Insolvenzverfahrens zusammen. Damit zählen zu den Kosten auch die Auslagen im Eröffnungsverfahren. Dies sind immer die Zustellungs- und Bekanntmachungskosten, ggf. die Kosten für die zwangsweise Vorführung des Schuldners durch den Gerichtsvollzieher, aber auch die Kosten für einen im Eröffnungsverfahren bestellten Gutachter.[250]

Die Vergütung für einen vorläufigen Insolvenzverwalter zählt zwar nicht zu den Kosten des Eröffnungsverfahrens, muss aber dennoch wegen § 54 Nr. 2 InsO durch das vorhandene Vermögen des Schuldners gedeckt sein.

135 Nicht hinzuzurechnen sind die sonstigen Masseverbindlichkeiten im Sinne von § 55 InsO. Werden diese im eröffneten Insolvenzverfahren nicht gedeckt, so kommt keine Einstellung gem. § 207 InsO, sondern nur eine Verteilung wegen Masseunzulänglichkeit gem. § 209 InsO in Frage.

Andererseits ist aber nicht zu übersehen, dass nach Eröffnung des Insolvenzverfahrens gem. § 155 InsO sämtliche Pflichten des Schuldners zur Buchführung und Rechnungslegung auf den Verwalter übergehen. Dieser ist deshalb zur Aufarbeitung aller ungeklärten Vorgänge und zur Erstellung einer aktuellen Buchführung nebst Abschlüssen und Steuererklärungen verpflichtet.[251]

Der Insolvenzverwalter kann nicht einwenden, er sei aufgrund Masseunzulänglichkeit nicht mehr in der Lage, entsprechende Hilfskräfte, insbesondere einen Steuerberater, aus der Masse zu bezahlen.[252] Kommt der Verwalter diesen steuerlichen Pflichten nicht nach, so können auch bei Masseunzulänglichkeit Zwangsmaßnahmen gegen ihn verhängt werden.[253]

Eine Ausnahme von der Pflicht zur Rechnungslegung und Buchführung hat der BFH nur für den Fall zugelassen, dass dem Verwalter aufgrund des er-

---

250 Ebenso Haarmeyer, ZInsO 2001, 103, 104; s. auch Kostenverzeichnis (Anlage 1 zu § 11 Abs. 1 GKG) Nr. 4210, 4211, 4220 ff. und 9000 ff. insbesondere 9005.
251 Vgl. Wienberg/Voigt, ZIP 1999, 1662, 1663 m. w. N.
252 Vgl. BFH ZIP 1994, 1969; BFH ZIP 1996, 430, 431.
253 BFH ZIP 1996, 430.

heblichen Umfangs der aufzuarbeitenden Unterlagen diese Tätigkeit nicht zugemutet werden kann. In der Regel sind bei Insolvenzeröffnung eine erhebliche Anzahl ungeklärter Vorgänge vorhanden und kann von einer aktuellen Buchführung nicht gesprochen werden. Meist müssen darüber hinaus mindestens 2 Bilanzen erstellt werden.

Nach dem Wortlaut der Insolvenzordnung müsste das Gericht trotz einer Masse, die die Buchführungs- und Bilanzerstellungskosten nicht decken wird, das Verfahren eröffnen. Es bliebe dann nichts anderes übrig, das Verfahren sofort wieder nach § 207 InsO einzustellen, weil durch eine entsprechende Vergabe der Buchführungsarbeiten die Kosten des Verfahrens nicht mehr gedeckt wären.

Zu überlegen ist, ob der vorläufige Verwalter nicht bereits eine Vergütungserhöhung für den Fall einrechnen kann, in dem die steuerlichen Pflichten vom Insolvenzverwalter erledigt werden. Es dürfte unstreitig sein, dass zur Erledigung der buchhalterischen und steuerlichen Pflichten eine besondere Sachkunde im Sinne von § 5 InsVV notwendig ist. Das bedeutet, dass der Verwalter hierfür eine besondere Vergütung entsprechend dieser Vorschrift geltend machen kann. Diese Vergütung beläuft sich in der Regel auf die Beträge, die auch ein Steuerberater verlangen könnte. Diese ist dann Vergütung im Sinne von § 54 Nr. 2 InsO und damit zu den Verfahrenskosten zu zählen.

136

Auf eine andere Möglichkeit weisen Wienberg/Voigt[254] hin. Kann der Insolvenzverwalter mangels besonderer Sachkunde die buchhalterischen und steuerlichen Pflichten nicht selbst erledigen, müsste er bei nicht genügender Masse Masseunzulänglichkeit gem. § 208 InsO anzeigen. In diesem Fall wird der Verwalter keinen Steuerberater finden, den er mit Buchhaltung, Bilanzen und Steuererklärungen gem. § 55 InsO, § 4 Abs. 1 Satz 3 InsVV auf Kosten der Masse beauftragen könnte. Zur Erledigung der buchhalterischen und steuerlichen Pflichten bleibt ihm somit nur die Möglichkeit, den Steuerberater auf eigene Rechnung zu beschäftigen. Er hat die Wahl, ob er die Masse verpflichtet oder einen Vertrag im eigenen Namen abschließt. Der Bundesgerichtshof geht insoweit zugunsten des Vertragspartners sogar davon aus, dass im Zweifel eine eigene Verpflichtung des Verwalters besteht.[255]

Die vom Verwalter insoweit zu erfüllenden Verbindlichkeiten sind Auslagen im Sinne von § 54 Nr. 2 InsO. Diese Auslagen sind dem Verwalter gem. § 63 InsO, § 4 InsVV zu erstatten. Auch wenn § 4 Abs. 2 InsVV eine solche Erstattung nicht ausdrücklich vorsieht, müssen diese Auslagen dem Verwalter in verfassungskonformer Interpretation ersetzt werden.[256] Wäre eine Auslagenerstattung insoweit nicht möglich, würde die Vergütung des Insolvenzverwalters dadurch unzulässig verkürzt werden, dass er den

---

254 Wienberg/Voigt a. a. O., S. 1665.
255 BGH ZIP 1991, 324.
256 Vgl. dazu im Einzelnen Wienberg/Voigt, a. a. O., S. 1666.

Steuerberater, den er im öffentlichen Interesse beauftragt hat, selbst bezahlen müsste.

Dies würde im Insolvenzantragsverfahren bedeuten, dass die Kosten für die Erledigung der steuerlichen Pflichten durch den Insolvenzverwalter – unabhängig davon, ob sie von ihm selbst oder von einem von ihm im eigenen Namen beauftragten Steuerberater erledigt werden – »Kosten des Insolvenzverfahrens« im Sinne von § 54 Nr. 2 InsO wären. Diese Frage ist allerdings noch heftig umstritten.[257]

137   Kommt der vorläufige Verwalter zum Ergebnis, dass die Kosten des Verfahrens nicht gedeckt sind, erfolgt noch nicht automatisch eine Abweisung des Insolvenzantrages. Das Gericht hat den Antragsteller darauf hinzuweisen, dass die Abweisung unterbleibt, wenn ein ausreichender Geldbetrag vorgeschossen wird (§ 26 Abs. 1 Satz 2 InsO). Wer diesen Vorschuss leistet, ist grundsätzlich unerheblich. Dieser wird treuhänderisches Sondervermögen mit der Zweckbestimmung: Massekostendeckung. Stammt der Vorschuss aber vom Schuldner selbst, wird er Teil der Insolvenzmasse.

Mit § 26 Abs. 3 InsO wollte der Gesetzgeber einen Anreiz schaffen, durch den Gläubiger eher geneigt sind, einen Vorschuss zur Eröffnung des Insolvenzverfahrens zu bezahlen. Leistet ein Gläubiger einen solchen Vorschuss, kann er diesen Betrag von jeder Person verlangen, die entgegen den Vorschriften des Gesellschaftsrechtes den Antrag auf Eröffnung des Insolvenzverfahrens pflichtwidrig und schuldhaft nicht bzw. nicht rechtzeitig gestellt hat. Ist streitig, ob diese Person pflichtwidrig und schuldhaft gehandelt hat, so trifft sie die Beweislast.

Diese Vorschrift wird voraussichtlich keine große Bedeutung erlangen.[258] Ist schon der Fall eines Gläubigervorschusses nicht häufig, so werden sich die Gläubiger nach Zahlung eines Betrages, dessen Rückzahlung unsicher ist, nicht mit den Unwägbarkeiten eines Prozesses gegen die meist auch anderweitig verschuldeten Organe der Schuldnerin belasten.

8. Sachverständigentätigkeit (§ 22 Abs. 1 Satz 2 Nr. 3 Fall 2 InsO)

138   Das Insolvenzgericht kann den vorläufigen Verwalter auch als Sachverständigen beauftragen. Gegenstand dieses Prüfungsauftrages ist dann meist die Frage, ob ein Eröffnungsgrund vorliegt und welche Aussichten für die Unternehmensfortführung bestehen. Es erscheint allerdings nicht sinnvoll, wenn das Gericht einen starken Verwalter bestellt und ihn dann gleichzeitig

---

257 Im Ergebnis ebenso AG Charlottenburg ZIP 1999, 1687; s. a. Förster, ZInsO 1999, 141; Rattunde/Röder, DZWIR 1999, 309 ff.; Nerlich/Römermann, a. a. O., § 26 Rdnr. 19 ff.; a. A. AG Neuruppin NZI 1999, 470; Pape, ZInsO 1999, 597, letzterer allerdings im Wesentlichen nur mit rechtspolitischer Begründung.
258 Vgl. FK-InsO/Schmerbach, § 26 Rdnr. 98.

als Sachverständigen mit der Frage nach der Möglichkeit einer Betriebsfortführung beauftragt. Vor Einsetzung des starken Verwalters müsste diesem die Möglichkeit zur Prüfung gegeben werden, ob eine Betriebsfortführung derzeit möglich erscheint.[259] Je nach Zustand der Firma, z. B. bei mangelhafter Buchhaltung, lückenhaften Unterlagen, kann die Erledigung eines derartigen Auftrages sehr schwierig und zeitaufwendig und ungemein haftungsträchtig sein, weil immer zu untersuchen ist, ob eine Betriebsfortführung eine erhebliche Verminderung des Vermögens herbeiführen könnte. Als erste Maßnahme des Gerichts hat sich auch nach der Insolvenzordnung aufgrund der bisherigen Erfahrungen am besten das sog. Gutachtenmodell bewährt.[260]

III. Der schwache vorläufige Verwalter (§ 22 Abs. 2 InsO)

1. Allgemeines

Unter einem schwachen vorläufigen Insolvenzverwalter versteht man eine Konstellation, in der dem Schuldner kein allgemeines Veräußerungsverbot auferlegt, trotzdem aber ein vorläufiger Insolvenzverwalter bestellt wird. Das Gericht ist nach § 22 Abs. 2 InsO gehalten, in diesem Falle die Pflichten des vorläufigen Insolvenzverwalters genauer zu bestimmen, wobei diese nicht über die Pflichten eines starken Verwalters hinausgehen dürfen (§ 22 Abs. 2 Satz 2 InsO).

Der Umfang der Rechte und Pflichten des schwachen vorläufigen Insolvenzverwalters bestimmt sich also ganz wesentlich nach dem entsprechenden gerichtlichen Beschluss. Dabei hat das Gericht nicht nur, wie in § 22 Abs. 2 InsO formuliert, die Pflichten festzulegen, sondern auch die Rechte, denn beide bedingen sich. Nur mit entsprechenden Rechten kann der vorläufige Verwalter die ihm zugedachten Aufgaben bewältigen. Wie sich der Gesetzgeber die Rechte des schwachen vorläufigen Verwalters vorgestellt hat, ist in § 21 Abs. 2 Nr. 2 Fall 2 InsO beispielhaft aufgeführt. Das Gericht kann bestimmen, dass Verfügungen des Schuldners nur mit Zustimmung des vorläufigen Verwalters wirksam sind. Es gibt aber noch eine Vielzahl anderer Variationsmöglichkeiten, die ihre Grenze in § 22 Abs. 1 Satz 2 InsO haben. Das Gericht kann dem schwachen Verwalter also eine ganze Reihe, aber nicht alle Befugnisse dieser Bestimmung übertragen, denn dazu müsste es ein allgemeines Verfügungsverbot erlassen.

---

259 S. oben Rdnr. 89 f.; Nerlich/Römermann, a. a. O., § 21 Rdnr. 101.
260 S. unten Rdnr. 159 ff.

2. Sicherung und Erhaltung

140 An erster Stelle der Aufgaben im vorläufigen Insolvenzverfahren und damit auch für den schwachen vorläufigen Verwalter stehen immer die Sicherung und Erhaltung des Vermögens des Schuldners. Dieser muss also ebenso wie der starke vorläufige Verwalter die vorgefundene Masse aufzeichnen und bewerten. Er kann sie allerdings nicht in Besitz nehmen, denn dazu wäre eine konkrete Anordnung des Gerichtes notwendig, welche genau zu bezeichnenden Gegenstände er in Besitz nehmen soll. Er kann Gegenstände auch nicht siegeln lassen, denn dazu wäre wiederum entweder ein allgemeines Verfügungsverbot oder eine besondere Anordnung nötig, die auf die Siegelung bestimmter Gegenstände bezogen ist.

Dies zeigt, dass der schwache vorläufige Verwalter ohne konkrete Anordnungen des Gerichtes relativ wenig Befugnisse hat, um seinen allgemeinen Aufgaben gerecht zu werden. Er muss im Einzelfall erst ermächtigt werden, z. B. bestimmte Verpflichtungsgeschäfte abzuschließen oder bestimmte Verfügungen vorzunehmen. So kann er insbesondere zur Kündigung von Mietverhältnissen und Arbeitsverhältnissen des Schuldners ermächtigt werden. Beauftragt ihn das Gericht, z. B. bestimmte Verträge abzuschließen oder die Erfüllung eines bestimmten Vertrages zu verlangen, der für den Betrieb wichtig ist, dann liegt darin aber auch die Ermächtigung zur Eingehung konkret bestimmter Verbindlichkeiten, die im nachfolgenden Insolvenzverfahren Masseverbindlichkeiten sind.[261] Dies hat nichts mit der ebenfalls diskutierten Frage zu tun, inwieweit der schwache Verwalter mit Zustimmungsvorbehalt generell Masseverbindlichkeiten begründen kann.[262]

141 Zur Sicherung und Erhaltung des Schuldnervermögens gehört auch die Überwachung des Schuldners. Stellt der schwache vorläufige Verwalter fest, dass der – noch verfügungsbefugte – Schuldner Handlungen vornimmt, die die Vermögenslage nachteilig verändern, hat er dies dem Insolvenzgericht unverzüglich mitzuteilen (wie der Sachwalter nach § 274 Abs. 3 Satz 1 InsO) und entsprechend weiter gehende Maßnahmen anzuregen. Dazu sollte in der Regel der Antrag gehören, Maßnahmen der Zwangsvollstreckung gegen den Schuldner zu untersagen oder einstweilen einzustellen, soweit nicht unbewegliche Gegenstände betroffen sind (§ 21 Abs. 2 Nr. 3 InsO). Zwar werden Zwangsvollstreckungsmaßnahmen meistens aufgrund der Rückschlagsperre nach § 88 InsO unwirksam oder zumindest anfechtbar sein, dennoch erleichtert es die Arbeit des späteren Insolvenzverwalters, wenn Zwangsvollstreckungen nicht mehr durchgeführt wurden. Außerdem ist von Vorteil für die Insolvenzmasse, dass nach Untersagung bzw. Einstellung der Zwangsvollstreckung der Drittschuldner nicht mehr an den Pfändungsgläubiger allein, sondern, solange der Pfändungs- und Überweisungsbeschluss besteht, nur noch an den Gläubiger und den Vollstreckungs-

---

261 Ebenso HK-InsO/Kirchhof, § 22 Rdnr. 30; a. A. Bähr, ZIP 1998, 1559.
262 S. hierzu unten Rdnr. 146.

schuldner gemeinsam leisten oder die geschuldete Leistungen zugunsten beider hinterlegen darf.[263]

Im Gegensatz zum starken vorläufigen Verwalter hat der schwache nicht ohne weiteres das Hausrecht in den Räumen des Schuldners, weil ihm dessen Verwaltungs- und Verfügungsbefugnis fehlt. Das Insolvenzgericht kann den schwachen vorläufigen Verwalter aber auch in soweit ausdrücklich ermächtigen (§ 21 Abs. 1 InsO).[264]

142

Die Sicherungsfunktion erlaubt es auch, in Kombination mit einem schwachen vorläufigen Verwalter bei Vorliegen der sonstigen Voraussetzungen Postsperre nach § 21 Abs. 2 Nr. 4 InsO anzuordnen.[265] Nach Ansicht des OLG Celle[266] soll die Anordnung einer vorläufigen Postsperre unverhältnismäßig sein, wenn im Übrigen lediglich ein vorläufiger Verwalter mit Zustimmungsvorbehalt bestellt und kein Verfügungsverbot gegen den Schuldner erlassen wurde. Das dürfte in dieser Allgemeinheit nicht haltbar sein, weil es viele Situationen gibt, in denen diese Kombination gerade wegen des Prinzips der Verhältnismäßigkeit ausreichend und damit angemessen ist.

143

3. Betriebsfortführung im Rahmen von § 22 Abs. 2 InsO

Entsprechend der Palette der vom Gesetzgeber dem Gericht an die Hand gegebenen Möglichkeiten könnte das Gericht den schwachen vorläufigen Verwalter (ohne Zustimmungsvorbehalt) auch mit der Betriebsfortführung beauftragen. Sinnvoll erscheint dies allerdings nicht, da die Betriebsfortführung eine Vielzahl von Verfügungen erfordert, zu denen der schwache vorläufige Verwalter jeweils gesondert ermächtigt werden müsste. Erlässt das Gericht derartige Beschlüsse nicht, dann kann der schwache Verwalter den immer noch voll verwaltungs- und verfügungsbefugten Schuldner im Grunde nur beraten. Ist zwischen Schuldner und schwachem vorläufigen Verwalter in besonderem Maße eine Kooperation möglich, mag unter dieser Konstellation eine Unternehmensfortführung gelegentlich gelingen.[267]

144

Im Grunde ist es aber ein Widerspruch in sich, dem Schuldner die volle Verwaltungs- und Verfügungsbefugnis zu belassen, dem schwachen vorläufigen Verwalter aber andererseits die Betriebsfortführung zu übertragen.[268]

---

263 BGH ZIP 1999, 144.
264 Zum Hausrecht s. auch oben Rdnr. 82.
265 Ausführlich oben Rdnr. 82.
266 OLG Celle ZInsO 2001, 128, 130.
267 S. Pohlmann, a. a. O., S. 113.
268 Vgl. HK-InsO/Kirchhof, § 22 Rdnr. 29; Pohlmann, a. a. O.

4. Zustimmungsvorbehalt (§ 21 Abs. 2 Nr. 2 Fall 2 InsO)

145 Das Gericht kann anordnen, dass Verfügungen des Schuldners nur mit Zustimmung des vorläufigen Insolvenzverwalters wirksam sind. Diese Anordnung kann generell, also für alle Verfügungen, ergehen, oder nur für ganz bestimmte, die dann aber im Beschluss individualisiert werden müssen. Wenn der Betrieb noch fortgeführt wird und das Gericht kein allgemeines Verfügungsverbot anordnet, dann empfiehlt sich mindestens der Erlass eines Zustimmungsvorbehaltes nach § 21 Abs. 2 Nr. 2 Fall 2 InsO.[269]

Zwar ist hier immer noch ein gewisser Widerspruch vorhanden, weil der schwache vorläufige Verwalter nach wie vor nicht allein handeln, also den Betrieb fortführen kann. Andererseits ist aber auch der Schuldner nicht mehr allein verfügungsbefugt und kann nicht gegen den Willen des schwachen vorläufigen Verwalters agieren. Erlegt das Gericht diesem keine Fortführungsverpflichtung auf und ist der Schuldner kooperationsbereit und eine Zusammenarbeit mit ihm möglich, dann ist diese Kombination, wie es sich bei Betriebsfortführungen im Rahmen von Sequestrationen unter der Konkursordnung vielfach gezeigt hat, ein probates und ausreichendes Mittel, um einen Betrieb zumindest einige Wochen fortzuführen, bis über seine Zukunft konkret entschieden werden kann.

146 Bei einem solchen Zustimmungsvorbehalt bleibt der Schuldner Verfügender, ihn treffen alle Rechte und Pflichten. Er muss deshalb z. B. Kündigungen selbst aussprechen, die zu ihrer Wirksamkeit aber der Zustimmung des vorläufigen Verwalters bedürfen. Eine Kündigung durch den schwachen vorläufigen Verwalter wäre unwirksam, es sei denn, das Insolvenzgericht hätte ihn speziell dazu ermächtigt.[270]

Die Insolvenzordnung verpflichtet den schwachen vorläufigen Verwalter nicht automatisch zur Betriebsfortführung, was konsequent ist, weil ihm dazu die rechtlichen Möglichkeiten fehlen. Er kann auch nicht verhindern, dass der Schuldner den Betrieb einstellt. Eine Betriebseinstellung ist keine Verfügung, der der schwache vorläufige Verwalter zustimmen könnte oder müsste, sondern ein tatsächliche Handlung, indem nämlich der Schuldner »die Hände in den Schoß legt«. Er bestellt keine Ware mehr, liefert an die Kunden nicht mehr aus, zahlt weder Strom noch Telefon. Der Schuldner ist in seiner grundsätzlichen Entscheidung zur Betriebsstillegung noch frei, der schwache vorläufige Verwalter könnte diese nur dadurch verhindern, dass er sich zum vorläufigen Verwalter mit Verwaltungs- und Verfügungsbefugnis, also zum starken vorläufigen Verwalter bestellen lässt.

Dementsprechend verpflichtet die Insolvenzordnung in § 22 Abs. 1 Satz 2 Nr. 2 InsO auch nur den starken vorläufigen Insolvenzverwalter ausdrücklich zu einer Betriebsfortführung und zur Einholung einer Zustimmung des Insolvenzgerichtes für eine Stilllegung. Insoweit ist die Entscheidung des

---

269 S. oben Rdnr. 144.
270 Vgl. BAG ZIP 2000, 1588, 1591.

Bundesarbeitsgerichtes vom 29. 6. 2000[271] zumindest missverständlich, wenn dort geprüft wird, ob der vorläufige Insolvenzverwalter ohne Verwaltungs- und Verfügungsbefugnis eine Stilllegungsentscheidung treffen konnte und eine Zustimmung bzw. generelle Ermächtigung des Insolvenzgerichtes dazu vorgelegen habe. Auch wenn der Schuldner den Entschluss zur Stilllegung des Betriebes mit dem schwachen vorläufigen Verwalter ausführlich bespricht und dieser damit einverstanden ist, wird die Entscheidung ausschließlich vom Schuldner allein getroffen und ist dazu weder eine Zustimmung noch generelle Ermächtigung des Insolvenzgerichtes nötig (§ 22 Abs. 1 Satz 1 und Satz 2 Nr. 2 InsO). Nach dem Sachverhalt dieser Entscheidung hatte allerdings der vorläufige Verwalter ohne Verwaltungs- und Verfügungsbefugnis die Kündigungen selbst ausgesprochen, ohne dass ersichtlich wird, wer ihn hierzu ermächtigt hatte.

Wenn bei einem solchen Zustimmungsvorbehalt der Schuldner Verfügender bleibt, dann bedeutet dies gleichzeitig, dass § 55 Abs. 2 InsO nicht einschlägig ist, d. h. die von dem Schuldner mit Zustimmung des schwachen Verwalters begründeten Verbindlichkeiten gelten nach Eröffnung des Insolvenzverfahrens nicht als Masseverbindlichkeiten. Gegen diese Ansicht wird eingewandt,[272] dass der generelle Zustimmungsvorbehalt als unzulässige Umgehung der Folgen des § 55 Abs. 2 InsO und damit des Gläubigerschutzes angesehen werden muss. Dadurch würde der Wille des Gesetzgebers, das Vertrauen der beteiligten Verkehrskreise in den vorläufigen Verwalter zu stärken, ins Gegenteil verkehrt. Dies erscheint nicht richtig, weil der Gesetzgeber dem Gericht ganz bewusst die Möglichkeit eines allgemeinen Zustimmungsvorbehaltes in § 21 Abs. 2 Nr. 2 Fall 2 InsO zur Verfügung gestellt hat. Das Gericht hat bei der Anordnung von Sicherungsmaßnahmen immer das im konkreten Fall noch ausreichende, also mildeste, Mittel anzuwenden. Wenn Gericht und vorläufiger Insolvenzverwalter der Ansicht sind, dass ein Zustimmungsvorbehalt ausreichend ist, darf nur dieser angeordnet werden, weil dadurch der Schuldner am wenigsten beeinträchtigt wird. Macht das Gericht von dieser Möglichkeit als einem milderen Mittel gegenüber einem allgemeinen Verfügungsverbot Gebrauch, ist dies keine unzulässige Umgehung von gesetzlichen Vorschriften. § 55 Abs. 2 InsO bezieht sich von seinem Wortlaut her so eindeutig auf den starken vorläufigen Verwalter, dass hier keine andere Auslegung möglich erscheint.[273]

Der Sachverhalt liegt dann anders, wenn das Gericht den schwachen vorläufigen Verwalter allein zur Vornahme bestimmter Handlungen ermächtigt hat (s. hierzu oben Rdnr. 140).

---

271 BAG ZIP 2000, 1588, 1592.
272 Vor allem Bork, ZIP 1999, 781; differenzierend in ZIP 2001, 1521.
273 Ebenso Kirchhof, ZInsO 1999, 365, 368; Nerlich/Römermann, a. a. O., § 55 Rdnr. 128 f.; a. A. Bork, a. a. O.; Ahrendt/Struck, ZInsO 1999, 450; HK-InsO/Eickmann, § 55 Rdnr. 26; zweifelnd Kübler/Prütting, a. a. O., § 22 Rdnr. 30; bei Zwischenformen, z. B. einem sog. »halbstarken« Verwalter ist m. E. Vorsicht geboten; s. hierzu OLG Köln ZIP 2001, 1422, die Best-Bau-Urteile LG Leipzig ZIP 2001, 1778 sowie AG Leipzig ZIP 2001, 1780 und Spliedt, ZIP 2001, 1941.

Bruder

Der BGH konnte sich bisher erst einmal mit dem schwachen vorläufigen Verwalter gem. § 21 Abs. 2 Nr. 2 Fall 2 InsO auseinander setzen.[274] Er hatte zu entscheiden, ob der Rechtsstreit nach § 240 ZPO auch dann unterbrochen ist, wenn die Verwaltungs- und Verfügungsbefugnis über das Vermögen des Schuldners nicht auf einen vorläufigen Insolvenzverwalter übergegangen ist, sondern lediglich ein Insolvenzverwalter mit Zustimmungsvorbehalt, also ein schwacher vorläufiger Verwalter bestellt wurde. In diesem Urteil geht der BGH ganz formal vor und verneint eine Unterbrechung, weil die Verwaltungs- und Verfügungsbefugnis nicht auf einen vorläufigen Insolvenzverwalter übergegangen sei. Er diskutiert die Frage einer Umgehung der Folgen eines starken vorläufigen Verwalters überhaupt nicht. Auch dies ist ein Indiz dafür, dass diese Frage rein formal zu sehen ist.

5. Sonstige Befugnisse und Pflichten

a) Betreten der Geschäftsräume

147 Nach § 22 Abs. 3 InsO ist der vorläufige Verwalter berechtigt, die Geschäftsräume des Schuldners zu betreten und dort Nachforschungen anzustellen. Dies gilt nicht für die Wohnung des Schuldners, soweit sich dort nicht Geschäftsräume befinden. Insoweit gibt es keinen Unterschied zwischen starkem und schwachem vorläufigen Verwalter. Letzterer ist allerdings nicht befugt, die in Geschäftsräumen befindlichen Gegenstände in Besitz zu nehmen. Verweigert der Schuldner dem vorläufigen Verwalter das Betreten der Geschäftsräume, so kann dieser über § 885 ZPO vollstrecken, wobei der Beschluss, mit dem der vorläufige Verwalter vom Gericht bestellt wurde, Vollstreckungstitel im Sinne von § 794 Abs. 1 Nr. 3 ZPO ist.[275]

b) Einsicht in Geschäftsbücher

148 Nach § 22 Abs. 3 Satz 2 InsO hat der Schuldner dem vorläufigen Verwalter Einsicht in seine Bücher und Geschäftspapiere zu gestatten. Hier besteht ein wesentlicher Unterschied zwischen dem starken und dem schwachen vorläufigen Verwalter. Letzterer kann lediglich Vorlage und Einsicht in die Geschäftsbücher und Papiere verlangen, nicht aber Herausgabe in seinen eigenen Bereich. Demgegenüber kann der starke vorläufige Verwalter die Bücher selbstständig in Besitz und nach seinem Ermessen ggf. mit in sein Büro nehmen.[276]

c) Prozessführung

149 Ein weiterer wesentlicher Unterschied zum starken vorläufigen Verwalter zeigt sich bei der Prozessführungsbefugnis. Geht die Verwaltungs- und Ver-

---

274 BGH ZIP 1999, 1314.
275 HK-InsO/Kirchhof, § 22 Rdnr. 36.
276 HK-InsO/Kirchhof, § 22 Rdnr. 38.

fügungsbefugnis nicht auf einen vorläufigen Verwalter über (§ 22 Abs. 1 Satz 1 InsO), werden die Rechtsstreite nicht nach § 240 ZPO unterbrochen. Eine Analogie zu §§ 85 f InsO ist nicht zulässig. Der BGH hat in seinem Urteil vom 21.6.99[277] in einem Insolvenzverfahren, in dem ein vorläufiger Insolvenzverwalter mit Zustimmungsvorbehalt nach § 21 Abs. 2 Nr. 2 Fall 2 InsO eingesetzt war, entschieden, dass der anhängige Rechtsstreit nicht unterbrochen ist, weil die Verwaltungs- und Verfügungsbefugnis nicht auf einen vorläufigen Insolvenzverwalter übergegangen war. Auf den Streit darüber, ob ein allgemeiner Zustimmungsvorbehalt in diesem Sinne eine Umgehung der Folgen eines starken vorläufigen Insolvenzverwalters sein könnte, ist der BGH nicht eingegangen und hat rein formal entschieden.[278]

Es werden also Rechtsstreite im Insolvenzeröffnungsverfahren nicht unterbrochen, wenn lediglich ein schwacher vorläufiger Verwalter bestellt ist. Die Insolvenzordnung regelt zwar die Unterbrechung und Aufnahme von anhängigen Rechtsstreiten, nicht aber die Frage, ob ein vorläufiger Verwalter Prozesse selbst anhängig machen darf. Beim starken vorläufigen Verwalter lässt sich diese Frage noch relativ einfach aus der auf ihn übergegangenen Verwaltungs- und Verfügungsbefugnis und dem Recht und der Pflicht zur Betriebsfortführung beantworten.[279] Der schwache vorläufige Verwalter mit Zustimmungsvorbehalt hat aber gerade keine eigene Verwaltungs- und Verfügungsbefugnis und kann nur über seine Zustimmung oder Nichtzustimmung zu Handlungen des Schuldners regelnd eingreifen. Damit hat er eine ähnliche Stellung wie der Sequester zu Zeiten der Konkurs- und der Gesamtvollstreckungsordnung. Es könnte deshalb nahe liegen, zur Beantwortung dieser Frage die Rechtsprechung zum Sequester heranzuziehen.

Ausgangspunkt war, dass während der Sequestration der Schuldner selbst Handelnder blieb, wobei die jeweiligen Handlungen nur mit Genehmigung des Sequesters wirksam waren. Mit der Anordnung der Sequestration ging die Verwaltungs- und Verfügungsbefugnis über das Vermögen des Schuldners nicht auf den Sequester über. Der Schuldner blieb auch im Rahmen der Sequestration Gläubiger seiner Forderungen.[280] Mangels alleiniger Verwaltungs- und Verfügungsbefugnis besaß der Sequester auch keine Prozessführungsbefugnis, diese blieb allein beim Schuldner.[281] Zu Verfügungen über sein Vermögen im Rahmen des Prozesses, also Verzicht, Anerkenntnis oder Vergleich bedurfte dieser der Zustimmung des Sequesters. Eine Ausnahme von diesem Prinzip wurde nur für unaufschiebbare Notmaßnahmen gemacht, die zur Sicherung der Masse erforderlich waren. Bei Eilmaßnahmen durfte der Sequester im eigenen Namen klagen und verklagt werden.[282]

---
277 BGH ZIP 1999, 1314.
278 S. oben Rdnr. 146.
279 S. oben Rdnr. 119 ff.
280 Kuhn/Uhlenbruck, a. a. O., § 106 Rdnr. 13 d m. w. N.; OLG Stuttgart ZInsO 1999, 474.
281 Vgl. Kuhn/Uhlenbruck, a. a. O., Rdnr. 13 l; OLG Dresden MDR 1998, 1500.
282 Vgl. OLG Braunschweig ZIP 1999, 1769; OLG Stuttgart ZInsO 1999, 474; FK-InsO/Schmerbach § 24 Rdnr. 33.

151 Der BGH hat nunmehr in ähnlicher Weise entschieden, dass nämlich die Prozessführungsbefugnis des Schuldners nicht regelmäßig auf den Sequester übergeht.[283] Er lässt aber offen, ob dem Sequester bei unaufschiebbaren Notmaßnahmen ein Prozessführungsrecht zusteht. Er führt aus, dass allerdings einiges dafür spreche, den Sequester in Fällen, in denen die Entscheidung über die Eröffnung des Verfahrens nicht abgewartet werden kann, für befugt zu halten, die zur Sicherung der künftigen Masse erforderlichen Maßnahmen ohne Mitwirkung des Schuldners und notfalls auch gegen dessen Willen zu treffen.[284]

> **Von der Rechtsprechung entschiedene Fälle von Notmaßnahmen**
>
> - Weitere Beschwerde eines Sequesters wegen der Ablehnung der Bestellung eines Sondersequesters[285]
> - Streit über einen auch zugunsten des Schuldners hinterlegten Betrag[286]
> - Einstweilige Verfügung auf Fortsetzung der Wasserversorgung[287]
> - Einstweilige Verfügung zur Sicherung des Vermieterpfandrechtes (Passivprozess)[288]
> - Einstweilige Verfügung auf Herausgabe von EV-Ware (Passivprozess)[289]
> - Sicherstellungsmaßnahmen gegen nicht herausgabewillige Dritte[290]

Abgelehnt hat die Rechtsprechung eine Prozessführungsbefugnis des Sequesters, wenn es sich nicht um Notmaßnahmen gehandelt hat. So hat das OLG Hamburg[291] die Einziehung einer Stammeinlage und das LG Frankfurt[292] die Geltendmachung eines normalen Zahlungsanspruches nicht als Notmaßnahmen angesehen.

Die herrschende Meinung hat somit dem Sequester ein Prozessführungsrecht nur für die Fälle zugesprochen, in denen zur Sicherung der künftigen Masse die Entscheidung über die Eröffnung des Verfahrens nicht abgewartet werden konnte.[293] Eine derartige Rechtsfortbildung im Rahmen der Konkursordnung und der Gesamtvollstreckungsordnung war notwendig, weil beide Gesetze keine Möglichkeit vorgesehen hatten, dass im Eröffnungsverfahren ein vorläufiger Verwalter die volle Verwaltungs- und Verfügungsbefugnis erhält. Insofern ist die Situation im Rahmen der Insolvenzordnung nunmehr anders. Der Gesetzgeber hat bei Bestellung eines vorläufigen Verwalters und Erlass eines allgemeinen Verfügungsverbotes den

---

283 BGH ZIP 2000, 1116.
284 BGH a. a. O.; s. auch OLG Hamburg ZIP 1987, 385; LG Magdeburg ZIP 1997, 896.
285 OLG Braunschweig ZIP 1999, 1769.
286 OLG Stuttgart ZInsO 1999, 474.
287 LG Magdeburg ZIP 1997, 896.
288 OLG Köln ZIP 1984, 89.
289 OLG Düsseldorf ZIP 1983, 1079.
290 OLG Hamburg ZIP 1982, 860.
291 OLG Hamburg ZIP 1987, 383; a. A. OLG Hamburg, ZIP 1985, 1012.
292 LG Frankfurt NJW-RR 1997, 796.
293 Zusammenfassend BGH ZIP 2000, 1116.

Übergang von Verwaltungs- und Verfügungsbefugnis auf den vorläufigen Verwalter vorgesehen. Sollten Prozesse im Eröffnungsverfahren zur Sicherung der Masse geführt werden müssen, dann kann das Insolvenzgericht einen starken vorläufigen Verwalter bestellen. Bestellt es einen schwachen vorläufigen Verwalter, bleibt die Prozessführungsbefugnis grundsätzlich beim Schuldner. Wurde ein genereller Zustimmungsvorbehalt angeordnet, sind Prozesshandlungen des Schuldners nur wirksam, wenn die Zustimmung gegeben wird.

Das Gericht kann aber auch – im Rahmen der abgestuften Maßnahmen nach § 21 Abs. 1 InsO – zur Verhütung nachteiliger Änderungen in der Vermögenslage des Schuldners den schwachen vorläufigen Verwalter ermächtigen, Prozesse bezüglich ganz bestimmter Vermögensgegenstände zu führen. Dies gilt vor allem bei unaufschiebbaren Notmaßnahmen. Eine generelle Ermächtigung ist nicht zulässig.[294]

Wenn man dem schwachen vorläufigen Verwalter in unaufschiebbaren Notmaßnahmen ein Prozessführungsrecht zugesteht, stellt sich die Frage, in welchem Namen er dabei handelt. Die bisherige Instanz-Rechtsprechung ist, ohne dies näher zu diskutieren, offenbar davon ausgegangen, dass der Sequester bei entsprechender Befugnis den Prozess im eigenen Namen und ohne Zustimmung des Schuldners führen kann.[295]

Der BGH hat dies in seinem Beschluss vom 18. 5. 2000.[296] in Frage gestellt, dabei allerdings offen gelassen, ob der Sequester als eine Art Pfleger im Namen des Schuldners den Prozess führt,[297] oder ob ihm dafür eine eigene Prozessführungsbefugnis, etwa nach dem Vorbild der § 744 Abs. 2, § 2038 Abs. 1 Satz 2 HS 2 BGB zusteht[298] Schon im Beschluss vom 9. 7. 1998 hatte der BGH[299] darauf hingewiesen, es spreche viel dafür, einen Sequester mit Rücksicht darauf, dass seine Aufgaben und Befugnisse denjenigen eines Konkursverwalters nicht gleichgesetzt werden können, nicht zu den Parteien kraft Amtes zu zählen. Der BGH schien also beim Sequester der Vertreterlösung zuzuneigen.

Wenn sich der schwache vorläufige Verwalter wegen der Unsicherheit bezüglich seiner Prozessführungsbefugnis überhaupt auf einen Rechtsstreit einlässt, dann ist ihm zu empfehlen, dass er sowohl im eigenen Namen als vorläufiger Insolvenzverwalter, als auch in dieser Eigenschaft als Vertreter des Schuldners, auftritt. Allerdings scheint der BGH geneigt zu sein, die Erklärungen des vorläufigen Insolvenzverwalters so auszulegen, dass sie nach der vom BGH für richtig gehaltenen Theorie wirksam sind.[300]

---

294 Ebenso HK-InsO/Kirchhof, § 22 Rdnr. 33, der zusätzlich den Erlass eines besonderen Verfügungsverbotes bezüglich der vom Prozess erfassten Gegenstände fordert; a. A. wohl FK-InsO/Schmerbach § 24 Rdnr. 31 ff.
295 Vgl. OLG Braunschweig ZIP 1999, 1769; OLG Stuttgart ZInsO 1999, 474.
296 BGH ZIP 2000, 1116, 1117.
297 Vgl. aber HK-InsO/Kirchhof, § 22 Rdnr. 33.
298 So OLG Hamburg ZIP 1987, 385, 386; LG Magdeburg, ZIP 1997, 896.
299 BGH ZIP 1998, 1645.
300 Vgl. BGH ZIP 2000, 1116, 1117.

153 Ordnet das Gericht lediglich ein allgemeines Verfügungsverbot an, ohne zugleich einen vorläufigen Verwalter zu bestellen, so tritt dadurch ebenfalls keine Unterbrechung des Rechtsstreites nach § 240 ZPO ein. Da durch das Verfügungsverbot jedoch der Schuldner völlig handlungsunfähig ist, muss ein Rechtsstreit analog § 148 ZPO solange ausgesetzt werden, bis das Insolvenzgericht einen vorläufigen Verwalter einsetzt oder über die Eröffnung entschieden hat.[301]

d) Steuergeheimnis

154 Zu den Grundsätzen des Steuergeheimnisses wird auf die Ausführungen zum starken vorläufigen Verwalter verwiesen.[302]

Der schwache vorläufige Verwalter mit generellem Zustimmungsvorbehalt hat nur eingeschränkte Befugnisse und kann nur zusammen mit dem Schuldner selbst handeln. Er ist aber nach § 22 Abs. 3 InsO berechtigt, die Geschäftsräume des Schuldners zu betreten und dort Nachforschungen anzustellen. Weiterhin hat ihm der Schuldner Einsicht in seine Bücher und Geschäftspapiere zu gestatten. Dies berechtigt ihn aber nicht, in die Akten des Finanzamtes Einsicht zu nehmen, auch wenn diese den Schuldner betreffen. Das Finanzamt beruft sich insoweit zu Recht darauf, dass der schwache vorläufige Insolvenzverwalter die notwendigen Informationen vom Schuldner selbst anfordern kann, weil dieser ihm nach § 22 Abs. 3 Satz 3 InsO alle erforderlichen Auskünfte zu erteilen hat.[303]

155 Fraglich ist, ob das Gericht durch Beschluss anordnen kann, dass das Finanzamt dem schwachen vorläufigen Verwalter Auskünfte zu erteilen hat. Nachdem dieser Fall im Katalog des § 21 Abs. 2 und Abs. 3 InsO nicht aufgeführt ist, könnte man sich nur auf § 21 Abs. 1 InsO stützen, wonach das Insolvenzgericht alle Maßnahmen zu treffen hat, die erforderlich erscheinen, um bis zur Entscheidung über den Antrag eine den Gläubigern nachteilige Veränderung in der Vermögenslage des Schuldners zu verhüten.

Anerkannt ist für den starken vorläufigen Verwalter, dass dieser Vertreter des Schuldners gem. § 34 Abs. 3 AO ist und damit auch die steuerlichen Pflichten des Schuldners erfüllen muss. Das Finanzamt hat ihm deshalb alle Auskünfte über die Verhältnisse des Schuldners zu erteilen.[304] Dies bedeutet, dass es von den einzelnen Anordnungen des Insolvenzgerichtes abhängt, ob der vorläufige Verwalter Auskünfte des Finanzamtes erhält. Damit kann das Gericht dem vorläufigen Verwalter auch unterhalb der vollen Verwaltungs- und Verfügungsbefugnis Rechte zuordnen, die denen des starken vorläufigen Verwalters zumindest in Teilbereichen gleichkommen. Das Insolvenzgericht kann somit auch ohne Bestellung eines starken vorläufigen

---

301 Thüringer OLG ZInsO 2000, 566.
302 S. oben Rdnr. 123 f.
303 Vgl. OFD Koblenz, Verfügung vom 30. 6. 1999, ZInsO 1999, 566.
304 S. oben 123 f.

Verwalters isoliert in das Steuergeheimnis nach § 30 AO eingreifen und durch Beschluss ein Auskunftsrecht des schwachen vorläufigen Verwalters gegenüber den Finanzbehörden festlegen.[305]

In dem Beschluss des Gerichtes über die Bestellung eines schwachen vorläufigen Verwalters sollte deshalb – ebenso wie bezüglich des Bankgeheimnisses – folgende Ziffer aufgenommen werden:

»Der vorläufige Insolvenzverwalter wird ermächtigt, Auskünfte über den Schuldner bei den Finanzbehörden und den Banken einzuholen (§§ 5 Abs. 1, 21 Abs. 1 InsO).«

Soweit aber der Schuldner im Einzelfall oder allgemein seine Zustimmung zur Offenbarung (§ 30 Abs. 4 Nr. 3 AO) gibt, sind die Finanzbehörden berechtigt, die entsprechenden Einzelheiten mitzuteilen. Um das Insolvenzeröffnungsverfahren nicht mit einem Streit über den Umfang des Steuergeheimnisses zu belasten, erscheint es deshalb vorteilhaft, wenn das Gericht den Schuldner nach Antragstellung auffordert, die Finanzbehörden gegenüber Gericht und vorläufigem Insolvenzverwalter vom Steuergeheimnis zu befreien. Die Praxis hat gezeigt, dass die Schuldner einer solchen Aufforderung in der Regel nachkommen.

e) Bankgeheimnis

Zu den Grundsätzen des Bankgeheimnisses wird auf die Ausführungen zum starken vorläufigen Verwalter verwiesen.[306]

Die Befugnisse des schwachen vorläufigen Verwalters ergeben sich aus § 22 Abs. 2 und Abs. 3 InsO. § 22 Abs. 3 InsO gewährt insoweit nur Befugnisse gegenüber dem Schuldner. Diese berühren damit nicht die vertraglichen Beziehungen zwischen Schuldner und Bank. Soweit die Bank nicht durch den Schuldner von ihrer Geheimhaltungspflicht befreit wurde, kann und darf die Bank sich an ihre vertraglichen Verpflichtungen halten. Selbst wenn der Rahmenvertrag nichtig oder bereits beendet wurde, hat die Bank das Bankgeheimnis weiter zu beachten.[307]

Der schwache vorläufige Verwalter ist folglich auf die Mitwirkung des Schuldners angewiesen, was bei nicht kooperativen Schuldnern dazu führt, dass er seine Aufgaben nicht oder nur schlecht erfüllen kann. Aus diesem Grunde ist es notwendig, dass das Gericht dem vorläufigen Insolvenzverwalter gem. § 22 Abs. 2 InsO die Befugnis überträgt, Auskünfte über den Schuldner bei den entsprechenden Banken einzuholen.[308] Wie beim starken

---

305 A. A. wohl OFD Koblenz, a. a. O.
306 S. oben Rdnr. 125 ff.
307 S. oben Rdnr. 125 ff.
308 Zu Auskünften über den Geschäftsführer der Schuldnerin selbst: s. AG Duisburg NZI 2000, 606 und oben Rdnr. 125 ff.

vorläufigen Verwalter verstößt dies nicht gegen Art. 21 GG. Mit Übergang dieser Auskunftsbefugnis kann das Bankgeheimnis auch dem schwachen vorläufigen Verwalter nicht entgegengehalten werden.

In dem Beschluss des Gerichtes über die Bestellung eines schwachen vorläufigen Verwalters sollte deshalb – ebenso wie bezüglich des Steuergeheimnisses – folgende Ziffer aufgenommen werden:

> »Der vorläufige Insolvenzverwalter wird ermächtigt, Auskünfte über den Schuldner bei den Finanzbehörden und den Banken einzuholen (§§ 5 Abs. 1, 21 Abs. 1 InsO).«

158 Um das Insolvenzeröffnungsverfahren nicht mit einem Streit über den Umfang des Bankgeheimnisses zu belasten, erscheint es vorteilhaft, wenn das Gericht den Schuldner nach Antragstellung auffordert, die Banken gegenüber Gericht und vorläufigen Insolvenzverwalter vom Steuergeheimnis zu befreien. Die Praxis hat gezeigt, dass die Schuldner einer solchen Aufforderung in der Regel nachkommen.

IV. Das Gutachtenmodell (§§ 5, 21 Abs. 1 InsO)

159 In einer Vielzahl von Fällen bestand der Konkursantrag lediglich aus einem sog. »Zweizeiler«, in dem die Eröffnung des Konkursverfahrens wegen Zahlungsunfähigkeit und/oder Überschuldung beantragt wurde.[309] Dem Gericht lagen bei Eingang des Eigenantrages auf Konkurseröffnung in der Regel wenig bis gar keine konkreten Angaben darüber vor, ob die Firma noch arbeitete, welches Aktivvermögen und insbesondere welche liquiden Mittel vorhanden waren, wie viele Arbeitnehmer beschäftigt wurden, ob die Versicherungsprämien für die Feuerversicherung, die Kraftfahrzeuge etc. bezahlt waren. Dies wird sich unter der Insolvenzordnung nicht ändern, weil der Gesetzgeber entgegen dem früheren § 104 KO beim Eigenantrag nicht einmal mehr die Vorlage eines Vermögensverzeichnisses verlangt.[310] Aus diesem Grunde wird das Insolvenzgericht bei Beantragung des Insolvenzverfahrens noch weniger konkrete Informationen über den Schuldner haben, als bisher.

Geht man unter Zugrundelegung dieser Situation davon aus, dass der Normalfall im Insolvenzeröffnungsverfahren der starke vorläufige Verwalter ist, dann würde man quasi im Blindflug Maßnahmen ergreifen, die mit großer

---

309 Vgl. Stephan, NZI 1999, 104.
310 Ebenso BayObLG ZIP 2000, 1220: der GmbH-Geschäftsführer stellt auch dann einen strafbefreienden Insolvenzantrag, wenn er weder ein Gläubiger- und Schuldnerverzeichnis noch eine Übersicht über die Vermögensmasse oder sonstige Unterlagen beifügt.

Wahrscheinlichkeit den starken vorläufigen Verwalter in erhebliche Probleme und Haftungsgefahren bringen und gegen das Gebot der Verhältnismäßigkeit verstoßen würden. Sind in dem Betrieb z. B. die Versicherungsprämien für die Feuerversicherung und die Kraftfahrzeuge nicht mehr bezahlt worden, und die Versicherung hat bereits auf den fehlenden Versicherungsschutz hingewiesen, dann kommt der starke vorläufige Verwalter fast in eine aussichtslose Situation, wenn im Betrieb ein Brand ausbricht oder die nicht mehr versicherten Fahrzeuge einen Unfall verursachen. Er kann sich selbst aussuchen, nach welcher Vorschrift er haften möchte, nämlich entweder nach § 60 InsO oder nach § 61 InsO.

Kümmert er sich nicht sofort um die Versicherungen, weil keine liquiden Mittel vorhanden sind und er in der Kürze der Zeit noch keine Finanzierung zustande gebracht hat, dann liegt die Haftung nach § 60 InsO nahe.[311] Erlangt er aufgrund persönlicher Erklärungen gegenüber der Versicherung für die alten Verträge wiederum Versicherungsschutz, haftet er nach § 61 InsO, wenn mangels Finanzierung die Versicherungsprämien anschließend nicht bezahlt werden können.

Die Anordnungen des Gerichtes im vorläufigen Insolvenzverfahren stehen nach ganz herrschender Meinung unter dem Prinzip der Verhältnismäßigkeit. Es darf also immer nur mit dem mildesten Mittel in die Rechte des Schuldners eingegriffen werden.[312] In vielen Fällen reicht bei einer Betriebsfortführung z. B. die Bestellung eines schwachen Verwalters mit Zustimmungsvorbehalt (§ 21 Abs. 2 Nr. 2 Fall 2 InsO) aus.[313]

Wenn das Gericht also – und das ist der Regelfall – bei Eingang des Insolvenzantrages noch nicht im Einzelnen beurteilen kann, welche Maßnahmen erforderlich sind, und ob z. B. der Schuldner noch seinen Geschäftsbetrieb aufrecht erhält, dann erscheint als erste Maßnahme die Einsetzung eines Gutachters gem. § 5 Abs. 1 Satz 2 InsO sinnvoll. Dieser kann dann mit einer Vielzahl von Aufgaben betraut werden, die nach dem jeweiligen Kenntnisstand des Gerichts abgestuft sein können:

Regelmäßige Aufgaben
- die Überprüfung von Zahlungsunfähigkeit und Überschuldung
- die Frage einer Betriebsfortführung
- die Überprüfung der Kostendeckung in einem Insolvenzverfahren.

Sinnvollerweise auch
- die Frage, ob und ggf. welche weiteren gerichtlichen Maßnahmen für notwendig erachtet werden, um eine nachteilige Veränderung in der Vermögenslage des Schuldners zu vermeiden.

---

311 Vgl. BGH NJW 1989, 1034.
312 Kübler/Prütting, a. a. O., § 21 Rdnr. 7 f.; Nerlich/Römermann, a. a. O., § 21 Rdnr. 18; Stephan, NZI 1999, 104; vgl. auch AG Göttingen ZInsO 1999, 476.
313 S. oben Rdnr. 145 ff.

> **Je nach Einzelfall**
> - die Einstellung der Zwangsvollstreckung
> - ein allgemeines Verfügungsverbot.

Letzteres wird nur dann zulässig und möglich sein, wenn dem Gericht schon bekannt ist, dass der Schuldner keinen Geschäftsbetrieb mehr aufrecht erhält. Denn ansonsten wäre weder der Schuldner verfügungsbefugt, noch gäbe es eine andere Person, die den Geschäftsbetrieb aufrecht erhalten könnte.[314] In Situationen, in denen der Schuldner keinen Geschäftsbetrieb mehr aufrecht erhält, sind also Fälle eines allgemeinen Verfügungsverbotes ohne Einsetzung eines vorläufigen Verwalters durchaus sinnvoll.

Dies war eine zu Zeiten der Konkursordnung häufige und erfolgreiche Konstellation. Mag sich auch der Gesetzgeber[315] als Regelfall den starken Verwalter vorgestellt haben, so erzwingt die Praxis in den meisten Fällen ein anderes Vorgehen der Gerichte. Insoweit erscheint das Gutachtenmodell die sinnvollste Möglichkeit, allen Beteiligten gerecht zu werden.[316]

161 Ähnlich wie der schwache vorläufige Verwalter hat der Gutachter erhebliche Probleme, Auskünfte der Steuerbehörden und der Banken zu erhalten.[317] Das Gericht sollte deshalb wie beim schwachen vorläufigen Verwalter in den Beschluss über die Bestellung des Gutachters folgende Ziffer aufnehmen:

> »Der Gutachter wird ermächtigt, Auskünfte über den Schuldner bei den Finanzbehörden und den Banken einzuholen (§§ 5 Abs. 1, 21 Abs. 1 InsO).«

Auch in diesem Falle sollte das Gericht, um einen Streit über den Umfang des Steuer- und Bankgeheimnisses zu vermeiden, den Schuldner auffordern, die Finanzbehörden und die Banken gegenüber Gericht und Gutachter vom Steuer- und Bankgeheimnis zu entbinden. Die Schuldner kommen einer solchen Aufforderung in der Regel nach.

162 Die Ablehnung des gerichtlich bestellten Gutachters wegen Befangenheit ist – ebenso wie die des vorläufigen Verwalters – unzulässig, weil dieser nicht mit dem Sachverständigen im Zivilprozess vergleichbar ist.[318]

---

314 Nerlich/Römermann, a. a. O., § 21 Rdnr. 52; AG Göttingen ZInsO 1999, 482; a. A. wohl FK-InsO/Schmerbach § 21 Rdnr. 31.
315 Vgl. aber Nerlich/Römermann, a. a. O., § 21 Rdnr. 101; s. auch oben Rdnr. 145 ff.
316 Vallender/Fuchs/Rey, NZI 1999, 140.
317 S. oben Rdnr. 123 ff.
318 Ebenso AG Göttingen ZInsO 2000, 347; zur KO, schon: Kuhn/Uhlenbruck, a. a. O., § 75 Rdnr. 1 b; Kilger/Schmidt K., a. a. O., § 107 Rdnr. 2; a. A. AG Köln InVO 1999, 141.

V. Aufhebung von Sicherungsmaßnahmen

Sämtliche Sicherungsmaßnahmen stehen unter dem Prinzip der Verhältnismäßigkeit. Das Gericht darf immer nur mit dem mildesten Mittel in die Rechte des Schuldners eingreifen.[319] Daraus folgt nicht nur, dass das Gericht nur die Mittel anwenden darf, die im konkreten Fall notwendig sind, sondern auch, dass das Gericht die Sicherungsmittel aufheben muss, die im konkreten Fall nicht mehr erforderlich sind. Das Gericht hat also nicht nur ein Aufhebungsrecht, sondern auch eine Aufhebungspflicht.[320]

> **Fälle der Aufhebung von Sicherungsmaßnahmen:**
> - Die Aufhebung ist aus Gründen der Verhältnismäßigkeit erforderlich, z. B. Aufhebung der Postsperre (§ 21 Abs. 2 Nr. 4 InsO).
> - Das Gericht hat zunächst nur einen Gutachter bestellt, gleichzeitig aber ein allgemeines Verfügungsverbot erlassen. Im weiteren Verlauf des Eröffnungsverfahrens ergibt sich, dass zwar nicht die Bestellung eines starken vorläufigen Insolvenzverwalters, aber die eines schwachen Verwalters erforderlich wird. In diesem Fall ist das allgemeine Verfügungsverbot aufzuheben und ein vorläufiger Insolvenzverwalter zu bestellen.
> - Rücknahme des Antrages einschl. Erledigungserklärung
> - Abweisung des Antrages mangels Masse oder aus anderen Gründen (§ 26 InsO).

War im Insolvenzeröffnungsverfahren ein starker vorläufiger Verwalter bestellt, so ist § 25 Abs. 2 InsO zu beachten.[321] Dieser hat vor Aufhebung seiner Bestellung aus dem von ihm verwalteten Vermögen die entstandenen Kosten zu berichtigen und die von ihm begründeten Verbindlichkeiten zu erfüllen. Gleiches gilt für die Verbindlichkeiten aus einem Dauerschuldverhältnis, soweit der vorläufige Insolvenzverwalter für das vom ihm verwaltete Vermögen die Gegenleistung in Anspruch genommen hat (siehe zu § 25 Abs. 2 InsO unten Rdnr. 168 f.).

Das Gericht entscheidet über die Aufhebung von Sicherungsmaßnahmen von Amts wegen. »Anträge« des Schuldners oder vorläufigen Insolvenzverwalters sind lediglich Anregungen. Hatte das Gericht die Anordnung der Sicherungsmaßnahme öffentlich bekannt zu machen, so muss auch die Aufhebung in gleicher Weise bekannt gemacht werden (§ 25 Abs. 1 InsO).[322]

---

319 Allgemeine Meinung; vgl. auch Kübler/Prütting, a. a. O., § 21 Rdnr. 7 f.; s. auch oben Rdnr. 159 ff.
320 Vgl. FK-InsO/Schmerbach, § 25 Rdnr. 3.
321 Nach LG Duisburg ZIP 2001, 1020 gilt das auch für den schwachen vorläufigen Verwalter.
322 Wegen der formellen Einzelheiten s. FK-InsO/Schmerbach, § 25 Rdnr. 10 ff.

VI. Masseunzulänglichkeit im Eröffnungsverfahren

1. Kein Verwertungsrecht nach §§ 208 ff. InsO

166 Ein auch unter der Insolvenzordnung noch sehr häufiger Fall ist die Feststellung des Gutachters oder vorläufigen Insolvenzverwalters, dass die Kosten eines Insolvenzverfahrens nicht gedeckt sein werden.[323] Insbesondere bei Bestellung eines vorläufigen Insolvenzverwalters erhöhen sich die Verfahrenskosten nicht unbeträchtlich, weil hierzu auch dessen Vergütungen und Auslagen zählen (§ 54 Nr. 2 InsO). Dies gilt erst recht, wenn man die Ansicht vertritt, dass auch die Kosten für die Erledigung der steuerlichen Pflichten des Insolvenzverwalters Verfahrenskosten im Sinne von § 54 Nr. 2 InsO sind.[324]

Stellt der vorläufige Verwalter also fest, dass die Verfahrenskosten voraussichtlich nicht gedeckt sein werden, so hat er seine Tätigkeit einzustellen und unverzüglich dem Gericht nach § 22 Abs. 1 Satz 2 Nr. 3 InsO zu berichten. §§ 208–211 InsO, die insbesondere in § 208 Abs. 3 InsO ein fortdauerndes Verwertungsrecht des Insolvenzverwalters vorsehen, sind nicht analog anwendbar, weil der vorläufige Insolvenzverwalter grundsätzlich kein Verwertungsrecht, sondern lediglich eine Sicherungspflicht hat.

2. Berichterstattung an das Insolvenzgericht (§ 22 Abs. 1 Satz 2 Nr. 3 InsO)

167 Hat der vorläufige Verwalter festgestellt, dass die Insolvenzmasse zur Deckung der Verfahrenskosten nicht ausreichen wird, hat er dem Gericht zu berichten. Der Inhalt eines solchen Berichtes richtet sich in erster Linie nach dem konkreten Auftrag, den der vorläufige Insolvenzverwalter vom Gericht erhalten hat.

---

323 S. hierzu im Einzelnen oben Rdnr. 132 ff.
324 So AG Charlottenburg ZIP 1999, 1687; a. A. AG Neuruppin NZI 1999, 470; s. auch oben Rdnr. 132 ff.

In der Regel muss der Bericht folgende Themen behandeln:

- Wiedergabe des gerichtlichen Auftrages
- Mitteilung der wesentlichen Informationsquellen, auf denen der Bericht beruht
- allgemeine Daten über den Schuldner
- geschäftliche Entwicklung des Schuldners
- finanzielle Lage des Schuldners
- Ursachen der Krise
- Frage der Betriebsfortführung
- Maßnahmen während der Sequestration
- Deckung der Verfahrenskosten
- Empfehlungen für die Insolvenzeröffnung (Datum, vorl. Gläubigerausschuss, Postsperre etc.).

3. Berichtigung der Masseverbindlichkeiten (§ 25 Abs. 2 InsO)

War ein starker vorläufiger Verwalter bestellt, ist vor Aufhebung von Sicherungsmaßnahmen, insbesondere Aufhebung der Bestellung des vorläufigen Verwalters § 25 Abs. 2 InsO zu beachten. Der starke vorläufige Verwalter hat vor Aufhebung seiner Bestellung aus dem von ihm verwalteten Vermögen die entstandenen Kosten zu berichtigen und die von ihm begründeten Verbindlichkeiten zu erfüllen. Gleiches gilt für die Verbindlichkeiten aus einem Dauerschuldverhältnis, soweit der vorläufige Insolvenzverwalter für das von ihm verwaltete Vermögen die Gegenleistung in Anspruch genommen hat.

Unter die entstandenen Kosten fallen:

- die Gerichtskosten und Auslagen (für Veröffentlichungen, Sachverständigengebühren),
- die Vergütung und die Auslagen des vorläufigen Insolvenzverwalters.

Vom vorläufigen Insolvenzverwalter begründete Verbindlichkeiten sind:

- bei Betriebsfortführung z. B. Kosten für Bezug von Waren, Energie etc.,
- ggf. Buchführungs- und Steuerberatungskosten,
- Verbindlichkeiten aus Dauerschuldverhältnissen, aber nur so weit, als der vorläufige Insolvenzverwalter die Gegenleistung in Anspruch genommen hat. Darunter fallen Arbeitnehmer, die der vorläufige Verwalter weiterbeschäftigt hat. In der Regel wird dieser Lohn durch das Insolvenzgeld gedeckt sein. Darunter fallen aber auch Mietverhältnisse, wenn der vorläufige Verwalter die Mietsache genutzt hat.

169 Insbesondere wenn ein Gläubiger nach Bezahlung seiner Forderung den Insolvenzantrag zurückgenommen hat, ist eine kurzfristige Aufhebung der Sicherungsmaßnahmen notwendig, damit der Schuldner wieder über seinen Betrieb verfügen kann. In diesem Fall hat der starke vorläufige Verwalter die Kosten und die zu berichtigenden sonstigen Verbindlichkeiten zu schätzen und zurückzubehalten. Die Sicherungsmaßnahmen können dann schon vor endgültiger Begleichung aller Verbindlichkeiten aufgehoben werden. Ähnlich ist zu verfahren, wenn vom starken vorläufigen Verwalter begründete Verbindlichkeiten strittig sind. Dies kann insbesondere vorliegen, wenn darüber Streit besteht, ob der vorläufige Verwalter Miträume zugunsten der Masse genutzt hat. Solche im Streit befindlichen Beträge hat der vorläufige Verwalter auf einem Anderkonto zu hinterlegen.[325]

4. Abweisung mangels Masse (§ 26 InsO)

170 Für einen Abweisungsbeschluss mangels Masse müssen folgende Voraussetzungen vorliegen:

- Die Überzeugung des Gerichts, dass das Vermögen des Schuldners voraussichtlich nicht ausreichen wird, um die Kosten des Verfahrens zu decken, z. B. aufgrund eines Berichtes des vorläufigen Insolvenzverwalters.
- Für den Fall, dass ein starker vorläufiger Verwalter bestellt war, die Berichtigung der entstandenen Kosten und die Erfüllung der von diesem begründeten Verbindlichkeiten, bei Dauerschuldverhältnissen nur, soweit die Gegenleistung vom starken vorläufigen Verwalter in Anspruch genommen war (§ 25 Abs. 2 InsO).
- Die Feststellung des Gerichts, dass ein zur Deckung der Verfahrenskosten ausreichender Geldbetrag nicht vorgeschossen wurde (§ 26 Abs. 1 Satz 2 InsO).[326]

Erst bei Vorliegen all dieser Voraussetzungen weist das Insolvenzgericht den Antrag auf Eröffnung des Insolvenzverfahrens ab und hebt die Sicherungsmaßnahmen gleichzeitig auf.

---

325 S. hierzu im Einzelnen FK-InsO/Schmerbach, § 25 Rdnr. 22 ff.
326 Zur Prüfung der Kostendeckung und Höhe der erforderlichen Kosten s. oben Rdnr. 132 ff.

C. Die Aufgaben des Insolvenzverwalters

I. Der Insolvenzverwalter vor dem Berichtstermin

1. Gerichtliche Maßnahmen

a) Terminsbestimmungen

Im Eröffnungsbeschluss bestimmt das Gericht 2 Termine und zwar für: 171

- die erste Gläubigerversammlung (Berichtstermin);
dieser Termin soll nicht über 6 Wochen und darf nicht über 3 Monate hinaus angesetzt werden (§ 29 Abs. 1 Nr. 1 InsO), gerechnet vom Ablauf des 2. Tages nach der öffentlichen Bekanntmachung (§ 9 Abs. 1 Satz 3 InsO).
- eine Gläubigerversammlung, in der die angemeldeten Forderungen geprüft werden (Prüfungstermin);
der Zeitraum zwischen dem Ablauf der Anmeldefrist und dem Prüfungstermin soll mindestens 1 Woche und höchstens 2 Monate betragen (§ 29 Abs. 1 Nr. 2 InsO).

Beide Termine können verbunden werden (§ 29 Abs. 2 InsO).

Diese Termine sollten im Vorfeld der Verfahrenseröffnung mit dem in Aussicht genommenen Insolvenzverwalter unbedingt abgesprochen werden, weil die Teilnahme am Berichtstermin für den Insolvenzverwalter eine höchstpersönliche Verpflichtung ist, bei der er sich nicht vertreten lassen kann und bei der auch die Bestellung eines Sonderverwalters nicht möglich ist.[327] Auch im Prüfungstermin kann sich der Insolvenzverwalter nicht vertreten lassen. Hier ist aber die Bestellung eines Sonderverwalters zur Prüfung der angemeldeten Forderungen möglich.[328] Weiterhin kann der Insolvenzverwalter, weil er in der Regel bereits im Eröffnungsverfahren als Gutachter oder vorläufiger Verwalter tätig war, am besten abschätzen, ob der Berichtstermin kurzfristig oder ggf. wegen des Umfanges des Verfahrens unter weitgehender Ausnutzung der maximalen Frist von 3 Monaten angesetzt werden soll. 172

b) Beauftragung des Insolvenzverwalters mit Zustellungen

Die Gerichte gehen aus Gründen ihrer eigenen Arbeitsentlastung mehr und mehr dazu über, den Insolvenzverwalter mit der Durchführung von Zustellungen zu beauftragen, § 8 Abs. 3 InsO. In diesem Fall hat der Insolvenzverwalter z. B. den Eröffnungsbeschluss entsprechend § 8 Abs. 1 i. V. m. § 30 Abs. 2 InsO dem Schuldner selbst, den Gläubigern und den Schuldnern 173

---
327 S. Rdnr. 17 ff.
328 S. Rdnr. 17 ff.

des Schuldners durch Aufgabe zur Post zuzustellen. Der Insolvenzverwalter hat dem Gericht über die Zustellung zu berichten. Diese Erklärung kann folgenden Wortlaut haben:

Muster einer Zustellungsbeurkundung

Gläubigerliste mit Aufgabe zur Post

(IN) Insolvenzverfahren über das Vermögen der Fa. Muster GmbH
AG Musterstadt · 1501 IN 4711/00
Verwalter: RA Mustermann
Unser Zeichen: · Sachbearbeiter/in
.... (Datum)

Gläubiger	Zustellungs-empfänger	Vertreter	Zustellungs-empfänger
Müller GmbH Sonnenstraße 1 80331 München	x		

Anzahl Gläubiger: 1

Beurkundung der Zustellung gem. §§ 8, 4 InsO, 213, 175 ZPO

Zum Zwecke der Zustellung durch Aufgabe zur Post sind die Briefsendungen mit folgendem Inhalt:

Schreiben vom .... nebst Eröffnungsbeschluss vom ...., Formular zur Forderungsanmeldung nebst Merkblatt in einem verschlossenen Umschlag, auf dem der oben gekennzeichnete und genannte Empfänger mit seiner Anschrift benannt wurde, an Herrn/Frau (Mitarbeiter/in) .... übergeben worden und von diesem/dieser am .... bei der/beim Postamt München ..., ... straße 1, 80331 München aufgegeben worden.

..................., den ....

Verwalter
RA Mustermann

Rechtsanwälte Seidel – Bruder – Linnartz WINSOLVENZ 99
© STP GmbH, 0721/828150 · Formular 3017 · Vers 1.50.21 Seite 1 von 1

---

c) Vorlage von Verzeichnissen und Vermögensübersicht

174 Das Insolvenzgericht ordnet gleichzeitig mit dem Eröffnungsbeschluss an, dass der Insolvenzverwalter ein Verzeichnis der Massegegenstände, § 151 InsO, ein Gläubigerverzeichnis, § 152 InsO und eine Vermögensübersicht, § 153 InsO, spätestens eine Woche vor dem Berichtstermin in der Geschäftsstelle zur Einsicht der Beteiligten niederzulegen hat, § 154 InsO.

aa) Verzeichnis der Massegegenstände (§ 151 InsO)

Bereits nach § 123 KO hatte der Konkursverwalter die Massegegenstände aufzuzeichnen. Dies übernimmt § 151 InsO fast wörtlich. Dabei sind unter Massegegenständen nicht nur die körperlichen Gegenstände, sondern alle Sachen und Rechte des Schuldners zu verstehen. Es zählen auch die Ansprüche dazu, die in der Steuer- bzw. Handelsbilanz nicht enthalten waren, z. B. Ansprüche aus schwebenden Geschäften, Insolvenzanfechtungsansprüche, Ansprüche aus § 64 Abs. 2 GmbHG etc. Mit aufzunehmen sind auch Gegenstände, an denen Absonderungsrechte bestehen. Dies ist kenntlich zu machen. Soweit Gegenstände unstreitig der Aussonderung unterliegen, sind sie nicht im Verzeichnis aufzuführen.[329] Unter Eigentumsvorbehalt gelieferte Waren sind dagegen aufzunehmen, obwohl sie nach bisher herrschender Ansicht der Aussonderung[330] nach § 47 InsO unterliegen. Das wirtschaftliche Interesse des Vorbehaltslieferanten ist aber dem Absonderungsrecht stark angenähert.[331] Die Gegenstände sind für ihn im Wesentlichen nur Sicherungsgut. Sie sind in seiner Bilanz nur noch als Forderungen enthalten, der Schuldner hat sie in seine Aktiva aufgenommen und die entsprechenden Verbindlichkeiten passiviert. Würde das Aussonderungsgut nicht in das Verzeichnis der Massegegenstände und damit auch nicht in die Vermögensübersicht aufgenommen, ergäbe sich ein völlig verzerrtes Bild der Vermögenslage ohne jede Aussagekraft.

175

Bereits vom Insolvenzverwalter freigegebene Vermögenswerte müssen im Verzeichnis der Massegegenstände enthalten sein, da dieses Verzeichnis auf den Zeitpunkt der Insolvenzeröffnung erstellt wird und eine Freigabe erst anschließend durch den Insolvenzverwalter erfolgen kann.

176

Bei der Erfassung der Massegegenstände ist in aller Regel der Jahresabschluss des Schuldners nur bedingt hilfreich. Eine Inventur oder ein Anlagenspiegel können einem Verzeichnis nach § 151 InsO nur sehr selten zugrunde gelegt werden. Bei Insolvenzeröffnung liegt der letzte Jahresabschluss meist ein Jahr oder länger zurück. Es zeigt sich auch immer wieder in der Praxis, dass gerade die Inventur ein beliebter Ort für die Manipulation des Jahresergebnisses ist und nicht nur der Wert, sondern auch die Anzahl der Vorräte völlig verkehrt angegeben wurde. Davon abgesehen ist bereits eine 3 Monate zurückliegende Inventur für ein Verzeichnis nach § 151 InsO unbrauchbar. Lediglich eine permanente EDV-Inventur könnte eine Grundlage für das Verzeichnis der Massegegenstände sein. Auch hier sollte der Insolvenzverwalter unbedingt Stichproben vornehmen. Das Gesetz verlangt zwar, dass die Gegenstände der Insolvenzmasse einzeln aufgenommen werden müssen (§ 151 Abs. 1 Satz 1 InsO), der Insolvenzverwalter kann aber die handelsrechtlichen Erleichterungen für die Aufnahme gleichartiger Vermögensgegenstände (s. §§ 240 Abs. 4, 241 Abs. 1 HGB)

177

---

329 FK-InsO/Wegener, § 151 Rdnr. 8.
330 BGHZ 94, 44, 49.
331 Vgl. KS/Wellensiek, S. 414 Rdnr. 39 und unten Rdnr. 198.

178 Nach § 151 Abs. 3 InsO kann das Insolvenzgericht auf begründeten Antrag des Verwalters gestatten, dass die Aufstellung des Verzeichnisses unterbleibt. Ist ein Gläubigerausschuss bestellt, so muss dieser dem Antrag zustimmen. Es wird sicherlich ein seltener Ausnahmefall bleiben, dass auf das gesamte Verzeichnis der Massegegenstände verzichtet wird. Häufiger wird der Fall sein, dass auf eine Aufzeichnung der Warenvorräte verzichtet wird, wenn z. B. eine zeitnahe exakte Inventur vorliegt oder wenn eine Vielzahl von Kleinteilen, z. B. Mikrochips vorhanden sind, deren Wert wegen ihres Alters und der unsachgemäßen Behandlung nur noch minimal ist und damit die Kosten einer Aufzeichnung der meist nur für einen Sachverständigen unterscheidbaren Chips in keinem Verhältnis zum Verwertungswert stehen.

Ob bei einem baldigen Verkauf des gesamten Unternehmens die Aufstellung des Verzeichnisses der Massegegenstände nach § 151 Abs. 3 InsO unterbleiben kann, erscheint fraglich.[332]

179 Bei jedem Vermögensgegenstand ist dessen Wert anzugeben. Wenn der Wert davon abhängt, ob das Unternehmen fortgeführt oder stillgelegt wird, sind beide Werte anzugeben, § 151 Abs. 2 InsO.

Die richtige Bewertung der Gegenstände unter beiden Gesichtspunkten verursacht erhebliche Probleme und ist bei mittleren bis größeren Insolvenzen bis zur Abgabefrist des Verzeichnisses (1 Woche vor dem Berichtstermin, § 154 InsO) oft nicht zu leisten. Das Verzeichnis der Massegegenstände, das Gläubigerverzeichnis und die Vermögensübersicht können deshalb sowohl, was den Umfang der Gegenstände betrifft, als auch bezüglich der Bewertung, nur ein vorläufiges Verzeichnis sein.

180 Der Liquidationswert hängt wesentlich davon ab, in welcher Zeit das Unternehmen liquidiert wird, wieviel Zeit somit für den Verkauf der Gegenstände zur Verfügung steht. Sehr oft wird der Liquidationswert höher sein, wenn in Ruhe Käufer gesucht werden können.

181 Wenn die Möglichkeit einer Fortführung des Betriebes besteht, aber auch nur dann, muss zusätzlich zum Liquidationswert ein Fortführungswert für die Vermögensgegenstände angegeben werden. War das Unternehmen bei Insolvenzantrag bereits eingestellt oder musste es im Rahmen des Eröffnungsverfahrens eingestellt werden, erübrigt sich die Angabe des Fortführungswertes, weil im Berichtstermin eine Entscheidung der Gläubiger über die Fortführung des Betriebes nicht mehr zur Debatte steht. Ansonsten hat aber der Insolvenzverwalter nicht das Recht, nur einen der Werte anzugeben und seine Entscheidung an die Stelle des Beschlusses der Gläubigerversammlung im Berichtstermin zu setzen.[333]

---

332 So FK-InsO/Wegener, § 152 Rdnr. 22.
333 Ebenso FK-InsO/Wegener, § 151 Rdnr. 16 ff.

Eine Definition des Fortführungswertes ist ungemein schwierig. Die Lösungsversuche sind vielfältig und in der Regel nicht praktikabel.[334] Die Vorschläge gehen von Teilwerten nach § 6 EStG[335] über Handelsbilanzwerte,[336] Fortführungssubstanzwerte und Fortführungsertragswerte[337] bis hin zu der Empfehlung Fortführungswerte überhaupt nicht zu ermitteln.[338]

Nach dem Willen des Gesetzgebers sollte die Gläubigerversammlung durch die Angabe der Zerschlagungs- und Fortführungswerte in die Lage versetzt werden, zu entscheiden, welche Alternative zu einer höheren Befriedigung der Forderungen führt. Dieser Wunsch wird nicht in Erfüllung gehen können. Wie erwähnt, ist der weit überwiegende Teil der Betriebe bei Insolvenzantrag bereits eingestellt, so dass die Angabe von Fortführungswerten weder erforderlich, noch möglich ist. Bei den noch arbeitenden Betrieben muss vom vorläufigen oder endgültigen Verwalter versucht werden, in möglichst kurzer Zeit im Wege der übertragenden Sanierung einen Käufer zu finden. Dieser Käufer bewertet das Unternehmen nicht im Sinne einer klassischen Unternehmensbewertung unter Zugrundelegung einer modifizierten Ertragsüberschussrechnung, bezogen auf die zu erwartenden zukünftigen Überschüsse. In der Regel hat ein insolventes Unternehmen bereits seit längerer Zeit keine Überschüsse mehr gehabt, so dass auch für die nähere Zukunft keine Erträge zu erwarten sind. Eine derartige Methode zur Berechnung des Unternehmenswertes macht deshalb für einen Käufer keinen Sinn. Dieser kann eine Vielzahl dem Insolvenzverwalter und den Gläubigern nicht bekannte Motive für den Kauf der Assets und deren Bewertung haben. Mitunter beschränkt sich das Motiv auf ein kleines Segment des schuldnerischen Betriebes, auf die Kunden oder evtl. nur auf den Namen. Es ist in der Praxis immer wieder überraschend, dass als werthaltig angesehene Maschinen vom Käufer nur als lästig empfunden werden, weil dieser z. B. ausschließlich mit Maschinen eines anderen Herstellers arbeitet. Letztlich kommen bei einer Gesamtbewertung eines Unternehmens in der Insolvenz auf Seiten des Käufers Gesichtspunkte zum Tragen, die einer Einzelbewertung nicht zugänglich sind.[339]

Der von einem Käufer im Rahmen der übertragenden Sanierung genannte Kaufpreis für das Unternehmen lässt sich somit nicht auf die einzelnen Wirtschaftsgüter aufspalten und es lässt sich diesen kein einzelner Fortführungswert zuordnen. Um der Forderung des Gesetzgebers aber genüge zu tun, wird nichts anderes übrig bleiben, als »willkürlich« den vom Käufer gebotenen Gesamtkaufpreis nach eigenem Gutdünken des Insolvenzverwalters auf die vorhandenen Wirtschaftsgüter aufzuteilen.

---

334 Vgl. Höffner, ZIP 1999, 2088 m. w. N.; Förster, ZInsO 1999, 555.
335 Kübler/Prütting, a. a. O., § 151 Rdnr. 23 f.
336 Nerlich/Römermann, a. a. O., § 151 Rdnr. 15; ähnlich FK-InsO/Wegener, § 151 Rdnr. 16 f.
337 Förster, a. a. O.
338 Höffner, a. a. O., S. 2092; Förster, a. a. O., S. 556.
339 Ebenso Höffner, a. a. O.

Liegt allerdings kein Angebot eines Kaufinteressenten vor, wird man nur empfehlen können, entweder die Handelsbilanzwerte[340] oder die Wiederbeschaffungswerte[341] einzusetzen. Dies hat dann aber mit Fortführungswerten nichts zu tun.

Wenn man von dem in der Praxis zu vernachlässigenden Fall einer Eigensanierung absieht, kommt es letztlich nur darauf an, ob ein Käufer für den Betrieb vorhanden ist. Bietet dieser einen Kaufpreis, dann ist dies in der Regel ein Gesamtkaufpreis, wobei kaum ein Fall denkbar ist, bei dem dieser Preis niedriger als der Zerschlagungswert ist. Ist kein Käufer vorhanden und auch nicht in Sicht, dann sind Fortführungswerte irreal und in der Tat »Luftschlösser«.[342]

182 Ist die Bewertung der Massegegenstände »besonders schwierig«, kann diese einem Sachverständigen übertragen werden (§ 151 Abs. 2 Satz 2 InsO). In der Regel, z. B. bei normalen Wirtschaftsgütern wird die Verwertungsfirma die Bewertung vornehmen können, insbesondere bei wertvollen Kunstgegenständen sollte aber ein öffentlich bestellter und vereidigter Sachverständiger eingeschaltet werden. Eigenbewertungen durch den Insolvenzverwalter sind mit Vorsicht zu behandeln.

183 Zu beachten ist noch, dass der Schuldner bei der Aufzeichnung der Massegegenstände hinzuzuziehen ist, wenn dies ohne eine nachteilige Verzögerung möglich ist (§ 151 Abs. 1 Satz 2 InsO). Davon sollte der Verwalter in der Regel Gebrauch machen, um eine möglichst vollständige Aufzeichnung zu gewährleisten und um dem möglichen Vorwurf zu entgehen, er habe Massegegenstände übersehen.

---

340 So Nerlich/Römermann, a. a. O.
341 So FK-InsO/Wegener, a. a. O.
342 Förster, a. a. O.

Amt und Aufgaben des Insolvenzverwalters — 2. Kapitel

Ein Verzeichnis der Massegegenstände könnte folgendermaßen aussehen:

Verzeichnis der Massegegenstände nach §151

(IN) Insolvenzverfahren über das Vermögen der Pleitegeier, München

AG Musterstadt • 1501 IN 4711/00 • Insolvenzverwalter: Rechtsanwalt Mustermann • Unser Zeichen: • Sachbearbeiter

07.05.2001

für den Zeitraum: Gesamt

Nr.V.	Nr.B.	Bezeichnung	Fibuwert	Liquid.Wert	Fortf.Wert	Verk.Erlös	Wertber.	AusAb Liq.	AusAb.For.	Sicherungs.	Rechtsgrund	Forderung	Anteil Liq.	Anteil Fort.	Frei.M.Liq.	Frei.M.Fort.W.
400 Technische Anlagen und Maschinen			15.000,00	15.000,00	15.000,00	0,00	0,00	15.000,00	15.000,00				15.000,00 DM	15.000,00 DM	0,00	0,00 DM
1	1	1 Computer, Marke	15.000,00	15.000,00	15.000,00	0,00	0,00	15.000,00	15.000,00	Fischer	Vermieterpfandrecht	50.000,00	15.000,00 DM	15.000,00 DM	0,00	0,00 DM
650 Büroeinrichtung			600,00	600,00	600,00	0,00	0,00	0,00	0,00						600,00	600,00 DM
2	2	Schreibtisch	500,00	500,00	500,00	0,00	0,00	0,00	0,00						500,00	500,00 DM
3	3	Bürostuhl	100,00	100,00	100,00	0,00	0,00	0,00	0,00						100,00	100,00 DM
Vermögensgegenstände:			15.600,00	15.600,00	15.600,00	0,00	0,00	15.000,00	15.000,00						600,00	600,00 DM
1200 Forderungen aus Lief. u. Leistungen			3.500,00	1.000,00	1.000,00	0,00	0,00	0,00	0,00						1.000,00	1.000,00 DM
4712		Huber GmbH, Waldstraße 10, 80097 München Warenlieferung	2.500,00	0,00	0,00	0,00	0,00	0,00	0,00						0,00	0,00 DM
4711		Schmidt GmbH, Sonnenstraße 10, 80331 München Warenlieferung	1.000,00	1.000,00	1.000,00	0,00	0,00	0,00	0,00						1.000,00	1.000,00 DM
Debit./Schuldnerforderungen:			3.500,00	1.000,00	1.000,00	0,00	0,00	0,00	0,00						1.000,00	1.000,00 DM
Gesamtsumme			19.100,00	16.600,00	16.600,00	0,00	0,00	15.000,00	15.000,00						1.600,00	1.600,00 DM

bb) Gläubigerverzeichnis (§ 152 InsO)

184 Das Gläubigerverzeichnis nach § 152 InsO geht weit über ein normales Gläubigerverzeichnis hinaus und stellt praktisch bereits die Passivseite der Vermögensübersicht dar. Die Vorschrift beinhaltet eine Nachforschungspflicht des Insolvenzverwalters. Er hat nicht nur alle Gläubiger aufzunehmen, die ihm auf irgend eine Weise bekannt werden, sondern er hat auch die Bücher und Geschäftspapiere des Schuldners nach Gläubigern zu durchforsten. Der Idealfall einer vorliegenden vollständigen Kreditorenliste wird selten gegeben sein. Es empfiehlt sich, den Schuldner konkret nach noch nicht gebuchten, insbesondere strittigen und ggf. sogar rechtshängigen Verbindlichkeiten zu befragen.

185 Weil das Gläubigerverzeichnis auch Grundlage für die Zustellung des Eröffnungsbeschlusses ist, sind die Gläubiger mit ihren jeweiligen zustellungsfähigen Anschriften, also nicht mit einer Postfachanschrift, aufzunehmen.

186 Die Angabe des Forderungsgrundes setzt voraus, dass Tatsachen mitgeteilt werden, aus denen die Forderung hervorgeht.[343] Wie bei der Forderungsanmeldung sind auch gebräuchliche Rechtsbegriffe wie Kaufvertrag, Werkvertrag etc. zulässig. Der Insolvenzverwalter kann bei einer titulierten Forderung entweder den Titel oder die zugrundeliegende Forderung angeben. Der Gläubiger selbst muss sich erst bei Anmeldung zur Insolvenztabelle entscheiden, worauf er seine Forderung gründet.

187 Um einen Überblick über die Summe der ungesicherten Verbindlichkeiten zu erhalten, müssen die absonderungsberechtigten Insolvenzgläubiger mit dem Gegenstand der Absonderung und der Höhe des mutmaßlichen Ausfalles gesondert aufgeführt werden. Diese Absonderungsrechte korrespondieren mit dem Verzeichnis der Massegegenstände bzw. der Aktivseite in der Vermögensübersicht. Die Verbindlichkeiten sind mit ihrem tatsächlichen Betrag anzusetzen. In der Regel bestehen keine Unterschiede zwischen Stilllegung und Fortführung. Ausnahmen bilden z. B. Leasingverträge, bei denen im Falle der Stilllegung die gesamte noch offene Laufzeit abgerechnet und als Schadensersatz geltend gemacht wird.

188 Auch die Vorbehaltslieferanten sind mit dem Gegenstand ihrer Lieferung und der Höhe des mutmaßlichen Ausfalles gesondert aufzuführen. Der Eigentumsvorbehalt gewährt zwar nicht nur ein Absonderungs- sondern ein Aussonderungsrecht. Dieses ist aber wirtschaftlich der Absonderung weitgehend angenähert.[344]

189 Der Insolvenzverwalter hat im Gläubigerverzeichnis weiter anzugeben, welche Möglichkeiten der Aufrechnung bestehen. Dies korrespondiert wieder mit dem Verzeichnis der Massegegenstände und dient der eindeutigen

---

343 BFH ZIP 1987, 583.
344 S. hierzu oben Rdnr. 175 und unten Rdnr. 198.

Feststellung einerseits der freien Masse und andererseits der ungesicherten Verbindlichkeiten.

Die Angabe der Masseverbindlichkeiten nach § 152 Abs. 3 InsO ist eigentlich systemwidrig. Sowohl das Gläubigerverzeichnis, als auch die Vermögensübersicht werden auf den Zeitpunkt der Eröffnung des Insolvenzverfahrens aufgestellt und zeigen die Überschuldung zu diesem Stichtag. Die Einbeziehung der Masseverbindlichkeiten dient aber der Errechnung einer Insolvenzquote und ist im Grunde eine über den Stichtag hinaus fortgeführte Berechnung. **190**

Das Gläubigerverzeichnis nach § 152 InsO beinhaltet zwar alle wesentlichen Angaben, die auch in der Insolvenztabelle (§ 175 KO) enthalten sein müssen. Sie darf damit aber nicht verwechselt werden und ersetzt diese auch nicht. Das Gläubigerverzeichnis kann im Berichtstermin bei der Festlegung der Stimmrechte (§ 77 Abs. 1 InsO) wertvolle Hilfe leisten. **191**

§ 152 Abs. 2 Satz 1 InsO verlangt zusätzlich, dass die einzelnen Rangklassen der nachrangigen Insolvenzgläubiger gesondert aufgeführt werden müssen. Man wird diese Vorschrift so verstehen müssen, dass die nachrangigen Insolvenzgläubiger im Sinne von § 39 InsO erst dann in das Gläubigerverzeichnis aufzunehmen sind, wenn das Insolvenzgericht nach § 174 Abs. 3 InsO zur Anmeldung dieser Forderungen aufgefordert hat.[345]

Das Gläubigerverzeichnis nach § 152 InsO könnte folgenden Inhalt haben:

---

[345] S. auch HK-InsO/Irschlinger, § 152 Rdnr. 10.

Muster eines Gläubigerverzeichnisses

AG Musterstadt
Schuldner:
**Firma
Pleitegeier**
München

Geschäfts-Nr.: 1501 IN 4711/00

Gläubigerverzeichnis gem. § 152 InsO
im (IN) Insolvenzverfahren
Musterverfahren Luchterhand

Währung DM

Insolvenzverwalter:
Rechtsanwalt Mustermann

Blatt 1
07.05.2001

Gläubiger Name und Anschrift	Gläubigervertreter Name und Anschrift	Forderung	Angemeldet/ geltend gem.	Grund der Forderung	Besicherung	Ausfall Liquidation	Ausfall Fortführung	Aufrechnung
Insolvenzgläubiger § 38								
Leonhard Fischer Winterstraße 1 80331 München		50.000,00	50.000,00	Mietrückstände		30.000,00	30.000,00	
			50.000,00					
Müller GmbH Sonnenstraße 1 80331 München		10.000,00	10.000,00	Warenlieferung	1 Computer, Marke...			
			10.000,00					
		60.000,00	60.000,00			30.000,00	30.000,00	
Kosten des Verfahrens § 54								
AG Musterstadt		0,00	0,00	Gerichtskosten				
			0,00					
Insolvenzverwalter		0,00	0,00	Verwaltergebühr				
			0,00					
		0,00	0,00					
		60.000,00	60.000,00				30.000,00	
Aufrechnungen								0,00

Rechtsanwälte Seidel · Bruder · Linnartz   WINSOLVENZ 99 © STP GmbH, 0721/828150 · Formular 3009 · Vers 1.50.21   Seite 1 von 1

Bruder

cc) Vermögensübersicht (§ 153 InsO)

Die Vermögensübersicht zum Zeitpunkt der Insolvenzeröffnung entspricht einem Status, aber nicht zu Buchwerten, sondern zu Liquidations- bzw. Fortführungswerten. Sie soll einen Überblick über die Vermögenssituation des Schuldners zum Zeitpunkt der Insolvenzeröffnung verschaffen und – soweit möglich – einen Ausblick auf die spätere Insolvenzquote geben. Bestandteil der Vermögensübersicht ist das Verzeichnis der Vermögensgegenstände (§ 151 InsO) bezüglich der Aktivseite und das Gläubigerverzeichnis (§ 152 InsO) bezüglich der Passivseite. Die jeweiligen Zahlen im Verzeichnis der Vermögensgegenstände und der Aktivseite der Vermögensübersicht einerseits und des Gläubigerverzeichnisses und der Passivseite der Vermögensübersicht andererseits müssen identisch sein.

192

Die Vermögensübersicht nach § 153 InsO ist keine Insolvenzeröffnungsbilanz, weil diese an die letzte Bilanz vor Insolvenzeröffnung anschließt und von Buchwerten ausgeht. Die Vermögensübersicht dient verschiedenen Zwecken:

- Information für Gläubigerausschuss und Gläubiger

Die Gläubiger und insbesondere der Gläubigerausschuss sollen sich anhand der Vermögensübersicht darüber informieren können, welche Aktiv- und Passivwerte vorhanden sind, ob eine Betriebsfortführung bzw. übertragende Sanierung möglich und welche Insolvenzquote in etwa zu erwarten ist.

193

- Kontrolle durch das Gericht

Anhand der Vermögensübersicht kann das Gericht die Tätigkeit des Verwalters überwachen und ihn ggf. zur Stellungnahme auffordern, ob, wann und zu welchen Konditionen Vermögensgegenstände verwertet wurden.

194

- Leitfaden für den Insolvenzverwalter

Die Vermögensübersicht ist für den Insolvenzverwalter selbst der entscheidende Leitfaden für die Abwicklung des Verfahrens. Nachdem die Vermögensübersicht in der Regel 4–6 Wochen nach Insolvenzeröffnung erstellt werden muss, kann es sich zwar nur um einen vorläufigen Status handeln. Dieser muss im Laufe des Verfahrens sicherlich mehrmals hinsichtlich des Umfanges und der Bewertung der Vermögensgegenstände, aber auch hinsichtlich des Umfanges der Gläubiger und der Höhe ihrer Forderungen korrigiert werden. Dennoch ist die Vermögensübersicht aber der entscheidende Leitfaden, anhand dessen der Insolvenzverwalter die Probleme des Verfahrens abarbeiten kann.

195

- Nachweis für die Verwertung

196 Anhand der Vermögensübersicht kann der Insolvenzverwalter am Ende des Verfahrens im Zusammenhang mit der Schlussrechnung im einzelnen nachweisen, wann und zu welchen Erlösen die Insolvenzmasse liquidiert wurde.

197 Wie oben bereits erwähnt, muss das Vermögensverzeichnis auf Aktiv- und Passivseite mit dem Verzeichnis der Vermögensgegenstände einerseits und dem Gläubigerverzeichnis andererseits übereinstimmen. Dies legt § 153 Abs. 1 Satz 2 InsO fest, in dem für die Bewertung der Gegenstände § 151 Abs. 2 und für die Gliederung der Verbindlichkeiten § 152 Abs. 2 Satz 1 InsO entsprechend gelten. Waren Fortführungswerte im Verzeichnis der Vermögensgegenstände aufzunehmen, so sind diese mit in das Vermögensverzeichnis zu übernehmen. Waren keine Fortführungswerte anzugeben, weil z. B. der Betrieb bereits seit Insolvenzantrag endgültig eingestellt war,[346] gilt dies auch für das Vermögensverzeichnis. So wie die absonderungsberechtigten Gläubiger und ihre Forderungen im Gläubigerverzeichnis aufzunehmen und im Verzeichnis der Massegegenstände zu vermerken sind, so muss dies auch in die Vermögensübersicht übernommen werden.

198 Weitgehend wird vertreten, dass bei einem Aussonderungsrecht weder der auszusondernde Gegenstand, noch der aussonderungsberechtigte Gläubiger in die Verzeichnisse nach §§ 151 ff. InsO aufgenommen werden darf.[347]

Soweit es sich bei den auszusondernden Vermögenswerten um Gegenstände handelt, die unter Eigentumsvorbehalt geliefert wurden, erscheint diese Ansicht nicht richtig. Sinn der Verzeichnisse nach §§ 151 ff. InsO und insbesondere der Vermögensübersicht ist, allen Beteiligten eine Übersicht über die vorhandenen Vermögenswerte, die Überschuldung und die voraussichtliche Quote zu geben. In der Regel ist in einem Unternehmen sowohl im Anlage- wie im Umlaufvermögen umfangreiche, unter Eigentumsvorbehalt gelieferte Ware vorhanden. Die Lieferanten stehen als Gläubiger in der Kreditorenliste des Schuldners und werden entsprechend in das Gläubigerverzeichnis nach § 152 InsO aufgenommen. Diese Lieferanten melden ihre Forderungen auch zur Insolvenztabelle »für den Ausfall« an. Würde man nun die unter Eigentumsvorbehalt gelieferten Gegenstände nicht in das Verzeichnis der Vermögensgegenstände aufnehmen, dann würde sich ein völlig verzerrtes Bild der tatsächlichen Vermögenslage ergeben. Umgekehrt ist es aber nicht zulässig und in der Praxis nicht durchführbar, die Eigentumsvorbehaltslieferanten aus dem Gläubigerverzeichnis herauszunehmen, weil diese auch eine persönliche Forderung haben und in der Regel nicht voll abgesichert sind.

Somit kommt es dem Sinn der Vermögensübersicht, ein möglichst genaues Bild der Vermögenslage und einen Anhaltspunkt für die zukünftige Insol-

---

346 S. oben Rdnr. 181.
347 So z. B. FK-InsO/Wegener, § 153 Rdnr. 5; ebenso wohl HK-InsO/Irschlinger, § 153 Rdnr. 6.

venzquote zu liefern, am nächsten, wenn die unter Eigentumsvorbehalt gelieferten Waren in das Vermögensverzeichnis aufgenommen und wie die absonderungsberechtigten Gegenstände entsprechend gekennzeichnet werden. Gleiches gilt für das Gläubigerverzeichnis und die Passivseite bei der Vermögensübersicht.[348]

Sämtliche Verzeichnisse nach §§ 151 ff. InsO sind spätestens 1 Woche vor dem Berichtstermin in der Geschäftsstelle zur Einsicht aller Beteiligten niederzulegen (§ 154 InsO). Beteiligte sind auch die Absonderungsberechtigten, soweit sie für den Ausfall Insolvenzgläubiger sind (§ 52 Satz 2 InsO). Gleiches gilt für die Aussonderungsberechtigten, soweit sie eine persönliche Forderung haben (z. B. Eigentumsvorbehalts-Lieferanten). Mitglieder des Gläubigerausschusses haben aufgrund ihrer Aufgaben und Pflichten nach § 69 InsO auch dann ein Einsichtsrecht, wenn sie nicht persönlich Gläubiger sind.

199

Nach Aufstellung der Vermögensübersicht kann das Gericht auf Antrag des Verwalters oder eines Gläubigers dem Schuldner aufgeben, die Vollständigkeit der Vermögensübersicht eidesstattlich zu versichern (§ 153 Abs. 2 InsO). Ein solcher Antrag ist – wie schon zu Zeiten der KO – zu empfehlen, um eine gewisse Sicherheit bezüglich der Vollständigkeit der Vermögensübersicht zu erhalten. Nach dem Wortlaut von § 153 Abs. 2 Satz 1 InsO ist die Vollständigkeit der »Vermögensübersicht« eidesstattlich zu versichern. Wie sich aus § 153 Abs. 1 InsO ergibt, besteht die Vermögensübersicht aus der Aktiv- und der Passivseite, so dass beides eidesstattlich zu versichern wäre. Auch die Konkursordnung hatte in § 125 die eidesstattliche Versicherung bezüglich der Angaben im »Inventar« vorgesehen. Das Inventar (§ 124 KO) entsprach der jetzigen Vermögensübersicht und bestand aus Teilungs- und Schuldenmasse, also aus Aktiv- und Passivseite. Zu § 125 KO hatte allerdings der BGH[349] entschieden, dass sich die eidesstattliche Versicherung nur auf das zur Konkursmasse gehörende Aktivvermögen zu beziehen habe. Nachdem es in der Insolvenzordnung gegenüber der Konkursordnung insoweit keine inhaltlichen Änderungen gegeben hat, wird man die Rechtsprechung des BGH auch auf die Insolvenzordnung übertragen und nur verlangen können, dass der Schuldner die eidesstattliche Versicherung bezüglich Richtigkeit und Vollständigkeit des Verzeichnisses der Massegegenstände abgibt.[350]

200

Eine Vermögensübersicht könnte folgenden Inhalt haben:

---

348 Vgl. KS/Wellensiek, S. 414 Rdnr. 39: das wirtschaftliche Interesse beim Verkauf unter Eigentumsvorbehalt ist dem Absonderungsrecht angenähert; s. a. oben Rdnr. 175.
349 BGH NJW 1953, 151.
350 A. A. Nerlich/Römermann, a. a. O., § 153 Rdnr. 15.

Muster einer Vermögensübersicht

Vermögensverzeichnis Aktiva nach § 153

(IN) Insolvenzverfahren über das Vermögen der Pleitegeier, München

AG Musterstadt • 1501 IN 4711/00 • Insolvenzverwalter: Rechtsanwalt Mustermann • Unser Zeichen: • Sachbearbeiter

07.05.2001

für den Zeitraum: Gesamt

Inv.-Nr.	Bezeichnung		Flbuwert	Veräuß.Liq.	Veräuß.For.	Kost.Liq.	Kost.Fort.	AusAb.Liq.	AusAb.For.	Frei.M.Liq.	Frei.M.Fort.	W. ext. Bem.
400	Technische Anlagen und Maschinen		15.000,00	15.000,00	15.000,00	0,00	0,00	15.000,00	15.000,00	0,00	0,00	0,00 DM
1	1 Computer, Marke		15.000,00	15.000,00	15.000,00	0,00	0,00	15.000,00	15.000,00	0,00	0,00	0,00 DM
650	Büroeinrichtung		600,00	600,00	600,00	0,00	0,00	0,00	0,00	600,00	600,00	600,00 DM
2	Schreibtisch		500,00	500,00	500,00	0,00	0,00	0,00	0,00	500,00	500,00	500,00 DM
3	Bürostuhl		100,00	100,00	100,00	0,00	0,00	0,00	0,00	100,00	100,00	100,00 DM
Summe Vermögensgegenstände			15.600,00	15.600,00	15.600,00	0,00	0,00	15.000,00	15.000,00	600,00	600,00	600,00 DM
1200	Forderungen aus Lief. u. Leistungen		3.500,00	1.000,00	1.000,00	0,00	0,00	0,00	0,00	1.000,00	1.000,00	1.000,00 DM
	Huber GmbH, Waldstraße 10, 80097 München	Warenlieferung	2.500,00	0,00	0,00	0,00	0,00	0,00	0,00	0,00	0,00	0,00 DM
	Schmitt GmbH, Sonnenstraße 10, 80331 München	Warenlieferung	1.000,00	1.000,00	1.000,00	0,00	0,00	0,00	0,00	1.000,00	1.000,00	1.000,00 DM
Summe Debitoren/Schuldnerforderungen			3.500,00	1.000,00	1.000,00	0,00	0,00	0,00	0,00	1.000,00	1.000,00	1.000,00 DM
Gesamtsumme			19.100,00	16.600,00	16.600,00	0,00	0,00	15.000,00	15.000,00	1.600,00	1.600,00	1.600,00 DM

Rechtsanwälte Seidel - Bruder - Linnartz

WINSOLVENZ 99 © STP GmbH, 0721/828150 · Formular 6000 · Vers 1.50.21

Bruder

Vermögensverzeichnis Passiva nach § 153

(IN) Insolvenzverfahren über das Vermögen der Pleitegeier, München

AG Musterstadt • 1501 IN 4711/00 • Insolvenzverwalter: Rechtsanwalt Mustermann • Unser Zeichen: • Sachbearbeiter

07.05.2001

für den Zeitraum: Gesamt

Kto.-Nr.	Bezeichnung	Buch.Liq.	Buch.Fort.	Kost.Liq.	Kost.Fort.	AusAb.Liq.	AusAb.Fort.	Masseverb.	Ausfall Liq.	Ausfall Fort.	§ 38 InsO	§ 264 InsO	§ 39ff. Ins	W.
3420	Rang 0 Insolvenzgläubiger § 38 InsO	40.000,00	40.000,00	0,00	0,00	0,00	0,00	0,00	0,00	0,00	40.000,00	0,00	0,00	DM
	Fischer, Leonhard, Winterstraße 1, 80331 München Rang 0	30.000,00	30.000,00	0,00	0,00	0,00	0,00	0,00	0,00	0,00	30.000,00	0,00	0,00	DM
	Müller GmbH, Sonnenstraße 1, 80331 München Rang 0 2	10.000,00	10.000,00	0,00	0,00	0,00	0,00	0,00	0,00	0,00	10.000,00	0,00	0,00	DM
Summe Tabellenforderungen		40.000,00	40.000,00	0,00	0,00	0,00	0,00	0,00	0,00	0,00	40.000,00	0,00	0,00	DM
3200	Absonderungsrechte	45.000,00	45.000,00	0,00	0,00	0,00	15.000,00	0,00	30.000,00	30.000,00	0,00	0,00	0,00	DM
	Fischer, Leonhard, Winterstraße 1, 80331 München	45.000,00	45.000,00	0,00	0,00	0,00	15.000,00	0,00	30.000,00	30.000,00	0,00	0,00	0,00	DM
Summe Aus-/Absonderungen		45.000,00	45.000,00	0,00	0,00	0,00	15.000,00	0,00	30.000,00	30.000,00	0,00	0,00	0,00	DM
Summierung Passiva		55.000,00	55.000,00	0,00	0,00	0,00	15.000,00	0,00	30.000,00	30.000,00	40.000,00	0,00	0,00	DM

Rechtsanwälte Seidel - Bruder - Linnartz

WINSOLVENZ 99 © STP GmbH, 0721/828150 - Formular 6001 - Vers 1.50.21

d) Postsperre (§ 99 InsO)

201 Das Gericht kann auf Antrag des Verwalters oder auch von Amts wegen anordnen, dass bestimmte oder alle Postsendungen für den Schuldner dem Verwalter zugeleitet werden, also eine Postsperre anordnen. Voraussetzung ist, dass ein solcher Beschluss erforderlich ist, um für die Gläubiger nachteilige Rechtshandlungen des Schuldners aufzuklären oder zu verhindern. Aus verfassungsrechtlichen Gründen hat der Gesetzgeber im Gegensatz zu § 121 KO nunmehr vorgesehen, dass das Gericht einen begründeten Beschluss erlässt. Das gilt auch für juristische Personen. Das Gericht muss also im Einzelnen ausführen, warum für die Gläubiger nachteilige Rechtshandlungen des Schuldners aufzuklären oder zu verhindern sind. Eine formularmäßige Wiedergabe des Gesetzestextes reicht hierzu nicht aus.[351] Konkrete Anhaltspunkte für derartige Rechtshandlungen liegen z. B. vor, wenn die Unterlagen des Schuldners erkennbar unvollständig sind und der Schuldner zu einer Vervollständigung nicht willens oder nicht fähig ist.[352] Ausreichend wird es allerdings nicht sein, die Postsperre damit zu begründen, dass generell die Gefahr der Vermögensverschiebung in einer bestimmten Phase des Insolvenzverfahrens am größten sei.[353] Dies ist lediglich eine allgemeine, nicht auf den konkreten Fall bezogene Begründung.[354]

Der Verwalter ist berechtigt, die Sendungen zu öffnen und zu prüfen. Handelt es sich um Sendungen persönlichen Inhaltes, die nicht das Insolvenzverfahren berühren, hat der Schuldner ein Recht auf Aushändigung. Die übrigen Schriftstücke bleiben bei dem Verwalter. Der Schuldner kann sie dort einsehen (§ 99 Abs. 2 Satz 3 InsO).

Die Postsperre umfasst auch die Verteidigerpost. Auf Anordnung des Amtsgerichtes sind die Postsendungen des Strafverteidigers, die für den in Untersuchungshaft befindlichen Schuldner bestimmt sind, zunächst dem Insolvenzverwalter zuzuleiten.[355]

202 Vor Anordnung der Postsperre ist der Schuldner anzuhören, sofern dadurch nicht wegen besonderer Umstände des Einzelfalles der Zweck der Anhörung gefährdet wird. Gegen die Anordnung der Postsperre steht dem Schuldner die sofortige Beschwerde zu (§ 99 Abs. 3 Satz 1 InsO).

203 Handelt es sich um eine Firma, kann der Verwalter zulässigerweise die Wirkungen der Postsperre auch durch einen Post-Nachsendeantrag herbeiführen. Dieses ist insbesondere dann geboten, wenn der Betrieb bereits eingestellt ist und ggf. die Betriebsräume aufgegeben wurden. Bei einer natürlichen Person dürfte ein solcher Post-Nachsendeantrag wohl als Umgehung von § 99 InsO angesehen werden.

---

351 Vgl. OLG Celle ZIP 2000, 1898.
352 LG Frankfurt InVO 1999, 346; so schon zu § 121 KO: OLG Bremen NJW 1993, 798; vgl. HK-InsO/Irschlinger, § 152 Rdnr. 4.
353 So aber LG Göttingen NZI 2000, 17.
354 Vgl. HK-InsO/Eickmann, § 99 Rdnr. 11.
355 BVerfG ZIP 2000, 2311.

2. Umfang der Insolvenzmasse (§§ 35, 36 InsO)

a) Vorhandenes Vermögen

Zur Insolvenzmasse gehören alle der Vollstreckung unterliegenden dinglichen Berechtigungen des Schuldners, also die in seinem Eigentum stehenden Grundstücke, grundstücksgleichen Rechte, an solchen bestehenden Bruchteilsberechtigungen und Anteile, Schiffe, Schiffsbauwerke sowie bewegliche Sachen, letztlich die Rechte an diesen.[356]

204

Oder etwas kürzer:

Zur Insolvenzmasse gehören alle Vermögenswerte, auf die ein Gläubiger durch Einzelzwangsvollstreckungsmaßnahmen zugreifen kann.[357]

> **Insolvenzmasse:**[358]
>
> - Das Unternehmen als Summe von Vermögenswerten, aber auch einzelne Teile, z. B. Kundenverzeichnisse, Geschäftsbeziehungen, Geschäftsbücher (§ 36 Abs. 2 Nr. 1 InsO).[359]
> - Die Firma einer juristischen Person (auch GmbH & Co. KG), auch wenn sie den Namen eines Gesellschafters enthält. Bei einer Einzelfirma musste der Schuldner nach bisher herrschender Meinung zustimmen.[360] Infolge der durch die HGB-Reform in stärkerem Maße zugelassenen Sachfirmen (vgl. § 18 HGB) wird diese Frage nunmehr anders zu entscheiden sein. Der BGH hatte wesentlich darauf abgestellt, ob bei der Bildung der Firma die Aufnahme des Familiennamens gesetzlich vorgeschrieben war.[361]
> - Immaterial-Güterrechte, insbesondere Patente, ausschließliche Lizenzen, das Urheberrecht an Mustern und Modellen[362]
> - Forderungsrechte, soweit sie pfändbar sind (§ 36 Abs. 1 InsO)
> - Eigentumsanwartschaften
> - In der Insolvenz eines Treugebers: Gegenstände einer Sicherungstreuhand
> - Auslandsvermögen; es gilt das Universalitätsprinzip
>
> **Insolvenzfreies Vermögen sind:**
>
> - alle unpfändbaren Gegenstände (§ 36 Abs. 1 InsO)

205

206

---

356 HK-InsO/Eickmann, § 35 Rdnr. 3.
357 FK-InsO/Schumacher, § 35 Rdnr. 2.
358 Zu weiteren Einzelheiten s. HK-InsO/Eickmann, § 35 Rdnr. 10 ff. und § 36 Rdnr. 7 ff.; FK-InsO/Wegener, § 148 Rdnr. 2, 9.
359 OLG Zweibrücken ZIP 2001, 164.
360 BGH ZIP 1990, 388, 390; BGH NJW 1983, 755.
361 Vgl. Uhlenbruck, ZIP 2000, 401; Schmidt, Handelsrecht, 5. Aufl. 1999, 351.
362 Vgl. BGH NJW 1955, 628.

- geringwertiger Hausrat (§ 36 Abs. 3 InsO)
- Persönlichkeitswerte, insbesondere das allgemeine Persönlichkeitsrecht und das Namensrecht
- das Recht der Erbschaftsausschlagung (§ 83 Abs. 1 InsO)
- die Patienten- und Beratungskartei einer freiberuflich ausgeübten Praxis (Arzt, Zahnarzt, Rechtsanwalt, Notar, Steuerberater, Wirtschaftsprüfer) ohne Zustimmung der Patienten/Mandanten.[363] Die sonstigen Vermögensgegenstände der Praxis, soweit sie pfändbar sind, fallen in die Insolvenzmasse.[364] Forderungen aus einer solchen Praxis dürfen vom Verwalter nicht abgetreten und müssen von ihm selbst eingezogen werden. Sonst liegt ein Verstoß gegen § 203 Abs. 1 Nr. 3 StGB vor.[365]

207 Die Unpfändbarkeit von Gegenständen ergibt sich zum einen aus direkten Pfändungsschutzvorschriften (z. B. §§ 811, 850 ff. ZPO) oder indirekt aus § 851 Abs. 1 ZPO, wonach eine Forderung mangels besonderer Vorschriften der Pfändung nur insoweit unterworfen ist, als sie übertragbar ist. Eine Forderung kann dann nicht abgetreten werden, wenn die Leistung an einen anderen, als den ursprünglichen Gläubiger nicht ohne Veränderung ihres Inhaltes erfolgen kann (§ 399 1. Alt. BGB). Ist die Übertragbarkeit aber nur durch Parteivereinbarung ausgeschlossen (§ 399 2. Alt. BGB), dann ist diese Vereinbarung nicht insolvenzfest und der Vermögensgegenstand pfändbar. Dies gilt selbst dann, wenn die Vereinbarung auch den Insolvenzfall mit einbezieht.[366]

b)   Neuerwerb

208 Nunmehr gehört auch der Neuerwerb zur Insolvenzmasse, also alles, was der Schuldner während des Insolvenzverfahrens erwirbt. Ein Neuerwerb bei juristischen Personen ist nicht denkbar, weil nur der Insolvenzverwalter neues Vermögen erwerben kann. Neuerwerb im Sinne von § 35 InsO ist somit nur bei natürlichen Personen von Bedeutung.

209 Bei Einkünften aus *nicht selbstständiger Tätigkeit* ergeben sich die Schranken aus § 36 InsO. Es fällt nur der nach §§ 850 ff. ZPO pfändbare Teil des Einkommens in die Insolvenzmasse. Soweit Bezüge nur bedingt pfändbar sind (§ 850 b ZPO), gehören sie nicht zur Insolvenzmasse, da ihre Pfändbarkeit eine Entscheidung des Vollstreckungsgerichtes (§ 850 b Abs. 3 ZPO) voraussetzt und die Bezüge solange unpfändbar sind, bis eine solche Entscheidung ergangen ist. Das Insolvenzgericht hat aber das verfassungsrechtlich geschützte Existenzminimum des Schuldners sicherzustellen. Dies kann durch Anpassung des nach § 850 f ZPO unpfändbaren Einkommens oder durch Unterhaltsgewährung nach § 100 InsO geschehen, was ggf. auf-

---
363 BGH NJW 1992, 737: Verstoß gegen das informationelle Selbstbestimmungsrecht.
364 HK-InsO/Eickmann, § 35 Rdnr. 20.
365 BGH ZIP 1993, 923.
366 BGH NJW 1961, 1349; HK-InsO/Eickmann, § 36 Rdnr. 3.

sichtliche Maßnahmen des Gerichts bedingt.[367] Nunmehr ist in § 36 InsO n. F. (InsOÄndG 2001) die Anwendbarkeit der §§ 850 ff. ZPO und die Zuständigkeit der Insolvenzgerichte vorgesehen.

Steuererstattungsansprüche sind in vollem Umfang pfändbar (§ 46 Abs. 1, 6 AO) und gehören damit zur Insolvenzmasse.[368]

210

Bei Einkünften aus *selbstständiger Tätigkeit* sah das Gesetz kein genau bestimmtes Verfahren vor. Insoweit war § 850 i ZPO zumindest analog anzuwenden. Danach ist dem Schuldner so viel zu belassen, als er während eines angemessenen Zeitraums für seinen notwendigen Unterhalt und den seines Ehegatten, eines früheren Ehegatten, seiner unterhaltsberechtigten Verwandten bedarf. Bei der Entscheidung sind die wirtschaftlichen Verhältnisse des Schuldners, insbesondere seine sonstigen Verdienstmöglichkeiten frei zu würdigen. Dem Schuldner ist nach § 850 i Abs. 1 Satz 3 ZPO allerdings nicht mehr zu belassen, als ihm nach freier Schätzung verbleiben würde, wenn sein Einkommen aus laufendem Arbeits- oder Dienstlohn bestände. Das Problem bestand darin, dass eine solche Einschränkung der Pfändung einerseits einen Antrag des Schuldners und andererseits einen Beschluss des Gerichtes, normalerweise des Vollstreckungsgerichtes voraussetzt. Soweit feststellbar, lehnen zum großen Teil sowohl die Vollstreckungsgerichte als auch die Insolvenzgerichte ein Tätigwerden ab und verweisen auf den Insolvenzverwalter.

211

Wenn eine Verständigung zwischen Schuldner und Insolvenzverwalter möglich ist, könnte eine Lösung wie folgt aussehen:

- Die Einkünfte aus selbstständiger Tätigkeit werden der Tabelle für Arbeitseinkommen unterworfen. Der insoweit pfändbare Betrag steht der Insolvenzmasse zu.
- Reicht der unpfändbare Betrag nicht aus, weil berufsbedingt notwendige Ausgaben getätigt werden müssen, so ist dies im erforderlichen Umfange zu berücksichtigen.

Das setzt aber eine ständige Abstimmung zwischen Schuldner und Insolvenzverwalter voraus.

Besteht allerdings zwischen diesen beiden kein Einverständnis, dann werden letztendlich doch die Gerichte entscheiden müssen. Sieht man insoweit die Frage der Massezugehörigkeit als Streitgegenstand an, dann dürften die Zivilgerichte zuständig sein.[369] Nunmehr ist in § 36 InsO n. F. (InsOÄndG 2001) die Anwendbarkeit von §§ 850 ff. ZPO und die Zuständigkeit der Insolvenzgerichte vorgesehen.

---

367 OLG Frankfurt/M ZInsO 2000, 614; OLG Köln ZInsO 2000, 499; OLG Celle NZI 2001, 603.
368 AG Duisburg ZInsO 2000, 346.
369 Ebenso AG Duisburg ZInsO 2000, 346; s. aber OLG Frankfurt/M ZInsO 2000, 614; OLG Köln ZInsO 2000, 499.

212 Für den Schuldner als natürliche Person, der Restschuldbefreiung anstrebt, entsteht in diesem Zusammenhang eine besondere Problematik. Soweit dieser nämlich eine selbstständige Tätigkeit ausübt, obliegt es ihm, die Insolvenzgläubiger durch Zahlungen an den Treuhänder so zu stellen, wie wenn er ein angemessenes Dienstverhältnis eingegangen wäre (§ 295 Abs. 2 InsO). Kommt er dieser Obliegenheit nicht nach, erhält er am Ende der Wohlverhaltensphase keine Restschuldbefreiung (§ 291 Abs. 1 InsO). Hier bürdet das Gesetz offenbar dem Schuldner das volle Risiko auf.

3. Verwaltungs- und Verfügungsbefugnis (§ 80 Abs. 1 InsO)

213 Mit Eröffnung des Verfahrens geht die Verwaltungs- und Verfügungsbefugnis über das massezugehörige Vermögen auf den Insolvenzverwalter über. Dadurch verliert der Schuldner weder seine Eigentumsrechte, noch seine Rechts- oder Geschäftsfähigkeit und damit auch nicht seine Prozessfähigkeit, wohl aber in Bezug auf das insolvenzbefangene Vermögen seine Prozessführungsbefugnis. Dabei kommt es auf den alten Streit, ob der Insolvenzverwalter Vertreter des Schuldners oder Partei kraft Amtes ist, im Ergebnis nicht an. Erwirbt der Insolvenzverwalter Neuvermögen, so wird der Schuldner Eigentümer. Dies zeigt sich insbesondere dann, wenn es sich um einen im Grundbuch einzutragenden Neuerwerb handeln sollte.[370]

Der Verwalter kann nunmehr einerseits alle zur Masse gehörigen Ansprüche geltend machen. Andererseits kann er auch nicht mehr und keine anderen Rechte beanspruchen, als dem Schuldner zustehen, er muss sich also alle Einwendungen und Einreden, die gegen den Schuldner bestanden, entgegenhalten lassen.[371] So sind vom Verwalter nach § 80 Abs. 2 Satz 2 InsO die Wirkungen einer Pfändung oder einer im Wege der Zwangsvollstreckung erfolgten Beschlagnahme zu beachten.

Sollte der Schuldner trotz Verfahrenseröffnung doch noch über Gegenstände der Insolvenzmasse verfügen, so ist diese Verfügung unwirksam, § 81 Abs. 1 InsO.

214 Die Verfügungsbefugnis des Insolvenzverwalters ist aber nicht völlig frei, sondern begrenzt durch den Zweck des Insolvenzverfahrens. Maßnahmen, die diesem Zweck zuwiderlaufen, sind unwirksam, wenn dies für die Beteiligten erkennbar ist. Insoweit hat sich durch die Insolvenzordnung nichts geändert.[372]

---

370 BayObLG ZIP 1981, 41.
371 Vgl. BGH ZIP 1999, 199 zum Sicherheitseinbehalt im Werkunternehmer-Konkurs.
372 HK-InsO/Eickmann, § 80 Rdnr. 12; BGH, NJW 1983, 2018.

> **Unwirksam ist**   215
> - Schenkung aus der Masse³⁷³;
> - Bevorzugung eines Gläubigers³⁷⁴;
> - gesetzwidrige Anerkennung von Aus- und Absonderungsrechten³⁷⁵;
> - Verstärkung von bloßen Insolvenzforderungen durch Bestellung von Sicherheiten, obwohl zur Betriebsfortführung nicht unabweisbar notwendig³⁷⁶;
> - Zahlung von Insolvenzforderungen aus dem verwalteten Vermögen, unentgeltliche Überlassung von Masse an einen Dritten bzw. unberechtigte Anerkennung von Absonderungsrechten.³⁷⁷

Lediglich unzweckmäßige Handlungen sind nicht unwirksam, können den Insolvenzverwalter aber schadensersatzpflichtig machen (§ 60 InsO). Er hat mit Übergang der Verwaltungs- und Verfügungsbefugnis eine Vermögensbetreuungspflicht, deren Verletzung zivilrechtliche aber auch strafrechtliche Sanktionen auslösen kann.³⁷⁸ 216

Dem Insolvenzverwalter ist das Selbstkontrahieren (§ 181 BGB) verboten. Hiervon kann ihn niemand befreien. Sollte ein Selbstkontrahieren notwendig sein, müsste ein Sonderverwalter bestellt werden, ohne dass dies in der InsO ausdrücklich vorgesehen ist.³⁷⁹ 217

4. Inbesitznahme und Verwaltung (§ 148 InsO)

a) Allgemeines

Nach § 80 InsO geht durch die Eröffnung des Insolvenzverfahrens das Recht des Schuldners, das zur Insolvenzmasse gehörende Vermögen zu verwalten und darüber zu verfügen, auf den Insolvenzverwalter über. Dieser kann und muss deshalb das zur Insolvenzmasse gehörende Vermögen in Besitz nehmen (§ 148 Abs. 1 InsO).³⁸⁰ Erst durch Besitzergreifung wird der Insolvenzverwalter unmittelbarer Fremdbesitzer entsprechend § 868 BGB.³⁸¹ Er vermittelt den Besitz gegenüber dem Schuldner. Ihm stehen somit die Besitzschutzrechte nach §§ 859 ff. und 1007 BGB zu.

---

373 RGZ 57, 199.
374 RGZ 23, 62.
375 BGH BB 1955, 76.
376 BGH NJW 1992, 2483.
377 Z. B. BGH NJW 1997, 1571.
378 Zu den Voraussetzungen einer Untreue durch den Insolvenzverwalter s. Schramm, NStZ 2000, 398 und BGH ZIP 2001, 383.
379 HK-InsO/Eickmann, § 80 Rdnr. 13 und oben Rdnr. 38 ff.
380 Zum Verzicht auf Besitzergreifung s. unten Rdnr. 237 ff.
381 Vgl. Palandt/Bassenge, a. a. O., § 868 Rdnr. 17; zur KO: Kuhn/Uhlenbruck, a. a. O., § 117 Rdnr. 3.

218 Die Inbesitznahme und Verwaltung bezieht sich auf die Insolvenzmasse, und zwar im Sinne von § 35 InsO.[382] Dies gilt auch für Gegenstände, an denen Absonderungsrechte bestehen (§ 166 InsO), aber auch für unter Eigentumsvorbehalt gelieferte Gegenstände.[383] Diese Ist-Masse hat der Insolvenzverwalter im Laufe des Verfahrens u. a. durch Ab- und Aussonderung zur sog. Soll-Masse zu bereinigen.

219 Entsprechend seiner Verwaltungs- und Verfügungsbefugnis hat der Insolvenzverwalter ein umfassendes Hausrecht und kann bestimmen, wer den schuldnerischen Betrieb betreten darf.[384]

220 Um die Insolvenzmasse vollständig in Besitz nehmen zu können, hat der Verwalter ein umfassendes Auskunftsrecht über den Verbleib von Gegenständen gegenüber dem Schuldner. Dieser hat nach § 97 InsO über alle das Verfahren betreffenden Verhältnisse Auskunft zu geben, selbst wenn es sich um Tatsachen handelt, die geeignet sind, eine Strafverfolgung herbeizuführen. Die Auskünfte können durch eidesstattliche Versicherung und ggf. Haft erzwungen werden, § 98 InsO. Dies gilt auch für organschaftliche Vertreter, wenn der Schuldner keine natürliche Person ist, § 101 Abs. 1 InsO. Der Verwalter kann auch Angestellte und sogar frühere Angestellte des Schuldners vernehmen lassen, sofern diese nicht früher als 2 Jahre vor dem Eröffnungsantrag ausgeschieden sind, § 101 Abs. 2 InsO.[385]

Die Entscheidung des BAG[386] dürfte überholt sein, weil es eine dem § 101 Abs. 2 InsO vergleichbare Vorschrift in der Konkursordnung nicht gab.

221 Gibt der Schuldner dem Verwalter die zur Masse gehörigen Sachen nicht freiwillig heraus, darf dieser nicht selbst mit Gewalt gegen den Gemeinschuldner vorgehen. Der Verwalter würde damit verbotene Eigenmacht verüben und der Gemeinschuldner könnte sich mit Gewalt widersetzen, §§ 858 Abs. 1, 859 Abs. 1 BGB. Der Verwalter muss vielmehr den Weg der Zwangsvollstreckung gehen und einen Gerichtsvollzieher mit der Besitzeinweisung und ggf. mit der Wegnahme der zur Masse gehörigen Gegenstände beauftragen. Zwangsvollstreckungstitel ist ihm dabei gem. § 794 Abs. 1 Nr. 3 ZPO der Eröffnungsbeschluss, der nach §§ 724, 725 ZPO gegen den Schuldner für vollstreckbar erklärt werden muss. Die Vollstreckung erfolgt dann analog §§ 883, 885 ZPO.[387]

222 Der Insolvenzverwalter darf nur dann darauf verzichten, Gegenstände in Besitz und Verwaltung zu nehmen, wenn nach allgemeiner Verkehrsauffas-

---

382 S. oben Rdnr. 204 ff.
383 S. aber hierzu OLG Hamburg ZIP 1996, 386 und unten Rdnr. 237 ff.
384 Vgl. zum Sequester: LG Duisburg ZIP 1999, 1106.
385 A. A. FK-InsO/Wegener, § 148 Rdnr. 10, ohne dass dabei allerdings auf § 101 Abs. 2 InsO eingegangen wird.
386 BAG WM 1991, 378.
387 Bereits zur KO: BGH NJW 1962, 1392; Kuhn/Uhlenbruck, a. a. O., § 117 Rdnr. 6 m. w. N.

sung jede Möglichkeit ausgeschlossen ist, dass sie gewinnbringend verwertet werden können oder wenn sich wegen ihrer Belastung mit Absonderungsrechten kein Überschuss für die Masse ergibt.[388] Auch wenn ein Betriebsgrundstück mit Grundpfandrechten so hoch belastet ist, dass kein Verwertungserlös für die Masse erzielt werden kann, hat der Insolvenzverwalter Obhutspflichten und muss Versicherungsprämien für das Grundstück aufwenden. Unterlässt er die Versicherung, so begründet dies ohne weiteren Schaden noch keinen Ersatzanspruch des Grundpfandgläubigers gegen ihn.[389]

Unpfändbare Gegenstände darf der Insolvenzverwalter weder in Besitz nehmen, noch verwalten (§ 36 InsO). 223

b) Einzelmaßnahmen

aa) Betriebsräume

Wenn der Insolvenzverwalter nicht bereits als starker vorläufiger Verwalter die Räume in Besitz genommen hat,[390] muss er sich die Schlüssel aushändigen lassen. Je nach Lage des Falles kann es sich als notwendig erweisen, die gesamte Schließanlage des Betriebes oder die Schlösser einzelner Räume auszuwechseln oder bestimmte wertvolle Gegenstände (EDV-Datenbestand) in einen Banksafe in Sicherheit zu bringen. In diesem Zusammenhang kann auch eine Bewachung der Betriebsräume unumgänglich sein. Aus seiner Verwaltungspflicht heraus muss der Verwalter insbesondere bei fortgeführten Betrieben diese ausreichend gegen normale Risiken versichern (Feuer-, Betriebsunterbrechungs-, Haftpflichtversicherung etc.). Diese Pflicht besteht allerdings nur so weit, als die Prämien aus der Masse gedeckt werden können.[391] 224

Steht fest, dass ein Vermögensgegenstand wegen der Höhe der Belastungen, keinen Verwertungserlös für die Insolvenzmasse bringen wird, ist der Verwalter nicht verpflichtet diesen in Besitz zu nehmen.[392]

bb) Privaträume

Handelt es sich bei dem Schuldner um eine natürliche Person, kann der Insolvenzverwalter auch die Privaträume betreten, um die im Besitz des Schuldners befindlichen Vermögensgegenstände selbst in Besitz zu nehmen. Der richterliche Eröffnungsbeschluss ist im Hinblick auf Art. 13 GG ausreichend. Es bedarf in diesem Beschluss keiner Klarstellung, dass der Insolvenzverwalter auch berechtigt ist, die Privaträume des Schuldners zu betre- 225

---

388 Zur KO: RGZ 94, 55; OLG Bremen ZIP 1988, 856; Kuhn/Uhlenbruck, a. a. O., § 117 Rdnr. 3.
389 BGH NJW 1989, 1034.
390 S. oben Rdnr. 82 ff.
391 Vgl. BGH NJW 1989, 1034.
392 Zur Sequestration: OLG Bremen ZIP 1988, 856; vgl. aber BGH NJW 1989, 1034.

ten. Der Eröffnungsbeschluss beinhaltet die Beschlagnahme des gesamten, auch privaten Vermögen des Schuldners.[393]

Der Verwalter darf aber nicht gegen den Willen des Schuldners die Räume betreten. Der Verwalter würde verbotene Eigenmacht begehen und der Gemeinschuldner könnte sich dem mit Gewalt widersetzen (§§ 858 Abs. 1, 859 Abs. 1 BGB).[394] Der Verwalter muss vielmehr den Gerichtsvollzieher mit dem Eröffnungsbeschluss als Vollstreckungstitel beauftragen, ihm – dem Verwalter – Besitz an Gegenständen in den Räumen zu verschaffen und ggf. dem Schuldner diese wegzunehmen (§ 148 Abs. 2 InsO).[395]

226 Auch wenn der Schuldner mit seinem Ehegatten zusammenlebt oder in einer Wohngemeinschaft oder eheähnlichen Gemeinschaft, kann sich der Insolvenzverwalter notfalls mit Gewalt über den Gerichtsvollzieher Zutritt zur Wohnung des Schuldners verschaffen. Der Eröffnungsbeschluss reicht auch hierzu aus.[396]

227 In der Praxis kaum relevant ist der Fall, dass der Insolvenzverwalter den Schuldner aus seiner Mietwohnung mit dem für vollstreckbar erklärten Eröffnungsbeschluss räumen lassen möchte, weil das Mietrecht für die Insolvenzmasse verwertet werden soll. Dies ist umstritten, wird aber für zulässig gehalten.[397]

Weiterhin strittig ist, ob § 721 ZPO analog anwendbar ist, wenn der Schuldner durch den Insolvenzverwalter aus einer Mietwohnung mit einem Insolvenzeröffnungsbeschluss geräumt wird.[398] Schon vom Grundgedanken der Vorschrift her erscheint eine analoge Anwendung nicht möglich. § 721 ZPO geht von einem »normalen« Mietverhältnis aus, in dem der Mieter den Mietzins bezahlt. Dies ist im Insolvenzverfahren in der Regel nicht der Fall, wobei andererseits die Insolvenzmasse die Miete an den Vermieter zu entrichten hat. Auf diese Sondersituation ist § 721 ZPO nicht zugeschnitten. Dem Schutzbedürfnis des Mieters kann nur noch durch § 765 a ZPO Rechnung getragen werden.

cc) **Immobilien**

228 Ist der Schuldner Eigentümer der von ihm selbst bewohnten Wohnung oder der Geschäftsräume, dann kann der Verwalter den Schuldner über den Ge-

---

393 Vgl. HK-InsO/Irschlinger, § 149 Rdnr. 8; FK-InsO/Wegener, § 148 Rdnr. 12; schon zur KO: Kuhn/Uhlenbruck, a. a. O., § 117 Rdnr. 6 a.
394 Vgl. zur KO: Kuhn/Uhlenbruck, a. a. O., Rdnr. 5.
395 Zu den Einzelheiten des Zwangsvollstreckungsauftrages an den Gerichtsvollzieher: vgl. Kuhn/Uhlenbruck, a. a. O., Rdnr. 6 ff.; insoweit hat die InsO keine Änderungen gebracht.
396 Ebenso FK-InsO/Wegener, § 148 Rdnr. 12; zur KO: Kuhn/Uhlenbruck, a. a. O., Rdnr. 6 b.
397 Vgl. Kuhn/Uhlenbruck, a. a. O., Rdnr. 7.
398 Zum Streitstand s. Kuhn/Uhlenbruck, a. a. O., Rdnr. 7 c.

richtsvollzieher räumen lassen. Räumungstitel ist der gegen den Schuldner für vollstreckbar erklärte Eröffnungsbeschluss.[399]

Bewohnt der Schuldner zusammen mit seiner Ehefrau die in seinem Eigentum befindliche Wohnung, ist strittig, ob auch gegenüber der Ehefrau der Eröffnungsbeschluss als Räumungstitel eingesetzt werden kann. Die wohl herrschende Meinung bejaht dies, weil kein Untermietverhältnis, sondern ein unselbstständiges vom Eigentümer abhängiges Recht vorliege.[400]

dd) Wertgegenstände

Geld, Wertpapiere und Kostbarkeiten muss der Insolvenzverwalter unverzüglich in Besitz nehmen und hinterlegen oder anlegen. Ist ein Gläubigerausschuss bestellt, so kann dieser bestimmen, bei welcher Stelle und zu welchen Bedingungen die Hinterlegung bzw. Anlegung erfolgt. Ist noch kein Gläubigerausschuss bestellt, so kann das Insolvenzgericht derartige Anordnungen treffen, § 149 Abs. 1 InsO. In der Praxis machen weder der Gläubigerausschuss noch das Insolvenzgericht in der Regel von dieser Möglichkeit Gebrauch.

229

Eine allerdings wenig praxisgerechte Bestimmung ist – wie schon in der Konkursordnung – die Vorschrift, wonach der Insolvenzverwalter nur dann Barabhebungen oder Überweisungen vom Insolvenzkonto vornehmen darf, wenn ein Mitglied des Gläubigerausschusses die Anweisung bzw. Überweisung mit unterzeichnet, § 149 Abs. 2 InsO. Nur die Gläubigerversammlung kann davon abweichende Regelungen beschließen (§ 149 Abs. 3 InsO). Haben die Gläubiger im Berichtstermin einen Gläubigerausschuss eingesetzt, dann wird auch – wie schon zur Konkursordnung – in der Regel gleichzeitig beschlossen, den Insolvenzverwalter von der Mitzeichnungspflicht zu entbinden.[401]

230

Die Insolvenzordnung hat aber nunmehr das Problem der Mitzeichnungspflicht – wohl unbeabsichtigt – in die Zeit zwischen Insolvenzeröffnung und Berichtstermin verlegt. Dadurch, dass § 60 InsO die zustimmungspflichtigen Rechtsgeschäfte des Insolvenzverwalters wesentlich erweitert hat, ist dieser viel häufiger als früher gezwungen, die Einsetzung eines vorläufigen Gläubigerausschusses durch das Insolvenzgericht gleichzeitig mit Insolvenzeröffnung zu beantragen.[402]

Ist aber ein vorläufiger Gläubigerausschuss bestellt, dann hat dieser nicht nur die erwähnten Rechtshandlungen des Insolvenzverwalters zu genehmigen, sondern u. a. auch sämtliche Überweisungen des Verwalters vom Insol-

---

399 Zur KO: LG Düsseldorf KTS 1963, 58; Kuhn/Uhlenbruck, a. a. O., Rdnr. 7.
400 FK-InsO/Wegener, § 148 Rdnr. 14; Nerlich/Römermann, a. a. O., § 148 Rdnr. 48; zur KO: LG Frankfurt MDR 1969, 852; Kuhn/Uhlenbruck, a. a. O., Rdnr. 7 a, a. A. MK-BGB/Wacke, § 1362 Anm. 37, der aus Art. 6 GG die Pflicht ableitet, einen Ehegatten nicht schlechter zu stellen, als einen Untermieter.
401 Vgl. FK-InsO/Wegener, § 149 Rdnr. 11.
402 S. hierzu unten Rdnr. 291 ff.

venzkonto mitzuzeichnen. Davon kann nicht der Gläubigerausschuss, sondern nur die Gläubigerversammlung entbinden (§ 149 Abs. 3 InsO).[403]

Dies führt bei einem größeren fortgeführten Betrieb bis zum Berichtstermin, bis also die Gläubigerversammlung von der Mitzeichnungspflicht entbinden kann, zu schwierigen Umständen. Fehlt die 2. Unterschrift eines Gläubigersausschussmitgliedes, ist die Anweisung an die Bank unwirksam. Führt die Bank dennoch die Anweisung aus und sollte eine zweckwidrige Verwendung des Geldes vorliegen, haftet die Bank.[404] Wird die Mitzeichnungspflicht durch den Gläubigerausschuss und die Bank ernst genommen, muss ein Mitglied des Ausschusses bis zum Berichtstermin geraume Zeit im schuldnerischen Betrieb verbringen. De lege ferenda sollte der vorläufige Gläubigerausschuss bis zur ersten Gläubigerversammlung das Recht erhalten, durch Beschluss von der Mitzeichnungspflicht zu entbinden. De lege lata scheint es aber bis dahin aufgrund des eindeutigen Wortlautes des Gesetzes keine praktikable Lösung zu geben.

231 Der Insolvenzverwalter hat auch ohne gesonderte Anweisung durch den Gläubigerausschuss oder das Gericht die Gelder des Schuldners auf einem Insolvenzkonto, also lautend auf den Insolvenzschuldner und nicht auf ein von ihm eröffnetes Anderkonto anzulegen. Weil der Insolvenzverwalter lediglich verwaltungs- und verfügungsberechtigt ist (§ 80 InsO), erscheint die Anlegung der Gelder auf einem Rechtsanwalts-Anderkonto nicht gerechtfertigt und auch nicht praktikabel. Bei Änderung in der Person des Insolvenzverwalters, sei es durch Abwahl, Absetzung oder Tod, kann die Verfügungsberechtigung durch Vorlage der Bestallung des neuen Insolvenzverwalters nebst Beschluss des Gerichtes ohne weiteres nachgewiesen werden.[405]

232 § 149 Abs. 1 InsO bezieht sich neben Geld und Kostbarkeiten nur auf Wertpapiere. Dabei handelt es sich um Urkunden, in denen ein privates Recht in der Weise verbrieft ist, dass zu dessen Geltendmachung die Innehabung der Urkunden erforderlich ist. »Das Recht aus dem Papier« folgt dem »Recht am Papier«. Dazu zählen Inhaberpapiere (z. B. Inhaberaktie, Inhaberscheck), Orderpapiere (z. B. Wechsel, Namensaktie) und Rektapapiere (z. B. Hypotheken-, Grundschuldbrief).

Der Insolvenzverwalter hat aber auch alle Urkunden in Besitz zu nehmen, bei denen das Recht am Papier dem Recht aus dem Papier folgt (z. B. Versicherungspolicen, Sparbücher). Notfalls hat er diese dem Schuldner im Wege der Zwangsvollstreckung durch den Gerichtsvollzieher wegnehmen zu lassen, wobei der Eröffnungsbeschluss mit Vollstreckungsklausel wiederum Vollstreckungstitel ist (§ 148 Abs. 2 InsO).

---

403 FK-InsO/Wegener, § 149 Rdnr. 11.
404 FK-InsO/Wegener § 149 Rdnr. 7; zur KO: Kuhn/Uhlenbruck, a. a. O., § 137 Rdnr. 3.
405 Ebenso zur KO: Kuhn/Uhlenbruck, a. a. O., § 137 Rdnr. 1 b; vgl. OLG Köln ZIP 1980, 972.

ee) Besitz dritter Personen

Aufgrund seiner Verwaltungs- und Verfügungsbefugnis (§ 80 InsO) und damit seines Besitzrechtes, hat der Verwalter die gleichen Rechte wie der Schuldner selbst und kann somit gegenüber jedem Dritten die Herausgabe von Gegenständen verlangen, die zur Insolvenzmasse gehören, soweit nicht der Dritte ein Besitzrecht hat. Dieses kann sich aus früheren schuldrechtlichen Vereinbarungen mit dem Schuldner, z. B. Miete, Leihe etc. ergeben. In diesem Falle muss der Verwalter erst nach §§ 103 ff. InsO vorgehen. Gibt der Dritte die Gegenstände nicht heraus, obwohl er keine Einwendungen mehr geltend machen kann, hilft dem Verwalter der Eröffnungsbeschluss als Vollstreckungstitel nicht. Die Ausfertigung einer Vollstreckungsklausel gegen einen nicht herausgabebereiten Dritten, der Massegegenstände in Besitz hat, ist nicht möglich. Dies zeigt auch § 809 ZPO, wonach körperliche Sachen nur gepfändet werden können, wenn sie sich im Gewahrsam des Schuldners, nicht aber wenn sie sich im Gewahrsam eines zur Herausgabe nicht bereiten Dritten befinden. Für den Insolvenzverwalter gilt nichts anderes. Er muss gegen Dritte im Wege einer zivilrechtlichen Herausgabeklage vorgehen.[406]

Es steht im pflichtgemäßen Ermessen des Verwalters, ob er wegen der sonst anfallenden Speditions- und Lagerkosten Gegenstände bei Dritten oder dem Schuldner einstweilen belässt. In diesem Fall muss er durch Vereinbarungen dafür Sorge tragen, dass er verfügungsberechtigt bleibt. Solange er davon ausgehen kann, muss er keinen unmittelbaren Besitz begründen.[407]

ff) Unterlagen des Rechtsanwalts/Steuerberaters

Das Mandatsverhältnis zwischen Anwalt und Mandant ist in der Regel ein auf Geschäftsbesorgung gerichteter Dienstvertrag, §§ 676, 611 BGB. Dieser Vertrag erlischt von wenigen Ausnahmen abgesehen mit Insolvenzeröffnung, soweit sich das Mandatsverhältnis auf das zur Insolvenzmasse gehörende Vermögen bezieht, § 115 Abs. 1 InsO. Damit stehen die aus dem beendeten Mandatsverhältnis entstandenen Ansprüche der Insolvenzmasse zu und unterliegen der Verwaltungs- und Verfügungsbefugnis des Insolvenzverwalters, § 80 Abs. 1 InsO. Daraus folgt, dass der Insolvenzverwalter unter den gleichen Voraussetzungen und in dem selben Umfang Herausgabe verlangen kann, wie es der Schuldner selbst ohne die Insolvenz bei anderweitiger Mandatsbeendigung gekonnt hätte.[408]

Nach § 675 BGB i. V. m. §§ 666, 667 BGB hat der Rechtsanwalt dem Auftraggeber alles herauszugeben, was er zur Ausführung des Auftrags erhalten und was er aus der Geschäftsbesorgung erlangt hat. Damit kann der Insol-

---

406 Ebenso HK-InsO/Irschlinger, § 148 Rdnr. 9; FK-InsO/Wegener, § 148 Rdnr. 16; zur KO: OLG Düsseldorf NJW 1965, 2406; Kuhn/Uhlenbruck, a. a. O., § 117 Rdnr. 8.
407 OLG Hamburg ZIP 1996, 386; FK-InsO/Wegener, § 148 Rdnr. 7.
408 BGH ZIP 1990, 48, 50; s. auch oben Rdnr. 57 ff.

venzverwalter vom Anwalt in erster Linie die vom Schuldner übergebenen Akten (auch Fotokopien) verlangen. Zu den nach § 667 BGB herauszugebenden Unterlagen gehören aber auch die Handakten des Anwalts insoweit, als sie den gesamten für den Mandanten geführten Schriftverkehr betreffen.[409]

Zu Einzelheiten siehe oben Rdnr. 57 ff.

235 Gleiches gilt auch für die Akten des Steuerberaters, insbesondere für die vom Schuldner übergebenen Buchhaltungsunterlagen, Belege, Bankauszüge etc. Diese befinden sich im Eigentum des Schuldners, so dass der Verwalter sie bereits aus diesem Grunde herausverlangen kann. Insoweit besteht auch kein Zurückbehaltungsrecht. Über § 675 BGB i. V. m. §§ 666, 667 BGB hat der Steuerberater alle im Rahmen seiner Geschäftsbesorgung erstellten Unterlagen, wie betriebswirtschaftliche Auswertungen, Summen- und Saldenlisten, Konten etc. herauszugeben.[410]

236 Der BGH[411] hat insoweit aber gewisse Einschränkungen gemacht. Danach gehört die Hauptabschlussübersicht mit den dazugehörigen Umbuchungslisten nicht zu den Unterlagen, die der Steuerberater aus der Geschäftsbesorgung im Sinne von § 667 BGB »erlangt« hat. Sie stellen vielmehr ein vertragliches Arbeitsergebnis des Steuerberaters dar. Weil der Geschäftsbesorgungsvertrag zwischen dem Steuerberater und dem Schuldner nach § 23 Abs. 2 KO (jetzt §§ 116 i. V. m. 115 InsO) erloschen sei, habe der Insolvenzverwalter keinen vertraglichen Herausgabeanspruch. Dies gelte auch dann, wenn man auf den Vertrag mit dem Steuerberater § 17 KO (jetzt § 103 InsO) anwenden würde, weil der Insolvenzverwalter durch die Verweigerung der Honorarzahlung nicht in den Vertrag eingetreten sei.[412]

Nach Ansicht des LG Essen[413] sind dagegen die DATEV-Konten als Gegenstände anzusehen, die aus der Geschäftsbesorgung erlangt sind. Der Steuerberater müsse deshalb DATEV-Konten auch dann herausgeben, wenn er bezüglich seines Steuerberaterhonorars Zurückbehaltungsansprüche haben sollte.

Der Steuerberater hat auf Anforderung durch den Insolvenzverwalter in die Übertragung der bei der DATEV gespeicherten Stammdaten des Schuldner einzuwilligen. Bei den dort gespeicherten Daten handelt es sich um Unterlagen, die er aus der Geschäftsbesorgung im Sinne von § 667 BGB erlangt hat.[414]

Der Steuerberater des Schuldners ist verpflichtet, dem Insolvenzverwalter Auskunft über die von ihm geführte Buchhaltung zu erteilen. Er hat insbesondere Fragen des Insolvenzverwaltes zu einzelnen Bilanzkonten zu be-

---

409 BGH ZIP 1990, 48, 50.
410 S. bereits zur KO: Kuhn/Uhlenbruck, a. a. O., § 117 Rdnr. 8.
411 BGH ZIP 1988, 1474.
412 BGH ZIP 1988, 1474, 1475.
413 LG Essen ZIP 1996, 1878.
414 Vgl. LG Duisburg ZIP 1982, 603.

antworten. Insoweit besteht kein Zurückbehaltungsrecht wegen noch offener Honoraransprüche.[415]

Kann der Insolvenzverwalter vom Steuerberater Unterlagen herausverlangen, kann er nicht sofort im Wege der Zwangsvollstreckung mit dem Eröffnungsbeschluss als Vollstreckungstitel vorgehen, wenn der Steuerberater nicht herausgabebereit ist. Der Verwalter muss Herausgabeklage erheben und kann die Unterlagen ggf. im Wege einer einstweiligen Verfügung erlangen.[416]

gg) Gegenstände von Aus-/Absonderungsgläubigern

237 Die Inbesitznahme und Verwaltung bezieht sich auf die Insolvenzmasse im Sinne von § 35 InsO. Wegen § 166 InsO sind damit auch die Gegenstände betroffen, an denen Absonderungsrechte bestehen, aber auch Gegenstände, die unter Eigentumsvorbehalt geliefert wurden. Der Eigentumsvorbehalt gibt nach wohl herrschender Meinung[417] ein Aussonderungs- und nicht nur ein Absonderungsrecht. Der Eigentumsvorbehalt ist aber wegen seiner Sicherungsfunktion dem Absonderungsrecht bereits insoweit angenähert, dass er zumindest teilweise, wie dieser behandelt werden muss.[418]

Befinden sich andere Gegenstände, die der Aussonderung unterliegen, im Betrieb des Schuldners, so nimmt sie der Insolvenzverwalter – automatisch – in Besitz, wenn er bei Eröffnung des Verfahrens vom Betrieb selbst Besitz ergreift. Er ist insoweit Besitzer, obwohl die Gegenstände nicht zum Vermögen des Schuldners und somit zur Insolvenzmasse gehören.[419] Bezüglich dieser Gegenstände hat der Verwalter aus dem Verwahrungsverhältnis gewisse Schutzpflichten und darüber hinaus Benachrichtigungs- und Auskunftspflichten, die der Gläubiger aus § 985 BGB herleiten kann.

238 Ein Aussonderungsanspruch kommt nur dann in Betracht, wenn der auszusondernde Gegenstand massebefangen ist, der Verwalter ihn also im Verwaltungsbesitz hat oder für die Masse in Anspruch nimmt; andernfalls kann der Berechtigte sich nur an den Schuldner persönlich halten.[420]

Fremdes Vermögen, das der Verwalter von vorne herein als solches erkennt, darf er nicht nach § 148 KO zur Masse ziehen, und zwar auch dann nicht, wenn er annimmt, die Masse sei mit einer Rückgabepflicht belastet oder weil er Belange des Berechtigten wahrnehmen will, etwa wenn er den rückgabepflichtigen Gemeinschuldner für unzuverlässig hält.[421]

---

415 LG Düsseldorf ZIP 1997, 1657, 1658; s. auch FK-InsO/Wegener, § 148 Rdnr. 17.
416 Vgl. OLG Düsseldorf ZIP 1982, 471.
417 S. oben Rdnr. 105 ff.
418 Vgl. KS/Wellensiek, S. 414; s. Rdnr. 175 und 198.
419 Vgl. BGH ZIP 1988, 853; BGH NJW 1989, 1034.
420 BGH NJW 1994, 3232, 3233; BGH ZIP 2001, 1469, 1472; OLG Köln ZIP 2000, 1498.
421 BGH a. a. O.

Massebefangen und damit aussonderungsfähig ist z. B. ein Mietgrundstück auch dann, wenn der Verwalter zwar das Eigentum des Vermieters anerkennt, aber das Recht für sich in Anspruch nimmt, das Grundstück für die Masse zu nutzen (z. B. durch Lagerung seiner Verwaltungsbefugnis unterliegender Gegenstände) und darüber zu entscheiden, ob, wann und in welcher Weise er es an den Vermieter zurückgibt. Nicht erforderlich ist, dass der Verwalter das Grundstück auch in Besitz genommen hat.[422]

239 Befinden sich die auszusondernden Gegenstände bei Dritten, muss der Verwalter gegen diese keine Herausgabeklage erheben. Hierzu fehlt es in der Regel an einem Rechtsgrund. Entgegen der Meinung des OLG Frankfurt[423] hat der Leasinggeber nach Kündigung des Leasingvertrages keinen Herausgabeanspruch nach § 556 Abs. 1 BGB als Masseschuld, wenn der Verwalter nicht die Erfüllung des Vertrages gewählt hat, § 103 InsO (früher §17 KO). Der Rückgabeanspruch sowohl als Eigentumsherausgabeanspruch wie auch als schuldrechtlicher Herausgabeanspruch fällt zwar unter § 47 InsO (früher § 43 KO).[424] Befindet sich der auszusondernde Gegenstand aber bei einem Dritten, hat diesen der Verwalter nicht in Besitz und Verwaltung genommen. Erhebt er auch keinen Anspruch auf diesen Gegenstand, kann der Eigentümer vom Verwalter nach § 47 InsO keine Herausgabe verlangen.[425]

Belässt der Verwalter Gegenstände, an denen Absonderungsrechte bestehen, bei einem Dritten, um z. B. Speditions- und Lagerkosten zu sparen, begeht er keine Pflichtverletzung, wenn er sich mit dem Dritten geeinigt hat, dass er als Insolvenzverwalter verfügungsbefugt ist. Ändert der Dritte unvorhergesehen seine Meinung und nimmt die Gegenstände in Eigenbesitz, muss der Insolvenzverwalter die Herausgabe der Gegenstände nicht klageweise geltend machen.[426] Dies dürfte auch unter der Insolvenzordnung gelten, obwohl der Verwalter nunmehr nach § 166 InsO im Gegensatz zu § 127 KO absonderungsberechtigte Gegenstände, die er im Besitz hat, selbst verwerten darf. Er kann die Verwertung nämlich auch dem Gläubiger überlassen (§ 170 Abs. 2 InsO).

240 Bereits während der Geltung der Konkursordnung war anerkannt, dass der Konkursverwalter sich wegen §§ 118, 119 KO nicht selbstständig um evtl. bestehende Gläubigerrechte kümmern musste. Es genügte, dass er mit der Verwertung eine angemessene Zeit zuwartete.[427] Dies gilt jetzt in gleicher Weise, nachdem der Gesetzgeber die Mitteilungs- und Anzeigepflichten der Gläubiger in § 28 Abs. 2 InsO noch weiter entwickelt hat.

---

422 BGH a. a. O.; s. aber auch den Fall OLG Köln ZIP 2000, 1498; vgl. zur Freigabe Rdnr. 257 ff.
423 OLG Frankfurt ZIP 1991, 1505.
424 Vgl. BGH NJW 1979, 310.
425 Vgl. Kuhn/Uhlenbruck, a. a. O., § 43 Rdnr. 9; Grub zu OLG Frankfurt, EWIR 1991, 449.
426 OLG Hamburg ZIP 1996, 386; FK-InsO/Wegener, § 148 Rdnr. 7.
427 OLG Karlsruhe NZI 1999, 231; vgl. zum Verschuldensmaßstab OLG Köln ZIP 2001, 1821.

Sondert ein Eigentümer im Besitz des Insolvenzverwalters befindliche Gegenstände aus, so hat dieser die Gegenstände dem Eigentümer bereitzustellen. Die Kosten der Bereitstellung kann er nicht vom Eigentümer verlangen, sie fallen der Masse zur Last.[428]

241

hh) Ausländisches Vermögen

Infolge des Universalitätsprinzips unterfällt auch das ausländische Vermögen dem Insolvenzbeschlag. Die Inbesitznahme ausländischen Vermögens verursacht aber vor allem dann Schwierigkeiten, wenn der ausländische Staat die deutsche Insolvenzeröffnung ganz oder teilweise nicht anerkennt. Der Schuldner hat den Verwalter bei der Erfüllung von dessen Aufgaben und damit auch bei der Erfassung des gesamten Vermögens zu unterstützen, § 97 Abs. 2 InsO. Aus diesen Auskunfts- und Mitwirkungspflichten des Schuldners folgt auch die Verpflichtung zur Erteilung einer Vollmacht, die den Verwalter ermächtigt, über die im Ausland befindlichen Vermögensgegenstände zu verfügen.[429]

242

c) Rechtsmittel

Geht der Insolvenzverwalter bei der Inbesitznahme der Masse im Wege der Zwangsvollstreckung aus dem Eröffnungsbeschluss vor, kann der Schuldner Erinnerung nach § 766 ZPO einlegen, wobei aber nach § 148 Abs. 2 Satz 2 InsO an die Stelle des Vollstreckungsgerichtes das Insolvenzgericht tritt. Gegen diese Entscheidung des Insolvenzgerichtes ist kein Rechtsmittel möglich, § 6 Abs. 1 InsO. Weitere Rechtsmittel hat der Schuldner selbst nicht. Dritte, dazu zählen auch Gesellschafter und Geschäftsführer einer juristischen Person als Schuldner, können im ordentlichen Verfahren z. B. aus § 47 InsO geltend machen, dass Gegenstände nicht zur Insolvenzmasse gehören.[430]

243

5. Freigabe von Insolvenzmasse

a) Im Rahmen der KO

Zu einer der wichtigsten Aufgaben des Konkursverwalters gehörte es, die Masse möglichst von Kosten zu entlasten und auf solche Gegenstände zu beschränken, die für die Gläubiger in irgendeiner Weise verwertbar waren. Er hatte vorrangig die Interessen der Gläubiger zu wahren.[431] § 3 KO bestimmte, dass die Konkursmasse zur gemeinschaftlichen Befriedigung aller persönlichen Gläubiger dient. Nach § 6 KO ging mit der Eröffnung des Verfah-

244

---

428 BGH ZIP 1988, 853.
429 BVerfG ZIP 1986, 1336.
430 Vgl. BGH NJW 1962, 1392.
431 BGH ZIP 1996, 842, 844.

rens die Verwaltungs- und Verfügungsbefugnis auf den Konkursverwalter über. Lehnte der Konkursverwalter nach § 10 Abs. 2 KO die Aufnahme des Rechtsstreits ab, so konnte sowohl der Gemeinschuldner, als auch der Gegner diesen aufnehmen. In § 114 KO war ausdrücklich geregelt, dass der Konkursverwalter Grundstücke oder grundstücksgleiche Rechte freigeben konnte.

So war es zu Zeiten der Konkursordnung nicht strittig, dass der Verwalter berechtigt und damit im Verhältnis zu den Gläubigern sogar verpflichtet war, unverwertbare und voll belastete Gegenstände freizugeben. Gleiches galt für Gegenstände, insbesondere Grundstücke, bei denen die Verwaltungs- und/oder Verwertungskosten den Erlös überstiegen.[432] Gerade in jüngsten Entscheidungen, die noch zur Konkursordnung ergangen sind, wird die Freigabemöglichkeit als selbstverständlich vorausgesetzt.[433] Auch das OLG Naumburg[434] hat sich dieser Meinung angeschlossen. Es handelte sich zwar um einen Fall nach der Gesamtvollstreckungsordnung. Das OLG Naumburg hat aber teilweise auf § 32 Abs. 3 InsO Bezug genommen und ausgesprochen, dass auch bei einem Erwerbsanspruch nach dem Sachenrechtsbereinigungsgesetz die Freigabe von Gebäuden in der Insolvenz zulässig sei. Zu Recht weist das OLG Naumburg darauf hin, dass die gegenteilige Meinung, die zum Teil in der Verwaltungsgerichtsbarkeit vertreten werde,[435] ohne Rücksicht auf die insolvenzrechtlichen Rangzuweisungen von dem Wunsch geprägt ist, sonst ausgeschlossenen Gläubigern möglichst vorrangige Befriedigung aus der Masse zu verschaffen.

b) Änderungen durch die InsO

245 Seit Anfang der 90er Jahre, als die Insolvenzordnung vom Bundestag beschlossen worden war, mehrten sich die Stimmen im Schrifttum, dass eine Freigabe im Rahmen der Insolvenzordnung nicht mehr möglich sei. Wortführer war sicherlich Karsten Schmidt.[436]

Ausgangspunkt ist die These von Karsten Schmidt, dass freies Vermögen einer Gesellschaft in der Insolvenz nicht bestehen könne, weil die insolvenzmäßige Abwicklung zugleich auch die Liquidation der Gesellschaft zur Aufgabe habe. In diesem Zusammenhang verweist Karsten Schmidt auf § 199 Satz 2 InsO, wonach bei einem Schuldner, der keine natürliche Person ist, der Verwalter den einzelnen Gesellschaftern den Teil des Überschusses herauszugeben habe, der diesen bei einer Abwicklung außerhalb des Insol-

---

432 BGH NJW 1961, 1528; BVerwG NJW 1984, 2427; BGH NJW 1994, 3232, 3233; OVG Sachsen-Anhalt ZIP 1994, 1130; Kuhn/Uhlenbruck, a. a. O., § 1 Rdnr. 5 ff.
433 BGH ZIP 2000, 1116, 1117; LG Frankfurt, ZInsO 1999, 412, das aber fälschlicherweise den Gesamtvollstreckungsverwalter nach Freigabe eines Grundstücks noch als passivlegitimiert ansieht; s. auch Hintzen, Anm. zu LG Frankfurt ZInsO 1999, 413.
434 OLG Naumburg ZIP 2000, 976.
435 Vgl. OVG Greifswald ZIP 1997, 1460, 1464.
436 Schmidt, Wege zum Insolvenzrecht der Unternehmen, 1990, S. 70 f.; ders. KS, S. 1199 ff.; ders., ZIP 1997, 1441, 1444.

venzverfahrens zustünde. Der Insolvenzverwalter habe deshalb nunmehr bei Gesellschaften auch die Liquidation durchzuführen.[437] Gesellschaftsvermögen, Unternehmen und Insolvenzmasse seien deckungsgleich. Diese mehr wirtschaftsrechtlich orientierte Sicht entspreche dem Abwicklungsmodus des § 199 Satz 2 InsO, der die Durchführung einer deckungsgleichen und einheitlichen Schlussverteilung und Liquidation erreichen wolle.[438] Dagegen war nach der Konkursordnung, soweit nach Abschluss eines Verfahrens noch Masse vorhanden war, diese an den Gemeinschuldner bzw. die Gesellschaft herauszugeben, die dann das Liquidationsverfahren durchzuführen hatte.[439]

Neu eingeführt wurde auch die Bestimmung, dass der Neuerwerb des Schuldners vom Insolvenzbeschlag erfasst wird (§ 35 InsO). Auch dies spreche für eine integrierte gesellschaftsrechtliche Liquidation.[440] Gerade aus § 35 InsO müsse man schließen, dass es eine Freigabe nicht mehr gebe. Der freigegebene Gegenstand würde wegen § 35 InsO möglicherweise wieder zur Insolvenzmasse.[441]

Im Übrigen sei unklar, was mit den freigegebenen Vermögensgegenständen geschehen solle. Insbesondere die praktischen Probleme bei Freigabe von Grundstücken mit Altlasten zeigten, dass die Liquidation der Gesellschaft in das Insolvenzverfahren zu integrieren und eine Freigabe nicht mehr zu erlauben sei. Eine Freigabe laufe auf eine Teilung des Vermögens des Schuldners zu Lasten der Ordnungsbehörde hinaus.[442]

246 Die Befürworter einer Freigabe weisen darauf hin, dass nach altem, wie nach neuem Recht der Verwalter ausschließlich vermögensbezogene Aufgaben hätte, die sich in der Sicherstellung einer gleichmäßigen und bestmöglichen Befriedigung der Gläubiger erschöpften.[443] Die gesellschaftsrechtliche und die insolvenzrechtliche Liquidation hätten jeweils unterschiedliche Zwecke. Das Gläubigerinteresse, das für die Insolvenzabwicklung im Vordergrund stehe, verbiete es, die Masseverwaltung mit der Fürsorge für Gegenstände zu belasten, deren Verwertung nicht möglich sei oder für die Masse nichts einbringe. Der Fall, in dem der Insolvenzverwalter die Kosten für die Entsorgung eines Betriebsgrundstückes durch dessen Freigabe abwälze, lasse sich nicht dadurch sachgerecht bewältigen, dass man die Freigabe im Gesell-

---

437 Vgl. Schmidt, ZIP 2000, 1913, 1917 f.; s. auch BegrRegE in Kübler/Prütting, Das neue Insolvenzrecht, S. 427.
438 Kübler/Prütting, Kommentar zur Insolvenzordnung, § 35 Rdnr. 32.
439 Vgl. KS/Lüke S. 159 ff.
440 KS/Lüke, a. a. O.
441 Vgl. KS/Benckendorff zur InsO S. 1099, 1103.
442 Vgl. OVG Greifswald ZIP 1997, 1460, 1464; vom BVerwG in der Revisionsentscheidung offengelassen: ZIP 1999, 538, 540; ähnlich OVG Lüneburg NJW 1998, 398, 399 f.
443 Kübler/Prütting, a. a. O., § 80 Rdnr. 9; zur KO, ausdrücklich und unter Ablehnung von Karsten Schmidt, BGH, ZIP 1996, 842, 844, und zur InsO: BGH ZIP 2001, 1469, 1471.

schaftskonkurs oder in der Gesellschaftsinsolvenz ausschließe. Dasselbe Problem trete auch in der Insolvenz eines Einzelunternehmers auf.[444]

Aus den Vorschriften der Insolvenzordnung ergebe sich, dass der Gesetzgeber nach wie vor von einer Freigabe auch bei Gesellschaften ausgehe. § 32 Abs. 3 InsO erwähne – wie früher § 114 KO – die Möglichkeit des Verwalters, Grundstücke oder grundstücksgleiche Rechte freizugeben. Nach § 85 Abs. 2 InsO könne der Verwalter – wie früher nach § 10 Abs. 2 KO – die Aufnahme eines Rechtsstreits ablehnen, womit der Schuldner diesen Rechtsstreit aufnehmen könne. Diese Ablehnung sei – wie früher – eine Freigabe der dem Aktivprozess zugrundeliegenden Forderung.[445]

Bei einer Zweispurigkeit der insolvenz- und der gesellschaftsrechtlichen Liquidation müsse es auch deshalb bleiben, weil ansonsten § 207 InsO im Verfahren über das Vermögen einer Handelsgesellschaft nicht anwendbar wäre. Im Falle der Masselosigkeit sehe die InsO gerade keine Vollbeendigung einer juristischen Person durch den Insolvenzverwalter vor. Anders als bei Beendigung des Insolvenzverfahrens nach § 199 InsO müsse bei Einstellung des Verfahrens mangels Masse nach § 207 InsO in jedem Fall eine Rückgabe der noch vorhandenen Insolvenzmasse an die Gesellschaft stattfinden.[446]

247 Wegen des eindeutigen Gesetzestextes und der Gesetzessystematik muss de lege lata eine Freigabe von Vermögensgegenständen möglich sein. Wesentlicher Zweck des Insolvenzverfahrens ist nach § 1 InsO die gemeinschaftliche Befriedigung der Gläubiger.[447] Das Interesse der Gesellschaftsgläubiger hat somit im Vordergrund zu stehen. Folgerichtig hat die InsO auch ausdrücklich die Möglichkeit einer Freigabe durch den Insolvenzverwalter in § 32 Abs. 3 und § 85 Abs. 2 InsO vorgesehen, um die Masse von ausschließlich belastenden Gegenständen freizuhalten. Zusätzlich ist noch auf § 96 Nr. 4 InsO hinzuweisen. Auch in dieser Bestimmung geht der Gesetzgeber davon aus, dass dem Schuldner freies Vermögen zur Verfügung steht. Dies ist dort nicht auf natürliche Personen begrenzt. Daraus folgt, dass der Gesetzgeber die Möglichkeit einer Freigabe durch den Insolvenzverwalter nicht nur bei natürlichen Personen als Schuldner ausdrücklich vorgesehen hat und darüber hinaus im Gesetzestext von freiem Vermögen des Schuldners ausgeht.[448]

---

444 Henckel, ZIP 1991, 134, 135.
445 BGH WM 1969, 98 (zur KO).
446 Kübler/Prütting, a. a. O., § 207 Rdnr. 50.
447 Nach § 1 II 3 des RegE war eine Integration des Liquidationszweckes vorgesehen. Der Rechtsausschuss hat dies aber gestrichen, was lediglich mit redaktioneller Straffung und Zurückführung auf die wesentlichen Elemente begründet wurde. Allerdings wurde ausdrücklich die Gläubigerbefriedigung als wesentlicher Zweck des Insolvenzverfahrens hervorgehoben; s. RegE und BegrRechtsausschuss in Kübler/Prütting, Das neue Insolvenzrecht, S. 149 ff. und Tetzlaff, ZIP 2001, 10, 19.
448 So ausdrücklich zur InsO jetzt: BGH ZIP 2001, 1469, 1471; ebenso OLG Rostock ZInsO 2000, 604; VG Darmstadt ZIP 2000, 2077; Tetzlaff, ZIP 2001, 10 ff.

Karsten Schmidt ordnet die Frage der Freigabe seiner These unter, dass es kein massefreies Vermögen bei Handelsgesellschaften gebe.[449] Wie oben dargelegt, hat sich aber der Gesetzgeber der Insolvenzordnung nicht zu dieser These durchringen können und in einer ganzen Reihe von Fällen ausdrücklich die Freigabe von Insolvenzmasse, insbesondere von Grundstücken, zugelassen. Der Insolvenzverwalter würde sich deshalb einer Haftung nach § 60 InsO aussetzen, wenn er nur belastende Massegegenstände nicht rechtzeitig freigeben würde.[450]

248

Die Einordnung der bei Beseitigung der Altlasten entstehenden Kosten in Masseverbindlichkeiten oder Insolvenzverbindlichkeiten hat nicht direkt etwas mit dem Problem zu tun, ob die Freigabe eines Vermögensgegenstandes in der Insolvenz möglich ist. Dies ist vielmehr eine Frage der Folgen einer Freigabe, wobei es nicht zwingend ist, dass die Insolvenzmasse durch die Freigabe auch von den Verbindlichkeiten entlastet wird, die auf dem freigegebenen Gegenstand lasten.[451]

c) Arten der Freigabe

Es hat sich im Laufe der Zeit eine Vielzahl von Begriffen für die Freigabe eingebürgert, die darüber hinaus unterschiedlich verstanden werden, z.B. echte Freigabe, unechte Freigabe, modifizierte Freigabe, fiduziarische Freigabe, deklaratorische Freigabe etc.[452]

249

Um eine für die Praxis bessere Begrifflichkeit zu erreichen, soll hier danach gegliedert werden, an wen die Freigabe erfolgt, nämlich entweder an den Schuldner oder an einen Gläubiger.

aa) Freigabe an den Schuldner

- Echte Freigabe

250

Die Freigabe eines Massegegenstandes durch den Insolvenzverwalter an den Schuldner ohne weitere Vereinbarungen wird allgemein als »echte Freigabe« bezeichnet. Damit sind im Grunde alle anderen Konstellationen keine »Freigaben«, weswegen sie häufig als unechte Freigaben bezeichnet werden. Nachdem sich dieser Ausdruck leider weitgehend eingebürgert hat, soll hier eine begriffliche Sortierung versucht werden.

---

449 S. zuletzt, ZIP 2000, 1913, 1917.
450 Nerlich/Römermann, a.a.O., § 36 Rdnr. 58; ders., § 148 Rdnr. 53; Breutigam/Blersch/Goetsch, a.a.O., § 35 Rdnr. 61; ebenso auch Förster, ZInsO 2000, 315.
451 S. hierzu unten Rdnr. 256 ff.
452 Vgl. nur Nerlich/Römermann, a.a.O., § 148 Rdnr. 52 ff.; Kübler/Prütting, a.a.O., § 80 Rdnr. 65; OLG Düsseldorf ZIP 1998, 744.

- Fiduziarische Freigabe

Der Insolvenzverwalter vereinbart mit dem Schuldner, dass dieser die Sache oder das Recht verwerten bzw. einfordern darf, den Erlös ganz oder teilweise aber an die Masse abzuführen hat. Diese Konstellation wird auch als »modifizierte Freigabe« bezeichnet. Es handelt sich hier im Grunde um eine Prozessstandschaft,[453] die nur dann unzulässig ist, wenn der Schuldner eine zahlungsunfähige juristische Person ist und dadurch das Prozessrisiko zumindest minimiert werden soll.[454]

- Modifizierte Freigabe

Der BFH versteht darunter die Freigabe eines mit einem Absonderungsrecht belasteten Vermögensgegenstandes zugunsten des Schuldners. Weil dieser über den belasteten Gegenstand nicht frei verfügen, sondern ihn nur an den Sicherungsnehmer herausgeben könne, sei der Wille des Verwalters letztlich darauf gerichtet, dass der Verwertungserlös der Insolvenzmasse dadurch zugute komme, dass der Sicherungsnehmer als Gläubiger den Verwertungserlös des Vermögensgegenstandes der Insolvenzmasse gutschreibe.[455]

- Erkaufte Freigabe

Der Schuldner oder ein Dritter (Geschäftsführer/Gesellschafter des Schuldners) zahlt für die Freigabe des Gegenstandes einen bestimmten Betrag. Dies kann auch als normaler Fall der Verwertung angesehen werden, wobei wegen der schwierigen rechtlichen Einordnung in der Regel keine »Eigentumsübertragung«, sondern der Einfachheit halber eine Freigabe durch den Insolvenzverwalter an den Schuldner erfolgt.

bb) »Freigabe« an die Gläubiger

251 - Aussonderungsgut

Wenn ein Gläubiger einen Aussonderungsanspruch hat und der Verwalter diesen anerkennt, sollte dies nicht als Freigabe, z. B. »unechte Freigabe«, »deklaratorische Freigabe«, bezeichnet werden, sondern es liegt lediglich eine Herausgabe des nicht zur Insolvenzmasse gehörenden Gegenstandes vor.

---

453 BGH NJW 1987, 2018; Nerlich/Römermann, a. a. O., § 148 Rdnr. 56.
454 BGH NJW 1999, 1717; BGH NJW 1986, 850.
455 Vgl. BFH ZIP 1993, 1247, 1249.

- Absonderungsgut

Gibt der Insolvenzverwalter Vermögensgegenstände an den Absonderungsgläubiger heraus, verzichtet er nicht auf das Eigentum, sondern nur auf sein Recht zur Verwertung. Übersteigt der Verwertungserlös die Forderung des Gläubigers, ist der Unterschiedsbetrag an die Masse abzuführen. Auch hier sollte der Begriff »Freigabe« nicht verwendet werden.

- Auftragsbestand

Gibt der Verwalter den gesamten Auftragsbestand des Schuldners zur weiteren Nutzung und Verwertung an einen Übernehmer »frei«, liegt darin eine Vertragsübernahme, deren Wirksamkeit von der Zustimmung der Vertragspartner der zu übernehmenden Verträge abhängt.[456] Auch dies stellt mithin keine Freigabe im eigentlichen Sinne dar.

Die nachfolgenden Ausführungen beziehen sich ausschließlich auf die oben unter Rdnr. 250 erörterte »echte Freigabe«.

d) Gegenstand der Freigabe

Gegenstand der Freigabe können sein: Immobilien, bewegliche Sachen, Forderungen, Miet- und Pachträume, wobei die einseitige Rückgabe von Mieträumen nicht von der Verpflichtung befreit, den Mietzins zu zahlen.[457]

252

Freigegeben werden können nur Vermögensgegenstände, zu denen auch Rechtsfrüchte gehören, nicht aber die Insolvenzmasse verpflichtende gegenseitige Verträge. Insoweit gilt die Spezialvorschrift des § 103 Abs. 2 Satz 1 InsO. Miet- und Pachtverträge kann der Verwalter ebenfalls nicht freigeben, sondern nur nach Maßgabe des § 109 Abs. 1 InsO kündigen.[458]

e) Freigabeerklärung

Grundsätzlich erfolgt die Freigabe durch einseitige empfangsbedürftige Willenserklärung mit dinglicher Wirkung, die gegenüber dem Schuldner bzw. dessen gesetzlichem Vertreter abzugeben ist und den bestimmten Willen erkennen lassen muss, die Massezugehörigkeit auf Dauer aufzugeben.[459] Weil diese Erklärung auf die Änderung der haftungsrechtlichen Zuordnung des freizugebenden Gegenstandes gerichtet ist, handelt es sich um eine rein verfahrensrechtliche Erklärung ohne materiell-rechtlichen Gehalt. Sie ist

253

---

456 Vgl. OLG Düsseldorf ZIP 1998, 744.
457 Nerlich/Römermann, a. a. O., § 36 Rdnr. 53.
458 Kübler/Prütting, a. a. O., § 35 Rdnr. 23; a. A. wohl HK-InsO/Marotzke, § 109 Rdnr. 5 a. E., der von einer Freigabe des Mietverhältnisses oder des vermieteten Gegenstandes spricht; Kuhn/Uhlenbruck, a. a. O., § 19 Rdnr. 14; s. auch unten Rdnr. 257 ff.
459 Vgl. BGH NJW 1994, 3232, 3233; Breutigam/Blersch/Goetsch, a. a. O., § 35 Rdnr. 57.

deshalb unwiderruflich, unter Vorbehalt nicht möglich und wegen Irrtums nicht anfechtbar. Eine Anfechtung wegen arglistiger Täuschung soll jedoch möglich sein.[460]

254 Es handelt sich nur um eine empfangsbedürftige Willenserklärung, so dass es nicht darauf ankommt, ob der Schuldner die Erklärung zur Kenntnis nimmt oder mit ihr einverstanden ist.

Die Freigabeerklärung muss zwar den Willen beinhalten, auf die Massezugehörigkeit des freigegebenen Gegenstandes zu verzichten, ist aber durch schlüssiges Handeln möglich. Für eine solche konkludente Freigabe reicht es aber nicht aus, wenn sich der Verwalter nicht um einen Massegegenstand kümmert, weil er davon ausgeht, dass dieser einem Dritten gehört. Auch ein unverbindliches Inaussichtstellen ist noch keine Freigabe.[461]

255 Nach § 85 Abs. 2 InsO bewirkt die Nichtaufnahme eines Rechtsstreites die Freigabe des Streitgegenstandes.[462] Der Verwalter überlässt damit die Forderung dem Schuldner zur freien Verfügung. Nachdem hier die Freigabe von Gesetzes wegen eintritt, kann sie auf zweierlei Weise erklärt werden. Einmal gegenüber dem Prozessgegner durch Ablehnung der Aufnahme des Rechtsstreites gem. § 85 Abs. 2 InsO und zum anderen durch ausdrückliche Freigabeerklärung des streitigen Rechtes gegenüber dem Schuldner.[463]

f) Freigabewirkung

256 Durch die Freigabe wird der im Insolvenzbeschlag stehende Vermögensgegenstand unwiderruflich aus der Masse entlassen und in die freie Verfügungsgewalt des Schuldners überführt. Dieser erhält insoweit seine Verwaltungs- und Verfügungsbefugnis zurück. Es handelt sich um sog. insolvenzfreies Vermögen.[464]

Auch die Freigabe ist wie alle Handlungen des Insolvenzverwalters an den Insolvenzzweck gebunden. Verstößt die Freigabe gegen diesen Zweck, nämlich der gleichmäßigen und größtmöglichen Befriedigung der Insolvenzgläubiger, ist diese unwirksam.

Zu den Wirkungen der Freigabe in Einzelfällen:

---

460 Kübler/Prütting, a.a.O., § 35 Rdnr. 27, 28; Nerlich/Römermann, a.a.O., § 36 Rdnr. 55; Höpfner, ZIP 2000, 1517; a. A. Breutigam/Blersch/Goetsch, a.a.O., § 35 Rdnr. 60, der eine Anfechtung nach § 119 BGB zulassen möchte, wenn sich der Irrtum nicht auf die Massezugehörigkeit, Überbelastung oder Unverwertbarkeit des Gegenstandes beziehe.
461 Breutigam/Blersch/Goetsch, a.a.O., § 35 Rdnr. 59.
462 BGH WM 1969, 98.
463 Breutigam/Blersch/Goetsch, a.a.O., § 85 Rdnr. 9.
464 Vgl. Kübler/Prütting, a.a.O., § 35 Rdnr. 30; Nerlich/Römermann, a.a.O., § 36 Rdnr. 51; HK-InsO/Eickmann, § 35 Rdnr. 28.

aa) Freigabe bei Miefräumen

In der Praxis wird vielfach versucht, Miet- und Pachträume mit unverwertbaren Gegenständen »freizugeben«, um die Räumungs- und Rückgabepflicht zu umgehen. Rechtlich gesehen ist dies so nicht möglich. Wie oben erwähnt, ist Freigabe die Möglichkeit des Verwalters, Massegegenstände in die freie Verfügungsgewalt des Schuldners zu überführen. Dies setzt zum einen voraus, dass Massegegenstände freigegeben werden. Miet- und Pachträume sind aber keine Massegegenstände, sondern unterliegen der Aussonderung des Vermieters/Verpächters nach § 47 InsO, gleichgültig, ob der Herausgabeanspruch auf Eigentum (§ 985 BGB) oder auf die vertragliche Verpflichtung (§ 556 BGB) gestützt wird.[465] In der Regel ist bei einer solchen »Freigabe« lediglich eine Herausgabe an den aussonderungsberechtigten Gläubiger gemeint.[466]

257

Der Insolvenzverwalter kann zu einer Herausgabe bzw. Rückgabe der Mieträume auch dann verpflichtet sein, wenn das Mietverhältnis vor Insolvenzeröffnung beendet und der Mieter seiner Rückgabeverpflichtung noch nicht nachgekommen war. In diesem Fall hat der Verwalter das auf Räumung und Herausgabe der Räume gerichtete Aussonderungsverlangen zu erfüllen.

Ein Aussonderungsanspruch kommt aber nur dann in Betracht, wenn der auszusondernde Gegenstand massebefangen ist, der Insolvenzverwalter ihn also im Verwaltungsbesitz hat oder für die Masse in Anspruch nimmt. Andernfalls muss der Vermieter/Verpächter sich an den Schuldner persönlich halten.

258

Massebefangen und damit aussonderungsberechtigt ist ein Mietgrundstück daher auch dann, wenn der Insolvenzverwalter zwar das Eigentum des Vermieters anerkennt, aber das Recht für sich in Anspruch nimmt, das Grundstück für die Masse zu nutzen und darüber zu entscheiden, ob, wann und in welcher Weise er es an den Vermieter zurückgibt. Nicht erforderlich ist, dass der Insolvenzverwalter das Grundstück auch in Besitz genommen hat.[467]

Nutzt der Verwalter also das Grundstück z. B. durch Lagerung irgendwelcher und seien es auch unverwertbare Gegenstände, hat er gegenüber dem Vermieter/Verpächter die Verpflichtung zur Räumung und Herausgabe. Einer solchen Räumung kann er sich nicht durch spätere Freigabe der auf dem Objekt befindlichen Massegegenstände entziehen. Diese Freigabe führt lediglich dazu, dass nunmehr der Schuldner die Befugnis zurückerhält, über diese Gegenstände zu verfügen. Schuldner des Anspruchs auf Räumung und Herausgabe bleibt der Insolvenzverwalter. Dieser Verpflichtung kann er ebenso wenig entgehen, wie ein Mieter seiner Verpflichtung zur Räumung, indem er sein Eigentum an zurückgelassenen Sachen aufgibt oder auf einen Dritten überträgt.[468]

---

465 Vgl. zur KO: BGH NJW 1994, 3232; jetzt zur InsO: BGH ZIP 2001, 1469.
466 S. o. Rdnr. 251.
467 BGH NJW 1994, 3232; Kuhn/Uhlenbruck, a. a. O., § 43 Rdnr. 9.
468 BGH a. a. O., 3234.

259 Anders ist die Situation zu beurteilen, wenn der Insolvenzverwalter nicht erst nach Nutzung der Räume oder des Grundstücks die darauf befindlichen Gegenstände freigibt, sondern unmittelbar bei Insolvenzeröffnung erklärt, dass er sowohl das Mietobjekt nicht für die Masse in Anspruch nimmt, als auch die darauf befindlichen Gegenstände zugunsten des Schuldners freigibt. In diesem Fall würde der Insolvenzverwalter das Mietobjekt nicht zur Masse ziehen und nicht nutzen und damit auch nicht darüber entscheiden, ob, wann und in welcher Weise er es dem Vermieter zurückgibt. Ein Aussonderungsanspruch nach § 47 InsO ist dann nicht gegeben. Der Verwalter schließt den Vermieter nicht gezielt vom Besitz aus. Dieser hat die alleinige Nutzungsmöglichkeit.[469]

260 Unabhängig von diesem Räumungs- und Herausgabeanspruch ist die Frage, ob Abwicklungsansprüche des Vermieters/Verpächters bestehen und welchen Rang diese haben.[470]

bb) Freigabe bei Altlasten

261 Zur Altlastenproblematik hat sich inzwischen eine fast eigenständige Rechtsprechung der Verwaltungsgerichtsbarkeit entwickelt. Ausgangspunkt sind jeweils Fälle, in denen von Grundstücken schon vor Insolvenzeröffnung für das Vermögen des Eigentümers Gefährdungen ausgegangen oder schon Schäden verursacht waren. Die Behörden nehmen den Insolvenzverwalter als Zustandsstörer[471] in Anspruch, verlangen von ihm Beseitigung der Altlasten und machen die Kosten einer Ersatzvornahme unabhängig vom Zeitpunkt des Entstehens der Gefahrenlage als Masseverbindlichkeit geltend.[472]

Damit stellt sich für den Insolvenzverwalter die nahe liegende Frage, inwieweit er durch Freigabe des belasteten Grundstücks Beseitigungsverpflichtungen, Erstattung von Ersatzvornahmekosten und vor allem Masseverbindlichkeiten vermeiden kann.

Das OVG Greifswald[473] hat nunmehr – allerdings in einem obiter dictum – geäußert, es bestünden nachhaltige Bedenken, dass ein Verwalter sich durch Freigabe eines kontaminierten Grundstücks seiner Zustandsverantwortlichkeit entledigen könnte.[474] Eine Freigabe sei generell nicht möglich, weil es kein massefreies Vermögen gäbe. Außerdem liefe die Freigabe auf eine Teilung des Vermögens des Gemeinschuldners zu Lasten der Ord-

---

469 BGH NJW 1995, 2783, 2785; OLG Dresden ZIP 1998, 1725; OLG Köln ZIP 2000, 1498.
470 BGH NJW 1995, 2783, 2785; s. u. Rdnr. 261 ff.
471 Vgl. BGH NJW 1996, 2035; BVerwG NJW 1984, 2447.
472 BVerwG ZIP 1999, 538; BVerwG ZIP 1999, 2167; OVG Greifswald NJW 1998, 175; OVG Lüneburg NJW 1998, 398; OVG Bautzen, ZIP 1995, 856; zu den strafrechtlichen Folgen dieser Rechtsprechung: AG Hildesheim NZI 2001, 51 und Lwowski/Tetzlaff, NZI 2001, 82.
473 OVG Greifswald NJW 1998, 175.
474 A. A. BVerwG NJW 1984, 2427; OVG Magdeburg ZIP 1994, 1131.

nungsbehörde hinaus. Im Ergebnis käme es zu einer Haftungsbeschränkung, für die das Ordnungsrecht keine Grundlage biete.[475]

Das Bundesverwaltungsgericht hat in seiner Revisionsentscheidung zu dem Fall des OVG Greifswald die Frage der Freigabe allerdings offen gelassen.[476]

Die für eine Freigabe sprechenden Argumente wurden bereits oben[477] erörtert. Soweit auf die ordnungsrechtliche Situation abgestellt wird, sind die Argumente ausschließlich vom Ergebnis her geprägt, dass die Insolvenzmasse zur Beseitigung von Altlasten vorrangig in Anspruch genommen werden soll. Dies kann aber letztlich kein durchschlagendes Argument sein, weil die Frage der Rangordnung von Insolvenzverbindlichkeiten durch die Insolvenzordnung und nicht durch die Polizeigesetze festgelegt wird. Eine eigenmächtige Änderung dieser Ränge durch die Gerichtsbarkeit ist verfassungswidrig.[478]

Im übrigen muss erst untersucht werden, ob überhaupt und inwieweit sich die Freigabe auf die Forderungen der Behörden, insbesondere die Ersatzvornahmekosten, auswirken.

Lüke[479] unterscheidet zwei Fallgruppen:

- Die Behörde hat die Gefahrenquelle selbst beseitigt und meldet die Ersatzvornahmekosten zur Tabelle an.
- Die Gefahrenquelle wurde nicht beseitigt. Der in eine Forderung nach § 45 Abs. 1 InsO umgerechnete Beseitigungsanspruch wurde zur Tabelle angemeldet.

Im ersten Fall ergeben sich durch die Freigabe des Grundstücks keinerlei Änderungen. Der bereits entstandene Ersatzanspruch ist nicht an die Massebefangenheit des Grundstücks gekoppelt und kann auch dann geltend gemacht werden, wenn das Grundstück freigegeben wurde.[480] Aber auch im zweiten Fall ändert sich nichts an der einmal entstandenen Forderung, auch wenn diese noch nicht zur Tabelle festgestellt worden sein sollte.[481] Ähnlich wie bei der Aussonderung eines Mietobjektes durch den Vermieter, bei der sich der Mieter seiner Verpflichtung zur Räumung und Herausgabe nicht immer dadurch entziehen kann, dass er die sich im Mietobjekt befindlichen Vermögensgegenstände zugunsten des Schuldners freigibt, sein Eigentum an den zurückgelassenen Sachen ganz aufgibt oder auf einen Dritten überträgt,[482] kann auch der Insolvenzverwalter nicht alle Probleme durch Freigabe lösen.

---

475 OVG Greifswald a. a. O.
476 BVerwG ZIP 1999, 538.
477 Rdnr. 245 ff.
478 Vgl. BVerfG ZIP 1984, 78 zum Sozialplan.
479 KS/Lüke, S. 859, 891.
480 Ebenso KS/Lüke, a. a. O.; Petersen, NJW 1993, 1202, 1208.
481 A. A. KS/Lüke, a. a. O., der die Voraussetzungen für den Erlass des Verwaltungsaktes wegen des Verlustes der Verwaltungs- und Verfügungsbefugnis nach Freigabe des Grundstücks nachträglich entfallen lässt.
482 Vgl. BGH NJW 1994, 3232, 3234; s. a. oben Rdnr. 257 ff.

Die Freigabe eines belasteten Grundstücks verhindert somit nicht in jedem Fall, dass die Kosten für die Beseitigung der Altlasten im Insolvenzverfahren geltend gemacht werden können. Waren die Altlasten vor Insolvenzeröffnung entstanden, sind dies entgegen der neuesten verwaltungsgerichtlichen Rechtsprechung keine Masseverbindlichkeiten, sondern Insolvenzforderungen. Es ist das Prinzip der Insolvenzordnung – wie auch schon der Konkursordnung (§ 59 Abs. 1 Nr. 1 und 2 KO) –, dass Verbindlichkeiten nur dann Masseverbindlichkeiten sind, wenn sie u. a. durch Handlungen des Insolvenzverwalters oder in anderer Weise durch die Verwaltung, Verwertung und Verteilung der Insolvenzmasse begründet wurden (§ 55 Abs. 1 Nr. 1 InsO). Es ist also entweder ein Tun des Insolvenzverwalters notwendig oder die Masseverbindlichkeiten müssen durch die Verwaltung, Verwertung und Verteilung der Insolvenzmasse begründet werden. Es kommt entscheidend darauf an, ob die Verbindlichkeiten vor oder nach Insolvenzeröffnung entstanden sind, also in ihrem Kern bereits angelegt waren. Die Fälligkeit der jeweiligen Verbindlichkeit ist dabei unbeachtlich. Es ist der Insolvenzordnung fremd, dass sich ein Gläubiger den Rang einer Masseverbindlichkeit dadurch schaffen kann, dass er einen Anspruch, der bereits vor Insolvenzeröffnung entstanden war, erst nach Insolvenzeröffnung durchsetzt.[483] Die genaue Definition der Masseverbindlichkeiten in § 55 Abs. 1 Nr. 1 InsO lässt sich nicht dadurch umgehen, dass Ordnungspflichten postuliert werden, die »unlimitiert auf dem Gesellschaftsvermögen lasten«.[484] Derartige Ordnungspflichten führen sicherlich zur Beseitigungsverpflichtung bzw. zu Erstattungspflichten bei Ersatzvornahme durch die Behörde, aber nicht zu Masseverbindlichkeiten, weil die Verpflichtungen bereits vor Insolvenzeröffnung entstanden waren.[485]

263 Der BGH hatte in seinem Urteil vom 10. 3. 1994[486] – noch zur Vergleichsordnung – die Frage zu entscheiden, ob ein Wiederherstellungsanspruch des Verpächters gegen den den Vertrag fortführenden Vergleichsverwalter eine Vergleichsforderung ist. Er hat dabei wesentlich darauf abgestellt, ob die Verunreinigungen des Grundstücks vor Vergleichseröffnung erfolgt sind. Der Anspruch auf Entseuchung des Untergrunds sei Vergleichsforderung, wenn und soweit die Kontamination des Erdreichs auf den Betrieb des Pächters vor Eröffnung des Vergleichsverfahren zurückzuführen sei.[487] Dies ist auch nach § 55 Abs. 1 Nr. 1 InsO der entscheidende Gesichtspunkt für die Einordnung einer Forderung als Masseverbindlichkeit. Die Argumentation mit »massefreundlichen« und »masseschädlichen« Lösungen[488] führt nicht zu angemessenen Ergebnissen.

---

483 Vgl. AG Essen ZIP 2001, 756; a. A. Karsten Schmidt, ZIP 2000, 1913, 1920.
484 Karsten Schmidt, ZIP 2000, 1913, 1920.
485 Ebenso Nerlich/Römermann, a. a. O., § 55 Rdnr. 64.
486 BGH ZIP 1994, 715.
487 BGH a. a. O., 718; s. wiederum BGH ZIP 2001, 1469.
488 Karsten Schmidt, ZIP 2000, 1913, 1915.

Tetzlaff[489] hat zu Recht auf § 25 Abs. 6 BBodSchG hingewiesen. Diese Vorschrift ordnet die Entstehung einer öffentlichen Grundstückslast an, die den Wertausgleichsanspruch der Behörde sichert, wenn sie auf eigene Kosten das Grundstück saniert hat. Dies widerlegt die Behauptung einer »märchenhaften« Massevermehrung auf Kosten der öffentlichen Hand[490] und löst den Gegensatz zwischen »massefreundlichen« und »masseschädlichen« Lösungen weitgehend auf. Die grundsätzliche Aussage des Bundesverwaltungsgerichtes,[491] dass Ersatzvornahmekosten wie Masseverbindlichkeiten zu behandeln sind, kann keinen Bestand haben, weil sie in unzulässiger Weise in das System der Insolvenzordnung eingreift und neue, vom Gesetz nicht vorgesehene Masseverbindlichkeiten schafft. Darüber hinaus stellt sich die Frage, ob die vom Bundesverwaltungsgericht geschaffenen Masseverbindlichkeiten bei Massunzulänglichkeit Altmasseverbindlichkeiten (§ 209 Abs. 1 Nr. 3 InsO) oder Neumasseverbindlichkeiten (§ 209 Abs. 1 Nr. 2 InsO) oder gar Massekosten nach § 209 Abs. 1 Nr. 1 InsO sind.[492]

264

Die Entscheidung des Bundesverfassungsgerichtes vom 16. 2. 2000[493] bringt nur eine begrenzte Erleichterung bei der Lösung des Problems. Das Bundesverfassungsgericht hat im Wesentlichen bei der Zustandshaftung die Inanspruchnahme für Ersatzvornahmekosten auf den Verkehrswert des Grundstücks beschränkt, wobei allerdings die Kenntnis von den Altlasten die Haftungsbegrenzung wieder entfallen lassen kann.

265

cc) Steuerliche Auswirkungen

Die Problematik der steuerlichen Auswirkung einer Freigabe ist durch die Insolvenzordnung wesentlich entschärft worden. Zu Zeiten der Konkursordnung war Grund für die Freigabe von Gegenständen, die mit Absonderungsrechten belastet waren, der Anfall der Umsatzsteuern als Massekosten bei Verwertung des Sicherungsgutes durch den Konkursverwalter oder den Sicherungsnehmer, ohne dass der Sicherungsnehmer verpflichtet gewesen wäre, die Umsatzsteuer der Konkursmasse zur Verfügung zu stellen.[494]

266

Nach § 166 Abs. 1 InsO hat nunmehr der Insolvenzverwalter das Verwertungsrecht, wenn er das Sicherungsgut in seinem Besitz hat. Führt die Verwertung zu einer Belastung der Masse mit Umsatzsteuer, so ist der Umsatzsteuerbetrag der Masse vom Sicherungsnehmer zu belassen (§ 171 Abs. 2 Satz 3 InsO). Trotzdem ergeben sich immer noch eine Reihe von steuerlichen Problemen bei der Freigabe.

---

489 Tetzlaff, ZIP 2001, 10, 18; s. a. Lwowski/Tetzlaff, NZI 2001, 82.
490 Karsten Schmidt, ZIP 2000, 1913, 1917.
491 BVerwG ZIP 1998, 2167 und ZIP 1999, 538.
492 Vgl. Tetzlaff, ZIP 2001, 10, 15.
493 BVerfG NJW 2000, 2573.
494 Vgl. BFH ZIP 1993, 1247; BGH ZIP 1980, 520.

- Freigabe an den Schuldner

267 Die unbedingte – echte – Freigabe des Gegenstandes zur freien Verfügung des Schuldners, bei der der Verwalter auch den wirtschaftlichen Wert aus der Hand gibt, beendet dessen Massezugehörigkeit. Diese Lösung aus dem Insolvenzbeschlag stellt umsatzsteuerrechtlich noch keine Lieferung im Sinne von § 1 Abs. 1 Nr. 1 Satz 1 UStG dar. Trotz Wechsels der Verwaltungs- und Verfügungsbefugnis zum Schuldner handelt es sich umsatzsteuerrechtlich um einen nicht steuerbaren Vorgang.[495] Es fehlt am Tatbestand der Lieferung nach § 3 Abs. 1 UStG. Der Schuldner bleibt während des Insolvenzverfahrens Vermögensträger hinsichtlich des die Masse bildenden Vermögens. Durch die Übertragung des Gegenstandes auf ihn wird kein Dritter befähigt, im eigenen Namen über den Gegenstand zu verfügen. Erst wenn der Schuldner den vom Insolvenzbeschlag befreiten Gegenstand weiterveräußert, unterliegt dies der Umsatzsteuer. Die Eröffnung des Insolvenzverfahrens hat in steuerlicher Hinsicht auf die Unternehmereigenschaft des Schuldners keinen Einfluss. Die Umsatzsteuer ist – wie zu Zeiten der Konkursordnung – außerhalb des Insolvenzverfahrens dem Schuldner gegenüber geltend zu machen. Sie ist weder Insolvenzforderung, noch Masseverbindlichkeit. Selbst wenn das Entgelt aus der Lieferung derartiger insolvenzfreier Sachen durch den Schuldner letztlich der Insolvenzmasse zufließen sollte, kann dies zu keiner anderen Beurteilung führen. Der Umsatzsteuer unterliegt nicht die Vereinnahmung des Entgelts, sondern die Lieferung.[496]

Ist allerdings der Wille des Insolvenzverwalters bereits bei Überlassung darauf gerichtet, dass der Verwertungserlös der Insolvenzmasse zugute kommen soll, liegt keine echte Freigabe vor und es fällt nach der vom BFH entwickelten Theorie des Doppelumsatzes Umsatzsteuer an.[497]

- Verwertung durch den Sicherungsnehmer
  (§ 173 Abs. 1 InsO)

268 Der Insolvenzverwalter hat nur dann ein Verwertungsrecht bezüglich des Sicherungsgutes, wenn er – von § 173 Abs. 2 Satz 2 InsO abgesehen – die Sache in seinem Besitz hat. Ist dies nicht der Fall, liegt das Verwertungsrecht zumindest vorerst bei dem Sicherungsnehmer (§ 173 Abs. 1 InsO). Verwertet dieser den Gegenstand, dann liegen nach der Doppelumsatztheorie des BFH zwei Lieferungen vor: einmal vom Insolvenzverwalter an den Sicherungsnehmer und zum anderen vom Sicherungsnehmer an den Endabnehmer. Eine Vereinbarung, nach der der Sicherungsgeber dem Sicherungsnehmer das Sicherungsgut zur Verwertung freigibt und auf sein Auslöserecht

---

[495] Vgl. Breutigam/Blersch/Goetsch, a. a. O., § 38 Rdnr. 64, 65.
[496] BFH ZIP 1993, 1247, 1249.
[497] BFH a. a. O.

verzichtet, stellt noch keine Lieferung des Sicherungsgutes an den Sicherungsnehmer dar.[498]

Eine »Freigabe« des Sicherungsgutes an den Sicherungsnehmer, mit der lediglich dessen Verwertungsrecht klargestellt wird, ist also keine Lieferung im Sinne von § 3 Abs. 1 UStG. Auch nach einer solchen »Freigabe« hat der Sicherungsnehmer immer noch die Stellung eines absonderungsberechtigten Gläubigers, so dass »umsatzsteuerrechtlich« das Sicherungsgut noch in der Verfügungsmacht des Sicherungsnehmers bleibt.[499]

Nichts anderes gilt, wenn der Sicherungsnehmer vor Eröffnung des Insolvenzverfahrens vom Sicherungsgut Besitz ergreift und deshalb der Insolvenzverwalter kein Verwertungsrecht nach § 166 Abs. 1 InsO hat. Auch diese Besitzergreifung ist im Sinne der zitierten BFH-Rechtsprechung noch keine Lieferung nach § 3 Abs. 1 UStG, weil auch hier der Sicherungsnehmer absonderungsberechtigter Gläubiger bis zur Verwertung des Sicherungsgutes bleibt. In dem Augenblick, in dem der Sicherungsnehmer von seinem Verwertungsrecht Gebrauch macht und das Sicherungsgut veräußert, liegt der sog. Doppelumsatz vor und zwar die Lieferung des Sicherungsgebers an den Sicherungsnehmer und die Lieferung des Sicherungsnehmers an den Erwerber. Dem entsprechend fällt erst in diesem Augenblick die Umsatzsteuer an.[500]

269

Diese Umsatzsteuer gehörte nach der ständigen Rechtsprechung des BFH zur Konkursordnung zu den Massekosten im Sinne des § 58 Nr. 2 KO.[501] Zur Insolvenzordnung wird sich diese Rechtsprechung für Sicherungsgüter, bei denen der Insolvenzverwalter kein Verwertungsrecht hat, nicht ändern. Bei Verwertung durch den Sicherungsnehmer entsteht der vom BFH entwickelte Doppelumsatz mit der Folge, dass bei dem Insolvenzverwalter die Umsatzsteuer als Masseverbindlichkeit nach § 55 Abs. 1 Nr. 1 InsO anfällt.[502]

270

Zur Konkursordnung hatte der BGH ebenfalls in ständiger Rechtsprechung entschieden, dass der Sicherungsnehmer bei entsprechender vertraglicher Vereinbarung gegen den Konkursverwalter einen Anspruch auf den Brutto-Verwertungserlös einschl. des Umsatzsteuer-Anteils hat.[503] Dabei kam es nicht darauf an, ob der Konkursverwalter oder der Sicherungsnehmer selbst verwertete.

271

Folge dieser Rechtsprechung von BFH und BGH war, dass nur die Konkursmasse endgültig mit der Umsatzsteuerschuld belastet war und der Sicherungsnehmer umsatzsteuerrechtlich völlig unbelastet blieb. Zwar hatte der Sicherungsnehmer das Sicherungsgut in der Regel mit Umsatzsteuer

---

498 BFH ZIP 1993, 1705.
499 BFH a. a. O.; ZIP 1993, 1247.
500 Vgl. BFH a. a. O.
501 BFH a. a. O.
502 S. a. Welzel, ZIP 1998, 1823, 1828.
503 Vgl. BGH ZIP 1980, 520.

Bruder

an den Abnehmer verkauft und hätte diese Umsatzsteuer an das Finanzamt abführen müssen. Er konnte diesen Betrag aber als Vorsteuer nach § 15 UStG absetzen, weil nach der Doppelumsatztheorie auch eine Lieferung des Sicherungsgebers an ihn als Sicherungsnehmer vorlag, die ebenfalls mit Umsatzsteuer erfolgte. Damit konnte er seine Umsatzsteuerschuld mit diesem Vorsteueranspruch verrechnen.[504]

Die endgültige Belastung der Konkursmasse mit der Umsatzsteuerschuld wurde bereits vom BGH als unbillig empfunden,[505] wobei dieser allerdings meinte, der Konkursverwalter könne den Anfall der Umsatzsteuer durch rechtzeitige Freigabe des Sicherungsgutes vermeiden.[506] Diesen Ausweg hat aber der BFH – wie oben bereits erwähnt – verschlossen, in dem er kurzerhand die Freigabe des Sicherungsgutes zugunsten des Gemeinschuldners als sog. modifizierte Freigabe erklärte. Der wirtschaftliche Wert der Sache komme letztlich der Konkursmasse zugute, weil der Gemeinschuldner aufgrund des Sicherungseigentums nicht frei über die Sache verfügen, sondern diese nur an den Sicherungsnehmer herausgeben könne. Mit der Verwertung durch den Sicherungsnehmer werde dann dessen Forderung an die Konkursmasse entsprechend verringert. Auf diese Weise verminderten sich die Passiva und komme der Verwertungserlös der Masse zugute.[507]

272   Diese Rechtsprechung führte unter der Geltung der Konkursordnung in einer Vielzahl von Fällen zur Abweisung des Konkursantrages mangels Masse, weil die Massekosten nach § 58 Nr. 2 KO gleichen Rang wie die Verfahrenskosten nach § 58 Nr. 1 KO hatten (§ 60 Abs. 1 KO). Da diese Situation als rechtspolitisch unbefriedigend angesehen wurde, bestimmt § 171 Abs. 2 Satz 3 InsO i. V. m. § 166 Abs. 1 InsO nunmehr ausdrücklich, dass der Insolvenzverwalter den Umsatzsteuerbetrag als Verwertungskosten einbehalten darf, wenn die Verwertung zu einer Belastung der Masse mit Umsatzsteuer führt. Das Problem ist also durch die Insolvenzordnung gelöst, soweit der Insolvenzverwalter ein Verwertungsrecht hat. Dieses ist aber nur dann gegeben, wenn er die Sache, an der ein Absonderungsrecht besteht, in seinem Besitz hat (§ 166 Abs. 1 InsO). Hat sich aber der Gläubiger bereits vor Insolvenzeröffnung in den Besitz des Sicherungsgutes gesetzt oder ist er z. B. als Pfandgläubiger von vorne herein im Besitze des Gegenstandes (s. z. B. auch § 371 HGB), dann ist § 171 Abs. 2 Satz 3 InsO zumindest nicht direkt anwendbar. Diese Bestimmung bezieht sich ausdrücklich auf die Verwertung durch den Insolvenzverwalter und den dabei anzusetzenden Verwertungskostenbeitrag. Auf § 173 InsO, der die Verwertung durch den Gläubiger regelt, wird nicht verwiesen. Eine analoge Anwendung kommt nicht in Betracht, weil der Gesetzgeber dieses Problem genau gesehen hat. Die SPD-Fraktion hatte bei den Gesetzesberatungen beantragt, einen § 200 a einzufügen. Dieser sah vor, dass auch dann aus dem Verwertungser-

---

504 Vgl. Maus, ZIP 2000, 339, 341.
505 BGH ZIP 1980, 521, 524.
506 BGH a. a. O.; so wohl auch Welzel, ZIP 1998, 1823, 1828.
507 BFH ZIP 1993, 1247, 1249; so schon BFH ZIP 1987, 1134 und ZIP 1988, 42.

lös die Umsatzsteuer an die Masse abzuführen sei, wenn der Gegenstand durch einen Gläubiger verwertet werde. Der Antrag wurde aber im Rechtsausschuss mit der Begründung abgelehnt, eine weitere Kostenbelastung der gesicherten Gläubiger müsse vermieden werden.[508]

Unter diesen Umständen muss es dabei bleiben, dass die Insolvenzmasse nur bei Verwertung durch den Insolvenzverwalter die Umsatzsteuer vereinnahmen darf und an das Finanzamt abführt. Verwertet der Sicherungsnehmer selbst oder gibt der Insolvenzverwalter den mit Sicherungsrechten belasteten Gegenstand frei, verbleibt es bei der Rechtsprechung von BFH und BGH zur Doppelumsatztheorie.[509] Der Sicherungsnehmer behält die Umsatzsteuer, der Insolvenzverwalter muss diese als Masseverbindlichkeit an das Finanzamt abführen.[510]

Der Sicherungsnehmer hat bei eigener Verwertung von Sicherungsgut nur dann die Umsatzsteuer an die Masse abzuführen, wenn der Insolvenzverwalter ihm den Gegenstand überlassen hat, obwohl er zur Verwertung nach § 166 InsO berechtigt war (§ 170 Abs. 2 InsO).

Für die Praxis bedeutet dies: 273

- Ist der schwache vorläufige Verwalter im Eröffnungsverfahren nicht oder nicht mehr im Besitz des Sicherungsgutes, muss er mit dem Sicherungsgläubiger Vereinbarungen treffen, dass das Sicherungsgut unverzüglich also noch im Eröffnungsverfahren verwertet wird. Denn dann erfolgt die Verwertung noch außerhalb des Insolvenzverfahrens, womit der Sicherungsnehmer nach § 18 Abs. 8 UStG i. V. m. § 51 Abs. 1 Nr. 2 UStDV die Pflicht hat, die Umsatzsteuer selbst einzubehalten und an das Finanzamt abzuführen. Würde die Verwertung durch den Sicherungsnehmer erst nach Eröffnung des Insolvenzverfahrens erfolgen, fiele nach der Doppelumsatztheorie des BFH die Umsatzsteuer wieder als Masseverbindlichkeit bei der Insolvenzmasse an.[511]
- Die Herausgabe des Sicherungsgegenstandes vom Schuldner oder vorläufigen Insolvenzverwalter an den Sicherungsnehmer ist noch nicht als Lieferung im Sinne von § 1 Abs. 1 Nr. 1 UStG i. V. m. § 3 Abs. 1 UStG anzusehen. Erst die Herausgabe an den Sicherungsnehmer **und** die Verwertung durch diesen gilt als eine solche Lieferung.[512] Damit

---

508 BegrRechtsausschuss in Kübler/Prütting, Das neue Insolvenzrecht, S. 404.
509 BFH ZIP 1993, 1247; BGH ZIP 1980, 520.
510 Ebenso Maus, ZIP 2000, 339, 344; Kübler/Prütting, Kommentar zur Insolvenzordnung, § 173 Rdnr. 10 m. w. N.
511 Vgl. BFH ZIP 1993, 1247.
512 BFH ZIP 1994, 1705, 1707; a. A. wohl Kübler/Prütting, a. a. O., § 171 Rdnr. 13, 16, der die Urteile des BFH ZIP 1988, 42 und 1993, 1247 zitiert und die Herausgabe des Sicherungsgegenstandes vom Schuldner an den Sicherungsnehmer als Lieferung ansieht. Beide BFH-Entscheidungen sind insoweit missverständlich, weil es auf diesen Punkt nicht ankam. In ZIP 1994, 1705 wird der BFH wesentlich deutlicher; s. hierzu sehr ausführlich mit vielen Nachweisen Onusseit/Kunz, Steuern in der Insolvenz 1994, S. 116 ff.

> dürften alle anderen Freigabe- und Herausgabe-Konstruktionen – auch
> im Insolvenzantragsverfahren – zum Scheitern verurteilt sein.
> - Ist der vorläufige Verwalter im Besitz des Sicherungsgutes, muss er mit
>   allen rechtlich zulässigen Mitteln verhindern, dass der Sicherungsnehmer Besitz ergreift.

dd) Prozessuale Auswirkungen der Freigabe

274 Ist bei Insolvenzeröffnung ein Aktivprozess anhängig und lehnt der Verwalter die Aufnahme des Rechtsstreits ab, so können sowohl der Schuldner, als auch der Gegner den Rechtsstreit aufnehmen (§ 85 Abs. 2 InsO). Eine solche Ablehnung gilt als Freigabe des Streitgegenstandes durch den Insolvenzverwalter. Dieser kann das gleiche Ergebnis dadurch erreichen, dass er den Streitgegenstand gegenüber dem Schuldner ausdrücklich freigibt. Die Unterbrechung des Rechtsstreites nach § 240 ZPO endet nicht schon mit der Ablehnung der Aufnahme oder mit Freigabe des Streitgegenstandes durch den Insolvenzverwalter, sondern erst mit Aufnahme des Verfahrens nach §§ 85 Abs. 2 InsO, 250 ZPO.[513]

275 Erklärt der Insolvenzverwalter erst nach Aufnahme des Rechtsstreits die Freigabe des Streitgegenstandes, so endet seine Prozessführungsbefugnis und die des Schuldners lebt wieder auf, so dass dieser den Prozess fortführen kann.[514] Mit Freigabe des Gegenstandes endet insoweit die Amtsverwaltung, so dass der Rechtsstreit analog § 239 ZPO wieder unterbrochen wird und erst entsprechend dieser Vorschrift aufgenommen werden muss.[515]

II. Der Insolvenzverwalter und die Gläubigerautonomie

276 Die Gläubigerautonomie ist ein zentrales Anliegen der Insolvenzordnung. Hier soll die Gläubigerautonomie aus der Sicht des Insolvenzverwalters beleuchtet werden.

1. Betriebsfortführung (§ 157 InsO)

a) Allgemeines

277 Die Pflicht zur Betriebsfortführung durch den Insolvenzverwalter ergibt sich nur indirekt dadurch, dass § 157 InsO der Gläubigerversammlung im

---

513 BGH ZIP 1988, 446; BGH NJW 1962, 589, 591; offengelassen von BGH ZIP 2000, 1116, 1117, s. auch FK-InsO/App § 85 Rdnr. 18 und unten Rdnr. 371.
514 BGH NJW 1967, 781; vgl. auch BGH ZIP 1992, 1152, 1153.
515 BGH NJW 1982, 1765, 1766; vgl. unten Rdnr 513 ff.

Berichtstermin die Entscheidung vorbehält, ob das Unternehmen stillgelegt oder vorläufig fortgeführt werden soll. Weiterhin aus § 158 InsO, der die Stilllegung durch den Verwalter an die Zustimmung des Gläubigerausschusses bindet, wenn ein solcher bestellt ist. Während der vorläufige Verwalter für die Stilllegung die Zustimmung des Insolvenzgerichtes benötigt (§ 22 Abs. 1 Satz 1 Nr. 2 InsO), kann der endgültige Verwalter ohne jede Zustimmung stilllegen, wenn noch kein Gläubigerausschuss bestellt ist. Er muss in diesem Falle weder das Insolvenzgericht fragen, noch bis zum Berichtstermin warten.[516]

Dies bedeutet aber nicht, dass der Verwalter nach Gutdünken den Betrieb stilllegen kann. Obwohl § 158 InsO insoweit keine Regelungen festlegt, müssen für eine Stilllegung zwingende wirtschaftliche oder rechtliche Gründe vorliegen.[517] Es ist kein Grund ersichtlich, weshalb der Insolvenzverwalter bis zum Berichtstermin den Betrieb aus anderen Gründen schließen können soll, als der vorläufige Insolvenzverwalter, so dass § 22 Abs. 1 Satz 2 Nr. 2 InsO herangezogen werden kann. Zwischen Insolvenzeröffnung und Berichtstermin kann der Insolvenzverwalter den Betrieb nur dann aus wirtschaftlichen Gründen stilllegen, wenn ansonsten eine erhebliche Verminderung des Vermögens drohen würde. In rechtlicher Hinsicht können fehlende Qualifikationen oder Konzessionen die Stilllegung erfordern, wenn der Insolvenzverwalter keine – ggf. auch nur vorläufige – behördliche Genehmigung erhält. **278**

Schädigt der Verwalter die Insolvenzmasse dadurch, dass er den Betrieb zu früh oder zu spät schließt, kann er nach § 60 InsO haftbar sein. **279**

Das Zusammenspiel von Betriebsfortführungspflicht (§§ 157, 158 InsO), Verwertungsverbot vor dem Berichtstermin (§ 159 InsO) und Zustimmungserfordernis seitens des Gläubigerausschusses oder der Gläubigerversammlung (§ 160 InsO) erschwert eine Betriebsfortführung mit übertragender Sanierung ganz erheblich. Häufiger Fall der Praxis ist eine Betriebsfortführung während des Vorverfahrens mit gleichzeitiger Suche nach Betriebsübernehmern. Die hierfür zur Verfügung stehende Zeit ist in der Regel sehr knapp bemessen, weil ein in der Insolvenz befindliches Unternehmen gegenüber Lieferanten und insbesondere Kunden kein Renommee ist. Vor allem konkurrierende Unternehmen haben beste Argumente und Chancen bei ihren Kunden, wenn sie darauf hinweisen, dass sich ihr Wettbewerber in der Insolvenz befinde und völlig ungewiss sei, ob und wie es jemals weitergehen werde. Auch verlassen gerade die besten Arbeitnehmer als Erste den Betrieb, wenn die Übernahme nicht kurzfristig abgewickelt wird. Es muss deshalb in möglichst kurzer Zeit ein Übernehmer gefunden werden. Ist mit diesem der Vertrag ausgehandelt, kann die Verfahrenseröffnung erfolgen und unmittelbar danach mit Hilfe eines vorläufigen Gläubigerausschusses die übertragende Sanierung stattfinden. Eine Fortführung des Un- **280**

---

516 HK-InsO/Flessner, § 157 Rdnr. 2.
517 Vgl. Nerlich/Römermann, a. a. O., § 158 Rdnr. 12 ff.

ternehmens bis zur ersten Gläubigerversammlung ist in vielen Fällen nicht möglich und wird auch meist von den Übernehmern abgelehnt.

Dies erschwert nunmehr § 159 InsO, der eine Verwertung vor dem Berichtstermin verbietet. Eine ausdrückliche Vorschrift, dass mit Zustimmung des Gläubigerausschusses eine Verwertung dennoch möglich ist, gibt es nicht. Es bleibt somit nur die Möglichkeit, analog einer Verwertung im vorläufigen Insolvenzverfahren vorzugehen.[518]

281 Bei Gefahr im Verzuge, d. h. wenn die Gefahr besteht, dass Vermögenswerte durch weiteres Zuwarten bei der Verwertung erheblich an Wert verlieren, ist ein Verkauf auch zwischen Insolvenzeröffnung und Berichtstermin unter den Voraussetzungen von § 160 InsO zulässig. Ansonsten handelt der Verwalter auf eigene Gefahr. Seine Verwertungsverhandlungen sind zwar wirksam, aber für Schäden aus solchen Verkäufen muss er persönlich einstehen.[519]

b) Beschlüsse der Gläubigerversammlung

282 Es ist ein Ausdruck der gestärkten Gläubigerautonomie, dass nach § 157 InsO die Gläubigerversammlung im Berichtstermin beschließt, ob das Unternehmen stillgelegt oder vorläufig fortgeführt werden soll. Allein die Gläubiger entscheiden im Wege der Haftungsverwirklichung, wie vorgegangen werden soll. Nur ihre Interessen sind dabei entscheidend. Sie müssen keine anderen Interessen, z. B. soziale Gesichtspunkte der Arbeitnehmer, Erhaltung der Arbeitsplätze etc. berücksichtigen. Soweit die Arbeitnehmer Gläubiger sind, vertreten sie ihre Interessen selbst in der Gläubigerversammlung. Das Insolvenzgericht hat nur im Rahmen von § 78 InsO die Möglichkeit einen Beschluss der Gläubigerversammlung aufzuheben, wenn dieser dem gemeinsamen Interesse aller Insolvenzgläubiger widerspricht. Eine sofortige Beschwerde gegen Beschlüsse der Gläubigerversammlung ist unzulässig.[520]

283 Für die Konkursordnung war es herrschende Meinung, dass eine Unternehmensfortführung durch den Konkursverwalter nur zeitweilig erfolgen dürfe. Das deutsche Recht lasse wegen der eindeutigen Zweckbestimmung des Konkursverfahrens eine dauernde Geschäftsfortführung im Konkurs nicht zu. Das Gesetz rechne zwar durchaus mit einer zeitweiligen Geschäftsfortführung, vor allem dürfe aber diese Fortführung niemals dem Konkurs widerstreiten, indem sie z. B. auf Erzielung eines Gewinn bringenden Überschusses gerichtet sei. Die bloße Hoffnung oder entfernte Aussicht, eine spätere Veräußerung des Unternehmens oder der Betriebsanlagen als Gan-

---

518 S. oben Rdnr. 85 ff.; vgl. BegrRegE und BegrRechtsausschuss in Kübler/Prütting, Das neue Insolvenzrecht, S. 381 f, die die übertragende Sanierung wohl als Unterfall der Stilllegung ansieht.
519 Vgl. für das vorläufige Insolvenzverfahren Kirchhof, ZInsO 1999, 436.
520 Vgl. LG Göttingen ZIP 2000, 1501.

zes werde zu einer Vermehrung der Konkursmasse führen, reiche zur Rechtfertigung nicht aus.[521]

Dies hat sich für die Insolvenzordnung zumindest in der Theorie grundlegend geändert. Schon nach dem Gesetzestext soll das Unternehmen bis zum Berichtstermin fortgeführt werden. In diesem Termin hat der Insolvenzverwalter darzulegen, ob Aussichten bestehen, das Unternehmen des Schuldners im Ganzen oder in Teilen zu erhalten. Er kann beauftragt werden, das Unternehmen über den Berichtstermin hinaus vorläufig fortzuführen. In einem Insolvenzplan können die Gläubiger alle Möglichkeiten von einer Erhaltung des Unternehmens im Ganzen bis zu einer Liquidation beschließen. Es ist jetzt zumindest theoretisch im Gegensatz zur Konkursordnung einer der gesetzlich vorgesehenen Normalfälle, das Unternehmen fortzuführen, um einen Gewinn bringenden Überschuss zugunsten der Gläubiger zu erzielen.

Dass die Praxis seit Inkrafttreten der Insolvenzordnung und auch in Zukunft einen anderen »Normalfall« kennt, ist allen Praktikern geläufig.[522] Drei Viertel aller Unternehmen waren schon bei Insolvenzantrag oder wurden von den Inhabern gleichzeitig mit diesem Antrag eingestellt. Ein zumindest bis zum Berichtstermin fortgeführtes Unternehmen ist im Verhältnis zu der Gesamtzahl der eröffneten Insolvenzverfahren die absolute Ausnahme. Die von der Gläubigerversammlung in geeigneten Fällen beschlossene Betriebsfortführung birgt im Übrigen erhebliche Gefahren, insbesondere Haftungsgefahren für den Insolvenzverwalter in sich. Ein solcher Beschluss bindet den Insolvenzverwalter zwar nicht in jeder Hinsicht, er exkulpiert ihn aber auch nicht völlig.

284 Die Grenzen einer solchen Bindung bei einer Betriebsfortführung ergeben sich daraus, dass der Insolvenzverwalter insoweit Unternehmer ist und damit auch den Pflichten nach § 64 GmbHG unterliegt. Kann er absehen, dass die bei Fortführung entstehenden Kosten nicht aus der Masse bezahlt werden können und er einen evtl. Massekredit nicht zurückzahlen kann, hat er den Betrieb – auch entgegen dem Beschluss einer Gläubigerversammlung – einzustellen.[523]

c) Aufgaben des Insolvenzverwalters bei Fortführung

285 Führt der Insolvenzverwalter ein Unternehmen fort, wird er als Unternehmer tätig und wird mit den gleichen Maßstäben gemessen. Er unterliegt ggf. dem GmbH-Gesetz und damit auch § 64 GmbHG. Stellt er fest, dass er im Rahmen der Betriebsfortführung die eingegangenen oder die einzugehenden Verbindlichkeiten nicht mehr wird bezahlen können, ist das Unternehmen wieder zahlungsunfähig und muss gem. § 64 GmbHG eingestellt wer-

---

521 Vgl. BGH NJW 1980, 55; Kuhn/Uhlenbruck, a. a. O., § 117 Rdnr. 14 a m. w. N.
522 S. Rdnr. 89.
523 FK-InsO/Wegener, § 57 Rdnr. 3; zur Betriebseinstellung im Insolvenzantragsverfahren s. Kirchhof, ZInsO 1999, 365, 368.

den. Der Insolvenzverwalter hat – unabhängig von der Entscheidung der Gläubigerversammlung – insofern eine Stilllegungspflicht.[524]

286   Bei der Unternehmensfortführung wird der Insolvenzverwalter zwar nicht selbst Kaufmann, schließt aber Handelsgeschäfte im Sinne von §§ 343 ff. HGB ab.

287   Er wird auch Arbeitgeber und hat alle arbeitsrechtlichen Pflichten. Er muss die Lohnsteuern und die Sozialversicherungsbeiträge – zumindest die Arbeitnehmerbeiträge – rechtzeitig und vollständig abführen. Dies ist deshalb besonders wichtig geworden, weil auch nach der Rechtsprechung des BGH nunmehr die Arbeitnehmeranteile zur Sozialversicherung selbst dann in vollem Umfang abgeführt werden müssen, wenn der Nettolohn nur zum Teil oder überhaupt nicht ausbezahlt wird.[525] Bestehen Bedenken, ob die Sozialversicherungsbeiträge bei Fälligkeit (§ 23 Abs. 1 Satz 2 SGB IV) bezahlt werden können, hat der Geschäftsführer/Insolvenzverwalter ggf. Rücklagen zu bilden.[526] Kann nur noch ein Teil der Sozialversicherungsbeiträge bezahlt werden, muss ausdrücklich eine entsprechende Tilgungsbestimmung erfolgen, damit die Zahlung auf die Arbeitnehmerbeiträge verrechnet werden kann.[527] Ansonsten haftet der Geschäftsführer/Insolvenzverwalter für die Beiträge persönlich und macht sich darüber hinaus strafbar (§§ 266 a StGB/823 Abs. 2 BGB). Bedingter Vorsatz reicht für die Strafbarkeit aus.[528] So wie der Geschäftsführer, kann der Insolvenzverwalter diese Verpflichtungen in der Regel infolge seiner »Allzuständigkeit« nicht auf andere Personen delegieren.[529]

Der Insolvenzverwalter hat weiterhin die Pflichten aus dem Betriebsverfassungsgesetz mit allen Facetten der Mitwirkung des Betriebsrates und insbesondere dem Damokles-Schwert des Nachteilsausgleichs nach § 113 BetrVG, wenn er einen erforderlichen Interessenausgleich nicht versucht oder von einem solchen ohne zwingenden Grund abweicht.

288   Bei Sonderveranstaltungen (Räumungsverkäufe etc.) muss er sich grundsätzlich an die entsprechenden Vorschriften des UWG halten, wobei ihm hier gewisse Erleichterungen zugute kommen. Er darf z. B. den Insolvenzverkauf als solchen bezeichnen und ausdrücklich damit werben (§ 6 UWG). §§ 7 und 8 UWG sind nicht uneingeschränkt auf ihn anwendbar.[530]

---

524 Vgl. für das Antragsverfahren Kirchhof, ZInsO 1999, 365, 368; HK-InsO/Kirchhof, § 22 Rdnr. 11.
525 BGH ZIP 2000, 1339; s. a. BSGE 75, 61, 65.
526 BGH ZIP 2001, 80.
527 BGH ZIP 2001, 80; BGH ZIP 2001, 419; anders BayObLG ZIP 1999, 498.
528 BGH ZIP 2001, 422, 424.
529 BGH ZIP 2001, 422; BGH ZIP 1997, 412, 415.
530 Vgl. OLG Düsseldorf NZI 1999, 364; im Einzelnen s. unten Rdnr. 332 ff. Stichwort »Ausverkauf«.

Gleiches gilt für das Urheber- und Patentrecht, wobei für den Insolvenzverwalter z. B. Patentverletzungen durch die von ihm fortgeführte Firma in der Regel nur schwer rechtzeitig festzustellen sind.[531]

In betriebswirtschaftlicher Hinsicht bestehen umfangreiche Pflichten des Insolvenzverwalters, wie sich bereits aus § 155 InsO ergibt. Neben den normalen handels- und steuerrechtlichen Pflichten zur Buchführung (s. § 238 HGB und §§ 140 ff. AO) hat der Insolvenzverwalter ggf. durch Liquiditäts- und Rentabilitätsrechnungen ständig die Wirtschaftlichkeit der Unternehmensfortführung zu prüfen und erforderlichenfalls Zwischenbilanzen aufzustellen. Daneben treffen den Verwalter die insolvenzrechtlichen Rechnungslegungspflichten nach § 66 InsO zumindest bei Beendigung seines Amtes. Je nach Beschlüssen des Insolvenzgerichtes kann der Verwalter aber auch verpflichtet werden, in bestimmten Zeitabständen während des Verfahrens zu berichten und Rechnung zu legen.

Zu Vollmachtserteilungen s. Rdn. 28 ff.

2. Gläubigerausschuss (§ 67 InsO)

Der Gläubigerausschuss hat seit Inkrafttreten der Insolvenzordnung eine erheblich größere Bedeutung gewonnen als zu Zeiten der Konkursordnung. Der Insolvenzverwalter hat nach § 160 InsO zu wesentlich mehr Rechtshandlungen die Zustimmung des Gläubigerausschusses oder der Gläubigerversammlung einzuholen. Möchte er vor dem Berichtstermin bereits einen Rechtsstreit mit erheblichem Streitwert anhängig machen oder aufnehmen oder einen Vergleich mit einem Drittschuldner schließen, muss er vom Insolvenzgericht einen vorläufigen Gläubigerausschuss einsetzen lassen. Grundsätzlich gilt dies nach § 160 Abs. 1 InsO für Rechtshandlungen, die für das Verfahren von besonderer Bedeutung sind.

a) Vorläufiger Gläubigerausschuss

Der Gläubigerausschuss soll den Insolvenzverwalter bei seiner Geschäftsführung unterstützen und überwachen. Er hat sich über den Gang der Geschäfte zu unterrichten sowie die Bücher und Geschäftspapiere einzusehen und den Geldverkehr und -bestand prüfen zu lassen (§ 69 InsO). Der Gläubigerausschuss ist eine wesentliche Ausprägung der Gläubigerautonomie. Die Gläubigerversammlung beschließt, ob ein Gläubigerausschuss eingesetzt werden soll (§ 68 Abs. 1 Satz 1 InsO). Es ist deshalb konsequent, dass bereits vor der ersten Gläubigerversammlung – wie auch schon § 87 Abs. 1 KO – das Insolvenzgericht einen Gläubigerausschuss einsetzen kann. Diese Möglichkeit liegt im pflichtgemäßen Ermessen des Gerichtes. Maßstab sollte die Erforderlichkeit in jedem Einzelfall sein. Die Einsetzung

---
531 Vgl. hierzu näher zur KO, BGH NJW 1975, 1969; Kuhn/Uhlenbruck, a. a. O., § 117 Rdnr. 14 c.

eines Gläubigerausschusses muss also – außer in Großverfahren – nicht die Regel sein.[532]

292 Auch eine Betriebsfortführung allein ist kein Grund für die Einsetzung eines vorläufigen Gläubigerausschusses. Ausschlaggebend sollte im Wesentlichen sein, ob der Insolvenzverwalter zwischen Insolvenzeröffnung und Berichtstermin Maßnahmen treffen muss, die eine Genehmigung nach § 160 InsO erfordern. Dazu kann z. B. die Aufnahme eines günstig und kurz vor dem Abschluss stehenden Aktivprozesses zählen oder eine übertragende Sanierung, die keinen Aufschub mehr bis zum Berichtstermin duldet.[533]

Aus diesen Gründen wird sich in der Regel das Insolvenzgericht – ohne weitere Informationen – schwer tun festzustellen, ob die Einsetzung eines vorläufigen Gläubigerausschusses notwendig ist. Durch seine Tätigkeit im Insolvenzeröffnungsverfahren, sei es als Gutachter oder als vorläufiger Insolvenzverwalter, kann der Verwalter am besten abschätzen, ob in dem Zeitraum zwischen Insolvenzeröffnung und Berichtstermin Maßnahmen erforderlich sind, die der Genehmigung nach § 160 InsO bedürfen. Deshalb geht die Initiative zur Einsetzung eines vorläufigen Gläubigerausschusses in der Praxis fast ausschließlich vom Insolvenzverwalter aus, der bereits im Vorverfahren bei Abgabe seines Gutachtens oder seines Berichtes als vorläufiger Insolvenzverwalter die Einsetzung eines vorläufigen Ausschusses empfiehlt und gleichzeitig auch Mitglieder vorschlägt, bei denen er vorher angefragt hat und die ihre Zustimmung zur Annahme des Amtes gegeben haben.

Muster eines Antrages auf Einsetzung eines vorläufigen Gläubigerausschusses:

»Ich empfehle, gleichzeitig mit Eröffnung des Insolvenzverfahrens einen vorläufigen Gläubigerausschuss bis zum Berichtstermin einzusetzen, und zwar mit folgenden Mitgliedern:

1. X-Bank AG
   Adresse
2. Manfred Mustermann
   Adresse
3. Michael Meier, Betriebsratsvorsitzender
   Adresssse

Begründung:

Im Rahmen des vorläufigen Insolvenzverfahrens hat sich ergeben, dass möglicherweise kurzfristig eine übertragende Sanierung notwendig sein wird, mit der nicht bis zum Berichtstermin gewartet werden kann. Weiterhin könnte kurzfristig ein günstiger Vergleich über eine Forderung abgeschlossen werden, durch den unbedingt benötigte liquide Mittel der Masse zufließen. Die als Gläubigerausschuss-Mitglied vorgesehene X-Bank AG ist der größte Gläubiger. Herr Manfred Mustermann ist ein Kleingläubiger. Herr Michael Meier ist Betriebsratsvorsitzender und damit Vertreter der Arbeitnehmer. Damit ist die von § 67 Abs. 2 InsO gewünschte Zusammensetzung des Ausschusses gewahrt. Alle drei Mitglieder haben mir gegenüber erklärt, dass sie das Amt annehmen würden ......

Unterschrift«

---

532 Vgl. aber FK-InsO/Hössel, § 67 Rdnr. 3.
533 S. o. Rdnr. 277 ff.

Kann der Betrieb im normalen Rahmen bis zum Berichtstermin fortgesetzt werden und sind keine Maßnahmen erforderlich, die eine Genehmigung nach § 160 InsO bedingen, dürfte ein vorläufiger Gläubigerausschuss nicht notwendig sein. Die Entscheidung der Gläubigerversammlung kann abgewartet werden.

§ 133 Nr. 2 KO hatte früher u. a. die Anhängigmachung oder Ablehnung der Aufnahme von Prozessen, den Abschluss von Vergleichen, die Anerkennung von Aussonderungs-, Absonderungs- oder Masseansprüchen (wenn es sich um einen Wertgegenstand von mehr als DM 300,- handelte) von der Genehmigung des Gläubigerausschusses abhängig gemacht. War kein Gläubigerausschuss bestellt, konnte der Verwalter allein handeln, ohne die Zustimmung der Gläubigerversammlung einzuholen. § 160 InsO zwingt den Verwalter aber nunmehr, entweder die Zustimmung des Gläubigerausschusses oder der Gläubigerversammlung einzuholen, wenn er generell Rechtshandlungen von besonderer Bedeutung vornehmen (§ 160 Abs. 1 Satz 1 InsO) oder wenn er einen Rechtsstreit mit erheblichem Streitwert anhängig machen oder aufnehmen, die Aufnahme eines solchen Rechtsstreits ablehnen oder zur Beilegung oder zur Vermeidung eines solchen Rechtsstreits einen Vergleich oder einen Schiedsvertrag abschließen möchte (§ 160 Abs. 2 Nr. 3 InsO). Es ist noch völlig umstritten, was Rechtshandlungen mit »besonderer Bedeutung« oder Rechtsstreite mit »erheblichem Streitwert« sind.[534]

293

Will der Insolvenzverwalter z. B. den gesamten Forderungseinzug einschließlich Mahnverfahren und außergerichtliche Einigung nicht bis zum Berichtstermin, also bis zu 3 Monaten nach Insolvenzeröffnung, auf Eis legen, muss er bei Gericht die Einsetzung eines vorläufigen Gläubigerausschusses beantragen. Die Debitoren sind in der Regel ein erheblicher Teil der Insolvenzmasse und fallen damit meist unter § 160 InsO. Gleiches gilt für Anfechtungsklagen, z. B. gegenüber Banken, die in den letzten 3 Monaten vor Insolvenzantrag Geldeingänge mit dem Sollsaldo verrechnet haben. Aufgrund der erweiterten Anfechtungsvorschriften sind diese Ansprüche oft wesentliche Teile der Insolvenzmasse.

294

Ist aber ein vorläufiger Gläubigerausschuss bestellt, dann hat dieser nicht nur die erwähnten Rechtshandlungen des Insolvenzverwalters zu genehmigen, sondern u. a. auch sämtliche Überweisungen des Verwalters vom Insolvenzkonto mitzuzeichnen. Davon kann nicht der Gläubigerausschuss, sondern nur die Gläubigerversammlung entbinden, § 149 Abs. 3 InsO.[535] Dies führt zu einer erheblichen Erschwerung bei der Abwicklung des Insolvenzverfahrens. Wird die Mitzeichnungspflicht ernst genommen, dann müsste

295

---
534 Vgl. nur HK-InsO/Flessner, § 160 Rdnr. 3 (10 % der Insolvenzmasse sind erheblich); Kübler/Prütting, Kommentar zur Insolvenzordnung, § 160 Rdnr. 17, 19 (Berücksichtigung verschiedener Faktoren; nachhaltiger wirtschaftlicher Einfluss); Nerlich/Römermann, a. a. O., § 160 Rdnr. 28 (5–10 % der Gesamtaktiva); FK-InsO/Wegener, § 160 Rdnr. 8 (10 % des Massevermögens sind nicht erheblich).
535 FK-InsO/Wegener, § 149 Rdnr. 11.

bei mittleren bis größeren Verfahren ein Mitglied des Gläubigerausschusses bis zum Berichtstermin erhebliche Zeit im Betrieb des Schuldners verbringen.[536]

296 Im Gläubigerausschuss sollen die absonderungsberechtigten Gläubiger, die Insolvenzgläubiger mit den höchsten Forderungen und die Kleingläubiger vertreten sein. Weiterhin soll ihm ein Vertreter der Arbeitnehmer angehören, wenn diese als Insolvenzgläubiger mit nicht unerheblichen Forderungen beteiligt sind. Auch Nicht-Gläubiger können zu Mitgliedern des Gläubigerausschusses bestellt werden (§ 67 Abs. 3 InsO). Insgesamt handelt es sich hierbei um eine Soll-Vorschrift. Weder das Insolvenzgericht, noch die Gläubigerversammlung muss sich bei der Wahl des endgültigen Gläubigerausschusses daran halten. Weicht das Insolvenzgericht von § 67 Abs. 2 InsO ab, sollte dies kurz begründet werden. Wirksamkeitsvoraussetzung ist dies nicht. Der Beschluss bedarf grundsätzlich keiner Begründung. In der Praxis sind Mitglieder eines vorläufigen oder endgültigen Gläubigerausschusses in kleineren Insolvenzverfahren oft nur schwer zu finden. Insbesondere interessieren sich Kleingläubiger in der Regel nicht für dieses Amt. Auch aus diesem Grunde sieht die Zusammensetzung eines Gläubigerausschusses oft anders aus als in § 67 Abs. 2 InsO vorgeschlagen.

Die im gerichtlichen Beschluss eingesetzten oder die von der Gläubigerversammlung gewählten Ausschussmitglieder müssen das Amt nicht annehmen. Es ist freiwillig. Für den Insolvenzverwalter empfiehlt es sich deshalb dringend, die Zustimmung der möglichen Mitglieder vorher einzuholen.

Hat ein Ausschussmitglied sein Amt angenommen, kann er es nicht ohne weiteres aufgeben. Nur das Insolvenzgericht kann ihn bei Darlegung eines wichtigen Grundes aus dem Amt entlassen. Ansonsten endet dieses durch zwangsweise Entlassung durch das Insolvenzgericht (§ 70 InsO), Tod des Mitgliedes oder Aufhebung des Insolvenzverfahrens (§ 259 Abs. 1 InsO).

Das Amt des vorläufigen Gläubigerausschusses endet mit dem Berichtstermin, wenn die Gläubigerversammlung diesen nicht bestätigt.[537] Nach dem Wortlaut von § 68 Abs. 1 Satz 2 InsO beschließt die Gläubigerversammlung, wenn das Insolvenzgericht bereits einen Gläubigerausschuss eingesetzt hatte, »ob dieser beibehalten werden soll«. Aus dieser Formulierung ist nicht klar zu entnehmen, wie die Rechtslage ist, wenn im Berichtstermin kein Gläubiger erscheint und somit kein Beschluss gefasst werden kann.[538] Es sollte deshalb bei Einsetzung des vorläufigen Gläubigerausschusses darauf geachtet werden, dass dieser nur »bis zum Berichtstermin« bestellt wird.[539]

---

536 S. o. Rdnr. 230 ff.
537 Vgl. FK-InsO/Hössel, § 67 Rdnr. 6.
538 S. zu diesen Problemen Ehricke, NZI 2000, 57.
539 S. Muster oben Rdnr. 292.

b) Endgültiger Gläubigerausschuss

Die Einsetzung des endgültigen Gläubigerausschusses hat die Gläubigerversammlung zu beschließen. Dies muss nicht bereits im Berichtstermin sein, sondern kann auch auf einer späteren Gläubigerversammlung beschlossen werden. Hat das Insolvenzgericht einen vorläufigen Gläubigerausschuss eingesetzt, entscheidet die Gläubigerversammlung über die Beibehaltung. Sie kann auch vom Insolvenzgericht bestellte Mitglieder abwählen und andere oder zusätzliche Mitglieder wählen. Gläubigerausschussmitglieder müssen nicht Gläubiger sein. § 67 Abs. 3 InsO gilt auch für den endgültigen Gläubigerausschuss.

297

Die Gläubigerversammlung muss sich nicht an die in § 67 Abs. 2 InsO vorgesehene Zusammensetzung des Ausschusses halten. Es handelt sich lediglich um eine Soll-Vorschrift. Die Gläubigerversammlung muss einen abweichenden Beschluss auch nicht begründen. In Grenzfällen kann ein Gläubigerausschussmitglied vom Insolvenzgericht aus wichtigem Grund von Amts wegen entlassen werden (§ 70 InsO). Der Gläubigerausschuss kann auch nur aus einem Mitglied bestehen, das dann alle Rechte und Pflichten allein auszuüben bzw. zu erfüllen hat.

298

Aufgabe des Gläubigerausschusses ist die Unterstützung und Überwachung des Insolvenzverwalters. Zur Erfüllung dieser Aufgabe muss sich der Ausschuss über den Gang der Geschäfte unterrichten sowie die Bücher und Geschäftspapiere einsehen und den Geldverkehr und -bestand prüfen lassen (§ 69 InsO). Bei schwierigen Entscheidungen über Betriebsfortführung oder Stilllegung, Aufnahme von Prozessen und Abschluss von Vergleichen kann der Sachverstand des Gläubigerausschusses eine große Hilfe für den Insolvenzverwalter sein. Andererseits hat der Ausschuss ihn bei der Abwicklung seiner Geschäfte, insbesondere beim Geldverkehr zu überwachen. Er kann selbst bestimmen, in welchen zeitlichen Abständen Bücher und Geschäftspapiere eingesehen und der Geldverkehr geprüft wird. Unter Bücher und Geschäftspapiere sind die des Insolvenzverwalters und nicht des Schuldners zu verstehen. Der Ausschuss hat nicht das Recht, vom Insolvenzverwalter die Vorlage von Geschäftspapieren des Schuldners zu verlangen.[540]

299

Der Gläubigerausschuss kann dem Insolvenzverwalter auch keine Weisungen erteilen. Hat er Beanstandungen, die der Insolvenzverwalter nicht ausräumen kann oder möchte, muss er diese dem Insolvenzgericht mitteilen. Nur das Gericht kann dem Verwalter im Wege der Rechtsaufsicht Weisungen erteilen, die sich allerdings ebenfalls nicht auf die fachliche Abwicklung des Insolvenzverfahrens beziehen dürfen (vgl. § 58 InsO). Als letztes Mittel bleibt dann nur die Entlassung des Insolvenzverwalters nach § 59 InsO aus wichtigem Grunde, entweder von Amts wegen oder auf Antrag des Gläubigerausschusses oder der Gläubigerversammlung (§ 59 InsO).

300

---

540 Vgl. FK-InsO/Hössel, § 69 Rdnr. 3.

301 Bei den Aufgaben des Gläubigerausschusses nach § 69 InsO ist insbesondere das Mitzeichnungsrecht und die Mitzeichnungspflicht eines Mitgliedes des Gläubigerausschusses nach § 149 Abs. 2 InsO zu beachten. Danach sind Anweisungen des Verwalters auf eine Stelle, bei der z. B. Geld angelegt ist, nur gültig, wenn ein Mitglied des Gläubigerausschusses sie mitunterzeichnet hat. Dies bedeutet in der Praxis, dass jede Überweisung des Insolvenzverwalters vom Insolvenzkonto und jede Abhebung z. B. für die Kasse, also der gesamte Bankverkehr von einem Mitglied des Gläubigerausschusses mitunterzeichnet werden muss. Die alleinige Unterzeichnung durch den Insolvenzverwalter ist nicht wirksam. Beachtet die Bank § 149 InsO nicht, wird Geld durch den Insolvenzverwalter zweckwidrig verwendet und entsteht dadurch ein Schaden, muss die Hinterlegungsstelle, also die Bank dafür haften.[541]

Von dieser Mitzeichnungspflicht kann nicht der Gläubigerausschuss selbst,[542] sondern nur die Gläubigerversammlung gem. § 149 Abs. 3 InsO entbinden. Insbesondere bei Betriebsfortführungen führt die Mitzeichnungspflicht eines Mitgliedes des Gläubigerausschusses zu erheblichen zeitlichen Verzögerungen und zu einem stark erhöhten Arbeitsaufwand. Der Insolvenzverwalter sollte deshalb im Berichtstermin/Gläubigerversammlung, wenn ein Gläubigerausschuss gewählt wird, unbedingt anregen, dass die Gläubigerversammlung ihn gem. § 149 Abs. 3 InsO von der Mitzeichnungspflicht entbindet. Weil § 149 InsO eine unpraktikable Vorschrift ist,[543] folgte die Gläubigerversammlung in aller Regel auch bisher schon dieser Anregung des Insolvenzverwalters.

302 Die einzelnen Aufgaben des Gläubigerausschusses sind in der Insolvenzordnung konkret bestimmt, s. z. B. § 160 InsO.[544]

3. Berichtstermin/Gläubigerversammlung (§ 156 InsO)

a) Berichtspflichten

303 § 29 Abs. 1 Nr. 1 InsO definiert den Berichtstermin als eine Gläubigerversammlung, in der auf der Grundlage eines Berichts des Insolvenzverwalters über den Fortgang des Insolvenzverfahrens beschlossen wird. § 156 Abs. 1 InsO beschreibt den Inhalt dieses Berichtes näher. Danach hat der Insolvenzverwalter über die wirtschaftliche Lage des Schuldners und ihre Ursachen zu berichten. Er hat insbesondere darzulegen, ob Aussichten bestehen, das Unternehmen des Schuldners im Ganzen oder in Teilen zu erhalten, welche Möglichkeiten für einen Insolvenzplan bestehen und welche Auswir-

---

541 Vgl. FK-InsO/Wegener, § 159 Rdnr. 7; zur KO: BGH NJW 1992, 869; Kuhn/Uhlenbruck, a. a. O., § 137 Rdnr. 3.
542 Zu den Problemen einer Betriebsfortführung zwischen Insolvenzeröffnung und Berichtstermin, wenn ein vorläufiger Gläubigerausschuss bestellt ist, s. o. Rdnr. 291 ff.
543 S. schon § 137 KO.
544 Zur Aufzählung der einzelnen Aufgaben s. FK-InsO/Hössel, § 69 Rdnr. 8.

kungen jeweils für die Befriedigung der Gläubiger eintreten würden. Schon diese Vorgaben für den Inhalt des Berichtes zeigen, dass der Gesetzgeber davon ausgeht, dass das Unternehmen zum Zeitpunkt des Berichtstermines noch fortgeführt wird. Der Insolvenzverwalter hat die Aussichten für eine Erhaltung des Unternehmens im Ganzen oder in Teilen darzulegen. Wie in anderen Vorschriften,[545] geht auch hier die Insolvenzordnung von Ausnahmefällen aus. Mindestens drei Viertel aller Unternehmen sind bereits im Zeitpunkt des Insolvenzantrages oder werden mit diesem Antrag eingestellt. Der Anteil der stillgelegten Betriebe erhöht sich noch einmal erheblich, wenn man als Stichtag den Berichtstermin nimmt. In all diesen Fällen, in denen die Kunden des Schuldners ihre Aufträge bereits storniert und andere Vertragspartner beauftragt haben, die meisten Arbeitnehmer gekündigt wurden oder selbst gekündigt und die Banken die Kredite fällig gestellt haben, reduziert sich der Inhalt des Berichtes nach § 156 InsO auf die Darlegung der wirtschaftlichen Lage des Schuldners und ihrer Ursachen und die Erklärung, dass das Unternehmen des Schuldners weder im Ganzen noch in Teilen zu erhalten ist, weil der Geschäftsbetrieb bereits bei Insolvenzantrag eingestellt war.

304 Soweit das Unternehmen im Insolvenzantragsverfahren noch fortgeführt werden konnte, kristallisiert sich mitunter nach Verhandlungen mit mehreren Unternehmen ein Interessent heraus, der die schuldnerische Firma im Wege eines Betriebs- oder Teilbetriebsüberganges übernimmt. Um Schaden von der Insolvenzmasse und damit von den Gläubigern abzuwenden, ist des Öfteren eine Fortführung über die Insolvenzeröffnung hinaus bis zum Berichtstermin nicht mehr möglich und vor allem von dem übernehmenden Unternehmen nicht gewünscht. In diesen Fällen muss unmittelbar nach Insolvenzeröffnung mit Zustimmung eines vorläufigen Gläubigerausschusses die Übertragung des Betriebes bzw. der entsprechenden Vermögenswerte erfolgen. Im Bericht nach § 156 InsO muss dann allerdings im Einzelnen dargelegt werden, warum eine Fortführung des Betriebes bis zum Berichtstermin und bis zur Entscheidung der Gläubigerversammlung entgegen §§ 156 ff. InsO nicht mehr möglich war.

Sollte dagegen eine Fortführung des Unternehmens bis zum Berichtstermin erfolgen können, hat der Insolvenzverwalter die volle Berichtspflicht nach § 156 Abs. 1 InsO und die Gläubiger alle Möglichkeiten von der Stilllegung über die Fortführung bis zu sämtlichen Varianten eines Insolvenzplanes.

305 Die Gläubigerversammlung kann den Verwalter beauftragen, einen Insolvenzplan auszuarbeiten und ihm dabei das Ziel des Planes vorgeben (§ 157 Satz 2 InsO). In der Regel wird ein Insolvenzplan aber nur dann Erfolg haben, wenn er bereits im Berichtstermin vorliegt und die Beteiligten (Schuldner, Insolvenzverwalter und Gläubigerausschuss) dem Plan zustimmen. Wenn der Schuldner selbst der Fortführung seines Unternehmens eine Chance gibt, sollte der Insolvenzplan als Vorschlag bereits bei Insolvenzan-

---

545 S. § 151 Abs. 2 Satz 2 InsO und oben Rdnr. 283.

trag eingereicht oder spätestens zusammen mit dem vorläufigen Insolvenzverwalter erstellt werden. Der Auftrag an den Insolvenzverwalter erst im Berichtstermin wird kaum die erforderliche Mehrheit der Gläubiger erhalten und wird auch letztlich keinen Erfolg haben, weil die Kunden, Lieferanten und zumindest die guten Arbeitnehmer die Ungewissheit über das zukünftige Schicksal des schuldnerischen Unternehmens nicht monatelang hinnehmen wollen und können. Der vielgerühmte Insolvenzplan führte bisher und wird auch in Zukunft – ebenso wie das Vergleichsverfahren und der Zwangsvergleich zu Zeiten der Konkursordnung – ein Schattendasein führen.

b) Beschlussfähigkeit

306 Die Beschlussfähigkeit der Gläubigerversammlung ist in der Insolvenzordnung nicht ausdrücklich geregelt und damit auch nicht, wie viele Gläubiger mindestens in der Versammlung anwesend sein müssen. Daraus muss geschlossen werden, dass die von der Insolvenzordnung stark geförderte Gläubigerautonomie für die Gläubiger nicht nur das Recht beinhaltet, das Verfahren zu lenken, sondern auch die Möglichkeit, diese Rechte nicht in Anspruch zu nehmen.[546] In § 56 Abs. 2 InsO ist lediglich geregelt, wie ein Beschluss der Gläubigerversammlung zustande kommt, wenn mehrere Gläubiger anwesend sind und diese nicht einheitlich abstimmen. Diese Vorschrift bezieht sich aber nicht auf die Situation, dass kein Gläubiger an der Versammlung teilnimmt.

307 Beschließt die Gläubigerversammlung mit der entsprechenden Mehrheit nach § 76 Abs. 2 InsO die Stilllegung oder die Fortführung, dann ist der Insolvenzverwalter daran gebunden.

Zu den Grenzen einer solchen Bindung, s. oben Rdnr. 284.

308 Ist kein Gläubiger anwesend, kann die Gläubigerversammlung keinen Beschluss fassen, sie ist beschlussunfähig.[547] Es ist bestritten, ob und ggf. inwieweit das Insolvenzgericht die nicht wahrgenommenen Rechte der Gläubigerversammlung durch eigene Beschlüsse ersetzen kann.[548] Die Insolvenzordnung sieht eine solche ersatzweise Befugnis nicht vor. Sie grenzt die Kompetenzen zwischen den Gläubigerorganen und dem Insolvenzgericht ansonsten klar ab. Das Gericht hat eine verfahrensleitende (z. B. §§ 29, 76 InsO) und eine rechtsaufsichtliche (z. B. §§ 58, 59, 70, 78 InsO) Funktion, während die Organe der Gläubiger wirtschaftliche Entscheidungen treffen, ob z. B. das Unternehmen des Schuldners stillgelegt oder fortgeführt wird (§ 157 InsO) oder ob ein Grundstück versteigert oder freihändig verkauft wird (§ 160 Abs. 2 Nr. 1 InsO). Es gibt in der Insolvenzordnung keinen Anhaltspunkt, dass diese strikte Trennung, die auf dem Prinzip der Gläubiger-

---

546 Vgl. Ehricke, NZI 2000, 57, 58.
547 Vgl. Ehricke, NZI 2000, 57, 60.
548 Vgl. Ehricke, NZI 2000, 57, 60; Pape, Rpfl. 1993, 430.

Bruder

autonomie fußt, dann durchbrochen werden kann, wenn sich die Gläubiger nicht um »ihr« Verfahren kümmern.[549]

Auch aus der Sicht der Praxis ist es nicht erforderlich, dass das Gericht in die konkrete Abwicklung des schuldnerischen Unternehmens und damit in wirtschaftliche Ermessensentscheidungen des Insolvenzverwalters eingreift. Nehmen die Gläubiger ihre Rechte nicht wahr, liegt darin ein Verzicht auf diese Rechte.[550] Es bleibt bei der wirtschaftlichen Entscheidungskompetenz des Insolvenzverwalters. Er kann das Unternehmen stilllegen, aber auch fortführen, wenn er der Ansicht ist, dass sich dieses in absehbarer Zeit veräußern lässt. Er ist nicht zur unverzüglichen Verwertung verpflichtet.[551] Die Folge einer falschen, für die Gläubiger finanziell nachteiligen Entscheidung, ist die Verpflichtung des Insolvenzverwalter zum Schadensersatz nach § 60 InsO oder im Extremfall die Entlassung aus dem Amt aus wichtigem Grund durch das Insolvenzgericht nach § 59 InsO.

4. Notwendigkeit von Zustimmungen (§ 160 InsO)

a) Allgemeines

Die Insolvenzordnung hat die zustimmungspflichtigen Geschäfte offenbar unter dem Blickwinkel einer gestärkten Gläubigerautonomie wesentlich erweitert. Der Konkursverwalter musste die Genehmigung nach § 133 KO nur dann einholen, wenn ein Gläubigerausschuss bestellt war. Ohne einen solchen Ausschuss konnte er somit Prozesse anhängig machen, Vergleiche schließen, Aussonderungs-, Absonderungs-, oder Masseansprüche in eigener Verantwortung anerkennen. Nur in besonders wichtigen Fällen, wie z. B. dem freihändigen Verkauf eines Grundstücks, der Veräußerung des Geschäftes oder des Warenlagers im Ganzen und einer Darlehensaufnahme musste entweder der Gläubigerausschuss oder die Gläubigerversammlung gefragt werden (§ 134 KO). Die Insolvenzordnung trifft diese Unterscheidung nicht mehr. Nach § 160 InsO hat der Insolvenzverwalter für Rechtshandlungen, die für das Insolvenzverfahren von besonderer Bedeutung sind, grundsätzlich die Zustimmung einzuholen, entweder des Gläubigerausschusses, oder wenn ein solcher nicht bestellt ist, der Gläubigerversammlung. Daneben ist noch auf die Mitzeichnungspflicht eines Mitgliedes des Gläubigerausschusses nach § 149 Abs. 2 Satz 2 InsO hinzuweisen. Dieses System von Zustimmungen macht das Insolvenzverfahren erheblich schwerfälliger als ein Konkursverfahren. Dazu kommen noch die unbestimmten Rechtsbegriffe in § 160 InsO »besondere Bedeutung«, »erheblich belasten« und »erheblicher Streitwert«.

309

---

549 Ebenso Ehricke, NZI 2000, 57, 61; vgl. auch FK-InsO/Wegener, § 158 Rdnr. 4.
550 Vgl. auch zur KO: Kuhn/Uhlenbruck, a. a. O., § 94 Rdnr. 2.
551 A. A. FK-InsO/Wegener, § 159 Rdnr. 2.

b) Rechtshandlungen von besonderer Bedeutung

310 Die Generalklausel in § 160 Abs. 1 InsO unterwirft alle Rechtshandlungen, die für das Insolvenzverfahren von besonderer Bedeutung sind, der Zustimmung des Gläubigerausschusses oder der Gläubigerversammlung. Die Definition der »besonderen Bedeutung« wäre für die Praxis von großer Wichtigkeit, gelingt aber bisher in keiner Weise. Der Begründung des Regierungsentwurfes ist außer dem Hinweis, dass die Bestimmung im Grundsatz der Konkursordnung entspreche, nichts zu entnehmen.[552] Die vom Regierungsentwurf gepriesene neue Flexibilität[553] bei den zustimmungsbedürftigen Rechtshandlungen bedingt entweder eine unerträgliche Schwerfälligkeit oder eine unerträgliche Unsicherheit für Insolvenzverwalter, Gläubigerausschuss, Gläubiger und Insolvenzgericht.[554] Die bisherigen Deutungen bringen dem Insolvenzverwalter Steine, statt Brot.

Wenn Rechtshandlungen von besonderer Bedeutung dann vorliegen, wenn »sie Einfluss auf den Bestand der Masse haben oder nicht unerhebliche Risiken der Inanspruchnahme nach sich ziehen könnten«,[555] dann wird hier ein unbestimmter Rechtsbegriff durch zwei andere ersetzt, die in gleicher Weise nicht praktikabel sind. Jegliche Verpflichtung, die der Insolvenzverwalter eingeht, hat Einfluss auf den Bestand der Masse. Wenn für die besondere Bedeutsamkeit die Kriterien maßgebend sein sollen, die gem. § 233 InsO für die Aussetzung der Verwertung nach der Vorprüfung eines Insolvenzplanes einschlägig sind,[556] dann sind ebenfalls keine konkreten Anhaltspunkte ersichtlich, die einem Insolvenzverwalter weiterhelfen könnten.

Die Faustregel, dass besonders bedeutsam erst solche Geschäfte sind, die mindestens 10 % der Insolvenzmasse betreffen,[557] ist sicherlich griffig. Wie aber kann der Insolvenzverwalter zu Anfang des Verfahrens wissen, wie groß seine Insolvenzmasse ist? Bedarf in den vielen Kleinverfahren mit zum Teil nur bis zu € 25.000,– Masse (oder auch weniger) ein Inkassoprozess über € 2.500,– wirklich der Zustimmung der Gläubigerversammlung oder sogar der Bestellung eines Gläubigerausschusses?

---

552 BegrRegE in Kübler/Prütting, Das neue Insolvenzrecht, S. 383; Man hat aufgrund des dortigen Textes den Eindruck, es sei übersehen worden, dass die Konkursordnung Rechtshandlungen kannte, die nur zustimmungspflichtig waren, wenn ein Gläubigerausschuss bestand: »Alle besonders aufgezählten Rechtshandlungen sind für das Verfahren so wichtig, dass es gerechtfertigt ist, bei Fehlen eines Gläubigerausschusses die Zustimmung der Gläubigerversammlung zu verlangen.«
553 BegrRegE, a. a. O.
554 Vgl. FK-InsO/Wegener, § 160 Rdnr. 2.
555 FK-InsO/Wegener, § 160 Rdnr. 3; vgl. auch Kübler/Prütting, Kommentar zur Insolvenzordnung, § 160 Rdnr. 17, 19.
556 HK-InsO/Flessner, § 160 Rdnr. 3.
557 Haarmeyer/Wutzke/Förster, a. a. O., S. 491; a. A. FK-InsO/Wegener, § 160 Rdnr. 8; vgl. Nerlich/Römermann, a. a. O., § 160 Rdnr. 28 (5–10 %).

Eine einigermaßen praktikable Definition der Rechtshandlungen von besonderer Bedeutung ist nicht in Sicht. Der im Augenblick einzig sinnvolle Weg für den Insolvenzverwalter dürfte damit sein, sich im Berichtstermin von der Gläubigerversammlung im Voraus eine generelle Zustimmung für bestimmte Gruppen von zustimmungsbedürftigen Handlungen geben zu lassen.

c) Einzelfälle

Zustimmungsbedürftig sind insbesondere – wie auch schon in § 134 Nr. 1 KO – die Veräußerung des Unternehmens oder eines Betriebes oder des Warenlagers im Ganzen. Dies gilt auch für Betriebsteile und für Unternehmensbeteiligungen im Sinne von § 271 Abs. 1 HGB, also bei einem Anteil von mehr als 20 %. All dies sind ohne Zweifel besonders bedeutsame Rechtshandlungen. 311

Auch der freihändige Verkauf von Immobilien bedarf der Zustimmung. Die Zwangsversteigerung nach §§ 172 ff. ZVG und auch die private, aber öffentliche Versteigerung (s. § 383 Abs. 3 BGB) sind nicht zustimmungsbedürftig.[558] 312

Nach § 160 Abs. 2 Nr. 2 InsO bedürfen Darlehen, die die Insolvenzmasse erheblich belasten, der Zustimmung. 10 % des Massevermögens sollen noch nicht erheblich sein.[559] Auch hier besteht wieder das Problem festzustellen, wie hoch das Massevermögen letztlich ist. Nachdem Massedarlehen kein normales Geschäft bei der Abwicklung von Insolvenzen sind, ist die Messlatte vermutlich niedriger anzulegen, als z. B. bei der Anhängigmachung von Rechsstreiten. Es muss dem Verwalter empfohlen werden, Massedarlehen grundsätzlich genehmigen zu lassen.[560] 313

Der Zustimmung bedürfen schließlich nach § 160 Abs. 2 Nr. 3 InsO die Einreichung von Klagen mit erheblichem Streitwert, die Aufnahme oder Ablehnung solcher Rechtsstreite und jegliche, also auch außergerichtliche, Vergleiche. Schließlich fällt hierunter wohl noch der relativ seltene Fall des Abschlusses eines Schiedsvertrages. 314

Zum Teil wird eine Definition des »erheblichen Streitwertes« gar nicht erst versucht,[561] zum Teil wird auf die Ausführungen zur Auslegung des Begriffes »besonders bedeutsame Rechtshandlungen«[562] verwiesen. Auch hier werden also der Insolvenzverwalter, der Gläubigerausschuss und die Gläubiger allein gelassen. Ein praktikabler Weg für den Insolvenzverwalter kann wiederum nur sein, sich im Berichtstermin von der Gläubigerversammlung im Voraus die abstrakte Zustimmung zu Rechtshandlungen nach § 160

---

558 Vgl. HK-InsO/Flessner, § 160 Rdnr. 6.
559 Vgl. FK-InsO/Wegener, § 160 Rdnr. 7.
560 Vgl. FK-InsO/Wegener, a. a. O.
561 Vgl. FK-InsO/Wegener, § 160 Rdnr. 8.
562 Vgl. HK-InsO/Flessner, § 160 Rdnr. 9.

Abs. 2 Ziff. 3 InsO – ggf. bis zu einem zahlenmäßig ausgedrückten bestimmten Streitwert – geben zu lassen.

d) Wirkung der Zustimmung

315 Das Gesetz verwendet den Begriff »Zustimmung«, worunter nach den Legaldefinitionen in §§ 183, 184 BGB sowohl die vorherige Zustimmung (Einwilligung), als auch die nachträgliche Zustimmung (Genehmigung) verstanden werden kann. Aus dem weiteren Text von § 160 InsO ist aber eindeutig zu entnehmen, dass hier die vorherige Zustimmung, also die Einwilligung gemeint ist.[563]

Der Insolvenzverwalter soll erst die Einwilligung des Gläubigerausschusses oder der Gläubigerversammlung einholen und dann die zustimmungspflichtigen Rechtsgeschäfte vornehmen. Holt der Insolvenzverwalter die notwendigen Zustimmungen nicht ein, so sind die abgeschlossenen Geschäfte dennoch in vollem Umfange wirksam. § 164 InsO legt ausdrücklich zum Schutze Dritter fest, dass ein Verstoß gegen die Verpflichtung im Innenverhältnis keine Außenwirkung hat. Es kann sich weder der Dritte, noch der Insolvenzverwalter selbst auf die fehlende Zustimmung berufen, wenn das Geschäft ohne Bedingung abgeschlossen wurde.[564]

316 Bei Missachtung der Zustimmungspflicht setzt sich aber der Insolvenzverwalter ggf. Sanktionen durch das Insolvenzgericht aus, die über die Androhung von Zwangsgeld (§ 58 Abs. 2 InsO) bis zur Entlassung (§ 59 InsO) führen können. Eine Verletzung von § 160 InsO macht den Insolvenzverwalter nicht automatisch schadensersatzpflichtig. Umgekehrt befreit ihn die Einwilligung des Gläubigerausschusses oder der Gläubigerversammlung nicht von seiner eigenen Sorgfaltspflicht.[565] Der Insolvenzverwalter ist – mit oder ohne Einwilligung des Gläubigerausschusses – schadensersatzpflichtig, wenn er insolvenzspezifische Pflichten verletzt hat und dadurch ein Schaden entstanden ist (vgl. § 60 Abs. 1 InsO).

317 Um der Schwerfälligkeit der Neuregelung in § 160 InsO zu begegnen, hat der Insolvenzverwalter mehrere Möglichkeiten:

- Dringend zu empfehlen ist, dass der Insolvenzverwalter im Berichtstermin den Antrag stellt, die Gläubigerversammlung möge für bestimmte Gruppen von Handlungen im Voraus die generelle Zustimmung geben. Insbesondere sollte sich dies auf § 160 Abs. 2 Nr. 3 InsO beziehen.

> **Muster eines Beschlusses der Gläubigerversammlung zu § 160 Abs. 2 Nr. 3 InsO:**
>
> »Die Gläubigerversammlung stimmt Maßnahmen nach § 160 Abs. 2 Nr. 3 InsO zu. Sie erklärt ihre Einwilligung, dass der Insolvenzverwal-

---

563 Ebenso FK-InsO/Wegener, § 160 Rdnr. 12.
564 Vgl. zur KO: Kuhn/Uhlenbruck, a. a. O., § 136 m. w. N.
565 Vgl. BGH ZIP 1985, 423.

> ter Rechtsstreite mit erheblichem Streitwert anhängig macht oder aufnimmt, die Aufnahme eines solchen Rechtsstreits ablehnt oder zur Beilegung oder zur Vermeidung eines solchen Rechtsstreits ein Vergleich oder ein Schiedsvertrag geschlossen wird.«

- Dieser Beschluss kann variiert und die Einwilligung ggf. nur bis zu einem bestimmten Streitwert erklärt werden. Gleiches gilt für den freihändigen Verkauf eines Grundstückes. Hier sollte sich die Zustimmung konkret auf das oder die vorhandenen Grundstücke beziehen. Schon zur Konkursordnung hatte die Gläubigerversammlung in der Regel die generelle Zustimmung zum freihändigen Verkauf der vorhandenen Immobilien gegeben, weil bei einer Versteigerung in der Regel geringere Erlöse erzielt werden.

- Müssen Verträge kurzfristig abgeschlossen und vor allem die Vertragspartner gebunden werden, sollte der Insolvenzverwalter die Vereinbarung unter dem Vorbehalt der Zustimmung des Gläubigerausschusses oder der Gläubigerversammlung abschließen.

Alle diese Maßnahmen setzen natürlich voraus, dass in der Gläubigerversammlung, soweit kein Gläubigerausschuss besteht, auch ein Gläubiger erscheint, der dann seine Zustimmung geben kann. Aufgrund des äußerst geringen Interesses der Gläubiger, insbesondere in kleineren Insolvenzverfahren sollte der Verwalter einen oder zwei Gläubiger konkret ansprechen und diese um ein Erscheinen in der Gläubigerversammlung bitten. Erscheint trotzdem kein Gläubiger, dann stellt sich die Frage, wie das Nichterscheinen und damit das Desinteresse von Gläubigern im Rahmen von § 160 InsO zu werten ist.

318

Ausgangspunkt ist, dass dem Insolvenzverwalter die wirtschaftliche Verwertung der Insolvenmasse obliegt (vgl. § 159 InsO). Im Außenverhältnis sind seine Handlungen Dritten gegenüber wirksam (§ 164 InsO). Im Innenverhältnis muss er sich bei bestimmten Entscheidungen nach dem Willen des Gläubigerausschusses oder der Gläubigerversammlung richten. Wenn aber die Gläubiger ihre Rechte in den ihnen zur Verfügung stehenden Organen nicht wahrnehmen, so bleibt es bei der wirtschaftlichen Entscheidungskompetenz des Verwalters.[566] Das Gericht hat hier – anstelle der Gläubiger – keinerlei Kompetenz, weil ihm lediglich formelle Leitungsbefugnisse (z.B §§ 29, 76 InsO) und Aufsichtsrechte (z.B. §§ 58, 59 InsO) zustehen.[567] Das Schweigen der Gläubiger auf entsprechende Vorschläge bzw. Anträge nach § 160 InsO des Insolvenzverwalters ist dann als Verzicht auf ihre Mitwirkungsrechte zu werten, durch den der Verwalter von seinen Pflichten nach § 160 InsO befreit wird.[568] Die Gläubiger können nicht mehr geltend machen, der Insolvenzverwalter habe dadurch gegen die Insolvenzordnung

---

566 S. Ehricke, NZI 2000, 57, 61.
567 S. auch oben Rdnr. 308.
568 Ebenso Ehricke, a. a. O.; Kübler/Prütting, a. a. O., § 76 Rdnr. 23.

verstoßen, dass er die Zustimmung der Gläubigerversammlung nicht eingeholt habe.[569]

III. Der Insolvenzverwalter als Masseverwerter (§ 159 InsO)

1. Begriff der Verwertung

319 Nach § 159 InsO hat der Insolvenzverwalter nach dem Berichtstermin unverzüglich das zur Insolvenzmasse gehörende Vermögen zu verwerten, soweit die Beschlüsse der Gläubigerversammlung nicht entgegenstehen. Verwertung ist Haftungsverwirklichung zugunsten der Gläubiger, nämlich aus der Insolvenzmasse einen Geldbetrag zu erlösen, der an die Gläubiger gem. § 187 Abs. 2 InsO verteilt werden kann.[570] Mag es im Interesse aller Beteiligten liegen, das Unternehmen nicht zu zerschlagen, sondern fortzuführen und damit den Wert zu erhalten, so bleibt für die Gläubiger letztlich immer das Ziel, ihre Forderungen aus dem Vermögen des Schuldners in möglichst großem Umfange zu befriedigen. Sie können sich die nach ihrer Ansicht optimale Verwertung heraussuchen, sei es Sanierung, Fortführung oder Zerschlagung. Gerade die Insolvenzordnung hat diese Gläubigerautonomie noch gestärkt und der Gläubigerversammlung im Berichtstermin die alleinige Entscheidung überlassen, ob das Unternehmen des Schuldners stillgelegt oder vorläufig fortgeführt werden soll (§ 157 InsO). Mit der Insolvenzeröffnung wandelt sich die Funktion des schuldnerischen Vermögens. Uhlenbruck[571] formuliert dies zur Konkursordnung sehr griffig: »Aus dem bisher werbenden Unternehmen wird haftendes Vermögen«. Dies gilt zur Insolvenzordnung in gleicher Weise. Die Gläubiger haben keine Verpflichtung, auf die Erhaltung von Arbeitsplätzen oder allgemein auf gesamtwirtschaftliche Interessen Rücksicht zu nehmen.

320 Die Grenzen ihrer Entscheidungsmacht sind durch die Insolvenzordnung festgelegt. Der Schuldner hat nach § 161 InsO ein Recht über zustimmungspflichtige Maßnahmen des Insolvenzverwalters nach § 160 InsO informiert zu werden und kann eine solche Rechtshandlung durch das Insolvenzgericht vorläufig untersagen lassen, auch aber nur solange, bis eine darauf hin einberufene Gläubigerversammlung die Vornahme beschließt. Sogar eine Betriebsveräußerung unter Wert kann der Schuldner und eine Minderheit von Gläubigern nach § 163 InsO nur verzögern, aber nicht verhindern. Selbst wenn der Schuldner oder die Gläubigerminderheit glaubhaft macht, dass eine Veräußerung an einen anderen Erwerber für die Insolvenzmasse

---

569 Ehricke, a. a. O.; Kübler/Prütting, a. a. O.; Pape, Rpfl 1993, 430, 432.
570 Vgl. HK-InsO/Flessner, § 159 Rdnr. 2.
571 Kuhn/Uhlenbruck, a. a. O., § 117 Rdnr. 11 b.

günstiger wäre, kann der Insolvenzverwalter die geplante Veräußerung des Unternehmens mit Zustimmung der daraufhin einberufenen Gläubigerversammlung vornehmen. Nicht der Schuldner, aber jeder nicht nachrangige Gläubiger und der Insolvenzverwalter können beim Insolvenzgericht beantragen, diesen Beschluss der Gläubigerversammlung aufzuheben, weil er dem gemeinsamen Interesse aller Insolvenzgläubiger widerspricht (§ 78 Abs. 1 InsO). Das gemeinsame Interesse der Gläubiger ist auf eine möglichst weit gehende Befriedigung gerichtet.[572] Kann also der Antragsteller objektiv begründen, dass eine Veräußerung an einen anderen Erwerber für die Insolvenzmasse günstiger sein würde, könnte der Beschluss aufgehoben werden. Gegen den gerichtlichen Beschluss ist wiederum sofortige Beschwerde zulässig (§ 78 Abs. 2 InsO).

Diese Bestimmung dient aber nicht dem Schuldnerschutz, sondern soll lediglich dem Missbrauch einer Mehrheit in der Gläubigerversammlung entgegenwirken. Der Schuldner selbst hat im Rahmen von § 78 InsO weder ein Antrags- noch ein Beschwerderecht. Die Gläubiger entscheiden unter sich über die Verwertung des schuldnerischen Vermögens.

Es gibt eine Vielzahl von Verwertungsmöglichkeiten, von denen hier nur einige herausgegriffen werden sollen.

a) Insolvenzplan

Auch der Insolvenzplan nach §§ 217 ff. InsO ist Verwertung im Sinne der Insolvenzordnung. In einem solchen Plan wird »die Verwertung der Insolvenzmasse und deren Verteilung an die Beteiligten« geregelt (§ 217 InsO). Im Gegensatz zur Verwertung im Sinne von § 159 InsO, die nach den Vorschriften der Insolvenzordnung zu erfolgen hat, kann die Befriedigung der absonderungsberechtigten Gläubiger, der Insolvenzgläubiger, die Verwertung der Insolvenzmasse und deren Verteilung sowie die Haftung des Schuldners nach der Beendigung des Insolvenzverfahrens abweichend von den Regeln der Insolvenzordnung festgelegt werden. Ein solcher Plan kann eine Sanierung des Schuldners mit anschließender Gläubigerbefriedigung aus laufenden Erträgen des schuldnerischen Unternehmens ebenso vorsehen, wie eine vorläufige Fortführung mit anschließender übertragender Sanierung oder eine sofortige Zerschlagung und Veräußerung. Die Gläubiger sind an keine Verwertungs- oder Verteilungsregelungen der Insolvenzordnung gebunden.

b) Fortführung mit übertragender Sanierung

Während eine Eigensanierung mit einer Gläubigerquote aus künftigen Erträgen (ähnlich der Vergleichsquote im Rahmen des früheren Vergleichsverfahrens) die absolute Ausnahme und nur im Rahmen eines Insolvenzplanes möglich ist, stellt die übertragende Sanierung einen weitaus häufigeren Fall

---

572 Vgl. HK-InsO/Eickmann, § 78 Rdnr. 2.

der Verwertung einer Insolvenzmasse dar und bedarf nicht notwendigerweise des komplizierten Insolvenzplanverfahrens. Schon der vorläufige Insolvenzverwalter kann in der Regel feststellen, ob und ggf. wie lange das schuldnerische Unternehmen noch fortgeführt werden kann und ob Interessenten für die Übernahme des Betriebes oder eines Teiles vorhanden sind. Häufig kann nicht einmal bis zum Berichtstermin mit der Übertragung abgewartet werden, weil sonst der laufende Betrieb, z. B. mangels Finanzierungsmöglichkeiten, zusammenbricht und damit wertlos ist. Hier kann dann nur eine Veräußerung unmittelbar nach Insolvenzeröffnung – entgegen § 159 InsO – mit Zustimmung eines vom Gericht bestellten vorläufigen Gläubigerausschusses (§ 67 Abs. 1 InsO) helfen.

Lässt sich der Betrieb bis zum Berichtstermin fortführen, beschließt aber die Gläubigerversammlung weder eine Stilllegung, noch eine vorläufige Fortführung und beauftragt sie auch den Insolvenzverwalter nicht mit der Aufstellung eines Insolvenzplanes – z. B. weil kein Gläubiger im Berichtstermin anwesend war –, dann ist der Verwalter nicht gezwungen, den Betrieb unverzüglich stillzulegen und zu zerschlagen. Der Insolvenzverwalter kann also, wenn er dies für die günstigste Verwertung hält, den Betrieb noch fortführen und nach einem Übernehmer suchen.[573]

323 Unter unverzüglicher Vermögensverwertung im Sinne von § 159 InsO ist nicht die unverzügliche Zerschlagung und Einzelveräußerung gemeint, sondern die Verpflichtung für den Insolvenzverwalter, die Entscheidungen über die Verwertungshandlungen ohne schuldhaftes Zögern zu treffen.[574] Der Insolvenzverwalter muss, wenn er keine weiteren Vorgaben durch einen Gläubigerausschuss oder die Gläubigerversammlung bekommt, selbst entscheiden, wie er das Vermögen für die Gläubiger möglichst günstig verwertet. Er muss sich für die Verwertung entscheiden, die »im Einzelfall unter Ausnutzung der zeitlichen und örtlichen Marktlage in vertretbarer Zeit den besten Erlös verspricht«.[575]

324 Eine derartige Fortführung des Unternehmens nach dem Berichtstermin ohne ausdrücklichen Beschluss der Gläubigerversammlung in der Hoffnung auf eine übertragende Sanierung birgt erhebliche Haftungsgefahren für den Insolvenzverwalter in sich. Zerschlägt sich diese Hoffnung und muss der Verwalter den Betrieb später doch stilllegen, liegt eine Schadensersatzverpflichtung nach § 60 InsO nicht fern, wenn sich in der Zwischenzeit der Wert der Masse verringert hat.

c) Einzelveräußerungen

325 Ist eine Betriebsfortführung nach Ansicht des Insolvenzverwalters nicht möglich und hat die Gläubigerversammlung auch nichts anderes beschlos-

---

573 A. A. FK-InsO/Wegener, § 159 Rdnr. 2.
574 S. HK-InsO/Flessner, § 159 Rdnr. 9.
575 Haarmeyer/Wutzke/Förster, a. a. O., S. 468; HK-InsO/Flessner, a. a. O.

sen, muss der Insolvenzverwalter ohne schuldhaftes Zögern den Betrieb schließen und Einzelveräußerungen vornehmen.

Die Veräußerung erfolgt entweder durch freihändigen Verkauf, private Versteigerung, öffentliche Versteigerung (§ 383 Abs. 3 BGB) oder bei unbeweglichem Vermögen auch durch Zwangsversteigerung (§§ 49, 165 InsO i. V. m. §§ 172–174 ZVG). Es liegt im pflichtgemäßen Ermessen des Verwalters, auf welche Art er die Verwertung durchführt. Er muss intern die Zustimmungsrechte der Gläubigerorgane beachten (z. B. § 160 InsO).

2. Einzelprobleme der Verwertung

- Absonderung

326 Der Insolvenzverwalter darf nach § 166 Abs. 1 InsO bewegliche Sachen, an denen ein Absonderungsrecht besteht, freihändig verwerten, wenn er die Sache in seinem Besitz hat. Die Sache muss bei Eröffnung des Insolvenzverfahrens nach § 148 Abs. 1 InsO in den Besitz des Verwalters übergegangen sein. Mittelbarer Besitz des Verwalters reicht aus. Wichtig ist, dass nicht der Gläubiger, sondern der Verwalter über die Sache verfügen kann. Hat sich der Gläubiger vor Verfahrenseröffnung durch verbotene Eigenmacht in den Besitz der Sache gesetzt, hat der Verwalter Anspruch auf Wiedereinräumung des Besitzes nach § 861 Abs. 1 BGB. Hat dieser die Rückgabe der Sache notfalls gerichtlich durchgesetzt, kann er sie nach § 166 InsO verwerten. Gibt der Schuldner die Sache vor Verfahrenseröffnung an den Gläubiger heraus, kann diese Vermögensverschiebung anfechtbar sein.[576] Der einfache Eigentumsvorbehalt fällt nicht unter § 166 Abs. 1 InsO, weil er nach der herrschenden Meinung dem Lieferanten ein Aussonderungsrecht gibt (§ 47 InsO). Häufige Fälle der Absonderung bei beweglichen Sachen sind das Sicherungseigentum, das Pfändungspfandrecht und das Vermieterpfandrecht.

Bei Veräußerung gepfändeter Sachen ist strittig, wie der Verwalter die öffentlich-rechtliche Verstrickung beseitigen kann (Entfernen des Pfandsiegels).[577]

327 Der Insolvenzverwalter hat bei der Veräußerung gegenüber dem absonderungsberechtigten Gläubiger Auskunfts- und Mitteilungspflichten (§§ 167 Abs. 1, 168 InsO).[578]

Zu Einzelheiten der Inbesitznahme von Gegenständen der Absonderungsberechtigten s. o. Rdnr. 237 ff.

---

576 Vgl. HK-InsO/Landfermann, § 166 Rdnr. 8.
577 S. hierzu näher HK-InsO/Landfermann, § 166 Rdnr. 14.
578 Zum Verschuldensmaßstab siehe OLG Köln ZIP 2001, 1821.

- Arbeitsrecht

328 Bei Betriebsänderung, insbesondere Kündigungen, hat der Insolvenzverwalter die arbeitsrechtlichen und betriebsverfassungsrechtlichen Vorschriften einzuhalten. Die §§ 120 ff. InsO gewähren dem Insolvenzverwalter einige Erleichterungen bei Betriebsänderung oder -schließung.

- Arbeitnehmerüberlassung

329 Kann der Insolvenzverwalter einen Betriebsteil im Wege der sog. übertragenden Sanierung an ein anderes Unternehmen verkaufen, dann gehen in der Regel die Arbeitnehmer, die diesem Betriebsteil zuzuordnen sind, gem. § 613 a BGB auf das andere Unternehmen über. Der Insolvenzverwalter muss die restlichen Arbeitnehmer der stillgelegten Betriebsteile kündigen. In der Kündigungszeit (siehe § 113 Abs. 1 Satz 2 InsO) besteht ein erhebliches Interesse, die Arbeitnehmer noch sinnvoll einzusetzen, und falls dies im schuldnerischen Betrieb nicht mehr möglich ist, ggf. an andere Betriebe gegen Entgelt zu verleihen. Hier ist aber zu beachten, dass nach § 1 AÜG eine erlaubnispflichtige Arbeitnehmerüberlassung vorliegen kann. Ein Arbeitgeber, der als Verleiher Dritten (Entleihern) Arbeitnehmer (Leiharbeitnehmer) gewerbsmäßig zur Arbeitsleistung überlassen möchte, bedarf der Erlaubnis. Arbeitnehmerüberlassung im Sinne des AÜG setzt aber voraus, dass sich der drittbezogene Personaleinsatz auf Seiten des Arbeitgebers darauf beschränkt, einem Dritten den Arbeitnehmer zur Förderung von dessen Betriebszwecken zur Verfügung zu stellen. Arbeitnehmerüberlassung liegt somit nicht vor, wenn die beteiligten Arbeitgeber im Rahmen einer unternehmerischen Zusammenarbeit mit dem Einsatz ihrer Arbeitnehmer jeweils ihre eigenen oder gemeinsame Betriebszwecke verfolgen.[579] So gilt die Abordnung von Arbeitnehmern zu einer Arbeitsgemeinschaft nicht als Arbeitnehmerüberlassung, wenn der Arbeitgeber u. a. Mitglied dieser Arbeitsgemeinschaft ist (§ 1 Abs. 1 Satz 2 AÜG). Ebenfalls keiner Erlaubnis bedarf ein Arbeitgeber mit weniger als 50 Beschäftigten, wenn er Arbeitnehmer zur Vermeidung von Kurzarbeit oder Entlassungen an einen anderen Arbeitgeber bis zur Dauer von 12 Monaten überlässt. Diese Überlassung muss aber vorher schriftlich dem zuständigen Landesarbeitsamt angezeigt werden (§ 1 a Abs. 1 AÜG).

Bei der Überlassung von Arbeitnehmern im Rahmen eines Insolvenzverfahrens ist deshalb Vorsicht geboten. Die Folgen einer ungenehmigten Arbeitnehmerüberlassung sind gravierend: Zwischen dem Entleiher und dem Leiharbeitnehmer kommt ein ggf. unbefristeter Arbeitsvertrag zustande (§ 10 Abs. 1 AÜG). Außerdem kann eine Ordnungswidrigkeit (§ 16 AÜG) oder sogar eine Straftat (§§ 15, 15 a AÜG) vorliegen.

---

579 BAG ZIP 2001, 302.

- Auslandsvermögen

Auch das Auslandsvermögen gehört zur Insolvenzmasse. Es gilt das Universalitätsprinzip. Der Insolvenzverwalter hat das Auslandsvermögen zu realisieren.[580] Die Inbesitznahme ausländischen Vermögens verursacht vor allem dann Schwierigkeiten, wenn der ausländische Staat die deutsche Insolvenzeröffnung ganz oder teilweise nicht anerkennt. In diesem Fall hat der Schuldner dem Insolvenzverwalter entsprechende Vollmachten zu erteilen (§ 97 Abs. 2 InsO).[581]

330

- Aussonderung

Der Insolvenzverwalter ist nicht berechtigt, Gegenstände, die der Aussonderung (§ 47 InsO) unterliegen, zu verwerten. Er hat das Wahlrecht nach § 103 InsO, das er bei einer unter Eigentumsvorbehalt gelieferten beweglichen Sache in der Regel erst unverzüglich nach dem Berichtstermin ausüben muss (§ 107 Abs. 2 Satz 1 InsO). Der Aussonderung unterliegende Sachen sind vom Insolvenzverwalter lediglich bereitzustellen, aber nicht auf Kosten der Masse an den Gläubiger zurückzuliefern.

331

S. a. Stichwort »Absonderung«.

Zu den Einzelheiten der Inbesitznahme von Gegenständen der Aussonderungsberechtigten s. o. Rdnr. 237 ff.

- Ausverkauf

Bei Ausverkäufen hat der Insolvenzverwalter grundsätzlich das Gesetz über den unlauteren Wettbewerb zu beachten. Allerdings kann das Wettbewerbsrecht bezüglich der Sonderveranstaltungen und Räumungsverkäufe (§§ 7, 8 UWG) nicht ohne Einschränkung auf Ausverkäufe von Insolvenzverwaltern angewendet werden. Die Pflicht des Insolvenzverwalters zur unverzüglichen Verwertung der Insolvenzmasse (§ 159 InsO) kann mit den Interessen der Wettbewerber des Schuldners, der Verbraucher und der Allgemeinheit kollidieren. Es muss ein Ausgleich zwischen den divergierenden Interessen gesucht werden. Deshalb kann ein Räumungsverkauf, der sich in den Grenzen dessen hält, was der Liquidationszweck vom Insolvenzverwalter verlangt, grundsätzlich nicht nach §§ 7, 8 UWG beanstandet werden.[582]

332

Hält sich der Verwalter im Rahmen des Insolvenzzweckes, also einer beschleunigten Liquidierung des Schuldnervermögens, darf er den Eindruck besonderer Kaufvorteile im Sinne von § 7 Abs. 1 UWG hervorrufen, solange diese Vorteile nicht übertrieben herausgestellt werden. Zulässig sind

---

580 BGH NJW 1983, 2147.
581 Zur KO: BVerfG ZIP 1986, 1336; Kuhn/Uhlenbruck, a. a. O., § 117 Rdnr. 13 a m. w. N.
582 So OLG Düsseldorf NZI 1999, 364; OLG Stuttgart NJW-RR 1999, 997; OLG Stuttgart NJW-RR 1992, 1261.

z. B. »Extra-Info«, »großer Konkursverkauf«, »wichtige Bekanntmachung«, »reduziert bis zu 80 %«, »50 % Preissenkung und mehr auf alle Artikel«.[583] Weder für sich allein genommen, noch in ihrer Verbindung miteinander, können diese Werbeangaben als Ankündigung einer unzulässigen Sonderveranstaltung gewertet werden. Sie dürfen auch blickfangartig herausgestellt werden (Fettdruck, Größe der Buchstaben, knallige Farbe).[584] Unzulässig sind unsachliche Kaufanreize und wertende Zusätze, wie z. B. »Sensationelle Preise«.[585]

333 Aus diesen Gründen kann Ware eines Großhandelsunternehmens nicht nur Wiederverkäufern, sondern auch Endverbrauchern angeboten werden. Dies entspricht dem Insolvenzzweck einer möglichst schnellen Liquidation, zumal erhebliche Preisnachlässe zulässig sind. Der Verkauf muss nicht am Sitz des Schuldners erfolgen, sondern kann auch an einem anderen Ort stattfinden, wenn der Insolvenzverwalter dies für vorteilhafter hält. Eine solche Verlegung des Verwertungsortes sieht z. B. § 1236 BGB ausdrücklich vor.[586]

334 Es darf nur Insolvenzmasse verkauft werden, wozu auch mit Absonderungsrechten belastete Gegenstände gehören (§ 166 Abs. 1 InsO); Aussonderungsware nur dann, wenn eine Verwertungsvereinbarung abgeschlossen wird, in der der Lieferant auf sein Aussonderungsrecht gegen Zahlung eines gewissen Prozentsatzes aus dem Erlös verzichtet.[587]

335 Der Insolvenzverwalter ist nicht verpflichtet, den Ausverkauf sofort nach Insolvenzeröffnung durchzuführen. Er kann das Unternehmen erst fortführen und dann zur Liquidation schreiten.[588] Er ist auch nicht an die 24-Werktage-Beschränkung in § 8 Abs. 2 UWG gebunden. Er kann den Ausverkauf darüber hinaus fortsetzen, wenn bis dahin die Insolvenzware noch nicht vollständig veräußert wurde.[589] Schließlich muss er auch den Ausverkauf nicht bei der von der höheren Verwaltungsbehörde bestimmten Stelle (§ 7 b UWG, meist die Industrie- und Handelskammern, in Bayern die Gewerbeämter) anzeigen, weil er Teil eines gerichtlichen Verfahrens ist, das vom Insolvenzverwalter durchgeführt und vom Insolvenzgericht beaufsichtigt ist.[590]

- Betriebsfortführung

siehe oben Rdnr. 277 ff.

---

583 Vgl. Beispiele in OLG Stuttgart NJW-RR 1999, 997; OLG Stuttgart NJW-RR 1992, 1261; OLG Düsseldorf a. a. O.
584 OLG Stuttgart a. a. O.
585 BGH NJW-RR 1998, 1118; OLG Stuttgart NJW-RR 1999, 997.
586 A. A. FK-InsO/Wegener, § 159 Rdnr. 4.
587 A. A. FK-InsO/Wegener, § 159 Rdnr. 5.
588 OLG Düsseldorf NZI 1999, 364, 365.
589 OLG Düsseldorf a. a. O.
590 Vgl. OLG Düsseldorf a. a. O.

- Direktversicherung

siehe unter Stichwort »Lebensversicherung«

- Firma

Die Firma eines Kaufmanns ist der Name, unter dem er seine Geschäfte betreibt und die Unterschrift abgibt (§ 17 HGB). 336

Bei größeren Unternehmen hat die Firma oft einen erheblichen Wert für Wettbewerber. Die Firma einer juristischen Person (auch einer GmbH & Co. KG) ist auch dann für sich allein verkaufbar, wenn sie den Familiennamen eines Gesellschafters enthält. Bei einer Einzelfirma musste der Schuldner nach bisher herrschender Meinung zustimmen.[591] Infolge der durch die HGB-Reform in stärkerem Maße zugelassenen Sachfirmen (vgl. § 18 HGB) wird diese Frage nunmehr anders zu entscheiden sein. Der BGH hatte wesentlich darauf abgestellt, ob bei der Bildung der Firma die Aufnahme des Familiennamens gesetzlich vorgeschrieben war.[592]

- Forderung

Forderungsrechte gehören nur insoweit zur Insolvenzmasse, als sie pfändbar sind (§ 36 Abs. 1 InsO). Ausnahme: z. B. Geschäftsbücher (s. dort). Die Verwertung von Forderungen erfolgt durch Einziehung, auch wenn an diesen z. B. durch Sicherungsabtretung ein Absonderungsrecht besteht (§ 166 Abs. 2 InsO). Dies gilt auch dann, wenn der Gläubiger dem Drittschuldner die Sicherungsabtretung angezeigt hat. Der insoweit anders lautende Regierungsentwurf ist nicht Gesetz geworden. Strittig ist, ob bei der Verpfändung einer Forderung der Insolvenzverwalter noch ein Verwertungs- also Einziehungsrecht hat.[593] 337

- Fortführung

siehe unter Stichwort: »Betriebsfortführung«

- Freiberufler

Nach der Insolvenzordnung gehört auch der Neuerwerb zur Insolvenzmasse, also alles, was der Schuldner während des Insolvenzverfahrens erwirbt. Bei Einkünften aus selbstständiger Tätigkeit sieht das Gesetz kein genau bestimmtes Verfahren vor, wie diese vom Insolvenzverwalter »verwertet« werden. Insoweit war § 850 i ZPO zumindest analog anzuwenden. Danach ist dem Schuldner so viel zu belassen, als er während eines angemessenen Zeit- 338

---

591 BGH ZIP 1990, 388; NJW 1983, 755.
592 Vgl. Uhlenbruck, ZIP 2000, 401; Karsten Schmidt, Handelsrecht, S. 351.
593 Vgl. hierzu HK-InsO/Landfermann, § 166 Rdnr. 17 m. w. N.

raums für seinen notwendigen Unterhalt und den seines Ehegatten, eines früheren Ehegatten, seiner unterhaltsberechtigten Verwandten bedarf. Bei der Entscheidung sind die wirtschaftlichen Verhältnisse des Schuldners, insbesondere seine sonstigen Verdienstmöglichkeiten frei zu würdigen.[594] Nunmehr ist in § 36 InsO n. F. (InsOÄndG 2001) die Anwendbarkeit der §§ 850 ff. ZPO und die Zuständigkeit der Insolvenzgerichte vorgesehen.

- Freigabe

s. o. Rdnr. 244 ff.

- Geschäftsbücher

339   Unter Geschäftsbücher sind nicht nur die Unterlagen für die Rechnungslegung zu verstehen. Hierfür wird der Begriff Handelsbücher benutzt (s. z. B. §§ 238, 239 HGB). Damit fallen unter Geschäftsbücher alle geschäftlichen Aufzeichnungen einschl. der Kundendateien und sonstiger Unternehmensinformationen.[595]

Geschäftsbücher, insbesondere Kundendateien können gesondert verkauft werden.[596] Die Verwertungsbeschränkung in § 117 Abs. 2 KO wurde nicht in die Insolvenzordnung übernommen. Bei den Handelsbüchern sind die Aufbewahrungsfristen vom Insolvenzverwalter zu beachten (§ 257 HGB, § 147 AO).

- Gewerbliche Schutzrechte

340   Immaterial-Güterrechte, insbesondere Patente, ausschließliche Lizenzen, das Urheberrecht an Mustern und Modellen können weitestgehend vom Insolvenzverwalter verwertet werden.[597] Das Gesetz über Arbeitnehmererfindungen ist zu beachten.

Sind in der Insolvenzmasse Computerprogramme vorhanden, die nicht nur zur vorübergehenden, zeitlich beschränkten Nutzung überlassen, sondern vom Schuldner vielmehr gegen einmaliges Entgelt auf Dauer erworben worden sind, dann kann der Insolvenzverwalter diese Programme verwerten. Der Hersteller/Lieferant kann die Nutzungsrechte an diesen Programmen nicht zurückbehalten, weil diese auf dem Gebiet der europäischen Gemeinschaft durch Veräußerung in den Verkehr gebracht worden sind und damit die Erschöpfung des Verbreitungsrechtes eingetreten ist. Ein dahingehendes Veräußerungsverbot in Allgemeinen Geschäftsbedingungen ist auch unter Kaufleuten nach § 9 Abs. 2 Nr. 1 AGBG wegen Verstoßes gegen den we-

---

594 Vgl. OLG Celle NZI 2001, 603 und oben Rdnr. 211 f.
595 HK-InsO/Eickmann § 36 Rdnr. 29 m. w. N.
596 OLG Zweibrücken ZIP 2001, 164.
597 S. hierzu HK-InsO/Eickmann § 35 Rdnr. 9 m. w. N. und Häcker ZIP 2001, 995 für sicherungsübereignete Schutzrechte.

sentlichen Grundgedanken der §§ 17 Abs. 2, 69 c Nr. 3 UrhG unwirksam.[598] Handelt es sich nicht um Standardsoftware, sondern wurden die Programme individuell für den Schuldner erstellt, liegt ein Werkvertrag vor, so dass die vorstehenden Bestimmungen des Urhebergesetzes nicht anwendbar sind.

Die häufig in Allgemeinen Geschäftsbedingungen für Standardsoftware verwendete Klausel, dass die gegen einmaliges Entgeld auf Dauer erworbene Lizenz automatisch mit Insolvenzeröffnung oder Liquidation endet, dürfte nach § 219 InsO unwirksam, zumindest nach §§ 129 ff. InsO anfechtbar sein.[599]

- Immobilien

Will der Verwalter Immobilien freihändig verkaufen, muss er im Innenverhältnis die Genehmigung des Gläubigerausschusses oder der Gläubigerversammlung nach § 160 Abs. 2 Nr. 1 InsO einholen. Im Außenverhältnis ist aber ein freihändiger Verkauf eines unbeweglichen Gegenstandes durch den Insolvenzverwalter auch dann in vollem Umfange wirksam, wenn gegen das Zustimmungserfordernis verstoßen wurde (§ 164 InsO).[600] Ansonsten muss er die Zwangsversteigerung nach § 165 InsO i. V. m. mit §§ 172 ff. ZVG betreiben.

341

S. auch Stichwort »Zubehör«

- Kundendatei

siehe unter Stichwort »Geschäftsbücher«

- Lebensversicherung

Versicherungsverträge fallen in der Insolvenz des Versicherungsnehmers unter § 103 InsO. Der Insolvenzverwalter muss sich somit entscheiden, ob er in den Versicherungsvertrag eintritt. Dazu zählen auch Lebensversicherungen, wenn die Bezugsberechtigung einer dritten Person widerruflich ist.[601] Der Insolvenzverwalter muss den Vertrag nicht kündigen, um den Rückkaufswert zu erhalten, weil der Versicherungsvertrag sich durch die Insolvenzeröffnung in ein Abwicklungsverhältnis umwandelt, wenn der Verwalter nicht Erfüllung wählt.[602]

342

Zu beachten ist das Eintrittsrecht des Bezugsberechtigten, des Ehegatten und der Kinder des Versicherungsnehmers nach § 177 VVG. Stimmt der In-

---

598 OLG Frankfurt a. M. NJW-RR 1997, 494.
599 BGH NJW 1994, 449, 451.
600 S. hierzu auch oben Rdnr. 315.
601 BAG ZIP 1995, 2012.
602 BGH ZIP 1993, 600; zur Unwirksamkeit von Klauseln zum Rückkaufswert s. BGH ZIP 2001, 1052.

solvenzverwalter dem Eintritt dieser Personen zu, haben diese der Insolvenzmasse den Betrag zu erstatten, der ihr aufgrund der Abwicklung des Versicherungsvertrages zugeflossen wäre (§ 177 Abs. 1 Satz 2 VVG).

Unbeachtlich ist, ob die Anwartschaft des Schuldners bzw. des Bezugsberechtigten nach § 1 BetrAVG unverfallbar war und ob die Versicherungsprämien aufgrund einer Gehaltsumwandlung bezahlt worden sind. Das Versicherungsverhältnis und das zwischen dem Unternehmer (Schuldner) und dem Beschäftigten (Bezugsberechtigter) bestehende Versorgungsverhältnis ist voneinander zu unterscheiden.[603] Hat der Insolvenzverwalter das Bezugsrecht des Versorgungsberechtigten versicherungsvertraglich wirksam widerrufen, kann er nach §§ 985, 952 BGB die Herausgabe des Versicherungsscheines verlangen.[604] Wenn der Versicherungsnehmer (Schuldner) ein unwiderrufliches Bezugsrecht dahingehend eingeschränkt hat, dass er sich die Beleihung der Versicherung mit Zustimmung des Bezugsberechtigten vorbehalten hat, steht dieses eingeschränkt unwiderrufliche Bezugsrecht einem uneingeschränkten rechtlich gleich, solange die Beleihung nicht erfolgt ist. In diesem Falle kann der Rückkaufswert nicht zur Masse gezogen werden.[605] Zieht der Insolvenzverwalter den Rückkaufswert einer Direktversicherung zur Masse, obwohl die versicherte Person unwiderruflich bezugsberechtigt war, besteht neben dem Anspruch auf Auskehrung des erhaltenen Betrages kein Schadenersatzanspruch des Bezugsberechtigten.[606]

Ist in den Versicherungsbedingungen geregelt, dass die Abtretung der Ansprüche aus der Versicherung dem Versicherer gegenüber erst wirksam wird, wenn sie der bisherige Verfügungsberechtigte schriftlich angezeigt hat (vgl. z. B. § 13 Abs. 4 ALB 86), dann ist sie unwirksam, solange sie nicht angezeigt wird. Die Abtretungsanzeige hat also nicht nur deklaratorische Bedeutung, sondern ist eine Wirksamkeitsvoraussetzung.[607] Damit bleibt die Abtretung unwirksam, wenn die Anzeige bei der Versicherung erst nach Eintritt des Versicherungsfalles oder nach Eröffnung des Insolvenzverfahrens eingeht. Vor Eröffnung des Verfahrens erfolgende Abtretungsanzeigen können nach § 129 ff. InsO angefochten werden.

Besteht zugunsten eines Mehrheitsgesellschafter-Geschäftsführers eine betriebliche Versorgungszusage, dann wird diese in der Regel durch eine Versicherung auf das Leben eines solchen Geschäftsführers gedeckt. Versicherungsnehmer dieser Rückdeckungsversicherung ist der Schuldner als Arbeitgeber. Bei der Insolvenz des Arbeitgebers fällt der Rückkaufswert der Versicherung in die Insolvenzmasse. Hat der Schuldner als Arbeitgeber die Rechte aus dieser Rückdeckungsversicherung an die versicherte Person

---

603 BAG ZIP 1999, 1638; ZIP 1996, 965; ZIP 1995, 2012.
604 BAG ZIP 1999, 1638.
605 BGH ZIP 1996, 1356.
606 OLG Düsseldorf ZIP 1998, 1037.
607 BGH NJW-RR 1999, 898; Prölss/Martin, Versicherungsvertragsgesetz, 26. Aufl. 1998, § 13 Rdnr. 59.

verpfändet, dann fällt der Rückkaufwert, auch wenn die Versorgungsanwartschaft unwiderruflich ist, zunächst in die Insolvenzmasse. Die versorgungsberechtigten Personen haben ihre Ansprüche zur Insolvenztabelle anzumelden und der Insolvenzverwalter hat bei Feststellung dieser Forderungen die entsprechenden Beträge aus dem zur Masse gezogenen Rückkaufwert bei Beendigung des Verfahrens zu hinterlegen, wenn die Voraussetzungen für den Eintritt des Versorgungsanspruches noch nicht eingetreten sind (§§ 191, 198 InsO).[608]

- Lizenzen

siehe Stichwort »Gewerbliche Schutzrechte«

- Nahe stehende Personen

siehe Stichwort »Unternehmensverkauf«

- Pachtvertrag

Die vorübergehende Verpachtung des schuldnerischen Betriebes ist bei der sog. übertragenden Sanierung ein vielfach verwendetes Mittel, um dem Verbot der Verwertung vor dem Berichtstermin (§ 159 InsO) genüge zu tun. Das übernehmende Unternehmen möchte so schnell wie möglich den Betrieb fortführen, damit bei Kunden, Lieferanten und Arbeitnehmern wieder Vertrauen geschaffen werden kann. Andererseits erschwert § 159 InsO eine sofortige übertragende Sanierung. In solchen Fällen bietet sich ein ggf. bis zum Berichtstermin befristeter Pachtvertrag mit dem übernehmenden Unternehmen an. Dabei ist aber zu beachten, dass die Verpachtung eines funktionsfähigen Betriebes einen rechtsgeschäftlichen Betriebsübergang darstellt, weil die Identität der wirtschaftlichen Einheit gewahrt bleibt.[609]

343

Auch der Pächter kann den Betrieb stilllegen. Dazu ist ausreichend, dass der Pächter den Betrieb schließt und eindeutig kundgibt, er beabsichtige, den Betrieb geschlossen zu lassen, und dass er die Betriebsmittel, über die er verfügen kann, veräußert und schließlich den Pachtvertrag zum nächst möglichen Termin auflöst und allen Arbeitnehmern kündigt.[610]

Das BAG hat seine ursprüngliche Meinung, es komme für einen Betriebsübergang nicht auf die tatsächliche Weiterführung des Betriebes an, sondern nur auf die Möglichkeit der Weiterführung, aufgegeben[611] und sich der Rechtsprechung des Europäischen Gerichtshofes angepasst. Danach ist wesentliches Kriterium für den Betriebsübergang die tatsächliche Weiterführung oder Wiederaufnahme der Geschäftstätigkeit beim Wechsel der natür-

344

---

608 BGH ZIP 1997, 1596.
609 Ständige Rechtsprechung, z. B. BAG ZInsO 1999, 362.
610 BAG ZIP 1987, 731.
611 S. noch BAG NJW 1995, 3404.

lichen oder juristischen Person, die für den Betrieb verantwortlich ist.[612] Bei Verpachtung eines Betriebes muss der Pächter somit die Geschäftstätigkeit auch tatsächlich aufnehmen, damit ein Betriebsübergang vorliegt. Im umgekehrten Fall, wenn der Betrieb wieder an den Verpächter zurückfällt und von diesem auch nicht vorübergehend geführt wird, können zwar materielle und immaterielle Betriebsmittel auf ihn übergehen. Er übt aber keine wirtschaftliche Tätigkeit mit eigener Zielsetzung aus, so dass bei Rückfall eines Betriebes z. B. an den Insolvenzverwalter als Verpächter kein Betriebsübergang mehr vorliegt, wenn der Insolvenzverwalter den Betrieb nicht mehr aufnimmt.[613]

siehe auch Stichwort »Arbeitnehmerüberlassung«

- Patente

siehe unter Stichwort »gewerbliche Schutzrechte«

- Räumungsverkauf

siehe unter Stichwort »Ausverkauf«

- Rückdeckungsversicherung

siehe unter Stichwort »Lebensversicherung«

- Schuldner

345 Der Schuldner hat im Rahmen der Verwertung der Insolvenzmasse mehrfach Anspruch auf rechtliches Gehör. Will der Insolvenzverwalter das Unternehmen vor dem Berichtstermin stilllegen, muss er den Schuldner unterrichten. Dieser kann den Antrag beim Insolvenzgericht stellen, die Stilllegung zu untersagen, wenn sie ohne eine erhebliche Verminderung der Insolvenzmasse bis zum Berichtstermin aufgeschoben werden kann (§ 158 Abs. 2 InsO).

Wenn dies ohne nachteilige Verzögerung möglich ist, muss der Verwalter den Schuldner unterrichten, dass er die Zustimmung des Gläubigerausschusses oder der Gläubigerversammlung zu einer Rechtshandlung nach § 160 InsO einholen möchte. Sofern nicht die Gläubigerversammlung ihre Zustimmung erteilt hat, kann das Insolvenzgericht auf Antrag auch des Schuldners die Vornahme der Rechtshandlung vorläufig untersagen. Auf Antrag auch des Schuldners kann das Insolvenzgericht anordnen, dass eine geplante Veräußerung des Unternehmens oder eines Betriebes nur mit Zustimmung der Gläubigerversammlung zulässig ist, wenn glaubhaft

---

612 BGA NZA 1999, 704, 705.
613 BGA NZA 1999, 704, 705.

gemacht wird, dass eine Veräußerung an einen anderen Erwerber für die Insolvenzmasse günstiger wäre (§ 163 InsO).

- Steuern

Die Verwertung der Insolvenzmasse erfolgt durch den Verwalter aufgrund seiner Verwaltungs- und Verfügungsbefugnis (§§ 80, 148 InsO). Damit fällt Umsatzsteuer aus den Verkäufen als Masseverbindlichkeit an (§ 55 Abs. 1 Nr. 1 InsO). Veräußert der Insolvenzverwalter Gegenstände, die mit Absonderungsrechten belastet sind (§ 166 Abs. 1 InsO), muss der Verwalter den Umsatzsteuerbetrag nicht an den absonderungsberechtigten Gläubiger abführen, sondern kann diesen für die Masse vereinnahmen und ihn an das Finanzamt abführen (§ 171 Abs. 2 Satz 3 InsO). Das Gleiche gilt, wenn der Insolvenzverwalter einen Gegenstand, zu dessen Verwertung er nach § 166 InsO berechtigt ist, dem Gläubiger zur Verwertung überlässt (§ 170 Abs. 2 InsO). Ist der Insolvenzverwalter nicht im Besitze des Gegenstandes, an dem ein Absonderungsrecht besteht und hat er damit kein Verwertungsrecht (§ 166 Abs. 1 InsO), dann kommt bei einer Verwertung durch den Sicherungsnehmer die Doppel-Umsatz-Theorie des Bundesfinanzhofes zum Tragen. Mit der Verwertung erfolgt eine Lieferung vom Insolvenzverwalter an den Sicherungsnehmer und eine weitere Lieferung vom Sicherungsnehmer an den Endabnehmer.[614]

346

Der Sicherungsnehmer hat bei seinem Verkauf dem Endabnehmer Mehrwertsteuer in Rechnung gestellt und müsste diese an das Finanzamt abführen, kann aber wegen der Lieferung des Insolvenzverwalters an ihn die vom Insolvenzverwalter in Rechnung zu stellende Umsatzsteuer in gleicher Höhe als Vorsteuer verrechnen. Letztendlich belastet bleibt damit bei Verwertung durch den Sicherungsnehmer – wie schon zu Zeiten der KO – die Insolvenzmasse, obwohl sie von dem Verwertungserlös nichts vereinnahmt hat. Dies ist äußerst unbefriedigend.[615]

In der Zwangsversteigerung ist ein Umsatz des Schuldners/Insolvenzverwalters an den Ersteher des Grundstücks zu sehen. Dabei kommt es nicht darauf an, ob es sich um eine Zwangsversteigerung auf Antrag des Verwalters nach § 165 InsO oder um den Antrag eines Grundpfandgläubigers handelt.[616] In der Regel dürfte die Verwertung einer Immobilie nach § 4 Nr. 9 a UStG von der Umsatzsteuer befreit sein. Hat allerdings der Eigentümer zur Umsatzsteuer optiert, fällt durch die Verwertung des Grundstückes Umsatzsteuer als Masseverbindlichkeit nach § 55 Abs. 1 Nr. 1 InsO an. Es ist strittig, ob das Meistgebot (Versteigerungserlös) der Umsatzbesteuerung als Nettobetrag zugrunde zu legen ist.[617]

347

---

614 S. oben Rdnr. 268 ff.
615 Vgl. Welzel, ZIP 1998, 1823, 1825 und oben Rdnr. 268 ff.
616 Vgl. Welzel, a. a. O.
617 S. hierzu im Einzelnen Welzel, a. a. O.; Onusseit, ZIP 2000, 777, 786; vgl. auch Verfügung OFD München vom 14. 7. 1997 Az. S 7350–21/7 St 462.

Zu steuerlichen Auswirkungen einer Freigabe von Insolvenzmasse: s. o. Rdnr. 268 ff.

- Unternehmensverkauf

348 Die Veräußerung eines Unternehmens, Unternehmensteiles und eines Betriebsteiles bedarf intern der Zustimmung des Gläubigerausschusses oder der Gläubigerversammlung (§ 160 Abs. 2 Nr. 1 InsO). Eine Veräußerung ohne diese Zustimmung ist im Außenverhältnis wirksam (§ 164 InsO). Die Veräußerung an besonders Interessierte nach § 162 InsO bedarf der Zustimmung der Gläubigerversammlung, ggf. auch eine Betriebsveräußerung unter Wert nach § 163 InsO.

- Unterpreisverkauf

349 Der Insolvenzverwalter muss sich nicht an Vereinbarungen des Schuldners halten, Massegegenstände nur zu bestimmten Preisen zu verkaufen, selbst wenn sich der Schuldner insoweit einer Vertragsstrafe unterworfen hatte.[618] Dabei handelt es sich lediglich um obligatorische Verpflichtungen, die nicht insolvenzfest sind. Zum Wettbewerbsrecht siehe Stichwort »Ausverkauf«.

- Verpachtung

siehe Stichwort »Pachtvertrag«

- Verwandte

siehe Stichwort »nahe stehende Personen«

- Vorkaufsrecht

350 Das Vorkaufsrecht ist ausgeschlossen, wenn der Verkauf im Wege der Zwangsvollstreckung oder durch den Insolvenzverwalter erfolgt (§ 512 BGB). Es gibt aber Ausnahmen im Siedlungsgesetz, Reichsheimstättengesetz und Gesetz über Arbeitnehmererfindungen.[619]

- Wettbewerbsrecht

siehe Stichwort »Ausverkauf«

- Zubehör

351 Die Grundpfandrechte erstrecken sich auch auf das Zubehör des Grundstücks (§ 1120 BGB). Der Insolvenzverwalter ist deshalb grundsätzlich

---

[618] Vgl. FK-InsO/Wegener § 159 Rdnr. 6 m. w. N.
[619] S. hierzu Kuhn/Uhlenbruck, a. a. O., § 117 Rdnr. 11 d m. w. N.

nicht befugt, Zubehör zu verkaufen. Zubehörstücke werden allerdings ohne Veräußerung von der Haftung frei, wenn die Zubehöreigenschaft innerhalb der Grenzen einer ordnungsmäßigen Wirtschaft vor der Beschlagnahme aufgehoben wird (§ 1122 Abs. 2 BGB). Darunter fällt nicht die Veräußerung von Zubehör zur Befriedigung der Gläubiger, ebenso nicht eine Betriebsstilllegung.[620] Führt der Insolvenzverwalter allerdings den Betrieb fort und veräußert er Zubehör aus betrieblichen Gründen, so kann dies ordnungsgemäße Bewirtschaftung sein.[621] Veräußert der Insolvenzverwalter vor Beschlagnahme des Grundstücks Grundstückszubehör, muss er den Erlös an den Grundpfandrechtsgläubiger herausgeben.[622]

Der Zubehörbegriff wurde von der Rechtsprechung weit ausgedehnt. Unerheblich sind die an der Sache bestehenden Eigentumsverhältnisse. Das Zubehör braucht nicht dem Eigentümer der Hauptsache zu gehören. Fremdes Zubehör haftet aber nicht den Grundpfandgläubigern des Eigentümers,[623] dagegen schon das Anwartschaftsrecht an den unter Eigentumsvorbehalt gelieferten Sachen.

Das Inventar eines Gewerbebetriebes kann Zubehör des Betriebsgrundstückes sein, wenn dieses für eine entsprechende Nutzung dauernd eingerichtet ist und der wirtschaftliche Schwerpunkt eines Unternehmens auf dem Grundstück liegt.[624] Bei einem Speditionsunternehmen ist aus diesem Grunde aber der Fahrzeugpark in der Regel nicht Zubehör des Betriebsgrundstückes.[625] Zubehör ist das auf einem Baugrundstück lagernde Baumaterial, ein Hotelomnibus, ein dem Betrieb eines Baugeschäftes dienender PKW, Fahrzeuge eines Fabrik- oder Handelsunternehmens, die der Zu- oder Ablieferung von Gütern dienen.[626] Kein Zubehör sind die Vorräte an Waren und Erzeugnissen, die zum Verkauf bestimmt sind.[627]

352

Zu beachten ist, dass bei einer Versteigerung nicht die Immobilie, aber bewegliche Gegenstände (Zubehör), auf die sich die Versteigerung erstreckt, einem Kostenbeitrag unterliegen. Für die Feststellung dieser Gegenstände erhält der Insolvenzverwalter vorab aus dem Versteigerungserlös gem. § 10 Abs. 1 Nr. 1 a ZVG 4 % des Wertes, der nach § 74 a Abs. 5 Satz 2 ZVG für die Gegenstände vom Gericht festgesetzt wurde.

353

Für die Praxis wichtig:

Wenn der Insolvenzverwalter die Zwangsversteigerung gem. § 165 InsO i. V. m. §§ 172 ff. ZVG betreibt, kann er bis zum Schluss der Verhandlung im Versteigerungstermin verlangen, dass bei der Feststellung des geringsten

---

620 BGH NJW 1973, 997; Kuhn/Uhlenbruck, a. a. O., § 117 Rdnr. 11 a.
621 Kuhn/Uhlenbruck, a. a. O.
622 BGH NJW 1973, 997; Kuhn/Uhlenbruck, a. a. O.
623 Vgl. Palandt, a. a. O., § 97 Rdnr. 2 u. § 1120 Rdnr. 7.
624 BGHZ 85, 237.
625 BGHZ a. a. O.
626 S. hierzu im Einzelnen: Palandt/Heinrichs § 97 Rdnr. 5, 11 ff.
627 Vgl. RGZ 86, 329.

Gebots nur die den Ansprüchen aus § 10 Abs. 1 Nr. 1 a vorhergehenden Rechte berücksichtigt werden. Das Grundstück muss dann auch entsprechend diesem Verlangen ausgeboten werden (§ 174 a ZVG).

- Zustimmungen

siehe die Stichworte »Immobilien«, »Schuldner« und »Unternehmensverkauf«

IV. Der Insolvenzverwalter als Prozesspartei

1. Prozessbeginn nach Insolvenzeröffnung

354 Mit Eröffnung des Insolvenzverfahrens geht die Verwaltungs- und Verfügungsbefugnis auf den Verwalter über (§ 180 InsO). Dementsprechend verliert der Schuldner zwar nicht die Prozessfähigkeit, aber die Prozessführungsbefugnis. Nur noch der Insolvenzverwalter kann Ansprüche des Schuldners geltend machen und umgekehrt ist der Insolvenzverwalter zu verklagen, wenn sich ein Rechtsstreit gegen den Schuldner richten soll. Die Prozessführung durch den Insolvenzverwalter setzt aber immer voraus, dass der Gegenstand des Rechtsstreits »die Insolvenzmasse betrifft«. Auf der Aktivseite muss also ein Recht beansprucht werden, das zur Insolvenzmasse gehört, und auf der Passivseite muss es sich um einen Streitgegenstand handeln, der die Insolvenz- oder Masseverbindlichkeiten betrifft. Die Insolvenzmasse ist z. B. nicht betroffen, wenn es sich um eine nicht vermögensrechtliche Streitigkeit oder um insolvenzfreies Vermögen handelt.[628]

Auf den alten Streit, ob der Konkursverwalter/Insolvenzverwalter Partei kraft Amtes oder Vertreter des Schuldners ist, wird hier nicht näher eingegangen, da sich keine unterschiedlichen Auswirkungen ergeben. Die herrschende Meinung hat sich für den Insolvenzverwalter als Partei kraft Amtes entschieden.[629] Er muss damit als solcher klagen und verklagt werden.

Muster eines Klagerubrums

KLAGE

in Sachen

RA Manfred Mustermann als Insolvenzverwalter der Fa. Muster GmbH

Mustermannstr. 17, 80331 München

– Kläger –

---

628 Ebenso HK-InsO/Eickmann § 85 Rdnr. 4.
629 S. aber neuerdings Karsten Schmidt, ZIP 2000, 1913, 1918.

> gegen
>
> Fa. Meier GmbH . . . .
>
> – Beklagte –

Zweifelsfragen ergeben sich, wenn ein Kläger in Unkenntnis der Insolvenzeröffnung Klage gegen den Schuldner erhebt. Wird die Klage dem Schuldner noch zugestellt, wird dieser Prozesspartei. Betrifft der Streitgegenstand eine Insolvenzforderung, ist die Klage unzulässig, weil dieser Anspruch nicht mehr gegen den Schuldner, sondern nur noch nach § 87 InsO (nach den Vorschriften über das Insolvenzverfahren) geltend gemacht werden kann. Dem Kläger bleibt somit nichts anderes übrig, als die Klage gegen den Schuldner mit entsprechender Kostenfolge aus § 91 ZPO zurückzunehmen oder – wenn der Schuldner damit einverstanden ist – das Verfahren zum Ruhen zu bringen. Eine Klage gegen den Schuldner selbst ist aber dann möglich, wenn der Streitgegenstand insolvenzfreies Vermögen oder nicht vermögensrechtliche Ansprüche betrifft.

355

Ist Gegenstand der in Unkenntnis der Insolvenzeröffnung gegen den Schuldner eingereichten Klage z. B. die Räumung und Herausgabe eines dem Kläger gehörenden Grundstücks, also ein Aussonderungsanspruch nach § 47 InsO, so muss dieser Rechtsstreit nicht nach § 87 InsO, sondern kann nach § 86 InsO ohne Anmeldung und Prüfung der Forderung geführt werden. Der Kläger kann nach Kenntnis von der Insolvenzeröffnung seine Klage auf den Insolvenzverwalter umstellen. Die Klage ist diesem förmlich zuzustellen, worauf der Rechtsstreit seinen Fortgang nimmt.[630]

356

Erhebt der Kläger eine derartige auf Aussonderung gerichtete Klage noch in Unkenntnis der Eröffnung des Insolvenzverfahrens gegen den Schuldner selbst, stellt aber das Gericht, weil es von der Insolvenz des Beklagten bereits Kenntnis hat, die Klage eigenmächtig dem Insolvenzverwalter zu, wird zunächst weder der Gemeinschuldner, noch der Insolvenzverwalter Prozesspartei. Der Gemeinschuldner nicht, weil es insoweit an einer Zustellung fehlt, der Insolvenzverwalter nicht, weil dieser ausweislich der Klageschrift nicht Partei sein soll.[631] Dies gilt auch dann, wenn nach der Zustellung der Insolvenzverwalter seine Verteidigungsbereitschaft anzeigt, sich auf den Rechtsstreit einlässt und die Klage beantwortet. Denn es hängt nicht vom Willen des Zustellungsempfängers, sondern allein vom objektiv erkennbaren Sinn der prozessbegründenden Erklärung des Klägers ab, wer die Stellung der beklagten Partei erlangen soll, ohne dass es darauf ankommt, ob dieser auch der richtige Beklagte ist.[632]

Zwar könnte ein Zustellungsmangel nach § 295 ZPO rückwirkend geheilt werden, wenn die Person, der vom Kläger die Beklagtenrolle zugedacht wird, sich rügelos einlässt. In diesem Fall hatte aber der Kläger die Beklag-

---
630 Vgl. BGH NJW 1994, 3232, 3233.
631 BGH a. a. O.
632 BGH a. a. O.

tenrolle eindeutig dem Gemeinschuldner zugedacht, nachdem er von dem eröffneten Insolvenzverfahren und damit von der Existenz des Insolvenzverwalters noch keine Kenntnis hatte. Der Kläger muss schriftsätzlich klarstellen, dass sich die Klage z. B. auf Räumung und Herausgabe nunmehr gegen den Insolvenzverwalter richten und sie diesem förmlich zugestellt werden soll. Erst die Zustellung dieses klarstellenden Schriftsatzes des Klägers führt zur Rechtshängigkeit der Klage. Die Rückwirkung auf die ursprüngliche Zustellung an den Schuldner ist nicht möglich.[633]

Der BGH hat in seiner Entscheidung aber offen gelassen, ob eine Rückwirkung der Rechtshängigkeit eines solchen klarstellenden Schriftsatzes bereits durch eine vom Gericht zuerst nur formlos veranlasste Zustellung möglich ist.

357 Hat der Schuldner vor Insolvenzeröffnung einen Dritten mit der Geltendmachung ihm zustehender Forderungen beauftragt, so erlischt diese Ermächtigung mit Insolvenzeröffnung. Der Dritte kann nicht mehr im Wege der gewillkürten Prozessstandschaft klagen. Die Klage wird unzulässig, weil die gewillkürte Prozessstandschaft eine in jeder Lage des Verfahrens von Amts wegen zu prüfende Prozessvoraussetzung ist. Der Kläger kann den Rechtsstreit nur dann, und zwar nunmehr für den Insolvenzverwalter, fortsetzen, wenn dieser ihn seinerseits ermächtigt. Der Insolvenzverwalter soll nicht durch die Tätigkeit eines Dritten gehindert sein, den der Schuldner hinsichtlich eines zur Masse gehörenden Gegenstandes beauftragt hat.[634]

Ist der Schuldner eine natürliche Person, so kann ein schutzwürdiges Eigeninteresse regelmäßig nicht verneint werden, wenn er zur Insolvenzmasse gehörendes Vermögen in Prozessstandschaft für den Insolvenzverwalter gerichtlich geltend macht.[635] Anders in der Regel, wenn der Schuldner eine juristische Person ist.[636]

358 Tritt der Insolvenzverwalter eine eingeklagte Forderung während des Insolvenzverfahrens an einen Dritten ab, so hat dies auf den Rechtsstreit keinen Einfluss; der Rechtsnachfolger kann den Prozess nur übernehmen, wenn der Gegner zustimmt (§ 265 Abs. 2 ZPO). Nach Beendigung des Insolvenzverfahrens geht das Prozessführungsrecht dann in der Regel auf den neuen Gläubiger über.[637]

2. Anhängige Prozesse bei Insolvenzeröffnung

359 Weil mit Eröffnung des Insolvenzverfahrens die Verwaltungs- und Verfügungsbefugnis auf den Verwalter übergeht (§ 80 InsO) und damit der

---
633 BGH a. a. O.
634 BGH ZIP 2000, 149.
635 BGH ZIP 1987, 793.
636 Vgl. BGH NJW 1999, 1717.
637 BGH ZIP 1992, 1152; Zur Frage des Prozessführungsrechtes bei Freigabe eines im Prozess befangenen Gegenstandes s. oben Rdnr. 274 f.

Schuldner die Prozessführungsbefugnis verliert, werden Rechtsstreite und ähnliche Verfahren gem. § 240 ZPO unterbrochen, ohne dass es irgendeiner Erklärung bedürfte. Dies gilt nur dann nicht, wenn der Schuldner lediglich einfacher Streitgenosse oder Streithelfer war, weil ein solcher Rechtsstreit nicht unmittelbar die Insolvenzmasse betrifft (BGH v. 27. 1. 2000 IZR 159/99; nicht veröffentlicht). Betroffen sind von der Unterbrechung[638]

- zivilgerichtliche Verfahren,
- arbeits- und sozialgerichtliche Verfahren,
- verwaltungsgerichtliche Verfahren,
- finanzgerichtliche Verfahren,
- Streitverfahren der freiwilligen Gerichtsbarkeit.

Zu den zivilgerichtlichen Verfahren zählen auch das Mahn- und das Kostenfestsetzungsverfahren.[639] Zu den arbeitsgerichtlichen Verfahren gehören auch Klagen auf Feststellung des Bestehens des Arbeitsverhältnisses.[640]

Strittig ist, ob folgende Verfahren unterbrochen werden: **360**

- Selbstständiges Beweisverfahren,[641]
- Rechtsstreit bei notwendiger Streitgenossenschaft,[642]
- Verfahren zur Vollstreckbarerklärung eines ausländischen Urteils,[643]
- Zwangsvollstreckungsverfahren.[644]

Bei Zwangsvollstreckungsverfahren wird zu unterscheiden sein. Handelt es sich um eine Zwangsvollstreckung in unbewegliche Gegenstände, ist § 49 InsO zu beachten. Derartige Gläubiger sind nach Maßgabe des ZVG zur abgesonderten Befriedigung berechtigt. Eine Insolvenzeröffnung hindert und unterbricht damit nicht die weitere Zwangsvollstreckung. Hat der Gläubiger vor Insolvenzeröffnung durch Zwangsvollstreckung bereits eine Sicherung erlangt, die auch durch § 88 InsO (sog. Rückschlagssperre) nicht mehr unwirksam wird, kann er sich unabhängig von § 240 ZPO aus diesem Gegenstand befriedigen, soweit nicht der Insolvenzverwalter den Gegenstand nach § 166 Abs. 1 InsO verwerten darf. Müsste der Gläubiger aber die Zwangsvollstreckung erst fortsetzen, um eine Sicherung zu erhalten, steht dieser Fortsetzung § 89 InsO entgegen.

Eine Unterbrechung findet nur statt, wenn der Streitgegenstand das insolvenzbefangene Vermögen betrifft, also in der Regel vermögensrechtlicher Natur ist. Nicht vermögensrechtliche Streitigkeiten und insolvenzfreies Vermögen werden von § 85 InsO (»das zur Insolvenzmasse gehörende Vermögen«) nicht erfasst. **361**

---

638 Vgl. HK-InsO/Eickmann, § 85 Rdnr. 3 m. w. N.
639 KG ZIP 2000, 279.
640 BGH ZIP 1988, 979.
641 Bejahend OLG Hamburg ZInsO 2001, 132 m. w. N.; verneinend OLG Hamm NJW-RR 1997, 723.
642 Vgl. Nerlich/Römermann, a. a. O., § 85 Rdnr. 6 m. w. N.
643 Bejahend OLG Zweibrücken ZIP 2001, 301 m. w. N.
644 Verneinend AG Göttingen ZIP 1999, 2107 m. w. N.

Bruder

362 Der Rechtsstreit auf Unterlassung von Patentverletzungen wird durch die Insolvenz des Beklagten einheitlich, damit auch insoweit unterbrochen, als die insolvenzfreie Rechtsstellung des Beklagten betroffen ist.[645]

Gleiches gilt, wenn der eingeklagte einheitliche Anspruch auf Rückgewähr von Vermögensgegenständen, die der – nicht am Prozess beteiligte – Schuldner an den Beklagten verschoben haben soll, zugleich auf Vorschriften über die Gläubigeranfechtung und andere Rechtsnormen (z. B. über unerlaubte Handlung) gestützt wird. Der Insolvenzverwalter kann diesen Rechtsstreit insgesamt aufnehmen und den Rückgewähranspruch unter sämtlichen rechtlichen Gesichtspunkten geltend machen.[646]

363 Die Unterbrechung des Verfahrens hat die Wirkung, dass der Lauf einer jeden Frist aufhört und nach Beendigung der Unterbrechung die volle Frist von neuem zu laufen beginnt (§ 249 Abs. 1 ZPO). Prozesshandlungen von Parteien sind gegenüber der anderen Partei ohne rechtliche Wirkung (§ 249 Abs. 2 ZPO). Während der Unterbrechung darf das Gericht keine Sachentscheidung treffen. Nur dann, wenn die Unterbrechung erst nach Schluss der mündlichen Verhandlung eintritt, wird die Verkündung der aufgrund dieser Verhandlung zu erlassenden Entscheidung nicht gehindert (§ 249 Abs. 3 ZPO). Ergeht während der Unterbrechung dennoch entgegen den gesetzlichen Vorschriften eine gerichtliche Entscheidung, so ist diese nicht nichtig, sondern nur mit dem im Einzelfall statthaften Rechtsbehelf nach den allgemeinen Vorschriften anfechtbar. Bei einem OLG-Urteil liegt ein absoluter Revisionsgrund (§ 551 Nr. 5 ZPO) vor.[647] Sowohl der Kläger, der Beklagte, als auch der Insolvenzverwalter können die Entscheidung angreifen, die dann ersatzlos aufgehoben werden muss. Legt der Insolvenzverwalter einen solchen Rechtsbehelf ein, ist damit keine Aufnahme des Rechtsstreites verbunden, es sei denn, er erklärt dieses ausdrücklich.[648] Erfolgt kein Rechtsbehelf, dann soll nach Ansicht des OLG Köln die Rechtskraft die fehlerhafte Sachbehandlung durch das Gericht heilen und das Urteil volle Wirksamkeit erhalten. Der Insolvenzverwalter soll außerdem kein rechtliches Interesse daran haben, gegen eine nach Insolvenzeröffnung ergangene Entscheidung einen Rechtsbehelf einzulegen, solange diese nicht wirksam zugestellt worden sei.[649] Ein solches Urteil könne weder gegen den Insolvenzverwalter, noch gegen den Gemeinschuldner endgültige Rechtswirkungen erzeugen. Diese Entscheidung ist aus der Sicht der Praxis bedenklich. Es lässt sich für den Insolvenzverwalter sehr oft nur schwer feststellen, ob eine Entscheidung dem Schuldner selbst – wiederum entgegen den gesetzlichen Vorschriften – zugestellt wurde, wobei nicht deutlich wird, ob das OLG Köln eine solche Zustellung als wirksam ansehen würde. Im Übrigen würde auch eine Zustellung keine endgültigen Rechtswirkungen

---

645 BGH NJW 1966, 51.
646 BGH ZIP 2000, 238.
647 Vgl. BGH ZIP 2000, 1116, 1117 m. w. N.; BGH ZIP 1988, 446.
648 BGH ZIP 2000, 1116 und 1117; BGH ZIP 1997, 473.
649 OLG Köln ZIP 1988, 447.

erzeugen, weil die Rechtsbehelfs- oder Rechtsmittelfrist wegen § 249 ZPO nicht zu laufen begonnen haben kann.

Legt eine Partei gegen die unzulässige Entscheidung den entsprechenden Rechtsbehelf ein, ist die Entscheidung aufzuheben und das Verfahren ggf. an die Vorinstanz zurückzuverweisen, wo es weiterhin unterbrochen ist.[650]

3. Aufnahme von Aktivprozessen (§ 85 InsO)

a) Aufnahme durch den Insolvenzverwalter

Während der Unterbrechung kann zuerst nur der Insolvenzverwalter Aktivprozesse aufnehmen. Dabei kommt es auf die Parteirolle des Schuldners nicht an. Unter »Aktivprozessen« sind alle Verfahren zu verstehen, deren Streitgegenstand insolvenzbefangenes Vermögen betrifft. Hat der Schuldner z. B. Widerklage erhoben, so ist dies ein Aktivprozess im Sinne von § 85 InsO, obwohl der Schuldner in erster Linie Beklagter ist. Gleiches gilt für eine gegen den Schuldner gerichtete negative Feststellungsklage.[651]

364

War vor der Unterbrechung gegen den Schuldner ein klagezusprechendes, aber nur vorläufig vollstreckbares Urteil ergangen und hat der Schuldner die Urteilssumme bezahlt, dann gilt auch dieser Rechtsstreit als Aktivprozess im Sinne von § 85 InsO. Wird dieses nur für vorläufig vollstreckbar erklärte Urteil aufgehoben, dann hat der Schuldner bzw. die Insolvenzmasse einen Schadenersatz- bzw. Herausgabeanspruch nach § 717 ZPO, der bereits jetzt als aufschiebend bedingter Anspruch zur Aktivmasse gehört. Der Insolvenzverwalter muss sich somit ggf. unverzüglich entscheiden, ob er den Rechtsstreit aufnimmt.[652] Gleiches gilt, wenn der Kläger aufgrund eines vorläufig vollstreckbaren Urteils Sicherheit geleistet hat, vor Unterbrechung des Verfahrens aber die Vollstreckung des Urteils nicht mehr erfolgreich war.[653] Auch hier hat die Aufnahme nach § 85 InsO zu erfolgen.[654]

Der Insolvenzverwalter hat nach pflichtgemäßem Ermessen zu entscheiden, ob er den unterbrochenen Prozess aufnimmt. Er hat dabei die Zustimmungsbedürftigkeit nach § 160 Abs. 2 Nr. 3 InsO zu beachten. Eine entgegen dieser Bestimmung erfolgte Aufnahme ist in vollem Umfange wirksam. § 160 InsO hat keine Außenwirkung (§ 164 InsO).

365

Die Aufnahme erfolgt durch Zustellung eines bei Gericht einzureichenden Schriftsatzes (§ 250 ZPO). Erst mit Zustellung wird die Unterbrechung beendet und beginnen etwaige Rechtsmittelfristen in vollem Umfange von

366

---

650 BGH ZIP 1988, 446.
651 Vgl. RGZ 122, 51; RGZ 73, 278.
652 Vgl. BGH NJW-RR 1986, 672; für die Anwendung von § 86 InsO: FK-InsO/App § 86 Rdnr. 12.
653 RGZ 85, 214, 219; 86, 394, 396.
654 Zu weiteren Beispielen für Aktivprozesse s. Kuhn/Uhlenbruck, a. a. O., § 10 Rdnr. 2; FK-InsO/App § 85 Rdnr. 4 ff.

neuem zu laufen (§ 249 Abs. 1 ZPO). Wird der Aufnahmeschriftsatz entgegen § 270 ZPO nicht zugestellt, sondern nur in einfacher Form übersandt, so kann Heilung nach § 295 ZPO eintreten.[655] Ist die Zustellung formlos erfolgt, kann nach § 187 ZPO keine Heilung eintreten, wenn die Zustellung eine Notfrist in Gang setzen soll, wobei dies auch für die Berufungsbegründungsfrist gilt.[656]

Die Aufnahme des Rechtsstreits kann auch in einer noch vor Verfahrensunterbrechung anberaumten aber danach stattfindenden mündlichen Verhandlung zu Protokoll des Gerichts erklärt werden. Ist der Prozessgegner anwesend und erhebt er keine Einwendungen (§ 295 ZPO), kann der Prozess sofort fortgesetzt werden.[657]

367 Ist der Prozess nach Erlass eines Urteils unterbrochen worden, ist in der Rechtsmitteleinlegung durch den Insolvenzverwalter beim nächsthöheren Gericht gleichzeitig eine Aufnahmeerklärung nach § 85 InsO zu sehen. Eine Aufnahmeerklärung gegenüber dem Erstgericht und eine getrennte Rechtsmitteleinlegung zum nächsthöheren Gericht ist nicht notwendig.[658] Dementsprechend reicht eine konkludente, aber unzweideutige Aufnahmeerklärung aus, es muss nicht wörtlich die Aufnahme erklärt werden.[659]

Der die Aufnahme erklärende Rechtsanwalt muss nicht in jedem Fall bei dem Gericht zugelassen sein, bei dem der Rechtsstreit anhängig ist. Der Revisionsbeklagte kann die Aufnahme eines im Revisionsverfahren durch Eröffnung des Insolvenzverfahrens unterbrochenen Prozesses bis zur Entscheidung über die Annahme der Revision durch einen beim Revisionsgericht einzureichenden Schriftsatz des Prozessbevollmächtigten der 2. Instanz erklären. Der Grundsatz der Lokalisation muss in diesem Fall vor prozessökonomischen Erwägungen zurücktreten.[660]

368 Der Insolvenzverwalter übernimmt den Rechtsstreit in dem Zustand, wie er sich vor der Unterbrechung befand. Unterbrochene Fristen beginnen aber ab Aufnahme in vollem Umfange neu zu laufen (§ 249 Abs. 1 ZPO). Damit ist der Verwalter an alle Prozesshandlungen, die vor Unterbrechung erfolgt sind, gebunden. Er hat alle – aber auch nicht mehr – Rechte, als die, die dem Schuldner bei Unterbrechung noch zur Verfügung standen. Allerdings kann er von dem Schuldner noch vorgenommene Verfügungen über den Streitgegenstand (Anerkenntnisse, Verzichte, Vergleiche etc.) nach §§ 129 ff. InsO anfechten, wenn die Voraussetzungen dafür vorliegen. Ab Aufnahme entscheidet der Insolvenzverwalter allein über das weitere Schicksal des Rechtsstreits (siehe aber § 160 Abs. 2 Nr. 3 InsO). Seine Rechtshandlungen und evtl. Urteile verpflichten den Schuldner bzw. die Insolvenzmasse.

---

655 Vgl. BGHZ 50, 397, 400; offengelassen von BGH NJW 1994, 3232, 3233; s. auch oben Rdnr. 359 ff.
656 Vgl. BGH ZIP 1999, 75.
657 Vgl. Kuhn/Uhlenbruck, a. a. O., § 10 Rdnr. 4 m. w. N.
658 Vgl. BGH NJW 1962, 589; Kuhn/Uhlenbruck, a. a. O., § 10 Rdnr. 4 a.
659 Vgl. zu den vielfachen Varianten: Kuhn/Uhlenbruck, a. a. O., § 10 Rdnr. 4 b.
660 BGH ZIP 2001, 578; s. a. Rdnr. 37.

> **Muster einer Aufnahmeerklärung nach § 85 Abs. 1 InsO**
>
> An das
> LG München I
> Zivilkammer
>
> **Aufnahmeerklärung nach § 85 Abs. 1 InsO**
>
> in Sachen
>
> RA Manfred Mustermann als Insolvenzverwalter der Fa. Muster GmbH
>
> gegen
>
> Michael Meier
>
> AZ: ......
>
> Wir zeigen an, dass wir den Insolvenzverwalter und jetzigen Kläger vertreten. Über das Vermögen der Fa. Muster GmbH wurde am .... das Insolvenzverfahren eröffnet und RA Manfred Mustermann zum Insolvenzverwalter bestellt (Beweis: Eröffnungsbeschluss). Der Insolvenzverwalter nimmt hiermit den Rechtsstreit gem. § 85 Abs. 1 InsO auf. Wir bitten um kurzfristige Anberaumung einer mündlichen Verhandlung.
>
> Unterschrift

b) Verzögerung der Aufnahme

369 Der Insolvenzverwalter darf die Aufnahme des Rechtsstreits nicht verzögern. Als Verzögerung gilt, wenn der Verwalter den Rechtsstreit in einer den Umständen nach angemessenen Frist ohne Entschuldigungsgrund nicht aufnimmt.[661] In diesem Fall hat die Aufnahme nach § 85 Abs. 1 Satz 2 i. V. m. § 239 Abs. 2–4 ZPO zu erfolgen. Der Prozessgegner kann den Insolvenzverwalter zur Aufnahme und zugleich zur Verhandlung der Hauptsache durch das Gericht laden lassen. Zustellung dieses Antrages und dieser Ladung hat direkt an den Insolvenzverwalter, nicht aber an die ehemaligen Anwälte des Schuldners zu erfolgen. Die Vollmacht der ehemaligen Anwälte ist mit Insolvenzeröffnung nach § 117 InsO erloschen. Gleiches gilt für den Geschäftsbesorgungsvertrag (§§ 115, 116 InsO).[662]

Besteht über die Zulässigkeit der Aufnahme Streit, z. B. weil der Insolvenzverwalter der Ansicht ist, dass der Streitgegenstand nicht die Insolvenzmasse betrifft, so ist darüber entweder durch Zwischenurteil nach § 303 ZPO oder durch ein den Aufnahmeantrag abweisendes Endurteil zu entscheiden.[663]

Trat die Unterbrechung während des Laufs der Rechtsmittelbegründungsfrist ein, so kann entgegen § 239 Abs. 2 ZPO nicht gleich zur Verhandlung zur Hauptsache geladen werden, solange noch die Rechtsmittelbegründung aussteht.[664]

---

661 Kuhn/Uhlenbruck, a. a. O., § 10 Rdnr. 6.
662 BGH ZIP 1999, 75.
663 Vgl. Kuhn/Uhlenbruck, a. a. O., § 10 Rdnr. 6.
664 Vgl. Kuhn/Uhlenbruck, a. a. O., § 10 Rdnr. 8 b.

370 Erscheint der Insolvenzverwalter in der anberaumten mündlichen Verhandlung nicht, kann die Tatsache, dass er Insolvenzverwalter ist, nicht als zugestanden gewertet werden. Bei der Prozessführungsbefugnis des Insolvenzverwalters handelt es sich um eine Prozessvoraussetzung, die in jeder Lage des Verfahrens, auch in der Revisionsinstanz, von Amts wegen zu prüfen ist.[665] Bringt der Kläger nicht den vollen Beweis durch Vorlage eines entsprechenden Eröffnungsbeschlusses des Insolvenzgerichtes, ist der Aufnahmeantrag abzuweisen. Gleiches gilt, wenn der Insolvenzverwalter bestreitet, dieses Amt innezuhaben.

c) Ablehnung der Aufnahme

371 Lehnt der Verwalter die Aufnahme des Rechtsstreits ab, so können sowohl der Schuldner, als auch der Gegner den Rechtsstreit aufnehmen (§ 85 Abs. 2 InsO). Die Ablehnung der Aufnahme des Rechtsstreits ist entweder gegenüber dem Prozessgegner oder gegenüber dem Schuldner zu erklären. Wird sie gegenüber dem Schuldner erklärt, hat sie Freigabewirkung. Umgekehrt schließt die dem Schuldner gegenüber erklärte Freigabe die Ablehnung der Verfahrensaufnahme ein.[666]

Die Ablehnung der Aufnahme mit der gleichzeitigen Erklärung, den Gegenstand trotzdem für die Masse in Anspruch nehmen zu wollen, ist unwirksam.[667] Der Insolvenzverwalter kann auch im Verfahren einer juristischen Person die Aufnahme eines Rechtsstreits ablehnen.[668] Das Verfahren ist dann ggf. von den Organen der juristischen Person fortzuführen. Strittig ist, inwieweit der Verwalter in einer Nachlassinsolvenz die Aufnahme ablehnen kann.[669]

372 Die Unterbrechung des Verfahrens endet nicht schon mit der Erklärung der Freigabe oder der Nichtaufnahme durch den Konkursverwalter, sondern erst mit der Aufnahme des Rechtsstreits durch den Schuldner oder durch den Gegner.[670]

4. Aufnahme besonderer Passivprozesse (§ 86 InsO)

373 Bei der Aufnahme von Passivprozessen ist je nach Streitgegenstand zu unterscheiden. Betreffen die von der Klagepartei geltend gemachten Ansprüche einfache Insolvenzforderungen, so können diese nach Insolvenzeröffnung nur noch nach § 87 InsO entsprechend den Vorschriften über das Insolvenzverfahren, nämlich durch Anmeldung, Prüfung und ggf. dann erst

---

665 Vgl. zur Prozessstandschaft BGH ZIP 2000, 149.
666 Vgl. Kuhn/Uhlenbruck, a. a. O., § 10 Rdnr. 11; s. o. Rdnr. 274 f.
667 RGZ 70, 370.
668 S. zur Freigabe bei juristischen Personen: oben Rdnr. 244 ff.
669 S. hierzu im Einzelnen: Kuhn/Uhlenbruck, a. a. O., § 10 Rdnr. 13.
670 S. BGH ZIP 1988, 446.

Fortsetzung des Prozessverfahrens geltend gemacht werden (§§ 87, 174 ff. InsO). Betrifft der Rechtsstreit aber

- die Aussonderung eines Gegenstands aus der Insolvenzmasse,
- die abgesonderte Befriedigung oder
- eine Masseverbindlichkeit,

dann kann dieser Rechtsstreit nach Eröffnung des Insolvenzverfahrens sowohl vom Insolvenzverwalter, als auch vom Gegner aufgenommen werden (§ 86 Abs. 1 InsO).

▶ **Beispiele für Aussonderungsrechte**

- Der Vermieter hat vor Insolvenzeröffnung den Mietvertrag mit dem Schuldner gekündigt und auf Räumung und Herausgabe des Mietgrundstückes geklagt. Dieser Prozess wird durch die Insolvenzeröffnung unterbrochen. Der Vermieter macht entweder seinen dinglichen (§ 985 BGB) oder seinen schuldrechtlichen (Mietvertragsansprüche) Herausgabeanspruch geltend. Es handelt sich um Ansprüche nach § 47 InsO auf Aussonderung. Den unterbrochenen Prozess kann sowohl der Vermieter als auch der Insolvenzverwalter aufnehmen.[671]

374

- Die Leasinggesellschaft hat vor Insolvenzeröffnung unter Beachtung von § 112 InsO den Leasingvertrag gekündigt und auf Rückgabe der Leasinggegenstände geklagt. Auch hier wird die Aussonderung nach § 47 InsO geltend gemacht. Der unterbrochene Rechtsstreit kann von der Leasinggesellschaft oder dem Insolvenzverwalter aufgenommen werden.[672]

▶ **Beispiele für Absonderungsrechte**

- Ein Gläubiger hat vor Insolvenzeröffnung einen Gegenstand der späteren Insolvenzmasse gepfändet. Der Schuldner hat noch vor Eröffnung Vollstreckungsabwehrklage erhoben (die Voraussetzungen von § 88 InsO liegen nicht vor). Der Streitgegenstand betrifft somit ein Absonderungsrecht und fällt damit unter § 86 Abs. 1 Nr. 2 InsO.

375

- Der Schuldner hat vor Insolvenzeröffnung wegen eines gegen ihn ergangenen vorläufig vollstreckbaren Urteils zur Abwendung der Zwangsvollstreckung Geld bei der Gerichtskasse hinterlegt. Der Gläubiger hat bei Rechtskraft des Urteils einen Absonderungsanspruch, so dass nach seiner Sicht § 86 Abs. 1 Nr. 2 InsO anwendbar ist. Die Folge ist umstritten. Es ist zumindest aus der Sicht des Insolvenzverwalters auch § 85 InsO gegeben, weil es um Ansprüche aus § 717 ZPO gehen kann.[673]

---

[671] S. a. Rdnr. 237 ff. und 357 ff.
[672] S. a. Rdnr. 237 ff.
[673] Vgl. BGH NJW-RR 1986, 672; Kuhn/Uhlenbruck, a. a. O., § 11 Rdnr. 4; s. oben Rdnr. 364.

376 Die Abgrenzung zwischen § 85 InsO und § 86 InsO ist zum Teil schwierig. So können gegen den Schuldner gerichtete Unterlassungsklagen von ihrem Gegenstand her Aussonderungsansprüche sein, so dass sie unter § 86 Abs. 1 Nr. 1 InsO fallen würden: wenn z. B. der Schuldner ein ihm zustehendes Lizenzrecht behauptet und der Patentinhaber eine Unterlassungsklage erhoben hat. Hätte die Klage Erfolg, würde der Insolvenzmasse das Lizenzrecht entzogen. Der Patentinhaber möchte dieses Recht aussondern. Andererseits handelt es sich um einen Streit über einen Gegenstand, der zur Insolvenzmasse gehört, so dass § 85 InsO anwendbar sein könnte.[674]

377 Nicht in allen Fällen ist eine Aufnahme des Rechtsstreits, der Absonderungsrechte zum Gegenstand hat, sinnvoll. Hat ein Gläubiger vor Insolvenzeröffnung auf Herausgabe der ihm sicherungsübereigneten Sache geklagt, so steht einer Fortsetzung dieses Rechtsstreites das Verwertungsrecht des Insolvenzverwalters nach § 166 Abs. 1 InsO entgegen. Hier hat die Aufnahme des Rechtsstreits für den Gläubiger nur dann Sinn, wenn Streit darüber besteht, ob der Insolvenzverwalter im Besitz der Sache ist oder wenn das Sicherungsrecht grundsätzlich strittig ist. Ggf. muss die Klage vom Gläubiger auf Feststellung des Sicherungsrechtes umgestellt werden.[675]

▶ **Beispiele für Masseverbindlichkeiten**

378 – Der Bauherr hat den Schuldner vor Insolvenzeröffnung auf Beseitigung vorhandener Mängel verklagt. Der Insolvenzverwalter tritt nach § 103 InsO in diesen Bauvertrag ein. Die Voraussetzungen von § 105 InsO liegen nicht vor. Die Gewährleistungsansprüche sind nunmehr Masseverbindlichkeit und müssen vom Insolvenzverwalter befriedigt werden.[676] Der Prozess kann nach § 86 Abs. 1 Nr. 3 InsO sowohl vom Kläger, als auch vom Insolvenzverwalter aufgenommen werden.

– Die Leasinggesellschaft hat noch vor Insolvenzeröffnung rückständige Leasingraten aus der Zeit des vorläufigen Insolvenzverfahrens (starker vorläufiger Verwalter!) eingeklagt. Die rückständigen Raten werden Masseverbindlichkeiten (§ 55 Abs. 2 Satz 2 InsO). Sowohl Kläger, als auch Insolvenzverwalter können den Rechtsstreit aufnehmen (§ 86 Abs. 1 Nr. 3 InsO).

379 Die Aufnahme des Rechtsstreits erfolgt gem. § 250 ZPO (s. oben Rdnr. 364 ff.). Bei einer Aufnahme durch den Insolvenzverwalter sind die Zustimmungserfordernisse nach § 160 InsO zu beachten.

Der Insolvenzverwalter kann den Anspruch des Gläubigers sofort anerkennen. In diesem Fall sind sämtliche Kosten des Rechtsstreits nur Insolvenzforderungen (§ 86 Abs. 2 InsO). Wird aufgrund streitiger Verhandlung ent-

---

674 S. zum Meinungsstand: Kuhn/Uhlenbruck, a. a. O., § 11 Rdnr. 2.
675 Vgl. HK-InsO/Eickmann § 86 Rdnr. 8.
676 Vgl. aber BGH ZIP 1997, 688 »Sachsenmilch«.

schieden, gelten die allgemeinen Regeln nach § 91 ff. ZPO (s. unten Rdnr. 387 ff.).

Trotz sofortigen Anerkenntnisses des Insolvenzverwalters ist kein Erstattungsanspruch – auch nicht als einfache Insolvenzforderung – des Gegners gegeben, wenn der Schuldner keinen Anlass zur Klageerhebung gegeben hatte und der Prozess sich in einer Lage befindet, in der der Schuldner noch ein Anerkenntnis im Sinne des § 93 ZPO abgegeben könnte.[677]

Ein Anerkenntnis ist nur dann sofort, wenn es unverzüglich nach Aufnahme des Rechtsstreites, spätestens in der ersten mündlichen Verhandlung vor Antragstellung abgegeben wird.[678]

5. Aufnahme allgemeiner Passivprozesse (§ 87 InsO)

»Einfache« Insolvenzgläubiger können ihre Forderungen nur nach den Vorschriften über das Insolvenzverfahren verfolgen (§ 87 InsO). Unter Insolvenzgläubigern sind die persönlichen Gläubiger zu verstehen, die einen zur Zeit der Eröffnung des Insolvenzverfahrens begründeten Vermögensanspruch gegen den Schuldner haben (§ 38 InsO). Dazu zählen auch die nachrangigen Insolvenzgläubiger gem. § 39 InsO. Ist ein Insolvenzgläubiger absonderungsberechtigt, gilt § 86 für sein dingliches Recht, aber § 87 für seinen schuldrechtlichen Anspruch. Während der Konkursordnung konnten die Gläubiger die nach Konkurseröffnung anfallenden Zinsen auch während des Verfahrens direkt gegen den Schuldner geltend machen. Dies ist jetzt ausgeschlossen, weil auch die nachrangigen Insolvenzforderungen (§ 39 InsO) den »Forderungen« im Sinne des § 87 InsO unterfallen. Auch besteht für Insolvenzgläubiger keine Möglichkeit mehr, am Insolvenzverfahren nicht teilzunehmen, um direkt gegen den Schuldner vorgehen zu können. § 87 InsO macht hier im Gegensatz zu § 12 KO keine Ausnahme mehr.[679]

380

Wenn das Gesetz vorschreibt, dass die Insolvenzgläubiger ihre Forderungen nur nach den Vorschriften über das Insolvenzverfahren verfolgen können, bedeutet dies:

381

Die Gläubiger müssen ihre Forderungen schriftlich beim Insolvenzverwalter anmelden. Dabei sind der Grund und der Betrag der Forderung anzugeben (§ 174 InsO). Die Forderungen müssen geprüft werden (§ 176 InsO). Wird die Forderung im Prüfungstermin weder vom Insolvenzverwalter, noch von einem Insolvenzgläubiger bestritten, gilt sie als festgestellt, ist in die Insolvenztabelle einzutragen und wirkt wie ein rechtskräftiges Urteil gegenüber dem Insolvenzverwalter und allen Insolvenzgläubigern (§§ 176, 178 InsO).

---

677 Vgl. HK-InsO/Eickmann § 86 Rdnr. 12.
678 So FK-InsO/App § 87 Rdnr. 15; Kuhn/Uhlenbruck, a. a. O., § 11 Rdnr. 8; s. aber HK-InsO/Eickmann § 86 Rdnr. 14 »sofort nach Aufnahme«.
679 Vgl. HK-InsO/Eickmann § 87 Rdnr. 4.

382 Weder der Gläubiger, noch der Insolvenzverwalter können danach den anhängigen Rechtsstreit mit Aussicht auf Erfolg aufnehmen. Der Gläubiger nicht, weil er über die streitgegenständliche Forderung den Auszug aus der Tabelle bekommt, der wie ein rechtskräftiges Urteil wirkt (§ 178 Abs. 3 InsO). Der Insolvenzverwalter nicht, weil die in dem unterbrochenen Prozess noch rechtshängige Forderung durch Feststellung zur Insolvenztabelle rechtskräftig tituliert ist.

Zu Einzelheiten der Forderungsanmeldung, Tabellenerstellung und Forderungsprüfung siehe unten Rdnr. 392 ff.

383 Nur wenn eine Forderung bestritten wird, kann der Gläubiger die Feststellung gegen den Bestreitenden betreiben. Hierzu erhält der Gläubiger vom Insolvenzgericht einen begl. Auszug aus der Tabelle (§ 179 InsO). Waren die streitgegenständlichen Forderungen noch nicht rechtshängig, kann der Gläubiger Klage auf Feststellung der Forderung zur Insolvenztabelle im ordentlichen Verfahren erheben (§ 180 Abs. 1 InsO).[680]

War im Zeitpunkt der Verfahrenseröffnung der Rechtsstreit über die Forderung rechtshängig, so kann die Feststellung der bestrittenen Forderung nur durch Aufnahme des Rechtsstreits erfolgen. Die Tatsache der Forderungsanmeldung, Prüfung und des Bestreitens ist eine in jeder Lage des Verfahrens von Amts wegen zu prüfende Sachurteilsvoraussetzung. Dies gilt auch bei Massenverfahren (160 Kläger) und auch noch in der Revisionsinstanz.[681] Zum Nachweis dieser Tatsachen ist die Vorlage eines begl. Auszuges aus der Insolvenztabelle gem. § 179 Abs. 3 Satz 1 InsO ausreichend, aber auch erforderlich. Dieses Erfordernis ist nicht abdingbar und kann nicht durch Vereinbarung zwischen Insolvenzverwalter und Kläger oder durch Rügeverzicht des Insolvenzverwalters ersetzt werden.[682] Nimmt der Gläubiger den Rechtsstreit auf, so ist der Antrag umzustellen und gegen den Insolvenzverwalter auf Feststellung der Forderung zur Insolvenztabelle zu richten.[683] Dabei ist aber zu beachten, dass die Feststellung nach Grund, Betrag und Rang der Forderung nur so beansprucht werden kann, wie die Forderung in der Anmeldung oder spätestens im Prüfungstermin bezeichnet worden ist (§ 181 InsO). Ist in der Anmeldung ein anderer Forderungsgrund angegeben, als er der unterbrochenen Klage zugrunde liegt, ist eine Aufnahme des Rechtsstreits nicht möglich. Es müsste eine neue Klage erhoben werden. Wird der Rechtsstreit dennoch aufgenommen, ist die Aufnahme unzulässig, weil es an einer von Amts wegen zu prüfenden Sachurteilsvoraussetzung fehlt (die streitgegenständlichen Forderungen sind nicht angemeldet, geprüft und bestritten). Der Aufnahmeantrag wäre durch Zwischenurteil nach § 303 ZPO als unzulässig abzuweisen, weil sich der Rechtsstreit noch im Stadium der Unterbrechung gem. § 240 ZPO befindet.[684]

---

680 Zu Einzelheiten s. unten Rdnr. 449 ff.
681 BGH ZIP 2000, 705.
682 BGH a. a. O.
683 BGH ZIP 1980, 23.
684 Vgl. BGH ZIP 2000, 705, 706.

verbindlichkeit sein. Ist ein Prozess in der Hauptsache vor Insolvenzeröffnung erledigt, dann sollen die bis dahin angefallenen Kosten Insolvenzforderung und die im Falle des Bestreitens durch einen Feststellungsprozess entstehenden Kosten Masseverbindlichkeit sein, wenn der Verwalter unterliegt.[693]

Nach Ansicht des OLG München[694] erfassen bei Aufnahme eines Rechtsstreits den Insolvenzverwalter betreffende Kostenentscheidungen sämtliche Kosten des Verfahrens, auch solche, die bereits vor seinem Eintritt entstanden waren, so dass diese Kosten von einfachen Insolvenzforderungen in Masseverbindlichkeiten umgewandelt werden. Dies gilt aber nach Meinung des OLG München nicht für bereits vor Eintritt des Insolvenzverwalters vollständig abgeschlossene Instanzen, in denen die Kostenentscheidungen gegen den Schuldner ergangen sind.

389 Als Grund für diese Ausweitung der Masseverbindlichkeiten wird fast ausschließlich die »Einheit der Kostenentscheidung« angegeben, die es verhindere, dem Insolvenzverwalter nur die ab seinem Eintritt in den Prozess anfallenden Kosten aufzuerlegen.[695] Einen solchen Grundsatz gibt es zumindest im Rahmen des Insolvenzverfahrens nicht. Gaedeke[696] hat überzeugend dargelegt, dass es eine Einheit der Kostenentscheidung überhaupt nicht gibt. Gerichtskostenmäßig sei eine Trennung etwas alltägliches, z. B. in den Fällen, in denen im Laufe der Instanz die Prozesskostenhilfe entzogen würde. Bisher schon erwachsene Gerichtskostenansprüche würden mangels rückwirkender Kraft der Entziehung davon nicht erfasst. Die Partei habe nur die nach der Entziehung neu erwachsenen Gerichtskosten zu entrichten.

Das Bundesarbeitsgericht[697] hat dargelegt, dass die Kostenvorschriften der Zivilprozessordnung sich nicht mit dem Konkurs/der Insolvenz einer Partei befassen. Daher könne aus ihnen auch nicht der Grundsatz abgeleitet werden, dass die Kostentragungslast aus einem Kostenerstattungsanspruch gegen den Insolvenzverwalter bei der Insolvenzmasse verbleiben müsse. Ob eine Verbindlichkeit Masseverbindlichkeit ist, entscheidet sich allein aus der Insolvenzordnung. Nach § 55 Abs. 1 Nr. 1 InsO müssen Handlungen des Insolvenzverwalters vorliegen. Waren Verbindlichkeiten vor Insolvenzeröffnung entstanden oder auch nur bedingt entstanden, fallen diese nicht unter § 55 InsO.[698] Die Prozesskosten und zwar sowohl die Gerichtskosten, als auch die außergerichtlichen Kosten entstehen mit der jeweiligen Vollendung des Gebührentatbestandes und sind ggf. erst nach Abschluss der Instanz, wenn die Kosten festgesetzt wurden, fällig, allerdings noch nicht rechtskräftig festgestellt. Auch die Prozesskosten der laufenden Instanz wa-

---
693 Kuhn/Uhlenbruck, a. a. O., § 59 Rdnr. 5 c m. w. N.
694 OLG München ZIP 2000, 31.
695 Vgl. OLG München, a. a. O., m. w. N.
696 Gaedeke JW 1939, 733, 735; ebenso OLG Hamm ZIP 1994, 1547.
697 BAG ZIP 1987, 997, 999 zu § 60 KO.
698 Kuhn/Uhlenbruck, a. a. O., § 59 Rdnr. 6.

Die Quotenaussicht ist aber zum Zeitpunkt des Prüfungstermines und in der Regel auch bei einer nachfolgenden Feststellungsklage noch nicht bekannt und auch vom Insolvenzverwalter nur schwer festzustellen. Das Gericht hat den Streitwert, insbesondere, wenn es um die Zulässigkeit eines Rechtsmittels geht, von Amts wegen zu bestimmen. Ein über die Schätzung der Insolvenzquote hinausgehendes Ermessen besteht nicht. Insbesondere bei einer Feststellungsklage zwischen einem anmeldenden und einem bestreitendem Gläubiger, darf das Gericht nicht aus mangelndem Vortrag einer Partei Schlüsse zur Höhe der Insolvenzquote ziehen. Es hat vielmehr die Pflicht, eine Auskunft des Insolvenzverwalters bezüglich der Quotenaussicht einzuholen.[691]

Die Höhe der Insolvenzquote und damit der Streitwert des Prozesses hat nicht nur Einfluss auf die Berufungsfähigkeit eines Urteiles, sondern bereits bei Klageeinreichung auf die sachliche Zuständigkeit. Auch hier kommt es darauf an, welche Quotenaussicht nach Ansicht des Insolvenzverwalters besteht. Eine einmal begründete Zuständigkeit bleibt von einer Veränderung der Insolvenzquote unberührt (§§ 4 Abs. 1 Satz 1, 264 ZPO). Hatte der Gläubiger einen höheren Betrag zur Tabelle angemeldet, als er vor Insolvenzeröffnung eingeklagt hatte und wird die Anmeldung bestritten, erhöht sich – je nach Insolvenzquote – bei Aufnahme des Rechtsstreites auch der Streitwert, so dass ggf. nach § 506 ZPO eine Verweisung an das Landgericht nötig wird.

7. Prozesskosten

Nach § 55 Abs. 1 Nr. 1 InsO gehören die Verbindlichkeiten durch Handlungen des Insolvenzverwalters zu Masseverbindlichkeiten. Dazu zählen auch die Prozesshandlungen des Insolvenzverwalters. Beginnt er selbst einen Rechtsstreit oder wird er wegen strittiger Masseverbindlichkeiten verklagt, so ist dies ohne Probleme. Verliert der Insolvenzverwalter die Rechtsstreite, dann sind die zu erstattenden Kosten Masseverbindlichkeit. Probleme bereiten die Verfahren, die entweder vom Gläubiger oder vom Insolvenzverwalter aufgenommen werden. Nach der wohl noch herrschenden Meinung sollen Masseverbindlichkeiten nicht nur die nach, sondern auch die vor Insolvenzeröffnung entstandenen Kosten sein. Dabei wird oft nicht differenziert, ob die Kosten aller Instanzen vor Insolvenzeröffnung oder nur die vor Insolvenzeröffnung angefallenen Kosten der laufenden Instanz gemeint sind.[692] 387

Werden dem Insolvenzverwalter nur ein Teil der Gesamtkosten oder nur die Kosten eines Rechtsmittels auferlegt, dann sollen nur diese Kosten Masse- 388

---

691 BGH ZIP 1999, 1811.
692 Für letzteres: BAG AP § 91 a ZPO Nr. 7 (bei Rücknahme des Widerspruches durch den Konkursverwalter nach Aufnahme des Rechtsstreits); nicht eindeutig: Kuhn/Uhlenbruck, a. a. O., § 59 Rdnr. 5 a; siehe aber Uhlenbruck, ZIP 2001, 1988 m. w. N.

ren bis zur Unterbrechung des Rechtsstreits nach § 240 ZPO bereits entstanden. Sie sind nicht durch Handlungen des Insolvenzverwalters im Sinne von § 55 Abs. 1 Nr. 1 InsO verursacht.

Die Unterscheidung des OLG München[699] nach titulierten und nicht titulierten Prozesskosten aus vollständig abgeschlossenen Instanzen führt nicht zu einem befriedigendem Ergebnis, weil es von reinen Zufälligkeiten abhängen würde, ob Prozesskosten Masseverbindlichkeiten werden. Je nach dem, ob das Insolvenzverfahren kurz vor oder kurz nach der Urteilsverkündung eröffnet wird, wären die gesamten Kosten dieser Instanz bei Aufnahme des Rechtsstreits durch den Insolvenzverwalter Masseverbindlichkeiten oder Insolvenzforderungen.

Auch die Differenzierung danach, ob dem Insolvenzverwalter nur die Kosten eines Rechtsmittels auferlegt werden, die dann Masseverbindlichkeit sind, ist nicht sachgerecht. Hat der Schuldner in erster Instanz den Prozess verloren und legt der Insolvenzverwalter Berufung ein und verliert ebenfalls, werden dem Insolvenzverwalter im Berufungsurteil die Kosten des Rechtsmittels auferlegt. Somit hätte er die erstinstanzlichen Kosten nicht als Masseverbindlichkeiten zu tragen. Hat der Schuldner aber in erster Instanz gewonnen, legt der Prozessgegner Berufung ein und nimmt der Insolvenzverwalter das Verfahren auf und verliert die Berufung, dann würde das Ersturteil aufgehoben und vom Berufungsgericht über die gesamten Kosten des Rechtsstreit entschieden. Diese müssten dann konsequenterweise Masseverbindlichkeiten sein.

Von solchen Zufälligkeiten kann es aber nicht abhängen, ob Prozesskosten Masseverbindlichkeiten oder einfache Insolvenzforderungen sind. Erforderlich ist deshalb eine enge Auslegung am Gesetzestext. §§ 55 Abs. 1 Nr. 1 und 105 InsO erfordern eine Trennung der Kosten, die vor bzw. nach Verfahrenseröffnung *begründet* worden sind. Nur die mit oder nach Aufnahme des Rechtsstreits durch Handlungen des Insolvenzverwalters entstehenden Prozesskosten sind Masseverbindlichkeiten.[700] Dies korrespondiert auch mit der Streitwertvorschrift des § 182 InsO. Die nach Aufnahme entstehenden Gerichtskosten und außergerichtlichen Kosten werden aus dem neuen Streitwert berechnet.

Strittig ist, ob bei einem vom Insolvenzverwalter geführten Prozess aus Gründen der Prozessökonomie bereits im Kostenfestsetzungsverfahren die Einrede der Masseunzulänglichkeit (§ 208 InsO) zu berücksichtigen, oder ob diese Einrede im Wege der Vollstreckungsabwehrklage (§ 767 ZPO) geltend zu machen ist.[701]

390

---

699 OLG München ZIP 2000, 31.
700 Ebenso jetzt: MK-InsO/Schumacher, § 85 Rdnr. 20; Kübler-Prütting, a. a. O., § 85 Rdnr. 58 f.; Uhlenbruck, ZIP 2001, 1988.
701 Für ersteres: LAG Stuttgart ZIP 2001, 657; für letzteres: OLG München ZIP 2000, 555; BAG ZIP 1987, 997, 998; s. a. Rdnr. 543.

391 Führt ein Antragsteller gegen den Insolvenzverwalter ein selbstständiges Beweisverfahren, sind die Kosten des Insolvenzverwalters als Antragsgegner gem. § 494a Abs. 2 ZPO dem Antragsteller auch dann aufzuerlegen, wenn dieser aus wirtschaftlichen Erwägungen von einer Klageerhebung gegen den Insolvenzverwalter absieht.[702]

V. Behandlung von Insolvenzforderungen (§§ 174 ff. InsO)

1. Begriff

392 Die Insolvenzgläubiger können ihre Forderungen nur nach den Vorschriften über das Insolvenzverfahren verfolgen (§ 87 InsO). Unter der Konkursordnung konnten die Gläubiger noch auf die Teilnahme am Konkursverfahren verzichten und ihre Forderung während des Konkursverfahrens direkt gegenüber dem Gemeinschuldner in dessen Neuvermögen geltend machen. Diese Möglichkeit bietet die Insolvenzordnung nicht mehr. § 87 InsO zeigt die einzig mögliche Vorgehensweise von Insolvenzgläubigern auf, wenn sie ihre Ansprüche durchsetzen und Befriedigung erlangen wollen.

Obwohl die Insolvenzordnung die Vorrechte weitgehend abgeschafft hat, gibt es immer noch eine gewisse Rangordnung für die Gläubigeransprüche.

- Aus- und Absonderungsgläubiger (§§ 47–52 InsO),
- Massegläubiger (§§ 53–55 InsO),
- Nachrangige Massegläubiger (§ 209 InsO),
- Insolvenzgläubiger (§ 38 InsO),
- nachrangige Insolvenzgläubiger (§ 39 InsO),
- Unterhaltsansprüche (§ 40 InsO).

393 a) Aussonderungsgläubiger ist, wer aufgrund eines dinglichen oder persönlichen Rechts geltend machen kann, dass ein Gegenstand nicht zur Insolvenzmasse gehört. Er ist kein Insolvenzgläubiger. Sein Anspruch auf Aussonderung bestimmt sich nach den Gesetzen, die außerhalb des Insolvenzverfahrens gelten (§ 47 InsO). Hat der Vermieter z.B. dem Schuldner als Mieter sein Grundstück zur Nutzung zur Verfügung gestellt und ist der Mietvertrag bereits gekündigt und das Insolvenzverfahren eröffnet, kann der Vermieter seinen Anspruch auf Aussonderung, nämlich seinen Anspruch auf Herausgabe des in seinem Eigentum befindlichen Grundstücks sowohl nach § 985 BGB, als auch aufgrund der mietvertraglichen Rückgabeverpflichtung nach § 556 BGB geltend machen. Insoweit braucht er sich

---

702 OLG Dresden ZIP 1999, 1814.

nicht an die Vorschriften der Insolvenzordnung zu halten. Hat er aber noch Ansprüche wegen rückständigen Mietzinses oder Schadensersatzforderungen aus der Zeit vor Insolvenzeröffnung, dann ist er insoweit persönlicher Gläubiger nach § 38 InsO und kann diese Forderungen nur nach den Vorschriften über das Insolvenzverfahren verfolgen (§ 87 InsO).

b) **Absonderungsgläubiger** ist, wer z. B. an einem Gegenstand der Insolvenzmasse ein rechtsgeschäftliches Pfandrecht hat (§ 50 InsO). Diese Gläubiger sind unter Beachtung der §§ 166–173 InsO für Hauptforderung, Zinsen und Kosten zur abgesonderten Befriedigung aus dem Pfandgegenstand berechtigt. Hatte der Schuldner diesen Pfandgegenstand dem Gläubiger nur für eine fremde Schuld zur Verfügung gestellt, ohne selbst persönlicher Schuldner zu sein, dann nimmt der Gläubiger nur im Rahmen der Verwertung des Pfandgegenstandes (§§ 166–173 InsO) am Insolvenzverfahren teil, nicht jedoch an der anteilmäßigen Befriedigung aus der gesamten Insolvenzmasse. Hatte der Schuldner aber z. B. die in seinem Eigentum stehenden Maschinen dem Gläubiger zur Sicherung einer eigenen Schuld übereignet, dann ist dieser auch persönlicher Gläubiger nach § 38 InsO. Er kann am Insolvenzverfahren teilnehmen, ist aber zur anteilmäßigen Befriedigung aus der Insolvenzmasse nur berechtigt, soweit er entweder auf eine abgesonderte Befriedigung verzichtet oder bei ihr ausgefallen ist (§ 52 Satz 2 InsO). Der Gläubiger muss sich darüber erklären und bei der Anmeldung zur Insolvenztabelle angeben, dass er ein Absonderungsrecht hat. Dem entspricht die Aufforderung des Gerichtes im Eröffnungsbeschluss und die Verpflichtung der Gläubiger, ihre Sicherungsrechte gem. § 28 Abs. 2 InsO offen zu legen.

394

c) **Massegläubiger** ist, wer Ansprüche nach §§ 54 und 55 InsO geltend machen kann. Der Insolvenzverwalter beauftragt z. B. einen Steuerberater mit der Erstellung von Buchhaltung und Bilanzen: die Honoraransprüche des Steuerberaters sind Masseverbindlichkeiten nach § 55 Abs. 1 Nr. 1 InsO. Angenommen, der Insolvenzverwalter kündigt einen Mietvertrag erst nach Insolvenzeröffnung mit der gesetzlichen Frist: die Miete ab Insolvenzeröffnung ist Masseverbindlichkeit nach § 55 Abs. 1 Nr. 2 InsO (ggf. nachrangige Masseverbindlichkeit nach § 209 InsO). Diese Gläubiger sind nicht Insolvenzgläubiger im Sinne von § 38 InsO und können ihre Forderung nicht zur Insolvenztabelle anmelden.

395

d) **Insolvenzgläubiger** ist, wer persönlicher Gläubiger ist und einen zur Zeit der Eröffnung des Insolvenzverfahrens begründeten Vermögensanspruch gegen den Schuldner hat (§ 38 InsO). Diese müssen ihre Forderungen entsprechend § 87 InsO über Anmeldung zur Insolvenztabelle (§ 174 InsO), Prüfung der Forderung (§ 176 InsO), Feststellung oder Widerspruch (§ 178 InsO) und dann, wenn die Forderung streitig geblieben ist, ggf. durch Klage (§§ 179, 180 InsO) geltend machen.

396

e) **Nachrangiger Insolvenzgläubiger** ist, wer eine der in § 39 Abs. 1 InsO aufgeführten Forderungen hat. Dazu zählen insbesondere die seit Eröffnung des Insolvenzverfahrens laufenden Zinsen der Forderungen der Insol-

397

venzgläubiger. Die nachrangigen Gläubiger können ihre Forderungen nur anmelden, soweit das Gericht besonders zur Anmeldung dieser Forderungen aufgefordert hat (§ 174 Abs. 3 InsO).

2. Forderungsanmeldung (§ 174 InsO)

a) Aufforderung durch das Gericht

398 Bereits im Eröffnungsbeschluss sind die Gläubiger aufzufordern, ihre Forderungen innerhalb einer bestimmten Frist anzumelden. In der Regel macht das Gericht von § 8 Abs. 3 InsO Gebrauch und beauftragt den Insolvenzverwalter, die Zustellungen durchzuführen. Dies bedeutet, dass der Insolvenzverwalter den Eröffnungsbeschluss den Gläubigern, aber auch den Drittschuldnern und dem Schuldner (§ 30 Abs. 2 InsO) zuzustellen hat. Wegen der vielfachen Klippen bei der Forderungsanmeldung empfiehlt es sich, den Gläubigern in deren Interesse und auch zur Verwaltungsvereinfachung ein Merkblatt und ein Formular für die Forderungsanmeldung beizufügen (s. folgendes Muster).

Muster eines Merkblattes für Insolvenzgläubiger

Merkblatt für Insolvenzgläubiger

A.

Insolvenzgläubiger **sind die persönlichen Gläubiger, die einen zur Zeit der Eröffnung des Insolvenzverfahrens begründeten Vermögensanspruch gegen den Schuldner haben.**

Vermögensansprüche sind Forderungen, die eine Geldleistungspflicht zum Gegenstand haben oder, wenn sie nicht auf Geldzahlung gerichtet sind, sich inhaltlich in einen Geldleistungsanspruch umwandeln lassen.

Zu den Vermögensansprüchen zählen auch betagte, bedingte, befristete und verjährte Forderungen.

Nicht zu den Vermögensansprüchen zählen z. B. unvollkommene Verbindlichkeiten (wie Spiel- und Wettschulden), Gestaltungsrechte (z. B. das Recht zur Anfechtung) und Unterlassungsansprüche.

B.

Keine Insolvenzgläubiger **sind Gläubiger, die**

a) Aussonderungsansprüche (z. B. auf Grund Eigentums oder Eigentumsvorbehalts) oder

b) Absonderungsansprüche (z. B. auf Grund eines Grundpfandrechts, eines Pfandrechts oder einer Sicherungsübereignung)

geltend machen können. Absonderungsberechtigte sind jedoch insoweit (mit dem Ausfall) Insolvenzgläubiger, als ihnen der Schuldner auch persönlich haftet.

C.

Insolvenzgläubiger und ggf. Absonderungsberechtigte können durch Teilnahme und Abstimmung in den (evtl. auf eigenen Antrag hin) vom Insolvenzgericht anberaumten Gläubigerversammlungen Einfluss auf die Verfahrensabwicklung in den von der Insolvenzordnung vorgesehenen Fällen nehmen. **Es besteht keine Pflicht zur Teilnahme an den Gläubigerversammlungen.**

D.

Insolvenzgläubiger müssen, wenn sie eine Berücksichtigung bei der Verteilung der Insolvenzmasse anstreben, ihre Forderungen **zum Insolvenzverfahren** beim **Insolvenzverwalter – nicht beim Insolvenzgericht** – anmelden. **Die Anmeldungen bitte unbedingt schriftlich in deutscher Sprache vornehmen und mit einer Zweitschrift versehen. Ohne Anmeldung kann die Forderung im Insolvenzverfahren weder geprüft noch bei einer Verteilung der Insolvenzmasse berücksichtigt werden.**

Für die Anmeldung ist Folgendes zu beachten:

1.

Der Betrag ist in Deutscher Mark oder EURO (DM/EUR) anzugeben, und zwar getrennt nach Hauptforderung, Zinsen und Kosten und der errechneten Gesamtsumme. Forderungen, die nicht auf Zahlung eines Geldbetrages gerichtet sind oder deren Geldbetrag unbestimmt ist, müssen mit ihrem Schätzbetrag angemeldet werden.

Zinsen sind unter Angabe von Zinssatz, Zeitraum und Kapital bis zum Tag vor der Eröffnung des Insolvenzverfahrens zu errechnen. Zinsen ab dem Tag der Insolvenzeröffnung sind nachrangige Insolvenzforderungen (vgl. hierzu nachstehend Nr. 7 Buchstab a).

Forderungen die ursprünglich nicht auf Deutsche Mark oder EURO, sondern auf eine **andere Währung** lauten, müssen für die Anmeldung nach dem im Zeitraum der Insolvenzeröffnung am Ort der Insolvenzverwaltung geltenden Kurswert umgerechnet werden, sofern nicht für die Umrechnung der innerhalb der Europäischen Währungsunion festgesetzte Umrechnungskurs maßgebend ist.

2.

Der **Rechtsgrund der Forderung** (z. B. Lohn, Gehalt, Kauf, Darlehen, Dienst- oder Werkvertrag, Wechselforderung, Schadenersatzforderung) muss ausdrücklich bezeichnet werden.

3.

Urkundliche Beweisstücke (z. B. Urteil, Vollstreckungsbescheide, Kostenfestsetzungsbeschluss, Scheck, Wechsel, Schuldurkunde) sind mit der Anmeldung spätestens im Prüfungstermin **im Original** vorzulegen.

4.

Bei einer **Gläubigermehrheit** ist das Beteiligungsverhältnis der einzelnen Gläubiger anzugeben, d. h., es ist anzugeben, ob

– einer der Gläubiger die Leistung für alle Gläubiger geltend machen kann (Gesamtgläubigerschaft),
– die Leistung an alle Gläubiger gemeinschaftlich zu erfolgen hat (z. B. bei Erbengemeinschaft, Gesellschaft des bürgerlichen Rechts),
– die Leistung an die einzelnen Gläubiger nur nach bestimmten Bruchteilen erfolgen kann.

5.

Vertreter von Gläubigern müssen mit der Anmeldung eine besonders für das Insolvenzverfahren erteilte **Vollmacht** einreichen. Rechtsanwälte/Rechtsanwältinnen müssen die Vollmacht nur bei Rüge gem. §§ 4 InsO, 88 Abs. 2 ZPO vorlegen.

6.

Gläubiger, welche **Sicherungsrechte** an beweglichen Sachen oder an Rechten des Schuldners in Anspruch nehmen (Absonderungsberechtigte), müssen zur Vermeidung von Schadenersatzansprüchen den Gegenstand, an dem das Sicherungsrecht beansprucht wird, die Art und den Entstehungsgrund des Sicherungsrechts (z. B. Eigentumsvorbehalt, Sicherungsübereignung, Sicherungsabtretung, Pfandrecht) und die gesicherte Forderung unverzüglich **dem Insolvenzverwalter mitteilen.**

7.

Die Insolvenzordnung sieht für bestimmte Forderungen einen Nachrang vor. Solche **nachrangige Forderungen** können nur bei **ausdrücklicher Aufforderung zur Anmeldung** durch das Insolvenzgericht und wiederum nur beim **Insolvenzverwalter** angemeldet werden. Mit der Anmeldung ist auf den **Nachrang** der Forderung hinzuweisen und die zustehende **Rangstelle** zu bezeichnen.

Die Regelungen über das Insolvenzgeld gelten entsprechend für die im Rahmen **betrieblicher Berufsausbildung** Beschäftigten und für die **Heimarbeiter.**

Rückständiges Arbeitsentgelt, für das kein Insolvenzgeld beansprucht werden kann und das sich auf die Zeit vor Eröffnung des Insolvenzverfahrens bezieht, kann beim Insolvenzverwalter als Insolvenzforderung angemeldet werden.

Nachrangige Insolvenzforderungen **im normalen Insolvenzverfahren sind:**
a)
die seit der Eröffnung des Insolvenzverfahrens laufenden Zinsen der Forderungen der Insolvenzgläubiger;
b)
die Kosten, die den einzelnen Insolvenzgläubigern durch ihre Teilnahme am Verfahren erwachsen;
c)
Geldstrafen, Geldbußen, Ordnungsgelder und Zwangsgelder sowie solche Nebenfolgen einer Straftat oder Ordnungswidrigkeit, die zu einer Geldzahlung verpflichten;
d)
Forderungen auf eine unentgeltliche Leistung des Schuldners;
e)
Forderungen auf Rückgewähr des kapitalersetzenden Darlehens eines Gesellschafters oder gleichgestellte Forderungen;
f)
Gewöhnliche Insolvenzforderungen, für die zwischen Gläubiger und Schuldner der Nachrang im Insolvenzverfahren vereinbart worden ist.
Nachrangige Insolvenzforderungen im Nachlassinsolvenzverfahren sind ferner
g)
die Forderungen von Pflichtteilsberechtigten;
h)
die Ansprüche aus den vom Erblasser angeordneten Vermächtnissen und Auflagen.

Die Berücksichtigung der nachrangigen Forderungen erfolgt in der unter a) – h) aufgeführten Rangfolge, bei gleichem Rang nach dem Verhältnis der Beträge. Zinsen und Kosten nachrangiger Forderungen haben den gleichen Rang wie die Forderung selbst.

Die angemeldeten Forderungen werden im Prüfungstermin (oder bei verspäteter Anmeldung in einem kostenpflichtigen besonderen Prüfungstermin oder schriftlichen Verfahren) geprüft.

Insolvenzgläubiger, deren Forderungen ganz oder teilweise bestritten werden, erhalten nach der Prüfung von Amts wegen einen Auszug aus der Insolvenztabelle, damit sie ggf. die Feststellung der Forderungen gegen den/die Bestreitenden betreiben können. Insolvenzgläubiger, deren Forderungen nicht bestritten und damit festgestellt werden, erhalten keine Nachricht. Insolvenzgläubiger sind nicht verpflichtet, zu einem Prüfungstermin selbst zu erscheinen oder sich dort vertreten zu lassen.

E. Hinweis zum Insolvenzgeld

Gesetzliche Vorschriften:
§§ 183–189, 323, 324, 327 Drittes Buch Sozialgesetzbuch (SGB III).
Arbeitnehmer **haben Anspruch auf** Insolvenzgeld, **wenn sie bei Eröffnung des Insolvenzverfahrens über das Vermögen des Arbeitgebers (Schuldners) für die vorausgehenden drei Monate des Arbeitsverhältnisses noch Ansprüche auf Arbeitsentgelt haben.**
Der Antrag **auf Zahlung des Insolvenzgeldes ist innerhalb einer** Ausschlussfrist von zwei Monaten **nach Eröffnung des Insolvenzverfahrens** bei dem zuständigen Arbeitsamt **zu stellen. Zuständig ist in der Regel jenes Arbeitsamt, welches für die Lohnabrechnungsstelle des Arbeitgebers örtlich zuständig ist. Mit dem Antrag auf Insolvenzgeld gehen die Ansprüche auf Arbeitsentgelt, die den Anspruch auf Insolvenzgeld begründen auf die Bundesanstalt für Arbeit über.**
Das Insolvenzgeld wird in Höhe des rückständigen Nettoarbeitsentgelts vom zuständigen Arbeitsamt gezahlt.
Nähere Auskünfte zum Insolvenzgeld und zur Antragstellung erteilen die zuständigen Arbeitsämter.

F.
Öffentliche Bekanntmachungen in Insolvenzverfahren

In Insolvenzverfahren werden in den gesetzlich vorgesehenen Fällen gerichtliche Entscheidungen den Beteiligten grundsätzlich durch öffentliche Bekanntmachung (in Bayern: im Bayerischen Staatsanzeiger) zur Kenntnis gebracht.

Öffentlich bekannt zu machen sind insbesondere

a) die Eröffnung des Insolvenzverfahrens, *) **)
b) die Frist zur Anmeldung von Forderungen, *) **)
c) der Berichtstermin, *) **)
d) der Prüfungstermin, *) **)
e) der Name des Insolvenzverwalters (Sachwalters oder Treuhänders), *) **)
f) ein etwaiger besonderer Prüfungstermin,
g) die Einberufung einer Gläubigerversammlung,
h) ein etwaiger Erörterungs- und Abstimmungstermin über einen Insolvenzplan, **)
i) der Schlusstermin,
j) die Aufhebung des Eröffnungsbeschlusses sowie die Einstellung oder Aufhebung des Verfahrens ggf. mit Ankündigung der Restschuldbefreiung, *)
k) die Versagung der Restschuldbefreiung, *)
l) die Erteilung der Restschuldbefreiung, *)
m) der Widerruf der Restschuldbefreiung.

Die mit *) gekennzeichneten Bekanntmachungen erfolgen zusätzlich auch im Bundesanzeiger.
In den mit **) gekennzeichneten Fällen der Bekanntmachung erhalten die Insolvenzgläubiger eine besondere Nachricht. Die öffentliche Bekanntmachung genügt aber zum Nachweis der Zustellung an alle Beteiligten, auch wenn neben ihr eine besondere Zustellung vorgeschrieben ist (§ 9 Abs. 3 InsO).

Öffentliche Bekanntmachungen im Bayer. Staatsanzeiger erfolgen auch durch den Insolvenzverwalter, wenn eine Verteilung an die Insolvenzgläubiger vorzunehmen ist. Der Insolvenzverwalter macht dann die Summe der Insolvenzforderungen und den für eine Verteilung verfügbaren Massebestand bekannt.

Anmerkungen

1.
Dieses Merkblatt kann Ihnen nur einige Hinweise zur Anmeldung von Insolvenzforderungen und über das Insolvenzverfahren geben. Wenn Sie weitere Fragen haben, z. B. zum Prüfungstermin, zur Bedeutung der Insolvenztabelle oder zur Rechtslage bei einer bestrittenen Forderung, so lassen Sie sich bitte rechtskundig beraten. Das Insolvenzgericht und der Insolvenzverwalter dürfen in Einzelangelegenheiten Rechtsrat nicht erteilen.

2.
An die Stelle des Insolvenzverwalters tritt

a) in Insolvenzverfahren mit Eigenverwaltung der Insolvenzmasse durch den Schuldner der **Sachverwalter**
b) im vereinfachten Insolvenzverfahren (Verbraucherinsolvenzverfahren) der **Treuhänder.**

3.
Die Begriffe »Gläubiger, Insolvenzgläubiger, Schuldner, Insolvenzverwalter, Sachwalter, Treuhänder« gelten ggf. in gleicher Weise für eine »Gläubigerin, Insolvenzgläubigerin, Schuldnerin, Insolvenzverwalterin, Sachwalterin, Treuhänderin«.

Bruder

Muster einer Forderungsanmeldung

Forderungsanmeldung
im Insolvenzverfahren

Anmeldungen bitte nur an den Insolvenzverwalter senden, nicht an das Insolvenzgericht.

Bitte beachten Sie auch das anliegende Merkblatt für Insolvenzgläubiger.

Schuldner	
Insolvenzgericht: Amtsgericht München	**Aktenzeichen:**
Gläubiger: (Genaue Bezeichnung des Gläubigers mit Postanschrift (kein Postfach), bei Gesellschaften mit Angabe der gesetzlichen Vertreter)	**Gläubigervertreter:** (Die Beauftragung eines Rechtsanwalts ist freigestellt)
Aktenzeichen: Telefon: Telefax:	Aktenzeichen: Telefon: Telefax:
Bankverbindung Konto-Nr.: BLZ :	**Bankverbindung** Konto-Nr.: BLZ : ☐ **Vollmacht** anbei bzw. folgt umgehend

Angemeldete Forderungen

	DM	EURO
Hauptforderung im Rang des § 38 InsO (notfalls geschätzt)	DM	EURO
Zinsen, höchstens bis zum Tag der Eröffnung des Verfahren % aus DM seit dem	DM	EURO
Kosten, die vor Eröffnung des Verfahrens entstanden sind	DM	EURO
Summe	DM	EURO

Wenn Sie verschiedene selbstständige Forderungen (z. B. Forderungen aus Kaufvertrag, Werkvertrag oder Schadenersatz etc.) anmelden, gliedern Sie diese bitte unbedingt in einer Anlage nach obigem Schema auf.

Nachrangige Forderungen (§ 39 InsO)		
Diese Forderungen sind nur anzumelden, wenn das Gericht ausdrücklich hierzu aufgefordert hat (§ 174 Abs. 3 InsO). Die gesetzliche Rangstelle ist durch Ankreuzen zu bezeichnen. Ab Nachrang 3 sind Zinsen und Kosten gesondert anzugeben und der jeweiligen Hauptforderung zuzuordnen (vgl. § 39 Abs. 3 InsO).		
	DM	EURO
1. ☐ Nachrang des § 39 Abs. 1 Nr. 1		
2. ☐ Nachrang des § 39 Abs. 1 Nr. 2		
3. ☐ Nachrang des § 39 Abs. 1 Nr. 3		
4. ☐ Nachrang des § 39 Abs. 1 Nr. 4		
5. Nachrang des § 39 Abs. 1 Nr. 5		
6. Nachrang des § 39 Abs. 2		
Zinsen (§ 39 Abs. 3) zu Nachrang 3–4–5–6		
Zinsen (§ 39 Abs. 3) zu Nachrang 3–4–5–6		
Summe der nachrangigen Forderungen		

Abgesonderte Befriedigung unter gleichzeitiger Anmeldung des Ausfalls wird beansprucht (bitte nur ankreuzen, wenn beansprucht).

☐ ja, Begründung siehe Anlage (bitte unbedingt 2-fach)

Grund und nähere Erläuterung der Forderungen (z. B. Warenlieferung, Miete, Darlehen, Reparaturleistung, Arbeitsentgelt, Wechsel, Schadenersatz)

Folgende Unterlagen, aus denen sich die Forderungen ergeben, sind beigefügt (bitte unbedingt 2-fach):

....
(Ort)   (Datum)   (Unterschrift und evtl. Firmenstempel)

Bitte reichen Sie diese Anmeldung und alle weiteren Unterlagen immer in zwei Exemplaren ein.

b) Adressat

399 Im Gegensatz zur Konkursordnung haben die Insolvenzgläubiger nunmehr ihre Forderung beim Insolvenzverwalter anzumelden. Eine an das Insolvenzgericht übersandte Anmeldung ist nicht wirksam. Dies kann in manchen Fällen problematisch werden, weil die Anmeldung beim Insolvenzgericht die Verjährung der Forderung gem. § 204 Abs. 1 Nr. 10 BGB (Neufassung entspr. Gesetz zur Modernisierung des Schuldrechts) noch nicht hemmt. Geht eine solche Anmeldung irrtümlicherweise bei dem Insolvenz-

gericht ein, hat dieses die Anmeldung an den Insolvenzverwalter weiterzuleiten. Erst mit dem Eingang der Anmeldung bei dem Insolvenzverwalter tritt Verjährungshemmung ein. Falls das Insolvenzgericht ausnahmsweise aus irgendeinem Grund keine Veranlassung hat, die Anmeldung an den Insolvenzverwalter weiterzuleiten, muss sie die Anmeldung an den Gläubiger zurückgeben und ihn darauf hinweisen, dass Anmeldungen bei dem Insolvenzverwalter anzubringen sind.[703]

c) Form

Die Anmeldung hat schriftlich zu erfolgen (§ 174 Abs. 1 Satz 1 InsO). Mündliche Forderungsanmeldungen sind zurückzuweisen. Für die Schriftform gelten über § 4 InsO die von der Rechtsprechung zur Zivilprozessordnung entwickelten Grundsätze. Nach divergierenden Entscheidungen hat sich der Gemeinsame Senat der Obersten Gerichtshöfe des Bundes im Beschluss vom 5. 4. 2000 dazu durchgerungen, auch die elektronische Übertragung einer Textdatei mit eingescannter Unterschrift auf ein Faxgerät des Gerichtes zuzulassen.[704] Forderungsanmeldungen können danach telegrafisch, per Fernschreiben, per Telefax[705] und per E-mail mit eingescannter Unterschrift auf ein Faxgerät des Verwalters erfolgen. Wenn der Gesetzgeber durch das Signaturgesetz und die Bundes- und Landesregierungen alle weiteren Voraussetzungen für eine elektronische Signatur geschaffen haben, können Anmeldungen auch durch Übersendung eines elektronischen Dokumentes vorgenommen werden.

400

Nicht ausreichend ist die Übersendung eines nicht unterschriebenen Anmeldeformulars. Insoweit lässt sich nicht feststellen, ob die Urschrift der Anmeldung mit Willen des Gläubigers ausgelaufen ist, weil eine solche normalerweise unterschrieben wird und auch keine technischen Hindernisse entgegenstehen.[706]

Zweifel an der Urheberschaft der Anmeldung gehen grundsätzlich zu Lasten des Anmeldenden.[707]

Die Anmeldung kann durch Vertreter erfolgen. Diese müssen eine schriftliche Vollmacht im Original vorlegen, die sich auf das Insolvenzverfahren beziehen muss. Zu beachten ist, für welche Handlungen die Vollmacht erteilt wurde. Erfolgte sie zur Anmeldung der Forderung, berechtigt sie nicht auch zur Vertretung des Gläubigers im weiteren Verfahren, insbesondere im

401

---

703 Vgl. zu dem umgekehrten Fall der KO: Kuhn/Uhlenbruck, a. a. O., § 139 Rdnr. 7 m. w. N.
704 Vgl. GmS-OGB, ZIP 2000, 1356.
705 BAG ZIP 2000, 1588, 1589.
706 Vgl. BGH NJW 1985, 328; Zöller, a. a. O., § 518 Rdnr. 22; s. a. GmS-OGB, a. a. O.; a. A.: Kuhn/Uhlenbruck, a. a. O., § 139 Rdnr. 7, soweit die Anmeldung erkennbar vom Anmelder ausgeht.
707 Ebenso Nerlich/Römermann, a. a. O., § 174 Rdnr. 13.

Bruder

Berichts- oder Prüfungstermin.[708] Eine Vollmacht zur Vertretung im Insolvenzverfahren ermächtigt zwar zur Wahrnehmung aller Rechte im Laufe des Verfahrens, nicht aber zur Entgegennahme der Insolvenzquote, es sei denn, dies ist ausdrücklich in der Vollmacht vermerkt. Legt der Vertreter keine ausreichende Vollmacht vor, muss die von ihm angemeldete Forderung bestritten werden.

Der Mangel der Vollmacht ist bei Rechtsanwälten nicht von Amts wegen zu berücksichtigen (§ 4 InsO i. V. m. § 88 Abs. 2 ZPO). Der Mangel der Vollmacht kann aber vom Insolvenzverwalter oder anderen Gläubigern gem. § 4 InsO i. V. m. § 88 Abs. 1 ZPO gerügt werden, was allerdings in der Praxis äußerst selten vorkommt. Eine einstweilige Zulassung nach § 4 InsO i. V. m. § 89 Abs. 1 Satz 1 ZPO erscheint fraglich.[709]

d) Frist

402 Bereits im Eröffnungsbeschluss bestimmt das Gericht die Frist, innerhalb derer die Insolvenzforderungen anzumelden sind. Sie beträgt mindestens zwei Wochen und höchstens drei Monate (§ 28 Abs. 1 Satz 2 InsO). Sie beginnt mit dem Zeitpunkt, in dem die öffentliche Bekanntmachung (§ 30 Abs. 1 Satz 1 InsO) als bewirkt gilt (§ 9 Abs. 1 Satz 3 InsO). Um allen Beteiligten schwierige Berechnungen der Frist zu ersparen, setzen die Insolvenzgerichte fast immer einen kalendermäßig bestimmten Tag als Fristablauf fest. Dabei wird in der Regel die 3-Monats-Frist weitgehend ausgeschöpft.

Der Gesetzgeber hat die Regelungen über verspätet angemeldete Forderungen aus § 14 GesO nicht übernommen. Wie in der Konkursordnung ist auch die nach § 28 Abs. 1 Satz 1 InsO gesetzte Frist keine Ausschlussfrist. Die Gläubiger können auch nach Ablauf der Frist noch Forderungen anmelden. Geschieht dies noch vor dem Prüfungstermin, dann kann die Forderung zwar noch mitgeprüft werden. Der Verwalter oder ein Gläubiger hat aber die Möglichkeit, der Prüfung zu widersprechen (§ 177 Abs. 1 Satz 2 InsO). Die Gläubiger können ihre Forderungen auch noch nach dem Prüfungstermin anmelden. In einem oder auch ggf. mehreren besonderen Prüfungsterminen werden dann die im ersten Termin nicht behandelten Forderungen auf Kosten der Gläubiger geprüft. Das Gericht kann auch ein schriftliches Prüfungsverfahren anordnen (§ 177 Abs. 1 Satz 2 InsO).

403 Eine Ausschlussfrist für die Anmeldung von Forderungen ergibt sich erst bei Beendigung des Insolvenzverfahrens, wenn das Gericht nach § 157 InsO der Schlussverteilung zugestimmt und einen – letzten – besonderen Prüfungs- und Schlusstermin anberaumt hat. Meldet der Gläubiger seine Forderung zu diesem besonderen Prüfungstermin nicht mehr rechtzeitig an, kann sie nicht in die Insolvenztabelle aufgenommen und geprüft und auch nicht nachträglich im Schlussverzeichnis berücksichtigt werden. Die

---

708 Vgl. Kuhn/Uhlenbruck, a. a. O., § 139 Rdnr. 8; für die Anwendbarkeit von § 174 BGB: Brehsan/Gohrke/Opolony, ZIP 2001, 773, 776.
709 Dafür: Kuhn/Uhlenbruck, a. a. O.

Gläubiger müssen deshalb die Ausschlussfrist von zwei Wochen nach der öffentlichen Bekanntmachung des Insolvenzverwalters bezüglich der Genehmigung der Schlussverteilung beachten. Innerhalb dieser Frist muss der Gläubiger den Insolvenzverwalter entweder zur Anerkennung der Forderung in der Tabelle und damit noch zur Änderung des Schlussverzeichnisses gebracht haben oder aber er muss dem Insolvenzverwalter nachweisen, dass und für welchen Betrag die Feststellungsklage erhoben oder das Verfahren in dem früher anhängigen Rechtsstreit aufgenommen wurde (§ 189 Abs. 1 InsO).

e) Inhalt

404 Der notwendige Inhalt einer Anmeldung kann weitgehend aus dem Gesetz selbst entnommen werden. Nach § 4 InsO i. V. m. § 130 ZPO und § 174 Abs. 2 InsO müssen die Parteien, der Grund und der Betrag der Forderung genau angegeben werden. Die genaue Angabe des Gläubigers ist sehr wichtig, weil letztlich die Auszahlung der Insolvenzquote an ihn erfolgt. Insbesondere muss bei einer Einzelfirma der Inhaber mit Vor- und Familienname bezeichnet sein. Bei einer Gläubigermehrheit ist das Beteiligungsverhältnis der einzelnen Gläubiger anzugeben, nämlich ob

- einer der Gläubiger die Leistung für alle Gläubiger geltend machen kann (Gesamtgläubigerschaft),
- die Leistung an alle Gläubiger gemeinschaftlich zu erfolgen hat (z. B. bei Erbengemeinschaft, Gesellschaft des bürgerlichen Rechts),
- die Leistung an die einzelnen Gläubiger nur nach bestimmten Bruchteilen erfolgen kann (Bruchteilsgemeinschaft).
- Bei Gesellschaften ist die Rechtsform (GmbH, AG etc.) anzugeben.

Die Gesellschaft des bürgerlichen Rechts kann als solche Gläubigerin sein, weil diese nach der neuen Rechtsprechung des BGH selbst auch klagen und verklagt werden kann.[710] Es müssen nicht mehr alle Mitglieder der Gesellschaft bürgerlichen Rechts als Gläubiger angegeben werden.

Eine Postfach-Adresse ist nicht ausreichend. Es muss eine Hausadresse angegeben werden.

405 Forderungen, die nicht auf Geld gerichtet sind oder deren Geldbetrag unbestimmt ist (z. B. der Höhe nach noch nicht bestimmbare Schadensersatzforderungen), sind mit dem Wert geltend zu machen, der für die Zeit der Eröffnung des Insolvenzverfahrens geschätzt werden kann (§ 45 Satz 1 InsO). Anmeldbar sind somit nur Geldforderungen. Sind die Forderungen in ausländischer Währung oder in einer Rechnungseinheit ausgedrückt, sind diese in inländische Währung bzw. Euro umzurechnen und zwar nach dem Kurs zum Zeitpunkt der Verfahrenseröffnung (§ 45 Satz 2 InsO). Der anmeldende Gläubiger hat die Umrechnung vorzunehmen.[711] Die auf DM oder

---

710 BGH NJW 2001, 330.
711 BGH ZIP 1989, 926.

Euro umgerechneten Forderungen werden bei der Schlussverteilung auch in dieser Währung ausbezahlt. Dies bedeutet, dass das Kursrisiko zu Lasten der Masse gehen kann.[712]

406 Die Anmeldung ist in deutscher Sprache abzufassen (§ 184 GVG). Darauf sind in einer Fremdsprache anmeldende Gläubiger hinzuweisen.

407 Zinsen sind unter Angabe von Zinssatz, Zeitraum und Kapital anzumelden und müssen, wenn sie nicht Hauptsache sind, nicht errechnet werden. Der Zinssatz kann nicht in das Ermessen des Gerichts gestellt werden.[713]

408 Bei Angabe des Grundes der Forderung ist zu beachten, dass dieser individualisierbar sein muss. Entscheidend ist nicht die vom Gläubiger gezogene Rechtsfolge, sondern der von ihm angegebene Tatbestand, aus dem sich die Forderung ergibt. Empfehlenswert ist die Angabe von einigen Schlagworten, die diesen Tatbestand umschreiben, z. B.:

- Schadensersatz aus Verkehrsunfall vom ....
- Warenlieferung gem. Rechnung vom ....
- Rückständige Miete aus Mietvertrag vom ....

Dies sind nur die Mindestangaben, die die Forderungsanmeldung zulässig und wirksam werden lässt. Eine Prüfung z. B. der Mietzinsforderung ist aber nur möglich, wenn der Gläubiger gleichzeitig angibt, für welche Monate er rückständigen Mietzins geltend macht.

Für eine zulässige Forderungsanmeldung ist es nicht notwendig, dass der Gläubiger Unterlagen beifügt. Der Insolvenzverwalter ist nicht berechtigt, die Aufnahme der Forderung in die Tabelle abzulehnen, weil Unterlagen gem. § 174 Abs. 1 Satz 2 InsO nicht vorgelegt wurden. Es handelt sich lediglich um eine Soll-Vorschrift.[714]

409 Die Vorlage von Unterlagen hat nur für die Forderungsprüfung Bedeutung. Bestreitet der Insolvenzverwalter die Forderung im Prüfungstermin wegen der unzureichenden Dokumentation und erhebt der Gläubiger daraufhin Klage auf Feststellung der Forderung zur Tabelle, so hat der Insolvenzverwalter keine Veranlassung zur Klageerhebung gegeben. Der Gläubiger ist insoweit nach § 174 Abs. 1 Satz 2 InsO verpflichtet, die Unterlagen beizufügen, die es dem Insolvenzverwalter erlauben, ohne Nachforschungen in den Unterlagen des Schuldners die Berechtigung der geltend gemachten Forderung zu prüfen.[715]

Zum »vorläufigen Bestreiten« siehe oben Rdnr. 384.

410 Nicht fällige Forderungen gelten als fällig und können vom Gläubiger abgezinst angemeldet werden (§ 41 InsO). Auflösend bedingte Forderungen

---

712 Vgl. Haarmeyer/Wutzke/Förster, a. a. O., Kap. VII Rdnr. 21 m. w. N.
713 Vgl. Kuhn/Uhlenbruck, a. a. O., § 139 Rdnr. 2.
714 A. A. wohl LG Aurich ZInsO 2000, 410.
715 Vgl. LG Aurich ZInsO 2000, 410.

werden, solange die Bedingung nicht eingetreten ist, im Insolvenzverfahren wie unbedingte Forderungen berücksichtigt (§ 42 InsO).

Einige Einzelfälle:

- Absonderung

Der absonderungsberechtigte Gläubiger kann am Verfahren teilnehmen, wenn der Schuldner ihm auch persönlich haftet. Er muss aber erklären, ob er auf abgesonderte Befriedigung verzichtet oder wie weit er bei ihr ausgefallen ist (§ 52 InsO). Die Anmeldung muss deshalb die genaue Angabe seiner Sicherungsrechte ggf. schon mit Nachweis des Verwertungserlöses beinhalten. Ist das Sicherungsrecht noch nicht verwertet, hat der Gläubiger »für den Ausfall« anzumelden. Hat der Gläubiger selbst verwertet und kennt damit die Höhe seines Ausfalles, kann er unbedingt anmelden.

411

- Arbeitsentgelt

Arbeitnehmer müssen in der Insolvenz des Arbeitgebers Bruttobeträge anmelden.[716] Bei Ausschüttung hat der Insolvenzverwalter die Sozialversicherungsbeiträge und Lohnsteuern direkt abzuführen und nur die Nettobeträge an die Arbeitnehmer auszubezahlen.

412

- Bürgschaft

Ein Gläubiger, dem mehrere Personen für dieselbe Leistung auf das Ganze haften, kann im Insolvenzverfahren gegen jeden Schuldner bis zu seiner vollen Befriedigung den ganzen Betrag geltend machen, den er zur Zeit der Eröffnung des Verfahrens zu fordern hatte (§ 43 InsO). Die Vorschrift ist anwendbar auf Gesamtschuldner, dinglich Haftende, Bürgen, Patronatserklärungen.[717]

413

Melden Bürgschaftsgläubiger und Bürge die »gleiche« Forderung an, muss der Verwalter die Forderung des Bürgen bestreiten; er darf sie auch nicht aufschiebend bedingt anerkennen. Ist die Forderung des Bürgen zur Tabelle festgestellt und meldet der Bürgschaftsgläubiger seine Forderung erst danach an, wird der Verwalter gegen den Bürgen Vollstreckungsgegenklage (§ 767 ZPO) erheben müssen, falls dieser nicht auf seine festgestellte Forderung verzichtet.

Hat ein Bürge dem Gläubiger nach Insolvenzeröffnung einen Teilbetrag bezahlt, so bleibt der Gläubiger mit dem vollen angemeldeten Betrag am Verfahren beteiligt. Andererseits kann der Bürge seine durch die Befriedigung des Gläubigers erworbene Forderung im Insolvenzverfahren nur dann geltend machen, wenn der Gläubiger seine Forderung reduziert (§ 44 InsO).[718]

---

716 LAG Düsseldorf DB 1975, 988.
717 S. im Einzelnen hierzu: HK-InsO/Eickmann, § 43 Rdnr. 2 ff.
718 BGH NJW 1985, 271.

Der Gläubiger hat keinen Anspruch auf volle Befriedigung gem. § 43 InsO, wenn er sich mit einem neben dem Schuldner Mitverpflichteten auf einen Teilbetrag einigt.[719]

Strittig ist, ob § 43 InsO auf kapitalersetzende Gesellschafterdarlehen anwendbar ist.[720]

- Doppelanmeldung

414 Wird dieselbe Forderung versehentlich von zwei Personen (z. B. Gläubiger und Anwalt des Gläubigers) angemeldet, dann müssen beide Anmeldungen in die Tabelle aufgenommen werden. Der Insolvenzverwalter muss eine der Anmeldungen bestreiten.

Wird dieselbe Forderung von mehreren Personen angemeldet, die sich jeweils als Forderungsinhaber bezeichnen, ist der Insolvenzverwalter befugt, sich aus einem Streit mehrerer Gläubiger-Prätendenten herauszuhalten. Bestehen ernsthafte Zweifel über die Person des Gläubigers, so sind alle angemeldeten Forderungen – mit dem Hinweis, dass dieselbe Forderung für verschiedene Anmelder in Anspruch genommen wird – in die Tabelle aufzunehmen. Der Insolvenzverwalter darf, soweit die Forderung unstrittig ist, diese im Prüfungsverfahren nach ihrem Bestand und Betrag anerkennen, die Rechtszuständigkeit der Anmeldenden aber mit der Beschränkung »bis zum Austrage des Streites unter Ihnen« bestreiten. Bei Abschlags- oder Schlussverteilung sind die Quoten zu hinterlegen.[721]

S. a. Stichwort »Bürgschaft«.

- Kontokorrent

415 Das Kontokorrentverhältnis endet spätestens mit Eröffnung des Insolvenzverfahrens (§ 116 InsO). Es muss ein außerordentlicher Saldenabschluss vorgenommen werden, in den nur die vor Eröffnung entstandenen Forderungen eingestellt werden dürfen.[722] Anzumelden ist der »Kontokorrentabschluss«, wenn er zugunsten des Gläubigers entsteht.

- Sammelanmeldung

416 Wenn das Arbeitsamt eine Vielzahl von Arbeitnehmerforderungen anmeldet, die von Gesetzes wegen auf das Arbeitsamt übergegangen sind, müssen diese individualisiert und spezifiziert, d. h. mit dem jeweiligen Namen des Arbeitnehmers und dessen Forderungsbetrag angemeldet werden. Meldet der Betriebsrat eines in der Insolvenz befindlichen Unternehmens Sozial-

---

719 BGH ZIP 1997, 372.
720 Vgl. hierzu HK-InsO/Eickmann, § 43 Rdnr. 6; Kuhn/Uhlenbruck, a. a. O., § 68 Rdnr. 3 b.
721 BGH ZIP 1997, 372, 374.
722 BGH NJW 1979, 1658.

plananspüche der Arbeitnehmer an, müssen auch diese in gleicher Weise individualisiert und spezifiziert sein. Auch der Betriebsrat muss Vollmachten der Arbeitnehmer vorlegen. Eine »vermutete Vollmacht« reicht nicht aus.[723]

- Sozialplan

s. Stichwort »Sammelanmeldung«

- Sozialversicherung

Die Forderungen sind nach Mitglied, Versicherungsart, Versicherungszeitraum und Nebenkosten im einzelnen zu spezifizieren. Pauschale Anmeldungen oder Hinweise auf bzw. Vorlage von Bescheiden ohne nähere Angaben sind nicht ausreichend. 417

- Steuerforderungen

Die Forderungen müssen spezifiziert sein. Es ist Steuerart, Jahr, Zeitraum der Besteuerung und der Betrag anzugeben. Ggf. hat eine Zuordnung zu den einzelnen Unternehmensbereichen zu erfolgen.[724] 418

- Teilbürge

s. Stichwort »Bürge«

- Urkunde

Der Gläubiger soll die Urkunden, aus denen sich die Forderung ergibt, in Kopie der Anmeldung beifügen. Dazu zählen Verträge, Auftragsbestätigungen, Rechnungen, Lieferscheine, Zinsbestätigungen etc., also alle Unterlagen, die die angemeldete Forderung belegen können. Der Begriff der Urkunde ist in einem weiten Sinne zu verstehen. Urkundliche Beweisstücke im engeren Sinne (z. B. Urteile, Vollstreckungsbescheide, Kostenfestsetzungsbeschlüsse, Schecks, Wechsel, Schuldurkunden) sind mit der Anmeldung, spätestens aber im Prüfungstermin im Original vorzulegen (vgl. § 178 Abs. 2 Satz 3 und § 179 Abs. 2 InsO).[725] 419

f) Fehlerhafte Anmeldungen

Bei der Frage, ob fehlerhafte Anmeldungen berichtigt werden können, ist zu differenzieren. 420

---

[723] Ebenso Kuhn/Uhlenbruck, a. a. O., § 139 Rdnr. 1 m; a. A.: Großer Senat des BAG AP-Nr. 6 zu § 112 BetrVerfG 1972.
[724] Haarmeyer/Wutzke/Förster, a. a. O., Kap. 7 Rdnr. 24 m. w. N.
[725] S. hierzu unten Rdnr. 437.

Bis zum Ablauf der Anmeldefrist können die Gläubiger jederzeit ihre Forderung ändern, den angemeldeten Betrag erhöhen, den Forderungsgrund auswechseln oder ergänzen, neue Forderungen anmelden.

In der Zeit zwischen Ablauf der Anmeldefrist und Prüfungstermin gibt die Insolvenzordnung eine Wahlmöglichkeit. Bei Neuanmeldungen und Änderungen der Anmeldungen, wozu eine Erhöhung der Beträge, eine Änderung des Forderungsgrundes, der Übergang von einer nicht titulierten zu einer titulierten Forderung etc. zählen, haben Insolvenzverwalter und Gläubiger die Möglichkeit, einer Prüfung im Termin zu widersprechen (§ 177 Abs. 1 InsO). Hat der Gläubiger als Forderungsgrund einen Schuldtitel angegeben und reicht er diesen erst zwischen Ablauf der Anmeldefrist und Prüfungstermin nach, ist dies keine Änderung der Anmeldung. Die Anmeldung war individualisiert und prüfungsfähig. Fehlte bei der Anmeldung der Forderungsgrund und wird dieser erst zwischen Ablauf der Anmeldefrist und Prüfungstermin spezifiziert vorgetragen, so lag ursprünglich eine unvollständige Forderungsanmeldung vor, die erst durch Angabe des Forderungsgrundes wirksam und damit neu angemeldet wurde. Verwalter und Gläubiger haben die Widerspruchsmöglichkeit nach § 177 Abs. 1 Satz 2 InsO. Ist aber noch genügend Zeit für den Verwalter, die Änderungen der Forderungsanmeldung mit der Buchhaltung des Schuldners zu vergleichen, kann er auch die Forderung im Termin mitprüfen.

Nach dem Prüfungstermin kann der Gläubiger seine Forderungsanmeldung – gleichgültig, ob sie festgestellt oder bestritten wurde – nicht mehr ändern. Wurde sie festgestellt, so liegt bezüglich Betrag, eingetragenem Forderungsgrund und Rang ein rechtskräftiges Urteil vor, das nicht mehr abänderbar ist. Wurde die Anmeldung bestritten, so sind Betragserhöhungen und Änderungen des Schuldgrundes ebenfalls nicht mehr möglich. Diese Forderungen sind neu anzumelden und werden auf Kosten des Gläubigers in einem besonderen Prüfungstermin oder im schriftlichen Verfahren geprüft. Würde man zulassen, dass geprüfte und dabei bestrittene Forderungen noch geändert werden können, würde das Prüfungs- und Widerspruchsrecht der Gläubiger verletzt.[726]

g) Nachrangige Forderungen

421 Nachrangige Gläubiger (§ 39 InsO) können ihre Forderungen nur anmelden, soweit das Insolvenzgericht besonders zur Anmeldung dieser Forderungen aufgefordert hat. Der Grund liegt darin, dass diese Gläubiger in der Regel keinerlei Quote erhalten und durch die Anmeldungen lediglich ein erheblich erhöhter Arbeitsaufwand verursacht würde.

Sobald sich aber herausstellt, dass möglicherweise Quoten auf die nachrangigen Forderungen entfallen, muss das Gericht prüfen, bis zu welchem Rang eine Ausschüttung ggf. in Frage kommt. Es werden dann nur die Gläu-

---

726 S. hierzu auch unten Rdnr. 439 ff.

biger mit den höheren Rängen zur Anmeldung aufgefordert. Ggf. muss für die Prüfung der nachrangigen Forderungen ein gesonderter Prüfungstermin bestimmt werden (§ 177 Abs. 2 InsO).

Die Gläubiger müssen bei ihrer Anmeldung ausdrücklich darauf hinweisen, dass sie nachrangige Forderungen anmelden und welchen Rang sie beanspruchen (§ 174 Abs. 3 Satz 2 InsO).

422

Meldet ein Gläubiger nachrangige Forderungen an, ohne auf den Nachrang hinzuweisen, sind diese vom Insolvenzverwalter in die Tabelle einzutragen und zu bestreiten. Hat das Gericht zur Anmeldung nachrangiger Forderungen nicht aufgefordert, meldet ein Gläubiger aber trotzdem Forderungen an, bei denen er ausdrücklich auf den Nachrang hinweist, sind diese nicht in die Insolvenztabelle einzutragen. Der Verwalter hat die Anmeldungen an das Gericht weiterzuleiten, das diese als unzulässig zurückweist.

3. Tabellenerstellung (§ 175 InsO)

Der Verwalter hat aus den bei ihm angemeldeten Forderungen eine Tabelle zu erstellen (§ 175 Satz 1 InsO). In diese Tabelle sind die Angaben gem. § 174 Abs. 2 und 3 InsO einzutragen und zwar Gläubiger, Grund, Betrag und Rang der Forderung. Fehlt eine dieser unerlässlichen Angaben, muss der Verwalter den Gläubiger darauf hinweisen, hat aber, wenn die Anmeldung nicht ergänzt wird, diese ggf. ohne Betrag oder ohne Angabe des Grundes einzutragen. Die Forderung wird dann im Prüfungstermin durch Beschluss des Gerichts als fehlerhaft »mangels Angabe des Betrages« oder »mangels Angabe des Forderungsgrundes« zurückgewiesen. Der Verwalter darf nicht nach eigenem Gutdünken fehlende Angaben des Gläubigers ergänzen. Es ist aber zulässig, wenn der Verwalter Angaben des Gläubigers nach pflichtgemäßem Ermessen auslegt. Fügt der Gläubiger seiner Anmeldung z. B. Rechnungen bei, aus denen sich eindeutig ergibt, dass es sich um Warenlieferung bzw. Kaufvertrag gehandelt hat, kann der Verwalter dies in die Tabelle eintragen, obwohl der Gläubiger den Forderungsgrund nicht ausdrücklich angegeben hat. Eine Verpflichtung des Verwalters besteht aber insoweit nicht.

423

Nicht übernehmen darf der Verwalter die Angaben aus dem Gläubigerverzeichnis, auch wenn sich Diskrepanzen zur Forderungsanmeldung ergeben. Alle angemeldeten Forderungen sind ausschließlich mit den Angaben einzutragen, die in der Anmeldung enthalten sind, gleichgültig, ob sich die Gläubigerbezeichnung, die Höhe oder der Grund der Forderung geändert hat. Eine direkte Verbindung zwischen Gläubigerverzeichnis und Insolvenztabelle existiert nicht. Es erscheint auch nicht sinnvoll, wenn der Verwalter das Gläubigerverzeichnis ständig – je nach Stand der Insolvenztabelle – ändert, nachdem erfahrungsgemäß ein erheblicher Teil der Gläubiger ihre Forderungen zum Insolvenzverfahren nicht mehr anmeldet. Deshalb sollte der Verwalter für Quotenprognosen während des weiteren Insolvenzverfahrens

424

auf der Passivseite die Insolvenztabelle und nicht das Gläubigerverzeichnis zugrundelegen.[727]

425 Ändert der Gläubiger seine Anmeldung bis zum Ablauf der Anmeldefrist (§ 28 Abs. 1 Satz 2 InsO), muss der Verwalter dies in der Tabelle berichtigen. Nach Ablauf der Anmeldefrist ist die Tabellenberichtigung nur noch eingeschränkt nötig bzw. möglich.[728]

426 Die Tabelle ist Grundlage des Verteilungsverzeichnisses (§ 188 Satz 1 InsO), gleichgültig, ob es sich um eine Abschlagsverteilung (§ 187 InsO) oder um die Schlussverteilung (§ 196 InsO) handelt. Nur die in der Tabelle festgestellten Forderungen dürfen in das Verteilungsverzeichnis übernommen werden. Bezüglich Berücksichtigung bestrittener Forderungen siehe § 189 InsO. Weiterhin ist die in der Insolvenztabelle festgestellte Forderung Grundlage der Zwangsvollstreckung gegen den Schuldner nach Aufhebung des Verfahrens, soweit der Gläubiger durch die Insolvenzquote nicht befriedigt wurde (§ 201 InsO). Trotz dieser großen Bedeutung der Insolvenztabelle ist das Gericht nicht verpflichtet, die vom Insolvenzverwalter erstellte Tabelle zu prüfen.[729]

Während der Geltung der Konkursordnung war durch die Aktenordnung der jeweiligen Bundesländer im Einzelnen geregelt, wie eine Konkurstabelle auszusehen hat. § 175 Satz 1 InsO schreibt nur noch vor, dass der Insolvenzverwalter die angemeldeten Forderungen mit den Mindestangaben nach § 174 Abs. 2 und 3 InsO »in eine Tabelle« einzutragen hat. Es bleibt somit jedem Insolvenzverwalter überlassen, wie er die Tabelle erstellt. In der Praxis hat sich allerdings bei den einzelnen Amtsgerichten eine weitgehend gleichförmige Handhabung herausgebildet. Dies wird noch dadurch verstärkt, dass nach § 5 Abs. 3 InsO Tabellen und Verzeichnisse maschinell erstellt und bearbeitet werden können. Aufgrund der Vielzahl der zu erstellenden Verzeichnisse hat sich die elektronische Datenverarbeitung weitgehend durchgesetzt und zu einer Vereinheitlichung der Tabellen und Verzeichnisse geführt. Für jeden Gläubiger wird in der Regel ein Tabellenblatt im DINA4-Format angelegt. Darüber hinaus – wegen der besseren Übersichtlichkeit in größeren Verfahren – eine Sammelliste und ein alphabetisches Tabellenverzeichnis.

---

727 A. A.: Nerlich/Römermann, a. a. O., § 175 Rdnr. 3.
728 S. hierzu im Einzelnen oben Rdnr. 420.
729 Nach Haarmeyer/Wutzke/Förster, a. a. O., Kap. 7 Rdnr. 29 sollte das Gericht im Rahmen seiner Aufsicht prüfen, ob der Verwalter die Tabelle entsprechend den angemeldeten Forderungen ordnungsgemäß geführt hat.

Muster eines Insolvenztabellenblattes

AG Musterstadt

AG Musterstadt

③ Gläubiger

Herrn
Leonhard Fischer
Winterstraße 1

80331 München

Geschäftsnummer
bitte stets angeben!

1501 IN 4711/00

Tag der ⑤ Anmeldung	Rangklasse ①	lfd. Nr. ②
02.02.2001	0	1

Angemeldete Forderungen

im (IN) Insolvenzverfahren über das Vermögen des/der
Pleitegeier, München

Insolvenzverwalter
Rechtsanwalt Mustermann

Angemeldeter ⑥ Betrag in DM	Genaue Bezeichnung ⑦ des Grundes der Forderung	Ergebnis der ⑧ Prüfungsverhandlung	Berichtigung ⑨
50.000,00	Mietrückstände	Festgestellt in Höhe von 45.000,00 DM. Rest vom Verwalter bestritten.	
50.000,00		, den 07.05.2001	
		Rechtspfleger/in U.d.G.	

Bemerkungen ⑩

← Datum der Vollmacht

④ Gläubiger-Vertreter

Vollstreckbare Ausfertigung erteilt an
☐ Gläubiger(in)
   lt. obiger Anschrift   ☐ _____

zu Händen von
☐ Gläubiger(in)-Vertreter(in)
   lt. nebenstehender Anschrift   ☐ _____

07.05.2001
Datum   Urkundsbeamter(beamtin) der Geschäftsstelle

Rechtsanwalt Mustermann

Formular 3037 · Vers 1.50.21

Muster einer Sammelliste der Tabellenanmeldungen

Angemeldete Forderungen mit Prüfungs-/Berichtigungsvermerk

(IN) Insolvenzverfahren über das Vermögen der Pleitegeier, München

AG Musterstadt • 1501 IN 4711/00 • Insolvenzverwalter: Rechtsanwalt Mustermann • Unser Zeichen: • Sachbearbeiter

07.05.2001

Rang–Lfd.Nr	Gläubiger	angemeldet	Erg. festgestellt	Erg. bestritten	Währung	Datum	Prüfungsvermerk/Berichtigungsvermerk
Rang 0 – 1	Fischer, Leonhard, Winterstraße 1, 80331 München	50.000,00	45.000,00	5.000,00	DM	07.05.2001	Prüfungsvermerk: Festgestellt in Höhe von 45.000,00 DM. Rest vom Verwalter bestritten.
Rang 0 – 2	Müller GmbH, Sonnenstraße 1, 80331 München	10.000,00	10.000,00	0,00	DM	15.03.2001	Prüfungsvermerk: Festgestellt.
Summe (Rang 0)		60.000,00	55.000,00	5.000,00			
Gesamtsumme		60.000,00	55.000,00	5.000,00			

Rechtsanwälte Seidel - Bruder - Linnartz

WINSOLVENZ 99 © STP GmbH, 0721/828150 • Formular 3024 • Vers 1.50.21

Muster eines alphabetischen Tabellenverzeichnisses			
Index zur Insolvenztabelle			
(IN) Insolvenzverfahren über das Vermögen der Pleitegeier, München AG Musterstadt • 1501 IN 4711/00 Insolvenzverwalter: Rechtsanwalt Mustermann • Unser Zeichen: • Sachbearbeiter 02.05.2001			
Name d. Gläubigers/in		**Rang**	**lfd. Nummer**
Fischer, Leonhard		Rang 0	1
Müller GmbH		Rang 0	2

Der Insolvenzverwalter muss die Tabelle mit den Anmeldungen sowie den 427
beigefügten Urkunden in der Geschäftsstelle des Insolvenzgerichtes zur
Einsicht der Beteiligten niederlegen (§ 175 Satz 2 InsO). Hierfür legt die In-

solvenzordnung keinen starren Termin fest. Dieser ist vielmehr abhängig von dem Zeitraum zwischen Ablauf der Anmeldefrist und Abhaltung des Prüfungstermines. Die Niederlegung muss innerhalb des ersten Drittels dieses Zeitraums erfolgen (§ 29 Abs. 1 Nr. 2 InsO). Je kürzer der Zeitraum ist, desto kürzer ist sowohl die Vorlagefrist für den Insolvenzverwalter, als auch die Prüfungsmöglichkeit für die Gläubiger.

Eine Niederlegung an einer anderen Stelle als der Geschäftsstelle des Insolvenzgerichtes ist nicht zulässig. Eine zusätzliche Auslage der Tabelle an anderen Insolvenzgerichten oder sonstigen Amtsgerichten ist nicht möglich, weil es nur eine autorisierte niedergelegte Tabelle gibt, die zumindest ab dem Lauf der Vorlagefrist bis zum Prüfungstermin in der Geschäftsstelle des Insolvenzgerichtes vorhanden sein muss.[730]

Die Niederlegung dient der Information der Beteiligten, insbesondere der Gläubiger, ob ihre Forderungen ordnungsgemäß aufgenommen wurden und welche anderen Gläubiger welche Beträge angemeldet haben. Aus diesem Informationsrecht folgt, dass die Niederlegung oder Überspielung eines Datenträgers von der EDV des Insolvenzverwalters auf die EDV des Gerichtes für eine Niederlegung im Sinne von § 175 Satz 2 InsO nicht ausreichend ist. Der Verwalter muss für die Niederlegung eine dem menschlichen Auge zugängliche Darstellung anfertigen.[731]

Es wird aber unter Zugrundelegung von § 5 Abs. 3 InsO ausreichend sein, wenn die dem Insolvenzgericht vom Verwalter übergebene Diskette oder EDV-mäßig überspielte Tabelle auf der Geschäftsstelle ohne weiteres sichtbar gemacht werden kann und die Beteiligten die Tabelle z. B. auf einem Bildschirm überprüfen können.[732]

4. Prüfungstermin (§ 176 InsO)

a) Formelles

428 Im Prüfungstermin werden die angemeldeten Forderungen ihrem Betrage und ihrem Range nach geprüft (§ 176 Satz 1 InsO). Der Termin wird bereits im Eröffnungsbeschluss vom Insolvenzgericht festgelegt (§ 29 Abs. 1 Nr. 2 InsO). Dieser Beschluss und damit der Prüfungstermin wird zum einen nach § 30 Abs. 1 Satz 1 InsO öffentlich bekannt gemacht. Zum anderen wird der Beschluss den Gläubigern, den Drittschuldnern und dem Schuldner einzeln zugestellt (§ 30 Abs. 2 InsO). Das Insolvenzgericht kann den Verwalter mit den Zustellungen beauftragen (§ 8 Abs. 3 InsO).

Der Prüfungstermin ist eine Gläubigerversammlung, so dass die entsprechenden Vorschriften auch hier gelten (§§ 74 ff. InsO).

---

730 A. A. wohl: Nerlich/Römermann, a. a. O., § 175 Rdnr. 8.
731 Ebenso Nerlich/Römermann, a. a. O., § 175 Rdnr. 11.
732 Ebenso Nerlich/Römermann, a. a. O.

Das Gericht muss die Gläubigerversammlungen und somit auch den Prüfungstermin nicht im Insolvenzgericht abhalten, sondern kann dafür nach pflichtgemäßem Ermessen einen anderen Ort bestimmen (§ 74 Abs. 2 Satz 1 InsO). Insbesondere bei Großverfahren sind die Räumlichkeiten im Gericht nicht ausreichend.

Die Leitung der Gläubigerversammlung obliegt dem Insolvenzgericht (§ 76 Abs. 1 InsO). Die Sitzung ist nicht öffentlich. Teilnahmeberechtigt sind alle absonderungsberechtigten Gläubiger, ohne Rücksicht darauf, ob sie eine persönliche Forderung haben, alle Insolvenzgläubiger, der Insolvenzverwalter, die Mitglieder des Gläubigerausschusses, soweit sie nicht schon als Gläubiger teilnahmeberechtigt sind und der Schuldner selbst (§ 74 Abs. 1 InsO).

Aus der Verpflichtung des Insolvenzverwalters, zu den angemeldeten Forderungen Stellung zu nehmen, ist zu schließen, dass der Verwalter eine Anwesenheitspflicht hat. Diese kann er nicht rechtsgeschäftlich auf einen Vertreter delegieren. Bei Verhinderung des Verwalters ist aber die Bestellung eines Sonderinsolvenzverwalters möglich.[733] Insbesondere aus diesem Grund kann das Gericht den Prüfungstermin auch vertagen. Der Beschluss ist im Termin zu verkünden und kurz zu begründen (§§ 4 InsO, 227 Abs. 4 ZPO). Die öffentliche Bekanntmachung kann unterbleiben (§ 74 Abs. 2 Satz 2 InsO).

429

Das Interesse der Gläubiger an dem Prüfungstermin ist – wie schon zu Zeiten der Konkursordnung – äußerst gering. In der Regel erscheint kein Gläubiger. Eine Anwesenheitspflicht für Gläubiger oder Gläubigerausschuss gibt es nicht.

430

Auch der Schuldner hat keine Pflicht zum Erscheinen im Prüfungstermin, er hätte aber ebenso wie die Gläubiger ein Recht zum Bestreiten der Forderungen. Unter besonderen Umständen kann das Gericht das persönliche Erscheinen des Schuldners nach § 97 Abs. 3 InsO anordnen.[734]

Der im Termin erscheinende Gläubiger hat auch dann die ihm vom Gesetz gegebenen Rechte, wenn er seine Forderung erst im Termin anmeldet (§ 177 Abs. 1 Satz 1 InsO). Verwalter oder andere Gläubiger können zwar der Prüfung dieser Forderung widersprechen, dies nimmt aber dem Gläubiger nicht seine Rechte im Prüfungstermin. Selbst wenn ein Gläubiger auch im Prüfungstermin noch keine Forderung angemeldet hat, wird man ihn zulassen müssen. Allerdings kann angesichts der weit reichenden Folgen nicht jede Person zulassen werden, die lediglich behauptet, Gläubiger zu sein. Eine Glaubhaftmachung der Forderung, z. B. ein Verweis auf die Eintragung im Gläubigerverzeichnis (§ 152 InsO) ist erforderlich, muss aber auch als ausreichend angesehen werden. Ansonsten wäre Missbrauch zu leicht möglich. Ein Nichtberechtigter könnte die Forderungen anderer Gläubiger be-

---

733 S. oben Rdnr. 38 f.; s. a. Haarmeyer/Wutzke/Förster, a. a. O., Kap. 7 Rdnr. 41.
734 Vgl. auch Haarmeyer/Wutzke/Förster, a. a. O., Kap. 7 Rdnr. 42.

streiten und diese könnten erst im Wege einer Klage die Feststellung ihrer Forderung zur Insolvenztabelle erreichen (§ 180 InsO).[735]

b) Forderungsprüfung und -feststellung

431 Die Forderungsprüfung selbst erfolgt hinsichtlich Betrag und Rang. Nur noch die Forderungen, die vom Insolvenzverwalter, vom Schuldner oder von einem Insolvenzgläubiger bestritten werden, sind einzeln zu erörtern (§ 176 InsO). Die Forderungsprüfung erstreckt sich, obwohl dies im Wortlaut von § 176 InsO nicht zum Ausdruck kommt, auch auf den Forderungsgrund, nachdem dieser in die Tabelle einzutragen ist (§§ 174 Abs. 2, 175 Satz 1 InsO). Zum Streit von Gläubiger-Prätendenten s. o. Rdnr. 414 Stichwort »Doppelanmeldung«

Aufgrund der elektronisch verarbeiteten Daten der Insolvenztabelle und der Vorprüfung durch den Verwalter hat dieser bei Erstellung und Niederlegung der Tabelle in diese bereits das Ergebnis seiner Vorprüfung eingetragen. Dies wird man als zulässig ansehen können, weil darin keine Vorwegnahme der Feststellung der Forderung liegt, die dem Insolvenzverwalter im Übrigen auch nicht zukäme (§ 178 Abs. 2 Satz 1 InsO), sondern lediglich eine unverbindliche Ankündigung, welche Stellungnahme der Verwalter im Prüfungstermin voraussichtlich abgeben wird. Im Übrigen dient diese Handhabung einer wesentlichen Verwaltungsvereinfachung insbesondere bei Großverfahren.[736]

Nachdem nur noch die bestrittenen Forderungen im Einzelnen zu erörtern sind (§ 176 Satz 2 InsO), hat sich der Verwalter im Termin vorab zu erklären, welche Forderungen er bestreiten wird.[737] Diese sind dann, wenn ein Gläubiger oder der Schuldner anwesend sind, im Einzelnen zu erörtern, soweit dies von den Anwesenden gewünscht wird. Eine längere Erörterung der Forderung ist angesichts einer meist größeren Zahl von bestrittenen Forderungen nicht geboten. Der Gläubiger der bestrittenen Forderung kann vom Gericht auf die weitere Auseinandersetzung mit dem Bestreitenden nach dem Termin und ggf. die Feststellungsklage nach § 180 InsO verwiesen werden. Keinesfalls hat das Insolvenzgericht im Prüfungstermin das Recht, in die Diskussion über die Berechtigung einer Forderung einzugreifen oder gar den Verwalter anzuweisen, eine Forderung anzuerkennen. Der Amtsermittlungsgrundsatz nach § 5 Abs. 1 Satz 1 InsO ist hier nicht anwendbar, nachdem die Insolvenzordnung das Bestreiten von Forderungen nur ganz bestimmten Personen vorbehält.[738]

432 Widerspricht der Forderung weder der Verwalter noch ein Gläubiger, ist diese festgestellt. Widerspricht der Verwalter und/oder ein Gläubiger, so ist dies, insbesondere auch wer der Feststellung widersprochen hat, in der

---

735 Vgl. hierzu Nerlich/Römermann, § 176 Rdnr. 8.
736 Ebenso Haarmeyer/Wutzke/Förster, a. a. O., Kap. 7 Rdnr. 53.
737 Ebenso Haarmeyer/Wutzke/Förster, a. a. O., Kap. 7 Rdnr. 40.
738 A. A. wohl: Nerlich/Römermann, § 176 Rdnr. 26.

Tabelle einzutragen (§ 178 Abs. 2 Satz 1 InsO). Widerspricht nur der Schuldner, wird die Forderung vom Gericht festgestellt, aber eingetragen, dass der Schuldner widersprochen hat (§ 178 Abs. 2 Satz 2 InsO). Damit nimmt bei Widerspruch nur des Schuldners die Forderung zwar an Ausschüttungen der Insolvenzmasse teil, der Gläubiger kann aber nach Aufhebung des Verfahrens nicht aus der Tabelle vollstrecken (vgl. § 184 InsO).

Widerspricht ein Gläubiger oder der Schuldner einer Anmeldung nur außerhalb des Termines, z. B. nur durch ein Schreiben an das Gericht, so ist das im Termin nicht zu berücksichtigen.[739]

Das Insolvenzgericht hat die Feststellung oder den Widerspruch in der Tabelle »einzutragen«. Wenn aufgrund einer elektronisch verarbeiteten Insolvenztabelle das Ergebnis der Prüfung bereits vorbereitend in die Tabelle eingetragen war, muss das Gericht nur noch die sich im Prüfungstermin ergebenden Änderungen vermerken. Es ist nicht notwendig, dass das Gericht das Ergebnis der Prüfung auf jedem Tabellenblatt eigenhändig unterschreibt. Als ausreichend kann angesehen werden, wenn in dem gerichtlichen Protokoll über den Prüfungstermin die Prüfung der Forderungen, so wie sie in der Insolvenztabelle eingetragen sind, festgestellt und entweder die Sammelliste[740] oder aber die gesamte Insolvenztabelle zum Inhalt des Protokolls erklärt wird. Damit entsteht eine zusammengesetzte Urkunde, die durch die Unterschrift des Rechtspflegers zur öffentlichen Urkunde wird.[741]

433

Muster des Protokolls eines allgemeinen Prüfungstermines
Amtsgericht München Insolvenzgericht
Geschäftsnummer:
Anwesend:
Prüfling
Rechtspfleger
ohne Zuziehung eines Urkundsbeamten § 4 InsO, § 159 Abs. 1 ZPO
NIEDERSCHRIFT
Aufgenommen in nicht öffentlicher Sitzung im Insolvenzverfahren über das Vermögen der Fa. Muster GmbH
Zum heutigen rechtswirksam bekannt gegebenen Prüfungstermin erscheint bei Aufruf der Sache der Insolvenzverwalter RA Manfred Mustermann.
Die angemeldeten Forderungen nach § 38 InsO (Tabelle lfd. Nr. 1–250) werden ihrem Betrag und ihrem Rang nach geprüft.

---

739 Vgl. Nerlich/Römermann, a. a. O., § 176 Rdnr. 21.
740 Vgl. Haarmeyer/Wutzke/Förster, a. a. O., Kap. 7 Rdnr. 53.
741 Ebenso Haarmeyer/Wutzke/Förster, a. a. O.

Bruder

> Für jede angemeldete Forderung wird in die Tabelle eingetragen, inwieweit die Forderung ihrem Betrag und ihrem Rang nach festgestellt ist oder wer der Feststellung widersprochen hat.
>
> Die bestrittenen Forderungen werden einzeln erörtert.
>
> Die Tabelle ist Bestandteil des Protokolls und gilt dadurch in den Blättern lfd. Nr. 1–250 als unterschrieben.
>
> Rechtspfleger

Einzelprobleme der Forderungsprüfung:

- Absonderung

434 Absonderungsberechtigte Gläubiger (§ 52 Satz 1 InsO) sind zur anteilmäßigen Befriedigung aus der Insolvenzmasse nur berechtigt, soweit sie auf eine abgesonderte Befriedigung verzichten oder bei ihr ausgefallen sind. Diese Gläubiger müssen somit dem Insolvenzverwalter entweder nachweisen, dass sie auf eine abgesonderte Befriedigung verzichtet haben oder verzichten oder wie hoch ihr Ausfall nach Verwertung des Absonderungsrechtes ist. Letzteres wird in der Regel bis zum Ablauf der Anmeldefrist nicht feststehen, so dass diese Gläubiger »für den Ausfall« anmelden müssen. Die Verpflichtung der Gläubiger zur Mitteilung der Absonderungsrechte folgt aus § 28 Abs. 2 InsO. Dementsprechend darf der Verwalter diese Forderung auch nur »für den Ausfall« anerkennen. Die Gläubiger haben dem Insolvenzverwalter den Nachweis über den Ausfall zu führen, ansonsten sie bei Abschlagsverteilungen oder der Schlussverteilung nicht berücksichtigt werden (§ 190 InsO).[742]

Wenn der absonderungsberechtigte Gläubiger nicht für den Ausfall, also unbedingt anmeldet, muss die Forderung deswegen nicht in vollem Umfang bestritten werden. Der Verwalter kann diese anerkennen, aber insoweit bestreiten, als der Gläubiger mehr als eine Ausfallsforderung angemeldet hat. Dies kann dadurch dokumentiert werden, dass in die Tabelle eingetragen wird: »Festgestellt für den Ausfall«. Einigen sich anschließend Gläubiger und Verwalter auf die Höhe des Ausfalls, dann ist die Forderung in dieser Höhe zur Tabelle festgestellt und wird bei Ausschüttungen berücksichtigt. Wenn nicht, muss der Gläubiger gegen den Verwalter nach § 180 InsO Klage erheben.

- Aussonderung

435 Wer aufgrund eines dinglichen oder persönlichen Rechts geltend machen kann, dass ein Gegenstand nicht zur Insolvenzmasse gehört (Aussonderungsgläubiger), ist kein Insolvenzgläubiger (§ 47 InsO). Er muss seine Ansprüche nach den Gesetzen außerhalb des Insolvenzverfahrens durchsetzen.

---

742 Vgl. Haarmeyer/Wutzke/Förster, a. a. O., Kap. 7 Rdnr. 22; s. a. unten Rdnr. 470.

Aussonderungsgläubiger können deshalb keine Forderungen anmelden. Eine Ausnahme bilden die Lieferanten, die unter Eigentumsvorbehalt geliefert haben. Diese haben neben ihrem Recht auf Aussonderung eine persönliche Forderung, wobei der auszusondernde Gegenstand die Sicherheit für die persönliche Forderung bildet. Dieses Aussonderungsrecht ist dem Absonderungsrecht stark angenähert, so dass die Lieferanten, die unter Eigentumsvorbehalt geliefert haben, bei der Forderungsprüfung wie absonderungsberechtigte Gläubiger zu behandeln sind. Siehe hierzu oben Rdnr. 198.[743]

- Doppelanmeldung

Siehe hierzu oben Rdnr. 414 Stichwort »Doppelanmeldung«

- Scheck/Wechsel

Meldet der Gläubiger Forderungen aus Scheck oder Wechsel an, so muss auf den Originalen dieser Urkunden vermerkt werden, dass die Forderung in der Insolvenztabelle festgestellt wurde. An die Stelle dieser Urkunden tritt nunmehr die vollstreckbare Ausfertigung aus der Tabelle. Der Gläubiger hat aus der Urkunde keine Rechte mehr gegen den Schuldner. Wird die Urkunde nicht im Original vorgelegt, ist die Forderung »mangels Vorlage des Wechsels/Schecks« vom Verwalter zu bestreiten. Aus einem Wechsel bzw. Scheck kann der Inhaber Zahlung vom Bezogenen nur gegen Aushändigung der quittierten Urkunde verlangen (vgl. Art. 39 Abs. 1 WG bzw. 34 Abs. 1 ScheckG). Macht der Gläubiger als Inhaber des Schecks bzw. Wechsels die Ansprüche daraus gegenüber dem Schuldner als Bezogenen geltend, so muss er dem Verwalter bei Auszahlung der Insolvenzquote den Wechsel oder Scheck aushändigen. Bei Teilbeträgen sind diese auf der Urkunde zu vermerken. Aus diesem Grunde darf der Verwalter Forderungen aus Schecks oder Wechsel nur »unter dem Vorbehalt von Art. 39 WG bzw. 34 ScheckG« anerkennen. Da beide Urkunden umlauffähige Papiere sind, könnte der Gläubiger von einem Wechselverpflichteten in der Zwischenzeit Befriedigung erlangt haben, so dass ihm die zur Tabelle festgestellte Forderung nicht mehr zusteht. Eine solche mögliche Doppelbefriedigung vermeidet eine Anerkennung »unter Vorbehalt ...«.

436

Wird die Forderung aus dem Wechsel / Scheck nicht festgestellt, ist die Urkunde ohne Vermerk zurückzugeben. Wird sie nur mit einem Teilbetrag festgestellt, ist auf der Urkunde zu vermerken: »Zur Tabelle festgestellt in Höhe von DM ....«.

---

743 Vgl. KS/Wellensiek, S. 414 Rdnr. 39.

- Titel / Urteil

437 Der Gläubiger einer titulierten Forderung hat zwei Möglichkeiten. Er kann einmal die Forderung aus dem Titel, z. B. »Urteil des Amtsgerichts München vom .... AZ: ......« anmelden. Er kann aber auch die zugrundeliegende Forderung, z. B. Warenlieferung, angeben. Meldet er aus dem Titel an, muss er das Original der vollstreckbaren Ausfertigung dieser Urkunde spätestens im Prüfungstermin vorlegen, damit die Forderung anerkannt werden kann. Der Originaltitel verbleibt bei den Gerichtsakten, weil die Feststellung zur Tabelle einen neuen – weiteren – Vollstreckungstitel gewährt (§ 178 Abs. 3 InsO). Der frühere Vollstreckungstitel ist verbraucht.[744]

Gibt das Insolvenzgericht den Originaltitel an den Gläubiger zurück, ist dieser mit dem Vermerk zu versehen »Zur Insolvenztabelle festgestellt«, obwohl dies § 178 Abs. 2 Satz 3 InsO nicht ausdrücklich vorsieht. Ansonsten wären aber nach Beendigung des Insolvenzverfahrens zwei Vollstreckungstitel vorhanden, aus denen der Gläubiger vorgehen könnte. Dagegen müsste sich der Schuldner mit einer Vollstreckungsabwehrklage nach § 767 ZPO wehren.[745]

Legt der Gläubiger den Originaltitel nicht vor, obwohl er die Forderung aus diesem Titel angemeldet hat, muss der Verwalter die Forderungsanmeldung mit dem Hinweis bestreiten: »Mangels Vorlage bzw. Rückgabe des Originaltitels«. Meldet der Gläubiger die zugrundeliegende Forderung an, obwohl diese tituliert ist, muss er den Originaltitel an das Insolvenzgericht zurückgeben. Auch in diesem Fall verbleibt der Titel bei den Akten, wenn die Forderung zur Insolvenztabelle festgestellt wird. Nach Aufhebung des Verfahrens kann der Gläubiger nur aufgrund einer vollstreckbaren Ausfertigung aus der Tabelle die Zwangsvollstreckung aufnehmen (§ 201 Abs. 2 Satz 3 InsO).[746] Gibt er den Titel nicht zurück, muss der Verwalter die Forderung wiederum bestreiten: »Mangels Rückgabe des Originaltitels«.

438 Eine Forderung wird im Insolvenzverfahren nur dann als tituliert im Sinne von § 179 Abs. 2 InsO angesehen, wenn der Titel bereits bei Insolvenzeröffnung vorlag. Die Forderung wird nicht dadurch zu einer titulierten im Sinne dieser Bestimmung, dass nach Insolvenzeröffnung unter Verletzung der §§ 240, 249 ZPO noch ein Urteil ergangen ist.[747]

c) Änderung der Tabelle

439 Nach Feststellung der Forderung ist eine Änderung der Tabelle in der Regel nicht mehr möglich, denn die Eintragung in die Tabelle wirkt für die festgestellten Forderungen wie ein rechtskräftiges Urteil gegenüber dem Insol-

---

744 Vgl. HK-InsO/Irschlinger, § 201 Rdnr. 7; Haarmeyer/Wutzke/Förster, a. a. O., Kap. 7 Rdnr. 75 m. w. N.
745 So aber: HK-InsO/Irschlinger, § 201 Rdnr. 7 m. w. N.
746 A. A.: HK-InsO/Irschlinger, § 201 Rdnr. 7.
747 OLG Köln ZIP 1988, 447.

venzverwalter und allen Insolvenzgläubigern (§ 178 Abs. 3 InsO). Schreibfehler, Rechenfehler und ähnliche offenbare Unrichtigkeiten in der Tabelle sind jedoch vom Gericht auch von Amts wegen jederzeit zu berichtigen (§ 178 Abs. 3, § 4 InsO i. V. m. § 319 Abs. 1 ZPO). Enthält die Tabelle Unrichtigkeiten, die nicht unter § 319 Abs. 1 ZPO fallen, Auslassungen, Dunkelheiten oder Widersprüche, wird man § 320 Abs. 1 ZPO analog anwenden können.[748] Die Zwei-Wochen-Frist für den Berichtigungsantrag wird allerdings ab dem Prüfungstermin zu berechnen sein.

Hat der Verwalter im Prüfungstermin eine Forderung ganz oder teilweise bestritten und will er sie nunmehr aufgrund neuerer Erkenntnisse bzw. Vorlage von Unterlagen des Gläubigers anerkennen, kann er dies durch einfachen Schriftsatz an den Gläubiger und das Insolvenzgericht tun. Mit Eintragung des Feststellungsvermerkes durch das Gericht in der Tabelle ist die Forderung rechtskräftig festgestellt. Dadurch ist der Widerspruch im Sinne von § 178 Abs. 1 Satz 1 InsO nachträglich beseitigt.[749] 440

Diese nachträgliche Anerkennung einer im Prüfungstermin bestrittenen Forderung durch Schriftsatz an das Gericht ist nicht zu verwechseln mit dem schriftlichen Prüfungsverfahren nach § 177 Abs. 1 Satz 2 bzw. § 178 Abs. 1 Satz 1 InsO.

Das schriftliche Prüfungsverfahren ist in der Insolvenzordnung nicht näher ausgestaltet. Man wird aber davon ausgehen müssen, dass auch in diesem Verfahren die Widerspruchsrechte der Gläubiger und des Schuldners gewährleistet sein müssen. Das bedeutet, dass die nachträglich angemeldeten Forderungen allen Gläubigern bekannt gemacht werden müssen und diese schriftlich widersprechen können. Die Zustellungen mit Fristsetzung sind außer vielleicht bei Kleinstverfahren so kostenintensiv und verwaltungsaufwendig, dass das schriftliche Prüfungsverfahren nicht praktikabel erscheint. Die Anberaumung eines oder auch ggf. eines zweiten besonderen Prüfungstermines ist für alle Beteiligten wesentlich sinnvoller, so dass die Gerichte – soweit ersichtlich – vom schriftlichen Prüfungsverfahren bisher kaum Gebrauch gemacht haben.[750]

Ermäßigt ein Gläubiger seine Forderung, nachdem diese zur Tabelle festgestellt wurde, ist das als Verzicht zu werten, der in die Tabelle unter »Bemerkungen« einzutragen ist. Erhöht ein Gläubiger die Forderung nach Abhaltung des Prüfungstermines ist eine Änderung der Tabelle nicht mehr möglich. Die Erhöhung ist als Neuanmeldung anzusehen, die in einem besonderen Prüfungstermin oder im schriftlichen Verfahren zu prüfen ist (§ 177 Abs. 1 Satz 2 und 3 InsO).[751] 441

---

748 Vgl. BGH NJW 1984, 2154, 2155.
749 Vgl. zur Aufnahme einer in der Tabelle bestrittenen Forderung in das Schlussverzeichnis: OLG Dresden ZIP 1995, 665.
750 Ebenso Haarmeyer/Wutzke/Förster, a. a. O., Kap. 7 Rdnr. 69.
751 Vgl. Haarmeyer/Wutzke/Förster, a. a. O., Kap. 7 Rdnr. 63.

Bruder

442 Lediglich der Schuldner hat es noch in der Hand, die Insolvenztabelle möglicherweise nachträglich zu verändern. Hat er den Prüfungstermin versäumt, so muss ihm das Insolvenzgericht auf Antrag bei Vorliegen der Voraussetzungen Wiedereinsetzung in den vorigen Stand gewähren (§ 186 Abs. 1 InsO).

443 Wird eine zur Tabelle angemeldete Forderung abgetreten, so ist die Tabelle nach Vorlage der die Rechtsnachfolge beweisenden Urkunde ohne weiteres zu berichtigen. Dies gilt auch für die Zeit nach Feststellung der Forderung.[752]

444 Änderungen in der Tabelle hat im Prüfungstermin und in der Zeit danach bis zum Abschluss des Insolvenzverfahrens ausschließlich das Insolvenzgericht vorzunehmen. Dies folgt aus dem Urkundscharakter der Tabelle. Strittig ist allerdings, wer die Tabelle nach dem Prüfungstermin »führt«.[753] Aufgrund der Urkundsfunktion des Gerichtes (§ 178 Abs. 3 InsO) verbleibt die Tabelle nach dem Prüfungstermin bei Gericht. Nur das Gericht nimmt die notwendigen Änderungen in der niedergelegten Tabelle vor. Neuanmeldungen, Erhöhungen etc. hat der Verwalter auf neuen Tabellenblättern zu erfassen und dem Gericht zuzuleiten. Dieses hat die neuen Blätter der Insolvenztabelle als noch nicht geprüfte Forderungen anzufügen und das Ergebnis aus dem nächsten besonderen Prüfungstermin bzw. einem evtl. schriftlichen Prüfungsverfahren in die Tabelle einzutragen.

5. Folgen der Forderungsprüfung (§§ 178, 179 InsO)

a) Festgestellte Forderungen

445 Eine Forderung gilt nach § 178 Abs. 1 Satz 1 InsO als festgestellt, soweit gegen sie im Prüfungstermin oder im schriftlichen Verfahren ein Widerspruch weder vom Insolvenzverwalter, noch von einem Insolvenzgläubiger erhoben wird oder soweit ein erhobener Widerspruch beseitigt ist. Eine Forderung gilt somit auch dann als festgestellt, wenn ihr im Prüfungstermin widersprochen wurde, der Insolvenzverwalter oder der widersprechende Gläubiger die Forderung anschließend aber anerkannt hat und daraufhin die Feststellung in der Tabelle vermerkt wurde. Widerspricht nur der Schuldner allein, so hindert dies nicht die Feststellung der Forderung (§ 178 Abs. 1 Satz 2 InsO). Der Gläubiger nimmt somit am Verfahren teil, erhält die Insolvenzquote, kann aber nach Aufhebung des Insolvenzverfahrens nicht gegen den Schuldner aufgrund der Insolvenztabelle vorgehen.

Die in der Tabelle festgestellte Forderung ist ihrem Betrage und ihrem Range nach wie ein rechtskräftiges Urteil gegenüber dem Insolvenzverwalter und allen Insolvenzgläubigern zu behandeln (§ 178 Abs. 3 InsO). Dies

---

752 Vgl. Haarmeyer/Wutzke/Förster, a. a. O., Kap. 7 Rdnr. 63.
753 Vgl. Haarmeyer/Wutzke/Förster, a. a. O., Kap. 7 Rdnr. 59, 77; HK-InsO/Irschlinger, § 175 Rdnr. 13.

bedeutet, dass die festgestellten Forderungen an Abschlagsverteilungen und der Schlussverteilung (§§ 188, 196 InsO) teilnehmen und die entsprechende Insolvenzquote erhalten. Nach Aufhebung des Verfahrens können die Insolvenzgläubiger ihre restlichen Forderungen gegen den Schuldner unbeschränkt geltend machen (§ 201 Abs. 1 InsO). Die Nachhaftung ist nur für den Fall einer Restschuldbefreiung bei einer natürlichen Person eingeschränkt (§§ 201 Abs. 3, 286 ff. InsO). Die Gläubiger festgestellter Forderungen können sich nach Aufhebung des Insolvenzverfahrens zum Zwecke der Zwangsvollstreckung gegen den Schuldner eine vollstreckbare Ausfertigung aus der Tabelle erteilen lassen, soweit nicht in der Tabelle ein Widerspruch des Schuldners eingetragen war (§ 201 Abs. 2 InsO). Einen solchen Schuldnerwiderspruch können die Gläubiger bereits während des Insolvenzverfahrens durch Klage gegen den Schuldner bzw. durch Aufnahme eines bei Eröffnung bereits anhängigen Rechtsstreits zu beseitigen versuchen (§ 184 InsO).

Fehlerhafte Eintragungen können in der Regel nur über § 4 InsO i. V. m. §§ 319, 320 ZPO berichtigt werden.[754] **446**

Hat der Insolvenzverwalter irrtümlich einer eindeutig nicht gerechtfertigten Insolvenzforderung nicht widersprochen und wurde diese daraufhin zur Tabelle festgestellt, so lässt sich die Feststellungswirkung rückwirkend nicht mehr beseitigen. Der BGH[755] hat zwar immer wieder festgestellt, dass Maßnahmen, die dem Insolvenzzweck zuwider laufen, die Insolvenzmasse wegen Überschreitung der Verwaltungs- und Verfügungsbefugnis nicht binden. Er hat dabei in der Regel aber gefordert, dass dies auch für die Beteiligten erkennbar sein müsse.[756] Wird eine Forderung zur Tabelle festgestellt, weil der Insolvenzverwalter irrtümlich keinen Widerspruch erhoben hat, wird diese Voraussetzung nicht vorliegen.[757]

Der den Gläubigern dadurch entstehende Schaden dürfte ein Haftungsfall des Insolvenzverwalters nach § 60 Abs. 1 InsO sein. Anders wird zu entscheiden sein, wenn der Insolvenzverwalter vorsätzlich – evtl. aufgrund einer Vereinbarung mit dem Gläubiger – keinen Widerspruch erhebt. **447**

Ansonsten kann der Verwalter zur Tabelle festgestellte Forderungen nur über eine Vollstreckungsabwehrklage nach § 767 ZPO beseitigen. Da die Feststellung der Forderung wie ein rechtskräftiges Urteil wirkt und zur Berücksichtigung bei der Verteilung führt, sind hiergegen auch diejenigen Rechtsbehelfe gegeben, die außerhalb des Insolvenzverfahrens einer rechtskräftig verurteilten Partei zur Verfügung stehen.[758] So kann der Insolvenzverwalter dem Gläubiger entgegenhalten, dass die festgestellte Forderung nachträglich erloschen sei, z. B. durch Zahlung eines Dritten.[759] Der Insol- **448**

---
754 Haarmeyer/Wutzke/Förster, a. a. O., Kap. 7 Rdnr. 80; s. o. Rdnr. 439.
755 Vgl. BGH NJW 1997, 1571; NJW 1983, 2018.
756 BGH NJW 1983, 2018.
757 Zweifelnd: HK-InsO/Irschlinger, § 178 Rdnr. 5.
758 BGH NJW 1985, 271, 272.
759 S. Beispiel in BGH a. a. O.

venzverwalter ist aber analog § 767 Abs. 2 InsO mit den Einwendungen ausgeschlossen, die er schon im Prüfungstermin hätte vorbringen können.

b) Bestrittene Forderungen

449 Eine Forderung ist bestritten, wenn in der Tabelle eingetragen ist, dass der Insolvenzverwalter oder ein Gläubiger dieser widersprochen hat (§ 178 Abs. 1 Satz 1 InsO). Ein Widerspruch des Schuldners ist insoweit unbeachtlich (§ 178 Abs. 1 Satz 2 InsO).

Zum »vorläufigen Bestreiten« siehe oben Rdnr. 384.

Der Gläubiger, dessen Forderung bestritten wurde, erhält vom Insolvenzgericht unaufgefordert einen begl. Auszug aus der Tabelle. Lag ein vollstreckbarer Schuldtitel vor, erhält auch der Bestreitende einen solchen Auszug. Gläubiger, deren Forderung festgestellt wurden, werden nicht benachrichtigt (§ 179 Abs. 3 InsO). Auf letzteres weist das Insolvenzgericht in der Regel bereits mit dem Eröffnungsbeschluss und der Aufforderung zur Anmeldung der Forderungen hin (§ 28 Abs. 1 InsO).

aa) Nicht titulierte Forderungen

450 Es ist für den Gläubiger kosten- und zeitsparend, wenn er den Insolvenzverwalter nach Erhalt der Mitteilung, dass die Forderung bestritten wurde, zuerst außergerichtlich auffordert, die Gründe des Bestreitens mitzuteilen. Dies gilt unabhängig davon, ob der Insolvenzverwalter nur »vorläufig« bestritten hat. In den meisten Fällen lässt sich auf diese Weise eine Einigung z. B. durch Nachreichung weiterer Urkunden oder sonstiger Unterlagen herbeiführen. Eine vorschnelle Klage des Gläubigers kann zur Folge haben, dass dieser bei einem sofortigen Anerkenntnis des Insolvenzverwalters die Kosten des Rechtsstreits zu tragen hat.[760]

Gelingt keine Einigung, so muss der Gläubiger, wenn kein vollstreckbarer Schuldtitel oder kein Endurteil vorliegt, die Feststellung gegen den oder die Bestreitenden betreiben (§ 179 Abs. 1 InsO). Dies wird in der Regel der Insolvenzverwalter, dies können aber zusätzlich oder auch allein ein oder mehrere Gläubiger sein. Haben mehrere die Forderung bestritten, so empfiehlt sich eine Klage gleichzeitig gegen alle, weil nur die Beseitigung aller Widersprüche zur Feststellung der Forderung führt.

451 Die Tatsache der Forderungsanmeldung, Prüfung und des Bestreitens ist Sachurteilsvoraussetzung für eine Klage nach § 180 Abs. 1 Satz 1 InsO, die in jeder Lage des Verfahrens von Amts wegen zu prüfen ist. Dies gilt auch bei Massenverfahren und auch noch in der Revisionsinstanz.[761] Zum Nachweis dieser Tatsachen ist die Vorlage des begl. Auszuges aus der Insol-

---

[760] Vgl. LG Bonn ZIP 2000, 1310; LG Aurich ZInsO 2000, 410; OLG Düsseldorf ZIP 1994, 638; s. auch oben Rdnr. 384 und 409.
[761] BGH ZIP 2000, 705.

venztabelle gem. § 179 Abs. 3 Satz 1 InsO ausreichend, aber auch erforderlich. Dieses Erfordernis ist nicht abdingbar und kann nicht durch Vereinbarung zwischen Insolvenzverwalter und Kläger oder durch Rügeverzicht des Insolvenzverwalters ersetzt werden.[762] Auf Feststellung ist nach § 180 Abs. 1 Satz 1 InsO zwar im ordentlichen Verfahren Klage zu erheben. Zu beachten ist aber ein zwischen den ursprünglichen Parteien in einem Schiedsvertrag vereinbartes Schiedsgericht, das auch den Insolvenzverwalter bindet.[763] Streitig ist, ob die Klage auf Feststellung der Forderung zur Insolvenztabelle im Urkundenprozess statthaft ist.[764]

Örtlich zuständig sind ausschließlich die Gerichte, zu dessen Bezirk das Insolvenzgericht gehört (§ 180 Abs. 1 Satz 3 InsO). Die sachliche Zuständigkeit richtet sich nach den Bestimmungen des Gerichtsverfassungsgesetzes, ist aber keiner Parteivereinbarung zugänglich. Ist für die Feststellung einer Forderung ein ordentliches Gericht nicht zuständig, z. B. Ansprüche aus Arbeitsverhältnissen, Steuerforderungen etc., so ist der Rechtsweg zu den jeweils zuständigen anderen Gerichten gegeben (§ 185 Satz 1 InsO). Arbeitnehmer haben somit die Feststellung ihrer Forderung gegen den Schuldner als Arbeitgeber beim Arbeitsgericht zu betreiben. Ist eine nicht titulierte Steuerforderung bestritten, so kann das Finanzamt die Feststellung der Forderung durch eigenen Steuerbescheid gegenüber dem Insolvenzverwalter vornehmen (§ 185 Satz 1 InsO). Dem Insolvenzverwalter obliegt es dann, mit Einspruch und ggf. Klage zum Finanzgericht den Steuerbescheid zu Fall zu bringen. Gelingt dies, dann wird die Steuerforderung nicht berücksichtigt, weil die Anmeldung zur Tabelle nach wie vor bestritten ist. Ähnliches gilt für Sozialversicherungsträger. Gegen Feststellungsbescheide dieser Behörden oder Körperschaften ist in der Regel Klage zum Sozialgericht notwendig.

452 Die Feststellungsklage darf sich bezüglich Grund, Betrag und Rang der Forderung nur auf die in der Tabelle eingetragene und bestrittene Forderung beziehen. Ist in der Anmeldung bzw. der Tabelle ein anderer Forderungsgrund angegeben, als in der erhobenen Feststellungsklage, ist die Klage unzulässig. Es fehlt an den Sachurteilsvoraussetzungen der Anmeldung, der Prüfung und des Bestreitens.[765] Hat der Gläubiger versehentlich einen falschen Forderungsgrund bei der Anmeldung angegeben und wurde dieser in die Tabelle eingetragen, muss er ggf. seinen Anspruch mit dem richtigen Forderungsgrund erneut anmelden und die Anmeldung in einem besonderen Termin prüfen lassen. Ob er so lange das Ruhen seines Feststellungsprozesses erreichen kann, ist fraglich.

Die Klageerhebung wegen eines geringeren Betrages ist zulässig. Wird ein höherer Betrag, als zur Tabelle angemeldet eingeklagt, gilt das Gleiche wie bei Auswechslung des Forderungsgrundes. Wegen des übersteigenden

---

762 BGH a. a. O.
763 HK-InsO/Irschlinger, § 180 Rdnr. 2 m. w. N.
764 Verneinend OLG München NJW 1985, 984 m. w. N.
765 Vgl. BGH ZIP 2000, 705, 706.

Betrages ist das Anmelde- und Prüfungsverfahren neu zu durchlaufen. Der Rang der Forderung spielt in der Regel keine Rolle, weil die »einfachen« Insolvenzgläubiger gleichrangig sind und die nachrangigen Gläubiger vom Insolvenzgericht selten zur Anmeldung ihrer Forderungen aufgefordert werden (§ 174 Abs. 3 InsO).

453 Der Gläubiger hat den Antrag gegen den Insolvenzverwalter als Partei kraft Amtes (h. M.) zu richten. Der Tenor muss auf Feststellung zur Insolvenztabelle lauten.

454 Direkte Fristen für die Erhebung der Feststellungsklage sieht die Insolvenzordnung nicht vor. Weist der Gläubiger aber dem Insolvenzverwalter bei einer Abschlagsverteilung die Klageerhebung oder die Aufnahme eines früher anhängigen Rechtsstreits nicht rechtzeitig gem. § 189 Abs. 1 InsO nach, wird er bei dieser Verteilung nicht berücksichtigt. Gleiches gilt bei Ankündigung der Schlussverteilung und Niederlegung des Schlussverzeichnisses, wobei dann allerdings der Gläubiger endgültig keine Insolvenzquote erhält (§§ 189, 196, 197 InsO).

Muster einer Feststellungsklage nach § 180 InsO

Amtsgericht München

    KLAGE

in Sachen

Michael Meier ...   – Kläger –

gegen

RA Manfred Mustermann als Insolvenzverwalter der Fa. Muster GmbH ....

                              – Beklagter –

wegen Feststellung zur Insolvenztabelle

Streitwert: € 1.000,–

Ich **beantrage**:

1. Die vom Kläger zum Insolvenzverfahren angemeldete Forderung (lfd. Nr. M 4) wird zur Insolvenztabelle der Fa. Muster GmbH als einfache Insolvenzforderung festgestellt.
2. Der Beklagte trägt die Kosten des Rechtsstreits.

BEGRÜNDUNG:

Der Kläger gewährte der Fa. Muster GmbH am ...... ein Darlehen in Höhe von € 10.000,–, dessen Rückzahlung zum ... vereinbart war (Beweis: Darlehensvertrag). Über das Vermögen der Fa. Muster GmbH wurde am .... das Insolvenzverfahren eröffnet. Zum Insolvenzverwalter wurde Manfred Mustermann bestellt (Beweis: Eröffnungsbeschluss). Der Kläger hat seine Forderung zur Insolvenztabelle angemeldet. Die Forderung wurde in die Tabelle eingetragen, der Beklagte hat diese aber in vollem Umfang bestritten (Beweis: Begl. Auszug aus der Tabelle).

Nach Auskunft des Beklagten wird die Insolvenzquote voraussichtlich 10 % betragen.

Michael Meier

Bruder

bb) Titulierte Forderungen

455 Liegt für die zur Tabelle bestrittene Forderung ein vollstreckbarer Schuldtitel oder ein Endurteil vor, so muss der Bestreitende den Widerspruch verfolgen (§ 179 Abs. 2 InsO). Aber auch der Gläubiger kann, um möglichst bald Klarheit zu bekommen, den Rechtsstreit fortsetzen, obwohl er an Abschlagsverteilungen und der Schlussverteilung teilnehmen würde (§§ 188, 189 InsO).

Die Art der Aufnahme richtet sich nach dem Stand des unterbrochenen Rechtsstreits. Erfolgte die Unterbrechung während einer Instanz, erfolgt die Aufnahme durch einfache Prozesserklärung. Wurde der Rechtsstreit nach Erlass eines Urteils unterbrochen, ist ggf. Einspruch, Berufung oder Revision einzulegen.

Der Antrag des Widersprechenden geht dahin, dass entweder das Nichtbestehen der zur Insolvenztabelle angemeldeten und bestrittenen Forderung festgestellt[766] oder der zur Insolvenztabelle erklärte Widerspruch für begründet erklärt wird.

Für die Aufnahme eines Rechtsstreits gelten §§ 180, 185 InsO nicht. Es bleibt bei der Zuständigkeit des ursprünglich angegangenen Gerichtes.

Für die Parteistellung kommt es nicht darauf an, ob der Insolvenzverwalter oder ein Gläubiger widersprochen und den Rechtsstreit aufgenommen hat, in beiden Fällen tritt der Widersprechende in die Parteistellung des Schuldners ein. Der Schuldner selbst kann nicht mehr Partei dieses Rechtsstreits sein. Er kann jedoch als Nebenintervenient beitreten.[767]

456 Schuldtitel im Sinne von § 179 Abs. 2 InsO sind auch Steuerbescheide nach § 155 Abs. 1 Satz 1 AO oder vollstreckbare Beitragsbescheide von Sozialversicherungsträgern. Dagegen ist – wenn noch zulässig – mit den entsprechenden Rechtsbehelfen vorzugehen. Kein Schuldtitel in diesem Sinne ist ein Urteil, das erst nach Insolvenzeröffnung unter Verletzung der Bestimmungen der §§ 240, 249 ZPO ergangen ist. In diesem Fall hat der Gläubiger die Feststellung zur Insolvenztabelle zu betreiben, wenn die Forderung bestritten wird (§ 179 Abs. 1 InsO).

Muster einer Aufnahme des Rechtsstreites nach § 179 Abs. 2 InsO
Oberlandesgericht München Zivilsenat
Michael Meier...
Prozessbevollmächtigte: ....
gegen
RA Manfred Mustermann als Insolvenzverwalter der Fa. Muster GmbH ...

---

766 Vgl. Kuhn/Uhlenbruck, a. a. O., § 146 Rdnr. 33 b.
767 HK-InsO/Irschlinger, § 179 Rdnr. 6 m. w. N.

Prozessbevollmächtigte: ....

AZ:

Aufnahmeerklärung nach § 179 Abs. 2 InsO

Über das Vermögen der Fa. Muster GmbH wurde vom Amtsgericht München am .... das Insolvenzverfahren eröffnet. Zum Insolvenzverwalter wurde RA Manfred Mustermann bestellt (Beweis: Eröffnungsbeschluss). Der Kläger hat die streitgegenständliche Forderung bei dem Insolvenzverwalter zur Tabelle angemeldet. Sie wurde in die Tabelle aufgenommen und im Prüfungstermin vom Insolvenzverwalter bestritten (Beweis: begl. Tabellenauszug).

Nachdem für die angemeldete Forderung ein Endurteil (Urteil des Landgerichts München vom ....) vorliegt, nimmt hiermit der Insolvenzverwalter gem. § 179 Abs. 2 InsO den Rechtsstreit auf und **beantragt** nunmehr:

1. Das Endurteil des Landgerichts München vom .... wird aufgehoben.

2. Es wird festgestellt, dass die vom Kläger zur Insolvenztabelle (lfd. Nr. M 4) angemeldete Forderung nicht besteht

oder

Der Widerspruch des Beklagten gegen die vom Kläger zur Insolvenztabelle (lfd. Nr. M 4) angemeldete Forderung wird für begründet erklärt.

3. Der Kläger trägt die Kosten des Rechtsstreits.

Rechtsanwalt

Muster einer Aufnahme des Rechtsstreits nach § 179 Abs. 2 InsO mit Berufungseinlegung

Oberlandesgericht München
Zivilsenat

Michael Meier ...

Prozessbevollmächtigte: ......

gegen

RA Manfred Mustermann als Insolvenzverwalter der Fa. Muster GmbH ...

Prozessbevollmächtigte: ......

AZ des LG München: ....

Aufnahmeerklärung nach § 179 Abs. 2 InsO
und Berufungseinlegung

Über das Vermögen der Fa. Muster GmbH wurde vom Amtsgericht München am .... das Insolvenzverfahren eröffnet. Zum Insolvenzverwalter wurde RA Manfred Mustermann bestellt (Beweis: Eröffnungsbeschluss). Der Kläger hat die streitgegenständliche Forderung bei dem Insolvenzverwalter zur Tabelle angemeldet. Sie wurde in die Tabelle aufgenommen und im Prüfungstermin vom Insolvenzverwalter bestritten (Beweis: begl. Tabellenauszug).

Nachdem für die angemeldete Forderung ein Endurteil (Urteil des Landgerichts München vom ....) vorliegt, nimmt hiermit der Insolvenzverwalter gem. § 179 Abs. 2 InsO den Rechtsstreit auf. Namens des Insolvenzverwalters legen wir gegen das Endurteil des Landgerichts München vom .... Berufung ein und **beantragen:**

> 1. Das Endurteil des Landgerichts München vom .... wird aufgehoben.
> 2. Es wird festgestellt, dass die vom Kläger zur Insolvenztabelle (lfd. Nr. M 4) angemeldete Forderung nicht besteht
>
>   oder
>
>   Der Widerspruch des Beklagten gegen die vom Kläger zur Insolvenztabelle (lfd. Nr. M 4) angemeldete Forderung wird für begründet erklärt.
> 3. Der Kläger trägt die Kosten des Rechtsstreits.
>
> Rechtsanwalt

457 Eine rechtskräftige Entscheidung, durch die eine Forderung festgestellt oder ein Widerspruch für begründet erklärt wird, wirkt gegenüber dem Insolvenzverwalter und allen Insolvenzgläubigern (183 Abs. 1 InsO). Bei Feststellung der Forderung nimmt der Gläubiger endgültig am Verfahren und an der Quotenausschüttung teil. Er kann beim Insolvenzgericht die Berichtigung der Tabelle beantragen, wenn der Verwalter nicht bereits von sich aus die Forderung nach Rechtskraft des Urteils anerkannt hat.

> **Muster eines Tabelleneintrags nach § 183 Abs. 2 InsO (Fall 1)**
>
> Die Forderung ist gem. dem rechtskräftigen Endurteil des Oberlandesgerichts München vom ...., AZ .... festgestellt.

> **Muster eines Tabelleintrags nach § 183 Abs. 2 InsO (Fall 2)**
>
> Der Widerspruch des Insolvenzverwalters wurde durch rechtskräftiges Endurteil des Oberlandesgerichts München vom .... AZ ...... für begründet erklärt.

458 Gegenüber dem Schuldner wirkt ein solches Urteil in gleicher Weise. Der obsiegende Gläubiger darf sich aus der Insolvenzmasse und nach Aufhebung des Verfahrens aus dem weiteren Vermögen des Schuldners befriedigen (§ 201 InsO), es sei denn, der Schuldner hatte die Forderung ebenfalls bestritten. Dies hindert zwar nicht die Feststellung der Forderung zur Insolvenztabelle, wenn der Gläubiger gegen den ebenfalls bestreitenden Verwalter gewinnt (§ 178 Abs. 1 InsO). Vor Zwangsvollstreckung nach Aufhebung des Verfahrens muss der Gläubiger erst den Widerspruch des Schuldners beseitigen (§ 184 InsO). Eine solche Klage kann der Gläubiger allerdings bereits mit der Klage gegen den oder die anderen Bestreitenden verbinden.[768]

cc) Kostenerstattung (§ 183 Abs. 3 InsO)

459 Haben nur einzelne Gläubiger, nicht aber der Verwalter den Rechtsstreit geführt, so können diese Gläubiger die Erstattung ihrer Kosten aus der Insolvenzmasse insoweit verlangen, als der Masse durch die Entscheidung ein

---

[768] S. hierzu oben Rdnr. 385.

Vorteil erwachsen ist (§ 183 Abs. 3 InsO). Geht der Rechtsstreit für die bestreitenden Gläubiger verloren, hat die Masse keinen Vorteil, so dass diese Gläubiger die Kosten des Feststellungsrechtsstreits selbst zu tragen haben. Gewinnen sie diesen Prozess aber und wird in der Tabelle festgestellt, dass der Widerspruch begründet ist, nimmt diese Forderung nicht mehr am Verfahren teil. Die Masse wird zwar nicht größer, aber die Verbindlichkeiten geringer, so dass die anderen Insolvenzgläubiger eine höhere Quote erhalten. Die Kostenerstattung für die bestreitenden Gläubiger ist damit auf den Quotenbetrag beschränkt, den der nunmehr ausgeschiedene Gläubiger erhalten hätte. Erhalten die bestreitenden Gläubiger allerdings Kostenerstattung von ihrem Streitgegner, so besteht kein Anspruch nach § 183 Abs. 3 InsO.

460 Zu Streitwert und Kosten siehe oben Rdnr. 386 ff.

VI. Verteilung der Insolvenzmasse (§§ 187 ff. InsO)

461 Bei der Verteilung der Insolvenzmasse sind zu unterscheiden:

- Abschlagsverteilung, § 187 Abs. 2 InsO
- Schlussverteilung, § 196 InsO
- Nachtragsverteilung, § 203 InsO

Eine Abschlagsverteilung kann frühestens nach dem allgemeinen Prüfungstermin stattfinden und soll den Gläubigern eine möglichst baldige Teilbefriedigung gewähren.

Die Schlussverteilung dient der Auszahlung der bei Beendigung des Insolvenzverfahrens noch vorhandenen Masse an die Gläubiger.

Die Nachtragsverteilung erfolgt nach Aufhebung des Insolvenzverfahrens, wenn danach noch Insolvenzmasse verfügbar wird.

1. Abschlagsverteilung

a) Allgemeines

462 Erst nach Abhaltung des allgemeinen Prüfungstermins kann man in etwa übersehen, in welchem Umfang zu befriedigende Insolvenzforderungen vorhanden sind. Zu diesem Zeitpunkt lässt sich aber in der Regel die zukünftige Insolvenzquote auch noch nicht annähernd bestimmen. Vielfach melden die Gläubiger Schätzbeträge an, die bestritten wurden und vom Gläubiger noch spezifiziert werden müssen. Über weitere bestrittene Forderungen muss noch Einigkeit erzielt werden und sehr häufig hat bis zum allgemeinen Prüfungstermin ein erheblicher Teil der Gläubiger noch nicht angemeldet.

Eine Abschlagsverteilung unmittelbar nach dem allgemeinen Prüfungstermin ist deshalb äußerst selten.

Verteilungen an die Insolvenzgläubiger sind Aufgabe des Insolvenzverwalters (§ 187 Abs. 3 Satz 1 InsO) und stehen in dessen Ermessen. Der Gesetzgeber hat die Sollvorschrift des § 149 KO in eine Kannvorschrift (§ 187 Abs. 2 InsO) umgewandelt. Danach können Verteilungen an die Insolvenzgläubiger stattfinden, so oft hinreichende Barmittel in der Insolvenzmasse vorhanden sind. Angesichts der genannten Unwägbarkeiten geht auch der Gesetzgeber davon aus, dass letztlich nur der Insolvenzverwalter vernünftig beurteilen kann, ob eine Abschlagsverteilung angebracht ist. So können nach der Begründung des Regierungsentwurfs[769] Abschlagsverteilungen beispielsweise dann aufgeschoben werden,

- wenn vorhandene Barmittel für eine zeitweilige Fortführung des insolventen Unternehmens benötigt werden,
- wenn anstelle einer Abschlagsverteilung gesicherte Gläubiger abzufinden sind, um hohe Zinszahlungen an diese Gläubiger wegen der Nutzung des Sicherungsgutes für die Insolvenzmasse zu vermeiden.

Weitere Gründe für ein Hinausschieben einer Abschlagsverteilung können bei einer großen Zahl von Gläubigern z. B. die hohen Kosten mehrerer Ausschüttungen sein und damit zusammenhängend geringe Quoten, wenn die Anzahl der Kleingläubiger sehr hoch ist. Zu berücksichtigen ist auch die in absehbarer Zeit anstehende Schlussverteilung.

Ist damit dem Insolvenzverwalter ein weites Ermessen bei der Durchführung einer Abschlagsverteilung eingeräumt, dann kann es für die Gläubiger keinen klagbaren Anspruch auf eine Abschlagsverteilung geben.[770]

463

Der Insolvenzverwalter steht zwar während seiner gesamten Tätigkeit unter der Aufsicht des Insolvenzgerichts (§ 58 InsO). Es erscheint aber fraglich, ob das Gericht den Verwalter auffordern oder ihn sogar mit der Androhung von Zwangsgeldern zur Durchführung einer Abschlagsverteilung anhalten kann. Angesichts des weiten Ermessensspielraums wird dies nur dann zulässig sein, wenn das Hinausschieben einer Abschlagsverteilung unter keinem denkbaren Gesichtspunkt mehr gerechtfertigt werden kann.[771]

b) Verteilungsverzeichnis (§ 188 InsO)

Bevor der Insolvenzverwalter mit der Durchführung einer Abschlagsverteilung beginnt, muss er die Zustimmung des Gläubigerausschusses einholen, wenn ein solcher bestellt ist (§ 187 Abs. 3 Satz 2 InsO). Die Gläubigerversammlung hat insoweit keine Kompetenz. Beachtet der Verwalter die Mitwirkungsrechte des Gläubigerausschusses nicht, ist die Abschlagsverteilung

464

---

769 BegrRegE in Kübler/Prütting, Das neue Insolvenzrecht, S. 420.
770 Ebenso HK-InsO/Irschlinger, § 187 Rdnr. 5.
771 Haarmeyer/Wutzke/Förster, Kap. 8 Rdnr. 7 gehen sogar von einer »Allein«-Entscheidung des Verwalters aus.

dennoch zulässig und wirksam (entsprechend § 164 InsO, der sich allerdings nur auf §§ 160–163 InsO bezieht). Er setzt sich jedoch dadurch Schadensersatzansprüchen und Maßnahmen des Gerichts nach § 58 InsO aus.

465 Nach Einholung der Zustimmung hat der Insolvenzverwalter ein Verzeichnis der Forderungen aufzustellen, die bei der Verteilung zu berücksichtigen sind (§ 188 Satz 1 InsO).

> **Inhalt des Verteilungsverzeichnisses:**
>
> - Die zur Insolvenztabelle festgestellten Forderungen (§ 178 Abs. 1 Satz 1 InsO);
> - Die zur Insolvenztabelle bestrittenen Forderungen, soweit für sie ein vollstreckbarer Schuldtitel oder ein Endurteil vorliegt;
> - Bestrittene Forderungen, wenn der Gläubiger spätestens innerhalb einer Ausschlussfrist von zwei Wochen nach der öffentlichen Bekanntmachung (§ 9 Abs. 1 Satz 3 InsO) dem Insolvenzverwalter nachweist, dass und für welchen Betrag er Feststellungsklage erhoben oder ein früher anhängiges Verfahren aufgenommen hat (§ 189 Abs. 1 InsO);
> - Die Ausfallsforderungen der absonderungsberechtigten Gläubiger, soweit diese innerhalb der Ausschlussfrist nach § 189 Abs. 1 InsO dem Insolvenzverwalter nachgewiesen haben, dass und für welchen Betrag sie auf abgesonderte Befriedigung verzichtet haben oder bei ihr ausgefallen sind (§ 190 Abs. 1 InsO);
> - Alle aufschiebend bedingten Forderungen (§ 191 Abs. 1 InsO);
> - Alle auflösend bedingten Forderungen, soweit die Bedingung noch nicht eingetreten ist (§ 42 InsO).

466 Liegen noch Forderungsanmeldungen aus der Zeit zwischen Ablauf der Anmeldefrist und Prüfungstermin vor, deren Prüfung widersprochen wurde bzw. nach dem Prüfungstermin eingegangene Anmeldungen und sind diese betragsmäßig so bedeutend, dass sie die Quote erheblich verändern würden, empfiehlt sich vor Aufstellung des Verteilungsverzeichnisses die Abhaltung eines besonderen Prüfungstermines.

Abs. 1 InsO). Es reicht nicht, wenn der Gläubiger nur innerhalb der Ausschlussfrist die Klageschrift oder den Aufnahmeschriftsatz bei Gericht einreicht, wenn die Schriftsätze dem Insolvenzverwalter erst nach Ablauf der Ausschlussfrist zugestellt werden. Der Gläubiger muss innerhalb der Ausschlussfrist dem Insolvenzverwalter die gerichtliche Geltendmachung in vollem Umfang nachweisen und nicht nur glaubhaft machen. Dies geschieht in der Regel durch Übersendung eines Exemplars der Klage bzw. des Aufnahmeschriftsatzes, auf dem sich der Eingangsstempel des Gerichts befindet.

Führt der Gläubiger den Nachweis rechtzeitig, muss der Insolvenzverwalter das Verteilungsverzeichnis nach § 193 InsO berichtigen und den auf die Forderung entfallenden Anteil bei der Verteilung zurückbehalten, solange der Rechtsstreit anhängig ist (§ 189 Abs. 2 InsO).

Hat sich der Gläubiger, dessen Forderung bestritten wurde, mit dem Bestreitenden in der Zwischenzeit endgültig geeinigt, kann die Forderung in der entsprechenden Höhe nachträglich zur Insolvenztabelle anerkannt und im Verteilungsverzeichnis entsprechend berücksichtigt werden.

Wird der Nachweis nicht rechtzeitig geführt, wird das Verteilungsverzeichnis nicht geändert und damit die Forderung bei der Verteilung nicht berücksichtigt (§ 189 Abs. 3 InsO).

- *Für absonderungsberechtigte Gläubiger,* deren Absonderungsrecht noch nicht geklärt ist. Hier ist zu unterscheiden, ob der Gläubiger den mit dem Absonderungsrecht belegten Gegenstand selbst verwerten konnte oder ob der Insolvenzverwalter ein Verwertungsrecht nach § 166 Abs. 1 InsO hatte.

470

Konnte der Gläubiger selbst verwerten, hat er dem Insolvenzverwalter innerhalb der Ausschlussfrist nachzuweisen, dass und für welchen Betrag er auf abgesonderte Befriedigung verzichtet hat oder bei ihr ausgefallen ist (§ 190 Abs. 1 Satz 1 InsO). Der Nachweis erfolgt in der Regel dadurch, dass der Gläubiger die Verwertungsverträge, Rechnungen und eine Endabrechnung vorlegt. Ist die Berechnung korrekt, hat der Verwalter das Verteilungsverzeichnis nach § 193 InsO entsprechend zu ändern, so dass der Gläubiger mit seiner Ausfallforderung (Forderung lt. Tabelle abzüglich Verwertungserlös) an der Ausschüttung teilnimmt.

Bei einer Abschlagsverteilung genügt es allerdings, wenn der Gläubiger innerhalb der Ausschlussfrist dem Verwalter nachweist, dass die Verwertung des entsprechenden Gegenstandes betrieben wird und er den Betrag des mutmaßlichen Ausfalls glaubhaft macht. Verwertungsnachweis und Glaubhaftmachung des Ausfalles können durch Vorlage von Vereinbarungen mit Maklern oder Verwertern und deren Schätzung des Verkaufserlöses erfolgen. In diesem Fall hat der Insolvenzverwalter den auf die Forderung entfallenen Anteil bei der Abschlagsverteilung zurückzubehalten (§ 190 Abs. 2 Satz 2 InsO). Unter Forderung im Sinne dieser Vorschrift ist lediglich die Ausfallsforderung (Forderung lt. Tabelle abzüglich mutmaßlichem Verwertungserlös) zu verstehen.

Der Insolvenzverwalter ist nicht verpflichtet, den absonderungsberechtigten Gläubiger ausdrücklich auf die Ausschlussfrist und die Säumnisfolgen hinzuweisen.[772] Allerdings dürfte es nicht richtig sein, umgekehrt eine Pflicht des Insolvenzverwalters zu konstruieren, einen derartigen Hinweis an die absonderungsberechtigten Gläubiger zu unterlassen, bei deren Verletzung er sich den Schadensersatzansprüchen der anderen Gläubiger aussetzen würde.[773]

Kann der Gläubiger nicht selbst verwerten, weil der Verwalter ein Verwertungsrecht nach § 166 Abs. 1 InsO hat, dürfen ihm auch nicht die strengen Nachweispflichten nach § 190 Abs. 1 und 2 InsO auferlegt werden. In diesem Fall hat der Insolvenzverwalter, wenn er den Gegenstand noch nicht verwertet hat, den Ausfall des Gläubigers zu schätzen und den auf die Forderung entfallenden Anteil zurückzubehalten (§ 190 Abs. 3 InsO). Bei endgültiger Verwertung wie bei Schätzung hat der Verwalter das Verteilungsverzeichnis nach § 193 InsO auf die Ausfallsforderung zu berichtigen.

471 Auflösend bedingte Forderungen werden wie unbedingte Forderungen behandelt (§ 42 InsO) und damit ohne Bedingung im Verteilungsverzeichnis eingetragen. Sie nehmen auch an der Verteilung teil.

Aufschiebend bedingte Forderungen werden zwar bei einer Abschlagsverteilung mit ihrem vollen Betrag berücksichtigt. Der auf die Forderung entfallende Anteil ist aber zurückzubehalten (§ 191 Abs. 1 InsO).

472 Erhält ein Gläubiger – noch – keine Ausschüttung, weil der auf ihn entfallende Anteil zurückzubehalten ist (§§ 189 Abs. 2, 190 Abs. 2 Satz 2, 190 Abs. 3 Satz 2, 191 Abs. 1 Satz 2 InsO), ist dieser Gläubiger mit einem entsprechenden Hinweis auf die zurückzubehaltenden Anteile in das Verteilungsverzeichnis aufzunehmen und dieses ggf. nach § 193 InsO zu berichtigen.

473 Haben sich durch Nachweise oder Glaubhaftmachung seitens der Gläubiger Änderungen bezüglich der in das Verteilungsverzeichnis aufzunehmenden Forderungen ergeben, so sind diese vom Verwalter binnen drei Tagen nach Ablauf der in § 189 Abs. 1 InsO vorgesehenen Ausschlussfrist vorzunehmen (§ 193 InsO). Die Änderung dieses bei Gericht nach § 188 Satz 2 InsO niedergelegten Verteilungsverzeichnisses erfolgt dadurch, dass der Insolvenzverwalter die Veränderungen dem Gericht schriftlich mitteilt und diese dort entweder in das Verteilungsverzeichnis eingetragen oder die Änderungen an das Verteilungsverzeichnis angeheftet werden. Nach Ablauf der Frist ist eine Änderung des Verteilungsverzeichnisses durch den Insol-

---

772 Vgl. OLG Hamm ZIP 1994, 1373; Haarmeyer/Wutzke/Förster, a. a. O., Kap. 7 Rdnr. 22.
773 So aber OLG Hamm a. a. O.; Haarmeyer/Wutzke/Förster, a. a. O.

venzverwalter nicht mehr möglich. Schreibfehler, Rechenfehler und ähnliche offenbare Unrichtigkeiten können aber jederzeit auch von Amts wegen berichtigt werden (§ 4 InsO i. V. m. §§ 319, 320 ZPO).

Die Frist für die Änderung des Verteilungsverzeichnisses durch den Insolvenzverwalter ist deshalb so kurz, weil anschließend die Gläubiger noch die Gelegenheit haben müssen, gegen möglicherweise unrichtige Änderungen des Verteilungsverzeichnisses vorzugehen. Gläubiger können nach § 194 Abs. 1 InsO bis zum Ablauf einer Woche nach dem Ende der Ausschlussfrist gem. § 189 Abs. 1 InsO Einwendungen gegen das Verzeichnis erheben. Auch ein Gläubiger, dessen Forderung noch nicht festgestellt ist, kann Einwendungen erheben. Es muss nur die Möglichkeit einer Beeinträchtigung durch die Aufnahme der streitigen Forderung in das Verteilungsverzeichnis gegeben sein. Eine solche Beeinträchtigung liegt allerdings nicht vor, wenn die streitige Forderung nur nachrangig ist. 474

Die Frist von einer Woche berechnet sich wiederum nach §§ 4 InsO i. V. m. 222 Abs. 1 ZPO, 187 Abs. 2, 188 Abs. 2 BGB. Adressat ist das Insolvenzgericht.

c) Einwendungen

Einwendungen der Gläubiger können nur darauf gestützt werden, dass die Aufnahme der Forderung in das Verteilungsverzeichnis gegen §§ 187 ff. InsO verstößt, z. B. Nichtberücksichtigung einer bestrittenen, aber titulierten Forderung, einer zur Tabelle festgestellten, aber versehentlich nicht im Verteilungsverzeichnis aufgenommenen Forderung, einer Ausfallsforderung oder Streit über den Umfang eines Nachweises oder einer Glaubhaftmachung nach §§ 189, 190 InsO. Es kommt nicht darauf an, ob sich die Einwendungen gegen das ursprüngliche Verzeichnis oder die Änderungen nach § 193 InsO richten. 475

Die Eintragungen in der Insolvenztabelle selbst sind durch Einwendungen gegen das Verteilungsverzeichnis nicht angreifbar. Will ein Gläubiger geltend machen, dass bei einer auflösend bedingten Forderung eines anderen Gläubigers die Bedingung eingetreten ist und eine Teilnahme am Insolvenzverfahren nicht mehr zulässig ist, muss er den Insolvenzverwalter zu einer Vollstreckungsabwehrklage nach § 767 ZPO veranlassen. Einwendungen gegen den Bestand der Forderung sind im Verfahren nach § 194 InsO nicht möglich.[774]

Hält das Gericht die Einwendungen des Gläubigers nicht für berechtigt, weist es diese zurück. Die Entscheidung ist dem Gläubiger und dem Insolvenzverwalter zuzustellen. Nur dem Gläubiger steht gegen den Beschluss die sofortige Beschwerde zu, die mit Zustellung beginnt (§ 194 Abs. 2 InsO). 476

---

774 Ebenso Haarmeyer/Wutzke/Förster, a. a. O., Kap. 8 Rdnr. 26.

Will das Gericht den Einwendungen des Gläubigers stattgeben, muss es zuvor den Insolvenzverwalter anhören. Eine den Einwendungen des Gläubigers stattgebende Entscheidung lautet auf Anordnung der Berichtigung des Verteilungsverzeichnisses (§ 194 Abs. 3 Satz 1 InsO). Diese Entscheidung ist dem Gläubiger und dem Verwalter zuzustellen und auch in der Geschäftsstelle zur Einsicht der Beteiligten niederzulegen. Dem Verwalter und den Insolvenzgläubigern steht gegen den Beschluss die sofortige Beschwerde zu. Die Frist beginnt mit dem Tag der Niederlegung (§ 194 Abs. 3 Satz 3 InsO).

477 Eine öffentliche Bekanntmachung der Niederlegung ist nicht vorgesehen, so dass die Insolvenzgläubiger in der Regel keine Kenntnis vom Lauf der Beschwerdefrist haben. Der Gesetzgeber hat es aber offensichtlich zur Wahrung der Rechte der Gläubiger für ausreichend erachtet, wenn der Insolvenzverwalter die Niederlegung des Verteilungsverzeichnisses nach § 188 Satz 2 InsO öffentlich bekannt macht und dadurch die Gläubiger auf möglicherweise laufende Fristen aufmerksam gemacht werden. Eine Verpflichtung des Insolvenzverwalters, alle Insolvenzgläubiger von dem Tag und der Tatsache der Niederlegung zu unterrichten, kann deshalb nicht anerkannt werden.[775] Hierzu fehlt jeder Anhaltspunkt im Gesetz.

d) Auszahlung

478 Sind alle Einwendungen gegen das Verteilungsverzeichnis rechtskräftig erledigt, kann der endgültige Prozentsatz für die Ausschüttung an die Gläubiger festgesetzt werden. Ist ein Gläubigerausschuss vorhanden, so bestimmt dieser auf Vorschlag des Insolvenzverwalters den zu zahlenden Bruchteil. Andernfalls fällt diese Aufgabe dem Verwalter selbst zu (§ 195 Abs. 1 InsO). Die Bestimmung dieses Prozentsatzes ist aber im Wesentlichen nur ein Rechenexempel, weil lediglich die Summe der Forderungen lt. Verteilungsverzeichnis in das Verhältnis zur verfügbaren Masse gesetzt werden muss. Dabei ist der Verwalter an den in seiner öffentlichen Bekanntmachung nach § 188 Satz 3 InsO angegebenen verfügbaren Betrag gebunden. Auf keinen Fall darf ein höherer Betrag ausgeschüttet werden.[776] Die Ausschüttung eines geringeren Betrages ist aber ebenfalls nicht zulässig, weil die Bindung bereits durch die öffentliche Bekanntmachung nach § 188 Satz 3 InsO eingetreten ist.[777]

479 Der Insolvenzverwalter hat den genauen Bruchteil, der auf die einzelnen Gläubiger entfällt, diesen mitzuteilen (§ 195 Abs. 2 InsO). Eine spezielle Form dieser Mitteilung ist nicht vorgeschrieben. Sie kann durch schriftliche Benachrichtigung, öffentliche Bekanntmachung oder auch in der Form vor-

---

775 So aber HK-InsO/Irschlinger, § 194 Rdnr. 8; vgl. Haarmeyer/Wutzke/Förster, a. a. O., Kap. 8 Rdnr. 28.
776 Vgl. HK-InsO/Irschlinger, § 195 Rdnr. 1; Kuhn/Uhlenbruck, a. a. O., § 159 Rdnr. 1.
777 A. A. HK-InsO/Irschlinger, a. a. O.; Kuhn/Uhlenbruck, a. a. O.: »nicht bis auf den letzten Pfennig«.

genommen werden, dass der Prozentsatz auf den Zahlungsträgern (Scheck, Überweisung) angegeben wird.

Haben Gläubiger die Ausschlussfrist nach §§ 189, 190 InsO versäumt oder konnten sie die Aufnahme ihrer Forderung im Verteilungsverzeichnis aus anderen Gründen nicht durchsetzen, so ist für sie bei einer Abschlagsverteilung noch nicht alles verloren. Erfüllen sie nachträglich die Voraussetzungen der §§ 189, 190 InsO, erhalten sie bei der folgenden Verteilung aus der restlichen Insolvenzmasse vorab einen Betrag, der sie mit den übrigen Gläubigern gleichstellt (§ 192 InsO). Dies ist allerdings keine Garantie dafür, noch in gleicher Höhe, wie die anderen Gläubiger befriedigt zu werden. Sind die Forderungen, die bei einer späteren Verteilung neu zu berücksichtigen sind, sehr hoch und war der Prozentsatz der ersten Abschlagsverteilung sehr groß, ist möglicherweise nicht mehr genügend Insolvenzmasse vorhanden, um diese Gläubiger mit den übrigen gleichzustellen.

480

2. Schlussverteilung (§ 196 InsO)

a) Abschluss des Verfahrens

Hat der Verwalter die Insolvenzmasse vollständig oder zumindest fast vollständig verwertet, erfolgt die Schlussverteilung (§ 196 Abs. 1 InsO), d. h. der Abschluss des Insolvenzverfahrens. Einer Schlussverteilung steht nicht entgegen, dass noch nicht verwertete Insolvenzmasse in geringem Umfang vorhanden ist. Dies können nicht verwertbare Gegenstände (vgl. § 197 Abs. 1 Satz 2 Nr. 3 InsO), aber auch z. B. noch rechtshängige Forderungen, über die in absehbarer Zeit nicht entschieden wird, oder noch nicht fällige Forderungen (Gewährleistungseinbehalte) sein. In vielen Fällen ist es trotz der noch vorhandenen relativ geringfügigen Insolvenzmasse für die Gläubiger günstiger, das Verfahren abzuschließen und die evtl. verwertbare Masse einer Nachtragsverteilung nach § 203 InsO vorzubehalten.

481

Die Schlussverteilung darf nur mit Zustimmung des Insolvenzgerichtes vorgenommen werden (§ 196 Abs. 2 InsO). Das Gericht darf einer Schlussverteilung nur zustimmen, wenn der Insolvenzverwalter zuvor Rechnung gelegt hat. Zwar besteht die Pflicht zur Rechnungslegung nach § 66 Abs. 1 InsO bei Beendigung seines Amtes gegenüber der Gläubigerversammlung. Das Insolvenzgericht hat aber vor der Gläubigerversammlung die Schlussrechnung des Verwalters zu prüfen, diese mit den Belegen und mit einem Vermerk über die Prüfung und, wenn ein Gläubigerausschuss bestellt ist, mit dessen Bemerkungen zur Einsicht der Beteiligten auszulegen (§ 66 Abs. 2 Satz 2 InsO). Die Gläubiger sollen mindestens eine Woche Zeit zur Prüfung der Schlussrechnung haben, bevor die Gläubigerversammlung stattfindet.

Rechnungslegung im Sinne von § 66 InsO ist als umfassender Rechenschaftsbericht des Insolvenzverwalters über seine Tätigkeit und über den

482

Verlauf des Insolvenzverfahrens zu verstehen. Die Art der Schlussrechnung ist in der Insolvenzordnung nicht näher festgelegt und hängt in der Praxis ganz wesentlich von der Größe des Verfahrens, also des schuldnerischen Unternehmens ab. Die Rechnungslegung bei Beendigung des Verfahrens ist nicht identisch mit der handels- und steuerrechtlichen Rechnungslegung nach § 155 InsO. Diese Pflichten des Schuldners zur Buchführung und zur Rechnungslegung, die der Insolvenzverwalter zu erfüllen hat, bleiben durch die Insolvenzordnung gerade unberührt (§ 155 Abs. 1 InsO). Sie richten sich nach Art und Größe des schuldnerischen Unternehmens und wesentlich auch danach, ob der Betrieb bei Insolvenzeröffnung bereits eingestellt war oder danach noch fortgeführt wurde.

Die insolvenzrechtliche Rechnungslegung ist im Wesentlichen gekennzeichnet durch die Erstellung des Verzeichnisses der Massegegenstände, des Gläubigerverzeichnisses und der Vermögensübersicht (§§ 151–153 InsO), der fortlaufenden Einnahmen-Ausgaben-Rechnung, die in normalen Verfahren ausreichend ist, und bei Beendigung des Verfahrens durch die Schlussrechnungslegung.

Die Schlussrechnung ist also ein vollständiger Tätigkeitsbericht des Verwalters, soll aber nach verbreiteter Meinung kein Rechenschaftsbericht in dem Sinne sein, dass der Verwalter auch verpflichtet sei, die Grundlagen bestimmter Entscheidungen darzulegen oder Einzelfragen zu nicht vorgenommenen Handlungen zu begründen.[778]

Diese Unterscheidung wird so nicht durchzuhalten sein, weil der Verwalter im Schlussbericht darauf einzugehen hat, warum er z. B. bestimmte Anfechtungstatbestände nicht weiter verfolgt oder den Rechtsstreit über eine im Vermögensverzeichnis enthaltene Forderung nicht aufgenommen hat. Aus Literatur und Praxis ergibt sich aber eine weit gehende Einigkeit, dass die Schlussrechnung im weiteren Sinne aus folgenden Einzelberichten besteht:[779]

- Schlussbericht,
- Schlussrechnung im engeren Sinne (Einnahmen-Ausgaben-Rechnung),
- Schlussverzeichnis.

b) Schlussbericht

483 Ein Schlussbericht ist in der Insolvenzordnung nicht ausdrücklich vorgesehen. Der Insolvenzverwalter ist lediglich nach § 156 Abs. 1 InsO verpflichtet, im Berichtstermin über die wirtschaftliche Lage des Schuldners und ihre Ursachen, über die Aussichten einer Erhaltung des schuldnerischen Unternehmens und über die Möglichkeiten für einen Insolvenzplan zu berichten. Dennoch besteht kein Zweifel, dass der Verwalter am Ende seiner Tätigkeit umfassend berichten muss, damit die Prüfungs- und Aufsichtspflicht des

---

778 So Haarmeyer/Wutzke/Förster, a. a. O., Kap. 8 Rdnr. 40 m. w. N.
779 Vgl. schon zur KO: Kuhn/Uhlenbruck, a. a. O., § 68 Rdnr. 6 a m. w. N.

Gerichtes gewahrt bleibt. Im Schlussbericht soll in der Regel nochmals kurz auf die Ursachen der Insolvenz und die sich daraus ergebenden Folgen für das Insolvenzverfahren eingegangen werden. Es folgt die Tätigkeit bis zum Berichtstermin und dessen Ergebnis. Eine Betriebsfortführung bzw. eine Betriebseinstellung und ihre Folgen sind darzulegen. Wesentliche Verwertungshandlungen (übertragende Sanierung etc.) sind näher zu erläutern. Dazu gehören die Abwicklung der laufenden Verträge, die Behandlung der Aus- und Absonderungsrechte, Einreichung von Klagen oder Aufnahme von Rechtsstreiten mit erheblichem Streitwert und grundsätzlich die Rechtshandlungen, die im Sinne von § 160 Abs. 1 InsO von besonderer Bedeutung sind. Maßstab muss immer sein, dass durch den Schlussbericht die Möglichkeit gegeben werden muss, die Tätigkeit des Insolvenzverwalters nachzuvollziehen. Insbesondere muss ersichtlich sein, wie die in der Vermögensübersicht nach § 153 InsO angegebenen Massegegenstände verwertet wurden.

c) Schlussrechnung im engeren Sinne

Die insolvenzrechtliche Buchführung besteht in der Regel aus einer Einnahmen-Ausgaben-Rechnung einfacher Art. Auch dies hängt aber vom Umfang des schuldnerischen Unternehmens und davon ab, ob dieses fortgeführt wird. Eine Einnahmen-Ausgaben-Rechnung wird für eine insolvenzrechtliche Rechnungslegung sicherlich nicht mehr in Frage kommen, wenn ein Großbetrieb monatelang aufrecht erhalten wird. Für das Gros der Verfahren wird sie aber ausreichend sein. Auch eine solche Rechnung kann sehr unterschiedlich gestaltet sein.[780]

In vielen Fällen wird es genügen, die Einnahmen und Ausgaben – ggf. nochmals unterteilt – aufzulisten, den Vorgang möglichst genau zu bezeichnen und in Beziehung zum Verzeichnis der Massegegenstände bzw. zum Gläubigerverzeichnis zu bringen. Bestandteil dieser Einnahmen-Ausgaben-Rechnung sind die jeweiligen Einnahmen- und Ausgabenbelege nebst Bankauszügen. Kompliziertere Vorgänge sind im Schlussbericht ggf. dort mit Anlagen näher zu erläutern. Wünscht das Gericht in einigen Punkten noch näheren Aufschluss oder Nachweis, sind diesem die entsprechenden Akten zur Verfügung zu stellen.

---

[780] S. das Beispiel bei Haarmeyer/Wutzke/Förster, a. a. O., Kap. 8 Rdnr. 51.

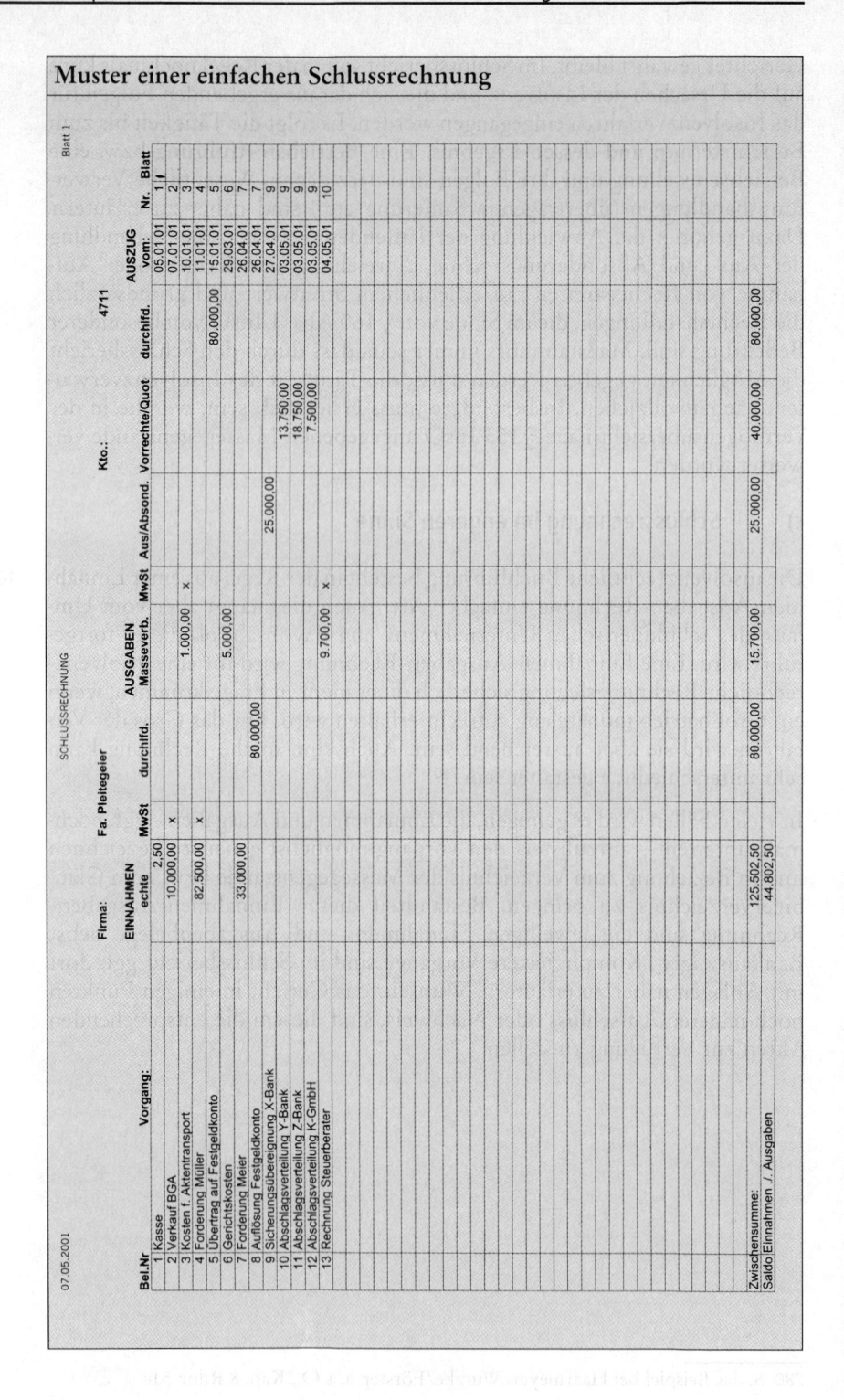

Muster einer einfachen Schlussrechnung

07.05.2001 — SCHLUSSRECHNUNG — Blatt 1

Firma: Fa. Pleitegeier Kto.: 4711

Beleg-Nr	Vorgang	EINNAHMEN echte	MwSt	durchlfd.	AUSGABEN Masseverb.	MwSt	Aus/Absond.	Vorrechte/Quot	durchlfd.	AUSZUG vom:	Nr.	Blatt
1	Kasse	2,50								05.01.01	1	1
2	Verkauf BGA	10.000,00	x							07.01.01	2	
3	Kosten f. Aktentransport				1.000,00	x				10.01.01	3	
4	Forderung Müller	82.500,00	x							11.01.01	4	
5	Übertrag auf Festgeldkonto				5.000,00				80.000,00	15.01.01	5	
6	Gerichtskosten									29.03.01	6	
7	Forderung Meier	33.000,00		80.000,00						26.04.01	7	
8	Auflösung Festgeldkonto									27.04.01	8	
9	Sicherungsübereignung X-Bank						25.000,00			03.05.01	9	
10	Abschlagsverteilung Y-Bank							13.750,00		03.05.01	9	
11	Abschlagsverteilung Z-Bank							18.750,00		03.05.01	9	
12	Abschlagsverteilung K-GmbH							7.500,00		04.05.01	10	
13	Rechnung Steuerberater				9.700,00	x						
	Zwischensumme:	125.502,50		80.000,00	15.700,00		25.000,00	40.000,00	80.000,00			
	Saldo Einnahmen ./. Ausgaben	44.802,50										

Bruder

d) Schlussverzeichnis

Das Schlussverzeichnis ist ein Verteilungsverzeichnis im Sinne von § 188 InsO zum Zwecke der Schlussverteilung. Soweit die Insolvenzordnung nicht Besonderheiten für die Abschlagsverteilung vorsieht, sind diese Vorschriften anzuwenden. Insoweit wird auf die Ausführungen oben Rdnr. 229 ff. verwiesen. Auch bei dem Schlussverzeichnis ist Grundlage die Insolvenztabelle. Nach öffentlicher Bekanntmachung der Schlussverteilung gem. § 188 Satz 3 InsO läuft für die Gläubiger nicht festgestellter Forderungen, die keinen vollstreckbaren Titel oder kein Endurteil haben, die zweiwöchige Ausschlussfrist. Auch hier müssen die Gläubiger dem Insolvenzverwalter rechtzeitig die Nachweise nach § 189 Abs. 1 InsO bringen, weil sie sonst endgültig ausgeschlossen sind. Gleiches gilt für die absonderungsberechtigten Gläubiger, die nunmehr ihren Verzicht auf abgesonderte Befriedigung oder ihren Ausfall endgültig nachweisen müssen, soweit sie selbst verwertungsberechtigt waren (§ 190 Abs. 1 InsO). Bei Verwertungsberechtigung des Verwalters nach § 166 Abs. 1 InsO besteht diese Verpflichtung nicht (§ 190 Abs. 3 InsO).

485

Der Insolvenzverwalter hat keine Verpflichtung, die absonderungsberechtigten Gläubiger darauf hinzuweisen, dass sie ihren Ausfall innerhalb der Ausschlussfrist nachweisen müssen. Wegen der Berechtigung zu einem derartigen Hinweis an die Gläubiger siehe oben Rdnr. 470.

Aufschiebend bedingte Forderungen werden bei der Schlussverteilung nicht berücksichtigt, wenn die Möglichkeit des Eintritts der Bedingung so fern liegt, dass die Forderung zur Zeit der Verteilung keinen Vermögenswert hat (§ 191 Abs. 2 InsO). Wurde bei einer Abschlagsverteilung ein Anteil wegen § 191 Abs. 1 InsO einbehalten, so wird dieser nunmehr zur Schlussverteilung frei.

486

Der Insolvenzverwalter hat – wie bei der Abschlagsverteilung – das Schlussverzeichnis binnen drei Tagen nach Ablauf der Ausschlussfrist zu ändern. Einwendungen gegen das Schlussverzeichnis können von den Gläubigern dann im Schlusstermin erhoben werden (§ 197 Abs. 1 Satz 2 Nr. 2 InsO).

487

Erhebt ein Insolvenzgläubiger, dessen vom Insolvenzverwalter anerkannte Forderung irrtümlich nicht in das Schlussverzeichnis aufgenommen worden ist, im Schlusstermin keine Einwendungen gegen das Schlussverzeichnis, so kann er den Betrag, den infolge seines Ausschlusses von der Verteilung die anderen Insolvenzgläubiger zu viel erhalten haben, von diesen Gläubigern nicht aus ungerechtfertigter Bereicherung herausverlangen.[781]

Nimmt der Verwalter schuldhaft eine in der Insolvenztabelle festgestellte Forderung nicht in das Schlussverzeichnis auf, haftet er nach § 60 InsO persönlich für den Schaden, der dem Gläubiger durch seinen Ausschluss bei der Verteilung entsteht.[782]

488

---

781 BGH NJW 1984, 2154.
782 Kuhn/Uhlenbruck, a. a. O., § 151 Rdnr. 6 m. w. N.

Bruder

489 Die bloße Aufnahme in das Schlussverzeichnis reicht zur Anerkennung der Forderung nicht aus.[783]

Muster eines Schlussverzeichnisses

Schlußverteilung § 188 (mit Quote)

(IN) Insolvenzverfahren über das Vermögen der Pleitegeier, München

AG Musterstadt · 1501 IN 4711/00 · Insolvenzverwalter: Rechtsanwalt Mustermann · Unser Zeichen: · Sachbearbeiter

07.05.2001

Lfd.Nr.	Name	Rang	Anerkannt	Zurückbehalten	Bestritten	Auszuzahlen	Gesamt Ausbezahlt Währ.	Fond Quote	Rang Quote
1	Fischer, Leonhard, Winterstraße 1, 80331 München	§ 38	45.000,00	0,00	5.000,00	0,00	0,00 DM	0,00%	0,00%
2	Müller GmbH, Sonnenstraße 1, 80331 München	§ 38	10.000,00	0,00	0,00	0,00	0,00 DM	0,00%	0,00%
	Summen:		55.000,00	0,00	5.000,00	0,00	0,00 DM		

Rechtsanwälte Seidel · Bruder · Linnartz

WINSOLVENZ 99 © STP GmbH, 0721/8281 50 · Formular 3061 · Vers 1.50.21

Seite 1 von 1

---

[783] OLG Dresden ZIP 1995, 665; Kuhn/Uhlenbruck, a. a. O., § 151 Rdnr. 6 m. w. N.

e) Schlusstermin (§ 197 InsO)

aa) Vorbereitung

Nach Erstellung der Schlussunterlagen (§ 66 Abs. 1 InsO) leitet der Verwalter diese dem Insolvenzgericht zu mit der Bitte, der Schlussverteilung zuzustimmen und einen besonderen Prüfungstermin zur Prüfung der nachträglich angemeldeten Forderungen (§ 177 Abs. 1 Satz 2 InsO) und Schlusstermin anzuberaumen (§ 197 Abs. 1 InsO). Das Gericht hat die Schlussunterlagen zu prüfen (§ 66 Abs. 2 Satz 1 InsO), bei schwierigen Großverfahren ggf. unter Einschaltung eines Sachverständigen. Ergeben sich Beanstandungen, sind diese mit dem Insolvenzverwalter zu erörtern. Ergeben sich keine, erteilt das Insolvenzgericht den Prüfungsvermerk:

490

> »Ohne Beanstandungen gerichtlich geprüft«

Besteht ein Gläubigerausschuss, so hat das Gericht die gesamten Schlussunterlagen diesem gem. §§ 66 Abs. 2 Satz 2, 69 InsO zur Prüfung zuzuleiten. Bestehen auch seitens des Gläubigerausschusses keine Beanstandungen, wird das Gericht folgenden Beschluss fassen:

491

> »Der Schlussverteilung wird zugestimmt.
> Termin zur Prüfung nachträglich angemeldeter Forderungen wird bestimmt auf ....
> Schlusstermin wird bestimmt auf ....
> Die Vergütung und die Auslagen des Insolvenzverwalters werden festgesetzt auf ...... (mit entsprechender Begründung).«

Das Gericht hat diesen Beschluss an den Schuldner, Insolvenzverwalter und Gläubigerausschuss zuzustellen (§§ 64 Abs. 2, 177 Abs. 3 InsO). Darüber hinaus ist er – ohne die festgesetzten Vergütungsbeträge – öffentlich bekannt zu machen (§§ 64 Abs. 2, 177 Abs. 3, 197 Abs. 2). Gleichzeitig ist die Schlussrechnung mit Belegen und Prüfungsvermerk sowie den Bemerkungen des Gläubigerausschusses zur Einsicht der Beteiligten gem. § 66 Abs. 2 Satz 2 InsO auszulegen. Der Insolvenzverwalter hat das Schlussverzeichnis auf der Geschäftsstelle nach § 188 Satz 2 InsO niederzulegen.

Der Verwalter hat außerdem die Schlussverteilung nach § 188 Satz 3 InsO unter Angabe der Summe der Forderungen und den für die Verteilung verfügbaren Betrag aus der Insolvenzmasse öffentlich bekanntzumachen.

492

> **Muster einer öffentlichen Bekanntmachung der Schlussverteilung**
>
> In dem Insolvenzverfahren über das Vermögen der Fa. Muster GmbH findet mit Genehmigung des Gerichts die Schlussverteilung statt. Verfügbar sind € 100.000,–. Zu berücksichtigen sind Insolvenzforderungen von € 2.500.000,–. Das Schlussverzeichnis ist auf der Geschäftsstelle des Amtsgerichts München, Insolvenzgericht, Infanteriestraße 5, 80315 München, AZ: .... zur Einsicht der Beteiligten niedergelegt.
>
> München, den ....
>
> Manfred Mustermann
> Rechtsanwalt und Insolvenzverwalter

Bei der Terminierung der öffentlichen Bekanntmachung ist zu beachten, dass die Ausschlussfrist nach §§ 189, 190 InsO frühestens mit dem besonderen Prüfungstermin zu laufen beginnt. Nach Abhaltung dieses Termines und Ablauf der Ausschlussfrist hat der Insolvenzverwalter das Schlussverzeichnis innerhalb der Frist von § 193 InsO zu ändern.

bb) Abhaltung

493 Der Schlusstermin dient nach § 197 Abs. 1 InsO

- zur Erörterung der Schlussrechnung des Insolvenzverwalters,
- zur Erhebung von Einwendungen gegen das Schlussverzeichnis,
- zur Entscheidung der Gläubiger über die nicht verwertbaren Gegenstände der Insolvenzmasse.

Bezüglich des Begriffs Schlussrechnung siehe oben Rdnr. 483 ff.

494 Die Schlussrechnung wird – anders als während der Konkursordnung – nur noch erörtert und nicht mehr »abgenommen«. Daraus folgt, dass die Gläubiger auch nach dem Schlusstermin noch Einwendungen gegen die Schlussrechnung und ggf. Schadensersatzansprüche gegen den Insolvenzverwalter erheben können, auch wenn sie daran nicht teilgenommen haben.[784] Es kommt deshalb nach Inkrafttreten der Insolvenzordnung noch seltener vor, dass Gläubiger im Schlusstermin die Schlussrechnung beanstanden. Nachdem die Schlussrechnung nur zu erörtern ist, können Gläubiger formelle Einwendungen, über die das Gericht zu beschließen hätte, nicht erheben. Den Gläubigern bleibt die Geltendmachung von Schadensersatzansprüchen gegenüber dem Verwalter gem. § 60 InsO unbenommen.

495 Bezüglich des Schlussverzeichnisses können die Gläubiger im Schlusstermin nicht mehr geltend machen, dass sie wegen einer zur Insolvenztabelle bestrittenen Forderung Klage erhoben oder dass sie auf abgesonderte Befriedigung verzichtet haben oder bei ihr ganz oder teilweise ausgefallen sind (§§ 189, 190 InsO). Denn das Insolvenzgericht muss in Zusammenarbeit mit dem Insolvenzverwalter den Schlusstermin so anberaumen, dass die Ausschlussfristen nach § 189, 190 InsO und die Frist zur Änderung

---

[784] Vgl. HK-InsO/Irschlinger, § 197 Rdnr. 2.

des Schlussverzeichnisses nach § 193 InsO vor Abhaltung des Schlusstermines abgelaufen sind. Die Gläubiger können aber z. B. noch geltend machen, dass ihre Forderung zur Insolvenztabelle festgestellt, im Schlussverzeichnis aber nicht enthalten ist. Ebenso können z. B. absonderungsberechtigte Gläubiger geltend machen, dass sie dem Insolvenzverwalter innerhalb der Ausschlussfrist ihren Ausfall nachgewiesen haben und ihre Forderung trotzdem im Schlussverzeichnis nicht enthalten ist. Über diese Einwendungen entscheidet das Gericht analog § 194 Abs. 2 und 3 InsO durch Beschluss (s. hierzu oben Rdnr. 475 ff.).

Es ist strittig, ob Einwendungen auch schriftlich, d. h. ohne persönliche Anwesenheit im Schlusstermin erhoben werden können.[785]

496

Nimmt der Gläubiger am Schlusstermin nicht teil oder erhebt keine Einwendungen gegen das Schlussverzeichnis, ist er mit diesen endgültig ausgeschlossen – von evtl. Schadenersatzansprüchen gegen den Verwalter abgesehen. War der Gläubiger nur irrtümlich nicht in das Schlussverzeichnis aufgenommen, hat er aber im Schlusstermin keine Einwendungen gegen das Schlussverzeichnis erhoben, so kann er den Betrag, den infolge seines Ausschlusses von der Verteilung die anderen Insolvenzgläubiger mehr erhalten, von diesen nicht aus ungerechtfertigter Bereicherung herausverlangen.[786] Gegen die Versäumung des Schlusstermines ist Wiedereinsetzung in den vorigen Stand nicht möglich.[787]

Meldet ein Gläubiger eine Forderung erst nach dem besonderen Prüfungstermin an, kann diese zwar im Schlusstermin noch geprüft werden, soweit der Termin auch als nachträglicher Prüfungstermin anberaumt war. Eine Aufnahme in das Schlussverzeichnis und damit eine Teilnahme an der Ausschüttung ist aber nicht mehr möglich, weil die Änderungsfrist nach § 193 InsO bei Feststellung zur Insolvenztabelle bereits abgelaufen war. Dies gilt auch für eine Nachtragsverteilung.[788]

Die Feststellung einer Forderung zur Insolvenztabelle nach Ablauf der Ausschlussfrist führt grundsätzlich nicht mehr zu einer Änderung des Schlussverzeichnisses.

Macht ein Massegläubiger seine Ansprüche dem Insolvenzverwalter gegenüber erst nach Beendigung des Schlusstermines geltend, kann er nur aus den Mitteln befriedigt werden, die nach der Verteilung in der Insolvenzmasse verbleiben (§ 206 Ziff. 2 InsO).

Schließlich dient der Schlusstermin noch der Beschlussfassung der Gläubigerversammlung über nicht verwertbare Gegenstände. Sie können verkauft, verschenkt oder freigegeben werden. Auch die entgeltliche oder unentgelt-

497

---

785 So wohl HK-InsO/Irschlinger, § 197 Rdnr. 4; a. A. zur KO: Kuhn/Uhlenbruck, a. a. O., § 162 Rdnr. 4.
786 BGH NJW 1984, 2154; s. auch OLG Dresden ZIP 1995, 665.
787 HK-InsO/Irschlinger, § 197 Rdnr. 5 m. w. N.
788 Ebenso HK-InsO/Irschlinger, § 197 Rdnr. 5.

liche Übernahme des Gegenstandes durch einen Gläubiger kann die Versammlung beschließen. Eine Freigabe des Gegenstandes zugunsten des Schuldners macht nicht viel Sinn, weil dieser in Kürze, nämlich nach Aufhebung des Verfahrens, sowieso bereits wieder über den Gegenstand verfügen kann.

498 Eine Vertagung des Schlusstermines von Amts wegen z. B. wegen Erkrankung des Insolvenzverwalters oder durch Beschluss der Gläubigerversammlung ist möglich. Der vertagte Termin ist nicht erneut öffentlich bekannt zu machen (§ 4 InsO i. V. m. § 218 ZPO). Der Insolvenzverwalter kann sich im Schlusstermin nicht vertreten lassen (s. o. Rdnr. 35).

f) Ausschüttung/Endabrechnung

499 Nach Abhaltung des Schlusstermines hat der Insolvenzverwalter die Ausschüttung vorzubereiten. In der Regel wird der Schuldner umsatzsteuerpflichtig gewesen sein. In diesem Fall hat der Insolvenzverwalter zweckmäßigerweise vor Ausschüttung die Abschlusssteuererklärungen bezüglich Umsatzsteuer und ggf. Körperschaftssteuer abzugeben. Insbesondere aufgrund der in dem Vergütungsbeschluss enthaltenen Umsatzsteuer kann sich ein erheblicher Erstattungsbetrag ergeben. Je nach Massebestand gilt dies auch für die Zinsabschlagsteuer aus der Festlegung von Geldern.

500 Vor Errechnung der Quote sind die zurückzubehaltenden Anteile zusammenzustellen. Hierzu zählen insbesondere § 189 Abs. 2, § 191 Abs. 2 und alle Rechtsstreite, auch Aktivprozesse, deren Forderung einer Nachtragsverteilung noch vorbehalten sind. Die entsprechenden Beträge, Gerichtskosten etc. sind zu schätzen und gemäß § 198 ZPO »bei einer geeigneten Stelle zu hinterlegen«. Dies muss keine dazu bestimmte öffentliche Stelle im Sinne von § 372 BGB sein. Auch ein Anderkonto des Insolvenzverwalters oder die Anlage auf einem Sparbuch wegen der dabei anfallenden Habenzinsen ist geeignet im Sinne von § 198 InsO. Bei einer amtlichen Hinterlegung darf der Insolvenzverwalter nicht auf sein Recht zur Rücknahme verzichten, weil die Möglichkeit besteht, dass die Beträge wieder für die Konkursmasse frei werden. Anders liegt der Fall, wenn zu berücksichtigende Gläubiger unbekannt verzogen sind, so dass ihnen die Insolvenzquote nicht ausgeschüttet werden kann. Hier darf nicht nach § 198 InsO, sondern muss nach § 372 BGB hinterlegt werden und zwar unter Verzicht auf das Recht zur Rücknahme. Der Insolvenzmasse können an diesen Beträgen keinerlei Rechte mehr zustehen.

Im Gegensatz zur Konkursordnung muss das Insolvenzgericht Hinterlegungen nach § 198 InsO oder § 372 BGB nicht mehr zustimmen.

501 Die nach Abzug der zurückzubehaltenden Beträge verbleibende Insolvenzmasse ist gleichmäßig auf die Insolvenzgläubiger zu verteilen. Diese Quote ist auszuschütten.

Sind die Gläubiger alle befriedigt, darf auf dem Insolvenzkonto nur noch ein geringer Betrag sein, der vom Gericht auf Antrag der Verwaltervergütung zugeschlagen werden kann. Der Insolvenzverwalter hat über die Ausschüttung Endabrechnung zu erteilen, über die nach dem Schlusstermin vorgenommenen Handlungen ist kurz zu berichten, eine letzte Einnahmen-Ausgaben-Rechnung mit Belegen ist vorzulegen.

Muster eines Ausschüttungsberichtes
An das Amtsgericht Musterstadt
Musterstadt
Az. ...   Insolvenzverfahren Fa. ....
Ausschüttungsbericht
Die Schlussverteilung erfolgte zwischenzeitlich gem. beiliegendem Ausschüttungsverzeichnis und Aufstellung der weiteren Einnahmen und Ausgaben nebst entsprechender Belege. Danach erhielten die Insolvenzgläubiger eine Quote von ... %. Damit ist die gesamte Masse verteilt.
Ich beantrage, das Verfahren aufzuheben.
RA Mustermann   Insolvenzverwalter

Erst jetzt, wenn die Schlussverteilung vollzogen ist, endet die Aufsichtspflicht des Gerichtes nach § 58 InsO und kann das Verfahren aufgehoben werden (§ 200 Abs. 1 InsO). 502

g) Chronologische Abfolge der Schlussverteilung

- Einholung der Zustimmung des Gläubigerausschusses zur Schlussverteilung (§ 187 Abs. 3 Satz 2 InsO) nur soweit ein Gläubigerausschuss besteht, 503
- Erstellung der Schlussunterlagen (§ 66 Abs. 1 InsO)
  - Schlussbericht
  - Schlussrechnung (Einnahmen-Ausgaben-Rechnung) nebst Belegen
  - Schlussverzeichnis
  - Vergütungsantrag (§ 64 InsO)
- Antrag auf Zustimmung des Gerichtes zur Schlussverteilung unter Übersendung der Schlussunterlagen durch den Verwalter (§ 196 Abs. 2 InsO)
- Prüfung der Schlussunterlagen durch das Gericht (§ 66 Abs. 2 InsO); bei schwierigen Großverfahren ggf. unter Einschaltung eines Sachverständigen
- Prüfungsvermerk des Gerichtes, wenn keine Beanstandungen (§ 66 Abs. 2 Satz 2 InsO)

Bruder

- Zuleitung der Schlussunterlagen an den Gläubigerausschuss, soweit vorhanden, ggf. mit Fristsetzung (§ 66 Abs. 2 Satz 2); § 69 InsO, falls keine Beanstandungen des Gläubigerausschusses
- Beschluss des Insolvenzgerichtes
  - Zustimmung zur Schlussverteilung
  - Anberaumung eines besonderen Prüfungstermines (§ 177 Abs. 1 Satz 2 InsO)
  - Anberaumung eines Schlusstermines (§ 197 Abs. 1 Satz 1 InsO) unter Beachtung der Frist gem. § 197 Abs. 2 InsO
  - Festsetzung der Vergütung des Insolvenzverwalters (§ 64 Abs. 1 InsO)
  - Zustellung des Beschlusses an Schuldner, Verwalter, Gläubigerausschuss (§ 64 Abs. 2, § 177 Abs. 3 InsO)
  - öffentliche Bekanntmachung des Beschlusses ohne die festgesetzten Vergütungsbeträge (§ 64 Abs. 2, § 177 Abs. 3, § 197 Abs. 2 InsO)
- Auslegung der Schlussrechnung mit Belegen, Prüfungsvermerk und Bemerkungen des Gläubigerausschusses (§ 66 Abs. 2 Satz 2 InsO)
- Niederlegung des Schlussverzeichnisses durch Verwalter auf der Geschäftsstelle (§ 188 Satz 2 InsO)
- öffentliche Bekanntmachung der Schlussverteilung mit Beträgen durch den Verwalter (§ 188 Satz 3 InsO)
- Abhaltung des besonderen Prüfungstermines
- Ablauf der Ausschlussfrist (§§ 189, 190 InsO)
- Änderung des Schlussverzeichnisses (§ 193 InsO)
- Abhaltung des Schlusstermines (§ 197 InsO)
- ggf. Antrag des Verwalters an Finanzamt auf Erstattung von Steuern, insbesondere Vorsteuern
- Ausschüttung, ggf. Hinterlegung zurückzubehaltender Anteile (§ 198 InsO)
- Schlussabrechnung gegenüber dem Gericht (§ 58 InsO)
- Aufhebung des Insolvenzverfahrens durch das Gericht (§ 200 Abs. 1 InsO)
- öffentliche Bekanntmachung des Beschlusses (§ 200 Abs. 2 InsO)

3. Überschussverteilung (§ 199 InsO)

504 Können bei der Schlussverteilung die Forderungen aller, auch der nachrangigen Insolvenzgläubiger (§ 39 InsO) in voller Höhe befriedigt werden, so hat der Insolvenzverwalter einen verbleibenden Überschuss dem Schuldner herauszugeben. Ist dieser keine natürliche Person, so muss der Verwalter je-

der am Schuldner beteiligten Person den Teil des Überschusses herausgeben, der ihr bei einer Abwicklung außerhalb des Insolvenzverfahrens zustünde (§ 199 InsO). War ein Überschuss für den Schuldner unter der Konkursordnung schon selten, so wird eine Überschussverteilung nach § 199 InsO noch seltener vorkommen, weil die nachrangigen Insolvenzgläubiger in der Regel sehr hohe Forderungen haben. Von den nach Verfahrenseröffnung laufenden Zinsen abgesehen, werden vor allem die kapitalersetzenden Darlehen hier stark ins Gewicht fallen.

Verbleibt dennoch ein Überschuss, so wird der Insolvenzverwalter nunmehr gesellschaftsrechtlicher Liquidator. Damit wird im Endstadium des Verfahrens ein Gleichklang von insolvenzrechtlicher und gesellschaftsrechtlicher Abwicklung erreicht.[789]   505

Die Herausgabe an den Schuldner, soweit er eine natürliche Person ist, ist unproblematisch. Dies gilt auch dann noch, wenn es sich z. B. um eine GmbH handelt und die Gesellschafter über die Verteilung des Überschusses einig sind. Der Verwalter hat zwar die Verteilung entsprechend den vertraglichen bzw. gesetzlichen Bestimmungen vorzunehmen. Eine einstimmige Anweisung der Gesellschafter, wie verteilt werden soll, geht diesen Bestimmungen aber vor.

Ein Problem entsteht erst dann, wenn die Gesellschafter – was durchaus nicht selten ist – uneinig sind und z. B. vor Insolvenzeröffnung sich gegenseitig ausgeschlossen oder mit Schadensersatzansprüchen überzogen haben. Können sich die Gesellschafter nicht einigen, muss der Verwalter den Überschuss für alle Gesellschafter unter Verzicht auf Rücknahme gemäß § 372 BGB hinterlegen. Er ist weder berechtigt, noch verpflichtet, den Streit der Gesellschafter zu entscheiden.[790]

4. Nachtragsverteilung (§ 203 InsO)

Es kommt häufig vor, dass nach Abhaltung des Schlusstermines Masse zur   506
Verfügung steht, die noch an die Gläubiger verteilt werden muss. Dazu dient die Nachtragsverteilung (§ 203 InsO). Die Anordnung kann von Amts wegen oder auf Antrag des Insolvenzverwalters oder eines Gläubigers erfolgen, und zwar unter folgenden Voraussetzungen:

- zurückbehaltene Beträge werden für die Verteilung frei
- Beträge, die aus der Insolvenzmasse gezahlt sind, fließen zurück
- Gegenstände der Masse werden ermittelt.

War z. B. die Quote nach § 189 Abs. 2 InsO hinterlegt, weil ein Rechtsstreit über die Feststellung einer Forderung zur Insolvenztabelle zum Zeitpunkt des Schlusstermines noch nicht beendet war und geht dieser zugunsten der

---

789 Karsten Schmidt, Wege zum Insolvenzrecht der Unternehmen, 1990 S. 70 f; s. auch oben Rdnr. 245 ff.
790 Ebenso FK-InsO/Schulz, § 199 Rdnr. 5.

Masse aus, wird der hinterlegte Betrag zur Auszahlung an die Gläubiger frei. Ein weiterer häufiger Fall, der zu einer Nachtragsverteilung führt, ist die Forderungsermäßigung durch einen Gläubiger, nachdem Ausschüttung erfolgte. Insbesondere bei Behörden ist in der Praxis festzustellen, dass sich die Forderung vor dem Schlusstermin ermäßigt hatte und dies nicht mehr mitgeteilt worden war. Die deshalb von den Gläubigern zurückbezahlten Quotenteile müssen nach § 203 InsO verteilt werden. Gegenstände der Masse im Sinne von § 203 Abs. 1 Nr. 3 InsO werden auch dann ermittelt, wenn nach dem Schlusstermin ein bisher insolventer Schuldner mitteilt, er wolle nun einen Erlassvergleich schließen und einen bestimmten Prozentsatz der Forderung bezahlen.

507 Die Nachtragsverteilung ist ein flexibles Instrument, mit dem auf die verschiedenen Situationen nach dem Schlusstermin reagiert werden kann. Das Gericht kann von vorne herein bestimmte Massegegenstände, die im Augenblick noch nicht realisierbar sind (z. B. Sicherheitseinbehalte im Rahmen von Bauverträgen oder in Aktivprozessen anhängige Vermögenswerte) der Nachtragsverteilung vorbehalten. Diese kann auch zwischen Schlusstermin und Verfahrensaufhebung oder auch erst nach Aufhebung des Verfahrens (§ 203 Abs. 2 InsO) angeordnet werden.

Bleiben Massegegenstände durch Beschluss des Gerichtes vor Aufhebung des Verfahrens einer Nachtragsverteilung vorbehalten, so besteht die Verwaltungs- und Verfügungsbefugnis des Verwalters auch nach Aufhebung weiter. Ein späterer Beschluss wird erst mit Zustellung gemäß § 204 Abs. 2 InsO ex nunc wirksam. Zwischen Aufhebung des Verfahrens und Beschlagnahme durch Zustellung des Beschlusses über die Nachtragsverteilung können Dritte durch Handlungen des Schuldners oder durch Zwangsvollstreckung Rechte an diesen Gegenständen erwerben.

508 Nach pflichtgemäßem Ermessen hat das Gericht zu entscheiden, ob es eine Nachtragsverteilung anordnet, wenn die dabei entstehenden Kosten im Verhältnis zu dem geringen zu verteilenden Betrag unangemessen hoch sind (§ 203 Abs. 3 InsO). Ist die zu verteilende Masse sehr gering, kann das Gericht sie dem Schuldner überlassen. Die unter der Konkursordnung häufig geübte Praxis, nachträglich zur Masse gelangte geringe Beträge bei unwirtschaftlicher Verteilung der Vergütung des Insolvenzverwalters zuzuschlagen, oder sie caritativen Organisationen zur Verfügung zu stellen, dürfte nach wie vor dann angebracht sein, wenn der Schuldner keine natürliche Person ist. Häufig ist eine GmbH bereits gelöscht, so dass auch kein Geschäftsführer mehr vorhanden ist, dem derartige Beschlüsse zugestellt werden könnten.[791] Allein die Bestellung eines Liquidators würde die nachträglich zu verteilende geringe Masse aufzehren.

Schließlich kann das Gericht die Anordnung der Nachtragsverteilung noch davon abhängig machen, dass ein Geldbetrag vorgeschossen wird, der die

---

791 A. A. wohl HK-InsO/Irschlinger, § 203 Rdnr. 7.

Kosten der Nachtragsverteilung deckt. Diese Vorschrift dürfte unrealistisch sein. Kein Gläubiger wird sich dazu bereit finden.

Wird die Nachtragsverteilung vom Gericht abgelehnt, hat der Antragsteller, dem der Beschluss zuzustellen ist, das Recht zur sofortigen Beschwerde. Der Anordnungsbeschluss ist dem Insolvenzverwalter, dem Schuldner und ggf. dem beantragendem Gläubiger zuzustellen. Gegen diesen Beschluss hat lediglich der Schuldner ein Beschwerderecht (§ 204 InsO).

Eine öffentliche Bekanntmachung sieht das Gesetz nicht vor. Soweit § 206 Nr. 3 InsO eine öffentliche Bekanntmachung bei einer Nachtragsverteilung erwähnt, dürfte die Veröffentlichung durch den Insolvenzverwalter nach § 188 Satz 3 InsO gemeint sein.

Die Vollziehung der Nachtragsverteilung obliegt dem bisherigen Insolvenzverwalter. Dies hindert das Gericht aber nicht, für die Nachtragsverteilung einen anderen Verwalter zu bestellen. Ein Gläubigerausschuss lebt nicht wieder auf. Die Abhaltung einer Gläubigerversammlung und damit entsprechende Beschlüsse sind nicht vorgesehen. **509**

Die Verteilung muss aufgrund des im früheren Insolvenzverfahren niedergelegten und ggf. nach § 193, § 197 Abs. 3 InsO geänderten Schlussverzeichnisses vorgenommen werden. Insolvenzgläubiger, die bei der Schlussverteilung nicht berücksichtigt wurden, können auch bei der Nachtragsverteilung keine Ausschüttung erhalten.[792] Allerdings werden Massegläubiger, die bei der Schlussverteilung ausgefallen waren, weil ihre Ansprüche erst nach Beendigung des Schlusstermines bekannt geworden waren, nun vorab befriedigt (§ 206 Nr. 2 InsO). Entsprechend der Regelung im Insolvenzverfahren selbst sind aber wiederum die Massegläubiger ausgeschlossen, die bei der Nachtragsverteilung erst nach deren öffentlicher Bekanntmachung ihre Ansprüche anmelden (§ 206 Nr. 3 InsO). **510**

Nachdem die Nachtragsverteilung auf dem bereits niedergelegten Schlussverzeichnis basiert, ist eine nochmalige Niederlegung nicht notwendig. Der Insolvenzverwalter muss aber die Nachtragsverteilung nach § 188 Satz 3 InsO öffentlich bekannt machen. Liegen für bestimmte Beträge die Voraussetzungen für eine Hinterlegung nach § 198 InsO vor, so ist entsprechend zu verfahren. Sind Gläubiger inzwischen unbekannten Aufenthaltes, so ist wie bei der Schlussverteilung nach § 372 BGB zu hinterlegen. Siehe hierzu oben Rdnr. 500. **511**

Nach Verteilung und ggf. Hinterlegung hat der Insolvenzverwalter wiederum Rechnung zu legen (§ 205 Satz 2 InsO). Siehe hierzu die Ausführungen zur Endabrechnung bei der Schlussverteilung oben Rdnr. 499 ff. **512**

Eine Aufhebung der Nachtragsverteilung ist nicht vorgesehen.

---

792 Vgl. OLG Frankfurt ZIP 1991, 1365.

VII. Beendigung des Insolvenzverfahrens

1. Aufhebung des Insolvenzverfahrens (§ 200 InsO)

513 Sobald die Schlussverteilung vollzogen ist,[793] hat das Gericht die Aufhebung des Insolvenzverfahrens zu beschließen (§ 200 Abs. 1 InsO). Gleiches gilt, sobald die Bestätigung eines Insolvenzplanes rechtskräftig ist (§ 258 Abs. 1 InsO). Der Beschluss ist öffentlich bekannt zu machen. Dabei ist der Grund der Aufhebung anzugeben:

- infolge Vollzuges der Schlussverteilung (§ 200 Abs. 2 InsO)
- infolge rechtskräftiger Bestätigung des Insolvenzplanes (§ 258 Abs. 3 InsO).

Der Beschluss ist nicht anfechtbar (§ 6 Abs. 1 InsO) und wird rechtskräftig, wenn nach dem Tag der Veröffentlichung zwei weitere Tage verstrichen sind (§ 9 Abs. 1 Satz 3 InsO).

514 Das Gericht hat mit Aufhebung des Verfahrens die öffentlichen Register (§§ 31–33 InsO), insbesondere Handelsregister und Grundbuchamt zu benachrichtigen, damit der Insolvenzvermerk gelöscht wird. Mit Rechtskraft der Verfahrensaufhebung verliert der Insolvenzverwalter seine Verwaltungs- und Verfügungsbefugnis, die der Schuldner damit gleichzeitig zurückerhält. Ausgenommen ist lediglich Insolvenzmasse, die der Nachtragsverteilung vorbehalten blieb. Ist letzteres nicht der Fall, hat der Verwalter spätestens mit Aufhebung des Verfahrens seine Bestallung an das Insolvenzgericht zurückzugeben.

515 Der Insolvenzverwalter muss die tatsächlichen Voraussetzungen schaffen, dass der Schuldner nach Aufhebung des Verfahrens wieder über sein Vermögen verfügen, seine Rechte geltend machen und seinen Pflichten nachkommen kann. Er hat deshalb an den Schuldner dessen gesamte Unterlagen, insbesondere Geschäftsbücher etc. herauszugeben, soweit sie nicht noch vom Verwalter zur Durchführung einer vorbehaltenen Nachtragsverteilung benötigt werden. Der Schuldner ist zur Rücknahme der Unterlagen verpflichtet. Kommt der Schuldner allerdings dieser Pflicht nicht nach, muss der Verwalter sie auf Kosten der Masse einlagern, um seinen steuerlichen Aufbewahrungspflichten nach § 147 AO zu genügen.[794]

Der Schuldner ist an die während des Insolvenzverfahrens vom Verwalter vorgenommenen Verpflichtungs- und Verfügungsgeschäfte gebunden.

516 Für Prozesse, die bei Aufhebung des Insolvenzverfahrens noch nicht beendet waren, gilt Folgendes:

---

793 S. oben Rdnr. 499 ff.
794 Ebenso Haarmeyer/Wutzke/Förster, a. a. O., Kap. 5 Rdnr. 168; s. auch die variantenreichen Versuche, dem Insolvenzverwalter anderweitig zu helfen: Nerlich/Römermann, a. a. O., § 200 Rdnr. 13; Kuhn/Uhlenbruck, a. a. O., § 163 Rdnr. 12.

- Anfechtungsprozesse

Der im Anfechtungsprozess geltend gemachte Rückgewähranspruch stellt ein Masseaktivum dar, das grundsätzlich einer Nachtragsverteilung zugänglich ist. Soweit eine Nachtragsverteilung in Frage kommt bzw. angeordnet ist, verbleibt dem Verwalter die Verwaltungs- und Verfügungsbefugnis und damit auch die Prozessführungsbefugnis. Er ist somit legitimiert, einen bei Aufhebung des Verfahrens anhängigen Anfechtungsprozess fortzuführen.[795]

517

- Forderungsprozesse

Der Rechtsstreit wird mit Aufhebung des Insolvenzverfahrens nach § 239 ZPO unterbrochen. Die Beendigung einer Amtsverwaltung wird dem Tod einer natürlichen Person im Sinne von § 239 ZPO gleichgestellt, wenn damit eine Rechtsnachfolge verbunden ist. Dies ist auf den Insolvenzverwalter anwendbar, weil dieser die ihm Kraft seines Amtes zustehende Prozessführungsbefugnis verliert und der Schuldner, dessen eigenes Prozessführungsrecht dann wieder auflebt, die bisherige Prozessführung gegen sich gelten lassen muss.[796]

518

Hatte der Insolvenzverwalter eine Forderung eingeklagt und diese noch während des Insolvenzverfahrens abgetreten, so geht nach Beendigung des Insolvenzverfahrens das Prozessführungsrecht in der Regel auf den neuen Gläubiger über.[797]

War der Insolvenzverwalter durch einen Prozessbevollmächtigten vertreten, tritt keine Unterbrechung ein. Der Bevollmächtigte kann aber die Aussetzung des Verfahrens beantragen (§ 246 Abs. 1 ZPO).

- Nicht aufgenommene Prozesse

War ein bei Insolvenzeröffnung anhängiger Rechtsstreit weder vom Insolvenzverwalter, noch vom Gegner aufgenommen worden, erhält der Schuldner mit Aufhebung des Insolvenzverfahrens die Prozessführungsbefugnis zurück und kann den Rechtsstreit fortsetzen. Die Unterbrechung endet in diesem Fall mit Aufhebung des Insolvenzverfahrens (§ 240 Satz 1 ZPO).

519

Weitere Folge der Aufhebung des Insolvenzverfahrens ist die sog. Nachhaftung des Schuldners. Die Insolvenzgläubiger können die restlichen Forderungen, die durch die Insolvenzquote nicht befriedigt wurden, gegen den Schuldner unbeschränkt geltend machen (§ 201 Abs. 1 InsO). Sie können eine vollstreckbare Ausfertigung aus der Tabelle beantragen, wenn die Forderung festgestellt war und der Schuldner diese nicht bestritten hatte, und

520

---

795 BGH NJW 1982, 1765, 1766.
796 Vgl. BGH NJW 1982, 1765, 1766, wobei es in dem Urteil auf diese Rechtsfrage nicht ankam.
797 BGH ZIP 1992, 1152, 1153.

dann die Zwangsvollstreckung gegen den Schuldner betreiben (§ 201 Abs. 2 InsO). Ist ein Widerspruch des Schuldners in der Tabelle eingetragen, müssen sie diesen durch Klage nach § 184 InsO beseitigen.

Hat der Schuldner allerdings Restschuldbefreiung nach §§ 286 ff. InsO beantragt und hat das Gericht nach Anhörung der Beteiligten im Schlusstermin (§ 289 InsO) rechtskräftig die Ankündigung der Restschuldbefreiung beschlossen (§ 291 Abs. 1 InsO), ist eine Zwangsvollstreckung nach Aufhebung des Insolvenzverfahrens nicht möglich.

2. Einstellung wegen Masselosigkeit (§ 207 InsO)

521 Eines der entscheidenden Reformziele der Insolvenzordnung war es, aus wirtschaftlichen, sozialen und rechtsstaatlichen Gründen in einem weit größerem Maße als während der Konkursordnung insolvente Unternehmen in ein eröffnetes Insolvenzverfahren zu führen. Nur wenn es zur Verfahrenseröffnung komme, könnten die Effizienzvorteile des neuen marktkonformen Verfahrens der Insolvenzordnung genutzt werden.[798] Aus diesen Gründen soll nach der Insolvenzordnung ein Verfahren dann eröffnet werden, wenn das Vermögen des Schuldners voraussichtlich ausreichen wird, um die Kosten des Verfahrens zu decken oder wenn ein ausreichender Geldbetrag vorgeschossen wird (§ 26 Abs. 1 InsO). Der Wortlaut dieser Bestimmung weicht nur geringfügig von § 107 Abs. 1 KO ab. Der Unterschied dieser beiden Regelungen ergibt sich aber aus den verschiedenen Rangsystemen der Masseverbindlichkeiten. Insbesondere die Masseschulden aus zweiseitigen Verträgen, deren Erfüllung zur Konkursmasse verlangt wurde oder für die Zeit nach der Eröffnung des Verfahrens erfolgen musste (§ 59 Abs. 1 Nr. 2 KO), hatten gem. § 60 Abs. 1 Nr. 1 KO Vorrang vor den Verfahrenskosten, also den Gerichtskosten und der Verwaltervergütung jeweils nebst Auslagen (§ 58 Nr. 1 und 2 KO). Damit war eine Abweisung des Eröffnungsantrages mangels Masse nach § 107 KO vorprogrammiert, weil die nach Konkurseröffnung anfallenden Verbindlichkeiten aus noch laufenden Miet- oder Dienstverträgen Vorrang vor den Verfahrenskosten hatten. Diese waren somit in der Regel durch die vorhandene Masse nicht gedeckt.

Die Insolvenzordnung hat diese Folgen dadurch beseitigt, dass sie die Rangfolge der Masseverbindlichkeiten geändert und die Kosten des Insolvenzverfahrens an erste Stelle gesetzt hat (§ 209 Abs. 1 Nr. InsO). Sind allerdings nicht einmal diese Verfahrenskosten gedeckt, darf das Verfahren, wenn kein Vorschuss bezahlt wird, nicht eröffnet (§ 26 Abs. 1 InsO), und wenn es bereits eröffnet war und ebenfalls kein Vorschuss einbezahlt wird, muss es nach § 207 Abs. 1 Satz 1 InsO eingestellt werden.

---

798 BegrRegE in Kübler/Prütting, Das neue Insolvenzrecht, S. 97.

> **Definition der Kosten des Insolvenzverfahrens (§ 54 InsO)**
>
> - Gerichtskosten für das Insolvenzverfahren,
> - Vergütungen und Auslagen
>   - des vorläufigen Insolvenzverwalters,
>   - des Insolvenzverwalters
>   - der Mitglieder des Gläubigerausschusses.

522

Die Gerichtskosten für das Insolvenzverfahren ergeben sich aus Nr. 1400 bzw. 1401 des Kostenverzeichnisses (Anlage 1 zum GKG). Letztlich muss der dreifache Satz, berechnet nach dem Wert der Insolvenzmasse zur Zeit der Beendigung des Verfahrens (§ 37 Abs. 1 GKG) zuzüglich der gerichtlichen Auslagen insbesondere für Veröffentlichungen bezahlt werden. Die Vergütung und die Auslagen des Verwalters und des vorläufigen Verwalters ergeben sich aus §§ 21 Abs. 2 Nr. 1 und 63 InsO i. V. m. der insolvenzrechtlichen Vergütungsordnung. Die Mitglieder des Gläubigerausschusses werden in der Regel entsprechend dem Zeitaufwand und dem Umfang der Tätigkeit vergütet (§ 73 InsO i. V. m. §§ 17, 18 InsVV).

Nicht zu den Verfahrenskosten gehören somit die sonstigen Masseverbindlichkeiten nach § 55 InsO (s. hierzu unten Rdnr. 532 ff.).

War der Insolvenzverwalter vor Verfahrenseröffnung Gutachter und wurde er aus der Staatskasse nach dem Gesetz über die Entschädigung von Zeugen und Sachverständigen bezahlt, sind diese Kosten zu den Verfahrenskosten zu zählen. Sie sind Gerichtskosten im Sinne von § 54 Nr. 1 InsO.

Siehe im Einzelnen zu den Versuchen, die Verfahrenskosten auszuweiten oben Rdnr. 132 ff.

Diesen Verfahrenskosten muss die vorhandene liquide Masse gegenübergestellt werden. Unter liquider Masse ist nicht nur der Geldbestand in der Kasse und auf dem Bankkonto zu verstehen, sondern auch andere Vermögenswerte, die mit Sicherheit kurzfristig in Geld umgesetzt werden können. Ist ein Fuhrpark vorhanden, der nicht mit Drittrechten belastet ist, so sind die realistisch geschätzten Verkehrswerte dieser Fahrzeuge liquider Massebestand. Die Annahme, durch Fortführung des Betriebes Gewinne zu erzielen, mit denen dann ggf. die Verfahrenskosten gedeckt werden können, ist lediglich ein Hoffnungswert und kein liquider Massebestand. In dieser Hinsicht ist Massenlosigkeit ein statischer und kein dynamischer Begriff.[799]

523

Der Eintritt der Masselosigkeit während des Verfahrens kann vielerlei Ursachen haben. Die Veränderung der Rangordnung der Masseverbindlichkeiten gegenüber der Konkursordnung hat dazu geführt, dass der Verwalter nach Eröffnung des Verfahrens gesetzlich verpflichtet ist, bestimmte Rechtsgeschäfte abzuschließen, z. B. zur Erstellung von Buchhaltung und Bilanzen, aus denen erhebliche Masseverbindlichkeiten hervorgehen. Diese

524

---

[799] Vgl. hierzu Nerlich/Römermann, a. a. O., § 207 Rdnr. 14.

durften bei der Entscheidung nach § 26 InsO, ob das Insolvenzverfahren eröffnet wird, noch nicht berücksichtigt werden, weil sie nicht zu den Verfahrenskosten nach § 54 InsO, sondern zu den sonstigen Masseverbindlichkeiten nach § 55 InsO gehören. Bezahlt der Insolvenzverwalter nunmehr den Steuerberater, sind möglicherweise die Verfahrenskosten nicht mehr gedeckt und das Insolvenzverfahren ist mangels Masse einzustellen, wenn kein Vorschuss bezahlt wird. Masselosigkeit kann sich aber auch dadurch ergeben, dass die Verwertung der sowieso schon geringen Masse einen noch geringeren Betrag erbracht hat, als ursprünglich angenommen.

525 § 207 InsO sieht keinen Antrag auf Einstellung mangels Masse vor, vielmehr hat das Gericht das Verfahren von Amts wegen einzustellen. Es wird aber in der Regel aus eigener Kenntnis nicht entscheiden können, ob die vorhandene Masse die Verfahrenskosten deckt. Somit muss der Verwalter – schon in eigenem Interesse, um nicht ohne Vergütung zu arbeiten und ggf. um eine Haftung nach § 60 InsO zu vermeiden – dem Gericht die entsprechenden Hinweise liefern.

Muster einer Mitteilung nach § 207 InsO

An das
Amtsgericht München
Insolvenzgericht

AZ: ....

Insolvenzverfahren Fa. Muster GmbH

Die Verwertung des einzigen in der Insolvenzmasse vorhandenen Kraftfahrzeuges hat entgegen der ursprünglichen Schätzung des amtlich bestellten und vereidigten Gutachters lediglich einen Erlös in Höhe von € 5.000,– erbracht. Weitere liquide Masse ist derzeit nicht ersichtlich. Die bisher angefallenen Gerichtskosten und Auslagen sowie die Insolvenzverwaltervergütung nebst Auslagen belaufen sich auf € 6.500,–. Ich rege deshalb an, das Insolvenzverfahren nach § 207 InsO einzustellen, falls kein ausreichender Geldbetrag vorgeschossen wird.

Schlussbericht, Schlussrechnung und meinen Vergütungsantrag lege ich bei.

Manfred Mustermann
    Rechtsanwalt
    Insolvenzverwalter

526 Die Einstellung wegen Masselosigkeit ist bei Vorliegen der Voraussetzungen in jedem Stadium des Insolvenzverfahrens möglich. Vor Einstellung sind die Gläubigerversammlung, der Insolvenzverwalter und die Massegläubiger zu hören (§ 207 Abs. 2 InsO). Die Gläubigerversammlung dient auch der Erörterung des Schlussberichtes, der Schlussrechnung und der Anhörung des Insolvenzverwalters. Sie bietet weiterhin eine gute Gelegenheit für die Insolvenzgläubiger zu entscheiden, ob ein Geldbetrag nach § 207 Abs. 1 Satz 2 InsO vorgeschossen wird, damit die Einstellung unterbleibt. Ein derartiger Vorschuss ist nur dann sinnvoll, wenn sich dadurch weitere Masse realisieren lässt.

527 Leistet ein Dritter den erforderlichen Vorschuss zur Deckung der Verfahrenskosten, so wird dieser nicht Teil der Insolvenzmasse, sondern es ergibt sich damit eine vom Insolvenzverwalter treuhänderisch zu verwaltende Sondermasse. Wird der Betrag in Anspruch genommen, wird der Dritte Massegläubiger mit dem Rang nach § 209 Abs. 1 Nr. 1 InsO. Im Übrigen hat der Vorschussleistende einen quasi gesellschaftsrechtlichen Erstattungsanspruch, wenn z. B. der Geschäftsführer einer GmbH den Insolvenzantrag pflichtwidrig und schuldhaft zu spät gestellt hat (§ 207 Abs. 1 Satz 2 i. V. m. § 26 Abs. 3 InsO).

528 Vor dem Einstellungsbeschluss des Gerichtes hat der Verwalter, soweit Barmittel vorhanden sind, von den Verfahrenskosten zuerst die Auslagen und dann die übrigen Beträge anteilmäßig zu befriedigen. Weitere Massegegenstände muss er nicht mehr verwerten (§ 207 Abs. 3 InsO).

529 Wird das Verfahren eingestellt, ist der Beschluss und der Grund der Einstellung (»mangels Masse«) öffentlich bekanntzumachen (§ 217 Abs. 1 Satz 1 InsO). Der Beschluss kann zwar von jedem Insolvenzgläubiger und vom Schuldner durch sofortige Beschwerde angegriffen werden (§ 216 Abs. 1 InsO), wird aber bereits mit seiner öffentlichen Bekanntgabe wirksam. Aus diesem Grunde sind der Schuldner, der Insolvenzverwalter und die Mitglieder des Gläubigerausschusses vorab über den Zeitpunkt des Wirksamwerdens der Einstellung (§ 9 Abs. 1 Satz 3 InsO) zu unterrichten.

530 Im Übrigen gelten die gleichen Bestimmungen wie bei Aufhebung des Insolvenzverfahrens nach § 200 InsO. Der Schuldner erhält mit Einstellung des Verfahrens das Recht zurück, über die Insolvenzmasse frei zu verfügen (§ 215 Abs. 2 Satz 1 InsO). Damit endet gleichzeitig das Amt des Insolvenzverwalters.

Zur Auswirkung auf anhängige Prozesse vgl. oben Rdnr. 513 f.

3. Einstellung wegen Masseunzulänglichkeit (§§ 208, 211 InsO)

a) Allgemeines

531 Nachdem die Insolvenzordnung die Rangordnung der Masseverbindlichkeiten gegenüber der Konkursordnung geändert hat (s. oben Rdnr. 521), muss der Fall geregelt werden, dass zwar die Verfahrenskosten gedeckt sind, die Insolvenzmasse aber nicht ausreicht, um die fälligen sonstigen Masseverbindlichkeiten zu erfüllen. Die Insolvenzordnung gibt dem Verwalter die Möglichkeit, bei Feststellung der Masseunzulänglichkeit einen Trennungsstrich zu ziehen und damit die sog. Neumasseverbindlichkeiten von den alten Masseverbindlichkeiten rangmäßig zu unterscheiden. Dies entspricht im Wesentlichen der zuletzt herrschenden Meinung zur Konkursordnung.[800] Der BGH hatte allerdings lediglich entschieden, dass aus verfas-

---
800 Vgl. Nerlich/Römermann, a. a. O., § 208 Rdnr. 3 m. w. N.

sungsrechtlichen Gründen nach Feststellung der Masseunzulänglichkeit entstandene Vergütungsansprüche des Konkursverwalters aus der Rangordnung des § 60 KO herausgenommen werden müssten.[801]

Die Insolvenzordnung hat nunmehr ein System geschaffen, das dem Insolvenzverwalter die Möglichkeit gibt, durch Anzeige der Masseunzulänglichkeit Massegläubiger zurückzustufen und dadurch das Verfahren fortzuführen. Wenn alle sonstigen Masseverbindlichkeiten gem. § 55 InsO gleichen Rang hätten, könnte das Verfahren nicht fortgeführt werden. Der Insolvenzverwalter dürfte keine Aufträge vergeben, wenn er von vorne herein weiß, dass er diese nur teilweise bezahlen kann.

Das folgende Beispiel verdeutlicht dies:

Der schuldnerische Betrieb war bei Insolvenzeröffnung bereits eingestellt. Die 10 Arbeitnehmer waren noch nicht gekündigt. Das Durchschnittsgehalt lag bei € 3.000,– incl. Arbeitgeberanteile, die durchschnittliche Kündigungsfrist bei zwei Monaten, so dass ca. € 60.000,– Löhne und Gehälter anfallen werden. Der Mietvertrag war vom Insolvenzverwalter ebenfalls mit der gesetzlichen Frist von sechs Monaten zum Quartalsende zu kündigen. Hier würden noch sieben Monatsmieten á € 2.500,–, somit € 17.500,–, anfallen. Die weiteren – vom Verwalter verursachten – Masseverbindlichkeiten belaufen sich auf ca. € 22.500,–, die Verfahrenskosten auf € 25.000,–. Die vorhandene Insolvenzmasse beträgt € 50.000,–. Würde es bei der Aufteilung nach §§ 54, 55 InsO bleiben, könnten die Masseverbindlichkeiten nach § 55 InsO in Höhe von insgesamt € 100.000,– lediglich mit € 25.000,–, somit nur zu 25 %, bedient werden. Der Insolvenzverwalter könnte seinem Steuerberater keinen Auftrag geben, mit dem Hinweis, dass dieser nur 25 % seines Honorars bekommen wird. Das Verfahren müsste beendet werden. Durch Anzeige der Masseunzulänglichkeit, Freistellung der Arbeitnehmer und Rückgabe der Mietsache an den Vermieter, kann der Verwalter die Löhne und Gehälter und die Mietzinsen gem. § 209 Abs. 2 Nr. 3 InsO zu Altmasseverbindlichkeiten zurückstufen und z. B. den von ihm beauftragten Steuerberater voll bezahlen.

b) Sonstige Masseverbindlichkeiten (§ 55 InsO)

aa) Verwaltung, Verwertung, Verteilung (§ 55 Abs. 1 Nr. 1 InsO)

532 Alle Rechtsgeschäfte, die der Insolvenzverwalter im Rahmen der Verwaltung, Verwertung und Verteilung der Masse neu abschließt, sind sonstige Masseverbindlichkeiten. Dazu zählen auch Prozesshandlungen. Sämtliche aus diesen Handlungen entstehenden Rechte, also auch Schadensersatzansprüche, fallen hierunter. Verwaltungskosten sind z. B. Aufträge an ein Bewachungsunternehmen oder einen Steuerberater; Verwertungskosten sind Aufträge an einen Makler oder einen Gutachter; Verteilungskosten sind

---

801 BGH ZIP 1992, 120.

Kosten der Ausschüttung oder Ermittlung inzwischen unbekannt verzogener Gläubiger.

Auch die aus solchen Handlungen des Verwalter entstehenden Steuern sind sonstige Masseverbindlichkeiten. Im Einzelnen: 533

- Einkommensteuer

Soweit die Einkommensteuer während des Insolvenzverfahrens entsteht, ist sie Masseverbindlichkeit. Strittig ist, ob die Einkommensteuer aus der Aufdeckung/Realisierung stiller Reserven während des Verfahrens immer Masseverbindlichkeit ist oder ob man zwischen der Zeit vor und nach Eröffnung abgrenzen muss.[802]

- Grunderwerbssteuer

Erwirbt der Insolvenzverwalter Immobilien, fällt Grunderwerbssteuer an, wenn nicht zur Umsatzsteuer optiert wurde. Siehe hierzu auch Stichwort »Umsatzsteuer«.

- Grundsteuer

Grundsteuern sind Masseverbindlichkeiten, soweit das Grundstück zur Insolvenzmasse gehört.[803]

- Gewerbesteuer

Mit Eröffnung des Insolvenzverfahrens entfällt bei einem gewerblichen Unternehmen noch nicht die Gewerbesteuerpflicht. Dies gilt insbesondere bei Betriebsfortführung.[804]

- Lohnsteuer

Hat der Schuldner als Arbeitgeber vor Insolvenzeröffnung zwar die Nettolöhne bezahlt, nicht aber die Lohnsteuer abgeführt, ist diese einfache Insolvenzforderung. Hat er keinen Lohn mehr bezahlt, ist insoweit auch keine Lohnsteuer angefallen. Befriedigt der Insolvenzverwalter zur Tabelle festgestellte Lohnforderungen (außerhalb des Insolvenzgeldzeitraumes), muss er auf den vom Arbeitnehmer geltend gemachten Bruttolohnanspruch die Lohnsteuer einbehalten und an das Finanzamt abführen. Es handelt sich um einen Lohnsteuerhaftungsanspruch des Finanzamtes, der Masseverbindlichkeit ist, für den der Verwalter aber auch persönlich haftet.[805]

---

802 Vgl. hierzu im Einzelnen: HK-InsO/Eickmann, § 55 Rdnr. 7.
803 Vgl. Kuhn/Uhlenbruck, a. a. O., § 98 Rdnr. 9 q; a. A. HK-InsO/Eickmann, § 55 Rdnr. 10.
804 BFH ZIP 1980, 795.
805 S. hierzu im Einzelnen: Kuhn/Uhlenbruck, a. a. O., § 59 Rdnr. 12 y.

Gleiches gilt für den Fall, dass der Verwalter Arbeitnehmer im Insolvenzverfahren weiterbeschäftigt.

- Umsatzsteuer

Die durch Lieferungen oder Leistungen des Insolvenzverwalters entstehende Umsatzsteuer ist Masseverbindlichkeit. Zur Verwertung von Sicherungsgut s. oben Rdnr. 266 ff. und Rdnr. 364 f. Stichwort »Steuern«.

534 Zu Handlungen des Insolvenzverwalters im Sinne von § 55 Abs. 1 Nr. 1 InsO gehören auch deliktische Handlungen und Unterlassungen (z. B. Verletzung gewerblicher Schutzrechte, der Verkehrssicherungspflicht, Haftung als Zustands- oder Handlungsstörer).

bb) Gegenseitige Verträge (§ 55 Abs. 1 Nr. 2 InsO)

535 Soweit der Verwalter bei gegenseitigen Verträgen die Erfüllung zur Insolvenzmasse verlangt oder soweit deren Erfüllung für die Zeit nach der Verfahrenseröffnung erfolgen muss, liegen Masseverbindlichkeiten vor. Tritt der Verwalter in einen Werkvertrag ein, werden zumindest bei teilbaren Leistungen nur die Ansprüche des Vertragspartners Masseverbindlichkeiten, die nach Eröffnung entstanden sind.[806] Bestand bei Verfahrenseröffnung noch ein Dienst- oder Mietvertrag, muss dieser vom Verwalter gekündigt werden, Die Löhne bzw. Mietzinsen ab Verfahrenseröffnung bis zum Ablauf der Kündigungsfrist sind Masseverbindlichkeiten. Zum Fall, dass der Verwalter die Mieträume nicht gezielt in Besitz nimmt, s. oben Rdnr. 257 ff.

cc) Ungerechtfertigte Bereicherung (§ 55 Abs. 1 Nr. 3 InsO)

536 Sämtliche Ansprüche aus einer der Masse nach Insolvenzeröffnung zugute gekommenen ungerechtfertigten Bereicherung sind Masseverbindlichkeiten. Bei Veräußerung von Gegenständen, die mit einem Aussonderungsrecht belastet waren, ist § 48 InsO zu beachten. Eine ungerechtfertigte Bereicherung, die der Masse vor Verfahrenseröffnung zugute kam, eröffnet lediglich eine einfache Insolvenzforderung.

dd) Ansprüche aus dem vorläufigen Insolvenzverfahren (§ 55 Abs. 2 InsO)

537 Die von einem starken vorläufigen Insolvenzverwalter (auf den die Verwaltungs- und Verfügungsbefugnis nach § 22 Abs. 1 Satz 1 InsO übergegangen war) begründeten Verbindlichkeiten, sind ebenfalls Masseverbindlichkeiten. Siehe hierzu näher oben Rdnr. 128 ff. und 145 ff.

---

[806] Vgl. BGH ZIP 1997, 688 »Sachsenmilch«.

c) Prüfung der Masseunzulänglichkeit

Der Insolvenzverwalter hat laufend zu prüfen, ob zum einen die Verfahrenskosten und zum anderen die sonstigen Masseverbindlichkeiten gedeckt sind. Kann er die Masseverbindlichkeiten nicht bezahlen und hat er zu spät die Masseunzulänglichkeit angezeigt, haftet er persönlich nach § 61 InsO. Seine Prüfung erstreckt sich nicht nur auf die akute, sondern auch auf eine drohende Masseunzulänglichkeit. Er hat diese nämlich auch dann anzuzeigen, wenn die Masse voraussichtlich nicht ausreichen wird, um die bestehenden sonstigen Masseverbindlichkeiten im Zeitpunkt der Fälligkeit zu erfüllen (§ 208 Abs. 1 Satz 2 InsO). Dabei kommt es aber nicht auf die voraussehbaren, sondern nur auf die in der Entstehung befindlichen und bereits entstandenen, aber noch nicht fälligen Masseverbindlichkeiten an. Eine Prognose muss der Verwalter nur für die Insolvenzmasse stellen, die im Zeitpunkt der Fälligkeit der Masseverbindlichkeiten vorhanden sein wird. Aufgrund der bei Prognoserechnungen vorhandenen Unsicherheiten hat der Verwalter bei Feststellung der Masseunzulänglichkeit einen weiten Ermessensspielraum, dessen Überschreitung erst zur Haftung nach § 61 InsO führt. Der Verwalter muss nachweisen, dass er bei Begründung der Verbindlichkeit die drohende Masseunzulänglichkeit nicht erkennen konnte (§ 61 Satz 2 InsO).

538

d) Anzeige der Masseunzulänglichkeit (§ 208 InsO)

Der Verwalter hat die Masseunzulänglichkeit dem Gericht anzuzeigen. Dieses hat kein Prüfungsrecht, sondern muss die Anzeige der Masseunzulänglichkeit durch den Verwalter unverzüglich öffentlich bekannt machen. Im Rahmen der Aufsicht des Gerichts nach § 58 InsO wird man aber verlangen müssen, dass der Verwalter die Masseunzulänglichkeit kurz begründet.

539

Dies gilt insbesondere auch deshalb, weil die Anzeige des Verwalters den Massegläubigern besonders zuzustellen ist (§ 208 Abs. 2 Satz 2 InsO).

> **Muster einer Anzeige der Masseunzulänglichkeit nach § 208 Abs. 1 InsO**
>
> Amtsgericht München
> Insolvenzgericht
>
> AZ: ....
>
> Insolvenzverfahren Fa. Muster GmbH
>
> Ich zeige die Masseunzulänglichkeit gem. § 208 InsO an. Die bare Masse beträgt € 100.000,–. Es ist nicht zu erwarten, dass noch eine Massevermehrung eintritt. Dem gegenüber werden die Masseverbindlichkeiten insgesamt € 150.000,– betragen, wobei der größere Teil in Höhe von € 80.000,– aus gegenseitigen Verträgen resultiert, deren Erfüllung für die Zeit nach Eröffnung des Verfahrens erfolgen muss. Bei der soeben abgeschlossenen Verwertung des Fuhrparkes hat sich ergeben, dass entgegen den ursprünglichen Schätzungen die Verkaufserlöse erheblich geringer ausgefallen sind. Dies führte zur Unterdeckung der Masseverbindlichkeiten.
>
> Manfred Mustermann
> Rechtsanwalt
> Insolvenzverwalter

Wegen der besonderen Benachrichtigung der Massegläubiger hat der Verwalter dem Gericht mit der Anzeige der Masseunzulänglichkeit eine Liste der Massegläubiger zu übergeben.

e) Folgen der Masseunzulänglichkeit (§ 209 InsO)

540 Eines der wesentlichen Anliegen der Insolvenzreform war, dass aus ordnungspolitischen Gründen Verfahren auch bei Masseunzulänglichkeit fortgeführt und noch bis zum Schluss abgewickelt werden. Deshalb verpflichtet § 208 Abs. 3 InsO den Verwalter, die Verwaltung und Verwertung der Masse auch nach Anzeige der Masseunzulänglichkeit fortzusetzen. Dies setzt voraus, dass der Verwalter weiterhin Rechtsgeschäfte abschließen kann, deren Bezahlung gesichert ist. Die Rangordnung des § 209 InsO gewährleistet die weitere wirtschaftlich sinnvolle Abwicklung des Insolvenzverfahrens.

> **Rangordnung nach der zu begleichen ist**
>
> - Die Kosten des Insolvenzverfahrens (§ 54 InsO), und zwar auch die, die vor Anzeige der Masseunzulänglichkeit angefallen waren.
> - Die Masseverbindlichkeiten, die nach der Anzeige der Masseunzulänglichkeit begründet worden sind, ohne zu den Kosten des Verfahrens zu gehören. Dies gewährleistet dem Verwalter für das weitere Verfahren den nötigen Handlungsspielraum.
>
>   Diesen Masseverbindlichkeiten wurden aber nach § 209 Abs. 2 Nr. 1–3 InsO gleichgestellt die Verbindlichkeiten

- aus einem gegenseitigen Vertrag, dessen Erfüllung der Verwalter gewählt hat, nachdem er die Masseunzulänglichkeit angezeigt hatte;
- aus einem Dauerschuldverhältnis für die Zeit nach dem ersten Termin, zu dem der Verwalter nach der Anzeige der Masseunzulänglichkeit kündigen konnte;
- aus einem Dauerschuldverhältnis, soweit der Verwalter nach der Anzeige der Masseunzulänglichkeit für die Insolvenzmasse die Gegenleistung in Anspruch genommen hat.

Diese Fälle hat der Gesetzgeber deshalb gleichgestellt, weil die Verbindlichkeiten aus Handlungen des Verwalters nach Anzeige der Masseunzulänglichkeit resultieren. Die Masse soll sich nicht dadurch bereichern können, dass der Verwalter zwar die Gegenleistung aus einem Dauerschuldverhältnis in Anspruch nimmt, infolge der Anzeige der Masseunzulänglichkeit aber keine oder keine volle Bezahlung leisten muss.
- Die übrigen Masseverbindlichkeiten, wobei der nach §§ 100, 101 Abs. 1 Satz 3 InsO bewilligte Unterhalt nachrangig ist (§ 209 Abs. 1 Nr. 3 InsO).

541 Unter der Konkursordnung waren bei der Abwicklung der Verfahren die sog. aufoktroyierten Masseverbindlichkeiten ein großes Problem. Dadurch, dass z. B. die Löhne und Gehälter aus Dienstverträgen, die noch nach Konkurseröffnung fortbestanden und erfüllt werden mussten, Masseverbindlichkeiten waren, die den Verfahrenskosten vorgingen (§ 60 Abs. 1 Nr. 1 KO), war eine vernünftige Abwicklung nicht möglich. Mit der Insolvenzordnung hat der Verwalter die Möglichkeit, die Arbeitnehmer unmittelbar nach Insolvenzeröffnung freizustellen und damit die »Gegenleistung« nicht in Anspruch zu nehmen. Dies bewirkt, dass die Löhne und Gehälter bis zum Ende der Kündigungsfristen zwar Masseverbindlichkeiten bleiben, aber in den Rang nach § 209 Abs. 1 Nr. 3 InsO zurückgestuft werden. Der Verwalter kann zur weiteren Abwicklung des Verfahrens Geschäfte abschließen und die daraus entstehenden Verbindlichkeiten vorrangig bezahlen. Gleiches gilt für gewerbliche Mietverträge, die mit sechs Monaten zum Quartalsende eine sehr lange gesetzliche Kündigungsfrist haben (§ 565 Abs. 1 a BGB). Der Verwalter hat über § 209 Abs. 2 Nr. 2 und 3 InsO die Möglichkeit, die Betriebsräume zum nächstmöglichen Termin zu kündigen und sobald als möglich zurückzugeben. Ab dem Zeitpunkt der Rückgabe sind die Mietzinsen bis zum Ablauf der Kündigungsfrist ebenfalls zurückgestufte Masseverbindlichkeiten.

542 Durch öffentliche Bekanntmachung der Masseunzulänglichkeit und durch direkte Zustellung der Anzeige an die Massegläubiger sind diese von der Situation informiert. Darüber hinaus hat der Gesetzgeber die weitere Abwicklung des Insolvenzverfahrens trotz Masseunzulänglichkeit dadurch gewährleistet, dass die Altmassegläubiger und die zurückgestuften Massegläubiger (§ 209 Abs. 1 Nr. 3 InsO) ihre Forderungen nicht mehr vollstrecken dürfen, sobald der Verwalter die Masseunzulänglichkeit angezeigt hat

(§ 210 InsO). Dieses Vollstreckungsverbot ist von Amts wegen zu beachten. Ggf. muss der Verwalter Vollstreckungsabwehrklage nach § 767 ZPO erheben. § 210 InsO bezieht sich nicht auf Neumasseverbindlichkeiten. Diese können von den Gläubigern gegen die Insolvenzmasse vollstreckt werden.

543 Der Insolvenzverwalter muss die Masseunzulänglichkeit bereits in den Tatsacheninstanzen einwenden. Das erstmalige Vorbringen in der Revisionsinstanz ist ausgeschlossen.[807] Er genügt der ihm obliegenden Beweislast für das Vorliegen der Masseunzulänglichkeit dadurch, dass er diese durch öffentliche Bekanntmachung anzeigt.[808] Strittig ist, ob bereits im Kostenfestsetzungsverfahren der Einwand der Masseunzulänglichkeit zu berücksichtigen ist.[809]

f) Verfahren (§ 214 InsO)

544 Der Insolvenzverwalter hat – wie erwähnt – nach Anzeige der Masseunzulänglichkeit die Insolvenzmasse weiter zu verwalten und zu verwerten (§ 208 Abs. 3 InsO). Erst nach vollständiger Verwertung kann er den Einstellungsantrag stellen. Das Verfahren wird also weitgehend wie ein normales Insolvenzverfahren mit Berichtstermin und Prüfungstermin und ggf. besonderem Prüfungstermin durchgeführt. Ein Schlusstermin findet allerdings nicht statt. Ansonsten hat der Verwalter die gleichen Verpflichtungen wie in einem Normalverfahren. Er muss umfassend Rechnung legen (§ 66 InsO), im Falle der Masseunzulänglichkeit aber gesondert für die Zeit vor Anzeige der Masseunzulänglichkeit und für die Zeit danach (§ 211 Abs. 2 InsO). Nachdem Massegläubiger durch die Anzeige der Masseunzulänglichkeit zurückgestuft werden (§ 209 InsO), soll für diese im Einzelnen nachvollziehbar sein, welche Verbindlichkeiten nach der Anzeige noch erfüllt wurden.

Zur Rechnungslegung gehört auch eine Liste der Altmassegläubiger und der Neumassegläubiger sowie entsprechend §§ 188, 197 InsO ein Schlussverzeichnis der Insolvenzgläubiger. Nach § 211 Abs. 3 InsO ist nach der Einstellung des Verfahrens eine Nachtragsverteilung anzuordnen, wenn noch weitere Gegenstände der Insolvenzmasse ermittelt werden. Unter anderem verweist diese Vorschrift auf § 205 InsO, wonach der Verwalter den nachträglich ermittelten Massebetrag aufgrund des Schlussverzeichnisses zu verteilen hat, weil es nicht ausgeschlossen ist, dass nach Verwertung der nachträglich ermittelten Massegegenstände noch auf die Insolvenzgläubiger eine Quote ausgeschüttet werden kann.

545 Das Gericht entscheidet durch Beschluss, dass das Verfahren eingestellt wird. Der Beschluss und der Grund der Einstellung (»wegen Masseunzulänglichkeit«) sind öffentlich bekannt zu machen. Der Schuldner, der Insol-

---

807 S. hierzu im Einzelnen: Nerlich/Römermann, a. a. O., § 209 Rdnr. 20.
808 Vgl. LAG Düsseldorf ZIP 2001, 526.
809 Dagegen: OLG München ZIP 2000, 555; dafür: LAG Stuttgart ZIP 2001, 657, s. oben Rdnr. 390.

venzverwalter und die Mitglieder des Gläubigerausschusses sind vorab über den Zeitpunkt des Wirksamwerdens der Einstellung (§ 9 Abs. 1 Satz 3 InsO) zu unterrichten.[810]

Gegen den Beschluss ist wie bei der Aufhebung des Verfahrens nach Abhaltung des Schlusstermines kein Rechtsmittel vorgesehen (§ 216 InsO).

Nach Einstellung des Verfahrens erhält der Schuldner das Recht zurück, über seine Insolvenzmasse wieder frei zu verfügen.[811]

4. Einstellung wegen Wegfalls des Eröffnungsgrundes (§ 212 InsO)

Die Konkursordnung kannte eine Einstellung wegen Wegfalls des Eröffnungsgrundes nicht. Der Gemeinschuldner hatte nicht die Möglichkeit, nach Eröffnung des Verfahrens und nach Ablauf der Rechtsmittelfrist nachzuweisen, dass ein Eröffnungsgrund nicht vorlag oder später weggefallen ist. Damit war dem Schuldner die Möglichkeit einer Sanierung durch Eintritt von Geldgebern oder weiterer Gesellschafter genommen. Dies sollte durch die Insolvenzordnung korrigiert werden. Wenn gewährleistet ist, dass nach der Verfahrenseinstellung beim Schuldner weder Zahlungsunfähigkeit, noch drohende Zahlungsunfähigkeit (natürliche Person), noch Überschuldung (juristische Person) vorliegt, kann das Verfahren eingestellt werden. Eine Einstellung ist nur auf Antrag des Schuldners möglich. Dieser ist nur zulässig, wenn der Schuldner das Fehlen der Eröffnungsgründe glaubhaft macht. Hierzu kann sich der Schuldner aller Beweismittel bedienen einschl. seiner eigenen Versicherung an Eides statt (§ 4 InsO i. V. m. § 294 ZPO). Wenn die Insolvenzreife mit Hilfe Dritter beseitigt werden soll, werden in der Regel entsprechende Garantieerklärungen, Bürgschaften etc. vorzulegen sein.[812] Bloße Absichtserklärungen von potenziellen Geldgebern, also z. B. Finanzierungszusagen von Banken, Kreditvermittlern etc., die noch unter dem Vorbehalt weiterer Prüfungen stehen, sind nicht ausreichend.[813] Der Schuldner muss glaubhaft machen, dass ausreichend Mittel zur Verfügung stehen, um die Insolvenzgründe zu beseitigen und zu gewährleisten, dass er auf absehbare Zeit Mittel hat, um seinen Geschäftsbetrieb ohne die erneute Gefahr eines Insolvenzantrags aufrecht zu erhalten. Dem Gericht muss dadurch die Prüfung der Zahlungsunfähigkeit und eine Überschuldungsprüfung wie bei der Entscheidung über den Insolvenzantrag selbst ermöglicht werden.[814]

546

Liegen diese Voraussetzungen nicht vor, ist der Einstellungsantrag als unzulässig zu verwerfen. Eine öffentliche Bekanntmachung des Antrages nach

---
810 S. hierzu oben Rdnr. 529.
811 S. hierzu oben Rdnr. 530.
812 Vgl. Haarmeyer/Wutzke/Förster, a. a. O., Kap. 8 Rdnr. 127 f.
813 OLG Celle ZIP 2000, 1943.
814 HK-InsO/Landfermann, § 212 Rdnr. 5; OLG Celle ZIP 2000, 1943, 1944.

§ 214 Abs. 1 Satz 1 InsO ist in diesem Falle nicht mehr notwendig und auch nicht zulässig. Das Verfahren nach § 212 InsO und die entsprechende öffentliche Bekanntmachung darf vom Schuldner nicht dazu missbraucht werden, Informationen über die Höhe der eigenen Verbindlichkeiten zu erhalten.[815]

547 Stellt sich bereits im Laufe des Verfahrens heraus, dass durch günstige Verwertung der Insolvenzmasse alle Insolvenzgläubiger einschl. der nachrangigen Gläubiger (§ 39 InsO) befriedigt werden können, hat der Schuldner zwei Möglichkeiten. Er kann den Einstellungsantrag nach § 212 InsO stellen und anschließend die Gläubiger selbst befriedigen oder er lässt den Insolvenzverwalter das Verfahren weiter abwickeln und den Überschuss nach § 199 InsO verteilen.

548 Der Antrag des Schuldners auf Einstellung des Verfahrens ist vom Gericht öffentlich bekanntzumachen und auf der Geschäftsstelle zur Einsicht der Beteiligten niederzulegen (§ 214 Abs. 1 InsO). Die Insolvenzgläubiger können binnen einer Woche nach der öffentlichen Bekanntmachung Widerspruch gegen den Antrag erheben. Vor Entscheidung hat das Gericht den Schuldner, den Insolvenzverwalter, den Gläubigerausschuss (soweit ein solcher besteht) und ggf. die widersprechenden Gläubiger zu hören. Beabsichtigt das Gericht das Verfahren einzustellen, hat der Verwalter vorher die unstreitigen Masseansprüche zu berichtigen und für die streitigen Sicherheit zu leisten (§ 214 Abs. 3 InsO). Anschließend ergeht der Einstellungsbeschluss, der öffentlich bekannt zu machen ist (§ 215 Abs. 1 InsO). Gegen den Einstellungsbeschluss steht jedem Insolvenzgläubiger die sofortige Beschwerde zu (§ 216 Abs. 1 InsO). Wird die Einstellung abgelehnt, kann der Schuldner sofortige Beschwerde einlegen (§ 216 Abs. 2 InsO).

5. Einstellung mit Zustimmung der Gläubiger (§ 213 InsO)

549 Die Konkursordnung hatte in § 202 KO eine fast gleichlautende Regelung. Nachdem die Insolvenzordnung die Gläubigerautonomie noch erheblich verstärkt hat, ist es verständlich, dass diese Vorschrift weitgehend übernommen wurde. Die Gläubiger sollen das Recht haben, selbst zu entscheiden, ob sie das Verfahren fortführen wollen. Allerdings ist die Zustimmung aller Gläubiger erforderlich, es handelt sich nicht um eine Mehrheitsentscheidung. Die Einstellung setzt aber einen Antrag des Schuldners voraus, weil die Gläubiger diesen gegen seinen Willen nicht zwingen können, bei Überschuldung und/oder Zahlungsunfähigkeit seinen Betrieb selbst fortzuführen oder die Liquidation selbst vorzunehmen. Wie schon während der Konkursordnung wird diese Vorschrift auch im Rahmen der Insolvenzordnung eine äußerst geringe Bedeutung haben.

---

815 OLG Celle ZIP 2000, 1943, 1945.

550 Das Gesetz sieht zwei Möglichkeiten vor:
- Einstellung vor Ablauf der Anmeldefrist
- Einstellung nach Ablauf der Anmeldefrist

Der Schuldner kann den Einstellungsantrag schon vor Ablauf der Anmeldefrist (§ 213 Abs. 2 InsO) stellen. Dies erfordert, dass die Zustimmung aller bekannten Gläubiger vorliegt, unabhängig davon, ob diese angemeldet haben. Andere Gläubiger dürfen weder dem Schuldner, noch dem Insolvenzverwalter bekannt sein. Diese Voraussetzungen sind nicht unproblematisch, weil sich in der Praxis immer wieder herausstellt, dass der Schuldner – oft auch unbeabsichtigt – nicht alle Gläubiger angegeben hat.

Die Einstellung vor Ablauf der Anmeldefrist eignet sich deshalb nur für Kleinstverfahren. Aus diesem Grunde kann das Gericht – im Gegensatz zur Einstellung nach Ablauf der Anmeldefrist – hier nach freiem Ermessen entscheiden (»kann.... eingestellt werden« § 213 Abs. 2 InsO). Es wird sich bei seiner Entscheidung wesentlich auf den Eindruck des Insolvenzverwalters verlassen müssen, ob der Schuldner absolut zuverlässig ist und dessen Angaben bisher mit den geschäftlichen Unterlagen übereingestimmt haben.

Stellt der Schuldner den Antrag, das Verfahren nach Ablauf der Anmeldefrist einzustellen, hat das Gericht kein Ermessen mehr, wenn die Voraussetzungen vorliegen. Es müssen alle Insolvenzgläubiger zustimmen, die ihre Forderungen angemeldet haben. Dabei kommt es nicht darauf an, ob die Forderungsanmeldung vor oder nach Ablauf der Anmeldefrist erfolgte.

Haben Gläubiger, deren Forderungen vom Schuldner oder vom Insolvenzverwalter bestritten wurden, der Einstellung nicht zugestimmt, entscheidet das Insolvenzgericht nach freiem Ermessen, inwieweit es einer Zustimmung dieser Gläubiger oder einer Sicherheitsleistung diesen gegenüber bedarf (§ 213 Satz 2 InsO). Wenn man nicht klar und eindeutig davon ausgehen kann, dass die Forderung unberechtigt ist, muss Sicherheitsleistung gefordert werden. Über die Zustimmung der absonderungsberechtigten Gläubiger entscheidet das Gericht in gleicher Weise.

Hat ein solcher Gläubiger auch eine persönliche Forderung – wie in den meisten Fällen –, bedarf es seiner Zustimmung, weil er Insolvenzgläubiger ist, es sei denn, es steht fest, dass er aufgrund seines Absonderungsrechtes keinen Ausfall erleiden wird. Bestehen insoweit Unsicherheiten, ist wieder zur Sicherheitsleistung zu greifen. Handelt es sich um einen absonderungsberechtigten Gläubiger ohne persönliche Forderung, kann das Gericht die Zustimmung verlangen, wenn z. B. eine Gesamtverwertung der belasteten Gegenstände für die gesicherten Gläubiger vorteilhaft wäre.[816]

551 Zu den Insolvenzgläubigern zählen auch die nachrangigen Gläubiger nach § 39 InsO. Diese Forderungen sind aber nur anzumelden, soweit das Insolvenzgericht besonders zur Anmeldung dieser Forderungen auffordert

---

[816] Vgl. BegrRegE in Kübler/Prütting, Das neue Insolvenzrecht, S. 444 f m. w. Beisp.

(§ 174 Abs. 3 Satz 1 InsO). Ohne Aufforderung sind die nachrangigen Forderungen nach herrschender Meinung nicht anmeldefähig, worauf die Gerichte und Insolvenzverwalter in ihren Merkblättern durchwegs hinweisen (s. oben Rdnr. 398).

Es wäre eine Verletzung des rechtlichen Gehörs, wenn das Gesetz die Zustimmung aller, also auch der nachrangigen Insolvenzgläubiger vorsieht, soweit diese ihre Forderungen angemeldet haben, den nachrangigen Gläubigern aber vorher von Gericht und/oder Insolvenzverwalter mitgeteilt wurde, dass eine Anmeldung noch nicht möglich ist, weil das Gericht dazu noch nicht aufgefordert hat. Kommt somit eine Einstellung des Insolvenzverfahrens mit Zustimmung aller Gläubiger nach Ablauf der Anmeldefrist in Frage, hat das Gericht zuvor auch die nachrangigen Gläubiger zur Anmeldung aufzufordern.[817]

Entscheidend ist für das Gericht, wer im Zeitpunkt der Einstellungsentscheidung Forderungen angemeldet hat. Nicht berücksichtigt werden Gläubiger, die ihre Anmeldung wieder zurückgenommen haben oder von denen zwar bekannt ist, dass ihnen eine Forderung zusteht, eine Anmeldung aber noch nicht vorliegt.

552 Die Zustimmung der Massegläubiger muss nicht vorliegen, weil der Insolvenzverwalter vor Einstellung diese befriedigen oder für diese Sicherheit leisten muss (§ 214 Abs. 3 InsO).

Das weitere Verfahren richtet sich wiederum nach §§ 214, 215 InsO (s. oben Rdnr. 546 ff.).

---

817 Ebenso Nerlich/Römermann, a. a. O., § 213 Rdnr. 3; a. A. FK-InsO/Schulz, § 213 Rdnr. 6.

3. KAPITEL – INSOLVENZERÖFFNUNGSVERFAHREN – WIRKUNGEN DER VERFAHRENSERÖFFNUNG

Inhalt

		Seite
A.	Allgemeine Einführung	351
I.	Gesetzliche Regelung	353
II.	Beteiligte am Insolvenzverfahren	353
III.	Vorbemerkung zum Insolvenzverfahren	354
IV.	»Starker«/»Schwacher« Verwalter	355
V.	Eigenverwaltung	356
B.	Voraussetzungen des Insolvenzeröffnungsverfahrens	357
I.	Antrag	357
	1. Dispositionsmaxime	357
	2. Bedingungsfeindlichkeit	357
II.	Zuständigkeit	358
	1. Funktionale Zuständigkeit	358
	2. Örtliche Zuständigkeit	359
	3. Sachliche Zuständigkeit	360
	a) Vor Eröffnung des Insolvenzverfahrens	360
	b) Nach Eröffnung des Insolvenzverfahrens	360
	4. Prüfung der Zulässigkeit	360
C.	Eröffnungsverfahren	361
I.	Maßnahmen der vorläufigen Sicherung (Vorverfahren)	361
II.	Vorläufige Untersagung/Einstellung von Zwangsvollstreckungsmaßnahmen	361
III.	Vorläufiger Insolvenzverwalter	362
	1. Voraussetzungen in der Person des Verwalters	362

		2. Auswahl des Verwalters	363
		3. Bestellung des Verwalters	363
		4. Verwalter im eröffneten Verfahren	364
		a) Sonderinsolvenzverwalter	364
		b) Bestätigung durch die Gläubigerversammlung	364
	IV.	**Postsperre**	365
		1. Postsperre im Eröffnungsverfahren	365
		2. Postsperre im eröffneten Verfahren	366
	V.	**Auskunfts- und Mitwirkungspflichten des Schuldners**	367
		1. Zur-Verfügung-Stellen	367
		2. Mitwirkung/Arbeitsleistung	368
		3. Durchsetzung	368
		a) Versicherung an Eides statt (§ 98 Abs. 1 InsO)	368
		b) Vorführung/Haft	369
	VI.	**Zustellung im Insolvenzverfahren**	370
	VII.	**Bekanntmachungen im Eröffnungsverfahren (§ 23 InsO)**	373
		1. Normzweck	373
		2. Register- und Grundbucheintragungen	374
		3. Umfang der Bekanntmachung	374
D.	**Inhalt und Bekanntmachung des Eröffnungsbeschlusses**		375
	I.	**Unterzeichnung des Eröffnungsbeschlusses**	375
	II.	**Eröffnungszeitpunkt**	376
	III.	**Terminsbestimmungen**	377
	IV.	**Sonstiges**	379
E.	**Wirkungen des Eröffnungsbeschlusses**		379
	I.	**Übergang der Verwaltungs- und Verfügungsbefugnis**	380
		1. Eigentümerstellung des Schuldners	380
		2. Wirkungen des Übergangs der Verwaltungs- und Verfügungsbefugnis im Einzelnen	381
		a) Unwirksamkeit relativer Veräußerungsverbote	381
		b) Pfändungspfandrechte	381
		c) Vollstreckungstitel des Schuldners	381
		d) Verfügungs- und Verpflichtungshandlungen	381
		3. Verfügungshandlungen	382
		a) Unwirksamkeit der Verfügung	382
		b) Genehmigung durch den Verwalter	382
		c) Verfügungszeitpunkt	383
		4. Leistungen an den Schuldner (§ 82 InsO)	383
		5. Prozessfähigkeit/Prozessführungsbefugnis	384

II.	Auswirkungen auf die personenrechtliche Stellung des Schuldners	384
III.	Weitere Auswirkungen der Eröffnung des Verfahrens auf den Schuldner	385

    1. Staatsbürgerliche Rechte und Pflichten 385
    2. Berufsrechtliche Auswirkungen 385
        a) Allgemein 385
        b) Gewerberecht..................................... 385
        c) Freie Berufe und Berufe mit besonderen Zulassungsvoraussetzungen..................................... 386
    3. Miet- und Pachtverhältnisse – Insolvenzschuldner als Mieter oder Pächter 387
        a) Anwendbare Rechtsnorm 387
        b) Pflichten nach Beendigung des Vertragsverhältnisses 387
        c) Möglichkeiten der Beendigung des Vertragsverhältnisses.... 388

IV.	Aufrechnung (§§ 94 ff. InsO)	389

    1. Voraussetzungen und Wirkung der Aufrechnung 389
    2. Zeitpunkt des Entstehens der Aufrechnungslage.............. 390
    3. Unzulässigkeit gem. § 96 Abs. 1 InsO 390
    4. Aufrechnung mit Gesellschafterforderungen................. 391

V.	Auswirkung auf anhängige Gerichtsverfahren (§§ 85, 86 InsO, 240 ZPO)	392

    1. Kostenfestsetzungsverfahren............................. 393
    2. Unterbrechung von Klagen nach dem Anfechtungsgesetz 393
    3. Prozesskostenhilfe 393
    4. Wirksamkeit und Anfechtung einer entgegen § 240 ZPO ergangenen gerichtlichen Entscheidung..................... 394
    5. Selbstständiges Beweisverfahren.......................... 394
    6. FGG-Verfahren 394
    7. Gewillkürte Prozessstandschaft 395
    8. Fortgang der unterbrochenen Verfahren 395
        a) Aktivprozesse...................................... 395
        b) Passivprozesse 396
            (1) Aufnahme auf Feststellung zur Insolvenztabelle....... 397
            (2) Aus- und Absonderungsansprüche 397
    9. Bindung an vorgefundene Prozesssituation 398
    10. Aufnahmehandlung 398
    11. Kosten des Rechtsstreits 398
    12. Schuldner/Vertreter des Schuldners als Zeuge............... 399
    13. Ablehnung der Aufnahme des Prozesses durch den Verwalter... 399

VI.	Rückschlagsperre (§§ 88 f. InsO)	401

    1. Rückschlagsperre (§ 88 InsO)............................ 401
    2. Umfang der Rückschlagsperre 402
    3. Frist.. 403
    4. Rechtsmittel gegen eine unwirksame Zwangsvollstreckung..... 404
    5. Zwangssicherungshypothek 404
    6. Vollstreckungsverbot (§ 89 InsO) 404
        a) Unzulässigkeit von Vollstreckungsmaßnahmen gem. § 89 InsO 404

Maier

		b) Sonderregelung § 89 Abs. 2 InsO für künftige Dienstbezüge	405
		c) Rechtsmittel	405

	VII.	Vollstreckungsverbot bei Masseverbindlichkeiten (§ 90 InsO)	406
		1. Eröffnung trotz geringer Masse	406
		2. Dauerschuldverhältnisse	407

F. Rechtsmittel der Insolvenzordnung ... 409

	I.	Sofortige Beschwerde	409
		1. Allgemein	409
		2. Beschwerdefrist	411
		3. Keine aufschiebende Wirkung	411
		4. Sofortige Beschwerde in Einzelfällen	411
		a) Vorläufige Postsperre	411
		b) Eröffnungs-/Abweisungsbeschluss	411
	II.	Rechtsbeschwerde	412

G. Auskunftserteilung ... 413

	I.	Recht auf Akteneinsicht	413
	II.	Auskunftsberechtigte Person	413
	III.	Rechtliches Interesse	414
	IV.	Zeitpunkt des Auskunftbegehrens	415

H. Die Insolvenzmasse ... 415

	I.	Soll-/Ist-Masse	416
	II.	Auslandsvermögen	416
	III.	Neugläubiger	417
		1. Neugläubiger während des Insolvenzverfahrens	417
		a) Schuldrechtliche/Deliktische Forderungen	417
		b) Unterhaltsansprüche	418
		2. Neuerwerb nach Abschluss des Insolvenzverfahrens	418
	IV.	Einzelfragen der Massezugehörigkeit	418
		1. Bewegliche Sachen	418
		2. Unbewegliche Sachen	419
		3. Forderungen	419
		4. Sonstige Rechte	421
		5. Gesellschaftsrechte	421
		6. Das Unternehmen als Ganzes	422

A. Allgemeine Einführung

Die nun folgenden Erläuterungen befassen sich im Schwerpunkt mit dem Insolvenzeröffnungsverfahren und den Wirkungen der Insolvenzverfahrenseröffnung. Dabei sollen auch die Maßnahmen der Einstellung der Zwangsvollstreckung im Insolvenzeröffnungsverfahren und dem eröffneten Verfahren näher erläutert werden.

Hinsichtlich der Wirkungen der Verfahrenseröffnung wird auf den Eröffnungsbeschluss und seinen Inhalt, den Umfang der Insolvenzmasse, die weiteren Auswirkungen der Verfahrenseröffnung auf die Beteiligten und die Auskunfts- und Mitwirkungspflichten des Schuldners näher eingegangen.

Das nachfolgende Schema zeigt den Verlauf des Insolvenzverfahrens vom Antrag eines Gläubigers oder dem Eigenantrag eines Schuldners bis zur Entscheidung über die Eröffnung oder Abweisung mangels Masse durch das Insolvenzgericht.

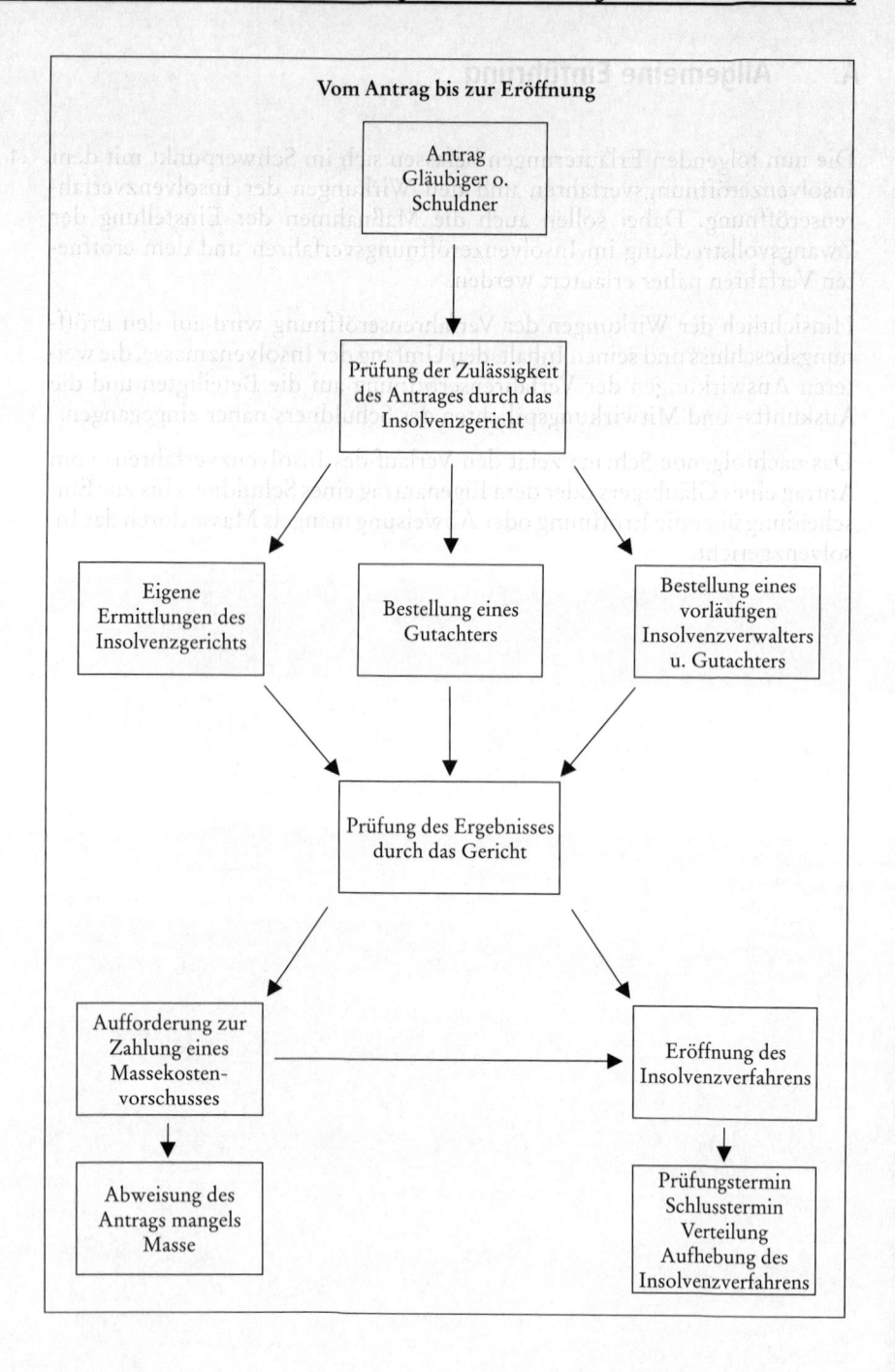

Vom Antrag bis zur Eröffnung

- Antrag Gläubiger o. Schuldner
- Prüfung der Zulässigkeit des Antrages durch das Insolvenzgericht
  - Eigene Ermittlungen des Insolvenzgerichts
  - Bestellung eines Gutachters
  - Bestellung eines vorläufigen Insolvenzverwalters u. Gutachters
- Prüfung des Ergebnisses durch das Gericht
  - Aufforderung zur Zahlung eines Massekostenvorschusses
    - Abweisung des Antrags mangels Masse
  - Eröffnung des Insolvenzverfahrens
    - Prüfungstermin
    - Schlusstermin
    - Verteilung
    - Aufhebung des Insolvenzverfahrens

Maier

I. Gesetzliche Regelung

Der dritte Teil der Insolvenzordnung trägt die Überschrift »Wirkungen des Insolvenzverfahrens«, geregelt in den §§ 80–147 InsO.

2

Im ersten Abschnitt, welcher die §§ 80–102 InsO umfasst, werden die allgemeinen Wirkungen der Eröffnung des Insolvenzverfahrens geregelt.

Der zweite Abschnitt (§§ 103–128 InsO) erläutert die Wirkungen der Eröffnung des Insolvenzverfahrens auf die Abwicklung gegenseitiger Verträge. Darüber hinaus enthält dieser Abschnitt die insolvenzspezifischen Bestimmungen zu Fragen des kollektiven Arbeitsrechts, dabei insbesondere des Sozialplans sowie zur Einschränkung des Kündigungsschutzes und der Mitbestimmung in besonderen Fällen.

Der dritte Abschnitt erfasst die speziellen Regelungen der Insolvenzanfechtung (§§ 129–147 InsO) und wird, ebenso wie der zweite Abschnitt gesondert erörtert.

II. Beteiligte am Insolvenzverfahren

Das Gesetz enthält keine Regelung, ob das Insolvenzgericht die Ermittlungen nach Eingang des Insolvenzantrages selbst durchführt, isoliert einen Gutachter bestellt oder kombiniert einen vorläufigen Insolvenzverwalter, der gleichzeitig zum Sachverständigen bestellt wird, beauftragt. Die Handhabung ist hier von Gericht zu Gericht unterschiedlich, teilweise sogar innerhalb des Gerichts, je nach dem zuständigen Rechtspfleger oder Insolvenzrichter.

3

Die Aufgabe des Gutachters beschränkt sich in der Regel darauf, als Sachverständiger zu prüfen, ob ein unter Berücksichtigung der Rechtsform des Schuldners relevanter Insolvenzgrund vorliegt und ob eine die Kosten des Verfahrens deckende Masse vorhanden ist. Die Vergütung des Gutachters erfolgt nach dem Gesetz zur Entschädigung von Zeugen und Sachverständigen.

In den Fällen, in denen im Unternehmensinsolvenzantragsverfahren in der Regel ordnende Maßnahmen geboten erscheinen, ist die Bestellung eines vorläufigen (»schwachen« oder »starken«) Insolvenzverwalters gem. § 21 InsO geboten. Die Vergütung des vorläufigen Insolvenzverwalters ist in den §§ 10 und 11 der Insolvenzverwaltervergütungsordnung (InsVV) geregelt. Die zusätzliche Bestellung zum Sachverständigen führt dazu, dass für den Fall einer Massenlosigkeit der vorläufige Insolvenzverwalter zumindest durch die gleichzeitige (parallele) Tätigkeit als Sachverständiger eine gewisse Vergütung, die allerdings mit der des vorläufigen Insolvenzverwalters bei weitem nicht vergleichbar ist, erhält.

Auch bezüglich der Anordnung von Sicherungsmaßnahmen ist die Handhabung bei den Insolvenzgerichten uneinheitlich. Manche Insolvenzgerichte erlassen mit der Bestellung eines vorläufigen Insolvenzverwalters automatisch auch Verfügungen beispielsweise gem. § 21 Abs. 2 Ziff. 3 InsO (Einstellung von Maßnahmen der Zwangsvollstreckung), andere Insolvenzgerichte nur auf ausdrückliche Anregung des vorläufigen Insolvenzverwalters.

III. Vorbemerkung zum Insolvenzverfahren

4   Die bis zum 31. 12. 1998 geltende Konkursordnung regelte, dass mit Eröffnung des Verfahrens der Gemeinschuldner die Befugnis, sein zur Konkursmasse gehöriges Vermögen zu verwalten und über dasselbe zu verfügen, verlor (§ 6 Abs. 1 KO). Das Verwaltungs- und Verfügungsrecht ging mit Eröffnung des Konkursverfahrens auf den Konkursverwalter über (§ 6 Abs. 2 KO). Diese Regelung entsprach der Wertung der Konkursordnung, wonach die Konkursmasse primär als Haftungsobjekt zur gemeinschaftlichen Befriedigung der Konkursgläubiger durch den Konkursverwalter zu verwerten sei.[1]

Mit Einführung der neuen Insolvenzordnung ergaben sich zu den bisherigen Regelungen teilweise erhebliche Abweichungen. Die Konkursordnung regelte die Befugnis des Konkursgerichts, im eröffneten Verfahren Sicherungsmaßnahmen zu verhängen, nur unzureichend. Dies führte zur Entwicklung des Instituts des »Sequesters«,[2] eine der Möglichkeiten, die sich aus einer extensiven Anwendung des § 106 KO ergaben. Eine vorläufige Insolvenzverwaltung mit den entsprechenden Befugnissen für den vorläufigen Verwalter kannte die Konkursordnung nicht.

Demgegenüber sehen die Neuregelungen der InsO ausdrücklich in den §§ 21 ff InsO die Bestellung eines vorläufigen Insolvenzverwalters vor, dem das Insolvenzgericht Rechte und Pflichten bereits im Eröffnungsverfahren auferlegen kann mit dem Ziel, nachteilige Veränderungen der Vermögenslage des Schuldners zu verhindern und eine effektive Verfahrensgestaltung zu ermöglichen. Das Gericht hat unter Beachtung des Grundsatzes der Verhältnismäßigkeit ohne Ermessensspielraum alle die Maßnahmen zu treffen, die unter Berücksichtigung der tatsächlichen Gegebenheiten erforderlich sind, um die zukünftige Insolvenzmasse zu schützen, damit gleichzeitig die Eröffnung des Insolvenzverfahrens zu ermöglichen und den Weg für die

---

1 Kuhn/Uhlenbruck, Kommentar zur Konkursordnung, 11. Aufl. 1994, § 1 Rdnr. 1.
2 Vgl. zur Tätigkeit des Sequesters: Hess, Kommentar zur Konkursordnung, 6. Aufl. 1998, § 106 Rdnr. 9.

von der Insolvenzordnung angestrebte Sanierung des Geschäftsbetriebes des Schuldners offen zu halten.³

IV. »Starker«/»schwacher« Verwalter

Im Zuge der Reformierung der insolvenzrechtlichen Vorschriften wurde als eine wesentliche Möglichkeit das Ziel, die Erhaltung und Sicherung der Masse im Hinblick auf Sanierungsmöglichkeiten zu erreichen, das Insolvenzgericht ermächtigt, die Verfügungsbefugnis über das Vermögen des Schuldners bereits im Insolvenzeröffnungsverfahren auf einen vorläufigen Insolvenzverwalter zu übertragen (§ 22 Abs. 1 InsO). Die Praxis ist dem bisher nicht gefolgt. Die Bestellung eines vorläufigen, so genannten »starken« Verwalters ist die Ausnahme. Im Regelfall begnügt sich das Insolvenzgericht damit, einen so genannten »schwachen« Verwalter zu bestellen und häufig anzuordnen, dass Verfügungen des Schuldners nur mit Zustimmung des vorläufigen Insolvenzverwalters wirksam sind (§ 21 Abs. 2 Nr. 2 2. Alt. InsO). Damit wird die Begründung von Masseverbindlichkeiten im Eröffnungsverfahren gem. § 25 Abs. 2 InsO und die Gefahr der persönlichen Haftung des Insolvenzverwalters gem. § 61 InsO weitgehend vermieden. Dies entspricht dem praktischen Interesse der Insolvenzverwalter.

Die Vermeidung von Masseverbindlichkeiten bereits im Stadium der vorläufigen Insolvenzverwaltung liegt auch der mit der Änderung der Insolvenzordnung zum 1. Dezember 2001 neu eingefügten Bestimmung des § 55 Abs. 3 InsO zugrunde. Gem. § 55 Abs. 3 InsO kann die Bundesanstalt für Arbeit auf sie nach § 187 SGB III übergegangene Ansprüche auf Arbeitsentgelt, die vom vorläufigen Insolvenzverwalter begründet worden sind, auch bei Übergang der Verfügungsbefugnis über das Vermögen des Schuldners auf den vorläufigen Insolvenzverwalter nur als Insolvenzgläubigerin geltend machen. Damit ist die dies vorwegnehmende Rechtsprechung des BAG überholt.

Dem Insolvenzverwalter soll ein möglichst großer Spielraum zur Weiterführung des Geschäftsbetriebes ohne vorherige Belastungen mit untragbaren Massekosten eingeräumt werden, um der Zielsetzung der Insolvenzordnung, ein Maximum an Unternehmenssubstanz zu retten, näher zu kommen.⁴ Tatsächlich reichen im Regelfall die Befugnisse des »schwachen« Insolvenzverwalters, also des Insolvenzverwalters mit Zustimmungsvorbehalt, aus. In der überwiegenden Mehrzahl der Insolvenzeröffnungsverfahren verzichtet der Insolvenzschuldner von sich aus auf die Ausübung seiner Rechte und überlässt, häufig sogar ausdrücklich, dem vorläufigen Insolvenzverwalter die entsprechenden Entscheidungen, die dieser dann namens

---
3 Smid, Kommentar zur Insolvenzordnung, 2. Aufl. 2001, § 21 Rdnr. 2.
4 BGHZ 118, 374, 380 ff.

und für Rechnung der Insolvenzschuldnerin trifft. Er übernimmt damit eine Leitungsfunktion ohne gerichtliche Legitimation.[5]

Parallel dazu ist festzustellen, dass in der Praxis auch die übrigen Beteiligten, beispielsweise Arbeitnehmer oder Gläubiger, den vorläufigen Insolvenzverwalter ungeachtet seiner nur eingeschränkten Befugnisse als ihren ausschließlichen und faktisch bevollmächtigten Ansprechpartner betrachten. Der Unterschied zwischen einem »starken« und einem »schwachen« vorläufigen Insolvenzverwalter wird somit in der täglichen Praxis verwischt. Die rechtlichen Unterschiede und damit verbundenen Wirkungen bleiben hiervon jedoch unberührt.

Einer der Gründe für die Praxis mag sein, dass aus der Sicht Dritter von der Bezeichnung als »vorläufiger Insolvenzverwalter« weniger das Wort »vorläufig« als vielmehr der Begriff des »Insolvenzverwalters« beachtet wird, zumal im Regelfall Personenidentität zwischen dem vorläufigen Insolvenzverwalter und dem später bestellten Insolvenzverwalter besteht.

Dies hindert den Insolvenzverwalter jedoch nicht, sogar eigene rechtliche Erklärungen und Handlungen, die er als vorläufiger »schwacher« Insolvenzverwalter vorgenommen hat, nach Insolvenzeröffnung anfechten zu können, sofern kein besonderer Vertrauenstatbestand geschaffen wurde.[6]

Die freiwillige Unterordnung der Beteiligten unter einen vorläufigen »schwachen« Insolvenzverwalter geht also regelmäßig so weit, als sei dieser bereits durch das Gericht mit den entsprechenden Befugnissen eines »starken« Verwalters ausgestattet. Nur in sehr wenigen Ausnahmefällen, beispielsweise bei einem renitenten, nicht kooperativen oder nicht auffindbaren Insolvenzschuldner, mag im Einzelfall die vollständige Übertragung der Verwaltungs- und Verfügungsbefugnis auf den vorläufigen Verwalter erforderlich sein. Ansonsten jedoch ignoriert die gerichtliche Praxis die gesetzlichen Möglichkeiten und orientiert sich am hergebrachten Leitbild.

V. Eigenverwaltung

6   Das Nichtausschöpfen der neuen gesetzlichen Möglichkeiten gilt auch für die in den §§ 270 ff. InsO vorgesehene Möglichkeit, in Anlehnung an das bisherige Vergleichsverfahren dem Schuldner im Grundsatz die Verfügungs- und Verwaltungsbefugnis zu belassen und ihn lediglich unter die Aufsicht eines Verwalters zu stellen (sog. »Eigenverwaltung des Schuldners«).

---

5 Pape, ZinsO 2001, 830, 831.
6 Smid, a. a. O., § 129 Rdnr. 24.

Maier

Die im Regierungsentwurf zur Insolvenzordnung vertretene Auffassung,[7] durch die Möglichkeit der Eigenverwaltung könnten Kenntnisse und Erfahrungen der bisherigen Geschäftsleitung am besten genutzt werden, eine Einarbeitungszeit des Fremdverwalters werde vermieden und das Verfahren verursache insgesamt weniger Aufwand und Kosten, hat sich in der Praxis der Insolvenzgerichte nicht bestätigt. Von der Möglichkeit der Eigenverwaltung wird faktisch kein Gebrauch gemacht. Dem liegt sicherlich auch das allgemein herrschende unterschwellige Misstrauen gegen den Insolvenzschuldner zugrunde. Die Annahme des Rechtsausschusses, die Eigenverwaltung werde die Ausnahme und nicht die Regel sein, hat sich somit bestätigt.[8]

B. Voraussetzungen des Insolvenzeröffnungsverfahrens

I. Antrag

Die Eröffnung eines Insolvenzverfahrens erfolgt nur auf Antrag (§ 13 Abs. 1 Satz 1 InsO). Das Tätigwerden des Insolvenzgerichts setzt einen zulässigen Antrag voraus, den sowohl Gläubiger als auch Schuldner stellen können (§ 13 Abs. 1 Satz 1 InsO).

7

1. Dispositionsmaxime

Die Einleitung eines Insolvenzverfahrens unterliegt der Dispositionsmaxime der Antragsteller. Der Insolvenzantrag kann gem. § 13 Abs. 2 InsO nach der Eröffnung des Verfahrens nicht wieder zurückgenommen werden.[9] Auch eine Erledigungserklärung in der Hauptsache ist wirkungslos.[10]

8

Die Einleitung eines Insolvenzeröffnungsverfahrens von Amts wegen ist gem. Begründung des Regierungsentwurfs zur Insolvenzordnung der bestehenden Wirtschafts- und Privatrechtsordnung fremd.[11]

2. Bedingungsfeindlichkeit

Der Eröffnungsantrag ist bedingungsfeindlich.[12] Eine Einflussnahme des Antragstellers auf das Insolvenzantragsverfahren wird damit wirksam ver-

9

---

7 Siehe Balz/Landfermann, Die neuen Insolvenzgesetze, 2. Aufl. 1999, Vor § 270.
8 Balz/Landfermann, a. a. O., § 270.
9 FK-InsO/Schmerbach, 3. Aufl. 2002, § 13 Rdnr. 16.
10 LG Dresden Rpfleger 99, 505.
11 Balz/Landfermann, a. a. O., § 13.
12 Smid, a. a. O., § 13 Rdnr. 16.

Maier

hindert. Der formale Verfahrensgang nach Eingang eines Insolvenzantrages unterliegt jedoch nicht mehr der Disposition des Antragstellers oder der sonstigen Beteiligten, sondern erfolgt von Amts wegen. Der Untersuchungsgrundsatz ergibt sich aus § 5 Abs. 1 Satz 1 InsO. Ein Antrag auf Ruhen des Verfahrens ist ausgeschlossen. Ein derartiger Antrag eines Gläubigers drängt eher die Erkenntnis auf, dass der Insolvenzantrag lediglich als Druckmittel gesehen wird und damit eigentlich nicht gewollt ist. Dies kann zur Unzulässigkeit des Insolvenzantrags eines Gläubigers führen, da dann das erforderliche Rechtsschutzbedürfnis nach § 14 InsO fehlt.[13]

Sind die Voraussetzungen für die Entscheidung über einen Insolvenzantrag gegeben, hat das Gericht unverzüglich zu entscheiden. Eine verzögerte Bearbeitung und Entscheidung kann zu Amtshaftungsansprüchen führen.[14]

II. Zuständigkeit

1. Funktionale Zuständigkeit

10 Funktional zuständig als Insolvenzgericht ist das Amtsgericht, in dessen Bezirk der Schuldner seine gewerbliche Niederlassung oder seinen allgemeinen Gerichtsstand hat (§ 22 GVG, § 3 InsO).

§ 2 Abs. 1 InsO sieht vor, dass im Bezirk eines Landgerichtes nur ein Amtsgericht sachlich zuständig sein soll. In § 2 Abs. 2 InsO wurden die Landesregierungen ermächtigt, abweichende Regelungen bezüglich der Zuständigkeit der Insolvenzgerichte zu treffen. Von dieser Öffnungsklausel haben die meisten Bundesländer Gebrauch gemacht. Die örtliche Konzentration der Insolvenzverfahren auf bestimmte Amtsgerichte als Insolvenzgerichte soll dazu dienen, dass Richter und Rechtspfleger über umfassende Erfahrungen und Sachkunde verfügen und damit den besonderen Anforderungen des Insolvenzverfahrens gewachsen sind.

Hinzu kommt das Erfordernis einer Ausstattung dieser Gerichte mit speziellen technischen Hilfsmitteln, insbesondere EDV-Programmen, die sachgerecht nur an Insolvenzgerichten eingesetzt werden können, bei denen dies durch die Anzahl der Verfahren gerechtfertigt ist. Allerdings soll die erforderliche Sach- und Bürgernähe gewahrt werden.

Mit dieser Begründung wurde mit Einführung der Insolvenzordnung die Zahl der bestehenden Konkursgerichte von ehemals 345 auf heute 193 Insolvenzgerichte reduziert.[15] Auch aus der Sicht der Verwalter ist eine solche Konzentration zweckmäßig. Die Konzentration führt zu einer größeren

---

13 Smid, a. a. O., § 14 Rdnr. 12, 45.
14 AG Hamburg ZIP 2001, 1885.
15 Vgl. Dokumentation bei Holzer, ZIP 1998, 2183.

Standardisierung in der Abwicklung der Verfahren und damit für den Verwalter einem vereinfachten kanzleiinternen Verwaltungsaufwand.

Der Umfang der Befassung der einzelnen Insolvenzgerichte mit Insolvenzverfahren differiert jedoch nach wie vor außerordentlich. So gab es im Jahre 2000 nur 6 Insolvenzgerichte mit weniger als 10 eröffneten Verfahren; 12 Insolvenzgerichte kamen dagegen auf mehr als 200 Eröffnungen (z. B. AG Hamburg mit 435 Verfahren). Wünschenswert ist eine Konzentration unter Wahrung der Bedürfnisse der Betroffenen. Dieses Ziel wird nur unterschiedlich erreicht.

2. Örtliche Zuständigkeit

Örtlich zuständig ist ausschließlich das Insolvenzgericht, in dessen Bezirk der Schuldner seinen allgemeinen Gerichtsstand im Zeitpunkt der Antragstellung hat.[16] In der Praxis ist häufig festzustellen, dass kurz vor Antragstellung der Geschäftssitz der Schuldnerin, insbesondere bei GmbH-Insolvenzen, verlegt wird.

11

Vorsicht ist geboten, wenn beispielsweise über Zeitungsanzeigen angeboten wird, für die Abwicklung überschuldeter GmbHs zu sorgen. Gegen Zahlung eines oft nicht unerheblichen Geldbetrages wird angeblich zum Erreichen dieses Zieles zum einen der Sitz der Gesellschaft verlegt, zum anderen ein neuer Geschäftsführer bestellt, der jedoch tatsächlich nicht erreichbar ist. Mit dem Hinweis, es seien doch noch verschiedene Maßnahmen am bisherigen Sitz der Gesellschaft erforderlich, wird dann dem bisherigen Geschäftsführer der Gesellschaft eine umfassende Vollmacht erteilt, der, sofern er davon Gebrauch macht, wohl zutreffend als faktischer Geschäftsführer anzusehen ist. Nach ständiger Rechtssprechung haftet der faktische Geschäftsführer jedoch genauso in zivilrechtlicher und strafrechtlicher Hinsicht.

Maßgeblich für die Zuständigkeit des Insolvenzgerichts bleibt nach gefestigter Rspr. und h. M. in solchen Fällen der satzungsgemäß im Handelsregister eingetragene Sitz des Schuldners.[17] Dies gilt auch bei Verlegung des Verwaltungssitzes.[18] Wenn nach Antragstellung eine Sitzverlegung beschlossen und beantragt worden ist, bleibt die Zuständigkeit des ursprünglichen Insolvenzgerichts bestehen.[19]

---

16 BayObLG KTS 99, 527.
17 Smid, a. a. O., § 3 Rdnr. 8 m. w. N.
18 BayObLG ZinsO 2001, 669.
19 OLG Naumburg ZIP 2001, 753 f.

3. Sachliche Zuständigkeit

a) Vor Eröffnung des Insolvenzverfahrens

12 Das Insolvenzeröffnungsverfahren steht bis zur Eröffnung in der alleinigen Zuständigkeit des Richters (§ 18 Abs. 1 Nr. 1 RpflG). Ob der Insolvenzrichter die Rechtspfleger der Insolvenzabteilung im Eröffnungsverfahren beteiligt, bzw. diese die Ermittlungen führen lässt, ist abhängig von den Gepflogenheiten des Richters bzw. des Gerichts sehr unterschiedlich. Sachlich zuständig für die Entscheidung über die Eröffnung des Insolvenzverfahrens ist stets der Insolvenzrichter.

b) Nach Eröffnung des Insolvenzverfahrens

13 Mit Eröffnung des Insolvenzverfahrens durch den Insolvenzrichter regelt § 3 Nr. 2 e RPflG die weitere Zuständigkeit. Danach geht diese für den weiteren Verlauf des Insolvenzverfahren auf den Rechtspfleger über. Die Eröffnung bildet somit eine Zäsur im Verfahren.[20] Der Insolvenzrichter hat jedoch gem. § 18 Abs. 2 RPflG jederzeit die Möglichkeit, das Verfahren wieder an sich zu ziehen. Von diesem Verfahren wird in der Praxis allerdings sehr selten, allenfalls bei anstehender Absetzung oder Verhinderung des Rechtspflegers Gebrauch gemacht.

4. Prüfung der Zulässigkeit

14 Als Erstes ist bei einem Gläubigerantrag gem. § 14 Abs. 1 InsO die Zulässigkeit des Antrags sorgfältig zu prüfen, es gilt, Anträge zurückzuweisen, die insolvenzfremde Zwecke verfolgen, und den Schuldner vor nachteiligen Folgen eines eventuell unbegründeten Insolvenzantrages zu schützen. Aus diesem Grund sind Auskünfte des Gerichts, ob ein Gläubigerantrag vorliegt, zu unterlassen.[21]

Dieses Schutzbedürfnis greift nicht, wenn es sich um einen Eigenantrag gem. § 15 InsO handelt. In diesem Fall entfällt auch die Prüfung der Zulässigkeit. Wenn dieser von allen Mitgliedern des Vertretungsorgans, allen persönlich haftenden Gesellschaftern oder allen Abwicklern gestellt ist, muss der Eröffnungsgrund wie bei einem Fremdantrag glaubhaft gemacht werden (§ 15 Abs. 2 Satz1 InsO).

---

20 OLG Zweibrücken ZInsO 2000, 398, 399.
21 Vgl. OLG Brandenburg ZInsO 2001, 850.

C. Eröffungsverfahren

I. Maßnahmen der vorläufigen Sicherung (Vorverfahren)

Bereits im Insolvenzeröffnungsverfahren muss die Masse zur Sicherung ihres Bestandes gegen den Zugriff des Schuldners und einzelner Gläubiger wirksam geschützt werden. § 21 InsO eröffnet hier dem Insolvenzgericht die Möglichkeit, alle erforderlichen Maßnahmen zur Massesicherung anzuordnen. So kann der vorläufige Insolvenzverwalter bereits vom Insolvenzgericht ermächtigt werden, Forderungen des Insolvenzschuldners einzuziehen. Dies selbst dann, wenn der Schuldner im Wege der Zession die Forderungen zur Sicherung abgetreten hat.[22]

15

II. Vorläufige Untersagung/ Einstellung von Zwangsvollstreckungsmaßnahmen

Zur Sicherung gegen den Zugriff von einzelnen Gläubigern sieht § 21 Abs. 2 Nr. 3 InsO vor, dass das Insolvenzgericht Maßnahmen der Zwangsvollstreckung gegen den Schuldner untersagen oder einstweilen einstellen kann. Die Wirkung der Untersagung der Zwangsvollstreckung oder der einstweiligen Einstellung richtet sich nach § 775 Nr. 1, 2 ZPO.[23] Ausgenommen hiervon ist jedoch die Zwangsvollstreckung in das unbewegliche Vermögen des Schuldners.

16

Die Regelung ist im Zusammenhang mit § 89 InsO zu sehen. Danach sind Zwangsvollstreckungsmaßnahmen nach Eröffnung des Verfahrens grundsätzlich weder in die Insolvenzmasse noch in das Vermögen des Schuldners zulässig.

Die einstweilige Einstellung von Zwangsvollstreckungsmaßnahmen im Rahmen des Insolvenzeröffnungsverfahrens dient der Sicherung der Masse und der Vermeidung von die Masse unnötig belastenden Anfechtungsprozessen und ergänzt die Rückschlagsperre gem. § 88 InsO. Auch ermöglicht die einstweilige Einstellung von Zwangsvollstreckungsmaßnahmen im Falle der vorläufigen Insolvenzverwaltung dem vorläufigen Verwalter, ohne drohende Masseminderung durch solche Eingriffe in das Schuldner-

---

22 AG Duisburg ZIP 1999, 1366 ff.
23 MK-InsO/Haarmeyer, 2001 ff., § 21 Rdnr. 75.

Maier

vermögen dessen Vermögensverhältnisse zu ermitteln und die Fortführungschancen auf gesicherter finanzieller Basis zu prüfen.

Die Untersagung oder einstweilige Einstellung von Zwangsvollstreckungsmaßnahmen bedarf der ausdrücklichen Anordnung durch das Insolvenzgericht. Eine Ableitung aus anderen Beschlüssen des Insolvenzgerichts ist nicht zulässig.

Bei Kenntnis drohender Zwangsvollstreckungsmaßnahmen oder bestehender titulierter Forderungen gegen den Schuldner empfiehlt es sich für den Gutachter bei Gericht die Anordnung der vorläufigen Insolvenzverwaltung einschließlich der einstweiligen Einstellung von Zwangsvollstreckungsmaßnahmen mit anzuregen.

Das vorläufige Vollstreckungsverbot gem. § 21 Abs. 2 Nr. 3 InsO kann auch auf bestimmte Vollstreckungsmaßnahmen beschränkt werden. Dies ist jedoch in der Regel nicht sinnvoll und sollte vom Gutachter oder vorläufigen Verwalter im Hinblick auf die Sicherung der gesamten Masse nicht angeregt werden.

III. Vorläufiger Insolvenzverwalter

17 Das Insolvenzgericht kann gem. § 21 Abs. 2 Nr. 1 InsO als Maßnahme zur Sicherung der Masse einen vorläufigen Insolvenzverwalter bestellen. Für ihn gelten die gleichen Voraussetzungen wie für den Insolvenzverwalter im eröffneten Verfahren.

1. Voraussetzungen in der Person des Verwalters

18 Zum Verwalter kann nur eine natürliche Person bestellt werden. Juristische Personen können diese Funktion nicht ausüben. Dies ergibt sich zwingend aus § 56 Abs. 1 InsO. Insoweit gilt die Regelung des § 78 KO fort.

Der Insolvenzverwalter soll eine geschäftskundige und von den Gläubigern und Schuldnern unabhängige Person sein(§ 56 Abs. 1 InsO). Es gibt kein normiertes Berufsbild.

Im Einzelfall mag es schwierig sein, festzustellen, ob der durch das Gericht in Betracht gezogene Insolvenzverwalter diese Voraussetzungen in hinreichendem Maße erfüllt. Zurückhaltung ist insbesondere angebracht, wenn bereits im Eröffnungsantrag die Bestellung einer bestimmten, namentlich genannten Person vorgeschlagen wird. Dies kann die Besorgnis der fehlenden Unabhängigkeit begründen. In diesen Fällen ist das Insolvenzgericht gehalten, sorgfältig zu prüfen, ob und auf welche Umstände diese Benennung zurückzuführen ist. Sonstige Vorbefassungen in der Sache, beispielsweise durch vorherige Beratung der Insolvenzschuldnerin, führen zur Verhinderung, wobei zusätzlich für den benannten Verwalter das Risiko der strafbaren Interessenkollision gem. § 356 StGB bestehen kann. Dies ist auch dann der Fall, wenn im eröffneten Verfahren die Gläubigerversammlung den vorbefassten Verwalter neu gewählt hat. Das Insolvenzgericht ist an die Entscheidung der Gläubigerversammlung nicht gebunden.[24]

Umgekehrt ist ein vom Gericht angesprochener oder beauftragter Insolvenzverwalter von sich aus verpflichtet, für den Fall einer für ihn erkennbaren oder möglichen Verhinderung bzw. Beeinträchtigung seiner Unabhängigkeit das Insolvenzgericht auf diesen Umstand hinzuweisen (vgl. Verhaltenskodex der Mitglieder des Arbeitskreises der Insolvenzverwalter Deutschland e. V. vom 16. 11. 2001[25]).

2. Auswahl des Verwalters

Die Auswahl des Verwalters liegt im Ermessen des Insolvenzrichters. Die Entscheidung des Insolvenzrichters, einen bestimmten Insolvenzverwalter zu bestellen, kann für den Erfolg oder Misserfolg des gesamten Insolvenzverfahrens von grundlegender Bedeutung sein. Dies insbesondere bereits im Eröffnungsverfahren, wenn es auf Grund der Eilbedürftigkeit auf besondere Sachkenntnisse des Insolvenzverwalters ankommt. 19

Der Entscheidungsfreiheit des Insolvenzrichters steht nicht entgegen, dass im Berichtstermin die Gläubigerversammlung im Rahmen der Gläubigerautonomie die Möglichkeit hat, einen anderen Insolvenzverwalter zu wählen, da regelmäßig bis zum Berichtstermin bereits notwendigerweise umfassende und weit reichende Entscheidungen zu treffen sind, die angesichts des relativ langen Zeitraums von dem Eröffnungsbeschluss bis zur Gläubigerversammlung häufig nicht mehr reversibel sind.

Die Praxis der Insolvenzgerichte bei der Auswahl des Insolvenzverwalters ist außerordentlich unterschiedlich. Teilweise erfolgt die Auswahl anhand von Listen der bei dem Insolvenzgericht tätigen Verwalter. Die Auswahl sollte sich jedoch in jedem Fall an sachgerechten Kriterien orientieren.

3. Bestellung des Verwalters

Das Insolvenzgericht bestellt im Beschluss über die Anordnung der vorläufigen Insolvenzverwaltung den vorläufigen Insolvenzverwalter. Im Eröffnungsbeschluss ist die Nennung des Insolvenzverwalters zwingend vorgeschrieben (§ 27 Abs. 2 Nr. 2 InsO). Dieser ist namentlich zu bezeichnen. 20

---

24 OLG Celle ZIP 2001, 1597 ff.
25 Abgedruckt als Anlage.

Neben dem Namen des Insolvenzverwalters ist auch dessen genaue Anschrift anzugeben. Bei einem Rechtsanwalt als Insolvenzverwalter ist dies regelmäßig der Sitz seiner Kanzlei gem. § 27 BRAO. Die Angabe einer hiervon abweichenden Anschrift verstößt gegen § 28 Abs. 2 BRAO (Zweigstellenverbot).

4. Verwalter im eröffneten Verfahren

a) Sonderinsolvenzverwalter

21 Des Weiteren besteht die in § 92 Abs. 1 InsO verklausuliert enthaltene, aber dennoch unstreitige Möglichkeit, dass das Insolvenzgericht im Einzelfall einen Sonderinsolvenzverwalter für Einzelfragen und besondere Sachverhalte bestellen kann.[26] Dies sollte jedoch nur in besonderen, nicht vorhersehbaren Fällen der Interessenkollision stattfinden.[27] Eine solche Interessenkollision liegt z. B. dann vor, wenn ein Verwalter in einem Verfahren feststellt, dass er eine Forderungen gegen einen anderen Schuldner in einem ebenfalls von ihm bearbeiteten Verfahren anmelden muss.

Für die Forderungsprüfung dieser Forderung kann dann ein Sonderinsolvenzverwalter bestellt werden.

b) Bestätigung durch die Gläubigerversammlung

22 In der Regel wird der vorläufige Insolvenzverwalter im Falle der Eröffnung des Insolvenzverfahrens durch die Gläubigerversammlung in seinem Amt bestätigt. Es sind nur relativ wenige Fälle bekannt, in denen die Gläubigerversammlung, häufig auf Betreiben und im Interesse einzelner Großgläubiger, einen anderen Insolvenzverwalter wählte. In diesen Fällen wird das Gericht regelmäßig besonders die Frage der Qualifikation des neu gewählten Verwalters zu prüfen haben. Das Gericht kann die Ausführung des Beschlusses der Gläubigerversammlung verweigern.[28] In Betracht kommt insbesondere, dass der neu gewählte Verwalter nicht über die erforderliche Unabhängigkeit und die erforderliche Neutralität bezüglich aller Beteiligten verfügt. Das Insolvenzgericht hat dann die Bestellung des neu gewählten Verwalters zu versagen.[29]

Mit der Ergänzung des § 57 InsO durch den neu eingefügten Satz 2 wurde die Einflussnahme durch Großgläubiger auf das Insolvenzverfahren dahingehend eingeschränkt, dass bei der Neuwahl eines Verwalters neben der Mehrheit gem. § 76 Abs. 2 InsO auch die Kopfmehrheit der abstimmenden Gläubiger für den neuen Verwalter gestimmt haben müssen.

---

26 HK-InsO, 2. Aufl. 2001, § 92 Anm. 9.
27 OLG Celle ZIP 2000, 1597, 1600.
28 OLG Celle, a. a. O.
29 OLG Celle, a. a. O.

Auf diese Weise soll der Durchsetzung der Interessen einzelner Großgläubiger häufig gegen die Interessen der kleinern Gläubiger bei einem für die Großgläubiger unliebsamen Verwalter Einhalt geboten werden. Der Erfolg dieser Regelung wird jedoch von der Mobilisierung der einzelnen Gläubiger zur Teilnahme an den Gläubigerversammlungen abhängen.

IV. Postsperre

1. Postsperre im Eröffnungsverfahren

Im Rahmen der vorläufigen Sicherungsmaßnahmen kann das Insolvenzgericht während des Eröffnungsverfahrens in Analogie zu den §§ 99, 101 Abs. 1 Satz 1 InsO eine vorläufige Postsperre gem. § 21 Abs. 2 Nr. 4 InsO anordnen. Sinnvoll ist dies jedoch nur, wenn gleichzeitig die vorläufige Insolvenzverwaltung angeordnet ist. Eine Einsicht der Post durch das Gericht ist weder im Gesetz vorgesehen noch ist sie praktikabel. In entsprechender Anwendung des § 99 InsO ist somit die Post dem vorläufigen Insolvenzverwalter zuzuleiten.[30]

23

Gerade in der Phase der vorläufigen Insolvenzverwaltung kann bei informations- und kooperationsunwilligen Schuldnern die Durchsicht der gesamten Post für den Verwalter eine wesentliche Informationsquelle zur Bestimmung von Vermögenswerten und Geschäftsvorfällen sein.[31] Insbesondere dient sie dazu, bereits vollzogene Rechtshandlungen des Schuldners, welche zur Gläubigerbenachteiligung führen, aufzuklären oder zukünftige Rechtshandlungen zu verhindern bzw. offen zu legen.

Bei der Postsperre handelt es sich um einen erheblichen Eingriff in die Grundrechte gem. Art. 10 GG des Schuldners. An die Anordnung der vorläufigen Postsperre sind somit die gleichen Voraussetzungen zu knüpfen wie an die Postsperre nach Eröffnung des Verfahrens gem. § 99 InsO.[32]

Die Voraussetzungen für die Anordnung einer vorläufigen Postsperre und einer Postsperre im eröffneten Verfahren sind in § 99 Abs. 1 InsO geregelt. Dieser setzt in § 99 Abs. 1 Satz 1 InsO den Verdacht auf nachteilige Rechtshandlungen des Schuldners voraus, die dieser möglicherweise bereits begangen hat und die durch Sichtung der Post durch den Verwalter aufgeklärt werden könnten, oder die der Schuldner möglicherweise noch begehen könnte und der Verwalter durch Kenntnis der Post verhindern kann. Angesichts der Unwägbarkeiten, die ein Insolvenzverfahren mit sich bringt, erscheinen die Anforderungen der Rspr. überzogen.[33]

---

30 MK-InsO/Haarmeyer, § 21 Rdnr. 88.
31 Vgl. Gundlach/Frenzel/Schmidt, ZInsO 2001, 979 ff.
32 LG Göttingen EWiR 99, 1065.
33 Vgl. z. B. OLG Celle OLGR 2000, 350.

Die vorläufige Anordnung der Postsperre wird durch die Eröffnung des Insolvenzverfahrens automatisch aufgehoben. Sollte eine weitere Postsperre nach §§ 99, 101 Abs. 1 Satz 1 InsO für notwendig erachtet werden, muss diese – ggf. mit dem Eröffnungsbeschluss – erneut durch das Insolvenzgericht mit Begründung angeordnet werden.[34]

Wie nach Eröffnung des Insolvenzverfahrens, kann auch im Rahmen der vorläufigen Verwaltung der Verwalter bei Vorliegen entsprechender Anhaltspunkte bei dem Insolvenzgericht anregen, eine Postsperre anzuordnen.

Aufgrund des weit reichenden Eingriffs in die Persönlichkeitsrechte des Schuldners ist dieser grundsätzlich vor Anordnung der Postsperre wie auch der vorläufigen Postsperre zu hören.[35] Von einer Anhörung kann abgesehen werden, wenn die Gefahr besteht, dass durch die vorherige Anhörung der Zweck der Postsperre, nämlich die Aufdeckung oder Vereitelung von für die Gläubiger nachteiligen Rechtshandlungen, behindert oder gar vereitelt wird.[36] In diesem Fall ist jedoch die Anhörung unverzüglich nachzuholen (§ 99 Abs. 1 Satz 3 InsO).

Die Gründe für die unterbliebene Anhörung sind in dem Beschluss über die Anordnung der Postsperre nach Eröffnung auszuführen. Es soll damit einer routinemäßigen Verhängung der Postsperre und den damit verbundenen Beeinträchtigungen der Grundrechte des Schuldners entgegengewirkt werden.[37] Gem. § 99 Abs. 3 InsO steht dem Schuldner gegen den Beschluss der Anordnung der vorläufigen sowie der Postsperre nach Eröffnung des Insolvenzverfahrens das Rechtsmittel der sofortigen Beschwerde zu.

2. Postsperre im eröffneten Verfahren

24   Im eröffneten Verfahren muss die Postsperre neu angeordnet werden. Es gelten die gleichen Voraussetzungen wie im Insolvenzeröffnungsverfahren. Insoweit sei auf die Ausführungen oben verwiesen. Dies ist insbesondere bei juristischen Personen, die mit Eröffnung aufgelöst sind und faktisch nicht mehr ansprechbar sind, in der Praxis unbefriedigend, zumal ein Postnachsendeantrag nur zeitlich begrenzt wirksam ist. Die Anordnung der Postsperre kann sich auf alle oder bestimmte Postsendungen beziehen und erfasst auch private Dienste.[38]

---

34 OLG Celle ZInsO 2000, 557, 558.
35 Vgl. MK-InsO/Passauer, § 99 Rdnr. 27.
36 Vgl. OLG Celle OLGR 2001, 84.
37 MK-InsO/Passauer, § 99 Rdnr. 30.
38 MK-InsO/Passauer, § 99 Rdnr. 21 u. 22.

V. Auskunfts- und Mitwirkungspflichten des Schuldners

Im Rahmen des Insolvenzverfahrens treffen den Schuldner weit reichende Auskunfts- und Mitwirkungspflichten. Grundsätzlich hat der Schuldner den Verwalter bei der Durchführung des Insolvenzverfahrens zu unterstützen (§ 97 Abs. 2 InsO).

25

Die Verpflichtungen für organschaftliche Vertreter und Angestellte des Schuldners regelt § 101 InsO. In § 98 InsO werden dem Insolvenzgericht und dem Verwalter weit reichende Möglichkeiten zur Verfügung gestellt, diese Verpflichtungen des Schuldners durchzusetzen. Diese Pflichten treffen den Schuldner bereits im Insolvenzeröffnungsverfahren.[39] § 20 InsO verweist insoweit auf die §§ 97, 98, 101 Abs. 1 Satz 1, 2, Abs. 2 InsO.

Die Auskunftspflicht bezieht sich nicht nur auf das Insolvenzgericht und den Verwalter. Auch dem Gläubigerausschuss und, auf Aufforderung des Gerichts, der Gläubigerversammlung muss der Schuldner Rede und Antwort stehen (§ 97 Abs. 1 Satz 1 InsO).

Diese weit gefasste Verpflichtung des Schuldners, den Verwalter zu unterstützen, rechtfertigt sich aus dem Informationsvorsprung des Schuldners und dessen Verpflichtung, die Forderungen seiner Gläubiger zu befriedigen.[40]

Der Schuldner ist dazu verpflichtet, dem Verwalter alle notwendigen und angeforderten Angaben über seinen Geschäftsbetrieb zu erteilen. Dies gilt selbst dann, wenn die Tatsachen den Tatbestand einer Straftat oder einer Ordnungswidrigkeit begründen und der Schuldner sich damit selbst belastet (§ 97 Abs 1 Satz 2 InsO). Strafrechtlich beseht insoweit jedoch ein Verwertungsverbot.

Die Auskunftspflicht des Schuldners ist eine höchstpersönliche. Der Insolvenzverwalter darf sich aus diesem Grunde trotz einer anwaltlichen Vertretung des Schuldners mit diesem direkt in Verbindung setzen und die Auskunft von ihm persönlich verlangen.[41]

1. Zur-Verfügung-Stellen

Zu beachten ist dabei auch die Pflicht des Schuldners, jederzeit zur Verfügung zu stehen, um seinen Mitwirkungspflichten nachzukommen (§ 97 Abs. 3 InsO). Eine Residenzpflicht, wie sie die Konkursordnung in § 101 Abs. 1 KO vorsah, wurde aufgehoben. Trotzdem hat dies nicht zur Folge, dass sich der Schuldner nach Belieben seinen Verpflichtungen entziehen kann. Bei Bestimmung von Terminen seitens des Gerichts hat er seiner Be-

26

---

39 KG KGR 2001,100.
40 Smid, a. a. O., § 97 Rdnr. 2.
41 Smid, a. a. O., § 97 Rdnr. 4.

reitschaftspflicht, nämlich seiner Verpflichtung auf Anordnung des Gerichts jederzeit zur Verfügung zu stehen, nachzukommen. Persönliche Hinderungsgründe können nicht vorgebracht werden.[42] Das Gericht ist jedoch auch hier zur Wahrung des Verhältnismäßigkeitsgrundsatzes verpflichtet.[43]

2. Mitwirkung/Arbeitsleistung

27 Über die reine Auskunftspflicht bezüglich sämtlicher den Geschäftsbetrieb betreffenden Informationen hinaus ist der Schuldner auch zur Mitwirkung im laufenden Insolvenzverfahren verpflichtet. Hierzu gehören neben den üblichen Handlungen wie Zugänglichmachen von Räumlichkeiten, Mithilfe bei der Inventarisierung usw. zum Beispiel auch die Erteilung von Vollmachten zur Verwertung von vorhandenem Auslandsvermögen.[44]

Arbeitsleistungen für den Geschäftsbetrieb muss der Schuldner nicht erbringen.[45] Jedoch hat er im Rahmen seiner bereits genannten Pflichten seine Zeit zur Verfügung zu stellen. Eine Vergütung hierfür erhält der Schuldner nicht.[46]

3. Durchsetzung

28 Die Möglichkeiten der Durchsetzung dieser Mitwirkungspflichten des Schuldners regelt § 98 InsO. Der Verwalter kann bei Verletzung der Pflichten des Schuldners bei dem Insolvenzgericht anregen, Maßnahmen nach § 98 InsO zu ergreifen.[47] Er ist jedoch gehalten, dem Gericht die Gründe für die Zwangsmaßnahmen gegen den Schuldner mitzuteilen. Dem Gericht stehen Zwangsmaßnahmen zur Durchsetzung der Auskunfts- und Mitwirkungspflichten des Schuldners zur Verfügung.

a) Versicherung an Eides statt (§ 98 Abs. 1 InsO)

29 Als mildestes Mittel kann der Schuldner nach § 98 Abs. 1 InsO verpflichtet werden, an Eides statt zu Protokoll zu versichern, seine Angaben nach bestem Wissen und Gewissen richtig und vollständig erteilt zu haben. Im Falle einer unrichtigen Abgabe der Versicherung an Eides statt setzt sich der Schuldner einer entsprechenden strafrechtlichen Verfolgung aus.

Um bereits bei Erstellung des Gutachtens für das Gericht im Rahmen des Eröffnungsverfahrens dem Schuldner die Tragweite seiner Verpflichtung zur Auskunft vor Augen zu halten, kann bei begründetem Verdacht von die-

---

42 HK-InsO/Eickmann, § 97 Rdnr. 15.
43 LG Göttingen ZIP 2000, 2174 f.
44 LG Köln ZIP 1997, 2161 f.
45 FK-InsO/App, § 97 Rdnr. 16.
46 MK-InsO/Passauer, § 97 Rdnr. 33.
47 Smid, a. a. O., § 98 Rdnr. 1.

Maier

sem über die von ihm gemachten Angaben zum Gutachten eine Vollständigkeitserklärung in Form einer eidesstattlichen Versicherung verlangt werden.

b) Vorführung/Haft

Unter gewissen Voraussetzungen kann der Schuldner zwangsweise dem Gericht vorgeführt und nach der Anhörung in Haft genommen werden (§ 98 Abs. 2 InsO). Dies ist der Fall, wenn der Schuldner eine Auskunft oder die Abgabe der eidesstattlichen Versicherung oder dem Verwalter gegenüber die Mitwirkung bei der Erfüllung seiner Aufgaben verweigert (§ 98 Abs. 2 Nr. 1 InsO).

Die Voraussetzungen der ersten Alternative sind erfüllt, wenn der Schuldner zum Termin der Abgabe der eidesstattlichen Versicherung nicht erscheint und das Fehlen nicht genügend entschuldigt oder er die Abgabe im Termin verweigert.

Die zweite Alternative liegen vor, wenn der Schuldner trotz detaillierter Darlegung des Mitwirkungsverlangens durch den Verwalter seinen Verpflichtungen nicht oder ungenügend nachkommt. Dem Gericht obliegt nach Anregung der Vorführung oder Inhaftnahme die Prüfung, ob die vom Verwalter begehrten Mitwirkungsmaßnahmen vom Schuldner im Rahmen des § 97 InsO erbracht werden mussten.[48] Es empfiehlt sich daher in solchen Fällen, frühzeitig mit dem Insolvenzgericht die erforderlichen Maßnahmen abzustimmen.

§ 98 Abs. 2 Nr. 3 InsO sieht weiterhin die zwangsweise Vorführung und mögliche Inhaftnahme vor, wenn der Schuldner sich seinen Verpflichtungen auf Auskunft und Mitwirkung entziehen will, insbesondere, wenn er Anstalten zu einer Flucht trifft. Eine entsprechende Beweisführung wird jedoch schwierig werden, denn ein solches Vorhaben wird regelmäßig nicht vorher angekündigt. So wird auf den Einzelfall des jeweiligen Verfahrens abzustellen und bei Verdachtsmomenten verstärkt zu recherchieren sein. Wenn in diesem Zusammenhang dem Verwalter zur Kenntnis gelangt, dass bereits vor Antragstellung Vermögenswerte gezielt ins Ausland verbracht worden sind, der Schuldner dort bereits über einen Wohnsitz und größere Vermögenswerte verfügt, liegen unter Umständen, insbesondere bei betrügerischen Insolvenzen, hinreichende Indizien vor, die auf eine bestehende Fluchtgefahr hindeuten.

Wenn die Gefahr besteht, dass der Schuldner Unterlagen unwiederbringlich vernichtet oder Vermögen beiseite schafft, ist nach § 98 Abs. 2 Nr. 3 InsO ebenfalls die Möglichkeit gegeben, Vorführung und Haft zu verhängen. Betroffen hiervon sind alle Handlungen des Schuldners, die der Erfüllung seiner Auskunfts- und Mitwirkungspflichten entgegenlaufen, insbesondere solche, die die Sicherung der Masse oder wesentlicher Teile davon erschweren oder gar unmöglich machen.

---

48 MK-InsO/Passauer, § 98 Rdnr. 18.

Die Maßnahmen der zwangsweisen Vorführung und der Inhaftnahme sind jedoch nur zulässig, wenn dies zur Vermeidung der Handlungen des Schuldners erforderlich ist.[49] Sind andere Maßnahmen zur Verhinderung eines Schadens an der Masse ausreichend, ist eine Zwangsmaßnahme gegen den Schuldner nicht verhältnismäßig.

Gegen die Anordnung der Haft sowie die Abweisung eines Antrages zur Aufhebung des Haftbefehls steht dem Schuldner das Rechtsmittel der sofortigen Beschwerde zu (§ 98 Abs. 3 InsO), gegen die zwangsweise Vorführung kann der Schuldner kein Rechtsmittel einlegen.[50]

Das Insolvenzgericht ist gehalten, die Voraussetzungen der Haft regelmäßig neu zu prüfen und bei Wegfall der Voraussetzungen unverzüglich den Haftbefehl aufzuheben. Der Verwalter sollte daher auch hier einen engen Kontakt zu dem Insolvenzgericht pflegen und die laufenden Gründe für eine Aufrechterhaltung oder auch Aufhebung des Haftbefehls umgehend mitteilen.

Wichtig für den Gutachter oder vorläufigen Insolvenzverwalter ist es, dass gem. § 20 InsO die Verpflichtungen des Schuldners nach § 97 InsO bereits im Eröffnungsverfahren in vollem Umfang bestehen und die Mitwirkungs- und Auskunftspflichten des Schuldners ebenfalls im Wege des § 98 InsO durchgesetzt werden können.

VI. Zustellung im Insolvenzverfahren

31 Gem. § 8 Abs. 3 InsO kann dem Insolvenzverwalter die Zustellung von Schriftstücken im Rahmen des Insolvenzverfahrens übertragen werden. Diese Regelung ist neu. Vorbild war § 6 Abs. 3 GesO.

Dies ist in Anwendung des § 21 Abs. 2 Nr. 1 InsO bereits im Eröffnungsverfahren zulässig, nachdem ein vorläufiger Insolvenzverwalter durch das Insolvenzgericht bestellt wurde. Eine Möglichkeit, gegen diesen Beschluss des Insolvenzgerichts Rechtsmittel einzulegen, hat der Verwalter nicht.[51] Von dieser Möglichkeit der Entlastung der Insolvenzgerichte[52] wird regelmäßig Gebrauch gemacht.

Für Zustellungen vor Bestellung des vorläufigen Insolvenzverwalters ist das Insolvenzgericht selbst zuständig. Die Möglichkeiten der Zustellungen des Verwalters und des vorläufigen Verwalters richten sich nach den Vorschriften der ZPO. Durch die Übertragung der Zustellung auf den Insolvenzverwalter oder den vorläufigen Insolvenzverwalter stehen diesem sämtliche Zustellungsmöglichkeiten der Zivilprozessordnung of-

---

49 MK-InsO/Passauer, § 98 Rdnr. 21.
50 MK-InsO/Passauer, § 98 Rdnr. 34.
51 HK-InsO/Kirchhoff, § 8 Rdnr. 9.
52 Smid, a. a. O., § 8 Rdnr. 9.

fen.[53] Insbesondere ist die Zustellung unter Aufgabe zur Post gem. § 213 ZPO von großer Bedeutung. Der vorläufige wie auch der endgültige Verwalter wird aus Praktikabilitätsgründen regelmäßig bei der Zustellung der Beschlüsse des Insolvenzgerichts an Gläubiger und Schuldner diesen Weg wählen, um die Vielzahl von Anschreiben effizient und kostengünstig bewerkstelligen zu können. Der Verwalter wird nach Übertragung der Zustellungspflicht im Auftrag des Gerichts tätig. Keinesfalls handelt es sich um eine Zustellung zwischen Parteien.[54]

Ob der Verwalter gleich dem Urkundsbeamten der Geschäftsstelle bei Zustellung durch Aufgabe zur Post gem. § 213 ZPO einen entsprechenden Zustellungsvermerk in den Akten aufzunehmen hat, ist umstritten. Richtigerweise ist jedoch davon auszugehen, dass der Verwalter hierzu verpflichtet ist.[55] Gegen die gerichtliche Anordnung hat der (belastete) Verwalter jedoch kein Rechtsmittel.[56] Der Verwalter reicht zu diesem Zweck eine von ihm unterzeichnete Liste aller angeschriebenen Personen mit der Bestätigung der von ihm zur Post gegebene Dokumente zu den Akten des Insolvenzgerichts ein.

Eine Übertragung der Zustellung sollte sich regelmäßig in einem Zuschlag zur Regelvergütung auswirken,[57] da die Zustellung nicht zu den originären Aufgaben des Verwalters gehört und die Übertragung lediglich eine Entlastung des Gerichts und eine Belastung des Verwalters mit entsprechendem Kostenrisiko insbesondere bei vorläufiger Verwaltung und ungesicherter Eröffnung des Verfahrens darstellt. Insoweit ist die vergütungsrechtliche Praxis – zu Unrecht – jedoch weitgehend noch zurückhaltend.

Muster eines Schreibens an die Gläubiger und Schuldner im vorläufigen Insolvenzverfahren
Stuttgart, den …
Rundschreiben an die Gläubiger und Schuldner in dem Insolvenzeneröffnungsverfahren Schuldner, Adresse, Insolvenzgericht, Ort, Az.
Sehr geehrte Damen und Herren,
Mit Beschluss des Amtsgerichts … vom …, den ich in Kopie beifüge, wurde ich im Insolvenzeröffnungsverfahren über das Vermögen in der Firma …, Adresse … zum vorläufigen Insolvenzverwalter bestellt.
Diesen Beschluss stelle ich Ihnen in der Anlage gem. § 8 Insolvenzordnung hiermit zu.
Die Schuldner der Gesellschaft bitte ich mit diesem Schreiben, in die noch offenen Restverbindlichkeiten bis
Datum

---
53 HK-InsO/Kirchhof, § 8 Rdnr. 9; Smid, a. a. O., § 8 Rdnr. 10; MK-InsO/Ganter, § 8 Anm. 32.
54 MK-InsO/Ganter, § 8 Rdnr. 31.
55 MK-InsO/Ganter, § 8 Rdnr. 33 m. w. N.; a. A. FK-InsO/Schmerbach, § 8 Rdnr. 24.
56 MK-InsO/Ganter, § 8 Rdnr. 37.
57 FK-InsO/Schmerbach, § 8 Rdnr. 21.

an mich als vorläufigen Insolvenzverwalter auf mein

   Anderkonto

zu überweisen.

Wenn und so weit zwar noch Beträge zuzahlen wären, denen jedoch Einwendungen entgegenstehen, bitte ich höflich, mir dies ebenfalls innerhalb oben genannter Frist mitzuteilen.

Die Gläubiger weise ich darauf hin, dass im derzeitigen Verfahrensstadium weder eine Aussage über die Aussichten der Gläubiger möglich ist und nicht feststeht, ob und wann eine Insolvenzeröffnung erfolgt.

Mit freundlichen Grüßen
Rechtsanwalt

Anlagen

Muster eines Schreibens an die Gläubiger im Insolvenzverfahren

Stuttgart, den ...

Rundschreiben an die Gläubiger
Insolvenzverfahren Schuldner, Adresse
Insolvenzgericht, Ort, Az. ...
Ihr Zeichen: ...

Sehr geehrte Damen und Herren,
sehr geehrte Damen und Herren Kollegen,

Mit dem Beschluss des Insolvenzgerichts Ort vom ... wurde über das Vermögen der Firma ... das Insolvenzverfahren eröffnet. Ich wurde als Insolvenzverwalter bestellt.

In der Anlage erhalten Sie zum Zwecke der Zustellung

– Insolvenzeröffnungsbeschluss vom ...
– Merkblatt des Amtsgerichts ...
– vorbereitetes Formular »Forderungsanmeldung« zweifach.

Die in diesem Verfahren zu beachtenden Fristen und Termine bitte ich, den Anlagen zu entnehmen.

Es ist beabsichtigt, Sie von Zeit zu Zeit, sofern berichtenswerte Ereignisse eintreten, über den Fortgang des Verfahrens zu unterrichten. Zwischenzeitlich bitte ich, von Sachstandsanfragen abzusehen.

Das Amtsgericht -Insolvenzgericht- pflegt Gläubiger mit angemeldeten Insolvenzforderungen und über das Ergebnis der Aufforderungsprüfung nur dann zu unterrichten, wenn die angemeldete Forderung nicht oder nicht vollständig anerkannt wurde. Andernfalls werden Sie nicht unterrichtet.

Bitte berücksichtigen Sie ferner, dass nach der Insolvenzordnung Forderungsanmeldung an die Insolvenzverwalter zu richten sind, wogegen für Auszüge aus der Insolvenztabelle zu gegebener Zeit ausschließlich das Amtsgericht als Insolvenzgericht zuständig ist.

Mit freundlichen Grüßen
Rechtsanwalt

Anlagen

> **Muster eines Schreibens an die Schuldner im Insolvenzverfahren**
>
> Stuttgart, den ...
>
> Rundschreiben an die Schuldner
> Insolvenzverfahren Schuldner, Adresse
> Insolvenzgericht, Ort, Az.
>
> Sehr geehrte Damen und Herren,
>
> Mit dem Beschluss des Insolvenzgerichts Ort ... vom ... wurde über das Vermögen der Firma ... das Insolvenzverfahren eröffnet. Ich wurde als Insolvenzverwalter bestellt. Dieser Beschluss beinhaltet auch meine Ermächtigung, Forderungen des Schuldners einzuziehen.
>
> Sie sind nach meiner Information Schuldner der Firma .... Ich fordere Sie daher auf, Zahlungen ausschließlich an mich auf folgendes Konto vorzunehmenden:
>
> >   Rechtsanwalt ...
> >   Kontonummer: ...
> >   Bank: ...
> >   Bankleitzahl: ...
>
> Bitte beachten Sie, dass Zahlungen an den Schuldner selbst nicht mehr wirksam werden, d. h. nicht zur Erfüllung ihrer Verbindlichkeit führen. Die gesamte Forderung laut Summen- und Saldenliste per ... beläuft sich auf Euro .... Ich darf Sie bitten, die noch offen Forderungen bis
>
> >   Frist ...
>
> auf das oben genannte Anderkonto zu zahlen oder mir freundlicherweise innerhalb dieser Frist eventuelle Einwendungen etc. mitzuteilen.
>
> Ich weise ausdrücklich darauf hin, dass dieses Schreiben zugleich die vom Gesetz geforderte amtliche Zustellung des Beschlusses des Amtsgerichts ... vom ... gem. § 23 Abs. 1 Satz 2 und 3 Insolvenzordnung darstellt. Das Gericht hat mich gem. § 8 Abs. 3 Insolvenzordnung mit der Durchführung dieser Zustellung beauftragt. Die Zustellung gilt mit dem 3. Werktag nach dem Tag der Aufgabe zur Post (Datum) als bewirkt.
>
> Mit freundlichen Grüßen
> Rechtsanwalt
>
> Anlagen

VII. Bekanntmachungen im Eröffnungsverfahren (§ 23 InsO)

1. Normzweck

Das Insolvenzgericht hat alle Maßnahmen zu treffen, die ihm erforderlich erscheinen, um nachteilige Veränderungen in der Vermögenslage des Schuldners bis zur Entscheidung über die Eröffnung zu verhindern (§ 21 Abs. 1 Satz 1 InsO). Um dieses Ziel zu erreichen kann das Gericht gem. § 21 Abs. 2 Nr. 1 bis 4 sowie gegebenenfalls nach § 21 Abs. 3 InsO Beschlüsse fassen.

32

Die öffentliche Bekanntmachung dieser Sicherungsmaßnahmen hat nur deklaratorische Wirkung. Die Wirksamkeit der angeordneten Sicherheitsmaßnahmen tritt bereits mit deren Erlass ein.[58] Der Beschluss des Gerichts wird dann wirksam, wenn er vom zuständigen Richter unterzeichnet in dem allgemeinen Geschäftsgang des Gerichts an die Geschäftsstelle gelangt.

Hieraus folgt, dass weder die öffentliche Bekanntmachung noch die Zustellung an die Beteiligten eine Wirksamkeitsvoraussetzung der insolvenzrechtlichen Maßnahmen darstellt.

Ein vom zuständigen Richter nicht unterzeichneter Beschluss ist unwirksam. Der Beschluss ist mit Datum und Zeitpunkt zu versehen. Fehlen diese Angaben, so gilt entsprechend § 27 Abs. 3 InsO, die Mittagsstunde als maßgeblicher Zeitpunkt. Die weitere Bekanntmachung obliegt der Geschäftsstelle durch Veröffentlichung in den nach § 9 InsO bestimmten Publikationsorganen.[59]

Während die Bekanntmachung sich an alle Dritten richtet, sieht § 23 Abs. 1 Satz 2 InsO zusätzlich die Zustellung an die dort unmittelbar benannten Beteiligten vor. I. d. R. wird der vorläufige Insolvenzverwalter gem. § 8 Abs. 3 InsO durch das Insolvenzgericht mit der Zustellung beauftragt.

Die dem vorläufigen Insolvenzverwalter insoweit entstehenden Kosten (Portoauslagen) sind ihm auf Nachweis bei Festsetzung seiner Vergütung als vorläufiger Insolvenzverwalter zusätzlich zu erstatten. Es ist empfehlenswert, dass der vorläufige Insolvenzverwalter seinerseits die Zustellung unverzüglich an die beteiligten Bank- und Kreditinstitute, den Insolvenzschuldner selbst, gegebenenfalls an die antragsstellenden Gläubiger, sowie die zuständige Gerichtsvollzieherverteilungsstelle vornimmt.

2. Register- und Grundbucheintragungen

33 Die Eintragung der Verfügungsbeschränkungen im Handels-, Genossenschafts-, Partnerschafts- oder Vereinsregister obliegt der Geschäftsstelle des Insolvenzgerichts. Die Eintragung der Verfügungsbeschränkungen im Grundbuch, im Schiffsregister, im Schiffsbauregister und im Register über Pfandrechte an Luftfahrzeugen können sowohl vom Insolvenzgericht als auch durch den vorläufigen Insolvenzverwalter veranlasst werden.

3. Umfang der Bekanntmachung

34 Gem. § 23 Abs. 1 Satz 1 InsO ist die Anordnung von Verfügungsbeschränkungen und die Bestellung eines vorläufigen Insolvenzverwalters öffentlich bekannt zu geben. Streitig könnte es sein, ob dies auch dann zu erfolgen hat,

---

58 BGH ZIP 1995, 40; MK-InsO/Haarmeyer, § 21 Anm. 37; Smid, a. a. O., § 23 Rdnr. 2.
59 FK-InsO/Schmerbach, § 23 Rdnr. 13.

wenn nur Verfügungsbeschränkungen erfolgen oder nur ein vorläufiger Insolvenzverwalter bestellt wird. Nach dem Wortlaut des § 21 Abs. 2 InsO sind die dort aufgeführten Maßnahmen voneinander unabhängig und müssen nicht gemeinsam bzw. gleichzeitig erfolgen. Da die in § 23 Abs. 2 InsO aufgeführten möglichen Maßnahmen des Insolvenzgerichts voneinander unabhängig sind, gilt die Pflicht zur Veröffentlichung dieser Maßnahmen ebenfalls für jede getrennt. Die Auffassung, nach dem Wortlaut des Gesetzes sei eine Bekanntmachung nur vorgeschrieben, wenn sowohl eine Verfügungsbeschränkung ergehe als auch ein vorläufiger Insolvenzverwalter bestellt werde, ist daher unzutreffend.[60]

Der Sinn der Einzelzustellung durch den Insolvenzverwalter besteht darin, den Zeitpunkt der Zustellung im Verhältnis zur öffentlichen Zustellung vorzuverlegen. Da der vorläufige Insolvenzverwalter insoweit auf Weisung des Insolvenzgerichts handelt, handelt es sich um eine Amtszustellung. Diese erfolgt in der Regel gem. § 8 Abs. 1 InsO durch Aufgabe zur Post ohne Hinzuziehung eines Gerichtsvollziehers. Die Aufgabe zur Post muss durch einen entsprechenden Aktenvermerk beurkundet werden. Der Zustellungszeitpunkt ist der Zeitpunkt der Aufgabe zur Post.

D. Inhalt und Bekanntmachung des Eröffnungsbeschlusses

Der notwendige Inhalt des Eröffnungsbeschlusses ergibt sich im Wesentlichen aus § 27 InsO. 35

I. Unterzeichnung des Eröffnungsbeschlusses

Die fehlende Unterzeichnung des Eröffnungsbeschlusses durch den Richter stellt einen unheilbaren Verfahrensmangel dar, der in jedem Stadium des Verfahrens zu beachten ist.[61] Bei nicht unterzeichneten Beschlüssen handelt es sich lediglich um Entwürfe, deren Zustellung und Veröffentlichung bei fehlender Unterschrift keine Rechtswirkung entfalten kann.[62] Mit der Unterzeichnung des Entwurfs wird die Wirkung des dann wirksamen Beschlusses erst für die Zukunft hergestellt. 36

---

60 A. A. wohl: Breutigam/Blersch/Goetsch, Insolvenzrecht, 2001, § 23 Rdnr. 7; MK-InsO/Haarmeyer, § 23 Rdnr. 11.
61 Grundlegend hierzu BGHZ 137, 49, 51 ff. = ZIP 1997, 2126.
62 BGHZ a. a. O.

II. Eröffnungszeitpunkt

37 Gem. § 27 Abs. 2 Nr. 3 InsO ist die Stunde der Eröffnung des Insolvenzverfahrens im Eröffnungsbeschluss anzugeben. Dieser Zeitpunkt ist von erheblicher rechtlicher Bedeutung. Er sollte so präzise wie möglich angegeben sein. Der Eröffnungsbeschluss soll daher nicht etwa auf die »Stunde« begrenzt sein, sondern die Uhrzeit in Minuten genau angeben. Der angegebene Eröffnungszeitpunkt ist der Zeitpunkt, zu dem nach dem Willen des erlassenden Richters die Entscheidung wirksam werden soll. Eine Rückwirkung ist unzulässig.

Gerade in Insolvenzverfahren ergibt sich das zusätzliche Bedürfnis, dass die Entscheidung erst zu einem bestimmten, geplanten Zeitpunkt, der allerdings in nahem zeitlichen Zusammenhang zur Unterzeichnung des Beschlusses steht, wirksam werden soll, um beispielsweise den Zeitraum der Insolvenzgeldgewährung zu optimieren. Es soll daher zulässig sein, in engen Grenzen den Beschluss der Wirksamkeit der Eröffnung auf einen späteren Zeitpunkt festzusetzen als dem der tatsächlichen Unterzeichnung.[63]

Um bei einem fortgeführtem Geschäftsbetrieb die Buchhaltung und das Abrechnungswesen zu vereinfachen, werden in solchen Fällen die Insolvenzverfahren häufig zum Ersten eines Monats eröffnet.[64] Dies ist dann problematisch, wenn dieses Datum auf einen Samstag, Sonntag oder Feiertag fällt und der Beschluss vordatiert wird. In diesen Fällen wird nach allgemein h. M. der Beschluss dann wirksam, wenn er aus dem inneren Bereich des Gerichts nach außen dringt und damit eine gewisse Publizität erreicht.

Zutreffend weist Uhlenbruck darauf hin, dass die insolvenzrechtlichen Wirkungen zwingend bereits mit der Unterzeichnung durch den Richter und die Übergabe in den allgemeinen Geschäftsgang der Geschäftsstelle eintreten. Dies ist dann unproblematisch, wenn der Richter beispielsweise den Beschluss am Freitag unterzeichnet, er jedoch dann erst am folgenden Montag in den Geschäftsgang gegeben wird. Allerdings ist darauf zu achten und zwingend, dass dann auch erst ein frühestens im Zeitpunkt des Eingangs bei der Geschäftsstelle maßgeblicher Zeitpunkt als Eröffnungszeitpunkt angegeben wird. Dies ist von Bedeutung, falls in der Zwischenzeit der Insolvenzantrag noch zurückgenommen wird, da er nach Eröffnung gem. § 13 Abs. 2 InsO nicht mehr zurückgenommen werden könnte. Solange der Eröffnungsbeschluss noch nicht wirksam geworden ist, greift wohl § 13 Abs. 2 InsO nicht. Problematischer sind die Fälle, in denen die Wirkungen beispielsweise wegen des Insolvenzgeldzeitraumes an einem Tag oder zu einer Stunde eintreten sollte, an denen keine Tätigkeit des Insolvenzgerichts erfolgt (Sonntag, Mitternacht etc.).

---

63 MK-InsO/Schmahl, §§ 27–29 Anm. 38.
64 Zu der Problematik der Verzögerung der Eröffnung vgl. AG Hamburg ZIP 2001, 1885 f., noch nicht rechtskräftig.

Lässt man die Vordatierung des Beschlusses zu, treten nach der bisherigen Rspr. des BGH die materiell-rechtlichen Wirkungen der Insolvenzeröffnung, beispielsweise der Insolvenzbeschlag oder der Lauf der Insolvenzanfechtungsfristen bereits mit der Unterzeichung durch den Richter, unabhängig vom angegebenen vordatierten Eröffnungszeitpunkt, ein. Solange hierzu keine höchstrichterliche aktuelle Entscheidung vorliegt, kann von dem Vordatieren eines derartigen Beschlusses aus Haftungsgründen nur abgeraten werden.[65]

Fehlt die Angabe des Eröffnungszeitpunktes im Beschluss, so wird dieser dadurch nicht unwirksam. Als Zeitpunkt der Eröffnung des Insolvenzverfahrens gilt dann die Mittagsstunde des Tages, an dem der Beschluss erlassen wurde (§ 27 Abs. 3 InsO). Grundsätzlich entscheidend ist somit das Datum und die genaue Uhrzeit.

Im Falle des Fehlens einer genau bezeichneten Stunde der Eröffnung des Verfahrens wird wie bereits erläutert entsprechend dem Gesetzeswortlaut die Mittagsstunde des Tages als maßgeblicher Zeitpunkt für die Wirksamkeit des Eröffnungsbeschlusses angenommen, an welchem der Beschluss erlassen wurde.[66] Im Rückschluss geht der BGH offensichtlich davon aus, dass das im Beschluss angegebene Eröffnungsdatum und die angegebene Eröffnungsstunde auch den Zeitpunkt darstellt, zu dem der Beschluss tatsächlich erlassen worden ist. Erlassen ist der Beschluss jedoch durch die Unterschrift des Insolvenzrichters. Das Gesetz hat es demnach nicht in das Ermessen des Richters stellen wollen, einen beliebigen Eröffnungszeitpunkt in dem unterzeichneten Beschluss festlegen zu können. Von einer Vordatierung von Beschlüssen sollte daher auf Grund der damit verbundenen rechtlichen Unsicherheiten Abstand genommen werden. Unproblematisch ist jedoch, wenn der Beschluss zu dem in ihm benannten Eröffnungszeitpunkt auch am Wochenende oder an Feiertagen tatsächlich unterzeichnet und in die Geschäftsstelle gegeben wird.

Da mit der Abweisung eines Insolvenzantrages keine mit der Eröffnung des Verfahrens vergleichbaren Wirkungen eintreten, ist hier die Angabe der genauen Uhrzeit nicht erforderlich. Auch dieser Beschluss ist zu begründen. Er enthält zusätzlich zwingend eine Kostenentscheidung.

III. Terminsbestimmungen

Im Eröffnungsbeschluss hat das Insolvenzgericht auch die weiteren Termine des Insolvenzverfahrens wie Berichts- und Prüfungstermin zu bestimmen (§ 29 InsO).

38

---

65 So zutreffend Uhlenbruck, ZinsO 2001, 977, mit ausführlicher Begründung.
66 BGH ZIP 1996, 1909 ff.

Der Termin für die Gläubigerversammlung dient dazu, den Gläubigern seitens des Verwalters einen Bericht über den Stand des Verfahrens zu vermitteln und über den weiteren Verkauf zu entscheiden. In diesem so genannten Berichtstermin ist der Insolvenzverwalter verpflichtet, über den Stand des Verfahrens zu berichten, die weiteren Schritte und Aussichten darzustellen und Fragen des Gerichts und der Gläubiger zu beantworten. Regelmäßig wird ein solcher Bericht bereits vorab an das Insolvenzgericht gesandt oder im Termin zusätzlich schriftlich zur Gerichtsakte gegeben. Die Beteiligten können auf deren Wunsch eine Abschrift des Berichts des Insolvenzverwalters anfordern.

Weiterhin bestimmt das Gericht in Anlehnung an die Aufforderung und die gesetzten Fristen gem. § 28 InsO einen Prüfungstermin, in welchem die angemeldeten Forderungen der Gläubiger geprüft werden. Von der Möglichkeit, des § 29 Abs. 2 InsO, den Berichtstermin und den Prüfungstermin zusammen zu legen, wird regional sehr unterschiedlich Gebrauch gemacht. Der in § 28 Abs. 1 Satz 2 InsO gesetzte Fristenrahmen entspricht § 138 KO. Die Anmeldefrist soll höchstens drei Monate, jedoch mindestens zwei Wochen betragen. Fristbeginn ist der Tag der Bekanntmachung des Beschlusses. Die Frist ist jedoch keine Ausschlussfrist.[67]

Im allgemeinen Prüfungstermin können auch die Forderungen geprüft werden, die erst nach Ablauf der Anmeldefrist eingegangen sind, sofern nicht der Insolvenzverwalter oder ein Insolvenzgläubiger widerspricht. Die für den Fall des Widerspruchs oder erst nach dem allgemeinen Prüfungstermin eingegangenen Forderungsanmeldungen sind gem. § 177 Abs. 1 Satz 2 InsO in einem besonderen Termin zu prüfen, sofern nicht die Prüfung im schriftlichen Verfahren erfolgt.

Bei einigen Insolvenzgerichten wurde zur Vermeidung des umständlichen und kostenpflichtigen Verfahrens der Bestimmung besonderer Prüfungstermine die Übung herausgebildet, den allgemeinen Prüfungstermin ein- oder mehrfach zu vertagen. Die Vertagung selbst wird nicht veröffentlicht, sondern lediglich im Termin verkündet. Bedenken werden hiergegen mit dem Hinweis erhoben, durch dieses Vorgehen könne Gläubigern die Möglichkeit eines Widerspruchs genommen werden. Zusätzlich sei eine Vertagung eines Prüfungstermins in der InsO nicht vorgesehen. Gegen diese Auffassung sprechen jedoch praktische Bedürfnisse. Erfahrungsgemäß gehen viele Forderungsanmeldungen erst nach Ablauf der Anmeldefrist und auch erst nach dem allgemeinen Prüfungstermin ein. Die vom Gläubiger zu tragenden Kosten eines besonderen Prüfungstermins übersteigen den effektiven Aufwand bei weitem. Die Vertagung des Prüfungstermins dient daher auch der (kostenmäßigen) Entlastung des Insolvenzgerichts. Da diese Handhabung offensichtlich dem Gesetzgeber nicht bekannt war bzw. von ihm nicht beachtet wurde, darf der Wortlaut der InsO insoweit auch nicht als Grund für die Unzulässigkeit herangezogen werden.

---

67 MK-InsO/Schmahl, §§ 27 bis 29 Rdnr. 52.

Maier

Der Eröffnungsbeschluss enthält regelmäßig in Form einer Tagesordnung die, gegebenenfalls von der Gläubigerversammlung, zu treffenden Entscheidungen. Es wird darauf hingewiesen, dass der Termin gleichzeitig als Beschlusstermin der Gläubigerversammlung über die Personen des Insolvenzverwalters sowie die Bestellung eines Gläubigerausschusses dient. Um sich nicht der Gefahr auszusetzen, Beschlüsse zu fassen, die nicht Bestandteil der Tagesordnung waren und somit ggf. anfechtbar wären, empfiehlt es sich, die Veröffentlichung möglichst ausführlich zu gestalten und vorsorglich alle denkbaren Beschlussfassungen aufzuführen.

Nach § 28 Abs. 2 InsO sind die Gläubiger im Eröffnungsbeschluss ebenfalls aufzufordern, dem Insolvenzverwalter neben ihren Forderungen ebenfalls unverzüglich anzuzeigen, welche Sicherungsrechte sie an beweglichen Sachen oder an Rechten des Schuldners in Anspruch nehmen. Die Gläubiger sind verpflichtet, gem. § 28 Abs. 2 Satz 2 InsO den Gegenstand des Sicherungsrechts, die Art und den Entstehungsgrund des Sicherungsrechts und die gesicherte Forderung genau zu bezeichnen. Dies soll den Verwalter in die Lage versetzen, einen Überblick über die Belastung der Masse mit Absonderungsrechten zu gewinnen. Reine Aussonderungsansprüche werden vom Wortlaut nicht umfasst. Abweichend von der KO ist auch der Besitz von Massegegenständen nicht mehr anzeigepflichtig.

Der Eröffnungsbeschluss muss weiterhin die Aufforderung an die Schuldner des Insolvenzschuldners enthalten, nur noch an den Insolvenzverwalter zu leisten (§ 28 Abs. 3 InsO).

IV. Sonstiges

Der Eröffnungsbeschluss ist, da er weit reichende Wirkungen entfaltet, zumindest in knapper Form zu begründen. Er enthält keine Kostenentscheidung.

39

E. Wirkungen des Eröffnungsbeschlusses

Die Wirkungen der Eröffnung des Insolvenzverfahrens entsprechen im Wesentlichen den Wirkungen, die mit der Eröffnung des Konkursverfahrens verbunden waren (§ 6 KO). Neben der Haftungsverwirklichung aus der Konkursordnung hat die Insolvenzordnung jedoch darüber hinaus auch die mögliche Weiterführung des Unternehmens mittels eines Insolvenzplanes im Rahmen der Gläubigerautonomie einerseits zum Wohl der Gläubiger und andererseits auch zum Wohl des Schuldners zum erklärten

40

Ziel.[68] Insofern finden sich in Abgrenzung zur Konkursordnung neue Regelungen, um diesem Ziel Rechnung zu tragen.

I. Übergang der Verwaltungs- und Verfügungsbefugnis

41 Grundsätzlich bleibt es auch in der Insolvenzordnung bei der Regelung, dass im Interesse der Verfahrensabwicklung das Vermögen von weiteren Einwirkungen des Schuldners freizuhalten ist. Zu diesem Zweck wird mit Insolvenzeröffnung dem Schuldner die Verwaltungs- und Verfügungsbefugnis über sein Vermögen entzogen und diese Rechtsstellung dem Insolvenzverwalter übertragen, auf den das Eigentum jedoch nicht übergeht. Die Rechtsgrundlage hierfür bildet § 80 Abs. 1 InsO.

Ausnahmen hierzu bestehen bei der Eigenverwaltung gem. §§ 270 ff InsO und im Rahmen des vereinfachten Verbraucherinsolvenzverfahrens gem. §§ 311 ff InsO. Bei der Eigenverwaltung, die in der Praxis jedoch nur eine untergeordnete Rolle spielt, verwaltet der Schuldner unter Aufsicht eines vom Gericht zu bestimmenden Sachwalters die Insolvenzmasse selbst. Die Eigenverwaltung kann auch noch nachträglich auf Antrag der Gläubigerversammlung angeordnet werden. Im Verbraucherinsolvenzverfahren ist § 80 InsO nur entsprechend den dortigen Einschränkungen anzuwenden.

1. Eigentümerstellung des Schuldners

42 Trotz des Übergangs der Verwaltungs- und Verfügungsbefugnis auf den Insolvenzverwalter bleibt der Insolvenzschuldner weiterhin Eigentümer seines Vermögens und kann auch weiteres Eigentum erwerben. Der Verlust der Verwaltungs- und Verfügungsbefugnis ist unter verfassungsrechtlichen Gesichtspunkten das erforderliche, jedoch auch gleichzeitig das verhältnismäßige Mittel, um den mit der Insolvenzordnung verfolgten Zweck zu erreichen.

So bleibt der Insolvenzschuldner beispielsweise Grundstückseigentümer. Es wird lediglich in Abt. II des Grundbuchs ein entsprechender Insolvenzvermerk eingetragen (§ 32 InsO). Bei einem zugunsten der Masse in Abt. II oder III des Grundbuches eingetragenen Recht erfolgt die Eintragung des Insolvenzvermerks jeweils in der entsprechenden Abteilung. Diesbezüglich antragsberechtigt sind sowohl das Insolvenzgericht als auch der Insolvenzverwalter. Beide sind ebenfalls berechtigt, für den Fall der Freigabe oder Veräußerung des Grundstücks oder des im Grundbuch eingetragenen Rechts die Löschung des Insolvenzvermerks zu beantragen (§ 32 Abs. 3 InsO).

---

68 Balz/Landfermann, a. a. O., BegrRegE, S. 11.

Die Freigabe durch den Insolvenzverwalter muss in grundbuchmäßiger Form erklärt werden.

Ist der Insolvenzschuldner Mitglied einer Gesamthandsgemeinschaft, in deren Eigentum ein Grundstück steht, ist auch hier ein Insolvenzvermerk einzutragen.[69] Die Eintragung eines Insolvenzvermerks ist gem. § 29 Abs. 3 Markengesetz im Markenregister ebenfalls möglich. Die Eintragung des Verlustes der Verwaltungs- und Verfügungsbefugnis im Schiffsregister sowie dem Register für Luftfahrzeuge ist in § 33 InsO geregelt.

2. Wirkungen des Übergangs der Verwaltungs- und Verfügungsbefugnis im Einzelnen

a) Unwirksamkeit relativer Veräußerungsverbote

Der Übergang der Verwaltungs- und Verfügungsbefugnis auf den Insolvenzverwalter erfordert zu seiner vollständigen und umfassenden Wirksamkeit, dass gem. § 80 Abs. 2 InsO relative Veräußerungsverbote mit Insolvenzeröffnung ihre Wirkung verlieren.[70]

43

b) Pfändungspfandrechte

Im Zeitpunkt der Insolvenzeröffnung erwirkte Pfändungspfandrechte bleiben grundsätzlich weiterhin wirksam, soweit nicht die Rückschlagsperre nach § 88 InsO greift. Die Insolvenzanfechtung nach §§ 129 ff. InsO begründet nur einen schuldrechtlichen Rückverschaffungsanspruch.

44

c) Vollstreckungstitel des Schuldners

Bei Vollstreckungstiteln, die der Insolvenzschuldner erwirkt hat, erfolgt lediglich die Umschreibung der Vollstreckungsklausel auf den Insolvenzverwalter gem. § 727 Abs. 1 ZPO. Die ergänzte vollstreckbare Ausfertigung ist jedoch vor erneuter Zwangsvollstreckung dem Schuldner zuzustellen.

45

d) Verfügungs- und Verpflichtungshandlungen des Schuldners

In Abweichung zu § 7 KO spricht § 81 InsO nicht mehr allgemein von Rechtshandlungen des Schuldners, welche nach Eröffnung des Verfahrens unwirksam sind. Vielmehr regelt die Vorschrift des § 81 InsO seinem Wortlaut nach nunmehr lediglich die Unwirksamkeit von Verfügungen des Schuldners.[71] Dies bedeutet, dass der Schuldner nach Eröffnung des Insolvenzverfahrens grundsätzlich Verpflichtungen eingehen kann.

46

---

69 LG Dessau ZIP 2001, 626.
70 Smid, a. a. O., § 80 Rdnr. 77.
71 Balz/Landfermann, a. a. O., § 81, BegrRegE.

Maier

Einer Durchsetzung dieser Ansprüche im Insolvenzverfahren steht jedoch § 38 InsO entgegen, da diese Gläubiger keine Insolvenzgläubiger sind. Auch handelt es sich nicht um Masseverbindlichkeiten nach § 55 InsO, da sie nicht gem. § 55 Abs. 1 Nr. 1 InsO durch Handlungen des Insolvenzverwalters oder in dort genannter anderer Weise begründet wurden.

Der Insolvenzschuldner kann demzufolge Verpflichtungen mit Wirkung gegen die Insolvenzmasse nicht mehr wirksam begründen. Die Wirksamkeit von ihm vorgenommener Verpflichtungsgeschäfte ist auf ihn selbst und sein insolvenzfreies Vermögen beschränkt[72] oder die Verpflichtungsgeschäfte werden erst mit Aufhebung des Insolvenzverfahrens wirksam und durchsetzbar.

3. Verfügungshandlungen

a) Unwirksamkeit der Verfügung

47   Gem. § 81 InsO verliert der Insolvenzschuldner mit Eröffnung des Insolvenzverfahrens die Befugnis, über sein Vermögen zu verfügen. Obwohl er Rechtsträger bleibt, sind seine Verfügungen über die Insolvenzmasse absolut unwirksam.[73]

Nach der Konkursordnung waren Verfügungen des Insolvenzschuldners nur relativ unwirksam, nämlich den Konkursgläubigern gegenüber. Die Insolvenzordnung ordnet abweichend hiervon die absolute Unwirksamkeit von Verfügungsgeschäften des Insolvenzschuldners an. Diese tritt ein mit Insolvenzeröffnung. Auf die Kenntnis hiervon kommt es nicht an. Bezüglich massemindernder Verfügungsgeschäfte des Schuldners im Zeitraum vor Eröffnung des Insolvenzverfahrens wird die Insolvenzmasse durch die Möglichkeit der Insolvenzanfechtung nach den §§ 129 ff InsO geschützt.

b) Genehmigung durch den Verwalter

48   Dem Verwalter steht jedoch in analoger Anwendung des § 185 Abs. 2 BGB die Möglichkeit offen, die Verfügung des Schuldners mit ex tunc-Wirkung zu genehmigen.[74] Bedeutung hat diese Möglichkeit zum Beispiel bei Verfügungen in Unkenntnis der Eröffnung des Verfahrens, wenn der Schuldner Waren veräußert hat und der Verwalter die vereinbarten Kaufpreise zur Masse ziehen möchte.

---

72 MK-InsO/Ott, § 81 Rdnr. 5.
73 Smid, a. a. O., § 81 Rdnr. 5.
74 FK-InsO/App, § 81 Rdnr. 16.

c) Verfügungszeitpunkt

Erfolgt die Verfügung am Tage der Insolvenzeröffnung, so wird widerlegbar angenommen, dass sie nach Insolvenzeröffnung erfolgte (§ 81 Abs. 3 InsO). Der andere Teil muss nachweisen, dass die Verfügung bereits vor Eröffnung stattfand.[75]

49

Bei mehraktigen Verfügungstatbeständen tritt die Unwirksamkeit ein, wenn auch nur ein Tatbestandsmerkmal erst nach Eröffnung erfüllt wird. Dies ist weiterhin dann der Fall, wenn eine empfangsbedürftige Willenserklärung des Schuldners zwar bereits vor Insolvenzeröffnung abgegeben wird, aber erst danach zugeht.[76]

Lediglich der gutgläubige Erwerb von Immobilien ist nach § 81 Abs. 1 Satz 2 InsO noch möglich, sofern der Insolvenzvermerk nicht im Grundbuch eingetragen ist. Einen darüber hinausgehenden Gutglaubensschutz kennt das Insolvenzrecht im Hinblick auf Verfügungen des Schuldners jedoch nicht.

Hat der Schuldner bereits vor Insolvenzeröffnung wirksam verfügt, greift § 81 InsO nicht mehr ein. In diesen Fällen ist der Rechtserwerb des § 91 Abs. 1 InsO ausgeschlossen, analog der Möglichkeit des gutgläubigen Erwerbs bei Immobilien nach § 91 Abs. 2 InsO. Bei der Übertragung von Rechten an einem Grundstück greift § 81 Abs. 1 Satz 1 InsO dann nicht ein, wenn die dingliche Einigung bereits vor Verfahrenseröffnung erfolgte und durch Stellung des Eintragungantrages bindend geworden war.

4. Leistungen an den Schuldner (§ 82 InsO)

Eine Ausnahme für Verfügungen nach Eröffnung des Insolvenzverfahrens ergibt sich weiterhin aus § 82 InsO. Nach dieser Vorschrift kann ausnahmsweise noch mit befreiender Wirkung an den Insolvenzschuldner geleistet werden, solange die Eröffnung des Insolvenzverfahrens nicht bekannt ist. Dabei ist zu beachten, dass es sich bei der Annahme einer geschuldeten Leistung grundsätzlich wiederum um eine Verfügung handeln würde, welche nach den Regelungen des § 81 InsO zu beurteilen wäre.[77]

50

Nach der Intention dieser Vorschrift wäre es unangemessen, die Unwirksamkeit der Leistung an den Schuldner unmittelbar mit der Wirksamkeit des Eröffnungsbeschlusses zu verbinden, da Dritte von einem gerade erst erlassenen Beschluss regelmäßig keine Kenntnis haben können. Maßgeblich ist daher der Zeitpunkt, bis zu dem der Leistende den Leistungserfolg noch verhindern kann.

---

75 FK-InsO/App, § 81 Rdnr. 42.
76 FK-InsO/App, § 81 Rdnr. 18.
77 Smid, a. a. O., § 82 Rdnr. 1.

Anders ist die Rechtslage nach der amtlichen Veröffentlichung des Eröffnungsbeschlusses. Während bis zu diesem Zeitpunkt gem. § 82 Satz 2 InsO vermutet wird, dass der Leistende keine Kenntnis von der Insolvenzeröffnung hatte, wird ab Veröffentlichung seine Kenntnis unterstellt. Es liegt dann an ihm, seine Unkenntnis zu beweisen.[78] Der Verwalter kann bei Leistung vor Veröffentlichung den Gegenbeweis führen, dass der Leistende doch Kenntnis von der Eröffnung des Insolvenzverfahrens hatte. Ansonsten ist er auf die einschlägigen Anfechtungsregeln verwiesen.

In den Fällen, in denen eine Verfügung gegenüber der Insolvenzmasse unwirksam ist, ist die Masse verpflichtet, eine empfangene Gegenleistung zurückzugewähren, soweit diese Gegenleistung überhaupt zur Masse gelangt und sie durch diese bereichert ist (§ 81 Abs. 1 Satz 3 InsO). Ist die Gegenleistung nicht zur Masse gelangt, verbleiben dem Leistenden lediglich bereicherungsrechtliche Ansprüche.

5. Prozessfähigkeit/Prozessführungsbefugnis

51 In Analogie zu seiner Eigentümerstellung behält der Insolvenzschuldner mit Eröffnung des Insolvenzverfahrens die Prozessfähigkeit, in Bezug auf das insolvenzbefangene Vermögen verliert er jedoch die Prozessführungsbefugnis (vgl. § 240 ZPO).

II. Auswirkungen auf die personenrechtliche Stellung des Schuldners

52
- Die Rechts- und Geschäftsfähigkeit des Schuldners wird durch die Eröffnung des Insolvenzverfahrens nicht berührt.
- Außerhalb des Insolvenzverfahrens ist der Insolvenzschuldner weiterhin in der Lage, Neuerwerb vorzunehmen bzw. eigene Verbindlichkeiten zu begründen.
- Der Insolvenzschuldner bleibt auch weiterhin Eigentümer oder beispielsweise Arbeitgeber, Vermieter oder Pächter. Lediglich seiner Verwaltungs- und Verfügungsbefugnis über sein Vermögen wird er enthoben. Bei Erwerb von Eigentum durch den Insolvenzverwalter zur Bereicherung der Masse fällt auch dieser Eigentumserwerb dem Vermögen des Schuldners zu.

---

78 MK-InsO/Ott, § 82 Rdnr. 16.

III. Weitere Auswirkungen der Eröffnung des Verfahrens auf den Schuldner

1. Staatsbürgerliche Rechte und Pflichten

Der Schuldner behält sein aktives und passives Wahlrecht (vgl. § 12 ff BWahlG). Der Eintritt des Vermögensverfalls hat jedoch Auswirkungen auf einzelne Ämter.[79] Bei Eintritt des Vermögensverfalls ist der Schuldner von Ämtern als ehrenamtlicher Richter weitestgehend ausgeschlossen (vgl. z. B. §§ 27, 21 Abs. 2 Satz 2 ArbGG)

53

Während nach den bisherigen Regelungen der Konkursordnung die Eröffnung eines Konkursverfahrens zur Folge hatte, dass der Gemeinschuldner das Amt des Schöffen, Laienrichtern oder Beisitzern nicht mehr ausüben konnte, ist nunmehr gem. § 33 Nr. 5 i. V. m. § 109 Abs. 3 GVG nicht mehr die Eröffnung des Verfahrens ausschlaggebend, sondern die Feststellung, dass Vermögensverfall eingetreten ist.

2. Berufsrechtliche Auswirkungen

a) Allgemein

Mit der Eröffnung des Insolvenzverfahrens wird grundsätzlich Vermögensverfall vermutet (vgl. beispielhaft §§ 7 Nr. 9, 14 Abs. 2 Nr. 7 BRAO). Entsprechende Vorschriften finden sich in den Berufsordnungen der Patentanwälte, Notare, Steuerberater, Wirtschaftsprüfer und vereidigter Buchprüfer. Da insoweit unterstellt werden kann, dass bei diesen sensiblen Berufsgruppen im Fall des Vermögensverfalls die Interessen Dritter in erhöhtem Maße gefährdet sind, wobei allein die abstrakte Betrachtungsweise genügt,[80] ist die Zulassung entweder zu versagen oder zu widerrufen.[81] Dies gilt jedoch wohl dann nicht, wenn z. B. im Fall eines Scheinsozius dieser nicht Mitberechtigter oder Mitverfügungsberechtigter über Kanzleibankkonten ist.

54

b) Gewerberecht

Die Vorschriften der Gewerbeordnung gaben der Gewerbeüberwachungsbehörde die Befugnis, unter bestimmten Umständen dem Gewerbetreibenden die Ausübung des Gewerbes zu untersagen bzw. die erforderliche Erlaubnis zurückzunehmen oder zu widerrufen. Diese Regelung war nach der Konkursordnung sachgerecht, ist jedoch mit den Zielen der Insolvenzordnung nicht vereinbar. Der Insolvenzverwalter soll in der Lage sein, die

55

---

79 Vgl. Aufzählung MK-InsO/Ott, § 80 Rdnr. 13.
80 BFH DStR 1992, 127, 128.
81 Vgl. hierzu zusammenfassend Schmittmann, NJW 2002, 182 ff.

wirtschaftlichen Verhältnisse des insolventen Unternehmers zu prüfen, eine Entscheidung über die Fortführung oder Stilllegung des Unternehmens trifft die Gläubigerversammlung. Diese Entscheidung wäre vorweggenommen bzw. würde unterlaufen, wenn die Gewerbeüberwachungsbehörde bereits im Vorwege unabhängig von der Entscheidung der Gläubigerversammlung eine Gewerbeuntersagung aussprechen könnte. Dies würde ggf. auch die Möglichkeit eines Insolvenzplanes zum Zwecke der Sanierung des Unternehmens ausschließen.

§ 12 GewO wurde daher mit Einführung der Insolvenzordnung dahingehend geändert, dass die genannten Vorschriften der Gewerbeordnung für die Dauer des Insolvenzverfahrens keine Gültigkeit haben sollen.

Ein Gewerbe, das der Schuldner im Zeitpunkt der Eröffnung des Verfahrens betrieben hat, darf weiter betrieben werden; allerdings ist ihm die Aufnahme eines neuen Gewerbes, das geordnete Vermögensverhältnisse erfordert, nicht gestattet. Im Übrigen ist auf die persönlichen fachlichen und berufsrechtlichen Voraussetzungen des bestellten Insolvenzverwalters zur Fortführung des Gewerbes abzustellen.

c) Freie Berufe und Berufe mit besonderen Zulassungsvoraussetzungen

56 Die Genehmigung zur Ausübung eines Heilberufes, wie beispielsweise dem des Arztes, kann bei Unwürdigkeit oder Unzuverlässigkeit zur Ausübung des ärztlichen Berufes gem. § 3 Abs. 1 Satz 1 Nr. 2 BÄO versagt werden; eine bereits erteilte Approbation wäre in diesem Fall zurückzunehmen bzw. zu widerrufen.

Die Insolvenzeröffnung als solche kann für eine solche Annahme jedoch nicht ausreichend sein, da sich ansonsten kein Angehöriger eines derartigen Berufsstandes durch einen Insolvenzplan von seinen Verbindlichkeiten und damit den Beschränkungen der wirtschaftlichen Insolvenz befreien könnte. Eine Weiterführung des Geschäfts- bzw. Praxisbetriebes wäre von vorneherein unmöglich und dem Schuldner eine Entschuldung aus eigener Kraft auf Dauer verwehrt.

Nach der Insolvenzordnung fällt der Neuerwerb des Schuldners grundsätzlich in die Insolvenzmasse und dient der Befriedigung der Gläubiger. Aufgrund dieser Tatsache ist gerade für die Zukunft von einem Vermögensverfall des Schuldners nicht mehr auszugehen, wenn der Schuldner durch die Ausübung seines Berufes neue Vermögenswerte zur Masse in Form seines pfändbaren Einkommens erwirbt.

3. Miet- und Pachtverhältnissse – Insolvenzschuldner als Mieter oder Pächter

a) Anwendbare Rechtsnorm

§ 103 InsO findet zutreffend nach h. M. auf Miet- und Pachtverhältnisse keine Anwendung.[82] Bei Miet- und Pachtverhältnissen über unbewegliche Gegenstände oder Räume regelt § 108 Abs. 1 InsO, dass im Gegensatz zu § 103 InsO das Vertragsverhältnis mit seinen Rechten und Pflichten fortbesteht. Diese positive Normierung erfordert jedoch, dass in § 108 Abs. 2 InsO ausdrücklich geregelt wird, dass Ansprüche aus der Zeit vor Eröffnung des Insolvenzverfahrens nur Insolvenzforderungen darstellen.

57

b) Pflichten nach Beendigung des Vertragsverhältnisses

Ist der Insolvenzschuldner Mieter oder Pächter, so ist er bei Beendigung des Vertragsverhältnisses verpflichtet, den Miet- oder Pachtgegenstand zurückzugeben. Die Eröffnung des Insolvenzverfahrens verändert den Inhalt des Rückgabeanspruches nach heutiger Rechtsauffassung nicht.

58

Streitig war allerdings, in welchem Umfang in diesem Zusammenhang entstehende Pflichten Masseverbindlichkeiten oder Insolvenzforderungen begründen. Der auf das Eigentum des Vermieters gestützte Herausgabeanspruch verpflichtet den Besitzer lediglich, dem Eigentümer den unmittelbaren Besitz an der Sache wieder zu verschaffen. Dieser auf die dingliche Rechtslage gestützte Herausgabeanspruch verpflichtet den Mieter jedoch nicht zur Wegnahme von Einrichtungen oder zur Beseitigung von Veränderungen.

Der mietvertragliche Räumungsanspruch geht darüber hinaus. Er hat grundsätzlich zum Inhalt, dass der Mieter bei Vertragsende die Mietsache in vertragsgemäßem Zustand zurückzugeben bzw. notfalls diesen vertragsgerechten Zustand wiederherzustellen hat. Soweit der mietvertragliche Räumungsanspruch jedoch über den dinglichen Rückgabeanspruch nach § 985 BGB hinausgeht, stellt der mietvertragliche Anspruch lediglich eine Insolvenzforderung dar.[83] Der Insolvenzverwalter ist in diesem Fall weder verpflichtet, als Masseverbindlichkeit einen Wiederherstellungsanspruch zu erfüllen noch die Räumung durchzuführen.

Der BGH hat mit dieser Rechtsauffassung den Grundsatz bestätigt, dass der Verwalter vorrangig die Interessen der Gesamtheit der Gläubiger zu wahren hat. Sind allerdings Veränderungen nach Eröffnung des Insolvenzverfahrens durch dem Insolvenzverwalter zuzurechnende Handlungen verursacht worden, haftet die Insolvenzmasse für den vertragswidrigen Zustand der Mietsache als Masseverbindlichkeit.

---

82 HK-InsO/Marotzke, § 103 Rdnr. 5.
83 BGH NJW 2001, 2966 in Abweichung von BGH NJW 1994, 3232.

Für den Fall, dass das Miet- oder Pachtverhältnis bereits vor Insolvenzeröffnung endete, begründet die vertragliche Herstellungspflicht am Ende des Nutzungsvertrages ebenfalls nur eine Insolvenzforderung. Dem Verpächter bzw. Vermieter, der seinen Wiederherstellungsanspruch als Masseschuld geltend macht, obliegt dabei die Beweislast dafür, dass die nachteilige Veränderung erst nach Eröffnung des Verfahrens eingetreten ist.[84]

c) Möglichkeiten der Beendigung des Vertragsverhältnisses

59   Ist der Insolvenzschuldner Mieter oder Pächter von unbeweglichen Gegenständen oder Räumen, die im Zeitpunkt der Eröffnung des Verfahrens bereits überlassen waren, kann der Insolvenzverwalter das Vertragsverhältnis ohne Einhaltung einer vereinbarten Vertragsdauer unter Einhaltung der gesetzlichen Frist kündigen. Die Kündigungsfrist für Gewerberäume ergibt sich aus § 565 BGB. Der gegenteiligen Auffassung des LG Naumburg,[85] als gesetzliche Kündigungsfrist gelte die Bestimmung des § 565 Abs. 1 Nr. 3 BGB, kann wegen der sich ergebenden unlogischen Ergebnisse nicht gefolgt werden.[86] Die vorzeitige Kündigungsmöglichkeit muss nicht bereits zum erstmöglichen Termin ausgeübt werden. Die vorläufige Fortsetzung führt zu keinem Verlust des außerordentlichen Kündigungsrechts.

Zu beachten ist hierbei die durch das Gesetz zur Änderung der Insolvenzordnung vom 26. 10. 2001 zum 01. 01. 2002 in Kraft getretene Ergänzung des § 109 Abs. 1 InsO durch Neueinfügung des Satz 2 und Änderung des Satz 3.[87] Danach kann der Insolvenzverwalter im Falle von gemietetem Wohnraum statt der Kündigung dem Vermieter gegenüber erklären, dass Ansprüche, die nach Ablauf der gesetzlichen Frist gem. § 109 Abs. 1 Satz 1 InsO fällig werden, nicht im Insolvenzverfahren geltend gemacht werden können. Der Gläubiger bleibt im Insolvenzverfahren dann lediglich auf seinen Schadenersatzanspruch verwiesen.

Das Rücktrittsrecht in den Fällen, in denen unbewegliche Gegenstände oder Räume dem Insolvenzschuldner im Zeitpunkt der Eröffnung des Insolvenzverfahrens noch nicht überlassen waren, steht beiden Seiten zu. § 109 Abs. 2 InsO entspricht insoweit der bisherigen Regelung in der Konkursordnung. Ergänzend ist jedoch in § 109 Abs. 2 Satz 3 InsO geregelt, dass der jeweils andere Teil auf Verlangen binnen zwei Wochen zu erklären hat, ob er vom Vertrag zurücktritt. Die Frist beginnt mit Zugang der Aufforderung. Verstreicht die Frist, erlischt das Rücktrittsrecht.

Ist der Insolvenzschuldner lediglich Mitmieter, so beendet die Kündigung des Insolvenzverwalters das Mietverhältnis insgesamt auch für die übrigen Mieter. Allerdings kann der Vermieter Schadensersatzansprüche wegen vor-

---

84 BGHZ 125, 270.
85 LG Naumburg ZMR 2000, 825.
86 A. A. Smid, a. a. O., § 109 Anm. 4.
87 BGBl. I 2001, Nr. 54, S. 2711 f.

zeitiger Beendigung des Vertragsverhältnisses dann nur gegenüber der Insolvenzmasse als Insolvenzforderungen geltend machen.[88]
Fraglich ist jedoch, ob auf Grund der neuen Gesetzeslage der Insolvenzverwalter tatsächlich ein Wahlrecht dahingehend hat, dass er bei mehreren Mietern den Mietvertrag kündigen kann. Die Wirkung der Kündigung auch gegen den Mitmieter stellt einen Eingriff in die Vertragsautonomie des Mitmieters dar. Das Ziel der neuen Regelung für den Insolvenzverwalter besteht darin, die Insolvenzmasse von weiteren Belastungen zu befreien. Hierzu steht ihm nun ein milderes Mittel als die Vertragskündigung zur Verfügung. Sollte an der bisherigen Rspr. festgehalten werden, könnte sich der Insolvenzverwalter dem Vorwurf ausgesetzt sehen, mit Kündigung des Mietverhältnisses nicht den Verhältnismäßigkeitsgrundsatz gewahrt und damit schuldhaft zu Lasten des Mitmieters gehandelt zu haben, so dass der Mitmieter hieraus einen Schadenersatzanspruch gegen den Insolvenzverwalter herleiten könnte. Da die Auswirkungen für die Insolvenzmasse gleich sind, empfiehlt sich in einem solchen Fall regelmäßig von der Neuregelung des § 109 Abs. 1 Satz 2 InsO Gebrauch zu machen, um sich nicht in die Gefahr einer Haftung zu begeben.

IV. Aufrechnung (§§ 94 ff. InsO)

1. Voraussetzungen und Wirkung der Aufrechnung

Die Voraussetzungen der Aufrechnung im Insolvenzverfahren richten sich grundsätzlich nach den Regelungen der §§ 387 ff. BGB. Hauptvoraussetzung sind auch hier die Gegenseitigkeit der Forderung, die Gleichartigkeit der Forderung sowie deren Fälligkeit.

60

Grundsätzlich berührt die Eröffnung des Insolvenzverfahrens die Aufrechnung nicht. Voraussetzung hierfür ist jedoch, dass eine wirksame Aufrechnungslage im Zeitpunkt der Eröffnung des Insolvenzverfahrens kraft Gesetzes oder aufgrund schuldrechtlicher Vereinbarungen zwischen Gläubiger und Schuldner vorliegt (vgl. insoweit § 94 InsO).

Gem. § 94 InsO ist die Aufrechnung bei Bestehen der Aufrechnungslage vor Eröffnung des Insolvenzverfahrens auch nach der Eröffnung jederzeit möglich. Es genügt hierzu die Erklärung nach § 388 BGB.[89]

Zu beachten ist jedoch, dass gesetzliche Aufrechnungsverbote, die das BGB vorsieht, in vollem Umfang wirksam bleiben.[90] So ist bei einredebehafteten Forderungen (§ 390 BGB), bei Forderungen aus unerlaubter Handlung

---

88 OLG Celle NJW 1974, 2012.
89 Smid, a. a. O., § 94 Rdnr. 8.
90 Smid, a. a. O., § 94 Rdnr. 17.

(§ 393 BGB) und bei unpfändbaren Forderungen gem. § 394 BGB die Aufrechnung nicht zulässig. In diesem Fall muss der Gläubiger die Hauptforderung zur Masse leisten. Möchte er die Gegenforderung geltend machen, muss er diese zur Tabelle anmelden. Diese wird dann im ordentlichen Prüfungsverfahren entsprechend geprüft.

Im Falle der Aufrechnung des Insolvenzgläubigers mit einer gleichartigen fälligen Gegenforderung ist eine Anmeldung der Gegenforderung zur Tabelle nicht erforderlich. Es genügt insofern die Erklärung der Aufrechnung gem. § 388 BGB gegenüber dem Insolvenzverwalter.[91] Es ist jedoch unschädlich, trotz Aufrechnungslage eine Forderungen zur Tabelle anzumelden. Sollte der Insolvenzverwalter die Aufrechnungsbefugnis des Gläubigers wirksam bestreiten, hat der Gläubiger durch die Anmeldung zur Tabelle seinen Anspruch gewahrt und bedarf zur Verfolgung seines Anspruches keines besonderen Prüfungstermins.

2. Zeitpunkt des Entstehens der Aufrechnungslage

61 Für den Fall, dass die Aufrechnungslage erst nach Eröffnung des Insolvenzverfahrens eintritt, enthält § 95 InsO entsprechende Sonderregelungen.

Zentrale Voraussetzung für die Möglichkeit der Aufrechnung bei Eintritt der Aufrechnungslage nach Eröffnung des Insolvenzverfahrens ist jedoch, dass die Hauptforderung nicht unbedingt und fällig wird, bevor die Aufrechnungslage mit der Gegenforderung des Gläubigers entstanden ist (§ 95 Abs. 1 Satz 3 InsO). Zu beachten ist hier in jedem Fall, dass gem. § 95 Abs. 1 Satz 2 InsO die Fälligkeitsfiktion des § 41 InsO und die Schätzung des Wertes der Gegenforderung bei Ungleichheit der Forderungen nach § 94 InsO ausgeschlossen sind.[92] Es kann somit auch hier nur mit gleichartigen und fälligen Forderungen aufgerechnet werden, wobei die Voraussetzungen grundsätzlich auch noch nach Eröffnung des Verfahrens eintreten können.

In diesem Zusammenhang stellt § 95 Abs. 2 InsO klar, dass es sich bei Forderungen in Geld auch bei unterschiedlichen Währungen um gleichartige Forderungen handelt und dies der Aufrechnung nicht im Wege steht.

3. Unzulässigkeit gem. § 96 Abs. 1 InsO

62 Gem. § 96 Abs. 1 InsO ist die Aufrechnung unabhängig von dem Vorliegen der entsprechenden Voraussetzungen unzulässig, wenn

- der Insolvenzgläubiger erst nach Eröffnung des Verfahrens etwas zur Insolvenzmasse schuldig geworden ist,

---

91 FK-InsO/App § 94 Rdnr. 25.
92 MK-InsO/Brandes, § 95 Rdnr. 5.

Maier

- der Insolvenzgläubiger seine Forderungen erst nach Eröffnung des Verfahrens von einem anderen Gläubiger erworben hat,
- der Insolvenzgläubiger die Möglichkeit der Aufrechnung durch eine anfechtbare Rechtshandlung erlangt hat,
- ein Insolvenzgläubiger etwas zur Insolvenzmasse schuldet, seine Forderung jedoch aus der freien Masse des Schuldners zu erfüllen ist.

§ 96 Abs. 1 InsO regelt insoweit die unterschiedlichen Vertrauens- und Interessenlagen der Beteiligten vor und nach Eröffnung des Verfahrens. Der Verwalter muss die von ihm erhobene Forderung im Wege der Zahlungsklage geltend machen. Die erklärte Aufrechnung mit der Gegenforderung wird dann im Prozess geprüft. Die Gegenforderung, sofern zur Tabelle angemeldet, sollte in diesem Falle vorsorglich vorläufig bestritten werden.

4. Aufrechnung mit Gesellschafterforderungen

Aufgrund eindeutiger gesetzlicher Regelungen ist bei juristischen Personen die Aufrechnung mit offenen Einlageforderungen nicht zulässig (vgl. § 19 Abs. 2 GmbHG, §§ 66, 278 Abs. 3 AktG, § 22 Abs. 5 GenG).

63

Umstritten ist die Aufrechnungsbefugnis des Gesellschafters mit Forderungen, die eigenkapitalersetzenden Charakter haben. § 32 a Abs. 1 Satz 1 GmbHG a. F. sah vor, dass bei eigenkapitalersetzendem Darlehen der Anspruch auf Rückgewähr desselben im Konkurs über das Vermögen der Gesellschaft nicht geltend gemacht werden könne. Aufgrund der eindeutigen Rechtslage war somit eine Aufrechnung nicht möglich.[93]

Nach § 32 a Abs. 1 GmbHG n. F. ist die Möglichkeit eröffnet worden, das Darlehen mit Eigenkapitalcharakter im Insolvenzverfahren als nachrangige Insolvenzforderung geltend zu machen. Es wird teilweise vertreten, dass aufgrund der neuen Regelung nunmehr eine Aufrechnung mit eigenkapitalersetzenden Darlehen möglich sein soll.[94]

Die wohl herrschende Meinung geht jedoch nach wie vor davon aus, dass auch die Gesetzesänderung dem Gesellschafter nicht die Möglichkeit eröffnet, wirksam im Insolvenzverfahren mit Forderungen auf Rückgewähr eigenkapitalersetzender Darlehen oder gleichgestellter Forderungen aufzurechnen.[95]

Mit Recht weist Schmidt[96] darauf hin, dass die Eröffnung der Möglichkeit der Aufrechnung der analogen Anwendung des § 30 GmbHG zuwider laufen würde. Durch die Aufrechnung würde der Insolvenzschuldnerin das von den Gesellschaftern zur Deckung des Eigenkapitals zur Verfügung gestellte Darlehen auf diesem Wege wieder entzogen werden.

---
93 BGH NJW 1995, 658 ff.
94 MK-InsO/Brandes, § 94 Rdnr. 24 m. w. N.
95 Scholz GmbHG/Schmidt, §§ 32 a, 32 b Rdnr. 59; Bork, ZIP 1999, 1988, 1990; MK-InsO/Brandes, § 94 Rdnr. 24.
96 Scholz GmbH/Schmidt, §§ 32 a, 32 b Rdnr. 59.

Nach § 39 Abs. 1 Nr. 5 InsO sind zudem Forderungen auf rückgewährte kapitalersetzende Darlehen erst nach Befriedigung sämtlicher anderer Insolvenzforderungen zurückzuerstatten. Eine Aufrechnung des Gesellschafters mit diesen Forderungen würde somit dem Sinn und Zweck dieser Regelung und damit dem vorrangigen Schutz der Gläubiger und deren Befriedigung zuwiderlaufen.

In der praktischen Anwendung kann hieraus nur die Schlussfolgerung gezogen werden, dass lediglich in dem außergewöhnlichen Fall, dass nach der vollständigen Befriedigung aller Gläubiger ein Überschuss der Masse verbleibt, nur eine Aufrechnung in Höhe dieses Überschusses im Rahmen des Insolvenzverfahrens möglich sein kann.

In allen anderen Fällen ist die Aufrechnung zu versagen und vom Insolvenzverwalter die berechtigten Forderungen der Insolvenzschuldnerin gegen die Gesellschafter durchzusetzen.

V. Auswirkungen auf anhängige Gerichtsverfahren (§§ 85, 86 InsO, 240 ZPO)

64 Mit Übertragung der Verwaltungs- und Verfügungsbefugnis auf einen vorläufigen Insolvenzverwalter (§ 22 Abs. 1 Satz 1 i. V. m. § 21 Abs. 2 Satz 1, 2 InsO) im Eröffnungsverfahren, spätestens jedoch mit der Eröffnung des Insolvenzverfahrens selbst, verliert der Insolvenzschuldner die Verfügungsbefugnis über sein Vermögen. Diese geht auf den Insolvenzverwalter über. Prozessual wird dem dadurch Rechnung getragen, dass § 240 Satz 1 ZPO die Unterbrechung der die Insolvenzmasse betreffenden anhängigen Rechtsstreitigkeiten anordnet.

Die Anordnung von Sicherungsmaßnahmen im Sinne von § 21 InsO ohne Übertragung der Verwaltungs- und Verfügungsbefugnis auf den vorläufigen Insolvenzverwalter führt nicht zur Unterbrechung anhängiger Rechtsstreite.[97] Nach Auffassung des OLG Thüringen[98] kann das Prozessgericht jedoch das Verfahren in entsprechender Anwendung des § 148 ZPO aussetzen. Soweit in der Praxis ersichtlich, wird von dieser Möglichkeit kaum Gebrauch gemacht. Die Überlegungen des OLG Thüringen sind jedoch im Regelfall, nämlich wenn das Gericht einen »schwachen« Verwalter mit Zustimmungsvorbehalt bestellt, folgerichtig. Das isoliert ausgesprochene Verfügungsverbot hat nämlich maßgeblichen Einfluss auf den Fortgang des Verfahrens. Der Insolvenzschuldner darf dann keine Verfügungen mehr über einen Gegenstand vornehmen, der zur Insolvenzmasse gehört.

---

97 BGH NJW 1999, 2822.
98 OLG Thüringen MDR 2000, 1337.

Dementsprechend ist ihm z. B. der Abschluss eines Vergleichs verwehrt. Bei einer mündlichen Verhandlung ohne gleichzeitige Teilnahme des vorläufigen »schwachen« Insolvenzverwalters könnten daher die von der ZPO postulierten Ziele, nämlich beispielsweise die Verpflichtung des Gerichts, in jeder Lage auf eine gütliche Erledigung des Rechtsstreits hinzuwirken, nicht mehr erreicht werden.

Die Auffassung des OLG Thüringen, in dieser Lage sei es folglich geboten, § 148 ZPO analog anzuwenden, ist damit zumindest in den Fällen sachgemäß, in denen der Abschluss eines Vergleichs zur Erledigung des Rechtsstreits möglich ist. Ist der Rechtsstreit jedoch entscheidungsreif, ist für eine analoge Anwendung von § 148 ZPO in Verbindung mit § 240 ZPO kein Raum mehr.

Durch eine nach Schluss der mündlichen Verhandlung eintretende Unterbrechung wird die Verkündung der aufgrund dieser Verhandlung zu erlassenden Entscheidung jedoch nicht gehindert (§ 249 Abs. 3 ZPO). Ein Verfahren, das nicht die Aktiv- oder Passivmasse der (zukünftigen) Insolvenzmasse zum Gegenstand hat, wird nicht unterbrochen. Insoweit bleibt der Insolvenzschuldner in jeder Phase prozessführungsbefugt und legitimiert.

1. Kostenfestsetzungsverfahren

Die Unterbrechung umfasst ebenfalls ein anhängiges Kostenfestsetzungsverfahren.[99] Dies gilt auch, wenn sich das Kostenfestsetzungsverfahren auf die Kosten der Vorinstanz bezieht.[100]

65

2. Unterbrechung von Klagen nach dem Anfechtungsgesetz

Gem. § 16 Abs. 1 Satz 1 AnfG ist ein aufgrund dieser Anspruchsgrundlage bei Eröffnung des Insolvenzverfahrens anhängiger Rechtsstreit unterbrochen. Der Insolvenzverwalter ist berechtigt, die von den Insolvenzgläubigern erhobenen Anfechtungsansprüche für die Masse weiterzuverfolgen. Dies gilt auch, wenn die Klage noch auf weitere Rechtsnormen, beispielsweise unerlaubte Handlung, gestützt wird.[101]

66

3. Prozesskostenhilfe

Die Eröffnung des Insolvenzverfahrens unterbricht auch ein Prozesskostenhilfeverfahren.[102]

67

---

99 OLG Stuttgart ZIP 1998, 2066.
100 KG AnwBl. 2001, 519 = ZIP 2000, 279; OLG Karlsruhe OLGReport 2000, 61.
101 BGH ZIP 2000, 238 m. Anm.; Höpfner, EWiR 2000, 1089.
102 OLG Köln NJW-RR 1999, 276.

Maier

4. Wirksamkeit und Anfechtung einer entgegen § 240 ZPO ergangenen gerichtlichen Entscheidung

68 Eine trotz Unterbrechung ergangene gerichtliche Entscheidung, sofern die Voraussetzungen des § 240 Abs. 3 ZPO vorliegen, ist nicht nichtig. Die Entscheidung kann vielmehr mit den hiergegen zulässigen Rechtsmitteln angefochten werden. Zur Anfechtung berechtigt ist der Insolvenzverwalter. Die Rechtskraft des Eröffnungsbeschlusses (§ 27 InsO) oder die Übertragung der Verwaltungs- und Verfügungsbefugnis auf den vorläufigen Insolvenzverwalter ist dabei nicht erforderlich.

Um ein gegen § 240 ZPO verstoßendes Urteil aufheben zu lassen, muss der Insolvenzverwalter das Verfahren nicht aufnehmen. Er kann das Urteil, ohne die Unterbrechung des Verfahrens zu beenden, isoliert anfechten.[103]

5. Selbstständiges Beweisverfahren

69 § 240 ZPO ist nach weit verbreiteter Ansicht auf ein selbstständiges Beweisverfahren nicht anwendbar.[104] Dem liegt zugrunde, dass dieses Verfahren nicht zu einer materiell-rechtlichen Entscheidung führen soll, sondern lediglich der Feststellung eines Zustandes dient. Dies soll allerdings nur insoweit gelten, als das Beschleunigungsbedürfnis des selbstständigen Beweisverfahrens vorgeht.

Die Unterbrechungswirkung erfasst jedoch die Frist gem. § 494 a ZPO als Frist zur Klagerhebung. Voraussetzung ist allerdings, dass diese Frist im Zeitpunkt des Eintritts der Unterbrechung noch nicht abgelaufen war.[105]

6. FGG-Verfahren

70 Demgegenüber werden Verfahren der freiwilligen Gerichtsbarkeit in der Regel nicht unterbrochen. In einer hierzu ergangenen Entscheidung des OLG Köln[106] geht es um die Berechtigung zur Anmeldung von Änderungen in der Geschäftsführung zum Handelsregister. Danach ist auch im Insolvenzverfahren der Geschäftsführer einer GmbH und nicht der Insolvenzverwalter bzw. vorläufigen Insolvenzverwalter berechtigt und verpflichtet, die Abberufung oder Neubestellung von Geschäftsführern zur Eintragung in das Handelsregister anzumelden. Dies ist analog auch auf Prokuristen anwendbar.

---

103 BAG ZInsO 2001, 727.
104 OLG Hamm ZIP 1997, 552; vgl. MK-InsO/Schumacher, Vor §§ 85 bis 87 Rdnr. 47 m. w. N.
105 LG Frankfurt/Oder, Beschluss vom 17. 11. 1999, Az: 11 OH 1/96.
106 OLG Köln ZIP 2001, 1553 = ZInsO 2001, 717.

7. Gewillkürte Prozessstandschaft

Eine Unterbrechung anhängiger Verfahren gem. § 240 ZPO tritt auch bei gewillkürter Prozessstandschaft ein, wenn der Schuldner einen Dritten zur Führung des Rechtsstreits ermächtigt hat, da durch die Eröffnung des Verfahrens die der Ermächtigung zu Grunde liegenden Rechtsverhältnisse erlöschen.[107]

71

8. Fortgang der unterbrochenen Verfahren

Die Wiederaufnahme von anhängigen Rechtsstreitigkeiten durch den Insolvenzverwalter oder den Gegner ist in §§ 85, 86 InsO geregelt. Dabei wird zwischen Aktiv- und Passivprozessen unterscheiden.

72

a) Aktivprozesse

Die Wiederaufnahme von Aktivprozessen regelt § 85 InsO. Aktivprozesse sind Rechtsstreitigkeiten, bei denen der Schuldner ein Vermögensrecht in Anspruch nimmt, das dem Insolvenzbeschlag unterliegt.[108] Auf die prozessuale Stellung des Schuldners, entweder als Kläger oder als Beklagter, kommt es dabei nicht an. Entscheidend ist einzig, ob im Falle des Obsiegens des Schuldners die Insolvenzmasse eine Vermögensmehrung erfährt. Nach Eickmann[109] hat der Insolvenzverwalter diese Entscheidung »unverzüglich« zu treffen. Dies ist nur eingeschränkt richtig.

73

Bei der Interessenabwägung zwischen den Interessen der Masse und den Interessen der Prozesspartei ist zu berücksichtigen, dass der Insolvenzverwalter gem. § 160 InsO in den dort genannten Fällen, wenn auch nur mit Wirkung im Innenverhältnis, gegebenenfalls die Zustimmung Dritter einzuholen hat. Die Entscheidung über die Aufnahme eines anhängigen Rechtsstreits wird in § 160 Abs. 2 Satz 3 InsO sogar ausdrücklich erwähnt. Hält sich der Insolvenzverwalter an diese Bestimmung, kann ihm nicht vorgehalten werden, er habe nicht unverzüglich im Sinne von § 85 Abs. 1 Satz 2 InsO gehandelt.

Im Übrigen sind Aufforderungen zur Aufnahme des Prozesses durch den Insolvenzverwalter in der Praxis außerordentlich selten. Im Regelfall vertrauen bzw. hoffen die Beklagten, dass der Insolvenzverwalter davon absieht, einen anhängigen Rechtsstreit aufzunehmen.

Auch der vorläufige Insolvenzverwalter mit Verwaltungs- und Verfügungsbefugnis kann nach § 24 Abs. 2 InsO die Aufnahme eines anhängigen Rechtsstreits erklären. Er ist jedoch nicht berechtigt, die Freigabe eines Anspruchs aus der Insolvenzmasse zu erklären, da diese Freigabe die vorange-

---

107 BGH NJW 2000, 738.
108 BGHZ 36, 258, 260.
109 HK-InsO/Eickmann, § 85 Anm. 11.

gangene Insolvenzeröffnung voraussetzt. Dies ergibt sich zwangsläufig daraus, dass vorher eine Insolvenzmasse nicht vorhanden ist, über die der Insolvenzverwalter wirksam verfügen kann.

Sowohl die Erklärung der Aufnahme eines Rechtsstreits als auch die Erklärung der Freigabe eines rechtshängigen Anspruchs aus der Insolvenzmasse sind bedingungsfeindlich.

Bei anhängigen Verfahren mit Dritten als Beteiligte sind diese unverzüglich zu unterrichten. In einem anhängigen Rechtsstreit muss der Verwalter substantiiert darlegen, wann und wie er die Freigabeerklärung gegenüber dem Schuldner abgegeben hat.[110] Dies gilt analog auch dann, wenn der Verwalter von vornherein darauf verzichtet hat, den streitgegenständlichen Gegenstand als massezugehörig in seine Insolvenzmasse einzubeziehen.

b) Passivprozesse

74 Die Aufnahme von Passivprozessen, d. h. Prozesse, bei denen der Schuldner in Anspruch genommen wird und ein vermögensrechtlicher Anspruch gegen die Masse verfolgt wird, regelt § 86 InsO.

Bei einem Rechtsstreit, der eine Minderung der Insolvenzmasse zum Ziel hat, handelt es sich um einen Passivrechtsstreit. Auch dieser wird nicht erst durch die Eröffnung des Insolvenzverfahrens, sondern bereits durch die Bestellung eines »starken« Verwalters unterbrochen. Dies ergibt sich zum einen aus der zwingenden gegenseitigen Abhängigkeit der Befriedigungsaussichten der Gläubiger von dem Umfang der Aktivmasse und der Passivmasse. Die Beziehungen sind hierbei so wechselseitig, dass zwingend auch mit Bestellung eines vorläufigen »starken« Verwalters eine Unterbrechung von Passivprozessen anzunehmen ist. Es spricht für diese Auffassung, dass regelmäßig mit Bestellung auch eines schwachen Verwalters die Einstellung anhängiger und zukünftiger Zwangsvollstreckungsmaßnahmen verfügt wird. Ein eventuell ergehendes Urteil ist daher im Ergebnis von vornherein nicht mehr durchzusetzen.

Nach Eröffnung des Insolvenzverfahrens müssen die Gläubiger ihre Forderungen zur Insolvenztabelle anmelden. Erst nach dem Ergebnis des Prüfungstermins kann, soweit kein Anerkenntnis vorliegt, der Rechtsstreit, wenn auch mit geändertem Klageantrag, fortgesetzt werden. Eine eventuell geringfügige Verlängerung des Zeitraumes der Ungewissheit während des Insolvenzeröffnungsverfahrens ist zumutbar.

Obwohl die Bestellung eines vorläufigen Verwalters mit Verwaltungs- und Verfügungsbefugnis lediglich zum Schutze der Insolvenzaktivmasse erfolgt, ist § 240 ZPO analog in diesem Stadium auf anhängige Passivprozesse anzuwenden. Dies ergibt sich bereits aus der Regelung des § 86 InsO. Die Befriedigungsaussichten der Gläubiger, deren Schutz das Insolvenzverfahren und

---

110 LG Göttingen ZIP 1990, 878.

damit auch das Insolvenzeröffnungsverfahren dient, errechnen sich nicht nur aus der Aktivmasse, sondern auch aus dem Umfang der Passiva. Deren Höhe wirkt sich auf die Befriedigungschancen der Gläubiger proportional aus. Es widerspräche der Intension der InsO, dem Schuldner die Prozessführung über die Insolvenzmasse zu nehmen, ihm andererseits jedoch die Befugnis zur Anerkennung von Verbindlichkeiten bzw. zur Führung von Rechtsstreiten über Verbindlichkeiten zu belassen. Die Interessenlage des Insolvenzverfahrens spricht daher eindeutig dafür, die Unterbrechung auch auf Passivprozesse, also Rechtsstreite, die gegen die Insolvenzmasse gerichtet sind und sich auf deren Bestand negativ auswirken, analog zu erstrecken.

Bei Passivprozessen ist zu unterscheiden, ob es sich um Ansprüche handelt, die innerhalb oder außerhalb des Insolvenzverfahrens abzuwickeln sind:

(1) Aufnahme auf Feststellung zur Insolventabelle

Wenn und soweit Insolvenzforderungen anhängig sind, hat der Insolvenzgläubiger diese zunächst zur Insolvenztabelle anzumelden. Ein Rechtsstreit auf Feststellung zur Insolvenztabelle ist erst nach der Forderungsprüfung zulässig.

75

Bei Passivprozessen regelt § 19a ZPO den allgemeinen Gerichtsstand des Insolvenzverwalters. Denn danach wird bei Klagen, die sich auf die Insolvenzmasse beziehen der allgemeine Gerichtsstand des Insolvenzverwalters durch den Sitz des Insolvenzgerichts bestimmt. Gerichtsstand ist somit nicht der Wohnsitz des Verwalters. § 19a ZPO regelt jedoch keinen ausschließlichen Gerichtsstand.[111] Ein bereits vor Insolvenzeröffnung wirksam gewählter Gerichtsstand bleibt bestehen.

(2) Aus- und Absonderungsansprüche

Die Abwicklung und Befriedigung von Aus- und Absonderungsansprüchen erfolgt außerhalb des Insolvenzverfahrens. Um hier Rechtssicherheit herbeizuführen, sieht § 86 InsO vor, dass derartige Rechtsstreite sowohl vom Insolvenzverwalter als auch vom Aus- oder Absonderungsberechtigten aufgenommen werden können. Allerdings muss der klagende Berechtigte bei der Geltendmachung von Absonderungsrechten die Verwertungsbefugnis des Insolvenzverwalters gem. § 165 ff. InsO beachten und seinen Klageantrag entsprechend anpassen.

76

Der Insolvenzverwalter kann bei bereits vorgefundenen Rechtsstreiten den Klaganspruch sofort anerkennen. Dies ist kein sofortiges Anerkenntnis im Sinne von § 73 ZPO, da der Insolvenzverwalter sich das Verhalten des Insolvenzschuldners zurechnen lassen muss, denn die Befriedigung von Absonderungsrechten erfolgt grundsätzlich außerhalb des Insolvenzverfahrens.

---

111 Zöller, Kommentar zur ZPO, 22. Aufl. 2001, § 19a Rdnr. 1.

Soweit es sich um Insolvenzforderungen handelt, ist das Verfahren gem. § 184 InsO weiterzuführen.

9. Bindung an vorgefundene Prozesssituation

77 Entscheidet sich der Insolvenzverwalter, einen gem. § 240 ZPO unterbrochenen Rechtsstreit aufzunehmen, so ist er an die von ihm vorgefundene prozessuale Situation gebunden.[112]

10. Aufnahmehandlung

78 Die Aufnahme selbst erfolgt durch Schriftsatz, welcher der Gegenseite zuzustellen ist. Einer Erklärung gegenüber dem Insolvenzschuldner bedarf es nicht, da dieser bereits durch die Eröffnung des Insolvenzverfahrens und der damit eingetretenen Unterbrechung des Rechtsstreits aus dem Prozessrechtsverhältnis ausgeschieden ist.

Die Erklärung der Aufnahme des Rechtsstreits kann ausdrücklich, jedoch auch inzidenter, beispielsweise durch Einlegung eines Rechtsmittels, erfolgen.[113] Die Erklärung der Aufnahme des Rechtsstreits ist bedingungsfeindlich. Für den Fall der Aufnahme des Rechtsstreits durch den Insolvenzverwalter ist das Klagerubrum entsprechend zu berichtigen. Er ist mit dem Zusatz »als Insolvenzverwalter« namentlich aufzuführen. Führt der Verwalter den Rechtsstreit selbst oder durch neue Prozessbevollmächtigte seiner Wahl, darf dies nicht zu einer kostenmäßigen Mehrbelastung des Gegners für den Fall des Obsiegens der Insolvenzmasse führen. Unter dem Gesichtspunkt des Schadensersatzes ist der Insolvenzverwalter im Übrigen gehalten, derartige Mehrbelastungen der Insolvenzmasse, beispielsweise durch Bestellung neuer Verfahrensbevollmächtigter, nachdem die bisherigen Bevollmächtigten bereits Vorschüsse erhalten haben, zu vermeiden.

11. Kosten des Rechtsstreits

79 Tritt der Insolvenzverwalter in einen laufenden Rechtsstreit ein, so wandeln sich sämtliche Kosten des Verfahrens, auch soweit sie bereits vor seinem Eintritt entstanden sind, von einfachen Insolvenzforderungen in Masseschulden um.[114]

---

112 FK-InsO/App, § 85 Rdnr. 13.
113 FK-InsO/App, § 85 Rdnr. 11.
114 OLG Hamm, Urteil v. 19. 2. 1990, Az.: 23 W 534/89, JurBüro 1990, 1482 = Rpfleger 1990, 435; Kilger/Schmidt, K., Kommentar zur Konkursordnung, 16. Aufl. 1993, § 59 Anm. 1 b; Jaeger, Kommentar zur Konkursordnung, 8. Aufl. 1985, § 59 Rdnr. 2; Kuhn/Uhlenbruck, a. a. O., § 59 Rdnr. 5 a; Hess, a. a. O., § 59 Rdnr. 34.

Streitig ist, ob dies auch für die Kosten der Vorinstanz gilt, wenn der Verwalter den Rechtsstreit erst in der Berufungs- oder Revisionsinstanz aufnimmt und im Zeitpunkt der Eröffnung des Insolvenzverfahrens die Vorinstanz bereits abgeschlossen war. Wegen des Grundsatzes der Einheitlichkeit der Kostenentscheidung ist die bisherige h. M. der Auffassung, dass in diesem Fall auch die Kosten der Vorinstanzen, auch soweit sie bereits abgeschlossen waren, zu Masseschulden werden. Dies ist für die Entscheidung des Insolvenzverwalters von erheblicher Bedeutung. Nimmt er einen Rechtsstreit in der Berufungsinstanz auf, kann ihm vorgehalten werden, er hätte mit einem Unterliegen rechnen müssen und habe die Masse mit unnötigen Kosten belastet. Die neuere Rspr. vertritt demgegenüber die Auffassung, dass der Grundsatz der Einheitlichkeit der Kostenentscheidung nur die betreffende Instanz erfasst, für welchen die Verteilung der Kosten zu erfolgen hat. Ein sachlicher Grund, die in vorherigen Instanz entstandenen Kostenerstattungsansprüche der Masse als Masseverbindlichkeit aufzuoktroyieren, bestehe nicht.[115]

Der neuen Auffassung ist der Vorzug zu geben. Sie bietet, gestützt auf Gaedecke[116] eine sachgerechte Differenzierung und Risikoverteilung.

12. Schuldner/Vertreter des Schuldners als Zeuge

Nimmt der Insolvenzverwalter den Rechtsstreit auf, sind mit Eintritt der Unterbrechung der bisherige Geschäftsführer bzw. seine organschaftlichen Vertreter nunmehr Zeugen. Damit ändert sich sehr häufig die Beweislage zugunsten der Masse erheblich. Dies gilt auch bei vom Insolvenzverwalter nach Eröffnung des Insolvenzverfahrens erhobenen Klagen.

80

13. Ablehnung der Aufnahme des Prozesses durch den Verwalter

Der Insolvenzverwalter ist nicht gezwungen, den Aktivprozess aufzunehmen. Der Insolvenzverwalter kann vielmehr ebenso gem. § 85 Abs. 2 InsO die Aufnahme des Rechtsstreits ablehnen. Die Ablehnungserklärung bedarf keiner besonderen Form und ist nicht an einen bestimmten Erklärungsempfänger zu adressieren.[117] Die Erklärung kann gegenüber dem Schuldner, dem Prozessgegner oder auch im gerichtlichen Verfahren dem Prozessgericht mitgeteilt werden. Es ist dabei ausreichend, wenn der Insolvenzverwalter durch konkludente Handlung die Ablehnung der Aufnahme des Prozesses zum Ausdruck bringt.[118]

81

---

115 OLG Rostock ZIP 2001, 2145; OLG München OLGR 2000, 44; vgl. im Übrigen Uhlenbruck, ZIP 2001, 1988; a. M. noch OLG Düsseldorf OLGR 2001, 229.
116 Gaedecke, JW 1939, 733.
117 Smid, a. a. O., § 85 Rdnr. 15.
118 MK-InsO/Schumacher, § 85 Rdnr. 22.

Durch die Ablehnung der Prozessaufnahme gibt der Insolvenzverwalter zu erkennen, dass er auf die Geltendmachung dieses Anspruchs keinen Wert mehr legt. Die Ablehnung ist somit als Freigabe des Streitgegenstandes aus der Insolvenzmasse zu beurteilen.[119]

Die Möglichkeit der Nichtaufnahme des Rechtsstreits korrespondiert mit der allgemein anerkannten Möglichkeit des Insolvenzverwalters, aufgrund des Übergangs der Verwaltungs- und Verfügungsbefugnis gem. § 80 InsO wertlose Massegegenstände und Ansprüche aus der Insolvenzmasse freizugeben.

Die Folgen der Nichtaufnahme des Rechtsstreits sind aufgrund der Freigabebewirkung die gleichen wie aufgrund der Freigabe im Rahmen in der Verwaltungs- und Verfügungsbefugnis. Der Schuldner gewinnt dadurch seine Prozessführungsbefugnis zurück und hat nunmehr die Möglichkeit, selbst die Forderung geltend zumachen. Im Falle des Obsiegens fällt die Forderung nicht in die Insolvenzmasse.[120] Vielmehr gehört sie dann zum freien Vermögen des Schuldners.

Probleme können auftreten, wenn der Insolvenzschuldner bzw. dessen vertretungsberechtigtes Organ nicht mehr erreichbar ist, da dann der Erklärungsempfänger bzw. der Berechtigte an dem Streitgegenstand fehlt. Bei Immobilien ist in diesem Fall die Löschung des Insolvenzvermerks im Grundbuch ausreichend, da damit die erforderliche allgemeine Publizitätswirkung eintritt; bei Freigabeerklärungen, die sich auf bewegliche Gegenstände oder Rechte erstrecken, ist diese Möglichkeit jedoch nicht gegeben. Da die Rechtsnachteile einer Freigabe jedoch den Insolvenzschuldner bzw. dessen Organ treffen, muss er sich seine Unerreichbarkeit analog der Verhinderung des Zugangs einer Erklärung zurechnen lassen.

Bei gerichtsförmlichen Verfahren führt die formlose Erklärung des Verwalters[121] zu seinem Ausscheiden aus dem gerichtlichen Verfahren. Die Fortsetzung mit dem wieder an seine Stelle tretenden Insolvenzschuldner erfordert als Maßnahme zur Beendigung der Unterbrechung die Zustellung eines entsprechenden Beschlusses des erkennenden Gerichts an den Insolvenzschuldner. Ist die Zustellung mangels ladungsfähiger Anschrift nicht möglich und will der Verfahrensgegner dennoch die Fortsetzung des Verfahrens, verbleibt ihm in der Regel nur der Weg des Antrags auf öffentliche Zustellung.

Die Aufnahme eines unterbrochenen Rechtsstreits durch den Insolvenzschuldner nach Freigabe durch den Insolvenzverwalter scheitert nicht daran, dass der Insolvenzschuldner durch die Eröffnung des Verfahrens aufgelöst ist und sich damit in Liquidation befindet. Auch »i. L.« ist der Insol-

---

119 FK-InsO/App, § 85 Rdnr. 19.
120 Smid, a. a. O., § 85 Rdnr. 16.
121 BGH MDR 1969, 389.

venzschuldner, sofern es sich um eine juristische Person handelt, nach wie vor partei- und prozessfähig. Das Rubrum ist entsprechend zu ergänzen.[122]

Unzulässig ist, dass der Insolvenzverwalter die Aufnahme eines Rechtsstreits ablehnt, wenn er im Innenverhältnis mit dem Insolvenzschuldner vereinbart hat, dass dieser den Rechtsstreit fortführt und die Insolvenzmasse am (positiven) Ergebnis des Rechtsstreits beteiligt ist. Diese Verfahrensweise hätte im Ergebnis zur Folge, dass für den Fall des Unterliegens die Insolvenzmasse vor dem Prozesskostenrisiko bewahrt würde. Sie ist daher unzulässig.[123]

VI. Rückschlagsperre (§§ 88 f. InsO)

1. Rückschlagsperre (§ 88 InsO)

Die Insolvenzordnung sieht zum Schutz der Insolvenzmasse für einen begrenzten Zeitraum vor der Stellung des Insolvenzeröffnungsantrages einen rückwirkenden Schutz vor einzelnen Zwangsvollstreckungsmaßnahmen von Gläubigern des Schuldners durch die in § 88 InsO normierte Rückschlagsperre vor. Dies geschieht dadurch, dass Sicherungen im Wege der Zwangsvollstreckung zu Lasten der Insolvenzmasse im letzten Monat vor Antragstellung auf Eröffnung des Insolvenzverfahrens und nach Antragstellung mit der Eröffnung des Insolvenzverfahrens kraft Gesetzes unwirksam werden.

82

In § 88 InsO werden weitgehend die Regelungen der §§ 28, 87 und 104 VglO übernommen. Während die Anwendung sich in der Vergleichsordnung jedoch auf die Vergleichsgläubiger, also nur auf die nicht bevorrechtigten Gläubiger, beschränkte, erstreckt sich die nunmehrige Regelung aufgrund des Wegfalls der Insolvenzvorrechte auf alle Insolvenzgläubiger.

Der Anwendungsbereich der Norm ist beschränkt. Sie erfasst nur Maßnahmen von Gläubigern, die im letzten Monat vor dem Insolvenzantrag eine Sicherung im Wege der Zwangsvollstreckung erwirkt haben. Ausgehend von der Wertung, dass niemand in dem der Krise unmittelbar vorangehenden Zeitraum noch Sonderrechte am Schuldnervermögen im Wege der Zwangsvollstreckung erwerben soll, werden die im Wege der Zwangsvollstreckung erwirkten Sicherungen per se, also ohne dass es eines Antrags oder eines gerichtlichen Beschlusses bedarf, mit Eröffnung des Insolvenzverfahrens unwirksam. Die Vorschrift dient daher im Ergebnis vorrangig der Vereinfachung und Erleichterung der Tätigkeit des späteren Insolvenzverwalters und erspart ihm die Risiken und Schwierigkeiten einer Insolvenzanfech-

---

122 OLG Koblenz NJW-RR 1981, 808.
123 LG Chemnitz ZIP 1995, 2007.

tung. Gleichzeitig dient die Vorschrift dazu, Gläubiger von kostenverursachenden, im Ergebnis jedoch dann unwirksam werdenden Zwangsvollstreckungsmaßnahmen in der Krise abzuhalten. Nicht betroffen sind aus- und absonderungsberechtigte Gläubiger, die die Zwangsvollstreckung aus dinglichem Recht betreiben.

Da die Frist des § 88 InsO einen Monat vor Stellung des Insolvenzantrages beginnt und erst mit der Insolvenzeröffnung endet, umfasst die Bestimmung daher auch Vollstreckungsmaßnahmen nach Insolvenzantragstellung, sofern das Gericht von der Möglichkeit der Untersagung von Zwangsvollstreckungsmaßnahmen gem. § 21 Abs. 2 Ziff. 3 InsO keinen Gebrauch gemacht hat. Diese Bestimmung ist allerdings auf bewegliche Gegenstände beschränkt. Nicht erfasst sind Zwangsvollstreckungsmaßnahmen von Massegläubigern, sofern Masseverbindlichkeiten durch einen mit Verwaltungs- und Verfügungsbefugnis ausgestatteten vorläufigen Verwalter begründet worden sein sollten.

2. Umfang der Rückschlagsperre

83 Die Bestimmung umfasst die Zwangsvollstreckung in das gesamte zur Insolvenzmasse gehörende Vermögen.[124] Zwangsvollstreckungsmaßnahmen gegen Dritte sind davon jedoch ebenso wenig betroffen, wie Zwangsvollstreckungsmaßnahmen in das Vermögen, das bei Insolvenzeröffnung nicht vom Insolvenzbeschlag erfasst wurde (z. B. unpfändbarer Teil des Arbeitseinkommens).[125]

Zwangsvollstreckungsmaßnahmen im Sinne von § 88 InsO sind sämtliche Maßnahmen im Rahmen der Zwangsvollstreckung, also Pfändungspfandrechte in bewegliche, unbewegliche Sachen oder an Forderungen, die Eintragung einer Sicherungszwangshypothek, Zwangsvormerkung, Vollzug eines Arrests oder einer einstweiligen Verfügung und Zwangsvollstreckungsmaßnahmen aufgrund von Verwaltungsvollstreckungshandlungen. Maßgebend im Sinne des § 88 InsO ist der erste Insolvenzantrag, sofern er zur Eröffnung des Insolvenzverfahrens führt, selbst wenn dieser zunächst unvollständig war oder bei einem unzuständigen Gericht eingereicht wurde.[126]

Unverständlicherweise erfasst die Bestimmung des § 88 InsO jedoch nur das Erwirken von »Sicherheiten«. Erwirkt der Gläubiger innerhalb der Sperrfrist eine Befriedigung, also mehr als nur eine Sicherheit, ist nach dem Wortlaut der Bestimmung diese nicht mehr umfasst. Insoweit waren die Bestimmungen der §§ 87 Abs. 1 bzw. 104 Abs. 1 VglO, die eine Verpflichtung zur Herausgabe des zur Befriedigung Erlangten vorsahen, weiter gehend. Das Fehlen dieser Regelung in der InsO ist unverständlich, jedoch

---

124 Vgl. die umfassende Darstellung von Grothe, KTS 2001, 2005 ff.
125 Smid, a. a. O., § 88 Rdnr. 6.
126 BayObLG ZIP 2000, 1263.

nach dem Wortlaut der Vorschrift hinzunehmen. Damit unterliegen Maßnahmen, die zu einer Befriedigung des Gläubigers innerhalb der Sperrfrist geführt haben, nicht § 88 InsO, sondern lediglich der Anfechtung, insbesondere wegen inkongruenter Deckung.

Diese Neuregelung wird in ihrer Konsequenz teilweise als unbefriedigend empfunden. Mit der Begründung, nach § 88 InsO entfalle rückwirkend das Pfändungspfandrecht und damit der Rechtsgrund für eine eventuell bereits erhaltene Leistung, wird die Auffassung vertreten, der Gläubiger habe eine innerhalb der Sperrfrist aus einer Vollstreckungsmaßnahme erhaltene Leistung analog nach den Grundsätzen der ungerechtfertigten Bereicherung zur Insolvenzmasse herauszugeben.[127] Dieser Auffassung kann jedoch nach dem Wortlaut des Gesetzes nicht gefolgt werden. Zutreffend weist Griedel[128] darauf hin, mit der Verwertung einer gepfändeten beweglichen Sache und der Erlösauszahlung an den Gläubiger sei der Gegenstand samt eventueller bestehender Surrogate bereits aus dem Vermögen des Schuldners ausgeschieden. Sofern dies vor Eröffnung des Insolvenzverfahrens geschehen sei, gehöre dieser im Zeitpunkt der Eröffnung des Verfahrens nicht mehr zum Vermögen des Schuldners und damit auch gem. § 35 InsO nicht mehr zur Ist-Insolvenzmasse. Damit fehlt eine Tatbestandsvoraussetzung des § 88 InsO.

Dasselbe gilt im Bereich der Forderungspfändung für den gepfändeten Anspruch bzw. das gepfändete Recht, wenn der Drittschuldner den gepfändeten und dem Gläubiger zur Einziehung überwiesenen Anspruch bereits vor Insolvenzeröffnung erfüllt oder der gepfändete Anspruch dem Gläubiger als an Zahlung statt überwiesen wurde. Mit der Verwertung und Erlösauszahlung erlischt das an einer beweglichen Sache bestehende Pfändungspfandrecht.[129] In diesem Fall lediglich anfechtbarer Befriedigung beschränken sich die Rechte des Insolvenzverwalters wohl auf die Geltendmachung des Kostenbetrages nach § 171 InsO.

Angesichts der Möglichkeit der Insolvenzgerichte, gem. § 21 Abs. 2 Nr. 3 InsO Maßnahmen der Zwangsvollstreckung nach Eröffnungsantrag einstweilen einzustellen, ist die gesetzliche Regelung hinnehmbar.

3. Frist

Für die Berechnung der Frist gilt § 139 InsO. Entscheidend ist nicht der Zeitpunkt der Vornahme der Vollstreckungshandlung als solcher, sondern der Zeitpunkt der Erlangung der Sicherheit.

84

---

127 Hellwig, NZI 2000, 460; KS/Henkel, 2. Aufl., S. 827; Haarmeyer/Wutzke/Förster, InsO, 2. Aufl. 1995, § 88 Anm. 4/10; Breuer, NJW 1999, Heft 1 Beilage S. 15.
128 Griedel, Newsletter Insolvenzrecht 2000, Nr. 12, S. 12
129 Baumbach/Lauterbach, Kommentar zur ZPO, 59. Aufl. 2001, § 803 Anm. 2 b.

Bei der Sachpfändung ist dies der Zeitpunkt der Inbesitznahme durch den Gerichtsvollzieher (§ 808 Abs. 1 ZPO), bei Arresten ist dies der Zeitpunkt des Vollzuges (§§ 930 ff. ZPO). Im Falle einer Forderungspfändung ist entscheidend der Zeitpunkt der Zustellung an den Drittschuldner (§ 28 Abs. 3 ZPO). Bei der Immobiliarzwangsvollstreckung wird nicht auf den Zeitpunkt des Eingangs des Antrags beim Grundbuchamt, sondern den der Grundbucheintragung abgestellt.

Eine Erweiterung des Zeitraumes ergibt sich für den Fall der Vorpfändung gem. § 845 ZPO. Selbst wenn diese außerhalb der Sperrfrist erwirkt wurde, ist hier der Zeitpunkt maßgeblich, in dem die Pfändung selbst wirksam wurde, folglich der Zustellungszeitpunkt an den Drittschuldner. Erfolgt diese innerhalb der Sperrfrist, entfaltet die erwirkte Vorpfändung keine Schutzwirkung.

4. Rechtsmittel gegen eine unwirksame Zwangsvollstreckung

85 Die Unwirksamkeit einer erlangten Zwangssicherung ist von Amts wegen zu beachten.[130] Die formale Aufhebung kann durch die Vollstreckungserinnerung nach § 766 ZPO erwirkt werden.

Bei der Immobiliarvollstreckung wird durch die unmittelbare Wirkung des § 88 InsO das Grundbuch unrichtig. Zur Berichtigung des Grundbuches ist ein Antrag des Berechtigten, somit des Insolvenzverwalters, erforderlich.

5. Zwangssicherungshypothek

86 Mit Eröffnung des Insolvenzverfahrens wandelt sich eine im Grundbuch eingetragene Zwangssicherungshypothek in eine Eigentümergrundschuld um,[131] deren Löschung nur der Insolvenzverwalter erwirken kann. Auch wenn sie nicht formgerecht im Sinne von § 29 GBO erfolgt, wird eine Erklärung des Insolvenzverwalters insoweit wirksam.

6. Vollstreckungsverbot (§ 89 InsO)

a) Unzulässigkeit von Vollstreckungsmaßnahmen gem. § 89 InsO

87 Entsprechend der früheren Rechtslage (§§ 14 KO, 47 VglO) sind auch nach § 89 InsO während der Dauer des Insolvenzverfahrens Zwangsvollstreckungsmaßnahmen der Insolvenzgläubiger in die Insolvenzmasse oder in das übrige Vermögen des Schuldners unzulässig.

---

130 KS/Landfermann, S. 138 Rdnr. 39.
131 BayObLG ZIP 2000, 1263, m. Anm. von Hirtzen, EWIR 2000, 887.

Insolvenzgläubiger können ihre Ansprüche nach Eröffnung des Insolvenzverfahrens nur noch durch Anmeldung zur Insolvenztabelle (§§ 174 ff. InsO) geltend machen. Das Verbot der einzelnen Zwangsvollstreckungsmaßnahmen während des Insolvenzverfahrens ist von Amts wegen zu beachten. Betroffen sind alle Insolvenzgläubiger, nachrangige (§ 39 InsO) sowie nicht nachrangige (§ 38 InsO). Für Vollstreckungshandlungen von Massegläubigern gilt § 90 InsO.

Das Vollstreckungsverbot erstreckt sich auf das gesamte Schuldnervermögen. Da gem. § 35 InsO auch ein Neuerwerb des Schuldners während des Insolvenzverfahrens zur Insolvenzmasse gehört (insoweit in Abweichung von der Konkursordnung), erstreckt sich das Vollstreckungsverbot auch hierauf.

b) Sonderregelung § 89 Abs. 2 InsO für künftige Dienstbezüge

Eine Sonderregelung enthält § 89 Abs. 2 InsO. Danach ist die Zwangsvollstreckung durch Gläubiger, auch wenn diese keine Insolvenzgläubiger sind, in künftige Dienstbezüge des Schuldners auch für die Zeit nach Beendigung des Insolvenzverfahrens generell unzulässig. Mit dieser Bestimmung soll sichergestellt werden, dass sowohl während der Laufzeit des Insolvenzverfahrens als auch für den Fall eines sich anschließenden Restschuldbefreiungsverfahrens finanzielle Mittel zur Befriedigung aller Gläubiger zur Verfügung stehen.

88

Die besondere Fürsorgepflicht des Gesetzgebers macht es allerdings erforderlich, von dieser Einschränkung Unterhaltsansprüche und Zwangsvollstreckungsmaßnahmen wegen einer vorsätzlichen unerlaubten Handlung in den unpfändbaren Teil der Bezüge auszunehmen.

c) Rechtsmittel

Für Einwendungen über die Unzulässigkeit von Vollstreckungsmaßnahmen ist nunmehr gem. § 89 Abs. 3 Satz 1 InsO nicht das Vollstreckungsgericht, sondern aufgrund des Sachzusammenhangs das Insolvenzgericht umfassend zuständig. Antragsberechtigt ist grundsätzlich der Insolvenzverwalter, bei Pfändungs- und Überweisungsbeschlüssen auch der Drittschuldner.[132]

89

Die Geltendmachung der Unzulässigkeit erfolgt durch Vollstreckungserinnerung nach § 766 Abs. 1 Satz 1 ZPO, gegen die sofortige Beschwerde zulässig ist.[133] Bei einem Streit darüber, ob ein Gegenstand der Masse zuzurechnen ist oder nicht, kann der Verwalter Drittwiderspruchsklage erheben (§ 771 ZPO). Auch für einstweilige Anordnungen ist nach der Begründung zum Regierungsentwurf das Insolvenzgericht zuständig.[134]

---

132 MK-InsO/Breuer, § 89 Rdnr. 39.
133 Balz/Landfermann, § 89, BegrRegE zu § 100.
134 Balz/Landfermann, a. a.O, § 89.

VII. Vollstreckungsverbot bei Masseverbindlichkeiten (§ 90 InsO)

1. Eröffnung trotz geringer Masse

90 Eines der Hauptanliegen des Gesetzgebers bei der Neuregelung der insolvenzrechtlichen Vorschriften war es, die Anzahl der Ablehnungen von Insolvenzanträgen mangels Masse zu reduzieren. Dem wird insbesondere dadurch Rechnung getragen, dass bei der Entscheidung über die Eröffnung des Verfahrens nicht mehr die Masseschulden, sondern nur noch die Massekostendeckung gewährleistet sein muss (§ 26 Abs. 1 Satz 1 InsO).

Der Gesetzgeber erhoffte sich dadurch eine Erhöhung der Anzahl der Verfahrenseröffnungen. Er nahm dabei bewusst in Kauf, dass es vermehrt zur Eröffnung massearmer, wenn nicht sogar fast masseloser Verfahren, kommen würde. Die Eröffnung dieser Insolvenzverfahren wurde dennoch gewollt, um die Abwicklung und Überprüfung im Rahmen eines gerichtsförmlichen Verfahrens zu gewährleisten. Darüber hinaus ergeben sich häufig erst im Laufe der Tätigkeit des Insolvenzverwalters hinreichende Ansatzpunkte für Anfechtungsansprüche oder sonstige Ersatzansprüche, durch deren Durchsetzung Masse geschaffen werden kann.

Für den Verwalter bedeutet dies ein erhöhtes Risiko und eine enorme Kostenbelastung. Er wird zum Verwalter bestimmt, obwohl ihm bereits im Vorfeld häufig bekannt ist, dass die zur Verfügung stehende Masse allenfalls die anfänglichen Verfahrenskosten abdecken würde.

Die durch das Gesetz eindeutig gewährte Möglichkeit, durch die Gewährung von Prozesskostenhilfe Rechtsstreite zur Anreicherung der Insolvenzmasse einleiten zu können (§ 116 Nr. 1 ZPO), wird häufig durch die Gerichte nicht unterstützt. Insbesondere hat sich offensichtlich die Intention des Gesetzgebers,[135] die allerdings in dem Gesetzeswortlaut selbst ausdrücklich keinen Niederschlag gefunden hat, in der gerichtlichen Praxis bislang nicht durchsetzen können. Der erklärte Wille des Gesetzgebers war es, mit Einführung der Prozesskostenhilfe in § 116 ZPO gerade auch den Insolvenzverwalter in die Lage zu versetzen, Rechtsstreite zu führen, um nicht denjenigen Insolvenzschuldner zu belohnen, dem es im Vorfeld des Insolvenzverfahrens gelingen konnte, durch vorsätzliche Schädigung der Insolvenzmasse eine Prozessführung mangels finanzieller Mittel unmöglich zu machen. Die Erfahrung zeigt, dass die entgegen dem Gesetzeswillen restriktiv gehandelte Prozesskostenhilfepraxis der Instanzgerichte in erster Linie den Gesellschaftern und Geschäftsführern zugute kommt, gegen die berechtigte Ersatzansprüche aus vorsätzlicher Schädigung der Gläubiger bestehen.

---

135 Zöller, a. a. O., § 116 Rdnr. 1; BGH NJW 1991, 40 f.

Offensichtlich erkannte der Gesetzgeber, dass diese wenigen vorgenannten Maßnahmen letztlich nicht ausreichend waren. Es wurde daher erörtert, wie eine nicht ausreichende Insolvenzmasse im übergeordneten Interesse vor Einzelzugriffen geschützt werden könne. Nach langwierigen Diskussionen ergab sich als Ansatzpunkt hierfür eine Unterscheidung zwischen den so genannten »oktroyierten« Masseverbindlichkeiten, also solchen Masseverbindlichkeiten, die als »aufgedrängte« Masseverbindlichkeiten ohne ein Zutun des Insolvenzverwalters erwachsen[136] und den durch positives Handeln des Insolvenzverwalters entstandenen Masseverbindlichkeiten.

Zu den oktroyierten Masseverbindlichkeiten gehören insbesondere Verbindlichkeiten aus Dauerschuldverhältnissen (beispielsweise Miet- oder Arbeitsverhältnisse), die nach Eröffnung des Insolvenzverfahrens weiter bestehen. Im Gegensatz dazu stehen die nicht oktroyierten Masseverbindlichkeiten, auch »gewillkürte Masseverbindlichkeiten« genannt, die durch Handlungen des Insolvenzverwalters entstehen. Hierzu gehören zum Beispiel vom vorläufigen Insolvenzverwalter im Rahmen der vorläufigen Insolvenzverwaltung übernommene Kosten für Telekommunikation oder Versorgung mit Strom und Gas.

Den letzteren sollte ein Vorrang eingeräumt werden, zumal insoweit das Vertrauen in den Insolvenzverwalter und der mit seinem Wissen und Wollen begründeten Masseverbindlichkeiten nicht untergraben werden sollte.

Die letztlich gefundene Regelung stellt eine Kompromisslösung dar. Die Zwangsvollstreckungsmaßnahmen wegen aller Masseverbindlichkeiten, die nicht durch eine Rechtshandlung des Insolvenzverwalters begründet wurden, sind nunmehr für die Dauer von 6 Monaten ab der Eröffnung des Insolvenzverfahrens unzulässig. Eine sachliche Begründung für die Frist von 6 Monaten besteht nicht. Die Festlegung dieser Zeitdauer stellt einen Kompromiss dar.

2. Dauerschuldverhältnisse

Bezüglich der vom Insolvenzverwalter vorgefundenen Dauerschuldverhältnisse wird wie folgt unterschieden.

- Als Masseverbindlichkeiten im Sinne des § 90 InsO gelten nicht die Ansprüche aus einem gegenseitigen Vertrag, deren Erfüllung der Verwalter gewählt hat (§ 90 Abs. 2 Nr. 1 InsO). Dies entspricht einem Erfüllungsverlangen im Sinne von § 103 InsO.[137]
- Masseverbindlichkeiten, die aus einem Dauerschuldverhältnis resultieren und nach dem ersten Termin fällig werden, zu dem der Verwalter hätte kündigen können, stellen gem. § 90 Abs. 2 Satz 2 InsO ebenfalls keine Verbindlichkeiten im Sinne von § 90 Abs. 1 InsO dar, die einem Vollstreckungsverbot unterliegen. Dem liegt die Überlegung zugrunde, dass der

91

---

136 Balz/Landfermann, a. a. O., § 90, Ausschussbericht zu § 101.
137 Smid, a. a. O., § 90 Rdnr. 6.

Insolvenzverwalter bei Vorfinden solcher Verpflichtungen sich dann entscheiden muss, ob er diese zum ersten möglichen Kündigungszeitpunkt kündigt oder das Dauerschuldverhältnis weiterführt. Durch die Unterlassung der Kündigung setzt der Insolvenzverwalter bei dem Vertragspartner einen Vertrauenstatbestand dahingehend, dass er die Verträge weiterführen will, ohne jedoch seine besonderen Kündigungsrechte zu verlieren. Als erstmöglichen Kündigungszeitpunkt gilt der Zeitpunkt, in dem der Insolvenzverwalter ohne fahrlässige Unkenntnis die Informationen über das Schuldverhältnis erlangen konnte und die rechtlich gebotenen Maßnahmen hätte veranlassen können.[138]

- Des Weiteren erfasst § 90 Abs. 2 Ziff. 3 InsO die Ansprüche aus Dauerschuldverhältnissen, soweit der Verwalter für die Insolvenzmasse die Gegenleistung in Anspruch nimmt. Diese Vorschrift umfasst auch bereits die Gegenleistungen bis zum erstmöglichen Kündigungstermin.
  Diese Vorschrift wird insbesondere dann relevant, wenn der Insolvenzverwalter zwar die Arbeitsverhältnisse zum nächst zulässigen Zeitpunkt gekündigt hat, er jedoch bis dahin die Arbeitskraft, beispielsweise mangels betrieblicher Beschäftigungsmöglichkeit, nicht in Anspruch nimmt. Nimmt er die Arbeitskraft in Anspruch, muss er die Gegenleistung aus der Masse bezahlen und die Insolvenzmasse verdient keinen Schutz vor Zwangsvollstreckungsmaßnahmen, da die Masse sowieso mit den Verpflichtungen belastet ist. Nimmt er jedoch die Gegenleistung nicht in Anspruch, ist die Insolvenzmasse, wenn auch nur auf die Dauer von 6 Monaten ab Insolvenzeröffnung, vor Zwangsvollstreckungsmaßnahmen geschützt.

- Zu beachten ist in diesem Zusammenhang die Neuregelung des § 55 Abs. 3 InsO durch das Gesetz zur Neuordnung der Insolvenzordnung vom 26. Oktober 2001, in Kraft getreten zum 1. Januar 2002.[139] Sie privilegiert die Insolvenzmasse dahingehend, dass die Insolvenzgeldansprüche und die durch die Insolvenzgeldversicherung abgedeckten Gesamtsozialversicherungsbeiträge, die gem. § 187 SGB III auf die BfA übergehen, nur als Insolvenzforderungen geltend gemacht werden können.
  Der vorläufig »starke« Insolvenzverwalter kann somit für den Insolvenzgeldzeitraum die Arbeitskraft der Mitarbeiter des Schuldners in Anspruch nehmen, ohne dass die Masse hierdurch mit Masseverbindlichkeiten belastet wird, die ein Weiterführen des Geschäftsbetriebs des Schuldners von vornherein unmöglich machen würden.

- Der Vollstreckungsschutz ist von Amts wegen zu berücksichtigen. Dagegen verstoßende Vollstreckungsmaßnahmen sind jedoch nicht nichtig. Statthafter Rechtsbehelf ist die Vollstreckungserinnerung gem. § 766 ZPO. Zuständig hierfür ist nach zutreffender Auffassung das Insolvenzgericht kraft Sonderzuständigkeit (Analogie zur Begründung zu § 101).[140]

---

138 MK-InsO/Breuer, § 90 Anm. 19.
139 BGBl. I 2001, Nr. 54.
140 RegE BR-Drucks. 1/92, S. 138.

Gem. § 90 Abs. 1 InsO besteht ein Vollstreckungsverbot für die Dauer von sechs Monaten seit der Eröffnung des Insolvenzverfahrens. Das Insolvenzverfahren wird zu dem Zeitpunkt eröffnet, welcher in dem Eröffnungsbeschluss als Eröffnungszeitpunkt angegeben wurde. Ab diesem Zeitpunkt beginnt die Frist des § 90 Abs. 1 InsO zu laufen.[141] zur Fristberechnung sind mangels besonderer Regelungen in der Insolvenzordnung die allgemeinen Vorschriften heranzuziehen.

- Wann eine Vollstreckungsmaßnahme in die Sechsmonatsfrist des § 90 InsO fällt, ist umstritten. Es wird die Auffassung vertreten, dass jede Vollstreckung, deren Beginn in der Sechsmonatsfrist liegt, von dem Vollstreckungsverbot des § 90 InsO erfasst ist.[142] Nach anderer Auffassung ist der Tag maßgeblich, an dem der Zugriff auf die Insolvenzmasse durch die Vollstreckungsmaßnahme erfolgen soll.[143]

Sinn und Zweck der Vorschrift ist gemäß des Ausschussberichts zu § 101 Abs. 1,[144] »dem Insolvenzverwalter in der ersten Phase des Verfahrens Bewegungsspielraum zu verschaffen«. Um einen Interessenausgleich zwischen den berechtigten Ansprüchen der Gläubiger und der Intention der Insolvenzordnung herzustellen, erscheint es auch aus Gründen der Rechtssicherheit geboten, der Auffassung den Vorzug zu geben, die darauf abstellt, den Tag des Zugriffs auf die Masse durch die Vollstreckungshandlung als maßgeblich zu erachten. Es ist danach allen Beteiligten möglich, im Rahmen eines festgelegten Zeitraums ihre Rechte zu wahren und gegebenenfalls durchzusetzen.

Nach Ablauf der Sechsmonatsfrist ist es allen Massegläubigern wieder möglich, in das Massevermögen zu vollstrecken. Zu berücksichtigen ist hierbei jedoch das Vollstreckungsverbot wegen Masseinsuffizienz nach § 210 InsO und das Vollstreckungsverbot für Sozialplangläubiger nach § 123 Abs. 3 Satz 2 InsO.

F. Rechtsmittel in der Insolvenzordnung

I. Sofortige Beschwerde

1. Allgemein

Grundsätzlich ist gegen Entscheidungen des Insolvenzgerichts gem. § 6 InsO die sofortige Beschwerde zulässig, sofern die Insolvenzordnung dieses konkret vorsieht. Die sofortige Beschwerde ist nur statthaft in den in der In-

---

141 MK-InsO/Breuer, § 90 Rdnr. 15; a. A. Uhlenbruck, ZInsO 2001, 977.
142 HK-InsO/Eickmann, § 90 Rdnr. 8.
143 MK-InsO/Breuer, a. a. O.
144 Balz/Landfermann, a. a. O., § 90, Ausschussbericht zu § 101 Abs. 1.

solvenzordnung genannten Fällen. Auf eine Aufzählung soll hier verzichtet werden. Es wird insofern auf die einschlägige Kommentierung verwiesen.[145]

Durch das Gesetz zur Änderung der Insolvenzordnung und anderer Gesetze vom 26. 10. 2001, in Kraft getreten am 01. 01. 2002[146] wurden die Beschwerdemöglichkeiten des Schuldners gegen Maßnahmen der vorläufigen Sicherung gem. § 21 InsO erheblich erweitert. Dem Schuldner steht nunmehr gegen Maßnahmen der vorläufigen Sicherung des Vermögens des Schuldners, die vom Insolvenzgericht nach § 21 InsO angeordnet wurden, nach dem neueingefügten § 21 Abs. 1 Satz 2 InsO die Möglichkeit der sofortigen Beschwerde offen. Vor Inkrafttreten des Gesetzes zur Änderung der Insolvenzordnung war dem Schuldner diese Möglichkeit verschlossen.

Das Rechtsmittel der sofortigen Beschwerde ist gegen Entscheidungen des Insolvenzrichters statthaft. Das Verfahren richtet sich nach den §§ 567 ff ZPO, sofern nicht die Insolvenzordnung anderes vorschreibt. Gem. § 569 Abs. 2 ZPO ist die Beschwerdeschrift beim Insolvenzgericht einzulegen. In dringenden Fällen kann dies direkt beim Beschwerdegericht geschehen. Beschwerdegericht ist gem. § 72 GVG das Landgericht. Gem. § 570 ZPO kann in der Beschwerde neuer Tatsachenvortrag und Beweisantritt erfolgen. Auch in der Beschwerdeinstanz ist der Amtsermittlungsgrundsatz nach § 5 InsO anzuwenden.[147]

In § 6 Abs. 2 Satz 2 InsO war dem Insolvenzgericht abweichend von § 577 Abs. 3 ZPO die Möglichkeit eröffnet, der Beschwerde abzuhelfen. Durch das Reformgesetz zur ZPO[148] wurde diese Möglichkeit dem Insolvenzgericht wieder genommen. Unabhängig davon kann jedoch gegen Entscheidungen des Rechtspflegers die Erinnerung gem. § 11 RpflG eingelegt werden.

Einfache Beschwerde gegen Entscheidungen des Insolvenzgerichts ist dann über die Regelung des § 6 InsO hinaus möglich, wenn es sich um Beschlüsse handelt, die nicht unmittelbar das Insolvenzverfahren betreffen.[149] Insofern ist die Regelung des § 6 InsO nicht abschließend.

Nach h. M. und Rspr. ist die Beschwerde jedoch auch in gewissen sonstigen Fällen zulässig, in denen das Gesetz dies nicht vorsieht. Dies ist immer dann der Fall, wenn die Entscheidung des Gerichts wegen greifbarer Gesetzeswidrigkeit einer instanzgerichtlichen Überprüfung bedarf.[150] Greifbare Gesetzwidrigkeit liegt dann vor, wenn die angefochtene Entscheidung mit der geltenden Rechtsordnung schlechthin unvereinbar ist, weil sie jeder gesetzlichen Grundlage entbehrt und inhaltlich dem Gesetz fremd ist.[151]

---

145 FK-InsO/Schmerbach, § 6 Rdnr. 10; Smid, a. a. O., § 6 Rdnr. 10; MK-InsO/Ganter, § 6 Rdnr. 6.
146 BGBl. I 2001, Nr. 54.
147 FK-InsO/Schmerbach, § 6 Rdnr. 23.
148 BGBl. I 2001, S. 1887.
149 FK-InsO/Schmerbach, § 6 Rdnr. 27.
150 BGHZ 119, 372, 374; MK-InsO/Ganter, § 6 Rdnr. 70.
151 BGH a. a. O.

Maier

2. Beschwerdefrist

Die Frist für die Einlegung der sofortigen Beschwerde beträgt nach § 569 Abs. 1 Satz 1 ZPO zwei Wochen. Es handelt sich hierbei um eine Notfrist gem. § 224 ZPO. Abweichend von § 569 Abs. 1 Satz 2 ZPO beginnt die Notfrist mit der Verkündung der Entscheidung oder wenn die Entscheidung nicht verkündet wird, mit der Zustellung der Entscheidung (§ 6 Abs. 2 InsO).

93

3. Keine aufschiebende Wirkung

Die sofortige Beschwerde hat grundsätzlich keine aufschiebende Wirkung (§ 570 Abs. 1 ZPO).

94

4. Sofortige Beschwerde in Einzelfällen

a) Vorläufige Postsperre

Mit der Neuregelung entfällt die bisher anerkannte Möglichkeit der sofortigen Beschwerde gegen die vorläufige Postsperre gem. § 21 Abs. 2 Nr. 4 InsO in analoger Anwendung des §§ 99 Abs. 3 InsO. Dem Schuldner steht nunmehr unmittelbar die Möglichkeit der Einlegung der Beschwerde gem. § 21 Abs. 1 Satz 2 InsO offen.

95

Eine aufschiebende Wirkung bezüglich der getroffenen Maßnahmen hat die sofortige Beschwerde gem. § 570 Abs. 1 ZPO jedoch nicht.

b) Eröffnung-/Abweisungsbeschluss

Gegen den Eröffnungsbeschluss auf Antrag des Gläubigers steht dem Schuldner gem. §§ 6, 34 Abs. 2 InsO ebenfalls das Rechtsmittel der sofortigen Beschwerde zu.

96

Gegen den Eröffnungsbeschluss steht dem Schuldner jedoch dann nicht das Rechtsmittel der sofortigen Beschwerde zu, wenn er den Antrag auf Eröffnung des Insolvenzverfahrens selbst gestellt hat. Insofern ist er durch den Eröffnungsantrag nicht beschwert.

Bei Ablehnung des Antrags auf Eröffnung des Insolvenzverfahrens ist zu unterscheiden. Die entsprechenden Regelungen trifft § 34 Abs. 1 InsO. Gegen den Beschluss, das Insolvenzverfahren nicht zu eröffnen, steht nur dem Antragsteller das Recht zu, gegen diesen Beschluss sofortige Beschwerde einzulegen. Erfolgt die Abweisung des Eröffnungsantrages mangels Masse nach § 26 InsO, steht dem Schuldner darüber hinaus ebenfalls gegen diesen Beschluss die sofortige Beschwerde zu. Dies liegt darin begründet, dass der Schuldner durch eine Abweisung mangels Masse entsprechend beschwert

Maier

ist, da gem. § 26 Abs. 2 InsO dies in ein Schuldnerverzeichnis einzutragen ist. Da hier die Löschungsfrist 5 Jahre beträgt, und der Eintrag im Schuldnerverzeichnis erhebliche Beschränkungen im Geschäftsleben des Schuldners mit sich bringt, ist durch die Möglichkeit der sofortigen Beschwerde dem Rechtsschutzbedürfnis des Schuldners hinreichend Rechnung zu tragen.

II. Rechtsbeschwerde

97 Durch die ebenfalls zum 01. 01. 2002 in Kraft getretene ZPO-Novelle ist gegen die Entscheidung über die sofortige Beschwerde die Rechtsbeschwerde gem. den §§ 574–577 ZPO zulässig. Nach der Reform des Zivilprozessrechts ist für die Rechtsbeschwerde der Bundesgerichtshof zuständig (§ 133 GVG).

Nach § 574 Abs. 1 ZPO ist die Rechtsbeschwerde dann statthaft, wenn zum einen dies im Gesetz ausdrücklich bestimmt ist oder zum anderen das Beschwerdegericht die Rechtsbeschwerde in dem angefochtenen Beschluss zugelassen hat (§ 574 Abs. 1 Nr. 1, 2 ZPO). In den Fällen, in denen die Rechtsbeschwerde im Gesetz ausdrücklich bestimmt ist, werden gem. § 574 Abs. 2 ZPO weitere Voraussetzungen für die Statthaftigkeit gefordert. Im Falle der Rechtsbeschwerde nach § 7 InsO ist § 574 Abs. 2 ZPO regelmäßig anzuwenden, da § 7 InsO per Gesetz die Rechtsbeschwerde zulässt.

Voraussetzung für die Statthaftigkeit der Rechtsbeschwerde ist damit, dass die Rechtssache grundsätzliche Bedeutung hat (§ 574 Abs. 2 Nr. 1 ZPO). Nach § 574 Abs. 2 Nr. 2 ZPO ist die Rechtsbeschwerde ebenfalls statthaft, wenn die Fortbildung des Rechts oder die Sicherung einer einheitlichen Rspr. eine Entscheidung des Rechtsbeschwerdegerichts erfordert.

Das Rechtsbeschwerdegericht, nach neuer Regelung somit der BGH, prüft von Amts wegen, ob die Voraussetzungen der Statthaftigkeit der Rechtsbeschwerde vorliegen (§ 577 Abs. 1 ZPO). Die Neuregelung des Rechtsbeschwerderechts verzichtet somit auf den nach § 7 InsO a. F. vorgesehenen Antrag auf Zulassung der sofortigen weiteren Beschwerde. Die Rechtsbeschwerde wird damit durch die neuen Regelungen erleichtert.[152]

Die Neuregelung des Rechtsbeschwerderechts ist in der Literatur auf weitreichende Kritik gestoßen.[153] Es wird insbesondere befürchtet, dass die bisherige Vereinheitlichung der Rspr. durch die Oberlandesgerichte als Instanzen für die sofortige weitere Beschwerde gefährdet ist, da durch die neue Regelung die bisherigen Grundsatzentscheidungen der Oberlandesgerichte im weiteren Beschwerdeverfahren nunmehr beim BGH neu entschieden werden können. Grundsätzliche Entscheidungen des BGH liegen naturgemäß

---

152 Kirchhof, ZinsO 2001, 729.
153 Kirchhof, a. a. O.; Pape, ZinsO 2001, 777 ff.

Maier

noch nicht vor.¹⁵⁴ Ob die richtungsweisenden Entscheidungen der Oberlandesgerichte in den Rechtsbeschwerdeverfahren vom BGH tatsächlich aufgehoben werden oder ob die Länder zur Beibehaltung der einheitlichen Rspr. von der Möglichkeit nach § 119 Abs. 3 Satz 2 GVG Gebrauch machen und als Beschwerdeinstanz gegen Entscheidungen der Insolvenzgerichte die Oberlandesgerichte einsetzen, wird die Zukunft zeigen.

G. Auskunftserteilung im Insolvenzverfahren

I. Recht auf Akteneinsicht

Nach § 4 InsO sind die Vorschriften der ZPO für das Insolvenzverfahren entsprechend anzuwenden. Hierunter fällt auch das Recht auf Akteneinsicht gem. § 299 ZPO. Hierbei können insbesondere für den Rechtsanwalt, der entweder als Verwalter bzw. vorläufiger Verwalter oder auch nur als Gutachter eingesetzt ist, sowie für den Gläubigervertreter unterschiedliche Interessenprobleme auftreten.

98

Für einen Gläubiger des Schuldners ist vorrangig von Interesse, zu erfahren, ob über das Vermögen des, ggf. auch zukünftigen, Geschäftspartners ein Antrag auf Eröffnung des Insolvenzverfahrens gestellt worden ist bzw. welches Ergebnis das Gutachten bezüglich der Vermögensverhältnisse des Schuldners erbracht hat. Für den Verwalter stellt sich die Frage, welche Informationen er wann und an wen herausgeben darf. Für den Gläubigervertreter ist von großem Interesse, wie er an für ihn und seinen Mandanten dienliche Informationen gelangt.

II. Auskunftsberechtigte Personen

Gesetzliche Grundlage ist zunächst § 299 ZPO. Hiernach sind die Parteien berechtigt, die Prozessakten einzusehen oder sich durch die Geschäftsstelle Ausfertigungen, Auszüge und Abschriften erteilen zu lassen. § 299 ZPO war bereits im Rahmen der Konkursordnung uneingeschränkt anwendbar.¹⁵⁵ Die Einsicht ist jedoch lediglich den Parteien zu gestatten.

99

Im Insolvenzeröffnungsverfahren sind als Parteien regelmäßig ausschließlich der Antragsteller und der Schuldner anzusehen. Sofern das Insolvenzgericht keine vorläufigen Sicherungsmaßnahmen nach § 21 InsO angeordnet

---

154 Pape, a. a. O.
155 Hess, a. a. O., § 72 Rdnr. 3.

hat, sind nur diese beiden Beteiligten auskunftsberechtigte Personen nach § 299 Abs. 1 ZPO.

Nach einer im Schrifttum vertretenen Meinung soll dann etwas anderes gelten, wenn der Schuldner einen Eigenantrag gestellt hat.[156] Der Schuldner würde durch die Stellung des Antrages den Schutz seiner informellen Selbstbestimmung aufgeben. Dieser Auffassung kann jedoch nicht gefolgt werden. Durch den Eigenantrag auf Eröffnung des Insolvenzverfahrens über sein Vermögen verzichtet der Schuldner keineswegs auf den Schutz seines informellen Selbstbestimmungsrechts, um sich einer umfänglichen Auskunftserteilung ohne nachgewiesenes rechtliches Interesse des Auskunftsbegehrenden zu begeben.[157]

Vielmehr ist auch in einem solchen Fall die Regelung des § 299 Abs. 2 ZPO anzuwenden. Alle anderen Personen sind nicht Parteien sondern lediglich Dritte. Dies bedeutet, das sie für die Einsicht in die Akten ein hinreichendes rechtliches Interesse glaubhaft machen müssen. Die bloße Behauptung eines Anspruchs gegen den Schuldner ist hierzu jedoch nicht ausreichend. Vielmehr muss der Auskunftsbegehrende sein rechtliches Interesse anhand der Vorlage entsprechender Unterlagen belegen. Hierzu sollte zumindest die Übersendung in Kopie erfolgen.

III. Rechtliches Interesse

100 Das rechtliche Interesse bei Auskunftsbegehren im Eröffnungsverfahren ist dann regelmäßig zu bejahen, wenn der Dritte glaubhaft machen kann, im eröffneten Insolvenzverfahren Insolvenzgläubiger zu sein.[158]

Gelingt dem Dritten der Nachweis, eine Forderung gegen den Schuldner zu haben, ist das Gericht verpflichtet Auskunft darüber zu erteilen, ob ein Insolvenzverfahren eröffnet ist oder nicht.[159] Es handelt sich insoweit nicht um eine Akteneinsicht gem. § 299 ZPO sondern um eine nicht in § 299 ZPO geregelte Registerauskunft.[160]

---

156 Kuhn/Uhlenbruck, a. a. O., § 72 Rdnr. 4.
157 Vgl. grundlegend Keller, Newsletter Insolvenzrecht 2001, Nr. 10/11, S. 3 ff.
158 MK-InsO/Ganter, § 4 Rdnr. 63 m. w. N.
159 OLG Brandenburg ZinsO 2001, 850 ff.
160 OLG Brandenburg a. a. O.

Maier

IV. Zeitpunkt des Auskunftsbegehrens

Bei Anordnung von zu veröffentlichenden Sicherungsmaßnahmen im Eröffnungsverfahren gem. §§ 21, 23 InsO entfällt bezüglich dieser Tatsachen selbstredend eine weitere Zurückhaltung der Information gegenüber Dritten, da die Maßnahmen bereits der Allgemeinheit zur Kenntnis gebracht worden sind. Hier ist der Nachweis eines besonderen rechtlichen Interesses nicht mehr notwendig und die Auskunftserteilung kann auch telefonisch erfolgen oder der Interessent kann auf die entsprechenden Veröffentlichungen verwiesen werden.

101

Im Falle der Abweisung des Verfahrens mangels Masse hat der Gläubiger kein Einsichtsrecht in das Gutachten, wenn damit nur eine Haftung des ehemaligen Geschäftsführers des Schuldners ermittelt werden soll.[161] Der Auskunftsuchende kann weiterhin an das örtlich geführte Schuldnerverzeichnis verwiesen werden, da die Fälle der Abweisung des Antrages auf Eröffnung des Insolvenzverfahrens mangels Masse dort eingetragen werden.

Nach Eröffnung des Insolvenzverfahrens kann zu bereits veröffentlichten Tatsachen ohne weiteres Auskunft erteilt werden. Bei nicht veröffentlichten Tatsachen, die sich aus der Insolvenzakte ergeben, findet jedoch nach wie vor § 299 Abs. 2 ZPO Anwendung.[162]

Aufgrund des Nachweises eines rechtlichen Interesses zur Einsicht in die Akte gem. § 299 Abs. 2 ZPO sollte ein Auskunftsersuchen stets schriftlich unter Beifügung der entsprechenden Kopien erfolgen. Dies gilt gleichwohl für ein Ersuchen bei Gericht wie bei dem -vorläufigen- Insolvenzverwalter.

H. Die Insolvenzmasse

Den wesentlichen Umfang der bei Eröffnung des Insolvenzverfahrens in Beschlag genommenen Insolvenzmasse regeln die §§ 35, 36 InsO.

102

Nach der Legaldefinition des § 35 InsO ist durch das Insolvenzverfahren das gesamte Vermögen, das dem Schuldner zur Zeit der Eröffnung des Verfahrens gehört und das er während des Verfahrens erlangt, vom Insolvenzbeschlag umfasst. Ausgenommen davon sind gem. § 36 InsO die unpfändbaren Gegenstände. Hier sind die Regelungen der §§ 811 ff. sowie 850 ff. ZPO entsprechend zu beachten. Trotz gesetzlicher Unpfändbarkeit sind jedoch die in § 36 Abs. 2 InsO genannten Gegenstände und Sachen Teil der Insolvenzmasse. Maßgeblich ist dabei, dass der Schuldner Eigentümer der Masse bleibt. Der Insolvenzmasse erwächst keine eigene Rechtspersönlichkeit.

---

161 OLG Brandenburg ZIP 2001, 1922 ff.
162 Keller a. a. O.

I. Soll-/Ist-Masse

103 Die Definition der Insolvenzmasse in § 35 InsO bezieht sich auf die so genannte Sollmasse. Im Gegensatz zur Istmasse, welche die Masse umfasst, die der Insolvenzverwalter zum Zeitpunkt der Eröffnung des Verfahrens in seine Verwaltung nimmt, umfasst die Sollmasse zusätzlich noch die zu realisierenden Forderungen und Ansprüche, welche im Laufe des Insolvenzverfahrens noch zur Insolvenzmasse gezogen werden müssen.[163]

In die Insolvenzmasse fallen auch die Vermögenswerte, die der Schuldner während des Verfahrens erlangt. Erwirbt der Insolvenzverwalter somit im Laufe des Insolvenzverfahrens Vermögenswerte für die Schuldnerin, so fallen diese automatisch mit in die Insolvenzmasse.[164] Darüber hinaus fallen aber auch die Vermögenswerte, die der Schuldner selbst im Insolvenzverfahren erwirbt in die Insolvenzmasse, sofern sie nicht von den Unpfändbarkeitsregeln des § 36 InsO betroffen sind. Dies gilt auch für Vermögenswerte, die der Schuldner von dem unpfändbaren Teil seines Vermögens erwirbt.

> **Trotz Unpfändbarkeit gehören jedoch zur Insolvenzmasse:**
> - die Geschäftsbücher des Schuldners (§ 36 Abs. 2 Nr. 1 InsO),
> - bei landwirtschaftlichen Betrieben oder vom Schuldner betriebenen landwirtschaftlichen Unternehmungen, die zum Wirtschaftsbetrieb erforderlichen Geräte und Viehbestände gem. § 811 Abs. 1 Nr. 4 ZPO,
> - gem. § 11 Abs. 1 Nr. 9 die zum Betrieb einer Apotheke unentbehrlichen Geräte, Gefäße und Waren.

Dies liegt darin begründet, dass es sich hierbei um für den Geschäftsbetrieb unentbehrliche Vermögensgegenstände handelt. Wären diese nicht vom Insolvenzbeschlag belegt, wäre es dem Insolvenzverwalter regelmäßig unmöglich, den Geschäftsbetrieb weiter aufrechtzuerhalten oder ihn im Ganzen zu veräußern.

II. Auslandsvermögen

104 Da das gesamte Vermögen des Schuldners zur Insolvenzmasse gehört, rechnen hierzu auch Vermögenswertpositionen, die sich im Ausland befinden. Es gilt insoweit das Universalitätsprinzip.[165] Der Insolvenzverwalter muss, gegebenenfalls unter Mithilfe des Schuldners, auch hier versuchen, den im

---

163 MK-InsO/Lwowski, § 35 Rdnr. 19 f.
164 FK-InsO/Schulz, § 35 Rdnr. 4 ff.
165 BGHZ 88, 147, 150.

Ausland belegenen Teil der Masse in Besitz zu nehmen und diese entsprechend zu verwerten.

Entsprechende internationale Abkommen hierzu stehen bislang noch aus. Lediglich im Mitgliedsraum der Europäischen Union wurde ein europäisches Insolvenzabkommen geschlossen.[166] Das Abkommen tritt jedoch erst am 31. 05. 2002 in Kraft.

Das europäische Insolvenzabkommen (EGInsO) regelt insbesondere in Art. 16 die gegenseitige Anerkennung von Insolvenzverfahren. Art. 102 EGInsO bestimmt, dass ein ausländisches Insolvenzverfahren grundsätzlich auch das im Inland befindliche Vermögen des Schuldners mitumfasst. Entsprechende Ausnahmetatbestände ergeben sich aus Art. 102 Abs. 1 Satz 2 EGInsO.

III. Neugläubiger

1. Neugläubiger während des Insolvenzverfahrens

Die Insolvenzmasse steht ausschließlich zur Befriedigung der Gläubiger zur Verfügung, die bereits zum Zeitpunkt der Eröffnung des Insolvenzverfahrens einen begründeten Vermögensanspruch gegen den Schuldner haben. Dies ist in § 38 InsO positiv definiert.

105

Unter Neugläubigern versteht man solche Gläubiger des Schuldners, die nach Eröffnung des Insolvenzverfahrens und vor Abschluss des Insolvenzverfahrens gegen den Schuldner eine Forderung erlangen.

a) Schuldrechtliche/Deliktische Forderungen

Eine solche Forderung kann aufgrund eines schuldrechtlichen Vertrages zwischen dem Neugläubiger und dem Schuldner zustande gekommen sein. In Frage kommen jedoch auch Ansprüche aus deliktischen Handlungen.

106

Aufgrund der Legaldefinition des § 38 InsO gelten diese Neugläubiger nicht als Insolvenzgläubiger, so dass die Insolvenzmasse nicht zur Befriedigung ihrer Forderungen zur Verfügung steht. Aus diesem Grunde verbleibt den Neugläubigern zur Befriedigung ihrer Forderungen lediglich der Zugriff auf das insolvenzfreie Vermögen des Schuldners.[167] Erst nach Abschluss des Insolvenzverfahrens steht ihnen dann wieder das gesamte Vermögen des Schuldners zur Befriedigung ihrer Forderungen zur Verfügung.[168]

---

166 Europäisches Insolvenzabkommen vom 23. 11. 1995, ZIP 1996, 976 ff.
167 MK-InsO/Lwowski § 35 Rdnr. 60.
168 MK-InsO/Lwowski, a. a. O.

Maier

b) Unterhaltsansprüche

107 Bei Unterhaltsansprüchen gegen den Schuldner eröffnet § 100 InsO die Möglichkeit, auf Beschluss der Gläubigerversammlung dem Schuldner bzw. seiner Familie und damit den unterhaltsberechtigten Personen Unterhalt aus der Insolvenzmasse zu gewähren. Bis zur Entscheidung der Gläubigerversammlung ist der Insolvenzverwalter berechtigt, einen angemessenen Unterhalt unter Berücksichtigung der §§ 11, 12 BSHG aus der Insolvenzmasse zu gewähren.[169] Über die Gewährung von Unterhalt ist jedoch in der Gläubigerversammlung abzustimmen.

2. Neuerwerb nach Abschluss des Insolvenzverfahrens

108 Vermögen, welches der Insolvenzschuldner nach Beendigung des Insolvenzverfahrens erwirbt, unterliegt nicht mehr dem Insolvenzbeschlag. Es steht damit den Insolvenzgläubigern grundsätzlich zur Befriedigung ihrer Forderungen nicht mehr zur Verfügung. Die Neugläubiger, die während des Insolvenzverfahrens gegen den Schuldner einen Anspruch erlangt haben, können auf das durch den Schuldner nach Abschluss des Insolvenzverfahrens Erlangte zur Befriedigung ihrer eigenen Forderungen zurückgreifen.

Zu beachten sind hier jedoch Ansprüche von Gläubigern, die bereits vor oder während des Insolvenzverfahrens entstanden sind und deren Befriedigung erst nach Ablauf des Insolvenzverfahrens vereinbart wurde. Hierzu gehören unter anderem Ratenzahlungsverträge. Bei Ratenzahlungsverträgen gehören die Raten, die nach vertraglicher Vereinbarung erst nach Beendigung des Insolvenzverfahrens fällig werden mit in die Insolvenzmasse, da insoweit der Anspruch nicht geteilt werden kann. Gleiches gilt für Sukzessivlieferungsverträge. Auch hier ist die Einheitlichkeit des Anspruchs zu berücksichtigen.

IV. Einzelfragen der Massezugehörigkeit

1. Bewegliche Sachen

109 Die Vorschriften des BGB über die Zuweisung von Eigentum finden in der Insolvenz vollumfänglich Anwendung. Die Insolvenzordnung regelt insoweit lediglich die Zugriffsmöglichkeit und Verwertungsrechte an den Vermögenswerten des Schuldners. Die Eigentumsrechte des Schuldners und Dritter werden nicht angegriffen. Dies bedeutet, dass auch unter Eigentumsvorbehalt gelieferte Gegenstände nicht Bestandteil der Insolvenzmasse sind.

---

169 Smid, a. a. O., § 100 Rdnr. 6.

Maier

Das Eigentumsrecht des unter Eigentumsvorbehalt Liefernden wird nicht beeinträchtigt, ihm steht das Recht auf Aussonderung (§ 47 InsO) zu.

Umgekehrt sind Bestandteile der Insolvenzmasse Gegenstände, die der Schuldner an Gläubiger zur Sicherheit übereignet hat. Daran steht dem Insolvenzverwalter ein Verwertungsrecht zu. Die Einzelheiten regeln die §§ 166 ff. InsO. Hierzu gehört auch der Eigentumsvorbehalt, soweit er als erweiterter Eigentumsvorbehalt lediglich ein Absonderungsrecht begründet.

Bei der Insolvenz einer Arztpraxis, Anwalts- oder Steuerberaterkanzlei fallen die Geschäftsunterlagen, Patienten- und Mandantenakten mit in die Insolvenzmasse. Der Verwalter muss allerdings bei Veräußerung des Geschäftsbetriebes die Zustimmung der Patienten und Mandanten zur Übertragung der Akten und Praxisunterlagen einholen. Ein Vertrag ohne Zustimmung der Patienten oder Mandanten, der die Übergabe der Akten und Praxisunterlagen vorsieht, ist nichtig.[170] Die Zustimmung des Schuldners ist hierzu nicht notwendig. Unabdingbar ist jedoch die Einwilligung der Patienten bzw. Mandanten.[171]

2. Unbewegliche Sachen

Grundstücke und grundstücksgleiche Rechte sowie dingliche Rechte fallen in die Insolvenzmasse, sofern sie der Pfändung unterliegen (vgl. § 864 ZPO).

Bei der Veräußerung von Grundstücken stellt sich immer wieder die Frage, ob die Mehrwertsteuer dem der Veräußerung zustimmenden Grundpfandgläubiger oder aber der Insolvenzmasse belastet werden kann. Maßgebend hierfür ist die zwischen Insolvenzverwalter und Grundpfandgläubiger getroffene Vereinbarung.[172] Ist keine Vereinbarung getroffen, richtet sich die Zuordnung der Mehrwertsteuer nach den getroffenen Sicherungsabreden.

3. Forderungen

Auch hinsichtlich bestehender Forderungen des Insolvenzschuldners gilt, dass diese Vermögensbestandteile ebenfalls der Masse zugehörig sind, sofern sie pfändbar sind.

- Arbeitseinkommen
Das Arbeitseinkommen des Schuldners welches über den Pfändungsgrenzen des § 850 c ZPO liegt, fällt demzufolge mit in die Masse.[173] Hierzu ge-

---

170 BGH NJW 1992, 737.
171 MK-InsO/Lwowski, § 35 Rdnr. 158.
172 Vgl. hierzu BGH ZIP 1987, 764 ff.
173 FK-InsO/Schultz, § 35 Rdnr. 5.

hört auch der pfändbare Teil des Arbeitseinkommens, welches nach Eröffnung des Insolvenzverfahrens erzielt wird.

- Arbeitskraft

Hiervon zu unterscheiden ist die Arbeitskraft des Schuldners. Diese fällt nicht in die Masse. Über seine Mitwirkungspflichten nach §§ 97, 20 InsO hinaus ist der Schuldner nicht verpflichtet, seine Arbeitskraft zur Mehrung der Masse zur Verfügung zu stellen.

- Steuererstattungsansprüche

Steuererstattungsansprüche, die aus Vorausleistungen des Schuldners entstehen, sind ebenfalls massezugehörig.[174]

- Versicherungsleistungen

Gleiches gilt für Versicherungsleistungen, deren Rechtsgrund bereits vor oder während des Insolvenzverfahrens angelegt wurde. Bei Versicherungsleistungen in Form von Renten oder Unterhaltszahlungen ist jedoch § 850 b ZPO bezüglich der bedingt pfändbaren Bezüge zu beachten. Voraussetzung für die Ziehung der Versicherungsleistungen zur Insolvenzmasse ist, dass der Versicherungsvertrag zum Zeitpunkt des leistungsbegründenden Ereignisses noch bestand. Leistungen von Lebensversicherungen des Schuldners als Versicherungsnehmer oder Begünstigter fallen daher in der Regel in die Insolvenzmasse.

Häufig wird der Schuldner als Unternehmer kapitalbildende Lebensversicherungen für sich bzw. seine Mitarbeiter abgeschlossen haben. Ist der Schuldner Versicherungsnehmer, kann der Insolvenzverwalter die Versicherungen kündigen und die Rückkaufswerte zur Masse ziehen. Die Zahlung des Rückkaufswertes in die Masse kann jedoch dann nicht erfolgen, wenn als Begünstigter bereits unwiderruflich und in unanfechtbarer Weise ein Dritter gegenüber der Versicherung bestimmt wurde oder Unverfallbarkeit nach dem BetrAVG eingetreten ist.

- Patronatserklärungen

Auch die Ansprüche aus so genannten »harten« Patronatserklärungen fallen in die Insolvenzmasse. Sie sind einer Bürgschaft oder Zahlungsgarantie vergleichbar und gewähren dem Erklärungsempfänger einen unmittelbaren Anspruch gegen den Erklärenden.[175] Dies gilt auch für die übrigen Personalsicherheiten wie die Bürgschaft und die Garantie.[176]

- Nießbrauch

Der dem Schuldner eingeräumte Nießbrauch als solcher ist gem. § 1059 BGB nicht übertragbar. Der Verwalter kann jedoch die dem Insolvenzschuldner aufgrund des Nießbrauchsrechts zustehenden Früchte ziehen und für die Insolvenzmasse verwerten.[177] Der Nießbrauch darf von dem

---

174 MK-InsO/Lwowski, § 35 Rdnr. 422.
175 BGH ZIP 1992, 338 ff.
176 MK-InsO/Lwowski, § 35 Rdnr. 402.
177 HK-InsO/Eickmann, § 36 Rdnr. 15.

Verwalter nicht an Dritte veräußert werden. Der Verwalter ist jedoch berechtigt, das Nießbrauchsrecht dahingehend zu verwerten, dass er mit dem Eigentümer einen Verzicht auf das Nießbrauchsrecht gegen Entgelt vereinbart.

- Honoraransprüche

Nach h. M. und Rspr. unterliegen Honoraransprüche der Rechtsanwälte und Steuerberater ebenfalls dem Insolvenzbeschlag und können zur Masse gezogen werden.[178]

- Tiere

Tiere, die nicht unter die Regelungen der §§ 811 Abs. 1 Nr. 3, 811 c Abs. 1 ZPO fallen, gehören ebenfalls zur Masse, sofern sie im Eigentum des Schuldners stehen. Hier ist insbesondere § 811 c Abs. 2 ZPO zu beachten, der die Zulässigkeit einer Verwertung bei einem hohen Wert eines Haustieres regelt.

4. Sonstige Rechte

Besondere Beachtung erfordern dem Schuldner gegebenenfalls zugeordnete Immaterialgüterrechte.

112

Immaterialgüterrechte sind insbesondere:

- Patente, Lizenzen,
- Muster oder Modelle nach § 1 Geschmacksmustergesetz,
- Marken nach dem Markengesetz,
- nach § 2 Urhebergesetz geschützte Werke, sofern sie nicht den Zwangsvollstreckungsverboten der §§ 115 ff. Urhebergesetz unterfallen.

Die oben genannte Immaterialgüterrechte sind frei übertragbar, somit pfändbar und damit Bestandteil der Insolvenzmasse.[179]

5. Gesellschaftsrechte

Bei Gesellschaftsanteilen an juristischen Personen fallen diese ebenfalls in die Insolvenzmasse, soweit sie pfändbar sind. Gegebenfalls unterliegt das Auseinandersetzungsguthaben dem Insolvenzbeschlag.

113

---

178 BGH NJW 1999, 1544 ff.
179 HK-InsO/Eickmann, § 35 Rdnr. 9.

Maier

6. Das Unternehmen als Ganzes

104 Die Unternehmensgesamtheit als solche unterliegt nicht der Pfändung. Da jedoch die Unternehmensgesamtheit einen häufig nicht unbeträchtlichen Wert darstellt, fällt sie trotz der Unpfändbarkeit als Ganzes in die Insolvenzmasse.

Verhaltenskodex des Mitglieder des Arbeitskreises der Insolvenzverwalter Deutschland e.V.

Präambel

Im Arbeitskreis der Insolvenzverwalter Deutschland e. V. haben sich Rechtsanwälte zusammengeschlossen, um die Förderung und Weiterentwicklung des Insolvenzrechts in Deutschland und die berufliche Aus- und Fortbildung der auf diesem Gebiet tätigen Personen zu fördern.

Die Mitglieder des Vereins haben sich entsprechend § 9 der Satzung für die Ausübung ihrer Tätigkeit folgenden Verhaltenskodex gegeben:

Der Insolvenzverwalter ist – in jedem Amt im Rahmen des Insolvenzverfahrens – der unabhängige, objektive, geschäftskundige und leistungsbereite Wahrer der Interessen aller am Insolvenzverfahren Beteiligten.

Er übt sein Amt unter Beachtung dieser Kriterien aus.

1. Unabhängigkeit

Der Insolvenzverwalter hat seine Tätigkeit zu versagen, wenn seine Unabhängigkeit gefährdet scheint oder er sich befangen fühlt.

1.1 Unbeschadet des § 45 Abs. 2 BRAO hat er die Übernahme jeglicher Tätigkeit in einem Insolvenzverfahren abzulehnen, wenn er, einer seiner Sozien oder eine andere, mit ihm zur gemeinsamen Berufsausübung verbundene Person innerhalb von 5 Jahren vor der Beantragung des Insolvenzverfahrens den Schuldner bzw. dessen Gesellschafter, gesetzlichen Vertreter oder nahe Angehörige des Schuldners ständig vertreten oder beraten hat.

1.2 Der Insolvenzverwalter steht zu keinem Beteiligten und/oder einer Gruppe von Beteiligten in Beziehungen, die dieser Unabhängigkeit zuwiderlaufen bzw. zuwiderlaufen könnten. Er hat vor Annahme seines Amtes oder unverzüglich nach Kenntniserlangung unter Berücksichtigung der anwaltschaftlichen Schweigepflicht gegenüber Gericht, Gläubigerversammlung und ggf. Gläubigerausschuss auf Umstände hinzuweisen, die mit solchen Beziehungen in Verbindung stehen könnten.

Zählt ein Großgläubiger oder ein Kreditversicherer zum ständigen Mandantenkreis oder übernimmt der Insolvenzverwalter Poolverwaltungen, wird er dies ebenfalls dem Gericht bei der Amtsannahme offenbaren und im Bericht zur ersten Gläubigerversammlung erwähnen.

1.3 Er oder seine Sozietät übernehmen während der Dauer des Verfahrens für den Schuldner, dessen gesetzliche Vertreter, Gesellschafter oder Verwandte keine anwaltschaftliche Vertretung.

1.4 Der Insolvenzverwalter darf mit Dritten, an denen er unmittelbar – auch über Familienangehörige – beteiligt ist, namens der Insolvenzmasse nicht kontrahieren. (Ausnahme: Rechtsanwalts-, Wirtschaftsprüfungs- oder Steuerberatungsgesellschaften). Sollte im Einzelfall eine Beteiligung namens der Masse etwa an einer Auffanggesellschaft geboten erscheinen, so wird er dies dem Insolvenzgericht mitteilen.

1.5 Er lehnt für jede im Verfahren erbrachte Leistung eine Vergütung ab, die nicht in die Insolvenzmasse fließt, insbesondere von dritter Seite angebotene Provisionen für die Vermittlung von Grundstücken, Gewerbebetrieben, gewerblichen Schutzrechten usw. Er hat zu verhindern, dass derartige Vergütungen an Sozien, Angehörige, ihm nahestehende Personen oder Gesellschaften oder Mitarbeiter seiner Sozietät gezahlt werden.

1.6 Der Involvenzverwalter, ein Sozius, Mitarbeiter oder nahestehende Personen übernehmen nicht die Leitung bzw. die Vertretung eines am Verfahren beteiligten Pools.

1.7 Der Insolvenzverwalter erwirbt keine zur Involvenzmasse gehörenden Gegenstände oder Rechte, auch nicht im Falle der öffentlichen Versteigerung. Er wirkt darauf hin, dass auch Sozien oder Mitarbeiter oder nahestehende Personen sich so verhalten.

2. Objektivität

Der Insolvenzverwalter versteht sich weder als Gläubiger- noch als Schuldnervertreter, sondern als Amtswalter, der die berechtigten Interessen aller am Verfahren Beteiligten nach streng objektiven Gesichtspunkten zu wahren und abzuwägen hat. Dies erfordert:

2.1 Er vermeidet in seiner Amtsführung und insbesondere in seinen Berichten jede unnötige Polemik oder auf bloße Vermutung gegründete Schlüsse. Verdachtsmomente, auf die er während seiner Tätigkeit gestoßen ist, werden als solche dargestellt und auf Tatsachen begründete Vermutungen als solche bezeichnet.

2.2 Der Insolvenzverwalter stellt seine Amtsführung für alle Beteiligten übersichtlich und nachvollziehbar dar. Er wird dem Stand des Verfahrens entsprechende schriftliche Berichte erstatten und ggf. mündlich erläutern. Dies gilt naturgemäß nicht für Komplexe, die streitbefangen sind und bei denen deshalb die Berichte dem Gegner Informationen verschaffen, auf die er keinen Anspruch hat. Derartige Komplexe sind anzugeben.

Maier

3. Geschäftskunde, Verpflichtung zur Fortbildung

Die Abwicklung von Insolvenzverfahren setzt fundierte juristische und wirtschaftliche Kenntnisse voraus, die der fortlaufenden Entwicklung auf diesem Gebiet entsprechen.

3.1 Der Insolvenzverwalter ist verpflichtet, die aktuelle Rechtsentwicklung zu verfolgen und sich ständig in angemessenem Rahmen fortzubilden.

3.2 Er gewährleistet ferner, dass seine mit der Verfahrensabwicklung befassten Mitarbeiter auf dem Gebiet des Insolvenzrechts an Fortbildungsmaßnahmen teilnehmen.

4. Leistungsbereitschaft

Die Abwicklung von Insolvenzverfahren erfordert – insbesondere in der Anlaufphase – einen hohen persönlichen Zeiteinsatz sowie eine entsprechend leistungsfähige Organisation.

4.1 Der Insolvenzverwalter lehnt deshalb die Übernahme neuer Verfahren ab, wenn er durch laufende Verfahren oder in anderer Weise so stark belastet ist, dass die Abwicklung künftiger Verfahren durch ihn persönlich nicht mehr in dem erforderlichen Umfang gesichert ist.

4.2 Er gewährleistet, dass er in wichtigen Angelegenheiten persönlich zu Auskünften bzw. Besprechungen zur Verfügung steht.

4.3 In der administrativen Abwicklung der Insolvenzverfahren wird der Insolvenzverwalter von einer leistungsfähigen elektronischen Datenverarbeitung unterstützt. Die Büroorganisation wird an den Erfordernissen eines modernen Qualitätsmanagement ausgerichtet.

Vermerk:
Laut Anlage haben 84 Mitglieder über die Vorschläge des Beirats und des Ausschusses abgestimmt.
Die vorliegenden Verhaltensrichtlinien wurden bei vier Enthaltungen ohne Gegenstimmen angenommen.

4. KAPITEL – AUSSONDERUNG, ABSONDERUNG UND AUFRECHNUNG IM INSOLVENZVERFAHREN

Inhalt

Seite

A.	Aussonderung	430
I.	Begrifflichkeit/Soll- und Ist-Masse	430
II.	Dispositionsfreiheit	432
III.	Gegenstand des Aussonderungsrechts	432
IV.	Inhaber des Aussonderungsrechts	433
V.	Anspruchsgegner	434
	1. Insolvenzverwalter	434
	2. Vorläufiger Insolvenzverwalter	434
	3. Eigenverwaltung	436
VI.	Aussonderungsfähige Rechte	437
	1. Eigentum	437
	2. Miteigentum	437
	3. Besondere Formen der Verwahrung	437
	a) Lagergeschäft	437
	b) Verwahrung von Wertpapieren	438
	4. Aussonderungsfähigkeit	438
	5. Besitz	439
	6. Erbschaftsansprüche	439
	7. Beschränkt dingliche Rechte	440
	a) Dingliches Vorkaufsrecht	440
	b) Pfandrechte	440
	8. Sicherungseigentum	440
	a) Allgemeines	440
	b) Insolvenz des Sicherungsgebers	441
	c) Insolvenz des Sicherungsnehmers	441
	9. Treuhand	441
	a) Arten der Treuhand	441
	b) Eigennützige Treuhand	441
	c) Uneigennützige Treuhand	442
	d) Kautionskonto	442

		e) Anderkonto	442
	10.	Eigentumsvorbehalt	443
		a) Einfacher Eigentumsvorbehalt	443
		b) Insolvenz des Verkäufers	443
		c) Insolvenz des Käufers	443
		d) Nutzungsrecht bis zur Ausübung des Wahlrechts	444
		e) Verlängerter Eigentumsvorbehalt	444
		f) Erweiterter Eigentumsvorbehalt	444
		g) Weitergeleiteter oder nachgeschalteter Eigentumsvorbehalt	445
	11.	Sicherheitenpool	445
	12.	Factoring	446
		a) Formen	446
		b) Echtes Factoring	446
		c) Unechtes Factoring	446
	13.	Kommissionsgeschäfte	447
	14.	Direktversicherungen	447

VII. Verfahren der Aussonderung 448

1. Verbot der Selbsthilfe 448
2. Prüfungspflicht des Insolvenzverwalters 448
3. Auskunftspflicht des Verwalters 448
4. Anerkennung der Aussonderungsrechte 448
5. Umfang der Herausgabepflicht 449
6. Aussonderungskosten 449
7. Durchsetzung des Aussonderungsbegehrens 450
8. Beweislast 451

B. Absonderung 451

I. Allgemeines 451

II. Absonderungsberechtigte Gläubiger 452

III. Die Immobiliarpfandrechte nach § 49 InsO 452

1. Allgemeines 452
2. Grundstücke und grundstücksgleiche Rechte 453
3. Sonstige unbewegliche Gegenstände 453
4. Besonderheiten bei der Zwangsversteigerung und Zwangsverwaltung 453
5. Umsatzsteuerliche Gegebenheiten bei der Versteigerung von Grundstücken 454

IV. Die Mobiliarpfandrechte (§ 50 InsO) 455

1. Allgemeines 455
2. Gesetzliche Pfandrechte 455
3. Vermieter- und Verpächterpfandrecht 456
4. Pfändungspfandrechte 456
5. Sicherungseigentum 456
6. Sicherungszession 457
7. Zurückbehaltungsrechte 457
8. Zurückbehaltungsrechte wegen nützlicher Verwendung (§ 51 Nr. 2 InsO) 457
9. Zurückbehaltungsrecht nach HGB (51 Nr. 3 InsO) 458

Dauernheim

		10. Absonderungsrechte nach dem VVG	458
		11. Absonderungsrechte des Fiskus (§ 51 Nr. 4 InsO).	458
		12. Erweiterte Form des Eigentumsvorbehalts	459
		13. Verlängerter Eigentumsvorbehalt	459
		14. Eigentumsvorbehalt mit Verarbeitungsklausel.	460
		15. Eigentumsvorbehalt mit Veräußerungsermächtigung	460
		16. Abschlagsforderung	461

V. Verwertung der Mobiliarsicherheiten 461

VI. Verwertung der besitzlosen Mobiliarrechte 462
    1. Verwertungsrecht des Verwalters nach § 166 InsO 462
    2. Besitz des Verwalters nach § 166 Abs. 1 InsO 462
    3. Entstehenszeitpunkt des Verwertungsrechts 463
    4. Verwertung zur Sicherheit übereigneter Gegenstände. 463
    5. Verwertung zur Sicherheit abgetretener Forderungen
       (§ 166 Abs. 2 InsO) 463
    6. Keine Verwertungspflicht des Verwalters. 464
    7. Rechtsbehelf 465

VII. Auskunftsanspruch des Gläubigers nach § 167 InsO 465

VIII. Mitteilung der Veräußerungsabsicht nach § 168 InsO. 466
    1. Mitteilung der Veräußerungsabsicht. 466
    2. Mitteilungspflicht bei dem Einzug von Forderungen 466
    3. Hinweismöglichkeit des Gläubigers. 466
    4. Günstigere Verwertungsmöglichkeit 467
    5. Selbstübernahme des Gläubigers (§ 168 Abs. 3 InsO). 467

IX. Schutz des Gläubigers vor einer Verzögerung der Verwertung . . . 468

X. Entschädigung für eintretenden Wertverlust (§ 172 InsO) 468

XI. Freigabeverpflichtung bei Wertzuwachs 469

XII. Freigabe des mit dem Absonderungsrecht belasteten Gegenstandes 470

XIII. Verwertung von Besitz voraussetzenden Mobiliarpfandrechten. . . 471

XIV. Verwertung durch den Gläubiger nach § 173 InsO. 471

XV. Verteilung des Erlöses und Berechnung der Kostenbeiträge
(§§ 170, 171 InsO) 472

    1. Mobiliarsicherheiten 472
    2. Erstattungsfähige Kostenarten 473
    3. Verpflichtung zur Zahlung der Kostenbeiträge 473
    4. Immobiliarsicherheiten 474
    5. Berechnung der Kostenbeiträge nach § 171 InsO 475
    6. Ausgleich der umsatzsteuerlichen Belastung (§ 171 Abs. 2
       Satz 3 InsO) 476

C.	Aufrechnung in der Insolvenz	476
I.	Allgemeines	476
II.	Voraussetzungen einer Aufrechnung im Insolvenzverfahren	477
	1. Vorliegen einer wirksamen Forderung	477
	2. Gegenseitige Forderung	478
	3. Gleichartige Forderung	478
	4. Fälligkeit der Forderung	478
	5. Aufrechnungsverbote	478
	6. Aufrechnungsvereinbarung	479
	7. Wirkung der Aufrechnung	479
III.	Eintritt der Aufrechnungslage nach Verfahrenseröffnung	480
	1. Allgemeines	480
	2. Fälligkeit	481
	3. Gleichartigkeit	481
	4. Besondere Aufrechnungsregeln bei Dauerschuldverhältnissen	481
	a) Arbeitsverhältnis	481
	b) Miet- oder Pachtverhältnis	482
IV.	Gesetzliche Unzulässigkeit der Aufrechnung	482
	1. Allgemeines	482
	2. Rechtsgründe	482
V.	Möglichkeit der Aufrechnung durch den Insolvenzverwalter	483
VI.	Aufrechnungsmöglichkeiten der Finanzverwaltung	484

A. Aussonderung

I. Begrifflichkeit/Soll- und Ist-Masse

1   Begrifflich bedeutet Aussonderung, dass ein Dritter oder ein Insolvenzgläubiger die Massefremdheit eines Rechtes geltend macht.[1] Wie in der Einzelzwangsvollstreckung sollen auch in einem Insolvenzverfahren nur die Vermögensgegenstände des Schuldners erfasst werden, die ihm »gehören« und er Vollrechtsinhaber ist. Werden durch einen Insolvenzverwalter bei der Inbesitznahme nach § 148 InsO Gegenstände in Beschlag genommen, die einem Dritten gehören, so kann sich der Dritte mit seinem Recht auf Aussonderung gegen die Verwertung des Gegenstandes durch den Insolvenzverwalter widersetzen.

---

1 FK-InsO/Joneleit/Imberger, 3. Aufl. 2002, § 47 Rdnr. 3 ff.

Zum besseren Verständnis der Rechtswirkung der Aus- und Absonderungsrechte ist es unumgänglich, sich mit dem Umfang der Insolvenzmasse und den dazugehörigen Gegenständen vertraut zu machen.

Ausgangspunkt der Untersuchung, welche Rechte und Gegenstände zur Insolvenzmasse gehören, ist die grundlegende Norm des § 35 InsO:

> »Das Insolvenzverfahren erfasst das gesamte Vermögen, das dem Schuldner zur Zeit der Eröffnung des Verfahrens gehört und das er während des Verfahrens erlangt (Insolvenzmasse).«

Dies bedeutet, dass im Zeitpunkt der Insolvenzeröffnung die gesamte vorhandene Masse dem Insolvenzbeschlag unterstellt wird. Sie unterliegt der Verwaltung des Insolvenzverwalters und wird begrifflich als die »Ist-Masse« bezeichnet. Da aufgrund der Vielfalt der wirtschaftlichen und rechtlichen Verhältnisse des Schuldners die »Ist-Masse« nicht identisch sein kann mit der so genannten »Soll-Masse«, sind massebereinigende Handlungen durch den Insolvenzverwalter vorzunehmen. Dies geschieht dadurch, dass die der Aussonderung unterliegenden Gegenstände und Rechte von dem Insolvenzverwalter aus der tatsächlich in Besitz genommene Masse freigegeben werden. Diese Rechtshandlung des Insolvenzverwalters wird als »unechte Freigabe« bezeichnet.

Unter der »Soll-Masse« ist demnach nur die Vermögensmasse zu verstehen, die nach § 35 InsO die Insolvenzmasse bildet und den Gläubigern des Schuldners für ihre Forderung haftet.[2]

Bereits nach § 1 KO wurden Gegenstände, die nicht der Zwangsvollstreckung unterlagen, vom Konkursbeschlag nicht umfasst. Über § 1 KO fanden nämlich die Pfändungsvorschriften der §§ 850 ff., 811 a, 811 b ZPO Anwendung.

§ 36 Abs. 1 InsO nimmt diesen Rechtsgedanken auf und stellt in Abs. 2 jetzt klar, welche Gegenstände dennoch zur Insolvenzmasse gehören. Die bereits in § 1 Abs. 2 KO enthaltene Feststellung, wonach die Gegenstände die in § 811 Ziffer 4 und 9 ZPO genannt werden,[3] als unpfändbar gelten, spiegelt sich in der Vorschrift des § 36 Abs. 2 Ziffer 2 wieder. Die Vorschrift des § 36 Abs. 3 ersetzt die bisherige Regelung in § 1 Abs. 4 KO, wonach die Gegenstände, die nicht gepfändet werden sollen, nicht dem Insolvenzbeschlag unterfallen.

---

2 MK-InsO/Ganter, 2001, § 47 Rdnr. 4.
3 FK-InsO/Schumacher, § 36 Rdnr. 6.

Dauernheim

II. Dispositionsfreiheit

6 Das Aussonderungsrecht gemäß § 47 InsO unterliegt nicht der Dispositionsfreiheit der Parteien des Insolvenzverfahrens. Der Insolvenzverwalter kann daher nicht, außer in den gesetzlich geregelten Fällen, ein Aussonderungsrecht anerkennen. Dadurch ist den Parteien des Insolvenzverfahrens die Möglichkeit genommen, ein Aussonderungsrecht durch eine vertragliche Vereinbarung zu schaffen.[4]

III. Gegenstand des Aussonderungsrechts

7 Gegenstand des Aussonderungsanspruchs können bewegliche und unbewegliche Gegenstände, dingliche und persönliche Rechte, der Besitz und Forderungen sein.[5] Zu beachten ist aber, dass der Aussonderung nur individuell bestimmbare körperliche Gegenstände und Rechte unterliegen. Wertbeträge und Geldsummen unterliegen nicht der Aussonderung.

Die Aussonderung bezieht sich in allen Fällen auf bestimmbare oder individuell bestimmte Gegenstände und Rechte. Insoweit gilt der sachenrechtliche Grundsatz der Spezialität und der Bestimmtheit.[6]

8 Bei Sachgesamtheiten, wie z. B. Warenlagern oder Vorratslagern, sind nur die jeweiligen einzelnen Gegenstände aussonderungsfähig. Dies setzt voraus, dass die entsprechende Sachgesamtheit nach Berechtigung und Umfang genau abgrenzbar und bestimmbar gegenüber anderweitigen Drittrechten ist, die eine dingliche Rechtsposition einräumen. Hierzu verwendet die Praxis als Kriterium für die Abgrenzung die so genannten Raumsicherungsverträge.[7] Auch wenn ein Raumsicherungsübereignungsvertrag nicht vorliegt ist die Bestimmbarkeit und Bestimmtheit gegeben, wenn die einzelnen Sachen durch ein äußerliches charakteristisches Merkmal eindeutig gekennzeichnet oder individuell bestimmbar sind. Das Erfordernis der Bestimmtheit kann nach allgemeiner Auffassung selbst bei Warenlagern mit beweglichem Bestand erfüllt werden, wenn für künftig eingehende Waren antizipierte Übertragungsformen und Besitzkonstitute vereinbart worden sind.[8]

---

4 MK-InsO/Ganter, § 47 Rdnr. 14 ff.
5 FK-InsO/Joneleit/Imberger, § 47 Rdnr. 6.
6 Baur/Stürner, Lehrbuch des Sachenrechts, 17. Aufl. 1999, S. 33 ff.
7 BGH ZIP 1996, 1218.
8 Kübler/Prütting, Kommentar für Insolvenzordnung, 3. Lfg. 2001, § 47 Rdnr. 4.

IV. Inhaber des Aussonderungsrechts

Inhaber des Aussonderungsrechts kann nur derjenige sein, der geltend machen kann, dass ein Gegenstand oder eine Forderung nicht zum Haftungsverbund der Insolvenzmasse gehört. Die Definition des Aussonderungsberechtigten ergibt sich aus dem Wortlaut des § 47 InsO:

»Der aufgrund eines dinglichen oder persönlichen Rechtes geltend machen kann, dass ein Gegenstand nicht der Insolvenzmasse gehört, ist kein Insolvenzgläubiger. Sein Anspruch auf Aussonderung bestimmt sich nach den Gesetzen, die außerhalb des Insolvenzverfahrens gelten«.

Das Recht auf Aussonderung wird meistens durch Eigentum, Miteigentum, Erbansprüche, Ansprüche nach dem Urheberrechtsgesetz oder gleichartige Ansprüche begründet. Selbst bei Abtretungen können Aussonderungsansprüche bestehen, wenn solche Forderungen bereits vor Eröffnung des Insolvenzverfahrens abgetreten wurden und dies nicht zum Zwecke der Besicherung diente.

▶ **Beispiel**

Von dem Insolvenzverwalter wird eine schuldrechtliche Forderung geltend gemacht, die ihm durch den Schuldner benannt wurde. Aus diesem Grunde wird diese Forderung von dem Insolvenzverwalter im eigenen Namen und für die Insolvenzmasse eingezogen. Nunmehr wird von einem Dritten behauptet, die Forderung würde ihm aufgrund einer Abtretung zustehen und der Insolvenzverwalter habe sich jeglicher Verfügung zu enthalten. Bestreitet nunmehr der Insolvenzverwalter die Berechtigung des Dritten, so hat der Dritte seine Rechte nach den außerhalb des Insolvenzverfahrens geltenden Vorschriften (§ 47 Abs. 2 InsO) durchzusetzen. Die Wahrnehmung der Rechte des Dritten geschieht meistens dadurch, dass er entweder den Insolvenzverwalter auf Feststellung oder den Drittschuldner auf Zahlung verklagt. Im Falle der Feststellungsklage wird der Dritte beantragen, dass festgestellt wird, dass die Forderung einem Aussonderungsrecht unterliegt und nicht der Verfügungsbefugnis des Insolvenzverwalters unterfällt. Bei der Zahlungsklage gegen den Dritten wird er auf Zahlung an sich klagen. Da in den meisten Fällen der Drittschuldner die Forderung bei dem zuständigen Amtsgericht zugunsten des klagenden Gläubigers und des Insolvenzverwalters hinterlegen wird, wird der Dritte gezwungen sein, gegen den Insolvenzverwalter auf Freigabe zu klagen.

Es ist auch eine Situation denkbar, in der ein Aussonderungsrecht durch Rechtsgeschäft nach Insolvenzeröffnung begründet wird. Zwingende Voraussetzung hierfür ist aber, dass dieses Recht des Dritten entweder nach Insolvenzeröffnung abgetreten und der der Aussonderung unterliegende Gegenstand übereignet wird.

> **Beispiel**
>
> Ein Autohaus veräußert einen PKW unter Eigentumsvorbehalt an den Insolvenzschuldner. Der Kaufpreis wird durch den Insolvenzschuldner nicht gezahlt. Nach Verfahrenseröffnung lehnt der Insolvenzverwalter die Erfüllung des Kaufvertrages ab. Der PKW wird durch das Autohaus an den neuen Erwerber A nach §§ 929, 931 BGB veräußert. In diesem Fall besteht für den Erwerber A ein Aussonderungsrecht nach § 47 InsO, da er rechtswirksam das Eigentum an dem PKW nach Verfahrenseröffnung erworben hat.

12 Aussonderungsrechte können sich auch aus gesetzlichem Forderungsübergang ergeben. Hier kommt ein Forderungsübergang nach allgemeinen Versicherungsbedingungen oder durch Befriedigung des Versicherungsnehmers gem. § 67 VVG in Betracht. Gleiches gilt für die Versicherung auf fremde Rechnung.[9] Hierbei stehen die Ansprüche aus dem Versicherungsvertrag von Anfang an dem Gläubiger zu. Zu diesen Fällen zählen insbesondere Ansprüche aus der Speditionsversicherung und der Direktversicherung für Arbeitnehmer.

V. Anspruchsgegner

1. Insolvenzverwalter

13 Der Anspruch auf Aussonderung ist grundsätzlich gegenüber dem Insolvenzverwalter geltend zu machen. Der Insolvenzverwalter ist Inhaber der Verwaltungsbefugnis über die »Ist-Masse« und demnach Anspruchsgegner.

2. Vorläufiger Insolvenzverwalter

14 Die Passivlegitimation des vorläufigen Insolvenzverwalters könnte schon deswegen fraglich sein, da § 47 InsO nur von einem Gegenstand spricht, der nicht zu der Insolvenzmasse gehört. Die Insolvenzmasse entsteht aber erst frühestens im Zeitpunkt der Eröffnung des Insolvenzverfahrens. Da § 47 Satz 2 InsO aber davon spricht, dass der Anspruch auf Aussonderung sich nach den Gesetzen außerhalb des Insolvenzverfahrens richtet, liegt der Schluss nahe, dass dies erst recht auch für Aussonderungsansprüche für die Zeit vor Verfahrenseröffnung gelten muss. Zu berücksichtigen ist nunmehr, dass § 240 Satz 2 ZPO i. V. m. § 86 Abs. 1 InsO dazu führt, dass Prozesse

---

9 MK-InsO/Ganter, § 47 Rdnr. 311.

über ein Recht auf Aussonderung mit Anordnung der vorläufige Insolvenzverwaltung unterbrochen werden, sofern nicht der vorläufige Insolvenzverwalter mit Verwaltungs- und Verfügungsbefugnis über das Vermögen des Schuldners durch den Beschluss des Amtsgerichtes ausgestattet ist. Die Verwaltungs- und Verfügungsbefugnis geht dann auf den vorläufigen Insolvenzverwalter über, wenn das Insolvenzgericht dem Insolvenzschuldner ein allgemeines Verfügungsverbot gem. § 22 Abs. 1 Satz 1 InsO auferlegt hat. Unterbrochene Verfahren können durch den Insolvenzverwalter oder durch den Gläubiger wieder aufgenommen werden. (§§ 86 Abs. 1 InsO, 240 Satz 1 ZPO) Unter rechtssystematischer richtiger Anwendung der Vorschrift des § 240 Satz 2 ZPO kann man nur zu dem Ergebnis gelangen, dass dies auch für den Zeitraum der vorläufigen Insolvenzverwaltung gilt.

Aus diesem Grund ist es für die Praxis sehr bedeutend, den vollständigen Wortlaut des Eröffnungsbeschlusses zu kennen. Erst in Kenntnis des vollständigen Eröffnungsbeschlusses kann entschieden werden, ob eine Verfahrensunterbrechung bei einem »starken Insolvenzverwalter«, d. h. einem vorläufigen Verwalter mit Verwaltungs- und Verfügungsbefugnis gegeben ist. Der anhängige Rechtsstreit kann dann gegen den vorläufigen Insolvenzverwalter aufgenommen werden. Sind die Rechtswirkungen einer Verfahrensunterbrechung nicht gegeben, so kann jederzeit noch im Zeitraum der vorläufigen Insolvenzverwaltung ein Rechtsstreit über das Bestehen eines Aussonderungsrechtes aufgenommen werden, wobei dieser Rechtsstreit zur Unterbrechung gelangt, wenn das Insolvenzverfahren eröffnet wird. Bestreitet dann der Insolvenzverwalter auch nach Verfahrenseröffnung das Bestehen eines Aussonderungsrechtes, so ist der Rechtsstreit gegen den Insolvenzverwalter aufzunehmen. 15

In diesem Zusammenhang muss ausdrücklich darauf hingewiesen werden, dass die Geltendmachung des Aussonderungsrechtes sowohl gegenüber dem vorläufigen Insolvenzverwalter als auch gegenüber dem Insolvenzverwalter in geeigneter Form zu erfolgen hat. Insbesondere sind sämtliche Tatsachen und Beweismittel vorzulegen, die es dem Insolvenzverwalter oder vorläufigen Insolvenzverwalter ermöglichen, das Aussonderungsrecht anzuerkennen. Werden diese Rechte nicht ordnungsgemäß nachgewiesen und ein Aussonderungsrechtsstreit aufgenommen, in dem dann die Rechte ordnungsgemäß nachgewiesen werden, wird der vorläufige Insolvenzverwalter den Anspruch des Aussonderungsberechtigten sofort anerkennen. In diesem Fall ist der Anspruch auf Ersatz der Prozesskosten nach § 86 Abs. 2 InsO nur eine nicht nachrangige Insolvenzforderung gem. § 38 InsO. Der Kostenerstattungsanspruch wird demnach nur im Falle einer Quotenzahlung bedient werden. 16

Ersatzaussonderungsansprüche sind gegenüber einem vorläufigen Insolvenzverwalter nicht rechtswirksam durchzusetzen. Der Fall der Vereitelung von Aussonderungsansprüchen ist ausdrücklich in § 48 InsO geregelt. In diesem Fall kann der Aussonderungsberechtigte die Abtretung des Rechtes auf Gegenleistung verlangen, soweit diese noch aussteht. Ist die Gegen- 17 leistung noch ausscheidbar in der Insolvenzmasse vorhanden, so kann der Gläubiger diese unmittelbar aus der Insolvenzmasse herausverlangen. Dadurch wird dem Aussonderungsberechtigten ein direkter Anspruch gegen die Insolvenzmasse eingeräumt, der von dem Insolvenzverwalter als Masseverbindlichkeit zu erfüllen ist.[10]

3. Eigenverwaltung

18 Bei einer Eigenverwaltung verfügt der Schuldner unter Aufsicht eines Sachwalters über die Insolvenzmasse. Die Eigenverwaltung wird gem. § 270 Abs. 1 Satz 1 InsO durch das Insolvenzgericht mit dem Eröffnungsbeschluss angeordnet,[11] so dass auch im Falle der Eigenverwaltung die Kenntnis des Eröffnungsbeschlusses wichtig ist. Mit der Anordnung der Eigenverwaltung wird zugleich gem. § 270 Abs. 3 Satz 1 InsO ein Sachwalter bestellt, der die wirtschaftliche Lage des Schuldners zu prüfen und die Geschäftsführung sowie die Ausgaben für die Lebensführung des Schuldners zu überwachen hat. Gleichzeitig sind bei dem Sachwalter die Forderungen anzumelden. Der Eigenverwalter hat demnach die Stellung eines Insolvenzverwalters inne, der unter Aufsicht eines Sachwalters steht. Die Stellung des Eigenverwalters ist daher mit der Stellung des Insolvenzverwalters vergleichbar. Aus diesem Grunde sind auch die Aussonderungsansprüche gegenüber dem Eigenverwalter geltend zu machen, wobei die Aussonderung mit Zustimmung des Sachwalters zu erfolgen hat. Problematisch wird der Sachverhalt nur, wenn der Eigenverwalter den Anspruch auf Aussonderung anerkennen will, der Sachwalter dieser Anerkennung aber widerspricht. In dieser Konstellation würde eine Klage gegen den Eigenverwalter dazu führen, dass der Eigenverwalter im Klageverfahren den Anspruch nur anerkennen kann. Das Gericht darf den Eigenverwalter nicht zur Herausgabe oder Herauszahlung verurteilen, da seine Verfügungsbefugnis soweit nicht reicht. Eine Verurteilung des Sachwalters zur Erteilung der Zustimmung wird ein gangbarer Weg sein. Vertritt man aber die Auffassung, dass der Sachwalter nicht über fremdes Vermögen verfügen darf, so wäre eine Klärung nur zwischen dem Sachwalter und dem Eigenverwalter, gegebenenfalls durch ein Klageverfahren, herbeizuführen.

---

10 A. A. Niesert, InVo 1998, 141 [142].
11 FK-InsO/Foltis, § 270 Rdnr. 41.

VI. Aussonderungsfähige Rechte

1. Eigentum

Der Eigentümer kann in der Insolvenz des Besitzers die Herausgabe seines Eigentums gem. § 985 BGB verlangen.[12] Die Verfolgung dieses Vindikationsanspruches ist der Grundfall der Aussonderung. Die Aussonderung des Eigentums kann aber nur solange erfolgen, wie dies besteht. Ist der Insolvenzschuldner nur mittelbarer Besitzer, so kann der Eigentümer die Abtretung des Herausgabeanspruchs verlangen oder die direkte Herausgabe von dem Dritten fordern. Steht dem Insolvenzschuldner ein Recht zum Besitz zu, so kann der Aussonderungsberechtigte nur nach § 256 ZPO auf Feststellung seines Aussonderungsrechtes klagen.

19

2. Miteigentum

Besteht Miteigentum gem. § 747 BGB, so kann jeder Miteigentümer den Aussonderungsanspruch geltend machen, mit der Maßgabe der Herausgabe an alle Miteigentümer (§§ 1011, 432 BGB).[13] Miteigentum kann auch durch Vermischung oder Verbindung nach den §§ 947, 948 BGB entstehen. Wird der Insolvenzschuldner Miteigentümer, ohne dass dieser seine Recht beweisen kann, so ist die jeweilige Sache auszusondern. Jeder Miteigentümer muss, sofern er sein Aussonderungsbegehren gegen Insolvenzverwalter richten will, sein Miteigentum beweisen. Ist der Insolvenzschuldner selbst Miteigentümer, so können die anderen mit ihm im Wege der Aussonderung die Einräumung eines Mitbesitzes sowie die Auseinandersetzung außerhalb des Insolvenzverfahrens verlangen. (vgl. § 16 Abs. 1 KO!!) Ist eine Realteilung der Sache möglich, so kann jeder Miteigentümer seinen Anteil aussondern.

20

3. Besondere Formen der Verwahrung

a) Lagergeschäft

Bei einem Lagergeschäft wird der Einlagernde Miteigentümer des vorhandenen Lagerbestandes. Bei einer vereinbarten Sammeleinlagerung gem. § 30 Abs. 2 und 3 OrderlagerscheinVO entsteht das Eigentum bereits im Zeitpunkt der Einlagerung. Wird eine Mischlagerung gem. § 23 Abs. 2 OrderlagerscheinVO vereinbart, entsteht das Eigentum ab dem Zeitpunkt der Vermischung. Der Einlagernde kann in der Insolvenz des Lagerhalters seinen Anteil nach den §§ 419 Abs. 2 2. Hs. HGB, 23 Abs. 3, 31 Orderlager-

21

---

[12] FK-InsO/Joneleit/Imberger, § 47 Rdnr. 9.
[13] FK-InsO/Joneleit/Imberger, § 47 Rdnr. 11.

scheinVO oder Zustimmung der anderen Miteigentümer aussondern und vom mit Insolvenzverwalter herausverlangen.

b) Verwahrung von Wertpapieren

22 Bei der Verwahrung von Wertpapieren kommt es auf die Art der Verwahrung an. Liegt eine Verwahrung gem. den §§ 10, 11 DepotG (Tauschverwahrung) vor,[14] so kann der Hinterleger die tatsächlich verwahrten Einzelstücke in der Insolvenz des Verwahrers aussondern. Nach § 10 Abs. 1 Satz 1 DepotG kann der Insolvenzverwalter auch in diesem Fall Einzelstücke (Papiere) in derselben Art und Güte zurückgewähren. Ist im Rahmen einer Sonderverwahrung[15] ein Streifbanddepot gem. § 2 DepotG eingerichtet worden, so kann der Hinterleger sein Einzeleigentum aussondern. Ist eine Sammelverwahrung[16] gegeben (§ 5 DepotG), so wird der einliefernde Hinterleger Miteigentümer des verwahrten Depotbestandes (§ 6 DepotG). In diesem Fall kann er nur sein Miteigentumsanteil zur Aussonderung bringen. So muss er Antrag auf Auslieferung entsprechender Stücke stellen (§ 7 DepotG).

23 Häufig wird jedoch der Fall einer unregelmäßigen Verwahrung gem. den §§ 15 DepotG, 700 BGB gegeben sein. In diesem Fall steht dem Hinterleger nur ein schuldrechtlicher Anspruch auf Rückgewähr der Wertpapiere zu.[17] Dieser Anspruch stellt nur eine einfache Insolvenzforderung gem. § 38 InsO dar. Ein Anspruch auf Aussonderung besteht in diesem Fall nicht.

4. Aussonderungsfähigkeit

24 Aussonderungsfähig sind nur Einzelsachen gem. § 90 BGB. Der Aussonderung können aber auch Wertpapiere unterliegen, soweit sie als Inhaber- oder Orderpapier wie Sachen behandelt werden können. Nach § 952 BGB können andere Wertpapiere und Schuldurkunden nur durch den Forderungsinhaber ausgesondert werden. Nicht aussonderungsfähig sind wesentliche Bestandteile von Sachen (§§ 93, 94 BGB). Demgegenüber können Scheinbestandteile gem. § 95 BGB und Zubehör gem. §§ 97, 98 BGB der Aussonderung unterliegen.

25 Da das bürgerliche Gesetzbuch keine Geldwertvindikation kennt, kann weder eine Geldsumme noch ein Wertbetrag zur Aussonderung kommen.[18] Wird in eine Barkasse oder auf ein Konto des Insolvenzschuldners fremdes Geld eingezahlt oder gewechselt, so entsteht hieran kein Aussonderungs-

---

14 MK-InsO/Ganter, § 47 Rdnr. 414.
15 MK-InsO/Ganter, § 47 Rdnr. 413.
16 MK-InsO/Ganter, § 47 Rdnr. 420.
17 MK-InsO/Ganter, § 47 Rdnr. 415.
18 BGHZ 58, 257.

recht. Es kann in diesem Fall nur ein Anspruch auf Ersatzaussonderung gegeben (§ 48 InsO).

5. Besitz

Überwiegend wird das Recht zum Besitz wie ein dingliches Recht behandelt. Der frühere Besitzer kann gegenüber dem Insolvenzverwalter die Einräumung des Besitzes gem. § 861 BGB bzw. die Herausgabe gem. § 1007 BGB verlangen.[19] Gleichzeitig stehen ihm Besitzstörungsansprüche (Unterlassung/Beseitigung der Besitzstörung) nach § 862 BGB zu.[20] Das in § 258 BGB geregelte Wegnahmerecht, welches Pächtern und Mietern (§ 547 a Abs. 1 BGB), den Besitzern (§ 997 BGB), dem Entleiher (§ 601 Abs. 2 BGB), dem Pfandgläubiger (§ 1216 Satz 2 BGB), dem Wiederverkäufer (§ 500 Abs. 2 BGB) und dem Vorerben (§ 2125 Abs. 2 BGB) gesetzlich zusteht, gewährt diesen grundsätzlich nur eine Insolvenzforderung.

26

Es kann aber auch Fälle geben, in denen dem Berechtigten daneben noch ein Eigentumsherausgabeanspruch zusteht.

27

▶ **Beispiel:**
Mieter M baut in die angemietete Mietwohnung eine Einbauküche zum vorübergehenden Gebrauch ein. Zwischen dem Vermieter und dem Mieter M ist fixiert worden, dass es sich bei der Einbauküche nur um ein Scheinbestandteil gem. § 95 BGB handelt. In der Insolvenz des Vermieters steht daher dem Mieter M ein Aussonderungsanspruch gegenüber dem Vermieter zu. Der Mieter M ist Eigentümer der Einbauküche geblieben.

6. Erbschaftsansprüche

Ist der Insolvenzschuldner Erbschaftsbesitzer, so kann der berechtigte Erbe gem. § 2018 BGB einen Aussonderungsanspruch auf Herausgabe des in der Insolvenzmasse befindlichen Erbes geltend machen.[21] Nach § 2019 Abs. 1 sind von dem Insolvenzverwalter die durch die Erbschaft erlangten Vermögenswerte, sowie die gezogenen Früchte und Nutzungen gem. § 2023 BGB herauszugeben. Die Herausgabe- und Ersatzansprüche des Erben nach den §§ 812, 823, 2020, 2023 BGB stellen demgegenüber reine schuldrechtliche Forderungen dar und begründen deswegen nur eine Insolvenzforderung.[22]

28

---

19 FK-InsO/Joneleit/Imberger, § 47 Rdnr. 53.
20 Kuhn/Uhlenbruck, Kommentar zur Konkursordnung, 11. Aufl. 1994, § 43 Rdnr. 52.
21 FK-InsO/Joneleit/Imberger, § 47 Rdnr. 52.
22 Kuhn/Uhlenbruck, a. a. O., § 43 Rdnr. 53.

Dauernheim

7. Beschränkt dingliche Rechte

29 Die allgemein bekannten dinglichen Rechte, wie Grunddienstbarkeit (§§ 1018 ff. BGB), Erbbaurecht, beschränkte persönliche Dienstbarkeit und der Nießbrauch (§§ 1090 ff. BGB) berechtigen ebenfalls zur Aussonderung.[23] In diesen Fällen ist der Insolvenzverwalter gehalten, die Rechte während ihrer Laufzeit anzuerkennen.

a) Dingliches Vorkaufsrecht

30 Dingliche Vorkaufsrechte gem. den §§ 1094 ff. BGB unterliegen ebenfalls der Aussonderung. Sie begründen auch nach ihrer Ausübung im Insolvenzverfahren des Dritterwerbers aufgrund der Vormerkungswirkung gem. §§ 1098 Abs. 2, 888 BGB einen Aussonderungsanspruch gegenüber dem Insolvenzverwalter auf Zustimmung zur Eintragung des Berechtigten als neuen Eigentümer.[24] In einem Insolvenzverfahren über das Vermögen des Vorkaufsverpflichteten, kann der Vorkaufsberechtigte im Rahmen des Aussonderungsanspruchs lediglich die Feststellung des Bestehens des dinglichen Vorkaufsrechtes begehren. Veräußert der Insolvenzverwalter das mit dem Vorkaufsrecht belastete Grundstück, so muss der Vorkaufsberechtigte dann sein Recht gegenüber dem Dritterwerber geltend machen.

b) Pfandrechte

31 Pfandrechte an beweglichen Sachen und Rechten geben dem Pfandgläubiger gegenüber dem Insolvenzverwalter einen Anspruch auf Aussonderung, wenn dadurch eine schuldrechtliche Forderung gegenüber dem Insolvenzschuldner gesichert wird. Negiert der Insolvenzverwalter das Bestehen des Pfandrechtes oder will er z. B. eine Eigentümergrundschuld für den Insolvenzschuldner in Anspruch nehmen, so kann das Bestehen bzw. die Nichtzugehörigkeit zur Insolvenzmasse als Aussonderungsanspruch geltend gemacht werden.

8. Sicherungseigentum

a) Allgemeines

32 In der Praxis hat sich nunmehr eingebürgert, zur Sicherung von Forderungen Gegenstände zur Sicherheit zu übereignen. Dies wird regelmäßig durch Übereignung nach §§ 930 ff. BGB durchgeführt und mit einer Sicherungsabrede verknüpft. Nach außen hin erhält der Sicherungsnehmer vollwertiges Eigentum, welches aber im Innenverhältnis fiduziarisch gebunden ist.

---

23 FK-InsO/Joneleit/Imberger, § 47 Rdnr. 46.
24 Kuhn/Uhlenbruck, a. a. O., § 43 Rdnr. 59; Nerlich/Römermann, Kommentar zur Insolvenzordnung, 2000, § 47 Rdnr. 48.

Dauernheim

Diese Rechtsposition ist wirtschaftlich gesehen mit der Art eines besitzlosen Pfandrechtes gleichzusetzen, da den Besitz und das Nutzungsrecht an der Sache regelmäßig der Sicherungsgeber behält.[25]

b) Insolvenz des Sicherungsgebers

Die im Geltungsbereich der Konkursordnung noch häufig diskutierte Frage nach der Rechtsstellung des Sicherungseigentümers im Falle einer Insolvenz des Sicherungsgebers wurde nunmehr nach dem Inkrafttreten der Insolvenzordnung durch den Gesetzgeber eindeutig geregelt. Nach § 51 Nr. 1 InsO steht dem Sicherungseigentümer nur ein Absonderungsrecht zu. Die Regelung des § 51 Nr. 1 InsO gibt die früher vertretene Rechtsauffassung zur Konkursordnung wieder, diese Rechtsstellung würde eher einem besitzlosen Pfandrecht gleichen, als dem Volleigentum.[26]

33

c) Insolvenz des Sicherungsnehmers

Bei einer Insolvenz des Sicherungseigentümers (Sicherungsnehmers) kann aber der Fall gegeben sein, dass der Sicherungsgeber ein Aussonderungsrecht geltend machen möchte. Nach allgemeiner Auffassung steht dem Sicherungsgeber dann ein Aussonderungsrecht zu, wenn er die zugrunde liegende und gesicherte schuldrechtliche Forderung erfüllt hat oder der Sicherungszweck in anderer Weise weggefallen ist.[27]

34

9. Treuhand

a) Arten der Treuhand[28]

Treuhandverhältnisse werden durch eine Abrede zwischen Treugeber und Treunehmer begründet. Durch die Treuhandabrede wird dem Treuhänder nach außen hin eine größere Rechtsmacht eingeräumt, als im Innenverhältnis tatsächlich besteht. Der Treuhänder übt im Außenverhältnis eine Vollrechtsposition aus, die einer Innenbindung unterliegt. Im Einzelnen ist die Treuhandschaft nach dem jeweiligen Zweck zu unterscheiden. Insoweit kann uneigennützige Treuhand (Verwaltungstreuhand) oder eigennützige (echte) Treuhand vorliegen.

35

b) Eigennützige Treuhand

Bei einer eigennützigen Treuhand erfolgt die Übertragung des Treugutes im Interesse des Treuhänders.[29] Die wichtigsten Fälle hierzu sind die Siche-

36

---

25 MK-InsO/Ganter, § 47 Rdnr. 53 m. w. N.
26 Kuhn/Uhlenbruck, a. a. O., § 43 Rdnr. 15.
27 Nerlich/Römermann, a. a. O., § 51 Rdnr. 8.
28 FK-InsO/Joneleit/Imberger, § 47 Rdnr. 40.
29 MK-InsO/Ganter, § 47 Rdnr. 373 m. w. N.

Dauernheim

rungsübereignung sowie die Sicherungszession. Bei einer Insolvenz des Treugebers ist der Treuhänder zwar in formaler Hinsicht Rechtsinhaber, dennoch steht ihm nach herrschender Meinung nur ein Absonderungsrecht zu.[30] Dies ist nunmehr ausdrücklich in § 51 Nr. 1 InsO geregelt. Wird der Treuhänder insolvent, so steht dem Treugeber ein Aussonderungsrecht zu.[31] Dies gilt aber nur für den Fall, dass er die im Rahmen des Treuhandverhältnisses abgesicherte Forderung erfüllt hat.

c) Uneigennützige Treuhand

37 Bei einer uneigennützigen Treuhand wird die treuhänderische Übertragung des Gegenstandes deswegen vorgenommen, um diesen im Interesse des Treugebers zu verwenden. Der Treuhänder übt seine formale Rechtsposition ausschließlich auf Weisung des Treugebers aus. Die wirtschaftliche Betrachtungsweise des Vorgangs zeigt, dass der Treugeber trotz Fehlens einer formalen Eigentümerstellung weiterhin der wirtschaftlich Berechtigte ist. Bereits in der konkursrechtlichen Literatur wurde aus diesem Grunde dem Treugeber ein Aussonderungsrecht in der Insolvenz des Treuhänders zugesprochen.[32] Im Umkehrschluss hierzu steht dem Treuhänder in der Insolvenz des Treugebers diese Rechtsposition nicht zu.

d) Kautionskonto

38 Das Mietkautionskonto stellt einen speziellen Fall des Treuhandkontos dar. Die jeweiligen Einzelheiten über die Mietkaution sind in § 550 b BGB geregelt. Nach § 550 b BGB ist der Vermieter verpflichtet, die als Kaution gewährte Geldsumme getrennt von seinem Vermögen bei einem Kreditinstitut anzulegen. In diesem Fall wird in der Insolvenz des Vermieters diese Kautionssumme nicht von dem Insolvenzbeschlag umfasst und gehört zum Vermögen des Mieters, so dass ihm ein Aussonderungsrecht zusteht.[33]

e) Anderkonto

39 Wird fremdes Geld auf einem speziellen eigenen Konto oder einem sonstigen Treuhandkonto von einem Treuhänder angelegt, so handelt es sich um Treugut. In der Insolvenz des Treuhänders steht daher dem Treugeber ein Aussonderungsanspruch zu.[34] In der Insolvenz des Treugebers erlischt gem. § 115 InsO das Rechtsverhältnis mit Verfahrenseröffnung und der Treuhänder ist verpflichtet das Guthaben an den Insolvenzverwalter herauszugeben.[35]

---

30 MK-InsO/Ganter, § 47 Rdnr. 381.
31 MK-InsO/Ganter, § 47 Rdnr. 375.
32 MK-InsO/Ganter, § 47 Rdnr. 359; FK-InsO/Joneleit/Imberger, § 47 Rdnr. 43.
33 FK-InsO/Joneleit/Imberger, § 47 Rdnr. 45.
34 MK-InsO/Ganter, § 47 Rdnr. 397.
35 MK-InsO/Ganter, § 47 Rdnr. 398.

Dauernheim

10. Eigentumsvorbehalt

a) Einfacher Eigentumsvorbehalt

Der einfache Eigentumsvorbehalt basiert auf einem unbedingten Kaufvertrag und einer darauf folgenden Übereignung, bei der die Sache sogleich übergeben wird und die dingliche Übereignung gem. § 929 Satz 1 BGB unter der aufschiebenden Bedingung gem. § 158 Abs. 1 BGB der vollständigen Kaufpreiszahlung erfolgt.[36] Diese Rechtskonstruktion führt dazu, dass der Veräußerer immer noch Eigentümer bleibt und der Besitzer und Nutzer der gekauften Sache bereits eine eigentumsähnliche Stellung innehat.

40

b) Insolvenz des Verkäufers

Nunmehr hat der Gesetzgeber diesen, im Geltungsbereich der Konkursordnung sehr umstrittenen Fall, in § 107 InsO geregelt. In der Insolvenz des Eigentumsvorbehaltsverkäufers kann der Käufer gem. § 107 Abs. 1 InsO die Erfüllung des Vertrages verlangen, wenn er im Besitz der Vorbehaltsware ist. Dadurch wird dem Insolvenzverwalter verwehrt, das Anwartschaftsrecht des Käufers zu beseitigen, indem er die Erfüllung des Vertrages ablehnt und die veräußerte Sache herausverlangt.[37] Insoweit der Insolvenzverwalter dem Vorbehaltsverkäufer gleichgestellt wird.

41

c) Insolvenz des Käufers

Bei einer Insolvenz des Vorbehaltskäufers steht dem Insolvenzverwalter das Wahlrecht nach § 103 InsO zu. Wählt in diesem Fall der Verwalter die Erfüllung des Kaufvertrages, so muss er den Restkaufpreis gem. § 55 Abs. 1 Nr. 2 InsO als Masseverbindlichkeit erfüllen.[38] Dadurch tritt die aufschiebende Bedingung des Kaufvertrages ein und das Eigentum an dem veräußerten Gegenstand fällt in die Insolvenzmasse.[39] Wählt der Insolvenzverwalter die Nichterfüllung des Kaufvertrages, so kann der Verkäufer unter Berufung auf sein Eigentum sein Aussonderungsrecht geltend machen.[40]

42

Nach § 107 Abs. 2 InsO ist der Verwalter erst nach dem Berichtstermin verpflichtet sein Wahlrecht gegenüber dem Vorbehaltsverkäufer auszuüben. Die Vorschrift des § 107 Abs. 2 InsO ist auch in der Insolvenz des Vorbehaltskäufers anzuwenden. Von dieser Vorschrift ist aber dann eine Ausnahme zu machen, wenn der Gläubiger den Verwalter darauf hinweist, dass in der Zeit bis zum Berichtstermin eine erhebliche Verschlechterung oder Verminderung des Wertes des Vorbehaltsgutes eintreten wird (§ 107

43

---

36 FK-InsO/Joneleit/Imberger, § 47 Rdnr. 17.
37 MK-InsO/Ganter, § 47 Rdnr. 76.
38 MK-InsO/Ganter, § 47 Rdnr. 69.
39 MK-InsO/Ganter, § 47 Rdnr. 63.
40 MK-InsO/Ganter, § 47 Rdnr. 62.

Dauernheim

Abs. 2 Satz 2 InsO). In diesem Fall ist der Insolvenzverwalter verpflichtet, umgehend sein Wahlrecht auszuüben.

d) Nutzungsrecht bis zur Ausübung des Wahlrechts

44 Die Vorschrift des § 107 InsO wirft nunmehr die Frage auf, wem das Nutzungsrecht an der Vorbehaltsware bis zur Wahlrechtsausübung durch den Insolvenzverwalter zusteht bzw. wer für einen eventuellen Wertverlust der Vorbehaltsware einzustehen hat. Bis zur Ausübung des Wahlrechtes nach dem Berichtstermin besteht ein Schwebezustand. In der Literatur werden hierzu unterschiedliche Auffassungen vertreten.[41] Nach § 22 Abs. 1 Nr. 2 InsO ist der vorläufige Insolvenzverwalter und der Insolvenzverwalter nach Verfahrenseröffnung bis zum Berichtstermin verpflichtet den Geschäftsbetrieb des Insolvenzschuldners fortzuführen. Da den Insolvenzverwalter nach Verfahrenseröffnung die Verpflichtung trifft, den Geschäftsbetrieb des Insolvenzschuldners fortzuführen, so muss man ihm auch das Recht zustehen, bis zu dem Zeitpunkt der Erklärung des Erfüllungswahlrechtes das Vorbehaltsgut nutzen zu dürfen. Die Einräumung des Nutzungsrechtes wird sich aus dem Rechtsgedanken der Betriebsfortführung ableiten lassen müssen. Das Nutzungsrecht steht dem Insolvenzverwalter aber nicht uneingeschränkt zur Verfügung. Es ist ihm verwehrt, das Vorbehaltsgut so zu nutzen, dass es an Wert verliert. Ihm ist es auch untersagt, das Vorbehaltsgut zu verarbeiten oder mit anderen Sachen zu verbinden oder vermischen. § 172 InsO ist nicht analog anwendbar.[42]

e) Verlängerter Eigentumsvorbehalt

45 Bei einem verlängerten Eigentumsvorbehalt ist es dem Vorbehaltskäufer gestattet, die erworbene Ware im Rahmen seines Geschäftsverkehrs weiter zu veräußern. Gleichzeitig tritt er die schuldrechtliche Forderung gegen den (zweiten) Erwerber an den Vorbehaltsverkäufer ab. Hierzu werden Vorausabtretungsklauseln und Verarbeitungsklauseln individualrechtlich oder durch allgemeine Geschäftsbedingungen vereinbart. Diese Rechtssituation ist mit der Situation einer Sicherungszession vergleichbar. Bereits zum Konkursrecht war anerkannt, dass dem Vorbehaltsverkäufer in diesem Fall nur ein Absonderungsrecht zusteht. Diese Argumentation wurde in die Insolvenzordnung aufgenommen und durch § 51 Nr. 1 InsO normiert. Danach steht dem Vorbehaltsverkäufer nur ein Absonderungsrecht zu.[43]

f) Erweiterter Eigentumsvorbehalt

46 Ein erweiterter Eigentumsvorbehalt liegt normalerweise in Form des Kontokorrent- und Konzernvorbehaltes vor. Die abschließend dingliche Über-

---

[41] Marotzke, ZZP 109 (1996), 429, 454; KS/Wellensiek, 1999, S. 297.
[42] MK-InsO/Ganter, § 47 Rdnr. 65 m. w. N. in Fußnote 96.
[43] MK-InsO/Ganter, § 51 Rdnr. 122.

Dauernheim

eignung der Vorbehaltsware ist davon abhängig, dass über die konkrete Kaufpreisforderung hinaus weitere Forderungen des Vorbehaltsverkäufers gegenüber dem Vorbehaltskäufer zum Ausgleich kommen. Erst wenn all diese Forderungen ausgeglichen sind, soll das Eigentum übergehen. Der so genannte Konzernvorbehalt ist seit dem 1. 1. 1999 gem. § 455 Abs. 2 BGB unzulässig. Liegt eine rechtlich zulässiger Kontokorrentvorbehalt vor, so ist wie folgt zu unterscheiden. Ist die ursprüngliche Kaufpreisforderung noch nicht endgültig getilgt, so gelten die Rechtsausführungen zum »einfachen« Eigentumsvorbehalt. Ist zwar die ursprüngliche Kaufpreisforderung getilgt, aber die Bedingung der Erfüllung sämtlicher in das Kontokorrent eingestellter Forderung noch nicht eingetreten, so liegt rechtlich gesehen der Fall der Sicherungsübereignung vor. Somit ist nur ein Absonderungsanspruch gem. § 51 Nr. 1 InsO gegeben.[44]

g) Weitergeleiteter oder nachgeschalteter Eigentumsvorbehalt

Bei dem weitergeleiteten Eigentumsvorbehalt legt der Vorbehaltskäufer den ursprünglichen Eigentumsvorbehalt seinem Endabnehmer offen und überträgt damit das bestehende Anwartschaftsrecht. Da in diesem Fall der Erwerber des Anwartschaftsrechtes an die Stelle des Vorbehaltskäufers tritt, gelten die Regeln zum einfachen Eigentumsvorbehalt.[45] Bei einem nachgeschalteten Eigentumsvorbehalt sind zwei selbstständige Eigentumsübertragungen unter Vorbehalt hintereinander geschaltet. Dabei gilt im Falle der Insolvenz des Verkäufers § 107 Abs. 1 InsO. Bei der Insolvenz des Käufers kommt für den Insolvenzverwalter das Wahlrecht aus § 103 InsO nicht mehr in Betracht.[46]

47

11. Sicherheitenpool

Poolvereinbarungen werden in Insolvenzverfahren in den unterschiedlichsten Ausgestaltungen abgeschlossen. Dabei werden Rechtsgemeinschaften gebildet, die ihre zur Aus- oder Absonderung anstehenden Rechte in einen Pool einbringen, um die Rechte gemeinsam gegenüber dem Insolvenzverwalter wahrzunehmen. In der überwiegenden Anzahl der Fälle handelt es sich bei diesen Poolgemeinschaften um so genannte BGB-Gesellschaften.[47] Problematisch ist bei der Bildung von Poolgemeinschaften, ob diese im Insolvenzfall die Rechte der Poolmitglieder überhaupt erwerben können. Der Pool kann nämlich nur die nach Art und Umfang spezifizierbaren Rechte der Einzelmitglieder erwerben, wenn diese rechtlich existent sind.[48] In Fortführungsinsolvenzen kommt es nämlich häufig zu einer Vereinbarung zwi-

48

---

44 Kübler/Prütting, a. a. O., § 47 Rdnr. 40; MK-InsO/Ganter, § 47 Rdnr. 93.
45 MK-InsO/Ganter, § 47 Rdnr. 97, 98.
46 Kübler/Prütting, a. a. O., § 47 Rdnr. 38.
47 MK-InsO/Ganter, § 47 Rdnr. 191.
48 MK-InsO/Ganter, § 47 Rdnr. 194.

Dauernheim

schen den Poolführern und dem Insolvenzverwalter dahingehend, dass dieser die Rechte des Pools anerkennt. Solche Vereinbarungen sind dann anfechtbar, wenn der Insolvenzverwalter nachträglich im Zeitpunkt der Krise nicht vorhandene Rechte anerkennt und diese dann durch die Vereinbarung mit dem Pool zum Entstehen bringt.

12. Factoring

a) Formen

49 Im Rahmen des Factoring überträgt der Forderungsinhaber seine Forderung auf den Factor und erhält hierfür den entsprechenden Gegenwert unter Abzug einer Aufwandsentschädigung für den Factor. Der Factor ist verpflichtet, die Forderung einzuziehen. Beim echten Factoring trägt der Factor das Risiko des Forderungsausfalls.[49] Schuldrechtlich handelt es sich um einen Forderungskauf seitens des Factors. Beim unechten Factoring handelt es sich um ein Kreditgeschäft. Hierbei gewährt der Factor dem Kunden ein Darlehen in Form eines Vorschusses auf den Forderungsbetrag.[50] Ist die Forderung des Kunden nicht realisierbar, so muss der Kunde das gewährte Darlehen zurückzahlen. In beiden Fällen handelt es sich zunächst um eine Übertragung von Forderungen. Beim echten Factoring ist die Forderungsabtretung die Erfüllung des Kaufvertrages. Die Übertragung der Forderung beim unechten Factoring erfolgt demgegenüber nur erfüllungshalber.

b) Echtes Factoring

50 Beim echten Factoring wird kein Sicherungscharakter angenommen, so dass in der Insolvenz des Zedenten der Factor die Forderung aussondern kann,[51] wenn eine schuldrechtlich rechtswirksame Abtretung der Forderung an ihn vorliegt. In diesem Fall kann in der Insolvenz des Factors der Verwalter keine insolvenzrechtlichen Ansprüche geltend machen.

c) Unechtes Factoring

51 Beim unechten Factoring trägt die Zession Sicherungscharakter. Im Falle der Insolvenz des Factors kann die Forderung vom Zedenten ausgesondert werden, soweit der Sicherungszweck nicht mehr vorhanden ist. Bei einer Insolvenz des Zedenten steht dem Factor nur nach § 51 Nr. 1 InsO ein Absonderungsrecht zu.[52]

---

[49] FK-InsO/Joneleit/Imberger, § 47 Rdnr. 31.
[50] FK-InsO/Joneleit/Imberger, § 51 Rdnr. 28.
[51] FK-InsO/Joneleit/Imberger, § 47 Rdnr. 31.
[52] FK-InsO/Joneleit/Imberger, § 47 Rdnr. 32.

Dauernheim

13. Kommissionsgeschäfte

Bei Kommissionsgeschäften ist auch die dingliche Rechtslage von maßgebender Bedeutung. Übergibt der Kommittent dem Kommissionär Waren, so bleiben dabei grundsätzlich die Eigentumsverhältnisse unberührt. Bei Kommissionsgeschäften ist auf die Vorschrift des § 392 Abs. 2 HGB hinzuweisen. § 392 Abs. 2 HGB bestimmt, dass Forderungen im Verhältnis zwischen Kommittent und Kommissionär oder dessen Gläubigern auch ohne Abtretung als Forderung des Kommittenten gelten.[53]

52

Bei einer Verkaufskommission gilt daher, dass der Kommittent im Falle der Insolvenz des Kommissionärs ein Aussonderungsrecht[54] an den Waren hat, die sich noch im Besitz des Kommissionärs befinden. Mit der Übereignung der jeweiligen Waren auf einen Dritten geht dieses Aussonderungsrecht gem. § 392 Abs. 2 HGB verloren. Der Kommittent kann aber die aus dem Ausführungsgeschäft entstandene Forderung aussondern. Geht der Kaufpreis vor Eröffnung des Insolvenzverfahrens beim Kommissionär ein, so verliert wiederum der Kommittent sein Aussonderungsrecht.

53

Liegt eine Einkaufskommission vor und wird der Kommissionär insolvent, so erwirbt der Kommittent das Recht, die Ansprüche aus dem Ausführungsgeschäft auf Übereignung der Waren sowie eventuelle Sekundäransprüche nach § 392 Abs. 2 HGB auszusondern.[55] Bei Ansprüchen des Kommittenten mit denen er vom Kommissionär Waren verlangt, handelt es sich um Verschaffungsansprüche und daher um einfache Insolvenzforderungen.

54

14. Direktversicherungen

Zur Erfüllung von Versorgungszusagen zu Gunsten von Arbeitnehmern werden häufig durch den Arbeitgeber Versicherungsverträge abgeschlossen. Je nach Ausgestaltung der so genannten Widerruflichkeit kann zu Gunsten des Arbeitnehmers ein Aussonderungsrecht bestehen. Ist Widerruflichkeit noch gegeben, so besteht kein Aussonderungsrecht.[56]

55

---

53 FK-InsO/Joneleit/Imberger, § 47 Rdnr. 48.
54 FK-InsO/Joneleit/Imberger, § 47 Rdnr. 50.
55 FK-InsO/Joneleit/Imberger, § 47 Rdnr. 49.
56 FK-InsO/Joneleit/Imberger, § 47 Rdnr. 36, 37.

Dauernheim

VII. Verfahren der Aussonderung

1. Verbot der Selbsthilfe

56 Kein Aussonderungsberechtigter ist ohne Zustimmung des Insolvenzverwalters berechtigt, Geschäftsräume des Insolvenzschuldners zu betreten oder auf sonstige Weise Handlungen zur Aussonderung vorzunehmen. In Fällen der unberechtigten Handlungsweise des Aussonderungsgläubigers können zivilrechtliche Ansprüche der Masse ihm gegenüber geltend gemacht werden.

2. Prüfungspflicht des Insolvenzverwalters

57 Nach Eröffnung des Insolvenzverfahrens hat dieser das gesamte zur Insolvenzmasse gehörende Vermögen in Besitz und Verwaltung zunehmen und ein Verzeichnis der einzelnen Gegenstände nach § 151 InsO anzufertigen. In diesem Zusammenhang hat der Insolvenzverwalter zu prüfen, welche Gegenstände zur Insolvenzmasse gehören bzw. welche Gegenstände mit Aus- und Absonderungsrechten belastet sind. Hinsichtlich des Bestehens von Rechten trifft den Aussonderungsgläubiger die Darlegungslast.[57]

Im Falle der Verletzung von Aussonderungsrechten werden die Gläubiger umfassend geschützt. Der Gläubiger kann Ersatzaussonderung nach § 48 InsO verlangen oder eine rechtsgrundlose Bereicherung der Insolvenzmasse nach § 55 Abs. 1 Satz 3 InsO herausverlangen. Wird ein Aussonderungsrecht schuldhaft von dem Insolvenzverwalter verletzt, so entsteht eine Masseverbindlichkeit nach § 55 Abs. 1 Nr. 1 InsO. Zusätzlich erstarkt ein Schadensersatzanspruch gegen den Insolvenzverwalter nach § 60 InsO.

3. Auskunftspflicht des Verwalters

58 Der Insolvenzverwalter ist verpflichtet, den aussonderungsberechtigten Gläubigern unverzüglich Auskunft zu erteilen. Der Umfang der Auskunftspflicht richtet sich nach der Zumutbarkeit für den Verwalter. Zur Erfüllung der Auskunftspflicht kann der Insolvenzverwalter dem Gläubiger Einsicht in die Geschäftsunterlagen des Insolvenzschuldners gewähren.[58]

4. Anerkennung der Aussonderungsrechte

59 Nach durchgeführter Prüfung erkennt der Insolvenzverwalter beim Vorliegen der gesetzlichen Voraussetzungen die Aussonderungsrechte an. Zur

---

[57] MK-InsO/Ganter, § 47 Rdnr. 448.
[58] FK-InsO/Joneleit/Imberger, § 47 Rdnr. 60.

Vermeidung der eigenen Haftung nach § 60 InsO sollte der Insolvenzverwalter sich im Berichtstermin die Zustimmung zur Vornahme von bedeutenden Rechtshandlungen nach § 160 InsO erteilen lassen, da die Vornahme von Aussonderungen bedeutende Rechtshandlungen i. S. der vorgenannten Vorschrift sind.[59]

5. Umfang der Herausgabepflicht

Der Insolvenzverwalter kommt seiner Herausgabeverpflichtung bei einem beweglichen Gegenstand in der Weise nach, indem er den Gegenstand zur Abholung für den Gläubiger bereitstellt. Zur Übersendung des Gegenstandes an den Geschäftssitz des Gläubigers ist der Verwalter nicht verpflichtet. Hat der Insolvenzverwalter aber angemietete Räumlichkeiten oder Grundstücke herauszugeben, so hat er diese zu räumen. Ansonsten erfüllt er den Aussonderungsanspruch des Vermieters/Verpächters nicht.[60]

60

6. Aussonderungskosten

Die Kosten der Aussonderung fallen der Insolvenzmasse zur Last. Diese Kosten beinhalten auch den Aufwand, der der Masse zur Erfüllung der Auskunftsverpflichtungen des Insolvenzverwalters entsteht. Entgegen der weit verbreiteten Auffassung besteht kein Anspruch der Insolvenzmasse gegen den Aussonderungsberechtigten Gläubiger auf Erstattung solcher Kosten.[61] Auch Kosten für die Sicherung und Erhaltung des der Aussonderung unterliegenden Gutes können von der Masse gegenüber dem Gläubiger nicht geltend gemacht werden.[62] Dem Insolvenzverwalter bleibt es aber unbelassen zwischen dem aussonderungsberechtigten Gläubiger und der Insolvenzmasse eine Vereinbarung über die Kostenerstattung zutreffen. Eine aufgrund dieser Vereinbarung bezahlte Aufwandsentschädigung für die Masse ist nicht rechtsgrundlos erlangt, sodass der Gläubiger später diese Leistung an die Masse nicht zurückverlangen kann. Kosten die dem aussonderungsberechtigten Gläubiger durch die Abholung der Sache entstehen, können von diesem als nachrangige Insolvenzforderung gem. § 39 Abs. 1 Nr. 2 InsO geltend gemacht werden.[63]

61

---

59 FK-InsO/Wegener, § 160 Rdnr. 2 f.
60 FK-InsO/Joneleit/Imberger, § 47 Rdnr. 63.
61 FK-InsO/Joneleit/Imberger, § 47 Rdnr. 64.
62 FK-InsO/Joneleit/Imberger, § 47 Rdnr. 65.
63 FK-InsO/Joneleit/Imberger, § 47 Rdnr. 67.

Dauernheim

7. Durchsetzung des Aussonderungsbegehrens

62 Die Durchsetzung eines Aussonderungsbegehrens hat mittels Klage im normalen Streitverfahren zu erfolgen. Häufig wird durch die Aussonderungsberechtigten versucht, ihre Rechte über das Insolvenzgericht mittels Beschwerden über den Verwalter durchzusetzen. Diese Verfahrensweise wird durch die Insolvenzgerichte zwar gegenüber dem Gläubiger moniert, vielfach von diesen aber nicht verstanden. § 47 Satz 2 InsO bestimmt nämlich, dass der Anspruch auf Aussonderung nach den Gesetzen, die außerhalb des Insolvenzverfahrens liegen, geltend zu machen ist. Gerichtsstand für Klagen gegen den Verwalter ist der Sitz des Insolvenzgerichtes. Durch Art. 18 EGInsO wurde in die ZPO der neue § 19 a ZPO eingefügt. Auch diese Norm wird häufig durch klagende Aussonderungsberechtigte übersehen.

63 Die Klage ist immer gegen den Insolvenzverwalter zu richten und nicht gegen die Masse oder das insolvente Unternehmen. Sie wird meistens als so genannte Leistungsklage auszugestalten sein, da die Herausgabe des Gegenstandes aus der Masse verlangt wird. Auch Feststellungsklagen sind denkbar. Wird die Aussonderung eines Grundstückes verlangt, so ist die Berichtigung des Grundbuches zu verlangen.

64 Gibt der Insolvenzverwalter im Falle der Klageerhebung ein sofortiges Anerkenntnis gegenüber dem klagenden Gläubiger ab, so richtet sich die Kostentragungspflicht nach § 93 ZPO.

65 Das Aussonderungsbegehren des Gläubigers kann dieser auch mittels einer einstweiligen Verfügung nach § 935 ZPO durchsetzen.[64] Durch diese einstweilige Verfügung kann dem Insolvenzverwalter verboten werden, über den Gegenstand zu verfügen.[65] Wird der der Aussonderung unterliegende Gegenstand durch den Insolvenzverwalter im Wege der Zwangsvollstreckung verwertet, so kann der Gläubiger die Einstellung der Zwangsvollstreckung nach §§ 769, 771 Abs. 3 ZPO beantragen. Denn in diesem Fall ist zu befürchten, dass die Widerspruchsklage gem. § 771 ansonsten an der vollendeten Verwertung scheitern würde.

66 Gegen die Insolvenzmasse bzw. den Insolvenzverwalter erstrittene Titel auf Herausgabe können auch während des Insolvenzverfahrens zur Vollstreckung gebracht werden. Das bestehende Vollstreckungsverbot nach § 89 InsO trifft auf solche Titel nicht zu.[66] Wurde bereits ein Titel auf Herausgabe eines der Aussonderung unterliegenden Gegenstandes gegen das insolvente Unternehmen erwirkt, so kann dieser Titel nach Verfahrenseröffnung gegen den Insolvenzverwalter nach § 727 ZPO umgeschrieben werden. Wurde ein vorläufiger Insolvenzverwalter mit Verwaltungs- und Verfügungsbefugnis nach § 22 Abs. 1 InsO durch das Insolvenzgericht bestellt,

---

64 BGH NJW 1993, 522, 524.
65 Kuhn/Uhlenbruck, a. a. O., § 43 Rdnr. 79.
66 Vgl. hierzu FK-InsO/App, § 89 Rdnr. 5 ff.

so kann ein bereits erwirkter Titel gegen den Insolvenzschuldner im Antragsverfahren gegen den vorläufigen Insolvenzverwalter umgeschrieben werden. Zur Wirksamkeit der Vollstreckung ist es aber erforderlich, dass dieser Titel dem vorläufigen Verwalter nach § 750 Abs. 2 ZPO zugestellt wird.

8. Beweislast

Derjenige, der die Aussonderung verlangt, muss die entsprechenden Voraussetzungen beweisen. Die Eigentumsvermutung des § 1006 Abs. 1 BGB spricht aber zu Gunsten des Insolvenzverwalters.[67] Wird durch einen Ehegatten in der Insolvenz des anderen Ehegatten ein Aussonderungsbegehren geführt, so wird gem. § 1362 Abs. 1 BGB vermutet, dass alle Gegenstände, die sich im Besitz des Ehegatten befinden, vom Massebeschlag umfasst werden.

67

B. Absonderung

I. Allgemeines

Absonderungsberechtigte können die ihnen zustehenden Rechte nach §§ 49 ff. InsO geltend machen. Begrifflich hat sich mit dem Inkrafttreten der Insolvenzordnung nichts geändert. Das Absonderungsrecht geht im Gegensatz zum Aussonderungsrecht auf vorzugsweise Befriedigung eines Anspruches aus einem zur Masse gehörenden Gegenstand.[68] Die Verwertung der Absonderungsrechte erfolgt entweder durch den Insolvenzverwalter oder durch den Gläubiger selbst. Bei der Absonderung unterliegt der mit dem Absonderungsrecht belastete Gegenstand der Verwaltungs- und Verfügungsbefugnis des Insolvenzverwalters (§ 80 InsO).

68

Die jeweilige Verwertungsbefugnis an dem Absonderungsgegenstand wird in den §§ 165 ff. InsO geregelt. Der aufgrund der Verwertung erzielte Erlös steht nicht uneingeschränkt dem Absonderungsgläubiger zu. Vielmehr sind Kostenbeiträge von dem Verwertungserlös abzusetzen (§§ 170, 171 InsO, 10 Abs. 1 Nr. 1 a ZVG). Diese Verwertungskostenbeiträge kommen uneingeschränkt der Masse zu. Haftet der Insolvenzschuldner dem Absonderungsgläubiger auch noch persönlich, und wird durch die Verwertung des Absonderungsgegenstandes die Forderung des Absonderungsgläubigers nicht voll befriedigt, so nimmt dieser im Übrigen als nicht nachrangiger In-

69

---

67 BGH WM 1996, 1242, 1243.
68 FK-InsO/Joneleit/Imberger, § 49 Rdnr. 1.

Dauernheim

solvenzgläubiger gemäß § 38 InsO an dem Insolvenzverfahren teil (§ 53 Satz 2 InsO).

II. Absonderungsberechtigte Gläubiger

70 Der Kreis der absonderungsberechtigten Gläubiger hat sich nach dem In-Kraft-Treten der Insolvenzordnung nicht gegenüber der Konkursordnung erweitert. Die in den §§ 49 bis 51 InsO aufgeführten Absonderungsgläubiger sind keine abschließende Benennung. Absonderungsrechte entstehen sowohl an Gegenständen des beweglichen Vermögens, als auch an nicht beweglichen Gegenständen, insbesondere Immobilien.

> Absonderungsrechte:
> - Immobiliarpfandrechte (§ 49 InsO)
> - Mobiliarpfandrechte (§ 50 InsO)
> - Sicherungseigentum/Sicherungsübereignung (§ 51 Nr. 1 InsO)
> - Sicherungszession (§ 51 Nr. 1 InsO)
> - handelsrechtliche Zurückbehaltungsrechte nach dem Handelsgesetzbuch (§ 51 Nr. 3 InsO)
> - Zoll- und Steuersicherheiten (§ 51 Nr. 4 InsO)
> - Absonderungsrechte nach dem Versicherungsvertragsgesetz/DepotG (§ 51 Nr. 3 InsO)
> - der erweiterte Eigentumsvorbehalt

III. Die Immobiliarpfandrechte nach § 49 InsO

1. Allgemeines

71 Rechte nach § 49 InsO können die Gläubiger geltend machen, denen ein Recht auf Befriedigung aus Gegenständen zusteht, die der Zwangsvollstreckung in das unbewegliche Vermögen unterliegen. Die Regelung des § 49 InsO entspricht der Regelung des § 47 KO.

72 Den Umfang der Immobiliarabsonderung bestimmen die §§ 864, 865 ZPO, 93 ff., 97 ff., 1120 ff. BGB. Des Weiteren die §§ 31, 32 SchiffsRG. Voraussetzung für die Vollstreckung in das unbewegliche Vermögen im Wege der Zwangsversteigerung ist, dass der jeweilige Gegenstand im Grundbuch oder in einem Register eingetragen ist.[69]

---

69 FK-InsO/Joneleit/Imberger, § 49 Rdnr. 18.

Die §§ 10 bis 14 ZVG legen fest, wem das Immobiliarabsonderungsrecht zusteht, welchen Inhalt das Recht hat und wie sich bei mehreren Berechtigten deren Rangfolge darstellt. Für die Zwangsverwaltung ergänzend sind die §§ 152, 153 und 155 ZVG heranzuziehen. Das in der Praxis wichtigste Absonderungsrecht ist das dingliche Recht an Grundstücken (Grundpfandrechte) aus § 10 Abs. 1 Nr. 4 ZVG. Den Rechten aus § 10 Abs. 1 Nr. 4 ZVG gehen Rechte aus § 10 Abs. 1 Nr. 2. ZVG (bestimmte Lohnansprüche) und aus § 10 Abs. 1 Nr. 3 ZVG (öffentliche Lasten) im Rang vor.

73

2. Grundstücke und grundstücksgleiche Rechte

Unter Grundstücken sind begrenzte, selbständige Flächen zu verstehen, die in einem Grundbuch eingetragen sind. Ein Bruchteil von einem Grundstück ist kein selbstständiges Grundstück und kann daher auch nicht Gegenstand der Zwangsversteigerung sein, wenn die Voraussetzungen des § 864 Abs. 2 ZPO nicht vorliegen. Sind dessen Voraussetzungen gegeben, wie z. B. beim Wohnungs- oder Teileigentum nach §§ 1, 2 WohnEigG, so können diese Gegenstand der Zwangsversteigerung sein.[70]

74

3. Sonstige unbewegliche Gegenstände

Hierunter fallen Schiffe, Schiffsbauwerke die nach den §§ 3, 66, 73 a in das SchiffsRG eingetragen sind. Die in die Luftfahrzeugrolle eingetragen Luftfahrzeuge, nämlich Flugzeuge, Luftschiffe, Motorsegler und Drehflügler unterfallen der Zwangsversteigerungsnorm des § 864 ZPO. Bei Schiffen und Luftfahrzeugen ist eine Zwangsverwaltung nicht möglich. Ähnliche Nutzungen können nach den §§ 165, 171 c ZVG gezogen werden.

75

4. Besonderheiten bei der Zwangsversteigerung und Zwangsverwaltung

Die Zwangsversteigerung und Zwangsverwaltung kann der absonderungsberechtigte Gläubiger auch während des laufenden Insolvenzverfahrens betreiben. Voraussetzung für die Vollstreckung gegen den Insolvenzverwalters ist ein auf diesen umgeschriebener Titel, der auch zugestellt sein muss.

76

Die Rechte der auch an der Zwangsversteigerung beteiligten Gläubiger werden durch die Vorschrift des Art. 20 EGInsO eingeschränkt. So ist eine 4%ige Kostenpauschale nach § 10 Abs. 1 Nr. 1 a ZVG an die Insolvenzmasse auszukehren, die sich aus dem festgesetzten Wert der beweglichen Gegenstände errechnet, die sich auf dem zu versteigernden Grundstück befinden. Die vorläufige Einstellung der Zwangsversteigerung kann der Insol-

---

70 FK-InsO/Joneleit/Imberger, § 49 Rdnr. 19.

Dauernheim

venzverwalter nach §§ 30 d bis 31 ZVG und die Einstellung der Zwangsverwaltung nach §§ 153 b, 153 c ZVG erreichen. Die Anträge des Insolvenzverwalters sind aber nur dann positiv zu bescheiden, wenn durch die Nutzung der Grundstücke eine Betriebsfortführung ermöglicht wird.

5. Umsatzsteuerliche Gegebenheiten bei der Versteigerung von Grundstücken

77 Unterliegen Umsätze der Grunderwerbsteuer, so sind diese grundsätzlich von der Umsatzsteuer nach § 4 Nr. 9 a UStG befreit. Als Veräußerungstatbestände sind der freihändige Verkauf und die Verwertung im Rahmen einer Zwangsversteigerung zu verstehen. Liegt Unternehmerschaft i. S. d. Umsatzsteuergesetzes bei dem Insolvenzschuldner/Insolvenzverwalter vor, so kann er auf die Steuerfreiheit nach § 9 UStG verzichten (Option). War eine solche umsatzsteuerliche Option durch den Insolvenzschuldner gegeben, sind gegebenenfalls nach Verfahrenseröffnung erhebliche Umsatzsteuerkorrekturtatbestände zu beachten.

78 Aus diesem Grunde ist grundsätzlich immer anzuraten, die umsatzsteuerliche Situation eines Grundstückes, sowohl beim freihändigen Verkauf als auch bei einer Zwangsversteigerung, zu überprüfen. Allgemein bekannt ist, dass bei der Verwertung eines Grundstückes beim Vorliegen von umsatzsteuerlichen Tatbeständen die Umsatzsteuer offen auszuweisen ist und an das zuständige Finanzamt von dem Veräußerer abgeführt werden muss. Vielfach unbekannt ist aber, dass auch im Rahmen einer Zwangsversteigerung über § 51 Abs. 1 Nr. 3 UStDV die Abzugsbesteuerung eingreift. Das heißt, wenn ein umsatzsteuerbarer Vorgang im Rahmen der Zwangsversteigerung ausgelöst wird, so hat der Erwerber die anfallende Umsatzsteuer einzubehalten und an das zuständige Finanzamt abzuführen. In diesen Zusammenhang wird immer wieder zwischen der Finanzverwaltung und dem Ersteher die Frage aufgeworfen, ob es sich bei seinem gegenüber dem Versteigerungsgericht abgegebenen Gebot um ein so genanntes Bruttogebot (Gebot inklusive Umsatzsteuer) oder ein Nettogebot handelt, auf welches noch die Umsatzsteuer heraufzurechnen ist.[71] Wird von dem Ersteher die Abzugsverpflichtung nicht eingehalten, so haftet er der Finanzverwaltung gegenüber auf die nicht abgeführte Umsatzsteuer.[72]

---

71 Vgl. hierzu Boochs/Dauernheim, Steuerrecht in der Insolvenz, 2. Aufl. 2001, S. 129 Fußnote 180.
72 Zu den weiteren umsatzsteuerlichen Gegebenheiten vgl. Boochs/Dauernheim, a. a. O., S. 128 ff.; Zur Möglichkeit der Option des Verwalters und Massemehrung FK-InsO/Joneleit/Imberger, § 49 Rdnr. 32 ff.

IV. Die Mobiliarpfandrechte (§ 50 InsO)

1. Allgemeines

Die früheren §§ 48, 49 KO wurden vollinhaltlich in § 50 InsO übernommen. 79
Die Mobiliarpfandrechte haben aber in der Praxis an Bedeutung verloren. Bei der Bestellung eines solchen Pfandrechtes ist es erforderlich, dass Besitz bzw. Mitbesitz durch den Verpfänder nach den §§ 1205, 1206 BGB eingeräumt wird. Zwar ist eine gewisse Lockerung über die Vorschriften der §§ 1205 Abs. 2 BGB; 424, 450, 460 HGB eingetreten. Die Bestellung von rechtsgeschäftlichen Pfandrechten ist von der Sicherungsübereignung sehr stark in den Hintergrund gedrängt worden. Gleiches gilt für die Verpfändung von Forderungen. Auch hier ist nach dem Publizitätsgrundsatz die Anzeige der Verpfändung an den Schuldner nach § 1280 BGB erforderlich. Aus diesem Grunde ist die Verpfändung von Forderungen in der Praxis hinter die Sicherungszessionen getreten. Ein gutgläubiger Erwerb von gesetzlichen Pfandrechten ist nur nach § 366 Abs. 3 HGB möglich.

2. Gesetzliche Pfandrechte

Folgende Vorschriften regeln gesetzliche Pfandrechte:

- § 233 BGB Hinterleger am hinterlegten Gute oder an Rückerstattungsforderungen 80
- § 559 BGB Vermieter an den eingebrachten Sachen des Mieters so weit diese pfändbar sind
- § 585 BGB Verpächter an eingebrachten Sachen und Früchten
- § 590 BGB Pächter an gepachtetem Inventar
- § 647 BGB Unternehmer an hergestellten oder ausgebesserten beweglichen Sachen
- § 704 BGB Gastwirt an eingebrachten Sachen des Gastes
- § 1 DüngemittelG Dünger- und Samenlieferant an Früchten
- § 22 FlössG Entschädigungsberechtigter an dem Floss
- § 397 HGB Kommissionär am Kommissionsgut
- § 410 HGB Spediteur an dem Frachtgut
- § 421 HGB Lagerhalter an dem Lagergut
- § 440 HGB Frachtführer an dem Frachtgut
- § 623 HGB Verfrachter an dem Frachtgut
- § 674 HGB Beförderer an dem Gepäck

- § 726 HGB Havarievergütungsberechtigter an dem Schiff und dem Ladegut
- § 752 HGB Bergungs- und Hilfskostengläubiger an dem geretteten Schiff und der Ladung
- § 755 HGB Schiffsgläubiger an dem Schiff[73]

3. Vermieter- und Verpächterpfandrecht

81 Das Vermieter- und Verpächterpfandrecht erstreckt sich nach § 50 Abs. 2 InsO nur auf die rückständigen Miet- oder Pachtzinsen für die letzten zwölf Monate vor der Verfahrenseröffnung. Auch mögliche Schadensersatzansprüche wegen verfrühter Kündigung des Pacht- oder Mietverhältnisses können über das Vermieter- oder Verpächterpfandrecht nicht geltend gemacht werden. Eine Ausnahme besteht nur bei der Verpachtung von landwirtschaftlichen Grundstücken.[74]

4. Pfändungspfandrechte

82 Über § 50 Abs. 1 InsO wird auch den Inhabern von so genannten Pfändungspfandrechten ein Absonderungsrecht gewährt. Zu beachten ist dabei, dass eine Pfändung unwirksam wird, wenn sie innerhalb eines Monates vor Antrag auf Eröffnung des Insolvenzverfahrens ausgebracht worden ist (§ 88 InsO). Für die Wirksamkeit der Pfändung ist nach § 829 Abs. 3 ZPO die Zustellung an den Drittschuldner maßgebend. Die Monatsfrist wird nach § 139 InsO berechnet. Auch eine vor der Frist des § 88 InsO ausgebrachte Vorpfändung nach § 845 ZPO setzt nicht die Rechtswirkung der vorgenannten Vorschrift außer Kraft.

5. Sicherungseigentum

83 Die Sicherungsübereignung stellt den Hauptanwendungsfall der uneigennützigen Treuhand dar. In der Insolvenz des Sicherungsnehmers gehört das Sicherungsgut nicht zur Insolvenzmasse und dem Sicherungsgeber steht ein Aussonderungsrecht zu. Demgegenüber gewährt das Sicherungseigentum in der Insolvenz des Sicherungsgebers kein Recht auf Aussonderung, sondern nur ein Recht auf Absonderung. Da das Sicherungseigentum in der Insolvenz des Sicherungsgebers einem Pfandrecht nahe stand, wurde es schon im Geltungsbereich der Konkursordnung den Absonderungsrechten zugeordnet.[75] Durch die Einführung des § 51 Nr. 1 InsO wurde nun-

---

73 FK-InsO/Joneleit/Imberger, § 50 Rdnr. 19.
74 FK-InsO/Joneleit/Imberger, § 50 Rdnr. 21.
75 FK-InsO/Joneleit/Imberger, § 51 Rdnr. 5.

mehr die gesetzliche Grundlage für diese Rechtslage geschaffen und eine Gleichstellung des Sicherungseigentums mit dem Pfandrecht in der Insolvenz erreicht. Mit der Regelung des § 51 Nr. 1 InsO wurde aber die dogmatische Einordnung des Sicherungseigentums als Volleigentum nicht verändert, eine dogmatische Ausgestaltung als Pfandrecht wurde nicht gewählt. Bereits aus der Formulierung des § 51 1. HS ist zu entnehmen, dass das Sicherungseigentum als Volleigentum gelten soll und nur so zu behandeln sei, wie ein Pfandrecht.

6. Sicherungszession

Genauso wie das Sicherungseigentum, ist die Sicherungszession in § 51 Nr. 1 InsO eindeutig genannt. Die Sicherungszession begründet in der Insolvenz des Sicherungsgebers ein Absonderungsrecht, in der Insolvenz des Sicherungsnehmers dagegen ein Aussonderungsrecht. Die Begründung hierfür ist identisch mit der für das Sicherungseigentum.

84

7. Zurückbehaltungsrechte

§ 51 Nr. 2 und 3 zählt die Zurückbehaltungsrechte abschließend auf, die den Berechtigten zur abgesonderten Befriedigung aus dem belasteten Gegenstand berechtigen.

85

8. Zurückbehaltungsrechte wegen nützlicher Verwendung (§ 51 Nr. 2 InsO)

Das allgemeine Zurückbehaltungsrecht nach § 273 Abs. 1 BGB ist als persönliches Recht in der Insolvenz nicht durchsetzbar. Dies folgt bereits aus der abschließende Aufzählung der Absonderungsrechte in den §§ 50, 51, 84 InsO und § 157 VVG. Auch das rechtsgeschäftlich vereinbarte Zurückbehaltungsrecht kann keine Anwendung finden.[76]

86

In der Insolvenz des Mandanten kann der Rechtsanwalt die Herausgabe seiner Handakten nicht verweigern. Auch ein Steuerberater ist nicht berechtigt, wegen offener Honorarforderungen die Buchführungsunterlagen und Originalbelege des Insolvenzschuldners zurückzuhalten.[77]

Den Hauptanwendungsfall des 51 Nr. 2 bildet das Zurückbehaltungsrecht des Besitzers wegen notwendiger (§ 994 BGB) und nützlicher (§ 996 BGB) Verwendungen auf eine in seinem Besitz befindlichen Sache. Voraussetzung zur Geltendmachung des Anspruches ist aber, dass der Wert der Sa-

---

76 FK-InsO/Joneleit/Imberger, § 51 Rdnr. 29.
77 FK-InsO/Joneleit/Imberger, § 51 Rdnr. 29.

Dauernheim

9. Zurückbehaltungsrecht nach HGB (§ 51 Nr. 3 InsO)

87 Nach dieser Vorschrift sind absonderungsberechtigte Gläubiger diejenigen, denen nach dem Handelsgesetzbuch ein Zurückbehaltungsrecht zusteht. Durch § 369 HGB erlangt ein Kaufmann wegen seiner fälligen Forderungen aus einem beidseitigen Handelsgeschäft an den in seinem Besitz gelangten beweglichen Gegenständen und Wertpapieren seines Schuldners ein Zurückbehaltungsrecht. Die Voraussetzung einer »fälligen Forderung« ist jetzt erforderlich, da durch Art. 40 EGInsO die Vorschrift des § 370 HGB aufgehoben wurde. Kaufmännische Zurückbehaltungsrechte können jetzt nicht mehr für nicht fällige Forderungen geltend gemacht werden. Die Befriedigung aus dem Zurückbehaltungsrecht erfolgt nach § 371 HGB außerhalb des Insolvenzverfahrens. Die Ausübung des Zurückbehaltungsrechts kann aber durch Hinterlegung nach § 369 Abs. 4 HGB abgewendet werden. In diesem Fall setzt sich das Absonderungsrecht an dem hinterlegten Betrag fort.

10. Absonderungsrechte nach dem VVG

88 § 157 VVG gewährt im Insolvenzverfahren des Sicherungsnehmers zu Gunsten des geschädigten Dritten ein Absonderungsrecht bezüglich eines Haftpflichtversicherungsanspruches. Das Absonderungsrecht umfasst die gesamte Entschädigungsforderung.[78]

Liegt eine Versicherung für fremde Rechnung vor (§ 74 VVG), handelt es sich in der Sache um eine gesetzliche Treuhand. Aus diesem Grund kann der Versicherungsnehmer in der Insolvenz des Versicherten den Versicherungsschein zurückbehalten, solange ihm etwaige noch nicht befriedigte Ansprüche auf die versicherte Sache zustehen. (§ 77 VVG)[79]

11. Absonderungsrechte des Fiskus (§ 51 Nr. 4 InsO)

89 Dem Steuerfiskus stehen Absonderungsrechte auf Grund gesetzlicher Vorschriften, insbesondere § 76 AO zu, die zur Befriedigung außerhalb des Insolvenzverfahrens berechtigen. Die nach den Verbrauchsteuergesetzen und Zollvorschriften bestehende Haftung bestimmter Waren und Güter, die zu Insolvenzmasse gehören, begründet das Absonderungsrecht des Steuer- und Abgabengläubigers. Die Haftung resultiert daraus, da die Steuern

---

78 FK-InsO/Joneleit/Imberger, § 51 Rdnr. 33.
79 FK-InsO/Joneleit/Imberger, § 51 Rdnr. 34.

Dauernheim

und Zölle auf diesen Waren ruhen. Die Haftung setzt nicht voraus, dass eine fällige Abgabenforderung besteht.[80] Die Geltendmachung der Haftung erfolgt durch Beschlagnahme und Verwertung. Die Beschlagnahme kann auch noch nach Eröffnung des Insolvenzverfahrens erfolgen.[81] Der Vorrang des Fiskus gegenüber allen anderen Rechten ergibt sich aus § 76 Abs. 1 AO.

12. Erweiterte Form des Eigentumsvorbehalts

Ein erweiterter Eigentumsvorbehalt ist dann gegeben, wenn der Erwerber einer Sache nicht schon mit der Erfüllung der Kaufpreisforderung das Eigentum an der Sache erwirbt, sondern erst mit Tilgung weiterer offener Verbindlichkeiten.[82] Wurde die eigentliche Kaufpreisforderung durch den Käufer noch nicht getilgt, so ist der Verkäufer in der Insolvenz des Käufers berechtigt, vom Kaufvertrag zurückzutreten. Insoweit ist diese Situation mit der Situation des einfachen Eigentumsvorbehalts zu vergleichen. Wählt der Verwalter die Erfüllung des noch nicht beidseits erfüllten Kaufvertrages, so wird dem Verkäufer die Rücktrittsmöglichkeit verwehrt. Ist der Erweiterungsfall eingetreten, so steht dem Verkäufer nur noch ein Absonderungsrecht zu. Aufgrund der Erweiterungsklausel ist zwar das Eigentum bei Nichtzahlung des Kaufpreises durch den Käufer auf diesen noch nicht übergegangen, jedoch hat die Vorbehaltsabrede nur den Zweck, Forderungen zu sichern, die mit dem Sicherungsgegenstand nicht in Verbindung stehen. Durch die Vereinbarung der Erweiterungsklausel soll nicht die Rückabwicklung des vom Vorbehaltskäufer erfüllten Kaufvertrages abgesichert werden, sondern allein die Besicherung weiterer Forderungen. Insoweit steht der Erweiterungsvorbehalt dem Sicherungseigentum gleich und ist wie dieser zu behandeln.

90

13. Verlängerter Eigentumsvorbehalt

Wie vorstehend dargestellt wurde, sichert der erweiterte Eigentumsvorbehalt Forderungen, die nicht in einem direkten Zusammenhang mit dem Sicherungsgegenstand stehen. Bei dem verlängerten Eigentumsvorbehalt besteht die Rechtswirkung darin, dass an die Stelle des ursprünglichen Sicherungsgegenstandes eine Sicherheit am wirtschaftlichen Surrogat entsteht.[83]

91

---
80 Tipke/Kruse, Kommentar zur AO/FGO, § 76 Rdnr. 3.
81 Kuhn/Uhlenbruck, a. a. O., § 49 Rdnr. 2 a.
82 FK-InsO/Joneleit/Imberger, § 51 Rdnr. 23.
83 FK-InsO/Joneleit/Imberger, § 51 Rdnr. 17.

Dauernheim

14. Eigentumsvorbehalt mit Verarbeitungsklausel

92 Durch die Bearbeitung einer beweglichen Sache kann der Vorbehaltsverkäufer sein Eigentum nach § 950 BGB verlieren. Um diesen Rechtsverlust für den Vorbehaltskäuferkäufer aufzufangen, können der Vorbehaltsverkäufer und der Vorbehaltskäufer vereinbaren, dass die Verarbeitung für den Vorbehaltsverkäufer erfolgen und dieser Eigentümer der neuen Sache werden soll.[84] Dabei muss der Wert der Verarbeitung jedenfalls 60% des Wertes des verarbeiteten Grundstoffes erreichen.[85] Eine Verarbeitungsklausel wird aber unwirksam, wenn sie keine Vereinbarung für den Fall enthält, dass von der Verarbeitung noch andere unter Eigentumsvorbehalt gelieferte Vorbehaltswaren betroffen sind. Treffen mehrere Vorbehaltswaren zusammen, so muss an dem neu hergestellten Gegenstand in der Sicherungsabreden Miteigentum nach den §§ 947, 950 BGB gebildet werden.

Obwohl im Sicherungsfall der Vorbehaltsverkäufer Eigentum an der neu hergestellten Sache erwirbt, wird ihm von Rechts wegen kein Aussonderungsrecht, sondern nur ein Absonderungsrecht zugebilligt. Insoweit wird er einem Sicherungseigentümer gleichgestellt.

15. Eigentumsvorbehalt mit Veräußerungsermächtigung

93 In einer großen Anzahl von Fällen erteilt der Vorbehaltsverkäufer dem Vorbehaltskäufer die Befugnis, den unter Vorbehalt gelieferten Gegenstand im ordnungsgemäßen Geschäftsverkehr unter Vorausabtretung der aus der Veräußerung resultierenden Forderung zu veräußern. Durch die Weiterveräußerung geht das Vorbehaltseigentum gem. den §§ 929 ff., 158 Abs. 1 BGB unter. Durch die Vorausabtretung erwirbt der Verkäufer die Forderung des Vorbehaltskäufers gegenüber dessen Endabnehmer. Da auch hier die Sicherungsfunktion die Vorausabtretung bestimmt, wird diese rechtliche Konstruktion der Sicherungszession gleichgestellt und dem Vorbehaltsverkäufer nur ein Absonderungsrecht gewährt. Nach h. M. ist ein Eigentumsvorbehalt mit Vorauszession nur dann wirksam, wenn vertraglich (auch durch Allgemeine Geschäftsbedingungen) eine so genannte Freigabeklausel vereinbart wurde. In dieser muss bestimmt sein, dass die Sicherheiten dann freizugeben sind, sobald die Deckungsgrenze 120% der zu sichernden Forderung erreicht bzw. vom Nennwert der zedierten Forderung ausgehend eine Deckungsgrenze von 150% erreicht wird.[86]

---

84 BGHZ 159, 163.
85 BGH NJW 1995, 2633.
86 BGHZ 120, 300, 303.

16. Abschlagsforderung

Im Bereich der Insolvenz von Bauunternehmen kommt es häufig vor, dass diese bereits vor Eröffnung des Insolvenzverfahrens Waren, die unter verlängertem Eigentumsvorbehalt mit Vorauszession geliefert wurden, verbaut haben. Hatte der Bauunternehmer bereits nach dem Einbau Abschlagsrechnungen erteilt und sind hierauf noch vor Verfahrenseröffnung Zahlungen geleistet worden, so müssen die Abschlagszahlungen wie folgt behandelt werden.

Die geleistete Abschlagszahlung wird auf die an den Vorbehaltslieferanten zedierte Forderung in der Höhe angerechnet, die dem Wert des in der Rechnung ausgewiesenen Vorbehaltsguts entspricht. Insoweit steht dem Vorbehaltslieferanten nur in der Höhe noch ein Anspruch gegen den Schuldner zu, in der seine Vorbehaltsware noch nicht durch die vereinnahmten Abschlagsrechnungen ausgeglichen wurde.[87]

V. Verwertung der Mobiliarsicherheiten

Die Verwertung von Gegenständen des beweglichen Vermögens ist in den §§ 166 bis 173, 50 bis 52 InsO umfassend geregelt. Die im Bereich der Konkursordnung geltende Norm des § 127 Abs. 1 KO entsprach schon seit langem nicht mehr der Rechtswirklichkeit. Bei rechtsgeschäftlich gestellten Pfandrechten konnte vor dem Inkrafttreten der Insolvenzordnung der Gläubiger in der überwiegenden Anzahl der Fälle den mit dem Pfandrecht belasteten Gegenstand an sich ziehen und außerhalb des Verfahrens verwerten. Der Absonderungsberechtigte musste keinerlei Rücksicht auf die übrigen Gläubiger nehmen. Dies war insbesondere wegen des § 127 Abs. 2 KO sehr unbefriedigend, da der Gläubiger die sicherungsübereignete Sache ohne weiteres aus dem Unternehmensverbund herauslösen konnte und so eine übertragende Sanierungen oder Betriebsfortführung erheblich beeinträchtigen oder vereiteln konnte.[88] Die gleiche Situation ergab sich bei dem verlängerten oder erweiterten Eigentumsvorbehalt, bei dem nach der Konkursordnung auch ein Absonderungsrecht bestand. Nunmehr sorgt § 166 Abs. 1 InsO dafür, dass den Gläubigern der sofortige Zugriff auf das Unternehmen in seiner wirtschaftlichen Einheit genommen wird.

Durch die Übertragung des Verwertungsrechts für den Zeitraum der zeitweiligen oder dauernden Unternehmensfortführung kann erreicht werden, dass eine Zerschlagung des Unternehmens verhindert wird. Die Übertragung des Verwertungsrechtes auf den Insolvenzverwalter stellt ein Kern-

---

87 FK-InsO/Joneleit/Imberger, § 51 Rdnr. 22.
88 FK-InsO/Wegener, § 166 Rdnr. 1 a.

stück der Reform des Insolvenzrechtes im Bereich der Mobiliarsicherheiten dar.

VI. Verwertung der besitzlosen Mobiliarrechte

1. Verwertungsrecht des Verwalters nach § 166 InsO

97 Das Verwertungsrecht steht dem Verwalter an solchen Sachen zu, an denen wirksam Absonderungsrechte begründet wurden. Dies sind zum einen bewegliche Sachen, die der Verwalter in seinem Besitz hat (§ 166 Abs. 1 InsO), zum anderen Forderungen, die der Schuldner im Wege der Sicherungszession abgetreten hat (§ 166 Abs. 2 InsO). Von dem Verwertungsrecht des Insolvenzverwalters sind demnach alle die Mobiliarsicherheiten betroffen, die einen Besitz des Insolvenzschuldners nicht unbedingt erfordern.

2. Besitz des Verwalters nach § 166 Abs. 1 InsO

98 Entscheidend für die Verwertungsbefugnis des Verwalters ist, ob er die mit dem Absonderungsrecht belastete Sache im Besitz hat. Ergänzend ist die Vorschrift aber dahingehend auszulegen, dass es auch ausreicht, wenn die Sache im Besitz des Insolvenzschuldners ist. Nach der Auffassung des Gesetzgebers sind nur solche Sachen für die Betriebsfortführung oder eine übertragende Sanierung vonnöten, die sich im Besitz des Verwalters oder des Insolvenzschuldners befinden.[89] Besitz ist im Lichte der vorgenannten Vorschrift dahingehend zu verstehen, dass hiermit die Erlangung der tatsächlichen Herrschaft (Gewalt) über eine Sache maßgeblich ist (§ 854 BGB). Gleichzeitig reicht aber auch mittelbarer Besitz aus.[90] Maßgeblich ist der Zeitpunkt der Verfahrenseröffnung. Besondere Beachtung müssen aber Pfändungspfandrechte gewinnen, denn diese befinden sich nach der wirksamen Verstrickung immer noch im Besitz des Insolvenzschuldners. Soll ein solcher Gegenstand durch den Insolvenzverwalter verwertet werden, ist er gehalten, die öffentlich-rechtliche Verstrickung nach den allgemeinen Vorschriften zu beseitigen. Insbesondere muss der Gerichtsvollzieher das Pfandsiegel entfernen oder der Pfändungspfandrechtsinhaber muss gegenüber dem Verwalter auf sein Pfandrecht verzichten.

99 Mit Absonderungsrechten belastete Gegenstände, die vor Verfahrenseröffnung gegen den Willen des Insolvenzschuldners entfernt wurden oder diesem in strafrechtlich relevanter Weise weggenommen worden sind, unterfallen nicht der Vorschrift des § 166 Abs. 1 InsO. Die unberechtigte Weg-

---

89 FK-InsO/Wegener, § 166 Rdnr. 4.
90 FK-InsO/Wegener, a. a. O.

nahme kann der Verwalter nur durch die Geltendmachung des Insolvenzanfechtungsrechts (§§ 129 ff. InsO)[91] rückgängig machen oder er ist auf die Geltendmachung von Schadensersatzansprüchen beschränkt. Gleiches gilt für solche Gegenstände, die der Insolvenzschuldner in der irrigen Annahme der Verpflichtung zur Herausgabe weggegeben hat.

3. Entstehenszeitpunkt des Verwertungsrechts

Die Berechtigung zur Verwertung der mit Absonderungsrechten belasteten Gegenstände entsteht erst im Zeitpunkt der Eröffnung des Insolvenzverfahrens. Ein vorläufiger Insolvenzverwalter ist daher nicht zur Verwertung von mit Absonderungsrechten belasteten Gegenständen berechtigt.[92] Ein vorläufiger Insolvenzverwalter kann sich nur gegen eine unberechtigte Verwertung durch den Insolvenzschuldner dadurch zur Wehr setzen, dass dem Insolvenzschuldner durch das Insolvenzgericht durch Anordnung von Sicherungsmaßnahmen nach § 21 Abs. 1 Ziffer 2 InsO untersagt wird, mit Absonderungsrechten belastete Gegenstände herauszugeben.

100

4. Verwertung zur Sicherheit übereigneter Gegenstände

Sicherungseigentum ist nach den gesetzlichen Bestimmungen Volleigentum des Sicherungsnehmers. Der Insolvenzverwalter ist nicht Eigentümer. Nach den allgemeinen sachenrechtlichen Grundsätzen der §§ 929 ff. BGB ist der Insolvenzverwalter nicht in der Lage, diesen Gegenstand im Zeitpunkt der Verwertung rechtswirksam an den Erwerber zu übereignen. Ein Gutglaubenserwerb des Dritten nach § 932 BGB käme auch nicht in Betracht, da dem Dritten die Rechtsstellung des Insolvenzverwalters bekannt ist. Gutgläubigkeit des Dritten wird daher nicht anzunehmen sein. Diese Rechtsfrage lässt sich nur damit lösen, dass § 166 Abs. 1 InsO dahingehend zu verstehen ist, dass dem Verwalter die Rechtsmacht zur Übertragung der Gegenstände per Gesetz eingeräumt wird und insoweit eine Veräußerungsermächtigung i. S. v. § 185 BGB vorliegt.

101

5. Verwertung zur Sicherheit abgetretener Forderungen (§ 166 Abs. 2 InsO)

Der Insolvenzverwalter ist zur Verwertung von Forderungen nur dann berechtigt, wenn diese vom Insolvenzschuldner zur Sicherheit abgetreten worden sind. Insoweit beschränkt sich das Verwertungsrecht ausschließlich auf Sicherungszessionen.[93] Von dem Verwertungsrecht werden nur solche For-

102

---

[91] Ausführlich hierzu FK-InsO/Dauernheim, §§ 129 ff.
[92] FK-InsO/Wegener, § 166 Rdnr. 5.
[93] FK-InsO/Wegener, § 166 Rdnr. 6.

derung umfasst, die bei Verfahrenseröffnung noch rechtlichen Bestand hatten und nicht vorher schon eingezogen waren. Insoweit sind absonderungsberechtigte Gläubiger geschützt, die bereits vor Verfahrenseröffnung die absonderungsberechtigten Forderungen eingezogen und damit verwertet hatten.

103 Die hier vorliegende Situation ist zu vergleichen mit der Situation der Veräußerung von Sicherungseigentum. Auch hier wird der Tatbestand des § 166 Abs. 2 InsO dahingehend ergänzend auszulegen sein, dass dem Insolvenzverwalter eine Einziehungsermächtigung für zur Sicherung übertragene Forderungen zusteht.

104 Die Verwertung der Forderung kann dadurch geschehen, dass der Verwalter die Forderung eigenständig einzieht, an einen Factor veräußert oder dass sie gegen Zahlung eines beliebigen Entgeltes abgetreten wird.[94]

105 Das Recht zur Einziehung der Forderungen entsteht auch erst im Zeitpunkt der Verfahrenseröffnung. Wie bei der Verwertung von Gegenständen, darf der vorläufige Insolvenzverwalter noch keine Forderungen einziehen, sofern ihm nicht durch das Insolvenzgericht durch Anordnung von weiteren vorläufigen Sicherungsmaßnahmen der Forderungseinzug übertragen wurde. In der Praxis hat sich nunmehr herausgebildet, dass sich der Insolvenzverwalter im Zeitpunkt des vorläufigen Insolvenzverfahrens den Forderungseinzug übertragen lässt. Gleichzeitig wird der Insolvenzverwalter alle bekannten Debitoren unter gleichzeitiger Unterrichtung über seine Bestellung und der angeordneten vorläufigen Insolvenzverwaltung anschreiben und zur Zahlung an ihn auffordern.

106 Die Einziehungsermächtigung des Insolvenzverwalters hat zur Folge, dass dem absonderungsberechtigten Gläubiger nur Rechte an dem Erlös zustehen, den der Verwalter eingezogen hat. Ein originäres Recht an der Forderung steht ihm nicht zu.[95]

6. Keine Verwertungspflicht des Verwalters

107 Der Insolvenzverwalter ist nicht verpflichtet, die mit Absonderungsrechten belegten Forderungen selbst zu verwerten. Dies ergibt sich bereits aus dem Wortlaut des § 170 Abs. 2 InsO, der bestimmt, dass der Verwalter auch die Forderungen freigeben kann.[96] Der Insolvenzverwalter wird aber eine Entscheidung über die Freigabe der Forderungen relativ schnell fällen, da nach § 169 InsO der gesicherte Gläubiger Anspruch auf Erstattung von Zinsen für die Zeit vom Berichtstermin bis zur Verwertung hat. Eine unnötige Massebelastung mit Zinsen könnte eine Haftung des Insolvenzverwalters nach § 60 InsO auslösen.

---

94 FK-InsO/Wegener, § 166 Rdnr. 7.
95 FK-InsO/Wegener, § 166 Rdnr. 9.
96 FK-InsO/Wegener, § 166 Rdnr. 10.

Dauernheim

7. Rechtsbehelf

Die freihändige Verwertung des mit einem Absonderungsrecht belasteten Gegenstandes stellt keine Maßnahme der Zwangsvollstreckung dar. Aus diesem Grunde ist eine Vollstreckungsgegenklage nach § 771 ZPO unzulässig. Der Gläubiger hat zur Geltendmachung seiner Rechte den Zivilprozessweg zu beschreiten. Eine Verwertung kann der Gläubiger nur durch Erlass einer einstweiligen Verfügung verhindern, sofern ein Verfügungsanspruch besteht. Als Verfügungsanspruch käme nur das Selbstverwertungsrecht nach § 173 InsO in Betracht.[97]

108

VII. Auskunftsanspruch des Gläubigers nach § 167 InsO

Entgegen der Rechtslage nach der Konkursordnung ist nunmehr den Gläubigern ein Auskunftsanspruch gegenüber dem Insolvenzverwalter eingeräumt. Diese Gläubigerrechte werden nur begründet, wenn wirksame Absonderungsrechte bestellt worden sind.

109

Der Verwalter hat auf Aufforderung des Gläubigers Auskunft über den Zustand der Sache und der Forderung zu erteilen (§ 167 Abs. 1 Satz 1, § 167 Abs. 1 Satz 2 InsO).

110

Vielfach wird dieser Auskunftsanspruch von den Gläubigern dahingehend missverstanden, dass der Insolvenzverwalter über das Verfahren weitergehende Auskünfte zu erteilen habe. Dies ist aber hier nicht der Fall. § 167 soll den Gläubigern nämlich kein allgemeines Informations- oder Einsichtsrecht gewähren. Zur Erfüllung der Auskunftsverpflichtung gegenüber den absonderungsberechtigten Gläubigern können diese auf eine Besichtigung der Sache nach § 167 Abs. 1 Satz 2 InsO bzw. auf die Einsicht in die Bücher des Insolvenzschuldners nach § 167 Abs. 2 Satz 2 InsO verwiesen werden.

111

Die Auskunftsverpflichtung des Insolvenzverwalters kann auch nicht durch irgendwie geartete Abreden abgedungen werden. Der Verwalter kann sich seiner Pflicht nicht dahingehend entziehen, dass er auf die allgemeinen Informationen im Berichtstermin verweist.[98]

---

97 FK-InsO/Wegener, § 166 Rdnr. 11.
98 FK-InsO/Wegener, § 167 Rdnr. 4.

VIII. Mitteilung der Veräußerungsabsicht nach § 168 InsO

112 Der Insolvenzverwalter ist verpflichtet, den absonderungsberechtigten Gläubiger über die anstehende Verwertung des Gegenstandes zu informieren. Aufgrund dieser Unterrichtung ist dann der Gläubiger in der Lage, Einfluss auf die geplante Verwertung des Insolvenzverwalters zu nehmen. Insoweit wird auch dem Gläubiger eine Mitwirkungsmöglichkeit eingeräumt.

1. Mitteilung der Veräußerungsabsicht

113 Die Mitteilungspflicht gilt für bewegliche Sachen, wie auch für Forderungen. § 168 InsO nimmt nämlich ausdrücklich auf § 166 InsO Bezug. Bei der Mitteilung des Insolvenzverwalters an den Gläubiger handelt sich um eine einseitige empfangsbedürftige Willenserklärung des Insolvenzverwalters. Über den jeweiligen Inhalt der Erklärung des Verwalters wird keine Aussage getroffen. Auf Grund der gesetzlichen Darstellung ist aber der Verwalter verpflichtet die Information dem Gläubiger zu übermitteln, die ihn in die Lage versetzen, dem Verwalter eine bessere Verwertungsmöglichkeit des Gegenstandes darzulegen.

2. Mitteilungspflicht bei dem Einzug von Forderungen

114 Bei dem Einzug von Forderungen besteht keine Mitteilungspflicht des Verwalters. Der Gesetzgeber hat solche Fälle nicht als schützenswert angesehen. Es ist dem Verwalter anzuraten, dass er Kontakt mit den Gläubigern aufnimmt, um eine Einigung hinsichtlich der Durchsetzung des Forderungseinzuges zu erreichen. So können Schadensersatzforderungen des absonderungsberechtigten Gläubigers gegenüber dem Verwalter oder der Masse vermieden werden.

3. Hinweismöglichkeit des Gläubigers

115 Nach § 168 Abs. 1 Satz 2 InsO kann der absonderungsberechtigte Gläubiger binnen einer Frist von einer Woche den Insolvenzverwalter auf eine günstigere Verwertungsmöglichkeit für den Gegenstand hinweisen. Dabei hat der Absonderungsberechtigte dem Insolvenzverwalter eine konkrete bessere Verwertungsmöglichkeit darzulegen.[99] Bei der Frist handelt es sich nicht um eine Ausschlussfrist. Deswegen hat der Insolvenzverwalter jede Mitteilung zu beachten, die vor der Veräußerung des Gegenstandes eingeht. Der Verwalter ist dann verpflichtet, die bessere Verwertungsmöglichkeit wahrzunehmen. Günstiger für den Gläubiger ist die Verwertung dann,

---

99 FK-InsO/Wegener, § 168 Rdnr. 5.

Dauernheim

wenn für den mit Absonderungsrechten belasteten Gegenstand ein höherer Preis erzielt wird. Zum Nachweis des Vorliegens einer günstigeren Verwertungsmöglichkeiten ist dem Gläubiger aber anzuraten, ein konkretes schriftliches Kaufangebot des interessierten Dritten dem Verwalter vorzulegen.

4. Günstigere Verwertungsmöglichkeit

Gesetzlich ist nicht eindeutig geregelt, was unter einer günstigeren Verwertungsmöglichkeit zu verstehen ist. Vorstehend ist schon darauf hingewiesen worden, dass die Erzielung eines höheren Preises eine günstigere Verwertungsmöglichkeit darstellt. Ob und welche Umstände noch eine Rolle spielen können, wird vom Einzelfall abhängen. Möglicherweise sind solche Umstände ausschlaggebend, die zwar nicht in einem unmittelbaren Zusammenhang mit dem zu erzielenden Preis stehen, sondern an die eigentliche Verwertung anknüpfen und unter wirtschaftlichen Gesichtspunkten für den absonderungsberechtigten Gläubiger von erheblicher Bedeutung sind. Man denke nur an den Fall, bei dem eine Gesamtveräußerung des Anlagevermögens eines Betriebes erfolgt und der erwerbende Dritte ein Paketpreis für alle Anlagegüter zahlt. Bei der Verwertung eines jeden einzelnen Gegenstandes würde aber für den betroffenen absonderungsberechtigten Gläubiger ein höherer Erlös zu erzielen sein. Die Verwertung der einzelnen Gegenstände ist aber nicht möglich, da für sie kein Käufer vorhanden ist. Nur der jetzt erwerbende Dritte ist bereit im Wege eines Paketkaufes sämtliche Gegenstände zu einem Gesamtkaufpreis zu erwerben. Für den jeweils einzelnen absonderungsberechtigten Gläubiger ist diese Verwertungsmöglichkeit günstiger. Für den durch den Paketpreis benachteiligten absonderungsberechtigten Gläubiger ist dies aber eine ungünstigerer Verwertungsmöglichkeit. Das letzte Wort werden hier wohl die Gerichte haben. 116

5. Selbstübernahme des Gläubigers (§ 168 Abs. 3 InsO)

Eine günstigere Verwertungsmöglichkeit kann auch darin liegen, dass der absonderungsberechtigte Gläubiger den Gegenstand selbst übernimmt. Hierbei kommt es zu vertraglichen Beziehungen über den Ankauf des Gegenstandes zwischen dem Insolvenzverwalter/Masse und dem absonderungsberechtigten Gläubiger. Der absonderungsberechtigte Gläubiger kann mit seinem Anspruch auf Auskehrung des Verwertungserlöses nach § 170 InsO gegenüber der Kaufpreisforderung der Insolvenzmasse aufrechnen. Danach ist der Absonderungsberechtigte berechtigt, den früher mit dem Absonderungsrecht belegten Gegenstand eigenständig zu verwerten. 117

Ein Anspruch des Gläubigers auf Selbstübernahme ergibt sich nicht aus § 168 Abs. 3 Satz 1 InsO, denn die Übernahme stellt nur eine besondere Verwertungsmöglichkeit dar (§ 168 Abs. 1 Satz 2 InsO). Der Insolvenzverwal- 118 ter ist daher nicht verpflichtet bei gleicher Kaufpreishöhe vorrangig dem absonderungsberechtigten Gläubiger den Gegenstand zur Selbstübernahme zur Verfügung zu stellen. Der Gläubiger ist dann auf seinen Anspruch nach § 168 Abs. 2 S. 2 InsO beschränkt.

IX. Schutz des Gläubigers vor einer Verzögerung der Verwertung

119 Gläubiger, denen Absonderungsrechte zustehen, sind an einer zügigen Verwertung interessiert. Aus diesem Grunde hat sich der Gesetzgeber entschlossen, bei einer zögerlichen Verwertung einen Ausgleich für den erlittenen Zinsverlust durch Zahlung von Zinsen zu gewähren (§ 169 Abs. 1 InsO).

120 Die Norm des § 169 InsO entschädigt den absonderungsberechtigten Gläubiger zusätzlich bei der Nutzung des mit seinen Rechten belasteten Gegenstandes durch die Masse. Vom Berichtstermin an stehen ihm die mit dem Schuldner vereinbarten Zinsen als Masseforderung zu. Die Zinshöhe richtet sich nach den vertraglichen Vereinbarungen zwischen dem Insolvenzschuldner und dem absonderungsberechtigten Gläubiger und nicht nach den gesetzlichen Bestimmungen über den Verzug (§§ 288 BGB, 352 HGB).[100] Die Pflicht zur Zahlung von Zinsen besteht nur in dem Fall, in dem eine Verwertung des beweglichen Gegenstandes bis zum Berichtstermin nicht erfolgt ist.

X. Entschädigung für eintretenden Wertverlust (§ 172 InsO)

121 Wird der Geschäftsbetrieb des Insolvenzschuldners durch den Insolvenzverwalter fortgeführt und nutzt er den mit dem Absonderungsrecht belegten Gegenstand, so ist der Insolvenzverwalter verpflichtet, zusätzlich zu den Zinsen noch den eintretenden Wertverlust dem Gläubiger zu ersetzen (§ 172 InsO).

122 Hatte das Insolvenzgericht im Rahmen der Maßnahmen zur Sicherung der Insolvenzmasse dem absonderungsberechtigten Gläubiger durch Anordnung von Sicherungsmaßnahmen nach § 21 InsO die Verwertung des mit dem Absonderungsrecht belasteten Gegenstandes verwehrt, so sind die ge-

---

100 FK-InsO/Wegener, § 169 Rdnr. 4.

schuldeten Zinsen von dem Zeitpunkt an zu zahlen, der drei Monate nach dieser Anordnung des Insolvenzgerichtes liegt (§ 169 Satz 2 InsO).

Der Ausgleich eines Wertverlustes entfällt aber dann, wenn die Sicherung des Gläubigers nicht beeinträchtigt wird. Dies ist dann der Fall, wenn der zur Verwertung anstehende Gegenstand die Haupt- und etwaige Nebenforderungen des absonderungsberechtigten Gläubigers deckt (§ 172 Abs. 1 Satz 2 InsO). 123

In der Praxis bereitet es Schwierigkeiten, den tatsächlich eintretenden Wertverlust bei der Weiternutzung einer Sache zu ermitteln. Insbesondere bei Anlagegütern, die nur einer geringen Abschreibung und einer langen Lebensdauer unterliegen, sind die eintretenden Wertverluste kaum zu ermitteln. Dem Gläubiger obliegt der Nachweis des eingetretenen Wertverlustes. Er wird sich in der Praxis kaum ermitteln lassen, insbesondere dann, wenn der Insolvenzverwalter die Gegenstände nur über einen kurzen Zeitraum nutzt. 124

Wird eine Sache, die der Verwalter verwerten darf, mit einer anderen Sache verbunden, vermischt oder verarbeitet, so darf dadurch die Sicherung des absonderungsberechtigten Gläubigers nicht beeinträchtigt werden. Aus diesem Verbot folgt die notwendige Unterscheidung zwischen Vermischung/Vermengung mit anderen Sachen oder Verarbeitung zu völlig neuen Produkten. 125

Wird eine Sache mit einem Grundstück verbunden, so folgt aus den §§ 946, 949 BGB, dass das Absonderungsrecht erlischt. Gleiches gilt, wenn die Sache mit einer als Hauptsache anzusehenden weiteren Sache verbunden wird. (§§ 947 Abs. 2, 949 BGB) In solchen Fällen ist eine Verbindung der mit dem Absonderungsrecht belasteten Sache nicht zulässig.[101] Denn in einem solchen Falle erwirbt der Dritte lastenfreies Alleineigentum. Verstößt der Verwalter gegen das Verbot des § 172 Abs. 2 InsO, so hat der Gläubiger gegen die Masse einen Anspruch nach § 951 Abs. 1 BGB, der als Masseschuld nach § 55 Abs. 1 Nr. 3 InsO zu erfüllen ist. Gegebenenfalls kommt auch ein Haftungsanspruch nach § 60 InsO gegen den Insolvenzverwalter in Betracht. 126

XI. Freigabeverpflichtung bei Wertzuwachs

Eine weitere Fallkonstellation kann sich dadurch ergeben, dass bei der Verarbeitung von Sachen, die mit Absonderungsrechten belastet sind, den Gläubigern nach den Bestimmungen der §§ 946 ff. BGB ein zusätzlicher Wert zuwächst. Solche Fälle sind denkbar, wenn keine der miteinander verbundenen oder vermischten Sachen als Hauptsache anzusehen ist und dadurch Miteigentum entsteht. Auf dieses Miteigentum kann sich dann ein 127

---

101 FK-InsO/Wegener, § 172 Rdnr. 10.

Dauernheim

Pfandrecht nach den §§ 947 Abs. 2, Abs. 1, 948 Abs. 1, 949 Satz 2 BGB erstrecken. Bei der Verarbeitung von Sachen ist dann zu prüfen, ob der Wert der Verarbeitung erheblich geringer ist, als der Wert des entstehenden Stoffes. Nur in diesem Fall bleibt das Absonderungsrecht gem. § 950 BGB bestehen. Der Verarbeitungswert ist die Differenz zwischen dem Wert des eingesetzten Grundstoffes und der neu entstandenen Sache.[102] In solchen Fällen hat der Gesetzgeber erkannt, dass es die Insolvenzmasse benachteiligen würde, wenn dem absonderungsberechtigten Gläubiger der zusätzliche Wert belassen würde. Aus diesem Grunde wurde in § 172 Abs. 2 Satz 2 InsO die Verpflichtung des Absonderungsberechtigten normiert, die neu entstandene Sicherheit insoweit freizugeben, als sie den Wert der bisherigen Sicherheit übersteigt. Bei dieser Freigabeverpflichtung handelt sich um eine rein schuldrechtliche Freigabeverpflichtung, die in den eintretenden Fällen von dem Insolvenzverwalter geltend zu machen ist. Sachenrechtliche Regelungen werden nicht durch die Vorschrift des § 172 Abs. 2 Satz 2 InsO tangiert.[103]

XII. Freigabe des mit dem Absonderungsrecht belasteten Gegenstandes

128 Der Verwalter hat nach § 170 Abs. 2 InsO die Möglichkeit, die dem Absonderungsrecht unterliegende Sache freizugeben. Im Insolvenzrecht ist zwischen der so genannten »echten« und »unechten« Freigabe zu unterscheiden.

129 Bei der echten Freigabe wird der Gegenstand aus der Insolvenzmasse durch den Insolvenzverwalter an den Insolvenzschuldner herausgegeben. Das Verfügungsrecht des Insolvenzschuldners entsteht an dieser Sache wieder. Wird die mit einem Absonderungsrecht belastete Sache wieder dem Insolvenzschuldner zur Verfügung gestellt, so bleibt das Recht des Absonderungsberechtigten bestehen und wirkt nunmehr gegenüber dem Insolvenzschuldner fort. Die Verwertung des Absonderungsrechtes erfolgt dann gegenüber dem Insolvenzschuldner.

130 Von einer unechten Freigabe spricht man dann, wenn das Absonderungsgut zur Erfüllung des Herausgabeanspruches an den Absonderungsberechtigten herausgegeben wird.

---

102 FK-InsO/Wegener, § 172 Rdnr. 11.
103 FK-InsO/Wegener, § 172 Rdnr. 14.

Dauernheim

XIII. Verwertung von Besitz voraussetzenden Mobiliarpfandrechten

Das Verwertungsrecht des Verwalters ist nach der Vorschrift des § 166 Abs. 1 InsO nur dann gegeben, wenn er oder der Insolvenzschuldner den Besitz innehat. Aus diesem Grunde unterfallen der vorgenannten Regelung solche Absonderungsrechte nicht, die den Besitz der Sache bei dem absonderungsberechtigten Gläubiger voraussetzen. Hauptanwendungsfall sind die vertraglichen Pfandrechte. Gibt der Schuldner einen Gegenstand freiwillig zur Begründung eines Pfandrechtes heraus, so unterstellt das Gesetz hier, dass dieser Gegenstand für eine Betriebsfortführung nicht notwendig ist. 131

Auch Forderungen des Insolvenzschuldners können mit Pfandrechten belastet sein oder einer Sicherungszession unterliegen. 132

Die Rechtsfolgen zur Verwertung sind unterschiedlich. Nach § 166 Abs. 2 InsO kann der Insolvenzverwalter eine zur Sicherheit abgetretene Forderung verwerten. Verpfändete oder gepfändete Forderungen sind aber nicht von der Vorschrift des § 166 InsO umfasst. Daher obliegt dem Pfandgläubiger die Verwertung der gepfändeten Forderung. Die unterschiedlichen Konsequenzen bei den vorgenannten Rechten lassen sich nur durch den Regierungsentwurf zur Insolvenzordnung erklären. 133

Nach § 1280 BGB ist die Pfändung einer Forderung dem Schuldner anzuzeigen. Bei Fälligkeit der Forderung ist dann der Pfändungsgläubiger berechtigt, diese gegenüber dem Drittschuldner einzuziehen (§ 1282 Abs. 1 BGB). Bei der Pfändung einer Forderung ist daher dem Drittschuldner der gesicherte Gläubiger bekannt und er muss mit der Einziehung durch den gesicherten Gläubiger rechnen. Erfolgt die Einziehung durch den Insolvenzverwalter, wäre mit einer Verfahrensverlängerung zu rechnen.[104] Da bei einer Sicherungszession keine Anzeige gegenüber dem Drittschuldner erfolgt, dieser dann auch nicht mit einer Inanspruchnahme durch den gesicherten Gläubiger rechnen musste, wurde konsequent die Einziehungsbefugnis auf den Insolvenzverwalter nach § 166 InsO verlagert. 134

XIV. Verwertung durch den Gläubiger nach § 173 InsO

Ist der Insolvenzverwalter nicht zur Verwertung des mit Absonderungsrechten belegten Gegenstandes berechtigt, so kommt das Selbstverwertungsrecht des Gläubigers zum Tragen (§ 173 Abs. 1 InsO). 135

---

[104] Vgl. Begr. zum Regierungsentwurf § 191.

136 Bereits in § 127 Abs. 2 KO war dem damaligen Konkursverwalter das Recht eingeräumt, dem absonderungsberechtigten Gläubiger durch das Konkursgericht eine Frist zur Verwertung des Gegenstandes setzen zu lassen. Auch nach § 173 Abs. 2 Satz 1 InsO kann der Insolvenzverwalter dem Absonderungsberechtigten eine Frist zur Verwertung des Gegenstandes durch das Insolvenzgericht setzen lassen. Dem Gläubiger ist rechtliches Gehör zu gewähren. Nach fruchtlosem Fristablauf ist der Insolvenzverwalter berechtigt, den Gegenstand selbst zu verwerten (§ 173 Abs. 2 Satz 2 InsO).

137 Hierbei ist zu beachten, dass dem Gläubiger sein Verwertungsrecht solange zusteht, bis der Verwalter ihn zur Herausgabe des Gegenstandes zwecks Verwertung auffordert.[105] Fraglich ist, wie die Verwertung durch den Verwalter durchgeführt werden soll, solange sich der Gegenstand immer noch im Besitz des absonderungsberechtigten Gläubigers befindet. Ein rechtlich gangbarer Weg ist, dass der Verwalter bei der Veräußerung des Gegenstandes durch Abtretung seines gegen den absonderungsberechtigten Gläubiger bestehenden Herausgabeanspruches (§§ 929, 931, 185 BGB; 173, 166 InsO) die Verwertung durchführt. Der Erwerbende sollte sich aber die Verwertungsbefugnis des Insolvenzverwalters wegen der Vorschrift des § 934 BGB nachweisen lassen.

XV. Verteilung des Erlöses und Berechnung der Kostenbeiträge (§§ 170, 171 InsO)

138 Die §§ 170, 171 InsO stellen eine grundlegende Neuerung gegenüber der Konkursordnung dar. Im Geltungsbereich der Konkursordnung belasteten die Feststellungs- und Verwertungskosten die Masse erheblich. Dadurch wurde die Quote sämtlicher Konkursgläubiger geschmälert. Der wirtschaftliche Nutzen der Verwertung floss uneingeschränkt dem absonderungsberechtigten Gläubiger zu. Zur Entlastung der Insolvenzmasse von diesen Kosten wurden die beiden vorgenannten Vorschriften eingeführt.

1. Mobiliarsicherheiten

139 Die Vorschrift des § 170 InsO kommt nur bei der Verwertung solcher Gegenstände zum Tragen, bei denen dem Verwalter ein Verwertungsrecht nach § 166 InsO zusteht. Dies sind insbesondere bewegliche Sachen, die der Verwalter in seinem Besitz hat. Gleiches gilt für zur Sicherheit abgetretene Forderungen.

---

105 FK-InsO/Wegener, § 173 Rdnr. 4.

Die Vorschrift des § 170 InsO regelt also die Verteilung des Erlöses aus der Verwertung der »besitzlosen Mobiliarsicherheiten« für zwei Anwendungsfälle. Abs. 1 regelt die Verwertung des Insolvenzverwalters aufgrund seines Verwertungsrechtes nach § 166 Abs. 2 InsO. In Abs. 2 wird die Verwertung durch den absonderungsberechtigten Gläubiger aufgrund der Gestattung durch den Insolvenzverwalter normiert.

140

2. Erstattungsfähige Kostenarten

Erstattungsfähig sind die Kosten, die für die tatsächliche Feststellung des Gegenstandes und der darauf belastenden Rechte entstehen (§ 171 Abs. 1 Satz 1 InsO). Des Weiteren die Kosten für die Verwertung des mit dem Absonderungsrecht belegten Gegenstandes.

141

Keinerlei Regelung ist in der Insolvenzordnung darüber enthalten, ob auch die Kosten für die Verwaltung und Erhaltung des Sicherungsgutes erstattungsfähig sind. Hierbei handelt es sich um Aufwendungen, die der Masse dadurch entstehen, dass der Insolvenzverwalter die in Frage kommenden Gegenstände inventarisiert und deren Wert ermittelt.

142

Die ursprüngliche Regelung im Regierungsentwurf (§§ 195 Abs. 1, 196 Abs. 2) sah vor, dass neben dem Verwertungserlös bei den besitzlosen Mobiliarsicherheiten auch die Kosten der notwendigen Erhaltungsmaßnahmen gegenüber der Masse erstattungsfähig sind. Diese Regelung wurde vor dem Rechtsausschuss gestrichen und nicht in die Insolvenzordnung übernommen. Die Erstattungsfähigkeit von Erhaltungskosten ist unmittelbar dann gegeben, wenn zwischen dem absonderungsberechtigten Gläubiger und dem Insolvenzverwalter eine entsprechende Vereinbarung getroffen wurde. Auch ohne eine solche Vereinbarung kann der zur Verwertung berechtigte Insolvenzverwalter aufgrund bestimmter individueller Umstände verpflichtet sein, den Gegenstand in seinem Wert zu erhalten. Aufgrund dieser Verpflichtung sind dann auch die so genannten Erhaltungsmaßnahmen zu den Verwertungskosten zu zählen und damit erstattungsfähig.[106]

143

3. Verpflichtung zur Zahlung der Kostenbeiträge

Verwertet der Insolvenzverwalter aufgrund des ihm zustehenden Verwertungsrechtes selbst, so ist der absonderungsberechtigte Gläubiger verpflichtet, die Feststellungskosten und die Kosten der Verwertung (Pauschalen) zu ersetzen. In diesem Fall hat der Verwalter aus dem Verwertungserlös vorweg die Kostenpauschalen und gegebenenfalls die zu ersetzende Umsatzsteuer zu entnehmen und den verbleibenden Nettobetrag unverzüglich an den Gläubiger auszukehren. Ein eventuell verbleibender Übererlös würde der Insolvenzmasse zustehen.

144

---

[106] HK-InsO/Landfermann, 2. Aufl. 2001, § 170 Rdnr. 15.

145 Hat der Insolvenzverwalter aber den Gegenstand zur Verwertung an den absonderungsberechtigten Gläubiger herausgegeben, so kann die Masse nur die Kosten der Feststellung ersetzt verlangen.

146 Kosten von vergeblichen Verwertungsversuchen sind gegenüber der Insolvenzmasse nicht erstattungsfähig.

147 Wurde durch das Insolvenzgericht die Eigenverwaltung angeordnet, so ist an Stelle des Insolvenzverwalters der Insolvenzschuldner verwertungsberechtigt. Im Falle der Eigenverwaltung können keine Feststellungskosten nach § 282 Abs. 1 Satz 2 InsO geltend gemacht werden. Verwertungskosten können nach § 282 Abs. 1 Satz 3 InsO nur in der Höhe der Masse ersetzt werden, in der sie tatsächlich angefallen sind. Von dieser Regelung wird auch die tatsächlich entstandene Umsatzsteuer erfasst.

4. Immobiliarsicherheiten

148 Bei der Verwertung von Immobiliarsicherheiten sind keinerlei Kostenbeiträge für die Verwertung des Grundstücks von den absonderungsberechtigten Gläubigern zu zahlen. In den hypothekarischen Haftungsverband können unter gewissen Umständen bestimmte bewegliche Sachen fallen. Hierzu zählen insbesondere das Zubehör, sonstige Bestandteile oder vom Grundstück getrennte Erzeugnisse. Gleichzeitig können sogar auch Forderungen aus einer Sachversicherung mitumfasst werden. (§§ 20 Abs. 2, 21, 55, 90 Abs. 2, 146 Abs. 1, 14 8, 176 ZVG, 1120 ff. BGB)

149 Die Kosten der Verwertung solcher mithaftender Gegenstände werden bereits in den §§ 109, 155 Abs. 1 ZVG geregelt. Diese Kosten sind aus dem Versteigerungserlös abzudecken. Insoweit war eine Regelung in der Insolvenzordnung nicht notwendig.

150 Eine Regelung hinsichtlich der Erstattung von Feststellungskosten war im Zwangsversteigerungsgesetz ursprünglich nicht enthalten. Aus diesem Grunde hat der Gesetzgeber die Regelung des § 10 Abs. 1 Nr. 1 a ZVG eingeführt. Daher sind im Falle der Zwangsversteigerung des Grundstückes auch die Kosten der Feststellung der beweglichen Gegenstände, auf die sich die Zwangsversteigerung erstreckt, zu ersetzen. Eine Regelung über die Kosten der Erhaltung und Verwaltung der mithaftenden Gegenstände ist nicht getroffen worden.

151 Die vorbeschriebenen Ansprüche bestehen nur dann, wenn das Zwangsversteigerungsverfahren betrieben wird. Die Ansprüche sind nicht bei der Zwangsverwaltung und dem freihändigen Verkauf des Grundstückes gegeben. Nach § 10 Abs. 1 Nr. 1 a 2. HS ZVG entstehen die Kostenerstattungsansprüche nur dann, wenn ein Insolvenzverwalter bestellt wurde. Im Fall der Eigenverwaltung entstehen keine Kostenerstattungsansprüche.

152 Besondere Bedeutung gewinnt auch der neu eingefügte § 174 a ZVG. Er ist als Ergänzung zu § 10 Abs. 1 Nr. 1 a ZVG zu verstehen. Durch diese Rege-

lung soll es dem Insolvenzverwalter ermöglicht werden, hoch- oder überbelastete Massegrundstücke einer sachgerechten Verwertung im Rahmen der Zwangsversteigerung zuzuführen. Bei der Berechnung des geringsten Gebotes sind, soweit der Verwalter dies beantragt, nur die Rechte zu berücksichtigen, die den Kostenerstattungsansprüchen nach § 10 Abs. 1 Nr. 1 a ZVG vorgehen. Dadurch wird gewährleistet, dass der Ersteher das Grundstück frei von den in §§ 10 Abs. 1 Nr. 2 bis 10 ZVG normierten Rechten erwerben kann. (§§ 52 Abs. 1 Satz 2, 91 Abs. 1 ZVG)

Die absonderungsberechtigten Gläubiger haben aber die Möglichkeit, analog der Vorschrift des § 268 BGB die vorgehenden Kostenansprüche zu befriedigen, um einen möglichen Verlust der nachrangigen dinglichen Rechte abzuwenden. Im Falle der Befriedigung der vorgehenden Kostenansprüche gehen die Rechte auf den dinglich gesicherten Gläubiger über. 153

5. Berechnung der Kostenbeiträge nach § 171 InsO

Ursprünglich sollten nach dem Regierungsentwurf (§ 196 Abs. 1) die Feststellungskosten 6% vom Verwertungserlös betragen. Davon war 1% als Beteiligung an den allgemeinen Verfahrenskosten gedacht und die restlichen 5% als Kostenanteil. Die Reduzierung auf vier Prozent wurde vom Rechtsausschuss damit begründet, ein 6-prozentiger Anteil an den Verwertungserlösen sei für die gesicherten Gläubiger nicht hinnehmbar und müsse auf ein erträgliches Maß zurückgeführt werden. Die Vorschrift des § 196 Abs. 3 RegE für die Verwertungskosten wurde vollständig übernommen. 154

Somit sind nach § 171 Abs. 1 InsO die Kosten der Feststellung mit pauschal 4% des Verwertungserlöses einzusetzen. Für die Kosten der Verwertung kann die Insolvenzmasse einen Ausgleich in Höhe von 5% des Verwertungserlöses als Pauschale verlangen. Die jeweiligen Kostenpauschalen sind von dem Bruttobetrag zu errechnen.[107] Bei der Verwertungskostenpauschale handelt es sich um eine gesetzliche Vermutung. Sind nämlich die Kosten der tatsächlichen Verwertung höher, so kann der Verwalter die tatsächlich entstandenen Kosten von dem absonderungsberechtigten Gläubiger verlangen. 155

Voraussetzung für eine erhöhte Kostenpauschale ist aber, dass diese Kosten notwendig für die Verwertung waren. Diese sind auf Verlangen des absonderungsberechtigten Gläubigers diesem nachzuweisen. Problematisch ist in diesem Zusammenhang aber, dass die gesetzliche Vermutung nur bei einer erheblichen Abweichung des konkret für die Verwertung zu bezahlenden Vertrages angenommen werden kann. Erheblichkeit ist nach der allgemeinen Definition dann gegeben, wenn die Abweichung der tatsächlich entstandenen und für die Verwertung maßgeblichen Kosten die gesetzliche 156

---

107 FK-InsO/Wegener, § 170 Rdnr. 6.

Dauernheim

Pauschale um mehr als das Doppelte übersteigt oder um mehr als die Hälfte unterschreitet.[108]

6. Ausgleich der umsatzsteuerlichen Belastung (§ 171 Abs. 2 Satz 3 InsO)

157 Weder die Begründung des Sicherungseigentums noch die Herausgabe des Sicherungsübereigneten Gegenstandes führt zu einer umsatzsteuerpflichtigen Leistung i. S. d. § 3 Abs. 1 UStG. Erst in dem Moment, in dem der Sicherungsnehmer von seinem Verwertungsrecht Gebrauch macht, verfügt er über den Sicherungsgegenstand. Die Verwertungshandlung führt im Sinne des Umsatzsteuerrechtes zu zwei Umsätzen. Nämlich zu einer Lieferung des Sicherungsgebers an den Sicherungsnehmer und zu einer Lieferung des Sicherungsnehmers an den Erwerber.[109] Verwertet nunmehr der Insolvenzverwalter selbst, so erbringt er eine unmittelbare umsatzsteuerpflichtige Leistung an den Erwerber (§ 1 Abs. 1 Nr. 1 UStG). Die durch die Verwertungshandlung ausgelöste Umsatzsteuer ist als Masseforderung zu erfüllen (§ 55 Abs. 1 Nr. 1 InsO).

158 Noch im Geltungsbereich der KO musste diese umsatzsteuerliche Belastung alleine von der Masse getragen werden. Diese Massebelastung wurde durch die Einführung der Vorschrift des § 171 Abs. 2 Satz 3 InsO überwunden. Führt die Verwertung zu einer umsatzsteuerlichen Belastung der Masse, so ist der Insolvenzverwalter berechtigt, die anfallende Umsatzsteuer dem Verwertungserlös nebst der Kostenpauschale oder den tatsächlich angefallenen Kosten zu entnehmen (§§ 170 Abs. 1, 171 Abs. 2 Satz 2 InsO). Der sich ergebende Nettoerlös ist unverzüglich dem absonderungsberechtigten Gläubiger auszukehren.

C. Aufrechnung in der Insolvenz

I. Allgemeines

159 Entgegen vielfacher Ansichten bleibt die Aufrechnungsbefugnis des Insolvenzgläubigers nach den §§ 387 ff. BGB auch in einem Insolvenzverfahren bestehen. Hierdurch wird dem Insolvenzgläubiger die Möglichkeit eingeräumt, sich gegen eine Forderung des Insolvenzschuldners durch die Aufrechnung in Höhe der Gegenforderung voll zu befriedigen, da er ansonsten an die Insolvenzmasse leisten müsste. Mit seiner eigenen Forderungen

---

108 FK-InsO/Wegener, § 170 Rdnr. 8.
109 Boochs/Dauernheim, a. a. O., Rdnr. 180.

Dauernheim

würde er an dem Insolvenzverfahren teilnehmen und gegebenenfalls nur eine Quotenausschüttung erhalten.

Im Allgemeinen wird die Aufrechnungsbefugnis mit einem Pfandrecht an der eigenen Schuld verglichen oder es wird von dem so genannten »Selbstexekutionsrecht« gesprochen.[110] 160

Der Unterschied zwischen der Absonderung und der Aufrechnung liegt nach der neuen Insolvenzordnung darin, dass bei der Geltendmachung der Aufrechnung keine Kostenbeiträge, wie bei den Absonderungsrechten, von dem aufrechnenden Gläubiger zu zahlen sind. 161

Wirtschaftlich ist daher die Aufrechnung einem Absonderungsrecht gleichgestellt, denn der aufrechnende Gläubiger befriedigt sich durch die Aufrechnung aus der gegen ihn gerichteten Gegenforderung und zwar bis zur Höhe seiner eigenen Forderung.[111] 162

II. Voraussetzungen einer Aufrechnung im Insolvenzverfahren

Zur Aufrechnung ist der Insolvenzgläubiger befugt, soweit die gesetzlichen Voraussetzungen der Aufrechnung nach den §§ 94 ff. InsO gegeben sind. Die Befugnis der Aufrechnung in der Insolvenz kann auch durch privatschriftliche Vereinbarung getroffen werden. Der Erlass eines allgemeinen Verfügungsverbotes nach dem § 21 Abs. 2 Nr. 2 InsO führt nicht über § 394 BGB zu einem Aufrechnungsverbot. Besondere Beachtung muss aber der aufrechnende Gläubiger darauf legen, dass ggf. eine Aufrechnung über die Vorschrift des § 96 Nr. 3 InsO der Anfechtung unterliegt. 163

1. Vorliegen einer wirksamen Forderung

Die zur Aufrechnung gestellte Forderung des Insolvenzgläubigers muss wirksam entstanden und voll durchsetzbar sein. Einreden dürfen dieser Forderung nicht entgegenstehen (§ 390 BGB). Nach § 390 Satz 2 BGB ist eine Aufrechnung auch dann nicht ausgeschlossen, wenn die aufzurechnende Forderungen bereits verjährt ist. Für die Wirksamkeit der Aufrechnung ist es nur notwendig, dass die Aufrechnungslage bereits im Zeitpunkt des Eintritts der Verjährung gegeben war. 164

---

110 BGHZ 100, 222, 227.
111 FK-InsO/Bernsau, § 94 Rdnr. 1.

2. Gegenseitige Forderung

165 Die Gegenseitigkeit der Forderung muss gegeben sein, da ansonsten eine Aufrechnung ausscheidet. (§ 387 BGB). Der Aufrechnende kann nicht mit der Forderung eines Dritten aufrechnen, auch wenn dieser ihn zuvor hierzu ermächtigt hatte.[112] Diese Form der Aufrechnung ist nur mit dem Einverständnis des Aufrechnungsgegners möglich.

166 Eine Besonderheit ergibt sich aus § 392 Abs. 2 HGB. Hier besteht im Verhältnis von Kommissionär und Schuldner auch Gegenseitigkeit bei inkonnexen Forderungen.

3. Gleichartige Forderung

167 Ob Gleichartigkeit gegeben ist, ist nach der allgemeinen Verkehrssitte zu beurteilen. Geldforderungen unterschiedlicher Währungen sind über die Vorschrift des § 95 Abs. 2 InsO als gleichartig eingestuft. Voraussetzung hierfür ist aber, dass diese frei konvertierbar sind.[113] Die Umrechnung in den jeweiligen Forderungen erfolgt dann nach § 95 Abs. 2 Satz 2 InsO.

4. Fälligkeit der Forderung

168 Eine Aufrechnung ist den Insolvenzgläubigern nur dann möglich, wenn seine eigene zur Aufrechnung gestellte Forderung im Zeitpunkt der Verfahrenseröffnung fällig ist. Die der Insolvenzmasse gebührende Forderung, gegen die aufgerechnet wird, muss nach § 271 Abs. 2 BGB erfüllbar sein. Ist die Aufrechnung bereits nach § 94 InsO oder § 387 BGB möglich, kommt es auf die Voraussetzung der Fälligkeit der Gegenforderung nicht mehr an.[114]

Die Fälligkeit wird nach den allgemeinen Regeln bestimmt. Über § 95 Abs. 1 Satz 2 InsO wird die Anwendung des § 41 Abs. 1 EGInsO ausgeschlossen.

5. Aufrechnungsverbote

169 Die gesetzlichen Aufrechnungsverbote bestehen auch im Insolvenzverfahren weiterhin. Die Aufrechnung kann gegen Forderungen aus einer vorsätzlichen unerlaubten Handlung (§ 393 BGB),[115] gegen eine unpfändbare Forderung (§ 394) BGB oder gegen eine einredebehaftete Forderung nicht er-

---

[112] FK-InsO/Bernsau, § 94 Rdnr. 6.
[113] FK-InsO/Bernsau, § 95 Rdnr. 6.
[114] MK-InsO/Brandes, § 94 Rdnr. 17.
[115] FK-InsO/Bernsau, § 94 Rdnr. 16.

folgen.[116] Als eines der wichtigsten Aufrechnungsverbote ist § 19 Abs. 2 GmbHG zu sehen. Weitere Aufrechnungsverbote ergeben sich im Gesellschaftsrecht aus den §§ 66 Abs. 2 Satz 2, 278 Abs. 3 AktG oder § 22 Abs. 5 GenG.[117]

Ein weiteres gesellschaftsrechtliches Aufrechnungsverbot ergibt sich aus dem Umstand, dass ein Gesellschafter mit einem Anspruch auf Rückzahlung einer eigenkapitalersetzenden Leistung nicht aufrechnen kann, da es sich hierbei nur um eine nachrangige Insolvenzforderung nach § 39 Abs. 1 Nr. 5 InsO handelt.[118] In diesem Falle gilt seine Forderung als einredebehaftet (§ 390 BGB). Ein stiller Gesellschafter kann mit seinen Anspruch auf Rückzahlung seiner Einlage nach § 236 Abs. 1 HGB aufrechnen,[119] wenn sich nichts Gegenteiliges aus dem Gesellschaftsvertrag ergibt.   170

Vertragliche Aufrechnungsverbote sowie in Allgemeinen Geschäfts- oder Lieferbedingungen sind grundsätzlich beachtlich, wenn diese nicht gegen die Bestimmungen der §§ 9, 11 Nr. 3 AGBG verstoßen.[120]   171

6. Aufrechnungsvereinbarung

§ 94 2. Alt. InsO schützt auch die vertragliche Vereinbarung über eine Aufrechnung. Grundvoraussetzungen einer solchen Vereinbarung sind aber, dass die wechselseitigen Ansprüche wirksam bestehen und keines der gesetzlichen Aufrechnungsverbote eingreift. Darüber hinaus können die Parteien der Aufrechnungsvereinbarung festlegen, dass keine weiteren gesetzlichen Voraussetzungen bestehen müssen. Vereinbarungen über die Aufrechnung können aber mit dem Insolvenzschuldner nur bis zum Eintritt der Krise (ansonsten unterliegt die Vereinbarung der Anfechtbarkeit nach den §§ 129 ff. InsO) oder spätestens bis zum Zeitpunkt der Verfahrenseröffnung getroffen werden (§§ 80, 91 InsO).   172

7. Wirkung der Aufrechnung

Die Aufrechnung ist gegenüber dem Insolvenzschuldner bzw. dem Insolvenzverwalter zu erklären. Durch die Aufrechnungserklärung wird bewirkt, dass die Forderungen so weit sie sich decken als erloschen gelten (§ 389 BGB).[121] Die Aufrechnungserklärung ist grundsätzlich nicht fristgebunden. Daher kann der Insolvenzgläubiger solange zuwarten, bis er entweder durch den Insolvenzverwalter auf Zahlung in Anspruch genommen wird oder dieser ihn zur Zahlung auffordert. Ein zur Aufrechnung befugter   173

---

116 MK-InsO/Brandes, § 94 Rdnr. 22.
117 FK-InsO/Bernsau, § 94 Rdnr. 23.
118 MK-InsO/Brandes, § 94 Rdnr. 24.
119 Kuhn/Uhlenbruck, a. a. O., § 53 Rdnr. 14 e.
120 FK-InsO/Bernsau, § 94 Rdnr. 18, 19; MK-InsO/Brandes, § 94 Rdnr. 38.
121 MK-InsO/Brandes, § 94 Rdnr. 34.

Insolvenzgläubiger ist nicht gezwungen, seine Forderung zu Insolvenztabelle anzumelden. Durch die Aufrechnungserklärung befriedigt er sich außerhalb des Insolvenzverfahrens. Eine eventuell bestehende Restforderung kann er dann weiterhin zur Tabelle anmelden.

174 Immer wieder wird fälschlicherweise vorgetragen, die Erklärung der Aufrechnung unterfalle dem Verbot der Einzelzwangsvollstreckung nach § 89 InsO. Diese Rechtsansicht ist unrichtig, da die Wirkungen der Aufrechnung abschließend in den §§ 94 ff. sind.

175 Zahlt der Insolvenzgläubiger in Unkenntnis des Bestehens einer Aufrechnungslage, so tilgt er damit eine bestehende Schuld (§ 362 BGB). Nach h. M. ist die Aufrechnungsbefugnis ein Gestaltungsrecht und keine dauernde Einrede i. S. d. § 813 BGB. Dadurch wird dem Insolvenzgläubiger verwehrt, dass bereits Geleistete als ungerechtfertigte Bereicherung der Masse nach § 55 Abs. 1 Nr. 3 InsO von der Masse herauszuverlangen und um dann noch gegenüber dem Anspruch des Insolvenzverwalters mit der eigenen Forderung aufzurechnen.[122]

III. Eintritt der Aufrechnungslage nach Verfahrenseröffnung

1. Allgemeines

176 Im Rahmen der Konkursordnung wurde durch § 54 KO bestimmt, dass in den Fällen in denen die Aufrechnungsvoraussetzungen bei Verfahrenseröffnung noch nicht vorlagen, dennoch wegen des Bestehens eines so genannten »Anwartschaftsrechtes zur Aufrechnung« die Aufrechnung möglich war. Dadurch wurde die Aufrechnungsbefugnis des Konkursgläubigers erheblich erweitert. Der Rechtsgedanke des § 54 KO wurde aber in die »Neue Insolvenzordnung« nicht übernommen, da diesem systemwidrigen Regelungsinhalt kein Vorschub mehr geleistet werden sollte.[123] Durch die Regelung in der Konkursordnung wurde praktisch die Insolvenzmasse (Konkursmasse) zu Gunsten einiger besonders begünstigter Konkursgläubiger tangiert.

177 Ist im Zeitpunkt der Verfahrenseröffnung die Aufrechnungslage noch nicht vollständig gegeben, da z. B. die eine Forderung noch nicht fällig oder auf nicht gleichartige Leistung gerichtet ist, so kann nach der Vorschrift des § 95 Abs. 1 InsO erst dann aufgerechnet werden, wenn das Aufrechnungshindernis nach Verfahrenseröffnung beseitigt wurde.[124] Auch über die Vor-

---

122 Kuhn/Uhlenbruck, a. a. O., § 53 Rdnr. 18; MK-InsO/Brandes, § 94 Rdnr. 34.
123 MK-InsO/Brandes, § 95 Rdnr. 4.
124 FK-InsO/Bernsau, § 95 Rdnr. 3.

schrift des § 95 Abs. 1 Satz 1 InsO wird die so genannte »Aufrechnungsanwartschaft« im Bereich der Insolvenzordnung geschützt.

Nur die Fiktion der Fälligkeit sämtlicher Insolvenzforderungen im Zeitpunkt der Verfahrenseröffnung (§ 41 InsO) und die Umrechnungsmöglichkeit nicht auf Geld lautender Forderungen nach § 45 InsO kommt den Insolvenzgläubigern im vorliegenden Falle nicht mehr zugute.[125] Besondere Beachtung muss aber § 95 Abs. 1 Satz 3 InsO finden. Wurde die Forderung des Insolvenzgläubigers nach der Forderung des Insolvenzschuldners fällig, so scheidet eine Aufrechnung nach § 95 Abs. 1 Satz 3 InsO aus.

178

2. Fälligkeit

Wie vorstehend schon dargelegt wurde, bestimmt § 95 Abs. 1 Sätze 1 bis 3, dass der Insolvenzgläubiger nur dann aufrechnen kann, wenn seine Forderung nach Verfahrenseröffnung vor der des Insolvenzschuldners fällig wird.[126] § 95 Abs. 1 InsO verlangt aber auch, dass die Forderung des Insolvenzschuldners fällig wird. Insoweit besteht eine kleine Ungenauigkeit. Denn die Aufrechnungslage besteht nach § 387 BGB bereits dann, wenn der Gläubiger seine Leistung bereits vor Fälligkeit bewirken darf. § 95 Abs. 1 InsO ist daher in Zusammenhang mit diesem Rechtsgedanken zu verstehen.[127]

179

3. Gleichartigkeit

Über § 95 Abs. 1 InsO ist die Aufrechnung nach Verfahrenseröffnung auch dann möglich, wenn die Forderungen im Laufe des Verfahrens gleichartig werden. Gleichartigkeit ist nach § 95 Abs. 2 InsO auch dann gegeben, wenn die Forderungen auf unterschiedliche Währungen lauten. Die Währungen müssen nur frei konvertierbar sein.

180

4. Besondere Aufrechnungsregeln bei Dauerschuldverhältnissen

a) Arbeitsverhältnis

Hat der Insolvenzschuldner seine Ansprüche aus einem Arbeitsverhältnis abgetreten, so ist diese Abtretung für drei Jahre wirksam. Dennoch kann der Arbeitgeber mit eventuell bestehenden Ansprüchen gegen den Insolvenzschuldner nach der Vorschrift des § 114 Abs. 1 Satz 1 InsO aufrechnen, wenn keine Aufrechnungshindernisse nach den Vorschriften der §§ 95, 96

181

---

125 MK-InsO/Brandes, § 95 Rdnr. 5.
126 MK-InsO/Brandes, § 95 Rdnr. 6.
127 FK-InsO/Bernsau, § 95 Rdnr. 4.

Abs. 1 Nr. 2 bis 4 InsO entgegenstehen (§ 114 Abs. 2 InsO).[128] Diese Aufrechnungstatbestände stehen im Zusammenhang mit dem Verfahren auf Restschuldbefreiung.

b) Miet- oder Pachtverhältnis

182 Eine weitere Aufrechnungsmöglichkeit wird über § 110 Abs. 3 Satz 1 InsO eröffnet. Wurde durch den Insolvenzschuldner ein unbeweglicher Gegenstand oder Räume vermietet und hat er seine Forderungen aus diesem Vertragsverhältnis für die Zeit nach Eröffnung des Verfahrens abgetreten, so kann der Mieter oder Pächter auch während der Laufzeit der Abtretung gegen diese Forderungen aufrechnen.[129] Aufrechnungshindernisse nach §§ 95, 96 Abs. 1 Nr. 2 bis 4 InsO dürfen aber nicht bestehen (§ 110 Abs. 3 Satz 2 InsO).

IV. Gesetzliche Unzulässigkeit der Aufrechnung

1. Allgemeines

183 Nach den vorstehenden Ausführungen ist festzuhalten, dass eine Aufrechnung nur dann möglich sein soll, wenn die Aufrechnungslage bereits bei Eröffnung des Verfahrens bestand und nicht nachträglich nach Verfahrenseröffnung geschaffen worden ist. Insoweit soll dem redlichen Gläubiger die Möglichkeit gegeben werden, mit Forderungen aufzurechnen, die in der Geschäftsbeziehung vor Eintritt der Krise entstanden sind.

184 Entsprechend § 96 Abs. 1 InsO wird verlangt, dass Gegenseitigkeit (§ 387 BGB) bereits bei Verfahrenseröffnung bestanden haben muss.

2. Rechtsgründe

185 Ist die Aufrechnung unter Verstoß gegen § 96 Abs. 1 InsO begründet worden, so ist die Aufrechnung auf Grund gesetzlicher Bestimmungen von Anfang an unwirksam. § 96 Abs. 1 InsO ist in keinster Weise durch privatrechtliche Vereinbarungen abdingbar. Mit der Beendigung des Insolvenzverfahrens oder dessen Aufhebung endete die Rechtswirkung des § 96 InsO.

186 Ist die Forderung eines Insolvenzgläubigers erst nach Verfahrenseröffnung entstanden, so ist die Aufrechnung über § 96 Abs. 1 Nr. 1 InsO unwirksam. Diese Regelung ist identisch mit der in § 55 Satz 1 Nr. 1 KO. Dies bedeutet, dass eine Aufrechnung mit zuvor begründeten Forderungen gegen Forde-

---

128 FK-InsO/Eisenbeis, § 114 Rdnr. 9.
129 FK-InsO/Wegener, § 110 Rdnr. 15.

rungen des Insolvenzverwalters aus Geschäften mit diesem unzulässig ist.[130] Besondere Bedeutung erlangt § 96 Abs. 1 InsO dadurch, dass nach den §§ 115 Abs. 1, 116 Satz 1 InsO die Kontokorrentabrede im Zeitpunkt der Verfahrenseröffnung erlischt. Gehen auf einem debitorisch geführten Konto nach Verfahrenseröffnung noch Überweisungen Dritter ein, so ist die Bank nicht mehr berechtigt, mit Forderungen aus dem Kontokorrent aufzurechnen.[131] Gegen den Anspruch der Masse auf Erteilung der Gutschrift kann die Bank auch nicht mit einer eventuellen Forderungen aus Darlehen aufrechnen, da diese erst nach Eröffnung des Insolvenzverfahrens Schuldnerin geworden ist. Eine Aufrechnungsmöglichkeit könnte sich aber nur über § 96 Abs. 2 InsO ergeben.

Gegen Rückgewähransprüche nach § 143 InsO ist eine Aufrechnung gesetzlich auch nicht möglich. Gleiches gilt für Forderungen aus unerlaubter Handlung.[132] 187

Jedoch berechtigt im Falle der Nichterfüllungserklärung eines Vertrages durch den Insolvenzverwalter der daraus resultierende Schadensersatzanspruch nach § 103 Abs. 2 InsO in bestimmten Fällen zur Aufrechnung. 188

Ein weiteres gesetzliches Aufrechnungshindernis ergibt sich aus § 96 Abs. 1 Nr. 2 InsO. Hat der Insolvenzgläubiger seine Gläubigerstellung erst nach Verfahrenseröffnung von einem anderen Gläubiger durch Rechtshandlung erworben, so ist eine Aufrechnung unzulässig.[133] Hatte der Insolvenzgläubiger aber bereits vor Verfahrenseröffnung eine bedingte Gläubigerstellung inne und tritt die Bedingung nach Verfahrenseröffnung ein, so ist die Aufrechnung in diesem Falle zulässig.[134] 189

V. Möglichkeit der Aufrechnung durch den Insolvenzverwalter

Für die Aufrechnungsmöglichkeit des Insolvenzverwalters gelten grundsätzlich die allgemeinen gesetzlichen Bestimmungen der §§ 387 ff. BGB. Die Vorschriften der §§ 94 ff. InsO finden hier keine Anwendung, denn sie regeln die Aufrechnungsmöglichkeiten der Insolvenzgläubiger.[135] 190

---

130 FK-InsO/Bernsau, § 96 Rdnr. 6.
131 S. a. MK-InsO/Brandes, § 96 Rdnr. 15.
132 FK-InsO/Bernsau, a. a. O.
133 FK-InsO/Bernsau, § 96 Rdnr. 10.
134 FK-InsO/Bernsau, § 96 Rdnr. 11.
135 MK-InsO/Brandes, § 94 Rdnr. 47.

VI. Aufrechnungsmöglichkeiten der Finanzverwaltung

191 Der Finanzverwaltung ist es grundsätzlich möglich über die Vorschrift des § 226 AO die Aufrechnung zu erklären, wobei die Vorschriften der §§ 387 ff. BGB gelten. Unter Berücksichtigung der vorstehenden Ausführungen gilt für die Finanzverwaltung, dass sie mit befristeten (aufschiebend bedingten) Forderungen gegen den Insolvenzschuldner nicht aufrechnen kann. Dadurch wird die Aufrechnungsmöglichkeit für Steuerforderungen ausgeschlossen, die zwar im Zeitpunkt der Eröffnung des Insolvenzverfahrens und der Aufrechnungserklärung noch nicht entstanden waren, wohl aber vor diesem Zeitpunkt begründet worden sind i. S. des § 38 InsO. Auf das Entstehen des Steueranspruches nach § 38 AO kommt es nicht an. Auch hat die Finanzverwaltung die Gegenseitigkeit zu beachten. Häufig wird von der Finanzbehörde versucht, eine Steuererstattungsforderung eines Gesellschafters mit einer Steuerforderung der Finanzbehörde gegen die Gesellschaft aufzurechnen. Da es an dem Merkmal der Gegenseitigkeit fehlt, ist die Aufrechnung ausgeschlossen.

192 Zur Prüfung, ob die Aufrechnungsmöglichkeit der Finanzverwaltung besteht, ist daher das »Begründetsein der Forderung« heranzuziehen. Ob die Forderungen der Finanzverwaltung vor oder nach Eröffnung des Insolvenzverfahrens begründet sind, richtet sich nach allgemeinen insolvenzrechtlichen Gesichtspunkten. Das Begründetsein der Forderung gegen die Masse ergibt sich daher aus der Vorschrift des § 38 InsO. Die Gegenforderungen der Masse gegen die Finanzverwaltung sind nach § 35 InsO zu bewerten. Der steuerschuldrechtliche Zeitpunkt des Entstehens des Anspruchs des Steuergläubigers und der des Gegenanspruches der Behörde ist daher ohne Bedeutung. Ist im Rahmen einer Soll-Versteuerung ein Vorsteuererstattungsanspruch dadurch entstanden, dass Forderungen des Insolvenzschuldners nach Verfahrenseröffnung uneinbringlich geworden sind, so ist dieser Anspruch bereits im Zeitpunkt der Ausführung der Leistung entstanden und daher vor Verfahrenseröffnung begründet. Der Finanzverwaltung ist daher möglich, mit Insolvenzforderungen gegen diesen Umsatzsteuererstattungsanspruch aufzurechnen.[136] Dies gilt auch für Vorsteuererstattungsansprüche. Körperschaftssteuer- und Einkommenssteuererstattungsansprüche sind im Moment der Zahlung der Steuer begründet.[137] Der Erlass eines entsprechenden Steuerbescheides ist für das Begründetsein nicht maßgebend.

---

136 Frotscher, Steuern im Konkurs, 4. Aufl. 1997, S. 74.
137 Frotscher, a. a. O.

Dauernheim

5. KAPITEL – DIE ABWICKLUNG DER VERTRAGS-VERHÄLTNISSE IN DER INSOLVENZ

Inhalt

        Seite

A. Das Wahlrecht des Insolvenzverwalters nach § 103 InsO 489

    I. Einleitung 489

        1. Ausgangslage 489
        2. Lösung für gegenseitige Verträge 490

    II. Voraussetzungen des Wahlrechts des Verwalters 491

        1. Gegenseitige Verträge 491
            a) Begriff der Gegenseitigkeit 491
            b) Von § 103 InsO erfasste Schuldverhältnisse / Positivbeispiele 491
            c) Unanwendbarkeit des § 103 InsO / Negativbeispiele 493
        2. Beiderseitige nicht vollständige Erfüllung 494
            a) Maßgebliche Fallkonstellation 494
            b) Maßgeblichkeit des Leistungserfolges 495
            c) Unvollständige Erfüllung einer Vertragspflicht 496
            d) Einzelheiten 497
                aa) Leistungserfüllung beim Kaufvertrag 497
                bb) Mangelhafte Leistungen 498

    III. Wirkungen der Verfahrenseröffnung 499

        1. Ausgangslage 499
        2. Meinungsstand in Rechtsprechung und Literatur 500
        3. Kritik von Teilen der Literatur und Stellungnahme 501
        4. Problematik des Schicksals akzessorischer Sicherheiten 502

    IV. Ausübung des Wahlrechts durch den Verwalter 503

        1. Allgemeines zum Wahlrecht und zur Ausübungsbefugnis 503
        2. Erklärung des Verwalters 504
        3. Aufforderung zur Wahlrechtsausübung gem. § 103 Abs. 2 Satz 2 InsO 505
        4. Ausschluss bzw. Beschränkungen des Wahlrechts 506
            a) Lösungsklauseln für den Insolvenzfall 506
            b) Erfordernis der Forderungszuständigkeit 508
            c) Grundsatz von Treu und Glauben 508

		5. Anfechtung und Widerruf der Wahlrechtsausübung	508
		6. Entscheidungsfindung des Verwalters	509

	V.	Rechtsfolgen der Wahlrechtsausübung	510

      1. Erfüllungsverlangen ... 510
         a) Allgemeines ... 510
         b) Folgewirkungen der Erfüllungswahl ... 510
         c) Ergebnis ... 512
      2. Erfüllungsablehnung ... 512
         a) Allgemeines ... 512
         b) Insolvenzforderung wegen Nichterfüllung nach
           § 103 Abs. 2 Satz 1 InsO ... 512
           aa) Rechtsgrundlage ... 512
           bb) Berechnung des Schadensersatzanspruchs ... 513
           cc) Verjährung ... 514
           dd) Aufrechnung ... 514
         c) Herausgabeansprüche ... 514
         d) Teil- bzw. Vorleistungen vor Insolvenzeröffnung ... 515
           aa) Teil- bzw. Vorleistungen des Vertragspartners ... 515
           bb) Teil- bzw. Vorleistungen des Schuldners ... 515

B. Sonderbestimmungen bei bestimmten Vertragstypen ... 516

  I. Die Sonderregelung des § 105 InsO ... 516

      1. Allgemeines, Entstehungsgeschichte und Normzweck ... 516
      2. Insolvenzforderung bzgl. Vorleistungen (§ 105 Satz 1 InsO) ... 519
         a) Begriff der Teilbarkeit und davon erfasste Verträge ... 519
         b) Vorausleistungen des Vertragspartners ... 521
         c) Rechtsfolgen ... 521
      3. Ausschluss des Rückgabeanspruchs (§ 105 Satz 2 InsO) ... 522

  II. Fix- und Finanztermingeschäfte (§ 104 InsO) ... 523

      1. Allgemeines und Normzweck ... 523
      2. Fixgeschäfte (§ 104 Abs. 1 InsO) ... 524
      3. Finanztermingeschäfte (§ 104 Abs. 2 InsO) ... 526
      4. Rechtsfolgen der Insolvenzeröffnung ... 529

  III. Vorgemerkte Ansprüche (§ 106 InsO) ... 530

      1. Allgemeines ... 530
      2. Voraussetzungen der Insolvenzfestigkeit der Vormerkung ... 532
         a) Eintragungsfähiges Recht ... 532
         b) Bestehen des zu sichernden Anspruchs ... 533
         c) Eintragung der Vormerkung vor Verfahrenseröffnung ... 533
      3. Rechtsfolgen ... 534
      4. Die Regelung des § 106 Abs. 1 Satz 2 InsO ... 535

  IV. Eigentumsvorbehalt (§ 107 InsO) ... 536

      1. Allgemeines ... 536
      2. Insolvenz des Vorbehaltsverkäufers (§ 107 Abs. 1 InsO) ... 538
         a) Bisherige und jetzige Rechtslage ... 538

		b)	Voraussetzungen der Insolvenzfestigkeit des Anwartschaftsrechts.	538
		c)	Rechtsfolgen.	540
	3.		Insolvenz des Vorbehaltskäufers (§ 107 Abs. 2 InsO).	541
		a)	Grundsatz.	541
		b)	Voraussetzungen der verlängerten Überlegungsfrist	542
		c)	Rechtsfolgen.	544
		d)	Ausschluss der verlängerten Überlegungsfrist	544
	4.		Sonderformen des Eigentumsvorbehalts	545
		a)	Verlängerter Eigentumsvorbehalt	545
		b)	Nachgeschalteter Eigentumsvorbehalt.	545
		c)	Weitergeleiteter Eigentumsvorbehalt	545
		d)	Erweiterter Eigentumsvorbehalt.	546
		e)	Kontokorrentvorbehalt	546
		f)	Konzernvorbehalt	546

C. Abwicklung der Mietverhältnisse in der Insolvenz 547

I.			Anwendungsbereich.	547
	1.		Grundsatz.	547
	2.		Bestehender Miet- oder Pachtvertrag.	548
	3.		Rechtsfolgen.	549
II.			Das Mietverhältnis in der Insolvenz des Mieters.	550
	1.		Allgemeines.	550
	2.		Insolvenzeröffnung vor Gebrauchsüberlassung.	550
		a)	Grundsatz.	550
		b)	Rücktrittsrecht des Insolvenzverwalters	552
		c)	Rücktrittsrecht des Vertragspartners	552
		d)	Rechtsfolgen.	552
		e)	Fallgestaltungen.	553
	3.		Insolvenzeröffnung nach Gebrauchsüberlassung	553
		a)	Kündigungsrecht des Insolvenzverwalters (§ 109 Abs. 1 InsO)	553
			aa) Voraussetzung des Absatzes 1 und dessen Verhältnis zu Absatz 2.	553
			bb) Praktisches Bedürfnis der Kündigung vor Verfahrenseröffnung.	554
			cc) Wohnraummiete des Schuldners.	555
		b)	Kündigungsrecht des Vermieters.	556
		c)	Kündigungsfrist.	556
		d)	Rechtsfolgen.	557
		e)	Fallgestaltungen.	558
	4.		Kündigungssperre des § 112 InsO	558
		a)	Allgemeines.	558
		b)	Anwendungsbereich.	559
		c)	Rechtsfolgen.	559
III.			Das Mietverhältnis in der Insolvenz des Vermieters.	560
	1.		Allgemeines.	560
	2.		Verfügungen über den Mietzins.	561
		a)	(Analoge) Anwendung auf Verträge über Mobilien?	561
		b)	Verfügungstatbestand (§ 110 Abs. 2 InsO).	562
		c)	Aufrechnung (§ 110 Abs. 3 InsO).	563

		d) Zurückbehaltungsrecht	563
	3.	Veräußerung des Mietobjektes (§ 111 InsO)	563
		a) Allgemeines	563
		b) Voraussetzungen	563
		c) Rechtsfolgen	565

IV. Leasingverträge im Insolvenzverfahren ... 565

1. Allgemeines ... 565
2. Insolvenz des Leasinggebers ... 566
   a) Grundsatz ... 566
   b) Refinanzierte Leasingverträge ... 566
      aa) Zweck der Regelung ... 566
      bb) Voraussetzungen ... 567
3. Insolvenz des Leasingnehmers ... 569

D. Sondervorschriften für Auftrag, Geschäftsbesorgungsvertrag und Vollmacht in der Insolvenz ... 570

I. Das Erlöschen von Aufträgen ... 570

1. Allgemeines ... 570
2. Voraussetzungen ... 570
   a) Vom Schuldner erteilte Aufträge und Geschäftsbesorgungsverträge ... 570
   b) Zur Insolvenzmasse gehöriges Vermögen i. S. d. §§ 35, 36 InsO ... 571
   c) Auftrag bzw. Geschäftsbesorgungsvertrag ... 571
3. Rechtsfolgen ... 573
   a) Erlöschen des Auftrags bzw. des Geschäftsbesorgungsvertrages ... 573
      aa) Grundsatz ... 573
      bb) Rechtsfolgen des Erlöschens ... 573
   b) Notgeschäftsführung (§ 115 Abs. 2 InsO) ... 574
   c) Unkenntnis von Insolvenzeröffnung (§ 115 Abs. 3 InsO) ... 575

II. Das Erlöschen von Vollmachten gem. § 117 InsO ... 575

1. Allgemeines ... 575
2. Voraussetzungen ... 576
3. Rechtsfolgen ... 577
   a) Folgen des Erlöschens der Vollmacht ... 577
   b) Notgeschäftsführung gem. §§ 115 Abs. 2, 116 InsO ... 578
   c) Schutz des gutgläubigen Bevollmächtigten ... 578
   d) Neuerteilung der Vollmacht durch den Insolvenzverwalter ... 578

A. Das Wahlrecht des Insolvenzverwalters nach § 103 InsO

I. Einleitung

Die §§ 103 ff. InsO (bisher in den §§ 17–28 KO und 9 GesO geregelt) bestimmen die Wirkungen der Eröffnung des Insolvenzverfahrens auf Rechtsgeschäfte, die vom Schuldner vor Verfahrenseröffnung eingegangen, aber bis zu diesem Zeitpunkt noch nicht vollständig abgewickelt worden sind. Die Grundnorm ist § 103 InsO. § 103 InsO findet Anwendung, wenn sich in den §§ 104 ff. InsO keine spezielleren, der allgemeinen Bestimmung des § 103 InsO vorgehenden Regelungen ergeben. Sie gibt dem Insolvenzverwalter ein einseitiges Wahlrecht, wonach er sich für die Erfüllung des Vertrages mit Wirkung für und gegen die Insolvenzmasse entscheiden oder die weitere Erfüllung des Vertrages ablehnen kann.[1]

Den Anwendungsbereich haben die neu gefassten Spezialtatbestände (§§ 104 ff. InsO) gegenüber § 17 KO teils eingeengt, teils erweitert:[2] Während der Verwalter in der Insolvenz des Vorbehaltsverkäufers den Erwerb nicht mehr hindern kann (§ 107 Abs. 1 InsO), unterliegen Miete und Pacht sowie diesen gleichzubehandelnde Rechtsverhältnisse über bewegliche Sachen und Rechte seinem Wahlrecht (§§ 108 ff. InsO).

1. Ausgangslage

Zum Zeitpunkt der Verfahrenseröffnung fallen grundsätzlich alle bis dahin begründeten Verbindlichkeiten in die Gesamtabwicklung des Verfahrens gem. § 38 InsO. Dadurch wird aber lediglich geregelt, welches Schicksal die Forderung gegen den Schuldner erleidet. Im Regelfall wird sie zur normalen Insolvenzforderung, die nur noch im Verfahren nach der InsO verfolgt und befriedigt werden kann (§§ 87, 174 ff. InsO). Diese Folge lässt es einerseits unbillig erscheinen, den Vertragspartner zur vollen Leistungserbringung in die Masse zu zwingen. Andererseits kann dem Vertragspartner auch nicht ohne weiteres die Position eines Massegläubigers nach § 53 InsO zugestanden werden, da er dadurch unangemessen bevorteilt wäre.

---

[1] Diese Befugnis des Verwalters gehörte zu den dogmatisch umstrittensten Regelungen der Konkursordnung. Dabei übernimmt § 103 InsO redaktionell überarbeitet, aber »inhaltlich unverändert« (BegrRegE BT-Drucks. 12/2443, S. 145) § 17 KO. Kritisch zur unterbliebenen inhaltlichen Änderung: Nerlich/Römermann, Kommentar zur Insolvenzordnung, 2000, § 103 Rdnr. 1. Zu dem Streit um § 17 KO und dessen ungeschmälerte Fortwirkung auch im neuen Recht sei auf die Ausführungen unter Abschnitt C. verwiesen.

[2] Näher dazu: Gottwald, Insolvenzrechts-Handbuch, 2. Aufl. 2001, § 34 Rdnr. 17.

2. Lösung für gegenseitige Verträge

3 Die Problematik der gegenseitigen Verträge liegt allerdings darin, dass eine Leistung nur um deren Gegenleistung willen erbracht wird. So verpflichtet sich in einem Kaufvertrag der Verkäufer zur Übergabe und Übereignung der Sache lediglich aus dem Grunde, weil und damit der Käufer die Verpflichtung übernimmt, den vereinbarten Kaufpreis zu bezahlen (und evtl. die Sache abzunehmen). Diese wechselseitigen Ansprüche entstehen zwar schon mit Vertragsschluss. Die Verknüpfung der Pflichten hat jedoch zur Folge, dass jede Partei nur erfüllen muss, wenn sie zugleich die Gegenleistung erhält (sog. funktionelles Synallagma).

Die Vorschrift des § 103 InsO versucht daher einen interessengerechten Ausgleich bei beiderseits nicht erfüllten Verträgen durch eine Modifikation der §§ 320 ff. BGB herbeizuführen, indem sie ein dem Insolvenzverfahren angepasstes Leistungsstörungsrecht bereithält.[3] Dabei verfolgt § 103 InsO mehrere Zwecke.[4]

> **Zweck des § 103 InsO:**
>
> - Dem Vertragspartner soll der Schutz des funktionellen Synallagma auch in der Insolvenz erhalten bleiben. Er soll nur dann zur Erbringung ausstehender Leistungen verpflichtet sein, wenn der Verwalter ihm eine vollwertige Gegenleistung anbieten kann. D. h. § 103 InsO erhält lediglich dem anderen Teil die bei gegenseitigen Verträgen typische Position, die Leistung nur erbringen zu müssen, wenn ihm die Gegenleistung ungeschmälert und nicht nur in Höhe der Insolvenzquote zufließt.[5]
> - Dem Verwalter soll die Möglichkeit eingeräumt werden, beiderseitig noch nicht vollständig abgewickelte Verträge zu erfüllen, wenn dies für die Masse vorteilhaft ist. Der Verwalter soll also den Vermögenswert solcher Verträge zur Masse ziehen können.[6]

---

3 Kübler/Prütting, Kommentar zur Insolvenzordnung, 3. Lfg. 2001, § 103 Rdnr. 5 m. w. N., der darauf hinweist, dass bereits der Gesetzgeber der Konkursordnung die Problematik der Einrede des nichterfüllten Vertrages und deren Folgen für die Insolvenz eigenständig festschreiben und nicht den »allgemeinen Grundsätzen des bürgerlichen Rechts« überlassen wollte, da dem Gesetzgeber die Kriterien des Vertretenmüssens oder Zufalls für die insolvenzrechtliche Folgenbestimmung nicht angemessen erschien.
4 Siehe hierzu ausführlich: Gottwald, a. a. O., § 34 Rdnr. 8 ff.; Kübler/Prütting, a. a. O.
5 Gottwald, a. a. O., § 34 Rdnr. 9; a. A.: HK-InsO/Marotzke, 2. Aufl. 2001, § 103 Rdnr. 2, der § 320 BGB für insolvenzfest und § 103 InsO daher weitgehend für überflüssig hält; kritisch zu dieser Ansicht: Kübler/Prütting, a. a.O, § 103 Rdnr. 6. Letztendlich hängt der Streit der Insolvenzfestigkeit mit der Frage des grundlegenden Verständnisses des § 103 InsO zusammen (siehe hierzu Abschnitt C.). Er spielt in der Praxis eine untergeordnete Rolle, denn mit der Einrede des § 320 BGB lässt sich zwar die Vertragsdurchführung verhindern, nicht aber der vereinbarte Austausch der Leistungen sicherstellen. Deshalb bedarf es ohnehin insolvenzrechtlicher Sondervorschriften, damit der Verwalter in der Lage ist, dem Vertragspartner entgegen der Regel des § 38 InsO die volle Gegenleistung zuteil werden zu lassen.
6 BGHZ 135, 25 ff.

Für die Interpretation des § 103 InsO ist die Gewichtung der Belange der Parteien wichtig: Während früher zunächst der Schutz der Vertragspartner im Vordergrund stand, zeichnet sich nunmehr vor allem in der Rechtsprechung des BGH eine stärkere Betonung der Massemehrung ab.[7]

II. Voraussetzungen des Wahlrechts des Verwalters

1. Gegenseitige Verträge

a) Begriff der Gegenseitigkeit

Die Geltung der Grundnorm des § 103 InsO setzt einen »gegenseitigen« Vertrag zwischen dem Schuldner und dem anderen Vertragspartner voraus. Insoweit stellt § 103 InsO den missverständlichen Wortlaut des § 17 KO klar, der noch von »zweiseitigen« Verträgen sprach.[8] Es muss sich um einen vollkommen zweiseitig verpflichtenden Vertrag i. S. d. § 320 BGB handeln.

Gegenseitigkeit liegt vor, wenn die vereinbarten Leistungspflichten in einem synallagmatischen Verhältnis zueinander stehen. Die eine Vertragspartei leistet, um die Gegenleistung der anderen Vertragspartei zu erlangen (»do ut des«). Entscheidend ist die wechselseitige Bedingtheit der Hauptleistungspflichten nach dem Parteiwillen ohne das es auf deren Gleichwertigkeit ankäme.[9] Die Ungleichwertigkeit begründet vielmehr ein Erfüllungsinteresse der Masse.

b) Von § 103 InsO erfasste Schuldverhältnisse / Positivbeispiele

Dem § 103 InsO unterfallen eine Vielzahl von gegenseitigen Verträgen.[10] Hier sollen lediglich die in der Praxis am häufigsten vorkommenden genannt werden:

---

7 BGHZ 135, 25, 28; Die veränderte Gewichtung zeigt sich vor allem in der geänderten Rechtsprechung des BGH zu der Wirkung der Verfahrenseröffnung bzw. der Wahlrechtsausübung des Verwalters. Ausführlich hierzu: Kübler/Prütting, a. a. O., § 103 Rdnr. 8 ff.; Gottwald, a. a. O, § 34 Rdnr. 30 ff. Hingewiesen sei in diesem Zusammenhang auch auf die Zielsetzung der Insolvenzrechtsreform (BegrRegE BT-Drucks. 12/2443, S. 108 f.): Die §§ 103 ff. InsO sollen die Verteilungsgerechtigkeit stärken und dem Verwalter die Erhaltung der Insolvenzmasse erleichtern, damit Sanierungsversuche und zeitlich befristete Betriebsfortführungen ermöglicht werden.
8 Breutigam/Blersch/Goetsch, Kommentar zur Insolvenzordnung, 2001, § 103 Rdnr. 14.
9 Nerlich/Römermann, Kommentar zur Insolvenzordnung, 2000, § 103 Rdnr. 8; Breutigam/Blersch/Goetsch, a. a. O., § 103 Rdnr. 15; Kübler/Prütting, a. a. O., § 103 Rdnr. 13; HK-InsO/Marotzke, § 103 Rdnr. 5.
10 FK-InsO/Wegener, 3. Aufl. 2002, § 103 Rdnr. 5 ff.; Kübler/Prütting, a. a. O., § 103 Rdnr. 17 ff.

- Kauf- und Tauschverträge (§§ 433, 515 BGB, mit Ausnahme der Einschränkungen für Vormerkungen und Eigentumsvorbehalte in §§ 106, 107 InsO), sowie der Handelskauf (§§ 373 ff. HGB),

- Miet- und Pachtverträge über bewegliche Sachen und Rechte unterfallen dem Wahlrecht des Verwalters. Im Gegensatz zu §§ 19 ff. KO sind die Sonderregelungen der §§ 108 ff. InsO auf unbewegliche Sachen beschränkt. Zu beachten ist auch § 108 Abs. 1 Satz 2 InsO, der bestimmt, dass drittfinanzierte Leasingverträge über bewegliche Sachen wie Immobilien zu behandeln sind,

- Bauvertrag,[11] sonstige Werk- oder Werklieferungsverträge gem. §§ 631, 651 BGB, soweit sie keinen Geschäftsbesorgungscharakter haben (vgl. § 675 BGB) und damit § 116 InsO unterfallen,

- der entgeltliche Verwahrungsvertrag nach §§ 688, 689 BGB und die Sonderform des Lagergeschäfts gem. §§ 467 ff. HGB, sowie der Frachtvertrag (§§ 407 ff. HGB),

- verzinsliche Darlehen unterliegen der Regelung des § 103 InsO nur, solange die Darlehensvaluta nicht ausbezahlt ist, da sonst schon einseitige Erfüllung eingetreten ist. In diesem Fall ist § 103 InsO auf die Insolvenz des Darlehensgebers anwendbar. In der Insolvenz des Darlehensnehmers kann sich der Vertragspartner durch Widerruf vom Vertrag lösen, ohne gegen § 119 InsO zu verstoßen.[12] Vom verzinslichen Darlehen ist der bloße Krediteröffnungsvertrag zu unterscheiden. Dieser gibt dem Schuldner die Möglichkeit, Darlehensbeträge im Rahmen eines Kontokorrents in Anspruch zu nehmen. Dabei handelt es sich um einen Geschäftsbesorgungsvertrag, der gem. § 116 InsO mit Verfahrenseröffnung erlischt. Gegenseitiger Vertrag ist auch der Sicherungsvertrag, bei dem sich der Schuldner zur Bestellung einer Sicherheit für das gewährte Darlehen verpflichtet hat,

- Versicherungsverträge in der Insolvenz des Versicherungsnehmers. Lehnt der Verwalter die weitere Erfüllung des Vertrages ab, muss bei Lebensversicherungen danach differenziert werden, ob der auszuzahlende Rückkaufswert der Insolvenzmasse zusteht oder aufgrund eines unwiderruflichen Bezugsrechts auszusondern ist.[13] In der Insolvenz des Versicherers geht die speziellere Norm des § 13 VVG dem § 103 InsO vor,

- durch die Regelung des § 36 VerlG unterliegen auch Verlagsverträge der Regelung des § 103 InsO. Allerdings ist es wichtig, danach zu differenzieren, welche Vertragspartei von der Insolvenz betroffen ist,[14]

---

11 Zum Bauvertrag und der damit zusammenhängenden Problematik der Abdingbarkeit des Verwalterwahlrechts durch VOB (sog. Lösungsklauseln): FK-InsO/Wegener, a. a. O.
12 FK-InsO/Wegener, § 103 Rdnr. 6, 85; a. A.: Nerlich/Römermann, a. a. O., § 103 Rdnr. 12.
13 Ausführlich hierzu: Kübler/Prütting, a. a. O., § 103 Rdnr. 25 m. w. N.
14 Wegen Einzelheiten hierzu wird auf Kübler/Prütting, a. a. O., § 103 Rdnr. 24 verwiesen.

- ein gegenseitiger Vertrag ist ein Vergleich immer dann, wenn die in ihm übernommenen Verpflichtungen im Gegenseitigkeitsverhältnis stehen. Unbeachtlich ist, dass § 779 BGB für einen Vergleich gegenseitiges Nachgeben voraussetzt. Denn dies betrifft das Zustandekommen des Vergleichs, nicht aber die aus ihm folgenden Verpflichtungen. Nicht von § 103 InsO erfasst wird daher ein Vergleich, in dem sich nur eine Partei zu einer Leistung verpflichtet.
- die Wettbewerbsabrede gem. §§ 74, 90 a HGB für die Zeit nach Beendigung des Dienst- bzw. Vertragsverhältnisses unterfallen dem § 103 InsO, da die Unterlassungsverpflichtung des Handlungsgehilfen / Handelsvertreters mit der Karenzentschädigung des Unternehmers korrespondiert,
- auch auf die sog. Rückabwicklungsschuldverhältnisse,[15] z. B. der Rücktritt vom Kaufvertrag (§§ 437 Nr. 2, 440, 323, 326 Abs. 5 BGB) bzw. Werkvertrag (§§ 634 Nr. 3, 636, 323 und 326 Abs. 5 BGB) und die ungerechtfertigte Bereicherung (§§ 812 ff. BGB) ist § 103 InsO analog anwendbar, wenn die Leistungen Zug um Zug zurückzugewähren sind.[16] Auf die ungerechtfertigte Bereicherung allerdings nur, sofern die erhaltene Leistung noch in natura herausgegeben werden kann. Es handelt sich bei diesen gesetzlichen Schuldverhältnissen zwar nicht um rechtsgeschäftlich begründete Verträge, aber die im Synallagma stehenden Pflichten zur Rückgabe erlauben eine entsprechende Anwendung. Voraussetzung ist aber auch hier, dass noch keine Seite ihre Verpflichtung vollständig erfüllt hat. § 103 InsO ist insbesondere bei der ungerechtfertigten Bereicherung nur dann anzuwenden, wenn beide Vertragsparteien noch Leistungen zurückgewähren müssen und diese nicht saldiert werden können.

Verwiesen sei in diesem Zusammenhang noch auf die Regelung des § 503 Abs. 4 BGB (früher § 13 Abs. 3 VerbrKrG): Nimmt im Falle eines Ratenkreditvertrages der Kreditgeber die gelieferte Sache wieder zurück, so gilt dies als Ausübung des Rücktrittsrechts. Für das dann geltende Rückgewährschuldverhältnis gilt wieder § 103 InsO. In der Insolvenz des Kreditnehmers könnte der Verwalter bei Wahl der Nichterfüllung dann die Sache trotzdem »behalten« und den Kreditgeber auf Schadensersatz wegen Nichterfüllung des Rückgewährschuldverhältnisses verweisen.

6

c) Unanwendbarkeit des § 103 InsO / Negativbeispiele

§ 103 InsO findet keine Anwendung auf:[17]

7

- einseitig voll erfüllte gegenseitige Verträge,[18]

---

15 Ausführlich hierzu: HK-InsO/Marotzke, § 103 Rdnr. 11 f.
16 Für den Rücktritt gilt dies auch dann, wenn erst der Verwalter das Gestaltungsrecht ausübt.
17 Ausführlich mit zahlreichen Beispielen: FK-InsO/Wegener, § 103 Rdnr. 23 ff.; Kübler/Prütting, a. a. O., § 103 Rdnr. 26 ff.
18 Siehe hierzu: Rdnr. 51.

- gegenseitige Verträge im Falle einer zulässigen Vereinbarung einer sog. Lösungsklausel für den Insolvenzfall,
- einseitig verpflichtende Verträge bzw. Rechtsgeschäfte:

Sie begründen nur für eine Partei eine Leistungspflicht, wie z. B. das Schenkungsversprechen (§ 518 BGB), das Darlehensversprechen (§ 490 BGB), i. d. R. die Bürgschaft (§§ 765 BGB) oder die Auslobung (§ 657 BGB),

- unvollkommen zweiseitige Verträge:

Hier erbringt nur eine Partei die vertragstypische Leistung, zu der die Pflicht der anderen Partei in keinem Gegenseitigkeitsverhältnis steht. Beispiele sind das unverzinsliche Darlehen (§§ 488, 607 BGB), die Leihe (§ 598 BGB) und die unentgeltliche Verwahrung (§ 688 BGB). Der Auftrag unterliegt in § 115 InsO einer gesonderten Regelung,

- Naturalobligationen:

Dies sind Vereinbarungen, deren Leistungspflichten nicht einklagbar sind, wie Spiel, Wette oder Ehemaklervertrag. Zu beachten ist auch die Unanwendbarkeit bei insolvenzfreien Schuldverhältnissen (z. B. der Erwerb unpfändbarer Gegenstände oder höchstpersönliche Verpflichtungen des Schuldners) und bei einem Grundstückserwerb in der Zwangsversteigerung, da er nicht aufgrund eines Vertrages, sondern eines staatlichen Hoheitsaktes (also originär) vollzogen wird. Bei sog. gemischten Verträgen kommt es darauf an, welche Leistung dem Vertrag das typische Gepräge gibt und worauf die Parteien besonders Wert legen.

- Gesellschaftsverträge:

Der Gesellschaftsvertrag begründet zwar die Verpflichtung der Gesellschafter zur Erbringung gegenseitiger Leistungen. Diese werden aber zur Verfolgung eines bestimmten Zweckes und nicht aufgrund eines synallagmatischen Verhältnisses erbracht. Am Erfordernis der Gegenseitigkeit fehlt es auch bei Beitragsschulden der Mitglieder einer juristischen Person. Überdies wird die Gesellschaft bürgerlichen Rechts nach § 728 BGB, die Handelsgesellschaft nach § 131 Abs. 1 Nr. 3 HGB mit Eröffnung des Verfahrens über das Vermögen der Gesellschaft kraft Gesetzes aufgelöst. Lediglich vertraglich vereinbarte Nebenleistungen des Gesellschafters können im Einzelfall aufgrund ihres schuldrechtlichen Charakters eine Anwendung des § 103 InsO erlauben. Für geschäftsführende Gesellschafter ist allerdings die Norm des § 118 InsO zu beachten.

2. Beiderseitige nicht vollständige Erfüllung

a) Maßgebliche Fallkonstellation

8 § 103 InsO regelt ausschließlich die Fälle, in denen zum Zeitpunkt der Verfahrenseröffnung die jeweils geschuldeten Leistungen von beiden Seiten

noch nicht oder noch nicht vollständig erbracht worden sind.[19] Aus welchem Grund die Erfüllung ausblieb, ist dabei unerheblich.[20]

Bei der Eröffnung des Insolvenzverfahrens sind demnach je nach Stand der Vertragserfüllung folgende Varianten zu unterscheiden bzw. von der Fallkonstellation des § 103 InsO abzugrenzen, da sich hieraus jeweils unterschiedliche Rechtsfolgen ergeben.

Fallkonstellationen:

- Haben beide Parteien bereits vor Eröffnung des Verfahrens ihre Leistungen vollständig erbracht, so sind die gegenseitigen Ansprüche erloschen und der Vertrag ist erfüllt (§ 362 BGB). § 103 InsO ist nicht anwendbar. Die von den Parteien erbrachten Leistungen verbleiben beim jeweiligen Geschäftspartner. Seitens des Verwalters kann hieran nur durch eine Anfechtung des Vertrages nach §§ 129 ff. InsO etwas geändert werden.[21]
- Hat lediglich der Schuldner die ihm obliegende Leistung vor Verfahrenseröffnung voll erbracht, so darf der Gläubiger diese behalten (es sei denn ein Anfechtungstatbestand ist gegeben), muss aber seinerseits an die Masse leisten. Hier ist zudem auf die Vorschrift des § 82 InsO zu achten. Demnach wird der Gläubiger bei einer Leistung an den Schuldner nach Verfahrenseröffnung nur dann befreit, wenn er von der Eröffnung keine Kenntnis hatte.
- Hat dagegen nur der andere Teil vor Verfahrenseröffnung seine Leistungspflichten vollständig erfüllt, so ist er mit seinem Anspruch gegen den Schuldner lediglich Insolvenzgläubiger nach § 38 InsO. Die von ihm erbrachten Leistungen kann er nicht mehr zurückfordern, § 105 Satz 2 InsO. In diesem Fall wirkt das funktionelle Synallagma nicht, da der Gläubiger durch seine Vorleistung auf die Rechte gem. §§ 320 ff. BGB verzichtet hat. Eine andere Behandlung des Gläubigers ist auch nicht gerechtfertigt, da er sich in derselben Situation wie jeder andere Kreditgeber des Schuldners befindet.

b) Maßgeblichkeit des Leistungserfolges

Eine vollständige Erfüllung setzt voraus, dass die geschuldete Leistung so, wie sie nach vertraglicher Vereinbarung zu erbringen ist, bewirkt wird (vgl. §§ 362 Abs. 1, 267, 269 ff. BGB). Maßgeblich hierfür ist nicht die Vornahme der Leistungshandlung, sondern allein der Eintritt des Leistungserfolges.[22]

9

---

19 Kübler/Prütting, a. a. O., § 103 Rdnr. 31; FK-InsO/Wegener, § 103 Rdnr. 35; Nerlich/Römermann, a. a. O., § 103 Rdnr. 27.
20 BGH NJW 1983, 1619.
21 Gottwald, a. a. O., § 34 Rdnr. 4.
22 BGHZ 87, 156 (162); Nerlich/Römermann, a. a. O.; FK-InsO/Wegener, § 103 Rdnr. 36.

Wie der Leistungserfolg eintritt, ist unerheblich. Erfüllung tritt demnach auch ein durch die Annahme einer anderen als der geschuldeten Leistung an Erfüllungs statt nach § 364 BGB und bei Erfüllungssurrogaten (insbesondere der Hinterlegung gem. § 378 BGB und der Aufrechnung gem. § 389 BGB), nicht jedoch bei einer Leistung erfüllungshalber.

Weiterhin muss die Verfügung nicht freiwillig und der Leistungserfolg muss nicht beständig sein. Erfüllung liegt also bei einer Zwangsvollstreckung vor, auch wenn sie aufgrund einer vorläufig vollstreckbaren Entscheidung (§ 704 Abs. 1 ZPO), eines Vorbehaltsurteils (§§ 302, 599 ZPO) oder einer Zwangsbeitreibung[23] erfolgt. Bei Verurteilungen zur Abgabe einer Willenserklärung gilt § 894 ZPO. Auch die Leistung unter Vorbehalt ist Erfüllung i. S. d. § 103 InsO.

Tritt der Leistungserfolg erst nach der Eröffnung des Verfahrens ein, so hat der Verwalter dennoch weiterhin das Wahlrecht des § 103 InsO.[24]

c) Unvollständige Erfüllung einer Vertragspflicht

10   In Anbetracht des Zweckes des § 103 InsO, der eine massebegünstigende Verwertung zum Ziel hat, genügt bereits ein Ausbleiben einer geringen Restleistung für seine Anwendbarkeit. Dies gilt selbst dann, wenn die ausstehende Teilleistung so gering ist, dass die Einrede des § 320 Abs. 1 BGB dem Vertragspartner wegen § 320 Abs. 2 BGB verwehrt wäre.[25]

Streitig ist indessen, ob es sich bei der ausstehenden Teilleistung um eine synallagmatische Hauptpflicht handeln muss oder ob hierfür schon eine bloße Nebenpflicht ausreicht. Ersteres wird mit dem Argument angenommen, dass es der Voraussetzung eines gegenseitigen Vertrages gem. § 103 InsO widerspräche, würde man synallagmatische Verpflichtungen nicht auch in das Kriterium der weiteren Voraussetzung der unvollständigen Erfüllung einbeziehen. Allein aufgrund der noch nicht vorgenommenen Nebenpflicht würde kein für die Masse relevanter Wert zurückgehalten werden.[26] Dieser Ansicht wird die Überbetonung des funktionellen Synallagmas entgegengehalten, wodurch dem Schutz der Masse zu wenig Rechnung getragen werde.[27] Dem ist zu folgen, denn nicht die Beurteilung der rechtlichen Natur einer Leistung, sondern allein ihr Wert muss für die Ermittlung der Massebegünstigung maßgebend sein.

---

23 Im Falle der Zwangsbeitreibung von Geld tritt Erfüllung aber erst mit Auskehr an den Vollstreckungsgläubiger ein. Siehe hierzu: Kübler/Prütting, a. a. O., § 103 Rdnr. 33.
24 HK-InsO/Marotzke, § 103 Rdnr. 29; FK-InsO/Wegener, § 103 Rdnr. 38; Kübler/Prütting, a. a. O., § 103 Rdnr. 35.
25 Kübler/Prütting, a. a. O., § 103 Rdnr. 36; Nerlich/Römermann, a. a. O., § 103 Rdnr. 32.
26 Kübler/Prütting, a. a. O., § 103 Rdnr. 37 f. m. w. N.
27 Nerlich/Römermann, a. a. O., § 103 Rdnr. 33 m. w. N.; Gottwald, a. a. O., § 34 Rdnr. 22; BGHZ 58, 246, 250 f.

d) Einzelheiten

aa) Leistungserfüllung beim Kaufvertrag

Der Verkäufer hat seine Pflichten aus dem Kaufvertrag nach § 433 Abs. 1 BGB erst mit Übereignung der Ware an den Käufer erfüllt, Besitzübergabe allein genügt nicht. § 103 InsO scheidet auch dann aus, wenn der Verkäufer die veräußerte bewegliche Sache dem Käufer gem. § 929 Satz 2 BGB übereignet hat und der Käufer sie ihm zur Sicherung (rück-)übereignet.[28]

11

Beim Kauf unter Eigentumsvorbehalt tritt der Leistungserfolg mit Bedingungseintritt ein.[29] § 107 Abs. 1 InsO ordnet jedoch bei der Verkäuferinsolvenz die Insolvenzfestigkeit des bedingten Erwerbs an.[30]

Auch beim Versendungskauf nach § 447 BGB ist mit Übergabe der Sache an die Transportperson und Absendung des Übereignungsangebots noch keine Erfüllung eingetreten, da es sich bei dieser Vorschrift lediglich um eine Gefahrtragungsregel handelt.

Beim Grundstückskaufvertrag tritt der Leistungserfolg erst mit der Eigentumsverschaffung ein. Erforderlich ist also die Auflassung und Eintragung der Rechtsänderung im Grundbuch (§§ 873, 925 BGB).[31] So hat derjenige Käufer sogar dann nicht vollständig erfüllt, wenn er das Grundstück zwar bereits in Besitz genommen und vollständig gezahlt hat, aber seine Mitwirkung an der Auflassung noch aussteht.[32]

§ 103 InsO kommt wiederum dann nicht zur Anwendung, wenn im Falle der Verkäuferinsolvenz vor Eröffnung des Verfahrens die Auflassung erfolgt ist und beide Parteien den Eintragungsantrag gestellt haben, § 91 Abs. 2 InsO i. V. m. § 878 BGB.[33] Das Insolvenzverfahren hat dann keinen Einfluss auf den Eigentumserwerb, weil der Verwalter über die vom Schuldner zu erbringende Leistung nicht mehr verfügen kann.[34] Einzige Möglichkeit für den Verwalter ist in diesem Fall die Insolvenzanfechtung nach § 147 InsO. Sofern es zur vorherigen Eintragung einer Vormerkung zur Eigentumsverschaffung gekommen ist, greift die Sonderregelung des § 106 InsO.[35]

---

28 BGH NJW 1980, 226 f.; Kübler/Prütting, a. a. O., § 103 Rdnr. 31. Zu der Fallkonstellation, bei der die Sache nach Vertragsschluss noch beim Verkäufer verbleibt, wird auf Gottwald, a. a. O., § 34 Rdnr. 25 verwiesen, der auch die Abwicklung im Falle eines Besitzmittlungsverhältnisses bespricht.
29 Kübler/Prütting, a. a. O., § 103 Rdnr. 41 m. w. N.
30 Einzelheiten unter Abschnitt B IV.
31 FK-InsO/Wegener, § 103 Rdnr. 41 ff.
32 BGHZ 58, 246, 251; Gottwald, a. a. O., § 34 Rdnr. 27.
33 Ausführlich dazu: Kübler/Prütting, a. a. O., § 103 Rdnr. 42 ff., der auch die streitige Frage darstellt, ob dem Käufer der Schutz des § 91 Abs. 2 InsO i. V. m. § 878 BGB selbst dann zugute kommt, wenn nur der Schuldner den Eintragungsantrag gestellt hat.
34 BGHZ 49, 197 ff.
35 Näheres zu § 106 InsO unter Abschnitt B III.

bb) Mangelhafte Leistungen[36]

12 Nach dem Gesetz zur Modernisierung des Schuldrechts ist der Verkäufer nach § 433 Abs. 1 Satz 2 BGB neben der Übergabe der Sache und der Verschaffung des Eigentums an der Sache nunmehr auch verpflichtet, dem Käufer die Sache frei von Sach- und Rechtsmängeln zu verschaffen. Die Lieferung einer mangelfreien Sache ist auf diese Weise zu einer Hauptleistungspflicht des Verkäufers geworden. Für die Anwendbarkeit des § 103 InsO bedeutet dies: Bei Übergabe und Übereignung einer mangelhaften Sache, deren Kaufpreis noch nicht vollständig bezahlt ist, liegt ein beiderseits nicht vollständig erfüllter Vertrag vor.[37]

> **Fallgestaltungen:**[38]
>
> • Verkäuferinsolvenz
> Hier gibt es keine Besonderheiten, wenn die Sache unter Eigentumsvorbehalt verkauft und dem Käufer der Besitz an der Sache übertragen wurde. Das Anwartschaftsrecht des Käufers ist insolvenzfest und kann von dem Verwalter nicht einseitig beseitigt werden, § 107 InsO. In den anderen Fällen kommt es maßgeblich darauf an, welche Rechte der andere Teil wählt.[39] Nach der neuen Rechtslage hat der Käufer zunächst nur einen Nacherfüllungsanspruch, §§ 437 Nr. 1 i. V. m. 439 BGB. Entscheidet sich der Verwalter für die Erfüllung des Vertrages, kann er die Zahlung des Kaufpreises nur verlangen, wenn er nach der Wahl des Käufers den vorhandenen Mangel beseitigt oder eine mangelhafte Sache liefert, § 439 Abs. 1 BGB.
>
> Tritt der Käufer nach erfolglosem Nachbesserungsverlangen oder in den Fällen, in denen ausnahmsweise ein Nachbesserungsverlangen nicht erforderlich ist, von dem Vertrag zurück, so gilt § 103 InsO. Wählt der Verwalter Erfüllung, erhält er die mangelhafte Sache zurück, muss aber den erhaltenen Kaufpreis aus der Insolvenzmasse zurückerstatten. Bei Erfüllungsablehnung hat der Käufer folgende Alternative: er behält die mangelhafte Sache und seinen Schadensersatz wegen Nichterfüllung des Rückabwicklungsverhältnisses (Differenz zwischen dem gezahlten Kaufpreis und dem Wert der mangelhaften Sache) macht er als Insolvenzforderung geltend. Er kann die mangelhafte Sache aber auch zurückgeben und als Insolvenzgläubiger Erstattung des Werts im mangelhaften Zustand und den weitergehenden Schadensersatzanspruch geltend machen.[40]

---

36 Ausführlich zu der Frage, auf welches Austauschverhältnis sich eine Erklärung des Verwalters bezieht: Kübler/Prütting, a. a. O., § 103 Rdnr. 60 ff.
37 Eine Anwendbarkeit des § 103 InsO bei Lieferung einer mangelhaften Sache wurde bereits von Kübler/Prütting, a. a. O., § 103 Rdnr. 46 und HK-InsO/Marotzke, § 103 Rdnr. 28 bejaht.
38 Ausführlich zu den Änderungen des Kaufrechts auf die Abwicklung gegenseitiger Verträge vgl. Ringstmeier/Homann, ZIP 2002, 505 ff.; Schmidt, ZinsO 2002, 103 ff.
39 Ausführlich: FK-InsO/Wegener, § 103 Rdnr. 46 f.
40 So auch MK-InsO/Huber, § 103 Rdnr. 138.

> Verlangt der Käufer Schadensersatz nach der Differenztheorie,[41] so ist dessen einseitiger und damit dem Anwendungsbereich des § 103 InsO entzogener Anspruch Insolvenzforderung.[42]
>
> • Käuferinsolvenz
> Hat der Schuldner eine mangelhafte Sache erhalten, deren Kaufpreis er noch nicht vollständig bezahlt hat, kann der Verwalter die Vertragserfüllung ablehnen mit der Folge der Rückgabe der mangelhaften Sache an den Verkäufer, der wiederum den vom Schuldner bereits bezahlten Teilkaufpreis an die Insolvenzmasse zahlen muss.[43]

III. Wirkungen der Verfahrenseröffnung

1. Ausgangslage

Bevor auf die Wahlrechtsausübung des Verwalters und deren Rechtsfolgen eingegangen wird, wird vorab aufgezeigt, welche rechtliche Wirkung die Eröffnung des Insolvenzverfahrens auf die nicht vollständig erfüllten gegenseitigen Verträge hat. In der Konkursordnung gab es hierzu keine gesetzliche Regelung. Da der Gesetzgeber auch für die Insolvenzordnung eine ausdrückliche gesetzliche Regelung nicht vorgenommen hat, hat der dogmatische Streit zum bisher geltenden § 17 KO auch für § 103 InsO grundlegende Bedeutung.[44]

13

> **Auswirkungen einer Verfahrenseröffnung auf Vertragsverhältnisse des Schuldners:**
>
> • Das Vertragsverhältnis erlischt.
> • Das Vertragsverhältnis besteht weiterhin fort.
> • Das Schicksal des Vertragsverhältnisses hängt von der Entscheidung des Verwalters ab.

In den §§ 103 ff. InsO finden sich alle drei Rechtsfolgen. So wird beispielsweise in § 108 Abs. 1 InsO der Fortbestand von Miet- und Pachtverhältnissen über Immobilien angeordnet, während Aufträge unter den in § 115 InsO genannten Voraussetzungen erlöschen. Die Grundnorm des § 103 InsO wählt schließlich die dritte zur Auswahl stehende Alternative und lässt den Verwalter über die weitere Behandlung des Vertrages entscheiden.

---

41 Dazu: PalandtHeinrichs, Kommentar zum BGB, 60. Aufl. 201, § 325 Rdnr. 10 ff.
42 FK-InsO/Wegener, a. a. O., der auch den Fall des Schadensersatzes nach der Surrogationstheorie behandelt.
43 Weitere Einzelheiten: vgl. MK-InsO/Huber § 103 Rdnr. 142 ff.
44 Der Gesetzgeber wollte hier auch keine andere Regelung schaffen. Vgl. BegrRegE, BT-Drucks. 12/2443, S. 145; siehe dazu auch: Gottwald, a. a. O., § 34 Rdnr. 36.

2. Meinungsstand in Rechtsprechung und Literatur

14 Die Rechtsprechung[45] und die überwiegende Literatur gingen bis vor kurzem noch davon aus, dass die Eröffnung des Verfahrens keine Auswirkung auf die beiderseitig nicht erfüllten Verträge habe.[46] Erst die Erfüllungsablehnung des Verwalters wirke gestaltend und sollte die beiderseitigen Erfüllungsansprüche in einen Anspruch auf Schadensersatz wegen Nichterfüllung umgestalten. Bei Erfüllungswahl dagegen blieben die ursprünglichen Erfüllungsansprüche bestehen. Die Ansprüche des Gläubigers würden lediglich zur Masseschuld umqualifiziert, worin ebenfalls eine Umgestaltung der Rechtslage durch den Verwalter gesehen wurde.[47]

Nach der neueren höchstrichterlichen Rspr. und der sich hieran anschließenden h. M. in der Literatur führt dagegen bereits die Eröffnung des Insolvenzverfahrens zu einem Erlöschen der beiderseitigen Erfüllungsansprüche, wobei der Vertrag im Übrigen bestehen bleibt.[48] Eine Erklärung des Verwalters, die weitere Erfüllung des Vertrages abzulehnen, hat nunmehr lediglich deklaratorische Bedeutung, da der bereits durch die Verfahrenseröffnung eingetretene Rechtszustand bestätigt wird. Zur Geltung kommt § 103 InsO wiederum, wenn die Mängelbeseitigung unmöglich oder fehlgeschlagen ist, da der dann gegebene Anspruch des Bestellers auf Neuherstellung im Gegenseitigkeitsverhältnis zum Werklohnanspruch steht. Sofern der Verwalter dagegen Erfüllung des Vertrages verlangt, so kommt seiner Erklärung konstitutive Bedeutung zu. Durch das Erfüllungsverlangen des Verwalters werden die zunächst erloschenen Erfüllungsansprüche neu mit dem bisherigen Inhalt mit Wirkung ex nunc begründet und der ursprüngliche Anspruch des anderen Teils wird zur Masseschuld umqualifiziert. Diese Ansicht hat zur Folge, dass zum einen vor der Verfahrenseröffnung erfolgte Abtretungen wirkungslos werden und somit uneingeschränkt der Masse zustehen (§ 91 Abs. 1 InsO); und zum anderen kann der andere Teil mit einer ihm vor der Verfahrenseröffnung begründeten Forderung nicht mehr gegen den ihn nach Erfüllungswahl neu entstandenen Anspruch der Masse aufrechnen (§ 96 Abs. 1 Nr. 1 InsO). Die von der Rechtsprechung für § 17 KO entwickelten Grundsätze gelten auch für § 103 InsO.

---

45 BGHZ 68, 379, 380; 89, 189, 195; 96, 392, 394; 98, 160, 169.
46 Sog. Fortbestehenstheorie; ausführlich jeweils m. w. N.: Kübler/Prütting, a. a. O., § 103 Rdnr. 9 f.; Gottwald, a. a. O., § 34 Rdnr. 31 ff.
47 HK-InsO/Marotzke, § 103 Rdnr. 1 f.; Gottwald, a. a. O., § 34 Rdnr. 31 f.; Kübler/Prütting, a. a. O., § 103 Rdnr. 10 relativiert die gestaltete Wirkung der Wahlrechtsausübung, indem er der Erfüllungswahl lediglich insofern Gestaltungswirkung beimisst, als dass sie »die Gegenforderung haftungsrechtlich privilegiert«. Die Ablehnung gestalte wiederum nur »insofern, als sie die Wahlfreiheit des Verwalters beende«.
48 Sog. Erlöschenstheorie; grundlegende Entscheidungen des für das Insolvenzrecht zuständigen IX. Zivilsenats des BGH aus dem Jahre 1988: BGHZ 103, 250 ff.; 106, 236 ff.; Diese Wende zeichnete sich bereits durch eine Entscheidung des VIII. Zivilsenats aus dem Jahre 1983 ab: BGHZ 89, 189 ff.; Später spricht der IX. Zivilsenat selbst von einer »Neuorientierung der höchstrichterlichen Rechtsprechung«: BGHZ 135, 25, 27.

3. Kritik von Teilen der Literatur und Stellungnahme

Diese vom BGH initiierte Änderung des Verständnisses des § 17 KO bzw. § 103 InsO ist auf zum Teil heftige Kritik gestoßen.[49] Diese wirft der Rechtsprechung Wertungswidersprüche vor allem wegen der Folgewirkungen[50] beim Erfüllungsverlangen des Verwalters vor, da hier Sachfragen geklärt werden, die dogmatisch nicht zum Wahlrecht nach § 103 InsO, sondern zur Aufrechnung bzw. zur Insolvenzanfechtung gehören.[51]

15

Diese Kritik beachtet jedoch nicht hinreichend die »massefreundliche« Sichtweise des BGH, die dieser auch konsequent durchhält. Dem Verwalter soll durch sein Wahlrecht die Möglichkeit gegeben werden, die für die Masse günstigste Lösung zu finden. Die so bewirkte Massemehrung dient damit gleichzeitig der gemeinschaftlichen Befriedigung der Insolvenzgläubiger, was gerade umgekehrt die vom BGH befürwortete Lösung auf ein sicheres dogmatisches Fundament stellt.[52]

Die weitere Kritik verweist auf den Systemwiderspruch der sog. Erlöschenstheorie zu den Rechtsfolgen der §§ 114, 116 und § 201 InsO. Erlöschen die Erfüllungsansprüche bereits ohne weiteres im Zeitpunkt der Eröffnung des Insolvenzverfahrens, wären die in den §§ 114, 116 InsO für Aufträge und Geschäftsbesorgungsverträge gesetzlich geregelten Erlöschensfolgen überflüssig.[53] Der Erlöschenstheorie stehe auch die Regelung des § 201 InsO entgegen, wonach es den Gläubigern nach Verfahrensaufhebung möglich ist, den Schuldner auf Erfüllung in Anspruch zu nehmen.

Dem ist zunächst die Begründung des Regierungsentwurfs zum § 108 Abs. 1 Satz 1 InsO entgegenzuhalten, wonach der Gesetzgeber selbst davon ausgeht, dass Miet- und Pachtverhältnisse über bewegliche Sachen bereits mit der Eröffnung des Verfahrens und nicht erst mit der Ausübung des Wahlrechts erlöschen.[54] Zudem geht der Gesetzgeber im nachträglich eingefügten § 108 Abs. 1 Satz 2 InsO von der Auffassung der Rechtsprechung aus und trägt mit der dort vorgenommenen Regelung dem Umstand Rechnung, dass Vorausabtretungen künftiger Ansprüche mit Eröffnung des Verfahrens die Grundlage entzogen ist. Die Bestätigung der Rechtsprechung durch den Gesetzgeber lässt auch für die Zukunft ein Abrücken des BGH von der Erlöschenstheorie daher nicht erwarten.

---

49 HK-InsO/Marotzke, a.a.O.; Kübler/Prütting, a.a.O., § 103 Rdnr. 11f. jeweils m.w.N.
50 Siehe dazu: Abschnitt E.I.2.
51 Kübler/Prütting, a.a.O., § 103 Rdnr. 11 hält die so vom BGH verstandene Vorschrift des § 103 InsO für ein »Rückholrecht für abgetretene oder gepfändete Ansprüche«. Weiterhin widerspricht seiner Ansicht nach die Erlöschenstheorie dem Wortlaut des § 103 (»anstelle des Schuldners«), ein weiterer Grund weshalb sie abzulehnen sei.
52 Gottwald, a.a.O., § 34 Rdnr. 36; Breutigam/Blersch/Goetsch, a.a.O., § 103 Rdnr. 13.
53 Kübler/Prütting, a.a.O., § 103 Rdnr. 12.
54 BegrRegE, BT-Drucks. 12/2443, S. 147.

Zuletzt sei noch darauf hingewiesen, dass die Erlöschenstheorie nicht die Beziehungen der Vertragspartner außerhalb des Insolvenzverfahrens regelt. Sie bezieht sich vielmehr ausschließlich auf die Insolvenzmasse, indem sie feststellt, dass es ohne ein Erfüllungsverlangen des Verwalters keine Erfüllungsansprüche der Masse gegen den anderen Teil und keine Erfüllungsansprüche des anderen Teils gegen die Masse gibt. Diese werden erst durch das Erfüllungsverlangen neu für und gegen die Masse begründet. Bei richtigem Verständnis der Erlöschenstheorie ist daher der Einwand des systematischen Widerspruchs zu § 201 InsO zu vernachlässigen.

Nach ständiger Rspr. und h. L. lassen sich die Wirkungen lediglich der Insolvenzeröffnung wie folgt zusammenfassen:

- Der Vertrag wandelt sich mit der Verfahrenseröffnung in ein Schuldverhältnis der Nichterfüllung um, die gegenseitigen Erfüllungsansprüche erlöschen.
- Der Anspruch des Vertragspartners wandelt sich in eine einseitige Forderung wegen Nichterfüllung gegen die Insolvenzmasse, sie ist gewöhnliche Insolvenzforderung.

4. Problematik des Schicksals akzessorischer Sicherheiten

16 Die Frage nach dem Schicksal der gegenseitig nicht vollständig erfüllten Verträge bei Eröffnung des Insolvenzverfahrens hat erhebliche praktische Bedeutung, wenn akzessorische Sicherungsrechte vorliegen.

Wurden Sicherheiten bestellt, die von dem Bestand der Hauptforderung (also dem gegenseitigen Vertrag) abhängig waren (sog. akzessorische Sicherheiten), so hat das Erlöschen der Hauptforderung auch das Erlöschen der Sicherheit zur Folge. Wählt der Verwalter die Erfüllung des Vertrages, entsteht ein neues Vertragsverhältnis mit dem ursprünglichen Vertragsinhalt. Die bereits erloschenen Sicherungsrechte entstehen aber gem. § 91 Abs. 1 InsO nicht mehr.

Noch ungeklärt ist die Frage, ob dies auch dann gilt, wenn die akzessorische Sicherheit für erst künftige Forderungen bestellt worden ist.[55] Denn diese könnten auch diejenigen Ansprüche absichern, die durch das Erfüllungsverlangen des Verwalters neu begründet werden. Um diese gewünschte Wirkung zu erreichen, empfiehlt es sich für den Gläubiger, eine entsprechende Vereinbarung mit dem Bürgen, Hypothekenschuldner oder Verpfänder vorzunehmen. Wurde eine solche nicht vorgenommen, so kann eventuell eine ergänzende Vertragsauslegung darüber hinweg helfen.[56]

---

55 Vgl. §§ 765 Abs. 2, 1113 Abs. 2, 1204 Abs. 2, 1273 BGB.
56 BGHZ 115, 177, 186.

IV. Ausübung des Wahlrechts durch den Verwalter

1. Allgemeines zum Wahlrecht und zur Ausübungsbefugnis

Führt die Verfahrenseröffnung also zum Erlöschen der Erfüllungsansprüche, so steht dem Verwalter kein echtes Wahlrecht zu. Gestaltende Wirkung hat allein das Erfüllungsverlangen, nicht jedoch die Erfüllungsablehnung. Nimmt man dagegen mit der Fortbestehenstheorie an, dass der Vertrag sich bis zur Verwalterentscheidung in einer Art Schwebezustand befindet, so hat auch die Ablehnung gestaltende Wirkung. Denn »wählt« der Verwalter gegenüber dem Vertragspartner die Nichterfüllung, so macht er lediglich die bereits kraft Gesetzes eingetretene Rechtsfolge geltend. Wird daher in diesem Beitrag von dem Wahlrecht des Verwalters gesprochen, so ist es in dem geschilderten Sinne zu verstehen.

17

Der Verwalter hat sein Wahlrecht persönlich auszuüben, eine Delegierung auf Dritte kommt nicht in Betracht.[57] Das Wahlrecht kann nicht schon vom »starken« oder »schwachen« vorläufigen Insolvenzverwalter ausgeübt werden.[58] Denn zum einen tritt die Rechtsfolge des § 103 InsO erst mit Verfahrenseröffnung ein; und zum anderen wird dem Aufgabenbereich und der Stellung des vorläufigen Insolvenzverwalters hauptsächlich eine Sicherungsfunktion zugeschrieben (vgl. § 22 InsO).[59] Der Verwalter kann die Erfüllung selbst dann noch verweigern, wenn er sie als vorläufiger Verwalter noch angestrebt hatte.[60] Ratsam dürfte in solchen Fällen für den vorläufigen Verwalter allerdings ein Hinweis auf die Unverbindlichkeit seines Erfüllungsverlangens wegen der Rechtsfolgen nach §§ 103 ff. InsO sein, um dem Einwand des treuwidrigen Verhaltens (venire contra factum proprium) entgegenzuwirken und sich Anfechtungsmöglichkeiten gem. §§ 129 ff. InsO als endgültiger Verwalter zu bewahren.[61] In diesem Fall ist der Vertragspartner ausreichend informiert und es steht ihm offen, ob er sich nach allgemein bürgerlich-rechtlichen Regelungen beim Vorliegen von entsprechenden vertraglichen oder gesetzlichen Rücktritts- bzw. Kündigungstatbeständen vom Schuldverhältnis lösen möchte, oder ob dieses weiterhin fortsetzen möchte. Wählt er letztere Alternative, so handelt er auf eigenes Risiko.

18

Zur wirksamen Ausübung seines Wahlrechts bedarf der Verwalter im Außenverhältnis nicht der Zustimmung der Gläubiger oder des Gerichts (vgl. § 164 InsO). Im Innenverhältnis ist er jedoch gem. § 160 InsO bei Rechtsge-

---

57 Soweit die Erklärung nicht erkennbar auf die Willensbildung des Verwalters zurückzuführen ist, kann sie nicht in seiner Vertretung abgegeben werden, da eine partielle Amtsübertragung nicht zulässig ist. Vgl. OLG Düsseldorf ZIP 1996, 337, 339.
58 Kübler/Prütting, a. a. O., § 103 Rdnr. 51; HK-InsO/Marotzke, § 103 Rdnr. 57; Nerlich/Römermann, a. a. O., § 103 Rdnr. 37.
59 Gottwald, a. a. O., § 35 Rdnr. 2.
60 Nerlich/Römermann, a. a. O., § 103 Rdnr. 38; HK-InsO/Marotzke, § 103 Rdnr. 57, 69.
61 Vgl. hierzu: BGHZ 97, 87, 92.

schäften von besonderer Bedeutung zur Einholung der Zustimmung des Gläubigerausschusses bzw. der Gläubigerversammlung verpflichtet. Bei Eigenverwaltung kann der Schuldner das Wahlrecht selbst ausüben, § 279 InsO; im vereinfachten Verfahren nur der Treuhänder, § 313 InsO.[62]

2. Erklärung des Verwalters

19 Der Verwalter übt das Wahlrecht durch eine einseitige, empfangsbedürftige Willenserklärung aus, auf die die Vorschriften der §§ 130 ff. BGB Anwendung finden.[63] Sie ist bedingungsfeindlich und an keine Form gebunden; selbst dann nicht, wenn das zugrundeliegende Rechtsgeschäft der Form bedarf.[64] Ein entsprechendes Bewusstsein des Verwalters darüber, dass er vom Wahlrecht des § 103 InsO Gebrauch macht, ist nicht erforderlich.[65]

Da § 103 Abs. 1 InsO dem Verwalter keine Erklärungspflicht auferlegt und der Vertragspartner den Verwalter jederzeit zur Erklärung nach § 103 Abs. 2 Satz 2 InsO auffordern kann, haben bloßes Schweigen und Zeitablauf keinen Erklärungswert.

20 Das Wahlrecht kann aber konkludent ausgeübt werden; z. B. durch Nachfristsetzung oder durch schlichte Anforderung der Leistung.[66] Bringt der Verwalter gleichzeitig mit seiner Erfüllungswahl zum Ausdruck, dass nach seiner Auffassung der Schuldner bereits vollständig erfüllt habe, so liegt ein Erfüllungsverlangen nicht vor.[67] Ein konkludentes Erfüllungsverlangen ist auch grundsätzlich dann abzulehnen, wenn Vorbehaltsware weiterverarbeitet bzw. weiterveräußert wird.[68] Dagegen ist konkludente Erfüllungswahl zu bejahen, wenn der Verwalter vom Werkunternehmer Nachbesserung verlangt[69] oder eine Frist zur Mängelbeseitigung setzt.[70]

---

62 Dazu näher: Gottwald, a. a. O., § 35 Rdnr. 19.
63 Kübler/Prütting, a. a. O., § 103 Rdnr. 53; Breutigam/Blersch/Goetsch, a. a. O., § 103 Rdnr. 36; FK-InsO/Wegener, § 103 Rdnr. 58. Die allgemeinen Bestimmungen zur Auslegung von Willenserklärungen gem. §§ 133, 157 BGB gelten damit auch hier. Maßgeblich ist, wie die Erklärung des Verwalters aus Sicht des Vertragspartners von einem objektiven Dritten verstanden werden musste.
64 So z. B. bei Grundstückskaufverträgen nach § 313 BGB; Vgl. auch: Breutigam/Blersch/Goetsch, a. a. O., § 103 Rdnr. 37.
65 BGHZ 47, 75, 78; Gottwald, a. a. O., § 35 Rdnr. 3; Nerlich/Römermann, a. a. O., § 103 Rdnr. 41.
66 Zum stillschweigenden Erfüllungsverlangen bzw. Ablehnung, siehe: Kübler/Prütting, § 103 Rdnr. 54.
67 BGH NJW 1962, 2296 f.
68 Entgegen der bisherigen Rechtsprechung zur grundsätzlichen Qualifikation von Verwertungsmaßnahmen als Erfüllungswahl jetzt: BGH ZIP 1998, 298 f. Der BGH verlangt nun aufgrund der allgemeinen Auslegungsgrundsätze in jedem Einzelfall die Prüfung, wie die Verwertungshandlung des Verwalters durch Dritte zu verstehen sei. Für die Praxis erscheint daher bei entsprechenden Verwertungshandlungen äußerste Vorsicht geboten und bei Beurteilungszweifeln sollte von einer Erfüllungswahl ausgegangen werden. Ausführlich hierzu: FK-InsO/Wegener, § 103 Rdnr. 59.
69 Nerlich/Römermann, a. a. O., § 103 Rdnr. 42.
70 OLG Düsseldorf NJW-RR 1993, 1110 f.

Eine Erklärung unter Vorbehalten oder Einschränkungen ist als Erfüllungsablehnung verbunden mit dem Angebot auf Abschluss eines neuen Vertrages (§§ 145, 147 Abs. 2 BGB) zu behandeln.[71] Denn der Verwalter kann mit seinem Wahlrecht nur über die Abwicklung des ursprünglichen Vertrages entscheiden. Nach der Erlöschenstheorie war dieser ursprüngliche Erfüllungsanspruch mit Insolvenzeröffnung untergegangen. Wählt der Verwalter nun aber die Erfüllung, so kann er die gegenseitigen Ansprüche nur so wieder aufleben lassen, wie sie ursprünglich bestanden; eine Änderung bzw. Beschränkung ihres Inhalts ist dem Verwalter nicht möglich.[72]

21

3. Aufforderung zur Wahlrechtsausübung gem. § 103 Abs. 2 Satz 2 InsO

Eine Regelung der Frage, wann und innerhalb welcher Frist der Verwalter sein Wahlrecht auszuüben hat, findet sich in § 103 InsO nicht. Um den Zustand der Rechtsunsicherheit bzw. Ungewissheit zu beseitigen, gewährt § 103 Abs. 2 Satz 2 InsO dem Vertragspartner das Recht, den Verwalter zur Abgabe einer Erklärung aufzufordern.[73] Die Aufforderung kann der andere Teil bereits vor Fälligkeit der eigenen Forderung abgeben. Sie kann ebenso wie die Wahlrechtsausübung konkludent erfolgen. Dies ist z. B. der Fall, wenn der Vertragspartner den Verwalter mehrfach auf eine Erfüllung des Vertrages anspricht.

22

Der Begriff »unverzüglich« meint auch hier lediglich »ohne schuldhaftes Zögern« i. S. d. § 121 Abs. 1 BGB. Je nach Art des Vertrages und Stand der Erfüllung ist dem Verwalter eine den Bedürfnissen des Einzelfalles angemessene Bedenkzeit zuzubilligen.[74] Erklärt er sich nicht rechtzeitig, so verliert er gem. § 103 Abs. 2 Satz 3 InsO sein Wahlrecht; es verbleibt bei der Nichterfüllung des Vertrages. Im Falle der Klage des Verwalters auf Leistungserfüllung trägt der andere Teil die Beweislast dafür, dass die Erklärung des Verwalters verspätet war.

Eine ausdrückliche Regelung der Überlegungszeit ist nur für die Sondervorschrift des § 107 Abs. 2 Satz 1 InsO vorgesehen (Aufforderung des Vorbehaltsverkäufers in der Käuferinsolvenz). Sinn und Zweck dieser vom Gesetzgeber[75] offensichtlich als Ausnahme zur Grundregel des § 103 Abs. 2

23

---

71 Ausführlich dazu: Gottwald, a. a. O., § 35 Rdnr. 5 ff.; siehe auch: FK-InsO/Wegener, § 103 Rdnr. 61; einschränkend: Kübler/Prütting, a. a. O., § 103 Rdnr. 55.
72 Vgl. auch: Gottwald, a. a. O., § 35 Rdnr. 7, wonach eine Beschränkung auf nur bestimmte »einzelne« Ansprüche der InsO nicht bekannt sei. Denn ein Erfüllungsverlangen habe zur Folge, dass »die« Ansprüche aus dem Vertrag als Masseschulden zu berichtigen seien (§§ 103 Abs. 1, 55 Abs. 1 Nr. 2 InsO).
73 Gottwald, a. a. O., § 35 Rdnr. 8 ff.; Kübler/Prütting, a. a. O., § 103 Rdnr. 70 ff.
74 Gottwald, a. a. O., § 35 Rdnr. 9; Kübler/Prütting, a. a. O., § 103 Rdnr. 71; FK-InsO/Wegener, § 103 Rdnr. 62. Ausführlich zu den Kriterien einer angemessenen Überlegungsfrist und deren Verlängerung wegen einer evtl. erforderlichen Einholung der Zustimmung der Gläubiger nach § 160 InsO: Nerlich/Römermann, § 103 Rdnr. 46.
75 RegE BT-Drucks. 12/2443, S. 145.

Satz 2 InsO gedachten Bestimmung ist die zumindest vorübergehende Erhaltung (bis zur Entscheidung der Gläubiger im Berichtstermin, § 157 Satz 1 InsO) des im Besitz des Schuldners befindlichen Vermögens, um Fortführungs- und Sanierungschancen für das Unternehmen zu wahren und um eine vorzeitige Auflösung der Vermögenseinheiten zu verhindern.[76] Dieser Gedanke wird vielfach als verallgemeinerungsfähig angesehen, weshalb eine analoge Anwendung des § 107 Abs. 2 Satz 1 InsO auf solche Vertragsverhältnisse befürwortet wird, deren Bestand für eine Fortführung des Unternehmens notwendig ist und eine Erklärung des Verwalters sinnvoll erst nach einer Entscheidung über die Unternehmensfortführung gefordert werden kann.[77]

Bleiben beide Seiten untätig, so kann der Verwalter auch noch Jahre nach Verfahrenseröffnung sein Wahlrecht ausüben. Der »Schwebezustand« ist daher zeitlich unbegrenzt. Aufgrund der bereits durch die Eröffnung eingetretenen Rechtsfolgen steht dem anderen Teil unabhängig davon die Insolvenzforderung wegen Nichterfüllung gem. § 103 Abs. 2 Satz 1 InsO zu.[78]

4. Ausschluss bzw. Beschränkungen des Wahlrechts

a) Lösungsklauseln für den Insolvenzfall

24 Während die Konkursordnung der Vertragsfreiheit jedenfalls keine ausdrücklichen Grenzen setzte, sind nach § 119 InsO nunmehr solche Vereinbarungen unwirksam, durch die im Voraus die Anwendung der §§ 103–118 InsO ausgeschlossen oder beschränkt wird. Die Vorschriften über das Wahlrecht des Verwalters bei gegenseitigen Verträgen, über die Kündigungsrechte bei Dauerschuldverhältnissen und über das Schicksal von Aufträgen und ähnlichen Rechtsverhältnissen sind demnach zwingendes Recht.

Allerdings sind die in der Praxis üblichen Lösungsklauseln für den Fall der Insolvenz nicht von § 119 InsO erfasst. Denn diese Klauseln berühren den Bestand des Vertrages selbst und nicht dessen Abwicklung nach den Bestimmungen der InsO. Demnach kann vereinbart werden, dass dem Vertragspartner für den Fall der Insolvenz ein Sonderkündigungsrecht zusteht.

Der Gesetzgeber selbst hatte den ursprünglichen Gesetzesentwurf, der solche Klauseln für unwirksam erklären sollte, nach Anhörung der Wirtschaftsverbände nicht in den endgültigen Gesetzestext übernommen.[79]

---

76 RegE BT-Drucks. 12/2443, S. 146.
77 Nerlich/Römermann, a. a. O., § 103 Rdnr. 45; Breutigam/Blersch/Goetsch, a. a. O., § 103 Rdnr. 34; ähnlich mit etwas anderer Begründung: Kübler/Prütting, a. a. O., § 103 Rdnr. 72.
78 Zu der Frage, ob der Vertragspartner nach Verfahrensbeendigung vom Schuldner selbst Erfüllung verlangen kann, siehe: Gottwald, a. a. O., § 35 Rdnr. 10.
79 Dort hieß es im Absatz 2 des § 137 RegE, dessen Absatz 1 wörtlich dem heutigen § 119 InsO entspricht: »Vereinbarungen, die für den Fall der Eröffnung des Insolvenzverfahrens die Auflösung eines gegenseitigen Vertrages vorsehen oder der anderen Partei das

Schon aufgrund dieser Entstehungsgeschichte des § 119 InsO sind vertragliche Vereinbarungen über die Auflösung eines gegenseitigen Vertrages zulässig und sollen in ihren Wirkungen nicht von der InsO eingeschränkt werden.

Anders wiederum ist die Rechtslage für Miet- und Pachtverhältnisse in der Insolvenz des Mieters. Aufgrund der gesetzlichen Regelung in § 112 InsO sind Lösungsklauseln unwirksam, da sich hieraus eine Umgehung des Normzwecks des § 112 InsO ergeben würde, der das Ziel der Unternehmensfortführung und -sanierung verfolgt. § 112 InsO und § 119 InsO, der gerade Lösungsklauseln zulässt, stehen sich damit aber nicht widersprüchlich gegenüber. Beide Vorschriften verfolgen das gleiche Ziel. Der Unterschied besteht lediglich darin, dass in § 112 InsO der Normzweck durch ein Verbot von Lösungsklauseln realisiert wird, wohingegen die Zielverwirklichung bei § 119 InsO in der Zulassung solcher Vereinbarungen erreicht wird.

25

Auch § 8 Nr. 2 VOB/B steht nicht im Widerspruch zu § 119 InsO. Nach dieser Regelung kann der Auftraggeber den Bauvertrag kündigen, wenn der Auftragnehmer seine Zahlungen einstellt, das Vergleichsverfahren beantragt oder in Konkurs gerät. Nach der Kündigung kann der Auftraggeber die ausgeführten Leistungen nach § 6 Nr. 5 VOB/B abrechnen und hinsichtlich der Restwerklohnforderung Schadensersatz wegen Nichterfüllung verlangen.

Vor der Geltung der InsO war aber gerade diese Vorschrift Auslöser für einen erheblichen Streit über die Zulässigkeit von Lösungsklauseln. Der Baurechtssenat des BGH hielt diese Kündigungsklausel für wirksam.[80] Die dagegen vom Schrifttum[81] erhobenen Einwände, dass dies allenfalls für die Kündigung vor Verfahrenseröffnung gelten könne, wurden vom IX. Zivilsenat des BGH in einem späteren Urteil ignoriert, die Lösungsklausel wurde ebenfalls als wirksam und lediglich nach § 31 Nr. 1 KO (jetzt: § 133 Abs. 1 InsO) für anfechtbar betrachtet.[82] Aufgrund der inzwischen bestehenden Rechtslage hat dieser Streit nur noch für Sachverhalte Bedeutung, auf die die KO anzuwenden ist.

Ob eine Lösungsklausel gegen § 307 BGB verstoßen kann, ist bislang ungeklärt und muss wohl aufgrund der Umstände des Einzelfalls beantworten werden.[83]

Recht geben, sich einseitig vom Vertrag zu lösen, sind unwirksam. Ist in einem gegenseitigen Vertrag vereinbart, dass bei einer Verschlechterung der Vermögensverhältnisse einer Vertragspartei die andere das Recht hat, sich einseitig vom Vertrag zu lösen, so kann dieses Recht nach der Eröffnung des Insolvenzverfahrens nicht mehr ausgeübt werden«.
80 BGHZ 96, 34 ff.
81 Gottwald, a. a. O., m. w. N.
82 BGHZ 124, 76 ff.
83 In BGHZ 124, 76 ff. stand lediglich eine individual-vertragliche Vereinbarung zur Disposition; die Vereinbarkeit mit dem AGBG musste nicht entschieden werden.

b) Erfordernis der Forderungszuständigkeit

26 Fehlt dem Verwalter die Forderungszuständigkeit, weil der Schuldner den Anspruch schon vor Verfahrenseröffnung abgetreten hat oder weil er von einem Dritten gepfändet wurde, so ändert dies nach h. M. nichts an dem Wahlrecht.[84] Denn eine solche Abtretung geht ins Leere, wenn der Verwalter Erfüllung verlangt, weil der abgetretene Anspruch mit Verfahrenseröffnung (beim Zessionar) erloschen war und der neu begründete Anspruch in die Masse fällt, folglich von dem Dritten nicht mehr erworben werden kann (vgl. § 91 Abs. 1 InsO). Gleiches gilt bei der Pfändung durch einen Dritten.

c) Grundsatz von Treu und Glauben

27 Eine Einschränkung des Wahlrechts kann sich auch aus dem Grundsatz von Treu und Glauben ergeben (§ 242 BGB). Die Voraussetzungen werden aber nur in Ausnahmefällen zu bejahen sein, da der Verwalter bei seiner Entscheidung sich ausschließlich an dem Wohle der Insolvenzmasse zu orientieren hat. Im Falle der Erfüllungsablehnung ist zudem zu beachten, dass der Verwalter ja nur die bereits kraft Gesetzes eingetretene Folge »verfestigt«. Der Vertragspartner ist mit Verfahrenseröffnung Insolvenzgläubiger. Die Interessen der Gläubigergesamtheit sind dabei nicht weniger schutzwürdig, als die Interessen eines einzelnen Gläubigers an der Vertragserfüllung. § 242 BGB dürfte daher nur dann einschlägig sein, soweit durch eine Erfüllungsablehnung sowohl die Masse als auch der einzelne Vertragspartner geschädigt werden. Hierbei handelt es sich aber wohl eher um eine theoretische Fallkonstellation, die in der Praxis kaum vorkommen dürfte.

Will der Verwalter den Vertrag durchführen, so muss er zumindest selbst auch in der Lage sein den Vertrag zu erfüllen, da er sich ansonsten der Haftung gem. § 61 InsO ausgesetzt. Die Zustimmung der Gläubiger ist nur im Falle des § 160 InsO notwendig; ein Verstoß hiergegen entfaltet aber keine Außenwirkung (§ 164 InsO).

Bei Ablehnung der Erfüllung liegt selbst dann kein Verstoß gegen Treu und Glauben vor, wenn der Vertragspartner schon seit mehreren Jahren auf die Endgültigkeit des Vertrages vertraut hat.[85]

5. Anfechtung und Widerruf der Wahlrechtsausübung

28 Ein Widerruf der Erklärung ist ausgeschlossen.[86] Der Verwalter besitzt aber die Möglichkeit, seine Erklärung aufgrund eines Irrtums oder eines Willensmangels nach §§ 119 ff., 142 ff. BGB anzufechten. Die Anfechtung ist jedoch ausgeschlossen, wenn er sich über die Rechtsfolgen irrt, die das Gesetz

---

84 Gottwald, a. a. O., § 35 Rdnr. 16 m. w. N.; a. A.: HK-InsO/Marotzke, § 103 Rdnr. 17.
85 Kübler/Prütting, a. a. O., § 103 Rdnr. 58.
86 Kübler/Prütting, a. a. O., § 103 Rdnr. 53; Nerlich/Römermann, a. a. O., § 103 Rdnr. 48.

unabhängig vom Willen des Erklärenden an das Rechtsgeschäft knüpft; eine solche Fehlvorstellung ist als bloßer Motivirrtum unbeachtlich. So besteht ein Anfechtungsrecht nicht, wenn der Verwalter sich nicht darüber bewusst war, dass er im Falle des Erfüllungsverlangens die Ansprüche als Masseschulden begleichen muss. Von dem Verwalter kann erwartet werden, dass er die Rechtsfolgen seines Handelns kennt. Gleiches gilt, wenn der Verwalter in bewusster Unkenntnis der Sachlage Erfüllung verlangt.

Der Verwalter kann aber mangels Erklärungsbewusstsein dann anfechten, wenn er glaubt, der Schuldner habe bereits vollständig geleistet und daher in seinen Aufforderungen an den Vertragspartner kein eigenes Erfüllungsverlangen sehen konnte. Am Erfüllungsverlangen fehlt es bereits dann, wenn der Verwalter dem anderen Teil deutlich gemacht hat, dass er den Vertrag auf Seiten des Schuldners für erfüllt betrachtet, da der Vertragspartner nicht annehmen kann, es werde Erfüllung eines beiderseitig unerfüllten Vertrages i. S. d. § 103 Abs. 1 InsO verlangt. Einem Inhaltsirrtum unterliegt er, wenn er über den Umfang der beiderseits erbrachten Leistungen irrt.

6. Entscheidungsfindung des Verwalters

Der Verwalter hat seine Entscheidung nach der für die Masse günstigsten Lösung zu treffen. Er wird regelmäßig Erfüllung wählen, wenn dessen vollständige Abwicklung für die Verwertung der Masse Vorteile bringt. Dabei sind die Vor- und Nachteile der Erfüllung unter Berücksichtigung der Leistungsäquivalenz, wie etwa erbrachter Teilleistungen und der Belastung der Masse mit den noch offenen Verbindlichkeiten abzuschätzen. Hierbei werden auch Überlegungen des Bedarfs an der Gegenleistung und die Überprüfung der Vertragskonditionen eine Rolle spielen. 29

Aufgrund der im Regelfall schwer abwägbaren Umstände, ist diese Entscheidungsfindung nicht einfach und häufig sehr komplex. So ist oftmals zum einen das Schicksal des Unternehmens noch nicht hinreichend geklärt; d. h. sowohl Weiterführung, Stilllegung als auch Veräußerung des Betriebs stehen im Raum. Zum anderen sind die äußeren Bedingungen wie Marktlage, Absatzverhältnisse, sowie Lieferanten- bzw. Kundenverhalten bzw. -reaktion auf die Insolvenz einer Prognose nur schwer zugänglich.

V. Rechtsfolgen der Wahlrechtsausübung

1. Erfüllungsverlangen

a) Allgemeines

30 Wählt der Verwalter Erfüllung, so hat er gem. § 103 Abs. 1 InsO »anstelle des Schuldners« den Vertrag zu erfüllen. Hier erweist sich das Recht des Verwalters als ein echtes Wahlrecht mit rechtsgestaltender Wirkung, denn mit der Erfüllungswahl leben die erloschenen Leistungsansprüche mit Wirkung ex nunc wieder auf.[87]

Die Verbindlichkeiten des Schuldners werden Masseverbindlichkeiten gem. § 55 Abs. 1 Nr. 2 Alt. 1 InsO.[88] Dabei werden alle Vertragsansprüche, unabhängig davon, ob sie vor oder nach Verfahrenseröffnung erbrachte Leistungen betreffen, Masseverbindlichkeiten.[89]

Die Erfüllungswahl führt zu keiner Veränderung des Vertrages. Der Verwalter hat diesen so zu erfüllen, wie er ihn bei Eröffnung des Verfahrens vorfand. Wurden vom Schuldner bestimmte Vertragskonditionen z. B. Stundung, Nachweis, besondere Lieferfristen gewählt, so muss der Verwalter diese hinnehmen. Er hat lediglich die Möglichkeit der Anfechtung gem. §§ 129 ff. InsO, wenn die dort genannten Voraussetzungen vorliegen. Dies betrifft neben den Hauptleistungspflichten auch die Nebenpflichten, Gewährleistungsansprüche, Ersatzverpflichtungen (die sich aus Verzug und zu vertretener Unmöglichkeit ergeben), verwirkte Vertragsstrafen etc., die allesamt Masseverbindlichkeiten sind.[90]

Für die Abwicklung des Vertrages sind die §§ 320 ff. BGB anzuwenden. Dabei sind die Parteien an die Leistungsmodalitäten des ursprünglichen Vertrages gebunden. Hat der Vertragspartner vorzuleisten, so ist ihm eine Leistungsverweigerung nach § 321 BGB verwehrt. Eine Ausnahme hiervon gilt dann, wenn der Verwalter erkennbar nicht in der Lage ist, die Masseverbindlichkeit zu erfüllen. War eine Vorleistung nicht vereinbart, so gilt § 322 BGB (i. V. m. §§ 726, 756, 765 ZPO in der Zwangsvollstreckung).

b) Folgewirkungen der Erfüllungswahl

31 Von entscheidender Bedeutung ist die Feststellung, dass die gegenseitigen Ansprüche bei der Erfüllungswahl ex nunc neu begründet werden. Diese

---

87 Gottwald, a. a. O., § 35 Rdnr. 20; FK-InsO/Wegener, § 103 Rdnr. 67.
88 Ausführlich hierzu: Gottwald, a. a. O., § 35 Rdnr. 21.
89 Anders ist dies im Falle des § 105 Satz 1 InsO, der diesen Grundsatz wegen des durch den Vertragspartner übernommenen Zahlungsrisikos bei teilbaren Leistungen einschränkt. Siehe dazu: Abschnitt B I.
90 Kübler/Prütting, a. a. O., § 103 Rdnr. 76.

aus der Erlöschenstheorie folgende Konsequenz hat für die Insolvenzmasse erhebliche Folgen.

Folgen der Erfüllungswahl:

- Eine Abtretung (bzw. Verpfändung) des Erfüllungsanspruchs vor Insolvenzeröffnung seitens des Schuldners hat keine Wirkung mehr, da der durch die Erfüllungswahl des Verwalters neu entstandene Anspruch wegen § 91 Abs. 1 InsO nicht von einer Zession erfasst wird.[91]
- Gegen eine Forderung, die aufgrund des Erfüllungsverlangens des Verwalters entstanden ist, kann nicht mit einer vor Eröffnung des Verfahrens und außerhalb des Vertragsverhältnisses entstandenen Forderung aufgerechnet werden.[92] Da der Anspruch der Masse erst nach Insolvenzeröffnung entstanden ist, scheitert eine Aufrechnung an § 96 Abs. 1 Nr. 1 InsO. Der andere Teil muss also voll in die Masse leisten und den gegen ihn gerichteten Anspruch erfüllen, seine Forderung kann er nur als Insolvenzforderung geltend machen.

Dieses strikte Aufrechnungsverbot wurde aber von der Rechtsprechung dann eingeschränkt, wenn der Schuldner vor Verfahrenseröffnung teilweise vorgeleistet hatte. In Höhe dieser Vorleistung sollte der andere Teil bei Erfüllungswahl zur Aufrechnung berechtigt sein.[93] Damit wurde die bis dahin übereinstimmende Auffassung aufgegeben, dass die Erfüllungswahl immer nur das gesamte Vertragsverhältnis betrifft.

So wurde bis dahin für das Schicksal der Teilleistung des Vertragspartners angenommen, dass die Erfüllungswahl den Verwalter zur Begleichung des ganzen Vertrages als Masseschuld nach § 59 Abs. 1 Nr. 2 KO / § 13 Abs. 1 Nr. 1 GesO verpflichtet. Es mussten also auch diejenigen Teilleistungen voll bezahlt werden, die dem Schuldner bereits vor Verfahrenseröffnung zugekommen waren.

Dem trat der BGH mit der Argumentation entgegen, dass gerade dieser Teil des Erfüllungsanspruchs, der vor Verfahrenseröffnung erbracht wurde, nicht mehr vom Erfüllungsverlangen des Verwalters erfasst werde; eine Neubegründung bzgl. dieses Teils sei deshalb gar nicht möglich. Demzufolge ist der Anspruch auf die Gegenleistung für eine vor Verfahrenseröffnung erbrachte Teilleistung eine einfache Insolvenzforderung, die selbst durch das Erfüllungsverlangen nicht zur Masseschuld aufgewertet werden kann. Nur wegen des noch ausstehenden Restes der Leistung wird eine Masseverbindlichkeit eingegangen. Entsprechendes muss wohl auch bei der Sicherungszession gelten: Soweit demnach der Schuldner Vorleistungen erbracht hat, gebührt dieser Teil der Forderung wie bei den zur Aufrechnung

---

91 BGHZ 106, 236, 240 f.
92 BGHZ 103, 250, 254; 116, 156, 159 f.; ausführlich auch: Kübler/Prütting, a. a. O., § 103 Rdnr. 83 ff.
93 BGHZ 129, 336 ff.; Kübler/Prütting, a. a. O., § 103 Rdnr. 84.

entwickelten Grundsätzen gerade nicht der Masse, sondern dem Drittgläubiger. Die Vorleistungen werden dann nicht von § 91 Abs. 1 InsO erfasst.

Dieses von der Rechtsprechung gefundene Ergebnis ergibt sich heute aus dem Gesetzestext des § 105 Satz 1 InsO, der die Wertungen des BGH übernommen hat.[94]

c) Ergebnis

32 Die Folgewirkungen der Erlöschenstheorie zeigen deutlich, dass die Rechtsprechung die Masseinteressen in den Vordergrund gehoben hat und dem Verwalter eine Position einräumt, in der deutlich wird, dass nicht nur die Ablehnung, sondern auch die Erfüllung des Vertrages der Massemehrung dienen kann.

2. Erfüllungsablehnung

a) Allgemeines

33 Lehnt der Verwalter die Erfüllung des Vertrages ab oder unterbleibt eine unverzügliche Erklärung nach entsprechender Aufforderung durch die Gegenseite, verbleibt es bei der Rechtswirkung der Verfahrenseröffnung, wonach die wechselseitigen Ansprüche erloschen sind. Seine Erklärung hat lediglich deklaratorische Bedeutung und bestätigt den eingetretenen Rechtszustand. An die Stelle der Erfüllungsansprüche tritt gem. § 103 Abs. 2 Satz 1 InsO jetzt eine Forderung des Vertragspartners wegen Nichterfüllung, die im Verfahren in Höhe der Quote zu bedienen ist.[95] Diese Umgestaltung erfasst alle Ansprüche des anderen Teils und macht sie zu bloßen Rechnungsposten der Schadensersatzforderung.[96]

b) Insolvenzforderung wegen Nichterfüllung nach § 103 Abs. 2 Satz 1 InsO

aa) Rechtsgrundlage

34 Die dogmatische Grundlage des Schadensersatzanspruchs[97] aus § 103 Abs. 2 Satz 1 InsO war bereits im bisherigen Recht streitig. Teilweise wurde

---

94 Hierzu: Nerlich/Römermann, a. a. O., § 103 Rdnr. 57.
95 Gottwald, a. a. O., § 35 Rdnr. 26; Breutigam/Blersch/Goetsch, a. a. O., § 103 Rdnr. 51; FK-InsO/Wegener, § 103 Rdnr. 73; a. A.: HK-InsO/Marotzke, § 103 Rdnr. 40.
96 BGHZ 96, 392, 395. Lehnt der Verwalter die Vertragserfüllung ab, so ist eine Zwangsvollstreckung aus einem vom Schuldner vor Verfahrenseröffnung erlangten Titel unzulässig, was der andere Teil im Wege der Vollstreckungsabwehrklage geltend machen kann (§§ 767, 795 ZPO).
97 Die ganz h. M. sieht in dem Anspruch des Vertragspartners einen Schadensersatzanspruch; vgl. nur: Nerlich/Römermann, a. a. O., § 103 Rdnr. 61; dagegen kritisch zur Bezeichnung als »Schadensersatzanspruch«: Kübler/Prütting, a. a. O., § 103 Rdnr. 98 f.

§ 26 Satz 2 KO direkt herangezogen; andere griffen auf die Vorschriften des bürgerlichen Rechts, wie etwa die §§ 325, 326 BGB oder auf die positive Forderungsverletzung zurück.

Letztendlich ist dieser Streit aber ohne praktischen Belang, da weitestgehend über den Inhalt des Anspruchs Einigkeit besteht. Demnach sind die für das BGB zum Schadensersatz wegen Nichterfüllung geltenden Regeln auch auf die »Forderung wegen Nichterfüllung« anzuwenden.

bb) Berechnung des Schadensersatzanspruchs

Mit der Erfüllungsablehnung des Verwalters besteht das ursprüngliche Vertragsverhältnis nur noch als Abrechnungsverhältnis fort. In dieses werden sämtliche Ansprüche beider Seiten als unselbstständige Rechnungsposten eingestellt. Sollte sich bei dieser Berechnung ein Saldo zugunsten des Schuldners ergeben, so kann der Verwalter diesen mit einem Bereicherungsanspruch geltend machen.[98]

Der in Geld zu ersetzende Schaden des anderen Teils bemisst sich nach der Differenz zwischen der Vermögenslage, die bei ordnungsgemäßer Erfüllung des Vertrages eingetreten wäre und derjenigen, die durch die tatsächliche Nichterfüllung eingetreten ist. Einzustellen sind in dieser Gegenüberstellung auch die Gewährleistungsansprüche und Folgeschäden aus bereits erbrachten Teilleistungen.[99]

Aufgrund der Einordnung als Insolvenzforderung ist der Anspruch nur nach der strengen Differenztheorie zu berechnen.[100] Die abgeschwächte Differenztheorie, wonach dem Vertragspartner ein Wahlrecht zusteht, kann keine Anwendung finden. Denn die Erbringung der Leistung, wie etwa eines noch ausstehenden Restes, im Austausch gegen den Wert der Gegenleistung hat in der Insolvenz keine Berechtigung.[101]

Die Berechnung des Schadens kann konkret oder abstrakt durchgeführt werden.[102] Dabei ist die abstrakte Schadensberechnung (die insbesondere

35

36

---

98 FK-InsO/Wegener, § 103 Rdnr. 82.
99 Streitig dagegen ist die Frage, ob auch der entgangene Gewinn miteinbezogen werden darf. Siehe dazu: Nerlich/Römermann, a. a. O., § 103 Rdnr. 62.
100 So die h. M.: Gottwald, a. a. O.; Nerlich/Römermann, a. a. O.; FK-InsO/Wegener, a. a. O.
101 A. A.: HK-InsO/Marotzke, § 103 Rdnr. 43, der die Anwendung der Austauschmethode (sog. Surrogationstheorie) befürwortet. Als Hauptargument wird vorgebracht, dass es dem anderen Teil möglich sein müsse, die Leistung auch dann erbringen zu dürfen, wenn er dafür nur mit der Quote befriedigt wird. Ein solches Interesse würde immer dann bestehen, wenn der Leistungsgegenstand für ihn gefährlich, lästig oder wertlos sei. Dagegen wiederum ausführlich: Nerlich/Römermann, a. a. O., § 103 Rdnr. 63, der eine Aufdrängung des Leistungsgegenstandes auf den Verwalter für nicht schutzwürdig hält, da es nicht dessen Aufgabe ist, dem Vertragspartner lästig erscheinende Sachen zu entsorgen.
102 Ausführlich zu den versch. Berechnungsweisen: Palandt/Heinrichs, a. a. O., § 325 Rdnr. 14 ff.

wegen des erleichterten Nachweises eines entgangenen Gewinns gewählt wird) grundsätzlich nur unter Kaufleuten anwendbar. Bei ihr werden die üblichen Marktpreise der Waren bei einem normalen Lauf der Geschäfte zugrunde gelegt (vgl. § 252 Satz 2 BGB). Diese Berechnungsmethode erleichtert die Anforderungen an die Höhe des Schadens. So besteht z. B. bei einem Kaufvertrag der Schaden in der Differenz zwischen Kaufpreis und Marktwert der Ware. Maßgeblicher Zeitpunkt ist bei der abstrakten Berechnung die Verfahrenseröffnung, denn hier hat sich der Erfüllungsanspruch in eine einseitige Forderung gewandelt.

Bei der konkreten Schadensberechnung erfolgt eine Betrachtung des Einzelfalles. Sie ist der gesetzlich vorgesehene Regelfall und wird dann angewendet, wenn der Nachweis der Aufwendungen für ein Deckungsgeschäft leicht zu führen ist. Hier muss der Vertragspartner statt des Marktpreises ein konkretes Angebot vorweisen oder seinen Schaden anhand der nachweisbaren Herstellungskosten berechnen. Hier kommt es für den maßgeblichen Zeitpunkt auf die letzte mündliche Verhandlung in der letzten Tatsacheninstanz an.

cc) Verjährung

37 Da in der Forderung wegen Nichterfüllung sämtliche Einzelansprüche aus dem Vertragsverhältnis als unselbstständige Rechnungsposten untergehen, unterliegt der Anspruch einer eigenen Verjährung. Dabei bestimmt sich die Verjährungsfrist nach der des Erfüllungsanspruchs.[103] Wichtig ist hier vor allem, dass auch die in das Abrechnungsverhältnis eingestellten Gewährleistungsansprüche nicht den kurzen Verjährungsfristen, sondern derjenigen des ursprünglichen Erfüllungsanspruchs unterliegen.

dd) Aufrechnung

38 Der Vertragspartner kann mit seinem Schadensersatzanspruch gegen eine Forderung, die der Schuldner vor Insolvenzeröffnung ihm gegenüber erworben hat, aufrechnen. Der Anspruch aus § 103 Abs. 2 Satz 1 InsO war schon vor Verfahrenseröffnung aufschiebend bedingt entstanden, so dass § 95 Abs. 1 Satz 3 InsO nicht entgegensteht.[104]

c) Herausgabeansprüche

39 Der Verwalter muss nur solche Leistungen wieder herausgeben, die der Vertragspartner vor der Verfahrenseröffnung in die Masse eingebracht hat, ohne dass sie dem Schuldner übereignet worden sind. Anders ist die Rechtslage aufgrund des § 105 Satz 2 InsO dann, wenn die Leistungen mit dem Ziel

---

103 BGHZ 68, 379, 382.
104 Kübler/Prütting, a. a. O., § 103 Rdnr. 102

des endgültigen Verbleibs in der Masse dem Vermögen des Schuldners zugeführt wurden.

Mit der Insolvenzeröffnung fällt auch das Besitzrecht weg.[105] Etwas anderes gilt wegen § 107 Abs. 2 Satz 1 InsO in der Insolvenz des Käufers beim Vorbehaltskauf. Vor dem Berichtstermin soll de Masse der Besitz an der Vorbehaltsware nicht entzogen werden. Weiterhin kann der Verwalter zur Erteilung einer Löschungsbewilligung verpflichtet sein, wenn dem Schuldner für den erloschenen Übereignungsanspruch eine Vormerkung erteilt wurde.[106]

d) Teil- bzw. Vorleistungen vor Insolvenzeröffnung

Haben der Schuldner oder der andere Teil vor Eröffnung des Verfahrens Teilleistungen bzw. Vorleistungen auf ihre gegenseitigen Verpflichtungen erbracht, stellt sich die Frage nach der Behandlung dieser gewährten Leistungen im Falle der Erfüllungsablehnung des Verwalters. Da sich § 105 Satz 2 InsO nicht nur auf teilbare, sondern auch auf jede sonstige vor Verfahrenseröffnung in das Schuldnervermögen unteilbare Leistung bezieht, wird im Schrifttum neben dem Begriff der Teilleistung auch derjenige der Vorleistung verwendet. Wird im Folgenden von Teil- bzw. Vorleistung gesprochen, so trifft die jeweilige Begriffsverwendung keine Aussage darüber, ob eine teilbare oder unteilbare Leistung vorliegt.

40

aa) Teil- bzw. Vorleistungen des Vertragspartners

Teilleistungen des Vertragspartners, die in das Vermögen des Schuldners und damit in die Masse gelangt sind, können gem. § 105 Satz 2 InsO nicht mehr zurückgefordert werden. Der Vertragspartner kann lediglich seine Insolvenzforderung wegen Nichterfüllung nach § 103 Abs. 2 Satz 1 InsO geltend machen.

41

bb) Teil- bzw. Vorleistungen des Schuldners

Schwieriger ist die Rechtslage dann, wenn der Schuldner vor der Insolvenz vorgeleistet hat, da das Gesetz für diesen Fall keine Regelung trifft. § 105 InsO regelt nur den Fall der Teilleistung des Vertragspartners.

42

Dabei ist zunächst festzustellen, dass ein Ausgleich dann vorgenommen werden muss, wenn der Wert der Teilleistungen des Schuldners den Anspruch der Gegenseite aus § 103 Abs. 2 Satz 1 InsO übersteigt.

Streit besteht daher lediglich über die Frage, wie dieser Ausgleich vorzunehmen ist.[107] Nach einer Ansicht erfasst die Erfüllungsablehnung nur den noch ausstehenden Rest des Vertrages. Demnach kann der Verwalter vom

---
105 Kübler/Prütting, a. a. O., § 103 Rdnr. 93.
106 BGH NJW 1982, 768 ff.
107 Ausführlich zum Streitstand jeweils m. w. N.: Gottwald, a. a. O., § 35 Rdnr. 38 ff.; Nerlich/Römermann, § 103 Rdnr. 68 f.

anderen Teil nur die auf die Teilleistung entfallende Gegenleistung fordern, da der Rechtsgrund der vom Schuldner erbrachten Leistung bestehen bleibt. Nach der herrschenden Ansicht ist durch die Erfüllungsablehnung der gesamte Vertrag betroffen; der Verwalter kann also die Vorleistung des Schuldners wieder herausverlangen, da mit Erlöschen der Erfüllungsansprüche der Rechtsgrund für die Leistung nachträglich weggefallen ist (§ 812 Abs. 1 Satz 2 Alt. 1 BGB).

Auswirkungen hat dieser Streit nur dann, wenn die Gegenleistung teilbar und die Herausgabe der Sache in Natur möglich ist. Ist dies nicht der Fall, so besteht nach allen Ansichten ein auf Geld gerichteter Bereicherungsanspruch.[108]

Selbst im Fall der Relevanz des Streits will die h. M. die Erfüllungsablehnung nur auf die noch ausstehenden Restleistungen beziehen, wenn dies für beide Vertragsparteien wirtschaftlich sinnvoll ist. Denn es besteht kein vernünftiger Grund, warum der Vertragspartner die Vorleistung nicht behalten dürfen soll, wenn er dem Verwalter eine der Vorleistung wertmäßig entsprechende Gegenleistung anbietet. Nur im Falle der wirtschaftlichen Sinnlosigkeit gilt die Regel, wonach die Erfüllungsablehnung den ganzen Vertrag erfasst.

B. Sonderbestimmungen bei bestimmten Vertragstypen

I. Die Sonderregelung des § 105 InsO

1. Allgemeines, Entstehungsgeschichte und Normzweck

43 Die Regelung des § 105 InsO darf aufgrund ihrer Überschrift und systematischen Stellung nicht missverstanden werden. Denn allein Satz 1 ist auf Verträge über teilbare Leistungen beschränkt, während Satz 2 alle Rechtsverhältnisse erfasst.[109]

Dabei stellt § 105 Satz 1 InsO eine Neuerung gegenüber dem bisherigen Konkurs- und Gesamtvollstreckungsrecht dar, entspricht aber weitgehend der Regelung des § 36 Abs. 2 Satz 1 VglO.[110] Grundsätzlich verbleibt es bei § 103 InsO mit dem dort statuierten Wahlrecht des Verwalters. § 105 Satz 1 InsO will als Sonderregelung die Rechtsfolgen einer Erfüllungswahl für diejenigen Forderungen des Vertragspartners festlegen, die aus bereits vor Verfahrenseröffnung erbrachten Teilleistungen resultieren.

---

108 Gottwald, a. a. O., § 35 Rdnr. 39; Kübler/Prütting, a. a. O., § 103 Rdnr. 95.
109 Allg. Meinung, siehe statt vieler: Nerlich/Römermann, a. a. O., § 105 Rdnr. 3, 6.
110 Kübler/Prütting, a. a. O., § 105 Rdnr. 2; BegrRegE, BT-Drucks. 12/2443, S. 145.

Gerade weil es an einer Bestimmung im Konkursrecht fehlte, kam es insbesondere bei der Abwicklung von Sukzessivlieferungsverträgen und Wiederkehrschuldverhältnissen und der damit zusammenhängenden Problematik der Einordnung von Energielieferungsverträgen zu Abwicklungsschwierigkeiten.[111] In § 105 Satz 1 InsO hat der Gesetzgeber die von der Rechtsprechung entwickelten Grundsätze zur Bewältigung dieser Abgrenzungsschwierigkeiten übernommen.

Zum Verständnis des § 105 Satz 1 InsO wird kurz auf die frühere Rechtslage eingegangen. Die Unterscheidung zwischen Sukzessivlieferungsvertrag und Wiederkehrschuldverhältnis hatte früher erhebliche Bedeutung. Unter Sukzessivlieferungsvertrag ist ein Rechtsverhältnis (im Regelfall ein Kauf- oder Werklieferungsvertrag) zu verstehen, bei welchem ausgehend von einem einheitlichen Begründungsakt – dem Zeitpunkt des Vertragsschlusses – die Leistungen in Teilen nach Bedarf, auf Abruf oder in vereinbarten Mengen zu erbringen sind.[112] Der Sukzessivlieferungsvertrag tritt entweder als Ratenlieferungsvertrag (hier ist die Gesamtleistungsmenge bereits von vornherein vereinbart und wird dann je nach Abruf in Teilen angeliefert und bezahlt) oder als Dauerlieferungs- bzw. Bezugsvertrag (hier steht die Gesamtleistungsmenge bei Vertragsschluss noch nicht fest, sondern richtet sich nach dem Bedarf des Abnehmers) in Erscheinung.

44

Das Wiederkehrschuldverhältnis stellt dagegen keinen einheitlichen Vertrag dar, sondern besteht aus einzelnen, aufeinander folgenden, in Leistung und Gegenleistung aber meist gleichartigen Verträgen. Es beruht also nicht auf einem Einheitsvertrag, sondern entsteht aufgrund der Wiederholung des Vertragsschlusses bei jedem Leistungsbezug oder für einzelne Abrechnungszeiträume von Fall zu Fall neu.

Für das Konkursrecht ergab sich dabei zunächst folgende wichtige Unterscheidung:

- Bei Sukzessivlieferungsverträgen betraf die Anwendung des § 17 KO den ganzen Vertrag. Bei Erfüllungswahl waren auch die Ansprüche auf bereits erbrachte Teilleistungen Masseschulden gem. § 59 Abs. 1 Nr. 2, 3 KO. Bei Ablehnung der Erfüllung konnte der Vertragspartner die vor Verfahrenseröffnung erbrachten Teilleistungen nicht mehr zurückfordern (vgl. § 26 Satz 1 KO). Er hatte lediglich einen Schadensersatzanspruch wegen Nichterfüllung.
- Bei Wiederkehrschuldverhältnissen dagegen trat mit der Konkurseröffnung eine Zäsur ein. Demnach wurden noch offene Ansprüche des anderen Teils, der seine Leistungen vor der Konkurseröffnung erbracht hatte, als einfach Konkursforderungen quotenmäßig bedient. Nur der Bezug nach Eröffnung wegen der Erfüllungswahl des Verwalters führte zur Begründung einer Masseverbindlichkeit.

---

111 Nerlich/Römermann, a. a. O., § 105 Rdnr. 1 f.; Kübler/Prütting, a. a. O., § 105 Rdnr. 2; FK-InsO/Wegener, § 105 Rdnr. 1.
112 Palandt/Heinrichs, a. a. O., Einf. vor § 305, Rdnr. 27 ff.

Diese Konstellation führte dazu, dass es für den Verwalter im Falle des Sukzessivlieferungsvertrags regelmäßig nicht sinnvoll war, die Erfüllung des Vertrages zu wählen. Vielmehr bot sich ihm die Möglichkeit an, die Erfüllung des Vertrages abzulehnen und eventuell einen neuen (Lieferungs-)Vertrag abzuschließen.[113] Die für den Verwalter missliche Lage wurde zudem dadurch verschärft, dass die Frage, ob die stillschweigende Nutzung der Energie als konkludenter Eintritt in den Vertrag und damit als Ausübung des Erfüllungswahlrechts gewertet werden kann, strittig war. Speziell zum Energielieferungsvertrag entwickelte der BGH deshalb den Grundsatz, dass der Verwalter im Falle der Erfüllungsablehnung vom Versorgungsunternehmen aufgrund dessen Monopolstellung und dem sich daraus ergebenden Kontrahierungszwang aus § 6 EnWG den Abschluss eines neuen Vertrages verlangen konnte.[114] Dadurch wurde dem Verwalter die Möglichkeit zugebilligt, weiterhin Strom bzw. Gas beziehen zu können, ohne die rückständigen Leistungen als Masseschuld begleichen zu müssen. Der Nachteil bestand lediglich in dem Verlust von evtl. Sonderkonditionen bzw. -tarifen, da der Kontrahierungszwang nur zu einem Anspruch auf Lieferung von Strom zum Normaltarif führte. Wollte daher der Verwalter die bisherigen Sonderkonditionen auch weiterhin beanspruchen, so blieb ihm lediglich die Wahl der Vertragserfüllung, was dazu führte, dass die bereits vor Konkurseröffnung erbrachten Leistungen des Versorgungsunternehmens als Masseschulden zu begleichen waren.

Aber auch diese Konstruktion ist bereits wegen der neueren Rechtsprechung des BGH zum grundlegenden Verständnis des § 17 KO bzw. § 103 InsO und zu den daraus sich ergebenden Folgewirkungen obsolet geworden.[115] Denn danach bleiben die vor Verfahrenseröffnung erbrachten Teilleistungen und die Ansprüche auf die Gegenleistung von der Verfahrenseröffnung und damit auch von einem Erfüllungsverlangen des Verwalters unberührt. Da hiernach die Rückstände aus der Zeit vor der Eröffnung des Verfahrens nur quotenmäßig bezahlt werden müssen, bedarf es nicht mehr der Erfüllungsablehnung und des Neuabschlusses eines Vertrages mit dem Versorgungsunternehmen. Zudem ergibt sich seit dieser Rechtsprechungsänderung der Vorteil, dass mit der Erfüllungswahl des Verwalters die ursprünglichen Vereinbarungen, also auch die Sonderkonditionen, fortgelten.

45 Dieser Rechtsansicht entspricht nun § 105 Satz 1 InsO. Eine Unterscheidung zwischen Sukzessivlieferungsverträgen und Wiederkehrschuldverhältnissen ist nicht mehr notwendig. Der Gesetzgeber hatte gerade Verträge über fortlaufende Waren oder Energie im Blick. Dadurch wird die Fortführung des Unternehmens im Insolvenzverfahren wesentlich erleichtert.[116] § 105 Satz 1 InsO bringt wie die Vorschrift des § 108 Abs. 2 InsO einen allgemeinen Rechtsgedanken zum Ausdruck. Derjenige, der Vorleistungen er-

---

113 Siehe dazu: BGHZ 81, 90 ff.
114 BGHZ 81, 90, 93 f.
115 BGHZ 135, 25 ff.; im Übrigen sei hier auf die ausführliche Darstellung in Abschnitt A. V. 2. verwiesen.
116 BegrRegE, BT-Drucks. 12/2443, S. 146.

bracht hat, geht in Höhe dieser Leistungserbringung ein Ausfallrisiko ein. Er ist nicht anders zu behandeln als jemand, der bereits vollständig vorgeleistet bzw. Kredit gewährt hat. Dies erfordert schon der Grundsatz der Gläubigergleichbehandlung. Etwas anderes gilt nur dann, wenn er nach Verfahrenseröffnung etwas zur Masse erbringt. In diesem Fall gebührt ihm ein vollwertiger Gegenanspruch.[117]

Deshalb ist die an § 105 Satz 1 InsO in rechtspolitischer Hinsicht geübte Kritik[118] auch nicht haltbar. Eingewandt wird, die weitere Erfüllungspflicht des Vertragspartners bei gleichzeitiger Herabstufung seiner Forderungen wegen bereits erbrachter Teilleistungen übergehe das funktionelle Synallagma und zerstöre die Preiskalkulation des anderen Teils.[119] Dem ist jedoch entgegenzuhalten, dass im Falle der Erfüllungswahl der Vertragspartner einen seiner Kalkulation entsprechenden Anspruch erhält. Dieser ist lediglich bzgl. des Teils, der auf die Vorleistungen fällt, nicht werthaltig. Die Wertlosigkeit ist hier aber kein Eingriff in die Kalkulation des anderen Teils, sondern die zwingende Folge des mit der Vorleistung übernommenen Ausfallrisikos.[120]

2. Insolvenzforderung bzgl. Vorleistungen (§ 105 Satz 1 InsO)

a) Begriff der Teilbarkeit und davon erfasste Verträge

§ 105 Satz 1 InsO setzt voraus, dass die Leistungen beider Vertragsparteien teilbar sind. Eine Legaldefinition des Begriffs der teilbaren Leistung gibt es nicht. Teilbar sind Leistungen nicht nur, wenn ein beliebiger Leistungsteil seinem Wesen und Wert nach verhältnismäßig der Gesamtleistung entspricht, sich von dieser also nur nach der Größe, nicht nach der Beschaffenheit unterscheidet,[121] sondern auch schon immer dann, wenn sie sich überhaupt in hinreichend verselbstständigte, wenn auch ungleichartige Teile aufspalten lassen.[122] Dagegen genügt es nicht, dass sich der schon erbrachte Leistungsumfang überhaupt feststellen und berechnen lässt.[123] Die erbrachte Teilleistung muss wirtschaftlich einem bestimmten Bestandteil der Gegenleistung zuzuordnen sein.[124] Sinn und Zweck der Vorschrift und die neuere Rechtsprechung des BGH sprechen für eine weite Auslegung des Begriffs der Teilbarkeit.

46

---

117 BGHZ 135, 25, 27.
118 HK-InsO/Marotzke, § 105 Rdnr. 3 ff.
119 HK-InsO/Marotzke, § 105 Rdnr. 4.
120 Nerlich/Römermann, a. a. O., § 105 Rdnr. 5.
121 So zu § 36 Abs. 2 Satz 1 VglO: RGZ 155, 306, 313.
122 Gottwald, a. a. O., § 36 Rdnr. 1; Nerlich/Römermann, a. a. O., § 105 Rdnr. 7; FK-InsO/Wegener, § 105 Rdnr. 7; Breutigam/Blersch/Goetsch, a. a. O., § 105 Rdnr. 2; a. A. dagegen: HK-InsO/Marotzke, § 105 Rdnr. 8.
123 Huber, NZI 1998, 97, 100.
124 Nerlich/Römermann, a. a. O.

▶ **Beispiele für teilbare Leistungen sind:**

47
– Teilbare Leistungen liegen bei Sukzessivlieferungsverträgen über Energie- bzw. andere Versorgungsleistungen vor.[125] Noch offene Forderungen des Lieferanten aus der Zeit vor Insolvenzeröffnung müssen angemeldet und quotenmäßig bedient werden, während der Vertrag zu den ursprünglichen Bedingungen bei einer Erfüllungswahl fortgesetzt wird und nur die nach Verfahrenseröffnung erbrachten Lieferungen als Masseschuld zu begleichen sind.
Der Fortbestand von Sonderkonditionen ist eine vom Gesetzgeber gewünschte Folge. Ob sich dieser legislative Wunsch allerdings in der Praxis durchsetzen wird, erscheint fraglich, da die Versorgungsunternehmen versuchen werden, die für sie nachteiligen Rechtsfolgen zu verhindern.[126] Es ist zu erwarten, dass künftig zur Vermeidung der nachteiligen Folgen bei Abschluss der Verträge mit dem späteren Insolvenzschuldner vermehrt Auflösungsklauseln für den Insolvenzfall vereinbart werden oder bei Zahlungsverzug früher als bisher gekündigt wird.[127] Wegen der Monopolstellung des Versorgungsunternehmens könnte der Verwalter zwar den Abschluss eines neuen Bezugsvertrages fordern. Hierbei wird er aber nicht mehr die Sonderkonditionen erhalten, sondern lediglich den Normaltarif, womit man schließlich wieder bei der zur KO entwickelten Rechtslage angelangt wäre.

– Auch Werk- und Bauleistungen können teilbar sein.[128] Dies ist insbesondere dann der Fall, wenn sich die Werkleistungen in verschiedene Gewerke oder in sinnvoll trennbare Objektteile bzw. Bauabschnitte aufteilen lassen. Gleiches gilt, wenn sich die Vergütung für die Bauleistungen gem. § 2 Nr. 2 VOB/B an Einheitspreisen bemisst.[129] In diesem Fall lässt sich der Auftrag über das Leistungsverzeichnis und die Einheitspreise dem Werte nach eindeutig feststellen.[130]

– Von § 105 InsO erfasst werden auch Miet-, Pacht- und ähnliche Schuldverhältnisse,[131] weil der periodisch gewährte Gebrauch mit dem abschnittsweise zu entrichtenden Entgelt korrespondiert; eine Aufteilung ist also sinnvoll vornehmbar. Für Immobilien gilt § 108 Abs. 2 InsO.

Beim Leasingvertrag ist zu beachten, dass die Leasingraten nicht nur ein Entgelt für die Gebrauchsüberlassung, sondern auch Finanzie-

---

125 BegrRegE, BT-Drucks. 12/2443, S. 145. Vgl. auch: HK-InsO/Marotzke, § 105 Rdnr. 2.
126 Ausführlich: HK-InsO/Marotzke, § 105 Rdnr. 6.
127 Huber, NZI 1998, 97, 100; kritisch zur Zulässigkeit solcher Klauseln: Kübler/Prütting, a. a. O., § 105 Rdnr. 17.
128 BGH NJW 1977, 50 ff.
129 Gottwald, a. a. O., § 36 Rdnr. 1; Kübler/Prütting, a. a. O., § 105 Rdnr. 8; a. A.: FK-InsO/Wegener, § 105 Rdnr. 8.
130 BGHZ 129, 336, 342 f.; anders noch: BGH NJW 1977, 50, 51 f.
131 Für den vorläufigen Insolvenzverwalter ist bei Dauerschuldverhältnissen die Vorschrift des § 55 Abs. 2 Satz 2 InsO zu beachten.

Wagner

II. Fix- und Finanztermingeschäfte (§ 104 InsO)

1. Allgemeines und Normzweck

§ 104 InsO, dessen Regelungen teilweise schon vor der übrigen Insolvenzordnung in Kraft gesetzt worden waren (vgl. Art. 105, 110 Abs. 3 EGInsO),[140] entspricht im Wesentlichen dem bisherigen § 18 KO.[141] Neu geregelt wurde jedoch die Ausweitung des Anwendungsbereichs der Norm in § 104 Abs. 2 InsO, die eine umfassende Sonderregelung für Finanztermin- und Finanzoptionsgeschäfte (sog. derivate Finanzinstrumente) vorsieht.[142] Nicht übernommen wurde dagegen § 18 Abs. 3 KO. Nach dieser Vorschrift war das Verwalterwahlrecht nur dann ausgeschlossen, wenn für den zur Berechnung des Anspruchs maßgeblichen zweiten Werktag nach Verfahrenseröffnung ein Marktpreis zu ermitteln war. Der Ausschlusstatbestand des § 18 Abs. 3 KO wurde bewusst nicht übernommen.

51

Besondere Regelungen gelten für Geschäfte, deren Leistungen nur zu einem fest bestimmten Zeitpunkt oder innerhalb einer fest bestimmten Frist zu erfolgen haben und die nach dem Markt- oder Börsenpreis bestimmt werden. Die Notwendigkeit der Sondervorschrift des § 104 InsO ergibt sich aus dem Spannungsverhältnis, welches sich bei uneingeschränkter Anwendung des § 103 InsO ergeben würde. Die Anwendung der Grundnorm des § 103 InsO würde zunächst zu einer Ungewissheit über das weitere Schicksal des Vertrages und zu einer Verzögerung in der Abwicklung führen, da der Verwalter mit der Ausübung seines Wahlrechts eine angemessene Überlegungsfrist in Anspruch nehmen kann. Dem steht jedoch bei Fix- und Finanztermingeschäften als wesentlicher Inhalt des Vertrages die Leistungspflicht mit bestimmten Terminen entgegen. Durch die Vereinbarung eines Lieferzeitpunktes oder -zeitraumes sollen regelmäßig die Risiken möglicher Kursschwankungen minimiert werden. Zudem soll die Möglichkeit eines sofortigen Weiterverkaufs gesichert werden. Beide Ziele würden aber schon durch kurze Verzögerungen zunichte gemacht. Das Abwarten einer Wahlrechtsausübung des Verwalters ist dem Vertragspartner daher nicht zuzumuten.

Gerade diese besondere Konfliktsituation versucht § 104 InsO zu beseitigen und bestimmt daher den Grundsatz der Nichterfüllung ohne Wahlmög-

---

140 Der Gesetzgeber hielt die Sonderregelung für derivate Finanztermingeschäfte für so dringlich, dass der heutige § 104 Abs. 2, 3 InsO bereits wortgleich in Art. 105 EGInsO übernommen wurde und gem. Art. 110 Abs. 3 EGInsO vorab mit Verkündung der InsO am 19. 11. 1994 in Kraft trat. Vgl. Bericht des Rechtsausschusses zu Art. 105, 110 EGInsO abgedruckt in Kübler/Prütting, Das neue Insolvenzrecht, Bd. II, S. 315, 322.
141 Ausführlich zur Entstehungsgeschichte: Nerlich/Römermann, a. a. O., § 104 Rdnr. 1 ff.; Kübler/Prütting, Kommentar zur Insolvenzordnung, § 104 Rdnr. 1 ff.
142 Die nach altem Recht streitige Frage der Subsumtion solcher Geschäfte unter die Vorschrift des § 18 Abs. 1 KO hat sich damit erledigt. Vgl. zu dieser Frage auch: Kübler/Prütting, a. a. O., § 104 Rdnr. 2 m. w. N.

lichkeit des Verwalters, um so dem Interesse der Gegenpartei nach Klarheit über das Schicksal des Rechtsgeschäfts zu genügen. Dabei zielt die Ausnahme für Fixgeschäfte in Abs. 1 auf den Rechtsverkehr im Allgemeinen, die Ausnahme in Abs. 2 für derivate Finanzinstrumente auf die Kreditwirtschaft im Besonderen. Diese Zielbestimmung ist daher bei der Ermittlung des Normzwecks der jeweiligen Absätze zu berücksichtigen.[143]

Denn wäre die Gegenpartei einem Wahlrecht des Verwalters ausgesetzt, so müsste sie – in der Position als Käufer – vorsorglich ein Deckungsgeschäft vornehmen oder wäre – in der Position als Verkäufer – der Gefahr ausgesetzt, auf der beschafften Ware sitzen zu bleiben. Diese Unsicherheit für die Gegenpartei besteht zwar bei allen nicht vollständig erfüllten gegenseitigen Verträgen i. S. d. § 103 InsO und ist letztendlich in der Natur des Verwalterwahlrechts begründet.[144] Bei Fixgeschäften über Waren mit Marktpreisen würde das Verwalterwahlrecht aber die Möglichkeit eröffnen, das geschäftstypische Risiko einseitig der Gegenpartei aufzuerlegen.[145] Neben dieser Gefahr der Spekulation zu Lasten des Vertragspartners, besteht aber auch das Risiko der Fehlspekulation zu Lasten der Masse, wenn der Verwalter sich für die Erfüllung entscheiden sollte.[146]

Normzweck ist daher eine schnelle und eindeutige Klärung der Rechtslage, um einen ansonsten entstehenden Schwebezustand und Nachteile, die aus dem Wahlrecht des Verwalters gem. § 103 InsO entstehen können, zu vermeiden. Das möglicherweise bestehende Interesse des Verwalters an einer Erfüllung des Vertrages wird dagegen vom Gesetzgeber als geringwertig eingeschätzt, da der Verwalter angesichts der Tatsache, dass die Waren i. S. d. § 104 Abs. 1 InsO einen Markt- oder Börsenpreis haben, ohne weiteres die Möglichkeit hat, sich anderweitig einzudecken.[147]

2. Fixgeschäfte (§ 104 Abs. 1 InsO)

52 Voraussetzung für die Anwendbarkeit des § 104 Abs. 1 InsO ist zunächst das Vorliegen eines gegenseitigen Vertrages, der von beiden Seiten nicht bzw. noch nicht vollständig erfüllt ist.[148] Dies ergibt sich zwar nicht aus dem Wortlaut des § 104 Abs. 1 InsO, wohl aber aus dessen systematischer Stellung und aus dem Sinn und Zweck der Regelung.[149]

---

143 Vgl. FK-InsO/Wegener, § 104 Rdnr. 4; Nerlich/Römermann, a. a. O., § 104 Rdnr. 3 ff., der die Entstehungsgeschichte und die Gründe für die Regelung des Abs. 2 darstellt.
144 Teilweise kritisch zum Normzweck daher: Kübler/Prütting, a. a. O., § 104 Rdnr. 4 f.
145 Nerlich/Römermann, a. a. O., § 104 Rdnr. 8.
146 Nerlich/Römermann, a. a. O., § 104 Rdnr. 6 ff.; Kübler/Prütting, a. a. O., § 104 Rdnr. 5.
147 Vgl. BegrRegE zu § 118 RegE, abgedruckt in Kübler/Prütting, Das neue Insolvenzrecht, Bd. I, S. 292.
148 HK-InsO/Marotzke, § 104 Rdnr. 3; Nerlich/Römermann, a. a. O., § 104 Rdnr. 13; kritisch dagegen: Kübler/Prütting, Kommentar zur Insolvenzordnung., § 104 Rdnr. 13.
149 Hierzu: Nerlich/Römermann, a. a. O.

Fehlt es bereits an dieser Vorgabe, so sind die allgemeinen Grundsätze anzuwenden:

- Hat der Käufer schon vor Insolvenzeröffnung vorausbezahlt, der Schuldner aber noch nicht geliefert, so ist der Käufer mit seinem Lieferanspruch, der gem. § 45 InsO in eine Geldforderung umzurechnen ist, Insolvenzgläubiger.
- Hatte der Schuldner als Verkäufer noch vor Eröffnung des Verfahrens geliefert, der Käufer aber noch nicht bezahlt, so steht die Gegenleistung der Masse zu.
- Hatte der Schuldner als Käufer schon bezahlt, so kann der Verwalter Erfüllung fordern. Falls die Lieferung nicht rechtzeitig erfolgt, kann er nach § 323 Abs. 2 Nr. 2 BGB, § 376 Abs. 1 Satz 1 HGB vorgehen.
- Hatte der andere Teil als Verkäufer bereits vor Verfahrenseröffnung ohne Bezahlung geliefert, so ist er mit seinem Kaufpreisanspruch Insolvenzgläubiger.

Weiterhin muss es sich um ein Fixgeschäft i.S.d. § 323 Abs. 2 Nr. 2 BGB, § 376 HGB oder §§ 50 ff. BörsG handeln.[150] Die Bestimmung des Liefertermins oder der Lieferfrist muss also nach dem Willen der Parteien so wesentlich sein, dass der Vertrag mit der Einhaltung oder Versäumung der verabredeten Leistungszeit oder -frist steht oder fällt.[151] Die Terminbestimmung darf nicht als bloßer Ersatz einer Mahnung i.S.d. § 286 Abs. 2 BGB in den Vertrag aufgenommen worden sein.[152] Ein Fixgeschäft liegt auch dann nicht vor, wenn die Möglichkeit einer Nachlieferung vertraglich vereinbart war.[153]

53

Der zwischen den Parteien vereinbarte Termin muss die Leistungspflicht des Verkäufers bzw. des Lieferanten betreffen; gleichgültig dabei ist, wer von den Parteien insolvent geworden ist. Der Liefertermin bzw. das Ende der Lieferfrist muss schließlich nach der Verfahrenseröffnung liegen. Es genügt jede Überschreitung des Zeitpunkts der Verfahrenseröffnung. Das Erfordernis der Existenz eines Preises zwei Tage nach Eröffnung des Verfahrens nach § 18 Abs. 3 KO und die sich daraus ergebende Mindestfrist von zwei Tagen nach Verfahrenseröffnung wurde von § 104 InsO nicht übernommen.

54

Die Ware muss einen Markt- oder Börsenpreis haben. Ware i.S.d. § 104 Abs. 1 InsO kann nur eine vertretbare Sache gem. § 91 BGB sein; für unver-

55

---

150 Ausführlich: Kübler/Prütting, a. a. O., § 104 Rdnr. 10 ff., der darlegt, dass sowohl relatives wie auch absolutes Fixgeschäft gemeint sind.
151 BGHZ 110, 88, 96. Ein Fixgeschäft erfordert danach nicht nur die Festlegung einer genauen Lieferzeit oder –frist, sondern darüber hinaus eine Vereinbarung der Parteien darüber, dass die Wirksamkeit des Vertrages von der Einhaltung oder Nichteinhaltung der Lieferzeit abhängen soll. Jeder diesbezügliche Zweifel spricht dabei gegen die Annahme eines Fixgeschäftes.
152 Nerlich/Römermann, a. a. O., § 104 Rdnr. 16.
153 Nerlich/Römermann, a. a. O.

tretbare Sachen gilt § 103 InsO. Eine Legaldefinition des Begriffes der Waren fand früher in § 1 Abs. 2 Nr. 1 HGB a. F. Er umfasste vertretbare Sachen, nicht aber Immobilien oder Rechte. Daraus entwickelte sich die Streitfrage, ob Wertpapiere im engeren Sinne (also solche, bei denen das Recht aus dem Papier dem Recht am Papier folgt) unter die Bestimmung des § 18 KO fallen. Aufgrund der Sonderregelung für Wertpapiertermingeschäfte in Abs. 2, Satz 2, Nr. 2 hat sich diese Diskussion erledigt. Unproblematisch ist der Begriff des Börsenpreises für Waren, die an amtlichen Börsen gehandelt werden und der Bestimmung des § 29 Abs. 1 BörsG unterfallen. Nicht erforderlich ist indessen, dass ein Preis amtlich auf einem Markt oder an der Börse festgestellt wird; es ist vielmehr ausreichend, wenn sich der Marktpreis durch ein Sachverständigengutachten oder Durchschnittsberechnungen ermitteln lässt.[154] Die Ware muss aber zu dem ermittelten Preis auch tatsächlich in nennenswertem Umfang gehandelt werden. Gerade nur dann besteht für den Verwalter bzw. Vertragspartner die Möglichkeit, sich am Markt zu einem objektiv feststellbaren Preis anderweitig einzudecken.

Nur wenn sämtliche Voraussetzungen des § 104 Abs. 1 InsO vorliegen, entfällt das Wahlrecht des Verwalters; andernfalls verbleibt es bei der Grundregel des § 103 InsO.

3. Finanztermingeschäfte (§ 104 Abs. 2 InsO)

56 Durch die Neueinführung des § 104 Abs. 2 InsO wird der Anwendungsbereich auf den Fall ausgedehnt, dass es sich bei den vertraglich vereinbarten Leistungen um »Finanzleistungen« handelt. Dadurch wird die in der Konkursordnung bestehende Streitfrage gelöst, ob § 18 KO auch auf diese Art von Geschäften zumindest sinngemäß angewendet werden kann.[155] Der Grund dieser Neuregelung ist in der wachsenden Bedeutung der Finanztermingeschäfte im Wirtschaftsverkehr zu sehen.[156] Sie dient daher hauptsächlich der Kreditwirtschaft, auf deren Betreiben der Absatz 2 auch eingeführt wurde. Zudem sollen Spekulationsgeschäfte durch den Verwalter verhindert werden. Dies wird dadurch erreicht, dass dem Verwalter kein Wahlrecht eingeräumt wird. Die Ansprüche auf Erbringung der Leistung sind mit der Eröffnung des Verfahrens erloschen. Der Verwalter kann die Leistungspflichten durch eine Erfüllungswahl nicht wieder neu begründen.

---

154 Breutigam/Blersch/Goetsch, a. a. O., § 104 Rdnr. 11.
155 Gottwald, a. a. O., § 38 Rdnr. 5.
156 Nerlich/Römermann, a. a. O., § 104 Rdnr. 21.

> **Besonderheiten des § 104 Abs. 2 gegenüber § 104 Abs. 1:**
> - Im Gegensatz zu Warentermingeschäften i. S. d. Absatzes 1 müssen die Finanztermingeschäfte des Absatzes 2 keinen Fixcharakter haben. Vielmehr reicht jede vertraglich vereinbarte Frist oder ein vertraglich vereinbarter Fälligkeitszeitpunkt aus. Dies ergibt sich aus dem Wortlaut, wonach gem. § 104 Abs. 2 Satz 1 InsO die Lieferzeit oder -frist nicht »genau« und »festbestimmt« (so § 104 Abs. 1 InsO), sondern nur zwischen den Vertragspartnern »bestimmt« vereinbart sein muss.[157]
> - Zwar setzt Absatz 2 grundsätzlich auch einen beiderseitig noch unerfüllten gegenseitigen Vertrag voraus. Wurden aber Finanzleistungen in einem Rahmenvertrag zusammengefasst, für den vereinbart ist, dass er bei Vertragsverletzungen nur einheitlich beendet werden kann, so gilt die Gesamtheit dieser Geschäfte nach § 104 Abs. 2 Satz 3 InsO als ein (einziger) gegenseitiger Vertrag.[158] Damit passt der deutsche Gesetzgeber das deutsche Insolvenzrecht sowohl an die entsprechenden Regelungen in ausländischen Rechtsordnungen als auch an die Usancen der Kreditwirtschaft an.[159] So wird gesetzlich sichergestellt, dass im Falle einer Insolvenz alle noch nicht erfüllten Ansprüche aus bestehenden Finanzgeschäften saldiert werden können (sog. »Netting«). Dies gilt selbst dann, wenn eines der Geschäfte von einer Vertragspartei schon voll erfüllt ist.[160] Den Kreditinstituten ist es durch die Saldierungsmöglichkeit erlaubt, ihre gesamte Vertragsbeziehung mit dem Kunden als Risikogeschäft zu betrachten. Der Zweck der Gesamtsaldierung besteht aber auch darin, dass es keiner Partei ermöglicht werden soll, sich nur die für sie vorteilhaften Einzelgeschäfte herauszugreifen (sog. »cherry-picking«).[161]

Der Begriff der Finanzleistung i. S. d. § 104 Abs. 2 Satz 1 InsO will die von den Finanzmärkten entwickelten derivaten Finanzinstrumente erfassen.[162] Die wichtigsten Transaktionen sind dabei in § 104 Abs. 2 Satz 2 InsO enummerativ aufgezählt. Dabei handelt es sich aber lediglich um eine nicht abschließende Aufzählung, damit auch zukünftige Entwicklungen des Finanzmarktes erfasst werden können.[163]

57

---

157 Kübler/Prütting, a. a. O., § 104 Rdnr. 3; Nerlich/Römermann, a. a. O., § 104 Rdnr. 30; Breutigam/Blersch/Goetsch, a. a. O., § 104 Rdnr. 14.
158 Ausführlich hierzu: Kübler/Prütting, a. a. O., § 104 Rdnr. 41 ff.
159 Dazu ausführlich: Nerlich/Römermann, a. a. O., § 104 Rdnr. 3.
160 Teilweise kritisch: Kübler/Prütting, a. a. O., § 104 Rdnr. 41 f., der die in § 104 Abs. 2 3 InsO angeordnete Gesamtsaldierung aller gegenseitigen Ansprüche für nichts weiter als »eine Legalisierung der schon bisher in den deutschen und internationalen Musterverträgen der Kreditwirtschaft festgeschriebenen Abwicklungsusancen« hält, um die in der Praktikerliteratur zuviel Aufhebens gemacht worden ist.
161 Nerlich/Römermann, a. a. O., § 104 Rdnr. 46; Kübler/Prütting, a. a. O., § 104 Rdnr. 43; Breutigam/Blersch/Goetsch, a. a. O., § 104 Rdnr. 25.
162 Ausführlich und teilweise kritisch dazu: Nerlich/Römermann, a. a. O., § 104 Rdnr. 22 ff.
163 Bericht des Rechtsausschusses zu § 118 RegE, abgedruckt in Kübler/Prütting, Das neue Insolvenzrecht, Bd. I, S. 295.

Finanzleistungen sind nach Absatz 2 Satz 2 demnach insbesondere:[164]

- Lieferung von Edelmetallen gem. Nr. 1:
Zu der Lieferung von Edelmetallen gem. Nr. 1 gehören hauptsächlich Finanztermingeschäfte über Gold, Silber und Platin, nicht jedoch Rohstofflieferungen.[165]

- Wertpapiere gem. Nr. 2:
Die Nr. 2 erfasst nur solche Wertpapiere, die einen Markt- oder Börsenpreis haben. Damit unterliegen der Regelung nicht Wechsel, Schecks, Konnossemente sowie einfache und qualifizierte Legitimationspapiere. Der Tatbestand der Nr. 2 erfordert also nicht ein Wertpapier im Rechtssinne, sondern solche Papiere, die auf dem Kapitalmarkt gehandelt werden. Dazu zählen z. B. Aktien, Investmentzertifikate, Schuldverschreibungen und Obligationen.[166]

Unter »vergleichbare Rechte« fallen in erster Linie Beteiligungs- und Forderungsrechte, die ähnlich wie Wertpapiere gehandelt werden. Genannt seien hier handelbare Register-, Schuldbuch- oder Schuldscheinforderungen.[167]

Bei Geschäften, die dem dauerhaften Erwerb einer Unternehmensbeteiligung dienen, liegt keine Finanzleistung i. S. d. § 104 Abs. 2 InsO vor, da es sich hierbei nicht um eine Spekulation – und damit um ein Geschäft, bei dem aus Gründen der Rechtssicherheit schnell Klarheit geschaffen werden muss – handelt, sondern die dauerhafte Unternehmensentwicklung im Vordergrund steht.

- Devisengeschäfte gem. Nr. 3:
Unter Nr. 3 fallen Devisengeschäfte. Damit sind zunächst die konventionellen Devisentermingeschäfte gemeint, d. h. der Kauf von Forderungen in ausländischer Währung zu einem festgelegten Zeitpunkt oder innerhalb eines festgelegten Zeitraumes. Des Weiteren sind damit aber auch sog. »Swap-Geschäfte« erfasst. Hier werden mehrere Devisengeschäfte miteinander verknüpft.[168]

- Sonstige Termingeschäfte gem. Nr. 4:
Nr. 4 beschreibt sämtliche sonstigen Termingeschäfte.[169] Ihnen ist gemeinsam, dass statt einer realen Warenlieferung bei Fälligkeit lediglich Ausgleichszahlungen vereinbart sind.

- Optionsgeschäfte gem. Nr. 5:
Nr. 5 regelt schließlich alle Arten von Optionsgeschäften über die in den Nr. 1–4 aufgezählten Geschäfte. Das Optionsgeschäft ist ein Vertrag, durch

---

164 Ausführlich dazu: Kübler/Prütting, Kommentar zur Insolvenzordnung, § 104 Rdnr. 24 ff.; Nerlich/Römermann, a. a. O., § 104 Rdnr. 32 ff., der zudem neben den Regelbeispielen des Absatz 2 Satz 2 weitere Einzelfälle aufzählt.
165 Nerlich/Römermann, a. a. O., § 104 Rdnr. 33.
166 Weitere zahlreiche Beispiele finden sich bei Nerlich/Römermann, a. a. O.
167 Kübler/Prütting, a. a. O., § 104 Rdnr. 27.
168 Näher zu den Devisengeschäften: Nerlich/Römermann, a. a. O., § 104 Rdnr. 36 f.
169 Ausführlich dazu: Kübler/Prütting, a. a. O., § 104 Rdnr. 30 f.; Nerlich/Römermann, a. a. O., § 104 Rdnr. 38.

den eine Partei (Optionskäufer) das Recht (Optionsrecht) eingeräumt wird, zu einem künftigen Zeitpunkt durch einseitige Erklärung (Ausübung) ein Geschäft zu vorab festgelegten Konditionen abzuschließen. Unter Optionen i. S. d. Nr. 5 fällt aber nur das Rechtsgeschäft, durch welches die Option erworben wird; für das durch die Ausübung zustande gekommene Rechtsgeschäft sind die Voraussetzungen des § 104 InsO selbstständig zu prüfen. Denn das Optionsrecht wird durch Zahlung der Optionsprämie erworben. Der Optionskäufer hat demnach mit der Zahlung bereits vollständig erfüllt, so dass ein unerfüllter Vertrag i. S. d. § 103 InsO nicht vorliegt; § 104 InsO ist folglich nicht mehr anwendbar.

Problematisch und in der Literatur umstritten ist in diesem Zusammenhang, ob unter die Nr. 5 auch Optionsgeschäfte fallen, die anstelle einer tatsächlichen Lieferung einen sog. Barausgleich vorsehen. Optionsgeschäfte, bei denen eine tatsächliche Lieferung gegen Kaufpreiszahlung vereinbart wurde, fallen nach allen Meinungen unter die Nr. 5. Bereits der Bundesgerichtshof[170] hatte entschieden, dass Option und Erwerb des Optionsgegenstandes als ein einheitliches Geschäft anzusehen sind. Eine Option mit der Vereinbarung einer tatsächlichen Leistung ist also ein beiderseitig noch unerfülltes Geschäft. Erfüllung tritt erst mit Bezahlung des vereinbarten Preises für den Liefergegenstand ein. Ist ein sog. Barausgleich vereinbart, wird anstelle einer tatsächlichen Lieferung ein Differenzausgleich zwischen den Parteien vereinbart und der Optionsberechtigte hat mit der anfänglichen Zahlung seiner Prämie bereits voll erfüllt. Daher will ein Teil in der Literatur die Voraussetzung des beiderseitig noch nicht erfüllten gegenseitigen Vertrages bei § 104 Abs. 2 InsO entfallen lassen, um so dem Ziel des Gesetzgebers nach einer umfassenden Regelung von derivaten Finanzgeschäften gerecht zu werden.[171] Ein anderer Teil der Literatur orientiert sich dagegen streng am Wortlaut des § 103 InsO. Der Käufer habe mit Zahlung der Prämie vollständig erfüllt, so dass für die Anwendung von § 104 InsO kein Raum mehr verbleibe.[172]

58

4. Rechtsfolgen der Insolvenzeröffnung

An die Stelle der gegenseitigen Ansprüche tritt mit der Eröffnung des Insolvenzverfahrens eine Forderung wegen der Nichterfüllung, § 104 Abs. 1, Abs. 2 Satz 1 InsO. Dadurch wird das Wahlrecht des Verwalters ausgeschlossen; eine Erfüllung des Vertrages zu wählen scheidet damit aus. Der ursprüngliche Liefervertrag wandelt sich also in ein Differenzgeschäft, aus dem entweder dem Verwalter oder dem Vertragspartner ein einseitiger Ausgleichsanspruch zusteht. Gerade die mögliche Anspruchsberechtigung

59

---

170 Vgl. BGH, WM 1984, 1598 ff.
171 Nerlich/Römermann, a. a. O., § 104 Rdnr. 31 mit weiteren Argumenten. Kübler/Prütting, a. a. O., § 104 Rdnr. 33, der schon aufgrund der Ratio des § 104 InsO Optionen mit Barausgleich unter die Nr. 5 fassen möchte.
172 Breutigam/Blersch/Goetsch, a. a. O., § 104 Rdnr. 22 f.

des Verwalters stellt eine Ausnahme von § 103 InsO dar. Dort kann ein Schadensersatzanspruch nur dem anderen Teil zustehen.

Selbst wenn der Eröffnungsbeschluss später wieder aufgehoben wird, so hat die Umwandlung in ein Differenzgeschäft Bestand. Die eingetretenen Wirkungen des § 104 InsO sind endgültig.[173]

Die Schadensersatzberechnung erfolgt gem. § 104 Abs. 1 Satz 1 InsO. Sie bemisst sich nach der Differenz zwischen dem vereinbarten Preis und dem Markt- und Börsenpreis am zweiten Werktag nach Insolvenzeröffnung. Fällt der vereinbarte Zeitpunkt auf den ersten Tag nach der Verfahrenseröffnung, so soll nicht der Markt- oder Börsenpreis am zweiten Tag nach der Eröffnung des Verfahrens maßgeblich sein, sondern derjenige des Erfüllungszeitpunkts.[174] Der Anspruch wird demnach anhand der objektiven Marktpreise, also abstrakt berechnet.[175] Ob tatsächlich ein Schaden eingetreten ist oder ein Deckungskauf vorgenommen wurde ist irrelevant.[176]

III. Vorgemerkte Ansprüche (§ 106 InsO)

1. Allgemeines

60 Zur Einräumung oder Aufhebung eines Grundstücksrechts ist die Einigung des Berechtigten und des anderen Teils über den Eintritt der Rechtsänderung und die Eintragung der Änderung im Grundbuch erforderlich (§ 873 Abs. 1 BGB). Zwischen dem schuldrechtlichen Grundgeschäft, der sachenrechtlichen Einigung und der Grundbucheintragung besteht meistens ein langer Zeitraum, währenddessen die Verwirklichung des schuldrechtlichen Anspruchs des Erwerbers noch gefährdet sein kann. Zum Schutz des Erwerbers eines Grundstücksrechts gibt das Sachenrecht eine Sicherungsmöglichkeit durch Eintragung einer Vormerkung in das Grundbuch (§ 883 Abs. 1

---

173 HK-InsO/Marotzke, § 104 Rdnr. 2.
174 Begr. des Rechtsausschusses zu § 118 RegE, abgedruckt in Kübler/Prütting, Das neue Insolvenzrecht., Bd. I, S. 295. Kann ein Markt- oder Börsenpreis nicht ermittelt werden, so hatte der frühere § 18 Abs. 3 KO eine Saldierung ausgeschlossen. Diese Vorschrift wurde aber nicht übernommen, so dass in diesem Fall auf den Preis am vereinbarten Liefertag abgestellt werden muss.
175 Kritisch zur abstrakten Berechnungsweise: Kübler/Prütting, Kommentar zur Insolvenzordnung, § 104 Rdnr. 48, der insbesondere bemängelt, dass die Gesetz gewordene Fassung vorherrschende Vertragswerke in der Praxis zu wenig berücksichtigt. So wird z. B. beim deutschen Rahmenvertrag für Finanztermingeschäfte dem Gläubiger auch eine konkrete Schadensberechnung gestattet (Nr. 8 Abs. 1). In diesem Zusammhang sei auch noch auf die Problematik von vertraglichen Beendigungsklauseln hingewiesen. Vgl. dazu sehr ausführlich: Kübler/Prütting, a. a. O., § 104 Rdnr. 36 ff.
176 Umstritten ist, ob Provisionen bei der Schadensberechnung Berücksichtigung finden. Siehe hierzu: Nerlich/Römermann, a. a. O., § 104 Rdnr. 19.

BGB). Die Vormerkung ist ein dem dinglichen Recht ähnliches Sicherungsrecht sui generis. Ihr Zweck ist darauf gerichtet, schuldrechtliche Ansprüche auf eine dingliche Rechtsänderung abzusichern, indem Verfügungen, die den schuldrechtlichen Anspruch des Vormerkungsberechtigten gefährden, diesem gegenüber unwirksam sind.

▸ **Beispiel:**
Der Verkäufer eines Grundstücks ist vertraglich zwar verpflichtet, dem Käufer das Eigentum zu verschaffen (§ 433 Abs. 1 Satz 1 BGB), gleichwohl aber nicht gehindert, noch vorher anderweitig wirksam über die Sache zu verfügen, z. B. indem er das Grundstück an einen Dritten weiterveräußert. Anders ist die Rechtslage dann, wenn zugunsten des Käufers eine Vormerkung im Grundbuch eingetragen ist. Zwar wäre eine spätere Veräußerung an einen Dritten dinglich wirksam, wegen der Vormerkung aber im Verhältnis zum Käufer relativ unwirksam (§ 883 Abs. 2 BGB). Relative Unwirksamkeit bedeutet, dass die vormerkungswidrige Verfügung gegenüber jedermann wirksam ist mit Ausnahme gegenüber dem Vormerkungsberechtigten. Der Käufer kann dann vom Verkäufer weiter gem. § 433 Abs. 1 Satz 1 BGB die Auflassung und von dem Dritten die Zustimmung zu seiner Eintragung als Eigentümer gem. § 888 Abs. 1 BGB verlangen.

Die Vorschrift des § 106 InsO hat dabei die Aufgabe, diese Sicherungsfunktion der Vormerkung zugunsten des Grundstückskäufers unter bestimmten Voraussetzungen auch in der Insolvenz des Verkäufers zu gewährleisten. Mit der Anordnung der Insolvenzfestigkeit der Vormerkung räumt der Gesetzgeber den Interessen des Grundstücksverkehrs einen Vorrang vor den Befriedigungsinteressen der Insolvenzgläubiger ein.[177] Die Insolvenzfestigkeit der Vormerkung erlaubt dem Berechtigten, seinen Anspruch unberührt vom Verfahren gegen den Verwalter durchzusetzen. Dies bedeutet, dass für den vorgemerkten Anspruch die Rechtswirkungen des § 103 InsO nicht gelten.[178] § 106 InsO beinhaltet also eine Ausnahme davon, dass mit Verfahrenseröffnung sämtliche Erfüllungsansprüche von nicht vollständig erfüllten gegenseitigen Verträgen erlöschen.[179]

Diese Ausnahme ist in der Akzessorietät der Vormerkung begründet, deren Schicksal vom zu sichernden (Haupt-) Anspruch abhängt und deren Grundlage dann entfiele, wenn mit Verfahrenseröffnung gerade dieser zu sichernde (Haupt-)Anspruch erlöschen würde.[180]

Wichtig ist in diesem Zusammenhang, dass die Wirkungen des § 106 InsO auch dann zur Anwendung gelangen, wenn der Vormerkungsberechtigte die ihm obliegenden Leistungspflichten bereits vor Verfahrenseröffnung er-

---

177 Nerlich/Römermann, a. a. O., § 106 Rdnr. 2 m. w. N.
178 Kübler/Prütting, a. a. O., § 106 Rdnr. 2.
179 So die ganz h. M.: Kübler/Prütting, a. a. O., § 106 Rdnr. 3 m. w. N.
180 Nerlich/Römermann, a. a. O., § 106 Rdnr. 3.

bracht hat. Die Voraussetzung eines beiderseitig noch unerfüllten Vertrages nach § 103 InsO muss hier nicht vorliegen.[181]

2. Voraussetzungen der Insolvenzfestigkeit der Vormerkung

a) Eintragungsfähiges Recht

62 Voraussetzung für die Insolvenzfestigkeit der Vormerkung ist zunächst, dass sich der Anspruch des Gläubigers auf ein eintragungsfähiges Recht bezieht. Die Vorschrift des § 106 Abs. 1 InsO umfasst alle Arten von Vormerkungen, die gem. § 883 Abs. 1 BGB ins Grundbuch eingetragen werden können. An erster Stelle ist die Vormerkung zur Sicherung des Anspruchs auf Eigentumsübertragung am Grundstück zu nennen (Auflassungsvormerkung), wobei allerdings nur der Auflassungsanspruch als solcher, nicht jedoch die Lastenfreiheit des Grundstücks gesichert ist.[182] Häufig ist weiterhin die Bestellung von Grundpfandrechten, wie z. B. Grundschuld oder Hypothek, insbesondere die Bauhandwerkersicherungshypothek nach § 648 BGB.[183] Gem. § 106 Abs. 2 InsO gilt die Vorschrift auch für eingetragene Schiffe oder Schiffsbauwerke (§§ 16 Abs. 1, 77, 81 a SchiffsRG) sowie für Pfandrechte an Flugzeugen (§ 10 LuftfzRG).

Amtsvormerkungen (insbesondere solche nach § 18 Abs. 2 GBO) dienen nicht der Sicherung eines Rechtsanspruchs, sondern lediglich der formalen Rangwahrung eines Eintragungsantrags, so dass § 106 InsO insoweit nicht anwendbar ist.

63 Ein dingliches Vorkaufsrecht hat nach § 1098 Abs. 2 BGB im Verhältnis zu Dritten ebenfalls die Wirkung einer Vormerkung. § 106 InsO kann aber grundsätzlich nicht zur Anwendung kommen, da die Vormerkungswirkung ja gerade nicht im Verhältnis zwischen Verkäufer und Vorkaufsberechtigtem, sondern zwischen Drittem und Vorkaufsberechtigtem besteht. Das Vorkaufsrecht genießt den Schutz des § 106 InsO aber dann, wenn der Schuldner vor Verfahrenseröffnung das Grundstück veräußert hat und der Berechtigte vor Eröffnung des Verfahrens sein Vorkaufsrecht ausübt. In diesem Fall hat der Berechtigte einen Übereignungsanspruch erworben, der durch die Vormerkungswirkung des § 1098 Abs. 2 BGB abgesichert ist.

Anders ist es wiederum dann, wenn der Schuldner vor Verfahrenseröffnung sein Grundstück verkauft hat, der Berechtigte sein Vorkaufsrecht aber noch nicht ausgeübt hat. Hier kommt § 106 InsO nur dann zur Anwendung, wenn der Schuldner vor Verfahrenseröffnung den Kaufvertrag voll erfüllt hat. Ansonsten hängt die Insolvenzfestigkeit des Vorkaufsrechts vom Wahlrecht des Verwalters ab. Lehnt er die Erfüllung ab, so erlischt bereits mit der

---

181 Breutigam/Blersch/Goetsch, a. a. O., § 106 Rdnr. 2.
182 Kübler/Prütting, a. a. O., § 106 Rdnr. 14.
183 Weitere Beispiele finden sich bei Kübler/Prütting, a. a. O.

Eröffnung des Verfahrens auch das Vorkaufsrecht. Wählt er dagegen Erfüllung, so bleibt das Vorkaufsrecht erhalten.

Das Vorkaufsrecht besteht auch im Falle der Veräußerung des Grundstücks durch den Verwalter aus freier Hand (§ 1098 Abs. 1 Satz 2 BGB).[184]

b) Bestehen des zu sichernden Anspruchs

Aufgrund der Akzessorietät der Vormerkung muss der zugrunde liegende Anspruch zumindest als bedingter oder künftiger (§ 883 Abs. 1 Satz 2 BGB) bestehen. Beim bedingten Anspruch muss sich dessen Erwerb ungeachtet der Verfahrenseröffnung noch vollenden können. Entsteht der aufschiebend bedingte Anspruch erst nach Verfahrenseröffnung, so gilt die Sicherungswirkung der Vormerkung auch für diesen Anspruch. § 91 InsO steht dem nicht entgegen, denn mit der Entstehung des Anspruchs schützt die Vormerkung den Berechtigten ab dem Zeitpunkt der Eintragung.   64

Ein künftiger Anspruch[185] fällt unter § 106 InsO, wenn durch ein verbindliches Angebot der »Rechtsboden« für die Entstehung schon so weit vorbereitet ist, dass die Entstehung des Anspruchs nur noch vom Willen des Berechtigten abhängig ist.[186] Ausreichend ist deshalb ein formgültiger Kaufvertrag, selbst wenn er noch einer Genehmigung eines Dritten bedarf und die Genehmigung erst nach Verfahrenseröffnung erteilt wird.[187]

c) Eintragung der Vormerkung vor Verfahrenseröffnung

Die Vormerkung muss vor der Verfahrenseröffnung im Grundbuch eingetragen worden sein. Liegt ein Fall der Insolvenz des Nachlasses oder der Insolvenz des Gesamtgutes der fortgesetzten Gütergemeinschaft vor, so kommt es nicht auf den Zeitpunkt der Verfahrenseröffnung, sondern auf den Eintritt des Erbfalles bzw. den des Eintritts der fortgesetzten Gütergemeinschaft an (§§ 321, 332 Abs. 2 InsO). Erfolgt eine Eintragung nach diesem Zeitpunkt, so kommt § 106 InsO nur dann zur Anwendung, wenn die Eintragung vorher vom Schuldner bindend bewilligt und vom Berechtigten beim Grundbuchamt beantragt worden war (§§ 91 Abs. 2 InsO, 873 Abs. 2, 878 BGB).[188]   65

Ob die Eintragung der Vormerkung durch Bewilligung des Schuldners (§ 885 Abs. 1 Satz 1 Alt. 2 BGB), einer einstweiligen Verfügung (§§ 885 Abs. 1 Satz 1 Alt. 1 BGB, 935, 938 ZPO) oder aufgrund eines vorläufig vollstreckbaren Urteils (§ 894 ZPO) erfolgt, ist dabei unerheblich. Die Eintragung aufgrund einstweiliger Verfügung bzw. vorläufig vollstreckbaren Ur-

---

184 Ausführlich zum dinglichen Vorkaufsrecht in der Insolvenz: Kübler/Prütting, a. a. O., § 106 Rdnr. 7 f.; Nerlich/Römermann, a. a. O., § 106 Rdnr. 5 ff.
185 Ausführlich dazu: Kübler/Prütting, a. a. O., § 106 Rdnr. 15 f.
186 BGH NJW 1981, 446.
187 Nerlich/Römermann, a. a. O., § 106 Rdnr. 8.
188 BGHZ 138, 179, 187.

teils ist eine Maßnahme der Zwangsvollstreckung, die der Rückschlagsperre des § 88 InsO unterliegt. Erfolgte deshalb die Eintragung innerhalb eines Monats vor Antragstellung auf Eröffnung des Insolvenzverfahrens, verliert die Vormerkung kraft Gesetzes ihre Wirksamkeit.

Wurde dem Schuldner vor Eröffnung des Verfahrens ein allgemeines Verfügungsverbot nach § 21 Abs. 2 Nr. 2 Alt. 1 InsO auferlegt, so muss die Eintragung vor dieser Anordnung erfolgt sein. Das Verfügungsverbot wirkt im Gegensatz zum früheren Recht absolut und führt zur Unwirksamkeit der Vormerkung, es sei denn es kommt ein gutgläubiger Erwerb gem. §§ 892, 893 BGB i. V. m. §§ 24 Abs. 1, 81 Abs. 1 Satz 2 InsO in Betracht.

3. Rechtsfolgen

66 Als Rechtsfolge sieht § 106 Abs. 1 Satz 1 InsO vor, dass der Gläubiger für seinen Anspruch Befriedigung aus der Insolvenzmasse verlangen kann. Die Vormerkung behält demnach auch im Insolvenzverfahren ihre Wirkung und der Verwalter muss den vorgemerkten Anspruch erfüllen. Der vormerkungsberechtigte Gläubiger muss weder am Insolvenzverfahren teilnehmen, noch ist er auf die Insolvenzquote beschränkt. Vielmehr muss der Verwalter alle Erfüllungshandlungen leisten, die auch der Schuldner ohne die Eröffnung des Verfahrens hätte leisten müssen. Der Verwalter hat alle Rechtshandlungen vorzunehmen, die zum Eintritt der geschuldeten Rechtsänderung führen. Er muss daher z. B. bei der Eigentumsvormerkung die Auflassung erklären und die Eintragung bewilligen.

67 Gegen vormerkungswidrige Verfügungen des Verwalters über das Grundstück ist der Gläubiger über die Vorschrift des § 883 Abs. 2 BGB geschützt, die solche Handlungen insoweit für unwirksam erklärt, als sie den vorgemerkten Anspruch vereiteln oder beeinträchtigen würde.[189] Gleiches gilt, wenn bereits der Schuldner vormerkungswidrig verfügt hat. Obwohl das Grundstück dann nicht mehr zur Masse gehört, kann der Berechtigte seinen Anspruch gegen den Verwalter richten.

Dem Verwalter stehen dagegen alle Einwendungen und Einreden zu, die unabhängig vom Insolvenzverfahren auch dem Schuldner gegen den Vormerkungsberechtigten zustehen würden.[190] Unerheblich dabei ist, ob sie sich gegen die Vormerkung selbst oder auf den vorgemerkten Anspruch beziehen. Aufgrund des akzessorischen Charakters der Vormerkung ist der Verwalter insbesondere berechtigt die Einwilligung in die Löschung der Vormerkung nach § 886 BGB zu verlangen, wenn dem vorgemerkten Anspruch eine dauerhafte Einrede entgegensteht.

Des Weiteren steht dem Verwalter die Möglichkeit der Anfechtung des vorgemerkten Anspruchs oder der Vormerkung selbst zu, wenn die Vorausset-

---

189 Kübler/Prütting, a. a. O., § 106 Rdnr. 21.
190 Gottwald, a. a. O., § 38 Rdnr. 17.

zungen der §§ 129 ff. InsO gegeben sind.[191] Der Bundesgerichtshof versagt z. B. Vormerkungen zur Sicherung von Ansprüchen aus Schenkungsversprechen den Insolvenzschutz, indem er die Vorschriften über die Schenkungsanfechtung nach § 134 InsO auch dann anwendet, wenn das Schenkungsversprechen und die Eintragung der Vormerkung sogar noch vor Beginn der gesetzlichen Anfechtungsfrist des § 134 InsO erfolgt sind.[192] Insoweit erweist sich § 106 InsO als nicht insolvenzbeständig, da die Vorschrift lediglich die Frage der Abwicklung des Rechtsgeschäfts trotz Verfahrenseröffnung regelt.

4. Die Regelung des § 106 Abs. 1 Satz 2 InsO

§ 106 Abs. 1 Satz 2 InsO übernimmt die Formulierung des § 24 Satz 2 KO. Der Gesetzgeber wollte die Insolvenzbeständigkeit der Vormerkung auch auf den Fall erweitern, in dem weitere vom Schuldner eingegangene Verpflichtungen nicht vollständig erfüllt sind.

68

Der Anlass für die Einführung des § 24 Satz 2 KO im Jahr 1977 war eine Entscheidung des V. Zivilsenats des BGH zum sog. Bauträgervertrag.[193] Der BGH hatte über die Frage zu entscheiden, ob eine Vormerkung auch dann insolvenzfest ist, wenn außer der durch Vormerkung gesicherten Übertragung des Eigentums noch eine weitere Leistung geschuldet ist. Die Problematik besteht hier darin, dass der sog. Bauträgervertrag Elemente des Kaufvertrags (Kauf des Grundstücks) und des Werkvertrags (Herstellung eines Bauwerkes) enthält,[194] die Vormerkung aber nur den Übereignungs-, nicht auch den Herstellungsanspruch sichert. Der V. Zivilsenat sah diesen Vertrag als eine Einheit an, dessen Erfüllung vom Verwalter insgesamt, also nicht nur bezüglich der Bauleistung, sondern auch hinsichtlich der Eigentumsübertragung gem. § 103 InsO abgelehnt werden kann. Diese Entscheidung wurde in der Literatur durchweg abgelehnt,[195] woraufhin der Gesetzgeber mit der Einfügung der Vorschrift des § 24 Satz 2 KO bzw. § 106 Abs. 1 Satz 2 InsO reagierte. Der V. Zivilsenat hat im Anschluss daran seine bisherige Rechtsprechung aufgegeben.[196]

Dies bedeutet aber nicht den völligen Ausschluss der Anwendung des § 103 InsO in diesen Fällen. Das Wahlrecht des Insolvenzverwalters ist nur bezüglich des vorgemerkten Anspruchs ausgeschlossen. Soweit der Schuldner die Erbringung weiterer Leistungen versprochen hatte, verbleibt es beim Wahlrecht nach § 103 InsO, soweit dessen Voraussetzungen vorliegen. Das Wahl-

---

191 Näher dazu: Nerlich/Römermann, a. a. O., § 106 Rdnr. 11 f.
192 BGH NJW-RR 1988, 841; kritisch zu diesem Urteil: Kübler/Prütting, a. a. O., § 106 Rdnr. 18 f.
193 BGH NJW 1977, 146.
194 Je nach den Umständen des Einzelfalls kommen noch Bestandteile aus dem Auftrags- und Geschäftsbesorgungsrecht hinzu (vgl. BGHZ 96, 275, 277 f.).
195 Gottwald, a. a. O., § 38 Rdnr. 18 m. w. N.
196 BGH NJW 1978, 1437.

recht des Verwalters erfasst nur den die Bauleistungen betreffenden Teil des Vertrages. Der durch die Vormerkung gesicherte Anspruch auf Übereignung des Grundstücks bleibt unberührt. Lehnt der Verwalter die Erfüllung des Vertrages ab, so kann der Berechtigte dennoch die Übereignung des Grundstücks verlangen.

Dies hat in der Insolvenz des Bauträgers zur Folge, dass der als einheitliches Schuldverhältnis anzusehende Bauträgervertrag in einen werkvertragsrechtlichen und in einen kaufvertragsrechtlichen Teil zu trennen ist. Diese Trennung ist nicht davon abhängig, ob für das Grundstück ein gesonderter Kaufpreis ausgewiesen ist. Fehlt es hieran, so sind die Grundsätze der ergänzenden Vertragsauslegung oder hilfsweise die §§ 315, 316 BGB heranzuziehen, um den Grundstückskaufpreis zu ermitteln.[197]

69 Ungeklärt ist in diesem Zusammenhang noch die Frage, ob die gesetzliche Regelung die beschriebene Aufteilung des Bauträgervertrages zwingend erfordert, oder ob es den Parteien durch Vertragsvereinbarung auch möglich ist, die Fertigstellung des Bauwerkes zur Bedingung der Grundstücksübereignung zu machen.[198] Betrachtet man die Entstehungsgeschichte zu § 106 Abs. 1 Satz 2 InsO, die ja gerade die Insolvenzfestigkeit der Vormerkung – und damit den Anspruch auf Übereignung des Grundstücks – sichern will und das mit dieser Norm verfolgte Ziel des Käuferschutzes, so ist eine solche, dem Bauträger günstige Vereinbarung, als unwirksam anzusehen.

Die Problematik zeigt sich auch darin, dass mit der Erfüllung des Übereignungsanspruchs der Erwerber auch Eigentum an dem bis dahin teilweise fertig gestellten Gebäude erhält, da dieses wesentlicher Bestandteil des Grundstücks ist. Diese Situation widerspricht regelmäßig den Vorstellungen des Bauträgers und die Verwertung des stecken gebliebenen Baus ist erschwert. Deshalb versucht der Bauträger, die Grundstücksveräußerung ohne oder nur mit teilweise erbrachter Bauleistung durch vertragliche Vereinbarungen wie der dargestellten zu verhindern. Aufgrund der Regelung in § 106 Abs. 1 Satz 2 InsO müssen solche Versuche allerdings scheitern.

IV. Eigentumsvorbehalt (§ 107 InsO)

1. Allgemeines

70 Die KO und die GesO enthielten keine ausdrücklichen Regelungen für den Eigentumsvorbehalt. Die immer größere Bedeutung des Eigentumsvorbehalts als Sicherungsmittel im heutigen Wirtschaftsleben führt dazu, dass

---

197 BGHZ 79, 103, 109 f.
198 Siehe dazu: Kübler/Prütting, a. a. O., § 106 Rdnr. 25.

in der Insolvenz oftmals noch Kaufverträge, bei denen ein Eigentumsvorbehalt vereinbart wurde, abgewickelt werden müssen.

Behält sich in einem Kaufvertrag der Verkäufer einer beweglichen Sache das Eigentum bis zur vollständigen Bezahlung vor, so liegt nach der Auslegungsregel des § 449 Abs. 1 BGB[199] eine mit Kaufpreiszahlung aufschiebend bedingte Übereignung gem. §§ 929, 158 BGB vor. Der Verkäufer bleibt damit zunächst noch Eigentümer, während der Käufer ein Anwartschaftsrecht an der Sache erlangt. Dieses erstarkt im Falle des Bedingungseintritts zum Vollrecht.[200] Seitens des Käufers ist dieser Vertrag bis zur vollständigen Kaufpreiszahlung nicht erfüllt i. S. d. § 103 Abs. 1 InsO. Aber auch der Verkäufer hat seine Verpflichtungen noch nicht ganz erbracht, obwohl er mit bedingter Übereignung und Übergabe alle seinerseits erforderlichen Leistungshandlungen vorgenommen hat; denn für den Erfüllungsbegriff des § 103 InsO kommt es auf den Eintritt des Leistungserfolges an.[201] Der Verkäufer hat also erst dann vollständig erfüllt, wenn das Eigentum auf den Käufer übergeht.

Für bestimmte Konstellationen geht aber § 107 InsO als Sondervorschrift vor. Dabei verfolgt sie in ihren beiden Absätzen verschiedene Ziele und klärt die bisher in Rechtsprechung und Literatur umstrittene Fragen zur Insolvenz des Vorbehaltsverkäufers bzw. -käufers. Bei der Anwendung des § 107 InsO ist demnach zu beachten:

- § 107 Abs. 1 InsO betrifft den Fall der Verkäuferinsolvenz und dient dem Schutz des Käufers.[202] Dessen Anwartschaftsrecht wird entgegen der bisherigen Rechtsprechung zum Konkursrecht für insolvenzfest erklärt, indem dem Verwalter das Wahlrecht entzogen wird.[203]
- § 107 Abs. 2 InsO regelt den Fall der Käuferinsolvenz. Anders als bei Absatz 1 verbleibt es aber hier bei der Anwenbarkeit des § 103 InsO und damit beim Wahlrecht des Verwalters. Die in Satz 1 verlängerte Überlegungsfrist für die Ausübung des Wahlrechts, soll dem Verwalter die Aufrechterhaltung des Unternehmens bis zum Berichtstermin ermöglichen.[204]

---

199 Der bisherige § 455 BGB ist jetzt in § 449 BGB n. F. geregelt. Praktisch bedeutsam ist, dass die in § 455 Abs. 1 a. E. BGB geregelte Auslegungsregel im Falle des Zahlungsverzugs des Käufers entfallen ist. Daher muss der Verkäufer auch hier vor der Ausübung des Rücktritts eine Frist gem. § 323 Abs. 1 BGB n. F. setzen.
200 BGH NJW 1984, 1184 f.
201 Kübler/Prütting, a. a. O., § 103 Rdnr. 32.
202 Breutigam/Blersch/Goetsch, a. a. O., § 107 Rdnr. 2.
203 Näher dazu: Siehe unten Rdnr. 71 ff.
204 Näher dazu: Siehe unten Rdnr. 75 ff.

2. Insolvenz des Vorbehaltsverkäufers (§ 107 Abs. 1 InsO)

a) Bisherige und jetzige Rechtslage

71 Nach bisherigem Recht war streitig, ob dem Verwalter im Falle des Konkurses des Vorbehaltsverkäufers ein Wahlrecht zusteht, er also auch die Erfüllung des Vertrages ablehnen kann.[205] Die Rspr.[206] räumte dem Verwalter ein Wahlrecht gem. § 17 KO ein. Durch die Ablehnung der Erfüllung des Kaufvertrages war es ihm daher möglich, das Anwartschaftsrecht des Vorbehaltskäufers wieder zu »vernichten« und die noch nicht voll bezahlte Ware gem. § 985 BGB wieder zur Masse zu ziehen, während der Käufer insbesondere die Rückerstattung seiner bereits geleisteten Teilzahlungen lediglich als Konkursgläubiger geltend machen konnte, § 26 KO. Eine Erfüllungspflicht des Verwalters wurde nur in besonderen Fällen unter Berücksichtigung des Grundsatzes von Treu und Glauben (§ 242 BGB) angenommen, z. B. bei fast vollständiger Kaufpreiszahlung oder bei Akzptanz des Wechsels seitens des Verkäufers. Die überwiegende Literatur kritisierte diese Rechtsprechung des BGH und verneinte eine Anwendung des § 17 KO im Falle des Konkurses des Vorbehaltsverkäufers, um so dem Anwartschaftsrecht des Vorbehaltskäufers angemessen zu schützen. Begründet wurde dies hauptsächlich mit dem Rechtsgedanken des § 161 Abs. 1 Satz 2 BGB.[207]

Die Streitfrage hat sich mit der Regelung des § 107 Abs. 1 InsO erledigt. Der Gesetzgeber hat sich der in der Literatur vertretenen Meinung angeschlossen und weicht ganz bewusst von der bisherigen Rspr. zum Eigentumsvorbehalt im Konkurs des Vorbehaltsverkäufers ab.[208] Der Verwalter hat also kein Wahlrecht, wenn vor der Eröffnung des Verfahrens ein Eigentumsvorbehalt vereinbart wurde. Das Anwartschaftsrecht des Vorbehaltskäufers ist insolvenzfest.

b) Voraussetzungen der Insolvenzfestigkeit des Anwartschaftsrechts

72 Nach dem Gesetzeswortlaut setzt § 107 Abs. 1 Satz 1 InsO in schuldrechtlicher Hinsicht einen Kauf unter Eigentumsvorbehalt und in sachenrechtlicher Hinsicht die Übertragung des Besitzes jeweils vor Verfahrenseröffnung voraus.

Um den Schutzzweck der Norm zu erreichen, kommt es jedoch maßgeblich darauf an, dass der Käufer durch die bedingte Übereignung bereits ein unentziehbares Anwartschaftsrecht erhalten hat. Dies ergibt sich aus der Begründung des Gesetzgebers. Dort wird ausgeführt, dass der Verwalter die Anwartschaft des Käufers nicht durch Ablehnung der Erfüllung des Kauf-

---

205 Zum Meinungsstreit m. w. N.: Breutigam/Blersch/Goetsch, a. a. O., § 107 Rdnr. 3.
206 BGH ZIP 1986, 1059, 1061 f.
207 Statt vieler: Kübler/Prütting, a. a. O., § 107 Rdnr. 1 m. w. N.
208 Begründung zu § 121 RegE, abgedruckt in Kübler/Prütting, Das neue Insolvenzrecht, Bd. I, S. 298. Siehe auch: HK-InsO/Marotzke, § 107 Rdnr. 1, der von einer »missbilligenden Reaktion des Gesetzgebers« auf die Rechtsprechung spricht.

vertrages zerstören kann. Entscheidendes Kriterium ist damit die bedingte Übertragung der Sache (dingliches Rechtsgeschäft) und nicht etwa die auf schuldrechtlicher Ebene einzuordnende Frage, ob der Kaufvertrag zu einer bedingten Übereignung verpflichtet. Wenn mit der Regelung in Absatz 1 das Anwartschaftsrecht des Käufers geschützt werden soll, dann setzt dies zwingend voraus, dass ein solches auch entstanden ist. Ob die Übereignung durch Zahlung aufschiebend oder durch Nichtzahlung bzw. Rücktritt auflösend bedingt ist, ist dabei unerheblich.

Auch mit der Formulierung, dass der Schuldner dem Käufer den Besitz an der Sache übertragen haben muss, drückt sich das Gesetz wenig präzise aus. Denn damit bleibt unklar, ob bereits mittelbarer Besitz ausreichend ist, oder ob nur unmittelbarer Besitz in Frage kommt. Möchte der Gesetzgeber die vom Käufer erworbene Rechtsposition angemessen schützen, so kann die tatsächliche Verfügungsgewalt über die Sache nicht als maßgebliches Kriterium dienen, mithin muss deshalb jede Form der Besitzverschaffung ausreichen.[209] Wie bereits dargelegt wurde, ist allein maßgebend, dass der Käufer ein wirksames Anwartschaftsrecht erlangt hat. Die für das Anwartschaftsrecht erforderliche bedingte Übereignung setzt aber bereits selbst eine Verschaffung des unmittelbaren oder mittelbaren Besitzes voraus. Der Gesetzgeber wollte daher gar nichts besitzrechtliches, sondern die nicht im Gesetzeswortlaut erwähnte bedingte Übereignung regeln, die zur Begründung eines Anwartschaftsrechts notwendig ist. Im Gesetzeswortlaut aber kommt das Anwartschaftsrecht nur unpräzise durch die Formulierung des Verkaufs unter Eigentumsvorbehalt zum Ausdruck, wobei der Gesetzgeber lediglich den gesetzlichen Regelfall des Übergabeerfordernisses nach § 929 Satz 1 BGB im Auge hatte. Die Besitzverschaffung ist daher keine gesonderte Voraussetzung des Absatzes 1, sondern ist bereits Voraussetzung bei der Begründung des Anwartschaftsrechts.

Eine analoge Anwendung des § 107 Abs. 1 InsO kommt dann in Betracht, wenn der Vertragspartner eine Rechtsposition erworben hat, welche derjenigen des Vorbehaltskäufers angenähert ist. Eine Analogie auf die Kaufoption des Leasingnehmers ist jedoch immer dann abzulehnen, wenn der Leasingvertrag lediglich einen schuldrechtlichen Anspruch auf Eigentumsverschaffung beinhaltet, da dieser nicht eine dem Anwartschaftsrecht vergleichbare dinglich gesicherte Rechtsposition darstellt. Ist dagegen im Leasingvertrag der Leasinggegenstand bereits aufschiebend bedingt durch die Ausübung der Option und der Zahlung übereignet worden, so ist § 107 Abs. 1 InsO analog anzuwenden.[210]

73

---

209 HK-InsO/Marotzke, § 107 Rdnr. 6; Kübler/Prütting, a. a. O., § 107 Rdnr. 7.
210 Nerlich/Römermann, a. a. O., § 107 Rdnr. 11; Breutigam/Blersch/Goetsch, a. a. O., § 107 Rdnr. 11; a. A.: Kübler/Prütting, a. a. O., § 107 Rdnr. 8.

c) Rechtsfolgen

74 § 107 Abs. 1 Satz 1 InsO ordnet den Fortbestand des Vertrages mit Wirkung gegen die Insolvenzmasse an. Dabei ist die Formulierung des Gesetzes, wonach der Käufer vom Verwalter die Erfüllung des Vertrages verlangen kann, zu weit gehend. Einer Erfüllungshandlung des Verkäufers, deren Vornahme der Käufer »verlangen« könnte, bedarf es gerade aufgrund des bestehenden Anwartschaftsrechts nach bedingter Übereignung nicht mehr.[211] Denn der Verkäufer hat seine Verpflichtungen bereits vor Verfahrenseröffnung erfüllt; lediglich der Leistungserfolg steht noch aus. Geschützt wird vielmehr allein das Anwartschaftsrecht, also die Möglichkeit für den Käufer, gegen Zahlung des restlichen Kaufpreises Eigentum an der Sache zu erlangen ohne auf die Mitwirkung des Verkäufers angewiesen zu sein. Dem Käufer daneben noch einen zusätzlichen Leistungsanspruch zu gewähren, würde über das Normziel des § 107 Abs. 1 InsO hinausgehen. Dieses Recht und das damit verbundene Recht zum Besitz kann der Verwalter nicht durch Ablehnung der Erfüllung zerstören.[212] Solange sich der Vorbehaltskäufer vertragstreu verhält, kann der Verwalter lediglich die restlichen Raten einziehen. Mit Bedingungseintritt erwirbt der Käufer Eigentum.

Nur im Falle des Zahlungsverzuges des Käufers ist der Verwalter gem. §§ 449 Abs. 2, 323 BGB[213] zum Rücktritt berechtigt und kann Herausgabe des Kaufgegenstandes nach § 985 BGB verlangen. Eine bereits vor Verfahrenseröffnung bewilligte Stundung der Ratenzahlungen seitens des Verkäufers muss der Verwalter dagegen hinnehmen, es sei denn es kommt eine Anfechtung gem. §§ 129 ff. InsO in Betracht.

In Anlehnung an die entsprechende Regelung für die Vormerkung in § 106 Abs. 1 Satz 2 InsO sieht § 107 Abs. 1 Satz 2 InsO die Insolvenzfestigkeit des Anwartschaftsrecht auch dann vor, wenn der Verkäufer neben der Eigentumsverschaffungspflicht noch weitere Verpflichtungen, z. B. Einbau bzw. Montage der verkauften Sachen, Instruktion des Käufers zur Handhabung mit der Sache, übernommen hat.[214] Hinsichtlich der noch ausstehenden, zusätzlichen Leistungen des Schuldners hat der Verwalter ein Wahlrecht. Wählt der Verwalter Nichterfüllung, so erwirbt der Käufer durch Zahlung eines entsprechend reduzierten Kaufpreises Eigentum an der Sache. Im Falle der Erfüllungsablehnung steht dem Vertragspartner ein Schadenser-

---

211 HK-InsO/Marotzke, a. a. O., der dies zutreffend so formuliert, dass der Käufer vor Bedingungseintritt wirklich nur die Respektierung des ihm bereits übertragenen Besitzes und das Unterlassen der Vindikation (die ja bereits schon durch § 986 Abs. 1 1 BGB ausgeschlossen sei) verlangen könne.
212 Begründung zu § 121 RegE, abgedruckt in Kübler/Prütting, Das neue Insolvenzrecht, Bd. I, S. 298.
213 Die bisherige Auslegungsregel im Falle des Zahlungsverzugs des Käufers nach § 455 Abs. 1 BGB ist entfallen. Der Verkäufer muss demnach in der Regel, um vom Vertrag zurücktreten zu können, zuvor eine Frist gem. § 323 Abs. 1 BGB n. F. setzen. § 449 Abs. 2 BGB n. F. enthält dabei nur eine Klarstellung, dass der Vorbehaltsverkäufer die Ware nur nach einem Rücktritt herausverlangen kann.
214 Kübler/Prütting, Kommentar zur Insolvenzordnung., § 107 Rdnr. 12.

satzanspruch nach § 103 Abs. 2 Satz 1 InsO zu. In Höhe seines Schadensersatzanspruchs ist der Kaufpreis für den Kaufgegenstand zu reduzieren.[215]

3. Insolvenz des Vorbehaltskäufers (§ 107 Abs. 2 InsO)

a) Grundsatz

Wird über das Vermögen des Vorbehaltskäufers das Insolvenzverfahren eröffnet, so gilt uneingeschränkt § 103 InsO.[216] Das Wahlrecht des Verwalters nach § 103 InsO wird aber gem. § 107 Abs. 2 Satz 1 InsO zeitlich modifiziert. Ist er daher vom Verkäufer zur Wahlrechtsausübung aufgefordert worden, so besteht für ihn eine Überlegungsfrist bis zum Berichtstermin (§ 156 InsO), der bis zu drei Monate nach Eröffnung des Verfahrens angesetzt werden kann (§ 29 Abs. 1 Nr. 1 InsO). Erst nach diesem Termin hat sich der Verwalter unverzüglich zu erklären, ob er Erfüllung wählt.

75

Sinn dieser Regelung ist es, dem Verwalter nach Eröffnung des Verfahrens das im Besitz des Schuldners vorhandene Vermögen zunächst zusammenzuhalten, um Fortführungs- und Sanierungschancen des Unternehmens zu wahren. Ausdrücklich zieht die Gesetzesbegründung eine Parallele zum Verwertungsrecht des Verwalters bei der Sicherungsübereignung, obwohl der Sicherungsnehmer im Gegensatz zum Vorbehaltsverkäufer nur absonderungsberechtigt ist. Ohne diese Regelung könnte der Verkäufer seine Ware gem. § 985 BGB i. V. m. § 47 InsO aus dem Unternehmen des Schuldners nehmen, bevor im Berichtstermin über dessen Schicksal entschieden ist.[217] Die Vorschrift des § 107 Abs. 2 Satz 1 InsO begründet folglich ein sonstiges Recht zum Besitz gem. § 986 Abs. 1 BGB. Der Verwalter kommt während der Überlegungsfrist nicht in Verzug, wenn er die entsprechenden Kaufpreisraten nicht bezahlt. Auch ist dem Verkäufer ein Rücktritt gem. §§ 449, 323 BGB nach Eröffnung des Verfahrens aufgrund eines Zahlungsverzugs (vor Verfahrenseröffnung) des Käufers und nunmehrigen Schuldners verwehrt.[218]

In den Fällen des § 107 Abs. 2 Satz 2 InsO gilt die verlängerte Überlegungsfrist nicht, der Verwalter muss sich gem. § 103 Abs. 2 Satz 2 InsO unverzüglich nach Aufforderung des Verkäufers erklären.

---

215 Kübler/Prütting, a. a. O.; HK-InsO/Marotzke, § 107 Rdnr. 10, der der Frage nachgeht, ob diese Reduktion dingliche Wirkung hat.
216 Kübler/Prütting, a. a. O., § 107 Rdnr. 14.
217 HK-InsO/Marotzke, § 107 Rdnr. 23; Nerlich/Römermann, a. a. O., § 107 Rdnr. 4.
218 HK-InsO/Marotzke, § 107 Rdnr. 30.

In der Insolvenz des Vorbehaltskäufers gilt:

- Entscheidet sich der Verwalter für die Erfüllung des Vertrages, so sind die restlichen Kaufpreisraten entsprechend den vertraglichen Vereinbarungen als Masseschuld gem. § 55 Abs. 1 Nr. 2 Alt. 1 InsO zu begleichen. Bis zur vollständigen Zahlung bleibt der Verwalter zum Besitz berechtigt. Mit Zahlung der letzten Rate tritt die Bedingung (§ 158 Abs. 1 BGB) ein, unter der der Verkäufer bereits vor Verfahrenseröffnung an den Schuldner übereignet hatte. Das Eigentum geht endgültig in die Masse über.
- Im Falle der Erfüllungsablehnung ist der Verkäufer zur Aussonderung berechtigt (§ 47 InsO). § 105 Satz 2 InsO steht dem nicht entgegen, da die Ware nicht in das Eigentum des Schuldners gelangt ist. Bereits durch den Schuldner geleistete Kaufpreisraten hat der Verkäufer nach den Regeln der ungerechtfertigten Bereicherung (§§ 812 ff. BGB) zurückzuerstatten; hiervon darf er aber seinen Schadensersatzanspruch nach § 103 Abs. 2 Satz 1 InsO, d. h. in der Regel den Gegenwert der ausstehenden Leistungen, abziehen.[219]
- Hatte der Schuldner bereits vor Verfahrenseröffnung sein Anwartschaftsrecht auf einen Dritten weiterübertragen, so ist dieser im Falle der Erfüllungsablehnung gem. § 268 Abs. 1 BGB zur Ablösung berechtigt, da er nunmehr Inhaber der »in Gefahr geratenen« dinglichen Rechtsposition ist.[220] Mit Zahlung wird der Dritte im Wege des Direkterwerbs Eigentümer. Ein Ablösungsrecht des Dritten wird auch für denjenigen Fall gewährt, dass der Schuldner das Anwartschaftsrecht nur zur Sicherheit eines Kredits übertragen hatte. Zwar fällt bei vollständiger Zahlung durch den Sicherungsnehmer das Eigentum an der Sache in die Insolvenzmasse. Ihm steht dann aber ein Anspruch auf abgesonderte Befriedigung gem. § 51 Nr. 1 InsO zu.[221]

b) Voraussetzungen der verlängerten Überlegungsfrist

76
- Besitz des Schuldners
Obwohl der Wortlaut des § 107 Abs. 2 Satz 1 InsO mit dem des § 107 Abs. 1 Satz 1 InsO nahezu identisch ist, in beiden Absätzen ist vom Verkauf bzw. Kauf unter Eigentumsvorbehalt und von der Übertragung des Besitzes an den Käufer bzw. der Erlangung des Besitzes vom Verkäufer die Rede, unterscheiden sich beide Absätze in ihren Voraussetzungen. Grund hierfür sind die von beiden Normen verfolgten, unterschiedlichen Gesetzeszwecke.[222]

---

219 Gottwald, a. a. O., § 36 Rdnr. 21 f., der auf den Fall eingeht, dass eine zum größten Teil bezahlte Ware dem Verkäufer durch die Erfüllungsablehnung des Verwalters auch wieder aufgedrängt werden kann und er zur Rückzahlung der bereits geleisteten Raten gezwungen wird.
220 Kübler/Prütting, a. a. O., § 107 Rdnr. 15.
221 Gottwald, a. a. O., § 36 Rdnr. 23.
222 Nerlich/Römermann, a. a. O., § 107 Rdnr. 13.

Wagner

Ziel des Absatzes 1 ist die Insolvenzfestigkeit des Anwartschaftsrechts, das des Absatzes 2 das Zusammenhalten des im Besitz des Schuldners vorhandenen Vermögens. Darin zeigt sich, dass Absatz 2 abweichend von Absatz 1 allein an die Besitzlage anknüpft. Denn nicht die gesicherte Rechtsposition, sondern die »Verfügbarkeit« des Vorbehaltsguts für den Schuldner ist dabei in Absatz 2 maßgebend. Zieht die Gesetzesbegründung (vgl. oben Fußnote 94) die Parallele zur Sicherungsübereignung, so wird dadurch konkludent auch § 166 Abs. 1 InsO und die darin genannte Voraussetzung, dass der Verwalter »die Sache in seinem Besitz hat« einbezogen. Der Käufer muss deshalb die Sache bei Verfahrenseröffnung in Besitz haben. Dabei wird im Regelfall unmittelbarer Besitz zu verlangen sein.[223] Aber auch mittelbarer Besitz ist ausreichend, wenn der Verkäufer jede Besitzposition verloren hat. Der Vermieter hat daher die verlängerte Erklärungsfrist auch dann, wenn der Schuldner die Kaufsache an einen Dritten vermietet hat.[224]

- Anwartschaftsrecht des Käufers?

77

Knüpft Absatz 2 allein an die Besitzlage an, so setzt er im Gegensatz zu Absatz 1 eine dingliche Einigung nicht voraus. Es ist hier also ohne Belang, ob der Schuldner bereits durch eine bedingte Übereignung ein Anwartschaftsrecht erlangt hat. Auch bei der Sicherungsübereignung hängt das Verwertungsrecht des Verwalters nicht davon ab, ob der Sicherungsnehmer das Sicherungseigentum bereits aufschiebend bedingt durch Zahlung rückübereignet hat. Denn auch bei unbedingten Sicherungsübereignungen kommen die §§ 51 Nr. 1, 166 Abs. 1, 172 InsO zur Anwendung. Deshalb muss der Sicherungsnehmer auch dann mit einem Verwertungs- und Benutzungsrecht des Verwalters in der Insolvenz des Sicherungsgebers rechnen, wenn diesem kein Anwartschaftsrecht auf Eigentumsrückerwerb eingeräumt wurde.

Die Frage, ob ein Anwartschaftsrecht entstanden oder nur mittelbarer Besitz erlangt wurde ist aber dann unerheblich, wenn man den nach § 107 Abs. 2 Satz 1 InsO verlängerten Entscheidungszeitraum nicht alleine auf die Fälle des Vorbehaltskaufs beschränkt, sondern die von § 103 Abs. 2 Satz 2 InsO geforderte unverzügliche Entscheidung des Verwalters immer dann nicht vor dem Berichtstermin verlangt, wenn eine Sache für die Fortführung des Unternehmens notwendig ist.[225]

Hält man eine solch erweiterte Anwendung des § 107 Abs. 2 Satz 1 InsO für zu weit gehend, so bleibt dennoch festzustellen, dass Absatz 2 auf sämtliche Verträge angewendet werden kann, aufgrund derer dem Schuldner vor Verfahrenseröffnung der Besitz überlassen wurde. Die obligatorische Vereinbarung eines Eigentumsvorbehalts ist daher nicht notwendig, denn das hier geschützte Interesse des Verwalters besteht unabhängig davon, ob die Sache

---

223 Kübler/Prütting, a. a. O., § 107 Rdnr. 18; HK-InsO/Marotzke, § 107 Rdnr. 26.
224 FK-InsO/Wegener, § 107 Rdnr. 19; HK-InsO/Marotzke, mit der Einschränkung, dass Besitzmittler und Sicherungsnehmer verschiedene Personen sind; unmittelbarer Besitz verlangt dagegen Nerlich/Römermann, a. a. O., § 107 Rdnr. 13.
225 So Nerlich/Römermann, a. a. O., § 107 Rdnr. 14; Breutigam/Blersch/Goetsch, a. a. O., § 107 Rdnr. 19.

aufgrund eines Kauf- oder aufgrund eines Miet-/Pachtvertrages in den Besitz des Schuldners gelangt ist. Miet- und Pachtverhältnisse über bewegliche Sachen fallen in der Insolvenz des Mieters unter § 103 InsO; § 108 Abs. 1 Satz 2 InsO findet in der Insolvenz des Mieters keine Anwendung.

▶ **Beispiele:**
Der Gläubiger hat dem Schuldner, der ein Bauunternehmen betreibt, einen Bagger vermietet, den der Verwalter zur geplanten Fertigstellung eines Bauvorhabens benötigt. Fordert der Gläubiger den Verwalter zur Ausübung des Wahlrechts auf, hat dieser nach der überwiegenden Literatur die verlängerte Erklärungsfrist des § 107 Abs. 2 Satz 1 InsO.

c) Rechtsfolgen

78 Nach dem Berichtstermin hat der Verwalter seine Entscheidung »unverzüglich« – also ohne schuldhaftes Zögern gem. § 121 Abs. 2 Satz 2 BGB – zu treffen. Dabei ist er jedoch nicht zur sofortigen Entscheidung nach dem Berichtstermin verpflichtet, sondern es ist ihm eine angemessene Überlegungsfrist wie bei § 103 Abs. 2 Satz 2 InsO einzuräumen. Wie lange dieser Entscheidungszeitraum bemessen ist, hängt von den Umständen des Einzelfalles ab. Sie muss aber so lange sein, dass der Verwalter die von der Gläubigerversammlung im Berichtstermin vorgegebenen Ziele erreichen kann; er also in der Lage ist zu überprüfen, welche Vorbehaltsgüter benötigt werden. Auch muss ihm die Möglichkeit gegeben werden, bei bedeutsamen Rechtshandlungen die erforderliche Zustimmung der Gläubigerversammlung nach § 160 InsO einzuholen. Verletzt der Verwalter die Obliegenheit der unverzüglichen Erklärung, so verliert er wie im Falle ausdrücklicher Erfüllungsablehnung das Recht, Erfüllung zu verlangen (§ 103 Abs. 2 Satz 3 InsO).

d) Ausschluss der verlängerten Überlegungsfrist

79 Bei der ordentlichen Überlegungsfrist des § 103 Abs. 2 Satz 2 InsO bleibt es gem. § 107 Abs. 2 Satz 2 InsO dann, wenn bis zum Berichtstermin eine erhebliche Wertminderung der Kaufsache zu erwarten wäre und der Verkäufer den Verwalter darauf hingewiesen hat. Bei dem Tatbestandsmerkmal der erheblichen Wertminderung hatte der Gesetzgeber vor allem verderbliche Waren und Saisonartikel als den Regelfall vorgesehen.[226] Dagegen werden Wertminderungen, die durch die Nutzung der Sache bis zum Berichtstermin entstehen, nicht erfasst, da dem Verkäufer hierfür eine Entschädigung nach § 172 InsO analog zusteht.[227]

---

226 Ausschussbericht zu § 121 RegE, abgedruckt in Kübler/Prütting, Das neue Insolvenzrecht, Bd. I, S. 298. Näher dazu auch: Nerlich/Römermann, a. a. O., § 107 Rdnr. 17.
227 So Kübler/Prütting, Kommentar zur Insolvenzordnung, § 107 Rdnr. 22, entgegen seiner früheren Auffassung in ZIP 1995, 616, 617.

4. Sonderformen des Eigentumsvorbehalts

a) Verlängerter Eigentumsvorbehalt

Beim verlängerten Eigentumsvorbehalt wird der Käufer durch den Verkäufer zur Weiterveräußerung der Vorbehaltsware im ordnungsgemäßen Geschäftsverkehr ermächtigt. Dafür lässt sich der Verkäufer als Sicherung die Forderungen aus dem Weiterverkauf im Voraus abtreten. Der Dritte erwirbt gem. §§ 929, 185 Abs. 1 BGB Eigentum. Erfolgt im Anschluss daran die Eröffnung des Insolvenzverfahrens, so ist § 103 InsO nicht mehr anwendbar, da mit der Weiterveräußerung der Verkäufer sein Eigentum und der Käufer sein Anwartschaftsrecht verloren hat.

80

In der Käuferinsolvenz steht dem Verkäufer ein Absonderungsrecht an der abgetretenen Kaufpreisforderung gem. § 51 Nr. 1 InsO zu. Gleiches gilt im Falle der Vereinbarung einer Verarbeitungsklausel; hier besteht ein Absonderungsrecht an der neu hergestellten Sache.[228]

b) Nachgeschalteter Eigentumsvorbehalt

Beim nachgeschalteten Eigentumsvorbehalt veräußert der Vorbehaltskäufer, ohne den bestehenden Eigentumsvorbehalt des Vorbehaltsverkäufers offen zu legen, die Sache wiederum unter Eigentumsvorbehalt an den Kunden. Es liegen zwei jeweils aufschiebend bedingte Übereignungen vor, die erst beim Eintritt von wenigstens einer Bedingung das Eigentum des Verkäufers erlöschen lassen. Im Insolvenzverfahren sind die Kaufverträge stets getrennt zu betrachten. Folgende Konstellationen sind möglich:

81

- In der Verkäuferinsolvenz gilt bei Vertragstreue des Erstkäufers § 107 Abs. 1 InsO.
- In der Insolvenz des Erstkäufers kann der Verwalter zwar gegenüber dem Verkäufer die Erfüllung ablehnen, gegenüber dem Zweitkäufer ist er aber gem. § 107 Abs. 1 InsO zur Erfüllung verpflichtet, so dass sich für den Verwalter nur insgesamt eine Erfüllung anbietet, um etwaigen Schwierigkeiten in der Abwicklung zu vermeiden.
- In der Insolvenz des Zweitkäufers hat der Verwalter dagegen wiederum gem. § 103 Abs. 1 InsO ein Wahlrecht gegenüber dem Erstkäufer. Auf den Vertrag zwischen Verkäufer und Erstkäufer hat die Insolvenz des Zweitkäufers keinen Einfluss.

c) Weitergeleiteter Eigentumsvorbehalt

In diesem Fall legt der Vorbehaltskäufer bei der Veräußerung an den Dritten den bestehenden Eigentumsvorbehalt des Vorbehaltsverkäufers offen. Es wird also lediglich das Anwartschaftsrecht übertragen. Eigentümer wird der Dritte erst, wenn die Verbindlichkeit des Vorbehaltskäufers gegenüber

82

---

228 HK-InsO/Marotzke, § 107 Rdnr. 17.

dem Vorbehaltsverkäufer getilgt ist. In der Insolvenz des Vorbehaltskäufers ist er gem. § 268 Abs. 1 BGB zur Zahlung berechtigt.

d) Erweiterter Eigentumsvorbehalt

83 Neben dem Anspruch aus der eigentlichen Kaufpreisforderung werden weitere Forderungen des Verkäufers gegen den Käufer aus der Geschäftsverbindung einbezogen. Erst mit der vollständigen Befriedigung erledigt sich also diese Form des Eigentumsvorbehalts.

Der erweiterte Eigentumsvorbehalt steht im Falle der vollständigen Bezahlung der Vorbehaltsware hinsichtlich der weiteren Forderungen einer Sicherungsübereignung gleich. Wegen dieses Sicherungscharakters kann daher der Verkäufer in der Käuferinsolvenz bei Erfüllungsablehnung des Verwalters hinsichtlich der weiteren Ansprüche nur abgesonderte Befriedigung verlangen (Erweiterungsfall). Ein Recht auf Aussonderung steht ihm im Falle der Erfüllungsablehnung nur dann zu, als die eigentliche Kaufpreisforderung bei Verfahrenseröffnung noch nicht beglichen ist.[229]

Wählt der Verwalter dagegen Erfüllung, so muss er lediglich den noch offenen Anspruch bezüglich der eigentlichen Kaufpreisforderung als Masseschuld gem. § 55 Abs. 1 Nr. 2 Alt. 1 InsO begleichen. Hinsichtlich der übrigen Forderungen aus der Geschäftsverbindung ist der Verkäufer lediglich Insolvenzgläubiger.

e) Kontokorrentvorbehalt

84 Der Kontokorrentvorbehalt unterscheidet sich vom erweiterten Eigentumsvorbehalt lediglich darin, dass zusätzlich vereinbart wird, der Eigentumsvorbehalt solle auch den Schlusssaldo sichern. Obwohl ein Kontokorrentvertrag gem. §§ 116, 115 InsO mit Verfahrenseröffnung erlischt, steht § 91 Abs. 1 InsO nicht entgegen, da der Schlusssaldo bereits dem Grunde nach vor Verfahrenseröffnung angelegt war.[230] Dies bedeutet, dass der Verkäufer in der Käuferinsolvenz stets abgesonderte Befriedigung aus der Vorbehaltsware auch bezüglich des Schlusssaldos fordern kann.[231]

f) Konzernvorbehalt

85 Hier sind nicht nur die Forderungen des Verkäufers gegen den Käufer, sondern auch die anderer Lieferanten des Käufers, die dem Konzern des Verkäufers angehören, gesichert.

Der Konzernvorbehalt ist nunmehr gesetzlich ausgeschlossen (§ 449 Abs. 3 BGB).

---

[229] HK-InsO/Marotzke, § 107 Rdnr. 14 f.
[230] BGHZ 70, 86, 94.
[231] Differenzierend: Kübler/Prütting, a. a. O., § 107 Rdnr. 16.

… Die Abwicklung der Vertragsverhältnisse in der Insolvenz

C. Abwicklung der Mietverhältnisse in der Insolvenz

I. Anwendungsbereich

1. Grundsatz

Die §§ 108–112 InsO gehen als Sonderregelungen für die Behandlung von Miet- und Pachtverträgen als Dauerschuldverhältnisse der Grundregel des § 103 InsO vor.[232]

86

Dabei hat § 108 Abs. 1 Satz 1 InsO mit seiner Anordnung des Weiterbestehens von Verträgen in erster Linie klarstellende Funktion, denn nicht der Fortbestand, sondern das Erlöschen eines Vertragsverhältnisses bedarf einer besonderen gesetzlichen Grundlage. An die Stelle des Wahlrechts des Insolvenzverwalters nach § 103 InsO treten in diesen Fällen besonders geregelte Kündigungs- und Rücktrittsrechte.

Diese gesetzgeberische Lösung entspricht weitestgehend den bisherigen §§ 19–22 KO. Abweichend vom bisherigen Recht werden allerdings Miet- und Pachtverhältnisse über bewegliche Sachen und Rechte aus der Regelung über das Fortbestehen von Dauerschuldverhältnissen ausgenommen. Bei Miet- oder Pachtverträgen über bewegliche Sachen hat der Verwalter nunmehr das Wahlrecht nach § 103 InsO. Durch die Unterscheidung soll nach der gesetzgeberischen Intention eine für die Praxis klare Rechtslage geschaffen werden.[233] Eine Ausnahme hiervon wurde nachträglich in Form des § 108 Abs. 1 Satz 2 InsO eingefügt, um finanzierte Leasingverträge über bewegliche Gegenstände dem Regelungsbereich der § 108 ff. InsO zu unterwerfen.[234]

Nachfolgend wird nur auf Miet- oder Pachtverträge über unbewegliche Sachen eingegangen. Für die Frage der Fortführung eines Miet- oder Pachtverhältnisses ist gem. den §§ 109–111 InsO eine Differenzierung dahingehend vorzunehmen, ob

87

- das Insolvenzverfahren über das Vermögen des Mieters oder des Vermieters eröffnet wird, und ob
- der vermietete Gegenstand zum Zeitpunkt der Eröffnung des Verfahrens bereits überlassen worden ist.

Anwendbare Normen bei Dauerschuldverhältnissen:

- Wird über das Vermögen des Mieters das Insolvenzverfahren eröffnet und war der gemietete Gegenstand noch nicht überlassen, so gilt § 109 Abs. 2 Satz 1 InsO.

---

[232] Nerlich/Römermann, a. a. O., § 108 Rdnr. 3.
[233] Zur Begründung der Neuregelung: BT-Drucks 12/2443, S. 146 abgedruckt bei Kübler/Prütting, Das neue Insolvenzrecht, Bd. I, S. 299 f.
[234] Zu den Einzelheiten hierzu wird auf Rdnr. 119 verwiesen.

Wagner

> - Wird über das Vermögen des Mieters das Insolvenzverfahren eröffnet und war der gemietete Gegenstand bereits überlassen, so kommt § 109 Abs. 1 Satz 1 InsO zur Anwendung.
> - Wird das Insolvenzverfahren über das Vermögen des Vermieters eröffnet, so hat dies unabhängig davon, ob der Vertragsgegenstand dem anderen Teil bereits überlassen war oder nicht, keinen Einfluss auf den Bestand des Vertrages. Es gilt mangels anderweitiger gesetzlicher Regelung der Grundsatz des § 108 Abs. 1 Satz 1 InsO; der Insolvenzverwalter bleibt zur Vertragserfüllung verpflichtet, ein Sonderkündigungsrecht besteht nicht.

2. Bestehender Miet- oder Pachtvertrag

88 Die Überschrift bei § 108 InsO («Fortbestehen von Dauerschuldverhältnissen») ist etwas irreführend. Entgegen der zu weit gefassten Überschrift gilt der Fortbestand des Vertragsverhältnisses in der Insolvenz nicht für alle Dauerschuldverhältnisse. § 108 Abs. 1 InsO erfasst neben den Dienstverhältnissen des Schuldners Miet- und Pachtverträge des Schuldners über unbewegliche Gegenstände und Räume und bestimmte finanzierte Miet- und Pachtverträge über Mobilien. Darunter fallen auch Zwischen- und Untermiete, sowie -pacht, da es auf die eigene Nutzung nicht ankommt.[235]

Für die Einordnung als Miet- oder Pachtvertrag kommt es entscheidend darauf an, ob die entgeltliche Nutzungsüberlassung die Hauptleistung des Vertrages ist.[236] Wegen der Unentgeltlichkeit der Leistung fällt die Leihe nicht in den Anwendungsbereich der §§ 108 ff. InsO. Die Abgrenzung zwischen beweglichen und unbeweglichen Gegenständen ergibt sich aus der Legaldefinition des § 49 InsO. Typengemischte Verträge fallen unter den Anwendungsbereich der §§ 108 ff. InsO, wenn das Schwergewicht im miet- oder pachtrechtlichen Bereich liegt. Hauptanwendungsfall ist hierbei der Leasingvertrag, der von der Rspr. durchgehend als Mietvertrag qualifiziert wird.[237]

Die Regelung des § 108 InsO unterscheidet im Unterschied zu den §§ 109–112 InsO nicht danach, ob der Vermieter oder Verpächter insolvent wird oder ob der Miet- oder Pachtgegenstand bereits vor Insolvenzeröffnung der Vertragspartei überlassen wurde.[238]

Die §§ 108 ff. InsO finden aber nur dann Anwendung, wenn der Miet- oder Pachtvertrag gem. §§ 535 ff., 581 ff. BGB zum Zeitpunkt der Eröffnung des Insolvenzverfahrens noch besteht. Bei wirksamer Beendigung bereits vor Eröffnung des Insolvenzverfahrens, selbst bei Beendigung im vorläufigen Insolvenzverfahren, gelten nicht die §§ 108 ff. InsO, sondern die allgemei-

---

235 Nerlich/Römermann, a. a. O., § 108 Rdnr. 9.
236 Zu den Abgrenzungsschwierigkeiten, insbesondere zum Kaufvertrag, im Einzelnen: FK-InsO/Wegener, § 108 Rdnr. 6 ff.
237 Im Einzelnen m. w. N.: FK-InsO/Wegener, § 108 Rdnr. 8 ff.
238 MK-InsO/Eckert, § 108 Rdnr. 12.

Wagner

nen Vorschriften. Dies gilt selbst dann, wenn noch einzelne Ansprüche aus dem Miet- oder Pachtverhältnis offen sind, z. B. der Entschädigungsanspruch des Vermieters bei verspäteter Rückgabe der Mietsache gem. §§ 546 a BGB. Der Vermieter kann bei einem beendeten Miet- oder Pachtvertrag in der Insolvenz des Mieters von dem Insolvenzverwalter die Rückgabe der Sache gem. § 546 Abs. 1 BGB bzw. als Eigentümer nach § 985 BGB verlangen; er kann nach § 47 InsO aussondern.²³⁹ Wegen seiner übrigen Ansprüche ist er Insolvenzgläubiger gem. § 38 InsO. Seine Klage auf Rückgabe oder Räumung hat der Vermieter nach Verfahrenseröffnung gegen den Insolvenzverwalter geltend zu machen.

Die Anwendbarkeit der §§ 108 ff. InsO setzt nicht voraus, dass der Schuldner als Vermieter Eigentümer des Miet- oder Pachtobjekts ist.²⁴⁰ Eine Besonderheit gilt aber, wenn der Vermieter Miteigentümer der vermieteten Sache ist. § 108 InsO gilt hier nicht; der Verwalter ist zur Auseinandersetzung der Gemeinschaft nach § 84 InsO gezwungen.²⁴¹

3. Rechtsfolgen

Der von § 108 Abs. 1 Satz 1 InsO angeordnete Fortbestand des Schuldverhältnisses führt dazu, dass die Ansprüche des Vertragspartners für den Zeitraum nach Verfahrenseröffnung bis zur wirksamen Beendigung gem. § 55 Abs. 1 Nr. 2 Alt. 2 InsO Masseverbindlichkeiten sind.

Vollständig aus der Masse zu begleichen sind auch solche Verbindlichkeiten, die von einem sog. starken vorläufigen Insolvenzverwalter gem. § 22 Abs. 1 Satz 1 InsO begründet worden sind, § 55 Abs. 2 InsO.²⁴²

Dagegen stellt § 108 Abs. 2 InsO ausdrücklich klar, dass unerfüllt gebliebene Ansprüche des Vertragspartners aus der Zeit vor Eröffnung lediglich Insolvenzforderungen begründen.²⁴³ § 55 Abs. 2 InsO ist gegenüber § 108 Abs. 2 InsO lex specialis.²⁴⁴

---

239 BGHZ 127, 156, 160.
240 Zu dieser Fallkonstellation: HK-InsO/Marotzke, § 108 Rdnr. 16.
241 Gottwald, a. a. O., § 37 Rdnr. 5.
242 Breutigam/Blersch/Goetsch, a. a. O., § 108 Rdnr. 28 f.
243 Zu Sinn und Zweck dieser Vorschrift und verschiedenen Fallgestaltungen: FK-InsO/Wegener, § 108 Rdnr. 27 f.; zu dem Problem, wie es bei Mietverträgen mit dem Vertragspartner als Vermieter wegen des sich auf beide Alternativen des § 55 Abs. 1 Nr. 2 InsO beziehenden Wortes »soweit« und wegen § 108 Abs. 2 InsO auf die Streitfrage ankommen kann, wie sich das »Belassen« der Nutzungsmöglichkeit wertmäßig zur bereits vorher erfolgten »Einräumung« der Nutzungsmöglichkeit verhält: HK-InsO/Marotzke, § 108 Rdnr. 18, 21 f. m. w. N.
244 Zum Meinungsstand, vgl. Bruder 2. Kapitel Rdnr. 54.

II. Das Mietverhältnis in der Insolvenz des Mieters

1. Allgemeines

90 Wird über das Vermögen des Mieters einer unbeweglichen Sache das Insolvenzverfahren eröffnet, sieht § 109 InsO Möglichkeiten einer vorzeitigen Beendigung des Vertrages vor. Dabei regelt Abs. 1 den Fall, dass der Mietgegenstand bereits vor Verfahrenseröffnung überlassen war, Abs. 2 diejenige Konstellation, dass eine Überlassung noch nicht stattgefunden hat.

Die Vorschrift räumt entgegen der bisherigen Regelung des § 19 Satz 1 KO nur noch dem Verwalter ein Sonderkündigungsrecht ein. Die Erwartung des Gesetzgebers, dass der Vermieter nicht zur Unzeit kündigen werde, solange der Mietzins gesichert ist,[245] hat sich in der Praxis nicht bestätigt. Dagegen wurde das schon in § 20 Abs. 1 KO gewährte Rücktrittsrecht des Vertragspartners in Abs. 2 beibehalten.

§ 109 Abs. 1 InsO will zum einen verhindern, dass dem Verwalter die schon überlassene Sache entzogen wird, obwohl sie zur Betriebsfortführung oder -sanierung benötigt wird[246]; zum anderen soll die Masse davor geschützt werden, mit Mietzinsansprüchen belastet zu werden, obgleich eine wirtschaftlich angemessene Nutzung des Mietobjektes in Anbetracht der Insolvenz nicht mehr möglich ist.[247]

2. Insolvenzeröffnung vor Gebrauchsüberlassung

a) Grundsatz

91 Für den Fall, dass der Mietgegenstand dem Schuldner zur Zeit der Eröffnung des Insolvenzverfahrens noch nicht überlassen war, gilt die Sonderregelung des § 109 Abs. 2 InsO. Sowohl der Vermieter als auch der Insolvenzverwalter haben die Möglichkeit, von dem Vertrag zurückzutreten.

Die Ausübung des Rücktrittsrechts erfolgt durch eine einseitige, empfangsbedürftige Willenserklärung, die unwiderruflich und bedingungsfeindlich ist. Für die Ausübung des Rücktrittsrechts gilt keine Ausschlussfrist, sodass der Schwebezustand über das weitere Schicksal des Vertrages zunächst zeitlich unbegrenzt fortbesteht. Jede Vertragspartei kann aber verlangen, dass die andere Vertragspartei sich erklärt, ob sie von dem Vertrag zurücktreten will. Will der andere Teil von seinem Rücktrittsrecht Gebrauch machen, muss er innerhalb einer Frist von zwei Wochen nach Zugang der Aufforde-

---

245 Motive KO, S. 78.
246 Das einseitige Sonderrecht dient daher dem Reformziel der Fortführung; dazu: Tintelnot, ZIP 1995, 616, 620.
247 Zum Normzweck im Einzelnen: Kübler/Prütting, Kommentar zur Insolvenzordnung, § 109 Rdnr. 2 ff.

rung[248] sein Rücktrittsrecht ausüben. Für den wirksamen Rücktritt des anderen Teils ist es erforderlich, dass seine Rücktrittserklärung dem Anfragenden innerhalb der zwei Wochenfrist zugegangen ist. Andernfalls verliert der andere Teil sein Rücktrittsrecht.

Zu beachten ist, dass nach der h. M. die Aufforderung an die andere Vertragspartei auch den Auffordernden bindet. In der Aufforderung an die andere Vertragspartei liegt ein Verzicht auf das eigene Rücktrittsrecht.[249] Da der Auffordernde mit der Aufforderung den Eindruck erweckt hat, den Vertrag vollziehen zu wollen, verstößt der nach der Aufforderung erklärte Rücktritt gegen Treu und Glauben.[250]

Weitere Besonderheiten gelten, wenn neben dem Schuldner weitere Mieter Vertragspartei des Mietvertrages sind. Gem. § 351 BGB wäre der Verwalter an einem Rücktritt ohne Mitwirkung der übrigen Mieter gehindert, da zwischen Mieter(n) und Vermieter(n) ein einheitliches Rechtsverhältnis besteht. Dies widerspricht jedoch dem Zweck der Vorschrift des § 109 InsO, die Masse vor weiteren Mietzinsverbindlichkeiten gem. §§ 108, 55 Abs. 1 Nr. 2 Alt. 2 InsO zu schützen, denen keine angemessene Nutzung des Mietgegenstands gegenübersteht.[251] Dem Verwalter muss also ein alleiniges Rücktrittsrecht zugebilligt werden.

Ob die Ausübung dieses Rechtes lediglich Einzelwirkung nach § 425 Abs. 2 BGB hat oder ob sie eine Gesamtwirkung mit der Folge auch der Vertragsbeendigung für die übrigen Mieter entfaltet, ist umstritten.

92

Während die h. M.[252] eine Gesamtwirkung mit den Argumenten des Vorranges des Gläubigerschutzes vor den Interessen der Mitmieter und der Möglichkeit einer anderweitigen vertraglichen Regelung bejaht, möchte die Gegenansicht[253] je nach der konkreten Fallkonstellation unterscheiden, ob der Mitmieter nach dem Willen der Vertragsparteien ein untergeordnetes (dann Gesamtwirkung) oder ein gleichberechtigtes (dann Einzelwirkung) Nutzungsrecht erhalten sollte. Diese Differenzierung liefert nach der Gegenansicht auch sachgerechte Ergebnisse bei der Frage, ob der Vermieter zurücktreten kann, wenn sich nur einer von mehreren Mietern in der Insolvenz befindet.

Die h. M. lehnt ein solches Recht des Vermieters im Hinblick auf die Einheitlichkeit des Rechtsverhältnisses und der anderweitigen Vertragsgestaltungsmöglichkeit ab.

---

248 Kübler/Prütting, a. a. O. § 109 Rdnr. 25.
249 MK-InsO/Eckert, § 109 Rdnr. 65.
250 FK-InsO/Wegener, § 109 Rdnr. 23.
251 Kübler/Prütting, a. a. O., § 109 Rdnr. 24, 14 ff.
252 Nerlich/Römermann, a. a. O., § 109 Rdnr. 10, 16.
253 Kübler/Prütting, a. a. O., § 109 Rdnr. 14 ff.

b) Rücktrittsrecht des Insolvenzverwalters

93 § 109 Abs. 2 Satz 1 InsO gewährt nun auch dem Verwalter ein Rücktrittsrecht und weicht damit formal vom § 20 Abs. 1 KO ab. Im bisherigen Konkursrecht wurde ihm zugebilligt, die Erfüllung des Vertrages nach § 17 KO abzulehnen, wenn der andere Teil von seinem Rücktrittsrecht nicht rechtzeitig Gebrauch gemacht hatte.

Tritt der Verwalter von dem Vertrag zurück, steht dem Vermieter ein Schadensersatzanspruch als Insolvenzgläubiger nach § 109 Abs. 2 Satz 2 InsO zu, wobei sich der Anspruch auf die Schäden beschränkt, die sich aus der vorzeitigen Beendigung des Vertragsverhältnisses ergeben.[254] Übt der Insolvenzverwalter sein Rücktrittsrecht nicht aus, so haftet er bei Masseinsuffizienz unter Umständen persönlich analog § 61 InsO.

c) Rücktrittsrecht des Vertragspartners

94 Das in § 109 Abs. 2 Satz 1 InsO gewährte Rücktrittsrecht des Vertragspartners war auch schon in § 20 Abs. 1 KO enthalten. Letztendlich soll dem Vermieter nicht bereits schon vor Gebrauchsüberlassung ein insolventer Mieter zugemutet werden.[255] Übt der Vermieter das Rücktrittsrecht aus, so steht weder ihm noch der Masse ein Ersatzanspruch zu.

d) Rechtsfolgen

95 Die Rechtsfolgen des Rücktritts richten sich nach §§ 346 ff. BGB. Die Schutzvorschriften des sozialen Mietrechts (§§ 574, 574 a BGB) finden keine Anwendung.

Die bereits erbrachten Leistungen sind zurückzugewähren. Allerdings haftet der Vertragspartner für den Rückgewähranspruch der Masse nicht nach §§ 346 ff. BGB, sondern nur nach Bereicherungsrecht. Er kann sich daher auf einen Wegfall der Bereicherung berufen, da die Vertragsbeendigung aufgrund von Umständen erfolgt, die der Vermieter nicht zu vertreten hat. Dabei greift die für den Vermieter günstige Norm des § 547 BGB für den Fall ein, dass der Schuldner schon im Voraus Mietzins entrichtet hat. Werden Rücktrittsrechte nicht ausgeübt, besteht das Vertragsverhältnis mit Wirkung für die Insolvenzmasse fort. Dies setzt jedoch eine im Einverständnis erfolgte Überlassung der Mietsache voraus. Eigenmächtige Handlungen des einen oder anderen Teils begründen keine Überlassung und schließen damit die bis dahin bestehenden Rücktrittsrechte nicht aus.

---

254 Kritisch: Tintelnot, ZIP 1995, 616, 621.
255 Äußerst kritisch zu dieser gesetzgeberischen Lösung: HK-InsO/Marotzke, § 109 Rdnr. 31; Breutigam/Blersch/Goetsch, a. a. O., § 109 Rdnr. 27.

e) Fallgestaltungen

> **Gestaltungsmöglichkeiten entsprechend § 109 Abs. 2 InsO:**
> - Tritt der Vermieter vom Vertrag zurück, wird dieser nicht erfüllt; der Verwalter kann keine Erfüllung und keinen Ersatzanspruch geltend machen; dem Vermieter steht im Umkehrschluss zu § 109 Abs. 2 Satz 2 InsO kein Schadensersatzanspruch zu.
> - Übt der Verwalter das Recht zum Rücktritt aus, so kommt eine Vertragserfüllung ebenfalls nicht zustande. Der Vermieter kann demzufolge keine Erfüllung verlangen; ihm steht lediglich ein Schadensersatzanspruch als Insolvenzforderung zu.
> - Jede Vertragspartei kann den anderen Teil auffordern, sich über die Ausübung des Rücktrittsrecht zu erklären. Bei Schweigen oder nicht rechtzeitiger Ausübung des Rücktrittsrechts ist der ursprüngliche Schwebezustand über das Schicksal des Vertragsverhältnisses beseitigt. Der Miet- bzw. Pachtvertrag gilt mit den vereinbarten Konditionen für beide Vertragsparteien weiter. Der Vermieter kann den Miet- oder Pachtvertrag nur nach den vertraglich vereinbarten Bedingungen kündigen. Der Verwalter dagegen hat nach § 109 Abs. 1 InsO nach Nutzungsüberlassung immer noch das Sonderkündigungsrecht des § 109 Abs. 1 InsO.[256]

3. Insolvenzeröffnung nach Gebrauchsüberlassung

a) Kündigungsrecht des Insolvenzverwalters (§ 109 Abs. 1 InsO)

97 Wenn vor der Eröffnung des Insolvenzverfahrens die Mietsache dem Schuldner bereits überlassen war, hat lediglich der Insolvenzverwalter, nicht aber der Vermieter ein Sonderkündigungsrecht nach § 109 Abs. 1 InsO. Von diesem Sonderkündigungsrecht kann der Insolvenzverwalter während des gesamten Insolvenzverfahren Gebrauch machen. Im Gegensatz zu § 111 InsO ist das Sonderkündigungsrecht nicht auf den ersten zulässigen Kündigungstermin beschränkt. Der Insolvenzverwalter ist daher nicht gehindert, den Mietgegenstand zunächst gegen Zahlung des vereinbarten Mietzinses zur Betriebsfortführung zu nutzen und später bei einer beabsichtigten Betriebseinstellung unter Einhaltung der Sonderkündigungsfrist zu kündigen. Hierbei muss er aber gesetzliche oder vertraglich vereinbarte Schriftformerfordernisse der Insolvenzverwalter beachten.

aa) Voraussetzung des Absatzes 1 und dessen Verhältnis zu Absatz 2

98 Der Besitz an der Mietsache muss auf den Schuldner vor Verfahrenseröffnung noch nicht übergegangen sein, damit der Verwalter das ihm einge-

---

[256] Zu dem Problem, ob dem Verwalter neben dem Rücktrittsrecht auch das nach Absatz 1 gewährte Kündigungsrecht zusteht: siehe sogleich unter B. III. 1. a)

räumte Kündigungsrecht ausüben kann.[257] Dies ergibt sich bereits aus dem Wortlaut. Während § 19 KO das Überlassen des Mietgegenstandes vor Verfahrenseröffnung gefordert hatte, setzt § 109 Abs. 1 InsO lediglich einen vor Verfahrenseröffnung geschlossenen Mietvertrag voraus.

Der Gesetzgeber hat demgegenüber Absatz 2 als der Bestimmung des Absatzes 1 vorgehende Sonderregelung qualifiziert. Dies könnte dafür sprechen, dass die Regelungen nur alternativ zur Anwendung gelangen können und Absatz 1 nur dann greift, wenn der Mietgegenstand vor Verfahrenseröffnung an den Mieter überlassen war. Wenn der Gesetzgeber indes tatsächlich eine solche Spezialregelung hätte schaffen wollen, dann hätte er § 19 KO im Wortlaut übernommen.

Auch nach dem Sinn und Zweck der Regelung des § 109 InsO ist dem Verwalter im Interesse einer flexiblen Verfahrensabwicklung die Möglichkeit zuzubilligen, sich auch dann von dem Vertrag zu lösen, wenn der Vertrag erst nach der Eröffnung vollzogen wird. So würde eine Beschränkung auf den Rücktritt dann dem Schutzzweck des § 109 InsO widersprechen, wenn z. B. ein noch nicht in Besitz genommenes, aber benötigtes, Grundstück für die Masse nicht mehr zeitlich begrenzt genutzt werden könnte; »flexibles Instrument« ist hier allein das Kündigungsrecht. Der Vermieter wird nicht unbillig belastet, da ihm das Rücktrittsrecht in jedem Fall zusteht. Werden dagegen die Rechte des Absatzes 2 nicht ausgeübt und gehen deshalb gem. § 109 Abs. 2 Satz 3 InsO »verloren«, so besteht das Vertragsverhältnis fort, wobei die Kündigungsmöglichkeit für den Insolvenzverwalter nach Absatz 1 verbleibt.

§ 109 Abs. 2 InsO ist daher nicht als lex speciales zu § 109 Abs. 1 InsO zu verstehen, sondern als eine das Sonderkündigungsrecht des Verwalters ergänzende Bestimmung.[258]

bb) Praktisches Bedürfnis der Kündigung vor Verfahrenseröffnung

99 Hiervon zu unterscheiden ist das in der Praxis bestehende Bedürfnis nach einer Kündigungsmöglichkeit bereits vor Verfahrenseröffnung, um die Masse vor weiteren Verbindlichkeiten zu bewahren. Aufgrund des eindeutigen Wortlauts lehnt die h. L. eine Anwendbarkeit der Regelung im Insolvenzeröffnungsverfahren aber ab.[259]

---

257 So die h. M.: Nerlich/Römermann, a. a. O., § 109 Rdnr. 20; FK-InsO/Wegener, § 109 Rdnr. 3; Kübler/Prütting, a. a. O., § 109 Rdnr. 30 f.; a. A.: HK-InsO/Marotzke, § 109 Rdnr. 15.
258 Eckert, ZIP 1996, 897, 901.
259 Nerlich/Römermann, a. a. O., § 22 Rdnr. 132; FK-InsO/Schmerbach, § 22 Rdnr. 13; HK-InsO/Kirchhoff, § 22 Rdnr. 24.

cc) Wohnraummiete des Schuldners

Bei der Eröffnung des Insolvenzverfahrens fällt auch das Wohnraummietverhältnis in die Insolvenzmasse. Die nach Insolvenzeröffnung entstehenden Mietzinsverbindlichkeiten sind Masseverbindlichkeiten nach § 55 Abs. 1 Nr. 2 InsO, die aus der Insolvenzmasse zu begleichen sind. Zur Vermeidung dieser massebelastenden Konsequenz wurde argumentiert, dass zwar das Wohnraummietverhältnis fortbesteht, aber nicht »mit Wirkung für die Insolvenzmasse« i. S. d. § 108 Abs. 1 Satz 1 InsO, sondern nur im Verhältnis zwischen dem Vermieter und dem Schuldner persönlich.[260] Der Wortlaut der §§ 108 Abs. 1 Satz 1, 109, 112 InsO lassen nach überwiegender Ansicht eine solche Eingrenzung des Anwendungsbereiches aber nicht zu.

100

Ist demnach auch das Wohnraummietverhältnis massebefangen, geht auch die Verwaltungs- und Verfügungsbefugnis gem. § 80 InsO auf den Verwalter über mit der Folge, dass der Verwalter den Wohnraummietvertrag unter Einhaltung der gesetzlichen Kündigunsfrist auch kündigen kann. Es gab in der Literatur mehrere Lösungsversuche, einerseits dem Schuldner das Mietverhältnis zu sichern und andererseits die Insolvenzmasse vor Belastungen zu schützen.[261]

Der Gesetzgeber hat angesichts der existenziellen Bedeutung der Wohnung für den Schuldner zur Vermeidung von Rechtsunsicherheiten eine ausdrückliche gesetzliche Regelung für erforderlich gehalten. Der Verwalter kann das Wohnraummietverhältnis des Schuldners nach § 109 Abs. 1 Satz 2 InsO nicht mehr vorzeitig kündigen. Anstatt der Kündigung kann er aber gegenüber dem Vermieter die Freigabe des Mietverhältnisses aus dem Insolvenzbeschlag erklären. Die Freigabewirkung und damit die Befreiung der Insolvenzmasse von den Mietzinsverpflichtungen tritt aber er nach Ablauf der gesetzlichen Kündigungsfrist ein. Als Ausgleich kann der Vermieter wie im Falle der vorzeitigen Kündigung durch den Insolvenzverwalter als Insolvenzgläubiger Schadensersatzansprüche geltend machen. Der Vermieter hat zudem das Recht zur fristlosen Kündigung nach den allgemeinen gesetzlichen Vorschriften, wenn der Schuldner nach Eintritt der Freigabewirkung aus seinem pfändungsfreien Einkünften den Mietzins nicht zahlt.

Ungeklärt ist die Frage, ob die Freigabeerklärung des Verwalters nach § 109 Abs. 1 Satz 2 InsO zu ihrer Wirksamkeit der Einwilligung des Vermieters bedarf.[262] Der Wortlaut des Gesetzes (»an die Stelle der Kündigung«) und die Gesetzesbegründung (»gesetzlich fixierte Recht«) sprechen m. E. eindeutig dafür, dass vorliegend eine Einwilligung des Vermieters nicht erforderlich ist. Der Vermieter ist ausreichend geschützt, dass die Freigabewirkungen erst mit Ablauf der gesetzlichen Kündigungsfrist eintreten und er Schadensersatzansprüche als Insolvenzgläubiger geltend machen kann.

101

---

260 A. A.: HK-InsO/Marotzke, § 108 Rdnr. 6 ff.
261 Vgl. umfassende Darstellung bei FK-InsO/Kothe, § 313 Rdnr. 30–37.
262 So FK-InsO/Wegener, § 109 Rdnr. 2 a; nicht deutlich bei Eckert, Neues im Insolvenzrecht der Wohnraummiete, NZA 2001, 260, 262.

Damit ist aber noch nicht entschieden, ob der Verwalter das Wohnraummietverhältnis unter Einhaltung der ordentlichen Kündigungsfrist beenden kann. Nach dem Wortlaut des Gesetzes ersetzt die Möglichkeit der Freigabeerklärung nur das Recht des Verwalters zur vorzeitigen Beendigung gem. § 109 Abs. 1 Satz 1 InsO.[263] Das Recht zur ordentlichen Kündigung bleibt daher erhalten. Eine ordentliche Kündigung des Verwalters bedarf einer besonderen Rechtfertigung und darf, solange eine Freigabeerklärung nach § 109 Abs. 1 Satz 2 InsO in Betracht kommt, nicht erfolgen.[264]

b) Kündigungsrecht des Vermieters

102 Ein Kündigungsrecht des Vermieters sieht § 109 Abs.1 Satz 1 InsO, wie bereits mehrfach erwähnt, nicht vor. Er kann nur vertragsgemäß kündigen und unterliegt auch während des Verfahrens den Schutzbestimmungen des § 557 BGB. Eine fristlose Kündigung wegen Zahlungsverzugs nach § 554 BGB ist nur mit der Einschränkung des § 112 InsO zulässig.

c) Kündigungsfrist

103 Es gilt die gesetzliche Kündigungsfrist. Für die Miete sind die §§ 573 c, 573 d, 576, 576 a, 576 b, 580 a BGB einschlägig; für die Pacht für Grundstücke und Räume gilt § 584 BGB, für die Landpacht § 594 a BGB. Unberührt hiervon bleiben die Vorschriften zur fristlosen Kündigung. Im Mietrecht also bspw. die §§ 543, 569 BGB. Haben die Vertragsparteien eine kürzere als die gesetzliche Kündigungsfrist vereinbart, ist die kürzere vertraglich vereinbarte Frist maßgeblich, obgleich eine solche Klarstellung – wie sie § 19 Satz 2 KO enthielt – in § 109 Abs. 1 Satz 1 InsO fehlt. Der Gesetzgeber wollte nicht inhaltlich in das Vertragsverhältnis eingreifen, sondern nur eine Behinderung der Abwicklung durch eine vertraglich vereinbarte längere Frist ausschließen.[265]

Die in der Vergangenheit kontrovers diskutierte Frage, ob bei einer Kündigung von Geschäftsräumen über die Verweisung des § 565 Abs. 5 BGB a. F. die dem Verwalter günstigere, kürzere Frist des § 565 Abs. Nr. 3 BGB a. F. Anwendung findet oder der eigentlich hierfür vorgesehene Abs. 1 a[266] gilt, hat sich seit dem Inkrafttreten des Mietrechtsreformgesetzes am 1. 9. 2001 erledigt. § 580 Abs. 4 BGB verweist nunmehr auf Abs. 3 der Vorschrift, wonach eine Kündigung spätestens am dritten Werktag eines Kalendervierteljahres zum Ablauf des nächsten Kalendervierteljahres zulässig ist.

---

263 So FK-InsO/Wegener, § 109 Rdnr. 2 a; Eckert, Neues im Insolvenzrecht der Wohnraummiete, NZA 2001, 260, 262.
264 FK-InsO/Kothe, § 313 Rdnr. 36.
265 Allg. Meinung: siehe Tintelnot in ZIP 1995, 616 (621); FK-InsO/Wegener, § 109 Rdnr. 6.
266 § 565 Abs. 1 a BGB wurde durch Gesetz vom 29. 10. 1993 eingefügt (BGBl. I 1993, S. 1838).

▶ **Beispiele:**
Nach der Insolvenzeröffnung kündigt der Verwalter am 3.7. den Mietvertrag. Bei Anwendung des § 565 Abs. 1 a BGB würde die Kündigung erst mit Ablauf des 31.12. wirksam; demgegenüber ist nach Absatz 1 Nr. 3 mit Ablauf des 30.9. das Mietverhältnis beendet.

Sind neben dem Schuldner weitere Mieter vorhanden, so stellt sich hinsichtlich des Kündigungsrechts das gleiche Problem wie bei dem Rücktritt nach Abs. 2.[267] Aus den gleichen Erwägungen wie dort wird von der h. M. ein Kündigungsrecht des Verwalters mit Wirkung für alle übrigen Mitmieter bejaht. Eine Ausnahme gilt nur nach § 13 a BJagdG; danach bleibt der Vertrag mit den übrigen Pächtern bestehen.

d) Rechtsfolgen

Das Miet- und Pachtverhältnis endet nach Ablauf der Kündigungsfrist. Mit der Beendigung des Vertragsverhältnisses endet die Pflicht des Verwalters zur Zahlung des Mietzinses und die Pflicht des Vermieters zur Nutzungsüberlassung. Der Verwalter ist zur Räumung und Herausgabe des Mietgegenstandes verpflichtet.

104

Macht der Vermieter darüber hinaus weitere Ansprüche geltend, ist zu unterscheiden, ob es sich bei diesen Ansprüchen um Masseforderung oder um Insolvenzforderungen handelt. Nicht alle Ansprüche, die bei Beendigung des Mietvertrages fällig werden, sind automatisch Masseverbindlichkeiten. Ist der Schuldner z. B. zur Durchführung von Schönheitsreparaturen oder zur Beseitigung von Schäden der Mietsache, die vor Verfahrenseröffnung entstanden sind, verpflichtet, so sind diese Ansprüche lediglich Insolvenzforderungen, da der Anspruchsgrund bereits vor Verfahrenseröffnung gelegt worden ist.[268] Gleiches gilt für Ansprüche aus einer bereits vor Verfahrenseröffnung eingetretenen Verschlechterung oder Zerstörung der Mietsache. Als Masseverbindlichkeit werden nur solche Schäden ersetzt, die der Zeit zwischen Insolvenzeröffnung und Beendigung des Mietvertrages zugerechnet werden können.

Auch der Entschädigungsanspruch nach §§ 546 a, 571 BGB kann eine Masseverbindlichkeit sein. Voraussetzung ist, dass der Verwalter die Mietsache nach Beendigung des Mietverhältnisses nicht zurückgibt und nicht bereits der Schuldner vor Verfahrenseröffnung zur Rückgabe verpflichtet war. Im letzteren Fall ist der Entschädigungsanspruch nur eine Insolvenzforderung.[269]

Kündigt der Verwalter das Mietverhältnis nach § 109 Abs. 1 Satz 1 InsO, so kann der andere Teil als Insolvenzgläubiger Ersatz des ihm wegen der vor-

---

267 Siehe dazu bereits oben unter Rdnr. 51.
268 Ausführlich: Eckert, ZIP 1995, 897, 905 ff.
269 BGHZ 130, 38, 41 f.

zeitigen Beendigung entstehenden Schadens verlangen, § 109 Abs. 1 Satz 3 InsO. Ein Schadensersatzanspruch kann freilich nur dann zugestanden werden, wenn der Vertrag entweder unkündbar oder die vertragliche Kündigungsfrist eine längere war, denn nur dann wird der Vermieter durch die vorzeitige Kündigung einen Schaden erleiden.

Dem Insolvenzverwalter droht eventuell eine persönlich Haftung analog § 61 InsO, wenn er sein Kündigungsrecht trotz Masseinsuffizienz nicht ausübt.

Dem Vermieter steht wegen seiner Ansprüche ein gesetzliches Pfandrecht im Rahmen des § 50 Abs. 1 InsO zu. Davon erfasst werden die Mietzinsforderungen nach § 55 Abs. 1 Nr. 2 Alt. 2 InsO und Rückstände für das letzte Jahr vor Insolvenzeröffnung und schon entstandene Entschädigungsansprüche (vgl. § 50 Abs. 2 InsO; § 562 Abs. 2 BGB). Der Vermieter hat daher ein Absonderungsrecht an den eingebrachten Sachen des Mieters sowohl für Insolvenzforderungen wie für Masseschuldansprüche. Dabei wird er sich natürlich erst wegen seiner Insolvenzforderungen befriedigen. Die Verwertung der Gegenstände erfolgt nach §§ 166 ff. InsO durch den Verwalter. Der Vermieter kann einer Entfernung deshalb nicht widersprechen; sein Pfandrecht setzt sich am Erlös fort.

e) Fallgestaltungen

105 **Zusammenfassende Konstellation aus der Systematik von Fortführung des Vertrages und Kündigungsrecht des Verwalters:**

- Wird der Vertrag von keiner Seite gekündigt, so bleibt dieser auch für die Zeit nach Insolvenzeröffnung bestehen. Mietzinsansprüche für diese Zeit sind Masseschulden; Ansprüche aus der Zeit vor Eröffnung sind stets Insolvenzforderungen.
- Kündigt der Verwalter unter Einhaltung der gesetzlichen oder kürzeren vertraglichen Frist, kann dem anderen Teil ein Schadensersatzanspruch als Insolvenzforderung gem. § 109 Abs. 1 Satz 3 InsO zustehen.
- Kündigt der Vermieter unter Einhaltung einer vertraglichen Frist oder unter den gesetzlichen Voraussetzungen, so wird das Mietverhältnis beendet, ohne dass dem einen oder anderen Teil Ansprüche wegen Schadensersatz zustehen.

4. Kündigungssperre des § 112 InsO

a) Allgemeines

106 Die Kündigungsmöglichkeit des Vermieters wird bereits vor der Eröffnung des Insolvenzverfahrens über das Vermögen des Mieters durch § 112 InsO erheblich eingeschränkt. Eine an sich mögliche Fortführung und Sanierung des Schuldners wäre nicht möglich, wenn der Vermieter das Mietverhältnis

über ein z. B. zur Betriebsfortführung benötigten Grundstück im Insolvenzeröffnungsverfahren fristlos kündigen könnte. Nach § 112 InsO kann der Vermieter seine fristlose Kündigung nicht mehr auf Gründe stützen, die vor Insolvenzantragstellung gegeben waren und ggf. eine fristlose Kündigung ermöglicht hätten.

b) Anwendungsbereich

Unter die Vorschrift fallen ungekündigte Miet- und Pachtverträge über bewegliche und unbewegliche Gegenstände,[270] auch Leasingverträge fallen darunter.[271]

107

Nach dem Wortlaut der Vorschrift ist die Überlassung des Miet- oder Pachtgegenstandes nicht Voraussetzung für die Anwendbarkeit. In diesem Fall könnte der vorläufige Verwalter trotz bereits vor Überlassung eingetretenem Zahlungsverzug oder Verschlechterung der Vermögensverhältnisse des Schuldners noch die Überlassung des Miet- oder Pachtgegenstandes verlangen.[272] Diese Möglichkeit steht im Widerspruch zu § 109 Abs. 2 InsO. Im eröffneten Insolvenzverfahren kann der Vermieter sich bei fehlender Überlassung der Immobilie durch Rücktritt von dem Vertrag lösen. Nach der überwiegenden Literatur[273] ist der Anwendungsbreich teleologisch auf den Fall zu reduzieren, in dem der Miet- oder Pachtgegenstand dem Schuldner bereits überlassen wurde.

c) Rechtsfolgen

§ 112 Nr. 1 InsO schränkt das gesetzliche und vertragliche Recht des Vermieters zur fristlosen Kündigung ein, wenn der Zahlungsverzug in der Zeit vor dem Eröffnungsantrag eingetreten ist.

108

Nach § 543 Abs. 2 Nr. 3 BGB kann der Vermieter kündigen, wenn der Mieter mit zwei aufeinander folgende Termine mit der Errichtung des Mietzinses oder eines nicht unerheblichen Teils der Miete in Verzug ist oder in einem Zeitraum, der sich über mehr als zwei Termine erstreckt, mit der Entrichtung der Miete in Höhe eines Betrages in Verzug ist, der die Miete für zwei Monate erreicht. Der Insolvenzantrag führt zu einer Zäsur:

- Wenn zum Zeitpunkt der Insolvenzantragstellung einer der beiden vorgenannten Kündigungsgründe vorlag, verliert der Vermieter mit Antragstellung automatisch sein Recht, die – fristlose oder ordentliche – Kündigung auf diesen Zahlungsverzug zu stützen.

---

270 FK-InsO/Wegener, § 112 Rdnr. 5.
271 FK-InsO/Wegener, § 112 Rdnr. 1.
272 Eckert, ZIP 1996, 897, 899.
273 HK-InsO/Marotzke, § 112 Rdnr. 5; FK-InsO/Wegener, § 112 Rdnr. 3; Nerlich/Römermann, a.a.O., § 112 Rdnr. 11.

- Zahlungsverzögerungen nach Insolvenzantragstellung fallen dagegen nicht in den Schutzbereich des § 112 InsO und berechtigten den Vermieter bei Vorliegen der Voraussetzungen zur fristlosen Kündigung.

Auch eine nach Vertragsabschluss eingetretene Verschlechterung der Vermögensverhältnisse des Schuldners entzieht dem Vermieter ab dem Zeitpunkt der Stellung des Insolvenzantrags das Kündigungsrecht. Die Verschlechterung der Vermögensverhältnisse gibt kein gesetzliches Kündigungsrecht, greift daher nur, wenn dies vertraglich als Grund für die fristlose Kündigung vereinbart wurde.

Die Rechtsfolge des § 112 InsO ist wegen § 119 InsO zwingend. Vereinbarungen, nach denen der Vermieter bei Vorliegen eines Eröffnungsgrundes gem. §§ 17 ff. InsO, bei Stellung eines Eröffnungsantrags oder bei Eröffnung eines Insolvenzverfahrens zur fristlosen Kündigung berechtigt ist, sind unwirksam.[274]

III. Das Mietverhältnis in der Insolvenz des Vermieters

1. Allgemeines

109 In der Insolvenz des Vermieters hat keiner der Vertragsparteien – weder der Insolvenzverwalter noch der Mieter – ein Rücktrittsrecht bei noch nicht vollzogenem Vertrag oder ein Sonderkündigungsrecht. Das Mietverhältnis besteht mit seinem ursprünglichem Inhalt fort, § 108 Abs. 1 Satz 1 InsO.

Der Insolvenzverwalter hat die vertraglich festgelegten Verpflichtungen des Vermieters zu erfüllen. Eine Kündigung des Mietverhältnisses ist nur nach den vertraglich vereinbarten oder den gesetzlichen Voraussetzungen zulässig.

Die Vorschrift des § 110 InsO übernimmt in einer inhaltlich erweiterten Form das Verfügungsverbot des § 21 Abs. 2, Abs. 3 KO. Sie gibt dem Verwalter die Möglichkeit, an dem Vertrag zugunsten der Masse festzuhalten, ohne nachteilige Vorausverfügungen des Schuldners berücksichtigen zu müssen. Abweichend von der bisherigen Regelung gilt § 110 InsO auch für noch nicht vollzogene Verträge. Die Regelung ermöglicht der Insolvenzmasse, die Erträge aus einer Vermietung zur Masse gehörender[275] Immobilien und Räume zu sichern. Sie steht daher in einer Wechselbeziehung zur Anordnung des Fortbestandes solcher Verträge gem. § 108 Abs. 1 Satz 1 InsO; denn § 110 InsO stellt sicher, dass der Masse aus dem Fortbestand der

---

274 HK-InsO/Marotzke, § 112 Rdnr. 12; FK-InsO/Wegener, § 112 Rdnr. 12.
275 Zu der Frage, ob die Massezugehörigkeit des vermieteten Gegenstandes Voraussetzung für die Anwendung des § 110 InsO ist: siehe HK-InsO/Marotzke, § 110 Rdnr. 1 m. w. N.

Verträge keine Nachteile entstehen. Die Rechtsfolge des § 110 InsO – sprich die Unwirksamkeit von Vorausverfügungen – ist daher an den §§ 1124, 1125 BGB angelehnt, da sich die Insolvenzgläubiger in einer dem Hypothekengläubiger vergleichbaren Lage befinden.

2. Verfügungen über den Mietzins

§ 110 Abs. 1 InsO ordnet an, dass Vorausverfügungen des später insolventen Vermieters oder Verpächters über die Miet- und Pachtzinsforderungen der Masse gegenüber nur insoweit wirksam sind, als sich auf den Miet- und Pachtzins für den zur Zeit der Eröffnung des Verfahrens laufenden Kalendermonat, und wenn die Eröffnung nach dem 15. des Monats erfolgt, auch auf den folgenden Monat beziehen.

110

Für die spätere Zeit hat der Mieter gegebenenfalls nochmals an den Verwalter zu leisten. In diesem Fall steht ihm jedoch gegenüber dem Schuldner ein Bereicherungsanspruch zu, der als Insolvenzforderung im Verfahren geltend gemacht werden kann.[276] Mit Beendigung des Verfahrens oder im Falle der Freigabe durch den Verwalter tritt die Wirksamkeit der Verfügung wieder ein.

a) (Analoge) Anwendung auf Verträge über Mobilien?

§ 110 Abs. 1 InsO erstreckt sich allein auf Mietverträge über Immobilien i. S. d. § 108 Abs. 1 Satz 1 InsO. Eine Ausdehnung des Verfügungsverbotes auf Verträge über bewegliche Mietgegenstände ist in Anbetracht des klaren Wortlauts der Norm nicht möglich und im Übrigen auch nicht erforderlich, da diese Verträge dem Wahlrecht des Verwalters unterfallen.[277] Die bisher zum § 21 Abs. 2 KO kontrovers diskutierte, aber letztendlich verneinte, Frage[278] der analogen Anwendung stellt sich vor allem in solchen Fällen, in denen der Schuldner seinen Anspruch auf die Gegenleistung bereits vor Verfahrenseröffnung zediert hat. Nach der Rechtsprechung des BGH[279] musste der Verwalter nämlich in diesen Fällen die vor dem Konkurs erfolgte Abtretung von Mietzinsforderungen für bewegliche Sachen des Schuldners trotz der Verpflichtung, den Vertrag seinerseits als Masseverbindlichkeit zu erfüllen, in vollem Umfang akzeptieren.

111

Heute hat sich diese Streitfrage relativiert auf den Fall des § 108 Abs. 1 Satz 2 InsO, da der Gesetzgeber Mietverträge über bewegliche Sachen aus dem Anwendungsbereich des dem § 21 Abs. 1 KO entsprechenden § 108 Abs. 1 InsO herausgenommen und damit dem Wahlrecht des Verwalters un-

---
276 FK-InsO/Wegener, § 110 Rdnr. 12 ff.
277 Dazu ausführlich: Kübler/Prütting, a. a. O., § 110 Rdnr. 2 f.; HK-InsO/Marotzke, § 110 Rdnr. 5 ff.
278 Dazu m. w. N.: HK-InsO/Marotzke, § 110 Rdnr. 5.
279 BGHZ 109, 368, 377 ff.

Wagner

terworfen hat. Aber auch die Forderungen aus Verträgen über Mobilien i. S. d. § 108 Abs. 1 Satz 2 InsO werden von § 110 Abs. 1 InsO nicht erfasst, da ansonsten der vom Gesetzgeber mit der nachträglichen Einfügung verfolgte Zweck nicht erreicht werden könnte.[280]

b) Verfügungstatbestand (§ 110 Abs. 2 InsO)

112 Mit dem Begriff der Verfügung wird an die zivilrechtliche Terminologie angeknüpft. Danach ist eine Verfügung jedes Rechtsgeschäft, durch das bestehende Rechte geändert, übertragen, belastet oder aufgehoben werden.

Insoweit kommen daher als Vorausverfügung i. S. d. § 110 Abs. 1 InsO die Einziehung (§ 110 Abs. 2 1 InsO), Abtretung (§ 398 BGB), Verpfändung (§ 1279 BGB), Nießbrauchbestellung (§ 1074 BGB), der Erlass (§ 397 BGB), die Stundung oder sonstige Zahlungserleichterungen in Betracht, soweit sie sich auf künftige Mietzinsforderungen beziehen. Genau in diesem Umfang erklärt umgekehrt § 110 Abs. 3 InsO eine Aufrechnung des Mieters für wirksam, die sonst an § 96 Nr. 1 InsO scheitern würde.

Vorausverfügt hat der Vermieter mit Entgegennahme auch dann, wenn der Mietzins vertragsgemäß im Voraus (etwa quartalsweise, halbjährlich oder sogar in vollem Umfang) zu zahlen war.[281] Eine Ausnahme ist aber nach der Rspr. dann zu machen, wenn die Vorauszahlung als sog. Baukostenzuschuss mit der Abrede späterer Verrechnung gewährt wurde, wenn dieser Zuschuss für den Bau oder Ausbau der Mietsache verwendet werden sollte.[282] Ob auch in Zukunft an dieser Ausnahme festgehalten werden kann ist fragwürdig, da der Baukostenzuschuss letztendlich auch nur im Hinblick auf eine spätere Nutzung erfolgt. Die Hinterlegung der Mietkaution ist keine Vorauszahlung des Mietzinses. Die Annahme der Kaution ist daher keine Verfügung i. S. d. § 110 InsO. Streitig ist allein, ob der Rückzahlungsanspruch Masseschuld oder Insolvenzforderung ist.

§ 110 Abs. 2 Satz 2 InsO stellt den rechtsgeschäftlichen Verfügungen solche gleich, die im Wege der Zwangsvollstreckung erfolgen. Erfasst sind insoweit auch Maßnahmen des einstweiligen Rechtsschutzes wie Arrest und einstweilige Verfügung. Diese Gleichstellung greift aber nur bei Zwangsvollstreckungsmaßnahmen persönlicher Gläubiger. Zwangsmaßnahmen der Grundpfandgläubiger haben auch in der Insolvenz nach Verfahrenseröffnung Bestand, denn der Gesetzgeber hatte mit der Regelung des Abs. 2 Satz 2 sicherlich nicht das Ziel verfolgt, dem nach § 49 InsO absonderungsberechtigten Gläubiger die in der Zwangsvollstreckung durch §§ 1123 f. BGB eröffnete vorrangige Zugriffsmöglichkeit auf Mietzinsforderungen zu nehmen.[283]

---

280 FK-InsO/Wegener, § 108 Rdnr. 14; Nerlich/Römermann, a. a. O., § 110 Rdnr. 6.
281 FK-InsO/Wegener, § 110 Rdnr. 7.
282 BGHZ 6, 202, 206 f.; 15, 296, 303 f.
283 Zur Begründung siehe auch: HK-InsO/Marotzke, a. a. O., § 110 Rdnr. 10.

Wagner

c) Aufrechnung (§ 110 Abs. 3 InsO)

In gleichem Umfang wie Absatz 1 Vorausverfügungen für wirksam erklärt, bleibt nach Absatz 3 der Mieter mit einer vor oder infolge der Eröffnung entstandenen Forderung aufrechnungsbefugt. Dabei ist es unerheblich aus welchem Rechtsgrund die Forderung entstanden ist. 113

Der Mieter erhält damit für Mietzinsforderungen, die auf den nach § 110 Abs. 1 InsO genannten Zeitraum fallen, ein besonderes Aufrechnungsrecht, welches ihm die bevorzugte Befriedigung einer bereits vor Verfahrenseröffnung entstandenen Gegenforderung ermöglicht. Diese erleichterte Aufrechnungsmöglichkeit befreit allerdings gem. § 110 Abs. 3 Satz 2 InsO nur von dem Verbot des § 96 Nr. 1 InsO. Es ist dem Mieter daher nur erlaubt, bereits vor der Eröffnung entstandene Forderungen zur Aufrechnung zu bringen. Die allgemeinen Voraussetzungen einer Aufrechnung nach § 95 InsO und die übrigen Aufrechnungsverbote gem. § 96 InsO sind jedoch zu beachten (§ 110 Abs. 3 Satz 2 InsO).

d) Zurückbehaltungsrecht

Ein dem Mieter zustehendes Zurückbehaltungsrecht wegen seiner fälligen Gegenforderung wird von § 110 InsO nicht erfasst. Die Befriedigung der Insolvenzgläubiger findet in einem geregelten Verfahren gem. §§ 174 ff. InsO statt. Dabei stehen Zurückbehaltungsrechte nur privilegierten Gläubigern nach § 51 Nr. 2, 3 InsO zu.[284] 114

3. Veräußerung des Mietobjektes (§ 111 InsO)

a) Allgemeines

Der wesentliche Inhalt des § 21 Abs. 4 KO wurde in redaktionell vereinfachter Form in § 111 InsO übernommen. Die Norm räumt dem Erwerber für den Fall der freihändigen Veräußerung durch den Insolvenzverwalter ein Sonderkündigungsrecht (entsprechend demjenigen des § 57 a ZVG im Falle der Zwangsversteigerung) ein, um eine Veräußerung unbeweglicher Mietobjekte zu erleichtern, da bestehende Mietverhältnisse ein erhebliches praktisches Hindernis bei dem Verkauf von Immobilien darstellen. 115

b) Voraussetzungen

§ 111 InsO setzt die Veräußerung eines unbeweglichen Mietobjektes durch den Insolvenzverwalter voraus. Der Veräußerungsbegriff ist identisch mit dem des § 566 BGB, d.h. eine Veräußerung ist erst dann gegeben, wenn der Eigentumsübergang vollzogen ist und nicht schon mit Abschluss des 116

---

284 A. A.: HK-InsO/Marotzke, § 110 Rdnr. 14 f.

schuldrechtlichen Verpflichtungsgeschäftes.[285] Die Eintragung einer Auflassungsvormerkung reicht nicht aus.

Der Schuldner muss Alleineigentümer des zu veräußernden Objektes sein. § 111 InsO findet keine Anwendung, wenn der Verwalter lediglich einen Miteigentumsanteil des Schuldners überträgt oder den Gegenstand im Einvernehmen mit den übrigen Eigentümern veräußert. Denn auch eine Zwangsversteigerung zur Aufhebung der Gemeinschaft löst gem. § 183 ZVG nicht das Kündigungsrecht des § 57 a ZVG aus.

117 Der Mietgegenstand muss dem Mieter bereits überlassen worden sein, denn nur dann tritt der Erwerber gem. § 566 BGB in den Vertrag ein. Auf § 566 BGB (Wohnraummiete) verweisen § 578 Abs. 1 BGB (Mietverhältnisse über Grundstücke), § 578 a Abs. 1 (eingetragene Schiffe), § 581 Abs. 2 BGB (Pacht), § 593 b BGB (Landpacht) und § 98 Abs. 2 LuftfzRG (Miete/Pacht an Luftfahrzeugen).

Streitig ist, ob § 111 InsO auch dann Anwendung findet, wenn die Mietsache nicht vom Schuldner, sondern erst nach Verfahrenseröffnung vom Verwalter dem Mieter überlassen wurde.[286] Dies wird einerseits mit der Begründung verneint, dass in der Konstellation der Insolvenz des Vermieters vor Überlassung des Gegenstandes § 108 Abs. 1 Satz 1 InsO keine Anwendung findet. Folglich unterfalle der Vertrag dem Wahlrecht des Verwalters nach § 103 InsO und § 111 InsO sei nach der später erfolgten Überlassung nicht anwenbar, da sich der Verwalter durch die Erfüllungswahl gebunden habe.[287]

Die Gegenmeinung hält auch in dieser Situation § 111 InsO für anwendbar, da § 108 Abs. 1 Satz 1 InsO auch hier den Fortbestand des Vertrages vorsieht und der Verwalter daher zur Überlassung der Mietsache verpflichtet sei. Diese Pflichterfüllung könne weder nach Wortlaut noch nach Zweck des § 111 InsO dessen Anwendung ausschließen.[288] Hiervon streng zu unterscheiden ist die unstreitige, schon dem Wortlaut des § 111 InsO entnehmbare Voraussetzung, dass die Vermietung durch den Schuldner erfolgt sein muss. Der Abschluss des Vertrages durch den Verwalter hat nicht das Kündigungsrecht des § 111 InsO zur Folge, da der Mieter in diesem Fall Massegläubiger gem. § 55 Abs. 1 Nr. 1 InsO ist und er ansonsten unangemessen benachteiligt werden würde. Unstreitig ist zudem, dass die Überlassung vor der Veräußerung erfolgt sein muss. Dies setzt schon die BegrRegE voraus.[289]

---

285 Dazu: Palandt/Putzo, a. a. O., § 571 Rdnr. 7; FK-InsO/Wegener, § 111 Rdnr. 4, der auch die Möglichkeit einer Übertragung der Rechte aus dem Mietvertrag vom Verwalter auf den Erwerber anspricht.
286 Siehe auch: BGHZ 65, 137, 140.
287 Kübler/Prütting, a. a. O., § 111 Rdnr. 4 mit Verweis auf § 108 Rdnr. 19 f.
288 FK-InsO/Wegener, § 111 Rdnr. 6 f., mit Darstellung der Frage, ob vor Überlassung dem Verwalter ein Rücktrittsrecht in Anlehnung an § 109 Abs. 2 InsO gewährt werden kann.
289 Kübler/Prütting, Das neue Insolvenzrecht, S. 303.

c) Rechtsfolgen

Der Erwerber ist berechtigt, mit gesetzlicher Frist zum ersten möglichen Termin zu kündigen. Übt der Erwerber sein Recht nicht rechtzeitig aus, so verliert er das Sonderkündigungsrecht des § 111 InsO; es verbleibt dann bei den vertraglich vereinbarten und ggf. gesetzlichen Kündigungsmöglichkeiten. Davon unberührt bleibt eine wirksam vereinbarte kürzere Frist. Es sind jedoch die besonderen zivilrechtlichen Kündigungsschutzvorschriften der §§ 573, 574, 574 a–c, 576, 576 a–b BGB zu beachten. Der BGH hat zu § 57 a ZVG den Vorrang des Kündigungsschutzes des Mieters vor dem Kündigungsrecht des Ersteigerers deutlich zum Ausdruck gebracht.[290]

118

Eine weitere Einschränkung erfährt das vorzeitige Kündigungsrecht aufgrund von § 57 c ZVG, der aufgrund § 111 Satz 3 InsO entsprechende Anwendung findet. Danach ruht das Sonderkündigungsrecht, solange der Mieter eine Mietzinsvorauszahlung oder einen sonstigen Beitrag zur Schaffung oder Instandsetzung der Mietsache (§ 57 c Abs. 1 Nr. 1 ZVG) oder einen verlorenen Baukostenzuschuss (§ 57 Abs. 1 Nr. 2 ZVG) abwohnen darf.[291]

Macht der Erwerber von seinem Kündigungsrecht Gebrauch, so kann der Mieter wegen der vorzeitigen Beendigung des Vertragsverhältnisses als Insolvenzgläubiger Schadensersatz verlangen.[292] Es ist allgemein anerkannt, dass dem Mieter ein solcher Schadensersatzanspruch zusteht, nur die dogmatische Begründung ist unterschiedlich.[293] Seine Ansprüche kann er gegenüber Forderungen des Verwalters aus dem Zeitraum vor Verfahrenseröffnung aufrechnen.[294]

Im Übrigen richtet sich das Rechtsverhältnis zwischen Erwerber und Mieter nach den §§ 566, 578 Abs. 1 BGB.

IV. Leasingverträge im Insolvenzverfahren

1. Allgemeines

Der Leasingvertrag ist nach nunmehr ständiger höchstricherlicher Rechtsprechung[295] und herrschender Meinung in der Literatur[296] wegen der entgeltlichen Gebrauchsüberlassung ein atypischer Mietvertrag, auf den »in erster Linie« die mietrechtlichen Regelungen Anwendung finden.

119

---

290 BGHZ 84, 90, 100 f.
291 Kübler/Prütting, a. a. O., § 111 Rdnr. 7.
292 FK-InsO/Wegener, § 111 Rdnr. 13.
293 FK-InsO/Wegener § 111 Rdnr. 13; Kübler/Prütting, a. a. O., § 111, Rdnr. 8.
294 BGHZ 68, 379, 382; FK-InsO/Wegener, § 111 Rdnr. 14.
295 BGH in NJW 1990, 1113.
296 Vgl. Palandt/Putzo, Einf. Von § 535 Rdnr. 28.

Beim Leasing findet sisch typischerweise folgende Konstruktion:

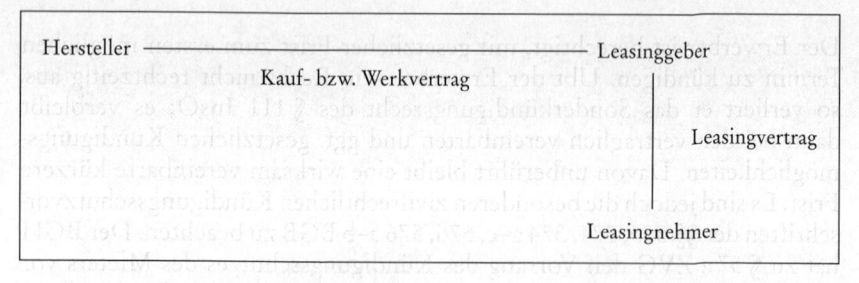

```
Hersteller ─────────────────────────── Leasinggeber
           Kauf- bzw. Werkvertrag      │
                                       │ Leasingvertrag
                                       │
                                   Leasingnehmer
```

Nachfolgend wird eine Differenzierung danach vorgenommen werden, ob
1. über das Vermögen des *Leasinggebers* oder des *Leasingnehmers* das Insolvenzverfahren eröffnet wurde,
2. im Falle der Insolvenz des Leasinggebers *die Voraussetzungen des § 108 Abs. 1 Satz 2 InsO* vorliegen, und
3. es sich bei dem Leasinggegenstand um *eine bewegliche oder unbewegliche Sache* handelt.

2. Insolvenz des Leasinggebers

a) Grundsatz

120 Da der Leasingvertrag rechtlich als Mietvertrag eingeordnet wird, findet auf Mobilien grundsätzlich § 103 InsO mit dem Wahlrecht des Insolvenzverwalters Anwendung. Eine Ausnahme gilt bei refinanzierten Leasingverträgen, bei der die Sondervorschrift des § 108 Abs. 1 Satz 1 InsO eingreift.

Im Falle des Immobilienleasings besteht der Leasingvertrag nach § 108 Abs. 1 Satz 1 InsO fort.

b) Refinanzierte Leasingerträge

aa) Zweck der Regelung

121 Bei der Beschränkung des *ursprünglichen* Absatzes 1 des § 108 InsO auf *Immobilien* hat der Gesetzgeber[297] zunächst die Rechtsprechung des BGH zum Verwalterwahlrecht in der Insolvenz des Leasinggebers nicht berücksichtigt, nach der die Abtretung künftiger Miet- und Leasingraten ins Leere geht;[298] d. h. auch Miet- und Leasingverträge über bewegliche Sachen waren damit *nicht mehr insolvenzfest.* Diese Konsequenz hätte bei Leasinggebern zu erheblichen Schwierigkeiten bei der *Refinanzierung* der anzuschaffenden Leasinggegenstände geführt. Das Leasinggut wird an das finanzierende

---

297 BegrRechtsausschuss, abgedruckt bei Kübler/Prütting, Das neue Insolvenzrecht, Bd. I, S. 300.
298 BGH in DB 1992, 1824 f.; vgl. auch Zahn in DB 1995, 1597 ff.

Kreditinstitut sicherungsübereignet bei gleichzeitiger Abtretung der zukünftigen Leasingraten. Bei einer uneingeschränkten Anwendung des § 103 wäre die Vorausabtretung nicht insolvenzfest gewesen. Selbst wenn der Verwalter die Erfüllung des Vertrages gewählt hätte, stünden die Leasingraten nicht mehr der finanzierenden Bank zu. Nach der ständigen Rechtsprechung des BGH entstehen die Erfüllungsansprüche mit ex-nunc-Wirkung neu; die vorausabgetretenen Ansprüche bleiben dagegen nach § 91 InsO erloschen.

Es hat daher bereits vor Inkrafttreten der InsO eine »*Reform der Reform*« stattgefunden, indem im Juli 1996 der jetzige Satz 2 in § 108 Abs. 1 InsO eingeführt wurde.

Die benannten Verträge unterliegen damit nicht dem Wahlrecht des Verwalters, *sondern bestehen über die Verfahrenseröffnung hinaus fort*. Die Vorausabtretung von Miet- und Leasingraten bleibt im Anwendungsbereich des § 108 Abs. 1 Satz 2 InsO *insolvenzfest*. Der Gesetzgeber kam damit letztendlich einem Wunsch der Leasingbranche und der diese refinanzierenden Banken nach.[299]

bb) Voraussetzungen

Die Sonderregelung des § 108 Abs. 1 Satz 2 InsO ordnet die Insolvenzfestigkeit nur an, wenn der Miet- bzw. Leasinggegenstand einem Dritten zur Sicherheit übertragen wurde und der Dritte die Anschaffung oder die Herstellung des Gegenstandes finanziert hat. Liegen diese auf finanzierte Leasingverträge zugeschnittenen Voraussetzungen nicht vor, so bleibt es auch in der Insolvenz des Leasinggebers bei § 103 InsO. Nach dem Wortlaut und dem Zweck der Regelung werden nicht nur Leasingverträge, sondern auch Miet- und Pachtverträge erfasst.

- Sonstiger Gegenstand
Das Mietverhältnis muss einen »sonstigen Gegenstand« betreffen. Dieser Begriff ist weit zu verstehen.[300] Damit werden tatbestandlich Sachen wie Rechte erfasst; mit letzterem auch das Softwareleasing.[301]

- Sicherungsübertragung und Refinanzierung
Der Vertragsgegenstand muss einem Dritten, der seine Anschaffung oder Herstellung finanziert hat, zur Sicherheit übertragen worden sein. Mit der Formulierung »zur Sicherheit übertragen« ist der Oberbegriff für die Sicherungübereignung und Sicherungsabtretung gemeint. Die Übertragung muss wirksam sein. Unerheblich ist dabei, ob die Sicherungsübertragung bereits bei Abschluss der Finanzierung vorgenommen wurde oder erst nachträglich zustand kam. Maßgeblich ist allein, dass das Leasinggut als Sicherheit

---

299 Ausführlich: Zahn, DB 1995, 1597 ff., 1649 ff.
300 FK-InsO/Wegener, § 108 Rdnr. 15.
301 Nerlich/Römermann, a. a. O., § 108 Rdnr. 12.

für die Finanzierung seiner Anschaffung oder Herstellung dient. Liegt diese Kausalitätsbeziehung vor, so spielt die zeitliche Abfolge keine Rolle.[302]

Zwischen der Finanzierung durch den Dritten und der Herstellung oder Anschaffung des Vertragsobjektes durch den Leasinggeber muss ein sachlicher und zeitlicher Zusammenhang gegeben sein. Es genügt daher nicht, wenn die Finanzierung aus einem allgemeinen Betriebsmittelkredit ohne erkennbaren Zusammenhang mit dem konkreten Leasinggut erfolgt. Unerheblich ist, ob die Finanzierung dem insolventen Leasinggeber direkt oder durch Zwischenschaltung weiterer Leasinggeber gewährt wurde.

- Zession des Anspruchs auf die Leasingraten als Tatbestandsvoraussetzung des Abs. 1 Satz 2?

Bei genauer Betrachtung des Wortlautes des § 108 Abs. 1 Satz 2 InsO fällt auf, dass die Sicherungszession des Anspruchs auf die Leasingraten nicht als Tatbestandsvoraussetzung genannt wird. Der von dem Gesetzgeber mit der Änderung verfolgte Zweck der Aufrechterhaltung der Abtretung der Leasingraten gebietet es geradezu, diese hier nicht erwähnte Voraussetzung zum ungeschriebenen Tatbestandsmerkmal zu erheben.[303]

- Existenz der gesicherten Forderung?

Eine ausdrückliche Regelung fehlt auch bezüglich der Frage, ob bei Verfahrenseröffnung die Forderung des Dritten (meist ein Geldkreditgeber), zu deren Sicherung der vermietete Gegenstand übertragen wurde, noch Bestand haben muss. Eine Anwendung des § 108 Abs. 1 Satz 2 InsO wird wohl dann entfallen müssen, wenn dieser Forderung bereits bei Verfahrenseröffnung aufgrund ihres Nichtmehrbestehens ein fälliger und einredefreier Anspruch auf Rückübertragung der Sicherheit entgegenstand. Ansonsten würde die Masse übermäßig, weil ungerechtfertigt, beansprucht.[304]

- Zeitpunkt der Überlassung des Leasinggegenstandes

Anders als nach § 21 Abs. 1 KO besteht nach dem Wortlaut des § 108 Abs. 1 InsO der Leasingvertrag ohne Rücksicht darauf fort, ob der Leasinggegenstand bei Eröffnung des Verfahrens dem Leasingnehmer überlassen war. Relevant wird dieser Umstand dann, wenn der Gegenstand dem Leasingnehmer noch nicht überlassen war und es dem absonderungsberechtigten Dritten gelingt, die Verwertung zu erzwingen; denn in diesem Fall wird die Masse dem Leasingnehmer gegenüber schadensersatzpflichtig. Dieses Ergebnis widerspräche aber der mit der InsO verfolgten gesetzgeberischen Zielsetzung.[305] § 108 Abs. 1 Satz 2 InsO ist daher im Wege der teleologi-

---

302 Kübler/Prütting, a. a. O., § 108 Rdnr. 21.
303 Siehe hierzu: HK-InsO/Marotzke, § 108 Rdnr. 10, der auf dieses »technische Missgeschick« des Gesetzgebers hinweist.
304 HK-InsO/Marotzke, § 108 Rdnr. 12, der auch noch die in diesem Zusammenhang weitergehende Frage behandelt, ob Absatz 1 Satz 2 auch dann nicht angewendet werden sollte, wenn die gesicherte Forderung zwar noch besteht, im Verhältnis zum Wert des abgetretenen Leasinggegenstandes aber nur (noch) ganz gering ist.
305 Zahn, DB 1996, 1393, 1396 f.

schen Reduktion auf die Fälle zu beschränken, in denen das Leasingobjekt dem Leasingnehmer bereits vor Verfahrenseröffnung überlassen war.

- Erbringung zusätzlicher Nebenleistungen

Problematisch ist die Konstellation des § 108 Abs. 1 Satz 2 InsO insbesondere dann, wenn der Schuldner sich neben der Gebrauchsüberlassung zur Erbringung zusätzlicher Nebenleistungen verpflichtet hat, die weiterhin zu Lasten der Masse zu erbringen sind, während die Gegenleistung, nämlich die Leasingraten, an die finanzierende Bank geht. Solche Nebenleistungen sind häufig beim Kfz-Leasing vorzufinden, wo sich der Leasinggeber z. B. zur Übernahme der Kosten von Wartungsarbeiten verpflichtet. Aber auch im Bereich des EDV-Leasing sind Nebenleistungen üblich.[306]

Der Gesetzgeber ging bei der Neufassung davon aus, dass die Masse außer des Gebrauchs keinerlei Leistungen mehr zu erbringen habe. Für den Fall weiterer zu erbringender Leistungen soll nach Auffassung des Rechtsausschusses eine Aufteilung der abgetretenen Forderungen vorgenommen werden. Die Gesetzesverfasser dachten wohl an eine Aufteilung der Forderung auf die Leasingraten, wie sie von der Rspr. bereits bei § 17 KO vorgenommen wurde.[307] Dieser Anknüpfung steht aber entgegen, dass der als Ausgangspunkt genommene § 17 KO (der grundsätzlich auf § 103 InsO übertragbar ist), durch § 108 Abs. 1 Satz 2 InsO gerade verdrängt werden sollte.[308] Diese vom Gesetzgeber vorgesehene Lösung der Anwendung von § 108 Abs. 1 Satz 2 InsO und § 103 InsO bei demselben Vertrag führt letztendlich dazu, dass Leasingverträge mit Nebenleistungsverpflichtungen partiell wiederum nicht insolvenzfest wären. Für eine Teilung fehlt aber jeder handhabbare Maßstab, denn weder der Gebrauchsüberlassung noch einer Nebenleistung lässt sich ein bestimmter Ratenteil zuordnen. Es ist deshalb der Masse gegen den Zessionar ein Bereicherungsanspruch gem. § 812 Abs. 1 Satz 1 Alt. 2 BGB zuzusprechen, da mit dieser Lösung auch Verträge mit Nebenleistungsverpflichtungen insolvenzfest sind.[309]

123

3. Insolvenz des Leasingnehmers

In der Insolvenz des Leasingnehmers über Mobilien gilt die Sonderregelung des § 108 Abs. 1 Satz 2 InsO nicht. Das Vertragsverhältnis richtet sich vielmehr nach § 103 InsO. Im Falle der Nichterfüllung steht dem Leasinggeber ein Schadensersatzanspruch als Insolvenzforderung zu; die vertraglich vereinbarten Leasingraten kann er nicht mehr verlangen. Das Leasinggut ist an

124

---

306 Siehe dazu mit Beispielen: Bien, ZIP 1998, 1017, 1018.
307 BGHZ 129, 336 ff.
308 Bien, ZIP 1998, 1017, 1018 ff.; a. A. wohl Zahn in DB 1996, 1393, 1397, der die dargestellte Problematik aber auch erkennt und den Vorschlag des Gesetzgebers deshalb nur eingeschränkt befürwortet.
309 Ausführlich zur Begründung und zum Inhalt des Anspruchs: Bien, ZIP 1998, 1017, 1020 ff.

den Leasinggeber zurückzugeben, ihm steht aufgrund seines Eigentums ein Aussonderungsrecht gem. § 47 InsO zu.

Wählt der Verwalter Erfüllung des Vertrages, so ist der Anspruch auf die Leasingraten für die Zeit nach Verfahrenseröffnung Masseschuld nach § 55 Abs. 1 Nr. 2 InsO. Rückständige Raten vor Insolvenzeröffnung sind entsprechend § 105 Satz 1 InsO stets Insolvenzforderungen.[310]

Beim Immobilienleasing gilt wiederum die Regelung des § 108 Abs. 1 Satz 1 InsO.[311]

D. Sondervorschriften für Auftrag, Geschäftsbesorgungsvertrag und Vollmacht in der Insolvenz

I. Das Erlöschen von Aufträgen

1. Allgemeines

125 Die Regelung entspricht inhaltlich dem bisherigen § 23 KO, im Wortlaut wurde die Vorschrift aber klarer gefasst. Mit der Eröffnung des Insolvenzverfahrens geht das Recht des Schuldners, das zur Insolvenzmasse gehörende Vermögen zu verwalten und über dieses zu verfügen, auf den Insolvenzverwalter über. Ab diesem Zeitpunkt soll nur noch der Insolvenzverwalter allein über die Insolvenzmasse verfügen können. Nicht nur dem Schuldner selbst soll die Möglichkeit der Einwirkung entzogen werden, sondern auch dem vom Schuldner Beauftragten. Zur Erreichung dieses Zwecks ordnet das Gesetz an, dass Aufträge gem. § 115 InsO und Geschäftsbesorgungsverträge gem. § 116 InsO bereits mit Eröffnung des Insolvenzverfahrens kraft Gesetzes ohne Zutun des Insolvenzverwalters erlöschen.

2. Voraussetzungen

a) Vom Schuldner erteilte Aufträge und Geschäftsbesorgungsverträge

126 Unter den Anwendungsbereich des § 115 InsO fallen nur Aufträge, die der Schuldner selbst erteilt hat. Wurde der Schuldner von einem Dritten beauf-

---

310 Nach Eckert, ZIP 1997, 2077 ff. sollen Leasingraten stets Insolvenzforderung sein; dagegen zu recht differenzierend Schmid-Burgk, ZIP 1998, 1022 ff.
311 Es wird auf die unter Kapitel B. gemachten Ausführungen verwiesen.

3. Rechtsfolgen

a) Erlöschen des Auftrags bzw. des Geschäftsbesorgungsvertrages

aa) Grundsatz

Mit der Eröffnung des Insolvenzverfahrens erlischt der Auftrag bzw. der Geschäftsbesorgungsvertrag kraft Gesetzes, d. h. ohne Zutun des Insolvenzverwalters mit Wirkung ex-nunc gegenüber jedermann.

129

Anderer Ansicht ist entgegen dem eindeutigen Wortlaut aber Marotzke.[330] Nach dessen Auffassung fällt nur die durch den Auftrag übertragene Geschäftsführungsbefugnis weg. Das Vertragsverhältnis selbst erlischt nicht. Marotzke verweist auf die Rechtsfolge des § 118 InsO. Die dort bezeichneten Gesellschaften werden durch die Eröffnung des Insolvenzverfahrens aufgelöst, die Gesellschaft selbst besteht aber als Liquidationsgesellschaft zunächst fort. Die gleiche Interessenlage gäbe es auch bei §§ 115, 116 InsO.

Darüber hinaus hält Marotzke auch eine analoge Anwendung des § 103 InsO für notwendig, da die Herausgabe des aus der Geschäftsführung Erlangten dem Geschäftsführer nur zugemutet werden könne, wenn seine Gegenforderungen als Masseverbindlichkeiten erfüllt werden, unabhängig davon, ob es sich dabei um einen Vergütungs- oder »nur« um einen Aufwendungsersatzanspruch handele.[331]

Da der Auftrag oder die Geschäftsbesorgung nur mit ex-nunc-Wirkung erlöschen, muss der Insolvenzverwalter alles, was der Beauftragte bis zu diesem Zeitpunkt im Rahmen des Auftrags getan hat, für und gegen die Masse gelten lassen.[332] War der Auftrag erst zum Teil ausgeführt, so erlischt er nur hinsichtlich des noch nicht ausgeführten Teils.

Will der Verwalter an dem Auftrag bzw. dem Geschäftsbesorgungsvertrag festhalten, ist er gezwungen, den Auftrag neu zu erteilen bzw. einen neuen Geschäftsbesorgungsvertrag abzuschließen.[333] Wird der Eröffnungsbeschluss im Wege des Beschwerdeverfahrens aufgehoben, leben der Auftrag bzw. der Geschäftsbesorgungsvertrag wieder auf.[334]

bb) Rechtsfolgen des Erlöschens

Eventuelle Ansprüche auf die vereinbarte Vergütung (§§ 675, 612, 632 BGB) oder auf Verwendungsersatz (§§ 670, 675 BGB) kann der Beauftragte nur als Insolvenzforderung geltend machen.[335] Ob der Beauftragte zusätzlich Schadensersatzansprüche wegen der Nichterfüllung geltend machen

130

---

330 HK-InsO/Marotzke, § 115 Rdnr. 4.
331 HK-InsO/Marotzke, § 115 Rdnr. 8.
332 FK-InsO/Wegener, § 115 Rdnr. 7.
333 FK-InsO/Wegener, § 115 Rdnr. 9.
334 Breutigam/Blersch/Goetsch, a. a. O., § 115 Rdnr. 7; FK-InsO/Wegener, a. a. O.
335 FK-InsO/Wegener, § 115 Rdnr. 11.

kann, ist im Gesetz nicht ausdrücklich geregelt, wird von der überwiegenden Literatur allerdings abgelehnt.[336]

Im Übrigen bestimmen sich die Rechtsfolgen nach den §§ 662 ff. BGB. Der Beauftragte ist z. B. verpflichtet, alles aus der Geschäftsführung erlangte gem. § 667 BGB zur Masse herauszugeben und gem. §§ 667, 666, 675 BGB Rechenschaft abzulegen.

b) Notgeschäftsführung (§ 115 Abs. 2 InsO)

131 Wenn mit dem Aufschub Gefahr – also Eintreten wirtschaftlichen Schadens – verbunden ist, hat der Beauftragte die Besorgung des übertragenen Geschäfts fortzusetzen bis der Verwalter anderweitig Fürsorge treffen kann, § 115 Abs. 2 InsO. Der Auftrag gilt insoweit als fortbestehend. § 23 Abs. 1 Satz 2 KO hat durch einen Verweis auf § 672 Satz 2 BGB dieselbe Rechtslage geschaffen

Ob die Voraussetzungen für eine Notgeschäftsführung vorliegen, bestimmt sich maßgeblich nach der objektiven Sachlage. Es kommt nicht darauf an, ob das Rechtsgeschäft für die Masse vorteilhaft war, ob der Beauftragte von der Insolvenzeröffnung erfahren hat oder ob schon vorher mit der Ausführung begonnen wurde.[337] Das Vorliegen der objektiven Voraussetzungen begründet für den Beauftragten eine Pflicht zur Geschäftsführung. Kommt der Beauftragte seinen Verpflichtung nicht nach, kann er sich gegenüber der Insolvenzmasse schadensersatzpflichtig machen.

Über die Notlage hinaus ist der Beauftragte nicht verpflichtet seine Tätigkeit fortzusetzen. Soll dies erfolgen ist ein neuer Vertragsschluss mit dem Insolvenzverwalter erforderlich, da ein einseitiges Aufleben des erloschenen Verhältnisses nicht möglich ist.[338]

Aufwendungsersatzansprüche aufgrund der Notgeschäftsführung nach § 115 Abs. 2 InsO sind – soweit sie nach Eröffnung entstanden sind – Masseverbindlichkeiten (§ 115 Abs. 2 Satz 3 InsO) nach § 55 Abs. 1 Nr. 1 InsO. Die vor Insolvenzeröffnung entstandenen Ansprüche sind dagegen nur Insolvenzforderungen.[339] Die Beweislast trägt derjenige, der Ansprüche aus dem Vorliegen einer Notgeschäftsführungslage ableitet, also der Beauftragte für Masseansprüche, der Verwalter für Schadensersatzansprüche aufgrund einer Nichtfortführung.

---

336 FK-InsO/Wegener § 115 Rdnr. 12; Nerlich/Römermann, a. a. O., § 115 Rdnr. 13; Kübler/Prütting, a. a. O., §§ 115, 116 Rdnr. 11; a. A.: Kuhn/Uhlenbruck, a. a. O., § 23 Rdnr. 21.
337 Nerlich/Römermann, a. a. O., § 115 Rdnr. 10; FK-InsO/Wegener, § 115 Rdnr. 14.
338 Nerlich/Römermann, a. a. O., § 115 Rdnr. 10.
339 FK-InsO/Wegener, § 115 Rdnr. 16.

c) Unkenntnis von Insolvenzeröffnung (§ 115 Abs. 3 InsO)

Solange der Beauftragte die Eröffnung des Insolvenzverfahrens ohne Verschulden nicht kennt, wird das Fortbestehen des Auftrags zu seinen Gunsten fingiert. Während § 115 Abs. 2 InsO auf die objektive Sachlage zum Zeitpunkt der Insolvenzeröffnung abstellt, kommt es bei § 115 Abs. 3 InsO auf die subjektive Kenntnis des Beauftragten an. Der Auftrag bzw. der Geschäftsbesorgungsvertrag gilt auch nur »zugunsten« des Beauftragten als fortbestehend. Ohne eine entsprechende Regelung bestünde die Gefahr, dass der Beauftragte sich durch Handlungen nach Insolvenzeröffnung möglicherweise gegenüber der Insolvenzmasse schadensersatzpflichtig macht. Im Gegenzug kann der Beauftragte Aufwendungsersatzansprüche aufgrund einer in Unkenntnis der Verfahrenseröffnung fortgesetzten Geschäftsführung nur als Insolvenzgläubiger geltend machen (§ 115 Abs. 3 Satz 2 InsO).

132

Im Außenverhältnis handelt der Beauftragte, da der Auftrag nur zu seinen Gunsten als fortbestehend gilt, aber ohne Vollmacht. Seine Rechtshandlungen wirken nur für und gegen die Insolvenzmasse, wenn der Verwalter sie genehmigt.[340] Eine Haftung des Beauftragten nach § 179 BGB wird aber mit Hinweis auf § 117 Abs. 3 InsO nicht begründet.[341]

Die Verpflichtung des Beauftragten zur Rechnungslegung, Auskunft und Herausgabe bestimmen sich im Innenverhältnis nach den §§ 662 ff. BGB. Der Herausgabeanspruch der Insolvenzmasse ist nach Insolvenzeröffnung entstanden, der Ersatzanspruch aus der Tätigkeit nach Insolvenzeröffnung wird so behandelt, als sei er bereits vor Verfahrenseröffnung entstanden.[342] Der Beauftragte kann daher nach § 96 Nr. 1 InsO gegen den Herausgabeanspruch der Insolvenzmasse nicht mit seinen Aufwendungsersatzansprüchen aufrechnen.

II. Das Erlöschen von Vollmachten gem. § 117 InsO

1. Allgemeines

§ 117 InsO regelt nun ausdrücklich, dass Vollmachten, die sich auf das zur Insolvenzmasse gehörende Vermögen beziehen, mit der Eröffnung des Insolvenzverfahrens erlöschen. Die KO enthielt diesbezüglich keine Regelung. Die Regelung will die alleinigen Verwaltungs- und Verfügungsbefugnis des Insolvenzverwalters nach der Eröffnung des Insolvenzverfahren

133

---

340 Nerlich/Römermann, a.a.O., § 115 Rdnr. 15.
341 Kübler/Prütting, a.a.O., § 115,116 Rdnr. 14.
342 Breutigam/Blersch/Goetsch, a.a.O., § 115 Rdnr. 33.

sicherstellen, die bei Fortbestehen von Vollmachten erheblich beeinträchtigt werden könnte.[343]

In der Literatur wird die Meinung vertreten, dass die Rechtsfolge des § 117 InsO sich schon aus § 80 InsO ergibt, da der Schuldner durch die Eröffnung die Verwaltungs- und Verfügungsbefugnis über das Vermögen verliert und eine von ihm erteilte Vollmacht keine weiter gehenden Befugnisse beinhalten kann als er selbst hat und schon dadurch die vom Schuldner abgeleiteten Rechte entfallen.[344]

Richtig ist, dass die Vorschrift in bestimmten Fällen nur deklaratorische Bedeutung hat. Lag der Vollmachtserteilung ein Auftrag nach § 115 InsO oder ein Geschäftsbesorgungsvertrag nach § 116 InsO zugrunde, hat das Erlöschen dieser Grundverhältnisse bei Eröffnung des Insolvenzverfahrens nach § 168 Satz 1 BGB auch das Erlöschen der Vollmacht zur Folge. Eigenständige Bedeutung hat die Vorschrift aber in den Fällen, in denen die Rechtsfolge des § 168 Satz 1 BGB abgedungen war oder die Insolvenzeröffnung nicht zu einem Erlöschen des Grundverhältnisses führt. Dies ist z. B. bei Dienstverhältnissen der Fall, die nach Insolvenzeröffnung mit Wirkung für die Insolvenzmasse fortbestehen (§ 108 Abs. 1 BGB).[345]

Nach dem nunmehr eindeutigen Wortlaut des § 117 InsO erlöschen mit Eröffnung des Insolvenzverfahrens nicht nur die im Rahmen von Aufträgen (§ 115 InsO) oder Geschäftsbesorgungsverträgen (§ 116 InsO) erteilten Vollmachten, sondern alle vom Schuldner erteilten Vollmachten.

2. Voraussetzungen

134   Von § 117 InsO werden sämtliche massebezogenen und vom Schuldner erteilten Vollmachten – auch unwiderrufliche – erfasst. War es nach der KO noch streitig, ob auch die von dem Schuldner erteilte Prokura (§§ 48 ff. HBG) oder Handlungsvollmacht (§§ 54 ff. HBG) mit Eröffnung des Insolvenzverfahrens erlöschen, ist dieser Streitpunkt in § 117 InsO eindeutig geregelt. Auch Prokura und Handlungsvollmacht erlöschen mit Insolvenzeröffnung.[346]

Vollmachten die sich auf höchstpersönliche oder insolvenzfreie Gegenstände beziehen erlöschen dagegen nicht nach § 117 InsO.[347] Auch Prozess-

---

343 FK-InsO/Wegener, § 117 Rdnr. 1; Jaeger/Henckel, a. a. O., § 23 Rdnr. 3; Kilger/Schmidt, K., a. a. O., § 23 Anm. 1.
344 Häsemeyer, Insolvenzrecht, 2. Aufl. 1998, S. 403, Rdnr. 20.69; Schmidt, BB 89, 229, 234.
345 FK-InsO/Wegener, § 117 Rdnr. 1; Nerlich/Römermann, a. a. O., § 117 Rdnr. 4; HK-InsO/Marotzke, § 117 Rdnr. 4.
346 Balz/Landfermann, Die neuen Insolvenzgesetze, 1. Aufl. 1995, BegrRegE zu § 135 RegE a. E., S. 209; BGH WM 1958, 430, 431; Schmidt BB 89, 229, 233.
347 FK-InsO/Wegener, § 117 Rdnr. 2.

vollmachten erlöschen außer in persönlichen Angelegenheiten – also z. B. Ehesachen – weil hier i. d. R der Massebezug fehlt.[348]

▶ **Beispiel:**[349]
Die von dem Schuldner zur Vertretung in einem Ehescheidungsverfahren seinem Rechtsanwalt erteilte Vollmacht erlischt mit der Insolvenzeröffnung nicht, soweit die Vollmacht sich auf das Scheidungsverfahren bezieht. Hat der Schuldner aber seinen Rechtsanwalt auch zum Abschluss von Vereinbarungen über einen Versorgungsausgleich oder Unterhaltszahlungen berechtigt, erlischt die Vollmacht. Im ersten Fall bezieht sich die Vollmacht auf ein rein persönliches Verhältnis, im zweiten Fall dagegen betrifft die Vollmacht das Vermögen der Insolvenzmasse.

Mit der Insolvenzeröffnung über das Vermögen des Ermächtigenden erlischt auch eine gewillkürte Prozessstandschaft.[350]

§ 117 InsO bezieht sich nur auf rechtsgeschäftliche Vollmachten.[351] Die gesetzlichen Vollmachten der Gesellschaften erlöschen allerdings i. d. R. trotzdem durch Beendigung des Amtes. Eine Ausnahme gilt bei der Vollmacht nach § 147 Abs. 3 Satz 1 AktG. Hier erlischt die Vollmacht nicht, sondern ruht nur solange, wie die Rechte nicht ausgeübt werden können.[352] Obwohl in § 117 InsO nicht ausdrücklich geregelt, erlöschen auch vom Schuldner erteilte Verfügungs- und Einziehungsermächtigungen.

3. Rechtsfolgen

Mit Eröffnung des Insolvenzverfahrens erlischt die Vollmacht und damit auch eventuell erteilte Untervollmachten[353] mit Wirkung ex nunc. Die Vollmacht kann nur durch Aufhebung des Eröffnungsbeschlusses wieder aufleben.[354]

135

a) Folgen des Erlöschens der Vollmacht

Nach Erlöschen der Vollmacht kann die Insolvenzmasse durch das Handeln des – vollmachtlosen – Vertreters nicht mehr verpflichtet oder berechtigt werden. Einen Gutglaubensschutz zugunsten des Geschäftspartner gibt es nicht. Rechtshandlungen des früheren Bevollmächtigten sind gem. §§ 81, 82 InsO unwirksam.[355]

136

---

348 FK-InsO/Wegener, § 117 Rdnr. 3; Nerlich/Römermann, a. a. O., § 117 Rdnr. 7.
349 Breutigam/Blersch/Goetsch, a. a. O., § 117 Rdnr. 5.
350 BGH NJW 2000, 738.
351 FK-InsO/Wegener, § 117 Rdnr. 4.
352 BGH ZIP 1981, 178, 179.
353 Soergel/Leptien, a. a. O., § 167 Rdnr. 57–59; Staudinger/Dilcher, Kommentar zum BGB, 13. Aufl. 1993 ff., § 167 Rdnr. 67.
354 FK-InsO/Wegener, § 117 Rdnr. 5.
355 FK-InsO/Wegener, § 117 Rdnr. 6.

b) Notgeschäftsführung gem. §§ 115 Abs. 2, 116 InsO

137 Nur wenn die Voraussetzungen einer Notgeschäftsführung gem. §§ 115 Abs. 2, 116 InsO vorliegen, ist der Bevollmächtigte durch den gesetzlich fingierten Fortbestand der Vollmacht gem. § 117 Abs. 2 InsO geschützt.[356] Soweit es zur Notgeschäftsführung notwendig ist, ist der Bevollmächtigte befugt, die Insolvenzmasse zu verpflichten.

c) Schutz des gutgläubigen Bevollmächtigten

138 Hat der Bevollmächtigte ohne Verschulden keine Kenntnis von der Eröffnung des Insolvenzverfahrens, haftet er gem. § 117 Abs. 3 InsO trotz Fehlen einer wirksamen Vollmacht nicht als Vertreter ohne Vertretungsmacht gem. § 179 BGB.

Bei verschuldeter Unkenntnis hat der Geschäftsgegner gegen den Bevollmächtigten einen Schadensersatzanspruch. Aber auch in diesem Fall haftet der Bevollmächtigte nicht auf den Erfüllungsschaden.[357] Der Vertreter haftet nur wie der Vertretene und dieser kann die Masse gem. §§ 80, 81 InsO nicht mehr verpflichten. Der Schutz aller Gläubiger geht hier dem Vertrauen auf Erfüllung vor.[358] Beim Schadensersatzanspruch ist auch § 179 Abs. 3 BGB zu berücksichtigen, nachdem sich ein Mitverschulden des Vertragsgegners schadensmindernd auswirkt. Dazu sind konkrete Anhaltspunkte notwendig. Die Veröffentlichung der Insolvenzeröffnung reicht i. d. R. nicht.[359]

d) Neuerteilung der Vollmacht durch den Insolvenzverwalter

139 Soweit ein massebezogenes Rechtsgeschäft vollmachtlos getätigt wurde, kann der Verwalter dieses Rechtsgeschäft nachträglich genehmigen. Dem früheren Bevollmächtigten braucht in diesem Fall keine neue Vollmacht erteilt zu werden.

Es ist grundsätzlich anerkannt, dass der Verwalter neue Vollmachten erteilen darf. Ungeklärt ist aber, ob der Verwalter auch berechtigt ist, im Fall der Betriebsfortführung Prokura oder Handlungsvollmacht zu erteilen. Die ablehnende Haltung wird mit den weit reichenden Befugnissen, insbesondere der Prokura im Außenverhältnis, begründet. Die weit reichenden Befugnisse des Prokuristen stünden im Widerspruch zu der Stellung des Insolvenzverwalters und zu dessen alleiniger Verwaltungs- und Verfügungsbefugnis.[360] Die Gegenansicht weist darauf hin, dass der Insolvenzverwalter

---

356 Nerlich/Römermann, a. a. O., § 117 Rdnr. 13; FK-InsO/Wegener, a. a. O.
357 FK-InsO/Wegener, § 117 Rdnr. 9.
358 FK-InsO/Wegener, a. a. O.
359 FK-InsO/Wegener, a. a. O.
360 Vgl. BGH WM 1958, 431; Baumbach/Hopt, Kommentar zum HGB, 30. Aufl. 2000, § 48 Rdnr. 1; Mohrbutter/Mohrbutter, Handbuch der Insolvenzverwaltung, 7. Aufl. 1997, Rdnr. III.213.

nach der InsO grundsätzlich bis zum Berichtstermin zur Betriebsfortführung verpflichtet ist und dies ohne Erteilung von Vollmachten insbesondere bei großen Verfahren kaum zu bewältigen ist.[361]

§ 117 InsO ist nicht abdingbar. Der Verwalter muss gegebenenfalls Vollmachten neu erteilen.[362] Vom Schuldner erteilte Verfügungs- und Einziehungsermächtigungen erlöschen analog § 117 InsO ebenfalls.

---

361 FK-InsO/Wegener, § 117 Rdnr. 11; Hess, Kommentar zur Konkursordnung, 6. Aufl. 1998, § 23 Rdnr. 10; Schmidt, BB 1989, 229 ff.
362 Schmidt, BB 89, 229, 234.

6. KAPITEL – INSOLVENZANFECHTUNG

Inhalt

		Seite
A.	Grundlagen der Anfechtung nach den §§ 129–147 InsO	583
I.	Ziel und Gegenstand der Insolvenzanfechtung	583
II.	Überblick über die Insolvenzanfechtung	585
III.	Abgrenzung und Verhältnis der Insolvenzanfechtung zu rechtsähnlichen Tatbeständen	588
B.	Die allgemeinen Voraussetzungen der Anfechtung	589
I.	Rechtshandlung	589
II.	Handelnde Personen	591
III.	Gläubigerbenachteiligung	592
IV.	Zeitpunkt der Vornahme einer Rechtshandlung und Rechtshandlungen nach Verfahrenseröffnung	594
V.	Berechnung der Fristen	596
VI.	Nahe stehende Personen (§ 138 InsO)	597
C.	Die Anfechtungstatbestände in den §§ 130–137 InsO	601
I.	Die Besondere Insolvenzanfechtung	601
	1. Die Anfechtung kongruenter Deckungen (§ 130 InsO)	601
	a) Einleitung	601
	b) Rechtshandlung, die Sicherung oder Befriedigung gewährt	602
	c) Kenntnis des Anfechtungsgegners	603
	d) Wechsel- und Scheckzahlungen	606
	e) Bargeschäft	606
	2. Die Anfechtung inkongruenter Deckungen (§ 131 InsO)	608
	a) Inkongruente Befriedigung	609
	b) Inkongruente Sicherung	610
	c) Zwangsvollstreckungshandlungen	610
	d) Kenntnis des Gläubigers von Benachteiligungen	611
	3. Verrechnungen im Kontokorrent	611
	4. Die Anfechtung bei unmittelbar nachteiligen Rechtshandlungen	612

Dauernheim

II.	Die Anfechtung wegen vorsätzlicher Benachteiligung	614
III.	Die Anfechtung wegen unentgeltlicher Leistung	617
IV.	Die Anfechtung der Rückgewähr bei kapitalersetzenden Darlehen (§ 135 InsO)...	620

1. Kapitalausstattung und Finanzierungsverantwortung der Gesellschafter 621
2. Begriffsbestimmungen im Kapitalersatzrecht 622
   a) Nominelle Unterkapitalisierung......................... 622
   b) Materielle Unterkapitalisierung 623
   c) Passivbilanz 623
   d) Unterbilanz 623
   e) Überschuldung.................................... 623
3. Schutzfunktion der Eigenkapitalersatzregeln................. 624
4. Der Begriff des eigenkapitalersetzenden Darlehens 624
5. Grundtatbestand des § 32 a Abs. 1 Satz 1 GmbHG 625
   a) Darlehen... 625
   b) Der Zeitpunkt der Darlehensgewährung................. 625
   c) Gesellschafter als Darlehensgeber...................... 626
   d) Qualifikationsmerkmale des Eigenkapitalersatzes 627
   e) Indizien.. 629
   f) Durchlaufende Kredite 630
   g) Subjektiver Tatbestand 630
   h) Darlegungs- und Beweislast 630
   i) Rückzahlungssperre................................. 631
   j) Zeitraum der Rückzahlungssperre 631
   k) Rechtsfolgen im Insolvenzverfahren 632
   l) Geltendmachung eigenkapitalersetzender Darlehen........ 632
   m) Insolvenzanfechtung und Fristen gemäß § 135 InsO 633
      aa) Besicherung 633
      bb) Befriedigungshandlungen 633
      cc) Anfechtungsfrist............................... 633
      dd) Durchführung der Anfechtung................... 633
6. Eigenkapitalersetzende Tatbestände....................... 634
   a) Stehenlassen von Gesellschafterdarlehen................. 634
   b) Eigenkapitalersetzende Sicherheit gemäß § 32 a Abs. 2 GmbHG 635
      aa) Allgemeines.................................. 635
      bb) Tatbestandliche Voraussetzungen 636
   c) Doppelbesicherung eines Darlehens.................... 637
   d) Auffangtatbestand des § 32 a Abs. 3 GmbHG............. 637
      aa) Allgemeines.................................. 637
      bb) Behandlung von Nichtgesellschaftern wie Gesellschaftern 638
   e) Andere eigenkapitalersetzende Rechtshandlungen 638
   f) Anwendung des Abs. 3 bei eigenkapitalersetzender Gebrauchsüberlassung....................................... 639
   g) Rechtsfolgen bei eigenkapitalersetzender Nutzungsüberlassung 640
      aa) Überlassungsdauer............................. 640
      bb) Nutzungsentgelt............................... 640
      cc) Dingliche Zuordnung des überlassenen Gegenstandes.. 641
   h) Anwendung der Eigenkapitalersatzregeln bei der GmbH & Co KG 641
   i) Bilanzierungsfragen der eigenkapitalersetzenden Darlehen.. 642
      aa) Handelsrechtliche Rechnungslegung 642

Dauernheim

		bb) Ausweisung im Überschuldungsstatus	644
	7.	Anfechtung nach § 32 b GmbHG	645
		a) Durch einen Gesellschafter besichertes Darlehen	645
		b) Insolvenzeröffnung	645
		c) Darlehensrückzahlung vor der Insolvenzeröffnung	645
		d) Anfechtungsfrist	645
		e) Umfang des Erstattungsanspruchs	646
III.		Die Anfechtung bei der stillen Gesellschaft (§ 136 InsO)	646
D. Die Geltendmachung der Anfechtung			648
I.		Einleitung	648
II.		Der Rückgewähranspruch als Schuldverhältnis	648
III.		Anfechtungsgegner	649
IV.		Auskunftsanspruch	651
V.		Verteidigung des Anfechtungsgegners	651
VI.		Verfahrensrecht	652
VII.		Verjährung des Anfechtungsanspruchs	654
E. Rechtsfolgen der Anfechtung			655
I.		Der Anspruch auf Rückgewähr	655
II.		Sekundäransprüche	657
III.		Die Ansprüche des Anfechtungsgegners	658

A. Grundlagen der Anfechtung nach den §§ 129–147 InsO

I. Ziel und Gegenstand der Insolvenzanfechtung

Die in den §§ 80 ff. InsO geregelten Tatbestände sollen eine Verkürzung der Aktivmasse oder die Vermehrung der Passivmasse nach Eröffnung des Insolvenzverfahrens verhindern. Vor diesem Zeitpunkt wird die Masse vor Verkürzungen zunächst nur bei Vollstreckungen im letzten Monat vor Verfahrenseröffnung (§ 88 InsO) oder durch die Anordnung von Sicherungsmaßnahmen (§ 21 InsO) geschützt. Werden in anderer Weise Vermögensgegenstände zum Nachteil der Gläubiger weggegeben, ist diese Masseschmä- 1

Dauernheim

lerung grundsätzlich wirksam. *Ziel der Insolvenzanfechtung* ist es, diese Vermögensverschiebungen rückgängig zu machen, wenn sie in zeitlicher Nähe zur Verfahrenseröffnung oder unter Bedingungen erfolgt sind, die eine Rückgewähr an die Masse und ein Zurückstehen der Rechtssicherheit und des Verkehrsschutzes als gerechtfertigt erscheinen lassen. Damit wird dem Grundsatz der »par condicio creditorum«, d. h. der Gleichbehandlung aller Gläubiger in der Insolvenz eines gemeinsamen Schuldners, schon im Vorfeld der Insolvenzeröffnung Geltung verschafft. Demgemäß sind die Regeln der Insolvenzanfechtung weniger unter formal-rechtlichen als vielmehr unter wirtschaftlichen Regeln zu betrachten.[1] Die Anfechtungsregeln der KO konnten den anfechtungsrechtlichen Zweck der Masseanreicherung nur unzureichend erfüllen. Das Anfechtungsrecht der InsO ist deshalb erheblich verschärft worden, um die Durchsetzung von Anfechtungsansprüchen zu erleichtern.

Masseverkürzende Rechtshandlungen nach Verfahrenseröffnung sind nach § 147 InsO der Anfechtung ebenfalls ausgesetzt, wenn sie den Gläubigern gegenüber zunächst wirksam sind. Das Anfechtungsrecht knüpft lediglich an die Verfahrenseröffnung an und ist damit nicht nur bei der Liquidation des Schuldnervermögens, sondern auch bei dessen Sanierung anwendbar. Weiterhin ist es unabhängig davon, ob eine Zwangsverwertung durchgeführt oder das Verfahren durch einen Plan beendet wird und ob ein Insolvenzverwalter bestellt wird oder dem Schuldner die Eigenverwaltung verbleibt.[2]

Das Anfechtungsrecht wird vom Insolvenzverwalter wahrgenommen. Es ist seine Pflicht, anfechtungsrelevante Sachverhalte aufzudecken, auch wenn dies mitunter neben der schwierigen rechtlichen Bewertung mit erheblichen Nachforschungen bei lange Zeit zurückliegenden Rechtshandlungen verbunden ist.[3] Das Insolvenzgericht hat die Erfüllung dieser Pflicht i. R. von § 58 InsO sicherzustellen.

2   Die *dogmatische Einordnung der Anfechtung* ist umstritten.[4] Dabei wird die dingliche Theorie, nach der die Anfechtung eine dem § 142 Abs. 1 BGB entsprechende Wirkung haben soll, praktisch kaum mehr vertreten. Die Rechtsprechung[5] und weite Teile der Literatur[6] charakterisieren die Anfechtung zutreffend als ein gesetzliches Schuldverhältnis, kraft dessen ein schuldrechtlicher Anspruch auf Rückgewähr (§ 143 InsO) des anfechtbar weggebenden Vermögensgegenstandes entsteht (*Schuldrechtliche Theorie*). Demgegenüber lässt nach einer im Vordringen begriffenen und in mehreren

---

1   BGHZ 72, 39 = WM 1978, 988.
2   Biel, KTS 1999, 313 f.
3   Haarmeyer/Wutzke/Förster, Kommentar zur Insolvenzordnung, 1995, Kap 5 Rdnr. 202.
4   Vgl. eingehend Jaeger/Henckel, Kommentar zur Konkursordnung, 9. Aufl. 1997, § 37 Rdnr. 2 ff.; Biel, KTS 1999, 314 ff.; Hess, FS für Fuchs, 1996, 79 ff.; FK-InsO/Dauernheim, 3. Aufl. 2002, § 29 Rdnr. 3 ff.
5   BGHZ 100, 36, 42 = ZIP 1987, 601; ZIP 1990, 246.
6   Smid, Kommentar zur Insolvenzordnung, 2. Aufl., 2001, § 143 Rdnr. 27; Hess/Weis, Anfechtungsrecht, 2. Aufl. 1999, § 143 Rdnr. 62.

Dauernheim

Spielarten vertretenen haftungsrechtlichen Theorie die Anfechtung zwar verfügungsrechtlich die Güterzuordnung unberührt, gleichwohl muss sich der Anfechtungsgegner jedoch so behandeln lassen, als gehöre der von ihm erworbene Gegenstand haftungsrechtlich noch zum Schuldnervermögen[7] (*Haftungsrechtliche Theorie*). Diese Theorie begreift, anders als die schuldrechtliche Theorie, den Rückgewähranspruch als ein veräußerungshinderndes Recht i. S. v. § 771 ZPO und als ein Aussonderungsrecht nach § 47 InsO.

Im *ausländischen Insolvenzverfahren* kann eine Rechtshandlung, für deren Wirkungen inländisches Recht maßgeblich ist, vom ausländischen Insolvenzverwalter nur angefochten werden, wenn sie auch nach inländischem Recht anfechtbar ist oder aus einem sonstigen Grund keinen Bestand hat (Art. 102 Abs. 2 EGInsO).

II. Überblick über die Insolvenzanfechtung

Eine erfolgreiche Insolvenzanfechtung setzt allgemein voraus, dass eine vor oder in den Fällen des § 147 InsO nach Verfahrenseröffnung erfolgte Rechtshandlung zu einer Benachteiligung der Insolvenzgläubiger führt, zwischen Rechtshandlung und Benachteiligung ein Zurechnungszusammenhang besteht und der Vorgang einen der in den §§ 130 – 136 InsO genannten Tatbestände erfüllt. Liegen diese Erfordernisse vor, kann der Insolvenzverwalter das Anfechtungsrecht wahrnehmen, indem er innerhalb von zwei Jahren seit Verfahrenseröffnung (§ 146 Abs. 1 InsO) den Rückgewähranspruch nach § 143 InsO geltend macht. Ist die Verjährungsfrist abgelaufen, kann er die Anfechtbarkeit zumindest noch als Einrede geltend machen (§ 146 Abs. 2 InsO). Eine Anfechtung ist auch dann möglich, wenn für die Rechtshandlung ein vollstreckbarer Schuldtitel erlangt oder die Handlung durch Zwangsvollstreckung erwirkt worden ist (§ 141 InsO). Werden Empfänger einer anfechtbaren Leistung bzw. dessen Rechtsnachfolger (§ 145 InsO) in Anspruch genommen, bestimmen sich ihre Gegenrechte nach Maßgabe des § 144 InsO.

3

Die vier Haupttatbestände der Konkursanfechtung werden auch nach der InsO im Grundsatz aufrechterhalten. Zu unterscheiden sind die in den §§ 130 – 132 InsO geregelte besondere Insolvenzanfechtung (bisher § 30 KO), die Vorsatzanfechtung nach § 133 InsO (bisher § 31 KO), die Schenkungsanfechtung gemäß § 134 InsO (bisher § 32 KO) und die Anfechtung der Sicherung oder Befriedigung kapitalersetzender Darlehen nach § 135 InsO (bisher § 32 a KO). Die bisher in § 237 HGB geregelte Anfechtung

4

---

7 Jaeger/Henckel, a. a. O., § 37, Rdnr. 19 ff., 24; Kübler/Prütting, Kommentar zur Insolvenzordnung, 3. Lfg. 2001, § 129 Rdnr. 48 ff.; HK-InsO/Kreft, 2. Aufl. 2001, § 129 Rdnr. 71 f., Biel, KTS 1999, 313, 317 ff.

Dauernheim

bei der Stillen Gesellschaft wurde aus rechtssystematischen Gründen in das Insolvenzrecht zurückgeführt. Von »besonderer« Insolvenzanfechtung spricht man, weil die in den §§ 130 – 132 InsO geregelten Anfechtungstatbestände nur im Insolvenzverfahren und nicht auch bei der Anfechtung nach dem AnfG geltend gemacht werden können. Soweit es bei den Anfechtungstatbeständen auf die Einhaltung einer Frist ankommt, bestimmt sich deren Berechnung nach § 139 InsO. Die anzufechtende Rechtshandlung ist dabei nach § 140 Abs. 1 InsO grundsätzlich in dem Zeitpunkt vorgenommen, in dem ihre rechtlichen Wirkungen eintreten. Besteht eine Rechtshandlung aus mehreren Teilakten, ist der letzte zur Wirksamkeit erforderliche Teilakt maßgeblich. Bei Registergeschäften ist ausnahmsweise der Eintragungsantrag maßgeblich, wenn die übrigen Voraussetzungen für das Wirksamwerden erfüllt sind (§ 140 Abs. 2 InsO). Die maßgeblichen Zeiträume stellen sich in der Übersicht wie folgt dar:

5

Zeitpunkt	Anfechtungsgründe
Mind. 10 Jahre vor dem Antrag auf Eröffnung des Insolvenzverfahrens	• Mögliche Anfechtung nach § 133 Abs. 1 InsO (Vorsätzliche Benachteiligung) • Mögliche Anfechtung nach § 135 Nr. 1 InsO (Sicherung der Rückgewähr eines kapitalersetzenden Darlehens)
Mind. 4 Jahre vor dem Antrag auf Eröffnung des Insolvenzverfahrens	• Mögliche Anfechtung nach § 134 InsO (Unentgeltliche Leistung)
Mind. 2 Jahre vor dem Antrag auf Eröffnung des Insolvenzverfahrens	• Mögliche Anfechtung nach § 133 Abs. 2 InsO (Entgeltlicher Vertrag mit nahe stehender Person)
Mind. 1 Jahr vor dem Antrag auf Eröffnung des Insolvenzverfahrens	• Mögliche Anfechtung nach § 135 Nr. 2 InsO (Rückgewähr eines kapitalersetzenden Darlehens) • Mögliche Anfechtung nach § 136 InsO (Einlagenrückgewähr oder Erlass des Verlustanteils eines Stillen Gesellschafters)
Mind. 3 Monate vor dem Antrag auf Eröffnung des Insolvenzverfahrens	• Mögliche Anfechtung nach § 130 Abs. 1 Nr. 1 InsO (Deckungsanfechtung bei Kenntnis des Gläubigers von der Zahlungsunfähigkeit des Schuldners) • Mögliche Anfechtung nach § 132 Abs. 1 Nr. 1 InsO (Unmittelbar nachteilige Rechtshandlung und Kenntnis des Gläubigers von der Zahlungsunfähigkeit des Schuldners)

Zeitpunkt	Anfechtungsgründe	
2–3 Monate vor dem Antrag auf Eröffnung des Insolvenzverfahrens	• Mögliche Anfechtung nach § 131 Abs. 1 Nr. 2 InsO (Inkongruente Deckung bei Zahlungsunfähigkeit des Schuldners) • Mögliche Anfechtung nach § 131 Abs. 1 Nr. 3 InsO (Inkongruente Deckung bei Kenntnis des Gläubigers von der Gläubigerbenachteiligung)	5
Mind. 1 Monat vor dem Antrag auf Eröffnung des Insolvenzverfahrens	• Mögliche Anfechtung nach § 131 Abs. 1 Nr. 1 InsO (Inkongruente Deckung)	
Nach dem Antrag auf Eröffnung des Insolvenzverfahrens	• Mögliche Anfechtung nach § 130 Abs. 1 Nr. 2 InsO (Deckungsanfechtung bei Kenntnis des Gläubigers von dem Eröffnungsantrag oder der Zahlungsunfähigkeit des Schuldners) • Mögliche Anfechtung nach § 131 Abs. 1 Nr. 1 InsO (Inkongruente Deckung) • Mögliche Anfechtung nach § 132 Abs. 1 Nr. 2 InsO (Unmittelbar nachteilige Rechtshandlung) • Mögliche Anfechtung nach § 133 Abs. 1 InsO (Vorsätzliche Benachteiligung) • Mögliche Anfechtung nach § 136 InsO (Einlagenrückgewähr oder Erlass des Verlustanteils eines Stillen Gesellschafters)	
Rechtshandlungen nach Verfahrenseröffnung	• Eine Anfechtung von Rechtshandlungen nach Verfahrenseröffnung kommt dann in Betracht, wenn diese entgegen den Regelungen in den §§ 80, 91 InsO wegen des Gutglaubensschutzes bei Registergeschäften wirksam sind.	

Die Tatbestände stehen *grundsätzlich selbstständig nebeneinander*, schließen sich gegenseitig nicht aus und können auch gleichzeitig erfüllt sein.[8] Etwas anderes gilt jedoch bei der Gewährung einer kongruenten oder inkongruenten Deckung, diese ist neben §§ 130, 131 InsO nicht auch nach § 132 InsO anfechtbar.

---

8 BGH ZIP 1993, 1653.

III. Abgrenzung und Verhältnis der Insolvenzanfechtung zu rechtsähnlichen Tatbeständen

6   Die *Gläubigeranfechtung außerhalb des Insolvenzverfahrens* nach dem AnfG verfolgt das Ziel, den Kreis der Vollstreckungsobjekte für einen einzelnen anfechtenden Gläubiger wegen eines bestimmten titulierten Anspruchs zu erweitern. Der Empfänger des anfechtbar weggegebenen Gegenstandes hat die Zwangsvollstreckung in das Vermögensstück so zu dulden, als gehöre es noch dem Schuldner.[9] Demgegenüber wird der Gegenstand bei der Anfechtung nach den §§ 129 ff. InsO im Interesse aller Gläubiger an die Masse zurückgewährt, um diese insgesamt gleichmäßig zu befriedigen. Zum Einfluss der Verfahrenseröffnung auf einen rechtshängigen oder bereits rechtskräftig entschiedenen Gläubigeranfechtungsprozess vgl. Rdnr. 159.

7   Mit der *Anfechtung nach den §§ 119 ff., 142 BGB* hat die Insolvenzanfechtung nichts gemein. Beide Rechtsinstitute sind nach Zweck, Voraussetzungen und Wirkung grundverschieden. Dass ein Geschäft nach der InsO anfechtbar ist, schließt jedoch nicht aus, dass es auch nach BGB anfechtbar ist. Der Insolvenzverwalter hat dann ein Wahlrecht, ob er das Geschäft als wirksam hinnehmen und mit der insolvenzrechtlichen Anfechtung vorgehen oder die Wirksamkeit des Geschäfts durch eine Anfechtungserklärung nach § 143 BGB beseitigen möchte.

8   Das Anfechtungsrecht als solches hat nicht den Charakter eines deliktischen Anspruchs.[10] Weiterhin sind die Vorschriften des BGB über die *Nichtigkeit* (§§ 134, 138 BGB) und über die *unerlaubte Handlung* (§§ 823 ff. BGB) nicht bereits dann erfüllt, wenn ein Anfechtungstatbestand verwirklicht ist, sondern erst bei Hinzutreten weiterer, über die Gläubigerbenachteiligung hinausgehender Umstände.[11] Im Verhältnis zu den Gläubigern gehen die Anfechtungsvorschriften den Nichtigkeitsbestimmungen der §§ 134, 138 BGB grundsätzlich vor.[12] Nichtigkeit ist deshalb nicht schon deswegen anzunehmen, weil der Schuldner durch das anfechtbare Geschäft unterhaltsberechtigte Angehörige benachteiligen wollte.[13] Ein besonders erschwerender Umstand ist vielmehr gegeben, wenn der Schuldner planmäßig mit einem eingeweihten Dritten zusammenwirkt, um sein wesentliches pfändbares Vermögen dem Gläubigerzugriff zu entziehen,[14] die Gläubigergefährdung also mit einer Täuschungsabsicht oder einem Schädigungsvorsatz einhergeht. Es kann dabei genügen, dass der Vertragspartner die Täu-

---

9   BGH NJW 1995, 2848.
10 BGH WM 1962, 1317.
11 BGHZ 130, 314, 331 = ZIP 1995, 1364; ZIP 1993, 521, 522; ZIP 1993, 602, 603; ZIP 1994, 40, 43.
12 BGH ZIP 1996, 1475.
13 BGH KTS 1969, 48.
14 BGH ZIP 1995, 630; ZIP 1995, 1364; ZIP 1996, 1178, 1179.

schung anderer Gläubiger darüber, dass der Schuldner kein freies Vermögen mehr hat, billigend in Kauf genommen hat. Dies ist dann der Fall, wenn er Umstände kennt, die den Schluss auf einen bevorstehenden Zusammenbruch des Schuldners trotz einer mit dem Kredit angestrebten Sanierung aufdrängen und sich über diese Erkenntnis zumindest grob fahrlässig hinwegsetzt:[15] Konzernfinanzierung.[16] Die §§ 129 ff. InsO sind keine Verbotsgesetze i. S. v. § 134 BGB.

Ein nicht früher als drei Monate vor dem Eröffnungsantrag aufgestellter *Sozialplan* kann nach § 124 Abs. 1 InsO widerrufen werden. Eine Anfechtung ist allerdings bei den vor diesem Zeitraum aufgestellten Sozialplänen möglich.[17] Das *Aufrechnungsverbot nach § 96 Abs. 1 Nr. 3 InsO* geht der gesonderten Anfechtung der Herbeiführung der Aufrechnungslage vor. Erklärt also ein Insolvenzgläubiger nach Verfahrenseröffnung die Aufrechnung bezüglich einer schon vor diesem Zeitpunkt bestehenden Aufrechnungslage, ist diese ohne weiteres unwirksam, wenn die Aufrechnungslage anfechtbar herbeigeführt worden ist.

9

B. Die allgemeinen Voraussetzungen der Anfechtung

I. Rechtshandlung

Gegenstand jeder Anfechtung ist eine *Rechtshandlung*, wobei es sich dabei nicht notwendigerweise um eine solche des Schuldners handeln muss. Rechtshandlungen sind alle Willensbetätigungen, an die das Gesetz rechtliche Wirkungen knüpft, ohne dass diese gewollt sein müssen.[18] Erfasst werden also insbesondere Willenerklärungen als Bestandteile dinglicher oder obligatorischer Rechtsgeschäfte, sowie weiterhin Handlungen tatsächlicher Art, die auf die Herbeiführung eines tatsächlichen Erfolges gerichtet sind, sei es materiellrechtlicher (Mahnung, Mängelrüge) oder prozessualer Art (Verzicht, Anerkenntnis, Klagerücknahme, Geständnis). Unterlassen steht nach § 129 Abs. 2 InsO aktivem Tun gleich.

10

Ein Rechtsgeschäft kann grundsätzlich *nur insgesamt angefochten* werden; die Anfechtung einzelner Bestimmungen eines Vertrages ist ausgeschlossen.[19] Das schließt aber nicht aus, dass die Anfechtung unter Umständen lediglich die Wirkung einer Teilanfechtung hat.[20] Hiervon ist insbesondere auszugehen, wenn die anfechtbare Rechtshandlung das Schuldnervermögen

11

---
15 BGH ZIP 1998, 793, 796.
16 ZIP 1984, 37.
17 A. A. Nerlich/Römermann, Kommentar zur Insolvenzordnung, 2000, § 132 Rdnr. 28.
18 BGH WM 1975, 1182, 1184.
19 BGH WM 1971, 908, 909; ZIP 1994, 40, 45; vgl. auch OLG Hamm ZIP 1982, 722, 724.
20 BGHZ 30, 238, 241.

Dauernheim

nur in begrenztem Maße geschmälert hat und das Rechtsgeschäft insoweit teilbar ist.[21] Hier begrenzt das Ausmaß der Benachteiligung den Umfang der Anfechtungswirkung.[22] Wird eine Sicherheit für mehrere Forderungen bestellt und bestand nicht für alle ein gesonderter Sicherungsanspruch, so kommt i. d. R. nur eine Anfechtung im Ganzen in Betracht.[23] Eine Teilanfechtung ist nur dann möglich, wenn sich das Sicherungsgeschäft in selbstständige Teile zerlegen lässt.[24]

12 Ist die *Rechtshandlung unwirksam*, kommt eine Anfechtung i. d. R. nicht in Betracht, da sie dann keine rechtlichen Wirkungen auslöst, die mit Hilfe des Rückgewähranspruches nach § 143 InsO rückgängig gemacht werden müssten.[25] Der Konkursverwalter kann im Prozess jedoch *sowohl die Nichtigkeit als auch die Anfechtbarkeit* einwenden. Steht fest, dass er mit der einen oder anderen Einwendung auf jeden Fall durchdringt, so kann der Richter bei Behandlung der Anfechtungseinrede die Wirksamkeit des besagten Rechtsgeschäfts unterstellen, wenn dies auf das Ergebnis des Klagenspruchs keinen Einfluss hat.[26] Gleiches gilt, wenn der Insolvenzverwalter auf Rückgewähr klagt. Die Wirksamkeit des Geschäfts hat etwa dann Einfluss auf den Ausgang, wenn sich der Rückgewähranspruch nach den §§ 812 ff. BGB, insbesondere wegen §§ 814, 817, 818 Abs. 3 BGB, günstiger als derjenige nach § 143 InsO für den Anfechtungsgegner gestalten würde. Eine unterschiedliche Behandlung ist in diesem Fall jedoch nicht gerechtfertigt, so dass der Insolvenzverwalter sich auf die zumindest entsprechend anwendbaren Anfechtungsregeln stützen kann.

13 Nicht anfechtbar sind die *Ausschlagung einer Erbschaft* oder eines Vermächtnisses (vgl. § 83 Abs. 1 Satz 1 InsO), der Verzicht auf gesetzliche Erb- oder Pflichtteilsrechte vor Eintritt der Voraussetzungen nach § 852 ZPO, das Unterlassen der Geltendmachung eines Pflichtteilsanspruchs i. S. v. § 852 ZPO,[27] die Annahme einer überschuldeten Erbschaft oder eines überbeschwerten Vermächtnisses oder die Ablehnung oder Nichtablehnung der fortgesetzten Gütergemeinschaft (vgl. § 83 Abs. 1 Satz 2 InsO). Unanfechtbar sind weiterhin reine *Personenstandsänderungen*, wie Eheschließung, Annahme an Kindes statt, Wohnsitzwechsel und die sich daraus ergebenden unselbstständigen Folgen auch auf vermögensrechtlichem Gebiet, etwa Unterhaltspflichten. Gleiches gilt für die *unterlassene Verwertung der Arbeitskraft* auch durch Aufgabe einer beruflichen Tätigkeit.

---

21 BGH ZIP 1994, 40, 45; BGHZ 77, 250, 255 = ZIP 1980, 618.
22 BGH ZIP 1994, 40, 45.
23 OLG Jena ZInsO 1999, 534, 535.
24 BGH ZIP 1993, 276, 278.
25 BGH ZIP 1994, 40, 42.
26 BGH ZIP 1992, 1005, 1007; ZIP 1993, 521, 522.
27 BGH ZIP 1997, 1302.

II. Handelnde Personen

Bei einer gläubigerbenachteiligenden Rechtshandlung ist grundsätzlich eine Anfechtung ohne Rücksicht darauf möglich, ob der Schuldner diese vorgenommen oder an ihr durch positives Tun oder Unterlassen mitgewirkt hat oder ob sie allein von dem Gläubiger oder einem Dritten vorgenommen wurde.[28] Rechtshandlungen eines gewillkürten oder gesetzlichen Vertreters stehen nach § 164 BGB den eigenen Handlungen des Schuldners oder anderer handelnder Personen gleich.

14

Rechtshandlungen eines *Rechtsvorgängers des Schuldners* können angefochten werden, wenn das gesamte Vermögen des Rechtsvorgängers übergegangen ist und dieser nicht mehr existiert. Das von dem Insolvenzverwalter durch die Anfechtung Erlangte ist dann aber als Sondermasse zu behandeln, die lediglich der Befriedigung der von dem Rechtsvorgänger begründeten Forderungen dient.[29] Ist etwa eine Personengesellschaft in einer Kapitalgesellschaft aufgegangen, können in der späteren Insolvenz der Kapitalgesellschaft Rechtshandlungen der erloschenen Gesellschaft angefochten werden.[30]

15

Rechtshandlungen eines *vorläufigen Insolvenzverwalters* (§ 22 InsO) können vom Insolvenzverwalter auch dann angefochten werden, wenn er selbst dieses Amt wahrgenommen hat.[31] Die Anfechtung ist in solchen Fällen allenfalls zu versagen, wenn der spätere Insolvenzverwalter einen schutzwürdigen Vertrauenstatbestand beim Empfänger begründet hat und dieser infolgedessen nach Treu und Glauben damit rechnen durfte, an dem zugewendeten Gegenstand eine nicht mehr in Frage zu stellende Rechtsposition errungen zu haben.[32] Dies ist etwa im Einzelfall anzunehmen, wenn der vorläufige Insolvenzverwalter einen Vergleich mit einem Lieferanten schließt, in dem streitige Eigentumsvorbehaltsansprüche mitgeregelt werden.[33] Gleiches gilt, wenn der Verwalter von sich aus, ohne Anstoß durch die Bank, bei der Einräumung neuer Kredite erklärt, die Besicherung könne sich auch auf die Altforderungen erstrecken.[34] Die Rechtshandlung ist dabei grundsätzlich unabhängig davon anfechtbar, ob ein vorläufiger *Insolvenzverwalter mit Verwaltungs- und Verfügungsbefugnis* (§ 22 Abs. 1 InsO) und ohne diese Befugnisse (§ 22 Abs. 2 InsO) gehandelt hat.[35] Der Rechtsverkehr

---

28 BGH ZIP 2000, 364, 365.
29 BGHZ 71, 296 ff.
30 BGH a. a. O.; Kuhn/Uhlenbruck, Kommentar zur Konkursordnung, 11. Aufl. 1994, § 29 Rdnr. 6 b.
31 BGHZ 118, 374 = ZIP 1992, 1005; 1008; OLG Köln ZIP 1996, 1049.
32 BGHZ 86, 190, 197; BGH ZIP 1992, 1005, 1008; 1008, 1009; OLG Köln NJW-RR 1992, 1382, 1384.
33 OLG Düsseldorf, ZInsO 1999, 571, 574.
34 Vgl. auch Kirchhof, ZInsO 2000, 297, 299.
35 Im Ergebnis ebenso: Kirchhof, ZInsO 2000, 297, 300; a. A. die h. M. Nerlich/Römermann, a. a. O., § 129 Rdnr. 47.; HK-InsO/Kreft, § 131 Rdnr. 31 Anfechtung nur bei Handlungen des »schwachen« Verwalters.

wird in diesen Fällen ausreichend durch die Einschränkungen des Anfechtungsrechtes (etwa § 142 InsO, Treu und Glauben) geschützt, so dass es darüber hinaus keiner schematischen Differenzierung bedarf. Handelt es sich etwa bei denen von dem Verwalter begründeten Verbindlichkeiten um Masseforderungen gemäß § 55 Abs. 2 InsO, ist eine darauf erfolgende Deckung nicht anfechtbar. Besichert oder befriedigt der vorläufigen Verwalter allerdings Altforderungen, ist eine Anfechtung möglich.[36]

III. Gläubigerbenachteiligung

16 Eine Anfechtung kommt nach § 129 InsO nur in Betracht, wenn die Insolvenzgläubiger in ihrer Gesamtheit durch die Rechtshandlung objektiv benachteiligt werden. Entscheidend ist, dass sich die Befriedigungsmöglichkeit der Insolvenzgläubiger ohne jene Rechtshandlung günstiger gestaltet hätte.[37] Eine Benachteiligung scheidet deshalb aus, wenn trotz dieser Rechtshandlung alle Gläubiger aus der Masse befriedigt werden können.[38] Die Benachteiligung kann dabei in der *Verminderung der Aktivmasse*,[39] in einer *Vermehrung der Passivmasse*,[40] in einer *Erschwerung der Zugriffsmöglichkeit*, etwa durch die Besitzverschiebung beweglicher Sachen[41] und durch die Verzögerung der Befriedigung,[42] oder in der *Erschwerung oder Verzögerung der Verwertbarkeit* liegen.[43] Ob eine Verkürzung vorliegt, ist nach wirtschaftlichen Gesichtspunkten zu entscheiden.[44]

17 Die *Feststellung der Benachteiligung* hat vom Standpunkt der Gesamtheit der Insolvenzgläubiger aus zu erfolgen. Hierbei sind auch die absonderungsberechtigten Gläubiger, sofern ihnen der Schuldner persönlich haftet (§ 52 InsO), die Masseverbindlichkeiten nach § 55 Abs. 2 InsO und die nachrangigen Insolvenzforderungen nach § 39 InsO zu berücksichtigen. Die Benachteiligung einzelner Gläubiger oder Aus- und Absonderungsberechtigter genügt allerdings nicht.[45] Die Rechtshandlung muss auch das *zur Befriedigung dienende Haftungsvermögen* i. S. v. § 35 InsO betreffen.[46] Eine Gläubigerbenachteiligung bei schuldnerfremden, unpfändbaren (§ 36 InsO) oder nicht werthaltigen Gegenständen scheidet deshalb aus. Eine Be-

---

36 Kirchhof, ZInsO 2000, 297, 298; a. A. Obermüller, Insolvenzrecht in der Bankpraxis, 5. Aufl. 1997, Rdnr. 5, 224 a.
37 BGHZ 86, 349; 90, 207; BGH ZIP 1987, 305; 1989, 785, 786; OLG Düsseldorf ZIP 1985, 876.
38 BGH NJW 1988, 3143, 3148.
39 RGZ 10, 9; 36, 166; 81, 145.
40 BGH ZIP 1991, 1014, 1018; ZIP 1990, 459, 460.
41 RG JW 1911, 67; BGHZ 12, 238, 240 ff.
42 BGH WM 1964, 505, 506.
43 Vgl. BGHZ 124, 76, 78 f.; ZIP 1990, 1420, 1422.
44 BGH ZIP 1980, 250.
45 BGH ZIP 1981, 1230, 1231.
46 Vgl. BGH, WM 1964, 505, 506/7.

nachteiligung entfällt weiter, wenn der Insolvenzverwalter den Anfechtungsgegner in gleicher Höhe wie den angefochtenen Betrag hätte vorweg befriedigen müssen.[47] So etwa bei Befriedigung eines Absonderungsberechtigten oder der Erfüllung eines Aussonderungsanspruchs.[48]

Es muss ein *kausaler Zusammenhang* zwischen der Rechtshandlung und der Gläubigerbenachteiligung bestehen. Als Ursachen für den Eintritt einer Gläubigerbenachteiligung sind grundsätzlich nur reale Gegebenheiten zu berücksichtigen. Dass bei Wegfall der Anfechtungshandlung hypothetisch ebenfalls die Benachteiligung eingetreten wäre, ist deshalb unerheblich.[49] Gleiches gilt für die Vereitelung hypothetischer Begünstigungen der Insolvenzmasse bei Wegfall der Rechtshandlung.[50] 18

Zu unterscheiden ist die *unmittelbare von der mittelbaren Benachteiligung*, da die Anfechtungstatbestände teilweise nur unmittelbare Benachteiligung genügen lassen (§§ 132 Abs. 1, 133 Abs. 2 InsO), während im Übrigen eine mittelbare Benachteiligung genügt. Hat der Schuldner jedoch für seine Leistung unmittelbar eine gleichwertige Gegenleistung erhalten, liegt ein *Bargeschäft* vor, so dass eine danach eintretende Gläubigerbenachteiligung gemäß § 142 InsO nur noch nach § 133 InsO anfechtbar ist. Bei einer *unmittelbaren Benachteiligung* sind Vor- und Nachteile festzustellen, die mit der Rechtshandlung selbst ohne Hinzutreten weiterer Umstände im Vermögen des Schuldners eingetreten sind. Dies setzt nur voraus, dass der Nachteil unmittelbar durch das Rechtsgeschäft verursacht ist, nicht aber, dass er sich schon zur Zeit des Rechtsgeschäfts verwirklicht hat. Unmittelbare Benachteiligungen sind etwa die Veräußerung unter Wert,[51] der Kauf zu überhöhtem Preis,[52] die Veräußerung von Sicherungsgut durch den Sicherungsgeber unter dem erzielbaren Erlös[53] oder die Gewährung eines Darlehens zu einem geringeren als dem marktüblichen Zinssatz, wobei auf die Anlagemöglichkeiten des Insolvenzverwalters abzustellen ist.[54] Bei der *mittelbaren Benachteiligung* genügt es, dass zu der Rechtshandlung ein Umstand hinzugetreten ist, der die Gläubigerbenachteiligung auslöst. Dies ist etwa anzunehmen, wenn zwar zur Zeit der Veräußerung eines Gegenstandes eine gleichwertige Gegenleistung in das Vermögen des Schuldners geflossen ist, dieser Gegenwert jedoch danach in Verlust geraten ist, weil z. B. der Schuldner einzelne Gläubiger befriedigt hat oder das Geld für sich verwendet oder beiseite geschafft hat. Gleiches gilt, wenn die Gegenleistung allenfalls noch in geringem Umfang für die Masse verwertbar ist.[55] Möglich ist auch, dass der Schuldner eine gleichwertige Leistung er- 19

---

47 BGH ZIP 1991, 737; ZIP 1999, 196, 197; ZIP 2000, 932, 934.
48 BGH ZIP 1991, 1014; ZIP 1995, 630.
49 BGH ZIP 1993, 1653, 1655 m. w. N.
50 OLG Hamm ZIP 1988, 588.
51 BGH ZIP 1995, 134, 135; 1021, 1022.
52 BGH ZIP 1995, 1021, 1022.
53 BGH ZIP 1997, 364, 370.
54 BGH ZIP 1988, 725.
55 BGH ZIP 1995, 1021, 1028.

halten soll, dieser Anspruch aber uneinbringlich ist. Eine mittelbare Benachteiligung kann auch darin liegen, dass der Wert des veräußerten Gegenstandes nachträglich gestiegen ist.[56]

20 *Maßgebender Zeitpunkt* für die Beurteilung der mittelbaren Gläubigerbenachteiligung ist der Zeitpunkt der letzten mündlichen Verhandlung, auf die in der letzten Tatsacheninstanz das Urteil ergeht.[57] Bei unmittelbarer Gläubigerbenachteiligung sind der Rechtshandlung nachfolgende Ereignisse unerheblich, so dass hier der Zeitpunkt entscheidend ist, in dem die Rechtshandlung i. S. v. § 140 InsO als vorgenommen gilt.[58] Unerheblich ist es deshalb, wenn der Schuldner ein Grundstück nach dem Antrag auf Eintragung (§ 140 Abs. 2 InsO), aber vor der Eintragung des Eigentumswechsels wertausschöpfend dinglich belastet.[59] Sinkt der Wert der zuvor vom Anfechtungsgegner erbrachten Gegenleistung, ist dies nur insoweit erheblich, als der Schuldner für die nachträgliche Störung des Vertragsgleichgewichts eine Anpassung hätte verlangen können.[60]

21 Der *Beweis der Gläubigerbenachteiligung*, und wo gefordert der Unmittelbarkeit, obliegt dem Insolvenzverwalter.[61] Der Anfechtungsgegner trägt die Beweislast dafür, dass trotz Eröffnung des Verfahrens die Masse zur Befriedigung aller Gläubiger ausgereicht hätte.[62] Bei einem der Benachteiligung entgegenstehenden Aus- oder Absonderungsrecht obliegt es dem Anfechtungsgegner, die Voraussetzungen eines von ihm behaupteten Erwerbstatbestandes aufgrund eines früheren Vertrages darzulegen.[63] Andererseits hat der Verwalter nachzuweisen, dass die an den Anfechtungsgegner abgetretenen Forderungen nicht auf der Weiterveräußerung von Waren beruhen, die der Schuldner von diesem unter verlängertem Eigentumsvorbehalt erworben hat.[64]

IV. Zeitpunkt der Vornahme einer Rechtshandlung und Rechtshandlungen nach Verfahrenseröffnung

22 § 140 Abs. 1 InsO stellt den Grundsatz auf, dass der *Zeitpunkt für die Anfechtung* maßgeblich ist, in dem die Rechtswirkungen einer Handlung eintreten. Besteht eine Rechtshandlung aus mehreren Teilakten, ist also der letzte zur Wirksamkeit erforderliche Teilakt maßgeblich. Bei schuldrecht-

---

56 BGH ZIP 1993, 271, 274.
57 BGH ZIP 1993, 271, 274.
58 Vgl. BGH ZIP 1995, 134, 135.
59 BGH ZIP 1995, 134, 137.
60 BGH a. a. O.
61 BGH ZIP 1995, 1021, 1024.
62 BGH ZIP 1997, 853, 854.
63 BGH ZIP 1991, 1014, 1018.
64 BGH ZIP 2000, 1061, 1063.

lichen Rechtsgeschäften ist dies der Abschluss des Rechtsgeschäfts, bei Verfügungsgeschäften das letzte nach dem gesetzlichen Übertragungstatbestand zur Rechtsänderung erforderliche Tatbestandsmerkmal, insoweit nicht die Ausnahme nach § 140 Abs. 2 eingreift, und bei Erwerb im Wege der Zwangsvollstreckung die Vollendung der Pfändung. So kommt es z. B. bei der Übereignung beweglicher Sachen (§ 929 BGB) auf die der Einigung nachfolgende Übergabe bzw. das Übergabesurrogat oder die Annahmeerklärung an, wenn sie der Übergabe nachfolgt. Bei der Forderungspfändung ist maßgeblich die Zustellung an den Drittschuldner (§ 829 Abs. 3 ZPO). Das *Unterlassen* entfaltet frühestens in dem Zeitpunkt rechtliche Wirkung, in dem die Rechtsfolgen der Unterlassung nicht mehr durch eine Handlung abgewendet werden können.

Bei der *Abtretung, Verpfändung oder Pfändung (§§ 829 ff. ZPO) einer künftigen Forderung* ist das Entstehen, nicht aber das Fälligwerden dieser Forderung maßgeblich.[65] So kommt es etwa bei der Pfändung künftiger Ansprüche aus einem Girovertrag auf den Zeitpunkt des Eingangs der gutgeschriebenen Geldbeträge bei der Bank an.[66] Dies gilt auch beim verlängerten Eigentumsvorbehalt.[67] Unerheblich ist bei der Pfändung und Überweisung einer Forderung der Zeitpunkt der Zahlung durch den Drittschuldner.[68] Bei Abtretung eines durch den Eintritt eines künftigen Ereignisses bedingten oder durch eine Zeitbestimmung befristeten Anspruchs, kommt es auf den Eintritt der Bedingung bzw. des Anfangs- oder Endtermins an.[69] Ist die Wirksamkeit einer Forderungsabtretung oder -verpfändung von der *Anzeige an den Drittschuldner* abhängig (§ 1280 BGB; § 46 Abs. 2 AO,[70] § 13 Abs. 4 ALB),[71] kommt es auf den Zugang der Anzeige bei dem Drittschuldner an.

23

Entsteht die *gesicherte Forderung* erst nachträglich, so ist bei einer zuvor für den Gläubiger eingetragenen Hypothek der Zeitpunkt der Valutierung maßgebend,[72] da zuvor dem Schuldner nach §§ 1163 Abs. 1 Satz 1, 1177 BGB das Grundpfandrecht als Eigentümergrundschuld zustand. Anders ist bei der Bestellung einer Sicherungsgrundschuld und eines Pfandrechts nach §§ 1204, 1273 BGB, der Sicherungsübertragung/-abtretung oder der Entstehung eines Vermieterpfandrechtes (§ 559 BGB) für eine künftige Forderung zu entscheiden, da hier schon vor Valutierung dem Gläubiger das Sicherungsrecht zusteht.[73]

24

---

65 BGHZ 88, 205, 206; LG Dresden EWiR 1999, 319.
66 BGH ZIP 1997, 737, 739; LG Braunschweig ZIP 1996, 35; zum vertraglichen Pfandrecht s. BGH, ZIP 1996, 2080, 2081.
67 BGH ZIP 2000, 932, 934.
68 BGH ZIP 2000, 898.
69 A. A. OLG Hamburg ZIP 1981, 1353.
70 Hierzu OLG Nürnberg DZWiR 1999, 37, 38 mit Anm. Becker 39.
71 Hierzu BGH VersR 1991, 89.
72 OLG Köln WM 79, 1342 ff.
73 BGH ZIP 1998, 793; BGHZ 86, 340, 346 ff. = ZIP 1983, 334 zum Pfandrecht.

25 Für die Anfechtung bzw. die Unzulässigkeit aufgrund Anfechtbarkeit einer *Aufrechnung* und der ihr gleichzustellenden Verrechnung beim Kontokorrent (vgl. § 96 Abs. 1 Nr. 3 InsO) ist nicht der Zeitpunkt der Auf- oder Verrechnungswirkung, sondern der Zeitpunkt der Auf- oder Verrechnungslage maßgeblich. Bei einem Geschäft, das von der *Zustimmung eines Dritten* abhängig ist, ist maßgeblich der Zeitpunkt in dem das Rechtsgeschäft aufgrund der Genehmigung für den Anfechtungsgegner bindend geworden ist. Dies ist bei einer Genehmigung durch einen Privaten (z. B. §§ 108, 185 Abs. 2 1. Alt. BGB) der Zeitpunkt ihrer Erteilung.

26 Ist bei mehraktigen Rechtsgeschäften nur noch die *Eintragung in ein Grundbuch* oder ein vergleichbares Register für das Wirksamwerden erforderlich, gilt gemäß § 140 Abs. 2 Satz 1 InsO ausnahmsweise der Antrag auf diese Eintragung als maßgebender Zeitpunkt. Soll zur Sicherung des Anspruchs auf Rechtsänderung eine Vormerkung eingetragen werden, kommt es nach § 140 Abs. 2 Satz 2 InsO für die Bestimmung des Zeitpunkts nur auf die Stellung des darauf bezogenen Antrags und nicht auf die Eintragung der Vormerkung, die Stellung des Antrags auf die Rechtsänderung oder die Eintragung der Rechtsänderung an. Bei Eintragungen im Zwangsweg, insbesondere bei einer Zwangs- oder Arresthypothek oder Zwangsvormerkung, scheidet Abs. 2 aus, da § 878 BGB hier nicht anwendbar ist.[74] Der Antrag muss *von dem anderen Teil*, also dem Anfechtungsgegner, gestellt worden sein. Eine *Antragstellung durch den Schuldner genügt nicht*.[75] In diesem Fall ist der in § 140 Abs. 1 InsO genannte Zeitpunkt, also derjenige der Eintragung, maßgebend. Erfolgt die Eintragung gemäß §§ 91 Abs. 2 InsO, 878 BGB nach Verfahrenseröffnung, gilt § 147 InsO, der entsprechend auch auf die Fälle des § 878 BGB Anwendung findet.

§ 147 Abs. 1 Satz 1 InsO erweitert den Anwendungsbereich der §§ 130–134 InsO auf solche Geschäfte, die, obwohl *nach Verfahrenseröffnung* vorgenommen, nach § 81 Abs. 1 Satz 2 bzw. § 91 Abs. 2 InsO i. V. m. §§ 892, 893 BGB, §§ 16, 17 SchiffsRG und §§ 16, 17 LuftfzRG den Insolvenzgläubigern gegenüber wirksam sind. Die in den §§ 130 – 134 genannten Fristen fallen für die Anfechtbarkeit nach § 147 InsO weg. Die Verjährungsfrist beginnt gemäß § 147 Abs. 2 InsO erst mit dem Zeitpunkt, in dem die rechtlichen Wirkungen der Handlung eintreten.

V. Berechnung der Fristen

27 Die *Berechnung der Fristen vor dem Eröffnungsantrag* ist in § 139 InsO geregelt. Abs. 1 Satz 1 der Vorschrift enthält für die Berechnung des Anfech-

---

74 Vgl. Jaeger/Henckel, a. a. O., § 30 Rdnr. 102.
75 BGH ZIP 1997, 423, 424; Nerlich/Römermann, a. a. O., § 140 Rdnr. 16; a. A. Bork, Einführung in das neue Insolvenzrecht, 2. Aufl. 1998, Rdnr. 211.

Dauernheim

tungszeitraums Regeln, die sich an § 187 Abs. 1, § 188 Abs. 2, 3 BGB anlehnen. Sie gelten auch außerhalb des Kapitels über die Insolvenzanfechtung für den in § 88 InsO bestimmten Zeitraum. Die Frist beginnt mit dem Eingang des Eröffnungsantrags beim Insolvenzgericht. Die Frist wird dann auf den Tag zurückgerechnet, der durch seine Zahl dem Tag des Eröffnungsantrages entspricht. Im Fall der 3-Monatsfrist in § 130 Abs. 1 Nr. 1 InsO bedeutet dies, dass nach Antragstellung am 15. 8. eine am 15. 5. ab 0.00 Uhr vorgenommene Rechtshandlung noch anfechtbar ist. Fehlt eine solcher Tag kommt es nach § 139 Abs. 1 Satz 2 InsO auf den Anfang des folgenden Tages an. Ging etwa der Antrag am 30. oder 31. 3. bei Gericht ein, ist im Fall der Ein-Monatsfrist eine am 1. 3. ab 0.00 Uhr vorgenommene Rechtshandlung noch anfechtbar. Werden mehrere Anträge gestellt, ist nach § 139 Abs. 2 Satz 1 InsO der erste zulässige und begründete Antrag unabhängig davon maßgeblich, ob er auch zur Eröffnung des Verfahrens geführt hat. Dies gilt nur dann nicht, wenn der erste Antrag zurückgenommen wurde oder im Zeitraum zwischen den Anträgen der Eröffnungsgrund zunächst entfallen war. Wird der Antrag rechtskräftig (§ 34 Abs. 2 InsO) abgewiesen, ist er unbeachtlich, es sei denn, dass er nach § 26 Abs. 1 InsO mangels Masse abgewiesen wurde (§ 139 Abs. 2 Satz 2 InsO).

VI. Nahe stehende Personen (§ 138 InsO)

Zahlreiche Vorschriften der InsO verweisen auf die Regelung in § 138 InsO, die den Begriff der »nahe stehenden Person« näher definiert. Es kann sich dabei einmal um eine *Tatbestandsvoraussetzung* (§ 133 Abs. 2, § 145 Abs. 2 Nr. 2, § 162 Abs. 1 Nr. 1 InsO, § 3 Abs. 2 Satz 1; § 15 Abs. 2 Nr. 2 AnfG) oder um eine *Beweislastregel* zu Ungunsten der nahe stehenden Person (§ 130 Abs. 3, § 131 Abs. 2 Satz 2, § 132 Abs. 3, 137 Abs. 2 Satz 2 InsO) handeln. Die verschärfte Anfechtbarkeit rechtfertigt sich dabei aus dem Umstand, dass diese Personen eine besondere Informationsmöglichkeit über die wirtschaftlichen Verhältnisse des Schuldners hatten und eher bereit sind, mit ihm zum Nachteil der Gläubiger zusammenzuarbeiten.[76] Das besondere Verhältnis muss zu dem Zeitpunkt vorliegen, in dem die Rechtshandlung gemäß § 140 InsO als vorgenommen gilt. Handelt ein Vertreter, ist es unerheblich, ob die Person auch ihm i. S. d. § 138 InsO nahe stand.

28

Handelt es sich bei dem Schuldner um eine *natürliche Person*, ist eine nahe stehende Person insbesondere der Ehegatte, auch wenn die Ehe erst nach dem in § 140 InsO genannten Zeitpunkt geschlossen worden ist oder im letzten Jahr vor der Handlung aufgelöst worden ist (§ 138 Abs. 1 Nr. 1). Nahe stehende Personen sind nach Abs. 1 Nr. 2 der Vorschrift auch Ver-

29

---

[76] Vgl. BegrRegE BT-Drucks. 12/2443, S. 161.

Dauernheim

wandte des Schuldners und seines Ehegatten, sowie deren Ehegatten. Hierunter fallen etwa Eltern, Großeltern, Kinder, Enkelkinder, Geschwister und Halbgeschwister, Schwiegereltern, Stiefkinder, der Schwager und die Schwägerin, der Stiefvater, die Stiefmutter, der Schwiegersohn und die Schwiegertochter des Schuldners. Unerheblich ist die Nichtehelichkeit. Für die Ehegatten der Verwandten gilt Nr. 1 nicht, so dass die Ehe zum Zeitpunkt der Rechtshandlung bestehen muss. Zu der in Abs. 1 Nr. 3 genannten häusliche Gemeinschaft gehören nichteheliche (auch gleichgeschlechtliche) Lebensgemeinschaften, aber etwa auch das Verhältnis zwischen Pflegeeltern und Pflegekindern. Das Zusammenleben in einer Wohnung genügt dabei alleine noch nicht (vgl. § 1567 Abs. 1 Satz 2). Bloße Zweckwohngemeinschaften, wie etwa Studentenwohngemeinschaften gehören deshalb nicht hierher.

30 Zu den nahe stehenden Personen bei einer *juristischen Person* oder einer Gesellschaft ohne Rechtspersönlichkeit gehören insbesondere Mitglieder des Vertretungs- oder Aufsichtsorgans, persönlich haftende Gesellschafter sowie am Gesellschaftsvermögen mit mehr als einem Viertel Beteiligte (§ 138 Abs. 2 Nr. 1). Die 25 %-Grenze orientiert sich an der im AktG (§§ 179, 182, 222) und GmbHG (§ 53) vorgesehen Sperrminorität. Diese bietet dem Gesellschafter eine besondere Informationsmöglichkeit, die weiter reicht als die Rechte jedes Gesellschafters nach § 131 AktG bzw. § 51 a GmbHG. Bei der Kapitalberechnung sind auch mittelbare Beteiligungen zu berücksichtigen. Dies betrifft etwa den Fall, dass ein Aktionär und ein von ihm abhängiges Unternehmen gemeinsam an der Schuldner-Aktiengesellschaft beteiligt sind. Der Aktionär ist auch dann eine nahe stehende Person, wenn er zwar weniger als ein Viertel des Grundkapitals hält, diese Quote jedoch bei Berücksichtigung des Anteilsbesitzes der von ihm abhängigen Gesellschaft überschritten wird.

31 Auch Personen oder eine Gesellschaft, die auf Grund einer vergleichbaren gesellschaftsrechtlichen oder dienstvertraglichen Verbindung zum Schuldner i. S. v. § 138 Abs. 2 InsO die Möglichkeit haben, sich über dessen wirtschaftliche Verhältnisse zu unterrichten, gehören zu den nahe stehende Personen (Abs. 2 Nr. 2). Eine gesellschaftsrechtliche Verbindung liegt insbesondere bei Unternehmen vor, die vom Schuldner abhängig sind. Darüber hinaus kommt der Vorschrift auch die Funktion einer *Auffangnorm* zu. Kapitalbeteiligungen, die nicht unter die Nr. 1 fallen, weil die Beteiligung 25 % und weniger beträgt, können die Annahme des § 138 InsO rechtfertigen, wenn ihr Inhaber einen qualifizierten Informationsvorsprung hat, der dem eines Anteilsinhabers von mehr als einem Viertel vergleichbar ist.[77] Eine vergleichbare dienstvertragliche Verbindung ist etwa bei der Prokura oder einem Betriebsführungsvertrag[78] anzunehmen. Nicht ausreichend ist regelmäßig die Stellung eines freiberuflichen Wirtschafts-

---

[77] Ehricke, KTS 1996, 209, 223 ff.; a. A. BGH ZIP 1996, 83, 85; 1997, 513, 516; Nerlich/Römermann, a. a. O., § 138 Rdnr. 21.
[78] Vgl. BGH ZIP 1995, 1021, 1025.

Dauernheim

prüfers oder eines Rechtsanwaltes, der ein umfassendes Mandat zur rechtlichen, steuerlichen, wirtschaftlichen und unternehmerischen Beratung der Schuldnerin hatte.[79] Eine *besondere Informationsmöglichkeit* ist allgemein zu bejahen, wenn die Person sich über den Stand der Betriebseinnahmen und -ausgaben sowie über Geschäftsvorfälle wesentlicher Bedeutung berichten lassen kann, Einblick in die Buchführung und Geschäftsunterlagen nehmen sowie Auskunft über den wirtschaftlichen Stand des geführten Betriebes verlangen kann.[80] Dies setzt eine Tätigkeit innerhalb des Schuldner-Unternehmens voraus.[81]

Zu den nahe stehende Personen gehören nach § 138 Abs. 2 Nr. 3 InsO auch diejenigen, die zu den in Abs. 1 oder 2 genannten Personen wiederum in einer, in Abs. 1 bezeichneten Beziehung stehen. Die Stellung als nahe stehende Person wird hier also über eine dritte Person vermittelt. Hierunter fällt etwa die Ehefrau oder die Tochter eines GmbH-Geschäftsführers.[82] Diese Überlegung ist nicht nur gerechtfertigt, wenn es sich bei dem Empfänger einer etwaigen Information um eine natürliche Person handelt, sondern auch dann, wenn dies eine Gesellschaft ist.[83] Die Verweisung in Abs. 2 Nr. 3 ist dahin zu ergänzen, dass die Person zu einer der in Abs. 2 Nr. 1 oder 2 bezeichneten Personen selbst wieder in einem der in Abs. 2 Nr. 1 genannten Verhältnisse stehen kann. Dies trifft etwa auf eine GmbH zu, deren Geschäftsführer zugleich Betriebsführer bei der späteren Insolvenzschuldnerin ist.[84] Gleiches gilt für zwei Gesellschaften, deren wesentliche Gesellschafter[85] oder Mitgesellschafter-Geschäftsführer[86] identisch sind. Das *Vorgenannte gilt dann nicht*, wenn das Bindeglied kraft Gesetzes in Angelegenheiten der juristischen Personen oder Gesellschaft zur Verschwiegenheit verpflichtet ist. Eine Verschwiegenheitspflicht ergibt sich etwa aus §§ 93 Abs. 1 Satz 2, 116 AktG für den Vorstand und Aufsichtsrat der AG oder aus § 35 GmbHG[87] für den Geschäftsführer der GmbH.

32

---

79 BGH ZIP 1998, 247, 248.
80 BGH ZIP 1995, 1021, 1025.
81 BGH ZIP 1998, 247, 248.
82 Vgl. LG Dresden ZIP 1999, 1364.
83 A. A. HK-InsO/Kreft § 138 Rdnr. 19.
84 I. Erg. BGH a. a. O.
85 OLG Celle ZInsO 1999, 474: GmbH/GbR.
86 Vgl. OLG Hamm ZIP 1990, 1355, 1356.
87 Vgl. Baumbach/Hueck, GmbH-Gesetz, 17. Aufl. 2000, § 35 Rdnr. 21.

Dauernheim

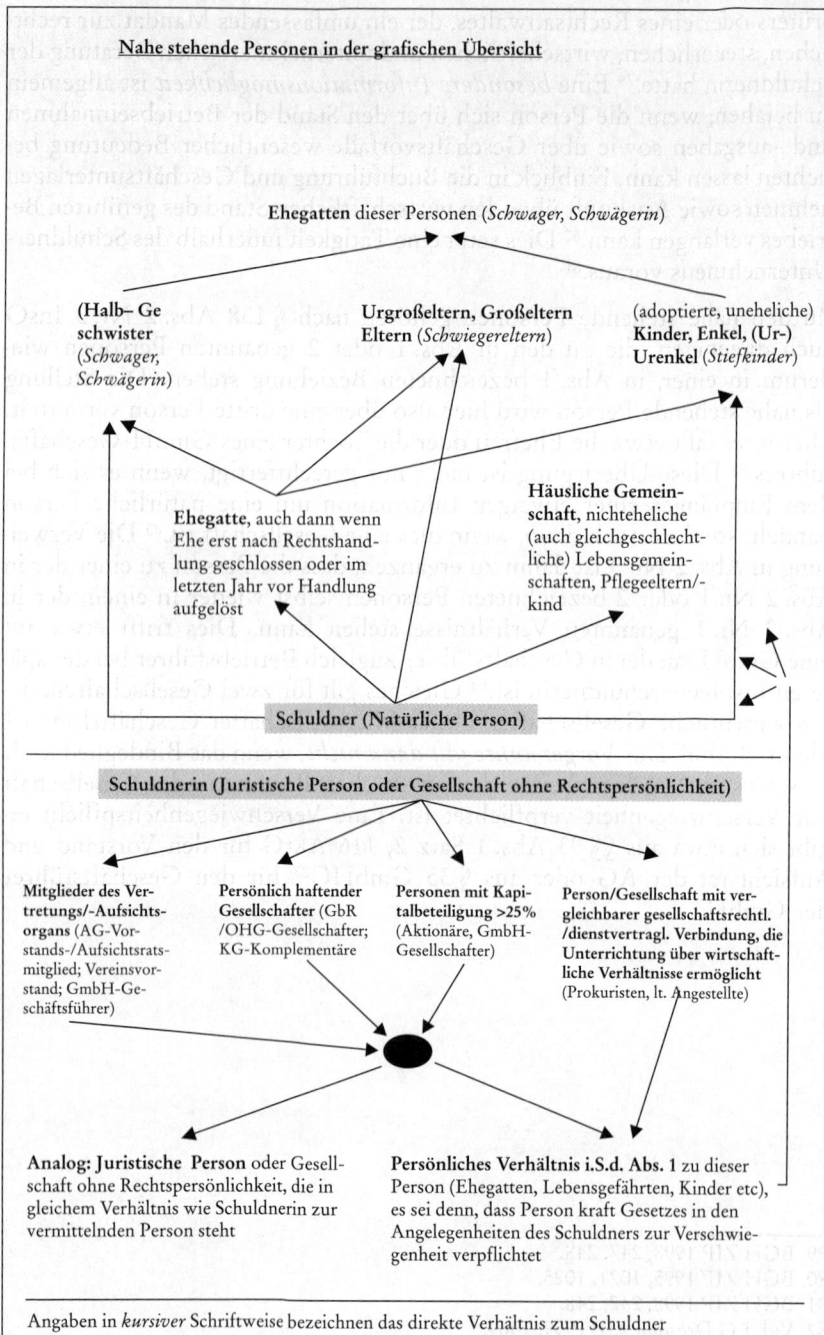

33

Nahe stehende Personen in der grafischen Übersicht

Ehegatten dieser Personen (*Schwager, Schwägerin*)

| (Halb–)Geschwister (*Schwager, Schwägerin*) | **Urgroßeltern, Großeltern Eltern** (*Schwiegereltern*) | (adoptierte, uneheliche) **Kinder, Enkel, (Ur-)Urenkel** (*Stiefkinder*) |

Ehegatte, auch dann wenn Ehe erst nach Rechtshandlung geschlossen oder im letzten Jahr vor Handlung aufgelöst

Häusliche Gemeinschaft, nichteheliche (auch gleichgeschlechtliche) Lebensgemeinschaften, Pflegeeltern/-kind

Schuldner (Natürliche Person)

Schuldnerin (Juristische Person oder Gesellschaft ohne Rechtspersönlichkeit)

Mitglieder des Vertretungs-/Aufsichtsorgans (AG-Vorstands-/Aufsichtsratsmitglied; Vereinsvorstand; GmbH-Geschäftsführer)

Persönlich haftender Gesellschafter (GbR /OHG-Gesellschafter; KG-Komplementäre)

Personen mit Kapitalbeteiligung >25% (Aktionäre, GmbH-Gesellschafter)

Person/Gesellschaft mit vergleichbarer gesellschaftsrechtl. /dienstvertragl. Verbindung, die Unterrichtung über wirtschaftliche Verhältnisse ermöglicht (Prokuristen, lt. Angestellte)

Analog: Juristische Person oder Gesellschaft ohne Rechtspersönlichkeit, die in gleichem Verhältnis wie Schuldnerin zur vermittelnden Person steht

Persönliches Verhältnis i.S.d. Abs. 1 zu dieser Person (Ehegatten, Lebensgefährten, Kinder etc), es sei denn, dass Person kraft Gesetzes in den Angelegenheiten des Schuldners zur Verschwiegenheit verpflichtet

---

Angaben in *kursiver* Schriftweise bezeichnen das direkte Verhältnis zum Schuldner

Dauernheim

C. Die Anfechtungstatbestände in den §§ 130–137 InsO

I. Die Besondere Insolvenzanfechtung

In den §§ 130–132 InsO ist die *besondere Insolvenzanfechtung* geregelt, die deshalb so genannt wird, weil ihre Tatbestände allein im Insolvenzverfahren, nicht aber bei der Anfechtung nach dem AnfG vorgesehen sind. Die besondere Insolvenzanfechtung beruht auf dem Gedanken, dass schon vor Eröffnung des Insolvenzverfahrens mit der Zahlungsunfähigkeit, dem Eröffnungsantrag oder innerhalb eines bestimmten Zeitraums vor Verfahrenseröffnung (§ 131 InsO) das Vermögen des Schuldners der Allgemeinheit der Gläubiger verhaftet ist.[88] Dabei erfassen die §§ 130, 131 InsO Rechtshandlungen, mit denen früher begründete (Insolvenz-)Forderungen besichert oder befriedigt werden. § 132 InsO behandelt demgegenüber Rechtshandlungen, welche die Insolvenzgläubiger unmittelbar benachteiligen.

34

1. Die Anfechtung kongruenter Deckungen (§ 130 InsO)

Zeitlicher Anwendungsbereich:
- Nr. 1: innerhalb der letzten drei Monate vor dem Antrag
- Nr. 2: nach dem Antrag

Objektive Voraussetzungen:
- Sicherung oder Befriedigung
- Nr. 1: Zahlungsunfähigkeit
- Nr. 2: Eröffnungsantrag
- kein Bargeschäft, § 142 InsO
- keine Wechsel- oder Scheckzahlung, deren Anfechtung nach § 137 InsO ausgeschlossen ist
- zumindest mittelbare Gläubigerbenachteiligung

Subjektive Voraussetzungen:
- Nr. 1: Kenntnis der Zahlungsunfähigkeit
- Nr. 2: Kenntnis der Zahlungsunfähigkeit oder des Eröffnungsantrages
- Kenntnis von Umständen, die zwingend auf die Zahlungsunfähigkeit schließen lassen steht gleich (Abs. 2)
- bei nahe stehenden Personen wird Kenntnis vermutet (Abs. 3)

35

a) Einleitung

§ 130 InsO regelt die Anfechtbarkeit einer dem Gläubiger gebührenden (kongruenten) Sicherung oder Befriedigung (Deckung). Ein Gläubiger,

36

---
[88] Vgl. BGHZ 58, 240, 243.

der eine vertraglich geschuldete Leistung erhalten hat, darf zwar grundsätzlich darauf vertrauen, dass er die ihm zustehende Leistung behalten darf. Im Interesse der Gleichbehandlung aller Gläubiger im Insolvenzverfahren verdient dieses Vertrauen jedoch dann keinen Schutz, wenn er wusste, dass die Krise eingetreten ist.

§ 130 InsO erfordert grundsätzlich, dass die von dem Insolvenzgläubiger empfangene Leistung überhaupt und auch in dieser Art und zu dieser Zeit gebührte. Allerdings bedarf es im Rahmen der Anfechtung nach § 130 InsO im Ergebnis keiner Überprüfung, ob eine kongruente oder inkongruente Deckung vorliegt. Denn eine inkongruente Deckung muss erst recht als kongruente anfechtbar sein.

b) Rechtshandlung, die Sicherung oder Befriedigung gewährt

37 Für die Anfechtung nach den §§ 130, 131 InsO bedarf es keines Rechtsgeschäfts. Anfechtbar sind vielmehr alle *Rechtshandlungen*, die zu einer Deckung geführt oder diese ermöglicht haben, unabhängig davon, ob sie von dem Schuldner, dem Gläubiger oder einem Dritten, u. U. auch gegen den Willen des Schuldners vorgenommen worden sind.[89]

Anfechtbare Rechtshandlungen sind auch *mittelbare Zuwendungen*.[90] Hierbei handelt es sich um Zuwendungen, bei denen die Weggabe eines Vermögensgegenstandes zunächst an eine Mittelsperson und von dieser an einen Dritten erfolgt. Anfechtungsgegner ist dabei grundsätzlich der Empfänger der Leistung, wenn sich beide Vorgänge wirtschaftlich betrachtet als einheitlicher Vorgang darstellen.[91] *Mittelbare Zuwendungen* erfolgen etwa aufgrund von Anweisungen, Zahlungsaufträgen, und Verträgen zugunsten Dritter. Eine solche Zuwendung liegt etwa vor, wenn der Insolvenzschuldner einen eigenen Schuldner veranlasst hat, die geschuldete Leistung nicht ihm, sondern einem Insolvenzgläubiger zu erbringen.[92] Auch die Begründung einer *Aufrechnungslage* kann nach §§ 130, 131 InsO mit der Folge anfechtbar sein, dass die Aufrechnung gemäß § 96 Abs. 1 Nr. 3 InsO von vornherein unzulässig ist (vgl. zur Verrechnung im Kontokorrent unten Rdnr. 58). Dies gilt allerdings nicht für die Verrechnung innerhalb eines Netting-Systems.[93] Hier muss der Insolvenzverwalter die Anfechtung nach der Ausnahmevorschrift in § 96 Abs. 2 Satz 1 InsO gesondert gemäß § 143 InsO geltend machen. Allerdings kann hier durch die Anfechtung nicht die Verrechnung einschließlich des Saldenausgleichs rückgängig gemacht werden (§ 147 Abs. 1 Satz 2 InsO). Auch Überweisungs-, Zahlungs- und Übertragungsverträge bleiben von der Anfechtung unberührt.

---

89 Vgl. BGH WM 1965, 94; BAG ZIP 1998, 33, 36.
90 Vgl. hierzu ausführlich FK-InsO/Dauernheim, § 130 Rdnr. 13 ff.
91 BGH ZIP 1980, 346; ZIP 1992, 781; ZIP 1995, 297.
92 BGHZ 38, 46.
93 Vgl. hierzu Benzler, ZInsO 2000, 1 ff.

Dauernheim

Bei der erfüllten oder gesicherten Forderung muss es sich um eine *Insolvenzforderung* handeln. Neben den Insolvenzgläubigern nach § 38 InsO sind – anders als nach KO – auch nachrangige Gläubiger der Anfechtung ausgesetzt, da diese nach § 39 InsO ebenfalls am Insolvenzverfahren teilnehmen. Die Deckung von Aussonderungsrechten oder Ersatzaussonderungsansprüchen (§§ 47, 48 InsO) ist nicht nach §§ 130, 131 InsO anfechtbar. Die Deckung unanfechtbarer *Absonderungsrechte* ist mangels Gläubigerbenachteiligung ebenfalls nicht anfechtbar. Gewährt der Schuldner dem Gläubiger eines Dritten eine Sicherung oder Befriedigung, kommt nur eine Deckungsanfechtung gegenüber dem Dritten, nicht aber gegenüber dessen Gläubiger in Betracht. Anders ist dies nur, wenn der Gläubiger einen auf Deckung gerichteten Anspruch, etwa aus Bürgschaft gegen den Schuldner hatte. Auch ein Insolvenzgläubiger, der aufgrund des Anfechtungsanspruchs nach § 11 AnfG Sicherung oder Befriedigung erlangt hat, ist der Anfechtung nach § 130 InsO ausgesetzt (§ 16 Abs. 2 AnfG).

38

c) Kenntnis des Anfechtungsgegners

Dem Anfechtungsgegner muss die Zahlungsunfähigkeit des Schuldners oder im Fall des § 130 Abs. 1 Nr. 2 InsO alternativ der Eröffnungsantrag zum Zeitpunkt der Rechtshandlung bekannt gewesen sein. Hat ein Stellvertreter des Anfechtungsgegners gehandelt, ist bei rechtsgeschäftlichem Erwerb § 166 BGB direkt, ansonsten entsprechend anwendbar.[94] Erforderlich ist positives Wissen bzw. die Kenntnis solcher Umstände, die zwingend auf die Zahlungsunfähigkeit oder den Eröffnungsantrag schließen lassen (Abs. 2 Satz 1). Grobfahrlässige Unkenntnis genügt nicht. Es ist die Kenntnis von Tatsachen zu fordern, an welche die Berufs- und Geschäftskreise des Anfechtungsgegners mit ihrer Verkehrserfahrung verständlicherweise die Erwartung knüpfen, dass der Schuldner seine fälligen Zahlungspflichten nicht wird erbringen können bzw. ein Eröffnungsantrag gestellt worden ist.[95] Dass der Anfechtungsgegner bei Kenntnis solcher Tatsachen den Schluss auf die Zahlungsunfähigkeit des Schuldners oder den Eröffnungsantrag – etwa aus rechtlicher Unkenntnis – nicht gezogen hat, ist unerheblich.[96]

39

Eröffnungsantrag oder Zahlungsunfähigkeit müssen tatsächlich vorgelegen haben. Das Prozessgericht hat damit festzustellen, dass der Schuldner im Zeitpunkt der Rechtshandlung zahlungsunfähig war bzw. der Eröffnungsantrag schon vorgelegen hat. Wird der Eröffnungsgrund auf Überschuldung oder auf drohende Zahlungsunfähigkeit gestützt (§§ 18, 19 InsO), ist eine Anfechtung nach § 130 Abs. 1 Nr. 2 InsO bei Kenntnis des Anfechtungsgegners von dem Eröffnungsantrag auch dann möglich, wenn der Schuldner *noch nicht zahlungsunfähig* war.

40

---

94 Hierzu ausführlich FK-InsO/Dauernheim, § 130 Rdnr. 48 ff.
95 Vgl. auch BGH ZIP 1995, 929, 931 f.
96 Vgl. LG Magdeburg DZWiR 1999, 472, 474.

Dauernheim

41 Anders als § 30 KO stellt die InsO nicht auf die *Zahlungseinstellung*, sondern auf die *Zahlungsunfähigkeit* ab.[97] Zahlungsunfähigkeit liegt nach der Legaldefinition in § 17 Abs. 2 Satz 1 InsO vor, wenn der Schuldner nicht in der Lage ist, die fälligen Zahlungspflichten zu erfüllen. Drohende Zahlungsunfähigkeit (§ 18 InsO) und die in § 19 InsO geregelte Überschuldung genügen nicht. Entscheidend ist nur die Zahlungsunfähigkeit, die *kausal für die Verfahrenseröffnung war.*[98]

Wird die Zahlungsunfähigkeit, etwa durch einen nachträglich bewilligten Kredit beseitigt,[99] kann nur an die spätere erneute Zahlungsunfähigkeit angeknüpft werden.

42 Die Zahlungsunfähigkeit muss nur dem Anfechtungsgegner zum Zeitpunkt der Rechtshandlung bekannt gewesen sein.[100] Ist sie den Geschäftskreisen des Anfechtungsgegners bekannt gewesen, spricht das als Indiz für dessen Kenntnis. *Erste Anhaltspunkte für die Zahlungsunfähigkeit* sind allgemein die Einstellung des Geschäftsbetriebes, außergerichtliches Sanierungsbemühen des Schuldners, die Häufung von Klagen und Zwangsvollstreckungen oder auch die verstärkte Inanspruchnahme von Bürgen des Schuldners. Weiteres Indiz ist die Nichtzahlung bzw. verschleppende Zahlung von Lohn- und Lohnnebenkosten, von Umsatz- und Gewerbesteuer, von Sozialversicherungsbeiträgen[101] oder von Versicherungsprämien.[102] *Unerheblich* ist es, wenn der Schuldner noch einzelne Gläubiger befriedigt (*BGH* ZIP 1995, 929, 930), »weiterwirtschaftet«,[103] die Zahlung durch Banküberweisung erfolgt, der Schuldner aber offensichtlich eine Mehrzahl von Bankverbindungen unterhält,[104] der Schuldner erkennbar unzutreffend versichert, eine Zahlungsunfähigkeit läge nicht vor,[105] ein Sozialversicherungsträger durch Zahlung zur Rücknahme seines Insolvenzantrags veranlasst wird,[106] über ein nebensächliches Guthaben nur geringfügige Zahlungen abgewickelt werden[107] oder die Zahlungsunfähigkeit gerade durch die Deckung zugunsten des Anfechtungsgegners aufgeschoben wurde.[108]

43 Der Anfechtungsgegner kann *etwa dann Kenntnis von der Zahlungsunfähigkeit besitzen*, wenn er weiß, dass der Schuldner vor dem Drängen seiner Gläubiger geflohen ist,[109] der Schuldner seine Geschäftsräume geschlossen

---

97 Zur Definition der Zahlungsunfähigkeit s. Rdnr. 99 und FK-InsO/Dauernheim, § 130 Rdnr. 37 ff.
98 BGH ZIP 1999, 1977.
99 Vgl. BGH, WM 1975, 6.
100 BGH WM 1985, 396, 397.
101 LG Magdeburg DZWiR 1999, 472, 473.
102 Vgl. etwa OLG Köln WM 1997, 762, 766.
103 BGH ZIP 1997, 1926, 1928.
104 LG Magdeburg DZWiR 1999, 472, 474.
105 Vgl. LG Magdeburg a. a. O., 473.
106 BGH ZIP 1999, 1977, 1978.
107 BGH ZIP 2000, 1016, 1017.
108 BGH ZIP 1997, 1926, 1927.
109 BGH ZIP 1996, 1015.

hat,[110] dieser sich um Stundung oder Erlass bemüht, der Schuldner sein Einverständnis mit der außergerichtlichen Liquidation und der Auflösung seines Vermögens erklärt hat, der Schuldner die Gläubiger darauf hinwiesen hat, dass Maßnahmen in der Zwangsvollstreckung fruchtlos seien[111] oder unter Eigentumsvorbehalt gelieferte Waren von den Lieferanten zurückgeholt werden und der Schuldner nur noch Neuschulden bedient.[112] Sind dem Gläubiger bereits bestimmte Tatsachen (Presseberichte, Mitteilungen in amtlichen Veröffentlichungsorganen) bekannt, die den Verdacht der Zahlungsunfähigkeit begründen, so kann der Gläubiger gehalten sein, sich nach der Zahlungsunfähigkeit des Schuldners zu erkundigen und die entsprechenden zusätzlichen Informationen einzuholen.[113] *Eine Bank* hat die erforderliche Kenntnis, wenn sie ohne nachvollziehbaren Grund den Kontokorrentkredit des späteren Insolvenzschuldners reduziert[114] oder unter Androhung von Zwangsmitteln die Rückzahlung eines Kredits verlangt, weil sie den Schuldner nicht mehr für kreditfähig hält.[115] Die Zahlungsunfähigkeit tritt dabei erst ein, wenn der Kreditgeber seinen Entschluss verlautbart und die Schulden ernsthaft eingefordert hat.[116] Kenntnis kann auch dann vorliegen, wenn die Bank das bei ihr eingerichtete Konto in dem Bewusstsein sperrt, dass dieses Konto das Hauptgeschäftskonto des Schulners ist, diesem nur über dieses Konto ein Kreditrahmen eingerichtet ist und folglich Geschäftsumsätze weitgehend über dieses Konto abgewickelt werden.[117]

Hinsichtlich der *Kenntnis vom Eröffnungsantrag* kommt es nicht darauf an, dass das Verfahren auch auf Grund dieses Antrags eröffnet wurde (vgl. § 139 Abs. 2 InsO). Werden mehrere Anträge gestellt, genügt die Kenntnis eines dieser Anträge. Der Antrag hat jedoch keine anfechtungsrechtliche Bedeutung, wenn er nach § 13 Abs. 2 InsO zurückgenommen, als unzulässig zurückgewiesen oder als unbegründet abgewiesen worden ist.[118] Dies gilt auch dann, wenn auf Antrag desjenigen Gläubigers das Verfahren eröffnet worden ist, der einen bereits zuvor gestellten Antrag aufgrund von Zahlungen zurückgenommen hat.[119] Umstände, die zwingend den Schluss auf einen Eröffnungsantrag zulassen, sind insbesondere in Verfahrenshandlungen und deren Folgen, wie etwa der Anordnung von Sicherungsmaßnahmen nach § 21 InsO, insbesondere in der Bestellung eines vorläufigen Insolvenzverwalters zu sehen.

44

---

110 RG JW 1916, 1118.
111 BGH ZIP 1997, 513, 515.
112 OLG Stuttgart ZIP 1997, 652.
113 BGH Urteil vom 8. 10. 1998, ZIP 1998, 2008, 2011; Urteil vom 19. 7. 2001 Az. IX ZR 36/99 (Vorinstanz OLG Jena) noch nicht veröffentlicht.
114 OLG Brandenburg ZIP 1996, 142.
115 BGH ZIP 1995, 929.
116 BGH ZIP 1992, 778, 779.
117 BGH ZIP 2000, 1016, 1017.
118 OLG Düsseldorf WM 1997, 913, 917; vgl. auch OLG Dresden ZIP 1997, 1428.
119 BGH ZIP 1999, 1977, 1978.

d) Wechsel- und Scheckzahlungen

45 Die Deckungsanfechtung gemäß § 130 InsO von Wechsel- und Scheckzahlungen des Insolvenzschuldners ist nach § 137 Abs. 1, 3 InsO ausgeschlossen, wenn durch die Verweigerung der Zahlungsannahme der Wechsel- oder Scheckinhaber Regressansprüche verloren hätte. § 137 trägt der Zwangslage des Zahlungsempfängers Rechnung, der, wenn er die angebotene Zahlung ablehnt, keinen Protest erheben darf und damit die Rückgriffsvoraussetzungen nach Art. 44 WG bzw. Art. 40 ScheckG nicht herbeiführen kann. Durch Ausschluss der Anfechtung wird der Empfänger jetzt gegenüber anderen Rückgriffsberechtigten (z. B. Mitschuldnern oder Bürgen) wirtschaftlich gleichgestellt, da bei diesen mit der Forderung nach § 144 Abs. 1 auch die Rückgriffsmöglichkeit wieder auflebt, was wegen Versäumnis der Protestfrist bei dem Wechsel nicht der Fall ist.

Scheidet eine Anfechtung wegen § 137 Abs. 1 InsO aus, besteht nach § 137 Abs. 2 InsO ein Erstattungsanspruch gegen denjenigen, der bei unterbliebener Zahlung durch den Gemeinschuldner und Protesterhebung letzten Endes hätte zahlen müssen, wenn diesem zu der Zeit als er den Wechsel begeben ließ oder begab, die Zahlungsunfähigkeit oder der Eröffnungsantrag bekannt war. Die Vorschrift gibt dabei einen eigenen Anspruch auf Erstattung der vom Schuldner gezahlten Wechselsumme nebst Zinsen, Kosten, Provisionen. Mit Erstattung lebt nach § 144 Abs. 1 InsO die Forderung des Erstattungspflichtigen gegen den Schuldner wieder auf. Verpflichtet ist nur der letzte Rückgriffsverpflichtete, d. h. der Aussteller (Art. 9 Abs. 1 WG) und beim Eigenwechsel (Art. 75 ff. WG) oder beim bezogenen Wechsel nach Art. 3 Abs. 1, 2 WG der erste Indossant (Art. 15 Abs. 1 WG). Von einem Dritten ist Erstattung in gleicher Weise zu leisten, wenn der letzte Rückgriffsverpflichtete den Wechsel für seine Rechnung begeben hatte. Für Rechnung eines Dritten begeben (Art. 3 Abs. 3 WG) ist der Wechsel, wenn z. B. der Kommissionär einen Wechsel auf den Schuldner des Kommittenten zieht.

e) Bargeschäft

46 Eine Deckungsanfechtung ist dann ausgeschlossen, wenn für die Leistung des Schuldners unmittelbar eine gleichwertige Gegenleistung in sein Vermögen gelangt ist (§ 142 InsO). Auch ohne gesetzliche Regelung galt dies bereits unter der Geltung der KO.[120] Hier liegt nämlich nicht eine Vermögensverschiebung zu Lasten des Schuldnervermögens, sondern nur eine bloße Vermögensumschichtung vor.[121] In diesem Fall rechtfertigt die später eintretende mittelbare Gläubigerbenachteiligung einen Vorrang der Interessen aller Gläubiger nur dann, wenn der Gläubiger wusste, dass der Schuldner mit Benachteiligungsvorsatz (§ 133 Abs. 1 InsO) gehandelt hat. Die Verwei-

---

120 Etwa BGH ZIP 1998, 793, 798; ZIP 1997, 1551, 1553; BGHZ 123, 320, 323 m. w. N. = ZIP 1993, 1653.
121 Karsten Schmidt, WM 1983, 493.

Dauernheim

sung in § 142 InsO mitumfasst auch die Beweislastregel in § 133 Abs. 2 InsO. Mit der Regelung wird gewährleistet, dass der Schuldner in der Krise nicht praktisch vom Geschäftsverkehr ausgeschlossen ist, sondern seine Geschäfte fortführen kann. Niemand würde nämlich mit dem Schuldner bzw. dem vorläufigen Insolvenzverwalter noch Geschäfte abschließen, wenn jeder Güteraustausch in der Krise anfechtbar wäre.

Voraussetzung ist allerdings, dass die Leistung des Schuldners, die sowohl in der Befriedigung als auch in der Sicherung einer Gläubigerforderung liegen kann, im Vergleich zu der von dem Gläubiger erbrachten Leistung als angemessen betrachtet werden kann. Die *Gleichwertigkeit* wird wie das Vorliegen einer Benachteiligung allein nach objektiven Maßstäben beurteilt. Entscheidend ist, welchen wirtschaftlichen Wert die Gegenleistung für den Schuldner in seiner konkreten Situation hat. Es kommt dabei auf den Wert, nicht auf die Art der Leistung des Gläubigers an, so dass auch die Leistung von Bargeld nicht schadet, obwohl dieses leichter dem Zugriff der Gläubiger entzogen werden kann. Die Vergütung oder Sicherheitenbestellung für einen *Sanierungsversuch und andere Geschäftsbesorgungen* ist gleichwertig, wenn das angemessene Honorar versprochen und gezahlt wird, und die gewünschte Arbeit nicht von vornherein erkennbar aussichtslos und wirtschaftlich unzweckmäßig erschien. Die im Rahmen der Insolvenzberatung gezahlten (Anwalts-)Honorare sind deshalb regelmäßig gleichwertig. Auch ein gegenüber der gesetzlichen Gebühr höheres, nach § 3 BRAGO vereinbartes Honorar ist möglich, wenn es den Schwierigkeiten der Bearbeitung entspricht.[122] Die Gleichwertigkeit ist bei der *Besicherung eines Kredits* gegeben, wenn ihr Wert, auch unter Berücksichtigung der üblichen Wertschwankungen des Sicherungsmittels, die Höhe des Kredits nicht wesentlich überschreitet. Dienen die Sicherheiten zum Teil auch der Deckung von Altkrediten, liegt insgesamt kein Bargeschäft vor, wenn es an einer Vereinbarung über das Rangverhältnis fehlt.[123]

47

Eine Leistung, die *nicht der Parteivereinbarung entspricht*, stellt keine Bardeckung dar, da weder rechtlich noch wirtschaftlich ein Anlass besteht, Umsatzgeschäfte des Schuldners in der Krise zu begünstigen, wenn sie anders als vereinbart abgewickelt werden. Nach der zeitlich ersten Leistung eines Vertragsteils ist jede nachträgliche Änderung allein mit Bezug auf die Art der Gegenleistung einem Bargeschäft schädlich.[124]

48

Ein inkongruente Deckung ist deshalb, ohne dass es einer einschränkenden Auslegung der Vorschrift bedarf,[125] in aller Regel kein Bargeschäft.[126]

Die Leistungen müssen in *unmittelbarem Zusammenhang*, d. h. Zug um Zug oder in engem zeitlichen Zusammenhang ausgetauscht worden sein. Der un-

49

---
122 BGHZ 77, 250, 253 ff.; OLG Hamm ZIP 1998, 1871.
123 BGH ZIP 1993, 271, 274.
124 BGH ZIP 1993, 1653, 1655.
125 So allerdings HK-InsO/Kreft, § 142 Rdnr. 9; KS-InsO/Henckel, 2. Aufl. 2000, Rdnr. 47.
126 Vgl. BGH ZIP 1993, 1653, 1656.

Dauernheim

mittelbare Zusammenhang muss auch so von den Parteien vereinbart worden sein. Unschädlich ist es, wenn die Leistungen erst wesentlich später als das Kausalverhältnis bzw. teilweise in der Krise, aber in unmittelbarem Zusammenhang erbracht werden sollten und erbracht worden sind. Die Zeitspanne zwischen Leistung und Gegenleistung darf dabei nicht so lang sein, dass sie unter Berücksichtigung der üblichen Zahlungsbräuche den Charakter eines Kreditgeschäfts annimmt. Grundsätzlich muss allerdings auf die im jeweiligen Unternehmen übliche Dauer von innerbetrieblichen Zahlungsanweisungen Rücksicht genommen werden. Zulässig ist etwa ein Zeitraum von rd. einer Woche zwischen Lieferung, Rechnungsstellung und Scheckbegebung[127] oder drei Wochen zwischen einem Auftrag und einer Forderungsabtretung zur Vergütung des Auftrags.[128] Wird ein Wechsel begeben, liegt ein Bargeschäft nur vor, wenn dieser innerhalb des für die Überweisung zulässigen Zeitraums fällig wird. Tritt eine Konzerngesellschaft einem Sicherheitenpoolvertrag erst bei, nachdem der Kredit bereits an ein anderes Poolmitglied ausgereicht war, kann dies gleichwohl ein Bargeschäft darstellen, wenn das beitretende Unternehmen vom Kreditnehmer beherrscht wurde, der Poolvertrag den Beitritt voraussetzte und der Insolvenzschuldner damit schon bei Abschluss des Poolvertrages faktisch gebunden war.[129]

2. Die Anfechtung inkongruenter Deckungen (§ 131 InsO)

50 *Zeitlicher Anwendungsbereich:*
- Nr. 1: im letzten Monat vor dem Antrag oder nach diesem Antrag
- Nr. 2 und 3: innerhalb des zweiten und dritten Monats vor dem Antrag

Objektive Voraussetzungen:
- Sicherung/Befriedigung, die so nicht beansprucht werden konnte
- Nr. 1: Keine
- Nr. 2: Zahlungsunfähigkeit
- Nr. 3: Keine
- zumindest mittelbare Gläubigerbenachteiligung

Subjektive Voraussetzungen:
- Nr. 1: Keine
- Nr. 2: Keine
- Nr. 3: Kenntnis von Gläubigerbenachteiligung; Kenntnis von Umständen, die zwingend auf die Gläubigerbenachteiligung schließen lassen steht gleich (Abs. 2); bei nahe stehenden Personen wird Kenntnis vermutet (Abs. 3)

51 Nach § 131 InsO sind Rechtshandlungen anfechtbar, die einem Insolvenzgläubiger eine Sicherung oder Befriedigung gewährt oder ermöglicht haben,

---

127 BGH ZIP 1980, 518, 519.
128 BGHZ 28, 344, 347.
129 BGH ZIP 1998, 793, 801.

Dauernheim

die dieser nicht oder nicht in der Art oder nicht zu der Zeit beanspruchen konnte. Die Anfechtung einer inkongruenten Deckung ist hinsichtlich der weiteren objektiven und subjektiven Voraussetzungen leicht möglich, weil hier der Insolvenzgläubiger weniger schützwürdig erscheint. Binnen eines Zeitraums von bis zu einem Monat vor dem Eröffnungsantrag wird auf das Vorliegen weiterer objektiver (insbesondere Zahlungsunfähigkeit, Überschuldung) und subjektiver Voraussetzungen verzichtet (Nr. 1). Bei Handlungen binnen einer 3-Monatsfrist vor Verfahrenseröffnung wird entweder – objektiv – die Zahlungsunfähigkeit (§ 17 InsO) des Gemeinschuldners (Nr. 2) oder – subjektiv – die Kenntnis des Gläubigers von der Benachteiligung oder der Umstände, die zwingend auf sie schließen lassen (Abs. 2 Satz 1), verlangt (Nr. 3).

Eine Sicherung oder Befriedigung, die der Gläubiger in der Art oder zu der Zeit nicht zu beanspruchen hat, ist anzunehmen, wenn die bewirkte Leistung von dem auf eine bestimmte Leistung hinreichend spezifizierten Inhalt des mit dem Schuldner vereinbarten Schuldverhältnisses im Leistungszeitpunkt abweicht. Die Beurteilung der Inkongruenz ist dabei objektiv vorzunehmen und unabhängig von den Vorstellungen der Parteien. Die Inkongruenz wird dabei durch eine kongruenzbegründende Vereinbarung zwischen Schuldner und Gläubiger nicht beseitigt, wenn zum Zeitpunkt ihres Abschlusses die Voraussetzungen des § 131 InsO vorlagen.[130]

a) Inkongruente Befriedigung

Eine *nicht zu beanspruchende* Befriedigung erfolgt insbesondere bei Forderungen, denen eine dauernde Einrede (insbesondere Verjährung) entgegensteht, bei denen das Grundgeschäft nach den §§ 119 ff. BGB anfechtbar ist oder die aufschiebend bedingt sind. Weiter fallen hierunter unvollkommene Verbindlichkeiten (Spiel, Wette, Differenzgeschäft) oder die heilende Erfüllung eines formungültigen Vertrages nach den §§ 313 Satz 2, 766 Satz 2 BGB; § 15 Abs. 4 Satz 2 GmbHG.

Nicht in der Art hat der Gläubiger Befriedigung zu beanspruchen, wenn ihm anstelle der Leistung, die er zu fordern hat, etwas an Erfüllungs Statt oder erfüllungshalber gegeben wird.[131] Inkongruenz ist etwa hier anzunehmen, wenn statt Barzahlung Waren hingegeben[132] oder Forderungen abgetreten werden.[133] Gleiches gilt bei der Übernahme einer Schuld des Gläubigers,[134] der Überlassung eines Erbteils zur Erfüllung einer Darlehensverbindlichkeit[135] oder der Hingabe eines Kundenwechsels[136] oder -schecks.[137] Nicht

---

130 BGH ZIP 1993, 1653, 1655.
131 BGHZ 123, 320, 324 f.
132 BGH WM 1971, 908, 909.
133 OLG Brandenburg, ZIP 1998, 1367, 1368.
134 RGZ 46, 101.
135 BGH ZIP 1999, 33, 34 zu § 3 AnfGaF.
136 RG JW 1927.
137 BGH ZIP 1993, 1653, 1654; OLG Stuttgart ZIP 1996, 1621.

Dauernheim

inkongruent ist demgegenüber die verkehrsübliche Zahlungsweise durch *Scheck*,[138] *Überweisung, Anweisung*[139] oder Hinterlegung.

Die Befriedigung war *nicht zu der Zeit* zu beanspruchen, als die Forderung noch nicht fällig, betagt oder befristet i. S. v. § 163 BGB war. Tritt die Fälligkeit kraft Gesetzes oder aufgrund einer unanfechtbaren Vereinbarung noch vor Verfahrenseröffnung ein, kommt eine Anfechtung nur hinsichtlich des Zwischenzinses in Betracht.[140]

b) Inkongruente Sicherung

55 Eine *nicht zu beanspruchende* Sicherung liegt vor, wenn der Insolvenzgläubiger keinen hinreichend konkretisierten Anspruch aus individueller Vereinbarung, Allgemeinen Geschäftsbedingungen oder Gesetz hat.[141] Die gesicherte Forderung alleine gibt noch keinen Anspruch auf Sicherung.[142] Der Anspruch ist nicht hinreichend bestimmt, wenn er Grundlage einer auf Übertragung des Sicherungsgutes gerichteten Klage sein kann.[143] Er muss jedoch nicht so weit individualisiert sein wie die dingliche Einigung selbst.[144] Eine Vereinbarung, welche Umfang und Art der Sicherheit oder die Auswahl der Sicherungsgegenstände noch offen lässt, genügt allerdings nicht.[145] Nicht hinreichend spezifiziert sind etwa die Nachbesicherungsansprüche aus Nr. 13 Abs. 1 AGB Banken bzw. Kreditgenossenschaften und Nr. 22 Abs. 1 AGB Sparkassen, die einen Anspruch auf bankmäßige Sicherheiten geben.[146] Weiterhin ist das Auffüllen nicht vollvalutierter Sicherheiten durch die Abtretung ungesicherter Drittforderungen inkongruent.[147]

56 Eine *nicht in der Art* zu beanspruchende Sicherheit liegt etwa vor, wenn der Schuldner Sachen zur Sicherheit, statt der zu beanspruchenden Hinterlegung von Geld oder Wertpapieren übereignet. Eine Gewährung einer Sicherheit vor der Fälligkeit des zugrundeliegenden Sicherungsanspruches ist gleichfalls inkongruent.

c) Zwangsvollstreckungshandlungen

Auch durch Zwangsvollstreckungshandlungen erlangte Sicherheiten sind stets inkongruent, ohne dass es darauf ankommt, ob es sich um eine Sach- oder Geldpfändung handelt.[148] Weiter ist es unerheblich, ob der Schuldner

---

138 BGHZ 16, 279; OLG Düsseldorf WM 1985, 1042.
139 RG LZ 1910, 774.
140 BGH ZIP 1995, 1021, 1023.
141 Vgl. BGH ZIP 1998, 793, 799; ZIP 1999, 76.
142 BGH ZIP 2000, 82, 83: aliud, kein minus des Befriedigungsanspruchs.
143 BGH ZIP 1993, 276, 279; KTS 1968, 235, 236.
144 BGH ZIP 1998, 248, 250.
145 BGHZ 33, 389, 393.
146 BGHZ 33, 393, 394; BGH WM 1969, 968; ZIP 1981, 144.
147 BGHZ 59, 230.
148 BGH ZIP 1997, 1929.

Dauernheim

in irgendeiner Weise daran mitgewirkt hat.[149] Auch dann, wenn der Gerichtsvollzieher nichts wegnehmen musste, weil der Schuldner zur Abwendung der Zwangsvollstreckung geleistet hat, liegt eine inkongruente Deckung vor.[150] Allerdings ist die aufgrund eines Anfechtungsanspruchs nach dem AnfG erlangte Deckung gemäß § 16 Abs. 2 AnfG nur nach § 130 InsO anfechtbar. Einer Anfechtung bedarf es nicht, wenn die Rückschlagsperre in § 88 InsO eingreift. Gleiches gilt für die Zwangsvollstreckung nach dem Erbfall (vgl. § 321 InsO).

d) Kenntnis des Gläubigers von Benachteiligungen

Der Insolvenzverwalter hat im Fall des Abs. 1 Nr. 3 zu beweisen, dass dem Anfechtungsgegner zur Zeit der Rechtshandlung zumindest den Umständen nach bekannt war, dass diese die späteren Insolvenzgläubiger benachteiligt. D. h. der Anfechtungsgegner muss davon Kenntnis haben, dass sich die Befriedigungsmöglichkeit der späteren Insolvenzgläubiger ohne jene Rechtshandlung günstiger gestaltet hätte. Diese Kenntnis ist vorhanden, wenn er aufgrund der sich für ihn darstellenden wirtschaftlichen Lage des Schuldners nicht davon ausgehen konnte, dass das Vermögen des Schuldners zur Befriedigung aller seiner Gläubiger jetzt oder in absehbarer Zeit ausreichen wird.[151] Maßgeblich ist dabei, inwieweit der Anfechtungsgegner über das Aktivvermögen des Schuldners, dessen Verbindlichkeiten, die Realisierbarkeit von Außenständen oder etwa auch seine Auftragslage informiert war. Handelt es sich bei der Schuldnerin um eine im Zeitpunkt der Rechtshandlung an sich wirtschaftlich gesunde Konzerngesellschaft, kann die Kenntnis vorliegen, wenn der Anfechtungsgegner von dem drohenden wirtschaftlichen Zusammenbruch des Konzerns und seiner Bedeutung für die Schuldnerin weiß.[152] Gegenüber nahe stehenden Personen (§ 138 InsO) wird gemäß § 138 Abs. 2 Satz 2 vermutet, dass sie die Gläubigerbenachteiligung kannten.

57

3. Verrechnungen im Kontokorrent

Von besonderer praktischer Bedeutung ist die Deckungsanfechtung bei der Verrechnung bzw. Aufrechnung von Zahlungseingängen auf dem bei der Bank des Schuldners geführten Konto, wenn dieses einen Debetsaldo aufweist.[153] Ist die Aufrechnungslage anfechtbar herbeigeführt, ist sie gemäß § 96 Abs. 1 Nr. 3 InsO ex tunc unwirksam, ohne dass es einer besonderen Anfechtung bedürfte. Für den Anfechtungszeitpunkt ist nach § 140 InsO auf den Zeitpunkt der Entstehung der Verrechnungslage abzustellen. Ent-

58

---

149 Vgl. BGH ZIP 1995, 293, 295; ZIP 1996, 1015; ZIP 2000, 898.
150 BGH ZIP 1997, 1929; LG Bonn ZIP 1997, 82, 83; a. A. BAG ZIP 1998, 33, 35.
151 Vgl. auch BGH ZIP 1995, 293, 296; ZIP 1996, 1015.
152 BGH ZIP 1998, 793, 800.
153 Vgl. dazu Heublein ZIP 2000, 161 ff.

Dauernheim

scheidend ist dabei der Zeitpunkt, in dem die Bank für die Gutschrift buchmäßige Deckung erlangt. Da bei Bareinzahlung und Überweisung dies vor der eigentlichen Gutschrift der Fall ist, kommt es hier auf den Zeitpunkt an, in dem der Anspruch auf die Gutschrift entsteht.[154] Beim Kundenscheck und Lastschrift ist dies demgegenüber erst mit dem Ablauf der auf die Belastungsbuchung des Kontos des Scheckausstellers bzw. Lastschriftschuldners folgenden beiden Bankarbeitstage der Fall.[155]

59 Die Kontokorrentverrechnung einer Gutschrift stellt insoweit eine kongruente Deckung dar, als die Bank einen aufrechenbaren fälligen Zahlungsanspruch hatte. Dies bestimmt sich danach, in welchem Unfang die Bank nach der zugrunde liegenden Geschäftsverbindung die Rückführung des Debets verlangen konnte. Hat die Bank dem Schuldner einen Kontokorrentkredit gewährt und ist diese Kreditlinie noch nicht ausgeschöpft, hat die Bank im Zeitpunkt der Verrechnung mit dem vorhandenen Soll keinen Anspruch auf Rückführung, so dass eine inkongruente Deckung vorliegt. Gleiches gilt bei einem Ratenkredit, soweit noch keine Rate fällig ist.[156] Anders ist es, wenn der Schuldner das Girokonto ohne die Vereinbarung eines Kontokorrentkredits[157] oder unter Überschreitung eines bestehenden Kreditrahmens mit Duldung der Bank überzogen hat. Die Verrechnung mit eingehenden Zahlungen stellt sich hier im Rahmen der jederzeit rückzuführenden Überziehung als kongruente Deckung dar.[158] Gleiches gilt, wenn die Bank einen eingeräumten Kontokorrentkredit gekündigt hatte.[159]

Regelmäßig ist zu untersuchen, ob sich die Kontoverrechnung der Gut- und Lastschriften nicht als ein der Anfechtung entzogenes *Bargeschäft* i. S. v. § 142 InsO darstellt. Ein Bargeschäft ist im Falle des laufenden Zahlungsverkehrs auf einem debitorisch geführten Girokonto dann und in dem Umfang anzunehmen, in dem Gutschriften in unmittelbarem zeitlichen Zusammenhang gleichzeitig auch Belastungen des Kontos gegenüberstehen.[160] Gutschriften die trotz erteilter Lastschriften zu einer Verminderung des Debetsaldos führen, stellen kein Bargeschäft dar.

4. Die Anfechtung bei unmittelbar nachteiligen Rechtshandlungen

60 *Zeitlicher Anwendungsbereich:*
- Nr. 1: innerhalb der letzten drei Monate vor dem Antrag
- Nr. 2: nach dem Antrag

---

154 BGHZ 74, 129, 131 f.; Dampf, KTS 1998, 145, 157.
155 BGHZ 118, 171, 177 = ZIP 1992, 778, 780.
156 Canaris, Festschrift Einhundert Jahre KO, S. 73, 81.
157 BGHZ 70, 177, 182 f.
158 Nerlich/Römermann, a. a. O., § 131 Rdnr. 25; de Bra, NZI 1999, 249, 250.
159 BGH ZIP 1999, 1271, 1272.
160 BGH ZIP 1999, 665, 668; OLG Brandenburg ZIP 2000, 366 (LS).

Objektive Voraussetzungen:
- Rechtsgeschäft oder sonstige Rechtshandlung, durch die der Schuldner ein Recht verliert oder nicht mehr geltend machen kann oder durch die ein vermögensrechtlicher Anspruch gegen ihn erhalten oder durchsetzbar wird
- Nr. 1: Zahlungsunfähigkeit
- Nr. 2: Eröffnungsantrag
- Abs. 1: unmittelbare Gläubigerbenachteiligung
- Abs. 2: zumindest mittelbare Benachteiligung

Subjektive Voraussetzungen:
- Nr. 1: Kenntnis der Zahlungsunfähigkeit
- Nr. 2: Kenntnis der Zahlungsunfähigkeit oder des Eröffnungsantrages
- Kenntnis von Umständen, die zwingend auf die Zahlungsunfähigkeit schließen lassen steht gleich (Abs. 3)
- bei nahe stehenden Personen wird Kenntnis vermutet (Abs. 3)

Bei den Regelungen in § 132 Abs. 1 und 2 InsO handelt es sich um Auffangtatbestände. Rechtsgeschäfte (Abs. 1) oder gleichgestellte Rechtshandlungen (Abs. 2), die einem Insolvenzgläubiger eine Sicherung oder Befriedigung gewähren, werden nicht von § 132 InsO, sondern von den §§ 130, 131 InsO erfasst. Allerdings ist die Erfüllung einer Forderung gegenüber einem Nichtinsolvenzgläubiger anfechtbar.

Gegenstand des § 132 Abs. 1 InsO sind nicht nur mehrseitige *Rechtsgeschäfte*, wie Kauf-, Darlehens-, Vergleichs-, Bürgschafts-, Erlass- oder Schenkungsverträge, sondern auch einseitige Rechtsgeschäfte, wie die Kündigung oder ein ohne Annahmeerklärung wirksamer Verzicht. Auf geschäftsähnliche Handlungen, wie Mahnungen und Abtretungsanzeigen findet die Vorschrift jedoch keine Anwendung. Auch Prozesshandlungen und Unterlassungen sind nicht nach Abs. 1 anfechtbar.

§ 132 Abs. 2 InsO stellt den unmittelbar benachteiligenden Rechtsgeschäften bestimmte Rechtshandlungen des Schuldners gleich. Abweichend von Abs. 1 genügt dabei auch eine mittelbare Benachteiligung.[161] Im Übrigen müssen die übrigen Voraussetzungen des § 132 Abs. 1 InsO vorliegen. Unter die Vorschrift fallen insbesondere Unterlassungen auf materiellem und prozessualem Gebiet. So etwa das Unterlassen des Wechselprotestes mit dem sich anschließenden Verlust von Rechten, die diesen voraussetzen. Weiter die Nichtbehinderung der Ersitzung und des Eigentumsverlust nach § 937 Abs. 1 BGB. Anfechtbar ist auch die Nichteinlegung von Rechtsmitteln oder Rechtsbehelfen (z. B. Einspruch gegen Versäumnisurteil nach § 338 ZPO) mit dem sich anschließenden Verlust eines aussichtsreichen Aktivprozesses, das Unterlassen der Verjährungsunterbrechung, das Unterbleiben rechtzeitiger Irrtumsanfechtung nach dem BGB oder einer Mängelrüge mit der Folge des § 377 Abs. 2 HGB.

---

161 KS-InsO/Henckel, Rdnr. 45.

II. Die Anfechtung wegen vorsätzlicher Benachteiligung

Zeitlicher Anwendungsbereich:
- Abs. 1: zehn Jahre vor dem Antrag
- Abs. 2: 2 Jahre vor dem Antrag (Beweislastumkehr)

Objektive Voraussetzungen:
- Abs. 1: zumindest mittelbare Gläubigerbenachteiligung
- Abs. 2:
  – Vertrag mit nahe stehender Person
  – unmittelbare Gläubigerbenachteiligung

Subjektive Voraussetzungen:
- Abs. 1:
  – Gläubigerbenachteiligungsvorsatz des Schuldners
  – Kenntnis dieses Vorsatzes seitens des Anfechtungsgegners; Vermutung bei Kenntnis drohender Zahlungsfähigkeit und Gläubigerbenachteiligung
- Abs. 2: Beweislastumkehr
  – kein Gläubigerbenachteiligungsvorsatz des Schuldners
  – keine Kenntnis dieses Vorsatzes seitens des Anfechtungsgegners

65 Nach § 133 Abs. 1 InsO ist eine Rechtshandlung des Schuldners anfechtbar, die entweder nach Stellen des Eröffnungsantrages oder in den letzten zehn Jahren zuvor mit dem für den Anfechtungsgegner bekannten Vorsatz vorgenommen hat, die späteren Insolvenzgläubiger zu benachteiligen.

66 Der Schuldner muss an der *Rechtshandlung* zumindest mitgewirkt haben.[162] Bei einer Vollstreckungsmaßnahme kommt dies in Betracht, wenn der Gläubiger die Vollstreckung in einverständlichem Zusammenwirken mit dem Schuldner betrieben hat[163] oder wenn es der Schuldner bewusst unterlassen hat, Erfolg versprechende Rechtsbehelfe zur Abwendung oder Aufhebung der Zwangsvollstreckung zu ergreifen. Der Eigentumserwerb durch Zuschlag in der Zwangsversteigerung ist nicht anfechtbar, weil weder das Meistgebot noch der Zuschlag Rechtshandlungen des Schuldners sind.[164]

67 Hinsichtlich des *Gläubigerbenachteiligungsvorsatzes* genügt es, wenn der Nachteil als mutmaßliche Folge des Handelns erkannt und gebilligt wurde.[165] Die Sicht des Schuldners über seine wirtschaftliche Lage ist dabei auch dann maßgeblich, wenn sie objektiv nicht zutrifft.[166] Bei der Beurtei-

---

[162] Vgl. BGH WM 1965, 14; BB 1978, 1139, 1140.
[163] BGH WM 1959, 891, 893, z. B. Benachrichtigung des Gläubigers von den beabsichtigten Vollstreckungen anderer Gläubiger, Entstehenlassen eines Vollstreckungstitels durch Anerkenntnis, Geständnis, Terminsäumnis.
[164] BGH ZIP 1986, 926.
[165] BGH ZIP 1997, 853, 855; BGH ZIP 1997, 423; BGH ZIP 1994, 40.
[166] BGH WM 1985, 295.

lung des Vorsatzes kann es darauf ankommen, welche anderen Gläubiger noch vorhanden, wie hoch deren Forderungen und wann diese fällig waren. Unerheblich ist es jedoch, wenn der Schuldner noch andere Gläubiger in geringem Umfang befriedigt.[167] Aus dem objektiven Vorliegen der Gläubigerbenachteiligung allein kann jedoch nicht auf den Vorsatz geschlossen werden.[168] Sie ist jedoch ebenso wie das Bewusstsein der schon vorhandenen Zahlungsunfähigkeit oder Vermögensunzulänglichkeit ein Indiz für den Vorsatz. Vorsatz und Kenntnis des Anfechtungsgegners liegen jedenfalls vor, wenn die Vertragschließenden zu dem Zweck zusammengewirkt haben, bei Insolvenzreife dem Sicherungsnehmer Sicherungsgut zu verschaffen und damit den übrigen Gläubigern zu entziehen.[169]

Die Gewährung einer *inkongruenten Deckung* ist ein starkes Beweisanzeichen dafür, dass der Schuldner Benachteiligungsvorsatz hatte.[170] Dies rechtfertigt sich aus der Überlegung, dass nach allgemeiner Lebenserfahrung Schuldner nicht bereit sind, anderes oder gar mehr zu leisten, als sie schulden. Bestehen zusätzlich erste, ernsthafte Zweifel an der, auch erst zukünftigen Zahlungsfähigkeit des Schuldners, kann auf das Vorliegen des Vorsatzes geschlossen werden. Hier ist regelmäßig zu vermuten, dass sich ein gut informierter und durchsetzungskräftiger Gläubiger Sondervorteile vor der Gläubigergesamtheit verschafft hat.[171] Die Beweiserleichterung gilt dabei unabhängig davon, ob sich der Schuldner bereits in einer Liquiditätskrise befand oder sogar zahlungsunfähig war.[172] Der Vorsatz kann *ausgeschlossen sein*, wenn die inkongruente Deckung zu einer Zeit vereinbart wird, in welcher der Schuldner zweifelsfrei liquide ist oder aus der Sicht des Gläubigers zu sein scheint.[173] Ist das Ausmaß der Inkongruenz nur gering (z. B. Zahlung 4 Wochen vor Fälligkeit) oder besteht sie nur in Teilen (z. B. Mitbesicherung von Altkrediten), so verliert sie als Beweisanzeichen an Bedeutung.[174] Gleiches gilt, wenn die Deckungshandlung der *Unternehmenssanierung* diente und der Schuldner nicht mit deren Scheitern rechnen musste.[175] Die Hoffnung auf weitere Kredite der Treuhandanstalt genügte hierfür nicht, wenn das Unternehmen nicht sanierungsfähig war und weitere Kredite trotz anfänglicher Sanierungsabsichten der Treuhand nicht ausgereicht werden durften.[176]

68

Bei einer *kongruenten Deckung* sind strengere Anforderungen an die Feststellung des Vorsatzes zu stellen und eine Anfechtung kommt nur dann in Betracht, wenn es dem Schuldner weniger auf die Erfüllung seiner Vertrags-

69

---

167 BGH ZIP 1999, 406, 408.
168 BGH ZIP 1998, 248, 251.
169 BGH ZIP 1998, 830, 835; ZIP 1996, 1977; ZIP 1993, 521.
170 BGHZ 123, 320, 326; ZIP 1999, 406, 407; Nerlich/Römermann, a. a. O., § 133 Rdnr. 25; a. A. zur InsO so KS-InsO/Henckel, Rdnr. 50; Kübler/Prütting, a. a. O., § 133 Rdnr. 22.
171 BGH ZIP 1999, 406, 407.
172 BGH ZIP 1998, 830, 835.
173 BGH ZIP 1999, 405, 407.
174 BGH ZIP 1997, 853, 855; ZIP 1993, 276, 279; ZIP 1998, 248, 250.
175 BGH ZIP 1993, 276, 279; ZIP 1991, 807, 809.
176 BGH ZIP 1995, 1021, 1029; ZIP 1999, 406, 408.

pflichten als auf Entziehung von Zugriffsobjekten zu Lasten der Gläubiger angekommen ist.[177] Vorsatz ist hier bei einer Kollusion zwischen Schuldner und Gläubiger anzunehmen,[178] z. B. wenn der Schuldner vereinbarungsgemäß die Befriedigung anderer Gläubiger durch unnötige Prozesse bis zur Fälligkeit der Gläubigerforderung hinausgeschoben hat.[179]

70 Ein deutliches Indiz für den Vorsatz des Schuldners ist auch gegeben, wenn sich die Rechtshandlung als *unentgeltliche Verfügung* eines illiquiden oder überschuldeten Schuldners darstellt und für diese Zuwendung eine sittliche Verpflichtung oder sonst ein anerkennenswertes Motiv nicht erkennbar ist.[180] Ebenso, wenn der Schuldner die Leistung aufgrund einer früheren Vereinbarung als unentgeltlich hätte beanspruchen können.[181] Gleiches gilt für eine gläubigerbenachteiligende Vereinbarung, etwa die Bestellung einer Sicherheit, die *gezielt für den Insolvenzfall* abgeschlossen worden ist.[182] Tritt der Schuldner alle Ansprüche an einen Treuhänder zur Unternehmenssanierung ab, ist Vorsatz gegeben, wenn das *Sanierungskonzept* eine ungleiche Befriedigung der Gläubiger anstrebt und diese nicht alle diesem Konzept zugestimmt haben.[183] Der Vorsatz kann etwa ausgeschlossen sein, wenn der Schuldner Sicherheiten gewährt, um einen wichtigen Vertragspartner von einer zumindest aus Sicht des Schuldners berechtigten Vertragsauflösung abzuhalten.[184]

71 Der Anfechtungsgegner muss Kenntnis von dem Vorsatz des Schuldners zum Zeitpunkt der Rechtshandlung besessen haben, ohne dass es darauf ankommt, ob er selbst einen solchen Vorsatz hat. Dabei wird die Kenntnis vermutet, wenn der Anfechtungsgegner vom Drohen der Zahlungsunfähigkeit (§ 18 Abs. 2 InsO) und der Gläubigerbenachteiligung wusste (§ 133 Abs. 1 Satz 2). Weiterhin greifen die vorgenannten Indizien in gleicher Weise, wenn die relevanten Umstände dem Anfechtungsgegner bekannt waren. So ist auch hier die Gewährung einer *inkongruenten Deckung* ein starkes Beweisanzeichen für die Kenntnis des Anfechtungsgegners von dem Vorsatz.[185] Die Indizwirkung kann entkräftet sein, wenn der Anfechtungsgegner annimmt, die Leistung beanspruchen zu dürfen.[186]

72 Bei einem mit einer *nahe stehenden Person geschlossenen entgeltlichen Vertrag*, durch den die Gläubiger unmittelbar benachteiligt werden, wird ein solcher Vorsatz vermutet (§ 133 Abs. 2 Satz 1 InsO). Dem Anfechtungsgegner steht jedoch der Beweis offen, dass er von einem solchen Vorsatz keine Kenntnis hatte. Weiter kann die Anfechtung ausgeschlossen sein, wenn er nachweist, dass der Vertrag früher als zwei Jahre vor dem Eröff-

---

177 BGH ZIP 1998, 793, 798; ZIP 1993, 521.
178 BGH WM 1959, 891.
179 Plander, BB 1972, 1480, 1485 f.
180 OLG Düsseldorf ZIP 1992, 1488, 1490.
181 BGH ZIP 1995, 297, 299.
182 BGHZ 124, 76, 82 = ZIP 1994, 40; BGH ZIP 1993, 521.
183 OLG Hamm ZIP 1996, 1140.
184 BGH ZIP 1998, 830, 835 f.
185 BGHZ 123, 320, 326 = ZIP 1993, 1653; BGH ZIP 1998, 793, 800; ZIP 2000, 82, 83.
186 BGH WM 1990, 1588.

nungsantrag geschlossen worden ist. Unter die Vorschrift fallen alle schuldrechtlichen und dinglichen Verträge, wenn für die Leistung des Schuldners nach Auffassung der Parteien eine Gegenleistung erbracht werden muss. Es genügt dabei jeder wirtschaftliche Vorteil, z. B. Zahlungserleichterung, Teilerlass, Stundung, Kreditgewährung, Rücknahme einer Kündigung. Bei reinen Erfüllungsgeschäften besteht die Gegenleistung in der Schuldbefreiung.[187]

III. Die Anfechtung wegen unentgeltlicher Leistung

Zeitlicher Anwendungsbereich: 73
- nicht früher als vier Jahre vor dem Antrag

Objektive Voraussetzungen:
- unentgeltliche Leistung
- zumindest mittelbare Gläubigerbenachteiligung
- kein gebräuchliches Gelegenheitsgeschenk geringen Werts (Beweislastumkehr)

Subjektive Voraussetzungen:
- Keine

Nach § 134 Abs. 1 InsO ist eine unentgeltliche Leistung des Schuldners anfechtbar, es sei denn der Anfechtungsgegner weist nach, dass sie früher als vier Jahre vor dem Antrag auf Eröffnung des Insolvenzverfahrens vorgenommen worden ist. Der Verwalter muss dabei neben der Leistung des Schuldners auch nachweisen, dass es sich bei der Leistung um eine unentgeltliche Verfügung gehandelt hat.[188] 74

Leistung i. S. d. Vorschrift ist jede Rechtshandlung, durch die das Schuldnervermögen vermindert wird. Deswegen sind Leistungen nicht nur Verfügungen, sondern auch verpflichtende Rechtsgeschäfte und sonstige Rechtshandlungen, wie Gebrauchsüberlassungen, das Unterlassen eines Widerspruchs gegen einen Mahnbescheid oder die Nichtunterbrechung einer Verjährungs-, Ersitzungs- oder Ausschlussfrist. Die Leistung kann auch in einer mittelbaren Zuwendung liegen, so wenn der Ehemann Bauhandwerkerrechnungen seiner Ehefrau begleicht.[189] 75

Unentgeltlich ist die Leistung, wenn sie unabhängig von einer Gegenleistung erbracht worden ist. Es kommt dabei nicht nur auf die objektive Gleichwertigkeit, sondern vielmehr darauf an, ob die Beteiligten den Gegenwert als ausgleichend erachtet haben. Den Parteien steht dabei ein Be- 76

---

187 RGZ 27, 134.
188 BGH ZIP 1999, 316, 317; ZIP 1992, 1089, 1091.
189 OLG Hamburg KTS 1985, 556.

wertungsspielraum zu.[190] Allerdings kann die fehlerhafte Bewertung einer wertlosen Gegenleistung die Leistung nicht zu einer entgeltlichen machen.[191] Gegenleistung kann dabei grundsätzlich jeder wirtschaftliche Vorteil oder jedes wirtschaftliche Interesse sein. Einseitige Vorstellungen des Schuldners genügen allerdings nicht.[192] Bei der Erfüllung einer Verbindlichkeit liegt die Gegenleistung in der Schuldbefreiung. Dies gilt auch bei einer klaglosen Schuld, wie z. B. der verjährten Schuld, Spiel- oder Wettschuld. Eine Leistung ist nicht bereits dann unentgeltlich, wenn der leistende Schuldner einen Anspruch auf eine seine Leistung ausgleichende Gegenleistung hat, diese jedoch noch nicht eingefordert hat.[193] Bei der *Besicherung einer eigenen oder fremden Schuld* bedarf es zur Begründung der Entgeltlichkeit zumindest eines anerkennenswerten wirtschaftlichen Vorteils. Dies gilt auch bei eigener Schuld.[194] Entgeltlichkeit ist etwa zu bejahen bei der Grundschuldbestellung, mit der eine GmbH zukünftige Warenkredite an ihre 100% Tochter besichert.[195]

77 Geschäfte, bei denen die Leistung des einen Teils wesentlich geringer ist als die Leistung des anderen Teils, und dem Empfänger der wertvolleren Leistung der Mehrwert unentgeltlich zukommen soll (*sog. gemischte Schenkungen*), sind in einen entgeltlichen und einen unentgeltlichen Teil zu zerlegen, wenn die wirtschaftlichen Zwecke des Geschäfts und die berechtigten Interessen der Vertragspartner die Annahme eines zusammengesetzten Geschäfts rechtfertigen.[196] Beide Teile unterliegen dann gesondert der Anfechtung. Bei einer *verschleierten Schenkung*, bei der das Geschäft nur zum Schein als entgeltliches abgeschlossen wird, ist das vorgespiegelte Geschäft nach § 117 Abs. 2 BGB nichtig, das vorgeschobene unentgeltliche Geschäft nach § 134 InsO anfechtbar.

78 *Unbenannte Zuwendungen* unter Ehegatten sind grundsätzlich unentgeltliche Leistungen, wenn sie ohne Gegenleistung erfolgen und nach dem Willen der Ehegatten nicht als Entgelt angesehen werden.[197] Entgeltlichkeit liegt vor, wenn eine Vergütung nachträglich für geleistete Mitarbeit im Beruf oder Geschäft gewährt wird. Hierzu zählt auch die Übertragung eines Miteigentumsanteils am Wohnhaus, wenn sie von dem Ehegatten als Entgelt für geleistete Tätigkeit im Beruf oder Geschäft verstanden wurde. Dagegen ist § 134 InsO anzuwenden, wenn die Leistung als Entgelt für die Haushaltsführung oder für die Betreuung der Kinder durch den nicht berufstätigen Ehegatten erfolgt.[198] Bei freiwilligen *Zuwendungen des Arbeitgebers* aus Anlass eines bevorstehenden Weihnachtsfestes, um den Arbeitnehmer für

---

190 BGH ZIP 1993, 1170; ZIP 1998, 830, 836; ZIP 1992, 1089.
191 Vgl. BGH ZIP 1993, 1170; WM 1964, 590.
192 BGHZ 113, 98 = ZIP 1991, 35.
193 BGH ZIP 1999, 316, 317.
194 A. A. BGH ZIP 1990, 1088.
195 Brandenburgisches OLG InVo 1999, 230.
196 BGH NJW 1953, 501; NJW 1959, 1363.
197 OLG Celle NJW 1990, 720.
198 BGHZ 71, 61, 66; OLG Hamburg KTS 1985, 556.

überdurchschnittlichen Diensteifer zu belohnen, handelt es sich nicht um eine unentgeltliche Leistung.[199]

Auch *Verträge zugunsten Dritter*, etwa Einzahlungen auf ein auf den Namen des Begünstigten errichtetes Sparbuch stellen bei unentgeltlichem Valutaverhältnis Leistungen im Sinne von § 134 Abs. 1 InsO dar, wenn der Begünstigte ein unmittelbares Leistungsrecht hat.[200] Bei *Lebensversicherungsverträgen* des Insolvenzschuldners kommt, da der Versicherungsvertrag als solcher entgeltlich ist, nur die Zuwendung an den bezugsberechtigten Dritten für eine Anfechtung nach § 134 InsO in Betracht. Ist bei Abschluss des Versicherungsvertrages der Dritte unwiderruflich bezugsberechtigt, so unterliegt der Lebensversicherungsvertrag nicht der Anfechtung, da der Anspruch auf die Versicherungssumme von Anfang an zum Vermögen des unwiderruflich bezugsberechtigten Dritten gehört.[201] Der Begünstigte hat allerdings die in den letzten vier Jahren vor dem Antrag gezahlten Prämien zu erstatten.[202] Fällt die Einräumung des Bezugsrechtes in den Vierjahreszeitraum, ist das Recht oder die bereits ausgezahlte Versicherungssumme an die Masse herauszugeben.[203]

79

Richtet sich die Leistung allerdings auf ein *gebräuchliches Gelegenheitsgeschenk*, ist sie nach § 134 Abs. 2 InsO nicht als unentgeltliche Leistung anfechtbar. Unter gebräuchlichen Gelegenheitsgeschenken sind unentgeltliche Zuwendungen zu verstehen, die der Verkehrssitte gemäß aus gewissen Anlässen üblich sind, oder zu wohltätigen oder gemeinnützigen Zwecken gegeben werden. Zu den gewissen Anlässen zählen z. B. Weihnachten, Neujahr, Ostern, Geburts- und Namenstage, Verlobung, Hochzeit oder Taufe. Spenden an politische Parteien sind allerdings keine gebräuchlichen Gelegenheitsgeschenke. Ob ein Gelegenheitsgeschenk einen geringen Wert hat, ist an der allgemeinen Verkehrsauffassung bzgl. der Üblichkeit eines Geschenkes entsprechend der Bedeutung des Anlasses und der Beziehung des Schuldners zu dem Empfänger zu orientieren. Daraus folgt eine absolute Wertgrenze, die unabhängig von dem finanziellen Vermögen des Schuldners im Zeitpunkt der Schenkung ist. Sie dürfte auch bei besonders wichtigen Anlässen bei ca. 1000 DM liegen.[204]

80

---

199 BGH WM 1997, 277; LG Frankfurt ZIP 1996, 88.
200 RGZ 106, 1.
201 RGZ 51, 403.
202 RGZ 153, 220, 228.
203 Vgl. näher FK-InsO/Dauernheim, § 134 Rdnr. 28.
204 Nerlich/Römermann, a. a. O., § 134 Rdnr. 43; a. A. KS-InsO/Henckel, Rdnr. 57.

Dauernheim

IV. Die Anfechtung der Rückgewähr bei kapitalersetzenden Darlehen (§ 135 InsO)

> *Zeitlicher Anwendungsbereich:*
> - Nr. 1: in den letzten zehn Jahren vor dem Antrag
> - Nr. 2: im letzten Jahr vor dem Antrag
>
> *Objektive Voraussetzungen:*
> - Eigenkapitalersetzendes Darlehen
> - Gleichgestellte Forderung
> - Nr. 1: hierfür Sicherung gewährt
> - Nr. 2: hierfür Befriedung gewährt
> - zumindest mittelbare Gläubigerbenachteiligung
>
> *Subjektive Voraussetzungen:*
> - Keine.

Allgemeines

81 § 135 InsO entspricht wörtlich dem § 150 Regierungsentwurf. § 135 InsO nimmt – anders als § 32 KO – nicht ausdrücklich auf die Vorschrift des § 32 a Abs. 1, 3 GmbHG Bezug. Insoweit soll nämlich allgemein klargestellt werden, dass durch die Formulierung »Forderung eines Gesellschafters auf Rückgewähr eines kapitalersetzenden Darlehens« nunmehr auch die Fälle der §§ 129 a, 172 a HGB erfasst werden.

Es wird nunmehr rechtstechnisch erreicht, dass kapitalsetzende Gesellschafterdarlehen oder Leistungen bei einer offenen Handelsgesellschaft oder Kommanditgesellschaft ohne persönliche Haftung einer natürlichen Person, sowie die bereits im Geltungsbereich der Konkursordnung durch die Rechtsprechung entwickelten Grundsätze zu weiteren Fällen kapitalsetzender Leistungen, so z. B. bei der Aktiengesellschaft, erfasst werden. Durch die Formulierung »gleichgestellte Forderung« wird auf den Fall des § 32 a Abs. 3 GmbHG abgestellt, also auf eine Forderung aus einer Rechtshandlung, die der Gewährung eines kapitalersetzenden Gesellschafterdarlehens wirtschaftlich entspricht.

Durch § 135 InsO wird auch eine Anpassung an § 32 a KO erreicht, da sich nunmehr der Anfechtungszeitraum von dem Antrag auf Eröffnung des Insolvenzverfahrens an errechnet. Bei der Anfechtung von Sicherungen gem. § 135 Nr. 1 InsO ist nunmehr im Gegensatz zu § 41 Abs. 1 Satz 3 KO (30 Jahres-Frist) eine 10 Jahres-Frist in den Gesetzestatbestand übernommen worden.

Dauernheim

In den Gesetzestext wurde die Formulierung »kapitalersetzend« als neuer Rechtsbegriff erstmals aufgenommen. Der früher geltenden Rechtsbegriff »eigenkapitalersetzend« kann aber weiterhin zur Verdeutlichung im Rechtsverkehr beibehalten werden.

1. Kapitalausstattung und Finanzierungsverantwortung der Gesellschafter

In den überwiegenden Fällen reicht die Mindestkapitalausstattung einer GmbH von 25 000 € nach § 5 Abs. 1 GmbHG nicht aus, um allgemein unternehmerisch tätig zu werden. Um diese Deckungslücken aufzufangen, sind die Gesellschafter gehalten, die Finanzierung der GmbH auf anderen Wegen sicherzustellen. Über Gesellschafterdarlehen führen die Gesellschafter ihrer Gesellschaft neue liquide Mittel zu. Teilweise wird eine Finanzierung durch in Darlehen umgewandelte Dividendenansprüche oder über gestundete Geschäftsführergehälter erreicht. Ist die Gesellschaft gezwungen am Kapitalmarkt Darlehen aufzunehmen, so ist in der überwiegenden Zahl der Fälle der Gesellschafter gehalten, aus seinem Vermögen Sicherheiten zu stellen, um die Finanzierung zu erreichen. Soweit die beteiligten Gesellschafter die zwingenden Regeln der Kapitalerhaltungsvorschriften sowie den normierten Insolvenzantrag beachten, steht es ihnen grundsätzlich frei, in welcher Art und Weise sie die Finanzierung des Unternehmens sicherstellen. Die Finanzierungsfreiheit ist ihnen gewährleistet.[205]

82

Von den Kapitalgesellschaftern darf das im Gesellschaftsrecht fehlende Verbot zur angemessenen Eigenkapitalausstattung aber nicht dahin falsch ausgelegt werden, ihre Finanzierungsfreiheit sei insgesamt grenzenlos. Da sie durch die Haftungsabschottung nach § 13 Abs. 2 GmbHG, § 1 Abs. 1 Satz 2 AktG privilegiert sind, verlieren sie dieses Privileg auch dann, wenn sie sich in gesetzlichen Wertungswiderspruch zu Sinn und Zweck des so genannten Garantiekapitals setzen und ihre Gesellschaft mit völlig unzureichendem Haftungskapital wirtschaften lassen. In diesem Falle wird nämlich das Verlustrisiko auf die Gesellschaftsgläubiger verlagert. In den Fällen der unzureichenden Eigenkapitalausstattung wird von der Rechtsprechung die Inanspruchnahme der GmbH-Gesellschafter aus § 826 BGB befürwortet. Auf diesen Tatbestand der eklatanten Unterkapitalisierung muss dann aber nicht zurückgegriffen werden, wenn Gesellschafterdarlehen oder Sicherheiten gewährt worden sind, die eigenkapitalersetzenden Charakter haben.

Der Bereich der eklatanten Unterkapitalisierung ist strikt von den Regeln des Eigenkapitalersatzes zu trennen. Ist keine Unterkapitalisierung gegeben, so ist die Finanzierungsfreiheit der Gesellschafter erst dann rechtlich eingeschränkt, wenn die Gesellschaft in eine Finanzkrise geraten ist oder die Gefahr einer solchen Krise erkennbar bevorsteht. In diesen Fällen wer-

---
205 BGHZ 104, 33, 40 ff.

den die Gesellschafter nicht eingeschränkt der Gesellschaft neue liquide Mittel zuzuführen, sondern nur in ihrer Entscheidungsfreiheit, in welcher Art und Weise sie die Finanzmittel der Gesellschaft begeben.

Als Resümee ist daher fest zu halten, dass der Gesellschafter generell berechtigt ist, seiner Gesellschaft frisches Kapital zuzuführen. In dem Zeitpunkt, in dem die Gesellschaft nicht mehr überlebensfähig ist, hat er die Gesellschaft nach den gesellschaftsrechtlichen Vorschriften unverzüglich zu liquidieren. Entgegen einer weitläufig verbreiteten Meinung bei Gesellschaftern sind diese nicht verpflichtet, ihrer Gesellschaft irgendwie geartete Leistungen oder sonstige finanzielle Mittel über ihre Kapitalanteile hinaus zuzuführen. Dieses Argument folgt aus dem von dem BGH gezogenen Rechtsargument der von vornherein begrenzten Investition.[206]

Gegenüber dem Verhalten der Gesellschafter sind die Gesellschaftsgläubiger lediglich über die Bestimmungen über die Insolvenzantragverpflichtungen des GmbH Geschäftsführers geschützt. Hat sich aber ein Gesellschafter entschieden in der Krise der Gesellschaft dieser Kapital zuzuführen, so ist es ihm nicht freigestellt, ob er Eigen- oder Fremdkapital zuführt. In der Krisensituation ist der Gesellschafter verpflichtet, *Kapital in Form des haftenden Eigenkapitals* zuzuführen.

Das Risiko des Fortbestandes eines solchen sich in der Krise befindlichen Unternehmens ist nur dann für die Gesellschaftsgläubiger hinnehmbar, wenn das Risiko des Fortbestandes der Gesellschaft vorrangig von den finanzierenden Gesellschaftern getragen wird.

2. Begriffsbestimmungen im Kapitalersatzrecht

a) Nominelle Unterkapitalisierung

83 Unter dem Begriff der *Unterkapitalisierung* ist der Zustand der Gesellschaft zu verstehen, in der das risikotragende Haftkapital (gezeichnetes Kapital nach § 272 Abs. 1 HGB) zuzüglich Kapital- und Gewinnrücklage nach § 272 Abs. 2, 3 HGB in keinem Verhältnis mehr zum Eigenkapitalbedarf der Gesellschaft steht.

Unter *nomineller Unterkapitalisierung* wird der Fall verstanden, dass der Kapitalbedarf durch die Gesellschafter zwar gedeckt wurde, aber nicht, wie geboten durch Zuführung haftenden Eigenkapitales, sondern nur durch die Zuführung von Kapital im formellen Status von Fremdkapital. An die nominelle Unterkapitalisierung knüpfen die Rechtsregeln des Eigenkapitalersatzes an.

---

206 BGH ZIP 1994, 1261, 1266; ZIP 1994, 1441, 1445.

b) Materielle Unterkapitalisierung

Im Falle der *materiellen Unterkapitalisierung* decken die Gesellschafter den Kapitalbedarf der Gesellschaft überhaupt nicht. Auch wird keinerlei Fremdkapital zugeführt. In diesem Falle reichen die Finanzmittel der Gesellschaft nicht aus, um den mittelfristigen und langfristigen Finanzbedarf des Unternehmens zu decken. 84

c) Passivbilanz

Eine *Passivbilanz* liegt vor, wenn in einer nach den §§ 242 ff., 266 ff. HGB aufgestellten Handelsbilanz die dort ausgewiesenen Passiva die Aktiva übersteigen. Haftungsrechtliche Normen müssen in diesem Fall nicht unbedingt eingreifen, da die Gesellschaft über Kapital- oder Gewinnrücklagen verfügen könnte, deren Auflösung den ausgewiesenen Verlust vollständig abdecken kann. Ergibt sich bei der Saldierung der ausgewiesenen Verluste und aufgelösten Rücklagen, dass die Hälfte des Stammkapitales (§ 49 Abs. 3 GmbHG) bzw. das Grundkapital einer AG (§ 92 Abs. 1 AktG) aufgezehrt ist, so ist die Gesellschaft verpflichtet, die Gesellschafter oder Aktionäre zu informieren. 85

d) Unterbilanz

Ein Fall der *Unterbilanz* ist gegeben, wenn das Nettovermögen der Gesellschaft rechnerisch unter den Wert der Ziffer des Stammkapitals bzw. Grundkapitals sinkt. Das Nettovermögen einer Gesellschaft wird durch ihr gesamtes Aktivvermögen abzüglich der Summe sämtlicher Verbindlichkeiten unter Einschluss der Rückstellungen, aber ohne Rücklagen ermittelt. Eine *Unterbilanzrechnung* wird nach Ansatz- und Bewertungskriterien aufgestellt, die für eine Handelsbilanz gelten. Sinkt das Nettovermögen der Gesellschaft unter Null, ist gem. § 268 Abs. 3 HGB der Überschuss der Passiva über die Aktiva unter der Bezeichnung »*nicht durch Eigenkapital gedeckter Fehlbetrag*« in der Bilanz auf der Aktivseite auszuweisen. Eine so genannte bilanzielle Überschuldung verpflichtet nicht unbedingt sofort zur Konkursantragstellungsverpflichtung. Dem Geschäftsführer ist in einem solchen Fall dringend anzuraten, Überprüfungen hinsichtlich einer möglichen Überschuldung vorzunehmen. 86

e) Überschuldung

Die Insolvenzantragspflicht eines Gesellschafters erwächst erst dann, wenn die Gesellschaft nicht mehr in der Lage ist, aus ihrem Vermögen ihre Schulden auszugleichen. Zur Ermittlung der *Überschuldung* ist eine zweistufige Überschuldungsprüfung durchzuführen,[207] die durch § 19 InsO modifiziert wurde.[208] 87

---

[207] Vgl. Scholz/Schmidt, K., Kommentar zum GmbH-Gesetz, 9. Aufl. 2000, § 63 Rdnr. 7 ff.
[208] FK-InsO/Schmerbach, § 19 Rdnr. 6 ff.

3. Schutzfunktion der Eigenkapitalersatzregeln

88 Durch die Schaffung der Vorschrift des § 135 InsO werden in keinster Weise die Schutzfunktion der §§ 30, 31 GmbHG und der so genannten Novellen-Regeln (§§ 32 a, 32 b GmbHG) außer Kraft gesetzt. Die zu den vorgenannten §§ 30, 31 GmbHG entwickelten Rechtsprechungsgrundsätze und die Novellenregeln behalten für sämtliche eigenkapitalersetzende Gesellschafterleistungen ihr zweistufiges geschaffenes Schutzsystem bei. Die jeweiligen rechtlichen Auswirkungen stellen sich wie folgt dar:

(1) Führt die Rückzahlung eines eigenkapitalersetzenden Gesellschafterdarlehens zu einer Unterbilanz oder verstärkt diese Rückzahlung eine bereits bestehende Unterbilanz, so muss die Rückzahlung dieses Darlehens dem Gesellschafter verwehrt werden. Auch eine Tilgung in sonstiger Weise darf nicht erfolgen. Demnach ist bis zur Stammkapitalziffer hinauf eine eigenkapitalersetzende Gesellschafterleistung gesperrt und darf von dem Gesellschafter in keinster Weise zurückgeführt werden. *(Tilgungsverbot)*

Erst oberhalb der Stammkapitalziffer sind diese Darlehen trotz ihrer eigenkapitalersetzenden Funktion nicht mehr tangiert und müssen vom Vertreter der Gesellschaft bedient werden *(Tilgungsgebot)*, solange sie noch nicht insolvenzmäßig verstrickt sind.

(2) Nach den obigen Ausführungen bestehen daher zwei Schutzbereiche:

- Die Vorschriften der §§ 30, 31 GmbHG schützen den Bereich des Stammkapitals bis zum Nennkapital hinauf.
- Über dem Nennkapital der Gesellschaft schützen die insolvenzrechtlichen Regeln der §§ 32 a, 32 b GmbHG.

4. Der Begriff des eigenkapitalersetzenden Darlehens

89 Ein kapitalersetzendes Gesellschafterdarlehen im Sinne des *§ 32 a Abs. 1 GmbHG* ist immer dann gegeben, wenn der Gesellschafter einer Gesellschaft dieser ein Darlehen oder eine sonstige, einem Darlehen entsprechende Leistung gewährt hat, die im Zeitpunkt der Gewährung des Darlehens kapitalersetzende Funktion hat. *Der Gesellschafter hat also in einem Zeitpunkt Fremdkapital der Gesellschaft zugeführt, in dem er als ordentlicher Kaufmann Eigenkapital hätte zuführen müssen.*[209]

Demgegenüber kommen die Regeln der *§§ 30, 31 GmbHG* nur dann zur Anwendung, wenn die GmbH nach marktüblichen Kriterien *kreditunwürdig* ist. Im Falle der Kreditunwürdigkeit erhält die Gesellschaft vom Kapitalmarkt kein Fremdkapital mehr zu marktüblichen Bedingungen und muss

---

[209] Scholz/Schmidt, GmbHG, §§ 32 a, 32 b Rdnr. 26.

ohne die ihr zugeführten kapitalersetzenden Gesellschafterleistungen liquidiert werden.[210]

5. Grundtatbestand des § 32a Abs. 1 Satz 1 GmbHG

a) Darlehen

Ein von Abs. 1 Satz 1 erfasster Kredit ist dann gegeben, wenn durch einen Gesellschafter der Gesellschaft ein Darlehen im Sinne des § 607 BGB begeben wird.

90

Ein Darlehen nach § 607 BGB liegt nur dann vor, wenn die Gesellschaft Geld oder vertretbare Sachen aufgrund eines schuldrechtlichen Darlehensvertrages empfangen hat (§§ 607 Abs. 1, 91 Abs. 1 BGB) oder wenn zwischen den Parteien eines Vertrages vereinbart wird, dass einem Gesellschafter ein aus einem anderem Grunde geschuldeter Betrag nunmehr als Darlehen geschuldet sein soll (§ 607 Abs. 2). Dabei ist es unerheblich, ob das Darlehen verzinslich oder unverzinslich begeben wurde und ob das Darlehen zur Sicherung des Gesellschaftszwecks oder anderer Ziele ausgereicht worden ist.

Von den Normen des § 607 BGB werden nicht nur Gelddarlehen erfasst, sondern die auch etwas selteneren Sachdarlehen. Von diesen Sachdarlehen sind die anderen eigenkapitalersetzenden Gebrauchs- oder Nutzungsüberlassungen abzugrenzen. Ein Sachdarlehen unterscheidet sich von einer Nutzungsüberlassung dadurch, dass die zur Verfügung gestellten Sachen endgültig in das Gesellschaftsvermögen übergehen. Der übergegangene Gegenstand ist dann mit einem schuldrechtlichen Rückgewähranspruch belastet.

b) Der Zeitpunkt der Darlehensgewährung

Abs. 1 Satz 1 verlangt ferner die Valutierung des Darlehens. Der Begriff der Gewährung beinhaltet die Auszahlung der Darlehensvaluta von dem kreditierenden Gesellschafter an die Gesellschaft. Unter die Vorschrift fällt auch das Stehenlassen eines bereits gekündigten und zur Rückzahlung fälligen Darlehens. Unter dem Begriff der Darlehensgewährung wird auch die Darlehenszusage verstanden.[211] Auch die verbindliche Darlehenszusage eines Gesellschafters fällt unter den Anwendungsbereich der Normen. Die Ankündigung, neue Mittel für die Gesellschaft bereitzustellen, ermöglicht es dieser, den Geschäftsbetrieb aufrecht zu erhalten und die eigentliche notwendige Liquidation zu vermeiden. Die Verhaftung des in Aussicht gestellten Darlehens erfolgt nur dann, wenn der darlehensversprechende Gesellschafter die Auszahlung der Darlehensvaluta tatsächlich vornimmt. Dabei

91

---

210 BGHZ 90, 381, 390; 95, 188, 194.
211 BGH ZIP 1996, 1829, 1830.

Dauernheim

spielt es keine Rolle, ob die Auszahlung der Darlehensvaluta vor oder nach Insolvenzeröffnung erfolgt.

Scheidet der Darlehensgeber *nach dem Eintritt der Krise aus* der Gesellschaft aus, so bleibt das Darlehen trotz Ausscheidens des Gesellschafters weiterhin den Eigenkapitalersatzregeln *verhaftet*. Demgegenüber *entfällt* der Anwendungsbereich der Eigenkapitalersatzregeln, wenn ein Darlehen von einem *ausgeschiedenen Gesellschafter in einem Zeitpunkt gewährt wird*, indem er nicht mehr dem Unternehmen wirtschaftlich verbunden ist. War die Darlehenszusage oder die rechtliche Grundlage für die Darlehensgewährung vor seinem Ausscheiden bereits in der Krise begründet, so kann sich der Gesellschafter dem Anwendungsbereich des § 32 a GmbHG nicht mehr entziehen.[212]

c) Gesellschafter als Darlehensgeber

92 Weitere Voraussetzung ist, dass Darlehensgläubiger ein Gesellschafter ist. Gesellschafter ist nach der vorgenannten Vorschrift nur der Inhaber eines Geschäftsanteils. Ursprünglich unterlagen auch Minimalanteile eines Gesellschafters den Eigenkapitalersatzregeln. Durch das Kapitalaufnahmeerleichterungsgesetz (KapAEG) ist eine Änderung des § 32 a Abs. 3 GmbHG erfolgt.

93 Folgender Satz 2 wurde angefügt: »die Regeln über den Eigenkapitalersatz gelten nicht für den nicht geschäftsführenden Gesellschafter, der mit 10 v. H. oder weniger am Stammkapital beteiligt ist«.

Danach sind Maximalbeteiligungen von 10 % von den eigenkapitalersetzenden Regeln ausgenommen. Ein weiteres Sanierungsprivileg wurde durch Art. 10 KontraG zusätzlich in das GmbHG eingeführt und stellt Darlehen von den Eigenkapitalersatzregeln frei, wenn der darlehnsgebende Gesellschafter zum Zweck der Überwindung der Krise Geschäftsanteile erwirbt. Dadurch werden Alt-Darlehen und Neu-Darlehen freigestellt.

94 Banken und Versicherungen oder sonstige Gründungsgesellschafter einer Unternehmensbeteiligung, die diese beherrschen, mussten früher damit rechnen, dass Sanierungsdarlehen bei einem wirtschaftlichen Zusammenbruch des Unternehmens in Eigenkapital umqualifiziert wurden. Im Rahmen des Gesetzgebungsverfahrens zur InsO intervenierten Banken, Versicherungen, Holdinggesellschaften und sonstige Beteiligungszeichner und erreichten, dass durch die Einführung des neuen § 24 Unternehmensbeteiligungsgesetz (UBBG) diese Beteiligungen von dem Anwendungsbereich der Eigenkapitalersatzregeln ausgenommen werden.

---

212 BGH ZIP 1985, 1075, 1077.

Dauernheim

d) Qualifikationsmerkmale des Eigenkapitalersatzes

Nicht jedes der Gesellschaft gewährte Darlehen ist als eigenkapitalersetzend zu qualifizieren. 95

Vielmehr müssen besondere Umstände hinzutreten, die den Anwendungsbereich des Eigenkapitalersatzrechtes ermöglichen.

- Kreditunwürdigkeit

Zur Feststellung des Eigenkapitalersatzes wurde als Bewertungskriterium das Merkmal der Kreditunwürdigkeit der Gesellschaft geschaffen.[213] 96

Kreditunwürdig ist die Gesellschaft, wenn sie von dritter Seite keine Kreditmittel mehr zu marktüblichen Konditionen ohne Besicherung durch die Gesellschafter erhält und ohne Zuführung frischen Kapitales (Fremd- oder Gesellschafterkapital) liquidiert werden müsste.[214] Ob ein solcher Zustand erreicht ist, beurteilt sich grundsätzlich aus der Sicht eines wirtschaftlich vernünftig denkenden außenstehenden Kreditgebers zum Zeitpunkt der der Kreditvergabe. Auf die Sicht eines beteiligten Kreditinstitutes kommt es daher nicht an.[215]

- Überschuldung

Allgemein anerkannt liegen eigenkapitalersetzende Darlehen im Stadium der Überschuldung vor. Dadurch ist die bedingte Insolvenzreife gem. den §§ 30 Abs. 1 GmbHG, 19 Abs. 2 InsO gegeben.[216] Die Überschuldungsprüfung hat dann nach dem zu § 30 Abs. 1 GmbHG entwickelten zweistufigen Überschuldungsbegriff zu erfolgen, wobei nunmehr eine Legaldefinition der Überschuldung in § 19 Abs. 2 InsO gegeben ist, die keine materiellrechtlichen Abweichungen enthält.[217] Die rechnerische Überschuldung unter Ansatz von Liquidationswerten und die Prognose einer nach überwiegender Wahrscheinlichkeit mittelfristigen negativen Überlebens- oder Fortbestehensmöglichkeit muss gegeben sein. 97

- Unterbilanz

Liegt lediglich eine Unterbilanz vor, so kann die Kreditwürdigkeit der Gesellschaft noch gegeben sein. Ist aber die Gesellschaft des größten Teiles ihres Stammkapitals verlustig gegangen und fehlen im Gesellschaftsvermögen Mittel zur Besicherung der Kredite, so ist dies ein Indiz gegen eine noch vorhandene Kreditwürdigkeit der Gesellschaft.[218] 98

---

213 BGHZ 105, 168, 185; OLG Hamburg ZIP 1984, 584, 585.
214 BGHZ 76, 326, 329.
215 BGH ZIP 1992, 177, 178.
216 BGH ZIP 1993, 1072, 1074.
217 FK-InsO/Schmerbach, § 19 Rdnr. 1 ff.
218 BGH ZIP 1996 275, 276.

- Zahlungsunfähigkeit und drohende Zahlungsunfähigkeit

99 Beim Vorliegen einer Zahlungsunfähigkeit der Gesellschaft im Zeitpunkt der Darlehensgewährung[219] und der drohenden Zahlungsunfähigkeit gem. § 18 InsO in diesem Zeitpunkt, ist die Kreditwürdigkeit der Gesellschaft nicht mehr gegeben. Dieser Rückschluss ist bei der drohenden Zahlungsunfähigkeit daher gerechtfertigt, weil sie als neuer Insolvenzgrund neben den bisher bestehenden hinzugetreten ist.

- Liquiditätsschwierigkeiten

100 Darlehen, die im Zeitpunkt von Liquiditätsschwierigkeiten ausgereicht werden, werden nicht automatisch umqualifiziert. Ein allein zur Überbrückung eines Liquiditätsengpasses gewährtes Darlehen verlangt nach kaufmännischen Gesichtspunkten noch nicht die Schaffung zusätzlichen Eigenkapitals, so dass in dieser Situation ausgereichte Darlehen nicht notwendigerweise in Eigenkapital umzuqualifizieren sind.[220]

Die Grenze zum Eigenkapitalersatz wird erst dann überschritten, wenn nicht sofort neue Liquidität aufgrund vorhandener Vermögenswerte von der Gesellschaft zu erlangen ist, die zur Ablösung der gewährten Kredite benötigt wird, und mit einer kurzfristigen Kreditrückzahlung nicht mehr gerechnet werden kann. Hieran lässt sich deutlich aufzeigen, dass es nicht auf die subjektive Komponente der Vorstellung der beteiligten Gesellschafter ankommen kann, die Kreditmittel nur kurzfristig zur Verfügung zu stellen, sondern einzig und alleine die Finanzsituation der Gesellschaft ist für die Entscheidungen und Bewertung maßgebend. Aus diesem Grunde wird von der Rechtsprechung die Gewährung von Sanierungskrediten immer als eigenkapitalersetzend angesehen.[221]

- Kreditwürdigkeit

101 Die Kreditwürdigkeit einer Gesellschaft ist immer dann gegeben, wenn sie von sich aus in der Lage ist, an sie ausgereichte Darlehensmittel mit eigenen Sicherheiten vollständig abzudecken.[222]

Ist die Gesellschaft nicht in der Lage, die auszureichenden Kreditmittel mit eigenen Sicherheiten zu besichern, sodass die Gesellschafter die entsprechenden Sicherheiten stellen, ist von einer eigenkapitalersetzenden Kredithilfe auszugehen. (§ 32 a Abs. 2 GmbHG) Werden neutrale Sicherheiten durch die Kreditinstitute oder Kreditgeber angefordert, die auch bei der Vergabe von Krediten an eine GmbH in der Praxis immer als üblich anzusehen sind, kann auch nicht routinemäßig von einer eigenkapitalersetzenden Sicherheit

---

219 BGHZ 67, 171, 175 ff.
220 BGHZ 1984, 572, 576 ff.; BGHZ 171, 177 ff.
221 BGHZ 75, 334, 336.
222 BGH ZIP 1987, 1541, 1542.

gesprochen werden. Solche angeforderten Sicherheiten besagen nämlich noch nichts über die Kreditwürdigkeit einer Gesellschaft. Diese routinemäßigen Sicherheiten werden in der Bankpraxis nämlich generell gefordert.

Praxisrelevant ist in diesem Zusammenhang geworden, dass die Gesellschafter in Kapitalersatzprozessen immer wieder einwenden, die von ihnen gegebenen Sicherheiten hätten neutralen Charakter. Nach den allgemeinen Beweislastregeln obliegt dem beklagten Gesellschafter der Vollbeweis, seine Sicherheit habe nur neutralen Charakter gehabt.

e) Indizien

Konnten weder die Tatbestände der Überschuldung, Unterkapitalisierung, drohenden Zahlungsunfähigkeit oder Zahlungsunfähigkeit der Gesellschaft festgestellt werden, so bestehen erhebliche Schwierigkeiten zur Feststellung der Ersatzfunktion der von den Gesellschaftern gewährten Darlehen. In solch einem Falle sind alle Indizien für und gegen eine Behandlung des gewährten Darlehens als eigenkapitalersetzend abzuwägen. 102

Indizien, die für einen eigenkapitalersetzenden Charakter sprechen 103

- längerfristiger Kapitalbedarf
- gesellschaftsvertragliche Verpflichtung zur Zuführung von Darlehensmitteln oder stillen Einlagen zusätzlich zur Stammeinlage
- fehlende oder unzureichende Absicherung des Darlehens, besonders wenn der Darlehensgeber gleichzeitig in die Gesellschaft eintreten will
- fehlende oder geringe Verzinsung des Gesellschafterdarlehens
- objektiv anfänglich unzureichende Eigenkapitalausstattung im Verhältnis zur bezweckten Unternehmensbetätigung
- über dem üblichen Niveau eines Bankkredits liegende Verzinsung für ein Darlehen von dritter Seite
- Kündigungsverzicht, wenn der Darlehensnehmer kreditunwürdig wird

Indizien, die gegen einen eigenkapitalersetzenden Charakter sprechen 104

- kurze Laufzeit des Darlehens, soweit dies nur Überbrückungsfunktion hat
- Beteiligung außenstehender Kreditgeber an der Darlehensgewährung
- vollwertige Besicherung durch die Gesellschaft
- Beteiligung des Gesellschafters an einem Konsortialdarlehen von außenstehenden Kreditgebern, ebenso Beteiligung an einem Sanierungsdarlehen Dritter
- gutachterliche Absicherung der Kreditvergabe

Die vorstehend aufgeführten Indizien können nur Anhaltspunkte sein und sind anhand des jeweiligen Einzelfalles eigenständig abzuprüfen.

f) Durchlaufende Kredite

105 Kredite zum Zwecke der Abwendung eines Konkurs- oder Insolvenzverfahrens sind generell eigenkapitalersetzend.[223] Kredite, die durchlaufende Funktion haben, wie Förderkredite etc., können nach genereller Ansicht keinen eigenkapitalersetzenden Charakter haben. Demgegenüber unterfallen Finanzplankredite, Kredite die vor Eintritt der Kreditunwürdigkeit oder Krise langfristig als Mittel der Selbstfinanzierung ausgereicht worden sind, dem Eigenkapitalersatz.[224]

Zusammenfassend lässt sich daher darstellen, dass die in § 32 a Abs. 1 Satz 1 GmbHG verankerte Generalklausel dahingehend zu verstehen ist, dass 3 Typen von Gesellschafterdarlehen unterschieden werden können:

> **Gesellschafterdarlehen**
>
> 1. gewährter oder stehen gelassener Sanierungskredit
> 2. Darlehensgewährung oder Stehenlassen bei Kreditunwürdigkeit
> 3. Finanzplankredit

g) Subjektiver Tatbestand

106 Besondere subjektive Tatbestandsmerkmale wie etwa, dass der Gesellschafter das Aufbringen des Haftkapitals vermeiden wollte oder eine Täuschungsabsicht gegenüber den Gläubigern hegte, sind in diesem Anwendungsbereich nicht zu prüfen. Selbst die Kreditunwürdigkeit der Gesellschaft muss diesem nicht abschließend bekannt sein. Weitere subjektive Voraussetzungen hinsichtlich der Kenntnis der Krise müssen auch nicht gegeben sein.[225]

h) Darlegungs- und Beweislast

107 Dem Gesellschafter obliegt die Beweislast, dass die Voraussetzungen für die Annahme eines eigenkapitalersetzenden Sachverhaltes weggefallen sind.[226] Ist ein Gesellschafter inzwischen aus der Gesellschaft ausgeschieden, muss der Insolvenzverwalter durch Vorlage der dem Gesellschafter nicht mehr zugänglichen Bilanzen oder anderer Unterlagen (Vermögensaufstellungen etc.) die Nichtverbesserung der Vermögenslage der Gesellschaft darlegen und beweisen, und zwar ab dem Zeitpunkt, ab dem der Gesellschafter ausgeschieden ist.[227]

---

223 BGHZ 31, 258, 271 ff.
224 Scholz/Schmidt, K., a. a. O., §§ 32 a, 32 b Rdnr. 38.
225 BGHZ 81, 311, 314 ff.
226 BGH ZIP 1990, 98, 100.
227 BGH a. a. O.

Bereits in seiner Entscheidung vom 2. Juni 1997 hat der BGH[228] entschieden, dass der Gesellschafter substantiiert darzulegen hat, welche Gegenstände als weitere verwertbare Sicherheiten vorhanden sind und inwieweit eine positive Fortführungsprognose gegeben ist.

Demgegenüber liegt die Beweislast bei dem Insolvenzverwalter, wenn von einem Gesellschafter ausgereichte Kredite durch »Stehenlassen« eigenkapitalersetzenden Charakter erlangt haben.

i) Rückzahlungssperre

Nach den Novellen-Regelungen wird ein Darlehen, welches eigenkapitalersetzenden Charakter hat, im gesamten Umfang von den Rechtsfolgen betroffen. Eine Unterteilung des Darlehens in einen eigenkapitalersetzenden Anteil und in einen nicht gesperrten Anteil wird von der herrschenden Meinung zu Recht abgelehnt.

108

Gegenüber den so genannten Novellen-Regelungen knüpfen die Grundsätze der §§ 30, 31 GmbHG an die konkrete Beeinträchtigung des Stammkapitales an. Eigenkapitalersetzende Darlehen sind demnach bis zu dem Betrag verhaftet, der rechnerisch zum Ausgleich einer Unterbilanz oder eine über eine Unterbilanz hinausgehenden Überschuldung zur Abdeckung dieser benötigt wird. Im Falle einer Überschuldung ist das eigenkapitalersetzende Darlehen so weit verhaftet, bis das Stammkapital unter Beseitigung der Überschuldung wieder aufgefüllt ist. Ist der Kreditbetrag höher als der, der zur Auffüllung des Stammkapitals unter Beseitigung der Überschuldung benötigt wird, ist der überschießende Teil in einem solchen Falle von den Bindungswirkungen des § 30 GmbHG befreit. Der sich aus § 31 GmbHG ergebende Stammkapitalerstattungsanspruch erstreckt sich hierbei auch bis zur Summe, die benötigt wird, um die Überschuldung insgesamt zu beseitigen und das Stammkapital wieder vollständig herzustellen.[229]

j) Zeitraum der Rückzahlungssperre

Eigenkapitalersetzende Darlehen sind solange von der Sperrwirkung betroffen, solange die Krise innerhalb der Gesellschaft andauert. Der BGH hat bereits in seiner Entscheidung[230] die unwiderlegbare Vermutung aufgestellt, dass eine Entsperrung eines Darlehens nicht innerhalb der Jahresfrist des § 32b Abs. 1 GmbHG und § 32a KO in Betracht kommt, wenn nach Eröffnung des Insolvenzverfahrens innerhalb der vorgenannten Fristen eine Insolvenzanfechtung erklärt wird. Diese Rechtsprechung ist uneingeschränkt auf § 135 InsO anzuwenden.

109

---

228 ZIP 1997, 1648, 1056.
229 BGHZ 76, 326, 333.
230 BGHZ 90, 370, 371.

Dauernheim

Nach den Rechtsprechungsgrundsätzen der §§ 30, 31 GmbHG ist Entsperrung nur dann gegeben, wenn das Stammkapital durch Zuführung anderer Mittel wieder vollständig aufgefüllt worden ist. Darüber hinaus muss weiteres Vermögen bei der Gesellschaft vorhanden sein.

k) Rechtsfolgen im Insolvenzverfahren

110 Die Vorschriften der §§ 30, 31 GmbHG gelten neben den Novellen-Regelungen fort. Die Vorschrift des § 135 InsO gewinnt nur deswegen an Bedeutung, um durch die Insolvenzanfechtung den Aktivbestand der Gesellschaft wiederherzustellen, der über die Höhe des Stammkapitals hinausgeht.

Sämtliche kapitalersetzende Darlehen unterliegen dem Ausschüttungsverbot des § 30 GmbHG und zwar unabhängig davon, ob die tatbestandlichen Voraussetzungen des § 135 InsO vorliegen. Das Darlehen einschließlich etwaiger Zinsen darf nicht an den Gesellschafter oder dessen nahe stehende Personen (§ 138 InsO) ausgezahlt werden. Der Ausschüttungssperre unterliegen jegliche Rückzahlungsmodalitäten. Verboten sind nicht nur Zahlungen der Gesellschaft an die Gesellschafter als Kreditgeber, sondern sämtliche Erfüllungssurrogate, insbesondere Aufrechnung und Verrechnung. Der Rückforderungsanspruch gemäß § 31 GmbHG ist nicht auf die Höhe des Stammkapitals beschränkt.

Ansprüche nach §§ 30, 31 GmbHG können im laufenden Insolvenzverfahren nur vom Insolvenzverwalter gegenüber den Gesellschaftern geltend gemacht werden.

l) Geltendmachung eigenkapitalersetzender Darlehen

111 Nach der ursprünglichen Regelung des § 32 a Abs. 1 Satz 1 sowie den nach Abs. 3 gleichgestellten Rechtsgeschäften, waren eigenkapitalersetzende Darlehen im Rahmen eines Insolvenzverfahrens nicht zu berücksichtigen. Der kreditierende Gesellschafter war wegen seiner Forderung weder Konkurs- noch Vergleichsgläubiger.

Nach der Vorschrift des § 39 Abs. 1 Nr. 5 InsO sind nun Gesellschafter mit eigenkapitalersetzenden Darlehen nachrangige Insolvenzgläubiger. Eine Anmeldung dieser eigenkapitalersetzenden Gesellschafterforderungen ist nur dann möglich, wenn das Insolvenzgericht zur Anmeldung der nachrangigen Insolvenzforderung aufgefordert hat (§ 174 Abs. 3 InsO).

Gleichzeitig ist es sebstverständlich dem Gesellschafter verwehrt, gegen eine eigenkapitalersetzende Forderung aufzurechnen. In diesem Falle bedarf es nicht mehr der Insolvenzanfechtung, da gemäß § 96 Nr. 3 InsO die Aufrechnung bereits von Anfang an unwirksam ist. Wurden dem Gesellschafter für das eigenkapitalersetzende Darlehen durch die Gesellschaft Sicherheiten gewährt, so ist der Gesellschafter in der Krise gehindert, diese Sicherheit zu verwerten. Sie wird genauso von der Sperrwirkung umfasst.

m) Insolvenzanfechtung und Fristen gemäß § 135 InsO

aa) Besicherung

Nach § 135 Nr. 1 InsO können Vorgänge zur Besicherung kapitalersetzender Darlehen nur für einen Zeitraum *von 10 Jahren vor* dem Eröffnungsantrag und für die Zeit nach Antragstellung angefochten werden. Der ursprünglich geltende Zeitraum von 30 Jahren (§ 41 Abs. 1 Satz 3 KO) ist durch eine 10-Jahresfrist abgelöst worden.

112

Unter anfechtbaren Besicherungen sind nicht nur die Sicherheiten zu verstehen, die die Gesellschaft dem Gesellschafter für einen hingegebenen Kredit bestellt hat, sondern darunter sind auch solche Ansprüche zu verstehen, die dem Gesellschafter zu Absicherung seiner Ersatz- oder Rückgriffansprüche aufgrund eines von ihm besicherten Darlehens gegenüber einem Dritten gewährt worden sind. Hierdurch wird der Fall erfasst, dass der den Kredit eines Dritten besichernde Gesellschafter den Darlehensgeber befriedigt, und er mit der auf ihn übergehenden Kreditforderung (§ 774 Abs. 1 BGB) zugleich die von der Gesellschaft einem außenstehenden Dritten eingeräumte Sicherung erwirbt.[231]

bb) Befriedigungshandlungen

Befriedigungshandlungen, die *ein Jahr vor* dem Insolvenzeröffnungsantrag sowie nach dem Insolvenzantrag ausgeführt wurden, unterliegen der Anfechtung gemäß § 135 Nr. 2 InsO. Durch diese Regelung soll dem ursprünglichen Gebaren von Gesellschaftern und Geschäftsführern der GmbHs entgegengewirkt werden, die in Kenntnis des ursprünglich geltenden § 41 Abs. 1 Satz 1 KO die Konkurseröffnung so weit hinaus geschoben haben, dass die vorgenommene Rückzahlung außerhalb des Jahreszeitraumes lag und nicht mehr der Konkursanfechtung unterworfen war.

113

cc) Anfechtungsfrist

Eine Verbesserung ist mittlerweile auch dadurch eingetreten, dass gemäß § 146 InsO nunmehr dem Insolvenzverwalter eine *zweijährige Anfechtungsfrist* für Handlungen eingeräumt wird, die nicht unter die §§ 30, 31 GmbHG zu subsumieren sind. Die Anfechtungsfrist ist nun als Verjährungsfrist ausgestaltet.

114

dd) Durchführung der Anfechtung

Für die Durchführung der Anfechtung gelten die allgemeinen Grundsätze. Die Ausübung des Anfechtungsrechtes wird durch Klage oder im Wege der Einrede ausgeübt. Die Anfechtung begründet gemäß § 143 InsO einen

115

---

231 BGH ZIP 1981, 974, 978.

Rückgewähranspruch. Der insolvenzrechtliche Rückgewähranspruch kann nicht abgetreten oder gepfändet werden.[232] Probleme ergeben sich ferner dadurch, dass der Erstattungsanspruch der Gesellschaft gemäß § 31 GmbHG pfändbar ist. Ein Massegläubiger (§ 53 InsO) könnte deshalb dem Insolvenzverwalter den Anfechtungsanspruch nach § 135 InsO dadurch entziehen, dass er den pfändbaren gesellschaftsrechtlichen Erstattungsanspruch nach § 31 GmbHG pfändet und sich zur Einziehung überweisen lässt. Nach einer Entscheidung des OLG Jena sind Erstattungsansprüche im Rahmen des Eigenkapitalersatzes nach § 31 GmbHG gegen einen Gesellschafter der Gemeinschuldnerin Ansprüche aus einem Vertrag i. S. d. Art. 5 Abs. 1, Art. 53 Abs. 1 EuGVÜ. Wird durch den Insolvenzverwalter ein Eigenkapitalersatzanspruch gegen eine Gesellschafterin mit Sitz im Ausland geltend gemacht, so ist dafür nach Art. 5 Nr. 1 EuGVÜ *das Gericht am Sitz des Gemeinschuldners international und örtlich zuständig.*[233]

6. Eigenkapitalersetzende Tatbestände

a) Stehenlassen von Gesellschafterdarlehen

116 Erhebliche Bedeutung hat nunmehr das so genannte Stehenlassen von Gesellschafterdarlehen erlangt. Das Stehenlassen eines Kredites kann der Zurverfügungstellung eines Kredites gleich stehen. Der Bundesgerichtshof hat dies bereits relativ früh entschieden.[234] Umstritten ist bis jetzt noch heftig, unter welchen Voraussetzungen von einem Stehenlassen eines Kredites auszugehen ist.[235] Unter dem Stehenlassen von Krediten können verschiedene Sachverhalte verstanden werden, die von echten Finanzierungsabreden bis zum schlichten Unterlassen der Kündigung eines Darlehensverhältnisses gehen. Konsequenterweise müssen aber die jeweiligen Formen des Stehenlassens getrennt von einander gesehen werden. Mit Karsten Schmidt ist davon auszugehen, dass der Meinungsstreit rein theoretischer Natur ist.[236] Mittlerweile wurde durch die Rechtsprechung geklärt, dass der Gesellschafter im Falle des Stehenlassens eines Kredites zumindest die Möglichkeit haben muss, die Krise der Gesellschaft zu erkennen. Zu große Anforderungen an das Kennenmüssen sind aber nicht zu stellen. Der Gesellschafter muss sich selbstständig darüber informieren, wie sich die wirtschaftliche Lage der Gesellschaft darstellt.[237] Nach dieser Rechtsprechung kann der Gesellschafter die Bindungswirkung im Eigenkapital dadurch vermeiden, dass er die Gesellschaft bereits vor Eintritt der Krise liquidiert oder binnen einer angemessenen Überlegungsfrist Insolvenzantrag stellt.

---

232 Jaeger/Henckel, a. a. O., § 32 a Rdnr. 83 m. w. N.
233 OLG Jena v. 5. 8. 1998, 4 U 177/97 n. n. v.
234 BGHZ 75, 334, 336 ff.
235 Vgl. Scholz/Schmidt, K., a. a. O., §§ 32 a, 32 b, Rdnr. 44.
236 Vgl. Scholz/Schmidt, K., a. a. O.
237 BGH ZIP 1994, 1934; ZIP 1995, 23.

Wird das Darlehen auf Grund einer Vereinbarung zwischen dem Gesellschafter und der Gesellschaft stehen gelassen, so bereitet die Anwendung des Eigenkapitalersatzes keine großen Probleme. Auch die Stundung eines Rückzahlungsanspruches führt zu Eigenkapitalersatz.[238] War das Darlehen zur Rückzahlung fällig, wird es prolongiert, so ist das Tatbestandsmerkmal des Stehenlassens erfüllt. Gleiches gilt für die Rücknahme einer ausgesprochenen Kündigung.[239] Wird die Prolongation vor Fälligkeit der Rückzahlung vorgenommen, so kommt es auf den Zeitpunkt der Prolongationsabrede an, in dem die Kreditunwürdigkeit der Gesellschaft eingetreten sein muss.[240]

117

Der *BGH* stellt sogar anheim, das Kreditverhältnis durch Liquidation zu beenden, wobei er sogar die Einleitung des Konkursverfahrens als einzigen Ausweg zur Vermeidung des Eigenkapitalersatzes sieht.[241] Praxisrelevant ist auch die Aussage des BGH geworden, dass ein Gesellschafter generell durch Ausschöpfung der ihm zur Verfügung stehenden Informationsquellen im Stande ist, sich einen Überblick über die Finanzierungssituation der Gesellschaft zu verschaffen. Der BGH impliziert daher, dass der Gesellschafter grundsätzlich die Finanzsituation der Gesellschaft kennt.[242] Der Gesellschafter kann aber darlegen, dass er auf Grund besonderer Umstände die Finanzsituation nicht kennen musste.[243]

118

Erkennt der Gesellschafter die Krisensituation, so ist ihm eine Überlegungsfrist zuzubilligen, in der er entscheiden kann, ob er der kreditunwürdig gewordenen GmbH das Darlehen belassen will oder die Rückforderung des Darlehens veranlasst. Die Länge der zuzubilligenden Frist muss an § 64 Abs. 1 Satz 1 GmbHG gemessen werden.[244] Ein Überschreiten dieser Frist muss zum Nachteil des Gesellschafters gereichen. Dem Gesellschafter steht nach allgemeinen Grundsätzen das Recht zur außerordentlichen Kündigung des Kredites zu.[245]

119

b) Eigenkapitalersetzende Sicherheit gemäß § 32 a Abs. 2 GmbHG

aa) Allgemeines

Hat ein Dritter der Gesellschaft ein Darlehen in der Krise gewährt, in der ein ordentlicher Kaufmann dieser Eigenkapital zugeführt hätte, und hat sich ein Gesellschafter für diesen Kredit verbürgt oder eine Sicherheit bestellt, so kann der Dritte nur für den Betrag verhältnismäßige Befriedigung verlangen, mit dem er bei der Inanspruchnahme des Bürgen oder der Sicherheit

120

---

238 BGHZ 81, 252, 263 ff.
239 BGHZ 81, 311, 317 ff.
240 Vgl. BGHZ 127, 336, 345.
241 BGH ZIP 1995, 280, 281.
242 BGH ZIP 1995, 1934, 1937.
243 BGH a. a. O.
244 BGH DZWIR 1999, 34, 35.
245 BGH ZIP 1987, 169, 171.

ausgefallen ist. Der Sicherheiten gestellende Gesellschafter haftet dem kreditierenden Gläubiger vorrangig.[246] Der außenstehende Kreditgeber wird von der Insolvenz nur insoweit betroffen, als er mit seinem Rückzahlungsanspruch nur in Höhe seines Ausfalles am Insolvenzverfahren teilnimmt.

bb) Tatbestandliche Voraussetzungen

121
- *Ein Außenstehender muss als Kreditgeber auftreten.*
Als Dritter kommt jeder in Betracht, der nicht als Gesellschafter oder nahe stehende Person i. S. d. § 138 InsO anzusehen ist und nicht unter die Rechtswirkung des § 32 a Abs. 3 GmbHG fällt.

122
- *Der von ihm gewährte Kredit muss eigenkapitalersetzend sein.*
Der Dritte muss der Gesellschaft ein Darlehen oder eine gleichgestellte Kapitalhilfe gewährt oder stehen gelassen haben. Der Kredit muss von Anfang an eigenkapitalersetzenden Charakter gehabt oder durch das Stehenlassen erlangt haben. Die Beurteilung, ob der Kredit eigenkapitalersetzend ist, geht von der Prämisse aus, dass die Kreditunwürdigkeit der Gesellschaft vorliegen muss (vgl. Rdnr. 32). Das heißt, die Kreditunwürdigkeit ist nicht gegeben, wenn der Kredit auch ohne Besicherung durch die Gesellschaft gewährt würde.

123
- *Ein Gesellschafter sichert den Kredit mit ebenfalls eigenkapitalersetzender Wirkung ab.*
Der Gesellschafter muss dem Dritten eine Sicherheit zur Absicherung des ausgereichten Darlehens bestellt haben. Die §§ 32 a, 30, 31 GmbHG erfassen jede irgendwie in Betracht kommende Absicherung durch einen Gesellschafter. Neben der im Gesetz ausdrücklich erwähnten Bürgschaft zählen dazu[247]

- Sicherungsübereignungen,
- Schuldbeitritt,
- Hypotheken- und Grundschuldbestellungen,
- Zessionen in allen Formen,
- Garantiezusagen,
- Patronatserklärungen,
- wechselrechtliche Verpflichtungen.

Unbedeutend ist, ob die Sicherheit von dem Gesellschafter als Ausfallsicherheit gestellt wurde.[248] Wird der darlehensweise gewährte Betrag noch durch eine weitere, von einem nicht der Gesellschaft angehörenden Dritten zusätzlich besichert, so ändert dies grundsätzlich nichts an der Einordnung als eigenkapitalersetzende Sicherheit. Würde die Gesellschaft durch die weitere Besicherung kreditwürdig werden, käme § 32 a Abs. 2 GmbHG nicht zur Anwendung.

---

246 BGH ZIP 1992, 177; Scholz/Schmidt, K., a. a. O., §§ 32 a, 32 b Rdnr. 125 ff.
247 Vgl. Scholz/Schmidt, K., a. a. O., §§ 32 a, 32 b Rdnr. 130 ff.
248 BGH ZIP 1987, 1541, 1542 ff.

Lässt der Gesellschafter eine Sicherheit stehen, die er anfangs bei noch bestehender Kreditwürdigkeit der Gesellschaft gestellt hat, und zieht er diese Sicherheit nicht bei eintretender Kreditunwürdigkeit ab, ist diese Sicherheitengestellung wie eine von Anfang an eigenkapitalersetzende zu betrachten.[249] Zu beachten ist aber, dass nicht jede Kreditbesicherung als Krisenfinanzierung zu verstehen ist.[250]

c) Doppelbesicherung eines Darlehens

In diesem Falle werden die der Gesellschaft gewährten Kredite durch eine Sicherheit aus dem Gesellschaftsvermögen und eine durch den Gesellschafter gestellte Personal- oder Realsicherheit besichert. Dem Dritten steht es grundsätzlich frei, sich für die Verwertung einer Sicherheit zu entscheiden.[251] Der Dritte muss nicht bevorzugt die Verwertung der Gesellschaftersicherheit suchen. Mit der h. M.[252] findet § 32 a Abs. GmbHG gegenüber einem außenstehenden Gläubiger keine Anwendung. Der Gesellschafter ist in diesen Fällen verpflichtet, die Gesellschaft von der Darlehensverbindlichkeit freizustellen.[253] Verwertet der Gesellschaftsgläubiger vorrangig eine Sicherheit der Gesellschaft, so steht dieser gegenüber dem Gesellschafter ein Erstattungsanspruch zu. Verliert die Gesellschaft durch die Verwertung der Sicherheit Gesellschaftsvermögen, das zur Erhaltung des Stammkapitals benötigt wird, besitzt sie gegen den Gesellschafter einen Erstattungsanspruch gem. § 31 Abs. 1 GmbHG. Oberhalb des Stammkapitalbetrages entsteht ein Erstattungsanspruch nach § 32 b GmbHG. Bei einer GmbH & Co KG finden die vorgenannten Vorschriften entsprechende Anwendung.[254]

124

d) Auffangtatbestand des § 32 a Abs. 3 GmbHG

aa) Allgemeines

Die Vorschrift des § 32 a Abs. 3 GmbHG erweitert als so genannte Generalklausel die Tatbestände des Abs. 1 und Abs. 2, indem sie auch andere Leistungen mit eigenkapitalersetzenden Funktionen erfasst. Mit der Formulierung »gleichgestellte Forderung« in Satz 1 wird nunmehr deutlich zum Ausdruck gebracht, dass auch direkte Forderungen durch § 135 InsO erfasst werden, die einer eigenkapitalersetzenden Darlehnsgewährung durch Gesellschafter wirtschaftlich gleichzustellen sind.

125

---

249 BGH ZIP 1992, 177, 179.
250 Argument aus § 775 Abs. 1 Nr. 1 BGB; BGH ZIP 1986, 169, 171.
251 BGH ZIP 1986, 30, 31; 1992, 108.
252 Baumbach/Hueck, a. a. O., § 32 a Rdnr. 70 m. w. N.
253 BGH ZIP 1992, 108, 109.
254 H. M. OLG Hamm vom 8. 1. 1992, 8 U 295/90; LG Bonn vom 22. 1. 1999, 10 O 209/98 n. v.; Baumbach/Hueck, a. a. O., § 32 a Rdnr. 72 ff.; Rowedder/Fuhrmann/Koppensteiner, Kommentar zum GmbHG, 3. Aufl. 1997, § 32 b Rdnr. 14 m. w. N.

Dauernheim

bb) Behandlung von Nichtgesellschaftern wie Gesellschafter

126 Nach § 32 a Abs. 3 GmbHG gelten die Abs. 1 und 2 dieser Vorschrift entsprechend für Rechtshandlungen eines Dritten, die der Darlehensgewährung eines unmittelbar an der Gesellschaft beteiligten Gesellschafters wirtschaftlich entsprechen. Zu diesem Personenkreis zählen:

- Treugeber,[255]
- Nießbrauch- und Pfandgläubiger,[256]
- atypisch stiller Gesellschafter,[257]
- typisch stiller Gesellschafter,[258]
- Unterbeteiligter an einem GmbH-Anteil,
- verbundene Unternehmen i. S. d. §§ 15 ff. AktG,[259]
- Besitzgesellschaft bei Betriebsaufspaltung,[260]
- Handelnde für und auf Rechnung eines Gesellschafters zum Schaden der Gesellschaft,
- nahe Angehörige i. S. d. § 138 Abs. 2 InsO,

e) Andere eigenkapitalersetzende Rechtshandlungen

127 Sind Stundungs- und Fälligkeitsvereinbarungen zwischen dem Gesellschafter und der GmbH, soweit sie ein Darlehen nicht betreffen (ansonsten findet § 32 a Abs. 1 GmbHG Anwendung). Voraussetzung ist aber, dass die Abrede zwischen der Gesellschaft und dem Gesellschafter wirtschaftlich einer Darlehensgewährung entspricht.[261] Bei Stundungen von jeweils neuen Forderungen aus Waren-, Material- und sonstigen Austauschverträgen gegenüber der Gesellschaft unter Einbeziehung von Verrechnungen auf den Saldo, gewährt der Gesellschafter damit der Gesellschaft eine Art Kontokorrentkredit. Nicht jede einzelne Forderung des Gesellschafters aus den Lieferungen hat eigenkapitalersetzenden Charakter, sondern nur in Höhe des durchschnittlich offenen Saldos.[262] Diese Saldohöhe wird auch als »Quasi-Kreditlinie« bezeichnet.

Ferner fallen darunter der Erwerb von der Gesellschaft gestundete Forderungen, Diskontierung von Wechseln, Factoring und stille Beteiligung.[263]

---

255 Scholz/Schmidt, K., a. a. O., §§ 32 a, 32 b Rdnr. 123.
256 BGH ZIP 1992, 1300, 1301.
257 BGH ZIP 1989, 95, 96 ff.
258 Scholz/Schmidt, K., a. a. O.
259 Vgl. hierzu ausführlich Gerkan von/Hommelhoff, Kapitalersatz im Gesellschafts- und Insolvenzrecht, 3. Aufl. 1994, Rdnr. 48 ff.; Jaeger/Henckel, a. a. O., § 32 a.
260 Scholz/Schmidt, K., a. a. O., §§ 32 a, 32 b Rdnr. 122.
261 Scholz/Schmidt, K., a. a. O., §§ 32 a, 32 b Rdnr. 101.
262 BGH ZIP 1995, 23, 24.
263 Vgl. hierzu Scholz/Schmidt, K., a. a. O., §§ 32 a, 32 b Rdnr. 101–105.

Dauernheim

f) Anwendung des Abs. 3 bei eigenkapitalersetzender Gebrauchsüberlassung

Der Bundesgerichtshof hat in seiner ab 1989 vorherrschenden Rechtsprechung ständig entschieden, dass auch eigenkapitalersetzende Nutzungs-/Gebrauchsüberlassungen durch § 32 a Abs. 3 GmbHG erfasst werden.[264] Dieser Rechtsansicht ist nunmehr auch die herrschende Lehre gefolgt.[265]

128

Die eigenkapitalersetzende Nutzungsüberlassung kann in den unterschiedlichsten Formen vorkommen. So findet man diese sehr häufig bei der Betriebsaufspaltung (Besitzgesellschaft vermietet/verpachtet Anlagevermögen an Betriebsgesellschaft). Sonstige Miet- oder Überlassungsverträge (Leasing) zwischen Gesellschaft und Gesellschafter werden in allen erdenklichen Erscheinungsformen erfasst.

Wie allgemein bekannt ist, wurde die Betriebsaufspaltung durch die steuerberatenden Berufe seit Mitte der 80 er Jahre aus diversen Gründen empfohlen. Im Rahmen von Insolvenzverfahren sind diese Modelle einer neueren Prüfung unterzogen, die den steuerlichen Berater in eine eklatante Haftungsproblematik kommen lassen kann. Meistens mangels Dokumentation eines möglichen Hinweises auf die Haftungsrelevanz der gestaltenden Beratung, werden haftungsrechtliche Normen gegenüber dem Berater in der Insolvenz auch für sehr lange zurückliegende Beratungsfälle noch nicht verjährt sein.

Der Tatbestand der eigenkapitalersetzenden Nutzungsüberlassung wird unter sinngemäßer Anwendung der unter Rdnr. 95 ff. dargestellten Grundsätze zu ermitteln sein, wobei das Kriterium der Kreditunwürdigkeit durch das Kriterium der »Überlassungswürdigkeit« ersetzt wird.[266] Seit der Lagergrundstück I-Entscheidung[267] muss die Gesellschaft außerstande sein, sich den für den Kauf des überlassenen Gegenstandes erforderlichen Kredit auf dem Kapitalmarkt zu besorgen, und gleichzeitig darf kein außenstehender Dritter an der Stelle der Gesellschaft dafür bereit gewesen sein, der Gesellschaft den überlassenen Gegenstand zum Gebrauch zu überlassen.[268] Neben der Konkursreife tritt daher noch kumulativ das Merkmal der speziellen Kreditunwürdigkeit und Überlassungsunwürdigkeit hinzu. Ist nur eines dieser Merkmale nicht erfüllt, entfällt die eigenkapitalersetzende Nutzungsüberlassung.

Die Überlassungsunwürdigkeit ist bei üblichen Wirtschaftsgütern, wie normale Grundstücke, Kraftfahrzeuge, Maschinen etc., gegeben, wenn die Gesellschaft nicht definitiv in der Lage ist, das zu zahlende Überlassungsentgelt zu erbringen und Instandhaltungen an den überlassenen Wirtschaftsgü-

---

264 BGHZ 109, 55; BGHZ 121, 31, 34.
265 Baumbach/Hueck, a. a. O., § 32 Rdnr. 32 ff. m. w. N.
266 BGHZ 109, 55, 63 ff.
267 BGHZ 109, 55.
268 BGH ZIP 1993, 189 – Lagergrundstück II –.

tern vorzunehmen. Bei individuellen Wirtschaftsgütern (z. B. spezielle Anlagen oder Aufbauten) muss dem Gesellschafter nicht nur der Überlassungszins gesichert zustehen, sondern auch sämtliche Investitionskosten und ein angemessener Gewinn.[269]

Mit der Lagergrundstück III-Entscheidung [270] wurde durch den BGH klargestellt, dass auch stehen gelassene Gebrauchsüberlassungsverträge von den Sperrwirkungen des Eigenkapitalersatzes erfasst werden. Kennt der Gesellschafter die Krise oder konnte er sie erkennen, muss er unverzüglich das Überlassungsverhältnis beenden und den Gegenstand herausverlangen, damit die Eigenkapitalersatzregeln nicht zur Anwendung kommen.[271]

g) Rechtsfolgen bei eigenkapitalersetzender Nutzungsüberlassung

aa) Überlassungsdauer

129 Der Gesellschafter ist verpflichtet, die Gegenstände solange der Gesellschaft zu überlassen, wie es sich aus den vertraglichen Gegebenheiten ergibt. Die ursprüngliche Laufzeit des Vertrages ist maßgebend.[272] Eventuell vereinbarte Sonderkündigungsrechte sind unwirksam, da sie grundsätzlich Insolvenzgläubiger benachteiligen können.[273] Eine Kündigungsmöglichkeit wegen Insolvenzreife und Zahlungsrückständen kann nicht mehr erfolgen (§ 112 Nr. 1 und 2 InsO). So bereits der BGH[274] zur alten Rechtslage (§ 554 BGB) und Kündigungsmöglichkeit gemäß § 19 KO. Liegt überhaupt keine Laufzeitvereinbarung oder eine vertragliche Abrede vor, ist der überlassende Gesellschafter verpflichtet, den Gegenstand bis zu dem Zeitpunkt zu überlassen, in dem die Gesellschaft bei hypothetischer Würdigung in der Lage ist, sich den Gegenstand selbst am Markt zu besorgen. Dabei muss dem Gesellschafter aber die Möglichkeit eingeräumt werden, Kündigungsmöglichkeiten gemäß § 565 Abs. 1 a BGB zur Anwendung bringen zu können, zumindest ab dem Zeitpunkt, in dem durch die Gesellschaft die Krise überwunden wurde.

bb) Nutzungsentgelt

130 Der Gesellschafter ist nicht berechtigt, bei einer eigenkapitalersetzenden Nutzungsüberlassung Überlassungsentgelte zu fordern. Gemäß § 30 GmbHG ist die Auszahlung solange gesperrt, wie eine Überschuldung oder Unterbilanz besteht, zu deren Ausgleich die Finanzmittel benötigt werden. Gezahltes Entgelt ist der Gesellschaft nach § 31 GmbHG zu erstatten. Außerhalb eines Insolvenzverfahrens kann auch der Gesellschafter

---

269 OLG Karlsruhe ZIP 1996, 918, 921, 922.
270 BGH ZIP 1994, 1261, 1263.
271 OLG Karlsruhe ZIP 1994, 1183.
272 BGH ZIP 1994 1261, 1265.
273 BGH a. a. O.
274 In ZIP 1994, 1261, 1265.

oberhalb der Stammkapitalziffer Zahlung verlangen. Nach Verfahrenseröffnung entfällt dieser Anspruch gemäß § 32 a Abs. 1 GmbHG analog, und nur der Insolvenzverwalter kann die Zahlungen nach § 135 Nr. 2 InsO anfechten und Rückgewähr verlangen.[275]

cc) Dingliche Zuordnung des überlassenen Gegenstandes

Nach den Lagergrundstück-Entscheidungen III und IV[276] ist nunmehr geklärt, dass das Eigentum bei dem Gesellschafter verbleibt und nicht in den Haftungsverband fällt. Eine Verwertung des überlassenen Gegenstandes durch den Verwalter entfällt. Nur das Nutzungsrecht wird vom Haftungsverband umfasst. Der Herausgabeanspruch des Gesellschafters gegen die Gesellschaft ist gemäß §§ 30, 32 a GmbHG ausgeschlossen.[277]

131

Wurde der überlassene Gegenstand von dem Gesellschafter während des Ersatzzeitraumes der Gesellschaft entzogen, so ist der Insolvenzverwalter berechtigt, innerhalb der fünfjährigen Verjährungsfrist des § 31 Abs. 5 GmbHG diesen gemäß § 31 Abs. 1 GmbHG zurückzuverlangen. Der Insolvenzverwalter kann daher den jeweiligen Gegenstand zugunsten der Masse verwerten, d. h. während der ihm zur Verfügung stehenden Überlassungsdauer diesen weiter zu vermieten/verpachten oder sonstwie durch Überlassungsverträge zu verwerten. In diesem Fall liegt das Verwertungsrisiko bei dem Verwalter (vgl. § 537 BGB).

Kann der Gesellschafter aus von ihm zu vertretenden Gründen den Gegenstand nach Abzug nicht mehr dem Verwalter herausgeben, so ist dieser verpflichtet der Insolvenzmasse den Restnutzungswert für die Restnutzungsdauer in Geld zu ersetzen.[278] Wird nach Eröffnung des Insolvenzverfahrens die Zwangsverwaltung durch einen Grundpfandgläubiger angeordnet, so kann der Zwangsverwalter die Herausgabe des Grundstückes nach Kündigung von dem Insolvenzverwalter fordern. Die Eigenkapitalersatzregeln greifen im vorliegenden Falle nicht ein. Der Insolvenzverwalter ist in diesem Fall verpflichtet Miete/Pacht bzw. Nutzungsentgelt zu zahlen.[279]

h) Anwendung der Eigenkapitalersatzregeln bei der GmbH & Co KG

Entgegen dem früher geltenden § 32 a KO nimmt § 135 InsO nicht ausdrücklich auf § 32 a Abs. 1, 3 GmbHG Bezug. Durch die allgemeine Formulierung »Forderung eines Gesellschafters auf Rückgewähr eines kapitalersetzenden Darlehens« wurde klargestellt, dass auch kapitalersetzende Gesellschafterdarlehen bei einer offenen Handelsgesellschaft oder Kommanditgesellschaft ohne persönliche Haftung einer natürlichen Person

132

---

275 OLG Hamm GmbHR 1992, 754, 756.
276 BGH ZIP 1994, 1261, 1264 ff.; ZIP 1441, 1443.
277 OLG Karlsruhe ZIP 1996, 918, 920; lesenswert wegen seiner genauen Subsumtion der eigenkapitalersetzenden Gebrauchsüberlassung.
278 BGH ZIP 1994 1261, 1266; 1444, 1445.
279 BGH Urteil v. 7. 12. 1998, II ZR 382/96; Urteil v. 31. 1. 2000, II ZR 309/98.

Dauernheim

(§§ 129 a, 172 a HGB und die sonstigen weiter anerkannten Fälle der Rechtsprechung) von § 135 InsO erfasst werden.

Rückzahlungen von Darlehen aus dem Vermögen der KG können das Stammkapital der GmbH beeinträchtigen. Durch die Rückzahlung des Darlehens kann die Beteiligung der GmbH an der KG so entwertet werden, dass bei der GmbH eine Unterbilanz entsteht. Zum gleichen Ergebnis kommt man, wenn die KG überschuldet ist, da die Krisenlage dann unmittelbar wegen der Komplementärhaftung der GmbH (§§ 161 Abs. 2, 128 HGB) auf diese durchschlägt.[280] Bei verbotswidrig erfolgter Rückzahlung steht der Erstattungsanspruch gemäß § 31 Abs. 1 GmbHG der KG und nicht der GmbH zu.[281]

Selbstverständlich erstrecken sich die vorgenannten Regeln auch auf die so genannte Vor-GmbH & Co KG.

Durch die geänderte Formulierung ist nunmehr auch klargestellt, dass als Darlehensgeber die GmbH-Gesellschafter, die Kommanditisten und die Komplementäre in Frage kommen.

Hinsichtlich der jeweilig eintretenden Rechtsfolgen bestehen bei der GmbH & Co KG keine anderen Besonderheiten, wie sie bereits bei der GmbH erläutert worden sind.

i) Bilanzierungsfragen der eigenkapitalersetzenden Darlehen

aa) Handelsrechtliche Rechnungslegung

133 Bis zum heutigen Tage ist die Behandlung von eigenkapitalersetzenden Gesellschafterleistungen in der handelsrechtlichen Rechnungslegung heftig umstritten. Der BGH hat mittlerweile dazu ausgeführt, die wechselnde, häufig nur schwer feststellbare Qualität eines Gesellschafterdarlehens als Eigenkapitalersatz spreche dagegen, die gesellschaftsrechtliche Umqualifizierung in quasi Haftkapital bilanziell vorwegzunehmen.[282] Der Rechtsauffassung des Bundesgerichtshofes kann nicht gefolgt werden. Die handelsrechtliche Rechnungslegung ist Grundlage für die Selbstinformationen des Geschäftsführers. Den Geschäftsführern und Gesellschaftern muss es verboten sein, eigenkapitalersetzende Darlehen auf der Passivseite als reine Verbindlichkeiten ausweisen zu dürfen. Ansonsten können die Sperrwirkungen durch die Geschäftsführer, Gesellschafter und informationssuchende Dritte nicht offen erkannt werden. Die entsprechende Ausweispflicht wird u. a. aus dem Grundsatz des *true and fair view* (§ 264 Abs. 2 Satz 1 HGB) und dem Gebot einer hinreichenden Mindestgliederung nach § 247 Abs. 1 HGB hergeleitet.[283] Da im Falle der Anwendung der

---

280 BGH ZIP 1980, 361, 364.
281 BGH ZIP 1980, 361, 362.
282 BGH ZIP 1994, 295, 296.
283 Beine, Eigenkapitalersetzende Gesellschafterleistungen, 1994, S. 170.

§§ 30 ff. GmbHG besondere Handlungsweisen von den Geschäftsführern abverlangt werden, und Haftungspotenziale gemäß § 43 Abs. 3 GmbHG gegenüber diesen drohen, sind aus diesen Gründen eigenkapitalersetzende Darlehen offen auf der Passivseite auszuweisen.[284]

Die weiter aufgeworfene Frage ist, ob solche eigenkapitalersetzenden Darlehen bei kleinen und mittelgroßen Kapitalgesellschaften (§ 267 Abs. 1, 2 HGB) nur gegenüber den Gesellschaftern und anderen gesellschaftsinternen Stellen auszuweisen sind (Innenpublizitätspflicht) oder auch in gleicher Weise gegenüber den allgemeinen Adressaten der Rechnungslegung, den Gesellschaftsgläubigern und der Allgemeinheit (Außenpublizität). Nach der hier vertretenen Auffassung sind aufgrund der tatsächlich bestehenden Publizitätspflicht die Gesellschafter und Geschäftsführer bei vorhandenen eigenkapitalersetzenden Darlehen gezwungen, diese gegenüber der Allgemeinheit auszuweisen. Dies gilt auch für kleine Kapitalgesellschaften (§ 267 Abs. 1 HGB) bei Anwendung der Erleichterungsvorschrift des § 326 HGB. Im Rahmen der handelsrechtlichen Rechnungslegung müssen die Gesamtgläubiger in die Lage versetzt werden, eigenkapitalersetzende Darlehen erkennen zu können. Erst dadurch wird die Gläubigerschaft in die Lage versetzt werden, die sich aus den Novellen-Regeln und den Vorschriften der §§ 30, 31 GmbHG ergebenden Rechtsfolgen gegenüber den Gesellschaftern geltend machen zu können. Durch die vorherrschende Bilanztechnik gelingt es immer wieder Gesellschaftern, eigenkapitalersetzende Gesellschafterleistungen so auszuweisen, dass auch unter Zuhilfenahme des Lageberichtes die entsprechenden Informationen durch außenstehende interessierte Kreise nicht gewonnen werden können. Die Angaben im Lagebericht können auch als erste Indizien dafür dienen, dass die Gesellschaft möglicherweise kreditunwürdig geworden ist.

134

Daher sind nunmehr nach herrschender Meinung eigenkapitalersetzende Gesellschafterleistungen nach § 264 Abs. 1 Satz 1 HGB als Verbindlichkeit gegenüber den Gesellschaftern nach § 266 Abs. 3 c HGB/ § 43 Abs. GmbHG in dem Jahresabschluss zu bilanzieren.[285]

135

Innerhalb der Bilanzposition »Verbindlichkeiten gegenüber Gesellschaftern« sind die eigenkapitalersetzenden Darlehen entsprechend zu kennzeichnen. Zusätzliche Angaben können/sollen im Anhang gemacht werden. Eine besondere Bilanzposition nach dem Eigenkapital (§ 266 Abs. 3 vor B HGB) scheidet aus.[286]

Werden eigenkapitalersetzende Gesellschafterdarlehen ohne Rücksicht auf ihre besonderen Rechtswirkungen als normale Verbindlichkeiten gegenüber den Gesellschaftern bilanziert und auch nicht im Anhang ausgewiesen, so ist der Jahresabschluss wegen Verstoßes gegen die §§ 244 Abs. 2 Satz 1,

---

[284] Beine, a. a. O., S. 172 ff; Gerkan/Hommelhoff, a. a. O., Rdnr. 66.
[285] Baumbach/Hopt, Handelsgesetzbuch, 30. Aufl. 2000, § 266 Rdnr. 17; BFH NJW 1992, 2309.
[286] Im Ergebnis auch Beine, a. a. O., S. 191 ff.

Dauernheim

247 Abs. 1 HGB unter analoger Anwendung des § 256 Abs. 1 Nr. 1 AktG nichtig.[287]

bb) Ausweisung im Überschuldungsstatus

136 Ursprünglich bestand hinsichtlich der Frage einer Passivierungspflicht Streit.[288] Wurde ein Rangrücktritt für eigenkapitalersetzende Darlehen vereinbart, so blieben diese Darlehen nach h. M. im Rahmen des Anwendungsbereiches der KO außer Ansatz (*Fleischer* a. a. O., m. w. N.).

Mittlerweile wurde mit § 19 InsO ein modifizierter Überschuldungsbegriff eingeführt (*Schmerbach* § 19 Rdnr. 6). Subordinierte Darlehen (§ 39 Abs. 2 InsO) wie Kredite mit Nachrangvereinbarung werden im Insolvenzverfahren nun zugelassen. Demzufolge müssen solche Darlehen passiviert werden, denn als nachrangige Insolvenzforderung werden sie aus der Insolvenzmasse, bei entsprechender Restmasse, befriedigt. Das früher vertretene Passivierungsverbot wurde mit der Begründung vertreten, nur jene Forderungen wären zu passivieren, die nach Eröffnung des Konkursverfahrens aus den Verwertungserlösen zu befriedigen sind.[289] Dies ist nach der geänderten Rechtslage nicht mehr haltbar. *Diese Aussage wird auch dadurch gestützt, dass der Gesetzgeber bereits in der Begründung zu § 23 RegEInsO = 19 InsO ausdrücklich ausgeführt hat:* »Auf der Passivseite des Überschuldungsstatus sind auch die nachrangigen Verbindlichkeiten i. S. d. § 39 InsO, z. B. Zahlungspflichten aus kapitalersetzenden Darlehen, zu berücksichtigen.«[290] Der BGH hat sich nunmehr für eine Passivierung des eigenkapitalersetzenden Darlehns in der Überschuldungsbilanz ausgesprochen und die damit bereits im Frankfurter Kommentar vertretene Rechtsauffassung bestätigt.[291]

138 Die Erstellung eines Überschuldungsstatus zur Feststellung der Krise ist unentbehrlich. Nach der Entscheidung des BGH v. 2. 4. 2001[292] wird nur dem substantiierten Vortrag Genüge getan, wenn eine Überschuldungsbilanz durch den Kläger vorgelegt wird. Eine in der Handelsbilanz ausgewiesene Überschuldung hat nur indizielle Bedeutung.

---

287 Budde/Karig, Beck'scher Bilanz-Kommentar, Handels- und Steuerrecht §§ 238–339 HGB, 4. Aufl. 1999, § 264 HGB Rdnr. 59.
288 Vgl. Scholz/Schmidt, K., a. a. O., § 63 Rdnr. 27 ff.; Fleischer ZIP 1996, 773, 774.
289 Fleischer ZIP 1996, 773, 777.
290 So auch Wolf, Überschuldung, Fach 3 S. 134 m. w. N. in Fußnote 4; a. A. Niesert, InVo 1998, 242 ff. und v. Livonius, ZInsO 1998, 309, 31 nicht überzeugend.
291 BGH v. 8. 1. 2001, II ZR 88/99, ZInsO, 260 ff.; Vorinstanz OLG Düsseldorf ZIP 2001, 235, 236, FK-InsO/Dauernheim, § 135 Rdnr. 111.
292 ZIP 2001, 839.

7. Anfechtung nach § 32 b GmbHG

Mit der heute vorherrschenden Meinung ist davon auszugehen, dass diese Vorschrift ein eigenständiger Insolvenzanfechtungstatbestand ist. Die Insolvenzeröffnung ist für die Anwendung erforderlich. § 32 b GmbHG erstreckt sich nur auf solche Darlehen oder einem Darlehen wirtschaftlich gleichstehende Rechtshandlungen eines Dritten, der nicht zu dem in § 32 a Abs. 3 GmbHG angesprochenen Personenkreis gehört, dessen Forderung durch einen Gesellschafter oder einem ihm gleichgestellten Dritten besichert wurde. 138

a) Durch einen Gesellschafter besichertes Darlehen

Ist Voraussetzung für die Anwendbarkeit. Es muss sich um ein Darlehen gemäß § 32 a Abs. 2 GmbHG handeln. Eine Leistung nach § 32 a Abs. 3 GmbHG ist einem Darlehen gleichzusetzen. 139

b) Insolvenzeröffnung

Sie ist weitere Voraussetzung. Eine Abweisung des Antrages nach § 26 InsO ist nicht ausreichend für die Anwendung. 140

c) Darlehensrückzahlung vor der Insolvenzeröffnung

Hierunter ist nicht nur jede Leistung gemäß §§ 362 bis 364 BGB zu verstehen, sondern jede ihr wirtschaftlich entsprechende, die zu einer Befriedigung des Kreditgebers zu Lasten der GmbH führt. Es muss sich aber um eine Rechtshandlung i. S. d. §§ 129 InsO ff. handeln. Erfasst werden Erfüllungssurrogate zu Lasten des Gesellschaftsvermögens wie Hinterlegung und Aufrechnung sowie Zwangsvollstreckungsmaßnahmen oder im Falle der Doppelbesicherung die Verwertung einer von der GmbH bestellten Sicherheit. Die Bestellung weiterer Sicherheiten oder der Austausch einer Sicherheit genügt nicht. 141

d) Anfechtungsfrist

Es können nur solche Rückzahlungen aus dem Gesellschaftsvermögen angefochten werden, die im *letzten* Jahr *vor dem Eröffnungsantrag* erfolgt sind (Änderung durch Art. 48 EG InsO). Die *Jahresfrist* wird nunmehr von dem Eröffnungsantrag aus zurück gerechnet und nicht mehr von der Verfahrenseröffnung. Durch die neu eingefügte Verweisung auf § 146 InsO wird erreicht, dass der Rückforderungsanspruch nach § 32 b GmbHG in der gleichen Weise verjährt wie der Anfechtungsanspruch nach der InsO. Die frühere Rechtslage war unstimmig. Hatte die Gesellschaft im letzten Jahr vor Eröffnung des Konkursverfahrens ein Darlehen zurückgezahlt, so musste der Konkursverwalter den Anspruch gemäß § 32 a Satz 2 KO innerhalb eines Jahres (§ 41 Abs. 1 Satz 1 KO) klage- 142

Dauernheim

oder einredeweise geltend machen. Ein Anspruch nach § 32 b GmbHG war nicht fristgebunden. Der Erstattungsanspruch nach § 31 GmbHG, der erst *fünf* Jahre nach der Zahlung *verjährt*, kann bei einer Verjährungsproblematik helfen.

e) Umfang des Erstattungsanspruchs

143 Erstattet werden muss der zurückgewährte Betrag einschließlich Zinsen, Kosten und eventuell gezahlter Vertragsstrafen. Bei einer Doppelbesicherung braucht der Gesellschafter die unverbrauchte Sicherheit nicht an die Gesellschaft herauszugeben. Die Höchstgrenze des Rückerstattungsanspruchs ergibt sich aus § 32 b Satz 2 GmbHG. Bei einer Bürgschaft oder einer gleichzustellenden Sicherheit beschränkt sich der Anspruch auf den Betrag der Bürgschaft oder einer entsprechenden Zahlungsverpflichtung des Gesellschafters. Der Gesellschafter kann sich von seiner Erstattungspflicht dadurch befreien, dass er der Gesellschaft die durch die Rückzahlung freigewordenen Sicherheiten zur Verwertung herausgibt, um mit dem Verwertungserlös die Gläubiger zu befriedigen.

V. Die Anfechtung bei der stillen Gesellschaft (§ 136 InsO)

144 *Zeitlicher Anwendungsbereich*:
- im letzten Jahr vor dem Antrag (Beweislastumkehr)

Objektive Voraussetzungen:
- Vorliegen einer stillen Gesellschaft (§§ 230–236 HGB)
- Insolvenz des Geschäftsinhabers
- Vereinbarung zwischen Geschäftsinhaber und stillem Gesellschafter aufgrund der
  – die Einlage ganz oder teilweise zurückgewährt oder
  – der Verlustanteil ganz oder teilweise erlassen worden ist
- ausgeschlossen, wenn Eröffnungsgrund des Insolvenzverfahrens erst nach Vereinbarung (§ 136 Abs. 2 InsO, Beweislastumkehr)

Subjektive Voraussetzungen:
- Keine

145 Die volle oder teilweise Rückgewähr der Einlage eines stillen Gesellschafters an ihn oder der volle oder teilweise Erlass seines Verlustanteils sind gemäß § 136 Abs. 1 Satz 1 InsO anfechtbar, wenn die Verpflichtung hierzu nach dem Eröffnungsantrag oder im Jahr davor getroffen worden ist. Anders als bei den §§ 130–135 InsO kommt es also bei der Berechnung der

Frist nicht auf die masseschmälernde und anzufechtende Rechtshandlung, sondern auf die dieser zugrundeliegenden Rechtshandlung an. Der Beweis, dass eine Vereinbarung vor der Jahresfrist geschlossen worden ist, obliegt dem Stillen, da bei Rechtsgrundlosigkeit ohnehin eine Masseforderung hinsichtlich des Erlangten begründet wäre.

Nach § 230 Abs. 1 HGB besteht die *stille Gesellschaft* in der Beteiligung als stiller Gesellschafter an dem Handelsgewerbe eines anderen mit einer (beliebigen) in dessen Vermögen übergehenden Einlage beteiligt. Die Gesellschaft ist eine Unterform der BGB-Gesellschaft, jedoch keine Gesamthandsgemeinschaft, sondern eine reine Innengesellschaft, die nicht nach außen hervortritt. Auch bei einem unwirksamen Gesellschaftsvertrag ist § 136 InsO anwendbar, wenn nach den Grundsätze der fehlerhaften Gesellschaft der Vertrag als wirksam zu behandeln ist.[293] Unerheblich ist es für die Anfechtung, wenn die Gesellschaft im Zeitpunkt der Verfahrenseröffnung bereits aufgelöst worden ist. Die Auflösung kann nach § 136 Abs. 1 InsO sogar im Zusammenhang mit der der anfechtbaren Rechtshandlung zugrundeliegenden Vereinbarung erfolgt sein. | 146

Die Rechtshandlung muss aufgrund einer *besonderen Vereinbarung* vorgenommen worden sein. Hat der stille Gesellschafter einen gesetzlichen oder im Gesellschaftsvertrag vereinbarten Anspruch, scheidet die Anfechtung nach § 136 InsO aus. Einverständliche Regelungen in Aufhebungsverträgen, Prozessvergleichen etc. sind dann keine Vereinbarungen i. S. v. § 136 InsO, wenn der Stille die Leistung etwa aufgrund Anfechtung oder fristloser Kündigung ohnedies hätte verlangen können.[294] Dies gilt auch dann, wenn der Vergleich den Anspruch erst konkretisiert hat[295] oder der Gesellschaftsvertrag erst innerhalb der Jahresfrist geschlossen wurde.[296] | 147

Einlagenrückgewähr ist jede Übertragung von Vermögenswerten aus dem Vermögen des Tätigen an den Stillen, die der Rückführung der Einlagenvaluta dient. Hierunter fällt nicht nur jede Rechtshandlung, die den Rückgewährsanspruch zum Erlöschen bringt, also Erfüllung oder jedes Erfüllungssurrogat, sondern auch die Bestellung einer Sicherheit. Der *Erlass des Verlustanteils* wird regelmäßig mit der zugrunde liegenden Vereinbarung zusammenfallen. Er ist anfechtbar, wenn der Stille zur Verlusttragung verpflichtet war und soweit er sich auf im Zeitpunkt des Erlasses bereits entstandene Verluste bezieht. Die Vereinbarung über den Erlass künftiger Verluste ist danach nicht anfechtbar. | 148

Die Anfechtung ist nach § 136 Abs. 2 InsO ausgeschlossen, wenn der Eröffnungsgrund erst nach der Vereinbarung eingetreten ist. Entscheidend ist der Zeitpunkt des objektiven Vorliegens der Eröffnungsgründe. Dies sind die Zahlungsunfähigkeit (§ 17 Abs. 1 InsO), das Drohen der Zahlungsunfähig- | 149

---

293 OLG Hamm ZIP 1999, 1530, 1533.
294 OLG München NZI 2000, 180; vgl. auch OLG Hamm ZIP 1999, 1530, 1533.
295 OLG München a. a. O.
296 RGZ 84, 434, 438.

Dauernheim

keit bei einem Schuldnerantrag (§ 18 Abs. 1 InsO) und zusätzlich bei juristischen Personen auch die Überschuldung (§ 19 Abs. 1 InsO). Diesbezüglich trifft den Stillen die Beweislast.

D. Die Geltendmachung der Anfechtung

I. Einleitung

150 Die Ausübung des Anfechtungsrechts erfolgt durch Geltendmachung des Rückgewähranspruchs nach § 143 InsO. Die Insolvenzanfechtung ist keine Gestaltungserklärung, sondern kann nur durch Geltendmachung des Rückgewähranspruches nach § 143 InsO im Wege der *Klage*, Widerklage, Einrede[297] oder Replik[298] wahrgenommen werden.[299] Betreibt ein Dritter ein Vollstreckungsverfahren gegen den Anfechtungsgegner oder ist ein Insolvenzverfahren über sein Vermögen eröffnet, kann die Anfechtung weder im Wege der Drittwiderspruchsklage (§ 771 ZPO), noch als Aussonderungsrecht geltend gemacht werden.[300] Anspruchsinhaber ist der Schuldner als Masseträger, aber zur Geltendmachung ist nur der Insolvenzverwalter als Partei kraft Amtes befugt.[301] Der Insolvenzverwalter kann die Anfechtung allerdings nicht als Nebenintervenient geltend machen.[302] Liegt ein Fall der Eigenverwaltung vor, kann nach § 280 InsO nur der Sachwalter anfechten. Im Vereinfachten Insolvenzverfahren ist nicht der Treuhänder, sondern nach § 313 Abs. 2 Satz 1 InsO jeder Insolvenzgläubiger zur Anfechtung berechtigt.

II. Der Rückgewähranspruch als Schuldverhältnis

151 Der Anspruch aus § 143 Abs. 1 Satz 1 InsO ist ein Schuldverhältnis i. S. d. bürgerlichen Rechts, sodass dessen Vorschriften Anwendung finden, soweit die InsO keine andere Regelung trifft. Jede anfechtbare Rechtshandlung begründet dabei ein Schuldverhältnis.[303] So hat der Anfechtungsgegner etwa einen Verzögerungsschaden zu ersetzen.[304] Der Anspruch ist wegen § 399

---

297 RGZ 95, 225.
298 RGZ 19, 202; 27, 98.
299 BGH ZIP 1997, 737, 739 f.
300 BGH ZIP 1990, 246, 247 m. w. N.; ZIP 1997, 737, 739; anders die haftungsrechtliche Theorie.
301 Jaeger/Henckel, a. a. O., § 37 Rdnr. 80.
302 BGHZ 106, 127 = ZIP 1989, 183.
303 Vgl. BGH WM 1969, 1346 f.
304 BGH WM 68, 407, 409.

BGB *nicht abtretbar*.[305] Der Verwalter kann davon abgesehen aber über den Anspruch *umfassend verfügen*. Er kann ihn etwa erlassen, sich mit dem Rückgewährschuldner vergleichen, mit diesem einen Vertrag über dessen zumindest deklaratorische Anerkennung des Anspruchs schließen. Im Rahmen des Konkurszwecks ist er befugt, die inhaltliche Ausgestaltung des Anspruchs, etwa Wertersatz statt Rückgewähr in Natur, vertraglich zu regeln.[306] Der Insolvenzverwalter kann weiter von einer Verfolgung des Anspruchs absehen und nach § 103 InsO Erfüllung des anfechtbaren Vertrages verlangen.[307] Der vorläufige Insolvenzverwalter kann allerdings nicht wirksam auf den Anspruch verzichten.[308]

Der *Anspruch entsteht* grundsätzlich erst mit Vollendung des Anfechtungstatbestandes, frühestens jedoch mit Eröffnung des Insolvenzverfahrens.[309] Dies gilt auch dann, wenn der Insolvenzverwalter einen von einem Insolvenzgläubiger nach dem AnfG erhobenen Anfechtungsanspruch gemäß § 16 Abs. 1 AnfG weiter verfolgt.[310] Der *Anspruch erlischt* durch Verzicht des Insolvenzverwalters, durch Vollzug der Rückgewähr und mit Beendigung des Insolvenzverfahrens. Wird die *Rückgewähr vollzogen*, indem der Insolvenzverwalter die Gegenstände entgegennimmt, werden die Gegenstände Masseteile, also Eigentum des Schuldners mit der Bestimmung, den Zielen des Verfahrens (§ 1 InsO) zu dienen.[311]

III. Anfechtungsgegner

Anfechtungsgegner ist derjenige, zu dessen Gunsten der Rechtserfolg der anfechtbaren Rechtshandlung eingetreten ist. Bei einer mittelbaren Zuwendung ist der mittelbare Empfänger zur Leistung verpflichtet, wenn es sich für ihn erkennbar um eine Leistung des Insolvenzschuldners handelte.[312] Der Mittelsmann haftet dann nur, wenn auch er einen Vorteil erlangt.[313] Letzteres liegt nicht bereits dann vor, wenn der Käufer zur Verrechnung des Kaufpreises berechtigt ist, Gläubiger des insolventen Verkäufers zu befriedigen.[314]

152

---

305 RGZ 30, 71 ff.; BGHZ 83, 102, 105.
306 BGH ZIP 1995, 1204, 1205.
307 BGH KTS 1962, 166.
308 LG Bremen ZIP 1991, 1224.
309 BGH ZIP 1986, 720; ZIP 1995, 1204, 1206; a. A. Jaeger/Henckel, a. a. O., § 37 Rdnr. 83.
310 BGH ZIP 1995, 1204, 1206.
311 RGZ 52, 333.
312 BGHZ 138, 291 = ZIP 1998, 793; BGH WM 1978, 988; OLG Celle NZI 2000, 179.
313 RGZ 117, 86.
314 BGH ZIP 1999, 1764, 1766.

Dauernheim

Der Anspruch kann sich nach § 145 InsO allerdings auch gegen den *Rechtsnachfolger* des Erstempfängers richten. Der Insolvenzverwalter hat dabei ein Wahlrecht, wen er von beiden in Anspruch nehmen möchte und darf diese Rechte nebeneinander und nacheinander geltend machen. Dabei erstreckt sich die Anfechtbarkeit zunächst auf den Erben oder einen anderen *Gesamtrechtsnachfolger* des Anfechtungsgegners (§ 146 Abs. 1 InsO). Andere Fälle der Gesamtrechtsnachfolge sind etwa die Fortführung eines Handelsgeschäfts unter der bisherigen Firma (§ 25 HGB), die Gütergemeinschaft (§§ 1415 ff. BGB) und die fortgesetzte Gütergemeinschaft (§§ 1483 ff. BGB), sowie die Verschmelzung, Spaltung und Vermögensübertragung von Gesellschaften nach dem UmwG.

153 Gegenüber dem *Einzelrechtsnachfolger* ist die Anfechtbarkeit allerdings nur unter den in § 146 Abs. 2 InsO genannten weiteren Voraussetzungen gegeben. Die Haftung des Rechtsnachfolgers tritt dabei nicht an die Stelle, sondern neben die des Rechtsvorgängers. § 146 Abs. 2 InsO erfordert, dass der Erwerb des Ersterwerbers und der Erwerb eines jeden Zwischenerwerbers anfechtbar ist. *Rechtsnachfolge* in diesem Sinne ist jeder abgeleitete Erwerb eines Rechts durch Rechtsübertragung (Übereignung, Abtretung). Sie liegt vor bei Vollübergang (Übergang in derselben Gestalt und mit gleichem Inhalt) sowie bei Schaffung eines neuen Rechts auf Grund des anfechtbar Erworbenen, wie z. B. Begründung einer Hypothek, einer Dienstbarkeit, eines Pfandrechts am anfechtbar erworbenen Gegenstand. Originärer Rechtserwerb wie z. B. Fund, Ersitzung (§§ 937, 945 BGB), Aneignung, Verbindung, Vermischung, Verarbeitung, Enteignung oder durch Zuschlag im Rahmen eines Zwangsversteigerungsverfahrens fallen nicht hierunter. Gegenüber dem Einzelrechtsnachfolger ist die Anfechtung zunächst möglich, wenn ihm positiv die Umstände der Anfechtbarkeit bekannt sind (Nr. 1). Gegenüber nahe stehenden Personen wird diese Kenntnis mit der Folge der Beweislastumkehr vermutet (Nr. 2). Schließlich ist der Rechtsnachfolger der Anfechtung ausgesetzt, wenn ihm dass Erlangte unentgeltlich zugewendet worden ist (Nr. 3). Er haftet dabei jedoch nur im Umfang der noch vorhandenen Bereicherung, wenn er nicht wusste oder wissen musste, dass durch die anfechtbare Rechtshandlung die Gläubiger benachteiligt werden (§ 143 Abs. 2 InsO).

Ersterwerber und Einzelrechtsnachfolger sind einfache Streitgenossen. Für jeden Beklagten ist der Gerichtsstand unabhängig von dem der anderen zu ermitteln. Die Rechtskraft einer Entscheidung im Anfechtungsprozess zwischen einem Insolvenzverwalter und einem Ersterwerber ist für den Sonderrechtsnachfolger des § 145 Abs. 2 InsO nicht bindend. Hat der Sonderrechtsnachfolger den erworbenen Gegenstand nach § 145 InsO herauszugeben, kann dieser Erstattung seiner Gegenleistung nur von seinem Rechtsvorgänger verlangen.

Dauernheim

IV. Auskunftsanspruch

Der Anfechtungsgegner hat dem Insolvenzverwalter nach § 143 InsO i. V. m. § 242 BGB Auskunft über die Umstände zu erteilen, die für die Art und den Umfang des Rückgewähranspruchs von Bedeutung sind, wenn ihm gegenüber der Anspruch dem Grunde nach feststeht.[315] Es besteht jedoch keine allgemeine Auskunftspflicht über eventuellen anfechtbaren Vermögenserwerb, selbst wenn einzelne anfechtbare Vermögensverschiebungen bereits festgestellt sind.[316] Der bloße Verdacht, dass ein Dritter möglicherweise zur Rückgewähr verpflichtet ist, genügt allein nicht.[317] Verweigert der Schuldner die Auskunftserteilung nach §§ 97, 98 InsO besteht allein aus diesem Grund auch dann keine Auskunftspflicht des Anfechtungsgegners, wenn feststeht, dass der Schuldner ihm in anfechtbarer Weise Vermögensgegenstände übertragen hat.[318] Der Verwalter kann jedoch das Insolvenzgericht anregen, nach § 5 Abs. 1 InsO Zeugen zu vernehmen.

154

V. Verteidigung des Anfechtungsgegners

Der Anfechtungsgegner kann nicht einwenden, dass der Insolvenzverwalter bei Unterlassen der anfechtbaren Leistung aufgrund einer dahingehenden Vertragsgestaltung eine höhere Leistung hätte erbringen müssen.[319] Weiter kann er sich nicht erheblich darauf berufen, dass der Rechtshandlung ein vollstreckbarer Schuldtitel zugrunde lag oder die Handlung durch Zwangsvollstreckung erwirkt worden ist (§ 141 InsO). Der Anspruch nach § 143 Abs. 1 InsO wird weiterhin nicht dadurch ausgeschlossen, dass der Rückgewährschuldner den Gegenstand an die Gläubiger des Schuldners verpfändet, ohne dazu verpflichtet zu sein.[320] Unerheblich ist es auch, wenn der Gläubiger gesetzlich verpflichtet ist, seine Ansprüche durchzusetzen. So etwa, wenn die Krankenkasse Sozialversicherungsbeiträge einzieht.[321] Die *Aufrechnung* der Rückgewährschuld mit einer Insolvenzforderung ist wegen § 96 Nr. 1 InsO unzulässig.[322] Zulässig ist aber die Aufrechnung mit einem Masseschuldanspruch.[323] Soweit sich die der Ansprüche aus § 143 Abs. 1 InsO und § 144 Abs. 2 InsO verrechenbar gegenüberstehen, ist ohne Auf-

155

---

315 BGHZ 74, 379 ff. = WM 1979, 921; BGH WM 1978, 373.
316 BGH ZIP 1987, 244.
317 BGH ZIP 1999, 316, 317.
318 BGH ZIP 1987, 244.
319 BGH ZIP 1986, 448.
320 BGH WM 1969, 1346.
321 BGH ZIP 1999, 1977, 1979; OLG Hamm ZIP 1996, 469; vgl. auch OLG Dresden ZIP 1997, 1036; 1997, 1428.
322 BGH ZIP 1986, 720, 724; BGHZ 130, 38, 40 = ZIP 1995, 1204; ZIP 1999, 316, 318; a. A. Jaeger/Henckel, a. a. O., § 37 Rdnr. 153.
323 A. A. OLG Nürnberg, OLGZ 1977, 253.

Dauernheim

rechnung auf die Differenz zu erkennen. Ein *Zurückbehaltungsrecht* gemäß § 273 BGB besteht hinsichtlich des Anspruchs nach § 144 Abs. 2 InsO.[324] Gleiches gilt für Ansprüche des Rückgewährschuldners auf Ersatz seiner Aufwendungen. Kein Zurückbehaltungsrecht besteht allerdings wegen des Anspruchs auf Auskunft über den Verbleib von Gegenständen, an denen dem Anfechtungsgegner ein Aus- oder Absonderungsrecht zusteht.[325]

VI. Verfahrensrecht

156 Der *Klageantrag* ist entsprechend dem Wortlaut in § 143 Abs. 1 InsO auf Rückgewähr zur Insolvenzmasse zu richten. In der Klageschrift muss weder die Anfechtung »erklärt« werden, noch muss der Kläger sich auf die Insolvenzanfechtung als Rechtsgrundlage berufen oder sonst den rechtlichen Gesichtspunkt bezeichnen, unter dem sein Sachvortrag den Klageantrag stützt.[326] Unschädlich ist es, wenn die anfechtbare Rechtshandlung unzutreffend bezeichnet ist, sofern Klageantrag und Klagebegründung die richtigerweise anzufechtende Rechtshandlung ergeben.[327] Ficht etwa der Kläger eine »Überweisung« an, liegt darin zugleich die Anfechtung eines der erfolgreichen Anfechtung entgegenstehenden Absonderungsrechts.[328] Eine *Klageänderung* liegt nur vor, wenn der Klageantrag geändert oder der Klage ein anderer Lebenssachverhalt zugrundegelegt wird. Ein anderer Lebenssachverhalt liegt dabei nicht schon deswegen vor, wenn zu einem anderen gesetzlichen Anfechtungstatbestand übergegangen wird.[329] Eine Klageänderung ist etwa gegeben, wenn der Insolvenzverwalter sich zunächst auf die Nichtigkeit der Rechtshandlung und erst später auf deren Anfechtbarkeit beruft. Andererseits erstreckt sich die Prüfungspflicht des Gerichts auch auf einen solchen neuen Streitgegenstand, wenn der Kläger erkennen lässt, dass er seinen Anspruch hilfsweise auch darauf stützen will.[330]

157 Bei der Klage auf Rückgewähr oder Wertersatz handelt es sich um eine *bürgerlich-rechtliche Streitigkeit* (§ 13 GVG), so dass der ordentliche Rechtsweg gegeben ist. Dies gilt auch, wenn die öffentliche Hand eine anfechtbare Sicherung oder Befriedigung wegen öffentlich-rechtlicher Forderungen, etwa für Steueransprüche,[331] erlangt hat. Bei anfechtbaren Handlungen im Zusammenhang mit einem Arbeitsverhältnis ist der Rechtsweg zu den Ar-

---

324 BGH ZIP 1986, 787, 790.
325 BGH ZIP 2000, 1061, 1066.
326 BGH ZIP 1997, 737, 740.
327 BGH ZIP 1994, 40, 45; BGHZ 117, 374, 380 f. = ZIP 1992, 629.
328 BGH ZIP 1998, 793, 800.
329 BGH ZIP 1999, 1764, 1767.
330 BGH ZIP 1999, 316, 318.
331 OLG Braunschweig, MDR 1950, 356.

beitsgerichten ebenso nicht gegeben.³³² Die sachliche und örtliche Zuständigkeit folgt den allgemeinen Regeln des Zivilprozesses. Der Schuldner und die Insolvenzgläubiger können im Anfechtungsprozess als *Zeugen* gehört werden.³³³

Der Insolvenzverwalter kann *Prozesskostenbeihilfe* nach §§ 114, 116 Satz 1 Nr. 1 ZPO beantragen, wenn er die Prozesskosten für das beabsichtige Verfahren aus der Masse nicht aufbringen kann. Den nach § 116 Satz 1 Nr. 1 ZPO wirtschaftlich beteiligten Gläubigern, die öffentliche Aufgaben wahrnehmen, ist dabei die Aufbringung eines Vorschusses nicht zuzumuten.³³⁴ Gleiches gilt für frühere Arbeitnehmer des Insolvenzschuldners auch dann, wenn der Prozess im Wesentlichen nur die Aussichten dieser Arbeitnehmer auf eine zugesprochene Abfindung verbessert.³³⁵ Um die Zumutbarkeit beurteilen zu können, muss der Bestand der Forderungen derjenigen Gläubiger feststehen, die von dem Urteil wirtschaftlich profitieren würden.³³⁶ Die Entscheidung im Prozesskostenhilfeverfahren darf nicht von der Beantwortung einer schwierigen, bislang in der höchstrichterlichen Rechtsprechung nicht geklärten Rechtsfrage abhängig gemacht werden.³³⁷

158

Durch die Verfahrenseröffnung wird ein noch *anhängiger Anfechtungsprozess* nach dem AnfG unterbrochen (§ 17 Abs. 1 Satz 1 AnfG) und kann vom Insolvenzverwalter nach § 16 Abs. 1 Satz 1 AnfG aufgenommen werden. Erfolgt die Aufnahme, ist der Klageantrag entsprechend umzustellen. Im Fall der Anspruchshäufung kann der Rechtsstreit nur hinsichtlich des Anfechtungsrechts aufgenommen werden.³³⁸ Obsiegt der Verwalter, sind nach § 16 Abs. 1 Satz 2 dem Gläubiger aus dem Erstrittenen die Prozesskosten vorweg zu erstatten. Hat der Insolvenzgläubiger bereits ein *rechtskräftiges Urteil* erwirkt, aber noch nicht vollstreckt, kann der Verwalter das Anfechtungsrecht weiterverfolgen, indem er nach § 727 ZPO die vollstreckbare Ausfertigung zugunsten der Masse erwirkt.³³⁹ Ein den Anfechtungsanspruch absprechendes Urteil entfaltet allerdings keine Rechtskraft zu Lasten der Masse. Soweit der anfechtende Insolvenzgläubiger vor Verfahrenseröffnung bereits Sicherung oder Befriedigung erlangt hat, kann ihm gegenüber eine Anfechtung nach § 130 InsO erfolgen (§ 16 Abs. 2 AnfG).

159

Entgegen einer vielfach vertretenen Auffassung ist nunmehr durch den Bundesgerichtshof bestätigt worden, dass eine Anfechtung auch bei angezeigter Masseunzulänglichkeit möglich ist. Das für die Anfechtung alleine vorauszusetzende Merkmal der Gläubigerbenachteiligung bedeutet nämlich nur,

160

---

332 LAG Schleswig-Holstein ZIP 1995, 1756; KG ZIP 1996, 1097; LG Bonn ZIP 1998, 1726; a. A. LG Frankfurt a. M. NZA 1994, 96.
333 RGZ 29, 29.
334 OLG Frankfurt a. M. ZIP 1995, 1536.
335 OLG München ZIP 1997, 1118 f.
336 OLG Celle NZI 2000, 179.
337 BGH ZIP 1997, 1757.
338 RGZ 143, 267.
339 RGZ 30, 67, 70.

dass die angefochtene Rechtshandlung die Befriedigungsaussichten der Insolvenzgläubiger beeinträchtigt hatte. Daneben wird nicht vorausgesetzt, dass von jeder einzelnen Anfechtung im Ergebnis nur die Insolvenzgläubiger, nicht jedoch die Massegläubiger profitieren sollen. Die Anzeige der Masseunzulänglichkeit nach § 208 Abs. 3 InsO stellt nur eine Abwicklung innerhalb des Insolvenzverfahrens dar und dient mittelbar den Interessen sämtlicher Gläubiger.[340]

VII. Verjährung des Anfechtungsanspruchs

161 Nach § 146 Abs. 1 InsO verjährt der Anfechtungsanspruch in zwei Jahren seit der Eröffnung des Insolvenzverfahrens. Die frühere Ausschlussfrist des § 41 Abs. 1 Satz 1 KO wurde dabei durch eine Verjährungsfrist ersetzt. Die zur Verjährung geltenden Regeln in den §§ 202 ff. BGB sind damit voll anwendbar. Die Berechnung der zweijährigen Frist richtet sich nach den §§ 187 Abs. 1, 188 Abs. 2 BGB. Beginn der Frist ist der im Eröffnungsbeschluss genannte Tag.

162 Die Anfechtungsfrist kann nur durch *Klage*, Widerklage und Einrede gewahrt werden. Auch eine Feststellungsklage ist genügend.[341] Durch einen ordnungsgemäß begründeten und vollständigen Antrag auf Prozesskostenhilfe wird gemäß § 203 Abs. 2 BGB die Verjährung gehemmt, wenn der Antrag oder zumindest die Entscheidung hierüber in die letzten 6 Monate der Verjährungsfrist fallen.[342] Das Gesuch muss allerdings einen Sachverhalt, der die Voraussetzungen eines Anfechtungstatbestandes erfüllt, hinreichend erkennen lassen.[343] Im Falle eines Verwalterwechsels endet die Verjährungsfrist nicht vor Ablauf von sechs Monaten seit Ernennung des Insolvenzverwalters (§§ 206, 207 BGB).

163 Auch nach Ablauf der Verjährungsfrist kann der Verwalter die Erfüllung eines anfechtbaren Anspruchs nach § 146 Abs. 2 InsO verweigern. Das Leistungsverweigerungsrecht gilt dabei nicht nur gegenüber persönlichen Leistungspflichten der Masse, sondern auch gegenüber einer sachenrechtlichen Leistungspflicht und gegenüber Ansprüchen, welche aus einem dinglichen Recht erwachsen sind

---

340 BGH, Urteil vom 19. 7. 2001, Az. IX ZR 36/99 (Vorinstanz OLG Jena).
341 BGH ZIP 1996, 184; OLG Düsseldorf ZIP 1996, 185.
342 Vgl. näher Palandt/Heinrichs, Kommentar zum BGB, 60. Aufl. 2001, § 203 BGB Rdnr. 9.
343 BGH ZIP 2000, 898, 899.

E. Rechtsfolgen der Anfechtung

I. Der Anspruch auf Rückgewähr

Nach § 143 Abs. 1 Satz 1 InsO muss der Anfechtungsgegner alles, aber auch **164** *nur* das zurückgewähren, was dem Vermögen des Schuldners durch die anfechtbare Rechtshandlung entzogen worden ist. Die Insolvenzmasse soll hierdurch in den Zustand versetzt werden, in dem sie sich befinden würde, wenn die anfechtbare Rechtshandlung unterblieben wäre und darf den Insolvenzgläubigern keine unberechtigten Vorteile verschaffen.[344] Der durch die anfechtbare Rechtshandlung erlangte Vermögensgegenstand ist grundsätzlich *in natura* zurückzugewähren. Durch den Anfechtungsgegner bewirkte Belastungen des Gegenstandes sind zu beseitigen oder auszugleichen. Der in der gewährten Leistung enthaltene Mehrwertsteueranteil ist allerdings auch dann zurückzuerstatten, wenn das Finanzamt dem Schuldner die Vorsteuer erstattet hat.[345] Der Inhalt des Anspruchs richtet sich darüber hinaus nach dem Gegenstand der Anfechtung.

Bei *anfechtbarer Schuldbegründung* hat der Anfechtungsgegner auf seine **165** Rechte aus dem Schuldverhältnis zu verzichten oder der Insolvenzverwalter kann zumindest der Anmeldung widersprechen (§§ 174, 178 Abs. 1 Satz 1) und im Verfahren nach § 179 Abs. 1, 2 die Anfechtung als Einrede geltend machen.[346] Anfechtbare *Belastungen von Rechten* sind zu beseitigen. So etwa bei einem Pfandrecht an beweglichen Sachen durch Pfandrück- bzw. -aufgabe nach §§ 1253 ff. BGB oder durch Verzicht auf die Rechte aus einem Pfändungsbeschluss. Der Insolvenzverwalter kann auch die Herausgabe des Pfandgutes verlangen.[347] Wird die Zwangsvollstreckung des anfechtbar belasteten Grundstücks betrieben, so ist der Insolvenzverwalter zur Vollstreckungsgegenklage (§ 767 ZPO) mit dem Ziel berechtigt, dass der Anfechtungsgegner sein Recht gegenüber dem Insolvenzverwalter nicht geltend macht.[348] Bei der *Vormerkung* ist auf Bewilligung zur Löschung zu klagen. Wird das Grundstück zwangsweise verwertet, kann der Antrag auch dahin gehen, von der Vormerkung keinen Gebrauch zu machen.[349]

Anfechtbar *übereignete Sachen* sind nach §§ 929 ff. BGB bzw. §§ 873, 925 **166** BGB zurückzuübertragen. Der Gegenstand ist der Verwaltungs- und Verfügungsgewalt des Insolvenzverwalter zu unterstellen. Bei anfechtbaren Grundstücksübertragungen geht der Anspruch auf Rückauflassung und Einwilligung in die Eintragung.[350] *Abgetretene Forderungen* sind nach

---

344 BGH ZIP 1994, 40, 45.
345 BGH ZIP 1995, 297.
346 Vgl. LG Potsdam ZIP 1997, 1383, 1384.
347 LG Mönchengladbach bei Gohlke, EWiR 1992, 69.
348 BGH KTS 1958, 184; Vgl. a. BGH ZIP 1995, 1364, 1367.
349 BGH ZIP 1996, 1516, 1517.
350 BGH ZIP 1982, 857.

§ 398 BGB einschließlich der zum Beweis der Forderung dienenden Urkunden zurückzuübertragen.[351] Vorher besteht keine Einziehungsbefugnis durch den Insolvenzverwalter.[352] Eine wegen der Abtretung ins Leere gehende Pfändung wird nicht mit der Anfechtung wirksam.[353] Bei *Veräußerung eines gewerblichen Unternehmens* muss nicht auf Rückgewähr der einzelnen (pfändbaren) Geschäftsbestandteile geklagt werden,[354] sondern es kann das Unternehmen als solches zurückverlangt werden.[355] Möchte der Insolvenzverwalter den Gegenstand *zwangsweise verwerten*, kann er den Rückgewähranspruch auf Duldung der Zwangsvollstreckung in die Sache beschränken

167 Eine anfechtbar *erlassene oder getilgte Forderung* muss nicht neubegründet werden, da der Insolvenzverwalter unmittelbar auf Erfüllung klagen kann, soweit die erlassene Forderung durchsetzbar wäre. In die Verjährungsfrist der Forderung wird der Zeitraum zwischen Erlass und Verfahrenseröffnung nicht eingerechnet. Bei *Verzicht auf eine Hypothek* hat der Grundstückseigentümer die entstandene Eigentümergrundschuld (§§ 1168, 1177 BGB) an die Masse zu übertragen. Eine unmittelbare Klage auf Duldung der Zwangsvollstreckung ist nicht möglich. Bei *Hinterlegung* des zurückzugewährenden Geldes durch den Schuldner, den Anfechtungsgegner oder einen Drittschuldner nach § 372 Satz 2 BGB ist auf Einwilligung in die Auszahlung des hinterlegten Betrages zu klagen.[356] Wird ein *gläubigerbenachteiligendes Einverständnis* zwischen Insolvenzschuldner und Sicherungsnehmer über die Art der Verwertung des Sicherungsgegenstandes angefochten, muss sich der Sicherungsnehmer so behandeln lassen, als habe der Insolvenzschuldner der Verwertung nicht zugestimmt. Nach erfolgreicher Anfechtung kann dann der Insolvenzverwalter Schadenersatzansprüche wegen mangelhafter Berücksichtigung der Belange des Sicherungsgebers geltend machen.[357]

168 Bei anfechtbarer, unentgeltlicher *Gebrauchsüberlassung* muss der Entleiher die Sache an den Insolvenzverwalter herausgeben und ein angemessenes Entgelt für die gesamte Dauer des Leihvertrages zahlen. Bei anfechtbarem *Unterlassen* ist die Masse so zu stellen, dass die unterlassene Handlung so, wie sie dem Schuldner möglich war, vorgenommen werden kann. Hat der Schuldner die Verjährung nicht rechtzeitig unterbrochen, kann der Insolvenzverwalter die verjährte Forderung einklagen und der Verjährungseinrede mit der Anfechtbarkeit entgegentreten. Gleiches gilt bei der Anfechtung nach §§ 119 ff. BGB gegenüber dem Einwand des Anfechtungsgegners, dass die bürgerlich-rechtliche Anfechtung verspätet sei und bei unterlassener Mängelrüge. Werden *Prozesshandlungen* angefochten, sind

---

351 OLG Brandenburg ZIP 1998, 1367, 1369.
352 BGHZ 100, 36, 42.
353 BGH a. a. O.; OLG Hamburg KTS 1982, 305.
354 So BGH WM 1962, 1316; WM 1964, 114.
355 Karsten Schmidt, BB 1988, 5 ff.
356 BGH ZIP 1996, 1475.
357 BGH ZIP 1997, 367, 370.

Dauernheim

deren materiell-rechtlichen, gläubigerbenachteiligenden Wirkungen zu beseitigen. Die formelle Rechtskraft eines rechtskräftigen Urteils bleibt unberührt. Bei der Anfechtung einer im noch laufenden Verfahren bestehenden Präklusionslage hat das Gericht, u. U. durch Zwischenurteil, über das Vorliegen eines Anfechtungstatbestandes zu entscheiden und bei Begründetheit den verspäteten Vortrag zu verwerten.[358]

II. Sekundäransprüche

Ist Rückgewähr in natura nicht möglich, ist gemäß § 143 Abs. 1 Satz 2 InsO i. V. m. §§ 819, 818 Abs. 4, 292 Abs. 1, 989 BGB Schadenersatz zu leisten. Insofern gelten grundsätzlich die allgemeinen Regeln. Auf Entreicherung kann sich der Anfechtungsgegner nicht berufen. Dies gilt nur dann nicht, wenn der Anfechtungsgegner die Leistung unentgeltlich empfangen hat und keine Kenntnis von der Gläubigerbenachteiligung hatte oder erlangt hat (§ 143 Abs. 2 InsO). Hat der Anfechtungsgegner ein Surrogat, insbesondere einen durch Weiterveräußerung erzielten Verkaufserlös erlangt, ist dieser nach §§ 818 Abs. 4, 281 BGB herauszugeben.[359]

169

Umfang und Inhalt des Schadenersatzanspruches bestimmen sich grundsätzlich nach den §§ 249 bis 254 BGB. Es ist derjenige Wert zu ersetzen, den der vom Schuldner weggegebene Gegenstand zur Zeit der letzten mündlichen Verhandlung gehabt haben würde, wenn er im Vermögen des Gemeinschuldners verblieben wäre.[360] *Wertminderungen* sind nicht zu ersetzen, wenn sie auch im Vermögen des Schuldners eingetreten wären. *Werterhöhungen* sind, auch wenn sie auf Aufwendungen des Anfechtungsgegners beruhen, dann zu ersetzen, wenn sie im Schuldnervermögen mit aller Wahrscheinlichkeit ebenfalls eingetreten wären. Der Anfechtungsgegner kann jedoch dann seinen Aufwendungsersatzanspruch entsprechend in Abzug bringen. Zu ersetzen ist auch ein *Gewinn*, den der Insolvenzverwalter durch Verwertung des Gegenstandes hätte erzielen können.[361]

170

Gezogene *Nutzungen* (§ 100 BGB) hat der Anfechtungsgegner herauszugeben; für schuldhaft nicht gezogene Nutzungen hat er Schadenersatz zu leisten (§ 143 Abs. 1 Satz 2 i. V. m. §§ 819, 818 Abs. 4, 292, 987 BGB). Für einen *Vorenthaltungsschaden*, also einen Schaden der über die entgangenen Nutzungen hinaus dadurch entsteht, dass der Gegenstand bis zu seiner Rückgabe oder seinem Untergang nicht im Schuldnervermögen vorhanden war,

171

---

358 Kühnemund, KTS 1999, 25, 43 ff.
359 A. A. Nerlich/Römermann, a. a. O., § 143 Rdnr. 28.
360 Kübler/Prütting, a. a. O., § 143 Rdnr. 60; zur KO: RGZ 106, 163, 167; BGH ZIP 1980, 250; a. A. BGHZ 101, 286 = ZIP 1987, 1132: Zeitpunkt der Verfahrenseröffnung, wenn Unmöglichkeit vor diesem Zeitpunkt eingetreten; OLG Celle InVo 1999, 211, 212: Zeitpunkt der Klagezustellung.
361 Vgl. BGH NJW-RR 1993, 626, 628.

haftet der Anfechtungsgegner nur aus Verzug gemäß § 286 Abs. 1 BGB.[362] Für *notwendige Verwendungen und Lasten* kann nach § 143 Abs. 1 Satz 2 i. V. m. §§ 994 Abs. 2, 995, 683, 684 Satz 2, 670 BGB Ersatz verlangt werden, wenn sie dem Interesse und dem wirklichen oder mutmaßlichen Willen des Insolvenzverwalters entsprachen oder dieser sie genehmigt.

III. Die Ansprüche des Anfechtungsgegners

172 Ist die Leistung des Schuldners, nicht aber das Grundgeschäft anfechtbar, lebt nach § 144 Abs. 1 InsO dessen *befriedigte Forderung* mit Wirkung ex tunc und so, wie sie im Zeitpunkt ihrer Erfüllung bestand, wieder auf. Die Einordnung der Forderung im Insolvenzverfahren als nicht nachrangige und nachrangige Insolvenzforderung (§§ 38, 39) und als Masseverbindlichkeit nach § 55 Abs. 2 wird dann so vorgenommen, als hätte die Forderung bei Verfahrenseröffnung bestanden. Die mit der Forderung verbundenen, aber nicht anfechtbaren Neben- und Sicherungsrechte (Hypotheken, Pfandrechte, Bürgschaften, Vertragsstrafen) treten in gleicher Weise wieder in Kraft. Gleiches gilt auch für nichtakzessorische Sicherheiten des Schuldners, wie Grundschuld oder Sicherungsübereignung. Urkunden, Wechsel oder Hypothekenbriefe sind hierzu zurückzugeben bzw. wiederherzustellen, gelöschte Hypotheken im Wege der Grundbuchberichtigung wieder einzutragen. Soweit dies nicht möglich ist, z. B. weil der belastete Gegenstand veräußert wurde, besteht ein Masseanspruch nach § 55 Abs. 1 Nr. 3 InsO. Die zwischen anfechtbarer Leistung und Rückgewähr abgelaufene Zeit bleibt analog §§ 203 Abs. 2, 205 BGB für die Verjährung unberücksichtigt. Eine im Zeitpunkt der anfechtbaren Erfüllung der Forderung bestehende Aufrechnungslage lebt wieder auf, wenn § 96 InsO nicht entgegensteht. Eine Aufrechnung gegenüber dem Rückgewähranspruch ist allerdings nicht möglich.

173 Hat der Anfechtungsgegner für das Erlangte eine *Gegenleistung* erbracht, ist diese nach § 144 Abs. 2 InsO ebenfalls zurückzugewähren, soweit sie noch unterscheidbar vorhanden oder die Masse zumindest um ihren Wert noch bereichert ist (§ 55 Abs. 1 Nr. 3 InsO). Soweit dies nicht der Fall ist, ist der Wertersatzanspruch nur Insolvenzforderung (Abs. 2 Satz 2). Gegenleistung ist alles, was der Anfechtungsgegner aufgrund des anfechtbaren Verpflichtungsgeschäfts vor oder nach Verfahrenseröffnung geleistet hat. Ist die Herausgabe in natura nicht möglich, ist entsprechend § 818 Abs. 2 BGB der Wert zu ersetzen, soweit die Masse darum bereichert wurde. Entscheidend für den Umfang der Erstattungspflicht ist der Zeitpunkt der tatsächlichen Rückgewähr nach § 143 InsO. Von da an kommt eine Haftung der Masse entsprechend §§ 818 Abs. 4, 819 BGB in Betracht. Entscheidend ist dabei die Bösgläubigkeit und das Verschulden des Insolvenzverwalters.

---

362 OLG Celle InVo 1999, 211, 212.

7. KAPITEL – ARBEITS- UND SOZIALRECHT IN DER INSOLVENZ

Inhalt

		Seite
A.	Geltungsbereich des Kündigungsschutzgesetzes	664
	I. Betriebsbedingte Kündigung in der Insolvenz	665
	1. Dringende betriebliche Erfordernisse	666
	2. Sozialauswahl	667
	II. Änderungskündigung in der Insolvenz	669
	III. Personen- und verhaltensbedingte Kündigung in der Insolvenz	671
	IV. Außerordentliche Kündigung in der Insolvenz	672
	V. Massenentlassung in der Insolvenz	673
B.	Kündigung eines Dienstverhältnisses	676
	I. Anwendungsbereich	676
	1. Kündigung	676
	2. Dienstverhältnis	679
	a) Dienstverhältnis von Organen	680
	b) Berufsausbildungsverhältnis	680
	3. Abgrenzung zu § 103 InsO	682
	II. Kündigungsfrist (§ 113 Abs. 1 Satz 2 InsO)	683
	1. Befristetes Arbeitsverhältnis	683
	2. Vereinbarter Kündigungsausschluss	683
	3. Nachkündigung	685
	III. Sonderkündigungsschutz	685
	1. Schutz der Betriebsratsmitglieder	686
	a) Ausschluss der ordentlichen Kündigung gemäß § 15 Abs. 1–3 KSchG	686
	b) Ordentliche Kündigung bei Betriebsstillegung	687
	c) Ordentliche Kündigung bei Stillegung einer Betriebsabteilung	688

Eisenbeis/Mues

	2. Kündigungsschutz schwerbehinderter Arbeitnehmer..........	690
	3. Mutterschutz	693
	4. Sonderkündigungsschutz für Wehrdienstleistende	694
	5. Abgeordnetenschutz.....................................	694
	6. Kündigungsschutz der Auszubildenden.....................	695
IV.	Rechtsfolgen der Kündigung.................................	695
	1. Schadenersatz gemäß § 113 Abs. 1 Satz 3 InsO...............	695
	2. Schadenersatz gemäß § 628 Abs. 2 BGB	697
	3. Nachvertragliches Wettbewerbsverbot......................	699
	a) Vor Insolvenzeröffnung ausgeschiedene Arbeitnehmer	699
	b) Nach Insolvenzeröffnung ausscheidende Arbeitnehmer	700
	c) Rang des Karenzentschädigungsanspruchs	700
	4. Abfindungsanspruch gemäß §§ 9, 10 KSchG	701
	5. Zeugnis	701
V.	Klageerhebungsfrist (§ 113 Abs. 2 InsO).......................	702

C. Betriebsübergang und Haftung des Betriebserwerbers in der Insolvenz 703

    I. Zur Anwendbarkeit des § 613 a BGB in der Insolvenz 703

    II. Tatbestandliche Voraussetzungen des Betriebsübergangs 706

    III. Umfang der Haftung des Betriebserwerbers 710

D. Betriebsänderung... 711

    I. Betriebsänderungen und Vermittlungsverfahren................ 711

    II. Gerichtliche Zustimmung zur Durchführung einer Betriebsänderung... 712

	1. Allgemeines...	712
	2. Antragsvoraussetzungen	714
	a) Betriebsänderung...................................	714
	b) Unterrichtung und Beratung..........................	715
	c) Drei-Wochen-Frist	716
	d) Wirtschaftliche Lage des Unternehmens	717
	e) Soziale Belange der Arbeitnehmer......................	718
	3. Wirkung der Entscheidung	719
	a) Durchführungsrecht	719
	b) Nachträglicher Interessenausgleich/Beschlussverfahren zum Kündigungsschutz................................	719
	4. Verfahren...	721
	a) Einstweilige Verfügung des Insolvenzverwalters...........	722
	b) Einstweilige Verfügung des Betriebsrats auf Unterlassung...	723
	c) Anrufung der Einigungsstelle	725
	d) Verhältnis zu § 126 InsO	726
III.	Umfang des Sozialplans......................................	727
	1. Allgemeines...	727
	2. Absolute Obergrenze (Abs. 1).............................	728
	a) Maßgeblicher Zeitpunkt	728

		b) Die von der Entlassung betroffenen Arbeitnehmer.........	728
		c) Monatsverdienst.......................................	729
	3.	Rechtsfolgen bei Überschreitung der absoluten Obergrenze....	731
	4.	Relative Obergrenze (Abs. 2)	731
	5.	Ermessensrichtlinien zur Volumenbestimmung...............	733
	6.	Abschlagszahlungen (Abs. 3).............................	733
IV.	Sozialplan vor Verfahrenseröffnung.........................		734
	1.	Allgemeines...	734
	2.	Widerruf »insolvenznaher« Sozialpläne (§ 124 Abs. 1)	736
		a) Widerrufsberechtigung.................................	736
		b) Zeitliche Grenze des Widerrufs	737
		c) Rechtsfolgen des Widerrufs (§ 124 Abs. 2, 3)	738
	3.	Anfechtung, Kündigung und Wegfall der Geschäftsgrundlage von Sozialplänen	739
		a) Insolvenzrechtliche Anfechtung.........................	739
		b) Anfechtung wegen Ermessensfehler der Einigungsstelle (§ 76 Abs. 5 Satz 4 BetrVG)	739
		c) Kündigung von Sozialplänen	740
		d) Wegfall der Geschäftsgrundlage von Sozialplänen..........	742
V.	Interessenausgleich und Kündigungsschutz		743
	1.	Allgemeines...	743
	2.	Voraussetzungen...	744
		a) Geplante Betriebsänderung.............................	744
		b) Zustandekommen des besonderen Interessenausgleichs.....	744
		c) Namentliche Bezeichnung der zu kündigenden Arbeitnehmer	745
	3.	Rechtsfolgen..	747
		a) Vermutung der Betriebsbedingtheit	747
		b) Eingeschränkter Prüfungsmaßstab bei der Sozialauswahl ...	748
		c) Darlegungs- und Beweislast	754
		d) Verhältnis zu weiteren Beteiligungsrechten des Betriebsrats .	755
	4.	Verhältnis zu § 126 InsO	757
	5.	Wesentliche Änderung der Sachlage	758
	6.	Ersatz der Stellungnahme nach § 17 Abs. 2 Satz 2 KSchG	760
VI.	Beschlussverfahren zum Kündigungsschutz....................		760
	1.	Allgemeines...	760
	2.	Voraussetzungen...	761
		a) Geplante und bereits ausgesprochene Kündigungen........	761
		b) Betriebsänderung gemäß § 111 BetrVG	762
	3.	Verfahren...	763
		a) Beschlussverfahren mit der Konzeption des § 122 InsO	763
		b) Beteiligte..	763
		c) Antrag...	765
		d) Umfang der gerichtlichen Überprüfung..................	766
		e) Einstweilige Verfügung	767
		f) Rechtsmittel..	767
	4.	Kosten...	768
	5.	Verhältnis zu weiteren Beteiligungsrechten des Betriebsrats.....	768
		a) Betriebsratsanhörung gemäß § 102 BetrVG...............	768
		b) Zustimmung gemäß § 99 BetrVG........................	768
		c) Mitbestimmung nach § 87 BetrVG......................	769

Eisenbeis/Mues

		6. Verhältnis zum Sonderkündigungsschutz....................	769
		a) Zustimmungserfordernis gemäß § 85 SGB IX.............	769
		b) Zulässigerklärung gemäß § 9 Abs. 3 Satz 1 MuSchG und § 18 Abs. 1 Satz 1 BErzGG............................	769
		c) Sonderkündigungsschutz für Wehrdienstleistende und Abgeordnete..	770
VII.	Klage des Arbeitnehmers		770
	1. Allgemeines..		770
	2. Voraussetzungen und Umfang der Bindungswirkung..........		770
		a) Beteiligung der Arbeitnehmer am Beschlussverfahren......	770
		b) Bindungswirkung bezüglich § 1 KSchG	770
		c) Maßgeblicher Beurteilungszeitpunkt.....................	771
		d) Wesentliche Änderung der Sachlage.....................	772
	3. Aussetzung (Abs. 2)......................................		772
VIII.	Betriebsveräußerung......................................		773
	1. Allgemeines..		773
	2. Erstreckung der Rechtswirkung des § 125 Abs. 1		774
		a) Im Anwendungsbereich des Kündigungsschutzgesetzes	774
		b) Außerhalb der Geltung des Kündigungsschutzgesetzes.....	774
	3. Wirkung des Beschlusses nach § 126 InsO...................		774
	4. Darlegungs- und Beweislast		775
IX.	Kündigung von Betriebsvereinbarungen.....................		776
	1. Normzweck..		776
	2. Anwendungsbereich.....................................		776
		a) Freiwillige Betriebsvereinbarung	776
		b) Betriebsvereinbarung in mitbestimmungspflichtigen Angelegenheiten/Nachwirkung	777
		c) Regelungsabrede	778
	3. Beratungsgebot...		779
	4. Belastende Betriebsvereinbarung		779
	5. Außerordentliches Kündigungsrecht		781
	6. Wegfall der Geschäftsgrundlage		781

E. **Vergütungsansprüche des Arbeitnehmers in der Insolvenz, Insolvenzgeld, Masseverbindlichkeiten und Insolvenzforderungen** 783

I.	Gesetzliche Regelung des Insolvenzgelds		783
II.	Arbeitsentgeltansprüche aus der Zeit vor Insolvenzeröffnung....		791
	1. Zum Begriff des Arbeitsentgelts		792
		a) Lohn und Gehalt	792
		b) Zulagen..	793
		c) Überstunden, Samstags-, Sonntags- und Feiertagsarbeit	793
		d) Auslösung..	793
		e) Fahrgeld	793
		f) Tantieme, Provisionen................................	793
		g) Gratifikation, Urlaubsgeld, Weihnachtsgeld	793
		h) Beiträge des Arbeitgebers	794
		i) Abfindungen..	794

Eisenbeis/Mues

	j)	Schadenersatzansprüche	794
	k)	Fehlerhafte Leiharbeitsverhältnisse	794
	l)	Nicht: Nebenforderungen.	795
	m)	Nicht: Betriebliche Altersversorgung.	795
	n)	Nicht: Urlaubsabgeltung.	795
	o)	Nicht: Lohnsteueranteil	795
2.	Anspruchsvoraussetzungen des Insolvenzgeldes		796
	a)	Arbeitnehmereigenschaft	796
	b)	Erben als Anspruchsberechtigte	799
	c)	Vorfinanzierung aus Insolvenzgeld, dritte Personen als Anspruchsberechtigte.	799
	d)	Insolvenzereignis	805
		aa) Eröffnung des Insolvenzverfahrens	806
		bb) Abweisung mangels Masse	807
		cc) Beendigung der Betriebstätigkeit	808
	e)	Bestimmung des Insolvenzgeld-Zeitraums	810
	f)	Zeitliche Zuordnung der Arbeitsentgeltansprüche zum Insolvenzgeld-Zeitraum	814
		aa) Laufendes Arbeitsentgelt.	814
		bb) Provisionen.	816
		cc) Urlaubsabgeltung.	817
		dd) Arbeitszeitkonten.	818
		ee) Gratifikationen, Jahressondervergütungen, Weihnachtsgeld.	819
	g)	Nichtberücksichtigung von Arbeitsentgeltansprüchen in besonderen Fällen	824
		aa) Übertragung auf Dritte (§ 188 SGB III).	824
		bb) Pfändung (§ 188 Abs. 2 SGB III)	825
		cc) Wegfall durch Anfechtung (§ 184 Abs. 1 Nr. 2 SGB III).	826
		dd) Erfüllung, Aufrechnung	827
		ee) Tariflicher Verfall	827
		ff) Anrechnung anderen Einkommens.	828
		gg) Anrechnung von Sozialleistungen.	829
		hh) Rückwirkung durch Vergleich, Klagerücknahme	830
	h)	Zum Verfahren der Insolvenzgeld-Gewährung, Antragstellung, Vorschuss, Mitwirkung des Insolvenzverwalters, Höhe des Insolvenzgeldes	831
		aa) Antragsverfahren	831
		bb) Mitwirkungspflichten des Insolvenzverwalters	833
		cc) Wahlrecht des Arbeitnehmers	834
		dd) Höhe des Insolvenzgeldes.	835
	c)	Prozessrechtliche Behandlung – Insolvenzrechtliche Behandlung.	835
III.	Arbeitsentgeltansprüche aus der Zeit nach Eröffnung des Insolvenzverfahrens.		837
1.	Nachinsolvenzliche Ansprüche auf Arbeitsentgelt als Masseverbindlichkeiten		837
2.	Geltendmachung der Entgeltansprüche aus der Zeit nach der Insolvenzeröffnung		840
	a)	Außergerichtliche Geltendmachung	840
	b)	Gerichtliche Geltendmachung	840
3.	Arbeitsentgeltbegriff.		840

| IV. | Abfindungen | 841 |

1. Sozialplanabfindung. ... 841
2. Anspruch auf Nachteilsausgleich (§ 113 Abs. 3 BetrVG) ... 842
3. Abfindung aus einem Auflösungsurteil (§ 9 KSchG). ... 843

| V. | Bezüge aus dem Dienstverhältnis | 845 |

1. Normzweck ... 845
2. Wirksamkeit von Vorausverfügungen ... 845
   - a) Verfügungen vor Verfahrenseröffnung ... 845
   - b) Dienstverhältnis ... 846
   - c) Bezüge ... 846
   - d) Drei-Jahres-Zeitraum ... 847
3. Aufrechnung ... 847
   - a) Im Insolvenzverfahren ... 847
   - b) Nach Beendigung des Insolvenzverfahrens ... 848
   - c) Geltung der §§ 95, 96 Nrn. 2 bis 4 ... 848
4. Verfügung im Wege der Zwangsvollstreckung ... 849
5. Rechtsbehelf ... 849

A. Geltungsbereich des Kündigungsschutzgesetzes

1 Die Zahl der Insolvenzverfahren hat in jüngster Zeit leider ein geradezu beängstigendes Ausmaß angenommen. Hierdurch ist die Problematik des Arbeitsverhältnisses in der Insolvenz aktueller denn je.

2 Die Eröffnung des Insolvenzverfahrens selbst hat auf den Bestand des Arbeitsverhältnisses keine Auswirkungen, insbesondere kann eine Beendigung des Arbeitsverhältnisses nicht ohne Kündigung herbeigeführt werden. Dies ergibt sich im Umkehrschluss aus § 113, wonach ein Dienstverhältnis, bei dem der Schuldner der Dienstberechtigte ist, vom Insolvenzverwalter wie auch vom Arbeitnehmer mit einer Kündigungsfrist von drei Monaten zum Monatsende gekündigt werden kann.

3 Nach (bestrittener) Auffassung hat der Insolvenzverwalter entgegen der früheren Rechtslage nach § 17 KO kein Wahlrecht mehr, die Erfüllung noch nicht angetretener Dienst- und Arbeitsverhältnisse mit sofortiger Wirkung abzulehnen. In § 113 InsO fehlt das bislang in § 22 KO enthaltene Adjektiv »angetretenes«, so dass im Ergebnis die Vorschrift die Beendigung für alle Dienstverhältnisse – seien sie angetreten oder nicht – regelt.

4 Für die Kündigung in der Insolvenz gelten der allgemeine und besondere Kündigungsschutz, das Anhörungserfordernis nach § 102 BetrVG, die Vorschriften über die Massenentlassungsanzeige sowie die insolvenzspezifischen Regeln in den §§ 113 und 120 bis 122 sowie 125 bis 128 InsO.

5 Ist das Arbeitsverhältnis bei der Insolvenzeröffnung bereits in Vollzug gesetzt, so kann der Insolvenzverwalter das Arbeitsverhältnis kündigen. Bei einer solchen Kündigung nach § 113 Abs. 1 InsO sind allerdings die Vorschriften des KSchG zu beachten.[1] § 113 InsO räumt dem Insolvenzverwalter kein Sonderkündigungsrecht wegen der Insolvenz ein. Das BAG formuliert a. a. O.: »Bei einer Kündigung nach Eröffnung des Konkursverfahrens sind vom Konkursverwalter die Vorschriften des Kündigungsschutzgesetzes zu beachten. Dies setzt nicht voraus, dass der Betrieb zumindest teilweise weitergeführt wird. Vielmehr hat der Konkursverwalter bei der etappenweise erfolgenden Betriebsstilllegung gem. § 1 Abs. 3 KSchG bei der Auswahl der jeweils zu Kündigenden die Grundsätze über die soziale Auswahl zu beachten. Er muss bei der Auswahl soziale Gesichtspunkte auch dann berücksichtigen, wenn nur noch einige Arbeitnehmer mit Abwicklungsarbeiten beschäftigt werden sollen«.

Teilweise wird demgegenüber in der Literatur vertreten, dass die Anwendung des KSchG und in der Folge die Überprüfung der Wirksamkeit einer Kündigung voraussetze, dass der Betrieb nach der Insolvenzeröffnung wenigstens vorübergehend ganz oder teilweise weitergeführt werde.[2] Richtigerweise kann allerdings die Anwendbarkeit des Kündigungsschutzgesetzes in der Insolvenz nicht mit dem Argument verneint werden, die Kündigung sei ohne weiteres sozial gerechtfertigt, weil der Betrieb nach Insolvenzeröffnung überhaupt nicht mehr weitergeführt worden ist. Mit der h. M. ist deshalb von der uneingeschränkten Anwendbarkeit des KSchG in der Insolvenz auszugehen. 6

Für den Abschluss befristeter Arbeitsverträge bedarf es auch in der Insolvenz konkreter Sachgründe. Die Konkursabwicklung als solche stellt keinen derartigen Sachgrund dar. Auch reicht der pauschale Hinweis des Insolvenzverwalters, er müsse bei der Abwicklung flexibel reagieren können und außerdem möglichst masseschonend handeln, hierfür nicht aus.[3] 7

I. Betriebsbedingte Kündigung in der Insolvenz

Gem. § 1 KSchG ist eine Kündigung in der Insolvenz nur dann sozial gerechtfertigt und damit rechtswirksam, wenn sie durch dringende betriebliche Erfordernisse, die einer Weiterbeschäftigung des Arbeitnehmers im Betrieb entgegenstehen, bedingt ist, eine Weiterbeschäftigung an einem anderen Arbeitsplatz in demselben Betrieb oder in einem anderen Betrieb des Unternehmens nicht möglich ist und schließlich der Insolvenzverwalter bei der Auswahl des Arbeitnehmers soziale Gesichtspunkte ausreichend berücksichtigt hat. 8

---
1 BAG 16. 09. 1982 EzA § 1 KSchG betriebsbedingte Kündigung Nr. 18.
2 KR-Weigand, 5. Aufl. 1998, § 22 KO Rdnr. 23; Kuhn/Uhlenbruck, Kommentar zur Konkursordnung, 11. Aufl. 1994, § 22 Rdnr. 19.
3 LAG Düsseldorf DB 1994, 1880 – rechtskräftig.

Eisenbeis/Mues

1. Dringende betriebliche Erfordernisse

9 Die Stilllegung des gesamten Betriebes stellt ein dringendes betriebliches Erfordernis i. S. d. § 1 Abs. 2 Satz 1 KSchG dar.[4]

10 Unter Betriebsstilllegung ist die Auflösung der zwischen Arbeitgeber und Arbeitnehmer bestehenden Betriebs- und Produktionsgemeinschaft zu verstehen, die ihre Veranlassung und zugleich ihren unmittelbaren Ausdruck darin findet, dass der Unternehmer die bisherige wirtschaftliche Betätigung in der ernstlichen Absicht einstellt, die Weiterverfolgung des bisherigen Betriebszwecks oder -teilzwecks dauernd oder für eine ihrer Dauer nach unbestimmte, wirtschaftlich nicht unerhebliche Zeitspanne nicht weiter zu verfolgen.[5]

11 Dabei ist der Insolvenzverwalter nicht gehalten, die Kündigung erst nach Durchführung der Stilllegung auszusprechen. Eine Kündigung aus Anlass einer geplanten Betriebsstilllegung ist wegen dringender betrieblicher Erfordernisse schon dann sozial gerechtfertigt, wenn die betrieblichen Umstände bereits greifbare Formen angenommen haben und eine vernünftige, betriebswirtschaftliche Betrachtung die Prognose rechtfertigt, dass bis zum Auslaufen der Kündigungsfrist der gekündigte Arbeitnehmer entbehrt werden kann. Die Ernsthaftigkeit und Endgültigkeit der Betriebsstilllegungsabsicht erfordert nicht, dass diese Absicht dem eigenen Wunsch des Unternehmens entspricht. Sieht sich der Unternehmer zu dem Entschluss durch außerbetriebliche Umstände gezwungen, so ist auch unschädlich, wenn er sich vorbehält, seinen Entschluss dann nicht zu verwirklichen, wenn sich die Verhältnisse wider Erwarten anders als bei vernünftiger Betrachtung vorhersehbar entwickeln.[6]

12 Eine Stilllegungsabsicht liegt dagegen nicht vor, wenn die Veräußerung des Betriebes beabsichtigt wird. Die Veräußerung des Betriebes allein ist, wie sich aus der Wirkung des § 613 a BGB ergibt, keine Betriebsstilllegung, weil die Identität des Betriebs gewahrt bleibt und lediglich ein Betriebsinhaberwechsel stattfindet.[7] Die Betriebsstilllegung wie auch die Stilllegung eines Teilbetriebes ist eine Unternehmerentscheidung, die durch die Arbeitsgerichte grds. nicht auf ihre Notwendigkeit und Zweckmäßigkeit hin zu überprüfen ist, sondern ausschließlich der Willkürkontrolle unterliegt.[8] Die Gerichte für Arbeitssachen sind aber zur Überprüfung befugt, ob über-

---

4 St. Rspr. des BAG: BAG DB 1987, 1896; BAG 09. 02. 1994 AP Nr. 105 zu § 613 a BGB.
5 BAG 09. 02. 1994 a. a. O.
6 BAG DB 1987, 1896.
7 BAG 15. 02. 1984 AP Nr. 39 zu § 613 a BGB, B III 2 der Gründe.
8 Vgl. BAG 13. 03. 1987 EzA § 1 KSchG betriebsbedingte Kündigung Nr. 44.

Eisenbeis/Mues

haupt eine Unternehmerentscheidung vorliegt.⁹ Die Kündigung selbst ist keine Unternehmerentscheidung i. S. d. KSchG, sondern setzt diese voraus. Anderenfalls würde das KSchG keinen Bestandsschutz gewähren, da der Arbeitgeber stets die ausgesprochene Kündigung erfolgreich mit dem Hinweis verteidigen könnte, die Kündigung sei eine nicht zu überprüfende Unternehmerentscheidung.

Wenn sich der Insolvenzverwalter auf außerbetriebliche oder innerbetriebliche Umstände beruft, darf er sich nicht auf schlagwortartige Umschreibungen beschränken. Er muss seine tatsächlichen Angaben vielmehr so im Einzelnen darlegen, dass sie vom Arbeitnehmer mit Gegentatsachen bestritten und vom Gericht überprüft werden können. Vom Insolvenzverwalter ist darüber hinaus insbesondere darzulegen, wie sich die von ihm behaupteten Umstände unmittelbar oder mittelbar auf den Arbeitsplatz des gekündigten Arbeitnehmers auswirken. Der Vortrag des Insolvenzverwalters muss erkennen lassen, ob durch eine innerbetriebliche Maßnahme oder durch einen außerbetrieblichen Anlass das Bedürfnis an der Tätigkeit des gekündigten Arbeitnehmers wegfällt.¹⁰

2. Sozialauswahl

Ist die Kündigung aus dringenden betrieblichen Erfordernissen notwendig, so bleibt sie gleichwohl sozial ungerechtfertigt, wenn der Insolvenzverwalter bei der Auswahl des Arbeitnehmers die Sozialauswahlkriterien Dauer der Betriebszugehörigkeit, Lebensalter und Unterhaltspflichten des Arbeitnehmers nicht oder nicht ausreichend berücksichtigt hat. Der Insolvenzverwalter hat auf Verlangen des Arbeitnehmers diesem die Gründe anzugeben, die zu der getroffenen sozialen Auswahl geführt haben. In die soziale Auswahl sind aber Arbeitnehmer nicht einzubeziehen, deren Weiterbeschäftigung, insbesondere wegen ihrer Kenntnisse, Fähigkeiten und Leistungen oder zur Sicherung einer ausgewogenen Personalstruktur des Betriebes im berechtigten betrieblichen Interesse liegt (§ 1 Abs. 3 Satz 2 KSchG).

Die Pflicht zur ordnungsgemäßen Sozialauswahl gilt auch bei Massenentlassungen und bei einer etappenweisen Betriebsstilllegung. Der Insolvenzverwalter muss bei der Auswahl soziale Gesichtspunkte auch dann berücksichtigen, wenn nur einige Arbeitnehmer mit Abwicklungsarbeiten beschäftigt werden.¹¹

Im Unterschied zu der unternehmensbezogenen Möglichkeit der anderweitigen Beschäftigung nach § 1 Abs. 2 KSchG ist die soziale Auswahl betriebsbezogen.¹²

---

9 BAG DB 1986, 2236.
10 BAG 30. 05. 1987 EzA § 1 KSchG betriebsbedingte Kündigung Nr. 36; zum Umfang der Darlegungs- und Beweislast des Arbeitgebers für die dringenden betrieblichen Erfordernisse sowie die Voraussetzungen einer Betriebsstilllegung: BAG KTS 1986, 340.
11 BAG 16. 09. 1982 EzA § 1 KSchG betriebsbedingte Kündigung Nr. 18.
12 BAG 22. 05. 1986 u. 26. 02. 1987 EzA § 1 KSchG soziale Auswahl Nrn. 22, 24.

17　Unterhalten mehrere Unternehmen einen Gemeinschaftsbetrieb, ist die Sozialauswahl unternehmensübergreifend durchzuführen.[13] Wird der Gemeinschaftsbetrieb aufgelöst, so erlischt auch die Pflicht zur unternehmensübergreifenden Sozialauswahl.[14]

18　Die sozialen Gesichtspunkte i. S. d. § 1 Abs. 3 Satz 1 KSchG sind arbeitsplatzbezogen. In den sozialauswahlrelevanten Personenkreis sind alle vergleichbaren Arbeitnehmer einzubeziehen. Die Vergleichbarkeit wird nur auf derselben hierarchischen Ebene »horizontal« im Betrieb geprüft. Der Insolvenzverwalter hat weder einen geringer bewerteten Arbeitsplatz, der mit einem sozial stärkeren Arbeitnehmer besetzt ist, »freizukündigen« und damit ggf. eine Kündigungskette »nach unten« in Gang zu setzen, noch besteht die Pflicht, dem Arbeitnehmer eine Beförderungsstelle anzubieten.[15] Verlagert allerdings der Insolvenzverwalter Beschäftigungsmöglichkeiten von einem Betrieb des Unternehmens in einen anderen, so genießt das Arbeitsverhältnis des bisherigen Arbeitsplatzinhabers auch dann Bestandsschutz (§ 1 Abs. 2 und 3 KSchG), wenn die Arbeit höher vergütet wird, sofern sie nur dieselbe oder zumindest ganz überwiegend gleich geblieben ist.[16] Nach ständiger Rspr. des BAG ist ein Arbeitsplatz vergleichbar i. S. d. § 1 Abs. 3 KSchG, wenn der Insolvenzverwalter den Arbeitnehmer dort aufgrund seines Weisungsrechts ohne Änderung des Arbeitsvertrages weiterbeschäftigen kann.[17]

19　Entgegen der früheren Rspr. des BAG[18] können die zu berücksichtigenden Sozialdaten Betriebszugehörigkeit, Lebensalter und Unterhaltspflichten[19] bei der Vorauswahl auch in ein Punkteschema eingebracht werden.[20] Bei der Festlegung der Punktwerte der Auswahlkriterien Alter, Betriebszugehörigkeit und Unterhaltspflicht steht den Betriebspartnern ein Beurteilungsspielraum zu. Dieser ist noch gewahrt, wenn Alter und Betriebszugehörigkeit im Wesentlichen gleichbewertet werden. Zur Vermeidung unbilliger Härten, die die Anwendung jeden Schemas mit sich bringen kann, muss im Anschluss an die Vorauswahl aufgrund der Punktetabelle eine individuelle Abschlussprüfung der Auswahl stattfinden.[21]

13　BAG 05. 05. 1994 EzA § 1 KSchG 1969 soziale Auswahl Nr. 31.
14　BAG 13. 09. 1995 EzA § 1 KSchG Nr. 48.
15　Vgl. BAG NZA 1995, 521 f.
16　BAG Urteil vom 05. 10. 1995 – 1 AZR 269/95 – im Anschluss an BAG 10. 11. 1994 EzA § 1 KSchG betriebsbedingte Kündigung Nr. 77.
17　BAG 15. 06. 1989, AP Nr. 18 zu § 1 KSchG 1969 – soziale Auswahl = NZA 1990, 226 f.; BAG NZA 1991, 181 f.; BAG NZA 1995, 521 f.; zur Sozialauswahl bei betriebsbedingter Umsetzung aufgrund erweiterten Direktionsrechts vgl. LAG Hamm 12. 02. 1996 LAGE § 611 BGB – Direktionsrecht Nr. 25.
18　BAG DB 1983, 1822 ff.
19　Zur diesbezüglichen Reihenfolge nach altem Recht vgl. BAG 18. 10. 1984 EzA § 1 KSchG betriebsbedingte Kündigung Nr. 34; zur Problematik weiterhin Bader, NZA 1996, 1125, 1127 u. Löwisch, NZA 1996, 1009, 1010.
20　BAG 18. 01. 1990 EzA § 1 KSchG soziale Auswahl Nr. 28.
21　BAG a. a. O.; bestätigt durch Senatsurteil vom 07. 12. 1995 – 2 AZR 1008/94.

Bei der individuellen Abschlussprüfung der Auswahl darf der Insolvenzverwalter das Angebot eines sozial schutzwürdigeren und deshalb nicht zur Kündigung vorgesehenen Arbeitnehmers berücksichtigen für den Fall einer Weiterbeschäftigung seines zur Kündigung vorgesehenen Sohnes auf seinen Arbeitsplatz zu verzichten, weil im Verhältnis des Vaters zum Sohn letzterer vorrangig zum Unterhalt verpflichtet ist (§ 1606 BGB). 20

Nimmt der Insolvenzverwalter ein solches Angebot an, begründet die Weiterbeschäftigung des Sohnes i. d. R. nicht die Sozialwidrigkeit anderer Kündigungen aus dem Gesichtspunkt einer fehlerhaften Sozialauswahl.[22] 21

Nach § 125 InsO wird das Kündigungsschutzgesetz bei der Durchführung von Betriebsänderungen i. S. d. § 111 BetrVG modifiziert. Kommt ein Interessenausgleich zustande, in dem die Arbeitnehmer, denen gekündigt werden soll, namentlich bezeichnet sind, gilt eine Vermutung, dass dringende betriebliche Erfordernisse der Weiterbeschäftigung entgegenstehen. Des weiteren kann die soziale Auswahl nur im Hinblick auf die Dauer der Betriebszugehörigkeit, das Lebensalter und die Unterhaltspflichten und auch insoweit nur auf grobe Fehlerhaftigkeit nachgeprüft werden. Die Beschränkung der Überprüfungsmöglichkeit bei der Sozialauswahl bezieht sich hierbei nicht nur auf die Sozialindikatoren und deren Gewichtung, sondern auch bereits auf die Bildung der auswahlrelevanten Gruppe; auch dabei entscheidet nur »grobe Fahrlässigkeit«.[23] 22

Ein weiterer Unterschied bei der Durchführung von Betriebsänderungen in und außerhalb der Insolvenz besteht in folgendem: 23

Außerhalb der Insolvenz darf der Insolvenzverwalter nur solche Arbeitnehmer aus der Sozialauswahl herausnehmen, die er zur Sicherung einer ausgewogenen Personalstruktur des Betriebes benötigt. Im Gegensatz dazu bestimmt § 125 InsO, dass es nicht als grob fehlerhaft anzusehen ist, wenn eine ausgewogene Personalstruktur erhalten bzw. geschaffen wird (§ 125 Abs. 1 Nr. 2 InsO). In der Insolvenz ist es daher auch möglich, eine nach Leistungsstärke und Altersstruktur gleichwertige Belegschaft (erstmals) zu schaffen.

II. Änderungskündigung in der Insolvenz

Trifft der Insolvenzverwalter die Entscheidung, den Betrieb ganz oder teilweise fortzuführen, so ist dies regelmäßig nur dann möglich, wenn die fortzuführende Einheit umorganisiert und neu ausgerichtet wird. Dies wie- 24

---
22 BAG 07. 12. 1995 – 2 AZR 1008/94.
23 Vgl. LAG Köln Urteil vom 01. 08. 1997 – Az. 11 Sa 355/87 –, LAGE § 1 KSchG – Interessenausgleich Nr. 1 zu dem mit § 125 inhaltsgleichen § 1 Abs. 5 Satz 1 KSchG n. F.; bestätigt durch BAG 07. 05. 1998, – 2 AZR 536/97.

derum bedingt regelmäßig die Änderung der Arbeitsbedingungen der Beschäftigten. Da die Eröffnung des Insolvenzverfahrens aber auf den Inhalt und Bestand des Arbeitsverhältnisses ohne Einfluss ist, kann die Änderung der Arbeitsbedingungen nur nach den allgemeinen Regeln durchgeführt werden. Insbesondere wird das Direktionsrecht des Arbeitgebers durch die Eröffnung des Insolvenzverfahrens nicht erweitert. Es muss deshalb für den Insolvenzverwalter ein dringendes betriebliches Erfordernis bestehen, für den Arbeitnehmer müssen die geänderten Bedingungen zumutbar sein.[24]

25 Nach wohl h. M. soll es für die Beurteilung der sozialen Rechtfertigung einer Änderungskündigung durchaus von Belang sein, dass der Insolvenzverwalter nicht die Beendigung des Arbeitsverhältnisses, sondern nur dessen inhaltliche Veränderung anstrebt. Die im Vergleich zum Verlust des Arbeitsplatzes lediglich geforderte Änderung der Arbeitsbedingungen soll dem Arbeitnehmer danach eher zugemutet werden können.[25]

26 Die Unrentabilität des Betriebes ohne weitere Rationalisierungsmaßnahmen kann ein Grund für eine betriebsbedingte Änderungskündigung sein, wenn durch die Senkung der Personalkosten die Stilllegung des Betriebes oder die Reduzierung der Belegschaft verhindert werden kann und soll.[26]

27 Entsprechend der stets zu wahrenden Verhältnismäßigkeit muss aber in jedem Fall auch geprüft werden, ob weniger einschneidende Maßnahmen als dauerhafte Lohn- oder Zulagenkürzungen zur Behebung der Existenzkrise ausreichen, etwa eine stufenweise Kürzung oder eine zeitweise Aussetzung von Zuschlagszahlungen.[27]

28 Ausdrücklich mit einem Freiwilligkeitsvorbehalt versehene übertarifliche Ansprüche können vom Insolvenzverwalter eingestellt werden.[28]

29 Auch die vorherige Einführung von Kurzarbeit schließt den Ausspruch von Änderungs- und Beendigungskündigungen nicht aus. Die Einführung der Kurzarbeit spricht zunächst zwar indiziell dafür, dass der Insolvenzverwalter nur von einem vorübergehenden Arbeitsmangel ausgegangen ist, der eine betriebsbedingte Kündigung nicht rechtfertigen kann. Dieses Indiz kann jedoch der nach § 1 Abs. 2 Satz 4 KSchG beweisbelastete Insolvenzverwalter durch konkreten Sachvortrag entkräften, wonach eine Beschäftigungsmöglichkeit für einzelne von der Kurzarbeit betroffene Arbeitnehmer auf Dauer entfallen ist.[29]

---

24 Vgl. BAG 20. 03. 1986 AP Nr. 14 zu § 2 KSchG 1969.
25 Hillebrecht, ZIP 1985, 257 ff.; KR-Rost, § 2 KSchG Rdnr. 84; Schaub, Arbeitsrechts-Handbuch 9. Aufl. 2000, § 137 III 3 b; BAG 07. 06. 1973 AP Nr. 1 zu § 626 BGB – Änderungskündigung; a. A. MK-BGB/Schwerdtner, 4. Aufl. 2000 ff., Vor § 620 Rdnr. 651 ff.
26 BAG 20. 03. 1986 a. a. O. unter Hinweis auf Hillebrecht, ZIP 1985, 257.
27 Vgl. LAG Köln 30. 11. 1989 LAGE zu § 12 KSchG Nr. 10.
28 Kania, DStR 1996 S. 823 f.
29 BAG 26. 06. 1997 EzA § 1 KSchG betriebsbedingte Kündigung Nr. 93.

III. Personen- und verhaltensbedingte Kündigung in der Insolvenz

Schon zum früheren Recht (§ 22 KO) war streitig, ob die Verkürzung der Kündigungsfrist auf das gesetzliche Maß auch für eine personen- oder verhaltensbedingte Kündigung galt:

30

Die eine Ansicht lehnte dies unter Hinweis auf den mit der Vorschrift verfolgten Zweck ab. § 22 KO wolle dem Insolvenzverwalter eine Anpassung des Personalbestandes an die veränderte wirtschaftliche Lage des Betriebes ermöglichen, wobei es sich um eine Sonderregelung ausschließlich für betriebsbedingte Kündigungen handele. Soweit für die Kündigung keine betriebliche Notwendigkeit bestehe, soll der Insolvenzverwalter an dieselben Kündigungsgrenzen wie der Gemeinschuldner gebunden sein. § 22 KO sei insoweit restriktiv auszulegen, d. h. die Kündigungsfrist reduziere sich nicht auf die gesetzlich vorgesehene Dauer.

Nach der anderen Meinung[30] lasse sich dem Gesetzeswortlaut eine Beschränkung auf ausschließlich betriebsbedingte Kündigungen nicht entnehmen. Des Weiteren führte die Reduzierung des Anwendungsbereichs der Norm auf ausschließlich betriebsbedingte Kündigungen zu einem Wertungswiderspruch. Der betriebstreue Arbeitnehmer könnte danach nämlich mit der ggf. verkürzten Frist gekündigt werden, während derjenige, der das Arbeitsverhältnis aus in seiner Person oder in seinem Verhalten liegenden Gründen belastet bzw. verletzt, nur unter Einhaltung vertraglich oder tariflich vereinbarter längerer Kündigungsfristen gekündigt werden könnte. Schließlich kommt hinzu, dass auch dort, wo aus personen- bzw. verhaltensbedingten Gründen eine Kündigung möglich ist, dies nach Sinn und Zweck des Gesetzes in der ggf. kürzeren gesetzlichen Frist zur Entlastung der Masse möglich sein muss.[31] Schon nach altem Recht durfte deshalb der Insolvenzverwalter mit gesetzlicher Frist aus personen- und verhaltensbedingten Gründen kündigen.

31

§ 113 InsO ändert hieran nichts. Die Vorschrift soll im Hinblick auf die Interessen der Gläubiger eine kurzfristige Personalreduzierung möglich machen. Dieses Interesse gilt für alle Kündigungen ungeachtet ihrer Begründung.[32]

32

---

30 Hess, Kommentar zur Konkursordnung, 6. Aufl. 1998, § 22 Rdnr. 542.
31 Hess a. a. O.
32 So auch Obermüller/Hess, Insolvenzordnung, 3. Aufl. 1999, 1995 Rdnr. 558.

IV. Außerordentliche Kündigung in der Insolvenz

33 Die Befugnis zur außerordentlichen Kündigung des Arbeitsverhältnisses richtet sich auch in der Insolvenz nach § 626 BGB. Insbesondere bildet die Insolvenzeröffnung als solche keinen wichtigen Grund für eine fristlose Kündigung.[33]

Wenn die Insolvenzeröffnung zur Kündigung eines Arbeitsverhältnisses ausdrücklich nur mit der dreimonatigen Kündigungsfrist berechtigt, dann kann sie nicht gleichzeitig noch als Grund zur fristlosen Kündigung dienen. Nach Insolvenzeröffnung kann ein Arbeitsverhältnis nur dann fristlos gekündigt werden, wenn außer ihr ein anderer Grund vorliegt, der wichtig genug ist, eine fristlose Kündigung zu rechtfertigen. Dies soll etwa dann der Fall sein, wenn sich der weiterbeschäftigte Arbeitnehmer vor oder nach Eröffnung der Insolvenz untreu verhalten hat.[34]

34 Die Kenntnis eines Insolvenzverwalters, den Arbeitnehmer mit hoher Wahrscheinlichkeit nicht mehr aus der Masse bezahlen zu können, macht jenem die Fortsetzung des Arbeitsverhältnisses noch nicht unzumutbar. Wenn der Arbeitnehmer bei der Abwicklung der Insolvenz wegen der sich aus der Weiterbeschäftigung ergebenden Forderungen gegenüber anderen Gläubigern bevorzugt wird, so beruht dies auf der ausdrücklichen gesetzlichen Regelung, ist somit gerechtfertigt.

35 Nach einer Entscheidung des LG Siegen[35] ist die fristlose Kündigung eines Gesellschafter-Geschäftsführers in der Insolvenz der GmbH zulässig, wenn dem Insolvenzverwalter die Fortsetzung des Dienstverhältnisses nicht zugemutet werden kann. Dies soll dann der Fall sein, wenn bei einer Betriebsaufspaltung in der Insolvenz der Geschäftsführer durch Fortsetzung seiner Tätigkeit für die gemeinschuldnerische Betriebsgesellschaft mit der gleichzeitigen Tätigkeit als Geschäftsführer der Besitzgesellschaft in Interessenkollision geraten würde.

36 Die Betriebsstilllegung rechtfertigt in aller Regel nur eine ordentliche Kündigung. Dies ergibt sich aus § 1 Abs. 2 KSchG, dem ultima-ratio-Prinzip und dem Grundsatz, dass der Arbeitgeber nicht das Wirtschaftsrisiko auf den Arbeitnehmer abwälzen darf.[36] Das BAG hat aber auch bislang mit Zustimmung der h. M. im Schrifttum entschieden, dass ausnahmsweise auch eine Betriebsstilllegung geeignet sein kann, eine außerordentliche Kündigung zu rechtfertigen.[37] Insbesondere könne danach die außerordentliche Kündigung dann gerechtfertigt sein, wenn die ordentliche Kündigung aus-

---

33 BAG 25. 10. 1968 EzA § 626 BGB Nr. 10; LAG Baden-Württemberg BB 1977, 296 f.; Schaub, a. a. O., § 93 IV 3 b.
34 BAG a. a. O.
35 LG Siegen ZIP 1985, 1282.
36 BAGE 36, 112 ff. = NJW 1982, 78.
37 BAG NJW 1985, 2606; BAGE 5, 20; BAG 12. 09. 1974 EzA § 1 TVG Nr. 3 Auslegung; KR-Hillebrecht, § 626 BGB Rdnr. 121 b, m. w. N.

Eisenbeis/Mues

geschlossen ist und eine Versetzung in einen anderen Betrieb des Unternehmens nicht möglich ist. In diesem Fall würde der Ausschluss der ordentlichen Kündigung zur unzumutbaren Belastung des Arbeitgebers, da dieser nicht mehr in der Lage ist, die Dienste in Anspruch zu nehmen, andererseits aber über Jahre hinweg zur Zahlung des vereinbarten Entgelts verpflichtet bliebe.[38] Dieser Argumentation dürfte letztlich durch § 113 InsO der Boden entzogen sein, da das Arbeitsverhältnis vom Insolvenzverwalter mit der dreimonatigen Kündigungsfrist zum Monatsende auch dann gekündigt werden kann, wenn das Recht zur ordentlichen Kündigung vereinbarungsgemäß ausgeschlossen ist.

Der Insolvenzverwalter ist bei Ausspruch der außerordentlichen Kündigung an die 2-Wochen-Frist des § 626 Abs. 2 BGB gebunden.[39] Für den Lauf der Frist ist der Zeitpunkt der Kenntniserlangung des Insolvenzverwalters als Kündigungsberechtigtem entscheidend. Da der Insolvenzverwalter mit Übernahme seines Amtes lediglich in die Rechte und Pflichten des Schuldners eintritt, muss er allerdings bei einem vor Insolvenzeröffnung liegenden wichtigen Kündigungsgrund dartun und ggf. beweisen, dass die Kündigung nicht bereits durch eine frühere Kenntnis des Schuldners vom Kündigungssachverhalt verfristet ist.[40] 37

V. Massenentlassung in der Insolvenz

Der dritte Abschnitt des Kündigungsschutzgesetzes regelt das von dem Arbeitgeber zu beachtende Verfahren bei Massenentlassungen. Der Arbeitgeber ist unter den Voraussetzungen der §§ 17 ff. KSchG verpflichtet, dem Arbeitsamt Anzeige zu erstatten. Entlassungen, die nach § 17 KSchG anzuzeigen sind, werden vor Ablauf eines Monats nach Eingang der Anzeige beim Arbeitsamt nur mit Zustimmung des Landesarbeitsamtes wirksam; die Zustimmung kann auch rückwirkend bis zum Tage der Antragstellung erteilt werden. 38

Der Individualkündigungsschutz des ersten Abschnittes des Kündigungsschutzgesetzes bleibt von den §§ 17 ff. KSchG unberührt und wird durch die Regelungen bei Massenkündigungen weder erweitert noch eingeschränkt.[41] Die Vorschriften der §§ 17 ff. KSchG verfolgen einen arbeitsmarktpolitischen Zweck. 39

Der Insolvenzverwalter unterliegt den Anzeige- und Unterrichtungspflichten nach den §§ 17 ff. KSchG ebenso wie der Schuldner.[42] 40

---

38 BAG NJW 1985, 2606.
39 KR-Weigand, § 22 KO Rdnr. 27; Hess, a. a. O., § 22 Rdnr. 549 ff.
40 KR-Weigand, a. a. O., unter Hinweis auf LAG Stuttgart 18. 12. 1980 – 11 Sa 86/80.
41 BAG 06. 12. 1973 EzA § 1 KSchG Nr. 1.
42 BAG 06. 06. 1974 – 5 AZR 286/81 –; BSG DB 1979, 1283; Jaeger/Henckel, Kommentar zur Konkursordnung, 9. Aufl. 1997, § 22 Rdnr. 35.

41 Die Massenentlassungsanzeige ist schriftlich unter Beifügung der Stellungnahme des Betriebsrats zu den Entlassungen zu erstatten (§ 17 Abs. 3 Satz 1 KSchG). Telefax ist zur Erfüllung der Schriftform ausreichend.[43] Im Insolvenzfalle ist der Verwalter für die Anzeigenerstattung zuständig.[44]

42 Die Anzeige ist rechtzeitig vor den Entlassungen zu erstatten, allerdings nicht notwendigerweise vor Ausspruch der Kündigungen[45] bzw. vor dem Abschluss der Aufhebungsverträge. Nach der Rspr. des BAG schließt eine in einem Aufhebungsvertrag enthaltene umfassende Ausgleichsklausel nicht aus, dass der Arbeitnehmer sich nachträglich auf die Unwirksamkeit der Aufhebungsvereinbarung wegen Verstoßes gegen § 17 KSchG beruft.[46]

43 Bei der Ermittlung der regelmäßigen Beschäftigtenzahl (§ 17 Abs. 1 KSchG) ist auf den Zeitpunkt der Entlassung, d. h. der Beendigung des Arbeitsverhältnisses, abzustellen. Maßgeblich ist jedoch nicht die tatsächliche Beschäftigtenzahl zu diesem Zeitpunkt, sondern die normale Beschäftigtenzahl des Betriebes, d. h. diejenige Personalstärke, die für den Betrieb im allgemeinen kennzeichnend ist.[47]

44 Im Falle einer Betriebsstilllegung kommt jedoch nur ein Rückblick auf die bisherige Belegschaftsstärke infrage. Entscheidend ist dann, wann der Arbeitgeber noch eine regelmäßige Betriebstätigkeit entwickelt und wieviel Arbeitnehmer er hierfür eingesetzt hat.[48]

45 Der im Zeitpunkt des Stilllegungsbeschlusses vorhandene Personalbestand bleibt auch dann für die Anzeigepflicht nach § 17 Abs. 1 KSchG maßgebend, wenn der Arbeitgeber zunächst allen Arbeitnehmern zu dem vorgesehenen Stilllegungstermin kündigt und später er oder der Insolvenzverwalter wegen zwischenzeitlich eingetretenen Vermögensverfalls zum selben Termin vorsorglich nochmals kündigt.[49]

46 Die regelmäßige Sperrfrist nach § 18 Abs. 1 KSchG beträgt 1 Monat; sie kann nur mit Zustimmung des Arbeitsamtes verkürzt werden. Die Zustimmung kann auch rückwirkend bis zum Tage der Antragstellung erteilt werden.

47 Im Einzelfall kann die Sperrfrist auf längstens 2 Monate verlängert werden (§ 18 Abs. 2 KSchG). Der für die Entscheidung des Landesarbeitsamtes nach § 18 Abs. 1 und 2 KSchG zuständige Ausschuss (§ 20 KSchG) hat bei der Festsetzung der Entlassungssperrfrist sowohl das Interesse des Arbeitgebers als auch das der zu entlassenden Arbeitnehmer, das öffentliche Interesse und die Lage des gesamten Arbeitsmarktes unter besonderer Be-

---

43 Kittner/Däubler/Zwanziger, Kündigungsschutzrecht, 4. Aufl. 1999, § 17 Rdnr. 40 unter Hinweis auf BAG DB 1987, 183.
44 BSGE 4699; LAG Hamm ZIP 1986, 246.
45 BAG 31. 07. 1986 EzA § 17 KSchG Nr. 3.
46 BAG 11. 03. 1999 – 2 AZR 461/98.
47 BAG 31. 07. 1986 a. a. O.
48 BAG 31. 07. 1986 a. a. O.
49 BAG NZW 1990, 224.

achtung des Wirtschaftszweiges, dem der Betrieb angehört, zu berücksichtigen (§ 20 Abs. 3 Satz 1 KSchG). § 18 KSchG ist allerdings keine Schutzvorschrift für die Bundesanstalt für Arbeit zur Vermeidung von Leistungen an Arbeitslose; sie dient vielmehr dazu, eine Klärung des Sachverhalts sowie Hilfsmaßnahmen zur Vermeidung oder Einschränkung von Entlassungen oder aber auch die alsbaldige Unterbringung der gekündigten Arbeitnehmer in einem Arbeitsverhältnis zu ermöglichen. Nur zur Erreichung dieser Ziele darf daher die Sperrfrist verlängert werden.[50] In der Insolvenz ist danach eine Verlängerung der Sperrfrist regelmäßig ausgeschlossen.

Auch die in der Praxis häufig anzutreffende Zustimmung zur Massenentlassung unter Auflagen, insbesondere unter der Auflage der Zahlung einer Abfindung, erscheint im Insolvenzausfall nicht ermessensgerecht.[51] Hess weist zu Recht darauf hin, dass das Landesarbeitsamt sein Ermessen grds. nur dann richtig ausübt, wenn es darauf achtet, dass die Sperrfrist nicht länger als die zu beachtenden Kündigungsfristen läuft. Des Weiteren ist die Arbeitsverwaltung bei Massenentlassungen nicht berechtigt, ihre Zustimmung von Auflagen abhängig zu machen, die die Masse über Gebühr belasten und die bereits in der InsO durch Anerkennung von Arbeitnehmerforderungen als Masseschulden berücksichtigt sind. 48

Nach früherem Recht hatte das Landesarbeitsamt vor seiner Entscheidung nach § 18 Abs. 1 KSchG zu prüfen, ob die Entlassungen rechtzeitig mitgeteilt worden sind. War der Gemeinschuldner seiner Meldepflicht nach § 8 AFG a. F. nicht rechtzeitig nachgekommen, so war die Ablehnung der Verkürzung der Sperrfrist nicht ermessensfehlerhaft.[52] Mit Inkrafttreten des SGB III in der Fassung vom 16. 12. 1997 (1. SGB III-Änderungsgesetz) hat der Gesetzgeber die Meldepflicht bei Massenentlassungen abgeschafft.

Zu beachten ist aber, dass die Richtlinie 98/59/EG des Rates der EG vom 20. 07. 1998 zur Angleichung der Rechtsvorschriften der Mitgliedsstaaten über Massenentlassungen am 01. 09. 1998 in Kraft getreten ist.[53] Nach erster Einschätzung ist davon auszugehen, dass der Inhalt dieser Richtlinie im Wesentlichen durch die §§ 17 ff. KSchG in das deutsche Recht umgesetzt ist.[54] 49

Stimmt das Landesarbeitsamt einer nach § 17 KSchG anzeigepflichtigen Entlassung zu einem bestimmten Zeitpunkt durch bestandskräftigen Verwaltungsakt zu und stellt damit inzident fest, dass eine wirksame Massenentlassungsanzeige vorlag, so sind die Arbeitsgerichte durch die Bestandskraft des Verwaltungsakts gehindert, im Kündigungsschutzprozess die Entscheidung der Arbeitsverwaltung nachzuprüfen.[55] 50

---

50 BayLSG NZA 1986, 654.
51 Vgl. Jaeger/Henckel, a. a. O., § 22 Rdnr. 35; Hess, a. a. O., § 22 Rdnr. 477 ff.
52 BSG NJW 1980, 2430.
53 Abgedruckt im ABl. EG Nr. L 225 v. 12. 08. 1998 S. 16 ff.
54 Vgl. DB 1998, 1818.
55 BAG 24. 10. 1996 – 2 AZR 895/95.

51 Die Insolvenzordnung lässt die Anzeigepflicht bei Massenentlassungen nach § 17 KSchG unberührt. Lediglich in § 125 Abs. 2 InsO ist bestimmt, dass der Interessenausgleich nach § 125 Abs. 1 InsO die Stellungnahme des Betriebsrats nach § 17 Abs. 3 Satz 2 KSchG ersetzt.

B. Kündigung eines Dienstverhältnisses

I. Anwendungsbereich

1. Kündigung

52 Der in § 113 InsO verwendete Begriff der Kündigung ist weit zu verstehen; sowohl die Beendigungskündigung als auch die Änderungskündigung werden erfasst; letzteres ist selbstverständlich, da in der Insolvenz das Kündigungsschutzgesetz und damit auch § 2 KSchG gilt. Gleichwohl hat sich der Rechtsausschuss des Bundestages in seinem Bericht zu § 113 InsO wegen der großen praktischen Bedeutung der Änderungskündigung in der Insolvenz veranlasst gesehen, dies ausdrücklich hervorzuheben.[56]

Weiterhin gilt das Kündigungsrecht für beide Teile, also auch für den Dienstnehmer. Der Dienstnehmer hat das Kündigungsrecht nach zutreffender h. M. auch dann, wenn das Dienstverhältnis noch nicht angetreten ist. Mangels einer § 103 InsO entsprechenden Vorschrift ist eine analoge Anwendung von § 113 Abs. 1 InsO für das noch nicht angetretene Dienstverhältnis geboten; wenn der Dienstnehmer sogar ein schon angetretenes Dienstverhältnis kündigen kann, so muss ihm diese Möglichkeit vor Antritt erst recht zugestanden werden.[57]

53 Teilweise wird auch vertreten, dass der Dienstnehmer das noch nicht angetretene Dienstverhältnis bei Insolvenzeröffnung außerordentlich kündigen kann.[58] Der h. M. ist der Vorzug einzuräumen, da die Insolvenzeröffnung als solche grds. keinen wichtigen Grund i. S. d. § 626 Abs. 1 BGB bildet.

54 Ausnahmsweise soll dem Dienstnehmer/Arbeitnehmer das außerordentliche Kündigungsrecht dann zustehen, wenn die Insolvenzmasse noch nicht einmal die Masseschulden abdeckt.[59]

---

[56] Vgl. auch Schrader, NZA 1997, 70.
[57] Jaeger/Henckel, a. a. O., § 22 Rdnr. 12; KR-Weigand, § 113 InsO Rdnr. 80; Marotzke, Gegenseitige Verträge in Konkurs und Vergleich, 1997, S. 247; Gottwald, Insolvenzrechts-Handbuch, 2. Aufl. 2001, § 96 Rdnr. 180.
[58] Brill/Matthes/Oehmann, Insolvenz- und Zwangsvollstreckungsrecht, 1976, S. 26.
[59] KR-Weigand, § 113 InsO Rdnr. 81 m. w. N.; a. A. LAG Hamm BB 1968, 218, unter Hinweis darauf, dass den besonderen Verhältnissen der Insolvenz, insbesondere der Unzulänglichkeit der Insolvenzmasse, durch die Regelung des § 22 KO bereits Rechnung getragen sei.

Andere wichtige Gründe im Umfeld der Insolvenz können es allerdings dem **55**
Dienstnehmer/Arbeitnehmer unzumutbar machen, den Ablauf der Kündigungsfrist hinzunehmen. Dies gilt namentlich für den Fall, dass der Schuldner oder Insolvenzverwalter erhebliche Zeit oder mit einem erheblichen Vergütungsbetrag in Rückstand geraten ist und der Arbeitnehmer ihn vor Kündigung zur Zahlung aufgefordert hat.[60]

Allein die Tatsache, dass dem Arbeitnehmer von dritter Seite ein Angebot **56**
zum Abschluss eines Arbeitsvertrages zu wesentlich günstigeren Konditionen unterbreitet worden ist, führt nicht zur Entstehung des außerordentlichen Kündigungsrechts. Dem Arbeitnehmer wird zugemutet, das Arbeitsverhältnis bis zum Ablauf der insolvenzspezifischen Kündigungsfrist fortzusetzen, auch wenn er dadurch die Aussicht auf die besseren Arbeitsbedingungen verliert. Die Grundsätze der Vertragstreue, der Rechtssicherheit und des ultima-ratio-Prinzips bei der außerordentlichen Kündigung gelten auch bei der arbeitnehmerseitigen Kündigung.[61]

Gerade in der Insolvenz kann z. B. eine teilweise Fortführung des Betriebes **57**
davon abhängen, dass der Insolvenzverwalter auf eingearbeitete Arbeitskräfte nicht unter Missachtung der Kündigungsfrist verzichten muss.

Dem Arbeitnehmer steht auch nicht deshalb ein außerordentliches Kündigungsrecht zu, weil der Arbeitgeber die Insolvenz verschuldet hat.[62] Hieraus können allenfalls Schadenersatzansprüche gem. § 628 Abs. 2 BGB bzw. aus positiver Vertragsverletzung resultieren.[63] **58**

Für die Eigenkündigung des Auszubildenden in der Insolvenz gilt das oben **59**
ausgeführte, jedenfalls für den Fall, dass infolge der Insolvenz der Betrieb stillgelegt wird und die Ausbildungsmöglichkeit entfällt, § 113 Abs. 1.

Bis zur Entscheidung des BAG vom 27. 05. 1993[64] war höchstrichterlich ungeklärt, ob Ausbildungsverhältnisse überhaupt unter die Vorgängerregelung des § 22 KO fallen, obgleich sie keine Dienstverhältnisse sind.[65] Unter Hinweis auf § 3 Abs. 2 BBiG, wonach Ausbildungsverhältnisse wie Arbeitsverhältnisse zu behandeln sind, hat das BAG die Anwendbarkeit von § 22 KO zutreffend bejaht und für den Fall der Kündigung durch den Konkursverwalter darauf erkannt, dass das Ausbildungsverhältnis im Konkurs für den Regelfall nicht außerordentlich, sondern nur unter Einhaltung einer ordentlichen Kündigungsfrist aufgekündigt werden kann. Diese Grundsätze gelten für § 113 InsO entsprechend. **60**

---

60 BAG AP Nr. 1 zu § 448 ZPO; Schaub, a. a. O., § 125 VIII. 7.; ders. erkennt in der Insolvenz das außerordentliche Kündigungsrecht des Arbeitnehmers an, wenn die Vergütungsforderungen, die nach Insolvenzeröffnung entstehen, aus der Masse nicht gedeckt werden können.
61 LAG Schleswig-Holstein 30. 01. 1991 LAGE § 626 BGB Nr. 55.
62 Hess, a. a. O., § 22 Rdnr. 858; Gottwald, a. a. O., § 96 Rdnr. 181.
63 KR-Weigand, § 628 BGB Rdnr. 19 m. w. N.
64 BAG 27. 05. 1993 EzA § 22 KO Nr. 5.
65 Vgl. ArbG Oldenburg ZIP 1985, 952; Hess, a. a. O., § 22 Rdnr. 5; Grunsky, EWiR 2/85, 501.

Für die Eigenkündigung des Auszubildenden in der Insolvenz kann nichts anderes gelten. Die Insolvenzeröffnung ist für den Auszubildenden ebensowenig ein wichtiger Grund zur außerordentlichen Kündigung wie für sonstige Arbeitnehmer. Wegen des besonderen Bestandsschutzes, den der Gesetzgeber dem Auszubildenden gewährt, kann er in der Insolvenz aber auch nicht schlechtergestellt werden als die übrigen Arbeitnehmer.[66]

61 Für die außerordentliche Eigenkündigung des Auszubildenden in der Insolvenz gelten die Beschränkungen des § 15 Abs. 2–4 BBiG.[67]

62 Auch dem vorläufigen Verwalter muss nach allerdings streitiger Auffassung die Kündigungsbefugnis analog § 113 zustehen, wenn dem Schuldner ein allgemeines Verfügungsverbot auferlegt worden ist. In diesem Fall gehen gem. § 22 Abs. 1 Satz 1 die Verwaltungs- und Verfügungsbefugnis über das Vermögen des Schuldners und damit zugleich auch dessen Arbeitgeberfunktion auf den vorläufigen Insolvenzverwalter über. Das Kündigungsrecht nach § 113 muss in diesem Falle ebenso entsprechende Anwendung finden wie die §§ 120–122 und 125–128. Zur Durchführung von Betriebsänderungen bedarf es aber der Zustimmung des Insolvenzgerichts, § 22 Abs. 1 Ziff. 2.[68]

Die Gegenmeinung kann für sich in Anspruch nehmen, dass der vorläufige Insolvenzverwalter regelmäßig das Unternehmen fortzuführen hat, bis die Gläubigerversammlung im Berichtstermin entscheidet. Bis zu diesem Zeitpunkt ist die Aufgabe des vorläufigen Insolvenzverwalters überwiegend sichernder Natur, weshalb der Ausspruch von Kündigungen die Ausnahme bleiben sollte.

63 Es kann aber nicht übersehen werden, dass die Weichen für eine erfolgreiche Sanierung in vielen Fällen bereits im Eröffnungsverfahren gestellt werden müssen,[69] dies jedoch ohne den erforderlichen Personalabbau nicht realisiert werden kann. Werden dem sog. »starken« vorläufigen Verwalter die Verfügungs- und Verwaltungsbefugnis übertragen, ist es auch nur konsequent, ihm die Kündigungsbefugnis zuzusprechen. Durch die Verbindung der vorläufigen Verwaltung mit dem Erlass eines allgemeinen Verfügungsverbotes wird der vorläufige dem endgültigen Verwalter gleichgestellt, §§ 22 Abs. 1 Satz 1, 80 Abs. 1.[70]

64 Bei der Bestellung zum vorläufigen Verwalter gem. § 22 Abs. 2[71] verbleibt die Arbeitgeberfunktion grds. beim Schuldner, damit auch die Kündigungs-

---

66 Im Ergebnis ebenso: KR-Weigand, § 113 InsO Rdnr. 17 m. w. N.
67 Hess, a. a. O., § 22 Rdnr. 885.
68 Im Ergebnis ebenso Caspers, Personalabbau und Betriebsänderung im Insolvenzverfahren, 1998, S. 237 Rdnr. 551; vgl. auch Berscheid ZIP 1997, 1569 ff.
69 Vgl. Berscheid NZI 2000, 1 ff.
70 Vgl. auch Kübler/Prütting, Kommentar zur Insolvenzordnung, 3. Lfg. 2001, § 113 Rdnr. 26; Berscheid, a. a. O., 2 m. w. N.
71 »Schwacher« vorläufiger Verwalter.

befugnis. Zwecks Vermeidung von Rechtsunsicherheiten[72] sollte das Gericht beim Bestellungsbeschluss allerdings klarstellen, ob die Arbeitgeberfunktion auf den vorläufigen Verwalter übertragen wird oder beim Schuldner verbleibt.[73]

Die Bestellung mit Zustimmungsvorbehalt und Anordnung »gemeinsamen« Handelns von Schuldner und vorläufigem Verwalter ist letztlich nicht praxisgerecht, unabhängig davon, dass für Außenstehende ein nicht zu durchschauendes Nebeneinander von Verwalter und Schuldner entsteht.[74] Sie ist auch unzweckmäßig, da der »schwache« Verwalter selbst dann nicht eigenständig kündigen darf, wenn der Schuldner für ihn nicht erreichbar ist.[75]

Problematisch ist, dass für den »schwachen« Verwalter im Eröffnungsverfahren § 113 InsO nicht gilt.[76] Der vorläufige Verwalter muss deshalb ebenso wie der Schuldner selbst etwaige verlängerte Kündigungsfristen aus Vertrag, Tarifvertrag oder Gesetz beachten. Befristete Arbeitsverträge können von ihm nur gekündigt werden, wenn das ordentliche Kündigungsrecht ausdrücklich vorbehalten ist. In diesen Fällen wird die Nachkündigung des Verwalters mit der Höchstfrist von drei Monaten zum Monatsende gem. Abs. 1 Satz 2 relevant; inwiefern dem Verwalter das Recht zur Nachkündigung mit der kürzeren Frist zusteht, ist streitig.[77]

65

2. Dienstverhältnis

Die dreimonatige Höchstfrist für die Kündigung im Insolvenzverfahren ist für alle Arten von Dienstverhältnissen anwendbar, bei denen der insolvente Schuldner der Dienstberechtigte ist. Der Begriff des Dienstverhältnisses ist entsprechend der Terminologie der §§ 621, 622 BGB der Oberbegriff für das Arbeitsverhältnis und für das Vertragsverhältnis über die Leistung von Diensten anderer Art. Neben den Arbeitsverhältnissen von Arbeitern und Angestellten, für die seit dem Inkrafttreten des Kündigungsfristengesetzes die gesetzlichen Kündigungsfristen in § 622 BGB zusammengefasst sind, werden auch die Dienstverhältnisse erfasst, für die sich die gesetzlichen Kündigungsfristen aus dem Seemannsgesetz, aus dem Heimarbeitsgesetz oder aus den allgemeinen Bestimmungen des § 621 BGB ergeben.

66

---

72 Vgl. zum Meinungsstreit Berscheid, Festschrift für Hanau, 1999, S. 701, 721 ff.; sowie LAG Hamm ZInsO 1999, 363, 364.
73 Vgl. Berscheid, a. a. O., 3.
74 Vgl. Weisemann, DZWiR 1999, 397 ff.
75 So ausdrücklich: BAG ZInsO 1999, 361, für den von der Kündigungsbefugnis vergleichbaren Sequester im Gesamtvollstreckungsverfahren.
76 Kübler/Prütting, a. a. O., § 22 Rdnr. 16; Lakies, BB 1998, 2638, 2639 f.; a. A. Kübler/Prütting, a. a. O., § 113 Rdnr. 24–26.
77 Vgl. verneinend ArbG Köln NZI 1999, 282; bejahend LAG Hamm ZIP 1998, 161; Berscheid, NZI 2000, 1 ff.

67 Wie schon bei § 22 KO ist es aber auch nach dem Willen des Gesetzgebers für die Anwendung von § 113 erforderlich, dass die Dienstleistungen einen gewollten sachlichen Zusammenhang aufweisen. Einzelne Dienstleistungen, die nicht auf Dauer angelegt sind, unterfallen nicht der Norm.[78] Dienstverhältnisse mit Geschäftsbesorgungscharakter nach den §§ 662, 675 BGB unterfallen der Regelung des § 115 mit der Folge, dass sie durch die Eröffnung des Verfahrens erlöschen, es sei denn, dass der Auftrag sich nicht auf das zur Insolvenzmasse gehörige Vermögen bezieht.[79]

a) Dienstverhältnis von Organen

68 § 113 InsO ist auch auf das Dienstverhältnis von Organen juristischer Personen anwendbar. Für das Vorstandsmitglied einer Aktiengesellschaft ergibt sich dies ohne weiteres aus § 87 Abs. 3 AktG. Gleiches gilt für den Geschäftsführer einer GmbH[80] bzw. einer GmbH & Co. KG.[81]

69 Schon zu § 22 KO war streitig, ob nur die Dienstverhältnisse solcher Organe, die auch fremdbestimmte Arbeit in persönlicher Abhängigkeit leisten, unter den Anwendungsbereich jener Norm fielen. Nach BGH[82] war § 22 KO auch auf die Alleingesellschafter einer Aktiengesellschaft, GmbH oder GmbH & Co. KG anwendbar. Diesem Ergebnis trat Heilmann[83] unter Hinweis auf die soziale Bedeutung der Vorschrift entgegen. Ausgehend von den §§ 59 Abs. 1 Nr. 3 und 61 Abs. 1 KO, in denen von Arbeitnehmern und von einem Arbeitsverhältnis gesprochen werde, müsse es sich im Rahmen des § 22 KO stets auch um weisungsgebundene Arbeitnehmer handeln. Der soziale Schutz solle Organmitgliedern, die nicht wirklich Arbeitnehmer, sondern Unternehmer in ihrer Funktion als Alleingesellschafter sind, nicht zuteil werden.[84] Der Meinungsstreit wurde durch die Neuregelung in § 113 InsO nicht beendet.

70 Die Kündigung betrifft jedoch nur das Dienstverhältnis des Organs, die Abberufung als Sozialakt bleibt dem zuständigen Gesellschaftsorgan vorbehalten (§ 84 Abs. 2 AktG; § 104 GenG; § 46 Nr. 5 GmbHG).

b) Berufsausbildungsverhältnis

71 Obgleich das Berufsausbildungsverhältnis kein Dienstverhältnis ist, kann es in der Insolvenz gekündigt werden. Dies hat das BAG mit Urteil vom 27. 05. 1993[85] für den Fall der Betriebsstillegung und damit für den Fall

---

78 Vgl. zu § 22 KO: Motive II S. 83.
79 Vgl. zu der Vorläuferregelung in § 23 KO: BGH NJW 1974, 2286.
80 BGH WM 1981, 377.
81 BGH WM 1983, 120.
82 BGH NJW 1980, 66.
83 Heilmann, ZIP 1980, 344.
84 Vgl. zum Meinungsstand den Überblick bei KR-Weigand, § 113 InsO Rdnr. 14 f., der sich der Kritik Heilmanns, a. a. O., anschließt.
85 BAG EzA § 22 KO Nr. 5.

des ersatzlosen Wegfalls der Ausbildungsmöglichkeit entschieden. Das BAG hat sich in der Begründung hierbei zu Recht auf § 3 Abs. 2 BBiG gestützt, wonach ein Ausbildungsverhältnis wie ein Arbeitsverhältnis zu behandeln ist.[86]

Da aber die Möglichkeit einer ordentlichen Kündigung des Ausbildungsverhältnisses nach Ablauf der Probezeit im Berufsbildungsgesetz nicht vorgesehen ist, musste schon unter der Geltung des § 22 KO entschieden werden, ob das Ausbildungsverhältnis vom Konkursverwalter außerordentlich oder lediglich ordentlich mit der entsprechenden Kündigungsfrist gekündigt werden kann. Weil einerseits die Insolvenz als solche nie einen Kündigungsgrund darstellt und andererseits der besondere Schutz, den der Auszubildende durch die eingeschränkte Kündigungsmöglichkeit genießt, nicht in sein Gegenteil verkehrt werden durfte, kam das BAG folgerichtig zur Kündigungsmöglichkeit unter Einhaltung einer ordentlichen Kündigungsfrist, die für das Arbeitsverhältnis gelten würde, wenn die Ausbildung zu dem erstrebten Beruf geführt hätte. 72

An der danach grds. für den Fall der Betriebsstillegung gegebenen Möglichkeit des Insolvenzverwalters, das Ausbildungsverhältnis zu kündigen, hat sich durch § 113 InsO nichts geändert. Die insoweit gegebene Begründung überzeugt nach wie vor. 73

Fraglich kann nur sein, mit welcher Kündigungsfrist das Ausbildungsverhältnis in der Insolvenz gekündigt werden kann. Das BAG[87] hatte zu § 22 KO zu Recht darauf erkannt, dass es nicht der ratio der Norm entspreche, dem Konkursverwalter ein außerordentliches Kündigungsrecht im Ausbildungsverhältnis zuzubilligen; über § 22 KO komme deshalb § 622 BGB zur Anwendung mit der Folge, dass der Konkursverwalter die Kündigungsfrist einzuhalten habe, die für das Arbeitsverhältnis gelten würde, wenn die Ausbildung zu dem erstrebten Beruf geführt hätte. Der Auffassung, dass die dargelegten Grundsätze zur Kündigungsfrist auch auf die Insolvenzordnung übertragen werden können, kann nicht gefolgt werden. 74

Das BAG hat in seinem Urteil vom 27. 05. 1993 die gesetzliche Kündigungsfrist nach § 622 BGB deshalb zur Anwendung gebracht, weil im Geltungsbereich des § 22 KO nur der Rückgriff auf die gesetzlichen Kündigungsfristen möglich war. Nimmt man die tragenden Gründe der Entscheidung ernst, wonach der besondere Schutz, den der Auszubildende durch die eingeschränkte Kündigungsmöglichkeit genieße, nicht dazu führen dürfe, dass er in der Insolvenz schlechtergestellt werde als ein ordentlich kündbarer Arbeitnehmer, so führt dies nach Inkrafttreten von § 113 InsO unweigerlich dazu, dass auch für die Kündigung des Ausbildungsverhältnisses durch den Insolvenzverwalter die insolvenzspezifische Kündigungsfrist von drei Monaten zum Monatsende gilt. Eine Beschränkung auf die erheblich kürzere Kündigungsfrist nach § 622 BGB wäre mit der grundsätzlichen Wer- 75

---

86 So schon: ArbG Bochum ZIP 1985, 1515.
87 BAG 27. 05. 1993 EzA § 22 KO Nr. 5.

tung, den Auszubildenden in der Insolvenz nicht schlechterzustellen als die übrige Belegschaft, nicht vereinbar.[88]

3. Abgrenzung zu § 103 InsO

76 Nach dem Wortlaut des bis zum 30. 09. 1996 gültigen § 22 Abs. 1 KO war klargestellt, dass die Vorschrift nur für Dienstverhältnisse galt, die bei Eröffnung des Verfahrens angetreten waren; das heißt, die Tätigkeit musste bereits tatsächlich begonnen worden sein. War das Dienstverhältnis bei Konkurseröffnung noch nicht angetreten, galt § 17 KO. Streitig ist, ob sich an dieser Rechtslage durch die Insolvenzordnung etwas geändert hat. Einerseits ist das Wahlrecht gem. § 17 KO inhaltlich unverändert in § 103 InsO übernommen worden, andererseits fehlt in § 113 InsO die bisherige Einschränkung auf »angetretene« Dienstverhältnisse. Dennoch wird teilweise vertreten, dass § 103 InsO der Regelung in § 17 KO inhaltlich nachgebildet sei und entsprechend dem bisherigen Rechtszustand auch zukünftig ein Wahlrecht des Insolvenzverwalters hinsichtlich der Erfüllung aller beiderseits noch nicht vollständig erfüllter gegenseitiger Verträge vorgesehen ist.[89] Demgegenüber weist Düwell[90] darauf hin, dass die Erfüllungsablehnung nach § 17 KO eine mit dem allgemeinen Prinzip des Arbeitnehmerschutzes unvereinbare Beendigungsart war und es deshalb sinnvoll sei, dass hinsichtlich der Beendigung von Dienstverhältnissen zukünftig kein Unterschied mehr gemacht werde, ob das Beschäftigungsverhältnis bereits angetreten ist oder nicht. Dafür spricht auch, dass die Insolvenzordnung Sanierungen erleichtern will und somit auch ein Interesse der Gläubiger anzuerkennen ist, einen hochqualifizierten Arbeitnehmer zumindest vorübergehend zu beschäftigen. Des weiteren kann das Weglassen des Adjektivs »angetreten« wohl auch nur so verstanden werden, dass der Gesetzgeber für alle Dienstverhältnisse ein einheitliches Kündigungsrecht schaffen wollte. Auch stellt der Ausschluss des »fristlosen« Ablehnungsrechts keine besondere Belastung für die Insolvenzgläubiger dar.[91] Es ist deshalb davon auszugehen, dass § 113 InsO ein einheitliches Kündigungsrecht für alle Dienstverhältnisse in der Insolvenz bildet, seien sie angetreten oder nicht. Die Vorschrift geht der allgemeineren Regelung in § 103 InsO insoweit vor.[92]

---

88 Im Ergebnis ebenso: Zwanziger, Das Arbeitsrecht der Insolvenzordnung, 2. Aufl. 2001, S. 54, der sich für eine entsprechende Anwendung von § 113 bei einem durch Betriebsstillegung bedingten Wegfall des Ausbildungsplatzes ausspricht.
89 Hess/Pape, InsO und EGInsO, 1995, Rdnr. 325; Lohkemper, KTS 1996, 1, 4; Lakies, RdA 1997, 145; Hess/Weis/Wienberg, Insolvenzarbeitsrecht, 1997, Rdnr. 407.
90 KS/Düwell 1997, S. 1111.
91 KS/Düwell, a. a. O.
92 Im Ergebnis ebenso: Caspers, a. a. O., S. 40 Rdnr. 92 ff., der zu Recht darauf verweist, dass ein außerordentliches Kündigungsrecht, das in seinen Wirkungen mit dem Wahlrecht des Verwalters vergleichbar ist, mit der Insolvenzeröffnung gerade nicht besteht, vgl. Kübler/Prütting, a. a. O., § 113 Rdnr. 32–34, der zu Recht ergänzend darauf verweist, dass § 108 Abs. 1 InsO das Fortbestehen der Dienstverhältnisse statuiert und

Bis zu einer Klärung dieser Streitfrage durch die Rspr. kann dem Insolvenzverwalter nur empfohlen werden, nach einer eventuellen Erfüllungsablehnung gem. § 103 InsO vorsorglich eine Beendigungskündigung gem. § 113 InsO auszusprechen.

77

II. Kündigungsfrist (§ 113 Abs. 1 Satz 2 InsO)

1. Befristetes Arbeitsverhältnis

§ 620 BGB bestimmt, dass ein Dienstverhältnis mit dem Ablauf der Zeit endigt, für die es eingegangen ist. Ist für ein Dienstverhältnis eine bestimmte Zeitdauer festgelegt, so folgt hieraus die selbstverständliche Rechtsfolge der Befristung, dass das Dienstverhältnis unter den vereinbarten Voraussetzungen (Fristablauf oder Zweckerfüllung) von selbst endet, ohne dass es einer Kündigung bedarf.[93] Eine ordentliche Kündigung ist bei einer rechtswirksamen Befristung des Dienstverhältnisses regelmäßig ausgeschlossen.[94] Demgegenüber sieht § 113 Abs. 1 Satz 1 InsO ausdrücklich vor, dass das Dienstverhältnis sowohl vom Insolvenzverwalter als auch vom anderen Teil ohne Rücksicht auf eine vereinbarte Vertragsdauer gekündigt werden kann. Dies bedeutet, dass die insolvenzspezifische Kündigungsbefugnis gegenüber dem vereinbarten Ausschluss der ordentlichen Kündigung voll wirksam wird.[95]

78

2. Vereinbarter Kündigungsausschluss

Ebenso eindeutig ergibt sich schon aus dem Wortlaut von § 113 Abs. 1 Satz 1 InsO, dass die Kündigungsbefugnis ungeachtet eines vereinbarten Ausschlusses des Rechts zur ordentlichen Kündigung besteht. Beruht der Ausschluss des ordentlichen Kündigungsrechts auf einer einzelvertraglichen Vereinbarung, so ist er in der Insolvenz unbestritten unbeachtlich.

79

Das Kündigungsrecht nach § 113 Abs. 1 Satz 1 InsO soll jedoch nach teilweise vertretener Meinung für den Fall nicht gelten, wenn sich die längere Kündigungsfrist oder der Kündigungsausschluss aus einem kraft Tarifbindung einschlägigen Tarifvertrag ergebe. Insoweit seien nämlich gegenüber

80

---
diese Regelung durch § 113 Abs. 1 Satz 1 und 2 InsO flankiert wird; sie würde durch Heranziehung des § 103 InsO gegenstandslos werden.
93 BAG 22. 09. 1961 AP Nr. 20 zu § 620 BGB befristeter Arbeitsvertrag.
94 BAG 19. 06. 1980 EzA § 620 BGB Nr. 47; KR-Lipke/Bader, § 620 BGB Rdnr. 14.
95 Einhellige Meinung: Schrader, NZA 1997, 70; Zwanziger, a. a. O., S. 55; Warrikoff, BB 1994, 2338; Berscheid Anwbl. 1995, 8; Leinemann/Eisenbeis, Kasseler Handbuch zum Arbeitsrecht, Bd. 1, 2. Aufl. 2000, S. 783.

Eisenbeis/Mues

der Vorschrift verfassungsrechtliche Bedenken anzumelden.[96] Von diesen Autoren wird zwar zugestanden, dass der Gesetzgeber – neben Regelungen, die das Verhältnis der Tarifvertragsparteien zueinander ordnen – auch Vorschriften über Gegenstände erlassen dürfe, die in Tarifverträgen geregelt werden können. Dies sei zumindest dann der Fall, wenn er andere verfassungsrechtliche Güter schütze und das Verhältnismäßigkeitsgebot beachte.[97] Ob der Gesetzgeber aber auch nicht verfassungsrechtlich geschützte Rechtsgüter gegen die Tarifautonomie durchsetzen könne, sei fraglich. Jedenfalls nehme die Wirkungskraft des Grundrechtes in dem Maße zu, je mehr die Tarifvertragsparteien die gegenseitigen Interessen zum Ausgleich bringen können, was vor allem beim Lohn und materiellen Arbeitsbedingungen der Fall sei. Bestehende tarifliche Regelungen genössen einen höheren Schutz als nur mögliche. Je gewichtiger der Schutz, desto schwerwiegender müssten die Gründe sein, die einen Eingriff rechtfertigen sollen.

81 Da Kündigungsfristen aber ein klassischer Regelungsbereich für die Tarifparteien seien und es keinen Mantel- oder Rahmentarifvertrag gebe, in dem nicht Kündigungsfristen geregelt sind, richte sich § 113 Abs. 1 InsO gegen bestehende Tarifverträge. Aus der Entstehungsgeschichte des Gesetzes ergebe sich aber, dass der Gesetzgeber nicht etwa bestimmte Rechtsgüter habe schützen wollen, sondern dass es ihm darum gegangen sei, die Interessen der Insolvenzgläubiger stärker zur Geltung zu bringen. Somit habe er praktisch seine Abwägung an die Stelle der Abwägung durch die Tarifparteien gesetzt, was ihm allerdings durch Art. 9 Abs. 3 GG verwehrt sei.[98]

82 Dieser Auffassung kann nicht gefolgt werden. Zunächst ergibt sich aus der Entstehungsgeschichte eindeutig, dass Kollektivvereinbarungen eine »Vereinbarung« i. S. d. § 113 InsO sind. § 113 soll nach der ratio der Vorschrift Tarifverträgen und Betriebsvereinbarungen vorgehen. Dieser gesetzgeberische Vorrang ist verfassungsrechtlich nicht zu beanstanden, da hiermit nicht erstrangig eine Bevorzugung anderer Insolvenzgläubiger bezweckt wird, sondern vielmehr die negativen Folgen des bisherigen Konkurs- und Vergleichsrechts für die Sanierung und insbesondere die Übernahme von insolventen Unternehmen beseitigt werden sollen.[99] Dieses Ziel ist prinzipiell geeignet, auch eine Regelung im Bereich der Tarifautonomie zu rechtfertigen, da es letztlich der Arbeitsplatzerhaltung zumindest in Teilen des insolventen Unternehmens dient. Die generelle Kündbarkeit von Arbeitsverhältnissen in der Insolvenz ist gemessen an diesem Ziel auch nicht unverhältnismäßig. Das BVerfG hat mit Beschluss vom 08. 02. 1999 den Vorlagebeschluss des ArbG Stuttgart verworfen.[100]

---

96 Zwanziger, a. a. O., S. 56; Bichlmeier/Oberhofer, AiB 1997, 161, 162.
97 Zwanziger a. a. O., unter Hinweis auf BVerfG DB 1996, 2082.
98 Zwanziger a. a. O.; vgl. auch ArbG Limburg 02. 07. 1997 – 1 Ca 174/97 – EzA § 113 InsO Nr. 1 = BB 1998, 220 = AuR 1998, 92; a. A. LAG Hamm ZIP 1998, 161, nicht rechtskräftig; vgl. auch den Vorlagebeschluss des ArbG Stuttgart ZIP 1997, 2013 ff.
99 Vgl. Löwisch, NZA 1996, 1009 ff.
100 BVerfG NZA 1999, 597; vgl. auch BAG BB 1999, 745 f.

3. Nachkündigung

Hat der Schuldner oder der vorläufige Verwalter vor Eröffnung des Verfahrens das Arbeitsverhältnis mit einer längeren Kündigungsfrist als derjenigen nach Abs. 1 Satz 2 gekündigt, stellt sich die Frage, ob der Verwalter im eröffneten Verfahren nochmals mit der insolvenzspezifischen kürzeren Kündigungsfrist nachkündigen darf/muss. Das ArbG Köln verneint in seinem Urteil vom 08. 12. 1998[101] die Zulässigkeit einer solchen Nachkündigung: Der rechtswirksam bereits verwendete Kündigungsgrund der Betriebsstillegung sei verbraucht und könne daher nicht noch einmal zur Begründung einer neuen Kündigung herangezogen werden. Dem widerspricht das LAG Hamm:[102] Der Arbeitgeber könne grds. nicht gehindert werden, aus demselben Anlass mehrere Kündigungen auszusprechen; eine solche Nachkündigung sei jedenfalls dann nicht zu beanstanden, wenn die Betriebsstillegung vor Ablauf der Kündigungsfrist abgeschlossen ist.[103] Der herrschenden Meinung ist zuzustimmen, insbesondere kann die Rspr. des BAG zur sog. Wiederholungskündigung nicht zum Beleg des Gegenteils bemüht werden.[104] Danach wird dem Arbeitgeber lediglich versagt, eine erneute Kündigung auf solche Gründe zu stützen, die bereits in einem »Vorprozess« verworfen worden sind. Wenn aber der Kündigungsgrund greift und z. B. die Betriebsstillegung noch innerhalb der Frist des Abs. 1 Satz 2 abgeschlossen wird, ist kein einleuchtender Grund ersichtlich, dem Verwalter zu versagen, von der erst mit Verfahrenseröffnung gegebenen kürzeren Kündigungsfrist masseschonend Gebrauch zu machen. Unterlässt er es, macht er sich schadenersatzpflichtig nach § 60 InsO.

83

III. Sonderkündigungsschutz

Für den gesetzlichen Sonderkündigungsschutz gilt im Grundsatz das gleiche wie für den allgemeinen Kündigungsschutz; er ist insolvenzfest. Hieran hat sich nach Inkrafttreten von § 113 InsO nichts geändert. Insbesondere hat der Insolvenzverwalter auch weiterhin gesetzliche Kündigungsverbote bzw. Kündigungseinschränkungen zu beachten. Kann der in den einzelnen Vorschriften verfolgte erhöhte Bestandsschutz wegen der Besonderheiten in der Insolvenz – insbesondere bei der Betriebsstillegung – nicht mehr aufrechterhalten werden, so ist die Lösung der Arbeitsverhältnisse dieses be-

84

---

101 ArbG Köln NZI 1999, 282.
102 LAG Hamm ZIP 1998, 161.
103 Im Ergebnis ebenso: Kübler/Prütting, a. a. O., § 113 Rdnr. 66; für einschränkungslose Zulässigkeit der Nachkündigung: Nerlich/Römermann, Kommentar zur Insolvenzordnung, 2000, § 113 Rdnr. 93; vgl. auch Ascheid Kündigungsschutzrecht, 1993, § 4 KSchG Rdnr. 148.
104 Vgl. BAG 26. 08. 1993 NZA 1994, 70.

sonders geschützten Personenkreises unter Einhaltung des jeweiligen Verfahrens möglich.

1. Schutz der Betriebsratsmitglieder

a) Ausschluss der ordentlichen Kündigung gemäß § 15 Abs. 1–3 KSchG

85 Die Kündigung eines Mitglieds eines Betriebsrats, einer Jugend- und Auszubildendenvertretung, einer Bordvertretung oder eines Seebetriebsrats ist unzulässig, es sei denn, dass Tatsachen vorliegen, die den Arbeitgeber zur Kündigung aus wichtigem Grund ohne Einhaltung einer Kündigungsfrist berechtigen, und dass die nach § 103 BetrVG erforderliche Zustimmung vorliegt oder durch gerichtliche Entscheidung ersetzt ist. Nach Beendigung der Amtszeit besteht für den vorgenannten Personenkreis nachwirkender Sonderkündigungsschutz innerhalb eines Jahres bzw. innerhalb von sechs Monaten nach Maßgabe von § 15 Abs. 1 Satz 2 KSchG.

86 Das gleiche gilt für die in § 15 Abs. 2 und 3 KSchG genannten Personen. Der Insolvenzverwalter kann somit die Arbeitsverhältnisse des in § 15 KSchG genannten Personenkreises nicht gem. § 113 InsO ordentlich kündigen.

87 Arbeitnehmervertreter im Aufsichtsrat genießen grds. keinen besonderen Kündigungsschutz.[105] Ob aus der in dem weitergeltenden § 76 Abs. 2 Satz 5 BetrVG 1952 vorgeschriebenen entsprechenden Anwendung des Benachteiligungsverbotes aus § 78 BetrVG 1972 ein Kündigungsschutz für Arbeitnehmervertreter im Aufsichtsrat herzuleiten sei, blieb nach der Entscheidung des 2. Senats vom 04. 04. 1974 ausdrücklich offen. Fitting[106] weist darauf hin, dass eine Kündigung häufig gegen das Benachteiligungsverbot des § 78 BetrVG 1972 verstoßen und aus diesem Grund unwirksam sein werde; weiterhin könne für den Ursachenzusammenhang zwischen Kündigung und Benachteiligung um der Aufsichtsratstätigkeit willen eine tatsächliche Vermutung sprechen, die der Arbeitgeber/Insolvenzverwalter entkräften müsse.

88 Die Insolvenzeröffnung selbst stellt keinen wichtigen Grund dar, der die außerordentliche Kündigung der Betriebsratsmitglieder rechtfertigen könnte.[107]

89 Eine außerordentliche Kündigung der Betriebsratsmitglieder und der ihnen in § 15 KSchG gleichgestellten Arbeitnehmer durch den Insolvenzverwalter kommt nur in solchen Fällen in Betracht, in denen auch außerhalb der

---

105 BAG NJW 1974, 1399 f.
106 Fitting, Kommentar zum BetrVG, 20. Aufl. 2000, § 76 BetrVG 1952 Rdnr. 178 m. w. N.
107 BAG 29. 03. 1977 AP Nr. 11 zu § 102 BetrVG 1972; KR-Weigand, § 113 InsO Rdnr. 48 ff. m. w. N.

Insolvenz die fristlose Kündigung möglich wäre. Der Insolvenzverwalter hat dann die nach § 103 BetrVG erforderliche Zustimmung einzuholen bzw. sie gerichtlich ersetzen zu lassen. Hierbei ist der Insolvenzverwalter insbesondere auch zur Einhaltung der Zwei-Wochen-Frist des § 626 Abs. 2 BGB verpflichtet.[108] Da der Insolvenzverwalter mit der Übernahme seines Amtes lediglich in die Rechte und Pflichten des Schuldners eintritt, muss er bei einem vor Insolvenzeröffnung liegenden wichtigen Kündigungsgrund auch dartun und ggf. beweisen, dass die Kündigung nicht bereits durch eine frühere Kenntnis des Schuldners vom Kündigungssachverhalt verfristet ist.[109]

b) Ordentliche Kündigung bei Betriebsstillegung

Wird der Betrieb in der Insolvenz stillgelegt, so ist die Kündigung der in § 15 Abs. 1–3 KSchG genannten Personen frühestens zum Zeitpunkt der Stillegung zulässig, es sei denn, dass ihre Kündigung zu einem früheren Zeitpunkt durch zwingende betriebliche Erfordernisse bedingt ist, § 15 Abs. 4 KSchG.

90

Obgleich die Vorschrift lediglich davon spricht, dass bei einem Vorliegen des Tatbestandes der »Betriebsstillegung« eine Kündigung möglich ist, ist nach h. M. hiermit die Zulässigkeit einer ordentlichen Kündigung gemeint.[110] Damit der Sonderkündigungsschutz sich nicht in sein Gegenteil verkehrt, ist die ordentliche Kündigung nach § 113 InsO im Falle der Betriebstillegung nur dann zulässig, wenn eine Weiterbeschäftigung in einem anderen Betrieb des Unternehmens des Schuldners nicht möglich ist.[111]

91

Der Insolvenzverwalter kann den durch § 15 KSchG geschützten Personenkreis frühestens zum Zeitpunkt der Betriebsstillegung kündigen. Die Zustimmung nach § 103 BetrVG ist hierzu nicht notwendig, da das Zustimmungserfordernis nicht für die ordentliche Kündigung gilt. Der Insolvenzverwalter muss aber die Anhörung nach § 102 BetrVG durchführen wie bei allen anderen Arbeitnehmern auch.[112]

92

Erfolgt die Betriebsstillegung etappenweise, so müssen die Betriebsratsmitglieder und die ihnen in § 15 KSchG gleichgestellten Personen bei der letzten Gruppe der zu entlassenden Arbeitnehmer sein.[113]

93

Eine absolut zuverlässige Prognose darüber, zu welchem Termin der Betrieb stillgelegt werden wird, wird dem Insolvenzverwalter häufig nicht möglich

94

---

108 Hess, a. a. O., § 22 Rdnr. 562.
109 KR-Weigand, § 113 InsO Rdnr. 75 unter Hinweis auf LAG Stuttgart 18. 12. 1980 – 11 Sa 86/80.
110 BAG 29. 03. 1977 AP Nr. 11 zu § 102 BetrVG 1972; BAG 20. 01. 1984 AP Nr. 16 zu § 15 KSchG 1969; KR-Etzel, § 15 KSchG Rdnr. 73 m. w. N.
111 BAG 13. 08. 1992 EzA § 15 KSchG n. F. Nr. 39; BAG 20. 01. 1984 a. a. O.; Kittner/Däubler/Zwanziger a. a. O., § 15 Rdnr. 66.
112 KR-Weigand, § 113 InsO Rdnr. 53.
113 BAG DB 1968, 134.

sein. Der Stillegungstermin kann regelmäßig nur ungefähr bestimmt werden. Kündigungen im Hinblick auf eine Betriebsstillegung, die einen planmäßigen Abbau der Belegschaft ermöglichen sollen, können daher nur zu dem voraussichtlichen Stillegungstermin ausgesprochen werden. Wollte man die Wirksamkeit der Kündigung von Betriebsratsmitgliedern davon abhängig machen, dass dieser Termin auch eingehalten wird, zwänge man den Arbeitgeber unter Umständen zu einer überstürzten und damit wirtschaftlich unvernünftigen Stillegung und hielte ihn davon ab, sich bietende Möglichkeiten zur Fortführung des Betriebes – etwa durch eine Veräußerung – noch zu nutzen.[114]

95 Kündigt somit der Insolvenzverwalter das Arbeitsverhältnis eines Betriebsratsmitglieds zum voraussichtlichen Termin der Betriebsstillegung, so endet das Arbeitsverhältnis – falls sich die Betriebsstillegung verzögert – mit dem nächstzulässigen Termin nach der Betriebsstillegung.[115] Da die Kündigungsfrist nach § 113 Abs. 1 Satz 2 auf das Monatsende abstellt, endigt das Arbeitsverhältnis des Betriebsratsmitglieds dann mit dem Monatsletzten, der auf die Betriebsstillegung folgt.

96 Für die Annahme der Betriebsstillegung ist unerheblich, wie lange noch einzelne Arbeitnehmer mit Restarbeiten beschäftigt werden. Maßgeblich ist allein, wann die Produktionsgemeinschaft aufgelöst worden und damit die Grundlage für das Amt des Betriebsrats weggefallen ist.[116]

97 Hat das Betriebsratsmitglied nach dem Stillegungstermin im Zusammenhang mit der Abwicklung noch Amtspflichten zu erfüllen, so ist es hierzu aufgrund seines Restmandates befugt.[117] Einer Verlängerung des Arbeitsverhältnisses bedarf es insoweit nicht.

c) Ordentliche Kündigung bei Stillegung einer Betriebsabteilung

98 Wird eine der in § 15 Abs. 1–3 KSchG genannten Personen in einer Betriebsabteilung beschäftigt, die stillgelegt wird, so ist sie in eine andere Betriebsabteilung zu übernehmen. Ist dies aus betrieblichen Gründen nicht möglich, so findet auf ihre Kündigung die Vorschrift des Abs. 4 über die Kündigung bei Stillegung des Betriebes sinngemäß Anwendung (§ 15 Abs. 5 KSchG).

99 Unter Betriebsabteilung versteht man einen räumlich und organisatorisch abgegrenzten Teil eines Betriebes oder Betriebsteils, der eine personelle Einheit erfordert, über eigene technische Betriebsmittel verfügt und eigene Betriebszwecke verfolgt, die Teil des arbeitstechnischen Zweckes des Gesamtbetriebes sind oder sich in einem bloßen Hilfszweck für den arbeitstechnischen Zweck des Gesamtbetriebes erschöpfen können.[118]

---

114 BAG NJW 1980, 2543.
115 BAG a. a. O.
116 BAGE 8, 207, 212 f.
117 BAG 30. 10. 1979 EzA § 76 BetrVG 1972 Nr. 26.
118 BAG 20. 01. 1984 EzA § 15 KSchG n. F. Nr. 33; vgl. auch die ausführliche Darstellung bei KR-Etzel, § 15 KSchG Rdnr. 121 ff.

Demgegenüber ist ein Betriebsteil eine zwar abgrenzbare, von ihrer Organisation her aber nicht unabhängig von anderen funktionsfähige Einheit, die eine begrenzte, von denjenigen anderer Einheiten unterscheidbare Aufgabe wahrnimmt, welche in aller Regel dem arbeitstechnischen Zweck des Gesamtbetriebes dient.[119]

100

Wenn eine den Anforderungen an eine Betriebsabteilung nicht genügende Arbeitseinheit stillgelegt wird, kommt eine ordentliche Kündigung einer nach § 15 KSchG geschützten Person von vornherein nicht in Betracht.[120]

101

Löst der Insolvenzverwalter die Arbeits- und Produktionsgemeinschaft zwischen Unternehmer und Belegschaft der Betriebsabteilung auf, so muss er vor der Kündigung eines dort beschäftigten, nach § 15 KSchG geschützten Arbeitnehmers die Übernahme in eine andere Betriebsabteilung prüfen. Übernahme in diesem Sinne heißt, dass der Insolvenzverwalter den Arbeitnehmer auf einem gleichwertigen Arbeitsplatz beschäftigen muss; das Angebot eines geringerwertigen Arbeitsplatzes mit geringerer Entlohnung genügt nicht.[121]

102

Sind gleichwertige Arbeitsplätze in einer anderen Betriebsabteilung zwar vorhanden, aber besetzt, so ist streitig, ob diese Arbeitsplätze für den durch § 15 KSchG geschützten Funktionsträger freigekündigt werden müssen und ob und in welcher Gewichtung die sozialen Belange der Betroffenen zu berücksichtigen sind.

103

Teilweise wird vertreten, dass dem Betriebsratsmitglied und dem ihm nach § 15 KSchG Gleichgestellten der absolute Vorrang eingeräumt werden müsse.[122] Zum Teil werden die sozialen Belange des betreffenden Arbeitnehmers und die berechtigten betrieblichen Interessen an seiner Weiterbeschäftigung gegen die Interessen der Belegschaft an der Fortführung des Mandates und des durch § 15 KSchG geschützten Arbeitnehmers an seiner Weiterbeschäftigung gegeneinander abgewogen, um unbillige Ergebnisse zu vermeiden.[123] Wenngleich auch diese Meinung weder im Wortlaut von § 1 Abs. 3 KSchG noch im Wortlaut von § 15 Abs. 5 KSchG eine Stütze findet, verdient sie gleichwohl den Vorzug, da nur so unerträgliche Ergebnisse – die ggf. auch in der Kündigung von Arbeitnehmern bestehen könnten, die ebenfalls Sonderkündigungsschutz genießen – vermieden werden können.

104

Da § 15 Abs. 5 KSchG die Weiterbeschäftigung des Arbeitnehmers möglichst sicherstellen will, ist der Insolvenzverwalter auch verpflichtet, dem Arbeitnehmer mangels eines gleichwertigen Arbeitsplatzes einen geringer-

105

---

119 BAG 11. 10. 1989 AP Nr. 47 zu § 1 KSchG 1969 betriebsbedingte Kündigung unter Bezug auf Senatsurteil v. 09. 02. 1989 – 2 AZR 405/88 – unveröffentlicht, vgl. auch Fitting, a. a. O., § 4 Rdnr. 5 m. w. N.; Stege/Weinspach, Kommentar zum BetrVG, 8. Aufl. 1999, § 4 Rdnr. 3.
120 Fitting, a. a. O., § 103 Rdnr. 16.
121 BAG 01. 02. 1957 AP Nr. 5 zu § 13 KSchG; KR-Etzel, § 15 KSchG, Rdnr. 126.
122 MK-BGB/Berkowsky ArbR, § 153 Rdnr. 74 für den Fall der Betriebsschließung; Matthes DB 1980, 1165, 1168 f.; ArbG Mainz DB 1986, 754.
123 Vgl. KR-Etzel, § 15 KSchG Rdnr. 126 m. w. N.

wertigen zumutbaren Arbeitsplatz anzubieten. Lehnt der Arbeitnehmer ab, ist der Weg für die Kündigung frei.

106 Die Kündigung ist weiterhin in eng begrenzten Ausnahmefällen zulässig, wenn die Übernahme in eine andere Abteilung aus zwingenden betrieblichen Gründen nicht möglich ist. Nach dem Urteil des BAG vom 25. 11. 1981[124] ist der Arbeitgeber verpflichtet, materiell alle denkbaren Übernahmemöglichkeiten besonders eingehend zu prüfen und prozessual den Umfang der von ihm angestellten Überlegungen und ihr Ergebnis so substantiiert darzulegen, dass das Gericht zu der notwendigen Überzeugung gelangen kann, der Ausnahmetatbestand der Unmöglichkeit der Übernahme liege tatsächlich vor.[125]

107 Unabhängig von der arbeitsvertraglichen Situation gilt für das Betriebsratsamt in den Fällen des § 15 Abs. 4 und 5 KSchG: Bei vollzogener Betriebsstilllegung verliert das Betriebsratsmitglied im allgemeinen sein Amt. Denn Basis für die Existenz und Tätigkeit des Betriebsrats ist der Betrieb.[126] Dem Betriebsrat steht jedoch für die Abwicklung ein Restmandat zur Wahrnehmung seiner mit der Betriebsstillegung zusammenhängenden gesetzlichen Aufgaben, namentlich zur Herbeiführung eines Sozialplans, zu.[127]

108 Die Wahrnehmung der Aufgaben innerhalb des Restmandates führt nicht zu einer Verlängerung des Arbeitsverhältnisses. Dies wäre zum einen mit dem Wortlaut von § 15 Abs. 4 KSchG nicht in Einklang zu bringen, wonach auch das Arbeitsverhältnis eines Betriebsratsmitglieds unter Einhaltung der Kündigungsfrist wirksam zum Zeitpunkt der Betriebsstillegung beendet werden kann; zum anderen führte eine solche Verlängerung des Arbeitsverhältnisses zu einer nach § 78 BetrVG unzulässigen Bevorzugung. Das dem Betriebsrat zukommende Restmandat zwingt auch nicht aus anderen Gründen zu einer Verlängerung des Arbeitsverhältnisses. Insbesondere reicht es aus, die Zeit, die Betriebsratsmitglieder nach Beendigung des Arbeitsverhältnisses für Betriebsratsaufgaben aufwenden, ihnen in entsprechender Anwendung von § 37 Abs. 3 BetrVG als Arbeitszeit zu vergüten.[128]

2. Kündigungsschutz schwerbehinderter Arbeitnehmer

109 Der Sonderkündigungsschutz bei schwerbehinderten Arbeitnehmern nach den §§ 85 ff. SGB IX ist insolvenzfest.[129]

---

124 BAG 25. 11. 1981 AP Nr. 1 zu § 15 KSchG 1969.
125 BAG a. a. O., unter III 1 der Gründe.
126 Fitting, a. a. O., § 21 Rdnr. 38.
127 BAG 30. 10. 1979 AP Nr. 9 zu § 112 BetrVG 1972; zu dem zeitlich befristeten Übergangsmandat nach § 32 UmwG, § 13 SpTrUG; § 6 b Abs. 9 VermG und §§ 15 und 20 DBGrG; vgl. die Übersicht bei Fitting, a. a. O., § 21 Rdnr. 45 ff.
128 BAG 14. 10. 1982 AP Nr. 1 zu § 1 KSchG 1969 Konzern B I 3 b der Gründe; KR-Etzel § 15 KSchG, Rdnr. 119.
129 Cramer, Kommentar zum Schwerbehindertengesetz, 5. Aufl. 1998, § 15 Rdnr. 9 m. w. N.; Kuhn/Uhlenbruck, a. a. O., § 22 Rdnr. 17; Hess, a. a. O., § 22 Rdnr. 622.

Die Zustimmungsbedürftigkeit gilt für alle Arten von Kündigungen, auch für die außerordentliche Kündigung in der Insolvenz. **110**

Ob der Insolvenzverwalter Kenntnis von der Schwerbehinderteneigenschaft des Arbeitnehmers hat, ist unerheblich.[130] Kündigt der Insolvenzverwalter in Unkenntnis der Schwerbehinderteneigenschaft ohne vorherige Einschaltung des Integrationsamtes, ist der Arbeitnehmer gehalten, binnen Monatsfrist die bereits festgestellte oder zur Feststellung beantragte Schwerbehinderteneigenschaft geltend zu machen, wenn er sich den Sonderkündigungsschutz erhalten will. Der Arbeitnehmer darf die Regelfrist von einem Monat voll ausschöpfen.[131] Lässt der Arbeitnehmer die Monatsfrist verstreichen, ist der Sonderkündigungsschutz nach den §§ 85 ff. SGB IX verwirkt.[132] **111**

Im Falle der Betriebsstillegung in der Insolvenz hat das Integrationsamt der beabsichtigten Kündigung zuzustimmen, wenn zwischen dem Tage der Kündigung und dem Tage, bis zu dem Gehalt oder Lohn gezahlt wird, mindestens drei Monate liegen (§ 89 Abs. 1 Satz 1 SGB IX). Ist die Insolvenzmasse nicht ausreichend, um die Vergütung für drei Monate zu zahlen, so bleibt hiervon die Rechtswirksamkeit der Kündigung unberührt.[133] **112**

Unter der gleichen Voraussetzung soll das Integrationsamt die Zustimmung erteilen, wenn der Insolvenzverwalter sich bei Fortführung des Betriebes zur dauerhaften und wesentlichen Einschränkung des Betriebes entschließt und die Gesamtzahl der verbleibenden schwerbehinderten Menschen zur Erfüllung der Pflichtzahl der nach § 71 SGB IX zu beschäftigenden schwerbehinderten Menschen ausreicht; hierbei ist von der Belegschaftsstärke nach der Betriebseinschränkung auszugehen. **113**

Die Ermessenseinschränkung gilt nicht, wenn eine Weiterbeschäftigung auf einem anderen Arbeitsplatz desselben Betriebes mit Einverständnis des schwerbehinderten Arbeitnehmers möglich und für den Arbeitgeber zumutbar ist. Ist dem Arbeitgeber die Weiterbeschäftigung zumutbar[134] und ist der Arbeitnehmer mit dem Arbeitsplatzwechsel einverstanden, hat das Integrationsamt in aller Regel die Zustimmung zur Kündigung zu versagen. **114**

Gem. § 89 Abs. 2 SGB IX soll das Integrationsamt die Zustimmung erteilen, wenn dem schwerbehinderten Menschen ein anderer angemessener und zumutbarer Arbeitsplatz gesichert ist. Der andere Arbeitsplatz kann sich sowohl bei dem bisherigen Arbeitgeber als auch bei einem fremden Arbeitgeber befinden.[135] **115**

---

130 Cramer, a. a. O., § 15 Rdnr. 4.
131 BAG 16. 01. 1985 AP Nr. 14 zu § 12 SchwbG.
132 LAG Baden-Württemberg BehR 1978, 44.
133 LAG Düsseldorf ZIP 1990, 529.
134 Vgl. hierzu i. E.: KR-Etzel §§ 85–90, SGB IX, Rdnr. 92 ff.
135 BVerwG 12. 01. 1966 AP Nr. 6 zu § 18 SchwbG.

116 Gem. Art. 97 i. V. m. Art. 110 EGInsO wurde an § 19 SchwbG (jetzt § 89 SGB IX) mit Inkrafttreten der Insolvenzordnung folgender neuer Abs. 3 angefügt:

»(3) Ist das Insolvenzverfahren über das Vermögen des Arbeitgebers eröffnet, soll die Hauptfürsorgestelle die Zustimmung erteilen, wenn

1. der Schwerbehinderte in einem Interessenausgleich namentlich als einer der zu entlassenden Arbeitnehmer bezeichnet ist (§ 125 InsO),

2. die Schwerbehindertenvertretung beim Zustandekommen des Interessenausgleichs gem. § 25 Abs. 2 beteiligt worden ist,

3. der Anteil der nach dem Interessenausgleich zu entlassenden Schwerbehinderten an der Zahl der beschäftigten Schwerbehinderten nicht größer als der Anteil der zu entlassenden übrigen Arbeitnehmer an der Zahl der beschäftigten übrigen Arbeitnehmer ist und

4. die Gesamtzahl der Schwerbehinderten, die nach dem Interessenausgleich bei dem Arbeitgeber verbleiben sollen, zur Erfüllung der Verpflichtung nach § 5 ausreicht.«

117 Nach der Entscheidung der Hauptfürsorgestelle Niedersachsen vom 27. 01. 2000[136] ist es nicht Aufgabe der Hauptfürsorgestelle bei der Frage der Zustimmung zur Kündigung eines Schwerbehinderten, die allgemeinen sozialen Interessen des einzelnen Schwerbehinderten zu wahren, da diesem, neben dem Schutz des § 15 SchwbG, auch der allgemeine arbeitsrechtliche Schutz zusteht. Bei der Entscheidung können vielmehr nur Erwägungen eine Rolle spielen, die sich speziell aus der Schwerbehindertenfürsorge herleiten. Rechtfertigen solche Erwägungen eine Versagung der Zustimmung nicht, so hat die behördliche Zustimmung dem Gekündigten diejenige Rechtsstellung zurückzugeben, die er auch ohne den besonderen Kündigungsschutz für Schwerbehinderte hätte.

118 Erteilt das Integrationsamt die Zustimmung zur Kündigung, kann der Verwalter die Kündigung nur innerhalb eines Monats nach Zustellung erklären, § 88 Abs. 3 SGB IX. Widerspruch und Anfechtungsklage gegen die Zustimmung des Integrationsamtes zur Kündigung haben keine aufschiebende Wirkung, § 88 Abs. 4 SGB IX. Wehrt sich der Arbeitnehmer sowohl gegen den zustimmenden Bescheid als auch gegen die in der Folge erklärte Kündigung, ist der Rechtsweg gespalten. Das Arbeitsgericht kann, muss aber nicht den Kündigungsschutzprozess gem. § 148 ZPO aussetzen.[137] Die Aussetzung des Kündigungsschutzprozesses liegt im pflichtgemäßen Ermessen des Arbeitsgerichts. Gegenüber dem vorrangigen Zweck der Aussetzung, einander widersprechende Entscheidungen in parallel geführten Prozessen zu verhindern, sind der Nachteil einer langen Verfahrensdauer und die daraus für die Parteien entstehenden Folgen abzuwägen. In Rechtsstreitig-

---

136 Hauptfürsorgestelle Niedersachsen, 27.2.218-403/12419K11583, ZInsO 2000, 173.
137 BAG 26. 09. 1991 EzA § 1 KSchG personenbedingte Kündigung Nr. 10.

keiten über das Bestehen, Nichtbestehen oder die Kündigung eines Arbeitsverhältnisses kommt dem allgemeinen Beschleunigungsgebot besondere Bedeutung zu, wie sich schon daraus ergibt, dass die Kündigungsschutzverfahren nach dem Arbeitsgerichtsgesetz vorrangig zu erledigen sind. Da in der Insolvenz eine schnelle Klärung der Bestandsstreitigkeiten erforderlich ist, sollte das Arbeitsgericht von der Aussetzungsmöglichkeit nur zurückhaltend Gebrauch machen.

3. Mutterschutz

Der Sonderkündigungsschutz für Schwangere und Mütter ist insolvenzfest.[138] Die Insolvenzordnung hat lediglich zu redaktionellen Änderungen des Mutterschutzgesetzes (Art. 92 EGInsO) geführt.

119

Der Kündigungsschutz wird maßgeblich bestimmt durch die Kündigungsverbote in § 9 MuSchG, § 18 BErzGG. Danach ist die Kündigung während der Schwangerschaft und bis zum Ablauf von vier Monaten nach der Entbindung unzulässig (§ 9 Abs. 1 Satz 1 MuSchG). Des Weiteren darf der Arbeitgeber das Arbeitsverhältnis ab dem Zeitpunkt, von dem an Erziehungsurlaub verlangt worden ist, höchstens jedoch sechs Wochen vor Beginn des Erziehungsurlaubs und während des Erziehungsurlaubs nicht kündigen (§ 18 Abs. 1 BErzGG).

120

Nach beiden Vorschriften kann in besonderen Fällen ausnahmsweise die Kündigung für zulässig erklärt werden, § 9 Abs. 3 Satz 1 MuSchG bzw. § 18 Abs. 1 Satz 1 BErzGG. Die Betriebsstillegung kennzeichnet in aller Regel eine Lage, in der dem Interesse des Arbeitgebers an der Auflösung des Arbeitsverhältnisses während der in § 9 Abs. 1 Satz 1 MuSchG bestimmten Schutzfrist Vorrang vor dem Interesse der Arbeitnehmerin an der Erhaltung ihres Arbeitsplatzes gebührt.[139]

121

Ein »besonderer Fall« liegt allerdings nicht vor, wenn die nach dem Mutterschutzgesetz Kündigungsschutz genießende Arbeitnehmerin umgesetzt werden kann.[140]

122

Entfällt insolvenzbedingt der Arbeitsplatz der nach dem Mutterschutzgesetz bzw. nach dem Bundeserziehungsgeldgesetz geschützten Arbeitnehmerin, so hat die für den Arbeitsschutz zuständige oberste Landesbehörde bei Unmöglichkeit der Weiterbeschäftigung auf einem anderen Arbeitsplatz die Kündigung für zulässig zu erklären.[141]

123

---

138 BAG 25. 10. 1968 AP Nr. 1 zu § 22 KO.
139 BVerwG 18. 08. 1977 AP Nr. 5 zu § 9 MuSchG 1968.
140 BVerwG a. a. O.; vgl. auch z. B. den Runderlass des Ministers für Arbeit, Gesundheit und Soziales NRW vom 11. 02. 1981, MBL NW 1981, 411, Ziffer 2.5.2 bzw. die Allgemeinen Verwaltungsvorschriften des Bundesministers für Arbeit und Sozialordnung zum Kündigungsschutz bei Erziehungsurlaub vom 02. 01. 1986 BAnz 1986 Nr. 1 S. 4, § 2 Ziff. 1–4.
141 Vgl. auch Hess, a. a. O., § 22 Rdnr. 899 ff.

124 Bestehen im konkreten Fall die Kündigungsverbote nach § 9 Abs. 1 MuSchG und § 18 BErzGG nebeneinander, bedarf der Arbeitgeber bei Vorliegen von Mutterschaft und zusätzlich Erziehungsurlaub für eine Kündigung der Zulässigkeitserklärung der Arbeitsschutzbehörde nach beiden Vorschriften.[142]

125 Der Kündigungsschutz nach dem Mutterschutzgesetz gilt auch für Auszubildende.[143] Für die im Erziehungsurlaub befindlichen Auszubildenden gilt dies nach § 8 Abs. 1 der Allgemeinen Verwaltungsvorschriften des Bundesministers für Arbeit und Sozialordnung zum Kündigungsschutz bei Erziehungsurlaub entsprechend.

126 Nach behördlicher Zulässigerklärung der Kündigung kann der Insolvenzverwalter das Arbeitsverhältnis ordentlich gem. § 113 kündigen. Nach der Fassung des MuSchG vom 17. 01. 1997 muss der Insolvenzverwalter allerdings darauf achten, dass die Kündigung der Schwangeren gem. § 9 Abs. 3 Satz 2 MuSchG schriftlich erfolgen und weiterhin der Kündigungsgrund angegeben werden muss. Eine gegen diese Formvorschriften verstoßende Kündigung ist nichtig.

4. Sonderkündigungsschutz für Wehrdienstleistende

127 Gem. § 2 Abs. 2 ArbPlSchG darf der Arbeitgeber von der Zustellung des Einberufungsbescheides bis zur Beendigung des Grundwehrdienstes sowie während einer Wehrübung das Arbeitsverhältnis nicht kündigen. Gleiches gilt für in Heimarbeit Beschäftigte (§ 7 Abs. 1 ArbPlSchG) bzw. für Handelsvertreter (§ 8 Abs. 4 ArbPlSchG).

128 Kann infolge der insolvenzbedingten Betriebsstillegung bzw. des insolvenzbedingten ersatzlosen Wegfalls des Arbeitsplatzes ohne Weiterbeschäftigungsmöglichkeit das Arbeitsverhältnis nicht aufrechterhalten werden, so ist auch in diesen Fällen die ordentliche Kündigung gem. § 113 InsO zulässig.[144]

5. Abgeordnetenschutz

129 Gem. Art. 48 Abs. 2 Satz 2 GG ist die Kündigung aus Gründen der Ausübung des Amtes eines Abgeordneten unzulässig. Ferner bestimmt § 2 Abs. 3 AbgG, dass eine Kündigung oder Entlassung wegen der Annahme oder Ausübung des Bundestagsmandates unzulässig ist. Der Kündigungsschutz beginnt mit der Aufstellung des Bewerbers durch das dafür zustän-

---

142 BAG 31. 03. 1993 AP Nr. 20 zu § 9 MuSchG 1968.
143 BVerwG 26. 08. 1970 AP Nr. 32 zu § 9 MuSchG; Meisel/Sowka, Mutterschutz und Erziehungsurlaub, 5. Aufl. 1999, § 1 MuSchG Rdnr. 8.
144 Hess, a. a. O., § 22 Rdnr. 693; Jaeger/Henckel, a. a. O., § 22 Rdnr. 34; Zwanziger, a. a. O., S. 55.

dige Organ der Partei oder mit der Einreichung des Wahlvorschlages. Er gilt ein Jahr nach Beendigung des Mandates fort. Entsprechende Regelungen finden sich in den landesrechtlichen Vorschriften.[145]

Auch bezüglich der Arbeitsverhältnisse der Parlamentarier kann ausnahmsweise aus Gründen der Betriebsstillegung gekündigt werden.[146] Auch in diesen Fällen gilt die Kündigungsfrist gem. § 113 InsO. 130

6. Kündigungsschutz der Auszubildenden

§ 15 Abs. 2 Nr. 1 BBiG bestimmt, dass das Berufsausbildungsverhältnis vom Auszubildenden nach Ablauf der Probezeit nur aus wichtigem Grund gekündigt werden kann. Die Insolvenzeröffnung selbst ist aber kein wichtiger Grund in diesem Sinne.[147] Der Insolvenzverwalter kann das Berufsausbildungsverhältnis im Falle der Betriebsstillegung in entsprechender Anwendung von § 15 Abs. 4, 5 KSchG ordentlich mit der insolvenzspezifischen Kündigungsfrist von drei Monaten zum Monatsende kündigen (zum Meinungsstreit hinsichtlich der einschlägigen Kündigungsfrist vgl. Rdnr. 74). 131

Hierbei hat der Insolvenzverwalter das Schriftformerfordernis nach § 15 Abs. 3 BBiG bezüglich der Kündigungsbegründung zu beachten.

IV. Rechtsfolgen der Kündigung

1. Schadenersatz gemäß § 113 Abs. 1 Satz 3 InsO

Die Vorschrift ist dem bis zum 30. 09. 1996 gültigen § 22 Abs. 2 KO nachgebildet. Der Gesetzgeber der Insolvenzordnung hat lediglich redaktionelle Änderungen vorgenommen und im Übrigen ausdrücklich klargestellt, dass es sich bei dem Schadenersatzanspruch i. S. d. bisher zu § 22 Abs. 2 KO h. M. um eine einfache Insolvenzforderung handelt. Auf die zu § 22 Abs. 2 KO ergangene Rspr. und das einschlägige Schrifttum kann deshalb nach wie vor zurückgegriffen werden. 132

Kündigt der Insolvenzverwalter, so bestimmt § 113 Abs. 1 Satz 3 InsO, dass der Arbeitnehmer Ersatz des ihm wegen der vorzeitigen Beendigung durch die Aufhebung des Dienstverhältnisses entstehenden Schadens verlangen kann. Der gesetzliche Schadenersatzanspruch gilt somit nur für die vom Insolvenzverwalter ausgesprochene Kündigung; er ist verschuldensunabhängig und stellt einen Ausgleich für die insolvenzbedingte vorzeitige Beendi- 133

---

145 Vgl. KR-Weigand, ParlKSch, Rdnr. 25 ff.
146 KR-Weigand, a. a. O., Rdnr. 46.
147 BAG 25. 10. 1968 EzA § 626 BGB Nr. 10.

gung des Arbeitsverhältnisses dar. Der Schadenersatzanspruch umfasst die Zeitspanne zwischen der Kündigungsfrist nach § 113 Abs. 1 Satz 2 InsO und der längeren vertraglichen bzw. tariflichen Kündigungsfrist. Ist die ordentliche Kündigung infolge Befristung des Arbeitsverhältnisses ausgeschlossen, setzt das Befristungsende die Grenze für den Schadenersatzanspruch.

134 In dem Fall, dass die Kündigung entweder einzelvertraglich oder tariflich ausgeschlossen ist, wird teilweise vertreten, dass die dann erst durch § 113 Abs. 1 Satz 1 InsO ermöglichte Kündigung bei der Schadenberechnung mit berücksichtigt werden müsse; in diesem Falle könne nämlich nicht allein auf den Verfrühungsschaden abgestellt werden. Es müsse vielmehr berücksichtigt werden, dass die Kündigung überhaupt erst ermöglicht worden ist (so Zwanziger a. a. O., S. 59). Dieser Schaden, der durch die Ermöglichung der Kündigung entstehe, sei in entsprechender Anwendung von §§ 9, 10 KSchG zu berechnen. Dies seien die einschlägigen Vorschriften, die den Wert eines Arbeitsplatzes bestimmten.[148]

Dem kann in dieser Allgemeinheit nicht gefolgt werden. Jedenfalls dann, wenn der unkündbare Arbeitnehmer vom Insolvenzverwalter aus Anlass der Betriebsstillegung gekündigt wird, ist der Schadenersatzanspruch zeitlich auf die längste gesetzliche bzw. tarifliche Kündigungsfrist beschränkt. Für den Fall der Betriebsstillegung hat das BAG nämlich entschieden, dass bei einem tariflichen Ausschluss des ordentlichen Kündigungsrechts die Betriebsstillegung geeignet ist, sofern keine Möglichkeit zur Weiterbeschäftigung in einem anderen Betrieb des Unternehmens besteht, eine außerordentliche Kündigung zu rechtfertigen.[149] Hierbei muss der Arbeitgeber die gesetzliche oder tarifliche Kündigungsfrist einhalten, die gelten würde, wenn die ordentliche Kündigung nicht ausgeschlossen wäre.[150] Ob die Betriebsstillegung in oder außerhalb der Insolvenz erfolgt, kann für die Kündigungsmöglichkeit ordentlich unkündbarer Arbeitnehmer keine Rolle spielen.

135 Für das Vorstandsmitglied einer AG ist der Schadenersatzanspruch auf maximal zwei Jahre beschränkt (§ 87 Abs. 3 AktG).

136 Der auszugleichende Schaden erstreckt sich auf die gesamte entgangene Vergütung einschließlich Provisionen, Naturalbezügen etc.[151]

137 Der Schaden kann in dem Verlust einer Pensionsberechtigung liegen, wenn der Arbeitnehmer infolge der verkürzten Kündigungsfrist vor Ablauf der Unverfallbarkeitsgrenze ausscheidet.[152]

---

148 Zwanziger, a. a. O., S. 59.
149 BAG 28. 03. 1985 EzA § 626 BGB n. F. Nr. 96.
150 BAG 28. 03. 1985 a. a. O.; Günther, RdA 1974, 153; KR-Fischermeier, § 626 BGB Rdnr. 205 f.; a. A. ArbG Freiburg NZA 1986, 295.
151 LAG Bremen BB 1953, 472; KR-Weigand, § 113 InsO Rdnr. 89.
152 LAG Düsseldorf ARSt 1979, 134.

Eisenbeis/Mues

Voraussetzungen und Umfang des Schadenersatzanspruches aus § 113 Abs. 1 Satz 3 können grds. rechtswirksam im voraus vertraglich geregelt werden.[153] Die Dispositionsfreiheit findet jedoch immer dort ihre Grenze, wo die Vereinbarung zur unzulässigen Besserstellung gegenüber anderen Insolvenzgläubigern führt.[154]

138

Die Rechtsnatur des Schadenersatzanspruches war zu der gesetzlichen Vorgängerregelung in § 22 Abs. 2 KO umstritten.[155] Nunmehr ist der Schadenersatzanspruch ausdrücklich als einfache Insolvenzforderung bestimmt.

139

Im Falle der Eigenkündigung des Arbeitnehmers in der Insolvenz steht diesem grds. kein Schadenersatzanspruch zu. Etwas anderes soll ausnahmsweise dann gelten, wenn die Eigenkündigung durch eine vom Schuldner verschuldete Insolvenz bzw. aus von diesem verschuldeten Begleitumständen der Insolvenz veranlasst ist. Zur Begründung wird ausgeführt: Wenn der Gesetzgeber schon einen Anspruch unabhängig vom Verschulden des Arbeitgebers gem. § 113 Abs. 1 Satz 3 gewährt, so müsse dem Arbeitnehmer erst recht der Schaden ersetzt werden, den er durch ein schuldhaftes Verhalten des Arbeitgebers erleide.[156]

140

Diese Auffassung begegnet nicht unerheblichen Bedenken; sie erscheint zudem wegen der Regelung in § 628 Abs. 2 BGB nicht geboten. Wann eine Insolvenz »vom Schuldner verschuldet« ist, wird sich in vielen Fällen nicht hinreichend sicher klären lassen. Die Insolvenz selbst ist nach einhelliger Auffassung weder Kündigungsgrund noch Basis für einen Schadenersatzanspruch. Erreicht das Verschulden des Schuldners ein solches Maß, dass der Arbeitnehmer zur Kündigung aus wichtigem Grund berechtigt ist, so kann er nach § 628 Abs. 2 BGB vorgehen. Pflichtverletzungen des Schuldners unterhalb dieser Schwelle berechtigen nach dem Willen des Gesetzgebers nicht zum Schadenersatz.

141

Der Schadenersatzanspruch kann nach § 254 BGB eine Minderung erfahren, wenn der Arbeitnehmer sich nicht ernsthaft um eine ihm zumutbare Tätigkeit bemüht.[157]

142

2. Schadenersatz gemäß § 628 Abs. 2 BGB

Die Rechtsnorm bestimmt, dass im Falle einer durch vertragswidriges Verhalten des anderen Teiles veranlassten Kündigung dieser zum Ersatz des durch die Aufhebung des Dienstverhältnisses entstehenden Schadens verpflichtet ist. Aus dem Wortlaut folgt somit zunächst nur, dass lediglich eine fristlose Kündigung i. S. d. § 626 BGB gemeint ist. Das BAG hat den

143

---

153 KR-Weigand, § 113 InsO Rdnr. 93.
154 Vgl. LAG Wiesbaden ZIP 1980, 1074.
155 Vgl. Leinemann/Eisenbeis, a. a. O., S. 802.
156 KR-Weigand, § 113 InsO Rdnr. 91 unter Hinweis auf Kuhn/Uhlenbruck, a. a. O., § 22 Rdnr. 22.
157 Vgl. Jaeger/Henckel, a. a. O., § 22 Rdnr. 40.

Anwendungsbereich der Norm jedoch auch auf all diejenigen Fälle erstreckt, in denen das Arbeitsverhältnis in anderer Weise als durch fristlose Kündigung beendet wurde, sofern nur der andere Vertragsteil durch ein vertragswidriges schuldhaftes Verhalten den Anlass für die Beendigung gegeben hat.[158] Maßgeblich ist danach nicht die Form der Vertragsauflösung, sondern ihr Anlass.[159]

144 Das Auflösungsverschulden muss allerdings die Merkmale des wichtigen Grundes i. S. d. § 626 Abs. 1 BGB aufweisen.[160]

145 Ebenso wie die außerordentliche Kündigung nach § 626 Abs. 1 BGB setzt der Schadenersatzanspruch nach § 628 Abs. 2 BGB voraus, dass die Zwei-Wochen-Frist des § 626 Abs. 2 BGB gewahrt ist.[161]

146 Der Schadenersatzanspruch umfasst grds. alle tatsächlichen Schäden und unterliegt keiner zeitlichen Begrenzung. Das BAG schränkt den Anspruch allerdings für den Zeitraum der Kündigungsfrist ein; danach soll der Kündigende gem. § 628 Abs. 2 BGB so gestellt werden, als wäre das Arbeitsverhältnis ordnungsgemäß durch eine fristgerechte Kündigung beendet worden.[162]

147 Der Schadenersatzanspruch des Arbeitnehmers gem. § 628 Abs. 2 BGB in der Insolvenz ist nach BAG eine einfache Insolvenzforderung; dies gilt sowohl für Ansprüche aus Zeiten vor der Insolvenz als auch nach der Insolvenzeröffnung.[163]

148 Die durch das BAG schon zum früheren Recht erfolgte Einordnung des Schadenersatzanspruches als einfache Konkursforderung begegnete im Schrifttum überwiegend der Kritik.[164] Wesentlich wurde hierbei darauf abgestellt, dass der Schadenersatzanspruch Entgeltersatzfunktion habe und deshalb eine Gleichstellung mit dem entsprechenden Vergütungsanspruch geboten sei. Moll ordnet den Schadenersatzanspruch nach § 628 Abs. 2 BGB wohl auch aus systematischen Gründen ohne weiteres als Masseverbindlichkeit (§ 55 Abs. 1 Nr. 1) ein. Dem ist zuzustimmen. Auch die mit der Insolvenzordnung angestrebte Entlastung der Masse kann keine hinreichende Rechtfertigung dafür bieten, den durch ein Verhalten des Verwalters ausgelösten Schadenersatzanspruch als einfache Insolvenzforderung zu begreifen. Eine Verdrängung von § 628 Abs. 2 BGB durch Abs. 1 Satz 3 kommt schon vom Wortlaut her nicht in Betracht.[165]

---

158 BAG 11. 02. 1981 EzA § 4 KSchG n. F. Nr. 20.
159 Vgl. KR-Weigand, § 628 BGB, Rdnr. 20.
160 St. Rspr. des BAG vgl. Urteil vom 22. 06. 1989 EzA § 628 BGB Nr. 17.
161 BAG 22. 06. 1989 a. a. O.; KR-Weigand, § 628 BGB, Rdnr. 22.
162 BAG 09. 05. 1975 EzA § 628 BGB Nrn. 5, 10; vgl. auch BAG 03. 03. 1993 EzA § 89 a HGB Nr. 1.
163 BAG 03. 08. 1980 EzA § 59 KO Nr. 10.
164 Gagel, ZIP 1981, 122, 124; Uhlenbruck Anm. zu BAG 13. 08. 1980 AP KO § 59 Nr. 11; Staudinger/Preis, Kommentar zum BGB, 13. Aufl. 1993 ff., § 628 BGB Rdnr. 59; MünchArbR/Hanau, 2. Aufl. 2000 ff. § 75 Rdnr. 29.
165 Im Ergebnis a. A. Hess, a. a. O., § 113 Rdnr. 703 m. w. N.

3. Nachvertragliches Wettbewerbsverbot

Ein vereinbartes nachvertragliches Wettbewerbsverbot bleibt von der Eröffnung des Insolvenzverfahrens grds. unberührt.[166] Unerheblich ist, ob die Insolvenz erst während der Karenzzeit oder schon während des Bestandes des Arbeitsverhältnisses eröffnet wird. Ein bereits ausgeschiedener Arbeitnehmer hat somit weiter Wettbewerb zu unterlassen, wofür ihm Karenzentschädigung zusteht. Voraussetzung für den Fortbestand des Wettbewerbsverbotes ist aber die Fortführung des Unternehmens.

149

Bei Betriebsstillegung in der Insolvenz ist ein Wettbewerb nicht mehr möglich. Der Arbeitnehmer ist dann aus der Pflicht entlassen, der Anspruch auf Karenzentschädigung bleibt ihm deshalb nach § 324 BGB erhalten, weil die Betriebsstillegung und damit der die Unmöglichkeit auslösende Umstand im Risikobereich des Arbeitgebers liegt.[167]

150

a) Vor Insolvenzeröffnung ausgeschiedene Arbeitnehmer

Das Wettbewerbsverbot ist ein gegenseitiger Vertrag.[168] Es ist deshalb § 103 InsO anwendbar, d. h., der Insolvenzverwalter kann wählen, ob er auf Einhaltung der Wettbewerbsabrede besteht oder die Erfüllung ablehnt.[169]

151

Lehnt der Insolvenzverwalter die Erfüllung ab, steht dem Arbeitnehmer wegen der entfallenden Karenzentschädigung ein Schadenersatzanspruch nach § 103 Abs. 2 Satz 1 (einfache Insolvenzforderung) zu.

152

Rückstände auf Karenzentschädigung aus der Zeit zwischen der Eröffnung des Insolvenzverfahrens und der Ausübung des Wahlrechts sind nach zutreffender Auffassung auch dann Masseschulden gem. § 55 Abs. 1 Ziff. 2, wenn der Insolvenzverwalter die Erfüllung ablehnt.[170]

153

Wählt der Insolvenzverwalter Erfüllung, so macht dies den Anspruch auf Karenzentschädigung zur Masseschuld nach § 55 Abs. 1 Ziff. 2 InsO. In diesem Fall muss der Arbeitnehmer das Wettbewerbsverbot weiter erfüllen. Ein § 103 InsO vergleichbares Wahlrecht steht ihm in der Insolvenz grds. nicht zu. Nach h. M. kann der Arbeitnehmer die Wettbewerbsabrede allerdings außerordentlich kündigen, wenn die Masse voraussichtlich nicht ausreicht, um den Anspruch auf Karenzentschädigung zu erfüllen.[171] Würde der Arbeitnehmer auch im Falle der voraussichtlichen Massearmut an der Wettbewerbsabrede festgehalten werden, so zwänge man ihn zu einer unsi-

154

---

166 Grunsky, Wettbewerbsverbot für Arbeitnehmer, 2. Aufl. 1987, S. 134; Bauer/Diller Wettbewerbsverbote, 1995, Rdnr. 691.
167 So auch Grunsky, a. a. O., S. 118.
168 BAG AP Nrn. 38, 42, 49 zu § 74 HGB.
169 Jaeger/Henckel, a. a. O., § 17 Rdnr. 215 ff.; Hess, a. a. O., § 17 Rdnr. 11.
170 Bauer/Diller, a. a. O., Rdnr. 698; Grunsky, a. a. O., S. 136; a. A. Kuhn/Uhlenbruck, a. a. O., § 59 Rdnr. 15 n einfache Konkursforderung.
171 Vgl. Bauer/Diller, a. a. O., Rdnr. 696; Jaeger/Henckel, a. a. O., § 17 Rdnr. 222; Kuhn/Uhlenbruck, a. a. O., § 22 Rdnr. 26; Grunsky, a. a. O., S. 136.

cheren Vorleistung, wozu in der Insolvenz auch kein anderer Gläubiger verpflichtet ist.[172]

b) Nach Insolvenzeröffnung ausscheidende Arbeitnehmer

155 Auch in dem Fall, dass der Arbeitnehmer erst nach Eröffnung des Verfahrens aus dem Arbeitsverhältnis ausscheidet, ist § 103 InsO grds. anwendbar. Auch wenn der Insolvenzverwalter das Arbeitsverhältnis erst kündigt, kann er hinsichtlich des Wettbewerbsverbots das Wahlrecht nach § 103 InsO ausüben. In diesem Fall tritt das Wahlrecht ggf. neben das Lösungsrecht aus § 75 Abs. 3 HGB. Selbst wenn der Insolvenzverwalter zuvor eine Lösungsmöglichkeit nach § 75 Abs. 3 HGB hat verstreichen lassen, ist es ihm nach Treu und Glauben nicht verwehrt, im Anschluss das Wahlrecht nach § 103 InsO auszuüben.[173]

156 Für die Ausübung des Wahlrechts nach § 103 läuft keine Frist.

157 Wird das Wettbewerbsverbot allerdings erst vom Insolvenzverwalter vereinbart, steht ihm kein Wahlrecht nach § 103 InsO zu.[174]

c) Rang des Karenzentschädigungsanspruchs

158 Gem. § 55 Abs. 1 Ziff. 2, 2. Alt. InsO sind Ansprüche aus gegenseitigen Verträgen, deren Erfüllung nach der Eröffnung des Insolvenzverfahrens erfolgen muss, Masseschulden und als solche vorab aus der Masse zu befriedigen. Hierunter fällt auch die Karenzentschädigung, soweit sie für Zeiträume nach der Eröffnung des Insolvenzverfahrens zu leisten ist.[175]

159 Ansprüche auf rückständige Karenzentschädigungen, die nach dem früheren Recht (§ 59 Abs. 1 Nr. 3 KO) ebenfalls Masseschulden waren, sind nicht mehr qualifiziert. In der Gesetzesbegründung heißt es hierzu lapidar: »§ 59 Abs. 1 Nr. 3 KO, der rückständige Forderungen auf Arbeitsentgelt und ähnliche Ansprüche systemwidrig als Masseansprüche einordnet (Vgl. § 13 Abs. 1 Nr. 3 GesO), enthält in der Sache ein Konkursvorrecht. Er wird ebenso wie die Vorrechte des § 61 KO nicht in den Entwurf übernommen«.[176]

160 Fällt der Arbeitnehmer in der Insolvenz mit seinem Entschädigungsanspruch aus, so kann er deswegen kein Insolvenzgeld verlangen. Die Karenzentschädigung ist kein »Arbeitsentgelt« i. S. d. SGB III, da sie nicht für eine Tätigkeit gezahlt wird.[177]

---

172 Grunsky, a. a. O., S. 136.
173 Bauer/Diller, a. a. O., Rdnr. 695 unter Hinweis auf die unterschiedlichen Wertungen beider Rechte.
174 Grunsky, a. a. O., S. 137.
175 Grunsky, a. a. O., S. 138.
176 Vgl. die BegrRegE zu § 64 BT-Drucks. 12/2443 S. 126.
177 Gagel, Kommentar zum Arbeitsförderungsgesetz, § 141 b Rdnr. 10.

Übt der Insolvenzverwalter das ihm zustehende Wahlrecht nicht aus, kann der Arbeitnehmer sich dadurch absichern, dass er den Verwalter gem. § 103 Abs. 2 InsO zur Ausübung seines Wahlrechts auffordert. Übt der Insolvenzverwalter das Wahlrecht nicht aus, kann er nicht auf Erfüllung bestehen. Das Wettbewerbsverbot wird für den Arbeitnehmer ohne weiteres unverbindlich.[178] **161**

Löst sich der Arbeitnehmer vom Wettbewerbsverbot, kann er die entgangene Karenzentschädigung als einfache Insolvenzforderung (§ 38 InsO) geltend machen. **162**

4. Abfindungsanspruch gemäß §§ 9, 10 KSchG

Die Insolvenzeröffnung selbst ist auf den Bestand des Arbeitsverhältnisses ohne Einfluss. Sie gibt dem Arbeitnehmer kein Kündigungsrecht, erst recht resultiert aus der Eröffnung des Verfahrens kein Anspruch auf Abfindung nach den §§ 9, 10 KSchG. **163**

5. Zeugnis

Mit Beendigung des Arbeitsverhältnisses hat der Arbeitnehmer trotz der Insolvenz Anspruch auf ein Zeugnis über seine Leistungen (§ 630 BGB). Ist der Arbeitnehmer bereits vor Insolvenzeröffnung ausgeschieden, richtet sich der Anspruch weiter gegen den Schuldner und kann auch gegen diesen eingeklagt werden.[179] **164**

Wird der Betrieb nach Insolvenzeröffnung weitergeführt, so kann der Arbeitnehmer auch für die Zeit vor Insolvenzeröffnung ein Zeugnis über Führung und Leistung vom Insolvenzverwalter verlangen.[180] Der Insolvenzverwalter ist in diesen Fällen zur Zeugniserteilung verpflichtet, unabhängig davon, wie lange das Arbeitsverhältnis nach der Insolvenzeröffnung fortbestand. Kann der Insolvenzverwalter bei nur kurzem Fortbestand den Arbeitnehmer nicht persönlich beurteilen, hat er entsprechende Auskünfte beim Schuldner einzuholen. Dieser ist hierzu nach § 97 InsO verpflichtet.[181] **165**

Nach einem Beschluss des LAG Bremen vom 16. 06. 1995[182] ist der Rechtsweg zu den Arbeitsgerichten gegeben, wenn ein Arbeitnehmer vom Insol- **166**

---

178 Bauer/Diller, a. a. O., Rdnr. 699.
179 BAG AP Nr. 2 zu § 275 ZPO, wonach ein auf Zeugniserteilung gerichteter Rechtsstreit durch Eröffnung des Insolvenzverfahrens nicht nach § 240 ZPO unterbrochen wird.
180 BAG 30. 01. 1991 AP Nr. 13 zu § 630 BGB.
181 A. A. Staudinger/Neumann, a. a. O., § 630 Rdnr. 5; Kuhn/Uhlenbruck, a. a. O., § 22 Rdnr. 27, wonach der Insolvenzverwalter nur dann zur Zeugniserteilung verpflichtet ist, wenn der Arbeitnehmer nach Insolvenzeröffnung noch längere Zeit unter ihm gearbeitet hat.
182 LG Bremen DB 1995, 1770.

venzverwalter des Betriebes, bei dem er meint beschäftigt zu sein, eine Arbeitsbescheinigung nach § 314 SGB III verlangt. Hierbei ist unerheblich, ob materiell-rechtlich tatsächlich ein solcher Anspruch besteht; zu den diesbezüglichen Bedenken des LAG siehe II 3 des Beschlusses.

V. Klageerhebungsfrist (§ 113 Abs. 2 InsO)

167 Abs. 2 dehnt die dreiwöchige Klageerhebungsfrist nach § 4 KSchG für den Fall der Kündigung in der Insolvenz auf alle anderen Gründe für die Unwirksamkeit einer Kündigung aus. Die Vorschrift dient der zügigen Klärung von Streitigkeiten um die Wirksamkeit von Kündigungen. In der Insolvenz besteht ein besonderes Bedürfnis, Verzögerungen bei der Abwicklung der Arbeitsverhältnisse zu vermeiden.

168 Der Arbeitnehmer muss danach beispielsweise nach einer Kündigung durch den Insolvenzverwalter die mangelnde Beteiligung des Betriebsrats (§§ 102, 103 BetrVG) oder einen Verstoß gegen das Verbot der Kündigung wegen eines Betriebsübergangs (§ 613 a Abs. 4 Satz 1 BGB) innerhalb der Drei-Wochen-Frist geltend machen. Die Frist beginnt grds. mit dem Zugang der Kündigung. Soweit allerdings die Kündigung der Zustimmung einer Behörde bedarf – z. B. des Integrationsamtes nach dem SGB IX – läuft die Frist erst von der Bekanntgabe der Entscheidung der Behörde gegenüber dem Arbeitnehmer ab (§ 113 Abs. 2 Satz 2 InsO i. V. m. § 4 Satz 4 KSchG).

169 Macht der Insolvenzverwalter von dem besonderen Beschlussverfahren zum Kündigungsschutz nach § 126 InsO Gebrauch und beantragt, festzustellen, dass die von ihm geplanten Entlassungen der im Antrag bezeichneten Arbeitnehmer durch dringende betriebliche Erfordernisse bedingt und sozial gerechtfertigt sind, so beginnt die Frist nicht vor der Zustellung der rechtskräftigen Entscheidung an die Arbeitnehmer. Für verspätete Klagen gilt § 5 KSchG entsprechend (§ 113 Abs. 2 Satz 2 InsO).

170 Die dreiwöchige Klageerhebungsfrist gilt auch dann, wenn das Arbeitsverhältnis des klagenden Arbeitnehmers nicht unter das Kündigungsschutzgesetz fällt, sei es, weil die sechsmonatige Wartefrist nach § 1 KSchG nicht erfüllt ist, sei es, weil das insolvente Unternehmen unter die Kleinbetriebsklausel des § 23 KSchG fällt.

171 Abs. 2 bezweckt eine zügige Klärung von Bestandsstreitigkeiten in der Insolvenz. Dieser Zweck würde nicht erreicht, wenn für die Belegschaft des insolventen Unternehmens unterschiedliches Recht gelten würde. Die Vorschrift statuiert somit eine insolvenzspezifische Klagfrist bezüglich aller Unwirksamkeitsgründe für alle Arbeitnehmer des insolventen Unternehmens. Eine andere Ansicht will unter Hinweis auf den Wortlaut [»auch«] den Bezug zu den allgemeinen Voraussetzungen der Anwendbarkeit des Kündigungsschutzgesetzes herstellen, sie verkennt allerdings, dass hier-

durch ein Wertungswiderspruch geschaffen würde, da nicht einzusehen ist, dass Arbeitnehmern, die z. B. noch nicht den allgemeinen Kündigungsschutz genießen, in der Insolvenz hinsichtlich der Klagefrist eine stärkere Rechtsposition eingeräumt wird, als dies der Fall wäre, wenn sie bereits allgemeinen Kündigungsschutz genössen. Auch würde der mit der Regelung bezweckte Beschleunigungseffekt jedenfalls teilweise nicht erreicht werden können.

§ 113 Abs. 2 InsO bestimmt allerdings nicht die Rechtsfolgen einer verspäteten Klage, mit der die Unwirksamkeit aus sonstigen Gründen (z. B. nach § 102 Abs. 1 Satz 3 BetrVG) geltend gemacht wird. Eine entsprechende Anwendung von § 7 KSchG, wonach die Kündigung als von Anfang an rechtswirksam gilt, wenn die Rechtsunwirksamkeit nicht rechtzeitig geltend gemacht wird, fehlt in § 113 Abs. 2 InsO. Hieraus wird teilweise gefolgert, dass die verspätete Klage gegen die vom Insolvenzverwalter ausgesprochene Kündigung nicht als unbegründet, sondern als unzulässig abzuweisen sei.[183]

Nach einer Entscheidung des 4. Senats vom 16. 06. 1999[184] spreche viel dafür, dass nicht nur § 4 Satz 4 und § 5 KSchG entsprechend anwendbar sind, wie es § 113 Abs. 2 Satz 2 InsO ausdrücklich vorsieht, sondern auch die Regelung des § 6 KSchG über die verlängerte Anrufungsfrist. Dem gesetzgeberischen Ziel, »Verzögerungen bei der Abwicklung der Rechtsverhältnisse des Schuldners zu vermeiden«,[185] widerspreche es nicht, sich außerhalb der Klagefrist auf sonstige Unwirksamkeitsgründe zu berufen. Deren Klärung sei i. d. R. mit weniger Zeitaufwand verbunden als im umgekehrten Fall die nachträgliche Geltendmachung von Sozialwidrigkeit.[186]

172

C. Betriebsübergang und Haftung des Betriebserwerbers in der Insolvenz

I. Zur Anwendbarkeit des § 613 a BGB in der Insolvenz

Wenn es im Zuge eines Insolvenzfalls mit oder ohne, vor oder nach Eröffnung eines Insolvenzverfahrens zu der Veräußerung eines Betriebes oder Betriebsteils an einen neuen Inhaber kommt, tritt dieser gem. § 613 a Abs. 1 Satz 1 BGB in die Rechte und Pflichten aus den im Zeitpunkt des Übergangs bestehenden Arbeitsverhältnissen ein. Sind diese Rechte und Pflichten durch Rechtsnormen eines Tarifvertrages oder durch eine Betriebsvereinba-

173

---
183 Vgl. von Hoyningen-Huene, DB 1997, 41 ff.; a. A. Zwanziger, a. a. O., S. 71.
184 BAG Urteil vom 16. 06. 1999 – 4 AZR 662/98 – ZInsO 2000, 351.
185 BT-Drucks. 12/2443 S. 149.
186 Vgl. Kübler/Prütting, a. a. O., § 113 Rdnr. 96 ff., der mit überzeugender Begründung unter Darstellung sämtlicher Sachverhaltsvarianten die Anwendbarkeit des § 6 KSchG als Scheinproblem entlarvt.

rung geregelt, so werden sie Inhalt des Arbeitsverhältnisses zwischen dem neuen Inhaber und dem Arbeitnehmer und dürfen nicht vor Ablauf eines Jahres nach dem Zeitpunkt des Übergangs zum Nachteil des Arbeitnehmers geändert werden. § 613 a BGB ist daher auch bei einem Betriebsübergang in der Insolvenz grds. anwendbar.

174 Erfolgt die Veräußerung eines Betriebes oder Betriebsteiles jedoch nach der Eröffnung des Insolvenzverfahrens durch den Insolvenzverwalter, tritt die Rechtsfolge des Übergangs aller rückständigen Verbindlichkeiten aus den übergegangenen Arbeitsverhältnissen auf den neuen Inhaber gem. § 613 a Abs. 1 BGB nur eingeschränkt ein. Die maßgebende Überlegung für die eingeschränkte Anwendung des § 613 a BGB im Falle der Veräußerung durch den Insolvenzverwalter ist die insolvenzrechtliche Erwägung, dass der Grundsatz der Gläubigerbefriedigung nach Maßgabe der Regeln des gerichtlichen Verfahrens der InsO durchbrochen wäre, wenn sich die Übernahme der Haftung für rückständige Ansprüche aus den Arbeitsverhältnissen bei der Ermittlung des Kaufpreises für den Betrieb oder Betriebsteil negativ auswirkt.[187] Eine einschränkungslose Übernahme der Haftung für rückständige Verbindlichkeiten aus den Arbeitsverhältnissen aus der Zeit vor Insolvenzeröffnung würde zu einer mit den Grundsätzen des Insolvenzverfahrens nicht zu vereinbarenden ungleichen Lastenverteilung führen, da die übernommene Belegschaft einen neuen zahlungskräftigen Schuldner für die schon entstandenen Ansprüche erhielte und dieser Vorteil letztlich durch die übrigen Gläubiger des Insolvenzverfahrens insoweit zu finanzieren wäre, als die Übernahme dieser Verbindlichkeiten in der Bemessung des Kaufpreises mit dem Betriebserwerber regelmäßig berücksichtigt wird.

175 Aus diesen Gründen ist § 613 a BGB bei der Veräußerung eines Betriebes in einem Insolvenzverfahren nicht anwendbar, soweit die Vorschrift die Haftung des Betriebserwerbers für bereits vor Insolvenzeröffnung entstandene Ansprüche vorsieht. Insoweit haben die Verteilungsgrundsätze des Insolvenzverfahrens Vorrang.[188]

176 Aus diesem Grunde nehmen insbesondere sowohl unverfallbare Anwartschaften auf Leistungen der betrieblichen Altersversorgung wie auch verfallbare Versorgungsanwartschaften mit dem bis zur Verfahrenseröffnung erdienten Wert am Insolvenzverfahren des Schuldners teil und gehen nicht auf den Erwerber über.[189]

177 Die eingeschränkte Anwendbarkeit der Bestimmungen des § 613 a BGB bei Übernahme eines Betriebs oder Betriebsteils aus dem eröffneten Insolvenzverfahren führt zu der Notwendigkeit der zeitlichen Zuordnung von vor der Eröffnung des Insolvenzverfahrens ganz oder teilweise entstandenen Ansprüchen.

---

187 BAG 20. 11. 1984 EzA § 613 a BGB Nr. 41.
188 Grundlegend BAG 17. 01. 1980 EzA § 613 a BGB Nr. 24.
189 BAG 29. 10. 1985 EzA § 613 a BGB Nr. 52.

Anders ist die Lage jedoch, wenn das Insolvenzverfahren nicht vor oder erst später eröffnet wird: Wird ein konkursfreier Betrieb vor Insolvenzeröffnung durch Verwertung im Rahmen der Insolvenz veräußert oder verpachtet, gelten die Bestimmungen des § 613 a BGB uneingeschränkt mit der Folge, dass der Erwerber auch für sämtliche bisher entstandenen Ansprüche ohne Einschränkung einstehen muss.[190]

178

Würde man in einem solchen Fall ohne Eröffnung des Insolvenzverfahrens die Veräußerung oder Verpachtung des Betriebes an einen anderen Inhaber von der Geltung des § 613 a BGB ausnehmen, würde dies zu dem absurden Ergebnis führen, dass ein insolvenzreifes Unternehmen nur vorübergehend eine Auffanggesellschaft gründen und die laufenden Geschäfte treuhänderisch betreiben lassen müsste, um sich von seiner Belegschaft und den rückständigen Verpflichtungen aus den Arbeitsverhältnissen lösen zu können. Liquidationen außerhalb des Insolvenzverfahrens können daher nicht zu einer Einschränkung der Haftung des § 613 a BGB führen.[191]

179

Für die Beurteilung der Frage, ob ein Betrieb im Rahmen eines Insolvenzverfahrens oder außerhalb eines Insolvenzverfahrens übergeht, kommt es somit auf den Zeitpunkt der Insolvenzeröffnung und auf den Zeitpunkt der Betriebsübernahme an. Für die Bestimmung des Zeitpunkts der Betriebsübernahme stellt sich damit die Frage nach den tatbestandlichen Voraussetzungen für die Anwendbarkeit des § 613 a BGB.

180

Die durch die Eröffnung des Insolvenzverfahrens eingetretene Haftungsbeschränkung des Betriebserwerbers durch eingeschränkte Anwendung des § 613 a BGB wird durch die spätere Einstellung des Insolvenzverfahrens mangels einer die Kosten des Verfahrens deckenden Masse (§ 207 KO) nicht berührt.[192]

181

Diese Rspr. ist jedoch nicht auf den Fall anwendbar, dass die Eröffnung des Insolvenzverfahrens von vornherein mangels Masse abgelehnt wird.[193]

182

Lehnt der Betriebsübernehmer es ab, die Leitungsmacht für die Zeit vor Eröffnung des Insolvenzverfahrens zu übernehmen, obwohl er dies könnte, so findet auch ein Betriebsübergang gem. § 613 a Abs. 1 BGB vor der Eröffnung nicht statt, ohne dass der Vorwurf der Umgehung oder des sittenwidrigen Verhaltens erhoben weden kann.[194] Diese Rspr. erscheint deshalb bedenklich, weil sie am Insolvenzverfahren beteiligte Entscheidungsträger veranlassen kann, einen Beschluss über die Eröffnung des Insolvenzverfahrens nur deshalb herbeizuführen, um eine spätere Veräußerung des Betriebes nach der Einstellung des Insolvenzverfahrens an einen Erwerber ohne Belastung aus § 613 a BGB zu ermöglichen, obwohl bei zutreffender Entscheidung der Beschluss über die Eröffnung des Insolvenzverfahrens gar

183

---

190 BAG 15. 11. 1978 EzA § 613 a BGB Nr. 21.
191 Ausdrückl. BAG 20. 11. 1984 EzA § 613 a BGB Nr. 41.
192 Vgl. BAG 11. 02. 1992 EzA § 613 a BGB Nr. 97 zum früheren Recht nach § 207 KO.
193 BAG 11. 02. 1992 a. a. O.
194 LAG Köln ZIP 1990, 1283.

Eisenbeis/Mues

nicht hätte ergehen dürfen. Diese Rspr. über die eingeschränkte Anwendbarkeit des § 613 a BGB wird daher um eine Möglichkeit der Korrektur von Missbrauchsvarianten zu ergänzen sein.

II. Tatbestandliche Voraussetzungen des Betriebsübergangs

184 Für die Zuordnung des Zeitpunkts des Betriebsübergangs zu dem Zeitpunkt der Insolvenzeröffnung und für die daran anknüpfende Entscheidung über die uneingeschränkte oder eingeschränkte Anwendbarkeit des § 613 a BGB kommt es entscheidend auf die Feststellung an, wann ein Betriebsübergang erfolgt ist.

185 Hierbei ist der Abschluss des Vertrages als Rechtsgeschäft i. S. d. § 613 a Abs. 1 BGB dann nicht maßgebend, wenn der Erwerber die Leitungsmacht zur Verfolgung der arbeitstechnischen Zwecke des Betriebes unter Nutzung der Betriebsmittel bereits zu einem Zeitpunkt vor dem Vertragsschluss und/ oder vor der Eigentumsübertragung ausübt.[195]

186 Entscheidend ist die tatsächliche Übernahme der Leitungsmacht über den Betrieb. Die Möglichkeit, einen Betrieb zu übernehmen, ist mit der Betriebsübernahme nicht gleichzusetzen. Die Betriebsübernahme setzt vielmehr die tatsächliche Wahrung der Identität voraus.[196] Deshalb geht zum Beispiel der Betrieb einer Grundstücksverwaltung nicht allein deshalb über, weil es einem Grundstückserwerber möglich wäre, die Tätigkeit der Grundstücksverwaltung an sich zu ziehen und die hierfür maßgeblichen Unterlagen herauszuverlangen.[197]
Der Zeitpunkt des Beginns der »Eigensubstrat-Nutzung« ist in diesen Fällen der Zeitpunkt des Übergangs der Arbeitsverhältnisse.[198]

187 Wenn die Betriebsmittel in einzelnen Schritten dem Erwerber übertragen werden, kommt es insofern auf eine Gesamtbeurteilung an.[199]

188 Ein Teilbetriebsübergang auf die verbliebenen Teilhaber eines gemeinsam unterhaltenen Betriebs kann vorliegen, wenn ein Unternehmen aus einem gemeinsamen Betrieb ausscheidet und diese den bisherigen gemeinsamen Betrieb fortführen.[200] Ein Sonderproblem ergibt sich, wenn der Erwerber den Betrieb oder Betriebsteil durch Rechtsgeschäft vom Insolvenzverwalter übernimmt, um eine örtliche Verlagerung des Betriebes durchzuführen und

---

195 BAG 12. 11. 1991 EzA § 613 a BGB Nr. 96.
196 BAG ZIP 1999, 1496.
197 BAG a. a. O.
198 BAG 27. 04. 1995 EzA § 613 a BGB Nr. 126.
199 BAG 16. 02. 1993 EzA § 613 a BGB Nr. 106.
200 LAG Hamm ZInsO 2001, 234.

den Betrieb an einem anderen Ort fortzuführen, nicht jedoch am bisherigen Standort. Verlagert der Erwerber den Betrieb an einen Ort, an dem die Arbeitnehmer nach dem Inhalt ihrer bestehenden Arbeitsverhältnisse nicht zur Arbeitsleistung verpflichtet sind, so tritt ein Übergang der Rechte und Pflichten aus den zum Zeitpunkt des Übergangs bestehenden Arbeitsverhältnissen nach § 613 a BGB nur für diejenigen Arbeitnehmer ein, »die bereit sind, die Arbeit am neuen Leistungsort zu bringen«.[201]

Für die Beurteilung der Frage, ob und wann die wesentlichen Betriebsmittel übergegangen sind, kann es auch auf das Know-how einzelner Arbeitnehmer ankommen, wenn andere sächliche und/oder immaterielle Betriebsmittel auf den Erwerber übergegangen sind und das Know-how des Betriebes überwiegend in der Person eines einzelnen Arbeitnehmers verkörpert wird, der im allseitigen Einverständnis zu dem Erwerber überwechselt.[202]

189

Auf das Know how und auf die Übernahme von Arbeitnehmern kann es für die Beurteilung der Frage des Vorliegens eines Betriebs- (Teil) Übergangs in Branchen ankommen, in denen es im Wesentlichen auf die menschliche Arbeitskraft ankommt. In solchen Branchen kann eine Gesamtheit von Arbeitnehmern, die durch eine gemeinsame Tätigkeit dauerhaft verbunden sind, eine wirtschaftliche Einheit darstellen und es kann eine solche Einheit ihre Identität über ihren Übergang hinaus bewahren, wenn der neue Unternehmensinhaber nicht nur die betreffende Tätigkeit weiterführt, sondern auch einen nach Zahl und Sachkunde wesentlichen Teil des Personals übernimmt, das sein Vorgänger gezielt bei dieser Tätigkeit eingesetzt hatte. Denn in diesem Fall erwirbt der neue Unternehmensinhaber eine organisierte Gesamtheit von Faktoren, die ihm die Fortsetzung der Tätigkeiten oder bestimmter Tätigkeiten des übertragenden Unternehmens auf Dauer erlaubt.[203] In diesen Fällen kommt der Übernahme des Personals ein gleichwertiger Rang neben den anderen möglichen Kriterien zur Annahme eines Betriebsübergangs zu.[204] Der Übergang eines Arbeitsverhältnisses ist anzunehmen, wenn der betroffene Arbeitnehmer dem übertragenen Betriebsteil angehört oder überwiegend für den vom Übergang erfassten Betriebsteil tätig war. Hierfür genügt bei einer Beschäftigung in einem Filialunternehmen die Übertragung einer Mehrzahl der Filialen eines bestimmten Gebietes, für das der Arbeitnehmer betriebs- oder betriebsteilübergreifend verantwortlich gewesen ist.[205]

190

Für die Beurteilung der tatbestandlichen Voraussetzungen eines Betriebsübergangs gem. § 613 a BGB muss eine Gesamtbeurteilung aller Faktoren im Einzelfall erfolgen. Dazu gehören namentlich die Art des betreffenden Unternehmens oder Betriebes, der etwaige Übergang der materiellen Betriebsmittel, wie Gebäude und bewegliche Güter, der Wert der immateriel-

191

---

201 BAG 20. 04. 1989 EzA § 1 KSchG – betriebsbedingte Kündigung Nr. 61.
202 BAG 09. 02. 1994 EzA § 613 a BGB Nr. 115.
203 EuGH 11. 03. 1997 EzA § 613 a BGB Nr. 145, Ziff. 21.
204 BAG 22. 05. 1997 EzA § 613 a BGB Nr. 149.
205 LAG Hamm ZInsO 1999, 363.

len Aktiva im Zeitpunkt des Übergangs, die etwaige Übernahme der Hauptbelegschaft durch den neuen Inhaber, der etwaige Übergang der Kundschaft sowie der Grad der Ähnlichkeit zwischen den vor und nach dem Übergang verrichteten Tätigkeiten und die Dauer einer evtl. Unterbrechung dieser Tätigkeit. Diese Umstände sind jedoch nur Teilaspekte der vorzunehmenden Gesamtbewertung und dürfen deshalb nicht isoliert betrachtet werden.[206] Die Richtlinie 77/187/EWG des Rates vom 14. 02. 1977 zur Angleichung der Rechtsvorschriften der Mitgliedsstaaten über die Wahrung von Ansprüchen der Arbeitnehmer beim Übergang von Unternehmen, Betrieben oder Unternehmens- oder Betriebsteilen ist durch die Richtlinie 98/50 vom 29. 06. 1998 dieser Entwicklung der Rspr. des EuGH angepasst und modifiziert worden. Auch nach der geänderten Richtlinie kommt es nunmehr auf den Übergang einer ihre Identität bewahrenden wirtschaftlichen Einheit i. S. einer organisierten Zusammenfassung von Ressourcen zur Verfolgung einer wirtschaftlichen Haupt- oder Nebentätigkeit an. Auf die Übergänge von Unternehmen, Betrieben oder Unternehmens- bzw. Betriebsteilen, bei denen gegen den Veräußerer unter Aufsicht der zuständigen Stelle ein Insolvenzverfahren oder ein entsprechendes Verfahren mit dem Ziel der Auflösung des Vermögens des Veräußerers eröffnet wurde, gelten nach Art 4 a RL 98/50/EG die Art 3 und Art 4 RL 77/187/EWG nicht. § 613 a Abs. 4 BGB stellte die Umsetzung der alten Betriebsübergangsrichtlinie 77/187/EWG dar. In den Fällen der sog. »übertragenden Sanierung« findet die Vorschrift trotz Art 4 a RL 98/50/EG auch unter der neuen Betriebsübergangsrichtlinie Anwendung, wie sich aus § 128 InsO ergibt. Dieser setzt die Anwendung des § 613 a BGB in der Insolvenz voraus. Allerdings wird stets zu berücksichtigen sein, dass die §§ 613 a BGB, 128 InsO im Hinblick auf den Zweck des Art 4 a RL 98/50/EG sanierungsfördernd auszulegen sind.[207]

192   Die Richtlinie i. d. F. vom 29. 06. 1998[208] sieht nunmehr in Art. 4 a Abs. 1 als Regelfall die Nichtanwendbarkeit für das Insolvenzverfahren mit dem Ziel der Auflösung des Vermögens vor und stellt diese Anwendbarkeit in die Regelungskompetenz der Mitgliedsstaaten.

Die Richtlinie vom 29. 06. 1998 untersagt den Mitgliedsstaaten die Ausklammerung befristeter Beschäftigungsverhältnisse und die Ausklammerung von Leiharbeitsverhältnissen aus dem Geltungsbereich der Richtlinie und erweitert die Informationspflichten des Veräußerers gegenüber den Arbeitnehmervertretungen, gegenüber dem Erwerber und gegenüber den betroffenen Arbeitnehmern selbst.

Die nationale Umsetzung der Richtlinie ist den Mitgliedsstaaten bis zum 17. 07. 2001 vorgegeben.

---

206 EuGH 11. 03. 1997 EzA § 613 a BGB Nr. 145 Ziff. 14.
207 LAG Hamm ZInsO 2000, 292.
208 ABl. EG Nr. L 201 vom 17. 07. 1998, S. 88.

Die Zwangsverwaltung über ein Betriebsgrundstück ist kein Betriebsübergang. Allerdings kann in der Rückabwicklung eines Kaufvertrages zwischen dem Insolvenzverwalter und einer gescheiterten Auffanggesellschaft ein Betriebsübergang liegen, wenn die Auffanggesellschaft den Betrieb nicht vor der Rückübertragung an den Insolvenzverwalter stillgelegt hat und dieser ihn fortführen will. Die Fortführung muss über bloße Verwertungshandlungen und Abwicklungen durch den Insolvenzverwalter hinausgehen.[209]

193

Eine Funktionsnachfolge allein ist ebenfalls kein Betriebsübergang, wenn etwa eine Reinigungsfirma den Auftrag zur Reinigung eines bestimmten Objekts an eine Wettbewerbsfirma verliert und es nicht zu einer Übernahme einer organisierten Gesamtheit von Arbeitnehmern kommt.[210]

194

Soweit es auf die sächlichen Betriebsmittel ankommen soll, sind einem Betrieb i. S. v. § 613 a BGB auch solche Gebäude, Maschinen, Werkzeuge oder Einrichtungsgegenstände als sächliche Betriebsmittel zuzurechnen, die nicht im Eigentum des Betriebsinhabers stehen, sondern die dieser aufgrund einer mit einem Dritten getroffenen Nutzungsvereinbarung zur Erfüllung seines Betriebszwecks einsetzen kann. Die Nutzungsvereinbarung kann als Pacht, Nießbrauch oder als untypischer Vertrag ausgestaltet sein.[211]

195

Der Arbeitnehmer kann einem Übergang seines Arbeitsverhältnisses gem. § 613 a BGB widersprechen, ohne für die Ausübung dieses Widerspruchsrechts im Einzelfall auf bestimmte Gründe angewiesen zu sein.[212]

196

Macht der Arbeitnehmer von diesem Widerspruchsrecht Gebrauch, bleibt sein Arbeitsverhältnis beim alten Arbeitgeber.

Der Widerspruch des Arbeitnehmers gegen den Übergang seines Arbeitsverhältnisses gem. § 613 a Abs. 1 Satz 1 BGB ist im Regelfall bis zum Zeitpunkt des Betriebsübergangs zeitlich unbefristet zulässig.[213]

Wird der Arbeitnehmer nach Ausübung seines Widerspruchsrechts bei seinem alten Arbeitgeber tatsächlich nicht weiter beschäftigt und weiter bezahlt, kann die Ausübung des Widerspruchsrechts und das Unterlassen einer Tätigkeit bei dem neuen Betriebsinhaber als böswilliges Unterlassen eines zumutbaren Erwerbs i. S. v. § 615 BGB zum Verlust der Vergütungsansprüche führen.[214]

Kommt es während des Laufs der Kündigungsfrist wegen einer vorgesehenen Betriebsstilllegung zu einem Betriebsübergang auf einen neuen Inhaber, hat der Arbeitnehmer einen Anspruch auf Fortsetzung des Arbeitsverhältnisses. Diesen muss er »unverzüglich«, d. h. binnen drei Wochen nach

---

209 LAG Köln NZA 2000, 36.
210 BAG 13. 11. 1997 EzA § 613 a BGB Nr. 154.
211 BAG 11. 12. 1997 EzA § 613 a BGB Nr. 159.
212 BAG ZIP 1994, 391.
213 BAG ZIP 1998, 1080.
214 BAG ZIP 1998, 1080.

Kenntniserlangung der maßgeblichen und tatsächlichen Voraussetzungen für einen solchen Anspruch gegenüber dem Erwerber geltend machen.[215] Hierfür ist es geboten, dass der Arbeitnehmer beim neuen Inhaber persönlich vorstellig wird und seine Arbeitsleistung anbietet. Zur Wahrung der Frist ist weder eine Klageerhebung noch eine andere Prozesshandlung erforderlich. Ungeachtet dessen wahrt die Geltendmachung des Fortsetzungsverlangens in einer Kündigungsschutzklage, die erst nach Ablauf der Frist dem neuen Inhaber zugestellt wird, nicht die Drei-Wochen-Frist. Die §§ 46 Abs. 2 ArbGG i. V. m. §§ 498, 270 Abs. 3 ZPO finden keine Anwendung.[216]

197 Geht das Arbeitsverhältnis durch Betriebsübergang oder Betriebsteilübergang nach § 613 a BGB auf einen Rechtsnachfolger des alten Arbeitgebers über und besteht deshalb über den Zeitpunkt des Insolvenzereignisses hinaus fort, ist ein Anspruch auf Urlaubsabgeltung nicht insolvenzgeldfähig.[217]

III. Umfang der Haftung des Betriebserwerbers

198 Geht ein zum Vermögen des Schuldners gehörender Betrieb oder Betriebsteil nach Eröffnung des Insolvenzverfahrens durch Rechtsgeschäft auf einen anderen Inhaber über, so haftet der Betriebserwerber uneingeschränkt für alle Ansprüche aus den gem. § 613 a Abs. 1 BGB übergegangenen Arbeitsverhältnisse, die nach dem Zeitpunkt des Übergangs entstehen.

199 Da die Haftungserleichterung durch Einschränkung des Anwendungsbereichs des § 613 a BGB mit der Geltung der Verteilungsgrundsätze des Insolvenzverfahrens nach dessen Eröffnung begründet wird,[218] kann diese Haftungsprivilegierung des Betriebserwerbers nur für solche rückständigen Ansprüche aus Arbeitsverhältnissen zum Tragen kommen, die durch den Arbeitnehmer im Insolvenzverfahren geltend gemacht werden können. Hieraus ergibt sich insbesondere für Sonderzahlungen und Gratifikationen die Notwendigkeit der zeitlichen Zuordnung der Ansprüche, die sich an dem Zweck der Zahlung anhand der im Tarifvertrag oder Einzelvertrag normierten Voraussetzungen, der Ausschluss- und Kürzungstatbestände ergibt.[219]

200 Danach handelt es sich um einen Vergütungsbestandteil mit Entgeltcharakter, wenn eine arbeitsleistungsbezogene Sonderzahlung als Vergütungsbestandteil in den jeweiligen Arbeitsmonaten verdient, jedoch aufgespart und erst dann am vereinbarten Fälligkeitstag ausbezahlt wird. Ansprüche

---

215 BAG NZA 1999, 311 ff.
216 LAG Hamm DZWiR 2000, 457.
217 BSG ZIP 1998, 483.
218 BAG 17. 01. 1980 EzA § 613 a BGB Nr. 24.
219 BAG 24. 03. 1993 EzA § 611 BGB – Gratifikation Prämie Nr. 102.

auf derartige Sonderzahlungen mit Entgeltcharakter nehmen in dem Umfang des auf die Zeit vor Insolvenzeröffnung entfallenden Zeitanteilsfaktors am Insolvenzverfahren teil und gehen in diesem Umfang nicht auf den Betriebserwerber über. Der Betriebserwerber haftet nur für den nach Insolvenzeröffnung zeitanteilig entstandenen Anteil dieser Sonderzahlung.

Ergibt sich jedoch aus den definierten Voraussetzungen und Konditionen für die Sonderzahlung, dass der Anspruch erst am Fälligkeitstage entstehen soll und liegt dieser Fälligkeitstag nach Insolvenzeröffnung, haftet auch der Betriebserwerber hierfür in vollem Umfang.[220]

Für die zeitanteilige Zuordnung gelten die Grundsätze für die zeitliche Zuordnung des Arbeitsentgelts zum Insolvenzgeld-Zeitraum entsprechend.

D. Betriebsänderung

I. Betriebsänderungen und Vermittlungsverfahren

Nach der Rspr. des BAG war der Konkursverwalter bei einem Scheitern der Einigungsbemühungen mit dem Betriebsrat verpflichtet, das für den Versuch einer Einigung über den Interessenausgleich vorgesehene Verfahren (§ 112 Abs. 1–3 BetrVG) voll auszuschöpfen und von sich aus die Einigungsstelle anzurufen.[221]

§ 121 InsO bestimmt i. S. d. beabsichtigten Beschleunigung des Verfahrens, dass im Insolvenzverfahren über das Vermögen des Unternehmers § 112 Abs. 2 Satz 1 BetrVG mit der Maßgabe gilt, dass dem Verfahren vor der Einigungsstelle nur dann ein Vermittlungsversuch des Präsidenten des Landesarbeitsamtes vorangeht, wenn der Insolvenzverwalter und der Betriebsrat gemeinsam um eine solche Vermittlung ersuchen. Die Einschaltung des Präsidenten des Landesarbeitsamtes als »Zwischenverfahren« vor einem Antrag nach § 98 ArbGG ist zwar auch außerhalb der Insolvenz fakultativ; ihr Unterbleiben hat keine Rechtsfolge nach § 113 BetrVG.[222] Die den Präsidenten des Landesarbeitsamtes nicht anrufende Seite ist aber nach § 2 Abs. 1 BetrVG verpflichtet, sich an dem Vermittlungsversuch zu beteiligen. Demgegenüber kann der Insolvenzverwalter nach § 121 entscheiden, ob eine Vermittlung durch den Präsidenten des Landesarbeitsamtes sinnvoll ist oder nicht. Entscheidet er sich gegen die Vermittlung, kann er den Antrag auf Einsetzung einer Einigungsstelle nach § 98 ArbGG stellen und/oder die

---

220 BAG 11. 10. 1995 EzA § 611 BGB – Gratifikation Prämie Nr. 132.
221 BAG 18. 12. 1984 EzA zu § 113 BetrVG 1972 Nr. 12; 03. 04. 1990 EzA zu § 113 BetrVG Nr. 20.
222 Fitting, a. a. O., § 112 Rdnr. 15 m. w. N.

gerichtliche Zustimmung zur Durchführung der Betriebsänderung nach Maßgabe von § 122 betreiben.

Entscheidet er sich für das Bestellungsverfahren nach § 98 ArbGG, ist die in 1998 in Kraft getretene Novellierung dieser Vorschrift zu beachten. Nach der alten Fassung des § 98 Abs. 1 Satz 1 ArbGG hatte über die Bestellung des Einigungsstellenvorsitzenden und über die Anzahl der Beisitzer der Vorsitzende der zuständigen Kammer des Arbeitsgerichts und im Falle der Beschwerde nach § 98 Abs. 2 Satz 3 ArbGG a. F. der Vorsitzende des LAG zu entscheiden. Die Neuregelung bezieht nunmehr die ehrenamtlichen Richter in das Bestellungsverfahren ein. Der Gesetzgeber hofft so, die Transparenz und Akzeptanz der Bestellungsentscheidung zu erhöhen. Zugleich wird das Ziel verfolgt, das Bestellungsverfahren zu beschleunigen. Inwieweit diese gesetzgeberische Vorstellung allerdings in die Realität umgesetzt werden kann, erscheint angesichts der personellen Erweiterung des Spruchkörpers zweifelhaft.[223] Die mit der Einschaltung der ehrenamtlichen Richter verbundene Verzögerung soll offensichtlich durch die in § 98 Abs. 1 Satz 3 und 5 ArbGG aufgenommenen Beschleunigungsgebote wieder ausgeglichen werden. Danach können die Einlassungs- und Ladungsfristen auf 48 Stunden abgekürzt werden. Der Beschluss des Gerichts soll den Beteiligten innerhalb von zwei Wochen nach Eingang des Antrags zugestellt werden.

204 Von praktischer Bedeutung ist die gesetzgeberische Klarstellung in § 98 Abs. 1 Satz 4 ArbGG; danach darf ein Richter nur dann zum Vorsitzenden bestellt werden, wenn aufgrund der Geschäftsverteilung ausgeschlossen ist, dass er mit der Überprüfung, der Auslegung oder der Anwendung des Spruchs der Einigungsstelle befasst wird.

§ 121 InsO richtet sich ausschließlich an die Betriebsparteien. Sie lässt die Möglichkeit des Einigungsstellenvorsitzenden, den Präsidenten des Landesarbeitsamtes um Teilnahme an der Einigungsstelle zu ersuchen, unberührt (§ 112 Abs. 2 Satz 3 BetrVG).

II. Gerichtliche Zustimmung zur Durchführung einer Betriebsänderung

1. Allgemeines

205 Mit der Eröffnung des Verfahrens übernimmt der Insolvenzverwalter die Rechte und Pflichten, die sich aus der Arbeitgeberstellung des Schuldners ergeben. Der Insolvenzverwalter hat deshalb bei allen seinen Rechtshand-

---

223 Zu den diesbzgl. Bedenken aus der Praxis vgl. Hümmerich DB 1998, 1133.

lungen, die den Arbeitnehmer berühren, die Mitwirkungs- und Mitbestimmungsrechte des Betriebsrats zu beachten. Diese entfallen auch nicht, wenn die Betriebsänderung des schuldnerischen Unternehmens die zwangsläufige Folge der Eröffnung des Insolvenzverfahrens ist. Das Wort »geplant« in § 111 BetrVG ist kein selbstständiges Tatbestandsmerkmal, von dessen Vorhandensein die Beteiligungsrechte des Betriebsrats nach den §§ 111 ff. BetrVG abhängig würden. Der Begriff soll nur sicherstellen, dass der Betriebsrat bei einer geplanten Betriebsänderung in einem möglichst frühen Stadium der Planung zu beteiligen ist.[224]

Wird in einem Betrieb ein Betriebsrat erst gewählt, nachdem sich der Insolvenzverwalter zur Stilllegung des Betriebes entschlossen und mit der Stilllegung begonnen hat, so kann der Betriebsrat auch dann nicht die Vereinbarung eines Sozialplans verlangen, wenn dem Insolvenzverwalter im Zeitpunkt seines Entschlusses bekannt war, dass im Betrieb ein Betriebsrat gewählt werden soll.[225] 206

Beteiligungsrechte des Betriebsrats und damit die Pflicht, den Betriebsrat zu beteiligen, entstehen nämlich erst in dem Moment, in dem sich derjenige Tatbestand verwirklicht, an den das Beteiligungsrecht anknüpft. Das ist bei Beteiligungsrechten nach den §§ 111 ff. BetrVG die geplante Betriebsänderung. Eine solche geplante Betriebsänderung liegt bereits dann vor, wenn der Arbeitgeber aufgrund abgeschlossener Prüfungen und Vorüberlegungen grds. zu einer Betriebsänderung entschlossen ist. Von diesem Zeitpunkt an hat er den Betriebsrat zu unterrichten und die so geplante Betriebsänderung mit ihm zu beraten.[226] Aus dem Betriebsverfassungsgesetz ergibt sich auch keine Verpflichtung des Arbeitgebers, mit einer an sich beteiligungspflichtigen Maßnahme so lange zu warten, bis im Betrieb ein funktionsfähiger Betriebsrat vorhanden ist, und zwar auch dann nicht, wenn mit der Wahl eines Betriebsrats zu rechnen und die Zeit bis zu dessen Konstituierung absehbar ist.

Auch nach einer Betriebsstilllegung behält ein Betriebsrat, der zum maßgeblichen Zeitpunkt des Entschlusses über die Betriebsänderung bestanden hat, ein Restmandat zur Wahrnehmung seiner mit der Betriebsstilllegung zusammenhängenden gesetzlichen Aufgaben, namentlich zur Herbeiführung eines Sozialplans.[227] 207

Die §§ 121 ff. InsO enthalten neuartige Regelungen, die eine zügige Durchführung von Betriebsänderungen einschließlich des Personalabbaus ermöglichen sollen und damit die in der Vergangenheit oft beklagte Disharmonie zwischen zu beachtendem betriebsverfassungsrechtlichen Regelwerk und 208

---

224 BAG 17. 09. 1974 AP Nr. 1 zu § 113 BetrVG 1972; 06. 05. 1986 AP Nr. 8 zu § 128 HGB.
225 Vgl. BAG 28. 10. 1992 AP Nr. 63 zu § 112 BetrVG 1972 im Anschluss an den Beschluss vom 20. 04. 1982 AP Nr. 15 zu § 112 BetrVG 1972.
226 BAG 13. 12. 1978 AP Nr. 6 zu § 112 BetrVG 1972.
227 BAG 30. 10. 1979 AP Nr. 9 zu § 112 BetrVG 1972.

insolvenzbedingt gebotener Eile bei dem Sanierungsversuch des Unternehmens entfallen lassen sollen.

2. Antragsvoraussetzungen

a) Betriebsänderung

209 § 122 InsO definiert nicht den Begriff der Betriebsänderung, sondern setzt ihn voraus. Es gilt die Legaldefinition in § 111 BetrVG.

> **Danach gelten als Betriebsänderungen**
> 1. Einschränkung und Stilllegung des ganzen Betriebs oder von wesentlichen Betriebsteilen,
> 2. Verlegung des ganzen Betriebs oder von wesentlichen Betriebsteilen,
> 3. Zusammenschluss mit anderen Betrieben oder die Spaltung von Betrieben,
> 4. grundlegende Änderungen der Betriebsorganisation, des Betriebszwecks oder der Betriebsanlagen,
> 5. Einführung grundlegend neuer Arbeitsmethoden und Fertigungsverfahren (§ 111 Satz 2 BetrVG).[228]

210 Zwanziger[229] weist zu Recht darauf hin, dass die Anwendbarkeit von § 122 InsO voraussetzt, dass die Betriebsänderung vom Insolvenzverwalter durchgeführt wird. Dies ergibt ein Umkehrschluss aus § 128 Abs. 1 InsO; danach wird die Anwendung der §§ 125 bis 127 InsO nicht dadurch ausgeschlossen, dass die Betriebsänderung, die dem Interessenausgleich oder dem Feststellungsantrag zugrunde liegt, erst nach einer Betriebsveräußerung durchgeführt werden soll. Für das Verfahren nach § 122 InsO gilt dies nicht.

211 § 122 InsO unterscheidet nicht zwischen Maßnahmen nach Verfahrenseröffnung, aber vor dem Berichtstermin (§ 158 InsO), und solchen Maßnahmen, die nach dem Berichtstermin (§ 157 InsO) durchgeführt werden. Es ist deshalb nicht ausgeschlossen, dass mangels gesetzlicher Abstimmung Arbeitsgerichte und Insolvenzgerichte über dieselbe Betriebsänderung widersprechende Entscheidungen treffen. § 122 InsO in der derzeitigen Fassung hebt offensichtlich auf Betriebsänderungen nach dem Berichtstermin ab; wegen der unterschiedlichen Prüfungsmaßstäbe müssten beide Fälle im Gesetz allerdings gesondert erwähnt werden. Der Bund der Richterinnen und Richter der Arbeitsgerichtsbarkeit hat deshalb in seinen Reformvorschlägen eine entsprechende Ergänzung zu § 122 InsO angeregt und zu Recht darauf hingewiesen, dass es sicherlich unverständlich wäre, wenn das Insol-

---

[228] Zu den Anforderungen i. E. vgl. Hess/Schlochauer/Glaubitz, Kommentar zum BetrVG, 5. Aufl. 1997, § 111 Rdnr. 35 ff.; Stege/Weinspach, a. a. O., §§ 111–113 Rdnr. 27–68.
[229] Zwanziger, a. a. O., S. 79.

venzgericht nach erteilter Zustimmung des Gläubigerausschusses zur beabsichtigten Stilllegung des Betriebes oder wesentlicher Betriebsteile den Antrag des Schuldners auf Untersagung der Maßnahme zurückgewiesen habe, weil »diese ohne eine erhebliche Verminderung der Insolvenzmasse bis zum Berichtstermin (gerade nicht) aufgeschoben werden kann« (§ 158 Abs. 2 Satz 2 InsO), das Arbeitsgericht aber demgegenüber zum Ergebnis käme, dass die »wirtschaftliche Lage des Unternehmens unter Berücksichtigung der sozialen Belange der Arbeitnehmer (noch nicht) erfordere, dass die Betriebsänderung ohne vorheriges Verfahren nach § 112 Abs. 2 BetrVG durchgeführt werde« (§ 122 Abs. 2 Satz 1 InsO). Ein solches Ergebnis wäre mit dem Ziel der Insolvenzordnung, die Masse bestmöglich zu verwerten, kaum vereinbar.

b) Unterrichtung und Beratung

Der Insolvenzverwalter hat den Betriebsrat über geplante Betriebsänderungen rechtzeitig und umfassend zu unterrichten. Das Wort »geplant« in § 122 InsO hat ebenso wie in § 111 BetrVG eine rein zeitliche Bedeutung für die Einschaltung des Betriebsrats. Der Zeitpunkt der Unterrichtung ist erreicht, wenn der Insolvenzverwalter sich zu einer Maßnahme entschlossen hat, auch wenn noch nicht die Genehmigung des Aufsichtsrates, des Beirates oder eines ähnlichen Gremiums vorliegt.[230] Die wirtschaftliche Zwangslage des Unternehmens, die unter Umständen eine sofortige Betriebsänderung erfordert, lässt die Notwendigkeit unberührt, den Betriebsrat vor der abschließenden Entscheidung über die Betriebsänderung einzuschalten.[231] Zwecks Vermeidung der Sanktion des Nachteilsausgleichsanspruchs ist der Insolvenzverwalter deshalb gehalten, den Betriebsrat über die geplante Betriebsänderung so bald als möglich zu unterrichten; auch eine nachträgliche Erklärung des Betriebsrats, er wolle keine rechtlichen Schritte wegen des unterbliebenen Versuchs eines Interessenausgleichs unternehmen, ändert nämlich nichts an dem Bestehen des Anspruchs der von der Betriebsänderung betroffenen Arbeitnehmer auf Nachteilsausgleich gem. § 113 Abs. 3 BetrVG.[232]

212

Der Insolvenzverwalter ist verpflichtet, mit dem Betriebsrat über die geplante Betriebsänderung zu beraten. Ziel der Beratung ist die Herbeiführung des Interessenausgleichs, also die Verabredung darüber, ob, wann und in welcher Form die geplante Betriebsänderung durchgeführt werden soll.[233]

213

Die Verpflichtung zur rechtzeitigen und umfassenden Unterrichtung des Betriebsrats sowie zur Beratung über die geplante Betriebsänderung ergibt

214

---

230 Fitting, a. a. O., § 111 Rdnr. 77.
231 BAG 14. 09. 1976 AP Nr. 2 zu § 113 BetrVG 1972.
232 BAG 14. 09. 1976 a. a. O.
233 BAG vom 27. 10. 1987 AP Nr. 41 zu § 112 BetrVG 1972; BAG vom 17. 09. 1991 AP Nr. 59 zu § 112 BetrVG 1972.

sich bereits aus § 111 BetrVG. Die Wiederholung in § 122 InsO will verdeutlichen, dass der Insolvenzverwalter den im Betriebsverfassungsgesetz vorgesehenen Verfahrensschritten auch tatsächlich Genüge tut. Schrader[234] und Warrikoff[235] weisen zu Recht darauf hin, dass »der Insolvenzverwalter das Verfahren nach § 122 InsO nicht an dem Betriebsrat vorbei betreiben können soll«.

c) Drei-Wochen-Frist

215 Haben Insolvenzverwalter und Betriebsrat mit dem ernsten Willen zur Einigung verhandelt und kommt nicht innerhalb von drei Wochen nach Verhandlungsbeginn oder schriftlicher Aufforderung zur Aufnahme von Verhandlungen ein Interessenausgleich zustande, so kann der Verwalter die gerichtliche Zustimmung zur Durchführung der Betriebsänderung beantragen.

Für die Berechnung der Frist ist maßgeblich, welcher Zeitpunkt früher liegt.[236] In jedem Falle setzt der Fristbeginn voraus, dass der Insolvenzverwalter den Betriebsrat rechtzeitig und umfassend über die Betriebsänderung unterrichtet hat. »Rechtzeitig« ist die Unterrichtung dann, wenn noch eine Beratung über die Betriebsänderung und ein Interessenausgleich möglich sind.[237]

»Umfassend« ist die Unterrichtung, wenn der Insolvenzverwalter den Betriebsrat über den Inhalt der Betriebsänderung, die Gründe für die Betriebsänderung sowie die Folgen der Betriebsänderung für die Arbeitnehmer informiert hat.[238]

Unterrichtung und Aufforderung zur Verhandlung können theoretisch gleichzeitig erfolgen; der Insolvenzverwalter muss allerdings beachten, dass die Aufforderung zur Verhandlung schriftlich ausgesprochen werden muss. Zweifelhaft ist, ob § 122 Abs. 1 Satz 1 InsO insoweit ein gesetzliches Schriftformerfordernis i. S. d. § 126 BGB statuiert. Der Gesetzesbegründung lässt sich dies nicht entnehmen. Der intendierten Beschleunigung dürfte genügen, dem Schriftformerfordernis lediglich eine Dokumentationsfunktion und keine Wirksamkeitsvoraussetzung für den Fristbeginn beizumessen.[239]

Teilweise wurde zu der inhaltsgleichen Fristenproblematik des § 113 Abs. 3 Satz 2 und 3 BetrVG a. F. außerhalb der Insolvenz die Auffassung vertreten, dass nur eine offensichtlich nicht den gesetzlichen Anforderungen genügende Unterrichtung dem Fristbeginn entgegenstünde.[240] Dem kann weder

---

234 Schrader, NZA 1997, 72.
235 Warrikoff, BB 1994, 2338, 2340.
236 Zwanziger, a. a. O., S. 79.
237 Vgl. Bauer/Göpfert DB 1997, 1464, 1467.
238 Bauer/Göpfert, a. a. O., 1468.
239 Vgl. Bauer/Göpfert, a. a. O., 1465.
240 Meinel, DB 1997, 170, 172.

für § 113 Abs. 3 Satz 2 und 3 BetrVG noch für die erheblich kürzere Frist in § 122 InsO gefolgt werden. Der Zustimmungsantrag setzt nach dem klaren Wortlaut der Vorschrift gerade voraus, dass die Unterrichtung des Betriebsrats rechtzeitig und umfassend erfolgt ist. Dies auf eine bloße Evidenzprüfung zurückzuführen, wäre mit der gesetzgeberischen Intention, durch die Wiederholung der Unterrichtungspflicht den Verwalter dazu anzuhalten, den Betriebsrat in seiner Tätigkeit zu unterstützen und in ernsthafte Verhandlungen mit diesem einzutreten, nicht vereinbar.

Die Drei-Wochen-Frist beginnt alternativ entweder mit dem tatsächlichen Verhandlungsbeginn oder der schriftlichen Aufforderung zur Aufnahme von Verhandlungen. Der Zeitpunkt des tatsächlichen Verhandlungsbeginns wird im Regelfall äußert schwer zu bestimmen sein, zumal der Betriebsrat möglicherweise im Verfahren einwenden wird, er sei erst zu einem späteren Zeitpunkt vollständig unterrichtet worden, so dass die tatsächlichen Verhandlungen ebenfalls erst später hätten aufgenommen werden können. Der Insolvenzverwalter ist daher gut beraten, wenn er aus Gründen der Rechtssicherheit in jedem Falle den Betriebsrat schriftlich zur Aufnahme von Verhandlungen auffordert. **216**

Die Fristberechnung erfolgt gem. den §§ 187, 188 BGB.

Haben der Schuldner oder der vorläufige Insolvenzverwalter die Interessenausgleichsverhandlungen bereits eingeleitet, so kann der Insolvenzverwalter – bei unveränderter Betriebsänderung – auf diesen früheren Zeitpunkt hinsichtlich der Fristberechnung verweisen und in die Verhandlungen eintreten. **217**

d) Wirtschaftliche Lage des Unternehmens

Kommt innerhalb der Drei-Wochen-Frist ein Interessenausgleich nicht zustande, so kann der Insolvenzverwalter den Antrag auf gerichtliche Zustimmung zur Durchführung der Betriebsänderung stellen, ohne dass das Verfahren nach § 112 Abs. 2 BetrVG vorangegangen ist (§ 122 Abs. 1 Satz 2 InsO). Das Gericht erteilt die Zustimmung nach § 122 Abs. 2 InsO, wenn die wirtschaftliche Lage des Unternehmens auch unter Berücksichtigung der sozialen Belange der Arbeitnehmer erfordert, dass die Betriebsänderung ohne vorheriges Verfahren nach § 112 Abs. 2 des Betriebsverfassungsgesetzes durchgeführt wird. Ob die »wirtschaftliche Lage« des Unternehmens als selbstständiges Tatbestandsmerkmal durch das Arbeitsgericht geprüft werden kann, erscheint äußerst fraglich und mit der durch die Vorschrift angestrebten Verfahrensbeschleunigung kaum vereinbar. Unbestritten geht es nicht darum, die Maßnahme auf ihre wirtschaftliche Sinnhaftigkeit zu überprüfen. Maßgeblich muss alleine sein, ob es die wirtschaftliche Lage des Unternehmens erfordert, die Betriebsänderung auch ohne das Verfahren nach § 112 Abs. 2 BetrVG durchzuführen, weil sie aus ökonomischen Gründen eilig umgesetzt werden muss. Das Arbeitsgericht stimmt auch nicht etwa **218** der Betriebsänderung als solcher zu, sondern erteilt lediglich seine Zustimmung dazu, dass das Verfahren nach § 112 Abs. 2 BetrVG entbehrlich ist.

219 Die Vorschrift verfolgt offensichtlich einen Beschleunigungseffekt sowie die Befreiung der Masse von Verbindlichkeiten nach § 113 Abs. 3 BetrVG. Beides könnte aber kaum erreicht werden, wenn das Arbeitsgericht im Beschlussverfahren »die wirtschaftliche Lage des Unternehmens« als Tatbestandsmerkmal vollständig zu überprüfen hätte. Selbst unter Beachtung der dem Gericht obliegenden Pflicht zur vorrangigen Erledigung (§ 122 Abs. 2 letzter Satz InsO) müsste sich das Gericht ggf. sachverständiger Unterstützung (mit der hieraus zwangsläufig resultierenden Verfahrensverzögerung) bedienen. Das Arbeitsgericht hat daher allenfalls eine Prognoseentscheidung darüber zu treffen, ob die von dem Insolvenzverwalter darzulegende wirtschaftliche Lage des Unternehmens auch unter Berücksichtigung der sozialen Belange der Arbeitnehmer es noch zulässt, dass mit der Durchführung der Betriebsänderung bis zur Dauer von längstens drei Monaten zugewartet wird.

Legt der Insolvenzverwalter dar, dass der Zeitablauf die vorgesehene Betriebsänderung ernsthaft gefährden oder gar vereiteln kann, muss das Arbeitsgericht zustimmen, auch wenn es hierbei regelmäßig zu Kündigungen der von der Betriebsänderung betroffenen Arbeitnehmer kommen wird. Nicht erforderlich ist, dass es bei der Durchführung eines »normalen« Interessenausgleichsverfahrens zum »Konkurs im Konkurs« kommt.[241]

220 Immer dann, wenn die Wirtschaftlichkeit des Betriebes nicht gegeben ist – also die laufenden Kosten aus den laufenden Einnahmen nicht gedeckt werden können, der Betrieb zu Lasten der Masse somit mehr Finanzmittel konsumiert als er abwirft, ist von der Eilbedürftigkeit der Betriebsänderung auszugehen.[242]

e) Soziale Belange der Arbeitnehmer

221 Kommt das Arbeitsgericht zu dem Ergebnis, dass die wirtschaftliche Lage des Unternehmens die Erteilung der Zustimmung erfordert, muss es gleichwohl noch prüfen, ob eventuell soziale Belange der Arbeitnehmer einer antragsgemäßen Entscheidung entgegenstehen. Dies kann jedoch nur dann angenommen werden, wenn noch die ernsthafte Aussicht besteht, dass durch Verhandlungen in der Einigungsstelle eine sozial verträglichere Lösung gefunden werden könnte.[243] Das Hinausschieben von Kündigungsfristen allein ist jedoch kein beachtlicher sozialer Belang in diesem Sinne.[244]

---

241 So Bichlmeier/Oberhofer, AiB 1997, 161, 165.
242 Vgl. Giesen, ZIP 1998, 142 ff.; vgl. auch AG Aachen NZI 1999, 279: gerichtliche Zustimmung zur Betriebsstilllegung gem. § 22 Abs. 1 Satz 2 Nr. 2, HS. 2 InsO durch den vorläufigen Insolvenzverwalter bei erheblichen Verlusten mangels einer konkreten Aussicht auf Sanierung, da eine wirtschaftlich unsinnige Betriebsfortführung im Rahmen des § 22 Abs. 1 Satz 2 Nr. 2 InsO nicht gefordert wird.
243 Vgl. Caspers, a. a. O., Rdnr. 414.
244 Caspers, a. a. O.; ihm folgend: Kübler/Prütting, a. a. O., § 122 Rdnr. 36.

Eisenbeis/Mues

3. Wirkung der Entscheidung

a) Durchführungsrecht

Erteilt das Arbeitsgericht die Zustimmung nach Abs. 2, kann der Insolvenzverwalter die Betriebsänderung durchführen, ohne dass Nachteilsausgleichsansprüche gegen die Masse entstehen können. Er kann also insbesondere die zur Umsetzung der Betriebsänderung notwendigen Änderungs- oder Beendigungskündigungen aussprechen.

222

Da die zeitnahe Durchführung der Betriebsänderung angestrebt wird, wird der Insolvenzverwalter mit Blick auf die einzuhaltenden Kündigungsfristen ggf. gut beraten sein, wenn er schon vor der Entscheidung des Arbeitsgerichts das Anhörungsverfahren nach § 102 BetrVG einleitet, damit hierdurch bedingte weitere Verzögerungen vermieden werden.

Teilweise wird unter Hinweis auf den Regelungsgehalt von Abs. 2 Satz 1 problematisiert, dass der Insolvenzverwalter die Betriebsänderung erst nach Rechtskraft des arbeitsgerichtlichen Beschlusses durchführen dürfe, § 85 Abs. 1 Satz 1 ArbGG. Zur Begründung wird ausgeführt, dass der zustimmende Beschluss des Arbeitsgerichts vom Betriebsrat nicht mit der Beschwerde angegriffen werden könne, die formelle Rechtskraft aber erst nach Ablauf der Frist für die Einlegung der Nichtzulassungsbeschwerde eintrete. Diese Auffassung verkennt, dass eine zweite Tatsacheninstanz gerade nicht stattfindet (§ 122 Abs. 3 Satz 1 InsO). § 92 a ArbGG bezieht sich jedoch ausdrücklich auf die Nichtzulassungsentscheidung durch das LAG.[245]

223

Wie ist zu entscheiden, wenn der Verwalter den Betriebsrat über die geplante Betriebsänderung rechtzeitig und umfassend unterrichtet, gleichzeitig und vorsorglich jedoch den Antrag gem. § 122 Abs. 1 Satz 1 InsO beim Arbeitsgericht stellt. Ist zum Zeitpunkt der Entscheidung die Drei-Wochen-Frist noch nicht abgelaufen, ist der Antrag ohne weiteres abzuweisen. Ist allerdings die Drei-Wochen-Frist abgelaufen und kann der Insolvenzverwalter darüber hinaus zur Überzeugung des Gerichts darlegen, dass er ernsthaft die Verhandlungen mit dem Betriebsrat gesucht hat, ist dem Antrag bei Vorliegen der Voraussetzungen im Übrigen stattzugeben. Eine Benachteiligung des Betriebsrats ist in diesen Fällen nämlich nicht festzustellen.

224

b) Nachträglicher Interessenausgleich/Beschlussverfahren zum Kündigungsschutz

Unberührt von dem Antrag auf gerichtliche Zustimmung zur Durchführung der Betriebsänderung bleibt das Recht des Verwalters, einen besonderen Interessenausgleich nach § 125 InsO zustande zu bringen oder das prä-

225

---

[245] So schon zutreffend Warrikoff, BB 1994, 2338, 2341; ebenso Schrader, NZA 1997, 70 ff.; Rummel, DB 1997, 774 f.

ventive Kündigungsschutzverfahren nach § 126 InsO zu betreiben (§ 122 Abs. 1 Satz 3 InsO).

Die Bestimmung stellt zunächst klar, dass das Verfahren nach § 122 InsO zu den Verfahren nach § 125 InsO bzw. § 126 InsO parallel geführt werden kann. Ebensowenig, wie § 122 dem Verwalter das Vorgehen nach §§ 125, 126 InsO nimmt, wird dem Betriebsrat die Befugnis genommen, die Einigungsstelle zur Herbeiführung eines Interessenausgleichs anzurufen. In diesem Fall ist der Verwalter bis zum Ablauf der Drei-Monats-Frist des § 113 Abs. 3 BetrVG zur Weiterverhandlung verpflichtet. Nach Ablauf dieser Frist erledigt sich allerdings ein eingeleitetes Einigungsstellenverfahren ohne weiteres, da der Interessenausgleich nach der Legaldefinition in § 113 Abs. 3 BetrVG versucht ist; eine weitergehende Verhandlungspflicht mit dem Betriebsrat besteht nicht mehr.

226 Wird der Antrag des Verwalters nach § 122 InsO zurückgewiesen und ist die maximal drei Monate laufende Frist des § 113 Abs. 3 BetrVG zum Zeitpunkt der Entscheidung über den Antrag nach § 126 InsO noch nicht abgelaufen, unterliegt auch der Antrag im Beschlussverfahren zum Kündigungsschutz ohne weiteres der Zurückweisung; der Insolvenzverwalter darf nämlich in diesem Fall die Betriebsänderung (noch) nicht durchführen, folglich dürfen auch die Kündigungen noch nicht ausgesprochen werden.

227 Stimmt das Arbeitsgericht aus Gründen der Eilbedürftigkeit der Durchführung der Betriebsänderung ohne vorheriges Verfahren nach § 112 Abs. 2 BetrVG zu, stellt sich die Frage, welche Rechtsfolgen einem nachträglich zustande gekommenen Interessenausgleich zukommen sollen. Nach § 125 InsO können die Vermutungswirkungen nur entstehen, wenn der besondere Interessenausgleich vor Durchführung der Betriebsänderung zustande gekommen ist. Dies folgt ohne weiteres aus dem Wortlaut, da § 125 Abs. 1 Satz 1 InsO von der »geplanten Betriebsänderung« spricht. Eine analoge Anwendung der Norm auf den nachträglich zustande gekommenen Interessenausgleich scheidet angesichts des Ausnahmecharakters aus. Ein Weiterverhandeln zur Herbeiführung eines Interessenausgleichs nach Durchführung der Betriebsänderung ergibt nur dann Sinn, wenn diesem nachträglichen Interessenausgleich auch die Vermutungswirkungen des § 125 InsO zugesprochen werden. Ansonsten handelte es sich nur um einen »untauglichen Versuch«, da das Weiterverhandeln nur Zeit und Geld kostet und beides in der Insolvenz nicht bzw. nicht in ausreichendem Maße vorhanden ist. Gleichwohl führt kein Weg daran vorbei, dass de lege lata einem nachträglich zustande gekommenen Interessenausgleich nicht die Wirkungen des § 125 InsO zuzubilligen sind. Folglich wird der Insolvenzverwalter nach erteilter Zustimmung zur Betriebsänderung sich den Kündigungsschutzverfahren »herkömmlicher Art« stellen oder aber das präventive Beschlussverfahren zum Kündigungsschutz nach § 126 InsO betreiben.

4. Verfahren

Die Eilbedürftigkeit des Verfahrens hat den Gesetzgeber dazu bewogen, das Gerichtsverfahren grds. nur einzügig auszugestalten. Gegen den Beschluss des Arbeitsgerichts findet die Beschwerde an das LAG nicht statt (Abs. 3 Satz 1). Die Rechtsbeschwerde an das BAG ist nur im Falle der ausdrücklichen Zulassung durch das Arbeitsgericht statthaft (Abs. 3 Satz 2). Auch wenn Abs. 2 Satz 2 noch generell die Vorschriften des ArbGG über das Beschlussverfahren für entsprechend anwendbar erklärt, so stellt Abs. 3 Satz 1 i. S. e. spezielleren Verfahrensvorschrift klar, dass die Nichtzulassung der Rechtsbeschwerde nicht mittels Nichtzulassungsbeschwerde gem. § 92 a ArbGG erstritten werden kann. § 92 a ArbGG setzt die Nichtzulassung der Rechtsbeschwerde durch das Beschwerdegericht voraus, das Beschwerdeverfahren beim LAG ist aber gerade für den Beschluss nach § 122 InsO ausgeschlossen (Abs. 3 Satz 1).

228

Das Arbeitsgericht hat den Antrag auf Zustimmung zur Durchführung der Betriebsänderung nach Maßgabe des § 61 a Abs. 3 bis 6 des ArbGG vorrangig zu erledigen.

229

Das Arbeitsgericht wird entsprechend der Sollvorschrift in § 61 a Abs. 2 ArbGG schnellstmöglich einen Anhörungstermin anzuberaumen haben, zu dessen Vorbereitung dem beteiligten Betriebsrat eine Schriftsatzfrist unter Belehrung über die Folgen der Fristversäumnis (§ 61 a Abs. 5 und 6 ArbGG) von – wohl nicht mehr als – zwei Wochen zu setzen ist.

Ob die Rechtsbeschwerde in dem arbeitsgerichtlichen Beschluss zuzulassen ist, entscheidet § 72 Abs. 2 ArbGG (Abs. 3 Satz 2, 2. HS). Danach ist zuzulassen, wenn die Rechtssache grundsätzliche Bedeutung hat oder aber der Beschluss des Arbeitsgerichts von einer Entscheidung eines divergenzfähigen Gerichts i. S. d. § 72 Abs. 2 Ziff. 2 ArbGG abweicht und der Beschluss auch auf dieser Abweichung beruht.

230

Das BAG ist an die Zulassung der Rechtsbeschwerde durch das Arbeitsgericht gebunden (Abs. 3 Satz 2, 2. HS i. V. m. § 72 Abs. 3 ArbGG).

Die Zulassung der Rechtsbeschwerde zum BAG dürfte die von § 122 InsO vorausgesetzte eilige Durchführung der Betriebsänderung vereiteln, gleichviel, ob das Arbeitsgericht den Antrag des Insolvenzverwalters positiv oder abschlägig bescheidet. Stimmt das Arbeitsgericht der Durchführung zu, darf der Insolvenzverwalter ohne Risiko des Nachteilsausgleichsanspruchs gem. § 113 BetrVG die Betriebsänderung erst durchführen, wenn der Beschluss formell rechtskräftig ist. Er muss also die Entscheidung des BAG zunächst abwarten; der Insolvenzverwalter sollte deshalb unter zeitlichen Aspekten prüfen, ob nicht erneute Bemühungen zur Herbeiführung eines Interessenausgleichs vielversprechender sind, weil sie – selbst im Falle eines Scheiterns – schneller zum angestrebten Ziel führen.[246] Die Empfehlung gilt

231

---

246 So auch Schrader, a. a. O., S. 73.

in gleichem Maße für den Fall der Zurückweisung des Antrags unter Zulassung der Rechtsbeschwerde.

232 Gem. § 122 Abs. 3 Satz 3 InsO ist die Rechtsbeschwerde in Abänderung der Fristen nach §§ 92 Abs. 2, 74 Abs. 1 ArbGG binnen Monatsfrist nach Zustellung der in vollständiger Form abgefassten Entscheidung einzulegen und zu begründen.

233 Die Frist zur Rechtsbeschwerdebegründung kann nicht verlängert werden. § 92 Abs. 2 i. V. m. § 74 Abs. 1 ArbGG ist nicht anzuwenden; § 122 Abs. 3 Satz 3 InsO geht als Spezialnorm vor.[247]

Die Rechtsbeschwerde hat aufschiebende Wirkung.

a) Einstweilige Verfügung des Insolvenzverwalters

234 Hat der Insolvenzverwalter den Betriebsrat rechtzeitig und umfassend über die beabsichtigte Betriebsänderung unterrichtet und ist die Drei-Wochen-Frist abgelaufen, ohne dass ein Interessenausgleich erzielt werden konnte, so kann er gleichwohl nicht ohne weiteres die Betriebsänderung durchführen, d. h. nicht einfach die Kündigungen aussprechen. Der Insolvenzverwalter ist vielmehr auf die gerichtliche Zustimmungserteilung angewiesen. Damit er diese Zustimmung erforderlichenfalls auch kurzfristig erhalten kann, darf ihm der einstweilige Rechtsschutz nicht verwehrt sein. Der Insolvenzverwalter kann deshalb im Wege des einstweiligen Verfügungsverfahrens (Abs. 2 Satz 2, 1. HS i. V. m. § 85 Abs. 2 ArbGG) die Erteilung der gerichtlichen Zustimmung zu der Betriebsänderung beantragen.[248]

Grunsky/Moll[249] weisen allerdings zu Recht darauf hin, dass wegen der Vorwegnahme der Hauptsacheentscheidung die einstweilige Verfügung zum Zwecke der kurzfristigen Durchführung der Betriebsänderung nach den für eine Leistungs- oder Befriedigungsverfügung geltenden Grundsätzen nur ausnahmsweise zulässig sein wird.

235 Kann der Insolvenzverwalter nicht alle Arbeitnehmer weiterbeschäftigen und stellt er deshalb einen Teil der Belegschaft mit sofortiger Wirkung frei, so stellt dies eine gem. § 87 Abs. 1 Ziff. 3 BetrVG mitbestimmungspflichtige Anordnung von Kurzarbeit dar.[250] Der Insolvenzverwalter muss deshalb – um einer einstweiligen Verfügung des Betriebsrats auf Unterlassung dieser Maßnahme vorzubeugen – seinerseits im Wege einstweiligen Rechtsschutzes eine vorläufige Regelung beantragen.[251]

---

247 A. A. ohne Begründung: Schrader NZA 1997, 70, 73; im Ergebnis wie hier: Nerlich/Römermann, a. a. O., § 122 Rdnr. 74.
248 ArbG Hannover EWiR 1997, 369; Berscheid, ZAP ERW 1997, 54 [56]; Löwisch, NZA 1996, 1009 [1017]; ders., RdA 1997, 80 [86].
249 Grunsky/Moll, Arbeitsrecht in der Insolvenz, 1997, Rdnr. 314.
250 ArbG Siegen ZIP 1983, 1117, 1118.
251 Berscheid, ZAP ERW 1997, 62, 64; ders., ZIP 1997, 474; ArbG Hannover EWiR 1997, 369.

b) Einstweilige Verfügung des Betriebsrats auf Unterlassung

Ob und ggf. bis zu welcher zeitlichen Grenze ein dem Betriebsrat im Wege des einstweiligen Rechtsschutzes zuzubilligender Unterlassungsanspruch gegen die Durchführung der Betriebsänderung anzuerkennen ist, ist hoch streitig. 236

Von dem Meinungsspektrum erfasst sind hierbei ebenso die generelle Leugnung des Unterlassungsanspruches wie die Position, § 113 Abs. 3 BetrVG i. d. F. des ArbBeschFG 1996 i. V. m. § 122 InsO verhalte sich zu dieser Problematik neutral, als auch schließlich die Auffassung, gerade die Gesetzesgeschichte zu § 122 InsO gebiete es, den Unterlassungsanspruch zu bejahen.

Schon zur Rechtslage vor Inkrafttreten des ArbBeschFG am 01. 10. 1996 wurde unterschiedlich beurteilt, ob der Betriebsrat einen Anspruch auf Unterlassung der Durchführung von Betriebsänderungen bis zum Abschluss der Interessenausgleichsverhandlungen besitze. Das BAG hat dem Betriebsrat mit Beschluss vom 03. 05. 1994 bei Verletzung seiner Mitbestimmungsrechte aus § 87 BetrVG einen Anspruch auf Unterlassung der mitbestimmungswidrigen Maßnahme zugestanden und damit seine bisherige entgegenstehende Rspr. aufgegeben.[252] Im Bereich der wirtschaftlichen Mitbestimmung sind dem die Instanzgerichte nur teilweise gefolgt. Einerseits wird vertreten, dass es für eine Unterlassungsverfügung betreffend die Umsetzung eines eine Betriebsänderung beinhaltenden Betriebs- und Personalkonzeptes sowohl an einem Verfügungsanspruch wie auch an einem Verfügungsgrund fehle. Der Verfügungsanspruch fehle, weil die §§ 111 ff. BetrVG für den Betriebsrat keinen Anspruch auf Herbeiführung eines Interessenausgleichs begründeten. Der Verfügungsanspruch sei zu verneinen, weil die aus einer Unterlassung der Verhandlungen über einen Interessenausgleich resultierenden Ansprüche betroffener Arbeitnehmer gesetzlich gem. § 113 BetrVG garantiert und die §§ 111 bis 113 BetrVG als abschließende gesetzliche Regelung des Mitbestimmungsrechtes betreffend einen Interessenausgleich anzusehen seien.[253] Andererseits wird vertreten, dass dem Betriebsrat bei einer geplanten Betriebsänderung i. S. d. § 111 BetrVG ein Anspruch auf Beratungen und Verhandlungen über einen Interessenausgleich zustehe, der durch einen Unterlassungsanspruch gegenüber solchen Maßnahmen (Kündigungen) gestützt wird, mit denen die Betriebsänderung durchgeführt werden solle und die den Verhandlungsanspruch des Betriebsrats, der nach Durchführung der Betriebsänderung nicht mehr gegeben ist, zunichte machten. Dieser Anspruch könne auch durch die einstweilige Verfügung gem. § 940 ZPO gesichert werden.[254] 237

---

252 BAG 03. 05. 1994 EzA § 23 BetrVG 1972 Nr. 36.
253 LAG Köln 01. 09. 1995 – 13 Ta 223/95 – unveröffentl.
254 LAG Berlin 07. 09. 1995 LAGE § 111 BetrVG 1972 Nr. 13 = AP Nr. 36 zu § 111 BetrVG 1972 = AP Nr. 29 zu § 113 BetrVG 1972 = NZA 1996, 1284; offengelassen von LAG Baden-Württemberg AiB 1996, 492.

Die nach Inkrafttreten des ArbBeschFG ergangene instanzgerichtliche Rspr. bleibt uneinheitlich.[255]

238 In der Literatur zu § 113 Abs. 3 BetrVG in der – zwischenzeitlich wieder aufgehobenen – Fassung des ArbBeschFG vom 26. 09. 1996 wurde teilweise mit Blick auf die gesetzgeberische Intention, die Durchführung von Betriebsänderungen zu erleichtern, vertreten, dass der Gesetzgeber mit der Neuregelung jegliche Möglichkeiten ausräumen wollte, Betriebsänderungen durch Unterlassungsverfügungen zu blockieren. Insofern habe – obgleich gesetzessystematisch verfehlt – die Regelung nicht nur Folgen für den Nachteilsausgleichsanspruch, sondern auch und in erster Linie im Hinblick auf die Unzulässigkeit von einstweiligen Verfügungen.[256] Demgegenüber weist Zwanziger[257] zu Recht darauf hin, dass das Interessenausgleichsverfahren durch das ArbBeschFG nicht abgeschafft, sondern lediglich verkürzt wurde. Auch der Umstand, dass der Gesetzgeber die Sanktionen wegen mangelnder Beteiligung des Betriebsrats im Bereich des individualrechtlichen Nachteilsausgleichsanspruchs belassen hatte, besagt für sich genommen nichts darüber, ob der mitbestimmungswidrigen Durchführung der Betriebsänderung kollektivrechtlich mit einer Untersagungsverfügung begegnet werden kann. Richtigerweise muss wohl davon ausgegangen werden, dass § 113 Abs. 3 BetrVG i. d. F. des ArbBeschFG 1996 hierzu nichts Entscheidendes beizutragen vermag.[258]

Allerdings könnte die Entstehungsgeschichte von § 122 den Unterlassungsanspruch stützen. Die Vorschrift bestimmt nämlich, dass dann, wenn eine Betriebsänderung namentlich im Rahmen der Sanierung möglichst schnell durchzuführen ist, der Insolvenzverwalter nach dreiwöchigen ergebnislosen Verhandlungen mit dem Betriebsrat das Arbeitsgericht bemühen muss. Mit dem Erfordernis der arbeitsgerichtlichen Entscheidung sollen »Missbräuche vermieden werden«.[259] Wenn aber der Gesetzgeber sogar in der Insolvenz den Beratungsanspruch des Betriebsrats sichern wollte, so sei es nur konsequent, wenn zur Sicherung dieses Anspruchs auch der Unterlassungsanspruch anerkannt würde.

239 Es erscheint jedoch fraglich, ob sich die Argumentation aus der Entstehungsgeschichte des § 122 InsO als dogmatisch tragfähige Grundlage für den Unterlassungsanspruch erweisen kann.

---

255 Anspruchsverneinend: ArbG Kiel BB 1997, 635; LAG Düsseldorf DB 1997, 1068 = LAGE Nr. 14 zu § 111 BetrVG 1972 = NZA-RR 1997, 297; LAG Düsseldorf 16. 12. 1996 LAGE Nr. 41 zu § 112 BetrVG 1972; LAG Hamm NZW-RR 1997, 343; anspruchsbejahend: ArbG Kaiserslautern AiB 1997, 179, 180; einschränkend für die Dauer der in § 113 Abs. 3 Satz 2 und 3 BetrVG a. F. geregelten Verhandlungsfristen: LAG Hamburg 26. 06. 1997 LAGE Nr. 6 zu § 113 BetrVG 1972 = NZA-RR 1997, 296; wohl auch: LAG Hamm 01. 07. 1997 LAGE Nr. 7 zu § 113 BetrVG 1972.
256 Schiefer, NZA 1997, 915, 919.
257 Zwanziger, BB 1998, 477, 481.
258 Ebenso Löwisch, RdA 1997, 80, 84; Zwanziger, a. a. O.; a. A. Bauer/Göpfert, DB 1997, 1464, 1470 f.
259 Vgl. Schmidt-Räntsch, InsO und EGInsO, 1995, § 122 Rdnr. 5.

Zunächst ist zu beachten, dass bei Mitbestimmungsverletzungen die Rechtsfolgen nur in Einzelfällen kodifiziert sind (z. B. §§ 102 Abs. 2 Satz 3, 113 Abs. 3 BetrVG). Hiervon macht § 122 InsO keine Ausnahme. Diese Lücke hat die Rspr. des BAG für die Mitbestimmung in sozialen Angelegenheiten nach § 87 BetrVG durch die »Theorie der Wirksamkeitsvoraussetzung« geschlossen.[260] Diese Theorie hat sich aber als nicht hinreichende Sicherung des Mitbestimmungsrechts erwiesen, weshalb der 1. Senat schließlich von seiner bisherigen Rspr. abgewichen ist, § 23 Abs. 3 BetrVG als abschließende Spezialnorm des Unterlassungsanspruchs zu werten.[261]

Das BAG hat in seinem Beschluss vom 03. 05. 1994 aber sehr wohl darauf hingewiesen, dass nicht jede Verletzung von Rechten des Betriebsrats zugleich zu einem Unterlassungsanspruch führe.[262] Es müsse vielmehr die konkrete gesetzliche Ausgestaltung des Mitbestimmungsrechts und die Art der Rechtsverletzung untersucht werden. Diesen zutreffenden Ansatz greift Richardi[263] auf, leitet den negatorischen Beseitigungsanspruch ohne weitere – unnötige – gesetzliche Grundlage aus dem subjektiven Recht des Betriebsrats ab und trifft die Entscheidung über Pro oder Contra des Unterlassungsanspruchs danach, »ob der Betriebsrat nur an der Entscheidungsfindung des Arbeitgebers beteiligt wird oder ob darüber hinaus dessen Maßnahme selbst an die Zustimmung des Betriebsrats gebunden ist. Ein mitbestimmungswidriger Zustand, dessen Beseitigung der Betriebsrat verlangen kann, besteht nur im letzteren Fall, also nicht bei den Beteiligungsrechten, die als Mitwirkungsrecht gestaltet sind, sondern nur bei einem paritätischen Beteiligungsrecht, also dem Mitbestimmungsrecht im engeren Sinn«.

Da dem Betriebsrat aber bei der Durchführung der Betriebsänderung nur ein Beratungsrecht zusteht, er also nur an der Entscheidungsfindung beteiligt wird, bleibt kein Raum für einen Unterlassungsanspruch. Dies entspricht auch der bisherigen Rspr. des BAG, wonach § 113 Abs. 1, Abs. 3 BetrVG zu entnehmen ist, dass der Unternehmer in der Durchführung von Betriebsänderungen frei sein soll, selbst wenn das Mitwirkungsverfahren noch nicht abgeschlossen ist, und dass diese Entscheidungsfreiheit nicht durch Unterlassungsansprüche unterlaufen werden darf.[264]

c) Anrufung der Einigungsstelle

Dem Insolvenzverwalter bleibt es unbenommen, parallel zu dem Antrag auf Erteilung der gerichtlichen Zustimmung zur Durchführung der Betriebsänderung weiter über den Ablauf der Drei-Wochen-Frist hinaus Verhandlun-

240

---
260 BAG AP Nrn. 2, 4 zu § 56 BetrVG; AP Nr. 2 zu § 87 BetrVG 1972 Kurzarbeit; AP Nrn. 51 und 52 zu § 87 BetrVG 1972 Lohngestaltung.
261 BAG 03. 05. 1994 AP Nr. 23 zu § 23 BetrVG 1972 unter Aufgabe von BAG 22. 02. 1983 AP Nr. 2 zu § 23 BetrVG 1972.
262 BAG 03. 05. 1994 a. a. O., unter B. III. 1. d. G.
263 Richardi, Festschrift für Wlotzke, S. 418.
264 Vgl. BAG AP Nr. 2 zu § 85 ArbGG 1979; ebenso Löwisch, RdA 1997, 80 ff.

gen zur Herbeiführung eines Interessenausgleichs mit dem Betriebsrat zu führen. Für den besonderen Interessenausgleich nach § 125 InsO stellt das Abs. 1 Satz 3 ausdrücklich klar.

241 Gelingt es dem Insolvenzverwalter einen Interessenausgleich zu vereinbaren, kann er das Verfahren nach § 122 InsO auf Erteilung der Zustimmung zur Durchführung der Betriebsänderung gem. § 83 a ArbGG für erledigt erklären. Dies muss der Insolvenzverwalter auch tun, da ansonsten der Antrag aufgrund des Sachstandes am Schluss der mündlichen Verhandlung unabhängig davon abzuweisen wäre, ob er ursprünglich zulässig und begründet war.[265]

242 Aber auch dann, wenn die parallellaufenden Bemühungen um die Herbeiführung eines Interessenausgleichs gescheitert sind, kann der Verwalter seinen Antrag nach § 122 Abs. 1 Satz 1 InsO in einen Feststellungsantrag über die Durchführung des Einigungsversuches nach § 113 Abs. 3 BetrVG umstellen. Für einen solchen Feststellungsantrag ist das Rechtsschutzinteresse auch dann zu bejahen, wenn das Arbeitsgericht das Verfahren nach § 122 InsO wegen Erledigung einstellt, da die Erledigung nicht zwingend auf dem Eintritt der Rechtsfolge des § 113 BetrVG beruhen muss.[266]

d) Verhältnis zu § 126 InsO

243 Neben den zuvor dargestellten Möglichkeiten kann der Insolvenzverwalter nach dreiwöchigen ergebnislosen Verhandlungen mit dem Betriebsrat das Beschlussverfahren zum Kündigungsschutz betreiben. § 126 InsO bestimmt, dass dann, wenn der Betrieb keinen Betriebsrat hat oder aus anderen Gründen innerhalb von drei Wochen nach Verhandlungsbeginn oder schriftlicher Aufforderung zur Aufnahme von Verhandlungen ein Interessenausgleich nach § 125 Abs. 1 InsO nicht zustande kommt, obwohl der Insolvenzverwalter den Betriebsrat rechtzeitig und umfassend unterrichtet hat, der Insolvenzverwalter beim Arbeitsgericht beantragen kann festzustellen, dass die Kündigung der Arbeitsverhältnisse bestimmter, im Antrag bezeichneter Arbeitnehmer durch dringende betriebliche Erfordernisse bedingt und sozial gerechtfertigt ist. Die soziale Auswahl der Arbeitnehmer kann nur im Hinblick auf die Dauer der Betriebszugehörigkeit, das Lebensalter und die Unterhaltspflichten nachgeprüft werden.

Dem Insolvenzverwalter wird somit nach Ablauf der dreiwöchigen Frist – im betriebsratslosen Betrieb kann er das Verfahren nach § 126 InsO sofort betreiben – das Recht eingeräumt, das sog. präventive Kündigungsverfahren zu betreiben. Dieses Beschlussverfahren ist grds. einzügig ausgestaltet. Die Rechtsbeschwerde zum BAG darf nur bei grundsätzlicher Bedeutung der Rechtssache oder bei Abweichung von einer divergenzfähigen Entschei-

---

265 Vgl. Grunsky/Moll, a. a. O., Rdnr. 321.
266 Giesen, ZIP 1998, 142, 146.

dung zugelassen werden. § 122 Abs. 2 Satz 3 und Abs. 3 InsO gelten entsprechend.

Zu beachten ist jedoch, dass das Arbeitsgericht die Sozialauswahl voll nachprüft. Zu den Einzelheiten vgl. die Erläuterungen zu § 126 InsO.

III. Umfang des Sozialplans

1. Allgemeines

Die Vorschrift über das Volumen des Sozialplans im Insolvenzverfahren knüpft an das Modell an, das die Kommission für Insolvenzrecht für das »Liquidationsverfahren« entwickelt hat und das in einer geänderten, an die Systematik des geltenden Rechts angepassten Form bereits in das Gesetz über den Sozialplan im Konkurs- und Vergleichsverfahren aufgenommen worden ist. 244

Wie nach dem Sozialplangesetz (SozPlG) sind eine absolute Obergrenze von zweieinhalb Monatsverdiensten aller von einer Entlassung betroffenen Arbeitnehmer und eine relative Obergrenze (nicht mehr als ein Drittel der zur Verteilung stehenden Masse) vorgesehen. Es werden also die Grenzen unverändert übernommen, die im Gesetz über den Sozialplan im Konkurs- und Vergleichsverfahren vorgesehen sind. 245

Die Vorschriften über die relative Grenze (Abs. 2 Satz 2, 3) decken auch den Fall ab, dass in einem Insolvenzverfahren zeitlich nacheinander mehrere Sozialpläne aufgestellt werden. In diesem Fall darf die Gesamtsumme aller Forderungen aus diesen Sozialplänen die relative Grenze nicht übersteigen (Vgl. zum bisherigen Recht § 4 Satz 3 SozPlG). 246

Die relative Begrenzung des Sozialplanvolumens kommt aber nur zur Anwendung, wenn die Insolvenzmasse verteilt wird. Hieraus ergibt sich, dass bei einer abweichenden Regelung durch einen Insolvenzplan, insbesondere aber bei einem Absehen von der Verteilung im Falle eines Fortführungsplan, die relative Grenze nicht beachtet zu werden braucht. Die neue Rechtslage findet insoweit ihre Entsprechung in den Bestimmungen nach dem Gesetz über den Sozialplan im Konkurs- und Vergleichsverfahren: Die Grenze des § 4 Satz 2 SozPlG wirkte sich bei einer Verteilung nach den Regeln des Konkursverfahrens aus, nicht aber im Vergleichsverfahren. 247

Wie nach dem Gesetz über den Sozialplan im Konkurs- und Vergleichsverfahren sind die Begrenzungen des Sozialplanvolumens als Höchstgrenzen ausgestaltet. Ob sie ausgeschöpft werden, bleibt den Parteien überlassen. Insbesondere wenn eine Sanierung in Aussicht steht, wird der Betriebsrat nicht selten bereit sein, das Volumen niedriger festzusetzen. 248

249 Die Sozialplanforderungen sind nicht wie bisher als bevorrechtigte Konkursforderungen eingeordnet, sondern als Masseforderungen (Abs. 2 Satz 1). Hierdurch wird die Rechtsstellung der Arbeitnehmer mit Sozialplanforderungen allerdings nur formell verbessert. Die Vorschrift über die relative Begrenzung des Sozialplanvolumens bewirkt nämlich, dass die Sozialplangläubiger grds. nur befriedigt werden, wenn die übrigen Masseverbindlichkeiten voll erfüllt werden können. Insofern stehen die Sozialplanforderungen trotz ihrer Höherstufung im Nachrang zu den herkömmlichen Masseverbindlichkeiten. Die Einordnung der Sozialplangläubiger als Massegläubiger hat aber immerhin den praktischen Vorteil, dass eine Anmeldung und Feststellung der Sozialplanforderungen entfällt.

250 Durch Abs. 3 wird darauf hingewirkt, dass die Arbeitnehmer möglichst frühzeitig, nämlich so oft hinreichende Barmittel in der Masse vorhanden sind, Abschlagszahlungen auf ihre Sozialplanforderungen erhalten. Das Gesetz sieht, wie nach der bisherigen Rspr. auch erforderlich, vor, dass hierfür die Zustimmung des Insolvenzgerichts eingeholt wird.

251 Eine Zwangsvollstreckung der Sozialplangläubiger in die Masse ist unzulässig (Abs. 3 Satz 2). Dies ergab sich nach früherem Recht bereits aus der Einordnung der Sozialplanforderungen als Konkursforderungen.

2. Absolute Obergrenze (Abs. 1)

a) Maßgeblicher Zeitpunkt

252 Die §§ 123, 124 InsO differenzieren wie schon nach früherem Recht zwischen Sozialplänen vor der Eröffnung des Insolvenzverfahrens und solchen, die erst danach aufgestellt werden. Das Verfahren wird durch den Beschluss des Insolvenzgerichts eröffnet (§ 27 InsO). Im Eröffnungsbeschluss ist dieser Zeitpunkt exakt zu bestimmen (§ 27 Abs. 2 Nr. 3 InsO). Danach ist zu beurteilen, ob ein Sozialplan vor oder nach Verfahrenseröffnung aufgestellt ist. Zur Prüfung, ob ein vor Insolvenz aufgestellter Sozialplan widerruflich ist oder nicht (§ 24 Abs. 1 InsO), kommt es allerdings nur auf den Tag des Eröffnungsantrags an, von dem aus die Drei-Monats-Frist berechnet wird (§§ 187, 188 BGB).

b) Die von der Entlassung betroffenen Arbeitnehmer

253 Abs. 1 bestimmt die absolute Obergrenze der Sozialplananspruche in der Insolvenz unter Bezug auf den Monatsverdienst der von einer Entlassung betroffenen Arbeitnehmer. Danach kann in einem Sozialplan, der nach der Eröffnung des Insolvenzverfahrens aufgestellt wird, für den Ausgleich oder die Milderung der wirtschaftlichen Nachteile, die den Arbeitnehmern infolge der geplanten Betriebsänderung entstehen, ein Gesamtbetrag von bis zu zweieinhalb Monatsverdiensten (§ 10 Abs. 3 KSchG) der von einer Entlassung betroffenen Arbeitnehmer vorgesehen werden. Die auf den Mo-

natsverdienst abstellende Bezugsgröße für das Sozialplanvolumen verbietet selbstverständlich nicht die übliche Praxis, die Sozialplanleistungen nicht mit festen Euro-Beträgen zu bestimmen, sondern sie anhand von Punktesystemen und Abfindungsformeln zu ermitteln. Solche Punktesysteme bieten den Vorteil, sowohl die Verteilungsmaßstäbe transparent zu machen als auch Anpassungen bei unvorhergesehenen Störungen in der Abwicklung zu erleichtern.

Zur Ermittlung des zulässigen Gesamtvolumens ist festzustellen, welche Arbeitnehmer von der Betriebsänderung betroffen sind. Betroffen i. S. d. Vorschrift sind nur diejenigen Arbeitnehmer, die infolge der geplanten Betriebsänderung entlassen werden. Sonstige Arbeitnehmer, die im Übrigen anspruchsberechtigt aus dem Sozialplan sind, zählen nicht.

Ausgangspunkt ist der betriebsverfassungsrechtliche Arbeitnehmerbegriff. Arbeitnehmer i. S. d. Betriebsverfassungsgesetzes sind diejenigen, die zur Belegschaft gehören, also auch Teilzeitbeschäftigte und befristet angestellte Arbeitnehmer. Zu den Arbeitnehmern i. S. d. § 123 InsO gehören somit nicht die in § 5 Abs. 2 BetrVG aufgeführten Arbeitnehmer und die leitenden Angestellten i. S. v. § 5 Abs. 3 BetrVG. Neben den von dem Insolvenzverwalter gekündigten Arbeitnehmern gehören hierzu auch diejenigen, die auf Veranlassung des Verwalters einen Aufhebungsvertrag geschlossen oder von sich aus gekündigt haben, um einer Kündigung des Insolvenzverwalters zuvorzukommen.[267] Als Entlassung i. S. d. § 123 gilt das aufgrund der Betriebsänderung veranlasste Ausscheiden ungeachtet des formalen Beendigungstatbestandes. Das BAG definiert die arbeitgeberseitige bzw. verwalterseitige Veranlassung zur Beendigung des Arbeitsverhältnisses eng.[268] Ein bloßer Hinweis des Arbeitgebers/Insolvenzverwalters auf notwendig werdende Betriebsänderungen und selbst der Rat, sich eine neue Stelle zu suchen, rechtfertigen danach nicht die Annahme, der Arbeitgeber/Insolvenzverwalter habe die Beendigung veranlasst. Von einer Veranlassung kann demnach nur gesprochen werden, wenn der Verwalter im Hinblick auf eine konkret geplante Betriebsänderung den Arbeitnehmer bestimmt, selbst zu kündigen oder sein Arbeitsverhältnis einvernehmlich aufzulösen, um eine sonst notwendig werdende Kündigung zu vermeiden.[269]

c) Monatsverdienst

Die Berechnung des Sozialplanabfindungsvolumens stellt auf den individuellen Monatsverdienst i. S. d. § 10 Abs. 3 KSchG aller von einer Entlassung betroffenen Arbeitnehmer ab. Im Kündigungsschutzverfahren verweist § 10 Abs. 3 KSchG i. V. m. § 9 Abs. 2 KSchG als maßgebenden Zeitpunkt

254

---

267 Vgl. auch BAG 02. 08. 1983 AP Nr. 12 zu § 111 BetrVG 1972; Däubler/Kittner/Klebe, Kommentar zum BetrVG, 7. Aufl. 2000, Anh. zu §§ 111–113, § 123 InsO Rdnr. 4; Fitting, a. a. O., §§ 112, 112 a Rdnr. 204; Boemke/Tietze, DB 1999, 1391.
268 Vgl. BAG 24. 01. 1996 EzA § 112 BetrVG 1972 Nr. 83.
269 BAG a. a. O.

für die Bemessung der Höhe der Abfindung auf den Monat, in dem das Arbeitsverhältnis bei sozial gerechtfertigter Kündigung geendet hätte. Zwar ist diese Regelung im Kündigungsschutzverfahren praktikabel, da fast ausschließlich ein in der Vergangenheit liegender Zeitpunkt behandelt wird, doch stößt sie im Sozialplanverfahren auf die Schwierigkeit, dass möglicherweise noch gar nicht feststeht, welche Arbeitnehmer entlassen werden und zu welchem Zeitpunkt die Kündigungen wirksam werden sollen.[270] Zutreffend führt Däubler[271] aus, dass anzunehmen ist, der Gesetzgeber habe diese Schwierigkeiten nicht erkannt. Vor diesem Hintergrund ist maßgeblicher Bemessungszeitpunkt der Monat, zu dem die Mehrzahl der betroffenen Arbeitnehmer entlassen wird; sprich der Zeitpunkt, in dem die Betriebsänderung durchgeführt wird.[272]

Gem. § 10 Abs. 3 KSchG gilt als Monatsverdienst, was dem Arbeitnehmer bei der für ihn maßgebenden regelmäßigen Arbeitszeit in dem Monat, in dem das Arbeitsverhältnis endet, an Geld- und Sachbezügen zusteht. Das Gesetz stellt somit auf das Merkmal der Regelmäßigkeit ab, weshalb alle unregelmäßigen Schwankungen in der für den Arbeitnehmer maßgeblichen Arbeitszeit auszuklammern sind. Dies gilt namentlich für Kurzarbeit wie auch für unregelmäßig anfallende Überstunden.[273] Ob der Arbeitnehmer bis zum Ablauf der Kündigungsfrist arbeitet, vom Verwalter freigestellt wird oder aus krankheitsbedingten Gründen an der Arbeitsleistung gehindert ist, bleibt ohne Einfluss. Erfolgen im Bemessungszeitraum Vergütungssteigerungen z. B. Tariflohnerhöhungen, ist von dem erhöhten Monatsverdienst auszugehen.

Zu den Geldbezügen zählen alle Grundvergütungen sowie die Zuwendungen mit Entgeltcharakter z. B. 13. oder 14. Monatsgehalt, Tantiemen, Umsatzbeteiligung etc. Diese Bezüge sind auf den Bemessungszeitraum anteilig umzulegen.

Dementgegen werden Zuwendungen mit Gratifikationscharakter z. B. Weihnachtsgratifikation, Jubiläumsgelder nicht berücksichtigt (str.), die Gegenauffassung verkennt jedoch, dass mangels Entgeltcharakter diese Zuwendungen nicht auf die einzelnen Monate eines Jahres umgelegt werden können.

Unter den Begriff des Monatsverdienstes fallen die dem Arbeitnehmer zustehenden Sachbezüge. Ihr Wert ist mit dem Marktwert anzusetzen.[274]

---

270 Fabricius/Kraft/Wiese u. a., Kommentar zum BetrVG, 6. Aufl. 1998, §§ 112, 112a Rdnr. 208; Boemke/Tietze, a. a. O., 1392.
271 Däubler/Kittner/Klebe, a. a.O, Anh. zu §§ 111–113, § 123 InsO Rdnr. 10.
272 Fitting, a. a. O., §§ 112, 112a Rdnr. 206; a. A. Däubler/Kittner/Klebe, a. a. O., Anh. zu §§ 111–113, § 123 InsO Rdnr. 13; Fabricius/Kraft/Wiese u. a., a. a. O., §§ 112, 112a Rdnr. 210; Boemke/Tietze, a. a. O., S. 1392, die auf den Zeitpunkt abstellen, in dem das Arbeitsverhältnis des zu berücksichtigenden Arbeitnehmers endet und einen Sozialplan nach dem sog. Punktesystem aufstellen.
273 Fitting, a. a. O., §§ 112, 112a Rdnr. 207; vgl. zum ganzen: KR-Spilger § 10 KSchG, Rdnr. 27–34.
274 Vgl. BAG 22. 09. 1960 AP Nr. 27 zu § 616 BGB.

Mangels Verweisung in § 10 Abs. 3 KSchG sind die in der Sachbezugsverordnung (Vgl. § 17 Abs. 1 Nr. 4 SGB IV) festgesetzten Werte nicht entscheidend.

3. Rechtsfolgen bei Überschreitung der absoluten Obergrenze

Der im Gesetz genannte Höchstbetrag stellt eine absolute Obergrenze dar, die nicht überschritten werden darf. Ein Überschreiten der Höchstgrenze führt zur absoluten Unwirksamkeit des Sozialplanes.[275] Fraglich ist, ob der Sozialplan innerhalb der Grenzen des Abs. 1 aufrechterhalten werden kann (§ 139 BGB). Dies ist jedoch nur bei solchen Sozialplänen möglich, wenn anzunehmen ist, dass die Parteien den Sozialplan auch mit dem verringerten Volumen abgeschlossen hätten und der Sozialplan eindeutige Verteilungsmaßstäbe zur anteiligen Kürzung aller Ansprüche erkennen lässt.[276]

255

Kann der Sozialplan teilweise nicht aufrechterhalten werden, führt dies zum endgültigen Wegfall von Arbeitnehmeransprüchen. Insolvenzverwalter und Betriebsrat müssen jedoch einen neuen Plan aufstellen, bzw. im Falle der Nichteinigung muss ein erneutes Tätigwerden der Einigungsstelle initiiert werden.[277]

256

Nach dem eindeutigen Wortlaut des § 123 Abs. 1 InsO gilt die absolute Obergrenze nur für solche Betriebsänderungen, die Entlassungen der Arbeitnehmer bedingen. Sozialpläne im Rahmen sonstiger Betriebsänderungen werden von § 123 Abs. 1 InsO nicht erfasst.[278] Mittelbar werden sich die Höchstgrenzen des § 123 Abs. 1 InsO dennoch auswirken, da der Insolvenzverwalter den von einer Betriebsänderung in sonstiger Weise betroffenen Arbeitnehmern kaum mehr zahlen wird als den von einer Betriebsänderung mit Entlassung betroffenen Arbeitnehmern.[279]

257

4. Relative Obergrenze (Abs. 2)

Abs. 2 Satz 1 bestimmt zunächst, dass die Sozialplanforderungen nicht mehr wie bislang lediglich bevorrechtigte Konkursforderungen sind, sondern als Masseforderungen eingeordnet sind. Hierdurch wird die Rechtsstellung der Arbeitnehmer mit Sozialplanforderungen formell verbessert. Die Verbesserung hat jedoch nur eingeschränkte Bedeutung, da die Vorschrift über die relative Obergrenze des Sozialplanvolumens bewirkt, dass die Sozialplan-

258

---
275 Fitting, a. a. O., §§ 112, 112 a Rdnr. 211; Fabricius/Kraft/Wiese u. a., a. a. O., §§ 112, 112 a Rdnr. 172; Boemke/Tietze, a. a. O, S. 1392.
276 Fitting, a. a. O., §§ 112, 112 a Rdnr. 214; Fabricius/Kraft/Wiese u. a., a. a. O., Rdnr. 178; Boemke/Tietze a. a. O., 1392.
277 Fitting, a. a. O., § 112, 112 a Rdnr. 216.
278 Fitting, a. a. O., §§ 112, 112 a Rdnr. 217; Boemke/Tietze a. a. O., 1392.
279 Boemke/Tietze a. a. O., 1393.

gläubiger grds. nur dann befriedigt werden, wenn die übrigen Masseverbindlichkeiten voll erfüllt werden können. Die Berichtigung der Sozialplananspruche ist danach wie folgt vorzunehmen: Zuerst sind gem. § 53 InsO die Kosten des Insolvenzverfahrens und die sonstigen Masseverbindlichkeiten vorweg zu berichtigen. Von dem Betrag, der danach verbleibt, kann bis zu einem Drittel zur Berichtigung der Sozialplananspruche verwandt werden. Der Rest bildet dann die Teilungsmasse, die den übrigen Insolvenzgläubigern zur Verfügung steht. Caspers[280] bemerkt zu Recht, dass das endgültige Sozialplanvolumen danach nicht mehr als die Hälfte der zur Verteilung an die Insolvenzgläubiger zur Verfügung stehenden Teilungsmasse betragen darf bzw. die endgültige Teilungsmasse mindestens doppelt so groß wie die Gesamtsumme aller als Masseverbindlichkeit zu berücksichtigenden Sozialplananspruche sein muss.

259 Materiellrechtlich bleibt jedoch die Forderung des Arbeitnehmers in voller Höhe bestehen. Er kann seine Forderung nach Abschluss des Insolvenzverfahrens gegen seinen früheren Arbeitgeber gem. §§ 215 Abs. 2, 201 Abs. 1 InsO geltend machen.[281]

260 Liegt Masseunzulänglichkeit vor, werden keine Sozialplananspruche berichtigt. Reicht die Masse nicht zur vollständigen Vorwegberichtigung der Massekosten und sonstigen Masseverbindlichkeiten aus, verbleibt nichts, was an die Insolvenzgläubiger verteilt werden kann. Folglich gehen auch die Arbeitnehmer mit Sozialplananspruchen leer aus.

261 Die Einordnung der Sozialplananspruche als Masseverbindlichkeit führt aber zu dem praktischen Vorteil, dass eine Anmeldung und Feststellung der Sozialplanforderungen entfällt.

262 Die relative Begrenzung des Sozialplanvolumens ist dann gegenstandslos, wenn ein Insolvenzplan zustande kommt. Dies gilt auch unabhängig davon, ob ein Liquidationsplan, ein Übertragungsplan oder ein Sanierungsplan beschlossen und bestätigt wird. Der Gesetzgeber geht offensichtlich davon aus, dass die über den Insolvenzplan entscheidenden Gläubiger ihre Interessen mündig wahrnehmen können. Die absolute Obergrenze bleibt aber auch bei zustande gekommenem Insolvenzplan wirksam. Zu den Einzelheiten des Insolvenzplans vgl. die Erläuterungen zu den §§ 217–269 InsO.

263 Die Vorschriften über die relative Grenze (Abs. 2 Satz 2, 3) decken auch den Fall ab, dass in einem Insolvenzverfahren zeitlich nacheinander mehrere Sozialpläne aufgestellt werden. In diesem Fall darf die Gesamtsumme aller Forderungen aus diesen Sozialplänen die relative Grenze nicht übersteigen.[282] Ist dies doch der Fall, sind die einzelnen Forderungen anteilig zu kürzen.

---

[280] Caspers, a. a. O., S. 192 Rdnr. 440.
[281] Fitting, a. a. O., §§ 112, 112a Rdnr. 224; Boemke/Tietze, a. a. O., S. 1393.
[282] Boemke/Tietze, a. a. O., 1393; Schaub, DB 1999, 217; Lakies, BB 1999, 210.

5. Ermessensrichtlinien zur Volumenbestimmung

Das Gesetz legt mit der absoluten und relativen Obergrenze nur Höchstgrenzen für das Sozialplanvolumen fest. Diese Grenzen dürfen ausweislich der Materialien nicht dahin missverstanden werden, dass i. d. R. jeder von einer Entlassung betroffene Arbeitnehmer einen Betrag von zweieinhalb Monatsverdiensten als Sozialplanleistung erhalten soll. Vielmehr ist stets die Situation des einzelnen Arbeitnehmers zu berücksichtigen. Bei besonderen sozialen Härten sollen höhere, in anderen Fällen geringe Beträge oder auch – wenn ein entlassener Arbeitnehmer sofort einen entsprechenden neuen Arbeitsplatz gefunden hat – gar keine Leistungen vorgesehen werden.[283] In Übereinstimmung mit der Gesetzesbegründung ist danach festzuhalten, dass die Richtlinien nach § 112 Abs. 5 BetrVG auch dann gelten, wenn in der Insolvenz ein Sozialplan von der Einigungsstelle beschlossen wird. Danach sollen wirtschaftliche Nachteile infolge der Betriebsänderung so ausgeglichen oder gemindert werden, dass den Gegebenheiten des Einzelfalles i. d. R. Rechnung getragen wird. Die entstehenden Nachteile sollen konkret ermittelt werden, wenn auch Pauschalierungen zulässig sind. Namentlich beim Sanierungs- und Übertragungsplan ist bei der Bemessung des Gesamtbetrages der Sozialplanleistungen darauf zu achten, dass der Fortbestand des Unternehmens oder die nach Durchführung der Betriebsänderung verbleibenden Arbeitsplätze nicht gefährdet werden (§ 112 Abs. 5 Ziff. 3 BetrVG). Wird das schuldnerische Unternehmen zerschlagen, spielt die Ermessensrichtlinie in § 12 Abs. 5 BetrVG keine Rolle.[284]

264

Hat der Betriebsrat im Vertrauen auf die beabsichtigte Sanierung des Unternehmens und damit zur Sicherung der verbleibenden Arbeitsverhältnisse einem die Grenzen des § 123 InsO ggf. deutlich unterschreitenden Sozialplan zugestimmt, wird der vom Verwalter ausgearbeitete Insolvenzplan aber nicht angenommen, dürfte regelmäßig die Geschäftsgrundlage für den Sozialplan entfallen sein. Um diesbezügliche Streitigkeiten über die Rechtswirksamkeit des Sozialplans von vornherein zu vermeiden, schlägt Caspers[285] zu Recht vor, den Sozialplan von vornherein unter den Vorbehalt zu stellen, dass der Insolvenzplan auch tatsächlich zustande kommt, den Sozialplan also mit der aufschiebenden Bedingung zu versehen, dass der Insolvenzplan angenommen und bestätigt wird.

6. Abschlagszahlungen (Abs. 3)

Durch Abs. 3 wird darauf hingewirkt, dass die Arbeitnehmer möglichst frühzeitig, nämlich so oft hinreichende Barmittel in der Masse vorhanden sind, Abschlagszahlungen auf ihre Sozialplanforderungen erhalten. Das Ge-

265

---

283 Begr. zu § 141 des Regierungsentwurfs BT-Drucks. 12/2443 S. 154.
284 Vgl. eingehend Caspers, a. a. O., S. 200–204 Rdnr. 462–471.
285 Caspers, a. a. O., S. 204 Rdnr. 470.

setz sieht, wie nach der bisherigen Rspr. zum alten Recht auch erforderlich, vor, dass hierfür die Zustimmung des Insolvenzgerichts eingeholt wird.

Nach Schwerdtner[286] unterliege es angesichts der Regelung in Abs. 3 Satz 1 rechtlichen Bedenken, wenn die Fälligkeit eines Sozialplananspruchs – wie in der Praxis regelmäßig vereinbart – bis zum Zeitpunkt des rechtskräftigen Abschlusses des Kündigungsschutzprozesses hinausgeschoben wird. Nach der Rspr. des BAG ist es aber zulässig, dass in einem Sozialplan festgehalten wird, dass bei Erhebung einer Kündigungsschutzklage die Abfindung nach § 9 KSchG auf die Sozialplanabfindung anzurechnen und dass die Fälligkeit der Abfindung auf den Zeitpunkt des rechtskräftigen Abschlusses des Kündigungsrechtsstreits hinausgeschoben ist.[287] Weiter ist zu beachten, dass Abs. 3 Satz 1 lediglich eine Sollvorschrift ist. Dem wird zwar zu Recht entgegengehalten werden können, dass nach Zustimmungserteilung des Insolvenzgerichts der Verwalter zur Verweigerung der Abschlagszahlung plausibler Gründe bedarf; kann er solche Gründe nicht vorbringen, wird man ihn gerade wegen der Funktion der Sozialplanabfindung als Überbrückungshilfe als verpflichtet ansehen müssen, auch Abschlagszahlungen an die betroffenen Arbeitnehmer zu leisten. Hierbei wird er die doppelte Summe für die Insolvenzgläubiger reservieren müssen, solange der allgemeine Prüfungstermin noch nicht stattgefunden hat (§ 187 Abs. 1 InsO). Dies ändert jedoch alles nichts daran, dass bis zur rechtskräftigen Erledigung des Kündigungsschutzprozesses überhaupt noch nicht feststeht, ob der klagende Arbeitnehmer von der Entlassung betroffen ist. Bis dies geklärt ist, ist die Verweigerung von Abschlagszahlungen im Einklang mit der Rspr. des BAG nicht zu beanstanden.

266 Eine Zwangsvollstreckung der Sozialplangläubiger in die Masse ist unzulässig (Abs. 3 Satz 2).

IV. Sozialplan vor Verfahrenseröffnung

1. Allgemeines

267 § 124 InsO gilt für »insolvenznahe Sozialpläne« und trägt wie nach dem früheren Recht auch (Vgl. § 3 SozPlG) dem Umstand Rechnung, dass Sozialpläne, die vor Verfahrenseröffnung, jedoch nicht früher als drei Monate vor dem Eröffnungsantrag aufgestellt worden sind, typischerweise bereits Nachteile ausgleichen sollen, die mit dem Eintritt der Insolvenz in Zusammenhang stehen. Von diesem Grundgedanken war auch das Sozialplangesetz ausgegangen, indem es einerseits die Forderungen aus derartigen So-

---

286 KS/Schwerdtner, 1997, S. 1150.
287 BAG EzA zu § 4 KSchG Ausgleichsquittung Nr. 1 = AP Nr. 33 zu § 112 BetrVG 1972; Steffan, NZA-RR 2000, 344.

zialplänen mit dem gleichen Konkursvorrecht versehen hatte wie Forderungen aus im Verfahren aufgestellten Plänen (§ 4 Satz 1 SozPlG), andererseits diese Forderungen der Höhe nach begrenzte, um die Einhaltung des im Verfahren zulässigen Sozialplanvolumens zu gewährleisten (§ 3 SozPlG). Nach der Begründung des Regierungsentwurfs zu § 124 InsO ist die Vorgängerregelung allerdings in der Praxis kaum zur Anwendung gekommen. § 124 InsO wählt deshalb eine andere rechtstechnische Ausgestaltung: Ein in der kritischen Zeit vor der Verfahrenseröffnung zustande gekommener Sozialplan kann widerrufen werden (Abs. 1); in diesem Fall können die begünstigten Arbeitnehmer bei der Aufstellung des neuen Sozialplans berücksichtigt werden (Abs. 2). Die Konstruktion ermöglicht es, dass bei der Aufstellung des Sozialplans im Insolvenzverfahren die Leistungen an die bereits in einem früheren Sozialplan berücksichtigten Arbeitnehmer neu festgesetzt werden. Auch insoweit kann die schwierige wirtschaftliche Lage, in die das Unternehmen geraten ist, voll berücksichtigt werden; z. B. kann das Sozialplanvolumen unterhalb der zulässigen Höchstgrenzen festgelegt werden, um die Sanierungschancen zu verbessern. Weiter kann die Beteiligung der einzelnen Arbeitnehmer an dem jetzt geringeren Gesamtvolumen neu festgesetzt werden, z. B. können die Mittel auf besondere Notfälle konzentriert werden.

In Abs. 3 wird im Interesse der Rechtssicherheit festgelegt, dass bereits ausgezahlte Sozialplanleistungen nicht deshalb zurückgefordert werden können, weil der Sozialplan im Insolvenzverfahren widerrufen wird. Das Volumen des Sozialplans im Insolvenzverfahren ist dann unter Berücksichtigung dieser Leistungen niedriger festzusetzen (Satz 2). Eine Rückforderung aufgrund des Rechts der Insolvenzanfechtung wird durch die Vorschrift nicht ausgeschlossen. **268**

Ist ein Sozialplan früher als drei Monate vor dem Antrag auf Eröffnung des Insolvenzverfahrens aufgestellt worden und sind Forderungen aus diesem Sozialplan im Zeitpunkt der Verfahrenseröffnung noch nicht berichtigt, so können diese Forderungen nur als Insolvenzforderungen geltend gemacht werden. **269**

Sozialplanforderungen i. S. d. § 124 InsO sind keine Masseverbindlichkeiten, sondern Insolvenzforderungen, die nach allgemeinen Grundsätzen verteilt werden.[288] Mangels Rechtspflicht zu einem Handeln ist das Unterlassen des Widerrufs durch den Insolvenzverwalter keine Handlung i. S. v. § 55 Abs. 1 Nr. 1 InsO. **270**

---

[288] Fitting, a. a. O., §§ 112, 112a Rdnr. 238; MünchArbR/Matthes, § 363 Rdnr. 19; Boemke/Tietze, DB 1999, 1394; a. A. Lakies, BB 1999, 210; Warrikoff, BB 1994, 2344.

2. Widerruf »insolvenznaher« Sozialpläne (§ 124 Abs. 1)

a) Widerrufsberechtigung

271 Zum Widerruf berechtigt sind Insolvenzverwalter und Betriebsrat. Die Berechtigung des Verwalters folgt aus dem Umstand, dass er mit Eröffnung des Verfahrens in die Rechtsstellung des Schuldners einrückt, auf ihn die Verwaltungs- und Verfügungsbefugnis übergeht und er damit auch betriebsverfassungsrechtlicher »Gegenspieler« des Betriebsrats ist. Da auch der Betriebsrat bei Abschluss des »insolvenznahen« Sozialplans ggf. von falschen Erwartungen ausgegangen ist und der Sozialplan zum Zeitpunkt der Eröffnung unter Umständen zu einem wesentlichen Teil noch nicht erfüllt worden ist, muss auch dem Betriebsrat das Recht zum Widerruf zustehen.

272 Das Widerrufsrecht ist voraussetzungslos, es bedarf keines Widerrufsgrundes.[289] Nach der Begr. zum Regierungsentwurf folgt das Recht allein aus dem Umstand, dass »insolvenznahe« Sozialpläne typischerweise Nachteile ausgleichen sollen, die mit der Insolvenz bereits im Zusammenhang stehen, und dass die durch solche Sozialpläne betroffenen Arbeitnehmer denjenigen Arbeitnehmern gleichgestellt werden sollen, die aus einem Insolvenzsozialplan anspruchsberechtigt sind.

273 Der Widerruf ist gegenüber dem anderen Teil zu erteilen. Folglich muss der Betriebsrat gegenüber dem Insolvenzverwalter, der Insolvenzverwalter gegenüber dem Betriebsrat widerrufen; dies gilt auch, wenn die Einigung durch den Spruch einer Einigungsstelle zustande gekommen ist.

274 Insolvenzverwalter wie Betriebsrat sind grds. nur berechtigt, aber nicht verpflichtet, einen »insolvenznahen« Sozialplan zu widerrufen. Gleichwohl kann das Unterlassen eines Widerrufs für beide eine Pflichtverletzung darstellen, freilich mit unterschiedlichen Konsequenzen: Die Pflicht des Verwalters besteht in der Verwaltung der Masse i. S. einer optimalen Schuldenregulierung. Der Betriebsrat hat die kollektiven Rechte im Interesse der Belegschaft bestmöglich wahrzunehmen. Weist nun der »insolvenznahe« Sozialplan ein beträchtliches Volumen aus und ist er noch nicht vollends erfüllt, hat der Verwalter ihn zu widerrufen. Unterlässt er den Widerruf schuldhaft, macht er sich gegenüber den anderen Gläubigern schadenersatzpflichtig (§ 60 InsO).

Gleichfalls kann sich für den Betriebsrat im Hinblick auf die Einordnung von »Vor-Insolvenzsozialplanforderungen« als bloße Insolvenzforderungen bei noch nicht erfolgter Abwicklung des Sozialplans eine Pflicht zur Ausübung des Widerrufsrechts ergeben, um den betroffenen Arbeitnehmern bei ansonsten drohendem Forderungsausfall zumindest die Möglichkeit eines Insolvenzsozialplananspruchs als Masseforderung zu eröffnen.[290]

---

[289] Schwerdtner, a. a. O., S. 1151; Caspers, a. a. O., S. 206 Rdnr. 475.
[290] Vgl. BAG 27. 10. 1998 AP Nr. 29 zu § 61 KO; dazu, dass bei erfolgtem Widerruf die

Unterlässt der Betriebsrat in einem solchen Fall den Widerruf, wird er hierfür regelmäßig nicht zur Verantwortung gezogen werden können. Der Betriebsrat besitzt keine eigene Rechtspersönlichkeit, er ist im allgemeinen Rechtsverkehr nicht rechtsfähig. Er haftet daher auch nicht für etwaige Amtspflichtverletzungen. Eine Schadenersatzpflicht kann sich nur für einzelne Mitglieder des Betriebsrats nach allgemeinen Regeln des Bürgerlichen Rechts ergeben, wobei aber stets die Kausalität des Verhaltens einzelner Betriebsratsmitglieder zu dem Verhalten des Betriebsrats als Organ und den sich hieraus ergebenden Konsequenzen problematisch ist.[291]

b) Zeitliche Grenze des Widerrufs

Das Widerrufsrecht ist davon abhängig, dass der Sozialplan nicht früher als drei Monate vor dem Eröffnungsantrag aufgestellt worden ist. Ein Sozialplan ist aufgestellt, wenn Arbeitgeber und Betriebsrat sich über den Ausgleich oder die Milderung wirtschaftlicher Nachteile einer Betriebsänderung geeinigt haben, die Einigung schriftlich niedergelegt und von den Betriebspartnern unterzeichnet ist, § 112 Abs. 1 Satz 2 BetrVG. Die Einigung ist ein Rechtsgeschäft, das Zustandekommen richtet sich nach den allgemeinen Grundsätzen der §§ 145 ff. BGB.[292] Maßgebend ist danach der Zeitpunkt des formwirksamen Zugangs der Annahmeerklärung eines rechtswirksamen Angebots. Unterzeichnen die Betriebspartner den Sozialplan am Ende einer Verhandlung gemeinschaftlich, ist dieser Zeitpunkt maßgeblich. Erfolgt der Vertragsschluss durch Übersendung eines bereits von einer Seite unterzeichneten Sozialplanangebots, kommt es darauf an, wann die Rücksendung des ebenfalls unterzeichneten Exemplars dem antragenden Teil wieder zugeht. Kommt die Einigung vor der Einigungsstelle zustande, sollte dies im Protokoll vermerkt werden. Wird die Einigung durch die Einigungsstelle ersetzt, ist entscheidend, wann der Spruch beiden Seiten zugeleitet worden ist.[293]

275

Die Wahrung der Schriftform ist Wirksamkeitsvoraussetzung für den Sozialplan.[294]

Weiter kommt es für das Widerrufsrecht auf den Zeitpunkt des Eröffnungsantrags an. Antrag und Datum ergeben sich aus den Akten des Insolvenzgerichts. Gehen mehrere Anträge ein, ist wie schon zur früheren Rechtslage nach § 3 SozPlG der erste wirksame Antrag maßgeblich. Da es sich um eine Monatsfrist handelt, sind lediglich die Daten entscheidend (§§ 187, 188 BGB).

---

von dem Widerruf betroffenen Arbeitnehmer regelmäßig erneut bei Abschluss eines Insolvenzsozialplans berücksichtigt werden sollen.
291 Vgl. Fitting, a. a. O., § 1 Rdnr. 193 ff.
292 Fitting, a. a. O., §§ 112, 112a Rdnr. 231.
293 Schwerdtner, a. a. O., S. 1151.
294 Vgl. BAG 09. 07. 1985 AP Nr. 13 zu § 113 BetrAVG 1972; LAG Thüringen NZA-RR 1999, 309.

276 Ebensowenig wie die Ausübung des Widerrufsrechts eines Grundes bedarf, besteht eine Frist, innerhalb derer der Widerruf dem anderen Betriebspartner gegenüber erklärt werden muss; der Widerruf kann in jeder Lage des Verfahrens (von der Eröffnung des Insolvenzverfahrens bis zur Beendigung durch Schlusstermin gem. § 197 InsO oder Einstellung des Verfahrens gem. §§ 207 ff. InsO) erfolgen, er sollte aber schon aus Gründen der Regelungen in Abs. 2 und 3 vor Aufstellung eines Sozialplans in der Insolvenz erklärt werden. Eine Rechtspflicht zum vorherigen Widerruf wird aber angesichts des Wortlauts in Abs. 2 (»... können die Arbeitnehmer... berücksichtigt werden«) nicht angenommen werden können.

c) Rechtsfolgen des Widerrufs (§ 124 Abs. 2, 3)

277 Abs. 2 bestimmt, dass Arbeitnehmer, denen Forderungen aus einem widerrufenen Sozialplan zustanden, bei der Aufstellung eines Sozialplans im Insolvenzverfahren berücksichtigt werden können. Sie müssen nicht berücksichtigt werden. Allerdings weist Schwerdtner[295] zu Recht unter Hinweis auf die Materialien darauf hin, dass der Wortlaut missverständlich ist. Das erklärte Ziel des Gesetzgebers ist es nämlich, die durch solche Sozialpläne begünstigten Arbeitnehmer denjenigen gleichzustellen, denen Forderungen aus einem im Verfahren aufgestellten Sozialplan zustehen. Hieraus folgt, dass sie grds. zu berücksichtigen sind; im Ergebnis ebenso: Caspers, a. a. O., S. 208 Rdnr. 482). Wie die von einem Widerruf betroffenen Arbeitnehmer in dem Insolvenzsozialplan berücksichtigt werden, können die Betriebspartner in den Grenzen von Recht und Billigkeit bestimmen.[296] So kann wegen der wirtschaftlichen Krise das Sozialplanvolumen unterhalb der zulässigen Höchstgrenzen festgelegt werden, um die Sanierungschancen zu verbessern, die Beteiligung der einzelnen Arbeitnehmer an dem jetzt geringeren Gesamtvolumen kann neu festgelegt werden, die Mittel können auf besondere Fälle konzentriert werden.

Da der Gesetzgeber solche Sozialpläne grds. widerruflich gestaltet hat, haben begünstigte Arbeitnehmer keinen Vertrauensschutz auf erworbene, aber noch nicht erfüllte Ansprüche aus einem innerhalb der Drei-Monats-Frist aufgestellten Sozialplan.[297]

278 Soweit Sozialplanleistungen aus dem widerrufenen Sozialplan bereits erbracht worden sind, stellt Abs. 3 Satz 1 i. S. d. Vertrauensschutzes und der Rechtssicherheit klar, dass die Arbeitnehmer die Leistungen behalten dürfen. Eine Rückforderung ist ausgeschlossen. Unberührt hiervon bleibt allerdings das Recht der Insolvenzanfechtung nach den §§ 129–146.

279 Wird ein Insolvenzsozialplan aufgestellt, sind bereits erfolgte Zahlungen aus einem widerrufenen Sozialplan bis zur absoluten Grenze des § 123 Abs. 1, zweieinhalb Monatsverdienste der von einer Entlassung betroffenen Ar-

---

295 Schwerdtner, a. a. O., S. 1152.
296 Vgl. BAG EzA § 112 BetrVG 1972 Nrn. 66, 71, 83 und 90.
297 Ebenso Caspers, a. a. O., S. 209 Rdnr. 482.

beitnehmer, in Abzug zu bringen. Dies ist nur konsequent, wenn nach dem Willen des Gesetzgebers die von einem »insolvenznahen« Sozialplan begünstigten Arbeitnehmer mit denjenigen, die aus einem Insolvenzsozialplan anspruchsberechtigt sind, möglichst gleichbehandelt werden sollen. Inwieweit die Gleichbehandlung tatsächlich erfolgt, ist von der Masse abhängig.

3. Anfechtung, Kündigung und Wegfall der Geschäftsgrundlage von Sozialplänen

a) Insolvenzrechtliche Anfechtung

Rechtshandlungen, die vor der Eröffnung des Verfahrens vorgenommen sind, können als den Insolvenzgläubigern gegenüber unwirksam nach Maßgabe der §§ 129 ff. angefochten werden. Das Anfechtungsrecht wird vom Verwalter ausgeübt. Für die insolvenzrechtliche Anfechtung von Sozialplänen kommt insbesondere der Anfechtungsgrund der Gläubigerbenachteiligung §§ 130–132 InsO in Betracht. 280

b) Anfechtung wegen Ermessensfehler der Einigungsstelle (§ 76 Abs. 5 Satz 4 BetrVG)

Beschließt die Einigungsstelle mit Mehrheit einen Sozialplan, so hat sie hierbei unter angemessener Berücksichtigung der Belange des Betriebs und der betroffenen Arbeitnehmer nach billigem Ermessen zu entscheiden (§ 76 Abs. 5 Satz 3 BetrVG). Die Überschreitung der Grenzen des Ermessens kann durch den Verwalter oder den Betriebsrat nur binnen einer Frist von zwei Wochen, vom Tage der Zuleitung des Beschlusses an gerechnet, beim Arbeitsgericht geltend gemacht werden (§ 76 Abs. 5 Satz 4 BetrVG). Das Arbeitsgericht darf die Ermessensentscheidung aber nur daraufhin überprüfen, ob sie die Grenzen des ihr zustehenden Ermessens überschritten hat. Dem Arbeitsgericht steht keine allgemeine Zweckmäßigkeitskontrolle zu, sondern nur eine Rechtskontrolle.[298] Hält sich der Spruch der Einigungsstelle innerhalb des gesetzlichen Ermessensrahmens, ist dies vom Arbeitsgericht hinzunehmen. Insbesondere darf das Arbeitsgericht nicht sein eigenes Ermessen an die Stelle des Ermessens der Einigungsstelle setzen.[299] 281

Die bei der Aufstellung eines Sozialplans in der Insolvenz erforderliche Berücksichtigung der Interessen der anderen Insolvenzgläubiger muss nicht zwangsläufig dazu führen, dass der Sozialplan einen Teil der nach Berichtigung der Masseverbindlichkeiten verbleibenden Insolvenzmasse für die nachrangigen Insolvenzgläubiger übrig lässt. Vielmehr kann eine sachge- 282

---

298 Fitting, a. a. O., § 76 Rdnr. 76.
299 BAG 22. 01. 1980 AP Nr. 7 zu § 111 BetrVG 1972.

rechte Interessenabwägung auch ergeben, dass angesichts der noch vorhandenen Masse den sozialen Belangen der betroffenen Arbeitnehmer der Vorrang gebührt.[300]

283 Die Einigungsstelle überschreitet nicht ihr Ermessen, wenn sie erst geraume Zeit nach der Durchführung der Betriebsstilllegung einen Sozialplan beschließt und bei der Bemessung der Sozialplanleistungen gleichwohl auf die wirtschaftlichen Nachteile der entlassenen Arbeitnehmer abstellt, mit denen im Zeitpunkt der Betriebsstilllegung typischerweise zu rechnen war. Die Einigungsstelle braucht nicht zu berücksichtigen, dass einzelne Arbeitnehmer diese Nachteile tatsächlich nicht erlitten haben.[301] Ein Sozialplan, der Arbeitnehmer, die aufgrund von Aufhebungsverträgen oder Eigenkündigungen ausscheiden, gänzlich von Sozialplanabfindungen ausschließt, kann ermessensfehlerhaft sein. Der Inhalt eines Sozialplans muss nämlich immer dem Normzweck von § 112 Abs. 1 Satz 2 BetrVG entsprechen, die wirtschaftlichen Nachteile zu mildern, die den Arbeitnehmern infolge der geplanten Betriebsänderung entstehen. Diesem Zweck würde es aber widersprechen, wenn Arbeitnehmer ausschließlich unter Hinweis auf den formalen Beendigungsgrund einer Eigenkündigung oder eines Aufhebungsvertrages trotz arbeitgeberseitiger Veranlassung des Ausscheidens von der Sozialplanabfindung ausgenommen werden.[302]

284 Die Betriebspartner können allerdings ermessensfehlerfrei vereinbaren, dass Arbeitnehmer, die im Zusammenhang mit einer Betriebsstilllegung vorzeitig durch Eigenkündigung ausscheiden, eine niedrigere Abfindung erhalten.[303]

285 Schließlich ist auch die Unterscheidung in einem Sozialplan zwischen Arbeitnehmern, die ihr Arbeitsverhältnis selbst kündigen, und solchen, die aufgrund eines von ihnen gewünschten Aufhebungsvertrages ausscheiden, i. d. R. sachlich gerechtfertigt. Der Arbeitgeber kann so entscheiden, ob er den Arbeitnehmer für die ordnungsgemäße Durchführung der Betriebsänderung oder noch darüber hinaus benötigt oder ob ihm das freiwillige Ausscheiden des Arbeitnehmers nur eine ohnehin notwendig werdende Kündigung erspart.[304]

c) Kündigung von Sozialplänen

286 Gerät das Unternehmen in die Krise oder muss Insolvenzantrag gestellt werden, stellt sich schnell die wirtschaftlich unter Umständen entscheidende Frage, inwieweit Arbeitgeber bzw. Verwalter und Betriebsrat einvernehmlich einen bereits geschlossenen, im nachhinein aber nicht mehr finanzierbaren Sozialplan zur Rettung des Unternehmens und zumindest eines Teils

---

300 BAG 30. 10. 1979 AP Nr. 9 zu § 112 BetrVG 1972.
301 BAG 23. 04. 1985 AP Nr. 26 zu § 112 BetrVG 1972.
302 BAG 28. 04. 1993 AP Nr. 67 zu § 112 BetrVG 1972.
303 BAG 11. 08. 1993 AP Nr. 71 zu § 112 BetrVG 1972.
304 BAG 19. 07. 1995 AP Nr. 96 zu § 112 BetrVG 1972.

der Arbeitsplätze rechtswirksam wieder abändern können, und, falls ein Einvernehmen über eine Neuregelung nicht gefunden werden kann, eine Kündigung eines Sozialplans wirksam ausgesprochen werden kann.

Sozialpläne haben nach dem Gesetz die Wirkung einer Betriebsvereinbarung. Die Aufhebung einer Betriebsvereinbarung kann durch eine neue Betriebsvereinbarung erfolgen, die dieselbe Angelegenheit wie die frühere Betriebsvereinbarung regelt, ohne dass in der neuen Betriebsvereinbarung die Aufhebung der älteren ausdrücklich erklärt wird.[305] Wenn die Betriebspartner eine Angelegenheit durch Betriebsvereinbarung geregelt haben, so können sie diese Betriebsvereinbarung auch einvernehmlich wieder aufheben und dieselbe Angelegenheit durch eine neue Betriebsvereinbarung regeln. Die Aufhebung bedarf jedoch der Schriftform.[306] Die neue Betriebsvereinbarung tritt an die Stelle der früheren und löst diese ab. Im Verhältnis zweier aufeinanderfolgender Betriebsvereinbarungen gilt das Ablösungsprinzip. Dies gilt auch dann, wenn die neue Regelung für Arbeitnehmer ungünstiger ist als die frühere.[307]

287

Davon zu unterscheiden ist die Frage, ob die neue Betriebsvereinbarung in die Ansprüche der Arbeitnehmer, die schon auf der Grundlage der früheren Betriebsvereinbarung entstanden sind, eingreifen darf, indem sie diese schmälert oder ganz entfallen lässt. Das BAG verneint das. In Ansprüche, die bereits auf der Grundlage eines aufgehobenen Sozialplans entstanden sind, kann durch eine Neuregelung nicht zu Lasten der Arbeitnehmer eingegriffen werden.[308] Zur Begründung führt das BAG aus, dass die Betriebspartner die Erwartungen der Arbeitnehmer nicht dadurch enttäuschen können, dass sie durch einen neuen Sozialplan die für die bereits entstandenen wirtschaftlichen Nachteile vorgesehenen Sozialplanleistungen zu Lasten der Arbeitnehmer aufheben oder kürzen.[309] Soll mittels eines neuen Sozialplans in bereits entstandene Ansprüche der Arbeitnehmer eingegriffen werden, bedarf es eines weiteren Rechtsgrundes.[310]

288

Ob ein Sozialplan ordentlich oder außerordentlich gekündigt werden kann, ist umstritten.[311]

289

Haben die Betriebspartner im Sozialplan eine Kündigungsmöglichkeit nicht vorgesehen und greift die Widerrufsmöglichkeit nach § 124 Abs. 1 InsO nicht ein, so gilt nach BAG: Ein für eine bestimmte Betriebsänderung vereinbarter Sozialplan kann, soweit nichts Gegenteiliges vereinbart ist, nicht ordentlich gekündigt werden. Anderes kann für Dauerregelungen in

290

---

305 BAG 10. 08. 1994 AP Nr. 86 zu § 112 BetrVG 1972; MünchArbR/Matthes, § 328 Rdnr. 37.
306 MünchArbR/Matthes, § 328 Rdnr. 37.
307 Vgl. BAG GS 16. 09. 1986 AP Nr. 17 zu § 77 BetrVG 1972; BAG 19. 01. 1999 AP Nr. 28 zu § 87 BetrAVG 1972 Ordnung des Betriebs.
308 BAG 10. 08. 1994 AP Nr. 86 zu § 112 BetrVG 1972.
309 BAG 10. 08. 1994 a. a. O., II. 3. a der Gründe
310 BAG 10. 08. 1994 a. a. O., II. 3. c der Gründe.
311 Vgl. die Nachweise im Urteil des BAG 24. 03. 1981 AP Nr. 12 zu § 112 BetrVG.

einem Sozialplan gelten, wobei Dauerregelungen nur solche Bestimmungen sind, nach denen ein bestimmter wirtschaftlicher Nachteil durch auf bestimmte oder unbestimmte Zeit laufende Leistungen ausgeglichen oder gemildert werden soll.[312] Ausdrücklich offengelassen hat das BAG, ob ein Sozialplan insgesamt oder hinsichtlich seiner Dauerregelungen außerordentlich gekündigt werden kann.[313]

291 Ist die Kündigung zulässig, so kann sie in jedem Falle mit der insolvenzspezifischen Kündigungsfrist von drei Monaten gem. § 120 Abs. 1 InsO ausgesprochen werden. Den gekündigten Regelungen des Sozialplans kommt allerdings Nachwirkung zu, bis sie durch eine neue Regelung ersetzt werden. Die ersetzende Regelung kann Ansprüche der Arbeitnehmer, die vor dem Wirksamwerden der Kündigung entstanden sind, nicht zuungunsten der Arbeitnehmer abändern. Das gilt auch dann, wenn die Arbeitnehmer aufgrund bestimmter Umstände nicht mehr auf den unveränderten Fortbestand des Sozialplans vertrauen konnten.[314]

292 Etwas anderes mag für einen vorsorglichen Sozialplan gelten. Ein solcher Sozialplan bezieht sich nicht auf eine konkrete Betriebsänderung, sondern auf alle möglichen Betriebsänderungen während seiner Geltungsdauer. Damit entfällt für ihn der Grund für die Annahme, dass ein Sozialplan ordentlich nicht kündbar ist, wenn die Betriebspartner die Möglichkeit einer ordentlichen Kündigung nicht vereinbart haben.[315] Ein solcher Sozialplan kann auch in jedem Falle widerrufen werden. Durch den Widerruf entfällt die Nachwirkung.

d) Wegfall der Geschäftsgrundlage von Sozialplänen

293 Für Betriebsvereinbarungen und insbesondere für Sozialpläne ist anerkannt, dass diese eine Geschäftsgrundlage haben können, bei deren Wegfall die getroffene Regelung den geänderten tatsächlichen Umständen anzupassen ist, wenn dem Vertragspartner im Hinblick auf den Wegfall der Geschäftsgrundlage das Festhalten an der Vereinbarung nicht mehr zuzumuten ist.[316] Die Geschäftsgrundlage eines Sozialplans kann insbesondere dann weggefallen sein, wenn beide Betriebspartner bei Abschluss des Sozialplans von irrigen Vorstellungen über die Höhe der für den Sozialplan zur Verfügung stehenden Finanzmittel ausgegangen sind.[317]

294 Der Wegfall der Geschäftsgrundlage führt jedoch nicht zur Beendigung des Sozialplans, sondern lässt diesen mit einem anzupassenden Inhalt fortbestehen. Derjenige Betriebspartner, der sich auf den Wegfall der Geschäfts-

---

312 BAG 10. 08. 1994 a. a. O.
313 BAG a. a. O.
314 BAG a. a. O.
315 BAG a. a. O.
316 BAG 17. 02. 1981 AP Nr. 11 zu § 112 BetrVG 1972; BAG GS 16. 09. 1986 AP Nr. 17 zu § 77 BetrVG 1972.
317 So BAG 17. 02. 1981 AP Nr. 11 zu § 112 BetrVG 1972.

grundlage beruft, hat einen Verhandlungsanspruch über die Anpassung der im Sozialplan getroffenen Regelung. Die Einigungsstelle entscheidet verbindlich.

Die anpassende Regelung kann schon entstandene Ansprüche der Arbeitnehmer auch zu deren Ungunsten abändern. Darauf, dass die einmal entstandenen Ansprüche mit dem ursprünglichen Inhalt fortbestehen, können die Arbeitnehmer nicht vertrauen; ebenso kann der Sozialplan von Anfang an nichtig sein oder wegen Ermessensüberschreitung der Einigungsstelle nach § 76 Abs. 5 BetrVG angefochten und für unwirksam erklärt werden.[318]

295

V. Interessenausgleich und Kündigungsschutz

1. Allgemeines

Der den allgemeinen Kündigungsschutz modifizierende § 125 InsO stand Pate für den mit dem ArbBeschFG vom 26. 09. 1996 eingeführten § 1 Abs. 5 KSchG. Der in der Vorschrift geregelte besondere Interessenausgleich führt im Ergebnis für diejenigen Arbeitnehmer, die in ihm namentlich bezeichnet sind, zu einer – beabsichtigten – erheblichen Rechtsverkürzung im Kündigungsschutzprozess. Der Kündigungsgrund einer im Zusammenhang mit einer Betriebsänderung stehenden Kündigung (auch Änderungskündigung) wird vermutet, die soziale Auswahl kann nur auf grobe Fehlerhaftigkeit nachgeprüft werden; sie ist nicht als grob fehlerhaft anzusehen, wenn eine ausgewogene Personalstruktur erhalten oder aber erst durch die Betriebsänderung geschaffen werden soll.

296

Die Rspr. des BAG zur Bindungswirkung von Auswahlrichtlinien in Interessenausgleichen[319] war im Gesetzgebungsverfahren Vorbild für § 125 InsO.

Kommt der besondere Interessenausgleich mit namentlicher Bezeichnung der zu kündigenden Arbeitnehmer zustande, kann der Insolvenzverwalter kündigen und sich in einem eventuell nachfolgenden Kündigungsschutzprozess auf die für ihn günstige Darlegungs- und Beweislastverteilung berufen. Scheitern die diesbezüglichen Verhandlungen der Betriebspartner nach drei Wochen oder ist der Betrieb betriebsratslos, kann der Verwalter das Beschlussverfahren zum Kündigungsschutz nach § 126 InsO betreiben. Hier entfällt allerdings die Beweislastumkehr, der Verwalter muss die Betriebsbedingtheit der Kündigung vollumfänglich darlegen und beweisen wie er auch

---

318 BAG 10. 08. 1994 a. a. O.
319 BAG 20. 10. 1983 AP Nr. 13 zu § 1 KSchG betriebsbedingte Kündigung.

zur Sozialauswahl entsprechend der hierfür nach der Rspr. des BAG abgestuften Darlegungs- und Beweislast vortragen muss.[320]

2. Voraussetzungen

a) Geplante Betriebsänderung

297 Die Vorschrift setzt die von dem Verwalter geplante Betriebsänderung i. S. d. § 111 BetrVG voraus und macht durch den Klammerhinweis deutlich, dass insoweit keine Besonderheiten gelten. Ausreichend, aber auch erforderlich ist damit, dass in dem Betrieb mehr als 20 wahlberechtigte Arbeitnehmer beschäftigt sind und eine der Fallgruppen des § 111 Satz 2 Ziff. 1 bis 5 BetrVG zur Umsetzung ansteht. Dies bedeutet im Umkehrschluss, dass dem Insolvenzverwalter in Betrieben unterhalb der relevanten Beschäftigungszahl die Möglichkeit verwehrt ist, einen »freiwilligen besonderen Interessenausgleich mit namentlicher Bezeichnung der zu kündigenden Arbeitnehmer« abzuschließen. Das ist auch sach- und interessengerecht, da im schuldnerischen Betrieb dieser Größenordnung ein berechtigtes Bedürfnis zur Kündigungserleichterung nicht anzuerkennen ist. Die Gegenmeinung, die die Möglichkeit eines besonderen Interessenausgleichs auch unterhalb der für § 111 BetrVG erforderlichen Belegschaftsstärke (mehr als 20 wahlberechtigte Arbeitnehmer) für notwendig erachtet, kann für sich in Anspruch nehmen, dass sich gerade bei kleineren Unternehmen in der Krise ein Personalüberhang schnell existenzgefährdend auswirken kann und deshalb jedes Mittel der Kündigungserleichterung willkommen ist; sie ist gleichwohl mit dem eindeutigen Wortlaut der Vorschrift, der im Klammersatz ausdrücklich auf § 111 BetrVG verweist, nicht in Einklang zu bringen. Hinsichtlich der Anforderungen von § 111 BetrVG i. E. darf auf die Erläuterungen zu § 122 verwiesen werden.

b) Zustandekommen des besonderen Interessenausgleichs

298 Der Interessenausgleich nach § 125 unterfällt den Anforderungen nach § 112 Abs. 1 Satz 1 BetrVG, setzt aber nicht zwingend voraus, dass der »normale« Interessenausgleich i. S. dieser Norm auch tatsächlich zustande kommt. Schon Warrikoff[321] hat darauf verwiesen, dass der Betriebsrat ggf. den notwendigen Kündigungen mit namentlicher Bezeichnung zustimmen könnte, der von ihm für falsch gehaltenen Betriebsänderung, die er allerdings nicht verhindern kann, widerspricht.[322] Gleichviel, wie die Chancen zum Abschluss des besonderen Interessenausgleichs gewertet werden, der Verwalter hat zunächst den Betriebsrat über die geplante Betriebsänderung umfassend zu unterrichten und mit ihm darüber zu beraten, ob, wann und

---

320 Vgl. BAG EzA § 1 KSchG soziale Auswahl Nrn. 21, 29 und 33.
321 Warrikoff, BB 1994, 2338, 2341.
322 Hierzu krit.: Grunsky, Festschrift für Lüke, S. 193.

wie die Betriebsänderung durchgeführt werden soll,[323] da er ansonsten die Unterschrift des Betriebsrats wohl nicht erhalten wird.

Im übrigen stellt zwar der Wortlaut von Abs. 1 Satz 1 nicht ausdrücklich klar, dass es sich nur um solche Kündigungen handelt, die aufgrund einer Betriebsänderung erfolgen sollen (Vgl. im Gegensatz dazu § 1 Abs. 5 Satz 1 KSchG). Allerdings folgt sowohl aus dem Sinnzusammenhang als auch aus der Entstehungsgeschichte der Vorschrift zwingend, dass nur solche Kündigungen gemeint sein können.[324]

Im Prozess hat der Verwalter allerdings den Zusammenhang zwischen Betriebsänderung und Kündigungen darzulegen.[325]

c) Namentliche Bezeichnung der zu kündigenden Arbeitnehmer

Erforderlich ist zunächst, dass die zu kündigenden Arbeitnehmer namentlich in dem Interessenausgleich bezeichnet werden. Ob daneben auch eine namentliche Bezeichnung der zu kündigenden Arbeitnehmer in einem Sozialplan ebenfalls genügt, ist streitig. Schiefer[326] will dies nach Sinn und Zweck der Norm (bessere Berechenbarkeit der betriebsbedingten Kündigungen) an sich gelten lassen, sieht aber aufgrund des anderslautenden Wortlauts Risiken. Dagegen sprechen sich Lakies[327] und Berscheid[328] aus. Da der Gesetzeswortlaut eindeutig ist und zudem die Namensliste als Teil des »Wie« systematisch zum Inhalt des Interessenausgleichs gehört, gebührt der engeren Meinung der Vorzug. Dies bedeutet allerdings nicht, dass ein Interessenausgleich nach § 112 BetrVG und/oder ein solcher nach § 125 InsO und ein Sozialplan nicht in einer einheitlichen Urkunde niedergelegt werden können. Ebenso ist es nicht erforderlich, den Interessenausgleich als solchen zu bezeichnen. Maßgebend ist insoweit nur, dass sich die Betriebspartner tatsächlich auf die Kündigung der infolge der Betriebsänderung zu entlassenden Arbeitnehmer verständigt haben. Eine solche Einigung kann auch in einer einheitlichen Urkunde, die ggf. nur als »Sozialplan« überschrieben ist, inhaltlich aber das Einvernehmen über das »Ob« und das »Wie« der geplanten Betriebsänderung darstellt, enthalten sein.[329]

Ergibt die Auslegung der niedergeschriebenen Einigung der Betriebspartner aber, dass sie sich nur und ausschließlich über den Ausgleich oder die Milderung der wirtschaftlichen Nachteile der von der Betriebsänderung betroffenen Arbeitnehmer geeinigt haben, genügt dies nicht, die Vorausset-

299

---

323 Vgl. BAG vom 27. 10. 1987 und 17. 09. 1991 AP Nrn. 41, 59 zu § 112 BetrVG 1972.
324 Caspers, a. a. O., S. 75 Rdnr. 169.
325 Zu § 1 Abs. 5 KSchG: ArbG Ludwigshafen DB 1997, 1339.
326 Schiefer, NZA 1997, 915, 917.
327 Lakies, RdA 1997, 145, 149.
328 Berscheid, ZAP ERW 1997, 109, 110.
329 Für den Interessenausgleich nach § 112 BetrVG vgl. BAG 20. 04. 1994 AP Nr. 27 zu § 113 BetrVG 1972.

zungen des § 125 InsO als erfüllt anzusehen, selbst wenn in dem Sozialplan noch eine Namensliste enthalten ist oder auf eine solche verwiesen wird.

300 Die Bezeichnung der zu kündigenden Arbeitnehmer setzt eindeutige Identifizierbarkeit voraus. Die Nennung des Vornamens ist deshalb nur bei einer Mehrzahl gleicher Familiennamen erforderlich. Keinesfalls reicht es aus, dass z. B. nur die Personalnummern genannt werden.[330]

Die Angabe weiterer Sozialdaten ist nicht erforderlich.

Da die Vorschrift auch für Änderungskündigungen gilt, muss i. S. d. weitreichenden Rechtsfolgen und der damit verbundenen erheblichen Verantwortung der Betriebspartner zudem gefordert werden, dass sich neben der eindeutigen Identifizierbarkeit der betroffenen Arbeitnehmer auch die Art der Betroffenheit aus dem besonderen Interessenausgleich ergibt. Werden also sowohl Beendigungskündigungen als auch Änderungskündigungen beabsichtigt, muss dies bei den jeweiligen Namen kenntlich gemacht werden.

301 Nach § 112 Abs. 1 Satz 1 BetrVG ist der zwischen Unternehmer und Betriebsrat gefundene Interessenausgleich über die geplante Betriebsänderung schriftlich niederzulegen und von beiden Betriebspartnern zu unterschreiben. Die Wahrung der Schriftform ist nach der Rspr. des BAG Wirksamkeitsvoraussetzung für einen Interessenausgleich.[331] Dem folgt die absolut herrschende Meinung im Schrifttum.[332] Das Schriftformerfordernis gilt für § 125 InsO gleichermaßen. Hieraus folgt für die Namensliste: Sie muss entweder in dem von den Betriebspartnern unterzeichneten Interessenausgleich selbst enthalten sein oder in dem Falle, dass sie als Anlage beigefügt wird, ihrerseits nochmals gesondert unterzeichnet sein. Eine bloße Bezugnahme auf eine lediglich als Anlage zum Interessenausgleich beigefügte Namensliste reicht nicht aus.[333] Ausreichend für das Schriftformerfordernis ist demgegenüber, wenn der Interessenausgleich mit einer nicht unterschriebenen Namensliste der zu kündigenden Arbeitnehmer mittels einer Heftmaschine fest verbunden ist; in diesem Fall sind die betreffenden Arbeitnehmer nach der Entscheidung des BAG vom 07. 05. 1998 in einem Interessenausgleich namentlich bezeichnet. Die Unterschrift unter dem Interessenausgleich, der ausdrücklich auf die Namensliste Bezug nimmt, deckt auch die nicht unterschriebene, dem Interessenausgleich nachgeheftete Namensliste.[334]

---

330 Caspers, a. a. O., S. 75 Rdnr. 167; Schiefer, a. a. O., S. 918; ebenso zu § 1 Abs. 5 KSchG: Sowka/Meisel, a. a. O., § 1 Rdnr. 561; Zwanziger, a. a. O., S. 94.
331 BAG 18. 12. 1984 und 09. 07. 1985 AP Nrn. 11, 13 zu § 113 BetrVG.
332 Fitting, a. a. O., §§ 112, 112a Rdnr. 12; Fabricius/Kraft/Wiese u. a., a. a. O., §§ 112, 112a Rdnr. 21; Stege/Weinspach, a. a. O., §§ 111 bis 113 Rdnr. 101.
333 ArbG Ludwigshafen BB 1997, 1901; ArbG Hannover BB 1997, 2167.
334 BAG 07. 05. 1998 EzA Nr. 6 zu § 1 KSchG Interessenausgleich; vgl. auch das Senatsurteil ebenfalls vom 07. 05. 1998 EzA Nr. 5 zu § 1 KSchG Interessenausgleich.

3. Rechtsfolgen

a) Vermutung der Betriebsbedingtheit

Das Insolvenzverfahren ist grds. ohne Einfluss auf die Anwendbarkeit des Kündigungsschutzgesetzes. Hieraus folgt, dass der Verwalter im allgemeinen die Tatsachen zu beweisen hat, die die Kündigung bedingen, § 1 Abs. 2 Satz 4 KSchG. Hiervon bildet § 125 Abs. 1 Satz 1 Ziff. 1 InsO eine Ausnahme; ist ein Interessenausgleich mit namentlicher Bezeichnung der zu kündigenden Arbeitnehmer zustande gekommen, so wird vermutet, dass die Kündigung der Arbeitsverhältnisse der bezeichneten Arbeitnehmer durch dringende betriebliche Erfordernisse, die einer Weiterbeschäftigung in diesem Betrieb oder einer Weiterbeschäftigung zu unveränderten Arbeitsbedingungen entgegenstehen, bedingt ist.

302

Die Vorschrift enthält eine widerlegbare Vermutung i. S. v. § 292 Satz 1 ZPO. Die Darlegungs- und Beweislast des Verwalters beschränkt sich auf die tatbestandlichen Voraussetzungen des § 125 InsO; d. h., er muss lediglich dartun, dass eine Betriebsänderung i. S. d. § 111 BetrVG durchgeführt wird, die streitbefangene Kündigung aufgrund dieser Betriebsänderung ausgesprochen ist und die Betriebspartner einen Interessenausgleich mit namentlicher Bezeichnung der zu kündigenden Arbeitnehmer abgeschlossen haben. Hat der Verwalter seiner Darlegungslast insoweit genügt, also die Vermutungsbasis substantiiert dargelegt, ist es am Arbeitnehmer, den Beweis mangelnder Sozialrechtfertigung als Hauptbeweis zu führen. Der Beweis ist erst geführt, wenn das Arbeitsgericht vom Vorliegen eines Sachverhaltes überzeugt ist, der ergibt, dass die Kündigung nicht sozial gerechtfertigt ist.[335]

Demgegenüber meint allerdings Zwanziger,[336] es verbleibe nach wie vor bei der Darlegungslast des Verwalters, der »in allen Einzelheiten« die Betriebsbedingtheit der Kündigung darlegen müsse. § 292 ZPO schließe es nicht aus, die Darlegungslast bei der nicht beweisbelasteten Partei zu belassen. Dieses Ergebnis sei auch allein unter verfassungsrechtlichen Aspekten geboten. Zwar schütze das Grundrecht nach Art. 12 GG nicht gegen den Verlust des Arbeitsplatzes, dem Staat obliege jedoch eine Schutzpflicht, mit der es nicht vereinbar sei, die Entscheidung, wer gekündigt werde, ohne weitere Überprüfung den Betriebspartnern zu überantworten. Die Auffassung verkennt das Wesen einer gesetzlichen Vermutung und steht weder mit Wortlaut noch Sinn und Zweck von § 125 InsO, wie er sich aus der Entstehungsgeschichte ableiten lässt, im Einklang. Folge der Vermutung ist gerade, dass die vermutete Tatsache nicht mehr behauptet zu werden braucht, weil sie

---

335 BAG NZA 1998, 933; Leinemann/Eisenbeis, a. a. O., S. 870; Bader, NZA 1996, 1125, 1133; Löwisch, NZA 1996, 1009, 1011; Caspers, a. a. O., S. 77 Rdnr. 171; Grunsky/Moll, a. a. O., S. 86.
336 Zwanziger, a. a. O., S. 96.

durch das Gesetz vermutet wird.[337] Die soziale Rechtfertigung der Kündigung soll auch nur noch in Ausnahmefällen in Frage gestellt werden können, wenn sich die Betriebspartner auf den besonderen Interessenausgleich verständigt haben. Die hierdurch bedingte Verkürzung der Rechtsposition des Arbeitnehmers im Kündigungsschutzprozess wird i. S. einer Verfahrensbeschleunigung und Arbeitserleichterung der Gerichte bewusst in Kauf genommen, um die bezweckte Erleichterung der Sanierung eines insolventen Unternehmens eher erreichen zu können. Dabei geht der Gesetzgeber davon aus, dass der Betriebsrat seiner Verantwortung gegenüber den Arbeitnehmern generell gerecht wird und nur unvermeidbaren Entlassungen zustimmen wird.

Demgegenüber können Missbrauchsfälle und Fälle kollusiven Zusammenwirkens zwischen Insolvenzverwalter und Betriebsrat entweder zur Sittenwidrigkeit der Kündigung führen oder aber Schadenersatzansprüche nach § 826 BGB begründen.[338]

303 Problematisch ist jedoch, dass die Vermutung des § 125 Abs. 1 Nr. 1 InsO sich nicht allgemein darauf erstreckt, dass die Kündigung durch »dringende betriebliche Erfordernisse bedingt« ist, sondern nur durch solche, wie in Ziff. 1 konkret definiert; d. h.: Es ist eine Weiterbeschäftigung in diesem Betrieb oder zu unveränderten Arbeitsbedingungen nicht möglich. Damit erfasst der Vermutungstatbestand nicht die eventuelle Weiterbeschäftigung auf einem anderen freien Arbeitsplatz im Unternehmen insgesamt. Besteht jedoch für den Verwalter die Möglichkeit, den Arbeitnehmer an einem anderen freien Arbeitsplatz im Unternehmen weiterzubeschäftigen, entfällt der Kündigungsgrund »betriebsbedingt«.[339] Folge der insoweit eingeschränkten Vermutung ist, dass der Verwalter nach den allgemeinen Regeln darlegen und beweisen muss, dass eine Weiterbeschäftigung zu geänderten Bedingungen nicht möglich ist.[340] Die praktischen Auswirkungen dürften jedoch eher gering sein, weil der Arbeitnehmer nach der abgestuften Darlegungs- und Beweislastverteilung zunächst substantiiert darlegen muss, auf welchem freien Arbeitsplatz er meint, weiterbeschäftigt werden zu können. Erst dann muss der Verwalter ebenso substantiiert entgegnen, dass dies nicht der Fall ist.[341]

b) Eingeschränkter Prüfungsmaßstab bei der Sozialauswahl

304 § 125 Abs. 1 Satz 1 Ziff. 2 enthält im Gegensatz zu Ziff. 1 keine gesetzliche Vermutung bezüglich der nach § 1 Abs. 3 KSchG zu beachtenden Sozialauswahl, schränkt aber den Prüfungsmaßstab hinsichtlich der seit Inkrafttreten des ArbBeschFG aus 1996 allein zu prüfenden Kernindikatoren Dauer der

---

337 Caspers, a. a. O., S. 77 Rdnr. 173.
338 Vgl. hierzu Caspers, a. a. O., S. 78 f. Rdnr. 175.
339 Vgl. BAG 06. 08. 1987, RzK I 5 c Nr. 22.
340 Vgl. Berkowsky, NZI 1999, 129, 132.
341 Berkowsky, a. a. O.

Betriebszugehörigkeit, Lebensalter und Unterhaltspflichten auf grobe Fehlerhaftigkeit ein. Zusätzlich legt der letzte Halbsatz fest, dass die Sozialauswahl nicht als grob fehlerhaft anzusehen ist, wenn eine ausgewogene Personalstruktur erhalten oder erst geschaffen wird.

Mit der Beschränkung des Prüfungsmaßstabs auf lediglich grobe Fehlerhaftigkeit wird der Individualkündigungsschutz i. S. d. Sanierung des insolventen Unternehmens verkürzt. Um dem Schuldner oder auch dem Übernehmer eine funktions- und wettbewerbsfähige Belegschaft zur Verfügung stellen zu können, war weiterhin ein Korrektiv gegenüber den drei wesentlichen Sozialauswahlkriterien vorzusehen. Diesem Zweck dient der letzte HS in Abs. 1 Satz 1 Ziff. 2, der einen korrigierenden Eingriff trotz entgegenstehender Sozialauswahl dann zulässt, wenn hierdurch nicht nur eine ausgewogene Personalstruktur erhalten, sondern erstmals geschaffen werden kann. Der Verwalter ist damit in die Lage versetzt, frühere Versäumnisse der Personalentwicklung im schuldnerischen Unternehmen zu heilen.

305

Nach der Gesetzesbegründung ist die Sozialauswahl grob fehlerhaft, wenn die Gewichtung der drei Sozialindikatoren jede Ausgewogenheit vermissen lässt. Bader[342] versteht die grobe Fehlerhaftigkeit als Belastung der letztlich getroffenen Sozialauswahl mit einem schweren und ins Auge springenden Fehler, dessen Nichtberücksichtigung angesichts der Funktion der Sozialauswahl nicht hingenommen werden kann. Bezüglich der Gewichtung der Kriterien müssen ganz naheliegende Gesichtspunkte nicht in die Überlegungen einbezogen worden sein, womit die gebotene Ausgewogenheit evident verfehlt worden ist.

306

Einen anderen Ansatz wählen Berkowsky[343] und ihm folgend Caspers:[344] Wenn das Gesetz für einen Sonderfall einen weiteren Beurteilungsmaßstab einführt und die Betriebspartner sich an diesen Maßstab halten, sind die Auswahlkriterien »ausreichend berücksichtigt« i. S. d. § 1 Abs. 3 Satz 1 KSchG, die soziale Auswahl damit fehlerfrei.

Der eher theoretische Unterschied in der Herangehensweise scheint für das Verständnis der Norm in der Praxis vernachlässigenswert. Ob die allein am Einzelfall mögliche Auslegung ergibt, dass die Betriebspartner angesichts eines weiteren Beurteilungsmaßstabes die Sozialauswahl noch nach vernünftigen Kriterien getroffen haben und damit eine ausreichende und fehlerfreie Sozialauswahl vorgenommen haben oder ob festgestellt wird, dass die Sozialauswahl auf der Basis der drei Kriterien zwar nicht frei von Fehlern ist, aber gleichwohl insgesamt noch als ausgewogen angesehen werden kann, nützt dem klagenden Arbeitnehmer nicht.

Für den mit § 125 InsO insoweit vergleichbaren, zwischenzeitlich wieder aufgehobenen § 1 Abs. 5 KSchG a. F. hat das BAG in den Entscheidungen

307

---

342 Bader, NZA 1996, 1125, 1133.
343 Berkowsky, DB 1996, 778, 780.
344 Caspers, a. a. O., S. 67 Rdnr. 147.

vom 21. 01. 1999 und vom 02. 12. 1999[345] die Begründung des Gesetzgebers übernommen und klargestellt, dass die soziale Auswahl nur dann als grob fehlerhaft angesehen werden könne, wenn die Gewichtung der Kriterien Alter, Betriebszugehörigkeit und Unterhaltspflichten jede Ausgewogenheit vermissen lasse. Im Urteil vom 02. 12. 1999 hat der 2. Senat auch festgestellt, dass es der weitgefasste Beurteilungsspielraum der Betriebspartner zulasse, bei der Gewichtung der Sozialkriterien das Schwergewicht auf die Unterhaltspflichten der betroffenen Arbeitnehmer zu legen. Der Dauer der Betriebszugehörigkeit komme unter den Sozialkriterien – im Geltungsbereich des Arbeitsrechtlichen Beschäftigungsförderungsgesetzes – keine Priorität mehr zu. Soweit die Rspr. vor Inkrafttreten des Arbeitsrechtlichen Beschäftigungsförderungsgesetzes aus § 10 KSchG hergeleitet hatte, dass der Dauer der Betriebszugehörigkeit unter den Sozialkriterien Priorität einzuräumen ist,[346] wird daran zu § 1 Abs. 5 KSchG a. F. nicht mehr festgehalten[347] der Gründe). Diese Begründung lässt sich auf § 125 InsO ohne weiteres übertragen, da diese Norm ebenso wie § 1 Abs. 5 KSchG a. F. eine in sich abgeschlossene Regelung darstellt, die einen Rückgriff auf § 10 KSchG verbietet.

308 Nach dem Wortlaut steht fest, dass der eingeschränkte Prüfungsmaßstab sich jedenfalls auf die Gewichtung der Sozialauswahlkriterien untereinander bezieht. Nach richtiger Auffassung wird aber hiervon auch die Festlegung des auswahlrelevanten Personenkreises erfasst.[348] Zur Auswahl gehört begriffsnotwendig als »erster Akt« die Festlegung des Auswahlbereichs, also die Bestimmung, welche Arbeitnehmer miteinander vergleichbar, d. h. austauschbar sind. Die Bestimmung erfolgt arbeitsplatzbezogen. Nach ständiger Rspr. des BAG ist ein Arbeitsplatz vergleichbar i. S. d. § 1 Abs. 3 KSchG, wenn der Verwalter den Arbeitnehmer dort aufgrund seines Weisungsrechts ohne Änderung des Arbeitsvertrages weiterbeschäftigen kann.[349]

Die Durchführung von Betriebsänderungen gerade in der Insolvenz erfordert eine Sozialauswahl unter regelmäßig einer Vielzahl von Arbeitnehmern. Hierzu können sich die Betriebspartner nach der Rspr. des BAG eines Punkteschemas bedienen, wobei ihnen bei der Festlegung der Punktwerte für die Auswahlkriterien Betriebszugehörigkeit, Alter und Unterhaltspflichten ein Beurteilungsspielraum zusteht.[350] Dieser ist – außerhalb von § 125 InsO – noch gewahrt, wenn Alter und Betriebszugehörigkeit im Wesentlichen gleich bewertet werden. Im Anwendungsbereich des § 125 InsO ist der Beurteilungsspielraum der Betriebspartner weiter; sie können bei der

---

345 EzA § 1 KSchG soziale Auswahl Nr. 39 und Nr. 42.
346 Vgl. BAG 18. 01. 1990 EzA § 1 KSchG soziale Auswahl Nr. 28.
347 BAG a. a. O., 02. 12. 1999 unter II. 2. b.
348 LAG Köln DB 1997, 2181 f.; bestätigt durch BAG 07. 05. 1998 EzA Nr. 5 zu § 1 KSchG – Interessenausgleich; ebenso Löwisch, RdA 1997, 80 f.
349 BAG 15. 06. 1989 AP Nr. 18 zu § 1 KSchG soziale Auswahl = NZA 1990, 226 f.; NZA 1991, 181 f.; NZA 1995, 521 f.
350 BAG 18. 01. 1990 EzA § 1 KSchG soziale Auswahl Nr. 28.

Gewichtung der Sozialkriterien das Schwergewicht auch auf die Unterhaltspflichten legen.[351]

Zur Vermeidung unbilliger Härten, die die Anwendung jeden Schemas mit sich bringt, muss im Anschluss an die Vorauswahl nach der Punktetabelle eine individuelle Abschlussprüfung der Auswahl stattfinden.[352] Eine solche individuelle Abschlussprüfung der Sozialauswahl kann im Anwendungsbereich von § 125 InsO unterbleiben.

Erscheint die Gewichtung der Sozialkriterien untereinander in der Punktetabelle nicht »völlig unausgewogen«, ist die Sozialauswahl ausreichend, jedenfalls nicht grob fehlerhaft.

Weiterhin können die Betriebspartner im Rahmen des so erweiterten Beurteilungsspielraums[353] den auswahlrelevanten Personenkreis dergestalt bestimmen, dass Arbeitnehmer, die sich erst auf einen bestimmten Arbeitsplatz einarbeiten müssten[354] aus der Vergleichbarkeit ausscheiden. Wenn schon außerhalb der Insolvenz »alsbaldige Substituierbarkeit«[355] a. E.) gefordert wird, erscheint es nicht unvernünftig und damit keinesfalls grob fehlerhaft, wenn die Betriebspartner in der Insolvenzkrise zur Vergleichbarkeit verlangen, dass eine »unmittelbare Substituierbarkeit« vorhanden ist. Dies bedeutet zugleich, dass die bloß mittelbare Betroffenheit nicht mehr genügt, um in die Sozialauswahl einbezogen zu werden.[356] Die Sozialauswahl kann dann durch die namentliche Bezeichnung der zu kündigenden Arbeitnehmer im besonderen Interessenausgleich auf z. B. die Abteilung wirksam beschränkt werden.

Umstritten ist, ob von dem eingeschränkten Prüfungsmaßstab auch die sog. Leistungsträgerklausel erfasst wird. Das BAG hat diese Frage ausdrücklich offengelassen.[357] Berkowsky verneint dies, weil die Leistungsträgerregelung die Sozialauswahl nicht betreffe, sondern eine Vorstufe zu dieser darstelle. Nur bei der Aufstellung der sozialen Rangfolge sei ein weiter Beurteilungsspielraum vonnöten, ob der Insolvenzverwalter fehlerhaft angenommen habe, dass hinsichtlich eines nicht zu berücksichtigenden Arbeitnehmers ein hinreichendes betriebliches Bedürfnis i. S. v. § 1 Abs. 3 Satz 2 KSchG vorliege, unterfalle der vollen Nachprüfbarkeit durch das Arbeitsgericht. Dies folge auch aus § 1 Abs. 3 Satz 3 KSchG, der dem Arbeitnehmer die Beweislast für die Fehlerhaftigkeit der Sozialauswahl, aber eben nur »i. S. d. Satzes 1« auferlege; im Übrigen verbleibe die Darlegungs- und Beweislast i. S. d. § 1 Abs. 3 Satz 2 KSchG in vollem Umfange beim Insolvenzverwalter.

309

---

351 BAG 02. 12. 1999 EzA § 1 KSchG soziale Auswahl Nr. 42.
352 BAG a. a. O.; bestätigt durch Senatsurteil 07. 12. 1995 AP Nr. 29 zu § 1 KSchG soziale Auswahl.
353 Caspers, a. a. O., S. 86 Rdnr. 193.
354 Vgl. insoweit BAG 05. 05. 1994 AP Nr. 23 zu § 1 KSchG soziale Auswahl.
355 BAG vom 05. 05. 1994 a. a. O., unter II. 3. c.
356 Vgl. aber für den »Normalfall« BAG AP Nrn. 24, 37 zu § 1 KSchG betriebsbedingte Kündigung.
357 BAG NZA 1998, 933.

Eisenbeis/Mues

Wenn Berkowsky auch zuzugestehen ist, dass § 1 Abs. 3 Satz 2 KSchG dem Arbeitnehmer die Darlegungslast nur hinsichtlich des Satzes 1 auferlegt, so kann gleichwohl nicht verkannt werden, dass es ausdrückliches Anliegen des Gesetzgebers war, die Verwalterkündigung besser berechenbar zu machen. Diesem Normzweck kann nur entsprochen werden, wenn auch die Leistungsträgerklausel dem nur beschränkten Prüfungsmaßstab unterfällt.[358]

310 Ist ein schwerbehinderter Mensch im besonderen Interessenausgleich namentlich bezeichnet, gilt gem. § 89 Abs. 3 SGB IX: Das Integrationsamt soll die Zustimmung erteilen, wenn die Schwerbehindertenvertretung beim Zustandekommen des Interessenausgleichs gem. § 95 Abs. 2 SGB IX beteiligt worden ist und der Anteil der nach dem Interessenausgleich zu entlassenden schwerbehinderten Menschen an der Zahl der beschäftigten schwerbehinderten Menschen nicht größer ist als der Anteil der zu entlassenden übrigen Arbeitnehmer an der Zahl der beschäftigten übrigen Arbeitnehmer sowie schließlich die Gesamtzahl der schwerbehinderten Menschen, die nach dem Interessenausgleich bei dem Arbeitgeber verbleiben sollen, zur Erfüllung der Verpflichtung nach § 71 SGB IX ausreicht.

311 Gem. § 125 Abs. 1 Satz 1, letzter Hs ist die Sozialauswahl nicht grob fehlerhaft, wenn eine ausgewogene Personalstruktur erhalten bzw. (erstmals) geschaffen wird. Nach der Vorstellung des Gesetzgebers war die Einschränkung der Sozialauswahl bedeutsam, da sie gerade im Falle der Sanierung eines Unternehmens eine wichtige Rolle spielen kann. Sie wurde als notwendiges Korrektiv angesehen, das dem Schuldner oder auch dem Übernehmer ein funktions- und wettbewerbsfähiges Arbeitnehmerteam erhält. Damit ist ein »wesentliches betriebliches Interesse in die Beschränkung der Überprüfbarkeit einbezogen«.[359]

312 Praktisch kann das Altersstrukturkonzept in dem Interessenausgleich dadurch verwirklicht werden, dass die Betriebspartner mehrere Altersgruppen bilden. Der Insolvenzverwalter muss jedoch darlegen, dass er mit seinem Konzept eine bestimmte Personalstruktur realisieren will. Zufallsergebnisse sollen durch § 125 Abs. 1 Satz 2, 2. HS InsO im nachhinein nicht abgesegnet werden, Nerlich/Römermann a. a. O., § 125 Rdnr. 57; eingehend zu den Möglichkeiten der Altersgruppenbildung: Berkowsky, NZI 1999, 129 ff.).

---

358 Im Ergebnis ebenso: KR-Etzel, § 1 KSchG Rdnr. 704 f.; Kübler/Prütting, a. a. O., § 125 Rdnr. 64; HK-InsO/Irschlinger, 2. Aufl. 2001, § 125 Rdnr. 19; vgl. auch LAG Hamm ZInsO 2000, 352, wonach es bei Zustandekommen eines Interessenausgleiches mit Namensliste nicht als grob fehlerhaft anzusehen ist, wenn der Arbeitgeber den vorhandenen aktuellen und über eine längere Zeit im Betrieb erfolgreich angewandten Kenntnissen eines später eingestellten Elektrikers den Vorrang vor den durch Umschulung erst noch zu erwerbenden künftigen Kenntnissen des Gekündigten und nur anderthalb Jahre länger beschäftigten Arbeitnehmers gegeben hat.

359 Löwisch, a. a. O., S. 81 und ihm folgend Caspers, a. a. O., S. 90 Rdnr. 202.

Nach einer zu § 1 Abs. 5 Satz 2 KSchG a. F. ergangenen Entscheidung des LAG Hamm[360] ist grobe Fehlerhaftigkeit bei einem Interessenausgleich mit Namensliste dann anzunehmen, wenn die Betriebspartner Altersgruppen, innerhalb derer die Sozialauswahl durchgeführt werden soll, in völlig wahllos aufeinanderfolgenden Zeitsprüngen (beispielsweise wechselnd in zwölfer, achter und zehner Jahresschritten) gebildet haben. Zur Sozialauswahl und Gruppenbildung zur Sicherung der Altersstruktur.

In die Sozialauswahl sind Arbeitnehmer nicht einzubeziehen, deren Weiterbeschäftigung, insbesondere wegen ihrer Kenntnisse, Fähigkeiten und Leistungen oder zur Sicherung einer ausgewogenen Personalstruktur des Betriebes, im berechtigten betrieblichen Interesse liegt. Unterliegt – wie hier vertreten wird – die Bestimmung des sozialauswahlrelevanten Personenkreises nur dem eingeschränkten gerichtlichen Prüfungsmaßstab, ist gleichzeitig entschieden, dass die Regelung in § 1 Abs. 3 Satz 2 KSchG hiervon mit umfasst wird. Das Recht, den Kreis der vergleichbaren Arbeitnehmer zu bestimmen, schließt die Befugnis, solche Arbeitnehmer herauszunehmen, deren Weiterbeschäftigung im berechtigten betrieblichen Interesse liegt, zwangsläufig mit ein.[361] Bei der Tatbestandsalternative »Weiterbeschäftigung im Sinne einer Sicherung einer ausgewogenen Personalstruktur« ergibt sich dies ohne weiteres aus Abs. 1 Satz 1 letzter HS 1. Alt. Deshalb kann auch nicht Preis[362] in der Annahme gefolgt werden, der Gesetzgeber habe in § 125 nur die sozialen Gesichtspunkte gemeint, nicht aber die möglicherweise der Sozialauswahl entgegenstehenden berechtigten betrieblichen Interessen.[363]

313

Berücksichtigen die Betriebspartner eines der drei Auswahlkriterien überhaupt nicht, kann die vom Gesetzgeber vorausgesetzte Ausgewogenheit erst gar nicht entstehen, so dass der Auswahlfehler als grob zu bewerten ist.[364]

314

Wird ein oder werden sogar mehrere Arbeitnehmer, die vergleichbar sind, in den auswahlrelevanten Personenkreis nicht aufgenommen, kann dies entweder auf einer fehlerhaften rechtlichen Einschätzung der Betriebspartner beruhen, oder Verwalter und Betriebsrat können den- oder diejenigen schlicht vergessen haben; letzteres kann gerade in Unternehmen einer bestimmten Größenordnung nicht als ausgeschlossen gelten.

315

Für den Fall der rechtlich fehlerhaften Beurteilung nimmt Caspers[365] zu Recht an, dass gerade bei größerem Personalabbau und Massenentlassungen solche Fehler nicht unwahrscheinlich sind und deshalb die Festlegung des

---
360 LG Hamm ZInsO 2000, 352.
361 A. A. Berkowsky, a. a. O., S. 134; im Ergebnis wie hier: KR-Etzel, § 1 KSchG Rdnr. 704 f.; Kübler/Prütting, a. a. O., § 125 Rdnr. 64; vgl. auch LAG Hamm ZInsO 2000, 352.
362 Preis, NJW 1996, 3369, 3372.
363 Im Ergebnis ebenso wie hier Löwisch a. a. O., S. 81; Caspers, a. a. O., S. 90 Rdnr. 202.
364 Ebenso Caspers, a. a. O., S. 83 Rdnr. 185; vgl. auch LAG Hamm ZInsO 2000, 352.
365 Caspers, a. a. O., S. 85 Rdnr. 190.

Kreises der vergleichbaren Arbeitnehmer lediglich am Maßstab der groben Fehlerhaftigkeit zu messen ist.

Nichts anderes kann aber – entgegen Caspers – für den Fall gelten, dass ein allgemein vergleichbarer Arbeitnehmer schlicht übersehen oder vergessen worden ist. Auch dies wird im Regelfall nur bei größerem Personalabbau und Massenentlassungen passieren. Führte ein solcher Fall bereits zu einer nicht ausreichenden Sozialauswahl i. S. einer groben Fehlerhaftigkeit, würde dies der gesetzgeberischen Intention, die soziale Rechtfertigung nur in Ausnahmefällen in Frage stellen zu lassen, zuwiderlaufen.

316 Nach Caspers[366] darf der Umstand, dass ein Arbeitnehmer gem. § 41 Abs. 4 Satz 2 SGB VI berechtigt ist, vorgezogenes Altersruhegeld zu beantragen, bei der Sozialauswahl nicht zu seinem Nachteil berücksichtigt werden. Geschieht dies trotzdem, handele es sich um einen groben Auswahlfehler. Dem kann in dieser Allgemeinheit nicht gefolgt werden. Ist nämlich im schuldnerischen Unternehmen eine Überalterung in der Personalstruktur festzustellen, dürfen die Betriebspartner zur Schaffung einer ausgewogenen Personalstruktur gegensteuern und höheres Lebensalter in der Punktetabelle entsprechend berücksichtigen.

c) Darlegungs- und Beweislast

317 Gem. § 1 Abs. 3 Satz 3 KSchG obliegt dem Arbeitnehmer grds. die Darlegungs- und Beweislast hinsichtlich eines Sozialauswahlfehlers. Allerdings hat der Gesetzgeber den sich hieraus für den Arbeitnehmer ergebenden faktischen Schwierigkeiten mit dem Ersten Arbeitsrechtsbereinigungsgesetz durch Einfügen des letzten HS in Abs. 3 Satz 1 Rechnung getragen und den Arbeitgeber zur Auskunft über die Gründe, die zu der getroffenen sozialen Auswahl geführt haben, verpflichtet. Hieraus folgt nach h. M. eine abgestufte Verteilung der Darlegungslast zwischen Arbeitgeber und Arbeitnehmer:[367] Fordert der Arbeitnehmer bei Unkenntnis der insoweit rechtserheblichen Tatsachen den Arbeitgeber zur Auskunft auf, geht die Darlegungslast auf den Arbeitgeber über. Genügt der Arbeitgeber dann seiner Darlegungslast nicht oder nicht vollständig, führt dies zu einer beschränkten Befreiung des Arbeitnehmers von seiner Darlegungslast,[368] das pauschale Bestreiten der ordnungsgemäßen Sozialauswahl genügt, und der Kündigung wird die soziale Rechtfertigung versagt.

Kommt hingegen der Arbeitgeber seiner Darlegungslast bezüglich der getroffenen Sozialauswahl vollständig nach, hat der Arbeitnehmer wieder die volle Darlegungs- und mithin auch Beweislast.

---

366 Caspers, a. a. O., S. 83 Rdnr. 184.
367 BAG 21. 07. 1988 EzA § 1 KSchG Nr. 26 soziale Auswahl; KSchG KR-Etzel § 1 Rdnr. 585 m. w. N.
368 BAG 21. 12. 1983 EzA § 1 KSchG Nr. 29 betriebsbedingte Kündigung.

Dieses System der abgestuften Verteilung der Darlegungs- und Beweislast hat durch § 125 Abs. 1 Ziff. 2 InsO keine Veränderung erfahren. Im Gegensatz zu Ziff. 1 wird keine gesetzliche Vermutung aufgestellt, lediglich der gerichtliche Beurteilungsmaßstab wird auf die Prüfung grober Fehlerhaftigkeit beschränkt. Kommt der Verwalter nach entsprechendem Auskunftsverlangen seiner Darlegungslast hinsichtlich der Gründe, die ihn zur Sozialauswahl bewogen haben, nicht vollständig nach, kommt es nicht auf den eingeschränkten Prüfungsmaßstab an, die Kündigung ist sozialwidrig. Genügt hingegen der Insolvenzverwalter seiner Auskunftspflicht, ist es an dem Arbeitnehmer, darzulegen und zu beweisen, dass die getroffene Sozialauswahl »jegliche Ausgewogenheit vermissen lässt«, also grob fehlerhaft ist.

318

Der Verwalter kann sich im Prozess allerdings nicht darauf beschränken, die von den Betriebspartnern unterzeichnete Namensliste vorzulegen. Er muss vielmehr i. E. vortragen ggf. durch Vorlage des insoweit aussagekräftigen Interessenausgleichs, welche Arbeitnehmer er in die Sozialauswahl einbezogen hat und wie er die drei wesentlichen Kriterien zueinander gewichtet hat. Nur so macht er die getroffene Entscheidung prüfbar. Ob sie dann als fehlerfrei, ausreichend oder grob fehlerhaft beurteilt werden muss, entscheidet sich anhand des eingeschränkten Bewertungsmaßstabes.

d) Verhältnis zu weiteren Beteiligungsrechten des Betriebsrats

Nach § 102 BetrVG hat der Verwalter den Betriebsrat vor jeder Kündigung anzuhören. Eine ohne Anhörung des Betriebsrats ausgesprochene Kündigung ist unwirksam. Hat der Betriebsrat gegen die ordentliche Kündigung Bedenken, so hat er dies unter Angabe der Gründe spätestens innerhalb einer Woche schriftlich mitzuteilen. Da der Betriebsrat in dem besonderen Interessenausgleich seine durch Unterschrift dokumentierte Zustimmung zu den Kündigungen der Arbeitsverhältnisse der namentlich bezeichneten Arbeitnehmer erteilt hat, wird teilweise vertreten, dass ein zusätzliches Anhörungsverfahren nach § 102 BetrVG »reine Förmelei« und deshalb entbehrlich sei.[369]

319

Ob diese Auffassung insbesondere angesichts der Regelung in Abs. 2 haltbar ist, erscheint zweifelhaft; immerhin hat es der Gesetzgeber für erforderlich erachtet, dort ausdrücklich festzustellen, dass der besondere Interessenausgleich die Stellungnahme des Betriebsrats im Rahmen der Massenentlassung ersetzt. Hieraus erscheint jedenfalls dann, wenn man ein Redaktionsversehen ausschließt, der Umkehrschluss gerechtfertigt, dass alle sonstigen Beteiligungsrechte gewahrt werden müssen. Im Ergebnis ebenso Zwanziger, aber mit der Begründung, zwischen Interessenausgleich und Kündigungen könne sich die Sachlage zugunsten der Arbeitnehmer verändern,[370] diese Auffassung verkennt, dass der spätere, in Satz 2 ausdrück-

---

369 Vgl. Warrikoff, a. a. O., S. 2342; wohl auch Schiefer, a. a. O., S. 918; Schrader, a. a. O., S. 75.
370 Zwanziger a. a. O., S. 105.

lich geregelte und auf eine wesentliche Änderung der Sachlage beschränkte Wegfall des besonderen Interessenausgleichs keinen Rückschluss darauf zulässt, welche Wirkungen ihm zuvor zukommen konnten.

Das BAG hat zu § 1 Abs. 5 KSchG a. F. entschieden, dass auch beim Vorliegen eines Interessenausgleiches mit Namensliste vor Ausspruch der Kündigung eine Betriebsratsanhörung nach § 102 BetrVG erforderlich ist.[371]

Weiterhin hat das BAG klargestellt, dass die Betriebsratsanhörung auch beim Vorliegen eines Interessenausgleiches mit Namensliste keinen erleichterten Anforderungen unterliegt. Soweit der Kündigungssachverhalt dem Betriebsrat allerdings schon aus den Verhandlungen über den Interessenausgleich bekannt ist, braucht er ihm bei der Anhörung nach § 102 BetrVG nicht erneut mitgeteilt werden. Solche Vorkenntnisse des Betriebsrates muss der Arbeitgeber im Prozess hinreichend konkret darlegen und ggf. beweisen. Dies gilt um so mehr, als im Regelfall der Verwalter nach Abschluss des besonderen Interessenausgleichs zwecks Wahrung der Kündigungsfristen ggf. noch vor Ablauf der Wochenfrist des § 102 Abs. 2 Satz 1 BetrVG die Kündigungen aussprechen wird. Es ist nämlich ohne weiteres zulässig, mehreren Beteiligungsrechten gleichzeitig zu genügen; wird im Interessenausgleich individuell festgelegt, wer gekündigt werden soll, so kann das Anhörungsverfahren nach § 102 Abs. 2 BetrVG in die Verhandlung über den Interessenausgleich aufgenommen werden. Auf die Frage, wann der Verwalter die Verhandlungen mit dem Betriebsrat betreffend den Interessenausgleich und die anstehenden Kündigungen aufgenommen hat, kommt es dann nicht an, wenn die Kündigungen erst später als eine Woche nach dem Zustandekommen des Interessenausgleichs und damit nach Ablauf der Stellungnahmefrist des § 102 Abs. 2 BetrVG ausgesprochen werden.

Ergibt sich aus dem Wortlaut des Interessenausgleichs, dass der Verwalter die Auftrags- und Kostensituation mit dem Betriebsrat ausführlich erörtert hat, dann kommt es darauf, ob der Betriebsrat die insoweit vom Verwalter aufgestellten Behauptungen selbstständig überprüft hat, ebensowenig an wie darauf, ob der Betriebsrat die Rechtslage falsch eingeschätzt oder die tatsächliche Situation verkannt hat. Solche Mängel liegen in der Sphäre des Betriebsrats und können sich grds. nicht zu Lasten des Verwalters auswirken. Etwas anderes kann allenfalls dann gelten, wenn der Verwalter dem Betriebsrat bewusst falsche Informationen hinsichtlich der Gründe für die geplante Betriebsänderung gibt.[372]

320   Im Rahmen der Beratungen des Rechtsausschusses wurde die Formulierung in Satz 1 geändert, um die Änderungskündigung ebenfalls zu erfassen. Da die Änderungskündigung auch eine Umgruppierung und/oder Versetzung sein kann, stellt sich die Frage, ob nach Abschluss des besonderen Interessenausgleichs noch das Zustimmungsverfahren nach § 99 BetrVG betrieben werden muss. Im Ergebnis gilt das gleiche wie zuvor zu § 102 BetrVG. Will

---

371 BAG 20. 05. 1999 EzA § 102 BetrVG 1972 Nr. 102.
372 ArbG Wesel NZA-RR 1997, 341.

der Insolvenzverwalter sichergehen, ist ihm zu empfehlen, ausdrücklich in dem besonderen Interessenausgleich aufzunehmen, dass hinsichtlich der beabsichtigten Änderungskündigungen die Verfahren nach § 99 BetrVG ebenfalls durchgeführt sind und der Betriebsrat auch insoweit seine Zustimmung erteilt.

Wird bei Durchführung der Betriebsänderung gem. dem besonderen Interessenausgleich zugleich ein Mitbestimmungsrecht des Betriebsrats nach § 87 BetrVG betroffen, weil z. B. Arbeitszeiten geändert oder Fragen der betrieblichen Lohngestaltung mitgeregelt werden, kann der Betriebsrat nicht nochmals sein Mitbestimmungsrecht reklamieren. Mit seiner Unterschrift im besonderen Interessenausgleich ist dem Mitbestimmungsrecht Genüge getan. Zwanziger weist zu Recht darauf hin, dass auch formlose Absprachen das Mitbestimmungsrecht wahren, so dass erst recht ein Interessenausgleich ausreicht.

321

4. Verhältnis zu § 126 InsO

Das Beschlussverfahren zum Kündigungsschutz setzt nach § 126 Abs. 1 Satz 1 InsO voraus, dass innerhalb von drei Wochen nach Verhandlungsbeginn oder schriftlicher Aufforderung zur Aufnahme von Verhandlungen ein Interessenausgleich nach § 125 Abs. 1 InsO nicht zustande gekommen ist. Die Vorschriften schließen sich insoweit unstreitig aus.

322

Umstritten ist aber, ob bei nur teilweisem Einvernehmen, der Betriebsrat erteilt nur in Einzelfällen seine Zustimmung i. S. d. § 125 InsO, der Verwalter bezüglich der strittigen Kündigungskandidaten das Verfahren nach § 126 InsO führen kann. Zwanziger[373] will aus einem Umkehrschluss aus § 122 Abs. 1 Satz 3 InsO folgern, dass nach der Einleitung des gerichtlichen Verfahrens dieses und nicht der Interessenausgleich nach § 125 InsO vorgehe. Dem kann nicht gefolgt werden. Zunächst besagt der Umstand, dass § 122 Abs. 1 Satz 3 InsO dem Verwalter ausdrücklich die Möglichkeit belässt, entweder weiterhin einen Interessenausgleich nach § 125 InsO zu suchen oder aber das Beschlussverfahren zum Kündigungsschutz zu betreiben, nichts darüber, ob der Verwalter ohne eine inhaltsgleiche gesetzliche Anordnung in § 125 InsO oder § 126 InsO nicht gleiches tun darf. Aus den Materialien ergibt sich jedenfalls ein zwingendes »Entweder-Oder« nicht. Auch der Wortlaut in § 126 Abs. 1 Satz 1 InsO sagt nicht etwa, dass der Verwalter »nur« noch nach dieser Vorschrift vorgehen kann. Es ist auch nicht geboten, ein paralleles Vorgehen zu unterbinden.[374] Ein zeitaufwendiges »Hin-und-Her«, vor dem Zwanziger[375] i. S. d. Klarheit und Straffung der Verfahren warnt, entsteht hierdurch nicht. Im Gegenteil: Im Sinne der angestrebten Beschleunigung sollte der Verwalter die Betriebsänderung,

---

373 Zwanziger, a. a. O., S. 113.
374 So schon Warrikoff, a. a. O., S. 2343.
375 Zwanziger, a. a. O.

Eisenbeis/Mues

soweit sie einvernehmlich i. S. d. § 125 InsO getragen wird, durchführen, im Übrigen parallel den Antrag nach § 126 InsO stellen und schließlich noch mit dem Betriebsrat gem. § 125 InsO weiterverhandeln, wenn dies aussichtsreich erscheint. Kommen die Verhandlungen doch noch zum erwünschten Abschluss, kann – und muss – der Antrag nach § 126 InsO ohne weiteres zurückgenommen werden.[376]

5. Wesentliche Änderung der Sachlage

323 Die Wirkungen des Abs. 1 Satz 1 entfallen, soweit sich die Sachlage nach Zustandekommen des Interessenausgleichs wesentlich geändert hat, Abs. 1 Satz 2. In der Gesetz gewordenen Empfehlung des Rechtsausschusses wurde das Wort »wesentliche« eingefügt. Der Interessenausgleich soll nur dann die Wirkungen des Satzes 1 verlieren, wenn die Änderung der Sachlage gravierend ist. Als Beispiel wurde im Gesetzgebungsverfahren angeführt, dass ein Interessenausgleich im Hinblick auf eine Betriebsstilllegung vereinbart wurde, dann aber doch noch ein Betriebserwerber gefunden werden konnte. Bader[377] nimmt eine wesentliche Änderung der Sachlage an, »wenn nicht ernsthaft zweifelhaft ist, dass beide Betriebspartner oder zumindest einer von ihnen den Interessenausgleich in Kenntnis der späteren Änderung nicht oder nicht mit diesem Inhalt abgeschlossen hätte«. Dies wird sicherlich auch dann der Fall sein, wenn wesentlich weniger Arbeitnehmer gekündigt werden, als ursprünglich angenommen.[378]

Hinsichtlich der Rechtsfolgen ist eine zeitliche Zäsur zu machen: Bei Kündigungen, die erst nach Eintritt der geänderten Sachlage ausgesprochen werden, greift Satz 2 ohne weiteres ein. Das bedeutet, dass diese Kündigungen ausschließlich am Maßstab von § 1 KSchG zu prüfen sind. Die Betriebsbedingtheit wird weder vermutet noch gilt bezüglich der Sozialauswahl ein beschränkter Beurteilungsmaßstab.

Bei Kündigungen, die zum Zeitpunkt der Änderung der Sachlage bereits zugegangen sind, verbleibt es bei den Wirkungen von Satz 1.[379]

324 Die Gegenmeinung ist mit der st. Rspr. des BAG nicht zu vereinbaren, wonach die Wirksamkeit einer Kündigung nur nach den objektiven Verhältnissen im Zeitpunkt des Kündigungszugangs beurteilt werden kann. Liegen zu diesem Zeitpunkt alle Wirksamkeitsvoraussetzungen einer Kündigung vor, so kann die Kündigung weder durch eine nachträgliche Veränderung der tatsächlichen Verhältnisse, also z. B. durch Wegfall eines bei ihrem Ausspruch

---

376 Vgl. auch Lakies, a. a. O., S. 145, 152.
377 Bader, NZA 1996, 1125, 1133.
378 Vgl. Löwisch, NZA 1996, 1009, 1012.
379 Strittig, wie hier: Caspers, a. a. O., S. 93 Rdnr. 209; a. A. Zwanziger, BB 1997, 626, 628, der Änderungen bis zum Schluss der mündlichen Verhandlung im Kündigungsschutzprozess berücksichtigen will; Schrader, NZA 1997, 70, 75, unter Hinweis auf die Gesetzesbegründung.

vorliegenden Kündigungsgrundes, unwirksam werden noch ist der Arbeitgeber im Falle einer solchen Veränderung der tatsächlichen Verhältnisse nach Treu und Glauben daran gehindert, sich auf die Wirksamkeit der Kündigung zu berufen.[380]

In Fällen dieser Art kann jedoch ein Wiedereinstellungsanspruch begründet sein. So hat das BAG für den Fall, dass sich die für die Wirksamkeit der Kündigung maßgebenden Umstände noch während des Laufs der Kündigungsfrist verändern, unter bestimmten Voraussetzungen ein Wiedereinstellungsanspruch des Arbeitnehmers bejaht. Beruht eine betriebsbedingte Kündigung auf der Prognose des Arbeitgebers (Betriebsstilllegung), bei Ablauf der Kündigungsfrist könne er den Arbeitnehmer nicht mehr weiterbeschäftigen und erweist sich diese Prognose noch während des Laufs der Kündigungsfrist als falsch (Betriebsübergang auf einen Erwerber), so ist der Arbeitgeber zur Wiedereinstellung verpflichtet, solange er mit Rücksicht auf die Wirksamkeit der Kündigung noch keine Dispositionen getroffen hat und ihm die unveränderte Fortsetzung des Arbeitsverhältnisses zumutbar ist. Der Wiedereinstellungsanspruch ist ein notwendiges Korrektiv dafür, dass die Rspr. bei Prüfung des Kündigungsgrundes im Interesse der Rechtssicherheit allein auf den Zeitpunkt des Kündigungszugangs, nicht aber auf den Ablauf der Kündigungsfrist abstellt[381] d. G.). Im noch bestehenden Arbeitsverhältnis hat der Arbeitgeber seine Verpflichtungen so zu erfüllen, seine Rechte so auszuüben und die im Zusammenhang mit dem Arbeitsverhältnis stehenden Interessen des Arbeitnehmers so zu wahren, wie dies unter Berücksichtigung der Belange des Betriebes und der Interessen der anderen Arbeitnehmer des Betriebs nach Treu und Glauben billigerweise verlangt werden kann.

Allerdings kommt der Wiedereinstellungsanspruch bei solchermaßen veränderter Sachlage nur innerhalb der Kündigungsfrist in Betracht. Mit Urteil vom 06. 08. 1997 hat das BAG[382] entschieden, dass der Arbeitnehmer keinen Wiedereinstellungsanspruch hat, wenn eine betriebsbedingte Kündigung sozial gerechtfertigt ist und eine anderweitige Beschäftigungsmöglichkeit erst nach Ablauf der Kündigungsfrist entsteht. Dies gilt auch, wenn zu diesem Zeitpunkt noch ein Kündigungsschutzverfahren andauert.

Dem Wiedereinstellungsanspruch können berechtigte Interessen des Arbeitgebers entgegenstehen. Diese können auch darin bestehen, dass der Arbeitgeber den in Betracht kommenden Arbeitsplatz bereits wieder besetzt hat.[383] Der Arbeitgeber kann sich nur dann nicht auf die Neubesetzung des Arbeitsplatzes berufen, wenn hierdurch der Wiedereinstellungsanspruch treuwidrig vereitelt wurde.[384]

325

---
380 Vgl. z. B. BAG NZA 1989, 461; BAG NZA 1997, 251 = AP Nr. 81 zu § 1 KSchG betriebsbedingte Kündigung.
381 BAG NZA 1997, 251 zu II. 4. b.
382 BAG NZA 1998, 254 f.
383 BAG 28. 06. 2000 EzA § 1 KSchG Nr. 5 Wiedereinstellungsanspruch.
384 BAG 28. 06. 2000 a. a. O.

Eisenbeis/Mues

Ein Abfindungsvergleich kann dem Wiedereinstellungsanspruch entgegenstehen. Der Arbeitgeber kann ihn auch bei der Auswahl des wieder einzustellenden Arbeitnehmers berücksichtigen.[385]

Die Frage, welcher Maßstab im Übrigen bei der Auswahlentscheidung zu beachten ist, ist höchstrichterlich nach wie vor ungeklärt. Nach der Entscheidung des BAG vom 02. 12. 1999[386] ist wohl davon auszugehen, dass Prüfungsmaßstab für den Wiedereinstellungsanspruch auch § 125 Abs. 1 Satz 1 Nr. 2 ist.

6. Ersatz der Stellungnahme nach § 17 Abs. 2 Satz 2 KSchG

326   Die Pflicht zur Anzeige nach § 17 KSchG bei Massenentlassungen gilt auch für den Insolvenzverwalter.[387] Abs. 2 stellt klar, dass der Verwalter vor Abgabe der Anzeige den Betriebsrat nicht erneut um Stellungnahme zu den beabsichtigten Kündigungen ersuchen muss. Es genügt, wenn der Massenentlassungsanzeige der besondere Interessenausgleich als Anlage beigefügt wird.

VI. Beschlussverfahren zum Kündigungsschutz

1. Allgemeines

327   Das sog. präventive Beschlussverfahren zum Kündigungsschutz bietet dem Insolvenzverwalter die Möglichkeit, in einem kollektiven Verfahren eine Entscheidung des Arbeitsgerichts über die soziale Rechtfertigung beabsichtigter oder bereits ausgesprochener Kündigungen, auch Änderungskündigungen, mit bindender Wirkung für die Parteien des Individualkündigungsschutzprozesses[388] herbeizuführen. Die Regelung ergänzt § 125 InsO. Im betriebsratslosen Betrieb kann der Verwalter den Antrag sofort stellen. In Betrieben, in denen ein Betriebsrat gebildet ist, ist der Antrag erst zulässig, wenn innerhalb von drei Wochen nach Verhandlungsbeginn oder schriftlicher Aufforderung zur Aufnahme von Verhandlungen ein Interessenausgleich nach § 125 Abs. 1 InsO nicht zustande gekommen ist, obwohl der Verwalter den Betriebsrat rechtzeitig und umfassend unterrichtet hat.

Das Arbeitsgericht prüft die Rechtswirksamkeit der Kündigungen gem. § 1 Abs. 2 und Abs. 3 KSchG, d. h., ohne die Vermutungswirkung des § 125

---

385 BAG 28. 06. 2000 a. a. O.
386 BAG 02. 12. 1999 EzA § 1 KSchG soziale Auswahl Nr. 42.
387 So schon BSG DB 1979, 1283.
388 § 127 InsO.

Abs. 1 Ziff. 1 InsO und ohne den eingeschränkten Prüfungsmaßstab bei der Sozialauswahl nach § 125 Abs. 1 Ziff. 2 InsO.

Der Insolvenzverwalter kann die beabsichtigte Betriebsänderung auch dann zum Gegenstand eines Feststellungsantrages nach § 126 InsO machen, wenn diese erst nach einer Betriebsveräußerung durchgeführt werden soll. In diesem Fall ist der Erwerber im Verfahren zu beteiligen (§ 128 InsO).

Der Antrag ist vorrangig zu erledigen, Abs. 2 Satz 2 i. V. m. § 122 Abs. 2 Satz 3 InsO. Die Entscheidung des Arbeitsgerichts ist im Regelfall sofort rechtskräftig. Die Rechtsbeschwerde zum BAG findet nur statt, wenn sie ausdrücklich zugelassen wird (Abs. 2 Satz 2 i. V. m. § 122 Abs. 3 InsO).

Die in dem Feststellungsverfahren anfallenden Kosten erster Instanz werden nicht erstattet, § 12 a Abs. 1 Satz 1 und Satz 2 ArbGG gelten entsprechend. Zu beachten ist aber, dass die Regelung den materiellen Kostenfreistellungsanspruch des Betriebsrats gem. § 40 BetrVG unberührt lässt. Im Rechtsbeschwerdeverfahren vor dem BAG gelten die Vorschriften der Zivilprozessordnung über die Erstattung der Kosten des Rechtsstreits entsprechend.

2. Voraussetzungen

a) Geplante und bereits ausgesprochene Kündigungen

Der Insolvenzverwalter kann sich des speziellen Beschlussverfahrens zum Kündigungsschutz sowohl präventiv für beabsichtigte Kündigungen als auch für bereits ausgesprochene Kündigungen bedienen.[389] Aus der Gesetzesbegründung ergibt sich, dass der Gesetzgeber offensichtlich erstrangig den Fall vor Augen hatte, dass die erst geplanten Kündigungen auf ihre soziale Rechtfertigung hin durch das Arbeitsgericht geprüft werden sollen. Dass der Insolvenzverwalter aber auch zunächst die Kündigungen aussprechen darf, um anschließend zu prüfen, ob und wenn ja, wie viele Arbeitnehmer sich hiergegen mit der Kündigungsschutzklage zur Wehr setzen, ergibt sich zwingend aus § 127 Abs. 2 InsO. Die Regelung setzt den Kündigungsausspruch jedenfalls vor Rechtskraft des Verfahrens nach § 126 InsO voraus. Die Einleitung des Verfahrens überhaupt kann aber schlechterdings nicht gefordert sein. Zum einen wollte der Gesetzgeber dem Verwalter lediglich eine weitere Möglichkeit an die Hand geben, in einem von dem Gericht mit Vorrang zu betreibenden Sammelverfahren die soziale Rechtfertigung von Kündigungen im Zusammenhang mit einer Betriebsänderung prüfen zu lassen. Zum anderen widerspräche es allgemeinen Grundsätzen der Verfahrensökonomie, wollte man den Verwalter zunächst dazu anhalten, das Verfahren nach § 126 InsO hinsichtlich aller ausgesprochenen Kündigungen

328

---

[389] BAG 29. 06. 2000 – 8 ABR 44/99; allg. M.: Giesen, ZIP 1998, 46 ff.; Caspers, a. a. O., S. 106 Rdnr. 246; a. A. wohl nur Lakies, a. a. O., S. 145, 154 f.

einzuleiten, bevor überhaupt klar ist, ob und wenn ja, welche Arbeitnehmer Kündigungsschutzklage erheben.

b) **Betriebsänderung gemäß § 111 BetrVG**

329 Nach dem ausdrücklichen Wortlaut von Abs. 1 hat der Verwalter die Möglichkeit, das Beschlussverfahren nicht nur dann zu betreiben, wenn er mit dem Betriebsrat in der dreiwöchigen Frist nicht zum Abschluss eines Interessenausgleichs nach § 125 InsO gekommen ist, sondern auch dann, wenn ein Betriebsrat im Betrieb überhaupt nicht gebildet ist. Unklar bleibt bei der Formulierung allerdings, ob § 126 InsO das Vorliegen einer Betriebsänderung i. S. d. § 111 BetrVG ebenso voraussetzt wie § 125 InsO. Wird dies bejaht, kann § 126 InsO nur dann zur Anwendung kommen, wenn im Betrieb regelmäßig mehr als 20 wahlberechtigte Arbeitnehmer beschäftigt sind. In der Literatur wird dies kontrovers diskutiert. Zum Teil wird darauf hingewiesen, dass dem Verfahren gegenüber den Möglichkeiten nach § 125 InsO lediglich eine Auffangfunktion zukomme und die Vorschrift voraussetze, dass ein Interessenausgleich grds. möglich wäre. Damit entfalle ein Antrag nach § 126 InsO, wenn die Voraussetzungen des § 111 BetrVG nicht vorliegen. Schrader[390] geht demgegenüber davon aus, dass der Verwalter den Antrag nach § 126 ohne Rücksicht auf die Anzahl der beschäftigten Arbeitnehmer stellen könne. Andere wollen die Zulässigkeit des Verfahrens für Kleinbetriebe mit weniger als 20 Arbeitnehmern in einer wertenden Betrachtung bejahen, da der Wortlaut des § 126 InsO auch ausdrücklich den betriebsratslosen Betrieb erfasse.[391]

Caspers[392] spricht sich trotz anderslautender historischer und systematischer Argumente dafür aus, dass die Vorschrift analog angewendet werden müsse, wenn die Voraussetzungen des § 111 BetrVG nicht vorliegen.

330 Das BAG hat die Frage ausdrücklich offengelassen.[393] Aus dem Umstand, dass § 126 InsO nach dem ausdrücklichen Wortlaut auch für betriebsratslose Betriebe gilt, kann nichts abgeleitet werden.[394] Es ist auch nicht ersichtlich, dass der Gesetzgeber dem Verwalter zusätzliche Unterrichtungspflichten nach dem Betriebsverfassungsgesetz aufbürden wollte. Dies müsste jedoch angenommen werden, wenn auch »Betriebsänderungen« unterhalb der von § 111 BetrVG vorausgesetzten Betriebsgröße zum Gegenstand eines Beschlussverfahrens zum Kündigungsschutz gemacht werden könnten. Immerhin setzt der Antrag nach § 126 InsO voraus, dass der Verwalter den Betriebsrat zuvor über die Betriebsänderung rechtzeitig und umfassend unterrichtet hat. In einem Betrieb mit weniger als 20 wahlberechtigten Ar-

---

390 Schrader, a. a. O., S. 77.
391 Lakies, a. a. O., S. 151 und Warrikoff, a. a. O., S. 2342.
392 Caspers, a. a. O., S. 103 Rdnr. 235 ff.
393 BAG 29. 06. 2000 – 8 ABR 44/99.
394 A. A. offensichtlich Kania, DZWiR 2000, 328, 329.

3. Verfahren

a) Beschlussverfahren mit der Konzeption des § 122 InsO

Das Arbeitsgericht entscheidet über den Feststellungsantrag des Verwalters im Beschlussverfahren, dessen Vorschriften ausdrücklich für entsprechend anwendbar erklärt werden. Im übrigen ist das Verfahren ebenso konzipiert wird das Verfahren der gerichtlichen Zustimmung zur Durchführung einer Betriebsänderung. § 122 Abs. 2 Satz 3 InsO und Abs. 3 gilt entsprechend, Abs. 2 Satz 2. Dies bedeutet, dass das Gerichtsverfahren grds. nur einzügig ausgestaltet ist, wobei das Arbeitsgericht den Feststellungsantrag nach Maßgabe des § 61 a Abs. 3 bis 6 vorrangig zu erledigen hat. Die Beschwerde an das LAG findet nicht statt. Die Rechtsbeschwerde an das BAG ist nur im Falle der ausdrücklichen Zulassung durch das Arbeitsgericht statthaft. Wegen der Einzelheiten wird auf die Erläuterungen zu § 122 InsO verwiesen. 331

Örtlich ist das Arbeitsgericht ausschließlich zuständig, in dessen Bezirk der schuldnerische Betrieb liegt (§ 82 Abs. 1 Satz 1 ArbGG). 332

b) Beteiligte

Beteiligte sind der Insolvenzverwalter, der Betriebsrat und die im Antrag bezeichneten Arbeitnehmer, soweit sie nicht mit der Beendigung des Arbeitsverhältnisses oder mit den geänderten Arbeitsbedingungen einverstanden sind (Abs. 2 Satz 1, 2. HS). Sofern die Betriebsänderung erst nach einer Betriebsveräußerung durchgeführt werden soll, ist auch der Erwerber zu beteiligen (§ 128 Abs. 1 Satz 2 InsO). 333

Aus Abs. 2 Satz 1, 2. HS folgt im Umkehrschluss, dass diejenigen Arbeitnehmer, die sich bereits mit der ausgesprochenen Kündigung einverstanden erklärt haben, nicht am Verfahren zu beteiligen sind. Dies kann z. B. durch den bereits erfolgten Abschluss eines Aufhebungs- oder Abwicklungsvertrages geschehen oder aber durch einen ausdrücklichen Klageverzicht. Zu beachten ist jedoch, dass das vor Ausspruch einer Verwalterkündigung seitens des Arbeitnehmers erklärte Einverständnis mit der Kündigung den Arbeitnehmer nicht bindet, insbesondere hierin kein rechtswirksamer Verzicht auf den Schutz nach dem Kündigungsschutzgesetz gesehen werden kann. Wegen des zwingenden Charakters des allgemeinen Kündigungsschutzes ist es nur statthaft, dass der Arbeitnehmer nachträglich, d. h. nach Zugang der Kündigung, auf seine Ansprüche aus dem Kündigungsschutz wirksam verzichtet.[395] Will der Verwalter sichergehen, so muss er die Kündigung aussprechen und sodann das Einverständnis des Arbeitneh-

---

[395] Allg. Meinung, vgl. nur KR-Etzel, § 1 KSchG Rdnr. 35 m. w. N.

mers einholen. Erklärt der Arbeitnehmer dann sein Einverständnis, ist er in dem Verfahren nicht zu beteiligen. Der Klageverzicht muss eindeutig erklärt sein. Die Formulierung, »Ich erkläre, dass mir auch aus Anlass der Beendigung des Arbeitsverhältnisses keine Ansprüche mehr zustehen.«, ist nicht ausreichend.[396] Empfehlenswert ist deshalb eine Formulierung, dass der Arbeitnehmer die Rechtswirksamkeit der ihm erteilten Verwalterkündigung ausdrücklich anerkennt und deshalb auch auf die Erhebung einer Klage, die die Rechtswirksamkeit der Kündigung zur gerichtlichen Überprüfung stellt, verzichtet.

In allen anderen Fällen – d. h. in den Fällen, in denen die soziale Rechtfertigung der lediglich beabsichtigten, aber noch nicht ausgesprochenen Kündigung im Sammelverfahren nach § 126 InsO festgestellt werden soll, und in den Fällen, in denen die Arbeitnehmer sich mit den ihnen bereits erteilten Kündigungen nicht einverstanden erklärt haben – sind die Arbeitnehmer zu beteiligen. Ohne formelle Verfahrensbeteiligung als Voraussetzung der subjektiven Rechtskraft kann die mit dem Feststellungsantrag beabsichtigte Bindungswirkung gem. § 127 Abs. 1 InsO nicht erzielt werden.

c) Antrag

334 Das Arbeitsgericht erforscht den Sachverhalt im Rahmen der gestellten Anträge von Amts wegen, Abs. 2 i. V. m. § 83 Abs. 1 ArbGG. Die an dem Verfahren Beteiligten haben an der Aufklärung des Sachverhalts mitzuwirken. Der Verwalter hat zu beantragen, dass die – beabsichtigten oder bereits ausgesprochenen – Kündigungen der Arbeitsverhältnisse der im Antrag namentlich zu bezeichnenden Arbeitnehmer durch dringende betriebliche Erfordernisse bedingt und sozial gerechtfertigt sind. Grunsky[397] weist zu Recht darauf hin, dass sich in vielen Fällen zeigen wird, dass weniger Kündigungen als zunächst beabsichtigt, ausgesprochen werden müssen, etwa weil andere Arbeitnehmer eigengekündigt haben oder Aufhebungsverträge zwischenzeitlich geschlossen worden sind. Dann gerät der Verwalter genau in das Dilemma, das er mit dem Verfahren vermeiden wollte: Er muss nämlich eine Sozialauswahl unter denjenigen, die ursprünglich gekündigt werden sollten, treffen, um feststellen zu können, welche Arbeitnehmer auf den anderweitig freigewordenen Arbeitsplätzen weiterbeschäftigt werden können. Dem kann dadurch begegnet werden, dass unter den zu kündigenden Arbeitnehmern sogleich im Antrag eine Reihenfolge festgelegt wird. Weiterhin könnte der Verwalter Hilfsanträge formulieren und darin Arbeitnehmer bezeichnen, denen im Falle der – auch teilweisen – Abweisung des Hauptantrages gekündigt werden solle. Dies führt allerdings dazu, dass auch die in den Hilfsanträgen bezeichneten Arbeitnehmer von Anfang an an dem Verfahren zu beteiligen sind. Dies wiederum hat sicherlich keine Verfahrensvereinfachung bzw. -beschleunigung zur Folge, weshalb Grun-

---

396 BAG 03. 05. 1979 EzA § 4 KSchG n. F. Nr. 15.
397 Grunsky, Festschrift für Lüke, 191, 198 f.

sky die wohl nicht unberechtigte Befürchtung ausspricht, dass das Sammelverfahren seinen Reiz verlieren könnte und der Insolvenzverwalter Kündigungen »nach herkömmlicher Art« aussprechen wird.

In der Begründung des Antrags hat der Verwalter alle Tatsachen vorzutragen, aus denen er die Berechtigung seines Begehrens ableitet. Dies ergibt sich unmittelbar aus seiner Mitwirkungspflicht. Das Gericht ist durch den eingeschränkten Untersuchungsgrundsatz von sich aus nicht legitimiert, neuen Streitstoff in das Verfahren einzuführen.[398] Lediglich i. S. einer Konkretisierung und Vervollständigung des Vorbringens kann das Gericht von Amts wegen weitere Ermittlungen anstellen, den Beteiligten Auflagen machen und Beteiligtenvernehmungen anordnen.[399] Die Beschränkung der Untersuchungsmaxime erscheint im Rahmen des § 126 um so eher angezeigt, als hierdurch über einen Streitgegenstand entschieden wird, der eigentlich in das Urteilsverfahren gehört. Der Verwalter wird deshalb alle Tatsachen vorzutragen haben, die die Betriebsbedingtheit der Kündigung gem. § 1 Abs. 2 KSchG bedingen und die zudem seiner – abgestuften – Darlegungslast im Rahmen der Sozialauswahl nach § 1 Abs. 3 KSchG genügen. 335

d) Umfang der gerichtlichen Überprüfung

Nach dem Wortlaut von Abs. 1 Satz 1 hat das Arbeitsgericht ausschließlich die betriebsbedingten Kündigungen auf ihre soziale Rechtfertigung hin zu prüfen. Die Überprüfung bezieht sich somit auf § 1 Abs. 2 KSchG wie auch auf die nach § 1 Abs. 3 KSchG erforderliche Sozialauswahl. Teilweise wird im Schrifttum vertreten, dass § 1 Abs. 3 Satz 2 KSchG ebensowenig Anwendung finde wie § 1 Abs. 4 KSchG, da sich ein entsprechender Verweis in § 126 Abs. 1 Satz 2 InsO nicht findet.[400] Diese Auffassung ist abzulehnen. Der Verwalter kann sich zwar im Beschlussverfahren nach § 126 InsO nicht auf eine gesetzliche Vermutung berufen wie auch die Überprüfung der Sozialauswahl nicht auf »grobe Fehlerhaftigkeit« beschränkt ist. Es ist jedoch kein Anhaltspunkt im Gesetz erkennbar, weshalb die Anforderungen an eine ausreichende Sozialauswahl in der Insolvenz noch höher ausfallen sollten, als dies außerhalb der Krise der Fall ist. Der Verwalter kann sich daher selbstverständlich auch auf die Leistungsträgerklausel gem. § 1 Abs. 3 Satz 2 KSchG wie auch ggf. auf § 1 Abs. 4 KSchG berufen. 336

Da die Vorschrift aber nicht nur auf beabsichtigte, sondern auch auf bereits ausgesprochene Kündigungen anwendbar ist, stellt sich die Frage, ob sons-

---

398 BAG BAGE 12, 244, 250; vgl. auch BAG AP Nr. 7 zu § 103 BetrVG; Grunsky, Kommentar zum ArbGG, 7. Aufl. 1995, § 83 Rdnr. 4; Hauck, Kommentar zum ArbGG, 2. Aufl. 2001 § 83 Rdnr. 3.
399 Vgl. auch Germelmann/Matthes/Prütting, Kommentar zum ArbGG, 3. Aufl. 1999 § 83 Rdnr. 89.
400 Lakies, NZI 2000, 345 ff.; a. A. Müller, DZWiR 1999, 221, 227; Kübler/Prütting, a. a. O., § 126 Rdnr. 30; Ascheid/Bader/Dörner, Kommentar zum ArbGG, 2001, a. a. O., § 126 Rdnr. 3.

tige Unwirksamkeitsgründe (z. B. fehlerhafte Beteiligung des Betriebsrats nach § 102 BetrVG oder Nichtbeachtung von Sonderkündigungsschutztatbeständen) ebenfalls im Beschlussverfahren geprüft werden dürfen. Nach dem Normzweck, eine möglichst rasche Klärung der Kündigungsrechtsstreitigkeiten herbeizuführen, müsste diese Frage bejaht werden. So sehr das aus praktischen Erwägungen nachvollziehbar ist, so wenig ist es mit dem Wortlaut vereinbar. Der Gesetzgeber hatte diese Problematik offensichtlich nicht bedacht; dafür spricht auch, dass in dem Entwurf der Bundesregierung nur von »geplanten Entlassungen« die Rede ist. Nach der derzeitigen Gesetzesfassung hat sich das Arbeitsgericht in seinem Beschluss einer Bewertung sonstiger Unwirksamkeitsgründe zu enthalten. Diese Überprüfung bleibt dem nachfolgenden Individualkündigungsschutzprozess vorbehalten, sofern sich der Arbeitnehmer hierauf rechtzeitig berufen hat, § 113 Abs. 2 InsO. Hat der Arbeitnehmer rechtzeitig innerhalb der dreiwöchigen Klageerhebungsfrist den sonstigen Unwirksamkeitsgrund geltend gemacht, wird der Verwalter im Falle der Offensichtlichkeit des Unwirksamkeitsgrundes im Regelfall die Kündigung nicht aufrechterhalten. Es bleibt ihm allerdings unbenommen, seinen Antrag dahin gehend zu modifizieren, dass er aus den vorgetragenen Gründen die erneute Kündigung dieses Arbeitnehmers beabsichtigt.

e) Einstweilige Verfügung

337 Fraglich ist, ob ein Antrag auf Erlass einer einstweiligen Verfügung zulässig ist. Zwar gilt über den generellen Verweis auf die Vorschriften über das Beschlussverfahren auch § 85 Abs. 2 ArbGG. § 126 InsO ist jedoch ein Feststellungsverfahren; an feststellenden Verfügungen besteht jedoch regelmäßig kein Rechtsschutzinteresse, weshalb ein entsprechender Antrag unzulässig ist.[401] Lakies[402] begründet die Unzulässigkeit der einstweiligen Verfügung im Rahmen des § 126 InsO auch damit, dass ein Verfügungsgrund nicht erkennbar sei, da der Insolvenzverwalter nicht daran gehindert sei, seinerseits Kündigungen auszusprechen. Das ist richtig; insbesondere kann dem nicht entgegengehalten werden, dass ohne eine gerichtliche Entscheidung im Eilverfahren bei gleichwohl ausgesprochenen Kündigungen Nachteilsausgleichsansprüche nach § 113 BetrVG drohen. Hierüber verhält sich eine Entscheidung nach § 126 InsO nicht; das Arbeitsgericht stellt lediglich im Falle eines stattgebenden Beschlusses die soziale Rechtfertigung der Kündigungen fest.

In Eilfällen kann der Verwalter nach § 122 InsO vorgehen und die gerichtliche Zustimmung zur Durchführung der Betriebsänderung und damit zum Ausspruch der Kündigungen beantragen.

---

401 Germelmann/Matthes/Prütting, a. a. O., § 83 Rdnr. 29 unter Hinweis auf VGH Bayern PersV 1985, 336; vgl. auch Hauck, a. a. O., § 85 Rdnr. 9.
402 Lackies, RdA 1997, 145, 153.

f) Rechtsmittel

Gem. Abs. 2 Satz 2 gilt das Rechtsmittelkonzept nach § 122 Abs. 3 InsO entsprechend. »Entsprechend« nur deshalb, weil in dem Verfahren nicht nur Verwalter und Betriebsrat beteiligt sind, sondern auch die in dem Antrag bezeichneten Arbeitnehmer sowie ggf. der Betriebserwerber, § 128 Abs. 1 Satz 2 InsO. Auch diesen muss das von dem Arbeitsgericht zugelassene Rechtsmittel eröffnet sein. Im übrigen ergeben sich keine Abweichungen zu § 122 Abs. 3 InsO.

338

4. Kosten

Im Verfahren vor dem Arbeitsgericht gilt § 12 a Abs. 1 Satz 1 und 2 des Arbeitsgerichtsgesetzes entsprechend. Das bedeutet, dass die obsiegende Partei keinen Anspruch auf Entschädigung wegen Zeitversäumnis und auf Erstattung der Kosten für die Hinzuziehung eines Verfahrensbevollmächtigten hat. Der Verfahrensbevollmächtigte hat vor Abschluss der Vereinbarung über die Vertretung auf den Ausschluss der Kostenerstattung hinzuweisen.

339

Der prozessuale Ausschluss der Kostenerstattung lässt allerdings den materiellen Freistellungsanspruch des Betriebsrats nach § 40 BetrVG unberührt.[403] Danach hat der Arbeitgeber die Kosten einer Prozessvertretung des Betriebsrats zu tragen, wenn der Betriebsrat bei pflichtgemäßer und verständiger Abwägung der zu berücksichtigenden Umstände die Zuziehung eines Rechtsanwalts für notwendig erachten durfte.[404] Die Hinzuziehung eines Rechtsanwalts als Verfahrensbevollmächtigen erfordert einen ordnungsgemäßen Beschluss des Betriebsrats, und zwar im allgemeinen für jede Instanz gesondert.[405]

Im Verfahren vor dem BAG gelten die Vorschriften der ZPO über die Kostenerstattung entsprechend (Abs. 3 Satz 2). Für die Streitwertberechnung im Rechtsbeschwerdeverfahren gilt § 12 Abs. 7 Satz 1 ArbGG entsprechend. Danach ist für die Wertberechnung bei Rechtsstreitigkeiten über das Bestehen, das Nichtbestehen oder die Kündigung eines Arbeitsverhältnisses höchstens der Betrag des für die Dauer eines Vierteljahres zu leistenden Arbeitsentgelts maßgebend; eine Abfindung wird nicht hinzugerechnet Schmidt-Räntsch, a. a. O., erläuternde Darstellung des neuen Rechts anhand der Materialien, § 126 Rdnr. 3).

340

---

403 Allg. Meinung: Caspers, a. a. O., S. 114 Rdnr. 265; Zwanziger, Das Arbeitsrecht der Insolvenzordnung, S. 117; Lakies, a. a. O., S. 154.
404 BAG 26. 11. 1974 EzA § 20 BetrVG Nr. 7.
405 Fitting, a. a. O., § 40 Rdnr. 24 m. w. N.

5. Verhältnis zu weiteren Beteiligungsrechten des Betriebsrats

a) Betriebsratsanhörung gemäß § 102 BetrVG

341 Da das Beschlussverfahren zum Kündigungsschutz im Gegensatz zur Sachlage nach § 125 InsO ohne Zustimmung des Betriebsrats geführt wird, besteht allseits Einvernehmen, dass dem Anhörungserfordernis gem. § 102 BetrVG vor Ausspruch der Kündigung Genüge getan werden muss. Teilweise wird allerdings vertreten, dass der Verwalter den Betriebsrat in entsprechender Anwendung von § 102 BetrVG vor Einreichung des Antrags beteiligen sollte; er sollte dies zum einen tun, um einer formellen Pflicht zu genügen, zum anderen, um dadurch die Auffassung des Betriebsrats kennen zu lernen und sich um eine einvernehmliche Lösung i. S. d. § 125 InsO zu bemühen.[406]

342 Dem ist nicht zu folgen. Selbstverständlich sollte und wird der Verwalter auch bei entsprechender Erfolgsaussicht mit dem Betriebsrat zur Herbeiführung eines besonderen Interessenausgleichs verhandeln und hierbei auch mitteilen, welche Arbeitnehmer er im Rahmen der Betriebsänderung zu kündigen gedenkt. Dies hat aber nichts damit zu tun, dass die Einreichung des Antrags bei Gericht nicht dem Ausspruch der Kündigung gleichzusetzen ist, zumal im Laufe des Verfahrens der ursprüngliche Entschluss des Verwalters zu bestimmten Kündigungen modifiziert (z. B. lediglich Änderungskündigungen) oder gar aufgegeben werden kann. Das Vorschalten einer zusätzlichen Anhörung analog § 102 BetrVG würde im Übrigen nur Zeit kosten, die im Regelfall nicht vorhanden sein wird.[407]

b) Zustimmung gemäß § 99 BetrVG

343 Wie sich aus Abs. 2 Satz 1, 2. HS ergibt, gilt das Beschlussverfahren auch für beabsichtigte oder bereits ausgesprochene Änderungskündigungen. Die geänderten Arbeitsbedingungen stellen regelmäßig zugleich Umgruppierungen und/oder Versetzungen dar, so dass der Betriebsrat nach § 99 BetrVG zu beteiligen ist. Der Betriebsrat hat im Gegensatz zur Sachlage nach § 125 InsO den Änderungskündigungen auch nicht zugestimmt, so dass das Beschlussverfahren das Mitbestimmungsrecht nach § 99 BetrVG unberührt lässt.

Will der Verwalter das Verfahren für bereits ausgesprochene Änderungskündigungen betreiben, so muss er beachten, dass er gem. der Theorie von der Wirksamkeitsvoraussetzung die Zustimmung des Betriebsrats zuvor erhalten hat oder sie arbeitsgerichtlich ersetzt ist. Versetzungen/Umgruppierungen ohne Beteiligung des Betriebsrats sind unwirksam.[408]

---

406 Warrikoff, a. a. O., S. 2343.
407 Im Ergebnis ebenso: Zwanziger, a. a. O., S. 119; Schrader, a. a. O., S. 76; Caspers, a. a. O., S. 121 Rdnr. 278.
408 Vgl. BAG 26. 01. 1988 AP Nr. 50 zu § 99 BetrVG; BAG NZA 1994, 187; BAG 03. 05. 1994 AP Nr. 2 zu § 99 BetrVG Eingruppierung.

Eisenbeis/Mues

In dem Falle, dass der Verwalter die soziale Rechtfertigung beabsichtigter Änderungskündigungen zur gerichtlichen Kontrolle im Beschlussverfahren stellt, kann er bei stattgebendem Beschluss diesen im Rahmen seines Antrags nach § 99 BetrVG dem Betriebsrat vorlegen. Da der Betriebsrat sowieso durch seine Verfahrensbeteiligung informiert ist, dürfte dies i. S. einer ordnungsgemäßen Unterrichtung ausreichend sein.

c) Mitbestimmung nach § 87 BetrVG

Anders als nach Abschluss eines besonderen Interessenausgleichs nach § 125 InsO ist das Mitbestimmungsrecht nach § 87 BetrVG (bei z. B. Änderungen im Schichtbetrieb (Ziff. 2)/bei Fragen der betrieblichen Lohngestaltung (Ziff. 10) oder bei der Einführung von Kurzarbeit (Ziff. 3)) zu beachten. Kommt eine Einigung nicht zustande, entscheidet die Einigungsstelle, § 87 Abs. 2 BetrVG.

344

6. Verhältnis zum Sonderkündigungsschutz

a) Zustimmungserfordernis gemäß § 85 SGB IX

Die Kündigung eines Arbeitsverhältnisses eines schwerbehinderten Menschen bedarf der vorherigen Zustimmung des Integrationsamtes. Der Sonderkündigungsschutz ist grds. insolvenzfest. Anders als in dem Falle, dass der schwerbehinderte Mensch namentlich als einer der zu entlassenden Arbeitnehmer im besonderen Interessenausgleich nach § 125 InsO bezeichnet ist, ist das Ermessen des Integrationsamtes nicht eingeschränkt; § 89 Abs. 3 SGB IX greift nicht. Allerdings dürften in der Praxis sich widersprechende Entscheidungen des Arbeitsgerichts und des Integrationsamtes die seltene Ausnahme darstellen, da das Arbeitsgericht die Betriebsbedingtheit der beabsichtigten Kündigung einschließlich der eventuellen Möglichkeit zumutbarer Weiterbeschäftigung und der Sozialauswahl umfassend geprüft haben wird.

345

b) Zulässigerklärung gemäß § 9 Abs. 3 Satz 1 MuSchG und § 18 Abs. 1 Satz 1 BErzGG

Nach beiden Vorschriften kann ausnahmsweise die Kündigung für zulässig erklärt werden. Ein solcher Ausnahmefall liegt bei einer Betriebsstilllegung vor. Aber auch dann, wenn insolvenzbedingt der Arbeitsplatz, der nach dem Mutterschutzgesetz bzw. nach dem Bundeserziehungsgeldgesetz geschützten Arbeitnehmerin definitiv wegfällt und eine anderweitige Weiterbeschäftigung unmöglich ist, hat die zuständige Behörde die Kündigung für zulässig zu erklären.

346

c) Sonderkündigungsschutz für Wehrdienstleistende und Abgeordnete

347 Auch dieser Personenkreis ist trotz des Schutzes nach § 2 Abs. 2 ArbPlSchG bzw. Art. 48 Abs. 2 Satz 2 GG infolge der insolvenzbedingten Betriebsstilllegung bzw. des insolvenzbedingten ersatzlosen Wegfalls des Arbeitsplatzes ohne anderweitige Weiterbeschäftigungsmöglichkeit kündbar und kann daher auch in den Antrag nach § 126 InsO aufgenommen werden.

VII. Klage des Arbeitnehmers

1. Allgemeines

348 Das Verhältnis zwischen § 126 InsO und dem nachfolgenden Kündigungsschutzprozess klärt § 127 i. S. einer Bindungswirkung für das Individualverfahren. Gibt es keine wesentliche Änderung der Sachlage zu derjenigen, die Beurteilungsgrundlage für den Beschluss des Arbeitsgerichts nach § 126 InsO war, bindet die Entscheidung die Parteien. Das bedeutet, dass im Individualprozess feststeht, dass dringende betriebliche Gründe i. S. d. § 1 Abs. 2 KSchG vorliegen und die Sozialauswahl gem. § 1 Abs. 3 KSchG beachtet ist. Sonstige Unwirksamkeitsgründe außerhalb von § 1 KSchG können im nachfolgenden Urteilsverfahren geltend gemacht werden.

349 Hat der Arbeitnehmer schon vor der Rechtskraft der Entscheidung im Verfahren nach § 126 InsO Klage erhoben, so ist die Verhandlung über die Klage auf Antrag des Verwalters bis zu diesem Zeitpunkt auszusetzen. Anders als bei § 148 ZPO steht dem Arbeitsgericht kein Ermessen hinsichtlich der Aussetzung zu.

2. Voraussetzungen und Umfang der Bindungswirkung

a) Beteiligung der Arbeitnehmer am Beschlussverfahren

350 Die Bindungswirkung setzt voraus, dass der im Urteilsverfahren klagende Arbeitnehmer im Beschlussverfahren formell beteiligt war.[409] Ohne vorherige Beteiligung scheidet eine subjektive Rechtskraft aus.

b) Bindungswirkung bezüglich § 1 KSchG

351 Im Beschluss nach § 126 InsO wird ausschließlich festgestellt, ob die ausgesprochenen oder vom Verwalter beabsichtigten betriebsbedingten Kündi-

---

[409] Ausführlich hierzu Grunsky, Festschrift für Lüke, S. 191 ff.

gungen sozial gerechtfertigt sind oder nicht. Demgegenüber ist im Kündigungsschutzprozess Streitgegenstand, ob die Kündigung wirksam zu einer Änderung der Arbeitsbedingungen oder zu einer Beendigung des Arbeitsverhältnisses führt. Folglich beschränkt sich die Bindungswirkung ausschließlich auf das Ergebnis der Prüfung gem. § 1 KSchG. Die Frage, ob etwa der Betriebsrat ordnungsgemäß nach § 102 BetrVG beteiligt worden ist oder der Verwalter seiner Anzeigepflicht nach § 17 KSchG nachgekommen ist oder ob Sonderkündigungsschutztatbestände eingreifen, bleibt der Prüfung im nachfolgenden Kündigungsschutzprozess vorbehalten.

Die Bindungswirkung gilt sowohl für den dem Antrag des Verwalters stattgebenden Beschluss als auch für die zurückweisende Entscheidung. Abs. 1 Satz 1 ist neutral formuliert.[410]

Wird der Antrag des Verwalters als unzulässig zurückgewiesen, entfaltet der Beschluss nach allgemeinen Grundsätzen keine Bindungswirkung. Wird der Antrag als unbegründet zurückgewiesen, weil das Kündigungsschutzgesetz erst gar nicht anwendbar ist (der im Antrag bezeichnete Arbeitnehmer hat z. B. nicht die sechsmonatige Wartefrist des § 1 KSchG erfüllt), entfällt ebenfalls eine Bindungswirkung, weil im Beschlussverfahren ja gerade nicht geprüft worden ist, ob dringende betriebliche Erfordernisse vorlagen und die Sozialauswahl beachtet wurde.

c) Maßgeblicher Beurteilungszeitpunkt

Aus Abs. 2 ergibt sich zwingend, dass der Verwalter auch bereits ausgesprochene Kündigungen zum Gegenstand seines Antrags nach § 126 InsO machen kann. In diesen Fällen stellt sich die Frage, auf welchen Zeitpunkt bei der Prüfung der Rechtswirksamkeit abzustellen ist. Grds. ist im Beschlussverfahren die Sachlage zur Zeit der letzten mündlichen Anhörung – oder im schriftlichen Verfahren nach § 83 Abs. 4 Satz 2 ArbGG der diesem Zeitpunkt entsprechende Termin – maßgeblich.[411] Andererseits ist für die Beurteilung der Sozialwidrigkeit der Zugang der Kündigungserklärung entscheidend.[412] Gleichwohl wird teilweise vertreten, dass auf den Zeitpunkt der letzten Anhörung (dies ist regelmäßig der Zeitpunkt der letzten Anhörung vor dem Arbeitsgericht, da in der Rechtsbeschwerdeinstanz nur um Rechtsfragen gestritten werden kann) abzustellen sei.[413] Diese Auffassung verträgt sich weder mit der Rechtsnatur der Kündigung als empfangsbedürftiger Willenserklärung noch ist es hinnehmbar, dass für das Beschlussverfah-

352

---

410 Caspers, a. a. O., S. 116 Rdnr. 270; Zwanziger, a. a. O., S. 121; a. A. Grunsky, Festschrift für Lüke, S. 195 unter Hinweis auf den Zweck des Verfahrens nach § 126 InsO und wohl auch Schrader, a. a. O., S. 77, der meint, der Beschluss nach § 126 InsO könne die Rechtsposition des Verwalters nur verbessern.
411 Vgl. Grunsky, Kommentar zum ArbGG, § 80 Rdnr. 44.
412 St. Rspr. BAG 24. 03. 1983 EzA § 1 KSchG betriebsbedingte Kündigung Nr. 21; BAG 15. 08. 1984 EzA § 1 KSchG Krankheit Nr. 16; allg. Ansicht im Schrifttum, vgl. KR-Etzel, § 1 KSchG Rdnr. 212 m. w. N.
413 So Zwanziger BB 1997, 626, 628.

ren nach § 126 InsO und den Individualkündigungsschutzprozess unterschiedliche Zeitpunkte der Beurteilung angenommen werden. I. S. d. Rechtssicherheit muss es deshalb bei der ausgesprochenen Kündigung sowohl im Beschlussverfahren als auch im Urteilsverfahren bei dem Zugangszeitpunkt der Kündigung als maßgeblichem Beurteilungsdatum verbleiben.

d) Wesentliche Änderung der Sachlage

353 Hat sich die Sachlage nach dem Schluss der letzten mündlichen Verhandlung wesentlich geändert, entfällt die Bindungswirkung des Beschlussverfahrens, Abs. 1 Satz 2. Dies ist z. B. dann der Fall, wenn die ursprünglich beabsichtigte Betriebsänderung nicht oder nur in entscheidend anderem Umfang durchgeführt wird oder der Verwalter für den schuldnerischen Betrieb doch noch einen Betriebserwerber gefunden hat. Aber ebenso wie bei der Parallelvorschrift in § 125 Abs. 1 Satz 2 InsO muss hinsichtlich der Rechtsfolgen eine Zäsur gemacht werden. Bei Kündigungen, die erst nach Eintritt der geänderten Sachlage ausgesprochen werden, greift Abs. 1 Satz 2 ohne weiteres ein. Das heißt: Die Bindungswirkung entfällt. Bei Kündigungen, die zum Zeitpunkt der Änderung der Sachlage bereits zugegangen sind, verbleibt es bei der Präklusionswirkung des Beschlussverfahrens. In Betracht kommt dann ein Wiedereinstellungsanspruch.

3. Aussetzung (Abs. 2)

354 Ist die Kündigungsschutzklage bereits vor der Rechtskraft der Entscheidung im Verfahren nach § 126 erhoben worden, hat das Arbeitsgericht die Verhandlung über die Klage bis zu diesem Zeitpunkt auszusetzen. Im Gegensatz zu § 148 ZPO ist das Arbeitsgericht zur Aussetzung verpflichtet, wenn der Verwalter dies beantragt. Im Regelfall wird der Verwalter den Aussetzungsantrag stellen. Tut er es nicht, verbleibt dem Arbeitsgericht immer noch die Möglichkeit nach § 148 ZPO.

Gegen die Aussetzung des Verfahrens ist die einfache Beschwerde nach § 252 1. HS ZPO zulässig, im Falle der Ablehnung des Antrags greift die sofortige Beschwerde (§ 252 2. HS ZPO). Nach der zwingenden Konzeption des Abs. 2 sind kaum Fälle denkbar, in denen die Beschwerde erfolgreich sein könnte.

VIII. Betriebsveräußerung

1. Allgemeines

Mit § 128 hat der Gesetzgeber trotz entsprechender Forderungen nach Abschaffung von § 613 a BGB in der Insolvenz klargestellt, dass die Norm gilt. Gleichzeitig hat er die übertragende Sanierung erleichtert, indem die Anwendung der §§ 125 bis 127 InsO nicht dadurch ausgeschlossen wird, dass die Betriebsänderung, die dem Interessenausgleich oder dem Feststellungsantrag zugrunde liegt, erst nach einer Betriebsveräußerung durchgeführt werden soll. Abs. 2 ordnet ausdrücklich an, dass im Falle eines Betriebsübergangs sich die Vermutung nach § 125 Abs. 1 Satz 1 Nr. 1 InsO oder die gerichtliche Feststellung nach § 126 Abs. 1 Satz 1 InsO auch darauf erstreckt, dass die Kündigung der Arbeitsverhältnisse nicht wegen des Betriebsübergangs erfolgt.

355

Nach der Rspr. erfolgt eine Kündigung wegen des Betriebsübergangs, wenn dieser der tragende Grund, nicht nur der äußere Anlass für die Kündigung ist. § 613 a Abs. 4 BGB hat gegenüber § 613 a Abs. 1 BGB Komplementärfunktion. Die Norm soll als spezialgesetzliche Regelung des allgemeinen Umgehungsverbotes verhindern, dass der in § 613 a Abs. 1 BGB angeordnete Bestandsschutz durch eine Kündigung unterlaufen wird. Das Kündigungsverbot ist dann nicht einschlägig, wenn es neben dem Betriebsübergang einen sachlichen Grund gibt, der »aus sich heraus« die Kündigung zu rechtfertigen vermag.[414]

356

Unschädlich ist, dass ein Betriebsübergang ursächlich für die Kündigung ist. Der Verwalter kann auch, wenn er den Betrieb veräußern will, zuvor ein eigenes Sanierungskonzept verwirklichen.[415]

357

Bedeutsam für die Fälle der übertragenden Sanierung in der Insolvenz ist die Entscheidung des BAG vom 18. 07. 1996.[416] Dort hat das BAG festgestellt, dass eine Kündigung wegen des Betriebsübergangs nicht vorliegt, wenn sie der Rationalisierung (Verkleinerung) des Betriebes zur Verbesserung der Verkaufschancen dient. Ein Rationalisierungsgrund liegt vor, wenn der Betrieb ohne die Rationalisierung stillgelegt werden müsste. Eine solche Rationalisierung ist auch während einer Betriebspause möglich. Der Betriebsinhaber muss nicht beabsichtigen, den Betrieb selbst fortzuführen.[417]

---

414 BAG 26. 05. 1983 AP Nr. 34 zu § 613 a BGB = BAGE 43, 13, 21 f.
415 BAG 26. 05. 1983 a. a. O., unter B. IV., V. der Gründe – sog. Veräußerungskündigung mit Erwerberkonzept.
416 BAG 18. 07. 1996 AP Nr. 147 zu § 613 a BGB.
417 BAG 18. 07. 1996 a. a. O.

2. Erstreckung der Rechtswirkung des § 125 Abs. 1

a) Im Anwendungsbereich des Kündigungsschutzgesetzes

358 Bei namentlicher Bezeichnung der zu entlassenden Arbeitnehmer im Interessenausgleich nach § 125 InsO greift die Vermutungswirkung des § 125 Abs. 1 Satz 1 InsO. Dies bedeutet, dass die soziale Rechtfertigung der Kündigungen dieser Personengruppe widerlegbar i. S. d. § 292 Satz 1 ZPO vermutet wird. Damit steht aber mit derselben Vermutungswirkung fest, dass die Kündigungen nicht wegen Betriebsübergangs gem. § 613 a Abs. 4 Satz 1 BGB unwirksam sind. Eine sozial gerechtfertigte Kündigung kann nie gegen das Kündigungsverbot des § 613 a Abs. 4 Satz 1 BGB verstoßen. Damit steht gleichzeitig fest, dass der Vorschrift im Anwendungsbereich des Kündigungsschutzgesetzes lediglich deklaratorische Bedeutung zukommt.[418]

Für Kleinbetriebe i. S. d. § 23 Abs. 1 Satz 2 KSchG spielt die Vorschrift keine Rolle: § 125 InsO setzt – nach der hier vertretenen Auffassung im Gegensatz zu § 126 InsO – eine Betriebsänderung gem. § 111 BetrVG und damit regelmäßig mehr als 20 wahlberechtigte Arbeitnehmer voraus. Ein »freiwilliger Interessenausgleich« mit namentlicher Bezeichnung der zu entlassenden Arbeitnehmer kann die Wirkung des § 125 InsO nicht auslösen. Denkbar wäre allenfalls die Ausnahme, dass der schuldnerische Betrieb mehr als 20 teilzeitbeschäftigte Arbeitnehmer beschäftigt, so dass zwar § 111 BetrVG eingreift, infolge des Umfangs des Arbeitszeitvolumens nach § 23 Abs. 1 Satz 2 KSchG die Gesamtzahl der Arbeitnehmer unter 10,25 bleibt.

b) Außerhalb der Geltung des Kündigungsschutzgesetzes

359 Ein Interessenausgleich gem. § 125 InsO kann aber auch solche Arbeitnehmer namentlich bezeichnen, die noch nicht sechs Monate im schuldnerischen Betrieb beschäftigt sind und damit noch nicht die Wartezeit des § 1 KSchG erfüllt haben. Für diese Arbeitnehmergruppe spielt zwar die Vermutungswirkung der sozialen Rechtfertigung nach dem Kündigungsschutzgesetz keine Rolle, über § 128 Abs. 2 InsO wird jedoch auch für diesen Personenkreis vermutet, dass die Kündigungen nicht wegen des Betriebsübergangs erfolgt sind.

3. Wirkung des Beschlusses nach § 126 InsO

360 Hat das Arbeitsgericht in seinem Beschluss nach § 126 InsO festgestellt, dass die Kündigungen sozial gerechtfertigt sind, steht ebenso wie bei § 125 InsO zugleich fest, dass sie nicht wegen des Betriebsübergangs erfolgt sind. Die obigen Ausführungen in Rdnr. 6 gelten sinngemäß.

---

418 Zwanziger, a. a. O., S. 125; Caspers, a. a. O., S. 137 Rdnr. 312.

Außerhalb des Anwendungsbereichs des Kündigungsschutzgesetzes besitzt die Vorschrift einen eigenständigen Regelungsgehalt, da insoweit die gerichtliche Feststellung nach § 126 InsO zur Folge hat, dass auch die Kündigungen nicht wegen Verstoßes gegen das Kündigungsverbot nach § 613a Abs. 4 Satz 1 BGB rechtsunwirksam sind.

4. Darlegungs- und Beweislast

Die Erstreckung der Vermutungswirkung nach § 125 InsO bzw. die Feststellung des gerichtlichen Beschlusses nach § 126 InsO sind gerade im Zusammenhang mit einem Betriebs- oder Teilbetriebsübergang von eminent praktischer Bedeutung. Zwar hat nach der Rspr. des BAG der Arbeitnehmer die Voraussetzungen des Kündigungsverbotes nach § 613a Abs. 4 Satz 1 BGB darzulegen und zu beweisen, also ob der Betriebsübergang der Beweggrund, das Motiv für die Kündigung gewesen ist.[419] Hierbei kommen ihm aber erhebliche Beweiserleichterungen deshalb zugute, weil der Arbeitnehmer oft vor einer Situation steht, die für ihn in ihrer Entwicklung noch unübersehbar ist. So genügt der Arbeitnehmer nach der Rspr. seiner Darlegungslast, wenn er Hilfstatsachen vortragen kann, die indiziell den Schluss auf die Haupttatsache des Betriebsübergangs zulassen. Solche Hilfstatsachen können sich aus einem funktionellen oder aber auch einem zeitlichen Zusammenhang zwischen Kündigung und behauptetem Betriebsübergang ergeben. Nicht erforderlich ist, dass tatsächlich auch ein Betriebsübergang erfolgt ist. Eine Kündigung wegen des Übergangs eines Betriebes i. S. d. § 613a Abs. 4 BGB liegt auch dann vor, wenn der Arbeitgeber zum Zeitpunkt der Kündigung den Betriebsübergang bereits geplant, dieser bereits greifbare Formen angenommen hat und die Kündigung aus der Sicht des Arbeitgebers ausgesprochen wird, um den geplanten Betriebsübergang vorzubereiten und zu ermöglichen. Bei dieser Fallgestaltung wirkt sich ein späteres Scheitern des erwarteten und eingeleiteten Betriebsübergangs ebensowenig auf den Kündigungsgrund aus wie eine unerwartete spätere Betriebsfortführung, die einer vom Arbeitgeber endgültig geplanten und schon eingeleiteten oder bereits durchgeführten Betriebsstillegung nach Ausspruch der Kündigung folgt.[420]

361

Hat der Verwalter aber mit dem Betriebsrat einen Interessenausgleich nach § 125 InsO abgeschlossen, hilft dem Arbeitnehmer z. B. der zeitliche Zusammenhang zwischen Kündigung und Betriebsübergang nicht. Er hat seiner Darlegungslast erst dann genügt, wenn zur vollen Überzeugung des Gerichts feststeht, dass die Kündigung wegen des Betriebsübergangs erfolgt ist. Hierbei ist allerdings Voraussetzung, dass der Betriebs- oder Teilbetriebsübergang zumindest Gegenstand der Interessenausgleichsverhandlungen war, da ansonsten sich wohl die Sachlage nach Zustandekommen des Inte-

362

---

419 BAGE 43, 13, 21, 23 = AP Nr. 34 zu § 613a BGB zu III. 1. und V. 1. d. G.
420 BAG 19. 05. 1988 AP Nr. 75 zu § 613a BGB.

ressenausgleichs i. S. d. § 125 Abs. 1 Satz 2 InsO wesentlich geändert haben dürfte.

Hat das Arbeitsgericht gem. § 126 Abs. 1 Satz 1 InsO festgestellt, dass die Kündigungen der Arbeitsverhältnisse sozial gerechtfertigt sind, so ist dies bindend (§ 127 Abs. 1 Satz 1 InsO). Der Arbeitnehmer kann dann wegen der ausdrücklichen Regelung in Abs. 2 nicht mehr geltend machen, dass die Kündigung seines Arbeitsverhältnisses wegen des Betriebsübergangs erfolgt sei.

IX. Kündigung von Betriebsvereinbarungen

1. Normzweck

363 Die Kündigung von Betriebsvereinbarungen nach § 120 InsO soll dem Umstand Rechnung tragen, dass Betriebsvereinbarungen das Unternehmen des Schuldners mit erheblichen Verbindlichkeiten belasten können. In der Insolvenz soll es möglich sein, das Unternehmen kurzfristig von solchen Verbindlichkeiten zu entlasten, und zwar unabhängig davon, ob der Betrieb stillgelegt, im Rahmen des bisherigen Unternehmens fortgeführt oder an einen Dritten veräußert werden soll. Der Eintritt der Insolvenz zeigt, dass die wirtschaftliche Grundlage für eine derartige Betriebsvereinbarung zumindest in Frage gestellt ist. Gerade im Falle einer geplanten Betriebsveräußerung kann es besonders wichtig sein, eine belastende Betriebsvereinbarung rechtzeitig zu ändern oder aufzuheben. Bestehende Betriebsvereinbarungen sind gem. § 613 a Abs. 1 Satz 2 BGB auch für den Erwerber des Betriebes verbindlich; dies kann zu einem Hindernis für die Betriebsveräußerung werden. Der Wegfall entsprechender Belastungen kann damit auch zur Erhaltung von Arbeitsplätzen beitragen.

2. Anwendungsbereich

a) Freiwillige Betriebsvereinbarung

364 Der Gesetzgeber ging bei der Beratung der Vorschrift davon aus, dass es sich bei solchen belastenden Betriebsvereinbarungen regelmäßig um freiwillige Betriebsvereinbarungen handele, also um solche, bei denen keine zwingende Mitbestimmung besteht. Vor allem wurde an Sozialeinrichtungen nach § 88 Ziff. 2 BetrVG gedacht z. B. Unterhaltung einer Kantine, eines Betriebskindergartens oder von Ferienwohnungen. Im Schrifttum wird teilweise vertreten, dass nur solche Sonderleistungen des Schuldners, die über die »normale« Entlohnung hinausgehen, nach § 120 InsO kündbar sein sollen.[421]

---

421 Zwanziger a. a. O., S. 73.

b) Betriebsvereinbarung in mitbestimmungspflichtigen Angelegenheiten/Nachwirkung

Die Beschränkung der Kündigungsmöglichkeiten nach § 120 InsO auf ausschließlich freiwillige Betriebsvereinbarungen ist weder mit dem Wortlaut der Vorschrift noch mit ihrem Zweck vereinbar. Wenngleich sich auch aus den Materialien ergibt, dass in erster Linie freiwillige Betriebsvereinbarungen ungeachtet einer vereinbarten Kündigungsregelung mit der der gesetzlichen Kündigungsfrist nach § 77 Abs. 5 BetrVG entsprechenden Frist des Abs. 1 Satz 2 gekündigt werden dürfen, so ist es doch nicht ausgeschlossen, dass auch Betriebsvereinbarungen in mitbestimmungspflichtigen Angelegenheiten belastend sein können und damit in der Insolvenz einer erleichterten Kündigungsmöglichkeit zugänglich sein sollen.[422] In § 138 Abs. 1 Satz 3 des Regierungsentwurfs wurde ausdrücklich an der Weitergeltung erzwingbarer Betriebsvereinbarungen nach der Kündigung in der Insolvenz festgehalten. Der Rechtsausschuss hielt dies allerdings für irreführend, weil er davon ausging, dass im Regelfall die belastenden Betriebsvereinbarungen keine erzwingbaren sind. Soweit sie es doch sind, ergibt sich die Weitergeltung nach Auffassung des Rechtsausschusses auch ohne einen ausdrücklichen Verweis aus dem Gesetz (§ 77 Abs. 6 BetrVG). Somit folgt schon aus der Entstehungsgeschichte der Vorschrift, dass die Kündigungsbefugnis nach § 120 InsO nicht ausschließlich auf freiwillige Betriebsvereinbarungen beschränkt ist.

365

Handelt es sich bei der belastenden Betriebsvereinbarung um eine freiwillige gem. § 88 BetrVG, endet die Pflicht zur Leistungsgewährung nach Ablauf der dreimonatigen Kündigungsfrist. Hat die Betriebsvereinbarung demgegenüber mitbestimmungspflichtigen Inhalt, verbleibt es nach Ablauf der Kündigungsfrist bei der Nachwirkung gem. § 77 Abs. 6 BetrVG. Der Insolvenzverwalter ist dann gehalten, über eine ablösende Betriebsvereinbarung zu verhandeln, ggf. die Einigungsstelle anzurufen.

366

Hat die Betriebsvereinbarung teilmitbestimmten Inhalt, so kommt ihr nach der Entscheidung des 1. Senats des BAG vom 26. 10. 1993[423] Nachwirkung jedenfalls dann zu, wenn der Arbeitgeber den vollständigen Wegfall der Leistungen nicht will. Die Nachwirkung kann allerdings – auch konkludent – abbedungen werden.[424] Auch genügt danach nicht allein die Möglichkeit, die teilmitbestimmte Leistung später ggf. wieder aufzunehmen, um die Nachwirkung zu erzeugen.

Besonderheiten gelten für die Rechtsfolgen einer Kündigung einer Betriebsvereinbarung über betriebliche Altersversorgungsleistungen. Nach der Rspr. des Ruhegeldsenates ist hierbei zu beachten, dass die Arbeitnehmer Leistungen der betrieblichen Altersversorgung erst dann erhalten, wenn

367

---

422 So schon Warrikoff a. a. O., S. 2339.
423 BAG 26. 10. 1993 AP Nr. 6 zu § 77 BetrVG 1972 Nachwirkung.
424 BAG 17. 01. 1995 AP Nr. 7 zu § 77 BetrVG 1972 Nachwirkung.

sie ihrerseits vorgeleistet haben. Die Leistungen, die durch die Versorgung entgolten werden, sind die dem Arbeitgeber während der gesamten Dauer des Arbeitsverhältnisses erwiesene Betriebstreue und die Gesamtheit der ihm erbrachten Dienste. Die vom Arbeitgeber zugesagte Gegenleistung kann deshalb durch die Kündigung nicht wegfallen, ohne dass es dafür rechtlich billigenswerte Gründe gibt. Deshalb werden auch die aufgrund einer Betriebsvereinbarung erworbenen Besitzstände der betroffenen Arbeitnehmer kraft Gesetzes nach den Grundsätzen der Verhältnismäßigkeit und des Vertrauensschutzes geschützt. Je stärker in Besitzstände eingegriffen wird, desto gewichtiger müssen die Änderungsgründe sein.[425]

c) Regelungsabrede

368 Nach dem Wortlaut der Vorschrift gilt § 120 InsO ausschließlich für Betriebsvereinbarungen. Die gesetzlich nicht definierte Betriebsvereinbarung wird überwiegend zutreffend als privatrechtlicher kollektiver Normenvertrag verstanden, der gem. § 77 Abs. 2 BetrVG von Arbeitgeber und Betriebsrat gemeinsam beschlossen und schriftlich niedergelegt wird. Die Betriebsvereinbarung ist von beiden Seiten zu unterzeichnen. Dies bedeutet, dass die Betriebsvereinbarung von den Parteien eigenhändig durch Namensunterschrift unterzeichnet werden muss (§ 125 Abs. 1 BGB) und beide Unterschriften in einer Urkunde enthalten sein müssen.[426] Dies gilt nicht, soweit Betriebsvereinbarungen auf einem Spruch der Einigungsstelle beruhen (§ 77 Abs. 2 Satz 2, 2. HS BetrVG).

Neben dem Rechtsinstrument der Betriebsvereinbarung steht es den Betriebsparteien frei, sich formlos durch bloße Verabredung zu einigen. Für derartige Regelungsabreden gelten die allgemeinen Regelungen über die Kündigung von Betriebsvereinbarungen und deren Nachwirkung entsprechend, wenn nichts anderes vereinbart ist.[427] Regelungsabreden können somit analog § 77 Abs. 5 BetrVG mit einer Frist von drei Monaten gekündigt werden, sie wirken analog § 77 Abs. 6 BetrVG nach, sofern Gegenstand der Regelungsabrede eine mitbestimmungspflichtige Angelegenheit ist.

Da § 120 bezweckt, das insolvente Unternehmen kurzfristig von Verbindlichkeiten aus Kollektivvereinbarungen zu entlasten, ist die Vorschrift ihrem Zweck entsprechend auch auf Regelungsabreden anwendbar.[428]

---

425 BAG 10. 03. 1992 EzA § 77 BetrVG 1972 Nr. 46, Bestätigung des Senatsurteils vom 18. 04. 1989 EzA § 77 BetrVG 1972 Nr. 28.
426 BAG 14. 02. 1978 AP Nr. 60 zu Art. 9 GG – Arbeitskampf.
427 BAG DB 1992, 1735; BAG DB 1992, 2643.
428 Ebenso Zwanziger a. a. O., S. 75.

3. Beratungsgebot

Die Soll-Vorschrift konkretisiert für den Regelungsgegenstand der »belastenden Betriebsvereinbarung« ein Beratungsgebot mit dem Ziel, die Leistungen aus einer solchen Betriebsvereinbarung einvernehmlich herabzusetzen. Die Annahme einer Beratungspflicht wäre mit Wortlaut und Zweck der Vorschrift im Übrigen nicht zu vereinbaren.[429] Die Norm hat die Entlastung der Masse von solchen Verbindlichkeiten im Auge und will gerade keine zusätzliche Beratungspflicht konstituieren. Kommt der Insolvenzverwalter nach Prüfung zu dem Ergebnis, dass eine auch nur verminderte Weitergewährung der Leistungen aus der belastenden Betriebsvereinbarung ausscheidet, so soll er die Betriebsvereinbarung ungeachtet einer längeren Kündigungsregelung mit der der gesetzlichen Kündigungsfrist nach § 77 Abs. 5 BetrVG entsprechenden Frist des Abs. 1 Satz 2 kündigen dürfen.

369

Es ist nicht erforderlich, dass der Insolvenzverwalter in diesem Fall vor der Kündigungserklärung mit dem Betriebsrat über eine einvernehmliche Herabsetzung der Leistungen berät. Allerdings hat der Insolvenzverwalter wie zuvor der Schuldner auch bei allen seinen Rechtshandlungen, die die Arbeitnehmer berühren, die Mitwirkungs- und Mitbestimmungsrechte des Betriebsrats zu beachten.[430] Er unterliegt demzufolge auch der allgemeinen Einlassungs- und Erörterungspflicht gem. § 74 Abs. 1 Satz 2 BetrVG, wenn der Betriebsrat mit ihm über die Regelungen der belastenden Betriebsvereinbarung verhandeln will. Diese Pflicht gilt nach der Rspr. des BAG in allen streitigen Angelegenheiten, also auch in Angelegenheiten, die nicht dem Mitbestimmungsrecht des Betriebsrats unterliegen, sondern Gegenstand einer freiwilligen Betriebsvereinbarung gem. § 88 BetrVG sind.[431] Der Insolvenzverwalter ist somit nicht nur verpflichtet, seine Position darzulegen und zu begründen, sondern auch zu der Haltung des Betriebsrats Stellung zu nehmen.[432] Ein Zwang zum Kompromiss besteht nicht. Hält der Insolvenzverwalter seine Position auch nach Erörterung der Argumente des Betriebsrats für allein sachgerecht, ist ihm dies nicht verwehrt.[433]

370

4. Belastende Betriebsvereinbarung

§ 120 findet ausschließlich auf sog. belastende Betriebsvereinbarungen Anwendung. Die Formulierung ist ungenau. Ohne weiteres ist die Vorschrift

371

---

429 Vgl. auch Grunsky/Moll, a. a. O., S. 70, die zu Recht darauf hinweisen, dass sich an die Soll-Vorschrift keine konkreten Rechtsfolgen knüpfen.
430 Vgl. BAG 06. 05. 1986 AP Nr. 8 zu § 128 HGB.
431 BAG 13. 10. 1987 AP Nr. 24, I 3 b d. G. zu § 87 BetrVG 1972 – Arbeitszeit.
432 Vgl. Fitting, a. a. O., § 74 Rdnr. 9.
433 Weitergehend Zwanziger, a. a. O., S. 73, der darauf hinweist, dass die Betriebspartei Verhandlungen erst gar nicht aufnehmen muss, wenn schon vor Verhandlungsbeginn aus ihrer Sicht unangebrachte Verzögerungen auftreten, wobei in diesem Fall sich dies durch konkrete Vorfälle belegen lassen muss, eine bloße unfundierte Einschätzung nicht ausreicht.

auf alle Betriebsvereinbarungen anwendbar, die die Insolvenzmasse unmittelbar finanziell belasten, also Vergütungsregelungen (z. B. Weihnachtsgratifikationen, Sonderprämien, Essensgeldzuschuss und dgl.) beinhalten.

372 Bei einem weiten Verständnis des unbestimmten Begriffs der Belastung ließen sich hierunter aber auch Betriebsvereinbarungen subsumieren, die die Insolvenzmasse nur mittelbar belasten, weil sie den Insolvenzverwalter zu Leistungen verpflichten, die sich im Rahmen einer Sanierung als hinderlich erweisen (z. B. Betriebsvereinbarungen über Arbeitszeitregelungen). Die InsO enthält ebensowenig eine Legaldefinition der Belastung wie das BGB den Begriff der Last definiert. Zu den Lasten i. S. d. § 103 BGB gehören all solche Belastungen, die den Eigentümer oder Besitzer einer Sache oder den Gläubiger eines Rechts in dieser ihrer Eigenschaft zu einer Leistung verpflichten. Es erscheint jedoch fraglich, ob ein derart weites Begriffsverständnis der Intention des Gesetzgebers gerecht werden kann, da dies im Ergebnis darauf hinausliefe, dass dem Adjektiv »belastend« jegliche eigenständige Bedeutung abgesprochen würde. Durch den Bezug zur Insolvenzmasse liegt es näher, dass § 120 InsO nur solche Betriebsvereinbarungen erfasst, die das dem Schuldner zum Zeitpunkt der Verfahrenseröffnung gehörende Vermögen negativ beeinträchtigen. Hierfür spricht auch der Ausnahmecharakter der Rechtsnorm, der nur eine eingeschränkte Auslegung zulässt (Noch enger Zwanziger, a. a. O., S. 73; vgl. auch Nerlich/Römermann, a. a. O. § 120 Rdnr. 26, der alle auch mittelbar objektiv belastende Leistungen dem Anwendungsbereich der Norm unterstellt.

373 Enthält eine Betriebsvereinbarung neben Regelungen, die »belastend« i. S. d. § 120 InsO sind, auch andere Regelungen, so muss i. S. d. Masseschonung auch eine Teilkündigung zulässig sein.[434]

374 Hierbei wird vorausgesetzt, dass der die belastenden Regelungen enthaltende Teil der Betriebsvereinbarung einen selbstständigen und damit von dem übrigen Inhalt der Betriebsvereinbarung sachlich unabhängigen Teilkomplex betrifft.[435]

Ist eine Teilkündigung der Betriebsvereinbarung mangels selbstständigen und sachlich unabhängigen Teilkomplexes nicht zulässig, ist die Betriebsvereinbarung insgesamt kündbar.[436]

375 Sozialpläne unterfallen entsprechend ihres gesetzlichen Regelungsgegenstandes (§ 112 BetrVG) ohne weiteres dem Anwendungsbereich der Norm,

---

[434] Zwanziger, a. a. O., der zu Recht darauf hinweist, dass es unerheblich sein muss, ob bestimmte Leistungen zufällig auf mehrere Betriebsvereinbarungen verteilt sind oder in einer Betriebsvereinbarung zusammengefasst sind.
[435] BAG 29. 05. 1964 AP Nr. 24 zu § 59 BetrVG 1952; Fitting, a. a. O., § 77 Rdnr. 136; a. A. Schaub, BB 1995, 1639 f., 1640, der eine Teilkündigung einer Betriebsvereinbarung grds. ausschließt, da dem Betriebspartner keine inhaltlich veränderte Betriebsvereinbarung aufgezwungen werden könne. Von diesem Grundsatz bestehe nur dann eine Ausnahme, wenn die Teilkündigung in der Betriebsvereinbarung vorbehalten sei.
[436] Ebenso: Kübler/Prütting, a. a. O., § 120 Rdnr. 36.

sofern sie nicht widerruflich i. S. d. § 124 Abs. 1 sind, dies gilt auch für vorsorgliche Sozialpläne.[437]

5. Außerordentliches Kündigungsrecht

§ 120 Abs. 2 stellt ergänzend klar, dass die in Rspr. und Lehre entwickelten Grundsätze zur Kündigung einer Betriebsvereinbarung aus wichtigem Grund unberührt bleiben.[438] Voraussetzung für die außerordentliche Kündigung der Betriebsvereinbarung ist, dass es einer Partei – regelmäßig dem Insolvenzverwalter – nicht zumutbar ist, an der Fortsetzung der Betriebsvereinbarung bis zum vereinbarten Ende oder bis zum Ablauf der ordentlichen Kündigungsfrist festzuhalten. Die Eröffnung des Insolvenzverfahrens stellt für sich genommen keinen wichtigen Grund zur Kündigung einer Betriebsvereinbarung dar. Auch der Umstand, dass das insolvente Unternehmen keine Geldmittel zur Verfügung hat, um die vereinbarten Leistungen aus der Betriebsvereinbarung zu erfüllen, stellt für sich betrachtet noch keinen Grund zur außerordentlichen Kündigung der Betriebsvereinbarung dar.[439] Der Insolvenzverwalter muss i. E. darlegen, dass dem Unternehmen ein Festhalten an der Betriebsvereinbarung bis zum Ablauf der ordentlichen Kündigungsfrist bzw. bis zum vereinbarten Ende der Laufzeit nicht zugemutet werden kann; hierbei darf er sich nicht auf schlagwortartige Darstellungen oder bloße Allgemeinplätze beschränken.[440]

376

Da § 120 Abs. 2 das von der Rspr. entwickelte außerordentliche Kündigungsrecht für Betriebsvereinbarungen (aller Art) bestätigt, ist der Anwendungsbereich weiter als in Abs. 1, der ausschließlich für sog. belastende Betriebsvereinbarungen gilt. Bei der Abwägung, ob dem Insolvenzverwalter ein Festhalten an der Betriebsvereinbarung bis zum Ablauf der Kündigungsfrist zugemutet werden kann, ist deshalb nicht in jedem Fall auf die dreimonatige Kündigungsfrist nach Abs. 1 bzw. § 77 Abs. 5 BetrVG abzustellen, sondern ggf. auf die vereinbarte längere Kündigungsfrist.[441]

377

6. Wegfall der Geschäftsgrundlage

Für Betriebsvereinbarungen und insbesondere für Sozialpläne ist anerkannt, dass diese eine Geschäftsgrundlage haben können, bei deren Wegfall die betroffene Regelung den geänderten tatsächlichen Umständen anzupassen ist, wenn dem Vertragspartner im Hinblick auf den Wegfall der Geschäftsgrundlage das Festhalten an der Vereinbarung nicht mehr zuzumuten ist.[442]

378

---

437 Vgl. hierzu BAG 26. 08. 1997 EzA § 112 BetrVG 1972 Nr. 96.
438 Vgl. BAGE 16, 59.
439 Für den Sozialplan vgl. BAG DB 1995, 480 ff.
440 BAG DB 1992, 2642 f.
441 So auch Zwanziger, a. a. O., S. 75.
442 BAG 10. 08. 1994 AP Nr. 86 zu § 112 BetrVG 1972.

Eisenbeis/Mues

Die Geschäftsgrundlage eines Sozialplans kann insbesondere dann weggefallen sein, wenn beide Betriebspartner bei Abschluss des Sozialplans von irrigen Vorstellungen über die Höhe der für den Sozialplan zur Verfügung stehenden Finanzmittel ausgegangen sind.[443]

379 Der Wegfall der Geschäftsgrundlage führt jedoch nicht zur Beendigung des Sozialplans, sondern lässt diesen mit einem anzupassenden Inhalt fortbestehen. Derjenige Betriebspartner, der sich auf den Wegfall der Geschäftsgrundlage beruft, hat einen Verhandlungsanspruch über die Anpassung der im Sozialplan getroffenen Regelung. Die Einigungsstelle entscheidet verbindlich.

380 Die anpassende Regelung kann schon entstandene Ansprüche der Arbeitnehmer auch zu deren Ungunsten abändern. Darauf, dass die einmal entstandenen Ansprüche mit dem ursprünglichen Inhalt fortbestehen, können die Arbeitnehmer ebensowenig vertrauen, wie wenn sich der Sozialplan als von Anfang an nichtig darstellt oder wegen Ermessensüberschreitung der Einigungsstelle nach § 76 Abs. 5 BetrVG angefochten und für unwirksam erklärt wird.[444]

381 Ebenso denkbar ist, dass die Geschäftsgrundlage eines für die Betriebsstilllegung vereinbarten Sozialplans entfällt, wenn der Insolvenzverwalter mit der Durchführung der geplanten Betriebsstilllegung durch Kündigung der Arbeitsverhältnisse begonnen hat, der Betrieb aber alsbald nach Ausspruch der Kündigungen von einem Dritten übernommen wird, der sich bereit erklärt, alle Arbeitsverhältnisse zu den bisherigen Bedingungen fortzuführen.[445] In einem solchen Fall ist der Sozialplan, der allein für den Verlust der Arbeitsplätze Abfindungen vorsah, den veränderten Umständen anzupassen. Bis zur erfolgten Anpassung ist ein Rechtsstreit über eine Abfindung aus dem zunächst vereinbarten Sozialplan in entsprechender Anwendung von § 148 ZPO auszusetzen.[446]

---

443 So BAG 17. 02. 1981 AP Nr. 11 unter II 2 b) d. G. zu § 112 BetrVG 1972.
444 BAG 10. 08. 1994 AP Nr. 86 zu § 112 BetrVG 1972.
445 Vgl. BAG 28. 08. 1996 AP Nr. 104 zu § 112 BetrVG 1972.
446 BAG vom 28. 08. 1996 a. a. O.

E. Vergütungsansprüche des Arbeitnehmers in der Insolvenz, Insolvenzgeld, Masseverbindlichkeiten und Insolvenzforderungen

I. Gesetzliche Regelung des Insolvenzgelds

Mit dem Inkrafttreten der Insolvenzordnung am 01. 01. 1999 wurde das bisherige Konkursausfallgeld der §§ 141 a bis 141 n AFG zum Insolvenzgeld. Die Rahmenbedingungen über die Gewährung des Insolvenzgeldes sind mit der Eingliederung der gesamten Arbeitsförderung im 3. Buch des Sozialgesetzbuchs (SGB III) geregelt.

382

Die Bestimmungen über die Gewährung des Insolvenzgeldes sind im 6. Unterabschnitt des 8. Abschnitts »Entgelt Ersatzleistungen« des 4. Kapitels »Leistungen an Arbeitnehmer« des SGB III enthalten, während die Bestimmungen des Leistungsverfahrens in den Abschnitten des 8. Kapitels »Pflichten« des SGB III auch die Einzelheiten der Leistungsgewährung des Insolvenzgeldes regeln. Das Beitragsverfahren zur Aufbringung der Mittel für das Insolvenzgeld ist im zweiten Unterabschnitt des 10. Kapitels »Finanzierung« in den §§ 358 bis 362 SGB III geregelt.

Die Bestimmungen des SGB III lauten wie folgt:

§ 183 Anspruch

(1) Arbeitnehmer haben Anspruch auf Insolvenzgeld, wenn sie bei

1. Eröffnung des Insolvenzverfahrens über das Vermögen ihres Arbeitgebers,

2. Abweisung des Antrags auf Eröffnung des Insolvenzverfahrens mangels Masse oder

3. vollständiger Beendigung der Betriebstätigkeit im Inland, wenn ein Antrag auf Eröffnung des Insolvenzverfahrens nicht gestellt worden ist und ein Insolvenzverfahren offensichtlich mangels Masse nicht in Betracht kommt,

(Insolvenzereignis) für die vorausgehenden drei Monate des Arbeitsverhältnisses noch Ansprüche auf Arbeitsentgelt haben. Zu den Ansprüchen auf Arbeitsentgelt gehören alle Ansprüche auf Bezüge aus dem Arbeitsverhältnis.

(2) Hat ein Arbeitnehmer in Unkenntnis eines Insolvenzereignisses weitergearbeitet oder die Arbeit aufgenommen, besteht der Anspruch für die dem Tag der Kenntnisnahme vorausgehenden drei Monate des Arbeitsverhältnisses.

(3) Anspruch auf Insolvenzgeld hat auch der Erbe des Arbeitnehmers.

(4) Der Arbeitgeber ist verpflichtet, einen Beschluss des Insolvenzgerichts über die Abweisung des Antrags auf Insolvenzeröffnung mangels Masse dem Betriebsrat oder, wenn ein Betriebsrat nicht besteht, den Arbeitnehmern unverzüglich bekanntzugeben.

§ 184 Anspruchsausschluss

(1) Der Arbeitnehmer hat keinen Anspruch auf Insolvenzgeld für Ansprüche auf Arbeitsentgelt, die

1. er wegen der Beendigung des Arbeitsverhältnisses oder für die Zeit nach der Beendigung des Arbeitsverhältnisses hat,

2. er durch eine nach der Insolvenzordnung angefochtene Rechtshandlung oder eine Rechtshandlung erworben hat, die im Falle der Eröffnung des Insolvenzverfahrens anfechtbar wäre oder

3. der Insolvenzverwalter wegen eines Rechts zur Leistungsverweigerung nicht erfüllt.

(2) Soweit Insolvenzgeld auf Grund eines für das Insolvenzgeld ausgeschlossenen Anspruchs auf Arbeitsentgelt erbracht worden ist, ist es zu erstatten.

§ 185 Höhe

(1) Insolvenzgeld wird in Höhe des Nettoarbeitsentgelts geleistet, das sich ergibt, wenn das Arbeitsentgelt um die gesetzlichen Abzüge vermindert wird.

(2) Ist der Arbeitnehmer

1. im Inland einkommensteuerpflichtig, ohne dass Steuern durch Abzug vom Arbeitsentgelt erhoben werden oder

2. im Inland nicht einkommensteuerpflichtig und unterliegt das Insolvenzgeld nach den für ihn maßgebenden Vorschriften nicht der Steuer,

ist das Arbeitsentgelt um die Steuern zu vermindern, die bei Einkommensteuerpflicht im Inland durch Abzug vom Arbeitsentgelt erhoben würden.

§ 186 Vorschuss

Das Arbeitsamt kann einen Vorschuss auf das Insolvenzgeld erbringen, wenn

1. die Eröffnung des Insolvenzverfahrens über das Vermögen des Arbeitgebers beantragt ist,

2. das Arbeitsverhältnis beendet ist und

3. die Voraussetzungen für den Anspruch auf Insolvenzgeld mit hinreichender Wahrscheinlichkeit erfüllt werden.

Das Arbeitsamt bestimmt die Höhe des Vorschusses nach pflichtgemäßem Ermessen. Der Vorschuss ist auf das Insolvenzgeld anzurechnen. Er ist zu erstatten, soweit ein Anspruch auf Insolvenzgeld nicht oder nur in geringerer Höhe zuerkannt wird.

§ 187 Anspruchsübergang

Ansprüche auf Arbeitsentgelt, die einen Anspruch auf Insolvenzgeld begründen, gehen mit dem Antrag auf Insolvenzgeld auf die Bundesanstalt über. Die gegen den Arbeitnehmer begründete Anfechtung nach der Insolvenzordnung findet gegen die Bundesanstalt statt.

§ 188 Verfügungen über das Arbeitsentgelt

(1) Soweit der Arbeitnehmer vor seinem Antrag auf Insolvenzgeld Ansprüche auf Arbeitsentgelt einem Dritten übertragen hat, steht der Anspruch auf Insolvenzgeld diesem zu.

(2) Von einer vor dem Antrag auf Insolvenzgeld vorgenommenen Pfändung oder Verpfändung des Anspruchs auf Arbeitsentgelt wird auch der Anspruch auf Insolvenzgeld erfasst.

(3) Die an den Ansprüchen auf Arbeitsentgelt bestehenden Pfandrechte erlöschen, wenn die Ansprüche auf die Bundesanstalt übergegangen sind und sie Insolvenzgeld an den Berechtigten erbracht hat.

(4) Der neue Gläubiger oder Pfandgläubiger hat keinen Anspruch auf Insolvenzgeld für Ansprüche auf Arbeitsentgelt, die ihm vor dem Insolvenzereignis ohne Zustimmung des Arbeitsamtes zur Vorfinanzierung der Arbeitsentgelte übertragen oder verpfändet wurden. Das Arbeitsamt darf der Übertragung oder Verpfändung nur zustimmen, wenn Tatsachen die Annahme rechtfertigen, dass durch die Vorfinanzierung der Arbeitsentgelte ein erheblicher Teil der Arbeitsplätze erhalten bleibt.

§ 189 Verfügungen über das Insolvenzgeld

Nachdem das Insolvenzgeld beantragt worden ist, kann der Anspruch auf Insolvenzgeld wie Arbeitseinkommen gepfändet, verpfändet oder übertragen werden. Eine Pfändung des Anspruchs vor diesem Zeitpunkt wird erst mit dem Antrag wirksam.

§ 208 Zahlung von Pflichtbeiträgen bei Insolvenzereignis

(1) Den Gesamtsozialversicherungsbeitrag, der auf Arbeitsentgelte für die letzten dem Insolvenzereignis vorausgehenden drei Monate des Arbeitsverhältnisses entfällt und bei Eintritt des Insolvenzereignisses noch nicht ge-

zahlt worden ist, zahlt das Arbeitsamt auf Antrag der zuständigen Einzugsstelle. Die Einzugsstelle hat dem Arbeitsamt die Beiträge nachzuweisen und dafür zu sorgen, dass die Beschäftigungszeit und das beitragspflichtige Bruttoarbeitsentgelt einschließlich des Arbeitsentgelts, für das Beiträge nach Satz 1 gezahlt werden, dem zuständigen Rentenversicherungsträger mitgeteilt werden. §§ 184, 314, 323 Abs. 1 Satz 1 und § 327 Abs. 3 gelten entsprechend.

(2) Die Ansprüche auf die in Abs. 1 Satz 1 genannten Beiträge bleiben gegenüber dem Arbeitgeber bestehen. Soweit Zahlungen geleistet werden, hat die Einzugsstelle dem Arbeitsamt die nach Abs. 1 Satz 1 gezahlten Beiträge zu erstatten.

§ 314 Insolvenzgeldbescheinigung

(1) Der Insolvenzverwalter hat auf Verlangen des Arbeitsamtes für jeden Arbeitnehmer, für den ein Anspruch auf Insolvenzgeld in Betracht kommt, die Höhe des Arbeitsentgelts für die letzten der Eröffnung des Insolvenzverfahrens vorausgehenden drei Monate des Arbeitsverhältnisses sowie die Höhe der gesetzlichen Abzüge und der zur Erfüllung der Ansprüche auf Arbeitsentgelt erbrachten Leistungen zu bescheinigen. Er hat auch zu bescheinigen, inwieweit die Ansprüche auf Arbeitsentgelt gepfändet, verpfändet oder abgetreten sind. Dabei hat er den von der Bundesanstalt vorgesehenen Vordruck zu benutzen.

(2) In den Fällen, in denen ein Insolvenzverfahren nicht eröffnet wird oder nach § 207 der Insolvenzordnung eingestellt worden ist, sind die Pflichten des Insolvenzverwalters vom Arbeitgeber zu erfüllen.

§ 316 Auskunftspflicht bei Leistung von Insolvenzgeld

(1) Der Arbeitgeber, der Insolvenzverwalter, die Arbeitnehmer sowie sonstige Personen, die Einblick in die Arbeitsentgeltunterlagen hatten, sind verpflichtet, dem Arbeitsamt auf Verlangen alle Auskünfte zu erteilen, die für die Durchführung der §§ 183 bis 189, 208, 320 Abs. 2, § 327 Abs. 3 erforderlich sind.

(2) Der Arbeitgeber und die Arbeitnehmer sowie sonstige Personen, die Einblick in die Arbeitsentgeltunterlagen hatten, sind verpflichtet, dem Insolvenzverwalter auf Verlangen alle Auskünfte zu erteilen, die er für die Insolvenzgeldbescheinigung nach § 314 benötigt.

§ 320 Berechnungs-, Auszahlungs-, Aufzeichnungs- und Anzeigepflichten

(2) Der Insolvenzverwalter hat auf Verlangen des Arbeitsamtes das Insolvenzgeld zu errechnen und auszuzahlen, wenn ihm dafür geeignete Arbeitnehmer des Betriebes zur Verfügung stehen und das Arbeitsamt die Mittel

für die Auszahlung des Insolvenzgeldes bereitstellt. Für die Abrechnung hat er den von der Bundesanstalt vorgesehenen Vordruck zu benutzen. Kosten werden nicht erstattet.

§ 321 Schadensersatz

Wer vorsätzlich oder fahrlässig

1. eine Arbeitsbescheinigung nach § 312, eine Nebeneinkommensbescheinigung nach § 313 oder eine Insolvenzgeldbescheinigung nach § 314 nicht, nicht richtig oder nicht vollständig ausfüllt,

2. eine Auskunft auf Grund der allgemeinen Auskunftspflicht Dritter nach § 315, der Auskunftspflicht bei beruflicher Aus- und Weiterbildung und beruflicher Eingliederung Behinderter nach § 318 oder der Auskunftspflicht bei Leistung von Insolvenzgeld nach § 316 nicht, nicht richtig oder nicht vollständig erteilt,

3. als Arbeitgeber seine Berechnungs-, Auszahlungs- und Aufzeichnungspflichten bei Kurzarbeitergeld, Wintergeld und Winterausfallgeld nach § 320 Abs. 1 Satz 2 und 3 und Abs. 3 nicht erfüllt oder

4. als Insolvenzverwalter die Verpflichtung zur Errechnung und Auszahlung des Insolvenzgeldes nach § 320 Abs. 2 Satz 1 nicht erfüllt,

ist der Bundesanstalt zum Ersatz des daraus entstandenen Schadens verpflichtet.

§ 323 Antragserfordernis

(1) Leistungen der Arbeitsförderung werden auf Antrag erbracht. Arbeitslosengeld oder Arbeitslosenhilfe gelten mit der persönlichen Arbeitslosmeldung als beantragt, wenn der Arbeitslose keine andere Erklärung abgibt. Leistungen der aktiven Arbeitsförderung können auch von Amts wegen erbracht werden, wenn die Berechtigten zustimmen. Die Zustimmung gilt insoweit als Antrag.

§ 324 Antrag vor Leistung

(3) Insolvenzgeld ist abweichend von Abs. 1 Satz 1 innerhalb einer Ausschlussfrist von zwei Monaten nach dem Insolvenzereignis zu beantragen. Hat der Arbeitnehmer die Frist aus Gründen versäumt, die er nicht zu vertreten hat, so wird Insolvenzgeld geleistet, wenn der Antrag innerhalb von zwei Monaten nach Wegfall des Hinderungsgrundes gestellt wird. Der Arbeitnehmer hat die Versäumung der Frist zu vertreten, wenn er sich nicht mit der erforderlichen Sorgfalt um die Durchsetzung seiner Ansprüche bemüht hat.

§ 328 Vorläufige Entscheidung

(1) Über die Erbringung von Geldleistungen kann vorläufig entschieden werden, wenn

1. die Vereinbarkeit einer Vorschrift dieses Buches, von der die Entscheidung über den Antrag abhängt, mit höherrangigem Recht Gegenstand eines Verfahrens bei dem Bundesverfassungsgericht oder dem Gerichtshof der Europäischen Gemeinschaften ist,
2. eine entscheidungserhebliche Rechtsfrage von grundsätzlicher Bedeutung Gegenstand eines Verfahrens beim Bundessozialgericht ist oder
3. zur Feststellung der Voraussetzungen des Anspruchs eines Arbeitnehmers auf Geldleistungen voraussichtlich längere Zeit erforderlich ist, die Voraussetzungen für den Anspruch mit hinreichender Wahrscheinlichkeit vorliegen und der Arbeitnehmer die Umstände, die einer sofortigen abschließenden Entscheidung entgegenstehen, nicht zu vertreten hat.

Umfang und Grund der Vorläufigkeit sind anzugeben. In den Fällen des Satzes 1 Nr. 3 ist auf Antrag vorläufig zu entscheiden.

(2) Eine vorläufige Entscheidung ist nur auf Antrag des Berechtigten für endgültig zu erklären, wenn sie nicht aufzuheben oder zu ändern ist.

(3) Auf Grund der vorläufigen Entscheidung erbrachte Leistungen sind auf die zustehende Leistung anzurechnen. Soweit mit der abschließenden Entscheidung ein Leistungsanspruch nicht oder nur in geringerer Höhe zuerkannt wird, sind auf Grund der vorläufigen Entscheidung erbrachte Leistungen zu erstatten; auf Grund einer vorläufigen Entscheidung erbrachtes Kurzarbeitergeld, Winterausfallgeld und Wintergeld ist vom Arbeitgeber zurückzuzahlen. Auf Grund der vorläufigen Entscheidung erbrachtes Unterhaltsgeld ist, soweit es mit der abschließenden Entscheidung nicht zuerkannt wird, nur insoweit zu erstatten, als dem Arbeitnehmer für die gleiche Zeit ohne die Teilnahme an der Maßnahme Arbeitslosengeld oder Arbeitslosenhilfe nicht zugestanden hätte.

(4) Abs. 1 Satz 1 Nr. 3 und Satz 2 und 3, Abs. 2 sowie Abs. 3 Satz 1 und 2 sind für die Erstattung von Arbeitgeberbeiträgen zur Sozialversicherung entsprechend anwendbar.

§ 329 Einkommensberechnung in besonderen Fällen

Das Arbeitsamt kann das zu berücksichtigende Einkommen nach Anhörung des Leistungsberechtigten schätzen, soweit Einkommen nur für kurze Zeit zu berücksichtigen ist.

§ 358 Umlage für das Insolvenzgeld – Grundsatz

(1) Die Unfallversicherungsträger erstatten der Bundesanstalt die Aufwendungen für das Insolvenzgeld jeweils bis zum 30. Juni des nachfolgenden Jahres. Erstattungspflichtige Unfallversicherungsträger sind die Berufsgenossenschaften, die Eisenbahn-Unfallkasse, die Unfallkasse Post und Telekom sowie für die nach § 125 Abs. 3, § 128 Abs. 4 und § 129 Abs. 3 des Siebten Buches übernommenen Unternehmen die für diese Unternehmen zuständigen Unfallversicherungsträger.

(2) Zu den Aufwendungen gehören

1. das Insolvenzgeld einschließlich des vom Arbeitsamt entrichteten Gesamtsozialversicherungsbeitrags,

2. die Verwaltungskosten und die sonstigen Kosten, die mit der Erbringung des Insolvenzgeldes zusammenhängen.

Die sonstigen Kosten werden pauschaliert.

§ 359 Aufbringung der Mittel

(1) Die Mittel für die Erstattung der Aufwendungen für das Insolvenzgeld bringen die Unfallversicherungsträger (§ 358 Abs. 1) durch eine Umlage der Unternehmer in ihrem Zuständigkeitsbereich auf.

(2) Der Anteil jeder gewerblichen Berufsgenossenschaft, der Eisenbahn-Unfallkasse und der Unfallkasse Post und Telekom sowie der für die nach § 125 Abs. 3, § 128 Abs. 4 und § 129 Abs. 3 des Siebten Buches übernommenen Unternehmen zuständigen Unfallversicherungsträger entspricht dem Verhältnis seiner Entgeltsumme zu der Gesamtentgeltsumme der Unfallversicherungsträger (§ 358 Abs. 1). Hierbei werden die Entgeltsummen des Bundes, der Länder, der Gemeinden sowie der Körperschaften, Stiftungen und Anstalten des öffentlichen Rechts, über deren Vermögen ein Insolvenzverfahren nicht zulässig ist, und solcher juristischer Personen des öffentlichen Rechts, bei denen der Bund, ein Land oder eine Gemeinde kraft Gesetzes die Zahlungsfähigkeit sichert, nicht berücksichtigt.

(3) Die landwirtschaftlichen Berufsgenossenschaften bringen anteilig die Aufwendungen für das Insolvenzgeld auf, das den bei ihnen versicherten Arbeitnehmern gezahlt worden ist. Der Anteil jeder landwirtschaftlichen Berufsgenossenschaft entspricht dem Verhältnis der Summe der von ihr im abgelaufenen Geschäftsjahr gezahlten Renten zu der Summe der von allen landwirtschaftlichen Berufsgenossenschaften gezahlten Renten. Hierbei werden nur die Summen der Renten zugrunde gelegt, die nicht nach Durchschnittssätzen berechnet worden sind. Die Vertreterversammlungen können durch übereinstimmenden Beschluss einen anderen angemessenen Maßstab für die Ermittlung der Anteile bestimmen.

§ 360 Anteile der Unternehmer

(1) Die gewerblichen Berufsgenossenschaften sowie die Eisenbahn-Unfallkasse und die Unfallkasse Post und Telekom legen den jeweils von ihnen aufzubringenden Anteil nach dem Entgelt der Versicherten auf die Unternehmer in ihrem Zuständigkeitsbereich um. Das gleiche gilt für die nach § 125 Abs. 3, § 128 Abs. 4 und § 129 Abs. 3 des Siebten Buches zuständigen Unfallversicherungsträger hinsichtlich der nach diesen Vorschriften übernommenen Unternehmen. Der auf den einzelnen Unternehmer umzulegende Anteil entspricht dem Verhältnis der Entgeltsumme bei diesem Unternehmer zur Gesamtentgeltsumme aller Unternehmer. Unternehmer, über deren Vermögen ein Insolvenzverfahren nicht zulässig ist oder deren Zahlungsfähigkeit gesetzlich gesichert ist, werden nicht berücksichtigt.

(2) Die Satzung kann bestimmen, dass

1. der Anteil nach der Zahl der Versicherten statt nach Entgelten umgelegt wird,

2. die durch die Umlage auf die Unternehmer entstehenden Verwaltungskosten und Kreditzinsen mit umgelegt werden,

3. von einer besonderen Umlage abgesehen wird.

Im übrigen gelten die Vorschriften über den Beitrag zur gesetzlichen Unfallversicherung entsprechend.

(3) Die landwirtschaftlichen Berufsgenossenschaften legen den von ihnen aufzubringenden Anteil nach ihrer Satzung auf ihre Beitragsschuldner um. Abs. 2 Satz 1 Nr. 2 und 3 und Satz 2 gelten entsprechend.

§ 361 Verfahren

(1) Die Unfallversicherungsträger (§ 358 Abs. 1) entrichten zum 25. April, 25. Juli und 25. Oktober eines jeden Jahres Abschlagszahlungen in Höhe der Aufwendungen der Bundesanstalt für das Insolvenzgeld in dem jeweils vorausgegangenen Kalenderquartal. Zum 31. Dezember entrichten sie eine weitere Abschlagszahlung in Höhe der im vierten Kalenderquartal nach einvernehmlicher Schätzung der Bundesanstalt, des Hauptverbandes der gewerblichen Berufsgenossenschaften e. V. und des Bundesverbandes der landwirtschaftlichen Berufsgenossenschaften e. V. zu erwartenden Aufwendungen der Bundesanstalt.

(2) Für die Verwaltungskosten entrichten die Unfallversicherungsträger (§ 358 Abs. 1) zu den genannten Zeitpunkten Abschlagszahlungen in Höhe von jeweils einem Viertel der Aufwendungen der Bundesanstalt für die Verwaltungskosten im vorvergangenen Kalenderjahr.

(3) Zur Berechnung der Abschlagszahlungen übermittelt die Bundesanstalt dem Hauptverband der gewerblichen Berufsgenossenschaften e. V. und dem

Bundesverband der landwirtschaftlichen Berufsgenossenschaften e. V. bis zum 5. April, 5. Juli, 5. Oktober und 11. Dezember die erforderlichen Angaben.

(4) Bis zum 31. Mai eines jeden Jahres übermitteln die Unfallversicherungsträger (§ 358 Abs. 1) und die Bundesanstalt dem Hauptverband der gewerblichen Berufsgenossenschaften e. V. und dem Bundesverband der landwirtschaftlichen Berufsgenossenschaften e. V. die Angaben, die für die Berechnung der Anteile der Unfallversicherungsträger (§ 358 Abs. 1) an den für das Vorjahr aufzubringenden Mitteln erforderlich sind. Die Verbände ermitteln die Anteile der Unfallversicherungsträger (§ 358 Abs. 1) und teilen sie diesen und der Bundesanstalt mit. Die Verbände und die Bundesanstalt können ein anderes Verfahren vereinbaren.

§ 362 Verordnungsermächtigung

Das Bundesministerium für Arbeit und Sozialordnung bestimmt die Höhe der Pauschale für die sonstigen Kosten nach Anhörung der Bundesanstalt und der Verbände der Unfallversicherungsträger durch Rechtsverordnung mit Zustimmung des Bundesrates.

II. Arbeitsentgeltansprüche aus der Zeit vor Insolvenzeröffnung

Die Absicherung der Ansprüche des Arbeitnehmers auf Zahlung von Arbeitsentgelt, welches zum Zeitpunkt der Eröffnung des Insolvenzverfahrens von dem Arbeitgeber als Schuldner trotz Fälligkeit noch nicht gezahlt worden ist, richtet sich nach dem Alter der Ansprüche. **383**

Nach den Regelungen des Dritten Buches Sozialgesetzbuch über die Gewährung von Insolvenzgeld gibt es nur eine zeitliche Differenzierung danach, ob der Arbeitnehmer bei Eintritt des Insolvenzereignisses noch Ansprüche auf Arbeitsentgelt für die letzten der Eröffnung des Insolvenzverfahrens vorausgehenden drei Monate hat. Nur die aus diesem Zeitraum stammenden Ansprüche auf Arbeitsentgelt können einen Anspruch auf Insolvenzgeld entstehen lassen (§ 183 Abs. 1 SGB III). Wenn ein Arbeitnehmer in Unkenntnis eines Insolvenzereignisses weitergearbeitet oder die Arbeit aufgenommen hat, besteht der Anspruch auf Insolvenzgeld für die dem Tag der Kenntnisnahme vorausgehenden drei Monate des Arbeitsverhältnisses (§ 183 Abs. 2 SGB III) Ältere Ansprüche auf ständiges Arbeitsentgelt werden vom Insolvenzgeld nicht abgesichert, können jedoch unabhängig hiervon als Insolvenzforderungen geltend gemacht werden. **384**

385 Mit Inkrafttreten der Insolvenzordnung am (01. 01. 1999) gilt für die zum Zeitpunkt der Verfahrenseröffnung rückständigen Ansprüche der Arbeitnehmer auf Entgelt lediglich § 38 InsO. Danach sind Ansprüche auf rückständiges Arbeitsentgelt einfache Insolvenzforderungen ohne Vorrang.

386 Die früheren Regelungen der Konkursordnung über die Qualifizierung rückständigen Arbeitsentgelts als Masseschulden (§ 59 Abs. 1 Nr 3 KO) und über rückständiges Arbeitsentgelt als vorrangige Insolvenzforderung (§ 61 Abs. 1 Nr 1 a KO) wurden ersatzlos gestrichen.

1. Zum Begriff des Arbeitsentgelts

387 Der Begriff des Arbeitsentgelts ist in den Bestimmungen des Dritten Buches Sozialgesetzbuch über die Gewährung von Insolvenzgeld und in den Bestimmungen der Insolvenzordnung über Qualifizierung und Rang von Ansprüchen gegen den Schuldner einheitlich.

388 Danach zählen zum Arbeitsentgelt alle Leistungen des Arbeitgebers aus dem Arbeitsverhältnis, die als Gegenwert für die von dem Arbeitnehmer geleistete Arbeit sowohl in Form von Geldleistungen wie auch in Form von Naturalleistungen und geldwerten Vorteilen erbracht werden[447]).

Dies entspricht in vollem Umfang den Vorgaben des Art. 2 Abs. 2 und des Art. 3 Abs. 1 der Richtlinie 80/987/EWG vom 20. 10. 1980 »zur Angleichung der Rechtsvorschriften der Mitgliedsstaaten über den Schutz der Arbeitnehmer bei Zahlungsunfähigkeit des Arbeitgebers«.[448] Denn nach Art. 2 Abs. 2 der RL bleibt das einzelstaatliche Recht u. a. bzgl. der Begriffsbestimmung »Arbeitsentgelt« unberührt. Welches Arbeitsentgelt überhaupt mittels Insolvenzgeld geschützt werden soll, bestimmt sich deshalb nicht nach der Richtlinie, sondern allein nach innerstaatlichem Recht bzw. der dazu ergangenen höchstrichterlichen Rspr.[449]

Hierzu gehören insbesondere:

a) Lohn und Gehalt

389 Lohn und Gehalt in allen arbeitsrechtlichen Erscheinungsformen (vgl. die Beispiele bei § 19 Abs. 1 Nr. 1 EStG).

Hierzu gehören im Bereich der gewerblichen Arbeitnehmer Zeitlohn oder Akkordlohn, der sich aus einer Akkordlohnvereinbarung eines anwendbaren Tarifvertrages oder aus einer Betriebsvereinbarung ergeben kann.

Für die Angestellten gehört hierzu das vereinbarte oder in einem Tarifvertrag vorgesehene Monatsgehalt.

---

447 BSG ZIP 1998, 481; Pkt. 7. der DA zu § 183 SGB III der Bundesanstalt für Arbeit.
448 ABl. EG Nr. L 283, 20. 10. 1980, S. 23.
449 BSG ZIP 1998, 481, 482.

b) Zulagen

Zulagen, die von dem Arbeitgeber aufgrund einer einzelvertraglichen Vereinbarung, aufgrund einer kollektiven Gesamtzusage, aufgrund einer Betriebsvereinbarung oder eines anwendbaren Tarifvertrages gezahlt werden. 390

Hierzu gehören allgemein übertarifliche Zulagen, Funktionszulagen für die Wahrnehmung bestimmter Aufgaben und Zulagen für bestimmte Situationen wie Schmutzzulagen, Wegezulagen oder Gefahrenzulagen.

c) Überstunden, Samstags-, Sonntags- und Feiertagsarbeit

Überstundenvergütung einschließlich der für die geleisteten Überstunden zu zahlenden Zuschläge sowie das Entgelt und die Zuschläge für Samstags- und Sonntagsarbeit, Feiertagsarbeit und Nachtarbeit. 391

d) Auslösung

Aufwandbezogene Vergütungen wie Auslösungen, die beispielsweise für den Arbeitsplatz auf externen Baustellen gezahlt werden (Bundesmontagetarifvertrag), Antrittsgelder für Samstagsarbeit in der Druckindustrie, Kleidergeld oder pauschales Verpflegungsgeld zum Ausgleich des Verpflegungsmehraufwandes bei auswärtiger Tätigkeit. 392

e) Fahrgeld

Fahrgeld für die Fahrten von der Wohnung zur Arbeitsstelle, Reisekosten einschließlich der pauschalen Zahlung für die Benutzung des eigenen Fahrzeugs des Arbeitnehmers zur Durchführung von Geschäftsfahrten (Kilometergeld) sowie Werkzeuggeld. 393

f) Tantieme, Provisionen

Umsatz- oder gewinnabhängige Vergütungen, wie Tantiemen oder Provisionen, Umsatzprämien oder Stückprämien. 394

g) Gratifikation, Urlaubsgeld, Weihnachtsgeld

Einmalzahlungen und Zahlungen aus Sonderanlässen wie Urlaubsentgelt, Urlaubsgeld, Gratifikation, Weihnachtsgeld, Jubiläumszuwendungen, die auf unterschiedlicher Rechtsgrundlage aus tariflichen Regelungen, aus Betriebsvereinbarungen, aus einer kollektiven Gesamtzusage, aus einer betrieblichen Übung, aus dem Grundsatz der Gleichbehandlung oder aus einzelvertraglichen Vereinbarungen gezahlt werden oder zu zahlen sind; bei diesen Leistungen des Arbeitgebers stellt sich in besonderer Weise die Frage der zeitlichen Zuordnung der Ansprüche zu den Zeiträumen, die vom Insolvenzgeld erfasst werden. Hinsichtlich der Vereinbarung einer derartigen 395

Sonderzahlung in einem Tarifvertrag gilt: Kann keine Zuordnung der Sonderzahlung zu den einzelnen Monaten vorgenommen werden und wird sie im Insolvenzgeld-Zeitraum fällig, muss die Sonderzahlung beim Insolvenzgeld in voller Höhe berücksichtigt werden. Tritt ihre Fälligkeit außerhalb des Insolvenzgeldzeitraums ein, findet die Sonderzahlung keine Berücksichtigung. Ist hingegen dem Tarifvertrag zu entnehmen, dass die Sonderzahlung die Gegenleistung für die im gesamten Jahr geleistete Arbeit darstellt, muss sie unabhängig von ihrer Fälligkeit anteilig für den Insolvenzgeld-Zeitraum von drei Monaten zu $\frac{3}{12}$ berücksichtigt werden.[450]

h) Beiträge des Arbeitgebers

396 Beiträge des Arbeitgebers zu Direktversicherungen oder Unterstützungskassen in Erfüllung einer Zusage auf Leistungen der betrieblichen Altersversorgung sowie die Zuschüsse des Arbeitgebers zum Krankenversicherungsbeitrag, zum Krankengeld oder zum Mutterschaftsgeld.

i) Abfindungen

397 Abfindungen ausnahmsweise und ggf. teilweise, soweit sie als Entschädigung für entgehendes Arbeitsentgelt gezahlt werden.

j) Schadenersatzansprüche

398 Weiterhin zum Arbeitsentgelt gehören Ansprüche gegenüber dem Arbeitgeber auf Schadenersatz wegen Versäumung der rechtzeitigen Beantragung von Kurzarbeitergeld, Wintergeld (§§ 212–213 SGB III) oder Winterausfallgeld (§ 214 SGB III), wenn dem Arbeitnehmer hierdurch die Ersatzleistung für Arbeitsentgelt entgangen ist.

k) Fehlerhafte Leiharbeitsverhältnisse

399 Bei fehlerhaften Leiharbeitsverhältnissen gehören im Verhältnis zum Entleiher auch die Ansprüche auf Arbeitsentgelt aus einem gem. Art. 1 § 10 Abs. 1 Satz 1 AÜG fingierten Arbeitsverhältnis zum Arbeitsentgelt i. S. d. § 183 Abs. 1 SGB III.

400 Nach Art. 1 § 10 Abs. 1 Satz 5 AÜG hat der Leiharbeitnehmer gegen den Entleiher »mindestens Anspruch auf das mit dem Verleiher vereinbarte Arbeitsentgelt«, wenn der Vertrag zwischen dem Verleiher und dem Leiharbeitnehmer unwirksam ist, weil der Verleiher nicht die nach Art. 1 § 1 AÜG erforderliche Erlaubnis hat.

401 Auch der in dem Rechtsverhältnis zum Verleiher bei Unwirksamkeit des Vertrages gem. Art. 1 § 10 Abs. 2 Satz 1 AÜG entstehende Anspruch auf Ersatz des Vertrauensschadens gehört nach der Rspr. des BSG[451] zum Arbeitsentgelt.

---

450 BSG ZIP 1998, 481.
451 BSG ZIP 1984, 988.

l) Nicht: Nebenforderungen

Nicht zum Arbeitsentgelt gehören Nebenforderungen, die nicht unmittelbar dem Austauschverhältnis von Arbeitsleistung und Entgelt zuzuordnen sind. Hierbei handelt es sich um Verzugszinsen, Ansprüche auf Ersatz der Kosten der Geltendmachung von Forderungen gegen den Arbeitgeber, Ansprüche auf Ersatz der Kosten der Beantragung des Insolvenzverfahrens oder der Kosten der gerichtlichen Geltendmachung rückständiger Vergütung.   402

m) Nicht: Betriebliche Altersversorgung

Nicht zum Arbeitsentgelt gehören auch laufende Leistungen aus einer Zusage auf betriebliche Altersversorgung.   403

n) Nicht: Urlaubsabgeltung

Geht das Arbeitsverhältnis durch Betriebsübergang oder Betriebsteilübergang nach § 613a BGB auf einen Rechtsnachfolger des alten Arbeitgebers über und besteht deshalb über den Zeitpunkt des Insolvenzereignisses hinaus fort, ist ein Anspruch auf Urlaubsabgeltung nicht insolvenzgeldfähig.[452]   404

Nicht zum insolvenzgeldfähigen Arbeitsentgelt gehören gem. § 184 Abs. 1 Nr. 1 HS 1 SGB III Ansprüche auf Arbeitsentgelt, die »wegen der Beendigung des Arbeitsverhältnisses oder für die Zeit nach der Beendigung des Arbeitsverhältnisses« entstehen.

Hierzu gehören Ansprüche auf Urlaubsabgeltung für bis zur Beendigung des Arbeitsverhältnisses aus Anlass des Insolvenzereignisses nicht gewährten Erholungsurlaubs. Hintergrund ist, dass entgegen der früheren Regelung im AFG zukünftig »Insolvenzgeld nur für Ansprüche auf Arbeitsentgelt bis zur Beendigung des Arbeitsverhältnisses gezahlt werden soll«[453]

o) Nicht: Lohnsteueranteil

Der Arbeitnehmer hat bei Inanspruchnahme von Insolvenzgeld keinen Anspruch auf Auszahlung des Lohnsteueranteils neben dem Insolvenzgeld gegen den Arbeitgeber bzw. Insolvenzverwalter.[454] Der Anspruch von Arbeitnehmern auf Konkursausfallgeld umfasst nur den Nettolohn. Insolvenzgeld ist gem. § 3 Nr. 2 EStG steuerfrei. Diese Steuerfreiheit soll nicht den durch das Insolvenzgeld abgesicherten Arbeitnehmern zugute kommen, sondern der Verwaltungsvereinfachung dienen. Der Anspruch auf Arbeitsentgelt geht mit dem Antrag auf Insolvenzgeld auch insoweit auf die Bundesanstalt   405

---

452 BSG ZIP 1998, 483.
453 Vgl. BT-Drucks. 13/4941 v. 18.06.1996, S. 188.
454 BAG ZIP 1998, 868.

für Arbeit über, als der Arbeitnehmer Lohnsteuer zu zahlen hätte. Der Arbietnehmer würde anderenfalls mehr erhalten, als ihm bei Zahlungsfähigkeit des Arbeitgebers zustände.[455]

2. Anspruchsvoraussetzungen des Insolvenzgeldes

406 Nach § 183 Abs. 1 Nr. 1 SGB III hat ein Arbeitnehmer Anspruch auf Insolvenzgeld, wenn er bei Eröffnung des Insolvenzverfahrens über das Vermögen seines Arbeitgebers für die letzten der Eröffnung des Insolvenzverfahrens vorausgehenden drei Monate des Arbeitsverhältnisses noch Ansprüche auf Arbeitsentgelt hat.

a) Arbeitnehmereigenschaft

407 Der Arbeitnehmerbegriff ist in den Bestimmungen über das Insolvenzgeld nicht separat geregelt. Es gilt daher der allgemeine Arbeitnehmerbegriff des SGB III.[456] Für die Abgrenzung der Arbeitnehmer von Personen, die selbstständig tätig sind, können die von der Rspr. entwickelten Abgrenzungskriterien für die Beitragspflicht zur Bundesanstalt für Arbeit herangezogen werden (Vgl. §§ 24–28 SGB III).

408 Danach ist auch im Arbeitsförderungsrecht auf die Definition in § 7 SGB IV abzustellen. Unter einer Beschäftigung i. S. dieser Vorschrift ist die nichtselbstständige Arbeit, insbesondere in einem Arbeitsverhältnis, zu verstehen (Abs. 1 Satz 2). Zur Definition des Begriffs der Beschäftigung kann auf die von der arbeits- und sozialrechtlichen Rspr. entwickelten Kriterien zurückgegriffen werden, wie sich auch in Abs. 1 Satz 2 der Vorschrift zum Ausdruck kommen. Danach ist als Arbeitnehmer anzusehen, wer auf Dauer angelegt in persönlicher Abhängigkeit zu einem Arbeitgeber eine Erwerbstätigkeit ausübt. Die persönliche Abhängigkeit kommt regelmäßig durch die Eingliederung in den fremden Betrieb des Arbeitgebers und dadurch zum Ausdruck, dass der Arbeitnehmer mangels ausdrücklicher Regelung oder Vereinbarung dem Weisungsrecht des Arbeitgebers für Zeit, Dauer, Ort und Art der Arbeitsausführung unterliegt.

---

455 BSG Urteil vom 20. 06. 2001 – 11 AL 97/00 R – Pressemitteilung Nr. 35/2001.
456 BSG 23. 09. 1982, SozR 2100 § 7 Nr. 7; vgl. Pkt. 4.2 der DA zu § 183 SGB III.

Arbeitnehmereigenschaft liegt vor bei:

- Nach § 13 SGB III sind auch die Heimarbeiter als Arbeitnehmer anzusehen. Gem. § 12 Abs. 2 SGB IV sind Heimarbeiter sonstige Personen, die in eigener Arbeitsstätte im Auftrag und für Rechnung von Gewerbetreibenden, gemeinnützigen Unternehmen oder öffentlich-rechtlichen Körperschaften erwerbsmäßig arbeiten, auch wenn sie Roh- oder Hilfsstoffe selbst beschaffen. Grds. anspruchsberechtigt für Insolvenzgeld sind auch Auszubildende (§ 14 SGB III), Praktikanten und Volontäre.
- Da der Arbeitnehmerbegriff des SGB III jedoch auch Personen erfasst, die von der Beitragspflicht zur Bundesanstalt für Arbeit befreit sind (§ 27 Abs. 1 SGB III), können grds. auch Studenten, Schüler, Rentner oder aus sonstigen Gründen beitragspflichtbefreite Arbeitnehmer Anspruch auf Insolvenzgeld haben.
- Dies gilt auch für geringfügig Beschäftigte (§ 27 Abs. 2 SGB III).
- Anspruchsberechtigt können auch Handlungsgehilfen i. S. d. § 59 HGB sein, wenn sie in abhängiger Beschäftigung Provisionsgeschäfte abschließen oder vermitteln.
- Auch Handelsvertreter gem. § 84 Abs. 2 HGB können anspruchsberechtigt sein, wenn sie für einen Unternehmer ständig Geschäfte vermitteln oder in dessen Namen abschließen, ohne ein selbstständiges Gewerbe zu betreiben.[457]
- Leiharbeitnehmer sind anspruchsberechtigt zum Insolvenzgeld nicht nur in der Insolvenz des Verleihers, sondern im Falle des unwirksamen Leihverhältnisses über die Fiktion des Arbeitsverhältnisses zum Entleiher aus Art. 1 § 10 Abs. 1 Satz 1 AÜG auch in der Insolvenz des Entleihers, wenn sie im Hinblick auf die Unwirksamkeit des Leihverhältnisses gutgläubig waren.[458]
- Geschäftsführer als Organmitglieder einer Gesellschaft können trotzdem zu den anspruchsberechtigten Arbeitnehmern i. S. d. § 183 Abs. 1 SGB III gehören, wenn sie bei zutreffender Einzelfallbeurteilung der tatsächlichen Verhältnisse keinen maßgeblichen Einfluss auf die geschäftspolitischen Entscheidungen der Gesellschaft nehmen können, sondern anderen Geschäftsführern oder mitarbeitenden Gesellschaftern gegenüber weisungsabhängig dienend für die Gesellschaft tätig sind und hierfür lediglich ein übliches Arbeitsentgelt erhalten.[459]
- Keine Arbeitnehmer i. S. d. § 183 Abs. 1 SGB III sind Geschäftsführer als Organmitglieder juristischer Personen, wenn sie die Gesellschaft faktisch beherrschen, insbesondere durch eine entsprechende Beteiligung am Stammkapital.[460] Bei den Geschäftsführertätigkeiten von Minderheitengesellschaftern ist für die Bewertung die kapitalmäßige Betei-

409

---

457 BSG ZIP 1982, 1230.
458 BSG ZIP 1984, 988.
459 BSG ZIP 1993, 103.
460 BSG ZIP 1988, 1592.

ligung zwar ein Indiz, letztlich aber darauf abzustellen, inwieweit sie nach dem Gesellschaftsvertrag die rechtlichen Möglichkeiten haben, auf Entscheidungen der anderen Gesellschafter Einfuß zu nehmen.[461]
- Ebenfalls nicht zu den Arbeitnehmern mit Anspruchsberechtigung zum Insolvenzgeld gehören bei einer Kommanditgesellschaft die Geschäftsführer der Komplementär-GmbH einer GmbH & Co KG, wenn sie beherrschenden Einfluss auf die Komplementär-GmbH, sei es durch hälftige Beteiligung am Stammkapital, haben.[462]
- Weiterhin nicht zu den anspruchsberechtigten Arbeitnehmern gehören grds. Vorstandsmitglieder einer Aktiengesellschaft, da sie nicht weisungsabhängig tätig sind, sondern unternehmerähnliche, unabhängige Stellungen im Unternehmen haben.[463]
- Nicht als anspruchsberechtigte Arbeitnehmer gelten Hausgewerbetreibende, die im Unterschied zu Heimarbeitern regelmäßig ohne eigene Mitarbeit oder auch mit eigener Mitarbeit zusätzliche Hilfskräfte beschäftigen. Diese Ausgrenzung der Hausgewerbetreibenden aus dem Kreis der anspruchsberechtigten Arbeitnehmer ist verfassungsrechtlich nicht zu beanstanden.[464]
- Nicht zu dem durch die Regelung des Insolvenzgeldes geschützten Personenkreis gehören Arbeitnehmer, die jedenfalls überwiegend im Ausland tätig sind.[465] Für diese Personengruppe soll es nach der Rechtsauffassung der Bundesanstalt für Arbeit darauf ankommen, ob »erhebliche Berührungspunkte zur deutschen Rechtsordnung bestehen, aus denen zu folgern ist, dass der Schwerpunkt der rechtlichen und tatsächlichen Merkmale des Arbeitsverhältnisses im Inland lag«, wobei die Vereinbarung der Anwendbarkeit des deutschen Arbeitsrechts, die Vergütung in deutscher Währung, die Gewährung von Heimaturlaub in Deutschland und die Vereinbarung eines deutschen Gerichtsstandes wesentliche Indizien sein können (Vgl. Erl. zu Art. 102 EGInsO). Nach der Rspr. des EuGH gilt, dass bei den Arbeitnehmern, die in der Zweigniederlassung eines zahlungsunfähigen Arbeitgebers in einem Mitgliedstaat tätig sind, der indes nach dem Recht eines anderen Mitgliedstaates gegründet wurde, dort seinen Sitz hat und in dem das Insolvenzverfahren eröffnet wurde, nach Art. 3 RL 80/987/EWG des Rates vom 20. 10. 1980 zur Angleichung der Rechtsvorschriften der Mitgliedstaaten über den Schutz der Arbeitnehmer, bei Zahlungsunfähigkeit des Arbeitgebers für die Befriedigung der Ansprüche der Arbeitnehmer zuständige Garantieeinrichtung die Einrichtung des Mitgliedstaates ist, in dem der Arbeitnehmer seine Tätigkeit ausgeübt hat.[466]

---

461 BSG NZS 1993, 268.
462 BSG 20. 03. 1984, SozR 4100 § 168 Nr. 16.
463 BSG 22. 04. 1987, SozR 4100 § 141 a Nr. 8.
464 BSG ZIP 1981, 134.
465 BSG ZIP 1982, 1230.
466 EuGH ZInsO 2000, 173.

b) Erben als Anspruchsberechtigte

Nach § 183 Abs. 3 SGB III ist der Anspruch auf Insolvenzgeld nicht dadurch ausgeschlossen, dass der Arbeitnehmer vor der Eröffnung des Insolvenzverfahrens gestorben ist. Danach kann der Erbe wie ein Arbeitnehmer einen eigenen Anspruch auf Insolvenzgeld geltend machen. Voraussetzung ist, dass der Erbe Inhaber der zum Zeitpunkt der Eröffnung des Insolvenzverfahrens rückständigen Ansprüche auf Arbeitsentgelt des verstorbenen Arbeitnehmers geworden ist. Dies kann nach den erbrechtlichen Bestimmungen nur auf solche Ansprüche zutreffen, die schon zu Lebzeiten des verstorbenen Arbeitnehmers diesem zugestanden haben. Ansprüche des Erben, die nach den Regelungen eines Tarifvertrages, einer Betriebsvereinbarung oder eines Einzelarbeitsvertrages erst kausal durch den Tod des Arbeitnehmers entstanden sind, wie z. B. die Fortzahlung des Entgelts für einen definierten Zeitraum oder die Gewährung eines Zuschusses zu Beerdigungskosten, können demnach nicht der Absicherung durch Insolvenzgeld unterfallen.

410

Die Anspruchsberechtigung des Erben bezieht sich auf alle Formen des Arbeitsentgelts, soweit diese nicht durch den Tod des Arbeitnehmers untergegangen sind.

411

Nicht durch den Erben geltend gemacht werden kann demnach der Anspruch auf Urlaubsabgeltung im Rahmen des Insolvenzgeldes, da nach der Rspr. des BAG der unerfüllte Urlaubsanspruch mit dem Tod des Arbeitnehmers erlischt und sämtliche evtl. Ansprüche auf Urlaubsabgeltung dieses rechtliche Schicksal teilen.[467]

412

Die Frage der Erbberechtigung richtet sich nach den allgemeinen erbrechtlichen Bestimmungen des BGB. Anspruchsberechtigt kann daher auch eine Erbengemeinschaft sein. Der Nachweis der Erbberechtigung wird regelmäßig durch Vorlage eines Erbscheins geführt.

413

Nach der Dienstanweisung der Bundesanstalt für Arbeit (Pkt. 7.4 der DA zu § 183 SGB III) kann der Nachweis in Ausnahmefällen jedoch auch vereinfacht durch Glaubhaftmachung der Voraussetzungen unter Vorlage geeigneter Urkunden geführt werden.

414

c) Vorfinanzierung aus Insolvenzgeld, dritte Personen als Anspruchsberechtigte

Soweit Ansprüche auf Arbeitsentgelt vor der Stellung des Antrags auf Insolvenzgeld auf einen Dritten übertragen worden sind, steht diesem Dritten gem. § 188 Abs. 1 SGB III der Anspruch auf Insolvenzgeld zu.

415

Die Begründung der Anspruchsberechtigung eines Dritten auf Insolvenzgeld kann nur durch Übertragung des Anspruches auf Arbeitsentgelt erfol-

416

---

467 BAG DB 1992, 2404.

gen, da die Anspruchsberechtigung für Insolvenzgeld von der Anspruchsberechtigung für das ausgefallene Arbeitsentgelt abhängig ist. Eine solche Übertragung kann – abgesehen von einem gesonderten Forderungsübergang kraft Gesetzes (§ 412 BGB, z. B. § 115 SGB X, § 143 Abs. 3 SGB III) – nur durch Abtretung der Ansprüche nach §§ 398 ff. BGB erfolgen. Auch der Dritte hat die Voraussetzungen für die Geltendmachung gem. § 324 Abs. 3 SGB III zu wahren.

417 Eine solche Abtretung von bereits fällig gewordenen oder auch zukünftig fällig werdenden Ansprüchen auf Arbeitsentgelt ist jedoch gem. §§ 400, 134 BGB teilweise unwirksam, soweit ein Teil des abgetretenen Anspruchs auf Arbeitsentgelt nach den Bestimmungen über die Unpfändbarkeit von Arbeitseinkommen der Pfändung entzogen ist.[468]

418 Der Arbeitnehmer kann jedoch seinen Anspruch auf Arbeitsentgelt im Wege des Forderungsverkaufs gem. § 437 BGB an den vorfinanzierenden Dritten verkaufen und zur Erfüllung dieses Forderungsverkaufs seine Forderung Zug um Zug gegen Zahlung des Arbeitsentgelts durch den Dritten an diesen wirksam gem. § 398 BGB abtreten.[469] Rechtliche Bedenken aus §§ 400, 134 BGB gegen diese Art der Übertragung bestehen deshalb nicht, weil der Arbeitnehmer vor der Abtretung den vollen Gegenwert seines Anspruchs erhalten hat bzw. die Abtretung durch die Zahlung bedingt war.

419 Einer Ermöglichung der Vorfinanzierung des Insolvenzgeldes kommt regelmäßig entscheidende Bedeutung für die Möglichkeit der vorläufigen Betriebsfortführung durch den Insolvenzverwalter zu.

Der vorläufige Insolvenzverwalter mit Verfügungsbefugnis über das Vermögen des Schuldners hat gem. § 22 Abs. 1 Satz 2 Nr. 2 InsO die Pflicht, das Unternehmen des Schuldners vorläufig fortzuführen.

Diese gesetzliche Verpflichtung kann der vorläufige Insolvenzverwalter nur dann erfüllen, wenn er die Arbeitnehmer des Schuldners veranlassen kann, auch während der Dauer des Eröffnungsverfahrens ihre Arbeitsleistung für das Unternehmen weiterhin zu erbringen. Dies wiederum setzt voraus, dass eine zeitnahe Erfüllung der durch die Fortsetzung der Arbeitsleistung entstehenden Ansprüche auf Lohn und Gehalt in Aussicht gestellt werden kann. Dies wird durch die in der Praxis weit verbreitete Inanspruchnahme des Instruments der Vorfinanzierung von Insolvenzgeld gewährleistet. Erst durch diese Vorfinanzierung zum Zwecke der Schaffung weiterer Vermögenswerte durch Ausnutzung der Produktivität während des Eröffnungsverfahrens ist es regelmäßig in zahlreichen Verfahren überhaupt erst ermöglicht worden, eine geordnete Verfahrensabwicklung durchzuführen.

420 Die Insolvenzgeld-Vorfinanzierung regelt § 188 Abs. 4 SGB III. Der Anspruch des Abtretungsempfängers auf Zahlung des Insolvenzgeldes ist davon abhängig, dass die vor dem Insolvenzereignis erfolgte Übertragung

---

468 BSG 08. 04. 1992, SozR 3 – 4100 § 141 k Nr. 1 und BfG DB 2000, 2431.
469 BSG 22. 03. 1995 EzA SGB III § 141 k Nr. 1.

der Ansprüche auf Arbeitsentgelt mit einer ausdrücklichen Zustimmung des Arbeitsamtes erfolgt ist.

Nach der Formulierung in § 188 Abs. 4 Satz 1 SGB III und unter Berücksichtigung der in der Begründung zum Gesetzentwurf wiedergegebenen gesetzgeberischen Absicht[470] ist die vorherige Zustimmung für die Anspruchsberechtigung des Dritten zwingend und ist eine nachträgliche Genehmigung nicht ausreichend. 421

Nach § 188 Abs. 4 Satz 2 SGB III darf das Arbeitsamt der Übertragung oder Verpfändung der Ansprüche auf Arbeitsentgelt zum Zwecke der Vorfinanzierung nur dann zustimmen, wenn Tatsachen die Annahme rechtfertigen, dass durch die Vorfinanzierung der Arbeitsentgelte ein erheblicher Teil der Arbeitsplätze erhalten bleibt. 422

In diesem Verfahren trifft das Arbeitsamt eine eigene Ermessensentscheidung über das Vorliegen dieser Voraussetzungen. Entsprechend der Begründung zur gesetzlichen Neuregelung muss die »Prognose eines Sanierungsversuches« getroffen werden.

Die Ermessensentscheidung des Arbeitsamtes über die Zustimmung zur Abtretung zum Zwecke der Vorfinanzierung unterliegt im Streitfall, der regelmäßig nur bei Verweigerung der Zustimmung auftreten wird, der rechtlichen Überprüfung im vorgegebenen Verfahren des Widerspruchs und ggf. der Klageerhebung. 423

Der Erlass einer einstweiligen Verfügung ist regelmäßig nicht möglich, da bei eingeschränkter Nachprüfung im summarischen Verfahren des vorläufigen Rechtsschutzes die Ermessensausübung durch das Gericht nicht an die Stelle der Ermessensausübung durch das Arbeitsamt ersetzt werden kann.

Wegen der regelmäßig besonderen Eilbedürftigkeit der Entscheidung über die Ermöglichung der Vorfinanzierung werden daher an die Tatsachen zur Ermöglichung einer positiven Prognose für einen Sanierungsversuch keine überzogenen Anforderungen gestellt werden können und wird es als ausreichend anzusehen sein, wenn ein plausibles Sanierungskonzept präsentiert wird, welches auch die Erhaltung eines erheblichen Teils der Arbeitsplätze beinhaltet.

Nach der Formulierung in § 188 Abs. 4 Satz 2 SGB III bleibt offen, ob die Annahme einer dauerhaften oder vorübergehenden Erhaltung von Arbeitsplätzen Voraussetzung für die Zustimmung des Arbeitsamtes ist. Aus der Formulierung in den Gesetzgebungsmaterialien, wonach es sich um einen »Sanierungsversuch« handeln muss, ergibt sich jedoch, dass die Annahme einer dauerhaften Erhaltung eines erheblichen Teiles der Arbeitsplätze erforderlich ist.

---

470 Vgl. BT-Drucks. 13/4941 v. 18. 06. 1996.

424 Die früheren Abgrenzungskriterien zwischen der zulässigen und der nichtzulässigen Abtretung zum Zwecke der Vorfinanzierung,[471] wonach es um die Vermeidung von Missbrauch zur Verschaffung von Sondervorteilen aus eigenem wirtschaftlichen Interesse bestimmter Gläubiger zu Lasten der übrigen Gläubiger ging, können allenfalls noch im Rahmen der Ermessensentscheidung des Arbeitsamtes zur prognostischen Beurteilung des Sanierungskonzepts neben anderen Beurteilungskriterien herangezogen werden.

425 Nachdem für die Insolvenzgeld-Vorfinanzierung die vorherige Zustimmung des Arbeitsamtes gem. § 188 Abs. 4 Satz 2 SGB III erforderlich ist, bestehen auch keine Bedenken mehr, im Verhältnis des anspruchsberechtigten Dritten zu der Bundesanstalt die Regelung des § 407 BGB über die befreiende Wirkung durch Zahlung an den Arbeitnehmer nicht anzuwenden.[472]

426 Durch die Einbringung des Arbeitsamtes bereits bei der Entscheidung über die Zulässigkeit der Vorfinanzierung durch Abtretung der rückständigen Ansprüche auf Arbeitsentgelt besteht nach Erteilung der Zustimmung kein schützenswertes Interesse auf seiten der Bundesanstalt an der Ermöglichung einer befreienden Wirkung durch Zahlung an den Arbeitnehmer unmittelbar.

427 Gem. § 55 Abs. 2 InsO gilt, dass die durch einen vorläufigen Insolvenzverwalter mit Verfügungsbefugnis gem. § 22 Abs. 1 InsO begründeten Verbindlichkeiten als Masseverbindlichkeiten ebenso gelten, wie die Verbindlichkeiten aus einem Dauerschuldverhältnis gem. § 55 Abs. 2 Satz 2 InsO, wenn der vorläufige Insolvenzverwalter die Gegenleistung aus diesen Dauerschuldverhältnissen in Form der Arbeitsleistung der Arbeitnehmer in Anspruch genommen hat.

Wenn die durch eine Inanspruchnahme der Arbeitsleistung der Arbeitnehmer im Eröffnungszeitraum durch den vorläufigen Insolvenzverwalter mit Verfügungsbefugnis geschaffenen Masseverbindlichkeiten später nicht voll erfüllt werden können, tritt grds. die persönliche Haftung des Insolvenzverwalters gem. § 61 InsO ein, obwohl der Insolvenzverwalter zur vorläufigen Fortführung des Unternehmens verpflichtet ist und eine Verletzung dieser Fortführungspflicht ebenfalls Schadenersatzansprüche begründen kann.

Die Vorschriften stehen im Widerspruch zueinander. Dies führt zu einer Gefährdung der Vorfinanzierung, wenn dem vorläufigen Insolvenzverwalter keine Möglichkeiten zur Auflösung dieser durch einen Wertungswiderspruch der gesetzlichen Regelungen[473] verursachten Konfliktsituation zur Verfügung stehen.

---

471 Vgl. BSG 22. 03. 1995 EzA AFG § 141 Nr 1.
472 SG Kassel ZIP 1981, 1013; KR-Weigand, § 22 KO Rdnr. 91.
473 Vgl. Wiester, ZInsO 1998, 99, 100.

Ob eine Auflösung dieser Konfliktsituation mit den Lösungsmöglichkeiten erreicht werden kann, die in der Literatur hierzu vertreten werden, erscheint indes fraglich. 428

Eine einschränkende Auslegung des § 61 InsO durch Differenzierung der Rechtsstellung des vorläufigen und des endgültigen Insolvenzverwalters erscheint ebenso wie eine Anerkennung des § 108 Abs. 2 InsO als vorrangige Spezialvorschrift im Verhältnis zu § 55 Abs. 2 Satz 2 InsO mit dem Ziel der Qualifizierung der auf die Bundesanstalt übergegangenen Lohnansprüche der Arbeitnehmer als einfache Insolvenzforderung[474] mit dem eindeutigen Wortlaut des Gesetzes schwer vereinbar.

Die Lösungsmöglichkeit einer Rangrücktrittsvereinbarung mit der Bundesanstalt für Arbeit für die auf die Bundesanstalt übergegangenen Ansprüche auf Arbeitsentgelt[475] bietet zwar eine saubere Auflösung der Konfliktsituation, ist jedoch von der Zustimmung der Bundesanstalt im Einzelfall und von der Bewältigung des für den Entscheidungsgang bei der Bundesanstalt notwendigen Zeitablauf abhängig. 429

Möglich und im Hinblick auf den eindeutigen Wortlaut der gesetzlichen Regelung unbedenklich erscheint die Lösungsmöglichkeit, bei der Bestellung des vorläufigen Insolvenzverwalters von der Verhängung eines allgemeinen Veräußerungs- und Verfügungsverbotes abzusehen. Dies wird insbesondere dann gefahrlos möglich sein, wenn der vorläufige Insolvenzverwalter zunächst auf eine intakte Geschäftsleitung zurückgreifen kann.[476] Das Unterlassen einer Übertragung der Verfügungsbefugnis über das Vermögen des Schuldners auf den vorläufigen Insolvenzverwalter führt dazu, dass mangels tatbestandlicher Voraussetzung des § 55 Abs. 2 Satz 1 InsO auch die auf die Bundesanstalt im Falle der Inanspruchnahme einer Vorfinanzierung des Insolvenzgeldes übergegangenen Ansprüche der Arbeitnehmer auf Arbeitsentgelt nicht zu Masseverbindlichkeiten werden. 430

Das BAG[477] ist der Auffassung von Wiester gefolgt. Beschäftigt ein sog. »starker« vorläufiger Insolvenzverwalter mit Verwaltungs- und Verfügungsbefugnis i. S. d. § 22 Abs. 1 InsO vor der Eröffnung des Insolvenzereignisses Arbeitnehmer und erhalten diese hierfür von der Bundesanstalt für Arbeit Insolvenzgeld, so sind die auf diese nach den §§ 183, 187 SGB III übergegangenen Arbeitsentgeltansprüche nach seiner Auffassung keine Masseverbindlichkeiten i. S. d. § 55 Abs. 2 InsO. Diese Auffassung hatte die Bundesanstalt für Arbeit vertreten und vom beklagten Insolvenzverwalter vorweg die Berichtigung der in Höhe des Insolvenzgeldes auf sie übergegangenen Entgeltansprüche als Masseverbindlichkeiten gefordert. Die Bundesanstalt für Arbeit ist hingegen lediglich Insolvenzgläubigerin i. S. v. § 38 InsO. Entgeltansprüche, die auf sie übergehen, sind daher Insolvenz-

---

474 Vgl. Wiester, ZInsO 1998, 99, 102, 103.
475 Vgl. Hauser/Havelka, ZIP 1998, 1261, 1263.
476 Vgl. Hauser/Havelka, ZIP 1998, 1261, 1264.
477 BAG Urteil vom 03. 04. 2001 – Az. 9 AZR 143/00.

forderungen nach dem § 108 Abs. 2 InsO, wie sich aus einer im Wege der teleologischen Reduktion vorzunehmenden einschränkenden Auslegung des § 55 Abs. 2 InsO ergibt. Andernfalls würde ein Vorrang der Bundesanstalt für Arbeit in vielen Fällen den Großteil der zur Verfügung stehenden Masse aufzehren, was die Einstellung der Insolvenzverfahren wegen Masseunzulänglichkeit zur Folge hätte.

Mit Wirkung ab 01. 12. 2001 wird durch das Gesetz zu Änderung der Insolvenzordnung und anderer Gesetze (BGBl. I) dem § 55 InsO ein Absatz 3 hinzugefügt, der dieses Problem inhaltlich entsprechend der Grundsatzentscheidung des BAG v. 03. 04. 2001 wie folgt klarstellend regelt:

»Gehen nach Absatz 2 begründete Ansprüche auf Arbeitsentgelt nach § 187 des Dritten Buches Sozialgesetzbuch auf die Bundesanstalt für Arbeit über, so kann die Bundesanstalt nach § 187 diese nur als Insolvenzgläubiger geltend machen. Satz 1 gilt entsprechend für die in § 208 Abs. 1 des Dritten Buches Sozialgesetzbuch bezeichneten Ansprüche, soweit diese gegenüber dem Schuldner bestehen bleiben.«

431 Europarechtliche Vorgaben für die Bestimmung des Insolvenzgeld-Zeitraums ergeben sich aus der Richtlinie 80/987/EWG des Rates vom 20. 10. 1980 zur Angleichung der Rechtsvorschriften der Mitgliedsstaaten über den Schutz der Arbeitnehmer bei Zahlungsunfähigkeit des Arbeitgebers.

Der Europäische Gerichtshof hat mit zwei Urteilen aus dem Jahre 1997 entschieden, dass der »Eintritt der Zahlungsunfähigkeit des Arbeitgebers« i. S. d. Art. 83 Abs. 2 u. 4 Abs. 2 der Richtlinie der Zeitpunkt der Stellung des Antrags auf Erhöhung des Verfahrens zur gemeinschaftlichen Gläubigerbefriedigung ist, wobei die durch nationalstaatliche Regelung garantierte Leistung nicht vor der Entscheidung über die Eröffnung eines solchen Verfahrens oder – bei unzureichender Vermögensmasse – der Feststellung der endgültigen Schließung des Unternehmens gewährt werden kann.[478] Nach diesen Urteilen des EuGH entstehen Arbeitnehmeransprüche aus der Richtlinie, wenn sowohl ein Antrag auf Eröffnung eines Verfahrens zur gemeinschaftlichen Gläubigerbefriedigung bei der zuständigen nationalen Behörde eingereicht worden ist als auch eine Entscheidung über die Eröffnung oder die Feststellung der Stillegung mangels Vermögensmasse ergangen ist.[479]

432 Auch eine solche Bestimmung des Insolvenzgeld-Zeitraums durch den Stichtag der Antragstellung würde zu einer Vorverlagerung des Schutzzeitraums für die Arbeitnehmer und zugleich zu einer Beeinträchtigung der Fortführung des Unternehmens durch den vorläufigen Insolvenzverwalter gem. §§ 22 Abs. 1 Nr. 2, 157 InsO durch Inanspruchnahme der Vorfinanzierung des Insolvenzgeldes führen.

---

[478] EuGH ZIP 1997, 1658.
[479] EuGH ZIP 1997, 1662 zu Nr. 45.

Diese Möglichkeit der Vorfinanzierung entfällt jedoch, wenn es mit der Rspr. des EuGH auf den Stichtag der Antragstellung ankommt und nur der vor diesem Stichtag liegende Zeitraum durch die staatliche Garantieeinrichtung abgesichert wird, da in diesem Falle die Zahlung des Arbeitsentgelts zur Ermöglichung der Weiterführung des Betriebes nur aus Mitteln der Masse erfolgen könnte.[480]

Durch die Regelung der Richtlinie 80/987/EWG des Rates vom 20. 10. 1980 zur Angleichung der Rechtsvorschriften der Mitgliedsstaaten über den Schutz der Arbeitnehmer bei Zahlungsunfähigkeit des Arbeitgebers wird jedoch die nationale Regelung in § 183 Abs. 1 SGB III nicht außer Kraft gesetzt mit der Folge, dass in Ermangelung einer Angleichung beider Regelungen ein kumulatives Nebeneinander beider Regelungen gilt mit der Folge, dass ein Arbeitnehmer nach § 183 Abs. 1 SGB III Insolvenzgeld für rückständiges Arbeitsentgelt aus dem Zeitpunkt vor der Eröffnung des Insolvenzverfahrens in Anspruch nehmen kann und sich für ihn ggf. zusätzlich die Frage eines Anspruches auf Schadenersatz wegen fehlerhafter Umsetzung der EG-Richtlinie durch die Bundesrepublik Deutschland für den Zeitraum von drei Monaten vor der Antragstellung stellt.[481]

433

Die Möglichkeit einer Vorfinanzierung des Insolvenzgeldes wird damit durch die Rspr. des EuGH im Ergebnis nicht beeinträchtigt.

d) Insolvenzereignis

§ 183 Abs. 1 SGB III regelt die Insolvenzereignisse.

434

> **Nach § 183 Abs. 1 SGB III ist Voraussetzung für die Gewährung von Insolvenzgeld entweder**
> - die Eröffnung des Insolvenzverfahrens oder
> - die Abweisung des Antrages auf Eröffnung des Insolvenzverfahrens mangels Insolvenzmasse sowie schließlich
> - die vollständige Beendigung der Betriebstätigkeit im Inland,
>
> wenn ein Antrag auf Eröffnung des Insolvenzverfahrens nicht gestellt worden ist und ein Insolvenzverfahren offensichtlich mangels Insolvenzmasse nicht in Betracht kommt.

Nach § 183 Abs. 1 Nr. 1 SGB III ist die Eröffnung des Insolvenzverfahrens anspruchsbegründende Voraussetzung für die Gewährung von Insolvenzgeld. Die vorläufige Zahlung von Insolvenzgeld vor tatsächlichem Eintritt des Insolvenzereignisses kommt – auch im Hinblick auf die Schaffung eines vorläufigen Insolvenzverwalters und der Möglichkeit, den Eintritt des Insolvenzereignisses im voraus festzulegen – nach § 328 Abs. 1 Satz 1 Nr. 3

435

---
480 Vgl. Wimmer, ZIP 1997, 1635, 1637.
481 Vgl. Krause, ZIP 1998, 56, 61.

SGB III nicht in Betracht.[482] Zur Realisierung des von der gesonderten Regelung bezweckten Arbeitnehmerschutzes vor einem Ausfall der Ansprüche auf Arbeitsentgelt bei Insolvenz ihres Arbeitgebers wurde der Anwendungsbereich der Gewährung von Insolvenzgeld in § 183 Abs. 1 Nrn. 2 u. 3 SGB III für solche Fälle, in denen es nicht zu einer Eröffnung des Insolvenzverfahrens kommt, auf den Fall einer Abweisung des Antrags auf Eröffnung des Insolvenzverfahrens mangels Insolvenzmasse sowie auf die vollständige Beendigung der Betriebstätigkeit erweitert, wenn bei dieser Beendigung der Betriebstätigkeit ein Antrag auf Eröffnung des Insolvenzverfahrens nicht gestellt worden ist und ein Insolvenzverfahren offensichtlich mangels Insolvenzmasse nicht in Betracht kommt.

aa) Eröffnung des Insolvenzverfahrens

436 Die Eröffnung des Insolvenzverfahrens erfolgt durch den förmlichen Eröffnungsbeschluss des Insolvenzgerichts gem. § 27. Dieser Eröffnungsbeschluss wird i. d. R. formularmäßig erlassen und wirksam mit dem Zeitpunkt der Unterzeichnung. Fehlt die Angabe der Stunde der Eröffnung, gilt gem. § 27 Abs. 3 12 Uhr Mittag.

437 Nach § 30 Abs. 1 hat die Geschäftsstelle des Insolvenzgerichts die Formel des Eröffnungsbeschlusses, den offenen Arrest, die Anmeldefrist und die Termine sofort öffentlich bekanntzumachen. Diese öffentliche Bekanntmachung erfolgt gem. § 30 Abs. 1 Satz 2 im Bundesanzeiger und in den weiteren Veröffentlichungsmedien, in denen üblicherweise amtliche Bekanntmachungen des jeweiligen Gerichts veröffentlicht werden. Ebenfalls erfolgt eine Eintragung in das zuständige Handelsregister (§ 31 Abs. 1). Eine automatische Mitteilung an die Arbeitnehmer des Betriebes, etwa durch Bekanntmachung am Schwarzen Brett oder die im Betrieb angewendeten Mitteilungsformen sowie eine Mitteilung an den im Betrieb gewählten Betriebsrat ist in der Insolvenzordnung nicht vorgesehen. Lediglich die Gläubiger des Schuldners sind durch das Insolvenzgericht gem. § 30 Abs. 2 InsO durch besondere Zustellung des Eröffnungsbeschlusses zu informieren. Auch die gesonderten Regelungen über die Gewährung von Insolvenzgeld im Dritten Buch Sozialgesetzbuch enthalten lediglich Bestimmungen über Auskunfts- und Mitwirkungspflichten des Arbeitgebers, des Insolvenzverwalters und der Arbeitnehmer gegenüber der Bundesanstalt für Arbeit (§§ 316 Abs. 1, Abs. 2 SGB III), eine Informationspflicht gegenüber den Arbeitnehmern jedoch nur gem. § 183 Abs. 4 SGB III für den Fall der Ablehnung des Insolvenzantrages.

438 Eine Mitteilungspflicht des Arbeitgebers (Schuldners) und des Insolvenzverwalters gegenüber den Arbeitnehmern muss jedoch auch über § 183 Abs. 4 SGB III hinausgehend für den Fall der Eröffnung des Insolvenzverfahrens wegen dessen gravierender Auswirkungen auf Arbeitsverhältnisse und die Ansprüche auf Arbeitsentgelt aus dem Gesichtspunkt der Fürsorge-

---

482 LSG NRW NZS 2000, 624–625.

pflicht des Arbeitgebers angenommen werden. Diese Fürsorgepflicht über betriebsinterne Veröffentlichung der Eröffnung des Insolvenzverfahrens ist Ausdruck eines allgemeinen Rechtsgrundsatzes, der beispielsweise in § 8 TVG, § 77 Abs. 2 Satz 3 BetrVG, § 18 Abs. 1 MuSchG, § 21 Abs. 1 LSchlG, § 47 JugArbSchG und § 16 Abs. 1 ArbZeitG zum Ausdruck gekommen ist. Eine derartige Verpflichtung zur Mitteilung an den Arbeitnehmer ist sowohl für den Schuldner wie auch für den Insolvenzverwalter ohne weiteres zumutbar, da der Eröffnungsbeschluss beiden zugestellt wird.

Wenn der Schuldner und/oder der Insolvenzverwalter die sich aus der Fürsorgepflicht des Arbeitgebers hiernach ergebende Mitteilungsverpflichtung gegenüber dem Arbeitnehmer über die Eröffnung des Insolvenzverfahrens verletzen, begründet dies einen Schadenersatzanspruch des betroffenen Arbeitnehmers, wenn ihm hierdurch kausal bedingt Ansprüche auf Insolvenzgeld oder sonstige Leistungen tatsächlich entgehen. Die Schadenersatzhaftung des Arbeitgebers bei der Verletzung von Hinweis- und Mitteilungspflichten gegenüber dem Arbeitnehmer als Ausfluss der Fürsorgepflicht des Arbeitgebers ist in der Rspr. des BAG anerkannt.[483] Da ein solcher Schadenersatzanspruch aus einem Verhalten des Insolvenzverwalters nach Eröffnung des Insolvenzverfahrens resultiert, kann er nicht Gegenstand eines Anspruchs auf Insolvenzgeld sein, sondern ist gem. § 55 Abs. 1 Nr. 1 InsO Masseverbindlichkeit.

bb) Abweisung mangels Insolvenzmasse

Für die nach § 183 Abs. 1 Nr. 2 SGB III der Eröffnung des Insolvenzverfahrens gleichstehende Abweisung des Antrages auf Eröffnung des Insolvenzverfahrens mangels Insolvenzmasse ist eine Mitteilungspflicht des Arbeitgebers gegenüber dem Betriebsrat oder den Arbeitnehmern in § 183 Abs. 4 SGB III ausdrücklich normiert. In diesen Fällen handelt es sich um das Verfahren gem. § 26 Abs. 1 InsO, in welchem ein ausdrücklicher Beschluss des Insolvenzgerichts ergeht, der dem Schuldner zugestellt wird. An die Ablehnung des Antrages auf Eröffnung des Insolvenzverfahrens mangels Insolvenzmasse schließt sich die Eintragung in das Schuldnerverzeichnis gem. § 26 Abs. 2 InsO an.

Zur Beantragung von Insolvenzgeld genügt nach der Dienstanweisung der Bundesanstalt für Arbeit (Pkt. 5.2 der DA zu § 183 SGB III) zum Nachweis der Abweisung eines Insolvenzantrages mangels Insolvenzmasse auch eine schriftliche Auskunft des Insolvenzgerichts oder die Einsichtnahme in das Schuldnerverzeichnis nach § 26 Abs. 2 InsO.

---

483 BAG DB 1990, 2431, und BAG 03. 07. 1990 EzA § 611 BGB Aufhebungsvertrag Nr. 7.

cc) Beendigung der Betriebstätigkeit

442 Schwieriger zu handhaben ist das Insolvenzereignis gem. § 183 Abs. 1 Nr. 3 SGB III, da für diesen Vorgang ein förmliches Verfahren weder in der Insolvenzordnung noch in anderen spezialgesetzlichen Regelungen existiert. Anknüpfungspunkt ist zunächst die Beendigung der Betriebstätigkeit des Arbeitgebers. Diese Beendigung der Betriebstätigkeit muss vollständig im Geltungsbereich des Dritten Buches Sozialgesetzbuch (§ 30 SGB I) sein. Eine vollständige Beendigung der Betriebstätigkeit in diesem Sinne ist demnach nicht gegeben, wenn ein Arbeitgeber mit mehreren im Inland gelegenen Betrieben lediglich in einem dieser Betriebe die Betriebstätigkeit einstellt, einen oder mehrere andere Betriebe jedoch weiterführt.

443 Vollständig ist die Beendigung der Betriebstätigkeit erst dann, wenn jegliche der Verfolgung des arbeitstechnischen Zweckes des Betriebes dienende Arbeitstätigkeit mit der Absicht der Dauerhaftigkeit eingestellt ist. Auflösung der Betriebsgemeinschaft, Entfernung der produktiven Arbeitsmittel, Löschung im Handelsregister oder sonstige Voraussetzungen sind ergänzend nicht erforderlich. Ob eine solche auf Dauer angelegte Einstellung der Tätigkeit zur Realisierung des arbeitstechnischen Zwecks des Betriebes erfolgt ist, kann nur im Einzelfall beurteilt werden. Diese Beurteilung muss auf den Zeitpunkt der Beendigung der Tätigkeit bezogen sein. Eine spätere Änderung der unternehmerischen Entscheidung des Arbeitgebers, etwa über eine spätere Wiederaufnahme der gesamten Betriebstätigkeit oder von Teilen hiervon für einen längeren oder kürzeren Zeitraum, bleibt für die Beurteilung unerheblich, selbst wenn die Abgrenzung im konkreten Einzelfall insoweit schwierig sein kann.

444 Weitere Voraussetzung des Insolvenzereignisses gem. § 183 Abs. 1 Nr. 3 SGB III ist es, dass ein Insolvenzantrag nicht gestellt worden ist. Dem Unterbleiben eines Insolvenzantrages stehen dessen Rücknahme durch den Antragsteller und die Zurückweisung des Antrages durch das Amtsgericht wegen Unzulässigkeit ohne Sachentscheidung gleich.

445 Auskunft darüber, ob ein Antrag auf Eröffnung eines Insolvenzverfahrens gestellt ist, erteilt das zuständige Amtsgericht.

446 Die weitere Voraussetzung der offensichtlichen Masseunzulänglichkeit orientiert sich an § 26 Abs. 1 InsO, wonach es darauf ankommt, ob das Vermögen des Schuldners voraussichtlich nicht ausreichen wird, um die Kosten des Verfahrens zu decken. Da diese Beurteilung gem. § 22 Abs. 1 Nr. 3 InsO durch den vorläufigen Insolvenzverwalter erfolgt, kann im Rahmen der Feststellung der Voraussetzungen für die Gewährung von Insolvenzgeld zu Lasten der anspruchsberechtigten Arbeitnehmer eine definitive Klärung der Masseunzulänglichkeit nicht verlangt werden. Ausreichend für die Gewährung von Insolvenzgeld sind vielmehr die äußeren Indizien für eine Masseunzulänglichkeit. Solche Indizien werden sich regelmäßig in eigenen Erklärungen des Arbeitgebers finden lassen. Hat der Arbeitgeber etwa die Zahlung der fälligen Löhne mit dem ausdrücklichen Hinweis auf eine vo-

raussichtlich dauerhafte Zahlungsunfähigkeit verweigert, kann regelmäßig auch von einer offensichtlichen Masseunzulänglichkeit ausgegangen werden. Von dem Arbeitnehmer kann nicht verlangt werden, im Rahmen des § 183 Abs. 1 Nr. 3 SGB III weitere Feststellungen vorzutragen, die regelmäßig seiner Wahrnehmungssphäre entzogen sind.

Problematisch kann die Feststellung des Insolvenzereignisses sein, wenn der Arbeitgeber eine BGB-Gesellschaft ist. Bei der BGB-Gesellschaft ist die Gesamthand Träger der Rechte und Pflichten, auch soweit die BGB-Gesellschaft Arbeitgeberfunktion hat. Für Pflichten und Schulden der BGB-Gesellschaft haften die einzelnen Gesellschafter unmittelbar und unbeschränkt. Wenn über das Vermögen eines BGB-Gesellschafters das Insolvenzverfahren eröffnet wird, wird nach der gesonderten Regelung des § 728 BGB die Gesellschaft aufgelöst. Dies gilt dann nicht, wenn im Gesellschaftsvertrag die Fortsetzung der Gesellschaft unter den übrigen Gesellschaftern für diesen Fall vereinbart ist. Das Insolvenzereignis als Anspruchsvoraussetzung für Insolvenzgeld sowohl in Form der Eröffnung des Insolvenzverfahrens wie auch in den Sonderformen der Nrn. 2 u. 3 des § 183 Abs. 1 SGB III liegt bei einer BGB-Gesellschaft jedoch nur dann vor, wenn eine Haftung bei keinem der verbleibenden Gesellschafter mehr realisiert werden kann und bei allen Gesellschaftern eines der Insolvenzereignisse eingetreten ist.

447

Problematisch und in diesem Zusammenhang weitgehend ungeklärt ist die Rechtslage bei einem Gemeinschaftsbetrieb mehrerer juristisch selbstständiger Rechtsträger. In der Rspr. des BAG[484] wird anerkannt, dass mehrere rechtlich selbstständige Arbeitgeber (natürliche oder juristische Personen) mit jeweils mindestens einem eigenen Betrieb einen einheitlichen Gemeinschaftsbetrieb bilden können. Dies ist der Fall, wenn rechtlich selbstständige Arbeitgeber sich zusammengeschlossen haben, um

448

»... mit ihren Arbeitnehmern arbeitstechnische Zwecke innerhalb einer organisatorischen Einheit fortgesetzt zu verfolgen. Die Einheit der Organisation ist zu bejahen, wenn ein einheitlicher Leitungsapparat vorhanden ist, der die Gesamtheit der für die Erreichung der arbeitstechnischen Zwecke eingesetzten personellen, technischen und immateriellen Mittel lenkt. Dies setzt voraus, dass die beteiligten Unternehmen sich zur gemeinsamen Führung eines Betriebes rechtlich verbunden haben.«

Ein solcher einheitlicher Gemeinschaftsbetrieb kann auch dann vorliegen, wenn die rechtlich selbstständigen Arbeitgeber unter einheitlicher Leitungsmacht verschiedene arbeitstechnische Zwecke fortgesetzt verfolgen.[485]

449

Die hierfür erforderliche rechtliche Vereinbarung eines einheitlichen Leitungsapparates kann nicht nur ausdrücklich erfolgen, sondern auch anzu-

450

---

484 BAG DB 1984, 1684.
485 BAG NZA 1986, 600.

nehmen sein, »wenn sich eine solche Vereinbarung konkludent aus den näheren Umständen des Einzelfalles ergibt«.[486] Wenn diese für die Anwendbarkeit des Kündigungsschutzgesetzes und für die Betriebsverfassung[487] geltenden Grundsätze dazu führen würden, die rechtlich selbstständigen Arbeitgeber auch im Hinblick auf die Haftung für Ansprüche auf Arbeitsentgelt aller Arbeitnehmer des Gemeinschaftsbetriebes als Gesellschafter einer BGB-Gesellschaft anzusehen, würde dies dazu führen, ein Insolvenzereignis i. S. d. § 183 Abs. 1 SGB III erst dann anzunehmen, wenn ein insolventer Arbeitgeber auch den oder die anderen Arbeitgeber des Gemeinschaftsbetriebes in die Insolvenz hineingezogen hätte und der Insolvenzfall bei allen Gesellschaftern der BGB-Gesellschaft eingetreten wäre. Im Rahmen des § 183 Abs. 1 SGB III findet eine Zuordnung der Haftung für Arbeitsentgelt jedoch nicht nach wirtschaftlicher Betrachtung oder Zurechnungskriterien statt, die an tatsächliche Gegebenheiten anknüpfen, sondern ausschließlich auf der Grundlage arbeitsrechtlich begründeter Rechtsverhältnisse.[488] Auch das BAG hat es abgelehnt, den individual-arbeitsrechtlichen Gleichbehandlungsgrundsatz auf einen derartigen Gemeinschaftsbetrieb anzuwenden.[489]

451 Bei einem ausländischen Arbeitgeber stellt die Bundesanstalt für Arbeit in ihrer Dienstanweisung (Pkt. 5.7 der DA zu § 183 SGB III) formal darauf ab, dass Voraussetzung des Insolvenzereignisses nach § 183 Abs. 1 Nr. 3 SGB III die Möglichkeit des Insolvenzantrages nach der Insolvenzordnung sei. Für ausländische Arbeitgeber mit einer gewerblichen Niederlassung im Geltungsbereich der Insolvenzordnung ergibt sich diese Möglichkeit aus § 11 InsO. Für ausländische Arbeitgeber ohne gewerbliche Niederlassung im Inland und ohne inländischen Wohnsitz (§§ 13, 16 ZPO) hat das BSG[490] entschieden:

»Bei vollständiger Beendigung der Betriebstätigkeit eines ausländischen Unternehmers in der Bundesrepublik Deutschland darf aus einem der Insolvenzeröffnung ähnlichen Vorgang im Ausland über das Vermögen dieses Arbeitgebers nicht formal gefolgert werden, die Voraussetzungen des § 141 b Abs. 3 AFG seien nicht erfüllt. Dem Vorgang muss vielmehr leistungsauslösende Bedeutung i. S. v. § 141 a AFG auch im Rahmen von § 141 b Abs. 3 Nr. 3 AFG zuerkannt werden.«

e) Bestimmung des Insolvenzgeld-Zeitraums

452 Anspruch auf Ausgleich des ausgefallenen Arbeitsentgelts besteht gem. § 183 Abs. 1 SGB III für die vorausgehenden drei Monate des Arbeitsverhältnisses.

---

486 BAG DB 1989, 127.
487 BAG 24. 01. 1996 EzA BetrVG 1972 § 1 Nr. 10.
488 BSG ZIP 1983, 1224; KR-Weigand § 22, KO Rdnr. 61.
489 BAG DB 1993, 843.
490 BSG ZIP 1982, 718.

Die Eröffnung des Insolvenzverfahrens erfolgt durch Beschluss des Insolvenzgerichts, in welchem gem. § 27 Abs. 2 InsO die Stunde der Eröffnung anzugeben ist. Ist die Stunde der Eröffnung im Beschluss nicht angegeben worden, so gilt gem. § 27 Abs. 3 InsO als Zeitpunkt der Eröffnung des Insolvenzverfahrens die Mittagsstunde des Tages, an welchem der Beschluss erlassen worden ist. 453

Aus der Formulierung des Gesetzes in § 183 Abs. 1 SGB III, wonach es auf die »vorausgehenden« drei Monate ankommen soll, ergibt sich, dass der Tag der Eröffnung des Insolvenzverfahrens nicht zum Insolvenzgeld-Zeitraum gehört. Dies hat das BSG in seinem Urteil vom 22. 03. 1995[491] unter Aufgabe der früheren Rspr. ausdrücklich festgestellt und begründet: 454

»Eine gleichmäßige Behandlung aller Insolvenzgeld-Ereignisse entspricht nicht nur der gebotenen Klarheit der Rechtsanwendung; sie ist nach Überzeugung des Senats auch allein mit dem Gesetz vereinbar. Bereits § 141 b Abs. 1 AFG schränkt den Insolvenzgeld-Zeitraum auf »die letzten der Eröffnung des Insolvenzverfahrens vorausgehenden drei Monate des Arbeitsverhältnisses« ein. Für die Bestimmung jenes Zeitraumes wäre es zudem kaum praktikabel, in jedem Einzelfall stets das Insolvenzereignis nicht nur datumsmäßig, sondern darüber hinaus hinsichtlich der genauen Tageszeit zu bestimmen und, auch drei Monate zurückgehend, jeweils das Entgelt für den Bruchteil eines Arbeitstages zu ermitteln und als Insolvenzgeld auszuzahlen.

Dem entspricht die – über § 26 Abs. 1 X. Buch Sozialgesetzbuch – auch im Insolvenzgeld-Verfahren anzuwendende Vorschrift des § 187 Abs. 1 BGB, wonach eine Frist nur nach vollen Tagen gerechnet wird. Diese Bestimmung betrifft zwar unmittelbar nur den Fall, dass der Fristbeginn festgelegt ist und das Fristende ermittelt werden soll. Sie ist aber entsprechend anwendbar, wenn die Frist von einem Endzeitpunkt aus zurückzuberechnen ist. Das für die Bestimmung des Insolvenzgeld-Zeitraums maßgebende Ereignis ist die Eröffnung des Insolvenzverfahrens. Nach dem eindeutigen Wortlaut des § 187 Abs. 1 BGB bleibt der Tag, an dem das Ereignis eintritt, außer Betracht.

Nach § 188 Abs. 2 BGB endet eine Frist, die nach Monaten bestimmt ist, mit dem Ablauf desjenigen Tages des letzten Monats dieser Frist, welcher durch seine Zahl dem Tage entspricht, in den das für die Bestimmung des Fristbeginns maßgebende Ereignis fällt. Für die nach § 183 Abs. 1 SGB III erforderliche Rückrechnung bedeutet dies: 455

Der Insolvenzgeld-Zeitraum beginnt drei Monate vor dem Insolvenzereignis mit dem Tage, dessen Monatsdatum dem Monatsdatum des Insolvenztages entspricht, z. B. Insolvenzeröffnung: 27. Februar, Anfang Insolvenzgeld-Zeitraum: 27. November, Ende Insolvenzgeld-Zeitraum: 26. Februar. 456

---

[491] BSGE 76, 67.

457 Ist das danach maßgebende Monatsdatum am Ende des Kalendermonats Februar nicht vorhanden, gilt jeweils der letzte Februartag, z. B. Insolvenzeröffnung: 31. Mai, Anfang Insolvenzgeld-Zeitraum: 28. Februar (in Schaltjahren: 29. Februar), Ende Insolvenzgeld-Zeitraum: 30. Mai.

458 Ist das Arbeitsverhältnis innerhalb der letzten drei Monate vor der Eröffnung des Konkursverfahrens beendet worden, so endet der Insolvenzgeld-Zeitraum mit dem Ende des Arbeitsverhältnisses. Hierbei kommt es auf die arbeitsrechtlich wirksame Beendigung des Vertragsverhältnisses an, nicht jedoch auf eine tatsächliche Einstellung der Arbeitsleistung oder auf eine Freistellung. Ist die rechtliche Beendigung des Vertragsverhältnisses ungeklärt, weil etwa noch ein Kündigungsschutzprozess gegen eine ausgesprochene Kündigung durchgeführt wird, ist die abschließende Feststellung des Insolvenzgeld-Zeitraums von dem Ergebnis der rechtlichen Klärung abhängig.

459 Einen Sonderfall regelt § 183 Abs. 2 SGB III: Der Insolvenzgeld-Zeitraum verschiebt sich, wenn der Arbeitnehmer in Unkenntnis des Insolvenzereignisses eines Abweisungsbeschlusses mangels Insolvenzmasse weitergearbeitet oder die Arbeit aufgenommen hat, auf die letzten dem Tag der Kenntnisnahme vorausgehenden drei Monate des Arbeitsverhältnisses. Diese gesonderte Regelung trägt der Tatsache Rechnung, dass der Beschluss über die Abweisung eines Antrages auf Eröffnung des Insolvenzverfahrens mangels Insolvenzmasse nicht allgemein veröffentlicht wird. Ist der Abweisungsbeschluss dem Arbeitnehmer unbekannt geblieben und setzt er seine Arbeitsleistung trotz dieses Abweisungsbeschlusses wegen dieser Unkenntnis fort, soll für diesen Zeitraum ausgefallenes Arbeitsentgelt von der Insolvenzausfallversicherung gedeckt sein.

460 Nach dem Wortlaut der Regelung kommt es auf positive Kenntnis des Arbeitnehmers von dem Abweisungsbeschluss an und nicht etwa darauf, ob der Arbeitnehmer aufgrund äußerer Indizien für eine Zahlungsunfähigkeit bei Durchführung eigener Nachforschungen von dem Abweisungsbeschluss hätte Kenntnis erlangen können.

461 Der Zeitpunkt der Herstellung der positiven Kenntnis von dem Abweisungsbeschluss ist entscheidend für die Bestimmung des Insolvenzgeld-Zeitraums in diesen Fällen. Der Insolvenzgeld-Zeitraum endet im Falle des § 183 Abs. 2 SGB III mit Ablauf des letzten Tages der Arbeitsleistung, die in Unkenntnis des Abweisungsbeschlusses noch erbracht wird. Eine Fortsetzung der Arbeitsleistung nach Erlangung der positiven Kenntnis von dem Abweisungsbeschluss führt nicht zu einer Verschiebung des Insolvenzgeld-Zeitraums nach § 183 Abs. 2 SGB III.

462 Der Tag der Kenntnisnahme wird demnach nicht mehr zum Insolvenzgeld-Zeitraum gezählt.

463 Wegen der Publizitätswirkung des Eröffnungsbeschlusses soll es bei dieser Fallgestaltung jedoch darauf ankommen, ob die Unkenntnis des Arbeitnehmers von der Insolvenzeröffnung unverschuldet ist. Hiervon geht die Bun-

desanstalt für Arbeit in ihrer Dienstanweisung (Pkt. 6.4 der DA zu § 183 SGB III) für den Fall aus, dass sich der Arbeitnehmer im Zeitpunkt der Insolvenzeröffnung im Urlaub befindet und erst nach seiner Urlaubsrückkehr vom Insolvenzereignis Kenntnis erlangt. Ferner wendet die Bundesanstalt für Arbeit § 183 Abs. 2 SGB III auch auf diejenigen Fälle an, in denen ohne tatsächliche Weiterarbeit ein Anspruch auf Lohnsatz aus Urlaubsentgelt, Entgeltfortzahlung im Krankheitsfalle und Anspruch auf Arbeitsentgelt ohne Arbeitsleistung aus anderen Gründen (Zeitguthaben, Freischichten etc.) besteht.

Zum Zeitpunkt des Inkrafttretens der Insolvenzordnung ungeklärt ist die Auswirkung europarechtlicher Vorgaben für die Bestimmung des Insolvenzgeld-Zeitraums. Die Richtlinie 80/987/EWG des Rates vom 20. Oktober 1980 zur Angleichung der Rechtsvorschriften der Mitgliedsstaaten über den Schutz der Arbeitnehmer bei Zahlungsunfähigkeit des Arbeitgebers setzt europarechtliche Vorgaben für die national-staatliche Garantieeinrichtung des Insolvenzgeldes.

464

Der Europäische Gerichtshof hat mit zwei Urteilen aus dem Jahre 1997 entschieden, dass der »Eintritt der Zahlungsunfähigkeit des Arbeitgebers« i. S. d. Artt. 3 Abs. 2 u. 4 Abs. 2 der Richtlinie 80/987 der Zeitpunkt der Stellung des Antrags auf Eröffnung des Verfahrens zur gemeinschaftlichen Gläubigerbefriedigung ist, wobei die garantierte Leistung nicht vor der Entscheidung über die Eröffnung eines solchen Verfahrens oder – bei unzureichender Vermögensmasse – der Feststellung der endgültigen Schließung des Unternehmens gewährt werden kann.[492] Nach diesen Urteilen des EuGH müssen zwei Ereignisse stattgefunden haben, damit die RL Anwendung finden kann:

Es muss ein Antrag auf Eröffnung eines Verfahrens zur gemeinschaftlichen Gläubigerbefriedigung bei der zuständigen nationalen Behörde eingereicht worden sein und es muss eine Entscheidung über die Eröffnung oder die Feststellung, dass das Unternehmen stillgelegt ist, wenn die Vermögensmasse nicht ausreicht, ergangen sein.[493]

Die Bestimmung des Insolvenzgeld-Zeitraums durch den Stichtag der Antragstellung würde zu einer Vorverlagerung des Schutzzeitraums für die Arbeitnehmer und zugleich zu einer Beeinträchtigung der gesetzlichen Regelung in §§ 22 Abs. 1 Nr. 2, 157 InsO führen, wonach der vorläufige Insolvenzverwalter verpflichtet ist, den Betrieb bis zum Berichtstermin fortzuführen. Für diese Fortführung des Betriebes ist der vorläufige Insolvenzverwalter regelmäßig auf die Möglichkeit einer Vorfinanzierung fälliger Lohnforderungen durch Insolvenzgeld angewiesen. Diese Möglichkeit der Vorfinanzierung im Zeitpunkt nach der Antragstellung entfällt jedoch, wenn es mit der Rspr. des EuGH auf den Stichtag der Antragstellung ankommt und nur der vor diesem Stichtag liegende Zeitraum durch die staat-

465

---

492 EuGH ZIP 1997, 1658.
493 EuGH ZIP 1997, 1662 zu Nr. 45.

liche Garantieeinrichtung abgesichert wird, da in diesem Falle die Zahlung des Arbeitsentgelts zur Ermöglichung der Weiterführung des Betriebes nur aus den Mitteln der Masse erfolgen könnte.[494]

466 Bis zu einer Angleichung der nationalen Regelung in § 183 SGB III an die zwingend anwendbaren Regelungen der Richtlinie 80/987/EWG des Rates vom 20. Oktober 1980 zur Angleichung der Rechtsvorschriften der Mitgliedsstaaten über den Schutz der Arbeitnehmer bei Zahlungsunfähigkeit des Arbeitgebers spricht alles für ein kumulatives Nebeneinander beider Regelungen mit der Folge, dass ein betroffener Arbeitnehmer nach § 183 SGB III Insolvenzgeld für rückständiges Arbeitsentgelt aus dem Zeitraum in Anspruch nehmen kann, der der Eröffnung des Insolvenzverfahrens und den gleichgestellten Insolvenzereignissen vorausgeht und zusätzlich nach der Insolvenz-Richtlinie 80/987/EWG einen Anspruch auf Schadenersatz für die fehlerhafte Umsetzung der EG-Richtlinie durch die Bundesrepublik Deutschland für den Zeitraum von 3 Monaten vor der Antragstellung geltend machen kann.[495]

f) Zeitliche Zuordnung der Arbeitsentgeltansprüche zum Insolvenzgeld-Zeitraum

467 Die Notwendigkeit der Zuordnung rückständiger Ansprüche auf Arbeitsentgelt zum Insolvenzgeld-Zeitraum ergibt sich daraus, dass nach § 183 Abs. 1 SGB III zwar grds. alle Ansprüche aus dem Arbeitsverhältnis unabhängig von der Zeit, für die sie geschuldet werden, zum Arbeitsentgelt i. S. d. Insolvenzgeld-Regelung gehören, dass jedoch gem. § 183 Abs. 1 SGB III Insolvenzgeld nur für solche Ansprüche gezahlt wird, die er für die letzten der Eröffnung des Insolvenzverfahrens vorausgehenden drei Monate hat. Es ist daher für jede Form des Arbeitsentgelts dessen zeitliche Zuordnung zu prüfen. Wurde das Arbeitsentgelt außerhalb des Insolvenzgeld-Zeitraums erarbeitet, so ist der Anspruch auf ausgefallenes Arbeitsentgelt nicht geschützt.[496] Die Kriterien der zeitlichen Zuordnung rückständiger Ansprüche auf Arbeitsentgelt gehen grds. von der arbeitsrechtlichen Beurteilung der einzelnen Ansprüche aus.

aa) Laufendes Arbeitsentgelt

468 Laufendes Arbeitsentgelt in Form von Lohn oder Gehalt als unmittelbar zeitgebundene Gegenleistung für die in einem bestimmten Zeitraum erbrachte Arbeitsleistung ist in voller Höhe insolvenzgeldfähig, wenn es im Insolvenzgeld-Zeitraum erarbeitet wurde.

---

494 Vgl. Wimmer, ZIP 1997, 1635, 1637.
495 Vgl. Krause ZIP 1998, 56, 61.
496 LSG Niedersachsen, ZInsO 2000, 174 f.

Wenn der Insolvenzgeld-Zeitraum mit den Abrechnungszeiträumen des laufenden Arbeitsentgelts (Monatslohn, Wochenlohn, Tagelohn, Stundenlohn, Monatsgehalt) nicht unmittelbar erfasst werden kann, entsteht die Notwendigkeit der Durchführung einer Teillohnberechnung. Beispiel: Beginn des Insolvenzgeld-Zeitraums am 27. November. Das Gehalt des Arbeitnehmers ist jedoch nach Monaten berechnet. Das anteilige Entgelt für die Zeit vom 27. November bis einschließlich 30. November muss durch Teillohnberechnung ermittelt werden.

469

Für die Durchführung einer solchen Teillohnberechnung können kollektiv-rechtliche Regelungen aus anwendbaren Tarifverträgen oder aus Betriebsvereinbarungen existieren, die dann auch für die zeitliche Zuordnung des Arbeitsentgelts zum Insolvenzgeld-Zeitraum Anwendung finden. Existieren kollektiv-rechtliche Regelungen hierfür nicht, erfolgt nach der Rspr. des BAG eine mathematische Ermittlung des Teillohnanspruchs dadurch, dass der gesamte Entgeltanspruch für die Abrechnungsperiode (z. B. Monatsgehalt) zu den tatsächlich angefallenen Arbeitstagen des Monats in Relation gesetzt und hieraus der Entgeltanspruch pro Arbeitstag ermittelt wird. Beispiel: Für vier Arbeitstage vom 27. bis 30. November entsteht bei einem Grundgehalt von 2200,– Euro und 22 Arbeitstagen im Monat November ein Teillohnanspruch von 2200,– Euro : 22 × 4 = 400,– Euro, der insolvenzgeldfähig ist.

470

Es können alle Bestandteile von Arbeitsentgelt, welches durch Arbeitsleistung im Insolvenzgeld-Zeitraum verdient ist, in voller Höhe insolvenzgeldfähig sein.

471

Urlaubsentgelt für Urlaubstage, die im Insolvenzgeld-Zeitraum tatsächlich genommen werden, ist ebenfalls in voller Höhe insolvenzgeldfähig. Für zusätzliches Urlaubsgeld kommt es für die Berücksichtigung im Rahmen der Höhe des Insolvenzgeldes darauf an, ob das Urlaubsgeld bezogen auf den einzelnen Urlaubstag des im Insolvenzgeld-Zeitraum tatsächlich genommenen Urlaubs berechnet und gewährt wird. Dies sind diejenigen Fälle, in denen das zusätzliche Urlaubsgeld aufgrund einer tariflichen Regelung, einer Betriebsvereinbarung oder aufgrund einzelvertraglicher Vereinbarung in Form eines pauschalen Betrages pro Urlaubstag oder eines Prozentsatzes des Arbeitsentgelts pro Tag gezahlt wird. Besteht der Anspruch auf ein zusätzliches Urlaubsgeld jedoch in Form einer Einmalzahlung, die für den gesamten Jahresurlaubsanspruch zugesagt ist, richtet sich die Insolvenzgeldfähigkeit nach den Grundsätzen der Behandlung von Einmalzahlungen.

472

Schadenersatzansprüche des Arbeitnehmers gegen den Arbeitgeber gehören zum Insolvenzgeld-Zeitraum und sind in voller Höhe insolvenzgeldfähig, wenn es um den Ausgleich entgangenen Kurzarbeitergeldes, Wintergeldes oder Winterausfallgeldes geht, welches bei pflichtgemäßer Behandlung durch den Arbeitgeber im Insolvenzgeld-Zeitraum zu realisieren gewesen wäre.

473

474 Ansprüche aus Annahmeverzug gem. § 615 Abs. 1 BGB aus einer Freistellung des Arbeitnehmers vor dem Insolvenzereignis sind für die im Insolvenzgeld-Zeitraum liegende Freistellungszeit in voller Höhe.

bb) Provisionen

475 Für Ansprüche auf Provision, Erfolgsprämie, Gewinnbeteiligung (Tantieme) u. ä. als Entgelt vereinbarte Leistungen des Arbeitgebers, die von dem Eintritt eines bestimmten Erfolges abhängig sind, kommt es für die Zuordnung zum Insolvenzgeld-Zeitraum und damit für die Frage der vollen oder nur anteiligen Insolvenzgeldfähigkeit in erster Linie auf die vertragliche oder in einer kollektiv-rechtlichen Regelung enthaltene Definition der tatbestandlichen Voraussetzungen für die Entstehung des unbedingten Anspruchs an.

476 Handelt es sich um eine Provisionsvereinbarung i. S. d. §§ 87 f. HGB, hat der Arbeitnehmer (Handlungsgehilfe) »Anspruch auf Provision für alle während des Vertragsverhältnisses abgeschlossenen Geschäfte, die auf seine Tätigkeit zurückzuführen sind oder mit Dritten abgeschlossen werden, die er als Kunden für Geschäfte der gleichen Art geworben hat« (§ 87 Abs. 1 Satz 1 HGB). Der Anspruch ist fällig, »sobald und soweit der Unternehmer das Geschäft ausgeführt hat« (§ 87 a Abs. 1 Satz 1 HGB). Für die zeitliche Zuordnung zum Insolvenzgeld-Zeitraum kommt es demnach darauf an, ob der nach einer solchen Regelung provisionsberechtigte Arbeitnehmer den Vertragsabschluss im Insolvenzgeld-Zeitraum getätigt hat. Die spätere Ausführung des Geschäfts durch den Unternehmer begründet lediglich die Fälligkeit der Provision und ist für die Zuordnung des Anspruches zum Insolvenzgeld-Zeitraum unerheblich. Provisionen aus im Insolvenzgeld-Zeitraum abgeschlossenen Geschäften sind daher in voller Höhe insolvenzgeldfähig. Es muss jedoch stets die im konkreten Falle geltende Regelung über den Provisionsanspruch geprüft und beurteilt werden. Sind nach der anwendbaren Regelung weitere Voraussetzungen durch den Arbeitnehmer zu erfüllen, kommt es für die Insolvenzgeldfähigkeit des Provisionsanspruches ebenfalls darauf an, ob diese weiteren Voraussetzungen im Insolvenzgeld-Zeitraum realisiert worden sind.

477 Die gleichen Grundsätze gelten für alle anderen Arten von Erfolgsprämien: Für die volle Insolvenzgeldfähigkeit kommt es darauf an, ob der Arbeitnehmer nach den definierten tatbestandlichen Voraussetzungen für die Entstehung des Anspruchs alle von ihm zu erbringenden Handlungen oder Verhaltensweisen im Insolvenzgeld-Zeitraum erbracht oder abgeschlossen hat. Die Fälligkeit der Zahlung kann auch zu einem späteren Zeitpunkt, auch nach dem Insolvenzereignis eintreten.

478 Ist der Arbeitnehmer im Insolvenzgeld-Zeitraum freigestellt worden und wird der Arbeitnehmer durch diese Freistellung daran gehindert, die von ihm zu erbringenden Tätigkeiten zur Entstehung eines Provisionsanspruchs im Insolvenzgeld-Zeitraum zu erbringen, so gehört die Zahlung einer

Durchschnittsprovision zu dem gem. § 615 Satz 1 BGB für den Insolvenzgeld-Zeitraum zu zahlenden Annahmeverzugslohn.[497]

Bei Umsatzbeteiligungen und Gewinnbeteiligungen (Tantiemen) hängt die Zuordnung zum Insolvenzgeld-Zeitraum und damit die Entscheidung über die nur anteilige oder volle Berücksichtigung der Leistung entscheidend von dem Inhalt der einzelvertraglichen Zusage ab. Umsatzbeteiligungen und Gewinnbeteiligungen werden üblicherweise bezogen auf ein Kalenderjahr oder ein Geschäftsjahr vereinbart. Ist dies der Fall, richtet sich die Zuordnung nach den Grundsätzen für Einmalzahlungen[498] und erfolgt regelmäßig nur eine anteilige Berücksichtigung, sofern sich nicht aus der einzelvertraglichen Regelung ausnahmsweise ein spezieller Bezug der Leistungszusage auf den Insolvenzgeld-Zeitraum ergibt.

479

cc) Urlaubsabgeltung

Für Ansprüche auf Urlaubsabgeltung sowie für Ansprüche auf finanzielle Abgeltung von Zeitguthaben auf Arbeitszeitkonten aus Regelungen zur Flexibilisierung der Arbeitszeit gilt folgendes: Ein Anspruch auf Urlaubsabgeltung entsteht nach § 7 Abs. 4 des Bundesurlaubsgesetzes, wenn der Urlaub wegen Beendigung des Arbeitsverhältnisses ganz oder teilweise nicht mehr gewährt werden kann. Die Beendigung des Arbeitsverhältnisses ist damit Voraussetzung für das Entstehen des Anspruchs auf Urlaubsabgeltung.

480

Da der Abgeltungsanspruch von dem Bestehen des Urlaubsanspruchs abhängig ist, muss stets geprüft werden, ob der Urlaubsanspruch aus früheren Zeiträumen nach arbeitsrechtlichen Grundsätzen noch besteht. Sind der Urlaubsanspruch und die Frage einer evtl. Übertragung des Urlaubs aus dem Vorjahr nicht kollektiv-rechtlich in einem Tarifvertrag oder einer anwendbaren Betriebsvereinbarung geregelt, gelten insofern die Regelungen des Bundesurlaubsgesetzes. Danach findet eine Übertragung des Urlaubs nur dann statt, wenn dringende betriebliche oder in der Person des Arbeitnehmers liegende Gründe dies rechtfertigen. Im Fall der Übertragung muss der Urlaub in den ersten drei Monaten des folgenden Kalenderjahres gewährt und genommen werden (§ 7 Abs. 3 Satz 2 u. 3 BUrlG). Die Anerkennung des Abgeltungsanspruchs für die Gewährung des Insolvenzgeldes bedarf daher auch der Feststellung, dass die Übertragungsvoraussetzungen vorgelegen haben. Außerhalb der gesonderten Regelung kann die Übertragung des Urlaubsanspruchs auch durch einzelvertragliche Vereinbarung zwischen Arbeitgeber und Arbeitnehmer erfolgen.

481

Der Urlaubsanspruch des Arbeitnehmers ist durch tatsächliche Erfüllung auch dann erloschen, wenn der vorläufige Insolvenzverwalter nach Ausspruch einer Beendigungskündigung Resturlaub zur tatsächlichen Urlaubsnahme zuweist. Eine solche Zuweisung des Resturlaubs erfolgt nicht allein

482

---

497 Vgl. BSG SozSich 1984, 290.
498 S. Rdnr. 396 ff.

durch Freistellung, sondern durch die ausdrückliche Erklärung der Bestimmung des Urlaubsantritts zum Zwecke der Urlaubsgewährung, so dass der Arbeitnehmer sich auch nicht mehr verfügbar halten muss.[499] Eine solche einseitige Zuweisung des Resturlaubs durch den Arbeitgeber in der Kündigungsfrist des Arbeitsverhältnisses muss jedenfalls in einem Insolvenzereignis als zulässig anerkannt werden.[500]

483 Die Erfüllungswirkung aus der Zuweisung des Resturlaubs in der Kündigungsfrist ist nicht davon abhängig, dass der vorläufige Insolvenzverwalter das Urlaubsentgelt tatsächlich zahlt oder hierüber eine entsprechende Erklärung abgibt. Ist er zur Zahlung des Urlaubsentgelts nicht in der Lage, ist dieses in voller Höhe insolvenzgeldfähig.

Nach § 184 Abs. 1 Nr. 1 HS 1 SGB III hat der Arbeitnehmer keinen Anspruch auf Insolvenzgeld für Ansprüche auf Arbeitsentgelt, die er wegen der Beendigung des Arbeitsverhältnisses hat, unabhängig davon, für welchen Zeitraum diese Ansprüche entstanden sind.

Der Anspruch auf Urlaubsabgeltung entsteht jedoch erst wegen der Beendigung des Arbeitsverhältnisses.

Es ist nach der Gesetzesbegründung der Zweck der Formulierung in § 184 Abs. 1 Nr. 1 HS 1 SGB III für dass Insolvenzgeld Ansprüche auf Urlaubsabgeltung aus der Insolvenzgeldfähigkeit herauszunehmen.

Urlaubsabgeltung ist damit grds. nicht insolvenzgeldfähig.

dd) Arbeitszeitkonten

484 Für Zeitguthaben auf Arbeitszeitkonten aus einer Regelung zur Flexibilisierung der Arbeitszeit stellt sich in gleicher Weise die Frage der Zuordnung dieser Guthaben zum Insolvenzgeld-Zeitraum. Die betrieblichen Regelungen zur Flexibilisierung der Arbeitszeit sehen teilweise Kurzzeitkonten und Langzeitkonten vor, auf denen die Arbeitnehmer die Möglichkeit haben, auch über einen längeren Zeitraum – regelmäßig ein Jahr – Zeitguthaben aus Mehrarbeitsanlässen anzusammeln. Die Regulierung eines solchen Guthabens steht häufig zur Disposition der Arbeitnehmer, denen in bestimmten Grenzen ein Wahlrecht über finanzielle Abgeltung oder Abgeltung in Freizeit eingeräumt ist.

485 Der finanzielle Abgeltungsanspruch eines Guthabens aus einem Arbeitszeitkonto ist damit im Ergebnis wie die Urlaubsabgeltung ein Anspruch auf Arbeitsentgelt, der in einem unlösbaren Zusammenhang mit der Beschäftigung steht und der durch fortgeschriebene Saldierung der Mehrarbeitsanlässe und der Minderarbeitsanlässe täglich in aktueller Höhe neu bestimmt wird.

---

499 BAG DB 1994, 1243.
500 Offengelassen in BAG EzA § 7 BUrlG Nr. 87.

Sinn und Zweck der betrieblichen Regelungen zur Flexibilisierung der Arbeitszeit durch Einrichtung von Arbeitszeitkonten rechtfertigen es, den finanziellen Abgeltungsanspruch aus einem Arbeitszeitkonto anders zu behandeln als einen Anspruch auf Urlaubsabgeltung, da es sich bei dem Zeitguthaben auf dem Arbeitszeitkonto um bereits durch tatsächliche Arbeitsleistung verdientes Arbeitsentgelt handelt, welches lediglich im Hinblick auf eine künftige Verrechnungsmöglichkeit noch nicht zur Auszahlung gelangt ist. 486

Der Anspruch auf finanzielle Abgeltung entsteht daher nicht nur »wegen der Beendigung des Arbeitsverhältnisses« i. S. d. § 184 Abs. 1 Nr. 1 HS 1 SGB III. 487

Wegen des Entgeltcharakters des Anspruches auf finanzielle Abgeltung eines Arbeitszeitkontos kommt es für die insolvenzgeldrechtliche Zuordnung des Anspruchs auf den in der betrieblichen Regelung definierten Abrechnungszeitraum an, für den eine Saldierung und ggf. Ansammlung von Arbeitszeitguthaben erfolgt.

Beträgt dieser Abrechnungszeitraum beispielsweise 6 Monate, kann der Anspruch auf finanzielle Abgeltung für maximal 3 von 6 Monaten, also in Höhe bis zu 50 % insolvenzgeldfähig sein.

Räumt die betriebliche Regelung über die Flexibilisierung der Arbeitszeit dem Arbeitnehmer ein Wahlrecht zur finanziellen Abgeltung seines Guthabens ein, wird die Geltendmachung des Wahlrechts durch das Insolvenzereignis nicht ausgeschlossen und kann der Arbeitnehmer durch Ausübung des Wahlrechts einen Anspruch auf finanzielle Abgeltung begründen. Dieser finanzielle Abgeltungsanspruch ist dann jedoch nur in Höhe desjenigen Teiles des Zeitguthabens auf dem Arbeitszeitkonto in voller Höhe insolvenzgeldfähig, der im Insolvenzgeld-Zeitraum tatsächlich entstanden ist. Kann dieser Anteil über das Zeiterfassungssystem des Betriebes nicht ermittelt werden, kommt ggf. eine Schätzung in Betracht. 488

ee) Gratifikationen, Jahressondervergütungen, Weihnachtsgeld

Jährliche Einmalzahlungen, Gratifikationen, Jahressondervergütungen und Weihnachtsgelder können dem Insolvenzgeld-Zeitraum zugeordnet werden, wenn der Anspruch arbeitsrechtlich entstanden ist und auch für den Insolvenzgeld-Zeitraum beansprucht werden kann. 489

Für den Umfang der Zuordnung der Sondervergütung zum Insolvenzgeld-Zeitraum kommt es entscheidend auf den arbeitsrechtlichen Charakter der Leistung an, der wiederum aus dem Zweck der Leistung zu bestimmen ist. Hiernach ist zu differenzieren zwischen Sondervergütungen mit reinem Entgeltcharakter, Sondervergütungen mit reinem Belohnungscharakter und Sondervergütungen mit Mischcharakter. 490

Eine aufgrund tariflicher Regelung oder betrieblicher Übung allen an einem Stichtag in einem ungekündigten Arbeitsverhältnis stehenden Arbeitneh- 491 mern grundsätzlich ungekürzt zustehende Jahressonderzahlung is tnicht einzelnen Monaten zuzuordnen. Eine nicht einzelnen Monaten zuzuordnende Jahressonderzahlung ist bei der Berechnung des Insolvenzgeldes nicht zu berücksichtigen, wenn der für die Jahressonderzahlung aufgrund Tarifvertrages oder betrieblicher Übung maßgebliche Auszahlungstag nicht in die letzten dem Insolvenzereignis vorausgehenden drei Monate des Arbeitsverhältnisses fällt.[501]

492 Voraussetzung für die Berücksichtigung einer jährlichen Einmalzahlung ist in jedem Falle, dass hierauf ein Anspruch des Arbeitnehmers besteht. Damit bleiben Gratifikationen, die ohne rechtlich bindende Zusage als freiwillige einmalige Leistung des Arbeitgebers gezahlt worden sind, auch für die Ermittlung der Insolvenzgeldfähigkeit unberücksichtigt.

493 Kein Anspruch besteht, wenn auch durch die wiederholte Gewährung keine betriebliche Übung entstanden ist, weil der Arbeitgeber ausdrücklich für die Zahlung des jeweiligen Jahres einen Freiwilligkeitsvorbehalt in deutlicher Weise, etwa durch Aufdruck auf der Gehaltsabrechnung »Die Zahlung des Weihnachtsgeldes erfolgt freiwillig und begründet keinen Rechtsanspruch« zum Ausdruck gebracht hat.[502]

494 Bei einem ausdrücklichen Freiwilligkeitsvorbehalt entsteht ein Anspruch auf eine Weihnachts-Gratifikation für ein bestimmtes Jahr entweder mit einer vorbehaltlosen Zusage, auch im laufenden Jahr eine Weihnachtsgratifikation zahlen zu wollen, oder erst mit der tatsächlichen Zahlung der Gratifikation. Bis zu diesem Zeitpunkt entsteht auch kein im Laufe des Jahres anwachsender Anspruch auf eine ggf. anteilige Gratifikation. Der erklärte Freiwilligkeitsvorbehalt hindert vielmehr das Entstehen eines solchen Anspruchs und lässt dem Arbeitgeber die Freiheit, in jedem Jahr neu zu entscheiden, ob und ggf. unter welchen Voraussetzungen auch in diesem Jahr eine Weihnachtsgratifikation gezahlt werden soll. Erst mit der Verlautbarung dieser Entscheidung gegenüber den Arbeitnehmern kann ein Anspruch auf eine Gratifikation entstehen.[503]

495 Ein ausdrücklicher Freiwilligkeitsvorbehalt betrifft nicht nur zukünftige Leistungsfälle einer Gratifikation, sondern schließt auch für den laufenden Bezugszeitraum einen Anspruch aus.[504]

496 Nicht zu berücksichtigen ist eine einmalige Sonderzahlung auch dann, wenn wegen der konkreten Situation des Arbeitnehmers nach der Definition der Voraussetzungen für die Zahlung in der Rechtsgrundlage ein Anspruch nicht besteht. Dies betrifft insbesondere die Fälle des Ruhens des Arbeitsverhältnisses. Für Ausfallzeiten wegen Inanspruchnahme des Erzie-

---

501 BSG vom 02. 11. 2000, B 11 AL 87/99 R, SozR 3-0000.
502 BAG 28. 02. 1996 EzA § 611 BGB – Gratifikation Prämie Nr. 139.
503 So ausdrücklich: BAG 06. 12. 1995 EzA § 611 BGB – Gratifikation Prämien Nr. 134.
504 BAG 05. 06. 1986 EzA § 611 BGB Nr. 141.

hungsurlaubs kann eine Reduzierung der Sonderzahlung vorgesehen werden.⁵⁰⁵

Auch soweit es sich bei der Sonderzahlung um ein 13. Monatsgehalt handelt, entsteht ein anteiliger Anspruch für Zeiten der Inanspruchnahme des Erziehungsurlaubs nicht.⁵⁰⁶   497

Schließlich besteht ein zu berücksichtigender Anspruch auf eine einmalige Sonderzahlung auch dann nicht, wenn sich aus der Rechtsgrundlage ergibt, dass der rechtliche Bestand des Arbeitsverhältnisses zu einem bestimmten Stichtag Anspruchsvoraussetzung sein soll und dieser Stichtag im Arbeitsverhältnis nicht erreicht wird. Wird in einem Arbeitsvertrag allein die Zahlung eines »Weihnachtsgeldes« in bestimmter Höhe als Anspruch zugesagt, kann diese Zusage regelmäßig dahingehend verstanden werden, dass dieser Anspruch auf ein Weihnachtsgeld nur dann gegeben sein soll, wenn auch das Arbeitsverhältnis zu Weihnachten noch besteht mit der Folge, dass auch ein anteiliger Anspruch nicht gegeben ist.⁵⁰⁷   498

Entgeltcharakter hat die jährlich geleistete Sondervergütung, wenn sich aus der Definition der Anspruchsvoraussetzungen in der Rechtsgrundlage für die Leistung ergibt, dass diese Sondervergütung eine zusätzliche Bezahlung der im Bezugszeitraum tatsächlich geleisteten Arbeit sein soll. Dies ist insbesondere indiziert, wenn der Arbeitgeber die Höhe der Leistung an den Umfang der tatsächlichen Arbeitsleistung angeknüpft hat. Eine solche Anknüpfung besteht insbesondere dann, wenn in der Leistungszusage eine anteilige Zahlung der Sondervergütung für unterjährige Arbeitsleistung vorgesehen wird: anteilige Zahlung der für ein gesamtes Kalenderjahr oder Geschäftsjahr zugesagten Leistung bei Beginn oder Ende des Arbeitsverhältnisses im Laufe des Bemessungszeitraums (unterjähriger Eintritt und Austritt) sowie anteilige Reduzierung der Sondervergütung bei längeren Abwesenheitszeiten (Erziehungsurlaub, langfristige Erkrankung, Wehrdienst).   499

Auch der Leistungs- oder Erfolgsbezug der Sondervergütung spricht für den Entgeltcharakter, wenn der Arbeitnehmer durch sein Verhalten oder seine Leistung diesen Erfolg bestimmen oder herbeiführen kann.⁵⁰⁸   500

Der Entgeltcharakter kann sich auch aus der Berechnung der Sonderzahlung ergeben, wenn deren Höhe von tatsächlich erzieltem Verdienst abhängig gemacht wird.⁵⁰⁹   501

Entgeltcharakter besteht auch bei einer Zusage mit einer Stichtagsregelung (Bestand des Arbeitsverhältnisses zum Stichtag als Anspruchsvoraussetzung) dann, wenn es sich bei der Stichtagsregelung nur um eine Regelung   502

---

505 BAG 24. 11. 1993 EzA § 15 BErzGG Nr. 5.
506 BAG 19. 04. 1995 EzA § 611 BGB – Gratifikation Prämie Nr. 126.
507 BAG DB 1994, 2142.
508 BAG 26. 10. 1994 EzA § 611 BGB – Gratifikation Prämie Nr. 115.
509 BAG DB 1994, 1623.

Eisenbeis/Mues

der Fälligkeit einer (Weihnachts-)Gratifikation handelt, die als Bestandteil des Arbeitsentgelts im Übrigen jedoch fest und ohne Freiwilligkeitsvorbehalt vereinbart ist. In einem solchen Fall besteht auch ein Anspruch auf eine anteilige Gratifikation, wenn das Arbeitsverhältnis im Laufe des Jahres endet und zum Stichtag nicht mehr besteht.[510]

503 Konsequenz des reinen Entgeltcharakters einer Jahressondervergütung für die insolvenzgeldrechtliche Beurteilung ist, dass dieser Anspruch nur im Umfang von 25 % der für das volle Kalenderjahr zustehenden Leistung (also für drei von zwölf Monaten) bei der Berechnung des Insolvenzgeldes Berücksichtigung finden kann.

504 Liegt der Insolvenzgeld-Zeitraum nicht in voller Höhe in einem Bezugszeitraum (regelmäßig: Kalenderjahr oder Geschäftsjahr) der Jahressonderzahlung, erfolgt eine zeitanteilige Zuordnung.

> **Beispiel für eine Zeitanteilige Zuordnung für den Insolvenzgeld-Zeitraum:**
>
> Anfang Insolvenzgeld-Zeitraum: 16. Dezember
> Zahlung der letzten Sondervergütung: 30. November
> Ende des Bezugszeitraums: 31. Dezember
> Ende Insolvenzgeld-Zeitraum: 15. März
> Insolvenzgeldfähigkeit der Sondervergütung des neuen Jahres
> (für Zeitraum 01. 01.–15. 03. = $2\frac{1}{2}$ Monate): $2\frac{5}{12}$ = 20,8 %

505 Belohnungscharakter für Betriebstreue hat die jährlich geleistete Sondervergütung, wenn sich aus der Definition der Anspruchsvoraussetzungen in der Rechtsgrundlage für die Leistung ergibt, dass diese Sondervergütung nicht an die tatsächlich erbrachte Arbeitsleistung, sondern an die Betriebstreue, den vergangenen und zukünftigen Bestand des Arbeitsverhältnisses anknüpft. Dies ist insbesondere indiziert, wenn die Höhe der Jahressondervergütung von der Dauer der Betriebszugehörigkeit abhängig ist und etwa nach der Anzahl der Jahre des Bestehens des Arbeitsverhältnisses gestaffelt ist (insbesondere: Jubiläumsprämie, Treueprämie).

506 Der Zweck einer Jahressondervergütung als Belohnung für Betriebstreue wird indiziert, wenn in der Rechtsgrundlage für die Leistung nur die volle Gewährung der Jahressondervergütung oder der vollständige Wegfall der Jahressondervergütung bzw. deren vollständige Rückforderung vorgesehen sind und die jeweilige Regelung eine anteilige Zahlung nicht kennt. Handelt es sich bei der Sonderzahlung nicht um einen Teil der im Austauschverhältnis zur Arbeitsleistung stehenden Vergütung, darf der Arbeitgeber eine anteilige Kürzung der Sonderzahlung für Zeiten, in denen das Arbeitsverhältnis geruht hat, ohne ausdrückliche Vereinbarung nicht vornehmen.[511]

---

510 BAG 21. 12. 1994 EzA § 611 BGB – Gratifikation Prämie Nr. 119.
511 BAG 10. 05. 1995, EzA § 611 BGB – Gratifikation Prämie Nr. 125.

Der ungekündigte Bestand des Arbeitsverhältnisses zu einem definierten Stichtag als Anspruchsvoraussetzung für die volle Jahressondervergütung, die volle Rückzahlungsverpflichtung bei Ausscheiden durch Eigenkündigung des Arbeitnehmers innerhalb eines definierten Bindungszeitraums nach erfolgter Zahlung sowie vollständiger Wegfall oder volle Rückzahlung bei Beendigung des Vertragsverhältnisses durch Vertragsbruch des Arbeitnehmers bestätigen regelmäßig den Belohnungscharakter für Betriebstreue.

507

Konsequenz des Belohnungscharakters für Betriebstreue ist die Insolvenzgeldfähigkeit der Jahressondervergütung in voller Höhe, wenn die Anspruchsvoraussetzungen im Insolvenzgeld-Zeitraum erfüllt oder vollendet worden sind und der Anspruch entstanden ist.[512]

508

Liegt der Zeitpunkt der Erfüllung sämtlicher Anspruchsvoraussetzungen (z. B. Ablauf des Kalenderjahres, für welches die Jahressonderzahlung zugesagt ist) vor Beginn des Insolvenzgeld-Zeitraums, ist die rückständige Leistung nicht insolvenzgeldfähig.

509

Mischcharakter hat die jährlich geleistete Sondervergütung, wenn sich aus der Definition der Anspruchsvoraussetzungen in der Rechtsgrundlage für die Leistung ergibt, dass diese Sondervergütung sowohl eine zusätzliche Bezahlung der im Bezugszeitraum tatsächlich geleisteten Arbeit als auch eine Belohnung für Betriebstreue sein soll. Da es für die Zuordnung rückständiger Ansprüche zum Insolvenzgeld-Zeitraum bei Jahressondervergütungen darauf ankommt, ob ein Entgeltbezug im Insolvenzgeld-Zeitraum feststellbar ist, ist für derartige Vergütungen mit Mischcharakter danach zu differenzieren, ob in der Rechtsgrundlage für die Gewährung für bestimmte Situationen (Ausscheiden im Bezugszeitraum, teilweiser Eintritt eines Erfolges) eine anteilige Gewährung vorgesehen ist oder ob die Regelung nur entweder die vollständige Gewährung oder das vollständige Unterbleiben der Leistung kennt.

510

Ist eine anteilige Gewährung vorgesehen, ist die Jahressondervergütung mit Mischcharakter wie eine solche mit Entgeltcharakter zu behandeln mit der Folge, dass der Anspruch in voller Höhe insolvenzgeldfähig ist, wenn die Anspruchsvoraussetzungen im Insolvenzgeld-Zeitraum erfüllt werden. Ist eine anteilige Gewährung nicht vorgesehen, erfolgt die Behandlung des Anspruches auf eine Jahressondervergütung mit Mischcharakter entsprechend den Grundsätzen für die Behandlung einer solchen Leistung mit Belohnungscharakter mit der Folge, dass der Anspruch mit maximal 25 % insolvenzgeldfähig ist.

511

Ohne Definition der Anspruchsvoraussetzungen gilt die Auslegungsregel, dass die zusätzliche Leistung des Arbeitgebers im Zweifel Entgeltcharakter hat und demnach nur in Höhe von 25 % der Leistung insolvenzgeldfähig ist.

512

---

512 Vgl. LSG NRW ZIP 1987, 926.

g) Nichtberücksichtigung von Arbeitsentgeltansprüchen in besonderen Fällen

513 Der Anspruch auf Insolvenzgeld ist abhängig davon, dass der Arbeitnehmer »noch Ansprüche auf Arbeitsentgelt hat« (§ 183 Abs. 1 Nr. 1 SGB III).

514 Diese Akzessorietät des Insolvenzgeld-Anspruchs von dem arbeitsrechtlichen Anspruch auf Arbeitsentgelt hat zur Konsequenz, dass ein Insolvenzgeld-Anspruch nicht entsteht oder nachträglich entfällt, wenn der Anspruch auf Arbeitsentgelt nicht entstanden ist oder nachträglich entfällt. Dies ist neben den getrennt geregelten Sonderfällen der Übertragung des Anspruchs auf Arbeitsentgelt (§ 188 Abs. 1 SGB III), der Pfändung des Anspruchs auf Insolvenzgeld (§ 189 SGB III) und des Erlöschens von Arbeitsentgeltansprüchen infolge Anfechtung von Rechtshandlungen (§ 184 Abs. 1 Nr. 2 SGB III) immer dann der Fall, wenn nach allgemeinen arbeitsrechtlichen Grundsätzen ein Anspruch auf Arbeitsentgelt untergeht. Im Zusammenhang mit einer Situation der Insolvenz sind dies insbesondere die Fälle des Anspruchsuntergangs durch Erfüllung, Verfall durch Fristversäumnis (tarifliche Verfallfristen), Anrechnung (§ 615 Satz 2 BGB, § 11 KSchG) und Aufrechnung (z. B. mit Schadenersatzansprüchen gegen den Arbeitnehmer) sowie Wegfall von Ansprüchen durch rückwirkende Entscheidungen (Auflösung oder Klagerücknahme im Kündigungsschutzprozess).

aa) Übertragung auf Dritte (§ 188 SGB III)

515 Nicht anspruchsberechtigt für Insolvenzgeld ist der Arbeitnehmer, wenn und soweit seine Ansprüche auf Arbeitsentgelt vor Stellung des Antrages auf Insolvenzgeld auf einen Dritten durch Abtretung gem. §§ 398 ff. BGB wirksam übertragen worden sind (§ 188 Abs. 1 SGB III).

516 Hierzu gehören neben der Abtretung im Rahmen einer Insolvenzgeld-Vorfinanzierung (hierzu vgl. § 188 Abs. 4 SGB III und Rdnr. 45 ff.) auch die Fälle der Abtretung an persönliche Finanzierungsgläubiger des Arbeitnehmers, z. B. eine von ihm im Rahmen einer Bankfinanzierung für andere Verbindlichkeiten vorgenommene Abtretung von Lohn- und Gehaltsansprüchen. Für die Wirksamkeit derartiger Abtretungen außerhalb von Insolvenzgeld-Vorfinanzierungen ist § 400 BGB anwendbar, wonach Forderungen grds. nicht wirksam abgetreten werden können, soweit sie der Pfändung nicht unterliegen.[513] Arbeitseinkommen, das in Geld zahlbar ist, kann gem. § 850 Abs. 1 ZPO nur nach Maßgabe der Pfändungsbeschränkungen und nur innerhalb der hiernach bestehenden Pfändungsfreigrenzen der Regelungen der § 850a bis § 850i ZPO gepfändet werden. Wird die Pfändungsfreigrenze bei der Abtretung nicht berücksichtigt, ist die Abtretung insoweit wegen Gesetzesverstoßes teilweise unwirksam gem. § 134 BGB mit der Folge, dass trotz der weitergehenden teilunwirksamen Abtretung des Anspruchs der Arbeitnehmer weiterhin Anspruchsinhaber und da-

---

513 BSGE 70, 265.

mit insolvenzgeldberechtigt ist. Soweit die Abtretung jedoch wirksam ist, steht auch der Anspruch auf Insolvenzgeld nicht dem Arbeitnehmer, sondern dem Abtretungsempfänger gem. § 398 BGB zu (§ 188 Abs. 1 SGB III). Die für die Wirksamkeit der Abtretung erforderliche Einhaltung des Bestimmtheitserfordernisses der Abtretungserklärung wie auch die Reichweite der Wirksamkeit der Abtretung im Hinblick auf Pfändungsfreigrenzen sind von der Bundesanstalt für Arbeit im Rahmen der Entscheidung über die Gewährung von Insolvenzgeld und dessen Höhe zu klären und zu berücksichtigen.

Die Beschränkung der Übertragbarkeit von Ansprüchen auf Arbeitsentgelt findet in Fällen des gesonderten Forderungsübergangs keine Anwendung (§ 115 Abs. 2 SGB X), wenn der Anspruch des Arbeitnehmers gegen den Arbeitgeber auf den Leistungsträger bis zur Höhe der erbrachten Sozialleistung übergeht, nachdem der Leistungsträger Sozialleistungen erbracht hat, weil der Arbeitgeber den Anspruch des Arbeitnehmers auf Arbeitsentgelt nicht erfüllt hat (§ 115 Abs. 1 SGB X). Relevant werden kann dies im Falle der Gewährung von Krankengeld an den Arbeitnehmer durch die Krankenkasse, wenn bei rechtlich zutreffender Beurteilung für diesen Zeitraum ein Anspruch auf Entgeltfortzahlung gegen den Arbeitgeber nach Maßgabe der §§ 3 f. EFZG bestand. In Höhe des übergegangenen Anspruchs ist dann gem. § 188 Abs. 1 SGB III die Krankenkasse anspruchsberechtigt für Insolvenzgeld. Gemäß § 187 SGB III gehen Ansprüche auf Arbeitsentgelt, die einen Anspruch auf Insolvenzgeld begründen, abweichend von § 115 SGB X bereits mit der Stellung des Insolvenzgeldantrags auf die Bundesanstalt für Arbeit über. Es handelt sich um einen vorläufigen Rechtsübergang, der sich erst verfestigt, wenn dem Arbeitnehmer bindend und rechtskräftig Insolvenzgeld bewilligt wird. Wird der Antrag abgelehnt, fällt der Anspruch auf Vergütung auf den Arbeitnehmer zurück und erhält wieder die Rangstellung des § 55 InsO.[514]

bb) Pfändung (§ 188 Abs. 2 SGB III)

Für eine Pfändung von Ansprüchen auf Arbeitsentgelt gilt gem. § 188 Abs. 2 Satz 1 SGB III, dass hiervon auch der Anspruch auf Insolvenzgeld erfasst wird, soweit die Pfändung rechtlich wirksam vor der Stellung des Antrages auf Insolvenzgeld erfolgt ist.

Bezieht sich die Pfändung in rechtlich wirksamer Weise nicht nur auf Arbeitsentgelt, sondern auch auf Ersatzleistungen für Arbeitsentgelt oder ist die Pfändung ausdrücklich bereits auf einen Anspruch auf Insolvenzgeld gerichtet gewesen, so gilt diese Pfändung gem. § 189 SGB III als mit der Maßgabe ausgesprochen, dass sie den Anspruch auf Insolvenzgeld ab dem Zeitpunkt der Antragstellung für Insolvenzgeld erfasst.

---

514 Vgl. LAG Hamm ZInsO 2000, 468.

520 Im Übrigen kann der Anspruch auf Insolvenzgeld nach der Beantragung gem. § 189 SGB III wie der Anspruch auf Arbeitseinkommen gepfändet, verpfändet oder übertragen werden. Mit der Übertragung sowie mit der Pfändung und Überweisung des Anspruchs entfällt in dieser Höhe die Berechtigung des Arbeitnehmers zum Insolvenzgeld-Bezug.

cc) Wegfall durch Anfechtung (§ 184 Abs. 1 Nr. 2 SGB III)

521 Nicht anspruchsberechtigt ist der Arbeitnehmer, wenn der Insolvenzverwalter in berechtigter Weise von einem Anfechtungsrecht nach §§ 129–147 InsO im Hinblick auf ein Rechtsgeschäft Gebrauch gemacht hat, durch welches Ansprüche auf Arbeitsentgelt begründet worden sind. Eine solche Anfechtung kommt für arbeitsrechtlich relevante Rechtshandlungen im vorinsolvenzlichen Zeitraum insbesondere in Betracht, wenn der Arbeitgeber als Schuldner nach der Zahlungseinstellung einen Arbeitnehmer eingestellt hat, um ihm Ansprüche aus dem Insolvenzgeld zukommen zu lassen. Ein solcher Anstellungsvertrag wäre gem. §§ 130, 132 InsO anfechtbar. Selbst unter Anwendung der Grundsätze über den Bestand eines faktischen Arbeitsverhältnisses und die ex-nunc-Wirkung einer Anfechtung für den rechtlichen Bestand des Arbeitsverhältnisses können hierdurch wegen der Spezialregelung in § 184 Abs. 1 Nr. 2 SGB III Ansprüche auf Arbeitsentgelt jedenfalls einen Anspruch auf Insolvenzgeld nicht begründen.

522 Weitere Anwendungsfälle können die Zusage einer Lohnerhöhung oder Gehaltserhöhung sowie die Zusage einmaliger Sonderleistungen sein, wenn diese Zusage entweder erst nach der Zahlungseinstellung oder dem Antrag auf Eröffnung des Insolvenzverfahrens durch den Arbeitgeber als Schuldner erteilt wurde (§ 132 Abs. 1 Nr. 2 InsO) oder unabhängig hiervon in der Absicht der Gläubigerbenachteiligung (§ 133 InsO) erfolgt ist.

523 Anwendungsfälle sind ferner die zum Zwecke der Gläubigerbenachteiligung erfolgte Einstellung naher Verwandter (Ehegatten und dessen Verwandten, § 138 InsO) oder die Zusage von Lohn- oder Gehaltserhöhungen an derartige Personen vor der Eröffnung des Insolvenzverfahrens (§ 133 Abs. 2 InsO), soweit hierdurch Ansprüche auf Arbeitsentgelt begründet worden sind, die insolvenzgeldfähig sind.

524 Die Berechtigung zum Bezug von Insolvenzgeld in diesen Fällen entfällt nur dann, wenn der Insolvenzverwalter das nur ihm zustehende (§ 129 InsO) Anfechtungsrecht durch Abgabe der Anfechtungserklärung auch tatsächlich ausübt und dies innerhalb der Verjährungsfrist von 2 Jahren seit Eröffnung des Insolvenzverfahrens gem. § 146 Abs. 1 InsO tut. Die Entscheidung über die Durchführung einer solchen Anfechtung trifft allein der Insolvenzverwalter, der gem. § 58 InsO der Aufsicht des Insolvenzgerichts unterliegt.

525 Für die Insolvenztatbestände ohne Insolvenzeröffnung gem. § 183 Abs. 1 Nrn. 2 u. 3 SGB III genügt für die Verweigerung des Insolvenzgeldes im Hinblick auf dessen Begründung durch ein anfechtbares Rechtsgeschäft

die hypothetische Anfechtungsmöglichkeit im hypothetischen Falle der Insolvenzeröffnung gem. § 184 Abs. 1 Nr. 2, 2. Alt. SGB III. Für diese schwer zu erfassenden Sachverhalte sieht auch die Dienstanweisung der Bundesanstalt für Arbeit (Pkt. 3.2 der DA zu § 184 SGB III) vor, dass diese Möglichkeit nur zu prüfen sei, wenn dafür konkrete Anhaltspunkte vorliegen.

Die Anfechtung von arbeitsrechtlichen Vereinbarungen zur Begründung von Ansprüchen auf Arbeitsentgelt außerhalb des speziellen insolvenzrechtlichen Anfechtungsrechts, etwa wegen arglistiger Täuschung gem. § 123 BGB, kann wegen der ex-nunc-Wirkung einer solchen Anfechtung rückständige Ansprüche auf Arbeitsentgelt und damit Ansprüche auf Insolvenzgeld nicht beeinträchtigen. 526

dd) Erfüllung, Aufrechnung

Nicht anspruchsberechtigt für Insolvenzgeld ist der Arbeitnehmer schließlich dann, wenn der Anspruch auf Arbeitsentgelt durch Erfüllung erloschen ist. 527

Dies ist der Fall, wenn der Insolvenzverwalter das insolvenzgeldfähige rückständige Arbeitsentgelt ganz oder teilweise zahlt (§ 362 Abs. 1 BGB). 528

Die Erfüllungswirkung kann auch durch Aufrechnung mit einer Gegenforderung des Arbeitgebers eintreten. Nach § 398 BGB gilt der Anspruch auf Arbeitsentgelt als in dem Zeitpunkt erloschen, zu welchem er mit der zur Aufrechnung geeigneten Gegenforderung erstmals zeitgleich existiert hat. Zur Aufrechnung geeignet sind beispielsweise Rückforderungsansprüche aus Überzahlung, wenn die Überzahlung einen Rückzahlungsanspruch aus ungerechtfertigter Bereicherung gem. § 812 Abs. 1 BGB begründet. Zur Aufrechnung geeignet sind ferner Schadenersatzansprüche des Arbeitgebers aus einer Haftung des Arbeitnehmers für von ihm während der Arbeitsleistung verursachte Schäden am Vermögen des Arbeitgebers unter Anwendung der Grundsätze der Haftungsbeschränkung des Arbeitnehmers bei betrieblicher Tätigkeit.[515] 529

Die Wirkung der Aufrechnung ist gem. § 394 Satz 1 BGB insofern beschränkt, als die Aufrechnung nur den pfändungsfreien Teil der Ansprüche auf Arbeitsentgelt unter Berücksichtigung der Pfändungsfreigrenzen der §§ 850 a-i ZPO erfasst. Die Wirkung der Aufrechnung tritt schließlich nur dann ein, wenn die Aufrechnung gem. § 388 Satz 1 BGB auch tatsächlich erklärt wird, wobei diese Erklärung sich auch aus den Umständen, etwa aus der Erteilung einer entsprechenden Abrechnung ergeben kann. 530

ee) Tariflicher Verfall

Nicht anspruchsberechtigt für Insolvenzgeld ist der Arbeitnehmer auch dann, wenn der insolvenzgeldfähige Anspruch auf Arbeitsentgelt nach einer 531

---
515 BAG NZA 1994, 1083.

tariflichen Verfallklausel verfallen ist und nicht mehr geltend gemacht werden kann.

532 Die Anwendbarkeit einer tariflichen Verfallklausel kann sich dabei sowohl aus der originären Anwendung des Tarifvertrages gem. § 3 TVG, wie auch aus einer Allgemeinverbindlichkeit gem. § 5 TVG oder aus einer einzelvertraglichen Bezugnahmeklausel ergeben.

533 Welche Anforderungen an eine anspruchserhaltende Geltendmachung durch den Arbeitnehmer zu stellen sind, ob es sich um eine einstufige oder um eine zweistufige Verfallklausel handelt, muss der jeweils anwendbaren Regelung entnommen werden. Sieht eine zweistufige Ausschlussklausel die Notwendigkeit der Klageerhebung nach Ablehnung der Zahlung durch den Arbeitgeber oder nach Ablauf einer bestimmten Frist vor, beginnt die Frist für die Klageerhebung bereits mit dem Bestreiten des Anspruchs durch den Arbeitgeber.[516]

534 Hat der Arbeitgeber allerdings den Anspruch des Arbeitnehmers auf Zahlung von Arbeitsentgelt durch Erteilung einer Abrechnung vorbehaltlos ausgewiesen, ist die zusätzliche Geltendmachung durch den Arbeitnehmer zur Vermeidung des tariflichen Verfalls nicht mehr erforderlich.[517] Im umgekehrten Fall der Zahlung des Arbeitgebers »unter Vorbehalt« ist Erfüllungswirkung eingetreten und ein insolvenzgeldrechtlich relevanter Anspruch des Arbeitnehmers nicht mehr gegeben, wenn die spätere Rückforderung des Arbeitgebers durch eine tarifliche Verfallklausel ausgeschlossen ist, weil der »Vorbehalt« den tariflichen Verfall des Rückforderungsanspruchs nicht ausschließt.[518] Außerdem genügt bei Ansprüchen auf wiederkehrende Leistung i. d. R. die einmalige Geltendmachung der fortlaufenden Zahlungen zur Vermeidung des tariflichen Verfalls.[519]

535 Ist ein tariflicher Verfall der Ansprüche eingetreten, können diese Ansprüche auf rückständiges Arbeitsentgelt einen Anspruch auf Insolvenzgeld nicht begründen. Dies gilt auch, wenn der Verfall erst nach dem Insolvenzereignis oder nach Antragstellung eintritt.

ff) Anrechnung anderen Einkommens

536 Nicht anspruchsberechtigt ist der Arbeitnehmer für Insolvenzgeld auch dann, wenn der Anspruch auf Arbeitsentgelt durch Anrechnung anderer Einkünfte reduziert wird. Hat der Arbeitgeber den Arbeitnehmer im Insolvenzgeld-Zeitraum bereits freigestellt und ist der Arbeitgeber deshalb gem. § 615 BGB im Annahmeverzug, so muss er die vereinbarte Vergütung für die infolge des Verzugs nicht geleisteten Dienste nur mit der Maßgabe zahlen, dass eine Anrechnung dessen erfolgt, was der Arbeitnehmer infolge des

---

516 BAG 16. 03. 1995 AP Nr. 129 zu § 4 TVG – Ausschlussfristen.
517 BAG 21. 04. 1993 EzA § 4 TVG – Ausschlussfristen Nr. 103.
518 BAG 27. 03. 1996 EzA § 4 TVG – Ausschlussfristen Nr. 124.
519 BAG DB 1995, 2534.

Unterbleibens der Dienstleistung erspart oder durch anderweitige Verwertung seiner Dienste erworben oder zu erwerben böswillig unterlassen hat.

Die Anrechnung anderweitigen Zwischenverdienstes findet dann statt, wenn der Arbeitnehmer gerade durch die Freistellung in die Lage versetzt worden ist, durch anderweitige Tätigkeit den Zwischenverdienst zu erwerben. Dies bedeutet umgekehrt, dass eine solche Anrechnung nicht stattfindet, wenn der Arbeitnehmer (etwa bei Teilzeitbeschäftigung oder Nebentätigkeit in den Abendstunden) auch ohne die Freistellung in der Lage gewesen wäre, den anderweitigen Zwischenverdienst ohne zeitliche Überschneidung mit der Inanspruchnahme aus dem Arbeitsverhältnis zu erzielen. 537

Hat der Arbeitgeber das Arbeitsverhältnis gekündigt und wird über diese Kündigung ein Kündigungsschutzprozess geführt, nach dessen Ergebnis das Arbeitsverhältnis fortbesteht, so muss sich der Arbeitnehmer nach § 11 KSchG ebenfalls für seinen Anspruch auf Annahmeverzug für die Zeit nach der Entlassung anrechnen lassen, was er durch anderweitige Arbeit verdient hat und was er hätte verdienen können, wenn er es nicht böswillig unterlassen hätte, eine ihm zumutbare Arbeit anzunehmen. Wird in diesem Prozess jedoch ein Vergleich geschlossen, der auch eine Freistellung des Arbeitnehmers von der Arbeitspflicht beinhaltet, soll wegen der besonderen Situation des Vergleichs im Kündigungsschutzprozess eine Anrechnung anderweitigen Einkommens abweichend von der gesetzlichen Regelung nur dann erfolgen, wenn hierüber eine ausdrückliche Vereinbarung im Vergleich getroffen ist.[520] 538

Im Umfang der Anrechnung entfallen die Ansprüche auf Arbeitsentgelt und damit entsprechend der Anspruch auf Insolvenzgeld. 539

gg) Anrechnung von Sozialleistungen

Nicht anspruchsberechtigt ist der Arbeitnehmer für Insolvenzgeld schließlich auch dann, wenn er zuvor Arbeitslosengeld im Rahmen der sog. Gleichwohlgewährung erhalten hat (§ 143 Abs. 3 Satz 1 SGB III). Der offene Anspruch auf Arbeitsentgelt gegen den zahlungsunfähigen Arbeitgeber geht in der Höhe des geleisteten Arbeitslosengeldes auf die Bundesanstalt für Arbeit gem. § 115 SGB X über und steht allein ihr zu (§ 188 SGB III). Dem Arbeitnehmer verbleibt der Anspruch auf das Insolvenzgeld abzüglich des bezogenen Arbeitslosengeldes. Für Unterhaltsgeld (§ 157 SGB III) gilt nichts anderes.[521] 540

---

520 LAG Hamm 27. 02. 1991 LAGE § 615 BGB Nr. 26; LAG Köln NZA 1992, 123.
521 Vgl. BSG ZInsO 2000, 174.

hh) Rückwirkung durch Vergleich, Klagerücknahme

541 Nicht anspruchsberechtigt für Insolvenzgeld ist der Arbeitnehmer auch dann, wenn sich ein Wegfall der Entgeltansprüche aus rückwirkenden Entscheidungen ergibt.

542 Dies ist der Fall, wenn über eine von dem Arbeitgeber ausgesprochene Kündigung ein Kündigungsschutzprozess durchgeführt wird, als dessen Ergebnis ein Vergleich zustande kommt, in welchem die Parteien des Arbeitsvertrages entweder ausdrücklich oder im Rahmen einer Erledigungsklausel vereinbaren, dass rückständige Ansprüche auf Arbeitsentgelt mit dem übrigen Inhalt des Vergleichs (regelmäßig insbesondere einer Abfindungszahlung) erledigt sein sollen. Dies gilt dann auch rückwirkend für die Insolvenzgeldfähigkeit dieser Ansprüche.

543 Rückwirkung kann auch eine Vereinbarung in einem solchen Vergleich haben, wonach eine tatsächlich erfolgte Freistellung den Urlaubsanspruch erfüllt haben soll, was zur Folge hat, dass im Umfang des erfüllten Urlaubsanspruchs ein Anspruch auf Urlaubsabgeltung und damit dessen Berücksichtigung bei der Gewährung von Insolvenzgeld entfällt.

544 Rückwirkung auf den Umfang insolvenzgeldfähiger Ansprüche auf Arbeitsentgelt kann schließlich auch die mitbestimmte Korrektur einer zunächst mitbestimmungswidrig vorgenommenen Anrechnung von Tariferhöhungen haben, die sich für einen Teil der Arbeitnehmer des Betriebes gegenüber der mitbestimmungswidrigen Anrechnung nachteilig auswirkt.[522] Auch für die Berechnung des Insolvenzgeldes ist in einem solchen Fall von dem rückwirkend reduzierten Arbeitsentgelt auszugehen.

545 Hat der Arbeitgeber eine Kündigung des Arbeitsverhältnisses mit Wirkung zu einem Zeitpunkt ausgesprochen, der vor oder im Insolvenzgeld-Zeitraum liegt, sind seine Arbeitsentgeltansprüche nicht vorhanden oder entfallen durch Verkürzung des Insolvenzgeld-Zeitraumes auch dann, wenn eine gegen die Kündigung erhobene Kündigungsschutzklage mit der Rechtsfolge des Wirksamwerdens der Kündigung gem. § 7 KSchG zurückgenommen wird. Ansprüche auf Insolvenzgeld können dann für Zeiten nach Auslaufen der Kündigungsfrist nicht geltend gemacht werden.[523]

546 Dasselbe gilt, wenn in einem Vergleich die Beendigung der Arbeitsverhältnisse zum vorgesehenen Kündigungstermin bestätigt wird.

---

522 BAG 19. 09. 1995 EzA § 76 BetrVG 1972 Nr. 67.
523 Ausdrücklich so: BSG NZA 1988, 180.

h) Zum Verfahren der Insolvenzgeld-Gewährung, Antragstellung, Vorschuss, Mitwirkung des Insolvenzverwalters, Höhe des Insolvenzgeldes

Das im Dritten Buch Sozialgesetzbuch vorgesehene Verfahren der Gewährung von Insolvenzgeld ist insgesamt so ausgestaltet, dass es dem Arbeitnehmer eine kurzfristige Verfügbarkeit liquider Mittel ermöglichen soll. Zu diesem Zweck sind eine Vorschussgewährung sowie umfassende Mitwirkungspflichten der am Insolvenzverfahren beteiligten Informationsträger vorgesehen. 547

aa) Antragsverfahren

Insolvenzgeld wird gem. § 323 Abs. 1 Satz 1 SGB III nur auf Antrag gewährt. Der Antrag muss durch die anspruchsberechtigte Person gestellt werden. Dies ist im Regelfall der betroffene Arbeitnehmer, der noch Ansprüche auf Arbeitsentgelt hat. In Fällen der Übertragung des Anspruchs auf eine dritte Person, insbesonders bei Insolvenzgeld-Vorfinanzierung, ist der Dritte anspruchsberechtigt. Eine Antragstellung durch den Arbeitnehmer oder Mitwirkungshandlungen des Arbeitnehmers bei der Antragstellung sind in diesem Falle nicht vorgesehen. 548

Nicht vorgeschrieben ist die Form der Antragstellung, da eine den früheren Regelungen der §§ 314 Abs. 1 u. 2 Satz 2 und 141 i Satz 2 SGB III entsprechende Verpflichtung zur Benutzung eines entsprechenden Vordrucks der Bundesanstalt für Arbeit für die Antragstellung selbst in § 141 e Abs. 1 SGB III nicht mehr enthalten ist. Es ergibt sich jedoch aus § 60 SGB I, dass der jeweilige Antragsteller den für den Antrag auf Gewährung von Insolvenzgeld vorgesehene Vordruck der Bundesanstalt für Arbeit verwenden soll. 549

Für den Antrag auf Gewährung von Insolvenzgeld gilt gem. § 324 Abs. 3 SGB III eine Ausschlussfrist von zwei Monaten nach Eröffnung des Insolvenzverfahrens. Eine Versäumung der Ausschlussfrist führt zum Verlust des Anspruchs auf Insolvenzgeld, wenn nicht eine Heilung nach § 324 Abs. 3 Satz 2 SGB III erfolgt. 550

Die Antragsfrist beginnt mit der Eröffnung des Insolvenzverfahrens. Für die Fristberechnung gelten die Bestimmungen der §§ 187 ff. BGB. Nach § 188 Abs. 2 BGB endet eine Frist, die nach Monaten bestimmt ist, mit dem Ablauf desjenigen Tages des letzten Monats dieser Frist, welcher durch seine Zahl dem Tag entspricht, in den das für die Bestimmung des Fristbeginns maßgebende Ereignis fällt. Der Eröffnungsbeschluss hat gem. § 27 Abs. 2 u. 3 InsO die Stunde der Eröffnung anzugeben, bei Versäumung dieser Angabe gilt gem. § 27 Abs. 3 InsO die Mittagsstunde des Tages des Beschlusses als Zeitpunkt der Insolvenzeröffnung. 551

> **Berechnung der Antragsfrist:**
>
> | | |
> |---|---|
> | Insolvenzeröffnung: | 27. Februar |
> | Beginn der Antragsfrist: | 28. Februar |
> | Ende der Antragsfrist: | 27. April |
>
> Ist in dem Monat des Fristablaufs ein Tag mit der Bezifferung des Tages, in den das die Frist auslösende Ereignis fällt, nicht vorhanden, so gilt der entsprechende Tag des Monatsendes.
>
> | | |
> |---|---|
> | Insolvenzeröffnung: | 31. Dezember |
> | Beginn der Antragsfrist: | 01. Januar |
> | Ende der Antragsfrist: | 28. Februar. |

552 Wird das Insolvenzverfahren nicht eröffnet, sondern ergeht ein Ablehnungsbeschluss nach § 26 Abs. 1 InsO, weil eine den Kosten des Verfahrens entsprechende Insolvenzmasse nicht vorhanden ist, bestimmt sich der Zeitpunkt des Beginns der Antragsfrist nach dem Zeitpunkt dieses Ablehnungsbeschlusses. Wird ein Antrag auf Eröffnung des Insolvenzverfahrens nicht gestellt, die Betriebstätigkeit jedoch vollständig beendet und kommt ein Insolvenzverfahren offensichtlich mangels Insolvenzmasse nicht in Betracht (§ 183 Abs. 1 Nr. 2 SGB III), ist das für den Beginn der Frist gem. § 187 Abs. 1 BGB maßgebliche Ereignis die vollständige Beendigung der Betriebstätigkeit.

553 Begehrt der Arbeitnehmer Insolvenzgeld wegen Arbeitsaufnahme in Unkenntnis des maßgeblichen Insolvenzereignisses der früheren Abweisung des Insolvenzantrags mangels Masse, beginnt die zweimonatige Antragsfrist mit der Kenntnis von jenem Insolvenzereignis.[524] Liegt ein Fall der Weiterarbeit des Arbeitnehmers in Unkenntnis des Insolvenzereignisses gem. § 183 Abs. 2 SGB III vor, ist das für den Fristbeginn gem. § 187 Abs. 1 BGB maßgebliche Ereignis die Kenntnisnahme des Arbeitnehmers von dem Insolvenzereignis. Für die unverschuldete Versäumung der Ausschlussfrist zur Beantragung des Insolvenzgeldes gewährt § 324 Abs. 3 Satz 2 SGB III dem Arbeitnehmer eine Nachfrist von zwei Monaten, die mit dem »Wegfall des Hindernisses« beginnt. Nach § 324 Abs. 3 Satz 3 SGB III hat der Arbeitnehmer die Versäumung der Ausschlussfrist zu vertreten, wenn er sich nicht mit der erforderlichen Sorgfalt um die Durchsetzung seiner Ansprüche bemüht hat.

554 Unverschuldet kann demnach eine Unkenntnis von dem Insolvenzereignis dann sein, wenn der Arbeitnehmer urlaubsbedingt oder krankheitsbedingt abwesend war und aus diesem Grunde von dem Insolvenzereignis keine Kenntnis erhalten hat. Gleiches kann gelten, wenn der Arbeitgeber vor der Insolvenzeröffnung die Arbeitnehmer von der Arbeitsleistung freigestellt hat. Nach § 324 Abs. 3 Satz 3 SGB III hat der Arbeitnehmer jedoch

---

[524] Vgl. BSG NZI 1999, 166.

die Pflicht, sich über die Situation zu informieren, deren Reichweite sich nach den Umständen des Einzelfalles bestimmt. Auch fahrlässige Unkenntnis oder Untätigkeit können dazu führen, dass die Nachfrist nicht zum Tragen kommt. Versäumt der Arbeitnehmer auch die Nachfrist, so ist der Anspruch auf Insolvenzgeld insgesamt verfallen. Eine weitere Nachfrist oder die Ermöglichung einer verspäteten Antragstellung aus anderen Gründen (»Wiedereinsetzung in den vorherigen Stand«) sind im Gesetz nicht vorgesehen.

Die Nachfrist des § 324 Abs. 3 Satz 2 SGB III gilt auch für den antragstellenden Dritten, dem der Anspruch auf Arbeitsentgelt – etwa im Rahmen einer Insolvenzgeld-Vorfinanzierung – abgetreten worden ist. Dies ergibt sich aus §§ 188 Abs. 1 i. V. m. 323 Abs. 1 Satz 1 u. 324 Abs. 3 SGB III. Für die Nachfrist in § 324 Abs. 3 Satz 2 SGB III kann insofern nichts anderes gelten.

555

Eine vorläufige Zahlung von Insolvenzgeld gem. § 328 Abs. 1 Satz 1 Nr. 3, Satz 3 SGB III ist vor der Verfahrenseröffnung nicht zulässig.[525]

Die Vorschussgewährung war in dem ursprünglichen Gesetzentwurf zur Neuregelung der Arbeitsförderung im SGB III nicht mehr vorgesehen.

Die jetzige Regelung über die fakultative Gewährung eines Vorschusses nach Ermessen des Arbeitsamtes in § 186 SGB III ist als Ergebnis der Beratungen des Ausschusses für Arbeit und Sozialordnung mit dessen Bericht[526] wieder eingeführt worden mit der Begründung:

»Die angestiegene Zahl von Insolvenzverfahren und die Schwierigkeit bei der Feststellung der Vermögenslage des Arbeitgebers führen vielfach zu Verzögerungen bei der Entscheidung über die Eröffnung des Insolvenzverfahrens. Die Ergänzung soll es ermöglichen, bei Vorliegen bestimmter Fallgestaltungen einen Vorschuss auf das Insolvenzgeld bereits vor der Eröffnung des Insolvenzverfahrens oder der Ablehnung der Eröffnung mangels Masse zu leisten.«

556

bb) Mitwirkungspflichten des Insolvenzverwalters

Die Mitwirkungspflicht des Insolvenzverwalters bei der Gewährung von Insolvenzgeld beinhaltet Auskunftspflichten und Mitwirkungspflichten.

557

Nach § 316 Abs. 1 SGB III ist auch der Insolvenzverwalter neben dem Arbeitgeber und sonstigen Personen, die Einblick in die Arbeitsunterlagen hatten, zur Erteilung aller für die Durchführung des Verfahrens zur Gewährung von Insolvenzgeld erforderlichen Auskünfte an das Arbeitsamt verpflichtet. Auf Verlangen des Arbeitsamtes ist der Insolvenzverwalter darüber hinaus gem. § 314 Abs. 1 u. 2 SGB III verpflichtet, für jeden Arbeitnehmer, für den ein Anspruch auf Insolvenzgeld in Betracht kommt, eine Verdienstbescheinigung über die Höhe des Arbeitsentgelts für die letzten

558

---

525 SG Aachen ZIP 1999, 1397.
526 BT-Drucks. 13/5963, 05. 11. 1996, S. 29.

der Eröffnung des Insolvenzverfahrens vorausgehenden drei Monate des Arbeitsverhältnisses sowie über die Höhe der gesonderten Abzüge zu bescheinigen. Er muss außerdem die bereits erfolgten Zahlungen und eventuell ihm bekannte Pfändungen, Verpfändungen oder Abtretungen bescheinigen. Für die Erteilung der Bescheinigung wird ihm gem. § 314 Abs. 1 u. 2 Satz 2 SGB III die Verwendung des von der Bundesanstalt für Arbeit hierfür vorgesehenen Vordrucks auferlegt.

559 In den Insolvenzfällen ohne Eröffnung des Insolvenzverfahrens gem. § 183 Abs. 1 Nr. 2 u. 3 SGB III sind diese Pflichten vom Arbeitgeber zu erfüllen (§ 316 Abs. 1 SGB III).

560 Zur Erleichterung für die anspruchsberechtigten Arbeitnehmer geht die Bundesanstalt für Arbeit grds. davon aus, dass der Insolvenzverwalter nur bestehende und nicht verjährte oder verfallene Ansprüche auf Arbeitsentgelt bescheinigt, so dass der Inhalt der Verdienstbescheinigung regelmäßig als zutreffend unterstellt wird. Für die Wirkung der Verdienstbescheinigung geht die Bundesanstalt für Arbeit weiter davon aus, dass der Insolvenzverwalter oder Arbeitgeber mit der Verdienstbescheinigung das Bestehen der darin aufgeführten Arbeitsentgeltansprüche anerkennt und es deshalb zur Wahrung eventueller tariflicher Verfallfristen einer zusätzlichen Geltendmachung durch den Arbeitnehmer nicht mehr bedarf.[527] Gegenüber dem Erwerber eines Betriebes aus der Insolvenzmasse treten diese Wirkungen einer erteilten Verdienstbescheinigung nur dann ein, wenn sie vor Betriebsübergang ausgestellt worden sind.[528]

561 Die weitestgehende Verpflichtung trifft den Insolvenzverwalter aus § 320 Abs. 2 SGB III, wonach er auf Verlangen des Arbeitsamtes verpflichtet ist, unverzüglich das Insolvenzgeld in eigener Verantwortung zu errechnen und unter Verwendung der ihm dafür von dem Arbeitsamt zur Verfügung gestellten Mittel auszuzahlen. Eine Erstattung von Kosten für die Bearbeitung wird in § 320 Abs. 2 Satz 3 SGB III ausdrücklich ausgeschlossen.

cc) Wahlrecht des Arbeitnehmers

562 Aus § 38 InsO ergibt sich, dass die insolvenzgeldfähigen Ansprüche auf Arbeitsentgelt aus den letzten drei Monaten vor dem Insolvenzereignis durch den Arbeitnehmer auch als Insolvenz-Gläubiger im Insolvenzverfahren geltend gemacht werden können. Da der Arbeitnehmer zur Beantragung von Insolvenzgeld nicht verpflichtet ist, hat er insofern ein echtes Wahlrecht, ob er Insolvenzgeld beantragen oder seine Ansprüche lediglich als Forderung im Insolvenzverfahren geltend machen will.

563 Die Beantragung von Insolvenzgeld führt anders als nach der früheren Regelung der Konkursordnung nicht mehr zu einer Entlastung der Insolvenzmasse, weil zwar weiterhin die den Anspruch auf Insolvenzgeld begründen-

---

527 BAG 21. 04. 1993 EzA § 4 TVG – Ausschlussfristen Nr. 103.
528 LAG Schleswig-Holstein 19. 09. 1995 EzA § 141 h SGB III Nr. 3.

den Ansprüche auf Arbeitsentgelt gem. § 187 Satz 1 SGB III bereits mit der Antragstellung auf die Bundesanstalt für Arbeit kraft Gesetzes übergehen, die früher in der Konkursordnung enthaltene Nachrangigkeit der Ansprüche der Bundesanstalt (Vgl. § 57 Abs. 2 KO) jedoch in den §§ 38–55 der InsO nicht mehr vorgesehen ist. Vielmehr sind die Ansprüche der Bundesanstalt wie auch die Ansprüche des Arbeitnehmers in gleicher Weise einfache Insolvenzforderung. Hat der Arbeitnehmer seine Ansprüche auf rückständige Vergütung in einem Prozess geltend gemacht, der zum Zeitpunkt des gesetzlichen Übergangs dieser Ansprüche auf die Bundesanstalt wegen Insolvenzgeld-Antragstellung noch läuft, gelten § 46 Abs. 2 ArbGG, § 325 Abs. 1 ZPO. Der Arbeitnehmer muss den Klageantrag auf Zahlung an die Bundesanstalt in Höhe des Übergangs umstellen und führt den Prozess im Übrigen in Prozessstandschaft für die Bundesanstalt im eigenen Namen fort.

dd) Höhe des Insolvenzgeldes

564 Die Höhe des Insolvenzgeldes entspricht gem. § 185 Abs. 1 SGB III dem ausgefallenen Nettoarbeitsentgelt.[529]

565 Zur Ermittlung der »gesetzlichen Abzüge« gem. § 185 Abs. 1 Satz 1 SGB III sind die für den Lohnabrechnungszeitraum geltenden Lohnsteuertabellen für den Lohnsteuerabzug zugrunde zu legen. Dies gilt auch für einmalige Entgeltzahlungen (Jahressondervergütungen, Gratifikationen, 13. Gehalt). Freibeträge, die auf der Lohnsteuerkarte eingetragen sind, sind jedoch zugunsten des Arbeitnehmers auch bei der Bemessung der Höhe des Insolvenzgeldes zu berücksichtigen.[530]

566 Ist der Arbeitnehmer im Inland nicht einkommensteuerpflichtig oder bei bestehender Einkommensteuerpflicht die Steuer nicht durch Abzug vom Arbeitslohn erhoben, ist gem. § 185 Abs. 2 SGB III trotzdem eine fiktive Berechnung der Lohnsteuerabzüge wie bei einer Inlandstätigkeit durchzuführen.

c) Prozessrechtliche Behandlung – Insolvenzrechtliche Behandlung

567 Die Ansprüche können gegenüber dem Insolvenzverwalter geltend gemacht werden. Sie müssen gem. § 174 Abs. 1 InsO schriftlich gegenüber dem Insolvenzverwalter geltend gemacht werden, wenn anwendbare tarifliche Ausschlussfristen eingehalten werden müssen, da tarifliche Ausschlussfristen für Forderungen in Insolvenzverfahren zu beachten sind.

568 Erhebt der Arbeitnehmer wegen seiner rückständigen Ansprüche auf Arbeitsentgelt Zahlungsklage gegen den Schuldner vor der Eröffnung des In-

---

[529] BSG 20. 06. 2001 – 11 AL 97/00 R.
[530] BSG 10. 08. 1988, SozR 4100 § 141 d Nr. 3.

solvenzverfahrens, wird der Prozess vor dem Arbeitsgericht gem. § 240 ZPO, § 46 Abs. 2 ArbGG unterbrochen.

Rückständige Ansprüche auf Arbeitsentgelt sind durch den Arbeitnehmer gem. § 274 Abs. 1 InsO schriftlich beim Insolvenzverwalter anzumelden.

Der angemeldete Anspruch auf rückständiges Arbeitsentgelt wird in die Tabelle eingetragen. Wenn ein Widerspruch gegen die Feststellung weder durch den Insolvenzverwalter noch von einem anderen Insolvenzgläubiger erhoben wird, erhält die Eintragung des Anspruchs auf rückständiges Arbeitsentgelt gem. § 178 Abs. 3 InsO die Wirkung eines rechtskräftigen Urteils gegenüber dem Insolvenzverwalter und allen Insolvenzgläubigern.

569 Ansprüche auf rückständiges Arbeitsentgelt aus der Zeit vor Eröffnung des Insolvenzverfahrens können nach der Insolvenzeröffnung nicht mit einer Zahlungsklage vor dem Arbeitsgericht geltend gemacht werden. Vielmehr beinhaltet § 87 InsO eine abschließende Sonderregelung mit dem Inhalt, dass auch der Arbeitnehmer als Insolvenzgläubiger seine Forderung nur nach den Vorschriften über das Insolvenzverfahren durch Anmeldung zur Tabelle geltend machen kann.

Eine Zahlungsklage vor dem Arbeitsgericht ist nur möglich, wenn es sich ausnahmsweise um einen Fall der Masseverbindlichkeit gem. § 55 Abs. 2 InsO handelt.

570 Bestreitet der Insolvenzverwalter oder ein anderer Insolvenzgläubiger die Ansprüche des Arbeitnehmers auf rückständiges Arbeitsentgelt aus der Zeit vor der Eröffnung des Insolvenzverfahens ganz oder teilweise, erfolgt gem. § 178 Abs. 2 InsO eine Eintragung in die Tabelle, inwieweit die Forderung ihrem Betrag und ihrem Rang nach festgestellt ist oder wer der Feststellung widersprochen hat.

Im Falle des Widerspruchs kann der Arbeitnehmer dann Feststellungsklage gem. § 179 Abs. 1 InsO erheben mit dem Ziel, die Feststellung seiner Ansprüche gegen den Bestreitenden zu betreiben.

571 Wenn der Arbeitnehmer vor der Eröffnung des Insolvenzverfahrens eine Zahlungsklage wegen rückständigen Arbeitsentgelts gegen den Schuldner bereits erhoben hatte, kann der durch die Eröffnung des Insolvenzverfahrens gem. §§ 240 ZPO, 46 Abs. 2 ArbGG unterbrochene Rechtsstreit nach einem Bestreiten der Ansprüche durch den Insolvenzverwalter oder einen anderen Insolvenzgläubiger durch Aufnahme des Rechtsstreits gem. § 180 Abs. 2 InsO fortgeführt werden. In diesem Fall ist der Zahlungsantrag auf einen Feststellungsantrag umzustellen. Der Rechtsstreit ist weiterhin vor dem Arbeitsgericht zu führen, da es sich um die Aufnahme desselben Rechtsstreits handelt.

572 Ist eine Zahlungsklage wegen rückständigen Arbeitsentgelts aus der Zeit vor Eröffnung des Insolvenzverfahrens zum Zeitpunkt seiner Eröffnung noch nicht anhängig gewesen und hat der Insolvenzverwalter oder ein anderer Insolvenzgläubiger nach der Anmeldung der Forderung des Arbeitneh-

mers diese ganz oder teilweise zur Tabelle bestritten, kann die Feststellung der Forderung durch Feststellungsklage gem. § 180 Abs. 1 InsO betrieben werden.

In diesem Falle ist gem. § 180 Abs. 1 Satz 3 InsO das Arbeitsgericht ausschließlich zuständig, zu dessen Bezirk das Insolvenzgericht gehört, da der Streitgegenstand als Streitigkeit aus einem Arbeitsverhältnis nicht zur Zuständigkeit der Amtsgerichte, sondern gem. § 2 Abs. 1 Nr. 3 ArbGG zur ausschließlichen Zuständigkeit der Arbeitsgerichte gehört.

III. Arbeitsentgeltansprüche aus der Zeit nach Eröffnung des Insolvenzverfahrens

Durch die Eröffnung des Insolvenzverfahrens wird das Arbeitsverhältnis nicht beendet und werden auch die Konditionen des Arbeitsverhältnisses nicht geändert. Will der Insolvenzverwalter das Arbeitsverhältnis beenden oder die Konditionen des Arbeitsverhältnisses verändern, muss er hierüber entweder mit den Arbeitnehmern eine entsprechende Vereinbarung treffen oder von der Möglichkeit der Kündigung oder Änderungskündigung Gebrauch machen, wobei er sich der gerichtlichen Überprüfung seines Vorgehens mit einer Kündigungsschutz- oder Änderungsschutzklage stellen muss. 573

Auch die übrigen Insolvenzereignisse, durch welche ein Anspruch auf Gewährung von Insolvenzgeld nach § 183 Abs. 1 u. 2 SGB III ausgelöst werden kann, nämlich die Abweisung des Antrages auf Eröffnung des Insolvenzverfahrens mangels Insolvenzmasse und die vollständige Beendigung der Betriebstätigkeit ohne Antragstellung bei offensichtlicher Masseunzulänglichkeit, sind ebensowenig geeignet, zu einer automatischen Beendigung oder Inhaltsänderung des Arbeitsverhältnisses zu führen. 574

Mit dem Fortbestand des Arbeitsverhältnisses entstehen auch weiterhin neue Ansprüche des Arbeitnehmers auf Arbeitsentgelt und auf sämtliche vertragsgemäßen Leistungen des Arbeitgebers. 575

1. Nachinsolvenzliche Ansprüche auf Arbeitsentgelt als Masseverbindlichkeiten

Ansprüche aus zweiseitigen Verträgen, deren Erfüllung zur Insolvenzmasse für die Zeit nach Eröffnung des Verfahrens erfolgen muss, sind gem. § 55 Abs. 1 Nr. 2 InsO sonstige Masseverbindlichkeiten. Fortbestehende Arbeitsverhältnisse gehören zu diesen zweiseitigen Verträgen. Ansprüche des Arbeitnehmers auf Arbeitsentgelt oder alle sonstigen Gegenleistungen 576 aus dem Arbeitsverhältnis sind damit sonstige Masseverbindlichkeiten gem. § 55 Abs. 1 Nr. 2 InsO. Diese sonstigen Masseverbindlichkeiten werden nach § 53 InsO aus der Insolvenzmasse vorweg berichtigt. Arbeitnehmer, die Ansprüche aus der Zeit nach der Eröffnung des Insolvenzverfahrens aus einem fortbestehenden Arbeitsverhältnis haben, gehören damit zu den Massegläubigern und sind nicht auf die für Insolvenzgläubiger geltenden Bestimmungen der §§ 174 ff. InsO verwiesen.

577 Die Ansprüche aus dem Arbeitsverhältnis aus der Zeit nach Eröffnung des Insolvenzverfahrens teilen sich die Rangstufe mit Ansprüchen, welche aus Geschäften oder Handlungen des Insolvenzverwalters entstehen (§ 55 Abs. 1 Nr. 1 InsO) sowie mit solchen Ansprüchen aus zweiseitigen Verträgen, deren Erfüllung zur Insolvenzmasse verlangt wird (§ 55 Abs. 1 Nr. 2, 1. Alt. InsO).

578 Hat der Insolvenzverwalter nach der Eröffnung des Insolvenzverfahrens einen neuen Arbeitsvertrag geschlossen, sind die Ansprüche des neu eingestellten Arbeitnehmers auf Arbeitsentgelt aus einem Geschäft des Insolvenzverwalters entstanden und damit sonstige Masseverbindlichkeiten gem. § 55 Abs. 1 Nr. 2 InsO.

579 Die Höhe des Anspruchs auf Arbeitsentgelt für die Zeit nach Insolvenzeröffnung ergibt sich aus der jeweiligen Vereinbarung oder dem anwendbaren Tarifvertrag, der dem Arbeitsverhältnis zugrunde liegt. Der Insolvenzverwalter schuldet daher 100 % der regulären Vergütung.

580 Erst dann, wenn sich herausstellt, dass die Insolvenzmasse zwar die Kosten des Insolvenzverfahrens deckt, jedoch nicht ausreicht, um die fälligen sonstigen Masseverbindlichkeiten zu erfüllen, findet die Befriedigung der Massegläubiger nach Maßgabe der Bestimmungen des § 209 InsO statt. Ist zu diesem Zeitpunkt der Feststellung der Masseunzulänglichkeit bereits vollständiges Arbeitsentgelt für die Zeit nach Eröffnung des Insolvenzverfahrens gezahlt worden, obwohl dies bei richtiger Beurteilung nicht in voller Höhe hätte erfolgen dürfen, muss eine rückwirkende Korrektur der Abrechnung für die Zeit ab Eröffnung des Insolvenzverfahrens durchgeführt werden. Die Rückabwicklung erfolgt allerdings nur nach den Grundsätzen der ungerechtfertigten Bereicherung gem. §§ 812 ff. BGB mit der Folge, dass der Arbeitnehmer sich ggf. auf einen Wegfall der Bereicherung berufen kann[531] und dass andererseits die Geltendmachung einer Rückforderung durch Abzug von der laufenden Vergütung durch den Insolvenzverwalter nur unter Beachtung der Pfändungsfreigrenzen erfolgen kann.

581 Die Höhe des Anspruchs auf Arbeitsentgelt aus der Zeit nach der Insolvenzeröffnung kann der Insolvenzverwalter nur wie jeder andere Arbeitgeber außerhalb des Insolvenzverfahrens beeinflussen.

582 Im Falle einer Freistellung kann sich eine Situation der Anrechnung anderweitigen Einkommens gem. § 615 Satz 2 BGB ergeben. Die Anrechnung

---

531 Vgl. hierzu grundlegend BAG 18. 01. 1995 EzA § 818 BGB Nr. 8.

richtet sich nach den allg. Grundsätzen, wonach es für die Entscheidung über die Anrechnung und deren Umfang auf die zeitliche und inhaltliche Vereinbarkeit der arbeitsvertraglich geschuldeten Tätigkeit mit der Nebentätigkeit ankommt.

Ein besonderes Recht des Insolvenzverwalters zur einseitigen Freistellung in der Situation des Insolvenzverfahrens besteht nicht. Für die Möglichkeit der Freistellung durch den Insolvenzverwalter kommt es deshalb darauf an, ob eine solche Freistellung einzelvertraglich vereinbart ist, ob sie ggf. nach Ausspruch einer Kündigung möglich oder wegen eines ausnahmsweise überwiegenden Interesses des Insolvenzverwalters an der Freistellung zulässig ist. Ein solches überwiegendes Interesse des Insolvenzverwalters an der Nichtbeschäftigung kann sich in der Situation der Insolvenz ausnahmsweise dann ergeben, wenn eine Gefährdung oder Behinderung der für die ordnungsgemäße Abwicklung des Insolvenzverfahrens erforderlichen Maßnahmen durch die tatsächliche Weiterbeschäftigung des einzelnen oder einer Vielzahl von Arbeitnehmern konkret darstellbar ist. 583

Auch eine Urlaubsgewährung durch den Insolvenzverwalter kann die Höhe der Entgeltansprüche des Arbeitnehmers beeinflussen, wenn eine anwendbare tarifliche oder betriebliche Regelung eine spezielle Berechnung des Urlaubsentgelts vorsieht oder zusätzliches Urlaubsgeld zu zahlen ist. 584

Ein spezielles Recht des Insolvenzverwalters zu einer einseitigen Zuweisung des Urlaubs ohne Ausspruch einer Kündigung des Arbeitsverhältnisses für die Situation des Insolvenzverfahrens besteht ebenfalls nicht. Die Entscheidung über die zeitliche Lage des Erholungsurlaubs des Arbeitnehmers richtet sich daher nach den anwendbaren tariflichen oder betrieblichen Regelungen oder nach den Bestimmungen des Bundesurlaubsgesetzes, nach dessen § 7 Abs. 1 bei der zeitlichen Festlegung die Urlaubswünsche des Arbeitnehmers zu berücksichtigen sind, soweit diesen Urlaubswünschen nicht Urlaubswünsche anderer sozial stärker schutzbedürftiger Arbeitnehmer oder dringende betriebliche Belange entgegenstehen. 585

Auch solche dringenden betrieblichen Belange können sich ausnahmsweise aus den Notwendigkeiten der Abwicklung des Insolvenzverfahrens ergeben. 586

Kommt es nach der Eröffnung des Insolvenzverfahrens zu einer Beendigung des Arbeitsverhältnisses durch vor oder nach Eröffnung ausgesprochene Kündigung, durch Aufhebungsvereinbarung oder durch Fristablauf und konnte der Urlaub wegen Beendigung des Arbeitsverhältnisses zuvor ganz oder teilweise nicht mehr gewährt werden, besteht ein Anspruch auf Urlaubsabgeltung, der in voller Höhe sonstige Masseverbindlichkeit gem. § 55 Abs. 1 Nr. 2 InsO ist. 587

Eisenbeis/Mues

2. Geltendmachung der Entgeltansprüche aus der Zeit nach der Insolvenzeröffnung

a) Außergerichtliche Geltendmachung

588 Da es sich bei den Ansprüchen aus der Zeit nach der Insolvenzeröffnung um sonstige Masseverbindlichkeiten gem. § 55 Abs. 1 Nr. 2 InsO handelt, sind diese gem. § 53 InsO aus der Insolvenzmasse vorweg zu berichtigen.

589 Die Geltendmachung in einem separaten Verfahren, etwa die Anmeldung zur Insolvenztabelle ist für diese Masseverbindlichkeiten nicht erforderlich. Allerdings gelten auch für diese sonstigen Masseverbindlichkeiten die allgemeinen Verfallklauseln aus Tarifverträgen oder ggf. auch aus Einzelarbeitsverträgen. Wenn der Insolvenzverwalter daher die Ansprüche auf Arbeitsentgelt nicht befriedigt, muss der Arbeitnehmer zur Erhaltung seiner Ansprüche die in vertraglichen oder tariflichen Bestimmungen vorgesehene Frist zur Geltendmachung einhalten. Insofern ergibt sich keine Änderung der Situation gegenüber dem normalen Arbeitsverhältnis außerhalb des Insolvenzverfahrens.

Zur Berichtigung der sonstigen Masseverbindlichkeiten ist der Insolvenzverwalter im Übrigen verpflichtet, selbst die Initiative zur ordnungsgemäßen Abwicklung zu ergreifen.

b) Gerichtliche Geltendmachung

590 Bei Erhebung der Zahlungsklage nach Insolvenzeröffnung kann der Insolvenzverwalter gegenüber dem Klageanspruch eine drohende Masseunzulänglichkeit einwenden mit der Folge, dass ein Leistungsurteil nicht ergehen darf und der Anspruch lediglich im Rahmen eines Feststellungstenors zuerkannt werden darf.[532]

3. Arbeitsentgeltbegriff

591 Soweit Ansprüche auf Entgelt aus einem Arbeitsverhältnis betroffen sind, entspricht der in § 55 Abs. 1 Nr. 2 InsO verwendete Begriff der Verbindlichkeit aus einem gegenseitigen Vertrag inhaltlich dem Begriff des Arbeitsentgelts i. S. v. § 183 Abs. 1 SGB III.

---

532 BAG 31. 01. 1979 EzA § 60 KO Nr. 1.

IV. Abfindungen

Für die insolvenzrechtliche Behandlung eines Anspruchs des Arbeitnehmers auf Zahlung einer Abfindung anlässlich der Beendigung des Arbeitsverhältnisses ist eine Differenzierung nach der Rechtsgrundlage der Abfindung sowie nach dem Zeitpunkt der Entstehung des Anspruchs erforderlich. 592

Abfindungsansprüche können sich sowohl vor wie auch nach Eröffnung des Insolvenzverfahrens aus folgenden Rechtsgrundlagen ergeben: 593

- einzelvertragliche Vereinbarung,
- Prozessvergleich im Kündigungsschutzprozess,
- Auflösungsurteil gem. §§ 9, 10 KSchG im Kündigungsschutzprozess,
- Nachteilsausgleich gem. § 113 Abs. 3, Abs. 1 BetrVG,
- Sozialplan gem. § 112 Abs. 4, Abs. 5 BetrVG.

1. Sozialplanabfindung

Die insolvenzrechtliche Behandlung der Sozialplanabfindung ist nunmehr in den §§ 123 u. 124 InsO abschließend geregelt. 594

Die frühere Regelung des Gesetzes über den Sozialplan im Insolvenz- und Vergleichsverfahren gilt nicht mehr.

Die Formulierung in § 123 Abs. 2 Satz 1 InsO »Verbindlichkeiten aus einem solchen Sozialplan« erfasst auch und in erster Linie Ansprüche auf Zahlung einer Abfindung.

Nach § 123 Abs. 2 Satz 2 InsO darf für die Berichtigung derartiger Sozialplanforderungen insgesamt nicht mehr als 1/3 der Insolvenzmasse verwendet werden, die ohne einen Sozialplan für die Verteilung an die Insolvenzgläubiger zur Verfügung stünde. Wenn der Gesamtbetrag aller Forderungen aus einem Sozialplan, also neben den Abfindungsansprüchen auch sonstige finanzielle Ansprüche der anspruchsberechtigten Arbeitnehmer aus dem Sozialplan diese Grenze von 1/3 der Insolvenzmasse übersteigt, werden die einzelnen Forderungen anteilig gekürzt.

Die Höhe des Abfindungsanspruchs ergibt sich aus dem jeweiligen Sozialplan. Der Sozialplan ist in seiner Gesamtdotierung gem. § 123 Abs. 1 InsO auf den Gesamtbetrag von bis zu 2 1/2 Monatsverdiensten der von einer Entlassung betroffenen Arbeitnehmer begrenzt. Für die Berechnung der Monatsverdienste findet die Bestimmung des § 10 Abs. 3 des Kündigungsschutzgesetzes entsprechende Anwendung.

Abfindungsansprüche aus einem Sozialplan, der vor der Eröffnung des Insolvenzverfahrens, jedoch nicht früher als 3 Monate vor dem Eröffnungsantrag aufgestellt worden ist, unterliegen der Möglichkeit eines Widerrufs durch den Insolvenzverwalter oder alternativ auch durch den Betriebsrat gem. § 124 Abs. 1 InsO.

Eine Rückforderung von bereits erfolgten Zahlungen auf Abfindungen aus einem solchen Sozialplan findet im Falle des Widerrufs allerdings gem. § 124 Abs. 3 Satz 1 InsO nicht statt.

Wird der vor der Verfahrenseröffnung innerhalb des 3-Monats-Zeitraums vor dem Eröffnungsantrag aufgestellte Sozialplan widerrufen, können die betroffenen Arbeitnehmer in einem Sozialplan gem. § 123 InsO Ansprüche erhalten.

595 Für den Zweck von Sozialplanansprüchen hat das BAG, orientiert an der gesonderten Regelung des § 112 Abs. 1 BetrVG, zutreffend erkannt: »Sozialplanansprüche sind ihrem Zweck nach keine Entschädigung für den Verlust des Arbeitsplatzes«.[533]

596 Das BAG weist zutreffend darauf hin, dass nach der Vorgabe in § 112 Abs. 1 BetrVG Sozialplanregelungen dem Ausgleich oder der Minderung wirtschaftlicher Nachteile zu dienen haben, die den Arbeitnehmern infolge der Betriebsänderung künftig entstehen. Diese Leistungen aus Sozialplänen haben damit eine Ausgleichs- und Überbrückungsfunktion und stellen keine Entschädigungen dar.[534]

597 Ein Anspruch auf Insolvenzgeld wegen einer nicht gezahlten Sozialplanabfindung kann auch dann nicht entstehen, wenn die Beendigung des Arbeitsverhältnisses im Insolvenzgeld-Zeitraum vor Insolvenzeröffnung erfolgt und der Anspruch zu diesem Zeitpunkt entstanden ist. Dies ergibt sich aus § 184 Abs. 1 Nr. 1 SGB III, wonach Ansprüche wegen der Beendigung des Arbeitsverhältnisses und Ansprüche für die Zeit nach der Beendigung des Arbeitsverhältnisses einen Anspruch auf Insolvenzgeld nicht begründen können. Da es sich bei dem in § 112 Abs. 1 BetrVG vorgegebenen Zweck der Sozialplanabfindung um einen Ausgleich künftig entstehender wirtschaftlicher Nachteile handelt, können Sozialplanabfindungen nicht als rückständige Ansprüche aus einem Arbeitsverhältnis angesehen werden.

2.   Anspruch auf Nachteilsausgleich (§ 113 Abs. 3 BetrVG)

598 Ein Anspruch auf Zahlung einer Abfindung aus § 113 Abs. 3 i. V. m. Abs. 1 BetrVG entsteht dann, wenn entweder vor Insolvenzeröffnung der Schuldner oder nach Insolvenzeröffnung der Insolvenzverwalter es unterlassen, den erforderlichen Versuch zur Herbeiführung eines Interessenausgleichs

---

533 BAG 09. 11. 1994 EzA § 112 BetrVG 1972 Nr. 78.
534 BAG 09. 11. 1994 EzA § 112 BetrVG 1972 Nr. 78.

vor der Durchführung einer Betriebsänderung (regelmäßig Betriebsstillegung oder Betriebsteilstillegung) überhaupt oder bis zu der erforderlichen Durchführung der Sitzung einer Einigungsstelle zu betreiben.[535]

Aus dem Sanktionscharakter des Anspruchs auf einen Nachteilsausgleich ergibt sich, dass der Anspruch sich durch die Verhaltensweise entweder des Schuldners vor Insolvenzeröffnung oder des Insolvenzverwalters nach Insolvenzeröffnung im Umgang mit seinem Betriebsrat ergibt und der Anspruch zu dem Zeitpunkt entsteht, zu welchem der Unternehmer mit der Durchführung der Betriebsänderung beginnt, ohne zuvor das erforderliche Verfahren der Abstimmung zum Zwecke der Herbeiführung eines Interessenausgleichs mit dem Betriebsrat bis in eine Einigungsstellensitzung oder bis zum Ablauf der Fristen gem. §§ 113 Abs. 3 Satz 2 u. 3 BetrVG betrieben zu haben. Bei einer Betriebsstillegung oder Betriebsteilstillegung ist dieser Zeitpunkt regelmäßig mit dem Zeitpunkt des Ausspruchs von Kündigungen identisch, wenn ein Interessenausgleichsverfahren vor Ausspruch dieser Kündigungen noch nicht bis in eine Sitzung einer Einigungsstelle betrieben wurde.

599

Werden die Handlungen zur Durchführung einer Betriebsänderung durch den Insolvenzverwalter nach Insolvenzeröffnung begangen, sind sich daraus ergebende Ansprüche auf Nachteilsausgleich Masseverbindlichkeiten i. S. v. § 55 Abs. 1 Nr. 2 InsO, da es keinen Unterschied macht, ob der Insolvenzverwalter selbst einen Sozialplan nach der Insolvenzeröffnung abschließt oder die Ansprüche auf Nachteilsausgleich verursacht.[536]

600

Werden die Handlungen zur Durchführung einer Betriebsänderung ohne Versuch eines Interessenausgleichs vor der Eröffnung des Insolvenzverfahrens durch den Schuldner begangen, bleiben spätere Ansprüche auf Nachteilsausgleich einfache Insolvenzforderungen.

Insolvenzgeld kann auch für einen Anspruch auf Nachteilsausgleich nicht verlangt werden, da der Nachteilsausgleich gem. § 113 Abs. 2 BetrVG wegen der Beendigung des Arbeitsverhältnisses entsteht und auf den Ausgleich der Nachteile gerichtet ist, die sich für den Arbeitnehmer nach dem Ende des Arbeitsverhältnisses ergeben. Der Insolvenzgeldfähigkeit steht damit ebenfalls § 184 Abs. 1 Nr. 1 SGB III entgegen.

601

3. Abfindung aus einem Auflösungsurteil (§ 9 KSchG)

Nach § 9 Abs. 1 KSchG kann das Gericht im Kündigungsschutzprozess sowohl auf den Antrag des Arbeitnehmers wie auch auf den Antrag des Arbeitgebers unter bestimmten Voraussetzungen das Arbeitsverhältnis auflösen und den Arbeitgeber zur Zahlung einer angemessenen Abfindung verur-

602

---

535 BAG 08. 11. 1988 EzA § 113 BetrVG 1972 Nr. 18.
536 So auch BAG DB 1998 138, 139.

teilen, wenn zuvor festgestellt ist, dass das Arbeitsverhältnis durch die Kündigung nicht aufgelöst ist.

603 Im Unterschied zur Sozialplanabfindung und auch zur Abfindung als Nachteilsausgleich ist in diesem Falle ein rechtswidriges Verhalten des Arbeitgebers durch Ausspruch einer sozial ungerechtfertigten Kündigung Voraussetzung des Auflösungsurteils.

604 Für den zeitlichen Anknüpfungspunkt zur Entscheidung über die insolvenzrechtliche Behandlung des Abfindungsanspruchs aus einem Auflösungsurteil ist schon fraglich, an welchen Zeitpunkt angeknüpft werden sollte: Entstehung der Auflösungsgründe, Stellung des Auflösungsantrags, Erlass des Urteils oder Rechtskraft des Urteils.

605 Ist die sozial ungerechtfertigte Kündigung erst nach Insolvenzeröffnung durch den Insolvenzverwalter ausgesprochen worden, ist der Abfindungsanspruch aus einem Auflösungsurteil in einem über diese Kündigung geführten Kündigungsschutzprozess stets sonstige Masseverbindlichkeit nach § 55 Abs. 2 Nr. 1 InsO.[537]

606 Der Erlass des Auflösungsurteils vor Eröffnung des Insolvenzverfahrens soll nach h. M. zur Folge haben, dass der Abfindungsanspruch aus dem Auflösungsurteil stets nur einfache Insolvenzforderung ist.[538] Diese Auffassung hat zur Folge, dass auch alle übrigen zeitlich früheren Anknüpfungspunkte stets nur zu einer einfachen Insolvenzforderung führen können.

607 Eine weitergehende Differenzierung für die Entscheidung über die insolvenzrechtliche Behandlung danach, auf wessen Antrag das Auflösungsurteil ergeht oder welche Partei die Auflösungsgründe verursacht hat, erscheint aus Gründen der Rechtssicherheit nicht vertretbar.

608 Auch der Abfindungsanspruch aus einem Auflösungsurteil ist nicht insolvenzgeldfähig (§ 184 Abs. 1 Nr. 1 SGB III), da die Auflösung des Arbeitsverhältnisses durch das Urteil des Gerichts den Abfindungsanspruch erst auslöst und daher diese Abfindung ein Anspruch wegen der Beendigung des Arbeitsverhältnisses ist es sich im Übrigen auch wiederum Entschädigungen »als Ersatz für entgangene oder entgehende Einnahmen« (§ 24 Satz 1 Nr. 1 a EStG) handelt.

---

537 KR-Weigand, § 22 KO Rdnr. 38.
538 BAG 13. 08. 1980 EzA § 59 KO Nr. 10.

V. Bezüge aus dem Dienstverhältnis

1. Normzweck

Ein Ziel der Insolvenzordnung ist die Restschuldbefreiung gem. §§ 286 ff. InsO. Danach sollen natürliche Personen, wenn sie dessen »würdig« sind, unter bestimmten Voraussetzungen von ihren Schulden befreit werden, sofern die Verbindlichkeiten im Insolvenzverfahren ungedeckt geblieben sind. In diesem Rahmen ist eine siebenjährige »Wohlverhaltensperiode« vorgesehen, während der die laufenden pfändbaren Einkünfte des Schuldners an die Insolvenzgläubiger verteilt werden. Dieses System der Restschuldbefreiung setzt voraus, dass die laufenden Bezüge während einer längeren Zeit nach Verfahrensbeendigung für die Verteilung an die Insolvenzgläubiger zur Verfügung stehen. Daher werden die regelmäßig vorliegenden Vorausabtretungen, Verpfändungen und Pfändungen der Bezüge in ihrer Wirksamkeit zwar nicht aufgehoben, aber zeitlich beschränkt.

609

Für den gleichen Drei-Jahres-Zeitraum, für den eine Abtretung oder Verpfändung der Bezüge wirksam ist, ist nach Abs. 2 eine Aufrechnung gegen die Forderung auf Zahlung der Bezüge zulässig.

§ 114 Abs. 3 schränkt die Wirksamkeit einer vor Verfahrenseröffnung erfolgten Zwangsvollstreckung in die Bezüge des Schuldners stark ein; die Pfändung hat nur für rund einen Monat nach der Verfahrenseröffnung Bestand. Damit soll der eher zufällige Vorsprung eines Gläubigers vor den übrigen wieder rückgängig gemacht werden.

2. Wirksamkeit von Vorausverfügungen

a) Verfügungen vor Verfahrenseröffnung

§ 114 Abs. 1 setzt voraus, dass der Schuldner vor Verfahrenseröffnung über eine Forderung für die spätere Zeit auf Bezüge aus einem Dienstverhältnis oder an deren Stelle tretende laufende Bezüge verfügt hat. Nach Verfahrenseröffnung sind solche Verfügungen unwirksam, und zwar auch für die Zeit nach Verfahrensbeendigung, wie ausdrücklich § 81 Abs. 2 Satz 1 InsO i. V. m. Abs. 1 bestimmt. Ausgenommen ist lediglich das Abtretungsrecht des Schuldners an den Treuhänder im Rahmen der Restschuldbefreiung für die siebenjährige »Wohlverhaltensperiode« nach Aufhebung des Insolvenzverfahrens (§ 81 Abs. 2 Satz 2 i. V. m. § 287 Abs. 2 Satz 1 InsO).

610

Hat der Schuldner am Tag der Eröffnung des Verfahrens verfügt, greift die widerlegbare Vermutung des § 81 Abs. 3 InsO ein, wonach nach der Eröffnung des Verfahrens verfügt wurde.[539]

611

---

[539] Zu dem Begriff der Verfügung und namentlich zu der Ersetzung des Begriffs »Rechts-

b) Dienstverhältnis

612 Der Begriff des Dienstverhältnisses ist gleichbedeutend mit demjenigen in § 113 InsO. Er ist entsprechend der Terminologie der §§ 621, 622 BGB der Oberbegriff für das Arbeitsverhältnis und für das Vertragsverhältnis über die Leistung von Diensten anderer Art.

c) Bezüge

613 Von dem Begriff der Bezüge aus einem Dienstverhältnis oder an deren Stelle tretende laufende Bezüge werden nicht nur alle Arten von Arbeitseinkommen i. S. d. § 850 ZPO erfasst, sondern insbesondere auch die Renten und die sonstigen laufenden Geldleistungen der Träger der Sozialversicherung und der Bundesanstalt für Arbeit im Falle des Ruhestands, der Erwerbsunfähigkeit oder der Arbeitslosigkeit. Das Arbeitsentgelt eines Strafgefangenen für im Strafvollzug geleistete Arbeit (§ 43 StVollzG) gehört ebenfalls zu diesen Bezügen. Unter den Begriff der »Bezüge« fallen damit die Vergütungen für Dienstleistungen aller Art, die die Erwerbstätigkeit des Schuldners vollständig oder zu einem wesentlichen Teil in Anspruch nehmen. Unerheblich ist, ob Entgelte aufgrund eines freien oder eines abhängigen Dienstvertrages gewährt werden. Es muss sich allerdings um wiederkehrend zahlbare Vergütungen für (selbstständige oder unselbstständige) Dienste handeln, die die Existenzgrundlage des Dienstpflichtigen bilden, weil sie seine Erwerbstätigkeit ganz oder zu einem wesentlichen Teil in Anspruch nehmen.[540] Die Karenzentschädigung nach §§ 74 ff. HGB zählt ebenso zu den Bezügen wie der Ausgleichsanspruch eines Handelsvertreters gem. §§ 87, 89 b, 90 a HGB.[541]

614 Nicht zu den Bezügen zählen Schadenersatzleistungen, z. B. für vorzeitige Vertragsbeendigung (§ 628 Abs. 2 BGB) oder Abfindungen.[542]

615 Da das Gesetz nur Bezüge für die spätere Zeit erfasst, fallen rückständige Bezüge aus dem Dienstverhältnis oder an deren Stelle tretende Bezüge nicht in den Anwendungsbereich der Vorschrift. Verfügungen über bei Verfahrenseröffnung bereits entstandene Ansprüche sind in ihrer Wirksamkeit nicht eingeschränkt.[543]

---

handlung« in § 7 KO gegen den Begriff »Verfügungen« in § 81 vgl. ausführlich von Olshausen, ZIP 1998, 1093 ff.
540 BAG AP Nr. 2 zu § 850 ZPO = NJW 1962, 1221; BGH MDR 1978, 387 = NJW 1978, 756; BGHZ 96, 324 = BGH JZ 1985, 498.
541 Wegen der Einzelheiten vgl. Zöller/Stöber, Kommentar zur ZPO, 20. Aufl., § 850 Rdnr. 2 ff.
542 Vgl. Schaub a. a. O., § 66 I 1 b, Kübler/Prütting, a. a. O., § 114 Rdnr. 12.
543 Nerlich/Römermann, a. a. O., § 114 Rdnr. 30.

d) Drei-Jahres-Zeitraum

Um die vertraglichen Sicherheiten an den laufenden Bezügen nicht zu entwerten, sieht Abs. 1 vor, dass Abtretungen und Verpfändungen für eine Zeit von drei Jahren nach der Eröffnung des Insolvenzverfahrens wirksam sind; erst für die Folgezeit stehen die Bezüge des Schuldners für eine Verteilung an die Gesamtheit der Insolvenzgläubiger zur Verfügung. Hierbei hat der Gesetzgeber nicht verkannt, dass in dieser Regelung eine erhebliche Einschränkung der Rechtsstellung des gesicherten Gläubigers liegt. Andererseits ging er davon aus, dass der wirtschaftliche Wert seiner Sicherheit regelmäßig dadurch erhöht wird, dass der Schuldner durch die Aussicht auf die Restschuldbefreiung stärker motiviert ist, einer geregelten Arbeit nachzugehen, und durch die Wohlverhaltensobliegenheiten in der Zeit bis zur Restschuldbefreiung davon abgehalten wird, sein Arbeitsverhältnis oder einen Teil der erzielten Einkünfte zu verheimlichen.

616

War der Schuldner bereits vor dem 01. 01. 1997 zahlungsunfähig, so verkürzt sich die Dauer der Wirksamkeit von Verfügungen nach Abs. 1 von drei auf zwei Jahre, Art. 107 EGInsO.

Die Dauer der Wohlverhaltensperiode für die Restschuldbefreiung verkürzt sich in diesen Fällen von sieben auf fünf Jahre.

3. Aufrechnung

a) Im Insolvenzverfahren

Für den gleichen Zeitraum, für den eine Abtretung oder Verpfändung der Bezüge wirksam ist, ist nach § 114 Abs. 2 eine Aufrechnung gegen die Forderung auf Zahlung der Bezüge zulässig. Die Aufrechnungsbefugnis wird somit in gleichem Umfang respektiert wie eine Vorausabtretung. So ist z. B. der Arbeitgeber, der seinem Arbeitnehmer vor der Eröffnung des Insolvenzverfahrens ein Darlehen gegeben hat, ebenso geschützt wie ein anderer Darlehensgeber, dem der Arbeitnehmer die Forderung auf seine künftigen Bezüge zur Sicherheit abgetreten hat. Auch mit sonstigen Forderungen, etwa mit Schadenersatzforderungen aus dem Arbeitsverhältnis, kann der Arbeitgeber aufrechnen; dies gilt allerdings nur, soweit die §§ 95 und 96 Nrn. 2 bis 4 InsO nicht entgegenstehen. Bei einem Zusammentreffen von Pfändung oder Abtretung der Bezüge einerseits und Aufrechnungsbefugnis des zur Zahlung der Bezüge Verpflichteten andererseits gelten die allgemeinen Vorschriften des Bürgerlichen Gesetzbuchs (§§ 392, 406). Soweit eine Aufrechnung nicht zulässig ist, kann nach allgemeinen Grundsätzen auch ein Zurückbehaltungsrecht nicht ausgeübt werden.

617

b) Nach Beendigung des Insolvenzverfahrens

618 § 294 Abs. 3 InsO bestimmt, dass der Verpflichtete gegen die Forderung auf die Bezüge, die von der Abtretungserklärung an den Treuhänder erfasst werden, mit einer Forderung gegen den Schuldner nur aufrechnen kann, soweit er bei einer Fortdauer des Insolvenzverfahrens nach § 114 Abs. 2 InsO zur Aufrechnung berechtigt wäre; mit anderen Worten: Konnte der Verpflichtete nach Abs. 2 aufrechnen, steht ihm auch nach Beendigung des Insolvenzverfahrens in der anschließenden Wohlverhaltensperiode ein Aufrechnungsrecht zu. Erwirbt der Arbeitgeber neue Forderungen gegen den Schuldner, so ist die Aufrechnung bis zum Ende der Wohlverhaltensperiode ganz ausgeschlossen, § 114 Abs. 2 Satz 2 i. V. m. § 96 Ziff. 4 InsO. Eine Aufrechnung gegen den unpfändbaren Teil der Bezüge, den die Abtretung an den Treuhänder nicht erfasst, wird durch die Regelung nicht ausgeschlossen; eine solche Aufrechnung kommt nach den in der Rspr. entwickelten Grundsätzen zur Auslegung des § 394 BGB in Betracht, wenn der Schuldner seinem Arbeitgeber vorsätzlich Schaden zufügt.[544] Danach ist stets anhand der Umstände des Einzelfalles zu untersuchen, ob und inwieweit der den gesetzlichen Aufrechnungsgrenzen zu entnehmende Sozialschutz gegenüber den schützenswerten Interessen des Geschädigten zurücktreten muss. Hierbei sind die Interessen des Berechtigten auf der einen und das Ausgleichsinteresse des geschädigten Arbeitgebers auf der anderen Seite miteinander abzuwägen. Die individuellen Schutzinteressen des Schädigers müssen jedenfalls dann zurücktreten, wenn der vorsätzlich verursachte Schaden so hoch ist, dass er ihn unter normalen Umständen nicht ausgleichen kann, falls ihm der pfändungsfreie Teil seines Einkommens verbleibt. Wird in Versorgungsansprüche eingegriffen, so darf im Interesse der Allgemeinheit die Aufrechnung nicht dazu führen, dass der Anspruchsberechtigte auf Sozialhilfe angewiesen ist, so dass die Schadenersatzansprüche bei wirtschaftlicher Betrachtung teilweise aus Mitteln der öffentlichen Hand befriedigt werden. Dem Schädiger muss deshalb das Existenzminimum verbleiben, das in Anlehnung an § 850 d ZPO unter Berücksichtigung sonstiger Einkünfte zu ermitteln ist.[545]

c) Geltung der §§ 95, 96 Nrn. 2 bis 4

619 § 114 Abs. 2 Satz 2 bestimmt, dass die §§ 95 und 96 Nrn. 2 bis 4 InsO bei der Aufrechnung gem. Satz 1 zu beachten sind. Wegen der Einzelheiten darf auf die dortigen Erläuterungen verwiesen werden. Die Aufrechnung durch einen Insolvenzgläubiger ist danach nicht möglich, wenn die Gegenforderung erst nach der Verfahrenseröffnung begründet worden ist (Nr. 1) oder wenn der Gläubiger die Forderung erst nach der Verfahrenseröffnung erworben hat (Nr. 2), bzw. wenn die Aufrechnungslage vor der Verfahrenser-

---

544 BAG NJW 1960, 1589 ff.; BAG NJW 1965, 70 ff.; BAG 18. 03. 1997 AP Nr. 30 zu § 394 BGB.
545 BAG 18. 03. 1997 a. a. O.

öffnung in einer Weise herbeigeführt worden ist, die den Insolvenzverwalter gegenüber dem Gläubiger zur Insolvenzanfechtung berechtigt (Nr. 3). § 96 Nr. 4 InsO betrifft den Fall, dass nach der Eröffnung des Insolvenzverfahrens eine Forderung gegen den Schuldner persönlich begründet worden ist. Dass eine solche Forderung nicht gegen eine Forderung, die zur Insolvenzmasse gehört, aufgerechnet werden kann, entspricht der Trennung von Insolvenzmasse und freiem Vermögen des Schuldners.

4. Verfügung im Wege der Zwangsvollstreckung

§ 114 Abs. 3 bestimmt, dass eine Verfügung über die Bezüge für die spätere Zeit, die im Wege der Zwangsvollstreckung vor Eröffnung des Verfahrens erfolgt ist, nur wirksam ist, soweit sie sich auf die Bezüge für den zur Zeit der Eröffnung des Verfahrens laufenden Kalendermonat bezieht. Ist die Eröffnung nach dem 15. Tag des Monats erfolgt, so ist die Verfügung auch für den folgenden Kalendermonat wirksam (Satz 2). Mit dieser starken Einschränkung der Wirksamkeit einer Pfändung der Bezüge soll der häufig zufällige Vorsprung eines Gläubigers vor den übrigen wieder gegenstandslos gemacht werden. Satz 3 behält die noch weitergehende Wirkung der »Rückschlagsperre« vor: Gem. § 88 InsO wird ein Pfändungspfandrecht, das nicht früher als einen Monat vor dem Eröffnungsantrag erlangt worden ist, durch die Eröffnung des Verfahrens rückwirkend unwirksam. Unberührt bleiben allerdings gem. Satz 3 2. HS die Vollstreckungsmaßnahmen von Unterhalts- und Deliktsgläubigern in den erweitert pfändbaren Teil der Bezüge. Soweit danach Vollstreckungsmaßnahmen dieser Gläubiger wirksam vorgenommen werden können, sind nach allgemeinen Grundsätzen auch Abtretungserklärungen zugunsten dieser Gläubiger wirksam (Vgl. § 400 BGB).

620

5. Rechtsbehelf

Werden Einwendungen gegen die Zulässigkeit einer Zwangsvollstreckung in künftige Forderungen auf Bezüge aus einem Dienstverhältnis des Schuldners oder an deren Stelle tretende laufende Bezüge geltend gemacht, so ist wie nach allgemeinem Vollstreckungsrecht die Erinnerung statthaft. Über diese entscheidet nach § 89 Abs. 3 InsO allerdings nicht das Vollstreckungsgericht, sondern aus Gründen der Sachnähe das Insolvenzgericht. Einstweilige Anordnungen können ebenfalls vom Insolvenzgericht erlassen werden (§ 89 Abs. 3 Satz 2 InsO).

621

8. KAPITEL – STEUERRECHT IN DER INSOLVENZ

Inhalt

Seite

A. Grundsätzliche Auswirkungen der Insolvenzordnung auf das Steuerrecht . 855

    I.   Allgemeines 855

    II.   Eröffnung des Insolvenzverfahrens. 856

        1. Eröffnungsgründe 857
        2. Antrag 857

    III.   Die Stellung des Steuergläubigers nach dem Verfahren der InsO . 860

        1. Der Steuergläubiger nach der InsO 860
        2. Der Massegläubiger nach der InsO. 861
        3. Insolvenzfreies Vermögen 862
        4. Aufrechnung durch den Steuergläubiger 863
        5. Sicherungsmaßnahmen vor Eröffnung des Insolvenzverfahrens,
            Bestellung eines vorläufigen Insolvenzverwalters 866
        6. Die Stellung des Steuerschuldners nach der Eröffnung des
            Insolvenzverfahrens 867
        7. Abweisung der Insolvenzeröffnung 869

    IV.   Die vor Eröffnung des Insolvenzverfahrens begründeten
          Steuerforderungen und Erstattungsansprüche. 869

        1. Forderungen im Verfahren nach der InsO 869
           a) Einkommensteuer- und Körperschaftsteuervorauszahlungen 871
           b) Einkommen- und Körperschaftsteuerjahresschuld 872
           c) Lohnsteuerforderungen. 872
           d) Gewerbesteuer 873
           e) Umsatzsteuer 873
           f) Grunderwerbsteuer 876
           g) Kraftfahrzeugsteuer 876
           h) Investitionszulage 876
           i) Erstattungsanspruch 877
           j) Haftungsansprüche 878
        2. Nicht fällige Forderungen 878

    V.   Anmeldung von Steuerforderungen 879

    VI.   Der Prüfungstermin 879

VII.	Die Wirkungen des Insolvenzverfahrens auf das Besteuerungsverfahren	880
	1. Allgemeines..	880
	2. Steuerermittlungs- und Steueraufsichtsverfahren	881
	3. Steuerfestsetzungsverfahren und Steuerfeststellungsverfahren...	882
	4. Außergerichtliches Rechtsbehelfsverfahren, Aussetzung der Vollziehung...	885
	5. Stundungs- und Vollstreckungsverfahren...................	887
	6. Erlass und Bekanntgabe von Steuerverwaltungsakten..........	887
	7. Widerspruch wegen Steuerforderungen	888
	a) Nichttitulierte Forderung.............................	889
	b) Titulierte Forderungen..............................	891
	c) Widerspruch des Schuldners	893
VIII.	Die Vorrechte im Verfahren nach der InsO.....................	894
IX.	Die während des Insolvenzverfahrens entstehenden Steuerforderungen	895
	1. Einkommensteuer	896
	2. Körperschaftsteuer.....................................	896
	3. Lohnsteuer	897
	4. Umsatzsteuer	897
	5. Gewerbesteuer	897
	6. Grunderwerbsteuer	898
	7. Grundsteuer	898
	8. Kraftfahrzeugsteuer	899
	9. Investitionszulage......................................	899
	10. Vollstreckung des Finanzamtes wegen Masseforderungen	899
	11. Masseunzulänglichkeit..................................	900
X.	Steuerforderungen nach Abschluss des Insolvenzverfahrens	901

B. Behandlung der Einzelsteuer im Verfahren nach der InsO................ 902

I.	Einkommensteuer	902
	1. Ermittlung des zu versteuernden Einkommens...............	902
	2. Begriff des Einkommens in der Insolvenz	903
	3. Die Aufteilung auf Steuerinsolvenzforderung und Steuermasseforderung...	905
	4. Einkommensteuer-Vorauszahlungen	907
	5. Versteuerung der stillen Reserven.........................	908
	6. Zusammenveranlagung mit dem Ehegatten des Schuldners	909
	7. Einkommensteuer bei abgesonderter Befriedigung............	910
	8. Insolvenzverfahren und Organschaftsverhältnis sowie Betriebsaufspaltung..	912
II.	Körperschaftsteuer...	912
III.	Lohnsteuer	914
	1. Insolvenzverfahren des Arbeitnehmers	914
	2. Insolvenzverfahren des Arbeitgebers	915
	3. Besteuerung von Insolvenzausfallgeld	917

Boochs

IV.	Gewerbesteuer		919
V.	Umsatzsteuer		922
	1.	Allgemeines	922
	2.	Begründetheit einer Umsatzsteuerforderung i. S. d. § 38 InsO	923
	3.	Einfluss der Eröffnung des Insolvenzverfahrens auf den laufenden Voranmeldungszeitraum	924
	4.	Die zwei umsatzsteuerlichen Tätigkeitsbereiche in der Insolvenz	925
	5.	Schuldner und Insolvenzverwalter sind Unternehmer	926
	6.	Vorsteuer in der Insolvenz	928
		a) Vorsteuerberichtigungsanspruch gemäß § 17 Abs. 2 UStG bei unbezahlten Rechnungen	929
		b) Vorsteuerberichtigungsanspruch im Fall der Aussonderung (§ 47 InsO) wegen Warenlieferung unter Eigentumsvorbehalt	931
		c) Vorsteuerberichtigungsanspruch gemäß § 15 a UStG bei Änderung der Verhältnisse	932
		d) Halbfertige Arbeiten, nicht vollständig erfüllte Verträge	934
		e) Halbfertige Arbeiten bei Werkverträgen über Bauleistungen	936
	7.	Verwertung von Sicherungsgut, Absonderungsrecht	938
		a) Verwertung des Sicherungsgutes durch den Insolvenzverwalter	939
		b) Verwertung des Sicherungsguts durch den Sicherungsnehmer (Gläubiger)	940
	8.	Vorsteuerabzug aus Rechnungen über eigene Leistungen eines Insolvenzverwalters	944
	9.	Umsatzsteuerliche Organschaft	945
VI.	Grunderwerbsteuer		946
VII.	Kraftfahrzeugsteuer		947
VIII.	Investitionszulage		948
IX.	Grundsteuer		949
X.	Nebenforderungen, Säumniszuschläge, Verspätungszuschläge, Zinsen		949
C. Rechte und Pflichten des Insolvenzverwalters im Besteuerungsverfahren			950
I.	Steuererklärungspflicht von Insolvenzverwaltern		950
II.	Berichtigung von Steuererklärungen		952
III.	Umsatzsteuerliche Stellung des Insolvenzverwalters		953
IV.	Vergütung des Insolvenzverwalters		953
V.	Haftung des Insolvenzverwalters		953
	1.	Haftung nach Steuerrecht	954
	2.	Haftung nach Insolvenzrecht	955
D. Steuerfreie Sanierungsgewinne			955

E. Vorläufige Insolvenzverwaltung 956

F. Insolvenzplan 957

G. Verbraucherinsolvenzverfahren 958

    I.   Außergerichtlicher Einigungsversuch 959

    II.   Schuldenbereinigungsverfahren 959

    III.   Entscheidung über den Schuldenbereinigungsplan 960

    IV.   Durchführung des vereinfachten Verfahrens 961

H. Restschuldbefreiung. 962

J. Eigenverwaltung 963

K. Besonderheiten und Einzelfragen 964

    I.   Steuergeheimnis 964

    II.   Auswirkungen der Schweigepflicht der mit Steuerangelegenheiten des Schuldners befassten Personen 965

    III.   Besteuerung des Veräußerungs- und Betriebaufgabegewinns 965

    IV.   Insolvenzrechtliche Probleme der Personengesellschaften. 968

    V.   Verlustausgleich und Verlustabzug 969

    VI.   Haftung von Gesellschaftern oder Geschäftsführern 970

        1. Voraussetzung der Haftung nach § 69 AO 971
        2. Haftungszeitraum 972
        3. Umfang der Haftung 972
        4. Quotenermittlung 973
        5. Haftung für Lohnsteuer. 974

    VII.   Zinsabschlag in der Insolvenz 976

    VIII. Auflösungsverluste wesentlich beteiligter Gesellschafter gemäß § 17 Abs. 4 EStG 978

        1. Persönlicher Geltungsbereich 978
        2. Voraussetzungen des § 17 Abs. 1–4 EStG. 979
        3. Auflösungsverluste bei Darlehen gemäß § 17 EStG 980
           a) Risikobehaftetes Darlehen 980
           b) Zunächst krisenfreie, später risikobehaftete Darlehen 980
           c) Fremdwährungsdarlehen als nachträgliche Anschaffungskosten auf eine Beteiligung gemäß § 17 EStG 982
        4. Auflösungsverluste bei Bürgschaften gemäß § 17 EStG 982
           a) Risikobehaftete Bürgschaft 982
           b) Zunächst krisenfreie, später risikobehaftete Bürgschaften ... 983
           c) Rückgriffs- und Ausgleichsansprüche 984
           d) Drittaufwand 984
           e) Zeitpunkt der Bürgschaftsübernahme 984

		f) Zeitpunkt der Berücksichtigung von Auflösungsverlusten...	985
	5.	Nachträgliche Werbungskosten bei der Einkunftsart Kapitalvermögen	985
	6.	Nachträgliche Werbungskosten bei den Einkünften aus nichtselbstständiger Arbeit (§ 19 EStG)	985
	7.	Haftungsschulden nach § 69 AO	986
	8.	Stammeinlagen bei nicht wesentlich beteiligten Gesellschafter-Geschäftsführern	987
L.	Zuständigkeiten der Dienststellen der Finanzämter im Insolvenzverfahren		988
M.	Schemata		992
	I.	Verfahrensablauf bei Steuerinsolvenzforderungen	992
	II.	Widerspruchs- oder Feststellungsverfahren bei der Gewerbesteuer	993
N.	Checklisten für die Bearbeitung von Insolvenzfällen im Finanzamt		994
	I.	Nach Eingang der Meldung von der Insolvenzeröffnung	994
	II.	Festsetzung von Steuern für Zeiträume vor Verfahrenseröffnung	995
	III.	Checkliste Festsetzungsverfahren gemäß § 178 AO	997
	IV.	Die Bearbeitung der Insolvenzfälle nach dem Prüfungstermin	997

A. Grundsätzliche Auswirkungen der Insolvenzordnung auf das Steuerrecht

I. Allgemeines

Das Insolvenzrecht gilt grundsätzlich auch für Steuerforderungen. Insoweit können auch Steuerforderungen nach Eröffnung des Insolvenzverfahrens nur nach den Regeln der Insolvenzordnung durchgesetzt werden. Hinsichtlich des Konkursrechtes wurde im Anschluss an ein Urteil des RFH (vom 25. 10. 1926) der *Grundsatz* aufgestellt: *Konkursrecht geht vor Steuerrecht*. Dieser Grundsatz ist missverständlich und kann nur dahingehend verstanden werden, dass Steuerforderungen gegen den Gemeinschuldner oder die Konkursmasse nur nach den Regeln des Konkursrechtes geltend gemacht werden konnten. In diesem Sinne bestimmt auch § 251 Abs. 2 AO, dass die Bestimmungen des Konkurs- oder Vergleichrechtes den allgemeinen Bestimmungen über die Vollstreckung nach der AO vorgehen. Dieser Grundsatz gilt jedoch nur für das Verwaltungsverfahren, nicht jedoch für die materielle Besteuerung. Insoweit richten sich auch nach Eröffnung des Kon-

1

weder bedingt noch befristet gestellt werden. Der Antrag kann nur bis zum Erlass des Eröffnungsbeschlusses zurückgenommen werden. Bevor das Finanzamt einen Antrag auf Eröffnung des Insolvenzverfahrens stellt, wird es den Schuldner in der Regel darauf hinweisen, dass es die Eröffnung des Insolvenzverfahrens beantragen müsse, wenn er sich nicht ernsthaft um die Bereinigung seiner Steuerschulden, z. B. durch Leistung von angemessenen Abschlagszahlungen und pünktliche Entrichtung der laufend fällig werdenden Steuerzahlungen bemühe. Gegebenenfalls wird das Finanzamt vor Antragstellung ein Gutachten der zuständigen Industrie- und Handelskammer darüber einholen, ob ein volkswirtschaftliches Interesse an der Fortführung des Unternehmens besteht und ob die Weiterführung des Betriebes gesichert ist.

Die Frage, ob ein Insolvenzantrag gerechtfertigt ist, hat das Finanzamt nach pflichtgemäßem Ermessen zu prüfen. Dabei hat es die wirtschaftliche und soziale Bedeutung des betreffenden Unternehmens, so z. B. die Zahl der Arbeitnehmer und die Bedeutung des Wirtschaftszweiges und sonstige öffentliche Belange, z. B. die Höhe einer staatlichen Finanzierungshilfe mit zu berücksichtigen. Wegen der einschneidenden Folgen des Insolvenzantrages muss das Finanzamt alle möglich erscheinenden Einzelzwangsvollstreckungsmaßnahmen ausschöpfen.[2] Besondere Zurückhaltung ist insbesondere bei einem Insolvenzantrag gegen einen Rechtsanwalt wegen der einschneidenden Folgen des § 14 Abs. 1 i. V. m. § 7 Nr. 9 und 10 BRAO geboten.[3] Stellt das Finanzamt einen ungerechtfertigten Insolvenzantrag – etwa um den Schuldner unter Druck zu setzen – und erleidet dieser infolgedessen einen Schaden, so kann er nach der Rechtsprechung des BGH einen Schadensersatzanspruch gemäß § 839 BGB geltend machen.[4]

10 Als ermessensfehlerfrei wird das Finanzamt einen Insolvenzantrag in der Regel dann ansehen, wenn neben dem Insolvenzgrund die folgenden Tatbestände erfüllt sind:

- der Betrieb ist nicht mehr lebensfähig, d. h. mit seiner wirtschaftlichen Gesundung ist auf Dauer nicht zu rechnen,

- die Einzelvollstreckungsmaßnahmen sind ausgeschöpft oder nicht Erfolg versprechend,

- die Rückstände erhöhen sich laufend, der Schuldner lebt von den nicht entrichteten Steuern,

- das Finanzamt hat keine Sicherheiten, aus denen es sich gemäß § 327 AO befriedigen kann,

- die Abgabenforderungen, derentwegen Insolvenzantrag gestellt werden sollen, sind zumindest teilweise bestandskräftig festgesetzt.

---

2 FG Düsseldorf EFG 1993, 592.
3 FG Düsseldorf a. a. O.
4 BGH ZIP 1990, 805; zu den Voraussetzungen vgl. App, ZIP 1992, 460 (462).

Solange sämtliche Forderungen durch Rechtsbehelf angefochten sind, ist die Stellung eines Antrages auf Eröffnung des Insolvenzverfahrens grundsätzlich ermessensfehlerhaft.⁵ Etwas anderes gilt nur dann, wenn ein Einspruch trotz angemessener Fristsetzung nicht begründet wird, offensichtlich unbegründet ist oder der Verschleppung des Besteuerungsverfahrens dient.

Das Finanzamt hat den Insolvenzantrag *schriftlich* zu stellen.⁶ In dem Insolvenzantrag hat es anzugeben:

- die vollstreckbaren Forderungen. Hierzu hat das Finanzamt zeitnahe Aufstellungen der Rückstände nach Angabe des Schuldgrundes (Steuerart und Veranlagungszeitraum) und der Fälligkeit einzureichen,
- die Erklärung, dass die Steueransprüche vollstreckbar sind,
- alle Tatsachen, aus denen sich die Zahlungsunfähigkeit oder die Überschuldung des Vollstreckungsschuldners ergibt.

Der Insolvenzantrag darf weder eine Bedingung noch eine Befristung enthalten. Er kann zurückgenommen werden, wenn der Vollstreckungsschuldner sämtliche Rückstände beglichen oder Sicherheiten i. S. d. §§ 241 ff. AO beigebracht hat. Einer Einstellung des Insolvenzverfahrens wird das Finanzamt nur nach Genehmigung der Oberfinanzdirektion zustimmen.

Der Antrag auf Eröffnung des Insolvenzverfahrens (Insolvenzantrag) ist Verfahrenshandlung und kein Verwaltungsakt, weil er keine auf unmittelbare Rechtswirkung nach außen gerichtete Maßnahme ist und durch ihn nicht bereits eine Regelung getroffen, sondern erst eine Regelung, nämlich die Eröffnung des Insolvenzverfahrens angestrebt wird.⁷ Umstritten ist in diesem Zusammenhang auch die Frage, ob die Konkurs- oder Insolvenzantragstellung als hoheitliches oder privatrechtliches Handeln zu qualifizieren ist.⁸

Eine *Mindesthöhe* der Insolvenzforderung ist nicht vorgeschrieben. Zum Teil wird jedoch die Meinung vertreten, dass das Rechtsschutzinteresse bei der Insolvenzantragstellung wegen Kleinforderungen fehle.⁹

Gegen den Insolvenzantrag der Vollstreckungsbehörde ist nur Leistungsklage auf Rücknahme des Antrages gegeben (§ 40 Abs. 1 3. Alt. FGO).¹⁰ Diese Leistungsklage ist nur bis zur Wirksamkeit des Eröffnungsbeschlusses begründet, weil die Vollstreckungsbehörde nur bis zu diesem Zeitpunkt

---

5 FG Baden-Württemberg EFG 1979, 4 für das Konkursverfahren.
6 App, DStZ 1983, 237.
7 Für den Konkursantrag vgl. Hess. FG EFG 1982, 419; FG Baden-Württemberg EFG 1985, 357; FG Rheinland-Pfalz EFG 1987, 103; FG München EFG 1989, 239; Frotscher, Steuern im Konkurs, 4. Aufl. 1997, S. 290 f.
8 Zum Konkursantrag vgl. Onusseit/Kunz, Steuern in der Insolvenz, 2. Aufl. 1997, S. 74; Frotscher, a. a. O., S. 209.
9 Für den Konkursantrag: Frotscher, a. a. O., S. 293; a. A. App, ZIP 1992, 460.
10 FG Baden-Württemberg KTS 1985, 679.

den Antrag zurücknehmen kann.[11] Ein Einspruch gegen den Insolvenzantrag ist unzulässig, weil der Antrag kein Verwaltungsakt ist.

16 *Vorläufiger Rechtsschutz* gegen den Insolvenzantrag der Vollstreckungsbehörde ist nur durch Erwirken einer einstweiligen Anordnung (§ 114 FGO) und nicht durch Aussetzung der Vollziehung gemäß § 69 FGO möglich.[12]

17 Gegen eine ablehnende Entscheidung des Insolvenzgerichts steht dem antragstellenden Gläubiger gemäß §§ 6, 34 InsO das Rechtsmittel der sofortigen Beschwerde zu (§§ 567 ff., 793 ZPO). Die Beschwerde ist innerhalb der Notfrist von zwei Wochen ab dem in § 6 Abs. 2 InsO genannten Zeitpunkt (Verkündigung und Zustellung der Entscheidung) beim Insolvenzgericht oder dem zur Entscheidung berufenen Landgericht einzulegen (§ 569 ZPO).

III. Die Stellung des Steuergläubigers nach dem Verfahren der InsO

1. Der Steuergläubiger nach der InsO

18 Steuerforderungen, die zum Zeitpunkt der Eröffnung des Insolvenzverfahrens begründet sind, sind als Insolvenzforderungen nach § 174 Abs. 1 InsO beim Insolvenzverwalter anzumelden. Als Steuergläubiger ist das Finanzamt auch Insolvenzgläubiger. Nach § 38 InsO dient die Insolvenzmasse zur Befriedigung der persönlichen Gläubiger, die einen zur Zeit der Eröffnung des Insolvenzverfahrens begründeten Vermögensanspruch gegen den Schuldner haben. Durch die Insolvenzordnung sind die allgemeinen Konkursvorrechte des Fiskus beseitigt worden. In § 39 InsO sind die nachrangigen Insolvenzgläubiger geregelt. Danach werden nachrangige Insolvenzgläubiger wegen folgender Forderungen befriedigt: Laufende Zinsen, Kosten der Verfahrensteilnahme, Geldstrafen, Geldbußen, Ordnungsgelder und Zwangsgelder, Forderungen auf eine unentgeltliche Leistung des Schuldners sowie Forderungen auf Rückgewähr kapitalersetzender Leistungen.

19 *Kein* Insolvenzgläubiger ist, wer aufgrund eines dinglichen oder persönlichen Rechtes geltend machen kann, dass ein Gegenstand nicht zur Insolvenzmasse gehört. Sein Anspruch auf Aussonderung des Gegenstandes bestimmt sich nach den Gesetzen, die außerhalb des Insolvenzverfahrens gel-

---

11 Tipke/Kruse, Kommentar zur Abgabenordnung, § 251 Rdnr. 8.
12 Für das Insolvenzverfahren FG Bremen EFG 1999, S. 1245; ein Anordnungsanspruch i. S. d. § 114 Abs. 3 FGO i. V. m. § 920 Abs. 2 ZPO ist gegeben, wenn sich dem Akteninhalt nicht entnehmen lässt, dass der Schuldner zahlungsunfähig i. S. d. § 17 Abs. 2 InsO ist, in der Literatur: vgl. Tipke/Kruse, a. a. O., § 251 Rdnr. 8.

ten (§ 47 InsO). Gläubiger, die abgesonderte Befriedigung an einem Gegenstand der Insolvenzmasse beanspruchen können, sind nach Maßgabe der §§ 165 ff. InsO zur abgesonderten Befriedigung aus dem Gegenstand berechtigt.

Der Insolvenzverwalter hat, wenn er im Besitz des beweglichen Sicherungsgutes ist, ein eigenes Verwertungsrecht (§ 166 Abs. 1 InsO). Er muss allerdings dem Absonderungsberechtigten auf dessen Verlangen Auskunft über den Zustand der Sache erteilen. Verwertet der Insolvenzverwalter, so steht dem absonderungsberechtigten Gläubiger ein Eintrittsrecht nach § 168 InsO zu. Nach der Verwertung einer beweglichen Sache oder einer Forderung durch den Insolvenzverwalter sind aus dem Verwertungserlös die Kosten der Feststellung und der Verwertung des Gegenstandes vorweg aus der Insolvenzmasse zu entnehmen (§ 170 InsO).

2. Der Massegläubiger nach der InsO

Masseverbindlichkeiten nach der InsO sind die *Kosten des Insolvenzverfahrens* und die *sonstigen Masseverbindlichkeiten* (§ 53 InsO). Kosten des Insolvenzverfahrens sind die Gerichtskosten für das Verfahren sowie die Vergütung und die Auslagen des vorläufigen Insolvenzverwalters, des Insolvenzverwalters und der Mitglieder des Gläubigerausschusses (§ 54 InsO). 20

Zu den sonstigen Masseverbindlichkeiten gehören im Wesentlichen Verbindlichkeiten, die durch Handlungen des Insolvenzverwalters entstanden sind sowie die Verbindlichkeiten, die aus gegenseitigen Verträgen herrühren, soweit die Erfüllung zur Insolvenzmasse verlangt wurde sowie der Anspruch aus ungerechtfertigter Bereicherung der Insolvenzmasse (§ 55 InsO).

Zu den sonstigen Masseverbindlichkeiten i. S. d. § 55 InsO gehören die Steuern, insbesondere die Umsatzsteuer, die durch Handlungen des Insolvenzverwalters entstanden sind. Aus dem Erlös der Veräußerung von Gegenständen, die nicht mit Sicherheiten belastet sind, hat der Insolvenzverwalter die Kosten des Verfahrens abzudecken und die sonstigen Masseverbindlichkeiten zu erfüllen. Der Rest des Erlöses ist bei gleicher Quote an die übrigen Insolvenzgläubiger zu verteilen.

Erzielt der nicht in Insolvenz befindliche Ehegatte des Schuldners auch Einkünfte, sind die Einkünfte des Verwalters und dieses Ehegatten zu einer einheitlichen Jahressteuer zusammenzufassen und dieser Ehegatte erhält auch einen Steuerbescheid, der die Gesamteinkünfte von beiden und die darauf entfallende Gesamtsteuer enthält. Der nicht in Insolvenz befindliche Ehegatte kann gemäß §§ 268 ff. AO Aufteilung beantragen, um die Vollstreckung zu beschränken. 21

Zu den Masseverbindlichkeiten gehören auch die Steueransprüche, die durch Maßnahmen des qualifizierten vorläufigen Insolvenzverwalters begründet worden sind. Die durch derartige Maßnahmen begründeten Steuer- 22 forderungen sind durch Steuerbescheid gegenüber dem vorläufigen Insolvenzverwalter geltend zu machen.

3. Insolvenzfreies Vermögen

23 Nach der Insolvenzordnung gibt es abweichend vom bisherigen Recht der Konkursordnung kein insolvenzfreies Vermögen. Nach § 1 KO gehörte ein so genannter Neuerwerb des Gemeinschuldners während des Konkursverfahrens nicht zur Konkursmasse, da § 1 KO auf das Vermögen abstellte, das dem Gemeinschuldner zur Zeit der Eröffnung des Verfahrens gehörte. Nach § 35 InsO fließt dagegen jeder Neuerwerb des Schuldners während des Insolvenzverfahrens in das Schuldnervermögen und damit in die Insolvenzmasse, z. B. Einkünfte aus einer beruflichen Tätigkeit nach Verfahrenseröffnung sowie Erbschaften und Schenkungen (§ 35 InsO). Insoweit vergrößert der Neuerwerb die Insolvenzmasse zu Gunsten der Insolvenzgläubiger, jedoch nur insoweit, als der Neuerwerb pfändbar ist (§ 36 InsO i. V. m. §§ 811 ff., 812 ZPO) oder über den Pfändungsfreigrenzen liegt (§ 36 InsO i. V. m. §§ 850 ff., 851 ZPO). Nach § 36 InsO gehören Gegenstände, die nicht der Zwangsvollstreckung unterliegen, nicht zur Insolvenzmasse. Damit sind die Schuldnerschutzvorschriften der §§ 811, 812, 850–851 b ZPO angesprochen. Danach ist dem Schuldner ein unpfändbarer Grundbetrag zu belassen; nur der darüber hinausgehende Betrag ist pfändbar und dieser Betrag geht in die Insolvenzmasse ein; er vergrößert die Insolvenzmasse und kommt damit allen Insolvenzgläubigern zugute.

24 Erzielt der Schuldner während der Insolvenz Einkünfte aus nichtselbstständiger Tätigkeit, so ergeben sich der nicht pfändbare und der pfändbare Anteil aus den Vorschriften der §§ 850–850 h ZPO, insbesondere aus § 850 e ZPO (Abzug von Steuern und gesetzlichen Sozialversicherungsabgaben und freiwilligen Versicherungsleistungen vom Bruttoarbeitseinkommen) und aus der Tabelle zu § 850 c ZPO, die von dem nach § 850 e ZPO ermittelten Nettolohn ausgeht.

Erzielt der Schuldner Einkünfte aus selbstständiger Tätigkeit, gilt die Schutzvorschrift des § 850 i ZPO. Nach § 850 i Abs. 1 Satz 3 ZPO soll ein solcher Schuldner nicht besser oder schlechter stehen, als wenn er ein Arbeitseinkommen erzielte. In der Praxis wendet das Finanzamt in diesen Fällen § 850 c ZPO auch auf den Gewerbetreibenden und Freiberufler an, gegebenenfalls mit dem dort genannten maximal unpfändbaren Betrag von z. B. 1299,99 €, wenn der Schuldner nur gegenüber seiner Ehefrau unterhaltspflichtig ist.

25 Erzielt der Schuldner nach Insolvenzeröffnung von ihm neu begründete Einkünfte aus Vermietung und Verpachtung gilt die Schutzvorschrift des § 851 b ZPO, erzielt er nach Insolvenzeröffnung von ihm neu begründete Einkünfte aus Kapitalvermögen, aus denen er einzig seinen Lebensunterhalt bestreitet, so wird man § 811 Nr. 2 ZPO analog und die Tabelle zu § 850 c ZPO anwen-

den können. Der Bereich des konkursfreien Vermögens ist damit nur auf wenige Ausnahmefälle begrenzt (§§ 36 Abs. 1 und 3 und § 37 InsO).

4. Aufrechnung durch den Steuergläubiger

War das Finanzamt als Steuergläubiger zum Zeitpunkt der Eröffnung des Insolvenzverfahrens zur Aufrechnung berechtigt, so kann es die Aufrechnung auch noch im Insolvenzverfahren erklären (vgl. § 94 InsO). Grundsätzlich bestimmt § 94 InsO, dass eine Aufrechnungslage erhalten bleibt. Auch im Eröffnungszeitpunkt bedingte und betagte (nicht fällige) Steuerforderungen berechtigen das Finanzamt noch im Insolvenzverfahren zur Aufrechnung.

26

Die Aufrechnung kann aber erst dann erfolgen, wenn die Aufrechnungslage eingetreten ist. Sind zur Zeit der Eröffnung des Insolvenzverfahrens die aufzurechnenden Forderungen oder eine von ihnen noch aufschiebend bedingt oder nicht fällig oder die Forderung noch nicht auf gleichartige Leistungen gerichtet, kann die Aufrechnung erst dann erfolgen, wenn die Voraussetzungen eingetreten sind (§ 95 Abs. 1 InsO) Im Unterschied zur Gesamtvollstreckungsordnung ist eine Aufrechnung nunmehr auch bei bedingten oder betagten (nicht fälligen) Forderungen möglich. Die Aufrechnung ist immer dann möglich, wenn der Rechtsgrund des nach Eröffnung des Insolvenzverfahrens begründeten Erstattungsanspruchs bereits bei Verfahrenseröffnung gelegt war. In der Praxis wird die Finanzverwaltung vor allem Erstattungsansprüche, die der Insolvenzverwalter oder der Insolvenzschuldner durch Abgabe von Umsatzsteuer-Voranmeldungen oder Umsatzsteuer-Jahreserklärungen zur Auszahlung an die Masse oder zur Verrechnung mit anderen Masseverbindlichkeiten begehrt, immer daraufhin überprüfen, ob eine Aufrechnungsmöglichkeit besteht.

27

▶ **Beispiel:**

Das BMF-Schreiben vom 19. 12. 1998 (a. a. O.) erläutert dies anhand des folgenden Beispiels:

28

Mit nicht festgesetzten Ansprüchen auf Rückforderung der Vorsteuer gemäß § 17 Abs. 1 Nr. 1 UStG, die das Finanzamt für den Voranmeldungszeitraum der Verfahrenseröffnung oder einem früheren Voranmeldungszeitraum zum Insolvenzverfahren angemeldet hat, kann mangels Festsetzung nicht gegen vor der Eröffnung entstandene Erstattungsansprüche aufgerechnet werden. Das Aufrechnungserfordernis der Fälligkeit für den Vorsteuerrückforderungsanspruch zum Zeitpunkt der Verfahrenseröffnung liegt nicht vor (vgl. § 94 InsO).

Die Zulässigkeit der Aufrechnung hängt entscheidend davon ab, ob die Erstattungs- und Vergütungsansprüche, mit denen aufgerechnet werden soll, vor oder nach der Eröffnung des Insolvenzverfahrens begründet waren. Der Zeitpunkt der insolvenzrechtlichen Entstehung eines steuerlichen Ver-

29

gütungs- oder Erstattungsanspruches ist nach den gleichen Grundsätzen zu beurteilen, die für die insolvenzrechtliche Zurechnung von Steuerforderungen anzuwenden sind.[13]

30 Für das insolvenzrechtliche Begründetsein von Erstattungs- und Vergütungsansprüchen ist damit nicht die Vollrechtsentstehung im steuerrechtlichen Sinne, sondern der Zeitpunkt, in dem nach insolvenzrechtlichen Grundsätzen der Rechtsgrund für den Anspruch gelegt worden ist, entscheidend. Der Rechtsgrund eines Steuererstattungsanspruches wird auch dann nach Eröffnung des Insolvenzverfahrens gelegt, wenn das Finanzamt die negative Steuerschuld im Rahmen einer erst während des Insolvenzverfahrens eingeleiteten Entscheidungsfindung aufgrund einer falschen Sachverhaltsannahme zu Unrecht festsetzt.[14]

31 **Danach ergeben sich für das Finanzamt folgende Möglichkeiten für eine Aufrechnung:**[15]

- Aufrechnung von Steuerforderungen gegenüber einem Umsatzsteuererstattungsanspruch, der sich aus der Rückgängigmachung der Versteuerung von Leistungen vor Eröffnung des Insolvenzverfahrens wegen Uneinbringlichkeit der Entgelte ergibt (§ 17 Abs. 2 Nr. 1 UStG), auch wenn dieser Anspruch erst nach Eröffnung des Insolvenzverfahrens entsteht.[16]

- Aufrechnung von Steuerforderungen gegenüber überbezahlten Einkommen- und Körperschaftsteuervorauszahlungen.[17] Bei diesen handelt es sich um zur Masse gehörende aufschiebend bedingte Ansprüche, auch wenn die aufschiebende Bedingung erst nach Eröffnung des Insolvenzverfahrens eintritt.

- Aufrechnung von Steuerforderungen mit Kraftfahrzeugsteuer-Erstattungsansprüchen, falls der Entrichtungszeitraum für die Kraftfahrzeugsteuer bereits vor Eröffnung des Insolvenzverfahrens begonnen hat. In diesem Fall ist der bedingte Anspruch auf Kraftfahrzeugsteuererstattung der Masse zuzurechnen;[18] anders wenn der Entrichtungszeitraum erst nach Eröffnung des Insolvenzverfahrens beginnt. In diesem Fall ist der Erstattungsanspruch eine nach Eröffnung des Insolvenzverfahrens begründete Masseforderung, die nicht mit einer Insolvenzforderung aufgerechnet werden kann.

---

13 Vgl. BFH, BStBl. II 1994, 83, für die konkursrechtliche Aufrechnung; a. M. BFH vom 17. 12. 1998, VII R 47/98 n. v., der darauf abstellt, wann die zivilrechtliche Grundlage für die Entstehung des materiell-rechtlichen Steueranspruchs gelegt worden ist.
14 FG Baden-Württemberg EFG 1996, 682, für einen Steuererstattungsanspruch nach Konkurseröffnung.
15 Vgl. Bringewat/Waza, Insolvenzen und Steuern, 5. Aufl. 2000, Tz. 222–224.
16 BFH, BFH/NV 1987, 707.
17 BFH, BStBl. II 1979, 639; BFH/NV 1991, 792.
18 BFH, BStBl. II 1994, 208.

Eine Aufrechnung gegen fehlerhaft festgesetzten Erstattungsanspruch mit vor Insolvenzeröffnung begründetem Steueranspruch nach Insolvenzeröffnung ist ausgeschlossen, z. B. für den Fall, dass die Finanzbehörde eine negative Steuerschuld im Rahmen einer während des Insolvenzverfahrens eingeleiteten Entscheidungsfindung aufgrund falscher Sachverhaltsannahme zu Unrecht festgesetzt hat.[19]

32

Die Aufrechnungsmöglichkeiten sind negativ abgegrenzt.

33

Die Aufrechnung ist gemäß § 96 InsO unzulässig, wenn:
- ein Insolvenzgläubiger erst nach Eröffnung des Verfahrens etwas zur Masse schuldig geworden ist, z. B. eine vor Verfahrenseröffnung fällige Umsatzsteuerforderung kann nicht gegen einen Lohnsteueranspruch des Schuldners aufgerechnet werden, den dieser aufgrund seiner neuen Erwerbstätigkeit als Arbeitnehmer erlangt hat. Der Erstattungsanspruch, den der Schuldner während des Insolvenzverfahrens erlangt, gehört zur Insolvenzmasse (§ 35 InsO),[20]
- ein Insolvenzgläubiger seine Forderung erst nach der Verfahrenseröffnung von einem anderen Gläubiger erworben hat,
- ein Insolvenzgläubiger die Möglichkeit zur Aufrechnung durch eine anfechtbare Handlung erlangt hat,
- ein Gläubiger, dessen Forderung aus dem freien Vermögen des Schuldners zu erfüllen ist, etwas zur Insolvenzmasse schuldet.

Umsatzsteuererstattungsansprüche, die durch einen vorläufigen Insolvenzverwalter i. S. d. § 22 Abs. 1 InsO begründet worden sind, sind uneingeschränkt mit Insolvenzforderungen aufrechenbar, da das Aufrechnungsverbot des § 96 Nr. 1 InsO nur nach der Eröffnung des Insolvenzverfahrens begründete Ansprüche erfasst.

34

In massearmen Insolvenzverfahren ist die Aufrechnung von Forderungen, die erst nach Feststellung der Masseunzulänglichkeit begründet worden sind (Neuforderungen), unzulässig.[21]

35

Die Aufrechnungserklärung ist kein mit dem Einspruch anfechtbarer Verwaltungsakt, sondern die rechtsgeschäftliche Ausübung eines Gestaltungsrechts.[22] Soweit das Finanzamt zur Aufrechnung befugt ist, braucht es seine Steuerforderung im Insolvenzverfahren nicht geltend zu machen. Hat es die

---

19 Vgl. FG Baden-Württemberg EFG 1996, 682, bezüglich der Frage einer erneuten Lieferung durch den Konkursverwalter bei der Rückgabe von Vorbehaltsgut, wenn die unter Eigentumsvorbehalt gelieferte Ware beim Sicherungsgeber verblieben ist und vom Vergleichsverwalter bloß registriert und gesondert gelagert worden ist.
20 Vgl. BMF vom 19. 12. 1998, a. a. O., Tz. 7.
21 FG Düsseldorf EFG 1998, 1500.
22 Zur Aufrechnung im Konkurs: BFH, BStBl. II 1987, 536.

Steuerforderung gleichwohl angemeldet, so muss es nach wirksamer Aufrechnung die Ermäßigung der Anmeldung erklären.

In der Regel erklärt das Finanzamt die Aufrechnung durch Bekanntgabe eines Abrechnungsbescheides gemäß § 218 Abs. 2 AO. Der Abrechnungsbescheid kann mit dem Rechtsmittel des Einspruchs gemäß § 347 AO angefochten werden.

5. Sicherungsmaßnahmen vor Eröffnung des Insolvenzverfahrens, Bestellung eines vorläufigen Insolvenzverwalters

36 Das Insolvenzgericht hat gemäß § 21 InsO alle Maßnahmen zu treffen, die erforderlich erscheinen, um in der Zeit zwischen der Antragstellung und der Eröffnung des Insolvenzverfahrens eine den Gläubigern nachteilige Veränderung in der Vermögenslage des Schuldners zu verhüten. Dies gilt insbesondere in den Fällen, in denen die Feststellung des Eröffnungsgrundes und der Kostendeckung Feststellungen erfordern, die eine gewisse Zeit in Anspruch nehmen.

37 Als Sicherungsmaßnahme im Insolvenzeröffnungsverfahren wird in der Praxis in der Regel nach § 21 Abs. 2 Nr. 1 InsO ein vorläufiger Insolvenzverwalter bestellt. Er ist vergleichbar mit dem im bisherigen Konkursverfahren eingesetzten Sequester. Der vorläufige Insolvenzverwalter wird vom Insolvenzgericht ausgewählt. Dabei muss es sich um eine einzelfallbezogene geeignete natürliche Person handeln. Die Wahl fällt in der Praxis regelmäßig auf einen Rechtsanwalt, Wirtschaftsprüfer oder Steuerberater. Die InsO unterscheidet zwischen einem vorläufigen Insolvenzverwalter ohne Verwaltungs- und Verfügungsbefugnis (§ 22 Abs. 2 InsO) und einem vorläufigen Insolvenzverwalter mit Verwaltungs- und Verfügungsbefugnis (§ 22 Abs. 1 InsO). Die Entscheidung des Insolvenzgerichts, ob es einen qualifizierten oder einen einfachen vorläufigen Insolvenzverwalter bestellt, entscheidet das Insolvenzgericht je nach Einzelfall. Die durch das Insolvenzgericht angeordneten Sicherungsmaßnahmen erfolgen durch Gerichtsbeschluss, der öffentlich bekannt gemacht wird (§ 23 InsO).

38 Zu den Aufgaben des qualifizierten vorläufigen Insolvenzverwalters gehören im Einzelnen:

- die Sammlung, Sichtung, Sicherung und Erhaltung der Vermögensmasse,

- die Inbesitznahme der Vermögensmasse,

- das Unternehmen des Schuldners bis zur Entscheidung über die Eröffnung des Insolvenzverfahrens fortzuführen, es sei denn, das Insolvenzgericht stimmt einer Stilllegung zu,

- die Feststellung, ob die Vermögensmasse ausreicht, um das Insolvenzverfahren kostendeckend zu führen.

Steuerlich ist der qualifizierte Insolvenzverwalter als Vermögensverwalter i. S. d. § 34 Abs. 3 AO anzusehen. Er ist damit zur Erfüllung der steuerlichen Pflichten des Insolvenzverwalters verpflichtet und damit auch Adressat von Verwaltungsakten des Finanzamtes.

39

Er kann durch eigene Maßnahmen Verbindlichkeiten begründen, die dann nach Eröffnung des Insolvenzverfahrens gemäß § 55 Abs. 2 InsO unter Durchbrechung des Grundsatzes, dass die vor der Verfahrenseröffnung begründeten Ansprüche Insolvenzforderungen sind, als Masseverbindlichkeiten gelten. Das Gleiche gilt für die sich aus diesen Maßnahmen ergebenden Steuerverbindlichkeiten, die ebenfalls als Masseverbindlichkeiten vorab aus der Insolvenzmasse zu befriedigen sind.

Hat das Insolvenzgericht nur einen *einfachen vorläufigen Insolvenzverwalter* bestellt, so behält der Schuldner grundsätzlich die Verfügungsbefugnis über sein Vermögen. Die Aufgaben des einfachen vorläufigen Insolvenzverwalters ergeben sich aus dem Gerichtsbeschluss. In der Regel gehört zu seinen Aufgaben die Überwachung des Schuldners und die Sicherung von dessen Vermögen. Außerdem hat er festzustellen, ob die Insolvenzmasse ausreicht um eine kostendeckende Durchführung des Insolvenzverfahrens zu gewährleisten.

40

Anders als der qualifizierte vorläufige Insolvenzverwalter ist der einfache vorläufige Insolvenzverwalter *steuerlich kein Vermögensverwalter* i. S. d. § 34 AO. Auch die Steuerpflichten, z. B. die Abgabe von Steuererklärungen obliegen weiterhin dem allein verfügungsberechtigten Schuldner.

6. Die Stellung des Steuerschuldners nach der Eröffnung des Insolvenzverfahrens

Mit dem Zeitpunkt, der im Eröffnungsbeschluss genannt ist, wird die Beschlagnahme des gegenwärtigen und auch des während des Verfahrens erworbenen Schuldnervermögens wirksam. Aufgrund des bekanntzumachenden Eröffnungsbeschlusses wird das gesamte der Zwangsvollstreckung unterliegende in- und ausländische Vermögen des Schuldners beschlagnahmt.

41

Das damit ausgesprochene *Verfügungsverbot* erstreckt sich auf das gesamte, der Zwangsvollstreckung unterliegende Vermögen, einschließlich der Geschäftsbücher des Schuldners, aller im Besitz des Schuldners befindlicher Sachen und aller von ihm genutzter Grundstücke und Gebäude (§§ 35, 36 InsO).

Die Gläubiger können ihre Ansprüche nicht mehr im Wege der Einzelverfolgung wahrnehmen, sondern müssen sie in den Formen des Insolvenzverfahrens geltend machen. Wird die Zwangsvollstreckung eines Grundstücks betrieben, das für die Fortführung des zu sanierenden Unternehmens unentbehrlich ist, so hat der Insolvenzverwalter die Möglichkeit, das Zwangsvollstreckungsverfahren durch Antrag an das Vollstreckungsgericht einstellen zu lassen.

42 | **Im Einzelnen bewirkt die Eröffnung des Insolvenzverfahrens:**

- den Übergang des Verwaltungs- und Verfügungsrechtes auf den Insolvenzverwalter (§ 80 InsO);[23]
- die Unwirksamkeit von Verfügungen des Schuldners über Gegenstände der Insolvenzmasse nach Eröffnung des Insolvenzverfahrens (§ 81 InsO);
- die Insolvenzgläubiger können gemäß § 87 InsO ihre Forderungen nur noch nach den Vorschriften des Insolvenzverfahrens verfolgen;
- Vollstreckungshandlungen eines Insolvenzgläubigers im letzten Monat vor dem Antrag auf Eröffnung des Insolvenzverfahrens werden gemäß § 88 InsO mit der Eröffnung des Insolvenzverfahrens unwirksam. Abweichend von der Konkursordnung verlieren Pfändungen vor Verfahrenseröffnung damit nicht erst über das Anfechtungsrecht ihre Wirkung;
- Zwangsvollstreckungen für einzelne Insolvenzgläubiger sind gemäß § 89 Abs. 1 InsO während der Dauer des Insolvenzverfahrens weder in die Insolvenzmasse noch in das sonstige Vermögen des Schuldners zulässig. Da nach der InsO auch der Neuerwerb in die Insolvenzmasse fällt (§ 35 InsO), entfaltet die letzte Alternative nur bei freigegebenen Gegenständen Bedeutung.

43 Mit der Eröffnung des Verfahrens können zu diesem Zeitpunkt begründete Ansprüche aus dem Steuerschuldverhältnis nur noch nach Maßgabe der InsO geltend gemacht werden. Das gilt auch für Ansprüche, auf die steuerliche Verfahrensvorschriften entsprechend anzuwenden sind, wie z. B. die Rückforderung von Investitionszulage.

Das Steuerfestsetzungsverfahren, das Rechtsbehelfsverfahren und der Lauf der Rechtsbehelfsfristen werden analog § 240 ZPO unterbrochen. Unberührt bleibt der Erlass von Steuerbescheiden, die zu einem Erstattungsanspruch führen, sowie von Feststellungsbescheiden, auf deren Grundlage nicht unmittelbar Steueransprüche gegen die Insolvenzmasse festzusetzen sind, z. B. Bescheide zur einheitlichen und gesonderten Feststellung des Gewinns von Personengesellschaften. Vertreter des Schuldners und damit Bekanntgabeadressat ist der Insolvenzverwalter sowie auch der vorläufige Insolvenzverwalter, wenn das Insolvenzgericht dem Schuldner ein allgemeines Verfügungsverbot auferlegt hat.[24]

---

23 Der Übergang der Verwaltungs- und Verfügungsbefugnis auf den Insolvenzverwalter berührt steuerrechtlich nicht das Eigentumsrecht, vgl. BFH, BStBl. II 2000, 46, für den Konkurs.
24 Vgl. Tz. 2.9 AEAO zu § 122, BStBl. I, 2000, 214.

Die Ermittlungsrechte und -pflichten der Finanzbehörde (§ 88 AO) und die Mitwirkungspflichten des Schuldners, des vorläufigen Insolvenzverwalters und des Insolvenzverwalters (vgl. § 34 Abs. 3 AO) bleiben unberührt.

7. Abweisung der Insolvenzeröffnung

Die Eröffnung des Insolvenzverfahrens ist abzuweisen, wenn das Vermögen des Schuldners so gering ist, dass die Kosten des Insolvenzverfahrens nicht gedeckt werden können Die Abweisung der Insolvenzeröffnung mangels Masse erfolgt gemäß § 26 InsO durch einen Beschluss des Insolvenzgerichts.

War ein vorläufiger Insolvenzverwalter bestellt worden, so sind die bis dahin entstandenen Steuern nur dann zu zahlen, wenn durch das Insolvenzgericht Sicherungsmaßnahmen angeordnet wurden und diese gemäß § 25 Abs. 2 InsO aufgehoben wurden. In diesem Fall hat der vorläufige Insolvenzverwalter mit Verfügungsbefugnis vor der Aufhebung seiner Bestellung aus dem von ihm verwalteten Vermögen die Steuern zu bezahlen. Dies gilt insbesondere für die bis dahin entstandene Umsatzsteuer.

IV. Die vor Eröffnung des Insolvenzverfahrens begründeten Steuerforderungen und Erstattungsansprüche

1. Forderungen im Verfahren nach der InsO

Die zur Zeit der Eröffnung des Insolvenzverfahrens begründeten Steuerforderungen sind innerhalb der im Eröffnungsbeschluss genannten Frist schriftlich beim Insolvenzverwalter und nicht wie im Konkurs beim Gericht anzumelden.

Insolvenzforderungen des Finanzamtes sind danach solche Forderungen, die im Zeitpunkt der Eröffnung des Insolvenzverfahrens begründet waren. In entsprechender Anwendung der Grundsätze des § 3 KO zum Begründetsein einer Forderung im Zeitpunkt der Konkurseröffnung ist eine Steuerforderung i. S. d. § 38 InsO begründet, wenn der Rechtsgrund ihrer Entstehung im Augenblick der Eröffnung des Insolvenzverfahrens bereits gelegt war, d. h. der schuldrechtliche Tatbestand, der die Grundlage des Steueranspruchs bildet, zu diesem Zeitpunkt bereits vollständig abgeschlossen war.

Im Unterschied zur Konkursordnung stellt die Insolvenzordnung für die Einordnung der zum Insolvenzverfahren anzumeldenden Ansprüche nur noch auf den Zeitpunkt der Begründetheit ab. Auf die steuerlichrechtliche Entstehung der Forderung kommt es im Insolvenzverfahren nicht mehr an.

Das bedeutet, dass eine Steuerforderung unabhängig von der steuerrechtlichen Entstehung immer dann als Insolvenzforderung i. S. d. § 38 AO anzusehen ist, wenn ihr Rechtsgrund zum Zeitpunkt der Verfahrenseröffnung bereits gelegt war.

Die insolvenzrechtliche Regelung des § 38 InsO gilt für alle Steueransprüche. Das Begründetsein vor Insolvenzeröffnung ist deshalb für jeden Steueranspruch eines jeden Jahres und für jede Steuerart gesondert zu prüfen. Die Prüfung bezieht sich darauf, ob diese Steuerforderung zur Tabelle anzumelden ist oder ob sie als Steuermasseforderung in einem Steuerbescheid gegenüber dem Insolvenzverwalter geltend zu machen ist.

47 Das Begründetsein einer Steuerforderung ist von ihrer Entstehung und ihrer Fälligkeit zu unterscheiden.[25] So kann eine Steuerforderung i. S. d. § 38 InsO begründet sein, bevor sie im steuerrechtlichen Sinne (§ 38 AO) entstanden ist. Dies gilt insbesondere für Steuerforderungen, die wie die Einkommensteuer (§ 36 Abs. 1 EStG), die Umsatzsteuer (§ 13 Abs. 1 UStG), die Gewerbesteuer (§ 18 GewStG), die Grundsteuer (§ 9 Abs. 2 GrStG), sowie die Erbschaftsteuer (§ 9 Abs. 1 ErbStG) an den Ablauf eines bestimmten Zeitraumes, z. B. des Veranlagungs- oder des Voranmeldungszeitraumes gebunden sind.

48 Das Begründetsein einer Steuerforderung ist von der Fälligkeit zu unterscheiden. Fällig werden (§ 220 AO) kann eine Steuerforderung erst, nachdem sie entstanden ist. Insofern reicht es nicht aus, dass sie bereits im Sinne des § 38 InsO begründet ist. Vor Inkrafttreten der InsO war die Fälligkeit einer Steuerforderung für den Rang entscheidend, welche die Steuerforderung als Konkursforderung einnahm. (§ 61 Abs. 1 Nr. 2 und 3 KO). Die seit Eröffnung des Insolvenzverfahrens laufenden Zinsen, Geldstrafen und -bußen sowie das Zwangsgeld i. S. d. § 329 AO können gemäß § 39 InsO als nachrangige Insolvenzforderungen geltend gemacht werden. § 39 InsO weicht insoweit vom bisher geltenden Recht der Konkursordnung ab. Bisher konnten die Zins- und Kostenforderungen, die den Konkurs- oder Vergleichsgläubigern während des Konkursverfahrens entstanden waren, die Geldstrafen und die Forderungen aus einer Freigiebigkeit im Verfahren nicht geltend gemacht werden (§ 63 KO, § 29 VerglO). In der Praxis wird § 39 in den meisten Fällen bei der Verteilung eines im Insolvenzverfahren liquidierten Vermögens ohne Bedeutung sein. Ein Unterschied zu der bisherigen Regelung, des völligen Ausschlusses von der Verfahrensteilnahme ergibt sich nur in den seltenen Fällen, in denen das Insolvenzverfahren zur vollständigen Befriedigung aller übrigen Gläubiger führt und dann noch ein Überschuss verbleibt.

In diesen Fällen erscheint es sachgerecht, den verbliebenen Überschuss nicht an den Schuldner herauszugeben, bevor nicht die im Verfahren aufgelaufenen Zins- und Kostenforderungen der Insolvenzgläubiger oder die Geldstrafen getilgt sind. Außerdem wird es durch die Einbeziehung der

---

25 Vgl. BMF vom 16. 12. 1998, a. a. O., Tz. 4.2.

Boochs

Gläubiger mit diesen Forderungen in das Insolvenzverfahren möglich, die Rechtsstellung dieser Gläubiger im Falle eines Planes sachgerechter zu bestimmen als es im bisherigen Recht des Vergleichs und des Zwangsvergleichs im Konkurs der Fall war.

Zu den Insolvenzforderungen gehören auch Säumnis- und Verspätungszuschläge. Bei den Verspätungszuschlägen i. S. d. § 152 AO handelt es sich um ein *Druckmittel eigener Art*, das den Zweck verfolgt, den Steuerpflichtigen zu einer rechtzeitigen Abgabe der Steuererklärung anzuhalten und den Zinsvorteil, der dem Steuerpflichtigen durch die verspätete Abgabe der Steuererklärung entstanden ist, auszugleichen. Der Verspätungszuschlag stellt insoweit kein Zwangsgeld dar. Das Gleiche gilt für den Säumniszuschlag, der ebenfalls ein Druckmittel eigener Art und kein Zwangsgeld ist. 49

Von den Insolvenzforderungen zu unterscheiden sind Forderungen an die Masse, die durch Maßnahmen des Insolvenzverwalters oder des vorläufigen Insolvenzverwalters begründet worden sind. Ist eine Steuerforderung im Zeitpunkt der Eröffnung des Insolvenzverfahrens noch nicht gemäß § 38 AO entstanden, z. B. bei Eröffnung im Laufe des Umsatzsteuer-Voranmeldungszeitraumes ist nur die zum Eröffnungszeitpunkt bereits begründete Teilsteuerforderung anzumelden. Der nach Eröffnung des Insolvenzverfahrens begründete Teil ist Masseanspruch.[26] 50

Das Erfordernis des Begründetseins der Steuerforderung nach § 38 InsO gilt für alle Steuerforderungen. Bei den einzelnen Steueransprüchen gelten dabei folgende Besonderheiten:

a) Einkommensteuer- und Körperschaftsteuervorauszahlungen

Die Einkommensteuer- bzw. Körperschaftsteuervorauszahlungen entstehen mit Beginn des jeweiligen Kalendervierteljahres, in dem die Vorauszahlungen zu entrichten sind (§ 37 Abs. 1 EStG, 48 b KStG) Die vor der Eröffnung des Insolvenzverfahrens begründete Steuerschuld ist dabei auflösend bedingt durch die Jahressteuerschuld. Sie werden gemäß § 42 InsO, solange die Bedingung nicht eingetreten ist, wie unbedingte Forderungen berücksichtigt. 51

In der Praxis ist es unzweckmäßig, bereits Einkommensteuer- oder Körperschaftsteuervorauszahlungen als Insolvenzforderung anzumelden, soweit sich ein dagegen richtender Widerspruch im Wege der Jahresveranlagung erledigen kann.

> **Praxistipp:**
> Es ist zweckmäßig nicht aus Vorauszahlungsbescheiden anzumelden, weil sie die Erledigungswirkung der im Feststellungsverfahren ergehenden, letztlich rechts- oder bestandskräftig werdenden Entscheidung nutzt. An-

---
[26] Vgl. BMF vom 16. 12. 1998, a. a. O., Tz. 4.2.

> dernfalls wäre das Einspruchsverfahren gegen den Vorauszahlungsbescheid fortzuführen und es wäre daneben eine Veranlagung durchzuführen, die immer zu einer Korrektur der angemeldeten Vorauszahlungen führt. Eine solche Korrektur ist aber, wenn sie erst im laufenden Feststellungsverfahren erfolgt, wegen der eingeschränkten Korrekturmöglichkeiten (§ 181 InsO) nicht möglich, weil sich der Rechtsgrund der Anmeldung ändern würde. Er führt, da nur der Weg der Neuanmeldung verbleibt, zu erheblichem Zeitverlust.

b) Einkommen- und Körperschaftsteuerjahresschuld

52 Die Eröffnung des Insolvenzverfahrens führt zu einer Einkommensbesteuerung der Insolvenzmasse. Dabei sind alle während der Dauer des Insolvenzverfahrens erzielten Einkünfte für den jeweiligen Veranlagungszeitraum zusammenzufassen. Mit Ablauf des jeweiligen Veranlagungszeitraumes entsteht eine Einkommensteuer als Jahressteuer.

Bei der Einkommen- und Körperschaftsteuer ist eine Zuordnung des steuerpflichtigen Gewinns auf einzelne Geschäftsvorfälle grundsätzlich nicht möglich. Die Steuerschuld ist deshalb für die Zeiträume vor und nach der Eröffnung des Insolvenzverfahrens nach Maßgabe der in den einzelnen Abschnitten zu berücksichtigenden Besteuerungsmerkmale prozentual aufzuteilen.[27]

Stellt sich bei der Jahresveranlagung heraus, dass die Einkommensteuer bzw. Körperschaftsteuerjahresschuld geringer ist, als die entrichteten Vorauszahlungen und Abzugsbeträge, so fällt der danach vom Finanzamt zu erstattende Betrag in die Insolvenzmasse.[28]

c) Lohnsteuerforderungen

53 Lohnsteuerforderungen in der Insolvenz des Arbeitgebers sind mit dem Zeitpunkt begründet, in dem der Lohn dem Arbeitnehmer zufließt. (§§ 38 Abs. 2 Satz. 2, 41 Abs. 1 EStG) Der Zufluss des Lohnes ist dann anzunehmen, wenn der Arbeitnehmer die wirtschaftliche Verfügungsmacht darüber erhält.

Zu den Lohnzahlungen gehören auch vorläufige Zahlungen, Vorschüsse auf erst später fällige oder später abzurechnende Arbeitslöhne sowie Abschlagszahlungen (vgl. jedoch § 30 Abs. 1 Satz 1 LStDV).

Da der Lohnzufluss und nicht die Entstehung der Lohnforderung für das Begründetsein i. S. d. § 38 InsO entscheidend ist, stellen Lohnsteuerbeträge, die auf im Zeitpunkt der Eröffnung des Insolvenzverfahrens rückständige aber nach Eröffnung des Insolvenzverfahrens ausgezahlte Löhne entfallen, keine

---

27 BMF vom 16. 12. 1998, a. a. O., Tz. 4.2 Beispiel 6.
28 BFH vom 6. 2. 1996, VII R 116/94, zum Zeitpunkt der Entstehung eines Einkommensteuererstattungsanspruches, der auf der Anrechnung von Körperschaftsteuer beruht und zu seiner Zugehörigkeit zur Konkursmasse im Fall der Konkurseröffnung nach der Ausschüttung der Dividende und vor Ablauf des Veranlagungszeitraumes.

Insolvenzforderungen sondern sonstige Masseverbindlichkeiten i. S. d. § 55 Abs. 1 Nr. 2 InsO dar.[29] Besonderheiten gelten hinsichtlich des Ausfallgeldes, das der Arbeitnehmer auch im Insolvenzverfahren bei Zahlungsunfähigkeit des Arbeitgebers (§§ 183 ff. SGB III) auf entsprechenden Antrag (§ 141 e AFG) vom zuständigen Arbeitsamt in Höhe des vollen Nettoverdienstes für die letzten drei Monate des Arbeitsverhältnisses einschließlich der Pflichtbeiträge zur Sozialversicherung und zur Bundesanstalt für Arbeit erhält.

Mit Stellung des Antrages auf Ausfallgeld geht gemäß § 187 SGB III der Anspruch auf das Nettoarbeitsentgelt auf die Bundesanstalt für Arbeit über.

Steuerlich unterliegen die Auszahlungen der Ausfallgelder durch das Arbeitsamt an die Arbeitnehmer als übrige Leistungen nach dem AFG gemäß § 3 Nr. 2 EStG weder der Einkommen- noch der Lohnsteuer. Spätere Erstattungen des Ausfallgeldes durch den Insolvenzverwalter an das Arbeitsamt berühren nicht mehr das Arbeitsverhältnis. Da es sich insoweit nicht um Auszahlungen von Arbeitslohn handelt, sind sie steuerfrei.[30]

d) Gewerbesteuer

Bei der Gewerbesteuer wird für das Jahr der Eröffnung des Insolvenzverfahrens ein einheitlicher Messbetrag ermittelt. Die aufgrund dessen erhobene Gewerbesteuer ist aufzuteilen in eine Insolvenzforderung und in eine sonstige Masseverbindlichkeit i. S. d. § 55 InsO für den Zeitraum nach Eröffnung des Insolvenzverfahrens.

54

e) Umsatzsteuer

Umsatzsteuerforderungen sind im Zeitpunkt der Eröffnung des Insolvenzverfahrens i. S. d. § 38 InsO begründet, soweit die Umsätze vor Eröffnung des Insolvenzverfahrens vereinnahmt oder vereinbart worden sind. Nicht entscheidend ist der Zeitpunkt des Entstehens der Umsatzsteuerforderung. Die Umsatzsteuer entsteht gemäß § 13 Abs. 1 UStG mit Ablauf des Voranmeldungszeitraumes, in dem, soweit die Besteuerung nach vereinbarten Entgelten erfolgt, die Lieferung und sonstigen Leistungen (auch Teilleistungen) ausgeführt worden sind.

55

Erfolgt die Besteuerung nach vereinnahmten Entgelten, so entsteht die Umsatzsteuer mit Ablauf des Voranmeldungszeitraumes, in dem die Entgelte vereinnahmt worden sind, bei unentgeltlichen Wertabgaben mit Ablauf des Voranmeldungszeitraumes, in dem der Unternehmer Gegenstände für die in § 3 Abs. 1 b UStG bezeichneten Zwecke entnommen, für Zwecke außerhalb des Unternehmens verwendet oder Aufwendungen gemacht hat, die nach § 4 Abs. 5 Nr. 1–7 EStG bei der Gewinnermittlung ausscheiden.

---

29 BMF vom 16. 12. 1998, a. a. O., Tz. 4.2 Beispiel 3; a. A. für den Konkurs.
30 Vgl. insoweit für den Konkurs: Hess, Kommentar zur Konkursordnung, 6. Aufl. 1998, Anh. II § 141 d Rdnr. 4, 7 ff.; Jaeger/Henckel, Kommentar zur Konkursordnung, 9. Aufl. 1997, § 3 Rdnr. 83.

56 Umsatzsteuerforderungen sind vielfach jedoch schon i. S. d. § 38 InsO begründet, bevor die Steuerschuld voll entstanden ist. Dies ist dann der Fall, wenn sie Umsätze betreffen, bei denen bei der Ist-Besteuerung bis zur Eröffnung des Insolvenzverfahrens die Entgelte vereinnahmt oder bei der Soll-Besteuerung die Lieferungen oder sonstigen Leistungen aufgeführt worden sind oder die Entnahmen, Verwendungen und die Aufwendungen getätigt worden sind.

57 Durch die Eröffnung des Insolvenzverfahrens wird der laufende Veranlagungszeitraum nicht unterbrochen. Soweit die Leistung als umsatzsteuerauslösender Tatbestand vor Eröffnung des Insolvenzverfahrens erbracht worden ist, ist zwar umsatzsteuerrechtlich im Zeitpunkt der Eröffnung des Insolvenzverfahrens noch keine Umsatzsteuerforderung entstanden. Dennoch ist die Umsatzsteuerforderung nach § 38 InsO begründet und insoweit als Insolvenzforderung geltend zu machen, unabhängig davon ob die Umsätze nach vereinbarten oder nach vereinnahmten Entgelten zu versteuern sind.[31]

> **Praxistipp:**
>
> Wenn die Eröffnung des Insolvenzverfahrens in einen laufenden Voranmeldungszeitraum fällt, empfiehlt es sich für den Insolvenzverwalter aus Gründen der Zweckmäßigkeit und Vereinfachung zwei Umsatzsteuervoranmeldungen abzugeben, eine für den Zeitraum vom Beginn des Voranmeldungszeitraumes bis zur Eröffnung des Insolvenzverfahrens und die andere für den sich daran anschließenden Zeitraum vom Tag der Eröffnung des Insolvenzverfahrens bis zum Ende des Voranmeldungszeitraumes. Auf die Abgabe von zwei Voranmeldungen in diesem Fall hat das Finanzamt jedoch keinen Anspruch.
>
> Hinsichtlich des Abzuges von Vorsteuerbeträgen nach § 15 Abs. 1 UStG hat der Unternehmer ein Wahlrecht, zu welchem Zeitpunkt er die in den Veranlagungszeitraum fallenden Vorsteuerbeträge abzieht, verrechnet oder deren Erstattung verlangt. (§ 16 Abs. 2 Satz 1 UStG) Grundsätzlich kann der Unternehmer die Vorsteuerbeträge so verrechnen, wie sie bei ihm in seinem Unternehmen anfallen.

Er muss die Vorsteuern insbesondere nicht ausschließlich mit den Steuern verrechnen, die auf die sachlich dazu gehörenden Umsätze entfallen.

58 Werden die Vorsteuern mit Umsatzsteuern aus Umsätzen vor Eröffnung des Insolvenzverfahrens verrechnet, so mindert sich dadurch die zur Tabelle (§ 175 InsO) anzumeldende Umsatzsteuer. Übersteigen die in den Voranmeldungszeitraum der Eröffnung des Insolvenzverfahrens fallenden Vorsteuerabzugsbeträge die Umsatzsteuer, die auf vom Insolvenzschuldner vor Konkurseröffnung getätigte Umsätze entfällt, so handelt es sich bei dem dabei ent-

---

31 Vgl. BMF vom 16. 12. 1998, a. a. O., Tz. 4.2 Beispiel 1.

stehenden Guthaben um einen Anspruch der Insolvenzmasse, den der Insolvenzverwalter zugunsten der Insolvenzmasse geltend zu machen hat.
Macht der Insolvenzverwalter die abziehbaren Vorsteuerbeträge dagegen erst im Rahmen der Jahresveranlagung geltend, so stellt die Umsatzsteuer, die auf bis zur Eröffnung des Insolvenzverfahrens getätigte Umsätze entfällt, in voller Höhe eine Insolvenzforderung dar.
Dies gilt unabhängig von dem später noch möglichen oder zulässigen Vorsteuerabzug.

> **Praxistipp:**
> Im Einzelfall kann es sich für den Insolvenzverwalter empfehlen, das Finanzamt zu veranlassen, den Veranlagungszeitraum abzukürzen. Hierdurch kann erreicht werden, dass die in den einzelnen Veranlagungszeiträumen noch nicht verrechneten Vorsteuerguthaben für die Masse frei werden.

Ändert sich die Bemessungsgrundlage für die Umsatzsteuer, so führt dies beim Leistungsempfänger gemäß § 17 UStG zu einer Berichtigung des Vorsteuerbetrages. Im Fall der Eröffnung des Insolvenzverfahrens ändert sich die Bemessungsgrundlage, insbesondere bei der Uneinbringlichkeit des Entgeltes. Die Uneinbringlichkeit des Entgeltes führt gemäß § 17 Abs. 1 UStG zu einer Berichtigung der Umsatzsteuer beim Leistenden sowie der Vorsteuer beim Schuldner als Leistungsempfänger. Die Berichtigungen sind gemäß § 17 Abs. 1 S. 2 UStG für den Voranmeldungs- oder Veranlagungszeitraum vorzunehmen, in dem die Änderung des Entgeltes eingetreten oder die Forderung uneinbringlich geworden ist. 59

Bei Eröffnung des Insolvenzverfahrens können die Gläubiger grundsätzlich mit einem (Teil-)Ausfall ihrer Forderungen gegen den Insolvenzschuldner rechnen. Die Ausfallhöhe stellt sich in der Regel erst im Verlauf oder nach Abschluss des Insolvenzverfahrens heraus. Soweit die Gläubiger mit einer Befriedigung ihrer Forderungen nicht mehr rechnen können, sind sie berechtigt, die Entgelte und die darauf bereits entrichtete Umsatzsteuer zu mindern. 60

In gleicher Höhe wie bei der Minderung des Entgeltes ist der Insolvenzverwalter verpflichtet, den vom Insolvenzschuldner noch vorgenommenen Vorsteuerabzug zu berichtigen. Unterlässt der Insolvenzverwalter dies, so wird das Finanzamt in der Regel nach Vornahme einer Umsatzsteuersonderprüfung die Voranmeldung für den Zeitraum der Eröffnung des Insolvenzverfahrens berichtigen und gemäß § 18 Abs. 3 S. 3 UStG die zutreffende Vorauszahlung vornehmen. 61

In der Praxis lässt sich die genaue Höhe des Forderungsausfalles innerhalb der Anmeldefrist nicht feststellen. Insoweit ist das Finanzamt vielfach gezwungen, die Höhe des Forderungsausfalles anhand der bis zur Eröffnung des Insolvenzverfahrens unbezahlten Rechnungen zu *schätzen* und den sich 62 danach ergebenden Umsatzsteueranspruch mit dem Hinweis zur Insolvenztabelle anzumelden, dass die endgültige Höhe der Umsatzsteuerforderung von dem endgültigen Ausfall der Forderung der übrigen Gläubiger abhänge.

63 Der *Berichtigungsanspruch* besteht gemäß § 17 Abs. 1 S. 2 UStG i. V. m. § 17 Abs. 2 Nr. 1 UStG für den Veranlagungszeitraum bzw. Voranmeldungszeitraum, in dem sich die Bemessungsgrundlage geändert hat. Dies ist spätestens der Zeitpunkt, in dem über den Antrag auf Eröffnung des Insolvenzverfahrens entschieden worden ist. In diesem Zeitpunkt, der vor Eröffnung des Insolvenzverfahrens liegt, ist der Berichtigungsanspruch i. S. d. § 38 InsO begründet und damit als Insolvenzforderung geltend zu machen.[32]

f) Grunderwerbsteuer

64 Die Grunderwerbsteuer ist insolvenzrechtlich i. S. d. § 38 InsO begründet, soweit grunderwerbsteuerlich relevante Erwerbsvorgänge vor Eröffnung des Insolvenzverfahrens verwirklicht worden sind.

g) Kraftfahrzeugsteuer

65 Für die Kraftfahrzeugsteuer hat der BFH[33] entschieden, dass die auf Zeiträume nach der Eröffnung des Insolvenzverfahrens bzw. nach Wirksamwerden des allgemeinen Veräußerungsverbots bei Bestallung eines vorläufigen Insolvenzverwalters entfallende Kfz-Steuer zu den Masseverbindlichkeiten gehört.[34]

66 Die Steuerpflicht endet bei der endgültigen Außerbetriebsetzung des Kraftfahrzeuges oder bei einer Betriebsuntersagung durch die Verwaltungsbehörde (§§ 5–7 KraftStG). Setzt der Insolvenzschuldner nachdem seine Steuerpflicht zu einem bestimmten Zeitpunkt nach Eröffnung des Insolvenzverfahrens beendet war, das Halten des Fahrzeuges fort, so entsteht ab diesem Zeitpunkt eine neue Kraftfahrzeugsteuerforderung des Finanzamtes.

h) Investitionszulage

67 Die Investitionszulage wird in der Regel unter der Voraussetzung gewährt, dass die begünstigten Wirtschaftsgüter in bestimmter Weise verwendet werden und einen bestimmten Zeitraum, zumeist drei Jahre nach ihrer Herstellung und Anschaffung, in einer Betriebstätte verbleiben. Das Finanzamt kann die Investitionszulage zurückfordern, wenn diese Voraussetzungen vom Zulageempfänger nicht erfüllt werden. Eine Rückzahlung der Investitionszulage gilt auch für Wirtschaftsgüter, die im Rahmen eines Insolvenzverfahrens innerhalb des schädlichen Zeitraumes veräußert worden sind.

---

32 BMF vom 16. 12. 1998, a. a. O., Tz. 4.2 Beispiel 2.
33 BFH/NV 1998, 86.
34 BMF vom 16. 12. 1998, a. a. O., Tz. 4.2 Beispiel 5.

Die Investitionszulage wird damit gleichsam unter dem Vorbehalt gewährt, dass sie bei Nichterfüllen der begünstigten Verwendung der Wirtschaftsgüter und/oder bei Nichteinhaltung des Begünstigungszeitraumes zurückzuzahlen ist.

Damit ist der Rechtsgrund für das Entstehen des Rückzahlungsanspruches bereits vor Eröffnung des Insolvenzverfahrens vollständig gelegt worden. Der Anspruch auf Rückzahlung zu Unrecht gewährter Investitionszulagen ist insoweit insolvenzrechtlich i. S. d. § 38 InsO schon vor Eröffnung des Insolvenzverfahrens begründet, wenn das zulagebegünstigte Wirtschaftsgut vor Eröffnung des Insolvenzverfahrens zulageschädlich verwendet wurde, z. B. dadurch dass es veräußert oder vom Anlagevermögen in das Umlaufvermögen umqualifiziert wurde. Die nach Eröffnung des Insolvenzverfahrens erfolgte zulagenschädliche Verwendung des Wirtschaftsgutes führt ebenfalls zu einer Insolvenzforderung. Der Rückforderungsanspruch war schon vor Eröffnung des Insolvenzverfahrens begründet, weil das schuldrechtliche Verhältnis, aus dem später der Rückforderungsanspruch entstanden ist, bereits zum Zeitpunkt der Verfahrenseröffnung bestand.[35]

i) Erstattungsanspruch

Ein Erstattungsanspruch bezieht sich gemäß § 37 Abs. 2 AO auf eine Steuer, eine Steuervergütung, einen Haftungsbetrag oder eine steuerliche Nebenleistung, die ohne rechtlichen Grund gezahlt oder zurückgezahlt worden ist und vom Zahlungsempfänger zu erstatten ist. Durch einen derartigen Erstattungsanspruch werden ohne rechtlichen Grund bewirkte unmittelbare Vermögensverschiebungen wieder ausgeglichen. 68

Ein Erstattungsanspruch des Finanzamtes ist insolvenzrechtlich gemäß § 38 InsO begründet mit Rückzahlung der Beträge ohne rechtlichen Grund. Ist die Zahlung vor der Eröffnung des Insolvenzverfahrens geleistet worden, so ist der Erstattungsanspruch selbst dann als Insolvenzforderung zur Tabelle anzumelden, wenn der Anspruch vor diesem Zeitpunkt noch nicht festgesetzt war, oder wenn der ursprüngliche Steuerbescheid weder geändert noch aufgehoben worden ist.[36] 69

Da es sich bei einem Erstattungsanspruch des Schuldners nicht um eine Steuerforderung des Finanzamtes, sondern um eine Steuerforderung des Steuerpflichtigen handelt, kann ein Steuerbescheid erlassen werden.[37] In diesen Fällen wird die Finanzverwaltung den Erstattungsanspruch vielfach mit anderweitigen Steuerrückständen verrechnen (§§ 94 ff. InsO). 70

---

35 BMF vom 16. 12. 1998, a. a. O., Tz. 4.2 Beispiel 4.
36 Für den Konkurs: BFH vom 7. 3. 1968, BStBl. II 1968,496.
37 BMF vom 17. 12. 1998, a. a. O., Tz. 3.

j) Haftungsansprüche

71 Haftungsansprüche sind gemäß § 38 InsO begründet, wenn der ihnen zugrunde liegende Anspruch aus dem Steuerschuldverhältnis gemäß § 37 AO begründet ist. *Voraussetzung* für die Geltendmachung und das Begründetsein des Haftungsanspruches ist das Vorliegen eines wirksamen Haftungsbescheides gemäß § 191 AO. Liegt im Zeitpunkt der Eröffnung des Insolvenzverfahrens noch kein Haftungsbescheid vor, so kann ein möglicher Haftungsanspruch dennoch dem Grunde und der Höhe nach durch Anmeldung zur Insolvenztabelle geltend gemacht werden.

2. Nicht fällige Forderungen

72 Nicht fällige Forderungen gelten gemäß § 41 Abs. 1 InsO als fällig und sind deshalb als fällige Forderungen zur Tabelle anzumelden.

Sind sie *unverzinslich*, so sind sie mit dem gesetzlichen Zinssatz abzuzinsen (§ 41 Abs. 2 InsO). Sie vermindern sich dadurch auf den Betrag, der bei Hinzurechnung der gesetzlichen Zinsen für die Zeit von der Eröffnung des Insolvenzverfahrens bis zur Fälligkeit dem vollen Betrag der Forderung entspricht.

73 Als fällig zur Insolvenztabelle anzumelden sind auch Steuerforderungen, deren Vollziehung gemäß § 361 AO ausgesetzt ist. Da bei einer ausgesetzten Steuerforderung gemäß § 237 AO Aussetzungszinsen zu zahlen sind, entfällt bei einer Anmeldung der Forderung zur Insolvenztabelle die Abzinsung. Das Gleiche gilt für gestundete oder nicht fällige hinterzogene Steuern, soweit diese als fällig zur Insolvenztabelle anzumelden sind. Auch in diesen Fällen ergibt sich die Verzinsung unmittelbar aus der AO, § 234 AO für Stundungszinsen und § 235 AO für Hinterziehungszinsen. Soweit die Steuerforderung unverzinslich ist, ist sie mit dem gesetzlichen Zinsfuß von 4 % (§ 246 BGB) abzuzinsen.

74 Ist eine Steuer im Zeitpunkt der Eröffnung des Insolvenzverfahrens zwar entstanden, aber noch nicht festgesetzt worden, so entfällt wegen der Eröffnung des Insolvenzverfahrens die Steuerfestsetzung und damit auch die Fälligkeit der Steuerforderung. In diesem Fall ist gemäß § 69 KO der Abzinsungsbetrag der unverzinslichen Steuerforderung unter Zugrundelegung eines Zinssatzes von 4 % zu schätzen. Grundlage hierfür ist der Zeitraum, in dem die Steuerforderung nach dem gewöhnlichen Lauf der Dinge und dem Fortgang der Veranlagungsarbeiten in dem zuständigen Finanzamt festgesetzt worden wäre.

75 *Befristete Forderungen* sind Forderungen, die bereits i. S. d. § 38 InsO begründet, aber steuerrechtlich noch nicht entstanden sind, weil die Steuerschuld erst nach Ablauf eines hierfür maßgebenden Besteuerungszeitraumes entsteht. Dies gilt insbesondere für die Einkommensteuer gemäß § 26 Abs. 1 EStG, die Körperschaftsteuer nach § 48 c KStG und die Gewerbesteuer nach § 18 GewStG. Bei diesen Steuerarten ist der Teil der nach Eröff-

nung des Insolvenzverfahrens entstandenen Steuerforderung befristet, da das Entstehen von einem zukünftigen gewissen Ereignis, dem Ablauf des jeweiligen Besteuerungszeitraumes abhängig ist.

Befristete Steuerforderungen sind analog § 163 BGB wie aufschiebend bedingte Steuerforderungen zu behandeln. Da sie gemäß § 38 InsO als im Zeitpunkt der Eröffnung des Insolvenzverfahrens begründet gelten, sind sie als Insolvenzforderungen geltend zu machen. 76

Die Unterscheidung zwischen betagten und befristeten Forderungen hatte im Konkurs für das Konkursvorrecht Bedeutung. Im Insolvenzrecht ist die Unterscheidung wegen Wegfalls der Vorrechte ohne Bedeutung.

V. Anmeldung von Steuerforderungen

Die im Zeitpunkt der Eröffnung des Insolvenzverfahrens begründeten Steuerforderungen (§ 38 InsO) hat die Vollstreckungsstelle des Finanzamtes unter Angabe von Grund, Betrag und des beanspruchten Vorrechtes beim Insolvenzverwalter anzumelden (§ 174 InsO). Dieser trägt die Forderungen in die Insolvenztabelle ein (§ 175 InsO). 77

Im Prüfungstermin werden auch die Steuerforderungen geprüft, die nach Ablauf der Anmeldefrist angemeldet werden. Falls der Insolvenzverwalter oder ein Insolvenzgläubiger der Prüfung widerspricht oder sofern die Steuerforderung erst nach dem Prüfungstermin angemeldet wird, erfolgt die Prüfung in einem gesonderten Prüfungstermin (§ 177 InsO).

Die Steuerforderungen gelten als festgestellt, wenn weder Insolvenzgläubiger noch der Insolvenzverwalter der Feststellung widersprochen haben (§ 178 InsO).

VI. Der Prüfungstermin

Im Insolvenzverfahren werden nach § 176 Abs. 1 InsO die angemeldeten Steuerforderungen ihrem Betrag und ihrem Rang nach geprüft. Das Insolvenzgericht setzt diesen *Termin*, der mindestens eine Woche und höchstens zwei Monate nach dem Anmeldetermin liegen soll, schon im Eröffnungsbeschluss fest (§ 29 InsO). Teilnahmeberechtigt sind alle Insolvenzgläubiger, der Insolvenzverwalter und der Schuldner. Diese sind auch befugt, die angemeldeten Forderungen zu bestreiten, d. h. Widerspruch gegen diese Anmeldung zu erheben. Die Forderungen, die vom Insolvenzverwalter, vom Schuldner oder von einem Insolvenzgläubiger bestritten werden, sind einzeln zu erörtern (§ 176 Satz 2 InsO). Geprüft wird zu diesem Zeitpunkt 78 noch nicht die Begründetheit. Dies geschieht im sog. *Widerspruchs- und Feststellungsverfahren.*

79 Nach § 178 Abs. 1 Satz 1 InsO gilt eine Forderung als festgestellt, wenn gegen sie weder vom Insolvenzverwalter noch von einem Insolvenzgläubiger im Prüfungstermin Widerspruch erhoben wird. Sie wird daraufhin in die *Tabelle eingetragen* (§ 178 Abs. 3 InsO). Das Gleiche gilt, wenn ein zunächst erhobener Widerspruch beseitigt ist. Ist eine Steuerforderung auf der Grundlage eines vor Insolvenzeröffnung ergangenen Steuerbescheides angemeldet worden, so tritt der widerspruchsfreie Tabellenauszug an die Stelle dieses Steuerbescheides, d. h. er ersetzt diesen. Der Tabellenauszug ist damit *Steuerbescheid* mit der Wirkung eines rechtskräftigen Urteils.

Erfasst der Tabellenauszug das ganze Jahr, weil auch die Anmeldung aus einem Jahressteuerbescheid oder aus einer Jahressteuerberechnung vorgenommen wurde, so ist der widerspruchsfreie Tabellenauszug die abschließende Jahresveranlagung und der jetzt maßgebliche Jahressteuerbescheid.

Bei Vorliegen von *Einsprüchen* ist davon auszugehen, dass ein Feststellungsinteresse und damit eine Sachentscheidungsvoraussetzung für die Fortführung von vor Insolvenzeröffnung anhängigen Einspruchsverfahren fehlt, wenn im Prüfungstermin kein Widerspruch erhoben wurde.

80 Das Insolvenzgericht trägt nach § 206 Abs. 1 Satz 1 InsO bei jeder angemeldeten Forderung in die Tabelle ein, inwieweit die Forderung ihrem Betrag und ihrem Rang nach festgestellt ist oder wer der Feststellung widersprochen hat.

Ist eine Steuerforderung vom Insolvenzverwalter oder von einem Insolvenzgläubiger bestritten worden, so bleibt es gemäß § 179 Abs. 1 InsO dem Finanzamt als Gläubiger überlassen durch Erlass eines Feststellungsbescheides, die Feststellung gegen den Bestreitenden zu betreiben.

Liegt für eine bestrittene Steuerforderung bereits ein bestandskräftiger Steuerbescheid vor, so obliegt es dem Bestreitenden den Widerspruch weiter zu verfolgen.

VII. Die Wirkungen des Insolvenzverfahrens auf das Besteuerungsverfahren

1. Allgemeines

81 Vor der Insolvenzeröffnung begründete Steueransprüche können nicht mehr durch Festsetzung oder (Vor-)Anmeldung rechtswirksam werden. Ihre Geltendmachung erfolgt durch schriftliche Anmeldung zur Forde-

rungstabelle, die anders als im Konkursverfahren (Führung durch das Konkursgericht) vom Insolvenzverwalter zu führen ist.[38]

Nachrangige Insolvenzforderungen sind nur dann anzumelden, wenn das Insolvenzgericht hierzu besonders auffordert (vgl. § 174 Abs. 2 InsO).

Zu den nachrangigen Forderungen gehören nach § 39 AO:
- die seit Eröffnung des Insolvenzverfahrens laufenden Zinsen der Forderungen der Insolvenzgläubiger,
- die Kosten, die den einzelnen Insolvenzgläubigern durch ihre Teilnahme am Verfahren erwachsen,
- Geldstrafen, Geldbußen, Ordnungsgelder und Zwangsgelder, sowie solche Nebenfolgen einer Straftat oder Ordnungswidrigkeit, die zu einer Geldzahlung verpflichten,
- Forderungen auf unentgeltliche Leistung des Schuldners,
- Forderungen und Rückgabe des kapitalersetzenden Darlehens eines Gesellschafters
  oder gleichgestellte Forderungen.

Obwohl Säumniszuschläge auf Insolvenzforderungen in § 39 InsO nicht ausdrücklich genannt werden, gehören sie nach Auffassung der Finanzverwaltung auch zu den nachrangigen Forderungen i. S. d. § 39 InsO, soweit sie auf einen Zeitraum nach der Eröffnung des Insolvenzverfahrens entfallen. Dies entspricht letztlich ihrem Druckmittel- und Zinscharakter. 82

2. Steuerermittlungs- und Steueraufsichtsverfahren

Durch die Eröffnung des Insolvenzverfahrens werden gemäß § 240 ZPO Streitverfahren unterbrochen. Nicht betroffen durch die Eröffnung des Insolvenzverfahrens sind Steuerermittlungs- und Steueraufsichtsverfahren, da es sich nicht um Streitverfahren handelt. Das Gleiche gilt für Betriebsprüfungsverfahren und Steuerfahndungsverfahren (§§ 208, 404 AO). Insoweit kann das Finanzamt ohne Rücksicht auf die Eröffnung des Insolvenzverfahrens Steuerermittlungs- und Steueraufsichtsverfahren einleiten, sowie bereits laufende Verfahren fortsetzen oder abschließen. Dabei treffen die steuerlichen Mitwirkungspflichten ab der Eröffnung des Insolvenzverfahrens grundsätzlich den Insolvenzverwalter. 83

---

38 BMF vom 16. 12. 1998, a. a. O., Tz.5.

3. Steuerfestsetzungsverfahren und Steuerfeststellungsverfahren

84 Die AO enthält keine Vorschriften über den Einfluss der Eröffnung des Insolvenzverfahrens auf die Geltendmachung vorher entstandener Steuerschulden des Insolvenzschuldners. Dem Steuergläubiger kommt hiernach gegenüber anderen Insolvenzgläubigern keine Sonderstellung im Insolvenzverfahren zu. Nach § 38 InsO ist das Finanzamt als Steuergläubiger einer der Insolvenzgläubiger, zu deren gemeinschaftlicher Befriedigung die Insolvenzmasse bestimmt ist.

Ein zur Zeit der Eröffnung des Insolvenzverfahrens laufendes Steuerfestsetzungsverfahren (§§ 155 ff., 148 AO) wird gemäß § 240 ZPO analog unterbrochen, soweit es die insolvenzmäßige Befriedigung zum Ziel hat. Es kann erst wieder fortgesetzt werden, wenn das Insolvenzverfahren wegen Unzulänglichkeit der Masse (§ 207 InsO) oder wegen Wegfalls des Eröffnungsgrundes auf Antrag des Schuldners mit Zustimmung aller Insolvenzgläubiger (§ 212 InsO) eingestellt wird.

85 Aus insolvenzrechtlichen Gründen dürfen alle Steuerverfahren, die auf individuelle Befriedigung des Steuergläubigers gerichtet sind, nicht fortgesetzt werden. Das bedeutet, dass nach Eröffnung des Insolvenzverfahrens gegen den Insolvenzverwalter ein Steuerbescheid wegen einer vor Eröffnung des Insolvenzverfahrens begründeten Steuerforderung nicht erlassen werden darf, auch nicht, soweit der Bescheid nur die Steuerforderung nach Grund und Betrag festsetzt, ohne gleichzeitig deren Zahlung zur Insolvenzmasse zu verlangen. Somit sind die vor Eröffnung des Insolvenzverfahrens begründeten Steuerforderungen ausschließlich zur Insolvenztabelle anzumelden. Das betrifft auch nicht fällige bzw. noch nicht festgesetzte oder nicht angemeldete Steuern.

86 Auch gegen den Insolvenzschuldner darf während des anhängigen Insolvenzverfahrens kein Steuerbescheid wegen Steuerforderungen erlassen werden, die vor Eröffnung des Insolvenzverfahrens begründet sind.

87 In der Praxis erlässt das Finanzamt keinen Steuerbescheid, sondern gibt lediglich dem Insolvenzverwalter eine Ausfertigung des Steuerbescheides unter Weglassung der Rechtsbehelfsbelehrung informatorisch zur Kenntnis und meldet die sich nach diesem informatorischen Bescheid ergebenden Steuerschulden des Insolvenzschuldners zur Tabelle an. In der Praxis werden die Veranlagungen ganz normal maschinell oder personell gerechnet, wobei die maschinellen Bescheide beim Versand auszuschließen sind. Diese informatorischen Bescheide stellen keine Steuerbescheide dar, sondern sind lediglich Berechnungen der angemeldeten Steuerschulden. Diese brauchen auch nicht unter Vorbehalt der Nachprüfung gemäß § 164 Abs. 1 AO oder vorläufig gemäß § 165 AO zu ergehen.

Für das noch nicht beendete Insolvenzeröffnungsjahr sind zum Zwecke der Anmeldung der Steuerinsolvenzforderungen (Schätzungs-)Berechnungen durchzuführen und diese dem Insolvenzverwalter bekannt zu geben. Dabei wird in der Praxis neben dem Hinweis auf die Schätzung z. B. folgende Erläuterung für den Insolvenzverwalter in die Steuerberechnung aufgenommen:

> »Es handelt sich nicht um eine Steuerfestsetzung, sondern um eine Steuerberechnung für den Zeitraum vom 1.1. bis zum ... (Vortag der Insolvenzeröffnung), die zum Zwecke der Anmeldung zur Tabelle erfolgt.«

Eine derartige zeitliche Beschränkung im Insolvenzeröffnungsjahr ist auch rechtlich zulässig.[39]

Ergeht nach Eröffnung des Insolvenzverfahrens trotzdem ein Steuerbescheid, so ist dieser als nichtig anzusehen.[40] Gegen diesen nichtigen Bescheid kann ein Rechtsbehelf eingelegt werden, um den von diesem ausgehenden Rechtsschein zu beseitigen. Dies gilt auch für Änderungsbescheide.

Zulässig ist dagegen der Erlass eines Steuerbescheides, wenn er zur Befriedigung außerhalb des Insolvenzverfahrens notwendig ist, z. B. in den Fällen, in denen der Steuergläubiger absonderungsberechtigt und deshalb befugt ist, sich außerhalb des Insolvenzverfahrens zu befriedigen.[41]

Gegen den *Ehegatten* des Schuldners kann auch während des anhängigen Insolvenzverfahrens ein Einkommensteuerbescheid erlassen werden, wenn die Zusammenveranlagung gewählt wurde.

Hierbei ist darauf zu achten, dass der Steuerbescheid an den *Ehegatten als Gesamtschuldner* adressiert ist und nicht an die Eheleute. Macht der Ehegatte von der Möglichkeit Gebrauch eine Aufteilung der Gesamtschuld gemäß §§ 268–280 AO zu beantragen, so ist die Steuerschuld aufzuteilen in die Steuerschuld des Ehegatten (Steuerbescheid) und die Steuerschuld des Insolvenzschuldners (Anmeldung zur Tabelle).

Fraglich ist, ob nach Eröffnung des Insolvenzverfahrens noch ein *Erstattungsbescheid* erlassen werden darf.[42] Nach einer weiteren in der Literatur vertretenen Ansicht[43] sind, sofern der Erstattungsanspruch zur Insolvenzmasse gehört, die für Steuerforderungen geltenden Grundsätze entsprechend anwendbar. In diesen Fällen soll an die Stelle des Steuerbescheides die formlose Errechnung der Steuerschuld oder des Steuerguthabens treten. Unabhängig davon ist jedoch der Erlass eines Abrechnungsbescheides zulässig, in dem der Erstattungsanspruch als Differenz zwischen dem Steuer-

---

39 BFH, BFH/NV 1994, 477.
40 Für den Konkurs: BFH, BStBl. III 1970, 665.
41 Für den Konkurs: Tipke/Kruse, a. a. O., § 251 Rdnr. 16; Jaeger/Lent/Weber, Kommentar zur Konkursordnung, 8. Aufl. 1985, § 47 Anm. 10.
42 Bejahend Tipke/Kruse, a. a. O., § 251 Tz. 12 f. unter Hinweis auf BFH, BStBl. II 1994, 207; jedoch behandelt der BFH in diesem Urteil nur die Frage der Zugehörigkeit der zugeflossenen Erstattungsansprüche zur Konkursmasse, nicht deren Feststellung.
43 Bringewat/Waza, a. a. O., Rdnr. 39 sowie Frotscher, a. a. O., S. 315.

anspruch und der Zahlung ermittelt wird. Ein derartiger Abrechnungsbescheid ist an den Insolvenzverwalter zu richten.

92 Was bislang nur für Steuerbescheide im Steuerfestsetzungsverfahren galt, gilt nunmehr nach der BFH-Rechtsprechung,[44] auch für *gesonderte Gewinnfeststellungsbescheide* nach § 180 Abs. 1 Nr. 2 b AO und *Steuermessbescheide*. Bislang wurde der Erlass von Feststellungsbescheiden (§§ 179, 180 AO) oder Steuermessbescheiden (§ 184 AO) auch nach Konkurseröffnung als zulässig angesehen, weil im Steuerfeststellungsverfahren kein Steuerbetrag festgesetzt wird. Nach der jetzigen Entscheidung des BFH dürfen nach Eröffnung des Konkursverfahrens bis zum Prüfungstermin Steuern, die zur Konkurstabelle anzumelden sind, nicht mehr festgesetzt werden. Das gilt auch für Steuerbescheide, wie z. B. Gewerbesteuermessbescheide, Gewinnfeststellungsbescheide oder Einheitswertbescheide, in denen ausschließlich Besteuerungsgrundlagen ermittelt und festgestellt werden, die ihrerseits die Höhe von Steuerforderungen beeinflussen, die zur Konkurstabelle anzumelden sind. Was für das Konkursverfahren gilt, gilt in entsprechender Weise auch für das Insolvenzverfahren.

Im Rahmen eines gesonderten Gewinnfeststellungsverfahrens nach § 180 Abs. 1 Nr. 2 b AO teilt das Betriebstättenfinanzamt den Gewinn des Schuldners durch eine formlose Steuerberechnung mit. Handelt es sich um eine Insolvenzforderung, meldet das Wohnsitzfinanzamt diese zur Tabelle an.

Unterbrochen werden durch die Insolvenzeröffnung auch *Zerlegungsverfahren* nach §§ 185–189 AO.

93 Bei anderen Feststellungsverfahren, nämlich

- der gesonderten Feststellung des vortragsfähigen Gewerbeverlustes nach § 10 a GewStG,
- der gesonderten Feststellung des verbleibenden Verlustabzugs nach § 10 d EStG,
- der gesonderten Feststellung nach § 47 KStG,
- der gesonderten Feststellung der Anteilsbewertungsverordnung,
- der gesonderten Feststellung von Einheitswerten nach Maßgabe des Bewertungsgesetzes,
- bei Grundsteuermessbescheiden

ist auf Grund des BFH-Urteils vom 2. 7. 1997 noch unklar, ob auch diese Verfahren durch die Insolvenzeröffnung unterbrochen werden. Nach Auffassung der Finanzverwaltung werden diese Verfahren nicht unterbrochen, so dass der Erlass entsprechender Bescheide zulässig ist.[45]

94 Wird eine angemeldete Steuerforderung im Prüfungstermin bestritten, so ist ein fehlender Grundlagen- bzw. Messbescheid unmittelbar gegen den Insol-

---

44 BFH, BStBl. II 1998, 428 für den Konkurs.
45 Vgl. FG Brandenburg EFG 1998, 1099, das den Erlass eines Feststellungsbescheides nach § 47 Abs. 1 KStG nach Insolvenzeröffnung für unzulässig hält.

venzverwalter zu erlassen. Ein bereits bei Insolvenzeröffnung gegen einen Grundlagen- oder Messbescheid anhängiges Einspruchsverfahren kann fortgeführt werden. Hatte der Schuldner vor Eröffnung des Insolvenzverfahrens gegen einen Gewerbesteuermessbescheid Einspruch eingelegt, so wird das Einspruchsverfahren gemäß § 240 ZPO mit der Eröffnung des Insolvenzverfahrens unterbrochen.[46]

Dagegen gehört die einheitliche und gesonderte *Gewinnfeststellung* nach § 180 Abs. 1 Nr. 2 a AO nach Auffassung der Finanzverwaltung trotz des BFH- Urteils vom 2. 7. 1997 zu den konkurs- oder insolvenzfreien Angelegenheiten. Insoweit bleibt der Erlass derartiger Feststellungsbescheide auch nach Insolvenzeröffnung über das Vermögen einer Personengesellschaft möglich. Der einheitliche Feststellungsbescheid ist nicht an den Insolvenzverwalter, sondern an jeden einzelnen Gesellschafter bekannt zu geben. Er kann auch nicht mehr nach § 183 Abs. 1 AO an den Empfangsbevollmächtigten bekannt gegeben werden, weil § 183 Abs. 1 AO voraussetzt, dass ein intaktes Gesellschaftsverhältnis besteht und der Informationsfluss gesichert ist. Eine Bekanntgabe an den früheren Steuerberater als Empfangsbevollmächtigten kommt ebenfalls nicht in Betracht, weil dessen Vertragsverhältnis zur Gesellschaft als Schuldner und damit die Vertretungsmacht (§§ 115, 116 InsO) erloschen ist. Soweit jedoch der Gewinnfeststellungsbescheid die Insolvenzmasse eines Feststellungsbeteiligten betrifft, steht mit der Eröffnung des Insolvenzverfahrens das alleinige Anfechtungs- und Klagerecht dem Insolvenzverwalter zu.

4. Außergerichtliches Rechtsbehelfsverfahren, Aussetzung der Vollziehung

Zur Zeit der Eröffnung des Insolvenzverfahrens laufende Rechtsbehelfsverfahren sowie Fristen werden durch die Eröffnung des Insolvenzverfahrens nach § 155 FGO i. V. m. § 240 ZPO *unterbrochen*. Das bedeutet, dass Rechtsbehelfe und Rechtsmittel nach Eröffnung des Insolvenzverfahrens weder eingelegt noch weiterverfolgt werden dürfen. Eine Weiterverfolgung ist erst im Rahmen des Feststellungsstreites möglich, wenn die angemeldete Forderung im Prüfungstermin bestritten wird (§ 179 InsO).

Die Unterbrechung der Rechtsbehelfs- und Rechtsmittelverfahren gilt sowohl gegenüber dem Insolvenzverwalter, den Insolvenzgläubigern als auch gegenüber dem Schuldner. Das Finanzamt kann den unterbrochenen Rechtsstreit auch dann wieder aufnehmen, wenn es darauf verzichtet, mit dem streitbefangenen Steueranspruch an dem Insolvenzverfahren (weiter) teilzunehmen.[47] Aus dem so erstrittenen Titel kann das Finanzamt erst nach Beendigung des Insolvenzverfahrens vollstrecken. *Aktivrechtsstreite* des Schuldners, die einen Erstattungsanspruch zum Gegenstand haben,

---
46 BFH vom 2. 7. 1997, a. a. O.
47 Für den Konkurs: BGH WM 1978, 1319.

kann der Insolvenzverwalter jederzeit nach § 85 Abs. 1 InsO wieder aufnehmen, sofern der Anspruch während des Insolvenzverfahrens nicht durch Aufrechnung erloschen ist. Nimmt der Insolvenzverwalter das Verfahren nicht auf, so kann das Finanzamt gemäß § 85 Abs. 2 InsO i. V. m. § 239 Abs. 2–4 ZPO die Aufnahme des Verfahrens verlangen. Lehnt der Insolvenzverwalter die Aufnahme des Rechtsstreites ab, so gilt der Anspruch als freigegeben und scheidet damit aus der Insolvenzmasse aus. In diesem Fall kann der Schuldner selbst den Rechtsstreit aufnehmen und Zahlung an sich verlangen.

98 Wie die Rechtsbehelfs- und Rechtsmittelverfahren werden auch gerichtliche Verfahren unterbrochen (§§ 155 FGO, 240 ZPO). Eine *Unterbrechung* des gerichtlichen Verfahrens hat selbst dann zu erfolgen, wenn das Insolvenzverfahren nach Verkündung, aber vor Zustellung des Urteils eröffnet worden ist.[48]

Eine Unterbrechung nach §§ 240 ZPO i. V. m. 155 FGO erfolgt aber dann nicht, wenn die Eröffnung des Insolvenzverfahrens zum Wegfall des Rechtsschutzinteresses und damit zur Unzulässigkeit der Klage geführt hat.[49]

99 Da das Finanzamt seine Ansprüche nur noch innerhalb des Insolvenzverfahrens verfolgen kann, ist eine Aussetzung der Vollziehung eines vor der Eröffnung des Insolvenzverfahrens ergangenen Steuerbescheides während des Insolvenzverfahrens nicht möglich. (§§ 361 AO, 69 FGO). Anträge auf Aussetzung der Vollziehung haben sich mit der Eröffnung des Insolvenzverfahrens erledigt. Hiermit fehlt einem Antrag an das Finanzamt oder das Gericht, die Vollziehung eines vor der Eröffnung des Insolvenzverfahrens erlassenen Steuerbescheides auszusetzen, das Rechtsschutzbedürfnis. Das Gleiche gilt entsprechend für Rechtsbehelfe und Rechtsmittel.[50]

100 Die nach Insolvenzeröffnung und ohne Aufnahme des Rechtsbehelfsverfahrens durch den Insolvenzverwalter oder das Finanzamt ergangene Einspruchsentscheidung ist dem Insolvenzverwalter gegenüber unwirksam. Das gilt auch für die Entscheidung über einen vom Schuldner vor Insolvenzeröffnung eingelegten Einspruch gegen einen Gewerbesteuermessbescheid.[51]

Die Revisionszulassung im Insolvenzverfahren ist nicht wirksam, wenn der Beschluss über die Zulassung dem Prozessbevollmächtigten des Klägers nach Eröffnung des Insolvenzverfahrens zugestellt wird.[52]

---

48 Für den Konkurs: BFH, BStBl. II 1970, 665.
49 Für den Konkurs: FG Baden-Württemberg EFG 1994, 711.
50 Für den Konkurs: BFH, BStBl. II 1975, 208.
51 FG Köln vom 20. 9. 1996, EFG 1997, 362 für einen Gewerbesteuermessbescheid innerhalb des Konkursverfahrens.
52 Für den Konkurs: BFH, BFH/NV 1998, 42.

5. Stundungs- und Vollstreckungsverfahren

Erledigt haben sich mit der Insolvenzeröffnung auch Verfahren wegen Stundung oder Vollstreckungsaufschub, da eine Zahlungsverpflichtung des Schuldners einzelnen Insolvenzgläubigern gegenüber nicht mehr besteht (§§ 81 Abs. 1 Satz 1, 91 Abs. 1 und 130 Abs. 1 Nr. 2 InsO). 101

Dem Finanzamt ist es wie allen anderen Gläubigern verboten, Vollstreckungsmaßnahmen wegen Insolvenzforderungen in die Insolvenzmasse oder in das sonstige Vermögen des Schuldners durchzuführen. (§ 89 Abs. 1 InsO). Ein *Verwaltungszwangsverfahren* (§§ 328 ff. AO) gegen den Schuldner ist sofort einzustellen. 102

Wird der Vollstreckungsstelle des Finanzamtes bekannt, dass ein Insolvenzverfahren eröffnet ist, so haben alle weiteren Vollstreckungsmaßnahmen gegen den Schuldner wegen § 89 InsO zu unterbleiben. Pfändungen nach Eröffnung des Insolvenzverfahrens sind aufzuheben und die Beauftragung des Vollziehungsbeamten zur Vollstreckung in das bewegliche Vermögen hat zu unterbleiben. 103

Maßnahmen im Verwaltungszwangsverfahren, die in den letzten drei Monaten vor dem Antrag auf Eröffnung des Insolvenzverfahrens vorgenommen worden sind, können nach § 132 Abs. 1 Nr. 1 InsO angefochten werden, wenn der Beamte, der die Vollstreckungsmaßnahmen angeordnet hatte, Kenntnis von der Zahlungsunfähigkeit des Schuldners hatte. 104

6. Erlass und Bekanntgabe von Steuerverwaltungsakten

Das Finanzamt darf nach Eröffnung des Insolvenzverfahrens keinen Steuerbescheid mehr wegen einer vor Eröffnung des Insolvenzverfahrens begründeten Steuerforderung erlassen, auch nicht soweit der Bescheid die Steuerforderung nur nach Grund und Betrag festsetzt, ohne gleichzeitig deren Zahlung aus der Insolvenzmasse zu verlangen. Dies gilt insbesondere nach der geänderten BFH-Rechtsprechung auch für Gewinnfeststellungsbescheide oder Gewerbesteuermessbescheide. Vor Eröffnung des Insolvenzverfahrens begründete Steuerforderungen nicht fällige, noch nicht festgesetzte oder nicht angemeldete Steuern sind ausschließlich dem Insolvenzverwalter zur Anmeldung zur Insolvenztabelle zu melden. 105

Gegen den Ehegatten des Schuldners kann auch während eines anhängigen Insolvenzverfahrens ein Einkommensteuerbescheid erlassen werden, soweit die Zusammenveranlagung gewählt wurde. 106

Nach Eröffnung des Insolvenzverfahrens können Steuerverwaltungsakte, welche die Insolvenzmasse betreffen, nicht mehr durch Bekanntgabe an den Schuldner wirksam werden. 107

Im Rahmen seiner Verwaltungs- und Verfügungstätigkeit hat der Insolvenzverwalter die steuerlichen Pflichten des Schuldners zu erfüllen (§ 34 Abs. 3 AO).

Mit der Eröffnung des Insolvenzverfahrens enden die vom Schuldner erteilten Vollmachten, auch Zustellungsvollmachten. Stattdessen ist der Insolvenzverwalter Adressat für:

- Steuerbescheide wegen Steueransprüchen, die nach Eröffnung des Insolvenzverfahrens entstanden sind, und sonstige Masseverbindlichkeiten i. S. d. § 55 InsO,
- Steuermessbescheide (§ 184 AO),
- Zerlegungsbescheide (§ 188 AO) und
- Prüfungsanordnungen.

108 In der Adressierung an den Insolvenzverwalter ist klarzustellen, dass sich der Verwaltungsakt an den Insolvenzverwalter in dieser Eigenschaft für einen bestimmten Schuldner richtet. Ein Steuerbescheid, der sich an den Schuldner »zu Händen Herrn ...« ohne Bezeichnung als Insolvenzverwalter richtet, ist dem Insolvenzverwalter daher nicht wirksam bekannt gegeben worden.[53]

109 Die Bekanntgabe von Feststellungsbescheiden bei einer Personengesellschaft kann nach Eröffnung des Insolvenzverfahrens weiterhin an die Personengesellschaft (§ 183 AO), d. h. an deren Geschäftsführer oder Liquidator, nicht an den Insolvenzverwalter erfolgen.[54] Da die Insolvenzmasse nicht betroffen ist, hat der Insolvenzverwalter insoweit auch kein Anfechtungs- oder Klagerecht. Dies gilt nicht, wenn auch über das Vermögen eines Gesellschafters das Insolvenzverfahren eröffnet worden ist. In diesem Fall muss der für den betroffenen Gesellschafter bestimmte Bescheid dessen Insolvenzverwalter bekannt gegeben werden.

7. Widerspruch wegen Steuerforderungen

110 Wird im Prüfungstermin weder vom Insolvenzverwalter noch von einem Insolvenzgläubiger ausdrücklich Widerspruch gegen die angemeldete Forderung erhoben oder wird ein erhobener Widerspruch beseitigt, so gilt sie gemäß § 178 Abs. 1 InsO als festgestellt. Die Feststellung wird gemäß § 178 Abs. 2 InsO in die Tabelle eingetragen. Ist eine streitige Steuerforderung gemäß § 178 Abs. 1 InsO festgestellt und in die Insolvenztabelle eingetragen worden, gilt die Eintragung wie ein rechtskräftiges Urteil gegenüber allen Insolvenzgläubigern. Diese Wirkung kann durch die Revision der klageabweisenden Vorentscheidung nicht mehr beseitigt werden.[55]

---

53 Für den Konkurs: BFH, BStBl. II 1994, 600.
54 Für den Konkurs: BFH, BStBl. II 1979, 790.
55 BFH, BFH/NV 1998, 42.

Die Rechtslage unterscheidet sich im Ergebnis nicht von der Rechtslage bei Geltung der Konkursordnung.

Wird im Prüfungstermin vom Insolvenzverwalter oder von einem Insolvenzgläubiger Widerspruch erhoben oder vorläufig bestritten, so hat das Finanzamt die Feststellung seiner Forderung zu betreiben (§ 179 Abs. 1 InsO i. V. m. § 251 Abs. 3 AO). Zu diesem Zweck beantragt die Vollstreckungsstelle des Finanzamtes zunächst die Erteilung eines beglaubigten Auszuges aus der Insolvenztabelle (§ 179 Abs. 3 InsO). 111

Das *vorläufige Bestreiten* steht dem allgemeinen Bestreiten gleich, soweit nicht ein unabweisbares Bedürfnis besteht, dem Bestreitenden die Prüfung der angemeldeten Forderung und des Vorrechtes über den Prüfungstermin hinaus offen zu halten. Bei vorläufigem Bestreiten wird der Bestreitende von der Vollstreckungsstelle des Finanzamtes aufgefordert, die vorläufig bestrittene Forderung anzuerkennen oder endgültig zu bestreiten. Nach ergebnislosem Fristablauf unterstellt das Finanzamt, dass die angemeldete Forderung endgültig bestritten ist.

Solange das Widerspruchsverfahren läuft, wird der streitige Steuerbetrag vom Insolvenzverwalter aus der Masse entnommen und zurückbehalten (§ 189 InsO) oder er wird hinterlegt, wenn das eigentliche Insolvenzverfahren schon beendet ist (§ 198 InsO).

Nach Eingang des beglaubigten Tabellenauszuges mit den bestrittenen Forderungen wird von der Festsetzungsstelle des Finanzamtes das Feststellungsverfahren i. S. d. § 251 Abs. 3 AO, § 179 InsO betrieben. Zulässigkeitsvoraussetzungen für das Feststellungsverfahren nach § 251 AO ist die Anmeldung und Prüfung der Forderung. Eine Feststellung ist deshalb nur hinsichtlich solcher Forderungen möglich, gegen die im Prüfungstermin Widerspruch erhoben wurde (für den Konkurs: für den Fall einer nachgemeldeten Forderung). 112

Die weitere Bearbeitung des Widerspruchs durch das Finanzamt hängt wesentlich davon ab, ob der Anspruch tituliert oder nicht tituliert ist (vgl. § 179 Abs. 2 InsO). Von einer Titulierung im insolvenzrechtlichen Sinne ist auszugehen, wenn vor Insolvenzeröffnung ein Bescheid bekannt gegeben oder eine Steueranmeldung abgegeben worden ist. Arrestanordnungen sind keine Titel i. S. d. § 179 InsO.[56]

a) Nichttitulierte Forderung

Ist vor Eröffnung des Insolvenzverfahrens noch kein Steuerbescheid über die Insolvenzforderung erlassen worden, hat die Festsetzungsstelle das Bestehen der Steuerforderung und ihre Fälligkeit außerhalb des Insolvenzverfahrens mittels Feststellungsbescheides gemäß § 251 Abs. 3 AO festzustellen. Ist der Steuerbescheid von einem gesonderten Feststellungsbescheid 113

---

56 BMF vom 16. 12. 1998, a. a. O., Tz. 6.

i. S. d. §§ 179 ff. AO abhängig, ist im Rahmen des Feststellungsverfahrens nach § 251 Abs. 3 AO auch hierüber eine Entscheidung zu treffen. Adressat des Feststellungsbescheides ist der Widersprechende. Der Bescheid kann mit dem Einspruch nach § 346 Abs. 1 Nr. 11 AO und anschließender Klage vor dem Finanzgericht angegriffen werden.

Mit Bestands- oder Rechtskraft der Entscheidung über den Feststellungsbescheid steht endgültig fest, ob die Steuerforderung besteht oder nicht.

114 Der Regelungsinhalt des Feststellungsbescheides nach § 251 Abs. 3 AO geht dahin, dass dem Steuergläubiger eine bestimmte Steuerforderung als Insolvenzforderung zusteht.[57] Der Feststellungsbescheid darf sich seinem Inhalt nach weder in Form noch in der Begründung von einem Feststellungsurteil der ordentlichen Gerichte (§ 180 InsO) unterscheiden.

115 Eine vorläufige Feststellung der zur Tabelle angemeldeten Forderung in analoger Anwendung des § 165 AO ist durch Feststellungsbescheid unzulässig.[58]

Der Bescheid wird durch § 181 InsO, § 251 Abs. 3 AO auf den Entstehungsgrund und die Höhe der angemeldeten Forderung begrenzt.[59] In dem Bescheid darf folglich weder ein anderer Entstehungsgrund, noch eine andere Höhe und Fälligkeit für die angemeldete Forderung angegeben werden. Die festgestellte Forderung muss vielmehr identisch mit der angemeldeten sein.[60] Ein abweichender Bescheid wäre im Rechtsbehelfsverfahren aufzuheben.

116 Der *Tenor* des Bescheides enthält die Feststellung, ob und mit welchem Betrag der Steueranspruch besteht. In der Begründung ist die Höhe der angemeldeten Forderung unter Angabe der Rechtsgrundlagen zu berechnen. Dabei ist, sofern der Widersprechende sein Bestreiten begründet, dessen Vorbringen zu würdigen.

117 Weil der Feststellungsbescheid keine Steuerfestsetzung enthält, ist er *kein Steuerbescheid* nach § 155 AO.[61] Er kann nach seiner Bestandskraft auch nur nach den §§ 129 ff. AO geändert werden. Die Feststellung eines höheren Betrages als gegenüber dem Inhalt der Anmeldung ist ausgeschlossen. Gegebenenfalls muss eine neue Anmeldung erfolgen und ein neuer Feststellungsbescheid erlassen werden. Da dem Feststellungsbescheid die Vollziehbarkeit fehlt, ist ein Aussetzungsantrag nach § 361 AO oder § 69 FGO oder ein Antrag auf einstweilige Anordnung mangels Rechtsschutzbedürfnisses unzulässig. Als Rechtsbehelf ist gemäß § 347 Abs. 1 Nr. 2 AO der Einspruch mit anschließender Anfechtungsklage gegeben.

---

57 Für den Konkurs: BFH, BStBl. II 1988, 199.
58 Für den Konkurs: BFH DB 1978, 1963.
59 Für den Konkurs: BFH UR 1988, 53.
60 Für den Konkurs: BFH, BStBl. II 1984, 545.
61 BFH, BStBl. II 1988, 126.

b) Titulierte Forderungen

Wird eine titulierte Steuerforderung bestritten, so obliegt es grundsätzlich dem Bestreitenden den Widerspruch zu verfolgen (§ 179 Abs. 2 InsO). Das Finanzamt kann jedoch auch in diesem Fall die Feststellung der Forderung im Wege des § 251 Abs. 3 AO selbst betreiben. Bei den titulierten Steuerforderungen ist je nach Verfahrensstand, in dem sich der Steuerbescheid befindet zu unterscheiden:[62]

118

War der Steuerbescheid vor Eröffnung des Insolvenzverfahrens noch nicht bestandskräftig, und noch kein Rechtsbehelf eingelegt, so wird der Lauf der Rechtsbehelfsfrist durch die Eröffnung des Verfahrens unterbrochen. Das Finanzamt hat dem Bestreitenden die Aufnahme des Rechtsstreits zu erklären (§ 240 ZPO analog). In diesem Fall beginnt mit der Bekanntgabe die durch die Verfahrenseröffnung unterbrochene Einspruchsfrist neu zu laufen. Legt der Bestreitende anschließend Einspruch gegen den Steuerbescheid ein, ist das Einspruchsverfahren nach den Vorschriften der Abgabenordnung abzuwickeln. Unterbleibt die Einlegung eines Einspruchs, so gilt die angemeldete Forderung mit Ablauf der Rechtsbehelfsfrist als festgestellt.

119

War der Steuerbescheid vor Eröffnung des Insolvenzverfahrens noch nicht bestandskräftig, aber vom Schuldner angefochten, wird das Rechtsbehelfsverfahren durch die Verfahrenseröffnung unterbrochen. Durch den Widerspruch werden diese Einspruchsverfahren wieder aufgenommen und in Form des Widerspruchsverfahrens so lange fortgesetzt bis ein rechtskräftiger Tabellenauszug und damit ein bestandskräftiger Steuerbescheid vorliegt. Der Fortgang des Verfahrens nach Einlegung eines Widerspruchs im Prüfungstermin kann entweder dadurch erfolgen, dass die schon anhängigen, aber durch Insolvenzeröffnung unterbrochenen Rechtsbehelfsverfahren wieder aufgenommen werden (§ 180 Abs. 2 InsO) oder dadurch, dass ein Insolvenzfeststellungsbescheid gemäß § 185 Satz 1 InsO, § 251 Abs. 3 AO erlassen wird. Das Finanzamt fordert den Bestreitenden innerhalb einer angemessenen Frist auf, entweder den Widerspruch gegen die Forderungsanmeldung zurückzunehmen oder den Rechtsstreit aufzunehmen. Nimmt der Bestreitende seinen Widerspruch nicht zurück und nimmt er auch den Rechtsstreit nicht auf, hat das Finanzamt wegen des Amtsprinzips (§§ 86, 88 AO) von sich aus das Einspruchsverfahren wieder aufzunehmen und durchzuführen oder beim Finanzgericht die Fortführung des Klageverfahrens zu veranlassen. Dem Gericht ist dabei auch mitzuteilen, wer die Steuerforderung im Prüfungstermin bestritten hat.

120

Die nach Insolvenzeröffnung und ohne Aufnahme des Rechtsbehelfsverfahrens durch den Insolvenzverwalter oder das Finanzamt ergangene Rechtsmittelentscheidung ist dem Insolvenzverwalter gegenüber unwirksam.[63]

---

62 Vgl. BMF vom 16. 12. 1998, a. a. O., Tz. 6.2.
63 Für den Konkurs: FG Köln EFG 1997, 362.

121 War die Steuerforderung vor der Eröffnung des Insolvenzverfahrens bereits bestandskräftig festgesetzt, wirkt die Bestandskraft auch gegen den Widersprechenden. Diesem obliegt die Verfolgung seines Widerspruchs. Dabei muss er das Verfahren in der Lage übernehmen, in der es sich bei Eröffnung des Insolvenzverfahrens befand. Dem Widersprechenden soll mit dem Widerspruch kein neues Mittel an die Hand gegeben werden, die bestandskräftigen Bescheide nun doch anzufechten. Der Widersprechende kann deshalb nur noch vorbringen, dass Wiedereinsetzungsgründe nach § 110 AO vorliegen, z. B. dass trotz Bestandskraft die Voraussetzungen nach den §§ 129, 164, 172 ff. AO vorliegen oder dass die Abrechnung unrichtig ist. In diesem Fall kann er einen Abrechnungsbescheid gemäß § 218 Abs. 2 AO beantragen. Das Finanzamt kann auch einen Feststellungsbescheid erlassen, in dem lediglich festgestellt wird, dass die angemeldete Forderung bestandskräftig festgesetzt ist und Wiedereinsetzungsgründe und Korrekturvoraussetzungen (§§ 129 ff., 164, 165, 172 ff. AO) nicht vorliegen. Gegen den Insolvenzfeststellungsbescheid ist der *Rechtsbehelf des Einspruchs* gegeben.

122 Ergeht gegenüber dem Schuldner eine Einspruchsentscheidung und erhebt dieser Klage, obwohl nach Bekanntgabe der Einspruchsentscheidung, jedoch vor Klageerhebung das Insolvenzverfahren eröffnet wurde, kann der Insolvenzverwalter die Klageerhebung durch den Schuldner genehmigen und im Wege der subjektiven Klageänderung in den Rechtsstreit eintreten. Nach dem Eintritt in den Rechtsstreit ist der Schuldner kein Beteiligter mehr und kann insoweit als Zeuge vernommen werden.[64]

123 Die im Feststellungsverfahren ergehende letzte bestands- oder rechtskräftige Entscheidung ergeht dahin, dass entweder das Finanzamt oder der Widersprechende obsiegt. *Obsiegt das Finanzamt*, so beantragt es beim Insolvenzgericht unter Vorlage dieser letzten rechts- oder bestandskräftigen Entscheidung die Beseitigung des Widerspruchs in der Tabelle (§ 183 Abs. 2 InsO). Darüber hinaus erhält das Finanzamt den streitig gewesenen und zurückbehaltenen bzw. hinterlegten Steuerbetrag, um dessentwillen das Feststellungsverfahren geführt wurde, in Höhe der allgemeinen Quote, der auf den angemeldeten Betrag entfällt (§§ 189, 198 InsO). Ist das eigentliche Insolvenzverfahren schon beendet, so erhält das Finanzamt diesen Betrag im Wege einer Nachtragsverteilung (§ 203 Abs. 1 Nr. 1 InsO).

Obsiegt dagegen der Widersprechende, so ist die angemeldete Steuerforderung zu ermäßigen oder die Anmeldung ganz zurückzunehmen. Der hinterlegte oder zurückbehaltene Betrag ist in diesem Fall an die übrigen Insolvenzgläubiger auszuzahlen.

124 Eine Änderung von zur Tabelle angemeldeten Beträgen ist möglich. Soweit aufgrund eines *Steuerbescheides* angemeldet worden ist, kann im Zeitraum zwischen dem Anmeldetermin und dem Prüfungstermin die Anmeldung geändert werden, soweit auch der Steuerbescheid nach den Vorschriften

---

64 BFH, BStBl. II 1997, 464.

der §§ 164, 172 ff. AO geändert werden kann. Ist aufgrund einer *Steuerberechnung* angemeldet worden, so unterliegt die Änderung nicht den Voraussetzungen der Änderungsvorschriften der AO. Insoweit ist auch eine Nachmeldung nach § 177 InsO möglich.

Ab dem Prüfungstermin gilt der Grundsatz des § 181 InsO. Danach ist in den im Widerspruchsverfahren ergehenden Entscheidungen eine Ermäßigung durch Stattgabe eines begründeten Einspruchs oder einer Klage im Widerspruchsverfahrens, nicht jedoch eine Erhöhung über den angemeldeten Betrag hinaus möglich. Eine Erhöhung des angemeldeten Betrages im schon laufenden Feststellungsverfahren ist dagegen nur im Wege der Neuanmeldung möglich. 125

Bestrittene Forderungen berechtigen nicht ohne weiteres zur Abstimmung. Die Gläubiger, deren Forderungen bestritten sind, sind gemäß § 77 Abs. 2 InsO nur stimmberechtigt, wenn sich in der Gläubigerversammlung der Insolvenzverwalter und die erschienenen stimmberechtigten Gläubiger über das Stimmrecht geeinigt haben. Wenn es dabei zu keiner Einigung kommt, entscheidet das Insolvenzgericht. 126

Ein der angemeldeten Forderung Widersprechender kann einen Abrechnungsbescheid i. S. d. § 218 Abs. 2 AO beantragen, wenn er seinen Widerspruch damit begründet, dass der Steueranspruch ganz oder teilweise erloschen sei. 127

c) Widerspruch des Schuldners

Im Prüfungstermin kann auch der Schuldner gegen die angemeldete Steuerforderung Widerspruch erheben. Ein Widerspruch des Schuldners gegen die Steuerforderung hindert die Feststellung der angemeldeten Forderung nicht (§ 178 Abs. 1 Satz 2 InsO). Es bleibt den anderen Gläubigern oder dem Insolvenzverwalter unbenommen, die Forderung anzuerkennen oder zu bestreiten. Insoweit ist der Schuldnerwiderspruch ohne Bedeutung für das Feststellungsverfahren und das Insolvenzverfahren. Er hat nur die Wirkung, dass das Finanzamt nach Aufhebung des Insolvenzverfahrens (§ 200 InsO) nicht aus dem Tabelleneintrag vollstrecken kann (§ 251 Abs. 2 Satz 2 AO, § 201 Abs. 2 InsO). Um die Wirksamkeit einer festgestellten, nicht titulierten Steuerforderung auch gegen den Schuldner herbeizuführen, kann die Feststellungsstelle innerhalb von drei Monaten nach Insolvenzbeendigung einen Steuerbescheid erteilen (§ 171 Abs. 13 AO). War vor Insolvenzeröffnung schon ein Steuerbescheid ergangen, so ist dieser Vollstreckungsgrundlage. Der Schuldner hat lediglich noch die Möglichkeit, Wiedereinsetzungsgründe nach § 110 AO oder § 56 FGO geltend zu machen oder einen Antrag auf Änderung des bestandskräftigen Bescheides nach §§ 129, 172 ff. AO zu stellen. War ein Steuerbescheid bereits erlassen, aber vom Schuldner angefochten, kann der Steuergläubiger das schwebende durch die Insolvenzeröffnung zunächst unter- 128 brochene Einspruchs- oder Gerichtsverfahren wieder aufnehmen (§ 184 Satz 2 InsO).

Ein bei der Eröffnung des Insolvenzverfahrens anhängiger Rechtsstreit über eine titulierte Forderung kann nach dem Prüfungstermin gegen den Schuldner aufgenommen werden (§ 180 Abs. 2 InsO).

Außerdem hat das Finanzamt bei einem Widerspruch des Schuldners auch die Möglichkeit, den Widerspruch noch während des Verfahrens im Wege eines Feststellungsverfahrens zu verfolgen (§ 184 i. V. m. § 185 Satz 1 und 2 InsO, Abschn. 58 Abs. 4 Satz 4 und 5 VollstrA)

VIII. Die Vorrechte im Verfahren nach der InsO

129 Die Insolvenzrechtsreform hat alle allgemeinen Vorrechte, insbesondere die des § 61 Abs. 1 Nr. 2 KO für Steuern beseitigt.

Bestehen bleiben lediglich Vorrechte an Sondermassen wie z. B. das Vorrecht der Versicherten am Deckungsstock einer Lebensversicherung, weil solche Rechte den Absonderungsrechten näher stehen als den allgemeinen Konkursvorrechten.

Durch den Wegfall des Vorrechtes für Steuern verlieren auch folgende Fragen an Bedeutung:

- die Frage, ob Lohnsteuerrückstände der Rangklasse des § 61 Abs. 1 Nr. 1 KO oder des § 61 Abs. 1 Nr. 2 KO angehören, oder ob sie gar Masseschulden im Sinne von § 59 Abs. 1 Nr. 1 KO sind;
- die Frage, ob Säumniszuschläge und Verspätungszuschläge zu den öffentlichen Abgaben im Sinne von § 61 Abs. 1 Nr. 2 KO gehören;
- die Frage, wie sich Stundung, Aussetzung der Vollziehung, Vollstreckungsaufschub, Zahlungsaufschub und dergleichen auf die Jahresfrist von § 61 Abs. 1 Nr. 2 KO auswirken;
- die Frage, ob der Steuergläubiger ohne weiteres von der Geltendmachung des Vorrechtes absehen kann oder ob die Voraussetzungen des § 227 AO vorliegen.

130 Die Aufhebung von Konkurs- und Vergleichsordnung und der damit verbundene Wegfall der Konkursvorrechte machte eine Änderung des Wortlautes von § 251 AO notwendig. Der sachliche Inhalt von § 251 AO bleibt jedoch unverändert, so dass die verfahrensrechtliche Stellung der Finanzbehörde in einem Insolvenzverfahren der in einem Konkursverfahren gleicht.

131 Aufgrund des Wegfalls des Konkursvorrechtes für Steuerforderungen wird sich die praktische Handhabung von Stundung und Vollstreckungsaufschub ändern. Die Praxis von Stundung und Vollstreckungsaufschub wird stren-

ger werden, da die Finanzbehörde nicht mehr davon ausgehen kann, dass sie bei einer Insolvenz infolge ihres gesetzlichen Vorrechtes doch noch in voller Höhe befriedigt wird.

IX. Die während des Insolvenzverfahrens entstehenden Steuerforderungen

Durch Handlungen des Insolvenzverwalters sowie unter Umständen auch des Schuldners, die im Zusammenhang mit der Verwaltung, Verwertung und Verteilung der Insolvenzmasse stehen, können Steuerforderungen entstehen. Die durch Handlungen des Verwalters begründeten Steuerforderungen sind als sonstige Masseverbindlichkeiten vorweg zu begleichen (§ 53 InsO). Sie können nur dann zu Masseverbindlichkeiten führen, wenn sie nach Eröffnung des Insolvenzverfahrens begründet werden. Sie sind durch Steuerbescheid geltend zu machen. 132

Die Masse betreffende Steuerbescheide sowie sonstige Verwaltungsakte, z. B. Prüfungsanordnungen dürfen nicht an den Schuldner, sondern nur an den Insolvenzverwalter adressiert und bekannt gegeben werden: z. B. »Herrn/Frau ... als Insolvenzverwalter über das Vermögen des Insolvenzschuldners ...«. Eine fehlerhafte Adressierung, z. B. wenn der Zusatz »als Insolvenzverwalter« fehlt, führt zur Nichtigkeit des Verwaltungsaktes.[65] 133

Der Insolvenzverwalter ist verpflichtet, die entsprechenden Steuererklärungen oder Steueranmeldungen abzugeben (§ 34 Abs. 3 AO). Er ist dem Massegläubiger zum Schadensersatz verpflichtet, wenn er durch eine Rechtshandlung eine Masseverbindlichkeit begründet, die aus der Masse nicht erfüllt werden kann, und er bei der Begründung der Verbindlichkeit erkennen konnte, dass die Masse voraussichtlich zur Erfüllung nicht ausreichen würde (§ 61 InsO). 134

Dieselben Grundsätze gelten im vereinfachten Insolvenzverfahren. Die die Masse betreffenden Verwaltungsakte sind an den Treuhänder zu adressieren, z. B.: »Herrn/Frau als Treuhänder über das Vermögen des Insolvenzschuldners ...«. 135

Bei der Eigenverwaltung tritt an die Stelle des Insolvenzverwalters der Insolvenzschuldner und nicht der Sachwalter gemäß § 274 InsO mit der Adressierung an den Insolvenzschuldner und dem Zusatz: »Der Bescheid betrifft die Festsetzung als Masseforderung gemäß § 55 InsO«. 136

---

65 Vgl. BFH, BStBl. II 1994, 600.

Gemäß § 55 Abs. 1 Nr. 1 InsO sind Masseverbindlichkeiten die Verbindlichkeiten, die durch Handlungen des Insolvenzverwalters oder in anderer Weise durch die Verwaltung, Verwendung und Verteilung der Insolvenzmasse begründet werden, ohne zu den Kosten des Insolvenzverfahrens zu gehören. Im Einzelnen gilt:

1. Einkommensteuer

137 Einkommensteuerpflichtig sind alle Einkünfte, die der Insolvenzverwalter aus den Mitteln und Gegenständen der Insolvenzmasse erzielt. Schuldner der Einkommensteuer bleibt auch nach der Eröffnung des Insolvenzverfahrens der Schuldner. Die Eröffnung des Insolvenzverfahrens hat grundsätzlich weder eine Betriebsaufgabe noch eine Betriebsveräußerung i. S. d. § 16 EStG zur Folge.

Eine Betriebsaufgabe ist nur dann anzunehmen, wenn der Betrieb nach Eröffnung des Insolvenzverfahrens tatsächlich eingestellt wird, und damit die selbstständige und nachhaltige Beteiligung des Schuldners am allgemeinen wirtschaftlichen Verkehr endet. Die bei der Auflösung des Betriebes erzielten Gewinne sind einkommensteuerpflichtig und unterliegen unter den Voraussetzungen des § 16 EStG dem ermäßigten Steuersatz nach § 34 EStG.

Nicht begünstigt sind Veräußerungsgewinne, die sich aus der allmählichen Verwertung der einzelnen Gegenstände des Betriebsvermögens im Rahmen des Insolvenzverfahrens ergeben. Diese Gewinne gehören nach § 15 EStG zu den laufenden Einkünften aus Gewerbebetrieb. Die dabei verwirklichte Einkommensteuer gehört zu den sonstigen Masseverbindlichkeiten nach § 55 Abs. 1 Nr. 1 InsO, soweit der Erlös der Insolvenzmasse zugeflossen ist.[66] Diese Einschränkung folgt aus den Besonderheiten des Insolvenzverfahrens, da ansonsten die Vorwegbelastung der Masse z. T. größer wäre als der ihr zufließende Gewinn. Dabei ist unerheblich, ob die durch die Veräußerung aufgedeckten stillen Reserven aus der gewerblichen Tätigkeit des Schuldners vor der Eröffnung des Insolvenzverfahrens herrühren.[67]

2. Körperschaftsteuer

138 Die Eröffnung des Insolvenzverfahrens hat nur die Auflösung der Kapitalgesellschaft zur Folge (§ 262 AktG, § 60 GmbHG). Für die Besteuerung der Liquidation einer aufgelösten Körperschaft gilt mit § 11 KStG eine Sondervorschrift. Diese ist auch auf Körperschaften anzuwenden, die durch die Eröffnung eines Insolvenzverfahrens aufgelöst worden sind (§ 11 Abs. 7 KStG).

---

66 Für den Konkurs: BFH ZIP 1984, 853.
67 Für den Konkurs: BFH NJW 1985, 511.

Die materiell-rechtliche Bedeutung des § 11 Abs. 7 KStG liegt vor allem in der Anordnung eines einheitlichen Gewinnermittlungs- und Veranlagungszeitraumes, der mit der Eröffnung des Insolvenzverfahrens beginnt und mit seinem Ende oder mit dem Abschluss der anschließenden Abwicklung abläuft.

Der Gewinn entspricht dem Unterschiedsbetrag zwischen den Buchwerten des Vermögens zu Beginn der Auflösung und den dafür erzielten Erlösen abzüglich der abziehbaren Aufwendungen.

3. Lohnsteuer

Beschäftigt der Insolvenzverwalter nach der Eröffnung des Insolvenzverfahrens Arbeitnehmer weiter oder stellt er neue ein, so hat er bei den an diese gezahlten Löhnen oder Gehältern Lohnsteuer einzubehalten und an das Finanzamt abzuführen. Die Lohnsteuer stellt sonstige Masseverbindlichkeiten i. S. d. § 55 Abs. 1 Nr. 1 InsO dar.

139

4. Umsatzsteuer

Die umsatzsteuerliche Unternehmereigenschaft (§ 2 UStG) endet nicht mit der Eröffnung des Insolvenzverfahrens. Insoweit unterliegt die Veräußerung von Gegenständen des Betriebsvermögens im Verlauf des Insolvenzverfahrens weiter der Umsatzsteuer. Die Umsatzsteuerforderung ist in dem Voranmeldungszeitraum anzumelden, in den die jeweilige Veräußerung fällt. Soweit die Umsatzsteuer vor der Eröffnung des Insolvenzverfahrens begründet war, handelt es sich um Insolvenzforderungen, nach der Eröffnung des Insolvenzverfahrens begründete Umsatzsteuern sind sonstige Masseverbindlichkeiten i. S. d. § 55 Abs. 1 Nr. 1 InsO. Das Gleiche gilt für die Umsatzsteuer, die auf Lieferungen und sonstige Leistungen entfällt, wenn der Insolvenzverwalter den Betrieb des Schuldners zunächst weiterführt.

140

5. Gewerbesteuer

Das gewerbliche Unternehmen besteht in der Regel über die Eröffnung des Insolvenzverfahrens hinaus weiter. Als Unternehmer ist der Schuldner weiterhin gewerbesteuerpflichtig (§ 4 Abs. 2 GewStDV). Die Gewerbesteuerpflicht endet erst mit der Einstellung des Unternehmens, d. h. mit der tatsächlichen Aufgabe jeglicher werbenden Tätigkeit. Nur soweit die Eröffnung des Insolvenzverfahrens und die Betriebseinstellung zusammenfallen, erlischt die Gewerbesteuerpflicht mit der Eröffnung des Insolvenzverfahrens. Der Gewerbebetrieb einer Personengesellschaft wird i. d. R.

141

nicht schon mit der Eröffnung des Insolvenzverfahrens über das Gesellschaftsvermögen aufgegeben.[68]

142 Bei Kapitalgesellschaften und den anderen Unternehmen i. S. d. § 2 Abs. 2 GewStG ist die Abwicklungstätigkeit nach Eröffnung des Insolvenzverfahrens als gewerblich anzusehen. Die Gewerbesteuerpflicht endet erst dann, wenn das gesamte Betriebsvermögen verteilt ist.

143 Für den Abwicklungszeitraum wird der Gewerbeertrag gemäß § 16 Abs. 2 GewStDV ermittelt. Dabei ist der Ertrag des Abwicklungszeitraumes, d. h. der Ertrag, der in dem Zeitraum vom Beginn der Abwicklung bis zu deren Beendigung erzielt wird, auf die einzelnen Jahre des Abwicklungszeitraumes zu verteilen nach dem Verhältnis, in dem die Zahl der Kalendermonate, für die in dem jeweiligen Jahr die Steuerpflicht bestanden hat, zu der Gesamtzahl der Kalendermonate des Zeitraumes steht, in dem die Gewerbesteuerpflicht während des Insolvenzverfahrens bestanden hat.

144 Wird der Betrieb einer Kapitalgesellschaft zunächst weitergeführt, so beginnt der Abwicklungszeitraum nach § 16 Abs. 2 GewStDV mit dem Jahr, auf dessen Anfang oder in dessen Ablauf der Beginn der Abwicklung des Insolvenzverfahrens fällt. In der Regel fällt im Abwicklungs-Zeitraum nur dann Gewerbesteuer an, wenn erhebliche Veräußerungsgewinne erzielt worden sind.

6. Grunderwerbsteuer

145 Grunderwerbsteuern können *sonstige Masseverbindlichkeiten* i. S. d. § 55 Abs. 1 Nr. 1 InsO sein, wenn der Insolvenzverwalter im Rahmen des Insolvenzverfahrens Grundstücke veräußert oder erwirbt. Bei der Veräußerung von Grundstücken übernimmt jedoch in der Regel der Erwerber die Grunderwerbsteuer. Lehnt der Insolvenzverwalter nach § 17 GrEStG die Erfüllung eines Grundstückskaufvertrages ab, so entsteht nach § 17 Abs. 1 GrEStG zugunsten der Insolvenzmasse ein Erstattungsanspruch, der vom Insolvenzverwalter gegenüber dem Finanzamt geltend zu machen ist.

7. Grundsteuer

146 Grundsteuern sind *sonstige Masseverbindlichkeiten* i. S. d. § 55 InsO, wenn land- oder forstwirtschaftliche Betriebe i. S. d. §§ 33–67, 31 BewG, Betriebsgrundstücke nach § 99 BewG oder Grundstücke (§§ 68 ff. BewG) zur Insolvenzmasse gehören und die Steuerforderung nach Eröffnung des Insolvenzverfahrens entstanden ist.[69]

---

68 Für den Konkurs: BFH, BStBl. II 1993, 594.
69 Für den Konkurs: RFHE 25, 328, 332.

Die Grundsteuer entsteht jeweils mit *Beginn des Kalenderjahres*, für das die Steuer erhoben wird. Sie ist nach § 28 GrStG durch *Vorauszahlungen* jeweils anteilig zu tilgen.

8. Kraftfahrzeugsteuer

Für die Entstehung der Kraftfahrzeugsteuer ist entscheidend, ob der Schuldner zu Beginn des Entrichtungszeitraumes *Halter des Fahrzeugs* ist. Dabei gilt die unwiderlegbare Rechtsvermutung, dass das Fahrzeug bis zu seiner Außerbetriebsetzung oder bis zum Eingang der Änderungsanzeige bei der Zulassungsbehörde von demjenigen gehalten wird, für den es zugelassen ist (§§ 1, 5 KraftStG). Veräußert der Insolvenzverwalter im Rahmen der Verwertung der Insolvenzmasse ein Kraftfahrzeug, so bleibt der Schuldner so lange kraftfahrzeugsteuerpflichtig, bis der Insolvenzverwalter den Übergang des Eigentums der Zulassungsbehörde angezeigt hat. Die Kraftfahrzeugsteuer ist *sonstige Masseverbindlichkeit* i. S. d. § 55 InsO, soweit sie für einen Zeitraum zu entrichten ist, der nach der Eröffnung des Insolvenzverfahrens neu zu laufen beginnt.

147

9. Investitionszulage

Der Anspruch auf Rückerstattung von Investitionszulagen ist, soweit er im Zeitpunkt der Eröffnung des Insolvenzverfahrens bereits begründet war, keine sonstige Masseverbindlichkeit i. S. d. § 55 InsO. Dies gilt selbst dann, wenn er durch die Veräußerung von Wirtschaftsgütern durch den Insolvenzverwalter entstanden ist.[70]

148

Sonstige Masseverbindlichkeiten i. S. d. § 55 InsO sind auch die Rechtsbehelfs- und Rechtsmittelkosten, die im Rahmen einer Prozessführung im Interesse der Insolvenzmasse durch den Insolvenzverwalter entstehen.

10. Vollstreckung des Finanzamtes wegen Masseforderungen

Zu den sonstigen Masseverbindlichkeiten gehörende Steuerforderungen i. S. d. § 55 InsO werden durch die dem Insolvenzverwalter bekannt zu gebende Steuerbescheide festgesetzt, soweit dieser die Steuern nicht selbst zu errechnen und anzumelden hat (z. B. Lohn- und Umsatzsteuer).

149

Werden die Masseverbindlichkeiten nicht entrichtet, so fordert die Vollstreckungsstelle des Finanzamtes den Insolvenzverwalter zur unverzüglichen Zahlung auf und teilt ihm zugleich mit, dass er sich durch die Nichtanmeldung und Nichtentrichtung der Fälligkeitssteuern haftbar nach § 69 AO, schadensersatzpflichtig nach § 60 Abs. 1 InsO und gegebenenfalls verant-

150

---

70 Für den Konkurs: BFH, BStBl. II 1978, 204.

wortlich nach §§ 370, 378 und 380 AO machen kann. Beachtet der Insolvenzverwalter die Hinweise des Finanzamtes nicht, so wird es durch die Festsetzungsstelle unverzüglich die Haftungsfrage prüfen zu lassen.

151 Die Vollstreckung wegen steuerrechtlicher Masseansprüche erfolgt außerhalb des Insolvenzverfahrens. Als Gegenstand der Vollstreckung eignet sich für das Finanzamt insbesondere das vom Insolvenzverwalter bei einem Geldinstitut geführte *Anderkonto*, weil es der Sammlung der geldwerten Insolvenzmasse dient. Das Finanzamt kann eine Forderungspfändung nach § 309 AO anbringen. Darüber hinaus kann es eine Sicherungshypothek auf ein zur Insolvenzmasse gehörendes Grundstück eintragen lassen, wobei es dem Grundbuchamt in einem Begleitschreiben zum Eintragungsantrag mitteilt, dass die dem Eintragungsantrag zugrunde liegende Abgabenrückstände als sonstige Masseverbindlichkeiten i. S. d. § 55 InsO geltend gemacht werden. Der im Grundbuch eingetragene Insolvenzvermerk hindert insoweit nicht.

Unstatthaft ist die Vollstreckung in das persönliche Vermögen des Insolvenzverwalters, es sei denn, er ist durch Haftungsbescheid in Anspruch genommen.

11. Masseunzulänglichkeit

152 Reicht die Masse für die Berichtigung aller Masseverbindlichkeiten nicht aus, so muss gemäß § 208 InsO der Insolvenzverwalter unter Umständen alsbald nach Eröffnung des Insolvenzverfahrens die Masseunzulänglichkeit feststellen lassen. In diesem Fall haben die nach Eintritt der Masseunzulänglichkeit begründeten Neumasseverbindlichkeiten Vorrang vor den Altmasseverbindlichkeiten.

Die Feststellung der Masseunzulänglichkeit ist dem Insolvenzgericht übertragen worden, um eine Überprüfung der Einschätzung des Insolvenzverwalters zu ermöglichen. Im Fall der Abweisung mangels Masse wird der Schuldner in ein Schuldnerverzeichnis eingetragen (§§ 26 Abs. 2 InsO, 915 ZPO). Bei Gesellschaften zeigt die Abweisung mangels Masse, dass kein Gesellschaftsvermögen mehr vorhanden und die Gesellschaft vermögenslos ist. Dies führt zur Löschung der Gesellschaft im Handelsregister von Amts wegen ohne Liquidation (§ 141 a Abs. 1 FGG für die AG und GmbH sowie § 141 a Abs. 3 FGG für die kapitalistische OHG und KG). Stellt sich nach der Löschung ausnahmsweise heraus, dass noch zu verteilendes Vermögen vorhanden ist, so findet gemäß § 66 Abs. 5 GmbHG bzw. § 145 Abs. 3 HGB eine sog. Nachtragsliquidation statt.

153 Werden kapitalistische Gesellschaften im Handelsregister gelöscht, so ist eine Bekanntgabe an die Gesellschaft nicht mehr möglich. Die Bestellung eines Liquidators oder Nachtragsliquidators nur zum Zweck der Entgegennahme eines Steuerbescheids ist zwar möglich, sie kommt jedoch nur ausnahmsweise in Betracht, wenn wirklich noch mit Zahlungseingängen zu

rechnen ist. In diesem Fall sind die Bescheide an die Liquidatoren unter Angabe des Vertretungsverhältnisses zu richten.

Das Finanzamt wird nicht jede vom Insolvenzverwalter angezeigte Masseunzulänglichkeit ungeprüft hinnehmen, weil Masseunzulänglichkeit in der Praxis verhältnismäßig schnell eingewandt wird, um Massegläubiger von Vollstreckungsmaßnahmen abzuhalten. Zur Prüfung der Frage der Masseunzulänglichkeit kann das Finanzamt den Insolvenzverwalter zur Mitwirkung verpflichten (§§ 249 Abs. 2, 93 Abs. 1, 34 Abs. 3 AO). 154

Macht der Verwalter drohende Masseunzulänglichkeit geltend, so darf das Finanzamt nicht in die Masse vollstrecken.[71] Die sich aus der Unzulänglichkeit der Masse ergebende Unzulässigkeit der Vollstreckung des Finanzamtes in die Masse ist vom Insolvenzverwalter mit der Anfechtungsklage geltend zu machen. Die Vollstreckungsgegenklage ist im steuerlichen Vollstreckungsverfahren nicht gegeben. 155

Die *Darlegungs- und Beweislast* für die Masseunzulänglichkeit liegt beim Insolvenzverwalter, wobei es nicht ausreicht, dass der Insolvenzverwalter vor Beginn der Vollstreckung die Masseunzulänglichkeit dem Finanzamt anzeigt und sie öffentlich bekannt macht.[72]

X. Steuerforderungen nach Abschluss des Insolvenzverfahrens

Die Insolvenzordnung kennt in § 286 InsO eine Restschuldbefreiung. Danach wird der Schuldner, soweit er eine natürliche Person ist, auf einen entsprechenden Antrag hin (§ 287 InsO), nach Maßgabe der §§ 286–303 InsO von den im Insolvenzverfahren nicht erfüllten Verbindlichkeiten gegenüber den Insolvenzgläubigern befreit. Insoweit kann das Finanzamt nach Aufhebung des Insolvenzverfahrens seine Steuerforderungen nicht mehr unbeschränkt gegen den Schuldner geltend machen. 156

---

71 Vgl. FG Brandenburg EFG 2000, 4, hinsichtlich eines Rückforderungsbescheids wegen ohne Rechtsgrund auf das Verwalterkonto gezahlter USt-Erstattungen.
72 BFH vom 23. 7. 1996, VII R 88/94.

B. Behandlung der Einzelsteuer im Verfahren nach der InsO

I. Einkommensteuer

157 Um die Einkommensteuer zu ermitteln, gelten die allgemeinen Regeln, d. h. für die Bestimmung der Einkommensteuer müssen alle relevanten Besteuerungsgrundlagen herangezogen werden. Dabei ist es gleichgültig, ob die Einkünfte, die dem Schuldner zuzurechnen sind, vor oder nach der Eröffnung des Insolvenzverfahrens erzielt worden sind, ob sich Verlustvorträge gemäß § 10 d EStG auswirken, ob die Einkünfte insolvenzbehaftet sind oder nicht. Ermittlungs-, Bemessungs- und Veranlagungszeitraum bleibt das Wirtschafts- bzw. Kalenderjahr. Eine Aufteilung auf Zeiträume vor und nach Eröffnung des Insolvenzverfahrens findet nicht statt. Im Einzelnen gilt:

1. Ermittlung des zu versteuernden Einkommens

158 Die Einkommensteuer bemisst sich gemäß § 2 Abs. 5 EStG nach dem zu versteuernden Einkommen des Steuerpflichtigen während des Kalenderjahres. Die Einkommensteuer gehört zu den Veranlagungssteuern. Die Veranlagung wird nach Ablauf des Veranlagungszeitraumes vom Finanzamt durchgeführt. Da die Einkommensteuer eine Jahressteuer ist, umfasst der Veranlagungszeitraum ein Kalenderjahr. Zur Abgabe einer Einkommensteuererklärung ist grundsätzlich jeder Steuerpflichtige verpflichtet.

159 Die Einkommensteuer wird nach § 25 EStG nach Ablauf des Veranlagungszeitraumes nach dem Einkommen veranlagt, das der Steuerpflichtige in diesem Zeitraum bezogen hat. Hat die Steuerpflicht nicht während des vollen Veranlagungszeitraumes bestanden, so wird das während der Dauer der Steuerpflicht bezogene Einkommen zugrunde gelegt.

Der Steuerpflichtige hat für den abgelaufenen Veranlagungszeitraum eine Einkommensteuererklärung abzugeben. Die Erklärung ist nach amtlich vorgeschriebenem Vordruck abzugeben. Sie muss vom Steuerpflichtigen und in den Fällen der gemeinsamen Erklärung der Ehegatten von beiden Ehegatten eigenhändig unterschrieben sein.

160 Grundsätzlich wird jeder Steuerpflichtige *einzeln* veranlagt. *Ehegatten* können sich zusammen veranlagen lassen oder aber die getrennte Veranlagung wählen. Bei der Zusammenveranlagung werden die Einkünfte, die die Ehegatten erzielt haben, zusammengerechnet und den Ehegatten gemeinsam zugerechnet. Die Zusammenveranlagung führt zu einer Zusammenrechnung, aber nicht zu einer einheitlichen Ermittlung der Einkünfte der Ehe-

gatten. Sind beide Ehepartner berufstätig, so sind deren Einkünfte gesondert, also getrennt voneinander zu ermitteln.

Bei der *getrennten Veranlagung* von Ehegatten werden die Einkünfte der Ehegatten nicht zusammenveranlagt. Vielmehr sind jedem Ehegatten die von ihm bezogenen Einkünfte zuzurechnen. Durch die getrennte Veranlagung wird jeder Ehegatte selbst Steuerschuldner für die nach seinem zu versteuerndem Einkommen festgesetzte Einkommensteuer. Insoweit tritt *keine gesamtschuldnerische Haftung* der Ehegatten für die festgesetzten Steuern ein. Beim Ermitteln des zu versteuernden Einkommens werden Sonderausgaben und außergewöhnliche Belastungen, soweit sie die Summe der bei der Veranlagung jedes Ehegatten in Betracht kommenden Pauschbeträge oder Pauschalen übersteigen, bis zur Höhe der bei der gemeinsamen Veranlagung der Ehegatten in Betracht kommenden Höchstbeträge je zur Hälfte bei der Veranlagung der Ehegatten abgezogen, wenn nicht die Ehegatten gemeinsam eine andere Aufteilung beantragen. Sonderausgaben i. S. d. § 10 Abs. 1 Nr. 1 EStG können nur bei der Veranlagung des Ehegatten abgezogen werden, der sie geleistet hat. Die Einkommensteuer entsteht grundsätzlich erst mit Ablauf des Veranlagungszeitraumes. 161

2. Begriff des Einkommens in der Insolvenz

Ermittlungszeitraum für die Einkommensteuer ist nach § 2 Abs. 7 Satz 2 EStG das *Kalenderjahr*. Die Einkommensteuer wird aufgrund des im Kalenderjahr bezogenen Einkommens berechnet und vom Finanzamt durch Veranlagung für das Kalenderjahr festgesetzt. Die Eröffnung des Insolvenzverfahrens hat zur Folge, dass das Gesamtvermögen des Schuldners in insolvenzrechtlicher Sicht in die Insolvenzmasse fällt. 162

Einkommensteuerrechtlich ist die Eröffnung des Insolvenzverfahrens für die Ermittlung des steuerpflichtigen Einkommens ohne Bedeutung. Dies folgt aus den unterschiedlichen Funktionen vom insolvenzrechtlichen und einkommensteuerrechtlichen Vermögensbegriff.

Der einkommensteuerrechtliche Vermögensbegriff dient allein der Ermittlung des einkommensteuerpflichtigen Gewinnes durch einen Vermögensvergleich. Gewinn ist nach § 4 Abs. 1 EStG der Unterschiedsbetrag zwischen dem Betriebsvermögen am Schluss des Wirtschaftsjahres und dem Betriebsvermögen am Schluss des vorangegangenen Wirtschaftsjahres, vermehrt um den Wert der Entnahmen und vermindert um den Wert der Einlagen. 163

Dieser Gewinnermittlungszeitraum wird durch die Eröffnung des Insolvenzverfahrens nicht unterbrochen. Demgegenüber stellt der insolvenzrechtliche Vermögensbegriff allein auf einen bestimmten Zeitpunkt, den der Eröffnung des Insolvenzverfahrens ab. Das steuerpflichtige Einkommen ist deshalb unabhängig von der Eröffnung des Insolvenzverfahrens zu ermitteln und der Steuerberechnung zugrunde zu legen. Insoweit ist 164 im Insolvenzfall Ermittlungs-, Bemessungs- und Veranlagungszeitraum weiterhin das Kalenderjahr.[73]

Die insolvenzrechtliche Einordnung richtet sich danach, wann und in welcher Höhe die Einkommensteuer begründet worden ist, nicht entscheidend ist etwa ihr Entstehungszeitpunkt erst mit Ablauf des Veranlagungszeitraumes.[74]

165 *Besonderheiten* treten bei der Veranlagung des Insolvenzeröffnungsjahres auf. Hatte das Finanzamt auf die gerichtliche Aufforderung hin seinerzeit für das Insolvenzeröffnungsjahr schon eine in der Regel geschätzte Steuerinsolvenzforderung angemeldet, so ist dies nur für einen Zeitraum vom 1.1. bis zur Insolvenzeröffnung erfolgt. Infolge der nunmehr erfolgenden Jahresveranlagung, die das gesamte Insolvenzeröffnungsjahr betrifft, kann eine Änderung der seinerzeitigen Anmeldung des Teil-Jahressteuerbetrages notwendig werden. Dabei ist die Frage zu stellen, ob die für das Insolvenzeröffnungsjahr schon vorgenommene Anmeldung durch die Jahresveranlagung überholt ist und deshalb geändert werden kann. Entscheidend ist dafür, ob die ursprüngliche Anmeldung im Prüfungstermin mit Widerspruch bestritten wurde oder nicht, und ob es sich um eine Ermäßigung oder um eine Erhöhung der Anmeldung handelt.

166 Ist die Insolvenzforderung *bestritten*, so kann die für das Insolvenzeröffnungsjahr angemeldete Steuerberechnung, ohne die Voraussetzungen der §§ 164, 172 ff. AO ermäßigt werden. Dabei ist im Wege der Nachmeldung auch eine Erhöhung der Anmeldung möglich, soweit noch kein Feststellungsbescheid über diese bestrittene Forderung ergangen ist (§ 177 InsO). In diesem Fall wird das Insolvenzgericht entweder einen neuen, besonderen Prüfungstermin oder aber eine erneute Prüfung im schriftlichen Verfahren anordnen (§ 177 Abs. 1 Satz 3 InsO).

Ist jedoch über die angemeldete und bestrittene Forderung bereits ein *Feststellungsbescheid ergangen*, so ist eine Erhöhung des Steuerbetrages im Feststellungsbescheid wegen des Grundsatzes der Identität von angemeldeter und festgestellter Forderung gemäß § 181 InsO ausgeschlossen. Insoweit bleibt dem Finanzamt nur übrig den alten Feststellungsbescheid nach § 131 Abs. 1 AO aufzuheben, die alte Anmeldung zurückzunehmen und eine Neuanmeldung durchzuführen.

167 Ist die Insolvenzforderung *nicht bestritten*, so hat das Finanzamt in der Regel einen widerspruchsfreien Tabellenauszug erhalten, welcher die Wirkung eines Steuerbescheids und eines rechtskräftigen Urteils hat. Fraglich ist, ob dieser Tabellenauszug nach Durchführung der Steuerjahresveranlagung für das Insolvenzeröffnungsjahr änderbar ist.

Nach der h. M.[75] kann, soweit es um eine *Ermäßigung* der Forderungsanmeldung geht, der rechtskräftige Tabellenauszug nach den Änderungsvor-

---

73 Für den Konkurs: RFH, RStBl. 1938, 669.
74 BFH, BStBl. II 1979, 640.
75 Vgl. Tipke/Kruse, a. a. O., § 110 FGO, Tz. 24–35; Frotscher, a. a. O., S. 306 Fn. 18.

schriften der §§ 164, 172 ff. AO ermäßigt werden. Dies gilt im Ergebnis deshalb, weil der Tabellenauszug das Ergebnis einer Anmeldung war, die nur den Zeitraum bis zur Insolvenzeröffnung umfasste und somit im Grunde immer unter dem Vorbehalt stand, dass eine abschließende, das ganze Jahr erfassende Veranlagung oder Steuerberechnung zu abweichenden Werten führen könnte.

Geht es dagegen um eine *Erhöhung* der Forderungsanmeldung, so kann die Anmeldung nicht mehr geändert werden, soweit diese zu einem widerspruchsfreien Tabellenauszug geführt hat. Die Anwendung der Änderungsvorschriften der AO würde in diesem Fall gegen den Grundsatz des § 181 InsO verstoßen. In diesem Fall kann das Finanzamt die erhöhte Forderung jedoch neu anmelden.

Gibt der Insolvenzverwalter jedoch wie in den meisten Fällen trotz Aufforderung für das Insolvenzeröffnungsjahr keine Steuererklärung ab, so wird das Finanzamt die Steuerinsolvenzforderungen für das gesamte Insolvenzeröffnungsjahr schätzen und in der Praxis an der damaligen Schätzung der Steuerinsolvenzforderungen festhalten.

3. Die Aufteilung auf Steuerinsolvenzforderung und Steuermasseforderung

Die Aufteilung für das Insolvenzeröffnungsjahr ist vom BFH[76] für notwendig erklärt worden. Dabei sind verschiedene Aufteilungsmaßstäbe denkbar:

168

- *eine zeitraumbezogene Aufteilung:*

▶ **Beispiel:**
Ist die Insolvenz am 30. 4. 2000 eröffnet worden und wurden vorinsolvenzliche Einkünfte durch den Schuldner und nachinsolvenzliche Einkünfte durch den Insolvenzverwalter erzielt, so könnte die Jahressteuer auf das zu versteuernde Einkommen im Verhältnis 1/3 = Steuerinsolvenzforderungen und 2/3 = Steuermasseforderungen aufgeteilt werden.

- *eine Aufteilung in sinngemäßer Anwendung der §§ 268 ff. AO*
- *eine Aufteilung nach dem Verhältnis der einzelnen Steuerbeträge der zwei Forderungskategorien*, wenn jeweils für die vorinsolvenzlichen Einkünfte und die nachinsolvenzlichen Einkünfte fiktive Veranlagungen durchgeführt werden und die sich dabei nach der Einkommensteuertabelle ergebenden Steuerbeträge ins Verhältnis zu der Jahressteuer gesetzt werden, die sich aus der einheitlichen Jahressteuerberechnung ergibt. Dieses Verfahren ist vom BFH in seinem Urteil vom 11. 11. 1993 befür-

---

[76] FR 1994, 643.

wortet worden, weil es in der Lage ist bei stark abweichender Höhe der zwei Forderungskategorien die daraus folgende unterschiedliche Progression im Einkommensteuertarif zu berücksichtigen.

169 *Voraussetzung* für diese Aufteilungsmethode ist jedoch, dass alle Einkommensteuerbemessungsgrundlagen für das Insolvenzjahr bekannt sind oder hinreichend genau geschätzt werden können. Zur *Errechnung der Jahressteuerschuld* sind bei diesem Verfahren alle Besteuerungsgrundlagen des Schuldners und des Insolvenzverwalters für das Insolvenzeröffnungsjahr zusammenzufassen. Danach folgt die Aufteilung durch zwei fiktive Veranlagungen, nämlich einer vorinsolvenzlichen für den Schuldner (Steuerinsolvenzforderung) und einer nachinsolvenzlichen für den Insolvenzverwalter (Steuermasseforderung).

Die gesamte Einkommensteuerjahresschuld ist in folgendem Verhältnis aufzuteilen:

vorinsolvenzliche Steuerschuld	nachinsolvenzliche Steuerschuld
vorinsolvenzliche + nachinsolvenzliche Steuerschuld	vorinsolvenzliche + nachinsolvenzliche Steuerschuld

170 *Werbungskosten* oder *Betriebsausgaben* sind dabei bei der Einkunftsart abzuziehen, durch die sie veranlasst sind. Ist eine Einkunftsart, sowohl vor wie nach Insolvenzeröffnung verwirklicht, so entscheidet für den Ansatz der Ausgabe der Zeitpunkt des Abfließens. Das Gleiche gilt für Sonderausgaben und außergewöhnliche Belastungen.

Pauschbeträge, die nicht von der Höhe der Einkünfte abhängig sind, sind zeitanteilig aufzuteilen. Soweit sich nach diesen Grundsätzen nicht feststellen lässt, bei welchen Einkünften oder welchen Forderungskategorien die Absetzung vorzunehmen ist, ist ebenfalls eine zeitanteilige Absetzung vorzunehmen.

171 Die Aufteilung in vorinsolvenzliche und nachinsolvenzliche Steuerforderungen geschieht beim Leistungsgebot und ist in einer gleich lautenden Anlage zum Steuerbescheid bzw. zur Steuerberechnung durchzuführen und zu erläutern. Bezüglich der nachinsolvenzlichen Masseforderung bedeutet dies, dass sie als Steuerbescheid an den Insolvenzverwalter in Form eines Leistungsgebots ergeht unter Beifügung der kompletten Aufteilungsberechnung in der Anlage, z. B.

»Sie werden aufgefordert, die in der Anlage berechnete Steuermasseforderung von ... an die Finanzkasse des Finanzamts ... zu zahlen.«

172 Die sich aufgrund der Aufteilung ergebende Steuerinsolvenzforderung geht als Steuerberechnung an den Insolvenzverwalter zur Anmeldung zur Tabelle zusammen mit einer erläuternden Schlussbemerkung z. B.:

»Die Jahressteuerberechnung hat gegenüber der Anmeldung zu keiner/zu folgender Abweichung geführt. Der Erhöhungsbetrag von ... wird nachgemeldet oder das Finanzamt wird seine Anmeldung um ... ermäßigen.«

Beachte:

Das Veranlagungs – und Aufteilungsverfahren für das Insolvenzeröffnungsjahr sollte vom Finanzamt zweckmäßigerweise erst nach dem Prüfungstermin vorgenommen werden. Liegen zu diesem Zeitpunkt schon Widersprüche vor, so kann dies bei der Veranlagung des Insolvenzeröffnungsjahres berücksichtigt werden. Nach Vollzug der Änderung ist der Verwalter um Rücknahme des Widerspruchs zu bitten. Anschließend kann das Finanzamt beim Insolvenzgericht einen widerspruchsfreien Tabellenauszug anfordern.

Vorauszahlungsbescheide (bestandskräftige oder vom Schuldner oder vom Insolvenzverwalter angefochtene) auf den Zeitraum des Insolvenzeröffnungsjahres sind mit den Steuerforderungen des Insolvenzeröffnungsjahres abzurechnen, über die der Insolvenzverwalter einen Jahressteuerbescheid erhält

4. Einkommensteuer-Vorauszahlungen

Einkommensteuer-Vorauszahlungen sind jeweils am 10.3., 10.6., 10.9. und 10.12. zu entrichten (§ 37 Abs. 1 EStG). Die Vorauszahlungsschuld entsteht mit Beginn des Vierteljahres, in dem die Vorauszahlungen zu entrichten sind, also am 1.1., 1.4., 1.7. und 1.10. Die Art der Durchsetzung der Einkommensteuer-Vorauszahlungen richtet sich nach dem Zeitpunkt ihrer Entstehung. 173

Als Insolvenzforderungen sind die Einkommensteuer-Vorauszahlungen anzumelden, die im Zeitpunkt der Eröffnung des Insolvenzverfahrens bereits entstanden sind.[77] Die danach entstehenden Vorauszahlungen gehören zu den sonstigen Masseverbindlichkeiten i. S. d. § 55 Abs. 1 Nr. 1 InsO. Sind die Vorauszahlungen im Zeitpunkt der Eröffnung des Insolvenzverfahrens noch nicht fällig, so gelten sie gemäß § 41 Abs. 1 InsO als fällig. 174

Die auf den Zeitraum vor Eröffnung des Insolvenzverfahrens entfallende Vorauszahlungsschuld wird in der Insolvenz wie eine durch die Jahressteuerschuld auflösend bedingte Forderung angesehen, die gemäß § 42 InsO wie eine unbedingte Forderung berücksichtigt wird. Ist die Jahressteuerschuld geringer als die entrichteten Vorauszahlungen und Abzugsbeträge, fällt der übersteigende Betrag in die Insolvenzmasse. 175

Die Anrechnung von Einkommensteuervorauszahlungen richtet sich danach, wann und in welchem Umfang sie begründet wurden. Sie sind insolvenzrechtlich nach den allgemeinen Grundsätzen von Begründung und Fäl- 176

---

[77] Für den Konkurs: BFH, BStBl. II 1984, 602.

ligkeit zu behandeln, selbst wenn sie nicht entrichtet worden sind. Insoweit darf eine Vorauszahlung nur mit dem Teil der Einkommensteuerschuld verrechnet werden, der zur selben Vermögensmasse gehört. Erzielt also der Insolvenzverwalter für den Schuldner Gewinne aus der Verwertung insolvenzbefangener Wirtschaftsgüter und fließt der Erlös der Masse zu, so sind nicht nur die dadurch entstandenen Einkommensteuerschulden, sondern auch die darauf entfallenden Vorauszahlungen sonstige Masseverbindlichkeiten und müssen deshalb miteinander verrechnet werden.[78]

5. Versteuerung der stillen Reserven

177   Veräußert der Insolvenzverwalter im Rahmen der Verwertung der Insolvenzmasse Wirtschaftsgüter, so werden dadurch vielfach stille Reserven realisiert. Die Veräußerungshandlungen des Insolvenzverwalters stehen dabei denen des Schuldners gleich. Da diese Aufdeckung der stillen Reserven durch eine Handlung des Insolvenzverwalters nach der Eröffnung des Insolvenzverfahrens erfolgt ist, spricht dies zunächst dafür, die aufgrund der Aufdeckung der stillen Reserven entstehende Steuerschuld den sonstigen Masseverbindlichkeiten zuzurechnen. Andererseits waren die aufgedeckten stillen Reserven bei Eröffnung des Insolvenzverfahrens bereits vorhanden und der Steueranspruch damit bereits begründet, so dass es sich auch um Insolvenzforderungen handeln könnte.

178   Die Frage der *Zuordnung der Steuern* bei der Aufdeckung von stillen Reserven hat der BFH[79] für den Konkurs dahingehend entschieden, dass er die auf der Auflösung der stillen Reserven beruhende Steuer den Massekosten zurechnet. Nach Ansicht des BFH kommt es nicht auf die Wertsteigerungen durch vorkonkursliche Handlungen des Gemeinschuldners, sondern auf die Handlung des Konkursverwalters an, der den Gewinn durch die Veräußerungshandlung tatsächlich realisiert hat. Der BFH hält es nach dem *Gewinnrealisierungsprinzip* insoweit für entscheidend, in welchem Zeitpunkt der Gewinn nach steuerbilanzlichen Grundsätzen realisiert worden ist. Da dieser Zeitpunkt nach Eröffnung des Konkursverfahrens liegt, sind die Steuern Massekosten. Dies gilt in gleicher Weise für das Insolvenzverfahren. Es spricht jedoch einiges dafür, die Steuerschulden aus der Veräußerung von Wirtschaftsgütern als Insolvenzforderungen zur Tabelle anzumelden, soweit die aufgedeckten stillen Reserven vor Eröffnung des Insolvenzverfahrens angesammelt wurden und als sonstige Masseverbindlichkeiten anzusehen, soweit sie auf den Zeitraum nach Eröffnung des Insolvenzverfahrens entfallen.

179   Soweit man entgegen der BFH-Rechtsprechung zur Versteuerung der stillen Reserven im Konkurs die auf stillen Reserven beruhenden Steuerforderungen den Insolvenzforderungen zurechnet, gelten sie gemäß § 38 InsO als

---

78 BFH vom 9. 11. 1994, BStBl. II 1995, 257.
79 BStBl. II 1984, 602 sowie BFH/NV 1994, 477.

Boochs

Verwertungshandlungen des Konkursverwalters an.[82] Danach gehört die bei der Verwertung eines mit einem Absonderungsrecht belasteten Gegenstandes entstehende Einkommensteuer zu den sonstigen Masseverbindlichkeiten i. S. d. § 55 InsO, soweit die stillen Reserven nach Eröffnung des Insolvenzverfahrens aufgedeckt werden und der Erlös zur Insolvenzmasse fließt.

Die Einschränkung der BFH- Rechtsprechung im Konkurs, dass die bei der Verwertung entstehenden Einkommensteuern nur insoweit Massekosten sind, als der Verwertungserlös in die Konkursmasse fließt, ergibt sich aus den Erfordernissen des Konkursverfahrens und gilt insoweit auch für das Insolvenzverfahren. Müsste die den Veräußerungsgewinn belastende Einkommensteuer ungeachtet der Verwendung des Erlöses zugunsten absonderungsberechtigter Gläubiger als sonstige Masseverbindlichkeit befriedigt werden, so könnte sich ergeben, dass die Vorwegbelastung der Insolvenzmasse größer ist als der Zuwachs aus dem Veräußerungsgeschäft. Dafür spricht auch, dass bei einer Verwertung durch die Absonderungsberechtigten, z. B. bei Sicherungseigentum die Einkommensteuerschuld nicht zu den Massekosten gehört.[83] Auch aus der Eigenart der Abgabe folgt, dass die Einkommensteuer nur insoweit zu einer Masseverbindlichkeit werden kann, als das Objekt der Besteuerung, der Veräußerungserlös, zur Insolvenzmasse gelangt. Nur soweit Mehrerlöse von dem Absonderungsberechtigten an die Masse abgeführt werden, sind diese mit der auf sie entfallenden Einkommensteuer als der Masse zugehörig anzusehen. Dabei ist es unerheblich, ob der Mehrerlös auf eine Betätigung des Absonderungsberechtigten oder des Insolvenzverwalters zurückgeht.

188

Betreibt im Insolvenzverfahren ein Absonderungsberechtigter die vor Eröffnung des Insolvenzverfahrens eingeleitete Zwangsversteigerung eines Grundstückes des Schuldners, so gehört die durch die Veräußerung entstehende Einkommensteuer, die durch die Aufdeckung stiller Reserven entstanden ist, nicht zu den sonstigen Masseverbindlichkeiten i. S. d. § 55 InsO.[84] Sie ist vielmehr eine Insolvenzforderung.

189

Die vom BFH[85] entwickelten Grundsätze über die Aufteilung der Steuerschuld infolge einer Veräußerung von Sicherungsgut gelten auch insoweit, als die Inhaber von besitzlosen Mobiliarsicherheiten künftig in das Insolvenzverfahren einbezogen werden. Entscheidend ist danach der Zeitpunkt der formellen Gewinnrealisierung. Insoweit ist insbesondere nicht zwischen Veräußerungsvorgängen im Rahmen der Fortführung des Schuldnerunternehmens und Veräußerungen im Rahmen der eigentlichen Liquidation zu unterscheiden. Auch im Sanierungsverfahren wird es immer wieder nötig sein, durch Liquidation betrieblicher Überkapazitäten die Voraussetzungen für eine Sanierung erst zu schaffen.

190

---

82 BFH, BStBl. II 1984, 602.
83 Für den Konkurs: BFH, BStBl. II 1978, 356.
84 Für den Konkurs: BFH, BStBl. II, 356, selbst dann nicht, wenn ein Teil des Erlöses der Insolvenzmasse zugeflossen ist.
85 BStBl. II 1984, 602.

Boochs

8. Insolvenzverfahren und Organschaftsverhältnis sowie Betriebsaufspaltung

191 Durch die Eröffnung des Insolvenzverfahrens ändert sich nichts hinsichtlich der Voraussetzungen und Folgen eines einkommen- oder körperschaftsteuerlichen Organschaftsverhältnisses. Die Eröffnung des Insolvenzverfahrens infolge Zahlungsunfähigkeit und Überschuldung der Organgesellschaft führt zum Wegfall der Eingliederungsvoraussetzungen bei der Organschaft. In diesem Fall ist der Organträger stets Schuldner des Vorsteuerberichtigungsanspruches.[86] Bei Organschaften, bei denen der Organträger Geschäftsführer der Organgesellschaft (spätere Schuldnerin) ist, endet die Organschaft nur dann bereits vor Eröffnung des Insolvenzverfahrens mit der Anordnung der vorläufigen Insolvenzverwaltung, wenn der vorläufige Insolvenzverwalter maßgeblichen Einfluss auf die Organgesellschaft erhalten hat und ihm eine vom Willen des Organträgers abweichende Willensbildung in der Organgesellschaft nach den Umständen des Einzelfalles möglich ist.[87]

192 Die Eröffnung des Insolvenzverfahrens über das Vermögen eines Betriebsunternehmens führt regelmäßig zur Beendigung der persönlichen Verflechtung mit dem Besitzunternehmen und damit zur Beendigung der Betriebsaufspaltung. Die Insolvenz führt in der Regel zur Betriebsaufgabe des Besitzunternehmens und damit zur Auflösung der stillen Reserven.[88] Dieser Vorgang ist in der Regel als Betriebsaufgabe des Besitzunternehmens anzusehen mit der Folge, dass die im Betriebsvermögen des Besitzunternehmens enthaltenen stillen Reserven aufzulösen sind. Die Grundsätze über die Betriebsverpachtung finden keine Anwendung, wenn die tatsächlichen Voraussetzungen einer Betriebsaufspaltung fortgefallen sind. Die verpachteten Wirtschaftsgüter verlieren in diesem Zeitpunkt ihre Eigenschaft als Betriebsvermögen. Dies hat z. B. bei der Investitionszulage zur Folge, dass sich für das Besitzunternehmen die Überlassung eines Gebäudes an das Betriebsunternehmen nicht mehr als eigenbetriebliche Verwendung dieses Gebäudes i. S. d. § 1 Abs. 3 Nr. 2 InvZulG darstellt.

II. Körperschaftsteuer

193 Gemäß § 49 Abs. 1 KStG gelten für die Besteuerung von Kapitalgesellschaften die für die Einkommensteuer geltenden Vorschriften zum größten Teil sinngemäß. Eine Körperschaft wird durch die Eröffnung des Insolvenzverfahrens aufgelöst (§ 262 Abs. 1 Nr. 3 AktG; § 60 Abs. 1 Nr. 4 GmbHG; § 101 GenG). Steuerrechtlich enden damit aber nicht jegliche Pflichten,

---

86 BFH, BFH/NV 1996, 275.
87 BFH vom 13. 3. 1997, VR 96/96 n. v.
88 BFH, BStBl. II 1997, 460.

denn selbst eine im Handelsregister bereits gelöschte juristische Person wird solange als fortbestehend angesehen, als sie noch steuerrechtliche Pflichten zu erfüllen hat. Die Körperschaftsteuerpflicht endet mit der Eröffnung des Insolvenzverfahrens nicht. Die Körperschaft ist nach insolvenzrechtlichen Grundsätzen abzuwickeln.

Grundsätzlich gelten für die Besteuerung von Körperschaften die Vorschriften des EStG hinsichtlich der Einkommensermittlung, Veranlagung und Steuerentrichtung (§ 8 KStG). Insoweit ist auch in der Insolvenz einer Körperschaft zwischen Voraus- und Abschlusszahlung, begründeten, entstandenen, fälligen, betagten und aufschiebend bedingten Steuerforderungen zu unterscheiden. **194**

Grundsätzlich wird bei der Besteuerung von Körperschaften wie bei der Einkommensteuer ein einjähriger Besteuerungszeitraum zugrunde gelegt. Dies gilt insbesondere, wenn der Insolvenzverwalter den Gewerbebetrieb fortführt. Für die Besteuerung der Liquidation einer aufgelösten Körperschaft gilt mit § 11 KStG eine Sondervorschrift. Diese ist auch auf Körperschaften anzuwenden, die durch die Eröffnung eines Insolvenzverfahrens aufgelöst worden sind (§ 11 Abs. 7 KStG). Durch § 11 KStG ist ein längerer, in der Regel dreijähriger Bemessungszeitraum zugelassen, innerhalb dem ein einheitliches Einkommen ermittelt wird. Dieser Zeitraum endet spätestens mit der Beendigung der Liquidation. Grundsätzlich beginnt der veranlagungsletzte Veranlagungszeitraum gemäß § 11 Abs. 4 KStG mit dem Schluss des vorhergehenden Veranlagungszeitraumes auf den der Beginn der Liquidation durch Eröffnung des Insolvenzverfahrens folgt. **195**

Da handelsrechtlich auf den Tag der Auflösung, d. h. der Eröffnung des Insolvenzverfahrens abzustellen ist, entsteht zwischen dem Ende des letzten Wirtschaftsjahres und der Eröffnung des Verfahrens ein Rumpfwirtschaftsjahr, dessen Ergebnis nicht in die Liquidationsbesteuerung einzubeziehen ist.[89] Nach Abschn. 46 KStR hat die Körperschaft ein Wahlrecht, ein Rumpfwirtschaftsjahr zu bilden. **196**

▶ **Beispiel:**
Eröffnung des Insolvenzverfahrens 1. 8. 1999 (Wirtschaftsjahr = Kalenderjahr). Die Körperschaft kann das Rumpfwirtschaftsjahr 1. 1. 1999–31. 7. 1999 bilden. Der Besteuerungszeitraum nach § 11 KStG beginnt am 1. 8. 1999.

In den Fällen des Insolvenzverfahrens unterbleibt eine Abwicklung (§§ 264 Abs. 1 AktG, 66 Abs. 1 GenG). Durch § 11 Abs. 7 KStG sind jedoch die Konkurs- und Insolvenzfälle den Fällen der Abwicklung gleichgestellt. Der Gewinn entspricht dem Unterschiedsbetrag zwischen den Buchwerten des Vermögens zu Beginn der Auflösung und den dabei erzielten Erlösen abzüglich der abziehbaren Aufwendungen. **197**

---

89 Für den Konkurs BFH, BStBl. II 1974, 692.

198 Durch § 11 Abs. 7 KStG wird die Anwendung des § 16 EStG in den Insolvenzfällen der in der Vorschrift bezeichneten Körperschaften ausgeschlossen. Ansonsten liegt die materiell-rechtliche Bedeutung des § 11 Abs. 7 KStG in der Anordnung eines einheitlichen Gewinnermittlungs- und Veranlagungszeitraumes. Dieser beginnt mit der Eröffnung des Insolvenzverfahrens und läuft mit seinem Ende oder mit dem Abschluss der anschließenden Abwicklung ab. Soweit im Rahmen der Abwicklung des Insolvenzverfahrens das vorhandene Vermögen regelmäßig aufgebraucht wird, bleibt für eine Abwicklung nach Beendigung des Insolvenzverfahrens kein Raum. § 11 Abs. 7 KStG setzt das Flüssigmachen des Vermögens und seine Verteilung an die Gläubiger der Abwicklung gleich. Erfolgt nach Abschluss des Insolvenzverfahrens eine Abwicklung, endet der Besteuerungszeitraum mit dem Abschluss der Abwicklung.

III. Lohnsteuer

199 Da die Lohnsteuer nach § 38 EStG nur eine besondere Erhebungsform der Einkommensteuer ist, gelten grundsätzlich die Ausführungen zur Einkommensteuer entsprechend. Die Lohnsteuer ist für den Arbeitnehmer vom Arbeitgeber einzubehalten und an das Finanzamt abzuführen. Bei der Lohnsteuer im Insolvenzverfahren ist zu unterscheiden, ob sich der Arbeitnehmer oder der Arbeitgeber im Insolvenzverfahren befindet.

1. Insolvenzverfahren des Arbeitnehmers

200 Hat der Arbeitgeber gegen seine Verpflichtung, die Lohnsteuer einzubehalten und abzuführen, verstoßen, so kann das Finanzamt nach § 38 Abs. 4 EStG den Arbeitnehmer in Anspruch nehmen. Grundsätzlich entsteht die Lohnsteuerschuld in dem Zeitpunkt, in dem der Arbeitslohn dem Arbeitnehmer zufließt. Für die Behandlung der Lohnsteuer als Insolvenzforderung ist jedoch nicht der Zeitpunkt des Entstehens der Lohnsteuerschuld, sondern der Zeitpunkt des Begründetseins der Lohnsteuerforderung gemäß § 38 InsO entscheidend.

201 Begründet i. S. d. § 38 InsO ist die Lohnsteuer mit der Arbeitsleistung, für die dem Arbeitnehmer der Lohn versprochen worden ist. Auf den Zufluss des Lohnes kommt es insoweit nicht an. War im Zeitpunkt der Erbringung der Arbeitsleistung durch den Arbeitnehmer das Insolvenzverfahren noch nicht eröffnet, so stellt die Lohnsteuerforderung eine Insolvenzforderung dar. War das Insolvenzverfahren bei Erbringung der Arbeitsleistung bereits eröffnet, so stellt die Lohnsteuerforderung eine sonstige Masseverbindlichkeit i. S. d. § 55 InsO dar. Dabei hat der Arbeitnehmer nach § 39 a EStG die

Möglichkeit sich bestimmte Freibeträge auf seiner Lohnsteuerkarte eintragen zu lassen.

Leistet der Arbeitnehmer nach Eröffnung des Insolvenzverfahrens weiterhin Dienste im Rahmen der Verwaltung und Verwertung der Insolvenzmasse, so ist der Schuldner nicht als Arbeitnehmer der Masse anzusehen, weil er selbst Träger der Einkünfte der Masse ist. Deshalb hat der Insolvenzverwalter von den an den Schuldner vorzunehmenden Zahlungen auch keine Lohnsteuer einzubehalten. Bei der Zahlung handelt es sich nicht um eine Lohnzahlung, sondern um eine steuerlich unerhebliche Einkommensverwendung durch den Schuldner. 202

Das Gleiche gilt, wenn ein Gesellschafter weiterhin in der Insolvenz einer Personengesellschaft tätig wird. Zahlungen sind als nicht lohnsteuerpflichtige Vorwegvergütungen i. S. d. § 15 Abs. 1 Nr. 2 EStG anzusehen. 203

2. Insolvenzverfahren des Arbeitgebers

Der Insolvenzverwalter hat das Recht und die Pflicht zur Verwaltung der Masse (§ 34 Abs. 3 AO). Damit hat er auch die Verpflichtung, bei Auszahlung von Löhnen Lohnsteuer einzubehalten und an das Finanzamt abzuführen. Dies gilt auch für Lohnzahlungszeiträume, die vor der Eröffnung des Insolvenzverfahrens liegen. Insoweit ist er verpflichtet, auch für die vor Insolvenzeröffnung ausgezahlten Löhne Lohnsteueranmeldungen abzugeben. Soweit der Schuldner dies unterlassen hat,[90] haftet er persönlich für die Lohnsteuerforderungen des Finanzamtes gemäß §§ 34, 69 AO. 204

Hinsichtlich der Einbehaltung und Abführung der Lohnsteuer gilt grundsätzlich Folgendes: Das Finanzamt hat einen Anspruch auf Zahlung der Lohnsteuer in Form einer Vorauszahlung auf die Einkommensteuer gegen den Arbeitnehmer. Gegen den Arbeitgeber hat das Finanzamt dagegen keinen unmittelbar auf Zahlung gerichteten Anspruch, sondern einen Anspruch auf eine Dienstleistung, die Abführung der Lohnsteuer an das Finanzamt für den Arbeitnehmer. Insoweit stellt die Abführung der Lohnsteuer durch den Arbeitgeber die Zahlung des Arbeitnehmers auf seine Einkommensteuerschuld dar. Diese erfolgt für Rechnung des Arbeitnehmers. Dieser Anspruch auf eine Dienstleistung, d. h. die Abführung der Lohnsteuer für den Arbeitnehmer wandelt sich erst dann in einen unmittelbaren Zahlungsanspruch um, wenn der Arbeitgeber die Lohnsteuer nicht einbehält und an das Finanzamt abführt. 205

Der Zahlungsanspruch des Finanzamtes gegen den Arbeitgeber gemäß § 42 d EStG ist ein Haftungsanspruch, der neben den primären Zahlungsanspruch des Finanzamtes gegen den Arbeitgeber tritt. Hinsichtlich der Haftung in der Insolvenz des Arbeitgebers lassen sich folgende *Fallgestaltungen* unterscheiden: 206

---

90 Für den Konkurs: BFH, BStBl. III 1951, 212.

207 • Vor Eröffnung des Insolvenzverfahrens hat der Schuldner als Arbeitgeber den Nettolohn ausgezahlt, ohne die Lohnsteuer an das Finanzamt abzuführen. Der Arbeitgeber hat seine Dienstleistungspflicht gegenüber dem Finanzamt bereits vor der Eröffnung des Insolvenzverfahrens verletzt und damit den haftungsbegründenden Tatbestand der Nichteinbehaltung und Nichtabführung der Lohnsteuer nach § 42 d Abs. 1 Nr. 1 EStG erfüllt.[91] Da das haftungsbegründende Verhalten des Arbeitgebers vor Eröffnung des Insolvenzverfahrens entstanden ist, ist der Lohnsteuerhaftungsanspruch eine Insolvenzforderung. Ist der Haftungsanspruch vor Eröffnung des Insolvenzverfahrens entstanden, aber noch nicht durch Haftungsbescheid festgesetzt worden, so gilt die Haftungsforderung gemäß § 41 Abs. 1 InsO als fällig und ist mit dem abgezinsten Betrag zur Tabelle anzumelden. Da ein Haftungsbescheid nach Eröffnung des Insolvenzverfahrens nicht mehr gegen den Schuldner ergehen kann, ist der Abzinsungsbetrag zu schätzen, wobei zu berücksichtigen ist, zu welchem Zeitpunkt die Haftungsschuld ohne Eröffnung des Insolvenzverfahrens bei einem normalen Lauf des Verfahrens fällig gewesen wäre.

208 • Zahlt der Insolvenzverwalter erst nach der Eröffnung des Insolvenzverfahrens rückständige Löhne aus, so entsteht der Lohnsteueranspruch erst mit dem Lohnzufluss. Im Zeitpunkt der Eröffnung des Insolvenzverfahrens bestand seitens des Finanzamtes noch keine Lohnsteuerforderung, sondern nur der Dienstleistungsanspruch gegen den Insolvenzverwalter auf Einbehaltung und Abführung der Lohnsteuer. Der Arbeitnehmer hat gegen den Arbeitgeber als Schuldner eine Forderung auf Auszahlung des Bruttoarbeitslohnes, d.h. des Nettoarbeitslohnes an ihn und der darauf entfallenden Lohnsteuer an das Finanzamt.

209 Reicht die Insolvenzmasse nicht aus, hat der Insolvenzverwalter einen Teil des Bruttoarbeitslohnes aus der Masse zu zahlen. Erst wenn der Insolvenzverwalter bei der Entrichtung des Bruttoarbeitslohnes die Lohnsteuer nicht einbehält und an das Finanzamt abführt, entsteht zugunsten des Finanzamtes gegen die Masse ein Lohnsteuerhaftungsanspruch.

210 • Setzt der Insolvenzverwalter ein Arbeitsverhältnis nach Eröffnung des Insolvenzverfahrens fort oder begründet er zu Lasten der Masse ein neues Arbeitsverhältnis, so hat der Arbeitnehmer einen Anspruch auf Auszahlung des Bruttoarbeitsentgeltes, das zu den sonstigen Masseverbindlichkeiten i. S. d. § 55 Abs. 1 Nr. 2 InsO gehört. Erst wenn der Insolvenzverwalter die Lohnsteuer pflichtwidrig nicht einbehält und an das Finanzamt abführt, entsteht ein Lohnsteuerhaftungsanspruch gegen die Masse. Dabei handelt es sich ebenfalls um eine sonstige Masseverbindlichkeit i. S. d. § 55 Abs. 1 Nr. 2 InsO.

211 • Liegen die Voraussetzungen für eine pauschale Erhebung der Lohnsteuer nach § 40 Abs. 3, § 40 a Abs. 4, § 40 b Abs. 3 EStG vor, kann sich der Insolvenzverwalter für eine Pauschalierung entscheiden. Dies gilt un-

---

91 Für den Konkurs: BFH, BStBl. II 1952, 22.

abhängig davon, ob der Arbeitslohn vor oder nach der Eröffnung des Insolvenzverfahrens gezahlt worden ist. Wählt der Insolvenzverwalter die Pauschalregelung, wird durch diese Entscheidung die pauschale Lohnsteuer begründet.[92] Beruht die pauschale Lohnsteuer auf einer Tätigkeit des Arbeitnehmers, die er unter Fortsetzung des Arbeitsverhältnisses nach Eröffnung des Insolvenzverfahrens erbracht hat, handelt es sich um eine sonstige Masseverbindlichkeit i. S. d. § 55 Abs. 1 Nr. 1 InsO, d. h. um Ausgaben für die Verwaltung und Verwertung der Masse.

3. Besteuerung von Insolvenzausfallgeld

Für das Insolvenzausfallgeld nach §§ 183 ff. SGB III gelten die gleichen Grundsätze wie für das bis zum 1. 1. 1999 geltende Konkursausfallgeld nach §§ 141 a ff. AFG. Kraft Gesetzes gem. § 187 SGB III gehen die entsprechenden Lohnansprüche des Arbeitnehmers in Höhe des Nettolohnanspruchs auf die Bundesanstalt für Arbeit über. Diese übergegangenen Ansprüche haben im Insolvenzverfahren des Arbeitgebers grundsätzlich den gleichen Rang wie sie ohne Übergang auf die Bundesanstalt für Arbeit hätten. Grundsätzlich ist das Insolvenzausfallgeld (§§ 183 ff. SGB III) steuerfrei (Abschn. 4 Abs. 2 LStR).

Erhält der Arbeitnehmer im Insolvenzverfahren seines Arbeitgebers Arbeitslosengeld oder Insolvenzausfallgeld, so gehen die Nettolohnansprüche auf die Bundesanstalt für Arbeit über. Bezahlt der Insolvenzverwalter die auf die Bundesanstalt übergegangene Lohnforderung, so ist die lohnsteuerliche Behandlung dieser Zahlung umstritten.[93] Nach der Rechtsprechung des BAG[94] bleibt auch die übergegangene Lohnforderung in der Hand der Bundesanstalt für Arbeit ihrem Wesen nach eine Lohnforderung. Mit der Zahlung an die Bundesanstalt für Arbeit erfüllt der Arbeitgeber bzw. der Insolvenzverwalter einen Lohnanspruch des Arbeitnehmers mit der Folge, dass sie als Zahlung von Arbeitslohn dem Lohnsteuerabzug unterliegt. Dieser Sicht hat sich die Finanzverwaltung angeschlossen.[95] Danach muss der Insolvenzverwalter des Arbeitgebers den Nettolohnanspruch an die Bundesanstalt für Arbeit zahlen und die hierauf entfallende Lohnsteuer an das Finanzamt abführen.

213

Die vom Insolvenzverwalter an die Bundesanstalt für Arbeit zu zahlenden Beträge stellen nach Ansicht der Finanzverwaltung lohnsteuerrechtlich *Bruttobeträge* dar. Der Insolvenzverwalter hat von diesen Beträgen die Lohnsteuer nach den Besteuerungsmerkmalen des Arbeitnehmers im Zeitpunkt der Zahlung an die Bundesanstalt für Arbeit einzubehalten und hie-

214

---

92 Für den Konkurs: BFH, BStBl. II 1983, 91.
93 So die Ansicht der Finanzverwaltung für das Konkursausfallgeld, Abschn. 4 Abs. 2 LStR 1990.
94 BAG KTS 1985, 713; DB 1990, 278 sowie BFH, BStBl. II 1993, 507.
95 So die Ansicht der Finanzverwaltung für das Konkursausfallgeld, Abschn. 4 Abs. 2 LStR 1990.

rüber eine Lohnsteuerbescheinigung zu erteilen. Wenn auf die Lohnforderung nur eine Quote entfällt, ist die Lohnsteuer nur aus dieser Quote zu berechnen.

215 Diese Ansicht wird von der Literatur überwiegend abgelehnt.[96] Maßgebend für die Berechnung der Lohnsteuer ist danach der vom Insolvenzverwalter tatsächlich zu befriedigende Arbeitslohnanspruch. Dabei ist zu beachten, dass die Lohnsteuer erst dann entsteht, wenn der Arbeitslohn vom Insolvenzverwalter gezahlt wird (§ 38 Abs. 2 Satz 2 EStG). Entscheidend ist nach Ansicht von Frotscher[97] dabei, ob die Zahlung an die Bundesanstalt für Arbeit zu einem Zufluss nach § 11 EStG bei dem Arbeitnehmer führt. Solange ein Anspruch nicht erfüllt ist, entsteht weder eine Lohnsteuerschuld noch die Verpflichtung des Insolvenzverwalters Lohnsteuer abzuführen. Die Leistung von Arbeitslohn an einen Dritten kann nur dann zu einem Zufluss beim Arbeitnehmer führen, wenn dieser durch Zahlung an den Dritten bereichert wird, z. B. durch die Befreiung von einer Verbindlichkeit. Der Arbeitnehmer erhält jedoch von der Bundesanstalt für Arbeit Insolvenzausfallgeld, das nach Ansicht der Literaturmeinung nicht Arbeitslohn, sondern eine selbstständige Forderung ist, die nach § 3 Nr. 2 EStG steuerfrei ist (Abschn. 4 Abs. 2 LStR). Insoweit liegt die Bereicherung des Arbeitnehmers in den Zahlungen durch die Bundesanstalt für Arbeit. Die anschließende Zahlung des Insolvenzverwalters an die Bundesanstalt für Arbeit führt nicht zu einer Bereicherung des Arbeitnehmers über das hinaus, was er an Insolvenzausfallgeld erhalten hat. Er wird dadurch auch nicht von einer Verbindlichkeit gegenüber der Bundesanstalt für Arbeit befreit. Da durch die Zahlung des Arbeitslohnes an die Bundesanstalt für Arbeit der Arbeitnehmer nicht bereichert wird und ihm damit auch kein Arbeitslohn i. S. d. § 11 EStG zufließt, besteht keine Verpflichtung des Insolvenzverwalters zur Abführung von Lohnsteuer an das Finanzamt nach § 38 Abs. 2 EStG.

216 Geht man mit der Rechtsprechung und der Verwaltung von einer Lohnsteuerpflicht der Zahlung des Arbeitslohnes an die Bundesanstalt für Arbeit aus, so ist diese aufzuteilen in einen an das Finanzamt und einen an die Bundesanstalt zu zahlenden Teil.

217 Zahlt der vorläufige Insolvenzverwalter Löhne aus, so hat er die Lohnsteuer einzubehalten und abzuführen unabhängig davon, ob es sich um Löhne für die Zeit der vorläufigen Insolvenzverwaltung oder um Löhne für eine davor liegende Zeit handelt. Bei Verletzung der Abführungsverpflichtung haftet der vorläufige Insolvenzverwalter nach § 42 d EStG. Dabei handelt es sich gem. § 55 Abs. 2 InsO um eine Masseverbindlichkeit.

---

96 Frotscher, a. a. O., S. 165 ff.
97 Frotscher, a. a. O., S. 166.

IV. Gewerbesteuer

Auch bei der Gewerbesteuer wird der Veranlagungszeitraum durch die Eröffnung des Insolvenzverfahrens nicht unterbrochen, so dass die Steuerpflicht nach § 4 Abs. 2 GewStDV weiterbesteht. Ihre Dauer hängt dabei von der Rechtsform des Betriebes ab. **218**

Bei *Einzelgewerbetreibenden* und *Personengesellschaften* endet die Gewerbesteuerpflicht erst mit der Aufgabe der werbenden Tätigkeit. Diese liegt solange nicht vor, als der Insolvenzverwalter den Gewerbebetrieb fortführt, indem er die vorhandenen Warenvorräte verkauft. Keine werbende Tätigkeit ist jedoch die Veräußerung des vorhandenen Anlagevermögens. Veräußert der Insolvenzverwalter nur Anlagevermögen, so endet bereits mit der Eröffnung des Insolvenzverfahrens die Gewerbesteuerpflicht. **219**

Bei *Kapitalgesellschaften* sowie den anderen in § 2 Abs. 2 GewStG genannten Unternehmen endet die Gewerbesteuerpflicht erst mit der Einstellung jeglicher Tätigkeit nach Verteilung des gesamten Vermögens. Die Gewerbesteuerpflicht ist insoweit allein an die Rechtsform des Unternehmens geknüpft. Sie erlischt jedoch, wenn das zurückbehaltene Vermögen allein dazu dienen soll, die Gewerbesteuerschuld zu begleichen. Durch die Eröffnung des Insolvenzverfahrens wird der Veranlagungszeitraum nicht unterbrochen, so dass insoweit eine gemeinsame Veranlagung für die Zeit vor und nach der Insolvenzeröffnung zu erfolgen hat. **220**

Besteuerungsgrundlage für die Gewerbesteuer ist nur noch der Gewerbeertrag. Die Gewerbekapitalsteuer ist entfallen. Der Gewerbeertrag ist nach den allgemeinen Regeln zu ermitteln. Bei der Eröffnung des Insolvenzverfahrens vorhandene Schulden können bei Nichttilgung allein durch Zeitablauf zu Dauerschulden werden mit der Folge, dass die auf sie entfallenden Zinsen gemäß § 8 Nr. 1 GewStG den Gewerbeertrag erhöhen. Die hierin im Einzelfall liegende Unbilligkeit kann nur durch einen Antrag auf Erlass gemäß § 227 AO oder auf ein Absehen von der Steuerfestsetzung gemäß § 163 AO beseitigt werden. **221**

Der in dem Zeitraum vom Beginn bis zum Ende der Abwicklung erzielte Gewerbeertrag ist gemäß § 16 Abs. 2 GewStDV auf die Jahre des Abwicklungszeitraumes zu verteilen. Dies gilt nicht nur für die in § 2 Abs. 2 Nr. 2 GewStG genannten Unternehmen, sondern auch für Einzelunternehmen und Personengesellschaften, bei denen die Verteilung ebenfalls nur auf den Zeitraum der Abwicklung zu erfolgen hat. Der in dem Zeitraum vom Tag der Eröffnung des Insolvenzverfahrens bis zur Beendigung des Insolvenzverfahrens erzielte Gewerbeertrag ist auf die einzelnen Jahre des Insolvenzverfahrens nach dem Verhältnis zu verteilen, in dem die Zahl der Kalendermonate, für die im einzelnen Jahr die Steuerpflicht bestanden hat, zu der Gesamtzahl der Kalendermonate steht. **222**

223 Wird im Laufe eines Kalenderjahres das Insolvenzverfahren eröffnet, ist der einheitliche Gewerbesteuermessbetrag für das ganze Jahr zu ermitteln. Die Gewerbesteuerschuld entsteht nach Ablauf des Erhebungszeitraumes (§ 18 GewStG), also nach Eröffnung des Insolvenzverfahrens. Im Zeitpunkt der Eröffnung des Insolvenzverfahrens ist die Gewerbesteuerschuld noch nicht entstanden. Insoweit handelt es sich um eine befristete Forderung, die als aufschiebend bedingte Forderung nur zur Sicherung berechtigt.

224 Betrifft die Gewerbesteuerabschlusszahlung einen Veranlagungszeitraum vor der Eröffnung des Insolvenzverfahrens, so gilt die Gewerbesteuerforderung als nicht fällige Forderung gemäß § 41 Abs. 1 InsO als fällig. Entfällt die Gewerbesteuer auf Erhebungszeiträume nach Eröffnung des Insolvenzverfahrens, so gehört sie zu den sonstigen Masseverbindlichkeiten i. S. d. § 55 Abs. 1 InsO. Nach § 10 a GewStG kann ein *Verlust* vorgetragen werden, soweit dieser dem gleichen Steuerpflichtigen in dem gleichen Gewerbebetrieb entstanden ist. Ausgeschlossen ist mangels Identität der Gewerbebetriebe die Übertragung eines Verlustvortrages aus dem Gewerbebetrieb auf einen vom Schuldner im Lauf eines Insolvenzverfahrens neu eröffneten Gewerbebetrieb.

225 Nach der geänderten Rechtsprechung des BFH[98] dürfen Steuerbescheide, in denen ausschließlich Besteuerungsgrundlagen ermittelt und festgestellt werden, die ihrerseits die Höhe von Steuerforderungen beeinflussen, die zur Konkurstabelle anzumelden sind, nicht mehr erlassen werden. Dies gilt auch für den Erlass von Gewerbesteuermessbescheiden (§ 184 AO) und Zerlegungsbescheiden (§ 188 AO). Statt dessen sind den betreffenden Städten und Gemeinden die Besteuerungsgrundlagen durch eine Messbetrags-Berechnung mitzuteilen. Auch die Gemeinde darf nach Insolvenzeröffnung keinen Gewerbesteuerbescheid erlassen. Sie hat auf der Grundlage der Messbetrags-Berechnung eine Steuerberechnung vorzunehmen und auf dieser Basis die Gewerbesteuer zur Tabelle anzumelden. Die Übersendung der Messbetrags-Berechnung vom Finanzamt an die Gemeinde kann dann unterbleiben, wenn ein Messbetrag nach dem GewStG nicht festzusetzen ist, z. B. weil infolge von Verlusten der Freibetrag beim Gewerbeertrag von 24.500 € (§ 11 Abs. 1 Satz 3 Nr. 1 GewStG n. F.) nicht überschritten wird.

226 Für das Insolvenzeröffnungsjahr ist zum Zwecke der Einhaltung des Anmeldetermins durch die Gemeinde in der Regel durch Schätzung eine Messbetrags-Berechnung zu erstellen, die den Teil des Gewerbesteuermessbetrages erfasst, der auf den Gewerbeertrag bis zum Tag der Insolvenzeröffnung entfällt. Dabei kann der Messbetrag nach dem Gewerbeertrag nach dem Verhältnis des vor und nach Insolvenzeröffnung erzielten Ertrages aufgeteilt werden.

Nach Ablauf des Insolvenzeröffnungsjahres hat eine einheitliche Gewerbesteuermessbetrags-Berechnung für das ganze Jahr zu erfolgen. Dabei ist der einheitliche Gewerbesteuermessbetrag auf den Zeitraum vor der Insolvenz-

---

98 BFH, BStBl. II 1998, 428.

eröffnung und auf den Zeitraum nach Insolvenzeröffnung aufzuteilen. Für den letzteren Zeitraum erlässt die Gemeinde einen Gewerbesteuerbescheid an den Insolvenzverwalter.

Die Gewerbesteuervorauszahlungen entstehen mit Beginn des Kalendervierteljahres, für das sie zu leisten sind (§ 21 GewStG). Sie werden jeweils zum 15.2., 15.5.,15.8. und 15.11. fällig. Die Vorauszahlungsbeträge für das jeweilige Kalendervierteljahr sind damit Insolvenzforderungen, wenn das Insolvenzverfahren am ersten Tag des jeweiligen Kalendervierteljahres oder nach diesem Tag eröffnet wird. Gewerbesteuervorauszahlungen, die danach noch nicht fällig, aber bereits entstanden sind, gelten gemäß § 41 Abs. 1 InsO als fällig. Vorauszahlungen, die erst nach der Eröffnung des Insolvenzverfahrens entstehen, sind in aller Regel nach § 19 Abs. 3 GewStG herabzusetzen. 227

Da es sich bei der Gewerbesteuer um ein zweistufiges Verfahren handelt, gestalten sich Einspruchs- und Widerspruchsverfahren kompliziert. Zu unterscheiden ist im Einzelfall: 228

Bestreitet der Insolvenzverwalter die angemeldete Steuer gemäß §§ 176, 178 InsO mit dem Widerspruch, so ist wegen der Zweistufigkeit des Verfahrens die Begründung des Widerspruchs zu untersuchen, ob er sich gegen den Gewerbesteuerbescheid der Gemeinde (z. B. wegen Anwendung des falschen Hebesatzes) oder gegen den Gewerbesteuermessbescheid des Finanzamtes (z. B. wegen unzutreffender Hinzurechnung nach § 8 GewStG) oder gegen beide Bescheide richtet. Dabei ist im Zweifel anzunehmen, dass der Widerspruch sich gegen beide Verwaltungsakte richtet.

Richtet sich der Widerspruch gegen den Gewerbesteuermessbescheid des Finanzamtes, so richtet sich dessen weitere Behandlung danach, in welchem Stand sich die Gewerbesteuermessbetragsveranlagung des Finanzamtes im Zeitpunkt der Insolvenzeröffnung befand.

Liegt bereits ein bestandskräftiger Gewerbesteuermessbescheid vor, so ergeht an den Widersprechenden ein schlichter Ablehnungsbescheid, mit dem das Finanzamt es ablehnt, den bestandskräftigen Gewerbesteuermessbescheid zu ändern, der mit der Rechtsbehelfsbelehrung des Einspruchs versehen ist. Bei der Gewerbesteuer kann kein Insolvenzfeststellungsbescheid nach § 251 Abs. 3 AO ergehen, weil das Finanzamt mit der Gewerbesteuermessbetragsfestsetzung gerade keinen Anspruch aus dem Steuerschuldverhältnis als Insolvenzforderung geltend macht. Dies macht erst die Gemeinde auf der zweiten Stufe. Es sind folgende *Fallgestaltungen* zu unterscheiden:

- Ist der Widerspruch gegen den Gewerbesteuermessbescheid begründet und liegen die Voraussetzungen einer Änderungsvorschrift oder für eine Wiedereinsetzung vor, so ist der Gewerbesteuermessbescheid zu ändern. In diesem Fall ist der Gemeinde diese Änderung durch eine Messbetragsberechnung mitzuteilen, damit diese ihre Anmeldung zur Tabelle ändern kann. 229

230 • Liegt ein noch nicht bestandskräftiger Gewerbesteuermessbescheid vor, weil die Einspruchsfrist durch die Insolvenzeröffnung unterbrochen wurde, so schreibt das Finanzamt den Widersprechenden an, ob er das Besteuerungsverfahren wiederaufnehmen möchte. Äußert sich der Widersprechende nicht und legt er innerhalb der neu angelaufenen Rechtsbehelfsfrist keinen Einspruch ein, so ist sein Widerspruch unzulässig geworden. Das Finanzamt kann in diesem Fall beim Insolvenzgericht die Löschung des Widerspruchs in der Tabelle beantragen. Legt der Widersprechende auf das Anschreiben des Finanzamtes rechtzeitig Einspruch ein, so erlässt dieses bei unbegründetem Widerspruch eine Einspruchsentscheidung mit feststellendem Charakter.

231 • Liegt ein noch nicht bestandskräftiger, weil mit Einspruch angefochtener Gewerbesteuermessbescheid vor, so wird das unterbrochene Einspruchsverfahren wieder aufgenommen und es ergeht bei unbegründetem Widerspruch eine Einspruchsentscheidung an den Widersprechenden.

232 • Liegen nur Messbetragsberechnungen vor, weil bis zur Insolvenzeröffnung noch keine Gewerbesteuermessbescheide ergangen waren, so erlässt das Finanzamt bei unbegründetem Widerspruch erstmals einen Gewerbesteuermessbescheid.[99] Dieser ist mit einer Rechtsbehelfsbelehrung zu versehen, was die anschließende Durchführung eines regulären Einspruchsverfahrens ermöglicht.

233 • Wendet sich der Widerspruch gegen den Gewerbesteuerbescheid der Gemeinde, so wird ein durch die Insolvenzeröffnung nach § 240 ZPO unterbrochenes VwGO-Widerspruchsverfahren gegen den Gewerbesteuerbescheid der Gemeinde durch den insolvenzrechtlichen Widerspruch wieder aufgenommen (§ 180 Abs. 2 i. V. m. § 185 InsO). Bei unbegründetem Widerspruch kann die Gemeinde einen Widerspruchsbescheid nach § 73 VwGO mit Feststellungstenor erlassen. Streitig ist, ob die Gemeinde einen Insolvenzfeststellungsbescheid erlassen kann.[100]

V. Umsatzsteuer

1. Allgemeines

234 In der Insolvenz ergeben sich vor allem bei der Verwaltung, der Verwertung und der Verteilung der Masse eine Reihe von umsatzsteuerrechtlichen Fragen.

---

99 Vgl. BFH, BStBl. II 1998, 428 Leitsatz 3.
100 So Frotscher, a. a. O., S. 258; a. A. VGH Kassel NJW 1987, 971.

Dabei gilt grundsätzlich Folgendes:

Die Geltendmachung von Umsatzsteuerforderungen durch das Finanzamt beurteilt sich nach Eröffnung des Insolvenzverfahrens ausschließlich nach Insolvenzrecht.

Dabei ist zu unterscheiden:

Waren die Umsatzsteueransprüche im Zeitpunkt der Eröffnung des Insolvenzverfahrens bereits begründet i. S. d. § 38 InsO, sind sie als Insolvenzforderungen zur Masse anzumelden. Bei den später begründeten Forderungen handelt es sich um sonstige Masseverbindlichkeiten i. S. d. § 55 InsO, die aus der Masse zu berichtigen sind und vom Finanzamt durch an den Insolvenzverwalter gerichtete Steuerbescheide geltend gemacht werden.

2. Begründetheit einer Umsatzsteuerforderung i. S. d. § 38 InsO

Begründet i. S. d. § 38 InsO ist eine Steuerforderung, wenn der Rechtsgrund bei Eröffnung des Insolvenzverfahrens bereits gelegt war, d. h. der schuldrechtliche Tatbestand, der die Grundlage des Steueranspruches bildet, zu diesem Zeitpunkt bereits vollständig abgeschlossen war. Umsatzsteuerforderungen sind im Zeitpunkt der Eröffnung des Insolvenzverfahrens begründet, soweit die Umsätze vor Eröffnung des Insolvenzverfahrens vereinnahmt oder vereinbart worden sind. Unerheblich ist der Zeitpunkt des Entstehens der Umsatzsteuerforderung. Die Umsatzsteuer entsteht grundsätzlich gemäß § 13 Abs. 1 UStG mit Ablauf des Voranmeldungszeitraumes, in dem, soweit die Besteuerung nach vereinbarten Entgelten erfolgt, die Lieferung oder sonstige Leistung ausgeführt worden ist. Erfolgt die Besteuerung ausnahmsweise nach vereinnahmten Entgelten, so entsteht die Umsatzsteuer mit Ablauf des Voranmeldungszeitraumes, in dem die Entgelte vereinnahmt worden sind, bei unentgeltlicher Wertabgabe mit Ablauf des Voranmeldungszeitraumes, in dem der Unternehmer Gegenstände für die in § 3 Abs. 1b UStG bezeichneten Zwecke entnommen, für Zwecke außerhalb des Unternehmens verwendet oder Aufwendungen gemacht hat, die nach § 4 Abs. 5 Nr. 1–7 EStG bei der Gewinnermittlung ausscheiden. 235

Umsatzsteuerforderungen sind vielfach schon i. S. d. § 38 InsO begründet, bevor die Umsatzsteuerschuld voll entstanden ist. Dies ist insbesondere dann der Fall, wenn sie Umsätze betreffen, bei denen bei der Ist-Besteuerung bis zur Eröffnung des Insolvenzverfahrens die Entgelte vereinnahmt oder bei der Soll-Besteuerung die Lieferungen oder sonstigen Leistungen ausgeführt worden sind oder die Entnahmen, Verwendungen und die Aufwendungen getätigt worden sind. 236

Veräußert der Insolvenzschuldner insolvenzfreies Unternehmensvermögen, z. B. bei der Verwertung eines unpfändbaren Gegenstandes (§ 36 InsO) so ist die durch die Verwertungshandlung ausgelöste Umsatzsteuer weder 237 eine Insolvenzforderung nach § 38 InsO noch eine Masseverbindlichkeit gemäß § 55 InsO. Die Umsatzsteuer ist ausschließlich gegenüber dem Insolvenzschuldner geltend zu machen. Derartige Ansprüche wird das Finanzamt jedoch im Hinblick auf § 156 Abs. 2 AO in der Regel nicht festsetzen.

3. Einfluss der Eröffnung des Insolvenzverfahrens auf den laufenden Voranmeldungszeitraum

238 Der laufende Voranmeldungszeitraum wird durch die Eröffnung des Insolvenzverfahrens grundsätzlich nicht unterbrochen.[101] Ist vor der Eröffnung des Insolvenzverfahrens ein Tatbestand verwirklicht worden, der Umsatzsteuer auslöst, so ist zwar im Zeitpunkt der Eröffnung des Insolvenzverfahrens noch keine Umsatzsteuerforderung entstanden. Diese entsteht gemäß § 13 Abs. 1 UStG erst mit Ablauf des Voranmeldungszeitraumes. Dennoch ist die Umsatzsteuerforderung insolvenzrechtlich gemäß § 38 InsO begründet und ist als Insolvenzforderung geltend zu machen. Dies gilt unabhängig davon, ob die Umsätze nach vereinbarten oder nach vereinnahmten Entgelten zu versteuern sind.

239 Fällt die Eröffnung des Insolvenzverfahrens in einen laufenden Voranmeldungszeitraum, so empfiehlt es sich für den Insolvenzverwalter aus Gründen der Zweckmäßigkeit und Vereinfachung zwei Umsatzsteuervoranmeldungen abzugeben, eine für den Zeitraum vom Beginn des Voranmeldungszeitraumes bis zur Eröffnung des Insolvenzverfahrens und die andere für den sich daran anschließenden Zeitraum vom Tag der Eröffnung des Insolvenzverfahrens bis zum Ende des Voranmeldungszeitraumes.

240 Hinsichtlich des Abzuges von Vorsteuerbeträgen nach § 15 Abs. 1 UStG hat der Unternehmer ein *Wahlrecht*, zu welchem Zeitpunkt er die in den Veranlagungszeitraum fallenden Vorsteuerbeträge abzieht, verrechnet oder deren Erstattung verlangt (§ 16 Abs. 2 Satz 1 UStG). Das bedeutet, der Unternehmer kann die Vorsteuerbeträge so verrechnen wie sie bei ihm in seinem Unternehmen anfallen. Er muss die Vorsteuern insbesondere nicht ausschließlich mit der Umsatzsteuer verrechnen, die auf die sachlich dazu gehörenden Umsätze entfällt.

> **Praxistipp:**
>
> Für den Insolvenzverwalter ist es günstiger, die Vorsteuer mit der Umsatzsteuer zu verrechnen, die auf die nach Eröffnung des Insolvenzverfahrens von ihm getätigten Umsätze entfällt.

241 Werden die Vorsteuern mit Umsatzsteuern aus Umsätzen vor Eröffnung des Insolvenzverfahrens verrechnet, so mindert sich dadurch die zur Tabelle anzumeldende Umsatzsteuer. Übersteigen die in den Voranmeldungszeitraum

---

101 Für den Konkurs: BFH, BStBl. II 1987, 691.

der Eröffnung des Insolvenzverfahrens fallenden Vorsteuerabzugsbeträge, die auf vom Schuldner vor Eröffnung des Insolvenzverfahrens getätigte Umsätze entfallen, die abzuführende Umsatzsteuer, so handelt es sich bei dem dabei entstehenden Guthaben um einen Masseanspruch, den der Insolvenzverwalter zugunsten der Masse geltend zu machen hat.

Macht der Insolvenzverwalter die abziehbaren Vorsteuerbeträge dagegen erst im Rahmen der Jahresveranlagung geltend, so stellt die Umsatzsteuer, die auf die bis zur Eröffnung des Insolvenzverfahrens getätigten Umsätze entfällt, in voller Höhe eine Insolvenzforderung dar. Dies gilt unabhängig von dem später noch möglichen oder zulässigen Vorsteuerabzug.

> **Beachte:**
> Der Insolvenzverwalter ist in der Regel bestrebt, die Masse nicht durch Umsatzsteuerverbindlichkeiten zu belasten. Einen nicht unwesentlichen Gestaltungszeitraum hat der Insolvenzverwalter beim Vorsteuerabzug nach § 16 Abs. 2 Satz 1 UStG insbesondere hinsichtlich des Zeitraumes, zu dem der Insolvenzverwalter die Erstattung der Vorsteuer vom Finanzamt verlangt oder er die Vorsteuer mit der Umsatzsteuerschuld verrechnet. Aus Gründen der Erhaltung der Zahlungsfähigkeit empfiehlt sich eine möglichst schnelle Beantragung der Erstattungsansprüche gegenüber dem Finanzamt; demgegenüber kann durch eine zeitlich nachgelagerte Verrechnung der Erstattungsansprüche mit der zu zahlenden Umsatzsteuer die sonstigen Masseverbindlichkeiten und damit die Insolvenzmasse entlastet werden.

Im Einzelfall kann es sich für den Insolvenzverwalter empfehlen, das Finanzamt zu veranlassen, den Voranmeldungszeitraum abzukürzen. Hierdurch kann erreicht werden, dass die in den einzelnen Voranmeldungszeiträumen noch nicht verrechneten Vorsteuerguthaben für die Masse frei werden. 242

4. Die zwei umsatzsteuerlichen Tätigkeitsbereiche in der Insolvenz

Während des Insolvenzverfahrens können zwei Tätigkeitsbereiche unterschieden werden: 243

- die Tätigkeit des Schuldners vor Eröffnung des Insolvenzverfahrens und
- die Tätigkeit des Insolvenzverwalters.

Für die Umsatzsteuer sind beide Tätigkeitsbereiche gesondert zu betrachten. Die Umsatzsteuern aus der vorinsolvenzlichen Tätigkeit des Schuldners und der Tätigkeit des Insolvenzverwalters werden nach der Insolvenzordnung geltend gemacht. Bei der Berechnung der Umsatzsteuer ist zu beachten, dass beide Tätigkeitsbereiche ein Unternehmen bilden.

5. Schuldner und Insolvenzverwalter sind Unternehmer

244 Die Eröffnung des Insolvenzverfahrens hat auf die Unternehmereigenschaft des Schuldners keinen Einfluss. Der Schuldner verliert mit der Eröffnung des Insolvenzverfahrens lediglich die Befugnis, sein zur Masse gehörendes Vermögen zu verwalten und darüber zu verfügen. Dem umsatzsteuerlichen Bereich des Schuldners sind deshalb auch die Umsätze zuzurechnen, die nach der Eröffnung des Insolvenzverfahrens durch den Insolvenzverwalter bewirkt werden.

245 Auch die Umsätze, die durch Maßnahmen des vorläufigen Insolvenzverwalters (§ 22 Abs. 1 und Abs. 2 InsO) oder des Treuhänders (§ 313 InsO) bewirkt werden, sind dem unternehmerischen Bereich des Insolvenzschuldners zuzurechnen. Die Unternehmereigenschaft geht in der Insolvenz nicht dadurch verloren, dass vom Schuldner ab einem gewissen Zeitpunkt keine laufenden Umsätze mehr getätigt werden und dass verflüssigtes Vermögen für die Verteilung auf Bankkonten gesammelt wird.[102] Während der Insolvenz ist auch die Besteuerungsart, Soll- oder Ist-Besteuerung fortzuführen.

> **Beachte:**
> Bei der Wahl der Ist-Besteuerung tritt der Besteuerungszeitpunkt regelmäßig erst später ein als bei der Sollbesteuerung. Dies hat zur Folge, dass bei Anwendung der Ist-Besteuerung die Umsatzsteuerforderung eine Masseforderung sein kann, bei Anwendung der Soll- Besteuerung dagegen eine Insolvenzforderung. Dies sollte der Insolvenzverwalter beachten, bevor er beim Finanzamt einen Antrag gemäß § 20 UStG zur Ist-Besteuerung stellt. Ansonsten läuft er Gefahr, die Insolvenzmasse mit Umsatzsteuerverbindlichkeiten zu belasten. Grundsätzlich ist die Wahl der Soll-Besteuerung für die Insolvenzmasse günstiger. Stellt der Insolvenzverwalter bei bestehender Ist-Besteuerung einen Antrag auf Wechsel zur Soll-Besteuerung, so wird das Finanzamt diesem nur dann zustimmen, wenn er der Steuervereinfachung dient, nicht jedoch dann, wenn der Wechsel das Steueraufkommen des Fiskus gefährdet.

246 Unternehmer i. S. d. § 2 UStG ist der Insolvenzverwalter, soweit er berufsmäßig Insolvenzverwaltungen durchführt. Mit der Eröffnung des Insolvenzverfahrens wird das Verwaltungs- und Verfügungsrecht über das zur Masse gehörende Vermögen durch den Insolvenzverwalter ausgeübt. Dieser hat das zur Masse gehörende Vermögen zu verwerten. Die Wirkungen seines Handelns treffen dabei unmittelbar den Schuldner als den Rechtsträger des die Masse bildenden Vermögens. Die Umsätze, die der Insolvenzverwalter im Rahmen der Verwaltung und Verwertung der Masse ausführt, unterliegen der Umsatzsteuer. Dabei handelt es sich um sonstige Masseverbindlichkeiten i. S. d. § 55 Abs. 1 Nr. 1 InsO.

---

102 Für den Konkurs: FG Hamburg EFG 1998, 69 n. rkr.

Zu den Masseverbindlichkeiten gehören auch solche Umsatzsteuerforderungen, die durch Maßnahmen des qualifizierten vorläufigen Insolvenzverwalters begründet worden sind, wenn das Insolvenzverfahren eröffnet wird. Das Gleiche gilt für Umsatzsteuerforderungen, die im Rahmen der Eigenverwaltung des Insolvenzschuldners entstehen. Erhält der vorläufige Insolvenzverwalter dagegen keine Verwaltungs- und Verfügungsbefugnis, sind die durch seine Maßnahmen begründeten Umsatzsteuerforderungen Insolvenzforderungen.

247

Nimmt der Insolvenzschuldner eine neue Tätigkeit auf, so sind entgegen der bisherigen Rechtslage aufgrund der KO die darauf beruhenden Umsatzsteuerforderungen ebenfalls Masseverbindlichkeiten i. S. d. § 55 Abs. 1 Nr. 1 InsO, da auch dieser Anspruch zur Insolvenzmasse gemäß § 35 InsO gehört und insoweit in die Verwaltung des Insolvenzverwalters fällt.

248

Der Insolvenzverwalter hat gemäß § 54 Nr. 2 InsO für seine Geschäftsführung Anspruch auf eine Vergütung. Insoweit erbringt er eine entgeltliche Leistung. Der Insolvenzverwalter ist berechtigt über die von ihm für das Unternehmen des Schuldners erbrachten Leistungen Rechnungen mit gesondertem Steuerausweis auszustellen. Die Berechtigung des Insolvenzverwalters ergibt sich aus § 14 Abs. 1 UStG.[103] Der Insolvenzverwalter erbringt danach mit seiner Geschäftsführung eine sonstige Leistung zugunsten der Masse und damit für das Unternehmen des Schuldners. Hat der Insolvenzverwalter für seine Geschäftsführung eine Rechnung mit gesondert ausgewiesener Umsatzsteuer erteilt, so kann der Schuldner die in der Vergütung enthaltene Umsatzsteuer als Vorsteuer abziehen.

249

Umsatzsteuerfreie Zinseinnahmen führen nicht stets zur Kürzung der Vorsteuern. So sind zinsbringende Geldanlagen des Insolvenzverwalters als unschädliche Hilfsumsätze bei der Unternehmensabwicklung anzusehen.[104] Hat der Insolvenzverwalter keine Rechnung mit gesondert ausgewiesener Umsatzsteuer ausgestellt, so entfällt der Vorsteuerabzug beim Schuldner, da die Rechnungsausstellung nach § 15 Abs. 1 Nr. 1 UStG Voraussetzung für den Vorsteuerabzug ist. Dem Insolvenzverwalter ist es gestattet, der Masse neben dem festgesetzten Vorschuss einen Mehrwertsteuerausgleich auf den Vorschuss i. H. v. 7,5 % (§ 4 Abs. 5 Satz 2 VerglO) zu entnehmen. Würde der Ausgleichsbetrag erst bei der endgültigen Festsetzung der Vergütung berücksichtigt werden, so müsste der Insolvenzverwalter aus seinen Vorschüssen an das Finanzamt Umsatzsteuer abführen und würde damit die Umsatzsteuer zum Teil vorfinanzieren. Außerdem würde der Verwalter, der einen Vorschuss erhält, gegenüber demjenigen benachteiligt werden, der Vergütung bezieht, ohne zuvor die Möglichkeit der Gewährung eines Vorschusses genutzt zu haben. Letzterer erhält nämlich den vollen Mehrwertsteuerausgleich, wohingegen der Verwalter, dem ein Vorschuss gewährt wurde, nur den Ausgleich für die Restvergütung erhält.

250

---

103 Für den Konkurs: BFH, BStBl. II 1986, 579.
104 Für den Konkurs: FG Hamburg EFG 1998, 69, n. rkr.

6. Vorsteuer in der Insolvenz

251 Der Schuldner bleibt nach Eröffnung des Insolvenzverfahrens zum Vorsteuerabzug berechtigt und kann die ihm von anderen Unternehmen in Rechnung gestellte Umsatzsteuer als Vorsteuer von seiner Umsatzsteuerschuld abziehen. Bei der Vorsteuer ist zu unterscheiden, ob es sich um Vorsteuer auf Leistungen handelt, die vor oder nach Eröffnung des Insolvenzverfahrens an den Schuldner erbracht worden sind. Handelt es sich um Vorsteuern auf Leistungen, die vor Eröffnung des Insolvenzverfahrens an den Schuldner erbracht worden sind, so mindern diese die als Insolvenzforderung anzumeldende Umsatzsteuer. Handelt es sich dagegen um Vorsteuern auf Leistungen, die nach Eröffnung des Insolvenzverfahrens an die Masse erbracht worden sind, so mindert die Vorsteuer zunächst die als sonstige Masseverbindlichkeit i. S. des § 55 Abs. 1 Nr. 1 InsO anzusetzende Umsatzsteuer, soweit ein Restbetrag verbleibt, mindert dieser die zur Tabelle angemeldete Umsatzsteuer des gleichen Veranlagungszeitraumes.

252 In den Fällen, in denen die Leistung vor Eröffnung des Insolvenzverfahrens ausgeführt worden ist, die Rechnung jedoch erst in dem nach Eröffnung des Insolvenzverfahrens beendeten Voranmeldungszeitraum eingeht, ist die Vorsteuer als Besteuerungsgrundlage zur Minderung von Insolvenzforderungen zu berücksichtigen. Dies gilt nicht, wenn die Rechnung erst in dem der Eröffnung des Insolvenzverfahrens folgenden Voranmeldungszeitraum eingeht. Hier kann die Besteuerungsgrundlage Vorsteuer nicht als Minderung von Insolvenzforderungen behandelt werden, da die Voraussetzungen des § 15 UStG erst insgesamt in dem der Eröffnung des Insolvenzverfahrens folgenden Voranmeldungszeitraum erfüllt sind. Entsprechendes gilt für die Abgrenzung von Vorsteuern, wenn vor Insolvenzeröffnung ein qualifizierter vorläufiger Insolvenzverwalter i. S. d. § 22 Abs. 1 InsO bestellt wurde. Die auf die Tätigkeitsvergütung des Insolvenzverwalters entfallende Umsatzsteuer mindert die als sonstige Masseverbindlichkeit anzusetzende Umsatzsteuer.

253 Umsatzsteuerfreie Zinseinnahmen führen nicht stets zur entsprechenden Kürzung von Vorsteuern, unschädlich sind zinsbringende Geldanlagen des Verwalters als Hilfsumsätze bei der Unternehmensabwicklung.[105]

Für die Insolvenzpraxis ist vor allem die Behandlung von Vorsteuerberichtigungsansprüchen bei unbezahlten Rechnungen von Bedeutung:

---

[105] Für den Konkurs: FG Hamburg EFG 1998, 69, n. rkr.

der Art des Unternehmens schließen, das der Gläubiger führt. Dabei muss in Kauf genommen werden, dass die Vorsteuer-Rückforderungsbeträge zunächst vorläufig zur Konkurstabelle angemeldet und später, wenn genauere Daten zur Verfügung stehen, berichtigt werden. In der Praxis werden regelmäßig die in den letzten neun Monaten vor Eröffnung des Insolvenzverfahrens geltend gemachten Vorsteuern im Schätzungsweg angemeldet.

Wird über das Vermögen einer Organgesellschaft das Insolvenzverfahren eröffnet und ergibt sich dadurch als Insolvenzforderung ein Vorsteuerrückforderungsanspruch i. S. d. § 17 Abs. 2 Nr. 1 UStG, ist Schuldner dieses Rückforderungsanspruches der Organträger, und zwar ungeachtet des Umstandes, dass mit Eröffnung des Insolvenzverfahrens die organisatorische Eingliederung i. S. d. § 2 Abs. 2 Nr. 2 UStG weggefallen ist.[111] Soweit aber die Organgesellschaft und nicht der Organträger zivilrechtlicher Schuldner des Entgelts ist, beurteilt sich die Frage der Uneinbringlichkeit nach den Verhältnissen bei der Organgesellschaft. Insoweit lösen Zahlungsunfähigkeit und spätestens die Eröffnung des Insolvenzverfahrens der Organgesellschaft die Rechtsfolgen des § 17 Abs. 2 KO beim bis zum Augenblick des Zahlungsunfähigkeitseintritts bzw. der Eröffnung des Insolvenzverfahrens fungierenden Organträger aus.

b) Vorsteuerberichtigungsanspruch im Fall der Aussonderung (§ 47 InsO) wegen Warenlieferung unter Eigentumsvorbehalt

Waren, die unter Eigentumsvorbehalt geliefert worden sind, kann der Vorbehaltsverkäufer in der Insolvenz des Vorbehaltskäufers aussondern. Der Vorbehaltsverkäufer ist insoweit kein Insolvenzgläubiger. Sein Anspruch bestimmt sich gemäß § 47 InsO nach den Gesetzen, die außerhalb des Insolvenzverfahrens gelten. Macht der Vorbehaltsverkäufer von seinem Aussonderungsrecht Gebrauch, so macht er damit die umsatzsteuerbare Lieferung rückgängig, die in der ursprünglichen Lieferung der Ware unter Eigentumsvorbehalt liegt. Dies bedeutet für den Vorbehaltskäufer, dass er durch die Ausübung des Eigentumsvorbehaltes und die Rückgabe der Ware im Nachhinein den Vorsteuerabzug verliert und seine Umsatzsteuer gemäß § 17 Abs. 2 Nr. 3 UStG zu berichtigen hat.[112]

Zieht der Insolvenzverwalter mit Eigentumsvorbehalt belastete Ware zur Insolvenzmasse, so ist die Umsatzsteuerforderung als Masseverbindlichkeit gemäß § 55 Abs. 1 InsO aus der Insolvenzmasse zu erfüllen und insoweit der ursprüngliche Vorsteuerabzug gemäß § 17 UStG wiederherzustellen.

Erklärt der Insolvenzverwalter gegenüber dem Lieferanten von Materialien, die noch zur Abwicklung von Restaufträgen benötigt werden, den bestehenden Eigentumsvorbehalt an diesen Gegenständen durch Zahlung des

---

111 Für den Konkurs: FG Münster EFG 1992, 228; FG Düsseldorf EFG 1993, 747.
112 Für den Konkurs: BFH UR 1982, 75.

Restkaufpreises auszuräumen, so werden diese Gegenstände nicht erneut an den Insolvenzverwalter geliefert. Insoweit ist ein erneuter Vorsteuerabzug nicht möglich. . Nur die Aussonderung als solche, nicht aber die Anerkennung eines Rechtes zur Aussonderung hätte zur Rückübertragung (Rückgabe, Rücklieferung) und anschließend zu einer erneuten Lieferung führen können.[113]

266 Die Ablehnung der Erfüllung gemäß § 47 InsO und der spätere Neuerwerb von Gegenständen des Umlaufvermögens kann im Einzelfall als Scheingeschäft oder als Gestaltungsmissbrauch und damit als rechtsmissbräuchlich i. S. d. § 42 AO angesehen werden. In dem neuen Liefervertrag liegt eine Bestätigung des ursprünglichen Liefervertrages, so dass ein neuer Vorsteuerabzugsanspruch zugunsten der Insolvenzmasse nicht entsteht.[114] Ob eine nichtsteuerbare Rückgängigmachung eines Liefervorgangs oder eine entgeltliche Rücklieferung durch den Lieferungsempfänger vorliegt, bestimmt sich nach der Position des Lieferungsempfängers und nicht nach derjenigen des ursprünglichen Lieferers. Insoweit muss eine Rücklieferung an die Masse grundsätzlich den Schuldner als Leistungsempfänger erkennen lassen, Die Bezeichnung des Insolvenzverwalters ohne jeden Zusatz ist dabei unzureichend.[115]

267 Die Berichtigung ist in dem Voranmeldungszeitraum vorzunehmen, in dem der Vorbehaltsverkäufer die Sache zurückgenommen hat. Damit ist der Berichtigungsanspruch zwar erst nach Eröffnung des Insolvenzverfahrens entstanden. Begründet i. S. des 38 InsO war der Vorsteuerberichtigungsanspruch jedoch bereits vor Eröffnung des Insolvenzverfahrens, da er seine materiell-rechtliche Grundlage in der Eigentumsübertragung unter Vorbehalt, einem vor der Eröffnung des Insolvenzverfahrens abgeschlossenen und versteuerten Rechtsgeschäft hatte.

268 Gibt der Insolvenzverwalter die Sache nach Geltendmachung des Aussonderungsanspruches an den Vorbehaltsverkäufer zurück, so liegt darin keine umsatzsteuerbare Lieferung, sondern eine tatsächliche Handlung, die nicht zur Umsatzsteuer als eine sonstige Masseverbindlichkeit i. S. d. § 55 Abs. 1 Nr. 1 InsO führen kann.

c) Vorsteuerberichtigungsanspruch gemäß § 15 a UStG bei Änderung der Verhältnisse

269 Verwertungshandlungen des Insolvenzverwalters können eine Vorsteuerberichtigung nach § 15 a UStG auslösen.[116] Gemäß § 15 a Abs. 1 UStG ist eine Berichtigung des Abzugs der auf die Anschaffungs- oder Herstellungskosten eines Wirtschaftsgutes entfallenden Vorsteuerbeträge immer dann vorzunehmen, wenn sich die Verhältnisse, die im Kalenderjahr der erstmaligen

---

113 Für den Konkurs: BFH BFH/NV 1996, 74.
114 Vgl. BFH UR 1995, 488; FG Köln EFG 1998, 155, n. rkr.
115 FG Köln EFG 1998, 155, n. rkr.
116 Für den Konkurs: BFH, BStBl. II 1987, 527.

Verwendung maßgebend waren, ändern. Erst wenn diese Änderung eintritt, ist der Tatbestand der Vorsteuerberichtigung erfüllt. Im Zeitpunkt des Wechsels der Verwendungsart ist der nach den Verhältnissen des Kalenderjahres der erstmaligen Verwendung des Leistungsbezuges materiell-rechtlich abschließend gewählte Vorsteuerabzug zu berücksichtigen. Ein Berichtigungsanspruch gemäß § 15 a UStG setzt eine Änderung der Verhältnisse voraus. Eine Änderung der Verhältnisse ist z. B. dann zu bejahen, wenn der Insolvenzverwalter innerhalb des Berichtigungszeitraumes von zehn Jahren ein bisher steuerpflichtig verkauftes und vermietetes Grundstück nach § 4 Nr. 9 a UStG steuerfrei veräußert. Eine Änderung der Verhältnisse i. S. d. § 15 a UStG tritt aber noch nicht damit ein, dass der Unternehmer bereits vor Eröffnung des Insolvenzverfahrens den Betrieb einstellt und das Betriebsgrundstück verlässt.[117]

In der Insolvenz ist von besonderer wirtschaftlicher Bedeutung der Fall, dass der Schuldner unter Vorsteuerabzug auf seinem Grundstück in den letzten Jahren vor Eröffnung des Insolvenzverfahrens ein Betriebsgebäude errichtet oder das Betriebsgelände wegen Option des Veräußerers unter Vorsteuerabzug erworben hat und der Insolvenzverwalter das Grundstück steuerfrei gemäß § 4 Nr. 9 UStG veräußert hat oder das Grundstück zwangsversteigert wird. 270

> **Beispiel:**
> Veräußert der Insolvenzverwalter innerhalb der 10 Jahresfrist ein Grundstück, das der Insolvenzschuldner unter zulässigem Abzug von Vorsteuern vor Eröffnung des Insolvenzverfahrens bebaut hat, nach Eröffnung des Insolvenzverfahrens umsatzsteuerfrei gemäß § 4 Nr. 9 a UStG, so löst die umsatzsteuerfreie Veräußerung eine Berichtigung gemäß § 15 a UStG aus.

Der BFH geht nunmehr in ständiger Rechtsprechung (zum Konkurs) davon aus, dass der Anspruch des Finanzamtes aus § 15 a UStG anders als der nach § 17 Abs. 2 Nr. 1 UStG bei Verwertung im Konkurs Massekosten nach § 58 Nr. 2 KO, in der Insolvenz Masseverbindlichkeiten nach § 55 Abs. 1 Nr. 1 InsO auslöst.[118] 271

> **Praxistipp:**
> Um diese negative Konsequenz zu vermeiden, empfiehlt es sich für den Insolvenzverwalter ebenfalls eine Umsatzsteueroption vorzunehmen. Dies gilt auch für Verwertungshandlungen, die nicht auf Initiative des Insolvenzverwalters, sondern durch absonderungsberechtigte Gläubiger i. S. d. §§ 49, 50 InsO ausgelöst wurden.[119]

---

117 Für den Konkurs: FG Köln UR 1992, 309.
118 Für den Konkurs: BFH, BStBl. II 1987, 527; BFH ZIP 1991, 238.
119 Für den Konkurs: BFH UR 1991, 298.

272 Für die Prüfung, ob in den Folgejahren eine Berichtigung des Vorsteuerabzuges vorzunehmen ist, besteht regelmäßig keine Bindung an die rechtliche Beurteilung des Umsatzes im Erstjahr. Ist die Steuerfestsetzung im Erstjahr jedoch unanfechtbar, d. h. nicht mehr änderbar gemäß § 164 Abs. 2; § 165 Abs. 2, § 173 Abs. 1 AO, so bewirkt die Bestandskraft in Verbindung mit der Unabänderbarkeit, dass die der Steuerfestsetzung für das Erstjahr zugrunde liegende Beurteilung des Vorsteuerabzuges für die Anwendbarkeit des § 15 a Abs. 1 UStG selbst dann maßgebend ist, wenn sie unzutreffend war.[120] Ergibt sich aus einer Berichtigung nach § 15 a UStG ein Steueranspruch zugunsten der Masse, kann das Finanzamt hiergegen nicht aufrechnen.

d) Halbfertige Arbeiten, nicht vollständig erfüllte Verträge

273 Ist ein gegenseitiger Vertrag im Zeitpunkt der Eröffnung des Insolvenzverfahrens von den Vertragspartnern noch nicht oder nicht vollständig erfüllt, so kann der eine Vertragspartner nach Eröffnung des Insolvenzverfahrens seinen Erfüllungsanspruch gegen den Schuldner nicht mehr durchsetzen. Der Vertrag wird nach Eröffnung des Insolvenzverfahrens zu einem nicht erfüllbaren Vertrag, der ursprüngliche Erfüllungsanspruch wird zur Insolvenzforderung. Der Insolvenzverwalter hat ein Wahlrecht gemäß § 103 InsO, den Vertrag zu erfüllen oder die Erfüllung des Vertrages abzulehnen.

274 Lehnt der Insolvenzverwalter die Erfüllung des Vertrages entweder aus eigenem Antrieb nach § 103 Abs. 1 InsO oder auf Anfrage des Vertragspartners nach § 103 Abs. 2 Satz 2 InsO ab, so verbleibt das bis dahin Geleistete beim Empfänger, ohne dass es zur Rückabwicklung kommt. Dies bedeutet, dass sich in der Insolvenz des Unternehmers die vertragliche Erfüllungsverpflichtung kraft Gesetzes auf die bis dahin erbrachte Leistung beschränkt.

275 Die Ablehnung, den Vertrag zu erfüllen, ist eine auf Unterlassen gerichtete Willensbetätigung, die jedoch keine umsatzsteuerrechtlich relevante Handlung darstellt. Die Bedeutung der Erklärung des Insolvenzverwalters erschöpft sich vielmehr in der Ablehnung und im Ausschluss jeglicher Erfüllungsansprüche sowie in der Klarstellung, dass er die Vertragspflichten und Vertragsrechte zu keinem Zeitpunkt als Gegenstand des Insolvenzverfahrens an sich gezogen hat. In umsatzsteuerrechtlicher Sicht bedeutet dies, dass der Insolvenzverwalter mit seiner Erklärung nach § 103 InsO nicht nur den Gegenstand der Werklieferung neu bestimmt, sondern dass er zugleich für den Schuldner die Erklärung abgeben will, am tatsächlich erbrachten Teil der Werklieferung sei bereits mit der Insolvenzeröffnung Verfügungsmacht verschafft worden. Diese zeitliche Fixierung der Werklieferung auf den Zeitpunkt der Eröffnung des Insolvenzverfahrens ist eine logische Folge des Gesichtspunkts, dass der Schuldner den Liefervorgang tatsächlich

---

120 Für den Konkurs: BFH BB 1994, 1919.

bewirkt und der Insolvenzverwalter einen Eintritt in den Leistungsaustausch ausdrücklich abgelehnt hat.

Damit sind die auf die Leistungen entfallenden Umsatzsteuern wegen der gegebenen Besteuerungsart gemäß vereinbarten Entgelten mit Ablauf des nach Eröffnung des Insolvenzverfahrens endenden Voranmeldungszeitraums entstanden (§ 13 Abs. 1 Nr. 1 a UStG). Der bei der Ablehnung der Vertragserfüllung durch den Insolvenzverwalter gemäß § 17 UStG entstehende Steueranspruch des Finanzamtes ist eine Insolvenzforderung. Begründen nicht erfüllte Leistungsteile einen Anspruch auf Schadensersatz des Leistungsempfängers, so liegt insoweit eine Entgeltsminderung vor, die eine Insolvenzforderung gemäß § 38 InsO begründet. Anders, wenn der Steueranspruch auf eine Maßnahme eines qualifizierten vorläufigen Insolvenzverwalters gemäß § 22 Abs. 1 InsO zurückgeht. **276**

Wählt der Insolvenzverwalter gemäß § 103 InsO die Erfüllung des Vertrages, so wandelt sich das ursprüngliche Rechtsverhältnis in ein Rechtsverhältnis um, das nach Eröffnung des Insolvenzverfahrens begründet ist. Der Umsatzsteuer unterliegt die vollständige Leistung, nicht die einzelne Teilleistung vor und nach der Eröffnung des Insolvenzverfahrens. **277**

Die Umsatzsteuer ist keine Insolvenzforderung, sondern eine sonstige Masseverbindlichkeit i. S. d. § 55 Abs. 1 Nr. 2 InsO, da sie erst nach Erbringung der vollständigen Leistung und damit erst nach Eröffnung des Insolvenzverfahrens begründet ist.[121] Nach der Anzahlungsbesteuerung des § 13 Abs. 1 Nr. 1 a Satz 4 UStG ist die Umsatzsteuer aus Werklieferungen nur insoweit aus der Insolvenzmasse vorweg zu befriedigen, als diese noch nicht durch eine bereits vor der Eröffnung des Insolvenzverfahrens vorgenommene Anzahlungsbesteuerung abgedeckt ist (restlicher Spitzenbetrag). **278**

Übt der Insolvenzverwalter sein Wahlrecht *nicht* aus und unterlässt es der Besteller als Gläubiger von ihm eine Erklärung gemäß § 103 Abs. 2 S. 2 InsO zu fordern, so bleibt der Vertrag von der Insolvenz unberührt. Das bedeutet, dass der Besteller die vertragsmäßige Werklieferung während der Insolvenz weder aus der Masse noch von dem ausgeschlossenen Schuldner verlangen kann.[122] **279**

Danach bleibt es umsatzsteuerrechtlich bei einem Schwebezustand. Die umsatzsteuerliche Erfassung der vom Schuldner bewirkten Werklieferung ist erst nach Abschluss des Insolvenzverfahrens möglich, sofern und soweit der Besteller Vorauszahlungen geleistet hatte und eine Besteuerung nach vereinnahmten Entgelten stattfindet. Es ist von vornherein nicht abzusehen, ob die auf noch nicht vollendete Leistungen entfallende Umsatzsteuer im Laufe des Insolvenzverfahrens anfallen wird. **280**

---

121 Für den Konkurs: BFH, BStBl. II 1978, 483; FG Münster EFG 1994, 502 sowie Auffassung der Finanzverwaltung,: BMF vom 17. 10. 1979, BStBl. I 1979, 624 Nr. 2.
122 Für den Konkurs: BFH vom 2. 2. 1978, a. a. O.; BMF vom 17. 10. 1979, a. a. O.

281 Lehnt der Insolvenzverwalter die Erfüllung des Werkvertrages ab und schließt er mit dem bisherigen Besteller einen neuen Vertrag zur Fertigstellung ab, so ist nur der auf die Fertigstellung des Werkteils entfallende Anteil an Umsatzsteuer als sonstige Masseverbindlichkeit i. S. d. § 55 Abs. 1 Nr. 2 InsO zu behandeln.[123] Die Finanzverwaltung sieht in dieser Gestaltung einen Rechtsmissbrauch i. S. d. § 42 AO. Sie vertritt dazu die Auffassung, dass es dem Insolvenzverwalter verwehrt sei, vermeidbare Massekosten bzw. Masseschulden zu begründen und damit die Finanzbehörden vor anderen Gläubigern zu begünstigen.[124]

e) Halbfertige Arbeiten bei Werkverträgen über Bauleistungen

282 In der Praxis tritt die umsatzsteuerliche Behandlung von halbfertigen Arbeiten in der Insolvenz insbesondere bei *Werkverträgen über Bauleistungen* auf. Dabei ist zu unterscheiden zwischen der Behandlung von halbfertigen Arbeiten in der Insolvenz des Bauunternehmers und des Bauherrn. Wird über das Vermögen eines Bauunternehmers das Insolvenzverfahren eröffnet und lehnt der Insolvenzverwalter die Erfüllung der Bauverträge ab, so erlöschen sie im Zeitpunkt des Zugehens dieser Erklärung. Mit ihrem Erlöschen entsteht ein Abrechnungsverhältnis, bei dem der Besteller sich das halbfertige auf seinem Grund und Boden vor der Eröffnung des Insolvenzverfahrens erstellte Bauwerk anrechnen lassen muss, soweit es für ihn einen Wert besitzt. Mit der Ablehnung der Vertragserfüllung durch den Insolvenzverwalter wird das halbfertige Werk zum neuen Gegenstand der Werklieferung. Der Wert des halbfertigen Werks ist umsatzsteuerpflichtiges Entgelt i. S. des § 10 Abs. 1 UStG. Dieses tritt im Zeitpunkt der Eröffnung des Insolvenzverfahrens an die Stelle des ursprünglich vereinbarten Entgelts.

283 Entscheidet sich der Insolvenzverwalter in der Insolvenz des Bauunternehmers dagegen für die Erfüllung des Bauvertrages und verlangt er vom Bauherrn die Gegenleistung, so erbringt der Insolvenzverwalter eine Werklieferung i. S. d. § 3 Abs. 4 UStG in dem Zeitpunkt, in dem er das vollständige Werk dem Bauherrn überlässt. Dabei ist es unerheblich, dass die Bauleistung teilweise schon vor Beginn des Insolvenzverfahrens erbracht worden ist und als Teil des fremden Grundstücks gemäß § 946 BGB, § 80 InsO nicht zur Insolvenzmasse gehört. Umsatzsteuerrechtlich ist die Bauleistung als ein einheitliches Ganzes anzusehen, das erst nach der Eröffnung des Insolvenzverfahrens der Umsatzsteuer unterliegt. Die Umsatzsteuer stellt eine sonstige Masseverbindlichkeit i. S. des § 55 Abs. 1 Nr. 2 InsO dar.

284 Wird eine für die Erstellung eines Bauwerks gebildete Arbeitsgemeinschaft mehrerer Unternehmer mit Eröffnung des Insolvenzverfahrens eines ihrer Mitglieder aufgelöst, so geht das unfertige Bauwerk, d. h. die von der Ar-

---

123 Für den Konkurs: Hess, a. a. O., Anh. V, Rdnr. 174; Kuhn/Uhlenbruck, Kommentar zur Konkursordnung, 11. Aufl. 1994, Vorb. 36 b; Rechtsprechung zu dieser Frage liegt, soweit ersichtlich, nicht vor.
124 Für den Konkurs: OFD Düsseldorf DB 1984, 960.

beitsgemeinschaft bis zu diesem Zeitpunkt erbrachte Bauleistung in die Verfügungsmacht des Bauherrn über und unterliegt in diesem Zeitpunkt bei der Arbeitsgemeinschaft der Umsatzsteuer.

Wird über das Vermögen des Bauherrn (Bestellers) das Insolvenzverfahren eröffnet, so liegt hinsichtlich des bei der Insolvenzeröffnung vorhandenen Bauwerks eine umsatzsteuerpflichtige Leistung des Bauunternehmers vor. Lehnt der Insolvenzverwalter die Erfüllung des Bauvertrages ab, so wandelt sich der bestehende Bauvertrag in ein *Abrechnungsverhältnis* um. Damit wird das bis zur Insolvenzeröffnung halbfertige Werk umsatzsteuerrechtlich zum neuen Gegenstand der Werklieferung. Umsatzsteuerliches Entgelt ist dabei der Vergütungsanspruch, gegebenenfalls gemindert durch geleistete Anzahlungen. Wählt der Insolvenzverwalter des Bauherrn (Bestellers) dagegen Fertigstellung des Bauwerkes, so erfolgt durch den Bauunternehmer eine umsatzsteuerbare Lieferung. Die von dem Insolvenzverwalter in diesem Fall zu entrichtende Umsatzsteuer gehört zu den sonstigen Masseverbindlichkeiten i. S. d. § 55 Abs. 1 Nr. 2 InsO. 285

Bei Werklieferungen bleibt das Eigentum an den vom Unternehmer zu beschaffenden Werkstoffen i. d. R. beim Unternehmer. Eine Ausnahme gilt nur gemäß §§ 946, 947 BGB für Grundstücke, bei denen die Werkstoffe in das Eigentum des Grundstückseigentümers fallen. Lehnt der Insolvenzverwalter in der Insolvenz des Werklieferungsunternehmers die Erfüllung des Werklieferungsvertrages ab, so bleibt das unfertige Werk im Vermögen des Unternehmers und fällt insoweit in die Masse. 286

Umsatzsteuerliche Folgen treten erst bei der Verwertung des Werks durch den Insolvenzverwalter ein. Die bei der Verwertungshandlung entstehende Umsatzsteuer gehört gemäß § 55 Abs. 1 Nr. 2 InsO zu den sonstigen Masseverbindlichkeiten. 287

Wählt der Insolvenzverwalter des Werklieferungsunternehmers dagegen gemäß § 103 InsO die *Erfüllung des Werklieferungsvertrages*, so erbringt der Insolvenzverwalter eine Werklieferung i. S. d. § 3 Abs. 4 UStG in dem Zeitpunkt, in dem er das vollständige Werk dem Besteller überlässt. Die darauf entfallende Umsatzsteuer gehört zu den sonstigen Masseverbindlichkeiten nach § 55 Abs. 1 Nr. 2 InsO. 288

In der *Insolvenz des Bestellers* bleibt es bei einer Ablehnung der Vertragserfüllung durch den Insolvenzverwalter bei einer Werklieferung des unfertigen Werkes seitens des Unternehmers. Dabei entsteht ein Abrechnungsverhältnis, bei dem sich der Besteller das halbfertige Werk, soweit es für ihn einen Wert besitzt, anrechnen lassen muss. Die Werkstoffe bleiben in der Regel beim Unternehmer. Wählt der Konkursverwalter des Bestellers dagegen Vertragserfüllung, so liegt in der Ablieferung des Werks durch den Unternehmer eine umsatzsteuerbare Lieferung. 289

Lehnt der Insolvenzverwalter des Empfängers von Vorbehaltsware zunächst die Erfüllung eines Liefervertrages gemäß § 103 InsO ab, um dann anschließend mit dem Vorbehaltslieferanten einen neuen Vertrag über den 290

Erwerb der bis dahin unverändert in seinem Besitz befindlichen Vorbehaltsware zu schließen, so kann er erneut einen Vorsteuerabzug geltend machen. Die Finanzverwaltung[125] sieht in dem neuen Liefervertrag lediglich eine Bestätigung des ursprünglichen Vertrages bzw. einen Missbrauch rechtlicher Gestaltungsmöglichkeiten und erkennt insoweit einen Vorsteuerabzugsanspruch für die Masse nicht an. Der BFH[126] hat sich mit dieser Fragestellung zwar auseinander gesetzt, aber noch keine abschließende Entscheidung getroffen. Das Finanzamt kann in diesem Fall den Vorsteuerberichtigungsanspruch aus der Rückgängigmachung des ersten Vertrages nur als einfache Insolvenzforderung anmelden.[127]

7. Verwertung von Sicherungsgut, Absonderungsrecht

291 Im Wirtschaftsleben fordern Darlehensgläubiger, vor allem soweit es sich um Kreditinstitute handelt vom Darlehensschuldner eine Sicherheit unter Abschluss eines Sicherungsübereignungsvertrages. In dem Sicherungsübereignungsvertrag vereinbaren die Vertragsparteien, dass zur Sicherung des Darlehens, z. B. Gegenstände, die sich im Eigentum des Darlehensschuldners befinden. eigentumsrechtlich auf den Darlehensgläubiger (Sicherungsnehmer) übertragen werden; wobei der Sicherungsgegenstand im Besitz des Sicherungsgebers bleibt. Für den Fall, dass das Darlehen nicht fristgerecht zurückgezahlt wird, sog. Verwertungsreife enthält der Sicherungsvertrag in der Regel die Vereinbarung, dass der Sicherungsnehmer den Sicherungsgegenstand abholen und freihändig verwerten darf.

292 Das Sicherungseigentum ist ein Recht zur *abgesonderten Befriedigung*. Diese gewähren Rechte an unbeweglichen Sachen (§ 49 InsO), Pfandrechte (§ 50 InsO) sowie sonstige Rechte, die wie Pfandrechte wirken, insbesondere Sicherungsübereignung und Sicherungsabtretung (§ 51 Nr. 1 InsO) nicht jedoch der Eigentumsvorbehalt. Die abgesonderte Befriedigung von beweglichen Sachen erfolgt nach § 166 InsO. Gemäß § 166 Abs. 1 InsO darf der Insolvenzverwalter eine bewegliche Sache, an der ein Absonderungsrecht besteht, freihändig verwerten, wenn er die Sache in seinem Besitz hat. Der Gläubiger kann einer derartigen Verwertung *nicht widersprechen*, sondern nur seine Rechte auf den Erlös geltend machen (§ 170 Abs. 1 Satz 2 InsO).

293 Gemäß § 170 Abs. 2 InsO kann der Insolvenzverwalter einen Gegenstand, zu dessen Verwertung er nach § 166 InsO berechtigt ist, dem Gläubiger zur Verwertung überlassen. In diesem Fall hat der Gläubiger aus dem von ihm erzielten Veräußerungserlös einen Betrag in Höhe der Kosten der Feststellung sowie des Umsatzsteuerbetrages (§ 171 Abs. 2 Satz 3 InsO) vorweg an die Masse abführen.

---

125 Vgl. Verf. der OFD Hamburg vom 19. 12. 1989, UStR 1990, 402.
126 Für den Konkurs: BStBl. II 1994, 600.
127 Für den Konkurs: FG München EFG 1985, 204.

Umsatzsteuerlich führt weder die Begründung des Sicherungseigentums noch die Herausgabe des sicherungsübereigneten Gegenstandes zu einer umsatzsteuerpflichtigen Lieferung i. S. d. § 3 Abs. 1 UStG. Erst in dem Zeitpunkt, in dem der Sicherungsnehmer von seinem Verwertungsrecht tatsächlich Gebrauch macht, erlangt er die Verfügungsmacht über den Sicherungsgegenstand. Dabei führt die Verwertung des Sicherungsgutes zu zwei Umsätzen, nämlich zu einer Lieferung des Sicherungsgebers an den Sicherungsnehmer und zu einer Lieferung des Sicherungsnehmers an den Erwerber.

294

In der Insolvenz steht das Verwertungsrecht anders als nach dem bisherigen Konkursrecht dem Insolvenzverwalter zu (§§ 165, 166 InsO), wenn er oder der Insolvenzschuldner im Besitz des Sicherungsgegenstandes ist. Nur soweit sich der Sicherungsgegenstand ausnahmsweise im Besitz des Sicherungsnehmers befindet, ist dieser gemäß § 173 InsO zur Verwertung berechtigt.

295

Umsatzsteuerlich gilt je nach Art der Verwertung Folgendes:

a) Verwertung des Sicherungsgutes durch den Insolvenzverwalter

Der Insolvenzverwalter kann gemäß § 166 InsO das Sicherungsgut selbst verwerten. Die Übernahme der Verfügungsbefugnis über das Vermögen eines Insolvenzschuldners durch den Insolvenzverwalter sowie die Besitzergreifung an dem Sicherungsgut stellt noch keinen steuerlichen Umsatz dar. In diesem Fall ist erst die Verwertungshandlung umsatzsteuerrechtlich relevant als eine unmittelbar an den Abnehmer erbrachte Leistung (§ 1 Abs. 1 Nr. 1 UStG).

296

Der Insolvenzverwalter hat in diesem Fall aus dem Verwertungserlös die Kosten der Feststellung und der Verwertung des Gegenstandes vorweg für die Insolvenzmasse zu entnehmen (§ 170 Abs. 1 Satz 1 InsO). Dies gilt gemäß § 171 Abs. 2 InsO auch bezüglich der an das Finanzamt abzuführenden Umsatzsteuer. Durch die Zahlung des Bruttokaufpreises hat der Insolvenzverwalter die notwendige Deckung erhalten, sodass die Masse damit nicht belastet wird. Aus dem verbleibenden Betrag ist unverzüglich der absonderungsberechtigte Gläubiger zu befriedigen. Der übersteigende Teil des Erlöses gebührt der Masse. Über den Verwertungserlös hat der Insolvenzverwalter dem absonderungsberechtigten Gläubiger eine Abrechnung zu erteilen, die nicht als Rechnung im umsatzsteuerrechtlichen Sinne anzusehen ist.

Das Gleiche gilt, wenn der Insolvenzschuldner das Sicherungsgut in Eigenverwaltung verwertet (vgl. § 282 InsO). Es kommt insoweit zu einer Lieferung zwischen dem Insolvenzschuldner und dem Erwerber. Die sich aus der Lieferung ergebende Umsatzsteuer gehört zu den Masseverbindlichkeiten gemäß § 55 Abs. 1 InsO.

297

298 Verwertet der qualifizierte vorläufige Insolvenzverwalter (vgl. § 22 Abs. 1 InsO) ausnahmsweise das Sicherungsgut vor Eröffnung des Insolvenzverfahrens, so liegt umsatzsteuerrechtlich eine Lieferung zwischen dem Insolvenzschuldner und dem Erwerber vor. Die dabei anfallende Umsatzsteuer ist eine Masseverbindlichkeit i. S. d. § 55 Abs. 2 InsO, soweit das Insolvenzverfahren eröffnet wird. In diesem Fall besteht nach dem Gesetzeswortlaut des § 170 InsO keine Auskehrpflicht bezüglich der Umsatzsteuer. Dies hat zur Folge, dass der gesamte Verwertungserlös an den Sicherungsnehmer auszukehren ist und die Insolvenzmasse um die anzumeldende Umsatzsteuer geschmälert wird.

299 Der gesicherte Gläubiger hat gemäß § 168 Abs. 3 InsO ein Eintrittsrecht und kann dem Insolvenzverwalter das Sicherungsgut abkaufen. In diesem Fall führt bereits die Übernahme des Sicherungsgutes durch den Gläubiger und nicht erst die Weiterveräußerung an einen Dritten zu einer umsatzsteuerpflichtigen Lieferung des Insolvenzschuldners an den Gläubiger. In diesem Fall ist die bei der Übernahme entstehende Umsatzsteuer eine Masseverbindlichkeit i. S. d. § 55 Abs. 1 Nr. 1 InsO. Diese erhält der Insolvenzverwalter in Form des Bruttokaufpreises, den der Sicherungsnehmer an die Masse entrichtet.

> **Beachte:**
> Der Insolvenzverwalter muss darauf achten, dass der Kaufpreis einschließlich des USt-Anteils in die Masse fließt und der Sicherungsnehmer ihn nicht durch Verrechnung mit der gesicherten Forderung tilgt, sonst stünde die Masse schlechter da als beim Verkauf an einen Dritten.

b) Verwertung des Sicherungsguts durch den Sicherungsnehmer (Gläubiger)

300 Anstatt das Sicherungsgut selbst zu verwerten, kann der Insolvenzverwalter gemäß § 170 Abs. 2 InsO das Sicherungsgut auch dem Sicherungsnehmer zur abgesonderten Befriedigung überlassen und aus dem Insolvenzbeschlag (§ 80 InsO) an den Insolvenzschuldner freigeben, damit dieser das Sicherungsgut veräußert (modifizierte Freigabe). Die Überlassung zur Verwertung nach § 170 Abs. 2 InsO führt in der Regel nicht zu einem Verzicht des Insolvenzverwalters auf jegliche Rechte an dem Sicherungsgut und auf einen etwaigen Übererlös. Diese Fälle sind nach Inkrafttreten der InsO und dem Verwertungsrecht des Insolvenzverwalters in der Praxis selten. In diesen Fällen liegen nach der als gefestigt geltenden Rechtsprechung des BFH,[128] der sich die Finanzverwaltung angeschlossen hat (Abschn. 2 Abs. 3 Satz 2 UStR 1996), nach der so genannten Theorie vom Doppelumsatz, zwei Umsätze vor, nämlich eine Lieferung zwischen Insolvenzverwal-

---

[128] BFH/NV 1994, 274; BStBl. II 1994, 879 und BStBl. II 1995, 564; BFH/NV 1998, 628, jeweils für den Konkurs.

ter/Insolvenzmasse und dem Sicherungsnehmer sowie eine Lieferung zwischen dem Sicherungsnehmer und dem Dritterwerber. Die Verwertung hat für den Sicherungsnehmer folgende Auswirkung. Er hat dem Erwerber eine Rechnung zuzüglich Umsatzsteuer zu erteilen. Den Erstumsatz hat er nach der Verwertung im Wege der Gutschrift (vgl. § 14 Abs. 5 UStG) unter Ausweis der auf die Bemessungsgrundlage entfallenden Umsatzsteuer gegenüber dem Insolvenzverwalter abzurechnen. Entgelt für den Erstumsatz ist nach § 10 Abs. 1 Satz 2 UStG die Höhe der Tilgung der Insolvenzforderung durch den erzielten Verwertungserlös, jedoch abzüglich der Umsatzsteuer. Darüber hat der Sicherungsnehmer dem Insolvenzverwalter eine Gutschrift zuzüglich Umsatzsteuer zu erteilen.

301 Die bei dem Doppelumsatz nach Eröffnung des Insolvenzverfahrens jeweils entstehende Umsatzsteuer gehört zu den sonstigen Masseverbindlichkeiten i. S. d. § 55 Abs. 1 Nr. 1 InsO. Ein Doppelumsatz findet dagegen nicht statt, wenn das Sicherungsgut vor seiner Verwertung zum Zwecke der Auswechslung des Sicherungsgebers durch diesen an einen Dritten geliefert wird.[129] Eine Vereinbarung, nach der der Sicherungsgeber dem Sicherungsnehmer das Sicherungsgut zur Verwertung freigibt und auf sein Auslöserecht verzichtet, stellt noch keine Lieferung des Sicherungsgutes an den Sicherungsnehmer dar.[130]

Werden unter Eigentumsvorbehalt gelieferte Gegenstände vor Eröffnung des Insolvenzverfahrens von dem Sicherungsnehmer, einer Bank abgeholt, ist ein erneutes Verbringen in den Betrieb des Schuldners (Sicherungsgeber) nach Eröffnung des Insolvenzverfahrens kein umsatzsteuerpflichtiger Vorgang.[131]

302 Die Bemessungsgrundlage für die Lieferung des Sicherungsgebers an den Sicherungsnehmer bestimmt sich nach der Höhe des Verwertungserlöses abzüglich der Umsatzsteuer (§ 170 Abs. 2 InsO), die zu den an die Insolvenzmasse abzuführenden Feststellungskosten gehört. Durch die Verwertung des Sicherungsgutes anfallende Verwaltungskosten mindern nur dann das Entgelt für die Lieferung des Sicherungsgebers an den Sicherungsnehmer, wenn diese Kosten vereinbarungsgemäß der Sicherungsgeber zu tragen hat.[132] Die Abrechnung erfolgt durch Gutschrifterstellung durch den Sicherungsnehmer (vgl. Abschn. 184 Abs. 1 UStR). Die bei der Verwertung des Sicherungsgegenstandes durch den Sicherungsnehmer entstehende Umsatzsteuer ist von diesem gemäß § 170 Abs. 2 InsO an die Masse abzuführen. Der Wortlaut des § 170 Abs. 2 ist als Ausgleich für den Fall anzusehen, dass aufgrund der derzeitigen Rechtsprechung des BFH die Umsatzsteuer weiterhin aus der Masse zu begleichen ist. Der Sicherungsnehmer hat dem Erwerber eine Rechnung auszustellen und dem Insolvenzverwalter eine Gutschrift mit offenem Ausweis der USt nach § 14 Abs. 5 UStG zu erteilen.

---

129 BFH, BStBl. II 1995, 564.
130 BFH, BStBl. II 1994, 878.
131 Niedersächsisches FG EFG 1998, 909, n. rkr.
132 BFH, BStBl. II 1987, 741.

Die Verwertung des Sicherungsgutes kann auch in der Weise erfolgen, dass der Sicherungsnehmer das Sicherungsgut nicht durch Lieferung an einen Dritten verwertet, sondern der Sicherungsnehmer den Sicherungsgegenstand für sein Unternehmen behält und nutzt.

303 Neben der modifizierten Freigabe ist in Ausnahmefällen auch eine echte Freigabe an den Gläubiger zur Verwertung möglich insbesondere dann, wenn der Insolvenzverwalter von dem Sicherungsgut mehr Schaden als Nutzen erwartet. Die Freigabe des Sicherungsgutes aus dem Insolvenzbeschlag stellt keine umsatzsteuerpflichtige Lieferung dar. Erst die Verwertung des Sicherungsgutes durch den Gläubiger führt wie bei der modifizierten Freigabe zu einem umsatzsteuerpflichtigen Doppelumsatz. Der Gläubiger hat dem Erwerber USt in Rechnung zu stellen, ist selbst vorsteuerabzugsberechtigt. Der Gläubiger ist nicht verpflichtet den entsprechenden Umsatzsteuerbetrag abzuführen. § 170 Abs. 2 InsO greift nicht ein, da die Vorschrift sich nur auf eine Überlassung zur Verwertung ohne vollständige Aufgabe aller Rechte an dem Sicherungsgut bezieht. Insoweit hat in diesem Fall der Insolvenzschuldner die USt aus seinem insolvenzfreien Vermögen an den Fiskus abzuführen.

304 Zwei Umsätze liegen auch vor, wenn nach dem Eintritt der Verwertungsreife der Sicherungsgegenstand vereinbarungsgemäß vom Sicherungsgeber im eigenen oder im Namen des Sicherungsnehmers veräußert wird oder die Veräußerung zwar durch den Sicherungsnehmer, aber im Auftrag und für Rechnung des Sicherungsgebers stattfindet.

305 Hat der Sicherungsnehmer das Sicherungsgut nach Verfahrenseröffnung weiter im Besitz, z. B. weil der Insolvenzverwalter das Sicherungsgut nicht rechtzeitig in Besitz genommen hat, so ist der Sicherungsgläubiger zur Verwertung befugt. Mit der Verwertung durch den Verkauf des Sicherungsgutes liegt wie bei der modifizierten Freigabe ein umsatzsteuerpflichtiger Doppelumsatz vor. Der Sicherungsgläubiger muss dem Erwerber die USt in Rechnung stellen, bleibt jedoch vorsteuerabzugsberechtigt. Die Umsatzsteuerforderung aus dem ersten Teil des Doppelumsatzes stellt eine Masseverbindlichkeit dar, die aus der Masse zu entrichten ist. Der Sicherungsnehmer ist jedoch nicht verpflichtet die Umsatzsteuer abzuführen, da § 170 Abs. 2 InsO nicht eingreift.

306 Vermögensgegenstände, die nach Ansicht des Konkursverwalters unverwertbar waren oder bei denen ein Erlös aus der Verwertung nicht zu erwarten war, konnte der Konkursverwalter im bisherigen Konkursverfahren dem Schuldner zur Verwertung freigeben. Hierdurch vermied der Konkursverwalter, der verpflichtet war, Masseminderungen zu verhindern, eine durch die Verwertung entstehende Umsatzsteuerforderung, welche die Masse belasten würde. Durch die Freigabeerklärung wurde die Massezugehörigkeit des Gegenstandes aufgegeben und dieser aus der Beschlagnahme gelöst. Diese Möglichkeit sieht die InsO nicht mehr vor. Im Gegensatz zum geltenden Konkursrecht kennt die InsO kein insolvenzfreies Vermö-

gen. Auch Neuerwerb des Schuldners während des Verfahrens wird zur Insolvenzmasse gezogen.

Für die Verwertung von Sicherungsgut vor Eröffnung des Insolvenzverfahrens gilt das Abzugsverfahren. Danach unterliegen nach § 51 Abs. 1 Nr. 2 UStDV Lieferungen sicherungsübereigneter Gegenstände durch den Sicherungsgeber (Insolvenzschuldner) an den Sicherungsnehmer außerhalb des Insolvenzverfahrens dem Abzugsverfahren. Insoweit besteht eine Einbehaltungs- und Abführungspflicht für den Sicherungsnehmer, wenn die Verwertung des Sicherungsgutes durch den Sicherungsnehmer vor Eröffnung des Insolvenzverfahrens, nach Einstellung des Insolvenzverfahrens oder nach Freigabe des Sicherungsgutes aus dem Insolvenzbeschlag (§ 80 InsO) erfolgt. Soweit die Lieferung des Sicherungsnehmers an den Sicherungsgeber außerhalb des Insolvenzverfahrens erfolgt und die Umsatzsteuer Masseverbindlichkeiten nach § 55 Abs. 1 InsO darstellen, besteht für den Sicherungsnehmer keine Einbehaltungs- und Abführungspflicht. 307

Gibt der vorläufige Verwalter dem Gläubiger das Sicherungsgut heraus, so kann dieser das Sicherungsgut verwerten. Kosten für die Feststellung des Sicherungsgutes entstehen nicht, da § 170 InsO erst nach Eröffnung des Insolvenzverfahrens gilt. Insoweit kann der Gläubiger die vereinnahmte Umsatzsteuer behalten. Auch eine Abführungspflicht des Sicherungsnehmers gemäß § 51 Abs. 1 Satz 1 Nr. 1 UStDV entfällt, da diese Vorschrift nur für Verwertungen außerhalb des Insolvenzverfahrens gilt. Gegen den Sicherungsgeber besteht aus diesem Umsatz eine Umsatzsteuerforderung, die jedoch nach Eröffnung des Insolvenzverfahrens als Insolvenzforderung und nicht gemäß § 55 Abs. 2 InsO als Masseverbindlichkeit anzusehen ist (§ 55 Abs. 2 InsO). Dies gilt nur für Forderungen, die der vorläufige Insolvenzverwalter, auf den die Vermögensbefugnis übergegangen ist, begründet hat. Die Sicherungsnehmer hat dem Erwerber auf Verlangen gemäß § 14 Abs. 1 UStG eine Rechnung auszustellen und dem vorläufigen Insolvenzverwalter eine Gutschrift zu erteilen. 308

Im Gegensatz zu der Verwertung von Sachen durch den Sicherungsnehmer findet bei der Einziehung einer sicherungshalber abgetretenen Forderung kein doppelter Umsatz statt, denn die Lieferung oder sonstige Leistung, aus der die Forderung entstanden ist, hatte der Sicherungsgeber bereits vor Eröffnung des Insolvenzverfahrens bewirkt. Der Sicherungsnehmer zieht die Forderung lediglich ein (vgl. Abschn. 2 Abs. 5 UStR 1996). Der eingezogene Betrag, steht in vollem Umfang dem Sicherungsnehmer zu, soweit nicht eine abweichende Vereinbarung getroffen wurde, da die Umsatzsteuer zivilrechtlicher Bestandteil der Forderung ist. 309

Bei der Immobiliarverwertung im Rahmen einer Insolvenz steht dem Inhaber des Grundpfandrechtes ein Absonderungsrecht nach § 49 InsO zu. In den Verband der Hypothekenhaftung nach § 1120 BGB fallen neben dem Grundstück selbst die im Eigentum des Grundstückeigentümers bleibenden Erzeugnisse sowie wesentliche und nicht wesentliche Bestandteile 310 des Grundstücks (§§ 93, 94, 99 BGB) und das Zubehör nach § 97 BGB. Gemäß § 165 InsO kann der Insolvenzverwalter beim zuständigen Gericht die Zwangsversteigerung eines zur Insolvenzmasse gehörenden Grundstücks betreiben, auch wenn an dem Grundstück ein Absonderungsrecht besteht. Mit der Zwangsversteigerung des Grundstücks wird durch den Eigentümer des Grundstücks eine steuerbare Grundstückslieferung ausgeführt. Das Grundstück scheidet mit Erteilung des Zuschlags nach § 90 ZVG im Wege der entgeltlichen Lieferung i. S. d. § 1 Abs. 1 Nr. 1 UStG aus der Masse aus. Durch den Zuschlag wird der Ersteher Eigentümer des Grundstücks und der Zubehörstücke. Die umsatzsteuerliche Grundstückslieferung vollzieht sich zwischen dem Grundstückseigentümer und dem Ersteher. Die Lieferung ist grundsätzlich nach § 4 Nr. 9 a UStG steuerfrei. Steuerpflichtig ist dagegen immer die Lieferung von Zubehörstücken des Grundstücks. Jedoch kann der Insolvenzverwalter nach § 9 Abs. 1 UStG zur Steuerpflicht optieren. Dies bietet sich z. B. dann an, wenn er durch eine Option einen betragsmäßig höheren Vorsteuerberichtigungsanspruch nach § 15 a UStG wegen Änderung der Verhältnisse verhindern kann. Die dabei entstehende Umsatzsteuer gehört zu den sonstigen Masseverbindlichkeiten i. S. d. § 55 Abs. 1 Nr. 1 InsO. Das Gleiche gilt, wenn das Grundstück gemäß § 49 InsO auf Antrag eines in der Insolvenz absonderungsberechtigten Gläubigers versteigert wird. Auch in diesem Fall liegt nur eine Lieferung zwischen dem Ersteher und dem Schuldner vor. Eine Option des absonderungsberechtigten Gläubigers führt zur Umsatzsteuer, die gemäß § 55 Abs. 1 Nr. 1 InsO sonstige Masseverbindlichkeit ist. Verzichtet der Insolvenzverwalter gemäß § 9 UStG auf die Steuerfreiheit, so kommt das Abzugsverfahren durch den Ersteher in Betracht (§ 51 Abs. 1 Nr. 3 UStDV). Dies gilt nicht, wenn der Ersteher kein Unternehmer ist (§ 51 Abs. 2 UStDV). Unerheblich ist, wer das Zwangsversteigerungsverfahren betreibt. In Optionsfällen gemäß § 9 UStG ist der Versteigerungserlös als Nettobetrag bei der Berechnung der Umsatzsteuer im Abzugsverfahren zugrunde zu legen.

311 Nicht dem Abzugsverfahren unterliegt der freihändige Verkauf eines Grundstücks durch den Insolvenzverwalter. Die aus dieser Lieferung entstehende Umsatzsteuer gehört gemäß § 55 Abs. 1 InsO zu den Masseverbindlichkeiten. Eine Auskehrungspflicht der Umsatzsteuer gemäß § 170 Abs. 1 InsO besteht bei Grundstücken nicht.

8. Vorsteuerabzug aus Rechnungen über eigene Leistungen eines Insolvenzverwalters

312 Der Insolvenzverwalter wird bei der Verwaltung als selbstständiger Unternehmer tätig und ist insoweit umsatzsteuerpflichtig. Der Insolvenzverwalter erbringt mit seiner Geschäftsführung eine sonstige Leistung zugunsten der Masse und damit für das Unternehmen des Schuldners. Insoweit kann der Schuldner die für die Vergütung des Insolvenzverwalters in

Rechnung gestellte Umsatzsteuer als Vorsteuer abziehen.[133] In einem an den Insolvenzverwalter gerichteten USt-Bescheid kann die Vorsteuer nicht bereits deshalb unberücksichtigt bleiben, weil sie auf Leistungen des vorläufigen Insolvenzverwalters vor Eröffnung des Insolvenzverfahrens beruht.[134]

Wenn der Insolvenzverwalter sein Honorar für sein Tätigwerden als vorläufiger Insolvenzverwalter nicht gesondert, sondern in Form eines Erschwerniszuschlages zum Insolvenzverwalterentgelt abrechnet, ist die Vorsteuer aufzuteilen. Der auf die vorläufige Insolvenztätigkeit entfallende Anteil kann vom Finanzamt mit der Einkommensteuer oder mit anderen Steuern aus der Zeit vor Insolvenzeröffnung verrechnet werden. 313

9. Umsatzsteuerliche Organschaft

Wird über das Vermögen einer Organgesellschaft (§ 2 Abs. 2 Nr. 2 UStG) das Insolvenzverfahren eröffnet, endet damit in der Regel das Merkmal der organisatorischen Eingliederung, soweit mit der Eröffnung des Insolvenzverfahrens die Verwaltungs- und Verfügungsbefugnis hinsichtlich der Organgesellschaft auf den Insolvenzverwalter übergeht. Mit der Beendigung des Organschaftsverhältnisses scheidet die Organgesellschaft aus dem Organkreis aus und wird zum selbstständigen Umsatzsteuersubjekt. Dies hat zur Folge, dass sie ab dem Zeitpunkt der Eröffnung des Insolvenzverfahrens eigene umsatzsteuerliche Pflichten zu erfüllen hat, wobei die Umsatzsteuer durch den Insolvenzverwalter anzumelden ist. Zahlungsunfähigkeit oder Überschuldung der Organgesellschaft gehen dem Wegfall der Eingliederungsvoraussetzungen durch die Eröffnung eines Insolvenzverfahrens voraus. Der durch die Uneinbringlichkeit von Verbindlichkeiten begründete Vorsteuerberichtigungsanspruch ist damit prinzipiell als Betriebsaufgabe des Besitzunternehmens zu beurteilen mit der Folge, dass die in seinem Betriebsvermögen enthaltenen stillen Reserven aufzulösen sind.[135] 314

Die Insolvenz des Organträgers beendet eine umsatzsteuerliche Organschaft, soweit mit der Eröffnung des Insolvenzverfahrens die organisatorische Eingliederung beendet worden ist.[136] Die organisatorische Eingliederung ist mit dem Übergang der Verwaltungs- und Verfügungsrechte auf den Insolvenzverwalter insbesondere dann beendet, wenn sie lediglich auf der Personengleichheit der Geschäftsführer beruht. In Ausnahmefällen kann die organisatorische Eingliederung weiter bestehen insbesondere dann, wenn die organisatorische Eingliederung auf andere Weise bewirkt 315

---

133 Für den Konkurs: BFH, BStBl. II 1986, 578.
134 Für den Sequester im Konkurs: BFH, BStBl. II 1998, 634.
135 BFH vom 6. 3. 1997, XI R 2/96 n. v.
136 BFH vom 28. 1. 1999, V R 32/98 entgegen der Vorinstanz des FG Saarland vom 3. 3. 1998, EFG 1998, 971.

worden ist, z. B. dadurch, dass nach vertraglichen Vereinbarungen bestimmte Entscheidungen der Geschäftsführung bei der Organgesellschaft nur mit Zustimmung des Organträgers getroffen werden können. Da derartige Rechte nach Eröffnung des Insolvenzverfahrens auf den Insolvenzverwalter übergehen, ist das Erfordernis der organisatorischen Eingliederung weiterhin gegeben. Insoweit ist bei Eröffnung des Insolvenzverfahrens entscheidend, auf welche tatsächlichen Umstände sich die Annahme der Organschaft stützt und ob noch Momente einer organisatorischen Eingliederung vorhanden sind.

316 Endet die Organschaft, so werden die bisherigen Tochtergesellschaften zu selbstständigen Unternehmern und Umsatzsteuersubjekten. Wird über das Vermögen von Organträger und Organgesellschaften das Insolvenzverfahren eröffnet, endet in der Regel das Organschaftsverhältnis.

317 Für einen nach § 21 Abs. 2 InsO bestellten vorläufigen Insolvenzverwalter gelten die gleichen Bedingungen für die Beendigung des Organschaftsverhältnisses wie beim Insolvenzverwalter, soweit ihm die Verwaltungs- und Verfügungsbefugnis übertragen worden ist. Ist dies nicht der Fall und wird dem Schuldner insbesondere kein allgemeines Verfügungsverbot auferlegt, so hat die Bestellung eines vorläufigen Insolvenzverwalters in der Regel keinen Einfluss auf die organisatorische Eingliederung.

VI. Grunderwerbsteuer

318 Die Grunderwerbsteuer ist als Insolvenzforderung i. S. d. § 38 InsO begründet, wenn ein der Grunderwerbsteuer unterliegender Erwerbsvorgang vor der Eröffnung des Insolvenzverfahrens verwirklicht worden ist. Das Gleiche gilt, wenn der Insolvenzverwalter nach § 103 InsO sich für die Erfüllung eines vom Schuldner im letzten Jahr vor der Eröffnung des Insolvenzverfahrens abgeschlossenen Grundstückskauf- oder Verkaufsvertrages entscheidet. In diesem Fall ist die Grunderwerbsteuer bereits vor der Eröffnung des Insolvenzverfahrens begründet.[137] Lehnt der Insolvenzverwalter dagegen die Erfüllung des vor Verfahrenseröffnung abgeschlossenen Kaufvertrages nach § 103 InsO ab, so ist der dadurch entstehende Grunderwerbsteuererstattungsanspruch vor Eröffnung des Insolvenzverfahrens begründet, jedoch noch nicht entstanden. Hat der spätere Schuldner die Grunderwerbsteuer aus seinem Vermögen vor Eröffnung des Insolvenzverfahrens gezahlt, ist die Grunderwerbsteuer an die Masse zu erstatten.[138] Entsteht die Grunderwerbsteuer gemäß § 14 GrEStG erst nach Eröffnung des Insolvenzverfahrens, weil sie vom Eintritt einer Bedingung abhängt oder eine Genehmigung erteilt werden muss, so ist sie dennoch schon mit Ab-

---
137 Für den Konkurs: BFH, BStBl. II 1978, 204.
138 Für den Konkurs: BFH, BStBl. II 1979, 639.

schluss des Erwerbsgeschäftes begründet, weil ihre Entstehung nicht mehr von einer persönlichen Handlung des Schuldners abhängt. Hat der Schuldner ein Grundstück veräußert und wird der vor Eröffnung des Insolvenzverfahrens abgewickelte Kaufvertrag vom Insolvenzverwalter angefochten, so muss die Grunderwerbsteuer gemäß § 143 InsO zur Insolvenzmasse zurückgewährt werden. Leistet der Erwerber daraufhin ein zusätzliches Entgelt, um die relative gegenüber den Konkursgläubigern bestehende Unwirksamkeit des Erwerbsvorganges zu beseitigen, ist die überschießende Gegenleistung nach § 9 Abs. 2 Nr. 1 GrEStG grunderwerbsteuerpflichtig. Die auf dem Nachforderungsbetrag lastende Grunderwerbsteuer ist eine sonstige Masseverbindlichkeit i. S. d. § 55 Abs. 1 Nr. 1 InsO und durch Steuerbescheid gegenüber dem Insolvenzverwalter geltend zu machen.[139]

Zu beachten ist, dass im Fall der Verwertung eines Grundstücks durch den Insolvenzverwalter zugunsten eines absonderungsberechtigten Grundpfandgläubigers das Zubehör zwar gemäß §§ 1120, 1192 BGB mithaftet, steuerrechtlich fällt jedoch bezüglich des Grundstücks in der Regel Grunderwerbsteuer an, während die Veräußerung des Zubehörs Umsatzsteuer auslöst. Eine andere Beurteilung ergibt sich jedoch, wenn der Insolvenzverwalter gemäß § 9 UStG auch hinsichtlich der Grundstücksverwertung zur Umsatzsteuer optiert. Bei Verschmelzungen und übertragenden Umwandlungen sieht das Insolvenzrecht eine Befreiung von der Grunderwerbsteuer vor, soweit die wirtschaftliche Identität der Eigentümer im Wesentlichen gewahrt bleibt.

319

VII. Kraftfahrzeugsteuer

Die Kraftfahrzeugsteuer entsteht nach § 6 KfzStG mit Beginn des Entrichtungszeitraumes und wird dann gemäß § 14 Abs. 1 KfzStG auch fällig. Gehört ein Kfz zur Masse, bleibt der Schuldner für die Zeit nach Eröffnung des Insolvenzverfahrens Halter. Die unbefristete Kraftfahrzeugsteuerpflicht wird durch die Eröffnung des Insolvenzverfahrens nicht unterbrochen. Die vor Eröffnung des Insolvenzverfahrens fällig gewordene Kraftfahrzeugsteuer ist Insolvenzforderung und zur Tabelle anzumelden. Dies gilt vor allem für die zu Beginn des Eröffnungsjahres entstehende KfzSt. Die nach der Eröffnung entstehende KfzSt gehört zu den sonstigen Masseverbindlichkeiten nach § 55 Abs. 1 Nr. 1 InsO und ist vom Insolvenzverwalter aus der Masse zu entrichten. Sie sind durch einen an den Insolvenzverwalter zu richtenden Steuerbescheid geltend zu machen. Dies gilt unabhängig davon, ob der Entrichtungszeitraum vor oder nach Eröffnung des Insolvenzverfahrens über das Vermögen des Halters begonnen hat. Zwar entsteht die

320

---

[139] BFH, BStBl. II 1994, 817.

Steuer bei fortlaufendem Entrichtungszeitraum mit Beginn des jeweiligen Entrichtungszeitraumes (§ 6 KraftStG); doch betrifft dies nicht den Kraftfahrzeugsteuertatbestand, sondern die Kraftfahrzeugsteuerschuld. Der kraftfahrzeugsteuerliche Grundtatbestand wird durch das fortdauernde, sich ständig erneuernde Halten des Kraftfahrzeuges verwirklicht, also monats-, unter Umständen tageweise.[140] Fällt die Eröffnung des Insolvenzverfahrens in einen laufenden Entrichtungszeitraum nach § 11 KraftStG, so sind die noch offenen Kraftfahrzeugsteuerforderungen des Finanzamtes zeitanteilig in Masseverbindlichkeiten und Insolvenzforderungen aufzuteilen.

Für die Erstattungsansprüche wegen der vom Schuldner für den Entrichtungszeitraum vorausgezahlten Steuer ist nach insolvenzrechtlichen Grundsätzen der Rechtsgrund bereits vor Eröffnung des Insolvenzverfahrens gelegt worden, denn die Vorausentrichtung steht unter der aufschiebenden Bedingung, dass die Steuerpflicht während des gesamten Entrichtungszeitraumes dem Grunde und der Höhe nach fortdauert. Der Steuerpflichtige erlangt schon mit der Zahlung einen Erstattungsanspruch in Höhe der die geschuldete Steuer überschießenden Summe der Vorauszahlungen. Gibt der Insolvenzverwalter ein KFZ aus dem Insolvenzbeschlag frei, so endet seine Steuerschuldnerschaft für die Kraftfahrzeugsteuer des Fahrzeuges erst mit der ordnungsgemäßen Abmeldung bei der Zulassungsstelle.[141]

VIII. Investitionszulage

321 Die Berechtigung zur Inanspruchnahme der Investitionszulage bleibt bei der Eröffnung des Insolvenzverfahrens bestehen. Die Gewährung einer Investitionszulage setzt in der Regel voraus, dass das begünstigte Wirtschaftsgut mindestens drei Jahre im Betriebsvermögen verbleibt (vgl. § 19 Abs. 2 BerlFG; § 1 Abs. 3 Nr. 1, 2; 4 Abs. 2 Nr. 1, 2 InvZulG). Wird im Rahmen des Insolvenzverfahrens das begünstigte Wirtschaftsgut durch den Insolvenzverwalter vor Ablauf der 3-Jahres-Frist veräußert, so fordert das Finanzamt die gezahlte Investitionszulage zurück. Der Rückforderungsanspruch des Finanzamtes ist Insolvenzforderung nach § 38 InsO, weil die begünstigte Investition vom Schuldner vor der Eröffnung des Insolvenzverfahrens vorgenommen worden ist und der Rückforderungsanspruch gemäß § 38 InsO begründet war. Unerheblich ist, dass er erst aufgrund einer Verwertungshandlung des Insolvenzverwalters entstanden ist. Da der Anspruch auf die Investitionszulage rückwirkend erlischt (§ 5 Abs. 6 InvZulG; § 19 BerlFG) entsteht der Rückforderungsanspruch rückwirkend im Zeit-

---

140 Für den Konkurs: BFH, BStBl. II 1973, 197; BFH/NV 1998, 86.
141 FG München EFG 1998, 598.

punkt der Eröffnung des Insolvenzverfahrens. Der Rückforderungsanspruch ist in voller Höhe ohne Abzinsung zur Tabelle anzumelden.[142]

IX. Grundsteuer

Gehören zur Masse land- oder forstwirtschaftliche Grundstücke (§§ 33 ff. BewG), Betriebsgrundstücke (§ 99 BewG) oder Grundstücke i. S. d. 68 BewG, so sind die Grundsteuern für die Zeit nach Eröffnung des Insolvenzverfahrens sonstige Masseverbindlichkeiten i. S. d. § 55 Abs. 1 Nr. 1 InsO und die vor Eröffnung des Insolvenzverfahrens angefallenen Steuern Insolvenzforderungen. Nach §§ 38 AO, 9 Abs. 2, 27 Abs. 1 GrStG entsteht die Grundsteuer zum Jahresbeginn für das ganze Jahr und wird auch dann fällig, so dass die Grundsteuer für das Jahr der Eröffnung des Insolvenzverfahrens als Insolvenzforderung zur Tabelle anzumelden ist. Unerheblich ist, dass das Finanzamt erst zu einem späteren Zeitpunkt einen geänderten Steuerbescheid erlässt. Grundsteueransprüche für die der Eröffnung des Insolvenzverfahrens folgenden Jahre hinsichtlich eines zur Masse gehörenden Grundstücks, die nach Eröffnung des Insolvenzverfahrens begründet worden sind, sind sonstige Masseverbindlichkeiten i. S. d. § 55 Abs. 1 Nr. 2 KO. Sie sind durch Steuerbescheid gegen den Insolvenzverwalter festzusetzen.

322

X. Nebenforderungen, Säumniszuschläge, Verspätungszuschläge, Zinsen

Säumniszuschläge sind Druckmittel eigener Art, die den Steuerpflichtigen zur rechtzeitigen Zahlung anhalten sollen. Sie dienen der Abgeltung der durch die nicht fristgerechte Zahlung entstehenden Verwaltungsaufwendungen. Säumniszuschläge sind mit der Steuerforderung anzumelden. Nicht anzumelden sind Säumniszuschläge, die nach Überschuldung und Zahlungsunfähigkeit angefallen sind. Das den Finanzbehörden bei der Frage des Erlasses von Säumniszuschlägen gemäß § 227 AO eingeräumte Ermessen kann im Falle der Zahlungsunfähigkeit und Überschuldung des Steuerschuldners nur in der Weise ermessensfehlerfrei ausgeübt werden, dass die Säumniszuschläge erlassen werden. Dabei sind die Begriffe Zahlungsunfähigkeit und Überschuldung im insolvenzrechtlichen Sinne zu verstehen. Der Umstand, dass ein Konkurs- oder Insolvenzverwalter fällige Umsatzsteuer aus der Verwertung von Sicherungsgut mangels Liquidität der Masse erst nach Veräußerung eines Betriebgrundstückes entrichtet, ge-

323

---

142 Für den Konkurs: BFH, BStBl. II 1978, 204.

bietet für sich allein nicht den Erlass sämtlicher hierdurch verwirkter Säumniszuschläge. Die Funktion der Säumniszuschläge als Gegenleistung für die verspätete Zahlung fälliger Steuern und als Aufwendungsersatz für ihre Verwaltung bleibt im Konkurs (Insolvenz) grundsätzlich unberührt.[143] Nach der Abschaffung der Konkursvorrechte für Steuerforderungen spielt die Rangfrage bei den Säumniszuschlägen keine Rolle mehr.

324 Zur Tabelle anzumelden sind weiterhin Verspätungszuschläge sowie die bis zur Eröffnung des Insolvenzverfahrens entstandenen Zinsen (§§ 233 ff. AO) und die Kosten der bisherigen Vollstreckungsmaßnahmen (§§ 337 ff. AO). Zinsen sowie die Kosten, die den einzelnen Insolvenzgläubigern durch ihre Teilnahme am Verfahren erwachsen, gehören gemäß § 39 Abs. 1 Nr. 1 und 2 InsO zu den nachrangigen Insolvenzforderungen, ebenso wie Geldstrafen, Geldbußen, Ordnungsgelder und Zwangsgelder sowie solche Nebenfolgen einer Straftat oder Ordnungswidrigkeit, die zu einer Geldzahlung verpflichten (§ 39 Abs. 1 Nr. 3 InsO).

C. Rechte und Pflichten des Insolvenzverwalters im Besteuerungsverfahren

I. Steuererklärungspflicht von Insolvenzverwaltern

325 Der Insolvenzverwalter hat als Verwalter des schuldnerischen Vermögens dieselben steuerlichen Rechte und Pflichten wie der Schuldner. Dies ergibt sich insbesondere aus § 34 Abs. 3 AO, wonach der Insolvenzverwalter diejenigen Pflichten zu erfüllen hat, die ohne Eröffnung des Insolvenzverfahrens dem steuerpflichtigen Schuldner obliegen. Der Schuldner bleibt der Eigentümer der zur Insolvenzmasse gehörenden Gegenstände und er bleibt Steuerrechtssubjekt i. S. d. §§ 33 und 43 AO und Unternehmer im umsatzsteuerlichen Sinne.

326 Die steuerlichen Pflichten ergeben sich im Einzelnen aus der AO (§§ 90, 93 ff., 117 ff., 140 f., 149 ff. AO) sowie aus dem UStG (§ 22 UStG). Dabei handelt es sich um Steuererklärungs-, Buchführungs- und Aufzeichnungspflichten sowie Auskunfts-, Anzeige- und Nachweispflichten. Die insolvenzrechtlichen Buchführungs- und Aufzeichnungspflichten insbesondere § 153 InsO, wonach der Insolvenzverwalter eine Vermögensübersicht zu erstellen hat, und § 66 InsO, die Verpflichtung zur Schlussrechnungslegung, treten dabei neben die steuerlichen Buchführungs- und Bilanzierungspflichten. Insbesondere bleiben gemäß § 155 InsO die handelsrechtlichen Buchführungspflichten bestehen. Insoweit ergibt sich die steuerliche Buchfüh-

---

143 Für den Konkurs: BFH vom 18. 4. 1996, VR 55/95 n. v.

rungspflicht bereits aus § 140 AO. Unabhängig davon besteht in der Insolvenz die Buchführungspflicht nach § 141 AO. Der Insolvenzverwalter hat für die Festsetzung der vor oder infolge der Verfahrenseröffnung entstandenen Steuern alle notwendigen Steuererklärungen abzugeben. Die Verpflichtung des Insolvenzverwalters zur Abgabe von Steuererklärungen hängt nicht davon ab, ob die erforderlichen Steuerberatungskosten durch die Masse gedeckt sind; gegebenenfalls muss der Insolvenzverwalter die Steuererklärung selbst anfertigen. Die vom Verwalter behauptete Massearmut steht der Anordnung des Finanzamtes zur Abgabe der Steuererklärung für den Schuldner und ihre zwangsweise Durchsetzung gegenüber dem Verwalter grundsätzlich nicht entgegen.[144] Nach Auffassung des BFH[145] ist es einem Insolvenzverwalter zuzumuten die Steuererklärung des Schuldners zu erstellen, wenn die Buchführung sich in keinem schlechteren Zustand als sonst in Insolvenzfällen üblich befindet. Dies gilt auch dann, wenn dies mit umfangreichen Buchführungs- und Abschlussarbeiten verbunden ist und die Kosten für die Beauftragung eines Steuerfachmannes aus der Insolvenzmasse nicht gedeckt werden kann.[146] Der Insolvenzverwalter kann sich von den Buchführungs- und Steuererklärungspflichten auch nicht mit dem Hinweis darauf befreien, dass er die notwendigen Geschäftsunterlagen nicht besitzt oder dass er deren Richtigkeit und Vollständigkeit nicht übersehen kann. Kommt der Insolvenzverwalter seinen Pflichten nicht nach, ist das Finanzamt berechtigt, die Abgabe der Erklärungen und die Erfüllung der Buchführungspflicht mit Zwangsmitteln nach §§ 328 ff. AO zu erzwingen. Diese Zwangsmittel sind persönlich gegen den Insolvenzverwalter festzusetzen. Der Schuldner haftet hierfür nicht.

327 Der Insolvenzverwalter ist auch verpflichtet, vom Schuldner bereits abgegebene Steuererklärungen zu berichtigen und diejenigen Erklärungen abzugeben, die er bei Eröffnung des Insolvenzverfahrens unerledigt vorfindet. Ferner ist er mit der Übernahme des Amtes nicht nur den Steuerbehörden, sondern auch dem Schuldner gegenüber verpflichtet, für die ordnungsgemäße Erfüllung der steuerlichen Buchführungs- und Steuererklärungspflichten zu sorgen. Dies gilt grundsätzlich auch, soweit solche Buchführungsverpflichtungen wegen Steuertatbeständen vor der Eröffnung des Insolvenzverfahrens in Frage stehen, die der Schuldner, weil der Insolvenzverwalter die Geschäftsbücher in Besitz zu nehmen hat, mit der Eröffnung des Verfahrens nicht mehr erfüllen kann.

328 Fraglich ist, ob der Insolvenzverwalter zur Abgabe von Erklärungen für die einheitliche und gesonderte Gewinnfeststellung verpflichtet ist.[147] Die Folgen der einheitlichen Gewinnfeststellung berühren nicht den nach Insolvenzrecht abzuwickelnden Vermögensbereich der Personengesellschaft,

---
144 BFH BFH/NV 1996, 13.
145 Für den Konkurs: BFH-Beschluss BFH/NV 1998, 5.
146 Unter Bezugnahme auf BFH, BStBl. II 1995, 194.
147 Bejahend für den Konkursverwalter: BGH WM 1983, 30; verneinend für den Konkursverwalter: BFH, BStBl. II 1995, 194.

sondern betreffen die Gesellschafter persönlich.[148] Aus diesen Gründen ist der Insolvenzverwalter nicht verpflichtet die einheitliche und gesonderte Gewinnfeststellung abzugeben. Denn seine steuerlichen Pflichten bestehen nur, soweit seine Verwaltung reicht (§ 34 Abs. 3 AO). Abgabepflichtig sind statt des Insolvenzverwalters die Liquidatoren der Personengesellschaft.[149] Andererseits besteht eine Verpflichtung des Insolvenzverwalters zur Ermittlung des steuerlichen Gewinnes einer Personengesellschaft aus den ihm vorliegenden Buchführungsunterlagen schon im Zusammenhang mit dessen Verpflichtung zur Abgabe der Gewerbesteuererklärung. Der Insolvenzverwalter ist nach § 34 Abs. 3 AO zur Abgabe der Gewerbesteuererklärung verpflichtet.[150] Der nach §§ 4 bis 7 EStG zu ermittelnde Gewinn bildet insoweit die Grundlage des nach § 7 GewStG festzusetzenden Gewerbeertrages.

329 Kommt der Insolvenzverwalter seiner Verpflichtung zu Erstellung der Steuererklärungen nicht nach, so ist das Finanzamt berechtigt ihn mit den allgemeinen Zwangsmitteln hierzu anzuhalten und kann unter Beachtung der maßgeblichen Gewinnermittlungsvorschriften die Besteuerungsgrundlagen gemäß § 162 Abs. 2 Satz 2 AO schätzen.[151] Die Schätzung hat das Finanzamt so vorzunehmen, dass sie im Ergebnis einem ordnungsgemäß durchgeführten Bestandsvergleich gleichkommt.

II. Berichtigung von Steuererklärungen

330 Erkennt ein Insolvenzverwalter während des Verfahrens, dass der Schuldner für die Zeit vor Eröffnung des Insolvenzverfahrens eine unrichtige oder unvollständige Steuererklärung abgegeben hat, so ist er verpflichtet, die unrichtige oder unvollständige Steuererklärung zu berichtigen. Dies ergibt sich daraus, dass der Insolvenzverwalter bei der Verwaltung der Masse die Stellung einnimmt, die der Schuldner vor Eröffnung des Insolvenzverfahrens hatte. Da der Schuldner keinen Zugang zu den Unterlagen mehr hat, kann er seiner steuerrechtlichen Berichtigungspflicht nicht mehr nachkommen. Diese geht mit der Eröffnung des Insolvenzverfahrens auf den Insolvenzverwalter über.

---

148 BFH BB 1979, 1756.
149 BFH ZIP 1994, 1969.
150 BFH, BStBl. II 1995, 194.
151 BFH, BStBl. II 1993, 594.

III. Umsatzsteuerliche Stellung des Insolvenzverwalters

Der Schuldner bleibt auch nach Eröffnung des Insolvenzverfahrens Unternehmer, wenn er vor der Eröffnung des Verfahrens Unternehmer war. Die Unternehmereigenschaft geht insoweit nicht auf die Masse selbst oder auf den Insolvenzverwalter über. Andererseits hat der Insolvenzverwalter, da er über die Masse verwaltungs- und verfügungsberechtigt ist, die umsatzsteuerlichen Pflichten, insbesondere die Erklärungs- und Aufzeichnungspflichten, auch für den Zeitraum vor Eröffnung des Insolvenzverfahrens zu erfüllen. Insoweit ist er zur Erteilung einer Rechnung mit gesondertem Vorsteuerausweis nach § 14 Abs. 1 UStG berechtigt und verpflichtet. Fraglich ist das umsatzsteuerliche Verhältnis zwischen Insolvenzverwalter und dem Schuldner, insbesondere das Vorliegen eines Leistungsaustausches. Der Insolvenzverwalter ist berechtigt, über die von ihm für das Unternehmen des Schuldners erbrachte Leistung eine Rechnung mit gesondertem Steuerausweis zu erteilen. Der Schuldner kann die in der Vergütung des Insolvenzverwalters enthaltene Umsatzsteuer als Vorsteuer abziehen, wenn der Insolvenzverwalter eine Rechnung mit gesondert ausgewiesener Steuer erteilt hat. Der Insolvenzverwalter erbringt eine Leistung an die Masse und damit für das Unternehmen des Schuldners. Bei Vorliegen der sonstigen Voraussetzungen des § 15 UStG ist deshalb der Schuldner zum Abzug der für die Vergütung des Insolvenzverwalters in Rechnung gestellten Umsatzsteuer als Vorsteuer berechtigt.

331

IV. Vergütung des Insolvenzverwalters

Der Insolvenzverwalter hat seine Vergütung (§ 63 InsO) gegenüber der Masse unter gesonderter Inrechnungstellung der auf die Vergütung entfallenden und von ihm geschuldeten Umsatzsteuer abzurechnen. Die Art der Abrechnung ist Voraussetzung dafür, dass der Verwalter für die Masse in Höhe der in Rechnung gestellten Umsatzsteuer einen Vorsteuerabzugsanspruch gegenüber dem Finanzamt geltend machen kann.

332

V. Haftung des Insolvenzverwalters

Die Haftung des Insolvenzverwalters richtet sich nach steuerrechtlichen und insolvenzrechtlichen Regelungen. Haftet der Insolvenzverwalter nach steuerrechtlichen Vorschriften, scheidet seine insolvenzrechtliche Haftung nicht aus, weil der Haftungstatbestand des § 60 InsO und die Haftungstatbestände des Steuerrechtes gleichberechtigt nebeneinander stehen.

333

1. Haftung nach Steuerrecht

334 Der Insolvenzverwalter ist Vermögensverwalter i. S. d. § 34 Abs. 3 AO. Als solcher ist er verpflichtet, die steuerlichen Verpflichtungen des Schuldners wie ein gesetzlicher Vertreter zu erfüllen, insbesondere dafür zu sorgen, dass die Abgaben aus von ihm verwalteten Mitteln entrichtet werden. Verletzt der Insolvenzverwalter seine Pflichten, haftet er nach § 69 AO bei vorsätzlichem oder grob fahrlässigem Verhalten und kann mittels Haftungsbescheides nach § 191 Abs. 1 AO in Anspruch genommen werden. Schadensersatzansprüche aus der verspäteten Vorlage der Schlussrechnung und des sich daraus ergebenden Zinsschadens können vor dem Zivilgericht geltend gemacht werden.

335 **Typische Fälle der steuerlichen Haftung nach § 69 AO sind:**

- Der Insolvenzverwalter beschäftigt Arbeitnehmer nach Eröffnung des Insolvenzverfahrens weiter und führt Lohnsteuer nicht ab, meldet diese nicht an oder behält sie nicht ein. In diesen Fällen ist die Haftung des Insolvenzverwalters der eines Arbeitgebers nach § 42 d EStG gleichgestellt.

- Entstandene Einkommen-, Körperschaft- oder Umsatzsteuer aus der Fortführung des Betriebes wird nicht entrichtet. Dabei gilt der Grundsatz der anteiligen Tilgung, d. h. der Geschäftsführer haftet nicht uneingeschränkt, sondern nur in der Höhe, als er aus den ihm zur Verfügung stehenden Mitteln die Steuern hätte tilgen können. Reichen die Geldmittel der GmbH nicht aus, um sämtliche Verbindlichkeiten zu begleichen, so haftet der Geschäftsführer für rückständige Steuern nur in dem Umfang wie er den Steuergläubiger gegenüber anderen Gläubigern benachteiligt hat.[152] Dieser Grundsatz gilt nicht nur, wenn die GmbH die angemeldete Steuer nicht zahlt, sondern auch dann, wenn Steuererklärungen oder Voranmeldungen nicht, nicht ordnungsgemäß oder nicht zeitgerecht abgegeben werden. Der Grundsatz der anteiligen Tilgung gilt selbst dann, wenn der Geschäftsführer zugleich den Haftungstatbestand des § 71 i. V. m. § 370 AO (Haftung des Steuerhinterziehers) erfüllt.[153] Ihn trifft jedoch die Feststellungslast, dass eine uneingeschränkte Haftung nicht vorliegt. Die Geltendmachung eines Haftungsanspruches durch das Finanzamt setzt nicht voraus, dass der Steueranspruch zuvor gegen den Steuerschuldner festgesetzt ist.[154]

- Umsatzsteuer aus der Verwertung der Masse wird nicht entrichtet. Dabei ist zu beachten, dass der Insolvenzverwalter nur gehalten ist, die Gläubiger gleichmäßig zu befriedigen. Reicht die vorhandene Masse zur Befriedigung aller Gläubiger nicht aus, muss eine quotenmäßige Befriedigung, die einzelne Gläubiger weder bevorzugen noch benachteiligen darf, durchgeführt werden.

---

152 BFH, BStBl. II 1988, 172.
153 BFH, BStBl. II 1993, 8.
154 BFH, BFH/NV 1986, 125.

Das Finanzamt kann zur Ermittlung der Haftungsbemessungsgrundlage ggf. die Insolvenzakten des Gerichtes einsehen sowie Inventar, Bilanz und Schlussrechnung des Insolvenzverwalters prüfen.

Veräußert der vorläufige Insolvenzverwalter vor Eröffnung des Insolvenzverfahrens in Abstimmung mit dem Insolvenzgericht den Betrieb des späteren Schuldners, so haftet der Erwerber gegebenenfalls gemäß § 75 AO, dies gilt jedoch wegen § 75 Abs. 2 AO nicht für die bis dahin entstandenen betrieblichen Steuern.[155] Ein Insolvenzverwalter verletzt seine Pflichten vorsätzlich, wenn er bei der Veräußerung von zur Insolvenzmasse gehörenden Grundstücken auf Veranlassung der Grundpfandgläubiger zur Umsatzsteuer optiert, obwohl er weiß, dass er wegen Masseunzulänglichkeit und der Auskehrung des Bruttokaufpreises an die Grundpfandgläubiger die Umsatzsteuer nicht wird abführen können.[156] 336

Nach § 73 AO haftet die Organgesellschaft für die vom Organträger geschuldete Umsatzsteuer. Bezahlt die Organgesellschaft z. B. die auf die Organgesellschaft entfallende Umsatzsteuer nicht, so kann das Finanzamt gegen die Organgesellschaft einen Haftungsbescheid erlassen. 337

2. Haftung nach Insolvenzrecht

Der Insolvenzverwalter haftet den Gläubigern nach § 60 InsO in allen Fällen, in denen er die ihm kraft Insolvenzrecht zugewiesenen Obliegenheiten schuldhaft verletzt. Haftungsmaßstab ist die einfache Fahrlässigkeit (vgl. im Einzelnen zur Haftung nach Insolvenzrecht Kapitel 18). 338

D. Steuerfreie Sanierungsgewinne

Die Steuerfreiheit von Sanierungsgewinnen gemäß § 3 Nr. 66 EStG wurde aufgehoben. § 3 Nr. 66 EStG ist letztmals anzuwenden auf Sanierungsgewinne, die in dem Wirtschaftsjahr entstehen, das vor dem 1. 1. 1998 endet (§ 52 Abs. 2 h EStG i. d. F. des Gesetzes zur Finanzierung eines zusätzlichen Bundeszuschusses zur gesetzlichen Rentenversicherung). 339

Sanierungsbemühungen wurden dagegen neu bei der Verlustnutzung durch Mantelkauf im Rahmen der §§ 8 Abs. 4, 54 Abs. 6 KStG berücksichtigt. Grundsätzlich gilt, dass ein Verlustabzug nach § 10 d EStG wegen fehlender wirtschaftlicher Identität dann nicht vorgenommen werden kann, wenn mehr als 50 % der Anteile übertragen werden und die Kapitalgesellschaft ihren Geschäftsbetrieb mit überwiegend neuem Betriebsvermögen fortführt 340

---

155 Für den Konkurs: BFH, BStBl. II 1998, 765.
156 Für den Konkurs: FG Münster EFG 1997, 193.

oder nach der Einstellung wieder aufnimmt. Die Zuführung neuen Betriebsvermögens ist jedoch dann unschädlich, wenn dadurch der den Verlust verursachende Geschäftsbetrieb saniert wird. Dies ist anzunehmen, wenn die Kapitalgesellschaft ihren Geschäftsbetrieb in einem nach dem Gesamtbild der wirtschaftlichen Verhältnisse vergleichbaren Umfang in den folgenden fünf Jahren fortführt. Diese Regelung gilt seit 1997. Ist der Verlust der wirtschaftlichen Identität erstmals im Jahr 1997 vor dem 6.8. eingetreten, gilt § 8 Abs. 4 KStG erstmals für den Veranlagungszeitraum 1998.

E. Vorläufige Insolvenzverwaltung

341   Der bisherige Sequester wird in der InsO durch den neu geschaffenen vorläufigen Insolvenzverwalter ersetzt, dessen Befugnisse in § 22 InsO geregelt sind. Sofern ein vorläufiger Insolvenzverwalter bestellt und dem Schuldner ein allgemeines Verfügungsverbot auferlegt wird, geht die Verwaltungs- und Verfügungsbefugnis des Schuldners auf den vorläufigen Insolvenzverwalter über. In diesem Fall ist der vorläufige Insolvenzverwalter als Vermögensverwalter i. S. d. § 34 Abs. 3 AO anzusehen. Hat das Gericht ihm über die Überwachung hinausgehende Pflichten zugeteilt, ohne ein allgemeines Verfügungsgebot gegenüber dem Schuldner zu erlassen, so kann § 35 AO einschlägig sein. Die von dem vorläufigen Insolvenzverwalter begründeten Verbindlichkeiten gelten nach Eröffnung des Insolvenzverfahrens gemäß § 55 Abs. 2 InsO als sonstige Masseverbindlichkeiten. Nach der Begründung des Regierungsentwurfes soll dies auch für die darauf entfallenden Umsatzsteuerforderungen gelten.[157] Dabei vertritt Onusseit die Auffassung, dass die Frage, ob der vorläufige Insolvenzverwalter zur Abführung der Umsatzsteuer verpflichtet ist, durch die Qualifizierung als sonstige Masseverbindlichkeit nicht geklärt sei, da zu diesem Zeitpunkt die Eröffnung des Insolvenzverfahrens noch nicht feststehe. Für die Verpflichtung zur Abführung der Umsatzsteuer spricht, dass der vorläufige Insolvenzverwalter gemäß §§ 21 Abs. 2 Nr. 1, 61 InsO genau wie der endgültige Verwalter persönlich für Masseverbindlichkeiten haftet, die durch seine Rechtshandlungen begründet wurden und mangels ausreichender Insolvenzmasse nicht vollständig befriedigt werden können.

---

157 Vgl. Kübler/Prütting, Das neue Insolvenzrecht, Bd. 1, 1994, § 55 InsO sowie Onusseit, KTS 1994, 3, 23.

F. Insolvenzplan

Vom Insolvenzverwalter, gegebenenfalls im Auftrag der Gläubigerversammlung oder vom Schuldner kann ein Insolvenzplan eingebracht werden.[158] In einem derartigen Plan können abweichend von den gesetzlichen Regelungen des Insolvenzverfahrens z. B. geregelt werden:

- die Befriedigung der Gläubiger einschließlich der Absonderungsgläubiger,
- die Verwertung der Insolvenzmasse,
- die Verteilung der Masse an die Beteiligten und
- die Inanspruchnahme des Schuldners nach Verfahrensbeendigung.

342

Der Insolvenzplan kann in der Zielsetzung auf die Liquidation sowie auf den Erhalt (Sanierung) oder eine Veräußerung des gesamten Unternehmens oder eines Teils davon ausgerichtet sein. Der Plan gliedert sich in einen darstellenden Teil, der die beabsichtigten Maßnahmen beschreibt und einen gestaltenden Teil, in dem die Rechtsstellung der Beteiligten festgelegt wird. Über die Wirksamkeit eines Insolvenzplanes stimmen die Gläubiger in Gruppen ab, soweit ihnen gemäß § 77 InsO ein Stimmrecht im Verfahren eingeräumt ist (vgl. §§ 222, 235 ff. InsO).

343

Hat das Insolvenzgericht den Insolvenzplan nicht von Amts wegen zurückgewiesen (§ 231 InsO), leitet es diesen zur Stellungnahme an die Beteiligten weiter, z. B. an den Gläubigerausschuss, den Schuldner und den Verwalter. Das Finanzamt kann im Gläubigerausschuss Einfluss auf die Stellungnahme ausüben. Das Insolvenzgericht bestimmt anschließend einen Erörterungs- und Abstimmungstermin, in dem der Insolvenzplan und das Stimmrecht der Gläubiger erörtert werden.

344

Als Gläubiger hat auch das Finanzamt zu entscheiden, ob es einem Insolvenzplan zustimmt oder nicht. Bei der Überlegung hat es sich ausschließlich von wirtschaftlichen Gesichtspunkten leiten zu lassen. Zunächst wird es darauf achten, dass Steuerabzugsbeträge sowie Haftungsansprüche nicht beeinträchtigt werden. Im Übrigen hat das Finanzamt bei seinen Zustimmungsüberlegungen zu berücksichtigen, dass der Gesetzgeber mit dem Obstruktionsverbot (§ 245 InsO) entsprechende Verfahrensregelungen vorgegeben hat. So hat das Finanzamt seine Ermessensentscheidungen nach den §§ 163, 222 und 227 AO unter Berücksichtigung der Zielsetzung der Insolvenzordnung zu treffen. Im Einzelfall wird das Finanzamt an einem Insolvenzplan interessiert sein, z. B. dann, wenn bei Fortführung des Insolvenzverfahrens mit einer geringeren Quote als bei Durchführung des Insolvenzplanes zu rechnen ist. Vor der Entscheidung der Frage, ob es einem Insolvenzplan zustimmen soll hat das Finanzamt zu prüfen, ob die Bestätigung des Planes für die Finanzverwaltung vorteilhaft erscheint. Wird das Finanzamt durch den Insolvenzplan schlechter gestellt, als es bei

345

---

158 Vgl. BMF-Schreiben vom 16. 12. 1998, a. a. O., Tz. 9.1.

Fortführung des Planes gestellt wäre, hat es beim Insolvenzgericht spätestens im Abstimmungstermin die Versagung der Bestätigung des Insolvenzplanes zu beantragen. Gegen die ablehnende Entscheidung des Gerichts ist die sofortige Beschwerde zulässig (§ 253 InsO).

346 Hat das Finanzamt dem Insolvenzplan zugestimmt, so finden auf die Steuerforderungen, auf die sich der bestätigte Insolvenzplan bezieht, die Vorschriften der §§ 163, 222 und 227 AO keine Anwendung mehr. Die im Insolvenzplan festgelegten Rechtswirkungen treten gemäß § 254 Abs. 1 InsO kraft Gesetzes ein. Die Tatbestandsmerkmale »Erlass« und »Stundung« i. S. v. § 255 InsO bezeichnen Verfahrensregelungen eigener Art. Soweit nach dem Insolvenzplan auf Abgabenforderungen zu verzichten ist, werden diese zu so genannten »unvollkommenen« Forderungen. Sie sind zwar erfüllbar, dürfen aber gegenüber dem Schuldner nicht mehr geltend gemacht werden. Ein derartiger Insolvenzerlass wirkt nur gegenüber dem Schuldner. Insoweit kann das Finanzamt die Steuerforderungen weiterhin gegenüber etwaigen Haftungsschuldnern geltend machen, soweit nicht ein Haftungsausschluss nach § 227 Abs. 2 AO gegeben ist.

347 Gerät der Schuldner mit der Erfüllung des Plans erheblich in Rückstand, wird die in dem gestaltenden Teil des Planes geregelte Insolvenzstundung bzw. der Insolvenzerlass vorbehaltlich anders lautender Regelungen in dem Insolvenzplan hinfällig (§ 255 InsO). Insoweit wird das Finanzamt darauf drängen, dass der Plan die Wiederauflebensklausel nicht ausschließt. Nach rechtskräftiger Bestätigung des Insolvenzplanes hebt das Insolvenzgericht das Insolvenzverfahren auf (§ 258 InsO).

G. Verbraucherinsolvenzverfahren

348 Mit dem durch die InsO neu eingeführten Verbraucherinsolvenzverfahren soll für natürliche Personen, die keine oder nur eine geringfügige selbstständige gewerbliche oder freiberufliche Tätigkeit ausüben, eine Schuldenbereinigung in einem einfachen, flexiblen und die Gerichte wenig belastenden Verfahren erreicht werden. Das Verfahren gliedert sich in insgesamt drei Verfahrensabschnitte. Zunächst hat der Schuldner eine außergerichtliche Einigung mit seinen Gläubigern ernsthaft anzustreben. Gelingt ihm dies nicht, wird auf seinen Antrag hin ein gerichtliches Schuldenbereinigungsverfahren durchgeführt. Scheitert auch dies, schließt sich ein vereinfachtes Insolvenzverfahren an.[159]

---

159 Vgl. BMF Schreiben vom 18. 12. 1996, a. a. O., Tz. 10.

I. Außergerichtlicher Einigungsversuch

Im 1. Verfahrensabschnitt, dem außergerichtlichen Einigungsversuch haben die Gläubiger und insoweit auch das Finanzamt als Steuergläubiger zum Zwecke der außergerichtlichen Einigung z. B. ein Vermögensverzeichnis eine Aufstellung seiner Verbindlichkeiten und Gläubiger und einen Plan zur Schuldenregulierung vorzulegen. Dieser außergerichtliche Einigungsversuch unterliegt der vollständigen Gestaltungsfreiheit der Gläubiger und des Schuldners. Das Finanzamt kann in diesem Verfahrensabschnitt nur im Rahmen einer persönlichen Billigkeitsmaßnahme Ansprüche aus dem Steuerschuldverhältnis abweichend festsetzen, stunden oder erlassen. 349

Insoweit kann ein aufgestellter und verhandelter Plan einer außergerichtlichen Regelung beinhalten: 350

Möglicher Inhalt eines außergerichtlichen Einigungsversuchs:
• Stundungen, • Ratenzahlungen, • (Teil-)Erlasse, • Folgen für die Nichterfüllung der im Plan festgelegten Bedingungen, • Vereinbarung für den Fall der Änderung der wirtschaftlichen Verhältnisse, • Auflagen zur Offenbarung vorhandenen Vermögens außerhalb der Anfechtungsfristen ggf. Auflage der Einbeziehung dieses Vermögens.

II. Schuldenbereinigungsverfahren

Scheitert der ernsthafte Versuch des Schuldners eine außergerichtliche Einigung herbeizuführen, so kann er die Eröffnung des vereinfachten Insolvenzverfahrens nach den §§ 311 ff. InsO beantragen. Zum Nachweis des Scheiterns eines außergerichtlichen Einigungsversuches ist eine Bescheinigung einer nach Landesrecht für die Schuldnerberatung vorgesehenen Person oder Stelle beim Insolvenzgericht vorzulegen. 351

Der Schuldner hat das Vorliegen eines Insolvenzgrundes darzutun. Da das Verfahren über das Vermögen einer natürlichen Person eröffnet werden soll, kommen als Insolvenzgründe die Zahlungsunfähigkeit und die drohende Zahlungsunfähigkeit in Betracht.

III. Entscheidung über den Schuldenbereinigungsplan

352 Mit einem Antrag auf Eröffnung des vereinfachten Insolvenzverfahrens nach §§ 311 ff. InsO hat der Schuldner die in § 305 Abs. 1 InsO genannten Unterlagen und Erklärungen vorzulegen. Bei einem inhaltlich ordnungsgemäßen Antrag erklärt das Insolvenzgericht das Insolvenzverfahren bis zur Entscheidung über den Schuldenbereinigungsplan für ruhend (§ 306 Abs. 1 Satz 1 InsO). Das Insolvenzgericht stellt den vom Schuldner genannten Gläubigern gemäß § 307 Abs. 1 InsO die vorgelegten Verzeichnisse und den Schuldenbereinigungsplan zur Stellungnahme binnen einer Notfrist von einem Monat zu.

Das Finanzamt überprüft die Verzeichnisse hinsichtlich der Steuerrückstände und des aufgeführten Vermögens unter Beteiligung der Festsetzungsstelle und ergänzt es bei Unvollständigkeit fristgerecht. Noch nicht festgesetzte oder angemeldete Steueransprüche, die bis zum Ablauf der Notfrist entstehen, sind erforderlichenfalls im Schätzungsweg zu ermitteln. Gibt das Finanzamt innerhalb der Frist von einem Monat keine Stellungnahme ab, gilt dies nach § 307 Abs. 2 Satz 1 InsO als Einverständnis.

353 Die unterlassene Ergänzung der Steuerforderungen hat, falls keine Wiedereinsetzungsgründe vorliegen, die Folge, dass nicht oder nicht in der richtigen Höhe geltend gemachte Forderungen nach § 308 Abs. 3 Satz 2 InsO erlöschen, wenn der Schuldenbereinigungsplan angenommen wird.

Der Schuldenbereinigungsplan gilt als angenommen, wenn
- alle Gläubiger zugestimmt haben,
- kein Gläubiger Einwendungen erhoben hat oder
- die Zustimmung eines oder mehrere Gläubiger nach § 309 InsO ersetzt wird.

354 Die Zustimmung des Finanzamtes orientiert sich an den im BMF-Schreiben vom 10. 12. 1998 dargestellten Grundsätzen zur außergerichtlichen Einigung. Dabei ist zu beachten, dass akzessorische Sicherheiten, z. B. eine Zwangshypothek, erlöschen, wenn der Plan keine abweichende Regelung vorsieht. Erforderlichenfalls sind daher entsprechende Einwendungen gegen den Plan zu erheben. Da bei Nichterfüllung des Plans eine Wiederauflebensklausel nicht vorgesehen ist, wird das Finanzamt in seiner Stellungnahme in der Regel auf eine solche hinwirken.

355 Das Insolvenzgericht ersetzt die Zustimmung eines Gläubigers unter den Voraussetzungen des § 309 Abs. 1 InsO und hat dazu den Betroffenen zu hören. Eine gerichtliche Ersetzung der Zustimmung ist jedoch nach § 309 Abs. 3 InsO ausgeschlossen, wenn das Finanzamt glaubhaft macht, dass die Angaben des Schuldners im Schuldenbereinigungsplan dem Grunde oder der Höhe nach unrichtig sind und es deshalb nicht angemessen beteiligt wird.

Das Insolvenzgericht entscheidet über die Ersetzung durch Beschluss. Dagegen stehen dem Antragsteller und dem Gläubiger, dessen Zustimmung ersetzt wird, die sofortige Beschwerde zu (§ 309 Abs. 2 Satz 3 InsO). Der angenommene Schuldenbereinigungsplan hat nach § 308 Abs. 1 Satz 2 InsO die Wirkung eines (Prozess-)Vergleichs i. S. d. § 794 Abs. 1 Nr. 1 ZPO. § 308 Abs. 3 InsO stellt im Interesse des Gläubigerschutzes klar, dass Gläubiger, die keine Möglichkeit der Mitwirkung an dem Schuldenbereinigungsplan hatten, keinen Rechtsverlust erleiden. Dies ist allerdings nur denkbar, wenn dem Finanzamt kein Schuldenbereinigungsplan zur Stellungnahme zugestellt wurde. Allerdings kann sich der Gläubiger nicht der Wirkung des Schuldenbereinigungsplans durch eine unvollständige Forderungsaufstellung, unterlassene oder unzureichende Nachbesserung des Schuldenbereinigungsplans entziehen.

356 Scheitert der Schuldenbereinigungsplan aufgrund von Einwendungen der Gläubiger, die nicht nach § 309 InsO ersetzt werden können, z. B. bei nicht angemessener Beteiligung des Finanzamtes im Rahmen der Schuldenbereinigung oder wirtschaftlicher Benachteiligung, wird das bisher ruhende Verfahren über den Antrag auf Eröffnung des Insolvenzverfahrens gemäß § 311 InsO wieder aufgenommen. Ein erneuter Antrag des Schuldners ist nicht erforderlich.

Soweit ein Gläubiger einen Antrag auf Eröffnung des Insolvenzverfahrens stellt und der Schuldner keinen Eigenantrag nachreicht (§ 306 Abs. 3 InsO), findet ein Schuldenbereinigungsverfahren nicht statt. In diesem Fall ist wie im Fall des Scheiterns des Schuldenbereinigungsverfahrens ein vereinfachtes Insolvenzverfahren durchzuführen.

IV. Durchführung des vereinfachten Verfahrens

357 Grundsätzlich finden die Bestimmungen der InsO auch im vereinfachten Verfahren Anwendung. Das Insolvenzgericht bestellt einen Treuhänder, der die Aufgaben des Insolvenzverwalters wahrnimmt (§ 313 Abs. 1 Satz 1 InsO) und bei dem auch die Steueransprüche anzumelden sind. Der Treuhänder hat zwar nur eingeschränkte Befugnisse, ist jedoch für die Dauer des Insolvenzverfahrens als Vertreter des Schuldners i. S. v. §§ 34, 35 InsO anzusehen (§ 313 Abs. 1 InsO). Das Finanzamt hat daher Verwaltungsakte nur an den Treuhänder bekannt zu geben.

358 Anders als der Insolvenzverwalter ist der Treuhänder zur Anfechtung von Rechtshandlungen (§§ 129–147 InsO) nicht berechtigt. Dies steht im vereinfachten Verfahren jedem Insolvenzgläubiger zu (§ 313 Abs. 2 Satz 1 InsO). Das im Rahmen der Anfechtung Erlangte fällt in die Insolvenzmasse. Da der Anfechtungsanspruch mit Wirkung für alle Gläubiger geltend zu machen ist, ist ein Duldungsbescheid nicht zulässig. Der Anspruch ist auf dem Zivilrechtsweg zu verfolgen.

359 Im vereinfachten Verfahren ausdrücklich ausgeschlossen sind die Regelungen über den Insolvenzplan und die Eigenverwaltung (§ 312 Abs. 3 InsO). Auf Antrag des Treuhänders kann das Insolvenzgericht anordnen, dass von einer Verwertung der Insolvenzmasse ganz oder teilweise abgesehen wird (§ 314 Abs. 1 Satz 1 InsO). In diesem Fall gibt das Insolvenzgericht dem Schuldner auf, binnen einer festgesetzten Frist einen dem Wert der Verteilungsmasse entsprechenden Betrag an den Treuhänder zu zahlen.

Nach § 313 Abs. 3 Satz 1 InsO ist der Treuhänder nicht zur Verwertung von Gegenständen berechtigt, an denen Pfandrechte oder andere Absonderungsrechte bestehen. Das Finanzamt hat somit das Recht, die Verwertung dieser Gegenstände selbst durchzuführen (§ 313 Abs. 3 Satz 2 InsO).

Wie im Anschluss an das reguläre Insolvenzverfahren besteht auch im vereinfachten Verfahren auf Antrag des Schuldners die Möglichkeit der Restschuldbefreiung nach Maßgabe der §§ 286 ff. InsO.

H. Restschuldbefreiung

360 An das Insolvenzverfahren schließt sich das Verfahren der Restschuldbefreiung an, wenn der Schuldner eine natürliche Person ist und er die Restschuldbefreiung spätestens im Berichtstermin beantragt.[160] Dieses neue Verfahren beinhaltet, dass der redliche Schuldner für einen Zeitraum von sieben Jahren den pfändbaren Teil seiner Bezüge sowie die Hälfte des durch Erbfall erlangten Vermögens an einen Treuhänder abtreten bzw. herausgeben muss (vgl. §§ 287 Abs. 2, 295 Abs. 1 Nr. 2 InsO). Darüber hinaus hat der Schuldner sich um eine angemessene Erwerbstätigkeit zu bemühen, jeden Wechsel des Wohnsitzes oder der Beschäftigungsstelle anzuzeigen und Zahlungen ausschließlich an den Treuhänder zu leisten (vgl. § 295 Abs. 1 Nrn. 1, 3 und 4 InsO) Der Treuhänder kehrt das Erlangte jährlich nach der im Schlussverzeichnis festgelegten Quote an die Gläubiger aus (vgl. § 292 Abs. 1 Satz 2 InsO).

361 Das Finanzamt prüft im Rahmen der Restschuldbefreiung, ob nach § 290 Abs. 1 InsO ein Grund vorliegt, die Restschuldbefreiung zu versagen und dies gegebenenfalls beim Insolvenzgericht zu beantragen. Es hat insbesondere festzustellen, ob der Schuldner zur Vermeidung von Steuerzahlungen in den letzten drei Jahren vor dem Antrag auf Eröffnung des Insolvenzverfahrens oder nach dem Antrag schuldhaft schriftliche unrichtige oder unvollständige Angaben über seine wirtschaftlichen Verhältnisse im Rahmen von Anträgen auf Vollstreckungsaufschub in Vermögensverzeichnissen, Er-

---

160 Vgl. § 156 InsO, BMF Schreiben vom 17. 12. 1998, a. a. O., Tz. 11.

lass- oder Stundungsanträgen oder Steuererklärungen gemacht hat (vgl. § 290 Abs. 1 Nr. 2 InsO).

Nach Ablauf der siebenjährigen Laufzeit der Abtretungserklärung hat das Finanzamt in geeigneten Fällen die Rechnungslegung des Treuhänders auf Schlüssigkeit zu prüfen. Eine solche Prüfung ist insbesondere in den Fällen erforderlich, in denen der Schuldner während des Restschuldbefreiungsverfahrens kein Beschäftigungsverhältnis eingegangen ist, sondern eine selbstständige Tätigkeit ausgeübt hat (vgl. § 295 Abs. 2 InsO). Das Finanzamt beantragt die Versagung der Restschuldbefreiung, wenn eine der Fallgestaltungen der §§ 290, 297 InsO vorliegt oder eine Obliegenheitsverletzung gemäß § 295 InsO aufgrund der Rechnungslegung feststellbar ist. 362

Erteilt das Insolvenzgericht die Restschuldbefreiung, wirkt sie gegen alle Insolvenzgläubiger. Das Finanzamt kann die dem Verfahren zugrunde liegenden Abgabenforderungen nicht mehr gegen den Schuldner geltend machen. Es besteht jedoch weiterhin die Möglichkeit Haftungs- oder sonstige Gesamtschuldner in Anspruch zu nehmen (vgl. § 301 Abs. 2 InsO). 363

J. Eigenverwaltung

Auf Antrag des Schuldners oder eines berechtigten Gläubigers kann das Insolvenzgericht die Eigenverwaltung der Insolvenzmasse unter der Aufsicht eines Sachwalters anordnen, wenn dadurch nicht Gläubigerinteressen beeinträchtigt werden, z. B. durch Verfahrensverzögerung. Die Eigenverwaltung soll dem Schuldner einen Anreiz zur rechtzeitigen Antragstellung bieten. Darüber hinaus kann es sinnvoll sein, interne Unternehmenskenntnisse für die Zwecke der Insolvenz zu erhalten und zu nutzen. 364

Die insolvenzrechtlichen Vorschriften bleiben durch die Eigenverwaltung von wenigen Ausnahmen abgesehen unberührt. Im Grunde sind nur Befugnisse des Insolvenzverwalters auf den Schuldner selbst zu übertragen. Die Eigenverwaltung kann auf Antrag der Gläubigerversammlung oder eines Gläubigers, der entsprechende Gründe glaubhaft zu machen hat, aufgehoben werden (vgl. § 272 InsO).

Die Eigenverwaltung hat keine Auswirkungen auf das Besteuerungsverfahren, insbesondere nicht auf die Veranlagungszeiträume. Da der Schuldner im Fall der Eigenverwaltung jedoch selbst rechtsgeschäftlich mit Verfügungsbefugnis handeln kann, der Sachwalter demgegenüber nur Kontroll- und Aufsichtspflichten ausübt, ist der Schuldner selbst steuerlich als Vertreter der Insolvenzmasse i. S. d. §§ 34, 35 InsO anzusehen. Informatorische Mitteilungen und gegen die Masse wirksame Steuerbescheide sind ihm als Bekanntgabeadressat zuzusenden.

K. Besonderheiten und Einzelfragen

I. Steuergeheimnis

365 Nach § 30 Abs. 2 Nr. 1 a AO verletzt ein Amtsträger das Steuergeheimnis, wenn er Verhältnisse eines anderen, die ihm in einem Verwaltungsverfahren oder einem gerichtlichen Verfahren in Steuersachen bekannt geworden sind, unbefugt offenbart. Wenn das Finanzamt bei Anträgen auf Eröffnung des Insolvenzverfahrens die Insolvenzforderung und den Insolvenzgrund glaubhaft macht, so wird hierdurch das Steuergeheimnis eingeschränkt. Die Beeinträchtigung des Steuergeheimnisses wird jedoch allgemein als notwendige Folge der gesetzlichen Regelungen der Insolvenz und des Besteuerungsverfahrens angesehen und als für die Durchführung des Besteuerungsverfahrens in der Insolvenz für zwingend erforderlich gehalten.[161] Die OFD Frankfurt hat in ihrer Verfügung vom 29. 3. 1999, S 0130 A-115- St II 42 zur Frage der Auskunftserteilung in Angelegenheiten des Insolvenzrechtes Stellung genommen. Danach sind im Insolvenzverfahren folgende Angaben gegenüber dem Insolvenzgericht notwendig und zulässig:

- die in dem Antrag des Finanzamtes auf Eröffnung des Insolvenzverfahrens (§§ 13, 14 InsO) zur Glaubhaftmachung eines Eröffnungsgrundes (§§ 16, 19 InsO) notwendigen Angaben,
- die Anmeldung der Abgabenforderungen zum Forderungsverzeichnis der Tabelle (§§ 174, 175 InsO) und
- deren genaue Bezeichnung dem Grunde und der Höhe nach (§§ 174, 175 InsO).

366 Darüber hinausgehende Mitteilungen des Finanzamtes gegenüber dem Insolvenzverwalter und anderen am Verfahren Beteiligten sind durch § 30 Abs. 4 Nr. 1 AO grundsätzlich nicht gedeckt. Für die Zulässigkeit der Erteilung von Auskünften im Insolvenzverfahren und anderen am Verfahren Beteiligten ist entscheidend, ob diese als Vertreter des Schuldners gemäß § 34 Abs. 3 AO anzusehen sind und dessen steuerliche Pflichten zu erfüllen haben. Dies trifft zu auf den vorläufigen Insolvenzverwalter und den Insolvenzverwalter mit der Anordnung eines allgemeinen Verfügungsverbotes (§§ 21 Abs. 2, 22 Abs. 1 InsO) bzw. mit der Eröffnung des Insolvenzverfahrens (§ 80 Abs. 1 InsO). Dadurch verliert der Schuldner die Befugnis, sein zur Insolvenzmasse gehörendes Vermögen zu verwalten und über dasselbe zu verfügen. Bevor dem Schuldner ein allgemeines Verfügungsgebot auferlegt worden ist, ist bei der Erteilung von Auskünften an den vorläufigen Insolvenzverwalter, dessen Rechte und Pflichten gemäß § 22 Abs. 2 InsO eingeschränkt sind, das Steuergeheimnis uneingeschränkt zu wahren. Als Vertreter des Schuldners gelten auch der im vereinfachten Insolvenzverfahren (§§ 311 ff. InsO) bestellte Treuhänder, der die Aufgaben eines Insolvenzver-

---

161 Für den Konkurs: BMF, AO Kartei NRW, § 30 Karte 4.

walters wahrnimmt (§ 313 Abs. 1 Satz 2 InsO), nicht jedoch der vom Insolvenzgericht im Restschuldbefreiungsverfahren (§§ 286 ff. InsO) bestellte Treuhänder oder der Sachverwalter i. S. d. §§ 270, 274 InsO. Ihnen dürfen jedoch die für Besteuerungszwecke erforderlichen Auskünfte und Mitteilungen erteilt werden. Außerdem ist die Finanzbehörde mit Zustimmung des Schuldners (§ 30 Abs. 4 Nr. 3 AO) jederzeit zur Auskunftserteilung berechtigt. Von einer derartigen Zustimmung ist im außergerichtlichen Einigungsverfahren (§ 305 Abs. 1 Nr. 1 InsO) auszugehen, wenn eine nach landesspezifischen Regelungen als geeignet anerkannte Schuldnerberatungsstelle eingeschaltet ist.

II. Auswirkungen der Schweigepflicht der mit Steuerangelegenheiten des Schuldners befassten Personen

Die Eröffnung des Insolvenzverfahrens hat auch auf die Verschwiegenheitspflichten der Steuerberater, Wirtschaftsprüfer und Rechtsanwälte des Schuldners Auswirkungen. Sie können in Prozessen, die der Insolvenzverwalter kraft seines Amtes führt, von der Schweigepflicht entbunden werden. Der Insolvenzverwalter hat ein Recht auf Einsichtnahme bzw. Herausgabe der den Schuldner betreffenden Akten gegenüber dessen Rechtsanwalt bzw. Steuerberater. Dies folgt aus § 667 BGB i. V. m. § 50 BRAO. Der Insolvenzverwalter kann im Wege der einstweiligen Verfügung vom Steuerberater die Herausgabe der DATEV-Buchhaltungsausdrucke verlangen, ohne dass dem Steuerberater hierbei ein Zurückbehaltungsrecht zusteht.

367

III. Besteuerung des Veräußerungs- und Betriebaufgabegewinns

Bei der Verwertung der Insolvenzmasse werden häufig stille Reserven, die in zur Masse gehörenden Gegenständen enthalten sind, aufgedeckt und dadurch ein Veräußerungsgewinn erzielt. Unter einem derartigen *Veräußerungsgewinn* versteht man den Gewinn, der im Rahmen der Verwertung der Masse bei der Veräußerung einzelner Wirtschaftsgüter oder eines ganzen Betriebes erzielt wird. Bei der Veräußerung einzelner zur Masse gehörender Wirtschaftsgüter ist Veräußerungsgewinn der Betrag, um den der erzielte Erlös den (möglicherweise durch die regelmäßige AfA oder durch Sonderabschreibungen geminderten) Buchwert übersteigt.

368

369 Die Veräußerung eines Betriebes im Rahmen des Insolvenzverfahrens stellt den letzten Akt der betrieblichen Tätigkeit dar. Wird hierbei vom Insolvenzverwalter ein Preis erzielt, der über dem Buchwert des Betriebsvermögens liegt, so wird der hierin liegende Gewinn als Betriebsveräußerungsgewinn versteuert. Dieser Veräußerungsgewinn ist in mehrfacher Hinsicht steuerlich begünstigt. Die Vergünstigungen bestehen u. a. in der Gewährung eines Freibetrages (§ 16 Abs. 4 EStG). In gleicher Weise wie der Betriebsveräußerungsgewinn wird auch der Gewinn begünstigt, der bei der Veräußerung von Teilbetrieben und Mitunternehmeranteilen entsteht. Im Betriebsveräußerungsgewinn werden alle im Laufe der Zeit im Betrieb angesammelten stillen Reserven erfasst. Zur Ermittlung des Veräußerungsgewinnes wird der um die Veräußerungskosten verminderte Buchwert des Betriebsvermögens gegenübergestellt. Der sich hierbei ergebende Unterschiedsbetrag ist der Veräußerungsgewinn. Als Veräußerung des ganzen Gewerbebetriebes oder eines Teilbetriebes gilt die Betriebsaufgabe (§ 16 Abs. 3 Satz 1 EStG). Unter Betriebsaufgabe versteht man die Auflösung des Betriebs mit der Folge, dass der Betrieb als selbstständiger Organismus des Wirtschaftslebens zu bestehen aufhört. Im Rahmen einer Betriebsaufgabe werden die bisher zum Betrieb gehörenden Wirtschaftsgüter veräußert. Die bei der Betriebsaufgabe aufgedeckten, stillen Reserven werden als Betriebsaufgabegewinn erfasst. Da die uneingeschränkte steuerliche Erfassung aller, bei einer Betriebsaufgabe aufgedeckten, stillen Reserven für den Steuerpflichtigen eine Härte bedeuten würde, bestehen für Betriebsaufgabegewinne ebenso wie für Betriebsveräußerungsgewinne steuerliche Vergünstigungen in Form eines Freibetrages nach § 16 Abs. 4 EStG.

370 **Eine Betriebsaufgabe setzt voraus, dass der Steuerpflichtige oder der Insolvenzverwalter**

- aufgrund eines Entschlusses, den Betrieb aufzugeben, die bisherige gewerbliche Tätigkeit endgültig einstellt und

- alle wesentlichen Betriebsgrundlagen in einem einheitlichen Vorgang entweder klar und eindeutig, äußerlich erkennbar ins Privatvermögen überführt bzw. anderen betriebsfremden Zwecken zuführt

- oder insgesamt einzeln an verschiedene Erwerber veräußert und dadurch der Betrieb als selbstständiger Organismus des Wirtschaftslebens zu bestehen aufhört.

371 Wichtig ist, dass die Betriebsaufgabe in einem Zuge und nicht allmählich durchgeführt wird. Dabei können die Wirtschaftsgüter dann in mehreren Schritten veräußert werden, weil die schrittweise Veräußerung noch als einheitlicher Vorgang angesehen werden kann.[162] Ein wirtschaftlicher einheitlicher Vorgang ist dann noch gegeben, wenn zwischen Beginn und Ende der Betriebsaufspaltung nur ein kurzer Zeitraum liegt. Dabei entscheidet der

---

162 BFH, BStBl. II 1977, 66.

Einzelfall, insbesondere die Art der zu veräußernden Wirtschaftsgüter. Von einem kurzen Zeitraum geht die Finanzverwaltung in der Regel dann aus, wenn die Veräußerung bzw. die Abwicklung des Insolvenzverfahrens innerhalb eines halben Jahres erfolgt. Eine Ausnahme von der halbjährlichen Frist gilt allerdings, wenn eine Abwicklung aus wirtschaftlich vernünftigen Gründen in diesem Zeitraum nicht möglich ist, weil z. B. schwer verkäufliche Grundstücke zum Anlagevermögen gehören. Der BFH hat in einem Fall einen Zeitraum von sechs Monaten[163] als unschädlich angesehen und in einem anderen Fall 14 Monate noch als kurzen Zeitraum beurteilt.[164] Schädlich ist dagegen eine allmähliche Abwicklung, die sich über mehrere Jahre hinzieht.[165] Da die Betriebsaufgabe ein tatsächlicher Vorgang ist, bedarf es keiner zusätzlichen Aufgabeerklärung gegenüber dem Finanzamt.[166] Auch die Abwicklung eines Insolvenzverfahrens stellt nur dann eine begünstigte Betriebsaufgabe dar, wenn die wesentlichen Betriebsgrundlagen innerhalb kurzer Zeit und damit in einem einheitlichen Vorgang veräußert werden. Soweit diese Voraussetzungen erfüllt sind, jedoch noch weitere Wirtschaftsgüter, z. B. des gewillkürten Betriebsvermögens noch nicht veräußert sind, müssen diese mit dem gemeinen Wert entnommen werden.

Bei der Insolvenz einer *Kommanditgesellschaft* führt der Wegfall des negativen Kapitalkontos zu einem Aufgabegewinn. Voraussetzung ist, dass im Zeitpunkt der Aufstellung der Bilanz ein Antrag auf Eröffnung des Insolvenzverfahrens abgelehnt oder bereits gestellt oder das Insolvenzverfahren eröffnet worden ist.

Während in Fällen, in denen der Antrag auf Eröffnung des Insolvenzverfahrens abgelehnt worden ist, ein Ausgleich des negativen Kapitalkontos mit künftigen Gewinnanteilen eindeutig nicht mehr in Betracht kommt, gilt dies ohne weiteres nicht in den Fällen, in denen ein Antrag auf Eröffnung des Insolvenzverfahrens gestellt bzw. das Insolvenzverfahren bereits eröffnet worden ist. Eine sofortige Besteuerung des negativen Kapitalkontos als laufender Gewinn kommt in derartigen Fällen dann nicht in Betracht, wenn die Kommanditgesellschaft trotz der Eröffnung des Insolvenzverfahrens noch erhebliches Vermögen hat, z. B. unbewegliches Anlagevermögen mit nennenswerten stillen Reserven oder einen Geschäftswert; wenn also zu erwarten ist, dass im Rahmen der Durchführung des Insolvenzverfahrens noch Gewinne anfallen. Die auf der Auflösung der stillen Reserven im Rahmen des Aufgabegewinnes beruhende Steuer ist den sonstigen Masseverbindlichkeiten i. S. d. § 55 InsO zuzurechnen.[167]

---

163 BFH, BStBl. II 1970, 719.
164 BFH, BStBl. III 1967, 70.
165 BFH, BStBl. II 1977, 66; FG Niedersachsen EFG 1993, 159.
166 BFH, BStBl. II 1983, 412; BFH, BStBl. II 1985, 456.
167 Für den Konkurs: BFH, BStBl. III 1964, 70; BStBl. II 1984, 602.

IV. Insolvenzrechtliche Probleme der Personengesellschaften

373 Ein Insolvenzverfahren kann über das Vermögen einer OHG und KG und anders als im Konkurs auch über das Vermögen einer GbR eröffnet werden, nicht jedoch über das Vermögen einer stillen Gesellschaft, bei der es nur Insolvenzverfahren über das Vermögen des stillen Gesellschafters gibt. Bei den Personengesellschaften ist zwischen dem Vermögen der Gesellschaft, dem Gesamthandsvermögen und den Forderungen auf rückständige Einlagen sowie dem Vermögen der Gesellschafter einschließlich des steuerlichen Sonderbetriebsvermögens zu unterscheiden. Die Eröffnung des Insolvenzverfahrens über das *Gesamthandsvermögen* einer Personengesellschaft, kann auch ein Insolvenzverfahren über das Vermögen der Gesellschafter nach sich ziehen. Dabei handelt es sich jeweils um selbstständige und unabhängige Insolvenzverfahren. Einkommensteuerrechtlich werden die Einkünfte den Gesellschaftern zugerechnet, da die Personengesellschaft für die Einkommensteuer kein Steuersubjekt ist. Die unterschiedliche Behandlung der Personengesellschaft im Steuer- und im Insolvenzrecht führt im Einzelfall zu unbefriedigenden Ergebnissen. Erzielt die Personengesellschaft, z. B. bei der Veräußerung von Gesellschaftsvermögen Gewinne, so führen diese zu einer steuerfreien Vermögensmehrung der Insolvenzmasse, weil die darauf entfallende Einkommensteuer von den Gesellschaftern zu tragen ist.

374 Die Ursache hierfür liegt in einer Unabgestimmtheit von Steuer- und Insolvenzrecht. Insolvenzrechtlich wird das Gesamthandsvermögen der Personengesellschaft, obwohl es weiterhin der Gesamtheit der Gesellschafter zuzurechnen ist, im Ergebnis wie eine mit Rechtssubjektivität ausgestattete Vermögensmasse behandelt. Einkommensteuerrechtlich bleibt es jedoch bei der Zurechnung bei den Gesellschaftern.[168] Ist nicht über das Vermögen eines Gesellschafters, sondern über das Vermögen der Personengesellschaft das Insolvenzverfahren eröffnet worden, so kann die auf die Gewinne entfallende und dem Gesellschafter zuzurechnende Einkommensteuer nicht Masseverbindlichkeit nach § 55 Abs. 1 Nr. 1 InsO im Insolvenzverfahren der Personengesellschaft sein. Dieses Problem lässt sich nur unter Anwendung von steuerlichen Gesichtspunkten lösen, insoweit als man die Frage stellt, ob hierdurch beim Gesellschafter eine Erhöhung der Leistungsfähigkeit eingetreten und eine Besteuerung bei ihm gerechtfertigt ist.[169] Dies gilt vor allem dann, wenn der Gesellschafter für die Verbindlichkeit der in Insolvenz gefallenen Personengesellschaft unbeschränkt persönlich haftet. Soweit nämlich durch Gewinne der Personengesellschaft deren Schulden, für die der Gesellschafter persönlich haftet, vermindert werden, ist er inso-

---

168 Zu der Problematik, vgl. Frotscher, Besteuerung bei Insolvenz, 5. Aufl. 1999, S. 132 ff.
169 Vgl. Frotscher, Besteuerung, S. 139 sowie vom Grundsatz und Ergebnis her auch BFH, BStBl. II 1995, 257.

weit durch die Verminderung der ihn persönlich treffenden Verpflichtungen bereichert. Das Gleiche gilt, wenn der Gesellschafter zwar nicht persönlich Haftender ist, seine Hafteinlage nicht voll eingezahlt hat und daher durch die Gewinne der Personengesellschaft von seiner Haftung freigestellt wird. Ist die Leistungsfähigkeit des Gesellschafters durch die von der Personengesellschaft erzielten Gewinne dagegen nicht erhöht, so erscheint es unbillig beim Gesellschafter die von der insolventen Personengesellschaft erzielten Gewinne zu besteuern.[170] Die gleiche Differenzierung ist zu machen, wenn sowohl über das Gesamtvermögen der Personengesellschaft als auch über das Vermögen eines Gesellschafters das Insolvenzverfahren eröffnet worden ist.

Ist danach die Einkommensteuer im Insolvenzverfahren über das Vermögen des Gesellschafters geltend zu machen, so stellt sie, da sie nach Eröffnung des Insolvenzverfahrens begründet worden ist, eine Masseverbindlichkeit i. S. d. § 55 Abs. 1 Nr. 1 InsO dar. Haftet der Gesellschafter dagegen nicht persönlich und hat er seine Hafteinlage erbracht, so hat die auf den Gesellschafter dennoch entfallende Einkommensteuer keine sachliche Beziehung zum Insolvenzverfahren, sondern ist dem insolvenzfreien Vermögen des Gesellschafters zuzurechnen. Da die Leistungsfähigkeit des Gesellschafters durch die Gewinne nicht erhöht wird, bleibt ihm insoweit nur die Möglichkeit aus Billigkeitsgründen einen Erlassantrag zu stellen.[171]

375

Dem Insolvenzverwalter über das Vermögen einer Personengesellschaft steht kein Anspruch gegen das Finanzamt auf Erstattung der Kapitalertragsteuer zu, die von den Zinserträgen der zur Masse gehörenden Bankeinlagen einbehalten und abgeführt wurden.[172]

376

Bei der Auflösung des *negativen Kapitalkontos* eines Kommanditisten sind eigenkapitalersetzende Darlehen wie Fremdkapital zu behandeln. Auch bei vorzeitigem Fortfall des negativen Kapitalkontos kann eine überschießende Außenhaftung des Kommanditisten nicht gewinnmindernd berücksichtigt werden.[173]

378

V. Verlustausgleich und Verlustabzug

Grundsätzlich ändert sich durch die Eröffnung des Insolvenzverfahrens nichts an der Anwendbarkeit des § 10 d EStG. Die Möglichkeit des *Verlustausgleichs* bleibt dem Schuldner also auch noch nach der Eröffnung des Insolvenzverfahrens erhalten, weil die Einkommensteuerveranlagung einheitlich ohne Rücksicht auf die Eröffnung des Insolvenzverfahrens durchge-

379

---

170 Vgl. Frotscher, Besteuerung, S. 140.
171 Vgl. Frotscher, Besteuerung, S. 141; BFH, BStBl. II 1995, 257.
172 BFH, BFH/NV 1996, 112.
173 BFH, BStBl. II 1997, 297.

führt wird.¹⁷⁴ Soweit das Insolvenzverfahren nicht zu einer vollen Befriedigung der Gläubiger führt, können diese ihre ausgefallenen Forderungen nach Abschluss des Insolvenzverfahrens unbeschränkt gegen den Schuldner weiterverfolgen. Der am Schluss des Veranlagungszeitraumes verbleibende Verlustabzug ist gemäß § 10 d Abs. 3 Satz 1 EStG gesondert festzustellen, unabhängig von dem Verbot des Erlasses von Steuerbescheiden über Insolvenzforderungen. Soweit die Insolvenzmasse von dem Verlustabzug betroffen ist, ist die Feststellung gegenüber dem Insolvenzverwalter vorzunehmen. Für die Zulässigkeit eines Verlustausgleiches oder -abzugs ist allein auf die rechtliche Überschuldung abzustellen. Daher ist bis zum Wegfall der Schulden, z. B. durch Erlass ein Verlustabzug steuerlich anzuerkennen. Mit dem Wegfall der Schulden, z. B. durch einen (teilweisen) Erlass seitens des Gläubigers entsteht in Höhe des Wegfalles der Forderung beim Schuldner ein gewerblicher Gewinn. Dies gilt selbst dann, wenn die zur Tilgung verwendeten Geldmittel dem Schuldner von dritter Seite zur Verfügung gestellt worden sind. Unerheblich ist auch, ob die früher angefallenen Verluste sich steuerlich ausgewirkt haben.¹⁷⁵

VI. Haftung von Gesellschaftern oder Geschäftsführern

380 Gemäß § 93 InsO ist der Erlass von Haftungsbescheiden gegen Gesellschafter von Gesellschaften ohne Rechtspersönlichkeit (§ 1 Abs. 2 Nr. 1 InsO) während der Dauer des Insolvenzverfahrens nicht zulässig. Solche Haftungsansprüche kann nur der Insolvenzverwalter geltend machen. Sinn der Regelung ist, dass einzelne Gläubiger durch die Geltendmachung von Haftungsansprüchen keine Sondervorteile haben sollen. Nach dem Wortlaut des § 93 InsO gilt dies auch für steuerliche Haftungsansprüche. Von der Finanzverwaltung wird dies jedoch mit dem Hinweis darauf abgelehnt, dass der Insolvenzverwalter dabei die dem Finanzamt zustehenden öffentlich-rechtlichen Rechte und Interessen wahrnehmen würde. Zu beachten ist in diesem Fall jedoch § 191 Abs. 5 Nr. 1 AO. Danach darf ein Haftungsbescheid nicht mehr ergehen, wenn die Steuer gegen die Gesellschaft als Steuerschuldner nicht festgesetzt worden ist und wegen des Ablaufs der Festsetzungsfrist auch nicht mehr festgesetzt werden kann.

381 Nicht ausgeschlossen durch § 93 InsO und damit zulässig auch während des Insolvenzverfahrens ist der Erlass eines Haftungsbescheids an den Geschäftsführer von Gesellschaften ohne Rechtspersönlichkeit (für die GbR §§ 709 ff. BGB; für die OHG §§ 114 ff. HGB; für die KG §§ 161 Abs. 2, 164 HGB), wenn dieser die steuerlichen Pflichten der Gesellschaft vorsätzlich oder grob fahrlässig i. S. d. §§ 34 Abs. 1, 69 AO verletzt hat. Dabei muss

---

174 Für den Konkurs: BFH, BStBl. II 1969, 726.
175 Für den Konkurs: BFH, BStBl. II 1972, 946.

ein ursächlicher Zusammenhang zwischen dieser Pflichtverletzung und dem eingetretenen Steuerausfall bestehen. Dieser ist insbesondere in den Fällen, in denen der Geschäftsführer wegen der Verletzung der Steuererklärungspflicht in Haftung genommen werden soll, nicht gegeben, wenn mangels ausreichender Zahlungsmittel und vollstreckbaren Vermögens auch bei fristgerechter Erklärungsabgabe die geschuldete Steuer nicht hätte gezahlt werden können.

Der Geschäftsführer einer GmbH haftet nach § 69 i. V. m. § 34 AO, wenn er schuldhaft Körperschaft- oder Umsatzsteuerschulden nicht oder zu spät tilgt und dadurch die Steueransprüche verkürzt. Reichen die verfügbaren Mittel nicht zur Tilgung aller Schulden aus, so hat der Geschäftsführer die Steuerschulden im selben Verhältnis zu tilgen wie die übrigen Schulden. Die Verletzung dieser Pflichten ist regelmäßig schuldhaft. Denn die ordnungsgemäße Beachtung der gesetzlichen Vorschriften muss von jedem kaufmännischen Leiter eines Gewerbebetriebes verlangt werden. Da die Haftung nach § 69 AO einen durch eine schuldhafte Pflichtverletzung verursachten Steuerausfall voraussetzt, kann der Haftungsschuldner nach dem Grundsatz der anteiligen Haftung nur für diejenigen Steuerbeträge in Anspruch genommen werden, für die bei pflichtgemäßen Verhalten seinerseits ein Ausfall nicht eingetreten wäre. Die geänderte Rechtsprechung des BGH zur Geschäftsführerhaftung gemäß § 823 Abs. 2 BGB i. V. m. § 64 GmbHG gegenüber Neugläubigern wirkt sich nicht auf die Haftung gemäß §§ 34, 69 AO aus.

382

1. Voraussetzung der Haftung nach § 69 AO

Die in den §§ 34 und 35 AO bezeichneten Personen haften, soweit Ansprüche aus dem Steuerschuldverhältnis (§ 37 AO) infolge vorsätzlicher oder grob fahrlässiger Verletzung der ihnen auferlegten Pflichten nicht oder nicht rechtzeitig festgesetzt oder erfüllt oder soweit infolgedessen Steuervergütungen oder Steuererstattungen ohne rechtlichen Grund gezahlt werden. Unter den in §§ 34 und 35 AO bezeichneten Personenkreis fallen neben dem GmbH Geschäftsführer auch der Insolvenzverwalter oder der Liquidator, nicht aber jemand, der im Auftrag des Insolvenzverwalters nur Personalangelegenheiten bearbeitet. Wird die Haftung des Geschäftsführers auf die Verletzung der Steuererklärungspflicht gestützt, so muss ein ursächlicher Zusammenhang zwischen dieser Pflichtverletzung und dem eingetretenen Steuerausfall bestehen. An diesem Kausalzusammenhang fehlt es, wenn mangels ausreichender Zahlungsmittel und vollstreckbaren Vermögens auch bei fristgerechter Erklärungsabgabe die geschuldete Steuer nicht hätte gezahlt werden können.[176] Unabhängig von vorhandenen Zahlungsmitteln haftet der Haftungsschuldner auch dann, wenn durch die unterlas-

383

---

176 BFH, BStBl. II 1993, 8.

sene oder verspätete Erklärungsabgabe aussichtsreiche Vollstreckungsmöglichkeiten des Finanzamtes vereitelt worden sind.[177]

384 Eine Inhaftungsnahme des Geschäftsführers einer in Insolvenz gefallenen GmbH für Umsatzsteuer-Rückstände der Gesellschaft ist dann ermessensfehlerhaft, wenn das Finanzamt ohne nähere Erläuterung davon abgesehen hat, diese Steuerrückstände zur Tabelle anzumelden. Im Rahmen der Prüfung stellt das Finanzamt fest, ob der betreffende Haftungsschuldner eine schuldhafte Pflichtverletzung begangen hat. Zu den Pflichten gehört insbesondere die Entrichtung von Steuern und steuerlichen Nebenleistungen aus den verwalteten Mitteln. Der Haftungsschuldner muss dafür Sorge tragen, dass die Körperschaft- und Umsatzsteuer aus diesen Mitteln bezahlt wird. Hierzu gehören auch verfügbare Kreditmittel. Für die Würdigung des Verhaltens eines Vertreters über einen Zeitraum ist jeweils der Zeitpunkt maßgebend, in dem der Vertreter die Nichtsteuergläubiger befriedigt, und zwar sowohl hinsichtlich der Höhe der Steuerschulden als auch der Höhe der übrigen Schulden. Dabei können je nach der Lage des Falles einzelne Tage zu einem Zeitraum zusammengefasst werden. Befindet sich z. B. eine GmbH in Liquidationsschwierigkeiten, handelt der Haftungsschuldner schuldhaft, wenn er die Körperschaft- oder die Umsatzsteuer nicht anteilig, d. h. in etwa dem gleichen Verhältnis wie die anderen Zahlungsverpflichtungen der Gesellschaft (z. B. gegenüber Lieferanten) entrichtet.[178] Nach der Rechtsprechung des BGH haftet ein Insolvenzverwalter, der auf Veranlassung eines Grundpfandgläubigers zur Umsatzsteuer optiert und unberechtigterweise eine Rechnung mit offen ausgewiesener Umsatzsteuer erteilt, aus §§ 34 Abs. 3 i. V. m. Abs. 1 AO, wenn er weiß, dass die Masse nicht zur Deckung der Umsatzsteuerschuld ausreicht.[179]

2. Haftungszeitraum

385 Der Haftungszeitraum beginnt mit der Fälligkeit der ältesten Steuerschuld und endet mit dem Tag der letzten Zahlung, die der Haftungsschuldner beeinflussen konnte.

3. Umfang der Haftung

386 Der Umfang der Haftung nach § 69 AO ist dem Grunde nach auf folgende Ansprüche aus dem Steuerschuldverhältnis beschränkt (§ 37 Abs. 1 AO):

---

177 BFH, BStBl. II 1991, 678, 681.
178 Siehe BFH vom 26. 4. 1984, a. a. O.
179 FG Münster EFG 1997, 193.

> **Beschränkung des Haftungsumfangs auf**
> - die Steuer-, Vergütungs- und Haftungsansprüche,
> - den Anspruch auf steuerliche Nebenleistungen, zu denen auch Säumnis- und Verspätungszuschläge gehören (§ 37 Abs. 3 AO),
> - die in den Einzelsteuergesetzen geregelten Steuererstattungsansprüche.

4. Quotenermittlung

Zur Berechnung der Umsatzsteuer- bzw. der Körperschaftsteuerquote ist zunächst das Verhältnis der gesamten Zahlungsverpflichtungen der GmbH zu den Umsatzsteuer- bzw. Körperschaftsteuerschulden im Haftungszeitraum zu ermitteln. Dieser Vomhundertsatz (Quote) ist auf die im Haftungszeitraum von der GmbH insgesamt erbrachten Zahlungen anzuwenden. Von der sich daraus ergebenden Zwischensumme sind die im Haftungszeitraum von der GmbH bezahlten Umsatz- oder Körperschaftsteuern abzusetzen. Der verbleibende Restbetrag ist die Haftungsmasse. 387

Zur Ermittlung der Haftungsmasse und zur Berechnung der Gesamtverbindlichkeiten werden in der Regel *folgende Unterlagen* eingesehen: 388

- Summen- und Saldenlisten zum Stichtag, Antrag auf Eröffnung des Insolvenzverfahrens oder Eröffnung des Insolvenzverfahrens,
- Bankkonten (Darlehen, Giro) und Schecklisten; diese sind wichtig für die Ermittlung der Verbindlichkeiten und entscheidend für die Sachverhaltsermittlung der noch durchgeführten Zahlungen von Verbindlichkeiten gegenüber Gläubigern,
- Lohnkonten, auch die ausstehenden Löhne gehören zu den Verbindlichkeiten,
- Gerichtskosten und Unterlagen des Insolvenzverwalters (die z. B. Erkenntnisse bringen könnten über das Verschulden des Geschäftsführers).

Zur Feststellung der Haftungsmasse kann das Finanzamt vom Haftungsschuldner die notwendigen Auskünfte über die anteilige Gläubigerbefriedigung im Haftungszeitraum verlangen. Der Haftungsschuldner ist jedoch nicht verpflichtet, die Gläubiger zu benennen sowie Angaben über den jeweiligen Schuldgrund und den Zahlungszeitpunkt der einzelnen Verbindlichkeiten zu machen. Zur Auskunftspflicht des Haftungsschuldners in der Insolvenz.[180] Danach ist der ehemalige Geschäftsführer einer GmbH nicht verpflichtet sich nach Abschluss des Konkursverfahrens zum Liquidator der ehemaligen Gemeinschuldnerin bestellen zu lassen, um nach Herausgabe der Geschäftsunterlagen der GmbH Auskünfte erteilen zu kön- 389

---

180 BFH-Beschluss, BFH/NV 1999, 447.

nen. Er muss sich auch nicht aufgrund seiner potenziellen Auskunftspflicht vorsorglich in den Besitz der nötigen Unterlagen setzen, damit er ein künftiges Auskunftsverlangen des Finanzamtes erfüllen kann.

5. Haftung für Lohnsteuer

389 Der Geschäftsführer einer GmbH haftet für einbehaltene und nicht abgeführte Lohnsteuer, Lohnkirchensteuer, Ergänzungsabgaben, Stabilitätszuschläge und Säumniszuschläge wegen grob fahrlässiger Pflichtverletzung, wenn er trotz Kenntnis von der schlechten finanziellen Lage der GmbH und dem ausgeschöpften Kreditrahmen die ungekürzten Löhne und die Lohnsteuer zur Überweisung anwies und es über einen Zeitraum von acht Monaten hinnahm, dass die Bank nur die Löhne, nicht aber die Steuerabzugsbeträge überwiesen und die (nicht ausgeführten) Überweisungsaufträge an die GmbH zurückgegeben hat. Er muss auch bei finanzieller Abhängigkeit der GmbH und seiner eigenen Person von der Bank trotz entgegenstehender Interessen und Weisungen der Bank dafür sorgen, dass die, wenn auch nur im Kreditwege zur Verfügung stehenden Mittel, gegebenenfalls unter Einschaltung des zuständigen Finanzamtes, gleichmäßig zur Erfüllung der Verbindlichkeiten verwendet werden.

Der Grundsatz der anteiligen Haftung für die Umsatzsteuer[181] greift nicht ein, wenn der Geschäftsführer einer GmbH verpflichtet ist, die Eröffnung des Insolvenzverfahrens über das Vermögen einer GmbH zu beantragen, weil die GmbH zahlungsunfähig oder überschuldet ist.[182] Die Haftung für Lohnsteuer und Kirchensteuer nach § 69 AO greift sowohl bei Nichterfüllung als auch bei nicht rechtzeitiger Erfüllung der Ansprüche aus dem Steuerschuldverhältnis ein. Dabei handelt vorsätzlich i. S. dieser Vorschrift, wer die Pflichten gekannt und ihre Verletzung gewollt hat. Die Pflichtverletzung braucht weder gewünscht noch beabsichtigt gewesen zu sein. Sind bei einer GmbH zwei Geschäftsführer als gesetzliche Vertreter vorhanden, so treffen grundsätzlich jeden von ihnen alle steuerlichen Pflichten der GmbH.[183]

Die Nichtabführung der Lohnsteuer stellt regelmäßig eine schuldhafte Pflichtverletzung der den Arbeitgeber vertretenden Person dar. Der Arbeitgeber hat sich die Informationen zu beschaffen, die es ihm ermöglichen, die gesetzlichen Vorschriften zu beachten.[184] Hat der Geschäftsführer einer GmbH einbehaltene Lohnsteuer nicht an das Finanzamt abgeführt, da er zum Fälligkeitszeitpunkt wegen Eröffnung des Insolvenzverfahrens über das Vermögen der GmbH nicht mehr über deren Mittel verfügen durfte, ist ernstlich zweifelhaft, ob dieses Verhalten den Haftungstatbestand des § 69 AO erfüllt. Selbst die begründete Vermutung, dass der Geschäftsführer

---
181 BFH, BStBl. II 1986, 657.
182 BFH WM 1994, 1428.
183 Vgl. BFH NJW 1962, 1640; BFH NJW 1982, 2038.
184 BFH DB 1953, 502; BFH BFH/NV 1986, 583.

auch ohne die Eröffnung des Insolvenzverfahrens die Steuer nicht abgeführt hätte, kann die Haftung nicht begründen. Ein bei Inanspruchnahme des Geschäftsführers einer GmbH wegen vorsätzlicher Nichtabführung einbehaltener Lohnsteuer zu beachtendes Mitverschulden des Finanzamtes kann nicht darin gesehen werden, dass das Finanzamt die rückständigen Abzugsbeträge früher hätte einziehen können,[185] bzw. dass es die kurz vor Eröffnung des Insolvenzverfahrens abgetretenen Forderungen der GmbH, ohne hieraus Befriedigung zu suchen, an die Insolvenzmasse freigegeben hat.[186]

Der alleinige Geschäftsführer einer GmbH haftet für die bei der GmbH eingetretenen Steuerverkürzungen wegen vorsätzlicher Pflichtverletzungen, wenn er trotz Kenntnis der finanziellen Schwierigkeiten der GmbH und im Vertrauen darauf, dass das Finanzamt stillhalten und er die Steuerrückstände aufgrund der Finanzierungszusage der Muttergesellschaft der GmbH später werde ausgleichen können, einbehaltene Lohnsteuerabzugsbeträge zu den jeweiligen Fälligkeitszeitpunkten bewusst nicht an das Finanzamt abgeführt hat. Eine Haftung entfällt jedoch insoweit, als der gesetzliche Fälligkeitszeitpunkt in dem Zeitraum nach Eröffnung des Insolvenzverfahrens über das Vermögen der GmbH fällt und zwar unbeachtlich der Frage, ob der Geschäftsführer überhaupt in der Lage und gewillt gewesen wäre, die Abzugsbeträge abzuführen.

390

Wird über das Vermögen der Schwesterfirma, bei der die Lohnsteuerbuchhaltung geführt wird, das Insolvenzverfahren eröffnet, so muss der Geschäftsführer rechtzeitig dafür sorgen, dass ihm die Lohnunterlagen übermittelt werden. Ist dies nicht möglich, muss er bei Leistung von Abschlagszahlungen von diesen Abzüge in etwa dem Verhältnis zur Lohnsumme einbehalten, wie dies den Lohnabrechnungen für die Vormonate entsprach.[187] Der Geschäftsführer einer Not leidenden KG haftet auch dann für nichtabgeführte Lohnsteuern und Kirchensteuern, wenn er über 19 Monate hinweg die Löhne ungekürzt aus Kreditmitteln gezahlt hat, die nach der getroffenen Vereinbarung oder der Weisung des Kreditgebers nur für Nettolohnzahlungen verwendet werden sollten, und im Falle der Lohnkürzung die Gefahr der Arbeitsniederlegung durch die Arbeitnehmer bestand. Die vorsätzliche Verwirklichung des Haftungstatbestandes wird nicht ausgeschlossen durch die Bemühungen des Geschäftsführers, eine Stundung zu erreichen oder eine anteilige Lohnkürzung gegenüber den Arbeitnehmern durchzusetzen sowie durch Hingabe von Schecks an das Finanzamt, mit deren Einlösung er nicht rechnen konnte.[188] Der Geschäftsführer einer GmbH, die persönlich haftende Gesellschafterin einer GmbH & Co KG ist, haftet für die Nichtabführung einbehaltener und abzuführender Lohnsteuer (nebst Kirchenlohnsteuer und Solidaritätszuschlag) der GmbH & Co KG.

---

185 Anschluss an BFH DB 1978, 2456.
186 BFH ZIP 1985, 958.
187 BFH BFH/NV 1987, 74.
188 BFH BFH/NV 1986, 378.

391 Zum Umfang der Haftung nach § 69 AO für die Lohnsteuer, wenn dem Geschäftsführer der Gesellschaft außer den in voller Höhe ausgezahlten Nettolöhnen keine sonstigen Zahlungsmittel zur Verfügung standen, führt der BFH[189] aus, dass seine neuere Rechtsprechung bei der Haftung des Geschäftsführers für rückständige Umsatzsteuer davon ausgehe, dass dieser nur insoweit in Anspruch genommen werden könne, als er aus den ihm zur Verfügung stehenden Mitteln die Steuerschulden hätte tilgen können. Reichten die Zahlungsmittel der Gesellschaft zur Tilgung sämtlicher Verbindlichkeiten nicht aus, so hafte der Geschäftsführer nur in dem Umfang, wie er das Finanzamt gegenüber den anderen Gläubigern benachteiligt habe. Die danach für die Umsatzsteuer verbleibende Haftungsmasse sei unter Berücksichtigung der Mittelverwendung während des gesamten Haftungszeitraums überschlägig zu berechnen.[190]

Die vorstehenden, für die Umsatzsteuerhaftung entwickelten Rechtsgrundsätze können für die nach derselben Rechtsnorm zu beantwortenden Frage nach dem Umfang der Haftung für die Lohnsteuer, wenn die dem Geschäftsführer zur Verfügung stehenden Zahlungsmittel zur Befriedigung der Arbeitnehmer wegen der Löhne sowie des Finanzamtes wegen der Lohnsteuer nicht ausreichen, nicht unberücksichtigt bleiben. Falls die zur Verfügung stehenden Mittel nicht zur Zahlung der vollen Löhne einschließlich des Steueranteiles ausreichen, darf der Geschäftsführer die Löhne deshalb nur gekürzt als Vorschuss oder Teilbetrag auszahlen, und er muss aus den übrig gebliebenen Mitteln die entsprechende Lohnsteuer an das Finanzamt abführen. Kommt der Geschäftsführer seiner Verpflichtung zur gleichrangigen Befriedigung der Arbeitnehmer bezüglich der Löhne und des Finanzamtes hinsichtlich der darauf entfallenden Lohnsteuer – notfalls unter anteiliger Kürzung beider Verbindlichkeiten – nicht nach, handelt er zumindest grob fahrlässig und erfüllt den Haftungstatbestand des § 69 Satz 1 AO. Da die Haftung nach § 69 AO einen durch schuldhafte Pflichtverletzung verursachten Steuerausfall voraussetzt, kann der Haftungsschuldner nur hinsichtlich derjenigen Steuerbeträge in Anspruch genommen werden, für die bei pflichtgemäßen Verhalten seinerseits ein Ausfall nicht eingetreten wäre.

Die Haftung nach § 69 AO erstreckt sich nicht auf Säumniszuschläge, die ab dem Zeitpunkt der Überschuldung und Zahlungsunfähigkeit des Hauptschuldners verwirkt sind.[191]

VII. Zinsabschlag in der Insolvenz

392 Die 30 %ige Zinsabschlagsteuer hat Vorauszahlungscharakter und wird auf die Einkommen- und Körperschaftsteuer angerechnet. Bei Vorliegen einer

---
189 BFH DB 1988, 2238.
190 BFH NJW 1982, 2688; BB 1987, 2008.
191 BFH DB 1988, 2238.

Nichtveranlagungsbescheinigung oder eines Freistellungsauftrages entfällt der Zinsabschlag. Für die Vornahme des Zinsabschlages ist zwischen den Kapitalerträgen aus verbrieften Kapitalforderungen, d. h. aus Anleihen und Forderungen, die in einem öffentlichen Schuldbuch oder in einem ausländischen Register unter Angabe von Sammelurkunden oder Teilschuldverschreibungen eingetragen sind und den Kapitalerträgen aus einfachen Darlehensgeschäften zu unterscheiden. Der Zinsabschlag ist gemäß § 43 Abs. 1 EStG auch bei Gläubigern vorzunehmen, über deren Vermögen das Insolvenzverfahren eröffnet worden ist und bei denen wegen hoher Verlustvorträge die Kapitalertragsteuer und die anrechenbare Körperschaftsteuer auf Dauer höher wären als die gesamte festzusetzende Einkommensteuer (sog. Überzahler). Eine solche Überzahlung beruht nicht auf der Art seiner Geschäfte i. S. d. § 44 a Abs. 5 EStG. Bei diesen Gläubigern kann auch nicht aus sachlichen Billigkeitsgründen gemäß § 163 AO vom Zinsabschlag abgesehen werden.[192]

Zu bisher ungeklärten Rechtsfragen führt das Zinsabschlaggesetz unter anderem im Zuge der Besteuerung der Zinseinkünfte von Personenhandelsgesellschaften, über deren Vermögen das Insolvenzverfahren eröffnet worden ist. Zinseinnahmen, die der Insolvenzverwalter durch die Anlage der Erlöse aus der Versilberung des Gesellschaftsvermögens erzielt, werden durch den Zinsabschlag geschmälert und stehen insoweit nicht zur Verteilung an die Gläubiger zur Verfügung. Überbezahlte Beträge sind mit befreiender Wirkung vom Finanzamt an die Gesellschafter zu zahlen. Hierdurch werden gerade im Insolvenzfall die Gläubiger der Personengesellschaft benachteiligt. Dabei gibt es keine Möglichkeit den Zinsabschlag zu vermeiden. Der Insolvenzverwalter hat insbesondere keine Befugnis zur Abgabe von Freistellungsaufträgen mit Wirkung für die Gesellschafter der Personengesellschaft, da die Zinserträge auf Guthaben von Geschäftskonten der Personengesellschaft für die Gesellschafter keine Einnahmen aus § 20 Abs. 1 EStG, sondern Einnahmen aus Gewerbebetrieb gemäß § 15 Abs. 2 EStG darstellen und die Verwendung des Freistellungssatzes für die gewerblich erzielten Zinserträge ausscheidet. Der Zinsabschlag kann auch nicht dadurch vermieden werden, dass für die Personengesellschaft oder die Gesellschafter eine NV-Bescheinigung beantragt wird.[193] Der BFH lehnt die Möglichkeit, dem Konkurs (Insolvenz-)Verwalter eine Nichtveranlagungsbescheinigung gemäß § 44 a Abs. 1 Nr. 2 i. V. m. Abs. 2 Nr. 3 EStG auszustellen mit der Begründung ab, der Gesetzgeber habe für die Fälle fehlender Identität des Steuerschuldners und des vom Konkurs (Insolvenz) erfassten Vermögens keine Sonderregelung geschaffen, und sich damit bewusst zu Gunsten des mit Abzugsteuern erstrebten Sicherungszweckes gegen den Vorrang des materiell richtigen Steuerergebnisses entschieden.

393

---

192 Für den Konkurs: BFH, BStBl. II 1996, 199 sowie BStBl. II 1996, 308.
193 BFH, BStBl. II 1995, 255.

394 Der Insolvenzverwalter über das Vermögen einer KG hat keinen Anspruch gegen das Finanzamt auf Erstattung der Kapitalertragsteuer, die von den Zinserträgen der zur Insolvenzmasse gehörenden Bankeinlagen abgeführt wurden.[194] Mit den durch das Zinsabschlaggesetz eingeführten steuerrechtlichen Möglichkeiten ist die Besteuerung eines erheblichen Teiles der Zinserträge der in der Insolvenz befindlichen Personenhandelsgesellschaften nicht zu vermeiden, es sei denn, man wählt als derzeit noch legale Ausweichmöglichkeit die Vermeidung des Zinsabschlags durch Anlage der Insolvenzerlöse bei ausländischen Tochtergesellschaften deutscher Kreditinstitute. Ob sich diese Möglichkeit im Einzelfall realisieren lässt, liegt nicht in der Entscheidungskompetenz des Insolvenzverwalters. Die Verpflichtung des Insolvenzverwalters zur bestmöglichen Verwertung der Insolvenzmasse beinhaltet nicht die freie Entscheidung über die Hinterlegung der erzielten Erlöse. Hierbei ist der Insolvenzverwalter an eine entsprechende Beschlussfassung der Gläubigerversammlung über das Ob und Wie der Hinterlegung sowie bis zur Fassung des Beschlusses an die Anordnung durch das Gericht gebunden. Ist der Zinsabschlag auf die zustehenden Zinserträge nicht zur Anrechnung auf die Steuerschuld des Gesellschafters gelangt, so steht der Personenhandelsgesellschaft ein Bereicherungsanspruch gemäß § 812 BGB gegenüber den Finanzbehörden zu. Eine Erstattung des überbezahlten Betrages an den Gesellschafter hat für das Finanzamt keine befreiende Wirkung. Soweit der Zinsabschlag hingegen zur teilweisen Tilgung der Einkommensteuerschuld des Gesellschafters führt, steht der Personengesellschaft ein Kondiktionsanspruch wegen Bereicherung in sonstiger Weise gegen den Gesellschafter zu. Die Zinsabschlagsteuer, die von den Kapitalerträgen einer KG, über deren Vermögen das Insolvenzverfahren eröffnet worden ist, zu erheben ist, gehört zu den sonstigen Masseverbindlichkeiten i. S. d. § 55 Abs. 1 Nr. 1 InsO.

VIII. Auflösungsverluste wesentlich beteiligter Gesellschafter gemäß § 17 Abs. 4 EStG

1. Persönlicher Geltungsbereich

395 § 17 EStG erfasst alle Anteile von unbeschränkt und beschränkt steuerpflichtigen Personen bei wesentlicher Beteiligung an Kapitalgesellschaften, wenn die Kapitalgesellschaft, deren Anteile veräußert werden, ihre Geschäftsleitung oder ihren Sitz im Inland hat. Ferner erfasst § 17 EStG auch die Veräußerung von wesentlichen Beteiligungen an einer ausländischen Kapitalgesellschaft. Bei unbeschränkt Körperschaftsteuerpflichtigen

---

194 BFH BFH/NV 1999, 67.

kommt § 17 EStG i. V. m. §§ 1 Abs. 2, 8 Abs. 1 KStG nur ausnahmsweise in Betracht, weil Körperschaften kein Privatvermögen haben.

2. Voraussetzungen des § 17 Abs. 1–4 EStG

Der Steuertatbestand besteht aus einer Veräußerung, der gemäß § 17 Abs. 4 EStG eine Auflösung durch Konkurs (Eröffnung des Insolvenzverfahrens) oder aufgrund eines Auflösungsbeschlusses gemäß § 60 GmbHG gleichgestellt ist. Gegenstand der Veräußerung müssen zum Privatvermögen gehörige Anteile an einer Kapitalgesellschaft sein (bei der GmbH Anteile am Stammkapital gemäß § 5 GmbHG, bei der AG Anteile am Grundkapital gemäß §§ 6, 7 AktG, § 272 HGB). Es genügt für die Anwendung des § 17 EStG, dass der Veräußerer innerhalb der letzten fünf Jahre wesentlich, d. h. ab 1999 zu mehr als 10 %, ab 2001 zu mehr als 1 % unmittelbar oder mittelbar an der Gesellschaft beteiligt war. Dabei reicht es aus, dass die (wesentliche) Beteiligung in irgendeinem Zeitpunkt kurzfristig nur während eines Tages innerhalb der letzten fünf Jahre bestand, eine so genannte juristische Sekunde ist ausreichend.[195] Der Erwerb eines weiteren Geschäftswertes an einer insolvenzgefährdeten Kapitalgesellschaft zum Kaufpreis von 1 € durch den der Anteil an dieser auf 25 % (ab 1999 auf 10 %, ab 2001 auf 1 %) aufgestockt wird, ist rechtsmissbräuchlich und ermöglicht nicht die steuerliche Geltendmachung der Verluste nach § 17 EStG, wenn der Erwerber Anhaltspunkte für ein Konzept zur Unternehmensfortführung im Zeitpunkt des Erwerbs weder darlegt noch nachweist.[196]

396

Der Begriff der (wesentlichen) Beteiligung ist umstritten. Gemäß § 17 Abs. 1 Satz 2 EStG sind Anteile an einer Kapitalgesellschaft Aktien, GmbH Anteile und ähnliche Beteiligungen. Streitig ist in diesem Zusammenhang vor allem, ob kapitalersetzende Maßnahmen des Gesellschafters zur Begründung oder zur Erhöhung einer ähnlichen Beteiligung i. S. d. § 17 Abs. 1 Satz 2 EStG führen können.

397

Der BFH hat in mehreren Urteilen[197] wiederholt verneint, dass kapitalersetzende Maßnahmen des Gesellschafters bei der Gesellschaft zu einer Erhöhung des Eigenkapitals führen. In seinem Urteil vom 19. 5. 1992[198] hat der BFH entschieden, dass kapitalersetzende Maßnahmen den Anteil an einer GmbH nicht erhöhen und auch keine ähnliche Beteiligung i. S. d. § 17 Abs. 1 EStG begründen oder erhöhen. In seiner Begründung führt der BFH aus, dass nach dem Zweck des § 17 EStG den Anteilen an einer GmbH nur solche Beteiligungen ähnlich sein können, die in wesentlichen Merkmalen mit den Geschäftsanteilen an der GmbH übereinstimmen. Dazu gehört insbesondere, dass sie wie diese auch eine Beteiligung an den Gesellschaftsrechten zum In-

398

---

195 BFH, BStBl. II 1993, 331.
196 FG Düsseldorf EFG 1998, 11 n. rkr.
197 Vom 5. 2. 1992, I R 79/89 n. v.; BStBl. II 1976, 226.
198 BFH, BStBl. II 1992, 902.

halt haben. Die mit den Geschäftsanteilen verbundenen Rechte und Pflichten der GmbH-Gesellschafter sind nicht nur wesentliches Merkmal der Geschäftsanteile, in ihnen ist auch die Möglichkeit zu einer begrenzten Einflussnahme des Gesellschafters angelegt, die in Verbindung mit der Höhe der Stammeinlage die Vergleichbarkeit mit dem Mitunternehmer einer Personengesellschaft begründet. Ein Auflösungsverlust gemäß § 17 Abs. 2 und 4 EStG entsteht grundsätzlich nicht bereits mit Eröffnung des Insolvenzverfahrens, sondern erst mit dessen Beendigung als Abschluss der Liquidation.[199] Die Frage der steuerlichen Behandlung von kapitalersetzenden Maßnahmen im Rahmen von Auflösungsverlusten gemäß § 17 Abs. 4 EStG stellt sich vor allem bei Darlehen und Bürgschaften.

3. Auflösungsverluste bei Darlehen gemäß § 17 EStG

Zu unterscheiden ist, ob das Darlehen im Zeitpunkt seiner Aufnahme risikobehaftet ist oder nicht.

a) Risikobehaftetes Darlehen

399 Nach der BFH-Rechtsprechung[200] und der überwiegenden Auffassung in der Literatur[201] besteht Übereinstimmung, dass nachträgliche Anschaffungskosten auf die Beteiligung entstehen können, wenn ein wesentlich beteiligter Gesellschafter seiner GmbH ein risikobehaftetes Darlehen gewährt, um die Gesellschaft zu stützen. Allerdings muss im Zeitpunkt der Hingabe des Darlehens noch Einkunftserzielungsabsicht bestanden haben. Der BFH unterscheidet im Ergebnis zwischen einem risikofreien und risikobehafteten Darlehen. Gewährt danach der Gesellschafter einer GmbH seiner Gesellschaft ein Darlehen aus Gründen, die im Gesellschaftsverhältnis liegen, dann entstehen dem Gesellschafter nachträgliche Anschaffungskosten der Beteiligung, wenn das Darlehen zu einem Zeitpunkt gewährt wurde, in dem die GmbH von dritter Seite keinen Kredit mehr zu marktüblichen Bedingungen hätte erhalten können.

b) Zunächst krisenfreie, später risikobehaftete Darlehen

400 Fraglich ist die Behandlung von Darlehen unter dem Gesichtspunkt nachträglicher Anschaffungskosten auf die Beteiligung, wenn ein zunächst risikofreies Darlehen in ein risikobehaftetes Darlehen umschlägt. Hierzu hat der BFH[202] entschieden, dass ein Gesellschafter, der einer GmbH ein Darlehen gewährt, an der er zu mehr als einem Viertel beteiligt ist, den Verlust der Darlehensforderung im Rahmen der Liquidation der Gesellschaft unter be-

---

199 FG Köln EFG 1997, 407.
200 BFH, BStBl. II 1984, 29; BFH, BStBl. II 1985, 320; BFH, BStBl. II 1992, 234.
201 Vgl. Schmidt, a. a. O., § 17 Anm. 24 e m. w. N.
202 Mit Urteil vom 7. 7. 1992, BStBl. II 1993, 333.

stimmten Voraussetzungen als nachträgliche Anschaffungskosten der Beteiligung gemäß § 17 Abs. 2 EStG berücksichtigen darf, wenn das Darlehen kapitalersetzenden Charakter hatte.

Ein Darlehen kann nach Auffassung des BFH kapitalersetzenden Charakter dadurch erlangen, dass der Gesellschafter das Darlehen nicht abzieht, obwohl absehbar ist, dass seine Rückzahlung aufgrund der finanziellen Situation der Gesellschaft gefährdet ist. In welcher Höhe ein späterer Wertverlust der Darlehensforderung zu nachträglichen Anschaffungskosten führe, hänge davon ab, welchen Wert das Darlehen gehabt habe, als es kapitalersetzend geworden sei. Dabei sei im Allgemeinen vom Nennwert auszugehen, wenn der Gesellschafter über die Entwicklung des Unternehmens unterrichtet sei und von vornherein keine Anzeichen dafür sprächen, dass er beabsichtige, das Darlehen abzuziehen. Die Finanzverwaltung wendet dieses BFH-Urteil nicht an.[203]

Nach Auffassung der Finanzverwaltung können die nachträglichen Anschaffungskosten auf eine Beteiligung i. S. d. § 17 EStG im Allgemeinen nicht mit dem Nennwert angesetzt werden. Die durch die Krise der Gesellschaft bewirkte Gefährdung des Darlehens mindert nach Ansicht der Finanzverwaltung dessen Wert denknotwendigerweise bereits in dem Zeitpunkt, in dem der Gesellschafter von der Krise Kenntnis erlangt. Ein fremder Dritter mit dem Informationsstand des Gesellschafters würde die Forderung, wenn überhaupt nur mit einem erheblichen Abschlag vom Nennwert kaufen. Auch führt die Ungewissheit, ob und mit welcher Verzögerung der Gesellschafter das Darlehen tatsächlich abziehen kann, zu einer Wertminderung. Voraussetzung für die Annahme eines kapitalersetzenden Darlehens ist aber, dass der Gesellschafter das Kapital in der Gesellschaft belässt, obwohl er auf die Gesellschaftskrise reagieren, d. h. seinen noch nicht fälligen Kredit kündigen kann. Soweit das Darlehen gemäß der vom BFH angesprochenen Vorschrift des § 509 Abs. 2 BGB mit einer Frist von (regelmäßig) drei Monaten gekündigt werden kann, droht bis zur Fälligkeit ein weiterer Wertverfall durch das Fortwirken der Krise. Die vom BFH angeführte Möglichkeit der Kündigung aus wichtigem Grund nach § 242 BGB ist erst bei einer wesentlichen Verschlechterung der Vermögenslage – und damit der Bonität der Forderung – möglich. Im Übrigen kann auch mit einer außerordentlichen Kündigung eine sofortige Rückzahlung des Darlehens noch nicht erreicht werden. Bis zur tatsächlichen Rückzahlung ist eine fortschreitende Verschlechterung der Bonität der Forderung aufgrund der häufig in einer Kettenreaktion erfolgenden Kündigung anderer Gläubiger nicht zu vermeiden. Nach Ansicht der Finanzverwaltung ist in den durch das Urteil des BFH vom 7. 7. 1992 erfassten Fällen der Ansatz nachträglicher Anschaffungskosten auf eine Beteiligung i. S. d. § 17 EStG nicht gerechtfertigt. Stattdessen sei zu prüfen, welcher Wert dem Darlehen in dem Zeitpunkt, in dem es kapitalersetzend wurde, konkret zukommt. Dabei kann der Wert im Einzelfall auch 0 € betragen. Bei der Wertfeststellung trägt nach den allge-

---

[203] Nichtanwendungserlass vom 14. 4. 1994, BStBl. I 1994, 257.

meinen Grundsätzen der Steuerpflichtige, der nachträgliche Anschaffungskosten auf eine Beteiligung i. S. d. § 17 EStG zu seinen Gunsten geltend macht, die Feststellungslast.

c) Fremdwährungsdarlehen als nachträgliche Anschaffungskosten auf eine Beteiligung gemäß § 17 EStG

402 Für die Beurteilung der Frage, ob es sich bei einem Gesellschafterdarlehen, das möglicherweise kapitalersetzend gewährt wird, um nachträgliche Anschaffungskosten auf eine Beteiligung handelt, ist bei einem Fremdwährungsdarlehen auf das jeweilige ausländische Handelsrecht abzustellen. Nachträgliche Anschaffungskosten auf eine Beteiligung können nur insoweit vorliegen, als das ausländische Handelsrecht eine Umdeutung von Fremdkapital in kapitalersetzende Darlehen kennt.[204] Problematisch sind derartige Fallgestaltungen insbesondere bei US Beteiligungen, weil in den USA in den jeweiligen Bundesstaaten unterschiedliche handelsrechtliche und formelle Regelungen zu der Frage gelten, ob Gesellschafterdarlehen Eigenkapital darstellen oder als Fremdkapital behandelt werden. Gegebenenfalls muss im Wege eines Auskunftsersuchens diese Frage geklärt werden.

4. Auflösungsverluste bei Bürgschaften gemäß § 17 EStG

403 Auch bei Auflösungsverlusten bei Bürgschaften ist entscheidend, ob die Bürgschaft von Anfang an risikobehaftet ist, oder ob es sich um eine zunächst krisenfreie, später risikobehaftete Bürgschaft handelt.

a) Risikobehaftete Bürgschaft

404 Nachträgliche Anschaffungskosten sind anzunehmen, wenn ein Gesellschafter eine Bürgschaft für Verpflichtungen der Kapitalgesellschaft übernommen hat und daraus in Anspruch genommen wird, ohne eine gleichwertige Rückgriffsforderung gegen die Gesellschaft zu erwerben. Die Inanspruchnahme des Bürgen führt nach Auffassung des BFH dann zu nachträglichen Anschaffungskosten, wenn im Zeitpunkt der Übernahme der Bürgschaft die Inanspruchnahme und die Uneinbringlichkeit der Rückgriffsforderung so wahrscheinlich sind, dass ein Nichtgesellschafter bei Anwendung der Sorgfalt eines ordentlichen Kaufmannes die Bürgschaft nicht übernommen hätte. Damit sind die Fälle angesprochen, in denen der Gesellschafter die Bürgschaftsverpflichtung erst nach Eintritt der Krise der Gesellschaft eingeht. Dies ist zweifellos durch das Gesellschaftsverhältnis veranlasst mit der Folge, dass die Inanspruchnahme aus der Bürgschaft einer gesellschaftsrechtlichen Einlage gleichzustellen ist und folglich zu nachträglichen Anschaffungskosten der Beteiligung führt.[205]

---

204 Vgl. BFH, BStBl. II 1990, 875.
205 Vgl. R 140 Abs. 4 S. 3 f EStR 1999.

b) Zunächst krisenfreie, später risikobehaftete Bürgschaften

Hat sich der Gesellschafter zu einem Zeitpunkt verbürgt, in dem das Eingehen der Bürgschaftsverpflichtung nicht risikobehaftet war, so ist fraglich, ob und in welchem Umfang nachträgliche Anschaffungskosten entstehen, wenn der Gesellschafter trotz Eintretens der Krise an der Bürgschaftsverpflichtung festhält.

405

Hierzu werden folgende Auffassungen vertreten:

- Entscheidend ist, dass der Bürge in der Regel erst dann in Anspruch genommen wird, wenn die Gesellschaft sich in der Krise befindet. Hat sich der Gesellschafter in dem Zeitpunkt, in dem die Gesellschaft in die Krise geraten ist, entschlossen, die Bürgschaftsverpflichtung aufrechtzuerhalten, so ist die spätere Inanspruchnahme und das dadurch geleistete Vermögensopfer in vollem Umfang als durch das Gesellschaftsverhältnis veranlasst anzusehen.

- Eine andere Auffassung stellt darauf ab, dass eine Bürgschaft nach angemessener Zeit oder bei Eintritt wichtiger Gründe gekündigt werden kann. Die Kündigung hat zur Folge, dass der Bürge nur in dem Umfang in Anspruch genommen werden kann, soweit die Gesellschaft als Hauptschuldnerin verbürgte Verpflichtungen zur Zeit der Wirksamkeit der Kündigung gehabt hat. Dies führt zu Konsequenzen, dass jeder fremde Bürge ohnehin für diejenigen Verbindlichkeiten einzustehen hat, die bis zur Beendigung des Bürgschaftsverhältnisses aufgrund der Kündigung angefallen sind. Insoweit ist die Inanspruchnahme des Gesellschafters aus der Bürgschaft nicht durch das Gesellschaftsverhältnis veranlasst und kann insoweit auch nicht zu nachträglichen Anschaffungskosten führen. Lediglich das Einstehenmüssen für Verbindlichkeiten, die nach einer Kündigung, die ein fremder Dritter aussprechen würde, noch zusätzlich anfallen, kann zu nachträglichen Anschaffungskosten der wesentlichen Beteiligung führen.

- Diese Auffassung wird inzwischen auch von der Finanzverwaltung vom Grundsatz her übernommen. Danach ist bei der Bürgschaft wie bei einem Darlehen ein Hineinwachsen in ein durch das Gesellschaftsverhältnis veranlasstes Engagement denkbar. In Bezug auf die Bewertung der nachträglichen Anschaffungskosten greift die Verwaltungsauffassung auf das BMF Schreiben vom 14. 4. 1994[206] zurück, wonach grundsätzlich nur die nach einer gedachten Beendigung des Bürgschaftsverhältnisses sich erhöhende Inanspruchnahme als nachträgliche Anschaffungskosten in Betracht kommt. Darüber hinausgehende nachträgliche Anschaffungskosten sind allenfalls in der wohl seltenen Ausnahme denkbar, wenn dem Bürgen zum Zeitpunkt einer wirksamen Beendigung der Bürgschaft in Bezug auf die bis dahin aufgelaufenen Verbindlichkeiten ein werthaltiger

---

206 BMF, BStBl. I 1994, 257.

Befreiungsanspruch gemäß § 775 BGB gegenüber der Hauptschuldnerin zugestanden hätte, den ein fremder Dritter geltend gemacht hätte.

c) Rückgriffs- und Ausgleichsansprüche

406 Nachträgliche Anschaffungskosten der Beteiligung kommen allerdings nur insoweit in Betracht, als der Gesellschafter keine gleichwertigen Rückgriffs- oder Ausgleichsansprüche erwirbt. Eine Rückgriffsforderung entsteht dem als Bürgen in Anspruch genommenen Gesellschafter stets gegenüber der Gesellschaft, für die er sich verbürgt hat (§ 774 Abs. 1 BGB). Im Fall der Mitbürgschaft anderer für dieselbe Verbindlichkeit (§ 769 BGB) entstehen ihm ferner Ausgleichsansprüche gegen die Mitbürgen. Soweit nichts anderes bestimmt ist, sind die Bürgen einander zu gleichen Anteilen verpflichtet (§ 774 Abs. 2 i. V. m. § 426 BGB). Soweit die Rückgriffsforderung gegen die Gesellschaft und die Ausgleichsansprüche gegen Mitbürgen nicht uneinbringlich sind, schließen sie bei dem als Bürgen in Anspruch genommenen Gesellschafter die Entstehung zusätzlicher Anschaffungskosten auf die Beteiligung aus.

d) Drittaufwand

407 So genannter Drittaufwand[207] kann nach der jetzigen Auffassung der Finanzverwaltung nicht zu nachträglichen Anschaffungskosten führen. Wird beispielsweise die nicht beteiligte Ehefrau des Gesellschafters aus einer Bürgschaft in Anspruch genommen, die sie für Verbindlichkeiten der Kapitalgesellschaft eingegangen ist, so erhöhen sich dadurch nicht die Anschaffungskosten der Beteiligung des Gesellschafterehegatten.[208]

e) Zeitpunkt der Bürgschaftsübernahme

408 Nachträgliche Anschaffungskosten kommen nur in den Fällen in Betracht, in denen die Bürgschaft vor der Veräußerung der Anteile, vor dem Auflösungsbeschluss bzw. vor Eröffnung des Insolvenzverfahrens übernommen wurde.[209] Wird ein (früherer) Gesellschafter erst nach Veräußerung der wesentlichen Beteiligung oder nach Auflösung der Kapitalgesellschaft aus Bürgschaftsverpflichtungen in Anspruch genommen, so führt dies zu (nachträglichen) Anschaffungskosten (§ 175 Abs. 1 Nr. 2 AO[210]). Diese wirken auf den Zeitpunkt der Veräußerung oder Auflösung zurück.

---

207 BFH, BStBl. II 1991, 82.
208 BFH, BStBl. II 1991, 82.
209 BFH BFH/NV 1986, 731.
210 Vgl. BFH, BStBl. II 1985, 428, 430; BFH, BStBl. II 1994, 162.

f) Zeitpunkt der Berücksichtigung von Auflösungsverlusten

Ein Auflösungsverlust ist in dem Zeitpunkt zu berücksichtigen, zu dem die tatsächliche Liquidation der Kapitalgesellschaft abgeschlossen ist bzw. in dem das Liquidationsergebnis endgültig feststeht.[211] Zu diesem Zeitpunkt steht aber in der Regel noch nicht endgültig fest, ob und gegebenenfalls in welcher Höhe der Steuerpflichtige aus übernommenen Bürgschaften in Anspruch genommen wird und welche Ausgleichsansprüche er durchsetzen kann.

409

5. Nachträgliche Werbungskosten bei der Einkunftsart Kapitalvermögen

Zinsen aus Krediten, die zur Refinanzierung von offenen oder verdeckten Einlagen, Stammkapital, Grundkapital oder verdecktem Nennkapital aufgenommen worden sind, können Werbungskosten bei den Einkünften aus Kapitalvermögen sein, soweit eine Einkunftserzielungsabsicht gegebenenfalls unter Berücksichtigung einer Wertsteigerung der Beteiligung in diesen Fällen zu bejahen ist.[212] Schuldzinsen können nachträgliche Werbungskosten bei der Ermittlung der Einkünfte aus Kapitalvermögen sein, soweit es sich um rückständige Zinsen handelt, die auf die Zeit bis zur Veräußerung der wesentlichen Beteiligung bzw. bis zur Eröffnung des Insolvenzverfahrens über das Vermögen einer Gesellschaft entfallen. Schuldzinsen, die auf eine Zeit nach Eröffnung des Insolvenzverfahrens entfallen, sind dagegen keine nachträglichen Werbungskosten bei der Einkunftsart Kapitalvermögen.[213] Insoweit gelten die gleichen Überlegungen wie für den Abzug von Schuldzinsen als nachträgliche Werbungskosten bei den Einkünften aus Vermietung und Verpachtung nach § 21 EStG. Danach sind Zinsen, die erst nach Aufgabe der Einkunftsquelle entstanden sind, nicht abzugsfähig.

410

6. Nachträgliche Werbungskosten bei den Einkünften aus nichtselbstständiger Arbeit (§ 19 EStG)

Bei Gesellschaftern, die zugleich Arbeitnehmer waren, hat der BFH[214] bisher Zahlungen aus der Inanspruchnahme einer Bürgschaft nicht als Werbungskosten aus nichtselbstständiger Arbeit anerkannt.

411

Teilweise wird jedoch in der neuen finanzgerichtlichen Rechtsprechung die Auffassung vertreten, dass die Inanspruchnahme des Gesellschafter-Geschäftsführers einer GmbH aus einer von ihm zugunsten der GmbH über-

---

211 BFH, BStBl. II 1985, 428, 430; BFH, BStBl. II 1994, 162.
212 BFH, BStBl. II 1986, 596; BFH, BStBl. II 1984, 29.
213 BFH, BStBl. II 1984, 29; BFH/NV 1988, 554; BFH/NV 1993, 468 und 714; BStBl. II 1997, 724.
214 BStBl. III 1962, 63.

nommenen Bürgschaft zu nachträglichen Werbungskosten aus nichtselbstständiger Arbeit führen kann, wenn es dem Gesellschafter- Geschäftsführer bei Übernahme der Bürgschaft auf den Erhalt seiner Stellung als Geschäftsführer und der damit verbundenen Einnahmen ankam, wenn ferner die Einkünfte aus nichtselbstständiger Arbeit für den Gesellschafter-Geschäftsführer die wesentliche Existenzgrundlage darstellten, die GmbH offensichtlich nur der Haftungsbeschränkung und nicht der Kapitalanlage wegen gegründet war und nennenswerte Erträge aus der Kapitalbeteiligung fehlen. Dies ist z. B. der Fall, wenn vor der Eröffnung des Insolvenzverfahrens eine Bürgschaft für Gesellschaftsverbindlichkeiten eingegangen worden ist, jedoch erst nach Eröffnung des Insolvenzverfahrens und Beendigung des Arbeitsverhältnisses eine Inanspruchnahme aus der Bürgschaft erfolgte. Nach Auffassung der Finanzverwaltung ist bei nicht eindeutiger und klarer Trennung der rechtlichen Zuordnungsebenen zwischen Gesellschaft und geschäftsführenden Gesellschaftern im Zweifel die Gesellschafterebene angesprochen. Wenn der Bürge nur Arbeitnehmer ist, aber nicht zugleich Gesellschafter, kann bei Bürgschaften der Abzug von Werbungskosten bei Einkünften aus nichtselbstständiger Arbeit in Betracht kommen.[215]

Gewährt der Gesellschafter-Geschäftsführer einer GmbH, an der er wesentlich beteiligt ist, ein risikobehaftetes Darlehen oder einen verlorenen Zuschuss, so ist die Rechtsbeziehung regelmäßig durch das Gesellschaftsverhältnis veranlasst. Nur wenn besondere Umstände vorliegen, können Werbungskosten bei den Einkünften des Gesellschafter- Geschäftsführers aus nicht selbstständiger Arbeit angenommen werden.[216]

7. Haftungsschulden nach § 69 AO

412   Wird ein GmbH-Geschäftsführer, z. B. für nicht gezahlte Lohnsteuer nach § 69 AO in Haftung genommen, so sind die aufgrund dessen erfolgten Zahlungen nicht durch das Gesellschaftsverhältnis, sondern durch das Arbeitsverhältnis veranlasst.[217] Da von einer Haftungsinanspruchnahme nach § 69 AO nur die in den §§ 34, 35 AO genannten Personen betroffen sind, beruht die Haftung des Geschäftsführers nicht auf seiner Stellung als Gesellschafter, sondern ausschließlich auf seiner Stellung als Geschäftsführer bzw. als gesetzlicher Vertreter der GmbH.

Voraussetzung für den Werbungskostenabzug der Zahlungen eines Geschäftsführers aufgrund einer Haftungsinanspruchnahme nach § 69 AO ist, dass die Pflichtverletzung während seiner Tätigkeit als angestellter Geschäftsführer verursacht wurde und ein objektiver Zusammenhang zwischen der Pflichtverletzung und der beruflichen Tätigkeit besteht. Unerheb-

---

215 BFH, BStBl. II 1980, 395.
216 BFH, BStBl. II 1994, 242; BFH, BStBl. II 1993, 111 bei nicht wesentlich beteiligten Gesellschafter-Geschäftsführern.
217 BFH, BStBl. III 1961, 20.

lich ist, dass die Werbungskosten nachträglich nach Beendigung des Dienstverhältnisses geltend gemacht werden.

Der Zeitpunkt der Verursachung bestimmt sich danach, wann der Haftungstatbestand verwirklicht wurde. Der Zeitpunkt des Werbungskostenabzugs richtet sich nach § 11 EStG. Ein Werbungskostenabzug entfällt nach § 12 Nr. 1 Satz 2 EStG, wenn die die Haftung auslösende Pflichtverletzung nicht in objektivem Zusammenhang mit der beruflichen Tätigkeit steht. Insoweit liegt die objektive Beweislast beim Steuerpflichtigen, der den Werbungskostenabzug beantragt.[218]

413

Kein objektiver Zusammenhang mit der beruflichen Tätigkeit liegt z. B. vor, wenn der Geschäftsführer sich zu Unrecht durch Untreue oder Unterschlagung bereichert hat, er den Arbeitgeber bewusst schädigen wollte[219] oder er Familienangehörigen pflichtwidrig auf Kosten seines Arbeitgebers Vorteile verschafft hat. Eine private Verursachung ist auch dann gegeben, wenn der Geschäftsführer vorrangig vor Steuerschulden andere Verbindlichkeiten der GmbH mit deren Mittel begleicht und Gläubiger dieser anderen Verbindlichkeiten eine Gesellschaft gewesen ist, an der der Steuerpflichtige oder ein Familienangehöriger ebenfalls (wesentlich) beteiligt ist.

Ergeht ein Haftungsbescheid nach § 69 AO auch hinsichtlich der für den Arbeitslohn des Geschäftsführers einzubehaltenden und abzuführenden Lohnsteuer sowie für eigene Sozialversicherungsbeiträge des Geschäftsführers, so kann im Einzelfall § 12 Nr. 3 EStG einem Werbungskostenabzug entgegenstehen. Haftungsschulden gemäß § 71 AO (Haftung wegen Steuerhinterziehung) sind weder als nachträgliche Anschaffungskosten auf eine Beteiligung gemäß § 17 EStG noch als nachträgliche Werbungskosten gemäß § 20 EStG anzusehen, weil weder ein objektiver noch ein subjektiver Zusammenhang mit der Beteiligung besteht. Die Inanspruchnahme beruht allein auf öffentlich rechtlichen in Verbindung mit strafrechtlichen Vorschriften.

8. Stammeinlagen bei nicht wesentlich beteiligten Gesellschafter-Geschäftsführern

Der Verlust einer nicht wesentlichen Beteiligung an einer GmbH infolge der Eröffnung eines Insolvenzverfahrens stellt weder Werbungskosten des Gesellschafter-Geschäftsführers aus nichtselbstständiger Arbeit noch solche aus Kapitalvermögen dar. Dies gilt auch dann, wenn die Beteiligung an der GmbH Voraussetzung für die Bestellung als Geschäftsführer gewesen ist.

414

---

218 BFH, BStBl. II 1990, 17, 19.
219 BFH BFH/NV 1988, 353.

L. Zuständigkeiten der Dienststellen der Finanzämter im Insolvenzverfahren

415 Grundsätzlich ist es Aufgabe der Vollstreckungsstelle eines Finanzamtes darauf zu achten, dass ihr die Eröffnung eines Insolvenzverfahrens sofort bekannt wird. Zu diesem Zweck hat sie sich über die öffentlichen Bekanntmachungen im Sinne des § 9 InsO im Bundesanzeiger, Justizblatt oder in der örtlichen Presse zu informieren. Außerdem sind die Mitteilungen der Amtsgerichte über die Eröffnung von Insolvenzverfahren unverzüglich auszuwerten. Im Insolvenzverfahren haben in diesem Fall alle weiteren Vollstreckungsmaßnahmen gegen den Insolvenzschuldner zu unterbleiben.

Vom Finanzamt nach Eröffnung des Insolvenzverfahrens vorgenommene Pfändungen sind aufzuheben. Die Beauftragung des Vollziehungsbeamten zur Vollstreckung in das bewegliche Vermögen hat zu unterbleiben. Noch nicht erledigte Vollstreckungsersuchen i. S. d. § 250 AO werden vom Finanzamt zurückgefordert. Weiterhin möglich bleiben dagegen Vollstreckungsmaßnahmen wegen Masseforderungen und Maßnahmen wegen abgesonderter Befriedigung.

416 Im Prüfungstermin werden nur die angemeldeten Forderungen und Rechte einzeln erörtert, die vom Insolvenzverwalter, vom Schuldner oder von einem Gläubiger bestritten werden. Nach Kenntnisnahme von der Insolvenzeröffnung hat die Vollstreckungsstelle unverzüglich alle anderen betroffenen Stellen im Finanzamt mittels entsprechender Vordrucke zu benachrichtigen und darauf hinzuwirken, dass ausstehende Steuerfestsetzungen vorrangig bearbeitet werden. Aus dem Vordruck ergeben sich zwei wichtige Zeitdaten: das Datum der Insolvenzeröffnung und die Anmeldefrist zur Tabelle. Nach Eingang des Vordrucks führt der einzelne Veranlagungsbezirk eine Art Bestandsaufnahme durch, um für die abgelaufenen Vorjahre und das noch nicht abgelaufene Insolvenzeröffnungsjahr den Stand jedes Veranlagungs- und Feststellungsverfahrens, getrennt nach Steuerarten festzustellen.

417 Dabei können sich bei Insolvenzeröffnung folgende verschiedenen Veranlagungskonstellationen ergeben:

Im Insolvenzeröffnungsjahr:

- für das noch nicht abgelaufene Insolvenzeröffnungsjahr liegen weder Jahreserklärungen noch Jahresveranlagungen vor,
- für das Insolvenzeröffnungsjahr liegen mit Einspruch angefochtene Vorauszahlungsbescheide vor,
- für das Insolvenzeröffnungsjahr liegen bestandskräftige Vorauszahlungsbescheide vor.

Im Vorjahr bzw. in den Vorjahren:

- es liegen Erklärungen vor, aber noch keine Jahressteuerbescheide,
- es liegen aufgrund von Erklärungen oder Schätzungen Jahressteuerbescheide vor, die mit Einspruch angefochten und noch nicht bestandskräftig sind,
- es liegt gleichzeitig ein Antrag auf Aussetzung der Vollziehung vor über den entweder im Zeitpunkt der Insolvenzeröffnung noch nicht entschieden ist, der zu diesem Zeitpunkt schon abgelehnt ist oder dem zu diesem Zeitpunkt schon stattgegeben war,
- es liegen bestandskräftige Jahressteuerbescheide vor, für diese Steuern bestehen aber noch Rückstände bzw. liegen keine Rückstände vor,
- es liegen lediglich mit Einspruch angefochtene Vorauszahlungsbescheide für das Vorjahr oder die Vorjahre vor, aber noch keine Jahressteuerbescheide,
- es liegen lediglich bestandskräftige Vorauszahlungsbescheide für das oder die Vorjahre, aber noch keine Jahressteuerbescheide vor.

Die Bearbeitung durch den Veranlagungsbezirk des Finanzamtes erfolgt in der Weise, dass er zunächst die Fälle bearbeitet, in denen noch keine Bescheide ergangen sind, um die als Steuerinsolvenzforderungen anzumeldenden Steuerforderungen fristgerecht zum Anmeldetermin anmelden zu können. Liegen wie im Regelfall noch keine Steuererklärungen vor, so wird der Veranlagungsbezirk den Insolvenzverwalter unter Fristsetzung zur Abgabe der Steuererklärungen für die abgelaufenen Vorjahre und das Insolvenzeröffnungsjahr bis zur Insolvenzeröffnung auffordern (in der Praxis mit Vordruck InsO 3). 418

Gehen daraufhin wie vielfach keine Erklärungen ein, so wird der Veranlagungsbezirk die Steuerforderungen im Wege der Schätzung ermitteln, um sie rechtzeitig anmelden zu können. Bei diesen Schätzungen sind alle vorhandenen Erkenntnisse, insbesondere vorhandene Umsatzsteuervoranmeldungen oder Gewinn- und Verlustrechnungen der Vorjahre (z. B. Entwicklung der Bankschulden oder Verbindlichkeiten) heranzuziehen und die wirtschaftliche Entwicklung der Vorjahre zu berücksichtigen. In der Regel wird das Finanzamt auch den Bericht des Insolvenzverwalters samt Verzeichnis der Massegegenstände und der Vermögensübersicht nach §§ 151, 153 InsO anfordern und gegebenenfalls bei der Schätzung der Steuerforderungen berücksichtigen.

In der Praxis bestehen keine Bedenken den steuerlichen Gewinn des Insolvenzeröffnungsjahres und gegebenenfalls der Vorjahre auf null € zu schätzen, wenn entsprechende Umstände wie z. B. ständige Zunahme der Überschuldung bei gleichzeitigem Rückgang der Umsätze dafür sprechen. Bei der Schätzung berücksichtigt das Finanzamt geleistete Vorauszahlungen in der Weise, dass es zu keiner Erstattung von Steuern an die Masse kommt. Andernfalls wird es die Möglichkeit einer Aufrechnung prüfen. 419

420 Liegen Jahressteuerbescheide vor, die mit dem Einspruch und gegebenenfalls mit zusätzlichem Antrag auf Aussetzung der Vollziehung angefochten worden sind, so sind die Einspruchsverfahren bis zum Prüfungstermin unterbrochen.

421 Liegen Einsprüche im Steuerfestsetzungs- oder Feststellungsverfahren vor, die durch die Insolvenzeröffnung nicht unterbrochen wurden, z. B. bei einem Einspruch gegen die gesonderte und einheitliche Gewinnfeststellung, so entscheidet das Finanzamt im Wege einer normalen Einspruchsbearbeitung. Diese Einspruchsverfahren sind durch die Insolvenzeröffnung nicht betroffen und insoweit nicht unterbrochen. Liegt neben dem Einspruch gleichzeitig ein Antrag auf Aussetzung der Vollziehung vor, über den noch nicht entschieden ist oder der vom Finanzamt abgelehnt worden ist, so hat sich das Aussetzungsverfahren mit der Insolvenzeröffnung wegen des Verbots der Einzelzwangsvollstreckung in der Insolvenz (§ 89 InsO) mangels Rechtsschutzinteresses erledigt, ebenso der Einspruch gegen die Ablehnung der Aussetzung der Vollziehung. War dem Aussetzungsantrag im Zeitpunkt der Insolvenzeröffnung schon voll stattgegeben worden, so wird das Finanzamt im Regelfall dem Einspruch in gleichem Umfang stattgeben.

422 In der Praxis meldet die Vollstreckungsstelle des Finanzamtes nicht nur die zur Zeit der Insolvenzeröffnung vollstreckbaren Rückstände, sondern auch die gestundeten, ausgesetzten und niedergeschlagenen Steuerforderungen ohne Rücksicht auf Mahnungen und Schonfristen sowie die mit Einspruch angefochtenen Steuerforderungen an. Dies hat zur Folge, dass der Insolvenzverwalter die angemeldeten Steuerforderungen in der Regel gemäß §§ 176, 179 InsO mit dem Widerspruch bestreitet, weil die Anmeldung die auch schon im Besteuerungsverfahren streitigen Beträge mit enthält.

423 Hinsichtlich der *Bearbeitung von Vorauszahlungsbescheiden* in der Insolvenz gilt Folgendes:

Soweit noch keine Jahres-Steuerbescheide vorliegen, kann das Finanzamt entweder die Beträge aus den Vorauszahlungsbescheiden zur Tabelle anmelden oder es kann innerhalb der Anmeldefrist eine Steuerberechnung sowie für das Insolvenzeröffnungsjahr eine Teil-Jahressteuerberechnung durchführen und diese Beträge zur Tabelle anmelden. Über die Wahl des Vorgehens durch das Finanzamt entscheiden Zweckmäßigkeitsgesichtspunkte, wobei es darauf zu achten hat, dass es nicht aus Versehen sowohl Vorauszahlungsbeträge, als auch Jahressteuerbeträge anmeldet.

Außerdem ist der im Insolvenzverfahren geltende Grundsatz zu beachten, dass die angemeldete Forderung mit der im Insolvenzfeststellungsbescheid festzustellenden Forderung und der im Tabellenauszug ausgewiesenen Forderung (§§ 181, 176, 179 InsO) identisch sein muss. Da die Jahres-Steuerberechnung aber sowohl vom Grund als in der Regel auch von der Höhe her von der Summe der Vorauszahlungsbeträge abweicht, ist eine Änderung der angemeldeten Vorauszahlungsbeträge nicht möglich.

In Konkursfällen wurden Steuerforderungen aus Vorauszahlungsbescheiden in der Regel deshalb angemeldet um den Rangvorteil des § 61 Nr. 2 KO zu erreichen. Da nach der InsO die Rangklassen und damit die Begünstigung der Finanzverwaltung abgeschafft ist, ist damit dieser einzige Grund, Steuerforderungen aus Vorauszahlungsbescheiden anzumelden, entfallen. Das Finanzamt wird deshalb im Regelfall für die abgelaufenen Vorjahre Jahressteuerberechnungen sowie für das Insolvenzeröffnungsjahr für den Zeitraum 1.1. bis zur Insolvenzeröffnung eine Teil-Jahressteuerberechnung anmelden. In diesem Fall entfällt auch die Gefahr Beträge doppelt anzumelden, einmal als Vorauszahlungsbetrag und ein zweites Mal als Jahressteuerbetrag.

424 Führt die Anrechnung der Vorauszahlungen zu einer *Erstattung*, so wird das Finanzamt vor Absendung des Erstattungsbescheides prüfen, ob eine *Aufrechnung* gemäß §§ 226 AO, 94–96 InsO in Betracht kommt. In der Praxis werden derartige Fälle selten sein, da das Finanzamt im Zweifel im Schätzungsweg eine Jahres-Steuerberechnung vornimmt, die auf den Betrag geht, der durch die Vorauszahlungen abgedeckt ist.

425 Ist gegen einen Vorauszahlungsbescheid *Einspruch eingelegt* worden, so erledigt sich der Vorauszahlungsbescheid in der Regel mit dem Erlass des Jahressteuerbescheides, weil der Vorauszahlungsbescheid als früherer Verwaltungsakt von dem später ergangenen Jahressteuerbescheid inhaltlich voll umfasst wird und dieser als späterer Bescheid von mindestens gleicher Rechtsqualität ist wie der frühere. Einsprüche gegen Vorauszahlungsbescheide erledigen sich mit dem Erlass des Jahressteuerbescheides dadurch, dass das Einspruchsverfahren gemäß § 365 Abs. 3 AO gegen den Jahressteuerbescheid fortgesetzt wird.

426 *Bestandskräftige Vorauszahlungsbescheide* stehen von Gesetzes wegen immer unter dem Vorbehalt der Nachprüfung (§ 164 Abs. 1 Satz 2 AO), so dass der Vorauszahlungsbescheid auf einen begründeten Herabsetzungsantrag hin oder bei Vorliegen entsprechender Erkenntnisse auch von Amts wegen geändert oder aufgehoben werden kann.

427 Soweit erforderlich, sind andere Finanzämter wegen eventuell bestehender Steuerrückstände wie z. B. Erbschaftsteuer, Grunderwerbsteuer oder Kraftfahrzeugsteuer anzuschreiben. Können Steuerfestsetzungen mangels Entscheidungsreife nicht sofort verfügt werden, so sind die Forderungen von den Festsetzungsstellen zu schätzen. Unter Mitarbeit der anderen Stellen des Finanzamtes stellt die Vollstreckungsstelle sämtliche Steuerforderungen zusammen, die zur Insolvenztabelle anzumelden sind und führt die entsprechenden Anmeldungen zur Tabelle durch. Anzumelden sind im Insolvenzverfahren alle Forderungen, die Insolvenzforderungen sind. Eine Steuerforderung ist Insolvenzforderung, wenn sie vor Eröffnung des Insolvenzverfahrens begründet ist. Anzumelden sind nicht nur die zur Zeit der Insolvenzeröffnung vollstreckbaren Rückstände, sondern auch die gestundeten, ausgesetzten, niedergeschlagenen und noch nicht fälligen Steuerforderungen ohne Rücksicht auf Mahnungen und Schonfristen. Steuerforderungen, die nach der Eröffnung des Insolvenzverfahrens begründet worden sind, sind dagegen Masseforderungen. Sie sind nicht zur Insolvenztabelle anzumelden.

M. Schemata

I. Verfahrensablauf bei Steuerinsolvenzforderungen

Insolvenzeröffnung
↓
Anmeldung aller Insolvenzforderungen zur Tabelle und Übersendung der Steuerberechnungen an den Insolvenzverwalter
↓
Anmeldetermin
↓
Prüfungstermin
╱ ╲

Insolvenzforderungen werden anerkannt
↓
widerspruchsfreier Tabellenauszug mit Wirkung eines Steuerbescheides
╲
bei unbegründetem Widerspruch
╱ ↓ ↘
Anmeldung aufgrund bestandskräftiger Steuerbescheide — Anmeldung aufgrund von Steuerberechnungen — Wiederaufnahme unterbrochener Einspruchs- oder Klageverfahren
↓ ↓ ↓
Einspruch — Einspruch — Einspruchsentscheidung
↓ ↓
Einspruchsentscheidung — Einspruchsentscheidung — Klage
↓ ↓ ↘
Klage — Klage

Widersprechender obsiegt:
geänderter widerspruchsfreier Tabellenauszug = Steuerbescheid

Insolvenzforderungen werden mit Widerspruch bestritten
↓
widerspruchsbehafteter Tabellenauszug
╲
bei begründetem Widerspruch
↓
Reduzierung der Anmeldung zur Tabelle durch das FA

Finanzamt obsiegt:
widerspruchsfreier Tabellenauszug = Steuerbescheid

Boochs

II. Widerspruchs- oder Feststellungsverfahren bei der Gewerbesteuer

Fall 1:

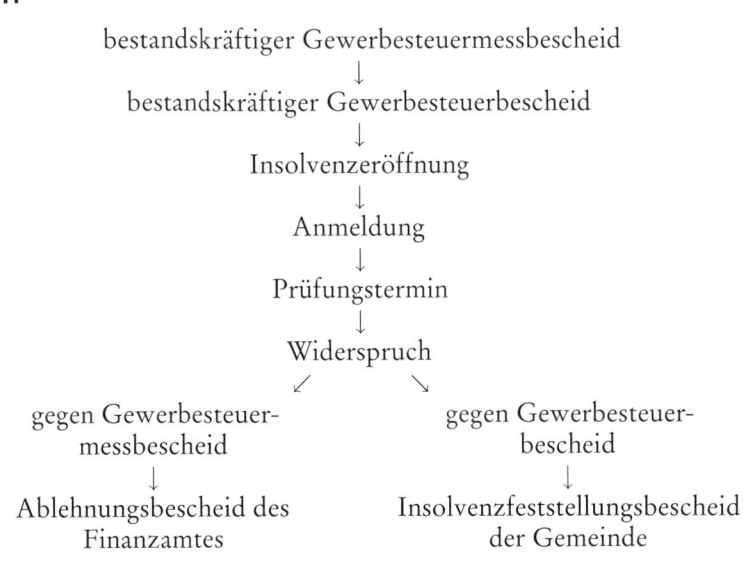

bestandskräftiger Gewerbesteuermessbescheid
↓
bestandskräftiger Gewerbesteuerbescheid
↓
Insolvenzeröffnung
↓
Anmeldung
↓
Prüfungstermin
↓
Widerspruch
↙ ↘

gegen Gewerbesteuer-messbescheid	gegen Gewerbesteuer-bescheid
↓	↓
Ablehnungsbescheid des Finanzamtes	Insolvenzfeststellungsbescheid der Gemeinde

Fall 2:

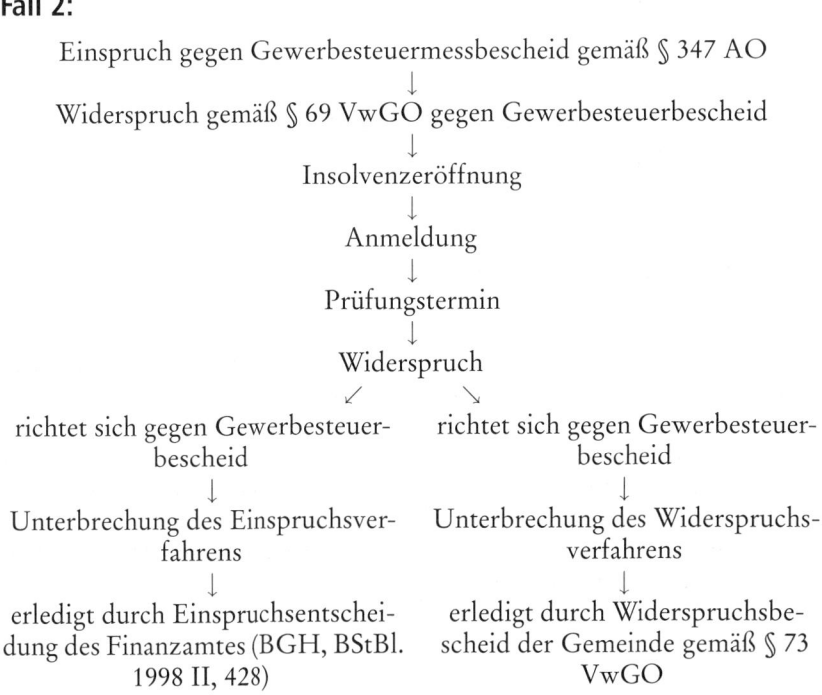

Einspruch gegen Gewerbesteuermessbescheid gemäß § 347 AO
↓
Widerspruch gemäß § 69 VwGO gegen Gewerbesteuerbescheid
↓
Insolvenzeröffnung
↓
Anmeldung
↓
Prüfungstermin
↓
Widerspruch
↙ ↘

richtet sich gegen Gewerbesteuer-bescheid	richtet sich gegen Gewerbesteuer-bescheid
↓	↓
Unterbrechung des Einspruchsverfahrens	Unterbrechung des Widerspruchsverfahrens
↓	↓
erledigt durch Einspruchsentscheidung des Finanzamtes (BGH, BStBl. 1998 II, 428)	erledigt durch Widerspruchsbescheid der Gemeinde gemäß § 73 VwGO

Boochs

Fall 3:

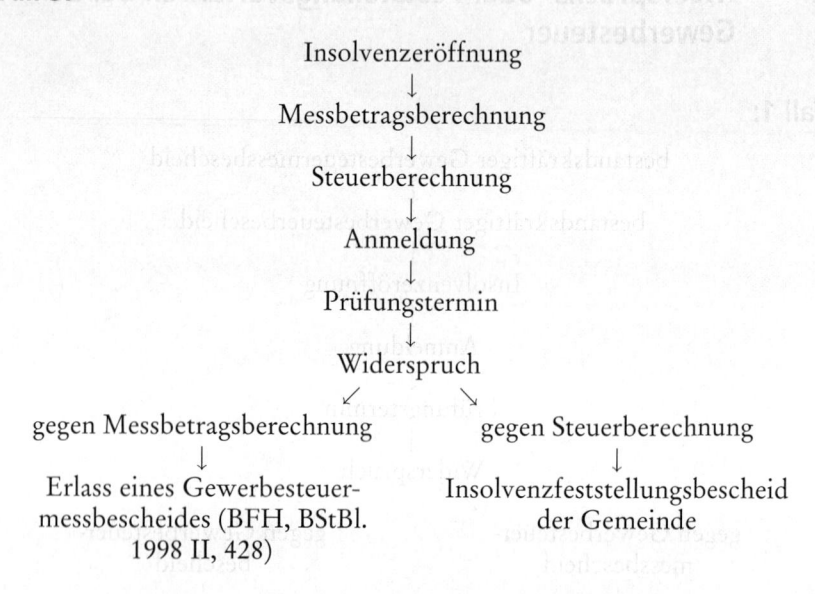

Insolvenzeröffnung
↓
Messbetragsberechnung
↓
Steuerberechnung
↓
Anmeldung
↓
Prüfungstermin
↓
Widerspruch
↙ ↘
gegen Messbetragsberechnung   gegen Steuerberechnung
↓   ↓
Erlass eines Gewerbesteuer-   Insolvenzfeststellungsbescheid
messbescheides (BFH, BStBl.   der Gemeinde
1998 II, 428)

N. Checklisten für die Bearbeitung von Insolvenzfällen im Finanzamt

I. Nach Eingang der Meldung von der Insolvenzeröffnung

1. Vorbereitungsarbeiten

- Einstellung der Vollstreckung.
  Gegen nicht am Insolvenzverfahren beteiligte Gesamtschuldner wie z. B. Ehegatten, Kinder, Haftungsschuldner kann das Finanzamt das Vollstreckungsverfahren fortsetzen.
- ggf. Anforderung des Gutachtens des vom Insolvenzgericht bestellten Gutachters im Hinblick auf die Prüfungswürdigkeit durch die Umsatzsteuersonderprüfung (z. B. Berichtigung des Vorsteuerabzuges gemäß § 17 UStG) oder von haftungs- oder duldungsbegründenden Umständen, z. B. bei der Lohnsteuerhaftung.
- Information des Insolvenzverwalters über eventuelle Absonderungsrechte.

2. Teilnahme des Finanzamts an der Gläubigerversammlung

3. Anmeldung der Abgabenansprüche

- Feststellungen der beim Insolvenzverwalter anzumeldenden Steuern und Nebenabgaben mit Hilfe von aktuellen Abfragen und deren Überprüfung anhand der dem Finanzamt vorliegenden Unterlagen (z. B. der Steuerberechnungen).
- Stundungen oder Aussetzung der Vollziehung werden auf den Tag der Verfahrenseröffnung sichergestellt unter Verwendung eventuell vorhandener Sicherheiten.
- Anmeldung zur Aufnahme der Abgabenansprüche in die Insolvenztabelle.

4. Teilnahme des Finanzamtes am Prüfungstermin

II. Festsetzung von Steuern für Zeiträume vor Verfahrenseröffnung

1. Einkommen-, Umsatz-, Gewerbe- und Körperschaftsteuer

- Nicht erledigte Veranlagungen für Zeiträume bis zum Jahr der Verfahrenseröffnung sind sofort durchzuführen. Sollten die Steuererklärungen noch nicht vorliegen, so sind die Besteuerungsgrundlagen unabhängig von deren Anforderung zu schätzen.
- Bei Zusammenveranlagungen (ESt) sind Bescheidausfertigungen anzufordern.
- Im Fall der Steuernachforderung ist die Bescheidausfertigung für den Schuldner wie folgt zu ändern: Bescheid wird durch Steuerberechnung ersetzt, Zahlungsaufforderung und Rechtsbehelfsbelehrung sind zu streichen, die Steuerberechnung ist an den Insolvenzverwalter zu schicken, die Ausfertigung für den sich nicht in der Insolvenz befindlichen Ehegatten ist zu ändern.
In die Bescheidausfertigung ist als Erläuterung aufzunehmen: »Sie schulden die nach diesem Bescheid zu entrichtenden Beträge gemeinsam mit ihrem Ehegatten (§ 44 AO). Für ihren Ehegatten wurde eine Steuerberechnung erteilt.«
- Im Fall rückständiger Körperschaftsteuer ist zu prüfen, ob § 36 a EStG (Nichtanrechnung von Körperschaftsteuer beim Anteilseigner in Ausschüttungsfällen) anzuwenden ist.
- Meldung an Umsatz-Sonderprüfungsstelle. Schätzungen von Umsatzsteuer sind erst nach Rücksprache mit der Umsatz-Sonderprüfungsstelle vorzunehmen. Sofern die Umsatz-Sonderprüfungsstelle – wie in der Regel – nicht sämtliche offenen Besteuerungszeiträume prüft, sind Schät-

zungen für die in Betracht kommenden Jahre vorzunehmen. Führt die Umsatz-Sonderprüfungsstelle keine Prüfung durch, sind die ausstehenden Veranlagungen unter Berücksichtigung der Vorsteuerrückforderungsansprüche durch Schätzung zu erledigen. Dabei ist der Entstehungszeitpunkt der Vorsteuerrückforderungsansprüche in Absprache mit der Vollstreckungsstelle zu ermitteln.
- Gewerbesteuer, nicht erledigte Festsetzungen des Gewerbesteuer-Messbetrags sind in Form einer Berechnung vorzunehmen und an den Insolvenzverwalter zu schicken.

2. Personengesellschaften, nichtrechtsfähige Personenvereinigungen

- Nicht erledigte Feststellungen sind für Zeiträume bis zur Verfahrenseröffnung durchzuführen, sofern die Feststellungserklärungen nicht vorliegen, ist der Gewinn zu schätzen.
- Der Feststellungsbescheid ist an alle Gesellschafter, sofern ein Gesellschafter sich im Insolvenzverfahren befindet, an dessen Verwalter abzusenden.
- Negative Kapitalkonten der Kommanditisten sind in der Regel als laufender Gewinn nachzuversteuern (§ 15 a EStG).

3. Investitionszulage

- Anhand der Investitionszulage-Akten sind sämtliche Investitionszulagefestsetzungen zu ermitteln.

4. Haftungsvoraussetzungen prüfen ggf. Haftungsbescheid erlassen

5. Rechtsbehelfe

- Rechtsbehelfsverfahren des Gemeinschuldners gegen Steuerfestsetzungen sowie gegen Feststellungen von Besteuerungsgrundlagen und Steuermessbescheide sind unterbrochen.
- Soweit abzuhelfen ist, sind sofort Berichtigungsveranlagungen durchführen.
- Verfahren wegen Aussetzung der Vollziehung (§§ 361 AO, 69 FGO) sowie Verfahren wegen Stundung und Vollstreckungsaufschub (§§ 222, 258 AO) sind erledigt.
- Sicherheiten sind der Vollstreckungsstelle mitzuteilen.
- Falls Rechtsbehelfe beim Finanzgericht oder BFH vorliegen, sind diese über die Verfahrenseröffnung zu unterrichten.

III. Checkliste Festsetzungsverfahren gemäß § 178 AO

1. Eine Änderung der unanfechtbaren Bescheide ist im Allgemeinen ausgeschlossen.

2. Bei den noch nicht unanfechtbaren Bescheiden sind zu unterscheiden:

a) Für Bescheide, die dem Schuldner vor Eröffnung bekannt gegeben und die von ihm noch nicht angefochten worden sind, wird die laufende Rechtsbehelfsfrist durch die Eröffnung unterbrochen. Wird einer auf einem solchen Bescheid beruhenden Forderung im Prüfungstermin widersprochen, ist gegenüber dem Widersprechenden die Aufnahme des Steuerrechtsstreites zu erklären. Dadurch wird eine neue Rechtsbehelfsfrist in Lauf gesetzt. Mit Ablauf der Frist wird der Bescheid unanfechtbar (vgl. hierzu Tz. 119).

b) Soweit der Schuldner vor Eröffnung bereits einen Rechtsbehelf eingelegt hat, wird das Finanzamt den Widersprechenden auffordern, das schwebende Steuerstreitverfahren innerhalb einer angemessenen Frist aufzunehmen. Falls zum Ablauf der Frist eine Aufnahmeerklärung nicht zugegangen ist, wird das Finanzamt mit Wirkung für und gegen die Masse nach Lage der Akten entscheiden.

c) Falls für angemeldete Forderungen noch kein Bescheid vorliegt, wird das Finanzamt im Fall des Widerspruchs einen Feststellungsbescheid gemäß § 251 AO erlassen.

d) Wenn ein Widersprechender der Auffassung ist, dass der angemeldete Anspruch ganz oder teilweise erloschen ist, kann er den Antrag auf Erteilung eines Abrechnungsbescheides nach § 218 Abs. 2 AO stellen.

IV. Die Bearbeitung der Insolvenzfälle nach dem Prüfungstermin

1. Sofern Steuerforderungen bestritten wurden, erteilt das Insolvenzgericht einen beglaubigten Auszug aus der Tabelle (§ 179 Abs. 3 InsO).

2. Soweit bestrittene Steuerforderungen bestands- oder rechtskräftig sind, fordert die Vollstreckungsstelle den bestreitenden Gläubiger oder Verwalter auf, den Widerspruch für erledigt zu erklären und schickt gegebenenfalls beglaubigte Kopien der Steuerbescheide, Anmeldungen, Voranmeldungen und Feststellungsbescheide gemäß § 251 Abs. 3 AO sowie Einspruchsentscheidungen oder gerichtliche Entscheidungen mit Vermerken über die Bestands- oder Rechtskraft an den Verwalter zur Eintragung in die Tabelle.

Sofern der Verwalter seinen Widerspruch nicht zurücknimmt, ergeht ein Feststellungsbescheid an den Verwalter.

3. Soweit Steuerforderungen noch nicht bestandskräftig oder noch nicht festgesetzt sind, so ist nach Beteiligung der Festsetzungsstellen zu prüfen, ob die Anmeldung gegebenenfalls zu berichtigen ist. Soweit der Widerspruch hinsichtlich der Festsetzung in vollem Umfang begründet ist, ist eine Berichtigung durchzuführen.

Ergibt die Prüfung, dass die angemeldete Steuer zu erhöhen oder zu mindern ist, so ist die Steuerberechnung entsprechend zu berichtigen. Die höhere Steuer ist nachzumelden.

Im Fall der Steuererstattung ist ein Steuerbescheid an den Verwalter zu versenden, bei Zusammenveranlagung an Ehegatten und Kinder.

4. Wird ein unbegründeter Widerspruch vom Verwalter weiterverfolgt, so ergeht nach Abgabe des Widerspruchs an die Rechtsbehelfsstelle durch diese eine Einspruchsentscheidung.

5. Ist der Widerspruch teilweise begründet, so sind, soweit der Widerspruch begründet ist, Berichtigungen durchzuführen.

6. Einsprüche gegen Feststellungsbescheide gemäß § 251 Abs. 3 AO sind bei Stattgabe durch den geänderten Feststellungsbescheid, ansonsten durch eine Einspruchsentscheidung von der Rechtsbehelfsstelle zu erledigen.

7. Rechtsbehelfe oder Widersprüche des Schuldners hindern die Feststellung der Abgabenansprüche zum Forderungsverzeichnis nicht. Diese sind möglichst im Einvernehmen mit dem Schuldner zurückzustellen und erst nach Abschluss des Insolvenzverfahrens zu erledigen. Gegenstand der Entscheidung über den Widerspruch des Schuldners ist zwar die strittige Rechtsfrage, Rechtswirkungen ergeben sich jedoch nur hinsichtlich der Vollstreckbarkeit der Abgabenansprüche nach Verfahrensabschluss.

Gegen alle mit dem Schuldner zusammenveranlagte, nicht verfahrensbefangene Personen sind die Einspruchsverfahren ohne insolvenzrechtliche Besonderheiten fortzuführen.

9. KAPITEL – GESELLSCHAFTSRECHT IN DER INSOLVENZ

Inhalt

			Seite
A.	Grundsätzliches		1007
	I.	Nachruf	1007
	II.	Insolvenzmasse	1008
		1. Verwaltungs- und Verfügungsrecht	1008
		2. Soll- und Istmasse	1008
	III.	Gesellschaftsrecht und Insolvenzrecht	1009
		1. Haftungskapital und Einlage	1009
		2. Unternehmensumstrukturierung und Sanierung	1009
	IV.	Allgemeiner Hinweis	1010
B.	Insolvenzgründe nach Gesellschafts-Insolvenzrecht		1011
	I.	Überblick	1011
	II.	Zahlungsunfähigkeit	1011
		1. Zahlungsunfähigkeit	1012
		2. Zahlungsunfähigkeit und -unwilligkeit	1012
		3. Gesellschafter und Gesellschaft	1012
	III.	Überschuldung	1013
		1. Alter Überschuldungsbegriff (BGH)	1013
		2. Neuer Überschuldungsbegriff (InsO)	1013
		3. Beweislast	1014
	IV.	Drohende Zahlungsunfähigkeit	1015
	V.	Sonstiges	1015
C.	Insolvenzfähigkeit der Gesellschaften		1016

I.	Insolvenzfähigkeit		1016
	1. Natürliche Personen		1016
	2. Juristische Personen		1016
	3. Gesellschaften ohne Rechtspersönlichkeit		1017
		a) OHG und KG	1017
		b) BGB-Gesellschaft	1018
		c) Sonstige Gesellschaften	1018
		d) Partenreederei, EWIV	1019
II.	Beginn der Insolvenzfähigkeit		1019
III.	Ende der Insolvenzfähigkeit		1020
IV.	Stille Gesellschaften		1020
V.	Sonstiges		1021

D. Antragsrecht und Antragspflicht bei Gesellschaften ... 1021

I.	Antragsrecht	1022
	1. Eigenantrag	1022
	2. Gläubigerantrag	1022
II.	Antragspflicht	1023
	1. Haftung der Organe	1023
	2. Übersicht zu Antragsrecht und Antragspflicht	1024
	3. Zeitpunkt der Antragstellung	1025
	4. Antragsteller	1025
	5. Antragsfrist	1026
	6. Abberufung/Amtsniederlegung	1026
	7. Antragsrücknahme	1027
	8. Vorgründungsgesellschaft/Vorgesellschaft	1027
	9. Fehlerhafte Gesellschaft	1028
	10. Gelöschte Gesellschaft	1028
	11. Glaubhaftmachung	1028

E. Kapitalersatz in der Insolvenz der GmbH ... 1029

I.	Erhaltung des Stammkapitals	1029
II.	Unterbilanz	1029
	1. Aktivseite (Gliederungsschema: § 266 Abs. 2 HGB)	1029
	2. Passivseite (Gliederungsschema: § 266 Abs. 3 HGB)	1030
III.	Überschuldungsstatus	1030
	1. Aktivseite	1031
	2. Passivseite	1031
	3. Aufstellungszeitpunkt	1031
IV.	Auszahlungsverbot	1031

V.	Beweislast	1032
VI.	Verjährung	1032
VII.	Eigenkapitalersetzende Gesellschafterdarlehen	1032
	1. Grundsätze ordnungsgemäßer Kapitalaufbringung (BGH)	1032
	2. Ausschüttungssperre	1033
	3. Kapitalerhaltung bei der Aktiengesellschaft	1034
VIII.	Voraussetzungen für Eigenkapitalersetzende Darlehen	1034
	1. Krisendarlehen	1035
	a) Darlehen	1035
	b) Gesellschafter	1035
	c) Krise	1035
	2. Eigenkapitalersatz	1036
IX.	Kreditunwürdigkeit	1036
X.	Rechtsprechungsregeln zum Eigenkapitalersatz	1037
XI.	Die Novellen-Regeln	1038
XII.	Verhältnis Rechtsprechungsregeln/Novellen-Regeln	1038
XIII.	Darlehenszusage	1040
XIV.	Stehenlassen von Darlehen	1040
XV.	Kurzfristige Überbrückungskredite	1042
XVI.	Finanzplandarlehen	1043
XVII.	Eigenkapitalersetzende Darlehen Dritter	1044
	1. Gleichgestellte Dritte	1044
	2. Gesellschafterbesicherte Darlehen	1044
	3. Zeitlicher Zusammenhang	1045
XVIII.	Eigenkapitalersetzende Bürgschaften der Gesellschafter	1045
XIX.	Eigenkapitalersetzende Darlehen unter Einschaltung Dritter	1046
XX.	Eigenkapitalersetzende Nutzungsüberlassungen durch Gesellschafter	1047
	1. Grundsatz	1047
	2. Betriebsaufspaltung	1048
	3. Überlassungsunwürdigkeit	1048
	4. Entscheidungen zur Nutzungsüberlassung	1049
	a) Lagergrundstück I	1049
	b) Lagergrundstück II	1049
	c) Lagergrundstück III	1050
	d) Lagergrundstück IV	1051

XXI.	Beendigung der kapitalersetzenden Gebrauchsüberlassung	1052
XXII.	Wiederherstellung des Gesellschaftskapitals	1052
XXIII.	Kleinbeteiligungen (§ 32 a Abs. 3 Satz 2 GmbHG)	1053
XXIV.	Sanierungsprivileg (§ 32 a Abs. 3 Satz 3 GmbHG)	1054
XXV.	Beweislast	1054
XXVI.	Verjährung	1055
XXVII.	Haftung	1055
XXVIII.	Eigenkapitalersetzende Darlehen bei GmbH 38; Co. KG und AG	1055

F. Haftung des GmbH-Geschäftsführers aus Insolvenzverschleppung 1056

    I.   Insolvenzverschleppung 1056

    II.   Antragspflicht 1057

        1. Geschäftsführer 1057
        2. Faktischer Geschäftsführer/Fehlerhaft bestellter Geschäftsführer 1058
        3. Verschulden des Geschäftsführers 1058

    III.   Antragsfrist 1058

        1. Zeitraum 1059
        2. Fristbeginn 1059
        3. Fristende 1059

    IV.   Haftungsumfang 1060

        1. Altgläubiger 1060
        2. Berechnung Quotenschaden 1060
        3. Neugläubiger 1061

    V.   Weitere Fälle der Antragspflicht 1062

    VI.   Beweislast 1062

    VII.   Geltendmachung des Schadens 1063

    VIII.   Haftung des Insolvenzverwalters 1064

    IX.   Verjährung 1064

    X.   Aktiengesellschaft 1064

G. Außenhaftung des GmbH-Geschäftsführers nach
§ 41 GmbHG und §§ 283 ff. StGB 1065

H. Organhaftung gegenüber der Gesellschaft 1065

I.		Innenhaftung des GmbH-Geschäftsführers nach § 43 GmbHG .	1065
	1.	Einleitung...	1065
	2.	Sorgfaltsmaßstab	1065
	3.	Pflicht zur Beachtung von Weisungen	1066
	4.	Geltendmachung	1067
	5.	Beweislast..	1067
	6.	Verjährung/Ausschlussfristen	1067
	7.	Entlastung..	1068
	8.	Haftungsumfang..	1069
		a) Auszahlungen zu Lasten des Stammkapitals	1069
		b) Verdeckte Gewinnausschüttungen	1070
		c) Eigenkapitalersetzende Darlehen	1071
		d) Haftung der Mitgesellschafter.........................	1071
	9.	Darlegungs- und Beweislast	1071
	10.	Masselose Insolvenz....................................	1072
II.		Masseschmälerung nach § 64 Abs. 2 GmbHG................	1072
	1.	Überblick..	1072
	2.	Zahlung..	1073
	3.	Pflichten des Geschäftsführers	1073
	4.	Verschulden..	1074
	5.	Schaden..	1074
	6.	Verjährung...	1075
III.		Verantwortlichkeit der Vorstandsmitglieder nach § 93 AktG....	1075
	1.	Anspruchsgrundlage....................................	1075
	2.	Fehlerhaft bestellter Vorstand	1075
	3.	Unternehmerischer Ermessensspielraum	1076
	4.	Verjährung...	1076
	5.	Geltendmachung	1076

J. Stammeinlage und Kapitalerhöhung 1076

I.		Überblick...	1076
II.		Kontoübertragung...	1078
III.		Verdeckte Sacheinlage	1079
IV.		Nichtzahlung...	1079
V.		Hin- und Herzahlungen......................................	1080
VI.		Umgehungsabrede...	1081
VII.		Rückzahlung..	1082
	1.	Aufrechnung...	1082
	2.	Hin- und Herzahlen	1083
	3.	Steuerberatermodell....................................	1083
	4.	Betriebsaufspaltung	1083
	5.	Gläubigerbefriedigung..................................	1083
	6.	GmbH 38; Co KG.......................................	1084

VIII.	Rechtsfolgen		1084
IX.	Kapitalerhöhung		1084
X.	Ausschüttungs-Rückholverfahren		1085
XI.	Offen gelegtes »Schütt-aus-hol-zurück«-Verfahren		1086
XII.	Verbotene Verrechnung		1086
XIII.	Heilung der verdeckten Sacheinlage		1088
	1.	Allgemeines	1088
	2.	Verrechnung einer Gewinnauszahlung	1088
	3.	Verrechnung von Gehaltsforderungen	1088
	4.	Vorabsprache der Verrechnung	1089
	5.	Voraussetzungen für die Heilung	1089
	6.	Heilung der verdeckten Sacheinlage in der Krise	1090

K. Konzernhaftung im qualifiziert faktischen GmbH-Konzern 1091

I.	Grundsätzliches		1092
II.	»Autokran«-Urteil		1093
	1.	Konzernverhältnis	1093
	2.	Nachteilige Einzeleingriffe	1093
	3.	Beherrschungsvertrag	1093
	4.	Unternehmen	1094
III.	»Tiefbau«-Urteil		1094
IV.	»Video«-Urteil		1095
V.	»TBB«-Urteil		1096
	1.	Leitungsmacht	1096
	2.	Missbräuchliche Ausübung der Leitungsmacht	1096
VI.	Darlegungs- und Beweislast		1096
VII.	Rechtsfolge		1097
VIII.	Der Weg zur Konzernhaftung		1097
	1.	»ITT«-Urteil	1098
	2.	»Typenhaus«-Entscheidung	1098
	3.	»Gervais Danone«-Entscheidung	1099
	4.	»Vermögensvermengung«-Urteil	1099
	5.	»Beton- und Monierbau«-Entscheidung	1099
	6.	»VEBA/Gelsenberg«-Entscheidung	1099
IX.	Ersatzansprüche bei der Aktiengesellschaft		1100
	1.	Verantwortlichkeit der Organe	1100
	2.	Verantwortlichkeit der Verwaltungsmitglieder	1100
	3.	Fehlen eines Beherrschungsvertrags	1101

Scholl

L.	**Dritte, Handelnde**		**1101**
	I. Faktischer Geschäftsführer		1101
		1. Interne Stellung	1102
		2. Externes Auftreten	1102
		3. Haftungsumfang	1102
		4. Beweislast	1103
	II. Anstifter oder Gehilfe		1103
	III. Quasi-Gesellschafterhaftung		1104
	IV. Einflussnahme auf Aktiengesellschaft		1104
		1. Voraussetzungen	1104
		2. Geltendmachung	1104
		3. Verjährung	1104
		4. Nutznießer	1104
	V. Pfandgläubiger		1105
	VI. Atypisch stiller Gesellschafter		1105
	VII. Haftungsfolgen		1106
	VIII. Sittenwidrige Schuldnerknebelung		1106
	IX. Haftung für Inanspruchnahme persönlichen Vertrauens		1107
		1. Persönliche Haftung	1107
		2. Beweislast	1107
		3. Haftungsumfang	1108
	X. Durchgriffshaftung		1108
M.	**Handelndenhaftung (§ 11 Abs. 2 GmbHG)**		**1109**
	I. Vorbemerkung		1109
	II. Vorgründungsgesellschaft		1110
	III. Vorgesellschaft		1110
	IV. Einpersonengesellschaft		1111
	V. Erlöschen der Haftung		1111
	VI. Vorbelastungshaftung		1111
		1. Stammkapitalaufbringung	1112
		2. Rechtsfolgen	1113
		3. Handeln im Namen der Vor-Aktiengesellschaft	1113
	VII. Verlustdeckungshaftung		1114

VIII.	Haftung in der Gründungsphase.	1114
IX.	Innenhaftung	1115
X.	Außenhaftung.	1115
XI.	Gründungshaftung bei der Aktiengesellschaft	1117
	1. Verantwortlichkeit der Gründer	1117
	2. Verantwortlichkeit Dritter	1118
	3. Verjährung.	1118

N. Haftung der Kommanditisten 1118

I.	Haftsumme	1119
II.	Pflichteinlage	1119
III.	Haftung vor Eintragung	1120
IV.	Haftungsumfang	1120
V.	Geltendmachung	1121
VI.	Wegfall der Haftung.	1121
VII.	Einlage und Haftung.	1123
	1. Rückgewähr der Einlage	1123
	2. Haftung des ausgeschiedenen Kommanditisten.	1123
VIII.	Aufleben der Haftung	1124
IX.	Haftung nach Buchverlust	1125
X.	Beweislast	1126
XI.	Verdeckte Einlagenrückgewähr	1126
XII.	Haftung des persönlich haftenden Gesellschafters	1127
XIII.	Besonderheiten der GmbH 38; Co KG	1127
	1. Haftung.	1127
	2. Kapitalerhaltung.	1127

O. Haftung des stillen Gesellschafters 1128

I.	Vorbemerkung	1128
II.	Stille Einlage als Pflichteinlage	1128
III.	Eigenkapitalersetzende stille Einlage.	1129
IV.	Atypisch stille Gesellschaft im Steuerrecht	1131
V.	Unterbeteiligung	1131

P.	Kaduzierung von Geschäftsanteilen (§ 21 ff. GmbHG)	1132
	I. Überblick	1132
	II. Ablauf der Kaduzierung	1133
	1. Fruchtloser Ablauf der Zahlungsfrist	1133
	2. Erneute Zahlungsaufforderung (§ 21 Abs. 1 GmbHG)	1133
	3. Verlustigerklärung (§ 21 Abs. 2 GmbHG)	1133
	4. Folgen des Ausschlusses	1134
	a) Verwertung des Geschäftsanteils (§ 23 GmbHG)	1134
	b) Geltendmachung der Ausfallhaftung	1134
	aa) des Ausgeschlossenen (§ 21 Abs. 3 GmbHG):	1134
	bb) seiner Vorgänger (§ 22 GmbHG):	1135
	c) Geltendmachung der weiteren Ausfallhaftung (§ 24 GmbHG)	1135
	III. Verjährung	1136
	IV. Beschränkte Nachschusspflicht	1136
	V. Aktiengesellschaft	1136
Q.	Kapitalersatz und Rangrücktritt	1137
	I. Keine Passivierung von Eigenkapitalersatz	1138
	II. Passivierungspflicht bis zum (bedingten) Forderungsverzicht	1139
	III. Passivierungspflicht bis zur (schuldrechtlichen) Rangrücktrittserklärung	1140
	IV. Ausweis im Überschuldungsstatus	1141
R.	Überschuss bei der Schlussverteilung	1142

A. Grundsätzliches

I. Nachruf

Bislang sind keine bzw. nur unzureichende Auswirkungen oder Veränderungen in der Insolvenzpraxis aufgrund des zum 1. 1. 1999 in Kraft getretenen neuen Insolvenzrechts festzustellen. Grund dafür dürfte unter anderem sein, dass sich hinsichtlich der Sicherungsrechte der Gläubiger durch die Insolvenzordnung wenig geändert hat. Bei den Immobiliarsicherheiten sind beispielsweise die Grundpfandgläubiger nach § 49 InsO weiterhin befugt, die Zwangsvollstreckung außerhalb der Insolvenz in das Grundstück zu betreiben. Zwar hat der Insolvenzverwalter einerseits verbesserte Möglichkeiten, die einstweilige Einstellung von Zwangsvollstreckungsmaßnahmen in

1

das Grundstück zu erwirken (§§ 30 d, 153 b Abs. 1 ZVG). Andererseits ist wiederum § 30 e ZVG zu beachten. Gemäß dieser Vorschrift darf die einstweilige Einstellung von Zwangsvollstreckungsmaßnahmen nur unter bestimmten Auflagen zum Schutz der Gläubiger erfolgen. Auch die Aussonderungsrechte werden im Vergleich zur früheren Rechtslage kaum beschnitten.

II. Insolvenzmasse

2 Nach wie vor fehlt es an der Masse. Trotz oder gerade wegen der Zielverfehlung der neuen Insolvenzordnung wird insbesondere die Haftungsinanspruchnahme von ordnungsgemäß bestellten oder faktischen Vertretungsorganen und Gesellschaftern beschränkt haftender Gesellschaften zukünftig noch an Bedeutung gewinnen, um den Massezufluss zu vermehren:

1. Verwaltungs- und Verfügungsrecht

3 Gemäß § 80 Abs. 1 InsO geht im Augenblick der Eröffnung des Insolvenzverfahrens das Recht des Schuldners, das zur Insolvenzmasse (§ 35 InsO) gehörende Vermögen zu verwalten und über es zu verfügen, auf den Insolvenzverwalter über. Nach § 148 Abs. 1 InsO hat der Insolvenzverwalter das gesamte zur Insolvenzmasse gehörende Vermögen sofort in Besitz und Verwaltung zu übernehmen. Das bedeutet für die Praxis Folgendes:

2. Soll- und Istmasse

4 Sobald der Insolvenzverwalter das gesamte vorgefundene Vermögen in Besitz genommen hat, verwaltet er die so genannte »Ist-Masse«. Tatsächlich zu verwalten hat er aber nach § 35 InsO die »Soll-Masse«. Dies ist das Vermögen des Insolvenzschuldners, das ihm zum Zeitpunkt der Verfahrenseröffnung gehört und das er während des Verfahrens erlangt. Dieses Vermögen gehört zur Insolvenzmasse und steht den Gläubigern zur Befriedigung zur Verfügung.

Um von der tatsächlich vorgefundenen zur rechtlich geforderten Masse zu kommen, muss der Verwalter eine Reihe von Maßnahmen treffen. Hierzu gehören neben der Bereinigung der »Ist-Masse« auch Maßnahmen, die zur Mehrung der Masse führen. Hier ist natürlich zunächst an die Anfechtungsrechte nach §§ 129 ff. InsO zu denken. Die Anfechtungsbestimmungen verfolgen den Zweck, dass eine vor Eröffnung des Insolvenzverfahrens vorgenommene und sachlich nicht gerechtfertigte Schmälerung der Insolvenzmasse rückgängig gemacht wird und auf diese Weise alle Insolvenzgläubiger gleichmäßig befriedigt werden können.[1]

III. Gesellschaftsrecht und Insolvenzrecht

1. Haftungskapital und Einlage

Daneben ist insbesondere bei der Unternehmensinsolvenz von Gesellschaften mit beschränkter Haftung der Grundsatz, dass als Korrektiv zur Haftungsbeschränkung das Haftungskapital erhalten bleiben soll, zu beachten.

Wesentliche Maßnahmen der Massemehrung sind deshalb heute die Durchsetzung von Einlageansprüchen und die Geltendmachung von Schadensersatzansprüchen, wobei die Rechtsgrundlagen für diese Maßnahmen außerhalb der Insolvenzordnung und zumeist im Gesellschaftsrecht zu finden sind. Sie werden die große Bedeutung, die sie in der Vergangenheit unter dem alten Konkursrecht gewonnen haben auch zukünftig behalten.

Die Rolle des Gesellschaftsrechts in der Insolvenz wird sich vorerst auf die gesellschaftsrechtlichen Möglichkeiten der Massemehrung und Masseerhaltung beschränken. Gesellschaftsrechtliche Unternehmensumstrukturierungen werden nach wie vor hauptsächlich Bedeutung in der Reorganisation weit im Vorfeld der Insolvenzlage haben und nach Eintritt der Insolvenz zukünftig möglicherweise im Insolvenzplanverfahren erlangen.

2. Unternehmensumstrukturierung und Sanierung

Eines der wesentlichen Ziele der Insolvenzrechtsreform soll die Sanierung Not leidender Unternehmen gewesen sein. Die Verfahrensziele »Liquidation des Vermögens«, »Sanierung des Unternehmens« und »übertragende Sanierung« durch Veräußerung der Vermögenswerte an einen anderen Rechtsträger betrachtet die Insolvenzordnung (InsO) als gleichrangig.[2] Neben der gemeinschaftlichen Befriedigung der Gläubiger wird deshalb in § 1 Abs. 1 Satz 1 InsO der Erhalt des Unternehmens als eigenes Verfahrensziel ausdrücklich genannt. Allerdings werden hier die gesellschaftsrechtlichen Möglichkeiten im Rahmen der Schuldbefreiung und Sanierung in Theorie und Praxis häufig überschätzt.

Soll ein in wirtschaftliche Schwierigkeiten geratenes Unternehmen weitergeführt werden, ist meist eine grundlegende Sanierung erforderlich. Eine Beseitigung der Überschuldung und/oder (drohenden) Zahlungsfähigkeit bzw. Wiederherstellung der Ertragsfähigkeit lässt sich jedoch allein durch

---

1 BGH ZIP 1983, 334, 336.
2 BT-Drucks. 12/2443 S. 108 f.

gesellschaftsrechtliche Maßnahmen nicht bewerkstelligen. Damit ist Folgendes gemeint:

> **Grenzen gesellschaftsrechtlicher Maßnahmen bei der Sanierung**
> - gesellschaftsrechtliche Maßnahmen ändern nichts an der bereits eingetretenen betriebswirtschaftlichen Krise,
> - durch gesellschaftsrechtliche Maßnahmen ändert sich weder die Vermögens- noch die Liquiditätslage, es sei denn im Rahmen der Maßnahme werden neues Vermögen oder neue Liquidität zugeführt,
> - gesellschaftsrechtliche Maßnahmen ersetzen nicht die wirtschaftliche Sanierung.

8 Bedeutung bekommt das Gesellschaftsrecht möglicherweise dann, wenn vor Eintritt der Insolvenzlage noch rechtzeitig die Rechtsform einer beschränkt haftenden Gesellschaft geändert wird. Durch die Flucht aus der Haftungsbeschränkung kann eventuell die strafrechtlich sanktionierte (vgl. § 84 GmbHG) Insolvenzantragspflicht (vgl. § 64 Abs. 1 Satz 1 GmbHG) umgangen werden. Allerdings lebt dann die unmittelbare Verantwortlichkeit der persönlich haftenden Gesellschafter auf, die häufig in der Haftungsverwirklichung nach misslungenen Sanierungsversuchen endet.

9 Eine Sanierung soll im neuen Insolvenzrecht durch die Aufstellung eines Insolvenzplans (§§ 217 ff. InsO) ermöglicht werden. Dieser kann als Schuldenbereinigungsplan die rechtliche Reorganisation der Gesellschaft und ihres Unternehmens mit folgenden Zielen enthalten:

> **Ziele der Unternehmens-Reorganisation mittels Insolvenzplan:**
> - Erleichterung der Kapitalbeschaffung,
> - Verschmelzung mit einem gesunden Unternehmen,
> - Abspaltung des gesunden Teils und Liquidierung des Restunternehmens.

Hier hat das Gesellschaftsrecht jedoch keine insolvenzspezifische Ausprägung. Es finden die allgemeinen Regeln ihre Anwendung.

IV. Allgemeiner Hinweis

10 Die folgenden Seiten sollen mittels grundrissartiger Darstellungen eine Einführung in die gesellschaftsrechtlichen Fragen im Insolvenzfall bieten und mit den von der Rechtsprechung entwickelten Grundsätzen vertraut machen, denn viele gesellschaftsrechtliche Verfahren, insbesondere die Haftungsinanspruchnahmen, scheitern bereits in den unteren Gerichtsinstanzen häufig an der mangelnden Kenntnis der Grundlagen auf Seiten der Kläger. Bei der Zitierung ist darauf geachtet worden, die Fundstellen möglichst

B. Insolvenzgründe nach Gesellschafts-Insolvenzrecht

Um überhaupt ein Insolvenzverfahren über das Vermögen einer Gesellschaft eröffnen zu können, muss ein Eröffnungsgrund (§ 16 InsO) vorliegen. Die Voraussetzungen dafür, wann ein so genannter Insolvenzgrund gegeben ist, sind in den §§ 17–19 InsO geregelt.

I. Überblick

Die Eröffnung des Insolvenzverfahrens über das Vermögen einer Gesellschaft darf nur erfolgen, wenn einer der drei gesetzlich geregelten Insolvenzgründe vorliegt. Das sind die Zahlungsunfähigkeit als allgemeiner Insolvenzgrund (§ 17 InsO), die drohende Zahlungsunfähigkeit (§ 18 InsO) und die Überschuldung (§ 19 InsO).

Die Überschuldung ist nur bei juristischen Personen (§ 19 Abs. 1 InsO) oder Gesellschaften ohne Rechtspersönlichkeit, bei denen keine natürliche Person uneingeschränkt mit ihrem Vermögen für die Verbindlichkeiten der Gesellschaft haftet (§ 19 Abs. 3 InsO) – hierzu gehört als bekannteste Gesellschaftsform die GmbH & Co. KG –, Eröffnungsgrund. Der in der Praxis bedeutsamste Eröffnungsgrund ist die Zahlungsunfähigkeit nach § 17 InsO. Gesetzlich neu geregelt ist der Eröffnungsgrund der drohenden Zahlungsunfähigkeit. Hier soll durch die zeitliche Vorverlagerung eine frühzeitige Antragstellung erreicht werden, um bei einer sich deutlich abzeichnenden Insolvenz bereits vor ihrem Eintritt verfahrensrechtliche Gegenmaßnahmen einzuleiten,[3] die das Unternehmen erhalten.

II. Zahlungsunfähigkeit

Der wichtigste – da am leichtesten durch die Gläubiger feststellbare – Insolvenzgrund ist die Zahlungsunfähigkeit.

---

3 BT-Drucks. 12/2443 S. 114.

1. Zahlungsunfähigkeit

Eine Gesellschaft ist zahlungsunfähig, wenn sie wegen fehlender Zahlungsmittel dauerhaft nicht in der Lage ist, die begründeten und fälligen Verbindlichkeiten zu erfüllen (§ 17 Abs. 2 Satz 1 InsO) und wenn die Zahlungsunfähigkeit durch Zahlungseinstellung nach außen hin erkennbar wird (§ 17 Abs. 2 Satz 2 InsO). Die GmbH ist zahlungsunfähig, wenn sie die fälligen Zahlungsverpflichtungen nicht erfüllen kann, dass heißt in der Regel, wenn sie ihre Zahlungen eingestellt hat. Es ist nicht mehr wie nach dem bisherigen Recht erforderlich, dass die Zahlungsunfähigkeit auf Dauer besteht, einen wesentlichen Teil der Verbindlichkeiten betrifft und die Gläubiger alle fälligen Verbindlichkeiten ernstlich einfordern. Der Insolvenzgrund der Zahlungsunfähigkeit tritt früher ein.

2. Zahlungsunfähigkeit und -unwilligkeit

13 Von der Zahlungsunfähigkeit sind die Zahlungsunwilligkeit, beispielsweise aufgrund fehlender Zahlungsmoral, und die Zahlungsstockung als vorübergehende Zahlungsunfähigkeit zu unterscheiden. Beide stellen keinen Insolvenzgrund dar. Gelegentliche und unerhebliche Zahlungsausfälle führen nicht zur Zahlungsunfähigkeit, solange sie nicht den objektiven Anschein der Zahlungsfähigkeit zerstören.[4]

Der BGH verweist jedoch zur Feststellung der Zahlungsunfähigkeit darauf, dass vereinzelte nachfolgende Zahlungen umgekehrt die Feststellung der Zahlungsunfähigkeit nicht ausschließen.[5]

3. Gesellschafter und Gesellschaft

14 Bei Gesellschaften ohne Rechtspersönlichkeit ist zwischen der Zahlungsunfähigkeit der Gesellschafter und der Zahlungsunfähigkeit der Gesellschaft zu unterscheiden. Es handelt sich um unterschiedliche Vermögensmassen. Die Zahlungsunfähigkeit der Gesellschaft kann durchaus schon gegeben sein, wenn die persönlich haftenden Gesellschafter noch zahlungsfähig sind.

Auch bei der GmbH & Co KG ist zwischen dem Vermögen der GmbH einerseits und dem der KG andererseits zu unterscheiden. Bei der Zahlungsunfähigkeit der KG kommt es deshalb weder auf die Zahlungsunfähigkeit der GmbH noch auf deren Haftung nach §§ 161 Abs. 2, 128 HGB an.

---

4 RGZ 50, 39.
5 BGH IX ZR 188/98.

III. Überschuldung

Eine Gesellschaft ist überschuldet, wenn ihr Aktivvermögen unter Ansatz von Liquidationswerten die Schulden nicht mehr deckt und die verbliebene Finanzkraft des Unternehmens mit überwiegender Wahrscheinlichkeit nicht zur Fortführung ausreicht.[6] Die praktische Bedeutung der Überschuldung ist eher gering. Beim Gläubigerantrag ist die Überschuldung nur schwer glaubhaft zu machen. Bedeutung hat dieser Insolvenzgrund eher bei der Geltendmachung zivilrechtlicher Haftungsansprüche und durch die strafrechtliche Sanktion der Insolvenzverschleppung.

15

1. Alter Überschuldungsbegriff (BGH)

Nach ganz überwiegender Auffassung hat sich bisher die Überschuldung aus einem statischen (rechnerische Überschuldung) und einem bewertenden (Fortführungsprognose) Element zusammengesetzt.[7] Man spricht vom so genannten zweistufigen (modifizierten) Überschuldungsbegriff des BGH. Nach diesem Verständnis vom Überschuldungsbegriff ist ein Geschäftsführer trotz rechnerischer Überschuldung noch nicht verpflichtet, Insolvenzantrag zu stellen, wenn die Fortführungsprognose für das Unternehmen positiv ist.

2. Neuer Überschuldungsbegriff (InsO)

Nach § 19 Abs. 2 InsO ist jetzt die so genannte einfache zweistufige Überschuldungsprüfung in drei Schritten vorzunehmen. Die abgestufte Prüfungsreihenfolge ergibt sich nunmehr aus dem Gesetz:

a) Zunächst ist auf der Basis eines Überschuldungsstatus die rechnerische Überschuldung zu ermitteln (§ 19 Abs. 2 Satz 1 InsO). Diese liegt vor, wenn aufgrund der Bewertung im Überschuldungsstatus die Verbindlichkeiten nicht mehr vom Vermögen gedeckt werden. Die Bewertung der Wirtschaftsgüter hat zu Liquidationswerten zu erfolgen. Stille Reserven sind aufzudecken.

b) Liegt eine rechnerische Überschuldung nach Liquidationswerten vor, ist weiterhin im Rahmen der Fortführungsprognose zu prüfen, ob die Gesellschaft mittelfristig ihre Verpflichtungen erfüllen kann:[8]

aa) Es ist zu ermitteln, ob die Fortführung des Unternehmens nach den Umständen überwiegend wahrscheinlich ist. Trotz der rechnerischen Überschuldung kann unter going-concern-Gesichtspunkten eine »überwiegende

---

6 BGH GmbHR 1994, 539, 545.
7 BGHZ 119, 201, 214.
8 BGHZ 119, 201, 210, 214.

C. Insolvenzfähigkeit der Gesellschaften

21 Die Insolvenzordnung enthält keine eigene Regelung oder Definition der Insolvenzfähigkeit, d. h. der Fähigkeit, beteiligter Insolvenzschuldner in einem Insolvenzverfahren zu sein. Lediglich die Zulässigkeit des Insolvenzverfahrens, bzw. die Frage, welche Rechtsträger und Vermögensmassen Gegenstand eines Insolvenzverfahrens sein können, ist in den §§ 11 und 12 InsO geregelt. § 11 InsO enthält dabei eine Aufzählung all der Personen und Vermögensmassen, die insolvenzfähig sind.

I. Insolvenzfähigkeit

22 Insolvenzfähigkeit bedeutet als formelle Voraussetzung der Insolvenzeröffnung die rechtliche Möglichkeit, Insolvenzschuldner zu sein. Dies setzt zumindest passive Parteifähigkeit vergleichbar §§ 50 Abs. 2, 735 ZPO voraus. Insolvenzfähig ist zunächst jede natürliche oder juristische Person.

1. Natürliche Personen

Die Insolvenzfähigkeit natürlicher Personen beginnt mit der Geburt (§ 1 BGB) und endet mit ihrem Tod. Nach dem Tod kommt noch ein Nachlassinsolvenzverfahren (§§ 315 ff. InsO) in Betracht. Nicht entscheidend ist die Geschäftsfähigkeit, so dass auch geschäftsunfähige und nur beschränkt geschäftsfähige natürliche Personen insolvenzfähig sind.

Beachtlich ist jedoch der Umfang der wirtschaftlichen Tätigkeit einer natürlichen Person. So kann auf eine voll geschäftsfähige Person, die keine oder nur eine geringfügige wirtschaftliche Tätigkeit ausübt, das vereinfachte Verbraucherinsolvenzverfahren nach §§ 304 ff. InsO Anwendung finden. Dies gilt auch für einen eingetragenen Kaufmann mit entsprechend geringfügiger Geschäftstätigkeit. Hingegen ist auf eine beschränkt geschäftsfähige Person bei entsprechender selbstständiger wirtschaftlicher Tätigkeit umgekehrt das Regelverfahren nach §§ 13 ff. InsO anzuwenden.

2. Juristische Personen

Ebenfalls uneingeschränkt insolvenzfähig sind die juristischen Personen des Privatrechts. Die juristischen Personen des öffentlichen Rechts sind hingegen auf Grundlage des § 12 InsO weitgehend von Insolvenzverfahren ausgeschlossen.

Für juristische Personen des öffentlichen Rechts kann nach dem Willen des Gesetzgebers die Zulässigkeit des Verfahrens und damit die Insolvenzfähig-

mögen und damit auch an der rechtlichen Möglichkeit der Eingehung von Gesamthandsschulden. Dies gilt insbesondere für stille Gesellschaften. Der stille Gesellschafter hat seine Einlage in der Weise zu leisten, dass sie in das Vermögen des Inhabers des Handelsgeschäfts übergeht (§ 230 HGB). Die stille Gesellschaft wird sowohl durch ein Insolvenzverfahren über das Vermögen des Inhabers des Handelsgeschäfts als auch durch ein Insolvenzverfahren über das Vermögen des stillen Gesellschafters aufgelöst.[21]

V. Sonstiges

Auch bei den Gesellschaften ohne Rechtspersönlichkeit ist die strikte Trennung von Gesellschafts- und Gesellschafterinsolvenz zu beachten. Einerseits erstreckt sich das Insolvenzverfahren über das Gesellschaftsvermögen nur auf die Gesellschaft und andererseits das Insolvenzverfahren über das Gesellschaftervermögen nur auf den Gesellschafter. Die Trennung kann mangels schriftlicher Vereinbarungen bei BGB-Gesellschaften allerdings erhebliche Schwierigkeiten aufwerfen.

31

Der persönlich haftende Gesellschafter einer Gesellschaft ohne Rechtspersönlichkeit kann eine Befreiung seiner Mithaftung für die Verbindlichkeiten der Gesellschaft nur erlangen, wenn auch über sein Vermögen das Insolvenzverfahren eröffnet worden ist. Nur in diesem Fall greift auch die Restschuldbefreiung, falls sie gewährt wird.

Nicht insolvenzfähig sind Bruchteilsgemeinschaften nach §§ 741 ff. BGB. Die Bruchteilsgemeinschaft ist nicht parteifähig. Sie wird auch im Gesetz nicht für insolvenzfähig erklärt. Die Insolvenzfähigkeit beschränkt sich damit auf die Gesamthandsgemeinschaften.

D. Antragsrecht und Antragspflicht bei Gesellschaften

Überhaupt nicht geregelt in der Insolvenzordnung ist die Frage der Insolvenzantragspflicht.

---

21 BGHZ 51, 350, 352.

I. Antragsrecht

1. Eigenantrag

32 Das Antragsrecht bei juristischen Personen und Gesellschaften ohne Rechtspersönlichkeit hingegen ist in § 15 InsO geregelt. In dieser Norm geht es um die Stellung von Eigenanträgen. Die Antragsberechtigung besteht ausdrücklich für sämtliche Mitglieder des Vertretungsorgans (§ 15 Abs. 1 InsO), d. h. beispielsweise für alle Geschäftsführer oder Vorstände, unabhängig von ihrer internen Aufgabenzuweisung. Der Antrag bei juristischen Personen und Gesellschaften ohne Rechtspersönlichkeit kann von jedem organschaftlichen Vertreter und persönlich haftenden Gesellschafter gestellt werden.[22] Dies gilt auch unabhängig von der Frage der Befugnis zur Gesamt- oder Einzelvertretung. Nur im Fall der drohenden Zahlungsunfähigkeit muss gemäß § 18 Abs. 3 InsO der Antragsteller alleinvertretungsberechtigt sein.

2. Gläubigerantrag

33 Nach § 13 Abs. 1 InsO sind sowohl die Gläubiger als auch der Schuldner berechtigt, Antrag auf Eröffnung des Insolvenzverfahrens zu stellen. Wer (Insolvenz-)Gläubiger ist ergibt sich aus §§ 38, 39 InsO. Danach sind all diejenigen Insolvenzgläubiger, die zur Zeit der Eröffnung des Insolvenzverfahrens einen begründeten Vermögensanspruch gegen den Insolvenzschuldner haben. Gesellschafter, die beispielsweise einen Anspruch auf Rückgewähr eines kapitalersetzenden Darlehens geltend machen, sind so genannte nachrangige Gläubiger. Sie sind nach § 39 Abs. 1 Nr. 5 InsO, § 32 a Abs. 1 GmbHG ebenfalls antragsberechtigt. Dies gilt auch für kapitalersetzende Darlehen bei anderen Gesellschaften (s. § 39 InsO). Auch Dritte, die ein kapitalersetzendes Darlehen gewährt haben (§ 32 a Abs. 2 GmbHG), sind als Gläubiger gleichgestellter Forderungen antragsberechtigt. Es kann jedoch aufgrund des Nachrangs am rechtlichen Interesse für eine Antragstellung fehlen.[23] Bei Vorliegen entsprechender Anhaltspunkte hat der Antragsteller darzulegen, dass die qualifizierenden Voraussetzungen (z. B. § 32 a GmbHG) nicht vorliegen.[24]

Auch Gesellschafter, die einen Anspruch auf Auszahlung eines Abfindungsguthabens verfolgen, haben ein Antragsrecht.[25]

---

[22] BegrRegE, BT-Drucks. 12/2443, S. 114.
[23] FK-InsO/Schmerbach, § 14 Rdnr. 49 m. w. H., § 13 Rdnr. 11.
[24] LG Dortmund ZIP 1985, 855, 857.
[25] FK-InsO/Schmerbach, § 14 Rdnr. 49 m. w. H., § 13 Rdnr. 11.

II. Antragspflicht

Mit dem Antragsrecht korrespondiert häufig eine spezialgesetzlich geregelte Antragspflicht. Eine Antragspflicht besteht allerdings nur bei Vermögensmassen, bei denen nicht eine natürliche Person unbeschränkt haftet. Sie besteht auch nur bei Zahlungsunfähigkeit (§ 17 InsO) und Überschuldung (§ 19 InsO), jedoch nicht bei dem neu gesetzlich geregelten Insolvenzgrund der drohenden Zahlungsunfähigkeit (§ 18 InsO). Die Antragspflicht und die daraus resultierenden zivil- und strafrechtlichen Sanktionen sind nicht in der Insolvenzordnung, sondern nach wie vor in gesellschaftsrechtlichen Spezialvorschriften geregelt. Die wohl wichtigste und bekannteste Antragspflicht steht in § 64 Abs. 1 GmbHG für den Geschäftsführer der GmbH.

Natürliche Personen und Gesellschaften ohne eigene Rechtspersönlichkeit sind weiterhin nicht zur Antragstellung für ein Insolvenzverfahren über ihr eigenes Vermögen verpflichtet.

1. Haftung der Organe

In § 64 Abs. 2 GmbHG, § 130 a Abs. 3 HGB, § 92 Abs. 3 AktG sowie § 99 Abs. 2 GenG ist jeweils eine Schadensersatzhaftung der Geschäftsführer bzw. Liquidatoren hinsichtlich masseschmälernder Auszahlungen nach Insolvenzeintritt bestimmt. In Frage kommen daneben jedoch auch häufig Schadensersatzpflichten aufgrund der allgemeinen zivilrechtlichen Regelungen der §§ 823 ff. BGB. Eine Haftung des GmbH-Geschäftsführers besteht auch dann, wenn der Insolvenzverwalter es innerhalb der Ausschlussfrist unterlässt aussichtsreiche Insolvenzanfechtungsrechte (§§ 135 ff. InsO) gegen die Leistungsempfänger geltend zu machen.[26]

Eine Nichtbeachtung oder Verletzung der Antragspflicht kann bei Organen juristischer Personen eine persönliche Haftung auslösen. Die Vorschriften über die Verletzung der Insolvenzantragspflicht sind regelmäßig Schutzgesetze im i. S. d. § 823 Abs. 2 BGB. Dies gilt etwa für § 130 a HGB, § 64 Abs. 1 GmbHG, § 92 Abs. 2 AktG und § 99 GenG.[27] Daneben kommen aber auch Haftungsansprüche in Verbindung mit Deliktsrecht oder auch eine Haftung aus Verschulden bei Vertragsschluss in Betracht.[28]

Ferner kommen Erstattungsansprüche aus § 26 InsO in Betracht. § 26 Abs. 3 InsO soll die Bereitschaft der Gläubiger fördern, einen ausreichenden Vorschuss zur Verfahrenseröffnung zu leisten. Es besteht ein Rückgriffsanspruch in Höhe der Vorschusszahlung gegen das Gesellschaftsorgan, das die Stellung des Antrags auf Eröffnung des Insolvenzverfahrens pflichtwidrig und schuldhaft unterlassen hat. Die Durchsetzung des An-

---
26 ZIP 1996, 420.
27 Vgl. BGHZ 29, 100; BGHZ 75, 96.
28 BGH ZIP 1991, 1140; BGH ZIP 1992, 694; BGH ZIP 1994, 1103; BGH ZIP 1994, 1350.

spruchs soll durch die Beweislastregelung in § 26 Abs. 3 Satz 2 InsO erleichtert werden. Der Anspruch verjährt in fünf Jahren.

2. Übersicht zu Antragsrecht und Antragspflicht

36 Der Kreis der Antragsberechtigten ist in § 15 Abs. 1, 3 InsO beschrieben. Antragsrecht und ergänzend Antragspflicht sind in der folgenden Übersicht dargestellt:

Gesellschaftsform	Antragsrecht	Antragspflicht
AG	Vorstand (§§ 76, 78 AktG) Abwickler	§§ 92 Abs. 2, 94, 268 Abs. 2 AktG
GmbH	Geschäftsführer (§ 35 GmbHG) Liquidator	§§ 64 Abs. 1, 71 Abs. 4 GmbHG
Genossenschaft e. V.	Vorstand (§ 24 GenG) Vorstand (§ 26 BGB) Liquidator	§ 99 GenG § 42 Abs. 2 BGB § 48 Abs. 2 BGB
Verein (nicht eingetragen)	Vorstand (§ 26 BGB analog), § 11 Abs. 1 Satz 2 InsO, § 50 ZPO	§ 42 Abs. 2 BGB analog § 11 Abs. 1 Satz 2 InsO
wirtschaftl. Verein Stiftung	§ 22 BGB Vorstand (§ 86 BGB)	§§ 86, 42 Abs. 2 BGB
Versicherungsunternehmen, Versicherungen, Bausparkassen	Bundesaufsichtsamt (§ 46 KWG)	
GbR	jeder Gesellschafter	keine
OHG	jeder Gesellschafter	§ 130 a Abs. 1 Satz 1 HGB
KG	Komplementär	§ 177 a HGB
(OHG und KG: sofern keiner der persönlich haftenden Gesellschafter eine natürliche Person ist) KGaA		
KGaA	jeder persönlich haftende Gesellschafter (§ 278 Abs. 2 AktG)	§ 278 Abs. 3, § 283 Nr. 124 AktG
GmbH & Co KG	Komplementär	§ 177 a BGB
Körperschaften des öffentl. Rechts	wie e. V. (§ 89 Abs. 2 BGB)	§§ 89 Abs. 2, 42 S. 2 BGB

Scholl

3. Zeitpunkt der Antragstellung

Die Antragspflicht der Organe einer juristischen Person entsteht nicht erst dann, wenn sich ihnen die Zahlungsunfähigkeit oder Überschuldung aufdrängen muss. Vielmehr sind die Vertretungsorgane verpflichtet, laufend die wirtschaftliche Lage des Unternehmens zu beobachten und schon bei ersten Krisenanzeichen einen Vermögensstatus aufzustellen, um sich zu vergewissern, dass die Verbindlichkeiten noch gedeckt sind.[29]

37

4. Antragsteller

Zur Antragstellung verpflichtet ist jedes einzelne Organ oder Mitglied des Vertretungsorgans. Die interne Aufgabenverteilung ist dabei unerheblich. Sie entlastet nicht von der individuellen Antragspflicht.[30]

38

Der Geschäftsführer kann sich nicht auf die Beauftragung eines Dritten zur Erledigung der kaufmännischen Angelegenheiten der Gesellschaft und Überlassung der Buchführung, beispielsweise an einen Steuerberater, berufen.

Zur Antragstellung verpflichtet sind auch der faktische Geschäftsführer/ Vorstand und das fehlerhaft bestellte Organ. Faktischer Geschäftsführer ist, wer mit Wissen und Wollen der Gesellschafter eine Gesellschaft wie ein vertretungsberechtigtes Organ, insbesondere bei der GmbH wie ein Geschäftsführer, führt, ohne förmlich bestellt worden zu sein. Der BGH[31] bejaht eine Verpflichtung zur Antragstellung. Gleichzeitig weist er darauf hin, dass eine völlige Verdrängung des gesetzlichen Geschäftsführers nicht erforderlich ist. Aus der Antragspflicht ergibt sich im Umkehrschluss gleichzeitig ein Antragsrecht. Antragsrecht und -pflicht des faktischen Geschäftsführers ergeben sich außerdem aus seiner persönlichen Haftung im Falle einer Insolvenzverschleppung. Allerdings muss der faktische Geschäftsführer, der sein Antragsrecht wahrnehmen will, gegenüber dem Insolvenzgericht darlegen, dass er die maßgeblichen und für den wirtschaftlichen Fortbestand des Unternehmens entscheidenden Maßnahmen trifft.

Befindet sich die Gesellschaft in Liquidation, so ist anstelle der oben genannten Personen jeder Abwickler (Liquidator) zur Antragstellung berechtigt (§ 15 Abs. 1, 3 InsO) und gegebenenfalls auch verpflichtet, wobei sich die Antragspflicht wiederum aus gesellschaftsrechtlichen Vorschriften ergibt (vgl. §§ 71 Abs. 4, 64 Abs. 1 GmbHG).

Auch bei Streit über das Vorliegen eines Insolvenzgrundes sowie bei entgegenstehenden Weisungen von Gesellschaftern und auch, wenn der Antrag

---

29 BGH ZIP 1994, 1103 dazu EWIR 1994, 791; BGH ZIP 1995, 560 dazu EWIR 1995, 785.
30 BGH ZIP 1994, 891, 892.
31 BGH ZIP 1983, 173; BGH ZIP 1988, 771.

möglicherweise mangels Masse abgewiesen wird, besteht eine Antragspflicht der Gesellschaftsorgane.

Probleme können sich bei dem Insolvenzgrund der drohenden Zahlungsunfähigkeit (§ 18 InsO) ergeben. Hier besteht keine Antragspflicht. Es lässt sich deshalb hieraus auch kein Antragsrecht im Umkehrschluss herleiten. Haftungsansprüche auf Schadensersatz bestehen weder gegen das ordentlich bestellte noch gegen das faktische oder fehlerhaft bestellte Organ. Auch aus dem Sinn und Zweck des § 15 Abs. 2 InsO ergibt sich kein Antragsrecht.

5. Antragsfrist

39 Die Antragstellung muss bei beschränkt haftenden Gesellschaften spätestens innerhalb von drei Wochen nach Kenntniserlangung (z. B. § 64 Abs. 1 GmbHG) erfolgen. Die Frist beginnt mit Eintritt der Zahlungsunfähigkeit oder Überschuldung. Auf die positive Kenntnis der Antragsverpflichteten kommt es nicht an.

Die Antragspflicht entfällt nicht, wenn ein Gläubiger bereits einen Insolvenzantrag gestellt hat. Ein gleich lautender Fremdantrag über den noch nicht entschieden ist, entlastet den Geschäftsführer weder zivil- noch strafrechtlich von der Pflicht zur Antragstellung, solange das Verfahren nicht eröffnet oder mangels Masse abgelehnt worden ist.[32] Es ist durchaus denkbar, dass der Gläubiger nach Befriedigung den Antrag zurücknimmt, der Insolvenzgrund aber trotzdem weiter fortbesteht.

6. Abberufung/Amtsniederlegung

40 Gerichtlich ungeklärt ist bislang die Frage, inwieweit es zulässig ist, dass die Gesellschafter den Geschäftsführer, der einen Eigenantrag gestellt hat, abberufen und einen neuen Gesellschafter bestellen, der den Antrag zurücknimmt.

Ebenso fraglich ist, ob der Geschäftsführer durch Amtsniederlegung in der Krise sich der Antragspflicht entziehen kann. Gegen eine Amtsniederlegung in der Krise dürften keine Bedenken bestehen. Allerdings ist ein Eigenantrag durch den Geschäftsführer nach Aufgabe seines Amtes nicht mehr zulässig.[33] Ebenso kann er sich durch Amtsniederlegung nicht seiner Haftung wegen Insolvenzverschleppung entziehen. Er haftet unabhängig von der Frage, ob er die Gesellschaft noch vertritt, wenn er sein Amt zu einem Zeitpunkt niedergelegt hat, zu dem die Insolvenzantragspflicht bereits eingetreten ist.

---

32 BGH BB 1957, 273; OLG Dresden ZinsO 1998, 236.
33 BGH ZIP 1980, 768.

Auch nach Eintritt der Krise bzw. Eröffnung des Insolvenzverfahrens kann sich der GmbH-Geschäftsführer nicht einfach seiner Verantwortlichkeit entziehen. In verfahrensrechtlicher Sicht treffen ihn hauptsächlich die Mitwirkungs- und Auskunftspflichten nach §§ 20, 97, 98, 101 InsO.[34]

7. Antragsrücknahme

Die Rücknahme des Antrags ist in § 13 Abs. 2 InsO gesetzlich normiert. Der Antrag kann zurückgenommen werden, bis das Insolvenzverfahren eröffnet oder der Antrag rechtskräftig abgewiesen ist. Zur Rücknahme berechtigt ist der jeweilige Antragsteller. Bei juristischen Personen und Gesellschaften ohne Rechtspersönlichkeit können sich Probleme hinsichtlich der Rücknahmeberechtigung ergeben. Nicht endgültig geklärt ist bisher die Streitfrage, ob die Rücknahme bei juristischen Personen oder Personenhandelsgesellschaften nur von dem Organ erklärt werden darf, das auch den Insolvenzantrag gestellt hat oder ob die Rücknahme auch durch einen anderen, eventuell sogar neu bestellten, Vertreter zulässig ist.[35] Grundsätzlich ist es einem Geschäftsführer verwehrt, einen von einem weiteren Geschäftsführer einer GmbH gestellten Antrag auf Eröffnung des Insolvenzverfahrens zurückzunehmen. Zur Vermeidung von Streitigkeiten über das Vorliegen eines Eröffnungsgrundes zwischen mehreren Vertretungsberechtigten einer juristischen Person ist nach allgemeiner Ansicht die Rücknahme eines Antrags durch den weiteren Geschäftsführer nicht möglich.[36] Etwas anderes kann dann gelten, wenn der antragstellende Geschäftsführer nach Antragstellung sein Amt als Geschäftsführer niedergelegt hat. Aber auch dem neuen Geschäftsführer soll die Rücknahme des Antrags verwehrt sein,[37] denn es ist dem antragstellenden Geschäftsführer verwehrt, nach Stellung des Antrags sein Amt niederzulegen, da eine Amtsniederlegung zur Unzeit unwirksam ist.[38]

41

8. Vorgründungsgesellschaft/Vorgesellschaft

Auch die Vorgesellschaft und die Vorgründungsgesellschaft sind insolvenzfähig. Dies hat zur Folge, dass die Organe dieser Gesellschaften Eigenanträge stellen können. Allerdings ist zwischen der Antragspflicht und der Antragsbefugnis zu unterscheiden.

42

Bei der Vorgründungsgesellschaft handelt es sich in der Regel um eine BGB-Gesellschaft. Hat sie einen kaufmännischen Geschäftsbetrieb aufgenommen, kann auch eine OHG vorliegen. Vor dem Hintergrund der Insolvenz-

---

34 Vgl. Hennsler, ZinsO 1999, 121 ff.
35 KG NJW 1965, 2175.
36 LG Dortmund ZIP 1985, 1341.
37 AG Duisburg ZIP 1995, 582.
38 AG Magdeburg ZinsO 1998, 43.

fähigkeit beider Gesellschaftsformen ist jeder Gesellschafter berechtigt Insolvenzantrag zu stellen. Eine Antragspflicht hingegen besteht nicht, da die Gesellschafter persönlich und unbeschränkt haften.

Eine Vorgesellschaft besteht in der Zeit zwischen notarieller Beurkundung der Satzung der Kapitalgesellschaft und ihrer Eintragung im Handelsregister. Sie ist insolvenzfähig, wenn sie am Rechtsverkehr teilnimmt und Sondervermögen gebildet hat. In diesem Fall sind ihre bereits bestellten Vertreter zur Antragstellung berechtigt.

Wegen der bis zur Eintragung der Gesellschaft bestehenden Handelndenhaftung (§ 41 Abs. 1 Satz 2 AktG, § 11 Abs. 2 GmbHG) sind die Organe der Vorgesellschaft antragsberechtigt. Im Hinblick auf die persönliche Haftung besteht auch keine Antragspflicht.

9. Fehlerhafte Gesellschaft

43 Antragsberechtigt sind schließlich auch die Organe einer fehlerhaften Gesellschaft, sobald sie in Vollzug gesetzt worden ist.

10. Gelöschte Gesellschaft

44 Auch bei einer im Handelsregister gelöschten Gesellschaft kann ein Insolvenzverfahren in Betracht kommen, wenn nachträgliches Vermögen auftaucht.

11. Glaubhaftmachung

45 Bei einer Gesellschaft mit einem mehrköpfigen Vertretungsorgan oder einer Gesellschaft ohne Rechtspersönlichkeit mit mehreren persönlich haftenden Gesellschaftern ist gemäß § 15 Abs. 2 InsO bei einem Insolvenzantrag, der nicht von allen Mitgliedern des Vertretungsorgans, allen persönlich haftenden Gesellschaftern oder allen Abwicklern gestellt wird, zusätzlich die Glaubhaftmachung des Insolvenzgrundes und die Anhörung der am Antrag nicht beteiligten Personen erforderlich. Die Glaubhaftmachung kann unter anderem durch eidesstattliche Versicherung gemäß § 294 ZPO erfolgen.

E. Kapitalersatz in der Insolvenz der GmbH

I. Erhaltung des Stammkapitals

Nach den Kapitalerhaltungsvorschriften im GmbH-Recht darf das zur Erhaltung des Stammkapitals erforderliche Vermögen der GmbH nicht an die Gesellschafter ausgezahlt werden. Der Stammkapitalschutz ist in § 30 Abs. 1 GmbHG normiert. Diese Vorschrift verbietet es den Geschäftsführern Aktivvermögen der Gesellschaft wegzugeben, wenn und soweit dadurch eine Unterbilanz herbeigeführt oder noch weiter vertieft oder gar eine Überschuldung herbeigeführt oder eine bestehende Überschuldung vertieft[39] wird. Entgegen dieser Vorschrift vorgenommene Zahlungen an die Gesellschafter müssen gem. § 31 Abs. 1 GmbHG an die Gesellschaft erstattet werden.

46

Bedeutung besitzen die Kapitalerhaltungsvorschriften sowohl innerhalb als auch außerhalb der Insolvenz der Kapitalgesellschaft im Hinblick auf verdeckte Gewinnausschüttungen und eigenkapitalersetzende Darlehen.

II. Unterbilanz

Die Unterbilanz-Rechnung ist für den Zeitpunkt aufzustellen, zu dem die Auszahlung an den oder zugunsten des Gesellschafters bzw. entsprechend die Begründung einer Verbindlichkeit erfolgt. Das Eigenkapital muss in diesem Zeitpunkt durch das Nettoaktivvermögen gedeckt sein.

47

Berechnung Unterbilanz:[40]

1. Aktivseite (Gliederungsschema: § 266 Abs. 2 HGB)

- Die Buchwerte des letzten Jahresabschlusses sind fortzuführen. Für Ansatz und Bewertung gelten die handelsrechtlichen Vorschriften (§§ 246 ff. HGB bzw. §§ 252 ff. HGB) unter Beachtung des gläubigerschützenden Vorsichtsprinzips. Kein Ansatz selbst geschaffener Werte (Geschäfts- oder Firmenwert), auch wenn diese bei einer Unternehmensveräußerung abgegolten würden.
- Die Gesellschaft bleibt an einmal ausgeübte Bilanzierungswahlrechte gebunden.

---

39 BGH ZIP 1990, 450, 453.
40 Vgl. Lutter/Hommelhoff, GmbHG, 15. Aufl. 2000, § 30 Rdnr. 14 ff.

- Stille Reserven dürfen nicht aufgelöst werden, unabhängig davon, ob sie freiwillig oder zwangsweise gebildet worden sind.
- Ausstehende Gesellschaftereinlagen sind zu aktivieren.
- Der Erwerb eigener Anteile gemäß § 33 GmbHG ist zu Anschaffungskosten zu aktivieren. Gleichzeitig ist eine neutralisierende Rücklage zu bilden.
- Kein Ansatz aktiver Rechnungsabgrenzungsposten.

2. Passivseite (Gliederungsschema: § 266 Abs. 3 HGB)

- Sämtliche Verbindlichkeiten sind mit ihrem Nennwert anzusetzen. Hierzu gehören auch Gesellschafterdarlehen.
- Ebenfalls anzusetzen sind in die in der Bilanz zu bildenden Rückstellungen nach § 266 Abs. 3 B HGB.
- Die Gesellschaft ist an einmal gewählte Passivierungswahlrechte gebunden. Zulässigerweise nicht ausgeübte Passivierungswahlrechte brauchen nicht nachgeholt zu werden.
- Kein Ansatz passiver Rechnungsabgrenzungsposten.

III. Überschuldungsstatus

48 Der Überschuldungsstatus ist ein bilanztechnisches Erkenntnismittel zur Feststellung der Überschuldung. Er dient der Feststellung, ob die Gläubiger der Gesellschaft (noch) aus dem am Stichtag vorhandenen verwertbaren Gesellschaftsvermögen befriedigt werden können oder ob zur Vermeidung einer weiteren Verschlechterung ihrer Befriedigungsaussichten umgehend die Durchführung des Insolvenzverfahrens beantragt werden muss.[41] In einem Überschuldungsstatus sind auf der Aktivseite alle im Falle alsbaldiger Insolvenzeröffnung als Massebestandteile verwertbaren Vermögenswerte denjenigen Verbindlichkeiten auf der Passivseite gegenüberzustellen, die Insolvenzforderungen sein können.[42]

---

41 BGHZ 124, 282, 286.
42 BGH ZIP 1982, 1435, 1437. Zum Überschuldungsstatus s. auch Fleischer, ZIP 1996, 773, 777 f.

1. Aktivseite

- Ausweis aller materiellen und immateriellen Vermögensgegenstände der Gesellschaft, die im Rahmen einer Zwangsliquidation zugunsten der Gesellschaftsgläubiger verwertet werden können.
- Ansatz und Bewertung zu Liquidationswerten.

2. Passivseite

- Ansatz aller Verbindlichkeiten, deren Bedienung aus der Insolvenzmasse verlangt werden kann.
- Bewertung nach handelsrechtlichen Vorschriften. Verbindlichkeiten (§ 249 HGB), Rückstellungen (§ 253 HGB).

3. Aufstellungszeitpunkt

Gerät die GmbH in eine ernsthafte Krise, die dem Geschäftsführer bei der gebotenen laufenden Beobachtung der wirtschaftlichen Lage des Unternehmens nicht verborgen bleiben kann, so hat er sich durch Aufstellung einer Überschuldungsbilanz einen Überblick über den Stand der Gesellschaft zu verschaffen. Bezüglich der Entscheidung, ob Insolvenzantrag zu stellen ist, sollte er möglichst fachkundigen Rat in Anspruch nehmen.[43]

Anlass für die Annahme einer ernstlichen Krise dürfte bei hälftigem Stammkapitalverlust (§ 49 Abs. 3 GmbHG) gegeben sein. Spätestens wenn ein nicht durch Eigenkapital gedeckter Fehlbetrag (§ 268 Abs. 3 HGB) auszuweisen ist, ist ein Vermögensstatus aufzustellen. Dies gilt vor dem Hintergrund der gesetzlichen Regelung in § 19 Abs. 2 InsO auch bei positiver Fortbestehensprognose.

IV. Auszahlungsverbot

Das Auszahlungsverbot des § 30 GmbHG betrifft nicht nur Geldleistungen an Gesellschafter, sondern Leistungen aller Art, denen keine gleichwertige Gegenleistung gegenübersteht und die wirtschaftlich das zur Erhaltung des Stammkapitals erforderliche Gesellschaftsvermögen verringern. Entscheidend ist nur, dass die Leistung auf Kosten des Stammkapitals geht.[44] Der Erstattungsanspruch nach § 31 GmbHG ist darauf gerichtet, das Nettoaktiv-

49

---

43 OLG Düsseldorf GmbHR 1999, 479.
44 BGHZ 31, 258, 276.

vermögen der Gesellschaft in seinem Wert auf den Stand vor der verbotenen Auszahlung bzw. auf die Stammkapitalziffer zu bringen.

V. Beweislast

50 Die Gesellschaft trägt die Beweislast dafür, dass Auszahlungen an den Gesellschafter zu einer Unterbilanz oder Überschuldung führen.

VI. Verjährung

51 Die Ansprüche aus § 31 GmbHG verjähren in fünf Jahren. Die Verjährung beginnt mit der verbotswidrigen Auszahlung. Bei mehreren verbotenen Auszahlungen beginnen jeweils eigene Verjährungen zu laufen. Daneben können beispielsweise Ansprüche aus ungerechtfertigter Bereicherung bestehen. Sie verjähren nach § 195 BGB in 30 Jahren. Dieselbe Verjährungsfrist gilt, wenn dem Verpflichteten nach § 31 Abs. 5 Satz 2 GmbHG eine so genannte bösliche Handlungsweise zur Last fällt.

VII. Eigenkapitalersetzende Gesellschafterdarlehen

52 Aus steuerlichen und gesellschaftsrechtlichen Gründen werden von Gesellschaftern häufig statt der eigentlich gebotenen Zufuhr von Eigenkapital Darlehen gewährt. Diese Gesellschafterdarlehen haben sich im Laufe der Zeit als unkompliziertes und flexibles Mittel zur Finanzierung von Kapitalgesellschaften herausgestellt und erfreuen sich gerade in Krisensituationen großer Beliebtheit. Allerdings können durch diese Finanzierungsform, es handelt sich hierbei um Fremdkapital, die Interessen anderer Gesellschaftsgläubiger beeinträchtigt werden, die keinen Einblick in die Unternehmenssituation der Gesellschaft haben.

1. Grundsätze ordnungsgemäßer Kapitalaufbringung (BGH)

53 Im Laufe der Zeit sind daher vom BGH Grundsätze der ordnungsgemäßen Stammkapitalaufbringung entwickelt worden, nach denen vom Gesellschafter als Fremdkapital hingegebene Mittel bei einem Verstoß gegen die Kapitalerhaltungsvorschriften wie Eigenkapital und damit als Haftkapital behandelt werden. Der Gesellschafter einer unterkapitalisierten GmbH,

der der Gesellschaft zur Abwendung der Insolvenzantragspflicht Gelder darlehensweise zur Verfügung gestellt hat, muss diese Gelder, solange dieser Zweck noch nicht nachhaltig erreicht ist, wie haftendes Kapital behandeln lassen und der Gesellschaft etwaige »Darlehensrückzahlungen«, die nach § 30 GmbHG zuwider geleistet sind, nach § 31 Abs. 1 GmbHG erstatten.[45] In einer GmbH können Gesellschafterdarlehen und ähnliche Leistungen auch dann als Ersatz für Eigenkapital zu betrachten sein, wenn die Gesellschaft bei ihrer Hergabe weder überschuldet war noch ihr Stammkapital eingebüßt hatte, aber von dritter Seite keinen Kredit zu marktüblichen Bedingungen hätte erhalten können.[46] Mit dieser Gleichstellung soll verhindert werden, dass ein Gesellschafter, der die Not leidende Gesellschaft nicht durch die sonst gebotene Hergabe fehlenden Eigenkapitals, sondern durch Darlehen über Wasser zu halten sucht, dass damit verbundene Finanzierungsrisiko auf außenstehende Gläubiger abwälzen kann. Hat er das Darlehen anstelle der dringend benötigten Eigenmittel gegeben, um der Gesellschaft das Überleben zu ermöglichen, und hat er den Anschein ausreichender Kapitalausstattung hervorgerufen, so setzt er sich entgegen Treu und Glauben und dem Zweck der gesetzlichen Kapitalerhaltungsvorschriften in Widerspruch zu seinem Verhalten, wenn er der Gesellschaft die Darlehensvaluta wieder entzieht, bevor der mit ihrer Hergabe verfolgte Zweck nachhaltig erreicht ist.[47]

2. Ausschüttungssperre

Das Haftkapital unterliegt der Ausschüttungssperre des § 30 Abs. 1 GmbHG. Soweit durch eine Ausschüttung das Stammkapital beeinträchtigt wird, löst dies einen Rückgewähranspruch nach § 31 Abs. 1 GmbHG aus, der allerdings nach den von der Rechtsprechung entwickelten Grundsätzen durch die Höhe des nominellen Stammkapitals begrenzt wird.

Die §§ 32a, b GmbHG wie auch die Anfechtungsvorschriften des § 135 InsO und des § 6 AnfG enthalten nunmehr gesetzliche Regelungen für sog. eigenkapitalersetzende Gesellschafterdarlehen. Diese Darlehen unterliegen zwar keiner Ausschüttungssperre. Verbotswidrige Rückzahlungen müssen der Gesellschaft jedoch in voller Höhe erstattet werden, wenn die Gesellschaft innerhalb eines Jahres die Insolvenz anmeldet oder ein Gläubiger die Rückgewähr anficht.

Überlässt der Gesellschafter seiner Gesellschaft Leistungen, die eine Auszahlung an ihn kompensieren sollen, besteht dennoch ein Anspruch auf Rückgewähr des in der Krise an ihn gezahlten Entgelts.[48] Der Gesellschafter kann gegen eine Rückzahlungsforderung der Gesellschaft aus § 31 Abs. 1

---

45 BGHZ 31, 258, 271 ff.
46 BGHZ 76, 326 ff.
47 BGHZ 90, 381, 388 f. m.w. H.
48 BGH GmbHR 2001, 197.

GmbHG, der kein ausdrückliches Aufrechnungsverbot enthält, entsprechend § 19 Abs. 2 Satz 2 GmbHG auch nicht aufrechnen.[49] Dadurch wird die Gleichbehandlung von Kapitalaufbringung und -erhaltung hergestellt.

3. Kapitalerhaltung bei der Aktiengesellschaft

55 Die Kapitalerhaltungsvorschriften des GmbH-Rechts reichen nicht so weit wie die Regelung der Vermögensbindung in § 57 AktG für die Aktiengesellschaft. Nach § 57 Abs. 3 AktG darf vor Auflösung der Gesellschaft ausdrücklich nur der Bilanzgewinn verteilt werden. Die Rechtsprechungsregeln zu kapitalersetzenden Aktionärsdarlehen sind wegen der noch verhältnismäßig geringen Anzahl von Aktiengesellschaften bislang nicht so oft zur Anwendung gekommen, wie die Novellen- und Rechtsprechungsregeln zur GmbH. Allerdings dürfte ihre Bedeutung nach der Einführung der kleinen Aktiengesellschaft an praktischer Bedeutung gewinnen. Die vom BGH entwickelten Grundsätze über die Behandlung eigenkapitalersetzender Gesellschafterdarlehen sind auf eine Aktiengesellschaft sinngemäß anzuwenden, wenn der Gläubiger an ihr unternehmerisch beteiligt ist. Davon ist regelmäßig bei einem Aktienbesitz von mehr als 25% des Grundkapitals auszugehen. Bei einer darunter liegenden, aber nicht unbeträchtlichen Beteiligung kann ein Gesellschafterdarlehen als haftendes Kapital einzustufen sein, wenn die Beteiligung in Verbindung mit weiteren Umständen dem Gläubiger Einfluss auf die Unternehmensleitung sichert und er ein entsprechendes unternehmerisches Interesse erkennen lässt.[50] Bei der Aktiengesellschaft sind im Rahmen der Vermögensbindung auch die Regelungen zur gesetzlichen und Kapitalrücklage (§ 150 AktG) als gesichertes Vermögen zu beachten. Auch diese Rücklagen, die bei der GmbH nicht vorgeschrieben sind,[51] unterliegen der Vermögensbindung.

VIII. Voraussetzungen für Eigenkapitalersetzende Darlehen

56 Folgende Merkmale müssen für die Annahme eigenkapitalersetzender Darlehen der Gesellschafter erfüllt sein:

---

49 BGH ZIP 2001, 157.
50 BGHZ 90, 381 ff.
51 BGHZ 90, 381, 386.

1. Krisendarlehen

Ein eigenkapitalersetzendes Gesellschafterdarlehen liegt immer dann vor, wenn der Gesellschafter nach Eintritt der wirtschaftlichen Krise ein Darlehen gewährt hat oder stehen gelassen hat, in der die Gesellschaft Kapital benötigt, das Sie von dritter Seite nicht bekommt.[52]

57

a) Darlehen

Der Gesellschafter muss seiner Gesellschaft ein Darlehen gemäß § 607 BGB ausgereicht haben. Es muss ein schuldrechtlicher Rückforderungsanspruch bestehen. Unerheblich ist, ob das Darlehen verzinslich oder unverzinslich ist, und ob es zur Sicherung des Gesellschaftszwecks oder aus anderen Gründen ausgereicht wurde. Auch kommt es nicht darauf an, ob es sich um eine Geld- oder Sachleistung handelt.

b) Gesellschafter

Das Darlehen muss von einem Gesellschafter gewährt werden. Gesellschafter ist der Inhaber eines Kapitalanteils. Den Gesellschaftern sind bestimmte Dritte gleichzustellen (§ 32 a Abs. 3 Satz 1 GmbHG). Auf diese Weise sollen Darlehen erfasst werden, die zwar nicht rechtlich, aber wirtschaftlich von einem Gesellschafter stammen.[53]

c) Krise

Nicht jedes Gesellschafterdarlehen ist kapitalersetzend. Vielmehr muss sich die Gesellschaft in der Krise befinden. Die so genannte Krise ist nach § 32 a Abs. 1 GmbHG danach zu beurteilen, ob ein Gesellschafter als ordentlicher Kaufmann der GmbH Eigenkapital zugeführt hätte. Indizien für den Eintritt der Krise sind einzeln oder kumulativ unter anderem:

> **Mögliche Krisenanzeichen:**
> - plötzliche Kündigung eines Kredits,
> - ausgeschöpfte Kreditlinie bei der Hausbank,
> - fehlende Ertragsaussicht (Verhältnis Ertrag/Aufwand),
> - Nichtbedienung fälliger Verbindlichkeiten,
> - fehlende stille Reserven.

Die Voraussetzungen der Krise sind im Einzelfall schwer festzustellen und nachzuweisen. Eine in der Jahresbilanz ausgewiesene Überschuldung hat bei der Prüfung der Insolvenzreife allenfalls indizielle Bedeutung und ist lediglich Ausgangspunkt für die weitere Ermittlung des Gesellschaftsvermögens.[54]

---

52 BGHZ 81, 252, 262 f.; BGH ZIP 1990, 99 f.
53 BGH ZIP 1995, 125.
54 BGH GmbHR 2001, 473.

2. Eigenkapitalersatz

58 Eigenkapitalersatz liegt dann vor, wenn ein Gesellschafter Vermögenswerte an die Kapitalgesellschaft ausreicht, die er dieser als Fremdmittel anstelle der eigentlich gebotenen Eigenkapitalzufuhr gewährt. Eigenkapitalersatz liegt somit immer dann vor, wenn Gesellschafterdrittleistungen verloren gegangenes Eigenkapital ersetzen, also »funktionales Eigenkapital« darstellen.

IX. Kreditunwürdigkeit

59 Maßgebendes Kriterium für eine Qualifizierung von Fremd- oder Drittmitteln als Eigenkapital ist die Kreditunwürdigkeit der Gesellschaft. Eine Gleichsetzung von Gesellschafterleistungen mit unter Umständen haftendem Eigenkapital ist dann geboten, wenn die Gesellschaft im Zeitpunkt der Leistung von dritter Seite keinen Kredit zu marktüblichen Bedingungen hätte erhalten können und deshalb ohne diese Leistung hätte liquidiert werden müssen.[55] Die Bürgschaft eines Gesellschafters kann eine kapitalersetzende Leistung sein, wenn sie für einen Bankkredit der Gesellschaft in einer Lage übernommen oder aufrecht erhalten wird, in der die Gesellschaft Kredit zu marktüblichen Bedingungen sonst hätte nicht mehr erhalten können.[56] Dies ist nicht unbedingt erst dann der Fall, wenn sich die Gesellschaft in einer Insolvenzlage befindet.[57] Das Vorhandensein stiller Reserven kann der Kreditunwürdigkeit der Gesellschaft jedoch entgegenstehen, soweit ihr Vorhandensein von einem externen Gläubiger als hinreichende Kreditsicherheit angesehen wird.[58] Kreditunwürdig ist die Gesellschaft, wenn sie von dritter Seite nicht mehr zu marktüblichen Bedingungen ohne Sicherung durch die Gesellschafter Kredit erhält und ohne Zuführung frischen Kapitals liquidiert werden müsste.[59] Erhält die Gesellschaft von dritter Seite keinen Kredit, ohne das der Gesellschafter bürgt, so ist diese Bürgschaft auch dann kapitalersetzend, wenn der Gesellschafter mit ihr vereinbarungsgemäß nachrangig hinter den von der Gesellschaft gestellten Sicherheiten haftet.[60] Bilanzrechtlich ist der Eigenkapitalersatz unter den Fremdkapitalposten zu erfassen.[61]

---

55 BGHZ 76, 326, 330 m. w. N.
56 BGHZ 81, 252, 262 f.
57 BGHZ 81, 365, 367.
58 BGH GmbHR 2001, 473.
59 BGHZ 76, 326, 329.
60 BGHZ 105, 168, 185.
61 BGHZ 124, 282; BFH NJW 1999, 2309.

X. Rechtsprechungsregeln zum Eigenkapitalersatz

Die BGH-Regeln beruhen auf einer entsprechenden Anwendung der §§ 30, 31 GmbHG. Der Kapitalerhaltungsgrundsatz verbietet demnach die Rückzahlung von eigenkapitalersetzenden Gesellschafterdarlehen und Leistungen nur insoweit, als Sie verlorenes Stammkapital im Sinne von § 3 Abs. 1 Nr. 3 GmbHG oder eine über diesen Verlust hinaus bestehende Überschuldung abdecken. Soweit dagegen ein Darlehen keine derartige Funktion zu erfüllen hat, kann es ohne Verstoß gegen § 30 Abs. 1 GmbHG – unbeschadet etwaiger interner Bindungen aus dem Darlehens- oder Gesellschaftsverhältnis – abgezogen werden, selbst wenn die Gesellschaft daraufhin liquidiert werden muss.[62] Die Grundsätze der Rechtsprechung gelten auch außerhalb der Insolvenz.

▶ **Beispiel:**

Die A-GmbH hat ein nominelles Stammkapital i. H. v. 50.000 Euro. Sie ist mit 25.000 Euro überschuldet. Der alleinige Gesellschafter-Geschäftsführer A gewährt in der Krise seiner bereits überschuldeten GmbH ein Darlehen i. H. v. 100.000 Euro.

Folge:

Solange sich das Schuldnerunternehmen in der Krise befindet, kann das Darlehen, soweit eigenkapitalersetzend, nicht zurückverlangt werden. Außerdem dürfen die dem Gesellschafter von der Gesellschaft hierfür gestellten Sicherheiten nicht in Anspruch genommen werden. 75.000 Euro sind kapitalsetzend gebunden. Nur insoweit ist das Darlehen nötig, um das Stammkapital vollständig zu decken. Auf der Grundlage der BGH-Rechtsprechung können die restlichen 25.000 Euro frei verwendet werden.

▶ **Variante 1:**

A kündigt das Darlehen und lässt sich Monate später, die Gesellschaft hat die Krise nicht überwunden, den Betrag i. H. v. 100.000 Euro zurückzahlen.

Folge:

Die A-GmbH hat aufgrund der Rechtsprechungs-Regeln einen Erstattungsanspruch in Höhe des unzulässig zurückgezahlten Eigenkapitalersatzes nach § 31 Abs. 1 GmbHG analog. Dieser Anspruch verjährt in 5 Jahren (§ 31 Abs. 5 GmbHG).

▶ **Variante 2:**

A kündigt das Darlehen Jahre später, die Gesellschaft hat die Krise längst überwunden, und lässt sich den Darlehensbetrag i. H. v. 100.000 Euro ohne erneute Verletzung des Stammkapitals zurückzahlen.

---

62 BGHZ 76, 326, 335 m. w. N.

Folge:

Die A-GmbH hat keinen Erstattungsanspruch mehr. Die Funktion als eigenkapitalersetzendes Darlehen endet, sobald das Stammkapital nachhaltig wieder gedeckt ist.

XI. Die Novellen-Regeln

61 Die Vorschriften der §§ 32 a, b GmbHG (Novellen-Regeln) enthalten gesetzliche Regelungen für die so genannten eigenkapitalersetzenden Gesellschafterdarlehen. Sie gelten allerdings ausschließlich in der Insolvenz. Wird über das Gesellschaftsvermögen die Insolvenz eröffnet, so sind die Gesellschafter mit ihren eigenkapitalersetzenden Darlehen gebunden, denn in der Insolvenz werden sie wie Eigenmittel der Gesellschaft behandelt.

XII. Verhältnis Rechtsprechungsregeln/Novellen-Regeln

62 Die Rechtsprechungsgrundsätze über kapitalersetzende Gesellschafterdarlehen sind neben den Vorschriften der GmbH-Novelle weiterhin auf Darlehen anzuwenden, die nach dem 1. 1. 1981 gewährt worden sind.[63] Zusammen mit den von der Rechtsprechung entwickelten Grundsätzen verbinden die vom Gesetzgeber im Jahr 1980 eingeführten Novellen-Regeln sich zu einem in sich abgestimmten zweistufigen Schutzsystem für den Eigenkapitalersatz. Den Sockelbetrag bis zur sog. Stammkapitalziffer erfassen die BGH-Regeln. Die Vorschriften der §§ 31, 30 GmbHG schützen den Bereich des Stammkapitals bis zum Nennbetrag hinauf. Oberhalb des Nennkapitals wirken die insolvenzrechtlichen Regeln der §§ 32 a, 32 b GmbHG. Sollte das eigenkapitalersetzende Darlehen im Zeitpunkt der Insolvenzeröffnung bereits ganz oder teilweise zurückgezahlt sein, so kann der Insolvenzverwalter nach § 135 InsO diese Rückzahlung anfechten. Der Gesellschafter ist dann in vollem Umfang zur Rückgewähr verpflichtet.

Allerdings sind die Gesellschafter mit ihren kapitalersetzenden Forderungen nicht mehr wie früher vom Verfahren ausgeschlossen. Ihre Forderungen dürfen nach § 39 Abs. 1 Nr. 5 InsO nachrangig berichtigt werden.

▶ **Beispiel 1:**

Die A-GmbH hat ein nominelles Stammkapital i. H. v. 50.000 Euro. Sie ist seit dem 1. 4. 2000 mit einem Betrag i. H. v. 25.000 Euro überschuldet. Der alleinige Gesellschafter-Geschäftsführer A fordert ein bereits vor

---

[63] BGHZ 90, 370.

Eintritt der Krise gewährtes Darlehen i. H. v. 100.000 Euro am 1. 6. 2000 zurück. Am 1. 8. 2000 wird das Insolvenzverfahren über das Gesellschaftsvermögen eröffnet.

Folge:

Hiervon sind 75.000 Euro eigenkapitalersetzend gebunden. Nur insoweit wird das Darlehen nötig, um das Stammkapital vollständig zu decken. Ein insolvenzrechtlicher Anspruch kommt hier i. H. v. 100.000 Euro in Frage, da zwischen Rückzahlung und Konkurseröffnung weniger als ein Jahr verstrichen ist. Wenn die Tilgung bereits erfolgt ist, greift die Sonderregelung des § 135 InsO ein. Der bisherige § 32 a GmbHG wird zukünftig durch § 135 InsO ersetzt.

▶ **Beispiel 2:**

Die A-GmbH hat ein nominelles Stammkapital i. H. v. 50.000 Euro. Sie ist seit dem 1. 4. 2000 mit 25.000 Euro überschuldet. Der alleinige Gesellschafter-Geschäftsführer A fordert ein bereits vor Eintritt der Krise gewährtes Darlehen i. H. v. 100.000 Euro am 1. 6. 2000 zurück. Am 1. 8. 2001 wird das Insolvenzverfahren über das Gesellschaftsvermögen eröffnet.

Folge:

Hiervon sind 75.000 Euro eigenkapitalersetzend gebunden. Nur insoweit wird das Darlehen nötig, um das Stammkapital vollständig zu decken. Ein insolvenzrechtlicher Anspruch kommt nicht in Frage, da zwischen Rückzahlung und Konkurseröffnung bereits mehr als ein Jahr verstrichen ist. Auf Grundlage der BGH-Rechtsprechung bestehende gesellschaftsrechtliche Erstattungsanspruch aus §§ 30 Abs. 1, 31 Abs. 1 GmbHG analog, 135 InsO ist nach § 31 Abs. 5 InsO noch nicht verjährt. Die restlichen 25.000 DM verbleiben dem Gesellschafter, sofern er sie nicht aus anderen Gründen zurückzahlen muss.

§ 32 a Abs. 2, 3 GmbHG betreffen Situationen, in denen die Umgehung des von Abs. 1 angeordneten Nachranges verhindert werden soll.

Ein Problem besteht, wenn die Darlehenstilgung bereits erfolgt ist. Hier greift die Sonderregelung des § 135 InsO ein, die den bisherigen § 32 a KO ersetzt. Durch die zeitlich begrenzten Rückforderungsmöglichkeiten aufgrund der Anfechtungstatbestände der §§ 135 InsO und § 6 AnfG ist durch die Novellen-Regelung der Gläubigerschutz allerdings erheblich eingeschränkt worden.

XIII. Darlehenszusage

64 Unter Darlehensgewährung wird auch eine verbindliche Darlehenszusage gesehen, falls diese bereits eigenkapitalersetzenden Charakter hat. Ob ein Darlehen als eigenkapitalersetzend anzusehen ist, beurteilt sich grundsätzlich nach dem Zeitpunkt der rechtsverbindlichen Kreditzusage, sofern die Leistung später gewährt wird. Bereits die schuldrechtliche Vereinbarung kann bei Dritten den Eindruck erwecken, die Gesellschaft sei noch lebensfähig, und sie wirke sich wirtschaftlich ähnlich wie die Übernahme einer Bürgschaft oder die Einräumung einer Kreditlinie aus.[64] Die eigenkapitalersetzende Situation tritt allerdings erst dann ein, wenn der darlehensversprechende Gesellschafter die Auszahlung vornimmt, auch wenn die Auszahlung nach Stellung des Insolvenzantrags liegt.[65] Allerdings muss wohl die Gesellschaft im gesamten Zeitraum zwischen Darlehenszusage und Auszahlung ohne Unterbrechung kreditunwürdig gewesen sein.

Die Eigenkapitalersatzregeln erfassen nur die tatsächlich gewährte Leistung. Eine Pflicht zur Gewährung weiterer Leistungen des Gesellschafters begründen sie nicht. Die Gleichstellung der in der Krise gewährten oder belassenen Gesellschafterleistungen mit dem Eigenkapital der Gesellschaft rechtfertigt sich nicht aus einer entsprechenden Planung der Gesellschaft oder einer Finanzierungsabrede.[66] Die Eigenkapitalersatzregeln begründen nur eine Rückzahlungssperre (§ 30a GmbHG; §§ 30, 31 GmbHG analog).

XIV. Stehenlassen von Darlehen

65 Der Sachverhalt unterscheidet sich von den vorgehenden Fällen dadurch, dass der Gesellschafter vor Eintritt der wirtschaftlichen Krise ein Darlehen gewährt hat, dieses aber nach Kriseneintritt nicht abgezogen hat, obwohl dies möglich gewesen wäre. Nach der Rechtsprechung kann der Gesellschafter für seine bei Eintritt der Krise zu treffende Entscheidung, ob er die Gesellschaft liquidieren oder aber unter Weitergewährung seiner Kredithilfen fortsetzen will eine angemessene Überlegungszeit in Anspruch nehmen. Zur Umqualifizierung seiner Kredithilfe durch so genanntes Stehenlassen kommt es erst dann, wenn er diese Zeitspanne ungenutzt verstreichen lässt.[67] Das Stehenlassen eines Kredits kann der Zurverfügungstellung gleich stehen. Das kann dann zutreffen, wenn ein Gesellschafter sein noch unter wirtschaftlich gesunden Verhältnissen gegebenes Darlehen stehen

---

64 BGH ZIP 1996, 1829, 1830.
65 BGH ZIP 1996, 1829.
66 BGHZ 142, 116, 120.
67 BGHZ 127, 336, 341 m.w.H.

lässt, nachdem die Überschuldung eingetreten ist.[68] Es handelt sich um ein zunächst risikofreies Darlehen, das nach Eintritt der Krise stehen gelassen wird, obwohl der Gesellschafter es vorher hätte abziehen können. Auf diese Weise wird das Not leidende Unternehmen künstlich am Leben erhalten und dadurch der außenstehende Gläubiger getäuscht und in seinen Interessen gefährdet. Auch die Bürgschaft eines Gesellschafters kann eine eigenkapitalersetzende Leistung sein, wenn sie für einen Bankkredit der Gesellschaft in einer Lage übernommen oder aufrecht erhalten wird, in der die Gesellschaft Kredit zu marktüblichen Bedingungen sonst nicht mehr hätte erhalten können.[69] Wird eine erst nach Eintritt der Krise fällig werdende Forderung des Gesellschafters aus einem Verkehrsgeschäft nicht geltend gemacht, so ist das nicht anders zu beurteilen. Der BGH vertritt die Ansicht, dass es in diesen Fällen einer besonderen »Finanzierungsabrede« zwischen der Gesellschaft und dem Gesellschafter nicht bedarf.[70]

▶ **Beispiel:**
Der alleinige Gesellschafter-Geschäftsführer A hat seiner (gewinnträchtigen) A-GmbH im Jahr 2000 ein Darlehen i. H. v. 100.000 Euro gewährt. Die A-GmbH gerät im Januar 2001 unvermittelt in die Krise. A kündigt nicht das Darlehen sondern lässt es stehen. Im März wird Insolvenzantrag gestellt. In diesem Zusammenhang lässt sich A den Darlehensbetrag auszahlen.

Folge:
Der Gesellschafter muss im Falle des Stehenlassens des Kredits zumindest die Möglichkeit haben, die Krise der Gesellschaft zu erkennen. Dabei sind jedoch keine hohen Anforderungen an das Kennenmüssen zu stellen. Der Gesellschafter muss sich selbstständig darüber informieren, wie sich die wirtschaftliche Lage der Gesellschaft darstellt. Voraussetzung ist nur, dass er wenigstens die Möglichkeit gehabt hat, die den Eintritt der Krise begründenden Umstände bei Wahrnehmung seiner Verantwortung für eine ordnungsgemäße Finanzierung der Gesellschaft zu begründenden Umstände bei Wahrnehmung seiner Verantwortung für eine ordnungsgemäße Finanzierung der Gesellschaft zu erkennen. Davon ist im Normalfall auszugehen. Das gilt insbesondere auch dann, wenn er nicht nur der einzige Gesellschafter, sondern zugleich der alleinige Geschäftsführer ist. Das Fehlen einer solchen Erkenntnismöglichkeit wird deshalb nur bei Vorliegen ganz besonderer, vom Gesellschafter darzulegender und zu beweisender Umstände anzunehmen sein.[71] Wie das »Stehenlassen« einer Kredithilfe bewirkt auch das Unterlassen der Geltendmachung einer dem Gesellschafter aus einem Verkehrsgeschäft gegen die Gesellschaft zustehenden Forderung die Umqualifizierung nur dann,

---

68 BGHZ 75, 334, 337 m. w. N.
69 BGHZ 81, 252.
70 BGH ZIP 1995, 23 f.
71 BGH ZIP 1994, 1934, 1937 m. w. N.

wenn der Gesellschafter wenigstens die Möglichkeit hatte, die den Eintritt der Krise begründenden Umstände zu erkennen. An die dabei erforderliche Sorgfalt sind strenge Anforderungen zu stellen.[72]

Der Gesellschafter kann die Bindungswirkung als Eigenkapital durch Liquidierung der Gesellschaft vor Eintritt der Krise oder durch Stellung eines Insolvenzantrags innerhalb einer angemessenen Überlegungsfrist vermeiden.

Die Eigenkapitalersatzregeln gelten auch für einen nach Rücktritt vom Kaufvertrag in der Krise entstandenen Nutzungsentschädigungsanspruch des Gesellschafters. Er teilt das Schicksal des bis dahin gestundeten Kaufpreisanspruchs und ist wie dieser als eigenkapitalersetzende Gesellschafterhilfe zu qualifizieren.[73]

▶ **Beispiel:**

Die Alleingesellschafterin einer in der Krise befindlichen GmbH verkauft der Gesellschaft ein Grundstück. Der Kaufpreis soll in 10 Jahresraten beglichen werden. Es werden jedoch nur zwei gezahlt. Nach Insolvenzeröffnung erklärt die Gesellschafterin den Rücktritt vom Kaufvertrag.

Folge:

Der durch den Rücktritt entstandene Nutzungsentschädigungsanspruch ist funktionales Eigenkapital. Die Gesellschafterin hat die gezahlten Raten zurückzuzahlen.

Eine Rückzahlung von Gesellschafterdarlehen ohne kapitalersetzende Bedeutung ist zulässig, auch wenn zum Rückzahlungszeitpunkt eine Unterbilanz vorliegt.[74]

XV. Kurzfristige Überbrückungskredite

66 So genannte Sanierungskredite unterliegen keinen besonderen Regeln. Bei Vorliegen der Voraussetzungen sind sie stets eigenkapitalersetzend. Die Eigenkapitalersatzregelungen gelten jedoch nicht für kurzfristige Überbrückungskredite.[75] Von einer Kapitalnutzung im Sinne einer Unternehmensfinanzierung kann grundsätzlich nur gesprochen werden, wenn die Finanzierungsmittel der Gesellschaft für eine gewisse Dauer zur Verfügung gestellt werden. Kurzfristige Überbrückungskredite werden dann nicht von den

---

72 ZIP 1995, 23, 25.
73 BGH ZIP 2001, 1366, 1367.
74 OLG Köln GmbHR 2001, 726.
75 BGHZ 133, 298, 302.

Kapitalersatzregeln erfasst, wenn im Zeitpunkt der Einräumung des Kredits aufgrund der wirtschaftlichen Lage des Unternehmens objektiv damit gerechnet werden kann, dass die Gesellschaft den Kredit in der vorgesehenen kurzen Zeitspanne ablösen wird.[76]

XVI. Finanzplandarlehen

In jüngster Zeit ist durch die Rechtsprechung eine klare Trennung der so genannten Finanzplandarlehen (-kredite) vom klassischen Eigenkapitalersatz erfolgt.[77] Finanzplandarlehen sind solche Darlehen, die von vornherein in die Finanzplanung der Gesellschaft in der Weise einbezogen werden, dass die zur Aufnahme der Geschäfte erforderliche Kapitalausstattung der Gesellschaft durch eine Kombination von Eigen- und Fremdfinanzierung erreicht werden soll. Sie sollen eine Unterkapitalisierung der Gesellschaft ausgleichen, weshalb ihnen Eigenkapitalfunktion zukommt. Häufig sollen durch die »finanzplanmäßige« Unterkapitalisierung die Geschäftsrisiken der neu gegründeten Gesellschaft auf die Drittgläubiger abgewälzt werden. Nach der Rechtsprechung des BFH sind als Indizien hierfür anzusehen:[78]

67

> **Indizien für die Abwälzung von Geschäftsrisiken durch Finanzplandarlehen:**
> - Das Darlehen ist für die Erreichung des Gesellschaftszwecks unentbehrlich.
> - Ein außenstehender Kreditgeber hätte kein Fremdkapital in dieser Höhe eingeräumt, da die Gesellschaft wegen fehlender Sicherheiten insoweit nicht kreditwürdig war.
> - Das Darlehen soll nicht nur einen vorübergehenden Geldbedarf ausgleichen. Es ist vielmehr auf unbestimmte Zeit gewährt bzw. es besteht die Verpflichtung zur langfristigen Überlassung des Kapitals.
> - Das Darlehen wird nicht zu marktüblichen Bedingungen gewährt.
> - Bereits kurze Zeit nach Abschluss des Darlehensvertrags wird ein Rangrücktritt erklärt.

Für die Annahme eines Finanzplankredits müssen nicht alle genannten Punkte erfüllt sein. Es kommt vielmehr auf die Gesamtumstände an. Ein solcher Kredit kann, wenn er in der Krise stehen bleibt, zusätzlich unter die gesetzlichen Eigenkapitalregeln fallen.

Der Finanzplankredit ist keine eigenständige Fallgruppe des Eigenkapitalersatzrechts und begründet erst recht keine Haftung wegen »materieller Unterkapitalisierung«. Erst wenn das Darlehensversprechen erfüllt,

68

---

76 BGH ZIP 1995, 23, 24 m. w. N.
77 BGHZ 142, 116; BGH NJW 1999, 2809.
78 BFH, BStBl. II 1999, 344 sowie BB 1999, 1959.

die Gesellschafterhilfe aber bei Eintritt der Krise »stehen gelassen« und die Gesellschaft auch nicht in die Liquidation geführt worden ist, gelten die allgemeinen Grundsätze über eigenkapitalersetzende Leistungen.[79] Der BGH hat hier klargestellt, dass die Eigenkapitalersatzregeln für Finanzplankredite nicht von Anfang an und unabhängig von einer Krise bestehen.

▶ **Beispiel:**

Der alleinige Gesellschafter-Geschäftsführer A hat seiner im Jahr 2000 neu gegründeten A-GmbH ein zinsloses Darlehen i. H. v. 100.000 Euro langfristig gewährt. Das Darlehen wird von der A-GmbH zur Aufrechterhaltung des Geschäftsbetriebs benötigt. Die A-GmbH gerät im Januar 2001 unvermittelt in die Krise. A kündigt nicht das Darlehen sondern lässt es stehen. Im März wird Insolvenzantrag gestellt. In diesem Zusammenhang lässt sich A den Darlehensbetrag auszahlen.

69 Daneben kann ein Anspruch auf Auszahlung aus einer schuldrechtlichen Vereinbarung oder aufgrund einer Satzungsregelung bestehen, die als »Finanzplankredit« bezeichnet sein mag. Nach Eintritt der Krise hat der Gesellschafter das wie eine Einlageverpflichtung zu behandelnde Versprechen zu erfüllen. Er kann sich nicht auf die inzwischen eingetretene Verschlechterung der Vermögenslage der Gesellschaft berufen (vgl. §§ 610, 775 Abs. 1 Nr. 1 BGB). Der Gesellschafter kann mit Rücksicht auf die einlageähnlich wirkende Bindung von der Erfüllung seines Versprechens nur außerhalb der Krise befreit werden.[80]

XVII. Eigenkapitalersetzende Darlehen Dritter

1. Gleichgestellte Dritte

70 Den Gesellschaftern sind bestimmte Dritte, natürliche ebenso wie juristische Personen, gleichzustellen (§ 32a Abs. 3 Satz 1 GmbHG). Auf diese Weise sollen Darlehen erfasst werden, die zwar nicht rechtlich, aber wirtschaftlich von einem Gesellschafter stammen.[81]

2. Gesellschafterbesicherte Darlehen

71 § 32a Abs. 2 GmbHG umfasst Kredite Dritter, für die ein Gesellschafter eine Sicherheit bestellt hat. Die Voraussetzungen sind:

---

79 BGHZ 142, 116, 142.
80 BGHZ 142, 116, 122 ff.
81 BGH ZIP 1995, 125.

- Gewährung oder Belassen eines Darlehens mit eigenkapitalersetzender Funktion,
- durch einen gesellschaftsfremden Dritten,
- Absicherung des Darlehens durch einen Gesellschafter.

Die eigenkapitalersetzende Sicherung ist über die im Gesetz ausdrücklich genannte Bürgschaft hinaus extensiv zu sehen. So kann beispielsweise auch die Kaution eines Mitgesellschafters für eine Verbindlichkeit der Gesellschaft als eigenkapitalersetzende Gesellschafterleistung zu betrachten sein. Von der vorzeitigen Rückforderung ausgeschlossen sind grundsätzlich alle Leistungen eines Gesellschafters an die kreditunfähige und deshalb aus eigener Kraft nicht mehr lebensfähige Gesellschaft, die wirtschaftlich eine Krediteinräumung darstellen und in denen sich die von dem Gesellschafter für die Gesellschaft übernommene Finanzierungsverantwortung manifestiert.[82] Dazu können unter den genannten Voraussetzungen auch Bürgschaften sowie sämtliche andere Sicherungen gehören, die der Gesellschafter Dritten für eine Verbindlichkeit der Gesellschaft stellt.[83]

3. Zeitlicher Zusammenhang

Darlehensgewährung und Sicherheitenbestellung können zeitlich auseinander fallen. Entscheidend ist der Zeitpunkt der Sicherheitenbestellung.

XVIII. Eigenkapitalersetzende Bürgschaften der Gesellschafter

Eine Bürgschaft hat eigenkapitalersetzenden Charakter, wenn ein Gesellschafter sie zugunsten einer GmbH oder einer GmbH & Co KG in einem Zeitpunkt eingeht oder aufrechterhält, in dem die Gesellschaft aufgrund ihrer schlechten Vermögensverhältnisse von dritter Seite keinen Kredit zu marktüblichen Bedingungen erhalten kann und deshalb ohne die Finanzierungsleistung des Gesellschafters aufgelöst werden müsste.[84] Bei Eintritt der Kreditunwürdigkeit der Gesellschaft ist eine bestehende Gesellschafterbürgschaft in Eigenkapital umzuqualifizieren. Eine andere rechtliche Bewertung kann bei dieser Sachlage nur dann angebracht sein, wenn die Gesellschaft in diesem Zeitpunkt noch in der Lage gewesen wäre, für den zur Abdeckung ihres Kapitalbedarfs notwendigen Kredit ausreichende Sicherheiten aus eigenem Vermögen zu stellen, die ein außenstehender Geld-

---

82 BGH NJW 1989, 1733, 1734 m. w. N.
83 BGH NJW 1989, 1733, 1734.
84 BGH NJW 1995, 326; 328.

geber auch unter Bewertung ihrer künftigen Verwertbarkeit als Kreditgrundlage akzeptiert hätte.[85]

Soweit und solange die Bürgschaft kapitalersetzenden Charakter hat, führt eine Zahlung der Gesellschaft im letzten Jahr vor dem Antrag auf Eröffnung des Insolvenzverfahrens oder danach zu einer Erstattung des Bürgen/Gesellschafters (§ 32 b GmbHG).

▶ **Beispiel:**

Der alleinige Gesellschafter-Geschäftsführer A der A-GmbH übernimmt in der Krise seiner bereits überschuldeten GmbH für einen von der Bank gewährten Kontokorrentkredit i. H. v. 100.000 Euro eine Bürgschaft.

XIX. Eigenkapitalersetzende Darlehen unter Einschaltung Dritter

74 Der Gesellschafter einer GmbH kann sich seiner Finanzierungsverantwortung und damit den Rechtsfolgen des Eigenkapitalersatzes nicht dadurch entziehen, dass er die von der GmbH in der Krise benötigten Finanzierungsmittel durch gemeinsame Darlehensaufnahme zusammen mit einem Dritten beschafft und diesen dann – unter interner Freistellung von der Rückzahlungspflicht – als Darlehensgeber gegenüber der GmbH einschaltet. In diesem Fall ist, neben dem Dritten, auch der Gesellschafter als Darlehensgeber zu betrachten. Er unterliegt den Eigenkapitalersatzregeln der §§ 30, 31 GmbHG.[86] Diese gelten auch bei der Kreditvergabe eines mit einem Gesellschafter der kreditnehmenden Gesellschaft verbundenen Unternehmens, an dem dieser maßgeblich beteiligt ist. Die Kredithilfe des verbundenen Unternehmens ist einer Gesellschafterleistung gleichzustellen.[87]

▶ **Beispiel:**

Gesellschafter A ist an der kreditnehmenden B GmbH & Co KG und zugleich an der kreditgebenden A GmbH & Co KG sowie ihrer Komplementär-GmbH mit Anteilen über jeweils 50 % maßgeblich beteiligt. Dadurch kann er beherrschenden Einfluss auf die kreditgebende A GmbH & Co KG, insbesondere über die Gewährung und Belassung von Krediten, ausüben.

---

85 BGH NJW 1992, 1169.
86 BGH ZIP 1991, 366.
87 BGHZ 81, 311, 315; BGH ZIP 2001, 115.

Folge:
Nach Eintritt der Krise bei der B GmbH & Co KG kann die Kredithilfe von der A GmbH & Co KG nicht mehr zurückgefordert werden. Nach Insolvenzeröffnung muss der Insolvenzverwalter eventuell nach Eintritt der Krise geleistete Zahlungen im Wege der Anfechtung geltend machen.

XX. Eigenkapitalersetzende Nutzungsüberlassungen durch Gesellschafter

Nach der Rechtsprechung des BGH kommt durch § 32 a Abs. 3 GmbHG auch Gebrauchs- und Nutzungsüberlassungen eventuell Eigenkapitalersatzfunktion zu. In Frage für einen Eigenkapitalersatz kommt somit jede Gebrauchs- und/oder Nutzungsüberlassung zwischen Gesellschafter und Gesellschaft.

75

1. Grundsatz

In mehreren Entscheidungen hat der BGH ausgesprochen, dass auch die Überlassung eines Gegenstandes durch einen Gesellschafter an die GmbH eigenkapitalersetzenden Charakter haben kann. Auch eine Gebrauchsüberlassung kann es der insolvenzreifen oder ohne Unterstützung des Gesellschafters nicht mehr lebensfähigen Gesellschaft ermöglichen, ihren Geschäftsbetrieb fortzusetzen. Es kann sein, dass der Gesellschafter durch Gebrauchsüberlassung des benötigten Wirtschaftsguts die anderenfalls nicht abzuwendende Liquidation der Gesellschaft ebenso wirkungsvoll verhindert, wie wenn er dieser durch die darlehensweise Überlassung der erforderlichen Zahlungsmittel ermöglicht hätte, die Investition selbst durchzuführen. Von der wirtschaftlichen Vergleichbarkeit von Darlehen und Gebrauchsüberlassung i. S. d. § 32 a Abs. 3 GmbHG ist somit auszugehen.[88] Entscheidend ist, dass die Gebrauchsüberlassung, ebenso wie die Darlehensgewährung geeignet sein kann, eine ohne diese Unterstützung sanierungsbedürftige und damit ohne Eigenkapitalzuführung liquidationsreife GmbH fortzuführen. Nicht entscheidend kann sein, dass das Eigentum an den überlassenen Gegenständen anders als an darlehensweise zu Verfügung gestelltem Geld nicht auf die Gesellschaft übergeht, sondern beim Gesellschafter verbleibt und dass die Nutzungsüberlassung, wiederum anders als bei einem Darlehen, nicht zu einem Passivposten in der Bilanz führt.[89]

76

---

88 BGHZ 109, 55, 58 f.
89 BGHZ 121, 31, 34.

2. Betriebsaufspaltung

77 Die eigenkapitalersetzende Nutzungsüberlassung kommt häufig im Zusammenhang mit steuerlichen Betriebsaufspaltungen vor. In diesem Fall vermietet oder verpachtet eine Besitzgesellschaft, meist in Form eines Einzelunternehmens oder einer Personengesellschaft, Anlagevermögen an eine Betriebs-GmbH. Hierin kann eine eigenkapitalersetzende Leistung liegen, wenn die GmbH weder über die zur Anschaffung einer solchen Betriebseinrichtung erforderlichen Mittel verfügt noch sich diese aus eigener Kraft auf dem Kapitalmarkt zu üblichen Bedingungen beschaffen könnte und ein vernünftig handelnder Vermieter oder Verpächter, der nicht an der Gesellschaft beteiligt ist und sich auch nicht an ihr beteiligen will, mit dieser einen entsprechenden Nutzungsüberlassungsvertrag über die komplette Betriebseinrichtung unter den gegebenen Umständen nicht schließen würde.[90] Besitz- und Betriebsunternehmen bilden eine wirtschaftliche Einheit, die es rechtfertigt, die Verantwortung für die ordnungsgemäße Finanzierung der Betriebsgesellschaft auch der von denselben Gesellschaftern getragenen Besitzgesellschaft aufzuerlegen.[91]

3. Überlassungsunwürdigkeit

78 Das Tatbestandsmerkmal der Kreditunwürdigkeit wird durch das Kriterium der Überlassungsunwürdigkeit ersetzt.[92] Überlassungsunwürdigkeit liegt dann vor, wenn die Gesellschaft bei üblichen Wirtschaftsgütern definitiv nicht in der Lage ist, das zu zahlende Überlassungsentgelt zu erbringen und Instandhaltungen an den überlassenen Wirtschaftsgütern zu übernehmen.[93]

Überlassungsunwürdigkeit ist insbesondere dann gegeben, wenn von einem vernünftig handelnden Außenstehenden der Inhalt des Pachtvertrags und die Bedingungen des Pachtverhältnisses bei eingetretener Krise der Gesellschaft nicht akzeptiert worden wären. Bezüglich der einzelnen überlassenen Pachtgegenstände muss dem Gesellschafter nicht nur der Überlassungszins gesichert zustehen, sondern auch sämtliche Investitionskosten und ein angemessener Unternehmergewinn. Für die Überlassungsunwürdigkeit spricht unter Umständen auch ein Verzicht auf jegliche Absicherung hinsichtlich der Pachtzinsansprüche unter Berücksichtigung der Laufzeit der Pachtverträge.[94]

---

90 BGHZ 121, 31.
91 BGH ZIP 1993, 189, 190 m. w. N.
92 BGHZ 109, 55, 62 ff.
93 BGHZ 121, 31, 38 ff.
94 OLG Karlsruhe ZIP 1996, 918, 921 f.

4. Entscheidungen zur Nutzungsüberlassung

a) Lagergrundstück I

Seit der Entscheidung »Lagergrundstück I«[95] ist von der wirtschaftlichen Vergleichbarkeit von Darlehen und Gebrauchsüberlassung auszugehen. Der BGH vertritt in ständiger Rechtsprechung die Auffassung, dass die Nutzungsüberlassung von Wirtschaftsgütern an eine GmbH durch einen Gesellschafter nach Eintritt der Krise eigenkapitalersetzenden Charakter hat und entsprechend § 32 a Abs. 3 GmbHG unter den Voraussetzungen des § 32 a Abs. 1 Satz 1 GmbHG dem Recht der eigenkapitalersetzenden Darlehen unterworfen werden kann. Auch eine Gebrauchsüberlassung kann es der insolvenzreifen oder ohne Unterstützung des Gesellschafters nicht mehr lebensfähigen Gesellschaft ermöglichen, ihren Geschäftsbetrieb fortzusetzen, auch wenn sie eine bereits eingetretene Zahlungsunfähikeit der GmbH nicht beseitigen kann.[96] Was den maßgeblichen Zeitpunkt der Gebrauchsüberlassung anbelangt, stellt der BGH nicht allein auf den Überlassungsvertrag ab, sondern entsprechend seiner Auffassung zum Stehenlassen eines Kredits, auch auf die Fortsetzung des Überlassungsverhältnisses trotz Kündigungsmöglichkeit bzw. auf den Zeitpunkt, in dem ein Gesellschafter als ordentlicher Kaufmann Eigenkapital zugeführt hätte. Dieser ist stets erreicht, wenn die Gesellschaft überschuldet ist.[97] Dabei lässt es der BGH genügen, dass der Gesellschafter von einem ordentlichen Kündigungsrecht keinen Gebrauch macht, obwohl er hätte erkennen müssen, dass die Nutzung inzwischen als Kapitalgrundlage der Gesellschaft unentbehrlich geworden ist.[98] Letztlich bleibt aber entscheidendes Kriterium die Kreditunwürdigkeit der Gesellschaft. Übertragen auf die Gebrauchsüberlassung geht es um die Frage, ob die Gesellschaft zu einer solchen Investition finanziell noch in der Lage gewesen wäre.[99]

Es ist zwischenzeitlich durch den BGH wiederholt bestätigt worden, dass die Gebrauchsüberlassung aufgrund eines Miet- oder Pachtverhältnisses den Regeln über den Ersatz von Eigenkapital unterliegen kann.[100]

b) Lagergrundstück II

Die Gesellschaft darf weder über die zur Anschaffung des benötigten Anlagevermögens benötigten Mittel verfügen noch darf sie imstande sein, sich den für den Kauf des überlassenen Gegenstandes erforderlichen Kredit aus eigener Kraft auf dem Kapitalmarkt zu üblichen Bedingungen zu besor-

---

95 BGHZ 109, 55.
96 BGHZ 109, 55, 58.
97 BGHZ 109, 55, 59.
98 BGHZ 109, 55, 60.
99 BGHZ 109, 55, 62.
100 Lagergrundstück II: BGH ZIP 1993, 189 f. Lagergrundstück III: BGH ZIP 1994, 1261 f., Lagergrundstück IV: BGH ZIP 1994, 1441 f.

gen. Gleichzeitig darf kein außenstehender vernünftig handelnder Dritter bereit sein, der Gesellschaft die Gegenstände zum Gebrauch zu überlassen.[101] Das Nutzungsverhältnis muss alsbald nach Eintritt der Krise beendet werden. Dabei kommt es nicht auf die vertraglichen Regelungen, insbesondere auf das Recht zur Kündigung, an. Vielmehr ist der Einfluss entscheidend, der aufgrund der Gesellschafterstellung bzw. der Gesellschafteridentität ausgeübt werden kann, um die Gebrauchsüberlassung trotz Fehlen eines schuldrechtlichen Kündigungsgrundes zu beenden.[102]

c) Lagergrundstück III

81 Durch die Entscheidung Lagergrundstück III[103] wurde vom BGH nochmals bestätigt, dass auch stehen gelassene Gebrauchsüberlassungsverträge von den Sperrwirkungen der Eigenkapitalersatzregeln erfasst werden.

▶ **Beispiel:**

Die A-GmbH hat ein nominelles Stammkapital i. H. v. 50.000 Euro. Sie ist seit dem 1. 4. 2000 mit einem Betrag i. H. v. 750.000 Euro überschuldet. Der alleinige Gesellschafter-Geschäftsführer A fordert ein bereits vor Eintritt der Krise überlassenes Mietgrundstück, auf dem ein zu Verwaltungszwecken genutztes Gebäude steht, vor dem drohenden Ende der Gesellschaft zurück. Die vereinbarten Mietzahlungen sind seit Monaten offen. Der Mietvertrag für das Grundstück ist am 1. 1. 1999 für 5 Jahre geschlossen worden. Am 1. 8. 2000 wird das Insolvenzverfahren über das Gesellschaftsvermögen eröffnet. Der Insolvenzverwalter fordert die Nutzungsüberlassung.

Folge:

Der Gesellschafter ist verpflichtet, das Grundstück solange der Gesellschaft zu überlassen, wie es sich aus dem Mietvertrag ergibt. Die ursprüngliche Laufzeit des Vertrags ist maßgebend. Wäre jedoch ein inhaltsgleicher Vertrag mit einem außenstehenden Dritten und unter Vereinbarung einer längeren Überlassungsdauer oder längerer Kündigungsfristen geschlossen worden, dann hätte der Gesellschafter der Gesellschaft das Nutzungsrecht für den sich daraus ergebenden Mindestzeitraum zu überlassen.[104] Eine Kündigung wegen Insolvenzreife und Zahlungsrückständen kann nicht mehr erfolgen (§ 112 Nr. 1 und 2 InsO). Der Gesellschafter ist gemäß § 30 GmbHG bei einer eigenkapitalersetzenden Nutzungsüberlassung nicht berechtigt, den vereinbarten Mietzins zu fordern. Gezahltes Entgelt ist der Gesellschaft nach § 31 GmbHG zu erstatten.

---

101 BGH ZIP 1993, 189, 190 f.
102 BGH ZIP 1993, 189, 191.
103 BGH ZIP 1994, 1261 f.
104 BGH ZIP 1994, 1261, 1265.

> Solange der Gesellschaft das Nutzungsrecht zu belassen ist, ist in der Insolvenz der Verwalter befugt, es durch eigene Nutzung (insbesondere bei zeitweiliger Nutzung des Betriebs), durch Überlassung an Dritte zur Ausübung oder durch Weiterübertragung, mit oder ohne dem Betrieb im Ganzen, zu verwerten.[105] Es besteht kein auf Wertersatz gerichteter Anspruch gegen Herausgabe des zur Nutzung überlassenen Grundstücks.[106]

Anmerkung:
Außerhalb eines Insolvenzverfahrens kann der Gesellschafter nach Auffüllung des Stammkapitals Zahlung des Nutzungsentgelts an sich verlangen. Nach Eröffnung des Insolvenzverfahrens besteht dieser Anspruch gem. § 32 a Abs. 1 GmbHG analog.

d) Lagergrundstück IV

In der Entscheidung Lagergrundstück IV[107] hat der BGH klargestellt, dass das Eigentum bei dem Gesellschafter verbleibt. Nur das Nutzungsrecht wird vom Haftungsverbund erfasst. Der Insolvenzverwalter ist berechtigt, das der Gemeinschuldnerin in eigenkapitalersetzender Weise überlassene oder belassene Grundstück zugunsten der Insolvenzmasse durch Weiternutzung innerhalb des Gesellschaftsunternehmens oder durch anderweitige Vermietung oder Verpachtung zu verwerten. Die eigenkapitalersetzende Nutzungsüberlassung eines Betriebsgrundstücks begründet in der Insolvenz der Gesellschaft keinen Anspruch der Masse auf Eigentumsübertragung oder auf Herausgabe an den Insolvenzverwalter zum Zwecke der Verwertung. Es besteht lediglich ein Abzugsverbot, jedoch kein Zuführungsgebot. Was die Gesellschaft von ihrem Gesellschafter nicht erhalten hat, steht dagegen von vornherein außerhalb einer möglichen Bindung nach Eigenkapitalersatzregeln.[108]

82

Der Herausgabeanspruch des Gesellschafters gegen die Gesellschaft ist gem. §§ 30, 32 a GmbHG im Gläubigerinteresse ausgeschlossen. Es kommt auch nicht darauf an, dass eine Unterbilanz als Voraussetzung für die Eigenkapitalersatzregeln nicht festzustellen ist, weil die Nutzungsüberlassung nicht in der Bilanz zu einem Passivposten führt. Entscheidend ist die Überlassung in der Krisenlage der Gesellschaft.[109]

---

105 BGH ZIP 1994, 1261, 1265 m. w. N.
106 BGH ZIP 1994, 1261, 1265 f.
107 BGH ZIP 1994, 1441 f.
108 BGH ZIP 1994, 1441, 1443.
109 OLG Karlsruhe ZIP 1996, 918, 920.

XXI. Beendigung der kapitalersetzenden Gebrauchsüberlassung

83 Bei einem mit Grundpfandrechten belasteten Grundstück endet die kapitalersetzende Gebrauchsüberlassung sobald der im Wege der Zwangsverwaltung erlassene Beschlagnahmebeschluss wirksam geworden ist, ohne dass es eines weiteren Tätigwerdens des Zwangsverwalters bedarf.[110] Bei einem im Voraus zu entrichtenden Nutzungsentgelt bildet die vom Grundpfandrechtsgläubiger erwirkte Beschlagnahme nach §§ 146 ff. ZVG i. V. m. §§ 1123 Abs. 2 Satz 2, 1142 BGB eine Zäsur, von der ab dem Interesse des dinglichen Gläubigers an einer Realisierung seines Sicherungsrechts der Vorrang vor den gegenläufigen Bedürfnissen des Schuldners nach eigenständiger Bewirtschaftung und Nutzung des Grundstücks eingeräumt ist. Durch die Umqualifizierung der Gebrauchsüberlassung in funktionales Eigenkapital ändert sich der Rechtscharakter des Nutzungsverhältnisses nicht.[111]

XXII. Wiederherstellung des Gesellschaftskapitals

84 § 31 Abs. 1 GmbHG setzt ausschließlich die Verletzung des § 30 Abs. 1 GmbHG voraus und ordnet generell die Erstattung der unter Verstoß gegen diese Kapitalerhaltungsvorschrift erbrachten Leistungen an. Ein einmal entstandener Erstattungsanspruch entfällt daher nicht von Gesetzes wegen, wenn das Stammkapital zwischenzeitlich anderweitig bis zur Höhe der Stammkapitalziffer nachhaltig wiederhergestellt ist. Der Erstattungsanspruch ist nicht davon abhängig, ob die GmbH im Zeitpunkt seiner Geltendmachung noch eine Unterbilanz aufweist oder diese inzwischen beseitigt ist. Der einmal entstandene Erstattungsanspruch bleibt unabhängig vom weiteren Schicksal der GmbH und ihrer verbesserten Vermögenslage in jedem Fall bestehen.[112] Damit hat der BGH seine bisherige Rechtsprechung aufgegeben, dass der Erstattungsanspruch nach Auffüllen des Stammkapitals wegfällt.[113] Bis zur »Procedo«-Entscheidung hat er den Standpunkt vertreten, dass der Rückzahlungsanspruch aus § 31 GmbHG erlischt, wenn das Stammkapital, aus welchem Grund auch immer, nachträglich wieder gedeckt ist.[114] § 31 Abs. 2 GmbHG sieht ein Wegfallen des Erstattungsanspruchs nur dann vor, wenn der empfangende Gesellschafter

---

110 BGHZ 140, 147.
111 BGHZ 140, 147, 153.
112 BGH BB 2000, 1483 ff., BGHZ 144, 336.
113 Vgl. BGH ZIP 1987, 1113.
114 BGH NJW 1988, 139.

gutgläubig und gleichzeitig der Betrag zur Befriedigung der Gesellschaftsgläubiger nicht erforderlich ist.

§ 31 GmbHG ist bei der Rückführung von eigenkapitalersetzenden Darlehen auch dann unmittelbar und nicht analog anzuwenden, wenn bei einer überschuldeten GmbH aus gewissermaßen nicht mehr vorhandenem Stammkapital ausgeschüttet wird.[115]

XXIII. Kleinbeteiligungen (§ 32 a Abs. 3 Satz 2 GmbHG)

Der nur mit einem Anteil von 10% oder weniger beteiligte GmbH-Gesellschafter wird von den Regeln über den Eigenkapitalersatz – sowohl den Rechtsprechungs- als auch den Novellen-Regeln – nicht mehr erfasst und von der Haftung freigestellt, sofern er nicht die Geschäfte führt. Kleingesellschafter kann jede natürliche oder juristische Person sein, die mit höchstens 10% am Stammkapital beteiligt ist. Für die Freistellung kommt es jedoch weniger auf die rechnerische Beteiligungsquote als vielmehr auf die Einflussmöglichkeiten an. Durch Einräumung einer Sperrminorität oder eines Stimmenübergewichts kann die Privilegierung der Kleinbeteiligung verloren gehen. Umgekehrt kann ein Gesellschafter mit einer die 10% übersteigenden Beteiligung wie ein Kleingesellschafter zu behandeln sein, wenn seine Einflussmöglichkeiten, insbesondere im Hinblick auf die Finanzierungsverantwortung, stark beschnitten ist.[116]

85

Der Kleingesellschafter darf keine Geschäftsführerfunktion haben. Aber selbst wenn er nicht als Geschäftsführer bestellt ist, kann er seine gesetzliche Freistellung verlieren, wenn er sich vertraglich umfangreiche Eingriffsmöglichkeiten in die Geschäftsführung einräumen lässt oder die Voraussetzungen des faktischen Geschäftsführers erfüllt.

Die Freistellung für Kleinbeteiligungen ist mit Wirkung vom 24. 4. 1998 in Kraft getreten. Das Gesetz enthält jedoch keine Übergangsregelung für Altfälle. Es unterliegen, deshalb eigenkapitalersetzende Darlehen, die vor dem 24. 4. 1998 gewährt oder stehen gelassen worden sind, weiterhin den Novellen- und Rechtsprechungsregeln. Der Ausschluss der Kapitalersatzregeln für nicht geschäftsführende Kleingesellschafter gilt erst für nach Inkraft-Treten der Vorschrift am 24. 4. 1998 verwirklichte Tatbestände des Eigenkapitalersatzes.[117]

---

115 Vgl. BGH NJW 1990, 1730.
116 Vgl. Lutter/Hommelhoff, a. a. O., §§ 32 a, b Rdnr. 66 ff. m. w. N.
117 BGH ZIP 2001, 115.

XXIV. Sanierungsprivileg (§ 32 a Abs. 3 Satz 3 GmbHG)

86 In § 32 a Abs. 3 Satz 3 GmbHG hat der Gesetzgeber mit Wirkung vom 1. 5. 1998 eine Regelung zur Privilegierung von Sanierungskrediten im Eigenkapitalersatzrecht aufgenommen. Damit finden auf die Kredite von Gesellschaftern, die sich in der Krise an der Gesellschaft zu Sanierungszwecken beteiligen, weder die Novellen- noch die Rechtsprechungsregeln Anwendung. Dies gilt sowohl für die vor Eintritt der Gesellschaftskrise ausgereichten Altkredite als auch für die in der Krise zum Zwecke der Sanierung gewährten Neukredite. In den Genuss der Freistellung kann jedoch nur der Gesellschafter gelangen, der erst nach Eintritt der Krise seine Gesellschafterstellung erworben hat. Ein Altgesellschafter oder ein nach § 32 a Abs. 3 Satz 1 GmbHG einem Gesellschafter Gleichgestellter werden nicht privilegiert.

Das Darlehen muss zu Sanierungszwecken ausgereicht werden. Das erfordert eine Sanierungsfähigkeit durch objektiv geeignete Sanierungsmaßnahmen. Sollte der Sanierungsversuch scheitern, so nimmt der Sanierungsgesellschafter an einem eventuellen Insolvenzverfahren als Insolvenzgläubiger gem. § 38 InsO teil.

XXV. Beweislast

87 Die Darlegungs- und Beweislast für das Vorliegen eines eigenkapitalersetzenden Darlehens trägt die Gesellschaft bzw. der Insolvenzverwalter.[118] Für das nachträgliche Wegfallen einer Voraussetzung oder eines Tatbestandsmerkmals trägt die Beweislast derjenige, der sich darauf beruft.[119] Für die fehlende Kenntnis und Kenntnismöglichkeit von der Gesellschaftskrise oder ihres Eintritts trägt der Gesellschafter die Beweislast.[120]

Kommt es für die Feststellung der Umqualifizierung einer Gesellschafterleistung in funktionales Eigenkapital auf die Überschuldung der Gesellschaft an, wird die Gesellschaft bzw. ihr Insolvenzverwalter seiner Darlegungs- und Beweislast durch die Vorlage einer ein negatives Ergebnis ausweisenden Handelsbilanz nicht gerecht. Es bedarf vielmehr grundsätzlich der Erstellung einer Überschuldungsbilanz, welche die aktuellen Verkehrs- oder Liquidationswerte ausweist.[121] Die in der Jahresbilanz ausgewiesene Überschuldung hat nur indizielle Bedeutung für das Vorliegen einer Krise.

---

118 Vgl. BGH GmbHR 1995, 381.
119 BGH ZIP 1990, 100.
120 BGH GmbHR 1998, 937.
121 BGH GmbHR 2001, 197, 19 m. w. N.

XXVI. Verjährung

Die fünfjährige Verjährungsfrist des § 31 Abs. 5 GmbHG beginnt zum jeweiligen Auszahlungszeitpunkt. 88

XXVII. Haftung

Die kontroll- und informationspflichtigen Geschäftsführer und geschäftsführenden Gesellschafter dürfen die Kreditmittel bzw. bestellten Sicherheiten bei Meidung eigener Haftung nicht an den Gesellschafter zurückzahlen bzw. zurückgewähren (§ 43 Abs. 3 GmbHG i. V. m. §§ 30, 31 GmbHG analog). Der GmbH-Gesellschafter, der die Geschäftsführung durch zustimmende Mitwirkung an einem Gesellschafterbeschluss zu Auszahlungen aus dem zur Erhaltung des Stammkapitals erforderlichen oder bereits überschuldeten Gesellschaftsvermögen und damit unter Verstoß gegen § 30 GmbHG veranlasst hat, ist der Gesellschaft unter den Voraussetzungen des § 276 Abs. 1 BGB auch zum Ersatz für diejenigen Zahlungen verpflichtet, die an Mitgesellschafter geflossen sind.[122] 89

XXVIII. Eigenkapitalersetzende Darlehen bei GmbH & Co. KG und AG

Für die Rückgewähr von Darlehen an eine GmbH & Co. KG bestimmt § 172 a HGB, dass die §§ 30, 31, 32 a GmbHG sinngemäß gelten. Hinsichtlich der Rechtsfolgen bestehen keine Besonderheiten, so dass hier auf die Ausführungen zur GmbH verwiesen werden kann. Bei verbotswidrig erfolgten Rückzahlungen steht der Erstattungsanspruch der Kommanditgesellschaft zu.[123] 90

Auch Aktionärsdarlehen können den Eigenkapitalersatzregeln unterliegen. Das Rückzahlungsverbot für eigenkapitalersetzende Aktionärsdarlehen ergibt sich aus § 57 AktG. Der Aktionär haftet nach § 62 AktG auf Rückgewähr der Leistung an die Aktiengesellschaft.

---

[122] BGHZ 93, 146, 149 f.
[123] BGH ZIP 1980, 361, 362.

F. Haftung des GmbH-Geschäftsführers aus Insolvenzverschleppung

91 Für die wohl überwiegende Zahl der Geschäftsführer mittelständischer Unternehmen sind die gesellschaftsrechtlichen Grundlagen der GmbH im Allgemeinen, und die gesetzlich geregelten Obliegenheiten der Gesellschaftsorgane im Besonderen, ein Buch mit sieben Siegeln. Die Geschäftsführer wollen scheinbar die Rahmenbedingungen Ihres Handelns nicht zur Kenntnis nehmen, vermutlich aus demselben Grund, aus dem Patienten die seitenlangen Aufklärungen über die Risiken einer Operation ignorieren: Sie möchten gar nicht erst wissen, was Ihnen schlimmstenfalls zustoßen kann. Dabei können gerade Verstöße gegen die gesellschaftsrechtlichen Pflichten nicht nur im Rahmen einer Insolvenz schlimme Folgen haben.

I. Insolvenzverschleppung

92 In seinen Entscheidungen geht der BGH mittlerweile stillschweigend[124] davon aus, dass die Anspruchsgrundlage für die Insolvenzverschleppungshaftung des GmbH-Geschäftsführers im Außenverhältnis zu den Gesellschaftsgläubigern § 823 Abs. 2 BGB i. V. m. § 64 Abs. 1 GmbHG ist. Nach § 64 Abs. 1 GmbHG haben die Gesellschafter im Falle des Eintritts der Zahlungsunfähigkeit (§ 17 InsO) oder der Überschuldung (§ 19 InsO) der Gesellschaft unverzüglich (ohne schuldhaftes Zögern), längstens binnen 3 Wochen, die Eröffnung des Insolvenzverfahrens zu beantragen. Bei der Vorschrift handelt es sich um ein Schutzgesetz im Sinne des § 823 Abs. 2 BGB zugunsten der Gesellschaftsgläubiger mit Ausnahme der Gesellschafter selbst. Dabei macht es keinen Unterschied, ob die Forderungen vor Eintritt der Insolvenzlage (Altgläubiger) oder danach (Neugläubiger) entstanden sind. Nicht geschützt werden Gläubiger, die erst mit oder nach Insolvenzeröffnung Ansprüche gegen die Gesellschaft erworben haben.

Daneben begründet § 64 Abs. 2 GmbHG eine eigenständige Schadensersatzpflicht im Innenverhältnis. Objektive Voraussetzungen für die Schadensersatzpflicht sind wiederum Zahlungsunfähigkeit und/oder Überschuldung.

---

124 Vgl. BGH NJW 1998, 2667.

II. Antragspflicht

1. Geschäftsführer

Jeder einzelne Geschäftsführer ist zur Antragstellung verpflichtet. Eine Beschränkung der Geschäftsführungsbefugnis im Innenverhältnis der Gesellschaft oder eine abweichende interne Geschäftsverteilung ist insofern ohne Bedeutung. Sie entbindet den einzelnen Geschäftsführer nicht von seiner eigenen Verantwortung zur rechtzeitigen Stellung des Insolvenzantrags und dementsprechend auch nicht von dem ihm obliegenden Nachweis, dass er diese Pflicht mit der von ihm geschuldeten Sorgfalt erfüllt hat.[125] Er muss mithin unter Darlegung der ihn entlastenden Tatsachen den Beweis führen, dass ihn unter Beachtung objektiver Sorgfalt kein eigenes Verschulden trifft.

93

In seiner neueren Rechtsprechung ist der BGH im Bereich der deliktischen Verantwortlichkeit etwas von dieser strengen Haftung abgewichen. Zugunsten eines abgestuften Pflichtenkatalogs kann sich nunmehr eine Zuständigkeitsvereinbarung haftungsbeschränkend auswirken.[126] Doch verbleiben dem Geschäftsführer in jedem Fall kraft seiner Allzuständigkeit gewisse Überwachungspflichten, die ihn zum Eingreifen veranlassen müssen, wenn Anhaltspunkte dafür bestehen, dass die Erfüllung der der Gesellschaft obliegenden Aufgaben durch den zuständigen Geschäftsführer nicht mehr gewährleistet ist.[127] Damit verbleiben auch dem für kaufmännische Angelegenheiten nicht zuständigen Geschäftsführer immer noch Überwachungspflichten, die ihn zum Einschreiten veranlassen müssen, wenn Anhaltspunkte für eine Insolvenz vorliegen.

Zu einem Haftungstatbestand in der Person der organschaftlichen Vertreter (Geschäftsführer, Vorstände) kommt es nicht, wenn es Ihnen gelingt, sich zu entlasten. Dies kann der Fall sein, wenn sie ohne, auch einfache, Fahrlässigkeit [128] gehandelt haben. Allerdings obliegt dem Vertretungsorgan die Umkehrung der Vermutung für ein pflichtwidriges, schuldhaftes Verhalten. Hierzu ist er weit besser in der Lage als ein außenstehender Gläubiger. Zudem ist er ohnehin zu einer laufenden Überprüfung der Unternehmenslage verpflichtet. Allerdings kann der Anspruch des Gläubigers nach Maßgabe des § 254 BGB durch ein Mitverschulden gemindert sein.[129]

Mehrere Geschäftsführer haften nach § 840 BGB als Gesamtschuldner.

---

125 BGH ZIP 1994, 891, 892.
126 BGHZ 133, 370, 377.
127 BGH ZIP 1987, 1050, 1051.
128 BGHZ 126, 181, 200.
129 BGH ZIP 1994, 1103, 1107.

2. Faktischer Geschäftsführer/Fehlerhaft bestellter Geschäftsführer

94 Neben dem Geschäftsführer haftet für die Insolvenzantragspflicht ebenso, wer ohne zum Geschäftsführer bestellt zu sein, die Geschäfte der GmbH wie ein Geschäftsführer oder Mitgeschäftsführer führt bzw. den persönlich haftenden Geschäftsführer völlig aus der ihm gesetzlich zugewiesenen Geschäftsführung verdrängt und sich an dessen Stelle setzt.[130] Es reicht jedoch nicht aus, dass sich der Betreffende in die Geschäftsführung einmischt oder erheblichen Einfluss auf die Geschäftsführung ausübt.

Gesellschafter oder Gläubiger, die den Geschäftsführer dazu veranlassen, den Insolvenzantrag zu spät zu stellen, haften nach § 830 Abs. 2 BGB i. V. m. § 823 BGB und § 64 BGB.

3. Verschulden des Geschäftsführers

95 Die Haftung setzt Verschulden voraus. Den Geschäftsführer muss der Vorwurf des Vorsatzes oder der Fahrlässigkeit treffen. Er schuldet die Sorgfalt eines ordentlichen Geschäftsmannes. Somit kann die Haftung des Geschäftsführers bereits eintreten, wenn er die Insolvenzreife nicht erkannt hat. Da es sich bei dem Anspruch aus § 823 Abs. 2 BGB i. V. m. § 64 Abs. 1 GmbHG um einem Schadensersatzanspruch handelt, kann er nach Maßgabe des § 254 BGB durch ein Mitverschulden des Vertragspartners gemindert sein.[131]

III. Antragsfrist

96 Nach § 64 Abs. 1 GmbHG haben die Gesellschafter ohne schuldhaftes Zögern, spätestens aber drei Wochen nach Eintritt der Zahlungsunfähigkeit oder Überschuldung der Gesellschaft, die Eröffnung des Insolvenzverfahrens zu beantragen. Eine Antragspflicht und damit Beachtung einer Antragsfrist besteht nur bei Vermögensmassen, bei denen keine natürliche Person unbeschränkt haftet. § 64 Abs. 1 GmbHG entsprechende Regelungen enthalten für andere Gesellschaftsformen § 92 Abs. 2 AktG, § 99 Abs. 1 GenG, §§ 130 a Abs. 1, 177 a HGB.

---

130 BGHZ 104, 44.
131 BGHZ 126, 181, 200.

1. Zeitraum

Das zuständige Gesellschaftsorgan braucht danach bei Feststellung der Insolvenzlage nicht unbedingt sofort einen Insolvenzantrag stellen. Es muss nur ohne schuldhaftes Zögern handeln. Damit gibt das Gesetz einen, wenn auch zeitlich kurz bemessenen, Spielraum für Sanierungsaktionen.[132] Allerdings muss das geschäftsführende Gesellschaftsorgan eine sorgfältige Risikoabwägung zwischen Gläubigerschädigung und Sanierungserfolg im Hinblick auf die Ausschöpfung (»spätestens«) der 3-Wochen-Frist vornehmen.[133] Die 3-Wochen-Frist ist als Höchstfrist zu betrachten, die nur ausgeschöpft werden darf im Hinblick auf die Prüfung einer aussichtsreichen Sanierung.

2. Fristbeginn

Die 3-Wochen-Frist kann nicht schon beim objektiven Vorliegen der Insolvenzantragspflicht zu laufen beginnen. Dies würde möglicherweise jegliche Sanierungsmöglichkeit zerstören. Es ist wohl positive Kenntnis der Gesellschaftsorgane von der Zahlungsunfähigkeit bzw. Überschuldung erforderlich.[134] Allerdings wird dadurch möglicherweise unter Missachtung der Schutzfunktion des § 64 Abs. 1 GmbHG die Antragspflicht und -frist unvertretbar hinausgezögert. Der Fristbeginn sollte in dem Zeitpunkt liegen, in dem ein ordentlicher Geschäftsführer unter Anwendung der erforderlichen Sorgfalt die Zahlungsunfähigkeit bzw. Überschuldung erkannt hätte.[135]

3. Fristende

Die Frist endet spätestens mit Ablauf der drei Wochen. Bis dahin muss entweder ein Insolvenzantrag gestellt oder der Insolvenzgrund beseitigt sein. Letzteres kann auch durch die Zuführung neuen Kapitals im Wege einer Kapitalerhöhung oder durch Forderungsverzicht der Gläubiger erfolgen. Die Zuführung neuer Kredite wird eventuell die Zahlungsunfähigkeit, jedoch nicht eine eventuelle gleichzeitige Überschuldung beseitigen. Die Frist kann auch nicht durch die Zustimmung aller Gläubiger verlängert werden.

---

132 BGHZ 75, 96, 108.
133 BGHZ 75, 96, 110.
134 Vgl. BGHZ 75, 96, 111.
135 BGHZ 126, 181, 199.

IV. Haftungsumfang

1. Altgläubiger

100 Beim Haftungsumfang ist zwischen Altgläubigern und Neugläubigern zu unterscheiden. Altgläubiger sind die Gläubiger, die schon vor Eintritt der Insolvenzreife einen durchsetzbaren Anspruch gegen die Gesellschaft erworben haben. Ihre Haftungsansprüche sind auf den sog. Quotenschaden [136] beschränkt, den sie aufgrund der nicht rechtzeitigen Antragstellung erlitten haben. Mit der Regelung des § 64 Abs. 1 GmbHG soll der beschränkten Haftungsmasse der GmbH Rechnung getragen werden und zum Schutz der Gesellschaftsgläubiger gewährleistet werden, dass diese Haftungsmasse durch eine verspätete Antragstellung nicht weiter verkürzt wird.[137]

2. Berechnung Quotenschaden

101 Der Quotenschaden – die Verringerung der Gläubigerquote an der Insolvenzmasse infolge verspäteter Antragstellung – lässt sich im Wesentlichen mit folgender Faustformel in drei Schritten[138] berechnen:

1) $\dfrac{a\,(1.000)}{b\,(2.000)} \times c\,(600) = d\,(300)$

2) $\dfrac{e\,(600)}{f\,(3.000)} \times j\,(100) = h\,(20)$

3) $d\,(300) - h\,(20) = q\,(280)$

zu 1) a = bei Insolvenzreife den Gläubigern zur Verfügung stehende »freie« Masse (1.000)
b = Forderungen der Altgläubiger bei Insolvenzreife (2.000)
c = tatsächlich noch vorhandene Forderungen der Altgläubiger (600)
d = Altgläubigerschaden (300)

zu 2) e = Forderungen der Altgläubiger (600)
f = Summe der Insolvenzforderungen (3.000)
j = zu verteilende Masse (100)
h = Masseanteil (20)

zu 3) q = Quotenschaden (280)

Bei der hypothetischen Masse ist nur der effektiv verwertbare »freie« Massebestand zu berücksichtigen.[139] Mangels der nötigen Informationen be-

---

136 BGHZ 126, 181, 190.
137 Vgl. BGH ZIP 1987, 509.
138 BGHZ 138, 211, 221.
139 Eine genaue Anweisung zur Berechnung enthält BGH NJW 1998, 2667, 2669.

steht allerdings für den Altgläubiger ein hohes Risiko, seine Klage auf Quotenschaden nicht schlüssig zu bekommen.

3. Neugläubiger

Neugläubiger sind die Gläubiger, die erst nach Eintritt der Insolvenzreife eine Forderung gegen die Gesellschaft erworben haben. Auch den Neugläubigern sollte nach der lange Zeit herrschenden Meinung nur der Quotenschaden zustehen. Sie hätten bei rechtzeitiger Antragstellung jedoch überhaupt keinen Schaden erlitten. Ihnen wird deshalb nunmehr ein Ersatzanspruch auf das volle negative Interesse zugebilligt. In seiner Grundsatzentscheidung[140] hat der BGH unter Aufgabe seiner bisherigen Rechtsprechung[141] entschieden, dass die Neugläubiger einen Anspruch auf Ausgleich des vollen Schaden haben, der ihnen dadurch entsteht, dass sie in Rechtsbeziehungen zu einer überschuldeten und/oder zahlungsunfähigen GmbH getreten sind. Der Schadensersatzanspruch umfasst das sog. negative Interesse. Der Gläubiger ist also so zu stellen, als wenn er das Geschäft nicht abgeschlossen hätte.

102

Der Geschäftsführer hat den rechtswidrig und schuldhaft durch den Verstoß gegen § 64 Abs. 1 GmbHG den Neugläubigern zugefügten Schaden (Vertrauensschaden) zu ersetzen.[142] Ohne eine fiktive Verlustquote darlegen zu müssen, können sie den Geschäftsführer schon während des noch laufenden Insolvenzverfahrens auf Ersatz ihrer vollständigen Forderung in Anspruch nehmen. Nur die Neugläubiger selbst, nicht der Insolvenzverwalter, können diesen Anspruch geltend machen.[143]

▶ **Fall:**

Die A-GmbH hat ein nominelles Stammkapital i. H. v. 50.000 Euro. Sie ist mit mind. 25.000 Euro seit 6 Monaten überschuldet. Der Geschäftsführer A hätte aufgrund seiner Kenntnisse der Situation spätestens Ende Dezember 2000 Insolvenzantrag stellen müssen. Der Lieferant B hat eine 18 Monate alte Forderung über 5.000 Euro, der Lieferant C eine aktuelle Forderung aus März 2001,entstanden nach Ablauf der 3-Wochen-Frist, über 3.000 Euro. Bei rechtzeitiger Insovenzantragstellung hätte B eine Quote von 50 % erzielt.

Folge:

a) Lieferant B hat als Altgläubiger infolge der Insolvenzverschleppung einen Quotenverringerungsschaden und insofern einen Gesamtgläubigerschaden erlitten.[144] Der Geschäftsführer A hat diesen Schaden zu er-

---

140 BGH ZIP 1994, 1103.
141 BGHZ 29, 100, 104.
142 BGH ZIP 1994, 1103, 1107.
143 BGH ZIP 1998, 776.
144 BGHZ 126, 181, 190 f.

setzen, und zwar, wenn ein Insolvenzverfahren stattfindet, durch Zahlung in die Masse.¹⁴⁵

b) Lieferant C ist als Neugläubiger befugt, seinen Schadensersatzanspruch auf Ausgleich seines negativen Interesses (Vertrauensschaden) gegenüber dem Geschäftsführer der A-GmbH selbst geltend zu machen.¹⁴⁶ Daneben besteht keine konkurrierende Befugnis des Insolvenzverwalters zur Geltendmachung eines Quotenschadens der Neugläubiger nach § 823 Abs. 2 BGB, § 64 Abs. 1 GmbHG oder eines Schadens als Gesellschaftsschaden nach § 64 Abs. 2 GmbHG.¹⁴⁷

V. Weitere Fälle der Antragspflicht

103 Eine Haftung ergibt sich ebenfalls aus der strafrechtlichen Verantwortung für die Versäumung der rechtzeitigen Antragstellung auf Insolvenzeröffnung nach § 823 Abs. 2 BGB i. V. m. §§ 64 Abs.1, 84 GmbHG. Stellt der Geschäftsführer den Antrag zu früh, haftet er gegebenenfalls der Gesellschaft nach § 43 Abs. 2 GmbHG.

VI. Beweislast

104 Die Gläubiger bzw. der Insolvenzverwalter haben die Insolvenzverschleppung sowie den darauf beruhenden Schaden dem Grunde und der Höhe nach darzulegen und zu beweisen. Dem Insolvenzverwalter ist eine reduzierte Darlegungslast zuzubilligen, das Verschulden des Geschäftsführers ist zu vermuten.¹⁴⁸ Informationen zur Überschuldung kann der Neugläubiger dem Insolvenzgutachten beziehungsweise dem Bericht des Insolvenzverwalters entnehmen. Er hat sowohl einen Anspruch auf Einsichtnahme in die Insolvenzakte als auch in den Bericht des Insolvenzverwalters. Voraussetzung ist, dass er sein rechtliches Interesse glaubhaft macht.¹⁴⁹ Nach anderer Auffassung ist eine Glaubhaftmachung gem. §§ 299 Abs. 2, 294 ZPO über § 4 InsO im Akteneinsichtsverfahren nur notwendig, wenn die in der Regel anzuhörende Gemeinschuldnerin den Sachvortrag zum rechtlichen Interesse bestreitet oder sie nicht angehört werden kann. Dabei soll ein potentieller Gläubiger einer GmbH jedoch in einem Insolvenzverfahren, welches infolge Abweisung mangels Masse beendet worden ist, kein

---

145 BGHZ 181, 190.
146 BGH NJW 1998, 2667 mit Hinweis auf BGHZ 126, 181.
147 BGH NJW 1998, 2667.
148 OLG Düsseldorf GmbHR 1999, 479.
149 OLG Düsseldorf ZIP 2000, 322 f.

Akteineinsichtsrecht zur Prüfung möglicher persönlicher Haftungsansprüche gegen den Geschäftsführer haben. Es fehlt das rechtliche Interesse aufgrund des behaupteten Rechtsverhältnisses zu einem Dritten, nämlich dem Geschäftsführer.[150] Gegen einen ablehnenden Justizverwaltungsakt auf Akteneinsicht ist ein Antrag auf gerichtliche Entscheidung nach §§ 23, 24 EGGVG möglich. Um Informationen über eine mögliche Haftung des Geschäftsführers zu gewinnen, bleibt noch der Weg über die zuständige Staatsanwaltschaft. Meist ist das Insolvenzgutachten Bestandteil der Ermittlungsakte, wenn wegen Verstößen gegen das GmbH-Gesetz ermittelt wird.

Das LG München I zeigt eine Möglichkeit, wie dem Gläubiger seine Darlegungs- und Beweislast im Zeitpunkt der Überschuldung erleichtert werden kann. Ist eine GmbH nur kurze Zeit nach Abschluss eines Geschäfts insolvent geworden, so spricht der Anscheinsbeweis dafür, dass das Unternehmen auch schon im Zeitpunkt des Vertragsabschlusses überschuldet gewesen ist und der Geschäftsführer Insolvenzantrag hätte stellen müssen. Ein Zeitraum von sechs Monaten kann dabei noch als zeitnah gelten.[151] Es ist Sache des Geschäftsführers, den gegen ihn sprechenden Anscheinsbeweis zu erschüttern.

An der Darlegungs- und Beweislast scheitern die meisten der gegen Geschäftsführer erhobenen Klagen.

VII. Geltendmachung des Schadens

Die Altgläubiger erleiden infolge der Insolvenzverschleppung regelmäßig einen Quotenverringerungsschaden und insofern einen Gesamtgläubigerschaden.[152] Durch die Regelung in § 92 Satz 1 InsO sind die Altgläubiger durch die Insolvenzeröffnung daran gehindert, ihre Ansprüche unmittelbar zu realisieren. Der Schaden der Altgläubiger ist in der Insolvenz der GmbH vom Insolvenzverwalter für die Masse geltend zu machen. § 92 InsO ist nicht anspruchsbegründend, sondern dient der Gleichbehandlung der Insolvenzgläubiger und dem ungestörten Ablauf des Insolvenzverfahrens. Die Ansprüche müssen dem Insolvenzverwalter zu diesem Zweck nicht abgetreten werden. Allerdings stehen dem Altgläubiger seine Ansprüche in Höhe des Quotenschadens zu. Ist bei Eröffnung des Insolvenzverfahrens ein Rechtsstreit eines einzelnen Gläubigers anhängig, so wird dieser nach § 240 ZPO unterbrochen.

105

Der Insolvenzverwalter hat zur Einziehung des Quotenschadens der Altgläubiger eine Sondermasse zu bilden.

---

150 OLG Brandenburg ZIP 2000, 1541.
151 LG München I BB 2000, 428.
152 BGHZ 126, 181, 190.

Der Vertrauensschaden des Neugläubigers ist kein Gesamtgläubigerschaden i. S. d. § 92 Satz 1 InsO, sondern ein Individualschaden. Er muss vom Gläubiger selbst geltend gemacht werden. Der Verwalter in der Insolvenz einer GmbH ist nicht berechtigt einen Quoten- oder sonstigen Schaden der Neugläubiger wegen schuldhaft verspäteter Stellung des Insolvenzantrags gegen den Geschäftsführer der GmbH geltend zu machen.[153]

VIII. Haftung des Insolvenzverwalters

106 Hat der Insolvenzverwalter gegen seine Pflicht zur Geltendmachung des Gesamtschadens verstoßen, so kann ein entstandener Schaden unter Beachtung von § 92 Satz 2 InsO von einem neu bestellten Insolvenzverwalter gegen ihn geltend gemacht werden.

IX. Verjährung

107 Der Anspruch auf Schadensersatz verjährt gemäß § 852 BGB in 3 Jahren. Der Verjährungsbeginn erfolgt mit Kenntnisnahme, zumindest dem Grunde nach, vom Schaden durch den Ersatzberechtigten. Daneben besteht eine 30-jährige Verjährung, unabhängig von der Kenntniserlangung, die mit dem Setzen der Schadensursache zu laufen beginnt.

X. Aktiengesellschaft

108 Die Insolvenzverschleppungshaftung des Vorstands einer Aktiengesellschaft wegen verspäteter Insolvenzantragstellung ist in § 93 Abs. 3 Nr. 6 AktG geregelt.

---

153 BGHZ 118, 211, 214 ff.

G. Außenhaftung des GmbH-Geschäftsführers nach § 41 GmbHG und §§ 283 ff. StGB

Nach § 41 GmbHG sind die Geschäftsführer verpflichtet, für die ordnungsgemäße Buchführung der Gesellschaft zu sorgen. Der BGH hat jedoch eine Außenhaftung des GmbH-Geschäftsführers für fehlerhafte Buchführung nach § 823 Abs. 2 BGB i. V. m. § 41 GmbHG bislang abgelehnt.[154] Allerdings gibt es gute Gründe eine Außenhaftung des GmbH-Geschäftsführers nach § 823 Abs. 2 BGB i. V. m. § 41 GmbHG gerade in den Fällen masseloser Insolvenz zu bejahen.[155]

109

Ob die Strafvorschriften der §§ 283 ff. StGB als Schutzgesetze i. S. v. § 823 Abs. 2 BGB anzusehen sind, hat der BGH bislang offen gelassen.[156]

H. Organhaftung gegenüber der Gesellschaft

I. Innenhaftung des GmbH-Geschäftsführers nach § 43 GmbHG

1. Einleitung

Geschäftsführer haben nach § 43 Abs. 1 GmbHG gegenüber der Gesellschaft in deren Angelegenheiten die Sorgfalt eines ordentlichen Geschäftsmannes anzuwenden. Im Fall einer schuldhaften Pflichtverletzung besteht ein Schadensersatzanspruch der Gesellschaft nach § 43 Abs. 2 GmbHG. Hinsichtlich der Aufgaben der Geschäftsführer ergibt sich hieraus auch eine interne Sanierungsprüfung und Sanierungspflicht. Das schuldhafte Unterlassen der Sanierung kann einen Schadensersatzanspruch der Gesellschaft begründen. Es reicht dabei leichte Fahrlässigkeit aus. Arbeitsrechtliche Grundsätze über die Haftungsbegrenzung bei leichter Fahrlässigkeit finden keine Anwendung.

110

2. Sorgfaltsmaßstab

Der Geschäftsführer hat nicht nur die Sorgfalt eines ordentlichen Geschäftsmannes, sondern auch die weiter gehende Sorgfalt eines selbstständigen,

111

---
154 Vgl. BGHZ 125, 366, 378.
155 Vgl. Biletzki, BB 2000, 521 ff.
156 BGH ZIP 1985, 30.

treuhänderischen Verwalters fremder Vermögensinteressen in verantwortlich leitender Position zu beachten.[157] Der in § 43 Abs. 1 GmbHG genannte Sorgfaltsmaßstab entspricht den Anforderungen, die durch die §§ 93 Abs. 2 Satz 2, 116 AktG an die Vorstandsmitglieder einer Aktiengesellschaft gestellt werden.

3. Pflicht zur Beachtung von Weisungen

112 Aus § 37 GmbHG ergibt sich, dass der Geschäftsführer Weisungen der Gesellschafter befolgen muss. Ein Geschäftsführer haftet deshalb nicht, wenn er sich an eine wirksame Weisung der Gesellschafter gehalten hat. Daher haftet der geschäftsführende Alleingesellschafter einer GmbH grundsätzlich nicht für die von ihm durch eine Pflichtverletzung gegenüber Dritten verursachte Belastung des Gesellschaftsvermögens mit einer Schadensersatzverpflichtung. Dies gilt auch dann, wenn es dadurch zu einer Beeinträchtigung des Stammkapitals oder zur Insolvenz der Gesellschaft kommt.[158]

Ausnahmen bestehen allerdings dann, wenn

- der Gesellschafterbeschluss nichtig ist oder nichtig wäre, wobei die Nichtigkeit entsprechend der §§ 241 ff. AktG festzustellen ist. Ist der Gesellschafterbeschluss nur anfechtbar, haftet der Geschäftsführer erst ab der Feststellung der Nichtigkeit,
- die Voraussetzungen des § 43 Abs. 3 GmbHG erfüllt sind, also insbesondere bei Zahlungen an Gesellschafter aus dem zur Erhaltung des Stammkapitals erforderlichen Vermögen entgegen § 30 GmbHG,
- tatsächliche oder rechtsgeschäftliche Handlungen des Geschäftsführers einer GmbH vorliegen, durch die er eigennützig oder im Interesse Dritter willkürlich Vermögen der Gesellschaft verschiebt, und die Zustimmung der Gesellschafter hierzu unter Missachtung der Gesellschafterstellung erteilt wird,[159]
- trotz Weisungskonformität der Handlungen des Geschäftsführers die Ausführung der Weisung zur Existenzgefährdung der Gesellschaft führt.[160]

Auch der Geschäftsführer, der eine Weisung der Gesellschafter befolgt und selbst alleiniger Gesellschafter ist und somit seine eigene Weisung ausführt, haftet nicht nach § 43 Abs. 2 GmbHG, wenn er der Gesellschaft Vermögen entzieht, das zur Deckung des Stammkapitals nicht benötigt wird.[161] Dies gilt auch dann, wenn mehrere Gesellschafter und Geschäftsführer einer

---

157 OLG Koblenz GmbHR 1991, 416, 417.
158 BGH BB 2000, 581.
159 BGH NJW 1988, 1397.
160 OLG Köln BB 1995, 793, 794 m. w. H.
161 BGHZ 122, 333, 336 m. w. N.; BGHZ 119, 257, 261 f.

GmbH über die gleiche Rechtsmacht verfügen wie ein Alleingesellschafter.[162]

4. Geltendmachung

Die Ersatzansprüche aus der schuldhaften Verletzung der internen Sorgfaltspflichten sind grundsätzlich nach § 46 Nr. 8 GmbHG durch Gesellschafterbeschluss geltend zu machen. Weder die Gläubiger noch die Gesellschafter können den Geschäftsführer über § 43 Abs. 2 GmbHG in die Haftung nehmen. Es handelt sich um eine reine Innenhaftung. § 43 Abs. 2 GmbHG ist kein Schutzgesetz zugunsten Dritter.[163]

113

Im eröffneten Insolvenzverfahren über das Vermögen der Gesellschaft bedarf es keines Gesellschafterbeschlusses.[164] In diesem Fall werden die gegenüber der Gesellschaft begründeten Schadensersatzansprüche gem. § 92 InsO vom Insolvenzverwalter geltend gemacht. Im Übrigen besteht grundsätzlich die Möglichkeit für den Gläubiger, den Anspruch der Gesellschaft gegen den Gesellschafter pfänden und sich zur Einziehung überweisen zu lassen.[165]

5. Beweislast

Die Gesellschaft bzw. der Insolvenzverwalter haben die Darlegungs- und Beweislast für die Möglichkeit eines pflichtwidrigen Gesellschafterverhaltens, den Schadenseintritt sowie den Zusammenhang zwischen diesem Verhalten, dem Schadenseintritt und der Schadenshöhe. Der Geschäftsführer hingegen hat den Nachweis dafür zu erbringen, dass er seine Pflichten mit der gebotenen Sorgfalt eines ordentlichen und gewissenhaften Geschäftsleiters erbracht hat. Dies betrifft nicht nur die subjektive Vorwerfbarkeit, sondern auch die objektive Pflichtwidrigkeit. Diese Beweislastverteilung ist gerechtfertigt, da der Insolvenzverwalter die Nichteinhaltung der Geschäftsführerpflichten aufgrund fehlender Beweis- und Sachnähe schwerlich wird nachweisen können.

114

6. Verjährung/Ausschlussfristen

Die Verjährung von Schadensersatzansprüchen tritt gemäß § 43 Abs. 4 GmbH nach fünf Jahren ein. Dies gilt nicht für Ansprüche aus unerlaubter Handlung oder Verletzung der gesellschafterlichen Treuepflicht. Diese verjähren nach § 852 BGB bzw. nach § 195 BGB. Der aus der Verletzung einer

115

---

162 BGHZ 142, 91, 95.
163 Vgl. OLG Frankfurt GmbHR 1999, 1144.
164 BGH NJW 1960, 1667.
165 Vgl. BGH BB 2000, 581.

Treuepflicht resultierende Schadensersatzanspruch verjährt damit erst in 30 Jahren.[166] Dies betrifft aber lediglich das Verhältnis der Haftung des Verpflichteten, der zugleich Geschäftsführer ist, zu der ihn als Gesellschafter betreffenden Verantwortlichkeit. Davon unberührt bleibt das Verhältnis der Haftung des Alleingesellschafters aus einer Treuepflichtverletzung nach §§ 30, 31 GmbHG. Schadensersatzansprüche aus einer Verletzung gesellschaftlicher Treuepflichten gegen den Alleingesellschafter einer GmbH verjähren in 5 Jahren.[167]

Die Verjährung beginnt, unabhängig von der Kenntniserlangung von der Pflichtverletzung, gemäß § 198 Satz 1 BGB mit der Entstehung des Anspruchs zu laufen. Der Schaden muss nicht bezifferbar sein. Es reicht aus, wenn grundsätzlich die Möglichkeit einer Feststellungsklage besteht.[168] Der Geschäftsführer kann die Einrede der Verjährung jedoch dann nicht erheben, wenn er die Aufdeckung seines Fehlverhaltens durch unlauteres Verhalten verschleiert hat.[169]

Die Zulässigkeit der Verkürzung der Verjährung durch die Vereinbarung von Ausschlussfristen ist in der Literatur umstritten. Dies ist jedoch ausgeschlossen, soweit der Schadensersatz zur Befriedigung der Gläubiger erforderlich ist.[170] Es besteht insoweit ein Vorrang der Gläubigerinteressen (§ 43 Abs. 3 Satz 2 i. V. m. § 9 b Abs. 1 GmbHG).

7. Entlastung

116 Nach § 46 Nr. 5 GmbHG entscheidet die Gesellschafterversammlung über die Entlastung der Geschäftsführung, wobei einem zum Geschäftsführer bestellten Gesellschafter nach § 44 Abs. 4 GmbHG die Mitwirkung an dem Entlastungsbeschluss verboten ist. Kommt ein wirksamer Entlastungsbeschluss zustande, so kann die Gesellschaft Ansprüche, die erkennbar waren, nicht mehr geltend machen. Dies gilt jedoch nicht hinsichtlich der Ansprüche, bei denen ein Verzicht ausgeschlossen ist.[171]

Ein bei Ausscheiden des Geschäftsführers gefasster Entlastungsbeschluss schließt, sofern er nicht Einschränkungen enthält, Ansprüche aus der gesamten vergangenen Geschäftsführertätigkeit aus.[172]

---

166 BGH GmbHR 1999, 186.
167 OLG Köln GmbHR 2001, 73, 74 f.
168 OLG Frankfurt GmbHR 1999, 1144.
169 BGH GmbHR 1995, 589.
170 BGH GmbHR 2000, 187.
171 BGH GmbHR 1998, 278.
172 OLG Hamburg GmbHR 2000, 1263.

8. Haftungsumfang

Nach § 43 Abs. 2 GmbHG haften die Geschäftsführer solidarisch für den entstandenen Schaden. Auf interne Zuständigkeitsregelungen kommt es für die haftungsrechtliche Verantwortung nicht an. Die Geschäftsführer einer GmbH sind kraft ihrer Amtsstellung grundsätzlich für alle Angelegenheiten der Gesellschaft zuständig. Deshalb trifft, auch wenn mehrere Personen zum Geschäftsführer einer GmbH bestellt sind, im Grundsatz jeden von ihnen die Pflicht zur Geschäftsführung.[173] Ein Geschäftsführer kann sich also nicht darauf berufen, dass den oder die Mitgeschäftsführer ein Verschulden trifft.

▸ **Beispiel:**
Ein Geschäftsführer, der ohne einen ausreichenden Überblick über den Sinn einer Anschaffung bzw. ohne Sicherstellung einer ausreichenden Finanzierung im Gründungsstadium nahezu die gesamte Stammeinlage für die Herstellung einer Fertigungsanlage verwendet, kann nicht den Einwand erheben, sein Mitgeschäftsführer habe den zugrunde liegenden Gesellschafterbeschluss durch bewusste Irreführung veranlasst.[174]

a) Auszahlungen zu Lasten des Stammkapitals

Insbesondere haftet der Geschäftsführer gem. § 43 Abs. 3 GmbHG für Zahlungen an Gesellschafter aus dem zur Erhaltung des Stammkapitals erforderlichen Vermögen der Gesellschaft entgegen § 30 GmbHG. Entscheidend ist die auf den Zeitpunkt der Zahlung fortgeschriebene Handelsbilanz. Auch in der tatsächlichen Aufgabe eines Forderungsrechts der GmbH auf ein – entstandenes und zur Deckung des Stammkapitals erforderliches – Forderungsrecht gegenüber einem ihrer Gesellschafter kann als »Auszahlung« i. S. v. § 30 GmbHG zu qualifizieren sein.[175] Die Haftung für die Rückzahlung eines eigenkapitalersetzenden Darlehens nach § 43 Abs. 3 GmbHG gilt nur für Geschäftsführer. Das Auszahlungsverbot richtet sich nicht gegen Prokuristen oder sonstige verfügungsberechtigte Angestellte einer GmbH. Diese können jedoch aus positiver Vertragsverletzung des Anstellungsvertrags haftbar bzw. entsprechend § 43 Abs. 3 S. 3 GmbHG beschränkt haftbar sein.[176]

▸ **Beispiel:**
Der Prokurist einer GmbH unterzeichnet in Befolgung eines Gesellschafterbeschlusses, aber ohne Weisung des Geschäftsführers, eine Überweisung an den Alleingesellschafter, mit der das letzte Guthaben der bereits überschuldeten GmbH als »Rückführung von Darlehen« über-

---
173 BGHZ 133, 370.
174 OLG Thüringen GmbHR 1999, 346.
175 Vgl. BGHZ 122, 333, 338.
176 BGH ZIP 2001, 1458.

wiesen wird. Hier kommt eine Haftung entsprechend § 43 Abs. 3 GmbHG in Betracht.

b) Verdeckte Gewinnausschüttungen

119 Besonders haftungsträchtig sind die sog. verdeckten Gewinnausschüttungen. Eine verdeckte Gewinnausschüttung ist eine Vermögensminderung oder verhinderte Vermögensmehrung, die durch das Gesellschaftsverhältnis veranlasst ist, sich auf die Höhe des Gewinns auswirkt und nicht auf einem den gesellschaftsrechtlichen Vorschriften entsprechenden Gewinnverteilungsbeschluss beruht.[177] Eine Veranlassung durch das Gesellschaftsverhältnis liegt dann vor, wenn ein ordentlicher und gewissenhafter Geschäftsleiter die Vermögensminderung oder die verhinderte Vermögensmehrung gegenüber einer Person, die nicht Gesellschafter ist, unter sonst gleichen Umständen nicht hingenommen hätte.[178] Es sind grundsätzlich Leistungen an den Gesellschafter. Die Annahme einer verdeckten Gewinnausschüttung setzt voraus, dass der Empfänger der Ausschüttung ein mitgliedschaftliches oder mitgliedschaftsähnliches Verhältnis zur ausschüttenden Körperschaft hat.[179]

> **Typische Fälle verdeckter Gewinnausschüttungen:**
>
> - ein Gesellschafter erhält als Geschäftsführer oder Vorstand ein unangemessen hohes Gehalt,
>
> - ein Gesellschafter erhält als Geschäftsführer oder Vorstand neben einer angemessenen Vergütung besondere Umsatzvergütungen,
>
> - ein Gesellschafter erhält von einer Gesellschaft ein Darlehen, bei dem schon bei der Darlehenshingabe mit der Uneinbringlichkeit gerechnet werden muss,
>
> - eine Gesellschaft übernimmt eine Schuld oder sonstige persönliche Verpflichtung des Gesellschafters,
>
> - ein Gesellschafter beteiligt sich an einer Gesellschaft und erhält dafür einen unangemessen hohen Gewinnanteil.

In einer verdeckten Gewinnausschüttung kann durchaus ein Verstoß gegen die Kapitalerhaltungsgrundsätze liegen, wenn dadurch das Stammkapital der Gesellschaft angegriffen wird.

---

177 Vgl. BFH, BStBl. II 1990, 89.
178 Vgl. BFH, BStBl. II 1989, 248.
179 Vgl. BStBl. II 1995, 198.

c) Eigenkapitalersetzende Darlehen

Der Gesellschafter haftet auch aus der Rückzahlung eigenkapitalersetzender Darlehen aus §§ 30, 31 GmbHG. Grundlage hierfür sind die weiterhin neben der Novellen-Regelung bestehenden vom BGH entwickelten Rechtsprechungsgrundsätze.[180] Eigenkapitalersetzend ist danach ein Darlehen insbesondere dann, wenn es ein wesentlich beteiligter Gesellschafter im Zeitpunkt der Insolvenzreife gewährt oder stehen lässt.

Neben dem Geschäftsführer haften die Zahlungsempfänger im Innenverhältnis im Rahmen des § 31 Abs. 2 GmbHG gesamtschuldnerisch.

d) Haftung der Mitgesellschafter

Eine Geschäftsführerhaftung nach § 43 Abs. 3 Satz 3 GmbHG kommt nur insoweit in Betracht, als der Schadensersatz zur Befriedigung der Gläubiger der Gesellschaft erforderlich ist. Zu Lasten des Stammkapitals gehende Auszahlungen an einen oder mehrere Gesellschafter sind gemäß § 31 Abs. 1, 2 GmbHG von diesen zu erstatten. Die übrigen Gesellschafter haften dafür auch bei Mitwirkung an der Transaktion – vom Fall einer Existenzgefährdung der GmbH abgesehen – regelmäßig nur unter den Voraussetzungen der §§ 31 Abs. 3, 43 Abs. 3 Satz 3 GmbHG.[181] Soweit der BGH eine von § 31 Abs. 3 GmbHG unabhängige Haftung des Mitgesellschafters für möglich gehalten hat,[182] hält er hieran nicht mehr fest. Selbst wenn es den Beteiligten auf eine Umgehung dieser Vorschrift ankommt, bestimmen sich die Rechtsfolgen eines Verstoßes gegen § 30 GmbHG ausschließlich nach § 31 GmbHG.[183]

9. Darlegungs- und Beweislast

Zur Frage der Darlegungs- und Beweislast hat der BGH entschieden, dass an den Nachweis des Schadens keine Anforderungen gestellt werden dürfen, die die Gesellschaft unmöglich erfüllen kann. Grundsätzlich trägt die Gesellschaft für den Pflichtverstoß die Beweislast. Steht aber beispielsweise fest, dass und in welchem Maße der buchmäßige Bestand vom tatsächlichen Bestand – der Kasse oder des Warenlagers – abweicht, so hat die Gesellschaft bei der gegebenen Sachlage der ihr zufallenden Beweislast genügt.[184] Ist der Verbleib von Gesellschaftsmitteln, die der Geschäftsführer einer GmbH für diese eingenommen hat, aufgrund nicht ordnungsgemäßer, von ihm zu verantwortender Buch- und Kassenführung für die Gesellschaft nicht mehr klärbar, so ist es, auch wenn sich aus den Kassenbüchern kein Fehlbestand

---

180 Vgl. BGHZ 90, 370, 378 f.
181 BGHZ 142, 92, 96.
182 BGHZ 93, 146.
183 BGH ZIP 1997, 1450.
184 BGH BB 1985, 1753, 1754.

ergibt, Sache des Geschäftsführers nachzuweisen, dass er diese Mittel pflichtgemäß an die Gesellschaft abgeführt hat.[185]

Ein Geschäftsführer, der alleiniger Gesellschafter ist, haftet gegenüber der Gesellschaft grundsätzlich nicht für die aufgrund einer Pflichtverletzung gegenüber Dritten verursachten Belastung des Gesellschaftsvermögens mit einer Schadensersatzverpflichtung.[186] Allerdings ist bislang nicht geklärt, ob dies auch bei Maßnahmen gilt, die zur Existenzgefährdung der Gesellschaft führen. Die Organhaftung aus § 43 Abs. 2 GmbHG trifft auch den fehlerhaft bestellten Geschäftsführer sowie den faktischen Geschäftsführer.[187]

10. Masselose Insolvenz

123 Im Falle einer masselosen Insolvenz (§ 26 Abs. 1 Satz 1 InsO) wird kein Insolvenzverfahren eingeleitet. Es gibt somit keinen Insolvenzverwalter, der den Haftungsanspruch geltend machen könnte. In diesem Fall sind die Gläubiger der Gesellschaft darauf angewiesen, sich einen Titel gegen die GmbH zu verschaffen, um anschließend die Ansprüche der GmbH gegen den Geschäftsführer pfänden zu können und sich diese nach §§ 829, 835 ZPO zur Einziehung überweisen zu lassen.

II. Masseschmälerung nach § 64 Abs. 2 GmbHG

1. Überblick

124 § 64 Abs. 2 GmbHG begründet eine eigene Schadensersatzpflicht. Danach sind die Geschäftsführer der Gesellschaft zum Ersatz von Zahlungen, die nach Eintritt der Insolvenzreife geleistet worden sind, ersatzpflichtig. Dies gilt auch für Zahlungen innerhalb der 3-Wochen-Frist des § 64 Abs. 1 GmbHG. Ausgenommen hiervon sind Zahlungen, die unter Beachtung der Sorgfalt eines ordentlichen Geschäftsmannes erfolgt sind. Sinn und Zweck des mit der Ersatzpflicht bewehrten Zahlungsverbots ist es, die verteilungsfähige Vermögensmasse einer insolvenzreifen GmbH im Interesse der GmbH zu erhalten und eine zu ihrem Nachteil gehende bevorzugte Befriedigung einzelner Gläubiger zu verhindern.[188]

Die Vorschrift dient ausschließlich dem Zweck, eine vor Insolvenzeröffnung eingetretene Schmälerung der Insolvenzmasse zugunsten der Insol-

---

185 BGH BB 1991, 232.
186 BGH GmbHR 2000, 330.
187 Weimar, GmbHR 1997, 478.
188 Vgl. BGH NJW 1974, 1088.

venzgläubiger auszugleichen.[189] Sie ergänzt die Insolvenzanfechtungsregeln nach §§ 129 ff. InsO. Der Schaden der Gläubiger ist durch Zahlung in das Gesellschaftsvermögen auszugleichen und wird durch die Gesellschaft bzw. den Insolvenzverwalter geltend gemacht.

2. Zahlung

Der Begriff der Zahlung i. S. v. § 64 GmbHG ist weit auszulegen. Die aus dem Gesellschaftsvermögen durch Lieferungen oder in sonstiger Weise erbrachten Leistungen sind Geldzahlungen gleichzusetzen. Es soll jeder das Gesellschaftsvermögen belastende Transfer umfasst werden. Das Ziel der Norm liegt in der allgemeinen Verpflichtung zur Erhaltung des noch vorhandenen Vermögens der GmbH für die Gesamtheit der Gläubiger.[190] Nur eine weite Auslegung wird deshalb dem Schutzzweck des Gesetzes, dem ungeschmälerten Erhalt der Haftungsmasse, gerecht.[191]

125

3. Pflichten des Geschäftsführers

Die erbrachten Leistungen müssen mit der Sorgfalt eines ordentlichen Kaufmanns vereinbar sein (§ 64 Abs. 2 Satz 2 GmbHG). Die Pflichten eines ordentlichen Geschäftsmannes sind immer beachtet, wenn die Gesellschaft für die geleistete Zahlung eine vollwertige kongruente Gegenleistung erhält. Sie sind wohl auch beachtet, wenn die Zahlung zu Erfolg versprechenden Sanierungszwecken erfolgt, insbesondere um den Geschäftsbetrieb, beispielsweise durch Lohn- und Gehaltszahlungen, aufrecht zu erhalten. Wird jedoch durch die Zahlung eine Verbindlichkeit getilgt, liegt keine Deckung vor. Der vom Geschäftsführer einer insolvenzreifen GmbH veranlasste Einzug eines Kundenschecks auf ein debitorisches Bankkonto der GmbH ist grundsätzlich als eine zur Ersatzpflicht des Geschäftsführers führende »Zahlung« an die Bank zu qualifizieren.[192] In diesem Fall ist von dem Erstattungsanspruch die fiktive Insolvenzquote des begünstigten Gläubigers abzuziehen. Die Quote ist in diesem Fall ohne Berücksichtigung der Zahlung zu ermitteln.

126

> **Beispiel:**
> A ist geschäftsführender Mehrheitsgesellschafter der A-GmbH. Er reicht mehrere Kundenschecks auf das debitorisch geführte Geschäftskonto der A-GmbH, die schon vor Einreichung des ersten dieser Schecks insolvenzreif gewesen ist, zur Gutschrift ein. Dadurch wird die Haftungsmasse zum Nachteil der übrigen Gläubiger geschmälert. A, der die Fortführung des Unternehmens rechtfertigende Gründe nicht darlegen kann,

---

189 BGH NJW 1996, 850.
190 OLG Düsseldorf GmbHR 1996, 616, 619 m. w. H.
191 Vgl. BGH GmbHR 1974, 131.
192 BGH BB 2000, 267, BGHZ 143, 184.

kann nach § 62 Abs. 2 GmbHG zur Erstattung der auf dem debitorischen Konto verrechneten Scheckbeträge in Anspruch genommen werden. Zu berücksichtigen ist jedoch der Abzug einer fiktiven Quote, die auf die Bank der A-GmbH ohne die Scheckeinzüge entfallen wäre.[193]

4. Verschulden

127 Die Haftungsverwirklichung setzt Verschulden des Geschäftsführers voraus. Es genügt hier Fahrlässigkeit. Für den Beginn des mit der Ersatzpflicht des Geschäftsführers bewehrten Zahlungsverbots genügt für ihn die erkennbare Überschuldung oder Zahlungsunfähigkeit der GmbH. Die Beweislast für die fehlende Erkenntnis trifft den Geschäftsführer.[194] Eine Entlastung des Geschäftsführers durch Gesellschafterbeschluss ist aufgrund des Verweises in § 64 Abs. 2 Satz 3 GmbHG auf § 43 Abs. 3 Satz 3 GmbHG nicht möglich.

5. Schaden

128 § 64 Abs. 2 GmbHG ist keine Schadensersatznorm, sondern enthält einen Ersatzanspruch eigener Art. Der auf Ersatz in Anspruch genommene Geschäftsführer ist gemäß § 64 Abs. 2 GmbH verpflichtet, den objektiven Wert der masseschmälernden Leistungen ungekürzt zu erstatten.[195] Er ist nicht berechtigt, die Erfüllung dieser Verpflichtung gegenüber der Masse mit der Begründung zu verweigern, der Insolvenzverwalter der Gesellschaft habe es unterlassen, innerhalb der Ausschlussfrist rechtzeitig aussichtsreiche Anfechtungsrechte gegen die Zahlungsempfänger geltend zu machen. Die Subsidiarität des Ersatzanspruchs gegen den Geschäftsführer gegenüber der Konkursanfechtung findet zum einen keine Grundlage im Gesetz und ist zum anderen nicht interessengerecht, da sie zu Lasten der Insolvenzgläubiger geht. Sowohl die Geschäftsführerhaftung nach § 64 Abs. 2 GmbHG als auch die Anfechtungsrechte gegen den Leistungsempfänger dienen dazu, eine vor Insolvenzeröffnung eingetretene Schmälerung der Insolvenzmasse zugunsten der Gläubiger auszugleichen.[196] Der Insolvenzverwalter darf sich deshalb bei seiner Entscheidung bezüglich seiner Vorgehensweise von Zweckmäßigkeitserwägungen leiten lassen.

Damit es nicht zu einer Bereicherung der Masse kommt, ist dem Geschäftsführer im Falle einer Verurteilung vorzubehalten, nach Erstattung an die Masse eventuelle Gegenansprüche gegen den Insolvenzverwalter zu verfol-

---

193 Vgl. BGH ZIP 1994, 891, 892.
194 BGH BB 2000, 267, BGHZ 143, 184.
195 BGH GmbHR 2001, 190, 194.
196 BGHZ 131, 325, 328.

gen.[197] Der Ersatzanspruch einer GmbH gegenüber ihrem Geschäftsführer aus § 62 Abs. 2 GmbHG ist im Falle ihrer masselosen Insolvenz der Pfändung durch einen Gesellschaftsgläubiger zugänglich.[198]

6. Verjährung

Auf die Ersatzansprüche finden gemäß § 64 Abs. 2 Satz 3 GmbHG die Bestimmungen des § 43 Abs. 3 und 4 GmbHG entsprechende Anwendung. Somit verjährt der Anspruch in 5 Jahren nach der Zahlung (§ 64 Abs. 3 GmbHG i. V. m. § 43 Abs. 4 GmbHG). Da die Ansprüche dem Gläubigerschutz dienen, kann auf sie nicht verzichtet werden.

129

III. Verantwortlichkeit der Vorstandsmitglieder nach § 93 AktG

1. Anspruchsgrundlage

Nach § 93 Abs. 2 AktG sind Vorstandsmitglieder einer Aktiengesellschaft zum Schadensersatz verpflichtet, wenn sie Ihre Sorgfaltspflichten verletzen und daraus der Gesellschaft ein Schaden entsteht. Weitere Voraussetzungen sind, dass sie schuldhaft und pflichtwidrig gehandelt haben beziehungsweise einen entsprechenden Entlastungsbeweis nicht führen können (§ 93 Abs. 2 Satz 2 AktG). Die Beweislast für die Anwendung der Sorgfalt eines ordentlichen und gewissenhaften Geschäftsleiters obliegt den Vorstandsmitgliedern. Die Norm selbst ist Anspruchsgrundlage. Es besteht ebenso wie bei GmbH-Geschäftsführern eine haftungsrechtliche Gesamtverantwortung.[199]

130

2. Fehlerhaft bestellter Vorstand

Nach 93 Abs. 2 AktG sind neben den ordentlichen Vorstandsmitgliedern auch fehlerhaft bestellte Vorstandsmitglieder haftbar, falls sie tatsächlich für die Aktiengesellschaft tätig geworden sind.[200] Ob die faktische Tätigkeit als Vorstandsmitglied ohne Bestellung zur Haftung führen kann, ist bislang durch die Rechtsprechung noch nicht geklärt worden.

131

---

197 BGH GmbHR 2001, 190, 194.
198 BGH GmbHR 2000, 1149, 1150.
199 BGHZ 135, 244, 253.
200 BGHZ 41, 282, 287.

3. Unternehmerischer Ermessensspielraum

132 Aufgrund des dem Vorstand zustehenden unternehmerischen Ermessensspielraums[201] umfasst die Verletzung von Sorgfaltspflichten nicht unternehmerische Fehlschläge und Irrtümer.

4. Verjährung

133 § 93 Abs. 6 AktG sieht eine fünfjährige Verjährungsfrist vor. Der Fristablauf beginnt mit dem Entstehen des Anspruchs. Entscheidend ist der Zeitpunkt in dem der Anspruch klageweise, auch durch eine Feststellungsklage, geltend gemacht werden kann.[202]

5. Geltendmachung

134 In der Insolvenz der Aktiengesellschaft wird der Anspruch durch den Insolvenzverwalter geltend gemacht (§ 93 Abs. 5 Satz 4 AktG). Er kann Vorstandsmitglieder auch dann in Anspruch nehmen, wenn die Aktiengesellschaft dies aufgrund eines Hauptversammlungsbeschlusses, Verzichts oder Vergleichs nicht mehr könnte.[203]

J. Stammeinlage und Kapitalerhöhung

I. Überblick

135 In einer nicht unerheblichen Zahl von Fällen ergeben sich wegen nicht oder nicht ordnungsgemäß erbrachten Stammkapitals Ansprüche gegen die Gesellschafter. Nach § 19 Abs. 5 Alt. 1 GmbHG ist jegliche Leistung an Erfüllung statt, unabhängig von der Frage der Vollwertigkeit, unzulässig, da eine solche Leistung aufgrund einer nicht auszuschließenden Überbewertung den Gläubigerschutz im Hinblick auf die per se beschränkte Haftungsmasse gefährden könnte. Nur unter Beachtung der Voraussetzungen des § 5 Abs. 4 GmbHG kann ein Gesellschafter die in bar übernommene Einlageverpflichtung – als gesetzlichen Normalfall – mit befreiender Wirkung auch durch eine andere Leistung als durch Geldzahlung erbringen. Jede andere Gestaltung birgt die Gefahr, dass spätestens der Insolvenzverwalter nochmals Erfüllung verlangt.

---

201 BGHZ 135, 244, 253.
202 BGHZ 100, 228, 231 m. w. H.
203 Vgl. Hüffer, Aktiengesetz, 4. Aufl. 1999, § 93 Rdnr. 35.

Nach § 19 Abs. 2 Satz 2 GmbHG darf der Gesellschafter nicht gegen eine im Gründungsbericht statuierte Bareinlagenverpflichtung aufrechnen. Dies gilt auch für eine Rückzahlungsforderung der Gesellschaft aus § 31 Abs. 1 GmbHG. Angesichts des funktionalen Zusammenhangs zwischen Kapitalaufbringung und Kapitalerhaltung ist es geboten, die Regelung des § 19 Abs. 2 Satz 2 GmbHG in erweiternder Auslegung auch auf den Anspruch aus § 31 Abs. 1 GmbHG zu erstrecken.[204]

Laut § 19 Abs. 5 Alt. 2 GmbHG gilt ein Aufrechnungsverbot für Forderungen des Gesellschafters aus der Überlassung von Vermögensgegenständen. Im Wege der Rechtsfortbildung sind diese Regeln auch auf andere Gesellschafterforderungen erstreckt worden. Nach der Rechtsprechung des BGH kann eine Forderung Gegenstand einer Sacheinlage sein.[205] Dies gilt jedenfalls dann, wenn die betreffende Forderung vor der Einlagepflicht entstanden ist. So wird der Gesellschafter einer GmbH von seiner Einlageschuld beispielsweise nicht befreit, wenn er seine Barleistung an die Vorgründungsgesellschaft erbringt.

▸ **Fall:**

A ist der alleinige Gesellschafter-Geschäftsführer der A-GmbH. Die A-GmbH ist durch Gesellschaftsvertrag vom 1. 7. 2000 gegründet worden. Ihr Stammkapital beträgt nominell 25.000 Euro. Die Eintragung in das Handelsregister ist am 31. 9. 2000 erfolgt. A hat bereits am 1. 5. 2000 einen Betrag i. H. v. 25.000 Euro – nach seiner Behauptung – als Zahlung auf die Einlage erbracht. Die Zahlung ist als Leistung auf die Einlageverpflichtung bei der A-GmbH verbucht worden. Im Zeitpunkt der Eintragung ist das Geld jedoch nicht mehr vorhanden, da es zum Erwerb von diversen Gegenständen verwendet worden ist.

Lösung:

Der gezahlte Betrag ist nicht in das Vermögen der A-GmbH gelangt, da es hierzu einer Einzelübertragung von der Vorgründungsgesellschaft auf die Gründungsgesellschaft bedurft hätte.[206] Das Konto der A-GmbH ist bereits im Vorgründungsstadium, d. h. vor Abschluss des notariellen Vertrags, errichtet worden. Es ist somit ein Konto des A. Bei mehreren Gesellschaftern wäre es entsprechend ein Konto der Personengesellschaft.

Die Vorgründungsgesellschaft ist mit der späteren GmbH nicht identisch. Der Gesellschafter A wird von seiner Einlageschuld nicht befreit.[207] Entscheidend ist, dass die Zahlung des A nicht zur uneingeschränkten Verfügung in das Vermögen der A-GmbH gelangt ist.

---

204 BGH GmbHR 2001, 142, 143.
205 BGHZ 90, 370, 374.
206 OLG Köln ZIP 1989, 239 m. w. H.
207 OLG Köln ZIP 1989, 239.

Allerdings leistet der Gesellschafter einer Vor-GmbH eine Bareinlage mit Erfüllungswirkung auf sein eigenes Konto, das zugleich als Geschäftskonto der Gesellschaft genutzt wird, wenn er das Guthaben tatsächlich zur Begleichung von Gesellschaftsverbindlichkeiten einsetzt.[208] Jedoch trägt der Geschäftsführer die Darlegungs- und Beweislast dafür, dass genau von seinen eingezahlten Mitteln ausschließlich Geschäftsverbindlichkeiten gezahlt worden sind. Dieser Nachweis dürfte ihm bei einem gemischten Konto kaum gelingen.

Mit zunehmendem Zeitablauf seit der Fälligkeit der Einlageschuld des Gesellschafters einer GmbH mindern sich die Anforderungen an die Beweisführung des Gesellschafters für ihre Erfüllung, wenn nicht andererseits umso substantiiertere Darlegungen bzw. Anhaltspunkte für die Nichtleistung vorgebracht werden.[209]

II. Kontoübertragung

136 Wird eine Stammeinlage auf ein Konto der Vorgründungsgesellschaft eingezahlt und übernimmt nach Beurkundung der Satzung die Gesellschaft dieses Konto, ist die Bareinlageverpflichtung nicht erfüllt. Bei der Kontoübertragung handelt es sich um eine Forderungsabtretung. Die sich aus der Satzung ergebende Bareinzahlungsverpflichtung wird durch die Einbringung der Forderung nicht erfüllt. Leistungen an Erfüllung statt sind zur Tilgung der Bareinlageverpflichtung nicht geeignet.[210] Die Bareinlageverpflichtung kann hier nur dadurch gerettet werden, dass für die Vor-GmbH umgehend ein neues Konto errichtet und auf dieses Konto die Stammeinlage unter entsprechender Bezeichnung überwiesen wird. Durch den Vermerk »Bekannt« auf dem Überweisungsträger kann zu einem späteren Zeitpunkt ebenfalls die ordnungsgemäße Erbringung der Bareinlage nicht nachgewiesen werden. Es wird allerdings auch die Auffassung vertreten, dass der Annahme einer Leistung auf die Stammeinlage nicht entgegensteht, dass auf dem Überweisungsträger mit dem die Zahlung bewirkt wurde, keine Zweckbestimmung vermerkt ist. Für die schuldbefreiende Wirkung der Zahlung kommt es danach allein auf die Sicht des Geschäftsführers der Gesellschaft an und nicht darauf, ob der Leistungszweck für die Gesellschaftsgläubiger erkennbar ist. Dies gilt auch für (zulässige) Vorauszahlungen auf die Stammeinlage.[211] Allerdings betrifft der vom OLG Köln entschiedene Fall die Vorauszahlung vor Beurkundung im Wege der Übernahme neuer Geschäftsanteile an einer bestehenden GmbH. Im Rahmen einer Neugründung dürfte

---

208 BGH ZIP 2001, 513.
209 OLG Frankfurt/Main GmbHR 2001, 725.
210 BGH BB 1992, 1806.
211 OLG Köln ZIP 2001, 1243, 1244.

nach wie vor keine schuldbefreiende Vorauszahlung auf die Stammeinlage möglich sein.

III. Verdeckte Sacheinlage

Die von der Rechtsprechung entwickelte Rechtsfigur der verdeckten Sacheinlage ist in der Krise der GmbH sowohl für den Altgesellschafter als auch aus Sicht eines – möglicherweise sanierungswilligen – Neugesellschafters relevant. Eine verdeckte Sacheinlage liegt dann vor, wenn an Stelle der geschuldeten Bareinzahlung auf das Stammkapital der Gesellschaft eine andere Sache oder Forderung geleistet wird.

Aus Sicht des so genannten Altgesellschafters droht die Gefahr, in der Insolvenz der Gesellschaft nochmals die Stammeinlage bar leisten zu müssen, ohne dafür eine werthaltige Gegenleistung zu erhalten.

Dem so genannten Neugesellschafter droht die Gefahr nach § 16 Abs. 3 GmbHG in die Haftung genommen zu werden. Nach dieser Vorschrift ist der Erwerber für die zur Zeit der Anmeldung auf den erworbenen Geschäftsanteil rückständigen Leistungen neben dem Veräußerer verhaftet. Dies betrifft rückständige Leistungen aller Art, so beispielsweise auch die Differenzhaftung, Unterbilanzhaftung, Ausfallhaftung. Nach dieser Bestimmung kann der Gesellschaft der in Person des Gesellschafters einmal entstandene und fällig gewordene Einlageanspruch durch einen Gesellschafterwechsel, ungeachtet der Mithaftung des Gesellschafters, nicht mehr entzogen werden.[212] Sie bietet somit die Möglichkeit in vielen Fällen auch den Anteilserwerber neben dem Altgesellschafter direkt in Anspruch zu nehmen.

Ein Gesellschafter kann sich auch nicht mehr von seiner Haftung für rückständige Stammeinlagebeträge durch eine nachfolgende Anfechtung seines Anteilserwerbs wegen arglistiger Täuschung befreien. Die Haftung mit der Stammeinlage ist als notwendige Mindestleistung des Gesellschafters und Voraussetzung für die Inanspruchnahme von Mitgliedschaftsrechten mit der Gesellschafterstellung so eng verbunden, dass die Wirkungen der Anmeldung auf sie zu erstrecken sind. Ebenso wie die Gesellschafterstellung selbst kann daher die Einlageforderung, sobald sie fällig geworden ist, durch die Anfechtung des Anteilserwerbs nicht mehr rückwirkend beseitigt werden.[213]

137

---

[212] BGHZ 84, 47, 50 f.
[213] BGHZ 84, 47, 50 f.

IV. Nichtzahlung

138 Für die Erfüllung der offen stehenden Bareinlageforderung haften gemäß §§ 19, 9 a GmbHG die Gesellschafter und Geschäftsführer.

Wird die Bareinlage nicht erbracht, ist sie bereits an den Einleger zurücküberwiesen oder soll sie absprachegemäß demnächst an den Einleger zurücküberwiesen werden (Scheinzahlungen) und stellt eine Bank in Kenntnis dieser Tatsache den Geschäftsführern der GmbH zur Vorlage beim Handelsregister eine Bestätigung aus, wonach die Bareinlage geleistet ist und zur endgültig freien Verfügung der Gesellschaft steht, so haftet sie gemäß §§ 188 Abs. 2 Satz 1, 37 Abs. 1 AktG in entsprechender Anwendung.[214] Die Haftung ist nicht auf den Betrag der nach §§ 57 Abs. 2, 7 Abs. 2 GmbHG schon vor Eintragung zu leistenden gesetzlichen Mindesteinlagen begrenzt.[215]

V. Hin- und Herzahlungen

139 Ebenso läuft es auf eine Nichterbringung der Bareinlage hinaus, wenn nach Zahlung der Einlage auf das Stammkapital diese alsbald wieder zur Vergütung einer Sachübernahme an den Gesellschafter zurückgezahlt wird. Dies läuft de facto auf eine Umgehung des Aufrechnungsverbots des § 19 Abs. 5 GmbHG hinaus. Mit der Überweisung des Stammkapitals auf das Gesellschaftskonto wird die Einlageverpflichtung des Gesellschafters nicht erfüllt. Es handelt sich um eine verdeckte Sacheinlage, die nicht von der Einlagepflicht befreit.[216] Im wirtschaftlichen Ergebnis erhält die Gesellschaft durch ein solches Hin- und Herzahlen von ihrem Einleger nicht anders als bei der Aufrechnung (vgl. § 19 Abs. 5 GmbHG) anstelle des liquiden Barkapitals lediglich ein Surrogat in Form der Befreiung von einer Verbindlichkeit gegenüber ihrem Gesellschafter.[217]

Der Umgehungstatbestand setzt nicht voraus, dass der Einlageschuldner und der Gläubiger der getilgten Forderung identisch sind. Der Einlageschuldner wird durch die Leistung an den Dritten in gleicher Weise begünstigt wie in dem Fall, dass an ihn selbst geleistet wird.[218]

> **Fall:**
> A und B gründen im Wege der Bargründung die B-GmbH mit einem Stammkapital i. H. v. 25.000 Euro. Nach Einzahlung der Mindesteinla-

---

214 BGHZ 113, 335, 346.
215 BGHZ 113, 335, 356.
216 BGHZ 28, 314, 319 f.
217 BGHZ 113, 335, 343 m. w. H.
218 BGHZ 125, 141, 144.

gen i. H. v. 6.250 Euro veräußert A umgehend seine Beteiligung an der A-GmbH zum Nominalwert (12.500 Euro), d. h. »Restzahlung« i. H. v. 6.250 Euro an die B-GmbH. Der Kaufpreis wird im Übrigen mit dem Resteinlageanspruch verrechnet. Nach Eintritt der Insolvenz bei der B-GmbH verlangt der Insolvenzverwalter von A sowohl die Zahlung der Mindesteinlage als auch der Resteinlage.

Lösung:

A haftet für seine Bareinlage bei der B-GmbH. Die Auszahlung der Mindesteinlage und die Verrechnung des Restkaufpreises werden nach ständiger Rechtsprechung des BGH vom Tatbestand der verdeckten Sacheinlage erfasst. Die Beteiligung an der A-GmbH hätte als Sacheinlage in die B-GmbH eingebracht werden müssen.

VI. Umgehungsabrede

Der Umgehungstatbestand setzt keine Umgehungsabsicht voraus.[219]   **140**

Strittig ist, ob für die Annahme eines Umgehungsgeschäfts durch Hin- und Herzahlen allein der zeitliche Zusammenhang oder daneben noch eine darauf abzielende Abrede der Beteiligten erforderlich ist. Ob das Bestehen eines zeitlichen und sachlichen Zusammenhangs mit der Leistung auf das Gesellschaftskapital für die Umgehung der Sacheinlagevorschriften ausreicht oder ob trotz Vorliegens der objektiven Umgehungsvoraussetzungen zwischen dem Bareinleger und dem Vertretungsorgan eine auf den wirtschaftlichen Erfolg gerichtete umfassende Abrede getroffen worden sein muss, lässt der BGH in dieser Entscheidung (noch) offen.[220]

Der BGH vertritt in einer späteren Entscheidung hierzu die Auffassung, dass, falls zwischen den Zahlungen ein enger zeitlicher Zusammenhang besteht, sich auf jeden Fall das beweiskräftige Indiz darstellt, dass zwischen den Beteiligten eine den wirtschaftlichen Erfolg des verdeckten Rechtsgeschäfts umfassende Abrede getroffen worden ist.[221]

Nunmehr hat der BGH entschieden, dass die Umgehung der auf Publizität   **141**
und Wertdeckungskontrolle zielenden Vorschriften über die Leistungen von Sacheinlagen eine – wenn auch unwirksame – Abrede des Einlageschuldners mit den Mitgesellschaftern (anlässlich der Gründung oder Kapitalerhöhung) oder den Geschäftsführern (im Hinblick auf die Erfüllung der Einlagepflicht) voraussetzt, die den wirtschaftlichen Erfolg einer Sacheinlage umfasst. Wenn ein enger zeitlicher und sachlicher Zusammenhang zwischen Leistung und der Einlageerfüllung des zwischen Gesellschafter und

---

219 BGHZ 110, 47, 65.
220 BGHZ 110, 47, 65.
221 BGHZ 125, 141, 142 f. m. w. H.

Gesellschaft vereinbarten Rechtsgeschäfts vorliegt, begründet dies eine tatsächliche Vermutung für das Vorliegen einer derartigen Abrede.[222]

Allerdings ist nach wie vor der Zeitraum offen, innerhalb dessen die tatsächliche Vermutung für eine Abrede spricht. Ein zeitlicher Zusammenhang ist nach einer im Schrifttum vertretenen Ansicht nicht mehr gegeben, wenn zwischen den Rechtsgeschäften ein Zeitraum von mindestens sechs Monaten liegt. Nach anderer Ansicht greift ein Umgehungsverbot immer ein, wenn die gewählte Gestaltung Merkmale aufweist, die dem Tatbestand der umgangenen Norm entsprechen.[223] Falls es an einem zeitlichen Zusammenhang als beweiskräftigem Indiz fehlt, wird für das Eingreifen des Umgehungsverbots eine Abrede zwischen Einlageschuldnern und Mitgesellschaftern bzw. Gesellschaftern verlangt.[224]

VII. Rückzahlung

142 Durch die Rechtsprechung noch nicht geklärt ist der Fall, in dem ein Gesellschafter neben der Übernahme einer Bareinlageverpflichtung auf das Stammkapital mit der Gesellschaft einen Vertrag bezüglich der Übernahme von Vermögensgegenständen schließt, die Lieferung aus Stammkapital gezahlt werden müsste, die Forderung des Gesellschafters jedoch bei der Gesellschaft passiviert wird. Eventuell wird zusätzlich noch eine Stundungsabrede getroffen.

Hier dürfte keine verdeckte Sacheinlage vorliegen, da das Nennkapital wie versprochen in Geld aufgebracht wird und gerade keine Rückzahlung der Geldmittel zum Erwerb der Vermögensgegenstände vorliegt.[225] Allerdings dürften entsprechende Gesellschafterdarlehen, in der Gründungsphase häufig sog. Finanzplankredite, schnell eigenkapitalersetzende Funktion bekommen. Darüberhinaus besteht ein sachlicher Zusammenhang mit der Kapitalaufbringung der durch eine Abrede lediglich zeitlich entzerrt wird. Schließlich findet zumindest wertmäßig ein Mittelrückfluss statt.

143 Im Wesentlichen sind folgende Fallgruppen zu unterscheiden:[226]

1. Aufrechnung

Im Zuge einer Kapitalerhöhung wird ein Gesellschafterdarlehen gegen die übernommene Bareinlageverpflichtung verrechnet. Die Gesellschaft rech-

---

222 BGH ZIP 1996, 595 m. w. N.
223 Vgl. BGH ZIP 1996, 595, 596 f. m. w. N.
224 BGH ZIP 1996, 595, 597.
225 Mayer, NJW 1990, 2593, 2599; Priester, ZIP 1991, 345, 353.
226 Vgl. Mayer, NJW 1990, 2593.

net mit einem offenen Resteinlageanspruch gegen eine Kaufpreisforderung auf, die aus Warenlieferungen des Gesellschafter herrührt. Ein Gesellschaftsgläubiger beteiligt sich im Rahmen einer Kapitalerhöhung an der Gesellschaft und lässt sich seine entrichtete Bareinlage zur Tilgung des Darlehens zurückzahlen.

2. Hin- und Herzahlen

Ein Gesellschafter entrichtet unter gleichzeitiger Anmeldung der Gesellschaft seine Bareinlage, die er sich umgehend für Warenlieferungen zurückzahlen lässt.

3. Steuerberatermodell

Der Gesellschafter gründet eine GmbH, zahlt die Stammeinlage bar ein und verkauft kurz darauf sein Einzelunternehmen mit allen Aktiva und Passiva an die GmbH, wobei der Kaufpreis unter Verwendung des Stammkapitals entrichtet wird.

4. Betriebsaufspaltung

Der Gesellschafter gründet eine Bertriebs-GmbH und zahlt die Stammeinlage bar ein. Die GmbH erwirbt vom Einzelunternehmen oder der Personengesellschaft unter Verwendung des Stammkapitals das Umlaufvermögen.

Anmerkung:

Keine Probleme ergeben sich bei der echten Betriebsaufspaltung, wenn eine echte Sachgründung erfolgt. Hier wird das Umlaufvermögen im Wege der offenen Sacheinlage gegen Gewährung von Gesellschaftsrechten in die GmbH eingebracht. Anders ist der Fall, wenn die GmbH dem Besitzunternehmen das Umlaufvermögen abkauft. Dieses so genannte Hin- und Herzahlen stellt eine sog. verdeckte Sacheinlage dar, was zur Folge hat, dass der Barzahlung des Gesellschafters auf den Einlageanspruch keine Erfüllungswirkung i. S. d. § 362 Abs. 1 BGB zukommt, weil im unmittelbaren zeitlichen und sachlichen Zusammenhang mit der Bargründung ein Rückfluss der Bareinlage an die Gesellschaft erfolgt.[227]

---

227 BGHZ 110, 47.

5. Gläubigerbefriedigung

Ein Gläubiger hat eine Forderung gegen die GmbH. Der Gesellschafter will seine noch offene Einlageverpflichtung dadurch erfüllen, dass er den gleich hohen Betrag direkt an den Gläubiger zahlt.

6. GmbH & Co KG

Ein GmbH-Gesellschafter, der zugleich Kommanditist der KG ist, zahlt die noch offene Stammeinlage auf das Konto der KG mit dem Vermerk »Stammeinlage GmbH«.

VIII. Rechtsfolgen

144 Liegt eine verdeckte Sachgründung vor, so befreit diese Leistung nicht von der versprochenen Bareinlagepflicht. Die Gesellschaft hat die verdeckte Sacheinlage ohne Rechtsgrund erhalten und muss sie nach den Regeln der §§ 812 ff., 818, 819 BGB an den Gesellschafter zurückgeben. In der Insolvenz der Gesellschaft handelt es sich um eine Insolvenzforderung. Der Gesellschafter hat nach § 19 Abs. 2 Satz 2 GmbHG und § 19 Abs. 5 GmbHG keine Möglichkeit einer Aufrechnung. Bestenfalls erhält der Gesellschafter eine Quote.

IX. Kapitalerhöhung

145 Insbesondere das sog. »Schütt-aus-hol-zurück«-Verfahren ist als verdeckte Sacheinlage zu qualifizieren, wenn die Gesellschafter eine Barkapitalerhöhung durchführen.

▶ **Fall:**

A und B sind Gesellschafter der A-GmbH. Die A-GmbH ist durch Gesellschaftsvertrag vom 1. 7. 2000 gegründet worden. Ihr Stammkapital beträgt nominell 50.000 Euro. Das Stammkapital ist ordnungsgemäß erbracht worden. Im Dezember 2000 soll das Stammkapital um weitere 50.000 Euro auf 100.000 Euro erhöht werden. Von beiden Gesellschaftern wird auf die Stammeinlage jeweils ein Betrag i. H. v. 10.000 Euro eingezahlt. In dem Erhöhungsbeschluss ist vereinbart worden, dass die Resteinlagen jederzeit angefordert werden, dass sie aber auch mit künftigen, Darlehenskonten gutzuschreibenden, Gewinnen verrechnet werden können. In Erwartung eines positiven Ergebnisses beschließen die Gesellschafter noch im Dezember eine Vorabausschüttung, die auf den Darlehenskonten der Gesellschafter gutgeschrieben wird, und erklären i. H. v. jeweils 15.000 DM die Verrechnung auf das Stammkapital.

Lösung:

Nach § 19 Abs. 5 GmbHG kann eine Bareinlageverpflichtung nicht durch eine andersartige Leistung erbracht werden. Dies gilt auch für Darlehensforderungen der Gesellschafter. Es findet lediglich eine Umschichtung von Fremdkapital in Eigenkapital statt. Durch den Erhöhungsbeschluss entsteht jedoch der Eindruck, dass neue liquide Mittel der Gesellschaft zugeführt werden. Das in § 19 Abs. 5 Alt. 2 GmbHG geregelte Umgehungsverbot erfasst auch eine nach der Kapitalerhöhung entstandene Forderung auf Auszahlung von Gewinn, wenn ihre Verrechnung mit der (Rest-)Einlageforderung bei der Kapitalerhöhung unter den Beteiligten vorabgesprochen worden ist.[228]

X. Ausschüttungs-Rückholverfahren

Der BGH hat entschieden, dass bei der GmbH eine Kapitalerhöhung im Wege des »Schütt-aus-hol-zurück«-Verfahrens unter der Beachtung der Vorschriften über die Leistung von Sacheinlagen möglich ist.[229] Er hat sich dabei letztlich von der Überlegung leiten lassen, dass auch hier die Tilgung der Bareinlage durch einen der Einbringung einer Sacheinlage entsprechenden Vorgang ersetzt wird.

146

Die von den Zeichnern einer Kapitalerhöhung übernommenen Einlageverpflichtungen sind unverkürzt und in der Form zu erfüllen, wie sie der Gesellschaft zugesagt und im Kapitalerhöhungsbeschluss verlautbart sind. Sollen Einlagen gemacht werden, die nicht in Geld, sondern anderen Vermögenswerten bestehen (Sacheinlagen), so bedarf dies der förmlichen Festsetzung im Kapitalerhöhungsbeschluss (§§ 5 Abs. 4, 56 Abs. 2 GmbHG).[230] Das Registergericht kann dann die Angemessenheit ihrer Bewertung überprüfen (§§ 57 a, 9 c GmbHG). Mit der Eintragung der Kapitalerhöhung kann die Festsetzung bekannt gemacht oder auf sie Bezug genommen werden (§ 57 GmbHG).

Das in § 19 Abs. 5 Alt. 2 GmbHG geregelte Umgehungsverbot erfasst nach der Rechtsprechung des BGH über den Wortlaut der Vorschrift hinaus auch eine nach der Kapitalerhöhung entstandene Forderung auf Auszahlung von Gewinn, wenn ihre Verrechnung mit der (Rest-)Einlageforderung bei der Kapitalerhöhung unter den Beteiligten vorabgesprochen worden ist. Durch

---

228 BGH ZIP 1996, 668.
229 BGHZ 113, 335.
230 BGHZ 113, 335, 340.

satzungsändernden Mehrheitsbeschluss der Gesellschafter kann die im Rahmen eines Kapitalerhöhungsbeschlusses festgesetzte (Rest-)Bareinlage auch nach Eintragung der Kapitalerhöhung in das Handelsregister im Wege der Änderung der Einlagendeckung in eine Sacheinlage umgewandelt werden.[231]

XI. Offen gelegtes »Schütt-aus-hol-zurück«-Verfahren

147 In der Weiterentwicklung seiner Rechtsprechung ist der BGH zu der Ansicht gelangt, dass für den Fall, dass eine Kapitalerhöhung im »Schütt-aus-hol-zurück«-Verfahren durchgeführt werden soll und dies dem Registergericht gegenüber offen gelegt wird, die Voraussetzungen ihrer Eintragung an der für die Kapitalerhöhung aus Gesellschaftsmitteln geltenden Regeln auszurichten sind. Die Grundsätze der verdeckten Sacheinlage finden in diesem Fall keine Anwendung.[232] Im entschiedenen Fall hielt es der BGH mithin für gerechtfertigt, das Verfahren der Auszahlung von Gewinnen, die anschließend wieder in das Vermögen der Gesellschaft zurückgeführt werden, dann zuzulassen, wenn es offen gelegt wird. Voraussetzung ist, dass die Kapitalaufbringung in gleicher Weise sicher gestellt werden kann wie bei der Kapitalerhöhung mit Sacheinlagen. Da die Ausgestaltung des »Schütt-aus-hol-zurück«-Verfahrens im hohen Maße dem Verfahren der Kapitalerhöhung aus Gesellschaftsmitteln gleicht, kann das im Wesentlichen durch sinngemäße Anwendung der Grundsätze dieses Verfahrens geleistet werden.[233]

XII. Verbotene Verrechnung

148 Nach dem Wortlaut der Vorschrift regelt § 19 Abs. 5 GmbHG die Verrechnung von Einlageverbindlichkeiten mit – gegen die Gesellschaft gerichteten – Forderungen, die aus der Vergütung für die Überlassung von Vermögensgegenständen herrühren. Dabei ist unerheblich, ob die Überlassung der Vermögensgegenstände vor oder nach dem Entstehen der Einlageforderung vorgenommen worden ist.

Das in § 19 Abs. 5 Alt. 2 GmbHG geregelte Umgehungsverbot erfasst über den Wortlaut der Vorschrift hinaus auch eine nach der Kapitalerhöhung entstandene Forderung auf Auszahlung von Gewinn, wenn ihre Verrechnung mit der (Rest-)Einlageforderung bei der Kapitalerhöhung unter den Beteiligten vorabgesprochen worden ist.[234]

---

231 BGH ZIP 1996, 668.
232 BGH ZIP 1997, 1337.
233 Vgl. BGH ZIP 1997, 1337, 1338 m. w. N.
234 BGH ZIP 1996, 668, 670.

▸ **Variante:**

A und B beschließen eine zweite Stammkapitalerhöhung der A-GmbH i. H. v. 50.000 Euro. Die Stammeinlageverpflichtungen werden diesmal vollständig in bar erbracht, allerdings zeitlich vor dem Gesellschafterschluss zur Stammkapitalerhöhung.

Hier stellt sich die Frage, ob in der vorausbezahlten Stammeinlage eine ordnungsgemäße Kapitalaufbringung zu sehen ist.[235]

Die Stammkapitalerhöhung erfolgt grundsätzlich in fünf Schritten:[236]

1. Satzungsändernder Kapitalerhöhungsbeschluss (§ 53 GmbHG),
2. Übernahmeerklärung bezüglich der neuen Stammeinlage (§ 55 Abs. 1 GmbHG),
3. Einzahlung der Stammeinlage (§§ 56 a, 7 Abs. 2 Satz 1 und 3, Abs. 3 GmbHG),
4. Versicherung der Geschäftsführer, dass das fällige Stammkapital eingezahlt ist (§ 57 Abs. 2 GmbHG),
5. Eintragung der Kapitalerhöhung in das Handelsregister (§ 54 Abs. 3 GmbHG).

Die wegen Verrechnung mit Forderungen (teilweise) fehlgeschlagene Barkapitalerhöhung kann durch nachträglichen Gesellschafterbeschluss im Wege einer Umwandlung in eine Sacheinlage geheilt werden.

Eine Voreinzahlung kann die später entstandene Einlageverpflichtung nur dann tilgen, wenn sich der Betrag im Zeitpunkt des Entstehens der Einlageverpflichtung noch im Vermögen der Gesellschaft befindet.[237] Ausnahme hiervon können unter bestimmten Voraussetzungen dringende Sanierungsfälle sein.[238] Die Erfüllung einer Sacheinlage ist deshalb auch bei Vorleistung von Gegenständen auf eine künftige Kapitalerhöhung möglich, wenn die der Gesellschaft überlassenen Gegenstände und Sachwerte im Zeitpunkt des Kapitalerhöhungsbeschlusses noch gegenständlich vorhanden sind. Ist das nicht der Fall, kommt als Sacheinlage lediglich eine dem Gesellschafter zustehende Erstattungs- oder Ersatzforderung in Betracht. Dieser Anspruch müsste in den Kapitalerhöhungsbeschluss aufgenommen werden.[239]

---

235 Vgl. Ehlke, ZHR 1995, 426 f.
236 Vgl. Ehlke, a. a. O.
237 BGHZ 51, 157.
238 Vgl. BGHZ 118, 83, 86 ff.
239 BGH ZIP 2000, 2021, 2023.

XIII. Heilung der verdeckten Sacheinlage

1. Allgemeines

150 Zur Heilung einer verdeckten Sacheinlage kann die im Rahmen eines Kapitalerhöhungsbeschlusses festgesetzte (Rest-)Bareinlage auch nach Eintragung der Kapitalerhöhung in das Handelsregister durch satzungsändernden Mehrheitsbeschluss der Gesellschafter im Wege der Änderung der Einlagendeckung in eine Sacheinlage umgewandelt werden.[240] Die Vorinstanz (Beschwerdegericht) hat deutlich gemacht, dass es für den Fall der Verrechnung der Einlageforderung mit einer nach der (Gesellschaftsgründung oder der) Kapitalerhöhung entstandenen Forderung auf Auszahlung des den Darlehenskonten gutgeschriebenen Gewinns der Gesellschafter (so genannten Neuforderung) von einer Anwendung der Grundsätze der verdeckten Sacheinlage ausgeht. Gleichzeitig hat es ausgeführt, dass es die Möglichkeit bejahe, eine wegen Verstoßes gegen die Grundsätze der verdeckten Sacheinlage gescheiterte Barkapitalerhöhung im Wege der Umwandlung in eine Sachkapitalerhöhung zu heilen.[241]

2. Verrechnung einer Gewinnauszahlung

151 Der BGH geht in seinem Beschluss davon aus, dass die Verrechnung der (Rest-)Einlageforderung mit der Gewinnauszahlungsforderung unter Umgehungsgesichtspunkten entsprechend § 19 Abs. 5 Alt. 2 GmbHG dann unzulässig ist, wenn die Beteiligten bei der Kapitalerhöhung eine entsprechende Vorabsprache getroffen haben. Aus einer derartigen Absprache ergibt sich, dass die Beteiligten sowohl Entstehung als auch Verrechnung der Gewinnauszahlungsforderung in den Kapitalerhöhungsvorgang einbezogen haben. Diese Einbeziehung widerspricht dem von § 56 Abs. 2 i. V. m. § 19 Abs. 5 und § 5 Abs. 4 GmbHG verfolgten Zweck, die Durchführung eines bei der Kapitalerhöhung abgesprochenen, jedoch nicht ordnungsgemäß verlautbarten, von der Bareinlage abweichenden Einlagegeschäfts zu verhindern.[242]

3. Verrechnung von Gehaltsforderungen

152 Auch für die Verrechnung der Gehaltsforderung eines Gesellschaftergeschäftsführers vertritt der BGH die Auffassung, dass das Verrechnungsverbot eine im Zeitpunkt der Gründung noch nicht entstandene Forderung umfasst, wenn die künftige Verrechnung von den Gründern vorabgespro-

---
240 BGH ZIP 1996, 668.
241 OLG Stuttgart ZIP 1996, 277, 278.
242 BGH ZIP 1996, 668, 670.

chen worden ist.[243] Die Erfüllungswirkung kann auch bei einer Resteinlage nicht eintreten, weil es im Hinblick auf die Umgehung der nach § 19 Abs. 5 GmbHG getroffenen Regelung an einer Leistung der zugesagten Bareinlage fehlt.[244] Entscheidend ist mithin die Vorabsprache der Kapitalerhöhung.

4. Vorabsprache der Verrechnung

Stellt das Beschwerdegericht fest, dass die Gesellschafter bei der Kapitalerhöhung eine Vorabsprache über die Verrechnung getroffen haben, ist die Verrechnung als Umgehung der in § 19 Abs. 5 und § 5 Abs. 4 GmbHG getroffenen Regelung unwirksam. Unter diesen Umständen fehlt es an der Leistung der zugesagten Bareinlage. Es liegt dann eine verdeckte Sacheinlage vor. 153

Es besteht jedoch grundsätzlich die Möglichkeit, die ursprünglich unwirksame verdeckte Sacheinlage zu heilen, falls keine Vorabsprache vorliegt. Nach Auffassung des BGH ist die Einlagendeckung im Wege der Satzungsänderung von der Bar- zur Sacheinlage umzuwidmen. Ein gesetzliches Verbot hiergegen besteht im GmbH-Recht nicht. Es kann deshalb der Sacheinlage nach Eintragung der Kapitalerhöhung noch dadurch zur Wirksamkeit verholfen werden, dass sie in der vom Gesetz vorgesehenen Form abgeschlossen und ihre Werthaltigkeit nachgewiesen wird.[245] Dies macht auch durchaus Sinn, wenn die Einbringung der Forderung nicht zu einer Liquiditätseinschränkung führt. Die gesetzlich geschützten Belange der Gesellschaftsgläubiger werden nicht beeinträchtigt, da ihnen die vorgegebene Haftungsmasse tatsächlich zur Verfügung steht.

5. Voraussetzungen für die Heilung

Es müssen folgende Voraussetzungen erfüllt sein:[246] 154

1) Die Heilung der verdeckten Sacheinlage durch nachträgliche Änderung der Einlagendeckung bedarf bei der Kapitalerhöhung eines mit satzungsändernder Mehrheit gefassten Gesellschafterbeschlusses. Einstimmigkeit ist nicht erforderlich.

2) Inhaltlich muss der Beschluss festlegen, dass die im Einzelnen aufzuführenden Gesellschafter die von ihnen übernommenen Einlagen statt in Geld durch Einbringung der konkret zu bezeichnenden Alt- bzw. einer Vorabsprache unterstellten Neuforderung leisten.

3) Es ist ein Bericht über die Änderung der Einlagendeckung von der Bar- zur Sacheinlage zu erstatten.

---

243 BGH ZIP 1996, 668, 670 m. w. H.
244 BGHZ 125, 141, 151.
245 BGH ZIP 1996, 668, 672.
246 Vgl. BGH ZIP 668, 673 f.

> 4) Dieser Bericht muss von allen Geschäftsführern und den von der Änderung betroffenen Gesellschaftern erstattet und unterzeichnet werden.
>
> 5) Die Vollwertigkeit der einzubringenden Forderung ist – bezogen auf den Zeitpunkt der Prüfung, der unmittelbar vor der Anmeldung zur Eintragung in das Handelsregister zu liegen hat – durch eine von einem Wirtschaftsprüfer testierte Bilanz nachzuweisen.
>
> 6) Der Gesellschafterbeschluss ist unter Vorlage des Berichts der Geschäftsführer und der Gesellschafter, der testierten Bilanz und, soweit abgeschlossen, der Verträge, die der einzubringenden Forderung zugrunde liegen, zur Eintragung in das Handelsregister anzumelden.
>
> 7) Die Geschäftsführer haben die Versicherung abzugeben, dass die eingebrachte Forderung werthaltig und der Gesellschaft von den Gesellschaftern übertragen bzw. ihr überlassen worden ist.

Um Rechtssicherheit über die Heilung zu bekommen ist gegebenenfalls Feststellungsklage zu erheben. Ein entsprechendes Rechtsschutzbedürfnis der Gesellschafter dürfte gegeben sein.

6. Heilung der verdeckten Sacheinlage in der Krise

155 Besondere Probleme bestehen, wenn die einzubringende Forderung nicht mehr werthaltig ist. Eine nachträgliche Umwandlung der Bareinlage in eine Sacheinlage ist dann nicht mehr möglich. Maßgebend ist der wirkliche Wert.[247] Ist die Forderung nur noch zum Teil werthaltig, bedeutet das, dass neben der Sacheinlage zusätzlich eine ausgleichende Bareinzahlung (sog. Mischeinlage) erforderlich ist.

156 Weiterhin ergeben sich Probleme, wenn die Forderung zwar (zum Teil) noch werthaltig, aber möglicherweise bereits eigenkapitalersetzend ist. Nach der ständigen Rechtsprechung des BGH können Darlehen und ähnliche Leistungen, die ein Gesellschafter der sonst nicht mehr lebensfähigen GmbH anstelle von Eigenkapital zuführt oder belässt, wie gebundenes Stammkapital nach den Vorschriften der §§ 30, 31 GmbHG zu behandeln sein.[248] Das bedeutet, dass vom Gesellschafter als Fremdkapital der Gesellschaft überlassene Mittel aus Haftungsgründen umqualifiziert und als Haftungskapital behandelt werden. Der Kapitalerhaltungsgrundsatz des § 30 Abs. 1 GmbHG verbietet demnach die Rückzahlung von Gesellschafterdarlehen und ähnlichen Leistungen, die einen Kapitalbedarf der sonst nicht kreditfähigen GmbH befriedigen, insoweit, als sie verlorenes Stammkapital im Sinne von § 3 Abs. 1 Nr. 3 GmbHG oder eine über diesen Verlust hinaus be-

---

247 BGHZ 124, 282, 286.
248 BGHZ 76, 326.

stehende Überschuldung abdecken.²⁴⁹ Eine verbotene Ausschüttung löst darüber hinaus einen Rückgewähranspruch analog § 31 GmbHG aus. Weiterhin sind durch die GmbH-Novelle 1980 in §§ 32 a, b GmbHG gesetzliche Regelungen für sog. eigenkapitalersetzende Darlehen geschaffen worden. Danach unterliegen solche Darlehen zwar keiner Ausschüttungssperre, müssen aber in vollem Umfang unabhängig von der Stammkapitalziffer zurückgezahlt werden. Nach Auffassung des BGH sind die sog. »Rechtsprechungs-Regeln« neben den sog. »Novellen-Regeln« anzuwenden.²⁵⁰

Im Zusammenhang mit dem Problem der Sacheinlagefähigkeit eigenkapitalersetzender, aber noch werthaltiger Gesellschafterdarlehen wird in der Literatur die Meinung vertreten, dass die sog. Rechtsprechungsdarlehen analog § 30 GmbHG generell, also unabhängig von ihrer Werthaltigkeit, nicht zur Deckung von Stammeinlagen geeignet seien, wohingegen Darlehen, die nur von §§ 32 a, b GmbHG erfasst würden, bei Werthaltigkeit zur Sacheinlage verwendet werden können.²⁵¹ Diese unterschiedliche Behandlung erscheint jedoch für eine noch anstehende Entscheidung durch den BGH nicht zwingend, denn die Novellendarlehen sind ebenso verhaftet wie die Rechtsprechungsdarlehen. Deshalb bestehen wohl nur die Alternativen, alle eigenkapitalersetzenden Gesellschafterdarlehen oder nur die nicht werthaltigen auszuschließen, wenn es um die Frage der Geeignetheit zur Kapitalerhöhung geht.

157

K. Konzernhaftung im qualifiziert faktischen GmbH-Konzern

Im Wege der mehrfachen Analogie hat der BGH die Grundsätze der Haftung im aktienrechtlichen Vertragskonzern nach §§ 302, 303 AktG aufgrund vergleichbarer Ausgangslage auf den sog. qualifiziert faktischen GmbH-Konzern übertragen. In der fast unüberschaubaren Flut von Urteilen und Beiträgen sollen die wichtigsten Entscheidungen zu dem Problemkreis des »qualifiziert faktischen Konzerns« anhand der Entwicklung der Rechtsprechung wiedergegeben werden. Insbesondere die Trilogie der Entscheidungen Autokran, Tiefbau und Video spiegelt die zunehmende Bedeutung des Richterrechts im Gesellschaftsrecht wieder.

158

Allerdings hat bezüglich der Heranziehung aktienrechtlicher Grundsätze zur Begründung einer Haftung im faktischen GmbH-Konzern eine Änderung der Rechtsprechung stattgefunden. Der BGH hat sich in seiner Entscheidung »Bremer Vulkan« (BGH ZIP, 2001, 1874 ff.) zwischenzeitlich

---

249 BGHZ 76, 326, 335 m. w. N.
250 Vgl. BGHZ 90, 371 ff.
251 Hachenburg/Ulmer, GmbHG, 8. Aufl., § 5 Rdnr. 45.

von der konzernrechtlichen Haftung im wesentlichen abgewendet. Er vertritt nunmehr die Auffassung, dass der Schutz einer abhängigen GmbH gegen Eingriffe ihres Alleingesellschafters nicht dem Haftungssystem des Konzernrechts des Aktienrechts folgt, sondern sich auf die Erhaltung ihres Stammkapitals und die Gewährleistung ihres Bestandsschutzes beschränkt. Zukünftig wird man deshalb wohl zwischen einem Verstoß des Gesellschafters gegen die Kapitalerhaltungsvorschriften, insbesondere den Tatbestand der Einlagenrückgewähr (§§ 30, 31, 43 Abs. 3 GmbH), und einem Gesellschafterverhalten differenzieren müssen, das, ohne dass ein Verstoß gegen die Kapitalerhaltung vorliegt, der GmbH die Möglichkeit nimmt, ihre Verbindlichkeiten Dritten gegenüber zu erfüllen bzw. die Existenz der GmbH zu Lasten der Gläubiger zu gefährden. Die Grundlage für diese Verhaltenshaftung ist bereits im »TBB«-Urteil[252] gelegt worden.

I. Grundsätzliches

159 Im sog. »Autokran«-Urteil hat der BGH im Gläubigerinteresse das Trennungsprinzip des § 13 Abs. 2 GmbHG durchbrochen und die Außenhaftung des herrschenden GmbH-Gesellschafters für die Verbindlichkeiten mehrerer insolventer Gesellschaften bejaht, weil dieser die »verbundenen Unternehmen« seiner dauernden und umfassend beeinflussten Leitung unterstellt hat.[253] Ausgangsüberlegung hierfür ist gewesen, dass mit bestimmten Beherrschungsverhältnissen für die abhängige Gesellschaft, ihre Minderheitsgesellschafter und Gläubiger besondere Gefahren verbunden sein können. Diese ergeben sich daraus, dass der bei der selbstständigen Gesellschaft in der Regel vorhandene Gleichlauf der Interessen der Gesellschaft und Ihrer Gesellschafter nicht mehr ohne weiteres vorauszusetzen ist, wenn einer von Ihnen noch andere unternehmerische Interessen verfolgt und diese durch seine Einwirkungsmöglichkeiten bei der abhängigen Gesellschaft zum tragen bringen kann.[254] Die daraus folgende Konfliktlage ist der Grund für die aktienrechtliche Gesetzgebung zum Recht der verbundenen Unternehmen gewesen.[255]

Nach der Auffassung des BGH kommt bei Vermögenslosigkeit einer abhängigen GmbH eine Ausfallhaftung des herrschenden Konzernunternehmens in entsprechender Anwendung der §§ 302, 303 Abs. 2 und 3 AktG in Betracht, wenn dieses die Geschäfte der abhängigen GmbH dauernd und umfassend selbst geführt hat und nicht dartun kann, dass der pflichtgemäß handelnde Geschäftsführer die Geschäfte ebenso geführt hätte.

---

252 BGHZ 122, 123.
253 Vgl. BGHZ, 95, 330.
254 BGHZ 122, 123, 126.
255 BGHZ 69, 334, 337.

II. »Autokran«-Urteil[256]

In dieser Entscheidung hat der BGH die Vorschriften über den aktienrechtlichen Vertragskonzern grundsätzlich für anwendbar im Bezug auf eine abhängige GmbH erklärt und eine Ausfallhaftung des herrschenden Unternehmens gegenüber Gesellschaftsgläubigern angenommen. Entscheidend ist die Feststellung, dass zwischen dem Gesellschafter und den betroffenen Gesellschaften ein Konzernverhältnis i. S. v. § 18 AktG bestanden hat, da sie unter einheitlicher Leitung i. S. d. Vorschrift gestanden sind. Die GmbHs seien abhängige Unternehmen entsprechend § 17 AktG gewesen, da der Gesellschafter in seiner Funktion als Geschäftsführer oder unmittelbar habe einen beherrschenden Einfluss ausüben können. Der Gesellschafter habe die Leitungsmacht dauernd und umfassend ausgeübt. Aus diesem Umstand folgt die tatsächliche Vermutung, dass im Konzerninteresse keine Rücksicht auf die abhängigen Gesellschaften genommen worden ist.

160

1. Konzernverhältnis

Voraussetzung ist zunächst, dass ein Konzernverhältnis besteht. Es spricht die Vermutung für ein Konzernverhältnis im Sinne der §§ 17 Abs. 1, 18 Abs. 1 Satz 2 AktG, wenn der Gesellschafter unmittelbar (über die selbst gehaltenen Geschäftsanteile) oder mittelbar (über andere Gesellschaften oder Treuhandverträge und Vollmachten) einen beherrschenden Einfluss ausüben kann und durch die völlige Konzentration der Geschäftsführungen die Gesellschaften »unter einheitlicher Leitung« stehen.[257]

161

2. Nachteilige Einzeleingriffe

Es bedarf weiterhin bestimmter nachteiliger Einzeleingriffe, die Ausgleichs- und Ersatzansprüche der abhängigen Gesellschaft und der Gesellschaftsgläubiger gegen das herrschende Unternehmen sowie ihre gesetzlichen Vertreter aus gesellschafterlichen Treupflichten auslösen.[258]

162

3. Beherrschungsvertrag

Ein Beherrschungsvertrag ist nicht erforderlich. Es reicht aus, dass das herrschende Unternehmen die Geschäftsführung der betroffenen Gesellschaften dauernd und umfassend ausübt. Das herrschende Unternehmen muss dabei dartun, der pflichtgemäß handelnde Geschäftsführer einer selbststän-

163

---

256 BGHZ, 95, 330 = NJW 1986, 188.
257 Vgl. BGHZ 95, 330, 337.
258 Vgl. BGHZ 95, 330, 340 mit Hinweis auf BGHZ 65, 15.

digen GmbH würde deren Geschäfte unter den gegebenen Umständen nicht anders geführt haben.[259] Der beherrschende Einfluss muss gesellschaftsrechtlich vermittelt sein, um eine Konzernhaftung auslösen zu können.[260]

Qualifiziert faktisch bedeutet, dass ein Unternehmen eine GmbH beherrscht, ohne dass zwischen beiden ein formeller Beherrschungsvertrag besteht, und die Geschäfte der abhängigen GmbH dauernd und umfassend leitet.[261]

4. Unternehmen

164 Ein beherrschender Einfluss i. S. d. § 17 AktG kann auch von mehreren gleichgeordneten Unternehmen ausgeübt werden.[262] Das Ausmaß der durch die Konzernlage begründeten Gefahren für die außenstehenden Gesellschafter und Gläubiger hängt nicht davon ab, ob die Gesellschaft von einer anderen Gesellschaft oder einer natürlichen Person beherrscht wird. Unternehmen in diesem Sinn können auch Einzelpersonen sein.[263] Entscheidend ist allein, dass ein beherrschender Einfluss auf die abhängige Gesellschaft ermöglicht wird (§ 17 AktG).

Der BGH hat dem herrschenden Unternehmen die Möglichkeit eingeräumt, der Haftung durch den Beweis zu entgehen, dass der pflichtgemäß handelnde Geschäftsführer einer selbstständig handelnden GmbH deren Geschäfte unter den gegebenen Umständen nicht anders geführt hätte. Die Beweislast trägt somit das herrschende Unternehmen.[264]

III. »Tiefbau«-Urteil[265]

165 Die Entscheidung baut auf dem »Autokran«-Urteil auf. Der entscheidende Senat hat eine im Vorurteil angenommene Verlustausgleichspflicht entsprechend § 302 AktG bejaht. Er hat festgestellt, dass nicht nur der Verlust des Stammkapitals, sondern darüber hinaus auch eine eingetretene Überschuldung entsprechend § 31 GmbHG auszugleichen ist.[266]

---

259 BGHZ 95, 330, 344.
260 BGHZ 90, 330, 381.
261 Vgl. BGHZ 107, 7, 15.
262 BGHZ 62, 193, 196 ff.
263 BGHZ 95, 330, 337.
264 BGHZ 95, 330, 344.
265 BGHZ 107, 7 = NJW 1989, 180
266 BGHZ 107, 7, 16 mit Hinweis auf BGHZ 60, 324, 331.

Für einen Anspruch der abhängigen Gesellschaft gegen das herrschende Unternehmen analog § 302 AktG auf Verlustausgleich genügt es hier nach Auffassung des BGH, wenn das herrschende Unternehmen die Geschäfte der GmbH im finanziellen Bereich, und damit in einem zentralen Teilbereich unternehmerischer Entscheidungen, dauernd und umfassend leitet und nicht dartun oder den Gegenbeweis antreten kann, dass die entstandenen Verluste nicht auf die im Konzerninteresse ausgeübte Geschäftsführung zurückzuführen sind.[267] Das herrschende Unternehmen soll nur für Verluste haften, die mit der Ausübung der Leitungsmacht zu tun haben.

Die Haftung tritt ohne Berücksichtigung subjektiver Umstände, wie etwa eine missbräuchliche Ausübung der Leitungsmacht, ein.

IV. »Video«-Urteil[268]

In dem sich anschließenden »Video«-Urteil hat der BGH den konzernrechtlichen Ansatz nochmals bestätigt und zugleich die Entlastung erschwert. Nunmehr muss dargelegt und nachgewiesen werden, dass die Verluste der GmbH auf Umständen beruhen, die mit der Leitung nichts zu tun haben. Grundlage der Verlustübernahmepflicht im GmbH-Konzern ist lediglich die Vermutung, bei umfassender Führung der Geschäfte der abhängigen GmbH sei auf deren Belange zugunsten des Konzerninteresses nicht ausreichend Rücksicht genommen worden und darin liege der Grund für die Verluste. Eine solche Vermutung ist nicht mehr berechtigt, wenn feststeht, dass die tatsächlich entstandenen Verluste auf Umständen beruhen, die mit der Ausübung der Leitungsmacht nichts zu tun haben.[269]

Zudem ist in der Entscheidung bestätigt worden, dass auch ein Einzelkaufmann als Allein- oder Mehrheitsgesellschafter in der Funktion des alleinigen Geschäftsführers einer Einmann-GmbH, herrschendes Unternehmen im Sinne der analog angewendeten konzernrechtlichen Haftungstatbestände sein kann. Bezüglich des Schutzbedürfnisses der Gläubiger gibt es keinen Differenzierungsgrund. Betreibt der die GmbH beherrschende Mehrheits- oder Alleingesellschafter-Geschäftsführer gleichzeitig ein eigenes Unternehmen, so begründet dies die typischen Gefahren für Minderheitsgesellschafter und Gläubiger, denen das Konzernrecht mit seinen Schutzinstrumenten entgegenwirken soll.[270]

Schließlich hat der BGH im »Video«-Urteil bestätigt, dass sich ein unmittelbar auf Zahlung gerichteter Anspruch ergeben kann, wenn feststeht, dass der Gläubiger mit seiner Forderung gegen die beherrschte Gesellschaft ausfällt.

---

267 BGHZ 7, 17 f.
268 BGHZ 115, 187 = NJW 1991, 314
269 BGHZ 115, 187, 194.
270 BGHZ 115, 187, 197 f.

V. »TBB«-Urteil[271]

167 Mit dem sog. »TBB«-Urteil hat der BGH die Haftungsgrundsätze im qualifiziert faktischen Konzern nochmals weiterentwickelt und selbst als Klarstellung seiner Aussagen im »Video«-Urteil bezeichnet.

1. Leitungsmacht

Danach haftet der eine GmbH beherrschende Unternehmensgesellschafter entsprechend den §§ 302, 303 GmbHG, wenn er die Konzernleitungsmacht in einer Weise ausübt, die keine angemessene Rücksicht auf die Belange der abhängigen Gesellschaft nimmt, ohne das sich der ihr insgesamt zugefügte Nachteil durch Einzelausgleichsmaßnahmen kompensieren ließe.

2. Missbräuchliche Ausübung der Leitungsmacht

Die Konzernleitungsmacht muss ohne Rücksicht auf die Belange der abhängigen Gesellschaft zum eigenen Vorteil des beherrschenden Unternehmens ausgeübt werden. Der Gesellschaft und unter Umständen ihren Gläubigern ist der Zugriff auf das Vermögen des Unternehmens dann zu gestatten, wenn die abhängige Gesellschaft in einer Weise behandelt wird, die einen objektiven Missbrauch der beherrschenden Gesellschafterstellung darstellt.

Nach Klarstellung durch den BGH ist nunmehr davon auszugehen, dass Haftungstatbestand nicht allein die dauernde und umfassende Leitung der Gesellschaft, sondern dass auch eine missbräuchliche Ausübung der Leitungsmacht erforderlich ist.[272]

VI. Darlegungs- und Beweislast

168 Die missbräuchliche Ausübung der Leitungsmacht wird nicht bereits aus der umfassenden Leitung der Gesellschaft geschlossen. Es bedarf zusätzlicher Anhaltspunkte, wobei Darlegungserleichterungen zugunsten des Anspruchstellers bestehen, da er in der Regel keinen Einblick in die inneren Angelegenheiten des herrschenden Unternehmens hat. Er hat lediglich Umstände darzulegen und zu beweisen, die die Annahme zumindest nahe legen, dass bei der Unternehmensführung im Hinblick auf das Konzerninteresse die eigenen Belange der GmbH über bestimmte, konkret ausgleichsfähige

---

271 BGHZ 122, 123 = NJW 1993, 1200
272 BGHZ 122, 123, 130 f.

Einzeleingriffe hinaus beeinträchtigt worden sind.²⁷³ Dem geschäftsführenden beherrschenden Gesellschafter obliegt es, durch substantiierte Widerlegung den Gegenbeweis zu erbringen, dass er die Interessen der abhängigen Gesellschaft nicht beeinträchtigt hat.

VII. Rechtsfolge

Rechtsfolge analog § 302 AktG (Verlustübernahme) ist die Verpflichtung zum Ausgleich sämtlicher während des Beherrschungsverhältnisses entstandener Verluste, und zwar nicht nur in Höhe des verlorenen Stammkapitals, sondern darüber hinaus auch in Höhe einer weiter gehenden Verschuldung. Dies gilt nur dann nicht, wenn dargelegt und bewiesen werden kann, dass für die entstandenen Verluste nicht die missbräuchliche Ausübung der Leitungsmacht sondern andere Ursachen kausal sind. **169**

Die Voraussetzungen für die Haftung nach den Grundsätzen im qualifiziert faktischen GmbH-Konzern sind allerdings auch dann nicht erfüllt, wenn die abhängige Gesellschaft schon vor Beginn der Konzernlage in Vermögensverfall geraten ist.²⁷⁴

Die Grundsätze zur Haftung im qualifizierten faktischen Konzern haben durch die jüngste Rechtsprechung des BGH Einschränkungen erfahren. In der Literatur wird kritisiert, dass es hinsichtlich der Haftungsvoraussetzungen für den Kläger zu einer Erhöhung der Anforderungen an die Darlegungs- und Beweislast gekommen ist. Es wird in diesem Zusammenhang eine Verschärfung der Konzernhaftung gefordert.²⁷⁵

VIII. Der Weg zur Konzernhaftung

Hinzuweisen ist noch auf folgende, für den Problemkreis des qualifiziert faktischen Konzerns wesentliche, Entscheidungen, die für das Verständnis von Entwicklung und Zusammenhang von großer Bedeutung sind.²⁷⁶ **170**

---

273 BGHZ 122, 123, 131.
274 Vgl. BGH GmbHR 1998, 87.
275 Vgl. Kiethe/Groeschke, BB 1998, 1373.
276 Vgl. Hirte, Der qualifizierte faktische Konzern, RWS-Dokumentation 12, 1992, S. 2 f.

1. »ITT«-Urteil[277]

171 In einem mehrstufigen Konzern mit ausländischer Konzernspitze veranlasste die beklagte Gesellschaft, die selbst von der Konzernspitze abhängig war, als Mehrheitsgesellschafterin einer Komplementär-GmbH zweier Kommanditgesellschaften die Zahlung einer Konzernumlage, der im Übrigen keine kongruente Gegenleistung gegenüberstand, durch die Kommanditgesellschaften an eine andere Konzerngesellschaft. Der Minderheitsgesellschafter der GmbH und der Kommanditgesellschaften wehrte sich hiergegen und klagte gegen die Komplementär-GmbH.

Der Leitsatz der auf Grundlage des GmbH-Rechts entschiedenen Frage zur Treuepflicht des Mehrheitsgesellschafters einer geschäftsführenden GmbH lautet:

Hat der Mehrheitsgesellschafter einer Zweimann-GmbH, die satzungsmäßig die Geschäfte von Kommanditgesellschaften führt, die GmbH-Geschäftsführung dazu veranlasst, zu Lasten dieser Gesellschaften nachteilige Geschäfte vorzunehmen, so kann der zugleich an den Kommanditgesellschaften unmittelbar beteiligte Minderheitsgesellschafter berechtigt sein, von jenem Schadensersatz – und zwar auf Leistung an die benachteiligten Gesellschaften – zu verlangen: Dasselbe kann gelten, wenn Tochtergesellschaften der Kommanditgesellschaften benachteiligt werden, in die sich die Leitungsmacht der GmbH fortsetzt.

2. »Typenhaus«-Entscheidung[278]

172 Das Urteil betrifft den Haftungsdurchgriff bei einer unterkapitalisierten GmbH. Die Beklagte war einzige Gesellschafterin der unterkapitalisierten W-GmbH. Sie führte die Geschäfte der Gesellschaft und stellte ihr das erforderliche Betriebsvermögen zur Verfügung. Im Ergebnis war die W-GmbH als Tochtergesellschaft völlig in den Betrieb der Beklagten eingegliedert und war aufgrund der totalen Eingliederung nichts anderes als eine verselbstständigte Vertriebsabteilung.

Der BGH hat hier entschieden, dass der Umstand, dass eine GmbH, deren Alleingesellschafterin ebenfalls eine juristische Person ist, mit einem Stammkapital ausgestattet ist, dass außer Verhältnis zu ihrem satzungsmäßigen Zweck steht, weder für sich allein, noch dann ohne weiteres einen Haftungsdurchgriff ihrer Gläubiger gegen die Alleingesellschafterin rechtfertigt, wenn die GmbH finanziell, wirtschaftlich und organisatorisch in diese eingegliedert ist.

---

277 BGHZ 65, 15.
278 BGHZ 68, 31.

3. »Gervais Danone«-Entscheidung[279]

Die Entscheidung spielt eine zentrale Rolle im Konzernrecht der Personengesellschaften. Gliedert der herrschende Unternehmer-Gesellschafter im Rahmen eines Beherrschungsvertrags mit einer Kommanditgesellschaft das Unternehmen der abhängigen Gesellschaft in das eigene Unternehmen ein, so trifft ihn die Beweislast nicht nur für fehlendes Verschulden, sondern im Allgemeinen auch dafür, dass die behaupteten pflichtwidrigen Handlungen nicht vorliegen.

173

In einem solchen Fall ist das herrschende Unternehmen auch verpflichtet, den während der Beherrschung und Eingliederung bei der Kommanditgesellschaft entstandenen Verlust auszugleichen.

4. »Vermögensvermengung«-Urteil[280]

In einer weiteren Entscheidung zu § 13 GmbHG hat sich der BGH hier mit der Frage beschäftigt, wann eine unbeschränkt persönliche Haftung der Gesellschafter einer GmbH & Co KG trotz gesellschaftsrechtlich einwandfrei begründeter Haftungsbeschränkung wegen unauflösbarer Vermögensvermengung in Betracht kommen kann. Voraussetzung ist jedoch, dass sich nicht ermitteln lässt, welcher Vermögensgegenstand zum Privat- und welcher zum Gesellschaftsvermögen gehört. Dies kann sich aus einer undurchsichtigen Buchführung ergeben. Es reicht aber nicht aus, dass die Gesellschafter sich Gesellschaftsvermögen entnehmen, sofern nur generell die Vermögensbewegungen zwischen Gesellschaften und Gesellschaftern buchmäßig erkennbar sind.

174

5. »Beton- und Monierbau«-Entscheidung[281]

Hier hat der BGH zum Erfordernis der Abhängigkeit i. S. d. § 17 AktG die Meinung vertreten, dass eine unter 25% liegende Beteiligung für eine Beherrschung bei weitem nicht ausreicht und es nahe liegt, für die Bestimmung der Abhängigkeit nur gesellschaftsrechtlich bedingte oder zumindest vermittelte Einwirkungsmöglichkeiten zu berücksichtigen.

175

6. »VEBA/Gelsenberg«-Entscheidung[282]

Dieser Entscheidung hat der BGH die Voraussetzungen der Unternehmereigenschaft konkretisiert. Nach § 17 Abs. 1 AktG sind abhängige Unterneh-

176

---

279 BGH NJW 1980, 231.
280 BGH ZIP 1985, 29.
281 BGHZ 69, 381.
282 BGHZ 69, 334.

men rechtlich selbstständige Unternehmen auf die ein anderes Unternehmen unmittelbar oder mittelbar Einfluss nehmen kann. Auch ein unter 50% liegender Aktienbesitz kann in Verbindung mit weiteren verlässlichen Umständen rechtlicher oder tatsächlicher Art einen beherrschenden Einfluss gewinnen. Es kommt nicht sosehr auf die Beteiligungshöhe an. Vielmehr muss eine wirtschaftliche Interessenbindung außerhalb der Gesellschaft hinzukommen, die stark genug ist, eine nachteilige Einflussnahme auf die abhängige Gesellschaft auszuüben.

Es bleibt noch darauf hinzuweisen, dass es Entscheidungen zum Haftungsdurchgriff auch außerhalb der ordentlichen Gerichtsbarkeit gibt. Dies gilt insbesondere für die Entscheidungen des Bundesarbeitsgerichts.

IX. Ersatzansprüche bei der Aktiengesellschaft

1. Verantwortlichkeit der Organe

177 § 309 Abs. 2 AktG enthält eine Haftungsvorschrift für die gesetzlichen Vertreter eines herrschenden Unternehmens und des beherrschenden Einzelkaufmanns gegenüber der Untergesellschaft, falls sie ihre Pflichten gegenüber abhängigen Unternehmen verletzen. Nach Absatz 1 der Vorschrift schulden sie die Sorgfalt eines ordentlichen und sorgfältigen Geschäftsmannes, wenn sie ihre Weisungen erteilen. Die Vertreter oder Inhaber des herrschenden Unternehmens haften der abhängigen Gesellschaft auf Schadensersatz.

In der Insolvenz der Gesellschaft ruhen gemäß § 309 Abs. 5 Satz 5 AktG das Klagerecht der Aktionäre und das Verfolgungsrecht der Gesellschaftsgläubiger. Entsprechend § 93 Abs. 5 Satz 4 AktG werden dann diese Rechte durch den Insolvenzverwalter bzw. bei Eigenverwaltung durch den Sachwalter ausgeübt. Für Verzicht auf und Vergleich über Ersatzansprüche gilt § 309 Abs. 3 AktG. Die Verjährungsfrist beträgt gemäß § 309 Abs. 5 AktG fünf Jahre.

2. Verantwortlichkeit der Verwaltungsmitglieder

178 § 310 AktG regelt die Verantwortlichkeit der Mitglieder der Verwaltungsorgane der Aktiengesellschaft. Wenn die Voraussetzungen des § 310 Abs. 1 AktG erfüllt sind, haften die Mitglieder des Vorstands und des Aufsichtsrats als Gesamtschuldner neben den gemäß § 309 AktG Verantwortlichen.

§ 309 Abs. 3 bis 5 AktG sind entsprechend anzuwenden. Das heißt in der Insolvenz der Aktiengesellschaft werden die Rechte durch den Insolvenzverwalter oder Sachwalter verfolgt.

3. Fehlen eines Beherrschungsvertrags

§§ 317 und 318 AktG entsprechen den §§ 309 und 310 AktG. Sie betreffen die Verantwortlichkeit des herrschenden Unternehmens für nachteilige Einflussnahme auf abhängige Gesellschaften ohne Beherrschungsvertrag oder Nachteilsausgleich. § 309 Abs. 3 bis 5 AktG gelten jeweils sinngemäß.

179

L. Dritte, Handelnde

Als Anspruchsgegner kommen alle Personen – insbesondere auch Gläubiger – in Betracht, die sich aktiv an einem gescheiterten Sanierungsversuch beteiligt haben. Dies sind in erster Linie die Banken und Lieferanten. Aber auch Erfüllungsgehilfen wie Unternehmensberater, Sanierungsberater, Steuerberater und Wirtschaftsprüfer erfüllen häufig Haftungstatbestände.

180

In Frage kommt aber auch eine Haftung des Insolvenzverwalters oder Rechtsberaters, wenn er die möglichen Ansprüche aufgrund mangelnder Kenntnis nicht erkennt und deshalb nicht geltend macht.

I. Faktischer Geschäftsführer

Die Verpflichtung zur Stellung des Konkursantrags und die Verantwortung für die Verletzung dieser Pflicht trifft auch denjenigen, der, ohne zum Geschäftsführer bestellt zu sein, die Geschäfte der GmbH tatsächlich wie ein Geschäftsführer oder Mitgeschäftsführer führt. Eine völlige Verdrängung der gesetzlichen Geschäftsführer ist nicht erforderlich.[283] Der Grund für die Haftung des tatsächlichen Geschäftsführers liegt darin, dass derjenige, der ohne berufen zu sein, wie ein Geschäftsführer handelt, auch die Verantwortung eines Geschäftsführers tragen und wie ein solcher haften muss, wenn nicht der Schutzwerk des Gesetzes gefährdet werden soll. Dazu ist es nicht erforderlich, dass er die gesetzliche Geschäftsführung völlig verdrängt hat. Es reicht aus, dass der faktische Geschäftsführer in maßgeblichem Umfang Geschäftsführungsfunktionen übernommen hat.[284]

181

---

283 BGHZ 104, 44.
284 BGHZ 104, 44, 47 f.

1. Interne Stellung

182 Eine vollständige Verdrängung der satzungsmäßigen Geschäftsführer aus der Leitung des Unternehmens und somit aus ihrer gesetzlich zugewiesenen Stellung ist nicht erforderlich. Es genügt allerdings nicht eine lediglich interne Einwirkung auf die vertretungsberechtigten Geschäftsführer.

2. Externes Auftreten

183 Der faktische Geschäftsführer muss die Geschicke der Gesellschaft durch eigenes, auch nach außen hervortretendes, üblicherweise der Geschäftsführung zuzurechnendes Handeln maßgeblich in die Hand genommen haben.[285] Es kommt bei der Beurteilung allein darauf an, wer die maßgeblichen, für den wirtschaftlichen Fortbestand des Gesellschaftsunternehmens entscheidenden Maßnahmen trifft.

▶ **Beispiele:**[286]

- der Dritte zieht den für das Unternehmen entscheidend wichtigen Verkaufssektor an sich und sucht regelmäßig unter Ausschaltung der Geschäftsführung Kunden auf,
- der Dritte stellt in eigener Verantwortung Personal ein,
- der Dritte führt eigenverantwortlich ohne Hinzuziehung der ordentlichen Geschäftsführer Kreditverhandlungen und vermittelt dabei den Eindruck, die satzungsmäßigen Geschäftsführer hätten nichts mehr zu sagen.

3. Haftungsumfang

183 Der Schadensersatzanspruch der Gesellschaft gegen den faktischen Geschäftsführer ergibt sich aus § 64 Abs. 2 GmbHG. Der Schadensersatzanspruch der durch die verspätete Insolvenzantragstellung geschädigten Gläubiger ergibt sich aus § 823 Abs. 2 BGB i. V. m. § 64 Abs. 1 GmbHG. Allerdings kann der Schadensersatzanspruch nach Maßgabe des § 254 BGB durch ein Mitverschulden des Vertragspartners gemindert sein. Dies kann dann angenommen werden, wenn bei Abschluss des Vertrags erkennbare Umstände vorlagen, die die hierdurch begründete Forderung gegen die Gesellschaft als gefährdet erscheinen lassen mussten.[287]

---

285 BGHZ 104, 44, 48.
286 Nach BGHZ 104, 44.
287 BGHZ 126, 181, 200.

4. Beweislast

Das Vorliegen der objektiven Voraussetzungen der Insolvenzantragspflicht trifft grundsätzlich den Gläubiger. Steht der Zeitpunkt der Überschuldung fest, ist es Sache des Geschäftsführers, die Umstände und Gründe darzulegen, die aus damaliger Sicht die Unternehmensfortführung gerechtfertigt haben. Ob der Geschäftsführer über diese Verteilung der Darlegungslast hinaus auch die Beweislast hinsichtlich der Fortbestehensprognose trägt, hält der BGH für zweifelhaft. Mangelndes Verschulden hat der faktische Geschäftsführer zu beweisen.[288]

184

Die Haftung für die Forderungen der Altgläubiger ist auf den so genannten Quotenschaden, d. h. die Differenz aus der Quote, die sich bei rechtzeitiger Antragstellung ergeben hätte und der letztlich erhaltenen Quote beschränkt. Neugläubiger, die Ihre Forderung erst zu einem Zeitpunkt erworben haben, der nach dem Zeitpunkt liegt, zu dem der Insolvenzantrag hätte gestellt werden müssen, haben Anspruch auf Ausgleich des vollen Schadens.[289]

II. Anstifter oder Gehilfe

Als Haftungsadressaten kommen auch Dritte in Frage, die – ohne selbst nach außen für die Gesellschaft aufzutreten – Einfluss auf die satzungsmäßig Geschäftsführung nehmen und dadurch zur Insolvenzverschleppung beitragen. Sie können beispielsweise als Anstifter oder Gehilfen einer dem persönlich haftenden Gesellschafter zur Last fallenden Verletzung gesellschaftsrechtlicher Schutzvorschriften über §§ 823 Abs. 2, 830 BGB den Gläubigern der Gesellschaft haften. Eine solche Haftung setzt aber die vorsätzliche Unterstützung des zum Handeln verpflichteten und damit zumindest die Erkenntnis voraus, dass dieser den Insolvenzantrag pflichtwidrig unterlässt.[290] Insoweit treffen Grundsätze aus dem Strafrecht zu, die eine psychische Unterstützung als Beihilfe zur Ausführung der Tat genügen lassen.[291] Es müssen die objektiven und subjektiven Voraussetzungen erfüllt sein, damit die Haftungsadressaten gemäß § 830 Abs. 2 BGB wie Mittäter für den gemeinschaftlich entstandenen Schaden haften. Die Rechtsfolgen gegenüber der Gesellschaft ergeben sich aus §§ 64 Abs. 2 GmbHG, 93 Abs. 3 Nr. 6 AktG, 130 a Abs. 3, 177 a HGB, 34 Abs. 3 Nr. 4 GenG.

185

Im Außenverhältnis zu den Gläubigern der Gesellschaft haftet der Dritte nach § 823 Abs. 2 BGB.

---

288 BGHZ 126, 181, 200.
289 Vgl. BGH NJW 1998, 2667 ff.
290 Vgl. BGHZ 75, 96, 107.
291 Vgl. BGHZ 70, 277, 285 m. w. N.

Scholl

III. Quasi-Gesellschafterhaftung

186 Dritte, die nicht Gesellschafter sind, kann eine Haftung nach den Vorschriften über die Kapitalerhaltung treffen, wenn sie nach § 32 a Abs. 3 GmbHG einem Gesellschafter gleichzustellen sind.

IV. Einflussnahme auf Aktiengesellschaft

187 Wer seinen Einfluss auf eine Aktiengesellschaft dazu benutzt, zum Schaden der Gesellschaft oder der Aktionäre zu handeln, macht sich unter Umständen nach § 117 AktG schadenersatzpflichtig.

1. Voraussetzungen

188 Die Haftung nach § 117 AktG setzt rechtswidrige und schuldhafte Einflussnahme auf die Verwaltung der Aktiengesellschaft voraus. Vorsatz fehlt jedoch, wenn der Einflussnehmende einen Insolvenzantrag verhindert, weil er die Sanierung ernsthaft für möglich hält und daher auf das Ausbleiben der Schädigung hofft.[292]

2. Geltendmachung

189 Bezüglich der Haftungsmodalitäten verweist § 117 Abs. 4 AktG auf § 93 Abs. 4 Satz 3 und 4 AktG. Die Verfolgung eines Gesellschafts- und Gesellschafterschadens wird nach Eröffnung des Insolvenzverfahrens gem. § 117 Abs. 5 Satz 3 AktG vom Insolvenzverwalter bzw. im Fall der Eigenverwaltung vom Sachwalter wahrgenommen.

3. Verjährung

190 Die Verjährung tritt gemäß § 117 Abs. 6 AktG in fünf Jahren seit Entstehung des Anspruchs ein.

4. Nutznießer

191 Zusätzlich besteht eine gesamtschuldnerische Mithaftung von Verwaltungsmitgliedern (§ 117 Abs. 2 AktG) und des Nutznießers, der durch die schä-

---

292 Vgl. BGH NJW 1982, 2823, 2827.

digende Handlung einen Vorteil erlangt und die Beeinflussung vorsätzlich veranlasst hat (§ 117 Abs. 3 AktG).

▶ **Beispiel:**
Aktionär A nutzt seine Einflussmöglichkeiten auf den Vorstand, um eine Forderung der Aktiengesellschaft gegen B stunden zu lassen. Gleichzeitig schließt A im Gegenzug einen Vertrag mit B, dessen wirtschaftliche Schwierigkeiten A bewusst sind. Die Forderung der Aktiengesellschaft wird später uneinbringlich.

V. Pfandgläubiger

Der typische Pfandgläubiger erhält durch die Verpfändung eines Geschäfts- oder Gesellschaftsanteils nur das Recht, sich aus dem Anteil durch dessen Verwertung nach den für die Zwangsvollstreckung geltenden Vorschriften zu befriedigen. Er ist nicht Normadressat der Kapitalerhaltungsvorschriften.

192

Der Pfandgläubiger an dem Geschäftsanteil des Gesellschafters einer GmbH hingegen, der sich durch Nebenabreden eine Position einräumen lässt, die nach ihrer konkreten Ausgestaltung im wirtschaftlichen Ergebnis der Stellung eines Gesellschafters gleich oder jedenfalls nahe kommt, ist wie ein Gesellschafter in die Finanzierung der Gesellschaft einzubeziehen. Im Falle einer solchen atypischen Ausgestaltung des Pfandrechts an einem Gesellschaftsanteil ist der Pfandgläubiger für die Anwendung der Eigenkapitalersatzregeln einem Gesellschafter gleichzustellen.[293]

Lässt sich der Pfandgläubiger weit reichende Befugnisse zur Einflussnahme auf Geschäftsführung und Gestaltung der Gesellschaft einräumen, so trägt er die Finanzierungsverantwortung für die Gesellschaft und ist mithin Normadressat des § 32a Abs. 3 GmbHG. Dies ist unabhängig davon, ob er mit der eingeräumten Stellung unternehmerische oder lediglich Sicherungsinteressen verfolgt. Der BGH erkennt kein allgemeines Sanierungs- oder Bankenprivileg an.[294]

VI. Atypisch stiller Gesellschafter

Grundsätzlich ist ein stiller Gesellschafter nicht am Vermögen einer GmbH beteiligt, so dass er nicht verpflichtet ist, ihr Stammkapital zu erhalten. Das

193

---

293 BGH NJW 1992, 3035 ff.
294 BGH NJW 1992, 3035, 3036.

gilt vor allem für den typischen stillen Gesellschafter, der in der Insolvenz der Gesellschaft seine Einlage wie ein Kreditgeber als Forderung geltend machen kann, soweit sie nicht durch seine Beteiligung am Verlust aufgezehrt worden ist (§ 236 Abs. 1 HGB).

In Bezug auf die Stellung eines atypisch stillen Gesellschafters hat der BGH wiederholt die Auffassung vertreten, dass er für die Anwendung der Eigenkapitalersatzregeln einem Gesellschafter gleichzustellen ist, wenn ihm neben seiner Beteiligung am Gewinn der Gesellschaft in atypischer Weise weit reichende Befugnisse zur Einflussnahme auf die Geschäftsführung und die Gestaltung der Gesellschaft eingeräumt sind. Ist der stille Gesellschafter hinsichtlich Beteiligung und Einfluss vertraglich weitgehend einem GmbH-Gesellschafter gleichgestellt, trifft auch ihn das Auszahlungsverbot des § 30 GmbHG.[295]

VII. Haftungsfolgen

194 Der Verstoß Dritter gegen die Kapitalerhaltungsvorschriften kann weit reichende Folgen haben. Für die Gläubigerbanken kann dies den Verlust neu ausgereichter Sanierungskredite sowie den Verlust stehen gelassener Altkredite einschließlich der bestellten Sicherheiten bedeuten. Die Sicherheiten beziehungsweise nach deren Verwertung der Verwertungserlös sind nach § 812 BGB an die Gesellschaft herauszugeben.

VIII. Sittenwidrige Schuldnerknebelung

195 Die Übernahme »nahezu« des gesamten Vermögens eines Schuldners durch einen Gläubiger als Sicherheit kann ein Verstoß gegen die guten Sitten i. S. d. § 138 Abs. 1 BGB sein. Dies ist in erster Linie danach zu beurteilen, über welche seiner Vermögenswerte der Schuldner noch für die aktive Führung seines Unternehmens verfügen kann, welche unternehmerische und Dispositionsfreiheit ihm noch verbleibt.[296]

Dem von der Rechtsprechung und Rechtslehre entwickelten Tatbestand der »sittenwidrigen Knebelung«, an den die Nichtigkeit gemäß § 138 Abs. 1 BGB anknüpft, liegt der Gedanke zugrunde, dass auf einen Kernbereich menschlicher Freiheit, zu der auch die Freiheit der wirtschaftlichen Betätigung gehört, durch Rechtsgeschäfte nicht verzichtet werden kann. Geschützt wird die persönliche Handlungsfreiheit, nicht das Vermögen an

---

295 BGHZ 106, 7, 10.
296 OLG Celle ZIP 1982, 942, 949.

sich, sondern dieses nur, soweit es ein Mittel zur Verwirklichung dieser Freiheit (auf wirtschaftlichem Gebiet) ist. Einem Sicherungsvertrag als solchem haftet deshalb noch nicht das Unwertmoment der Knebelung an.[297]

Die bestellten Sicherheiten bzw. der Verwertungserlös sind bei Vorliegen einer sittenwidrigen Schuldnerknebelung nach § 812 BGB herauszugeben.

IX. Haftung für Inanspruchnahme persönlichen Vertrauens

Ein Unternehmensberater, der die Geschäftsführung eines sanierungsbedürftigen Unternehmens übernimmt und bei Vertragsverhandlungen, die er als Vertreter des Unternehmens mit Dritten führt, auf seine früheren Sanierungserfolge hinweist, kann damit besonderes persönliches Vertrauen in Anspruch nehmen und deswegen bei Pflichtverletzungen selbst aus Verschulden bei Vertragsverhandlungen haften.[298]

196

1. Persönliche Haftung

Werden Vertragsverhandlungen von einem Vertreter geführt, so richten sich Schadensersatzansprüche wegen Verschuldens bei Vertragsverhandlungen grundsätzlich nach § 278 BGB gegen den Vertretenen und nicht gegen den Vertreter. Nach ständiger Rechtsprechung des BGH kann ausnahmsweise jedoch auch ein Vertreter aus Verschulden bei Vertragsverhandlungen persönlich haften, wenn er entweder dem Vertragsgegenstand besonders nahe steht und bei wirtschaftlicher Betrachtung gleichsam in eigener Sache handelt oder wenn er gegenüber dem Verhandlungspartner in besonderem Maße persönliches Vertrauen in Anspruch genommen und dadurch die Vertragsverhandlungen beeinflusst hat.[299] Der Dritte muss dem Vertragspartner in besonderer Weise den Eindruck hoher Sachkompetenz vermitteln, insbesondere wenn dieser dem Vertretenen nicht traut.

197

2. Beweislast

Die Pflichtverletzung des Vertreters muss ursächlich für den entstandenen Schaden sein. Der wegen unterlassener Beratung oder Aufklärung in Anspruch Genommene trägt dann für das Verhalten der Gegenpartei im Falle

198

---

297 OLG Celle ZIP 1982, 942, 944 m. w. H.
298 BGH ZIP 1990 659, 661.
299 BGH ZIP 1990 659, 661 m. w. N.

zutreffender Beratung oder Aufklärung die Beweislast, wenn es für diese nur eine bestimmte Möglichkeit »aufklärungsrichtigen« Verhaltens gegeben hat.[300]

3. Haftungsumfang

199 Der Schadensersatzanspruch des Geschädigten ist auf das sog. negative Interesse beschränkt. Erleidet der Vertragspartner durch die Insolvenz der GmbH Nachteile, so ist er so zu stellen, als wäre das Geschäft nicht zustande gekommen.

X. Durchgriffshaftung

200 ▶ **Fall:**

Die A-GmbH hatte ursprünglich eine Forderung gegen die B-GmbH, die jetzt der Insolvenzverwalter geltend macht. Die C-KG, eine Tochtergesellschaft der B-GmbH, hat unstreitig eine Forderung gegen die K.-Werkstätte, deren Alleininhaber K war. Die A-GmbH stand unter dem beherrschenden Einfluss des K. Die B-GmbH rechnet mit der von der C-KG abgetretenen Forderung gegen die Forderung der A-GmbH auf. Streitig ist, ob die Beklagte mit der Gegenforderung aufrechnen kann.

Lösung:

Die Aufrechnung setzt unter anderem voraus, dass zwei Personen einander Leistungen schulden. Der Aufrechnende muss also Gläubiger der Gegenforderung und Schuldner der Hauptforderung sein, der Aufrechnungsgegner Schuldner der Gegenforderung und Gläubiger der Hauptforderung. Diese Voraussetzung der Gegenseitigkeit nach § 387 BGB ist im Streitfall nicht gegeben, da die juristische Person von ihrem Gesellschafter verschieden ist.

201 Von diesem Grundsatz lässt die Rechtsprechung jedoch nach § 242 BGB in den Fällen eine Ausnahme zu, in denen die Berufung auf die mangelnde Gegenseitigkeit der Forderungen gegen Treu und Glauben verstoßen und zu einem unbilligen Ergebnis führen würde. Die Berücksichtigung der Verschiedenheit von Gesellschaft und Gesellschafter ist ausgeschlossen, wenn die Gesellschaft von dem Gesellschafter derart beherrscht wird, dass sie im Rechtsleben in einer solchen Weise auftritt, dass sie als unselbstständiges Werkzeug dieses Gesellschafters auftritt.[301] Es genügt dabei, dass der beherr-

---

300 BGH ZIP 1990 659, 662 m. w. N.
301 BGHZ 26, 33, 34 f.

schende Gesellschafter zu einem Bruchteil unmittelbar oder mittelbar beteiligt ist, da die Kapitalbeteiligung nur eine der Formen ist, in denen sich ein Gesellschafter Einfluss auf die Willensbildung der Gesellschaft verschaffen kann.[302]

Allerdings müsste die Forderung der GmbH zumindest aus der Erledigung von Geschäften herrühren, die Sache des Gesellschafters gewesen wären.

Die Rechtsprechung lässt den Durchgriff nur zu, wenn die Rechtsform der juristischen Person missbräuchlich verwendet wird oder die Berufung auf die rechtliche Selbstständigkeit der juristischen Person gegen Treu und Glauben verstößt. Der Umstand, dass eine GmbH, deren Alleingesellschafterin ebenfalls eine juristische Person ist, mit einem Stammkapital ausgestattet ist, das außer Verhältnis zu ihrem satzungsmäßigen Zweck steht (Unterkapitalisierung), rechtfertigt weder für sich allein, noch dann ohne weiteres einen Haftungsdurchgriff ihrer Gläubiger gegen die Alleingesellschafterin, wenn die GmbH finanziell, wirtschaftlich und organisatorisch in diese eingegliedert ist.[303] Die Beherrschung an sich gefährde noch nicht die Interessen der Gläubiger. Das gilt auch für die Einmann-GmbH, und zwar selbst dann, wenn der Alleingesellschafter zugleich Geschäftsführer der GmbH ist.[304]

M. Handelndenhaftung (§ 11 Abs. 2 GmbHG)

§ 11 Abs. 2 GmbHG ordnet die persönliche und solidarische Haftung derjenigen an, die vor Eintragung der GmbH in das Handelsregister im Namen der Gesellschaft gehandelt haben. Allerdings ist diese Vorschrift von der Rechtsprechung im Laufe der Zeit erheblich eingeschränkt worden.

202

I. Vorbemerkung

Die in § 11 Abs. 2 GmbHG bestimmte Haftung dessen, der für eine noch nicht im Handelsregister eingetragene GmbH handelt, greift nicht ein, solange nicht der Gesellschaftsvertrag oder die Errichtungserklärung notariell beurkundet worden ist.[305] Mit dieser Entscheidung hat der BGH gleichzei-

203

---

302 BGHZ 26, 33, 34.
303 BGHZ 68, 312.
304 BGHZ 68, 312, 320.
305 BGHZ 91, 148.

tig seine frühere Rechtsprechung, dass das Handeln im Namen einer GmbH die Haftung des Handelnden auch auslöse, wenn die Gesellschaft noch nicht gegründet worden sei, d. h. die Handlungshaftung könne auch schon im Vorgründungsstadium entstehen, aufgegeben. Das Reichsgericht hatte noch entschieden, dass es willkürlich wäre, die Haftung des im Namen einer GmbH handelnden vom Abschluss des gültigen Gesellschaftsvertrags abhängig zu machen.[306]

II. Vorgründungsgesellschaft

204 Eine vor Abschluss des Gründungsvertrags schon bestehende, die spätere GmbH-Tätigkeit vorbereitende Personenvereinigung hat mit der in Aussicht genommenen GmbH im Rechtssinne noch nichts zu tun. Es handelt sich um eine eigenständige Gesellschaft bürgerlichen Rechts oder, wenn bereits eine Handelsgesellschaft betrieben wird, um eine offene Handelsgesellschaft, für deren Schulden alle Beteiligten unbeschränkt persönlich haften. Rechte und Verbindlichkeiten müssen auf die GmbH durch besonderes Rechtsgeschäft übertragen werden.[307]

III. Vorgesellschaft

205 Dagegen hat die strenge Haftung des § 11 Abs. 2 GmbHG im eigentlichen Gründungsstadium angesichts der nur beschränkten Haftung der Gesellschafter die allein in Betracht kommende Funktion, die unbeschränkte Haftung wenigstens einer verantwortlichen Person zu begründen und damit auszugleichen, dass die (begrenzte) Kapitalgrundlage der Gesellschaft noch nicht im gleichen Maße wie bei der eingetragenen GmbH gerichtlich kontrolliert, bekannt gemacht und durch zwingende Schutzvorschriften gesichert ist.[308] Die Vorgesellschaft ist ein als ein auf die künftige juristische Person hin angelegtes Rechtsgebilde, dass bereits körperschaftlich strukturiert und daher imstande ist, durch ihre Geschäftsführer als Vertretungsorgan nach außen geschlossen aufzutreten.[309] Die durch Abschluss des Gesellschaftsvertrags errichtete, aber noch nicht eingetragene Gesellschaft mit beschränkter Haftung (Vor-GmbH) untersteht einem Sonderrecht, das den gesetzlichen und vertraglichen Gründungsvorschriften und dem Recht der eingetragenen GmbH entspricht, soweit nicht die Eintragung im Han-

---

306 RGZ 122, 172, 174.
307 BGHZ 91, 148, 151 m. w. N.
308 BGHZ 91, 148, 152 m. w. N.
309 BGHZ 80, 129, 132 m. w. N.

delsregister unverzichtbar ist. Dies ist ständige Rechtsprechung des BGH.[310] Dieser Auffassung haben sich auch das BAG[311] und das BSG[312] angeschlossen.

IV. Einpersonengesellschaft

Für die Einmanngesellschaft beginnt die Handlungshaftung nach § 11 Abs. 2 GmbHG dementsprechend ebenfalls nicht, ehe nicht der Notar die Errichtungserklärung nach §§ 1, 2 GmbHG beurkundet hat.[313]

206

V. Erlöschen der Haftung

Die Haftung des Handelnden aus Geschäften, die er mit Ermächtigung aller Gründer im Namen der Gesellschaft abgeschlossen hat, erlischt ohne Rücksicht darauf, ob es sich um eine Sach- oder um eine Bargründung handelt mit Eintragung der GmbH.[314] § 11 Abs. 2 GmbHG will dem Gläubiger nur eine Notlösung bieten, wenn die Gesellschaft nicht eingetragen wird oder das in ihrem Namen eingegangene Geschäft nicht gegen sich gelten lässt, und das dieser Zweck entfällt, wenn der Gläubiger mit der Eintragung der GmbH und deren Haftung für die Verbindlichkeit den Schuldner erhält, mit dem er von Anfang an das Geschäft abschließen wollte.[315]

207

VI. Vorbelastungshaftung

Die Vorbelastungshaftung wird auch als Unterbilanzhaftung oder Differenzhaftung bezeichnet. Es handelt sich um eine Haftung der mit vorzeitigem Beginn der Geschäftstätigkeit einverstandenen Gesellschafter gegenüber der eingetragenen Kapitalgesellschaft auf den Betrag, um den das tatsächliche Gesellschaftsvermögen im Eintragungszeitpunkt hinter dem Nennkapital zurückbleibt. Eine Vorgesellschaft wird durch Rechtsgeschäfte, die ihr Vertretungsorgan mit Ermächtigung aller Gesellschafter im Namen der Gesellschaft abschließt, auch dann verpflichtet, wenn nach der Sat-

208

---

310 BGHZ 21, 242; BGHZ 45, 383; BGHZ 80, 129.
311 BAG NJW 1997, 3331.
312 BSG ZIP 2000, 494.
313 BGHZ 91, 148, 153.
314 BGHZ 80, 182.
315 BGHZ 80, 182, 183.

zung nur Bareinlagen vereinbart sind. Mit Eintragung der GmbH gehen dann die Verbindlichkeiten aus solchen Geschäften voll auf diese über, ohne dass es einer besonderen Eintritts- und Genehmigungserklärung bedarf.[316] Es soll deshalb eine registergerichtliche Prüfung der kapitalmäßigen Eintragungsvoraussetzungen stattfinden, die sich auf das Vorhandensein von Vorbelastungen in Verbindung mit der Haftung für falsche Angaben zu erstrecken hat (§ 9 a Abs. 1 GmbHG).

1. Stammkapitalaufbringung

209 Sowohl bei Bar- als auch bei Sachgründungen gilt der »Grundsatz der wertmäßigen Aufbringung des Stammkapitals«. Hier greift eine Differenzhaftung ein, also die Verpflichtung der Gesellschafter gegenüber der eingetragenen GmbH zur Auffüllung der Kapitallücke, die bilanzmäßig durch Vorbelastungen entstanden ist.[317] Es besteht eine anteilige Nachzahlungspflicht für die Differenz zwischen dem Stammkapital und dem Wert des Gesellschaftsvermögens im Zeitpunkt der Eintragung. Bei der Prüfung ob und in welcher Höhe im Zeitpunkt der Eintragung in das Handelsregister eine Unterbilanz vorgelegen hat, sind nicht nur die einzelnen Vermögenswerte anzusetzen. Es muss auch ein eventuell bereits bestehender Geschäfts- oder Firmenwert berücksichtigt werden. Ist die Ingangsetzung der Vor-GmbH erfolgreich gewesen und hat sie schon in der Zeit zwischen Aufnahme der Geschäftstätigkeit und Eintragung zu einer Organisationseinheit geführt, die als Unternehmen anzusehen ist, das über seine einzelnen Vermögenswerte hinaus einen eigenen Vermögenswert darstellt, so hat die Bewertung in der Vorbelastungsbilanz nach der Ertragswertmethode zu erfolgen.[318] Der Ertragswert ist unter Berücksichtigung der tatsächlichen Verhältnisse am Bewertungsstichtag zu ermitteln.[319] Im Rahmen der Unterbilanzhaftung wird jedoch nur die Sicht eines real einzuschätzenden, auf der Grundlage personenbezogener Erfolgsfaktoren ermittelter Ertrags- und Geschäftswert den Belangen des Gläubigerschutzes gerecht.[320]

▶ **Beispiel:**
Eine Gesellschaft (GmbH), die am 1. 7. 2000 in das Handelsregister eingetragen wird, hat am 1. 1. 2000 bereits ihren Betrieb aufgenommen. Sie verfügt im Zeitpunkt der Eintragung bereits über einen eingerichteten und ausgeübten Geschäftsbetrieb. Das von den Gesellschaftern voll eingezahlte Stammkapital ist im Zeitpunkt der Eintragung jedoch bereits vollständig verbraucht.

---

316 BGHZ 80, 129, 133 ff.
317 BGHZ 80, 129, 140.
318 BGHZ 140, 35, 36 m. w. H.
319 BGHZ 140, 35, 38.
320 BGHZ 140, 35, 39.

Allein die Differenzhaftung führt zu einer angemessenen Gleichbehandlung von Alt- und Neugläubigern.[321] Denn dadurch, dass der Gläubiger die juristische Person mit ihrem gesetzlichen Garantiekapital in Anspruch nehmen kann, hat er alles erreicht, was sein als »GmbH« auftretender Geschäftsgegner ihm versprochen hat.[322]

2. Rechtsfolgen

Die Auffassung des BGH ist dahin zusammenzufassen, dass die Haftung des Handelnden nach § 11 Abs. 2 GmbHG aus Geschäften, die er mit Ermächtigung aller Gesellschafter zu Lasten der Vorgesellschaft abgeschlossen hat, mit der Eintragung der GmbH ohne Rücksicht darauf erlischt, ob es sich um eine Sach- oder um eine Bargründung handelt.[323]

210

Ist infolge Vorbelastungen das Stammkapital im Zeitpunkt der Eintragung nicht mehr gedeckt, so haften die Gesellschafter anteilig entsprechend ihrer Beteiligung an der Gesellschaft für die Verluste, die vom Gesellschaftsvermögen nicht abgedeckt sind. Die Haftung ist nicht auf den Betrag der noch nicht eingezahlten Einlage beschränkt.[324] Die Geschäftsführer müssen bei pflichtwidrigen Eintragungsbemühungen mit einer Haftung aus § 43 Abs. 2 GmbHG oder dem Anstellungsvertrag und, wenn man die Insolvenzantragspflicht nach § 64 GmbHG auf die Vorgesellschaft erstreckt, auch wegen Verletzung dieser Pflicht rechnen.

3. Handeln im Namen der Vor-Aktiengesellschaft

Die Grundnorm für die Haftung für ein Handeln im Namen einer Aktiengesellschaft vor Eintragung in das Handelsregister enthält § 41 Abs. 1 AktG. Die Vorschrift enthält allerdings wie § 11 GmbHG nur eine Regelung dahingehend, dass die Aktiengesellschaft vor Eintragung nicht besteht. Entsprechend müssen die obigen Ausführungen im Rahmen des § 41 Abs. 1 AktG gelten:

211

a) Unterbilanzhaftung der Gründer,

b) Eintritt der Aktiengesellschaft im Wege der Gesamtrechtsnachfolge in die Rechte und Pflichten der Vorgesellschaft.

---

321 BGHZ 80, 129, 142.
322 BGHZ 80, 129, 144.
323 BGHZ 80, 182, 185.
324 BGHZ 134, 333, 334.

VII. Verlustdeckungshaftung

212 Bei der Verlustdeckungshaftung handelt es sich um eine Haftung der Gründer für Anlaufverluste bei Scheitern der Eintragung. In einem Vorlagebeschluss vom 4. 3. 1996[325] hat sich der BGH mit der Frage befasst, ob die Gesellschafter einer Vor-GmbH für Verbindlichkeiten dieser Gesellschaft unbeschränkt und grundsätzlich nur im Verhältnis zur Vor-Gesellschaft haften. Nach Auffassung des BGH erscheint ein Haftungsgleichlauf vor und nach Eintragung der Gesellschaft unabdingbar, da eine beschränkte Haftung vor Eintragung und eine unbeschränkte Einstandspflicht nach Eintragung (Vorbelastungs- oder Unterbilanzhaftung) bei Verlusten der Vor-Gesellschaft einen erheblichen Anreiz bieten würde, die Eintragung nicht weiter zu betreiben und die Gesellschaft zu liquidieren. Deshalb ist der BGH von seiner bis dahin geltenden Rechtsprechung abgewichen, dass die Gesellschafter grundsätzlich nur bis zur Höhe ihrer Einlageverpflichtung haften.[326]

Der Verlustdeckungsanspruch entsteht mit dem Scheitern der Eintragung bzw. endet mit der wirksamen Eintragung der GmbH ins Handelsregister.

VIII. Haftung in der Gründungsphase

213 Der BGH hat seine frühere Rechtsprechung zum Vorbelastungsverbot[327] mit dem Beschluss des großen Senats[328] aufgegeben, wonach die Gesellschafter der Vor-GmbH unmittelbar persönlich, aber beschränkt auf die übernommene aber noch nicht geleistete Stammeinlage haften. Ein Haftungsgleichlauf vor und nach Eintragung der GmbH erscheint dem BGH nunmehr unabdingbar. Eine Unterbilanzhaftung, die erst nach der Eintragung Rechtsfolgen entfaltet, benötigt in der Entwicklungsstufe der Vor-GmbH ein gleichwertiges Äquivalent. Denn erst eine schon während des Bestehens der Vor-GmbH eingreifende unbeschränkte Haftung der Gründer kann die nach der Eintragung wirkende Vorbelastung- oder Unterbelastung legitimieren.[329] Es besteht eine einheitliche Gründerhaftung in Form einer bis zu einer an die Eintragung geknüpften Vorbelastungs-(Unterbilanz-)haftung.[330]

---

325 BGH, Vorlagebeschluss vom 4. 3. 1996, II ZR 123/94.
326 BGH GmbHR 1996, 279 ff.
327 Vgl. noch BGHZ 45, 338, 342 f.; BGHZ 65, 378, 383.
328 BGH, II ZR 123/94.
329 BGH GmbHR 1996, 279, 281.
330 BGHZ 134, 333.

IX. Innenhaftung

So weit wie nach dem Gesetz zulässig soll die Vorgesellschaft dem Bild der eingetragenen Gesellschaft folgen. Der BGH hat deshalb grundsätzlich festgelegt, dass die Vorgesellschafter für alle Verbindlichkeiten der Gesellschaft unbeschränkt, jedoch nur im Innenverhältnis haften.[331] Die Verlustdeckungshaftung ist ebenso wie die Vorbelastungs-(Unterbilanz-)haftung eine Innenhaftung gegenüber der Vorgesellschaft, nicht jedoch eine unmittelbare Haftung gegenüber den Gesellschaftsgläubigern. Es besteht für die Gesellschafter einer Vor-GmbH eine einheitliche unbeschränkte Gründerhaftung in Form einer bis zur Eintragung der Gesellschaft andauernden Verlustdeckungshaftung und einer an die Eintragung geknüpften Vorbelastungs- (Unterbilanz-)haftung.[332] Diese Haftungsverfassung gilt auch für die so genannte unechte Vor-GmbH, wenn also die Gesellschafter eine Eintragungsabsicht gar nicht oder später aufgegeben hatten, den Geschäftsbetrieb aber aufgenommen oder fortgesetzt haben.[333]

214

X. Außenhaftung

Hingegen vertritt der BFH die Auffassung, dass die Gesellschafter einer vermögenslosen Vor-GmbH (Vorgesellschaft) unmittelbar im Verhältnis ihrer gesellschaftsrechtlichen Beteiligung für die durch die Vorgesellschaft begründeten Ansprüche aus dem Steuerschuldverhältnis haften.[334]

215

Der BFH unterscheidet dabei zwischen einer »unechten Vorgesellschaft« auf die die Regeln einer zivilrechtlichen Personengesellschaft angewandt werden, wenn die GmbH nicht in das Handelsregister eingetragen wird, weil

- unter anderem die Gründer von vornherein nicht die Absicht hatten, die Eintragung der Gesellschaft zu erreichen, oder
- der Eintragungsantrag nicht ernsthaft weiterbetrieben wird, insbesondere, weil bestehende Eintragungshindernisse nicht beseitigt werden, oder
- Eintragungsunterlagen nicht unverzüglich beschafft werden oder
- die Gesellschaft trotz Ablehnung des Eintragungsantrags und Wegfalls des Gründungsziels ihre Geschäfte weiterbetreibt,

und der »echten« Vor-GmbH.

---
331 BGH GmbHR 1996, 279, 282.
332 BGHZ 134, 333.
333 OLG Bremen EwiR 2000, 1015.
334 BFH ZIP 1998, 1149.

Scholl

Für die Verbindlichkeiten einer »unechten« Vor-GmbH haften die Gesellschafter persönlich, unbeschränkt und gesamtschuldnerisch, je nach dem Geschäftsgegenstand der Gesellschaft, nach den Regeln der Haftung in der offenen Handelsgesellschaft (§§ 123 Abs. 2, 128 HGB) oder der Gesellschaft bürgerlichen Rechts (§ 718 BGB) i. V. m. §§ 421, 427, 431 BGB.[335]

216 Eine »echte« Vor-GmbH liegt dagegen vor, wenn und solange die Gesellschafter der Vorgesellschaft die Geschäftstätigkeit einvernehmlich aufgenommen haben und mit dem Ziel der Eintragung der Gesellschaft in das Handelsregister betreiben.[336]

Die Beteiligung an einer unechten Vorgesellschaft führt zur unmittelbaren und unbeschränkten Haftung des Gesellschafters. Das Recht der Vor-GmbH findet hier keine Anwendung.

Bei der echten Vor-GmbH besteht nach Ansicht des BFH dann eine Ausnahme vom Grundsatz der Innenhaftung, in denen eine Inanspruchnahme der Vorgesellschaft offensichtlich aussichtslos oder unzumutbar ist. In diesem Fall soll es bei einer Außenhaftung der Gesellschafter verbleiben.[337] Insgesamt würde jedoch die gesamtschuldnerische Außenhaftung den Gläubigern bei Abwägung der Interessen ein nicht gebotenes Maß an Schutz gewähren.[338]

Die Gläubiger können die Gesellschafter der Vorgesellschaft grundsätzlich nicht unmittelbar persönlich in Anspruch nehmen, sondern müssen sich an die Vorgesellschaft halten.[339] Sie können im Wege der Pfändung den Verlustdeckungsanspruch der Vor-Gesellschaft gegen die Gründer verwerten.[340] In diesem Fall müssen sie gegebenenfalls den Ausgleichsanspruch der Vor-GmbH gegen die Gesellschafter pfänden und sich zur Einziehung überweisen lassen. Der Insolvenzverwalter ist berechtigt derartige Ansprüche gegen die Gründer geltend zu machen. Sie haften entsprechend ihrem Beteiligungsverhältnis.[341]

Der BGH lässt bislang eine Ausnahme vom Grundsatz der Innenhaftung der Gründungsgesellschafter zu. Liegt Vermögenslosigkeit der Vor-GmbH vor, hat sie insbesondere keinen Geschäftsführer mehr oder sind weitere Gläubiger nicht vorhanden, kann ebenso wie bei der Einmann-Vor-GmbH dem Gläubiger der unmittelbare Zugriff gestattet werden.[342]

---

335 BFH NJW 1999, 3483.
336 BFH ZIP 1998, 1149, 1150 m. w. N.
337 BFH ZIP 1998, 1149, 1151.
338 Vgl. Ulmer, ZIP 1996, 733, 735 f.
339 BGHZ 134, 333.
340 BGHZ 134, 333, 339.
341 BGHZ 134, 333, 342.
342 BGHZ 134, 333.

VII. Einlage und Haftung

1. Rückgewähr der Einlage

Die Umwandlung der Einlage oder des Auseinandersetzungsguthabens des Kommanditisten in ein Darlehen ist nicht als Rückgewähr im Sinne von § 172 Abs. 4 Satz 1 HGB anzusehen, solange nicht die Darlehensschuld beglichen wird. Rückzahlung im Sinne von §§ 172 Abs. 4 Satz 1, 171 Abs. 1 Satz 1 HGB ist nur eine Zuwendung, an den Kommanditisten, durch die dem Gesellschaftsvermögen Vermögenswerte ohne eine entsprechende Gegenleistung entzogen werden. Dagegen tritt eine Minderung des den Altgläubigern haftenden Gesellschaftsvermögens nicht ein, wenn die Einlage oder die Abfindungsforderung eines Kommanditisten lediglich in eine Darlehensforderung umgewandelt wird.[358] Nach Auffassung des BGH kann in der Insolvenz der Kommanditgesellschaft in diesem Fall nicht die Zahlung der Haftsumme verlangt werden.

226

2. Haftung des ausgeschiedenen Kommanditisten

Ein ausgeschiedener Kommanditist haftet nur denjenigen Altgläubigern, deren Forderungen vor seinem Ausscheiden bzw. vor der Eintragung und Bekanntmachung begründet worden sind. Die tatsächlichen Voraussetzungen für die Anwendung des § 171 Abs. 2 BGB sind nicht in vollem Umfang gegeben, wenn es sich um die persönliche Inanspruchnahme eines ausgeschiedenen Kommanditisten handelt, dem bei seinem Ausscheiden seine Einlage (teilweise) zurückgezahlt worden ist. Eine solche Rückzahlung hat nach § 172 Abs. 4 Satz 2 HGB zur Folge, dass die Einlage den Gesellschaftsgläubigern gegenüber als nicht geleistet gilt. Diese Rechtsfolge tritt jedoch nur gegenüber den Gesellschaftsgläubigern ein, deren Ansprüche vor dem Ausscheiden des Kommanditisten und der entsprechenden Eintragung in das Handelsregister bereits begründet waren. Die Gesellschaftsgläubiger, deren Forderungen gegen die Gesellschaft erst nach diesem Zeitpunkt entstanden sind, haben einen solchen Anspruch nicht, da sie mit der beschränkt persönlichen Haftung des ausgeschiedenen Kommanditisten in keinem Zeitpunkt rechnen konnten.[359] Befriedigt ein ausgeschiedener Kommanditist, der irgendwelchen gesellschaftsrechtlichen Bindungen nicht mehr unterliegt, einen Altgläubiger, so geht dessen Forderung gegen die Gesellschaft auf ihn über.[360]

227

Der Altkommanditist kann nach § 172 Abs. 2 HGB nur in Anspruch genommen werde, wenn der Insolvenzverwalter mit dem Haftungsbetrag

---

358 BGHZ 39, 319, 331.
359 BGHZ 27, 51, 57 f.
360 BGHZ 39, 319, 325.

Gläubiger zu bedienen hat, denen der ausgeschiedene Kommanditist zu haften hat.[361]

Der Insolvenzverwalter muss eine Sondermasse bilden, wenn er einen Altkommanditisten gem. § 171 Abs. 2 HGB in Anspruch nimmt, der nicht sämtlichen Insolvenzgläubigern gegenüber zu haften hat. Die persönlichen Haftungsansprüche der Altgläubiger gegen den ausgeschiedenen Kommanditisten stellen für diese ein zusätzliches Haftungsobjekt dar, das ihnen alleine gebührt. Diese Rechtslage kann nicht durch eine entsprechende Anwendung des § 171 Abs. 2 HGB geändert werden.[362] Aus dieser Sondermasse sind die Altgläubiger zu bedienen. Die Ansprüche der Altgläubiger gehören nicht in die Insolvenzmasse.

VIII. Aufleben der Haftung

228 Die unmittelbare Haftung des Kommanditisten lebt auch dann wieder auf, wenn ein Mitgesellschafter das Handelsgeschäft mit Aktiven und Passiven übernimmt und im Zusammenhang damit den ausscheidenden Kommanditisten – sei es vor oder nach der Geschäftsübernahme – aus seinem Privatvermögen abfindet.[363] Der BGH hält die Anwendung des § 172 Abs. 4 Satz 1 HGB für geboten, obwohl nicht das Gesellschaftsvermögen zugunsten eines Kommanditisten gemindert wird. Denn der Geschäftsübernehmer kann über das Geschäftsvermögen jederzeit wie über sein sonstiges Vermögen verfügen und damit auch die Einlagenbeträge ohne weiteres privaten Zwecken zuführen, sei es zum Ausgleich der an die Kommanditisten geleisteten Abfindung, sei es aus anderen Gründen. Die Lage ähnelt daher derjenigen, in der der persönlich haftende Gesellschafter die Einlage zwar aus seinem Privatvermögen zurückhält, aber einen Ersatzanspruch gegen die Gesellschaft hat und seine Leistungen daher als mittelbare, dem § 172 Abs. 4 Satz 1 HGB unterliegende Rückgewähr der Einlage zu behandeln sind, nur dass der Übernehmer hier anstelle eines Rechtsanspruchs auf Ausgleich aus dem Gesellschaftsvermögen unmittelbar die tatsächliche Möglichkeit hat, die von den Kommanditisten geleisteten Beiträge jederzeit zu anderen als geschäftlichen Zwecken zu verwenden und damit endgültig dem Zugriff der Gesellschaftsgläubiger zu entziehen.[364]

In einer neueren Entscheidung vertritt der BGH die Auffassung, dass die Haftung des ausgeschiedenen Kommanditisten nicht wieder auflebt, wenn ihm der persönlich haftende Gesellschafter aus eigenem Vermögen eine Leistung an Gesellschaftsgläubiger vergütet und aus rechtlichen oder

---

361 BGHZ 27, 51, 56.
362 BGHZ 27, 51, 56.
363 BGHZ 61, 149.
364 BGHZ 61, 149, 152.

tatsächlichen Gründen bei der Kommanditgesellschaft nicht Rückgriff nehmen kann.[365] Diese Entscheidung soll nicht im Widerspruch zur obigen Entscheidung stehen. An dem Grundsatz, dass Leistungen aus dem Privatvermögen des persönlich haftenden Gesellschafters unschädlich sind, wird festgehalten. Das Vermögen des persönlich haftenden Gesellschafters ist dem Zugriff der Gesellschaftsgläubiger nur in seinem jeweiligen Bestand ausgesetzt, unterliegt aber keinem gesetzlichen Kapitalerhaltungsgrundsatz. Es kann daher frei, also auch ohne nachteilige Haftungsfolgen zugunsten eines Kommanditisten verwandt werden, sofern nicht im Einzelfall damit eine gezielte Gläubigerbeeinträchtigung verbunden ist und eine Haftung aus diesem Rechtsgrund in Betracht kommt.[366]

In diesem Zusammenhang ist zu beachten, dass bei der GmbH & Co KG die gesetzlichen Kapitalerhaltungsvorschriften nach §§ 30, 31 GmbHG gelten. Das Vermögen der persönlich haftenden GmbH unterliegt den Kapitalerhaltungsgrundsätzen. Bei einem Verstoß hiergegen besteht ein Rückforderungsanspruch.

In einer GmbH & Co. KG unterliegen kapitalersetzende Gesellschafterdarlehen dem Rückzahlungsverbot des § 30 GmbHG, soweit die Rückgewähr des Darlehens zu Lasten des Stammkapitals der Komplementär-GmbH gehen und deren Überschuldung vertiefen würde. Diese Auswirkung tritt insbesondere ein, wenn die Kommanditgesellschaft überschuldet ist und die Komplementär-GmbH keine über ihr Stammkapital hinausgehenden Vermögenswerte mehr besitzt.[367]

IX. Haftung nach Buchverlust

Für die Kommanditgesellschaft gilt im Interesse des Gläubigerschutzes wie im Recht der Kapitalgesellschaften das Kapitalaufbringungsprinzip. Zwar unterliegt der Kommanditist im Verhältnis zur Gesellschaft keinen gesetzlichen Bindungen, wenn ihm der Gesellschaftsvertrag – oder die Mitgesellschafter im Einzelfall – die Entnahme seiner Einlage gestatten. Im Verhältnis zu den Gläubigern hat der Kommanditist jedoch Vermögen, das die geleistete Haftsumme abdeckt, der Gesellschaft ebenso zu belassen wie Gewinne, die benötigt werden, um eine verlustbringende Unterdeckung der geleisteten Haftsumme auszugleichen (§ 172 Abs. 4 HGB).[368] Ob das Gesellschaftsvermögen die vom Kommanditisten aufgebrachte Haftsumme deckt oder verlustbedingt nicht deckt, ist aufgrund einer Erfolgsbilanz mit fortgeschriebenen Buchwerten zu beurteilen. Das Anschaffungswertprin-

---

365 BGHZ 93, 246.
366 BGHZ 93, 246, 250 f.
367 BGHZ 76, 326, 329 m.w.N.
368 BGHZ 109, 334, 339.

zip des § 253 Abs. 1 HGB und die Bilanzierungsverbote der §§ 248 und 255 Abs. 4 HGB gelten nicht nur für Kapitalgesellschaften, vielmehr für alle Kaufleute und damit auch für die Kommanditgesellschaft. Für die sonstigen, namentlich infolge Sonderabschreibungen entstandenen stillen Reserven gilt nichts anderes. Sie sind nur zu berücksichtigen, soweit sie in den Erfolgsbilanzen auch im Hinblick auf künftige Jahresabschlüsse rechtlich zulässig aufgelöst worden sind.[369]

Im Interesse eines wirksamen Gläubigerschutzes ist es geboten, so der Standpunkt des BGH, die Inanspruchnahme steuerlicher Sonderabschreibungen unberücksichtigt zu lassen, wenn der Kapitalanteil des Kommanditisten unter den Betrag der Haftungssumme herabgemindert wird.[370] Die wertmindernden / werterhöhenden Faktoren der steuerrechtlichen Sonderabschreibungen bleiben unberücksichtigt, auch wenn sie entgegen der buchmäßigen Situation der Erfolgsbilanz die wahren Vermögenswerte die Haftsumme abgedeckt haben.

X. Beweislast

230 Die Beweislast für haftungsbefreiende Tatsachen trägt der Kommanditist. Es ist Sache des Kommanditisten, im Einzelnen darzulegen und zu beweisen, dass die wahren Vermögenswerte die Haftsumme abdecken bzw. dass er die Haftsumme, soweit sie wegen erfolgter Ausschüttungen als nicht geleistet gilt, der Gesellschaft durch Stehenlassen von ausschüttungsfähigen Gewinnen wieder zugeführt hat. Gegebenenfalls trifft ihn eine Beweiserleichterung dahingehend, dass der Insolvenzverwalter als zur Buchführung verantwortlicher die relevanten Zahlen im Einzelnen darlegen muss.

XI. Verdeckte Einlagenrückgewähr

231 In der Zahlung von Zinsen an den Kommanditisten kann eine Rückgewähr seiner Einlage erblickt werden. Die Zahlung von Zinsen stellt eine Rückgewähr der Einlage dar, wenn die Gesellschaft keine Gewinne erzielt hat und die Entnahme den Kapitalanteil eines Kommanditisten unter den Betrag der Einlage herabmindert.[371]

---

[369] BGHZ 109, 334, 339.
[370] BGHZ 109, 334, 341.
[371] BGHZ 39, 319, 332.

XII. Haftung des persönlich haftenden Gesellschafters

Die unbeschränkte Haftung des persönlich haftenden Gesellschafters (Komplementärs) ist im Recht der Kommanditgesellschaft nicht besonders geregelt. Über § 161 HGB gelten insoweit die Vorschriften über die OHG (§§ 128–130 HGB). Die für Kommanditisten bestehende Regelung des § 171 Abs. 2 HGB wird jedoch nunmehr durch § 93 InsO auf sämtliche persönlich haftenden Gesellschafter von Personengesellschaften und Kommanditgesellschaften auf Aktien ausgedehnt. § 93 InsO betrifft nur die Außenhaftung der Gesellschafter einer Gesellschaft des bürgerlichen Rechts, einer Offenen Handelsgesellschaft, Partner einer Partnerschaftsgesellschaft usw. Eine eventuell darüber hinausgehende Innenhaftung, namentlich der Kommanditisten, kann der Insolvenzverwalter auf Grund seiner Befugnis aus § 80 Abs. 1 InsO ohnehin geltend machen. Ein Zugriff von Insolvenzgläubigern darauf in Form der Pfändung und Überweisung zur Einziehung ist gem. § 89 InsO ausgeschlossen.[372]

232

XIII. Besonderheiten der GmbH & Co KG

1. Haftung

Dem Schutz der Gläubiger einer KG, bei der kein persönlich haftender Gesellschafter eine natürliche Person ist und den Gläubigern deshalb nur eine begrenzte Haftungsmasse zur Verfügung steht, dient § 172 Abs. 6 HGB. Für die Leistung der Stammeinlage der Komplementär-GmbH gilt § 19 GmbHG, für die Haftungsbefreiung des Kommanditisten § 171 Abs. 1 HGB. Durch die Regelung in § 172 Abs. 6 HGB soll die Umgehung der kumulativen Aufbringung sowohl der Stammeinlage als auch der Kommanditisteneinlage ausgeschlossen werden. In dieser Vorschrift ist das Prinzip der allgemeinen Kapitalaufbringungsregeln festgeschrieben worden.

233

2. Kapitalerhaltung

Die Kapitalerhaltungsregeln der §§ 172 Abs. 4 HGB und § 30 f. GmbHG gelten nebeneinander. Zuwendungen an einen Kommanditisten, der zugleich GmbH-Gesellschafter ist, aus dem KG-Vermögen können außer gegen § 172 Abs. 4 HGB auch gegen § 30 GmbHG verstoßen, wenn die Schmälerung des Gesellschaftsvermögens unter Berücksichtigung der

234

---

372 FK-InsO/App, § 94 Rdnr. 1 ff.

Komplementärhaftung der GmbH deren Vermögen unter den Stammkapitalwert senkt oder eine schon vorhandene Überschuldung verstärkt.[373]

O. Haftung des stillen Gesellschafters

235 Der stille Gesellschafter ist, anders als der Gesellschafter einer OHG oder KG, nicht am Gesellschaftsvermögen beteiligt. Seine Einlage wird nicht gemeinschaftliches Vermögen, sondern geht in das Vermögen seines Vertragspartners, des Geschäftsinhabers über.

I. Vorbemerkung

Nach § 236 Abs. 2 HGB hat der stille Gesellschafter, falls das Insolvenzverfahren über das Vermögen des Inhabers des Handelsgeschäfts, an dem er sich beteiligt hat, eröffnet wird, eine rückständige Einlage bis zu dem Betrag, der zur Deckung seines Anteils am Verlust erforderlich ist, einzuzahlen. Darüber hinaus besteht keine Haftungsgefahr für den stillen Gesellschafter. Es gibt kein gesamthänderisch gebundenes Vermögen. Allein der Inhaber des Handelsgeschäfts wird gemäß § 230 Abs. 2 HGB aus den in dem Betrieb geschlossenen Geschäften verpflichtet. Allerdings können seine Gläubiger im Wege der Pfändung auf die Einlagepflicht des stillen Gesellschafters zugreifen.

Soweit seine erbrachte Einlage den Betrag des auf ihn entfallenden Verlusts übersteigt, kann der stille Gesellschafter sie im Fall der Insolvenzeröffnung über das Vermögen des Inhabers des Handelsgeschäfts gemäß § 236 Abs. 1 HGB zur Insolvenztabelle anmelden. § 236 Abs. 2 HGB regelt die Insolvenz des Inhabers des Handelsgeschäfts. Die stille Gesellschaft selbst ist als reine Innengesellschaft nicht insolvenzfähig.

II. Stille Einlage als Pflichteinlage

236 Nach der Rechtsprechung des BGH kann es jedoch dem stillen Gesellschafter verwehrt sein, seine – durch Verluste nicht aufgezehrte – Einlage in der Insolvenz des Geschäftsinhabers zurückzufordern. Zu der Frage, wie eine stille Beteiligung an einer Publikums-KG, die Teil der gesellschaftsvertrag-

---

373 BGHZ 60, 324, 331 ff.; BGHZ 69, 274, 278 ff.

lichen Beitragspflicht des Kommanditisten ist und den Charakter von Eigenkapital hat, im Insolvenzverfahren zu behandeln ist, vertritt der BGH der Auffassung, dass der Insolvenzverwalter die rückständigen Einlagen jedenfalls insoweit einfordern kann, als sie zur Befriedigung der Gläubiger der Kommanditgesellschaft erforderlich sind, und dass umgekehrt der stille Gesellschafter derartige Einlagen nicht zurückfordern kann.[374]

Im vorliegenden Fall hat der BGH zudem entschieden, dass die stille Einlage, die Teil der gesellschaftsvertraglichen Beitragspflicht eines Kommanditisten ist und Eigenkapital darstellt, auch insoweit nicht zur Insolvenztabelle festgestellt werden kann, als der Verlust der KG die stille Einlage nicht aufgezehrt hat. Er zieht hier die Parallele zur GmbH und GmbH & Co KG bei denen ein Anspruch auf Rückzahlung eines kapitalersetzenden Darlehens in der Insolvenz nicht geltend gemacht werden kann. Für die stille Einlage, die Teil der gesellschaftsvertraglichen Beitragspflicht eines Kommanditisten ist und Eigenkapital darstellt, kann nach seiner Ansicht nichts anderes gelten.[375]

Ebenfalls ist es dem stillen Gesellschafter verwehrt, seine Einlage zurückzufordern, wenn aus dem eingegangenen Vertragsverhältnis geschlossen werden kann, dass er seine Einlage erst nach Befriedigung der übrigen Konkursgläubiger zurückfordern kann.[376]

III. Eigenkapitalersetzende stille Einlage

Wer sich als stiller Gesellschafter am Handelsgewerbe einer GmbH beteiligt, unterliegt den Grundsätzen zur Erhaltung des Stammkapitals ebenso wie der GmbH-Gesellschafter, wenn er – ähnlich wie dieser – die Geschicke der GmbH bestimmt sowie an Vermögen und Ertrag beteiligt ist.[377] Zwar ist ein stiller Gesellschafter nicht an der GmbH beteiligt, so dass er regelmäßig nicht verpflichtet ist, deren Stammkapital zu erhalten. Das gilt aber uneingeschränkt nur für den typisch stillen Gesellschafter, der im Konkurs des Geschäftsinhabers seine Einlage wie ein Kreditgeber als Konkursgläubiger geltend machen kann, soweit sie nicht durch seine Beteiligung am Verlust aufgezehrt ist. Abweichend von diesem gesetzlichen Leitbild kann das stille Gesellschaftsverhältnis vertraglich in dem Sinne atypisch ausgestaltet werden, dass die stille Einlage Teil der Eigenkapitalgrundlage einer als Geschäftsherrin beteiligten Kommanditgesellschaft oder GmbH wird und damit deren Gläubigern als Haftungsmasse zur Verfügung stehen muss.[378]

237

---

374 BGH, NJW 1981, 2251, 2252.
375 BGH NJW 1981, 2251, 2252.
376 BGHZ 83, 341, 344 f.
377 BGH ZIP 1989, 95.
378 BGH ZIP 1989, 95, 96 m. w. N.

Der stille Gesellschafter muss eine Rechtsstellung haben, die der eines GmbH-Gesellschafters ähnlich ist. Diese Voraussetzung ist beispielsweise erfüllt, wenn er unmittelbar oder mittelbar die Geschäftsführung beeinflussen kann sowie an Vermögen und Ertrag beteiligt ist. In diesem Fall unterliegt er im Interesse der Gläubiger denselben Grundsätzen zur Erhaltung des Stammkapitals wie der GmbH-Gesellschafter. Denn als die im Innenverhältnis eigentlichen Inhaber des Unternehmens tragen die Stillen – wie die GmbH-Gesellschafter – die Verantwortung für eine ordentliche Finanzierung der nur mit einem beschränkten Haftungsfonds ausgestatteten, das Unternehmen nach außen führenden GmbH.[379] Den stillen Gesellschafter trifft bei einer entsprechenden Beteiligung an einer GmbH die Verpflichtung, deren Stammkapital zu erhalten. Im Falle eines zusätzlich gewährten Darlehens kann dies deshalb eigenkapitalersetzende Funktion erhalten. Die Rückzahlung ist unzulässig, wenn sie das Stammkapital verletzt.

238 **Voraussetzungen für die Annahme einer atypisch stillen Gesellschaft:**

- der stille Gesellschafter muss am Vermögen und Ertrag der GmbH beteiligt sein,

- er muss Einfluss auf die Geschäftsführung nehmen können,

- er muss Grundlagenentscheidungen beeinflussen können.

Im Zweifel wird § 236 HGB auf Einlagen stiller Gesellschafter nicht mehr angewendet werden können.

239 Darüber hinaus hat der BGH bestätigt, dass die Frage, ob eine Entnahme zu einer Unterbilanzhaftung führt, nicht anhand eines Vermögensstatus mit Bilanzansätzen zu Verkehrs- oder Liquidationswerten zu beantworten ist; vielmehr kommt es auf die Vermögenssituation der GmbH an, wie sie sich aus einer den Anforderungen des § 42 GmbHG entsprechenden für den Zeitpunkt der Entnahme aufzustellenden Bilanz zu fortgeführten Buchwerten ergibt.[380] Im Übrigen darf ein die Stammkapitalziffer zwar übersteigendes, die Summe der kapitalersetzenden Gesellschafterleistungen aber nicht erreichendes Vermögen nach dem Grundsatz der Gleichbehandlung nur an alle Gesellschafter im Verhältnis ihrer Beteiligung an diesen Leistungen ausgekehrt werden. Anderenfalls würde in der Darlehensrückzahlung eine Gesellschafterbegünstigung vorliegen.[381]

---

379 BGH ZIP 1989, 95, 96 m. w. N.
380 BGH ZIP 1989, 95, 97 m. w. N.
381 BGH ZIP 1989, 95, 97.

IV. Atypisch stille Gesellschaft im Steuerrecht

Die aufgrund der atypischen Ausgestaltung eines Gesellschaftverhältnisses von der Zivilrechtsprechung entwickelten Grundsätze für eigenkapitalersetzende Einlagen dürfen nicht mit der von der Finanzrechtsprechung im Steuerrecht entwickelten atypisch stillen Gesellschaft verwechselt werden. Es liegen trotz möglicher Überschneidungen der Merkmale unterschiedliche Voraussetzungen vor.

240

V. Unterbeteiligung

Die Unterbeteiligung ist die stille Beteiligung an einem Gesellschaftsanteil.[382] Eine Unterbeteiligung liegt vor, wenn aufgrund des zwischen dem Gesellschafter einer Kapital- oder Personengesellschaft und einem Dritten zur Erreichung eines gemeinsamen Zwecks geschlossenen Vertrags der Dritte ohne Bildung eines eigenen Gesellschaftsvermögens mit seiner Einlage an dem Anteil des Hauptgesellschafters beteiligt ist und eine Gewinnbeteiligung erhält.

241

Eine atypische Unterbeteiligung liegt vor, wenn der Dritte (Unterbeteiligte) nicht nur eine Gewinnbeteiligung erhält, sondern darüber hinaus an der Hauptbeteiligung, insbesondere am Liquidations- oder Abfindungserlös, partizipiert.

Von der stillen Gesellschaft unterscheidet sich die Unterbeteiligung dadurch, dass die Beteiligung nicht unmittelbar an dem Unternehmen sondern an einer Beteiligung desselben erfolgt. Rechtsgrundlagen für das Unterbeteiligungsverhältnis sind neben den §§ 705 ff. BGB die analog anzuwendenden Vorschriften über die stille Gesellschaft.[383]

Die Unterbeteiligung ist ebenso wie die stille Gesellschaft als reine Innengesellschaft nicht insolvenzfähig. In der Insolvenz des Hauptgesellschafters gilt § 326 HGB entsprechend. Dies ist aber nicht unumstritten, da der Normzweck des § 326 HGB auf die Masseauffüllung in der Unternehmensinsolvenz zielt. Die analoge Anwendung ist auf alle Fälle zu bejahen, wenn eine Masseschmälerung im Raum steht.

Die Insolvenz des Unterbeteiligten führt zur Auflösung der Unterbeteiligung.

---

382 Vgl. BGHZ 50, 316, 319.
383 Vgl. BGHZ 50, 316, 321.

P. Kaduzierung von Geschäftsanteilen (§ 21 ff. GmbHG)

I. Überblick

242 Die Verpflichtung der Gesellschafter zur Aufbringung und Erhaltung des Stammkapitals besteht nicht nur im Außenverhältnis zu Dritten. Daneben dient die Vorschrift des § 21 GmbHG im Innenverhältnis der Realisierung rückständiger Beiträge auf Stammeinlagen und damit der Kapitalaufbringung. Die Vorschrift führt angeblich ein Schattendasein im GmbHG-Gesetz, sollte in ihrer praktischen Bedeutung im Rahmen von Insolvenzverfahren aber nicht unterschätzt werden. Die Kaduzierung ist nur im Hinblick auf rückständige Bareinlagen möglich. Da die Gesamteinlage jedoch unteilbar ist, reicht auch die Leistungsverzögerung im Hinblick auf nur einen geringen Baranteil aus, um die Kaduzierung durchzuführen.

Die Kaduzierung kann nicht satzungsmäßig oder durch Einzelabreden zwischen Gesellschaft und Gesellschafter ausgeschlossen werden. Die Vorschrift ist zwingendes Recht. Jedoch ist es umgekehrt möglich, § 21 GmbHG auf andere Verpflichtungen, z. B. Nachschüsse, durch entsprechende Satzungsbestimmungen auszuweiten. Allerdings ist die Durchführung des Kaduzierungsverfahrens selbst nicht zwingend vorgeschrieben. Die Gesellschaft bzw. im Insolvenzfall der Insolvenzverwalter können gegen den säumigen Gesellschafter durchaus auch auf Zahlung des geschuldeten Betrags klagen.

243 Im Wege der Kaduzierung kann zunächst ein Gesellschafter aus der GmbH ausgeschlossen werden. Voraussetzung ist, dass der Gesellschafter Zahlungen auf seine Stammeinlage nicht rechtzeitig erbracht hat. Von den Rechtsfolgen der Kaduzierung gemäß §§ 21–24 GmbHG können die Gesellschafter nach § 25 GmbHG nicht befreit werden. Die Kaduzierung löst nach § 22 GmbHG auch eine Haftung der Rechtsvorgänger des ausgeschlossenen Gesellschafters für die rückständige Stammeinlage aus. Ist hier nichts zu holen, so kann als Nächstes eine Verwertung durch öffentliche Versteigerung versucht werden (§ 23 GmbHG). Hilfsweise haftet außerdem der ausgeschlossene Gesellschafter für etwaige noch offene Rückstände sowie für später eingeforderte Beträge fort (§ 21 Abs. 3 GmbHG). Schließlich greift noch die Ausfallhaftung der übrigen Gesellschafter nach § 24 GmbHG ein.

In der Insolvenz des Gesellschafters richtet sich der Anspruch gegen dessen Insolvenzverwalter.[384]

Der Insolvenzverwalter hat die Forderungen der GmbH einzuziehen. Hierzu gehören auch die Forderungen auf noch ausstehende Stammeinlagen. Grundsätzlich steht die Zahlungsaufforderung im pflichtgemäßen Ermessen der Geschäftsführung der GmbH. Dies dürfte für den Insolvenzver-

---

384 RGZ 79, 174, 178.

walter nicht gelten. Er hat die Kaduzierung eines Geschäftsanteils durchzuführen und die übrigen Gesellschafter für den sich bei der Einziehung ergebenden Fehlbetrag gem. § 24 GmbHG in Anspruch zu nehmen.

II. Ablauf der Kaduzierung[385]

1. Fruchtloser Ablauf der Zahlungsfrist

Die Einlage muss fällig[386] und gleichwohl noch nicht bewirkt, sprich geleistet, sein.[387] Allerdings ist im Insolvenzverfahren keine Anforderung der Resteinlage durch Gesellschafterbeschluss erforderlich.[388] Es muss eine Aufforderung zur Zahlung durch den Insolvenzverwalter erfolgt sein, die nicht vor Fälligkeit der Zahlung ergehen darf.

244

2. Erneute Zahlungsaufforderung (§ 21 Abs. 1 GmbHG)

Nach fruchtlosem Verstreichen der Zahlungsfrist hat eine erneute Aufforderung zur Zahlung unter Androhung des Ausschlusses mittels eingeschriebenen Briefes – zweckmäßig mit Rückschein – zu erfolgen:

245

Erneute genau bezifferte Zahlungsaufforderung, wobei es unschädlich ist, wenn der angeforderte Betrag höher als der tatsächlich geschuldete ist. Die Aufforderung bleibt auf den tatsächlich geschuldeten Betrag beschränkt wirksam. Anderenfalls wird die Aufbringung des gesamten Stammkapitals und die Durchführung des Kaduzierungsverfahrens in unangebrachter Weise verhindert.[389]

Die Nachfrist muss mindestens einen Monat ab Zugang der erneuten Zahlungsfrist beim Gesellschafter betragen (§ 21 Abs. 1 Satz 3 GmbHG).

Es muss eine deutliche Androhung des Ausschlusses unter Verlust des Geschäftsanteils bei fruchtlosem Ablauf auch der Nachfrist erfolgen.[390]

3. Verlustigerklärung (§ 21 Abs. 2 GmbHG)

Ist die durch erneute Zahlungsaufforderung gesetzte Nachfrist fruchtlos verstrichen, kann die Kaduzierung ausgesprochen werden. Der Ausschluss

246

---
385 Vgl. Luther/Hommelhoff, a. a. O., § 21 Rdnr. 7.
386 OLG Celle GmbHR 1997, 748, 749.
387 OLG Zweibrücken GmbHR 1996, 122, 123.
388 LG Mönchengladbach ZIP 1986, 306, 307.
389 OLG Hamburg ZIP 1993, 1386, 1388.
390 OLG Hamm GmbHR 1993, 360.

aus der Gesellschaft erfolgt durch eine Erklärung, die den Ausschluss und den Verlust aller Ansprüche klar und deutlich macht. Es empfiehlt sich aus Sicherheitsgründen den gesetzlichen Wortlaut in die Erklärung aufzunehmen.

4. Folgen des Ausschlusses

247 Der Anteil geht anders als bei einer Einziehung nicht unter; die Gesellschaft bleibt erhalten. Sie verfügt treuhänderisch über den kaduzierten Geschäftsanteil. Der betroffene Gesellschafter verliert dabei nicht nur seinen Geschäftsanteil, sondern auch hierauf bereits erbrachte Teilleistungen. Die Gesellschaft hat den Geschäftsanteil, in der Insolvenz durch den Verwalter, zu verwerten:

a) Verwertung des Geschäftsanteils (§ 23 GmbHG)

248 Der Geschäftsanteil kann öffentlich versteigert werden. Stimmt der ausgeschlossene Gesellschafter zu, so kann die Verwertung auch in anderer Art und Weise durchgeführt werden, insbesondere durch Verkauf. Der Erlös, auch ein eventueller Mehrerlös aus der Zwangsversteigerung bzw. einer anderweitigen Verwertung steht der Gesellschaft, respektive der Masse, zu. Da der Verkauf der kaduzierten Geschäftsanteile nach Insolvenzeröffnung keinerlei Aussicht auf die Erzielung eines Erlöses hat, kann im Einzelfall auf den Versuch einer öffentlichen Versteigerung verzichtet werden.[391]

Ein freihändiger Verkauf kann nur mit Zustimmung des betroffenen Gesellschafters oder aufgrund einer entsprechenden Bestimmung in der Satzung der Gesellschaft erfolgen. Ansonsten ist ein Verkauf nur im Wege der öffentlichen Versteigerung gemäß §§ 156, 383, 1235 BGB möglich. Im Falle einer Versteigerung von Geschäftsanteilen nach § 23 GmbHG handelt es sich um eine gesetzlich gebotene öffentliche und nicht um eine sonstige freiwillige Versteigerung. Die Durchführung der Versteigerung erfolgt gemäß § 383 Abs. 3 BGB, § 20 Abs. 3 BNotO durch einen Notar. Die örtliche Zuständigkeit muss beachtet werden. Im Versteigerungstermin muss die Öffentlichkeit gewahrt sein. Mit Zuschlag an den Meistbietenden, dass höhere Gebot ersetzt das geringere (§ 156 BGB), wird der Ersteigerer Inhaber des Geschäftsanteils und damit Gesellschafter.

b) Geltendmachung der Ausfallhaftung

aa) des Ausgeschlossenen (§ 21 Abs. 3 GmbHG):

249 Der Gesellschafter bleibt für die Aufbringung des auf die Bareinlage noch zu leistenden Teilbetrags verhaftet. Er schuldet keine Einlage mehr, aber

---

[391] OLG Köln ZIP 1993, 1389, 1392 m. w. N.

er haftet unbefristet für alle noch offenen Einlageverbindlichkeiten. Die Stammeinlage bleibt jedoch die Obergrenze der Ausfallhaftung. Die Haftung ist subsidiär und greift nur insoweit ein, als die Einlage weder bei den Vorgängern des Gesellschafters noch durch Verwertung realisiert werden kann.

bb) seiner Vorgänger (§ 22 GmbHG):

Nach wirksamer Kaduzierung haftet auch, wer als Gründer oder späterer Erwerber als Gesellschafter angemeldet war. Die Haftung ist allerdings auf die Einzahlungen begrenzt, die in 5 Jahren, gerechnet von der Anmeldung des Erwerbers bei der GmbH, eingefordert worden sind (§ 22 Abs. 3 GmbHG). Die Haftung mehrerer Rechtsvorgänger ist ein Staffelregress und nicht gesamtschuldnerisch (§ 22 Abs. 2 GmbHG).

c) Geltendmachung der weiteren Ausfallhaftung (§ 24 GmbHG)

Als letzte Möglichkeit verbleibt die Ausfallhaftung der übrigen Mitgesellschafter. Ihr müssen die Kaduzierung, der Versuch der Inanspruchnahme der Rechtsvorgänger, des Zwangsverkaufs des Geschäftsanteils sowie die Inanspruchnahme des ausgeschlossenen Gesellschafters vorausgehen. Mehrere Mitgesellschafter haften dabei nicht gesamtschuldnerisch, sondern verhältnismäßig nach den Nennbeträgen ihrer Anteile. Etwas anderes gilt, wenn mehrere nebeneinander aus demselben Anteil haften (§ 16 Abs. 3 GmbHG). Die Ausfallhaftung geht auf den unbezahlt gebliebenen Rest der Stammeinlage. Diese bildet zugleich die Obergrenze. Für die Bestimmung des Kreises der auf den Ausfall haftenden übrigen Gesellschafter ist auf den Zeitpunkt der Fälligkeit der ausstehenden Stammeinlage abzustellen.[392]

250

Für die Auslösung der Haftung nach § 24 GmbHG genügt es, dass die Gesellschaftereigenschaft bei Eintritt der Fälligkeit der Stammeinlage vorliegt. Der Anspruch auf Zahlung des Fehlbetrags entsteht in diesem Zeitpunkt, aufschiebend bedingt durch den Eintritt der Voraussetzungen nach §§ 21–23 GmbHG. Würde die Haftungsbegründung von den weiteren Voraussetzungen der §§ 21–23 GmbHG abhängen, könnte sich jeder Gesellschafter durch zwischenzeitliche Veräußerung seiner Gesellschaftsanteile der Haftung entziehen. Dies würde dem Prinzip des Gläubigerschutzes widersprechen.[393]

251

▶ **Beispiel:**

A ist Gründungsgesellschafter der A&B GmbH. Laut Gesellschaftsvertrag sind die Einlagen jeweils zur Hälfte sofort zu leisten. Die Zahlung erfolgt jedoch nicht. Im Folgejahr nach der Gründung überträgt A mit Wirkung zum Jahreswechsel seinen Geschäftsanteil auf B. Der Einlagebe-

---

392 OLG Köln ZIP 1993, 1389.
393 BGHZ 132, 390, 394.

trag des A ist nicht beglichen worden. Auch der Geschäftsanteil des B ist nicht eingezahlt worden.

A haftet für seine hälftige Einlageleistung nach § 16 Abs. 3 GmbHG. Für den Anteil der auf B entfällt kommt eine Haftung des A nach § 24 GmbHG in Betracht, da A im Zeitpunkt der Fälligkeit der anteiligen Stammeinlage Gesellschafter der A&B GmbH gewesen ist.

252 Mängel des im Gesetz sorgsam geregelten Kaduzierungsverfahrens führen zu seiner Nichtigkeit. Dies gilt auch für einen Verstoß gegen das Willkürverbot bei Ausschluss eines Gesellschafters.[394] Es dürfte jedoch zulässig sein, wenn im Falle der nicht vollständigen Einzahlung der Stammeinlage gegen einen Gesellschafter im Wege des Kaduzierungsverfahrens, gegen einen anderen aber im Wege der Zahlungsklage vorgegangen wird. Diese Vorgehensweise empfiehlt sich insbesondere dann, wenn die Zahlungsunfähigkeit einzelner Gesellschafter, beispielsweise durch zuvor erfolgte Abgabe der eidesstattlichen Versicherung, feststeht, während bei den anderen Gesellschaftern die Verhältnisse günstiger liegen und noch etwas zu holen ist.

III. Verjährung

253 Der Anspruch aus der Ausfallhaftung gegen die übrigen Gesellschafter verjährt in 30 Jahren.[395]

IV. Beschränkte Nachschusspflicht

254 Zur beschränkten Nachschusspflicht und Kaduzierung siehe § 28 GmbHG.

V. Aktiengesellschaft

255 Die Geltendmachung rückständiger Einlagen bei der Aktiengesellschaft richtet sich nach den §§ 54, 63, 64, 65 AktG. In der Insolvenz der Gesellschaft übt der Verwalter das Kaduzierungsrecht nach § 64 AktG aus. Die §§ 64, 65 AktG gelten ebenfalls nur für ausstehende Bareinlagepflichten und nicht für Sacheinlagen. Das Verfahren entspricht grundsätzlich dem

---

394 Baumbach/Hueck, GmbHG, 15. Aufl. 1985, § 21 Rdnr. 7.
395 OLG Köln ZIP 1993, 1389.

Verfahren bei der GmbH. Allerdings gibt es spezifische Abweichungen. Beispielsweise sind die säumigen Aktionäre in der Aufforderung zur Einzahlung so genau zu bezeichnen, dass sie die Nachfristsetzung auf sich beziehen müssen. Es gibt auch keine Ausfallhaftung der Mitaktionäre.

Q. Kapitalersatz und Rangrücktritt

Bisher konnte ein Gesellschafter nach § 32 a Abs. 1 Satz 1, Abs. 2 GmbHG a. F. Forderungen auf Rückgewähr eines kapitalersetzend gewährten Darlehens und ähnliche kapitalersetzende Leistungen nicht geltend machen. Nach § 39 Abs. 1 Nr. 5 InsO werden nunmehr Forderungen auf Rückgewähr kapitalersetzender Darlehen oder gleichgestellte Forderungen an letzter Rangstelle berücksichtigt. Bei den in Nr. 5 genannten Forderungen handelt es sich im Grundsatz nur um die Forderungen aus kapitalersetzenden Darlehen, die von den Gesellschaftern – selbst der insolvent gewordenen Gesellschaft – gewährt worden sind. Zweck der Vorschrift ist es, dass der Überschuss, der nach der Befriedigung der nicht nachrangigen Insolvenzgläubiger verbleibt, nicht an den Schuldner ausgezahlt wird, sondern dass er zur Begleichung der hier aufgeführten nachrangigen Gläubiger verwendet wird.[396]

256

Haben Dritte das vom Gesellschafter besicherte Darlehen gewährt, hat auch dieses Kapitalersatzfunktion. Der Dritte nimmt in einem solchen Fall am Verfahren lediglich mit einer Ausfallforderung teil, hat insoweit jedoch alle Rechte eines nicht nachrangigen Insolvenzgläubigers (§ 32 a GmbHG).[397]

Zu den Forderungen, die den Forderungen eines Gesellschafters auf Rückgewähr des kapitalersetzenden Darlehens gleichgestellt sind, gehören die Forderungen aus Rechtshandlungen eines Dritten, wenn dies wirtschaftlich den Rechtshandlungen durch einen Gesellschafter entspricht. Dies ist z. B. dann der Fall, wenn das Darlehen von der Gesellschaft gewährt wird, die mit einem der Gesellschafter des Schuldners verbunden ist (§ 32 a Abs. 3 GmbHG):[398] In einem solchen Fall nimmt die Forderung nur als nachrangige, letztrangige Forderung am Verfahren teil.

Zwischen dem Schuldner und dem Gläubiger kann zudem vertraglich der Nachrang der Forderung und auch deren Rangstelle vereinbart werden.[399] § 39 Abs. 2 InsO stellt die gesetzliche Auslegungsregel auf, dass bei einem vereinbarten Nachrang eine Berichtigung nach den Forderungen gemäß

257

---

396 BT-Drucks. 12/2443, S. 123.
397 BT-Drucks., a. a. O.
398 BT-Drucks., a. a. O.
399 BT-Drucks., a. a. O.

§ 39 Abs. 1 Nr. 5 InsO erfolgt. Die schließt aber nicht aus, dass auch ein anderer Nachrang vereinbart wird.

▸ **Beispiel:**
Eine vorrangige Insolvenzforderung soll erst nach den Forderungen gemäß § 39 Abs. 1 Nr. 2 InsO bedient werden.

Jahrelang ungeklärt ist die Rechtslage bezüglich der Frage gewesen, ob die kapitalersetzenden Darlehen im Überschuldungsstatus – mit oder ohne vereinbartem Nachrang – nach § InsO zu passivieren sind oder nicht. Dieses Problem ist immer wieder Gegenstand von Rechtsstreitigkeiten gewesen, wobei der BGH ursprünglich angenommen hat, dass Überschuldung nicht angenommen werden kann, wenn gewährte Darlehen wie haftendes Kapital zu behandeln sind,[400] und damit zum Ausdruck gebracht hat, dass eigenkapitalersetzende Darlehen im Überschuldungsstatus eigentlich nicht zu passivieren sind. Nunmehr hat der BGH durch eine Grundsatzentscheidung, dass Gesellschafterforderungen mit eigenkapitalersetzendem Charakter in der Überschuldungsbilanz einer GmbH zu passivieren sind, es sei denn es liegt eine Rangrücktrittserklärung vor,[401] die lang erwartete Klarheit gebracht. Bislang hat es keine eindeutige Tendenz zur Behandlung in dieser umstrittenen und praktisch wichtigen Frage gegeben.

I. Keine Passivierung von Eigenkapitalersatz

258   Nach der Lehre vom nicht zu passivierenden Eigenkapitalersatz sind eigenkapitalersetzende Darlehen im Überschuldungsstatus generell wegzulassen. Auf die Frage, ob eine Rangrücktrittserklärung oder ein bedingter Forderungsverzicht erforderlich ist, um von einer Passivierung abzusehen, kommt es danach nicht an. Die Argumente ergeben sich aus § 32 a Abs. 1 GmbHG a. F. sowie jetzt § 39 Abs. 1 Nr. 5 InsO. Nach dem Wortlaut des § 32 a Abs. 1 GmbHG a. F. konnte der Gläubiger die Forderung im Konkurs über das Vermögen der Gesellschaft oder im Vergleichsverfahren zur Abwendung des Konkurses nicht geltend machen.

Dementsprechend hat das OLG München entschieden, dass in einem Überschuldungsstatus einer GmbH & Co KG Darlehen in Höhe ihres eigenkapitalersetzenden Charakters nicht zu passivieren und Ansprüche aus der Rückzahlung kapitalersetzender Darlehen – soweit realisierbar – zu aktivieren sind. Dies gilt auch, wenn Rangrücktrittserklärungen für die jeweiligen kapitalersetzenden Darlehen weder vorgelegen haben noch vorliegen.[402]

---

400 BGHZ 31, 258, 279.
401 BGH GmbHR 2001, 190.
402 OLG München NJW 1994, 3113, 3114 m. w. N.

Scholl

Auch das OLG Düsseldorf hat eine Passivierungspflicht für eigenkapitalersetzende Darlehen, deren Durchsetzung gemäß § 32 a GmbHG a. F. im Konkurs der GmbH ausgeschlossen gewesen ist, verneint.[403]

Zu den Argumenten gegen eine Passivierungspflicht gehört auch, dass die Überschuldungsbilanz die Aufgabe hat, das Schuldendeckungspotenzial der Gesellschaft in einer Momentaufnahme abzubilden. Zudem sind kapitalersetzende Gesellschafterdarlehen keine Konkursverbindlichkeiten, deren Bedienung aus der Konkursmasse nach § 32 a Abs. 1 GmbHG a. F. verlangt werden kann.[404]

259

II. Passivierungspflicht bis zum (bedingten) Forderungsverzicht

Verschiedentlich wird aufgrund der Neufassung des § 32 a GmbHG und vor dem Hintergrund der neuen InsO die Auffassung vertreten, dass eigenkapitalersetzende Darlehen in der Überschuldungsbilanz zu erfassen sind.[405] Nach neuem Recht ist eine Vereinbarung eines Rangrücktritts zur Beseitigung der Überschuldung nicht mehr möglich. Eigenkapitalersetzende Darlehen mit vereinbartem Rangrücktritt werden nach § 39 Abs. 2 InsO zu »normalen« nachrangigen Insolvenzforderungen. Der einzige Unterschied zu den in § 39 Abs. 1 Nr. 1 bis 5 InsO aufgeführten Forderungen besteht darin, dass die in Abs. 2 aufgeführten Forderungen eine Rangklasse tiefer befriedigt werden. Die Forderungen lassen sich allenfalls durch die Vereinbarung eines Nachrangs nicht mehr aus dem Verfahren entfernen. Dies lässt sich nur noch durch eine Kombination des bisher praktizierten Rangrücktritts mit einem bedingten Forderungsverzicht erreichen.[406] Da also auch Forderungen mit Rangrücktritt in das Insolvenzverfahren einbezogen werden, müssen diese Darlehen künftig auch im Überschuldungsstatus der betreffenden Gesellschaft in Ansatz gebracht werden. Dies gilt allerdings nicht, wenn ein Forderungsverzicht mit Besserungsklausel vereinbart worden ist, da nach den darin vereinbarten Bedingungen die erloschene Forderung auch im Insolvenzverfahren nicht wieder auflebt.[407]

260

Diese Auffassung findet eine Stütze in der Begründung zu § 23 RegE,[408] wo es heißt:

---

403 OLG Düsseldorf GmbHR 1997, 699, 701 m. w. H.
404 Fleischer, ZIP 1996, 773, 777 f.
405 Reck, GmbHR 1999, 267, 274.
406 Kübler/Prütting, Kommentar zur Insolvenzordnung, 3. Lfg. 2001, § 39 Rdnr. 22 a, b.
407 Janssen, NWB 1998, 1405, 1406.
408 BT-Drucks. 12/2443, S. 115.

»Auf der Passivseite des Überschuldungsstatus sind auch die nachrangigen Verbindlichkeiten i. S. d. § 46 des Entwurfs (§ 39 InsO), z. B. Zahlungspflichten aus kapitalersetzenden Darlehen zu berücksichtigen. Dem Bedürfnis der Praxis, durch den Rangrücktritt eines Gläubigers den Eintritt einer Überschuldung zu vermeiden oder eine bereits eingetretene Überschuldung wieder zu beseitigen, kann in der Weise Rechnung getragen werden, dass die Forderung des Gläubigers für den Fall der Eröffnung eines Insolvenzverfahrens erlassen wird (vgl. Die Begründung zu § 46 Abs. 2 des Entwurfs).«

III. Passivierungspflicht bis zur (schuldrechtlichen) Rangrücktrittserklärung

262 Nach wie vor wird in dem Streit, ob Ansprüche aus eigenkapitalersetzenden Darlehen zu passivieren sind, die Meinung vertreten, dass die nachrangigen Insolvenzverbindlichkeiten (§ 39 Abs. 1 Nr. 5 InsO) in der Überschuldungsbilanz zu erfassen sind, solange keine eindeutige Rangrücktrittserklärungen abgegeben worden sind. Sind die Gesellschafter nicht bereit, uneingeschränkte Rücktrittserklärungen abzugeben, muss davon ausgegangen werden, dass sie ihre Ansprüche im Insolvenzfall durchzusetzen versuchen. Die Forderungen dürfen dann nicht unberücksichtigt bleiben.[409] Die Rangrücktrittserklärung ist die erforderliche und ausreichende Voraussetzung, um eigenkapitalersetzende Gesellschafterdarlehen außer Acht zu lassen.[410]

Anders als das Stammkapital sind bei der Erstellung einer Überschuldungsbilanz für eine GmbH eigenkapitalersetzende Gesellschafterleistungen grundsätzlich zu passivieren. Die Feststellung, ob ein Darlehen oder eine andere Gesellschafterleistung kapitalersetzend ist, kann und darf im Hinblick auf den maßgeblich zu beachtenden Gläubigerschutz nicht dem Geschäftsführer einer GmbH überlassen bleiben. Eine Passivierungspflicht entfällt erst dann, wenn die Gesellschaft und die Gesellschafter bezüglich der Gesellschafterforderung einen sog. Rangrücktritt mit der Wirkung vereinbart haben, dass die Forderung nur aus Jahresüberschüssen, Liquiditätsüberschüssen oder sonstigem Aktivvermögen der Gesellschaft beglichen werden soll.[411] Es reicht nicht aus, dass der Gesellschafter lediglich den Forderungen der übrigen Gläubiger Vorrang vor seinen Forderungen einräumt.

Der konstitutive Rangrücktritt ist grundsätzlich unentbehrlich, da dem Geschäftsführer die Prüfung entzogen ist, ob der Kredit unter § 32 a GmbHG

---

409 Kübler/Prütting, a. a. O., § 19 Rdnr. 14.
410 Fischer, GmbHR 2000, 68, 68 f. m. w. H.
411 OLG Düsseldorf GmbHR 1996, 616, 618 m. w. N.

fällt. Er kann sich nicht darauf stützen, das Darlehen sei ohnedies kapitalersetzend und deshalb nicht zu passivieren.[412]

Der BGH hat in seiner Entscheidung vom 8. 1. 2001 ausdrücklich festgestellt, dass Forderungen eines Gesellschafters aus der Gewährung eigenkapitalersetzender Leistungen, soweit für sie keine Rangrücktrittserklärung abgegeben worden ist, in der Überschuldungsbilanz zu passivieren sind.[413] Der Charakter derartiger Gesellschafterforderungen als Fremdverbindlichkeiten bleibt bestehen. Die Umqualifizierung hat lediglich zur Folge, dass der Gesellschafter während der Krise seine Forderungen nicht durchsetzen darf. Dieser Charakter spricht für den Ausweis in der Überschuldungsbilanz. Es gibt kein anerkennenswertes Interesse der Gesellschafter, von der Passivierung abzusehen. Für die Dauer der Krise macht die Rangrücktrittserklärung deutlich, dass die Gesellschafter auf ihre Position als Drittgläubiger verzichten.[414] Für den Geschäftsführer bedeutet dies, dass er nicht zu entscheiden hat, ob eine Gesellschafterleistung den Eigenkapitalersatzregeln unterliegt. Gibt der Gesellschafter trotz Aufforderung keine Rangrücktrittserklärung ab, ist seine Forderung als Verbindlichkeit zu passivieren.[415] Inhaltlich ist darauf zu achten, dass sich aus der Rangrücktrittserklärung ergibt, dass der Gesellschafter-Kreditgeber als letztrangiger Gläubiger befriedigt werden will. Es genügt nach den Ausführungen des BGH nicht, dass er mit dem Rang befriedigt werden will, der ihm schon nach § 39 Abs. 1 Nr. 5 InsO zukommt.

IV. Ausweis im Überschuldungsstatus

Eigenkapitalersetzende Gesellschafterdarlehen sind im Überschuldungsstatus zu passivieren, falls eine Rangrücktrittserklärung fehlt. Letztlich hängt es allein von der Entscheidung des Gesellschafter-Kreditgebers ab, ob er mit seiner Forderung am Insolvenzverfahren teilnehmen möchte oder nicht. Handelsrechtlich bleibt die Forderung nach §§ 264 Abs. 1 Satz 1, 266 Abs. 3 HGB als Verbindlichkeit gegenüber Gesellschaftern passivierungspflichtig. Im Rahmen der handelsrechtlichen Rechnungslegung müssen die Gläubiger in die Lage versetzt werden, eigenkapitalersetzende Darlehen erkennen zu können. § 39 Abs. 1 Nr. 5 InsO sieht grundsätzlich eine, wenn auch nachrangige, Befriedigung des Gesellschafter-Kreditgebers vor. Erst eine Rangrücktrittserklärung hinter alle kraft Gesetzes vorgehenden Gläubiger berechtigt deshalb die verantwortlichen Gesellschaftsorgane, die Forderung des Gesellschafter-Gläubigers bei der Feststellung der Überschuldung nicht zu passivieren. Die Rangrücktrittserklärung genügt, um die Passivierungs-

263

---
412 Schmidt, Karsten, GmbHR 1999, 9, 14.
413 BGH GmbHR 2001, 190 = BB 2001, 430.
414 BGH GmbHR 2001, 190, 192.
415 BGH GmbHR 2001, 190, 193.

pflicht zu beseitigen, da sie die Finanzierungsentscheidung des Gesellschafters deutlich genug zum Ausdruck bringt.

Die Eigenkapitalersatzfunktion des Gesellschafterdarlehens kann grundsätzlich nichts an der Intention des Insolvenzrechts ändern, den Gläubiger vor der Insolvenzverschleppung zu schützen. Die Beseitigung der Überschuldung muss dahinter zurückstehen.

R. Überschuss bei der Schlussverteilung

264 Der Schuldner bleibt auch nach Eröffnung des Insolvenzverfahrens Eigentümer der Insolvenzmasse. Allein das Recht, das zur Insolvenzmasse zu gehörende Vermögen zu verwalten und über es zu verfügen, geht nach § 80 Abs. 1 InsO auf den Insolvenzverwalter über.

Für den Fall, dass alle Insolvenzgläubiger befriedigt werden, ist in § 199 InsO vorgesehen, dass der Insolvenzverwalter einen verbleibenden Überschuss an den Schuldner herauszugeben hat. Die Zahlung darf aber erst dann erfolgen, wenn alle Insolvenzgläubiger, auch die nachrangigen nach § 39 InsO, befriedigt worden sind.[416]

265 Ist der Schuldner keine natürliche Person, also beispielsweise eine Kapitalgesellschaft, hat der Verwalter den Überschuss an die Personen herauszugeben, die an dem Schuldner beteiligt sind (§ 199 Satz 2 InsO). Bei einer GmbH erhalten somit die Gesellschafter den Überschuss. Die Vorschrift verhindert, dass nach dem Insolvenzverfahren noch eine gesellschaftsrechtliche Liquidation durchgeführt werden muss.[417]

Der Überschuss ist so zu verteilen, wie es die vertraglichen oder gesetzlichen Bestimmungen über die Aufteilung des Vermögens im Fall der Liquidation vorsehen.[418]

In Zweifelsfällen bezüglich der Verteilung des Überschusses besteht die Möglichkeit der Hinterlegung nach §§ 372, 378 BGB beim Amtsgericht (§ 1 Abs. 2 HintO). Die Hinterlegung ist ein Erfüllungssurrogat. Durch die Hinterlegung wird der Insolvenzverwalter von der Leistung befreit. Das Hinterlegungsverfahren selbst ist in der Hinterlegungsordnung geregelt.

---

416 FK-InsO/Schulz, § 99 Rdnr. 3.
417 BT-Drucks. 12/2442, S. 187.
418 BT-Drucks. 12/2442, S. 187.

10. KAPITEL – DIE INSOLVENZDELIKTE

Inhalt

Seite

A. Vorbemerkung 1144

B. Die objektive Bedingung der Strafbarkeit. 1144

C. Die Tatbestände der §§ 283 bis 283 d StGB 1145

    I.   Der Bankrott (§ 283 StGB)................................. 1145

            1. Beeinträchtigung von Vermögensbestandteilen
               (§ 283 Abs. 1 Nr. 1 StGB) 1146
            2. Spekulationsgeschäfte und unwirtschaftliche Ausgaben
               (§ 283 Abs. 1 Nr. 2 StGB) 1148
            3. Waren- und Wertpapierverschleuderung
               (§ 283 Abs. 1 Nr. 3 StGB) 1150
            4. Vortäuschen von Rechten Dritter bzw. Anerkennen fremder
               Rechte (Scheingeschäfte) (§ 283 Abs. 1 Nr. 4 StGB) 1151
            5. Buchführungs- und Bilanzdelikte....................... 1152
               a) Die Bedeutung der Buchhaltung. 1153
               b) Unterlassene und mangelhafte Buchführung
                   (§ 283 Abs. 1 Nr. 5 StGB) 1153
               c) Beiseiteschaffen und Vernichten von Handelsbüchern
                   (§ 283 Abs. 1 Nr. 6 StGB) 1156
               d) Mangelhafte oder nicht rechtzeitige Bilanzaufstellung
                   (§ 283 Abs. 1 Nr. 7 StGB) 1157
            6. Generalklausel (§ 283 Abs. 1 Nr. 8 StGB) 1160
            7. Handlungen außerhalb der Krise (§ 283 Abs. 2 StGB) 1160
            8. Schuldformen...................................... 1161
            9. Strafbarkeit des Versuchs (§ 283 Abs. 3 StGB). 1162
            10. Rechtsfolgen....................................... 1162

    II.   Der besonders schwere Fall des Bankrotts
         (§ 283 a StGB).. 1162

    III. Verletzung der Buchführungspflicht (§ 283 b StGB). 1164

    IV. Gläubigerbegünstigung (§ 283 c StGB)...................... 1165

    V.   Schuldnerbegünstigung (§ 283 d StGB) 1168

A. Vorbemerkung

1 Die fünf Bestimmungen der §§ 283 bis 283 d StGB drohen für zahlreiche Verhaltensweisen im Zusammenhang mit dem Unternehmenszusammenbruch strafrechtliche Sanktionen an. § 283 StGB führt als Kernvorschrift des Insolvenzstrafrechts sämtliche denkbaren Bankrotthandlungen des in einer wirtschaftlichen Krise steckenden Unternehmers auf. § 283 a StGB verschärft die Strafdrohung für einige besonders gravierende Tathandlungen. § 283 b StGB stellt Verstöße gegen Buchführungs- und Bilanzierungsvorschriften unter Strafe. Die – praktisch weniger relevante – Bestimmung des § 283 c StGB hebt die Strafwürdigkeit der ungerechtfertigten Begünstigung einzelner Gläubiger hervor. Zuletzt stellt § 283 d StGB Eingriffe Dritter in die Insolvenzmasse unter Strafe.

B. Die objektive Bedingung der Strafbarkeit

2 Handlungen, die einen der in den §§ 283 ff. StGB aufgeführten Straftatbestände erfüllen, führen nur dann zur Strafverfolgung, wenn das betroffene Unternehmen entweder die Zahlungen eingestellt hat oder ein Insolvenzverfahren über das Vermögen der Firma eröffnet bzw. ein diesbezüglicher Antrag mangels einer die Verfahrenskosten deckenden Masse abgelehnt worden ist. Diese objektive Bedingung der Strafbarkeit wird durch § 283 Abs. 6 StGB festgelegt, auf den alle anderen Bestimmungen des Insolvenzstrafrechts Bezug nehmen. Die Zahlungseinstellung ist – wie oben erwähnt – dann gegeben, wenn ein Unternehmer seine fälligen und von den Gläubigern ernsthaft eingeforderten Verbindlichkeiten nicht mehr erfüllen kann, weil es ihm voraussichtlich auf Dauer an Zahlungsmitteln mangelt. Zudem muss dieser Zustand nach außen in Erscheinung treten.[1]

3 Um festzustellen, ob ein Unternehmen seine Zahlungen eingestellt hat, müssen die Strafverfolgungsorgane gegebenenfalls weitere Ermittlungen vornehmen. Diese Notwendigkeit ist nicht gegeben, wenn ein Insolvenzverfahren eröffnet oder ein entsprechender Antrag mangels einer die Verfahrenskosten deckenden Masse abgewiesen worden ist. Die durch das Insolvenzgericht gefällte Entscheidung entfaltet auch für das Strafverfahren Tatbestandswirkung,[2] wobei es allein darauf ankommt, ob der Eröffnungs- bzw. Abweisungsbeschluss rechtskräftig geworden ist. Nach Ablauf der Rechtsmittelfrist des § 34 InsO ist die objektive Bedingung der Strafbarkeit erfüllt.[3]

---

1 BGH WM 1975, 6.
2 Tiedemann, Insolvenz-Strafrecht, 2. Aufl. 1995, Vor § 283 Rdnr. 150.
3 S. schon RGSt 26, 37. Lediglich die Beseitigung des Eröffnungsbeschlusses aufgrund einer sofortigen Beschwerde des Gemeinschuldners lässt diese Annahme entfallen, vgl. RGSt 44, 48, 52.

Hieran ändert sich auch nichts, wenn das Insolvenzverfahren später wieder aufgehoben wird, etwa nach den §§ 207 oder 213 InsO.[4] Selbst wenn sich der Insolvenzrichter über die Voraussetzungen der Insolvenzeröffnung geirrt haben sollte, kann sich der Beschuldigte im Strafverfahren hierauf nicht berufen,[5] die Entscheidung des Zivilgerichts präjudiziert in jedem Fall das Strafverfahren.

Etwaiges tatbestandsmäßiges Verhalten muss nach alledem in der unternehmerischen Krisensituation vorgenommen werden; ein zeitlicher Zusammenhang auch in Bezug auf die objektive Bedingung der Strafbarkeit ist erforderlich. Dementgegen kann ein Unternehmer dann nicht bestraft werden, wenn er einen in den §§ 283 ff. StGB erfassten Tatbestand zwar verwirklicht, danach seine wirtschaftlichen Probleme aber überwindet und erst einige Zeit nach der Konsolidierung ein Firmenzusammenbruch – aufgrund anderer, neuer Begebenheiten – erfolgt. Allerdings muss ihm nach der ersten Krise eine vollständige Sanierung gelungen sein.[6] Zweifel gehen dabei zu Lasten des Täters.[7] Im Übrigen können Tatvorwürfe im Sinne der §§ 283 ff. StGB auch dann erhoben werden, wenn der Täter nach Eintritt der objektiven Bedingung der Strafbarkeit tatbestandlich handelt. Andernfalls wäre der Sicherungszweck dieser Bestimmungen, die den Gläubigerschutz und die allgemeinen Interessen am Schutz des funktionierenden Wirtschaftsverkehrs gewährleisten sollen, gefährdet.[8]

4

C. Die Tatbestände der §§ 283 bis 283 d StGB

I. Der Bankrott (§ 283 StGB)

§ 283 Abs. 1 StGB bedroht vorsätzliches tatbestandliches Verhalten während einer Unternehmenskrise mit Strafe. Im Einzelnen führt die Bestimmung sieben Fallgruppen auf, die in Nr. 8 der Vorschrift durch eine als Auffangtatbestand[9] formulierte Generalklausel ergänzt werden.

5

---

4 Müller-Gugenberger/Bieneck, Wirtschaftsstrafrecht, 3. Aufl. 2000, § 76 Rdnr. 65 m. w. N.
5 BGH bei Herlan, GA 1955, 364.
6 BGH JZ 1979, 77; s. auch Tiedemann, NJW 1977, 777, 782 und OLG Hamburg wistra 1987, 187, 188.
7 OLG Hamburg NJW 1987, 1342.
8 Müller-Gugenberger/Bieneck, a. a. O., § 76 Rdnr. 39 m. w. N.
9 Vgl. OLG Düsseldorf NJW 1982, 1712, 1713.

1. Beeinträchtigung von Vermögensbestandteilen (§ 283 Abs. 1 Nr. 1 StGB)

6   Die Bestimmung des § 283 Abs. 1 Nr. 1 StGB schützt all die des Unternehmens, welche im Fall der Insolvenzeröffnung zur Insolvenzmasse gehören,[10] also deren sämtliche in § 1 KO aufgeführten Bestandteile. Hierzu zählen das gesamte der Zwangsvollstreckung unterliegende Vermögen, soweit es nicht nach den §§ 811, 850 ff. ZPO unpfändbar ist. Lediglich wertlose[11] Gegenstände und solche mit reinem Affektionsinteresse[12] werden durch die Norm nicht erfasst. In ihren Schutzbereich gehören demnach z. B. Anwartschaften, die Geschäftseinrichtung, Patente und allgemeines kaufmännisches Know-how, die Kundenkartei oder Geschäftsanteile, wobei die Vermögensbestandteile nicht unbedingt rechtmäßig erworben sein müssen: auch eine etwa durch Betrug erlangte Sache kann dem Zugriff der Gläubiger unterliegen.[13] Belastete Vermögensbestandteile gehören ebenfalls zu den geschützten Vermögensrechten, weil die Belastung deren Wert als solchen nicht schmälert.[14]

Nicht zur Insolvenzmasse gehören Ansprüche auf Lieferung einer unpfändbaren Sache,[15] die Arbeitskraft des Gemeinschuldners[16] und die kaufmännische Firma.[17] Während nach altem Konkursrecht nur das Vermögen zur Masse zählt, das dem Gemeinschuldner im Zeitpunkt der Konkurseröffnung gehörte,[18] zählt jetzt nach § 35 InsO auch das Vermögen zur Insolvenzmasse, das der Gemeinschuldner erst nach der Eröffnung erlangt.

An sicherungsübereigneten oder verpfändeten Gegenständen steht dem jeweiligen Gläubiger ein Recht auf abgesonderte Befriedigung zu (§ 50 InsO). Sie bleiben aber weiter Eigentum des Schuldners und zählen deshalb ebenfalls zur geschützten Vermögensmasse. Dies gilt jedoch nicht für unter Eigentumsvorbehalt gelieferte Güter, bei denen die Lieferanten Aussonderungsrechte (§ 47 InsO) geltend machen können.[19] Dem Gemeinschuldner selbst sicherungsübereigneten Sachen stehen wirtschaftlich dem Sicherungsgeber zu, der auch Aussonderungsrechte geltend machen kann.[20] Diese Dinge fallen daher ebenfalls nicht in den Schutzbereich der Bestimmung.

Tathandlung im Sinne des § 283 Abs. 1 Nr. 1 StGB ist das Beiseiteschaffen, Verheimlichen, Zerstören, Beschädigen oder Unbrauchbarmachen des geschützten Objekts.

---

10   BGHSt 3, 32, 35.
11   BGH a. a. O., 36; BGHSt 5, 120, 121.
12   Tiedemann, a. a. O. § 283 Rdnr. 17.
13   BGH bei Herlan, GA 1955, 149.
14   So schon RG DRiZ 1934, 314.
15   RGSt 73, 127, 128.
16   OLG Düsseldorf NJW 1982, 1712, 1713 m. w. N.
17   BGH bei Herlan, GA 1953, 73.
18   BGH NJW 1959, 1224.
19   Zu bereits bestehenden Anwartschaftsrechten vgl. BGH BB 1957, 274.
20   BGH NJW 1959, 1224.

Ein Täter schafft einen Vermögensbestandteil dann beiseite, wenn er ihm 7
dem baldigen Gläubigerzugriff entzieht oder diesen zumindest erschwert,[21]
also etwa durch Verstecken, Verarbeiten, Verbrauchen, Übereignen oder
Verpfänden einer Sache bzw. Abtretung bzw. heimliches Einziehen einer
Forderung. Nach allgemeiner Auffassung fällt – trotz des entgegenstehenden Wortlauts – die Veräußerung von Waren im normalen Geschäftsgang
und das Bewirken geschuldeter Leistungen nicht unter den Tatbestand, soweit die Handlung den Anforderungen einer ordnungsgemäßen Wirtschaft
entspricht.[22] Fließt der Insolvenzmasse im Zusammenhang mit dem Vorgang ein gleichwertiger und greifbarer Gegenwert zu, macht sich der Täter
nicht strafbar.

▸ **Beispiele für strafbares Verhalten:**
  - Nicht gerechtfertigte Sicherungsübereignungen,
  - Wegschaffen von Vermögen oder Vorräten,
  - Überweisung bzw. Abheben von Firmenguthaben,
  - Scheinveräußerungen,
  - Forderungseinzug über fremde Konten,
  - Schmiergeldzahlungen.

Unter Verheimlichen im Sinne der Bestimmung versteht man den Versuch, 8
das Vorhandensein eines Vermögensbestandteils der Kenntnis der Gläubiger bzw. des Insolvenzverwalters zu entziehen.[23] Dabei ist bedeutungslos,
ob das Tatobjekt letztendlich dem Gläubigerzugriff vorenthalten werden
konnte oder nicht.

▸ **Beispiele für strafbares Verhalten:**
  - Ableugnen von Vermögensbestandteilen,
  - Vorschützen eines den Gläubigerzugriff hindernden Rechtsverhältnisses,
  - Nichtoffenbaren von Freistellungsansprüchen.

Die Tatbestandsalternativen des Zerstörens, Beschädigens und Unbrauch- 9
barmachens haben als Unterfälle des Beiseiteschaffens in der Praxis nur
sehr geringe Bedeutung. Wirtschaftlich sinnvolle Maßnahmen, beispielsweise der Abbruch eines baufälligen Hauses, werden von der Strafvorschrift
nicht erfasst. Sie betrifft nur mutwillige Handlungen, die dem Täter angesichts seiner normalerweise vorhandenen wirtschaftlichen Interessen fern
liegen.

---

21 S. näher Müller-Gugenberger/Bieneck, a. a. O., § 78 Rdnr. 12 m. w. N.
22 S. schon RGSt 62, 277, 278; BGHSt 34, 30 = NJW 1987, 2242.
23 RGSt 67, 365.

2. Spekulationsgeschäfte und unwirtschaftliche Ausgaben (§ 283 Abs. 1 Nr. 2 StGB)

10 § 283 Abs. 1 Nr. 2 StGB stellt Risikogeschäfte und unwirtschaftliche Ausgaben im Zusammenhang mit der Unternehmenskrise unter Strafe.

Unter den Begriff des Risikogeschäfts fallen einmal Verlustgeschäfte, also Geschäfte, die von vorneherein auf eine Vermögensminderung angelegt sind und die tatsächlich zu einer Vermögenseinbuße führen.[24] Geschäfte, die erst im Nachhinein Verluste mit sich bringen, werden von der Vorschrift nicht erfasst; es kommt entscheiden darauf an, dass die Verlustgefahr bereits von Anfang an abgesehen werden konnte.[25]

▶ **Beispiele:**
– Ausführung von Aufträgen, obwohl der vereinbarte Erlös nach der Vorauskalkulation nicht die Unkosten deckt,
– Unter-Preis-Verkäufe, soweit sie nicht unter Nr. 3 der Norm fallen.

Strafbar macht sich weiterhin, wer Spekulationsgeschäfte eingeht, also Aktivitäten mit besonders großem Risiko an den Tag legt, um unübliche Gewinne einzustreichen.[26] Dies wären z. B. Beteiligungen an unseriösen Unternehmen oder die Teilnahme an wagnisreichen Geschäften mit offener Finanzierung allein aus der Erwartung eines erheblichen Gewinnes.

Zu den Spekulationsgeschäften zählen außerdem die Differenzgeschäfte. Hierunter fallen alle Geschäfte im Sinne des § 764 BGB, also Verträge, die auf Lieferung von Waren und Wertpapieren lauten und in der Absicht geschlossen werden, nach Vertragsablauf eine Gewinn bringende Differenz zwischen dem An- und Verkaufspreis erzielen zu können,[27] wie beispielsweise Warenterminoptionen und Devisengeschäfte.

Nicht zu den Differenzgeschäften zählen die nach deutschem Börsenrecht statthaften Termingeschäfte im Sinne der §§ 50 ff. BörsG,[28] also auch der zwischenzeitlich zulässige Optionsscheinhandel an der Deutschen Terminbörse in Frankfurt.[29]

11 Die aufgeführten Alternativen können aber nur dann zu einer Bestrafung führen, wenn der Täter mit seinem Handeln gegen die Grundsätze ordnungsgemäßer Wirtschaft verstößt, nicht hingegen, wenn er durch eine wirtschaftliche Ausnahmesituation hierzu gezwungen wird. Auch ein seriöser Geschäftsmann wird bei einer momentanen geschäftlichen Flaute beispielsweise Verträge abschließen, bei denen der Erlös die Unkosten nicht völlig deckt, um so Arbeitsplätze zu sichern und den Geschäftsbetrieb aufrechterhalten zu können. Weiter entspricht etwa der Unter-Preis-Verkauf von

---

24 Tiedemann, a. a. O., § 283 Rdnr. 54 m. w. N.
25 Müller-Gugenberger/Bieneck, a. a. O., § 86 Rdnr. 1.
26 S. schon RGSt 15, 277, 281; vgl. auch RGSt 16, 238.
27 Vgl. bereits RGSt 14, 80, 85; RG GA 1913, 442.
28 Tiedemann, a. a. O., § 283 Rdnr. 59.
29 Umfassend Horn, ZIP 1990, 2.

Waren, die zu verderben drohen, dem normalen Geschäftsgebaren. Außerdem gilt es zu berücksichtigen, dass jedes unternehmerische Handeln ein gewisses Maß an Risiko in sich birgt. Bei möglichen Verlustgeschäften muss man daher sehr sorgfältig prüfen, ob es sich um den riskanten Versuch gehandelt hat, ein kriselndes Unternehmen für eine bestimmte Zeit über Wasser zu halten, oder ob nachvollziehbare Gründe für die getroffene Entscheidung erkennbar sind. Spekulations- und Differenzgeschäfte widersprechen jedoch in aller Regel dem Gebaren eines ordentlichen Kaufmann und lösen daher stets die strafrechtlichen Konsequenzen des § 283 StGB aus.

Obwohl der Straftatbestand nach dem Wortlaut der Norm bereits mit Eingehen des konkreten Vertrags erfüllt ist, es auf dessen weiteres Schicksal also nicht ankommt, entfällt die Strafbarkeit nach allgemeiner Auffassung, wenn das Risikogeschäft erfolgreich abgewickelt werden konnte. Denn dann stehen die Gläubiger letztlich besser da als zuvor. Das an sich tatbestandsmäßige Handeln verletzt in diesem Fall nicht den eigentlichen Schutzzweck der Norm.[30]

Tatbestandsmäßig handelt weiterhin, wer durch unwirtschaftliche Ausgaben, Spiel oder Wette übermäßige Beträge verbraucht.

Unwirtschaftliche Ausgaben sind solche Aufwendungen, die das Notwendige und Übliche übersteigen und zum Vermögen des Täters in keinem angemessenen Verhältnis stehen.[31] Abzustellen ist auf die Frage, ob unter Berücksichtigung der gesamten Vermögenslage getätigte Aufwendungen wirtschaftlich sinnvoll erscheinen, wobei alle Aufwendungen, seien sie geschäftlicher oder – bei Einzelkaufleuten bzw. Personenhandelsgesellschaften – privater Natur, miteinbezogen werden müssen. Der Täter ist nach Meinung der Rechtsprechung[32] auch für Handlungen seiner Familienangehörigen strafrechtlich verantwortlich, wobei diese Grundsätze im Hinblick auf die Entwicklungen im familiären Bereich nur noch dann anzuwenden sein dürften, wenn die betreffenden Angehörigen im Betrieb beschäftigt und in ihrer betrieblichen Funktion tätig werden. Lediglich dann führt eine ungenügende Überwachung bei unwirtschaftlichen Geschäften zu strafrechtlich relevantem Verhalten des Geschäftsherrn.

▶ **Beispiele für unwirtschaftliche Ausgaben nach der Rechtsprechung:**
- Aussichtslose Investitionen,[33]
- Luxusanschaffungen z. B. von Fahrzeugen und Yachten,[34]
- kostspielige Barbesuche,[35]
- teure Urlaubsreisen.[36]

---

30 S. BGHSt 22, 360, 361.
31 RGSt 70, 260, 261; BGHSt 3, 26.
32 RGSt 31, 151.
33 BGH GA 1954, 311.
34 Vgl. die Nachweise bei Tröndle/Fischer, Kommentar zum StGB, 50. Aufl. 2001, § 283 Rdnr. 12.
35 BGH NJW 1953, 1480, 1481.
36 BGH MDR 1981, 510, 511.

▸ **Nicht jedoch:**
  – Zahlung von Löhnen und Gehältern,[37]
  – »angemessene« Lebensversicherungsprämien,[38]
  – Entnahme des »angemessenen« Unterhalts.[39]

Spiel und Wette entsprechen den Begriffen des § 762 BGB.

▸ **Beispiele:**[40]
  – Teilnahme an Lotterien, Lotto- und Totoveranstaltungen,
  – Beteiligungen an Systemen, die die progressive Kundenwerbung zum Inhalt haben,[41]
  – Teilnahme an Kettenbriefaktionen.

Tathandlung ist das Verbrauchen übermäßiger Beträge. Um beurteilen zu können, ob tatsächlich übermäßige Beträge verwandt worden sind, muss man die Ausgaben in Relation zu den Vermögensverhältnissen des Täters zum Tatzeitpunkt stellen. Es reicht dabei aus, dass der Täter sein Vermögen mit einer – einklagbaren[42] – Verbindlichkeit belastet. Hierzu zählen auch abstrakte Schuldanerkenntnis, die über eine im Spiel verlorene Summe abgegeben werden.[43]

3. Waren- und Wertpapierverschleuderung (§ 283 Abs. 1 Nr. 3 StGB)

13 Ein Unternehmer, der Verlustgeschäfte eingeht, macht sich bereits nach § 283 Abs. 1 Nr. 2 StGB wegen Bankrotts strafbar. Weil für Lieferanten, die Wertgegenstände auf Kredit abgeben, besonders hohe Gefahren bestehen, hebt Nr. 3 der Vorschrift zudem die besondere Strafwürdigkeit von Schleudergeschäften hervor. Gerade bei geschäftlichen Schieflagen kann der Täter durch ein solches Geschäftsgebaren innerhalb kurzer Zeit zu erheblichen Einnahmen kommen, durch Verschleuderungen also finanzielle Vorteile noch kurz vor dem endgültigen Zusammenbruch realisieren. Dadurch gefährdet er aber die wirtschaftlichen Interessen seiner Geschäftspartner in besonderem Maße.

Die Vorschrift bedroht die Verschleuderung von Waren und Wertpapieren mit Strafe. Unter Waren versteht man alle beweglichen Sachen, die Gegenstand des Handelsverkehrs sein können.[44] Wertpapiere im Sinne der Vor-

---

37 Vgl. die Nachweise bei Tröndle/Fischer, a. a. O., § 283 Rdnr. 12.
38 RG JW 1934, 2472.
39 BGH NStZ 1981 mit Anm. Schlüchter, JR 1982, 29.
40 Vgl. Tiedemann, a. a. O., § 283 Rdnr. 63.
41 S. § 6c UWG.
42 Naturalobligationen reichen nicht aus; vgl. BGHSt 22, 360; Tiedemann, a. a. O., § 283 Rdnr. 69.
43 Vgl. BGHSt 22, 360.
44 RGZ 130, 88.

schrift sind all die Papiere, die Rechte verkörpern, wie z. B. Wechsel, Schecks, Orderlagerscheine, Inhaberaktien und -schuldverschreibungen. Nicht jedoch: Rektapapiere, wie z. B. der Hypothekenbrief.[45]

Zur Verwirklichung des Tatbestandes muss sich der Täter die Deliktsgegenstände zunächst verschaffen, wobei es genügt, wenn er eine tatsächliche Verfügungsmöglichkeit erlangt.[46] Erforderlich ist dabei ein Erwerb ohne volle Bezahlung bzw. ohne vollständige Erfüllung der geschuldeten Gegenleistung.[47] Auch die Einräumung eines Zahlungszieles stellt folglich eine Kreditgewährung im Sinne der Bestimmung dar. Unter ihren Schutz fallen im Übrigen auch Surrogate, die der Täter beispielsweise durch die Weiterverarbeitung von erlangten Rohprodukten und Halbfertigerzeugnissen herstellt.[48] Der Täter verschleudert die geschützten Objekte einmal dann, wenn er sie unter Wert veräußert, also das Eigentum an ihnen durch entgeltliche Rechtsgeschäfte oder durch Tausch überträgt. Schenkungen erfüllen den Tatbestand nicht.[49] Auch das sonstige Abgeben ist tatbestandsmäßig, z. B. durch Verpfändungen.[50] 14

Zur Wertermittlung gilt es auf den Marktpreis zum Zeitpunkt des täterschaftlichen Handelns abzustellen.[51] Besonders günstige Einkaufspreise sind in diesem Zusammenhang unbeachtlich: Auch bei einem zuträglichen Einstandspreis muss der Unternehmer prinzipiell einen Gewinn anstreben, zumindest aber seine Unkosten zu decken suchen. Eine Veräußerung erfolgt im Übrigen nur dann »erheblich« unter Wert, wenn zwischen Warenwert und Verkaufspreis ein besonderes Missverhältnis besteht. Handlungen in kaufmännisch begründeter Weise führen nicht zu strafrechtlichen Vorwürfen.[52] Verkehrsübliche Sonder- oder Lockvogelangebote sowie Versuche, den Kundenkreis durch günstige Angebote zu vergrößern bzw. Konkurrenten auszuschalten, sind demnach nicht tatbestandsmäßig, weil sie im Bereich des im Geschäftsleben Üblichen liegen.[53] 15

4. Vortäuschen von Rechten Dritter bzw. Anerkennen fremder Rechte (Scheingeschäfte) (§ 283 Abs. 1 Nr. 4 StGB)

Fingiert der Täter fremde Rechte, so beeinträchtigt er hierdurch nicht den Aktivbestand der zum Zeitpunkt der Insolvenz vorhandenen Masse. Viel- 16

---

45 Vgl. Tiedemann, a. a. O., § 283 Rdnr. 74.
46 BGHSt 9, 84.
47 Vgl. schon RGSt 72, 187, 190.
48 Vgl. Müller-Gugenberger/Bieneck, a. a. O., § 86 Rdnr. 5.
49 Tröndle/Fischer, a. a. O., § 283 Rdnr. 15 m. w. N. Hierin kann aber u. U. ein Beiseiteschaffen i. S. d. § 283 Abs. 1 Nr. 1 StGB liegen.
50 RGSt 48, 217, 218.
51 BGH bei Herlan, GA 1955, 365.
52 Allg. Meinung, vgl. nur Tröndle/Fischer, a. a. O., § 283 Rdnr. 16 m. w. N.
53 Weyand, Insolvenzdelikte, 5. Aufl. 2001, Rdnr. 74. Allerdings können solche Handlungen die Nr. 1 bzw. die Generalklausel der Nr. 8 erfüllen, bei denen es auf diese Einschränkungen nicht ankommt.

mehr erhöht er – zum Schein – die zu erfüllenden Verbindlichkeiten und verringert dadurch die dem Gläubigerzugriff zur Verfügung stehenden Vermögenswerte. Oft will er durch derartige Scheingeschäfte das spätere Beiseiteschaffen werthaltiger Vermögensbestandteile nur vorbereiten. Der Tatbestand der Vorschrift ist dann erfüllt, wenn der Delinquent, Rechte anderer vortäuscht oder solche Rechte anerkennt.

Unter dem Vortäuschen fremder Rechte versteht man das Vorschützen einer in Wirklichkeit nicht bestehenden Rechtsposition. Dabei genügt auch konkludentes Handeln, z. B. indem der Unternehmer geltend gemachte Rechte akzeptiert, obwohl Verjährung eingetreten ist, er diesen Umstand aber verschweigt.[54]

Das Anerkennen erdichteter Rechte erfordert zwangsläufig die Zusammenarbeit des Täter mit dem angeblichen Gläubiger, der fiktive Außenstände geltend machen muss. Formlose Erklärungen und konkludentes Verhalten genügen auch hier, um den Tatbestand zu erfüllen. »Erdichtet« sind nur solche Rechte, die der Unternehmer völlig frei erfindet. Bestehende – aber klageweise nicht durchsetzbare – Forderungen aus Spiel und Wette gehören hierzu nicht. Straffrei bleibt außerdem derjenige, der beispielsweise aus Kulanzgründen verjährte Gewährleistungsansprüche eines vormaligen Geschäftspartners unter Berücksichtigung der zuvor guten Geschäftsbeziehung akzeptiert,[55] ein solches Verhalten ist im Geschäftsleben durchaus üblich.

Der Tatbestand stellt lediglich auf die bloße Gefährdung der Insolvenzmasse ab. Nicht erforderlich ist es, dass die Vermögenslage des zusammengebrochenen Unternehmens letztendlich wirklich geschädigt wurde oder der Insolvenzverwalter bzw. andere Personen tatsächlich getäuscht werden konnten. Ebenfalls unbeachtlich bleibt der Umstand, dass der vorgespiegelte Anspruch später nicht geltend gemacht wird.[56] § 284 Abs. 1 Nr. 4 StGB stellt ein reines Gefährdungsdelikt dar.

5. Buchführungs- und Bilanzdelikte

17 Fast jeder Unternehmenszusammenbruch geht mit mangelnder oder fehlerhafter Buchhaltung bzw. mit der unterlassenen Erstellung von Jahresabschlüssen einher.[57] Dies hängt einmal damit zusammen, dass ein kriselndes Unternehmen oft versucht, Liquiditätsengpässe durch die Reduzierung der laufenden Kosten zu überwinden. Da die – meist durch Steuerberater extern erstellte – Buchhaltung bzw. die Jahresabschlüsse für die Firma nicht »lebensnotwendig« sind, stellen die Täter die Honorarzahlungen ein. Außer-

---

54 Tiedemann, a. a. O., § 283 Rdnr. 84. S. auch BGH GA 1953, 74, der in der Vornahme einer entsprechenden Buchung ein schlüssiges Vortäuschen sieht.
55 Müller-Gugenberger/Bieneck, a. a. O., § 83 Rdnr. 2.
56 RGSt 62, 287, 288.
57 Vgl. Richter, GmbHR 1984, 145, 147 m. w. N.

dem wird der über die Betriebsinterna gut informierte Berater seine weitere Tätigkeit regelmäßig von Vorschüssen abhängig machen. Weil das Unternehmen diese Vorleistungen nicht mehr erbringen kann, werden Geschäftsvorfälle nicht mehr gebucht und Abschlüsse nicht mehr erstellt. Außerdem versuchen besonders geschickte Täter im Vorfeld des drohenden Zusammenbruchs, Bankrottatbestände bzw. Insolvenzdelikte zu verschleiern, indem sie auf Kreditbasis gelieferte Waren nicht verbuchen bzw. deren Verkäufe nicht dokumentieren, um den Lieferanten etwaige direkte Zugriffe auf die Ansprüche gegen die Endabnehmer unmöglich zu machen. Fehlende Inventuren ermöglichen es zudem, Lagerbestände beiseite zu schaffen und Waren den Zugriffen des Insolvenzverwalters bzw. von Gläubigern zu entziehen. Die Strafverfolgungsbehörden widmen der Buchhaltung und den Bilanzen aus diesen Gründen besondere Aufmerksamkeit.

a) Die Bedeutung der Buchhaltung

Buchhaltung und Bilanz entfalten für das Wirtschaftsleben ganz erhebliche Bedeutung. Schon das Reichsgericht hat darauf hingewiesen, dass die korrekte Erfüllung diesbezüglicher Verpflichtungen im besonderen öffentlichen Interesse des Rechtsverkehrs und des Kreditwesens stehe.[58] Einmal kann sich der Kaufmann, sofern er seinen Obliegenheiten nachkommt, ständig ein Bild über die eigene wirtschaftliche Situation verschaffen. Neben diesem Selbstinformationszweck[59] liegt es aber auch im Interesse der Geschäftspartner[60] (Banken, Lieferanten), durch eine lückenlose und verständliche Buchhaltung und aussagekräftige Bilanzen einen zutreffenden Überblick über die Lage des Kunden bzw. Darlehensnehmers zu erhalten. Weiterhin ist der Insolvenzverwalter[61] daran interessiert, durch ordnungsgemäße Handelsbücher und Jahresabschlüsse des Gemeinschuldners seine Arbeit zu erleichtern. 18

b) Unterlassene und mangelhafte Buchführung (§ 283 Abs. 1 Nr. 5 StGB)

Die handelsrechtliche Buchführungspflicht wird in den §§ 238 ff. HGB geregelt.[62] Je nach Rechtsform des betroffenen Unternehmens finden sich ergänzende Bestimmungen in anderen Gesetzen.[63] Mit dem Inkrafttreten des Handelsrechtsreformgesetzes[64] zum 1. 7. 1998 ist die bisherige Unterscheidung zwischen Voll- und Minderkaufmann entfallen. Grundsätzlich ist 19

---

58 S. schon RGSt 13, 235, 237, 239; vgl. auch RGSt 29, 304, 308 sowie Schäfer, wistra 1986, 200.
59 Vgl. noch Tiedemann, a. a. O., § 283 Rdnr. 90 m. w. N.
60 BGH MDR 1985, 691, 692.
61 RGSt 47, 311, 312.
62 Vgl. umfassend Budde/Clemm u. a., Beck'scher Bilanz-Kommentar, 4. Aufl. 1999, § 238 Rdnr. 1 ff.
63 Vgl. etwa §§ 150 ff. AktG, 41 ff. GmbHG, 33 GenG.
64 BGBl. I 1998, 1474.

nunmehr jeder Gewerbetreibende Kaufmann, es sei denn, sein Unternehmen erfordert kein in kaufmännischer Weise eingerichtetes Unternehmen. Selbst in diesem Fall kann der Betreffende die Kaufmannseigenschaft aber durch die Eintragung ins Handelsregister konstitutiv erwerben.[65] Die Vorschriften wenden sich zunächst an den erwähnten Personenkreis, weiterhin an die Handelsgesellschaften (§ 6 HGB) sowie an juristische Personen im Sinne der §§ 33 bis 36 HGB. Nicht als Kaufmann eingetragene Personen sind nicht zur Buchführung verpflichtet.[66] Für die Pflichterfüllung verantwortlich ist zunächst der (Einzel-)Unternehmer selbst, bei juristischen Personen deren Organe.[67] Alle Gesellschafter einer OHG und mehrere Komplementäre einer KG müssen jeweils für sich sicherstellen, dass Buchführungsobliegenheiten beachtet werden. Allerdings können diese Personen interne Regelungen treffen und bestimmte Zuständigkeitsbereiche für den Einzelnen schaffen. In diesem Fall obliegt den Mitgesellschaftern aber die Verpflichtung zur sorgfältigen Auswahl und Überwachung des »kaufmännischen Leiters«. Eine kongruente Pflicht trifft die originär Verantwortlichen, wenn sie ihre Verpflichtungen auf externe Personen oder auch auf Firmenangehörige delegieren.[68] Dabei muss der Unternehmer im Einzelfall auch enge Familienangehörige und langjährige Mitarbeiter sorgfältig überwachen. Er kann sich im Übrigen bei Nichterfüllung der Buchführungsverpflichtungen nicht auf finanzielle Engpässe berufen, die eine Bezahlung der Hilfspersonen verhindert haben. Zwar hat der BGH in verschiedenen Entscheidungen die Erwägung vertreten, die Unfähigkeit zur Zahlung von Beraterhonoraren könnte trotz hieraus resultierender Buchführungsmängel die Strafbarkeit nach § 283 StGB entfallen lassen.[69] Diese Auffassung des BGH vermag nicht zu überzeugen.[70] Der Unternehmer hat seine Geschäftstätigkeit aus eigenem Antrieb aufgenommen und wusste von vorneherein um die mit ihr verbundenen Obliegenheiten. Er muss deren Beachtung daher auch sicherstellen. Kann er die nötigen Mittel nicht aufbringen, bliebt es ihm unbenommen, seine Geschäftstätigkeit einzustellen; nur so kann der Geschäftsverkehr geschützt werden.[71] Weder persönliche Unfähigkeit[72] noch Krankheit[73] vermögen Buchführungsmängel gleichfalls zu rechtfertigen. Gegebenenfalls muss der Kaufmann geeignete Hilfskräfte heranziehen. Seine Pflichten enden allerdings, wenn er seinen Betrieb veräu-

---

65 Vgl. weiter Karsten Schmidt, NJW 1998, 2161; Brune, NWB F. 18, 795; Ammon, DStR 1998, 1474.
66 Z. B. in geringem Umfang tätige Gastwirte, Hausierer oder Blumenverkäufer; vgl. Tröndle/Fischer, a. a. O., § 283 Rdnr. 20 m. w. N.
67 Siehe zum Nachstehenden ausführlich Müller-Gugenberger/Bieneck, a. a. O., § 82 Rdnr. 6 ff.
68 Zur Delegation von Geschäftsführerpflichten vgl. Sina, GmbHR 1990, 65.
69 BGHSt 28, 231 = JR 1979, 512 mit Anmerkung Schlüchter; BGH wistra 1998, 105 mit zust. Anm. Schramm, DStR 1998, 500; BGH, wistra 2000, 136.
70 Vgl. ausführlich zur Kritik hieran Weyand, a. a. O., Rdnr. 81 m. w. N.
71 Vgl. Schäfer, wistra 1986, 200, 203; Müller-Gugenberger/Bieneck, a. a. O., § 82 Rdnr. 26 f. m. w. N.
72 So schon RGSt 4, 418.
73 Tröndle/Fischer, a. a. O., § 283 Rdnr. 21.

ßert bzw. beendet oder sein Amt als Organ einer juristischen Person einstellt; Nachfolger muss er nicht zur Pflichterfüllung anhalten.[74]

Welche Handelbücher im Einzelnen zu führen sind, kann man dem HGB nicht entnehmen. § 238 HGB spricht jedoch von den Grundsätzen ordnungsmäßiger Buchführung (GoB).[75] Diese Prinzipien haben sich im Laufe der Zeit gewohnheitsmäßig entwickelt, ohne kodifiziert zu sein. Sie sind erfüllt, wenn ein sachkundiger Dritter sich ohne Schwierigkeiten und zu jeder Zeit ohne unzumutbare Mühe und ohne wesentlichen Zeitaufwand aus den kaufmännischen Aufzeichnungen eine vollständige Übersicht über die Lage des Handelsgeschäfts und des Unternehmensvermögens verschaffen kann.[76] Sämtliche Geschäftsvorfälle müssen dementsprechend zeitnah und vollständig erfasst sein. Art der Geschäfte und Namen der Geschäftspartner sind ebenfalls niederzulegen, wie auch das Geschäftsvolumen und die chronologische und sachliche Einordnung des einzelnen Geschäftsvorfalls. Die mit den Buchungsposten korrespondierende Belege ergänzen die Aufzeichnungen.[77] Unabdingbar ist in der Regel die doppelte Buchführung, also die Buchung auf Bestandskonten mit korrespondierenden Gegenbuchungen auf Erfolgskonten. Ein bestimmtes Buchführungssystem schreibt das Handelsrecht aber nicht vor. Dies gilt auch für die im Einzelnen zu führenden Bücher. Allgemein für notwendig gehalten werden ein Grundbuch, welches die Geschäftsvorfälle in chronologischer Reihenfolge aufführt, sowie ein Kassenbuch. Auch Bilanzen und Inventarverzeichnisse muss der Kaufmann erstellen. Ihn trifft die Verpflichtung, von allen Handelsbriefen eine Kopie oder eine Abschrift zurückzubehalten und aufzubewahren (§ 238 Abs. 2 HGB). Ergänzende Bestimmungen trifft im Übrigen § 239 HGB. 20

Strafbar macht sich derjenige, der aufgrund rechtlicher Verpflichtung zu unterhaltende Handelsbücher nicht oder unübersichtlich führt. Die erste Alternative des § 283 Abs. 1 Nr. 5 StGB erfüllt derjenige, der überhaupt keine Bücher anlegt, also Aufzeichnungen insgesamt unterlässt. Führt der Betreffende die Bücher nur teilweise, kommt er seinen Obliegenheiten also partiell nach, liegt normalerweise die zweite Alternative der Norm, also eine mangelhafte Buchführung, vor.[78] Verbucht der Unternehmer Geschäftsvorfälle erst nachträglich, lässt dies die Strafbarkeit nicht entfallen. Lediglich Buchführungslücken von maximal sechs Wochen erfüllen den Tatbestand nicht.[79] 21

In der Praxis stellen sich im Übrigen häufiger Fragen, inwieweit eine Buchhaltung mangelhaft oder unordentlich geführt bzw. diese nachträglich verändert worden ist, der Täter also die zweite Alternative der Vorschrift verwirklicht hat. Die Bestimmung umfasst sowohl die Fälle, in denen die Män-

---
74 BGH bei Holtz, MDR 1981, 100.
75 S. dazu ausführlich Budde/Clemm u. a., a. a. O., § 243 Rdnr. 1 ff.
76 Tiedemann, a. a. O., § 283 Rdnr. 94 f.
77 »Keine Buchung ohne Beleg«.
78 BGH NStZ 1981, 353.
79 Schäfer, wistra 1986, 200, 201.

Weyand

gel von Anfang an feststellbar sind, als auch später vorgenommene Manipulationen an zuvor korrekten Eintragungen.

▶ **Beispiele für originäre Fehler:**
  – Fehlende Eintragungen,
  – unübersichtliche Gliederung der Vorfälle,
  – fehlende oder ungeordnete Belege,
  – Unterlassen von Abschreibungen oder Wertberichtigungen.

▶ **Beispiele für nachträgliche Änderungen:**
  – Radieren,
  – Durchstreichen,
  – Überkleben oder
  – Überschreiben.

Einzelne Buchführungsfehler, wie falsche Additionen bzw. ein einziger fehlender Beleg, bedingen jedoch noch keinen Verstoß gegen § 283 Abs. 1 Nr. 5 StGB. Beide Alternativen der Vorschrift führen nur dann zu einer Strafbarkeit, wenn die Tathandlung die Übersicht über den tatsächlichen Vermögensstand erschwert, also ein falsches Bild von der Unternehmenssituation entstehen lässt.[80]

c) Beiseiteschaffen und Vernichten von Handelsbüchern (§ 283 Abs. 1 Nr. 6 StGB)

22 Im Gegensatz zu § 283 Abs. 1 Nr. 5 StGB richtet sich Nr. 6 der Vorschrift auch an die Personen, die aufgrund handelsrechtlicher Vorschriften nicht buchführungspflichtig sind, Bücher aber freiwillig unterhalten. Adressaten der Vorschrift sind also alle Personen, die überhaupt Bücher führen. Zu diesem Personenkreis zählen etwa die Angehörigen der freien Berufe. Diese Personen zeichnen allein schon zur Erfüllung steuerlicher Erklärungspflichten[81] und zur eigenen Information zumindest Betriebseinnahmen und -ausgaben bzw. Werbungskosten auf und archivieren die korrespondierenden Buchführungsbelege. Ab einer bestimmten Praxisgröße erstellen Freiberufler zudem auch die im kaufmännischen Bereich üblichen Jahresabschlüsse.

§ 283 Abs. 1 Nr. 6 StGB schützt zum einen die oben bereits beschriebenen Handelsbücher, also Grund- und Kassenbuch sowie die Belegsammlung. Zum anderen gehören zu ihrem Schutzbereich auch alle sonstigen Unterlagen, die ein Kaufmann aufgrund handelsrechtlicher Bestimmungen aufbewahren muss, also vor allem die Durchschriften der Geschäftskorrespondenz einschließlich eventuell auf Datenträgern gespeicherter Mehrfertigungen.

---

80 Tiedemann, a. a. O., § 283 Rdnr. 118.
81 Vgl. z. B. § 22 UStG.

Tathandlung ist das Beiseiteschaffen, Verheimlichen, Zerstören und Beschädigen der geschützten Unterlagen. Das Zerstören oder Beschädigen der Aufzeichnungen ist bei Firmenzusammenbrüchen an der Tagesordnung. Zur Verdeckung anderer – gravierender – Bankrotthandlungen bzw. Straftaten vernichten Unternehmer häufig Geschäftsunterlagen oder löschen ihre gespeicherten Daten – oft mit der beabsichtigen Folge, dass andere Delikte nicht nachgewiesen werden können.[82] Die Tathandlung führt dabei nur dann auch zur Strafverfolgung, wenn die Vernichtung etc. vor Ablauf der für einen Buchführungspflichtigen bestehenden Aufbewahrungspflicht vorgenommen wird. Einzelheiten regelt § 257 HGB. Für Handelsbücher, Inventare, Bilanzen und korrespondierende Unterlagen, etwa Kontenrahmen, beträgt die Aufbewahrungspflicht zehn Jahre, für die übrigen Dokumente, z. B. Kopien von Briefen, sechs Jahre. Der Fristlauf beginnt mit dem Ende des Jahres, in dem die Unterlagen entstanden sind, § 257 Abs. 5 HGB.

Für eine etwaige Strafverfolgung fordert auch § 283 Abs. 1 Nr. 6 StGB – wie Nr. 5 der Bestimmung –, dass die Tathandlung kausal die Übersicht über den Vermögensstand des Täters erschwert.[83]

d) Mangelhafte oder nicht rechtzeitige Bilanzaufstellung (§ 283 Abs. 1 Nr. 7 StGB)

Wegen Bankrotts macht sich auch derjenige strafbar, der entgegen den handelsrechtlichen Vorschriften (§§ 242 ff. und 264 ff. HGB) Bilanzen entweder fehlerhaft, nicht oder nicht rechtzeitig erstellt.

23

Das Handelsrecht (§ 242 Abs. 2 HGB) verpflichtet den Kaufmann, zu Beginn seiner Tätigkeit eine Eröffnungsbilanz und am Ende eines jeden Geschäftsjahres in Form eines Jahresabschlusses Bilanz über sein Vermögen zu ziehen.

Die Eröffnungsbilanz verschafft einmal dem Unternehmer einen Überblick über die für die Geschäfte zur Verfügung stehenden Vermögenswerte; zum anderen erlaubt sie Dritten, sich über die Eigenkapitallage und das Bar- bzw. Anlagevermögen des künftigen Geschäftspartners zu informieren.[84] Die Bilanz verdeutlicht auf der Basis der während des Geschäftsjahres erstellten Buchhaltung das Verhältnis zwischen Vermögen und Schulden des Unternehmens. Aktiva und Passiva werden entsprechend den §§ 266 ff. HGB gegliedert und summarisch gegenübergestellt; je nach Geschäftslage ergibt sich dann ein Bilanzgewinn oder -verlust. Zusätzlich muss der Kaufmann eine Gewinn- und Verlustrechnung (GuV) anstellen, deren notwendigen Inhalt die §§ 275 ff. HGB festgelegen. Diese GuV führt die Aufwendungen und die Erträge des abgelaufenen Geschäftsjahres auf.

---

82 In diesem Fall kommt aber die Bestrafung wegen Urkundenunterdrückung (§ 274 StGB) in Frage, vgl. BGH NJW 1980, 1174.
83 Vgl. weiter Tiedemann, a. a. O., § 283 Rdnr. 123.
84 S. weiter Müller-Gugenberger/Bieneck, a. a. O., § 82 Rdnr. 46.

Bilanz und GuV ergeben zusammen den Jahresabschluss. Wird das Unternehmen als Kapitalgesellschaft geführt,[85] muss noch ein erläuternder Anhang verfasst werden, dessen notwendigen Inhalt die §§ 284 ff. HGB bestimmen.

24 Enthalten die erwähnten Übersichten im Einzelfall Mängel und wird durch diese Mangelhaftigkeit die Übersicht über den Vermögensstand erschwert, erfüllt der Täter hierdurch den Tatbestand des § 283 Abs. 1 Nr. 7 StGB. Vor allem Überbewertungen des Anlage- und Umlaufvermögens mit dem Ziel, die schlechte Geschäftslage des Unternehmens durch Ausweis eines Bilanzgewinns zu verschleiern, lassen sich in der Praxis immer wieder feststellen. Zu diesen Zweck stellen die Unternehmer auch fiktive Posten in die Bilanz ein bzw. lassen höhere Passivposten weg oder führen überhöhte Forderungen an verbundene Unternehmen bzw. wertzuberichtigende Forderungen gegenüber dubiosen Schuldnern auf. Vor allem bei Falschbewertungen tauchen in der Praxis häufig erhebliche Nachweisschwierigkeiten auf. Zwar geben die §§ 252 HGB dem Bilanzierenden bestimmte Leitlinien zu Fragen der Bewertung von Aktiva und Passiva. In der Realität scheitert die Kontrolle dieser Wertansätze aber schon oft bereits daran, dass die Ermittlungsbehörden Wertansätze erst geraume Zeit nach Ablauf des betreffenden Wirtschaftsjahres nachprüfen müssen. Auch rückwirkende Bonitätsprüfungen bei angeblich seriösen Geschäftspartnern gestalten sich im Abstand von einigen Jahren meist schwierig.

25 Eine Bilanz ist im Sinne des § 283 StGB bereits dann erstellt, wenn der Kaufmann sich einen Überblick verschafft und diesen schriftlich niedergelegt hat und ein sachkundiger Dritter sich ohne Hinzuziehung der Handelsbücher ein Bild über die Geschäftslage verschaffen kann. Etwaige aufgrund gesellschaftsvertraglicher oder gesetzlicher Regelungen notwendige Feststellungen des Jahresabschlusses (vgl. z. B. § 42 a GmbHG) sind strafrechtlich nicht relevant.[86] Dies gilt auch für die an sich nach § 245 HGB notwendige Datierung bzw. Unterzeichnung der Bilanz.[87] Fertigt der Unternehmer neben den zutreffenden Unterlagen inhaltlich unrichtige Dokumente an, z. B. zur Vorlage bei Banken oder Geschäftspartnern, verstößt er nicht gegen § 283,[88] allerdings kann er sich gegebenenfalls nach §§ 263, 265 b StGB wegen Betruges bzw. Kreditbetruges strafbar machen.

26 Die Nicht- bzw. nicht rechtzeitige Erstellung einer Bilanz oder eines Inventars führt ebenfalls zur Bestrafung wegen Bankrotts. Diese Tatbestandsalternative schließt also über die Bestandteile des Jahresabschlusses hinaus auch das Verzeichnis des vorhandenen Vermögens, gewonnen aufgrund einer körperlichen und unmittelbaren Bestandsaufnahme, mit in den strafrechtlichen Schutz ein. § 240 HGB führt den notwendigen Inhalt des Inventares ein. Bei Ermittlungen wegen dieses Bankrottatbestandes ergeben sich in der

---

85 GmbH, KGaA oder AG.
86 Weyand, a. a. O., Rdnr. 94 m. w. N.
87 RGSt 8, 424.
88 BGHSt 30, 186 = NJW 1981, 2206; Krit. Schäfer, wistra 1986, 200.

Praxis kaum Probleme, weil es lediglich zu überprüfen gilt, ob die erwähnten Übersichten überhaupt vorliegen oder fehlen. Hat der Kaufmann die Fristen, in denen er Bilanzen und Inventare erstellen muss, ungenutzt verstreichen lassen, ist auch die Strafvorschrift erfüllt.

Ausdrückliche Vorschriften über die Bilanzierungsfristen existieren lediglich für die Kapitalgesellschaften. Je nach ihrer Größe muss sie binnen drei oder sechs Monaten nach Abschluss des Geschäftsjahres Bilanz ziehen und den Jahresabschluss nebst Anhang vorlegen. § 264 HGB bestimmt als generelle Frist den Drei-Monats-Zeitraum; lediglich kleine Kapitalgesellschaften im Sinne des § 267 HGB dürfen sich für Abschlussarbeiten bis zu sechs Monaten Zeit nehmen. Die Eröffnungsbilanz ist zu Beginn der Geschäftstätigkeit »innerhalb der einem ordnungsmäßigen Geschäftsgang entsprechenden Zeit« zu erstellen (§§ 242 Abs. 1 und 243 Abs. 3 HGB), ohne dass das Gesetz diesen Zeitraum weiter definiert. Die Übersicht muss aber in unmittelbarem zeitlichen Zusammenhang mit dem Beginn der Geschäftstätigkeit vorliegen, maximal aber nach drei Monaten.[89] Für Bilanzen von Personenhandelsgesellschaften, bei denen nicht wenigstens eine natürlich Person haftet,[90] existiert seit Inkrafttreten des KapCoRiLiG[91] eine besonders gesetzlich festgelegte Aufstellungsfrist, die dem bei der GmbH zu beachtenden Zeitraum entspricht.[92] Die Gesetzesnovelle gilt für alle nach dem 31. 12. 1999 beginnenden Geschäftsjahre, nicht jedoch rückwirkend für die Vorzeit.[93] Keine entsprechende Bestimmung besteht für die Personenhandelsgesellschaft, ebenso wie für das einzelkaufmännische Unternehmen. Hier verbleibt es bei der allgemeinen Regel des § 243 Abs. 3 HGB, nach welcher der Jahresabschluss »innerhalb einer dem ordnungsmäßigen Geschäftsgang entsprechenden Zeit« aufgestellt werden muss. Indes dürfte ein Zeitraum von sechs Monaten nach Abschluss des Geschäftsjahres regelmäßig angemessen und ausreichend sein, um bei derartigen Unternehmen Bilanz zu ziehen.[94] Erkennt der Kaufmann, dass er sich in einer wirtschaftlichen Krise befindet, muss er unverzüglich alle erdenklichen Informationsquellen ausschöpfen und schnellstmöglich Bilanz ziehen. Dies führt im Einzelfall zu einer erheblichen Abkürzung der tolerablen Bilanzierungsfristen.[95] Von der Finanzverwaltung für Zwecke des Besteuerungsverfahrens gewährte Fristverlängerungen führen im Übrigen nicht zur Erweiterung handelsrechtlicher Bilanzierungs-

27

---

89 Tiedemann, a. a. O., § 283 Rdnr. 146.
90 Also die GmbH & Co, die AG und Co KG, Stiftungen & Co, Genossenschaften und Co.
91 Gesetz v. 24. 2. 2000, BGBl. I 2000, 154; vgl. hierzu Kusterer/Kirnberger/Fleischmann, DStR 2000, 606; Zimmer/Eckhold, NJW 2000, 1361.
92 Vgl. § 267 Abs. 4 Satz 1 HGB.
93 Die gesetzliche Neuregelung hat im Übrigen erhebliche »Breitenwirkung«: circa 100 000 Unternehmen werden die erweiterten Bilanzierungspflichten künftig beachten müssen; vgl. Zimmer/Eckhold, NJW 2000, 1361, 1369.
94 S. auch BGH NJW 1991, 2917.
95 Vgl. in diesem Zusammenhang Mertes, wistra 1991, 151; s. auch BVerfGE 48, 60 ff.

fristen. Die Vorschriften des Handelsrechts gelten unabhängig von steuerrechtlichen Normen.[96]

Die verspätete Nachholung der geforderten Aufstellungen lässt die Strafbarkeit nicht entfallen, weil der Tatbestand bereits mit Ablauf der ordentlichen Bilanzierungsfristen erfüllt wird. Dies gilt im Übrigen auch, wenn der Täter eine Scheinbilanz erstellt, die keinerlei Rückschlüsse auf den Unternehmenszustand zulässt.[97]

6. Generalklausel (§ 283 Abs. 1 Nr. 8 StGB)

28 Die Generalklausel des § 283 Abs. 1 Nr. 8 StGB gewinnt in der Verfolgungspraxis nur an wenig Bedeutung, was vor allem auf erhebliche Nachweisprobleme zurückgeht.[98] Nach der Bestimmung macht sich strafbar, wer auf andere als in den Nr. 1 bis 7 der Vorschrift aufgeführte Arten den Anforderungen einer ordnungsgemäßen Wirtschaft in grob widersprechender Weise seinen Vermögensstand verringert, seine wirklichen geschäftlichen Verhältnisse verheimlicht oder diese verschleiert. Die Norm wird in der Literatur wegen ihrer sehr allgemeinen Formulierung und ihrer ungenügenden Bestimmtheit erheblich kritisiert.[99] Die geringe Praxisrelevanz der Vorschrift wird dadurch belegt, dass sich die Rechtsprechung, soweit erkennbar, bislang noch nicht mit ihr auseinander gesetzt hat. Sie dürfte – unabhängig von subjektiven Nachweisschwierigkeiten – nur dann in Frage kommen, wenn die in Rede stehende Handlung eindeutig unvertretbar ist und der Täter ganz elementare Regeln des Wirtschaftslebens verletzt.[100]

▶ **Beispiele:**
– Grundlose Verschleuderung eigener Waren,
– Übernahme völlig unvertretbarer, extremer Risiken.

7. Handlungen außerhalb der Krise (§ 283 Abs. 2 StGB)

29 Auch § 283 Abs. 2 StGB hat in der Praxis nur geringe Bedeutung. Nach dieser Bestimmung macht sich strafbar, wer eine der in § 283 Abs. 1 StGB aufgeführten Tatbestände verwirklicht und dadurch die Unternehmenskrise in Form der Überschuldung bzw. der eingetretenen (nicht aber der drohenden) Zahlungsunfähigkeit kausal herbeiführt. Mitursächlichkeit genügt

---

96 Der Täter kann sich u. U. auf einen – allerdings stets vermeidbaren und daher nur zur fakultativen Strafmilderung führenden – Verbotsirrtum i. S. d. § 17 StGB berufen; vgl. Müller-Gugenberger/Bieneck, a. a. O. § 69 Rdnr. 39.
97 So schon RGSt 12, 78, 82; s. im Übrigen Tröndle/Fischer, a. a. O., § 283 Rdnr. 30 m. w. N.
98 Tiedemann, KTS 1984, 539, 552; Richter, GmbHR 1984, 137, 148.
99 Tiedemann, a. a. O.; Tröndle/Fischer, a. a. O., § 283 Rdnr. 31.
100 Tiedemann, GmbH-Strafrecht, 3. Aufl. 1995, Vor § 82 Rdnr. 42.

Weyand

hierbei.¹⁰¹ Die Vorschrift erfasst vor allem die Fälle, in denen Kaufleute bewusst Insolvenzen herbeiführen, um hierdurch andernfalls nicht erzielbare Gewinne zu machen.

▶ **Beispiel:**
Gründung einer Firma, die dann auf Kreditbasis erlangte Güter zu Niedrigpreisen verschleudert, ohne die Ansprüche des Lieferanten zu befriedigen.

Regelmäßig verwirklichen die Täter dabei aber auch andere – schwer wiegendere – Delikte, wie Betrug oder Steuerhinterziehung. In den übrigen Fällen bestehen naturgemäß erhebliche Nachweisprobleme.

8. Schuldformen

§ 283 Abs. 1 und Abs. 2 StGB erfordern für die Strafverfolgung zunächst einmal vorsätzliches Handeln. Der Gesetzgeber hat über die Strafbarkeit von Vorsatztaten hinaus in § 283 Abs. 4 und 5 StGB auch Möglichkeiten geschaffen, fahrlässiges Verhalten zu bestrafen.

§ 283 Abs. 4 StGB betrifft das fahrlässige Verkennen der Unternehmenskrise (Nr. 1) und deren leichtfertige Herbeiführung (Nr. 2). Wegen fahrlässigen Bankrotts macht sich also einmal derjenige strafbar, der eine in Abs. 1 der Norm aufgeführte Tathandlung vorsätzlich vornimmt, hierbei aber fahrlässigerweise verkennt, dass eine Unternehmenskrise gegeben ist. Ein derart pflichtwidriges Verhalten legt beispielsweise der Kaufmann an den Tag, der ohne jegliche wirtschaftliche und geschäftliche Planung handelt oder der keine bzw. nur mangelhafte Aufzeichnungen führt. Zum anderen verwirklicht derjenige den Tatbestand, der die Unternehmenskrise leichtfertig verursacht, also grob achtlos etwas unbeachtet lässt, was sich jedem anderen aufdrängt.

§ 283 Abs. 2 StGB stellt darüber hinaus bestimmte fahrlässige Bankrotthandlungen unter Strafe. In Frage kommen dabei ausschließlich die in § 283 Abs. 1 Nr. 2 (Spekulationsgeschäfte), Nr. 5 (unterlassene oder mangelhafte Führung von Handelsbüchern) und Nr. 7 (mangelhafte oder unterlassene Bilanzierung) aufgeführten Vorgehensweisen. Begeht der Täter fahrlässig eine dieser Handlungen und verkennt er gleichermaßen fahrlässig oder leichtfertig, dass sein Handeln zu einer Unternehmenskrise führen wird, macht er sich wegen fahrlässigen Bankrotts strafbar. Hauptanwendungsfall der Vorschrift ist die unzureichende Überwachung von Buchhaltungskräften oder Steuerberatern.¹⁰²

---

101 Tiedemann, Insolvenz-Strafrecht, § 283 Rdnr. 175.
102 Vgl. RGSt 58, 304; OLG Karlsruhe Justiz 1977, 206.

9. Strafbarkeit des Versuchs (§ 283 Abs. 3 StGB)

31   Nicht nur der vollendete Bankrott, sondern auch dessen Versuch ist strafbar, wobei sich eine versuchte Straftat rein begrifflich nur auf Vorsatzdelikte beziehen kann. Die Strafverfolgung wegen versuchten Bankrotts erfordert ebenfalls, dass die in § 283 Abs. 6 StGB angeführte objektive Bedingung der Strafbarkeit eingetreten ist.

10. Rechtsfolgen

Verstöße gegen § 283 StGB können sowohl Geld- als auch Freiheitsstrafe nach sich ziehen. Die Sanktionierung hängt sehr stark von den Umständen des Einzelfalles ab, sodass sich allgemein gültige Aussagen – etwa in Form von »Strafkatalogen« – nicht treffen lassen. Anders als die verspätete Insolvenzanmeldung (§ 84 GmbHG) stufen die Gerichte Bankrottdelikte aber normalerweise nicht als Bagatellstraftaten ein. Eine Einstellung gegen Geldauflage unter Anwendung des § 153 a StPO, die häufig am Ende von Ermittlungen wegen Insolvenzverschleppung steht, kommt nur in seltenen Fällen vor, etwa wenn der Täter aus wirtschaftlicher Not gehandelt hat. Regelmäßig muss er mit einer öffentlichen Hauptverhandlung vor dem Schöffengericht oder der Wirtschaftsstrafkammer rechen.

Zusätzlich drohen dem Delinquenten, ebenso wie bei der verspäteten Insolvenzanmeldung, unter Umständen Nebenfolgen, wie etwa ein zeitlich begrenztes oder – in Extremfällen – auch lebenslängliches Berufsverbot.

II. Der besonders schwere Fall des Bankrotts (§ 283 a StGB)

32   § 283 StGB droht dem Bankrotteur Geld- oder Freiheitsstrafe von maximal fünf Jahren an, eine durchaus nicht unerhebliche Sanktion, die dem Strafrahmen anderer wichtiger Vermögensdelikte, z. B. des Betruges (§ 263 StGB) oder der Untreue (§ 266 StGB) entspricht. Gleichwohl kann man sich bei Insolvenzen Straftaten vorstellen, bei denen dieser Strafrahmen nicht ausreicht, wie z. B. Zusammenbrüche betrügerischer Kapitalanlagefirmen oder Scheitern von Großunternehmen mit einer großen Zahl von Geschädigten oder extrem hohen Schadensbeträgen. Um auch auf Bankrottstraftaten, die im Zusammenhang mit solchen Unternehmenszusammenbrüchen begangen worden sind, adäquat reagieren zu können, hat der Gesetzgeber den § 283 a StGB geschaffen, den besonders schweren Fall des Bankrotts. Soweit der Täter eine der in dieser Norm erfassten Alternativen verwirklicht, muss er mit einer Maximalstrafe von zehn Jahren Freiheitsentzug rech-

nen. Dabei beträgt die Mindeststrafe bereits sechs Monate Freiheitsentzug, eine Geldstrafe schließt die Bestimmung demnach aus, wie auch die Einstellung gegen Geldbuße (§ 153 a StPO) in diesen Fällen nicht in Betracht kommt.

Die Aufzählung der besonders schweren Fälle ist nicht abschließend. Der Tatbestand führt lediglich zwei Regelbeispiele auf. Zum einen hält der Gesetzgeber ein Handeln aus Gewinnsucht für besonders strafwürdig, § 283 a Nr. 1 StGB. Das Bestreben, aus unternehmerischer Tätigkeit einen Gewinn zu ziehen, ist für sich genommen natürlich nicht strafwürdig, sondern zählt zu den völlig legitimen kaufmännischen Interessen. Die Gewinnsucht geht über diese Ziel aber weit hinaus. Sie liegt dann vor, wenn der Täter ein ungewöhnliches, »ungesundes« Gewinnstreben an den Tag legt und dabei besonders rücksichtslos vorgeht. Mit anderen Worten: der Delinquent sucht seinen Vorteil, ohne auf die Interessen seiner Geschäftspartner zu achten; er strebt dabei seinen Gewinn um jeden Preis an.[103]

33

▶ **Beispiel:**
Betrieb eines Unternehmens, für das ab Beginn der Geschäftstätigkeit weder Steuern noch Sozialversicherungsbeiträge entrichtet werden und dessen – dementsprechend besonders hohe – Erträge ungeschmälert in die Taschen des Kaufmann fließen, bis die Insolvenz eintritt.[104]

Als weiteres Regelbeispiel führt die Bestimmung die Gefährdung vieler Personen als besonders schweren Fall des Bankrotts auf, § 283 a Nr. 2 StGB. Welchen Umfang ein Kreis »vieler Personen« tatsächlich haben muss, wird vom Gesetz nicht definiert. Nach allgemeiner Meinung muss es sich jedoch um eine größere Anzahl – mehr als zehn Personen[105] – von Opfern handeln. Dabei kommt es für die erste Alternative der Norm nicht darauf an, ob ein konkreter Vermögensverlust eingetreten ist; es genügt, wenn diese Konsequenz droht. Der Tatbestand fordert weiterhin, dass die Geschädigten dem Täter Vermögenswerte anvertraut haben, sie also in dem Vertrauen hingegeben wurden, der Empfänger werde sie ausschließlich im Interesse seines Geschäftspartners einsetzen. Die Vorschrift betrifft daher vor allem solche Unternehmen, deren Geschäftszweck die Verwaltung und Mehrung fremder Gelder ist, also Banken, Bausparkassen und Kapitalanlagefirmen. Auch Abschreibungsgesellschaften fallen unter den Schutzbereich der Bestimmung.[106] Die Vorschrift schützt darüber hinaus auch Warenkreditgeber, soweit eine größere Gruppe von Kreditoren betroffen ist.[107] Die zweite Alternative des § 283 a Nr. 2 StGB betrifft die Fälle, in denen aufgrund der Tathandlungen ein entsprechender Personenkreis in wirtschaftliche Not gestürzt wird, die Opfer also in ihrer wirtschaftlichen Lebensführung objektiv

34

---

103 Vgl. BGHSt 1, 388, 389; 3, 30, 32; 17, 35, 37.
104 Vgl. Tiedemann, a. a. O. § 283 a Rdnr. 4.
105 Tiedemann, a. a. O., § 283 a Rdnr. 9.
106 Ausführlich Tiedemann, a. a. O., § 283 a Rdnr. 7.
107 Tiedemann, a. a. O., § 283 a Rdnr. 7.

eingeengt werden und auch unabdingbar lebenswichtige Aufwendungen nicht mehr erbringen können.[108] Der Tatbestand erfordert dabei nicht, dass die Geschädigten etwa um ihre nackte Existenz kämpfen müssen; andererseits erfüllen bloße Abstriche am gewohnten Lebensstandard die Voraussetzungen ebenfalls nicht. Wirtschaftliche Not im hier interessierenden Sinne muss man dann bejahen, wenn die Betroffenen durch das Handeln des Täters den wirtschaftlichen Ruin erleiden, also etwa Immobilien oder andere werthaltige Objekte veräußern müssen und künftig auf Sozialleistungen oder mildtätige Gaben Dritter angewiesen bleiben.

Bei beiden Alternativen führt nur wissentliches Handeln des Täters zu dessen Bestrafung aus § 283 a StGB. Ihm muss also bekannt sein, dass sein Vorgehen unabdingbar zur Vermögensgefährdung bzw. zur wirtschaftlichen Not eines größeren Personenkreises führen wird. Diese subjektive Komponente führt in der Praxis häufig zu Nachweisschwierigkeiten.

Auch andere, ähnlich gravierende Umstände können die Annahme eines besonders schweren Fall des Bankrotts rechtfertigen. In Frage kommen vor allem massive Schädigungen eines kleineren Personenkreises auf der einen und im Einzelfall kleine, aus der Gesamtschau aber erhebliche Beeinträchtigungen einer Vielzahl von Betroffenen auf der anderen Seite.[109] Der Versuch des § 283 a StGB ist ebenfalls strafbar.

III. Verletzung der Buchführungspflicht (§ 283 b StGB)

35   Die Ahndung von Verstößen gegen die Bestimmungen des § 283 Abs. 1 Nr. 5 bis 7 StGB hängt davon ab, dass der Täter während einer Unternehmenskrise handelt. Häufig werden jedoch Buchführungspflichten auch außerhalb dieser speziellen Situation verletzt. Bei dieser Sachlage kann § 283 b StGB ebenso wie in solchen Fällen eingreifen, in denen der Betreffende die wirtschaftliche Schieflage seines Unternehmens nicht realisiert, ohne aber fahrlässig im Sinne des § 283 Abs. 4 zu handeln.[110] Der Gesetzgeber hat diese Bestimmung als abstraktes Gefährdungsdelikt ausgestaltet, das von vorneherein bestimmte Zuwiderhandlungen gegen handelsrechtliche Aufzeichnungspflichten sanktioniert. Erforderlich ist allein, dass die in § 283 Abs. 6 StGB umschriebene objektive Bedingung der Strafbarkeit eintritt.

§ 283 b Abs. 1 StGB erfasst drei unterschiedliche Pflichtverstöße. Einmal macht sich nach Nr. 1 der Norm derjenige strafbar, der Handelsbücher überhaupt nicht führt oder seine Aufzeichnungen mangelhaft erstellt und so die Übersicht über seinen Vermögensstand erschwert; diese Alternative entspricht wörtlich § 283 Abs. 1 Nr. 5 StGB. Nr. 2 der Bestimmung deckt

---

108 Müller-Gugenberger/Bieneck, a. a. O., § 78 Rdnr. 44 m. w. N.
109 Vgl. weiter Tiedemann, a. a. O., § 283 a Rdnr. 12 m. w. N.
110 Vgl. BGH NStZ 1984, 455.

sich mit § 283 Abs. 1 Nr. 7 StGB, bedroht also die Nichterstellung bzw. das mangelhafte Vornehmen von Jahresabschlüssen mit Strafe. Nr. 3 der Vorschrift stimmt im Wesentlichen mit § 283 Abs. 1 Nr. 6 StGB überein. Im Unterschied zu diesem Tatbestand verlangt jene Norm aber, dass der Täter zur Aufbewahrung der entsprechenden Unterlagen verpflichtet ist. Im Übrigen gelten die obigen Ausführungen entsprechend.

Für alle Alternativen ist zunächst Vorsatz erforderlich. Aber auch der fahrlässige Verstoß gegen § 283 b Abs. 1 Nr. 1 und 3 StGB kann entsprechend dem Absatz 2 der Bestimmung Strafe zur Folge haben.

Nicht alle Verstöße gegen Buchführungspflichten führen allerdings zu strafrechtlichen Konsequenzen, auch wenn später ein Unternehmenszusammenbruch folgt. Notwendigerweise muss ein tatsächlicher und zeitlicher Zusammenhang zwischen Insolvenz und Pflichtverstoß vorliegen.[111] Im Normalfall kann man eine Konnexität angesichts des Deliktscharakters vermuten. Verbleibende Zweifel gehen zu Lasten des Täters, ohne dass hierin ein Verstoß gegen den Grundsatz »in dubio pro reo« gesehen werden kann. Hat ein Kaufmann aber Jahre vor Insolvenzeröffnung beispielsweise Bilanzen nicht erstellt, dieses Versäumnis aber später korrigiert, besteht kein Strafbedürfnis.[112]

IV. Gläubigerbegünstigung (§ 283 c StGB)

Schon § 283 Abs. 1 Nr. 1 StGB bedroht bestimmte Vermögensverschiebungen mit Strafe. Einen speziellen Fall dieser Tathandlungen hat der Gesetzgeber in § 283 c StGB eigens angesprochen: die Gläubigerbegünstigung. Den Tatbestand erfüllt, wer einen Unternehmensgläubiger bevorzugt und diesen so in die Lage versetzt, seine Ansprüche weiter gehend als andere Kreditoren zu befriedigen. Der Strafrahmen des § 283 c StGB weicht dabei erheblich von dem des § 283 StGB ab. Im Fall der Gläubigerbegünstigung muss der Täter nur mit maximal zwei Jahren Freiheitsentzug rechnen. Diese Privilegierung resultiert aus der Überlegung, dass der Unternehmer bei Tathandlungen im Sinne des § 283 Abs. 1 Nr. StGB die dem Gläubigerzugriff unterliegende Vermögensmasse allgemein beeinträchtigt. Begünstigt er hingegen einen einzigen Anspruchsteller, greift er in das zur Verteilung zur Verfügung stehende Vermögen als solches nicht ein, sondern stellt nur einzelne Gläubiger durch inkongruente Vermögensverschiebungen besser.[113]

Die Strafbarkeit nach § 283 c StGB tritt nur dann ein, wenn der Täter in Kenntnis seiner Zahlungsunfähigkeit handelt; drohende Zahlungsunfähig-

36

---

111 OLG Düsseldorf NJW 1980, 1292, 1293 m. w. N.
112 Vgl. dazu BGH JZ 1979, 75.
113 Ausführlich Müller-Gugenberger/Bieneck, a. a. O., § 79 Rdnr. 2 m. w. N.

keit bzw. eine eventuelle Überschuldung des Unternehmens können die Rechtsfolge der Bestimmung nicht auslösen.

Der Begünstigte muss Gläubiger des zusammengebrochenen Unternehmens sein, also einen begründeten Vermögensanspruch im Sinne der §§ 38, 40 InsO innehaben, ohne dass dessen Fälligkeit erforderlich ist.[114] Unter den Gläubigerbegriff des § 283 c StGB fallen dementsprechend auch Absonderungsberechtigte (§ 49 InsO) sowie Massegläubiger (§ 53 InsO), nicht jedoch der Aussonderungsberechtigte (§ 47 InsO), weil der auszusondernde Gegenstand nicht in das der Verteilung unterliegende Schuldnervermögen fällt.

37 § 283 c StGB verbietet das Gewähren von Sicherheiten oder die Befriedigung eines Gläubigers zu einem Zeitpunkt, an dem dieser die Leistung nicht oder nicht in der erbrachten Form beanspruchen darf, untersagt also die inkongruente Deckung. Eine Sicherheit im Sinne der Vorschrift erhält derjenige, der infolge der erlangten Rechtsposition seine Ansprüche eher, leichter, besser oder sicherer befriedigen kann, und dadurch günstiger dasteht, als er eigentlich hätte erwarten können, etwa bei Sicherungsübereignungen, Verpfändungen, der Bestellung von Grundpfandrechten.

Nicht strafbar sind Handlungen, durch die die den übrigen Gläubigern zur Verfügung stehende Vermögensmasse unberührt bleibt.

> **Beispiel:**
> Der Schuldner veranlasst einen Dritten, dem Gläubiger gegenüber eine Bürgschaft zu übernehmen.

Befriedigung erlangt der Gläubiger, wenn seine Forderung erfüllt wird (§ 262 BGB) oder er eine Leistung an Erfüllungs statt erhält (§ 364 BGB), so z. B. bei Zahlung oder Weiterleitung eines eingehenden Kundenschecks.[115]

Erbringt der Betreffende eigene Leistungen, zahlt der GmbH-Geschäftsführer etwa an die Gesellschaft gerichtete Rechungen aus der eigenen Tasche, handelt er nicht tatbestandsmäßig.[116] Hingegen erfüllt er die Merkmale der Strafvorschrift, wenn er eine Sache scheinbar veräußert, um so eine Aufrechnungslage zu schaffen,[117] Gleiches gilt, wenn er den Insolvenzantrag verzögert, um so einem Gläubiger die Möglichkeit zur Pfändung zu verschaffen.[118] Da § 283 c StGB die »Gewährung« einer Begünstigung verlangt, muss der bevorzugte Gläubiger zwangsläufig an der Handlung mitwirken; andernfalls ist der Tatbestand nicht erfüllt.

---

114 Vornbaum, GA 1981, 101, 107.
115 Vgl. Tiedemann, a. a. O., § 283 c Rdnr. 13.
116 BGHSt 16, 279.
117 BGH bei Herlan, GA 1961, 359.
118 RGSt 48, 18, 20.

▶ **Beispiel:**
Überweisung eines Geldbetrags, ohne dass der Zahlungsempfänger dies weiß.[119]

Von inkongruenter Deckung spricht man dann, wenn dem Gläubiger die Sicherheit nicht, nicht in der gewährten Art oder nicht zu dem aktuellen Zeitpunkt geschuldet wird,[120] wobei sich die Inkongruenz nach zivilrechtlichen Grundsätzen beurteilt.[121] Sittenwidrige Vereinbarungen, Scheingeschäfte oder formnichtige Verträge, z. B. entgegen § 313 BGB nicht notariell beurkundete Immobilienübertragungen, begründen keine durchsetzbaren Ansprüche und fallen daher nicht in den Schutzbereich des § 283 c StGB. Dies gilt hingegen nicht, wenn sich der Täter nicht auf dem Gläubigeranspruch entgegenstehende dauernde Einreden oder Gegenrechte beruft, z. B. auf Anfechtungsmöglichkeiten bzw. Eintritt der Verjährung.[122] Nicht in der Art geschuldet werden Leistungen, die gegenüber der ursprünglichen Verpflichtung andersartig erbracht werden.

▶ **Beispiele:**
 – Lieferung von Waren anstelle der Zahlung,[123]
 – Lieferung nicht fertig gestellter Gegenstände anstelle des eigentlich geschuldeten Werkes.

▶ **Nicht jedoch:**
Vornahme einer Banküberweisung anstelle von Barzahlung.[124]

Nicht zu der Zeit zu beanspruchen hat der begünstigte Gläubiger Leistungen, die noch nicht fällig sind, bzw. solche, bei denen eine etwaige aufschiebende Bedingung noch nicht eingetreten ist.[125] Der Bevorzugte selbst macht sich durch die bloße Annahme der gewährten Vergünstigung nicht strafbar.[126] Allerdings kann er wegen Anstiftung oder Beihilfe verfolgt werden, wenn er den Schuldner zu der Tathandlung bestimmt bzw. diesem behilflich ist, z. B. durch Zurverfügungstellung eines Transportfahrzeuges.[127] Dies gilt insbesondere für Mitarbeiter von Kreditinstituten, die aufgrund genauer Kreditüberwachung oft schon sehr frühzeitig auf drohende Firmenzusammenbrüche hingewiesen werden und den Schuldner dann zur Gewährung zusätzlicher Sicherheiten »überreden«.[128] Die nachträgliche Gewährung einer nicht schon im ursprünglichen Kreditvertrag vereinbarten Darlehens-

38

---

119 Vgl. RGSt 29, 413 und 62, 277, 280.
120 Vgl. auch §§ 131 InsO.
121 BGHSt 8, 55, 56; s. zuvor RGSt 66, 90.
122 Vgl. näher Müller-Gugenberger/Bieneck, a. a. O., § 79 Rdnr. 6 m. w. N.
123 BGHSt 16, 279.
124 Müller-Gugenberger/Bieneck, a. a. O., § 79 Rdnr. 10 m. w. N.
125 Tiedemann, a. a. O., § 283 c Rdnr. 21 m. w. N.
126 Es liegt ein Fall der notwendigen Teilnahme vor; vgl. näher Tiedemann, a. a. O., § 283 c Rdnr. 35.
127 BGH bei Herlan, GA 1967, 265.
128 Vgl. in diesem Zusammenhang Tiedemann, ZIP 1983, 513 ff., 616.

Weyand

sicherheit ist stets inkongruent im Sinne der Bestimmung. Kein Gläubiger hat einen allgemeinen Anspruch auf Sicherheiten, weil er letztlich Vertragserfüllung verlangen kann.[129] Zur Verschleierung derartiger Sicherungsvereinbarungen wird oft versucht, die (neue) Sicherheit als neues Haftungsobjekt für eine gleichzeitige weitere Darlehensstundung zu rechtfertigen. Dies entspricht in einer Krisensituation nicht mehr den Grundsätzen ordnungsmäßiger Wirtschaft, da die ursprüngliche Forderung in der Krisensituation des Schuldners wegen dessen Zahlungsunfähigkeit uneinbringlich ist. Eine derartige Vereinbarung ist daher als (rechtsunwirksames) Scheingeschäft zu werten.[130] Gleiches gilt für die förmlich-banktechnische Gewährung eines faktisch – z. B. durch geduldete Überziehung – bereits eingeräumten Kredits.[131] Auch die Vereinbarung und Gewährung einer Sicherheit für einen neuen Kredit, die neben diesem einen bereits bestehenden Kredit sichern soll, ist für § 283 c StGB tatbestandsmäßig, wenn hierfür keine Gegenleistung feststellbar ist.[132] Nr. 19 Abs. 1 ABB[133] ist zu allgemein, um die für den Tatbestandsausschluss nötige Kongruenz zu begründen, es sei denn, die Konkretisierung von Sicherheiten ist vor Kriseneintritt erfolgt.[134] Freilich dürfte der Nachweis im Einzelfall schwierig sein. Auch die versuchte Gläubigerbegünstigung bedroht § 283 c Abs. 2 StGB mit Strafe.

V. Schuldnerbegünstigung (§ 283 d StGB)

39 Die bis jetzt dargestellten Tatbestände des Insolvenzstrafrechts erforderten ein Tätigwerden des Schuldners selbst. Denkbar ist jedoch gleichermaßen, dass Außenstehende sich, sei es als Anstifter, Beihelfer oder gar Mittäter, an einem solchen Verhalten beteiligen. Außerdem können dritte Personen auch von sich aus aktiv in die Vermögenssituation des insolventen Betriebs eingreifen und die Insolvenzmasse hierdurch beeinträchtigen. Wird der Schuldner durch solche Handlungen besser gestellt, kann eine nach § 283 d StGB strafbare Schuldnerbegünstigung gegeben sein. Die Tathandlungen entsprechen denen des § 283 Abs. 1 Nr. 1 StGB; insoweit sei auf die obigen Ausführungen verwiesen.

Soweit der Täter eine der in der Vorschrift erwähnten Arten der Vermögensverschiebung vornimmt, muss er mit Einwilligung des Schuldners oder zu dessen Gunsten aktiv werden. Die Einwilligung bedingt eine entsprechende Willenserklärung im Voraus, wobei auch konkludentes Handeln ausreicht, wie etwa die Duldung der Wegnahme von Vermögensbestandteilen.

---

129 Müller-Gugenberger/Bieneck, a. a. O., § 79 Rdnr. 19 ff. m. w. N.
130 Müller-Gugenberger/Bieneck, a. a. O., § 79 Rdnr. 21 m. w. N.
131 Vgl. ausführlich BGH ZIP 1999, 76.
132 Vornbaum, GA 1981, 101, 132.
133 Allgemeine Geschäftsbedingungen der Banken.
134 Vornbaum, GA 1981, 101, 117; BGH, ZIP 1999, 76.

Die nachträgliche Genehmigung – nach Begehung der Tat – genügt demgegenüber nicht. Mangelt es an dem Einverständnis des Schuldners, kann nach § 283 d StGB nur bestraft werden, wer zu dessen Gunsten handelt. Dies erfordert ein Handeln in dessen Interesse und mit der Absicht, ihm auf Kosten der Gesamtheit der Gläubiger einen Vermögensvorteil zukommen zu lassen.[135] Unerheblich für die Tatbestandsverwirklichung ist es, dass der Täter neben der Fremdbegünstigung auch seinen eigenen Vorteil im Auge hat.[136] Ein Handeln ausschließlich im Eigeninteresse oder dem eines Dritten lässt hingegen die Strafbarkeit nach § 283 d StGB entfallen, auch wenn sich die Besserstellung des Schuldners als zwangsläufige Begleiterscheinung ergibt.

Neben der Vermögensverschiebung ist es erforderlich, dass der Täter in Kenntnis der drohenden Zahlungsunfähigkeit oder nach Zahlungseinstellung, während eines Insolvenzverfahrens oder zu einem Zeitpunkt tätig wird, zu dem das Insolvenzgericht eine entsprechende Entscheidung überdenkt.

Ähnlich wie bei den Bankrott-Tatbeständen des § 283 StGB sieht das Gesetz für die Verwirklichung besonders gravierender Tathandlungen auch bei der Schuldnerbegünstigung einen erweiterten Strafrahmen vor, der dem des § 283 a StGB gleicht. § 283 d Abs. 3 StGB entspricht weitestgehend wörtlich der Bestimmung des § 283 a StGB. Der einzige Unterschied in der Formulierung besteht darin, dass bei einer Gefährdung des Vermögens eines großen Personenkreises diese Werte nicht dem Täter, sondern dem Begünstigten, also dem Schuldner, anvertraut worden sein müssen. § 283 d StGB verlangt auf Seiten des Täters gleichfalls Vorsatz. Die versuchte Schuldnerbegünstigung bedroht § 283 d Abs. 2 StGB auch mit Strafe.

Die Strafverfolgungsbehörden erheben in der Praxis nur sehr selten Anklage wegen § 283 d StGB, weil sie sich bei ihren Ermittlungen fast immer auf möglicherweise strafrechtlich relevantes Verhalten des Schuldners konzentrieren. Straftaten anderer Personen treten dabei meist nur zufällig zu Tage. Außerdem bleiben deren Tatbeiträge häufig bereits deshalb unentdeckt und folglich ungeahndet, weil der Begünstigte schon einen wirtschaftlichen Neubeginn vor Augen hat und sich das Wohlwollen möglicher Kreditgeber und potentieller Lieferanten sichern will. Gerade aus diesem Personenkreis heraus dürften aber zahlreicher Schuldnerbegünstigungen begangen werden.[137]

---

135 Tröndle/Fischer, a. a. O., § 283 d Rdnr. 4.
136 BGH bei Herlan, GA 1967, 265.
137 Vgl. weiter Weyand, a. a. O., Rdnr. 136 m. w. N.

11. KAPITEL – GRUNDZÜGE DES INTERNATIONALEN INSOLVENZRECHTS

Inhalt

Seite

A. Einleitung 1173

  I. Aufgabe des Internationalen Insolvenzrechts (IIR) 1173

     1. Grundlegende Fragestellung 1173
     2. Artikel 102 EGInsO 1173

  II. Rechtsnatur und Begriff des IIR 1173

     1. Internationales Insolvenzprivatrecht und Internationales
        Insolvenzverfahrensrecht 1173
     2. Insolvenzspezifische Sachverhalte 1174
     3. Der Grundsatz der lex fori 1175
     4. Die Auslegung der IIR-Vorschriften 1175
     5. Grenzüberschreitende Wirkungen des Insolvenzverfahrens ... 1176
     6. Anerkennungsfähigkeit ausländischer Verfahren 1176

  III. Grundlegende Prinzipien des IIR 1178

     1. Beschränkter Aussagewert 1178
     2. Begriffsbestimmung 1178
     3. Universalität – Territorialität 1179
     4. Einheit oder Mehrheit der Verfahren 1179
     5. Vermittelnde Lösungen 1180

B. Internationalen Übereinkommen auf dem Gebiet des IIR 1181

  I. Verträge mit der Schweiz 1181

  II. Deutsch-österreichischer Konkursvertrag 1181

  III. Die Verordnung über Insolvenzverfahren 1182

     1. Entstehungsgeschichte 1182
     2. Der wesentliche Inhalt der VO 1183

IV.		Sonstige Bemühungen zur Abwicklung grenzüberschreitender Insolvenzverfahren	1190
	1.	Richtlinie über die Sanierung und Liquidation der Kreditinstitute	1190
		a) Zielrichtung	1190
		b) Wesentlicher Inhalt	1190
		c) Bewertung	1191
	2.	Richtlinie über die Sanierung und Liquidation der Versicherungsunternehmen	1193
	3.	UNCITRAL-Modellbestimmungen	1194
		a) Entstehung und Bedeutung der Modellbestimmungen	1194
		b) Ziel der Modellbestimmungen	1194
		c) Wesentlicher Inhalt	1195
		d) Bewertung	1197

C. Artikel 102 EGInsO ... 1198

I.	Artikel 102 EGInsO als Provisorium	1198
II.	Anerkennungsfähigkeit des ausländischen Verfahrens	1198
III.	Voraussetzung der Anerkennung	1198
	1. Internationale Zuständigkeit	1198
	2. Ordre public	1199
IV.	Das Anerkennungsverfahren und die Bedeutung der Anerkennung	1200
	1. Wirkung der Anerkennung	1200
	2. Prozessunterbrechung und Vollstreckung	1200
	3. Unterrichtung der Gläubiger und Registereintragungen	1201
	4. Das anwendbare Recht	1201
	5. Aus- und Absonderungsrechte	1202
V.	Aufrechnung	1203
VI.	Eigentumsvorbehalt	1203
VII.	Miet- oder Pachtverträge	1204
VIII.	Arbeitsverhältnisse	1204
IX.	Leistungen an den Schuldner in Unkenntnis der Verfahrenseröffnung	1205
X.	Anfechtung (Artikel 102 Abs. 2 EGInsO)	1205
XI.	Insolvenzpläne, Restschuldbefreiung	1206
XII.	Territorialinsolvenzverfahren (Artikel 102 Abs. 3 EGInsO)	1207

Wimmer

A. Einleitung

I. Aufgabe des Internationalen Insolvenzrechts (IIR)

1. Grundlegende Fragestellung

Das Internationale Insolvenzrecht (IRR) soll Antwort auf die Frage geben, welche Rechtsfolgen zur Regelung insolvenzrechtlicher Sachverhalte mit grenzüberschreitenden Bezügen sachgerecht sind. Die hierdurch in Bezug genommenen Probleme sind vielgestaltiger Natur: Führt die Eröffnung eines ausländischen Insolvenzverfahrens auch im Inland zu einer Einschränkung der Verwaltungs- und Verfügungsbefugnis des Schuldners? Wird ein im Inland anhängiger Rechtsstreit durch die Eröffnung eines ausländischen Insolvenzverfahrens unterbrochen? Werden dingliche Sicherheiten durch ein ausländisches Insolvenzverfahren entwertet? Nach welchem Recht bestimmen sich die Anfechtungsbefugnisse des ausländischen Insolvenzverwalters oder kann beispielsweise der Verwalter eines ausländischen Hauptinsolvenzverfahrens Einfluss auf ein inländisches Sekundärverfahren nehmen? Auf all diese Fragestellungen soll das Internationale Insolvenzrecht Antwort geben und dabei insbesondere eine effektive Insolvenzbereinigung ermöglichen und gleichzeitig dem Grundsatz der Gläubigergleichbehandlung über die Landesgrenzen hinaus zur Geltung verhelfen.

1

2. Artikel 102 EGInsO

Es ist leicht einsichtig, dass die äußerst knappe Regelung des Artikel 102 EGInsO auf diese Fragen nur einige Antworten, die zudem mehr holzschnittartiger Natur sind, zu geben vermag. Die Vorschrift ist auch lediglich als Übergangsbestimmung konzipiert, bis mit der Schaffung eines autonomen Insolvenzrechts eine befriedigende Normierung grenzüberschreitender Insolvenzverfahren erreicht ist.

2

II. Rechtsnatur und Begriff des IIR

1. Internationales Insolvenzprivatrecht und Internationales Insolvenzverfahrensrecht

Das IIR besitzt eine enge Verwandtschaft zum Internationalen Privat- und Prozessrecht.[1] Dennoch wäre es zu eng, das IIR lediglich als Kollisionsrecht

3

---

[1] Gottwald/Arnold, Insolvenzrechts-Handbuch., 1. Aufl., 1990, § 121 Rdnr. 5 ff.

zu verstehen.² Jedoch liegt im kollisionsrechtlichen Bereich der eindeutige Schwerpunkt des IIR. Als solches legt es etwa einseitig die Reichweite der eigenen insolvenzrechtlichen Bestimmungen fest (einseitige Kollisionsnorm) oder bestimmt allgemein, welches Insolvenzrecht zur Regelung eines bestimmten Sachverhalts berufen ist (allseitige Kollisionsnorm). Darüber hinaus werden zunehmend in Regelwerke mit eindeutiger IIR-Zielrichtung auch Sachnormen aufgenommen, die dann von ihrer Rechtsnatur auch als IIR zu qualifizieren sind. Erwähnt sei in diesem Zusammenhang etwa Artikel 7 EU- Verordnung über Insolvenzverfahren (InsVO), der entsprechend § 107 InsO detailliert die Auswirkungen eines Insolvenzverfahrens auf den Eigentumsvorbehalt festschreibt. Auch diese Vorschrift, obwohl sie eindeutig eine Sachnorm darstellt, ist dem IIR zuzurechnen. So wie sich das eigentliche Insolvenzrecht in Insolvenzprivatrecht und Insolvenzverfahrensrecht aufteilen lässt, kann auch zwischen internationalem Insolvenzprivatrecht und internationalem Insolvenzverfahrensrecht unterschieden werden.³ Ausgehend von dieser Differenzierung im IIR können für die beiden Teilbereiche Grundsätze des Internationalen Zivilprozessrechts und des Internationalen Privatrechts herangezogen werden.⁴ Diese Janusköpfigkeit des IIR führt dazu, dass das IIR nicht nur aus Kollisionsnormen, also aus Vorschriften, die ein bestimmtes Recht für anwendbar erklären, besteht, sondern dass in ihm Sachnormen sowohl verfahrensrechtlicher als auch materiellrechtlicher Natur enthalten sind.

2. Insolvenzspezifische Sachverhalte

4   Stets will das IIR jedoch nur Antworten auf insolvenzspezifische Fragestellungen geben.⁵ Charakteristisch für ein Insolvenzverfahren sind die Rechtsfolgen, die darauf abzielen, die Situation einer unzureichenden Haftungsmasse für die Gläubiger zu meistern. Konkursspezifisch sind in diesem Zusammenhang etwa die Einschränkung der Rechtsverfolgungsmöglichkeiten der Gläubiger, die Beschränkung der Verwaltungs- und Verfügungsbefugnisse des Schuldners oder die Beseitigung gläubigerschädigender Manipulationen im Vorfeld der Insolvenz. Daraus ergibt sich weiter, dass in nichtinsolvenzrechtlichen Regelungen angeordnete Rechtsfolgen, die durch die Eröffnung eines Insolvenzverfahrens bedingt sind, nicht als insolvenztypisch in dem hier verstandenen Sinne einzuordnen sind. So sehen zahlreiche Vorschriften des Gesellschaftsrechts, des Arbeits- und Sozialrechts aber auch des Verwaltungs- und des Strafrechts Rechtsfolgen vor, die nach Eröffnung eines Insolvenzverfahrens eintreten. So wird etwa nach § 60 Abs. 1 Nr. 4 GmbH-Gesetz die Gesellschaft durch Eröffnung des Insolvenzverfahrens

---
2 Prütting/Leipold, Festschrift für Baumgärtel, 1990, S. 293.
3 Kegel, Vorschläge und Gutachten zum Entwurf eines EG-Konkursübereinkommens, 1988, S. 242.
4 Eingehend hierzu: Gottwald/Arnold, a. a. O., § 121 Rdnr. 4 ff.
5 Grundlegend hierzu: Jaeger/Jahr, Kommentar zur Konkursordnung, 8. Aufl. 1973, §§ 237, 238 Rdnr. 10 ff.

aufgelöst. Die Frage, ob auch einem ausländischen Insolvenzverfahren diese Wirkung zukommt, wird nicht durch die Vorschriften des IIR beantwortet. Vielmehr bestimmt sie sich international-privatrechtlich nach der Rechtsordnung, die auch für die Entstehung, Rechtsfähigkeit oder Organisation der juristischen Person oder Gesellschaft maßgebend ist, also nach dem Personalstatut.[6]

3. Der Grundsatz der lex fori

Von ganz ausschlaggebender Bedeutung für das IIR ist der Grundsatz der lex fori, d. h. der Regel »forum regit processum«. Nach diesem Grundsatz wendet ein Gericht immer sein eigenes Verfahrensrecht an, selbst wenn nach der kollisionsrechtlichen Verweisung auf den Sachverhalt das Recht eines anderen Staates Anwendung findet. Zur Begründung dieser Regel wird ausgeführt, es sei ein Gebot der praktischen Vernunft, da andernfalls die Effizienz des inländischen Verfahrens leiden würde, wenn ausländisches Recht für die Verfahrenssteuerung maßgebend wäre.[7] Weiter sei es im Interesse der Rechtssicherheit, wenn das Gericht das ihm und den Parteien vertraute Verfahrensrecht anwende.

5

4. Die Auslegung der IIR-Vorschriften

Für die Reichweite der lex fori ist somit von erheblicher Bedeutung, nach welchen Grundsätzen die einschlägigen Vorschriften des IIR interpretiert werden. Denkbar ist etwa die Zugrundelegung der eigenen lex fori oder die Heranziehung der lex fori des Staates, dessen Verfahren anerkannt werden soll.[8] Eindeutig ist die Antwort, wenn die einschlägige Vorschrift des IIR in einem Übereinkommen enthalten ist. In diesem Fall ist eine vertragsautonome Auslegung zugrunde zu legen, die besonders dann gewährleistet ist, wenn – wie etwa im Bereich des gescheiterten EuIÜ – ein supranationales Gericht für eine einheitliche Rechtsanwendung sorgt. Die Auslegung der einzelnen Begriffe hat somit offener zu erfolgen, als dies bei rein nationalen Sachverhalten gewöhnlich zu erfolgen geschieht. Die fraglichen Rechtssätze müssen so flexibel interpretiert werden, das auch die vom eigenen Recht abweichenden Vorstellungen einer ausländischen Rechtskultur mit abgedeckt werden. Eine Aufforderung zu einer solch offenen Form der Interpretation ist in einzelnen Modellgesetzen der UNCITRAL enthalten. Auch die Modellbestimmungen über grenzüberschreitende Insolvenzverfahren[9] sehen in Artikel 8 vor, das bei der Auslegung der internationale Ursprung der Vor-

6

---

6 Jaeger/Jahr, a. a. O., §§ 237, 238 Rdnr. 21.
7 Geimer, Internationales Zivilprozeßrecht, 3. Aufl. 1996, Rdnr. 322.
8 Vgl. zu den 5 unterschiedlichen Interpretationsansätzen: Schack, Internationales Zivilverfahrensrecht, 2. Aufl. 1996, Rdnr. 49.
9 Vgl. Rdnr. 60.

schriften und die Notwendigkeit einer möglichst einheitlichen Anwendung zu beachten sind.

7 Aus diesen Überlegungen kann abgeleitet werden, dass bei der Subsumtion ausländischer Rechtsinstitute unter Vorschriften des deutschen IIR zunächst die Funktion des ausländischen Rechtsinstituts zu ermitteln ist. Ist dessen Funktion in etwa vergleichbar mit Einrichtungen des deutschen Insolvenzrechts, so ist eine Subsumtion ohne weiteres zulässig. Denkbare Unvereinbarkeiten des ausländischen Rechtsinstituts mit deutschem Recht können mit Anpassung und Substitution gemeistert werden.[10]

5. Grenzüberschreitende Wirkungen des Insolvenzverfahrens

8 Die Aufgabe des IIR ist es also, zunächst festzulegen, nach welchem Verfahrensrecht eine Insolvenz abzuwickeln ist und nach welchem Recht sich die von grenzüberschreitenden Insolvenzverfahren betroffenen Rechtsverhältnisse bestimmen.[11] Zwei grundlegende Fragestellungen müssen dabei unterschieden werden: Zum einen müssen die Rechtswirkungen eines inländischen Insolvenzverfahrens im Ausland bestimmt werden, andererseits muss festgelegt werden, welche Wirkungen ein ausländisches Insolvenzverfahren im Inland entfaltet. Dabei versteht es sich von selbst, dass der inländische Gesetzgeber durch die Souveränität des ausländischen Staates beschränkt ist und nicht verbindlich für den Hoheitsbereich eines anderen Staates festlegen kann, welche Wirkung einem inländischen Insolvenzverfahren zukommt. Allerdings kann der inländische Gesetzgeber bestimmen, welchen Geltungsanspruch das inländische Verfahren erhebt, ob es beispielsweise auch das ausländische Vermögen des Schuldners erfassen will. Von weit größerer Bedeutung ist allerdings die Entscheidung der Frage, welche Wirkungen ein ausländisches Verfahren im Inland entfaltet.[12]

6. Anerkennungsfähigkeit ausländischer Verfahren

9 Dies leitet über zu der Frage, welche ausländischen Verfahren nach deutschem IIR überhaupt anerkennungsfähig sind.[13] Dabei setzt sich zunehmend die Erkenntnis durch, dass möglichst ein großzügiger Maßstab anzulegen ist und die ausländischen Verfahren nicht engstirnig an Instituten des deutschen Rechts gemessen werden dürfen. Wie weit das Spektrum reicht, kann etwa der InsVO entnommen werden, die in ihren Anhängen A und B eine abschließende Aufzählung der Verfahren enthält, die von ihrem Anwendungsbereich abgedeckt werden. Diese Anhänge liefern auch wertvolle

---

10 Kegel, a. a. O., S. 257.
11 Stoll, Stellungnahmen und Gutachten zur Reform des deutschen Internationalen Insolvenzrechts, 1992, S. 51.
12 Vgl. Stoll, a. a. O., S. 68.
13 Vgl. Rdnr. 74.

Anhaltspunkte für die Bewertung der Verfahren, die in einem Drittstaat eröffnet werden. Damit dürfte es einem deutschen Gericht verwehrt sein, etwa unter Berufung auf ordre public-Gesichtspunkte die Anerkennung eines in einem Nichtmitgliedsstaat eröffneten Verfahren abzulehnen, wenn dieses Verfahren eine gewisse Verwandtschaft zu den in den Anhängen der InsoVO genannten Verfahren aufweist.

Grundvoraussetzung ist zunächst, dass das anzuerkennende ausländische Verfahren auf eine Situation reagiert, in der der Schuldner nicht mehr in der Lage ist, seine Verbindlichkeiten zu erfüllen. Das Verfahren muss somit eine Antwort auf die finanzielle Krise des Schuldners geben. Diese Antwort kann durchaus unterschiedlich ausfallen. Sie kann zur Liquidation des schuldnerischen Unternehmens führen, aber auch dessen Sanierung beinhalten. Nicht erfasst werden Verfahren, die primär nicht die Gläubiger im Auge haben, sondern die Krise des Schuldners lediglich dazu benutzen, eine verdeckte Enteignung durchzuführen.[14] Von entscheidender Bedeutung ist weiter, dass es sich um ein kollektives Verfahren handelt, also ein Verfahren, das grundsätzlich allen Gläubigern offen steht. Aber nicht nur das Recht, sich an dem Verfahren zu beteiligen, sondern auch die Frage, wie die Gläubiger in diesem Verfahren behandelt werden, ist für die Anerkennungsfähigkeit wesentlich. Die Unzulänglichkeit des Schuldnervermögens muss in dem Verfahren grundsätzlich dazu führen, dass alle Gläubiger gleicher Forderungen gleichmäßig befriedigt werden.[15] Auch die rechtsvergleichenden Studien von Fletcher belegen die Bedeutung der par conditio creditorum für die jeweiligen Verfahren.[16] Somit hat der in Anlehnung an Dölle von Jahr entwickelte internationalrechtliche Begriff des Insolvenzverfahrens auch heute noch Bedeutung:[17] Ein Insolvenzverfahren ist jedes staatliche oder staatlich kontrollierte Verfahren, das einen Inbegriff von Vermögensgegenständen mit dem Ziel erfasst, die Gläubiger, denen diese zur vollen Befriedigung voraussichtlich unzureichenden Vermögensgegenstände haften, möglichst gleichmäßig zu befriedigen.

10

---

14 Aderhold, Auslandskonkurs im Inland, 1992, S. 178 ff.; Hanisch, ZIP 1985, 1233, 1236, der auch vor Verfahren warnt, die rein volkswirtschaftlich orientiert sind und in denen die Gläubigerinteressen zugunsten gesamtwirtschaftlicher Belange, etwa des Arbeitsmarktes, aufgeopfert werden.
15 Jaeger/Jahr, a. a. O., § 237, 238 Rdnr. 8.
16 Fletcher, Cross-Border Insolvency: National and Comparative studies, 1992, S. 270.
17 Vgl. Jaeger/Jahr, a. a. O., §§ 237, 238 Rdnr. 9.

Wimmer

III. Grundlegende Prinzipien des IIR

1. Beschränkter Aussagewert

11 Nachdem der wesentliche Gegenstand des IIR herausgearbeitet wurde, sollen nun die tragenden Prinzipien beleuchtet werden. Dabei muss jedoch Klarheit bestehen, dass aus diesen allgemeinen Prinzipien kaum Antworten für konkrete Sachfragen abgeleitet werden können. Sie dienen allenfalls als ganz generelle Erklärungsmuster für grundlegende Regelungsmodelle.

2. Begriffsbestimmung

12 Bevor diese Prinzipien kurz skizziert werden, muss terminologisch Klarheit über die unterschiedlichen Verfahrensarten bestehen. Wird von Insolvenzverfahren (Hauptinsolvenzverfahren) gesprochen, so wird grundsätzlich das am Mittelpunkt des wirtschaftlichen Interesses des Schuldners eröffnete Verfahren gemeint, welches das gesamte Vermögen des Schuldners erfasst, unabhängig davon, wo es belegen ist. Diese Verfahren mit universaler Wirkung entsprechen der Begriffsbestimmung der Insolvenzmasse in § 35 InsO.

13 Den Gegensatz zu diesen Verfahren, die grundsätzlich weltweite Geltung für sich beanspruchen, bilden die so genannten Territorialverfahren, die sich lediglich auf das Hoheitsgebiet eines bestimmten Staates beschränken. Die Territorialverfahren lassen sich wieder aufgliedern in selbstständige und unselbstständige.

14 Territorialverfahren, die ein ausländisches Hauptinsolvenzverfahren voraussetzen und diesem mehr oder weniger untergeordnet sind, werden als Sekundärinsolvenzverfahren bezeichnet. Sie haben, von ihrer räumlichen Beschränkung einmal abgesehen, grundsätzlich die gleichen Wirkungen wie ein Insolvenzverfahren mit universalem Anspruch. Werden sie nach einem ausländischen Hauptinsolvenzverfahren eröffnet, so blocken sie weitgehend die Wirkungen dieses Verfahrens im Inland ab. Allerdings ist eine enge Koordination zwischen beiden Verfahren im Interesse einer effektiven Verwertung des schuldnerischen Vermögens dringend geboten.

15 Neben diesen Sekundärverfahren, die bereits per definitionem stets ein ausländisches Hauptinsolvenzverfahren voraussetzen, gibt es die unabhängigen Territorialverfahren, die im Folgenden Partikularverfahren genannt werden sollen Die Eröffnung eines solchen Territorialverfahrens setzt entweder eine Niederlassung voraus (so früher § 238 Abs. 1 KO) oder ist auch bei allen sonstigen im Inland belegenen Vermögensbestandteilen zulässig.

16 Neben diesen auch dem deutschen Recht bekannten Verfahren kennen manche ausländische Rechtsordnungen auch so genannte unselbstständige Hilfsverfahren, deren eigentliches Ziel darin besteht, ein ausländisches

Hauptverfahren flankierend zu unterstützen. Die wohl bekanntesten Verfahren dieser Art sind die ancillary proceedings des US Bankruptcy Codes (BC). In s. 304 BC werden Voraussetzungen und Inhalt dieser Verfahren näher beschrieben.

3. Universalität – Territorialität

Wie bereits ausgeführt, werden die zentralen Prinzipien des IIR aus den Gegensatzpaaren Universalität – Territorialität und Einheit – Mehrheit von Konkursen abgeleitet.

Reduziert man den Begriff der Universalität auf seine Kernaussage, so besagt er lediglich, dass zumindest gewisse Wirkungen des Verfahrens auch im Ausland beachtlich sind. Zunächst geht es hierbei um den Konkursbeschlag, das heißt, dass das Verfahren auch das im Ausland belegene Vermögen des Schuldners umfassen will. Oder noch vorsichtiger und unter umgekehrtem Vorzeichen formuliert, dass eine Anerkennung der Wirkungen eines ausländischen Insolvenzverfahrens nicht von vornherein ausgeschlossen ist. Wie diese Wirkungserstreckung erfolgt, etwa durch eine automatische Anerkennung oder durch ein Exequaturverfahren, ist zunächst für die Geltung des Universalitätsprinzips unerheblich.

Nach dem der Universalität entgegengesetzten Begriff der Territorialität beschränkt sich die Wirksamkeit eines Insolvenzverfahrens auf das Gebiet des Eröffnungsstaates. Bis zur – man könnte beinahe sagen kopernikanischen – Wende des *BGH* zum IIR mit seiner grundlegenden Entscheidung vom 11. 7. 1985.[18] war das Territorialitätsprinzip für das deutsche Recht, zumindest was die Frage einer Anerkennung von Wirkungen eines ausländischen Insolvenzverfahrens betraf, herrschend. Gestützt wurde diese Auffassung insbesondere mit dem Argument, die Konkurseröffnung als ausländischer Hoheitsakt würde, wenn man ihr im Inland Wirkungen zuerkennt, in die Souveränität des Staates eingreifen. Insofern wurde eine Parallele zu Enteignungen und Konfiskationen gesehen.[19]

4. Einheit oder Mehrheit der Verfahren

Das zweite Gegensatzpaar in dem Prinzipienviereck bilden Einheit oder Mehrheit von Insolvenzverfahren. Dabei wurde insbesondere in der älteren Literatur häufig die Universalität mit der Einheit des Verfahrens und die Territorialität mit einer zwangsläufigen Mehrheit von Verfahren gleichgesetzt.[20] Wird etwa im Inland ein Sekundärinsolvenzverfahren eröffnet, so findet doch zumindest eine gewisse Harmonisierung mit dem ausländischen

---
18 BGHZ 95, 256 ff.
19 Vgl. Jaeger/Jahr, a. a. O., §§ 237, 238 Rdnr. 187 ff.
20 Vgl. Jaeger/Jahr, a. a. O., §§ 237, 238 Rdnr. 45 ff.

Wimmer

Hauptinsolvenzverfahren statt, es werden also gerade nicht, wie es an sich dem Territorialitätsprinzip entsprechen würde, jegliche Konkurswirkungen des ausländischen Verfahrens im Inland abgelehnt. Vielmehr zeigt bereits der Name Sekundärinsolvenzverfahren, dass das ausländische Verfahren zumindest prinzipiell auch Wirkungen im Inland entfaltet. Die territoriale Beschränkung der Sekundärinsolvenzverfahren will somit lediglich der räumlichen Abgrenzung der jeweils von den unterschiedlichen Verfahren erfassten Vermögensmassen Rechnung tragen.[21]

5. Vermittelnde Lösungen

21 Lösungen auf diesem Gebiet werden heute überwiegend in einem pragmatischen Ansatz gesucht, der die Prinzipien lediglich als Argumentationsmuster zur Erarbeitung kollisionsrechtlicher Regelungen versteht. Diese Kombinationslösungen werden üblicherweise unter dem Stichwort der »kontrollierten Universalität« abgehandelt.[22] Ausgangspunkt ist die Universalität der Verfahren, die aber kontrolliert oder gemäßigt wird durch die Zulassung von Territorialverfahren, seien dies nun Partikularverfahren oder Sekundärinsolvenzverfahren sowie durch Sonderanknüpfungen.

22 Ein streng universalistischer Ansatz, der auch die Sicherheiten, seien es nun Mobiliarsicherheiten oder etwa Grundpfandrechte, nach dem Recht des Eröffnungsstaates in der Insolvenz behandeln möchte, würde bei nicht harmonisierten Sachrechten zu erheblichen Ungereimtheiten führen. Findet hingegen die lex fori des Territorialverfahrens Anwendung, so werden diese Rechtsverhältnisse nach den Grundsätzen des Rechtssystems abgehandelt, zu dem sie die engste Beziehung aufweisen. Im Interesse einer effektiven Insolvenzbewältigung ist bei diesen Kombinationsmodellen jedoch dringend geboten, dass der Verwalter des Haupt- und des Sekundärinsolvenzverfahrens möglichst eng zusammenarbeiten und eine lückenlose Koordination der Verfahren gewährleisten.

---

21 Hanisch, ZIP 1994, 1 f.
22 Vgl. die Nachweise bei Aderhold, a. a. O., S. 64 Fn. 213.

Wimmer

B. Internationalen Übereinkommen auf dem Gebiet des IIR

I. Verträge mit der Schweiz

Zunächst sind die im 19. Jahrhundert geschlossenen Staatsverträge einzelner deutscher Staaten mit schweizerischen Kantonen zu nennen, die heute noch z. T. als gültig angesehen werden.[23] Von besonderer Bedeutung für die internationale Insolvenzpraxis sind die multilateralen Insolvenzübereinkommen der südamerikanischen und der skandinavischen Staaten. Dies sind zum einen die Verträge von Montevideo[24] und die skandinavische Konkurskonvention.[25]

23

II. Deutsch-österreichischer Konkursvertrag

Als für Deutschland bedeutsame bilaterale Übereinkommen sind der deutsch-niederländische Vertrag vom 30.8.1962 und der deutsch-österreichische Konkursvertrag (DöKV) vom 25. Mai 1979 zu nennen, die jedoch bald nur noch von rechtshistorischem Interesse sein werden. Nach Artikel 44 InsVO ersetzt die InsVO in ihrem sachlichen Anwendungsbereich sowohl den deutsch-österreichischen Konkursvertrag als auch den deutsch-niederländischen Vertrag.

24

Allerdings hat der deutsch- österreichische Vertrag auch noch nach diesem Zeitpunkt Bedeutung für die Verfahren, die vor Inkrafttreten der InsVO eröffnet worden sind. Es soll deshalb im Folgenden nur kurz der tragende Gedanke des DöKV beleuchtet werden. Dieser Vertrag geht von der Universalität und Einheit des Verfahrens aus. Das heißt die Wirkungen des Konkurses, der in einem Vertragsstaat eröffnet wurden, sind auch auf das Gebiet des anderen Vertragsstaates zu erstrecken. Die internationale Zuständigkeit kommt den Gerichten des Vertragsstaates zu, in dem der Gemeinschuldner den Mittelpunkt seiner wirtschaftlichen Betätigung hat. Zur Vermeidung von Kompetenzkonflikten gilt der Grundsatz der Priorität, das in einem Vertragsstaat eröffnete Konkursverfahren wird somit ohne Möglichkeit der Überprüfung auch in dem anderen Vertragsstaat anerkannt.[26]

25

---

23 Blaschczok, ZIP 1983, 141 ff.
24 Vgl. hierzu Trunk, Internationales Insolvenzrecht, 1998.
25 Stummel, Konkurs und Integration, 1991, S. 156 ff.
26 Arnold, Der deutsch-österreichische Konkursvertrag, 1987.

Wimmer

III. Die Verordnung über Insolvenzverfahren

1. Entstehungsgeschichte

26 Die Verordnung, die auf einer deutsch-finnischen Initiative beruht, transformiert nahezu wortlautidentisch das Europäische Übereinkommen über Insolvenzverfahren (EuIÜ) in ein neues Rechtsinstrument. Ein solches Vorgehen war notwendig geworden, obwohl das Übereinkommen von allen Mitgliedstaaten paraphiert und von 14 gezeichnet worden ist. Das Vereinigte Königreich hatte im November 1995 die Zeichnung im Hinblick auf das Importverbot für britisches Rindfleisch abgelehnt. Anschließend wurden von britischer Seite, ohne dass hierzu eine offizielle Note der britischen Seite vorgelegen hätte, gewisse Probleme im Hinblick auf Gibraltar geltend gemacht. Ein Versuch unter deutscher Präsidentschaft im Januar 1999 durch gewisse Modifikationen im Text des Übereinkommens Fortschritte zu erzielen, blieb ebenfalls ohne Erfolg.[27]

27 Der Wechsel der Rechtsform von einem Übereinkommen zu einer Verordnung hatte zur Folge, dass der Erläuternde Bericht[28] zum EuIÜ, der zahlreiche wertvolle Hinweise für dessen Interpretation enthält, für die VO keine Gültigkeit mehr beanspruchen konnte. Es wurden deshalb Erwägungsgründe für die VO konzipiert, welche die Kernaussagen des Erläuternden Berichts aufgriffen und sie auf das neue Rechtsinstrument übertrugen. Der Bericht kann somit auch weiterhin als Interpretationshilfe herangezogen werden kann.

28 Der Wechsel des Rechtsinstruments wurde allerdings um den Preis der gemeinschaftsweiten Wirkung der Verordnung erkauft. Nach Protokoll 4 und Protokoll 5 zum Amsterdamer Vertrag nehmen nämlich das Vereinigte Königreich, Irland und Dänemark nicht an Maßnahmen teil, die auf der Grundlage des durch diesen Vertrages neu eingeführten Artikel 67 EGV ergriffen werden.[29] Das Vereinigte Königreich und Irland haben von der im Protokoll vorgesehen Möglichkeit Gebrauch gemacht und erklärt, dass sie sich an der Annahme und Anwendung der betreffenden Maßnahme beteiligen möchten. Auf der Tagung des Rates (Justiz und Inneres) vom Dezember 1999 hat Dänemark sein Interesse an dem Abschluss eines der VO inhaltlich entsprechenden Übereinkommens bekundet.

29 Die Änderungen zum Wortlaut des EuIÜ sind zumeist rein redaktioneller Art und durch den Wechsel von einem Übereinkommen zu einer VO bedingt, wie etwa die Ersetzung von Vertragsstaat durch Mitgliedstaat. Un-

---

27 Zum Scheitern des Übereinkommens vgl. FK-InsO/Wimmer, 3. Aufl. 2002, Anhang 1 Rdnr. 60 und insgesamt zum EuIÜ: Herchen, Das Übereinkommen über Insolvenzverfahren der Mitgliedstaaten der Europäischen Union vom 23. 11. 1995, 2000.
28 Stoll, Vorschläge und Gutachten zur Umsetzung des EU-Übereinkommens über Insolvenzverfahren im deutschen Recht, 1997, S. 32 ff.
29 Vgl. Erwägungsgründe 32 und 33.

problematisch war auch die Streichung von Kapitel V des EuIÜ, das die Auslegung durch den Gerichthof behandelte. Vorschriften über die Zuständigkeit des EuGH waren nur bei einem völkerrechtlichen Vertrag erforderlich, während sich dessen Kompetenz bei einer VO unmittelbar aus den Artikeln 220 ff. EGV ergibt.

Wesentlich bedeutsamer als die eben erwähnten Anpassungen war die Behandlung der Vorschrift über die Änderung der Anhänge in Artikel 45 der VO. Wäre es den MS freigestellt, beliebige Verfahren zu notifizieren, die ohne weitere Kontrolle in die Anhänge eingestellt würden, so könnte der Anwendungsbereich der VO völlig verschoben werden (z. B. es werden Verfahren genannt, die eher ein Enteignungs- denn ein Insolvenzverfahren vorsehen). Angesichts der Bedeutung der Anhänge für den Anwendungsbereich der VO haben sich die MS dafür ausgesprochen, dass nur der Rat mit qualifizierter Mehrheit die Anhänge ändern kann.

30

Als weitere Änderung sei noch die auf Wunsch des Vereinigten Königreichs und von Irland eingefügte Ergänzung von Art. 5 InsVO genannt, mit der die floating charge[30] abgesichert werden soll. Eine solche Klarstellung war in Art. 5 EuIÜ, der die dinglichen Rechte behandelt, noch nicht enthalten. Allerdings wies der Erläuternde Bericht darauf hin, ein dingliches Recht könne auch an Gesamtvermögen bestehen und erwähnt dabei ausdrücklich die floating charge.[31]

31

Zusammenfassend bleibt festzuhalten, dass die Abweichungen zum Text des EuIÜ überwiegend Marginalien betreffen, so dass der operative Teil des Übereinkommens nahezu unverändert in die VO einfloss.

32

2. Der wesentliche Inhalt der VO

Da nach der Konzeption der Verordnung jeder Schuldner nur einen Mittelpunkt seiner hauptsächlichen Interessen besitzt, ist in der Gemeinschaft nur ein Hauptinsolvenzverfahren denkbar. Durch den Begriff »hauptsächliche Interessen« wird auch die Betätigung von Privatpersonen, also etwa von Verbrauchern erfasst (vgl. Erwägungsgrund 9). Während bei Gesellschaften und juristischen Personen eine Vermutung dafür spricht, dass dieser Mittelpunkt der Ort des satzungsmäßigen Sitzes ist (Art. 3 Abs.1 InsVO), ist bei nicht unternehmerisch tätigen natürlichen Personen regelmäßig der Wohnsitz maßgebend.[32] Bei einem positiven Kompetenzkonflikt der Insolvenzgerichte zweier MS ist eine Lösung nach dem Grundsatz des gemeinschaftsrechtlichen Vertrauens zu lösen. Die Entscheidung des zuerst eröffnenden Gerichts ist in den anderen MS anzuerkennen, ohne dass diese die Möglich-

33

---

30 Vgl. zur floating charge: Fenge, ZEuP 2000, 345 ff.; Wenckstern, RabelsZ 56 (1992), 624 ff.
31 Stoll, a. a. O.
32 FK-InsO/Wimmer, Anh. 1 Rdnr. 76.

Wimmer

keit hätten, die Entscheidung des eröffnenden Gerichts zu überprüfen (Erwägungsgrund 22).

34 Die Insolvenzverfahren werden automatisch anerkannt, d. h. es ist keine vorherige Entscheidung eines Gerichts des ersuchten Staates erforderlich (Art. 16 InsVO, Erwägungsgrund 22). Die Anerkennung eines Hauptinsolvenzverfahrens hat zur Folge, dass die Wirkungen, die das Recht des Staates der Verfahrenseröffnung dem Verfahren beilegt, auf alle übrigen Mitgliedstaaten ausgedehnt werden. Ihnen wird somit in den anderen Mitgliedstaaten genau dieselbe Wirkung zuerkannt, die ihnen das Recht des Staates der Verfahrenseröffnung beilegt. Die Anerkennung eines Partikularverfahrens, also eines Insolvenzverfahrens mit lediglich territorial begrenzter Wirkung, bedeutet demgegenüber, dass die Gültigkeit der Eröffnung des Verfahrens und seine Wirkungen auf die im Gebiet des Staates der Verfahrenseröffnung belegenden Vermögenswerte anerkannt werden. Darüber hinaus begrenzt das Partikularverfahren die extraterritorialen Wirkungen des Hauptinsolvenzverfahrens. Eine Stundung oder eine Restschuldbefreiung, die in einem Verfahren nach Artikel 3 Abs. 2 InsVO gewährt wurde, betrifft nur das im Staat des Partikularverfahrens belegene Vermögen. In anderen MS belegene Vermögenswerte werden von den genannten Maßnahmen nur erfasst, wenn die betreffenden Gläubiger ihre Zustimmung erteilt haben (Art. 17 Abs. 2 InsVO).

35 Eine der bedeutendsten Wirkungen der Anerkennung betrifft die Befugnisse des Verwalters des ausländischen Hauptinsolvenzverfahrens. Ihm kommen in den anderen MS alle Rechte zu, die ihm im Eröffnungsstaat verliehen sind (Art. 18 Abs.1 InsVO). Die Befugnisse des Verwalters eines Hauptinsolvenzverfahrens werden durch die Eröffnung eines Partikularinsolvenzverfahrens sowie durch die Anordnung vorläufiger Sicherungsmaßnahmen eingeschränkt. Nach dem Recht des Staates der Verfahrenseröffnung bestimmen sich die Reichweite der Befugnisse des Verwalters und die Art ihrer Ausübung. So bestimmt sich etwa nach diesem Recht, ob ein unbeweglicher Gegenstand privat veräußert werden kann oder ob hierfür eine Versteigerung erforderlich ist. Allerdings richtet sich das Verfahren zur Abwicklung des Verkaufs nach dem Recht des Staates, in dem dieser unbewegliche Gegenstand belegen ist (Art. 18 Abs. 3 Satz 1 InsVO). Der allgemeine Grundsatz, wonach Zwangsmaßnahmen im Gebiet eines anderen Staates untersagt sind, gilt auch für den ausländischen Verwalter (Art. 18 Abs. 3 Satz 2 InsVO). Sind Zwangsmittel gegen Gegenstände oder Personen erforderlich, so kann der Verwalter direkt die Behörden des Staates ersuchen, in dem sich die Gegenstände oder Personen befinden. Der Verwalter kann seine Bestellung durch die Vorlage einer beglaubigten Abschrift der Entscheidung nachweisen, durch die er ernannt worden ist, ohne dass hierfür eine Legalisierung oder ähnliche Formalität erforderlich wäre (Art. 19 InsVO)

36 Wird ein Hauptinsolvenzverfahren in einem MS eröffnet, so gilt für das Verfahren und seine Wirkungen grundsätzlich in der gesamten Gemeinschaft

das Recht des Eröffnungsstaats, es sei denn die InsVO würde etwas anderes bestimmen (Art. 4 InsVO). Nach diesem Recht bestimmen sich alle verfahrensrechtlichen wie materiellen Wirkungen des Insolvenzverfahrens, insbesondere alle Voraussetzungen für die Eröffnung, Abwicklung und Beendigung des Insolvenzverfahrens. Dies gilt etwa für die Auswirkungen der Verfahrenseröffnung auf Vollstreckungsmaßnahmen einzelner Gläubiger, während auf anhängige Rechtsstreitigkeiten das Recht des Mitgliedstaates Anwendung findet, in dem der Rechtsstreit anhängig ist. Von besonderer Bedeutung sind auch die Wirkungen einer Restschuldbefreiung, die sich ebenfalls nach dem Recht des Staates der Verfahrenseröffnung richtet. Die Verordnung enthält eigenständige Kollisionsnormen, die die Vorschriften des Internationalen Privatrechts und des Internationalen Zivilprozessrechts der einzelnen Mitgliedstaaten ersetzen (Erwägungsgrund 23). Die ausnahmslose Anwendung des Rechts des Eröffnungsstaats würde der Rechtssicherheit und die berechtigten Erwartungen der Wirtschaftssubjekte nachhaltig berühren, die bei dem Abschluss gewisser Geschäfte auf die Anwendbarkeit ihres Heimatrechts vertraut haben (Erwägungsgrund 24). Deshalb sieht die Verordnung gewichtige Abweichungen vom Recht des Eröffnungsstaates vor. In manchen Fällen schließt die Verordnung bestimmte Rechte an im Ausland belegenen Vermögenswerten von den Wirkungen des Insolvenzverfahrens aus (so in den Artikeln 5, 6 und 7 InsVO), in anderen Fällen ordnet sie an, dass bestimmte Wirkungen des Insolvenzverfahrens sich nach dem Recht des Staates bestimmen, zu dem sie die engste Beziehung aufweisen (so in den Artikeln 8, 9, 10, 11, 14 und 15 InsVO).

Ein besonderes Bedürfnis für eine vom Recht des Eröffnungsstaates abweichende Sonderanknüpfung besteht bei dinglichen Rechten, da diese für die Gewährung von Krediten von erheblicher Bedeutung sind. Die Begründung, Gültigkeit und Tragweite eines solchen dinglichen Rechts bestimmen sich deshalb regelmäßig nach der lex rei sitae und werden von der Eröffnung des Insolvenzverfahrens nicht berührt. Der Inhaber des dinglichen Rechts kann somit sein Recht zur Aus- bzw. Absonderung an dem Sicherungsgegenstand weiter geltend machen (Erwägungsgrund 25). Dies bedeutet jedoch nicht, dass der Verwalter keine Möglichkeiten hätte, die dinglichen Rechte in das Verfahren einzubeziehen. Wenn nach dem Recht des Belegenheitsstaates auch dingliche Rechte von einem Insolvenzverfahren erfasst werden, so kann der Verwalter die Eröffnung eines Sekundärinsolvenzverfahrens beantragen, sofern der Schuldner dort eine Niederlassung hat. Wird ein solches Territorialinsolvenzverfahren nicht eröffnet, so unterfällt der betreffende Gegenstand dem universalen Insolvenzbeschlag des Hauptinsolvenzverfahrens, so dass im Falle der Veräußerung des Sicherungsgegenstandes ein überschießender Verkaufserlös wieder der Masse zuzuführen ist. Zu leichteren Anwendung der Verordnung enthält Artikel 5 Abs. 2 eine Liste von Rechten, die regelmäßig als dingliche Rechte gelten. Dabei werden nur solche Rechte erfasst, die vor Verfahrenseröffnung entstanden sind, direkt und unmittelbar an die Sache gebunden sind, die Gegenstand des dinglichen Rechts ist, und mit absoluter Wirkung gegenüber jedermann

37

Wimmer

ausgestattet sind. Dingliche Rechte können nicht nur an bestimmten Gegenständen, sondern auch am Gesamtvermögen bestehen, so dass – wie oben bereits erwähnt – auch die dem britischen und irischen Recht bekannte floating charge[33] erfasst wird.

38 In Übereinstimmung mit der gerade erläuterten Behandlung dinglicher Rechte sieht Art. 7 Abs. 1 der InsVO eine besondere Bestimmung über den Eigentumsvorbehalt vor, nach der das Insolvenzverfahren die Rechte des Verkäufers aus einem Eigentumsvorbehalt »unberührt«,[34] wenn sich die Sache bei Verfahrenseröffnung in einem anderen MS befindet

39 Die Bestimmungen über das Grundbuch und die vergleichbaren Register weichen in den einzelnen Mitgliedstaaten noch erheblich voneinander ab. Diese Eintragungen sind jedoch für den Schutz des Geschäftsverkehrs und die Rechtssicherheit von erheblicher Bedeutung. Nach der Verordnung ist daher das Recht des Eintragungsstaates maßgebend für die Änderungen, die nach dem Recht des Staates der Verfahrenseröffnung aufgrund des Insolvenzverfahrens an den Rechten des Schuldners an unbeweglichen Gegenständen, Schiffen oder Luftfahrzeugen herbeigeführt werden sowie für die erforderlichen Eintragungen in die Register und deren Wirkungen (Art. 11 InsVO). Allerdings sollte die Vorschrift abweichend vom Wortlaut nicht so verstanden werden, dass generell das Recht des Registerstaats auf die unbeweglichen Gegenstände anwendbar ist. Ausreichend ist vielmehr, wenn das ausländische Insolvenzverfahren auf die im Inland belegenen Gegenstände keine Wirkungen zeigt, die dem Recht des Inlands unbekannt sind. Im Wege der Substitution werden der Verfahrenseröffnung somit die Wirkungen zugemessen, die denen im Eintragungsstaat am nächsten kommen. Bei Grundstücken wäre dies etwa in Deutschland der Insolvenzvermerk im Grundbuch.[35]

40 Zum Schutz des Geschäftsverkehrs und des Vertrauens in die Systeme der öffentlichen Bekanntmachung dinglicher Rechte gelten für alle Verfügungen im Zusammenhang mit unbeweglichen Gegenständen, die nach Eröffnung des Insolvenzverfahrens vorgenommen werden, das Recht der Belegenheit oder das Recht des Mitgliedstaates, unter dessen Aufsicht das Register geführt wird (Art. 14 InsVO).

41 Für die Aufrechnung sieht die Verordnung eine Art Garantiefunktion vor (Erwägungsgrund 26). Ist nach dem Recht des Eröffnungsstaates eine Aufrechnung nicht zulässig, so ist ein Gläubiger gleichwohl zur Aufrechnung berechtigt, wenn diese nach dem auf die Forderung des insolventen Schuldners anwendbaren Recht möglich ist (Art. 6 InsVO). Da die Aufrechnung nicht nur eine Erfüllungserleichterung beinhaltet, sondern auch das Recht

---

33 Vgl. Fn. 32.
34 Eingehend zu der Bedeutung von »nicht berührt«: Herchen, a. a. O., S. 82 ff. und zum autonomen Internationalen Insolvenzrecht: FK-InsO/Wimmer, Anhang 1 Rdnr. 312 ff.
35 FK-InsO/Wimmer, Anhang 1 Rdnr. 94.

Wimmer

zur Selbstexekution, soll der Aufrechnungsberechtigte nicht durch Vorgänge außerhalb seiner Einflussmöglichkeit seine Aufrechnungsmöglichkeit verlieren.[36]

Zum Schutz der Arbeitnehmer und der Arbeitsverhältnisse sieht Art. 10 InsVO vor, dass die Wirkungen des Insolvenzverfahrens auf die Fortsetzung oder Beendigung von Arbeitsverhältnissen sowie auf die Rechte und Pflichten aller an einem solchen Arbeitsverhältnis beteiligten Parteien durch das gemäß den allgemeinen Kollisionsnormen auf den Vertrag anwendbare Recht bestimmt werden (Erwägungsgrund 28). Für Deutschland etwa wäre dies nach Art. 30 Abs. 2 Nr. 1 EGBGB das Recht des Staates, in dem der Arbeitnehmer gewöhnlich seine Arbeit verrichtet. Allerdings regelt das Arbeitsstatut nicht alle durch den Eintritt der Insolvenz aufgeworfenen Fragen. So bestimmt sich etwa, ob die Forderungen der Arbeitnehmer durch ein Vorrecht geschützt sind, und welchen Rang dieses Vorrecht ggf. erhalten soll, nach dem Recht des Eröffnungsstaates (Erwägungsgrund 28).

42

Ein besonderes Schutzbedürfnis besteht auch bei Zahlungssystemen und Finanzmärkten. Dies gilt etwa für die in diesen Systemen anzutreffenden Glattstellungsverträge und Nettingvereinbarungen sowie für die Veräußerung von Wertpapieren. Für diese Transaktionen soll deshalb allein das Recht maßgebend sein, das auf das betreffende System bzw. den betreffenden Markt anwendbar ist (Erwägungsgrund 27). Damit wird dem Interesse der Veranstalter und Teilnehmer solcher Systeme Rechnung getragen, dass im Falle der Insolvenz ein Recht Anwendung findet, dessen Wirkungen sie von vornherein einkalkulieren konnten. Eine besondere Regelung für einen Teil dieser Fälle sieht nun die Richtlinie 98/26/EG über die Wirksamkeit von Abrechnungen in Zahlungs- sowie Wertpapierliefer- und -abrechnungssystemen (ABl. L 166 vom 11. Juni 1998 S. 45 ff.) vor, die durch das Gesetz vom 8. Dezember 1999 (BGBl. I S. 2384) in das deutsche Recht umgesetzt wurde.[37]

43

Die Anwendbarkeit der lex concursus wird jedoch nicht nur durch die geschilderten Sonderanknüpfungen durchbrochen, sondern von zumindest gleich großer Bedeutung ist die Zulassung von Territorialverfahren. Die Verordnung geht nämlich vom Grundsatz der gemäßigten Universalität aus. Das in einem Mitgliedstaat eröffnete Insolvenzverfahren erfasst das gesamte Vermögen des Schuldners ungeachtet seiner Belegenheit. Gemäßigt wird diese universale Wirkung durch die Zulassung von Territorialverfahren. Diese Verfahren sollen insbesondere dem Fehlen EU-weiter Regelungen über die Behandlung von Sicherheiten und der unterschiedlichen Ausprägung der Konkursvorrechte Rechnung tragen.[38] Die Verordnung kennt zwei unterschiedliche Typen territorialer Verfahren, also von Verfahren, die lediglich das im Eröffnungsstaat belegene Vermögen erfassen. Zu nennen

44

---

36 Kilger/Schmidt, K., Kommentar zur Konkursordnung, 16. Aufl. 1993, § 53 Anm. 1; eingehend v. Wilmowsky, KTS 1998, 343 ff.
37 Vgl. hierzu Prütting/Vallender, Festschrift für Uhlenbruck, 2000, S. 365 ff.
38 Funke, InVo 1996, 170, 171.

Wimmer

sind hier zunächst die Sekundärinsolvenzverfahren, die nach Eröffnung eines Hauptinsolvenzverfahrens in einem Mitgliedsstaat in einem anderen Staat der EU eröffnet werden (Artikel 16 Abs. 2 InsVO). Diese Sekundärinsolvenzverfahren werden nach dem Recht des Eröffnungsstaates abgewickelt (Artikel 28 InsVO) und blockieren weitgehend in diesem Vertragsstaat die Wirkungen des Hauptinsolvenzverfahrens. Die zweite Gruppe von Territorialverfahren (Partikularverfahren vgl. Art. 3 Abs. 4 InsVO) wird unabhängig von einem ausländischen Hauptinsolvenzverfahren eröffnet und ist nur unter Einschränkungen zulässig. Wie bei den Sekundärinsolvenzverfahren wird zunächst vorausgesetzt, dass der Schuldner in dem betreffenden Mitgliedsstaat eine Niederlassung besitzt (Artikel 3 Abs. 2 InsVO). Weiter muss entweder nach dem Recht des Staates, in dem der Schuldner den Mittelpunkt seiner hauptsächlichen Interessen hat, die Eröffnung eines Insolvenzverfahrens nicht möglich sein (etwa weil dieser Staat nur den Kaufmannskonkurs kennt) oder die Verfahrenseröffnung muss von einem lokalen Gläubiger beantragt worden sein (Artikel 3 Abs. 4 InsVO).

45 Die Verordnung enthält keine Beschränkungen für Gläubiger, die Eröffnung eines Sekundärinsolvenzverfahrens zu beantragen.[39] Allerdings muss ein solches Verfahren zwingend ein Liquidationsverfahren sein und der Schuldner muss in dem betreffenden Staat eine Niederlassung unterhalten. Demgegenüber können unabhängige Partikularverfahren nur von inländischen Gläubigern und Gläubigern einer inländischen Niederlassung beantragt werden, bzw. sind auf die Fälle beschränkt, in denen nach dem anwendbaren Recht ein Hauptinsolvenzverfahren nicht eröffnet werden kann. Ein solches Verfahren kann sowohl ein Liquidations- als auch ein Sanierungsverfahren sein. Wird später ein Hauptinsolvenzverfahren eröffnet, so kann der Verwalter allerdings die Umwandlung eines Sanierungsverfahrens in ein Liquidationsverfahren verlangen. Die Territorialverfahren bezwecken insbesondere den Schutz inländischer Gläubiger, da diese Verfahren als rein inländische nach der jeweiligen nationalen Rechtsordnung und unter Anerkennung der in dieser Rechtsordnung bestehenden Vorrechte abgewickelt werden. Daneben können Sekundärinsolvenzverfahren aber auch gezielt vom Verwalter des Hauptinsolvenzverfahrens eingesetzt werden, um eine effiziente Verwaltung der Masse – etwa bei einer komplexen Vermögensstruktur – zu erreichen. Sind in der Gemeinschaft gleichzeitig zwei Partikularinsolvenzverfahren anhängig, ohne dass ein Hauptinsolvenzverfahren eröffnet wurde, so finden die Vorschriften der Verordnung über die Koordinierung der Sekundärinsolvenzverfahren Anwendung. Ergibt sich ausnahmsweise nach der Verteilung im Sekundärinsolvenzverfahren ein Überschuss, so ist dieser an den Verwalter des Hauptinsolvenzverfahrens auszukehren (Art. 35 InsVO).

---

39 Vgl. zur Bedeutung von Sekundärinsolvenzverfahren: Wimmer, ZIP 1998, 982 ff.; skeptisch hinsichtlich der Berechtigung dieser Verfahren: Prütting/Vallender, a. a. O., S. 843, 863 ff.

Hauptinsolvenzverfahren und Partikularinsolvenzverfahren können je- 46
doch nur dann zu einer effizienten Verwertung der Insolvenzmasse beitragen, wenn die parallel anhängigen Verfahren koordiniert werden. Wesentliche Voraussetzung ist hierzu eine enge Zusammenarbeit der verschiedenen Verwalter, die insbesondere einen hinreichenden Informationsaustausch beinhalten muss (Art. 31 f. InsVO; Erwägungsgrund 12, 20). Um die dominierende Rolle des Hauptinsolvenzverfahrens sicherzustellen, werden dem Verwalter dieses Verfahrens mehrere Einwirkungsmöglichkeiten auf gleichzeitig anhängige Sekundärinsolvenzverfahren gegeben. Er kann etwa die Eröffnung eines solchen Verfahrens beantragen (Art. 29 Buchstabe a InsVO), einen Sanierungsplan oder Vergleich vorschlagen (Art. 34 Abs. 1) oder die Aussetzung der Verwertung der Masse im Sekundärinsolvenzverfahren beantragen (Art. 33 InsVO).

Ein wesentliches Anliegen der InsVO ist die Stärkung des Grundsatzes 47
der Gläubigergleichbehandlung. So hat jeder Gläubiger, gleich wo er in der Gemeinschaft domiziliert ist, das Recht, seine Forderungen in jedem in der Gemeinschaft anhängigen Insolvenzverfahren über das Vermögen des Schuldners anzumelden. Dies gilt auch für die Steuerbehörden und die Sozialversicherungsträger (Art. 39 InsVO). Im Interesse der Gläubigergleichbehandlung muss jedoch die Verteilung des Erlöses koordiniert werden. Jeder Gläubiger darf zwar behalten, was er im Rahmen eines Insolvenzverfahrens erhalten hat, kann aber an der Verteilung der Masse in einem anderen Verfahren erst dann teilnehmen, wenn die Gläubiger gleichen Rangs die gleiche Quote auf ihre Forderung erlangt haben (Art. 20 Abs. 2 InsVO). Es muss somit für die Gemeinschaft eine konsolidierte Quotenübersicht erstellt werden. Hat ein Gläubiger allerdings durch eine Maßnahme der Zwangsvollstreckung in einem anderen MS etwas erlangt, so hat er dies an den Verwalter des Hauptinsolvenzverfahrens herauszugeben (Art. 20 Abs. 1 InsVO). Da das gesamte Vermögen des Schuldners in der Gemeinschaft eine einheitliche Masse bildet, hat sich der vollstreckende Gläubiger einen Sondervorteil verschafft, der auszugleichen ist. Die Besserstellung der ersten Gläubigerkategorie ist darin begründet, dass diese Gläubiger lediglich von einem Recht Gebrauch machen, sich an jedem über das Vermögen des Schuldners eröffneten Insolvenzverfahren in der Gemeinschaft zu beteiligen. Diese Verfahren unterliegen insgesamt dem Grundsatz der Gläubigergleichbehandlung, so dass eine Verpflichtung zur Herausgabe des Erlangten nicht gerechtfertigt wäre.[40]

---

40 FK-InsO/Wimmer, Anhang 1 Rdnr. 103.

IV. Sonstige Bemühungen zur Abwicklung grenzüberschreitender Insolvenzverfahren

1. Richtlinie über die Sanierung und Liquidation der Kreditinstitute[41]

a) Zielrichtung

48 Wesentliches Anliegen der Richtlinie ist die EU-weite Anerkennung von Sanierungs- und Liquidationsmaßnahmen. Die Richtlinie wird von der Überzeugung getragen, in den Bankrechtskoordinierungsrichtlinien[42] sei eine so weit gehende Harmonisierung des Bankrechts realisiert, dass ein Kreditinstitut und seine Zweigstellen eine Einheit bilden, die auch einer einheitlichen Aufsicht unterliegen müsse. Daraus folge auch eine einheitliche Behandlung für Sanierungsmaßnahmen und Liquidationsverfahren. Die Sanierungs- bzw. Liquidationsmaßnahmen der zuständigen Stellen des Herkunftsmitgliedstaats, also des Staats, in dem das Kreditinstitut zugelassen wurde, sollen ohne weitere Förmlichkeiten in den anderen MS anerkannt werden. Nur die Stellen des Herkunftsmitgliedstaates sollen berechtigt sein, solche Maßnahmen zu ergreifen.

49 Die Gleichheit der Gläubiger könne nur gewährleistet werden, wenn das Kreditinstitut nach den Grundsätzen der Einheit und Universalität liquidiert wird. Sowohl für die Sanierungs- als auch für die Liquidationsverfahren soll das Recht des Herkunftsmitgliedstaats maßgeblich sein. Während noch in den ersten Entwürfen der Kommission keine Ausnahmen von diesem Grundsatz zugelassen wurden, setzte sich angesichts der Regelungen des EuIÜ später die Erkenntnis durch, dass ohne besondere Bestimmungen etwa für Arbeitsverträge oder dingliche Rechte die Richtlinie nicht realisiert werden könnte. Aus diesem Grunde wurden Abweichungen vom Herkunftslandsprinzip zugelassen, die sich im Wesentlichen mit denen des InsVO decken.

b) Wesentlicher Inhalt

50 In Artikel 9 der Richtlinie wird der Grundsatz der Einheit und der Universalität des Verfahrens ausdrücklich festgeschrieben. Allein die Behörden des Herkunftsmitgliedstaats sind befugt, über die Eröffnung eines Liquidationsverfahrens gegen ein Kreditinstitut einschließlich seiner in anderen MS belegenen Zweigstellen zu entscheiden. Dieses Verfahren wird in allen MS anerkannt (Art. 9 Abs. 2) und nach dem Recht des Herkunftsmitgliedstaates abgewickelt (Art. 10). Von der Verfahrenseröffnung werden die be-

---

41 Richtlinie 2001/24/EG vom 4. April 2001, ABl. Nr. L 125/15.
42 Richtlinie Nr. 77/780/EWG ABl. Nr. L 322 vom 17. 12. 1977, S. 30 und Richtlinie Nr. 89/646/EWG ABl. Nr. L 386 vom 30. 12. 1989, S. 1.

kannten Gläubiger individuell unterrichtet, es sei denn, dass nach dem maßgeblichen Recht eine Forderung nicht angemeldet werden muss, um anerkannt zu werden (Art. 16). Wer in Unkenntnis der Verfahrenseröffnung noch an das Kreditinstitut leistet, obwohl er an den Verwalter hätte leisten müssen, wird befreit, wenn ihm die Eröffnung des Verfahrens nicht bekannt war (Art. 17). Jeder Gläubiger aus einem MS kann seine Forderungen schriftlich anmelden und erhält im Verteilungsverfahren den gleichen Rang wie inländische Gläubiger. Dies soll wohl auch für den Fiskus und die Sozialversicherungsträger gelten (Art. 18).

In Artikel 23 werden vom Herkunftslandsprinzip abweichende Sonderanknüpfungen für Arbeitsverträge, Verträger über die Nutzung oder den Erwerb unbeweglicher Gegenstände, für Nettingvereinbarungen, Pensionsgeschäfte, Rechte an unbeweglichen Gegenständen, besondere Wertpapiere, Zahlungs- und Abrechnungssysteme sowie für dingliche Rechte und für die Aufrechnung vorgesehen. Die Wirksamkeit von Verfügungen des Kreditinstituts nach Verfahrenseröffnung über einen unbeweglichen Gegenstand soll sich nach dem Recht des MS richten, in dem der Gegenstand belegen ist (Art. 27 a). Die Anfechtbarkeit gläubigerschädigender Handlungen soll sich nicht nach dem Recht des Herkunftsmitgliedsstaats richten, wenn der Anfechtungsgegner nachweist, dass für die anfechtbare Rechtshandlung ein anderes Recht als das des Herkunftsmitgliedsstaats maßgeblich ist und nach diesem Recht kein Rechtsmittel gegeben ist (Art. 27). 51

c) Bewertung

Im Gegensatz zur InsVO geht die Richtlinie vom Grundsatz strikter Einheit und Universalität des Verfahrens aus, d. h. Sekundärinsolvenzverfahren am Ort einer Niederlassung, neben dem Verfahren, das im Herkunftsmitgliedsstaat eröffnet wurde, sollen nicht zugelassen werden. In den Verhandlungen hatte sich Deutschland gegen diese rigide Linie gewandt, da zwischen den Unternehmen, die von InsVO erfasst werden, und Kreditinstituten kein so gravierender Unterschied besteht, als dass völlig unterschiedliche Ansätze im Verfahren gerechtfertigt wären. Es ist zwar sicher zutreffend, dass die Einheit und Universalität des Verfahrens erhebliche Vorteile mit sich bringt: das gesamte Vermögen des Schuldners wird in einem einheitlichen Verfahren erfasst, das nach lediglich einer Rechtsordnung abgewickelt wird. Dies gewährleistet eine umfassende Schuldentilgung, einen einzigen Verteilungsschlüssel und die Möglichkeit, das gesamte schuldnerische Unternehmen in einem einzigen Verfahren zu sanieren. Auf den ersten Blick scheint dies auch am ehesten dem Grundsatz der Gläubigergleichbehandlung zu genügen. 52

Dennoch spricht ein mehr pragmatischer Ansatz für die Zulassung von Sekundärinsolvenzverfahren. Zwar können über Sonderanknüpfungen etwa für Arbeitsverträge, dingliche Recht, Aufrechnungen etc. die gravierendsten Ungereimtheiten vermieden werden, doch sind durchaus in anderen Bereichen Friktionen denkbar, die zur Benachteiligung lokaler Gläubiger füh- 53

Wimmer

ren. Dies gilt auch für Kreditinstitute. Zwar ist in diesem Bereich ein gewisser Grad der Harmonisierung bereits realisiert, doch betrifft dies überwiegend das Bankenaufsichtsrecht und damit nur ein schmales Segment des Gesamtrechts, das für Gläubiger von Kreditinstituten relevant sein kann. Unter spezifisch insolvenzrechtlichen Gesichtspunkten können, sofern Sekundärinsolvenzverfahren nicht zugelassen werden, für die Gläubiger etwa folgende Nachteile eintreten: Da nach Artikel 18 Abs. 1 a der Richtlinie die Forderungen ausländischer Gläubiger denselben Rang erhalten sollen wie vergleichbare inländische Forderungen, könnte der Gläubiger einer Zweigniederlassung im ausländischen Insolvenzverfahren unter Umständen seinen Vorrang verlieren. Haben etwa in Übereinstimmung mit der früheren Rechtslage nach der KO Arbeitnehmer einer ausländischen Zweigniederlassung ein Vorrecht für ihre rückständigen Bezüge, die nicht durch Insolvenzgeld abgedeckt sind, so würden diese Arbeitnehmer ihr Vorrecht verlieren, wenn sie ihre Forderungen in einem deutschen Insolvenzverfahren über die Hauptniederlassung anmelden müssten. Weiter ist vorstellbar, dass den Gläubigern einer Zweigniederlassung ein inländischer Gerichtsstand verloren geht, wenn das Insolvenzrecht, das auf das Verfahren über die Hauptniederlassung anwendbar ist, eine vis attractiva concursus kennt. Dies könnte etwa bei einem Anfechtungsprozess oder bei einer Feststellungsklage gegen einen widersprechenden Gläubiger der Fall sein.

54   Das Sekundärinsolvenzverfahren soll aber nicht nur die Interessen lokaler Gläubiger schützen, sondern kann auch gezielt als Instrument der Verfahrenserleichterung in einer Großinsolvenz eingesetzt werden. Der Bericht zum EuIÜ nennt etwa das Beispiel, wenn das Vermögen des Schuldners zu komplex ist, um als Einheit verwaltet zu werden oder wenn die Unterschiede zwischen den betreffenden Rechtsordnungen sehr groß sind, so dass die Erstreckung der lex fori concursus auf die übrigen Staaten, in denen Vermögensgegenstände belegen sind, zu Schwierigkeiten führen würde.[43]

55   Auch der Grundsatz der par conditio creditorum spricht eher für die Zulassung von Sekundärinsolvenzverfahren. Insofern ist die Annahme in Erwägungsgrund 15 der Richtlinie unzutreffend, die Gleichheit der Gläubiger würde nur gewährleistet, wenn das Kreditinstitut in einem einheitlichen Insolvenzverfahren mit universaler Wirkung liquidiert würde. Vielmehr dürfte eher das Gegenteil zutreffend sein. Die rein formale Gleichstellung in- und ausländischer Gläubiger führt nicht dazu, dass auch die Chancen der Teilnahme am Verfahren gleich verteilt sind. Insofern sei lediglich auf die räumliche Distanz, die Sprachbarrieren und die Unkenntnis des fremden Rechts hingewiesen.

56   Vor diesem Hintergrund wäre es vorzugswürdig gewesen, statt völlig neue Instrumente für die Sanierung und Liquidation der Kreditinstitute und Versicherungsunternehmen zu entwickeln, sich strikt an das EuIÜ anzulehnen und lediglich Sondervorschriften für die genannten Unternehmen vorzuse-

---

43 Vgl. Erläuternder Bericht zum EuIÜ, Rdnr. 33.

hen, soweit diese geboten sind. Im Übrigen sei noch darauf hingewiesen, dass selbst in den Kernbereichen des Bankaufsichtsrechts bestimmte Befugnisse der Behörden des Aufnahmemitgliedsstaats bestehen bleiben, vor allem was die Überwachung der Liquidität der Zweigstellen und die sich aus der Geldpolitik des betreffenden Staates ergebenden Maßnahmen anbelangt.

2. Richtlinie über die Sanierung und Liquidation der Versicherungsunternehmen[44]

Für diese Richtlinie gelten die Ausführungen über die Richtlinie Kreditinstitute entsprechend. Ziel ist die EU-weite automatische Anerkennung von Sanierungs- und Liquidationsverfahren über Versicherungsunternehmen, wobei auch Sanierungsmaßnahmen einbezogen sind. Im Falle der Liquidation eines Versicherungsunternehmens sollen durch ein abgestimmtes Vorgehen die Interessen der Versicherungsgläubiger geschützt werden. Wie bei der Richtlinie Kreditinstitute wird die Richtlinie von dem Grundsatz der Einheit und Universalität des Verfahrens geprägt sein. Nur die Stellen des Herkunftsmitgliedsstaates sollen befugt sein, ein Liquidationsverfahren zu eröffnen, dem EU-weite Geltung zukommt und das nach dem Recht dieses Staates abzuwickeln ist. Sekundärinsolvenzverfahren wären demnach ausgeschlossen.[45] Die zuständigen Behörden des Herkunfts- und des Aufnahmestaates sollen sich gegenseitig unterrichten und den Verlauf des Verfahrens abstimmen. Die Gläubiger, die derselben Kategorie angehören, sollen gleichbehandelt werden.

57

Zum Schutz der Versicherungsgläubiger werden den MS zwei Optionen angeboten (vgl. Artikel 10 der Richtlinie): zum einen können die MS vorsehen, dass Versicherungsforderungen ein absolutes Vorrecht auf Befriedigung aus den die versicherungstechnischen Rückstellungen bildenden Vermögenswerten vor allen anderen Forderungen an das Versicherungsunternehmen haben. Zum anderen können die MS den Versicherungsgläubigern ein allgemeines Konkursvorrecht einräumen, dem lediglich die Forderung der Arbeitnehmer, Fiskalforderungen, Forderungen der Sozialversicherungsträger und Forderungen dinglich gesicherter Gläubiger vorgehen dürfen. Nach Beseitigung aller allgemeinen Konkursvorrechte durch die Insolvenzrechtsreform und nach Aufhebung von § 80 VAG kommt für Deutschland wohl nur eine Umsetzung gemäß der ersten Option in Frage.

58

Im Übrigen werden in den Artikeln 19 ff. der Richtlinien Sonderanknüpfungen für Rechtsverhältnisse vorgesehen, die nicht nach dem Recht des Herkunftsmitgliedsstaates behandelt werden sollen. Diese Regelungen, etwa für Arbeitsverträge, dingliche Rechte oder für die Anfechtung, sind weitgehend identisch mit denen der Richtlinie Kreditinstitute.

59

---

44 Richtlinie 2001/17/EG vom 20. 4. 2001, ABl. Nr. L 110/28.
45 Vgl. die Kritik hierzu unter Rdnr. 52 ff.

3. UNCITRAL-Modellbestimmungen

a) Entstehung und Bedeutung der Modellbestimmungen

60 Die zunehmende Bedeutung grenzüberschreitender Insolvenzverfahren hat dazu geführt, dass auch im Rahmen der UNCITRAL Anstrengungen unternommen wurden, Vorschriften über die Behandlung grenzüberschreitender Insolvenzverfahren zu entwickeln. Die Vorüberlegungen zu diesen Modellbestimmungen gehen bis in das Jahr 1992 zurück. Im Dezember 1997 hat die UN-Vollversammlung diese Modellbestimmungen auf Vorschlag der UNCITRAL-Kommission gebilligt.[46] Aus kontinental-europäischer Sicht hatte es zu Beginn der Verhandlungen zunächst den Anschein, als sollten die Modellbestimmungen lediglich Bedeutung für diejenigen Staaten erlangen, die sich erstmals mit der Erarbeitung eines nationalen IIR beschäftigen. Für den deutschen Praktiker hätten die Bestimmungen damit allenfalls periphäre Bedeutung gehabt. Dies hat sich zwischenzeitlich vollständig geändert, da die USA und wohl auch das Vereinigte Königreich planen, die Modellbestimmungen in ihrem nationalen Insolvenzrecht umzusetzen. Im Repräsentantenhaus wird derzeit ein Bankruptcy Reform Bill (H. R. 3150) und im Senat die identische Version eines Senate Bill (S. 1914) beraten. Die UNCITRAL – Modellbestimmungen sind damit von größter Wichtigkeit für die Entwicklung des IIR. Es ist deshalb notwendig, sie auch im Rahmen dieser Darstellung etwas eingehender zu beleuchten.

b) Ziel der Modellbestimmungen

61 Im Wesentlichen zielen diese Modellbestimmungen darauf ab, die Anerkennung ausländischer Insolvenzverfahren zu erleichtern, die justitielle Zusammenarbeit zu verbessern und ausländischen Insolvenzverwaltern den Gerichtszugang zu ermöglichen. Obwohl in den Beratungen mehrfach erwogen wurde, anstelle von Modellbestimmungen sogleich eine Konvention anzustreben, sprach sich die Mehrheit dafür aus, um ein Scheitern des Projekts zu verhindern, sich zunächst mit Modellbestimmungen zu bescheiden, jedoch die Option für die Erarbeitung einer Konvention offen zu halten. Das übergeordnete Ziel des Vorhabens ist die gerechte und wirksame Abwicklung grenzüberschreitender Insolvenzverfahren, um die Interessen der Gläubiger und anderer am Verfahren interessierter Personen zu schützen.

---

46 Vgl. zu den Modellbestimmungen Benning/Wehling, EuZW 1997, 618 ff.; Wimmer, ZIP 1997, 2220 ff.; ausführlich Berends, Tulane Journal of International and Comparative Law 1998, 309 ff.; die Modellbestimmungen sind abgedruckt in ZIP 1997, 2224 ff., eine deutsche Fassung findet sich in FK-InsO/Wimmer, Anhang 1 Anlage 5.

Wimmer

c) Wesentlicher Inhalt

Nicht in den Anwendungsbereich der Modellbestimmungen fallen Kreditinstitute und Versicherungsunternehmen (Art. 1 Abs. 2). Wie das EuIÜ unterscheiden die Modellbestimmungen zwischen Hauptverfahren, die an dem Ort stattfinden, an dem sich der Mittelpunkt der hauptsächlichen Interessen des Schuldners befindet und den »Nicht-Hauptverfahren«, die als Territorialverfahren ausgestaltet sind. Für diese Verfahren wird das Vorhandensein einer Niederlassung gefordert, deren Definition mit der in Artikel 2 Buchstabe h EuIÜ übereinstimmt. 62

Die Anerkennung und andere Unterstützungshandlungen können abgelehnt werden, wenn sie mit dem ordre public des ersuchten Staates unvereinbar sind (Art. 6). Der ausländische Insolvenzverwalter ist berechtigt, die Gerichte des anerkennenden Staates unmittelbar anzurufen (Art. 9). Der Verwalter hat das Recht, die Eröffnung von Insolvenzverfahren zu beantragen (Art. 11) und nach der Anerkennung seines Verfahrens an inländischen Parallelverfahren teilzunehmen (Art. 12). Hinsichtlich der Eröffnung und der Teilnahme an Insolvenzverfahren sollen ausländische Gläubiger die gleichen Rechte wie inländische erhalten. Dies gilt allerdings nicht für die Vorrechte; ausländische Gläubiger dürfen nur nicht schlechter gestellt werden als inländische nicht bevorrechtigte Gläubiger. Im Interesse der Gläubigergleichbehandlung bestimmt Artikel 14, dass immer, wenn inländische Gläubiger benachrichtigt werden, dies auch für ausländische Gläubiger zu gelten hat. 63

Im Gegensatz zum deutschen IIR und abweichend von Artikel 16 EuIÜ sehen die Modellbestimmungen keine automatische Anerkennung des ausländischen Verfahrens vor. Vielmehr soll auf Antrag des ausländischen Verwalters ein Anerkennungsverfahren eingeleitet werden. Um dem Gericht die Entscheidung über die Anerkennung zu erleichtern, sind in Artikel 16 bestimmte Vermutungen vorgesehen, so etwa, dass bei juristischen Personen an dem Ort des satzungsmäßigen Sitzes sich auch der Mittelpunkt der hauptsächlichen Interessen befindet. Liegt kein Verstoß gegen den ordre public vor und sind bestimmte, enumerativ aufgezählte Voraussetzungen erfüllt, so ist das Gericht verpflichtet, das ausländische Verfahren anzuerkennen. 64

Die Wirkungen der Anerkennung unterscheiden sich allerdings deutlich von denen des deutschen IIR und der InsVO. Danach bedeutet Anerkennung, dass die Wirkungen des ausländischen Verfahrens sich auf das Inland erstrecken und weitestgehend das Recht des Eröffnungsstaates Anwendung findet. Nach der Konzeption der Modellbestimmungen ist die Anerkennung lediglich eine Voraussetzung, um im Inland Unterstützung für das ausländische Verfahren zu erlangen. 65

Die wohl bedeutendste Regelung der Modellbestimmungen enthält Artikel 20, der einen »automatic stay« vorsieht: Verfahren, soweit sie die Konkursmasse betreffen, werden unterbrochen und neue Verfahren können 66 nicht anhängig gemacht werden. Zwangsvollstreckungsmaßnahmen in Gegenstände der Masse sind untersagt und der Schuldner verliert seine Verwaltungs- und Verfügungsbefugnis über die Masse. Da sich die Dauer und die Reichweite dieser Wirkungen nach dem Recht des anerkennenden Staates richten, und diese Folgen der Anerkennung keine Wirkungserstreckungen des ausländischen Verfahrens sind, führt dies zu einigen Ungereimtheiten.[47] Selbst wenn der Schuldner in dem ausländischen Verfahren seine Verwaltungs- und Verfügungsbefugnis behält, würde er diese – zumindest zeitweise – nach der Anerkennung über sein inländisches Vermögen verlieren. Diese Bedenken werden noch dadurch verstärkt, dass auch Sequestrationsverfahren in den Anwendungsbereich der Modellbestimmungen fallen (Art. 2 a: interim proceedings), der Schuldner also möglicherweise von seinen ausländischen Konten zu einem Zeitpunkt abgeschnitten wird, zu dem die Insolvenz noch gar nicht feststeht.

67 Bereits im Vorfeld der Anerkennung kann der ausländische Verwalter nach Artikel 19 vorläufige Sicherungsmaßnahmen beantragen, wobei dies wohl nicht die spezifischen insolvenzrechtlichen, sondern die allgemeinen Sicherungsmaßnahmen des Zwangsvollstreckungsrechts sein dürften. Nach der Anerkennung können zusätzliche Sicherungsmaßnahmen ergriffen werden (Art. 21), die auch Territorialverfahren zugute kommen können.

68 Hinsichtlich des Anfechtungsrechts begnügen sich die Modellbestimmungen mit dem Hinweis, dass nach Anerkennung des ausländischen Verfahrens auch dessen Verwalter berechtigt ist, einen Anfechtungsprozess zu führen. Bezieht sich die Anerkennung auf ein Territorialverfahren, so muss sichergestellt sein, dass Gegenstand der Anfechtung Massebestandteile sind, die an sich zu diesem ausländischen Verfahren gehören würden (Art. 23 Abs. 2).

69 Ein besonderes Gewicht legen die Modellbestimmungen auf die Stärkung der Zusammenarbeit zwischen in- und ausländischen Verwaltern und in- und ausländischen Gerichten. So wird etwa in Artikel 25 Abs. 2 bestimmt, dass die Gerichte ermächtigt sind, unmittelbar mit ausländischen Gerichten zusammenzuarbeiten, ohne hierbei sich diplomatischer Kanäle bedienen zu müssen. In Kapitel V wird geregelt, wie Parallelverfahren, also nach der Terminologie des EuIÜ Haupt- und Sekundärinsolvenzverfahren, koordiniert werden sollen. Nicht ganz geglückt ist dabei, dass nach der Definition des »ausländischen Nicht-Hauptverfahrens« in Artikel 2 Buchstabe c eine Niederlassung gefordert wird, ein Sekundärinsolvenzverfahren nach Artikel 28 jedoch bereits bei dem Vorhandensein von Vermögenswerten in dem betreffenden Staat eröffnet werden kann. Die Vorschriften über die Parallelverfahren sollen sicherstellen, dass Gerichte und Insolvenzverwalter im In- und Ausland eng zusammenarbeiten und dabei die Dominanz des Hauptinsolvenzverfahrens gewahrt wird.

---

47 Vgl. Wimmer, ZIP 1997, 2222.

d) Bewertung

Bei dem Versuch einer ersten Wertung der Modellbestimmungen wurde noch davon ausgegangen, diese Vorschriften würden insbesondere den Staaten Anregungen geben, die erstmals ein IIR schaffen wollen oder für Staaten, die noch sehr restriktiv bei der Abwicklung grenzüberschreitender Insolvenzen verfahren.[48] Diese Einschätzung ist überholt, da sich mittlerweile die USA und das Vereinigte Königreich dazu entschlossen haben, die Modellbestimmungen in das nationale Recht zu überführen.[49] Vorausgegangen war in den USA eine Empfehlung der National Bankruptcy Review Commission, die »unanimously and enthusiastically endorsed the model law«.[50] Es dürfte wohl auch nur leicht übertrieben sein, wenn ein Mitglied der amerikanischen Delegation in diesem Zusammenhang die Auffassung vertrat, dies würde einen Gesetzgebungsprozess in den Ministerien der ganzen Welt auslösen.[51] Nach chapter 5 des Bankruptcy Code soll ein neues chapter 6 »Ancillary and other Cross-Border Cases« eingestellt werden. Dabei wird ausdrücklich anerkannt, dass es Ziel dieses neuen chapter 6 ist, die Modellbestimmungen in das amerikanische Recht umzusetzen. Ebenso werden die Ziele der Modellbestimmungen fast wörtlich wiederholt. Auch die Vorschriften hinsichtlich der Befugnisse amerikanischer Insolvenzverwalter im Ausland, hinsichtlich des ordre public oder des unmittelbaren Gerichtszugangs stimmen fast wörtlich mit den entsprechenden Vorschriften der Modellbestimmungen überein. Dies gilt auch für den Antrag auf Anerkennung und die Formalitäten, die dabei einzuhalten sind (sec. 615). Ebenso identisch sind die Vorschriften über die Anerkennungsentscheidungen (sec. 617), die nachfolgenden Informationen (sec. 618) und den Rechtsschutz nach Beantragung der Anerkennung (sec. 619).

70

Die wohl wichtigste Wirkung der Anerkennung ist, dass der automatic stay gemäß sec. 362 hinsichtlich des in den Vereinigten Staaten belegenen Vermögens des Schuldners Anwendung findet. Auch die Vorschriften über die Zusammenarbeit mit ausländischen Gerichten und ausländischen Verwaltern (subchapter IV) und über die Abwicklung paralleler Insolvenzverfahren (subchapter V) stimmen weitgehend mit den Modellbestimmungen überein.

71

Sollte dieser Gesetzentwurf wie vorgelegt umgesetzt werden, so wäre es noch weitaus schwieriger als bisher, die InsVO als Muster für die Ausgestaltung des nationalen IIR eines Staates anzubieten. Es ist nun davon auszugehen, dass viele Staaten dem Vorbild der USA folgen, und ihr IIR entsprechend den UNCITRAL-Modellbestimmungen ausgestaltet werden.

72

---

48 Wimmer, ZIP 1997, 2224.
49 Vgl. Rdnr. 60.
50 Vgl. Bankruptcy Court Decisions vom 2. September 1997.
51 Bankruptcy Court Decisions, a. a. O., S. 4.

C. Artikel 102 EGInsO

I. Artikel 102 EGInsO als Provisorium

73 Während der Regierungsentwurf zur InsO[52] noch ein ausformuliertes IIR enthielt, wurden bei den Beratungen im BT-Rechtsausschuss diese Vorschriften mit Rücksicht auf die laufenden Verhandlungen zum EuIÜ gestrichen. Als Platzhalter wurde Artikel 102 EGInsO eingefügt, der lediglich einige Grundsätze des IIR grob skizziert. Wegen ihrer Lückenhaftigkeit wurde die Vorschrift in der Literatur scharfer Kritik unterzogen.[53] Es besteht deshalb nach wie vor die Notwendigkeit, ein ausdifferenziertes autonomes Internationales Insolvenzrecht zu schaffen. Lediglich für eine Übergangszeit ist es hinnehmbar, Artikel 102 EGInsO durch Heranziehung der InsVO und der §§ 379 ff. RegE justiziable Konturen zu verleihen.

II. Anerkennungsfähigkeit des ausländischen Verfahrens

74 Ein ausländisches Verfahren wird im Innland nur anerkannt, wenn es sich »bei dem Auslandsverfahren nach den inländischen Rechtsgrundsätzen überhaupt um einen Konkurs handelt«.[54] Dabei sollte ein möglichst großzügiger Maßstab angelegt werden, zu dessen Ausfüllung die Anhänge A und B der InsVO herangezogen werden können. Selbst bei diesem großzügigen Maßstab müssen jedoch Verfahren ausgeblendet bleiben, die unter dem Deckmantel der Insolvenz konkursfremde Zwecke, also etwa eine Enteignung, verfolgen.[55] Anerkennungsfähig sind sowohl Liquidations- als auch Sanierungsverfahren.[56]

III. Voraussetzung der Anerkennung

1. Internationale Zuständigkeit

75 Die wichtigste Voraussetzung für die Anerkennung eines ausländischen Verfahrens ist, dass dem Eröffnungsstaat die internationale Zuständigkeit zukommt. Diese legt fest, welche Insolvenzsachen die Gesamtheit der deut-

---

52 BT-Drucks. 12/7302.
53 Gerhardt/Diederichsen u. a., Festschrift für Henckel, 1995, S. 533 ff.
54 BGHZ 95, 256, 270.
55 Aderhold, a. a. O., S. 178 ff.
56 Lüke, KTS 1986, 1, 14 ff.

schen Gerichte gegenüber den ausländischen Gerichten für sich in Anspruch nimmt.[57] Die internationale Zuständigkeit wird durch die örtliche vermittelt, so dass die internationale Zuständigkeit im Inland stets dann gegeben ist, wenn mindestens ein deutsches Gericht örtlich zuständig ist. Maßgebend ist somit der allgemeine Gerichtsstand des Schuldners (§ 3 Abs. 1 Satz 1 InsO). Übt der Schuldner eine wirtschaftliche Tätigkeit aus, so bestimmt sich die internationale Zuständigkeit nach diesem Ort. Im Rahmen der Anerkennung wird nun überprüft, ob in spiegelbildlicher Anwendung der deutschen Vorschriften dem Eröffnungsgericht die internationale Zuständigkeit zukommt. Ist der Schuldner eine Gesellschaft, deren satzungsmäßiger Sitz im Eröffnungsstaat liegt, so begründet dies nur eine Vermutung, dass sich dort auch der Mittelpunkt der wirtschaftlichen Interessen befinden (vgl. Art. 3 Abs. 1 Satz 2 InsVO).

2. Ordre public

Um zu verhindern, dass im Inland Entscheidungen wirksam werden, die den deutschen Rechtsanschauungen grob widersprechen, ist im Rahmen der Anerkennung zu überprüfen, ob diese zu einem Ergebnis führen würde, das mit wesentlichen Grundsätzen des deutschen Rechts unvereinbar ist (so Art. 102 Abs. 1 Satz 2 Nr. 2 EGInsO). Ein solcher Verstoß gegen den ordre public wird immer dann angenommen, »wenn das Ergebnis der Anwendung eines ausländischen Rechts zu den Grundgedanken der deutschen Regelung und der ihnen zugrunde liegenden Gerechtigkeitsvorstellungen in so starkem Widerspruch steht, dass es von uns für untragbar gehalten wird«.[58] Aus den Formulierungen »wesentliche Grundsätze« und »offensichtlich unvereinbar« kann geschlossen werden, dass nur ganz gravierende Verstöße gegen den ordre public die Ablehnung der Anerkennung rechtfertigen. Dabei wird danach differenziert, ob der prozessuale ordre public (etwa der Grundsatz des rechtlichen Gehörs) oder der materielle (grob willkürliche staatliche Maßnahmen) betroffen ist.

Damit sind die nach deutschem Recht wesentlichen Anerkennungsvoraussetzungen bereits umrissen. Unerheblich für eine Anerkennung ist es somit beispielsweise, ob auch der ausländische Staat unter vergleichbaren Umständen ein deutsches Insolvenzverfahren anerkennen würde. Denn nach deutschem Internationalen Insolvenzrecht erfolgt die Anerkennung des ausländischen Verfahrens nicht wegen der Gegenseitigkeit der Anerkennung, sondern weil es unter insolvenzverfahrensrechtlichen Gesichtspunkten, also insbesondere im Interesse einer optimalen Befriedigung der Gläubiger, sachgemäß ist, dem ausländischen Verfahren auch im Inland eine Wirkung zuzuerkennen. Ebenso wenig ist für die Anerkennung die öffentliche Bekanntmachung oder die Bekanntmachung an die Beteiligten erforderlich.

---

57 Vgl. zur internationalen Zuständigkeit: Geimer, a. a. O., Rdnr. 844.
58 BGHZ 50, 370, 375.

IV. Das Anerkennungsverfahren und die Bedeutung der Anerkennung

1. Wirkung der Anerkennung

78 Anerkennung bedeutet Wirkungserstreckung, d. h. die der ausländischen Entscheidung im Erlassstaat zukommenden Wirkungen werden auf das Inland ausgedehnt. Als Konsequenz ergibt sich daraus, dass der Umfang der Wirkung der ausländischen Entscheidung sich nach dem Recht des Erlassstaates beurteilt. Der ausländischen Entscheidung kann damit auch keine weiter gehende Wirkung im Inland zukommen als im Erlassstaat. Wird ein ausländisches Hauptinsolvenzverfahren im Inland anerkannt, so hindert dies die deutschen Gerichte, im Inland ein weiteres Hauptinsolvenzverfahren zu eröffnen.[59] Im Interesse einer zügigen Sicherung der Insolvenzmasse sollten auch ausländische vorläufige Sicherungsmaßnahmen einer Anerkennung zugänglich sein. Dies ist auch in Artikel 25 Abs. 1 3. Unterabsatz InsVO so vorgesehen.

79 Die lex fori concursus bestimmt, welche Befugnisse dem Schuldner hinsichtlich des insolvenzbefangenen Vermögens verbleiben. Sieht das ausländische Recht etwa vor, dass die Verwaltungs- und Verfügungsbefugnis auf den Insolvenzverwalter übergeht, so verliert er im Inland auch seine Prozessführungsbefugnis. Eine Klage gegen den Schuldner bezüglich eines Gegenstands der Insolvenzmasse wäre somit unzulässig.

2. Prozessunterbrechung und Vollstreckung

80 Die früher umstrittene Frage, ob die Eröffnung eines Insolvenzverfahrens im Ausland einen im Inland anhängigen Prozess über einen Gegenstand der Insolvenzmasse unterbricht, ist mittlerweile geklärt. Die nahezu einhellige Meinung geht davon aus, dass ein solcher Rechtsstreit im Inland gemäß § 240 ZPO unterbrochen wird. Zur Begründung wird insbesondere auf Sinn und Zweck von § 240 ZPO abgestellt, der dem Insolvenzverwalter und den Parteien Gelegenheit geben soll, sich auf die veränderte Rechtslage nach Eröffnung des Insolvenzverfahrens einzustellen.[60] Damit ist aber nicht gesagt, dass § 240 ZPO nur in den Fällen einschlägig ist, in denen nach dem Insolvenzstatut die Prozessführungsbefugnis übergeht. Vielmehr ist eine Unterbrechung auch dann sinnvoll, wenn der Schuldner prozessführungsbefugt bleibt, da das Gericht durch die Unterbrechung Gelegenheit erhält, sich über das ausländische Recht sachkundig zu machen. In diesem Fall kann der Schuldner jedoch den Rechtsstreit selbst wieder aufnehmen.

---

59 FK-InsO/Wimmer, Anhang 1 Rdnr. 281.
60 BGH ZIP 1998, 659 ff.

Die Anerkennung des ausländischen Hauptinsolvenzverfahrens führt auch 81
im Inland, sofern die lex fori concursus dies vorsieht, zu einem Vollstreckungsstopp. Zwar wird hiergegen eingewandt, dies verkürze den Rechtsschutz der Gläubiger,[61] jedoch entspricht ein Verbot der Individualvollstreckung eher dem Universalitätsprinzip und trägt dem Grundsatz der Gläubigergleichbehandlung Rechnung. Entsprechendes hat für den Arrest zu gelten, da es dem ausländischen Verwalter nicht verwehrt werden sollte, einzelne Gegenstände der Masse zum Hauptinsolvenzverfahren zu ziehen.[62] Da die Wirkungen des ausländischen Insolvenzverfahrens auch im Inland sich grundsätzlich nach dem Recht des Eröffnungsstaates bemessen, stehen dem Verwalter auch im Inland grundsätzlich alle Befugnisse zu, die ihm sein Heimatrecht verleiht. Dies kann zur Folge haben, dass der ausländische Verwalter in Deutschland größere Kompetenzen hat, als sie einem vergleichbaren deutschen Verwalter im Inland zustehen würden.

3. Unterrichtung der Gläubiger und Registereintragungen

Das Ob und Wie der individuellen Unterrichtung der Gläubiger sowie die 82
öffentliche Bekanntmachung bestimmen sich nach der lex fori concursus. Der ausländische Verwalter ist berechtigt, die Eintragung des Insolvenzvermerks in inländische Register zu beantragen. Da dem Verwalter nach dem Recht des Eröffnungsstaates regelmäßig die Massesicherung obliegt, muss er auch im Inland die Eintragung in die entsprechenden Register erwirken können.[63] Dies gilt zumindest für die Eintragung des Insolvenzvermerks in das Grundbuch. Für die Eintragung in das Handelsregister oder vergleichbare Register sieht § 31 InsO kein Antragsrecht des Insolvenzverwalters vor, was sich aus der unterschiedlichen Reichweite des Vertrauensschutzes zwischen Handelsregister und Grundbuch herleiten lässt.[64]

4. Das anwendbare Recht

Grundsätzlich bestimmt sich das Insolvenzverfahren auch in seinen welt- 83
weiten Ausstrahlungen nach der lex fori concursus und zwar auch hinsichtlich der materiellrechtlichen Verhältnisse und Wirkungen.[65] Dieses Verständnis des Insolvenzstatuts als Gesamtstatut ermöglicht eine einheitliche Erfassung, Verwaltung, Verwertung und Verteilung der Masse.[66] Eine so weit reichende Anerkennung eines fremden Konkursstatuts kann jedoch zu nicht tragbaren Ergebnissen führen, wenn nach ihr Sachverhalte beurteilt

---

61 Baur/Stürner, Insolvenzrecht, 3. Aufl. 1991, Rdnr. 37, 35.
62 So etwa Kuhn/Uhlenbruck, Kommentar zur Konkursordnung, 11. Aufl. 1994, §§ 237, 238, Rdnr. 84; a. A. Gerhardt/Henckel/Kilger, Festschrift für Merz, 1992, 93 ff.
63 OLG Zweibrücken IPRax 1991, 186 ff. m. Anm. Gottwald, IPRax 1991, 168 ff.
64 Gottwald, a. a. O., 171.
65 Gottwald, Insolvenzrechts-Handbuch, 2. Aufl. 2001, § 129 Rdnr. 2.
66 Gottwald, a. a. O., § 129 Rdnr. 6.

werden, die ganz wesentlich von der inländischen Rechtsordnung geprägt sind. Dies gilt etwa für die Wirkungen des ausländischen Insolvenzverfahrens auf im Inland belegene Immobilien. Zum Schutz des Wirtschaftsverkehrs sind hier Abweichungen von der lex fori concursus zwingend geboten.

84 Die Bestimmung der Insolvenzmasse einschließlich der Behandlung des Neuerwerbs richten sich grundsätzlich nach dem Recht des Eröffnungsstaats. Dies gilt jedoch nicht für die Frage, ob ein bestimmter Gegenstand pfändbar ist und damit dem Insolvenzbeschlag unterliegt, da dies eine Frage der Zwangsvollstreckung ist, die sich nach dem Belegenheitsort des jeweiligen Gegenstandes beurteilt.[67]

85 Nach der lex fori concursus richtet sich auch, welche Forderungen als Insolvenzforderung anzumelden sind, welche Forderungen als Masseverbindlichkeiten zu behandeln sind und wie das Anmelde- und Feststellungsverfahren ausgestaltet ist. Umstritten ist, ob die öffentlichen rechtlichen Gläubiger, denen ihr Heimatrecht ein Vorrecht einräumt, dieses Vorrecht auch im Inland genießen.[68]

5. Aus- und Absonderungsrechte

86 Gegenstände, die nicht zur Insolvenzmasse gehören, können von dem jeweiligen Rechtsinhaber ausgesondert werden. Ob diesem tatsächlich ein Aussonderungsrecht zusteht, bestimmt sich nach dem für den jeweiligen Gegenstand maßgebenden Sachstatut. Welches dies letztlich ist, richtet sich nach den Kollisionsnormen des IPR.[69]

87 Auch die Entstehung und der Inhalt eines Rechts zur abgesonderten Befriedigung richten sich nach dem Sachstatut. Demgegenüber bestimmt das Recht des Eröffnungsstaates, ob eine abgesonderte Befriedigung zulässig ist, und ob und unter welchen Voraussetzungen der gesicherte Gläubiger oder der Insolvenzverwalter zur Verwertung des Gegenstandes der Absonderung befugt ist. Im Interesse des Verkehrsschutzes sind bei Sicherungsrechten jedoch Ausnahmen angezeigt. Das Vertrauen des inländischen Wirtschaftsverkehrs würde erheblich enttäuscht, wenn durch die Auswirkungen eines fremden Konkursstatuts eine Sicherheit genau in der Situation entwertet würde, für die sie eigentlich konzipiert ist. Insofern bestimmen Artikel 5 Abs. 1 InsVO und § 390 Abs. 1 RegE, dass diese Rechte von der Eröffnung eines ausländischen Insolvenzverfahrens nicht berührt werden. An dieser Regelung wird kritisiert, der Schutz vor den Wirkungen eines ausländischen Insolvenzverfahrens würde selbst dann eingreifen, wenn nach der lex rei sitae die gleichen oder noch größere insolvenzbedingte Eingriffe zulässig

---

67 Gottwald, a. a. O., § 130 Rdnr. 30.
68 So FK-InsO/Wimmer, Anhang 1 Rdnr. 309; a. A. Gilles, Transnationales Prozessrecht, 1995, S. 174.
69 Vgl. Gottwald, a. a. O., § 130 Rdnr. 20; FK-InsO/Wimmer, Anhang 1 Rdnr. 311.

Wimmer

wären.⁷⁰ Will man diesen Bedenken Rechnung tragen, so sollte »nicht berührt« dahingehend verstanden werden, dass die Sicherheit in ihrer wesentlichen Substanz unangetastet bleiben muss, aber den Einschränkungen unterworfen wird, denen sie in der Insolvenz auch nach dem Lagerecht unterliegt.

V. Aufrechnung

Die Aufrechnung enthält das Recht zur Selbstexekution und wirkt sich somit im Insolvenzverfahren wie ein Absonderungsrecht aus.⁷¹ Deshalb soll der Aufrechnungsberechtigte nicht durch die Auswirkungen eines fremden Konkursstatuts in dem Vertrauen auf seine Aufrechnungslage enttäuscht werden. Nach der grundlegenden Entscheidung des BGH zum Internationalen Insolvenzrecht muss zwischen der Zulässigkeit der Aufrechnung, über die die lex fori concursus entscheidet, und der materiellrechtlichen Wirksamkeit, die sich nach dem Schuldstatut der Hauptforderung bestimmt, unterschieden werden.⁷² Gegen diese Lösung wird eingewandt, sie verstoße gegen den Grundsatz der Gläubigergleichbehandlung.⁷³ Mit der eindeutigen Regelung in Art. 6 InsVO dürfte dieser Streit jedoch im Sinne des BGH entschieden sein.

88

VI. Eigentumsvorbehalt

Nach Artikel 7 Abs. 1 InsVO und § 390 Abs. 1 RegE lässt die Eröffnung eines Insolvenzverfahrens gegen den Käufer die Rechte des Verkäufers aus einem Eigentumsvorbehalt unberührt. Damit ist der Eigentumsvorbehalt gegen die Wirkungen eines ausländischen Insolvenzverfahrens vollständig geschützt, selbst wenn er bei einem vergleichbaren inländischen Verfahren ähnlichen oder noch stärkeren Einschränkungen unterworfen gewesen wäre.⁷⁴ Diese Regelung der InsVO muss als allseitige Regel des deutschen IIR gewertet werden, da kein Grund ersichtlich ist, dem Insolvenzverfahrens eines Drittstaats eine stärkere Wirkung zuzumessen als dem eines Mitgliedsstaats der EU.⁷⁵

89

---

70 Vgl. hierzu FK-InsO/Wimmer, Anhang 1 Rdnr. 312; Kübler/Prütting, Kommentar zur Insolvenzordnung, 3. Lfg. 2001, Art. 102 Rdnr. 144.
71 Gottwald, a. a. O., § 130 Rdnr. 55.
72 BGHZ 95, 256, 273.
73 Hanisch, ZIP 1995, 1233, 1237 f.
74 Zur Kritik an dieser Regelung: Flessner, IPRax 1997, 1, 7 f.; differenzierend von Wilmowsky, EWS 1997, 295 ff.
75 Staudinger/Stoll, Kommentar zum BGB, 13. Aufl. 1993 ff., Internationales Sachenrecht, Rdnr. 322.

VII. Miet- oder Pachtverträge

90 Insbesondere aus sozialen Gründen soll auf Miet- oder Pachtverträge über unbewegliche Sachen die lex rei sitae Anwendung finden. Dies gilt auch für Kaufverträge über unbewegliche Gegenstände (vgl. Artikel 8 InsVO).

VIII. Arbeitsverhältnisse

91 Besonders deutlich wird die Notwendigkeit von Sonderanknüpfungen bei Arbeitsverträgen, bei denen der personellen Einbettung des Arbeitsverhältnisses in die dafür zuständige Rechtsordnung Rechnung getragen werden muss.[76] Das auch in der Insolvenz maßgebende Arbeitsstatut bestimmt sich nach deutschem IIR somit nach Artikel 30 EGBGB. Jedoch gilt dieses Statut nicht für alle mit dem Arbeitsverhältnis zusammenhängenden Rechtsfragen. So etwa beantwortet sich die Frage, wie eine Forderung aus dem Arbeitsverhältnis geltend zu machen ist und ob für sie ein Vorrecht besteht nach der lex fori concursus. Demgegenüber unterliegen die Begründung und die Beendigung des Arbeitsverhältnisses sowie sein Inhalt dem Arbeitsstatut.

92 Die Anwendbarkeit des deutschen Betriebsverfassungsrechts ist von einem inländischen Betriebssitz abhängig. Ebenso richten sich die Ansprüche aus der betrieblichen Altersversorgung nach dem Arbeitsstatut. Allerdings ist damit noch nicht entschieden, in welchen Fällen der PSV a. G. einzutreten hat. Für die Beantwortung dieser Frage ist vielmehr entscheidend, ob über den Arbeitgeber nach deutschem Insolvenzrecht ein Insolvenzverfahren eröffnet werden kann und ob er zu Beitragsleistungen in Deutschland verpflichtet war.[77] Besonders umstritten ist, welche Garantieeinrichtung bei transnationalen Sachverhalten für die Insolvenzgeldzahlung aufzukommen hat.[78] Im Interesse eines wirksamen Schutzes der betroffenen Arbeitnehmer sollte die Garantieeinrichtung zuständig sein, auf deren Einstandspflicht sie berechtigterweise vertrauen konnten. Dies wird regelmäßig die Garantieeinrichtung des Staates sein, dessen Recht auch das Sozialversicherungsverhältnis bestimmt.

---

76 Kegel, a. a. O., S. 336.
77 Vgl. FK-InsO/Wimmer, Anhang 1 Rdnr. 333 m. w. N.
78 Vgl. im Einzelnen: FK-InsO/Wimmer, Anhang 1 Rdnr. 334.

Wimmer

IX. Leistungen an den Schuldner in Unkenntnis der Verfahrenseröffnung

Entsprechend dem Rechtsgedanken des § 82 InsO bestimmen Artikel 24 InsVO und § 389 RegE, dass der Drittschuldner trotz der Verfahrenseröffnung befreit wird, wenn ihm zur Zeit der Leistung die Eröffnung des Verfahrens unbekannt war. Somit wird das an sich maßgebende Forderungsstatut nach Artikel 32 Abs. 1 Nr. 2 EGBGB durch die Sonderregel die IIR verdrängt.

93

X. Anfechtung (Artikel 102 Abs. 2 EGInsO)

Die Behandlung transnationaler Anfechtungsfälle gehört zu den umstrittensten Problemen des IIR. Dies betrifft insbesondere die Frage, ob sich die Anfechtung nach der lex fori concursus, nach dem Wirkungsstatut oder nach einer Verbindung beider Statute bestimmt. Sowohl Artikel 102 Abs. 2 EGInsO als auch Artikel 13 InsVO haben sich für eine solche Kombinationslösung entschieden. Dies wird insofern bedauert, als eine Kumulation stets dem anfechtungsfeindlichsten Recht zur Geltung verhilft.[79] Die Anfechtung richtet sich somit vorrangig nach dem Recht der Verfahrenseröffnung, dieses Recht bestimmt also ihre Voraussetzungen und Rechtsfolgen. Im Interesse des Verkehrsschutzes zieht Artikel 102 Abs. 2 EGInsO ergänzend das Wirkungsstatut heran, so dass eine Anfechtung nur dann durchgreifen soll, wenn die Rechtshandlung nach dem Wirkungsstatut »in irgendeiner Weise angegriffen werden kann«.[80] Da es die Absicht des BT-Rechtsausschusses war, die Anfechtungsvorschrift des autonomen IIR an das EuIÜ anzunähern, wird man die Norm entsprechend Artikel 13 InsVO zu interpretieren haben, so dass Voraussetzung für die Anfechtung ist, dass die Rechtshandlung auch nach deutschem Recht anfechtbar, nichtig oder unwirksam ist.[81]

94

Ein weiterer Unterschied zwischen Artikel 102 Abs. 2 EGInsO und Artikel 13 InsVO betrifft die Beweislast. Während nach dem autonomen IIR der ausländische Insolvenzverwalter nachweisen muss, dass die Rechtshandlung auch nach deutschem Recht angreifbar ist, muss diesen Beweis im Rahmen des Artikel 13 InsVO der Anfechtungsgegner führen. Die internationale Zuständigkeit für Anfechtungsklagen bestimmt sich nach dem jeweiligen

95

---

79 Gerhardt/Diederichsen u. a., a. a. O., S. 543; allgemein zur Insolvenzanfechtung im IIR: Stoll, Stellungnahmen und Gutachten zur Reform des deutschen Internationalen Insolvenzrechts, S. 156 ff.; Gottwald, a. a. O., § 129 Rdnr. 60 ff.
80 BT-Drucks. 12/7303, S. 118.
81 Gerhardt/Diederichsen u. a., a. a. O., S. 548.

internationalen Zivilprozessrecht, so dass in Deutschland die Vorschrift über die örtliche Zuständigkeit heranzuziehen ist.

XI. Insolvenzpläne, Restschuldbefreiung

96 Es ist heute nahezu unstreitig, dass ausländische konkursbeendende Vergleiche, insolvenzrechtliche Sanierungsverfahren und eine Restschuldbefreiung unter den gleichen Voraussetzungen wie ein ausländisches Insolvenzverfahren anzuerkennen sind.[82] Diese Auffassung wird auch vom BGH geteilt. Danach ist ein im Ausland abgeschlossener Zwangsvergleich anzuerkennen, wenn dessen Geltungsanspruch auch die Forderungen fremdstaatlicher Gläubiger erfassen soll, wenn es sich bei dem Auslandsverfahren nach inländischen Rechtsgrundsätzen um ein Insolvenzverfahren handelt, dem ausländischen Gericht die internationale Zuständigkeit zukommt und die Anerkennung nicht den deutschen ordre public verletzt.[83] Die Wirkungen des Sanierungs- oder Restschuldbefreiungsverfahrens sind nicht davon abhängig, ob der Gläubiger, dessen Forderung davon betroffen ist, dem zugestimmt hat oder ob er überhaupt an dem ausländischen Verfahren beteiligt war. Voraussetzung ist lediglich, dass er die Möglichkeit der Teilnahme hatte, d. h. er musste sich zumindest Kenntnis von dem Verfahren verschaffen können.[84] Um unverhältnismäßige Eingriffe in das Gläubigerrecht zurückzuweisen, kann letztlich auf den inländischen ordre public rekuriert werden. Sieht das ausländische Verfahren Eingriffe in die Rechte gesicherter Gläubiger vor, so steht einer Inlandserstreckung der Grundsatz entgegen, dass durch die Eröffnung des Insolvenzverfahrens dingliche Rechte an den inlandsbelegenen Gegenständen nicht berührt werden (vgl. § 390 RegE und Artikel 5 Abs. 1 InsVO). Dabei sind jedoch Einwirkungen auf die Sicherheit zulässig, die ihren Kernbestand nicht berühren, also etwa Einschränkungen der Verwaltungsbefugnisse eines ausländischen Verwalters oder gewisse Verfahrenskostenbeiträge.[85] Anerkannt werden demgegenüber Auswirkungen einer Forderungsreduktion auf die Sicherheit.[86]

---

82 Gottwald, a. a. O., § 129 Rdnr. 73; Kübler/Prütting, a.a.O., Art. 102 Rdnr. 229 ff.; Reinhart, Sanierungsverfahren im internationalen Insolvenzrecht, 1995, S. 212 ff.
83 BGH ZIP 1997, 39, 40.
84 Hanisch, ZIP 1985, 1233, 1241.
85 FK-InsO/Wimmer, Anhang 1 Rdnr. 366; a. A. Gottwald/Arnold, a. a. O., § 122 Rdnr. 127; vgl. auch Reinhart, a. a. O., S. 237.
86 Gottwald, a. a. O., § 129 Rdnr. 76, Flessner, ZIP 1989, 749, 755.

Wimmer

XII. Territorialinsolvenzverfahren (Artikel 102 Abs. 3 EGInsO)

Die schrankenlose Anerkennung der Wirkungen eines ausländischen Insolvenzverfahrens ist oftmals nicht sachgerecht, vielmehr müssen diese Wirkungen einer gewissen Kontrolle unterworfen werden. Die grundsätzlich anzuerkennende Universalität des ausländischen Verfahrens wird damit gemäßigt, oder – mit dem wohl heute verbreitetsten Begriff – zu einer kontrollierten Universalität abgeschwächt.[87] Die weltweite Wirkung des Verfahrens wird zu einem durch Sonderanknüpfungen (z. B. für dingliche Rechte oder Arbeitsverhältnisse) limitiert, zum anderen wird die Wirkung durch die Eröffnung eines inländischen Sekundärinsolvenzverfahrens blockiert.[88]

97

Ein solches Verfahren bietet insbesondere erhebliche Vorteile für die lokalen Gläubiger, da Sicherungsrechte an inländischen Gegenständen und inländische Vertragsverhältnisse nicht durch ein fremdes Konkursstatut gestört werden.[89] Die sehr fragmentarische Regelung der Territorialverfahren in Artikel 102 Abs. 3 EGInsO führt dazu, dass selbst die internationale Zuständigkeit für diese Verfahren nicht angesprochen wird.[90] Unter dem geltenden Recht muss man wohl davon ausgehen, dass zum Schutz inländischer Interessen Sekundärinsolvenzverfahren überall dort eröffnet werden können, wo sich Gegenstände des Inlandsvermögens befinden.[91] Obwohl der Wortlaut von Absatz 3 insofern unklar ist, will er nicht nur Sekundärinsolvenzverfahren, sondern auch isolierte Partikularverfahren zulassen.[92] Während nach Artikel 3 Abs. 2 InsVO ein Sekundärinsolvenzverfahren nur bei Vorhandensein einer inländischen Niederlassung eröffnet werden kann, muss es für das autonome IIR ausreichen, wenn ein erhebliches Interesse der lokalen Gläubiger an der Durchführung eines territorialen Insolvenzverfahrens besteht.[93] Somit ist festzuhalten, dass die internationale Zuständigkeit der deutschen Gerichte für ein Territorialverfahren immer dann besteht, wenn entweder im Inland eine Niederlassung des Schuldners gelegen ist oder die inländischen Gläubiger ein erhebliches Interesse an der Durchführung eines solchen Verfahrens haben.

98

Hinsichtlich des Antragsrechts bei einem Partikularinsolvenzverfahren ist zunächst danach zu differenzieren, ob es sich um ein unabhängiges Territo-

99

---

87 Aderhold, a. a. O., S. 64 f.; vgl. auch Kübler/Prütting, a.a.O., Art. 102 EGInsO Rdnr. 12.
88 Im Einzelnen: Spahlinger, Sekundäre Insolvenzverfahren bei grenzüberschreitenden Insolvenzen, 1998, S. 270 ff.; Bloching, Pluralität und Partikularinsolvenz, 1. Aufl. 2000, S. 72 ff.
89 FK-InsO/Wimmer, Anhang 1 Rdnr. 371 ff.
90 Kritik bei Gerhardt/Diederichsen u. a., a. a. O., S. 533, 538 ff.
91 BT-Drucks. 12/7303, S. 117.
92 HK-InsO/Kirchhof, 2. Aufl. 2001, Artikel 102 EGInsO Rdnr. 32.
93 FK-InsO/Wimmer, Anhang 1 Rdnr. 381.

Wimmer

rialverfahren oder um ein Sekundärinsolvenzverfahren handelt. Bei letzterem sind nach § 13 InsO sowohl die Gläubiger als auch der Schuldner antragsberechtigt. Wie bereits ausgeführt, muss bei den Gläubigern aber ein besonderes Interesse an der Durchführung eines solchen Verfahrens bestehen. Hinsichtlich der selbstständigen Partikularverfahren sind zwar die Gläubiger, nicht jedoch der Schuldner antragsberechtigt, da ihm kein rechtliches Interesse an der Durchführung eines solchen Verfahrens im Inland zuerkannt werden kann. Was die Sekundärinsolvenzverfahren anbelangt, wird man auch dem ausländischen Insolvenzverwalter ein Antragsrecht als Ausfluss seiner Verwaltungsbefugnisse einzuräumen haben.[94]

100 Wie bei dem Antragsrecht müssen auch bei den Eröffnungsgründen die Territorialverfahren je nach ihrer Eigenart differenziert behandelt werden. Bei einem Sekundärinsolvenzverfahren liegen die Dinge denkbar einfach. Das anhängige ausländische Verfahren reicht als Eröffnungsgrund aus. Das inländische Sekundärinsolvenzverfahren wird deshalb zutreffend als »eröffnungsgrundabhängig« bezeichnet.[95]

101 Weit größere Schwierigkeiten bereitet die Feststellung der Eröffnungsgründe im autonomen Partikularverfahren.[96] Für den Eröffnungsgrund der Zahlungsunfähigkeit ist es ausreichend, wenn dieser bei der Niederlassung in Deutschland, der ausländischen Hauptniederlassung und bei den Niederlassungen in anderen europäischen Staaten vorliegt.[97] Demgegenüber ist bei der Überschuldung auf die weltweite Vermögenslage des Schuldners abzustellen. Andernfalls könnte die Gefahr bestehen, dass eine rechnerische Überschuldung angenommen wird, ohne dass wirtschaftlich die Eröffnung eines Insolvenzverfahrens gerechtfertigt wäre.[98] Der Verwalter des Haupt- und des Nebeninsolvenzverfahrens haben – auch ohne dass im deutschen Recht derzeit eine ausdrückliche Verpflichtung angeordnet wird – eng zusammen zu arbeiten, da nur so eine ordnungsgemäße Verwaltung der Insolvenzmasse sicher gestellt werden kann. Ein Überschuss im Sekundärinsolvenzverfahren – eine wohl mehr theoretische Möglichkeit – ist an den Verwalter des Hauptinsolvenzverfahrens herauszugeben, da nach Aufhebung des Territorialverfahrens sich der Insolvenzbeschlag des ausländischen Hauptinsolvenzverfahrens wieder durchsetzt.

102 Weitgehend ungeklärt ist noch, wie Sanierungspläne und Schuldbefreiungen im Partikularverfahren zu behandeln sind. Zunächst dürfte in Übereinstimmung mit § 394 Abs. 1 RegE eine Restschuldbefreiung im Partikularverfahren nicht zulässig sein, da eine solche den Gläubigern nur zugemutet werden kann, wenn das gesamte in- und ausländische Vermögen des Schuldners verwertet worden ist.[99] Demgegenüber mag es Fallkonstellationen geben, in de-

---

94 Vgl. zum Ganzen: FK-InsO/Wimmer, Anhang 1 Rdnr. 384.
95 Stoll, a. a. O., S. 212, 233.
96 Eingehend hierzu: Mankowski, ZIP 1995, 1650 ff.
97 So FK-InsO/Wimmer, Anhang 1 Rdnr. 390.
98 Gottwald, a. a. O., § 128 Rdnr. 95.
99 So die Begründung zum RegE, BT-Drucks. 12/2443, S. 245.

nen ein Sanierungsplan in einem Partikularverfahren auch wirtschaftlich sinnvoll ist.[100] Unstreitig dürfte bei der Behandlung dieser Verfahren sein, dass ausländische Gläubiger, die nicht an dem Partikularverfahren teilgenommen haben, keine Kürzung ihrer Forderung hinnehmen müssen. Zumindest für das künftige deutsche IIR sollte eine Regelung angestrebt werden, die § 394 Abs. 2 RegE entspricht. Danach kann ein Insolvenzplan nur bestätigt werden, wenn alle betroffenen Gläubiger dem Plan zugestimmt haben. De lege lata wird man in das deutsche Recht eine solch rigide Regelung nicht hineininterpretieren können, so dass im inländischen Partikularverfahren ein Insolvenzplan auch dann bestätigt werden kann, wenn der Plan entsprechend den §§ 235 ff. InsO ordnungsgemäß angenommen wurde und auch sonst keine Versagungsgründe vorliegen.[101]

---

100 FK-InsO/Wimmer, Anhang 1 Rdnr. 399; eingehend zu diesem Fragenkreis: Reinhart, a. a. O.
101 FK-InsO/Wimmer, Anhang 1 Rdnr. 401.

Wimmer

nen ein Sanierungsplan in einem Partikularverfahren auch wirtschaftlich sinnvoll ist. Unstrittig dürfte bei der Behandlung dieser Verfahren sein, dass ausländische Gläubiger, die nicht an dem Partikularverfahren teilgenommen haben, keine Kürzung ihrer Forderung hinnehmen müssen. Zumindest für das künftige deutsche IIR sollte eine Regelung angestrebt werden, die § 354 Abs. 2 RegE entspricht. Danach kann ein Insolvenzplan nur bestätigt werden, wenn alle betroffenen Gläubiger dem Plan zugestimmt haben. De lege lata wird man in das deutsche Recht eine solch rigide Regelung nicht hineininterpretieren können, so dass im inländischen Partikularverfahren ein Insolvenzplan auch dann bestätigt werden kann, wenn der Plan entsprechend den §§ 235 ff. InsO ordnungsgemäß angenommen wurde und auch sonst keine Versagungsgründe vorliegen.

aa) Fehlende Annahme oder Zustimmung der Beteiligten
   (§§ 244 bis 246 InsO)............................ 1274
bb) Fehlender Bedingungseintritt (§ 249 InsO).......... 1274
cc) Verstoß gegen Verfahrensvorschriften (§ 250 InsO) ... 1275
dd) Minderheitenschutz (§ 251 InsO)................. 1277
b) Bekanntgabe der Entscheidung (§ 252 InsO)............. 1277
c) Rechtsmittel (§ 253 InsO)........................... 1278

D. Die Wirkungen des bestätigten Insolvenzplans (§§ 254 ff. InsO).......... 1279

    I. Allgemeine Wirkungen des Plans (§ 254 InsO)................. 1279

         1. Auswirkungen auf die Rechtsstellung der Beteiligten
         (§ 254 Abs. 1 InsO) 1279
         2. Auswirkungen auf die Rechtsverhältnisse zwischen den
         Beteiligten und Dritten (§ 254 Abs. 2 InsO) 1280
         3. Gläubigerbefriedigung über die Planquote hinaus
         (§ 254 Abs. 3 InsO) 1281

    II. Die Wiederauflebensklausel (§§ 255, 256 InsO) 1281

         1. Ungenügende Planerfüllung durch den Schuldner
         (§ 255 Abs. 1 InsO) 1281
         2. Eröffnung eines neuen Insolvenzverfahrens
         (§ 255 Abs. 2 InsO) 1282
         3. Anderweitige Regelungen im Insolvenzplan (§ 255 Abs. 3 InsO) 1283
         4. Sonderfälle: Streitige Forderungen und Ausfallforderungen
         (§ 256 InsO) 1283

    III. Vollstreckung aus dem Insolvenzplan (§ 257 InsO)............. 1284

         1. Vollstreckung gegen den Insolvenzschuldner
         (§ 257 Abs. 1 InsO) 1284
         2. Vollstreckung gegen Dritte (§ 257 Abs. 2 InsO)............. 1285
         3. Vollstreckung im Fall des Wiederauflebens von Forderungen
         (§ 257 Abs. 3 i. V. m. §§ 255, 256 InsO) 1285

    IV. Aufhebung des Insolvenzverfahrens (§§ 258, 259 InsO)......... 1286

         1. Das Aufhebungsverfahren (§ 258 InsO)................... 1286
         2. Wirkungen der Aufhebung (§ 259 InsO) 1287

E. Die Überwachung der Planerfüllung (§§ 260 ff. InsO) 1287

    I. Allgemeines (§ 260 InsO)..................................... 1288

    II. Aufgaben, Befugnisse und Anzeigepflicht des Insolvenzverwalters
      im Rahmen der Planüberwachung (§§ 261, 262 InsO).......... 1288

    III. Zustimmungsbedürftige Geschäfte (§ 263 InsO)............... 1290

    IV. Nachrangigkeit von Forderungen (§§ 264 ff. InsO) 1290

         1. Rangrücktritt (§ 264 InsO) 1290
         2. Nachrangigkeit von Neugläubigern (§ 265 InsO)............ 1291
         3. Zeitliche Schranken des Nachrangs (§ 266 InsO) 1292

Gietl/Langheinrich

V.	Prozessuales (§§ 267 ff. InsO)	1292
	1. Bekanntmachung der Überwachung (§ 267 InsO)	1292
	2. Aufhebung der Überwachung (§ 268 InsO)	1293
	3. Kosten der Überwachung (§ 269 InsO)	1293
F.	Praxistauglichkeit des Insolvenzplanverfahrens	1294
G.	Anhang/Muster	1295
I.	Beispiel eines Insolvenzplans	1295
II.	Erklärung zur Fortführung und Haftung (§ 230 Abs. 1 Satz 2 InsO)	1316
III.	Zustimmungserklärung zur Übernahme von Anteilsrechten (§ 230 Abs. 2 InsO)	1317
IV.	Zustimmungserklärung zur Übernahme von Verpflichtungen (§ 230 Abs. 3 InsO)	1318
V.	Schlussbericht	1319

A. Überblick

I. Allgemeines und gesetzliche Grundlagen

1 Mit der Einführung der neuen Insolvenzordnung (InsO) zum 1. 1. 1999 wurden die Verfahren der Konkursordnung, der Vergleichsordnung und der Gesamtvollstreckungsordnung durch ein einheitliches Insolvenzverfahren ersetzt.[1] Das Insolvenzverfahren dient gem. § 1 Satz 1 InsO dazu, die Gläubiger eines Schuldners gemeinschaftlich zu befriedigen, indem das Vermögen des Schuldners verwertet und der Erlös verteilt oder in einem Insolvenzplan eine abweichende Regelung insbesondere zum Erhalt des Unternehmens getroffen wird.

Die Neuregelung stellt den am Insolvenzverfahren Beteiligten verschiedene, gleichberechtigte Verwertungsarten zur Verfügung, die eine optimale Nutzbarmachung des Schuldnervermögens ermöglichen sollen.[2]

Der Insolvenzplan, der als das »Kernstück« der Reform[3] einen zentralen Bestandteil des Insolvenzverfahrens bildet, stellt eine solche Verwertungsart

---

1 Hess/Weis, WM 1998, 2349; Smid, BB 1999, 3.
2 Hermanns/Buth, DStR 1997, 1178.
3 Vgl. beispielsweise Burger/Schellberg, DB 1994, 1833; Begr. Rechtsausschuss, BT-Drs. 12/7302, 181.

dar, die neben die Verwertung und Erlösverteilung gemäß den gesetzlichen Vorschriften tritt.

Als Vorbild für die Regelung in der deutschen InsO diente das US-amerikanische Reorganisationsverfahren nach Chapter 11 des United States Bankruptcy Code vom 6. 11. 1978.[4]

Die Möglichkeit eines Insolvenzverfahrens in Gestalt des Insolvenzplans kommt bereits in den §§ 1 Satz 1 und 156 Abs. 1 Satz 2 InsO zum Ausdruck.

Gesetzliche Grundlage für ein solches Verfahren ist nun einheitlich der sechste Teil der InsO, der die §§ 217 bis 269 umfasst.

Dort finden sich Regelungen hinsichtlich der Planglicderung, des Planverfahrens und der Wirkungen, die ein Insolvenzplan nach seinem Wirksamwerden entfaltet.

II. Definition und Rechtsnatur des Insolvenzplans

Die InsO beinhaltet keine Legaldefinition des Rechtsinstituts »Insolvenzplan«. Eine solche muss daher aus einer Gesamtschau der gesetzlichen Regelungen unter Berücksichtigung der möglichen, vorgesehenen Planinhalte gewonnen werden. 2

Man versteht den Insolvenzplan als ein Instrument des Insolvenzverfahrens, in dem die Beteiligten mittels einer privatautonomen, vom Mehrheitsprinzip getragenen Übereinkunft die Haftungsverwirklichung des Schuldners regeln, wobei die Wirksamkeit dieser Vereinbarung von der gerichtlichen Bestätigung abhängt, dass der Inhalt und das Zustandekommen des Plans den gesetzlichen Vorschriften entspricht.[5]

Die Rechtsnatur des Insolvenzplans ist hinsichtlich der Frage umstritten, ob er mehr Urteils- oder Vertragscharakter besitzt. Die Probleme entsprechen denjenigen bzgl. des früheren Zwangsvergleichs gem. §§ 173 ff. KO, § 16 GesO. 3

Die h. M. sieht den Insolvenzplan wegen des Erfordernisses der Annahme des Plans durch die Gläubiger als vertragsähnlich an,[6] die Gegenansicht stellt jedoch die notwendige gerichtliche Bestätigung in den Vordergrund.[7] In der insolvenzrechtlichen Praxis ist dieser Streit nicht von Relevanz.[8]

---

4 Vgl. BR-Drs. 1/92, 105 f.; Letzgus/Funke, Festschrift für Helmrich, 1994, S. 629.
5 Schiessler, Der Insolvenzplan, 1997, S. 7; vgl. auch Begr RegE, BR-Drs. 1/92, 90; Breuer, Das neue Insolvenzrecht, 1998, S. 146.
6 Hess/Weis, WM 1998, 2350; Smid/Rattunde, Der Insolvenzplan, 1998, Rdnr. 270.
7 Braun/Uhlenbruck, Unternehmensinsolvenz, 1997, S. 464.
8 FK-InsO/Jaffé, 3. Aufl. 2002, § 217 Rdnr. 98 f.

Gietl/Langheinrich

III. Zielsetzung und Zweck des Insolvenzplans

4 Die oberste Maxime des Insolvenzverfahrens ist gemäß § 1 Satz 1 InsO die gemeinschaftliche Befriedigung der Insolvenzgläubiger aus dem Vermögen des Insolvenzschuldners.

5 Das Insolvenzplanverfahren stellt den Beteiligten eine Alternative zur Abwicklung nach dem Gesetz zur Verfügung (§ 1 Satz 1 InsO).[9] Ab dem Berichtstermin (§ 157 InsO) sieht das Insolvenzverfahren zwei Wege der Verwertung und Verteilung des Schuldnervermögens vor:

Wahlweise kann das Regelinsolvenzverfahren (Verwertung und Verteilung nach den gesetzlichen Vorschriften) oder das Insolvenzplanverfahren betrieben werden.[10]

Durch die Neuregelung sollen vor allem die unflexiblen und den Bedürfnissen der Beteiligten nicht gerecht werdenden Vorschriften des Zwangsvergleiches nach den §§ 173 ff. KO oder § 16 GesO ersetzt werden.

Der Zweck des Rechtsinstituts ist es, den Beteiligten einen Rechtsrahmen für die einvernehmliche Bewältigung der Insolvenz zur Verfügung zu stellen, es soll die günstigste Art der Insolvenzabwicklung herausgefunden und durch die inhaltliche Flexibilität des Insolvenzplans verwirklicht werden.[11] Das Insolvenzplanverfahren stellt die effektive Insolvenzabwicklung in den Vordergrund; die Gläubiger können durch Mehrheitsbeschluss in die Rechte der Beteiligten eingreifen.[12]

6 Vor allem ermöglicht das Insolvenzplanverfahren – im Gegensatz zu den früheren Vergleichsvorschriften, die allein auf eine finanzielle Sanierung des Schuldners durch Schuldenregulierung gerichtet waren – in erster Linie die finanzielle und leistungswirtschaftliche Sanierung des Insolvenzschuldners durch einen Zwangsakkord der Beteiligten: Die Gläubiger werden im Idealfall aus den Erträgen des durch die Maßnahmen des Insolvenzplans wieder intakten Unternehmens befriedigt (Sanierungsplan).

IV. Regelungsgegenstand und Arten von Insolvenzplänen

1. Regelungsgegenstand des Insolvenzplans (§ 217 InsO)

7 Gemäß § 217 InsO kann der Insolvenzplan folgende Bereiche abweichend von den gesetzlichen Vorschriften regeln:

---

9 Anstatt vieler: KS/Maus, 2000, S. 707 Rdnr. 1.
10 Weisemann/Smid, Handbuch Unternehmensinsolvenz, 1999, S. 556 Rdnr. 1.
11 Begr RegE, BR-Drs. 1/92, 90.
12 KS/Maus, a. a. O., S. 931 Rdnr. 1.

- die Befriedigung der absonderungsberechtigten Gläubiger und der Insolvenzgläubiger,
- die Verwertung der Insolvenzmasse und deren Verteilung an die Beteiligten und
- die Haftung des Schuldners nach der Beendigung des Insolvenzverfahrens.

Bzgl. dieser Regelungsgegenstände können sich die Beteiligten auf individuelle Abwicklungsmodalitäten einigen, die nicht in der Insolvenzordnung vorgesehen sind. Eine Aufzählung der im Detail möglichen Regelungen enthält das Gesetz jedoch nicht.

Nach der gesetzgeberischen Intention wurde diese Deregulierung vorgenommen, um den am Verfahren Beteiligten durch den Insolvenzplan ein Höchstmaß an Flexibilität bei der Insolvenzabwicklung zu gewährleisten.[13] Trotz der Missbrauchsmöglichkeiten, die sich daraus ergeben, soll die Neuregelung einen erheblichen Freiraum für kreative Lösungen eröffnen, die durch vielfältige materielle Gestaltungsvarianten erreicht werden können. Die Beteiligten sollen bei der Suche nach der wirtschaftlich sinnvollsten Lösung nicht durch gesetzliche Vorgaben eingeschränkt werden.[14]

Selbstverständlich ist ein Insolvenzplan nicht ohne jegliche inhaltliche Überprüfung zulässig. Die in ihm enthaltenen Regelungen dürfen nicht gegen zwingende Vorschriften aus anderen Rechtsgebieten wie z. B. das Zivil- oder Steuerrecht verstoßen.

Solange sich also der Inhalt des Insolvenzplans im Rahmen der zwingenden gesetzlichen Vorschriften bewegt, kann von den Beteiligten alles vereinbart werden, was aus ihrer Sicht notwendig ist, um die Gläubiger aus dem Schuldnervermögen bestmöglich zu befriedigen. Der Insolvenzplan ist »ergebnisoffen«,[15] d. h. primäres Ziel des Plans muss nicht die Unternehmenssanierung sein, es kommen auch andere Formen der Abwicklung in Betracht. Dass in den §§ 1 Satz 1 und 156 Abs. 1 Satz 2 InsO ausdrücklich die Erhaltung des Schuldnervermögens als Regelungszweck genannt ist, steht dem nicht entgegen.

Regelungsgegenstand kann somit beispielsweise die sofortige Zerschlagung, die lediglich zeitweilige Fortführung des Unternehmens oder die Unternehmenssanierung sein.[16]

---

13 Begr RegE, BR-Drs. 1/92, 90.
14 Warrikoff, KTS 1997, 527.
15 Wellensiek, WM 1999, 410.
16 Begr RegE, BR-Drs. 1/92, 90, 91.

2. Arten von Insolvenzplänen

10 Die InsO selbst behandelt alle Insolvenzpläne einheitlich, sie nimmt keinerlei Klassifizierung vor. Jedoch ist es allgemein üblich, verschiedene Arten von Insolvenzplänen hinsichtlich des Zieles zu unterscheiden, welches die Beteiligten damit im Insolvenzverfahren verfolgen.[17]

11 Es lassen sich vier Grundtypen unterscheiden, deren Kombination zu vielfältigen Mischformen führen kann:[18]

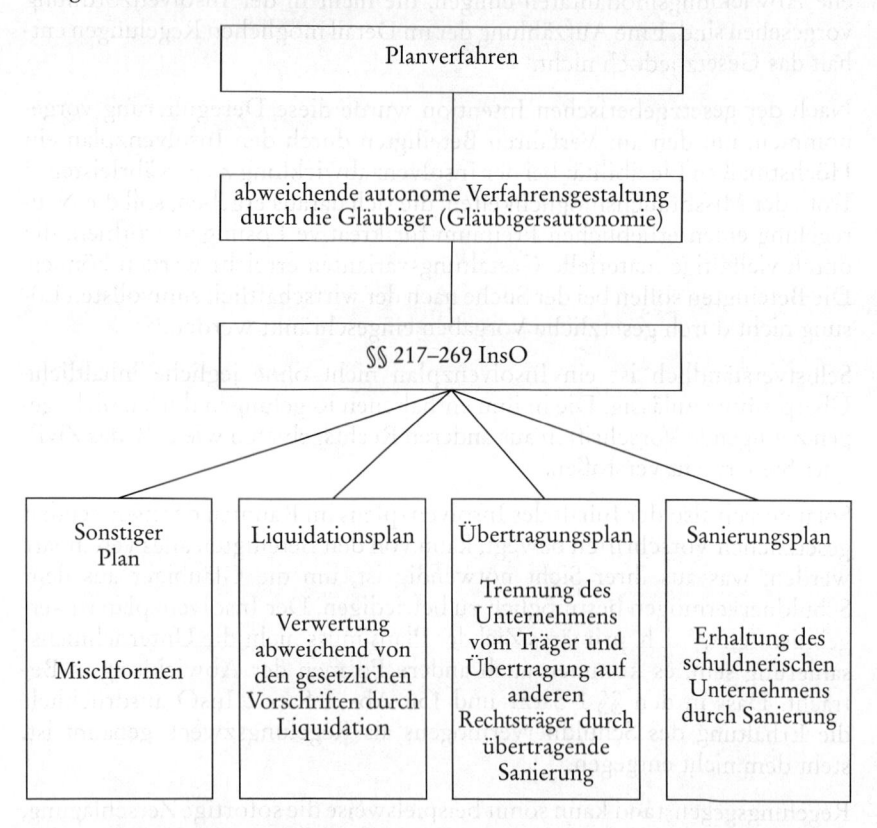

```
                        Planverfahren

         abweichende autonome Verfahrensgestaltung
         durch die Gläubiger (Gläubigerautonomie)

                      §§ 217–269 InsO

   Sonstiger    Liquidationsplan   Übertragungsplan   Sanierungsplan
     Plan
                   Verwertung       Trennung des       Erhaltung des
                 abweichend von     Unternehmens      schuldnerischen
   Mischformen  den gesetzlichen   vom Träger und       Unternehmens
                Vorschriften durch  Übertragung auf    durch Sanierung
                   Liquidation         anderen
                                   Rechtsträger durch
                                      übertragende
                                       Sanierung
```

a) Sanierungs- und Fortführungspläne (Erhalt des Unternehmens)

12 Sanierungs- bzw. Fortführungspläne sollen nach der Intention des Gesetzgebers, die in den §§ 1 Satz 1 und 156 Abs. 1 Satz 2 InsO zum Ausdruck kommt, den in Zukunft »typischen« Fall eines Insolvenzplans darstellen.

Ein solcher Plan beinhaltet differenzierte finanz- und/oder leistungswirtschaftliche Maßnahmen (Sanierungskonzept), um eine Zerschlagung des schuldnerischen Unternehmens zu verhindern. Dabei bleibt der Schuldner

---

[17] Hess/Kranemann/Pink, InsO 99 – Das neue Insolvenzrecht, 1998, Rdnr. 861.
[18] Burger/Schellberg, DB 1994, 1833.

Gietl/Langheinrich

Unternehmensträger und die künftigen Erträge des sanierten Unternehmens dienen der Befriedigung der Gläubiger.[19]

Auf finanzwirtschaftlicher Ebene stehen beispielsweise der Verzicht der Gläubiger auf Forderungen und die Zuführung weiteren Haftungskapitals durch Änderung der Rechtsform und/oder Aufnahme neuer Gesellschafter zur Verfügung.

Daneben können leistungswirtschaftliche Reorganisationsmaßnahmen, z. B. Umorganisation, Personalabbau usw. vorgenommen werden.[20]

Besondere Schwierigkeiten werden im Rahmen eines Fortführungsplans die Prüfung der Sanierungsfähigkeit des Unternehmens und die Ausarbeitung eines ausgefeilten Sanierungskonzepts bereiten. Dieses Konzept ist im darstellenden Teil des Plans gemäß § 220 InsO detailliert und verständlich auszuführen.   13

Sanierungsfähig ist ein Unternehmen dann, wenn es nach Durchführung von Sanierungsmaßnahmen mit hinreichender Wahrscheinlichkeit aus eigener Kraft am Markt nachhaltig Einnahmeüberschüsse erwirtschaften kann.[21] Um eine effektive Sanierung zu gewährleisten, muss die Prüfung der Sanierungsfähigkeit durch den Insolvenzverwalter oder einen Sachverständigen innerhalb kurzer Zeit erfolgen.   14

Die Sanierungsfähigkeit des Unternehmens ist unabdingbare Voraussetzung für die Ausarbeitung eines konkreten Sanierungskonzepts.[22]

b) Übertragungspläne

Auch die Regelung einer sog. »übertragenden Sanierung«[23] kann in einem Insolvenzplan erfolgen. Diese Methode wurde im bisher geltenden Konkursrecht zur Erhaltung des Schuldnerunternehmens eingesetzt.   15

Unter einer »übertragenden Sanierung« versteht man die Übertragung eines Betriebs zum Zwecke der Fortführung unter Entlastung von den Altverbindlichkeiten auf ein anderes Unternehmen, meist eine sog. »Auffanggesellschaft«.[24]

Dieser neue Unternehmensträger wird nach Sanierung des Betriebs und nach Zerschlagung des alten Unternehmensträgers an einen Erwerber veräußert[25] und aus dem Kaufpreis die Gläubiger befriedigt. Statt durch Veräußerung kann eine übertragende Sanierung auch durch Vermietung oder Verpachtung von Betrieben oder Teilbetrieben vorgenommen werden.[26]

---

19 Landfermann, BB 1995, 1654.
20 Vgl. Hess/Weis, WM 1998, 2352.
21 FK-InsO/Jaffé, § 217 Rdnr. 151.
22 Zur Sanierungsfähigkeit und zu möglichen Sanierungskonzepten s. Kapitel 20
23 S. Kapitel 21 (Betriebswirtschaftliche Fragen des Insolvenzplans).
24 Schmidt, ZIP 1980, 336; Hess/Weis, WM 1998, 2352.
25 Smid/Rattunde, a. a. O., Rdnr. 42.
26 FK-InsO/Jaffé, § 217 Rdnr. 147.

16 Der übertragenden Sanierung im Rahmen eines Insolvenzplanverfahrens gemäß §§ 217 ff. InsO steht die Möglichkeit der übertragenden Sanierung nach den gesetzlichen Vorschriften (§ 159 InsO) gegenüber, falls die Gläubigerversammlung bzw. der Gläubigerausschuss nach § 160 Abs. 2 Nr. 1 InsO die Zustimmung erteilt. Die gesetzliche Lösung ist jedoch im Gegensatz zum Insolvenzplanverfahren mit erheblich geringerem Zeitaufwand verbunden. Es ist deshalb zu erwarten, dass eine übertragende Sanierung weiterhin nach den gesetzlichen Vorschriften realisiert werden wird, außer es wird eine Restschuldbefreiung gemäß § 227 InsO durch den Schuldner angestrebt.[27]

c) Liquidationspläne[28]

17 Ein Insolvenzplan muss inhaltlich nicht zwingend auf den Erhalt des Unternehmens gerichtet sein. Die Zerschlagung des Unternehmens, also die Verwertung der Insolvenzmasse und deren Verteilung ist ebenso taugliches Ziel eines Insolvenzplans (§ 217 InsO).

Ein derartiger Plan hat zum Inhalt, die im Gesetz geregelte Form der Liquidation, also die Verwaltung und Verwertung der Insolvenzmasse gemäß §§ 159 ff. und 187 ff. InsO, zu modifizieren, um den Bedürfnissen der Beteiligten gerecht zu werden.[29]

> **Beispiele:**
> - Einschränkung des Verwertungsumfangs
> - Erhöhung der Zerschlagungsgeschwindigkeit
> - Spezielle Formen der Verteilung des Verwertungserlöses
> - Verkürzung der Wohlverhaltensphase, § 286 ff. InsO.

18 Die Akzeptanz von Liquidationsplänen in der Praxis wird als nicht groß prognostiziert, da mit dem (Liquidations-)Planverfahren im Gegensatz zur gesetzlichen Verwertung und Verteilung ein erheblicher Zeit- und Kostenaufwand verbunden ist.[30] Auch sind den Verteilungsregelungen durch den Liquidationsplan gemäß § 251 Abs. 1 InsO Grenzen gesetzt: Die Bestätigung des Insolvenzplans kann auf Antrag eines Gläubigers versagt werden, wenn dieser durch den Plan voraussichtlich schlechter gestellt wird, als er ohne einen Plan stünde.[31]

---

27 Hess/Kranemann/Pink, a. a. O., Rdnr. 869.
28 S. Kapitel 21 (Betriebswirtschaftliche Fragen des Insolvenzplans).
29 Hess/Weis, WM 1998, 2352.
30 FK-InsO/Jaffé, § 217 Rdnr. 145.
31 KS/Maus, a. a. O., S. 939 Rdnr. 29.

d) Sonstige Pläne

Da es der Zweck des Insolvenzplanverfahrens ist, eine einvernehmliche Bewältigung der Insolvenz im Rahmen der Privatautonomie zu ermöglichen,[32] sind im Rahmen zwingender gesetzlicher Vorschriften quasi alle denkbaren Fälle von Insolvenzplänen zulässig.

19

▶ **Beispiele:**[33]
- Stundung von Verbindlichkeiten verbunden mit einem Zahlungsplan.
- Erlass von Verbindlichkeiten, auch im Rahmen eines »Null-Plans« (vollständiger Verbindlichkeitenerlass, da dem Schuldner kein verwertbares Vermögen zur Verfügung steht, um die Gläubiger zu befriedigen).[34]
- Änderungen des Absonderungsrechts der absonderungsberechtigten Gläubiger (§ 223 InsO).

B. Gliederung des Insolvenzplans[35]

Der Insolvenzplan ist gemäß der zwingenden Vorschrift des § 219 InsO wie folgt zu gliedern:

20

> **Insolvenzplan – Gliederung:**
> - Darstellender Teil (§ 220 InsO)
> - Gestaltender Teil (§§ 221 ff. InsO)
> - Plananlagen (§§ 229, 230 InsO)

Das Gesetz enthält ausgehend von der Zielsetzung des Insolvenzplanverfahrens[36] keine weiter gehenden inhaltlichen Regelungen.

I. Der darstellende Teil (§ 220 InsO)

Zweck des darstellenden Teils ist es, die Gläubiger und das Insolvenzgericht umfassend über das Planziel und die zur Zielerreichung notwendigen Schritte zu informieren. Er muss die Art der Verwertung beinhalten (Liqui-

21

---

32 BegrRegE, BR-Drs. 1/92, 90.
33 Entnommen aus Hess/Kranemann/Pink, a. a. O., Rdnr. 875.
34 Hess/Obermüller, Insolvenzplan, Restschuldbefreiung und Verbraucherinsolvenz in der InsO, 1999, Rdnr. 80; Heyer, JR 1996, 314.
35 S. Musterinsolvenzplan, Rdnr. 50.
36 S. Rdnr. 4 ff.

dation, Übertragung oder Sanierung) und angeben, inwieweit von den gesetzlichen Vorschriften abgewichen werden soll.

Der darstellende Teil erfüllt somit zunächst ein praktisches Bedürfnis: Allein aus den im gestaltenden Teil vorgesehenen Rechtsänderungen wäre für die Beteiligten nicht ersichtlich, auf welchem Konzept die Insolvenzabwicklung beruht und ob die geplanten Maßnahmen überhaupt dazu geeignet sind.[37]

22 Gemäß § 220 Abs. 1 InsO muss im darstellenden Teil beschrieben werden, welche Maßnahmen nach der Eröffnung des Insolvenzverfahrens getroffen worden sind oder noch getroffen werden sollen, um die Grundlagen für die geplante Gestaltung der Rechte der Beteiligten zu schaffen.

Der darstellende Teil soll alle sonstigen Angaben zu den Grundlagen und den Auswirkungen des Plans enthalten, die für die Entscheidung der Gläubiger über die Zustimmung zum Plan und für dessen gerichtliche Bestätigung erheblich sind (§ 220 Abs. 2 InsO).

23 Der Gesetzgeber hat auf die Festsetzung einzelner Pflichtbestandteile verzichtet, um höchstmögliche inhaltliche Flexibilität im Insolvenzplan zu gewährleisten.[38] Zudem ist davon auszugehen, dass der Planinitiator, der versucht eine Einigung mit den Gläubigern und die Bestätigung durch das Gericht zu erlangen, sein Konzept so detailliert wie möglich präsentiert.

24 Die Betrachtung des ursprünglichen Regierungsentwurfs zur InsO[39] ermöglicht jedoch eine beispielhafte Aufzählung von Angaben, die systematisch in den darstellenden Teil gehören.

> **Angaben im darstellenden Teil des Insolvenzplans**
>
> - Betriebsänderungen und andere organisatorische und personelle Maßnahmen innerhalb des Unternehmens,
> - der Gesamtbetrag der Sozialplananforderungen,
> - Höhe und Bedingungen der Darlehen, die während des Verfahrens aufgenommen worden sind oder noch aufgenommen werden sollen,
> - eine Vergleichsrechnung dahingehend, in welchem Umfang die Gläubiger voraussichtlich bei einer Verwertung der Insolvenzmasse ohne einen Insolvenzplan befriedigt werden könnten,
> - im Falle der Unternehmensfortführung: Änderungen der Rechtsform, des Gesellschaftsvertrags oder der Satzung sowie der Beteiligungsverhältnisse,
> - im Falle der Betriebsveräußerung: Bedingungen der Veräußerung und Person des Erwerbers.

---

37 Schiessler, a. a. O., S. 126.
38 Anders noch im RegE, s. §§ 258–263 RegE InsO; zur Zielsetzung des Insolvenzplanverfahrens s. Rdnr. 4 ff.
39 §§ 258–263 RegE InsO, BR-Drs. 1/92, 50, 51.

Je nach Planziel – Liquidation, Übertragung oder Fortführung – sind an den Inhalt des darstellenden Teils vollkommen unterschiedliche Anforderungen zu stellen.[40] Der Insolvenzplan muss sich dem konkreten Sachverhalt anpassen. Wegen der Unterschiedlichkeit der insolventen Unternehmen und der Zielvorstellungen der Beteiligten ist es unmöglich, ein einheitlich anwendbares Gliederungsschema zu entwerfen.[41]

Gemäß der gesetzlichen Wertung der §§ 1 Satz 1 und 156 Abs. 1 Satz 2 InsO, mit dem Insolvenzplan die Erhaltung des Unternehmens des Schuldners zu bewirken, wird wohl die Überprüfung dieser Möglichkeit im Zentrum des darstellenden Teils stehen.

Wichtigste Bestandteile des darstellenden Teils sind die Prüfung der Sanierungsfähigkeit des Unternehmens und die Darlegung eines realisierbaren Sanierungskonzepts.[42]   25

Bei der Beantwortung der Frage der Sanierungsfähigkeit und der Erarbeitung eines Sanierungskonzepts stellen sich schwierigste betriebswirtschaftliche Probleme, die in einem gesonderten Kapitel erläutert werden.[43]

II. Der gestaltende Teil (§§ 221 ff. InsO)

Im gestaltenden Teil des Insolvenzplans wird festgelegt, wie die Rechtsstellung der Beteiligten durch den Plan geändert werden soll (§ 221 InsO).   26

Das im darstellenden Teil des Plans erläuterte Konzept zur Insolvenzabwicklung wird quasi durch den Inhalt des gestaltenden Teils realisiert. Die zur Umsetzung des Plans notwendigen Rechtsänderungen sollen verwirklicht werden.[44]

1. »Beteiligte« i. S. d. § 221 InsO

»Beteiligte« i. S. d. § 221 InsO, in deren Rechte durch den gestaltenden Teil des Insolvenzplans eingegriffen werden soll, sind: 27

- die absonderungsberechtigten Gläubiger (§ 223 InsO),
- die Insolvenzgläubiger (§ 224 InsO) und
- die nachrangigen Insolvenzgläubiger (§ 225 InsO).

---

40 Zu den unterschiedlichen Regelungsgegenständen und möglichen Inhalten des Insolvenzplans s. oben Rdnr. 7 ff.
41 FK-InsO/Jaffé, § 220 Rdnr. 15 ff.
42 KS/Maus, a. a. O., S. 943 Rdnr. 43; Landfermann, BB 1995, 1654.
43 S. Kapitel 21 (Betriebswirtschaftliche Fragen des Insolvenzplans).
44 Ehlers/Drieling, Unternehmenssanierung nach dem neuen Insolvenzrecht, 1998, S. 70.

Dagegen sind die Massegläubiger und die aussonderungsberechtigten Gläubiger, z. B. Eigentumsvorbehaltslieferanten, nicht als Beteiligte i. S. d. § 221 InsO anzusehen. Letzteren ist es nach wie vor möglich, ihre Rechte außerhalb des Insolvenzverfahrens geltend zu machen.[45]

Sollten diese Personen das mit dem Insolvenzplan angestrebte Ziel durch ihre Mitwirkung unterstützen wollen (Verwandte, Freunde oder die Muttergesellschaft des Schuldners), so können sie sich freiwillig am Insolvenzplanverfahren beteiligen.[46] Der Planinitiator wird deshalb bereits in der Vorbereitungsphase des Plans versuchen, sich mit diesen Gläubigern zu verständigen. Damit eine solche freiwillige Beteiligung rechtliche Wirksamkeit erlangt, ist eine schriftliche Verpflichtungserklärung notwendig, die dem Insolvenzplan als Anlage gemäß § 230 Abs. 3 InsO beizufügen ist.[47]

▶ **Beispiele:**
- Massegläubiger können ihnen gegenüber bestehende Verbindlichkeiten stunden,
- aussonderungsberechtigte Gläubiger können der Masse Gegenstände zur Nutzung überlassen.[48]

Auch der Schuldner selbst und die Gesellschafter des schuldnerischen Unternehmens sind keine Beteiligten i. S. d. § 221 InsO. Es ist nicht möglich, durch den Insolvenzplan in deren Rechtsstellung einzugreifen, außer, die Haftung des Schuldners ist betroffen.

Von Relevanz ist in diesem Zusammenhang die Vorschrift des § 227 Abs. 1 InsO: Ist im Insolvenzplan nichts anderes bestimmt, so wird der Schuldner mit gehöriger Erfüllung der im gestaltenden Teil des Plans vorgesehenen Befriedigung der Gläubiger von seinen restlichen Verbindlichkeiten gegenüber diesen Gläubigern befreit. Entsprechendes gilt für die persönliche Haftung der Gesellschafter, wenn der Schuldner eine Gesellschaft ohne Rechtspersönlichkeit ist (§ 227 Abs. 2 InsO).

---

45 FK-InsO/Jaffé, § 221 Rdnr. 8.
46 Smid/Rattunde, a. a. O., Rdnr. 357, begründen dies mit § 257 Abs. 2 InsO und mit der Rechtsnatur des Insolvenzplans.
47 FK-InsO/Jaffé, § 230 Rdnr. 22 ff.
48 Hess/Kranemann/Pink, a. a. O., Rdnr. 903.

2. Gruppenbildung (§ 222 InsO)

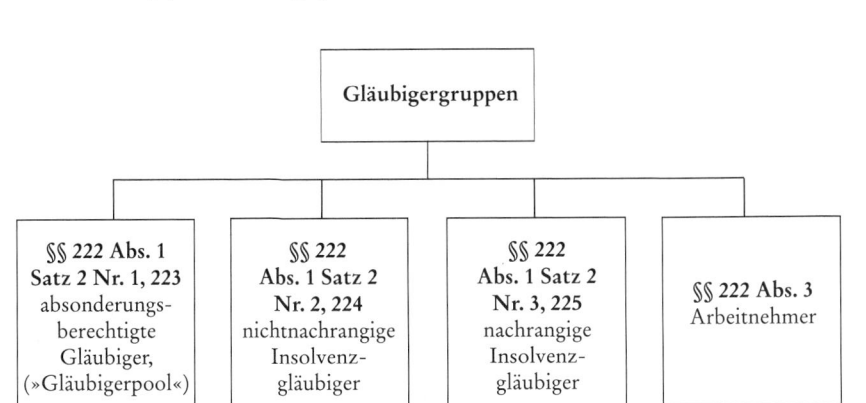

```
                    Gläubigergruppen
    ┌──────────────┬──────────────┬──────────────┬──────────────┐
    §§ 222 Abs. 1    §§ 222          §§ 222
    Satz 2 Nr. 1, 223 Abs. 1 Satz 2  Abs. 1 Satz 2
    absonderungs-    Nr. 2, 224     Nr. 3, 225      §§ 222 Abs. 3
    berechtigte      nichtnachrangige nachrangige    Arbeitnehmer
    Gläubiger,       Insolvenz-     Insolvenz-
    (»Gläubigerpool«) gläubiger      gläubiger
```

a) Sinn und Zweck der Gruppenbildung

Die Regelung des § 222 Abs. 1 InsO stellt im Zusammenspiel mit § 231 Abs. 1 InsO klar, dass die den Beteiligten durch das Insolvenzverfahren eingeräumte Privatautonomie insoweit beschränkt ist, als es weder Planersteller noch Gläubigern gestattet wäre, Ungleiches gleich zu behandeln.[49]

Die Gruppenbildung dient – als Vorstufe der gerichtlichen Vorprüfung (§ 231 Abs. 1 Nr. 1 InsO) und der Gläubigerabstimmung (nach Gruppen, § 243 InsO) – der bestmöglichen Beteiligung der vom Insolvenzplanverfahren betroffenen Personen und ermöglicht vor allem eine stärkere Differenzierung des Planinhalts. Durch sie sollen wirtschaftlich sinnvolle und nachvollziehbare Entscheidungen über den Insolvenzplan herbeigeführt werden.[50]

b) Die einzelnen Gruppen

Die einzelnen Gläubiger sind bei der Festlegung ihrer Rechte im gestaltenden Teil des Insolvenzplans in Gruppen einzuteilen, soweit Gläubiger mit unterschiedlicher Rechtsstellung betroffen sind (§ 222 Abs. 1 Satz 1 InsO). Gemäß § 222 Abs. 1 Satz 2 InsO müssen dabei folgende Gläubigergruppen zwingend unterschieden werden (sog. »Pflichtgruppen«):

---

49 FK-InsO/Jaffé, § 222 Rdnr. 12.
50 Smid/Rattunde, a. a. O., Rdnr. 434.

> »Pflichtgruppen« der Gläubiger sind:
>
> - die absonderungsberechtigten Gläubiger, wenn durch den Plan in deren Rechte eingegriffen wird;
> - die nicht nachrangigen Insolvenzgläubiger;
> - die einzelnen Rangklassen der nachrangigen Insolvenzgläubiger (§ 39 InsO), soweit deren Forderungen nicht nach § 225 InsO als erlassen gelten sollten.

32 Demgegenüber besteht eine fakultative Gruppenbildung nach § 222 Abs. 2 Satz 1 InsO. Aus den Gläubigern mit gleicher Rechtsstellung können Gruppen gebildet werden, in denen Gläubiger mit gleichartigen wirtschaftlichen Interessen zusammengefasst werden. Die Gruppen müssen sachgerecht voneinander abgegrenzt werden (§ 222 Abs. 2 Satz 2 InsO) und die Kriterien für die Abgrenzung sind im Plan anzugeben (§ 222 Abs. 2 Satz 2 InsO).

Beispiele für solche weiteren Gruppen sind die im Gesetz aufgeführten Arbeitnehmer (wenn sie als Insolvenzgläubiger mit nicht unerheblichen Forderungen beteiligt sind, § 222 Abs. 3 Satz 1 InsO) und die Kleingläubiger (§ 222 Abs. 3 Satz 2 InsO) oder aber auch die nicht ausdrücklich erwähnten Lieferantengläubiger.[51]

Die Möglichkeit der fakultativen Gruppenbildung bietet Gelegenheit zur Manipulation dahingehend, dass aufgrund einer bestimmten Gruppenbildung Gläubiger mit an sich gleicher Rechtsstellung unterschiedlich behandelt werden,[52] um so das Abstimmungsergebnis über den Plan zu beeinflussen. Dem wird durch § 231 Abs. 1 Nr. 1 InsO Grenzen gesetzt:

Das Insolvenzgericht weist den Insolvenzplan von Amts wegen zurück, wenn die Vorschriften über den Inhalt des Plans nicht beachtet wurden, also auch, wenn die Gruppen nicht gemäß § 222 Abs. 2 Satz 1 InsO sachgerecht voneinander abgegrenzt wurden.

33 Kriterien einer sachgerechten Abgrenzung können sich aus der Art der Forderung, den Sicherheiten, der persönlichen Beziehungen zum Schuldner und aus der Stellung der Gläubiger ergeben.[53]

▶ **Beispiele:**
- Rechtsgrund der Forderung
- Fälligkeit der Forderung
- Gläubiger von Mobiliarsicherheiten
- Gläubiger von Immobiliarsicherheiten
- Qualität der Sicherungsrechte, usw.

---

51 Hess/Kranemann/Pink, a. a. O., Rdnr. 905.
52 Henckel, KTS 1989, 491.
53 Übersicht über die Abgrenzungskriterien bei FK-InsO/Jaffé, § 222 Rdnr. 44 ff.

c) Gleichbehandlungsgrundsatz (§ 226 InsO)

Das Prinzip der Gläubigergleichbehandlung ist grundlegend für das ganze Insolvenzverfahren, nicht nur für das Insolvenzplanverfahren. 34

Das Gebot der Gleichbehandlung nach § 226 InsO orientiert sich an den gemäß § 222 InsO gebildeten Gruppen und wird deshalb als »gruppenbezogen« bezeichnet.[54]

§ 226 InsO ist nur bzgl. der Ungleichbehandlung innerhalb einer Gruppe einschlägig und soll nicht die Gleichbehandlung zwischen den einzelnen Gruppen sicherstellen.

Gemäß § 226 Abs. 1 InsO sind allen Beteiligten innerhalb einer Gruppe die gleichen Rechte anzubieten. 35

Eine unterschiedliche Behandlung der Beteiligten einer Gruppe ist jedoch mit Zustimmung aller betroffenen Beteiligten zulässig (§ 226 Abs. 2 Satz 1 InsO). In diesem Fall ist es erforderlich, dass die Zustimmungserklärungen derjenigen Beteiligten, die eine Ungleichbehandlung akzeptieren, als Plananlage beigefügt werden. Wird ohne Zustimmung vom Gleichbehandlungsgrundsatz abgewichen, so ist der Plan nach § 231 Abs. 1 Nr. 1 InsO durch das Insolvenzgericht zurückzuweisen; eine Bestätigung des Plans ist wegen § 250 Nr. 1 InsO zu versagen. 36

§ 226 Abs. 3 InsO soll eine Absicherung des Gleichheitsgebots bewirken:[55] 37

Jedes (Sonder-)Abkommen des Insolvenzverwalters, des Schuldners oder anderer Personen mit einzelnen Beteiligten, durch das diesen für ihr Verhalten bei Abstimmungen oder sonst im Zusammenhang mit dem Insolvenzverfahren ein nicht im Plan vorgesehener Vorteil gewährt wird, ist nichtig.

Für eine Vorteilsgewährung i. S. d. Vorschrift ist lediglich die rein objektive Begünstigung notwendig. Nicht erforderlich ist, dass die Begünstigung den am Sonderabkommen Beteiligten bewusst gewesen ist.[56]

▸ **Beispiele**[57] **für Vorteilsgewährungen i. S. d. § 226 Abs. 3 InsO:**
  - Verkauf von Waren unter Wert
  - Schaffung eines neuen Schuldgrundes
  - Finanzierungshilfen.

---

54 FK-InsO/Jaffé, § 226 Rdnr. 6.
55 Schiessler, a. a. O., S. 124.
56 Hess/Obermüller, a. a. O., Rdnr. 145.
57 A. a. O., Rdnr. 147.

3. Gesetzliche Regelungen bzgl. des Planinhalts (§§ 223 ff. InsO)

38 Um der Zielsetzung des Insolvenzplanverfahrens gerecht zu werden,[58] geht der Gesetzgeber bzgl. des Inhalts des gestaltenden Teils vom Grundsatz der maximalen Gestaltungsfreiheit aus. Er will den Beteiligten ein Höchstmaß an gestalterischer Flexibilität einräumen, damit sie die optimale Insolvenzabwicklung entdecken und durchsetzen können.[59]

a) Das Regelungserfordernis des § 224 InsO

39 Demzufolge beinhaltet die Insolvenzordnung lediglich ein zwingendes Erfordernis bzgl. des Inhalts des gestaltenden Teils.

Gemäß § 224 InsO ist für die nicht nachrangigen Gläubiger im gestaltenden Teil des Insolvenzplans anzugeben, um welchen Bruchteil die Forderungen gekürzt, für welchen Zeitraum sie gestundet, wie sie gesichert oder welchen sonstigen Regelungen sie unterworfen werden sollen.

b) Die Regelungsmöglichkeiten im gestaltenden Teil

40 Daneben werden in der Insolvenzordnung diverse Detailvorschriften zur Verfügung gestellt, um den Beteiligten in bestimmten Bereichen vom Gesetz abweichende Regelungen durch den Insolvenzplan zu gestatten. Diese abweichenden Regelungen sind dann jedoch zwingend im gestaltenden Teil des Insolvenzplans anzugeben.

> **Vom Gesetz abweichende Regelungsmöglichkeiten:**
> - Regelung der Rechte der absonderungsberechtigten Gläubiger (§ 223 Abs. 2 InsO),
> - Regelung der Rechte der nachrangigen Insolvenzgläubiger (§ 225 Abs. 2 InsO),
> - Regelung der Haftung des Schuldners (§ 227 Abs. 1 InsO),
> - Anordnung der Fortführungsbefugnis des Insolvenzverwalters bzgl. eines anhängigen Rechtsstreits (§ 259 Abs. 3 InsO),
> - Anordnung der Überwachung der Planerfüllung durch den Insolvenzverwalter (§ 260 Abs. 1 InsO),
> - Anordnung der Zustimmungsbedürftigkeit bestimmter Geschäfte (§ 263 Satz 1 InsO),
> - Anordnung der Nachrangigkeit bestimmter Forderungen (§ 264 Abs. 1 Satz 1 InsO),
> - Festlegung eines Kreditrahmens (§ 264 Abs. 1 Satz 2 InsO).

---

[58] S. zur Zielsetzung Rdnr. 4 ff.
[59] Begr RegE, BR-Drs. 1/92, 90.

c) Die Inhaltsvermutungen der §§ 223 Abs. 1 Satz 1, 225 Abs. 1, 227 Abs. 1 InsO

Werden in bestimmten Bereichen von den Beteiligten keine Regelungen im gestaltenden Teil des Insolvenzplans getroffen, so greifen diesbezüglich gesetzliche Inhaltsvermutungen ein. 41

> **Gesetzliche Regelvermutungen:**
> - Ist im Insolvenzplan nichts abweichendes bestimmt, so wird das Recht der absonderungsberechtigten Gläubiger vom Plan nicht berührt (§ 223 Abs. 1 Satz 1 InsO).
> - Die Forderungen nachrangiger Insolvenzgläubiger gelten, wenn im Insolvenzplan nichts anderes bestimmt ist, als erlassen (§ 225 Abs. 1 InsO).
> - Ist im Insolvenzplan nichts anderes bestimmt, so wird der Schuldner mit der im gestaltenden Teil vorgesehenen Befriedigung der Insolvenzgläubiger von seinen restlichen Verbindlichkeiten befreit (§ 227 Abs. 1 InsO).

Die gesetzlichen Regelvermutungen sollen die Aufstellung des Plans erleichtern, da ohne explizite Erwähnung im Plan die typischen Rechtsfolgen eintreten.

d) Änderung sachenrechtlicher Verhältnisse (§ 228 InsO)

Systematisch betrachtet handelt es sich auch bei der Regelung des § 228 InsO um eine Detailvorschrift, die es den Beteiligten ermöglicht, im gestaltenden Teil des Insolvenzplans in bestimmten Bereichen vom Gesetz abweichende Vereinbarungen zu treffen. 42

Die Besonderheit des § 228 InsO besteht darin, dass er im Gegensatz zu den bereits angesprochenen Regelungen[60] nicht Änderungen auf schuldrechtlicher Ebene, sondern mit dinglicher Wirkung ermöglicht. Sollen nämlich Rechte an Gegenständen begründet, geändert, übertragen oder aufgehoben werden, so können die erforderlichen Willenserklärungen der Beteiligten in den gestaltenden Teil des Insolvenzplans aufgenommen werden (§ 228 Satz 1 InsO). Sie gelten mit der rechtskräftigen Bestätigung (§ 248 InsO) als abgegeben. Die tatsächlichen Rechtshandlungen, wie z. B. Besitzverschaffung durch Übergabe der Kaufsache, Eintragung des Eigentümerwechsels ins Grundbuch, usw., müssen gesondert erfolgen.

Der Anwendungsbereich des § 228 InsO umfasst somit beispielsweise die Übertragung beweglicher Sachen und von Grundstücken oder die Bestellung von Grundpfandrechten.

---

60 S. Rdnr. 40.

43 Sind im Grundbuch eingetragene Rechte an einem Grundstück oder an eingetragenen Rechten betroffen, so sind diese Recht genau zu bezeichnen (§ 228 Satz 2 InsO).

Der § 228 InsO kann in der Praxis zu einer enormen Verfahrenserleichterung führen.

> **Beispiel:**[61]
> Die zur Übertragung des Eigentums an einem Grundstück nach § 873 BGB erforderliche Auflassung muss bei gleichzeitiger Anwesenheit beider Teile vor einem Notar erklärt werden, § 925 Abs. 1 Satz 1, 2 BGB. Bei der Aufstellung eines Insolvenzplans mit vielen Beteiligten wäre dies mit sehr großem Zeit- und Gebührenaufwand verbunden.

Wegen § 228 InsO können jedoch alle notwendigen Willenserklärungen, auch Auflassung, Eintragungsbewilligung (§ 19 GBO) und der Antrag auf Eintragung (§ 13 GBO[62]) in den gestaltenden Teil des Plans aufgenommen und durch die rechtskräftige gerichtliche Bestätigung des Plans ersetzt werden, s. auch § 925 Abs. 1 Satz 3 BGB. Der Eigentumsübergang erfolgt jedoch erst mit der Grundbucheintragung.

III. Die Plananlagen (§§ 229, 230 InsO)[63]

1. Planrechnungen (§ 229 InsO)[64]

44 Handelt es sich beim Insolvenzplan um einen Sanierungs- bzw. Fortführungsplan, d. h. sollen die Gläubiger aus den Erträgen des wieder gesundeten Unternehmens befriedigt werden,[65] so fordert § 229 InsO, dass dem Plan zwingend bestimmte Anlagen beizufügen sind.

Die Gläubiger sollen sich auf der Grundlage dieser Plananlagen ein Bild über die mit dem Konzept des Insolvenzplans verfolgte zukünftige Entwicklung des Unternehmens machen können. Sie können ihre Entscheidung, ob sie dem Plan ihre Zustimmung erteilen oder nicht, nur dann fällen, wenn sie ausreichend über die Lage des Unternehmens informiert wurden. Die Planrechnungen dienen der Absicherung der Interessen der Gläubiger,

---

61 Entnommen Huber, JuS 1998, 1038.
62 Leipold, Insolvenzrecht im Umbruch, 1991, S. 52 Fn. 6; **a. A.** Schiessler, a. a. O., S. 112: Ein Antrag auf Eintragung ins Grundbuch, § 13 GBO, kann nicht in den Plan aufgenommen werden, da dieser keine Willenserklärung, sondern eine Verfahrenshandlung ist. Dem ist nicht zuzustimmen, da somit gegen die übliche Kautelarpraxis verstoßen wird.
63 S. Musterinsolvenzplan, Rdnr. 50.
64 Ausführliche Muster und Gliederungsvorschläge bei Hess/Obermüller, a. a. O., § 22 ff. Rdnr. 98 ff.
65 S. Rdnr. 12 ff.

am Ende auch wirklich aus den Überschüssen des fortgeführten Unternehmens befriedigt zu werden.

Für den Planinitiator ist das Beifügen der Planrechnungen meist nicht mit einem Mehraufwand verbunden, da diese dem Sanierungskonzept des darstellenden Teils entnommen werden können.[66]

Folgende Plananlagen sollen diese umfassende Information sichern: 45

- Planbilanz:

  Vermögensübersicht, in der die Vermögensgegenstände und die Verbindlichkeiten, die sich bei einem Wirksamwerden des Plans gegenüberstünden, mit ihren Werten aufgeführt werden (§ 229 Satz 1 InsO).

- Plan-Erfolgsrechnung:

  Darstellung, welche Aufendungen und Erträge für den Zeitraum, während dessen die Gläubiger befriedigt werden sollen, zu erwarten sind (§ 229 Satz 2 InsO).

- Plan-Liquiditätsrechnung:

  Darstellung, durch welche Abfolge von Einnahmen und Ausgaben die Zahlungsfähigkeit des Unternehmens für den Zeitraum, während dessen die Gläubiger befriedigt werden sollen, gewährleistet werden soll (§ 229 Satz 2 InsO).

Grundsätzlich ist bei der Erstellung der Planertragsrechnung und der Planliquiditätsrechnung zu trennen zwischen den Planungstechniken und den Planannahmen.

Hinsichtlich der Planungstechnik ist darauf zu achten, dass eine so genannte integrierte Planung erfolgt und zwar dergestalt, dass die Interdependenzen der jeweiligen Planungskreise zwischen Liquiditätsplanung und der Gewinn- und Verlustplanung immer zu berücksichtigen sind. 46

Ein Beispiel für typische Interdependenzen zwischen Plangewinn- und Verlustrechnung und Planliquiditätsrechnung ist der Bereich der Zinsaufwendungen. Denn die zu berücksichtigenden Zinsaufwendungen haben auch unmittelbaren Einfluss auf den Kapitalbedarf, der in der Planliquiditätsrechnung festzustellen ist.

Hinsichtlich der einzelnen Posten in den Planliquiditätsrechnungen oder der Plangewinn- und -verlustrechnung sind eigene Detail- bzw. Unterpläne zu erstellen. So sind z. B. die Materialaufwendungen bei produzierenden Unternehmen auf Basis vorhandener Stücklisten zu planen.

Im Rahmen der Personalplanung und den damit zugrunde liegenden Personalaufwendungen ist eine widerspruchsfreie Verbindung mit den Umsatzplänen herzustellen, d. h. es ist abzugleichen, ob das vorhandene oder das ge-

---

66 KS/Maus, a. a. O., S. 950 Rdnr. 70.

plante Personal ausreicht, zu viel oder zu wenig ist, um die geplanten Umsätze realisieren zu können. Es ist darauf zu achten, dass auch die Gehaltsplanungen realistisch und marktgerecht sind. Da gerade im Erfolgsfall zu knapp kalkulierte Gehaltspläne Zweifel aufwerfen müssen, ob damit das geplante Personal überhaupt gehalten werden kann.

Es ist eine isolierte Steuerplanung durchzuführen, in der insbesondere eine Rolle spielen wird, ob z. B. ausreichend Verlustvorträge vorhanden sind, die eventuell oder in jedem Fall entstehende Sanierungsgewinne egalisieren können.

Die Investitionsplanung wird nicht nur die Finanzierung der Investitionen zu berücksichtigen haben, sondern vor allem auch die darauf zurückzuführenden Abschreibungen. Die Investitionspläne müssen widerspruchsfrei zu den Personalplanungen stehen, insbesondere dürfen sich auch keine Widersprüche z. B. bei Kapazitätsausweitungen zu den vorhandenen Raumkapazitäten (Mietaufwendungen) ergeben.

47 Bei den Planannahmen gibt es vielfältige Herangehensweisen, die einer substantiellen Prüfung jedoch widerspruchsfrei Stand halten müssen.

Z. B. kann eine Planannahme sein, dass alles wie in der Vergangenheit laufen wird. Auf einer derartigen Planannahme aufbauend wäre eine so genannte Top-down-Planung die Folge.

Im Rahmen einer Bottom-up-Planung wird ausgehend von einer Segmentierung nach Sortiment oder Produkt, nach Kundengruppen oder Vertriebswegen unterteilt in Mengen und Preis von »unten« geplant. Gerade im Zusammenhang mit Planungen, die strategische Ausweitungen oder Neuorientierungen beinhalten oder bei Planungen für Unternehmen, deren bisherige Umsatzplanungen regelmäßig fehlgeschlagen sind, ist es sinnvoll, vor einer Bottom-up-Planung eine Umfeldanalyse bzw. Marktanalysen vorzunehmen. Dies insbesondere vor dem Hintergrund, dass Planungshorizonte, die über mehrere Jahre in die Zukunft reichen, derartige Marktanalysen zur Plausibilisierung der Planungsannahmen erforderlich erscheinen lassen.

Zusammenfassend ist jedoch festzuhalten, dass für Planertrags- und Planliquiditätsrechnungen unterschiedlichste Herangehensweisen sinnvoll sein können und jeder Fall hinsichtlich der optimalen Planerstellung individuell abgestimmt sein muss. Oberstes Gebot wird die Planplausibilität, die Plansegmentierung und vor allem auch die richtige Planrechnung sein. Falschverknüpfungen im Zusammenhang mit z. B. auf Excel-Dateien basierten Planrechnungen können sich zu Kapitalunterdeckungen in Millionenhöhe hoch potenzieren.

Bei der Entscheidung über die Planungstechnik und die Planannahmen helfen erfahrungsgemäß neben den selbstverständlich erforderlichen rechnerischen Fähigkeiten und den betriebswirtschaftlichen Grundkenntnissen am meisten der so oft zitierte gesunde, kritische und wache Blick für die Realität.

> **Übersicht zur Erstellung der Planertragsrechnung und der Planliquiditätsrechnung:**
>
> - Planannahmen und Planungstechniken trennen
> - Integrierte Planung berücksichtigt alle Interdependenzen zwischen Liquiditätsplan und Planertragsrechnung
> - Planannahmen mit möglichst hoher Plausibilität untersetzen
>   – Top-down-Planung meist nur, wenn Vergangenheit zur Plausibilisierung herangezogen wird
>   – Bottom-up-Planung
>   Segmentierte Planung mit Markt- und Umfeldanalyse plausibilisieren.

2. Weitere Plananlagen (§§ 230, 226 Abs. 2 Satz 2 InsO)

Über die Planrechnungen des § 229 InsO hinaus normiert § 230 InsO unter bestimmten Voraussetzungen die Notwendigkeit weiterer Plananlagen. Diese Pflicht umfasst Erklärungen, in denen sich bestimmte Beteiligte oder Dritte zur Vornahme von planergänzenden oder -bedingenden Rechtshandlungen verpflichten. Ziel ist die Absicherung der rechtlichen Durchführbarkeit des Plans.

48

> **Die einzelnen Plananlagen:**
>
> - Handelt es sich um einen Sanierungsplan, nach dem der Schuldner sein Unternehmen fortführt, und ist dieser eine natürliche Person, so ist dem Plan die Erklärung des Schuldners beizufügen, dass er zur Fortführung des Unternehmens auf der Grundlage des Plans bereit ist (§ 230 Abs. 1 Satz 1 InsO). Diese Erklärungspflicht entfällt, wenn der Schuldner selbst Planinitiator ist (§ 230 Abs. 1 Satz 3 InsO). Eine diesbezügliche Erklärungspflicht aller persönlich haftender Gesellschafter beinhaltet § 230 Abs. 1 Satz 2 InsO, wenn es sich bei dem Schuldner um eine Gesellschaft ohne Rechtspersönlichkeit oder um eine KgaA handelt.
> - Sollen Gläubiger Anteils- oder Mitgliedschaftsrechte oder Beteiligungen an einer juristischen Person, einem nicht rechtsfähigen Verein oder einer Gesellschaft ohne Rechtspersönlichkeit übernehmen, so ist dem Plan die zustimmende Erklärung eines jeden dieser Gläubiger beizufügen (§ 230 Abs. 2 InsO).
> - Hat ein Dritter für den Fall der Bestätigung des Plans Verpflichtungen gegenüber den Gläubigern übernommen, so ist eine entsprechende Erklärung des Dritten dem Plan beizufügen (§ 230 Abs. 3 InsO).
> - Im Fall der einvernehmlichen unterschiedlichen Behandlung von Beteiligten einer Gruppe ist gemäß § 226 Abs. 2 Satz 2 InsO die zustimmende Erklärung eines jeden betroffenen Beteiligten dem Insolvenzplan beizufügen.

49

Gietl/Langheinrich

IV. Mustergliederung eines Insolvenzplans

50 Als Anhaltspunkt für die Gliederung eines Insolvenzplans kann folgendes, je nach Insolvenzsachverhalt zu modifizierendes Schema dienen:[67]

Darstellender Teil:
  I. Rechtliche Verhältnisse der Schuldnerin
    1. Rechtliche Entwicklung
    2. Beteiligungen
    3. Konzerneinbindung
  II. Wirtschaftliche Verhältnisse der Schuldnerin
    1. Zur unternehmerischen Betätigung und wirtschaftlichen Entwicklung
    2. Umsatz- und Ergebnisentwicklung der abgelaufenen Perioden
        a) Gesamtbetrachtung
        b) Einzelbetrachtung für die Niederlassungen
        c) Einzelbetrachtung nach Geschäftssparten gegliedert
    3. Betriebswirtschaftliche Kennzahlanalyse
    4. Grundbesitz
    5. Miet- und Leasingverhältnisse
        a) Vertragsbeziehungen angemietete Objekte
        b) Vertragsbeziehungen vermietete Objekte
        c) Vertragsbeziehungen geleaste Gegenstände
    6. Versicherungsverträge
    7. Dienst- und Arbeitsverhältnisse
        a) Dienstverhältnisse
        b) Arbeitsverhältnisse
    8. Banken/Sicherheitsvereinbarungen
    9. Anhängige Prozessverfahren
        a) Ordentliche Gerichtsbarkeit
            aa) Aktivverfahren
            bb) Passivverfahren
        b) Arbeitsgerichtsverfahren
        c) Sonstige Prozessverfahren
    10. Auflistung noch nicht (vollständig) abgearbeiteter sowie neu akquirierter Aufträge
    11. Auflistung beiderseits noch nicht vollständig erfüllter Verträge
    12. Steuerliche Verhältnisse, insbesondere Verlustabzugspotentiale
  III. Konkurrenzsituation und (regionale) Wettbewerber
  IV. Gründe der Insolvenz und Analyse der Krisenursachen

---

[67] Entnommen aus KS/Maus, a. a. O., S. 944 Rdnr. 46; s. auch Musterinsolvenzplan im Anhang I.

V. Maßnahmen und Rechtshandlungen seit Anordnung der vorläufigen Insolvenzverwaltung
   1. Bereits abgeschlossene Maßnahmen
   2. Bereits eingeleitete Maßnahmen
VI. Denkbare Verwertungs- und Abwicklungsalternativen
   1. Leitbildverwertung durch Liquidation
   2. Alternative Verwertungs- und Sanierungsmodelle
      a) Übertragende Sanierung der Niederlassung 1
      b) Verpachtungsmodell zur Niederlassung 2
      c) Fortführung der Hauptniederlassung
      d) Schließung der Niederlassung 4
VII. Darlegung des angedachten Sanierungskonzeptes der Hauptniederlassung
   1. Neudefinition des Unternehmensziels
   2. Sanierungsmaßnahmen
   3. Prognostizierte Zukunftsplanung mit Verifikationsdaten anhand der Plananlagen
VIII. Vergleichende Gegenüberstellung und Bewertung der dargestellten Verwertungsalternativen
   1. Einzelbetrachtung zu den Niederlassungen
   2. Gesamtbetrachtung

Gestaltender Teil:
I. Gruppenbildung
   1. Absonderungsgläubiger
   2. Insolvenzgläubiger
      a) Arbeitnehmer
      b) Gläubiger öffentlich-rechtlicher Forderungspositionen
      c) Sonstige Gläubiger
   3. Nachrangige Insolvenzgläubiger
II. Einordnung und Gruppenzuordnung
III. Programm der vorgesehenen Rechtsänderungen des Insolvenzplanes für die Planbeteiligten
   1. Zur planbedingten Rechtsstellung der Absonderungsgläubiger
      a) Absonderungsgläubiger am Immobiliarvermögen
      b) Absonderungsgläubiger am sonstigen Vermögen
         aa) Banken
         bb) Lieferanten
   2. Planbedingte Veränderungen der Rechtsstellung der Insolvenzgläubiger
      a) Arbeitnehmer
      b) Gläubiger öffentlich-rechtlicher Forderungen
      c) Sonstige Insolvenzgläubiger
IV. Änderung sachenrechtlicher Verhältnisse sowie Verpflichtungserklärungen
   1. Willens- und Verfahrenserklärungen zur Niederlassung 1

> 2. Willens- und Verfahrenserklärungen zur Niederlassung 2
> 3. Eingriffe in die Rechtspositionen der Absonderungsberechtigten
> 4. Erklärungen sonstiger Beteiligter
> V. Flankierende Maßnahmen
>   1. Überwachung der Planerfüllung
>   2. Begründung von Zustimmungsvorbehalten
>   3. Wiederauflebensklausel
>   4. Kreditrahmenabrede
>
> **Plananlagen:**
>   I. Planbilanz
>   II. Planerfolgsrechnung als prognostizierte Gewinn- und Verlustrechnung für den Planzeitraum
>   III. Planliquiditätsrechnung

C. Das Insolvenzplanverfahren

Die Insolvenzordnung hat neben den Bestimmungen, die den Inhalt des Insolvenzplans betreffen, auch das Verfahren detailliert geregelt, das ein Insolvenzplan von seiner Vorlage bis zu seiner Wirksamkeit durchlaufen muss.

Nur ein ordnungsgemäß zustandegekommener Plan kann Rechtswirkungen entfalten (vgl. §§ 248, 250 InsO).

I. Stellung des Insolvenzplans im Insolvenzverfahren

52 Gemäß § 13 Abs. 1 Satz 1 InsO wird das Insolvenzverfahren nur auf Antrag eröffnet.[68] Antragsberechtigt sind die Gläubiger und der Schuldner (§ 13 Abs. 1 Satz 2 InsO).

Nach Antragstellung überprüft das Insolvenzgericht die Zulässigkeit des Antrags. Liegen alle Voraussetzungen für die Eröffnung des einheitlichen Insolvenzverfahrens vor, so erlässt das Insolvenzgericht einen Eröffnungsbeschluss (§ 27 InsO) in dem der Berichts- und der Prüfungstermin bestimmt wird (§ 29 Abs. 1 InsO).

53 Im Berichtstermin hat der Insolvenzverwalter über die wirtschaftliche Lage des Schuldners und ihre Ursachen zu berichten (§ 156 Abs. 1 Satz 1 InsO). Er hat darzulegen, ob Aussichten bestehen, das Unternehmen des Schuldners im Ganzen oder in Teilen zu erhalten, welche Möglichkeiten für einen

---

68 Zum Insolvenzverfahren s. oben Kapitel 1.

Insolvenzplan bestehen und welche Auswirkungen jeweils für die Befriedigung der Gläubiger eintreten würden (§ 156 Abs. 1 Satz 2 InsO).

Ab dem Berichtstermin stehen nun zwei Wege der Verwertung und Verteilung des schuldnerischen Vermögens zur Verfügung. Neben dem Regelinsolvenzverfahren, d. h. Abwicklung nach den gesetzlichen Vorschriften, besteht jetzt die Möglichkeit einen Insolvenzplan aufzustellen: 54

Die Gläubigerversammlung beschließt im Berichtstermin, ob das Unternehmen des Schuldners stillgelegt oder vorläufig fortgeführt werden soll. Sie kann den Verwalter beauftragen, einen Insolvenzplan auszuarbeiten (§ 157 Abs. 1 Satz 1 und 2 InsO).[69]

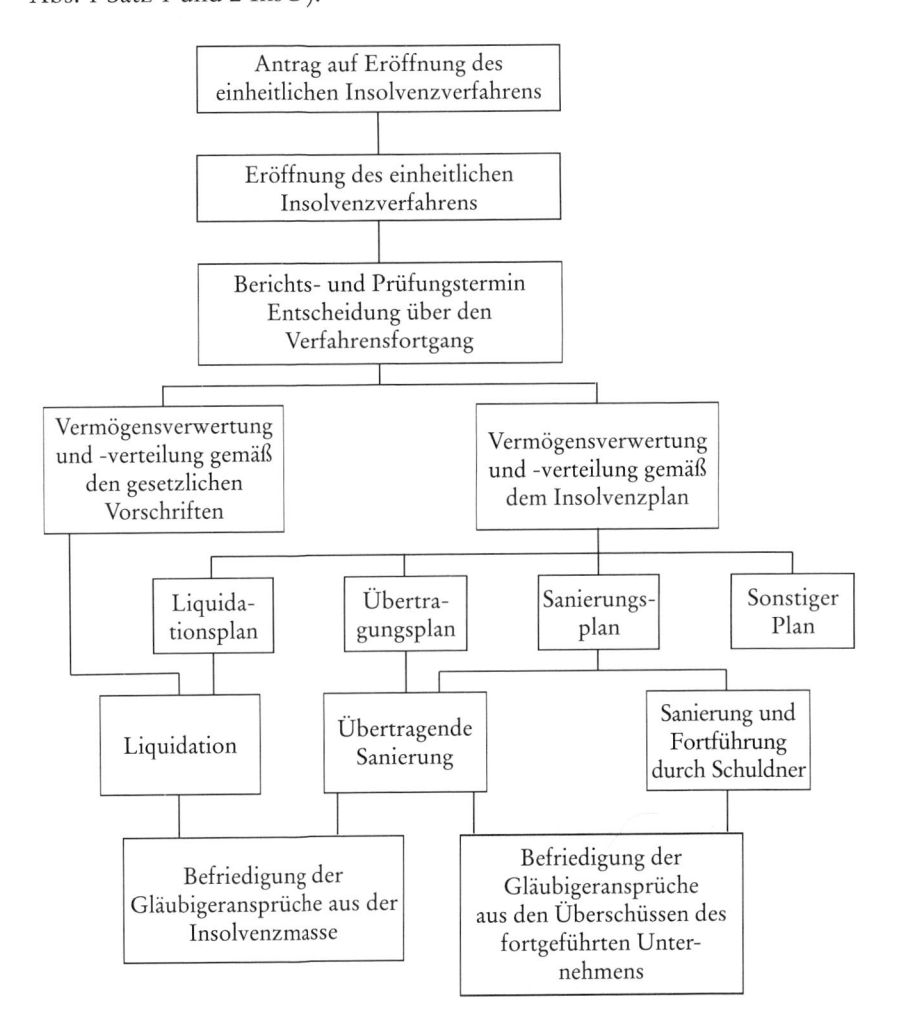

```
┌─────────────────────────────┐
│  Antrag auf Eröffnung des   │
│ einheitlichen Insolvenzverfahrens │
└─────────────────────────────┘
              │
┌─────────────────────────────┐
│  Eröffnung des einheitlichen│
│     Insolvenzverfahrens     │
└─────────────────────────────┘
              │
┌─────────────────────────────┐
│ Berichts- und Prüfungstermin│
│    Entscheidung über den    │
│     Verfahrensfortgang      │
└─────────────────────────────┘
         │            │
┌──────────────┐  ┌──────────────┐
│Vermögensver- │  │Vermögensver- │
│wertung und   │  │wertung und   │
│-verteilung   │  │-verteilung   │
│gemäß den     │  │gemäß dem     │
│gesetzlichen  │  │Insolvenzplan │
│Vorschriften  │  │              │
└──────────────┘  └──────────────┘
       │        ┌────┬────┬────┬────┐
       │    Liquida- Übertra- Sanierungs- Sonstiger
       │    tionsplan gungsplan  plan      Plan
       │        │     │          │
   Liquidation  │  Übertragende  Sanierung und
                │   Sanierung    Fortführung
                │                durch Schuldner
       │        │          │
  Befriedigung der    Befriedigung der
  Gläubigeransprüche  Gläubigeransprüche
  aus der             aus den Überschüssen
  Insolvenzmasse      des fortgeführten
                      Unternehmens
```

---

[69] Vgl. zu allem Burger/Schellberg, DB 1994, 1833; Riggert, WM 1998, 1521.

Gietl/Langheinrich

55 **II. Schematische Übersicht**

Der Gesetzgeber sieht für den Insolvenzplan folgenden Verfahrensgang vor:

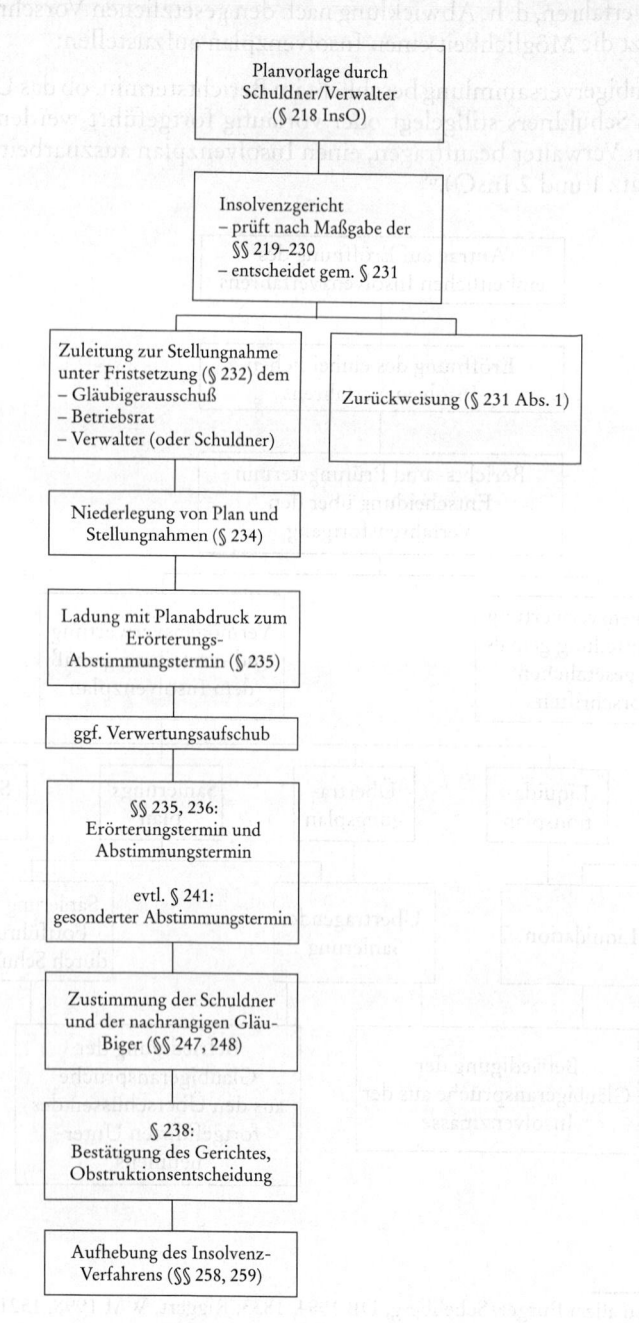

```
┌─────────────────────────┐
│   Planvorlage durch     │
│   Schuldner/Verwalter   │
│      (§ 218 InsO)       │
└───────────┬─────────────┘
            │
┌───────────┴─────────────┐
│    Insolvenzgericht     │
│  – prüft nach Maßgabe   │
│     der §§ 219–230      │
│  – entscheidet gem. § 231│
└───────────┬─────────────┘
            │
   ┌────────┴────────────────────────────┐
   │                                     │
┌──┴──────────────────────────┐   ┌──────┴──────────────────┐
│ Zuleitung zur Stellungnahme │   │ Zurückweisung           │
│ unter Fristsetzung (§ 232)  │   │ (§ 231 Abs. 1)          │
│   – Gläubigerausschuß       │   └─────────────────────────┘
│   – Betriebsrat             │
│   – Verwalter (oder Schuldner)│
└──────────────┬──────────────┘
               │
┌──────────────┴──────────────┐
│   Niederlegung von Plan und │
│    Stellungnahmen (§ 234)   │
└──────────────┬──────────────┘
               │
┌──────────────┴──────────────┐
│  Ladung mit Planabdruck zum │
│        Erörterungs-         │
│  Abstimmungstermin (§ 235)  │
└──────────────┬──────────────┘
               │
     ggf. Verwertungsaufschub
               │
┌──────────────┴──────────────┐
│        §§ 235, 236:         │
│      Erörterungstermin      │
│     und Abstimmungstermin   │
│                             │
│         evtl. § 241:        │
│ gesonderter Abstimmungstermin│
└──────────────┬──────────────┘
               │
┌──────────────┴──────────────┐
│  Zustimmung der Schuldner   │
│  und der nachrangigen Gläu- │
│    Biger (§§ 247, 248)      │
└──────────────┬──────────────┘
               │
┌──────────────┴──────────────┐
│          § 238:             │
│  Bestätigung des Gerichtes, │
│  Obstruktionsentscheidung   │
└──────────────┬──────────────┘
               │
┌──────────────┴──────────────┐
│  Aufhebung des Insolvenz-   │
│   Verfahrens (§§ 258, 259)  │
└─────────────────────────────┘
```

Gietl/Langheinrich

III. Ablauf des Insolvenzplanverfahrens

1. Anwendungsbereich

Das Insolvenzplanverfahren ist Bestandteil des einheitlichen Insolvenzverfahrens (vgl. § 1 Satz 1 InsO).[70] Deshalb entsprechen sich grds. die Anwendungsbereiche,[71] die ausgehend von den §§ 11 und 12 InsO bestimmt werden.

Beschnitten wird dieser Anwendungsbereich für den Fall des Insolvenzplanverfahrens durch die §§ 304 bis 314 InsO, die im neunten Teil der InsO Sondervorschriften für Verbraucherinsolvenzen und sonstige Kleinverfahren normieren.[72]

Die allgemeinen Verfahrensvorschriften werden durch diese Sondervorschriften verdrängt, wenn der Schuldner eine natürliche Person ist, die keine oder nur eine geringfügige selbstständige wirtschaftliche Tätigkeit ausübt (§ 304 Abs. 1 InsO). Eine selbstständige wirtschaftliche Tätigkeit ist gemäß § 304 Abs. 2 InsO insbesondere dann geringfügig in diesem Sinne, wenn sie nach Art und Umfang einen in kaufmännischer Weise eingerichteten Geschäftsbetrieb nicht erfordert, wenn es sich also um ein »minderkaufmännisches« Gewerbe nach § 1 Abs. 2 HGB handelt.[73]

Da bei Vorliegen dieser Voraussetzungen lediglich ein vereinfachtes Insolvenzverfahren durchgeführt wird, bestimmt § 312 Abs. 3 InsO, dass das Insolvenzplanverfahren nicht zur Anwendung kommt.

Ein Insolvenz- und somit auch ein Planverfahren ist weiterhin unzulässig über das Vermögen des Bundes oder eines Landes (§ 12 Abs. 1 Nr. 1 InsO) und über das Vermögen einer juristischen Person des öffentlichen Rechts, die der Aufsicht eines Landes untersteht, wenn das Landesrecht dies bestimmt (§ 12 Abs. 1 Nr. 2 InsO).

Die Möglichkeit, sich eines Insolvenzplans zu bedienen, verbleibt somit nur für Insolvenzverfahren über

- das Vermögen von natürlichen Personen, die entweder einen freien Beruf ausüben oder ein Gewerbe betreiben, das nach Art und Umfang einen kaufmännischen Geschäftsbetrieb erfordert (§§ 11 Abs. 1 Satz 1, 304 Abs. 1 InsO, 1 Abs. 2 HGB, 312 Abs. 3 InsO),
- das Vermögen von juristische Personen und nicht rechtsfähigen Vereinen (§ 11 Abs. 1 Satz 1 und 2 InsO),
- das Vermögen von Gesellschaften ohne Rechtspersönlichkeit (§ 11 Abs. 2 Nr. 1 InsO) und

---

70 S. Rdnr. 52 ff.; vgl. zu allem Schiessler, a. a. O., S. 63 f.
71 S. oben Kapitel 1.
72 S. oben Kapitel 13.
73 FK-InsO/Kohte, § 304 Rdnr. 9.

- einen Nachlass, das Gesamtgut einer fortgesetzten Gütergemeinschaft oder das Gesamtgut einer Gütergemeinschaft, das von den Ehegatten gemeinschaftlich verwaltet wird (§ 11 Abs. 2 Nr. 2 InsO).

2. Planvorlage (§ 218 InsO)

Bedeutung der Planvorlage (Planinitiativrecht):[74]
- Antrag an das Gericht, das Insolvenzplanverfahren einzuleiten.
- Mittel zur Verfahrenslenkung: Mit Einreichung des Plans und eines entsprechenden Antrags wird grds. der Aufschub bzw. die Aussetzung der Verwertung und Verteilung bewirkt (§ 233 Satz 1 InsO).
- Gestaltung des materiellen Inhalts des Plans abweichend von den gesetzlichen Regelungen.

62 Bei der Bestimmung des Planvorlagerechts ist von der gesetzlichen Regelung des § 218 InsO auszugehen, es steht ausschließlich dem Verwalter (bzw. Sachwalter) und dem Schuldner zu.[75]

63 Ein Vorlagerecht einzelner Gläubiger sieht die InsO nicht vor. Diese können lediglich eine Beauftragung des Verwalters zur Vorlage eines Plans durch einen Umweg über die Gläubigerversammlung erreichen (§§ 157 Satz 2, 218 Abs. 2 InsO).

64 In zeitlicher Hinsicht ist zu beachten, dass ein Insolvenzplan nicht mehr berücksichtigt wird, wenn er nach dem Schlusstermin (§ 197 InsO) beim Gericht eingeht (§ 218 Abs. 1 Satz 3 InsO). Diese Vorschrift bezieht sich gemäß ihres Wortlauts sowohl auf Schuldner-, als auch auf originäre Verwalterpläne.[76]

Hat die Gläubigerversammlung den Verwalter beauftragt, einen Insolvenzplan auszuarbeiten (derivativer Verwalterplan), so hat der Verwalter den Plan binnen angemessener Frist dem Gericht vorzulegen (§ 218 Abs. 2 InsO). Diese bestimmt sich nach der für die Planausarbeitung notwendigen Zeit. Dabei spielen die Größe des Unternehmens und die Art des Abwicklungskonzepts die entscheidende Rolle. Eine Zeitspanne von 4–12 Wochen dürfte im Rahmen des § 218 Abs. 2 InsO nicht zu beanstanden sein.[77]

65 Folgende zeitliche Komponente ist bei einem Sanierungsplan bzgl. der Frist des § 218 Abs. 2 InsO zu berücksichtigen:

Um ein Sanierungskonzept erfolgreich umzusetzen, ist eine schnelle Ausarbeitung und Vorlage des Insolvenzplans notwendig. Wartet der Insolvenz-

---

[74] Vgl. Schiessler, a. a. O., S. 86.
[75] S. auch Hess/Pape, InsO und EGInsO, 1995, Rdnr. 773.
[76] Hess/Obermüller, a. a. O., Rdnr. 17; KS/Maus, a. a. O., S. 939 Rdnr. 30.
[77] FK-InsO/Jaffé, § 218 Rdnr. 58; Hess/Obermüller, sprechen sogar von einem Zeitraum von bis zu 6 Monaten, a. a. O., Rdnr. 18.

verwalter jedoch bis zu seiner Beauftragung im Berichtstermin (§ 157 InsO) ab, so sind möglicherweise bereits maximal 6 Monate seit dem Antrag auf Eröffnung des Insolvenzverfahrens vergangen. Diese Zeitspanne resultiert daraus, dass der Berichtstermin nach dem Eröffnungsantrag und der Ausnutzung des dreimonatigen Insolvenzausfallgeld-Zeitraums bis zum Eröffnungsbeschluss 6 Wochen bis 3 Monate nach Eröffnungsbeschluss liegen kann.[78] Die Sanierung ist unmöglich, wenn zu diesen 6 Monaten noch die Zeit der Planausarbeitung ab dem Berichtstermin hinzukommt.

Deshalb wird der erfahrene Berater vorbereitende Maßnahmen schon früher treffen und seinen Bericht für die erste Gläubigerversammlung (§ 151 Abs. 1 InsO) so ausgestalten, dass er einem Insolvenzplan entweder nahe kommt oder zumindest die Grundlage für einen solchen bietet. Mehraufwand ist dadurch für den Verwalter kaum verbunden, da er die Gläubigerversammlung im Berichtstermin ohnehin darüber zu informieren hat, welche Möglichkeiten für einen Insolvenzplan bestehen (§ 156 Abs. 1 Satz 2 InsO).[79]

a) Vorlage des Plans durch den Schuldner (§ 218 Abs. 1 Satz 1 InsO)

Der Schuldner ist gemäß § 218 Abs. 1 Satz 1 InsO zur Vorlage eines Insolvenzplans an das Insolvenzgericht berechtigt.

66

Bei juristischen Personen kann das Vorlagerecht durch das verfassungsmäßige Vertretungsorgan (z. B. Vorstand, Geschäftsführer), bei Personengesellschaften nur durch eine gemeinsame Willensbildung aller (persönlich haftender) Gesellschafter gemeinschaftlich ausgeübt werden.[80]

Die Vorlage durch den Schuldner kann mit dem Eigenantrag auf Eröffnung des Insolvenzverfahrens verbunden werden (§ 218 Abs. 1 Satz 2 InsO) eine dahin gehende Verpflichtung besteht jedoch nicht. Solche vom Schuldner mit seinen Beratern aufgestellte Pläne werden als sog. »Prepackaged plans« (»vorbereitete Pläne«) bezeichnet. Um die Erfolgsaussichten eines derartigen Plans zu vergrößern, wird der Schuldner bereits während der Planaufstellung mit den Gläubigern in Kontakt treten und versuchen das Plankonzept mit ihnen abzustimmen. Im Zusammenhang mit dem Insolvenzantragsrecht des Schuldners bereits bei »drohender Zahlungsunfähigkeit« (§ 18 InsO) bietet sich für das schuldnerische Unternehmen eine große Sanierungschance.[81] Der Unternehmer kann bereits bei den ersten Krisenanzeichen mit der Erstellung eines Insolvenzplans beginnen, um sich bei drohender Zahlungsunfähigkeit in den Schutz des Insolvenzverfahrens zu begeben.[82]

---

78 Hess/Kranemann/Pink, a. a. O., Rdnr. 881.
79 Vgl. zu allem KS/Maus, a. a. O., S. 940 Rdnr. 33.
80 Hess/Obermüller, a. a. O., Rdnr. 25.
81 Hess/Kranemann/Pink, a. a. O., Rdnr. 886.
82 Vgl. KS/Maus, a. a. O., S. 942 Rdnr. 39.

Die Möglichkeit, den Insolvenzplan mit dem Insolvenzantrag zu verbinden, soll dazu beitragen, die mit einem Eröffnungsantrag einhergehenden negativen Auswirkungen auf die Geschäftsbeziehungen des insolventen Unternehmens in Grenzen zu halten: Den Gläubigern, aber auch z. B. den Arbeitnehmern, den Kunden und den Lieferanten, soll die Möglichkeit und der Wille zu einer Sanierung des Unternehmens signalisiert werden.[83] Es soll deutlich werden, dass der Schuldner einen Weg zur Bereinigung der Insolvenz sieht.[84]

67 Neben dem originären Vorlagerecht des Schuldners aus § 218 Abs. 1 Satz 1 InsO kann die Gläubigerversammlung diesen mit der Ausarbeitung eines Insolvenzplans gemäß § 284 Abs. 1 Satz 1 InsO beauftragen. Voraussetzung für diese Möglichkeit ist, dass das Insolvenzgericht im Eröffnungsbeschluss die Eigenverwaltung durch den Schuldner angeordnet hat (§§ 284 Abs. 1 Satz 1, 270 Abs. 1 Satz 2 InsO). Bei der Aufstellung des Plans durch den Schuldner wirkt der Sachwalter beratend mit (§§ 284 Abs. 1 Satz 2, 274 InsO).

Von einer häufigen Inanspruchnahme dieser Möglichkeit durch die Gläubiger ist nicht auszugehen, da das Insolvenzgericht wohl keine Eigenverwaltung anordnen wird, wenn der Schuldner nicht von sich aus den Antrag auf Eigenverwaltung mit einem bereits ausgearbeiteten Insolvenzplan verbindet.[85]

b) Vorlage des Plans durch den Insolvenzverwalter

68 Die Legitimation des Insolvenzverwalters zur Vorlage eines Insolvenzplans an das Gericht kann auf unterschiedlichen Rechtsgrundlagen beruhen.

aa) Eigenes Vorlagerecht (§ 218 Abs. 1 Satz 1 InsO)

69 Gemäß dem Wortlaut des § 218 Abs. 1 Satz 1 InsO besitzt der Insolvenzverwalter ein eigenes (originäres) gesetzliches Vorlagerecht.[86]
Er kann dieses Recht unabhängig von einer Beauftragung durch die Gläubigerversammlung (§§ 157 Satz 2, 218 Abs. 2 InsO) ausüben.

In vielen Fällen würde der Verwalter seinen Verpflichtungen nicht ordnungsgemäß nachkommen, wenn er eine solche Auftragserteilung abwarten würde. Durch eine Planausarbeitung erst im Anschluss an den Berichtstermin (§ 156 InsO) würde wertvolle Zeit im Hinblick auf eine Unternehmenssanierung verschenkt werden. Es ist nämlich davon auszugehen, dass eine Entscheidung über den Insolvenzplan im Regelfall erst ca. 6 Monate nach

---

83 Schiessler, a. a. O., S. 102 f.
84 Braun/Uhlenbruck, a. a. O., S. 472.
85 Smid/Rattunde, a. a. O., Rdnr. 145.
86 So auch die h. M. in der Lit.: Smid/Rattunde, a. a. O., Rdnr. 104; Hess/Kranemann/Pink, a. a. O., Rdnr. 878; KS/Maus, a. a. O., S. 939 Rdnr. 32; Weisemann/Smid, a. a. O., S. 582 Rdnr. 55; Braun/Uhlenbruck, a. a. O., S. 474.

Eröffnung des Verfahrens getroffen wird – eine Sanierungschance für das insolvente Unternehmen wäre in den meisten Fällen vertan.[87]

Dem vorläufigen Insolvenzverwalter steht ein derartiges Recht nicht zu,[88] da zum Zeitpunkt seiner Tätigkeit noch kein eröffnetes Insolvenzverfahren vorliegt, was jedoch Voraussetzung für ein Insolvenzplanverfahren wäre.[89]

70

bb) Abgeleitetes Vorlagerecht (§§ 157 Satz 2, 218 InsO)

Neben dem eigenen Initiativrecht des Insolvenzverwalters kann die Gläubigerversammlung diesen mit der Planaufstellung beauftragen und ihm das Ziel des Plans vorgeben (§§ 157 Satz 2, 218 Abs. 2 InsO).

71

Als Planziele i. d. S. sind die möglichen Regelungsgegenstände des Insolvenzplans anzusehen: Liquidation, Übertragung und Sanierung.[90]

Da mit dem Insolvenzplan der Grundsatz der Gläubigerautonomie verwirklicht werden soll, können die Zielvorgaben durch die Gläubigerversammlung so detailliert sein, dass dem Insolvenzverwalter ein ganz konkreter Plan gleichsam aufgezwungen wird.

Ein Unterlassen der Planvorlage seitens des Verwalters trotz Beauftragung durch die Gläubigerversammlung stellt nämlich eine Pflichtwidrigkeit dar. Das Insolvenzgericht kann mit Androhung und Festsetzung eines Zwangsgeldes (§ 58 Abs. 2 Satz 1 InsO) oder mit der Entlassung des Verwalters aus wichtigem Grund (§ 59 Abs. 1 Satz 1 InsO) reagieren.

Sollte der Insolvenzverwalter jedoch feststellen, dass der Plan in formeller Hinsicht nicht den Anforderungen entspricht, so kann er eine Aufhebung des Beschlusses der Gläubigerversammlung gemäß § 78 Abs. 1 InsO durch das Gericht erwirken.

Im Fall der Uneinigkeit in materieller Hinsicht, besteht für die Gläubiger lediglich die Möglichkeit, in der ersten Gläubigerversammlung einen anderen Insolvenzverwalter zu wählen (§ 57 Satz 1 InsO).[91]

cc) Beratende Mitwirkung (§ 218 Abs. 3 InsO)

Bei einem vom Verwalter vorgelegten Plan normiert § 218 Abs. 3 InsO, dass bei der Planaufstellung der Gläubigerausschuss, wenn ein solcher bestellt ist, der Betriebsrat, der Sprecherausschuss der leitenden Angestellten und der Schuldner beratend mitwirken. Dies gilt sowohl bei aus eigenem Recht des Verwalters vorgelegten Plänen (§ 218 Abs. 1 Satz 1 InsO) als auch bei

72

---

87 Vgl. zu allem FK-InsO/Jaffé, § 218 Rdnr. 55 ff.
88 Weisemann/Smid, a. a. O., S. 582 Rdnr. 55.
89 Smid/Rattunde, a. a. O., Rdnr. 106.
90 S. Rdnr. 7 ff.
91 Vgl. KS/Maus, a. a. O., S. 940 Rdnr. 32.

einer Beauftragung durch die Gläubigerversammlung (§§ 157 Satz 2, 218 Abs. 2 InsO).

Beratende Mitwirkung bedeutet mehr als bloße Information des Verwalters über seinen Plan; der angesprochene Personenkreis ist angehalten, ihn mit konkreten Vorschlägen bzgl. des Inhalts des Plans zu unterstützen.

Lässt der Verwalter diese beratende Mitwirkung bei der Planaufstellung außer Acht, so führt dies nicht zu einer Zurückweisung des Plans gemäß § 231 Abs. 1 Nr. 1 InsO,[92] da die Vorschrift keine verfahrensrechtlichen Pflichten des Verwalters bei der Ausarbeitung des Insolvenzplans beinhaltet. Vielmehr verleiht sie dem Verwalter Befugnisse gegenüber den anderen Verfahrensbeteiligten.[93]

> **Verwalter-Befugnisse gem. § 231 Abs. 1 Nr. 1:**
> - Hinsichtlich des Schuldners wird dessen allgemeine Mitwirkungspflicht aus § 97 InsO konkretisiert.
> - Bzgl. des Gläubigerausschusses stellt § 218 Abs. 3 InsO klar, dass dessen Mitglieder auch ohne einen Beschluss der Gläubigerversammlung über eine Beauftragung nach §§ 157 Satz 2, 218 Abs. 2 InsO verpflichtet sind, den Verwalter beratend zu unterstützen.[94]
> - Gegenüber dem Betriebsrat und dem Sprecherausschuss der leitenden Angestellten konkretisiert § 218 Abs. 3 InsO die Verpflichtung dieser Gremien aus dem Grundsatz der mitbestimmungsrechtlichen Interessenwahrnehmung für die Arbeitnehmer bzw. leitenden Angestellten.

Anmerkung: Die Mitwirkungspflicht löst für die in § 218 Abs. 3 InsO angesprochenen Personen keine zusätzlichen Vergütungs- oder Entschädigungsansprüche aus, da die Beteiligung an der Aufstellung freiwillig und interessenwahrend ist. Es gelten ausschließlich die gesetzlichen Regelungen: § 73 InsO (für Mitglieder des Gläubigerausschusses), §§ 37, 40 BetrVG (für Mitglieder des Betriebsrats) und § 14 des Sprecherausschussgesetzes.

c) Vorlage des Plans durch den Sachwalter (§ 284 InsO)

73 Nach § 284 Abs. 1 Satz 1 InsO kann die Gläubigerversammlung den Sachwalter mit der Ausarbeitung und Vorlage eines Insolvenzplans beauftragen, wenn Eigenverwaltung gemäß §§ 270 ff. InsO angeordnet ist.[95]

---

[92] A. A. Haarmeyer/Wutzke/Förster, Handbuch zur Insolvenzordnung, 1997, Kapitel 5 Rdnr. 365: »Die beratende Mitwirkung bedeutet mehr als nur die Information, vielmehr soll der Kreis der zu Beteiligenden faktisch ein eigenes Gremium zur Abstimmung und Erarbeitung des Plans bilden«.
[93] Smid, Kommentar zur Insolvenzordnung, 2. Aufl. 2001, § 218 Rdnr. 12.
[94] Dies bedeutet auch eine Konkretisierung der bereits in § 69 Satz 1 InsO normierten Aufgaben des Gläubigerausschusses.
[95] Hess/Kranemann/Pink, a. a. O., Rdnr. 891.

Diese Möglichkeit der Aufgabenübertragung auf den Sachwalter soll gewährleisten, dass auch im Falle der Eigenverwaltung durch den Schuldner die Planerstellung von einer neutralen Person übernommen werden kann. Durch diese Neuregelung soll die Bedeutung des Eigenverwaltungsverfahrens gestärkt werden.

d) Kollision parallel eingereichter Insolvenzpläne

Nach den oben dargestellten Planvorlagerechten kann es zu einer Konkurrenz von bis zu drei verschiedenen Insolvenzplänen kommen. 74

Kollisionsmöglichkeit verschiedener Insolvenzpläne:
- Schuldnerplan,
- Verwalterplan aus eigenem Vorlagerecht,
- Verwalterplan nach Beauftragung durch die Gläubigerversammlung.

Eine derartige Kollision parallel eingereichter Insolvenzpläne wirft erhebliche praktische Probleme auf.

Folgende Konstellationen sind zu unterscheiden:

aa) Kollision des Schuldner- und des Verwalterplans[96]

Bei paralleler Vorlage eines Schuldner- und eines Verwalterplans sind beide Pläne im Verfahren zu bearbeiten. Bei Eintritt der Rechtskraft eines der beiden Pläne erledigt sich das Verfahren bzgl. des anderen. 75

Sollten im Erörterungs- und Abstimmungstermin mehrere Pläne durch die Gläubiger angenommen werden – was bedingt durch die Gruppenbildung (§ 222 InsO) und das Obstruktionsverbot (§ 245 InsO) möglich ist –, dann wird vom Insolvenzgericht derjenige Plan bestätigt werden, der die größte Zustimmung erhalten hat.[97]

Das Insolvenzgericht sollte, um das Verfahren zu beschleunigen, von der Möglichkeit des § 231 Abs. 1 Nr. 2 InsO Gebrauch machen. Danach weist das Insolvenzgericht den Insolvenzplan von Amts wegen zurück, wenn ein vom Schuldner vorgelegter Plan offensichtlich keine Aussicht auf Annahme durch die Gläubiger hat. Die Voraussetzungen für eine Zurückweisung dürften dann gegeben sein, wenn die Gläubiger im Berichtstermin den Verwalter mit der Planerstellung beauftragen und das Gericht davon überzeugt ist, dass sie einem Schuldnerplan nicht zustimmen werden.

---

96 Vgl. zu allem KS/Maus, a. a. O., S. 940 f. Rdnr. 35; Braun/Uhlenbruck, a. a. O., S. 641.
97 FK-InsO/Jaffé, § 244 Rdnr. 49; Zur Annahme mehrerer Pläne s. Rdnr. 134.

bb) Kollision mehrerer Verwalterpläne

76 Problematisch ist, ob es auch zur Kollision von mehreren Verwalterplänen kommen kann. Theoretisch besteht die Möglichkeit, dass der Insolvenzverwalter einen Plan sowohl aus eigenem Recht, als auch einen Plan aufgrund einer Beauftragung durch die Gläubigerversammlung vorlegt. Die Frage lautet also: Wird der Verwalter durch § 218 Abs. 1 Satz 1 InsO legitimiert, einen »eigenen« Plan vorzulegen, obwohl ihn die Gläubigerversammlung gleichzeitig mit der Ausarbeitung eines nicht inhaltsgleichen Plans beauftragt hat, oder ist dieses eigene Initiativrecht dann ausgeschlossen?

Obwohl die InsO diesbezüglich keine Regelung enthält, schließt die wohl h. M. ein eigenes Initiativrecht des Verwalters bzgl. eines der Beauftragung durch die Gläubigerversammlung widersprechenden Insolvenzplans aus.[98] Wenn die Gläubigerversammlung den Verwalter mit der Ausarbeitung eines Plans beauftragt hat, erlischt die Befugnis des Verwalters, »aus eigenem Recht« einen Plan vorzulegen. Auch kann die Gläubigerversammlung dem Insolvenzverwalter die Vorlage eines Plans untersagen (sog. »negatives Planrecht«).

Begründet wird dies mit dem Einwand, dass nur auf diesem Weg das Primärziel des Insolvenzplanverfahrens – Bestimmung der Insolvenzabwicklung vornehmlich durch den Grundsatz der Gläubigerautonomie – erreicht werden kann. Dieser Grundsatz lässt sich nur durch die Stärkung des Gläubigerausschusses als dem Organ der Gläubiger erreichen. Der Insolvenzverwalter als Interessenwahrer der Gläubiger dürfe diesen nicht mit einem eigenen Plan Konkurrenz machen.[99]

Dem wird entgegnet, dass die InsO keine, einem parallel verlaufenden Initiativrecht des Verwalters widersprechende Regelung enthält. Auch stünde ein »negatives Planinitiativrecht« der Stellung des Insolvenzverwalters als nicht weisungsgebundenem Organ des Insolvenzverfahrens entgegen.

3. Vorprüfung des Insolvenzplans durch das Insolvenzgericht (§ 231 InsO)

77 Vor der eigentlichen Abstimmung der Gläubiger über die Annahme des Plans, § 243 InsO, muss dieser vom Insolvenzgericht einer sog. Vorprüfung gemäß § 231 InsO unterzogen werden.

Diese Prüfung wird als die mit Abstand schwierigste Aufgabenstellung für das Insolvenzgericht bezeichnet, denn sie hat für den weiteren Gang des Verfahrens entscheidende Bedeutung: Wird ein Plan durch das Gericht zurück-

---

98 Eidenmüller, Jahrbuch für neue politische Ökonomie, 15. Band 1996, S. 175; FK-InsO/Jaffé, § 218 Rdnr. 72 ff.; Smid, WM 1996, 1249; sehr str.: Hess/Obermüller, a. a. O., Rdnr. 51 ff.; Warrikoff, KTS 1997, 530, 531 mit guten Argumenten.
99 Bspw. FK-InsO/Jaffé, § 218, Rdnr. 73 ff.

gewiesen, tritt dadurch nicht nur eine erhebliche Verzögerung ein, sondern es bedeutet zugleich einen erheblichen Vertrauensverlust in die Kompetenz des Vorlegenden.[100]

Erfüllt der Plan die normierten Voraussetzungen nicht, so weist ihn das Insolvenzgericht von Amts wegen[101] zurück. Durch die Regelung soll einer Verfahrensverschleppung durch gesetzwidrige Pläne vorgebeugt werden:[102] Pläne, die den festgesetzten Mindestkriterien nicht entsprechen, sollen über diese Schwelle hinaus das Verfahren nicht weiter verzögern.

78

Die Gründe für eine Zurückweisung sind in § 231 InsO abschließend normiert.

79

Zurückweisungsgründe:
- Verstoß gegen Formvorschriften (§ 231 Abs. 1 Nr. 1 InsO),
- nicht zu erwartende Annahme oder gerichtliche Bestätigung eines Schuldnerplans (§ 231 Abs. 1 Nr. 2 InsO),
- Unerfüllbarkeit von Gläubigeransprüchen, die im gestaltenden Teil des Plans festgesetzt wurden (§ 231 Abs. 1 Nr. 3 InsO),
- Zweitvorlage eines Plans durch den Schuldner, nachdem der erste nicht angenommen oder bestätigt wurde (§ 231 Abs. 2 InsO).

a) Zurückweisung gemäß § 231 Abs. 1 Nr. 1 InsO

aa) Voraussetzungen

Das Insolvenzgericht weist den Insolvenzplan von Amts wegen zurück, wenn die Vorschriften über das Recht zur Vorlage und den Inhalt des Plans nicht beachtet sind (§ 231 Abs. 1 Nr. 1 InsO).

80

Es wird eine Detailprüfung[103] dahingehend vorgenommen, ob die Formvorschriften der §§ 218 bis 230 InsO, die nach dem Gesetzeswortlaut zwingend zu beachten sind, eingehalten wurden.

Des Weiteren muss es sich um einen Mangel handeln, den der Vorlegende entweder nicht beheben kann, oder innerhalb einer angemessenen, vom Gericht gesetzten Frist, nicht behebt (§ 231 Abs. 1 Nr. 1 InsO). Bei behebbaren Mängeln muss das Gericht dem Vorlegenden vor Planzurückweisung die Möglichkeit zur Mängelbeseitigung geben. Die zu bestimmende Frist sollte nicht länger als 4 Wochen sein.[104] Auch kann eine kürzere Frist angezeigt

---

100 KS/Maus, a.a.O., S. 951 Rdnr. 74; Haarmeyer/Wutzke/Förster, a.a.O., Kapitel 5 Rdnr. 362.
101 Schiessler, a.a.O., S. 130.
102 FK-InsO/Jaffé, § 231 Rdnr. 2.
103 Anders als bei § 231 Abs. 1 Nr. 2 und 3 InsO ist die Prüfungskompetenz des Gerichts nicht auf »offensichtliche« Fehler beschränkt.
104 Hess/Obermüller, a.a.O., Rdnr. 57.

sein, da die Vorlage eines fehlerhaften Insolvenzplans keinesfalls das Verfahren übermäßig in die Länge ziehen darf.

bb) Mögliche Zurückweisungsgründe – Checkliste

81 Verstöße gegen gesetzliche Vorschriften,[105] die eine Zurückweisung nach § 231 Abs. 1 Nr. 1 InsO rechtfertigen:

- Vorlage eines Plans durch einen einzelnen Gläubiger oder direkt durch die Gläubigerversammlung, da dieses Recht lediglich dem Verwalter und dem Schuldner zusteht (§ 218 Abs. 1 Satz 1 InsO).
- Planeinreichung nach dem Schlusstermin (§ 218 Abs. 1 Satz 3 InsO).
- Nicht: Fehlende Konsultation gemäß § 218 Abs. 3 InsO.[106]
- Fehlende Gliederung in darstellenden und gestaltenden Teil (§ 219 Satz 1 InsO).
- Fehlende Beschreibung der Maßnahmen, die nach der Eröffnung des Insolvenzverfahrens getroffen worden sind, oder noch getroffen werden sollen, im darstellenden Teil (§ 220 Abs. 1 InsO).
- Fehlende Festlegung der Änderung der Rechtsstellung der Beteiligten im gestaltenden Teil (§ 221 InsO).
- Fehlende Gruppenbildung (§ 222 InsO).
- Fehlerhafte sachgerechte Abgrenzung der Gläubigergruppen (§ 222 Abs. 2 Satz 2 InsO), um dem Missbrauch durch manipulative Gruppenbildung vorzubeugen.[107]
- Fehlende Angaben bei Eingriffen in Gläubigerrechte (§§ 223 Abs. 2, 224, 225 Abs. 2 InsO).
- Fehlende Zustimmungserklärung bei Verstoß gegen den Gleichbehandlungsgrundsatz (§ 226 Abs. 2 Satz 2 InsO).
- Fehlende Bezeichnung der Rechte im Rahmen der Änderung sachenrechtlicher Verhältnisse (§ 228 Satz 2 InsO).
- Fehlende Plananlagen (§§ 229, 230 InsO).

---

105 Auf obige Ausführungen zu den §§ 218 bis 230 InsO wird verwiesen, Rdnr. 20 ff. und 52 ff.
106 Smid, a. a. O., § 231 Rdnr. 6; s. Rdnr. 72. Strittig a. A.: Weisemann/Smid, a. a. O., S. 586 Rdnr. 69.
107 Smid, a. a. O., § 231 Rdnr. 7, 8; KS/Maus, a. a. O., S. 952 Rdnr. 75. Strittig ist hierbei, ob in diesem Zusammenhang eine Inhaltskontrolle durch das Insolvenzgericht zu erfolgen hat, Smid, a. a. O., § 231 Rdnr. 8, oder, ob es bei der summarischen Überprüfung verbleibt, Hess/Obermüller, a. a. O., Rdnr. 54 a, 54 b.

b) Zurückweisung gemäß § 231 Abs. 1 Nr. 2 InsO

Das Insolvenzgericht weist den Insolvenzplan auch dann zurück, wenn ein vom Schuldner vorgelegter Plan offensichtlich keine Aussicht auf Annahme durch die Gläubiger oder auf Bestätigung durch das Gericht hat (§ 231 Abs. 1 Nr. 2 InsO). Entsprechend ihres eindeutigen Wortlauts ist die Vorschrift lediglich auf vom Schuldner vorgelegte Pläne anzuwenden.

Des Weiteren ist die mangelnde Erfolgsaussicht des Plans nur dann ein Zurückweisungsgrund, wenn sie offensichtlich ist. Diese Formulierung bringt zum Ausdruck, dass das Gericht nur zu einer Evidenzkontrolle berechtigt ist. Im Zweifelsfall muss es von einer Zurückweisung absehen, da sonst die Gläubigerautonomie in unzulässiger Weise beschränkt werden würde. Dem Gericht soll keine Möglichkeit zur Verfügung stehen, eine evtl. ablehnende Entscheidung der Gläubiger im Abstimmungstermin vorwegzunehmen.[108] Zusätzlich soll dies auch der Verfahrensbeschleunigung dienen. Daher ist das Gericht beispielsweise nicht befugt, weitere Ermittlungen anzustellen und in einer Art Zwischenverfahren die Aussicht des Plans auf Annahme durch die Gläubiger zu erkunden. Eine Gläubigerbefragung wäre z. B. unzulässig.[109]

Ein Insolvenzplan hat vor allem dann offensichtlich keine Aussicht auf Erfolg, wenn sich die Zielvorstellungen der Gläubiger nicht mit den durch den Plan zu verwirklichenden Zielen decken, und die Gläubigerversammlung dies klar zum Ausdruck gebracht hat.

▸ **Beispiel:**
Der Schuldner legt einen Plan vor, der ihm die Fortführung des Unternehmens ermöglicht, obwohl sich die Gläubigerversammlung bereits mit großer Mehrheit gegen eine Fortführung ausgesprochen hat.[110]

Weiterhin liegt ein Zurückweisungsgrund vor, wenn ein durch den Plan vorgeschlagenes Sanierungskonzept unplausibel ist.[111]

Ein Schuldnerplan kann auch bei Masseunzulänglichkeit gemäß § 231 Abs. 1 Nr. 2 InsO zurückgewiesen werden, wenn mangelnde Erfolgsaussichten i. S. d. Vorschrift gegeben sind.[112] Die Verwertung und Verteilung der Masse nach einem Insolvenzplan kann aber dennoch wirtschaftlich sinnvoll erscheinen, denn auch bei Masseunzulänglichkeit kann der Fortführungswert eines Unternehmens höher sein, als der Liquidationswert.[113] Die Befugnis, einen Insolvenzplan in diesem Fall auch bei Masseunzulänglichkeit weiterzuverfolgen, soll aus dem Gedanken des § 208 Abs. 3 InsO folgen.[114]

---

108 FK-InsO/Jaffé, § 231 Rdnr. 25.
109 Weisemann/Smid, a. a. O., S. 588 Rdnr. 76.
110 Warrikoff, KTS 1997, 548.
111 Hess/Obermüller, a. a. O., Rdnr. 60.
112 Smid a. a. O., § 231 Rdnr. 46.
113 KS/Maus, a. a. O., S. 964 Rdnr. 122.
114 A. a. O., auch zur weiteren Vorgehensweise in einem solchen Fall.

Bzgl. eines Verwalterplans fehlt eine dem § 231 Abs. 1 Nr. 2 InsO entsprechende Regelung, so dass dem Insolvenzgericht durch das Gesetz keine Möglichkeit zur Verfügung steht, einen solchen Plan bei Masseunzulänglichkeit zurückzuweisen.

c) Zurückweisung gemäß § 231 Abs. 1 Nr. 3 InsO

84 Eine Zurückweisung des Insolvenzplans durch das Insolvenzgericht erfolgt auch dann, wenn die Ansprüche, die den Beteiligten nach dem gestaltenden Teil eines vom Schuldner vorgelegten Plans zustehen, offensichtlich nicht erfüllt werden können (§ 231 Abs. 1 Nr. 3 InsO).

85 Auch im Rahmen des § 231 Abs. 1 Nr. 3 InsO können lediglich Schuldnerpläne zurückgewiesen werden. Hinsichtlich des Kriteriums der »Offensichtlichkeit« gilt das eben Gesagte.

Vom Insolvenzgericht muss überprüft werden, evtl. durch einen Sachverständigen, ob sich die Vorstellungen des Schuldners, die sich im Plan manifestiert haben, gemessen an wirtschaftlichen Kriterien überhaupt realisieren lassen. Meist handelt es sich hier um ein Wunschdenken des Schuldners, der beispielsweise seine Vermögenslage allzu optimistisch einschätzt.

> **Beispiel:**
> Der Schuldner verspricht den Gläubigern Leistungen, um eine Verwertung seines Vermögens abzuwenden. Diese sind von ihm jedoch objektiv nicht zu erbringen, da sie ihm nicht einmal mehr das Existenzminimum belassen.[115]

d) Zurückweisung gemäß § 231 Abs. 2 InsO

86 Das Planinitiativrecht des Schuldners ist nicht auf einen einzigen Plan beschränkt, vom Schuldner können also wiederholt Pläne vorgelegt werden. Um Verfahrensverzögerungen durch wiederholte Planvorlagen zu vermeiden,[116] erlaubt § 231 Abs. 2 InsO die Zurückweisung des Zweitplans ohne inhaltliche Überprüfung.

87 Hatte der Schuldner in dem Insolvenzverfahren bereits einen Plan vorgelegt, der von den Gläubigern abgelehnt, vom Gericht nicht bestätigt oder vom Schuldner nach der öffentlichen Bekanntmachung des Erörterungstermins zurückgezogen worden ist, so hat das Gericht einen neuen Plan des Schuldners zurückzuweisen.

88 Die Zurückweisung erfolgt im Gegensatz zu § 231 Abs. 1 InsO nicht von Amts wegen. Vielmehr muss der Insolvenzverwalter sie mit Zustimmung des Gläubigerausschusses, wenn ein solcher bestellt ist, beantragen. Ein An-

---

115 Schmidt-Räntsch, InsO und EGInsO, 1995, § 231 Rdnr. 1.
116 Hess/Obermüller, a. a. O., Rdnr. 64.

trag ohne Zustimmung des bestehenden Gläubigerausschusses ist unbeachtlich.

e) Rechtsschutz (§ 231 Abs. 3 InsO)

Gegen den Zurückweisungsbeschluss des Insolvenzgerichts steht als Rechtsmittel die sofortige Beschwerde (§ 6 InsO) zur Verfügung.

Beschwerdeberechtigt ist gemäß § 231 Abs. 3 InsO lediglich der Vorlegende, also derjenige, der von seinem Planinitiativrecht Gebrauch gemacht hat. § 218 Abs. 1 InsO billigt ausschließlich dem Insolvenzverwalter und dem Schuldner dieses Vorlagerecht zu. Mangels Vorlageberechtigung sind somit die Gläubigerversammlung, selbst wenn sie den Insolvenzverwalter mit der Ausarbeitung eines konkreten Insolvenzplan beauftragt hat, und der Gläubigerausschuss, trotz des Bedürfnisses seiner Zustimmung nach § 231 Abs. 2 InsO, nicht beschwerdeberechtigt.

4. Annahme des Insolvenzplans durch die Gläubiger (§§ 232 ff. InsO)

Erachtet das Gericht den Insolvenzplan als zulässig i. S. d. § 231 InsO, wird in einem nächsten Schritt über die Annahme oder die Ablehnung des Plans durch die Gläubiger entschieden (Legitimation durch die Gläubiger).

Dies geschieht gemäß § 235 Abs. 1 Satz 1 InsO in einem (meist einheitlichen) Erörterungs- und Abstimmungstermin, in dem der Insolvenzplan und das Stimmrecht der Gläubiger erörtert werden und anschließend über den Plan abgestimmt wird.

Der Termin dient zur Erläuterung des Plans durch den Vorlegenden, zur Diskussion und zum Vollzug von Änderungen, zur Festlegung von Stimmrechten, zur Überlegung und Beratung der Folgen und zur Abstimmung über die endgültige Annahme des Plans durch die Gläubiger.[117]

Zweck des Erörterungstermins ist also die Schaffung der Grundlagen für die abschließende Entscheidung über die Annahme des Plans. Es sollen Bedenken gegen den Plan beseitigt und erforderliche Mehrheiten für die anschließende Abstimmung hergestellt werden. Auch können einzelne Regelungen des Plans nach der Erörterung vom Vorlegenden inhaltlich noch geändert werden (§ 240 InsO).[118]

a) Vorbereitung des Erörterungs- und Abstimmungstermins

Im Vorfeld des eigentlichen Erörterungs- und Abstimmungstermins werden vom Insolvenzgericht vorbereitende Maßnahmen getroffen.

---

117 Haarmeyer/Wutzke/Förster, a. a. O., Kapitel 9 Rdnr. 7.
118 Zu allem: Begr RegE, BT-Drs. 12/2443, 206.

aa) Stellungnahmen zum Plan (§ 232 InsO)

95 Wird der Insolvenzplan nicht gemäß § 231 InsO zurückgewiesen, so leitet ihn das Insolvenzgericht den folgenden Personen und Institutionen zur Stellungnahme zu (§ 232 Abs. 1 InsO):

- dem Gläubigerausschuss, wenn ein solcher bestellt ist,
- dem Betriebsrat,
- dem Sprecherausschuss der leitenden Angestellten,
- dem Schuldner, wenn der Insolvenzverwalter den Plan vorgelegt hat,
- dem Verwalter, wenn der Schuldner den Plan vorgelegt hat.

Zweck der Vorschrift ist es, durch die Stellungnahmen die Entscheidung der Beteiligten über den Plan vorzubereiten,[119] also deren Meinungsbildung über ihr künftiges Abstimmungsverhalten zu erleichtern. Dies gilt insbesondere für solche Beteiligte, die aus Zeit-, Kosten und anderen Gründen selbst nicht in der Lage sind den Planinhalt und seine Auswirkungen zu überprüfen.[120]

96 Um Verfahrensverzögerungen auszuschließen, wird dabei eine Frist für die Abgabe der Stellungnahmen bestimmt, deren Länge in das Ermessen des Gerichts gestellt ist (§ 232 Abs. 3 InsO). Es kann somit auf die Besonderheiten des jeweiligen Einzelfalls reagiert werden

Um den Beteiligten eine Möglichkeit zur angemessenen Reaktion und Stellungnahme und vor allem Zeit für eigene notwendige Ermittlungen zu geben, sollte das Gericht i. d. R. einen Zeitraum von 2 bis 4 Wochen zur Verfügung stellen.[121]

Gehen Stellungnahmen überhaupt nicht oder nicht fristgemäß beim Insolvenzgericht ein, so hat das auf den weiteren Verfahrensablauf keinerlei Auswirkungen, es liegt kein Mangel i. S. d. § 250 Nr. 1 InsO vor. Trotz fehlender oder verspäteter Stellungnahmen kann das Gericht den Erörterungs- und Abstimmungstermin anberaumen und die Abstimmung der Gläubiger über den Plan veranlassen.

97 Anders verhält es sich im Falle der Nichteinholung der Stellungnahme seitens des Gerichts. Wird der Insolvenzplan den aufgezählten Personen und Personengruppen entgegen der zwingenden gesetzlichen Vorschrift des § 231 Abs. 1 InsO nicht zugeleitet, so ist darin ein Verfahrensverstoß i. S. d. § 250 Nr. 1 InsO zu sehen. Eine Bestätigung des Insolvenzplans durch das Gericht ist dann von Amts wegen zu versagen (§ 250 InsO).

Grundsätzlich ist jedoch davon auszugehen, dass die Einholung der Stellungnahmen nachholbar ist. Der Verfahrensmangel kann also behoben werden (§ 250 Nr. 1 InsO). Beachtet werden muss dabei jedoch die Vorschrift des § 234 InsO, die eine Niederlegung auch der eingeholten Stellungnah-

---

119 Schmidt-Räntsch, a. a. O., § 232 S. 381.
120 Schiessler, a. a. O., S. 134.
121 FK-InsO/Jaffé, § 232 Rdnr. 52, 52 a.

men vorschreibt. Damit die nachträglich eingeholten Stellungnahmen als eine echte Informationsquelle zur Meinungsbildung der Beteiligten angesehen werden können, ist auch die Niederlegung gemäß § 234 InsO nachzuholen.[122]

Gemäß § 232 Abs. 2 InsO besteht für das Gericht die Möglichkeit, der für den Schuldner zuständigen amtlichen Berufsvertretung der Industrie, des Handels, des Handwerks oder der Landwirtschaft oder anderen sachkundigen Stellen Gelegenheit zur Äußerung zu geben. Dazu zählen beispielsweise die Handwerkskammern, die Industrie- und Handelskammern, die Anwaltskammer, die Steuerberaterkammern usw.

Da die Einholung durch das Gericht in diesen Fällen rein fakultativ ist, kann ein Verstoß des Gerichts niemals zu einer Versagung der gerichtlichen Bestätigung gemäß § 250 Nr. 1 InsO führen.

bb) Aussetzung von Verwertung und Verteilung (§ 233 InsO)

Soweit die Durchführung eines vorgelegten Insolvenzplans durch die Fortsetzung der Verwertung und Verteilung der Insolvenzmasse gefährdet werden würde, ordnet das Insolvenzgericht die Aussetzung der Verwertung und der Verteilung an (§ 233 Satz 1 InsO). Voraussetzungen sind:

- ein Antrag des Schuldners oder des Insolvenzverwalters,
- ein bereits vorgelegter Plan; allein die Absicht des Schuldners oder des Verwalters einen Plan zu initiieren oder das Bestehen eines Planentwurfs ist nicht ausreichend.

Eine Gefährdung durch die Verwertung und Verteilung der Masse liegt speziell bei Fortführungsplänen unproblematisch vor.

Eine Aussetzungsanordnung muss nicht ergehen, wenn der Insolvenzplan vom Verwalter aufgrund einer Beauftragung durch die Gläubigerversammlung ausgearbeitet wurde (§ 157 Satz 2 InsO). Der Verwalter darf die Durchführbarkeit des Plans nicht durch Verwertungs- und Verteilungsmaßnahmen gefährden, da sein Handeln den Beschlüssen der Gläubigerversammlung nicht widersprechen darf (§ 159 InsO). Diese zeigt durch die Beauftragung jedoch gerade ihren Willen, ein Insolvenzplanverfahren durchzuführen.[123]

Zweck der Regelung ist es, eine Aushöhlung des Planvorlagerechts des Schuldners und des Verwalters zu verhindern: Wäre der Verwalter verpflichtet jedenfalls die Verwertung und Verteilung der Insolvenzmasse zu betreiben, so wäre die Vorlage eines auf Sanierung gerichteten Insolvenzplans quasi sinnlos (Schutz von Unternehmensfortführungen). Dem Plan würde durch den Fortgang der Verwertung die tatsächliche Grundlage entzogen werden, schon bevor die Gläubiger Gelegenheit hatten, den Plan in-

---

122 Schiessler, a. a. O., S. 135.
123 FK-InsO/Jaffé, § 233 Rdnr. 22.

haltlich zu überprüfen und ihr Abstimmungsrecht auszuüben[124] (Schutz der Gläubigerautonomie).

Auf der anderen Seite besteht durch die Aussetzung die Gefahr einer Verfahrensverzögerung, da bis zum Abstimmungstermin regelmäßig erhebliche Zeit vergeht.[125] und mit Zeitablauf eine Schmälerung der Masse eintreten kann. Erst im Abstimmungstermin fällt letztendlich die Entscheidung über die Annahme des Plans.

Hätte somit die Vorlage eines Insolvenzplans stets zwingend die Aussetzung zur Folge, so könnte beispielsweise der Schuldner eine durch den Verwalter geplante und ausgearbeitete Unternehmensveräußerung blockieren.

102 Daher besteht nach § 233 Satz 2 InsO die Möglichkeit der Absehung von der Aussetzung oder deren Aufhebung: Das Gericht sieht von der Aussetzung ab oder hebt sie auf, soweit mit ihr die Gefahr erheblicher Nachteile für die Masse verbunden ist oder soweit der Verwalter mit Zustimmung des Gläubigerausschusses oder der Gläubigerversammlung die Fortsetzung der Verwertung und Verteilung beantragt (§ 233 Satz 2 InsO).

cc) Niederlegung des Plans (§ 234 InsO)

103 Gemäß § 234 InsO ist der Insolvenzplan mit seinen Anlagen und den eingegangenen Stellungnahmen in der Geschäftsstelle des Insolvenzgerichts niederzulegen. Die Niederlegung ermöglicht es allen Beteiligten, sich über den Inhalt des Plans genau zu unterrichten,[126] da diesen ein Einsichtsrecht in die Unterlagen zusteht (§ 234 InsO). In Ausnahmefällen besteht ein Recht zur partiellen Einsichtsverweigerung, wenn zu befürchten ist, dass z. B. Konkurrenten des Schuldners dessen Geschäftsgeheimnisse erforschen wollen und dadurch die bestmögliche Gläubigerbefriedigung verhindern (verfahrensfremde Vorteile).[127]

Die Niederlegung muss spätestens bei Anberaumung des Erörterungs- und Abstimmungstermins erfolgt sein, was sich aus § 235 Abs. 2 InsO ergibt.

b) Terminierung, Bekanntmachung, Ladung

104 Erörterung und Abstimmung sollen nach dem Willen des Gesetzgebers zur Straffung des Verfahrens grundsätzlich in einem Termin erfolgen (§ 235 Abs. 1 Satz 1 InsO). Das Insolvenzgericht kann jedoch in Ausnahmefällen einen gesonderten Abstimmungstermin festsetzen (§ 241 Abs. 1 InsO).

---

124 Schmidt-Räntsch, a. a. O., § 233 Rdnr. 1.
125 A. a. O., Rdnr. 2.
126 BegrRegE, BT-Drs. 12/2443, 205
127 FK-InsO/Jaffé, § 234 Rdnr. 10 ff.

aa) Einheitlicher Erörterungs- und Abstimmungstermin (§§ 235, 236 InsO)

Der einheitliche Erörterungs- und Abstimmungstermin wird gemäß § 235 Abs. 1 Satz 1 InsO vom Insolvenzgericht bestimmt.

105

Gemäß § 235 Abs. 1 Satz 2 InsO soll der Termin nicht über einen Monat über den Zeitraum hinaus angesetzt werden, zu dem die öffentliche Bekanntmachung gemäß § 235 Abs. 2 Satz 1 InsO als bewirkt gilt.[128] Da es sich bei § 235 Abs. 1 Satz 2 InsO lediglich um eine Ordnungsvorschrift handelt, liegt bei Nichtbeachtung der Monatsfrist kein Verstoß gegen eine Verfahrensvorschrift i. S. d. § 250 Nr. 1 InsO vor. Eine Fristbestimmung abweichend von der gesetzlichen Regelung ist möglich, da die Monatsfrist nur einen ungehinderten Verfahrensablauf sicherstellen soll. Bei einer grundlosen Überschreitung der Frist sind jedoch Amtshaftungsansprüche denkbar.[129]

Das Gesetz verlangt in § 235 Abs. 2 Satz 1 InsO die öffentliche Bekanntmachung des Erörterungs- und Abstimmungstermins, um die Beteiligten über die Terminbestimmung zu informieren und die Teilnahmemöglichkeit zu garantieren. Die öffentliche Bekanntmachung erfolgt durch Veröffentlichung in dem für amtliche Bekanntmachungen des Gerichts bestimmten Blatt (§ 9 Abs. 1 Satz 1 InsO). Gleichzeitig ist darauf hinzuweisen, dass der Plan und die eingegangenen Stellungnahmen in der Geschäftsstelle eingesehen werden können. Daraus ergibt sich, dass die Bekanntmachung nach § 235 Abs. 2 Satz 1 InsO nie vor der Niederlegung des Plans (§ 234 InsO) erfolgen kann.

106

Für den ersten Erörterungs- und Abstimmungstermin ist die öffentliche Bekanntmachung zwingend. Ein Verstoß zieht die Folge des § 250 Nr. 1 InsO nach sich. Nach einer Vertagung kann in analoger Anwendung des § 74 Abs. 2 Satz 2 InsO für den weiteren Termin eine weitere Bekanntmachung unterbleiben (§ 235 Abs. 2 Satz 3 InsO).

In zeitlicher Hinsicht ist weiterhin zu beachten, dass der Erörterungs- und Abstimmungstermin nicht vor dem Prüfungstermin (§§ 176 ff. InsO) stattfinden darf (§ 236 Satz 1 InsO), da die Ergebnisse des Prüfungstermins eine wichtige Grundlage für die Beurteilung der Frage bilden, ob die im Plan vorgesehene Gestaltung der Rechte der Beteiligten im Einzelfall auch sachgerecht, und dem Verfahren unter dem Gesichtspunkt der bestmöglichen Gläubigerbefriedigung angemessen ist.[130]

107

---

128 Schiessler, a. a. O., S. 142, Hess/Obermüller, a. a. O., Rdnr. 122; a. A. Smid, a. a. O., § 235 Rdnr. 7: Höchstens 1 Monat seit Ablauf der Frist zur Stellungnahme nach § 232 Abs. 3 InsO; wiederum a. A. Hess/Kranemann/Pink, a. a. O., S. 178 Rdnr. 938: Nicht über 1 Monat nach dem Berichtstermin.
129 Smid, a. a. O., § 235 Rdnr. 7.
130 FK-InsO/Jaffé, § 236 Rdnr. 12.

Beide Termine können jedoch zur Verfahrensbeschleunigung verbunden werden (§ 236 Satz 2 InsO). Dies wird jedoch nur gelingen, wenn der Insolvenzplan rechtzeitig vor dem Prüfungstermin vorgelegt wurde.

108 **Gemäß § 235 Abs. 3 Satz 1 InsO sind besonders zu laden:**

- die Insolvenzgläubiger, die Forderungen angemeldet haben,
- die absonderungsberechtigten Gläubiger,
- der Insolvenzverwalter,
- der Schuldner,
- der Betriebsrat und
- der Sprecherausschuss der leitenden Angestellten

Die Ladung wird den Beteiligten von Amts wegen zugestellt. Dies kann durch Aufgabe zur Post erfolgen (§ 8 Abs. 1 InsO).

109 Mit der Ladung ist den oben genannten Personen gemäß § 235 Abs. 3 Satz 2 InsO ein Abdruck des Plans oder eine Zusammenfassung seines wesentlichen Inhalts, die der Vorlegende auf Aufforderung des Gerichts einzureichen hat, zu übersenden. Diese weiter gehende Informationspflicht soll einen umfassenden und gleichmäßigen Wissensstand aller Beteiligten bewirken. Nur auf dieser Grundlage kann über den Planinhalt im Erörterungstermin diskutiert und etwaige Änderungen besprochen werden.[131]

bb) Gesonderter Abstimmungstermin (§ 241 InsO)

110 Entgegen dem gesetzlichen Regelfall des § 235 Abs. 1 Satz 1 InsO – Erörterung- und Abstimmung in einem einheitlichen Termin – gibt § 241 Abs. 1 Satz 1 InsO die Möglichkeit, einen gesonderten Termin zur Abstimmung über den Insolvenzplan zu bestimmen. Es handelt sich um eine Ermessensentscheidung des Insolvenzgerichts.

---

[131] In der Literatur stößt die Regelung auf Kritik, da die Planübersendungspflicht erheblichen Zeit-, als auch Kostenaufwand auslösen wird; Haarmeyer/Wutzke/Förster, a. a. O., Kapitel 9 Rdnr. 6, sprechen sogar von einer »Verschwendung von Massemitteln«.

| Gründe für eine Trennung der Termine: | 111 |

- Komplizierte Sachverhalte bei Großinsolvenzen erfordern oftmals weitere Überlegungen der Beteiligten nach dem Erörterungstermin.[132]
- Treten im Erörterungstermin neue Gesichtspunkte bzgl. des Abwicklungskonzepts auf, oder werden neue Vorschläge gemacht, so müssen sich die Beteiligten darüber klar werden, ob der Inhalt des Insolvenzplans eventuell geändert werden sollte.
- Präsentiert der Vorlegende gemäß § 240 InsO im Erörterungstermin eine Änderung des Plans, so kann keinesfalls unmittelbar danach darüber abgestimmt werden. Es muss ein gesonderter Termin zur Abstimmung anberaumt werden (»Ermessensreduzierung gegen Null«[133]). Oftmals deshalb, weil im Erörterungstermin nicht anwesende Beteiligte erst über die Änderungen informiert werden müssen.[134]

Ist bereits bei der Terminierung erkennbar, dass es unzweckmäßig oder unmöglich ist, einen einheitlichen Erörterungs- und Abstimmungstermin abzuhalten, so kann das Gericht von Anfang an zwei getrennte Termine ansetzen. Dabei ist zu beachten, dass in dem gesonderten Abstimmungstermin die Abstimmung schriftlich erfolgen kann (§ 242 Abs. 1 InsO). Auch ist davon auszugehen, dass in einem gesonderten Termin keine erneute Erörterung eines beispielsweise geänderten Plans mehr vorgenommen wird.[135]

112

Um Verfahrensverzögerungen oder einen zu großen zeitlichen Abstand zwischen Erörterung und Abstimmung zu vermeiden, bestimmt § 241 Abs. 1 Satz 2 InsO die Anordnung einer Frist. Der Zeitraum zwischen dem Erörterungstermin und dem Abstimmungstermin soll nicht mehr als einen Monat betragen. Es handelt sich dabei um eine Ordnungsvorschrift, deren Verletzung nicht zu einem Verfahrensverstoß i. S. d. § 250 Nr. 1 InsO führt.

113

Zum gesonderten Abstimmungstermin sind lediglich die stimmberechtigten Gläubiger und der Schuldner zu laden (§ 241 Abs. 2 Satz 1 InsO). Es sind im Gegensatz zum Erörterungstermin (§ 235 Abs. 3 InsO) nicht alle Beteiligten, sondern bzgl. der Gläubiger nur diejenigen zu laden, in deren Rechte eingegriffen wird. Dies richtet sich nach den (§§ 237, 238 InsO).[136] Die Ladungspflicht bzgl. des Schuldners ergibt sich aus seinem Recht, dem Plan spätestens im Abstimmungstermin schriftlich oder zu Protokoll der Geschäftsstelle zu widersprechen (§ 247 Abs. 1 InsO).[137]

114

---

132 FK-InsO/Jaffé, § 241 Rdnr. 3.
133 Smid, a. a. O., § 241 Rdnr. 3 ff.
134 Zur Planänderungsmöglichkeit gemäß § 240 InsO und deren Grenzen s. Rdnr. 120 ff.
135 Haarmeyer/Wutzke/Förster, a. a. O., Kapitel 9 Rdnr. 11; a. A. Schmidt-Räntsch, a. a. O., § 241 S. 387.
136 S. Rdnr. 123 ff.
137 Smid, a. a. O., § 241 Rdnr. 10.

115 Wird der Plan aufgrund des Erörterungstermins geändert (§ 240 InsO), besteht gegenüber den stimmberechtigten Gläubigern und dem Schuldner eine besondere Hinweispflicht (§ 241 Abs. 2 Satz 2 InsO). Der Hinweis kann i. d. R. mit der Ladung zum Abstimmungstermin und der Übersendung des Stimmzettels (§ 242 InsO) verbunden werden.[138]

c) Ablauf des Erörterungs- und Abstimmungstermins

116 Wie bereits erläutert, dient der Erörterungs- und Abstimmungstermin, entsprechend der gesetzlichen Regelung des § 235 Abs. 1 Satz 1 InsO, zur Erörterung des Insolvenzplans und des Stimmrechts der Gläubiger und anschließend der Abstimmung über den Plan. An diesen Vorgaben orientiert sich der Ablauf eines solchen Termins.

117 Sowohl auf den Ablauf des Termins nach § 235 InsO als auch des gesonderten Termins nach § 241 InsO finden die allgemeinen Verfahrensregeln für Gläubigerversammlungen Anwendung (§ 74 ff. InsO), mit Ausnahme des gesondert festzusetzenden Stimmrechts und des Abstimmungsmodus.[139] Für das Insolvenzverfahren (und somit auch für das Planverfahren) gelten, soweit die InsO nichts anderes bestimmt, die Vorschriften der ZPO entsprechend (§ 4 InsO). Von einer Anwendbarkeit ist allerdings nur dann auszugehen, wenn und soweit die Regelungen mit der besonderen Natur des Insolvenzverfahrens zu vereinbaren sind.[140]

aa) Eröffnung des Termins

118 Die Eröffnung des Erörterungs- und Abstimmungstermins erfolgt durch das Insolvenzgericht, welches die Leitung innehat (§ 76 Abs. 1 InsO). Namentlich ist der Rechtspfleger gemäß § 3 Nr. 2 e RPflG zuständig für Verfahren nach der Insolvenzordnung. Der Richter kann sich jedoch das Insolvenzverfahren ganz oder teilweise vorbehalten, wenn er dies für geboten erachtet, z. B. bei Insolvenzplanverfahren im Rahmen von Großinsolvenzen (§ 18 Abs. 2 RPflG).

Es handelt sich um einen nicht öffentlichen Termin. Zwar ist § 169 GVG anwendbar, da das Insolvenzverfahren als streitiges Verfahren angesehen wird, jedoch handelt das Insolvenzgericht nicht als erkennendes Gericht i. S. d. § 169 GVG.[141]

Der Termin beginnt mit der Feststellung der Ordnungsmäßigkeit des bisherigen Verfahrens (vor allem der Ladungen, § 235 Abs. 2 und Abs. 3 InsO)

---

138 Schmidt-Räntsch, a. a. O., § 241 S. 387.
139 Haarmeyer/Wutzke/Förster, a. a. O., Kapitel 9 Rdnr. 9.
140 FK-InsO/Schmerbach, § 4 Rdnr. 3.
141 Schiessler, a. a. O., S. 144.

und der Anwesenheit der Beteiligten (Legitimation etwaiger Vertreter).[142] Auch ist die Beschlussfähigkeit festzustellen und zu protokollieren.[143]

bb) Erörterung und Änderung des Insolvenzplans (§ 240 InsO)

Nach der Eröffnung des Termins durch das Insolvenzgericht wird zweckmäßigerweise der Inhalt des jeweiligen Insolvenzplans vom Vorlegenden erläutert werden. Dabei ist besonderes Augenmerk auf eine zusammengefasste Darstellung des aktuellen Standes der Planrealisierung zu legen, da die Beteiligten lediglich mit der Situation im Zeitpunkt der Planniederlegung vertraut sind. Den Schwerpunkt wird die Beschreibung der Folgen der Planrealisierung für die einzelnen Gläubigergruppen bilden.[144] 119

In der anschließenden Diskussion findet idealerweise eine allgemeine Aussprache statt, in der die Beteiligten zum vorgelegten Plan Stellung nehmen, also vor allem ihre Bedenken äußern können.[145]

Von besonderer Bedeutung ist dabei, dass der Plan in problematischen Punkten, die erstmals im Erörterungstermin zur Sprache gekommen sind, zu diesem Zeitpunkt noch modifiziert werden kann. Es soll dem Planersteller ermöglicht werden, auf Widerstände oder Einwände der Gläubiger noch im Termin reagieren zu können. Ein Scheitern des Plans kann somit vermieden werden.[146] 120

Der Vorlegende ist berechtigt, einzelne Regelungen des Insolvenzplans auf Grund der Erörterungen im Termin (oder der Stellungnahmen nach §§ 232, 234 InsO) inhaltlich zu ändern (§ 240 Satz 1 InsO).

Entsprechend des Wortlauts der Vorschrift ist nur der jeweilige Planinitiator berechtigt, Änderungen des Plans vorzunehmen. Ein Beschluss der Gläubiger, bzgl. einer bestimmten Regelung gemäß § 240 InsO vorzugehen, ist lediglich als Änderungsvorschlag aufzufassen.

Probleme ergeben sich bzgl. des Umfangs des Änderungsrechts: 121

Nach einer Planänderung gemäß § 240 Satz 1 InsO findet bzgl. des dadurch entstandenen »neuen« Plans keine wiederholte gerichtliche Prüfung statt, wie sie vor dem Erörterungstermin durch § 231 InsO normiert ist.[147] Auch ist es gestattet, über den geänderten Plan noch in demselben Termin abzustimmen (§ 240 Satz 2 InsO). Daraus resultiert die Gefahr von Manipulationen durch den Vorlegenden.

---

142 Schiessler, a. a. O., S. 145, der von einem Verfahrensablauf entsprechend dem im früheren Vergleichstermin gemäß § 182 KO ausgeht.
143 Haarmeyer/Wutzke/Förster, a. a. O., Kapitel 6 Rdnr. 60.
144 Haarmeyer/Wutzke/Förster, a. a. O., Kapitel 9 Rdnr. 11.
145 Schiessler, a. a. O., S. 145.
146 FK-InsO/Jaffé, § 240 Rdnr. 1.
147 Zur Vorprüfung s. Rdnr. 77 ff.

Gietl/Langheinrich

▶ **Beispiele:**[148]
- Der Initiator kann im Planentwurf eine rechtlich nicht zu beanstandende Einteilung der Gläubiger in die durch § 222 Abs. 1 und Abs. 3 InsO geregelten Gruppen vornehmen, die, nachdem sie der gerichtlichen Vorprüfung (§ 231 InsO) standgehalten hat, durch eine Änderung unzulässig wird. Eine weitere inhaltliche Überprüfung durch das Gericht findet danach nicht mehr statt, die Vorprüfung ist umgangen.
- Verlassen sich die Gläubiger darauf, dass der ihnen gemäß § 235 Abs. 3 Satz 2 InsO zugesandte Plan im Termin erörtert und über ihn abgestimmt wird, so droht durch die Planänderung im Erörterungstermin die Gefahr einer Überrumpelung der Gläubiger, wenn das Gericht im selben Termin über den geänderten Plan abstimmen lässt. In solchen Fällen ist das Gericht gleichsam »verpflichtet«, einen gesonderten Termin zur Abstimmung anzusetzen (§ 241 Abs. 1 Satz 1 InsO).[149] Dabei ist auf die Änderung besonders hinzuweisen (§ 241 Abs. 2 Satz 2 InsO), um die Gläubiger aufmerksam zu machen.

122 Orientiert am Wortlaut des § 240 Satz 1 InsO wird daher eine Begrenzung der Abänderungsbefugnis auf »einzelne Regelungen« vertreten.[150] Der Kern des Plans muss erhalten bleiben,[151] das Recht, durch Änderungen sowohl im darstellenden als auch im gestaltenden Teil des Plans auf das Verfahren einzuwirken, ist gerade nicht unbegrenzt.[152]

Ein dennoch in dieser Weise nach § 240 Satz 1 InsO geänderter Plan dürfte folglich nicht nach § 248 vom Insolvenzgericht bestätigt werden.[153] Folglich sind beispielsweise kleinere inhaltliche Ergänzungen, oder die Korrektur von Schreib- oder Rechenfehlern zulässig. Keinesfalls darf der vorgelegte Plan in seiner Zielsetzung geändert werden, ein Wechsel zwischen den einzelnen Plantypen oder eine Modifikation hinsichtlich der Gruppenbildung ist nicht möglich.[154]

cc) **Stimmrechte (§§ 237, 238 InsO)**

123 Nach der Erörterung des Plans und vor der eigentlichen Abstimmung muss, wie in gewöhnlichen Gläubigerversammlungen (§ 77 InsO), die Feststellung der Stimmrechte der Gläubiger vorgenommen werden (§§ 237, 238 InsO). Ausgehend von dieser Feststellung ist der Urkundsbeamte der Geschäftsstelle verpflichtet, in einem Verzeichnis (sog. Stimmliste) festzu-

---

148 Nach Smid, a. a. O., § 240 Rdnr. 5 und KS/Maus, a. a. O., S. 953 Rdnr. 82.
149 S. Rdnr. 110 ff.
150 Hess/Obermüller, a. a. O. Rdnr. 125; a. a. O. Haarmeyer/Wutzke/Förster, a. a. O., Kapitel 9 Rdnr. 11.
151 Schmidt-Räntsch, a. a. O., § 240 S. 386.
152 A. A. KS/Maus, a. a. O., S. 953 Rdnr. 82.
153 Smid/Rattunde, a. a. O. Rdnr. 222.
154 Hess/Obermüller, a. a. O., S. 44 Rdnr. 127.

Gietl / Langheinrich

halten, welche Stimmrechte den Gläubigern zustehen (§ 239 InsO). Durch die Festlegung der Stimmrechte wird eine Zuordnung zu den im Rahmen des § 222 Abs. 1 InsO gebildeten Gruppen vorgenommen, es sei denn, der Plan trifft eine andere Regelung nach § 222 Abs. 2 InsO.[155]

Ein Stimmrecht nach den §§ 237, 238 InsO steht den unterschiedlichen Gläubigern jedoch nur dann zu, wenn deren Forderungen durch den Plan beeinträchtigt werden (§§ 237 Abs. 2, 238 Abs. 2 InsO). Von einer Beeinträchtigung i. S. d. Vorschrift ist bei jeder Verschlechterung der Gläubigersituation durch den Insolvenzplan auszugehen.

Sind Gläubiger im Termin nicht anwesend bzw. nicht ordnungsgemäß vertreten oder nehmen sie trotz festgestellten Stimmrechts nicht an der Abstimmung teil (Enthaltung), werden ihre Forderungen nicht berücksichtigt.[156]

Gläubiger, denen Stimmrechte zustehen:[157]

- Inhaber von Forderungen, die angemeldet und weder vom Insolvenzverwalter noch von einem stimmberechtigten Gläubiger bestritten worden sind (§§ 237 Abs. 1 Satz 1, 77 Abs. 1 Satz 1 InsO).
- Gläubiger, deren Forderungen bestritten werden, soweit sich der Verwalter und die erschienenen stimmberechtigten Gläubiger über das Stimmrecht geeinigt haben (§§ 237 Abs. 1 Satz 1, 77 Abs. 2 Satz 1 InsO), oder ihnen das Insolvenzgericht bei Uneinigkeit ein Stimmrecht zugesprochen hat (§§ 237 Abs. 1 Satz 1, 77 Abs. 2 Satz 2 InsO).
- Gläubiger aufschiebend bedingter Forderungen entsprechend den Grundsätzen bei (2) (§§ 237 Abs. 1 Satz 1, 77 Abs. 3 Nr. 1 InsO).
- Gläubiger nachrangiger Forderungen nach den Grundsätzen bei (1) und (2), da § 237 Abs. 1 Satz 1 InsO keinen Verweis auf 77 Abs. 1 Satz 2 InsO beinhaltet.
- Absonderungsberechtigte Gläubiger als Absonderungsgläubiger, wenn ihre Rechte weder vom Insolvenzverwalter noch von einem absonderungsberechtigten Gläubiger noch von einem Insolvenzgläubiger bestritten werden (§ 238 Satz 2 InsO; gesicherter Teil der Forderung).
- Absonderungsberechtigte Gläubiger als Insolvenzgläubiger nur insoweit, als ihnen der Schuldner auch persönlich haftet und sie auf die abgesonderte Befriedigung verzichten oder bei ihr ausfallen (§ 237 Abs. 1 Satz 2 InsO; Ausfallforderung).
- Andere gesicherte Gläubiger, die in den Plan einbezogen worden sind (§ 238 InsO).

---

155 Weisemann/Smid, a. a. O., S. 594 Rdnr. 103; Zur Gruppenbildung s. Rdnr. 28 ff.
156 A. a. O., Rdnr. 104.
157 Übersicht aus Haarmeyer/Wutzke/Förster, a. a. O., Kapitel 9 Rdnr. 14.

Gietl/Langheinrich

dd) Abstimmung und Annahme (§§ 242, 243, 244 InsO)

125 Nachdem die Stimmrechte der einzelnen Gläubiger festgestellt wurden, kommt es zum eigentlichen Abstimmungsvorgang (§ 242, 243 InsO), durch den bei Erreichen der erforderlichen Mehrheiten die Planannahme erfolgt (§ 244 InsO).

- Abstimmung (§§ 243, 242 InsO)

126 Um das durch die Einteilung von Gläubigergruppen (§ 222 InsO) verfolgte Ziel zu erreichen,[158] findet eine sog. Gruppenabstimmung statt:

Gemäß § 243 stimmt jede der festgelegten Gruppen von stimmberechtigten Gläubigern gesondert über den Insolvenzplan ab, eine Gesamtabstimmung aller stimmberechtigten Gläubiger entfällt.[159] Dabei steht jedem Gläubiger nur eine Stimme zu, unabhängig davon, wie viele Forderungen er angemeldet hat.

127 Der Ablauf der Abstimmung, vor allem im Hinblick auf die Abstimmungsreihenfolge bzgl. der unterschiedlichen Gruppen oder bzgl. mehrerer vorgelegter Insolvenzpläne, ist in der InsO nicht geregelt, obwohl diese Reihenfolge maßgeblichen Einfluss auf das Stimmverhalten und somit auf die Annahme des Plans haben kann.[160] Ausgehend von der Leitungsbefugnis des Insolvenzgerichts im Erörterungs- und Abstimmungstermin bleiben diesbezügliche Maßnahmen wohl diesem vorbehalten.

Ablauf der Abstimmung unter Beachtung der früheren Rechtslage:[161]

- Feststellung des Beginns der Abstimmung durch das Gericht.
- Aufruf der anwesenden stimmberechtigten Gläubiger bzw. deren Vertreter zur Stimmabgabe (jeweils nach Gruppen anhand der Stimmliste).
- Stimmabgabe durch ausdrückliche, mündliche Erklärung.
- Protokollierung der abgegebenen Erklärungen in der Stimmliste.
- Verkündung des Schlusses der Abstimmung.
- Feststellung des Ergebnisses.

128 Ist ein gesonderter Abstimmungstermin gemäß § 241 InsO bestimmt,[162] so kann das Stimmrecht schriftlich ausgeübt werden (§ 242 Abs. 1 InsO). Das Insolvenzgericht übersendet den stimmberechtigten Gläubigern nach dem Erörterungstermin den Stimmzettel und teilt ihnen dabei ihr Stimmrecht mit (§ 242 Abs. 2 Satz 1 InsO). Die schriftliche Stimmabgabe wird nur berücksichtigt, wenn sie dem Gericht spätestens am Tag vor dem Abstimmungstermin zugegangen ist; darauf ist bei der Übersendung des Stimmzettels hinzuweisen (§ 242 Abs. 2 Satz 2 InsO). Hat ein Gläubiger die Frist zur

---

158 Zur Gruppenbildung s. Rdnr. 28 ff.
159 Schmidt-Räntsch, a. a. O., § 234 S. 388.
160 FK-InsO/Jaffé, § 243 Rdnr. 11.
161 Schiessler, a. a. O., S. 150 ff.
162 Zum gesonderten Abstimmungstermin s. Rdnr. 110 ff.

Gietl/Langheinrich

schriftlichen Stimmabgabe nicht eingehalten, so darf er lediglich diese nicht mehr vornehmen. Durch das persönliche Erscheinen zum Abstimmungstermin wird dieser Fehler jedoch geheilt.

Die Gläubiger sind erst an ihre schriftliche Abstimmungserklärung gebunden, sobald der Abstimmungstermin offiziell abgeschlossen ist. Vorher können sie diese im Abstimmungstermin formlos widerrufen.[163]

- Annahme (§ 244 InsO)

Wie oben bereits ausgeführt, ist der Insolvenzplan ein Instrument des Insolvenzverfahrens, in dem die Beteiligten mittels einer privatautonomen, vom Mehrheitsprinzip getragenen Übereinkunft die Haftungsverwirklichung des Schuldners regeln.[164] Da es sich also um eine Vereinbarung (»Vertragscharakter«) zwischen den Beteiligten handelt, ist die Zustimmung sowohl der Gläubiger, die sog. Annahme, als auch des Schuldners notwendig.

129

Der Plan gilt von den Gläubigern als angenommen, wenn sich in der Abstimmung die gemäß § 244 Abs. 1 InsO erforderlichen (»doppelten«).[165] Mehrheiten ergeben.

Zur Annahme des Insolvenzplans ist also erforderlich, dass in jeder Gruppe (§ 222 InsO),

- die Mehrheit der abstimmenden Gläubiger dem Plan zustimmt (Kopfmehrheit) und
- die Summe der Ansprüche der zustimmenden Gläubiger mehr als die Hälfte der Summe der Ansprüche der abstimmenden Gläubiger (Summenmehrheit) beträgt (§ 244 Abs. 1 InsO).

130

Durch die Formulierung »in jeder Gruppe« wird deutlich, dass alle Gruppen, nicht nur die Mehrheit der Gruppen, dem Plan zustimmen müssen. Die erforderliche Kopf- und Summenmehrheit muss in jeder einzelnen Gruppe erreicht werden.[166] Ist dies nicht der Fall, so kann das in § 245 InsO geregelte Obstruktionsverbot zum Tragen kommen.[167]

Die Kopfmehrheit wird erreicht, wenn die Mehrzahl der stimmberechtigten Gläubiger ihre Zustimmung erteilt, wobei eine einfache Mehrheit ausreichend ist.[168] Berücksichtigt werden jedoch nur anwesende oder ordnungsgemäß vertretene Gläubiger, die an der Abstimmung teilnehmen – Enthaltungen dürfen das Ergebnis nicht beeinflussen.

131

Gläubiger, denen ein Recht gemeinschaftlich zusteht, oder deren Rechte bis zum Eintritt des Eröffnungsgrunds ein einheitliches Recht gebildet haben,

---

163 FK-InsO/Jaffé, § 242 Rdnr. 20.
164 Zur Definition des Insolvenzplans s. Rdnr. 2.
165 Evers/Möhlmann, ZInsO 1999, 24.
166 FK-InsO/Jaffé, § 244 Rdnr. 18.
167 Zum Obstruktionsverbot s. Rdnr. 135 ff.
168 Schiessler, a. a. O., S. 161; **a. A.** Franke, ZfB 1986, 626.

werden bei der Abstimmung als ein Gläubiger gerechnet (§ 244 Abs. 2 Satz 1 InsO). Mitglieder einer Rechtsgemeinschaft können deshalb ihr Stimmrecht nur einheitlich ausüben. Tun sie dies nicht, so wird Enthaltung angenommen. Entsprechendes gilt, wenn an einem Recht ein Pfandrecht oder ein Nießbrauch besteht (§ 244 Abs. 2 InsO).

Das gesetzliche Erfordernis einer Kopfmehrheit dient dem Minderheitenschutz: Es soll verhindert werden, dass Gläubiger mit hohen Forderungen das Abstimmungsergebnis einseitig zu Lasten von Gläubigern kleinerer Forderungen diktieren.[169]

132 Die Summenmehrheit wird erreicht, wenn die Summe der Forderungen, welche durch die zustimmenden Gläubiger repräsentiert werden, größer ist als die der nicht zustimmenden. Bezugspunkt der Mehrheitsermittlung sind dabei nicht die pro-Kopf-Stimmrechte, sondern die dem jeweiligen Gläubiger zustehenden Forderungen. Auch hier genügt die einfache Mehrheit.

Das Erfordernis der Summenmehrheit besteht deshalb, weil es sich bei der Abstimmung über den Insolvenzplan um eine vermögensorientierte Entscheidung handelt, und sich die Stimmrechtsverteilung somit nach dem finanziellen Engagement richten muss. Ansonsten würden Gläubiger hoher Forderungen von denen mit geringen Forderungen majorisiert werden.[170]

▶ **Beispiel zur Abstimmung nach Köpfen und Summen:**[171]
Von 200 (nicht nachrangigen, ansonsten beachte § 246) Insolvenzgläubigern sind 120 mit insgesamt 400 000 Euro Forderungen anwesend.

Die gemäß § 244 Abs. 1 InsO erforderlichen Mehrheiten sind gegeben, wenn

– 61 Insolvenzgläubiger dem Plan zustimmen, § 244 Abs. 1 Nr. 1 InsO (Kopfmehrheit) und
– die Summe der Forderungen der zustimmenden Gläubiger mehr als 200 000 Euro beträgt.

Auf die Summe der Forderungen der gesamten 200 Insolvenzgläubiger kommt es nicht an, da sie nicht an der Abstimmung teilgenommen haben.

- Ergebnis des Abstimmungstermins[172]

133 Wurde durch die Abstimmung die gemäß § 244 Abs. 1 InsO erforderliche Mehrheit in allen Gruppen erreicht, so erlangt der Plan Wirksamkeit mit der abschließenden Bestätigung durch das Gericht (§ 248 InsO).

---

169 Hess/Obermüller, a. a. O., Rdnr. 250.
170 Schiessler, a. a. O., S. 159.
171 Nach Huber, JuS 1998, 1039.
172 Nach Haarmeyer/Wutzke/Förster, a. a. O., Kapitel 9 Rdnr. 18.

Dem Insolvenzplan ist von den Gläubigern die Annahme versagt worden, wenn er nicht wenigstens in der Mehrheit der Gruppen Zustimmung gefunden hat (es waren mehr Gruppen gegen ihn als für ihn). Mit der Ablehnung des Plans ist das Insolvenzverfahren beendet, sofern nicht noch über einen zweiten Plan abgestimmt werden muss.[173]

Wurde die erforderliche Mehrheit zwar nicht in allen, aber doch in der Mehrzahl der Gruppen erreicht, so kommt eine Annahme des Plans evtl. dennoch durch das Obstruktionsverbot zustande (§ 245 InsO).[174]

- Abstimmung und Annahme bei konkurrierenden Insolvenzplänen

Aufgrund der Tatsache, dass § 218 InsO das Planvorlagerecht mehreren Personen, namentlich dem Verwalter und dem Schuldner, zubilligt, kann es zu der Situation kommen, dass diese Pläne im (Erörterungs- und) Abstimmungstermin um die Annahme durch die Gläubiger konkurrieren. Wegen des Obstruktionsverbotes ist es sogar denkbar, dass zwei Pläne von den Gläubigern angenommen werden. Die Insolvenzordnung trägt nicht zur Lösung dieses Problems bei, da sie diesbezüglich keinerlei Regelungen enthält.

134

Aus dem Planinitiativrecht des § 218 InsO folgt, dass jeder Planvorlegende einen Anspruch hat, dass sein Plan im Termin in jedem Fall zur Abstimmung gestellt werden muss, selbst wenn der konkurrierende Plan bereits angenommen wurde.[175] Uneinigkeit besteht jedoch darüber, ob im Rahmen der Chancengleichheit die Annahme des zweiten Plans dann zwingend die Annahme des ersten außer Kraft setzt,[176] oder ob das Insolvenzgericht darüber entscheiden darf, welchen Plan es im Endeffekt bestätigt.[177]

Denkbar ist auch, dass das Insolvenzgericht vor der Bestätigung des Plans einen Sachverständigen hinzuzieht, der die Frage klären soll, welcher Plan die Gläubigerinteressen besser verwirklicht. Diese Vorgehensweise ist jedoch mit einer erheblichen Zeitverzögerung verbunden.[178]

ee) Das Obstruktionsverbot (§ 245 InsO)

- Problemstellung und Zweck des Obstruktionsverbotes

---

173 Schiessler, a. a. O., S. 153.
174 Zum Obstruktionsverbot s. Rdnr. 135 ff.
175 Braun/Uhlenbruck, a. a. O., S. 642 ff.; Schiessler, a. a. O., S. 155; eine andere Lösungsmöglichkeit bieten Hess/Weis, WM 1998, 2359, die in einer Art Vorabstimmung erst denjenigen Plan ermitteln wollen, über den alleine dann die Gläubiger endgültig abstimmen.
176 Schiessler, a. a. O., S. 155.
177 Braun/Uhlenbruck, a. a. O., S. 642 ff.; kritisiert von Hess/Weis, WM 1998, 2359, welche die Gläubigerautonomie in Gefahr sehen, selbst, wenn das Gericht den Plan bestätigt, der bei der Abstimmung den größeren Anklang bei den Gläubigern gefunden hat.
178 FK-InsO/Jaffé, § 244 Rdnr. 50 ff.

135 Ausgehend von § 244 InsO ist ein Plan durch die Gläubiger angenommen, wenn sich alle nach § 222 InsO gebildeten Gruppen für ihn entscheiden: Zur Annahme des Insolvenzplans durch die Gläubiger ist erforderlich, dass in jeder Gruppe die erforderlichen Mehrheiten zustande kommen (§ 244 Abs. 1 InsO). Eine einzelne Gruppe ist also in der Lage, durch ihr Abstimmungsverhalten (durch die Nichtannahme) einen Insolvenzplan insgesamt zum Scheitern zu bringen.

Einerseits kann dieser »störende« Einfluss einzelner Gruppen auf das Gesamtabstimmungsergebnis als positiv angesehen werden, nämlich dann, wenn eine Gläubigergruppe versucht den vorgelegten Plan zu verhindern, um ihre berechtigten Interessen durchzusetzen. Andererseits ist ein Blockadeverhalten unerwünscht, wenn es lediglich dazu dient, einen an sich vorteilhaften Plan willkürlich zu verhindern oder anderen Beteiligten ungerechtfertigte Zugeständnisse abzuringen.[179] Ein derartiges »obstruktives«[180] Verhalten kann die optimale Haftungsverwirklichung als Primärziel jedes Insolvenzverfahrens verhindern.

Deshalb bietet die Regelung des § 245 InsO dem Insolvenzgericht bei rechtsmissbräuchlicher Zustimmungsverweigerung (davon ist auszugehen, wenn die Voraussetzungen des § 245 InsO vorliegen) die Möglichkeit, einen Insolvenzplan gemäß § 248 InsO zu bestätigen, obwohl die nach § 244 InsO erforderlichen Mehrheiten nicht erreicht wurden.

Die Normierung des Obstruktionsverbotes verhindert ein Vetorecht einzelner Gläubigergruppen und erleichtert somit die Plandurchsetzung:[181]

Sinnvolle Bemühungen einer Sanierung des Unternehmens sollen nicht durch Minderheiten blockiert werden können.[182]

Die Zustimmung einer Abstimmungsgruppe wird unter den Voraussetzungen des § 245 InsO fingiert.

- Entscheidung durch das Insolvenzgericht

136 Das Vorliegen der Voraussetzungen für die Fiktion der Zustimmung einer Gläubigergruppe gemäß § 245 InsO wird durch das Insolvenzgericht festgestellt.

Es ist von Amts wegen verpflichtet zu überprüfen, ob eine rechtsmissbräuchliche Zustimmungsverweigerung gegeben ist.

Sollte sich zuungunsten der blockierenden Gläubigergruppe(n) ein obstruktives Verhalten herausstellen, so darf eine gerichtliche Bestätigung des Insolvenzplans gemäß § 248 InsO nicht erfolgen.

---

179 Schiessler, a. a. O., S. 165.
180 Unter »obstruktivem Verhalten« wird die rechtsmissbräuchliche Zustimmungsverweigerung einer Gläubigergruppe verstanden.
181 Evers/Möhlmann, ZInsO, 1999, 24.
182 Smid/Rattunde, a. a. O., Rdnr. 505.

Das es sich bei den im Rahmen des § 245 InsO zu beurteilenden Kriterien weitgehend um unbestimmte Rechtsbegriffe handelt, ist die Aufgabe des Gerichts als äußerst schwierig anzusehen.[183]

- Die Voraussetzungen des Obstruktionsverbotes

> **Die Zustimmung einer Abstimmungsgruppe gilt gemäß § 245 Abs. 1 InsO als erteilt, wenn (kumulativ)** 137
>
> - die Gläubiger dieser Gruppe durch den Insolvenzplan voraussichtlich nicht schlechter gestellt werden, als sie ohne Plan stünden (§ 245 Abs. 1 Nr. 1 InsO),
> - die Gläubiger dieser Gruppe angemessen an dem wirtschaftlichen Wert beteiligt werden, der auf der Grundlage des Plans den Beteiligten zufließen soll (§ 245 Abs. 1 Nr. 2 InsO) und
> - die Mehrheit der abstimmenden Gruppen dem Plan mit den erforderlichen Mehrheiten zugestimmt hat (§ 245 Abs. 1 Nr. 3 InsO).

Eine angemessene Beteiligung der Gläubiger einer Gruppe im Sinne des Absatzes 1 Nr. 2 liegt vor, wenn nach dem Plan 138

- kein anderer Gläubiger wirtschaftliche Werte erhält, die den vollen Betrag seines Anspruchs übersteigen (§ 245 Abs. 2 Nr. 1 InsO),
- weder ein Gläubiger, der ohne einen Plan mit Nachrang gegenüber den Gläubigern der Gruppe zu befriedigen wäre, noch der Schuldner oder eine an ihm beteiligte Person einen wirtschaftlichen Wert erhält (§ 245 Abs. 2 Nr. 2 InsO) und
- kein Gläubiger, der ohne einen Plan gleichrangig mit den Gläubigern der Gruppe zu befriedigen wäre, besser gestellt wird als diese Gläubiger (§ 245 Abs. 2 Nr. 3 InsO).

Nur bei kumulativem Vorliegen dieser Voraussetzungen ist von einer rechtsmissbräuchlichen Zustimmungsverweigerung auszugehen, die eine Fiktion der Zustimmung seitens der obstruierenden Gläubigergruppe(n) rechtfertigt.

§ 245 Abs. 1 Nr. 1 InsO beinhaltet das Verbot der Schlechterstellung der, die 139 Zustimmung verweigernden, Gläubiger. Diese dürfen durch den Insolvenzplan nicht schlechter gestellt werden, als sie ohne einen Plan stünden. Denn dann hätten sie ja ein berechtigtes Interesse, den Plan nicht rechtskräftig werden zu lassen. Rechtsmissbrauch könnte ihnen aufgrund ihres Abstimmungsverhaltens nicht vorgeworfen werden.

Die Beurteilung, ob eine solche Schlechterstellung vorliegt, beinhaltet die schwierige Frage der Bewertung der Sanierungs- sowie der Zerschlagungslösung des Insolvenzplans.[184] Zur Beantwortung dieser Frage können die dem darstellenden Teil des Insolvenzplans beizufügenden Vergleichsrech-

---

183 FK-InsO/Jaffé, § 245 Rdnr. 24.
184 Weisemann/Smid, a. a. O., S. 598 Rdnr. 114.

nungen[185] herangezogen werden. Die Durchführung der Vergleichsrechnung erleichtert wiederum § 151 Abs. 2 Satz 2 InsO: Im Verzeichnis der Massegegenstände sind sowohl der Zerschlagungs- als auch der Fortführungswert anzugeben.

140 Eine angemessene Beteiligung der Gläubiger am wirtschaftlichen Wert, der ihnen auf der Grundlage des Plans zufließen soll, normiert § 245 Abs. 1 Nr. 2 InsO als weitere Voraussetzung für die Anwendbarkeit des Obstruktionsverbotes.

Sofern eine Gläubigergruppe nach dem Insolvenzplan das erhält, was ihr angemessen ist, kann eine Zustimmungsverweigerung als rechtsmissbräuchlich angesehen und die Zustimmung fingiert werden.[186]

> In § 245 Abs. 2 InsO sind Auslegungsregeln enthalten, die den Begriff der »angemessenen Beteiligung der Gläubiger« greifbar machen sollen:[187]
>
> - § 245 Abs. 2 Nr. 1 InsO will die Befriedigung einzelner Gläubiger verhindern, bei welcher diese mehr als 100 % des Wertes ihrer Forderung erhalten.
> - § 245 Abs. 2 Nr. 2 InsO schließt die Bevorzugung von nachrangigen Insolvenzgläubigern gegenüber Insolvenzgläubigern aus. Auch dürfen die Rechte der Insolvenzgläubiger nicht durch eine Beteiligung des Schuldners am wirtschaftlichen Wert beeinträchtigt werden.
> - § 245 Abs. 2 Nr. 3 InsO verbietet die Besserstellung von Gläubigern, die ohne den Plan mit anderen Gläubigern gleichrangig zu befriedigen wären.

141 Am einfachsten durch das Insolvenzgericht zu prüfen ist die formelle Voraussetzung des § 245 Abs. 1 Nr. 3 InsO.

Aus dem Protokoll über den (Erörterungs- und) Abstimmungstermin ist ersichtlich, ob die Mehrheit der abstimmenden Gruppen dem Plan mit den erforderlichen Mehrheiten zugestimmt hat.

ff) Zustimmung nachrangiger Insolvenzgläubiger (§ 246 InsO)

142 Die Insolvenzordnung bezieht bestimmte Gläubigerkategorien als nachrangige Insolvenzgläubiger in das Verfahren ein (§ 39 InsO).[188] Somit besteht die Möglichkeit, die Rechtsstellung dieser Gläubiger in einem Insolvenzplan zu regeln, um in Einzelfällen, in welchen deren Forderungen wirtschaftliche Bedeutung haben, sachgerechte Lösungen bereitzustellen.[189]

---

185 Zu den Vergleichsrechnungen s. Rdnr. 24 und 50.
186 A. a. O., S. 598 Rdnr. 115.
187 In Anlehnung an KS/Maus, a. a. O., S. 955 Rdnr. 89.
188 Anders noch im früheren Konkurs- und Vergleichsverfahren.
189 Begr RegE, BT-Drs. 12/2443, 209.

Aufgrund ihrer rechtlichen Stellung wären die nachrangigen Insolvenzgläubiger zur Abstimmung über den Insolvenzplan berechtigt. § 237 verleiht ihnen grundsätzlich, da auch sie Insolvenzgläubiger sind, ein Stimmrecht bzgl. des Insolvenzplans, da die Norm nicht auf § 77 Abs. 1 Satz 2 InsO verweist, welcher den Ausschluss des Stimmrechts der nachrangigen Insolvenzgläubiger anordnet.[190]

Die Sonderregelung des § 246 InsO beinhaltet jedoch ergänzende Bestimmungen hinsichtlich der Annahme des Insolvenzplans durch die nachrangigen Insolvenzgläubiger.

143

Die Einbeziehung dieser Gläubigergruppe in das Insolvenz- bzw. Insolvenzplanverfahren soll aber nicht dazu führen, dass die Abstimmung über den Plan in all den Fällen unnötig belastet wird, in denen die nachrangigen Gläubiger von vorneherein keine Befriedigung erwarten können. § 246 InsO enthält deshalb Regelungen, die es zulassen, unter bestimmten Voraussetzungen von einer Abstimmung dieser Gläubiger abzusehen.

In diesen Fällen wird die Zustimmung der nachrangigen Insolvenzgläubiger fingiert:

- Die Zustimmung der Gläubigergruppen, denen Zins- oder Kostenforderungen zustehen (§ 39 Abs. 1 Nr. 1 oder 2 InsO), gilt als erteilt, wenn diese Forderungen im Plan erlassen werden oder nach § 255 Abs. 1 InsO als erlassen gelten und wenn schon die Hauptforderung der nicht nachrangigen Insolvenzgläubiger nach dem Plan nicht voll befriedigt werden (§ 246 Nr. 1 InsO).
- Nachrangigen Gläubigern mit dem Rang des § 39 Abs. 1 Nr. 3 InsO ist eine Teilnahme an der Abstimmung über den Plan schon deshalb verwehrt, weil Geldstrafen und diesen gleichgestellte Verbindlichkeiten durch einen Insolvenzplan nicht beeinträchtigt werden können (§ 225 Abs. 3 InsO).[191]
- Die Zustimmung der Gruppen mit einem Rang hinter § 39 Abs. 1 Nr. 3 InsO gilt als erteilt, wenn kein Insolvenzgläubiger durch den Plan besser gestellt wird, als die Gläubiger dieser Gruppen, wenn sie also bei einer quotalen Befriedigung der nicht nachrangigen Insolvenzgläubiger die gleiche Quote erhalten wie diese (§ 246 Nr. 2 InsO).
- Die Zustimmung der Gruppe gilt als erteilt, wenn sich kein Gläubiger einer Gruppe an der Abstimmung beteiligt (§ 246 Nr. 3 InsO). Es kann erwartet werden, dass ein solcher Gläubiger, der bei einer Verwertung ohne einen Plan in aller Regel leer ausgeht, an der Abstimmung teilnimmt, wenn er mit dem Plan nicht einverstanden ist.[192]

---

190 Zum Stimmrecht s. Rdnr. 123 ff.
191 Schmidt-Räntsch, a. a. O., § 246 Rdnr. 2.
192 A. a. O., § 246 Rdnr. 4.

5. Zustimmung des Schuldners (§ 247 InsO)

a) Widerspruchsrecht des Schuldners (§ 247 Abs. 1 InsO)

144 Aufgrund des Planinitiativrechts des Insolvenzverwalters[193] (§ 218 Abs. 1 Satz 1 InsO) ist es denkbar, dass ein Insolvenzplan auch gegen den Willen des Schuldners zustandekommt.

Greift nun ein solcher Plan unangemessen in die Rechte des Schuldners ein, so muss ihm ein Instrument an die Hand gegeben werden, dies zu verhindern.

Ein Eingriff in Schuldnerrechte ist vor allem im Rahmen des § 227 InsO denkbar. Dieser gestattet, im gestaltenden Teil des Insolvenzplans die Haftung des Schuldners nach Beendigung des Insolvenzverfahrens, gegebenenfalls auch sein Recht auf einen Überschuss, der nach der Verteilung des Erlöses aus der Verwertung der Masse an die Gläubiger verbleibt, zu regeln.[194]

145 Ausgehend von dieser Zielsetzung sieht § 247 Abs. 1 InsO ein Widerspruchsrecht des Schuldners vor, welches die fingierte Zustimmung des Schuldners zum Plan (§ 247 Abs. 1 InsO) nicht eintreten lässt.[195]

Ist der Widerspruch in den Schranken des § 247 Abs. 1 und Abs. 2 InsO als wirksam anzusehen, so muss er vom Insolvenzgericht bei der Planbestätigung gemäß § 248 InsO beachtet werden: Die Zustimmung des Schuldners nach § 247 InsO ist notwendige Voraussetzung für die gerichtliche Bestätigung des Plans (§ 248 Abs. 1 InsO).

Im Interesse der Rechtssicherheit und, um Verfahrensverzögerungen zu vermeiden, gilt die Zustimmung des Schuldners als erteilt, wenn der Schuldner dem Plan nicht spätestens im Abstimmungstermin schriftlich oder zu Protokoll der Geschäftsstelle widerspricht (§ 247 Abs. 1 InsO).

b) Unbeachtlichkeit des Widerspruchs (§ 247 Abs. 2 InsO)

146 § 247 Abs. 2 InsO erklärt einen rechtzeitig erfolgten Widerspruch für unbeachtlich, wenn

- der Schuldner durch den Plan voraussichtlich nicht schlechter gestellt wird, als er ohne Plan stünde (§ 247 Abs. 2 Nr. 1 InsO) und
- kein Gläubiger einen wirtschaftlichen Wert erhält, der den vollen Betrag seines Anspruchs übersteigt (§ 247 Abs. 2 Nr. 2 InsO).

Der in die Regelung des § 247 Abs. 2 übertragene Rechtsgedanke des Obstruktionsverbotes aus § 245 InsO besagt, dass bei kumulativem Vorliegen der Voraussetzungen der Nr. 1 und 2 gerade kein unangemessener Eingriff in die Rechte des Schuldners vorliegt.

---

193 Zum Planvorlagerecht s. Rdnr. 61 ff.
194 BegrRegE BT-Drs. 12/2443, 210.
195 Hess, Insolvenzrecht, 1999, Rdnr. 250.

Eine Schlechterstellung i. S. d. § 247 Abs. 2 Nr. 1 InsO liegt beispielsweise vor, wenn die Haftung des Schuldners, die ihm durch den Plan auferlegt wird, weiter gehend ist, als die nach den gesetzlichen Regelungen.

147

Die Frage, ob eine Schlechterstellung des Schuldners vorliegt, beurteilt sich nicht nach wirtschaftlichen Gesichtspunkten. Entscheidend ist nur, ob der Plan im juristischen Sinn in die Rechtsstellung des Schuldners eingreift.[196]

c) Möglichkeiten des Insolvenzverwalters zur Widerspruchsvermeidung

Möglichkeiten zur Widerspruchsvermeidung:[197]

148

- Um die Beachtlichkeit eines Widerspruchs festzustellen, vor allem, um zu beurteilen, ob der Schuldner durch den Plan eine Schlechterstellung erfährt (§ 247 Abs. 2 Nr. 1 InsO), sind Vergleichsrechnungen (Prognoseentscheidung) anzustellen. Idealerweise wird dies nicht erst vom Insolvenzgericht, sondern vom vorlegenden Verwalter bereits im Vorfeld des Verfahrens vorgenommen, um einen Widerspruch des Schuldners von vornherein auszuschließen und damit wertvolle Zeit zu sparen.
- Daneben kann eine Verfahrensverzögerung aufgrund eines Widerspruches – das Insolvenzgericht wird nach erfolgtem Widerspruch bei Beurteilung der Unbeachtlichkeit gemäß § 247 Abs. 2 InsO ebenfalls mit der Frage der Schlechterstellung konfrontiert – durch sog. salvatorische Klauseln verhindert werden. Eine solche Regelung sichert dem Schuldner einen Anspruch auf den Differenzbetrag zu, wenn er durch den Plan schlechter als im Falle der gesetzlichen Zwangsverwertung gestellt werden würde.[198]
- Der Schuldner kann sich mit dem Verwalter über einen Verzicht auf das Widerspruchsrecht einigen und dies in einer Erklärung manifestieren.

d) Einschränkende Auslegung des Widerspruchsrechts

Vereinzelt wird eine Einschränkung des Widerspruchsrechts vertreten:[199] Der Schuldner darf sich nicht auf sein Widerspruchsrecht berufen, wenn ein von ihm vorgelegter Plan in unveränderter Form von den Gläubigern angenommen wurde. Die Einlegung eines Widerspruchs wäre treuwidrig, da er nicht geltend machen kann, dass ein von ihm selbst initiierter Plan nicht seinen Interessen entspricht, dass er also den unverändert angenommenen Plan so nicht gewollt habe.

149

---

196 Weisemann/Smid, a. a. O., S. 600 Rdnr. 123.
197 FK-InsO/Jaffé, § 247 Rdnr. 26 ff.
198 A. a. O., § 247 Rdnr. 31.
199 Zu allem: Smid/Rattunde, a. a. O., Rdnr. 630 ff.; Weisemann/Smid, a. a. O., S. 600 Rdnr. 124 f.

Diese Ansicht findet eine Stütze in § 230 Abs. 1 Satz 3 InsO: Danach ist eine Erklärung des Schuldners, dass er zur Fortführung des Unternehmens auf der Grundlage des Plans bereit ist, entbehrlich, wenn dieser selbst den Plan vorgelegt hat, er also aus autonomen Motiven die Bedingung für eine Fortführung selbst gesetzt hat.

Als nicht treuwidrig wird ein Widerspruch des Schuldners gegen seinen eigenen Plan zu beurteilen sein, wenn sich in der Zeit zwischen Planvorlage und Abstimmung über den Plan in tatsächlicher Hinsicht Umstände geändert haben, die grundlegend für den Inhalt des vorgelegten Plans waren.

6. Gerichtliche Bestätigung des Insolvenzplans (§§ 248 ff.)

150 Nach der Annahme des Insolvenzplans durch die Gläubiger (§§ 244 bis 246) und der Zustimmung des Schuldners (§ 247) bedarf der Plan der Bestätigung durch das Insolvenzgericht (§ 248 Abs. 1 InsO).

Es handelt sich hierbei um den nächsten notwendigen Verfahrensschritt, den ein Plan durchlaufen muss: Die Bestätigung des Insolvenzplans durch das Gericht ist Voraussetzung für seine Wirksamkeit (§ 254 Abs. 1 Satz 1 InsO).

151 Im Rahmen seiner Entscheidung überprüft das Insolvenzgericht die ordnungsgemäße Annahme des Plans durch die Gläubiger, die Einhaltung des gesetzlich vorgeschriebenen Verfahrens und Fragen des Minderheitenschutzes, also, ob in irgendeiner Form Versagungsgründe der Bestätigung entgegenstehen.

Der inhaltliche Kern des Plans bleibt unangetastet. Die Bestätigung darf nicht versagt werden, weil das Gericht die getroffenen Regelungen für wirtschaftlich unzweckmäßig hält – ihm steht kein eigenes wirtschaftliches Ermessen zu. Das Gericht ist an den Inhalt eines von allen Beteiligten akzeptierten Plans gebunden.[200]

---

200 Hess/Obermüller, a. a. O., Rdnr. 311.

> Im Einzelnen überprüft das Insolvenzgericht folgende Regelungen (Übersicht):
> - Vorliegen der erforderlichen Mehrheiten (§ 244 InsO).
> - Evtl. Ersetzung der Zustimmung einzelner Gläubigergruppen im Rahmen des Obstruktionsverbotes (§ 245 InsO).
> - Zustimmung bzw. Ersetzung der Zustimmung nachrangiger Insolvenzgläubiger (§ 246 InsO).
> - Zustimmung bzw. Ersetzung der Zustimmung des Schuldners (§ 247 InsO).
> - Eintritt einer Plan-Bedingung (§ 249 InsO).
> - Kein Vorliegen von Verfahrensmängeln (§ 250 Nr. 1 InsO).
> - Keine Herbeiführung der Planannahme durch unlautere Mittel (§ 250 Nr. 2 InsO).
> - Kein Fall des Minderheitenschutzes (§ 251 InsO).

152

Sollten alle genannten Voraussetzungen für die Planbestätigung vorhanden sein, stehen also keine Versagungsgründe entgegen, so muss das Insolvenzgericht den Plan zwingend bestätigen.

Gemäß § 248 Abs. 2 InsO »soll« das Gericht vor der Entscheidung über die Bestätigung den Insolvenzverwalter, den Gläubigerausschuss, wenn ein solcher bestellt ist, und den Schuldner hören. Dies wird meist bereits unmittelbar nach der Abstimmung der Fall sein.

153

Entgegen dem Wortlaut muss[201] das Gericht allen Beteiligten Gelegenheit geben, dem Plan zu widersprechen, da in den geäußerten Bedenken Gründe für eine Versagung der Bestätigung enthalten sein könnten, welchen das Insolvenzgericht von Amts wegen nachzugehen hätte. Zudem könnte der Minderheitenschutz des § 250 InsO nicht verwirklicht werden, wenn den Gläubigern keine Chance zum Widerspruch gegeben wäre.

a) Gründe für die Nichtbestätigung des Insolvenzplans

Im Folgenden soll der bei der Entscheidung über die gerichtliche Bestätigung zur Anwendung kommende Prüfungsrahmen kurz erläutert werden.

154

Die Bestätigung nach § 248 InsO darf nur dann ergehen, wenn das bisherige Insolvenzplanverfahren ordnungsgemäß durchgeführt wurde und keine speziellen Versagungsgründe entgegenstehen.

---

[201] Schiessler, a. a. O., S. 176; Smid, a. a. O., § 248 Rdnr. 6; Hess/Obermüller, Rdnr. 310.

aa) Fehlende Annahme oder Zustimmung der Beteiligten (§§ 244 bis 246 InsO)[202]

155 Zunächst kontrolliert das Insolvenzgericht von Amts wegen, ob der Plan von den Beteiligten überhaupt angenommen wurde.

Das Gericht überprüft im Rahmen seiner Bestätigungsentscheidung erstmals, ob alle Gläubigergruppen dem Insolvenzplan zugestimmt haben und ob der Schuldner dem Plan nicht form- und fristgerecht widersprochen hat, da dann eine ordnungsgemäße Planannahme vorliegt (§ 244, 247 Abs. 1 InsO).

Sollten diese Voraussetzungen nicht gegeben sein, so hängt die Annahme des Plans davon ab, ob die fehlenden Zustimmungen gemäß § 245, 246 InsO als erteilt gelten bzw. ob ein Widerspruch des Schuldners unbeachtlich ist (§ 247 Abs. 2 InsO).

Eine fehlende Annahme oder Zustimmung des Plans bildet einen zwingenden Versagungsgrund hinsichtlich der gerichtlichen Bestätigung.

bb) Fehlender Bedingungseintritt (§ 249 InsO)

156 Zur Absicherung der Rechte einzelner Beteiligter, in die durch den Insolvenzplan eingegriffen wird, besteht das Bedürfnis, das Wirksamwerden von Rechtsänderungen, die im gestaltenden Teil des Plans vorgesehen sind, davon abhängig zu machen, dass eine Bedingung eintritt[203] § 249 gestattet eine derartige Vorgehensweise.

Als Bedingung i. d. S. wird meist die Erbringung einer bestimmten Leistung oder die Verwirklichung einer anderen Maßnahme vereinbart: Beispielsweise soll der Verzicht auf ein Pfandrecht erst dann wirksam werden, wenn ein neues Pfandrecht an einer anderen Sache bestellt worden ist.[204] Ist eine solche Bedingung im Insolvenzplan vorgesehen, so darf der Plan nur bestätigt werden, wenn die vereinbarten Voraussetzungen erfüllt sind (§ 249 Satz 1 InsO). Ein fehlender Bedingungseintritt stellt folglich einen Versagungsgrund dar.

157 § 249 Satz 2 InsO soll eine längere Ungewissheit über die Bestätigungsfähigkeit des Plans vermeiden. Danach ist das Insolvenzgericht befugt, eine angemessene Frist zu bestimmen, innerhalb derer die vereinbarten Voraussetzungen zu erfüllen sind. Nach fruchtlosem Verstreichen dieser Frist hat das Gericht die Bestätigung von Amts wegen endgültig zu versagen.

---

202 Zur Planannahme s. Rdnr. 129 ff.
203 Schmidt-Räntsch, a. a. O., § 249 Rdnr. 1.
204 A. a. O., § 249 Rdnr. 2.

cc) Verstoß gegen Verfahrensvorschriften (§ 250 InsO)

Weitere Versagungsgründe beinhaltet § 250 InsO bei Verstößen gegen Verfahrensvorschriften: 158

> Die Bestätigung ist von Amts wegen zu versagen,
> - wenn die Vorschriften über den Inhalt und die verfahrensmäßige Behandlung des Insolvenzplans sowie über die Annahme durch die Gläubiger und die Zustimmung des Schuldners in einem wesentlichen Punkt nicht beachtet worden sind und der Mangel nicht behoben werden kann (§ 250 Nr. 1 InsO) oder
> - wenn die Annahme des Plans unlauter, insbesondere durch Begünstigung eines Gläubigers, herbeigeführt worden ist (§ 250 Nr. 2 InsO).

Sind die Voraussetzungen des § 250 InsO gegeben, so hat eine Versagung der Bestätigung zwingend zu erfolgen, da Verfahrensvorschriften aus Gründen der Rechtssicherheit und der Gleichbehandlung von den Beteiligten und natürlich vom Gericht nicht beliebig missachtet oder modifiziert werden können.

- Vorliegen von Verfahrensmängeln (§ 250 Nr. 1 InsO)

> Im Rahmen des § 250 Nr. 1 InsO wird vom Insolvenzgericht die Einhaltung folgender Regelungen geprüft: 159
> - §§ 219 bis 230 InsO (Vorschriften über den Inhalt des Insolvenzplans).
> - §§ 218, 231, 232, 234 bis 236, 239 bis 243 InsO (Vorschriften über die verfahrensmäßige Behandlung des Insolvenzplans).
> - §§ 244 bis 246 InsO (Vorschriften über die Annahme durch die Gläubiger).
> - § 247 InsO (Vorschriften über die Zustimmung des Schuldners).

Bzgl. des Planinhalts findet eine zweite gerichtliche Kontrolle nach der Vorprüfung gemäß § 231 Abs. 1 Nr. 1 InsO statt.[205] Da der Plan im Anschluss an die Vorprüfung beispielsweise abgeändert werden konnte (§ 240 InsO), ist eine erneute Inhaltskontrolle notwendig.[206]

Das Insolvenzgericht prüft nicht die Einhaltung des § 233 InsO,[207] da es sich bei der Aussetzung der Verwertung und Verteilung lediglich um eine Nebenentscheidung handelt, die gerade nicht innerhalb, sondern lediglich anlässlich des Insolvenzplanverfahrens ergeht. 160

Auch die richtige Handhabung der Vorschriften über das Stimmrecht der *Gläubiger* (§§ 237, 238 InsO) gehört nicht zum Prüfungsgegenstand des § 250 Nr. 1 InsO.[208]

---

205 Zur Vorprüfung s. Rdnr. 77 ff.
206 Smid, a. a. O., § 250 Rdnr. 4.
207 A. a. O., § 250, Rdnr. 5.
208 Schiessler, a. a. O., S. 179: »Die Stimmrechtsfestsetzung bleibt deshalb außer Betracht, weil sie offene Fragen hinsichtlich des Bestehens, der Höhe und des Rangs von Gläu-

161 Um eine Versagung der Bestätigung zu rechtfertigen, muss der Verfahrensmangel gemäß § 250 Nr. 1 InsO wesentlich und unbehebbar sein.

Wesentlich ist ein Verfahrensmangel, wenn der Verstoß Auswirkungen auf das Zustandekommen des Plans, also auf die Verfahrensteilnahme der Beteiligten und deren Stimmverhalten hatte.

Unbehebbar ist ein Verfahrensmangel, wenn der Verstoß bis zur Verkündung des Bestätigungsbeschlusses nicht zu heilen ist.[209]

In diesem Zusammenhang ist umstritten, ob das Erscheinen nichtgeladener Gläubiger (Verstoß gegen §§ 235 Abs. 3 Satz 1, 241 Abs. 2 Satz 1 InsO) die Heilung des Verfahrensmangels zur Folge hat.[210] Eine Heilung ist zu bejahen, wenn die Beteiligten im Termin in der Lage sind, ihre Mitwirkungsrechte uneingeschränkt auszuüben. Davon ist auszugehen, wenn sie ausreichend Gelegenheit haben, sich über den Planinhalt zu informieren und sich somit auf den Termin vorzubereiten.[211]

162 Die InsO gestattet es dem Insolvenzgericht nicht, von Amts wegen und auf Staatskosten einen neuen Termin anzusetzen, falls der zur Nichtbestätigung führende Versagungsgrund ausschließlich vom Insolvenzgericht selbst verursacht wurde.

Um einen ansonsten evtl. erfolgreichen Plan doch noch durchzusetzen, bleibt nur die wiederholte Vorlage an das Insolvenzgericht.[212]

- Unlautere Herbeiführung der Planannahme (§ 250 Nr. 2 InsO)

163 Die Bestätigung nach § 248 InsO ist vom Insolvenzgericht auch dann zu versagen, wenn die Annahme des Plans unlauter, insbesondere durch Begünstigung eines Gläubigers, herbeigeführt worden ist (§ 250 Nr. 2 InsO).

Unlauter ist ein Verhalten, welches gegen Treu und Glauben verstößt,[213] beispielsweise ein zunächst unentdeckter Stimmenkauf, der für das Abstimmungsergebnis ursächlich war[214] oder das Teilen einer Forderung, um die Kopfmehrheit zu erzielen. Das gegen Treu und Glauben verstoßende Verhalten muss kausal für die Annahme des Plans gewesen sein. Dies ist der Fall, wenn ohne die Einflussnahme der Plan von den Gläubigern nicht angenommen worden wäre.

---

bigerforderungen einer vorläufigen Gewissheit zuführen soll, ohne die eine Abstimmung nicht durchführbar wäre.«
209 Schiessler, a. a. O., S. 179.
210 Dies war bereits bei Geltung des alten Vergleichsrechts (§ 179 KO) umstritten.
211 Schiessler, a. a. O., S. 180; a. A. Hess/Obermüller, a. a. O., Rdnr. 332 f.
212 Schiessler, a. a. O., S. 180.
213 FK-InsO/Jaffé, § 250 Rdnr. 17.
214 Schmidt-Räntsch, a. a. O., § 250 S. 395.

dd) Minderheitenschutz (§ 251 InsO)

Wenn die Mehrheit einer Gruppe von Gläubigern dem Plan zustimmt, so ist damit noch nicht gewährleistet, dass der Plan auch die Interessen der überstimmten Minderheit angemessen berücksichtigt. Die Entscheidung der Mehrheit kann auf Gesichtspunkten beruhen, die allein für sie zutreffen. Im Falle eines Sanierungsplans ist es möglich, dass die Mehrheit sich Vorteile aus künftigen Geschäftsbeziehungen mit dem Schuldner verspricht, während für die Minderheit diese Erwartungen nicht gegeben sind.

164

Die Mehrheitsentscheidung einer Gruppe ist also keine ausreichende Legitimation dafür, dass einem einzelnen Beteiligten gegen seinen Willen Vermögenswerte entzogen werden. § 251 InsO normiert deshalb einen Minderheitenschutz für alle Gruppen von Gläubigern, die über den Plan zu entscheiden haben.[215]

Auf Antrag eines Gläubigers ist die Bestätigung des Insolvenzplans (§ 248 InsO) zu versagen, wenn der Gläubiger
- dem Plan spätestens im Abstimmungstermin schriftlich oder zu Protokoll der Geschäftsstelle widersprochen hat (§ 251 Abs. 1 Nr. 1 InsO) und
- durch den Plan schlechter gestellt wird, als er ohne Plan stünde (§ 251 Abs. 1 Nr. 2 InsO).

Zwingende Voraussetzungen für die Ablehnung des Insolvenzplans sind somit:

165

- Antragstellung durch den Gläubiger, wobei eine Frist für den Antrag nicht vorgesehen ist. Er kann gestellt werden, bis der Plan bestätigt und die Bestätigung rechtskräftig geworden ist.
- Widerspruch des Antragstellers spätestens im Abstimmungstermin schriftlich oder zu Protokoll der Geschäftsstelle. Ob der Gläubiger stimmberechtigt war oder nicht, spielt dabei keine Rolle.
- Verletzung eines wirtschaftlichen Interesses des Antragstellers.
- Glaubhaftmachung der Verletzung (§ 251 Abs. 2 InsO), um einer Verfahrensverschleppung durch aufwendige gerichtliche Ermittlungen zu verhindern, wenn der Antrag unbegründet ist, und nur aus Verschleppungsabsicht gestellt wurde.

b) Bekanntgabe der Entscheidung (§ 252 InsO)

Die Entscheidung des Insolvenzgerichts, ob der Plan bestätigt oder ob eine Bestätigung aus eben genannten Gründen versagt wird, ergeht durch Beschluss (§ 252 Abs. 1 Satz 1 InsO).

166

Dieser ist im Abstimmungstermin oder in einem alsbald zu bestimmenden besonderen Termin (Verkündungstermin) zu verkünden (§ 252 Abs. 1

167

---

215 A. a. O., § 251 Rdnr. 1.

Satz 1 InsO). Die Bekanntgabe hat den Zweck, den Beginn der Rechtsmittelfrist einheitlich festzulegen.

Ein besonderer Verkündungstermin wird vor allem dann anberaumt werden, wenn das Gericht noch Zeit benötigt, um über Anträge der Gläubiger oder einen Widerspruch des Schuldners zu entscheiden. Gläubiger und Schuldner können die ihnen im Rahmen des Minderheitenschutzes und der Planzustimmung zustehenden Rechte noch jeweils im Abstimmungstermin geltend machen (§§ 247 Abs. 1, 251 Abs. 1 Nr. 1 InsO).

Von der Möglichkeit einen besonderen Verkündungstermin anzusetzen, soll das Gericht vor allem dann Gebrauch machen, wenn das Hindernis, das Grund für die Versagung der Bestätigung war, in absehbarer Zeit behoben werden kann.[216]

168 Wird außerhalb des Abstimmungstermins ein besonderer Verkündungstermin festgesetzt, besteht die Verpflichtung des Gerichts, nochmals die gleichen Personen wie zu einem gesonderten Abstimmungstermin zu laden (§ 241 Abs. 2 Satz 1 InsO).

Die wiederholte Ladung ist jedoch gemäß §§ 252 Abs. 1 Satz 2, 74 Abs. 2 Satz 2 InsO nicht erforderlich. Die Vertagung im Abstimmungstermin ist ausreichend.

169 Da sich die Bestätigung des Insolvenzplans tiefgreifend auf die Rechte der Beteiligten auswirken kann, ordnet § 252 Abs. 2 InsO an, dass im Falle der Planbestätigung den Insolvenzgläubigern, die Forderungen angemeldet haben, und den absonderungsberechtigten Gläubigern unter Hinweis auf die Bestätigung ein Abdruck des Plans oder eine Zusammenfassung seines wesentlichen Inhalts zu übersenden ist.

c) Rechtsmittel (§ 253 InsO)

170 Gegen den Beschluss, durch den der Insolvenzplan bestätigt oder die Bestätigung versagt wird, steht den Gläubigern und dem Schuldner die sofortige Beschwerde zu (§§ 6 Abs. 1, 253 InsO). Beschwerdeberechtigt sind auch Gläubiger, denen kein Stimmrecht (§§ 237, 238 InsO) zusteht.[217] Ein Beschwerderecht des Insolvenzverwalters ist nicht vorgesehen.

Gemäß § 6 Abs. 2 Satz 1 InsO i. V. m. § 577 Abs. 2 Satz 1 ZPO beträgt die Beschwerdefrist 2 Wochen. Sie beginnt mit der Verkündung der Entscheidung im Abstimmungstermin oder im besonderen Verkündungstermin (§§ 6 Abs. 2 Satz 1, 252 Abs. 1 Satz 1 InsO).

Gegen die Beschwerdeentscheidung ist gemäß § 7 InsO die weitere Beschwerde in Form der Zulassungsbeschwerde gegeben.

---

216 FK-InsO/Jaffé, § 252 Rdnr. 10.
217 Smid, a. a. O., § 253 Rdnr. 3.

D. Die Wirkungen des bestätigten Insolvenzplans (§§ 254 ff. InsO)

Nach erfolgreichem Durchlaufen des Planverfahrens entfaltet der Insolvenzplan die von den Beteiligten in ihm festgelegten Wirkungen, d. h., die vorgesehenen Rechtsänderungen treten ein.

171

I. Allgemeine Wirkungen des Plans (§ 254 InsO)

§ 254 InsO regelt die Auswirkungen des Plans

172

- auf die Rechtsstellung der am Verfahren Beteiligten (§ 254 Abs. 1 InsO), und
- auf die Rechtsverhältnisse, die zwischen den Beteiligten und Dritten bestehen (§ 254 Abs. 2 InsO).

Zusätzlich bestimmt § 254 Abs. 3 InsO die Vorgehensweise, wenn Gläubiger weiter gehend befriedigt worden sind, als sie nach dem Plan zu beanspruchen hatten.

1. Auswirkungen auf die Rechtsstellung der Beteiligten (§ 254 Abs. 1 InsO)

Mit der Rechtskraft des gerichtlichen (Bestätigungs-)Beschlusses treten gemäß § 254 Abs. 1 Satz 1 InsO die im gestaltenden Teil des Insolvenzplans[218] festgelegten Wirkungen für und gegen alle Beteiligten ein.

173

Grundlage für die materiellen Planwirkungen sind somit die im Rahmen der gesetzlich garantierten Gestaltungsfreiheit von den Beteiligten ausgehandelten und im gestaltenden Teil des Insolvenzplans niedergelegten Rechtsänderungen. § 254 Abs. 1 Satz 1 InsO bestimmt lediglich, gegenüber welchem Personenkreis die Rechtsänderungen bindend sind, und wann sie in Kraft treten.[219]

In zeitlicher Hinsicht muss beachtet werden, dass die Rechtskraft der gerichtlichen Bestätigung (§ 248 Abs. 1 InsO) mit Ablauf der zweiwöchigen Beschwerdefrist (§§ 253, 6 Abs. 2, 577 ZPO) bzw. nach rechtskräftiger Entscheidung über die sofortige Beschwerde eintritt.

174

---

218 Zum gestaltenden Teil s. Rdnr. 26 ff.
219 Schiessler, a. a. O., S. 188.

Um die Planwirkungen herbeizuführen sind danach keine weiteren Vollzugsakte und Zustimmungen erforderlich.

175 Entsprechend dem Wortlaut des § 254 Abs. 1 Satz 1 InsO treten die Wirkungen für und gegen alle Beteiligten ein, also gegenüber

- den absonderungsberechtigten Gläubigern,
- den Insolvenzgläubigern,
- dem Schuldner.

Dies gilt sowohl für Insolvenzgläubiger, die ihre Forderungen nicht angemeldet haben, als auch für Beteiligte, die dem Plan widersprochen (§ 254 Abs. 1 Satz 3 InsO), die an der Abstimmung nicht teilgenommen oder sich darin der Stimme enthalten haben.[220]

175 Der Grundsatz des § 254 Abs. 1 Satz 1 InsO, dass sämtliche Planwirkungen mit Rechtskraft der Bestätigung des Insolvenzplans eintreten, wird durch § 254 Abs. 1 Satz 2 InsO eingeschränkt.

Die in den Plan aufgenommenen Willenserklärungen (§§ 228, 230 InsO) der Beteiligten gelten als in der vorgeschriebenen Form abgegeben, soweit Rechte an Gegenständen begründet, geändert, übertragen oder aufgehoben oder Geschäftsanteile einer GmbH abgetreten werden sollen. Entsprechendes gilt für die zugrundeliegenden Verpflichtungserklärungen. Durch diese Regelung erübrigt sich die Einhaltung spezieller Formerfordernisse wie beispielsweise § 313 Satz 1 BGB und § 15 Abs. 4 GmbHG.

Rein tatsächliche Rechtshandlungen, z. B. Besitzverschaffung und Grundbucheintragung, können jedoch nicht durch den Insolvenzplan ersetzt werden.[221] Die geplanten Rechtsänderungen treten folglich nicht bereits mit Rechtskraft der Planbestätigung, sondern erst mit Vornahme der entsprechenden Realakte ein.[222]

2. Auswirkungen auf die Rechtsverhältnisse zwischen den Beteiligten und Dritten (§ 254 Abs. 2 InsO)

176 Persönliche Ansprüche der Insolvenzgläubiger gegen Dritte, die sich vor dem Insolvenzfall für den Schuldner verbürgt oder für ihn anderweitig Sicherheiten an nicht zur Insolvenzmasse gehörenden Gegenständen bestellt haben, werden durch den Insolvenzplan nicht berührt (§ 254 Abs. 2 Satz 1 InsO). Ebenso wenig können die Wirkungen einer Vormerkung beeinträchtigt werden, die den Anspruch eines Gläubigers auf Einräumung oder Aufhebung eines Rechts an dem Grundstück eines Dritten sichert.[223]

---

220 A. a. O., S. 189.
221 Hess/Obermüller, a. a. O., Rdnr. 370.
222 Schiessler, a. a. O., S. 191.
223 Schmidt-Räntsch, a. a. O., § 254 Rdnr. 4.

Dagegen wird der Schuldner gegenüber diesen Drittpersonen durch den Plan in gleicher Weise befreit wie gegenüber dem Gläubiger (§ 254 Abs. 2 Satz 2 InsO).

3. Gläubigerbefriedigung über die Planquote hinaus (§ 254 Abs. 3 InsO)

Ist ein Gläubiger weiter gehend befriedigt worden, als er nach dem Plan zu beanspruchen hat, so begründet dies keine Pflicht zur Rückgewähr des Erlangten (§ 254 Abs. 3 InsO). 177

Beinhaltet der Insolvenzplan einen Teilerlass von Forderungen gegen den Schuldner, so sieht sich ein Gläubiger, der über den fortbestehenden Teil hinaus befriedigt wird, keinen Rückgewähransprüchen aus ungerechtfertigter Bereicherung ausgesetzt.

Der Insolvenzplan führt nicht zu einer Novation der bestehenden Forderung. Der erlassene Teil solcher Forderungen besteht als erfüllbare Naturalobligation fort und bildet den Rechtsgrund für die volle Befriedigung.[224]

II. Die Wiederauflebensklausel (§§ 255, 256 InsO)

1. Ungenügende Planerfüllung durch den Schuldner (§ 255 Abs. 1 InsO)

Die Regelung des § 255 Abs. 1 InsO basiert auf dem Gedanken, dass es den Gläubigern auf Dauer nicht zuzumuten ist, die dem Schuldner von ihnen im Insolvenzplan eingeräumte Besserstellung auch dann zu gewähren, wenn der Schuldner seinen im Plan übernommenen Verpflichtungen nicht nachkommt. 178

Bei einem Verstoß des Schuldners gegen Leistungspflichten, die sich aus dem Insolvenzplan ergeben, treten die Rechtsfolgen des § 255 InsO ein: Sind auf Grund des gestaltenden Teils des Insolvenzplans Forderungen von Insolvenzgläubigern gestundet oder teilweise erlassen worden, so wird die Stundung oder der Erlass für den Gläubiger hinfällig, gegenüber dem der Schuldner mit der Erfüllung des Plans erheblich in Rückstand gerät (§ 255 Abs. 1 Satz 1 InsO).

Hat der Plan die Forderung eines Gläubigers nicht beschränkt, kann dieser nach Bestätigung des Plans seine Forderungen ohne Einschränkung in voller Höhe geltend machen.[225]

---

[224] Zu allem Schiessler, a. a. O., S. 192.
[225] Smid, a. a. O., § 255 Rdnr. 2.

Bei den maßgeblichen Leistungspflichten, die der Schuldner im Plan übernommen hat, kann es sich um Zahlungspflichten, aber auch um sonstige Haupt- und Nebenpflichten des Schuldners handeln, soweit diese der Sicherung oder Erfüllung des Insolvenzplans zu dienen bestimmt sind.[226]

Sollen die Insolvenzgläubiger nicht vom Schuldner befriedigt werden, sondern von einer Übernahmegesellschaft oder einem sonstigen Dritten oder beschränkt sich der Plan auf die Art der Verwertung des Schuldnervermögens, so findet § 255 Abs. 1 InsO keine Anwendung. Auch die Erfüllung von dinglichen Ansprüchen absonderungsberechtigter Gläubiger wird von der Vorschrift nicht erfasst.[227]

179 § 255 Abs. 1 Satz 2 InsO konkretisiert den Begriff des erheblichen Rückstandes. Ein solcher ist erst dann anzunehmen,

- wenn der Schuldner eine fällige Verbindlichkeit nicht bezahlt hat,
- obwohl der Gläubiger ihn schriftlich gemahnt
- und ihm dabei eine mindestens zweiwöchige Nachfrist gesetzt hat.

Der zivilrechtliche Begriff des Verzuges wird bewusst nicht verwendet, da er im allgemeinen Zivilrecht geringere Voraussetzungen hat als § 255 Abs. 1 Satz 2 InsO sie normiert.

Die Mahnung, die sich auf eine bestimmte, fällige Verbindlichkeit beziehen muss, hat unter Beachtung der Schriftform, § 126 BGB, und unter gleichzeitiger ausdrücklicher Setzung der zweiwöchigen Nachfrist zu erfolgen. Wann die Fälligkeit der Verbindlichkeit eintritt, sollte durch eine Regelung im Insolvenzplan festgesetzt werden.[228]

Wurde der Schuldner gemahnt und hat er die Nachfrist untätig verstreichen lassen, so leben kraft Gesetzes die erlassenen oder gestundeten Forderungen wieder auf. Diese Rechtsfolgen treten jedoch nur im Verhältnis zwischen Schuldner und dem individuell betroffenen Gläubiger ein. Auf die übrigen Gläubiger hat das punktuelle Wiederaufleben einzelner Forderungen keinerlei Auswirkungen.

2. Eröffnung eines neuen Insolvenzverfahrens (§ 255 Abs. 2 InsO)

180 Wird vor vollständiger Erfüllung des Plans über das Vermögen des Schuldners ein neues Insolvenzverfahren eröffnet, so ist die Stundung oder der Erlass für alle Insolvenzgläubiger hinfällig (§ 255 Abs. 2 InsO).

Die gemeinschaftliche Befriedigung der Gläubiger mittels des Insolvenzplans ist nach Eröffnung eines neuen Insolvenzverfahrens nicht mehr möglich, die Planerfüllung ist gescheitert. Es macht somit auch keinen Sinn mehr,

---

226 FK-InsO/Jaffé, § 255 Rdnr. 13.
227 Vgl. Schmidt-Räntsch, a. a. O., § 255 Rdnr. 2, 3.
228 Zu allem FK-InsO/Jaffé, § 255 Rdnr. 25 ff.

dem Schuldner nochmals die Möglichkeit zu geben, seinen Verpflichtungen nachzukommen – Mahnung und Nachfristsetzung sind überflüssig. Auch, wenn der Schuldner im bisherigen Verlauf alle Forderungen plangemäß erfüllt hat, treten die Rechtsfolgen des § 255 Abs. 2 InsO ein.

Zu beachten ist, dass die von § 255 Abs. 2 InsO nicht betroffenen Regelungen des Insolvenzplans auch im Rahmen des neuen Insolvenzverfahrens weiterhin Gültigkeit haben.

3. Anderweitige Regelungen im Insolvenzplan (§ 255 Abs. 3 InsO)

Gemäß § 255 Abs. 3 Satz 1 InsO können im Insolvenzplan bezüglich des Wiederauflebens abweichende Regelungen getroffen werden. Jedoch kann von § 255 Abs. 1 InsO nicht zum Nachteil des Schuldners abgewichen werden (§ 255 Abs. 3 Satz 2 InsO).

181

> **Folgende Regelungen sind im Insolvenzplan beispielsweise nicht zulässig:**
>
> - Wiederaufleben ohne Mahnung bzw. bei lediglich nach dem Kalender bestimmter Fälligkeit.
> - Wiederaufleben ohne Nachfristsetzung.
> - Nachfrist von weniger als zwei Wochen.

4. Sonderfälle: Streitige Forderungen und Ausfallforderungen (§ 256 InsO)

Die Anwendung des § 255 Abs. 1 InsO ist problematisch, solange die Höhe der von den Insolvenzgläubigern gestundeten oder teilweise erlassenen Forderungen noch ungewiss ist.[229] Deshalb ergänzt § 256 InsO die Wiederauflebensklausel. Die Vorschrift setzt die Erfüllungspflichten des Schuldners fest, welche sich aus Forderungen, die im Prüfungstermin bestritten wurden, und Ausfallforderungen absonderungsberechtigter Gläubiger, deren Höhe noch nicht feststeht, ergeben.

182

Der Schuldner gerät mit diesen Verbindlichkeiten nicht gemäß § 255 Abs. 1 InsO in erheblichen Rückstand, wenn er sie in demselben Umfang berücksichtigt, den das Insolvenzgericht seiner Stimmrechtsentscheidung nach §§ 237, 238 InsO zugrundegelegt hat (§ 256 Abs. 1 InsO).[230]

Ist keine Entscheidung über das Stimmrecht für den Gläubiger getroffen worden, so hat das Gericht auf Antrag des Schuldners oder des Gläubigers

---

[229] Schiessler, a. a. O., S. 197.
[230] A. a. O., S. 198.

nachträglich festzustellen, in welchem Ausmaß der Schuldner vorläufig die Forderung zu berücksichtigen hat (§ 256 Abs. 1 Satz 2 InsO).

Da der Schuldner nicht zur Antragstellung verpflichtet ist, trifft ihn insofern bis zu einer insolvenzgerichtlichen Entscheidung keine Leistungspflicht, es entsteht kein »Rückstand« i. S. d. § 255 Abs. 1 InsO.[231]

183 Ergibt die endgültige Feststellung, dass der Schuldner zu wenig gezahlt hat, so hat er das Fehlende nachzuzahlen (§ 256 Abs. 2 Satz 1 InsO). Ein erheblicher Rückstand i. S. d. § 255 Abs. 1 InsO mit der Erfüllung des Plans ist erst anzunehmen, wenn der Schuldner das Fehlende nicht nachzahlt, obwohl der Gläubiger ihn schriftlich gemahnt und ihm dabei eine mindestens zweiwöchige Nachfrist gesetzt hat (§ 256 Abs. 2 Satz 2 InsO).

Ergibt die endgültige Feststellung, dass der Schuldner zu viel gezahlt hat, so kann er den Mehrbetrag nur insoweit zurückfordern, als dieser auch den nicht fälligen Teil der Forderung übersteigt, die dem Gläubiger nach dem Insolvenzplan zusteht (§ 256 Abs. 3 InsO). Anspruchsgrundlage ist § 812 Abs. 1 Satz 1 1. Alt BGB.[232]

III. Vollstreckung aus dem Insolvenzplan (§ 257 InsO)

Die Möglichkeit der Vollstreckung von Forderungen aus dem Insolvenzplan richtet sich nach § 257 InsO.

1. Vollstreckung gegen den Insolvenzschuldner (§ 257 Abs. 1 InsO)

184 Aus dem rechtskräftig bestätigten Insolvenzplan in Verbindung mit der Eintragung in die Tabelle können die Insolvenzgläubiger, deren Forderungen festgestellt und nicht vom Schuldner im Prüfungstermin bestritten worden sind, wie aus einem vollstreckbaren Urteil die Zwangsvollstreckung gegen den Schuldner betreiben (§ 257 Abs. 1 Satz 1 InsO).

Von dieser Vorschrift werden ausschließlich Insolvenzforderungen[233] (§ 38 InsO) erfasst, die gemäß § 178 Abs. 1 InsO festgestellt worden sind, und denen auch der Schuldner nicht widersprochen hat.

Einer nicht bestrittenen Forderung steht eine Forderung gleich, bei der ein erhobener Widerspruch entweder durch eine Klage (§ 183 InsO) oder durch Rücknahme beseitigt worden ist (§ 257 Abs. 1 Satz 2 InsO).

---

231 Zu diesem schwierigen Thema: Smid, a. a. O., § 256 Rdnr. 3 ff.; sehr ausführlich auch Schiessler, a. a. O., S. 198 ff.
232 Smid, a. a. O., § 256 Rdnr. 9.
233 Also auch Ausfallforderungen der Absonderungsberechtigten, § 52 InsO.

Das Vollstreckungsverfahren richtet sich nach den allgemeinen Vorschriften der Zivilprozessordnung (§§ 724 bis 793 ZPO).[234]

Zu beachten ist § 257 Abs. 1 Satz 3 InsO, der auf § 202 InsO verweist. Darin ist die ausschließliche Zuständigkeit des Amtsgerichts normiert, bei dem das Insolvenzverfahren anhängig ist oder anhängig war. Gehört der Streitgegenstand nicht zur Zuständigkeit der Amtsgerichte, so ist das Landgericht zuständig, zu dessen Bezirk das Insolvenzgericht gehört.

Bei Einwendungen des Schuldners gegen den in der Tabelle festgestellten Anspruch muss dieser Vollstreckungsgegenklage gemäß 767 ZPO erheben. Diese wird jedoch durch § 767 Abs. 2 ZPO eingeschränkt, so dass der Schuldner mit allen Einwendungen präkludiert ist, die bereits im Prüfungstermin vorhanden waren.[235]

2. Vollstreckung gegen Dritte (§ 257 Abs. 2 InsO)

Hat ein Dritter für die Erfüllung des Plans neben dem Schuldner Verpflichtungen ohne Vorbehalt der Einrede der Vorausklage übernommen, gilt die Vorschrift des § 257 Abs. 1 InsO sinngemäß, d. h. die Zwangsvollstreckung kann auch gegen den Dritten betrieben werden.

185

Die Übernahme einer solchen Verpflichtung kann beispielsweise durch Bürgschaft, Schuldübernahme oder durch einen Garantievertrag erfolgen.[236] Die für die Wirksamkeit der Verpflichtungsübernahme notwendige schriftliche Erklärung des Dritten an das Insolvenzgericht, ist dem Insolvenzplan gemäß § 230 Abs. 3 InsO beizufügen.

3. Vollstreckung im Fall des Wiederauflebens von Forderungen (§ 257 Abs. 3 i. V. m. §§ 255, 256 InsO)

Macht ein Insolvenzgläubiger geltend, dass der Schuldner mit der Planerfüllung erheblich im Rückstand ist, und dass somit eine gestundete oder teilweise erlassene Forderung wiederauflebt i. S. d. § 255 InsO, so gewährt ihm § 257 Abs. 3 InsO eine Erleichterung bezüglich der Erteilung der Vollstreckungsklausel und der Durchführung der Zwangsvollstreckung.

186

Der Insolvenzgläubiger hat im Klauselerteilungs- und im Vollstreckungsverfahren nicht den vollen Beweis für das Vorliegen erheblicher Rückstände zu führen. Es bedarf lediglich der Glaubhaftmachung (§ 294 ZPO i. V. m. § 4 InsO) der Mahnung und des Ablaufs der Nachfrist.

---

234 Fraglich ist mittlerweile, ob aufgrund der Formulierung in § 257 Abs. 1 Satz 1 InsO (»... in Verbindung mit der Eintragung in der Tabelle ...«) noch die Meinung zum alten Recht aufrechterhalten werden kann, wonach Vollstreckungstitel ausschließlich der Tabelleneintrag war; Schiessler, a. a. O., S. 202; Smid, a. a. O., § 257 Rdnr. 7.
235 Smid, a. a. O., § 257 Rdnr. 8.
236 FK-InsO/Jaffé, § 257 Rdnr. 26.

IV. Aufhebung des Insolvenzverfahrens (§§ 258, 259 InsO)

187 In den §§ 258, 259 InsO sind die Voraussetzungen und Wirkungen der Aufhebung des Insolvenzverfahrens für den Fall der Durchführung eines Planverfahrens geregelt.[237] Erst die Aufhebung nach diesen Vorschriften beendet formell das Insolvenzplanverfahren, nicht bereits die gerichtliche Bestätigung gemäß § 248 InsO.

1. Das Aufhebungsverfahren (§ 258 InsO)

188 Sobald die Bestätigung des Insolvenzplans rechtskräftig ist, erlässt das Insolvenzgericht einen Aufhebungsbeschluss bezüglich des Insolvenzverfahrens (§ 258 Abs. 1 InsO). Im Zeitpunkt seines Wirksamwerdens (§ 258 Abs. 3 Satz 1 InsO), beseitigt er die Wirkungen der Eröffnung des Insolvenzverfahrens.

Vor der Aufhebung hat der Verwalter die unstreitigen Masseansprüche (§§ 53 ff. InsO) zu berichtigen und für die streitigen Sicherheit im Wege einer Bankbürgschaft oder durch Hinterlegung (§§ 232 ff. BGB) zu leisten, § 258 Abs. 2 InsO.

Wegen § 66 Abs. 1 i. V. m. § 259 Abs. 1 Satz 1 InsO ist der Insolvenzverwalter hierüber zur Rechnungslegung verpflichtet.

Zu beachten ist, dass die schuldhafte Nichtberücksichtigung der Pflichten aus § 258 Abs. 2 InsO einen Haftungstatbestand i. S. d. § 60 InsO darstellt. Der Insolvenzverwalter macht sich gegenüber den benachteiligten Gläubigern schadenersatzpflichtig.[238] Gemäß § 258 Abs. 3 Satz 1 InsO sind der Beschluss und der Grund der Aufhebung öffentlich bekannt zu machen (§ 9 InsO). Die Bekanntmachung hat durch Veröffentlichung im Bundesanzeiger und in dem für amtliche Bekanntmachungen des Gerichts bestimmten Blatt zu erfolgen (§§ 258 Abs. 3 Satz 1 und 3, 200 Abs. 2 Satz 2, 9 Abs. 1 Satz 1 InsO).

Unter den Voraussetzungen der §§ 31 bis 33 InsO muss die Aufhebung auch in das Grundbuch bzw. in gleichgestellte Register eingetragen werden und dem für das Handels-, Genossenschafts- oder Vereinsregister zuständigen Gericht eine Ausfertigung des Aufhebungsbeschlusses übermittelt werden (§§ 258 Abs. 3 Satz 3 i. V. m. 200 Abs. 2 Satz 2 InsO).

---

[237] Zur Stellung des Planverfahrens im einheitlichen Insolvenzverfahren s. oben Rdnr. 52 ff.
[238] Hess/Obermüller, a. a. O., Rdnr. 492.

Der Schuldner, der Insolvenzverwalter und die Mitglieder des Gläubigerausschusses sind zusätzlich vorab über den Zeitpunkt des Wirksamwerdens der Aufhebung (§ 9 Abs. 1 Satz 3 InsO) zu unterrichten, da der Schuldner zu diesem Zeitpunkt das Verfügungsrecht über die Insolvenzmasse wiedererlangt (§ 259 Abs. 1 Satz 2 InsO).

2. Wirkungen der Aufhebung (§ 259 InsO)

Mit der Aufhebung des Insolvenzverfahrens erlöschen die Ämter des Insolvenzverwalters und der Mitglieder des Gläubigerausschusses (§ 259 Abs. 1 Satz 1 InsO).

189

Der Schuldner erhält das Recht zurück, über die Insolvenzmasse frei zu verfügen (§ 259 Abs. 1 Satz 2 InsO) das Verwaltungs- und Verfügungsrecht des Insolvenzverwalters gemäß § 80 Abs. 1 InsO endet.

Sehen die Vorschriften über die Überwachung der Planerfüllung (§§ 260 ff.) etwas anderes vor, so treten die Wirkungen des § 259 InsO nicht ein (§ 259 Abs. 2 InsO). D. h., dass im Plan Regelungen abweichend von § 259 Abs. 1 InsO getroffen werden können.

Einen anhängigen Rechtsstreit, der die Insolvenzanfechtung zum Gegenstand hat, kann der Verwalter auch nach der Aufhebung des Verfahrens fortführen, wenn dies im gestaltenden Teil des Plans vorgesehen ist (§ 259 Abs. 3 Satz 1 InsO). Seine Prozessführungsbefugnis erlischt nicht, obwohl er nicht mehr »Partei kraft Amtes« ist. Er soll die in seiner ursprünglichen Funktion begründeten spezifisch insolvenzrechtlichen Befugnisse noch geltend machen können.[239]

In diesem Fall wird der Rechtsstreit für Rechnung des Schuldners geführt, wenn im Plan keine abweichende Regelung getroffen wird (§ 259 Abs. 3 Satz 2 InsO).

E. Die Überwachung der Planerfüllung (§§ 260 ff. InsO)

Um sicherzustellen, dass die im Insolvenzplan übernommenen Verpflichtungen auch eingehalten werden – damit das durch den Plan zu realisierende Konzept verwirklicht werden kann –, kann angeordnet werden, dass die Planerfüllung überwacht wird.

190

Es soll vor allem der Tatsache Rechnung getragen werden, dass die Gläubiger oftmals bereits durch die Regelungen im Insolvenzplan erhebliche Ver-

---

[239] Smid, a. a. O., § 259 Rdnr. 6.

zichte hingenommen haben, und nicht auch noch unter ungenügender Umsetzung des Plans leiden sollen.

Die Erfüllungsüberwachung dient vornehmlich dem Schutz der Gläubiger. Sie stärkt deren Vertrauen in das Planverfahren, erhöht die Neigung, dem Plan zuzustimmen, und erleichtert die Aufnahme neuer Kredite.[240] Der hauptsächliche Anwendungsbereich ist deshalb bei Sanierungsplänen[241] gegeben, bei denen die Gläubiger aus den Erträgen des fortgeführten Unternehmens befriedigt werden sollen.

I. Allgemeines (§ 260 InsO)

191 Die am Insolvenzverfahren Beteiligten können sich also darauf einigen, dass die Erfüllung des Plans überwacht wird. Wird von dieser Möglichkeit Gebrauch gemacht, so muss dies im gestaltenden Teil des Insolvenzplans festgehalten werden (§ 260 Abs. 1 InsO).

§ 260 Abs. 2 InsO stellt klar, dass sich die Überwachung, die nach § 260 Abs. 1 InsO vereinbart wurde, darauf richtet, ob die Ansprüche erfüllt werden, die den Gläubigern nach dem gestaltenden Teil des Insolvenzplans gegen den Schuldner zustehen. Es werden die nach § 221 InsO festgelegten Leistungspflichten überwacht.

192 Wird das insolvente Unternehmen nicht durch den Schuldner, sondern von einer sog. Übernahmegesellschaft fortgeführt, so erstreckt sich die Überwachung auf die Erfüllung der Ansprüche durch die Übernahmegesellschaft, wenn dies im gestaltenden Teil vorgesehen ist (§ 260 Abs. 3 InsO).

Unter einer Übernahmegesellschaft versteht man eine juristische Person oder Gesellschaft ohne Rechtspersönlichkeit, die nach der Eröffnung des Insolvenzverfahrens gegründet worden ist, um das Unternehmen oder einen Betrieb des Schuldners zu übernehmen und weiterzuführen.

II. Aufgaben, Befugnisse und Anzeigepflicht des Insolvenzverwalters im Rahmen der Planüberwachung (§§ 261, 262 InsO)

193 Die Überwachung ist Aufgabe des Insolvenzverwalters (§ 261 Abs. 1 Satz 1 InsO) sein Amt besteht insoweit fort (§ 261 Abs. 1 Satz 2 InsO). Er hat

---

240 Schiessler, a. a. O., S. 207.
241 Zu Sanierungsplänen s. Rdnr. 12 ff.

große Detailkenntnis bezüglich des Plans, da er ihn entweder selbst vorgelegt hat, oder aber sehr exakt mit seinem Inhalt vertraut sein muss. Aus der Vertragsfreiheit der Beteiligten ergibt sich, dass im Plan anstelle der im Gesetz geregelten Art der Überwachung auch andere Formen vorgesehen werden können, etwa eine Überwachung durch einen von den Gläubigern bestimmten Sachwalter.[242]

Er hat das Recht, wie ein vorläufiger Insolvenzverwalter die Geschäftsräume des Schuldners zu betreten und dort Nachforschungen anzustellen. Der Schuldner hat ihm Einsicht in seine Bücher und Geschäftspapiere zu gestatten (§§ 261 Abs. 1 Satz 3, 22 Abs. 3 InsO).

Um die Planüberwachung effektiv durchzuführen, bleiben auch die Ämter der Mitglieder des Gläubigerausschusses zu diesem Zweck bestehen, ebenso die Aufsicht des Insolvenzgerichts (§ 261 Abs. 1 Satz 2 InsO).

Während der Zeit der Überwachung hat der Verwalter dem Gläubigerausschuss und dem Gericht jährlich über den jeweiligen Stand und die weiteren Aussichten der Erfüllung des Insolvenzplans zu berichten (§ 261 Abs. 2 Satz 1 InsO). Zusätzlich können der Gläubigerausschuss und das Gericht jederzeit einzelne Auskünfte oder einen Zwischenbericht verlangen (§ 261 Abs. 2 Satz 2 InsO).

Stellt der Insolvenzverwalter im Rahmen seiner Überwachungstätigkeit fest, dass der Schuldner planmäßige Ansprüche der Gläubiger nicht erfüllt oder nicht erfüllen kann, so hat er dies unverzüglich dem Gläubigerausschuss und dem Insolvenzgericht anzuzeigen (§ 262 Satz 1 InsO).

Ist ein Gläubigerausschuss nicht bestellt, so hat der Verwalter an dessen Stelle alle Gläubiger zu unterrichten, denen nach dem gestaltenden Teil des Insolvenzplans Ansprüche gegen den Schuldner oder die Übernahmegesellschaft zustehen (§ 262 Satz 2 InsO).

> **Als denkbare Kontrollmaßnahmen kommen beispielsweise in Frage:**[243]
> - Liquiditätskontrollen,
> - Vorlagepflicht für den Schuldner bzgl. erheblicher Neubelastungen,
> - Monatliche Debitoren- und Kreditorenlisten,
> - Monatlicher Auftragsbestand.

194

Bei Verstoß gegen die Anzeigepflichten des § 262 InsO macht sich der Verwalter schadenersatzpflichtig.

---

242 Uhlenbruck, BB 1998, 2020.
243 Nach FK-InsO/Jaffé, § 262 Rdnr. 18.

III. Zustimmungsbedürftige Geschäfte (§ 263 InsO)

195 Grundsätzlich ist der Schuldner mit der Aufhebung des Insolvenzverfahrens berechtigt, über die Insolvenzmasse frei zu verfügen (§ 259 Abs. 1 Satz 2 InsO).[244]

Um die Effektivität der Planüberwachung zu steigern enthält § 263 InsO eine Durchbrechung dieses Grundsatzes: Im gestaltenden Teil des Insolvenzplans kann vorgesehen werden, dass bestimmte Rechtsgeschäfte des Schuldners oder der Übernahmegesellschaft (§ 260 Abs. 3 InsO) während der Zeit der Überwachung nur wirksam sind, wenn der Insolvenzverwalter ihnen zustimmt (§ 263 Satz 1 InsO).

Um dem Charakter als Ausnahmevorschrift gerecht zu werden, ist darauf zu achten, dass nur besonders risikoreiche oder bedeutsame Rechtsgeschäfte dem Zustimmungserfordernis unterworfen werden. Ein pauschaler Zustimmungsvorbehalt für alle Rechtsgeschäfte ist nicht zulässig.[245]

196 Rechtsgeschäfte, die ohne Zustimmung abgeschlossen wurden, sind absolut, d. h. gegenüber jedermann wirkungslos (§§ 263 Satz 2, 81, 82 InsO).[246]

IV. Nachrangigkeit von Forderungen (§§ 264 ff. InsO)

197 Für das Gelingen einer Sanierung wird häufig entscheidend sein, dass dem Unternehmen nach der Bestätigung des Sanierungsplans und der Aufhebung des Insolvenzverfahrens Kredite gewährt werden, mit denen die schwierige Anlaufzeit nach dem Insolvenzverfahren überbrückt wird. Solche Kredite werden aber in dem erforderlichen Umfang nur dann gewährt werden, wenn der Kreditgeber einigermaßen sicher sein kann, dass er auch im Falle eines Scheiterns der Sanierung und der Eröffnung eines neuen Insolvenzverfahrens seinen Rückzahlungsanspruch durchsetzen kann. Da die üblichen Kreditsicherheiten dem Unternehmen in dieser Situation kaum zur Verfügung stehen, bieten die §§ 264 bis 266 InsO die Möglichkeit, dem Kreditgeber eine derartig gesicherte Stellung einzuräumen.[247]

1. Rangrücktritt (§ 264 InsO)

198 Im gestaltenden Teil des Insolvenzplans kann vorgesehen werden, dass die Insolvenzgläubiger nachrangig sind gegenüber Gläubigern mit Forderun-

---

244 Zur Aufhebung des Insolvenzverfahrens s. Rdnr. 187 ff.
245 Haarmeyer/Wutzke/Förster, a. a. O., Kapitel 9 Rdnr. 54.
246 Hess, Kommentar zur Insolvenzordnung, 1999, § 263 Rdnr. 7.
247 Vgl. Schmidt-Räntsch, a. a. O., § 264, Rdnr. 1.

gen aus Darlehen und sonstigen Krediten, die der Schuldner oder die Übernahmegesellschaft (§ 260 Abs. 3 InsO) während der Zeit der Überwachung aufnimmt oder die ein Massegläubiger in die Zeit der Überwachung hinein stehen lässt (§ 264 Abs. 1 Satz 1 InsO).

> **Voraussetzungen für eine rangmäßige Besserstellung von Krediten ist,**
> - dass im Plan ein Gesamtbetrag festgelegt ist, bis zu dem höchstens derartige Kredite vereinbart werden dürfen, § 264 Abs. 1 Satz 2 InsO;
> - dass dieser Kreditrahmen das nach der Bestätigung des Plans vorhandene Aktivvermögen nicht übersteigen darf, § 264 Abs. 1 Satz 2 InsO;
> - dass mit dem jeweiligen Gläubiger vereinbart wird, dass und in welcher Höhe der gewährte Kredit nach Hauptforderung, Zinsen und Kosten innerhalb des Kreditrahmens liegt, § 264 Abs. 2 Satz 1 InsO;
> - und dass dies gegenüber den Gläubigern vom Insolvenzverwalter schriftlich bestätigt wurde, § 264 Abs. 2 Satz 1 InsO.

199

Bezüglich des Rangrücktritts ist es die Aufgabe des Insolvenzverwalters im Rahmen der Planüberwachung jederzeit zu prüfen, ob der Kreditrahmen ausreicht, um den neuen Kredit abzudecken und ob die Vereinbarungen einen eindeutigen Inhalt i. S. d. § 264 Abs. 2 InsO haben. Ob der Schuldner bei der Kreditaufnahme unternehmerisch sinnvoll handelt, ist von ihm jedoch nicht zu beurteilen.[248]

Nach § 264 Abs. 3 i. V. m. 39 Abs. 1 Nr. 5 InsO kann der Nachrang von Forderungen aus kapitalersetzenden Darlehen eines Gesellschafters und von gleichgestellten Forderungen nicht durch deren Aufnahme in den Kreditrahmen beseitigt werden. Insofern besteht ein Verbot, Gesellschafterkredite durch eine Anwendung des § 264 InsO zu privilegieren.[249]

200

2. Nachrangigkeit von Neugläubigern (§ 265 InsO)

§ 265 Satz 1 InsO schützt den Kreditgeber, dessen Kredit unter den Voraussetzungen des § 264 InsO aufgenommen worden ist, auch im Verhältnis zu den Gläubigern von vertraglichen Forderungen, die während der Zeit der Überwachung neu begründet werden.

201

Ohne diesen zusätzlichen Schutz wäre die Begünstigung des Kreditgebers von geringem Wert: Der Schuldner oder die Übernahmegesellschaft hätten es in der Hand, durch die Aufnahme neuer, nicht in den Kreditrahmen fallender Kredite gleichrangige Forderungen zu begründen.[250]

Als solche neu begründeten Ansprüche gelten auch die Ansprüche aus einem vor der Überwachung vertraglich begründeten Dauerschuldverhält-

---
248 Haarmeyer/Wutzke/Förster, a. a. O., Kapitel 9 Rdnr. 57.
249 Schiessler, a. a. O., S. 216.
250 Vgl. Schmidt-Räntsch, a. a. O., § 265 Rdnr. 1.

nis für die Zeit nach dem ersten Termin, zu dem der Gläubiger nach Beginn der Überwachung kündigen konnte (§ 265 Satz 2 InsO).

3. Zeitliche Schranken des Nachrangs (§ 266 InsO)

202 Der Nachrang der Insolvenzgläubiger und der in § 265 InsO bezeichneten Gläubiger wird nur in einem Insolvenzverfahren berücksichtigt, das vor der Aufhebung der Überwachung eröffnet wird, § 266 Abs. 1 InsO, da durch die Erleichterung der Kreditaufnahme lediglich Anfangsschwierigkeiten des Unternehmens nach der Aufhebung des Insolvenzverfahrens überwunden werden sollen.

Im Verhältnis zu den übrigen nachrangigen Insolvenzgläubigern gehen die gemäß § 264 InsO nachrangigen Insolvenzgläubiger in dem neuen Insolvenzverfahren vor (§ 266 Abs. 2 InsO).

V. Prozessuales (§§ 267 ff. InsO)

203 Die §§ 267 ff. InsO beinhalten verfahrensrechtliche Regelungen, die im Rahmen der Planüberwachung zu beachten sind.

1. Bekanntmachung der Überwachung (§ 267 InsO)

204 Wird die Erfüllung des Insolvenzplans überwacht, so ist dies zusammen mit dem Beschluss über die Aufhebung des Insolvenzverfahrens öffentlich bekannt zu machen (§ 267 Abs. 1 InsO).

Ebenso ist gemäß § 267 Abs. 2 InsO bekannt zu machen,
- ob sich die Überwachung auf eine Übernahmegesellschaft erstreckt (§ 260 Abs. 3 InsO),
- welche Rechtsgeschäfte dem Zustimmungsvorbehalt des § 263 InsO unterfallen und
- in welcher Höhe ein Kreditrahmen vorgesehen ist (§ 264 InsO).

Bei Vorliegen der Voraussetzungen des § 31 InsO erfolgt zusätzlich eine Eintragung ins Handels-, Genossenschafts- oder Vereinsregister (§ 267 Abs. 3 Satz 1 InsO).

Soweit im Falle eines Zustimmungsvorbehalts das Recht zur Verfügung über ein Grundstück, ein eingetragenes Schiff, Schiffsbauwerk oder Luftfahrzeug, *ein Recht* an einem solchen Gegenstand oder ein Recht an einem solchen Recht im Rahmen des § 263 InsO beschränkt wird, so wird dies in das Grundbuch oder in ein anderes entsprechendes Register eingetragen (§ 267 Abs. 3 Satz 2 InsO).

2. Aufhebung der Überwachung (§ 268 InsO)

Wegen der weit reichenden Wirkungen, die mit einer Planüberwachung verbunden sein können, wird ihre förmliche Aufhebung durch Beschluss des Insolvenzgerichts angeordnet, wenn die Voraussetzungen des § 268 gegeben sind.[251]

205

Die Aufhebung kann erfolgen wenn die Ansprüche, deren Erfüllung überwacht wird, erfüllt sind oder die Erfüllung gewährleistet ist (§ 268 Abs. 1 Nr. 1 InsO).

Ungeachtet der Erfüllung ist die Überwachung von Amts wegen aufzuheben, wenn seit der Aufhebung des Insolvenzverfahrens drei Jahre verstrichen sind und kein Antrag auf Eröffnung eines neuen Insolvenzverfahrens vorliegen (§ 268 Abs. 1 Nr. 2 InsO).

§ 268 Abs. 2 InsO sieht für die Aufhebung der Überwachung entsprechende Veröffentlichungen und Eintragungen vor wie § 267 für die Überwachung selbst.[252] Ein Rechtsmittel ist gegen die Aufhebung der Überwachung nicht gegeben (vgl. § 6 Abs. 1 InsO).

3. Kosten der Überwachung (§ 269 InsO)

Die Kosten, die im Rahmen der Überwachung der Planerfüllung entstehen, hat der Schuldner bzw. die Übernahmegesellschaft (§ 260 Abs. 3 InsO) zu tragen (§ 269 InsO). Sie können nicht der Masse angelastet werden, da es diese nach der Aufhebung des Insolvenzverfahrens als gebundenes Vermögen nicht mehr gibt.[253]

206

Kosten fallen vor allem durch die dem Insolvenzverwalter und den Mitgliedern des Gläubigerausschusses zu zahlenden Vergütungen, sowie durch die gesetzlich vorgeschriebenen Veröffentlichungen und durch die sonstigen Auslagen wie z. B. Reisekosten, Porti, Telefon, etc. an.[254]

---

251 Zu allem Schmidt-Räntsch, a. a. O., § 268 S. 410.
252 S. Rdnr. 204.
253 HK-InsO/Flessner, 2. Aufl. 2001, § 269 Rdnr. 1.
254 FK-InsO/Jaffé, § 269 Rdnr. 3, 4.

F. Praxistauglichkeit des Insolvenzplanverfahrens

207 Schon vor dem In-Kraft-Treten der InsO am 1. 1. 1999 sah sich die Insolvenzrechtsreform insgesamt und speziell das neu geschaffene Insolvenzplanverfahren harter Kritik seitens der Praxis ausgesetzt.

Der Insolvenzplan ist vor allem aus Zeitgründen »ein untaugliches Mittel der Insolvenzabwicklung«,[255] der »Insolvenzplan scheitert am Praxistest«.[256] Den Gedanken der Sanierung stärker im Insolvenzrecht zu verankern scheint mit den Mitteln des Insolvenzplans nicht gelungen.[257]

Ausgehend von der gesetzgeberischen Intention, mit dem Insolvenzplan die Möglichkeit einer einvernehmlichen Abwicklung der Insolvenz im Rahmen der Privatautonomie mit höchster Flexibilität und größtmöglichem Gestaltungsspielraum für die Beteiligten zu schaffen, verhindert dieser das im Insolvenzfall notwendige rasche Handeln.

In einem Insolvenzverfahren steht grds. nicht die Zeit zur Verfügung, über die günstigste Art der Verfahrensabwicklung zu diskutieren, sich dann zu einigen und das Ergebnis in einer Abstimmung zu beschließen.[258] Verzögernd wirkt auch, dass die Insolvenzgerichte im Fall eines Sanierungsplans mit schwierigsten betriebswirtschaftlichen Prüfungen belastet werden und es fraglich ist, ob diese überhaupt bewältigt werden können. Jeder zeitliche Aufschub geht einher mit einer weiteren Verschlechterung der Befriedigungsaussichten der Gläubiger.

Zudem wird angeführt, das Insolvenzplanverfahren sei vom Gesetzgeber zusätzlich zur langen Einigungsphase unter den Beteiligten »mit deutscher Gründlichkeit und damit einigermaßen umständlich geregelt«.[259] Das Verfahren für die Annahme und die gerichtliche Bestätigung des Insolvenzplans ist mit der Notwendigkeit von Vorprüfung, Stellungnahmen, Niederlegung, Erörterung, Abstimmung und Bestätigung sehr zeitintensiv ausgestaltet.

Auch verhindern die im Insolvenzplanverfahren gegebenen Rechtsmittelmöglichkeiten (§ 253 InsO) und Minderheitenschutzrechte (§ 251 InsO), einen schnellen Verfahrensablauf.[260] – Störstrategien sind sowohl von Schuldner-, als auch von Gläubigerseite zu erwarten.

Um alle im Gesetz verankerten Anforderungen zu erfüllen ist es notwendig bereits vor Antragstellung »viel Zeit und Wissen auf eine gesetzeskonforme Planerstellung« zu legen.[261]

---

255 Gravenbucher Kreis, ZIP 1992, 658.
256 Leoprechting, DZWiR 2000, 67.
257 Engberding, DZWiR 1998, 98.
258 Gravenbucher Kreis, a. a. O., S. 658.
259 Wellensiek, WM 1999, 410.
260 Wellensiek, BB 2000, 6.
261 Leoprechting, DZWiR 2000, 68.

Des weiteren ist anzumerken, dass das Insolvenzplanverfahren wesentlich komplizierter ist, als die bereits gesetzlich vorgesehenen Regelungen zur Insolvenzabwicklung. Dies trifft nicht nur im Liquidationsfall zu, sondern gilt auch bzgl. einer geplanten Sanierung des schuldnerischen Unternehmens. Das schon vor Einführung der InsO etablierte Rechtsinstitut der »übertragenden Sanierung« wird auch in Zukunft häufiger angewendet werden als die Möglichkeit des Insolvenzplans, da zumindest für das Unternehmen oder Teile davon (nicht für die Inhaber/Gesellschafter) das gleiche Ergebnis mit weniger Aufwand erreicht werden kann.

Die bisherige Akzeptanz in der Praxis – vor allem die Anzahl der erfolgreich durchgeführten Insolvenzplanverfahren – bestätigt die vorgetragene Kritik.[262]

Als möglicher Anwendungsbereich für das Insolvenzplanverfahren in Form eines Sanierungsplans gelten Insolvenzverfahren von großen Unternehmen, da hierbei die Bereitschaft der Gläubiger vorhanden ist, das Unternehmen zu erhalten. Jedoch tritt das Insolvenzplanverfahren auch hier in Konkurrenz zur bewährten »übertragenden Sanierung«.[263]

Zum vorliegenden Zeitpunkt besteht Handlungsbedarf in Richtung einer verfahrensrechtlichen Entzerrung des Insolvenzplanverfahrens. Neben der vom Gesetzgeber gewährten inhaltlichen Flexibilität und Freiheit ist es notwendig, die Möglichkeit einer vor allem schnellen Insolvenzabwicklung durch den Insolvenzplan zu schaffen, um diesen zu einem in der Praxis wirksamen (Sanierungs-)Instrument innerhalb des Insolvenzverfahrens zu machen.

G. Anhang/Muster[264]

I. Beispiel eines Insolvenzplans

A. *Vorbemerkungen*
In dem Insolvenzverfahren über das Vermögen der A.-GmbH, ..., diese gesetzlich vertreten durch ihre Geschäftsführer, Herrn B sowie Frau C, lege ich in meiner Eigenschaft als Insolvenzverwalter mit Rücksicht auf den am ..... (Datum) stattfindenden Prüfungstermin den folgenden, in Abstimmung mit den Geschäftsführern der Schuldnerin erarbeiteten Insolvenzplan zur Prüfung und ggf. Erörterung und Abstimmung vor.

---

262 Vgl. auch Praxiserfahrungen von Georg, ZInsO, 2000, S. 93.
263 Wellensiek, BB 2000, 6.
264 In Anlehnung an Breuer, Insolvenzrechts-Formularhandbuch, 1999, S. 470 ff.

B. *Darstellender Teil des Insolvenzplans*
I. Rechtliche Verhältnisse der Schuldnerin
  1. Rechtliche Entwicklung
  Die Schuldnerin ist nach der Wende aus dem ehemaligen volkseigenen Betrieb VEB ....., der im Register der volkseigenen Wirtschaft beim BVG ..... zur Nr ..... eingetragen war, hervorgegangen.
  Auf Grundlage der Verordnung zur Umwandlung volkseigener Kombinate, Betriebe und Einrichtungen vom 01. März 1990 (Gbl I, Nr. 14, S. 107) wurde der vorgenannte VEB durch Umwandlungserklärung und Gesellschaftsvertrag vom 25. Juni 1990 des Notars Dr..... zu Urkunds-Nr.: ..... in eine Gesellschaft mit beschränkter Haftung überführt.
  Die Gesellschaftsanteile wurden zunächst zu 100% durch die Treuhandanstalt gehalten. Das Stammkapital belief sich auf Euro ... In der Folgezeit interessierten sich ausländische Investoren für den Erwerb der Schuldnerin. So kam es am ..... vor dem Urkundsbeamten des Notariats Zürich (Altstadt)/Schweiz nach vorheriger Teilung der Anteile durch die Treuhandanstalt zu einem Geschäftsanteilsübertragungsvertrag (share-deal). Mit dieser Vereinbarung wurden die Geschäftsanteile in Höhe von Euro ... durch die E-Holding Deutschland AG, sowie in Höhe von Euro ... durch die ausländische Staatsangehörige, Frau ....., erworben.
  Den Anteilserwerbern wurden in dem Übernahmevertrag seitens der Treuhandanstalt eine Vielzahl von Verpflichtungen auferlegt, die das wirtschaftliche Fortkommen der Schuldnerin in der Folgezeit behindern sollten.
  Kurz darauf, nämlich am ....., übertrug die Minderheitsgesellschafterin ihren Geschäftsanteil in Höhe von Euro ... ebenfalls auf die E-Holding Deutschland GmbH. Ein entsprechender Übertragungsvertrag konnte bis heute nicht eingesehen werden.
  Am ..... kam es sodann mit Urkunde des ausländischen Notars, Herrn Dr ....., zur Geschäftszahl ....., zu einer umfassenden Änderung des Gesellschaftsvertrages der Schuldnerin, mit der die gesellschaftsvertraglichen Regelungen entsprechend den Ausgestaltungen der übrigen Tochterunternehmen der E-Holding Deutschland GmbH auf die Bedürfnisse der Unternehmensgruppe abgestellt wurde.
  Weitere gesellschaftsvertragliche Änderungen erfolgten in der Folgezeit nicht mehr.
  Die Schuldnerin ist nunmehr zu HRB ..... bei dem Handelsregister des Amtsgerichts ..... eingetragen.

Der Gegenstand des Unternehmens bezieht sich auf die
- Vorbereitung, Projektierung und Realisierung von Baumaßnahmen und damit zusammenhängender Leistungen;
- sowie fachliche Aus- und Weiterbildung von Werktätigen in unternehmenseigenen Einrichtungen;
- Baustoffhandel und Baustoffgewinnung;
- Erwerb, Bebauung, Vermietung, Verpachtung, Verwaltung und Veräußerung oder sonstige Verwendung von Grundstücken, grundstücksgleichen Rechten und Gebäuden;
- Projektierung und Vertrieb von Immobilienobjekten.

Das Geschäftsjahr ist das Kalenderjahr.

Geschäftsführer der Schuldnerin sind Herr B sowie Frau C.

2. Beteiligungen der Schuldnerin

Die Schuldnerin ist an vier weiteren Gesellschaften mit beschränkter Haftung beteiligt, wobei die Beteiligungen wegen der fehlenden Werthaltigkeit im folgenden lediglich skizziert werden sollen:

(wird ausgeführt)

3. Konzerneinbindung

Die Schuldnerin ist – wie bereits dargelegt – als verbundenes Unternehmen im Rahmen der »E-Holding-Gruppe« anzusehen.

Die unternehmensmäßigen und gesellschaftlichen Verflechtungen sind synoptisch in dem als sonstige Anlage 1 zum Insolvenzplan beigefügten Schaubild dargestellt.

Die Anteile an der Holding werden wie folgt gehalten:

(wird ausgeführt)

Über das Vermögen der E-Holding Deutschland GmbH wurde bereits am ..... durch Beschluss des Amtsgerichts – Insolvenzgericht – ..... zur Geschäfts-Nr.: ..... ein Insolvenzverfahren eröffnet, in dem bereits am ..... die Masseunzulänglichkeit veröffentlicht wurde.

II. Wirtschaftliche Verhältnisse der Schuldnerin

1. Zur unternehmerischen Betätigung und wirtschaftlichen Entwicklung

Die Schuldnerin gehörte mit zu den Marktführern für Leistungen des Hoch- und Tiefbaus, des Industriebaus, des Wohnungsbaus, des Gesellschaftsbaus und des Montagebaus in der Region .....

Sie unterhielt zuletzt 4 Niederlassungen, die mehr oder weniger selbstständig das gesamte Programm der angebotenen Bauleistungen vorhielten und selbstständig geführt wurden.

In der in ..... gelegenen (Haupt-) Niederlassung 3 wurden zum Zeitpunkt der Ausbringung des Insolvenzantrages

Gietl/Langheinrich

insgesamt 20 Bauprojekte betreut, die sich auf eine Gesamtnettoauftragssumme in Höhe von Euro ..... beliefen. Von den übrigen 3 Niederlassungen in

- .....
- .....
- .....

wurden noch weitere 26 Bauprojekte mit einem Gesamtnettoauftragsvolumen in Höhe von Euro ..... betreut.
Im Rahmen der wirtschaftlichen Entwicklung ist bedeutsam, dass bereits im Sommer des Jahres ..... die wesentlichen Verbindlichkeiten der Schuldnerin bereits einmal zum Fälligkeitstermin nicht beglichen werden konnten. Im Zuge heteronom eingeleiteter Sanierungsmaßnahmen und des Zusammenschlusses der in Geschäftsbeziehung stehender Banken in einem Bankenpool konnten die Zahlungen jedoch durch (eher verhaltene) Neukreditierungen wieder aufgenommen werden; gleichzeitig kam es jedoch in erheblichem Maße zur Bestellung von Sicherheiten zugunsten des Bankenpools, die auch Nachbesicherungen der früher ausgereichten Kredite beinhalteten. Es ließ sich jedoch nicht vermeiden, dass diese nachteilige wirtschaftliche Entwicklung, insbesondere die Zahlungseinstellung, in hohem Maße presse- und medienwirksam wurde, so dass die Schuldnerin bei der Vergabe von Neuaufträgen ab diesem Zeitpunkt so gut wie nicht mehr berücksichtigt wurde. Der vorstehend skizzierte Auftragsbestand bezieht sich daher noch im wesentlichen auf vormalige Aufträge aus dem Zeitraum vor dem Auftreten der erstmaligen Zahlungsprobleme.

Nach den bislang gewonnenen Kenntnissen ist auch für weite Bereiche in Rechnung zu stellen, dass die angenommenen Aufträge kalkulatorisch zwar zumeist kostendeckend waren, jedoch bei Verzögerung oder Mängeln zu erheblichen Unterdeckungen führten.

2. Umsatz- und Ergebnisentwicklung der abgelaufenen Perioden

   a) Gesamtbetrachtung

   Die Schuldnerin weist ausweislich der eingesehenen Jahresabschlussdaten sowie der kumulierten Werte der letzten betriebswirtschaftlichen Auswertung für die vergangenen Perioden folgende Umsatz- und Ergebnisentwicklung auf:

	Jahr 1	Jahr 2	Jahr 3	Jahr 4
Umsatzerlöse sonstige Erlöse Materialaufwendungen Personalaufwendungen Sonstige Aufwendungen				
Ergebnis der gewöhnlichen Geschäftstätigkeit				

    b) Betrachtung der Niederlassungen
Dabei verteilt sich die Umsatz- und Ergebnisentwicklung wie folgt auf die 4 Niederlassungen:
(wird im einzelnen wie im Rahmen der Gesamtbetrachtung ausgeführt)

    c) Spartenspezifische Betrachtung
Systematisiert man die Umsatz- und Ergebnisentwicklung nach den Sparten der Geschäftstätigkeit, so ergibt sich folgendes Bild:
(wird wie zur Gesamtbetrachtung ausgeführt)
Infolge der Eigeninsolvenz der E-Holding GmbH Deutschland scheidet auch faktisch ein Verlustausgleich aus.

3. Betriebswirtschaftliche Kennzahlenanalyse
    a) Cash-Flow-Entwicklung
    b) Verschuldensfaktor
    c) Gemitteltes Lieferantenziel
    d) Gemitteltes Kundenziel
    e) Dynamische Liquidität
    f) Abschreibungsquote vom Anlagevermögen
    g) Investitionsquote vom Anlagevermögen
    h) Nettoinvestitionshöhe- und Quote
    i) Umschlagskennzahlen des/der
        – Gesamtkapitals
        – Eigenkaptials
        – Anlagevermögens
        – Vorratsvermögens
        – Forderungen
    k) Pro-Kopf-Umsätze nach Menge und Wert
    l) Betriebsnotwendiges Vermögen Pro-Kopf
    m) Fertigungsstunden und Beschäftigungsgrad
    n) Umsatzanteil der Personalaufwendungen
    o) .....
(wird im einzelnen ausgeführt und unter Hinweis auf Anlagen zum Insolvenzplan bzw. bereits im Rahmen

der Berichte (Gutachten, vorläufiger Insolvenzverwalterbericht, Insolvenzverwalterbericht) belegt)
4. Grundbesitz
Die Grundbesitzverhältnisse der Schuldnerin sind in der bereits zum Berichtstermin vorzulegenden Vermögensübersicht sowie in dem Verzeichnis der Massegegenstände in einzelnen aufgeführt, worauf verwiesen wird. Auszugsweise wird der Grundbesitzteil der Vermögensübersicht in der sonstigen Anlage 2 dem vorliegenden Insolvenzplan beigefügt.
5. Miet- und Leasingverhältnisse
   a) Vertragsbeziehungen über angemietete Gegenstände
      Die zum Zeitpunkt der Insolvenzeröffnung bestehenden Verträge über angemietete Gegenstände sind in der sonstigen Anlage 3 unter Laufzeitangabe und Zahlungsverpflichtung aufgeführt.
   b) Vertragsbeziehungen über vermietete Gegenstände
      (wird ausgeführt, sonstige Anlage 4)
   c) Vertragsbeziehungen über geleaste Gegenstände
      (wird ausgeführt, sonstige Anlage 5)
6. Versicherungsverträge
   Die bestehenden Versicherungsverträge sind ebenfalls in einer separaten Übersicht als sonstige Anlage 6 erfasst. Davon sind die als unbedingt notwendig anzusehenden Versicherungsverhältnisse farbig gekennzeichnet.
7. Dienst- und Arbeitsverhältnisse
   a) Dienstverhältnisse
      Hinsichtlich der Dienstverhältnisse wird im einzelnen auf Ausführungen in dem vorläufigen Insolvenzverwalterbericht (S .....) verwiesen.
   b) Arbeitsverhältnisse
      Die Arbeitsverhältnisse ergeben sich im einzelnen aus der in der sonstigen Anlage 7 beigefügten Personalübericht, die jedoch die Arbeitsverhältnisse aus Geheimhaltungsgründen nicht nach den einzelnen Arbeitnehmern individualisiert, sondern Gruppenaussagen enthält.
8. Bankverbindungen/Sicherheitsvereinbarungen
   Die Schuldnerin unterhielt Geschäftsbeziehungen zu folgenden Bank- und Kreditinstituten, die mittlerweile allesamt insolvenzbedingt durch diese aufgekündigt wurden: (wird ausgeführt)
   In dem Insolvenzverfahren werden von den vorgenannten Banken, die sich allesamt in einem Bankenpool zusammengeschlossen haben und von der F-Bank AG als Poolführerin vertreten werden, Verbindlichkeiten in Höhe von aufsummiert Euro ..... nebst ..... geltend gemacht. Die

Einzelaufteilung der Forderungen sowie die bestellten Sicherheiten sind im einzelnen der Vermögensübersicht sowie dem Gläubigerverzeichnis zu entnehmen, auf die verwiesen wird.
9. Anhängige Prozessverfahren
Die anhängigen Prozessverfahren sind im folgenden nach Verfahren im Rahmen der ordentlichen Gerichtsbarkeit, hier untergliedert nach Aktiv- und Passivverfahren, nach Arbeitsgerichtsverfahren und sonstigen Prozessverfahren in der sonstigen Anlage 8 aufgeführt.
(wird ausgeführt).
10. Auflistung noch nicht (vollständig) abgearbeiteter Aufträge sowie noch akquirierter Aufträge
Zum Zeitpunkt der Planerstellung weist die Schuldnerin insgesamt noch 17 nicht vollständig abgearbeitete und noch 3 (unter Vorbehalt) akquirierte Aufträge auf. Die Zusammensetzung der noch nicht abgearbeiteten Aufträge ist aus der sonstigen Anlage 9 zum Insolvenzplan erichtlich, in die tabellarisch eine Auftragsgliederung in Auftragsvolumen, bereits abgearbeiteten Teil, bereits mit Teilrechnungen vereinnahmten bzw. angeforderten Forderungsteil sowie dem Fertigstellungsaufwand nach Material, Personal- und sonstigen Kosten sowie die Höhe der noch zu erwirtschafteten Restforderung eingestellt ist.
Die Kalkulation der 3 (unter Vorbehalt) akquirierten Aufträge ist ebenfalls in der weiteren sonstigen Anlage 9 zum Insolvenzplan entsprechend gegliedert aufgenommen.
11. Auflistung beidseitig noch nicht vollständig erfüllter Verträge
Ebenfalls wird als sonstige Anlage 10 eine Auflistung der beidseitig noch nicht vollständig erfüllten Verträge beigefügt.
12. Steuerliche Verhältnisse, insbesondere Verlustabzugspotentiale
(wird ausgeführt)
III. Konkurrenzsituation und (regionale) Hauptwettbewerber
Hauptkonkurrentinnen der Schuldnerin im regionalen Umfeld der Niederlassungen sind die G und H-GmbH mit jeweils (geschätzten) Marktanteilen von 25 und 35%. Bereits 1 ½ Jahre vor der Schuldnerin haben beide Konkurrentinnen umfangreiche Sozialpläne vereinbart und ihre Standorte jeweils in ..... bzw ..... zusammengelegt.
IV. Gründe der Insolvenz und Analyse der Krisenursache
Gründe der Insolvenz sind vielschichtig.
Neben der verhaltenen oder sogar rückläufigen Konjunktur in der Bauwirtschaft führte zunächst der verschärfte Preiswettbewerb aufgrund der aufgezeigten Entwicklung, dass die ge-

winnträchtigen Kalkulationsspannen zurückgefahren und sogar gerade kostendeckende Angebote akzeptiert werden mussten, zu rückläufigen Ergebnissen.

Weiterhin traten bei der Schuldnerin beginnend mit ..... gravierende Fehler im Baustellenmanagement auf, die unter anderem zu kurzfristigen Entlassungen von wichtigen Entscheidungsträgern führten.

Bedingt durch die Konjunkturlage in der Baubranche mussten auch in erheblichem Umfange Forderungsausfälle durch Insolvenzen bei Auftraggebern und damit Nachvergaben im Hinblick auf insolvenzbefangene Subunternehmer hingenommen werden.

Ganz wesentlich ist jedoch, dass die Schuldnerin stets mit einer zu hohen und kostenintensiven Personaldecke eines überalteten Mitarbeiterbestandes operierte, wobei es auch nicht gelang, die Mitarbeitermotivation marktwirtschaftlichen Erfordernissen anzupassen.

Schließlich gelang es der Schuldnerin nicht, den hohen offenen Forderungsbestand wegen der schlechten Zahlungsbereitschaft der Auftraggeber zu reduzieren und in den Vertragsgestaltungen kürzere Intervalle für die aufgelaufenen und an sich abschlagsweise verrechenbaren Leistungen durchzusetzen. Ebenso wurde versäumt, sowohl von Seiten der Auftraggeber als auch der Subunternehmer in ausreichendem Maße Sicherheiten hereinzunehmen.

Schlussendlich fand ein Controlling der laufenden Aufträge der Schuldnerin überhaupt nicht statt, so dass korrigierende Maßnahmen unterblieben und die Unterdeckung einzelner Aufträge erst bei Abschluss der Arbeiten auffällig wurde.

V. Maßnahmen und Rechtshandlungen seit Anordnung der vorläufigen Insolvenzverwaltung

1. Bereits abgeschlossene Maßnahmen

Seit Anordnung der vorläufigen Insolvenzverwaltung am ..... bis zum Planerstellungsdatum konnten zunächst die in der sonstigen Anlage 11 aufgelisteten Bauvorhaben zum Abschluss gebracht werden. Aus der Aufstellung ist auch ersichtlich, mit welchem Kosteneinsatz die inzwischen schlussgerechneten Bauvorhaben fertiggestellt wurden, und ob ggf. für die Auftraggeber die Möglichkeit zu Garantieeinbehalten besteht.

In den bereits überreichten Aufstellungen zu Miet- und Leasingverhältnissen sowie zu den Versicherungsverträgen (vgl. die sonstigen Anlagen 4–6) ist hervorgehoben, welche Rechtsverhältnisse bereits infolge einer insolvenzbedingten Verwalterkündigung bzw. einer Vertragsablehnung beendet wurden.

Von den gesetzlich unterbrochenen Aktivverfahren vor der

ordentlichen Gerichtsbarkeit wurden die in der sonstigen Anlage 8 besonders gekennzeichneten 9 Prozessverfahren nach der Insolvenzeröffnung wegen aussichtsreicher Rechtsverfolgung wieder aufgenommen.

Aus dem Programm der beidseitig noch nicht vollständig erfüllten Verträge wurden – wie aus der sonstigen Anlage 11 ersichtlich – jeweils die Vertragserfüllung gewählt bzw. das gesetzlich eingetretene Abwicklungsverhältnis beibehalten.

In der Aufstellung zu den Arbeitsverhältnissen (sonstige Anlage 7) ist auch verdeutlicht, dass bereits eine hohe Zahl der Mitarbeiter insolvenzbedingte Eigenkündigungen ausgesprochen haben, was jeweils vermerkt wurde.

2. Bereits eingeleitete Maßnahmen
Auch nach Anordnung der vorläufigen Insolvenzverwaltung bzw. nach der Insolvenzeröffnung hat sich die Schuldnerin um die in der sonstigen Anlage 12 aufgeführten Auftragserteilungen beworben, die vorab – wie ebenfalls aus dieser Anlage ersichtlich – kalkuliert wurden. Gleichfalls konnten in unmittelbar nach der Verfahrenseröffnung aufgenommenen langwierigen Verhandlungen mit dem Betriebsrat und Gewerkschaftsvertretern die als sonstige Anlagen 12 und 13 beigefügten Entwürfe eines Interessenausgleiches sowie eines Sozialplanes ausgehandelt werden. Dabei schöpft der Entwurf des Sozialplanes sowohl die absolute Grenze der 2 ½ Monatsverdienste als auch die relative 1/3 Grenze der Insolvenzmasse aus.

VI. Denkbare Verwertungs- und Abwicklungsalternativen
1. Leitbildverwertung des Schuldnervermögen im Falle der Liquidation.
Eine vollständige Liquidation des Schuldnervermögens wird voraussichtlich die in der Vermögensübersicht aufgeführten Werte der freien Masse bei Liquidation erzielen. Die Ansätze beruhen hier ganz überwiegend auf Sachverständigenansätzen zu Schätzungen verbleibender Einzelveräußerungswerte. Im einzelnen wird auf die Vermögensübersicht nebst Erläuterungen sowie das Verzeichnis der Massegegenstände verwiesen.

Für die Insolvenzgläubiger wird hieraus eine Quotenerwartung von ca. 4% resultieren; nachrangige Insolvenzforderungen können auf keinen Fall bedient werden.

2. Insolvenzplanmäßiges Verwertungs- bzw. Sanierungsmodell
Bereits unmittelbar nach Anordnung der vorläufigen Insolvenzverwaltung haben sich verschiedene Interessenten sowie eine Gruppe leitender Mitarbeiter an mich gewandt, mit dem Anliegen, in Überlegungen einzutreten, inwieweit

– wenigstens in Teilbereichen, insbesondere niederlassungsspezifisch – Fortführungs- oder übertragende Sanierungslösungen darstellbar sind. Hier kann nach intensiven und langwierigen Verhandlungen und Kalkulationen niederlassungsspezifisch folgendes Verwertungs- bzw. Sanierungsmodell einer insolvenzplanmäßigen Abwicklung vorgeschlagen werden:

a) Veräußerung der wesentlichen Einzelwirtschaftsgüter der Niederlassung 1.

An einer Übernahme der wesentlichen Einzelwirtschaftsgüter der Niederlassung 1, die sich überwiegend neben der Baustoffgewinnung mit dem Baustoffhandel befasste, ist die Konkurrentin, die H- AG interessiert. Diese ist bereit, das Betriebsgrundstück der Niederlassung 1 sowie den wesentlichen Teil des Anlagevermögens und die höherwertigen Baustoffe des Umlaufvermögens zu übernehmen.

Die Einzelheiten dieses Konzeptes ergeben sich aus dem in der sonstigen Anlage 15 beigefügten Entwurf eines Kauf- und Übertragungsvertrages, in dessen Anlage die zu übernehmenden Gegenstände des Anlage- und Umlaufvermögens mit dem jeweiligen Wertansatz der Liquidationsbewertung des Sachverständigen aufgeführt sind.

Nicht interessiert ist die H-AG an der Übernahme der der Baustoffgewinnung dienenden Kiesgrube in ....., die somit gesondert zu veräußern bliebe.

Die Übernehmerin ist auch bereit, hier die noch nicht infolge Eigenkündigung ausgeschiedenen Arbeitnehmer zu gleichen, nämlich den übereinstimmenden tariflichen Bedingungen zu übernehmen.

b) Pachtlösungen für die Niederlassung 2

Mehrere leitende Mitarbeiter der Schuldnerin unter Federführung des ehemaligen Niederlassungsleiter der Niederlassung 2 haben ein Konzept vorgelegt, mit dem eine Übernahme und Aufrechterhaltung des Geschäftsbetriebes dieser Niederlassung auf einer Pachtbasis erreicht werden soll, um mittelfristig eine Erwerbslösung darzustellen.

Das Konzept ist im einzelnen aus dem in der sonstigen Anlage 15 beigefügten Entwurf eines Unternehmenspachtvertrages ersichtlich.

Es lässt sich im wesentlichen wie folgt umschreiben: Die neu zu gründende I-GmbH, an der die leitenden Mitarbeiter unter Federführung des bisherigen Niederlassungsleiters, Herrn J beteiligt sind, pachtet als

Vorgesellschaft die Betriebsimmobilie der Niederlassung 2 zunächst für drei Jahre.
Der Pachtzins wird nach Quadratmetern bemessen, für die Geschäftsräumlichkeiten Euro 12,50 netto-Kaltmiete pro m, für die Betriebs- und Lagerhallen Euro 6,50 pro m sowie für die Freifläche Euro 1,25 pro m. Es wird eine jährliche Pachtzinsanpassung von 2% vereinbart.
Der I-GmbH wird ein Vorkaufsrecht an der Betriebsimmobilie der Niederlassung 2 eingeräumt.
Weiterhin erwirbt die I-GmbH die in der Anlage zum Pachtvertrag (sonstige Anlage zum Insolvenzplan 16) aufgelisteten Gegenstände des beweglichen Anlagevermögens der Schuldnerin der Niederlassung 2, die ca. 20% der dort befindlichen Gegenstände ausmachen, zum Liquidationsansatz des Sachverständigen zuzüglich jeweils 17,5%.
Der I-GmbH werden sodann unter dem Vorbehalt der Zustimmung der Auftraggeber sämtliche Rechte der Schuldnerin aus den von der Niederlassung 2 betreuten Aufträgen und Auftragsbeziehungen übertragen. Die in Frage kommenden Aufträge und Auftragsbeziehungen sind in der sonstigen Anlage 9 über die noch nicht abgewickelten Auftagsbeziehungen mit »NL 2« besonders gekennzeichnet.
Als Gegenleistung hierfür wird bei Zustimmung der Auftraggeber zur Auftragsübernahme ein Betrag von Euro ..... bedungen. Verweigern einzelnen Auftraggeber die Zustimmung zur Auftragsübernahme, so ermäßigt sich dieser Betrag im Verhältnis zwischen offener Einzelauftragssumme und Gesamtpreis.
Die so bedungene Gegenleistung wird in Teilbeträgen 10 Wochen nach jeweiliger Legung der Schlussrechnung des betroffenen Auftrages fällig und ist auf das eingerichtete Insolvenztreuhandkonto zu begleichen. Bis dahin wird die jeweils ausstehende Restwerklohnforderung an den Insolvenzverwalter sicherungshalber zediert.
Weiterhin verpflichtet sich die I-GmbH sämtliche, zur Forderungsrealisierung noch notwendige Fertigstellungs- und Gewährleistungsarbeiten der nicht übernommenen Bauprojekte für die volle Laufzeit der Gewährleistungsfristen zu marktgerechten Preisen zu übernehmen.
Die Pachtzinszahlungen werden unmittelbar nach rechtskräftiger Annahme des Insolvenzplanes aufgenommen, während die Kaufpreisverpflichtungen für

Gietl/Langheinrich

die zu übernehmenden Einzelwirtschaftsgüter zu diesem Zeitpunkt in Höhe von 30% sowie im übrigen innerhalb von 2 Jahren ratierlich in ¼ jährlich gleichen Raten zu tilgen sind.
Sämtliche Preisangaben verstehen sich zuzüglich der gesetzlichen Umsatzsteuer.
Schließlich ist die I-GmbH an der Übernahme der zu Bauträgerzwecken gehaltenen und projektierten Grundbesitzflächen in ..... sowie in ....., jeweils eingetragen beim Grundbuchamt des Amtsgerichts ....., Bl ..... bzw. Bl ....., interessiert.
Dabei hat sie für den erstgenannten Grundbesitz nebst Projektierungsunterlagen, Bau- und Genehmigungsunterlagen ein bindendes Angebot über Euro ..... unterbreitet, was dem seinerzeitigen Kaufpreis der Schuldnerin zuzüglich 25% entspricht. Am Erwerb der weiter benannten Grundstücksfläche nebst Unterlagen ist sie ebenfalls zu gleichen Konditionen interessiert, wenn ihrerseits Kreditierungsabsprachen mit Banken, zu denen sie derzeit in Verhandlung steht, erfolgreich abgeschlossen werden können.

c) Fortführung des Geschäftsbetriebes der (Haupt) Niederlassung 3

Nicht ausgeschlossen und sogar naheliegend erscheint, den Versuch zu unternehmen, den Geschäftsbetrieb der (Haupt-) Niederlassung 3 – wenigstens zeitweise – fortzuführen, um insoweit Veräußerungs- und Übernahmechancen im Ganzen zu erhalten. Eine Übernahme zu marktgerechten Preisen ist dann gewährleistet, wenn es gelingen sollte, innerhalb eines mittelfristigen Zeitraumes bei der Neuvergabe von weiteren Aufträgen in ausreichendem Maße trotz der derzeitigen Insolvenzsituation berücksichtigt zu werden. Gleichzeitig können zunächst die noch bestehenden und unter Vorbehalt hereingenommenen Aufträge abgearbeitet werden, wozu jedoch ein finanzieller Vorlauf in Höhe von Euro ..... erforderlich ist, auf den mindestens 6 Monate lange keine Zins- und Tilgungsdienste erfolgen können.
Nicht zu verkennen ist, dass diese Fortführungslösung mit einem enormen Risiko verbunden ist, da nicht absehbar ist, wie die Berücksichtungschancen bei der Auftragsneuvergabe einzuschätzen sind.
Sollten die erstrebten Vorgaben erreicht werden können, sind hier ebenfalls leitende Mitarbeiter im Zusammenwirken mit dem externen Interessent und Investor K bereit, mittelfristig Beteiligungsrechte zu

übernehmen, wobei für den Investor K auch die Verlustabzugspotentiale interessant sind.
d) Schließung der Niederlassung 4
Hinsichtlich der Niederlassung 4 kommt allein die Liquidationslösung entsprechend dem Modell der insolvenzmäßigen Regelverwertung in Betracht.

VII. Darlegung des angedachten Sanierungskonzeptes
Die vorstehend skizzierte, im nachfolgenden im einzelnen erläuterte Sanierungskonzeption erfordert eine Vielzahl von Zugeständnissen der Beteiligten, auf die nunmehr in einzelnen eingegangen werden soll. Dabei ist zu berücksichtigen, dass die Sanierung begleitend auf der skizzierten Veräußerungslösung zur Niederlassung 1 sowie der Pachtlösung zur Niederlassung 2 unter endgültiger Veräußerung der Immobilie nach Ablauf der Pachtdauer aufbaut.

1. Neudefinition des Unternehmenszieles auf diesem Hintergrund
Um zu einer schlankeren Struktur des Geschäftsbetriebes der nunmehr an der Hauptniederlassung konzentrierten Schuldnerin zu gelangen, ist beabsichtigt, den Gegenstand des Unternehmens zukünftig allein auf der Realisierung von Baumaßnahmen zu beschränken. Projektierungstätigkeiten sowie der kapitalbindende Gewinn und Vertrieb von Baustoffen sowie das Immobiliengeschäft sollen eliminiert und zu Marktpreisen bei Dritten beschafft werden, mit denen ggf. auf absehbare Zeit eine engere Zusammenarbeit zu sich herausbildenden Sonderkonditionen erfolgen soll.

2. Sanierungsmaßnahmen
Zunächst ist die gesamte Führungsorganisation der Schuldnerin zu straffen und ein effektives Controlling einzurichten. Im gleichen Zuge muss der Forderungseinzug forciert und auf drohende Rechtsstreitigkeiten im Baubereich hin eine ordnungsgemäße Dokumentation erbrachter Arbeiten nachgeholt werden und zukünftig taggenau erfolgen. Ganz wesentlich ist darüber hinaus, dass eine augenblickliche Liquiditätszufuhr gewährleistet wird. Hierzu bieten sich folgende Maßnahmen an:
Soweit die im Eigentum der Schuldnerin stehenden Gegenstände des beweglichen Anlagevermögens nicht mit Sicherungsrechten der Banken belegt sind und im Rahmen des Geschäftsbetriebes nicht eine ständige Auslastung erfahren, sollen diese in einer Sonderverkaufsaktion – notfalls in einer Insolvenzversteigerung – kurzfristig unmittelbar nach rechtskräftiger Billigung des Insolvenzplanes verwertet werden. Soweit ähnliche Gegenstände zukünftig temporär benötigt werden, soll hier eine zeitraumbezogene Anmietung den vormals praktizierten Erwerb ablösen.

Gietl/Langheinrich

Für die Liquiditätszufuhr wird folgendes vorgeschlagen: Da den beteiligten Kreditinstiuten bei einer vollständigen Liquidationslösung eine sichere Inanspruchnahme aus den zugunsten der Schuldnerin ausgelegten Vertragserfüllungsbürgschaften droht, stellen diese zur Fertigstellung der Aufträge finanzielle Anlaufmittel in Höhe von 85% der Bürgschaftssumme zur Verfügung, was einen Gesamtbetrag in Höhe von Euro ..... ausmacht. Gleichzeitig verzichten die Kreditinstitute auf die Realisierung ihrer Absonderungsrechte für die betriebsnotwendig beizubehaltenden Gegenstände des beweglichen Anlagevermögens. Bei den nicht unbedingt betriebsnotwendigen absonderungsbelasteten Gegenständen erfolgt eine kurzfristige Verwertung durch die angesprochene Sonderverkaufsaktion, wobei es bei den Kostenbeiträgen in Höhe von 9% des §171 InsO sowie der Umsatzsteuerkorrektur verbleibt. Die nicht in die oben skizzierte Planabwicklung eingebundenen und benötigten Immobilien werden unter Berücksichtigung der bestehenden Grundpfandrechtspositionen der Kreditinstitute mit einer Massebeteiligung von 9% freihändig verwertet. Das die Beteiligung um 5% höher angesiedelt wird als die gesetzlich vorgesehene Beteiligung von 4% erklärt sich daraus, dass aus einer freihändigen Veräußerung höhere Werte zu erwarten stehen als im Wege der Zwangsversteigerung.

Sollte die Verwertungsphase länger andauern, bleibt dem Insolvenzverwalter gestattet, bei frei werdenden Immobilien befristete Mietverhältnisse abzuschließen. Die Mieteinnahmen stehen hier bis zu einer maximalen Laufzeit von 6 Monaten der Insolvenzmasse alleine zu, bis zu einer Laufzeit von weiteren 12 Monaten werden diese nach Abzug der Kosten (vgl. hierzu das Modell der Zwangsverwaltung) zwischen den grundpfandrechtsberechtigten Kreditinstituten und der Insolvenzmasse verteilt, so dass die Grundpfandrechtsberechtigten für die Dauer von 18 Monaten verpflichtet bleiben, keinen Zwangsverwaltungantrag auszubringen.

Soweit die Forderung der Warenlieferanten, insbesondere der Baustofflieferanten, auf solche Materiallieferungen zurückgehen, die bereits in die noch nicht fertiggestellten Gewerke eingebaut wurden, verzichten diese Lieferanten – wie aus der sonstigen Anlage 17 ersichtlich – bis auf einen Restbetrag von 7,5% auf ihr Absonderungsrecht an den Werklohnforderungen der Schuldnerin. Dies wird damit begründet, dass die entsprechenden Lieferanten bei einer Liquidationslösung ohnehin aus dem Absonderungsrecht keine Befriedigung zu erwarten hätten, da bei Nichtfer-

tigstellung der Arbeiten den Restwertlohnansprüchen der Schuldnerin überschießende Ersatzansprüche der Auftraggeber gegenüberstehen.
Im Hinblick auf die Arbeitsverhältnisse gilt folgendes: Zunächst ist als Prämisse vorgelagert, dass die Arbeitnehmer der Niederlassung 1 von der Übernehmerin fortbeschäftigt werden; gleiches gilt im Hinblick auf die pachtweise Überlassung zur Niederlassung 2.
Hinsichtlich der übrigen, noch nicht durch Eigenkündigungen ausgeschiedenen Arbeitnehmer der (Haupt-) Niederlassung 3 sowie der zu schließenden Niederlassung 4, die in der Hauptniederlassung fortbeschäftigt werden, werden der Entwurf des Interessenausgleiches sowie des Sozialplanes umgesetzt. Hierbei wird davon ausgegangen, dass zunächst in einem Zeitraum von 6 Monaten ein Personalabbau in einer Größenordnung von ca. 15% gelingt.

3. Prognostizierte Zukunftserwartung
Die von diesem planmäßigen Sanierungsmodell ausgehende Zukunftserwartung ergibt sich im einzelnen aus den beigefügten Plananlagen.
Unter Zugrundelegung einer Umsatzplanung, die sich an der Auftragshereinnahme zur eigentlichen Bautätigkeit der (Haupt-) Niederlassung 3 gemindert um 20% vor Eingreifen der Verrufwirkungen der erstmaligen Zahlungsschwierigkeiten orientiert und nach Ablauf von 9 weiteren Monaten einsetzt, ist die geplante wirtschaftliche Entwicklung aus der Planerfolgsrechnung sowie Planliquiditätsrechnung ersichtlich. Ebenso ist eine Planbilanz beigefügt, auf die im einzelnen verwiesen wird.

VIII. Vergleichende Gegenüberstellung und Bewertung der in Betracht kommenden Verwertungsalternativen
Stellt man die Planbilanz in eine Vergleichsrechnung der Vermögensübersicht (§ 153 InsO) bei Zugrundelegung von Liquidationswerten gegenüber, so zeigt sich, dass die einfachen Insolvenzgläubiger bei Wirksamwerden des Planes eine bessere Quotenerwartung zu gegenwärtigen haben. Die nachrangigen Insolvenzgläubiger bleiben nach wie vor unberücksichtigt.
Hinsichtlich der Absonderungsberechtigten ergibt sich folgendes Bild:
Die grundpfandrechtsberechtigten Banken am Immobiliarvermögen erhalten zunächst aus der Veräußerung der Immobilien den Veräußerungserlös abzüglich von 9% bis zur Höhe der offenen Forderungen. Der Veräußerungspreis wird die Höhe der offenen Forderungen nicht erreichen. Gleichzeitig sind sie nicht auf die Mühen eines Zwangsversteigerungsverfahrens und die hiermit regelmäßig verbundenen niedrigeren

Werte angewiesen, so dass die 5%-ige Schlechterstellung gegenüber dem gesetzlich vorgesehenen Verwertungsmodell (§ 165 InsO) aufgewogen ist.

Im übrigen, soweit es die Immobilie der (Haupt-) Niederlassung 3 anbetrifft, werden die geschuldeten Zinsen aus der Insolvenzmasse erbracht, wobei für den Ansatz der zugrunde liegenden Forderungshöhe die Bewertung in der Zweckerklärung zu dem dort eingetragenen erstrangigen Grundpfandrecht abzüglich 25% maßgeblich ist.

Soweit den Grundpfandrechtsberechtigten die Verpachtungsforderung der Betriebsimmobilie der Niederlassung 2 nicht bzw. nicht vollständig zugute kommt, werden diese zugleich aus weitergehenden Inanspruchnahmen aus den Gewährleistungsbürgschaften der dort betrauten Bauprojekte faktisch herausgehalten, indem der Pächterin die Übernahme der Gewährleistungsarbeiten über die Masse auferlegt werden konnte. Klarstellend ist darauf hinzuweisen, dass die Grundpfandrechtsberechtigten mit den gewährleistungsverbürgenden Kreditinstituten identisch sind.

Soweit es um Absonderungsrechte am beweglichen Anlagevermögen geht, führt die beabsichtigte Verwertung im Wege der Sonderverkaufsaktion zu den gesetzlichen Folgen; darüber hinaus wird auch hier der Zinsdienst entsprechend den gesetzlichen Vorgaben erbracht.

Den Absonderungsrechten am Forderungsbestand ist zunächst, soweit es – wie überwiegend – um Teilwerklohnforderungen aus noch nicht abgeschlossener Bautätigkeit geht, ohnehin keine Werthaltigkeit beizumessen, falls es nicht zur Fertigstellung kommt. Soweit Werklohnforderungen aus abgeschlosser Bautätigkeit (voraus-) zediert sind, wird in diese Rechte duch den Plan nicht eingegriffen.

IX. Zwischenergebnis

Als Zwischenergebnis kann daher festgehalten werden, dass dem Verwertungskonzept des vorliegenden Insolvenzplanes zur Folge sämtliche Beteiligten besser gestellt sind als bei einer vollständigen Liquidationslösung.

C. *Gestaltender Teil des Insolvenzplanes*

I. Gruppenbildung

Der vorliegende Insolvenzplan geht von folgender Gruppenbildung aus:

1. Absonderungsberechtigte Gläubiger

Die absonderungsberechtigten Gläubiger werden zunächst nach Absonderungsgläubigern am Immobiliarvermögen und am Mobiliarvermögen unterschieden. Soweit es um Absonderungsrechte am Mobiliarvermögen geht, ist es sachgerecht, zwischen Banken und Kreditinstituten einerseits sowie Lieferanten andererseits zu differenzieren.

Weitere Absonderungsgläubiger nehmen vorliegend nicht am Verfahren teil.
2. Insolvenzgläubiger
   a) Im Rahmen der Insolvenzgläubiger ist zunächst den Arbeitnehmern eine besondere Gruppe eingeräumt, da diese als besonders schutzbedürftig anzusehen sind, so dass eine Sonderbehandlung angezeigt ist.
   b) Eine weitere Gruppe wird von den Gläubigern öffentlich-rechtlicher Forderungen, nämlich der Bundesanstalt für Arbeit, den Sozialversicherungsträgern sowie der Finanzverwaltung und den Kommunalbehörden sowie dem PSV aG gebildet.
   c) Die verbleibenden Insolvenzgläubiger sind in 5 weiteren Gruppen entsprechend ihrer Anspruchshöhe bis Euro 1000,00, bis Euro 10000,00, bis Euro 50000,00, bis Euro 100000,00 sowie über Euro 100000,00 unterteilt.
3. Nachrangige Insolvenzgläubiger
   Sodann folgen die nachrangigen Insolvenzgläubiger, die jedoch vorliegend bei jeder denkbaren Verwertungsalternative keine Befriedigung erwarten können.

II. Einordnung und Zuordnung zu den Gruppen
Die Zusammensetzung der Gruppen bei Anlegung dieser Kriterien ist aus der in der sonstigen Anlage 18 im einzelnen erfolgten Gruppenzuordnung ersichtlich, so dass für jeden – bislang bekannten – Gläubiger seine Einordnung erkennbar wird.

III. Programm der vorgesehenen Rechtsänderungen des Insolvenzplanes für die Planbeteiligten
1. Absonderungsberechtigte Gläubiger
   a) Absonderungsgläubiger am Immobiliarvermögen
      Die Absonderungsgläubiger am Immobiliarvermögen, die ausschließlich aus den grundpfandrechtsberechtigten Banken und Kreditinstituten gebildet werden, erklären sich mit einer freihändigen Verwertung des Immobilienbesitzes – soweit der Insolvenzplan nicht Abweichendes vorsieht – gegen eine Massebeteiligung von 9% einverstanden. Sie erklären weiterhin, für eine Laufzeit von 6 Monaten keine Ansprüche sowie für weitergehende 12 Monate Ansprüche lediglich in Höhe des hälftigen Überschusses der nach Abzug der Kosten anfallenden Pacht für die Niederlassung 2 zu erheben; gleichzeitig wird für die Laufzeit von 18 Monaten insoweit kein Zwangsverwaltungsantrag ausgebracht. Im übrigen beurteilt sich ihre Rechtsposition nach den gesetzlichen Vorgaben, womit sich diese Absonderungsgläubiger einverstanden erklären.

Gietl/Langheinrich

Auf die Geltendmachung von Zwangsversteigerungs- und Zwangsverwaltungsbefugnissen wird verzichtet.
b) Absonderungsgläubiger am sonstigen Vermögen
   aa) Banken
   Soweit die Banken Sicherungsübereignungen am beweglichen Anlagevermögen hereingenommen haben, stimmen sie einer Verwertung im Rahmen des Insolvenzverfahrens gegen den üblichen Kostenbeitrag von 9% sowie die gesetzlich vorgesehene Übernahme der Umsatzsteuer zu. Soweit unbedingt betriebsnotwendige Gegenstände im Rahmen der planmäßig vorgesehenen Fortführungslösung sicherungsübereignungsbefangen sind, wird die Absonderungsbefugnis nicht aktualisiert, sofern im Gegenzug nach Rechtskraft des Planes den gesetzlichen Erfordernissen des Zinsdienstes genügt wird. Soweit den Banken Rechtspositionen aus Forderungsabtretungen an solchen Forderungen zustehen, denen bereits abgeschlossene Bauvorhaben zugrunde liegen, bleibt es ebenfalls bei den gesetzlichen Erfordernissen; für die im übrigen abgetretenen Forderungen wird die Freigabe nach Maßgabe des Planes erklärt. In jedem Falle sind die Kosten der Forderungseinziehung zunächst vorab in Abzug zu bringen.
   bb) Lieferanten
   Soweit es um Rechtspositionen der Lieferanten aus verlängerten Eigentumsvorbehaltslieferungen für solche Materialien geht, die in noch nicht fertiggestellten Gewerke eingebaut wurden, verzichten die Lieferanten ebenfalls vollständig bis auf 7,5% auf ihre Absonderungsbefugnis. Soweit die entsprechenden Rechtspositionen Forderungen aus bereits abgeschlossenen Bauprojekten erfassen, gelten die gesetzlichen Vorschriften.
2. Insolvenzgläubiger
   a) Arbeitnehmer
   Die Rechtsstellung der Arbeitnehmer richtet sich ausschließlich nach den vorgesehenen Entwürfen des Interessenausgleiches sowie des Sozialplanes.
   b) Öffentliche Gläubiger
   Die Gläubiger öffentlich-rechtlicher Forderungen werden ebenso behandelt, wie die sonstigen Insolvenzgläubiger mit Vermögensansprüchen zwischen Euro 50 000,00 und Euro 100 000,00.

c) Sonstige Insolvenzgläubiger
      aa) Vermögensansprüche bis Euro 1000,00
          Gläubiger von Vermögensansprüchen bis Euro 1000,00 werden zu 25% befriedigt, wobei bis zum Ablauf von 6 Monaten nach rechtkräftiger Annahme des Planes eine hälftige Befriedigung und im Verlaufe eines weiteren Jahres die vollständige Befriedigung erfolgen soll.
      bb) Vermögensansprüche bis Euro 10 000,00
          Insolvenzgläubiger von Vermögensansprüchen bis Euro 10 000,00 werden mit einer Quote von 15% bedient.
          Hier soll die hälftige Befriedigung innerhalb von 15 Monaten, die vollständige Befriedigung innerhalb von 24 Monaten erfolgen.
      cc) Vermögensansprüche bis Euro 50 000,00
          Vermögensansprüche bis Euro 50 000,00 werden in Höhe von 10% befriedigt. Die Befriedigung soll nach Ablauf eines Jahres in Höhe von 2,5%, nach Ablauf eines weiteren Jahres in Höhe von 2,5% sowie nach Ablauf des dritten Jahres der dreijährigen Laufzeit von weiteren 5% erfolgen.
      dd) Insolvenzgläubiger mit Ansprüchen bis zu Euro 100 000,00
          Vermögensansprüche bis zu Euro 100 000,00 sollen in Höhe von 7,5% befriedigt werden. Die Befriedigung erfolgt nach 3 Jahren. Sollte eine günstige wirtschaftliche Entwicklung eine abschlagsmäßige Vorausausschüttung zulassen, soll diese nach 18 Monaten erfolgen.
      ee) Vermögensansprüche über Euro 100 000,00
          Vermögensansprüche über Euro 100 000,00 werden in Höhe von 5% erfüllt. Die Befriedigung soll nach Ablauf von 3 Jahren abgeschlossen sein; je nach freier Masse sollen auch hier Abschlagsverteilungen vorgesehen werden.
   3. Nachrangige Insolvenzgläubiger
      Nachrangige Insolvenzgläubiger scheiden im Rahmen der Berücksichtigung aus.
   4. Verzicht
      Im Übrigen verzichten sämtliche Planbeteiligten für den Fall der Planerfüllung auf alle weitergehenden Ansprüche.
IV. Änderung sachenrechtlicher Verhältnisse sowie Verpflichtungserklärungen
    (Wird im Einzelnen ausgeführt; an dieser Stelle müssen die notwendigen Willenserklärungen sowie (Grundbuch-)Verfahrenserklärungen zur Änderung von Rechtsverhältnissen in

hinreichend spezifiziert Form aufgenommen werden, dass insbesondere ein Registervollzug möglich wird. Zudem ist der Eingriff in die Rechtsposition der Beteiligten, insbesondere der Absonderungsberechtigten, hinreichend bestimmt festzulegen.

Da insbesondere bei Grundbesitzveräußerungen durch die Insolvenzplanabwicklung ein notarieller Vollzug vermieden werden soll, sind de facto die allgemein üblichen Vertrags- und Verfahrenserklärungen eines notariellen Grundstücksveräußerungsgeschäftes zu regeln; dies gilt insbesondere auch für eine Sicherung der Rechtsstellung des Erwerbers im Hinblick auf Vormerkungsschutz für die Lastenfreiheit von Grundpfandrechten und weiteren Belastungen.

Aus Raumgründen wird an dieser Stelle von Einzelausführungen abgesehen, zumal auf die gängigen Vertragshandbücher der notariellen Gestaltungspraxis, etwa das Münchener Vertragshandbuch, Band 4, Bürgerliches Recht, 1. Halbband, verwiesen werden kann).

V. Flankierende Maßnahmen
   1. Überwachung der Planerfüllung
      Der Insolvenzverwalter soll die Planerfüllung i. S. des § 260 InsO überwachen.
   2. Begründung von Zustimmungsvorbehalten
      Die Schuldnerin bedarf zum Abschluss von Rechtsgeschäften mit einem Volumen von über Euro 30000,00 der Zustimmung des Insolvenzverwalters.
   3. Wiederauflebensklausel
      Sofern im Rahmen der Planerfüllung Leistungsstörungen auftreten, findet die Vorschrift des § 255 InsO Anwendung.
   4. Kreditrahmenabrede
      Soweit die beteiligten Kreditinstitute aus den ausgelegten Vertragserfüllungsbürgschaften finanzielle Anlaufmittel zur Plandurchführung zur Verfügung stellen, werden diese Beträge für den Fall des Scheiterns des Insolvenzplanes in Höhe von 20% des Betrages nach Maßgabe des § 264 Inso begünstigt.

D. *Gesamtergebnis und Ausblick*

Mit der Annahme des Planes ist eine wirtschaftliche Verbesserung jeder planbeteiligten Gruppe gegenüber einer sofortigen Liquidation des Schuldnervermögens verbunden. Da die Leitungsorgane der Schuldnerin seit geraumer Zeit der wirtschaftlichen Entwicklung nicht entgegenwirken, besteht eine optimistische Sanierungsprognose. Mit der Billigung des Insolvenzplanes wird zudem der überwiegende Zahl der Arbeitnehmern ein Fortbeschäftigungschance offeriert erhalten.

E. *Plananlagen*
   1. Planbilanz
   2. Planerfolgsrechnung als prognostizierte Gewinn- und Verlustrechnung für den Planzeitraum
   3. Planliquiditätsrechnung

Rechtsanwalt/Wirtschaftsprüfer/Steuerberater
– Insolvenzverwalter –

Sonstige Anlagen

(Übersicht und Aufzählung der sonstigen Anlagen)

II. Erklärung zur Fortführung und Haftung (§ 230 Abs. 1 Satz 2 InsO)

An das

Amtsgericht

– Insolvenzgericht –

in ......
(Ort, Datum)

Geschäfts-Nr.

In dem Insolvenzverfahren über das Vermögen der B-KG, ..., an der ich als persönlich haftender Gesellschafter beteiligt bin, erkläre ich zu dem von Herrn C in seiner Eigenschaft als ...... vorgelegten Insolvenzplan vom ...... (Datum),

dass ich zur Fortführung des Unternehmens – wie im Insolvenzplan im einzelnen vorgesehen – unter Fortbestand meiner persönlichen Haftung bereit bin.

(......)

Gesellschafter

III. Zustimmungserklärung zur Übernahme von Anteilsrechten (§ 230 Abs. 2 InsO)

An das

Amtsgericht

– Insolvenzgericht –

in . . . . . .
(Ort, Datum)

Geschäfts-Nr.

Zustimmungserklärung zur Übernahme von Anteilsrechten

In meiner Eigenschaft als Gläubiger in dem Insolvenzverfahren über das Vermögen der B-GmbH, ..., nehme ich Bezug auf den Insolvenzplan des Herrn C in seiner Eigenschaft als . . . . . . vom . . . . . . (Datum) und erkläre,

dass ich der im Plan vorgesehenen Übernahme von Anteilsrechten anstelle einer Befriedigung in Geld zustimme.

(. . . . . .)

IV. Zustimmungserklärung zur Übernahme von Verpflichtungen (§ 230 Abs. 3 InsO)

An das

Amtsgericht

– Insolvenzgericht –

in ......
(Ort, Datum)

Geschäfts-Nr.

Zustimmungserklärung zur Übernahme einer Verpflichtung

In dem Insolvenzverfahren über das Vermögen der Frau B, ..., nehme ich Bezug auf den durch Herrn C in seiner Eigenschaft als ...... vorgelegten Insolvenzplan vom ...... (Datum) und erkläre,

dass ich mich für den Zeitraum von 2 ½ Jahren verpflichte, einen monatlichen Geldbetrag von Euro 1200,00 zur Gläubigerbefriedigung zur Verfügung zu stellen.

(......)

Verwandter

V. Schlussbericht

Amtsgericht Köln

Abteilung

Reichenspergerplatz 1

50670 Köln

Geschäfts-Nr.....

In dem Konkursverfahren

über das Vermögen der Firma......, diese ehemals vertreten durch ihren alleinvertretungsberechtigten Liquidator, Herrn ......

erstatte ich folgenden

Schlussbericht

I. Allgemeines

    1. Das Amtsgericht – Insolvenzgericht – Köln hat durch Beschluss vom 19. August 19. – ...... – das Insolvenzverfahren über das Vermögen der Firma ......, diese ehemals vertreten durch ihren alleinvertretungsberechtigten Liquidator, Herrn ......, eröffnet und den Unterzeichner zum Insolvenzverwalter ernannt.

       Ich nehme Bezug auf meinen umfangreichen Verwalterberich, den ich mit seinen Anlagen zum Gegenstand dieser Schlussrechnung mache.

    2. Gründe der Insolvenz
Der wirtschaftliche Niedergang der Schuldnerin war in der Hauptsache darauf zurückzuführen, dass zahlreiche der Gesellschaft erteilte Sanierungsaufträge aufgrund bestehender Koordinationsmängel auf der Führungsebene und in der Personalauswahl nicht ordnungsgemäß abgewickelt werden konnten.

       Hinzu kam, dass bestehende Außenstände nicht oder nur zu einem geringen Teil eingezogen werden konnten und die Gemeinschuldnerin für die Geschäfte der von ihr betriebenen Art von Anfang an kapitalmäßig zu gering ausgestattet war.

    3. *Masseunzulänglichkeit*
Der Konkursverwalter war wegen der bestehenden Masseverbindlichkeiten gezwungen, nach Eröffnung des Konkursverfahrens die Masseunzulänglichkeit anzuzeigen, die auch im Amtsblatt für den Regierungsbezirk Köln veröffentlicht wurde.

       Das Belegblatt liegt dem Amtsgericht vor.

Es steht abzuwarten, ob die bislang bekannt gewordenen und anerkannten Masseschulden von insgesamt Euro 15 103,35 nach abschließender Festsetzung der Gerichtskosten und der Insolvenzverwaltervergütung in voller Höhe ausgeglichen werden können.

II. Verlauf des Insolvenzverfahrens

1. Verwertetes Vermögen
   Im Verlaufe des Insolvenzverfahrens konnten vom Insolvenzverwalter folgende Vermögenswerte der Schuldnerin realisiert werden:

   a) *Eingänge vor Insolvenzeröffnung*   Euro   4 042,59

   Der Betrag setzt sich wie folgt zusammen:

   (...... wird ausgeführt)

   b) *Betriebs- und Geschäftsausstattung*   Euro   12 650,00

   Die noch vorhandene Betriebs- und Geschäftsausstattung der Schuldnerin konnte zu einem Kaufpreis von Euro 12650,00 an die Unternehmensberatungsgesellschaft ...... veräußert werden.

   c) *Forderung gegenüber dem Gesellschafter* .....Euro 11 281,44
   Der Alleingesellschafter und vormalige Geschäftsführer der Schuldnerin, Herr......, entnahm auf sein Geschäftsführergehalt unmittelbar vor Insolvenzantragstellung, nämlich am 05. 07. 19.., aus dem Vermögen der Gesellschaft noch einen Betrag von insgesamt Euro 11 281,44.

   Die Entnahmen unterlagen nach Auffassung des Insolvenzverwalters der Insolvenzanfechtung, die gegenüber Herrn ...... geltend gemacht wurde.

   Daraufhin wurde der Betrag von Herrn ...... an die Masse zurückerstattet.

   d) *Offene Stammeinlage*   Euro   37 718,56
   Zwischen dem Insolvenzverwalter und dem Alleingesellschafter ...... war eine bestehende Einzahlungsverpflichtung des Gesellschafters auf das mit Euro 50 000,00 angegebene Stammkapital der Gesellschaft streitig.

   In einem daraufhin am 19. 01. 19.. geschlossenen Vergleich verpflichtete sich Herr......, zu Händen des Insolvenzverwalters an die Insol-

venzmasse einen Betrag von Euro 50 000,00 zu zahlen.

Nachdem Herr ...... trotz mehrfacher Aufforderungen Zahlungen hierauf nicht leistete, musste gegen ihn vor dem Landgericht Köln Zahlungsklage erhoben werden.

Durch Versäumnis-Urteil vom 10. 07. 19.. wurde der Klage im vollen Umfange stattgegeben. Das Urteil ist rechtskräftig.

Auf die titulierte Schuldsumme leistete Herr ...... in der Folgezeit bis zum 30. August 19.. Teilzahlungen in Höhe von insgesamt Euro 22 718,56.

Zu weiteren Zahlungen sah sich der Gesellschafter finanziell außerstande.

Auf diesem Hintergrund bot er dem Insolvenzverwalter den Abschluss eines Vergleichs an, der vorsah, dass zur Erledigung der Angelegenheit von dritter Seite ein Betrag von Euro 15 000,00 an die Insolvenzmasse gezahlt werde.

Im Hinblick auf die finanzielle Situation des Gesellschafters erklärte sich der Insolvenzverwalter aus wirtschaftlichen Erwägungen heraus mit dem Vergleichsabschluss einverstanden. Der Betrag wurde zwischenzeitlich auf das Insolvenztreuhandkonto überwiesen.

e) *Verkaufserlöse vor Insolvenzeröffnung*   Euro 2 300,00
Der Betrag setzt sich aus vor dem Insolvenzverfahren getätigten Verkäufen des Gesellschafters/Geschäftsführers zusammen.

f) *Erstattung ...... Lebensversicherung AG*   Euro 1 495,75
Es handelt sich um die Erstattung der Rückkaufwerte zur VS.-Nr ...... und VS.-Nr ......

g) *Erstattung Finanzamt ......*   Euro 1 441,22
Auf Antrag des Insolvenzverwalters wurden vom Finanzamt ...... an Umsatzsteuern Euro 407,64 und Euro 1 033,58 der Insolvenzmasse erstattet.

h) *Zinserlös*   Euro 46,58
In der genannten Höhe wurden Zinserlöse erzielt.

2. *Noch zu verwertendes Vermögen*
   Folgende Vermögenswerte sind noch zu verwerten:
   a) Forderung gegen die Firma ......
      Bereits in den Vorberichten wurde dargestellt, dass sich die Schuldnerin bei Insolvenzbeantragung Forderungen in Höhe von insgesamt Euro 332 559,00 berühmte.

      Sämtliche Forderungen der Gesellschaft aus Warenlieferungen und sonstigen Leistungen sowie aus sonstigen Rechtsgründen waren durch Globalzession vom 05. 05. 19.. sicherungsabgetreten an die ...... Bank AG.

      In Ansehung der bei der ...... Bank AG zum Zeitpunkt der Konkursantragstellung bestehenden Verbindlichkeiten von Euro 152 612,00 (abgerundet) war diese mindestens in Höhe von Euro 66 000,00 übersichert.

      Auf diesem Hintergrund wurde mit der ...... Bank AG vereinbart, dass die Forderungen vom Unterzeichner treuhänderisch eingezogen und 20 v. H. der eingehenden Beträge der Insolvenzmasse zufließen sollen.

      Daraufhin wurden sämtliche Schuldner nochmals vom Insolvenzverwalter zur Zahlung aufgefordert. Trotz zeitgleicher Bemühungen des Gesellschafters ...... konnten Zahlungen hierauf nicht vereinnahmt werden. In der überwiegenden Zahl der Fälle wurde die Aufrechnung mit Gegenansprüchen erklärt.

      Nach nochmaliger Überprüfung der Werthaltigkeit der Forderungen wurde im Einvernehmen und auf Kosten der ...... Bank AG Zahlungsklage in Höhe von Euro 44 644,72 zum Landgericht ...... eingereicht.

      Termin zur mündlichen Verhandlung ist noch nicht bestimmt.

      Für den Fall des Obsiegens entfällt entsprechend der vereinbarten Quote auf die Insolvenzmasse ein Betrag von ca. Euro 8 800,00.

   b) *Veräußerung des Unternehmens*
      Der Gesellschafter ...... stellte in Aussicht, dass er die Möglichkeit sehe, das Unternehmen der Schuldnerin einschließlich des Rechts zur Firmenfortführung ohne Aktiva und Passiva für die Insolvenzmasse zu einem Kaufpreis von Euro 5 000,00 an einen noch zu benennenden Dritten zu veräußern.

   c) *Umsatzsteuer-Erstattungsanspruch aus der noch festzusetzenden Insolvenzverwaltervergütung*
      Der Erstattungsanspruch ist gegenüber dem Finanzamt noch geltend zu machen.

Zu a) – c):
Es wird *beantragt,*

> die Einziehung der vorstehenden Ansprüche dem Insolvenzverwalter treuhänderisch zu übertragen und insoweit die Nachtragsverteilung anzuordnen, soweit Zahlungen hierauf nicht bis zum Abschluss des Verfahrens eingehen.

3. *Nicht verwertbares Vermögen*
   Forderungen aus Lieferungen und Leistungen

   Aus den bereits dargestellten Gründen wurde – mit Ausnahme der gegen die Firma ...... bestehenden Forderung – von einer Weiterverfolgung der Ansprüche abgesehen.

III. *Feststellung der Forderungen*

1. Masseschulden   Euro 15 103,35
   Bis zum Zeitpunkt der Berichterstattung wurden Masseschulden in der genannten Höhe geltend gemacht.

   Der Betrag setzt sich wie folgt zusammen:

   (...... wird ausgeführt)

   Zahlungen hierauf wurden aufgrund der angezeigten Masseunzulänglichkeit bislang nicht geleistet.

2. *Massekosten*
   Die Gerichtskosten und die Insolvenzverwaltervergütung müssen durch das Amtsgericht noch festgesetzt werden.

   An die Gerichtskasse wurde zur Deckung der Massekosten ein Vorschuss von Euro 2 000,00 eingezahlt.

3. *Festgestellte Insolvenzforderungen*
   Ausweislich des beigefügten Schlussverzeichnisses wurden folgende Forderungen zur Tabelle festgestellt:

   a) *Bevorrechtigte Insolvenzforderungen*
      Die zur Forderungstabelle festgestellten, bevorrechtigten Forderungen betragen in
      Abt. 1/I   Euro   1 861,91
      Abt. 1/II   Euro   71,00
      Abt. 1/III   Euro   0,00

   b) *Einfache Insolvenzforderungen*
      Die zur Forderungstabelle festgestellten, einfachen Insolvenzforderungen betragen
      in Abt. 2   Euro   584 289,94

Gietl/Langheinrich

IV. *Einnahmen/Ausgaben-Überschussrechnung und Schlussverzeichnis*

1. Die Einnahmen/Ausgaben-Überschussrechnung wird überreicht
   – Anlage 1 –.
   Diese schließt mit Einnahmen in Höhe von   Euro   74 278,60
   denen Ausgaben in Höhe von   Euro   19 438,18
   gegenüberstehen, so dass ein Bestand von   Euro   54 840,42
   vorhanden ist.

2. Das Schlussverzeichnis wird überreicht
   – Anlage 2 –.
   Aus diesem geht hervor, dass bevorrechtigte
   Gläubiger mit Forderungen von   Euro   1 932,91
   und nicht bevorrechtigte mit solchen von   Euro   584 289,94
   an dem Insolvenzverfahren teilgenommen haben.

3. Der derzeitige Massebestand beträgt   Euro   54 840,42
   Eine abschließende Übersicht über die für die Verteilung zur Verfügung stehende Masse lässt sich erst nach abschließender Festsetzung der Gerichtskosten und der Insolvenzverwaltervergütung gewinnen.

4. Die bei der ...... Bank AG, Filiale ......, Zweigstelle ......, unterhaltenen Treuhandkonten weisen im Berichtszeitpunkt folgende Guthaben aus:
   a) *Konto-Nr......*
      (laufendes Konto)   Euro   24 793,84
   b) *Konto-Nr......*
      (Festgeldkonto)   Euro   30 046,58

   insgesamt   Euro   54 840,42

   Die Kontenbelege sind im Original beigefügt.

V. *Es wird beantragt,*

1. die Schlussverteilung zu genehmigen und Schlusstermin anzuberaumen,
2. die Gerichtskosten für das Verfahren festzusetzen.

Der Antrag auf Festsetzung der Insolvenzverwaltervergütung wird mit gesondertem Schriftsatz gestellt.

Köln, den ......

Rechtsanwalt
als Insolvenzverwalter   *Anlagen*

Anlage 1

Einnahmen/Ausgaben-Überschussrechnung

In dem Konkursverfahren über das Vermögen der Firma ......, diese ehemals vertreten durch ihren alleinvertretungsberechtigten Liquidator, Herrn ......,

– .... –

I. *Einnahmen*

1.	Übernommenes Kontoguthaben	Euro	4 042,59
2.	Übernahme Kassenbestand	Euro	19,55
3.	Veräußerung Betriebs- und Geschäftsausstattung/ Warenbestand	Euro	12 650,00
4.	Erstattung ....../Verkaufserlöse vor Insolvenzeröffnung	Euro	2 300,00
5.	Zahlungen Gesellschafter	Euro	49 000,00
6.	Erstattung ...... Versicherung	Euro	1 495,75
7.	Erstattung Finanzamt	Euro	1 441,22
8.	Fehlüberweisung	Euro	3 282,91
9.	Zinserlöse	Euro	46,58

Einnahmen insgesamt   Euro   74 278,60

II. *Ausgaben*

1.	Masseschulden	Euro	0,00
2.	Massekosten	Euro	17 713,18
	a) Sachverständigenvergütung gem. Beschluss des Amtsgerichts Köln vom 19. 08. 19..	Euro	1 400,24
	b) Gerichtskostenvorschuss	Euro	2 000,00
	c) Kosten Veröffentlichung Masseunzulänglichkeit	Euro	37,20
	d) Gerichtskosten Rechtsstreit	Euro	1 965,00
	e) Gebühren	Euro	8 822,12
	f) Fehlüberweisung	Euro	3 282,91
	g) Bankspesen	Euro	205,71

Ausgaben insgesamt   Euro   17 713,18

Einnahmen   Euro   74 278,60
./. Ausgaben   Euro   17 713,18

vorhandener Massebestand   Euro   56 565,42

Der Betrag wird auf den bei der ...... Bank AG, Filiale ......, Zweigstelle ......, eingerichteten Treuhandkonten wie folgt ausgewiesen:

1. Konto-Nr ....
   (laufendes Konto)   Euro 24 793,84

2. Konto-Nr ....
   (Festgeldkonto)   Euro 30 046,58

        Euro 54 840,42

Köln, den ....

Rechtsanwalt
als Insolvenzverwalter

13. KAPITEL – VERBRAUCHERINSOLVENZVERFAHREN

Inhalt

		Seite
A.	Einführung	1333
B.	Übersicht über das Verfahren	1335
I.	Die einzelnen Verfahrensabschnitte	1335
II.	Der Verfahrensablauf in Stichworten	1335
C.	Die Verfahrensabänderungen durch das InsOÄndG vom 28. 6. 01	1338
D.	Die Besonderheiten des Verbraucherinsolvenzverfahrens im Vergleich zum Regelinsolvenzverfahren	1340
E.	Die besonderen Zulässigkeitsvoraussetzungen des Verbraucherinsolvenzverfahrens	1341
I.	Einführung mit Zuordnungsübersicht	1341
II.	Der deutsche Schuldner mit Wohnsitz im Ausland	1342
III.	Der nicht selbstständig wirtschaftlich Tätige	1343
IV.	Der aktuell selbstständig wirtschaftlich Tätige	1344
V.	Der in der Vergangenheit wirtschaftlich selbstständig Tätige	1345
VI.	Die Wahl- und Gestaltungsmöglichkeiten des Schuldners hinsichtlich der Beantragung einer bestimmten Verfahrensart	1346
VII.	Die Möglichkeit der Angreifbarkeit der gerichtlichen Zuordnung eines Verfahrens	1348
F.	Die außergerichtlichen Verhandlungen	1348
I.	Einführung	1348
II.	Die Kritik am Zwang zu außergerichtlichen Verhandlungen	1348
III.	Der übliche Ablauf der außergerichtlichen Verhandlungen im Überblick	1349

IV.	Die gesetzlichen Anforderungen an die außergerichtlichen Verhandlungen	1350
V.	Die inhaltliche Kontrolle der außergerichtlichen Verhandlungen durch das Insolvenzgericht	1351
VI.	Der Verhandlungsbeginn mit dem Erstanschreiben	1351
VII.	Die Auskunftsverpflichtung des Gläubigers	1354
VIII.	Die Notwendigkeit der Verhandlungsführung mit allen Gläubigern	1355

    1. Einführung 1355
    2. Die Ermittlung der unbekannten Gläubigeranschriften 1356
    3. Die Bestellung eines Nachtragsliquidators für die bereits gelöschte GmbH 1356

IX.	Die Prüfung der mitgeteilten Forderungen	1357
X.	Der außergerichtliche Entschuldungsplan	1357

    1. Einführung 1357
    2. Die gesetzlichen Anforderungen an den außergerichtlichen Plan 1358
    3. Die Ausgestaltung des außergerichtlichen Planes 1359
        a) Einführung 1359
        b) Beispiele möglicher Regelungen 1359
        c) Die dringend zu empfehlenden Regelungen 1360
        d) Muster eines Standardplans 1360
        e) Muster eines Planes bei vorliegender Gehaltsabtretung 1362
        f) Muster eines Planes bei Beteiligung absonderungsberechtigter Gläubiger 1362
        g) Muster eines Planes mit Einsetzung eines außergerichtlichen Treuhänders 1363
        h) Muster eines Planes mit der Vereinbarung einer Einmalzahlung 1364

XI.	Der Abschluss der außergerichtlichen Verhandlungen	1364

    1. Das Zustandekommen einer außergerichtlichen Einigung 1364
    2. Das Scheitern der Verhandlungen 1364
        a) Das Scheitern durch Ablehnung des Entschuldungsplans .. 1364
        b) Das vorzeitige Scheitern der Verhandlungen 1365
            aa) Das Scheitern durch Betreiben der Zwangsvollstreckung während der Verhandlungen 1365
            bb) Das Scheitern durch Verweigerung der Teilnahme an den Verhandlungen 1365

XII.	Die Bescheinigung über das Scheitern des außergerichtlichen Einigungsversuches	1366
XIII.	Die Einschränkungen der Zwangsvollstreckung während der außergerichtlichen Verhandlungen	1366

    1. Einführung 1366

Henning

		2.	Das Scheitern der Verhandlungen durch das Betreiben der Zwangsvollstreckung gem. § 305 a InsO	1367
		3.	Die Unwirksamkeit der Zwangsvollstreckung durch die Rückschlagsperre des § 88 InsO	1367
		4.	Der Vollstreckungsschutz für den Zeitraum der außergerichtlichen Verhandlungen gem. § 765 a ZPO	1367

	XIV.	Die anwaltliche Bearbeitung eines außergerichtlichen Verbraucherinsolvenzmandats	1368
		1. Das Schuldnermandat	1368
		a) Die erste Beratung des überschuldeten Mandanten	1368
		aa) Die Prüfung des Vorliegens einer Zahlungsunfähigkeit gem. § 17 InsO	1368
		bb) Die Feststellung der richtigen Verfahrensart	1368
		cc) Die Prüfung der Erfolgsaussichten eines gerichtlichen Verfahrens	1369
		dd) Die Klärung möglicher Besonderheiten	1369
		b) Die Beratung des GmbH-Geschäftsführers	1369
		c) Allgemeine Bearbeitungstipps	1371
		2. Das Gläubigermandat	1373

	XV.	Die Rechtsanwaltsgebühren im außergerichtlichen Verfahren ..	1375
		1. Die Gebühren des Schuldnervertreters	1375
		a) Beratungshilfe	1375
		b) BRAGO-Gebühren	1375
		c) Honorarvereinbarung	1376
		d) Rechtsschutzversicherung	1377
		2. Die Gebühren des Gläubigervertreters	1378
		a) Beratungshilfe	1378
		b) BRAGO-Gebühren	1378
		c) Rechtsschutzversicherung	1378

G.	Die Antragstellung	1378

	I.	Einführung	1378

	II.	Der Antrag des Schuldners	1379
		1. Der Verfahrensablauf bei einem Schuldnerantrag	1379
		2. Die gesetzlichen Anforderungen an den Schuldnerantrag im Überblick	1379
		3. Das Schriftformerfordernis	1380
		4. Die 6-Monats Frist	1380
		5. Die Bescheinigung über das Scheitern der außergerichtlichen Verhandlungen	1381
		6. Die Erklärung zur Restschuldbefreiung	1381
		7. Die Vermögens-, Gläubiger- und Forderungsverzeichnisse	1382
		a) Einführung	1382
		b) Das Vermögens- und Gläubigerverzeichnis	1382
		c) Das Forderungsverzeichnis	1382
		d) Die Angabe der Zinsforderungen im Forderungsverzeichnis	1383
		e) Das besondere Forderungsverzeichnis gem. § 305 Abs. 2 Satz 1 InsO	1383
		8. Der gerichtliche Schuldenbereinigungsplan	1384

Henning

		a) Die gesetzlichen Anforderungen an den gerichtlichen Schuldenbereinigungsplan....................................	1384
		b) Die Gestaltung des gerichtlichen Schuldenbereinigungsplans unter Berücksichtigung des § 309 Abs. 1 Satz 2 InsO......	1384
		c) Das Erfordernis der Aufnahme aller Gläubiger in den Schuldenbereinigungsplan......................................	1385
		d) Muster eines gerichtlichen Schuldenbereinigungsplans	1385
	9.	Die amtlichen Vordrucke für das Verbraucherinsolvenz- und das Restschuldbefreiungsverfahren........................	1387
III.	Der Antrag eines Gläubigers		1388
	1. Der Verfahrensablauf bei einem Gläubigerantrag		1388
	2. Die Anforderungen an einen Gläubigerantrag................		1388
	3. Die möglichen Erfolge und Risiken einer Antragstellung für den Gläubiger		1388
	4. Die Erwägungen des Schuldners bei einem Gläubigerantrag ...		1389
IV.	Die Bearbeitung und Prüfung der Schuldner- und Gläubigeranträge durch das Gericht		1390
	1. Die Bearbeitung und Prüfung des Schuldnerantrags..........		1390
		a) Die Prüfung der zutreffenden Verfahrensart..............	1390
		b) Die Prüfung auf Vollständigkeit.......................	1390
		c) Die Anordnung über Mitteilungen in Zivilsachen	1391
		d) Die Angreifbarkeit einer Ergänzungsaufforderung gem. § 305 Abs. 3 InsO....................................	1391
		e) Die Anordnung von Sicherungsmaßnahmen.............	1393
	2. Die Bearbeitung und Prüfung eines Gläubigerantrags		1393

H. Das gerichtliche Schuldenbereinigungsplanverfahren 1393

I.	Einführung...	1393
II.	Übersicht: Verfahrensablauf des Schuldenbereinigungsplanverfahrens	1394
III.	Die Entscheidung des Gerichts über die Durchführung des Schuldenbereinigungsplanverfahrens......................	1395
IV.	Die Beteiligung des Schuldners am Schuldenbereinigungsplanverfahren...	1396
	1. Die vom Schuldner gem. § 306 Abs. 2 Satz 2 InsO einzureichenden Abschriften	1396
	2. Die Vertretung des Schuldners im gerichtlichen Schuldenbereinigungsplanverfahren.................................	1396
V.	Die Beteiligung der Gläubiger am Schuldenbereinigungsplanverfahren...	1396
	1. Einführung...	1396
	2. Die Vertretung der Gläubiger im gerichtlichen Schuldenbereinigungsplanverfahren.................................	1397
	3. Die Stellungnahme eines Gläubigers im Schuldenbereinigungsplanverfahren	1397

Henning

	a) Die Zustellung und die Notfrist des § 307 Abs. 1 InsO	1397
	b) Die möglichen Stellungnahmen	1398
VI.	Die Möglichkeit der Abänderung des Schuldenbereinigungsplanes gem. § 307 Abs. 3 InsO.	1398
VII.	Die Zustimmungsersetzung gem. § 309 InsO	1399
	1. Die Kopf- und Summenmehrheit	1399
	2. Der Antrag	1400
	3. Die nicht angemessene Beteiligung eines Gläubigers gem. § 309 Abs. 1 Satz 2 Nr. 1 InsO	1400
	4. Die wirtschaftliche Schlechterstellung eines Gläubigers gem. § 309 Abs. 1 Satz 2 Nr. 2 InsO	1400
	a) Die einzelnen Prüfungsschritte zur Feststellung der Schlechterstellung	1400
	b) Einzelfälle zur wirtschaftlichen Schlechterstellung	1401
	5. Ernsthafte Zweifel an Bestand oder Höhe einer Forderung gem. § 309 Abs. 3 InsO	1403
	6. Die Glaubhaftmachung der einer Zustimmungsersetzung entgegenstehenden Gründe	1404
	7. Die sofortige Beschwerde gegen die gerichtliche Entscheidung.	1405
VIII.	Der zustande gekommene Schuldenbereinigungsplan	1405
	1. Die Wirkungen des Schuldenbereinigungsplanes und die von ihm erfassten Forderungen	1405
	2. Die Kündigung, Anfechtung oder Aufhebung des Schuldenbereinigungsplanes	1406
	3. Die Durchsetzung des Schuldenbereinigungsplanes	1407

J. Die Zwangsvollstreckung im Insolvenzeröffnungsverfahren 1407

K. Die Gerichtskosten und Rechtsanwaltsgebühren im Schuldenbereinigungsplanverfahren 1408

I.	Die Gerichtskosten	1408
II.	Die anwaltlichen Gebühren	1408
	1. Die Gebühren des Schuldnervertreters	1408
	2. Die Gebühren des Gläubigervertreters	1409

L. Das vereinfachte Verbraucherinsolvenzverfahren der §§ 311–314 InsO ... 1409

I.	Einführung	1409
II.	Die Stundung der Verfahrenskosten	1410
	1. Einführung	1410
	2. Die Voraussetzungen der Stundung	1410
	3. Die Form des Stundungsantrages	1411
	4. Der Umfang der gestundeten Kosten	1412
	5. Die Beiordnung eines Rechtsanwalts	1412
	6. Die Rückzahlung der gestundeten Kosten	1413
	7. Die Aufhebung der Stundung	1414

Henning

III.	Das eröffnete Verbraucherinsolvenzverfahren	1414
	1. Einführung	1414
	2. Übersicht der Besonderheiten des vereinfachten Verfahrens ...	1415
	3. Die Eröffnung des Verfahrens	1416
	4. Die Veröffentlichung und Mitteilung des Eröffnungsbeschlusses	1417
	a) Die Veröffentlichung	1417
	b) Die Mitteilungen	1417
	5. Der Treuhänder des vereinfachten Verfahrens	1417
	a) Einführung	1417
	b) Die Aufgaben des Treuhänders im Überblick	1419
	c) Einzelne Aufgaben des Treuhänders	1419
	aa) Die Verpflichtung zur Abgabe der ausstehenden Steuererklärungen des Schuldners	1419
	bb) Das Aufsuchen der schuldnerischen Wohnung und die Kontrolle der Angaben des Schuldners im Antrag	1420
	cc) Die Überprüfung der Wirksamkeit offen gelegter Abtretungen i. S. d. § 114 Abs. 1 InsO	1420
	dd) Die Anfechtung von Rechtshandlungen gem. § 313 Abs. 2 InsO	1420
	ee) Die Erstellung eines Schlussverzeichnisses bei Einstellung gem. § 211 InsO	1421
	6. Die Anmeldung deliktischer Forderungen	1421
	a) Einführung	1421
	b) Die Anmeldung	1421
	c) Die Mitteilungspflichten des Gerichts im Falle einer deliktischen Forderungsanmeldung	1422
	d) Die verschiedenen Reaktionsmöglichkeiten des Schuldners.	1423
	7. Die besondere Anmeldung des absonderungsberechtigten Gläubigers gem. § 190 InsO	1423
	8. Einzelne Probleme der Massezugehörigkeit und Verwertung ..	1424
	a) Das Wohnraummietverhältnis des Schuldners............	1424
	b) Das Girokonto des Schuldners	1424
	c) Die Verwertungsbefugnis des Treuhänders nach Aufforderung gem. § 313 Abs. 3 Satz 3 InsO i. V. m. § 173 Abs. 2 InsO ...	1425
	d) Die Verfahrensbeendigung trotz ständigen Neuerwerbs ...	1425
	e) Der PKW des Schuldners	1425
	f) Fahrtkosten zur Arbeit	1426
	g) Die Verwertung von Lebens- und Rentenversicherung	1426
	h) Die Steuererstattungen des Finanzamtes	1426
	i) Der Verzicht auf eine Verwertung gem. § 314 InsO	1426
IV.	Die Zwangsvollstreckung im eröffneten Verfahren	1427
V.	Die Gerichtskosten, Rechtsanwaltsgebühren und Treuhändervergütungen im vereinfachten Insolvenzverfahren	1428
	1. Die Gerichtskosten	1428
	2. Die anwaltlichen Gebühren..............................	1428
	a) Die Gebühren des Schuldnervertreters	1428
	b) Die Gebühren des Gläubigervertreters	1428
	3. Die Treuhändervergütung	1428
M. Anhang		**1429**
I.	Fragebogen und Belehrung Verbraucherinsolvenz- und Restschuldbefreiungsverfahren	1429

II.	Amtlicher Vordruck für das Verbraucherinsolvenz- und Restschuldbefreiungsverfahren mit amtlichen Hinweisen zum Ausfüllen des Antragsvordrucks 1434

A. Einführung

Die Verbraucherüberschuldung ist ein relativ junges gesellschaftliches Problem in der Bundesrepublik, das mit aktuell annähernd 2,8 Millionen überschuldeten Haushalten und 6 Millionen direkt betroffenen Einzelpersonen mittlerweile zu einem echten Massenproblem geworden ist.[1] Bis in die 1950er Jahre konnte ein Verbraucherhaushalt zwar bittere Armut erfahren, eine Überschuldung war aber schon mangels Kreditmöglichkeiten eher selten. Ende der 1950er Jahre setzte mit der Einführung der bargeldlosen Auszahlung von Lohn und Gehalt auf Gehaltsgirokonten eine vom damaligen Bundeswirtschaftminister Erhardt geförderte Entwicklung ein, die zwar über den Dispositionskredit, den Konsumentenkredit und den Ratenkauf konjunkturbelebende Wirkung hatte, aber auch immer mehr Haushalte in die Überschuldung führte.[2] In den neuen Bundesländer führte in den 1990er Jahren ein großer Nachholbedarf im Bereich der Konsumgüter verbunden mit steigender Arbeitslosigkeit und wirtschaftlicher Unerfahrenheit schnell zu einer überproportionalen Überschuldung der dortigen Bevölkerung.

1

Eine Verbraucherüberschuldung entsteht zumeist, wenn sich eine bereits vorhandene hohe Verschuldung eines Haushaltes durch das Hinzutreten weiterer Umstände wie z. B. Arbeitslosigkeit, Wegfall einer zusätzlichen Verdienstmöglichkeit, Scheidung, Krankheit oder dauerhaft unwirtschaftliche Haushaltsführung zu einer Zahlungsunfähigkeit im Sinne des § 17 InsO entwickelt. Scheiternde Baufinanzierungen und fehlschlagende Kleinselbstständigkeiten sind weitere typische Verursacher einer Überschuldung.

Das Abrutschen eines Haushaltes aus der wirtschaftspolitisch durchaus gewollten Verschuldung in eine Überschuldung ist damit trotz individueller Fehler der betroffenen Schuldner auch immer ein letztlich nie ganz auszuschließender Betriebsunfall in einer komplexen, konsumorientierten und auf ständiges Wachstum setzenden Industrie- und Wohlstandsgesellschaft. Eine gesetzgeberische Reaktion auf dieses Problem war daher nicht nur aus sozialen Gründen angebracht. Die zahlreichen mit der Verbraucherüberschuldung verbundenen und sich auch gesamtgesellschaftlich auswirkenden Probleme[3] machten vielmehr auch aus allgemeinen Vernunfts- und Ordnungserwägungen eine Regelung erforderlich.

---

1 Siehe BegrRegE zur Änderung der Insolvenzordnung vom 20. 12. 2000, ZInsO Heft 1/2001 m. w. N.; aktuelle Zahlen nach Bundesarbeitsgemeinschaft Schuldnerberatung in: Frankfurter Rundschau vom 12. 6. 2001, S. 9.
2 Weiterführend: FK-InsO/Grote, 3. Aufl., 2002, Vor § 286, Rdnr. 2 InsO.
3 Siehe hierzu 14. Kapitel Restschuldbefreiung A. Einführung.

Henning

2   Das Verbraucherinsolvenzverfahren der §§ 304–314 InsO ist für den überschuldeten Verbraucher die zwingende Vorstufe des Restschuldbefreiungsverfahrens der §§ 286–303 InsO. Nur wenn ein gerichtlicher Schuldenbereinigungsplan nicht zustande gekommen ist und das Verbraucherinsolvenzverfahren durchgeführt und schließlich aufgehoben oder eingestellt wird, kann der redliche Verbraucherschuldner in die so genannte Wohlverhaltensperiode eintreten und seine Restschuldbefreiung auch gegen den Willen der Gläubiger erreichen.

Das neue Verfahren ersetzt damit weitgehend die bisherigen Lösungssyteme der anwaltlichen und sozialen Schuldnerberatung, die in Ermangelung einer gesetzlichen Regelung in den allermeisten Fällen eine einvernehmliche Lösung des Überschuldungsproblems in Verhandlungen mit den Gläubigern versuchen mussten. In wenigen Fällen konnte zwar eine Überschuldung auch in rechtlichen Auseinandersetzungen z. B. über sittenwidrige Kredit- oder Bürgschaftsverträge aufgelöst werden. Die Möglichkeit einer Entschuldung auch gegen den Willen der Gläubiger stellt aber gleichwohl die wichtigste Neuerung des jetzigen Verfahrens dar.

Die Verbraucherentschuldung ist nach dem Inkrafttreten der InsO zum 1. 1. 99 bislang nur schleppend in Gang gekommen. Hierfür dürfte im Wesentlichen die Entscheidung der Mehrheit der Insolvenzgerichte verantwortlich sein, von den Schuldnern in masselosen Verfahren einen Verfahrenskostenvorschuss in Höhe von durchschnittlich 3000 DM bei gleichzeitiger Nichtbewilligung von Prozesskostenhilfe anzufordern.[4] Mit der neu eingefügten Stundungsregelung der §§ 4 a ff. InsO ist dieses Verfahrenshindernis, das bei den betroffenen Schuldnern auf viel Unverständnis gestoßen ist, beseitigt. Es wird daher zu einer starken Zunahme der Verbraucherinsolvenzverfahren kommen, die für alle Verfahrensbeteiligten eine erhebliche Mehrbelastung, für die zahlreichen Überschuldungsfälle aber endlich einen Lösungsweg bringen wird. Die nach wie vor eher seltene anwaltliche Schuldnerberatung und -vertretung steht durch die zunehmende Verfahrensanzahl vor weiteren Entwicklungsmöglichkeiten. Im Bereich der Insolvenzverwaltung und der Gläubigervertretung wird der Bedarf an anwaltlicher Beratung und Tätigkeit stark ansteigen.

Den folgenden Ausführungen liegt die aktuelle InsO in der Form des InsO-ÄndG vom 28. 6. 01 zugrunde. Aus der Übergangsregelung des Art. 103 a EGInsO kann sich bei bereits eröffneten Verfahren eine abweichend Rechtslage ergeben. Wer sich dem Rechtsgebiet erstmalig oder selten zuwendet, sollte wegen der neuen gesetzlichen Regelung und der noch nicht gefestigten Rechtsprechung die folgenden Darstellungen über das Übliche hinaus mit dem aktuellen Stand der Rechtsprechung und Literatur abgleichen.[5]

---

[4] Siehe z. B. Hofmeister u. a., ZInsO 2000, 587; Pape, ZInsO 2001, 587.
[5] Siehe 14. Kapitel Restschuldbefreiung, A. Einführung, Fußnote 11.

B. Übersicht über das Verfahren

Das Verbraucherinsolvenzverfahren des neunten Teils der InsO ist ein eigenständiges Verfahren neben dem Regelinsolvenzverfahren,[6] das ausschließlich über Vermögen von unselbstständig Tätigen und ehemaligen Selbstständigen, die nur in geringem Umfang wirtschaftlich tätig gewesen sind, durchgeführt wird. Wie das Regelinsolvenzverfahren wird dieses Verfahren nur auf Antrag eines Gläubigers oder des Schuldners durchgeführt. Die Restschuldbefreiung gem. §§ 286 ff. InsO kann der Schuldner nur erreichen, wenn er einen eigenen Antrag stellt und zuvor eine außergerichtliche Einigung mit den Gläubigern versucht hat.

I. Die einzelnen Verfahrensabschnitte

Das Verbraucherinsolvenzverfahren gliedert sich im Wesentlichen in drei große Abschnitte:

1. Die außergerichtlichen Verhandlungen gem. § 305 Abs. 1 Nr. 1 InsO mit dem Schwerpunkt außergerichtlicher Entschuldungsplan.
2. Die Verhandlung über den gerichtlichen Schuldenbereinigungsplan gem. §§ 306 bis 310 InsO mit den Schwerpunkten Antragstellung und Zustimmungsersetzung gem. § 309 InsO.
3. Das vereinfachte Insolvenzverfahren gem. §§ 311 bis 314 InsO mit dem Schwerpunkt Verwertung des Schuldnervermögens.

II. Der Verfahrensablauf in Stichworten

Verfahren ist möglich für:	Jede natürliche überschuldete Person, die die Voraussetzungen des § 304 Abs. 1 InsO erfüllt, also abhängig beschäftigt ist oder in der Vergangenheit eine selbstständige Tätigkeit ausgeübt hat und weniger als 20 Gläubiger hat sowie keine Gläubiger, die Forderungen aus Arbeitsverhältnissen geltend machen.

---

6 Ganz h. M., siehe z. B. OLG Köln ZInsO 2001, 423.

Verfahrensvoraussetzung:	Es müssen außergerichtliche Verhandlungen gem. § 305 Abs. 1 Nr. 1 InsO geführt worden sein. Es muss eine Bescheinung einer anerkannten Stelle über das Scheitern dieser Verhandlungen vorliegen.
Außergerichtliche Verhandlungen:	Die Ausgestaltung dieser Verhandlungen unterliegt der Privatautonomie. Der Schuldner muss aber eine Einigung auf der Grundlage eines Planes versuchen. Diesen Plan muss er später dem Insolvenzgericht vorlegen. Der Schuldner kann die außergerichtlichen Verhandlungen selbst führen.
Bescheinigung über das Scheitern der außergerichtlichen Verhandlungen:	Diese Bescheinigung können Notare, Rechtsanwälte und Steuerberater sowie die Mitarbeiter einer nach jeweiligem Landesrecht anerkannten Schuldnerberatungsstelle ausstellen.
Antragstellung:	Die Antragstellung kann durch den Schuldner oder einen Gläubiger erfolgen. Restschuldbefreiung kann der Schuldner aber auch bei einem Gläubigerantrag nur erreichen, wenn er die Voraussetzungen des § 305 Abs. 1 Nr. 1 bis 4 InsO erfüllt, also insbesondere wenn er außergerichtliche Verhandlungen geführt hat.
Antrag auf Restschuldbefreiung:	Der Antrag auf Restschuldbefreiung oder die Erklärung, dass Restschuldbefreiung nicht beantragt wird, muss gem. § 305 Abs. 1 Nr. 2 InsO dem Antrag beigefügt sein.
Prüfung durch das Gericht:	Das Gericht überprüft den Antrag zunächst auf Vollständigkeit. Handelt es sich um einen Gläubigerantrag, kann der Schuldner gem. § 306 Abs. 3 InsO innerhalb von 3 Monaten einen Eigenantrag nachreichen.
Gerichtlicher Schuldenbereinigungsplan:	Das Gericht entscheidet im nächsten Schritt nach freiem Ermessen, ob ein gerichtliches Schuldenbereinigungsplanverfahren durchgeführt wird.

Henning

Zustellung an die Gläubiger:	Entscheidet das Gericht für die Durchführung des Schuldenbereinigungsplanverfahren, werden der Plan und eine Vermögensübersicht den Gläubigern zugestellt.
Annnahme des Schuldenbereinigungsplanes:	Stimmen alle Gläubiger dem Plan zu, gilt dieser als angenommen. Antwortet ein Gläubiger zu dem zugestellten Plan nicht, so gilt dies als Einverständnis zu dem Plan.
Zustimmungsersetzung:	Stimmt lediglich die Kopf- und Summenmehrheit dem Plan zu, kann das Gericht die Zustimmung der ablehnenden Gläubiger gem. § 309 InsO auf Antrag ersetzen, wenn die ablehnenden Gläubiger durch den Plan nicht schlechter als bei Durchführung des Verfahrens gestellt werden.
Rechtsmittel:	Sofortige Beschwerde für Antragsteller und Gläubiger, dessen Zustimmung ersetzt wird.
Verfahrenseröffnung:	Hat das Gericht gegen die Durchführung des Schuldenbereinigungsplanverfahrens entschieden oder kommt ein Schuldenbereinigungsplan nicht zustande, prüft das Gericht die Eröffnung des Verfahrens. Die Verfahrenseröffnung erfolgt, wenn eine ausreichende Masse vorhanden ist, ein entsprechender Betrag eingezahlt wird oder eine Kostenstundung gem. § 4 a ff. InsO erfolgt.
Rechtsmittel:	Sofortige Beschwerde gegen die Ablehnung der Stundung für den Schuldner. Die Staatskasse kann bei Bewilligung der Stundung sofortige Beschwerde erheben, wenn die persönlichen oder wirtschaftlichen Verhältnisse des Schuldners der Stundung widersprechen. Weitere Rechtsmittel für Schuldner und antragstellenden Gläubiger gem. § 34 InsO.

Durchführung des vereinfachten Insolvenzverfahrens:	Die Aufgaben des Insolvenzverwalters übernimmt der Treuhänder. Es findet gem. § 312 Abs. 1 InsO nur der Prüfungstermin statt. § 9 Abs. 2 InsO ist nicht anzuwenden. Das Gericht kann gem. § 312 Abs. 2 InsO aber auch auf mündliche Termine verzichten und eine schriftliche Verfahrensführung anordnen. Die Verwertung der Insolvenzmasse oder Teilen von ihr kann durch eine vereinfachte Verteilung gem. § 314 InsO ersetzt werden.
Restschuldbefreiung:	Nach Durchführung des Verfahrens kündigt das Gericht gem. § 291 Abs. 1 InsO dem Schuldner die Restschuldbefreiung an, wenn die Voraussetzung einer Versagung der Restschuldbefreiung nicht vorliegen.

C. Die Verfahrensabänderungen durch das InsOÄndG vom 28. 6. 01

6 Durch das InsO-Änderungsgesetz vom 28. 6. 01 ist das Verbraucherinsolvenzverfahren der §§ 304 bis 314 InsO deutlich abgeändert worden.[7] Der Verfahrensablauf wird sich daher an einigen Punkten entscheidend umgestalten. Die gesetzlichen Neuregelungen im Überblick:

- §§ 4 a – 4 d InsO Stundung der Verfahrenskosten:
  Durch die Möglichkeit der Stundung der Verfahrenskosten kann jetzt jedes Regel- und Verbraucherinsolvenzverfahren über das Vermögen einer natürlichen Person bei Vorliegen der Voraussetzungen der Stundung eröffnet werden.

- § 9 Abs. 1 Satz 1 InsO Veröffentlichung im Internet:
  Es besteht nun die Möglichkeit, Bekanntmachungen im Internet zu veröffentlichen. Hierdurch sollen die Verfahrenskosten erheblich gesenkt werden.

- §§ 36, 292 Abs. 1 Satz 3 InsO Pfändungsbestimmungen der ZPO:
  Die entsprechende Geltung der Pfändungsvorschriften der §§ 850 ff. ZPO im Insolvenzeröffnungs-, im Insolvenzverfahren und in der Wohlverhaltensperiode wird klargestellt.

---

7 Text der Änderungen: ZInsO 2001, S. 601; Besprechung der Änderungen: Pape, ZInsO 2001, 587 und Vallender, NZI 2001, 561.

- § 109 Abs. 1 InsO Schutz der Schuldnerwohnung:
  Die vom Schuldner bewohnte Wohnung soll durch diese Neuregelung im Insolvenzverfahren gesichert werden.

- § 114 Abs. 1 InsO Verkürzung der Abtretungsprivilegierung:
  Die Dauer der Wirksamkeit einer Lohn- oder Gehaltsabtretung im eröffneten Verfahren verkürzt sich auf 2 Jahre.

- §§ 174, 175, 302 InsO Anmeldung einer deliktischen Forderung:
  Deliktische Forderungen sind nur noch von der Restschuldbefreiung ausgenommen, wenn der Gläubiger die Deliktseigenschaft der Forderung bei Anmeldung angibt. Liegt eine deliktische Anmeldung vor, hat das Gericht den Schuldner auf die Rechtsfolgen und die Möglichkeit des Widerspruchs hinzuweisen.

- § 287 Abs. 2 InsO Verkürzung der Wohlverhaltensperiode:
  Die Laufzeit der Abtretungserklärung beginnt jetzt mit Verfahrenseröffnung und dauert im Regelfall sechs Jahre. Die Altfallregelung des Art. 107 EGInsO gilt auch weiterhin.

- § 304 InsO Zugang zum Verbraucherinsolvenzverfahren:
  Aktuell wirtschaftlich selbstständig tätige Schuldner sind jetzt unabhängig vom Umfang ihrer wirtschaftlichen Tätigkeit vom Verbraucherinsolvenzverfahren ausgeschlossen. Ehemalige Selbstständige werden dem Verbraucherinsolvenzverfahren nur bei »überschaubaren wirtschaftlichen Verhältnissen« zugeordnet. Diese liegen vor, wenn der Schuldner weniger als 20 Gläubiger hat und gegen ihn keine Forderungen aus Arbeitsverhältnissen bestehen.

- § 305 Abs. 1 InsO Abänderung der Antragsvoraussetzungen:
  Der außergerichtliche Plan muss jetzt dem Antrag beigefügt werden. Ebenso müssen die Gründe des Scheiterns der außergerichtlichen Verhandlungen dargelegt werden. Neben dem Vermögensverzeichnis muss auch eine verkürzte Zusammenfassung des Vermögensverzeichnisses, die Vermögensübersicht, mit dem Antrag eingereicht werden.

- § 305 Abs. 1 Nr. 3 InsO Fristverlängerung bei Gläubigerantrag:
  Der Schuldner hat nun drei Monate Zeit, bei einem Gläubigerantrag einen Eigenantrag nachzureichen.

- §§ 305 a, 312 Abs. 1 Satz 3 InsO Schutz der außergerichtlichen Verhandlungen:
  Nach diesen neuen Vorschriften gelten die außergerichtlichen Verhandlungen als gescheitert, wenn ein Gläubiger die Zwangsvollstreckung nach Aufnahme der außergerichtlichen Verhandlungen betreibt. Die Frist des § 88 InsO verlängert sich bei einem Schuldnerantrag auf drei Monate.

- § 306 Abs. 1 InsO Planverfahren nur nach gerichtlicher Prüfung:
  Das gerichtliche Schuldenbereinigungsplanverfahren findet nur noch statt, wenn es nach freier Überzeugung des Gerichts Erfolg versprechend erscheint.

Henning

- §§ 306 Abs. 2, 307 Abs. 1 InsO Reduzierung des Umfanges der einzureichenden Abschriften:
  Wenn das Schuldenbereinigungsplanverfahren durchgeführt wird, hat der Schuldner innerhalb von zwei Wochen nur noch die für die Zustellung an alle Gläubiger erforderlichen Abschriften des Schuldenbereinigungsplanes und der Vermögensübersicht einzureichen. Die weiteren Unterlagen können von den Gläubigern bei Gericht eingesehen werden.

- § 306 Abs. 3 InsO Außergerichtliche Verhandlungen auch bei Gläubigerantrag:
  Es wird klargestellt, dass der Schuldner auch bei einem Gläubigerantrag stets außergerichtliche Verhandlungen zu führen hat. Die Frist für diese Verhandlungen beträgt gem. § 305 Abs. 3 Satz 3 InsO 3 Monate.

- § 312 Abs. 1 S. 1 2. HS InsO:
  § 9 Abs. 2 InsO ist in Verbraucherinsolvenzverfahren nicht anzuwenden. Veröffentlichungen in der Tagespresse finden in diesen Verfahren daher nicht mehr statt.

- § 313 Abs. 2 InsO Anfechtung:
  Die Gläubigerversammlung kann den Treuhänder jetzt mit der Anfechtung beauftragen.

- § 132 Abs. 4 BRAGO:
  Rechtsanwälte können jetzt für die Führung außergerichtlicher Verhandlungen Beratungshilfegebühren bis zu 1100 DM zzgl. Portokosten und MWSt. abrechnen.

- Art. 11 und 12 InsOÄndG Inkrafttreten und Übergangsregelung:
  Die Änderungen treten gem. Art. 12 InsOÄndG am 1. 12. 01 in Kraft. Gem. der Überleitungsvorschrift des Art. 103 a EGInsO gelten die neuen Vorschriften für alle noch nicht eröffneten Verfahren. Auf die bereits eröffneten sind die bisher geltenden gesetzlichen Vorschriften anzuwenden.[8]

D. Die Besonderheiten des Verbraucherinsolvenzverfahrens im Vergleich zum Regelinsolvenzverfahren

7   Für das Verbraucherinsolvenzverfahren gelten gem. § 304 Abs. 1 Satz 1 InsO die allgemeinen Vorschriften, soweit in den §§ 304 bis 314 InsO nicht anderes bestimmt ist. Im Wesentlichen ergeben sich folgende Besonderheiten des Verbraucherinsolvenzverfahrens:

---

[8] Siehe zu den Auswirkungen der Überleitungsvorschriften: Göbel, ZInsO 2001, 500.

- Vor Antragstellung hat der Schuldner stets außergerichtliche Verhandlungen mit seinen Gläubigern zu führen. Dies gilt gem. § 306 Abs. 3 InsO auch im Falle des Schuldnerantrags auf einen Gläubigerantrag.
- Der Antrag des Schuldners muss die inhaltlichen Voraussetzungen des § 305 Abs. 1 InsO erfüllen.
- Der Antrag auf Restschuldbefreiung oder die Erklärung, dass Restschuldbefreiung nicht beantragt wird, muss dem Antrag beigefügt sein. § 305 Abs. 1 Nr. 2 InsO ist lex specialis zu § 287 Abs. 1 InsO.[9]
- Der Antrag muss gem. § 305 Abs. 1 InsO schriftlich gestellt werden, während im Regelinsolvenzverfahren auch die Antragstellung zu Protokoll der Geschäftsstelle zulässig ist.
- Eine Eigenverwaltung nach §§ 270 bis 285 InsO ist gem. § 312 Abs. 3 InsO nicht möglich.
- Die Vorschriften über den Insolvenzplan der §§ 217 bis 269 InsO gelten gem. § 312 Abs. 3 InsO nicht.
- Gem. § 312 Abs. 1 InsO findet nur der Prüfungstermin statt. § 9 Abs. 2 InsO gilt nicht, Veröffentlichungen in der Tagespresse finden daher nicht statt. Das Verfahren kann gem. § 312 Abs. 2 InsO auch ohne mündliche Termine schriftlich durchgeführt werden.
- Die Aufgaben des Insolvenzverwalters nimmt im Verbraucherinsolvenzverfahren gem. § 313 Abs. 1 InsO der Treuhänder wahr. Zur Anfechtung von Rechtshandlungen ist dieser Treuhänder gem. § 313 Abs. 2 InsO nur nach entsprechender Beauftragung durch die Gläubigerversammlung berechtigt.
- Der Treuhänder kann gem. § 314 InsO eine vereinfachte Verteilung der Insolvenzmasse oder einzelner Teile von ihr beantragen.

E. Die besonderen Zulässigkeitsvoraussetzungen des Verbraucherinsolvenzverfahrens

I. Einführung mit Zuordnungsübersicht

Das Verbraucherinsolvenzverfahren des neunten Teils der InsO ist eine eigenständige Verfahrensart neben dem Regelinsolvenzverfahren.[10] Es besteht kein Wahlrecht des antragstellenden Schuldners oder Gläubigers zwi-

8

---

9 OLG Köln ZInsO 2000, 334.
10 Ganz h. M., siehe z. B. OLG Köln ZInsO 2001, 423.

Henning

schen Regel- und Verbraucherinsolvenzverfahren,[11] es ist vielmehr stets das den Verhältnissen des Schuldners entsprechende Verfahren durchzuführen.[12] Die Möglichkeit der Beantragung der Restschuldbefreiung nach § 286 ff. InsO hat der Schuldner in beiden Verfahrensarten.

Das Verbraucherinsolvenzverfahren wird gem. § 304 Abs. 1 InsO über das Vermögen derjenigen natürlichen überschuldeten Person durchgeführt, die aktuell keine selbstständige wirtschaftliche Tätigkeit ausübt, oder die eine selbstständige wirtschaftliche Tätigkeit in der Vergangenheit ausgeübt hat und deren Vermögensverhältnisse gem. § 304 Abs. 2 InsO überschaubar sind und gegen die keine Forderungen aus Arbeitsverhältnissen bestehen. Überschaubare Vermögensverhältnisse liegen nach der Legaldefinition des § 304 Abs. 2 InsO vor, wenn der Schuldner weniger als 20 Gläubiger hat.

Hieraus ergibt sich folgende Zuordnungsübersicht:

9
- keine selbstständige wirtschaftliche Tätigkeit aktuell und in der Vergangenheit:
  = Verbraucherinsolvenzverfahren unabhängig von der Anzahl der Gläubiger

- aktuell selbstständige wirtschaftliche Tätigkeit
  = Regelinsolvenzverfahren unabhängig vom Umfang der selbstständigen wirtschaftlichen Tätigkeit

- selbstständige wirtschaftliche Tätigkeit in der Vergangenheit
  = Regelinsolvenzverfahren wenn der Schuldner 20 und mehr Gläubiger hat oder gegen ihn Forderungen aus Arbeitsverhältnissen bestehen
  = Verbraucherinsolvenzverfahren, wenn der Schuldner weniger als 20 Gläubiger hat und gegen ihn keine Forderungen aus Arbeitsverhältnissen bestehen.

II. Der deutsche Schuldner mit Wohnsitz im Ausland

10 Es stellt sich häufiger die Frage, ob auch der im Ausland lebende Deutsche die Durchführung eines Verbraucherinsolvenzverfahrens bei einem deutschen Gericht beantragen kann.

> **▶ Beispiel aus der Praxis:**
>
> Ein überschuldeter deutscher Staatsbürger übt eine Tätigkeit als Angestellter in den Niederlanden aus und nimmt dort auch seinen Wohnsitz. Kann er die Durchführung eines Insolvenzverfahrens bei dem Gericht seines letzten inländischen Wohnsitzes beantragen?

---

11 FK-Inso/Kohte, § 304 Rdnr. 2 InsO.
12 Gleichwohl bestehen einige Gestaltungsmöglichkeiten des Schuldners, siehe unten Rdnr. 25 ff.

Ein deutscher Schuldner, der im Inland keinen Wohnsitz hat, kann über § 4 gem. § 13 ZPO keinen Antrag auf Eröffnung eines Insolvenzverfahrens nach der InsO stellen.[13] Eine Ausnahme gilt gem. § 15 ZPO nur für die im Ausland beschäftigten Angehörigen des öffentlichen Dienstes. Der im Ausland beschäftigte Deutsche kann daher nur dann seine Entschuldung in einem Verfahren nach der InsO erreichen, wenn sein Lebensmittelpunkt[14] nach wie vor in Deutschland liegt.

Verlegt der Schuldner nach Antragstellung oder während der Laufzeit der Wohlverhaltensperiode seinen Wohnsitz ins Ausland, berührt dies die Zuständigkeit des angerufenen Gerichts nicht. Denn entscheidend für die Zuständigkeit des deutschen Insolvenzgerichts ist der Zeitpunkt der Antragstellung.[15]

III. Der nicht selbstständig wirtschaftlich Tätige

Zugang zu einem Verbraucherinsolvenzverfahren hat gem. § 304 Abs. 1 InsO zunächst jede natürliche Person, die keine selbstständige wirtschaftliche Tätigkeit ausübt oder ausgeübt hat.[16] Die Anzahl der Gläubiger und die Höhe der Verschuldung spielen hier keine Rolle. Entgegen einer vereinzelt vertretenen Ansicht[17] ist die Verfahrensdurchführung auch zulässig, wenn der Schuldner nur einen Gläubiger hat.[18]

11

Folgende Schuldner sind daher beispielsweise einem Verbraucherinsolvenzverfahren zuzuordnen, wenn sie auch in der Vergangenheit nicht selbstständig wirtschaftlich tätig gewesen sind:

- Arbeitnehmer einschließlich der nicht weisungsgebundenen Beschäftigten wie z. B. der angestellte Geschäftsführer
- Beamte
- Arbeitslose, Rentner, Pensionäre
- Empfänger von Sozialleistungen (z. B. Krankengeld oder Sozialhilfe)
- Schüler, Umschüler, Studenten
- Soldaten, Zivildienstleistende
- Strafgefangene.

---

13 OLG Köln ZInsO 2001, 622.
14 Siehe z. B. Zöller, Kommentar zur ZPO, 22. Aufl. 2001 § 13 Rdnr. 4–6.
15 Wie zuvor, Rdnr. 12; FK-InsO/Schmerbach, § 3 Rdnr. 17.
16 Siehe weiterführend zum Begriff des Verbrauchers: FK-Inso/Kohte, § 304 Rdnr. 3.
17 Bindemann, Handbuch Verbraucherkonkurs, 2. Aufl. 1999, Rdnr. 8 a, 15.
18 LG Oldenburg ZInsO 1999, 586.

IV. Der aktuell selbstständig wirtschaftlich Tätige

12 Aktuell selbstständig wirtschaftlich Tätige sind ohne Beachtung des Umfanges ihrer Tätigkeit nach dem eindeutigen Wortlaut des neugefassten § 304 Abs. 1 InsO dem Regelinsolvenzverfahren zuzuordnen. Damit gehören auch Kleinselbstständige, die bislang dem Verbraucherinsolvenzverfahren zugeordnet wurden,[19] jetzt in das Regelinsolvenzverfahren.

▶ **Beispiele:**

Gewerbetreibende aller Art einschließlich der persönlich haftenden Gesellschafter[20]
Freiberufler wie Ärzte, Rechtsanwälte oder Steuerberater[21]
Handels- und Versicherungsvertreter
Freie Mitarbeiter
Landwirte

Aber trotz des scheinbar eindeutigen Wortlautes der neuen gesetzlichen Regelung ergibt sich in einigen Fallkonstellationen noch Klärungsbedarf.

▶ **Beispiele aus der Praxis:**

Ein städtischer Angestellter in einem Teilzeitarbeitsverhältnis ist gleichzeitig in einem Umfang von 15 Wochenstunden selbstständig wirtschaftlich tätig. Er beschäftigt seine Ehefrau im Rahmen eines 630 DM-Arbeitsverhältnisses. Die Überschuldung tritt wegen einer scheiternden privaten Baufinanzierung ein.

Der angestellte GmbH-Geschäftsführer hält gleichzeitig einen 60%-Anteil an der GmbH. Die Überschuldung des GmbH-Geschäftsführers tritt ebenfalls durch eine scheiternde Baufinanzierung ein.

Die Lösung derartiger Fälle wird aus der Absicht des Gesetzgebers zu entwickeln sein, nur diejenigen Schuldner in ein Verbraucherinsolvenzverfahren zu führen, deren Verschuldungsstruktur der eines Verbrauchers entspricht.[22] Die Anzahl der Gläubiger und die Art der Forderungen werden also ebenso Kriterien sein, wie der Umstand, wo der Schwerpunkt der schuldnerischen Erwerbstätigkeit lag, im Bereich der abhängigen oder der selbstständigen Tätigkeit. Bei Kapitalgesellschaften wird der Gesellschafter ab einer 50%-Beteiligung als selbstständig wirtschaftlich tätig anzusehen sein.[23]

---

19 Siehe zur bisherigen Abgrenzung z. B. OLG Köln NZI 2000, 542; ZInsO 2000, 612.
20 FK-InsO/Kohte, § 304 Rdnr. 15–17.
21 Siehe zu den besonderen Zulassungsproblemen überschuldeter Freiberufler: Schmittmann, NJW 2002, 182.
22 Begründung der Bundesregierung zum InsOÄndG, ZInsO Heft 1/2001, Beilage 1/2001, A. 3.
23 FK-InsO/Kohte, § 304 Rdnr. 18–21.

Die Zuordnung der Kleinselbstständigen in das Regelinsolvenzverfahren wird auch Auswirkungen auf die Zuständigkeit und das Tätigwerden der sozialen Schuldnerberatung haben und gleichzeitig Chancen für die anwaltliche Schuldnerberatung bieten. Der überschuldete kleine Gewerbetreibende, z. B. der Gastwirt, galt nach den bisherigen Regelungen der InsO als Verbraucher und wandte sich meist eher an eine soziale Schuldnerberatung. Nach der neuen gesetzlichen Regelung ist er nun selbstständig wirtschaftlich Tätiger und hat das Regelinsolvenzverfahren zu durchlaufen. Die schon jetzt stark überlastete soziale Schuldnerberatung wird häufig nicht in der Lage sein, weitere, mit erheblicher Einarbeitung verbundene Aufgaben zu übernehmen. Fraglich ist auch, ob soziale Schuldnerberatung nach den Regelungen des Rechtsberatungsgesetzes, der InsO[24] und der ZPO[25] den Personenkreis der Kleinselbstständigen in Regelinsolvenzverfahren überhaupt noch beraten und vertreten darf.[26] Die Insolvenzgerichte werden den Beratungs- und Informationsbedarf der Betroffenen trotz der dem Gericht gegenüber den Schuldner gem. § 4 a Abs. 2 InsO obliegenden Fürsorge ebenfalls nicht befriedigen können. Damit zeichnet sich ein Beratungs- und Vertretungsbedarf ab, der sinnvollerweise von anwaltlicher Schuldnerberatung abgedeckt werden sollte.

13

V. Der in der Vergangenheit wirtschaftlich selbstständig Tätige

Hat der Schuldner in der Vergangenheit eine Selbstständigkeit ausgeübt, so ist er nach dem Wortlaut des neuen § 304 Abs. 1 Satz 2 InsO dem Verbraucherinsolvenzverfahren zuzuordnen, wenn seine Vermögensverhältnisse überschaubar sind und gegen ihn keine Forderungen aus Arbeitsverhältnissen bestehen.

14

Die Vermögensverhältnisse sind gem. § 304 Abs. 2 InsO nur überschaubar, wenn der Schuldner höchstens 19 Gläubiger hat. Ab 20 Gläubigern ist der Schuldner daher stets dem Regelinsolvenzverfahren zuzuordnen. Allerdings können die Vermögensverhältnisse auch bei weniger als 20 Gläubigern unüberschaubaur sein mit der Folge der Zuordnung des Schuldners in das Regelinsolvenzverfahren.[27]

---

24 Siehe z. B. die eingeschränkte Vertretungszulassung des § 305 Abs. 4 InsO.
25 Siehe § 157 ZPO.
26 Grote/Weinhold, Arbeitshilfe InsO, Verbraucherzentrale NRW, 1. Aufl. 2001, S. 13 ff.
27 Kübler/Prütting, Kommentar zur Insolvenzordnung, 3. Lfg. 2001, § 304 Rdnr. 18 InsO.

▶ **Beispiel aus der Rspr.:**

Der Schuldner hat Gesamtverbindlichkeiten aus einer eingestellten Geschäftstätigkeit in Höhe von 8,2 Mill. Euro, die grundbuchmäßig auf 6 Grundstücken abgesichert sind. Hier liegen unüberschaubare Vermögensverhältnisse vor, auch wenn der Schuldner weniger als 20 Gläubiger hat.[28]

Forderungen aus Arbeitsverhältnissen sind hierbei die Forderungen ehemaliger Arbeitnehmer des Schuldners und diejenigen Forderungen, die mit dem Arbeitsverhältnis in Zusammenhang stehen, insbesondere also die Forderungen der Sozialversicherungsträger und der Finanzämter.

▶ **Beispiel aus der Praxis:**

Der Schuldner hat vor 10 Jahren eine Selbstständigkeit ausgeübt, die 3 Jahre später scheiterte. Er hat aktuell 22 Gläubiger, deren Forderungen dem privaten Bereich zuzuordnen sind und die in den letzten 5 Jahren entstanden sind. Aus der gescheiterten Selbstständigkeit bestehen keine Forderungen mehr.

Der Schuldner ist nach dem Wortlaut des § 304 InsO dem Regelinsolvenzverfahren zuzuordnen. Da dieses Ergebnis kaum überzeugt, muss abgewartet werden, ob Fallkonstellationen dieser Art vermehrt auftreten und eine ergänzende Auslegung der Vorschrift im Sinne des Gesetzgebers erforderlich machen werden.[29]

VI. Die Wahl- und Gestaltungsmöglichkeiten des Schuldners hinsichtlich der Beantragung einer bestimmten Verfahrensart

15   Eine Wahlmöglichkeit des Schuldners bezüglich der durchzuführenden Verfahrensart besteht nicht. Die anzuwendende Verfahrensart bestimmt sich allein nach den jeweiligen wirtschaftlichen Verhältnissen des Schuldners zum Zeitpunkt der Antragstellung.[30] Diese wiederum kann der Schuldner allerdings unter Umständen so gestalten, dass die von ihm gewünschte Verfahrensart die zutreffende wird.

---

28 AG Göttingen ZInsO 02, 147.
29 Vgl. Kohte, ZInsO 2002, 53 VI.
30 Ganz h. M., siehe z. B. OLG Oldenburg ZInsO 2001, 560.

Henning

> **Beispiel aus der Praxis:**
> Eine Taxiunternehmer führt seinen Betrieb mit 3 Taxen und 8 Angestellten bis zu einer Betriebsprüfung des Finanzamtes »gewinnbringend« und schuldenfrei. Aus der Betriebsprüfung folgen Steuernachforderungen in Höhe von 200 000 €, die bei einer jährlichen Gewinnerwartung des Unternehmers in Höhe von 25 000 € Überschuldung gem. § 17 InsO bedeuten, und vom Unternehmer nicht abgetragen werden können. Neben der Steuerforderung bestehen lediglich vier weitere geringe Forderungen aus dem privaten Bereich.

Führt der Unternehmer den Betrieb bis zur Insolvenzantragstellung fort, ist er dem Regelinsolvenzverfahren zuzuordnen. Er hat keine außergerichtlichen Verhandlungen zu führen, womit er Zeit und Kosten sparen kann. Er hat zudem die Möglichkeit der Vorlage eines Planes gem. §§ 217 ff. InsO und der Eigenverwaltung gem. § 270 ff. InsO und hierdurch bei einer beabsichtigten Betriebsfortführung u. U. einen weiteren Gestaltungsspielraum als im Verbraucherinsolvenzverfahren. Die Kosten des Regelinsolvenzverfahrens liegen allerdings über den Kosten eines Verbraucherinsolvenzverfahrens.

Stellt der Unternehmer seinen Betrieb ein und meldet das Gewerbe ab, ist er ehemaliger Selbstständiger mit weniger als 20 Gläubigern.[31] Wenn er zudem Forderungen aus Arbeitsverhältnissen vermeiden konnte, ist er gem. § 304 InsO Verbraucher. Er hat außergerichtliche Verhandlungen zu führen, bei einem Insolvenzantrag die Voraussetzungen des § 305 Abs. 1 InsO zu erfüllen und kann von geringeren Verfahrenskosten ausgehen. Das eigentliche Verbraucherinsolvenzverfahren ist zudem als vereinfachtes Verfahren zumeist das schnellere Insolvenzverfahren. Allerdings muss der Antrag im Verbraucherinsolvenzverfahren schriftlich gestellt werden, während dies im Regelinsolvenzverfahren auch zu Protokoll der Geschäftsstelle erfolgen kann.[32]

Eine Beratung des Schuldners zu diesen Möglichkeiten muss die regelmäßige Übung des zuständigen Insolvenzgerichtes miteinbeziehen. Steht das Gericht z. B. dem gerichtlichen Schuldenbereinigungsplanverfahren der §§ 306 bis 310 InsO z. B. eher skeptisch gegenüber und führt dieses eher selten durch, wird der Schuldner sein Ziel, den Beginn der 6- oder 5-jährigen Wohlverhaltensperiode, über das Verbraucherinsolvenzverfahren schneller erreichen können. Führt das Gericht aber regelmäßig sich über Monate hinziehende Planverhandlungen durch, kann das Regelinsolvenzverfahren trotz mündlichem Berichts- und Prüfungstermin das schnellere sein.

---

31 Siehe zur Betriebseinstellung auch: Kohte, ZInsO 2002, 53 V.
32 HK-InsO/Kirchhof, 2. Aufl. 2001, § 13 Rdnr. 5 InsO.

VII. Die Möglichkeit der Angreifbarkeit der gerichtlichen Zuordnung eines Verfahrens

16 Das Gericht ordnet nach Prüfung jeden Verfahrenseingang, unter Umständen vorläufig, als Regel- oder als Verbraucherinsolvenzverfahren ein. Haben Schuldner oder Gläubiger die Durchführung einer bestimmten Verfahrensart beantragt, kann das Gericht dies bei der Prüfung allerdings nicht übergehen. Hält das Gericht die beantragte Verfahrensart für unzutreffend, hat es den Antrag daher abzuweisen. Der abweisende Beschluss kann vom Antragsteller mit der sofortigen Beschwerde gem. § 34 InsO angefochten werden.[33]

F. Die außergerichtlichen Verhandlungen

I. Einführung

17 Der Verbraucherschuldner kann eine Entschuldung über die Regelungen der InsO nur mit einem eigenen Insolvenzantrag erreichen. Dieser Antrag ist gem. § 305 Abs. 1 Nr. 1 InsO nur zulässig, wenn der Schuldner zuvor außergerichtliche Verhandlungen mit den Gläubigern geführt hat, hierbei eine Entschuldung auf der Grundlage eines Planes versucht hat und diese Verhandlungen gescheitert sind. § 306 Abs. 3 Satz 3 InsO stellt klar, dass die Verpflichtung zur Führung der außergerichtlichen Verhandlungen auch im Falle eines Gläubigerantrages gilt. Obwohl also bereits der Insolvenzantrag eines Gläubigers anhängig ist, hat der Schuldner in diesem Fall zunächst außergerichtliche Verhandlungen zu führen. Das Verfahren über den Insolvenzantrag des Gläubigers ruht derweil.

II. Die Kritik am Zwang zu außergerichtlichen Verhandlungen

18 Der unbedingte Zwang zu außergerichtlichen Verhandlungen ist zu recht kritisiert worden.[34] Nach den bisherigen Erfahrungen ist die Anzahl der Verhandlungen, die ohne jede Erfolgsaussicht geführt werden müssen, einfach zu groß, auch wenn die Pflicht zu diesen Verhandlungen aus sozialpä-

---

33 OLG Köln ZInsO 2001, 422.
34 Z. B. Grote, ZInsO 2001, 17; Martini, ZInsO 2001, 249.

dagogischer Sicht positiv zu sehen sein mag.[35] Es ist bedauerlich, dass der Gesetzgeber auch bei der Änderung der InsO an diesem Zwang festgehalten hat. Überzeugend ist diese gesetzgeberische Entscheidung schon deshalb nicht, weil auch dem Insolvenzgericht mit einer Änderung des § 306 Abs. 1 InsO die Möglichkeit eingeräumt wurde, nach freier Überzeugung zu entscheiden, ob ein gerichtliches Schuldenbereinigungsplanverfahren durchgeführt wird.

III. Der übliche Ablauf der außergerichtlichen Verhandlungen im Überblick

19

- Erstanschreiben des Schuldners an die Gläubiger mit der Bitte um Übersendung einer Forderungsaufstellung.
- Mitteilung der Forderungshöhen durch die Gläubiger in der Form des § 305 Abs. 2 Satz 2 InsO.
- Prüfung der mitgeteilten Forderungen und Ausarbeitung eines Entschuldungsplanes durch den Schuldner.
- Übersendung des Entschuldungsplanes an die Gläubiger.
- Prüfung des Entschuldungsplanes durch die Gläubiger.
- Ggf. Vorlage eines abgeänderten Entschuldungsplanes durch den Schuldner.
- Annahme oder Ablehnung des Entschuldungsplanes durch die Gläubiger.
- Bei Zustimmung aller Gläubiger kommt der Entschuldungsplan als außergerichtlicher Entschuldungsvertrag zustande.
- Bei Ablehnung des Entschuldungsplan auch durch nur einen Gläubigers sind die Verhandlungen gescheitert. Der Schuldner muss gem. § 305 Abs. 1 Nr. 1 InsO spätestens sechs Monate nach dem Scheitern der Verhandlungen Antrag zum Insolvenzgericht stellen.

---

35 Göttner, ZInsO 2001, 406.

IV. Die gesetzlichen Anforderungen an die außergerichtlichen Verhandlungen

20 Die gesetzlichen Anforderungen des § 305 Abs. 1 Nr. 1 InsO an die außergerichtlichen Verhandlungen sind knapp: Nach dem Wortlaut der Vorschrift muss eine Einigung mit den Gläubigern auf der Grundlage eines Planes versucht werden. Die Durchführung der Verhandlungen und insbesondere die Ausgestaltung des Entschuldungsplanes unterliegt damit weitgehend der Privatautonomie[36] und gibt den Beteiligten den notwendigen Freiraum, die Verhandlungen den jeweiligen Verhältnissen anzupassen.

21 Der Schuldner erfüllt die Voraussetzungen des § 305 Abs. 1 Nr. 1 InsO, wenn er

- den Gläubigern einen Entschuldungsplan unterbreitet,
- den Gläubigern Informationen über seine Einkommens- und Vermögensverhältnisse und seine Gesamtverbindlichkeiten gibt[37] und
- die Verhandlungen ernstlich führt.[38]

Der Schuldner hat hierbei nicht die Verpflichtung,

22
- schriftliche Verhandlungen zu führen. Auch mündliche, insbesondere telefonische Verhandlungen sind zulässig. Der mündlich unterbreitete Entschuldungsplan muss im Falle der Antragstellung allerdings gem. § 305 Abs. 1 Satz 1 InsO schriftlich dargestellt werden,
- den Gläubigern Belege über die Angaben zu seinen persönlichen und wirtschaftlichen Verhältnissen, wie z. B. Lohnabrechnungen, vorzulegen,
- den Gläubigern die Erfüllung einer Mindestquote zuzusichern,[39]
- Nachverhandlungen zu führen, wenn Gläubiger eine Abänderung des vorgelegten Planes verlangen,
- mit allen Gläubigern gleichzeitig zu verhandeln. Der Schuldner kann den Entschuldungsplan zunächst nur denjenigen Gläubigern zusenden, die die Kopf- und Summenmehrheit im Sinne des § 309 Abs. 1 InsO halten. Lehnen bereits diese Gläubiger ab, sind die Verhandlungen gescheitert und können abgebrochen werden,[40]
- die Verhandlungen für überschuldete Eheleute getrennt zu führen. Im Gegensatz zum gerichtlichen Verfahren können die außergerichtlichen

---

36 FK-Inso/Grote, § 305 Rdnr. 28 InsO.
37 HK-InsO/Landfermann, § 305 Rdnr. 11 InsO.
38 *BayObLG, Beschluss vom 28. 7. 1999*, Informationsdienst zum neuen Insolvenzrecht Ausgabe 7/1999, Satz 3 = NZI 1999, 412 = ZIP 1999, 1767.
39 Mittlerweile ganz h. M. z. B. OLG Köln ZInsO 1999, 494 = NZI 1999, 658.
40 HK-InsO/Landfermann, § 305 Rdnr. 12 a InsO.

Verhandlungen für Eheleute oder andere gemeinsam Haftende zusammen durchgeführt werden.

V. Die inhaltliche Kontrolle der außergerichtlichen Verhandlungen durch das Insolvenzgericht

Eine inhaltliche Überprüfung der außergerichtlichen Verhandlungen durch das Insolvenzgericht erfolgt nicht. Das Insolvenzgericht prüft lediglich, ob eine formal richtige Bescheinigung über das Scheitern dieser Verhandlungen vorliegt,[41] die schlüssig ein ernsthaftes Verfahren darlegt.[42]

Dies gilt auch nach der erfolgten Abänderung des § 305 Abs. 1 Nr. 1 InsO durch das InsOÄndG, nach der jetzt der außergerichtliche Entschuldungsplan dem Insolvenzgericht vorzulegen ist und die Gründe des Scheiterns der Verhandlungen darzulegen sind. Diese Änderung erfolgte lediglich, um dem Insolvenzgericht im Hinblick auf die gem. § 306 Abs. 1 Satz 3 InsO zu treffende Entscheidung weitere Informationen an die Hand zu geben und ausdrücklich nicht, um eine Prüfungskompetenz des Insolvenzgerichts zu begründen.[43] Die Gegenansicht, die durch die Änderung des 306 Abs. 1 und des § 305 Abs. 1 InsO jetzt eine volle inhaltliche Kontrolle des außergerichtlichen Verfahrens durch das Insolvenzgericht annimmt,[44] hat die bisher ergangene OLG-Rechtssprechung[45] und den Willen des Gesetzgebers gegen sich.

VI. Der Verhandlungsbeginn mit dem Erstanschreiben

Die außergerichtlichen Verhandlungen beginnen regelmäßig mit einem so genannten Erstanschreiben, mit dem der Schuldner seine Gläubiger um die Zusendung einer aktuellen Forderungsaufstellung gem. § 305 Abs. 2 Satz 2 InsO bittet. Auf der Grundlage der mitgeteilten Forderungen und Sicherungsrechte wird anschließend der Entschuldungsplan erstellt.

---

41 OLG Schleswig NZI 2000, 165; OLG Celle ZInsO 2000, 601.
42 BayObLG ZInsO 1999, 645.
43 Begründung zum InsOÄndG, ZInsO Heft 1/2001, Beilage 1/2001, B. zu Nummer 22.
44 a. A.: Pape, ZInsO 2001, 587, 591.
45 Siehe Fußnote 34.

Muster Erstanschreiben:[46]

26

Postbank
60288 Frankfurt

8. 1. 2002

Ihr Zeichen:	Konto 001122
Mein/e Mandant/in:	Herr Frank Müller
Mein Zeichen:	Müller 100/01 (bitte stets angeben)

Sehr geehrte Damen und Herren,

ich möchte Ihnen mit beiliegender Vollmacht anzeigen, dass ich Herrn Müller in einem Entschuldungsverfahren nach der Insolvenzordnung vertrete.

Zur Vorbereitung unserer Verhandlungen möchte ich Sie zunächst – auch im Hinblick auf eine in Kürze beabsichtigte Antragstellung zum Verbraucherinsolvenzverfahren[47] – um eine differenzierte Forderungsaufstellung gem. § 305 Abs. 2 Satz 2 InsO und die Bekanntgabe von Abtretungen,[48] Bürgschaften und/oder sonstigen Sicherheiten bis zum 8. 2. 2002 bitten. Ihre Forderung wird in der von Ihnen zu diesem Datum angemeldeten Höhe im außergerichtlichen Entschuldungsverfahren berücksichtigt. Ich erlaube mir den Hinweis, dass Sie gem. 305 Abs. 2 Satz 2 InsO zur kostenlose Erstellung der Forderungsaufstellung verpflichtet sind.

Falls Sie Gläubigervertreter sind, möchte ich Sie um Mitteilung des Namens und der Anschrift des Gläubigers bitten, um diese Daten vollständig bei Insolvenzantragstellung angeben zu können.

Des Weiteren möchte ich Sie bitten, während unserer Verhandlungen von gerichtlichen Maßnahmen insbesondere Zwangsvollstreckungsmaßnahmen meinem Mandanten gegenüber abzusehen. Erlauben Sie mir hier den Hinweis auf die §§ 305 a und 312 Abs. 1 Satz 3 InsO i. V. m. § 88 InsO, aus denen sich Einschränkungen für Ihre Zwangsvollstreckungsmöglichkeiten während der außergerichtlichen Verhandlungen ergeben. Im Gegenzug sichere ich Ihnen zu, die Einkommens- und Vermögensverhältnisse im Rahmen des Schuldenbereinigungsverfahren offen zu legen. Bitte haben Sie Verständnis dafür, dass Belege und nähere Informationen aber nur weitergegeben werden können, wenn Sie ausdrücklich den Verzicht auf Zwangsvollstreckungsmaßnahmen für einen Zeitraum von 3 Monaten ab Zugang dieses Schreibens erklären.

Entschuldungsverfahren verzögern sich häufig, da viele Gläubiger nicht oder erst nach Erinnerung antworten. Zur beiderseitigen Entlastung möchte ich Sie daher bitten, von Nachfragen Abstand zu nehmen. Ich werde mich auf jeden Fall nach Abschluss der ersten Bestandsaufnahme in diesem Entschuldungsverfahren bei Ihnen melden.

Mit freundlichen Grüßen

Rechtsanwalt Winkel

---

[46] Siehe andere Musteranschreiben z. B. bei: Pape, ZInsO 98, 287; Kohte/Ahrens/Grote, Restschuldbefreiung und Verbraucherinsolvenzverfahren, 1999, S. 405.
[47] Siehe § 305 Abs. 2 Satz 3 InsO.
[48] Siehe § 287 Abs. 2 Satz 2 InsO.

Muster Erstanschreiben für besondere Verfahrensarten:
– Verfahren für Eheleute:

> ...
> Zur Vorbereitung unserer Verhandlungen möchte ich Sie zunächst – auch im Hinblick auf eine in Kürze beabsichtigte Antragstellung zum Verbraucherinsolvenzverfahren – um eine differenzierte Forderungsaufstellung gem. § 305 Abs. 2 Satz 2 InsO und die Bekanntgabe von Abtretungen, Bürgschaften und/oder sonstigen Sicherheiten bis zum 8. 2. 2002 bitten. Ihre Forderung wird in der von Ihnen zu diesem Datum angemeldeten Höhe im außergerichtlichen Entschuldungsverfahren berücksichtigt. Bitte teilen Sie mit ob sich die Forderung gegen beide Eheleute oder nur gegen einen der Ehepartner richtet. Ich erlaube mir den Hinweis, dass Sie gem. 305 Abs. 2 Satz 2 InsO zur kostenlose Erstellung der Forderungsaufstellung verpflichtet sind.
>
> ...

27

– Verfahren mit absonderungsberechtigten insbesondere grundbuchlich gesicherten Gläubigern:

28

> ...
> Zur Vorbereitung unserer Verhandlungen möchte ich Sie zunächst – auch im Hinblick auf eine in Kürze beabsichtigte Antragstellung zum Verbraucherinsolvenzverfahren – um eine differenzierte Forderungsaufstellung gem. § 305 Abs. 2 Satz 2 InsO und die Bekanntgabe von Abtretungen, Bürgschaften und/oder sonstigen Sicherheiten bis zum 8. 2. 2002 bitten. Ihre Forderung wird in der von Ihnen zu diesem Datum angemeldeten Höhe im außergerichtlichen Entschuldungsverfahren berücksichtigt. Absonderungsberechtigte Gläubiger, insbesondere grundbuchlich und durch eine Abtretung gesicherte Gläubiger, werden gebeten, in entsprechender Anwendung des § 190 Abs. 1 InsO die Höhe ihres Ausfalles mitzuteilen, bzw. den voraussichtlichen Ausfall zu schätzen. Erfolgt keine entsprechende Mitteilung, wird die Forderung im außergerichtlichen Entschuldungsplan nicht berücksichtigt. Ich erlaube mir den Hinweis, dass Sie gem. 305 Abs. 2 Satz 2 InsO zur kostenlose Erstellung der Forderungsaufstellung verpflichtet sind.
>
> ...

– Verfahren nach Gläubigerantrag:

29

> ...
> Sehr geehrte Damen und Herren,
>
> ich möchte Ihnen mit beiliegender Vollmacht anzeigen, dass ich Herrn Müller in einem Entschuldungsverfahren nach der Insolvenzordnung vertrete.
>
> Über das Vermögen des Herrn Müller wurde bereits durch einen Gläubiger die Eröffnung eines Insolvenzverfahrens beantragt. Herr Müller hat jetzt gem. § 306 Abs. 3 InsO die Möglichkeit, einen Eigenantrag zu stellen. Hierzu sind zunächst außergerichtliche Verhandlungen zu führen. Da diese Verhandlungen gem. § 305 Abs. 3 Satz 3 InsO in drei Monaten abgeschlossen sein müssen, bitte ich Sie um eine beschleunigte Bearbeitung.
>
> ...

Henning

VII. Die Auskunftsverpflichtung des Gläubigers

30 Die Gläubiger sind gem. § 305 Abs. 2 Satz 2 InsO verpflichtet, dem Schuldner auf eigene Kosten eine Forderungsaufstellung auf dessen Erstanschreiben zuzusenden, wenn der Schuldner gem. § 305 Abs. 2 Satz 3 InsO in seinem Anschreiben auf ein beabsichtigtes Insolvenzverfahren hingewiesen hat. Dieser Anspruch des Schuldner ist einklagbar.[49] Der Schuldner kann auch nach den Umständen des Einzelfalles innerhalb kurzer Zeit einen mehrmaligen Anspruch auf Zusendung jeweils neuer Forderungsaufstellung haben, wenn sich sein Auskunftsbegehren nicht als rechtsmissbräuchlich darstellt.[50]

Die Forderungsaufstellung muss Hauptforderung, Kosten und Zinsen getrennt ausweisen sowie den Forderungsverlauf darstellen und die Verrechnungsart eingegangener Zahlungen (367 Abs. 1 BGB oder § 11 Abs. 3 VerbrKrG) benennen.[51] Der Anspruch auf Auskunftserteilung ist darüber hinaus erst erfüllt, wenn der Gläubiger unmissverständlich erklärt, neben den angegebenen Forderungen keine weiteren Forderungen gegen den Schuldner geltend zu machen.[52]

Angesichts des nicht unerheblichen Bearbeitungsaufwandes[53] sollte bereits der Erhalt des Erstanschreibens Anlass für den Gläubiger sein, einen Forderungsverzicht zu prüfen. Gerade bei Forderungen in geringerer Höhe wird der Verzicht häufig die wirtschaftlichste Bearbeitungsform darstellen. Ggf. sollte vor einem Verzicht ein Beleg über die behauptete Überschuldung bzw. die Einkommens- und Vermögenslosigkeit z. B. durch Übersendung eines Sozialhilfebescheides oder einer Forderungs- und Gläubigerübersicht angefordert werden. Vor dem Hintergrund eines möglichen Forderungsverzichts wird der redliche Schuldner diese Belege gerne übersenden.

Muster einer Klage auf Erteilung der Forderungsaufstellung

31

Amtsgericht Dortmund	10. 4. 02
KLAGE	
des Schuldners Michael Buch, Talstr. 3, Dortmund	Klägers,
– Prozessbevollmächtiger: Rechtsanwalt Karl Winkel, Dortmund –	
gegen	
die Gläubigerin Jutta Stein, Bergstr. 5, Dortmund	Beklagte.
Wegen: Auskunftserteilung gem. § 305 Abs. 2 Satz 2 InsO	

---

49 LG Düsseldorf ZInsO 2000, 519.
50 FK-Inso/Grote, § 305 Rdnr. 35 InsO.
51 Wie zuvor, Rdnr. 32.
52 LG Düsseldorf ZInsO 2000, 519.
53 Schmidt, InVo 2001, 156.

Henning

> Gegenstandswert: 2000 € (§ 3 ZPO)[54]
>
> Namens und in Vollmacht des Klägers erhebe ich Klage und bitte um die Anberaumung eines Termins zur mündlichen Verhandlung, in dem ich beantragen werde,
>
>> die Beklagte zu verurteilen, dem Kläger gem. § 305 Abs. 2 Satz 2 InsO Auskunft über ihre noch bestehende Forderung aus dem Darlehensvertrag vom 13. 2. 1995 aufgeschlüsselt nach Hauptforderung, Kosten und Zinsen zu erteilen.
>
> Begründung
>
> Der Kläger ist Schuldner der Beklagten. Grundlage des Schuldverhältnisses ist ein Darlehensvertrag vom 13. 2. 1995. Der Schuldner strebt ein Entschuldungsverfahren nach der in Kraft getretenen Insolvenzordnung an.
>
>> Beweis: Darlehensvertrag vom 13. 2. 1995, Kopie anbei.
>
> Mit Schreiben vom 10. 3. 02 hat der Kläger die Beklagte um die Übersendung einer Forderungsaufstellung gem. § 305 Abs. 2 Satz 2 InsO gebeten. Der Kläger hat in diesem Schreiben darauf hingewiesen, dass er in naher Zukunft beabsichtigt, einen Insolvenzeröffnungsantrag zu stellen.
>
>> Beweis: Schreiben des Klägers vom 10. 3. 02, Kopie anbei
>
> Die Beklagte hat bis heute die angeforderte Forderungsaufstellung nicht erteilt. Sie hat dem Kläger vielmehr mit Schreiben vom 20. 3. 02 mitgeteilt, dass er sich die noch ausstehende Forderung sehr gut selbst ausrechnen könne.
>
>> Beweis: Schreiben der Beklagten vom 20. 3. 02, Kopie anbei
>
> Nach dieser deutlichen Ablehnung der Gläubigerin, ihrer gesetzlichen Verpflichtung aus § 305 Abs. 2 Satz 2 InsO nachzukommen, ist Klage geboten.
>
> Beglaubigte und einfache Abschrift anbei.
>
> Rechtsanwalt Winkel

VIII. Die Notwendigkeit der Verhandlungsführung mit allen Gläubigern

1. Einführung

Der Schuldner kann häufig nicht alle gegen ihn gerichteten Forderungen benennen. Vorgelegte Unterlagen sind häufig unvollständig. Zudem kommen gerade in älteren Überschuldungsfällen Erstanschreiben an die Gläubiger häufig mit verschiedenen Postvermerken wie »unbekannt verzogen«, »Firma erloschen« oder »Empfänger verstorben« zurück. Der Schuldner muss aber aus zwei wichtigen Gründen bemüht sein, sämtliche Gläubiger 32

---

[54] Siehe zur Berechnung im Einzelnen: Zöller, a. a. O., § 3 Rdnr. 16 InsO, Stichwort Auskunft.

in die außergerichtlichen und gerichtlichen Verhandlungen miteinzubeziehen.[55]

Einerseits gilt ein Entschuldungsplan als Vertrag nur gegenüber den Gläubigern, die an den Verhandlungen teilgenommen und dem Plan zugestimmt haben. § 308 Abs. 3 InsO stellt dies auch für das gerichtliche Schuldenbereinigungsplanverfahren klar. Es nützt dem Schuldner wenig, mit 20 Gläubigern einen aufwendigen außergerichtlichen Entschuldungsplan auszuhandeln, wenn bei diesen Verhandlungen zwei Gläubiger nicht miteinbezogen werden und diese Gläubiger anschließend dem Schuldner durch Zwangsvollstreckungsmaßnahmen die Planerfüllung unmöglich machen.[56]

Andererseits muss der Schuldner gem. § 305 Abs. 1 Nr. 3 InsO dem Insolvenzgericht bei Antragstellung ein richtiges und vollständiges Verzeichnis seiner Gläubiger vorlegen. Kommt er dieser Verpflichtung vorsätzlich oder grob fahrlässig nicht nach, liegt ein Versagensgrund gem. § 290 Abs. 1 Nr. 6 InsO vor.

2. Die Ermittlung der unbekannten Gläubigeranschriften

33 Der Schuldner hat also einige Anstrengungen zu unternehmen, um sämtliche Gläubiger zu ermitteln. Er wird einen Gläubiger, den das Erstanschreiben aus den oben in der Einführung genannten Gründen nicht erreicht hat, nicht einfach aus dem Gläubigerverzeichnis streichen können. Er wird vielmehr mit Einwohnermeldeamts- oder Handelsregisteranfragen Nachforschungen anstellen müssen.

3. Die Bestellung eines Nachtragsliquidators für die bereits gelöschte GmbH

34 Wie weit die Anforderungen an die Bemühungen des Schuldners gehen, verdeutlicht eine Entscheidung des OLG Frankfurt.[57]

▶ **Beispiel aus der Rspr.:**

Der Schuldner hat bei einer Gesamtverschuldung in Höhe von 50 000 € auch eine Verbindlichkeit einer GmbH gegenüber in Höhe von 3 400 €. Der Schuldner ermittelt, dass die GmbH bereits vor 3 Jahren wegen Vermögenslosigkeit im Handelsregister gelöscht wurde. Er benennt die GmbH in seinem Antrag als Gläubigerin, gibt aber eine zustellungsfähige Anschrift nicht an.

---

55 Vgl. Vallender, ZIP 2000, 1288.
56 Siehe zur Möglichkeit, dieses Risiko durch eine entsprechende Plangestaltung zu verhindern, unten Rdnr. 41.
57 OLG Frankfurt ZInsO 2000, 565 = NZI 2000, 536.

Henning

Das OLG Frankfurt hat festgestellt, dass es hier die an den Schuldner zu stellenden Anforderungen nicht übersteigt, wenn vom Schuldner die Beantragung der Bestellung eines Nachtragsliquidators für die nicht rechtsfähige Nachgesellschaft der gelöschten GmbH zur Sicherstellung der Zustellungen verlangt wird. Es bleibt zwar abzuwarten, ob andere Gerichte in ähnlichen Fällen ebenso entscheiden werden.[58] Auch kann bezweifelt werden, ob die Nichtangabe dieses Gläubigers tatsächlich einen Versagungsgrund gem. § 290 Abs. 1 Nr. 6 InsO dargestellt hätte, da der Schuldner nach der Forderungshöhe und dem Gesamtzusammenhang wohl davon ausgehen durfte, dass diese Forderung nicht mehr geltend gemacht wird. Gleichwohl muss diese Entscheidung gerade vom anwaltlichen Schuldnervertreter schon bei der Gestaltung der außergerichtlichen Verhandlungen berücksichtigt werden.

IX. Die Prüfung der mitgeteilten Forderungen

Liegen die Forderungsaufstellungen aller Gläubiger vor, so hat der Schuldner die geltend gemachten Forderungen zu prüfen. Unterlässt er diese Überprüfung und gibt im Insolvenzantrag vorsätzlich oder grob fahrlässig falsche oder unvollständige Forderungen an, so liegt ein Versagungsgrund gem. § 290 Abs. 1 Nr. 6 InsO vor. Umfang und Art der Forderungsprüfung bestimmen sich nach den Möglichkeiten des Schuldners.[59] Eine rechtliche Überprüfung z. B. der geltend gemachten Kosten und Zinsen kann vom Schuldner nicht verlangt werden.[60] Auch muss der Schuldner nicht prüfen, ob Forderungen unter Umständen verjährt sind. 35

X. Der außergerichtliche Entschuldungsplan

1. Einführung

Der Entschuldungsplan ist der wesentlichste Bestandteil der außergerichtlichen Verhandlungen. Mit der Vorlage des Planes unterbreitet der Schuldner den Gläubigern seinen Vorschlag zur Regulierung der bestehenden Verbindlichkeiten. Der Schuldner hat bei diesem Vorschlag natürlich die Regelungen im gerichtlichen Verfahren vor Augen und wird sich an diesen orientieren. Gleichzeitig sollte der Schuldner aber berücksichtigen, dass eine außer- 36

---

58 Kritik z. B. bei Gerlinger, ZInsO 2000, 586.
59 Nerlich/Römermann, Kommentar zur InsO, 2000, § 305 Rdnr. 33 InsO.
60 Siehe aber zu den möglichen Konsequenzen einer unterlassenen Überprüfung im Falle des Scheiterns eines Planes: Grote/Weinhold, Arbeitshilfe InsO, a. a. O., S. 324 ff.

Henning

gerichtliche Einigung finanzielle und zeitliche Vorteile bringen kann. Er sollte daher grundsätzlich bereit sein, Zugeständnisse an die Gläubiger zu machen, die über die Regelungen des gerichtlichen Verfahrens hinausgehen.

Bislang sind relativ wenige außergerichtliche Entschuldungspläne zustande gekommen. In Verfahren mit mehr als 15 bis 20 Gläubigern oder bei Vorlage eines so genannten »Nullplanes« ist eine außergerichtliche Einigung fast nie zu erreichen. Kann der Schuldner mit Hilfe Dritter eine Einmalzahlung zur Erledigung der Forderung anbieten, steigt die Wahrscheinlichkeit einer außergerichtlichen Einigung.

2. Die gesetzlichen Anforderungen an den außergerichtlichen Plan

37 Die Ausgestaltung des außergerichtlichen Entschuldungsplans unterliegt der Privatautonomie und ist inhaltlich gerichtlich nicht überprüfbar.[61]

Ein Entschuldungsplan liegt vor, wenn der Vorschlag des Schuldners verbindliche, geordnete, nachvollziehbare und insbesondere bzgl. der vom Schuldner zu leistenden Zahlungen bestimmbare Regelungen enthält. Einen vollstreckbaren Inhalt muss der Plan hierbei nicht haben.[62]

▶ **Beispiel aus der Praxis:**

»Sehr geehrte Gläubiger, wenn Sie nach 6 Jahren ab Zugang dieses Schreibens auf ihre Forderungen verzichten, werde ich mein Möglichstes tun, ihre Forderungen in dieser Zeit abzutragen«.

Hier wird auch im Wege der Auslegung schwer zu ermitteln sein, welche Leistungen der Schuldner zu erbringen hat. Der Vorschlag ist daher zu unverbindlich und hat keinen Plancharakter.

▶ **Beispiel aus der Rspr.:**

Sehr geehrte Gläubiger, bitte verzichten Sie auf Ihre Forderung und senden Sie die beiliegende Erklärung zurück.

Bitte ankreuzen:

☐ Ich verzichte auf meine Forderung.
☐ Ich stimme dem außergerichtlichen Entschuldungsplan nicht zu.

In dieser Vorgehensweise hat das BayObLG[63] keinen ernsthaften Entschuldungsplan gesehen, da hier nur die Ablehnung eines scheinbaren Angebotes provoziert werden soll.

---

61 Siehe oben Rdnr. 23 f.
62 OLG Celle ZInsO 2000, 601 = NZI 2001, 254.
63 BayObLG, Beschluss vom 28. 7. 1999, Informationsdienst zum neuen Insolvenzrecht Ausgabe 7/1999, Satz 3 = NZI 1999, 412 = ZIP 1999, 1767.

Henning

3. Die Ausgestaltung des außergerichtlichen Planes

a) Einführung

Der außergerichtliche Entschuldungsplan sollte Aussagen zur Vermögens- und Einkommenssituation des Schuldners, eine Gläubiger- und Forderungsübersicht mit der Angabe der Höhe der Gesamtverbindlichkeiten, eine Aussage zu betroffenen Sicherheiten der Gläubiger[64] und den eigentlichen Regulierungsvorschlag enthalten.

Der Regulierungsvorschlag besteht zumeist in dem Angebot, eine bestimmte Quote der Forderung mit einer Einmalzahlung oder auch durch mehrere Raten zu erfüllen, oder dem Angebot, über einen bestimmten Zeitraum eine feste oder flexible monatliche Rate zu zahlen. Die Höhe der flexiblen Rate folgt üblicherweise der Höhe des jeweils pfändbaren Einkommensanteiles.

Die Gestaltungs- und Variationsmöglichkeiten sind vielfältig. Der Schuldner sollte aber nur erfüllbare Verpflichtungen eingehen und berücksichtigen, dass er sich im Plan meist für einen Zeitraum von mehreren Jahren verpflichtet. Er sollte auch wirtschaftlich denken und keine Lösung vorschlagen, die ihm sehr viel mehr als im gerichtlichen Verfahren auferlegt.[65]

b) Beispiele möglicher Regelungen

Der Plan kann einen Erlass, Teilerlass oder eine Stundung der Forderung vorsehen. Der Schuldner kann sich verpflichten, die Forderung durch eine Einmalzahlung[66] abzulösen, oder über einen bestimmten Zeitraum eine feste monatliche Rate an jeden Gläubiger zu zahlen. Bei der Vereinbarung dieser festen Rate kann die Abänderung der Rate bei bestimmten Ereignissen, z. B. dem Eintritt von Arbeitslosigkeit oder einem erheblichen Anstieg des Arbeitseinkommens vereinbart werden.

Der Schuldner kann flexible monatliche Raten anbieten, deren Höhe sich nach dem jeweils pfändbaren Einkommensanteil des Schuldners richtet. Es kann vereinbart werden, dass ein außergerichtlichen Treuhänder beauftragt wird, die pfändbaren Einkommensanteile einzuziehen und an die Gläubiger weiterzuleiten. Es kann geregelt werden, dass neben dem Schuldner auch ein mithaftender Dritter, z. B. der Ehepartner des Schuldners, bei Planerfüllung ebenfalls von seinen Verbindlichkeiten befreit wird.

Der Schuldner kann sich verpflichten, einer Arbeit nachzugehen oder pauschal die Verpflichtungen aus § 295 Abs. 1 InsO während der Planlaufzeit

---
64 Vgl. § 305 Abs. 1 Nr. 4 3. HS InsO für das gerichtliche Verfahren.
65 Siehe z. B. Grote/Weinhold, Arbeitshilfe InsO, a. a. O., S. 64 ff: 15 Regeln für die Plangestaltung.
66 Die Barwertmethode kann eine vorgeschlagene Summe argumentativ stützen. Siehe hierzu Reifner/Jung, ZInsO 2000, 12.

zu erfüllen. Es können Auskunftspflichten des Schuldners oder die Geltung der Bonusregelung des § 292 Abs. 1 InsO vereinbart werden.

c) Die dringend zu empfehlenden Regelungen

40 Es sollte eine Vereinbarung aufgenommen werden, nach der eine Einbeziehung nachträglich bekannt werdender Gläubiger in den Plan möglich ist. Die Gläubiger sollten sich in dem Plan verpflichten, auf Zwangsvollstreckungen zu verzichten und bereits ausgebrachte Zwangsvollstreckungen, z. B. Kontopfändungen zurückzunehmen. Ebenso sollte eine Vereinbarung über Aufrechnungsmöglichkeiten der Gläubiger während der Planlaufzeit getroffen werden. Es sollte auch klar geregelt werden, dass der Schuldner bei Erfüllung der beschriebenen Verpflichtungen von seinen restlichen Verbindlichkeiten befreit wird. Wie im gerichtlichen Plan sollte eine Aussage zu bestehenden Sicherheiten der Gläubiger im Sinne des § 305 Abs. 1 Nr. 4 3. HS InsO enthalten sein. Schließlich sollte eindeutig geregelt sein, wann der Plan in Kraft tritt und welche Laufzeit er hat.

Gläubiger sollten zu Ihrer Absicherung auf einer Verfallklausel im Sinne des § 12 Abs. 1 Verbraucherkreditgesetz bestehen und auch in § 295 Abs. 1 Nr. 2 InsO nicht genannte Vermögenszuflüsse an den Schuldner in den Plan einbeziehen.

d) Muster eines Standardplans[67]

41
```
                                                                    8. 1. 2002

Sehr geehrte Damen und Herren,

Ihre Forderungsaufstellung vom 8. 1. 2002 habe ich dankend erhalten.

Es wurden insgesamt folgende Forderungen angemeldet:
                                            Anteil an der Gesamtverschuldung in %

A-Bank      10 000 €                                    25%
B-Bank      10 000 €                                    25%
C-Bank      20 000 €                                    50%
```

Bei einer Gesamtverschuldung in Höhe von somit 40 000 € ist mein Mandant bei einem monatlichen Nettoeinkommen in Höhe von 1 328,28 € zahlungsunfähig bzw. überschuldet gem. §17 InsO. Es bestehen zwei gesetzliche Unterhaltsverpflichtungen des Schuldners gegenüber seiner Ehefrau Birgit, geb. am 8. 8. 65 und seiner Tochter Bärbel, geb. am 3. 10. 98. Der Schuldner lebt mit den Unterhaltsberechtigten in einem Haushalt und kommt seiner Unterhaltsverpflichtung nach. Der Schuldner verfügt über keinerlei pfändbare Vermögenswerte. Eine aktuelle Lohnabrechnung kann übersandt werden, wenn Sie schriftlich mir gegenüber für die nächsten 3 Monate auf Zwangsvollstreckungsmaßnahmen verzichten.

Zur Regulierung der Angelegenheit möchte ich Ihnen folgenden außergerichtlichen Schuldenbereinigungsplan gem. § 305 Abs. 1 Nr. 1 InsO vorschlagen:

---

[67] Weitere Musterpläne bei Kohte/Ahrens/Grote, a. a. O., S. 406; Grote/Weinhold, Arbeitshilfe InsO, a. a. O., S. 390 ff.

- Die Planlaufzeit beträgt 6 Jahre.
- Der Schuldner tritt seine pfändbaren Einkommensanteile für einen Zeitraum von 6 Jahren ab Inkrafttreten dieses Planes gequotelt an alle Gläubiger ab. Dem einzelnen Gläubiger steht der Anteil an den pfändbaren Einkommensanteilen zu, der dem Anteil dieses Gläubigers an der Gesamtverschuldung nach obiger Aufstellung entspricht (Beispiel: Der Gläubigerin A-Bank stehen von den pfändbaren Einkommensanteilen 25% zu)
- Die pfändbaren Einkommensanteile betragen zurzeit monatlich 112,89 €. Die Pfändbarkeit der jeweiligen Einkommen bestimmt sich nach den einschlägigen Vorschriften der ZPO (z. B. auch nach § 850 f ZPO) und des SGB. Der Schuldner wird die pfändbaren Einkommensanteile monatlich an die Gläubiger abführen. Auf Wunsch der Gläubiger kann auch eine halbjährliche oder jährliche Zahlung vereinbart werden.
- Die Gläubiger verpflichten sich, während der Laufzeit des Planes keine gerichtlichen Schritte und keine Zwangsvollstreckungsmaßnahmen gegen den Schuldner zu beantragen oder durchzuführen und laufende Zwangsvollstreckungen zurückzunehmen. Auf- und Verrechnungen sind den Gläubiger während der Planlaufzeit nicht gestattet.
- Nach Ablauf von 6 Jahren nach Inkrafttreten des Planes wird der Schuldner von allen seitens der Gläubiger dann noch bestehenden Forderungen freigestellt, die Gläubiger verzichten also auf diese Forderungen.
- Der Schuldner verpflichtet sich, den Gläubigern jährlich einen aktuellen Einkommensbescheid zuzusenden und Auskunft über seine Einkommens- und Vermögensverhältnisse zu geben. Sollte der Schuldner dieser Verpflichtung auch nach schriftlicher Mahnung durch einen Gläubiger nicht nachgekommen sein, hat jeder Gläubiger das Recht, diesen Plan mit einer Frist von vier Wochen nach Zugang der Mahnung zu kündigen.
- Der Schuldner unterwirft sich bezüglich seiner Arbeitsverpflichtung den Regelungen des § 295 Abs. 1 Nr. 1 InsO.
- § 295 InsO Abs. 1 soll auch für die weiteren Verpflichtungen des Schuldners während der Planlaufzeit gelten. Im Falle eines Verstoßes des Schuldners gegen diese Verpflichtungen soll § 296 InsO sinngemäß gelten.
- Der Schuldner verzichtet auf die Bonusregelung des § 292 Abs. 1 InsO.
- Der Schuldner hat sich nach bestem Wissen und Gewissen bemüht, sämtliche Gläubiger in diesem Plan zu benennen. Er versichert, dass ihm nur die benannten Gläubiger bekannt sind. Sollten sich dennoch während der Laufzeit dieses Planes weitere Gläubiger melden, deren Forderungen vor dem Inkrafttreten des Planes entstanden sind, wird vereinbart, dass diese Gläubiger dem vorliegenden Vertrag beitreten können. Es ist dann eine neue Gläubigerübersicht zu erstellen, die jedem Gläubiger zur Verteilung der pfändbaren Einkommensanteile einen neuen Prozentanteil an der Gesamtverschuldung zuweisen wird. Dem hinzutretenden Gläubiger kann eine Laufzeitverlängerung des Planes zugestanden werden. Während dieser Laufzeitverlängerung erhält der zugetretene Gläubiger weiterhin seinen zuvor festgelegten %-Anteil der pfändbaren Einkommensanteile des Schuldners. Die Regelung gilt nicht, wenn dem Schuldner bzgl. der Nichtbenennung der weiteren Gläubiger Vorsatz oder grobe Fahrlässigkeit nachzuweisen ist.
- Dieser Plan enthält neben der obigen Regelung zu den Sicherheiten der Gläubiger aus der Zwangsvollstreckung keine weitere Aussage gemäss § 305 Abs. 1 Nr. 4 3.Hs InsO, da weitere Bürgschaften, Pfandrechte oder andere Sicherheiten der Gläubiger nicht berührt werden.
- *Dieser Plan tritt als Vergleichsvertrag in Kraft*, wenn alle Beteiligten nochmals ausdrücklich zugestimmt haben.

Ich darf Sie bis zum 8. 2. 2002 um Stellungnahme bitten. Sollte bis zu diesem Datum keine Antwort vorliegen, gehe ich von einer Planablehnung Ihrerseits aus.

Mit freundlichen Grüßen

Rechtsanwalt Winkel

Henning

e) Muster eines Planes bei vorliegender Gehaltsabtretung

...

– Der Schuldner tritt seine pfändbaren Einkommensanteile für einen Zeitraum von 6 Jahren ab Inkrafttreten dieses Planes gequotelt an alle Gläubiger ab. Dem einzelnen Gläubiger steht der Anteil an den pfändbaren Einkommensanteilen zu, der dem Anteil dieses Gläubigers an der Gesamtverschuldung nach obiger Aufstellung entspricht (Beispiel: Der Gläubigerin A-Bank stehen von den pfändbaren Einkommensanteilen 25% zu)

Bitte beachten Sie aber die folgende Einschränkung:

– In den ersten 24 Monaten nach Inkrafttreten des Planes stehen gem. § 114 Abs. 1 und 2 InsO allerdings sämtliche pfändbaren Einkommensanteile der Gläubigerin A-Bank zu, die eine Gehaltsabtretung des Schuldners vorgelegt hat. Nach Ablauf dieser 24 Monate erfolgt die Verteilung der pfändbaren Einkommensanteile an die Gläubiger unter Berücksichtigung der zuvor an die Gläubigerin A-Bank geflossenen Zahlungen. Hierfür wird eine neue Gläubiger- und Forderungsübersicht mit einem neu zu berechnenden Prozentanteil der jeweiligen Gläubigerforderung an der Gesamtverschuldung erstellt.

– Die pfändbaren Einkommensanteile betragen zurzeit monatlich 112,89 €. Die Pfändbarkeit der jeweiligen Einkommen bestimmt sich nach den einschlägigen Vorschriften der ZPO (z. B. auch nach § 850 f ZPO) und des SGB.

...

f) Muster eines Planes bei Beteiligung absonderungsberechtigter Gläubiger

Diesem Muster liegt folgende Ausgangssituation zugrunde: Die absonderungsberechtigten Gläubiger A-Bank und C-Bank wurden im Erstanschreiben[68] um Mitteilung der Höhe ihres tatsächlichen oder voraussichtlichen Ausfalles gebeten. Die A-Bank hat den Ausfall mit 5 000 € geschätzt, die C-Bank hat keine Mitteilung gemacht. Ansonsten sind die Daten des Standardmusterplans anzunehmen.

...

Der Schuldner tritt seine pfändbaren Einkommensanteile für einen Zeitraum von 6 Jahren ab Inkrafttreten dieses Planes gequotelt an alle Gläubiger ab. Dem einzelnen Gläubiger steht grundsätzlich der Anteil an den pfändbaren Einkommensanteilen zu, der dem Anteil dieses Gläubigers an der Gesamtverschuldung nach obiger Aufstellung entspricht (Beispiel: Der Gläubigerin A-Bank stehen von den pfändbaren Einkommensanteilen 25% zu)

Beachten Sie aber bitte folgende Abänderung:

Die Gläubiger A-Bank und C-Bank haben bestehende Sicherheiten an unbeweglichen Gegenständen gem. § 49 InsO angezeigt. Im Sinne der Regelungen der §§ 52 und 190 Abs. 1 InsO wurden diese Gläubiger aufgefordert, die Höhe ihres Ausfalles anzugeben, bzw. den Ausfall zu schätzen und im Übrigen auf eine abgesonderte Befriedigung aus dem Grundstück zu verzichten. *Die Gläubigerin A-Bank hat ihren Ausfall mit 5 000 € geschätzt und auf ihre Rechte aus der abgesonderten Befriedigung verzichtet, soweit ein Betrag in*

---

[68] Siehe oben Rdnr. 28 Muster Erstanschreiben absonderungsberechtigte Gläubiger.

Höhe von 5 000 € überschritten wird. Die Gläubigerin C-Bank hat keine Stellungnahme abgegeben. Sie wird damit bei der Verteilung nach diesem Plan nicht berücksichtigt. Es ergibt sich damit für die Verteilung der pfändbaren Einkommensanteile folgendes Gläubigerverzeichnis:

		Anteil an der Gesamtverschuldung
A-Bank	5 000 €	33,33 %
B-Bank	10 000 €	66,66 %

Sollte die Verwertung des Grundstücks nach Befriedigung der Gläubiger A-Bank und C-Bank zu einem Überschuss führen, ist dieser Überschuss im Falle eines noch laufenden Entschuldungsplanes vom Schuldner zur Verteilung an die Gläubiger abzuführen.

Im Falle der Verwertung des Grundstückes nach dem Ablauf dieses Planes wird ein möglicher Übererlös unter den Gläubigern verteilt. Die Verteilung erfolgt durch den Verfahrensbevollmächtigten des Schuldners. Für diese Verteilung werden die Forderungen der Gläubiger mit dem Stand aufgenommen, den sie am Ende der Laufzeit des Entschuldungsplanes hatten. Der Schuldner wird die Gläubiger über den Zufluss informieren und eine aktuelle Forderungsaufstellung anfordern.

Die pfändbaren Einkommensanteile betragen zurzeit monatlich 112,89 €. Die Pfändbarkeit des jeweiligen Einkommens bestimmt sich nach den einschlägigen Vorschriften der ZPO (z. B. auch nach § 850 f ZPO) und des SGB.

...

g) **Muster eines Planes mit Einsetzung eines außergerichtlichen Treuhänders**

... 44

Der Schuldner tritt seine pfändbaren Einkommensanteile für einen Zeitraum von 6 Jahren ab Inkrafttreten dieses Planes gequotelt an alle Gläubiger ab. Dem einzelnen Gläubiger steht der Anteil an den pfändbaren Einkommensanteilen zu, der dem Anteil dieses Gläubigers an der Gesamtverschuldung nach obiger Aufstellung entspricht (Beispiel: Der Gläubigerin A-Bank stehen von den pfändbaren Einkommensanteilen 25% zu)

Es wird die Einsetzung eines Treuhänders vereinbart, der die Aufgaben des § 292 Abs. 1 InsO übernimmt. Der Schuldner wird die pfändbaren Einkommensanteile an diesen Treuhänder abführen. Der Treuhänder überwacht die Erfüllung der Obliegenheiten des § 295 Abs. 1 InsO durch den Schuldner. Als Treuhänder benennen die Beteiligten Herrn Anton Müller, Hofstr. 3, 44678 Dortmund. Die Vergütung des Treuhänders erfolgt nach der Insolvenzrechtlichen Vergütungsordnung (InVV). Die Beteiligten sind sich darüber einig, dass die Treuhändervergütung der Masse entnommen wird. Bei Masselosigkeit trägt der Schuldner die Kosten nach § 14 Abs. 3 InVV, die Gläubiger die Kosten aus § 15 1 InVV.

Die pfändbaren Einkommensanteile betragen zurzeit monatlich 112,89 €. Die Pfändbarkeit der jeweiligen Einkommen bestimmt sich nach den einschlägigen Vorschriften der ZPO (z. B. auch nach § 850 f ZPO) und des SGB. Der Schuldner wird die pfändbaren Einkommensanteile monatlich an den Treuhänder abführen.

...

h) Muster eines Planes mit der Vereinbarung einer Einmalzahlung

45

...

Sehr geehrte Damen und Herren,

Ihr obiges Schreiben habe ich dankend erhalten.

Da der außergerichtliche Entschuldungsplan durch einige Gläubiger abgelehnt wurde, möchte ich Ihnen einen alternativen Vorschlag unterbreiten, der durch die Unterstützung der Eltern des Schuldners möglich wird:

Der Schuldner stellt einen Betrag in Höhe von 5 000,00 € zur Verfügung. Dieser Betrag wird gequotelt an die Gläubiger ausgezahlt. Die Höhe des Auszahlungsbetrag ergibt sich aus dem Prozentanteil des jeweiligen Gläubigers an der Gesamtverschuldung:

A-Bank	10 000 €	25%	= Einmalzahlung 1250 €
B-Bank	10 000 €	25%	= Einmalzahlung 1250 €
C-Bank	20 000 €	50%	= Einmalzahlung 2500 €

Im Gegenzug verzichten die Gläubiger auf alle weiteren Forderungen, gleich ob bekannt oder nicht, gegenüber dem Schuldner. Der Schuldner wird durch die Zahlung des Einmalbetrages also gegenüber den angegebenen Gläubigern von seinen Verbindlichkeiten befreit.

Bitte antworten Sie bis zum 6. 3. 2002, da bei Ablehnung auch dieses alternativen Planes Insolvenzantrag gestellt werden muss.

Mit freundlichen Grüßen

Rechtsanwalt Winkel

XI. Der Abschluss der außergerichtlichen Verhandlungen

1. Das Zustandekommen einer außergerichtlichen Einigung

46 Stimmen alle Gläubiger zu, tritt der Plan als Entschuldungsvertrag zum vereinbarten Zeitpunkt in Kraft. Der Vertrag kann in der Form der notariellen Urkunde gem. § 794 Abs. 1 Nr. 5 ZPO ein Vollstreckungstitel sein, wenn sich die Vertragspartner bezüglich ihrer Verpflichtungen in der Urkunde der sofortigen Zwangsvollstreckung unterworfen haben.

2. Das Scheitern der Verhandlungen

a) Das Scheitern durch Ablehnung des Entschuldungsplans

47 Lehnt nur ein Gläubiger den außergerichtlichen Plan ab, sind die Verhandlungen gescheitert. Dem Schuldner bleibt in diesem Falle nur die Antragstellung zum Insolvenzgericht innerhalb von 6 Monaten nach dem Scheitern der Verhandlungen.

b) Das vorzeitige Scheitern der Verhandlungen

aa) Das Scheitern durch Betreiben der Zwangsvollstreckung während der Verhandlungen

Durch den neuen § 305 a InsO soll der außergerichtliche Einigungsversuch gegen Zwangsvollstreckungen der Gläubiger abgesichert werden.[69] Betreibt ein Gläubiger nach Verhandlungsbeginn die Zwangsvollstreckung, so gelten die Verhandlungen als gescheitert. Der Schuldner kann die Verhandlungen sofort abbrechen und Antrag zum Insolvenzgericht stellen. Den Verhandlungsbeginn nimmt der Gesetzgeber allerdings erst mit Übersendung des Entschuldungsplanes an.[70] Dies überzeugt nicht, da gerade in Verfahren mit zahlreichen Gläubigern nach Übersendung des Planes zumeist schnell die erste Ablehnung vorliegt, die Verhandlungen also gescheitert sind. Der Verhandlungsbeginn sollte daher in dem Erstanschreiben des Schuldners gesehen werden, in dem dieser um Übersendung einer Forderungsaufstellung gem. § 305 Abs. 2 Satz 2 InsO bittet. Wird dieses Ansinnen des Schuldners mit einer Zwangsvollstreckungsmaßnahme beantwortet, macht der Gläubiger deutlich, dass er an einer gütlichen Einigung nicht interessiert ist.

48

bb) Das Scheitern durch Verweigerung der Teilnahme an den Verhandlungen

Die außergerichtlichen Verhandlungen können auch aus einem anderen Grund vorzeitig scheitern.

49

▶ **Beispiel aus der Praxis:**
> Ein Gläubiger beantwortet das Erstanschreiben des Schuldners mit Übersendung einer Forderungsaufstellung und im Übrigen wie folgt: »Wir teilen schon jetzt mit, dass wir einer außergerichtlichen Schuldenregulierung nicht zustimmen«.

Macht ein Gläubiger seine Ablehnung einer außergerichtlichen Einigung bereits vor Übersendung des Planes so unmissverständlich deutlich, können die Verhandlungen als gescheitert angesehen werden. Die Antragstellung zum Insolvenzgericht ist in diesem Fall auch ohne Vorlage eines außergerichtlichen Planes an die Gläubiger zulässig.

---

69 Begründung zum InsOÄndG, ZInsO Heft 1/2001, Beilage 1/2001, B. zu Nummer 23.
70 Wie zuvor.

XII. Die Bescheinigung über das Scheitern des außergerichtlichen Einigungsversuches

50 Der Verbraucherschuldner hat bei Insolvenzantragstellung gem. § 305 Abs. 1 Nr. 1 InsO eine Bescheinigung über das Scheitern der außergerichtlichen Verhandlungen in der Form der Anlage 2 des amtlichen Vordrucks vorzulegen. Diese Bescheinigung hat eine geeignete Person oder Stelle auszustellen. Rechtsanwälte, Notare und Steuerberater sind ohne weitere Anerkennung als geeignete Personen anzusehen.[71] Der ausstellende Rechtsanwalt muss die gescheiterten Verhandlungen nicht selbst geführt haben.[72] Er kann auch nach Prüfung vorgelegter Unterlagen bescheinigen, dass vom Schuldner selbst geführte Verhandlungen gescheitert sind.

In der Bescheinigung sind Name und Anschrift des Ausstellers und des Schuldners, das Datum des Scheiterns der Verhandlungen, die Erklärung, dass eine Einigung auf der Grundlage eines Planes versucht wurde, und die wesentlichen Gründe des Scheiterns der Verhandlungen anzugeben. Einzelheiten der Verhandlungen müssen nicht angegeben werden, dies gilt insbesondere bei einer anwaltlichen Bescheinigung.[73] Der außergerichtliche Plan ist beizufügen.

XIII. Die Einschränkungen der Zwangsvollstreckung während der außergerichtlichen Verhandlungen

1. Einführung

51 Im eröffneten Insolvenzverfahren ist die Zwangsvollstreckung gem. § 89 Abs. 1 InsO untersagt. Im Insolvenzeröffnungsverfahren kann das Gericht die Zwangsvollstreckung gem. § 21 Abs. 2 Nr. 3 InsO untersagen oder einstweilen einstellen. § 306 Abs. 2 InsO stellt klar, dass dies auch gilt, wenn das Insolvenzeröffnungsverfahren während der Durchführung des gerichtlichen Schuldenbereinigungsplanverfahrens gem. § 306 Abs. 1 InsO ruht.

Eine vergleichbare Regelung für den Zeitraum der außergerichtlichen Verhandlungen enthält die InsO nicht. Eine beabsichtigte Änderung des § 765 a ZPO,[74] die dem Schuldner die Möglichkeit geben sollte, die vorübergehende Einstellung der Zwangsvollstreckung zu beantragen, hat keine Zustimmung gefunden.

---

71 HK-InsO/Landfermann, § 305 Rdnr. 7 InsO.
72 OLG Schleswig ZInsO 2000, 170.
73 Wie zuvor.
74 RegE eines InsOÄndG, ZInsO Heft 1/2001, Beilage 1/2001, Satz 4 Art. 7.

Der Gesetzgeber möchte aber durch Änderung des § 312 Abs. 1 Satz 3 InsO und Einfügung des § 305 a InsO erreichen, dass Zwangsvollstreckungen während der außergerichtlichen Verhandlungen für die Gläubiger unattraktiver werden, und damit seltener betrieben werden. Es bleibt abzuwarten, ob diese Maßnahmen den gewünschten Erfolg haben werden.

2. Das Scheitern der Verhandlungen durch das Betreiben der Zwangsvollstreckung gem. § 305 a InsO

Gem. § 305 a InsO kann der Schuldner die außergerichtlichen Verhandlungen als gescheitert ansehen und Antrag zum Insolvenzgericht stellen, wenn ein Gläubiger die Zwangsvollstreckung nach Verhandlungsbeginn[75] betreibt. In Verbindung mit der gem. § 312 Abs. 1 Satz 3 InsO verlängerten Rückschlagsperre des § 88 InsO kann diese Möglichkeit des Schuldners eine Zwangsvollstreckung fruchtlos machen.

52

3. Die Unwirksamkeit der Zwangsvollstreckung durch die Rückschlagsperre des § 88 InsO

Gem. § 312 Abs. 1 Satz 3 InsO beträgt die Dauer der so genannten Rückschlagsperre des § 88 InsO im Falle der Verfahrenseröffnung auf Schuldnerantrag hin drei Monate. Diese Regelung wird Gläubiger allerdings nur von der Zwangsvollstreckung abhalten, wenn die Rückschlagsperre nicht nur eine erlangte Sicherung, sondern auch eine bereits erfolgte Befriedigung des Gläubigers wegen fehlendem Rechtsgrund unwirksam[76] werden lässt. Eine obergerichtliche Entscheidung zu dieser Frage liegt noch nicht vor. Nach anderer Ansicht unterliegt die erlangte Befriedigung lediglich der Anfechtung gem. § 131 Abs. 1 Nr. 1 InsO.[77]

53

4. Der Vollstreckungsschutz für den Zeitraum der außergerichtlichen Verhandlungen gem. § 765 a ZPO

Ein Anspruch des Schuldners auf Einstellung der Zwangsvollstreckung während des Zeitraumes der außergerichtlichen Verhandlungen kann sich bei Vorliegen der gesetzlichen Voraussetzungen auch aus § 765 a ZPO in seiner bisherigen Fassung ergeben.[78]

54

---

75 Siehe hierzu oben.
76 So Kübler/Prütting, § 88 Rdnr. 19 InsO; Vallender, ZIP 97, 1993; Helwich, NZI 2000, 460.
77 Kübler/Prütting, a. a. O., § 88 Rdnr. 10 InsO; Smid, Kommentar zur Insolvenzordnung, 2. Aufl. 2001, § 88 Rdnr. 10 InsO.
78 AG Elmshorn NZI 2000, 329; LG Itzehoe NZI 2001, 100.

Henning

XIV. Die anwaltliche Bearbeitung eines außergerichtlichen Verbraucherinsolvenzmandats

1. Das Schuldnermandat

a) Die erste Beratung des überschuldeten Mandanten

55 Die Beratung des überschuldeten Mandanten beginnt mit einer umfassenden Information über den Verfahrensablauf sowie die wirtschaftlichen und persönlichen Konsequenzen einer Verfahrensdurchführung. Des Weiteren müssen das Vorliegen möglicher Versagensgründe gem. § 290 Abs. 1 InsO oder deliktischer Verbindlichkeiten gem. § 302 InsO geprüft werden, um die Erfolgsaussichten eines gerichtlichen Entschuldungsverfahrens beurteilen zu können.

Folgende Fragen sollten mit dem Mandanten erörtert werden:[79]

aa) Die Prüfung des Vorliegens einer Zahlungsunfähigkeit gem. § 17 InsO

56
- Wie hoch sind die Gesamtverbindlichkeiten?
- Welche Vermögenswerte sind noch vorhanden?
- Wie ist das Verhältnis des pfändbaren Einkommensanteiles des Mandanten zu den bestehenden Verbindlichkeiten? Erreicht die Summe der pfändbaren Einkommensanteile während der 5- oder 6-jährigen Wohlverhaltensperiode die Höhe der Verbindlichkeiten?
- Betreiben die Gläubiger bereits die Zwangsvollstreckung?
- Sind einzelne oder alle Forderungen rechtlich angreifbar?
- Kann die Überschuldung durch den Angriff bestrittener Forderungen abgewehrt werden?
- Wird eine Erbschaft erwartet?

bb) Die Feststellung der richtigen Verfahrensart

57
- Ist der Mandant selbstständig wirtschaftlich tätig oder dies in der Vergangenheit schon einmal gewesen?
- Wie viele Gläubiger hat er?

---

[79] Siehe hierzu auch den Fragebogen im Anhang.

cc) Die Prüfung der Erfolgsaussichten eines gerichtlichen Verfahrens

- Werden Forderungen aus Arbeitsverhältnissen von Arbeitnehmer, den Sozialversicherungsträgern, Finanzämtern oder anderen Stellen geltend gemacht?

- Liegen strafrechtliche Verurteilungen vor oder laufen aktuell Ermittlungen oder Verfahren, die mit der Überschuldung in Zusammenhang stehen?

- Liegen Versagensgründe des § 290 Abs. 1 InsO vor?

- Verfügen die Gläubiger über Beweismittel, um die Versagensgründe glaubhaft machen zu können?

- Liegen ausgenommene Forderungen gem. § 302 InsO vor?

- Welchen Anteil nehmen die ausgenommenen Forderungen an der Gesamtverschuldung ein?

- Kann und will der Mandant die Obliegenheiten des § 295 InsO erfüllen?

- Liegt die Mithaftung von Familienmitgliedern oder Lebenspartner vor?

58

dd) Die Klärung möglicher Besonderheiten

- Sind dem Mandanten alle Gläubiger bekannt?

- Liegt bereits ein Insolvenzantrag eines Gläubigers vor?

- Wie hoch ist das Arbeitseinkommen des Mandanten? Wie hoch ist seine Mietbelastung? Kommt eine Erhöhung des unpfändbaren Einkommensanteiles gem. § 850 f ZPO in Frage?

- Liegt eine Einkommensabtretung vor? Entspricht diese Abtretung der Rspr. des BGH oder ist sie unwirksam?

- Ist der Mandant ein so genannter Altfall? Lag die Überschuldung bereits vor dem 1. 1. 97 vor? Können Nachweise hierfür erbracht werden?

59

b) Die Beratung des GmbH-Geschäftsführers

Der Geschäftsführer[80] einer überschuldeten GmbH ist neben einer oft bestehenden persönlichen Haftung für die Verbindlichkeiten der GmbH von weiteren besonderen Haftungstatbeständen betroffen.

60

---

80 Siehe zur Frage, ob dieser dem Verbraucherinsolvenz- oder dem Restschuldbefreiungsverfahren zuzuordnen ist: Rdnr. 12.

▶ **Beispiel aus der Praxis:**

Der Geschäftsführer hat während des wirtschaftlichen Niedergangs der GmbH Beiträge an die Sozialversicherungsträger nicht mehr abgeführt. Des Weiteren hat ein Gläubiger Strafanzeige wegen Insolvenzverschleppung gestellt.

Folgende besondere Haftungstatbestände mit ihren jeweiligen Auswirkungen auf die Restschuldbefreiungsmöglichkeit sind in der Beratung zu beachten:

- § 823 Abs. 2 BGB i. V. m. § 266 a StGB: Nichtabführung der Arbeitnehmeranteile zur Sozialversicherung: Keine Restschuldbefreiungsmöglichkeit bei vorsätzlichem Handeln

- § 69 AO Haftung für Steuerforderungen: Nichtbeachtung der steuerlichen Verpflichtungen: Restschuldbefreiung möglich

- § 823 II BGB i. V. m. § 64 Abs. 1 GmbHG: Insolvenzverschleppung: keine Restschuldbefreiungsmöglichkeit bei vorsätzlichem Handeln

- § 823 II BGB i. V. m. § 64 Abs. 2 GmbHG: Masseschädigende Auszahlung: keine Restschuldbefreiungsmöglichkeit bei vorsätzlichem Handeln

Gerade die Höhe der aus den Haftungstatbeständen Insolvenzverschleppung und masseschädigende Auszahlung folgenden tatsächlichen Forderungen sind häufig kaum vorhersehbar oder abzuschätzen. Damit sind die Erfolgsaussichten eines Insolvenzverfahrens schwer zu beurteilen. Der anwaltliche Berater sollte daher diese Punkte besonders eingehend erörtern und sich diese Erörterung zur eigenen Absicherung bestätigen lassen.

Muster Mandantenbelehrung zur GmbH-Geschäftführerhaftung

61 Haftung des GmbH-Geschäftsführers

Sie waren Geschäftsführer/in einer GmbH. Ich möchte Sie hiermit auf folgende Haftungstatbestände hinweisen, die auch in einem Insolvenzverfahren Bedeutung erlangen können:

1. § 823 Abs. 2 BGB i. V. m. § 266 a StGB

Wenn Sie als Geschäftsführer/in den Arbeitnehmeranteil der Sozialversicherungsbeiträge nicht abgeführt haben, haben Sie eine Straftat begangen, für deren Folgen Sie auch zivilrechtlich haften. Diese Forderungen sind von der Restschuldbefreiung gem. § 302 Nr. 1 InsO ausgenommen, wenn Sie vorsätzlich gehandelt haben.

> **2. § 69 InsO Abgabenordnung**
>
> Falls Sie als Geschäftsführer/in vorsätzlich oder grob fahrlässig den steuerlichen Verpflichtungen der GmbH nicht nachgekommen sind, haften Sie für die Steuerforderungen auch persönlich. Für diese Forderungen wird Ihnen allerdings Restschuldbefreiung erteilt, da es sich bei Steuerforderungen nicht um deliktische Forderungen handelt.
>
> **3. § 823 Abs. 2 BGB iVm. § 64 Abs. 1 GmbHG = Insolvenzverschleppung**
>
> Stellen Sie als Geschäftsführer/in nicht unverzüglich nach Eintritt der Zahlungsunfähigkeit Insolvenzantrag, begehen Sie eine Straftat gem. §§ 84, 64 Abs. 1 GmbHG, für deren Folgen Sie auch zivilrechtlich haften. Diese Forderungen sind von der Restschuldbefreiung gem. § 302 Nr. 1 InsO ausgenommen, wenn Sie vorsätzlich gehandelt haben.
>
> **4. § 823 Abs. 2 BGB iVm. § 64 Abs. 2 GmbHG = Masseschädigende Auszahlungen**
>
> Nehmen Sie als Geschäftsführer/in nach Eintritt der Zahlungsunfähigkeit noch Auszahlungen aus dem Vermögen der GmbH vor, die der Sorgfalt eines ordentlichen Geschäftsmannes nicht entsprechen, so haften Sie für diese Beträge persönlich. Diese Forderungen sind von der Restschuldbefreiung gem. § 302 Nr. 1 InsO ausgenommen, wenn Sie vorsätzlich gehandelt haben.
>
> Ich habe diese Haftungstatbestände zur Kenntnis genommen und mir die angeführten Vorschriften erläutern lassen. Die Auswirkungen dieser Haftungen auf das Insolvenzverfahren, insbesondere den Einfluss auf die Erteilung der Restschuldbefreiung, habe ich ebenfalls zur Kenntnis genommen.
>
> Ort/Datum,
>
> _____
> Mandant/in

c) Allgemeine Bearbeitungstipps

Es wird schwer sein, mit nur gelegentlichen Schuldner-Mandaten eine persönlich befriedigende und betriebswirtschaftlich tragbare Bearbeitung der Mandate zu erreichen. Einerseits begibt man sich in ein rechtliches Randgebiet, in das man sich zunächst einzuarbeiten hat, andererseits muss man büroorganisatorisch auf einen erheblich überdurchschnittlichen Bearbeitungsaufwand pro Mandat eingerichtet sein. Wer sich für eine Schuldnerberatung und -vertretung entschieden hat, sollte daher durch Kontaktaufnahme zu Schuldnerberatungsstellen oder der örtlichen Verbraucherberatung weitere Mandate absichern. Betriebswirtschaftlich sinnvoll wird eine Bearbeitung der Mandate nur durch einen Einsatz der EDV und vorgefertigter Musterschreiben. 62

Die außergerichtlichen Verhandlungen sollte man grundsätzlich nach dem »2-Schreiben-Modell« führen, d. h. es wird grundsätzlich nur ein Erstanschreiben und der Entschuldungsplan versandt. Weitere Anfragen oder Mitteilungen der Gläubiger sollte man nur in wirklich dringenden Fällen beantworten. Nachverhandlungen sollte man nur führen, wenn tatsächlich Aussicht auf Erfolg besteht. Die Gefahr ist groß, sich in unsinnigen 63

Auseinandersetzungen mit den Gläubigern zu verlieren.[81] Es ist im Zweifel auch für den Mandanten (kosten-)günstiger, Antrag zum Insolvenzgericht zu stellen, anstatt monatelang schließlich fruchtlose außergerichtliche Verhandlungen zu führen.

Der Mandant erhält Abschriften des Erstanschreibens und des Planes, aber nicht jeder Antwort der einzelner Gläubiger. Er wird vielmehr zusammenfassend über das Ergebnis der außergerichtlichen Verhandlungen informiert.

Die anwaltliche Tätigkeit sollte sich auf die rechtlichen Fragestellungen konzentrieren. Einmal entworfene Musterschreiben können von erfahrenen und eingearbeiteten Mitarbeitern ohne weiteres dem individuellen Fall angepasst werden. Der Anwalt gibt über Bearbeitungsanweisungen lediglich die einzusetzenden Musterschreiben oder deren konkreten Inhalt vor.

Muster Bearbeitungsanweisung[82]

Bearbeitung Entschuldungsverfahren	
☐ Akte anlegen und in Register eintragen ☐ Unterlagen sortieren und nach Gläubigern ordnen ☐ Ordner anlegen mit Fach für jeden Gläubiger	
☐ Erstanschreiben	☐ an alle Gläubiger mit Vollmacht ☐ an Gläubiger Nr .... ☐ Erstanschreiben Eheleute ☐ Erstanschreiben absonderungsberechtigte Gläubiger ☐ Erstanschreiben 306 Abs. 3 ☐ Abschrift an Mdt. zur Information ☐ Honorarvereinbarung über .... zzgl. MWSt an Mdt. ☐ Fragebogen an Mdt. mit Bitte um Rückgabe
☐ Erinnerung	☐ Mahnung an die Gläubiger, von denen keine Antwort auf EA vorliegt ☐ Zahlungserinnerung an Mdt. ☐ Abschrift an Mdt. zur Information
☐ Daten erfassen	☐ Von Gläubigern mitgeteilte Forderungshöhen in Inso Plan 1.1[83] eingeben ☐ Übersicht Inso 1.1 mit Ordner vorlegen ☐ Zwischenbericht mit Übersicht an Mdt., Text: ....

---

81 Siehe Martini, ZInsO 2001, 249.
82 Diesem Bearbeitungshinweis liegt folgende Aktenführung zugrunde: Es wird in jedem *Entschuldungsverfahren* eine Hängeregistraturakte für Allgemeines geführt. Zudem wird ein Ordner mit Unterfächern für jeden Gläubiger angelegt.
83 EDV-Programm der Verbraucherzentrale NRW, das die Planerstellung erheblich erleichtert.

☐ Außergerichtlicher Plan	☐ 5 Jahre ☐ 6 Jahre ☐ Jahre ☐ Abtretung liegt vor ☐ liegt nicht vor ☐ prüfen ☐ Nettoeinkommen ...... ☐ siehe Fragebogen/Gehaltsabr. ☐ Pfändbarer Betrag .... ☐ siehe Tabelle ☐ Sicherheiten 49, 50, 51 InsO: ☐ Gehaltsabrechnung wird beilegt ☐ Gehaltsabrechnung wird übersandt, wenn für 3 Mon. Verzicht auf ZV ☐ andererText/Besonderheiten:............. .... ☐ Abschrift an Mdt. zur Information	
☐ Antrag vorbereiten	☐ An Mdt. amtlichen Vordruck zur Bearbeitung und Unterschrift mit Hinweis, dass außergerichtliche Verhdlg. gescheitert sind ☐ vorhandene Daten in Vordruck eintragen, Fehlendes anfordern, Vordruck dann zur Unterschrift an Mdt. ☐ Erklärung zum Stundungsantrag an Mdt zur Unterschrift	
☐ Gerichtlicher Plan	☐ wie außergerichtlich ☐ Besonderheiten:..........................	
☐ An Inso-Gericht	☐ Antrag 21 Abs. 2 Nr. 3 ☐ Sachstandsanfrage ☐ Antragsrücknahme ☐ 850 f /.... ☐	
☐ An Vollstr.Gericht	☐ 850 k ☐ 775/776 ZPO	
☐ An Arbeitgeber Mdt.	☐ Mitteilung 21 er Beschluss	
☐ Schreiben/Telefonat	☐ Mandant: .... ☐ Gläubiger Nr.: .... ☐	
☐ Wiedervorlage	☐ Datum: ☐ sofort nach Bearbeitung ☐ Rotfrist notieren	
☐ Auftraggeber/in/Datum	☐ Bearbeiter/in/Datum	

Henning

2. Das Gläubigermandat

65 Die Natur des Verbraucherinsolvenzverfahrens bringt es mit sich, dass der Gläubiger und sein Vertreter zunächst eine abwartende Stellung einnehmen. Ist dem Mandant das Verfahren nicht bekannt, so steht natürlich die Aufklärung über den Verfahrensablauf und vor allen Dingen die neue Möglichkeit der Erlangung der Restschuldbefreiung für den Schuldner an erster Stelle.

66 Nach dieser ersten Beratung sind mit dem Mandant zumindest folgende Fragen zu erörtern:

- Welche Art Forderung hat der Mandant? Ist sie tituliert? Kann sich der Schuldner u. U. auf Verjährung, wenn auch nur der Zinsen berufen?

- Handelt es sich um eine deliktische Forderung? Ist die Deliktseigenschaft in einem vorliegenden Titel angegeben? Kann die Deliktseigenschaft belegt werden?

- Beruht die Forderung nach Ansicht des Mandanten auf einer Straftat? Möchte er Strafanzeige stellen? Ist die mögliche Straftat bereits verjährt?

- Liegen nach Ansicht des Mandanten Versagensgründe gem. § 290 Abs. 1 InsO vor? Können diese Versagensgründe glaubhaft gemacht werden?

- Verfügt der Mandant über eine Abtretung der pfändbaren Einkommensanteile des Schuldners? Ist diese bereits offen gelegt? Ist die Abtretung nach der Rspr. des BGH wirksam?

- Möchte der Mandant am Verfahren teilnehmen? Ist ihm seine Auskunftsverpflichtung bekannt?

- Kommt ein Forderungsverzicht in Betracht? Sind in der Vergangenheit bereits fruchtlos Zwangsvollstreckungen durchgeführt worden? Hat der Schuldner bereits die eidesstattliche Versicherung abgegeben?

67 Wird über einen konkreten Entschuldungsplan verhandelt, sollte zunächst auf einer Verfallklausel im Sinne des § 12 Abs. 1 InsO Verbraucherkreditgesetz bestanden werden. Ist der Mandant grundsätzlich an einer außergerichtlichen Einigung interessiert, sollte ihm der Plan in der Abwicklung möglichst wenig Arbeit und Kosten bescheren:

- Keine Überweisungen von geringen Beträgen, sondern ggf. nur jährliche Überweisung.

- Verpflichtung des Schuldners, von sich aus jährlich Unterlagen über sein Einkommen vorzulegen.

- Verpflichtung des Schuldners, weiterhin mit einer Schuldnerberatungsstelle oder einem Rechtsanwalt zusammenzuarbeiten, um ein Einhalten der Verpflichtungen zu fördern.

XV. Die Rechtsanwaltsgebühren im außergerichtlichen Verfahren

1. Die Gebühren des Schuldnervertreters

a) Beratungshilfe

Gem. § 132 Abs. 4 BRAGO kann der Anwalt für die außergerichtliche Beratung und Vertretung jetzt folgende Gebühren abrechnen:

- Beratung 46 €
- Führung der Verhandlungen
  - bis zu 5 Gläubigern 224 €
  - bis zu 10 Gläubigern 336 €
  - bis zu 15 Gläubigern 448 €
  - über 15 Gläubiger 560 €
- Außergerichtliche Einigung 102 €
- Ausstellen der Bescheinigung 56 €
  über das Scheitern ohne vorherige
  Verhandlungsführung

Gem. § 132 Abs. 1 BRAGO kann die Beratungsgebühr nicht neben den weiteren Gebühren geltend gemacht werden. Portokosten bzw. Kostenpauschale und Umsatzsteuer können zusätzlich abgerechnet werden. Auf die Gebühren eines folgenden Verfahrens ist die Gebühr gem. § 132 Abs. 2 Satz 2 BRAGO zur Hälfte anzurechnen.

b) BRAGO-Gebühren

Der Anwalt kann die Gebühren der §§ 118 Abs. 1 und 23 BRAGO abrechnen.[84] Fraglich ist, aus welchem Streitwert die Gebühren zu berechnen sind. Weit gehende Einigkeit dürfte hierbei mittlerweile darüber bestehen, dass es sich um eine Angelegenheit handelt, und dass die Verhandlungen mit den einzelnen Gläubiger nicht getrennt abgerechnet werden können.[85] Mit Hinweis auf eine ältere BGH-Entscheidung[86] und § 77 Abs. 1 BRAGO wird als Gebührenwert die Insolvenzmasse angenommen,[87] wobei zum Teil vertreten wird, dass bei Abschluss eines außergerichtlichen Entschuldungsvertrages der Gebührenwert zur Berechnung der Vergleichsgebühr aus der Summe der gegen den Schuldner gerichteten Forderungen folgen soll.[88] Diese Ansicht überzeugt nicht, da der angeführten BGH-Entscheidung ein nicht vergleichbarer Sachverhalt zugrunde lag. Dort hatte der anwalt-

69

---

[84] Enders, JurBüro 1999, 225; Vallender, MDR 1999, 598.
[85] LG Berlin, AnwBl 2001, 694.
[86] BGH MDR 1970, 755 = JurBüro 1971, 55.
[87] Siehe Rdnr. 76.
[88] Vallender, MDR 1999, 598.

Henning

liche Vertreter des Schuldners lediglich mit einem noch zur Verfügung stehenden Vermögensrest eine außergerichtliche Einigung mit den Gläubigern versucht. Die in einem außergerichtlichen Verbraucherinsolvenzverfahren anfallenden Aufgaben, beginnend z. B. mit der Prüfung der Forderungen, sind jedoch sehr viel umfangreicher. Auch das Interesse des Schuldners, das auf eine Befreiung von den bestehenden Verbindlichkeiten gerichtet ist, ist zu berücksichtigen.[89] Als Gegenstandswert ist hier daher die Summe der gegen den Schuldner gerichteten Forderungen anzunehmen.[90]

c) Honorarvereinbarung

70 Die Unsicherheit, die aus den verschiedenen Ansichten zur Höhe der berechtigten BRAGO-Gebühren folgt, kann der Anwalt durch den Abschluss einer Honorarvereinbarung vermeiden. Er sollte bei Abschluss dieser Vereinbarung berücksichtigen, dass in den meisten Fällen hohe Honorarsummen von beispielsweise 4000 € und mehr von den Schuldnern nicht aufzubringen sind. Ohne Einräumung der Möglichkeit einer Ratenzahlung wird zudem kaum ein Mandant die Honorarsummen aufbringen können. Fairerweise sollte der Anwalt anlässlich des Abschlusses der Honorarvereinbarung auch über die u. U. noch folgenden Gebühren des gerichtlichen Verfahrens informieren.

Muster Honorarvereinbarung

HONORARVEREINBARUNG

Für die Durchführung eines außergerichtlichen Entschuldungsverfahrens nach der Insolvenzordnung vereinbaren

Herr Michael Buch, Talstr. 3, Dortmund

und

Rechtsanwalt Karl Winkel, Gerichtsstr. 100, 44567 Dortmund

dass anstatt der gesetzlichen Gebühren nach der Bundesrechtsanwaltsgebührenordnung ein Honorar in Höhe von 900 € zuzüglich Mehrwertsteuer (insgesamt also 1 044 €) zu zahlen ist. Dieses Honorar liegt über den gesetzlichen Gebühren. Mit diesem Honorar sind alle Gebühren und Kosten für das außergerichtliche Verfahren abgegolten. Eine Anrechnung dieser Gebühren gem. § 118 Abs. 2 BRAGO auf Gebühren für ein gerichtliches Verfahren erfolgt nicht.

Das vereinbarte Honorar kann in Raten gezahlt werden. 200 € wurden bereits angezahlt. Der Gesamtbetrag soll aber bis zum Ende der außergerichtlichen Verhandlungen gezahlt sein.

Die Vertretung im außergerichtlichen Entschuldungsverfahren umfasst das Ordnen der Unterlagen, die rechtliche Prüfung der geltend gemachten Forderungen, das Anschreiben aller Gläubiger sowie die weitere Korrespondenz mit den Gläubigern mit dem Ziel des Abschlusses eines außergerichtlichen Entschuldungsvergleiches, das Ausarbeiten eines individuellen Entschuldungsplanes sowie gegebenenfalls das Ausstellen einer Bescheinigung über das Scheitern der Verhandlungen gem. § 305 Abs. 1 Nr. 1 InsO.

---

89 LG Bochum ZInsO 2001, 564.
90 So auch Kohte/Ahrens/Grote, a. a. O., S. 430.

> Diese Vereinbarung betrifft nur die anwaltlichen Gebühren für das außergerichtliche Verfahren. Im gerichtlichen Entschuldungsverfahren der Insolvenzordnung werden weitere anwaltliche Gebühren nach unten folgender Aufstellung und unter Umständen Gerichtskosten fällig.
>
> Rechtsanwalt Winkel hat darauf hingewiesen, dass Schuldnerberatungsstellen eine kostenfreie Beratung und Vertretung in Entschuldungsverfahren nach der Insolvenzordnung anbieten.
>
> Dortmund,
>
> _____   _____
> Mandant   Rechtsanwalt
>
> Aufstellung Anwaltliche Gebühren im gerichtlichen Entschuldungsverfahren der InsO
>
> 1. Schuldenbereinigungsplan und Antrag auf Eröffnung des Insolvenzverfahrens
> Verfahren über den Antrag und den Schuldenbereinigungsplan volle Gebühr nach 72 Abs. 1 und 2 BRAGO, Gegenstandswert min. 3 000 € (§ 77 GKG) oder Wert der Insolvenzmasse, Gebühr mindestens:
>
> 189,00 plus Postpauschale und Mehrwertsteuer =   242,44 €
>
> 2. Insolvenzverfahren
>
> Insolvenzverfahren halbe Gebühr nach 73 BRAGO, Gegenstandswert nach 77 Abs. 1 BRAGO min. 0 Euro, Gebühr mindestens:
>
> 25 € plus Postpauschale und Mehrwertsteuer =   33,35 €
>
> 3. Restschuldbefreiungsverfahren
>
> Verfahren volle Gebühr nach 74 BRAGO, Gegenstandswert nach 77 Abs. 3 BRAGO Summe der Forderungen, von denen Restschuldbefreiung erlangt werden soll, gem. § 8 Abs. 2 Satz 2 BRAGO mindestens 4 000 €, Gebühr mindestens:
>
> 245 € plus Portopauschale und Mehrwertsteuer =   307,40 €
>
> insgesamt =   583,19 €

d) Rechtsschutzversicherung

Der Gesamtverband der Deutschen Versicherungswirtschaft e. V. hat frühzeitig auf entsprechende Anfrage mitgeteilt, dass das Verbraucherinsolvenzverfahren insgesamt nach den Rechtsschutzversicherungsbedingungen (ARB 94) nicht vom Versicherungsschutz erfasst wird.[91] Ob dies so pauschal der Rechtslage entspricht, kann bezweifelt werden.[92] Ohne gerichtliche Auseinandersetzung wird aber eine Kostendeckungszusage von einer Rechtsschutzversicherung zurzeit kaum zu erhalten sein.

72

---

91 Informationen der Bundesarbeitsgemeinschaft Schuldnerberatung, Heft 3/1998, S. 19
92 Siehe Kohte/Ahrens/Grote, a. a. O., S. 431 und Vallender, MDR 1999, 598.

Henning

2. Die Gebühren des Gläubigervertreters

a) Beratungshilfe

73 Gem. § 132 BRAGO können folgende Gebühren abgerechnet werden:
 – Beratung 23 €
 – Führung der Verhandlungen 56 €
 – Außergerichtliche Einigung 102 €

Gem. § 132 Abs. 1 BRAGO kann die Beratungsgebühr nicht neben den weiteren Gebühren geltend gemacht werden. Portokosten bzw. Kostenpauschale und Umsatzsteuer können zusätzlich abgerechnet werden. Auf die Gebühren eines folgenden Verfahrens ist die Gebühr gem. § 132 Abs. 2 Satz 2 BRAGO zur Hälfte anzurechnen.

b) BRAGO-Gebühren

74 Der Anwalt kann die Gebühren der §§ 118 Abs. 1 und 23 BRAGO abrechnen.[93] Der Gebührengegenstandswert errechnet sich gem. § 77 Abs. 2 BRAGO aus der Hauptforderung zzgl. der Nebenforderungen.[94]

c) Rechtsschutzversicherung

75 Die Vertretung des Gläubigers in außergerichtlichen und gerichtlichen Entschuldungsverfahren wird grundsätzlich vom Rechtsschutzversicherungsschutz umfasst.

G. Die Antragstellung

I. Einführung

76 Die Antragstellung zum Verbraucherinsolvenzverfahren kann durch den Schuldner nach dem Scheitern der außergerichtlichen Verhandlungen oder gem. § 13 Abs. 1 Satz 2 InsO durch einen Gläubiger erfolgen. Eine Verfahrensaufnahme von Amts wegen sieht die InsO nicht vor. Ein Schuldnerantrag muss die Voraussetzungen des § 305 Abs. 1 InsO erfüllen. Ein Gläubigerantrag ist nur unter den Voraussetzungen des § 14 Abs. 1 InsO zulässig. Im Falle eines Gläubigerantrags hat das Gericht dem Schuldner gem. §§ 306 Abs. 3, 305 Abs. 3 Satz 3 InsO die Möglichkeit zu geben, innerhalb von drei Monaten einen eigenen Antrag zu stellen. Dieser Eigenantrag des Schuld-

---

93 Enders, JurBüro 1999, 225; Vallender, MDR 1999, 598.
94 Wie zuvor.

ners auf einen Gläubigerantrag muss ebenfalls die Voraussetzungen des § 305 Abs. 1 InsO erfüllen. Die Restschuldbefreiung gem. §§ 286 ff. InsO kann der Schuldner stets nur mit einem eigenen Antrag erreichen.[95]

II. Der Antrag des Schuldners

1. Der Verfahrensablauf bei einem Schuldnerantrag

> Bei einem Antrag des Schuldners ergibt sich folgender Verfahrensablauf:
> - Der Schuldner stellt den Antrag.
> - Das Gericht prüft den Antrag auf Vollständigkeit.
> - Ist der Antrag unvollständig, ergeht eine Aufforderung des Gerichts gem. § 305 Abs. 3 Satz 1 InsO.
> - Kommt der Schuldner dieser Aufforderung nicht innerhalb eines Monats nach, gilt sein Antrag gem. § 305 Abs. 3 Satz 2 InsO als zurückgenommen.
> - Ist der Antrag vollständig, prüft das Gericht gem. § 306 Abs. 1 Satz 3 InsO, ob die Durchführung des gerichtlichen Schuldenbereinigungsplanverfahrens Erfolg verspricht.
> - Hält das Gericht eine Annahme des Planes für möglich, beginnt das gerichtliche Schuldenbereinigungsplanverfahren. Der Schuldner hat gem. § 306 Abs. 2 Satz 2 InsO Abschriften für die Zustellung an die Gläubiger einzureichen.
> - Sieht das Gericht für den Plan keine Erfolgsaussichten, setzt es das Insolvenzeröffnungsverfahren mit der weiteren Zulässigkeitsprüfung, insbesondere der Prüfung gem. § 26 Abs. 1 InsO fort.

77

2. Die gesetzlichen Anforderungen an den Schuldnerantrag im Überblick

Der Antrag des Schuldners muss gem. § 305 Abs. 1 und 5 InsO

78

- schriftlich gestellt werden,
- spätestens 6 Monate nach dem Scheitern der außergerichtlichen Verhandlungen erfolgen,
- eine Bescheinigung gem. § 305 Abs. 1 Nr. 1 InsO über das Scheitern der außergerichtlichen Verhandlungen enthalten,

---
95 Vallender, NZI 2001, 561, 566.

- eine Erklärung gem. 305 Abs. 1 Nr. 2 zum Antrag auf Restschuldbefreiung enthalten einschließlich der Abtretungserklärung gem. § 287 Abs. 2 InsO
- die Verzeichnisse nebst der zusammenfassenden Übersichten gem. 305 Abs. 1 Nr. 3 aufweisen,
- einen gerichtlichen Schuldenbereinigungsplan gem. 305 Abs. 1 Nr. 4 enthalten,
- gem. § 305 Abs. 5 Satz 2 InsO unter Benutzung der amtlichen Vordrucke gestellt werden.

3. Das Schriftformerfordernis

79 Der Antrag muss gem. § 305 Abs. 1 InsO schriftlich gestellt werden. Eine Antragstellung zu Protokoll der Geschäftsstelle, wie sie im Regelinsolvenzverfahren möglich ist,[96] ist nicht zulässig. Aus dem Schriftformerfordernis werden aber auch weiter gehende Anforderungen an den Antrag abgeleitet.

> **Beispiel aus der Rspr.:**
>
> Der Schuldner legt mit seinem schriftlichen Antrag einen Schuldenbereinigungsplan vor, der aus mehreren einzelnen Blättern und Anlagen besteht, die weder miteinander fest verbunden, noch durchlaufend nummeriert, noch ihrer Gestaltung nach als zusammengehörig zu erkennen sind.

Das AG Gießen[97] hat bei diesem Antrag das Schriftformerfordernis des § 305 Abs. 1 InsO unter Hinweis auf § 126 BGB als nicht erfüllt angesehen.

4. Die 6-Monats Frist

80 Der Antrag des Schuldners muss gem. § 305 Abs. 1 Nr. 1 InsO spätestens 6 Monate nach dem Scheitern der außergerichtlichen Verhandlungen gestellt werden. Das Scheitern der Verhandlungen kann damit sowohl bei der ersten Ablehnung des außergerichtlichen Entschuldungsplanes als auch bei der zuletzt eingehenden Ablehnung angenommen werden.[98] Dem Schuldner steht hier ein gewisser Entscheidungsfreiraum zu.

---

96 HK-InsO/Kirchhof, § 13 Rdnr. 5 InsO.
97 AG Gießen ZInsO 2000, 231.
98 FK-Inso/Grote, § 305 Rdnr. 12 InsO.

5. Die Bescheinigung über das Scheitern der außergerichtlichen Verhandlungen

An den Inhalt der Bescheinigung sind keine hohen Anforderungen zu stellen.[99] Die durch das InsOÄndG vom 28. 6. 01 in § 305 Abs. 1 Nr. 1 InsO eingefügten Anforderungen »der Plan ist beizufügen und die wesentlichen Gründe für sein Scheitern sind darzulegen« sollen dem Insolvenzgericht im Hinblick auf die gem. § 306 Abs. 1 Satz 3 InsO zu treffende Entscheidung weitere Informationen an die Hand geben[100] und sind daher in diesem Sinne auszulegen. Gem. § 305 Abs. 5 Satz 2 InsO ist die Anlage 2 des amtlichen Vordrucks bei Ausstellung der Bescheinigung zu verwenden.

81

Rechtsanwälte, Notare und Steuerberater sind ohne weitere Anerkennung berechtigt, die Bescheinigung auszustellen. Alle Bundesländer haben mittlerweile Ausführungsgesetze zur InsO erlassen, in denen, mit zum Teil kleinen Unterschieden, festgelegt ist, wer sonst als geeignete Stelle oder Person im Sinne des § 305 Abs. 1 Nr. 1 2. HS InsO in Frage kommt.[101]

6. Die Erklärung zur Restschuldbefreiung[102]

Gem. § 305 Abs. 1 Nr. 2 InsO muss sich der Verbraucherschuldner schon in seinem Antrag zur Restschuldbefreiung erklären. Entweder muss er die Erteilung der Restschuldbefreiung beantragen oder er muss ausdrücklich erklären, dass diese nicht beantragt wird. § 305 Abs. 1 Nr. 2 InsO ist lex specialis zu § 287 Abs. 1 InsO.[103] Die Erklärung des Schuldners soll dem Gericht und den Gläubigern frühzeitig Klarheit darüber geben, ob der Schuldner nach einem gescheiterten Schuldenbereinigungsplan das gerichtliche Verfahren mit dem Ziel der Erlangung der Restschuldbefreiung fortsetzen wird. Im amtlichen Vordruck hat der Schuldner die Erklärung im Antrag unter II. abzugeben.

82

Der Erklärung gem. § 305 Abs. 1 Nr. 2 InsO ist gem. § 287 Abs. 2 Satz 1 InsO die Erklärung des Schuldners beizufügen, dass die pfändbaren Einkommensanteile während der Wohlverhaltensperiode an einen Treuhänder abgetreten werden.[104] Der Schuldner soll gem. § 287 Abs. 2 Satz 2 InsO weiterhin auf eine bereits erfolgte Abtretung hinweisen. Im amtlichen Vordruck sind diese Erklärungen in der Anlage 3 zum Antrag abzugeben.

---

99 Einzelheiten und Muster einer anwaltlichen Bescheinigung siehe oben Rndr. 50.
100 Begründung zum InsOÄndG, ZInsO Heft 1/2001, Beilage 1/2001, B. zu Nummer 22
101 Alle Ländergesetze sind abgedruckt in NJW 2000, Beilage zu Heft 7.
102 Muster der Erklärung siehe Antragsmuster im Anhang.
103 OLG Köln ZInsO 2000, 334.
104 Muster einer Abtretung und Erklärung gem. § 287 Abs. 2 Satz 2 InsO siehe Antragsmuster im Anhang.

Henning

7. Die Vermögens-, Gläubiger- und Forderungsverzeichnisse

a) Einführung

83 Der Schuldner hat mit dem Antrag gem. § 305 Abs. 1 Nr. 3 InsO ein Vermögens-, ein Gläubiger- und ein Forderungsverzeichnis[105] einzureichen. Zusätzlich hat er eine Zusammenfassung des Vermögensverzeichnisses, die Vermögensübersicht, einzureichen. Im amtlichen Vordruck sind dies die Anlagen 5 (mit Ergänzungsblättern) und 6.

Der Schuldner hat ausdrücklich zu erklären, dass diese Verzeichnisse richtig und vollständig sind. Macht er vorsätzlich oder grob fahrlässig unrichtige oder unvollständige Angaben in den Verzeichnissen, so liegt gem. § 290 Abs. 1 Nr. 6 InsO ein Versagungsgrund vor. Die Nichtangabe von Vermögenswerten kann auch gem. § 283 Abs. 1 Nr. 1 StGB[106] strafbar sein.

b) Das Vermögens- und Gläubigerverzeichnis

84 Das Vermögensverzeichnis muss vollständig alle dem Schuldner gehörenden Vermögenswerte aufführen.[107] Das Gläubigerverzeichnis muss die Gläubiger mit Namen und Anschrift und sinnvollerweise auch mit dem Akten- oder Bearbeitungszeichen benennen. Die Angabe eines Postfaches ist aus Zustellungsgründen nicht zulässig. Im amtlichen Vordruck ist die Angabe einer Kurzbezeichnung des Gläubigers zugelassen, da die Gläubiger mit den vollständigen Angaben im Schuldenbereinigungsplan aufgeführt werden.

c) Das Forderungsverzeichnis

85 Die Forderungen nimmt der Schuldner in der Höhe in das Forderungsverzeichnis auf, in der er sie für gerechtfertigt hält.[108] Hierbei sollte der Schuldner im Regelfall aber die von den Gläubigern in den außergerichtlichen Verhandlungen mitgeteilten Forderungshöhen angeben. Denn aus Sicht des Schuldners macht es wenig Sinn, im Insolvenzverfahren über Forderungshöhen zu streiten. Sinn macht dieser Streit nur, wenn durch den Wegfall oder die Reduzierung einer Forderung die vorliegende Zahlungsunfähigkeit des Schuldners abgewendet werden kann. In einem solchen Fall ist die Auseinandersetzung über die Forderung aber vor dem Insolvenzverfahren zu führen.

---

105 Muster der Verzeichnisse siehe Antragsmuster im Anhang.
106 Tatbestandsmerkmal »verheimlichen«.
107 FK-Inso/Grote, § 305 Rdnr. 23/24 InsO.
108 Wie zuvor Rdnr. 24; HK-InsO/Landfermann, § 305 Rdnr. 22 InsO.

d) Die Angabe der Zinsforderungen im Forderungsverzeichnis

Gesetzlich nicht geregelt ist die Frage, bis zu welchem Termin Zinsforderungen in der Forderungsaufstellung zu berücksichtigen sind. Diese Frage ist aber insofern von Bedeutung, als dass das Forderungsverzeichnis die Grundlage des gerichtlichen Schuldenbereinigungsplanes bildet. Der Schuldner muss hier selbst eine Lösung finden, die der gebotenen Gläubigergleichbehandlung gerecht wird, wobei eine mathematisch genaue Gleichbehandlung nicht verlangt werden kann. Ungleichbehandlungen bis zu Beträgen in Höhe von 100 DM hat die Rechtssprechung im Zusammenhang mit den gerichtlichen Schuldenbereinigungsplänen zugelassen.[109]

86

▸ **Lösungsvorschlag:**

Der Schuldner sollte im Erstanschreiben die Gläubiger um Zinsberechnung bis zu einem bestimmten Termin bitten:

Zur Vorbereitung unserer Verhandlungen möchte ich Sie zunächst – auch im Hinblick auf eine in Kürze beabsichtigte Antragstellung zum Verbraucherinsolvenzverfahren – um eine differenzierte Forderungsaufstellung gem. § 305 Abs. 2 Satz 2 InsO und die Bekanntgabe von Abtretungen, Bürgschaften und/oder sonstigen Sicherheiten bis zum 8.2.2002 bitten. Ihre Forderung wird in der von Ihnen zu diesem Datum angemeldeten Höhe im außergerichtlichen Entschuldungsverfahren berücksichtigt. Bitte berechnen Sie Zinsforderungen bis zu diesem Termin.

Die auf dieses Schreiben mitgeteilten Zinsforderungen macht der Schuldner zur Grundlage seiner außergerichtlichen Verhandlungen und der Antragstellung zum Insolvenzgericht. Wird von einem Gläubiger nur der Zinssatz und der Beginn der Verzinsung angeben, hat der Schuldner den Zinsbetrag zu berechnen.

e) Das besondere Forderungsverzeichnis gem. § 305 Abs. 2 Satz 1 InsO

Gem. § 305 Abs. 2 Satz 1 InsO kann der Schuldner in dem Forderungsverzeichnis auf beizufügende Forderungsaufstellungen der Gläubiger Bezug nehmen. Diese Möglichkeit der Bezugnahme soll dem Schuldner die Erstellung des Forderungsverzeichnisses erleichtern.[110] Im amtlichen Formular kann auf das Ausfüllen der entsprechenden Zeilen verzichtet werden, wenn Forderungsaufstellungen der Gläubiger beigelegt werden.

---

109 Z.B. AG Hamburg NZI 2000, 283.
110 FK-Inso/Grote, § 305 Rdnr. 31.

8. Der gerichtliche Schuldenbereinigungsplan

a) Die gesetzlichen Anforderungen an den gerichtlichen Schuldenbereinigungsplan

88 Der gerichtliche Schuldenbereinigungsplan des Schuldners muss verbindliche, geordnete,[111] nachvollziehbare und insbesondere bzgl. der vom Schuldner zu leistenden Zahlungen bestimmbare Regelungen enthalten.[112] Der amtliche Vordruck enthält zum Schuldenbereinigungsplan die Anlagen 7, 7 A und 7 B. Dem Schuldner wird freigestellt, den eigentlichen Plan mit den Anlagen 7 A und 7 B oder in anderer Form vorzulegen.

Der gerichtliche Plan muss

- einen konkreten Zeitpunkt benennen, zu dem er in Kraft treten soll. Dieser Zeitpunkt sollte nicht vor dem Erlass des Beschlusses des Gerichts gem. § 308 Abs. 1 Satz 1 2. HS InsO liegen,
- Schuldner und Gläubiger nochmals mit Anschrift ausdrücklich benennen, da der angenommene Plan gem. § 308 Abs. 1 Satz 2 InsO Titelfunktion haben kann,[113]
- in sich abgeschlossen sein. Es muss klar zu erkennen sein, welche Anlagen oder Schriftstücke zum Plan gehören.[114]

Der gerichtliche Plan muss nicht

- einen vollstreckbaren Inhalt haben,[115]
- eine Mindestquote enthalten oder in irgendeiner Art und Weise angemessen sein. Der flexible Nullplan ist nach der Rspr. zulässig,[116]
- die gleichen Regelungen wie das gerichtliche Restschuldbefreiungsverfahren aufweisen. Abweichende Regelungen sind zulässig, können aber eine Zustimmungsersetzung gem. § 309 InsO verhindern.

b) Die Gestaltung des gerichtlichen Schuldenbereinigungsplans unter Berücksichtigung des § 309 Abs. 1 Satz 2 InsO

89 Eine Ersetzung der Zustimmung der ablehnenden Gläubiger gem. § 309 Abs. 1 Satz 1 InsO ist nur zulässig, wenn der Plan die Gläubiger nicht schlechter stellt, als sie bei Durchführung des gerichtlichen Restschuldbe-

---

111 Siehe z. B. die Anforderungen des AG Duisburg ZInsO 2001, 275.
112 Hierzu wird auf die Ausführungen und Muster zum außergerichtlichen Entschuldungsplan verwiesen oben Rdnr. 36 ff.
113 AG Duisburg ZInsO 2001, 275.
114 AG Gießen ZInsO 2000, 231.
115 OLG Köln ZInsO 1999, 659 = NZI 1999, 494; OLG Celle ZInsO 2000, 601 = NZI 2001, 254.
116 BayObLG ZInsO 1999, 644 = NZI 1999, 451; OLG Karlsruhe ZInsO 1999, 659 = ZIP 1999, 1929; OLG Köln ZInsO 1999, 659 = NZI 1999, 494.

freiungsverfahrens stehen würden. Bei der Gestaltung des gerichtlichen Planes sollten also sinnvollerweise die §§ 287 Abs. 2, 292 Abs. 1, 295, 296 und 302 InsO beachtet und entsprechende Regelungen verwendet werden. Allerdings bietet das Planverfahren gerade auch die Chance, andere Lösungswege als im gerichtlichen Verfahren vorzuschlagen. Man sollte daher die mögliche Zustimmungsersetzung zwar im Auge haben, gleichwohl aber auch individuelle Plangestaltungen nicht sofort im Hinblick auf § 309 Abs. 1 InsO verwerfen.

c) Das Erfordernis der Aufnahme aller Gläubiger in den Schuldenbereinigungsplan

Gem. § 308 Abs. 3 Satz 1 InsO gilt der Plan nur gegenüber denjenigen Gläubigern, die im Plan angegeben sind. Hat der Schuldner einen Gläubiger irrtümlich nicht angegeben, kann dieser Gläubiger auch nach Inkrafttreten des Planes Erfüllung verlangen und ggf. mit Zwangsvollstreckungsmaßnahmen gegen den Schuldner vorgehen. Diesem bleibt dann als letzte Möglichkeit nur die erneute Antragstellung, wenn eine sonstige Einigung nicht erzielt werden kann. Der Schuldner sollte daher von sich aus das Planverfahren nur betreiben und auch die Ersetzung der Zustimmung gem. § 309 Abs. 1 Satz 1 InsO nur beantragen, wenn er sich wirklich sicher ist, sämtliche Gläubiger angegeben zu haben.

90

Besteht aufgrund der persönlichen Lebensgeschichte des Schuldners, z. B. wegen einer durchgemachten Suchterkrankung eine hohe Wahrscheinlichkeit, dass der Schuldner nicht alle Gläubiger benennen kann, so sollte dies dem Gericht zur Verhinderung eines Schuldenbereinigungsplanverfahrens schon bei der Anhörung nach § 306 Abs. 1 Satz 3 InsO mitgeteilt werden.

d) Muster eines gerichtlichen Schuldenbereinigungsplans[117]

Bei Verwendung des amtlichen Vordrucks kann der Textteil des Planes in der Anlage 7 B II. als ergänzende Regelung aufgeführt werden. Zu den dringend zu empfehlenden Regelungen siehe oben Rdnr. 40.

91

Gerichtlicher Schuldenbereinigungsplan im Insolvenzeröffnungsverfahren des Schuldners Michael Buch, Talstr. 3, Dortmund

Beteiligte Gläubiger:

1. D – Versicherung AG, vertreten durch den Vorstand, Konrad-Adenauer-Str. 1, 54321 Bielefeld
   Az: 10 C 22334490

2. Zusatzversorgungskasse des Baugewerbes VVaG, vertreten durch den Vorstand, Wettinerstr. 7, 65189 Wiesbaden
   Az: 57005511

---

[117] Siehe zu Mustern für besondere Plangestaltungen oben Rdnr. 42–45.

Henning

3. Bau-Berufsgenossenschaft Rheinland und Westfalen, vertreten durch die Geschäftsführer, Schwarzer Weg 3, 42117 Wuppertal
   Az: 985643

4. Finanzverwaltung NRW, vertreten durch das Finanzamt Dortmund-Unna, dieses vertreten durch den Vorsteher, Rennweg 1, 44135 Dortmund
   Az: 316/4352/789

5. Rechtsanwalt Claus Joachim Müller, Goethestr. 50, 43153 Essen
   Az: Eigene Forderung ./. Buch

6. C-Bank AG, vertreten durch den Vorstand, Müller-Platz 1, 42166 Mülheim
   Az: 1045678943

Der Schuldner schlägt folgenden Schuldenbereinigungsplan vor:

- Die Planlaufzeit beträgt 6 Jahre.
- Der Schuldner tritt seine monatlich pfändbaren Einkommensanteile für einen Zeitraum von 6 Jahren ab Inkrafttreten dieses Planes gequotelt an die einzelnen Gläubiger in der nachfolgend beschriebenen Weise ab:

Von den pfändbaren Einkommensanteilen stehen den einzelnen Gläubigern jeweils die Prozentanteile zu, die dem Prozentanteil des jeweiligen Gläubigers an der Gesamtverschuldung nach folgender Auflistung entsprechen.

	Anteil Gesamtverschuldung
1. D – Versicherung AG	5%
2. Zusatzversorgungskasse des Baugewerbes VVaG	10%
3. Bau-Berufsgenossenschaft Rheinland und Westfalen	10%
4. Finanzverwaltung NRW	25%
5. Rechtsanwalt Claus Joachim Müller	10%
6. C-Bank AG	40%

(Beispiel: Der C-Bank AG stehen von den pfändbaren Einkommensanteilen 40% zu).

- Es wird vereinbart, dass die Forderungen der Gläubiger in der Höhe in das Verfahren übernommen werden, in der die Gläubiger ihre Forderungen außergerichtlich gegenüber dem Schuldner angemeldet haben.

- Die pfändbaren Einkommensanteile betragen zurzeit monatlich 82,50 €. Die Pfändbarkeit der jeweiligen Einkommen bestimmt sich nach den einschlägigen Vorschriften der ZPO (z. B. gilt auch § 850 f ZPO) und des SGB. Der Schuldner wird die pfändbaren Einkommensanteile jeweils nach Erhalt gequotelt entsprechend den obigen Prozentanteilen an die Gläubiger weiterleiten.

- Der Plan tritt in dem Monat in Kraft, der auf den Monat folgt, in den die Entscheidung des Insolvenzgerichts nach § 308 Abs. 1 Satz 1 2. HS InsO fällt.

- Die Gläubiger verpflichten sich, während der Laufzeit des Planes keine gerichtlichen Schritte und keine Zwangsvollstreckungsmaßnahmen gegen den Schuldner zu beantragen oder durchzuführen und laufende Zwangsvollstreckungen zurückzunehmen. Auf- und Verrechnungen sind den Gläubiger während der Planlaufzeit nicht gestattet.

- Nach Ablauf von 6 Jahren nach Inkrafttreten des Planes wird der Schuldner von allen seitens der Gläubiger noch bestehenden Forderungen freigestellt, die Gläubiger verzichten also auf diese Forderungen.

- Der Schuldner verpflichtet sich, den Gläubigern jährlich einen aktuellen Einkommensbescheid zuzusenden und Auskunft über seine Einkommens- und Vermögensverhältnisse zu geben. Sollte der Schuldner dieser Verpflichtung auch nach Mahnung nicht nachgekommen sein, haben die Gläubiger das Recht, diesen Plan mit einer Frist von vier Wochen nach Zugang der Mahnung zu kündigen.
- Der Schuldner unterwirft sich bezüglich seiner Arbeitsverpflichtung den Regelungen des § 295 Abs. 1 Nr. 1 und Abs. 2 InsO.
- § 295 InsO Abs. 1 InsO soll auch für die weiteren Verpflichtungen des Schuldners während der Planlaufzeit gelten. Im Falle eines Verstoßes soll § 296 InsO sinngemäß gelten.
- Der Schuldner verzichtet auf die Bonusregelung des § 292 Abs. 1 Satz 3 InsO. Alternativ: Es gilt die Bonusregelung des § 292 Abs. 1 Satz 3 InsO.
- Der Schuldner hat sich nach bestem Wissen und Gewissen bemüht, sämtliche Gläubiger in seinem Antrag und diesem Plan zu benennen. Er versichert, dass ihm nur die angegebenen Gläubiger bekannt sind. Sollten sich dennoch während der Laufzeit dieses Planes weitere Gläubiger melden, deren Forderungen vor Inkrafttreten des Planes entstanden sind, wird vereinbart, dass diese Gläubiger dem vorliegenden Plan beitreten können. Es ist dann eine neue Gläubigerübersicht zu erstellen, die jedem Gläubiger zur Verteilung der pfändbaren Einkommensanteile einen neuen Prozentanteil an der Gesamtverschuldung zuweisen wird. Dem hinzutretenden Gläubiger kann eine Laufzeitverlängerung des Planes zugestanden werden. Während dieser Laufzeitverlängerung erhält der zugetretene Gläubiger weiterhin seinen zuvor festgelegten %-Anteil der pfändbaren Einkommensanteile des Schuldners. Diese Regelung gilt nicht, wenn dem Schuldner bzgl. der Nichtangabe der weiteren Gläubiger Vorsatz oder grobe Fahrlässigkeit nachzuweisen ist.
- Dieser Plan enthält neben der obigen Aussage zu den Sicherheiten der Gläubiger aus der Zwangsvollstreckung keine weitere Aussage gemäss § 305 Abs. 1 Nr. 4 3. Hs InsO, da der Plan weitere Bürgschaften, Pfandrechte oder andere Sicherheiten der Gläubiger nicht berührt. Der Plan enthält eine Aussage zu Auf- und Verrechnungsmöglichkeiten der Gläubiger während der Planlaufzeit.

9. Die amtlichen Vordrucke für das Verbraucherinsolvenz- und das Restschuldbefreiungsverfahren

Das Bundesministerium der Justiz hat von der Ermächtigung in § 305 Abs. 5 Satz 1 InsO Gebrauch gemacht und per Verordnung amtliche Vordrucke für das Verbraucherinsolvenzverfahren[118] eingeführt. Gem. § 305 Abs. 1 Satz 2 InsO sind diese Vordrucke vom Schuldner bei Antragstellung zu benutzen.

92

---

118 Siehe: I. Anhang II.

III. Der Antrag eines Gläubigers

1. Der Verfahrensablauf bei einem Gläubigerantrag

93 Stellt ein Gläubiger den Verbraucherinsolvenzantrag, hat das Gericht dem Schuldner gem. § 306 Abs. 3 InsO Gelegenheit zu geben, einen eigenen Antrag zu stellen. Vor diesem eigenen Antrag hat der Schuldner gem. § 306 Abs. 3 Satz 3 InsO außergerichtliche Verhandlungen zu führen. Die Antragstellung des Schuldners hat gem. § 305 Abs. 3 Satz 3 InsO innerhalb von drei Monaten zu erfolgen. Das Verfahren über den Gläubigerantrag wird erst nach Ablauf der 3-Monats-Frist fortgesetzt.

2. Die Anforderungen an einen Gläubigerantrag

94 Die OLG-Rechtssprechung[119] hat mittlerweile klargestellt, dass an Gläubigeranträge bezüglich der gem. § 14 Abs. 1 InsO erforderlichen Glaubhaftmachung des Insolvenzgrundes keine allzu hohen Anforderungen zu stellen sind.

> **Beispiel aus der Rspr.:**
>
> Das Insolvenzgericht lässt einen Gläubigerantrag nur zu, wenn entweder die Fruchtlosigkeitsbescheinigung eines Gerichtsvollziehers oder das Protokoll einer eidesstattlichen Versicherung des Schuldners vorgelegt wird.

Diese Anforderung an einen Gläubigerantrag ist überzogen, da Insolvenzanträge auch aufgrund von nicht titulierten Forderungen gestellt werden können.[120]

Die amtlichen Vordrucke muss der Gläubiger bei einer Verbraucherinsolvenzantragstellung nicht verwenden. Die Verpflichtung des § 305 Abs. 5 Satz 2 InsO richtet sich nur an den Schuldner.

3. Die möglichen Erfolge und Risiken einer Antragstellung für den Gläubiger

95 Es ist eher zweifelhaft, ob ein Gläubiger mit einem Verbraucherinsolvenzantrag Druck auf den Schuldner ausüben kann, der diesen zu Zahlungen oder Teilzahlungen bewegt. Die gängigen taktischen Überlegungen vor einem Regelinsolvenzverfahren[121] sind wegen der doch zumeist schon vor-

---

119 OLG Celle ZInsO 2000, 239 = NZI 2000, 214; OLG Dresden ZInsO 2000, 560 = NZI 2001, 261; OLG Köln ZInsO 2000, 43 = NZI 2000, 78.
120 OLG Celle ZInsO 2000, 239 = NZI 2000, 214.
121 Siehe z. B. FK-Inso/Schmerbach, § 13 Rdnr. 25–28.

Henning

liegenden Unpfändbarkeit des Schuldners nur sehr eingeschränkt auf das Verbraucherinsolvenzverfahren übertragbar. Der Gläubiger hat wegen dieser häufigen Masselosigkeit insbesondere sein Kostenrisiko[122] bei einer Antragstellung zu beachten.

Befindet sich ein Gläubiger allerdings bezogen auf die Einzelzwangsvollstreckung in einer aussichtslosen Position, da z. B. ein weiterer Gläubiger die pfändbaren Einkommensanteile des Schuldners auf lange Sicht einziehen wird, ist die Durchführung eines Insolvenzverfahrens mit anschließendem Restschuldbefreiungsverfahren unter Umständen die letzte Möglichkeit dieses Gläubigers, zumindest noch Teilzahlungen des Schuldners zu erlangen. Allerdings muss der Schuldner dann auf den Gläubigerantrag hin einen eigenen Insolvenz- und Restschuldbefreiungsantrag stellen. Wenn der Gläubiger also zu der Überzeugung kommt, der Schuldner werde auf den Insolvenzantrag des Gläubigers mit einem eigenen Antrag reagieren, z. B. weil der Schuldner schon seit längerem mit einer Schuldnerberatungsstelle zusammenarbeitet, kann dieser Antrag trotz des Kostenrisikos letztlich für den Gläubiger ertragreich sein, da in Insolvenzverfahren und Wohlverhaltensperiode die pfändbaren Einkommensanteile des Schuldners unter allen Gläubigern aufgeteilt werden.

4. Die Erwägungen des Schuldners bei einem Gläubigerantrag

Der Schuldner hat zu prüfen, ob er die Antragstellung des Gläubigers und die folgende Aufforderung des Gerichts gem. § 306 Abs. 3 Satz 1 InsO zum Anlass nimmt, einen eigenen Antrag zu stellen. Verfügt der Schuldner noch über pfändbares, in die Masse fallendes Restvermögen, z. B. einen Sparvertrag aus vermögenswirksamen Leistungen, das die Massekosten deckt, sollte der Schuldner einen eigenen Antrag stellen, auch wenn er durch die einzuhaltende Frist des § 305 Abs. 3 Satz 3 InsO zügig handeln muss. Anderenfalls würde er sein Restvermögen im Insolvenzverfahren verlieren, ohne seine Möglichkeit der gleichzeitigen Entschuldung wahrzunehmen.

96

Anders kann die Situation z. B. zu beurteilen sein, wenn der Schuldner offensichtlich einen Versagungsgrund des § 290 Abs. 1 Nr. 2 InsO erfüllt hat und dies einem Gläubiger auch bekannt ist. Wird nun vor Ablauf der 3-Jahres-Frist des § 290 Abs. 1 Nr. 2 InsO ein Gläubigerantrag gestellt, machen der eigene Antrag des Schuldners und die mit ihm verbundenen Bemühungen angesichts der drohenden Versagung der Restschuldbefreiung keinen Sinn.

---

122 Wie zuvor, Rdnr. 27, 43 ff.

Henning

IV. Die Bearbeitung und Prüfung der Schuldner- und Gläubigeranträge durch das Gericht

1. Die Bearbeitung und Prüfung des Schuldnerantrags

a) Die Prüfung der zutreffenden Verfahrensart

97 Das Gericht prüft zunächst, ob es sich bei dem antragstellenden Schuldner tatsächlich um einen Verbraucher im Sinne des § 304 InsO handelt.[123]

b) Die Prüfung auf Vollständigkeit

98 Des Weiteren prüft das Gericht zunächst nur, ob der Antrag vollständig ist, ob also die in § 305 Abs. 1 InsO angegebenen Erklärungen, Verzeichnisse und der Schuldenbereinigungsplan vorgelegt wurden, und ob die vorgelegten Unterlagen sämtliche Angaben enthalten.

> **Beispiel aus der Praxis:**
>
> Der vorgelegte Schuldenbereinigungsplan enthält keine Aussage zur Frage, ob Sicherheiten der Gläubiger durch den Plan berührt werden sollen.

Eine entsprechende Aussage muss im Schuldenbereinigungsplan gem. § 305 Abs. 1 Nr. 4 3. HS enthalten sein. Das Gericht wird diese Aussage mit einer Ergänzungsaufforderung gem. § 305 Abs. 3 InsO nachfordern.

Im Rahmen seiner Prüfung holt das Gericht regelmäßig Auskünfte bei folgenden Stellen ein:[124]

- dem Registergericht
- dem Grundbuchamt
- der Abteilung des Amtsgerichts für eidesstattliche Versicherungen
- dem zuständigen Gerichtsvollzieher.

Die Prüfung auf Vollständigkeit ist nach gefestigter OLG-Rechtssprechung keine inhaltliche oder materiellrechtliche Überprüfung. Das Insolvenzgericht hat weder die Befugnis, eine materiellrechtliche Überprüfung der außergerichtlichen Verhandlungen vorzunehmen, noch kann es inhaltliche Anforderungen an den Schuldenbereinigungsplan stellen, also z. B. einen vollstreckbaren Inhalt oder eine Mindestquote[125] verlangen. Dies gilt auch nach den jetzigen Gesetzesabänderungen.[126]

---

123 Siehe hierzu auch oben Rdnr. 11–14.
124 *Aufschlussreich zur Bearbeitung eines Antrags durch das Gericht:* AG Siegen NZI 2000, 285.
125 Siehe Rdnr. 106.
126 Siehe hierzu oben Rdnr. 23 f.

Henning

Eine weiter gehende Zulässigkeitsprüfung erfolgt zunächst nicht.[127] Erst nach dem Scheitern des gerichtlichen Schuldenbereinigungsplanverfahrens oder nach einer Entscheidung des Gerichts gem. § 306 Abs. 1 Satz 3 InsO, dieses Planverfahren nicht durchzuführen, erfolgt die weiter gehende Prüfung.

c) Die Anordnung über Mitteilungen in Zivilsachen[128]

Nach der Anordnung über Mitteilungen in Zivilsachen, 2. Teil, 3. Abschnitt, XII. hat das Insolvenzgericht im Laufe des Verfahrens Mitteilungsverpflichtungen gegenüber anderen Gerichten und Behörden.

99

Gem. XII. Nr. 1 ist das Vormundschaftsgericht über eine Antragstellung durch den Schuldner zu informieren, wenn Anhaltspunkte dafür vorliegen, dass der Schuldner Elternteil eines minderjährigen Kindes ist.

> **Beispiel aus der Praxis**
>
> Amtsgericht Dortmund
>
> Sehr geehrte Frau Müller,
>
> die Insolvenzabteilung hat mitgeteilt, dass das Insolvenzverfahren von Ihnen beantragt wurde.
>
> Hier ist daher zu prüfen, ob Maßnahmen betreffend das eventuelle Vermögen Ihres minderjährigen Kindes Marcel, geb. 13. April 1995 zu treffen sind, §§ 1666, 1667 BGB.
>
> Sie werden daher gebeten, ein vollständiges Vermögensverzeichnis des Kindes einzureichen und die Richtigkeit des Vermögensverzeichnisses zu versichern.
>
> Einer Erledigung wird binnen zwei Wochen entgegengesehen.

Anschreiben dieser Art führen regelmäßig zu großer Verunsicherung bei den betroffenen Schuldnern, auch wenn es dem Vormundschaftsgericht nicht darum geht, das Vermögen der Kinder einzuziehen, wie häufig angenommen wird. Der anwaltliche Vertreter des Schuldners sollte daher frühzeitig über den Hintergrund dieser Aufforderung informieren.[129]

d) Die Angreifbarkeit einer Ergänzungsaufforderung gem. § 305 Abs. 3 InsO

Hält das Gericht den Antrag des Schuldners für unvollständig, so erlässt es eine Ergänzungsaufforderung gem. § 305 Abs. 3 Satz 1 InsO. Kommt der Schuldner der Aufforderung, die unvollständigen Angaben zu ergänzen,

100

---

127 FK-InsO/Grote, § 305 Rdnr. 4.
128 Allgemeine Verfügung Neufassung der Anordnung über Mitteilungen in Zivilsachen, NJW 1998, Beilage zu Heft 38.
129 Siehe Belehrung im Fragebogen I. Anhang I.

nicht innerhalb eines Monats nach, so gilt sein Antrag gem. § 305 Abs. 3 Satz 2 InsO als zurückgenommen. Die Ergänzungsaufforderung ist förmlich zuzustellen. Eine formlos mitgeteilte Aufforderung setzt die Monatsfrist nicht in Gang.[130]

Streitig ist, ob und wie sich der Schuldner gegen unberechtigte Ergänzungsaufforderungen des Gerichts zur Wehr setzen kann.

▶ **Beispiel aus der Rspr.:**

Das Gericht fordert den Schuldner auf, einen Schuldenbereinigungsplan mit einem vollstreckbaren Inhalt vorzulegen.[131]

Die OLG-Rechtssprechung geht überwiegend davon aus,[132] dass dem Schuldner eine Möglichkeit eröffnet sein muss, eine unberechtigte Ergänzungsaufforderung bzw. die aus ihr folgende Rücknahme des Antrages gem. § 305 Abs. 3 Satz 2 InsO anzugreifen.[133] Es werden allerdings zumindest drei verschiedene Wege gesehen, wie der Schuldner vorzugehen hat:

- OLG Köln[134]/OLG Naumburg[135] halten die Fiktion der Antragsrücknahme nach § 305 Abs. 3 Satz 2 InsO für nicht angreifbar. OLG Köln[136] lässt aber bislang offen, ob nicht die Ergänzungsaufforderung analog § 34 bs. 1 InsO angreifbar ist.

- BayObLG[137] hält die Ergänzungsaufforderung für angreifbar.

- OLG Karlsruhe[138] sieht einen Anspruch des Schuldners aus §§ 4 InsO, 269 Abs. 3 Satz 3 ZPO auf Ausspruch der Antragsrücknahmewirkung durch Beschluss und hält diesen Beschluss gem. § 269 Abs. 3 Satz 5 ZPO für angreifbar.

- OLG Celle[139] hält die Feststellung der Rücknahmefiktion analog § 34 Abs. 1 InsO für angreifbar.

Die Konsequenz dieser in seiner Vielfalt mit § 7 Abs. 2 Satz 1 InsO kaum in Einklang zu bringenden OLG-Rechtssprechung dürfte sein, dass der Schuldner möglichst schon die unberechtigte Ergänzungsaufforderung unter Berufung auf § 34 Abs. 1 InsO angreifen sollte.

---

130 BayObLG ZInsO 2001, 1013.
131 Ein vollstreckbarer Inhalt des gerichtlichen Schuldenbereinigungsplanes ist nicht erforderlich: OLG Celle ZInsO 2000, 601; OLG Köln ZInsO 1999, 659.
132 OLG Frankfurt NZI 2000, 137 sieht keine Angriffsmöglichkeit.
133 Siehe auch Ahrens, NZI 2000, 201.
134 OLG Köln ZInsO 2000, 349.
135 OLG Naumburg, ZInsO 2001, Beilage 2, S. 20.
136 *OLG Köln ZInsO 2000, 401* und NZI 2000, 317.
137 BayObLG ZInsO 2000, 161 = NZI 2000, 129.
138 OLG Karlsruhe, ZInsO 2001, Beilage 2, S. 20.
139 OLG Celle ZInsO 2000, 601 = NZI 2001, 254.

e) Die Anordnung von Sicherungsmaßnahmen

Das Gericht hat auch bei einem Schuldnerantrag von Amts wegen zu prüfen, ob der Erlass von Sicherungsmaßnahmen gem. § 21 InsO erforderlich ist.[140] Entsprechend dem vorläufigen Insolvenzverwalter im Regelinsolvenzverfahren kann auch ein vorläufiger Treuhänder eingesetzt werden.[141] Zumeist reicht aber die Untersagung bzw. Einstellung der Zwangsvollstreckung gegen den Schuldners gem. § 21 Abs. 2 Nr. 3 InsO aus.

101

2. Die Bearbeitung und Prüfung eines Gläubigerantrags

Bei einem Gläubigerantrag sind schon bei Antragstellung die allgemeinen Zulässigkeitsvoraussetzungen[142] zu prüfen. Der Gläubiger hat gem. § 14 Abs. 1 InsO seine Forderung und den Eröffnungsgrund glaubhaft zu machen.

102

Nach dieser Prüfung hat das Gericht dem Schuldner gem. § 306 Abs. 3 Satz 1 InsO Gelegenheit zu geben, ebenfalls einen Antrag zu stellen.

H. Das gerichtliche Schuldenbereinigungsplanverfahren

I. Einführung

Im gerichtlichen Schuldenbereinigungsplanverfahren wird der Gedanke einer möglichst gütlichen Einigung zwischen Gläubigern und Schuldner, der schon den außergerichtlichen Verhandlungen zugrunde liegt, wieder aufgenommen. Weitgehend autonom sollen die Beteiligten diese gütliche Einigung unter Anleitung des Insolvenzgerichts, auch zur Entlastung der Justiz,[143] nochmals versuchen. Das Leitbild des Schuldenbereinigungsplanes ist hierbei der Prozessvergleich.[144] Anders als eine außergerichtliche Einigung kann der gerichtliche Schuldenbereinigungsplan allerdings auch gegen den Willen einzelner Gläubiger zustande kommen, wenn die Kopf- und Summenmehrheit der Gläubiger den Plan angenommen hat. Das Schuldenbereinigungsplanverfahren hat den Charakter eines Zwischenverfahrens.[145] Während seiner Durchführung ruht gem. § 306 Abs. 1 Satz 1 das Insolvenz*eröffnungsverfahren*.

103

---

140 FK-Inso/Schmerbach, § 21 Rdnr. 15 InsO.
141 Schmidt, ZIP 1999, 915.
142 Siehe FK-Inso/Schmerbach, § 14 Rdnr. 2 ff. InsO.
143 Begründung zum InsOÄndG, ZInsO Heft 1/2001, Beilage 1/2001, B. zu Nummer 24.
144 FK-Inso/Grote, § 305 Rdnr. 7 InsO.
145 Wie zuvor, Rdnr. 2.

Henning

II. Übersicht: Verfahrensablauf des Schuldenbereinigungsplanverfahrens

- Das Gericht prüft gem. § 306 Abs. 1 Satz 3 InsO, ob die Durchführung des gerichtlichen Schuldenbereinigungsplanverfahrens nach seiner freien Überzeugung Erfolg verspricht.
- Sieht das Gericht für den Plan keine Erfolgsaussichten, setzt es das Insolvenzeröffnungsverfahren mit der weiteren Zulässigkeitsprüfung, insbesondere der Prüfung gem. § 26 Abs. 1 InsO fort.
- Hält das Gericht eine Annahme des Planes für möglich, beginnt das gerichtliche Schuldenbereinigungsplanverfahren.
- Der Schuldner hat gem. § 306 Abs. 2 Satz 2 InsO Abschriften der Vermögensübersicht und des Schuldenbereinigungsplanes für die Zustellung an die Gläubiger einzureichen.
- Das Gericht stellt die eingereichten Unterlagen an die vom Schuldner benannten Gläubiger zu. Das Gericht fordert die Gläubiger hierbei auf, innerhalb einer Notfrist von einem Monat zum Schuldenbereinigungsplan und zu den bei Gericht zur Einsicht ausgelegten Verzeichnissen gem. § 305 Abs. 1 Nr. 3 InsO Stellung zu nehmen.
- Nach Ablauf der Monatsfrist wertet das Gericht die Stellungnahmen der Gläubiger aus. Haben alle Gläubiger dem Plan zugestimmt, gilt dieser gem. § 308 Abs. 1 Satz 1 InsO als angenommen.
- Liegen Stellungnahmen der Gläubiger vor, die eine Abänderung des Planes erforderlich oder sinnvoll erscheinen lassen, gibt das Gericht dem Schuldner hierzu gem. § 307 Abs. 3 InsO Gelegenheit.
- Haben die Kopf- und Summenmehrheit der Gläubiger dem Schuldenbereinigungsplan zugestimmt, ersetzt das Gericht auf Antrag gem. § 309 Abs. 1 InsO die Zustimmung der ablehnenden Gläubiger, wenn Hinderungsgründe des § 309 Abs. 1 Satz 2 InsO nicht vorliegen.
- Kommt der Schuldenbereinigungsplan zustande, stellt das Gericht dies durch Beschluss gem. § 308 Abs. 1 Satz 1 2.HS fest. Der Plan hat die Wirkung eines Vergleichs im Sinne des § 794 Abs. 1 Nr. 1 ZPO.
- Kommt ein Schuldenbereinigungsplan nicht zustande, wird das Insolvenzeröffnungsverfahren fortgesetzt.

Henning

III. Die Entscheidung des Gerichts über die Durchführung des Schuldenbereinigungsplanverfahrens

Das Gericht entscheidet gem. des neu eingefügten § 306 Abs. 1 Satz 3 InsO nach freiem Ermessen, ob das Schuldenbereinigungsplanverfahren durchgeführt wird. Nur wenn nach der Prognose des Gerichts von einer Annahme des Planes auszugehen ist, soll das Verfahren über den Schuldenbereinigungsplan durchgeführt werden. Offensichtlich aussichtslose Verfahren sollen damit zur Entlastung aller Beteiligten vermieden werden. Der Gesetzgeber hat mit der neuen Regelung einen Gedanken aufgegriffen, der schon kurz nach Inkrafttreten der InsO in der Rechtssprechung vertreten wurde.[146]

105

Der Begriff »voraussichtlich« soll hier so zu verstehen sein, dass das Scheitern der Verhandlungen über den Schuldenbereinigungsplan wahrscheinlicher sein muss als der erfolgreiche Verhandlungsabschluss.[147] Da das Gericht bis auf die zwingende vorherige Anhörung des Schuldners in seiner Entscheidung frei ist, bleibt abzuwarten, wie die Gerichte die neue Regelung anwenden werden, und welche Auswirkungen sich auf das gerichtliche Schuldenbereinigungsplanverfahren ergeben werden.[148]

106

Das Interesse des Schuldners an der Durchführung eines Schuldenbereinigungsplanverfahrens ist allerdings nach den weiteren Neureglungen des InsOÄndG deutlich geringer geworden. Lehnt das Gericht die Durchführung des Schuldenbereinigungsplanverfahrens ab, wird das Insolvenzverfahren durch die neue Möglichkeit der Stundung der Verfahrenskosten eröffnet. Gleichzeitig mit Verfahrenseröffnung beginnt bereits die jetzt nur noch 6-jährige Wohlverhaltensperiode. Der Schuldner erreicht damit seine Entschuldung im Insolvenzverfahren unter Umständen sogar schneller als im Planverfahren. Gleichzeitig hat er gem. § 301 Abs. 1 Satz 2 InsO die Sicherheit, von allen Verbindlichkeiten befreit zu werden, die er im Schuldenbereinigungsplanverfahren wegen § 308 Abs. 3 Satz 1 InsO nicht haben kann.

107

---

146 AG Hamburg ZIP 2000, 32.
147 Begründung zum InsOÄndG, ZInsO Heft 1/2001, Beilage 1/2001, B. zu Nummer 24.
148 Siehe zu möglichen Entwicklungen: Pape, ZInsO 2001, 587.

Henning

IV. Die Beteiligung des Schuldners am Schuldenbereinigungsplanverfahren

1. Die vom Schuldner gem. § 306 Abs. 2 Satz 2 InsO einzureichenden Abschriften

108 Entscheidet sich das Gericht für die Durchführung des Schuldenbereinigungsplanverfahrens, so fordert es den Schuldnern zur Einreichung von Abschriften der Vermögensübersicht und des Schuldenbereinigungsplanes für die Zustellung an die Gläubiger auf. Kommt der Schuldner dieser Aufforderung nicht innerhalb von 2 Wochen nach, so gilt sein Antrag gem. §§ 306 Abs. 2 Satz 3 i. V. m. 305 Abs. 3 Satz 2 InsO als zurückgenommen.

2. Die Vertretung des Schuldners im gerichtlichen Schuldenbereinigungsplanverfahren

109 Der Schuldner kann sich im gerichtlichen Schuldenbereinigungsplanverfahren zum einen anwaltlich vertreten lassen. Er kann sich gem. § 305 Abs. 4 InsO aber auch von einer geeigneten Person oder Stelle im Sinne des § 305 Abs. 1 Nr. 1 InsO, üblicherweise also einer Schuldnerberatungsstelle, vertreten lassen. Ein Vertretungszwang besteht aber nicht.

V. Die Beteiligung der Gläubiger am Schuldenbereinigungsplanverfahren

1. Einführung

110 Die Gläubiger können im Schuldenbereinigungsplanverfahren ihre Forderungen allein dadurch verlieren, dass sie am Verfahren nicht teilnehmen. Im Vergleich zu den außergerichtlichen Verhandlungen müssen die Gläubiger ihre Interessen daher nun aktiver vertreten. Gleichzeitig bieten ihnen die Regelungen der §§ 307 bis 309 InsO ausreichend Möglichkeit, das Zustandekommen unangemessener Schuldenbereinigungspläne zu verhindern, und die Entschuldung unredlicher Schuldner auch in diesem Verfahrensabschnitt zu verhindern.

Henning

2. Die Vertretung der Gläubiger im gerichtlichen Schuldenbereinigungsplanverfahren

Gläubiger lassen sich außergerichtlich häufig von Inkassounternehmen, Rechtsbeiständen oder Rechtsanwälten vertreten. Die anwaltliche Vertretung auch im gerichtlichen Schuldenbereinigungsplanverfahren ist selbstverständlich möglich. Inkassounternehmen sind allerdings gem. Art. 1 § 1 Satz 2 Nr. 5 RBerG nur zur außergerichtlichen Einziehung von Forderungen und damit nicht zur Vertretung des Gläubigers in einem gerichtlichen Verfahren wie dem Schuldenbereinigungsplanverfahren berechtigt. Die Vertretungsberechtigung von Rechtsbeiständen ist vom Umfang der jeweils erteilten Zulassung abhängig.

111

Die herrschende Meinung in Literatur und Rspr. hält die Stellungnahme eines nicht zur Vertretung in einem gerichtlichen Verfahren Berechtigten für unwirksam.[149] Lehnt also ein Inkassounternehmen einen Schuldenbereinigungsplan im Auftrag eines Gläubigers gegenüber dem Insolvenzgericht ab, so ist diese Ablehnung unwirksam. Der Gläubiger wird so behandelt, als wenn er gar keine Stellungnahme abgegeben und damit dem Schuldenbereinigungsplan gem. § 307 Abs. 2 InsO zugestimmt hätte.

Inkassounternehmen dürfen sogar zu eigenen, zur Einziehung erworbenen Forderungen im Schuldbereinigungsplanverfahren nicht Stellung nehmen[150]

3. Die Stellungnahme eines Gläubigers im Schuldenbereinigungsplanverfahren

a) Die Zustellung und die Notfrist des § 307 Abs. 1 InsO

Das Gericht stellt den Gläubigern gem. § 307 Abs. 1 InsO die Vermögensübersicht und den Schuldenbereinigungsplan zu und teilt dem Gläubiger mit, dass die weiteren vom Schuldner eingereichten Verzeichnisse beim Insolvenzgericht zur Einsicht niedergelegt sind. Gleichzeitig werden die Gläubiger aufgefordert, innerhalb einer Notfrist von einem Monat zu den zugestellten und den zur Einsicht niedergelegten Unterlagen Stellung zu nehmen. Das Insolvenzgericht hat die Gläubiger hierbei gem. § 307 Abs. 2 InsO darauf hinzuweisen, dass das Ausbleiben einer Stellungnahme in der Monatsfrist als Zustimmung zu dem übersandten Schuldenbereinigungsplan gilt.

112

Die Zustellung an einen Gläubiger kann bei Vorliegen der entsprechenden Voraussetzungen auch in der Form der öffentlichen Bekanntmachung erfolgen.[151] Die gesetzliche Notfrist von einem Monat kann gerichtlich nicht ver-

---

149 AG Köln NZI 2000, 492; OLG Köln NZI 2001, 88; Vallender/Caliebe, ZInsO 2000, 301; a. A.: Bernet, NZI 2001, 73.
150 OLG Köln ZInsO 2001, 855.
151 FK-InsO/Grote, § 307 Rdnr. 7 InsO; Nerlich/Römermann, a. a. O., § 307 Rdnr. 3 InsO.

Henning

längert werden, die Wiedereinsetzung in den vorherigen Stand ist jedoch nach den allgemeinen Regeln möglich.[152]

b) Die möglichen Stellungnahmen

113 Ein Gläubiger sollte die ihm zugestellten und die eingesehenen Unterlagen zumindest unter drei Gesichtspunkten prüfen:
- Ist die eigene Forderung vom Schuldner zutreffend angegeben worden?
- Sind die Forderungen der weiteren Gläubiger zutreffend angegeben worden oder bestehen Bedenken an Bestand oder Höhe dieser Forderungen? Sind es z. B. auffällige Forderungen nahe stehender Personen im Sinne des § 138 Abs. 1 InsO?
- Entspricht der Schuldenbereinigungsplan zumindest den Anforderungen des § 309 Abs. 1 Satz 2 InsO? Sind die Interessen der Gläubiger ausreichend berücksichtigt? Sind Sicherheiten des Gläubigers, z. B. eine Lohn- und Gehaltsabtretung, berücksichtigt worden?

Aus dieser Prüfung ergeben sich die möglichen Stellungnahmen:
- Der Gläubiger korrigiert die vom Schuldner angegebene Forderung und weist z. B. auf nicht berücksichtigte Kosten der Zwangsvollstreckung hin.
- Die Forderungen anderer Gläubiger können mit dem Ziel, die eigene Quote zu erhöhen, angegriffen werden.
- Der vorgeschlagene Schuldenbereinigungsplan kann durch eigene Vorschläge, z. B. die Aufnahme einer Verfallklausel im Sinne des § 12 InsO Verbraucherkreditgesetz, ergänzt werden.
- Es kann auf Umstände, z. B. das Vorliegen einer deliktischen Forderung, hingewiesen werden, die eine Zustimmungsersetzung gem. § 309 Abs. 1 Satz 2 Nr. 1 und 2 InsO verhindern können.

VI. Die Möglichkeit der Abänderung des Schuldenbereinigungsplanes gem. § 307 Abs. 3 InsO

114 Nach Ablauf der Monatsfrist des § 307 Abs. 1 InsO wertet das Gericht die vorliegenden Stellungnahmen der Gläubiger aus. Haben alle Gläubiger dem Plan zugestimmt, ist dieser zustande gekommen. Liegen Ablehnungen vor, kann das Gericht dem Schuldner gem. § 307 Abs. 3 InsO die Gelegenheit einräumen, einen abgeänderten Schuldenbereinigungsplan vorzulegen. Eine Verpflichtung des Schuldners, einen geänderten Plan vorzulegen, be-

---

152 FK-Inso/Grote, § 307 Rdnr. 5 InsO.

steht nicht.[153] Auch eine zweite Abänderung des Schuldenbereinigungsplanes ist zulässig.[154]

VII. Die Zustimmungsersetzung gem. § 309 InsO

Hat das Gericht bei der Auswertung der Stellungnahmen der Gläubiger eine Kopf- und Summenmehrheit für den vorgelegten Schuldenbereinigungsplan festgestellt, so hat das Gericht gem. § 309 Abs. 1 InsO auf Antrag die Zustimmung der ablehnenden Gläubiger zu ersetzen. Die Zustimmungsersetzung ist bei Vorliegen der weiteren Voraussetzungen gem. §§ 309 Abs. 1 Satz 2, Abs. 2 und 3 InsO nicht möglich, 115

- wenn ein Gläubiger im Schuldenbereinigungsplan nicht angemessen beteiligt wird,
- wenn ein Gläubiger durch den Schuldenbereinigungsplan schlechter gestellt wird als bei Durchführung des gerichtlichen Restschuldbefreiungsverfahren und
- wenn ernsthafte Zweifel an Bestand oder Höhe einer Forderung bestehen.

1. Die Kopf- und Summenmehrheit

Bei der Ermittlung der Kopfmehrheit hat auch der Gläubiger mit mehreren Forderungen nur eine Stimme.[155] Maßgeblich ist bei der Ermittlung der Kopfmehrheit stets die aktuelle Gläubigeranzahl. 116

> **Beispiel aus der Rspr.:**[156]
>
> Der Schuldner benennt in seinem Antrag 6 Gläubiger. Nach Übersendung des Schuldenbereinigungsplanes verzichtet ein Gläubiger auf seine Forderung. Die Kopfmehrheit liegt nach diesem Verzicht bereits bei drei zustimmenden Gläubigern vor.

Auch wenn der Schuldner im Schuldenbereinigungsplanverfahren außergerichtlich mit einzelnen Gläubigern Vergleiche schließt, und diese Gläubiger ihre Forderungen anschließend im gerichtlichen Verfahren nicht mehr geltend machen, werden diese Gläubiger bei der Berechnung der Kopfmehrheit nicht mehr mitberücksichtigt.[157]

---

153 AG Halle-Saalkreis ZInsO 2001, 185.
154 LG Hannover ZIP 2001, 208.
155 FK-Inso/Grote, § 309 Rdnr. 8; Schäferhoff, ZInsO 2001, 687, I. 1.; OLG Köln ZInsO 2001, 85.
156 OLG Karlsruhe ZInsO 2000, 238.
157 BayObLG ZInsO 2001, 849.

Die Summenmehrheit der Forderungen ist nach den Angaben des Schuldners zu berechnen.[158] Einwände eines Gläubigers gegen angegebene Forderungshöhen sind gem. § 309 Abs. 3 InsO erst bei der Zustimmungsersetzung zu berücksichtigen.

2. Der Antrag

117 Die Zustimmungsersetzung erfolgt gem. § 309 Abs. 1 Satz 1 InsO nur auf Antrag eines Gläubigers oder des Schuldners. Ein bereits gestellter Antrag auf Zustimmungsersetzung kann zurückgenommen werden. Dies folgt aus § 13 Abs. 2 InsO, da während des Insolvenzeröffnungsverfahrens auch der Insolvenzantrag noch zurückgenommen werden kann. Liegt ein Antrag nicht vor, hat das Gericht trotz Vorliegens der Kopf- und Summenmehrheit der Gläubiger das ruhende Insolvenzeröffnungsverfahren wiederaufzunehmen und fortzusetzen.

3. Die nicht angemessene Beteiligung eines Gläubigers gem. § 309 Abs. 1 Satz 2 Nr. 1 InsO

118 Eine nicht angemessene Beteiligung des widersprechenden Gläubigers liegt z. B. vor, wenn diesem Gläubiger ohne sachlichen Grund eine niedrigere Befriedigungsquote als den weiteren Gläubigern zukommen soll. Eine mathematisch exakte Gleichbehandlung kann allerdings nicht gefordert werden kann.[159] Die Rspr. hat Abweichungen bis zu 50 DM[160] oder auch bis zu 100 DM[161] zugelassen. Die § 245 Abs. 2 InsO zugrundeliegenden Rechtsgedanken können bei der Prüfung einer »angemessenen Beteiligung« herangezogen werden.[162]

4. Die wirtschaftliche Schlechterstellung eines Gläubigers gem. § 309 Abs. 1 Satz 2 Nr. 2 InsO

a) Die einzelnen Prüfungsschritte zur Feststellung der Schlechterstellung

119 Zunächst muss geprüft werden, ob eine Regelung im Plan enthalten oder nicht enthalten ist, die zu Lasten des Gläubigers von den Regelungen des gerichtlichen Restschuldbefreiungsverfahrens abweicht.

---

158 AG Köln ZIP 2000, 83; Schäferhoff, ZInsO 2001, 687, I. 2.
159 Z. B. OLG Celle ZInsO 2001, 374.
160 LG Berlin ZInsO 2001, 857.
161 AG Hamburg NZI 2000, 283.
162 OLG Köln ZInsO 2001, 807.

> **Beispiel aus der Praxis:**
> Ein Abtretungsgläubiger wird im Schuldenbereinigungsplan nicht wie im gerichtlichen Verfahren gem. § 114 Abs. 1 InsO privilegiert.

In einem weiteren, vom Gericht auch darzustellenden Prüfungsschritt ist zu ermitteln, ob diese abweichende Regelung den Gläubiger konkret auch tatsächlich wirtschaftlich schlechter stellt, als er bei Durchführung des Verfahrens stehen würde.[163] Bei dieser weiteren Prüfung sind gem. § 309 Abs. 1 Satz 2 Nr. 2 2. HS im Zweifel für die gesamte Laufzeit des gerichtlichen Verfahrens die Einkommensverhältnisse des Schuldners anzunehmen, die dieser bei Beginn des Ersetzungsverfahrens hat. 120

> **Beispiel aus der Praxis:**
> Der Schuldenbereinigungsplan des vorherigen Beispiels wird von einem 67-jährigen Rentner vorgelegt, der nur über deutlich unpfändbare Rentenbezüge und sonst keinerlei Vermögenswerte verfügt.

Eine konkrete wirtschaftliche Schlechterstellung des mit seiner Abtretung im Schuldenbereinigungsplan nicht berücksichtigten Gläubigers liegt hier nicht vor, da der Schuldner in einem gerichtlichen Verfahren wegen seines geringen Einkommens keinerlei Zahlungen an die Gläubiger zu leisten hätte.

b) Einzelfälle zur wirtschaftlichen Schlechterstellung

- Forderungen des Finanzamtes

  Auch Forderungen der Finanzverwaltung unterliegen der Restschuldbefreiung. Es ist daher auch zulässig, die Zustimmung der Finanzverwaltung zu einem Schuldenbereinigungsplan zu ersetzen.[164] 121

- Deliktische Forderungen im Sinne des § 302 Nr. 1 InsO

  Die Zustimmung eines Gläubigers, der glaubhaft gemacht hat, dass seine Forderung aus einer unerlaubten Handlung stammt, kann nicht ersetzt werden, da eine solche Forderung auch von der Restschuldbefreiung nicht erfasst wird.[165] 122

---

163 OLG Köln, nicht veröffentlichter Beschluss vom 7. 5. 2001 zum Az. 2 W 78/01: »Der nach § 309 Abs. 1 Satz 2 Nr. 2 InsO gebotene Vergleich darf deshalb nicht bei der Feststellung, dass eine Restschuldbefreiung zu versagen sein wird, haltmachen, sondern es muss das, was der Gläubiger aufgrund des Schuldenbereinigungsplanes erhalten wird, dem gegenübergestellt werden, in welcher Höhe er voraussichtlich bei Durchführung des Insolvenzverfahrens und Versagung der Restschuldbefreiung wegen seiner Forderung befriedigt werden kann. Dieser Vergleich muss nicht notwendig und in jedem Fall zu dem Ergebnis führen, dass der widersprechende Gläubiger nach der Versagung der Restschuldbefreiung besser gestellt ist.«
164 OLG Köln NZI 2000, 596 = ZInsO 2000, 519.
165 LG München ZInsO 2001, 720.

- Versagensgründe gem. § 290 Abs. 1 InsO

123 Die Zustimmung eines Gläubigers, der einen Versagensgrund gem. § 290 Abs. 1 InsO glaubhaft gemacht hat, kann nicht ersetzt werden, wenn die Durchführung des gerichtlichen Verfahrens und die in diesem Verfahren erfolgende Versagung der Restschuldbefreiung den Gläubiger wirtschaftlich günstiger stellt als die Durchführung des Schuldenbereinigungsplanverfahrens.[166]

- Fehlende Aufrechnungsmöglichkeit:

124 Sieht ein Schuldenbereinigungsplan eine Aufrechnungsmöglichkeit für die Gläubiger nicht vor, folgt hieraus keine wirtschaftliche Schlechterstellung der Gläubiger i. S. d. § 309 Abs. 1 Satz 2 Nr. 2 InsO.[167]

- Fehlende Erbfallklausel

125 Enthält ein Schuldenbereinigungsplan keine Erbfallklausel i. S. d. § 295 Abs. 1 Nr. 2 InsO, folgt hieraus keine wirtschaftliche Schlechterstellung der Gläubiger i. S. d. § 309 Abs. 1 Satz 2 Nr. 2 InsO.[168] Dies folgt schon daraus, dass der Schuldner im gerichtlichen Restschuldbefreiungsverfahren nicht zur Annahme einer Erbschaft verpflichtet ist[169]

- Flexibler Nullplan

126 Auch bei einem Schuldenbereinigungsplan in der Form eines so genannten »flexiblen Nullplanes« kann die Zustimmung ablehnender Gläubiger ersetzt werden.[170]

- Schuldenbereinigungsplan auf Hauptforderungsbasis

127 Ein Schuldenbereinigungsplan, der eine Verteilung auf Hauptforderungsbasis vorsieht, steht nur dann mit § 309 Abs. 1 Satz 2 Nr. 2 InsO in Einklang, wenn die Verteilung auch gemessen an den Gesamtforderungen der Gläubiger diese gleichbehandelt.[171] Nebenforderungen sind hier den Hauptforderungen gleichrangig.[172]

- Angebot von Leistungen aus dem unpfändbaren Einkommensanteil

128 Ein Schuldenbereinigungsplan, der Leistungen aus dem unpfändbaren Einkommensanteil vorsieht, kann die Schuldner nicht schlechter stellen als im gerichtlichen Restschuldbefreiungsverfahren, auch wenn die diesbezüglichen Forderungen der Gläubiger aus dem Schuldenbereinigungsplan nicht vollstreckbar sind.[173]

---

166 OLG Köln, nicht veröffentlichter Beschluss vom 7. 5. 2001 zum Az. 2 W 78/01.
167 AG Göttingen ZInsO 2001, 329 = NZI 2001, 270; a. A.: LG Koblenz ZInsO 2001, 507; siehe auch zur Verrechnung gem. § 52 SGB: BayObLG ZInsO 2001, 619.
168 OLG Karlsruhe NJW 2001, NJW Aktuell, Heft 31, S. VIII = NZI 2001, 422.
169 Siehe 14. Kapitel Rdnr. 93.
170 AG Göttingen ZInsO 2001, 527.
171 AG Mönchengladbach ZInsO 2000, 232.
172 AG Stuttgart ZInsO, 2001, 381 = NZI 2001, 328.
173 Schäferhoff, ZInsO 2001, 687, II. 2. a).

Henning

- Schuldenbereinigungsplan auf Basis von Einmalzahlungen

    Schuldenbereinigungspläne, die Einmalzahlungen vorsehen, sind grundsätzlich zustimmungsersetzungsfähig. Dies gilt auch, wenn einzelnen Gläubigern Ratenzahlungen und anderen Einmalzahlungen angeboten werden.[174] Bei der Prüfung einer möglichen wirtschaftlichen Schlechterstellung durch die Einmalzahlung ist die Barwertmethode anzuwenden.[175]   129

- Prüfung der Rechtswirksamkeit einer Abtretung im Zustimmungsersetzungsverfahren

    Hängt es von der Wirksamkeit oder Unwirksamkeit einer Sicherungsabtretung ab, ob eine wirtschaftliche Schlechterstellung vorliegt, hat das Gericht die betreffende Abtretung im Zustimmungsersetzungsverfahren auf ihre Wirksamkeit hin zu überprüfen.[176]   130

- Fehlende Anpassungsklausel

    Die Zustimmungsersetzung kann grundsätzlich auch bei einem Schuldenbereinigungsplan erfolgen, der keine Anpassungsklauseln enthält. Ist eine Verbesserung der Vermögens- oder Einkommensverhältnisse des Schuldners aber bereits absehbar, muss diese im Schuldenbereinigungsplan berücksichtigt werden, um diesen zustimmungsersetzungsfähig zu machen.[177]   131

- Fehlende Wiederauflebens- bzw. Verfallklausel

    Die Zustimmung zu einem Schuldenbereinigungsplan, der keine den Regelungen der §§ 295, 296 InsO entsprechenden oder ähnlichen Klauseln enthält, kann nicht ersetzt werden.[178]   132

5. Ernsthafte Zweifel an Bestand oder Höhe einer Forderung gem. § 309 Abs. 3 InsO

Der Zweifel muss einen nicht nur geringfügigen Teil der Forderung betreffen, da aus dem Streit über die Forderung eine im Sinne des § 309 Abs. 1 Satz 2 Nr. 1 InsO unangemessene Beteiligung folgen muss.[179]   133

Forderungen nahe stehender Personen i. S. d. § 138 Abs. 1 InsO sind nicht grundsätzlich mit einem »ernsthaften Zweifel« behaftet. Auch bei diesen

---

174 OLG Celle ZInsO 2001, 374.
175 AG Hamburg ZInsO 2001, 279; siehe zur Barwertmethode auch: Reifner/Jung, ZInsO 2000, 12.
176 AG Mönchengladbach ZInsO 2001, 187; LG Köln ZInsO 2001, 676.
177 OLG Frankfurt ZInsO 2001, 288.
178 LG Memmingen NZI 2000, 233 = ZinsO 2000, 411; siehe aber auch: AG Mönchengladbach ZInsO 2001, 773.
179 FK-Inso/Grote, § 309 Rdnr. 38 InsO.

Forderungen müssen Zweifel durch den Gläubiger substantiiert dargelegt und glaubhaft gemacht werden.[180]

6. Die Glaubhaftmachung der einer Zustimmungsersetzung entgegenstehenden Gründe

134 Die Gläubiger, deren Zustimmungen ersetzt werden sollen, sind gem. § 309 Abs. 2 InsO vor der Entscheidung des Gerichts anzuhören. Das Gericht prüft erst, ob der eingereichte Schuldenbereinigungsplan mit den §§ 309 Abs. 1 Satz 2 und 309 Abs. 3 InsO in Einklang steht, wenn die Gläubiger entsprechenden Vortrag leisten und diesen glaubhaft macht. Eine Prüfung von Amts wegen findet nicht statt.[181] Die gerichtliche Entscheidung über die Einwendungen der Gläubiger gegen eine Zustimmungsersetzung lässt sich damit in eine Zulässigkeits- und eine Begründetheitsprüfung aufteilen.

135 ▶ **Beispiel aus der Rspr.:**

»... trägt der Gläubiger nur allgemein seine Unzufriedenheit mit dem vorgelegten Schuldenbereinigungsplan vor, so muss sich das Gericht mit diesem Vorbringen nicht einmal befassen, sondern kann den Antrag auf Abänderung als unzulässig zurückweisen«.[182]

Gleiches gilt, wenn ein Gläubiger eine Forderung lediglich bestreitet. Dieses Bestreiten löst keine Prüfung des Gerichts i. S. d. § 309 Abs. 3 InsO oder eine Darlegungsverpflichtung des Schuldners aus.

Die Gläubiger müssen die Gründe, die sie gegen die Einwendung vorbringen, im Einzelnen darlegen und glaubhaft machen. Die Darlegung der Gläubiger muss schlüssig und vollständig sein.[183]

136 ▶ **Beispiel aus der Rspr.:**

Der Gläubiger führt an, seine Forderung beruhe auf einer vorsätzlichen unerlaubten Handlung des Schuldners, und trägt zum objektiven Tatbestand vor.

Dies reicht für eine Darlegung nicht aus. Der Gläubiger muss vielmehr auch darlegen, dass der Schuldner vorsätzlich gehandelt hat.[184] Auch die Nennung abstrakter Straftatbestände, die der Schuldner verwirklicht haben soll, reicht nicht aus.[185]

137 Die Glaubhaftmachung des § 309 Abs. 2 und Abs. 3 InsO erfordert gem. § 4 InsO, 294 ZPO, dass eine überwiegende Wahrscheinlichkeit für die behaup-

---

[180] OLG Frankfurt ZInsO 2000, 288 II. 2. 2.1.
[181] OLG Köln ZInsO 2001, 230.
[182] OLG Köln ZInsO 2001, 230; BayObLG ZInsO 2001,170 = ZIP 2001, 204.
[183] OLG Celle ZInsO 2001, 468.
[184] LG Göttingen ZInsO 2001, 859.
[185] OLG Celle ZInsO 2001, 468.

Henning

tete Tatsache spricht.[186] Lediglich plausible Zweifel an dem Vortrag des Schuldners oder an angegebenen Forderungen genügen nicht.[187] Zur Glaubhaftmachung kann sich der Gläubiger gem. § 294 Abs. 1 InsO aller Beweismittel und auch der Versicherung an Eides statt bedienen.

Bei widerstreitenden Behauptungen trägt der Gläubiger die volle Beweislast für seinen Vortrag.[188] Ist allerdings ein Umstand streitig, der eindeutig in die Sphäre des Schuldners fällt, kann sich die Beweislast umkehren: 138

▶ **Beispiel aus der Rspr.:**
Der Schuldner hat seinen Geschäftsanteil an einer GmbH im Insolvenzantrag wertmäßig mit 0 € angesetzt und diesen Anteil im Schuldenbereinigungsplan nicht zur Verteilung an die Gläubiger vorgesehen. Die Gläubiger bestreiten im Zustimmungsersetzungsverfahren die Wertlosigkeit des Anteiles.

Nach Ansicht des AG Göttingen[189] ist es hier Aufgabe des Schuldners, darzulegen und glaubhaft zu machen, dass der Geschäftsanteil wertmäßig tatsächlich bei Null liegt.

7. Die sofortige Beschwerde gegen die gerichtliche Entscheidung

Gegen den über die Zustimmungsersetzung entscheidenden Beschluss können gem. § 309 Abs. 2 Satz 3 InsO sowohl der Antragsteller als auch der Gläubiger, dessen Zustimmung ersetzt werden soll, mit der sofortigen Beschwerde angehen. Die unbestimmten Rechtsbegriffe »nicht angemessen beteiligt«, »voraussichtlich wirtschaftlich schlechter gestellt« und »ernsthafte Zweifel« sind im Rechtsbeschwerdeverfahren der §§ 6, 7 voll nachprüfbar.[190] 139

VIII. Der zustande gekommene Schuldenbereinigungsplan

1. Die Wirkungen des Schuldenbereinigungsplanes und die von ihm erfassten Forderungen

Der gerichtliche Schuldenbereinigungsplan hat gem. § 308 Abs. 1 Satz 2 InsO die Wirkung eines Vergleichs i. S. d. § 794 Abs. 1 Nr. 1 ZPO. Er erfasst gem. § 308 Abs. 3 Satz 1 InsO nur die Forderungen, die der Schuldner angegeben hat. 140

---

186 AG Göttingen InVo 2001, 204.
187 So aber Bruckmann, Verbraucherinsolvenz in der Praxis, 1999, S. 85 Rdnr. 94.
188 AG Göttingen InVo 2001, 204.
189 AG Göttingen NZI 2001, 269.
190 HK-InsO/Kirchhof, § 7 Rdnr. 18.

> **Beispiel aus der Praxis:**
>
> Der Schuldner vergisst bei Antragstellung eine Kleinforderung über 250 €, die schon vor Jahren tituliert wurde. Es kommt ein Schuldenbereinigungsplan zustande, der diese Forderung nicht aufführt. Der Gläubiger dieser Forderung betreibt 1 Jahr nach Inkrafttreten des Schuldenbereinigungsplanes die Zwangsvollstreckung.

Gegen dieses Vorgehen kann sich der Schuldner nicht zur Wehr setzen. Er kann lediglich im Verhandlungswege eine Lösung suchen. Schlimmstenfalls hat er ein erneutes Verfahren zu beginnen.

142 Hat der Schuldner den Gläubiger allerdings angegeben, hierbei aber eine niedrigere Forderung benannt, als sie nach Ansicht des Gläubigers besteht, gilt dies u. U. nicht. Denn hat der Gläubiger die niedrigere Forderung nicht innerhalb der Monatsfrist des § 307 Abs. 1 InsO durch die seiner Ansicht fehlenden Angaben ergänzt, verliert er seine weiteren Forderung gem. § 308 Abs. 3 Satz 2 InsO.

2. Die Kündigung, Anfechtung oder Aufhebung des Schuldenbereinigungsplanes

143 Ein Kündigungsrecht des Schuldners oder des Gläubigers besteht nur, wenn dies ausdrücklich vereinbart wurde.

> **Beispiel aus der Praxis**
>
> Es kommt ein Schuldenbereinigungsplan in der Form eines flexiblen Nullplanes zustande. Der Schuldner führt die pfändbaren Einkommensanteile nicht an die Gläubiger ab. Der Schuldenbereinigungsplan enthält für diesen Konfliktfall keine ausdrückliche Regelung.

Die §§ 295 und 296 InsO sind hier nicht anzuwenden, da das Insolvenzverfahren gem. § 308 Abs. 2 InsO durch Antragsrücknahme beendet ist. Da der Schuldenbereinigungsplan gem. § 308 Abs. 1 Satz 2 InsO die Wirkung eines gerichtlichen Vergleiches hat, kann er ebenso wenig wie dieser ohne entsprechende Zusatzvereinbarungen aufgekündigt werden. Auch § 255 InsO kann nicht entsprechend angewendet werden.[191] Den Gläubigern bleibt in diesem Falle daher nur die wenig befriedigende Möglichkeit, aus dem Schuldenbereinigungsplan die Zwangsvollstreckung in die pfändbaren Einkommensanteile zu betreiben.

144 Die allgemeinen Regeln der Anfechtung gem. §§ 119 ff. BGB oder des Wegfalles der Geschäftsgrundlage sind aber auch auf den Schuldenbereinigungsplan anzuwenden.[192] Im Falle einer arglistigen Täuschung durch den

---

[191] HK-InsO/Landfermann, § 308 Rdnr. 7 InsO.
[192] Schäferhoff, ZInsO 2001, 687 II. c); HK-InsO/Landfermann, § 308 Rdnr. 4 InsO.

Schuldner bei Antragstellung oder im Schuldenbereinigungsplanverfahren stehen die Gläubiger somit nicht schutzlos da.

3. Die Durchsetzung des Schuldenbereinigungsplanes

Die Durchsetzung des Schuldenbereinigungsplanes erfolgt zum einen über die Zwangsvollstreckung. Vollstreckungstitel ist der Beschluss des Gerichts gem. § 308 Abs. 1 Satz 1 2. HS i. V. m. mit einem Auszug aus dem Schuldenbereinigungsplan.[193]

145

Zum anderen kann der Schuldner über die Vollstreckungsabwehrklage gem. § 767 ZPO Zwangsvollstreckungen der Gläubiger nach Inkrafttreten des Schuldenbereinigungsplanes abwehren, wenn der Schuldenbereinigungsplan entsprechende Klauseln enthält oder das Zwangsvollstreckungsverbot im Wege der Auslegung aus dem Schuldenbereinigungsplan zu schließen ist.

146

▶ **Beispiel aus der Praxis**

147

Der Gläubiger hebt nach Inkrafttreten des Schuldenbereinigungsplanes eine Pfändung des Kontos des Schuldners gegenüber dem Kreditinstitut nur insoweit auf, als dass unpfändbare Einkommensanteile betroffen sind. Der Schuldenbereinigungsplan enthält eine Klausel, nach der die Gläubiger nach Inkrafttreten des Schuldenbereinigungsplanes die Zwangsvollstreckung zu unterlassen haben.

Der Schuldner muss hier zunächst mit der Klage gem. § 767 ZPO die Unzulässigkeitserklärung der Zwangsvollstreckung erreichen. Anschließend hat er unter Vorlage des erstrittenen Urteils gem. §§ 775, 776 ZPO beim Vollstreckungsgericht die Aufhebung des Pfändungs- und Überweisungsbeschlusses zu beantragen.

Ebenso muss der Schuldner gegen Vollstreckungsmaßnahmen eines Gläubigers nach Beendigung der Laufzeit eines Schuldenbereinigungsplanes vorgehen.

J. Die Zwangsvollstreckung im Insolvenzeröffnungsverfahren

Die Zwangsvollstreckung gegen den Schuldner ist in diesem Verfahrensabschnitt weiterhin wie während der außergerichtlichen Verhandlungen[194] möglich. Eine Einstellung oder Untersagung der Zwangsvollstreckung

148

---

193 Wie zuvor, Rdnr. 5.
194 siehe oben Rdnr. 51 ff.

Henning

kann sich nur aus einem Beschluss des Gerichts gem. § 21 Abs. 2 Nr. 3 InsO ergeben. Es ist zu beachten, dass der grundsätzliche Beschluss des Insolvenzgerichts gem. § 21 Abs. 2 Nr. 3 InsO die einzelne Zwangsvollstreckungsmaßnahme nicht aufhebt. Diese Aufhebung muss vielmehr über einen Antrag gem. §§ 775, 776 ZPO beim zuständigen Vollstreckungsgericht erreicht werden.

K. Die Gerichtskosten und Rechtsanwaltsgebühren im Schuldenbereinigungsplanverfahren

I. Die Gerichtskosten

149 Die Gerichtskosten berechnen sich gem. § 37 GKG aus dem Wert der Insolvenzmasse. Die Mindestgebühr beträgt gem. Nr. 5110 der Anlage 1 zum GKG 0,5 Gebühren, gem. Anlage 2 zum GKG also 25 €. Hinzuzurechnen sind die Auslagen für Zustellungen oder Kopien.[195]

Kostenschuldner ist gem. § 50 GKG der Antragsteller. Ein Gerichtskostenvorschuss ist gem. § 65 GKG nicht zu erbringen. Das Gericht darf die Bearbeitung eines Antrages also nicht von der Leistung eines Vorschusses abhängig machen. Eine Stundung der Kosten ist über einen Antrag gem. § 4a Abs. 1 InsO möglich.

II. Die anwaltlichen Gebühren

1. Die Gebühren des Schuldnervertreters

150 Für die Antragstellung und die Vertretung im Insolvenzeröffnungsverfahren kann der Vertreter des Schuldners gem. § 72 Abs. 1 BRAGO 3/10 der vollen Gebühr als Geschäftsgebühr berechnen. Kommt die Vertretung im Verfahren über den Schuldenbereinigungsplan hinzu, erhöht sich die Gebühr auf 10/10 der vollen Gebühr. Der Gegenstandswert folgt gem. § 77 Abs. 1 BRAGO aus dem Wert der Insolvenzmasse. Er beträgt gem. § 77 Abs. 1 Satz 2 BRAGO aber mindestens 3000 €.

Ist der Rechtsanwalt gem. § 4a Abs. 2 InsO beigeordnet worden, kann er gem. § 4a Abs. 3 Nr. 2 InsO Vergütungsansprüche gegen den Schuldner nicht geltend machen.

---

195 Einzelheiten siehe Kohte/Ahrens/Grote, S. 399.

2. Die Gebühren des Gläubigervertreters

Für die Antragstellung und die Vertretung im Insolvenzeröffnungsverfahren kann der Vertreter des Gläubigers gem. § 72 Abs. 2 BRAGO 5/10 der vollen Gebühr als Geschäftsgebühr berechnen. Kommt die Vertretung im Verfahren über den Schuldenbereinigungsplan hinzu, erhöht sich die Gebühr auf 8/10 der vollen Gebühr.

151

Der Gegenstandswert folgt gem. § 77 Abs. 2 BRAGO aus dem Wert der Forderung, wobei die Nebenforderungen mitzurechnen sind.

Die Gläubiger haben gem. § 310 InsO keinen Kostenerstattungsanspruch gegen den Schuldner im Schuldenbereinigungsplanverfahren.

L. Das vereinfachte Verbraucherinsolvenzverfahren der §§ 311–314 InsO

I. Einführung

Kommt ein Schuldenbereinigungsplan nicht zustande, so nimmt das Gericht gem. § 311 InsO das Verfahren über den Eröffnungsantrag wieder auf. Es prüft wie im Regelinsolvenzverfahren das Vorliegen der allgemeinen Zulässigkeitsvoraussetzungen und insbesondere, ob die Verfahrenskosten durch die Insolvenzmasse gedeckt sind. Ist dies nicht der Fall, so steht es im Ermessen des Gerichts, vom Schuldner einen Kostenvorschuss anzufordern oder ihn auf die Möglichkeit der Stundung der Verfahrenskosten gem. §§ 4 a ff. InsO hinzuweisen.[196] Durch die Fürsorgepflicht des Gerichts i. S. d. § 4 a Nr. 2 InsO dem Schuldner gegenüber ist dieses Ermessen aber eingeschränkt. Im Regelfall wird das Gericht den Schuldner auf die Stundungsmöglichkeit hinzuweisen haben. Dies wird nach der bisherigen Praxis erfolgen, wenn das Gericht dem Schuldner mitteilt, dass ein gerichtlicher Schuldenbereinigungsplan nicht zustande kommt, oder dass das Schuldenbereinigungsplanverfahren nach Prüfung i. S. d. § 306 Abs. 1 Satz 3 InsO überhaupt nicht durchgeführt werden soll.

152

---

196 HK-InsO/Kirchhof, § 26 Rdnr. 16 InsO.

Henning

II. Die Stundung der Verfahrenskosten

1. Einführung

153 Der Zugang zu den Verbraucherinsolvenz- und Restschuldbefreiungsverfahren war bislang vielen Schuldner wegen der von den meisten Insolvenzgerichten geforderten erheblichen Kostenvorschüsse bei gleichzeitiger Ablehnung der Bewilligung von Prozesskostenhilfe versperrt. Mit den neu eingefügten Stundungsregelungen der §§ 4 a bis 4 d InsO ist dieses Verfahrenshindernis, das bei den betroffenen Schuldnern auf viel Unverständnis gestoßen ist, beseitigt worden. Die natürliche Person, die ihre Restschuldbefreiung erreichen möchte, kann jetzt sowohl im Regel- als auch im Verbraucherinsolvenzverfahren durch einen Stundungsantrag gem. § 4 a InsO die Eröffnung des Verfahrens erreichen. Die Stundung der Kosten der einzelnen Verfahrensabschnitte ist jeweils gem. § 4 a Abs. 3 Satz 2 InsO gesondert zu beantragen. Als einzelner Verfahrensabschnitt gilt hierbei jeder Teil des Verfahrens, der besondere Kosten verursacht.[197] Regelmäßig wird daher zwischen Schuldenbereinigungsplanverfahren, Regelinsolvenz- bzw. Verbraucherinsolvenzverfahren und Restschuldbefreiungsverfahren zu unterscheiden sein.[198]

2. Die Voraussetzungen der Stundung

154 Dem Schuldner werden die Kosten des Verfahrens gem. § 4 a Abs. 1 InsO gestundet, wenn

- sein Vermögen voraussichtlich nicht ausreichen wird, um diese Kosten zu decken.

Durchzuführen ist hier eine insolvenzrechtliche Vermögensprüfung in Anlehnung an § 26 InsO und nicht eine Prüfung der Prozesskostenhilfeberechtigung gem § 115 ZPO.[199] Als Vermögen sind daher auch die erst zukünftig fließenden pfändbaren Einkommensanteile des Schuldners zu berücksichtigen, die während der Laufzeit des Insolvenzverfahrens gem. § 35 InsO in die Masse fallen.[200]

Auf die Geltendmachung eines unterhaltsrechtlichen Prozesskostenvorschusses gegen seinen Ehegatten gem. § 1360 a Abs. 4 BGB kann der Schuldner zur Deckung der Verfahrenskosten nicht verwiesen werden. Ein Anspruch auf Prozesskostenvorschuss schließt zwar die Bewilligung von Prozesskostenhilfe für einen Rechtsstreit aus.[201] Eine Ablehnung der

---

[197] Begründung zum InsOÄndG, ZInsO Heft 1/2001, Beilage 1/2001, B. zu Nummer 1, Zu § 4 a InsO.
[198] *Siehe zur PKH-Bewilligung nach Verfahrensabschnitten:* Bruns, NJW 1999, 3445.
[199] FK-InsO/Kohte, § 4 a, Rdnr. 7.
[200] OLG Köln ZInsO 2000, 606.
[201] Palandt, Kommentar zum BGB, 60. Aufl. 2001, § 1360 a Rdnr. 7.

Henning

Stundung unter Hinweis auf einen Anspruch auf einen unterhaltsrechtlichen Prozesskostenvorschuss würde einen möglichen späteren Massezufluss im Insolvenzverfahren und eine mögliche Begleichung der Verfahrenskosten über § 292 Abs. 1 Satz 2 InsO aber unberücksichtigt lassen und auch dem Gedanken einer vorläufigen Stundung mit der Möglichkeit für den Schuldner, die Verfahrenskosten nachträglich zu zahlen, widersprechen. Bei einer Prüfung und Festsetzung gem. § 4 b InsO kann hingegen durch den Verweis in § 4 b Abs. 1 Satz 2 auf § 115 ZPO ein unterhaltsrechtlicher Anspruch auf Prozesskostenvorschuss zu berücksichtigen sein.[202]

- der Schuldner nicht wegen einer Insolvenzstraftat im Sinne des § 290 Abs. 1 Nr. 1 InsO vorbestraft ist.
- der Schuldner die Versagensgründe des § 290 Abs. 1 Nr. 3 InsO nicht erfüllt.
- der Schuldner die Stundung beantragt und seinem Antrag eine Erklärung beifügt, dass die Versagensgründe der §§ 290 Abs. 1 Nr. 1 und 290 Abs. 1 Nr. 3 InsO nicht vorliegen.

3. Die Form des Stundungsantrages

Ein besonderes amtliches Formular ist bislang für den Stundungsantrag nicht vorgesehen. Auch in den amtlichen Vordruck zum Verbraucherinsolvenz- und Restschuldbefreiungsverfahren ist ein Stundungsantrag nicht aufgenommen worden. Der Stundungsantrag kann daher formlos gestellt werden. Dies kann in einem kurzen Begleitschreiben zum Insolvenzantrag geschehen.

Muster eines Stundungsantrages

...

> Es wird beantragt,
>
> dem Schuldner die Kosten des Schuldenbereinigungsplanverfahrens gem. § 4 a InsO zu stunden, soweit sein Vermögen nicht ausreicht, diese Kosten zu decken, und ihm seinen Verfahrensbevollmächtigten beizuordnen.
>
> Begründung
>
> Das Vermögen des Schuldners reicht ausweislich des mit dem Insolvenzantrag vorgelegten *Vermögensverzeichnisses* nicht aus, um die Kosten des Verfahrens zu decken.
>
> Die Beiordnung eines Rechtsanwaltes ist aus folgenden sachlichen oder in der Person des Schuldners begründeten Umständen erforderlich: -Darstellung der möglichen Gründe im Einzelnen-.[203]

---

202 Zöller, a. a. O., § 115 Rdnr. 66-71 a InsO.
203 Siehe z. B. Zöller, a. a. O., § 121 Rdnr. 4 InsO; unten 5. Beiordnung eines Rechtsanwaltes.

> Eine Erklärung des Schuldners zum Stundungsantrag liegt bei.
>
> Rechtsanwalt Winkel
>
> Anlage
>
> Zum Stundungsantrag wird erklärt:
>
> Ich wurde anwaltlich über den Inhalt der §§ 290 Abs. 1 Nr. 1 und 290 Abs. 1 Nr. 3 InsO aufgeklärt. Versagensgründe gem. dieser Vorschriften liegen in meinem Falle nicht vor.
>
> ––––––––––––––––
> Schuldner Peter Müller

4. Der Umfang der gestundeten Kosten

156 Im Einzelnen werden dem Schuldner folgende Kosten gestundet:

- Die Kosten des Insolvenzeröffnungsverfahrens,
- die Kosten des Schuldenbereinigungsplanverfahrens,
- die Kosten des eigentlichen Insolvenzverfahrens,
- die Kosten des Restschuldbefreiungsverfahrens, also z. B. auch die in der Wohlverhaltensperiode fällig werdende Mindestvergütung des Treuhänders,
- die Kosten des dem Schuldner unter Umständen beigeordneten Rechtsanwaltes.

Die Stundung erfasst hierbei jeweils sämtliche in den einzelnen Abschnitten anfallenden Kosten. Der Treuhänder bzw. im Regelinsolvenzverfahren der Insolvenzverwalter erwerben durch die Stundung gem. § 63 Abs. 2 InsO gegenüber der Staatskasse einen Vergütungs- und Kostenersatzanspruch, soweit die Masse den Anspruch nicht abdeckt. Ob dieser Vergütungsanspruch auch Ansprüche gem. § 5 InsVV umfasst, wird im Einzelfall zu klären sein, erscheint aber durchaus vertretbar. Dies gilt insbesondere im Falle von zu erstellenden Steuererklärungen.[204]

5. Die Beiordnung eines Rechtsanwalts

157 Der Schuldner kann gem. § 4a Abs. 2 InsO mit der Stundung die Beiordnung eines Rechtsanwaltes beantragen. Voraussetzung der Beiordnung ist, dass diese »erforderlich« i. S. d. § 121 Abs. 3 bis 5 ZPO[205] ist, wobei maßgeblich sind der Umfang, die Schwierigkeit und die Bedeutung der Angelegenheit sowie z. B. auch die Fähigkeiten des Schuldners, seine Rechte wahrzunehmen und sich schriftlich und sprachlich auszudrücken. Die Anwendung

––––––––––––––––
[204] FK-InsO/Lorenz, Anhang IV, § 13, Rdnr. 12 InsO.
[205] Zöller, a. a. O., § 121 Rdnr. 4 InsO.

Henning

dieses unbestimmten Rechtsbegriffes ist im gem. § 4 d Abs. 1 InsO hier zulässigen Rechtsbeschwerdeverfahren der §§ 6, 7 InsO voll nachprüfbar.[206]

▸ **Beispiel aus der Rspr.:** 158

Die Gläubiger fordern im Schuldenbereinigungsplanverfahren eine Abänderung des Planes, die über eine bloß zahlenmäßige Änderung der Forderungen hinausgeht.

Das LG Göttingen hat in diesem Fall die Beiordnung eines Rechtsanwaltes im Rahmen einer PKH-Bewilligung für angebracht gehalten.[207]

Hält man die Beiordnung eines Rechtsanwaltes bei einer Abänderung des Schuldenbereinigungsplanes für angebracht, müsste man sie konsequenterweise allerdings auch beim Verfassen des Schuldenbereinigungsplanes, also bei der Antragstellung für gerechtfertigt halten, da hier noch sehr viel höhere Anforderungen an den Schuldner gestellt werden. Woher soll ein Schuldner z. B. wissen, welche Klauseln in einen Schuldenbereinigungsplan aufzunehmen sind, und was z. B. die Aufnahme von Sicherheiten in den Schuldenbereinigungsplan gem. § 305 Abs. 1 Nr. 4 3. HS bedeutet und wie diese zu geschehen hat. Die knappen Hinweise[208] in den amtlichen Hinweisen zum Ausfüllen des Vordrucks werden den wenigsten Schuldner weiterhelfen. Die Beiordnung sofort nach Antragstellung kann auch nicht mit Hinweis verweigert werden, dass damit PKH für ein außergerichtliches Verfahren bewilligt werde.[209] Denn ein § 305 Abs. 1 InsO entsprechender Antrag und Schuldenbereinigungsplan ist die Voraussetzung der Durchführung des gerichtlichen Verfahrens.

Anwaltlicherseits wird angesichts dieser noch offenen Fragen mit Interesse und Einsatz zu verfolgen sein, wie die Rechtssprechung den Begriff der »Erforderlichkeit« im Zusammenhang mit dem Verbraucherinsolvenz- und Restschuldbefreiungsverfahren weiter füllen wird.

6. Die Rückzahlung der gestundeten Kosten

Die Zahlung der gestundeten Kosten erfolgt zunächst, soweit dies möglich ist und es sich um Massekosten im Sinne des § 54 InsO handelt, aus der Masse.[210] Die Kosten eines beigeordneten Rechtsanwaltes gehören nicht zu den Massekosten. In der Wohlverhaltensperiode des Restschuldbefreiungsverfahrens erfolgt die Rückzahlung durch die pfändbaren Einkommensanteile des Schuldners, da gem § 292 Abs. 1 Satz 2 2. HS eine Verteilung dieser Beträge an die Gläubiger erst erfolgt, wenn die gestundeten Kosten beglichen 159

---
206 HK-InsO/Kirchhof, § 7 Rdnr. 18 InsO.
207 LG Göttingen ZInsO 2001, 627.
208 Siehe unten Anlagen Hinweisblatt zu den Vordrucken, Nr. 71 und 72.
209 So wohl Bruns, NJW 1999, 3445, IV. 4.
210 Siehe zu Einzelheiten: Begründung zum InsOÄndG, ZInsO Heft 1/2001, Beilage 1/2001, B. zu Nummer 1, zu § 4 a InsO.

Henning

sind. Die Kosten der Beiordnung eines Rechtsanwaltes sind hiervon aber ausgenommen. Zusätzlich steht es dem Schuldner frei, freiwillige Zahlungen auf die gestundeten Kosten zu leisten.

Bestehen nach Erteilung der Restschuldbefreiung noch Rückstände, hat der Schuldner gem. § 4 b InsO die Kosten nach der Regelungen über die Prozesskostenhilfe zurückzuzahlen. Der Schuldner hat demnach noch für einen Zeitraum von 4 Jahren nach der Erteilung der Restschuldbefreiung Zahlungen entsprechend seinen jeweiligen wirtschaftlichen und persönlichen Verhältnissen zu leisten.

7. Die Aufhebung der Stundung

160 Die Stundung kann vom Gericht gem. § 4 c InsO aufgehoben werden, wenn eine der Vorausetzungen der Nr. 1 bis 5 dieser Vorschrift vorliegen.[211] Das Gericht prüft die Aufhebung von Amts wegen. Ein entsprechender Gläubigerantrag ist nicht erforderlich. Die Aufhebung der Stundung kann der Schuldner gem. § 4 d Abs. 1 InsO mit der sofortigen Beschwerde angreifen. Die Aufhebung der Stundung bedeutet hierbei nicht die Versagung der Restschuldbefreiung.

> **Beispiel:**
> Der Schuldner befindet sich in der Wohlverhaltensperiode. Die Stundung der Kosten des Restschuldbefreiungsverfahrens wird aufgehoben.

Diese Aufhebung bewirkt nur, dass der Schuldner die Kosten des Verfahrens selbst zu tragen hat. Gem. § 298 InsO hat er z. B. die Mindestvergütung des Treuhänders aufzubringen. Gelingt ihm dies nach Aufhebung der Stundung nicht, kann der Treuhänder die Versagung der Restschuldbefreiung beantragen.

III. Das eröffnete Verbraucherinsolvenzverfahren

1. Einführung

161 Die Eröffnung des vereinfachten Verfahrens hat die gleichen Folgen wie die Eröffnung des Regelinsolvenzverfahrens. Beispielsweise
- verliert der Verbraucherschuldner gem. § 80 InsO die Befugnis, sein pfändbares Vermögen zu verwalten oder über es zu verfügen,

---

211 Wie zuvor: Zu § 4 c InsO.

- werden die vertraglichen Beziehungen des Verbraucherschuldners jetzt von den §§ 108 bis 117 InsO bestimmt,
- gilt jetzt für Insolvenzgläubiger das Vollstreckungsverbot des § 89 InsO,
- greift jetzt die Rückschlagsperre des § 88 InsO mit der gem. § 312 Abs. 1 InsO auf drei Monate verlängerten Frist,
- ruhen gem. § 240 ZPO Zivilverfahren, die die Insolvenzmasse betreffen. § 240 ZPO ist in arbeitsgerichtlichen sowie steuerrechtlichen Verfahren und im Verwaltungsprozess entsprechend anzuwenden.

2. Übersicht der Besonderheiten des vereinfachten Verfahrens

Gem. § 304 Abs. 1 InsO gelten im vereinfachten Verfahren die Vorschriften des Regelinsolvenzverfahrens, soweit sich aus den Vorschriften des 9. Teils nichts anderes ergibt.

162

> Aus den §§ 311 bis 314 InsO ergeben sich folgende Besonderheiten für das eröffnete Verbraucherinsolvenzverfahren:
>
> - Eine Eigenverwaltung nach §§ 270 bis 285 InsO ist gem. § 312 Abs. 3 InsO nicht möglich,
> - die Vorschriften über den Insolvenzplan der §§ 217 bis 269 InsO gelten gem. § 312 Abs. 3 InsO nicht,
> - gem. § 312 Abs. 1 InsO findet nur der Prüfungstermin statt. Das Verfahren kann gem. § 312 Abs. 2 InsO auch ohne mündliche Termine schriftlich durchgeführt werden,
> - öffentliche Bekanntmachungen erfolgen gem. § 312 Abs. 1 Satz 1 InsO nur eingeschränkt; § 9 Abs. 2 InsO gilt nicht, Veröffentlichungen in der Tagespresse erfolgen nicht,
> - die Frist der Rückschlagsperre des § 88 InsO beträgt gem. § 312 Abs. 1 Satz 3 InsO drei Monate,
> - die Aufgaben des Insolvenzverwalters nimmt im Verbraucherinsolvenzverfahren gem. § 313 Abs. 1 InsO der Treuhänder wahr. Zur Anfechtung von Rechtshandlungen ist dieser Treuhänder gem. § 313 Abs. 2 InsO nur nach entsprechender Beauftragung durch die Gläubigerversammlung berechtigt,
> - der Treuhänder kann gem. § 314 InsO eine vereinfachte Verteilung der Insolvenzmasse oder einzelner Teile von ihr beantragen.

3. Die Eröffnung des Verfahrens

163 Das Gericht eröffnet das Verfahren mit Beschluss gem. §§ 27 bis 29 InsO.

Muster des Eröffnungsbeschlusses eines schriftlich geführten Verfahrens

---

Amtsgericht Dortmund
Beschluss

Über das Vermögen

des Michael Buch, Talstr. 3, 44567 Dortmund

wird wegen Zahlungsunfähigkeit heute, am 17. 1. 2002, um 08:30 Uhr das Insolvenzverfahren eröffnet.

Zum Treuhänder (§ 313 InsO) wird ernannt:

Axel Redlich, Querstr. 5, 44789 Dortmund

Forderungen der Insolvenzgläubiger sind bis zum 17. 10. 2001 unter Beachtung des § 174 InsO beim Treuhänder anzumelden.

Die Gläubiger werden aufgefordert, dem Treuhänder unverzüglich mitzuteilen, welche Sicherungsrechte sie an beweglichen Sachen oder an Rechten des Schuldners in Anspruch nehmen. Der Gegenstand, an dem das Sicherungsrecht beansprucht wird, die Art und der Entstehungsgrund des Sicherungsrechts sowie die gesicherte Forderung sind zu bezeichnen. Wer diese Mitteilungen schuldhaft unterlässt oder verzögert, haftet für den daraus entstehenden Schaden (§ 28 Abs. 2 InsO).

Wer Verpflichtungen gegenüber dem Schuldner hat, wird aufgefordert, nicht mehr an diese zu leisten, sondern nur noch an den Treuhänder.

Eine Gläubigerversammlung wird vorerst nicht einberufen, weil dies nicht erforderlich erscheint (§ 312 Abs. 2 InsO).

Die angemeldeten Forderungen werden im schriftlichen Verfahren geprüft (§ 312 Abs. 1, 2 InsO). Die Tabelle mit den Forderungen und die Anmeldungsunterlagen werden spätestens ab dem 4. 4. 2002 zur Einsicht der Beteiligten auf der Geschäftsstelle des Insolvenzgerichts Dortmund, Raum 56, niedergelegt. Prüfungsstichtag, der dem Prüfungstermin entspricht (§ 176 InsO), ist der 28. 4. 2002. Spätestens an diesem Tag muss der schriftliche Widerspruch, mit dem ein Beteiligter eine Forderung bestreitet, bei Gericht eingehen. Im Widerspruch ist anzugeben, ob die Forderung nach ihrem Grund, ihrem Betrag oder ihrem Rang bestritten wird.

Der Schuldner hat die Erteilung der Restschuldbefreiung beantragt. Die Beteiligten erhalten Gelegenheit, bis zum Prüfungsstichtag hierzu Stellung zu nehmen. Falls die Versagung beantragt wird, sind bis zum Stichtag die Versagungsgründe glaubhaft zu machen (§§ 289, 290 Abs. 2 InsO).

Dortmund, den

4. Die Veröffentlichung und Mitteilung des Eröffnungsbeschlusses

a) Die Veröffentlichung

Gem. § 312 Abs. 1 Satz 1 InsO erfolgt lediglich eine auszugsweise öffentliche Bekanntmachung. Diese kann gem. § 9 Abs. 1 Satz 1 InsO auch in »elektronisch betriebenen Informationssystemen«, somit auch im Internet auf der Homepage des Insolvenzgerichts erfolgen. Gem. § 30 InsO ist der Eröffnungsbeschluss sofort öffentlich bekannt zu machen.

164

Veröffentlichungen in der Tagespresse erfolgen gem. § 312 Abs. 1 Satz 1 2. HS nicht, da § 9 Abs. 2 InsO nicht anzuwenden ist.

b) Die Mitteilungen

Gem. XII. 3. der Anordnung über Mitteilungen in Zivilsachen[212] ist die Eröffnung des Verbraucherinsolvenzverfahrens u. a. folgenden Behörden und Gerichten mitzuteilen:

165

- dem Dienstherrn des im öffentlichen Dienst tätigen Schuldners,
- der zuständigen Staatsanwaltschaft,
- dem zuständigen Finanzamt.

5. Der Treuhänder des vereinfachten Verfahrens

a) Einführung

Gem. § 313 Abs. 1 InsO nimmt im vereinfachten Verfahren ein Treuhänder die Aufgaben des Insolvenzverwalters wahr. Die §§ 56 bis 66 InsO gelten entsprechend.[213] Die geringere Vergütung des Treuhänders richtet sich nach § 13 InsVV.

166

---

[212] Allgemeine Verfügung Neufassung der Anordnung über Mitteilungen in Zivilsachen, NJW 1998, Beilage zu Heft 38.
[213] Siehe hierzu oben 14. Kapitel Rdnr. 121, 122 und 132.

Henning

Muster eines Einsetzungsbeschlusses im vereinfachten Verfahren

Amtsgericht Dortmund

...

234 IK 56/01
Insolvenzverfahren

über das Vermögen des Michael Buch, Talstr. 3, 44567 Dortmund

Sehr geehrter Herr Redlich,

Sie erhalten eine Ausfertigung des Eröffnungsbeschlusses und eine Bescheinigung über Ihre Ernennung zum Treuhänder.

Es wird Ihnen zur Auflage gemacht, Gelder, Wertpapiere und sonstige Kostbarkeiten auf ein für dieses Insolvenzverfahren gesondert einzurichtendes Anderkonto einzuzahlen bzw. dort zu hinterlegen.

Das Anderkonto ist einzurichten bei einer deutschen Großbank oder örtlichen Sparkasse Ihrer Wahl. Sie werden gebeten, dem Gericht unverzüglich mitzuteilen, bei welchem Institut Sie das Konto eingerichtet haben.

Bei diesem Institut kann, wenn schon eine ausreichende Masse vorhanden ist, gleichzeitig ein Festgeldkonto eingerichtet werden.

Das Gericht bittet um Vorlage folgender Unterlagen bzw. um Mitteilungen:
- Gläubigerverzeichnis unter Beachtung des § 152 InsO (unverzüglich),
- Schuldnerverzeichnis unter Angabe der Anschriften (unverzüglich),
- Verzeichnis der einzelnen Gegenstände der Insolvenzmasse gemäß § 151 InsO (bis spätestens eine Woche vor dem Berichtstermin),
- Vermögensübersicht gemäß § 153 InsO (bis spätestens eine Woche vor dem Berichtstermin) und
- Insolvenztabelle mit den Anmeldungen und Urkunden nach § 174 Abs. 1 InsO (innerhalb der Frist des § 175 InsO).

Die Vorlage der Unterlagen nach den §§ 151 bis 153 InsO ist nur dann entbehrlich, wenn Sie dem Gericht vor dem Termin schriftlich bestätigen, dass nach Ihren Feststellungen die bisher vom Schuldner eingereichten Verzeichnisse nach § 305 Abs. 1 Nr. 3 InsO vollständig und richtig sind.

Für den Fall, dass Sie im späteren Verfahren zur Restschuldbefreiung mit der Überwachung des Schuldners beantragt werden und Sie einen Überwachungsvorschuss für erforderlich halten (§ 292 Abs. 2 Satz 3 InsO), teilen Sie Ihre Einschätzung und die Höhe des Vorschusses für ein Jahr bitte rechtzeitig vor der Anhörung und Beschlussfassung der Gläubiger mit.

Zur Masse gehöriger Grundbesitz oder zur Masse gehörige eingetragene Rechte sind hier nicht bekannt.

Mit freundlichen Grüßen

Rechtspfleger

b) Die Aufgaben des Treuhänders im Überblick

Die wesentlichen Aufgaben des Treuhänders gleichen denen des Insolvenzverwalters und sollen hier nur im Überblick dargestellt werden: 167

- Der Treuhänder hat gem. § 148 Abs. 1 InsO die Masse in Besitz zu nehmen,
- er hat die üblichen Verzeichnisse gem. §§ 151 ff. InsO aufzustellen,
- die Tabelle gem. § 175 InsO ist zu erstellen und der mögliche Prüfungstermin ist vorzubereiten
- gem. § 100 Abs. 2 InsO sind mögliche Unterhaltszahlungen aus der Masse zu prüfen
- Rechsstreitigkeiten, die die Masse berühren, können gem. § 85 InsO aufgenommen werden
- die vorhandene Insolvenzmasse ist zu verwerten.

c) Einzelne Aufgaben des Treuhänders

aa) Die Verpflichtung zur Abgabe der ausstehenden Steuererklärungen des Schuldners

Der Treuhänder ist Vermögensverwalter des Schuldners im Sinne des § 34 Abs. 3 AO und hat damit im Verbraucherinsolvenzverfahren sämtliche ausstehenden Steuererklärungs- und Voranmeldungspflichten des Schuldners zu erfüllen,[214] Dies gilt nicht nur für die ab Eröffnung bestehenden Verpflichtungen, sondern auch für die vorher entstandenen. Der Treuhänder hat also auch vom Schuldner bis Antragstellung unerledigt gelassene Erklärungen abzugeben.[215] Diese Verpflichtung kann nicht mit der Begründung abgelehnt werden, es sei nicht genügend Masse vorhanden, um die Steuerberaterkosten zu decken.[216] 168

Treuhänder und Schuldner haben die Einkommensteuererklärung gemeinsam abzugeben, wenn pfändbare und unpfändbare Einkommensanteile vorliegen. Ist der Schuldner nicht zur Mitarbeit bereit, hat der Treuhänder Teilerklärungen über die in die Masse fallenden Einkünfte abzugeben.[217] Entsprechendes gilt bei gemeinsam veranlagten Ehegatten. 169

Durch die Rspr. noch nicht entschieden ist die Frage, ob eine Verwertung gem. 314 Abs. 1 dazu führt, dass der Treuhänder seine Vermögensverwaltereigenschaft und damit die Verpflichtung zur Abgabe der Steuererklärungen 170

---

214 Schulz, InVo 2000, 365, III; Onusseit, ZInsO 2000, 363, III. 1.b).; Maus, ZinsO 1999, 683, 686; Boochs/Dauernheim, Steuerrecht in der Insolvenz, 2. Aufl. Rdnr. 211, 233; OFD Nürnberg ZInsO 2000, 148.
215 So ausdrücklich: Boochs/Dauernheim, Rdnr. 211; Onusseit, ZInsO 2000, 363, III. 1.b.
216 OFD Nürnberg, ZInsO 2000, 148 mit Hinweis auf BFH BStBl. 1995, 194.
217 Onusseit, ZInsO 2000, 363, III. 1.b.

verliert.²¹⁸ Ein Treuhänder sollte im Falle der Verwertung gem. § 314 Abs. 1 InsO daher ggf. Rücksprache mit dem zuständigen Finanzamt über die dort vertretene Ansicht halten.

bb) Das Aufsuchen der schuldnerischen Wohnung und die Kontrolle der Angaben des Schuldners im Antrag

171 In der Literatur wird z. T. eine Verpflichtung des Treuhänders gesehen, im Rahmen der Inbesitznahme der Masse die schuldnerische Wohnung aufzusuchen und hierbei die Angaben des Schuldners im Insolvenzantrag zu kontrollieren.²¹⁹ Diese sehr zeit- und arbeitsaufwendige Verpflichtung ist aber zum einen mit der gesetzlichen Gebühr des § 13 Abs. 1 InsVV, die oft nicht über die Mindestgebühr von 250 € hinausgeht, kaum in Einklang zu bringen. Es ist auch zu beachten, dass der Schuldner durch falsche Angaben im Antrag, seine Restschuldbefreiung gefährdet und sich u. U. gem. § 283 Abs. 1 StGB strafbar macht. Eine weitere Kontrolle erscheint vor diesem Hintergrund im Regelfall nicht notwendig. Es dürfte daher auch ausreichen, wenn der Treuhänder in seinen Geschäftsräumen eine Besprechung mit dem Schuldner abhält.

cc) Die Überprüfung der Wirksamkeit offen gelegter Abtretungen i. S. d. § 114 Abs. 1 InsO

172 Der Treuhänder hat die Wirksamkeit der von Gläubigern offen gelegten Abtretungserklärungen zu prüfen und eine Unwirksamkeit ggf. auch gerichtlich geltend zu machen.²²⁰

dd) Die Anfechtung von Rechtshandlungen gem. § 313 Abs. 2 InsO

173 Das bislang fehlende Anfechtungsrecht des Treuhänders wurde häufig kritisiert.²²¹ Nach dem nunmehr abgeänderten § 313 Abs. 2 InsO kann die Gläubigerversammlung den Treuhänder mit einer Anfechtung beauftragen. Beschlussfähigkeit der Gläubigerversammlung liegt bereits bei Anwesenheit eines Gläubigers vor.²²² Ob die Änderung in der Praxis allerdings die erhoffte Verbesserung der Anfechtungssituation bringen wird, muss angesichts der Tatsache, dass sehr selten Gläubiger in den Terminen der Verbraucherinsolvenzverfahren erscheinen, bezweifelt werden.

---

218 So Onusseit, ZInsO 2000, 363, II. 7. m. w. N.; Schulz, InVo 2000, 365, III; a.A.: OFD Nürnberg ZInsO 2000, 148.
219 *Vallender*, InVo 1999, 334, IV.1.
220 Wie zuvor.
221 Vgl. z. B. Wagner, ZIP 1999, 689.
222 HK-InsO/Eickmann, § 76 Rdnr. 5 InsO.

Henning

ee) Die Erstellung eines Schlussverzeichnisses bei Einstellung gem. § 211 InsO

Der Treuhänder hat wie der Insolvenzverwalter ein Schlussverzeichnis zu erstellen, dass auch gem. § 292 Abs. 1 Satz 2 InsO Grundlage der Verteilung der pfändbaren Einkommensanteile in der Wohlverhaltensperiode ist. Zeigen Treuhänder oder Insolvenzverwalter gem. § 208 InsO die Masseunzulänglichkeit an, erfolgen die Verteilung gem. § 209 InsO und anschließend die Einstellung gem. § 211 InsO. Ein Schlussverzeichnis ist im Insolvenzverfahren dann nicht mehr erforderlich. Gleichwohl werden Insolvenzverwalter und Treuhänder immer dann auch im Falle einer Einstellung gem. § 211 InsO ein Schlussverzeichnis zu erstellen haben, wenn der Schuldner die Restschuldbefreiung beantragt hat, da ansonsten eine Verteilung in der Wohlverhaltensperiode nicht erfolgen könnte. Diese Verpflichtung des Treuhänders oder Insolvenzverwalters folgt aus § 188 InsO i. V. m. § 292 Abs. 1 Satz 2 InsO.[223]

174

6. Die Anmeldung deliktischer Forderungen

a) Einführung

Nach der bisherigen Rechtslage musste der Gläubiger einer deliktischen Forderung bei der Anmeldung zur Tabelle den Forderungsgrund nicht angeben. Er konnte mit seiner deliktischen Forderung vielmehr unerkannt am Verfahren teilnehmen und erst nach Erteilung der Restschuldbefreiung erneut gegen den Schuldner unter Berufung auf § 302 Nr. 1 InsO vorgehen. Diese mögliche Vorgehensweise barg für den Schuldner immer die Gefahr, dass seine gesamten Entschuldungsbemühungen schließlich doch vergebens sein könnten. Diese Unsicherheit wurde durch das InsOÄndG behoben. Nun hat der Gläubiger gem. §§ 174 Abs. 2, 302 Nr. 1 InsO den deliktischen Hintergrund seiner Forderung bei Anmeldung anzugeben, wenn er sich nach Erteilung der Restschuldbefreiung auf das Privileg des § 302 Nr. 1 InsO berufen möchte. Dies gilt auch für den Fall, dass der Gläubiger bereits vor dem Insolvenzverfahren einen deliktischen Titel gegen den Schuldner erwirkt hat, da dieser frühere Titel durch die Tabelle aufgezerrt wird.[224]

175

b) Die Anmeldung

Der Gläubiger hat bei Anmeldung der Forderung gem. § 174 Abs. 2 InsO die Tatsachen anzugeben, aus denen sich nach seiner Einschätzung ergibt, dass der Forderung eine vorsätzliche unerlaubte Handlung zugrunde liegt.

176

---

223 A. A.: Uhlenbrück, NZJ 2001, 408 II.3., ist der Ansicht, dass der Schuldner das Verzeichnis zu erstellen habe.
224 Smid, a. a. O., § 302 Rdnr. 2 InsO.

Henning

> **Beispiel:**
>
> Der Gläubiger teilt bei Forderungsanmeldung mit, dass eine unerlaubte vorsätzliche Handlung des Schuldners schon deshalb vorliege, da dieser ein Betrüger sei. Dies könne man daraus ersehen, dass er seine Schulden nicht wie jeder andere anständige und ordentliche Kunde gezahlt habe.

Fraglich ist, ob ein solcher Vortrag § 174 Abs. 2 InsO bereits entspricht und ob der Treuhänder hinsichtlich des Vortrags des Gläubigers zum Vorliegen einer deliktischen Forderung zumindest eine Schlüssigkeitsprüfung vorzunehmen hat.

177 Werden aber ein entsprechender Titel, weitere Unterlagen, wie z. B. die Abschrift eines Strafurteils, oder ein detaillierter Sachvortrag vorgelegt, wird der Treuhänder den Forderungsgrund ohne weiteres in die Tabelle aufnehmen.

Muster Tabelle mit angemeldeter deliktischer Forderung

	Aktenzeichen	SCHULDNER(IN)
Angemeldeter Betrag	Grund der Forderung (urkundliche Beweisstücke)	Ergebnis der Prüfungsverhandlung
Spalte 6	Spalte 7	Spalte 8
Hauptforderung: 50 749,08 DM Zinsen: 63 462,48 DM Kosten: 3 543,20 DM Gesamt: 117 754,76 DM	Urteil des LG Dortmund v. 08. 02. 1997–4 O 267/96 und Kostenfestsetzungsbeschluss des LG Dortmund v. 11. 04. 1997 4 O 468/97. Der Gläubiger gibt an, dass es sich um eine Forderung aus einer vorsätzlich begangenen unerlaubten Handlung, nämlich einer Körperverletzung, handelt. Wegen der Einzelheiten verweist der Gläubiger auf Tenor und Tatbestand der obigen landgerichtlichen Entscheidung.	Hauptforderung und Kosten werden in voller Höhe vom Treuhänder Anerkannt. Die Zinsen werden in Höhe von DM 19 432,65 anerkannt, der Rest bestritten.

Da die Tabelle gem. §§ 201, 202 InsO nach Abschluss des Verfahrens, also nach Erteilung der Restschuldbefreiung Vollstreckungstitel sein kann, verfügt der Gläubiger mit diesem Eintrag über einen Titel, der seine Forderung i. S. d. § 302 Nr. 1 InsO privilegiert.

c) Die Mitteilungspflichten des Gerichts im Falle einer deliktischen Forderungsanmeldung

178 Gem. § 175 Abs. 2 InsO hat das Gericht den Schuldner über einen angemeldeten *deliktischen Forderungsgrund* zu informieren und ihn auf die Rechtsfolgen des § 302 InsO und die Möglichkeit des Widerspruchs hinzuweisen.

Unterlässt das Gericht den zwingend[225] vorgeschriebenen Hinweis, darf dies nicht zu einem Verfahrensnachteil für den Schuldner führen.[226] Im Falle eines unterlassenen Hinweises muss der Schuldner daher entgegen § 178 Abs. 1 InsO den Widerspruch auch noch nach dem Prüfungstermin erheben können. Ist das Involvenzverfahren bereits aufgehoben, wenn der Schuldner von der deliktischen Anmeldung und dem unterlassenen Hinweis Kenntnis erlangt, kann der Nachteil für den Schuldner nur ausgeglichen werden, indem ihm die Möglichkeit einer späteren Vollstreckung entgegen § 767 Abs. 2 ZPO[227] gegen die als die deliktisch in Tabelle aufgenomme Forderung erhalten bleibt.

d) Die verschiedenen Reaktionsmöglichkeiten des Schuldners

Der Schuldner kann der angemeldeten Forderung oder auch nur dem angemeldeten Forderungsgrund[228] Delikt gem. § 178 Abs. 1 InsO im Prüfungstermin widersprechen. Widerspricht der Schuldner dem Forderungsgrund Delikt, wird die Forderung nur dann nicht von der Restschuldbefreiung gem. § 302 InsO berührt, wenn der Gläubiger in einem zusätzlichen Feststellungsverfahren gem. §§ 197 ff. InsO die Deliktseigenschaft feststellen lässt.

179

Der Schuldner sollte daher entscheiden,

- ob er die deliktische Anmeldung mit der Rechtsfolge aus § 302 InsO akzeptiert und versucht mit diesem Gläubiger, eine Vereinbarung über eine vergleichsweise Begleichung der Forderung außerhalb des Insolvenzverfahrens zu treffen,
- oder ob er dem Forderungsgrund Delikt widerspricht und das Kostenrisiko eines Feststellungsverfahrens eingeht. Unterliegt der Schuldner in diesem Insolzvenzverfahren, sind die Kosten vom Schuldner auszugleichen.

7. Die besondere Anmeldung des absonderungsberechtigten Gläubigers gem. § 190 InsO

Der absonderungsberechtigte Gläubiger muss gem. § 190 InsO die Höhe seines Ausfalles oder Verzichtes anzeigen.

180

> ▶ **Beispiel aus der Praxis:**[229]
>
> Die C-Bank legt eine wirksame Abtretung i. S. d. § 114 Abs. 1 InsO vor. Sie wird folglich in den ersten zwei Jahren der Wohlverhaltensperiode die pfändbaren Einkommensanteile des Schuldners erhalten.

---

225 Vallender, NZI 2001, 561, 567, 4.
226 Vgl. MK-InsO/Schmahl, 2001 ff., § 20 Rdnr. 100/101 InsO zum unterlassenen Hinweis nach § 20 Abs. 2 InsO
227 Siehe hierzu: Vallender, NZI 2001, 561, 567, 4.
228 FK-InsO/Kießner, § 178 Rdnr. 5 InsO
229 Weitere Beispiele siehe: Grote/Weinhold, Arbeitshilfe InsO, a. a. O., 132 ff. und 306 ff.

Um in den verbleibenden drei oder vier Jahren der Wohlverhaltensperiode ebenfalls mit der möglichen Restforderung bei der Verteilung berücksichtigt zu werden, muss die C-Bank ihren voraussichtlichen Ausfall schätzen, ansonsten wird sie bei der weiteren Verteilung gem. § 190 Abs. 1 Satz 2 InsO nicht berücksichtigt.

8. Einzelne Probleme der Massezugehörigkeit und Verwertung

a) Das Wohnraummietverhältnis des Schuldners

181 Das Wohnraummietverhältnis des Schuldners[230] ist gem. § 108 Abs. 1 Satz 1 InsO massezugehörig.[231] Um Masseverbindlichkeiten zu verhindern oder auch um eine durch den Schuldner gestellte Mietkaution zur Masse ziehen zu können, haben in der Vergangenheit einzelne Treuhänder die Wohnraummietverhältnisse der Schuldner gekündigt und diese damit in der Gefahr einer Obdachlosigkeit gebracht. Auf diese offensichtliche Fehlentwicklung hat der Gesetzgeber im InsOÄndG mit einer Abänderung des § 109 Abs. 1 InsO reagiert. Die sprachlich schwer verständliche Neuregelung[232] geht hierbei nicht den Weg der Freigabe[233] des Mietverhältnisses aus der Masse, sondern schafft einen Ausnahmetatbestand zu § 55 Abs. 1 Nr. 2 InsO, mit dem Masseverbindlichkeiten aus dem Wohnraummietverhältnis verhindert werden sollen.

b) Das Girokonto des Schuldners

182 Gem. §§ 116 Satz 1, 115 InsO endet der Girovertrag des Schuldners mit Insolvenzeröffnung.[234] Diese in der Praxis häufig wenig beachtete Tatsache führt zur vollständigen Abwicklung des Girovertrages, die Bank hat also z. B. auch eine Code-Karte für Geldautomaten einzuziehen.[235] Anschließend kann der Schuldner aber ein neues Konto einrichten,[236] das vom Insolvenzverfahren unberührt bleibt,[237] soweit auf ihm unpfändbare, nicht massezugehörige Gelder eingehen. Diese Grundsätze haben in der Praxis wegen der Massezugehörigkeit des Neuerwerbs häufig zu Schwierigkeiten geführt. Die Banken haben häufig aus Verunsicherung zunächst wegen der Insolvenzeröffnung jegliche Auszahlung abgelehnt, die Treuhänder wiederum haben aus Haftungsgründen eine vollständige Freigabe des Kontos aus der Masse gescheut.

---

230 Ausführlich abgehandelt von Marotzke, KTS 1999, 269.
231 A. A.: AG Duisburg NZI 2000, 145.
232 Siehe z. B. Eckert, NZM 2001, 260.
233 Siehe hierzu insbesondere Grote, NZI 2000, 66.
234 Obermüller, Insolvenzrecht in der Bankpraxis, 5. Auflage 1997, S. 388 m. w. N.
235 Wie zuvor S. 428.
236 Wie zuvor S. 203.
237 FK-Inso/Kohte, § 313 Rdnr. 41 InsO.

Henning

▶ **Lösungsvorschlag:**

Der Treuhänder teilt der kontoführenden Bank und Sparkasse des Schuldners mit, welche unpfändbaren Leistungen der Schuldner erhält, z. B. unpfändbares Arbeitseinkommen, Kindergeld und Wohngeld. Bezüglich dieser angegebenen Beträge wird das Girokonto aus der Masse freigegeben. Gehen weitere Zahlungen auf dem Konto ein, können diese erst nach weiterer gesonderter Freigabe ausgezahlt werden. Erfolgt die Freigabe nicht, sind sie an den Treuhänder zu überweisen.

c) Die Verwertungsbefugnis des Treuhänders nach Aufforderung gem. § 313 Abs. 3 Satz 3 InsO i. V. m. § 173 Abs. 2 InsO

Bislang war streitig, ob der Treuhänder im vereinfachten Verfahren Gegenstände, insbesondere Grundstücke, an denen Sicherungsrechte bestehen, verwerten kann.[238] Durch eine Ergänzung des § 313 Abs. 3 InsO, mit der die entsprechende Anwendung des § 173 Abs. 2 InsO ermöglicht wird, hat der Gesetzgeber diesen Streit entschieden. Der Verweis auf § 173 Abs. 2 InsO ist hierbei Rechtsfolgenverweis,[239] so dass die Beschränkung der Anwendung auf bewegliche Gegenstände gem. § 173 Abs. 1 InsO nicht greift.

183

d) Die Verfahrensbeendigung trotz ständigen Neuerwerbs

Durch eine Abänderung des § 196 Abs. 1 InsO hat der Gesetzgeber den paradoxen Streit[240] beendet, ob ein Verfahren trotz ständigen Neuerwerbs durch laufendes Einkommen aufgehoben werden kann.

184

e) Der PKW des Schuldners

Regelmäßig besteht ein großes Interesse des Schuldners im Verbraucherinsolvenzverfahren, einen vorhandenen PKW nicht zu verlieren. Ein PKW fällt gem. § 36 Abs. 1 InsO nicht in Masse, wenn der Schuldner ihn i. S. d. § 811 Abs. 1 Nr. 5 ZPO benötigt, um seinen Arbeitsplatz zu erreichen.[241] Übersteigt der Wert des an sich unpfändbaren PKWs aber die Grenze von ca. 2000 bis 2500 €, fällt der überschießende Wert in entsprechender Anwendung des § 811 a ZPO in die Masse. Der Schuldner hat in diesem Falle die Möglichkeit, den PKW mit Zustimmung des Treuhänders zu verkaufen und einen angemessenen PKW zu erwerben, oder er hat die Möglichkeit, den überschießenden Wert nach Aufforderung gem. § 314 Abs. 1 InsO in die Masse zu leisten.

185

---

238 Für ein Verwertungsrecht: Vallender, NZI 2000, 148; gegen ein Verwertungsrecht: AG Potsdam ZInsO 2000, 234; siehe auch: Grote/Weinhold, Arbeitshilfe InsO, a. a. O., S. 366 ff.
239 Begründung zum InsOÄndG, ZInsO Heft 1/2001, Beilage 1/2001, B. zu Nummer 29.
240 Gegen die Aufhebung: AG Düsseldorf ZInsO 2001, 572; für die Aufhebung z. B.: Haarmeyer, ZInsO 2001, 572.
241 Zöller, a. a. O., § 811 Rdnr. 27 InsO.

Henning

f) Fahrtkosten zur Arbeit

186 Höhere Fahrtkosten des Schuldners zur Arbeit können über einen Antrag gem. §§ 36 InsO, 850 f. Abs. 1 ZPO zu einer Anhebung des pfändungsfreien Einkommensanteils des Schuldners führen.[242]

g) Die Verwertung von Lebens- und Rentenversicherung

187 Unpfändbar und damit nicht massezugehörig ist die auf den Todesfall abgeschlossene Lebensversicherung gem. § 850 b Abs. 1 Nr. 4 ZPO. Alle weiteren Lebens- und Rentenversicherungen fallen, auch wenn sie die einzige Altersabsicherung des Schuldners darstellen, grundsätzlich in die Masse. Ausgenommen sind unwiderruflich abgetretene Versicherungen oder Direktversicherungen nach BetrAVG.[243]

h) Die Steuererstattungen des Finanzamtes

188 Steuererstattungen des Finanzamtes an den Schuldner während des eröffneten Verfahrens fallen in die Insolvenzmasse.[244] Im Gegensatz zur Wohlverhaltensperiode, in der die Steuererstattung nicht als Arbeitseinkommen gilt,[245] kommt die Steuererstattung somit u. U. auch den Gläubigern zugute. Folgt die Steuererstattung aus besonderen Aufwendungen persönlicher oder berufsbedingter Art, kann der Schuldner in entsprechender Anwendung der §§ 36 Abs. 1 Satz 2 InsO, 850 f Abs. 1 b) ZPO die Freigabe und Auszahlung der Steuererstattung teilweise oder vollständig durchsetzen.

i) Der Verzicht auf eine Verwertung gem. § 314 InsO

189 Die Möglichkeit des Absehens von einer Verwertung gem. § 314 InsO[246] wird in der Praxis eher selten genutzt. Ein Grund mag sein, dass gerade Schuldner mit einer längeren Überschuldungsgeschichte über keine Gegenstände von Wert mehr verfügen. Auch dürfte es oft schwierig sein, ohne weitere kostenauslösende Maßnahmen den Wert des Gegenstandes festzulegen. Der Verzicht auf eine Verwertung kann sich aber im Falle eines zumindest teilweise pfändbaren PKWs[247] oder einer Lebensversicherung, deren Rückkaufswert nur sehr gering ist, anbieten. Streitig sind die steuerrechtlichen Konsequenzen einer Anwendung des § 314 InsO.[248]

§ 314 Abs. 3 Satz 2 InsO sieht die Versagung der Restschuldbefreiung vor, wenn der Schuldner den geforderten Betrag nicht zur Masse zahlt. Diese

---

242 OLG Stuttgart NZI 2002, 52.
243 Siehe zu Einzelheiten: FK-Inso/Kohte, § 312 Rdnr. 55–60.
244 AG Göttingen ZInsO 2001, 329 m. w. N.
245 *Z. B. LG Koblenz ZInsO 2000, 507.*
246 Siehe zu Einzelheiten z. B.: Vallender, InVo 1999, 334, IV. 4. e).
247 Siehe oben Rdnr. 185.
248 Siehe oben Rdnr. 168 ff.

Versagung ist als Entscheidung über die Restschuldbefreiung auch eine Entscheidung gem. § 289 Abs. 1 InsO und damit gem. § 289 Abs. 2 InsO mit der sofortigen Beschwerde angreifbar. Solange der Schuldner den geforderten Betrag nicht einzahlt hat, sollte der Treuhänder die Masse oder den betroffenen Gegenstand nicht freigeben.[249]

IV. Die Zwangsvollstreckung im eröffneten Verfahren

Die Zwangsvollstreckung im eröffneten Verfahren ist den Insolvenzgläubigern gem. § 89 Abs. 1 InsO untersagt. Neugläubiger können nicht in die Masse, aber in das insolvenzfreie Vermögen unter Beachtung der Ausnahme des § 89 Abs. 2 Satz 1 InsO vollstrecken. Die Vollstreckungsprivilegierung des § 89 Abs. 2 Satz 2 InsO gilt nur für Neugläubiger.[250] Dies gilt auch, wenn der Insolvenzgläubiger auf die Teilnahme am Verfahren verzichtet.[251]

190

Im Falle einer bereits vor Verfahrenseröffnung ausgebrachten Pfändung eines Kontos soll das Vollstreckungsverbot des § 89 Abs. 1 InsO nicht greifen, da vor Eröffnung wirksam gewordene Zwangsvollstreckungsmaßnahmen von § 89 Abs. 1 InsO nicht erfasst werden,[252] sondern ihre Wirkung behalten sollen. Diese Ansicht erscheint angesichts des oben dargestellten Umstandes, dass mit Verfahrenseröffnung der Girovertrag des Schuldners endet,[253] zweifelhaft. Denn auch die anscheinende Fortführung eines Kontos nach Verfahrenseröffnung ist wegen der Regelungen der §§ 116 Satz 1 InsO, 115 tatsächlich die Einrichtung eines neuen Kontos für den Schuldner. Dieses im Moment der Verfahrenseröffnung neu eingerichtete Konto kann aber von dem bei dem Drittschuldner vorliegenden Pfändungs- und Überweisungsbeschluss wegen § 89 Abs. 1 InsO nicht erfasst werden. Der Schuldner sollte wegen dieser unklaren Rechtslage Vorsorge treffen und bei Vorliegen einer Kontopfändung den Gläubiger zur Rücknahme auffordern oder anderenfalls nach Eröffnung des Verfahrens ausdrücklich ein neues Konto einrichten.

191

---

249 HK-InsO/Landfermann, § 314 Rdnr. 6 InsO.
250 HK-InsO/Eickmann, § 89 Rdnr. 3 InsO.
251 OLG Zweibrücken ZInsO 2001, 625.
252 Grote/Weinhold, Arbeitshilfe InsO, a. a. O., S. 270 ff.
253 Siehe oben Rdnr. 182.

Henning

V. Die Gerichtskosten, Rechtsanwaltsgebühren und Treuhändervergütungen im vereinfachten Insolvenzverfahren

1. Die Gerichtskosten

192 Die Gerichtskosten richten sich nach Nr. 4110 bis 4132 der Anlage 1 zum GKG und sind abhängig vom Antragsteller und einer ggf. vorzeitigen Beendigung des Verfahrens. Der Gegenstandswert folgt gem. § 37 Abs. 1 GKG aus dem Wert der Insolvenzmasse. Auslagen für Veröffentlichungen und Zustellungen sind hinzuzurechnen.[254]

2. Die anwaltlichen Gebühren

a) Die Gebühren des Schuldnervertreters

193 Der Vertreter des Schuldners erhält im vereinfachten Insolvenzverfahren gem. § 73 BRAGO eine 5/10 Gebühr. Mit dieser Gebühr sind alle Tätigkeiten im Verfahren, auch die Teilnahme an Terminen, abgegolten.[255] Der Gegenstandswert folgt gem. § 77 Abs. 1 BRAGO aus dem Wert der Masse.

b) Die Gebühren des Gläubigervertreters

194 Der Gläubigervertreter erhält die gleiche Gebühr wie der Schuldnervertreter. Die Gebühr wird aber gem. § 77 Abs. 2 BRAGO aus dem Wert Forderung einschließlich Nebenforderungen berechnet.

3. Die Treuhändervergütung

195 Die Treuhändervergütung folgt aus § 13 InsVV. Da § 13 Abs. 2 InsVV nur §§ 2 und 3 InsVV für nicht anwendbar erklärt, ist ein weiterer Vergütungsanspruch aus § 5 InsVV nicht ausgeschlossen. Dies gilt insbesondere im Falle von zu erstellenden Steuererklärungen.[256]

---

[254] Einzelheiten siehe Kohte/Ahrens/Grote, a. a. O., S. 400.
[255] Enders, JurBüro 1999, 113, 4.
[256] FK-InsO/Lorenz, Anhang IV, § 13 Rdnr. 12 InsO.

M. Anhang

I. Fragebogen und Belehrung Verbraucherinsolvenz- und Restschuldbefreiungsverfahren

Fragebogen und Belehrung Verbraucherinsolvenzverfahren und Restschuldbefreiung

196

Allgemeines

Name, Vorname (ggfls.: Geburtsname, früherer Name), Anschrift, Geburtsdatum:

Familienstand: seit wann:

Erlernter Beruf: z. Zt. tätig als:

Ehefrau/-mann oder Partner/in einer eingetragenen Partnerschaft (Name und Geburtsdatum):

Haben Ehepartner/in oder Partner/in eigenes Einkommen:
Höhe: Euro

Kinder: (bitte mit Namen und Geburtsdatum): 1)
2) 3)
4) 5)

Welche Kinder leben in Ihrem Haushalt und welchen Kindern leisten Sie Unterhalt durch Zahlung? 1)
2) 3)
4) 5)

Wenn Sie Unterhalt durch Zahlung leisten, in welcher Höhe:
1) Euro
2) Euro
3) Euro
4) Euro

Haben Ihre Kinder eigenes Einkommen? Wenn ja, in welcher Höhe:
1) Euro
2) Euro
3) Euro
4) Euro

Bankverbindung

Ihre Bankverbindung:

Haben Sie bei Ihrer jetzigen Bank/Sparkasse Schulden?

Ist Ihr Girokonto überzogen?

Ist Ihr Konto gepfändet?

Henning

Verbraucherinsolvenzverfahren

Sind Sie selbstständig wirtschaftlich tätig?

Waren Sie jemals selbstständig wirtschaftlich tätig?

Wie viele Gläubiger haben Sie?

Bestehen Forderungen aus Arbeitsverhältnissen Ihnen gegenüber (z.B. ehemaliger Arbeitnehmer, der Sozialversicherungen oder des Finanzamtes)?

Einkommen

(bitte aktuelle Belege, z.B. Lohnabrechnung, Bewilligungsbescheid beifügen)

Lohn/Gehalt brutto/netto, Anschrift des Arbeitgebers: Euro

Gilt ein Tarifvertrag?

Anspruch auf Urlaubs- oder Weihnachtsgeld: Euro

Arbeitslosengeld, Arbeitslosenhilfe: Euro

Sozialhilfe: Euro

Kindergeld: Euro

Erziehungsgeld: Euro

Einkünfte aus sonstigen Sozialleistungen (Wohngeld, Renten, etc.): Euro

Unterhaltszahlungen an Sie oder die Kinder: Euro

Sonstige Einkünfte (z.B. aus Vermietung einer Eigentumswohnung): Euro

Pfändungen/Abtretungen

Liegen Einkommenspfändungen und/oder Kontopfändungen vor? (bitte Pfändungs- u. Überweisungsbeschluss in Kopie beifügen):

Haben Sie Ihre pfändbaren Einkommensanteile (z.B. in einem Darlehensvertrag) abgetreten?

Ist im Arbeitsvertrag/Tarifvertrag festgelegt, dass Gehaltsabtretungen von Ihrem Arbeitgeber nicht akzeptiert werden?

Vermögen

Bitte denken Sie daran, alle Vermögenswerte, welcher Art auch immer, anzugeben! Sie gefährden Ihre Restschuldbefreiung und machen sich u.U. strafbar, wenn Sie unvollständige Angaben machen! Bitte fügen Sie, wenn vorhanden, Belege bei!

Bargeld:

Guthaben auf Girokonten:

Wertpapiere, Aktien oder sonstige Beteiligungen/Genossenschaftsanteile:

Lebens-/Rentenversicherung (bitte Versicherung, Versicherungsnr. und Rückkaufswert angeben)

Spar-/Bausparverträge (auch Verträge mit vermögenswirksamen Leistungen des Arbeitgebers):

Mietkaution (Anschrift d. Vermieters):

Fahrzeuge (Kennzeichen, Baujahr, Wert):
Bitte geben Sie auch Fahrzeuge an, die nur aus versicherungstechnischen Gründen auf Ihren Namen zugelassen sind!

Uhren, Schmuck, Gold und Wertsachen:

Grundstücke, Haus- oder Wohneigentum (bitte Grundbuchauszug beifügen):

Wird dieses von Ihnen bewohnt?

Ist ein Wohnrecht eingetragen?

Ihre Forderungen Dritten gegenüber (z.B. gegenüber dem Arbeitgeber):

Weiteres Guthaben oder Sachen von Wert in Ihrem Eigentum:

Erbrechtliche Ansprüche (Sind Sie z.B. Nacherbe?):

Erwarten Sie in nächster Zeit eine Erbschaft?

Überschuldung

Altfall-Regelung: Waren Sie bereits vor dem 1. Januar 1997 überschuldet (zahlungsunfähig)?
(bitte fügen Sie Belege, z.B. das Protokoll einer vor diesem Datum abgegebenen eidesstattlichen Versicherung, bei)

Bürgschaften/Mithaftung

Bürgschaften/Mithaftung bei Verträgen: Haben Sie sich in einem Kreditvertrag mitverpflichtet oder eine Bürgschaft übernommen?

Hat sich jemand für Sie verpflichtet oder eine Bürgschaft für Sie übernommen?

Gläubiger

Sind Ihnen alle Gläubiger bekannt? Bitte reichen Sie Unterlagen zu allen bekannten Gläubigern ein, aus denen sich Anschrift und Aktenzeichen der Gläubiger ergeben.

Liegt Ihnen ein aktueller Schufa-Auszug vor?

Stundung der Verfahrenskosten

Höhe Ihrer Gesamtmiete (Kaltmiete, Nebenkosten, Strom, Gas, Wasser):
Bitte unbedingt Beleg beifügen!

Haben Sie die Restschuldbefreiung schon einmal beantragt?

Sonstiges

Vorstrafen: Sind Sie in den letzten 10 Jahren wegen einer Straftat verurteilt worden?

Wenn ja, wegen welcher Delikte?

Konkurs-/Insolvenzverfahren: Wurde über Ihr Vermögen oder über das Vermögen Ihrer Firma in den letzten 10 Jahren ein Konkurs-/ Insolvenzverfahren eröffnet, durchgeführt oder mangels Masse abgewiesen? (Bitte Jahr und Aktenzeichen angeben)

Bitte schildern Sie kurz die Hauptursachen Ihrer Überschuldung (z.B. Arbeitslosigkeit, Scheidung, fehlgeschlagene Selbstständigkeit):

Haben Sie in den letzten 10 Jahren bedeutende Vermögenswerte verschenkt? Wenn ja, an wen und unter welchen Umständen?

Haben Sie in den letzten Jahren regelmässig Steuererklärungen abgegeben bzw. einen Lohnsteuerjahresausgleich beantragt? Wenn nein: Welche Jahre sind noch offen?

Belehrung über das Verbraucherinsolvenz und das Restschuldbefreiungsverfahren

Rechtsanwalt Winkel hat mich über folgende Punkte ausdrücklich informiert und belehrt:

Über die Gerichtskosten des Verfahrens in Höhe von ca. 1000 € und die Möglichkeit der Stundung dieser Kosten. Die Rechtsanwaltgebühren sind hierin nicht enthalten.

Über die Versagensgründe des § 290 Abs. 1 InsO.

Über die Pflichten des Schuldners nach § 295 Abs. 1 InsO in der Wohlverhaltensperiode.

Über die Bekanntmachung des Verfahrens im Bundesanzeiger, in der Tagespresse oder im Internet während des gerichtlichen Verfahrens.

Über den Umstand, dass die Staatsanwaltschaft über die Eröffnung des Verfahrens bzw. die Abweisung mangels Masse informiert wird. Bei der Prüfung durch die Staatsanwaltschaft können Straftaten bekannt werden.

Über die von der Restschuldbefreiung ausgenommenen deliktischen Forderungen nach § 302 InsO.

Über den Umstand, dass nur die Gläubiger an einem außergerichtlichen oder gerichtlichen Entschuldungsplan teilnehmen, die von mir angegeben werden. Mir ist bekannt, dass ich alle Gläubiger angeben muss und keinen Gläubiger von dem Verfahren ausnehmen darf.

Darüber, dass das Vormundschaftsgericht über einen Insolvenzantrag informiert wird, wenn der Schuldner oder die Schuldnerin Elternteil ist, um das Vermögen des Kindes ggfls. gem. §§ 1666, 1667 BGB zu schützen.

> Soweit ich Geschäftsführer einer GmbH war oder bin, wurde ich über die besondere Haftung des GmbH-Geschäftsführers und die eingeschränkten Möglichkeiten der Restschuldbefreiung bzgl. der Forderungen aus dieser Haftung informiert.
>
> Der Inhalt der erwähnten Vorschriften der Insolvenzordnung wurde mir erläutert, ich habe ihn mit den Belehrungen zur Kenntnis genommen.
>
> *Ort/Datum:* .... *Unterschrift:* ....

II. Amtlicher Vordruck für das Verbraucherinsolvenz- und Restschuldbefreiungsverfahren mit amtlichen Hinweisen zum Ausfüllen des Antragsvordrucks

197

[1]

Antrag auf Eröffnung des Insolvenzverfahrens (§ 305 InsO) des / der

- Vorname und Name
- Straße und Hausnummer
- Postleitzahl und Ort
- Telefon tagsüber
- Verfahrensbevollmächtigte(r):

[2]

An das Amtsgericht
– Insolvenzgericht –

in _____

[3] I. Eröffnungsantrag

Ich stelle den **Antrag, über mein Vermögen das Insolvenzverfahren zu eröffnen**. Nach meinen Vermögens- und Einkommensverhältnissen bin ich nicht in der Lage, meine bestehenden Zahlungspflichten, die bereits fällig sind oder in absehbarer Zeit fällig werden, zu erfüllen.

[4] II. Restschuldbefreiungsantrag

☐ Ich stelle den **Antrag auf Restschuldbefreiung** (§ 287 InsO). ☐ Restschuldbefreiung wird **nicht** beantragt.

[5] III. Anlagen

Personalbogen	(Anlage 1)	☒
Bescheinigung über das Scheitern des außergerichtlichen Einigungsversuchs mit außergerichtlichem Plan	(Anlage 2)	☒
Abtretungserklärung nach § 287 Abs. 2 InsO	(Anlage 3)	☐
Erklärung zur Abkürzung der Wohlverhaltensperiode	(Anlage 3 A)	☐
Vermögensübersicht	(Anlage 4)	☒
Vermögensverzeichnis mit den darin genannten Ergänzungsblättern	(Anlage 5)	☒
Gläubiger- und Forderungsverzeichnis	(Anlage 6)	☒
Schuldenbereinigungsplan für das gerichtliche Verfahren:		
Allgemeiner Teil	(Anlage 7)	☒
Besonderer Teil – Musterplan mit Einmalzahlung/festen Raten	(Anlage 7 A)	☐
oder Besonderer Teil – Musterplan mit flexiblen Raten	(Anlage 7 A)	☐
oder Besonderer Teil – Plan mit sonstigem Inhalt	(Anlage 7 A)	☐
Besonderer Teil – Ergänzende Regelungen	(Anlage 7 B)	☒
Erläuterungen zur vorgeschlagenen Schuldenbereinigung	(Anlage 7 C)	☐
Sonstige: _____		☐

[6] IV. Auskunfts- und Mitwirkungspflichten

Als Schuldner bin ich gesetzlich verpflichtet, dem Insolvenzgericht über alle das Verfahren betreffenden Verhältnisse vollständig und wahrheitsgemäß Auskunft zu erteilen, insbesondere auch jede Auskunft, die zur Entscheidung über meine Anträge erforderlich ist (§§ 20, 97 InsO).

Können solche Auskünfte durch Dritte, insbesondere durch Banken und Sparkassen, sonstige Kreditinstitute, Versicherungsgesellschaften, Sozial- und Finanzbehörden, Sozialversicherungsträger, Rechtsanwälte, Notare, Steuerberater und Wirtschaftsprüfer erteilt werden, so obliegt es mir, auf Verlangen des Gerichts alle Personen und Stellen, die Auskunft über meine Vermögensverhältnisse geben können, von ihrer Pflicht zur Verschwiegenheit zu befreien.

[7]

_____ _____
(Ort, Datum) (Unterschrift)

Henning

**Anlage 1
zum Eröffnungsantrag des / der** _____

Personalbogen: Angaben zur Person

8

Name		Akademischer Grad
Vorname(n) (Rufnamen unterstreichen)		Geschlecht ☐ männlich ☐ weiblich
Geburtsname		früherer Name
Geburtsdatum	Geburtsort	
Wohnanschrift Straße		Hausnummer
Postleitzahl	Ort	
Telefon (privat)		Mobil
Telefax		E-Mail

9 **Familienstand**

☐ ledig ☐ verheiratet seit ____ ☐ eingetragene Lebenspartnerschaft begründet seit ____ ☐ geschieden seit ____ ☐ getrennt lebend seit ____ ☐ verwitwet seit ____

☐ beendet seit ____

10 **Unterhaltsberechtigte Personen**

☐ nein ☐ ja, Anzahl: _____, davon minderjährig: _____

(Einzelheiten siehe Ergänzungsblatt 5 J)

11 **Beteiligung am Erwerbsleben**

Erlernter Beruf

Zurzeit oder zuletzt tätig als

☐ ehemals selbständig als

☐ zurzeit unselbständig beschäftigt als
  ☐ Arbeiter(in)
  ☐ Angestellte(r)
  ☐ Beamter/Beamtin
  ☐ Aushilfe
  ☐ Sonstiges, und zwar: _____

☐ zurzeit keine Beteiligung am Erwerbsleben, weil
  ☐ Rentner(in)/Pensionär(in) seit _____
  ☐ arbeitslos seit _____
  ☐ Schüler(in) / Student(in) bis _____
  ☐ Hausmann/Hausfrau
  ☐ Sonstiges, und zwar: _____

12 **Verfahrensbevollmächtigte(r)**

☐ für das Verfahren insgesamt
☐ nur für das Schuldenbereinigungsplanverfahren
☐ Vollmacht liegt an
☐ Vollmacht wird nachgereicht

Name		Akademischer Grad
Vorname		Beruf
ggf. Bezeichnung der geeigneten Stelle		
Straße		Hausnummer
Postleitzahl	Ort	
Telefon		Telefax
E-Mail		
Geschäftszeichen		Sachbearbeiter(in)

Henning

199

**Anlage 2
zum Eröffnungsantrag des / der** _____

**Bescheinigung über das Scheitern des außergerichtlichen Einigungsversuchs
(§ 305 Abs. 1 Nr. 1 InsO)**

- Die Anlage 2 ist von der geeigneten Person oder Stelle auszufüllen -

13	**I. Bezeichnung der geeigneten Person oder Stelle**	Name	
		Straße	Hausnummer
		Postleitzahl Ort	
		Ansprechpartner	

14	**II. Behördliche Anerkennung der geeigneten Person oder Stelle**	☐ Ja Anerkennende Behörde: _____
		Datum des Bescheids: _____ Aktenzeichen: _____
		☐ Nein, die Eignung ergibt sich jedoch aus folgenden Umständen:
		☐ Rechtsanwalt ☐ Notar ☐ Steuerberater
		☐ Sonstiges: _____

15	**III. Außergerichtlicher Einigungsversuch**	1. Der außergerichtliche Plan vom _____ ist beigefügt.
		2. Allen im Gläubigerverzeichnis benannten Gläubigern ist dieser Plan übersandt worden.
		☐ Ja ☐ Nein. Begründung: _____
		3. Der Einigungsversuch ist endgültig gescheitert am _____ .
		4. Die wesentlichen Gründe für das Scheitern des Plans ergeben sich aus der Darstellung in der Anlage 2 A.

16	**IV. Bescheinigung**	Ich bescheinige / Wir bescheinigen, dass die Schuldnerin bzw. der Schuldner
		☐ mit meiner/unserer Unterstützung
		erfolglos versucht hat, eine außergerichtliche Einigung mit den Gläubigern über die Schuldenbereinigung auf der Grundlage eines Plans zu erzielen.

Henning

Verbraucherinsolvenzverfahren 13. Kapitel 1437

200

Anlage 2 A
zum Eröffnungsantrag des / der _____

Gründe für das Scheitern des außergerichtlichen Schuldenbereinigungsplans
(§ 305 Abs. 1 Nr. 1 InsO)

17	I. Wesentliche Gründe für das Scheitern des Einigungsversuchs	☐ Nicht alle Gläubiger haben dem ihnen übersandten außergerichtlichen Plan zugestimmt. 1. Anteil der zustimmenden Gläubiger nach Köpfen: _____ Gläubiger von _____ Gläubigern 2. Anteil der zustimmenden Gläubiger nach Summen: _____ EUR von _____ EUR 3. Anteil der Gläubiger ohne Rückäußerung: _____ Gläubiger von _____ Gläubigern Als maßgebliche Gründe für die Ablehnung des Plans wurden genannt:
		☐ Nachdem die Verhandlungen über die außergerichtliche Schuldenbereinigung aufgenommen wurden, ist die Zwangsvollstreckung betrieben worden von: _____ Aktenzeichen des Gerichts oder Gerichtsvollziehers: _____ Amtsgericht: _____
18	II. Beurteilung des außergerichtlichen Einigungsversuchs und Aussichten für das gerichtliche Schuldenbereinigungsverfahren	Der gerichtliche Plan unterscheidet sich von dem außergerichtlichen Plan ☐ nicht. ☐ in folgenden Punkten:
		Nach dem Verlauf des außergerichtlichen Einigungsversuchs halte ich die Durchführung des gerichtlichen Schuldenbereinigungsplanverfahrens für ☐ aussichtsreich. ☐ nicht aussichtsreich. Begründung:

201

Anlage 3
zum Eröffnungsantrag des / der _____

Abtretungserklärung nach § 287 Absatz 2 InsO

- Die Anlage ist nur einzureichen, wenn auf dem Hauptblatt Restschuldbefreiung beantragt worden ist -

---

I. Erläuterungen zur Abtretungserklärung

Die nachfolgende Abtretung umfasst alle Bezüge aus einem Dienstverhältnis oder an deren Stelle tretende laufende Bezüge, also:
- jede Art von Arbeitseinkommen, Dienst- und Versorgungsbezüge der Beamten, Arbeits- und Dienstlöhne, Arbeitsentgelt für Strafgefangene,
- Ruhegelder und ähnliche fortlaufende Einkünfte, die nach dem Ausscheiden aus dem Dienst- oder Arbeitsverhältnis gewährt werden, sonstige Vergütungen für Dienstleistungen aller Art, die die Erwerbstätigkeit des Zahlungsempfängers vollständig oder zu einem wesentlichen Teil in Anspruch nehmen,
- Bezüge, die ein Arbeitnehmer zum Ausgleich für Wettbewerbsbeschränkungen für die Zeit nach Beendigung seines Dienstverhältnisses beanspruchen kann,
- Hinterbliebenenbezüge, die wegen des früheren Dienst- oder Arbeitsverhältnisses gezahlt werden, Renten, die aufgrund von Versicherungsverträgen gewährt werden, wenn diese Verträge zur Versorgung des Versicherungsnehmers oder seiner unterhaltsberechtigten Angehörigen geschlossen worden sind,
- Renten und sonstige laufende Geldleistungen der Sozialversicherungsträger oder der Bundesanstalt für Arbeit im Fall des Ruhestands, der teilweisen oder vollständigen Erwerbsunfähigkeit oder der Arbeitslosigkeit,
- alle sonstigen, den genannten Bezügen rechtlich oder wirtschaftlich gleichstehenden Bezüge.

Soweit Sie nach Aufhebung des Insolvenzverfahrens eine selbständige Tätigkeit ausüben, sind Sie verpflichtet, während der Laufzeit der Abtretungserklärung die Insolvenzgläubiger durch Zahlungen an den gerichtlich bestellten Treuhänder so zu stellen, wie wenn Sie ein angemessenes Dienstverhältnis eingegangen wären (§ 295 Abs. 2 InsO).

19

II. Abtretungserklärung

Für den Fall der gerichtlichen Ankündigung der Restschuldbefreiung trete ich hiermit meine pfändbaren Forderungen auf Bezüge aus einem Dienstverhältnis oder an deren Stelle tretende laufende Bezüge für die Zeit von sechs Jahren nach Eröffnung des Insolvenzverfahrens an einen vom Gericht zu bestimmenden Treuhänder ab.

Die von dieser Abtretungserklärung erfassten Forderungen auf Bezüge aus einem Dienstverhältnis oder an deren Stelle tretende laufende Bezüge

☐ habe ich zurzeit **nicht** an einen Dritten abgetreten oder verpfändet.

☐ habe ich bereits vorher abgetreten oder verpfändet. Die Einzelheiten sind in dem Ergänzungsblatt 5H zum Vermögensverzeichnis dargestellt.

_____   _____
(Ort, Datum)   (Unterschrift)

Anlage 3 A
zum Eröffnungsantrag des / der _____

Erklärung zur Abkürzung der Wohlverhaltensperiode
(§ 287 Absatz 2 Satz 1 InsO, Art. 107 EG InsO)

*– Die Anlage ist nur einzureichen, wenn Restschuldbefreiung beantragt wird
und Zahlungsunfähigkeit vor dem 1. Januar 1997 bestand –*

Ich war bereits vor dem 1. Januar 1997 zahlungsunfähig. Deshalb ist bei der gerichtlichen Ankündigung der Restschuldbefreiung und der Bestimmung des Treuhänders (§ 291 InsO) festzustellen, dass sich die Laufzeit der Abtretung nach § 287 Absatz 2 Satz 1 InsO auf fünf Jahre verkürzt.

Für die Tatsache, dass ich bereits vor dem 1. Januar 1997 zahlungsunfähig war, lege ich folgende Beweismittel vor:

☐ Kopie der Niederschrift über die abgegebene Eidesstattliche Versicherung (Offenbarungsversicherung) und des Vermögensverzeichnisses

☐ Bescheinigung des zuständigen Gerichtsvollziehers über einen erfolglosen Vollstreckungsversuch

☐ Sonstige *(bitte näher erläutern)*

_____

Henning

203

**Anlage 4
zum Eröffnungsantrag des / der** _____

Vermögensübersicht
(Übersicht des vorhandenen Vermögens und des Einkommens, § 305 Abs. 1 Nr. 3 InsO)

21

I. Erklärung zur Vermögenslage

Hiermit erkläre ich, dass ich über folgendes Vermögen und Einkommen verfüge.
☐ Weitergehende Angaben habe ich in den Ergänzungsblättern zum Vermögensverzeichnis (Anlagen 5 A ff.) gemacht.

22

1.	Vermögen	Ja	gemäß Ergänzungsblatt	Wert in EUR (Gesamtbetrag)	Sicherungsrechte Dritter (Ergänzungsblatt 5 H)	Nein
1.1	Bargeld (auch in ausländischer Währung)	☐	-		☐ nein ☐ ja, in Höhe von _____ EUR	☐
1.2	Guthaben auf Girokonten, Sparkonten, Spar- und Bausparverträgen, Wertpapiere, Schuldbuchforderungen, Darlehnsforderungen	☐	5 A		☐ nein ☐ ja, in Höhe von _____ EUR	☐
1.3	Bescheidene Lebensführung übersteigende Hausratsgegenstände, Möbel, Fernseh- und Videogeräte, Computer, sonstige elektronische Geräte, wertvolle Kleidungsstücke, sonstige wertvolle Gebrauchsgegenstände (z.B. Kameras, Waffen, optische Geräte u.ä.), wertvolle Bücher (Anzahl, Gesamtwert)	☐	5 B		☐ nein ☐ ja, in Höhe von _____ EUR	☐
1.4	Bauten auf fremden Grundstücken (z.B. Gartenhaus, Verkaufsstände etc.)	☐	5 B		☐ nein ☐ ja, in Höhe von _____ EUR	☐
1.5	Privat genutzte Fahrzeuge (PKW, LKW, Wohnwagen, Motorräder, Mopeds usw.)	☐	5 B		☐ nein ☐ ja, in Höhe von _____ EUR	☐
1.6	Forderungen gegen Dritte (Außenstände, rückständiges Arbeitseinkommen, Forderungen aus Versicherungsverträgen, Rechte aus Erbfällen)	☐	5 C		☐ nein ☐ ja, in Höhe von _____ EUR	☐
1.7	Grundstücke, Eigentumswohnungen und Erbbaurechte, Rechte an Grundstücken	☐	5 D		☐ nein ☐ ja, in Höhe von _____ EUR	☐
1.8	Aktien, Genussrechte oder sonstige Beteiligungen an Kapitalgesellschaften, Personengesellschaften oder Genossenschaften	☐	5 E		☐ nein ☐ ja, in Höhe von _____ EUR	☐
1.9	Rechte oder Ansprüche aus Urheberrechten, immaterielle Vermögensgegenstände (z.B. Patente)	☐	5 F		☐ nein ☐ ja, in Höhe von _____ EUR	☐
1.10	Sonstiges Vermögen	☐	5 F		☐ nein ☐ ja, in Höhe von _____ EUR	☐

23

2.	Monatliche Einkünfte	Ja	gemäß Ergänzungsblatt	Betrag monatlich netto in EUR	Sicherungsrechte Dritter (Ergänzungsblatt 5 H)	Nein
2.1	Durchschnittliches Arbeitseinkommen (netto) einschließlich Zulagen und Zusatzleistungen	☐	5 G		☐ nein ☐ ja, in Höhe von _____ EUR	☐
2.2	Arbeitslosenunterstützung (Arbeitslosengeld, -hilfe, Unterhaltsgeld etc.)	☐	5 G		☐ nein ☐ ja, in Höhe von _____ EUR	☐
2.3	Krankengeld	☐	5 G		☐ nein ☐ ja, in Höhe von _____ EUR	☐
2.4	Rentenversicherungen, Betriebsrenten, Versorgungsbezüge (aus öffentlicher Kasse)	☐	5 G		☐ nein ☐ ja, in Höhe von _____ EUR	☐
2.5	private Renten-, Spar- und sonstige Versicherungsverträge	☐	5 G		☐ nein ☐ ja, in Höhe von _____ EUR	☐
2.6	Sonstige Sozialleistungen (wie z.B. Sozialhilfe, Kindergeld, Erziehungsgeld, Wohngeld etc.)	☐	5 G		☐ nein ☐ ja, in Höhe von _____ EUR	☐
2.7	Sonstige monatliche Einkünfte (wie z.B. Einkünfte aus Unterhaltszahlungen)	☐	5 G		☐ nein ☐ ja, in Höhe von _____ EUR	☐

	3.	Jährliche Einkünfte	Ja	gemäß Ergän-zungsblatt	Betrag jährlich netto in EUR	Sicherungsrechte Dritter (Ergänzungsblatt 5 H)	Nein
	3.1	Einkünfte aus nichtselbständiger Tätigkeit (z. B. Weihnachtsgeld, Tantiemen, sonstige Gratifikationen usw.)	☐	5 G		☐ nein ☐ ja, in Höhe von _____ EUR	☐
	3.2	Einkünfte aus Vermietung und Verpachtung	☐	5 G		☐ nein ☐ ja, in Höhe von _____ EUR	☐
	3.3	Einkünfte aus Kapitalvermögen	☐	5 G		☐ nein ☐ ja, in Höhe von _____ EUR	☐
	3.4	Sonstige jährliche Einkünfte	☐	5 G		☐ nein ☐ ja, in Höhe von _____ EUR	☐

	4.	**Sonstiger Lebensunterhalt**	☐ Ich habe keine bzw. keine ausreichenden regelmäßigen Einkünfte nach Ziffer 2 und 3. Den notwendigen Lebensunterhalt bestreite ich durch:

	5.	Regelmäßig wiederkehrende Zahlungsverpflichtungen	Ja	gemäß Ergän-zungsblatt	Betrag monatlich in EUR	Nein
	5.1	Unterhaltsverpflichtungen	☐	5 J	☐ Naturalunterhalt für ___ Personen ☐ Barunterhalt für ___ Personen in Gesamthöhe von _____ EUR	☐
	5.2	Wohnkosten (Miete etc.)	☐	5 J	_____ EUR	☐
	5.3	Sonstige wesentliche Verpflichtungen	☐	5 J	_____ EUR	☐

	II. Erklärung zur Vermögens-losigkeit	☐ Hiermit erkläre ich, dass ich mit Ausnahme des unter Punkt I. 4 bezeichneten Lebensunterhalts weder über die vorstehend aufgeführten Vermögenswerte noch über sonstige Vermögenswerte verfüge (Vermögenslosigkeit).

	III. Erklärung zu Schenkungen und Veräuße-rungen	Ich habe in den letzten vier Jahren vor dem Antrag auf Eröffnung des Insolvenzverfahrens Geld, Forderungen oder Gegenstände verschenkt (gebräuchliche Gelegenheitsgeschenke geringen Werts sind nicht anzugeben).	☐ nein ☐ ja, im Gesamtwert von _____ EUR gemäß Ergänzungsblatt 5 K
		Ich habe in den letzten zwei Jahren Vermögensgegenstände an nahe stehende Personen veräußert.	☐ nein ☐ ja, im Gesamtwert von _____ EUR gemäß Ergänzungsblatt 5 K

	IV. Versicherung (§ 305 Abs. 1 Nr. 3 InsO)	Die **Richtigkeit und Vollständigkeit der in dieser Vermögensübersicht enthaltenen Angaben** versichere ich. Mir ist bekannt, dass vorsätzliche Falschangaben strafbar sein können und dass mir die Restschuldbefreiung versagt werden kann, wenn ich vorsätzlich oder grob fahrlässig unrichtige oder unvollständige Angaben gemacht habe (§ 290 Abs. 1 Nr. 6 InsO).

_____   _____
(Ort, Datum)   (Unterschrift)

Anlage 5 **zum Eröffnungsantrag des / der** _____	
Vermögensverzeichnis (Verzeichnis des vorhandenen Vermögens und des Einkommens, § 305 Abs. 1 Nr. 3 InsO)	
I. **Erklärung zum Vermögensverzeichnis**	Hinsichtlich meines Vermögens und meiner Einkünfte nehme ich auf die Angaben in der Vermögensübersicht Bezug. ☐ Ich ergänze diese Angaben entsprechend den beiliegenden und in der Vermögensübersicht bereits bezeichneten Ergänzungsblättern: ☐ 5 A (Guthaben auf Konten, Wertpapiere, Schuldbuchforderungen, Darlehensforderungen) ☐ 5 B (Hausrat, Mobiliar, Wertgegenstände und Fahrzeuge) ☐ 5 C (Forderungen, Rechte aus Erbfällen) ☐ 5 D (Grundstücke, Eigentumswohnungen und Erbbaurechte, Rechte an Grundstücken) ☐ 5 E (Beteiligungen, Aktien, Genussrechte) ☐ 5 F (Immaterielle Vermögensgegenstände, sonstiges Vermögen) ☐ 5 G (Laufendes Einkommen) ☐ 5 H (Sicherungsrechte Dritter und Zwangsvollstreckungsmaßnahmen) ☐ 5 J (Regelmäßig wiederkehrende Verpflichtungen) ☐ 5 K (Schenkungen und entgeltliche Veräußerungen) **Ich versichere, dass ich in den nicht beigefügten Ergänzungsblättern keine Angaben zu machen habe.**
II. **Versicherung** **(§ 305 Absatz 1 Nr. 3 InsO)**	Die **Richtigkeit und Vollständigkeit** der in diesem Vermögensverzeichnis und den beigefügten Ergänzungsblättern enthaltenen Angaben versichere ich. Mir ist bekannt, dass vorsätzliche Falschangaben strafbar sein können, und dass mir die Restschuldbefreiung versagt werden kann, wenn ich vorsätzlich oder grob fahrlässig unrichtige oder unvollständige Angaben gemacht habe (§ 290 Abs. 1 Nr. 6 InsO).

_____ _____
(Ort, Datum)   (Unterschrift)

Ergänzungsblatt 5 A
zum Vermögensverzeichnis des / der _____

Guthaben auf Konten, Wertpapiere, Schuldbuchforderungen, Darlehnsforderungen

			Stichtag	Guthaben in EUR
31	**1.**	**Guthaben auf Konten** *(Bezeichnung der Kontonummern, genaue Bezeichnung der kontoführenden Stelle)*		
	1.1 / 1.1.1	Girokonten (z.B. Gehaltskonto)		
	1.2 / 1.2.1	Termin- oder Festgeldkonten		
	1.3 / 1.3.1	Fremdwährungsgeldkonten		
	1.4 / 1.4.1	Sparkonten, Sparverträge		
	1.5 / 1.5.1	Raten- und Bausparverträge		
	1.6 / 1.6.1	Sonstige Spareinlagen		

			Stichtag	Kurs- oder Verkehrswert in EUR
32	**2.**	**Wertpapiere, Schuldbuchforderungen und sonstige Darlehnsforderungen** *(genaue Bezeichnung: Name des Papiers, Typ, Serie, WKN, ggf. Name der Depotbank mit Depot-Nr., Fälligkeitsdatum, Name und Anschrift des Schuldners)*		
	2.1 / 2.1.1	Investmentfondsanteile		
	2.2 / 2.2.1	Pfandbriefe, Sparbriefe und ähnliche festverzinsliche Wertpapiere, Obligationen		
	2.3 / 2.3.1	Schuldbuchforderungen		
	2.4 / 2.4.1	Wechselforderungen		
	2.5 / 2.5.1	Scheckforderungen		
	2.6 / 2.6.1	Forderungen aus Hypotheken oder Grundschulden		
	2.7 / 2.7.1	Gesellschafterdarlehen		
	2.8 / 2.8.1	sonstige Forderungen aus Darlehen oder ähnlichen Geldanlagen		

Henning

206

Ergänzungsblatt 5 B
zum Vermögensverzeichnis des / der _____

Hausrat, Mobiliar, Wertgegenstände und Fahrzeuge

|33|

1.	Hausrat, sonstiges Mobiliar oder Wertgegenstände	Wert in EUR
1.1 1.1.1	Bescheidene Lebensführung übersteigende Hausratsgegenstände, Möbel, Fernseh- und Videogeräte, Computer, sonstige elektronische Geräte, wertvolle Kleidungsstücke, sonstige wertvolle Gebrauchsgegenstände (z.B. Kameras, Waffen, Sportgeräte, optische Geräte u.ä.)	
1.2 1.2.1	sonstige Wertgegenstände (wie z.B. wertvolle Bücher, Kunstobjekte, Musikinstrumente, Uhren, Schmuck, Sammlungen, Gegenstände aus Edelmetall, Edelsteine, Perlen, Goldmünzen etc.)	
1.3 1.3.1	Bauten auf fremden Grundstücken (z.B. Gartenhaus, Verkaufsstände etc.)	

|34|

2.	**Kraftfahrzeuge** *(Bitte Typ/Fabrikat, Kennzeichen, Baujahr, km-Leistung und Aufbewahrungsort des Fahrzeugbriefes angeben)*	Wert in EUR
2.1 2.1.1	PKW	
2.2 2.2.1	LKW	
2.3 2.3.1	Wohnwagen, Anhänger u.ä.	
2.4 2.4.1	Motorräder, Mopeds u.ä.	
2.5 2.5.1	land- und forstwirtschaftliche Maschinen, Geräte u.ä.	

|35|

3.	**Erklärung zu unpfändbaren Gegenständen**
	☐ Die Gegenstände unter laufender Nummer _____ werden zur Fortsetzung der Erwerbstätigkeit benötigt. Begründung:

Henning

Ergänzungsblatt 5 C
zum Vermögensverzeichnis des / der _____

Forderungen (z.B. aus Versicherungsverträgen), Rechte aus Erbfällen

	1.	Forderungen	Wert in EUR
36	1.1	**Forderungen aus Versicherungsverträgen** *(Name und Anschrift der Versicherungsgesellschaft oder Kasse und Vertragsnummer, Versicherungsleistung bzw. Beitragserstattung, ggfs. Rückkaufwert, Name des Begünstigten)*	
		Kapital-Lebensversicherungsverträge, Sterbekassen	
		private Rentenversicherungen	
		private Krankenversicherung	
		sonstige Versicherungen *(z.B. Ansprüche gegen Hausrat-, Haftpflichtversicherung, sonstige verwertbare Versicherung)*	
37	1.2	**Rückständiges Arbeitseinkommen**	
		Name / Firma, vollständige Anschrift des Arbeitgebers, Art des rückständigen Einkommens (z.B. Urlaubsgeld, Weihnachtsgeld, rückständiger Lohn von – bis)	
	1.2.1		
38	1.3	**Steuererstattungsansprüche**	
		Finanzamt	
		Steuernummer	Die Steuererklärung wurde zuletzt abgegeben für das Kalenderjahr
39	1.4	**Sonstige Zahlungsansprüche, z.B. aus Schadensfällen oder aus noch nicht erfüllten Verträgen**	
		Name / Firma, vollständige Anschrift des Schuldners Art des Zahlungsanspruchs (genaue Bezeichnung des Rechtsgrunds; ggf. Angaben zur Einbringlichkeit der Forderung)	
	1.4.1		
40	2.	**Rechte und Ansprüche aus Erbfällen**	Wert in EUR
		(Bezeichnung der Beteiligung bzw. des Anspruchs, z.B. Erbengemeinschaft, Pflichtteilsanspruch, Beteiligung an einer fortgesetzten Gütergemeinschaft etc.)	

Henning

208

Ergänzungsblatt 5 D
zum Vermögensverzeichnis des / der _____

Grundstücke, Eigentumswohnungen und Erbbaurechte, Rechte an Grundstücken

41 | **1. Genaue Bezeichnung des Grundvermögens** *(evtl. gesonderte Aufstellung oder Grundbuchauszüge beifügen)*

lfd. Nr.	Lage des Objektes (Straße, Ort), Nutzungsart	Grundbuchbezeichnung (Amtsgericht, Grundbuchbezirk, Band, Blatt)	Eigentumsanteil	Verkehrswert in EUR (ca.)
1.1 1.1.1	Eigentum an Grundstücken oder Eigentumswohnungen			
1.2 1.2.1	Erbbaurechte			
1.3 1.3.1	Grunddienstbarkeiten, Nießbrauchsrechte			
1.4 1.4.1	Sonstige im Grundbuch eingetragene Rechte			

42 | **2. Belastungen dieses Grundvermögens** *(evtl. gesonderte Aufstellung oder Grundbuchauszüge beifügen)*

lfd. Nr. zu 1.	Art der Belastung	Grundbucheintragung in a) Abteilung b) lfd. Nr	Name des Gläubigers	Wert der derzeitigen Belastung in EUR

43 | **3. Ist die Zwangsversteigerung oder –verwaltung dieses Grundstückes angeordnet?**

lfd. Nr. zu 1.	Zwangsversteigerung	Zwangsverwaltung	Zuständiges Amtsgericht (mit Geschäftszeichen)
	☐	☐	
	☐	☐	
	☐	☐	
	☐	☐	

Henning

Ergänzungsblatt 5 E
zum Vermögensverzeichnis des / der _____

Beteiligungen (Aktien, Genussrechte, sonstige Beteiligungen)

44 | **1.** | **Aktien, Genussrechte und sonstige Beteiligungen an Kapitalgesellschaften** (AG, GmbH, KGaA)
– evtl. gesonderte Aufstellung oder Depotauszug beifügen –

lfd. Nr.	a) Beteiligungsform b) Name und Anschrift der Gesellschaft c) WKN, Depot-Nr. und -bank bzw. Registergericht mit HRB-Nr.	Nennbetrag je Gesellschaft in EUR	Kurs- bzw. Verkehrswert in EUR	Fällige Gewinnansprüche in EUR
1.1				

45 | **2.** | **Beteiligung an Personengesellschaften**
(oHG, KG, Partnerschaftsgesellschaft, Gesellschaft des bürgerlichen Rechts, EWIV u.ä.)
– evtl. gesonderte Aufstellung beifügen –

lfd. Nr.	a) Name und Anschrift der Gesellschaft b) Eingetragen im Register des Amtsgerichts unter HRA-Nr. c) Beteiligungsform	Nennbetrag je Gesellschaft in EUR	Verkehrswert in EUR	Fällige Gewinnansprüche in EUR
2.1				

46 | **3.** | **Beteiligungsform als stiller Gesellschafter**
– evtl. gesonderte Aufstellung beifügen –

lfd. Nr.	a) Name und Anschrift des Unternehmens b) Eingetragen im Register des Amtsgerichts c) unter HRA / HRB – Nr.	Nennbetrag je Gesellschaft in EUR	Verkehrswert in EUR	Fällige Gewinnansprüche in EUR
3.1				

47 | **4.** | **Beteiligungen an Genossenschaften** (auch Anteile von Genossenschaftsbanken, Spar- und Darlehnskassen)
– evtl. gesonderte Aufstellung beifügen –

lfd. Nr.	a) Name und Anschrift der Genossenschaft b) Eingetragen im Register des Amtsgerichts c) unter Nr.	Geschäftsguthaben in EUR	Fällige Gewinnansprüche in EUR
4.1			

Henning

210

Ergänzungsblatt 5 F
zum Vermögensverzeichnis des / der _____

Immaterielle Vermögensgegenstände und sonstiges Vermögen

48	1.	Immaterielle Vermögensgegenstände (z.B. Urheber-, Patent-, Verlags- oder ähnliche Rechte)	
	lfd. Nr.	Genaue Bezeichnung und – soweit registriert - Angabe der Registerbehörde (z.B. Deutsches Patentamt), des Geschäftszeichens der Registerbehörde; Angaben über Nutzungsverträge u. ä.	Wert in EUR
	1.1		

49	2.	Sonstiges Vermögen	
	lfd. Nr.		Wert in EUR
	2.1		

Henning

Ergänzungsblatt 5 G
zum Vermögensverzeichnis des / der _____

211

Laufendes Einkommen

50 **I. Einkünfte aus nichtselbständiger Arbeit und sonstigen Dienstverhältnissen**

Berufliche Tätigkeit (Aufgabenbereich)	Berufliche Tätigkeit			
Genauer Name (Firma) und Anschrift des Arbeitgebers oder der sonstigen auszahlenden Stelle	Name / Firma			
	Straße		Hausnummer	
	PLZ	Ort		
	Personal-Nr. o.ä.:			
	☐ Lohn- oder Gehaltsbescheinigungen der letzten 2 Monate sind beigefügt			

			Zahlungsweise	Abzweigungsbetrag bei Pfändung oder Abtretung in EUR	Auszahlungsbetrag in EUR
1. Arbeitseinkommen	☐ Nein	☐ Ja	monatlich		
2. Zulagen (durchschnittlich)	☐ Nein	☐ Ja	monatlich		
3. Zusätzliche Leistungen des Arbeitgebers (z.B. vermögenswirksame Leistungen)	☐ Nein	☐ Ja	monatlich		
4. Weihnachtsgeld	☐ Nein	☐ Ja	jährlich		
5. Urlaubsgeld	☐ Nein	☐ Ja	jährlich		
6. Einkünfte aus sonstigen Dienstverhältnissen, Aufwandsentschädigungen und gewinnabhängige Tantiemen	☐ Nein	☐ Ja	monatlich		
			jährlich		
7. Abfindungen bei Beendigung eines Dienst- oder Arbeitsverhältnisses	☐ Nein	☐ Ja	gesamt		

51 **II. Einkünfte im Rahmen des Ruhestands**

			Abzweigungsbetrag bei Pfändung oder Abtretung in EUR	monatlicher Auszahlungsbetrag in EUR
1. Leistungen der gesetzlichen Rentenversicherung	☐ Nein	☐ Ja - Auszahlende Stelle und Geschäftszeichen:		
		☐ Rentenbescheid ist beigefügt		
2. Versorgungsbezüge	☐ Nein	☐ Ja - Auszahlende Stelle und Geschäftszeichen:		
		☐ Versorgungsbescheid ist beigefügt.		
3. Betriebsrenten	☐ Nein	☐ Ja - Auszahlende Stelle und Geschäftszeichen:		
		☐ Rentenbescheid ist beigefügt		

Henning

4. Sonstige fortlaufende Einkünfte infolge des Ausscheidens aus einem Dienst- oder Arbeitsverhältnis	☐ Nein	☐ Ja - Auszahlende Stelle und Geschäftszeichen: ☐ Nachweis ist beigefügt	
5. Renten aus privaten Versicherungs- oder Sparverträgen	☐ Nein	☐ Ja - Auszahlende Stelle und Vertrags-Nr.: ☐ Nachweis ist beigefügt	

|52| **III. Unterhaltszahlungen** |

☐ Nein	☐ Ja	Abzweigungsbetrag bei Pfändung oder Abtretung in EUR	monatlicher Auszahlungsbetrag in EUR
	Name, vollständige Anschrift der unterhaltspflichtigen Person(en)		

|53| **IV. Leistungen aus öffentlichen Kassen** |

		Abzweigungsbetrag bei Pfändung oder Abtretung in EUR	monatlicher Auszahlungsbetrag in EUR
1. Arbeitslosengeld	☐ Nein	☐ Ja - Auszahlende Stelle und Geschäftszeichen: ☐ Bewilligungsbescheid ist beigefügt	
2. Arbeitslosenhilfe	☐ Nein	☐ Ja - Auszahlende Stelle und Geschäftszeichen: ☐ Bewilligungsbescheid ist beigefügt	
3. Krankengeld	☐ Nein	☐ Ja - Auszahlende Stelle und Geschäftszeichen: ☐ Bewilligungsbescheid ist beigefügt	
4. Sozialhilfe	☐ Nein	☐ Ja - Auszahlende Stelle und Geschäftszeichen: ☐ Bewilligungsbescheid ist beigefügt	
5. Wohngeld	☐ Nein	☐ Ja - Auszahlende Stelle und Geschäftszeichen: ☐ Bewilligungsbescheid ist beigefügt	
6. Unterhaltsgeld	☐ Nein	☐ Ja - Auszahlende Stelle und Geschäftszeichen: ☐ Bewilligungsbescheid ist beigefügt	

7. Kindergeld	☐ Nein	☐ Ja - Auszahlende Stelle und Geschäftszeichen: ☐ Bewilligungsbescheid ist beigefügt			
8. Berufs- oder Erwerbsunfähigkeitsrenten	☐ Nein	☐ Ja - Auszahlende Stelle und Geschäftszeichen: ☐ Bewilligungsbescheid ist beigefügt			
9. Hinterbliebenen-, Unfall-, Kriegsopferrenten	☐ Nein	☐ Ja - Auszahlende Stelle und Geschäftszeichen: ☐ Bewilligungsbescheid ist beigefügt			
10. Sonstige Leistungen aus öffentlichen Kassen	☐ Nein	☐ Ja - Auszahlende Stelle und Geschäftszeichen: ☐ Bewilligungsbescheid ist beigefügt			

54 | **V. Einkünfte aus Vermietung und Verpachtung**

☐ Nein	☐ Ja *Bezeichnung des Miet- oder Pachtobjekts; Name und Anschrift der Mieter oder Pächter*	monatlich	jährlich	Abzweigungsbetrag bei Pfändung oder Abtretung in EUR	Einkünfte in EUR
		☐	☐		
		☐	☐		
		☐	☐		

55 | **VI. Zinseinkünfte und sonstige laufende Einkünfte**

☐ Nein	☐ Ja *genaue Bezeichnung der Einkunftsart; Name und Anschrift der zahlungspflichtigen Person oder Stelle*	monatlich	jährlich	Abzweigungsbetrag bei Pfändung oder Abtretung in EUR	Einkünfte in EUR
		☐	☐		
		☐	☐		
		☐	☐		
		☐	☐		
		☐	☐		

Henning

212

**Ergänzungsblatt 5 H
zum Vermögensverzeichnis des / der** _____

Sicherungsrechte Dritter und Zwangsvollstreckungsmaßnahmen

56 | **1. Eigentumsvorbehalte, Sicherungsübereignungen**

lfd. Nr.	Gegenstand	Datum des Vertrags	Name und Anschrift des Verkäufers bzw. Sicherungsnehmers	Restschuld (ca.) in EUR
1.1				

57 | **2. Lohnabtretungen, Sicherungsabtretungen**

lfd. Nr.	Abgetretene Forderung (z.B.: Lohn/Gehalt bei Fa. ..., Ansprüche aus Lebensversicherung ...)	Abtretung ist offengelegt	pfändbarer Teil wird abgeführt	Datum der Abtretung	Name und Anschrift des Lohn- bzw. Sicherungsabtretungsgläubigers	gegenwärtige Höhe der gesicherten Schuld (ca.) in EUR
2.1		☐	☐			
		☐	☐			
		☐	☐			

58 | **3. Freiwillige Verpfändungen**

lfd. Nr.	Verpfändeter Gegenstand bzw. verpfändete Forderung	Datum der Verpfändung	Name und Anschrift des Pfandgläubigers	gegenwärtige Höhe der gesicherten Schuld (ca.) in EUR
3.1				

59 | **4. Zwangsvollstreckungen und Pfändungen**

lfd. Nr.	Gegenstand u. Datum der Zwangsvollstreckung / Pfändung (mit Angabe von Gerichtsvollzieher und DR-Nr. des Pfändungsprotokolls bzw. von Gericht und Aktenzeichen des Pfändungs- und Überweisungsbeschlusses)	Datum der Pfändungsmaßnahme	Name und Anschrift des Gläubigers	Restschuld (ca.) in EUR
4.1				

Henning

Ergänzungsblatt 5 J
zum Vermögensverzeichnis des / der _____

Regelmäßig wiederkehrende Verpflichtungen

60 **I. Unterhaltsleistungen an Angehörige**

	Name, Vorname und Geburtsdatum, Anschrift (nur, wenn sie von Ihrer Anschrift abweicht)	Familienverhältnis (Kind, Ehegatte, Eltern, Lebenspartner, usw.)	Unterhaltsleistung	Eigene Einnahmen der Empfänger
1.			☐ Naturalunterhalt ☐ Barunterhalt, monatlich EUR	☐ Nein ☐ Ja, monatlich netto EUR ☐ Nicht bekannt
2.			☐ Naturalunterhalt ☐ Barunterhalt, monatlich EUR	☐ Nein ☐ Ja, monatlich netto EUR ☐ Nicht bekannt
3.			☐ Naturalunterhalt ☐ Barunterhalt, monatlich EUR	☐ Nein ☐ Ja, monatlich netto EUR ☐ Nicht bekannt
4.			☐ Naturalunterhalt ☐ Barunterhalt, monatlich EUR	☐ Nein ☐ Ja, monatlich netto EUR ☐ Nicht bekannt
5.			☐ Naturalunterhalt ☐ Barunterhalt, monatlich EUR	☐ Nein ☐ Ja, monatlich netto EUR ☐ Nicht bekannt

61 **II. Wohnkosten**

Wohnungsgröße in qm	Kaltmiete monatlich in EUR	Nebenkosten monatlich in EUR	Gesamtmiete monatlich in EUR	Ich zahle darauf monatlich EUR	Mitbewohner zahlen monatlich EUR

62 **III. Weitere wesentliche Zahlungsverpflichtungen, besondere Belastungen**

Art der Verpflichtung bzw. außergewöhnlichen Belastung (z.B. Lebensversicherungsbeiträge, Verpflichtungen aus Kredit-, Abzahlungskauf- oder Leasingverträgen, Pflege- und Krankheitsaufwendungen)	Monatliche Höhe der Verpflichtung bzw. Belastung in EUR	Mitverpflichtete zahlen darauf monatlich in EUR

Henning

214

Ergänzungsblatt 5 K
zum Vermögensverzeichnis des / der _____

Schenkungen und entgeltliche Veräußerungen
(§§ 132, 133, 134 InsO)

63 | **1. Unentgeltliche Veräußerung von Vermögensgegenständen (Schenkungen)**

☐ Ich habe in den letzten 4 Jahren vor dem Antrag auf Eröffnung des Insolvenzverfahrens folgende Geldbeträge, Forderungen oder Gegenstände verschenkt (gebräuchliche Geschenke von geringem Wert sind nicht anzugeben):

lfd. Nr.	Name und Anschrift des Empfängers	Datum	Gegenstand	Wert in EUR
1.1				

64 | **2. Entgeltliche Veräußerung von Vermögensgegenständen an nahe stehende Personen**

☐ Ich habe in den letzten 2 Jahren vor dem Antrag auf Eröffnung des Insolvenzverfahrens folgender nahe stehenden Person folgende Vermögensgegenstände (auch Forderungen) entgeltlich veräußert:

lfd. Nr.	Name der nahe stehenden Person (§ 138 InsO)	Datum	Gegenstand	Wert in EUR
2.1	☐ Ehegatte oder Lebenspartner (vor, während oder nach der Ehe oder Lebenspartnerschaft)			
2.2	☐ Lebensgefährte oder andere Personen, die mit mir in häuslicher Gemeinschaft leben oder im letzten Jahr vor der Veräußerung gelebt haben			
2.3	☐ Kinder oder Enkelkinder			
2.4	☐ meine oder meines Ehegatten Eltern, Großeltern, Geschwister und Halbgeschwister			
2.5	☐ Ehegatten der zuvor genannten Personen			

Henning

Anlage 6
zum Eröffnungsantrag des / der _____

Gläubiger- und Forderungsverzeichnis
(Verzeichnis der Gläubiger und Verzeichnis der gegen den Schuldner gerichteten Forderungen, § 305 Abs. 1 Nr. 3 InsO)

lfd. Nr. des Gläubigers im SB-Plan AT	Name/Kurzbezeichnung des Gläubigers (vollständige Angaben im Allgemeinen Teil des Schuldenbereinigungsplans)	Nahe stehende Person (§ 138)	Hauptforderung in EUR (je Hauptforderung eine Zeile)	Zinsen Höhe in EUR	Zinsen berechnet bis zum	Kosten in EUR	Forderungsgrund; ggf. Angaben zum Bestand und zur Berechtigung der Forderung. Hinsichtlich der Angaben zu Hauptforderung, Zinsen, Kosten, Forderungsgrund und Titulierung kann durch einen Hinweis in der Spalte „Forderungsgrund" auf beigefügte Forderungsaufstellungen der Gläubiger Bezug genommen werden (§ 305 Abs. 2 Satz 1 InsO).	Forderung tituliert	Summe aller Forderungen des Gläubigers in EUR
		☐						☐	
		☐						☐	
		☐						☐	
		☐						☐	
		☐						☐	
		☐						☐	
		☐						☐	
		☐						☐	
		☐						☐	
		☐						☐	
		☐						☐	
		☐						☐	
		☐						☐	
		☐						☐	
		☐						☐	

Henning

lfd. Nr. des Gläubigers im SB-Plan AT	Name/Kurzbezeichnung des Gläubigers (vollständige Angaben im Allgemeinen Teil des Schuldenbereinigungsplans)	Nahe stehende Person (§ 138)	Hauptforderung in EUR (je Hauptforderung eine Zeile)	Zinsen Höhe in EUR	Zinsen berechnet bis zum	Kosten in EUR	Forderungsgrund; ggf. Angaben zum Bestand und zur Berechtigung der Forderung Hinsichtlich der Angaben zu Hauptforderung, Zinsen, Kosten, Forderungsgrund und Titulierung kann durch einen Hinweis in der Spalte „Forderungsgrund" auf beigefügte Forderungsaufstellungen der Gläubiger Bezug genommen werden (§ 305 Abs. 2 Satz 1 InsO).	Forderung tituliert	Summe aller Forderungen des Gläubigers in EUR
		☐						☐	
		☐						☐	
		☐						☐	
		☐						☐	
		☐						☐	
		☐						☐	
		☐						☐	
		☐						☐	
		☐						☐	
		☐						☐	
		☐						☐	
		☐						☐	
		☐						☐	

Versicherung (§ 305 Abs. 1 Nr. 3 InsO)	Die Richtigkeit und Vollständigkeit der in diesem Gläubiger- und Forderungsverzeichnis enthaltenen Angaben versichere ich. Mir ist bekannt, dass vorsätzliche Falschangaben strafbar sein können und dass mir die Restschuldbefreiung versagt werden kann, wenn ich vorsätzlich oder grob fahrlässig unrichtige oder unvollständige Angaben gemacht habe (§ 290 Abs. 1 Nr. 6 InsO).

Verbraucherinsolvenzverfahren   13. Kapitel 1457

[66]

Anlage 7 zum Eröffnungsantrag des / der	Vorname und Name
	Straße und Hausnummer
	Postleitzahl und Ort
	Verfahrensbevollmächtigte(r):

216

Schuldenbereinigungsplan für das gerichtliche Verfahren
§ 305 Abs. 1 Nr. 4 InsO

Allgemeiner Teil

Neben diesem Allgemeinen Teil besteht der Schuldenbereinigungsplan aus dem Besonderen Teil (Anlagen 7A und 7B). Dort sind für jeden Gläubiger die angebotenen besonderen Regelungen zur angemessenen Bereinigung der Schulden dargestellt. Ergänzende Erläuterungen zur vorgeschlagenen Schuldenbereinigung können in der Anlage 7C erfolgen.

[67] Datum des Schuldenbereinigungsplans: _____

[68]

Unter Berücksichtigung der Gläubigerinteressen sowie meiner Vermögens-, Einkommens- und Familienverhältnisse biete ich den nachstehenden Gläubigern zur Bereinigung meiner Schulden folgenden Schuldenbereinigungsplan an:

☐ Plan mit Einmalzahlung oder festen Raten gemäß dem in Anlage 7A beiliegenden Musterplan und den in der Anlage 7B aufgeführten ergänzenden Regelungen

☐ Plan mit flexiblen Raten gemäß dem in Anlage 7A beiliegenden Musterplan und den in Anlage 7B aufgeführten ergänzenden Regelungen

☐ Sonstiger Plan (als Anlage 7A beigefügt) mit den in Anlage 7B aufgeführten ergänzenden Regelungen

☐ Erläuterungen zur vorgeschlagenen Schuldenbereinigung (Anlage 7C)

[69]

Beteiligte Gläubiger

lfd. Nr.	Gläubiger (möglichst in alphabetischer Reihenfolge)	Verfahrensbevollmächtigte(r) für das Insolvenzverfahren:	Summe aller Forderungen des Gläubigers in EUR	Anteil an der Gesamtverschuldung in %
1.	Name, Vorname bzw. Firma	Name, Vorname, Firma		
	Straße, Hausnummer	Straße, Hausnummer		
	Postleitzahl, Ort	Postleitzahl, Ort		
	Geschäftszeichen	Geschäftszeichen		
	gesetzlich vertreten durch			
2.	Name, Vorname bzw. Firma	Name, Vorname, Firma		
	Straße, Hausnummer	Straße, Hausnummer		
	Postleitzahl, Ort	Postleitzahl, Ort		
	Geschäftszeichen	Geschäftszeichen		
	gesetzlich vertreten durch			
3.	Name, Vorname bzw. Firma	Name, Vorname, Firma		
	Straße, Hausnummer	Straße, Hausnummer		
	Postleitzahl, Ort	Postleitzahl, Ort		
	Geschäftszeichen	Geschäftszeichen		
	gesetzlich vertreten durch			

Henning

lfd. Nr.	Gläubiger	Verfahrensbevollmächtigte(r) für das Insolvenzverfahren:	Summe aller Forderungen des Gläubigers in EUR	Anteil an der Gesamtverschuldung in %
	Name, Vorname bzw. Firma	Name, Vorname, Firma		
	Straße, Hausnummer	Straße, Hausnummer		
	Postleitzahl, Ort	Postleitzahl, Ort		
	Geschäftszeichen	Geschäftszeichen		
	gesetzlich vertreten durch			
	Name, Vorname bzw. Firma	Name, Vorname, Firma		
	Straße, Hausnummer	Straße, Hausnummer		
	Postleitzahl, Ort	Postleitzahl, Ort		
	Geschäftszeichen	Geschäftszeichen		
	gesetzlich vertreten durch			
	Name, Vorname bzw. Firma	Name, Vorname, Firma		
	Straße, Hausnummer	Straße, Hausnummer		
	Postleitzahl, Ort	Postleitzahl, Ort		
	Geschäftszeichen	Geschäftszeichen		
	gesetzlich vertreten durch			
	Name, Vorname bzw. Firma	Name, Vorname, Firma		
	Straße, Hausnummer	Straße, Hausnummer		
	Postleitzahl, Ort	Postleitzahl, Ort		
	Geschäftszeichen	Geschäftszeichen		
	gesetzlich vertreten durch			
	Name, Vorname bzw. Firma	Name, Vorname, Firma		
	Straße, Hausnummer	Straße, Hausnummer		
	Postleitzahl, Ort	Postleitzahl, Ort		
	Geschäftszeichen	Geschäftszeichen		
	gesetzlich vertreten durch			
	Name, Vorname bzw. Firma	Name, Vorname, Firma		
	Straße, Hausnummer	Straße, Hausnummer		
	Postleitzahl, Ort	Postleitzahl, Ort		
	Geschäftszeichen	Geschäftszeichen		
	gesetzlich vertreten durch			

Verbraucherinsolvenzverfahren 13. Kapitel 1459

70

Anlage 7 A zum Eröffnungsantrag des / der _____

Schuldenbereinigungsplan für das gerichtliche Verfahren
Besonderer Teil
- Musterplan mit Einmalzahlung bzw. festen Raten -

Datum des Schuldenbereinigungsplans: _____

In Verbindung mit den ergänzenden Regelungen gemäß Anlage 7 B biete ich den im Plan genannten Gläubigern zur angemessenen und endgültigen Bereinigung meiner Schulden die folgende Regelung an:

Gesamtverschuldung in EUR	Gesamtregulierungsbetrag in EUR	Gesamtregulierungsquote in %	Monatliche Gesamtrate in EUR
	Anzahl der Raten	Zahlungsweise ☐ einmalig ☐ monatlich zum	
Zahlungsweise und Fälligkeit	Sonderzahlungen (z.B. pfändbarer Teil des Weihnachtsgeldes) ☐		
	Anzahl der Sonderzahlungen:	Zahlungsweise:	
	Beginn der Zahlungen		

lfd. Nr. des Gläubigers im SB-Plan AT	Name/Kurzbezeichnung des Gläubigers (vollständige Angaben im Allgemeinen Teil des Schuldenbereinigungsplans)	Hauptforderung in EUR	Zinsen Höhe in EUR	Zinsen berechnet bis zum	Kosten in EUR	Forderung gesichert	Zahlungsweise und Fälligkeit *(nur soweit nicht einheitlich wie oben angegeben)* Anzahl der Raten p.m./p.a. zum ...	Höhe der festen Rate oder Einmalzahlung in EUR	jeweilige Höhe der Sonderzahlung(en)	Summe aller Zahlungen auf die Forderung in EUR	Regulierungsquote auf die Forderung in %
						☐					
						☐					
						☐					
						☐					
						☐					

Henning

lfd. Nr. des Gläubigers im SB-Plan AT	Name/Kurzbezeichnung des Gläubigers (vollständige Angaben im Allgemeinen Teil des Schuldenbereinigungsplans)	Hauptforderung in EUR	Zinsen Höhe in EUR	Zinsen berechnet bis zum	Kosten in EUR	Forderung gesichert	Zahlungsweise und Fälligkeit (nur soweit nicht einheitlich wie oben angegeben) Anzahl der Raten / p.m./p.a. zum ...	Höhe der festen Rate oder Einmalzahlung in EUR	jeweilige Höhe der Sonderzahlung(en)	Summe aller Zahlungen auf die Forderung in EUR	Regulierungsquote auf die Forderung in %
						☐					
						☐					
						☐					
						☐					
						☐					
						☐					
						☐					
						☐					
						☐					
						☐					
						☐					
						☐					
						☐					
						☐					
						☐					
						☐					
						☐					

Anlage 7 A
zum Eröffnungsantrag des / der _____

Schuldenbereinigungsplan für das gerichtliche Verfahren
Besonderer Teil
- Musterplan mit flexiblen Raten -

Datum des Schuldenbereinigungsplans: _____

In Verbindung mit den ergänzenden Regelungen gemäß Anlage 7 B biete ich den im Plan genannten Gläubigern zur angemessenen und endgültigen Bereinigung meiner Schulden die folgende Regelung an:

Gesamtverschuldung in EUR: _____

derzeit pfändbarer Teil des Einkommens in EUR: _____

Gesamtlaufzeit in Monaten: _____

Beginn der Laufzeit: _____

Zahlungsweise und Fälligkeit:
Zahlungsweise: ☐ monatlich zum _____

Der Zahlbetrag ergibt sich aus
☐ dem jeweils pfändbaren Teil meines Einkommens gemäß §§ 850c ff. ZPO.
☐ den ergänzenden Regelungen in Anlage 7 B.

lfd. Nr. des Gläubigers im SB-Plan AT	Name / Kurzbezeichnung des Gläubigers (vollständige Angaben im Allgemeinen Teil des Schuldenbereinigungsplans)	Hauptforderung in EUR	Zinsen Höhe in EUR	Zinsen berechnet bis zum	Kosten in EUR	Forderung gesichert	Zahlungsweise und Fälligkeit (nur soweit nicht einheitlich wie oben angegeben) Anzahl der Raten	p.m./p.a. zum...	erstmals am...	Anteil der Forderung am Zahlbetrag in %
						☐				
						☐				
						☐				
						☐				

lfd. Nr. des Gläubigers im SB-Plan AT	Name / Kurzbezeichnung des Gläubigers (vollständige Angaben im Allgemeinen Teil des Schuldenbereinigungsplans)	Hauptforderung in EUR	Zinsen		Kosten in EUR	Forderung gesichert	Zahlungsweise und Fälligkeit (nur soweit nicht einheitlich wie oben angegeben)			Anteil der Forderung am Zahlbetrag in %
			Höhe in EUR	berechnet bis zum			Anzahl der Raten	p.m./p.a. zum ...	erstmals am ...	
						☐				
						☐				
						☐				
						☐				
						☐				
						☐				
						☐				
						☐				
						☐				
						☐				
						☐				
						☐				
						☐				
						☐				
						☐				
						☐				
						☐				

Anlage 7 B
zum Eröffnungsantrag des / der _____

Schuldenbereinigungsplan für das gerichtliche Verfahren
Besonderer Teil
- Ergänzende Regelungen -

Datum des Schuldenbereinigungsplans: _____

72 **Ergänzende Regelungen**
(insbesondere Sicherheiten der Gläubiger, § 305 Abs. 1 Nr. 4 3. Halbsatz)

Es sollen folgende ergänzende Regelungen gelten (für die Sicherheiten der Gläubiger, z.B. Sicherungsabtretungen, Bürgschaften, vereinbarte oder durch Zwangsvollstreckung erlangte Pfandrechte, müssen Regelungen erfolgen):

Henning

220

> **Anlage 7 C**
> **zum Eröffnungsantrag des / der** _____
>
> **Schuldenbereinigungsplan für das gerichtliche Verfahren**
> Erläuterungen zur vorgeschlagenen Schuldenbereinigung
>
> Datum des Schuldenbereinigungsplans: _____
>
> [73] **Erläuterungen zur vorgeschlagenen Schuldenbereinigung**

Hinweisblatt zu den Vordrucken für das Verbraucherinsolvenzverfahren und das Restschuldbefreiungsverfahren

Lesen Sie bitte die nachfolgenden Hinweise vor dem Ausfüllen der Antragsvordrucke sorgfältig durch. Füllen Sie die Vordrucke unter Beachtung der Hinweise vollständig und gewissenhaft aus. Wenn Sie beim Ausfüllen Schwierigkeiten haben, wird Ihnen in aller Regel die geeignete Person oder Stelle, die das Scheitern des außergerichtlichen Einigungsversuchs bescheinigt hat, behilflich sein. Fragen zum Ausfüllen der Vordrucke können Sie aber auch an das zuständige Insolvenzgericht richten.

221

A. Allgemeine Hinweise

Die Vordrucke für das Verbraucherinsolvenz- und Restschuldbefreiungsverfahren können Sie mit dem Computer, mit der Schreibmaschine oder handschriftlich – bitte in lesbarer Druckschrift – ausfüllen. Da es sich um amtliche Vordrucke handelt, sind inhaltliche oder gestalterische Änderungen oder Ergänzungen nicht zulässig. Sollte der Raum im Vordruck nicht ausreichen, können Sie die Angaben auf einem besonderen Blatt machen. In dem betreffenden Feld des Vordrucks ist dann auf das beigefügte Blatt hinzuweisen.

Die vollständig ausgefüllten Vordrucke sind zunächst ohne Abschriften (Kopien) bei dem zuständigen Insolvenzgericht einzureichen. Wenn das Insolvenzgericht die Durchführung des gerichtlichen Schuldenbereinigungsplanverfahrens → 65 anordnet, werden Sie gesondert aufgefordert, Abschriften des gerichtlichen Schuldenbereinigungsplans (Anlage 7, Anlage 7 A und Anlage 7 B) und der Vermögensübersicht (Anlage 4) in der für die Zustellung an die Gläubiger erforderlichen Anzahl nachzureichen. Stellen Sie deshalb unbedingt sicher, dass Sie eine vollständige, inhaltsgleiche Kopie der an das Gericht übersandten Antragsunterlagen bei Ihren Verfahrensunterlagen behalten.

Wichtiger Hinweis zur Umstellung auf den Euro:
In Anträgen ab dem 1. Januar 2002 sind alle Beträge ausschließlich in EUR anzugeben; auch vor dem 1. Januar 2002 können Sie alle Betragsangaben bereits in EUR machen. Die Vordrucke sehen daher vor, dass alle Betragsangaben in EUR erfolgen.
Soweit Sie bei Anträgen vor dem 1. Januar 2002 Beträge in DM angeben, müssen Sie dies in den Vordrucken jeweils durch die Angabe des Währungszeichens »DM« hinter jedem Betrag kennzeichnen.

Henning

B. Eröffnungsantrag (Hauptblatt)

In der Kopfzeile des Hauptblattes tragen Sie bitte nur Ihren Vor- und Nachnamen mit Postanschrift sowie ggf. den Namen Ihres Verfahrensbevollmächtigten ein; die vollständigen Angaben zu Ihrer Person und zu Ihrem Verfahrensbevollmächtigten werden in der Anlage 1 (Personalbogen) erfasst. Bitte setzen Sie Ihren Vor- und Nachnamen auch in die Kopfzeile aller Anlagen zum Eröffnungsantrag ein.

Das für Ihren Insolvenzantrag zuständige Amtsgericht wird Ihnen in aller Regel die geeignete Person oder Stelle nennen, die das Scheitern des außergerichtlichen Einigungsversuchs bescheinigt hat. Sie können das zuständige Insolvenzgericht aber auch bei jedem Amtsgericht erfragen.

Mit dem Eröffnungsantrag erklären Sie, dass Sie nach Ihrer Einschätzung zahlungsunfähig sind, oder dass Zahlungsunfähigkeit unmittelbar bevorsteht. Auf Grund des Eröffnungsantrags kann das Gericht alle Maßnahmen ergreifen, die erforderlich sind, um Ihr noch vorhandenes Vermögen zu sichern. Kommt es auf Grund Ihres Eröffnungsantrags zur Eröffnung des Insolvenzverfahrens, so wird ein Treuhänder eingesetzt, der Ihr pfändbares Vermögen und Einkommen an die Gläubiger verteilt. Nach Abschluss dieser Verteilung wird das Insolvenzverfahren aufgehoben, und es schließt sich, falls Sie einen Antrag auf Restschuldbefreiung gestellt haben, die so genannte Wohlverhaltensperiode → 18 an.

Der Antrag auf Erteilung von Restschuldbefreiung kann nur in Verbindung mit einem eigenen Eröffnungsantrag gestellt werden. Er ist aber nicht Voraussetzung für die Durchführung des Insolvenzverfahrens, sodass Sie an dieser Stelle eindeutig erklären müssen, ob Sie einen Restschuldbefreiungsantrag stellen oder nicht. Wenn das Insolvenzverfahren nicht bereits durch einen erfolgreichen gerichtlichen Schuldenbereinigungsplan → 65 beendet wird, können Sie die Befreiung von Ihren Verbindlichkeiten nur erlangen, wenn Sie den Restschuldbefreiungsantrag stellen. Andernfalls können die Gläubiger ihre Forderungen, soweit sie nicht im Insolvenzverfahren erfüllt worden sind, nach Aufhebung des Insolvenzverfahrens weiterhin geltend machen. Von der Restschuldbefreiung ausgenommen sind die in § 302 InsO genannten Forderungen, insbesondere also Forderungen aus vorsätzlich begangener unerlaubter Handlung sowie Geldstrafen.

Diejenigen Anlagen, die Sie Ihrem Insolvenzantrag zwingend beifügen müssen, sind bereits angekreuzt. Wenn Sie einen Restschuldbefreiungsantrag gestellt haben, ist zusätzlich die Abtretungserklärung (Anlage 3) beizufügen. Als Anlage 7 A müssen Sie den Besonderen Teil des Schuldenbereinigungsplans entweder in einer der beiden Vordruckvarianten → 69, 70 oder als sonstigen Plan beifügen. Welche Ergänzungsblätter zum Vermögensverzeichnis Sie beifügen, geben Sie nur im Vermögensverzeichnis (Anlage 5) → 29 an.

Henning

Aufgrund Ihrer gesetzlichen Auskunfts- und Mitwirkungspflicht sind Sie nicht nur verpflichtet, selbst vollständig Auskunft über Ihre Vermögensverhältnisse zu erteilen; ihnen obliegt es auch, Dritte von ihrer Pflicht zur Verschwiegenheit zu entbinden. Ein Verstoß gegen diese Obliegenheit kann zur Versagung der Restschuldbefreiung führen.

Ihre eigenhändige Unterschrift ist Voraussetzung für einen wirksamen Eröffnungsantrag. Bitte unterschreiben Sie auch die Anlagen zum Eröffnungsantrag, soweit dies in den Vordrucken vorgesehen ist.

C. Personalbogen: Angaben zur Person (Anlage 1)

Bitte geben Sie hier Ihre Personalien vollständig an; teilen Sie dem Gericht unverzüglich mit, falls sich Ihr Name, Ihre Anschrift oder sonstige Angaben im Laufe des Verfahrens ändern.

Bei den Angaben zu Ihrem Familienstand geben Sie bitte ggf. das genaue Datum Ihrer Eheschließung, Scheidung usw. an.

Ihren erlernten Beruf sollten Sie so genau wie möglich angeben, ebenso Ihre derzeitige oder letzte berufliche Tätigkeit, soweit diese von Ihrem erlernten Beruf abweicht.

Wenn Sie anderen Personen Unterhalt gewähren, geben Sie hier bitte nur die Anzahl der unterhaltsberechtigten Personen an; alle weiteren Angaben werden im Ergänzungsblatt 5 J zum Vermögensverzeichnis → 59 erfasst.

Wenn Sie einen Verfahrensbevollmächtigten oder eine Verfahrensbevollmächtigte für das Insolvenzverfahren haben, fügen Sie bitte möglichst eine Vollmacht, aus der sich der Umfang der Bevollmächtigung ergibt, bei. Die Vollmacht kann auch nachgereicht werden.

D. Bescheinigung über das Scheitern des außergerichtlichen Einigungsversuchs (Anlage 2)

Die Anlage 2 ist nicht von Ihnen, sondern von der geeigneten Person oder Stelle auszufüllen, die den außergerichtlichen Einigungsversuch begleitet hat.

Neben dem Namen und der Anschrift der geeigneten Person oder Stelle sollte insbesondere bei Schuldnerberatungsstellen der Name der Person angegeben werden, die als Ansprechpartner für das außergerichtliche Verfahren zuständig war.

In denjenigen Bundesländern, die eine behördliche Anerkennung der geeigneten Stellen eingeführt haben, sind die Einzelheiten der Anerkennung mitzuteilen; im Übrigen ist die Eignung kurz darzulegen.

Henning

Hier ist zunächst das Datum des außergerichtlichen Schuldenbereinigungsplans einzusetzen; der außergerichtliche Plan muss der Bescheinigung in Kopie beigefügt werden. Sofern der außergerichtliche Plan – ausnahmsweise – nicht allen Gläubigern übersandt wurde, ist dies zu begründen. Das Ergebnis des außergerichtlichen Schuldenbereinigungsversuchs ist mit dem Zeitpunkt des endgültigen Scheiterns und dem Anteil der ausdrücklich zustimmenden Gläubiger mitzuteilen.

Die wesentlichen Gründe für das Scheitern des Einigungsversuchs müssen dargelegt werden. Dabei sollte auf die im Vordruck enthaltenen Fragen eingegangen werden.

Die abschließende Bescheinigung ist von der geeigneten Person oder einem Angehörigen der geeigneten Stelle zu unterschreiben. Sofern ein Stempel vorhanden ist, sollte dieser zusätzlich zu der Unterschrift verwendet werden.

E. Abtretungserklärung nach § 287 Abs. 2 InsO (Anlage 3)

Die Abtretungserklärung müssen Sie dem Eröffnungsantrag immer dann beifügen, wenn Sie einen Restschuldbefreiungsantrag gestellt haben. Die Abtretungserklärung müssen Sie eigenhändig unterschreiben. Auf Grundlage der Abtretungserklärung wird Ihr pfändbares Einkommen nach der Aufhebung des Insolvenzverfahrens für die Dauer der Wohlverhaltensperiode, die im Regelfall sechs Jahre nach der Eröffnung des Insolvenzverfahrens endet, an den Treuhänder abgeführt und von diesem an Ihre Gläubiger verteilt. Bitte lesen Sie die in der Anlage 3 enthaltenen Erläuterungen zur Abtretungserklärung gründlich und prüfen Sie, ob Sie von der Abtretungserklärung erfasste Forderungen in der Vergangenheit abgetreten oder freiwillig verpfändet haben.

Auf Abtretungen oder freiwillige Verpfändungen – nicht auf Pfändungen auf Grund eines Pfändungs- und Überweisungsbeschlusses – müssen Sie in der Abtretungserklärung hinweisen; die Einzelheiten sind entweder durch Einreichung von Kopien der Abtretungs- bzw. Verpfändungsvereinbarungen oder in einer gesonderten Anlage darzustellen. Bitte beantworten Sie dabei für jede Abtretung und Verpfändung die nachfolgenden Fragen:

a) Um welche Forderungen geht es (Rechtsgrund, z. B. Arbeitslohn oder Altersrente)?

b) Welche Stelle zahlt diese Bezüge aus (genaue und vollständige Angaben mit Namen, Firma, Anschrift und Geschäftszeichen, z. B. Personalnummer des Arbeitgebers)?

c) An wen sind die Bezüge abgetreten oder verpfändet (Sicherungsnehmer, genaue und vollständige Angaben mit Namen, Firma, Anschrift und Geschäftszeichen, z. B. Kunden- oder Vertragsnummer)?

d) Wann ist die Abtretung oder Verpfändung vereinbart worden (genaues Datum)?

Henning

gehenden Angaben in den Ergänzungsblättern zum Vermögensverzeichnis → 30–63, soweit Sie hierauf in der Vermögensübersicht bereits Bezug genommen haben. Ergänzungsblätter, in denen Sie keine Angaben zu machen haben, weil Sie die entsprechenden Fragen in der Vermögensübersicht mit »Nein« beantwortet haben, brauchen Sie nicht beizufügen.

J. Guthaben auf Konten, Wertpapiere, Schuldbuchforderungen, Darlehensforderungen (Ergänzungsblatt 5 A)

Bitte geben Sie zunächst den genauen Namen des Kreditinstituts (Bank, Sparkasse usw.) an, bei dem Sie das jeweilige Konto unterhalten, sodann die genaue Kontonummer und zu Nr. 1.2 bis 1.6 zusätzlich die Art des Kontos. Bei Termin-, Tagegeld- oder Festgeldkonten sowie bei Sparkonten und Ratensparverträgen ist zusätzlich der genaue Zeitpunkt der Fälligkeit der Einlagen anzugeben. Bei Konten, die im Soll geführt werden, ist dies in der Spalte »Guthaben« durch ein vorangestelltes, deutlich sichtbares Minuszeichen kenntlich zu machen. Geschäftsanteile an Genossenschaftsbanken sind in dem Ergänzungsblatt 5 E → 46 anzugeben

Bitte geben Sie hier an, falls Sie Wertpapiere besitzen, falls Ihnen offene Scheck- oder Wechselforderungen zustehen oder falls Sie sonstige – auch private – Darlehensforderungen gegen Dritte geltend machen können. Soweit bei Wertpapieren vorhanden, sollte die WKN-Nummer angegeben werden. Aktien sind als Beteiligungen an Kapitalgesellschaften in dem Ergänzungsblatt 5 E → 43 aufzuführen.

K. Hausrat, Mobiliar, Wertgegenstände und Fahrzeuge (Ergänzungsblatt 5 B)

Anzugeben sind alle Wertgegenstände, die sich dauerhaft in Ihrem Besitz befinden; auf die Eigentumsverhältnisse ist ggf. im Ergänzungsblatt 5 J zum Vermögensverzeichnis → 59 einzugehen. Bitte geben Sie, soweit Sie wertvollen Hausrat besitzen, insbesondere also bei höherwertigen Stereoanlagen, Computern, Fernsehgeräten und anderen Geräten der Unterhaltungselektronik, das ungefähre Alter der Geräte sowie deren Neupreis an; der von Ihnen geschätzte Zeitwert ist in der Spalte »Wert« einzusetzen. Gleiches gilt für wertvolle Kleidungsstücke (insbesondere echte Pelze), Sportgeräte (z. B. Rennräder oder Sportboote) und alle übrigen Wertgegenstände in Ihrem Besitz.

Anzugeben sind alle Kraftfahrzeuge, die sich dauerhaft in Ihrem Besitz befinden. Ggf. ist auf den gesonderten Aufbewahrungsort des Kraftfahrzeugbriefs hinzuweisen; auf die Eigentumsverhältnisse ist ggf. im Ergänzungsblatt 5 J zum Vermögensverzeichnis → 59 einzugehen.

Henning

Sofern Sie die aufgeführten Gegenstände zur Fortsetzung Ihrer Erwerbstätigkeit benötigen, können Sie hier darauf hinweisen.

L. Forderungen, Rechte aus Erbfällen (Ergänzungsblatt 5 C)

Soweit Sie private Lebensversicherungen, Berufsunfähigkeits- oder Rentenversicherungen abgeschlossen haben, besteht, auch soweit die Versicherungsleistungen noch nicht fällig sind, für den Fall der Auflösung des Versicherungsvertrags regelmäßig ein Anspruch auf Auszahlung des Rückkaufwertes. Bitte ermitteln Sie daher bei solchen Versicherungen möglichst den derzeitigen Rückkaufwert. Im Übrigen können Forderungen aus Versicherungsverträgen etwa bestehen wegen Beitragserstattungen oder wegen Erstattungsansprüchen aus der Krankenversicherung.

Wenn Sie noch Ansprüche gegen Ihren derzeitigen oder einen früheren Arbeitgeber haben, die nicht als laufende Einkünfte im Ergänzungsblatt 5 G zum Vermögensverzeichnis → 49 anzugeben sind, geben Sie hier bitte die vollständige Anschrift des Arbeitgebers sowie die Art und die Höhe der geschuldeten Leistungen an.

Geben Sie bitte nicht nur bereits durch Bescheid festgestellte Steuererstattungsansprüche an, sondern teilen Sie auch mit, wenn Sie auf Grund einer abgegebenen Steuererklärung mit einer Steuererstattung rechnen.

Hier sind alle sonstigen Zahlungsansprüche anzugeben, die nicht – wie etwa Ihre Rückzahlungsansprüche aus einem privaten Darlehen (Ergänzungsblatt 5 A zum Vermögensverzeichnis) → 31 – bereits in einer anderen Rubrik erfasst werden. Hierunter fällt z. B. auch der Anspruch auf Rückzahlung einer von Ihnen geleisteten Mietkaution.

Soweit Ihnen nach einem Erbfall möglicherweise Rechte als Erbe bzw. Miterbe oder Pflichtteilsansprüche zustehen, teilen Sie bitte die Art und den ungefähren Wert Ihres Anspruchs auch dann mit, wenn die Rechtsnachfolge noch ungeklärt ist.

M. Grundstücke, Eigentumswohnungen, Rechte an Grundstücken (Ergänzungsblatt 5 D)

Geben Sie bitte zunächst die Lage des Grundbesitzes sowie die Nutzungsart (selbst bewohnt, vermietet, verpachtet, gewerblich genutzt, leer stehend usw.) an. Teilen Sie dann die genaue Grundbuchbezeichnung mit oder fügen Sie einen vollständigen, inhaltlich aktuellen Grundbuchauszug bei. In der Spalte »Eigentumsanteil« tragen Sie bitte »1/1« ein, wenn Ihnen der Grundbesitz allein gehört; bei mehreren Eigentümern ist der entsprechende Bruchteil anzugeben (1/2, 1/4, 1/9 usw.). Bei Eigentumswohnungen ist nur der Eigentumsanteil an dem Sondereigentum anzugeben. Den Verkehrswert können Sie – etwa unter Zugrundelegung des von Ihnen gezahlten Kaufpreises – schätzen.

Die Belastungen des Grundvermögens (Grundschulden, Hypotheken usw.) ergeben sich entweder aus dem von Ihnen beigefügten Grundbuchauszug, oder sie sind aus einem inhaltlich aktuellen Grundbuchauszug in die Rubrik einzutragen. Auch wenn Sie einen Grundbuchauszug beigefügt haben, müssen Sie den derzeitigen Wert jeder Belastung, das ist die Höhe, in der die zugrunde liegende Darlehensforderung noch besteht, in der dafür vorgesehenen Spalte eintragen.

Falls die Zwangsversteigerung des Grundvermögens betrieben wird, oder falls Zwangsverwaltung angeordnet wurde, sind hier das zuständige Amtsgericht und das Geschäftszeichen anzugeben.

N. Beteiligungen (Ergänzungsblatt 5 E)

Soweit Sie Aktien oder sonstige Beteiligungen an Kapitalgesellschaften besitzen, geben Sie bitte neben Namen und Anschrift der Gesellschaft, Registergericht und -nummer und der Beteiligungsform (Aktie usw.) – soweit vorhanden – auch die WKN-Nummer an.

Wenn Sie Gesellschafter einer offenen Handelsgesellschaft (oHG) einer Partnerschaftsgesellschaft oder einer Gesellschaft bürgerlichen Rechts (GbR) bzw. Komplementär oder Kommanditist einer Kommanditgesellschaft (KG) sind, sind hier die erforderlichen Angaben – auch zum Wert des Gesellschaftsanteils – zu machen.

Falls Sie an einer Kapital- oder einer Personengesellschaft als so genannter stiller Gesellschafter beteiligt sind, müssen Sie dies hier angeben.

Eine Beteiligung an einer Genossenschaft liegt auch vor, wenn Sie bei einer Genossenschaftsbank (Volksbank, Raiffeisenbank, Sparda-Bank usw.) ein Konto besitzen und zu diesem Zweck einen Geschäftsanteil erworben haben.

O. Immaterielle Vermögensgegenstände und sonstiges Vermögen (Ergänzungsblatt 5 F)

Wenn Sie Inhaber von Urheber- oder Leistungsschutzrechten oder Inhaber von Patenten, Mustern oder sonstigen gewerblichen Schutzrechten sind, geben Sie die Einzelheiten hier bitte so genau wie möglich an.

Bitte geben Sie hier Ihr sonstiges Vermögen an, soweit dies nicht bereits in einer anderen Rubrik erfragt worden ist.

Henning

P. Laufendes Einkommen (Ergänzungsblatt 5 G)

1. Bitte bezeichnen Sie, wenn Sie derzeit Einkünfte aus nichtselbstständiger Arbeit haben, zunächst Ihre genaue Tätigkeit. Soweit sich Ihr Tätigkeitsbereich in den vergangenen zwei Jahren geändert hat, geben Sie dies bitte ebenfalls an.
2. Geben Sie bitte Namen und Anschrift Ihres Arbeitgebers an und teilen Sie – soweit vorhanden – auch die Personal-Nr. mit, unter der Sie bei Ihrem Arbeitgeber geführt werden. Um Ihre Angaben zu belegen, können Sie die Verdienstbescheinigungen der letzten zwei Monate beifügen.
3. Tragen Sie hier bitte Ihr durchschnittliches Monatseinkommen einschließlich aller regelmäßig anfallenden Zulagen (Überstunden-, Nachtzuschläge usw.) sowohl mit dem Brutto- als auch mit dem Nettobetrag ein.
4. Soweit Ihr Arbeitgeber Ihnen zusätzliche Leistungen gewährt (z. B. vermögenswirksame Leistungen, Fahrtkostenzuschüsse, Verpflegungs- oder Unterkunftszuschüsse), tragen Sie diese bitte hier ein.
5. und 6. Soweit Sie im laufenden oder im vergangenen Jahr Weihnachtsgeld oder Urlaubsgeld erhalten haben, tragen Sie die zuletzt erhaltenen Zahlungen bitte hier ein.
7. Soweit Sie im Rahmen Ihrer Beschäftigung oder eines sonstigen Dienstverhältnisses Tantiemen, Provisionen oder zusätzliche Aufwandsentschädigungen erhalten, sind diese hier anzugeben, und zwar bei monatlicher Zahlungsweise in der Rubrik »monatlich«, im Übrigen in der Rubrik »jährlich«.
8. Sofern Sie infolge der Beendigung Ihres Arbeitsverhältnisses einmalig oder vorübergehend Abfindungszahlungen oder Zahlungen aus einem Sozialplan erhalten, geben Sie diese Zahlungen hier bitte mit ihrem Gesamtbetrag an.

Wenn Sie Altersrente, Ruhestandsbezüge oder sonstige rentenähnliche Leistungen erhalten, tragen Sie diese bitte hier ein. Berufs- und Erwerbsunfähigkeitsrenten sowie Hinterbliebenen- und Unfallrenten tragen Sie bitte weiter unten in der Rubrik Einkünfte aus öffentlichen Kassen → 52 ein.

Soweit Sie laufende Unterhaltszahlungen (Barunterhalt) erhalten, Name und Anschrift der unterhaltspflichtigen Person sowie die Hö regelmäßig gezahlten Unterhalts anzugeben.

Hier sind Ihre regelmäßigen Einkünfte aus öffentlichen Kassen an also insbesondere Arbeitslosengeld sowie alle Sozialleistungen Renten mit Ausnahme der Altersrente, die als Leistung der Rente rung → 50 zu erfassen ist.

Wenn Sie ein Grundstück, einen Gegenstand oder eine Wohn ten oder vermieten (auch Untermiete), geben Sie hier bitte d Pachtobjekt sowie Namen und Anschrift des Pächters an.

Henning

Wenn Sie Zinseinkünfte haben, geben Sie den ungefähren Jahresbetrag dieser Einkünfte hier an. Daneben ist hier Raum für weitere laufenden Einkünfte, die nicht von einer anderen Rubrik erfasst sind.

Q. Sicherungsrechte und Zwangsvollstreckungsmaßnahmen (Ergänzungsblatt 5 H)

Wenn Sie Gegenstände (z. B. PKW) unter Eigentumsvorbehalt erworben oder zur Sicherung übereignet haben, geben Sie dies bitte hier an. Sie können auch eine Kopie des Vertrages beifügen.

Gleiches gilt, wenn Sie (etwa zur Sicherung eines Bankkredits) Ihren Lohn oder sonstige Forderungen abgetreten haben. Hinsichtlich der Lohnabtretung können Sie ggf. auf die Anlage zur Abtretungserklärung → 18 Bezug nehmen.

Soweit Sie Gegenstände oder Forderungen freiwillig verpfändet haben (z. B. in einem Pfandleihhaus), geben Sie dies bitte hier an.

Wenn Gegenstände im Wege der Zwangsvollstreckung vom Gerichtsvollzieher gepfändet wurden oder wenn Ihr Lohn oder sonstige Forderungen durch einen Pfändungs- und Überweisungsbeschluss gepfändet wurde, ist dies im Einzelnen hier anzugeben. Sie können auch eine Kopie des Pfändungsprotokolls oder des Pfändungs- und Überweisungsbeschlusses beifügen.

R. Regelmäßig wiederkehrende Zahlungsverpflichtungen (Ergänzungsblatt 5 J)

Wenn Sie dritten Personen tatsächlich regelmäßigen Unterhalt leisten, geben Sie hier bitte die Personalien der Unterhaltsempfänger, das Familienverhältnis sowie Art und Höhe der regelmäßigen Unterhaltsleistung an. Soweit die Empfänger eigene Einnahmen haben, ist die Höhe dieser Einnahmen – soweit bekannt – mitzuteilen.

Ihre Wohnkosten ergeben sich regelmäßig aus Ihrem Mietvertrag. Anzugeben sind die darin ausgewiesene Kaltmiete und die Mietnebenkosten. Soweit Strom-, Telefon- und sonstige Kosten nicht im Mietvertrag enthalten sind, können Sie diese als sonstige regelmäßige Zahlungsverpflichtung → 61 weiter unten angeben. Wenn die Nebenkosten nicht gesondert ausgewiesen werden, ist in der Rubrik »Kaltmiete« die Gesamtmiete und in der Rubrik »Nebenkosten« ein Strich einzutragen. Soweit neben Ihnen weitere Personen Teile der Miete zahlen, ist neben Ihrer Mietzahlung der Anteil Mitbewohner anzugeben. Eine von Ihnen geleistete Mietkaution ist als sonstiger Zahlungsanspruch → 38 weiter oben zu erfassen.

Henning

Zu den sonstigen regelmäßigen Zahlungsverpflichtungen gehören neben den laufenden Kosten für Strom, Telefon usw. auch monatliche Versicherungsbeiträge sowie außergewöhnlichen Belastungen (z. B. bei Vorliegen einer Behinderung, regelmäßigen Pflege- und Krankheitsaufwendungen usw.)

S. Schenkungen und Veräußerungen (Ergänzungsblatt 5 K)

Wenn Sie in den vergangenen vier Jahren Geld- oder Sachgeschenke gemacht haben, die nach Ihren Lebensverhältnissen nicht als übliche Gelegenheitsgeschenke (Geburtstags-, Weihnachtsgeschenke usw.) anzusehen sind, müssen Sie hier den Empfänger sowie Gegenstand und Wert der Geschenke angeben.

Wenn Sie innerhalb der vergangenen zwei Jahre Gegenstände oder Forderungen an eine der im Antragsvordruck im Einzelnen aufgeführten nahe stehenden Personen veräußert haben, müssen Sie ebenfalls den Empfänger, den veräußerten Gegenstand und den Wert dieses Gegenstandes bzw. der von Ihnen erhaltenen Gegenleistung mitteilen.

T. Gläubiger- und Forderungsverzeichnis (Anlage 6)

In dem Gläubiger- und Forderungsverzeichnis müssen Sie alle Ihre Gläubiger mit allen gegen Sie gerichteten Forderungen auffüren. Dabei genügt hier die Kurzbezeichnung des Gläubigers; die vollständigen Angaben zu den Gläubigern müssen Sie im Allgemeinen Teil des Gerichtlichen Schuldenbereinigungsplans → 68 erfassen. Achten Sie bitte darauf, dass die lfd. Nr. des Gläubigers im Schuldenbereinigungsplan und im Gläubigerverzeichnis jeweils übereinstimmt.

Zu jedem Gläubiger müssen Sie die Forderungen erfassen, die gegen Sie geltend gemacht werden, auch wenn sie die Forderung für unbegründet halten. Wenn ein Gläubiger mehrere Hauptforderungen gegen Sie geltend macht, ist jede Hauptforderung in eine neue Zeile nach folgendem Beispiel einzutragen:

lfd. Nr.	Name des Gläubigers	Haupt-forderung	Zinsen Höhe	bis zum	Kosten	Forderungsgrund	Summe aller Forderungen
1	Mustermann	12.600,00	504,00	18.1.02	366,00	Vertrag vom …	
		6.000,00				Schadensersatz wegen …	19.470,00
2	Musterfrau GmbH	3.000,00	66,00	18.1.02	15,00	Warenlieferung vom …	3.081,00

Die einzelnen Forderungen sind nach dem Betrag der Hauptforderung, den hierauf beanspruchten Zinsen und den vom Gläubiger geltend gemachten Kosten aufzuschlüsseln. Bei der Berechnung der Zinsen sollten Sie möglichst für alle Gläubiger einen einheitlichen Stichtag zugrunde legen. Der Tag, bis zu dem die Zinsen berechnet sind, ist anzugeben. In der letzten Spalte ist die Summe aller Forderungen eines Gläubigers einschließlich aller Zinsen und Kosten anzugeben.

U. Satz Gerichtlicher Schuldenbereinigungsplan Allgemeiner Teil (Anlage 7)

Der gerichtliche Schuldenbereinigungsplan enthält Ihre Vorschläge zu einer einvernehmlichen Einigung mit Ihren Gläubigern. Wenn das Gericht eine solche Einigung für möglich hält, ordnet es die Durchführung des gerichtlichen Schuldenbereinigungsplanverfahrens an. Eine Annahme des Schuldenbereinigungsplans im gerichtlichen Verfahren ist auch nach dem Scheitern eines inhaltsgleichen außergerichtlichen Einigungsversuchs möglich, weil im gerichtlichen Verfahren das Schweigen der Gläubiger als Zustimmung zu dem Plan gilt, und weil das Gericht die Widersprüche einzelner Gläubiger auf Ihren Antrag hin ersetzen kann, sofern die Mehrheit der Gläubiger dem Plan zugestimmt hat.

Sie müssen in der Kopfzeile des Schuldenbereinigungsplans Ihren Namen und Ihre vollständige Anschrift einsetzen, weil der angenommene Schuldenbereinigungsplan wie ein gerichtlicher Vergleich einen Vollstreckungstitel darstellt, in dem die Beteiligten vollständig erfasst sein müssen.

Als Datum der aktuellen Fassung des Schuldenbereinigungsplans setzen Sie bitte zunächst das Datum des Insolvenzantrags ein. Wenn Sie im Verlauf des gerichtlichen Verfahrens einen geänderten Schuldenbereinigungsplan einreichen, ist hier jeweils das Datum der aktuellen Fassung einzusetzen.

In der inhaltlichen Gestaltung des Schuldenbereinigungsplans sind Sie weitgehend frei. Das Gesetz bestimmt lediglich, dass der Plan Regelungen über die Sicherheiten der Gläubiger enthalten muss. Deshalb sind neben dem Allgemeinen Teil stets auch die ergänzenden Regelungen (Anlage 7 B) → 71 einreichen. Ob Sie für Ihr Angebot an die Gläubiger daneben den Plan mit Einmalzahlung oder festen Raten → 69, den Plan mit flexiblen Raten → 70 oder einen von diesen Vorgaben abweichenden, sonstigen Plan verwenden, ist Ihnen freigestellt. Sie sollten aber stets darauf achten, dass der von Ihnen vorgeschlagene Schuldenbereinigungsplan einen vollstreckungsfähigen Inhalt hat. Das bedeutet, dass sich aus dem Plan genau ergibt, welche Leistungen Sie zu welchem Zeitpunkt anbieten.

Jeder Ihnen bekannte Gläubiger ist mit seiner vollständigen, zustellungsfähigen Anschrift und, soweit – etwa bei Gesellschaften (GmbH, KG usw.) oder bei Minderjährigen – erforderlich, unter Angabe eines gesetzlichen Vertreters anzugeben. Die Angabe von Postfachanschriften ist nicht zulässig. Soweit Ihnen ein Verfahrensbevollmächtigter des Gläubigers bekannt ist, können Sie diesen gleichfalls hier angeben. Die Gläubiger sind fortlaufend zu nummerieren. Bitte achten Sie darauf, dass Sie die Nummerierung auch im Gläubiger- und Forderungsverzeichnis → 64 und im Besonderen Teil des Schuldenbereinigungsplans → 69, 70 einheitlich verwendet wird.

V. Gerichtlicher Schuldenbereinigungsplan Besonderer Teil mit festen Raten (Anlage 7 A)

Den Zahlungsplan mit Einmalzahlung bzw. festen Raten können Sie verwenden, wenn Sie Ihren Gläubigern eine einmalige oder mehrere regelmäßige (meist monatliche) Zahlungen anbieten. Bitte geben Sie in der dem eigentlichen Zahlungsplan vorangestellten Rubrik zunächst Ihre Gesamtverschuldung (die Summe aller Forderungen Ihrer Gläubiger aus dem Gläubiger- und Forderungsverzeichnis), den Gesamtregulierungsbetrag (die Summe aller im Plan angebotenen Zahlungen) sowie die sich hieraus ergebende Gesamtregulierungsquote an. Bei Ratenzahlungen geben Sie bitte auch an, wie hoch die monatliche Gesamtrate (die Summe Ihrer monatlichen Zahlungen) ist.

Für die Durchführung des Plans besonders wichtig ist die Angabe der Anzahl der Raten, der Zahlungsweise und des Zahlungsbeginns. Soweit diese Angaben für alle Gläubiger in gleicher Weise gelten, machen Sie die Angaben bitte nur in der hierfür vorgesehenen allgemein gültigen Rubrik »Zahlungsweise und Fälligkeit«. Nur wenn für einzelne Gläubiger unterschiedliche Regelungen gelten sollen, müssen Sie die Spalte »Zahlungsweise und Fälligkeit« für diese Gläubiger ausfüllen.

Bitte beachten Sie bei der Bestimmung des Zahlungsbeginns, dass Sie die Zahlungen erst aufnehmen können, wenn das Gericht die Annahme des Schuldenbereinigungsplans festgestellt hat. Es empfiehlt sich daher, für den Beginn der Zahlungen keinen festen Zeitpunkt, sondern eine auf die Annahme des Schuldenbereinigungsplans bezogene Regelung vorzusehen (z. B.: »monatlich zum 3. Werktag, erstmals in dem auf die Feststellung der Annahme des Schuldenbereinigungsplans folgenden Monat«).

Geben Sie in dem nachfolgenden Zahlungsplan nach der lfd. Nr. aus dem Allgemeinen Teil des Schuldenbereinigungsplans → 68 und der Kurzbezeichnung des Gläubigers bitte zunächst an, ob die Forderung des Gläubigers gesichert ist (z. B. durch eine Lohnabtretung, eine Sicherungsübereignung, ein Pfandrecht oder eine Bürgschaft oder Mithaftung Dritter). Soweit dies der Fall ist, müssen Sie in den Ergänzenden Regelungen (Anlage 7 B) → 71 angeben, inwieweit diese Sicherungsrechte von dem Plan berührt werden.

Sodann sind die Forderungen des Gläubigers, wie im Gläubiger- und Forderungsverzeichnis → 64 erläutert, jeweils nach Hauptforderung, Zinsen

Henning

und Kosten aufgeschlüsselt anzugeben. Die Aufschlüsselung dient hier zur Information der übrigen Gläubiger, denen das Gläubiger- und Forderungsverzeichnis nicht zugestellt wird. Der Information dient auch die Angabe, ob die Forderung tituliert ist, ob also der Gläubiger ein Urteil, einen Vollstreckungsbescheid o. ä. erwirkt hat.

Aus Gründen der Einheitlichkeit und Übersichtlichkeit sind auch im Schuldenbereinigungsplan mehrere Forderungen eines Gläubigers getrennt aufzuführen. Entsprechend ist die Höhe der Einmalzahlung oder Rate für jede Forderung gesondert anzugeben. Die Regulierungsquote für den Gläubiger (der prozentuale Anteil aller von Ihnen angebotenen Zahlungen an der Gesamtforderung des Gläubigers) brauchen Sie bei mehreren Hauptforderungen eines Gläubigers nur dann für jede Forderung anzugeben, wenn die Regulierungsquote bei einzelnen Forderungen unterschiedlich ist (etwa wegen nur teilweise bestehender Sicherungsrechte).

W. Schuldenbereinigungsplan Besonderer Teil mit flexiblen Raten (Anlage 7 A)

Der Zahlungsplan mit flexiblen Raten ist für die Fälle gedacht, in denen Sie Ihren Gläubigern keine festen Raten anbieten können oder wollen. Die Grundlage für die Berechnung der flexiblen Raten bildet dabei der pfändbare Teil Ihres Einkommens. Sie können Ihren Gläubigern zusätzlich zu dem pfändbaren Einkommensteil auch einen Teil Ihres unpfändbaren Einkommens anbieten oder bestimmen, dass Ihnen nach einer gewissen Laufzeit des Plans ein Teil des pfändbaren Einkommens verbleiben soll. Soweit der von Ihnen angebotene Zahlbetrag nicht dem jeweils pfändbaren Teil Ihres Einkommens entsprechen soll, müssen Sie dies in einer ergänzenden Regelung (Anlage 7 B) → 68 eindeutig bestimmen.

Bitte geben Sie beim flexiblen Plan zunächst Ihre Gesamtverschuldung (die Summe aller Forderungen Ihrer Gläubiger aus dem Gläubiger- und Forderungsverzeichnis) sowie den derzeit pfändbaren Teil Ihres Einkommens an.

Für die Durchführung des Plans besonders wichtig ist die Angabe der Gesamtlaufzeit des Plans, der Zahlungsweise und des Beginns der Laufzeit. Soweit diese Angaben für alle Gläubiger in gleicher Weise gelten, machen Sie die Angaben bitte nur in der hierfür vorgesehenen allgemein gültigen Rubrik »Zahlungsweise und Fälligkeit«. Nur wenn für einzelne Gläubiger unterschiedliche Regelungen gelten sollen, müssen Sie Spalte »Zahlungsweise und Fälligkeit« für diese Gläubiger ausfüllen.

Bitte beachten Sie bei der Bestimmung des Beginns der Laufzeit, dass Sie Zahlungen erst aufnehmen können, wenn das Gericht die Annahme des Schuldenbereinigungsplans festgestellt hat. Es empfiehlt sich daher, für den Beginn der Laufzeit keinen festen Zeitpunkt, sondern eine auf die Annahme des Schuldenbereinigungsplans bezogene Regelung vorzusehen

Henning

(z. B.: »monatlich zum 3. Werktag, erstmals in dem auf die Feststellung der Annahme des Schuldenbereinigungsplans folgenden Monat«).

Geben Sie in dem nachfolgenden Zahlungsplan nach der lfd. Nr. aus dem Allgemeinen Teil des Schuldenbereinigungsplans → 68 und der Kurzbezeichnung des Gläubigers bitte zunächst an, ob die Forderung des Gläubigers gesichert ist (z. B. durch eine Lohnabtretung, eine Sicherungsübereignung, ein Pfandrecht oder eine Bürgschaft oder Mithaftung Dritter). Soweit dies der Fall ist, müssen Sie in den Ergänzenden Regelungen (Anlage 7 B) → 71 regeln, inwieweit diese Sicherungsrechte von dem Plan berührt werden.

Sodann sind die Forderungen des Gläubigers, wie im Gläubiger- und Forderungsverzeichnis → 64 erläutert, jeweils nach Hauptforderung, Zinsen und Kosten aufgeschlüsselt anzugeben. Die Aufschlüsselung dient hier zur Information der übrigen Gläubiger, denen das Gläubiger- und Forderungsverzeichnis nicht zugestellt wird. Der Information dient auch die Angabe, ob die Forderung tituliert ist, ob also der Gläubiger ein Urteil, einen Vollstreckungsbescheid o. ä. erwirkt hat.

Aus Gründen der Einheitlichkeit und Übersichtlichkeit sind auch im Schuldenbereinigungsplan mehrere Forderungen eines Gläubigers getrennt aufzuführen. Den Anteil des Gläubigers am Zahlbetrag brauchen Sie bei mehreren Hauptforderungen eines Gläubigers nur dann für jede Forderung anzugeben, wenn die Regulierungsquote bei einzelnen Forderungen unterschiedlich ist (etwa wegen nur teilweise bestehender Sicherungsrechte).

X. Schuldenbereinigungsplan Besonderer Teil – Ergänzende Regelungen (Anlage 7 B)

Soweit Forderungen der Gläubiger gesichert sind (z. B. durch eine Lohnabtretung, eine Sicherungsübereignung, ein Pfandrecht, eine Bürgschaft oder Mithaftung Dritter), müssen Sie hier regeln, inwieweit diese Sicherungsrechte von dem Plan berührt werden. Sie können hier z. B. bestimmen, dass während der Laufzeit alle Pfändungsmaßnahmen und Abtretungen ruhen und nach vollständiger Erfüllung des Plans wegfallen. Auch können Sie regeln, ob und in welchem Umfang die Mithaftung anderer Personen (z. B. Bürgen) entfallen soll.

Falls das Gericht im Anschluss an Ihren Insolvenzantrag die Zwangsvollstreckung vorläufig eingestellt hatte, sollten Sie hier auch regeln, ob die vorläufig nicht an die Gläubiger ausgezahlten Pfändungsbeträge beim Zustandekommen des Schuldenbereinigungsplans an die Pfändungsgläubiger ausgekehrt oder im Rahmen des Zahlungsplans anteilig an die Gläubiger *verteilt* werden sollen.

Ob und in welchem Umfang Sie ergänzende Regelungen in Ihren Schuldenbereinigungsplan aufnehmen, ist Ihnen überlassen. Über die vielfältigen Gestaltungsmöglichkeiten kann Sie die Person oder Stelle beraten, die den außergerichtlichen Schuldenbereinigungsversuch begleitet hat. In Betracht kommen insbesondere Verschlechterungs- oder Besserungsklauseln, die einerseits Sie bei einer Verschlechterung Ihrer wirtschaftlichen Situation davor schützen, Ihre Zahlungsverpflichtungen aus dem Plan nicht mehr erfüllen zu können, andererseits den Gläubigern das Recht geben, bei einer deutlichen Besserung Ihrer Vermögensverhältnisse eine Anpassung der Zahlungen zu verlangen. Sinnvoll im Hinblick auf die mögliche Zustimmungsersetzung durch das Insolvenzgericht kann darüber hinaus die Aufnahme einer Verfallklausel sein, wonach die Gesamtforderung Ihrer Gläubiger für den Fall, dass Sie Ihre Zahlungspflichten aus dem Plan nicht erfüllen, unter bestimmten Voraussetzungen wieder in voller Höhe auflebt.

Außer den ergänzenden Regelungen können Sie Erklärungen und Erläuterungen zum Inhalt des Schuldenbereinigungsplans machen, um einzelne Regelungen für die Gläubiger verständlich zu machen. So empfiehlt es sich beispielsweise, die quotenmäßige Besserstellung eines Gläubigers zu begründen, um Einwendungen der schlechter gestellten Gläubiger entgegenzuwirken.

Henning

14. KAPITEL – RESTSCHULDBEFREIUNGSVERFAHREN

Inhalt

		Seite
A.	Einführung	1487
B.	Übersicht über das Verfahren	1489
C.	Die Prüfungsphase	1491
	I. Der Antrag auf Erteilung der Restschuldbefreiung	1491
	1. Antrag einer natürlichen Person	1491
	2. Antrag in einem Insolvenzverfahren	1492
	3. Eigener Insolvenzantrag des Schuldners	1492
	4. Antragsfrist	1492
	5. Bedingungsfreier Antrag	1493
	6. Antrag einschl. Abtretungserklärung gem. § 287 Abs. 2 InsO	1493
	a) Inhalt der Abtretungserklärung	1493
	b) Hinweispflicht des Schuldners gem. § 287 Abs. 2 Satz 2 InsO	1493
	c) Abgabefrist	1494
	7. Rücknahme des Antrages	1494
	8. Antragsmuster	1494
	a) Regelinsolvenzverfahren	1494
	aa) Antrag des selbstständig tätigen Schuldners	1494
	bb) Antrag des ehemals selbstständig tätigen Schuldners	1496
	b) Verbraucherinsolvenzantrag des unselbstständig tätigen Schuldners und des ehemals selbstständig tätigen Schuldners mit überschaubaren wirtschaftlichen Verhältnissen	1498
	II. Die Versagensgründe	1499
	1. Einführung	1499
	2. Übersicht über die Zulässigkeit der verschiedenen Versagensanträge	1499
	3. Verfahrensablauf	1501
	4. *Die einzelnen* Versagensgründe	1501
	a) § 290 Abs. 1 Nr. 1 InsO: Verurteilung wegen einer Insolvenzstraftat	1501
	b) § 290 Abs. 1 Nr. 2 InsO: Unrichtige oder unvollständige Angaben	1503
	c) § 290 Abs. 1 Nr. 3 InsO: Frühere Restschuldbefreiung oder -versagung	1506

		d) § 290 Abs. 1 Nr. 4 InsO: Unangemessene Verbindlichkeiten, Vermögensverschwendung sowie Verzögerung des Insolvenzverfahrens 1506

          d) § 290 Abs. 1 Nr. 4 InsO: Unangemessene Verbindlichkeiten, Vermögensverschwendung sowie Verzögerung des Insolvenzverfahrens 1506
          e) § 290 Abs. 1 Nr. 5 InsO: Verletzung von Auskunfts- und Mitwirkungspflichten 1508
          f) § 290 Abs. 1 Nr. 6 InsO: Unzutreffende Angaben in Verzeichnissen nach § 305 Abs. 1 Nr. 3 InsO............. 1508

   III.   Der Versagensantrag....................................... 1509

          1.   Zulässigkeit des Antrages 1509
               a) Antrag eines Gläubigers............................ 1509
               b) Form des Antrages................................. 1510
               c) Antragsfrist...................................... 1510
               d) Antragsberechtigung aller Gläubiger 1510
               e) Glaubhaftmachung des Antrages 1510
          2.   Begründetheit des Antrages............................. 1511
          3.   Antragsrücknahme 1511
          4.   Informationsbeschaffung über mögliche Versagensgründe..... 1511
               a) Hilfen für den Vertreter des Gläubigers................ 1512
               b) Hilfen für den Vertreter des Schuldners................ 1512

   IV.   Checklisten Prüfungsphase................................. 1513

          1.   Für den Vertreter des Schuldners 1513
          2.   Für den Vertreter des Gläubigers 1513

D. Die Bewährungsphase 1514

   I.   Einführung... 1514

   II.   Der Beginn der Wohlverhaltensperiode 1514

   III.   Die vermögensrechtliche Stellung des Schuldners in der Wohlverhaltensperiode 1515

   IV.   Die Verteilung der bei dem Treuhänder eingegangenen Beträge an die Gläubiger... 1516

   V.   Die Dauer der Wohlverhaltensperiode 1516

          1.   Regelfall/Eintritt der Überschuldung nach dem 1.1.97........ 1516
          2.   Altfall/Eintritt der Überschuldung vor dem 1.1.97............ 1517
          3.   Vorzeitige Beendigung der Wohlverhaltensperiode 1518

   VI.   Das von der Abtretung gem. § 287 Abs. 2 Satz 1 InsO erfasste Einkommen.. 1519

          1.   Einführung.. 1519
          2.   Einkommen aus unselbstständig ausgeübten Arbeits- und Dienstverhältnissen 1520
          3.   Einkommen aus selbstständig ausgeübten Tätigkeiten i. S. d. § 850 ZPO... 1521
               a) *Einführung*..................................... 1521
               b) Berechnung des pfändbaren Einkommensanteiles......... 1522
               c) Muster eines Antrages auf Feststellung des unpfändbaren Einkommensanteiles 1522

		4. Einkommen aus Sozial- oder sonstigen Ersatzleistungen...	1523
		5. Pfändbarkeit des Einkommens	1524
		a) Arbeitseinkommen............................	1524
		b) Sozialleistungen	1525
		c) Berücksichtigung der Unterhaltsverpflichtungen des Schuldners	1525
		6. Gerichtliche Zuständigkeit im Streitfall..................	1526
		7. Muster eines Antrages auf Anhebung des unpfändbaren Einkommensanteils nach § 850 f ZPO	1527
VII.	Der Ausschluss der Abtretung.............................		1528
VIII.	Die Obliegenheiten des Schuldners gem. § 295 Abs. 1 InsO......		1529
	1. Einführung		1529
	2. Der so genannte »Nullfall«.............................		1529
	3. § 295 Abs. 1 Nr. 1 InsO: Arbeitsverpflichtung des Schuldners..		1530
	a) Einführung		1530
	b) Angemessene Tätigkeit		1531
	aa) Erziehungsverpflichtungen		1532
	bb) Einzelfragen...................................		1534
	c) Bemühen um eine angemessene Tätigkeit		1536
	d) Annahme einer zumutbaren Tätigkeit		1536
	4. § 295 Abs. 1 Nr. 2 InsO: Herausgabe des hälftigen Erbanteiles .		1538
	5. § 295 Abs. 1 Nr. 3 InsO: Mitteilungs- und Auskunftspflichten des Schuldners......................................		1539
	6. § 295 Abs. 1 Nr. 4 InsO: Gleichbehandlung der Gläubiger		1540
	7. § 295 Abs. 2 InsO: Zahlungspflichten des selbstständig tätigen Schuldners..		1541
	8. § 297 Abs. 1 InsO: Verurteilung wegen einer Insolvenzstraftat während der Wohlverhaltensperiode		1542
	9. § 296 Abs. 2 InsO: Mitwirkungspflichten im Versagungsverfahren nach § 296 Abs. 1 InsO.........................		1542
	10. § 298 Abs. 1 InsO: Fehlende Deckung der Mindestvergütung des Treuhänders		1543
IX.	Der Versagensantrag wegen eines Verstoßes gegen Obliegenheiten aus §§ 295 und 297 InsO		1543
	1. Zulässigkeit des Versagensantrages........................		1544
	a) Antrag eines Gläubigers.............................		1544
	b) Form des Antrages und Antragsmuster		1544
	c) Antragsfrist.......................................		1545
	d) Glaubhaftmachung des Versagensgrundes		1545
	2. Begründetheit des Versagensantrages		1545
	a) Gläubigerbeeinträchtigung		1546
	b) Verschulden des Schuldners..........................		1546
	3. Antragsrücknahme		1547
	4. Verfahren über den Antrag		1547
X.	Die Zwangsvollstreckung in der Wohlverhaltensperiode.........		1547
XI.	Das Problem auflaufender Unterhaltsschulden in der Wohlverhaltensperiode		1548
XII.	Die Aufrechnung in der Wohlverhaltensperiode...............		1551

Henning

	XIII.	Die Bonusregelung des § 292 Abs. 1 InsO.....................	1552
	XIV.	Aufgaben und Stellung des Treuhänders in der Wohlverhaltensperiode	1553

      1. Einführung 1553
      2. Vorschlagsrecht gem. § 288 InsO...................... 1553
      3. Einsetzung des Treuhänders und Beginn des Amtes.......... 1554
      4. Erforderliche Qualifikation des Treuhänders................ 1554
      5. Aufgaben des Treuhänders gem. § 292 InsO 1555
          a) Einführung... 1555
          b) Anzeige der Abtretung gegenüber dem Zahlungsverpflichteten 1556
          c) Verwahrung und Verteilung der eingegangenen Beträge..... 1556
          d) Ausschüttung des Bonus an den Schuldner 1558
          e) Überwachung des Schuldners......................... 1558
          f) Pflicht zur Rechnungslegung 1559
      6. Stellung des Treuhänders und Aufsicht des Gerichts 1559
      7. Vergütung des Treuhänders 1560
      8. Anhörung des Treuhänders 1560
      9. Haftung des Treuhänders................................ 1560
      10. Ende des Treuhänderamtes 1561

	XV.	Checklisten Wohlverhaltensperiode	1561

      1. Für den Vertreter des Schuldners 1561
      2. Für den Vertreter des Gläubigers 1562
      3. Für den Treuhänder 1562

E. Die Erteilungsphase 1563

	I.	Das Ende der Wohlverhaltensperiode	1563
	II.	Die Entscheidung über die Restschuldbefreiung................	1564
	III.	Die Wirkungen der Restschuldbefreiung	1564

      1. Einführung 1564
      2. Der Schuldner als Bürge oder Mitverpflichteter 1565
      3. Bürgen und Mitverpflichtete des Schuldners 1566

	IV.	Die von der Restschuldbefreiung ausgenommenen Forderungen	1566

      1. Deliktische Verbindlichkeiten gem. § 302 Nr. 1 InsO......... 1566
          a) Anmeldung der deliktischen Forderung gem. § 174 Abs. 2 InsO 1566
          b) Erfordernis einer vorsätzlich begangenen unerlaubten Handlung 1567
          c) Nebenforderungen und Zinsen......................... 1567
          d) Deliktische Forderungen im Insolvenzverfahren 1568
          e) Forderungen aus einer Steuerhinterziehung 1568
          f) Forderungen aus einer Straftat nach § 266 a StGB......... 1568
      2. Geldstrafen und gleichgestellte Verbindlichkeiten gem. § 302 Nr. 2 InsO.. 1569
      3. Forderungen aus bestimmten zinslosen Darlehen gem. § 302 Nr. 3 InsO.. 1569

	V.	Der Widerruf der Restschuldbefreiung.......................	1570

F.	Die Gerichtskosten und Rechtsanwaltsgebühren im Restschuldbefreiungsverfahren	1571
	I. Die Gerichtskosten	1571
	II. Die Rechtsanwaltsgebühren	1571
	1. Gebühren des Vertreters des Gläubigers	1571
	2. Gebühren des Vertreters des Schuldners	1572
G.	Die Rechtsbehelfe im Restschuldbefreiungsverfahren	1572
	I. Die Rechtsbehelfe des Schuldners	1572
	II. Die Rechtsbehelfe des Gläubigers	1573
	III. Die Rechtsbehelfe des Treuhänders	1574
	IV. Die Gegenvorstellung	1574
H.	Die gerichtlichen Zuständigkeiten im Restschuldbefreiungsverfahren	1575
	I. Die Zuständigkeit des Rechtspflegers gem. §§ 3 Nr. 2 e), 18, 11 Abs. 1 RpflG	1575
	II. Die Zuständigkeit des Richters gem. §§ 11 Abs. 2, 18 Abs. 1 und 2 RpflG	1576
J.	Anhang	1576
	I. §§ 283 bis 283 c StGB	1576
	II. § 18 BSHG	1578
	III. § 1574 BGB	1580
	IV. § 1610 a BGB	1580
	V. § 121 SGB III	1580

A. Einführung

Die Restschuldbefreiung für die überschuldete natürliche Person gem. §§ 286 ff. InsO ist eine der wesentlichen Erweiterungen des neuen, am 1. 1. 1999 in Kraft getretenen Insolvenzrechts. Durch diese Restschuldbefreiung wird das freie Nachforderungsrecht der Gläubiger aus §§ 164 Abs. 1 und 201 Abs. 1 KO durchbrochen. Die überschuldete natürliche Person kann jetzt ebenso wie die juristische Person[1] ihre vollständige Schuldbefrei-

---
1 Siehe z. B. §§ 42 Abs. 1 BGB, 262 Abs. 1 Nr. 3 AktG oder 60 Abs. 1 Nr. 4, 5 GmbHG.

ung erreichen. Die Restschuldbefreiung, die durch § 1 Satz 2 InsO den Rang eines Verfahrenszieles[2] hat, wird hierbei dem redlichen Schuldner auch gegen den Willen der Gläubiger[3] und auch dann gewährt, wenn er keinerlei Zahlungen an die Gläubiger leistet.[4] Ebenso werden alle Arten von Forderungen von der Restschuldbefreiung erfasst, eine Privilegierung z. B. der Unterhaltsgläubiger oder der öffentlichen Gläubiger besteht bis auf die gem. § 302 InsO von der Restschuldbefreiung ausgenommenen Geldstrafen, deliktischen Forderungen und Forderungen aus bestimmten zinslosen Darlehen nicht.

2 Die Rechtsschuldbefreiung stellt hierbei zum einen die gesetzgeberische Antwort auf das relativ junge soziale Problem der Überschuldung von zurzeit über 2,7 Millionen Haushalten in Deutschland dar, von der auch 2 Millionen Kinder direkt betroffen sind.[5] Die Folgen der Überschuldung eines so hohen Bevölkerungsanteiles sind vielfältig[6] und können kurz wie folgt umrissen werden:

Folgen der Überschuldung

- Überschuldete tauchen wegen ihrer ständigen finanziellen Probleme häufig in die so genannte »Schattenwirtschaft« ab und fördern diese hierdurch.[7]

- Die Arbeitsverhältnisse von Überschuldeten sind ständig durch Lohnpfändungen wegen der mit diesen für die Arbeitgeber einhergehenden Belastungen gefährdet.

- Arbeitslose Überschuldete sind wegen der aussichtslosen wirtschaftlichen Situation wenig motiviert, Arbeitsangebote anzunehmen. Die öffentlichen Kasssen werden so durch den dauerhaften Bezug von existenzsichernden Sozialleistungen belastet.

- Überschuldung erzeugt bei den Betroffenen durch den ständigen Druck der Finanzkrise häufig die Allgemeinheit und öffentliche Kassen belastende Folgeprobleme wie Alkohol- oder Drogenmissbrauch, Langzeiterkrankungen, Kriminalität, Beziehungs- und Erziehungskrisen oder Obdachlosigkeit.

- Gläubiger verlieren nicht nur ihre ursprünglichen Forderungen, sondern meist auch die zur erfolglosen Beitreibung der Forderungen aufgewandten Ausgaben.

---

2 Siehe Ahrens, Zur Funktion von § 1 Satz 2 InsO, VuR 2000, 8; BGH NJW 00, 1869, 1870.
3 Siehe § 301 Abs. 1 Satz 1 und 2 InsO.
4 OLG Köln ZInsO 99, 658; siehe auch unten Rdnr. 75.
5 Vgl. Begründung des Entwurfes der Bundesregierung zur Änderung der InsO vom 20.12.00, ZInsO 2001, Beilage 1 zu Heft 1, S. 5.
6 Weiterführend: FK-InsO/Grote, 3. Aufl. 2002, Vor § 286 InsO Rdnr. 7 ff.
7 Smid, Grundzüge des neuen Insolvenzrechts, 3. Aufl. 1999, S. 355.

Henning

> • Die Gerichte werden mit zahlreichen Zwangsvollstreckungsverfahren belastet, deren Durchführung zumeist weder den Gläubigern einen Ertrag bringt, noch die Überschuldungssituation der Schuldner behebt.

Die Einführung der Restschuldbefreiung ist aber auch auf den Einfluss fremder Rechtssysteme, vor allen Dingen wohl dem der USA zurückzuführen.[8] Die Abschnitte 7 und 13 des bankruptcy codes der USA sehen aus einem nachsichtigeren aber auch wirtschaftlicheren Verständnis heraus die Möglichkeit eines »fresh start« durch eine Schuldbefreiung für den Überschuldeten schon seit langem vor. Die dauerhafte wirtschaftliche Ausgrenzung tritt hier hinter die bewusst gewollte Chance des Neuanfangs für den Schuldner zurück.[9]

Wer sich nun als Gläubigervertreter, Berater des Schuldners oder Treuhänder mit der neuen Restschuldbefreiung zu beschäftigen hat, wird schnell einen erheblichen Unsicherheitsfaktor feststellen. Aufgrund zahlreicher ungeklärter Detailfragen bei Anwendung der neuen Vorschriften beschränkt sich Beratung und Bearbeitung zurzeit häufig noch darauf, auf die bestehenden Unsicherheiten hinzuweisen und im InsO-Neuland »Restschuldbefreiung« immer wieder neue Lösungen zu suchen. Erste obergerichtliche Entscheidungen sind zwar ergangen, zu vielen Fragen fehlen sie aber noch. Auch die Umsetzung der jetzt in Kraft getretenen Gesetzesänderungen wird neue Fragen aufwerfen. Wer sich dem Rechtsgebiet erstmalig oder selten zuwendet, sollte daher mit Hilfe der gängigen Zeitschriften[10] oder des Internets[11] die folgenden Darstellungen über das Übliche hinaus mit dem aktuellen Stand der Rechtsprechung und Literatur abgleichen.

B. Übersicht über das Verfahren

Im Restschuldbefreiungsverfahren der §§ 286 ff. InsO trifft der natürliche Schuldner, der als selbstständig Tätiger ein Regelinsolvenzverfahren durchlaufen hat, auf den Schuldner, der als »Verbraucher« im Sinne des § 304 InsO seine Entschuldung im Schuldenbereinigungsplanverfahren der §§ 306 bis 310 InsO nicht erreichen konnte und das vereinfachte Insolvenzverfahren der §§ 311–314 InsO durchlaufen hat.

---

8 Vgl. aber auch §§ 181–216 InsO der Konkursordnung Österreichs in der am 1. 1. 1995 in Kraft getretenen Fassung (Bundesgesetzblatt für die Republik Österreich, Jahrgang 1993, S. 8539).
9 Weiterführend: FK-InsO/Ahrens, § 286 InsO, Rdnr. 1–17; Wagner, ZIP 99, 689, I.
10 Z. B. NZI Neue Zeitschrift für das Recht der Insolvenz und Sanierung; InVo Insolvenz & Vollstreckung; ZInsO Zeitschrift für das gesamte Insolvenzrecht; VuR Verbraucher und Recht; ZIP Zeitschrift für Wirtschaftsrecht; KTS Zeitschrift für Insolvenzrecht.
11 Z. B. www.inso-rechtsprechung.de; www.forum-schuldnerberatung.de; www.Inso-Rechtspfleger.de.

Das Restschuldbefreiungsverfahren gliedert sich im Wesentlichen in drei große Abschnitte:

1. Die *Prüfungsphase* gem. §§ 287–291 InsO mit dem Schwerpunkt Versagensgründe
2. Die *Bewährungsphase* gem. §§ 292 bis 299 InsO mit dem Schwerpunkt Wohlverhaltensperiode
3. Die *Erteilungsphase* gem. §§ 300 bis 303 InsO mit den Schwerpunkten Wirkungen der Restschuldbefreiung und ausgenommene Forderungen

Der Verfahrensablauf lässt sich in Stichworten wie folgt zusammenfassen:

Verfahren ist möglich für:	Natürliche überschuldete Person, über deren Vermögen ein Regelinsolvenzverfahren oder ein vereinfachtes Verfahren nach §§ 311 bis 314 InsO durchgeführt wurde
Voraussetzung:	Antrag nach § 287 Abs. 1 InsO bzw. im Verbraucherinsolvenzverfahren Eigenantrag einschl. außergerichtlicher Verhandlungen
Prüfungsphase:	Anhörung der Gläubiger zum Restschuldbefreiungsantrag mit der Möglichkeit, Versagensgründe vorzutragen und die Versagung der Restschuldbefreiung zu beantragen
anschließend:	Entscheidung des Gerichts nach §§ 289, 290, 291 InsO
entweder:	Versagung der Restschuldbefreiung, § 290 InsO
oder:	Ankündigung der Restschuldbefreiung und Einsetzung des Treuhänders, § 291 InsO
Rechtsmittel:	Sofortige Beschwerde für Schuldner und antragstellenden Gläubiger
anschließend:	Wohlverhaltensperiode des Schuldners mit den Obliegenheitsverpflichtungen aus § 295 InsO
Beginn:	Mit Eröffnung des Insolvenzverfahrens
Dauer:	regelmäßig 6 Jahre, Altfall 5 Jahre gem. Art. 107 EGInsO
Treuhänder:	Nimmt Zahlungen des Schuldners entgegen und leitet sie jährlich an die Gläubiger weiter. Der Treuhänder kann gem. § 292 Abs. 2 InsO mit einer weitergehenden Überwachung des Schuldners beauftragt werden
Bonus für den Schuldner:	Ab dem fünften Jahr der Wohlverhaltensperiode erhält der Schuldner gem. § 292 Abs. 1 InsO einen Bonus aus seinen pfändbaren Einkommensanteilen

Henning

Obliegenheitsverstoß:	Kann ein Gläubiger einen Obliegenheitsverstoß des Schuldners glaubhaft machen, wird das Verfahrens abgebrochen und die Restschuldbefreiung durch das Gericht versagt
Rechtsmittel:	sofortige Beschwerde für Schuldner oder antragstellenden Gläubiger
Abschluss:	Erteilung oder Versagung der Restschuldbefreiung nach Ende der Laufzeit der Wohlverhaltensperiode
Rechtsmittel:	sofortige Beschwerde für Schuldner und antragstellenden Gläubiger
Ausgenommene Forderungen:	Deliktische Forderungen sowie Geldstrafen und ähnliche Zahlungsverpflichtungen mit Sanktionscharakter
Nachfrist:	Bei nachträglichem Glaubhaftmachen eines vorsätzlichen Obliegenheitsverstoßes des Schuldners im Jahr nach Erteilung kann die erteilte Restschuldbefreiung auf Antrag eines Insolvenzgläubigers gem. § 303 InsO versagt werden.
Rechtsmittel:	Sofortige Beschwerde für Schuldner und antragstellenden Gläubiger

C. Die Prüfungsphase

I. Der Antrag auf Erteilung der Restschuldbefreiung

1. Antrag einer natürlichen Person

Die Restschuldbefreiung setzt zunächst den Antrag einer natürlichen Person voraus. Eine juristische Person kann gem. § 286 InsO Restschuldbefreiung nicht erlangen. Fraglich ist, ob der Gesellschafter einer Gesellschaft ohne Rechtspersönlichkeit, insbesondere einer GbR, über deren Vermögen gem. § 11 Abs. 2 InsO die Eröffnung eines Insolvenzverfahrens möglich ist, Restschuldbefreiung im Verfahren über das Vermögen der Gesellschaft erlangen kann. Dies erscheint zumindest erwägenswert, da durch die persönliche Haftung des Gesellschafters dessen Privatvermögen ebenfalls erfasst wird. Auch prozessökonomische Gründe stützen diese Ansicht. Trotz dieser praktischen Vorteile wären aber bei einer Einbeziehung des Vermögens des Gesellschafters in das Verfahren über das Vermögen der GbR in einem Insolvenzverfahren verschiedene Vermögensmassen betroffen,[12] was zu

6

---
12 Vgl. Wellkamp, KTS 2000, 331, III.

nicht lösbaren Problemen führen würde. Der überschuldete Gesellschafter, der seine Restschuldbefreiung erreichen will, muss daher ein weiteres Insolvenzverfahren über sein Privatvermögen beantragen.[13]

Der Berater der Gesellschafter einer überschuldeten Gesellschaft des Bürgerlichen Rechts sollte das Verfahren nach § 11 Abs. 2 InsO daher nur empfehlen, wenn die Gesellschafter selbst solvent sind und allein die GbR abgewickelt werden soll. Wenn offenkundige Zahlungsunfähigkeit auch der Gesellschafter vorliegt, sollte Insolvenzantrag über das Vermögen der Gesellschafter gestellt werden, um dem Schuldner ohne Zeitverlust den direkten Weg in das Restschuldbefreiungsverfahren zu ermöglichen.

2. Antrag in einem Insolvenzverfahren

7 Ein Restschuldbefreiungsantrag in einem Verfahren, das vor dem 1.1.99 nach der Konkursordnung eröffnet wurde, oder ein Restschuldbefreiungsantrag unter Hinweis auf ein bereits durchgeführtes Verfahren nach der KO ist nicht zulässig.[14] Der Gesetzeswortlaut der Art. 103 und 104 EGInsO ist insoweit eindeutig. Der Schuldner, über dessen Vermögen 1998 ein Konkursverfahren abgeschlossen wurde, muss also 2001 ein weiteres Verfahren beginnen, um seine Restschuldbefreiung zu erreichen.

3. Eigener Insolvenzantrag des Schuldners

8 Ein Restschuldbefreiungsantrag setzt gem. § 287 Abs. 1 Satz 1 InsO immer einen eigenen Insolvenzeröffnungsantrag des Schulders voraus. Dies gilt auch im Regelinsolvenzverfahren.[15]

4. Antragsfrist

9 Die Restschuldbefreiung setzt einen Antrag des Schuldners voraus, der gem. § 287 Abs. 1 InsO mit dem Eröffnungsantrag verbunden werden soll. Der Antrag muss spätestens zwei Wochen nach einer Aufforderung des Gerichts gem. § 20 Abs. 2 InsO erfolgen. Unterbleibt die Aufforderung durch das Gericht, muss gem. § 289 Abs. 1 InsO eine Antragstellung zumindest bis zum Schlusstermin möglich sein.[16] Versäumt der Schuldner die Frist des § 287 Abs. 1 Satz 2 InsO, kann er unter Beachtung des § 13 Abs. 2 InsO seinen Antrag zurücknehmen und einen neuen, vollständigen Insolvenzeröffnungs- und Restschuldbefreiungsantrag stellen.[17]

---

13 LG Dortmund, nicht veröffentlichter Beschluss vom 15. 8. 2000 zum Geschäftszeichen 9 T 790/00.
14 LG Duisburg, ZInsO 99, 702.
15 Siehe amtl. Begründung zum InsOÄndG, bei HK-InsO, S. 1108, 1109.
16 MK-InsO/Schmahl, 2001 § 20 Rdnr. 101 InsO.
17 Wie zuvor, Rdnr. 99.

5. Bedingungsfreier Antrag

Der Antrag ist unbedingt zu erklären.[18] Ein Antrag, der unter der Bedingung der Anordnung von Sicherungsmaßnahmen gem. § 21 InsO gestellt wird, ist daher unzulässig.[19]

10

6. Antrag einschl. Abtretungserklärung gem. § 287 Abs. 2 InsO

a) Inhalt der Abtretungserklärung

Der Schuldner hat dem Antrag eine Abtretungserklärung gem. § 287 Abs. 2 InsO beizufügen. Diese Abtretung der pfändbaren Einkommensanteile des Schuldners wird als materiellrechtlicher Abtretungsvertrag gem. § 398 Satz 1 BGB oder als einseitige Prozesshandlung des Schuldners eingeordnet.[20] Gleich welcher Ansicht man hier beitritt, die Abtretungserklärung sollte eindeutig formuliert sein und daher dem Gesetzestext folgen:

11

> »Für den Fall der gerichtlichen Ankündigung der Restschuldbefreiung tritt der Schuldner seine pfändbaren Forderungen auf Bezüge aus einem Dienstverhältnis oder an deren Stelle tretende laufende Bezüge für die Zeit von 7 Jahren[21] nach Beendigung des Insolvenzverfahrens an einen vom Gericht zu bestimmenden Treuhänder ab (Erklärung gem. § 287 Abs. 2 InsO)«.

Einige Insolvenzgerichte erwarten, dass der Schuldner diese Abtretungserklärung gesondert unterzeichnet.[22] Dies sollte in der Praxis zur Vermeidung von Nachteilen für den Schuldner beachtet werden.

b) Hinweispflicht des Schuldners gem. § 287 Abs. 2 Satz 2 InsO

Gem. § 287 Abs. 2 Satz 2 InsO soll der Schuldner in der Erklärung auf bereits bestehende Abtretungen, die gem. § 114 Abs. 1 InsO privilegiert sind, hinweisen. Der Hinweis hat aber nicht in der Erklärung, sondern mit der Erklärung zu erfolgen.[23] Kommt der Schuldner dieser Verpflichtung nicht nach, so kann bei grob fahrlässigem oder vorsätzlichem Nichtangeben, ins-

12

---

[18] FK-InsO/Ahrens, § 287 Rdnr. 8 InsO; AG Köln NZI 00, 284.
[19] AG Göttingen ZInsO 99, 659.
[20] Siehe zu den verschiedenen Ansichten z. B.: FK-InsO/Ahrens, § 287 Rdnr. 22; HK-InsO/Landfermann, 2. Aufl. 2001, § 287 Rdnr. 6 InsO.
[21] Die Abtretung muss auch bei einem Altfall (Art 107 EG InsO) für einen Zeitraum von 6 Jahren erteilt werden.
[22] Siehe auch Anlage 3 zum amtl. Vordruck für das Verbraucherinsolvenz- und Restschuldbefreiungsverfahren.
[23] FK-InsO/Ahrens, § 287 Rdnr. 92 InsO.

Henning

besondere nach nochmaliger Aufforderung durch das Insolvenzgericht, eine Verletzung der Verpflichtung gem. § 290 Abs. 1 Nr. 5 InsO vorliegen.[24]

c) Abgabefrist

13 Streitig ist, ob auch für die Abgabe der Abtretungserklärung die Frist des § 287 Abs. 1 InsO gilt. Eine Ansicht verneint dies[25] und hält ein Nachreichen bis zum Schlusstermin für möglich. Die wohl herrschende Meinung[26] hingegen verlangt das Einhalten der Frist und sieht im Falle der Fristversäumnis auch keine Möglichkeit der Wiedereinsetzung, da eine Frist im Sinne des § 233 ZPO, insbesondere eine Notfrist, nicht vorliege.

7. Rücknahme des Antrages

14 Der Antrag auf Erteilung der Restschuldbefreiung kann im Falle eines Eigenantrages des Schuldners mit dem Antrag auf Verfahrenseröffnung gem. § 13 Abs. 2 InsO bis zur Verfahrenseröffnung zurückgenommen werden. Nach Eröffnung des Verfahrens kann der Schuldner den Antrag nur zurücknehmen, wenn er mit der Rücknahme nicht bewusst und daher rechtsmissbräuchlich die Wirkung einer festgestellten Obliegenheitsverletzung gem. § 295 Abs. 1 Nr. 3 InsO umgehen will, mit der Antragsrücknahme also die 10-jährige Antragssperre verhindern will.[27]

8. Antragsmuster

a) Regelinsolvenzverfahren

aa) Antrag des selbstständig tätigen Schuldners

15
> An das
> Amtsgericht Dortmund
> – Insolvenzgericht –
>
> Antrag
>
> des Maschinenbaufabrikanten Peter Müller, Stahlwerkstr. 1, Dortmund
>
> – Verfahrensbevollmächtigter: Rechtsanwalt Karl Winkel, Dortmund –
>
> auf Eröffnung eines Insolvenzverfahrens.
>
> Ich zeige an, dass ich den Schuldner anwaltlich vertrete. Namens und in Vollmacht des Schuldners beantrage ich,

---

24 AG Hamburg NZI 01, 46.
25 LG Münster, ZInsO 99, 724.
26 OLG Köln, ZInsO 2000, 608; MK-InsO/Schmahl, § 20 Rdnr. 96–98 InsO.
27 FK-InsO/Ahrens, § 287 Rdnr. 15–17 InsO.

Henning

1. über das Vermögen des Schuldners das Regelinsolvenzverfahren zu eröffnen,
2. dem Schuldner Restschuldbefreiung gem. §§ 286 ff. InsO zu erteilen,
3. dem Schuldner und seinen Familienangehörigen gem. § 100 InsO Unterhalt aus der Insolvenzmasse zu gewähren,[28]
4. gem. § 21 Abs. 2 Nr. 3 InsO Maßnahmen der Zwangsvollstreckung einschließlich der Vollziehung eines Arrests oder einer einstweiligen Verfügung gegen den Schuldner zu untersagen, soweit nicht unbewegliche Gegenstände betroffen sind, und bereits begonnene Maßnahmen einstweilen einzustellen,[29]
5. dem Schuldner die Kosten des Insolvenzverfahrens gem. § 4a InsO zu stunden, soweit sein Vermögen nicht ausreicht, diese Kosten zu decken, und ihm seinen Verfahrensbevollmächtigten beizuordnen.

Begründung

... Verwendung der beim jeweiligen Insolvenzgericht üblichen Fragebögen und Formulare zur Darstellung von Zahlungsunfähigkeit, Verbindlichkeiten, Gläubigern und Restvermögen
...
Der Schuldner ist einkommens- und vermögenslos. Er führt seinen Betrieb bislang auch im Interesse der Insolvenzgläubiger fort. Ihm und seiner Familie sollte daher Unterhalt nach § 100 InsO gewährt werden. ... (Weitere Begründung mit Angabe der persönlichen und wirtschaftlichen Verhältnisse der Familienmitglieder).

Zu der Anregung, die Zwangsvollstreckung gem. 21 Abs. 2 Nr. 3 InsO einzustellen, wird vorgetragen, dass ausweislich des in Kopie beiliegenden Schreibens des Gläubigers Grossbank AG vom 15.9.2001 die Zwangsvollstreckung unmittelbar bevorsteht. Der Bestand der Masse ist daher konkret gefährdet.

Die Beiordnung eines Rechtsanwaltes ist aus folgenden sachlichen oder in der Person des Schuldners begründeten Umständen erforderlich: – Darstellung der möglichen Gründe im Einzelnen –. Die Beiordnung ist auch angezeigt, da sich von den 25 zurzeit bekannten Gläubigern nach hiesiger Kenntnis 10 Gläubiger anwaltlich vertreten lassen. Durch einen anwaltlichen Vertreter wurde bereits außergerichtlich ein Versagensantrag gem. 290 Abs. 2 InsO angekündigt (Kopie Schreiben RA vom 10.7.2001 anbei). Der Grundsatz der Waffengleichheit gebietet daher eine Beiordnung.

Eine Abtretungserklärung des Schuldners gem. § 287 Abs. 2 InsO sowie eine Erklärung des Schuldners zum Stundungsantrag liegen bei.

Rechtsanwalt

---

[28] Dieser Antrag ist nach § 100 Abs. 1 InsO lediglich eine Anregung.
[29] Dieser Antrag ist lediglich eine Anregung.

Henning

> Anlagen
>
> Anlage 1
>
> Zusatzerklärungen zum Antrag auf Restschuldbefreiung
> Erklärung zur Abtretung an den Treuhänder
>
> Ich habe einen Antrag auf Erteilung der Restschuldbefreiung gestellt und füge diesem Antrag folgende Erklärungen bei:
>
> 1. Abtretungserklärung an den Treuhänder (§ 287 Abs. 2 S. 1 InsO)
>
> Für den Fall der gerichtlichen Ankündigung der Restschuldbefreiung trete ich meine pfändbaren Forderungen auf Bezüge aus einem Dienstverhältnis oder an deren Stelle tretende laufende Bezüge für die Zeit von 6 Jahren ab Eröffnung des Insolvenzverfahrens an einen vom Gericht zu bestimmenden Treuhänder ab.
>
> _____   _____
> (Ort, Datum)   Unterschrift - Schuldner/in
>
> 2. Erklärung über bestehende Abtretungen und Verpfändungen (§ 287 Abs. 2 S. 2 InsO)
>
> Die in der obigen Abtretungserklärung angesprochenen Forderungen auf Bezüge aus einem Dienstverhältnis oder an deren Stelle tretende laufende Bezüge habe ich
>
> ☐ nicht an einen Dritten abgetreten oder verpfändet,
>
> ☐ bereits vor der Antragstellung abgetreten oder verpfändet.
>
> ☐ In meinem jetzigen Arbeitsverhältnis sind Abtretungen/Verpfändungen ausgeschlossen.
>
> ☐ Die Abtretungserklärung ist beim Drittschuldner **offengelegt** und der pfändbare Lohnanteil wird an den Abtretungsgläubiger überwiesen.
>
> _____
> Peter Müller
>
> Anlage 2
>
> Zum Stundungsantrag wird erklärt:
>
> Ein Versagensgrund gem. §§ 290 Abs. 1 oder Abs. 3 InsO liegt nicht vor.
>
> _____
> Peter Müller

bb) Antrag des ehemals selbstständig tätigen Schuldners

> An das
> Amtsgericht Dortmund
> – Insolvenzgericht –
>
> Antrag
>
> des ehemaligen Maschinenbaufabrikanten Peter Müller, Stahlwerkstr. 1, Dortmund
>
> – Verfahrensbevollmächtigter: Rechtsanwalt Karl Winkel, Dortmund –
>
> auf Eröffnung eines Insolvenzverfahrens.

Ich zeige an, dass ich den Schuldner anwaltlich vertrete. Namens und in Vollmacht des Schuldners beantrage ich,

1. über das Vermögen des Schuldners das Regelinsolvenzverfahren zu eröffnen,
2. dem Schuldner Restschuldbefreiung gem. §§ 286 ff. InsO zu erteilen,
3. gem. § 21 Abs. 2 Nr. 3 InsO Maßnahmen der Zwangsvollstreckung einschließlich der Vollziehung eines Arrests oder einer einstweiligen Verfügung gegen den Schuldner zu untersagen, soweit nicht unbewegliche Gegenstände betroffen sind, und bereits begonnene Maßnahmen einstweilen einzustellen,[30]
5. dem Schuldner die Kosten des Insolvenzverfahrens gem. § 4 a InsO zu stunden, soweit sein Vermögen nicht ausreicht, diese Kosten zu decken, und ihm seinen Verfahrensbevollmächtigten beizuordnen.

Begründung

Der Schuldner hat bis zum 31. 12. 1999 eine Maschinenbaufabrik in Dortmund betrieben. Die Geschäftstätigkeit wurde wegen Zahlungsunfähigkeit eingestellt. Der Schuldner ist jetzt als Angestellter abhängig beschäftigt. Aus der gescheiterten Selbstständigkeit bestehen noch Verbindlichkeiten gegenüber 35 Gläubigern/gegenüber ehemaligen Arbeitnehmern/bestehen noch Steuerverbindlichkeiten aus Arbeitsverhältnissen/gegenüber Sozialversicherungsträgern aus Arbeitsverhältnissen. Gem. § 304 Abs. 1 und 2 InsO ist daher über das Vermögen des Schuldners ein Regelinsolvenzverfahren durchzuführen.

... Verwendung der beim jeweiligen Insolvenzgericht üblichen Fragebögen und Formulare zur Darstellung von Zahlungsunfähigkeit, Verbindlichkeiten, Gläubigern und Restvermögen ...

Zum Antrag, die Zwangsvollstreckung gem. 21 Abs. 2 Nr. 3 InsO einzustellen, wird vorgetragen, dass ausweislich des in Kopie beiliegenden Schreibens des Gläubigers Grossbank AG vom 15.9.2001 die Pfändung der Forderungen des Schuldners gegen seinen Arbeitgeber unmittelbar bevorstehen. Der Bestand der Masse ist daher konkret gefährdet.

Die Beiordnung ist aus folgenden sachlichen oder in der Person des Schuldners begründeten Umständen erforderlich: – Darstellung der möglichen Gründe im Einzelnen –. Die Beiordnung ist auch angezeigt, da sich von den 25 zurzeit bekannten Gläubigern nach hiesiger Kenntnis 10 Gläubiger anwaltlich vertreten lassen. Durch einen anwaltlichen Vertreter wurde bereits außergerichtlich ein Versagensantrag gem. 290 Abs. 2 InsO angekündigt (Kopie Schreiben RA vom 10.1.2001 anbei). Der Grundsatz der Waffengleichheit gebietet daher eine Beiordnung.

Eine Abtretungserklärung des Schuldners gem. § 287 Abs. 2 InsO sowie eine Erklärung des Schuldners zum Stundungsantrag liegen bei.

Rechtsanwalt

Anlagen

– siehe oben Rdnr. 15 Antrag des selbstständig tätigen Schuldners –

---

30 Wie zuvor.

Henning

b) Verbraucherinsolvenzantrag des unselbstständig tätigen Schuldners und des ehemals selbstständig tätigen Schuldners mit überschaubaren wirtschaftlichen Verhältnissen

17

An das
Amtsgericht Dortmund
– Insolvenzgericht –

Antrag

des Lehrers Michael Buch, Schulstr. 3, Dortmund

– Verfahrensbevollmächtigter: Rechtsanwalt Karl Winkel, Dortmund –

auf Eröffnung eines Insolvenzverfahrens.

Ich zeige an, dass ich den Schuldner anwaltlich vertrete. Namens und in Vollmacht des Schuldners beantrage ich,

1. über das Vermögen des Schuldners das Insolvenzverfahren zu eröffnen,[31]

2. dem Schuldner Restschuldbefreiung gem. §§ 286 ff. InsO zu erteilen,[32]

3. gem. § 21 Abs. 2 Nr. 3 InsO Maßnahmen der Zwangsvollstreckung einschließlich der Vollziehung eines Arrests oder einer einstweiligen Verfügung gegen den Schuldner zu untersagen, soweit nicht unbewegliche Gegenstände betroffen sind, und bereits begonnene Maßnahmen einstweilen einzustellen,

4. dem Schuldner die Kosten des Insolvenzverfahrens gem. § 4 a InsO zu stunden, soweit sein Vermögen nicht ausreicht, diese Kosten zu decken, und ihm seinen Verfahrensbevollmächtigten beizuordnen,

5. ggf. die Zustimmung gem. § 309 Abs. 1 Satz 1 InsO zu ersetzen.[33]

Begründung

Zur Begründung des Antrages liegt ein ausgefülltes amtliches Antragsformular bei.

Zum Antrag, die Zwangsvollstreckung gem. 21 Abs. 2 Nr. 3 InsO einzustellen, wird vorgetragen, dass ausweislich des in Kopie beiliegenden Schreibens des Gläubigers Grossbank AG vom 15.9.2001 die Zwangsvollstreckung unmittelbar bevorsteht. Der Bestand der Masse ist daher konkret gefährdet.

Die Beiordnung eines Rechtsanwaltes ist aus folgenden sachlichen oder in der Person des Schuldners begründeten Umständen erforderlich: – Darstellung der möglichen Gründe im Einzelnen –. Die Beiordnung ist auch angezeigt, da sich von den 5 zurzeit bekannten Gläubigern nach hiesiger Kenntnis 3 Gläubiger anwaltlich vertreten lassen. Durch einen anwaltlichen Vertreter wurde bereits außergerichtlich ein Versagensantrag gem. 290 Abs. 2 angekündigt (Kopie Schreiben RA vom 10.1.2001 anbei). Der Grundsatz der Waffengleichheit gebietet daher die Beiordnung.

---

31 Dieser Antrag ist im amtl. Vordruck ebenfalls enthalten.
32 Wie zuvor.
33 Dieser Antrag bezieht sich auf das gerichtliche Schuldenbereinigungsplanverfahren. Liegt in diesem Verfahren eine Kopf- und Summenmehrheit der Gläubiger vor, kann gem. § 309 Abs. 1 Satz 1 InsO auf Antrag die Zustimmung eines ablehnenden Gläubigers ersetzt werden; siehe auch unten 13. Kapitel Rdnr. 115 ff.

Henning

> Eine Abtretungserklärung des Schuldners gem. § 287 Abs. 2 InsO sowie eine Erklärung des Schuldners zum Stundungsantrag liegen bei.
>
> Rechtsanwalt
>
> Anlagen
> – siehe oben Rdnr. 15 Antrag des selbstständig tätigen Schuldners –

II. Die Versagensgründe

1. Einführung

Gem. § 1 Satz 2 InsO soll nur der redliche Schuldner Gelegenheit erhalten, sich von seinen im Insolvenzverfahren nicht befriedigten Forderungen zu befreien. Dieser einleitenden Feststellung lässt die InsO eine Definition des Begriffes »Redlichkeit« allerdings nicht folgen. Im achten Teil der InsO findet er sich unter der Überschrift Restschuldbefreiung gar nicht. Die Definition des Begriffes erfolgt vielmehr allein über die Versagensgründe und Obliegenheiten der §§ 290 Abs. 1 und 295 Abs. 1 InsO. Der Schuldner ist folglich dann unredlich, wenn er durch sein Verhalten die angegebenen Versagensgründe des § 290 Abs. 1 InsO erfüllt oder seine Obliegenheiten aus § 295 InsO missachtet hat. Die Aufzählung dieser Versagensgründe und Verpflichtungen ist dabei nach ganz herrschender Meinung enumerativ.[34] Aus Gründen der Rechtssicherheit hat der Gesetzgeber eine Generalklausel bewusst nicht verwandt.[35]

18

> ▶ **Beispiel:**
> Eine steuerliche Erlass- und Stundungsunwürdigkeit im Sinne des § 227 AO reicht für eine Versagung der Restschuldbefreiung nicht aus, da ein solcher Versagenstatbestand in § 290 Abs. 1 InsO nicht enthalten ist.[36]

2. Übersicht über die Zulässigkeit der verschiedenen Versagensanträge

Die Versagung der Rechtsschuldbefreiung wegen Vorliegens eines Versagensgrundes oder der Nichterfüllung einer Obliegenheit erfolgt bis auf eine Ausnahme nur auf Antrag eines Insolvenzgläubigers. Ein Antrag kann,

19

---

34 FK-InsO/Ahrens, § 290 Rdnr. 5 InsO; Nerlich/Römermann, Kommentar zur InsO, 2. Lfg. 11/00, § 290 Rdnr. 12 InsO.
35 HK-InsO/Landfermann, § 290 Rdnr. 2 InsO.
36 OLG Köln ZInsO 01, 229.

Henning

je nachdem auf welche Begründung er sich stützt, nur in bestimmten Verfahrensabschnitten oder zeitlich begrenzt gestellt werden. Die Prüfung der Frage, ob ein Fehlverhalten des Schuldners eine Versagung der Erteilung der Restschuldbefreiung durch das Insolvenzgericht nach sich ziehen wird, erfordert daher zunächst immer eine gründliche Orientierung über den jeweiligen Stand des Verfahrens und über die Art des dem Gläubiger bekannt gewordenen möglichen Versagensgrundes.

Ein Insolvenzgläubiger kann beantragen

- die Versagung der Restschuldbefreiung wegen Vorliegens eines Grundes aus § 290 Abs. 1 Nr. 2 bis 6 InsO bis zur Entscheidung des Gerichts gem. §§ 289 Abs. 1 und 291 Abs. 1 InsO, also bis zum Ende der Prüfungsphase,

- die Versagung der Restschuldbefreiung wegen Vorliegens eines Grundes aus § 290 Abs. 1 Nr. 1 gem. § 297 Abs. 1 InsO darüber hinaus bis zum Ende der Wohlverhaltensperiode,

- die Versagung der Restschuldbefreiung wegen Vorliegens einer Obliegenheitsverletzung aus § 295 Abs. 1 gem. §§ 296 InsO während der Wohlverhaltensperiode und bis zu der Entscheidung des Gerichts gem. § 300 Abs. 1 InsO. Der Gläubiger muss den Antrag gem. § 296 Abs. 1 Satz 2 InsO innerhalb eines Jahres stellen, nachdem ihm die Obliegenheitsverletzung bekannt geworden ist,

- den Widerruf der Erteilung der Restschuldbefreiung gem. § 303 Abs. 1 InsO innerhalb eines Jahres nach Rechtskraft der Entscheidung über die Restschuldbefreiung, wenn der Schuldner seine Obliegenheiten während der Wohlverhaltensperiode vorsätzlich verletzt hat und die Gläubigerbefriedigung dadurch erheblich beeinträchtigt hat.

Der Treuhänder kann beantragen,

- die Versagung der Restschuldbefreiung bis zu der Entscheidung des Gerichts gem. § 300 Abs. 1 InsO, wenn der Schuldner seiner Pflicht zur Zahlung der Mindestvergütung gem. § 298 Abs. 1 InsO nicht nachgekommen ist.

20 Die Verurteilung des Schuldners wegen einer Insolvenzstraftat kann somit im gesamten Verfahren, nicht aber während der Nachfrist des § 303 InsO zur Versagung der Restschuldbefreiung führen. Der Antrag des Gläubigers, der auf einen Versagungsgrund nach § 290 Abs. 1 Nr. 2 bis 6 InsO gestützt wird und in der Wohlverhaltensperiode gestellt wird, hat keine Aussicht auf Erfolg.

Es ist auch zu beachten, dass nicht jedes deliktische oder strafbewehrte[37] Verhalten des Schuldners vor Insolvenzantragstellung oder während des Verfah-

---

[37] Vgl. Kübler/Prütting, Kommentar zur InsO, 5. Lfg. 11/99, § 290 Rdnr. 9 InsO.

rens einschließlich der Wohlverhaltensperiode und der Nachfrist des § 303 InsO einen möglichen Versagensgrund darstellt. So führt allein eine Verurteilung des Schuldners wegen Betrugs gem. § 263 StGB nicht zur Versagung der Erteilung der Restschuldbefreiung, auch wenn wegen der Regelung in § 290 Abs. 1 Nr. 2 und der Ausnahme der deliktischen Forderung von der Restschuldbefreiung gem. 303 Nr. 1 diese Verurteilung und der ihr zugrunde liegende Sachverhalt gleichwohl Bedeutung im Verfahren erlangen können.

3. Verfahrensablauf

Das Insolvenzgericht hört gem. § 289 Abs. 1 InsO die Insolvenzgläubiger und den Insolvenzverwalter bzw. Treuhänder zum Restschuldbefreiungsantrag des Schuldners an. Die Insolvenzgläubiger können Versagensgründe gem. § 290 Abs. 1 InsO glaubhaft machen und die Versagung der Restschuldbefreiung beantragen. Das Gericht entscheidet anschließend über den Antrag des Schuldners und über mögliche Versagungsanträge durch Beschluss: 21

- Liegen nach Ansicht des Gerichts keine Versagensgründe vor, ergeht Beschluss mit der Ankündigung der Restschuldbefreiung gem. §§ 289 Abs. 1 Satz 2, 291 Abs. 1 InsO,

- Ansonsten wird mit Beschluss die Erteilung der Restschuldbefreiung versagt,

- Der Schuldner und der Gläubiger, der die Versagung der Erteilung der Restschuldbefreiung beantragt haben, können die Beschlüsse mit der sofortigen Beschwerde gem. § 289 Abs. 2 Satz 1 InsO angreifen.

4. Die einzelnen Versagensgründe

a) § 290 Abs. 1 Nr. 1 InsO: Verurteilung wegen einer Insolvenzstraftat

Es muss eine rechtskräftige Verurteilung wegen einer Straftat nach den §§ 283 bis 283 c StGB[38] vorliegen. Die Verurteilung wegen Versuchs[39] einer der Straftatbestände reicht ebenso aus wie die fahrlässige Begehung.[40] Die in Strafverfahren dieser Art häufige Einstellung des Verfahrens nach § 153 a StPO erfüllt diesen Versagensgrund hingegen nicht. Dieser Umstand wird die Entscheidung über die Möglichkeit des Schuldners, Restschuldbefreiung zu erlangen, in einigen Verfahren in das Strafverfahren verlagern.[41] 22

---

38 Diese Vorschriften sind im Anhang abgedruckt.
39 Kübler/Prütting, a. a. O., § 290 Rdnr. 4 InsO; Nerlich-Römermann, a. a. O., § 290 Rdnr. 29 InsO.
40 FK-InsO/Ahrens, § 290 Rdnr. 11 InsO.
41 Franke, NStZ 99, 548.

§ 290 Abs. 1 Nr. 1 InsO enthält keine zeitliche Befristung. Ein lebenslanger Ausschluss eines wegen einer Insolvenzstraftat verurteilten Schuldners von der Möglichkeit, Restschuldbefreiung zu erlangen, wird jedoch von der wohl herrschenden Meinung für nicht zulässig gehalten.[42] Es wird zum einen zur Lösung des Problems auf die Fristen der §§ 45 ff. BRZG zurückgegriffen.[43] Zum anderen wird die Ansicht vertreten, die Frist des § 290 Abs. 1 Nr. 3 InsO sei auch im Falle des § 290 Abs. 1 Nr. 1 InsO anzuwenden, da eine Ungleichbehandlung der betroffenen Schuldner nur wegen des verschiedenen Zeitpunkts der Verurteilung nicht nachvollziehbar sei.[44]

§ 290 Abs. 1 Nr. 1 InsO gilt über § 297 InsO auch nach dem Schlusstermin und in der Wohlverhaltensperiode. Dennoch kommt dem Zeitpunkt der Verurteilung bei der Entscheidung über einen entsprechenden Versagensantrag wesentliche Bedeutung zu:

Eine Verurteilung vor dem Schlusstermin kann nur bis zu der Entscheidung gem. §§ 289 Abs. 1, 291 Abs. 1 InsO geltend gemacht werden. Nach diesem Beschluss kann lediglich eine danach erfolgende Verurteilung zur Begründung eines Versagungsantrages angeführt werden. In der Wohlverhaltensperiode kann eine Verurteilung, die vor den Beschluss gem. §§ 289 Abs. 1, 291 Abs. 1 InsO fällt, also nicht geltend gemacht werden. Der Gläubiger muss daher in jedem Verfahrensabschnitt das Vorliegen eines Versagensgrundes getrennt prüfen, wenn er es für nicht angebracht hält, dass der Schuldner die Restschuldbefreiung erlangt.

Streitig ist, ob die Verurteilung wegen einer Insolvenzstraftat in konkretem Zusammenhang mit dem laufenden Insolvenzverfahren stehen muss.[45]

▶ **Beispiele aus der Praxis:**

– Der Schuldner »sichert« vor dem eigenen Eröffnungsantrag den wertvollen Teppich und den kostbaren Schmuck durch »Zwischenlagerung« bei Angehörigen = § 283 Abs. 1 Nr. 1 StGB.

– Der Schuldner gibt eine bestehende Kapitallebensversicherung bei Antragstellung im Verzeichnis gem. § 305 Abs. 1 Nr. 3 nicht an = § 283 Abs. 1 Nr. 1 StGB.

Wenn die letztere Verfehlung des Schuldners gem. § 290 Abs. 1 Nr. 6 InsO wegen bereits rechtskräftiger Entscheidung gem. §§ 289 Abs. 1, 291 Abs. 1 InsO nicht mehr als Versagensgrund vortragen werden kann, bleibt also über eine Strafanzeige und die Verurteilung gem.

---

42 OLG Celle ZInsO 00, 667 = NZI 01, 155; FK-InsO/Ahrens, § 290 Rdnr. 15 InsO ; a. A.: Kübler/Prütting, a. a. O., § 290 Rdnr. 8 InsO.
43 OLG Celle ZInsO 01, 414; siehe zum Problem Bildung einer Gesamtstrafe, die auch Delikte außerhalb des § 290 Abs. 1 Nr. 1 InsO berücksichtigt: AG Duisburg ZInsO 01, 1020 und Pape, ZInsO 01, 1044.
44 FK-InsO/Ahrens, § 290 Rdnr. 15 InsO.
45 So FK-InsO/Ahrens, § 290 Rdnr. 13; HK-InsO/Landfermann, § 290 Rdnr. 4 InsO; a. A.: Nerlich/Römermann, a. a. O., § 290 Rdnr. 33 InsO und OLG Celle ZInsO 01, 414.

283 Abs. 1 Nr. 1 StGB die Möglichkeit, eine Versagung der Restschuldbefreiung wegen dieses Fehlverhaltens im weiteren Verfahren zu erreichen.

- Der Schuldner verkauft die auf Ratenkreditbasis von einem Versandhaus bezogenen Waren weit unter Wert an Dritte, um an Bargeld zu kommen = § 283 Abs. 1 Nr. 3 StGB.
- Der Schuldner gibt im Verzeichnis gem. § 305 Abs. 1 Nr. 3 InsO Forderungen an, die tatsächlich nicht bestehen, um seine Chance, eine Zustimmungsersetzung gem. § 309 InsO zu erreichen, zu erhöhen oder um über die fingierten Gläubiger Rückflüsse aus Quotenzahlungen zu erhalten = § 283 Abs. 1 Nr. 4 StGB.
- Der Schuldner sicherungsübereignet seinen PKW vor Antragstellung an einen ihm wohlgesonnenen Insolvenzgläubiger, der keinen schuldrechtlichen Anspruch auf die Sicherungsübereignung hat = § 283 c Abs. 1 StGB.
- Der Schuldner tritt seine pfändbare Einkommensanteile an einen ihm wohlgesonnenen Gläubiger ab, ohne dass der Schuldner dem Gläubiger gegenüber eine entsprechende schuldrechtliche Verpflichtung hat = § 283 c Abs. 1 StGB.

b) **§ 290 Abs. 1 Nr. 2 InsO: Unrichtige oder unvollständige Angaben**

Diese Vorschrift sanktioniert den Schuldner, der in den letzten drei Jahren vor Insolvenzantragstellung oder nach diesem Antrag falsche Angaben gemacht hat, um Leistungen zu erhalten oder eigene Zahlungen zu vermeiden. Die einzelnen Voraussetzungen der Versagung der Restschuldbefreiung nach dieser Vorschrift sind folgende: 23

- Angaben in den letzten drei Jahren vor Antragstellung oder nach diesem Antrag

  Die Fristberechnung erfolgt über § 4 InsO gem. §§ 222 Abs. 1 ZPO, 187 f. BGB.

- vorsätzlich oder grob fahrlässig

  Hier gelten die üblichen zivilrechtlichen Definitionen. Demnach ist Vorsatz als Wissen und Wollen der Tatbestandsverwirklichung, grobe Fahrlässigkeit als Verletzung der im Verkehr erforderlichen Sorgfalt in einem besonders schwerem Maße anzunehmen.[46] Bei grober Fahrlässigkeit sind stets auch die individuellen Verhältnisse des Schuldners zu berücksichtigen.[47] So ist bei der Beurteilung des konkreten Verhaltens des Schuldners auch seine ggf. vorliegende mangelnde Erfahrung oder seine fehlende in-

---

[46] Siehe z. B. Palandt/Heinrichs, Kommentar zum BGB, 60. Aufl. 2001, § 276 Rdnr. 10–15 InsO.
[47] FK-InsO/Ahrens, § 290 Rdnr. 26 InsO.

Henning

tellektuelle Fähigkeit einzubeziehen, z. B. wenn ein schwer verständliches, umfangreiches oder unübliches Formular auszufüllen war. Grobe Fahrlässigkeit kann auch ausscheiden, wenn der Schuldner zum Zeitpunkt der Abgabe der Angaben den Überblick über seine wirtschaftlichen Verhältnisse bereits verloren hatte. Da dies allerdings bei Überschuldeten relativ häufig der Fall sein wird, muss abgewartet werden, welche Anforderungen die Rechtsprechung in einem solchen Falle im Einzelnen an die Schuldner stellen wird.

- schriftlich

Falsche Angaben gegenüber einem Versandhaus bei einer telefonischen Bestellung können nicht zu einer Versagung der Restschuldbefreiung nach dieser Vorschrift führen.

> **Beispiel aus der Rechtsprechung:**
> Durch die Nichtabgabe einer Steuererklärung macht ein Schuldner noch keine unrichtigen oder unvollständigen schriftlichen Angaben im Sinne des § 290 Abs. 1 Nr. 2 InsO.[48]

Unrichtige oder unvollständige Angaben über die wirtschaftlichen Verhältnisse.

Eine Angabe ist unwahr, wenn sie nicht der Wirklichkeit entspricht, und unvollständig, wenn durch die Nichtangabe wesentlicher Umstände ein falsches Gesamtbild entsteht. Wird der Schuldner in einem Formular oder Antrag nach einem Umstand nicht gefragt, muss er diesen Umstand nur angeben, wenn er rechtlich hierzu verpflichtet ist. Die Entscheidung, ob eine solche Offenbarungsverpflichtung besteht, wird im Einzelfall schwierig sein und ergibt sich aus den Gesamtumständen:

> **Beispiele aus der Praxis:**
> – Der Schuldner wird bei Kreditaufnahme nach dem Verwendungszweck nicht gefragt. Er gibt von sich aus nicht an, dass er den Kredit für den Aufbau einer Kleinselbstständigkeit (Gastwirtschaft) einsetzen wird. Der Kredit steht im angemessenen und üblichen Verhältnis zu seinem korrekt angegebenen, eher geringen Einkommen aus abhängiger Beschäftigung. Die z. T. dann über den Kredit finanzierte Selbstständigkeit scheitert, der Schuldner wird zahlungsunfähig.

Eine Offenbarungsverpflichtung des Schuldners ist hier zunächst nicht ersichtlich, da es wohl eher Sache des Kreditgebers ist, ggf. den Verwendungszweck zu erfragen. Erfolgt diese Nachfrage durch den Kreditgeber nicht, darf der Schuldner schlussfolgern, dass es dem Kreditgeber auf die Verwendung des Kreditbetrages nicht ankommt.[49] Anderes kann aus den weiteren

---

48 OLG Köln ZInsO 01, 229.
49 Die zuständige Staatsanwaltschaft hat in diesem Fall daher auch das Vorliegen einer Strafbarkeit gem. § 263 StGB verneint.

Henning

Umständen, z. B. der wiederholten Bezeichnung des angebotenen Darlehens als »Verbraucherkredit«, folgen.

- Der Schuldner gibt bei Kreditaufnahme nicht an, dass er bereits die eidesstattliche Versicherung abgegeben hat. Er wurde in dem Kreditantragsformular a) nur nach seinem Einkommen, b) nach seinen Vermögensverhältnissen gefragt?

Hier ist darauf abzustellen, ob die Verpflichtung zur Angabe für den jeweiligen Schuldner nach den Gesamtumständen offenkundig war, und ob die fehlende Angabe für den Gläubiger tatsächlich entscheidungsrelevant war. Hat der Kreditgeber z. B. mit dem Hinweis für sein Kreditangebot geworben, eine Schufa-Auskunft werde nicht eingeholt, wird der Schuldner annehmen dürfen, nur das angeben zu müssen, nach dem er gefragt wird. Die fehlende Angabe der eidesstattlichen Versicherung zu Frage a) wird in einem solchen Fall keine Konsequenzen für den Schuldner haben. Auf die Frage zu b) wird der Schuldner die bereits abgegebene eidesstattliche Versicherung aber nur dann verschweigen dürfen, wenn diese für seine Vermögensverhältnisse ohne Belang ist.

- Der Schuldner gibt im Kreditantragsformular falsche familiäre Verhältnisse an.

Die wirtschaftlichen Verhältnisse des Schuldners werden allein durch sein Einkommen und Vermögen bestimmt, die familiären Verhältnisse sind nicht maßgeblich. Dem Schuldner können daher unwahre oder unvollständige Angaben zu seinen Familienverhältnissen nicht vorgeworfen werden.[50]

▶ **Beispiele aus der Rspr:**
- Der Schuldner gibt eine falsche eidesstattliche Versicherung ab.[51]

Ein Versagensgrund kann aus der Falschabgabe einer eidesstattlichen Versicherung aber nur folgen, wenn einer der Tatbestandsalternativen »um einen Kredit zu erhalten« oder »Zahlungen an öffentliche Kassen zu vermeiden oder zu erhalten« erfüllt wird.

- Der Schuldner gibt entgegen seinen steuerrechtlichen Verpflichtungen keine Steuererklärung ab.
  Durch die Nichtabgabe einer Steuerklärung macht ein Schuldner noch keine unrichtigen oder unvollständigen Angaben über seine wirtschaftlichen Verhältnisse im Sinne des § 290 Abs. 1 Nr. 2 InsO.[52]

- um einen Kredit zu erhalten.

---
50 FK-InsO/Ahrens, § 290, Rdnr. 20 InsO.
51 OLG Celle, ZInsO 00, 456.
52 OLG Köln, ZInsO 01, 229.

Unter Kredit ist hier zunächst das Darlehen gem. § 607 BGB zu verstehen. Aber auch andere Formen der Kreditierung, wie z. B. die Warenkreditierung bei einem Versandhauskauf auf Ratenzahlungsbasis sind erfasst. Der Kreditbegriff des § 1 Abs. 2 InsO Verbraucherkreditgesetz kann aber nicht herangezogen werden, da dieser, aus dem Verbraucherschutzzweck des Verbraucherkreditgesetzes folgende Kreditbegriff, hier zu weit wäre.[53]

- um Leistungen aus öffentlichen Mitteln zu beziehen.

Hierunter fallen der Bezug von Sozialhilfe, Arbeitslosengeld und -hilfe, Kindergeld, Erziehungsgeld und allen weiteren Unterstützungen der öffentlichen Hand.

▶ **Beispiel aus der Rspr:**
Der Schuldner gibt während des Bezuges von Arbeitslosengeld dem Arbeitsamt ein Nebeneinkommen nicht an, um Leistungen an öffentliche Kassen zu vermeiden.[54]

Die Steuerhinterziehung, die Falschangaben zu öffentlichen Leistungspflichten wie Kindergartenbeiträgen, Fehlbelegungsabgaben oder Rückzahlung von Sozialleistungen erfüllen diesen Tatbestand.

c) § 290 Abs. 1 Nr. 3 InsO: Frühere Restschuldbefreiung oder -versagung

24   Die Vorschrift schließt den Schuldner von der Restschuldbefreiung aus, der in den letzten 10 Jahren vor dem Insolvenzantrag bereits die Restschuldbefreiung in einem vorherigen Verfahren erlangt hat oder dem die Restschuldbefreiung nach §§ 296, 297 InsO versagt wurde. Die Berechnung der 10-Jahresfrist hat über § 4 InsO gem. §§ 222 Abs. 1 ZPO, 187 f. BGB zu erfolgen. Sowohl die Erteilung der Restschuldbefreiung als auch die Versagung gem. §§ 296, 297 InsO wird nicht in das Schuldnerverzeichnis eingetragen. Die Gläubiger können aber nach § 289 Abs. 2 Satz 3 InsO i. V. m. § 200 Abs. 2 Satz 2 InsO dem Bundesanzeiger zumindest entnehmen, welche Schuldner nach dem Restschuldbefreiungsverfahren in die Wohlverhaltensperiode entlassen wurden.

d) § 290 Abs. 1 Nr. 4 InsO: Unangemessene Verbindlichkeiten, Vermögensverschwendung sowie Verzögerung des Insolvenzverfahrens

25   Die Voraussetzungen einer Versagung der Restschuldbefreiung nach dieser Vorschrift sind folgende:

- Im letzten Jahr vor dem Insolvenzantrag oder nach diesem Antrag:

---

53 FK-InsO/Ahrens, § 290 Rdnr. 18 InsO.
54 LG Stuttgart ZInsO 01, 134.

Die Fristberechnung erfolgt über § 4 InsO gem. §§ 222 Abs. 1 ZPO, 187 f. BGB.

- Vorsätzlich oder grob fahrlässig:

siehe hierzu oben Rdnr. 23.

- Beeinträchtigung der Befriedigung der Insolvenzgläubiger:

Es muss eine tatsächliche Beeinträchtigung der Befriedigung der Insolvenzgläubiger vorliegen und das Verhalten des Schuldners muss für diese Beeinträchtigung kausal sein. Eine Beeinträchtigung scheidet daher z. B. aus, wenn der Schuldner aus unpfändbaren Einkommensanteilen unangemessene Luxusgegenstände erwirbt oder seine unpfändbaren Einkommensanteile verspielt.

- Unangemessene Verbindlichkeiten:

Eine Verbindlichkeit soll unangemessen sein, wenn sie in der konkreten Lebenssituation des Schuldners außerhalb einer nachvollziehbaren Nutzungsentscheidung steht.[55] Bei der Prüfung ist ein subjektiver Maßstab anzulegen.

- Vermögensverschwendung:

Verschwendung ist der Vermögensverbrauch, der nicht nachvollziehbar ist. Eine angemessene Schenkung, die z. B. der allgemeinen sittlich-familiären Übung entspricht, ist nachvollziehbar.

> **Beispiel aus der Praxis:**
> Der Schuldner verwendet sein letztes noch vorhandenes Vermögen in Höhe von 1000 €, um seiner 18-jährigen Tochter, wie dieser schon mehrere Jahre lang versprochen, zum erfolgreichen Abschluss ihrer Ausbildung den Erwerb eines PKW-Führerscheins zu finanzieren.

Die bewusste Zerstörung, Beschädigung oder Unbrauchbarmachung einer Sache ist hingegen ebenso wie die Luxusurlaubsreise kurz vor Antragstellung nicht nachvollziehbar.

- Verfahrensverzögerung:

Hier wird keine Verpflichtung des Schuldners festgeschrieben, einen Insolvenzeröffnungsantrag zu stellen.[56] Der Schuldner muss vielmehr die Gläubiger durch vorwerfbares Verhalten von der Antragstellung abgehalten haben.

---

55 FK-InsO/Ahrens, § 290 Rdnr. 34 InsO; siehe auch AG Bonn ZInsO 01, 1070.
56 FK-InsO/Ahrens, § 290 Rdnr. 37 InsO.

Henning

e) § 290 Abs. 1 Nr. 5 InsO: Verletzung von Auskunfts- und Mitwirkungspflichten

26 Die Vorschrift betrifft die Auskunfts- und Mitwirkungspflichten des Schuldners nach der Insolvenzordnung. Diese folgen u. a. aus §§ 20, 21 Abs. 2 Nr. 2, 22 Abs. 3 Satz 2 und 3, 97, 98 oder 101 InsO.[57] Der Schuldner muss vorsätzlich oder grob fahrlässig gehandelt haben, siehe hierzu oben Rdnr. 23.

▸ **Beispiele aus der Rechtsprechung:**
- Der Schuldner verletzt seine Mitwirkungspflicht gem. § 290 Abs. 1 Nr. 5 InsO nicht, wenn er den Gläubigern im gerichtlichen Schuldenbereinigungsplanverfahren einen so genannten »Nullplan« vorlegt.[58]
- Der Schuldner beantwortet gezielte Nachfragen des Gerichts zum möglichen Vorliegen von Sicherungsabtretungen nicht.[59] Hierdurch verletzt er seine Mitwirkungspflicht.

f) § 290 Abs. 1 Nr. 6 InsO: Unzutreffende Angaben in Verzeichnissen nach § 305 Abs. 1 Nr. 3 InsO

27 Diese Vorschrift betrifft nur den Schuldner im Verbraucherinsolvenzverfahren. Er soll zutreffende Angaben in den nach § 305 Abs. 1 Nr. 3 InsO vorzulegenden Verzeichnissen machen. Zu unrichtigen und unvollständigen Angaben siehe oben Rdnr. 23, zu den Anforderungen an die Verzeichnisse nach § 305 Abs. 1 Nr. 3 InsO siehe unten 13. Kapitel Rdnr. 83 ff. Der Versagungsgrund greift nicht, wenn der Schuldner zu einem späteren Verfahrenszeitpunkt unzutreffende Angaben macht. Maßgeblicher Zeitpunkt ist die Antragstellung mit dem Einreichen der Unterlagen.[60]

Es wird zurecht darauf hingewiesen, dass die Anfertigung von Verzeichnissen für den üblicherweise in diesen Dingen unerfahrenen Verbraucherschuldner – im Gegensatz zum geschäftserfahrenen insolventen Unternehmen – eine beträchtliche Schwierigkeit bedeuten kann.[61] Die Anforderungen an die Qualität der Verzeichnisse dürfen daher nicht zu hoch sein. Ebenso müssen die individuellen Möglichkeiten des Schuldners berücksichtigt werden. Ein Versagensgrund liegt allerdings nur vor, wenn die Gläubiger durch die Handlung des Schuldners benachteiligt werden.[62] Der Schuldner muss vorsätzlich oder grob fahrlässig gehandelt haben, siehe hierzu oben Rdnr. 23.

---

57 Siehe z. B. LG Duisburg NZI 01, 384.
58 AG Hamburg NZI 00, 336.
59 AG Hamburg *NZI 01*, 46.
60 OLG Celle ZInsO 01, 757.
61 FK-InsO/Ahrens, § 290 Rdnr. 49 InsO.
62 LG Saarbrücken NZI 2000, 380.

darf er auch auf eine eidesstattliche Versicherung zurückgreifen. Diese eidesstattliche Versicherung kann auch mündlich im Schlusstermin abgegeben werden.[74] Wird ein Versagensgrund gem. § 290 Abs. 1 Nr. 2 InsO vorgetragen, müssen zur Glaubhaftmachung schriftliche Angaben des Schuldners vorgelegt werden.

2. Begründetheit des Antrages

Der Antrag ist begründet, wenn der Gläubiger den vollen Beweis führen kann, dass der Schuldner die objektiven und subjektiven Voraussetzungen eines der Versagensgründe des § 290 Abs. 1 InsO erfüllt hat. Das Gericht darf hier eigene Ermittlungen nach dem Amtsermittlungsgrundsatz erst aufnehmen, wenn der Verstoß mit überwiegender Wahrscheinlichkeit feststeht. Formalverstöße, die die Befriedigungsaussichten der Gläubiger nicht beeinträchtigen, sind nicht zu berücksichtigen.[75]

33

> ▶ **Beispiel aus der Rspr:**
> Der Schuldner gibt eine Restgeldstrafe im Verzeichnis nach § 305 Abs. 1 Nr. 3 InsO nicht an. Durch diese Nichtangabe entstehen den Gläubiger wegen des besonderen Charakters der Forderung (siehe z. B. § 39 Abs. 1 Nr. 3 InsO) keine Nachteile. Die Restschuldbefreiung ist daher nicht zu versagen.[76]

3. Antragsrücknahme

Der Versagensantrag kann nach dem Verfahrensgrundsatz der Gläubigerautonomie durch den antragstellenden Gläubiger jeder Zeit zurückgenommen werden.[77]

34

4. Informationsbeschaffung über mögliche Versagensgründe

In der Praxis wird es für den Gläubigervertreter häufig schwierig sein, Informationen über den Schuldner zu erlangen, die nicht aus den eigenen Beziehungen des Gläubigers zu dem Schuldner folgen. Ebenso steht der Berater des Schuldners vor dem Problem, mit dem Schuldner gemeinsam mögliche Unredlichkeiten vor Antragstellung aufzuspüren, um die Erfolgsaussichten eines Restschuldbefreiungsantrages prüfen zu können.

35

---

74 Vgl. Zöller/Greger, Kommentar zur ZPO, 21. Aufl. 1999, § 294 Rdnr. 4 InsO.
75 AG Münster ZInsO 2000, 235.
76 Wie zuvor.
77 FK-InsO/Ahrens, § 290 Rdnr. 57 InsO; **a. A.:** Nerlich/Römermann, a. a. O., § 290 Rdnr. 17 InsO.

Henning

a) Hilfen für den Vertreter des Gläubigers[78]

36 Der Gläubigervertreter wird über die üblichen Periodika wie den Bundesanzeiger oder Auskunftssysteme wie die Schufa oder Wirtschaftsauskunfteien an Informationen gelangen. Die Informationsbeschaffung über das Internet wird durch die Neufassung des § 9 Abs. 1 Satz 1 InsO an Bedeutung gewinnen. Auch die Kontaktaufnahme zu den weiteren Gläubigern des Schuldners, die dem Gläubiger in Verbraucherinsolvenzverfahren seit den außergerichtlichen Verhandlungen des Schuldners bekannt sein müssten, kann weiterhelfen. Besonders öffentliche Gläubiger haben bei der Datenweitergabe allerdings datenschutzrechtliche Aspekte zu beachten. Weiterhin gibt § 97 InsO zwar nicht dem einzelnen Gläubiger, wohl aber dem Gläubigerausschuss und der Gläubigerversammlung die Möglichkeit, Auskünfte von dem Schuldner zu erlangen.[79] Gläubiger, die eine deliktische Forderung gegenüber dem Schuldner haben, werden diesen Forderungsgrund wegen §§ 174 Abs. 2, 302 Nr. 1 InsO zur Tabelle anmelden. Auch aus der Tabelle können sich daher Informationen über mögliche Verfehlungen des Schuldners ergeben. Schließlich sollte der Gläubiger ggf. bezüglich der gerichtlichen Verfahrensakte von seinem Akteneinsichtsrecht Gebrauch machen.[80]

b) Hilfen für den Vertreter des Schuldners

37 Der Berater des Schuldners wird zunächst in ausführlichen Gesprächen und mit Hilfe eines Fragebogens[81] oder einer Checkliste versuchen, möglichst viele Informationen von dem Schuldner zu erhalten. Auch aus den in einem Verbraucherinsolvenzverfahren schon geführten außergerichtlichen Verhandlungen können sich aus Gläubigermitteilungen Anhaltspunkte ergeben. Schufa-Selbstauskünfte sind regelmäßig wenig ergiebig. Im Gegensatz zu den Gläubigern kann der anwaltliche Schuldnervertreter aber den Schuldner betreffende Strafakten und Akten bei öffentlichen Stellen einsehen und so mögliche Zweifelsfragen klären.

---

[78] Siehe allgemein zur Stellung der Gläubiger im Versagungsverfahren: Ahrens, Innenbeziehungen der Gläubiger bei Versagensanträgen nach §§ 290, 295 ff. InsO, NZI 01, 113.
[79] Siehe auch Wagner, Die Anfechtung im Verbraucherinsolvenzverfahren, IV.1.: Informationsrechte des Einzelgläubigers, ZIP 99, 689.
[80] Siehe hierzu insbesondere: Haarmeyer/Wutzke/Förster, Handbuch zur Insolvenzordnung, 3. Auflage 2001, Kap. 2, Rdnr. 34 ff.; Graf/Wünsch, ZIP 01, 1800.
[81] Muster siehe unten 13. Kapitel Rdnr. 196.

IV. Checklisten Prüfungsphase

1. Für den Vertreter des Schuldners   38

- Wurde die Restschuldbefreiung bereits beantragt?
- Wurde hierbei die Frist gem. § 287 Abs. 1 Satz 2 InsO beachtet? Läuft diese Frist noch?
- Wurde die Abtretungserklärung gem. § 287 Abs. 2 InsO form- und fristgerecht abgegeben?
- Hat der Schuldner bereits vor dem Verfahren seine pfändbaren Einkommensanteile abgetreten?
- Wurde eine bereits vorliegende Abtretung dem Insolvenzgericht angezeigt?
- Ist der Schuldner rechtskräftig wegen einer Insolvenzstraftat verurteilt?
- Hat der Schuldner in den letzten drei Jahren vor Antragstellung falsche oder unvollständige Angaben im Sinne des § 290 Abs. 1 Nr. 2 InsO gemacht?
- Wurde dem Schuldner in den letzten 10 Jahren bereits Restschuldbefreiung erteilt?
- Wurde dem Schuldner in den letzten 10 Jahre die Restschuldbefreiung wegen einer Obliegenheitsverletzung in der Wohlverhaltensperiode versagt?
- Ist der Schuldner im Jahr vor der Antragstellung unangemessene Verbindlichkeiten eingegangen oder hat er Vermögen verschwendet?
- Ist der Schuldner im Insolvenzverfahren seinen Auskunfts- und Mitwirkungspflichten nachgekommen? Hat es Auseinandersetzungen über diese Pflichten mit dem Treuhänder/Insolvenzverwalter gegeben?
- Sind die Verzeichnisse gem. § 305 Abs. 1 Nr. 3 InsO ordnungsgemäß abgegeben worden?
- War der Schuldner bereits vor dem 1.1.97 überschuldet? Sind hierzu Belege vorhanden?
- Findet ein Schlusstermin statt oder wird das Verfahren gem. § 312 Abs. 2 InsO schriftlich durchgeführt?

2. Für den Vertreter des Gläubigers   39

- Ist ein Versagensgrund gem. § 290 Abs. 1 Nr. 1 bis 6 InsO im Falle des betroffenen Schuldners bekannt?[82]

---

82 Siehe zu den einzelnen Versagensgründen Checkliste des Vertreters des Schuldners.

Henning

- Sind sämtliche Informationsquellen (Bundesanzeiger, Internet, Akteneinsicht) genutzt worden?
- Will der Gläubiger einen vorliegenden Versagensgrund auch für einen Versagensantrag nutzen?[83]
- Kann der bestehende Versagensgrund im derzeitigen Verfahrensstadium noch vorgetragen werden?
- Kann der Versagensgrund glaubhaft gemacht und bewiesen werden?
- Ist ein mündlicher Versagensantrag erforderlich, da ein Schlusstermin stattfindet?
- Soll der Treuhänder mit der Überwachung des Schuldner gem. § 292 Abs. 2 InsO beauftragt werden? Sind dem Gläubiger die hierbei anfallenden Kosten bekannt?
- Verfügt der Gläubiger über eine Abtretung gem. 114 InsO Abs. 1 zu seinen Gunsten?

D. Die Bewährungsphase

I. Einführung

40 Die Prüfungsphase endet mit dem Ankündigungsbeschluss gem. §§ 289 Abs. 1 Satz 2, 291 Abs. 1 InsO, mit dem das Insolvenzgericht dem Schuldner die Tür zur Wohlverhaltensperiode öffnet. Nach Rechtskraft dieses Beschlusses kann mit weiterem Beschluss das Insolvenzverfahren aufgehoben werden. Die Einstellung des Verfahrens gem. § 211 Abs. 1 InsO ist über § 289 Abs. 3 InsO der Aufhebung gleichgestellt. Mit der Aufhebung bzw. Einstellung des Insolvenzverfahrens beginnt die Wohlverhaltensperiode. Die pfändbaren Einkommensanteile des abhängig beschäftigten Schuldners fließen nun über die Abtretung den Gläubigern zu, der selbstständige Schuldner hat gem. § 295 Abs. 2 InsO entsprechende Zahlungen zu leisten. Der Schuldner hat jetzt die Obliegenheiten des § 295 InsO zu erfüllen.

II. Der Beginn der Wohlverhaltensperiode

41 Die Abänderung des § 287 Abs. 2 InsO durch das InsOÄndG vom 26.6.01, nach der der Schuldner nun seine pfändbaren Einkommensanteile für einen *Zeitraum von sechs Jahren nach Eröffnung des Insolvenzverfahrens* abtritt,

---

[83] Zu beachten ist z. B. das nicht unerhebliche Kostenrisiko eines Versagensantrags, siehe LG Bochum ZInsO 01, 564.

hat eine unklare Rechtslage bzgl. des Beginns der Wohlverhaltensperiode entstehen lassen. Es wird zu klären sein, ob Insolvenzverfahren und Wohlverhaltensperiode durch diese Änderung jetzt bis zur Aufhebung bzw. Einstellung des Insolvenzverfahrens parallel laufen,[84] oder ob die Änderung eher in dem Sinne zu verstehen ist, dass die Dauer des Insolvenzverfahrens auf die Dauer der Wohlverhaltensperiode angerechnet wird.[85] Für die letztere Ansicht spricht trotz des scheinbar anders lautenden Gesetzestextes, dass ein Parallellauf von Insolvenzverfahren und Wohlverhaltensperiode rechtlich nicht vorstellbar ist. Als Beispiel seien hier die sich entgegenstehenden Regelungen des § 35 InsO über die Massezugehörigkeit eines Neuerwerbs einerseits und die Regelung des § 295 Abs. 1 Nr. 2 InsO über einen erbrechtlichen Vermögenszuwachs in der Wohlverhaltensperiode andererseits genannt. Da nicht ersichtlich ist, wie diese Widersprüche, auch praxistauglich, aufgelöst werden können, sprechen neben den dogmatischen auch rechtspraktische Gründe für die Ansicht, dass die Wohlverhaltensperiode mit den Verpflichtungen aus § 295 Abs. 1 InsO erst mit Aufhebung bzw. Einstellung des Insolvenzverfahrens beginnt.

III. Die vermögensrechtliche Stellung des Schuldners in der Wohlverhaltensperiode

Mit dem Beginn der Wohlverhaltensperiode ändert sich die vermögensrechtliche Stellung des Schuldners erheblich. Während im eigentlichen Insolvenzverfahren[86] das gesamte pfändbare Vermögen des Schuldners einschließlich des Neuerwerbs zu Gunsten der Gläubiger verwertet wurde, hat der Schuldner in der Wohlverhaltensperiode allein die pfändbaren Anteile seines Einkommens oder entsprechende Zahlungen sowie gem. § 295 Abs. 1 Nr. 2 InsO den Erwerb von Todes wegen zur Hälfte an die Gläubiger abzuführen. Den Beschränkungen des § 80 Abs. 1 InsO unterliegt der Schuldner nicht mehr. § 35 InsO findet keine Anwendung mehr. Die allgemeine Vermögenswertung ist also mit Ende des Insolvenzverfahrens, die Möglichkeit einer Nachtragsverteilung gem. § 203 InsO ausgenommen, abgeschlossen. Dies bedeutet im Umkehrschluss, dass der Schuldner in der Wohlverhaltensperiode, z.B. mit unpfändbaren Einkommensanteilen oder durch Schenkungen, wieder Sparguthaben oder anderes Vermögen aufbauen *und auch halten kann*.[87] Ein dem Schuldner geschenkter hochwertiger PKW wird nicht verwertet, sondern verbleibt dem Schuldner, auch

42

---

84 So Schütz, NZI Heft 9/2001, Aktuell, S. VII.
85 So Vallender, NZI Heft 9 2001, Aktuell S. VII; Gerigk, ZInsO 01, 931; Vallender, NZI 01, 561, 566; Grote, NJW 2001, 3665, IV.
86 Dies kann ein Regelinsolvenzverfahren oder das vereinfachte Verbraucherinsolvenzverfahren sein.
87 HK-InsO/Landfermann, § 295 Rdnr. 7 InsO.

Henning

wenn der PKW nicht unter die Pfändungsschutzvorschrift des § 811 Abs. 1 Nr. 5 ZPO fällt. Der Schuldner kann auch wieder, z. B. mit vermögenswirksamen Leistungen des Arbeitgebers, Sparverträge abschließen, ohne dass das sich bildende Vermögen an die Gläubiger fallen würde. Gleiches gilt für Lebens- oder Rentenversicherungen. Sowohl von Schuldner- als auch Gläubigerseite sind bei diesem Aufbau von Neuvermögen allerdings die unter Umständen bestehenden Aufrechnungsmöglichkeiten[88] in der Wohlverhaltensperiode zu beachten.

IV. Die Verteilung der bei dem Treuhänder eingegangenen Beträge an die Gläubiger

43 Der Treuhänder verteilt die Einnahmen gem. § 292 Abs. 1 Satz 2 InsO aufgrund des Schlussverzeichnisses nach § 197 Abs. 1 Satz 2 Nr. 2 InsO an die Insolvenzgläubiger. Zuvor hat der Treuhänder die gem. § 292 Abs. 1 Satz 2 InsO gestundeten Verfahrenskosten zu berichten. Der Insolvenzgläubiger, der seine Forderung im Insolvenzverfahren nicht angemeldet hat, erhält keine Zahlungen des Treuhänders. Er unterliegt aber gleichwohl dem Vollstreckungsverbot des § 89 Abs. 1 InsO, ebenso wird auch die Forderung dieses Gläubigers gem. § 301 Abs. 1 Satz 2 InsO von der Restschuldbefreiung erfasst.

Gläubiger mit gem. § 302 InsO von der Restschuldbefreiung ausgenommenen Forderungen nehmen ebenfalls an der Verteilung teil.[89] Es ist ein unter Gläubigern weit verbreiteter Irrtum, dass die deliktischen Forderungen am gesamten Verfahren nicht teilnehmen. Es ergibt sich aber bereits aus § 174 Abs. 2 InsO, dass diese Gläubiger im Insolvenzverfahren keine Sonderstellung einnehmen, auch wenn ihre Forderungen anschließend von der Restschuldbefreiung nicht erfasst werden.

V. Die Dauer der Wohlverhaltensperiode

1. Regelfall/Eintritt der Überschuldung nach dem 1.1.97

44 Die Laufzeit der Abtretungserklärung beträgt im gesetzlichen Regelfall gem. § 287 Abs. 2 Satz 1 InsO 6 Jahre. Nach der hier vertretenen Ansicht beginnt die Laufzeit der Abtretung mit der Aufhebung oder Einstellung des

---

88 Siehe hierzu unten Rdnr. 15 ff.
89 HK-InsO/Landfermann, § 302 Rdnr. 4 InsO.

Insolvenzverfahrens. Die Dauer des Insolvenzverfahrens wird aber auf die Laufzeit der Abtretungserklärung angerechnet.[90]

2. Altfall/Eintritt der Überschuldung vor dem 1.1.97

Für Altfälle gilt gem. Art. 107 EGInsO eine verkürzte Laufzeit von 5 Jahren. Der Schuldner, der die Anerkennung als »Altfall« erreichen möchte, muss spätestens bis zur Aufhebung oder Einstellung des Insolvenzverfahrens[91] einen entsprechenden Antrag auf Verkürzung der Wohlverhaltensperiode stellen. Ob die Insolvenzgerichte von Amts wegen aufgrund des Amtsermittlungsgrundsatzes des § 5 Abs. 1 InsO feststellen werden, ob eine Überschuldung des Schuldners vor dem 1.1.97 vorlag,[92] ist nach den ersten praktischen Erfahrungen eher zweifelhaft. Der Schuldner wird durch Vorlage entsprechender Belege, regelmäßig durch Vorlage eines Protokolls einer abgegebenen eidesstattlichen Versicherung nach § 807 ZPO, seine Überschuldung vor dem 1.1.97 belegen müssen. Der Schuldner kann sich aber auch aller anderen Beweismittel der ZPO bedienen.

45

Die Überschuldung vor dem 1.1.97 kann so auch durch die Gegenüberstellung von Einkommen und Vermögen einerseits und Verbindlichkeiten andererseits an einem zu wählenden Stichtag vor dem 1.1.97 nachgewiesen werden. So kann durchaus bereits 1996 eine Überschuldung vorgelegen haben, obwohl einer der späteren Insolvenzgläubiger dem Schuldner 1997 noch eine weitere Kreditaufstockung gewährt hat. Dies gilt auch, wenn der Schuldner die Zahlungen an die Gläubiger noch nicht eingestellt hatte,[93] die Zahlungen aber aus seinem unpfändbaren Gehaltsanteil leistete.

> **Beispiel aus der Rspr:**[94]
> Die C-Bank gewährt den Eheleuten G im Jahre 1997 eine Kreditaufstockung von 20.000 € auf dann insgesamt 100.000 €. Im Jahre 1996 betrugen die Verbindlichkeiten der Eheleute bereits 78.000 €. Dem standen ein Nettofamilieneinkommen in Höhe von 4000 € sowie ein monatlich pfändbarer Betrag in Höhe von ca. 400 € gegenüber. Die Eheleute waren trotz der Kreditaufstockung im Jahre 1997 bereits 1996 zahlungsunfähig im Sinne des § 17 InsO, da mit dem pfändbaren Betrag in Höhe von 400 € die damals bestehende Verbindlichkeit in Höhe von 78.000 € nicht abzutragen war.

Die Zahlungseinstellung ist daher gem. § 17 Abs. 2 Satz 2 InsO zwar der Regelnachweis der Zahlungsunfähigkeit, aber gerade im neuen Verbraucherin-

---

90 Siehe oben Rdnr. 18 ff.
91 HK-InsO/Landfermann, EG InsO Art. 107 Rdnr. 4.
92 So HK-InsO/Landfermann, Art. 107. Rdnr. 5; a. A.: Nerlich/Römermann, a. a. O., § 287 Rdnr. 35 InsO.
93 AG Dortmund, nicht veröffentlichter Beschluss vom 2.2.2001 zum Geschäftszeichen 254 IK 32/99.
94 Wie zuvor.

solvenzverfahren kann sich die Zahlungsunfähigkeit auch aus anderen Umständen ergeben.[95]

Die Insolvenzgläubiger und der Insolvenzverwalter/Treuhänder sind in entsprechender Anwendung des § 289 Abs. 1 InsO zu dem Antrag des Schuldners auf Laufzeitverkürzung zu hören.[96] Das Gericht entscheidet durch Beschluss, den in entsprechender Anwendung des § 289 Abs. 2 Satz 1 InsO der Schuldner und jeder Gläubiger, der das Vorliegen einer Überschuldung vor dem 1.1.97 bestritten hat, mit der sofortigen Beschwerde angreifen können.[97]

3. Vorzeitige Beendigung der Wohlverhaltensperiode

46 Die Wohlverhaltensperiode kann neben den in § 299 InsO genannten Gründen auch wegen anderer Umstände vorzeitig enden.

▶ **Beispiele aus der Praxis:**
- Nicht alle Insolvenzgläubiger melden ihre Forderungen im Insolvenzverfahren an. Die angemeldeten Forderungen sind nach einer Laufzeit der Wohlverhaltensperiode von 20 Monaten vollständig beglichen.
- Der Schuldner nimmt seinen Restschuldbefreiungsantrag zurück.[98]
- Der Schuldner erfüllt alle angemeldeten Verbindlichkeiten über einen Erwerb von Todes wegen gem. § 295 Abs. 1 Nr. 3 InsO.

In diesen und vergleichbaren Fällen hat das Insolvenzgericht das Ende der Wohlverhaltensperiode analog § 299 InsO durch Beschluss festzustellen.[99]

▶ **Beispiel aus der Rspr:**
Bereits im Insolvenzverfahren werden alle Insolvenzgläubiger befriedigt. Ein absonderungsberechtigter Gläubiger versäumt den Nachweis der ausgefallenen Befriedigung. Das Insolvenzgericht gewährt Restschuldbefreiung ohne Einhaltung einer Wohlverhaltensperiode.[100]

---

95 Vallender, ZIP 96, 2058, 2061 3.; Hess/Obermüller, Insolvenzplan, Restschuldbefreiung und Verbraucherinsolvenzverfahren, 1. Aufl., Rdnr. 862; Bindemann, Handbuch Verbraucherkonkurs, 1. Aufl., Rdnr. 23.
96 AG Duisburg NZI 00, 607.
97 Wie zuvor.
98 Siehe zu der – eingeschränkten – Berechtigung zur Rücknahme oben Rdnr. 11 ff.
99 FK-InsO/Ahrens, § 299 Rdnr. 8 InsO.
100 AG Rosenheim ZInsO 01, 96.

VI. Das von der Abtretung gem. § 287 Abs. 2 Satz 1 InsO erfasste Einkommen

1. Einführung

Die Abtretung nach § 287 Abs. 2 Satz 1 InsO erfasst die pfändbaren Anteile aller Vergütungen des Schuldners aus Arbeits- und Dienstverhältnissen und die an ihre Stelle tretenden Bezüge. Die Tätigkeit, aus der das Einkommen folgt, muss nicht zwangsläufig eine unselbstständige sein. Wesentlich ist in Anlehnung an § 850 ZPO[101] vielmehr, dass es sich um wiederkehrend zahlbare Vergütungen handelt, die die Existenzgrundlage des Schuldners bilden.[102] Die Einkommen des selbstständigen Handelsvertreters, des selbstständigen Versicherungsvertreters oder eines freiberuflichen Kassenarztes werden daher von der Abtretung des § 287 Abs. 2 Satz 1 InsO erfasst.

47

Folgt man dieser Ansicht nicht,[103] hat man die Einkommen aus selbstständigen Tätigkeiten aller Art über § 295 Abs. 2 InsO abzuwickeln. Dies widerspricht aber zunächst dem Wortlaut des § 287 Abs. 2 Satz 1 InsO, da die Einkommen der aufgeführten Selbstständigen grundsätzlich gem. § 850 ZPO pfändbar sind. Eine weitere Schwierigkeit ergibt sich für diese Ansicht, wenn eine Abtretung z.B. der Provisionsansprüche des selbstständigen Schuldners an einen Insolvenzgläubiger vorliegt. Denn wer das Einkommen des selbstständigen Schuldners nicht von der Abtretung nach § 287 Abs. 2 Satz 1 InsO erfasst sieht, wird es wegen des gleichen Wortlauts der Vorschriften kaum als Einkommen nach 114 Abs. 1 einordnen können. Dies hat aber zur Folge, dass die Abtretung der Provision gem. § 51 Nr. 1 2. Alt. InsO den Gläubiger zur Absonderung während des gesamten Verfahrens berechtigen würde. Der Gläubiger würde im Restschuldbefreiungsverfahren bis zu seiner vollständigen Befriedigung sämtliche pfändbaren Einkommensanteile des Schuldners erhalten. Damit wäre ein entscheidendes Merkmal des Restschuldbefreiungsverfahrens, die Verteilung des Vermögens und des Neuerwerbs des Schuldners an alle Gläubiger, ausgehebelt.

> **Folgende Einkommensarten werden daher nach der hier vertretenen Ansicht von der Abtretung erfasst:**
>
> - Einkommen aus unselbstständiger Tätigkeit
> - Einkommen aus selbstständiger Tätigkeit, soweit dieses unter § 850 ZPO fällt
> - Einkommen aus (Sozial-)Leistungen, die an die Stelle der zuvor genannten Einkommen treten

---

101 Zöller/Stöber, a.a.O., § 850 Rdnr. 9 InsO.
102 FK-InsO/Ahrens, § 287 Rdnr. 50, 51 InsO.
103 So z.B. Trendelenburg, ZInsO 2000, 437, 438.

Bei der Bearbeitung des Einzelfalls ist somit zunächst zu prüfen, ob das vorliegende Einkommen des Schuldners grundsätzlich von der Abtretung erfasst wird. Ist dies der Fall, stellt sich die Frage, in welchem Umfang das Einkommen pfändbar ist.

2. Einkommen aus unselbstständig ausgeübten Arbeits- und Dienstverhältnissen

48 Hierunter fallen alle Arten von Arbeitseinkommen, auch die Bezüge von Beamten und die Arbeitsentgelte der Strafgefangenen. Der Begriff ist weit zu verstehen[104] und entspricht dem in § 81 Abs. 2 InsO. Damit ist jede Art von Arbeitseinkommen i. S. d. § 850 ZPO von der Abtretung erfasst.[105]

Einzelfragen:

- Lohn- oder Einkommensteuererstattung des Finanzamtes

49 Die Erstattungen des Finanzamtes werden von der Abtretung nach § 287 Abs. 2 InsO nicht erfasst,[106] da die Verkehrsfähigkeit der Erstattungsansprüche gem. § 46 AO beschränkt ist. Die Erstattungsansprüche können auch aus anerkannten Sonderausgaben wie z. B. Aufwendungen wegen Krankheit oder Spenden folgen und daher aus diesen Gründen dem Schuldner zustehen.

- Vermögenswirksame Leistungen des Arbeitgebers/Arbeitnehmer-Sparzulage

50 Diese Leistungen sind nicht übertragbar und damit unpfändbar. Sie können folglich keine Bezüge i. S. d. § 287 Abs. 2 InsO sein.[107]

- Taschengeldanspruch des nicht erwerbstätigen Schuldners gegenüber seinem Ehepartner

51 Dieser Anspruch wird von der Abtretung nicht erfasst, da es sich um einen familienrechtlichen Unterhaltsanspruch handelt, nicht um einen Anspruch aus einem Arbeitsverhältnis. Es ist zudem streitig, ob der Taschengeldanspruch überhaupt pfändbar ist.[108]

- Arbeitsrechtliche Abfindung

52 Die Abfindung ist als einmalige Leistung des Arbeitgebers Bestandteil des Arbeitseinkommens und gem. § 850 i ZPO grundsätzlich pfändbar.[109] Sie wird damit von der Abtretung erfasst. Die Pfändbarkeit kann aber auf Antrag des Schuldners eingeschränkt werden. Pfändungsschutz ist über § 850 i

---

104 Zu Einzelheiten siehe FK-InsO/Ahrens, § 287 Rdnr. 39 ff InsO.
105 HK-InsO/Eickmann, § 81 Rdnr. 15 InsO.
106 LG Koblenz ZInsO 2000, 507; FK-InsO/Ahrens, § 287 Rdnr. 44 InsO; a. A.: AG Gifhorn ZInsO 01, 630.
107 Stöber, Forderungspfändung, 12. Aufl., Rdnr. 915 ff.
108 Siehe zur Diskussion: Stöber, a. a. O., Rdnr. 1015 ff.; Braun, NJW 2000, 97.
109 Stöber, a. a. O., 12. Aufl., Rdnr. 1234.

Henning

ZPO möglich. Gem. §§ 292 Abs. 1 Satz 3, 36 Abs. 1 Satz 2, Abs. 4 InsO ist ein entsprechender Antrag an das Insolvenzgericht zu richten.

- Betriebliche Altersversorgung

Betriebsrenten und ähnliche Leistungen des Arbeitgebers sind auch nach dem Ende des Arbeitsverhältnisses als Arbeitseinkommen anzusehen.[110]

53

- Leistungen der Pflegeversicherung an Pflegepersonen

Pflegebedürftige erhalten Pflegegeld, das sie an pflegebereite Personen weitergeben können. Eine Pfändbarkeit dieser weitergegebenen Leistungen liegt nur vor, wenn zwischen Pflegebedürftigem und Pflegendem ein Arbeitsverhältnis begründet wird. Dies wird im Regelfall der familiären Pflege allerdings nicht der Fall sein.[111] Die Leistungen an die Pflegeperson werden daher von der Abtretung in den meisten Fällen nicht erfasst.

54

- Trinkgelder

Von Kunden oder Gästen freiwillig gezahlte Trinkgelder gehören nicht zum Arbeitseinkommen und werden damit von der Abtretung nicht erfasst.[112]

55

- Arbeitsentgelte der Strafgefangenen

Arbeitsentgelte des inhaftierten Schuldners sind grundsätzlich pfändbar. Unpfändbar sind aber das Hausgeld[113] und das am Ende der Haftzeit auszuzahlende Überbrückungsgeld.[114]

56

3. Einkommen aus selbstständig ausgeübten Tätigkeiten i. S. d. § 850 ZPO

a) Einführung

Der Schuldner kann gem. § 295 Abs. 2 InsO auch in der Wohlverhaltensperiode eine selbstständige Tätigkeit fortsetzen oder aufnehmen. Er hat dann entsprechende Leistungen an den Treuhänder zu erbringen. In diesem Fall greift die Abtretung grundsätzlich nicht. Ein Selbstständiger kann aber auch regelmäßig wiederkehrende Leistungen beziehen, die sein wesentliches Einkommen ausmachen und damit von § 850 ZPO erfasst werden.[115] Dieser selbstständige Schuldner wird in der Wohlverhaltensperiode dem abhängig beschäftigten Schuldner gleichgestellt.[116] Beispiele sind der Handelsvertreter, der Versicherungsvertreter, der selbstständige Werkstoffprüfer, der kleine Fuhrunternehmer sowie der Arzt oder Zahnarzt. Bei letzteren ist

57

---

110 FK-InsO/Ahrens, § 287 Rdnr. 47 InsO.
111 Sauer/Meiendresch, NJW 96, 765.
112 BAG NJW 96, 1012.
113 LG Münster InVo 2001, 69.
114 FK-InsO/Ahrens, § 287 Rdnr. 46 InsO.
115 Zöller/Stöber, a. a. O., § 850 Rdnr. 9 InsO.
116 Siehe oben Rdnr. 47.

Henning

zu beachten, dass die Abtretung wegen der Pflicht zur Berufsverschwiegenheit Einzelhonorare nicht erfassen kann, sondern nur die Leistungen der kassenärztlichen Abrechnungsstellen wie z. B. der Kassenärztlichen Vereinigung oder der Knappschaft.[117]

b) Berechnung des pfändbaren Einkommensanteiles

58 Schwierigkeiten bereitet bei dieser Schuldnergruppe regelmäßig die Bestimmung des pfändbaren Einkommensanteiles. Im Zwangsvollstreckungsrecht außerhalb des Insolvenzverfahrens ist anerkannt, dass der Schuldner eine Feststellung des pfändbaren Einkommensanteiles ggf. über einen klarstellenden Beschluss des Vollstreckungsgerichts erreichen kann.[118] Im Insolvenzverfahren hat auf Antrag des Schuldners oder des Insolvenzverwalters/Treuhänders das Insolvenzgericht diese Entscheidung zu treffen.[119]

Ausgangspunkt der Berechnung müssen die Gesamteinnahmen des Selbstständigen sein.

Hiervon sind abzusetzen:

- die eingenommene Umsatzsteuer,
- die vom Schuldner zu leistenden Steuervorauszahlungen,
- die Betriebsausgaben,
- die Krankenversicherung einschließlich der Krankenversicherung der Familienangehörigen ohne eigenes Einkommen,
- die Altersabsicherung in Höhe der Beiträge zur gesetzlichen Rentenversicherung.

Auf den verbleibenden Rest ist die Pfändungstabelle des § 850 c ZPO anzuwenden.

c) Muster eines Antrages auf Feststellung des unpfändbaren Einkommensanteiles

59
> An das
> Amtsgericht Dortmund
> – Insolvenzgericht –
>
> In dem Insolvenzverfahren
>
> Peter Müller
> 1 IK 5/00
>
> wird beantragt,

---

117 Schimansky/Bunte/Lwowski, Bankrechts-Handbuch, 1. Aufl., § 96 Rdnr. 119 InsO.
118 Stöber, a. a. O., Rdnr. 929.
119 Siehe auch: OLG Celle NZI 01, 603.

> festzustellen, dass von dem Einkommen des Schuldners ein Betrag in Höhe von 2557,68 € neben dem unpfändbaren Betrag nach der Tabelle zu § 850 c ZPO von seinem monatlichem Handelsvertretereinkommen unpfändbar ist.
>
> Begründung
>
> Der Schuldner ist als selbstständiger Handelsvertreter für die XYZ-Versicherung tätig.
>
> Beweis: Gewerbeanmeldung vom 4.2.98, Ausweis der XYZ-Versicherung vom 23.1.98, Kopien anbei.
>
> Der Schuldner ist ausschließlich für die XYZ-Versicherung tätig. Er erhält regelmäßige, monatliche Provisionszahlungen. Sein Einkommen ist daher als Arbeitseinkommen nach § 850 ZPO anzusehen.[120]
>
> Der Schuldner hat Ausgaben und Vorsorgeaufwendungen im Zusammenhang mit seiner selbstständigen Tätigkeit zu erbringen, die sich auf insgesamt 2557,68 € belaufen.
>
> Beweis: Aufstellung vom 12. Mai 1999, Kopie anbei.
>
> Der Betrag von 2557,68 € ergibt sich hierbei aus der Addition folgender Posten:
>
> - Umsatzsteuer
> - Einkommenssteuervorauszahlungen
> - Betriebsausgaben
> - Leistungen, die mit den Sozialabgaben des abhängig Beschäftigten zu vergleichen sind.
>
> Der Betrag von 2557,68 € entspricht damit den Werbungskosten und Sozialversicherungsabgaben eines abhängig Beschäftigten und unterliegt daher nach hiesiger Ansicht der Pfändung nicht.
>
> Die Feststellung der Unpfändbarkeit eines bestimmten Betrages des Einkommens ist im Wege einer so genannten »klarstellenden« Entscheidung möglich.[121] Die Zuständigkeit des Insolvenzgerichts ist wegen der Sachnähe gegeben.[122]
>
> Eine eidesstattliche Versicherung des Schuldners liegt bei. Sollte die Vorlage weiterer Belege für erforderlich gehalten werden, wird um kurzen Hinweis gebeten.
>
> Rechtsanwalt

4. Einkommen aus Sozial- oder sonstigen Ersatzleistungen

Laufende Bezüge, die solche aus einem Dienstverhältnis ersetzen, sind zunächst vor allen Dingen die verschiedenen Sozialleistungen wie Arbeitslosengeld oder -hilfe, Krankengeld und die Erwerbsunfähigkeits- oder Altersrente. Aber auch Leistungen aus privaten Renten- oder Unfallversicherungen zählen hierzu.

---

[120] Stöber, a. a. O., Rdnr 886.
[121] Vgl. Stöber, a. a. O., Rdnr. 929.
[122] OLG Köln ZInsO 00, 499 zu § 850 f. InsO; OLG Köln ZInsO 00, 603 zu § 850 g InsO; OLG Frankfurt ZInsO 00, 614; LG München I ZInsO 00, 628 zu § 850 c Abs. 4 ZPO; OLG Celle NZI 01, 603.

Henning

Einzelfragen:

- Renten und Zahlungen aus privaten Versicherungen

61 Diese Zahlungen werden von der Abtretung erfasst.[123] Beispiele sind Renten aus einer Lebensversicherung, Tagegelder einer Krankenversicherung oder Berufsunfähigkeitsrenten.

- Nachzahlungen der Sozialversicherungsträger oder privater Versicherungen

62 Diese Nachzahlungen sind grundsätzlich pfändbar. Sie werden für den Zeitraum berücksichtigt, für den sie gewährt werden.[124] Das heißt, dass eine Nachzahlung, die auch Zeiträume außerhalb der Wohlverhaltensperiode betrifft, nur insofern berücksichtigt wird, als sie für Zeiträume in der Wohlverhaltensperiode geleistet wird.

- Unfallrente

63 Die Unfallrente z. B. einer Berufsgenossenschaft gem. § 581 RVO ist grundsätzlich pfändbar. Gemäß § 54 Abs. 3 Nr. 3 SGB I sind aber die Anteile, die nachweisbar für einen durch den Unfallschaden bedingten Mehraufwand verbraucht werden, unpfändbar.[125]

- Kindergeld

64 Kindergeld kann gem. § 54 Abs. 5 SGB I nur von dem unterhaltsberechtigten Kind selbst gepfändet werden und wird damit von der Abtretung nicht erfasst.

- Pflegegeld an den Pflegebedürftigen

65 Das Pflegegeld an den Pflegebedürftigen ist unpfändbar und wird daher von der Abtretung nicht erfasst.[126]

- Wohngeld

66 Wohngeld nach dem Wohngeldgesetz ist pfändbar und wird daher von der Abtretung erfasst.[127]

5. Pfändbarkeit des Einkommens

a) Arbeitseinkommen

67 Die Pfändbarkeit der oben dargestellten Bezüge und Leistungen an den Schuldner bestimmt sich nach §§ 850 a bis 850 i ZPO, die über § 292 Abs. 1

---

[123] FK-InsO/Ahrens, § 287 Rdnr. 49 InsO.
[124] Stöber, a. a. O., Rdnr. 1042.
[125] Mrozynski, Sozialgesetzbuch I, 2. Aufl. 1995, § 54 Rdnr. 13 InsO.
[126] Sauer/Meiendresch, NJW 96, 765.
[127] LG München, BAG-SB Informationsdienst der Bundesarbeitsgemeinschaft Schuldnerberatung, Heft 2 2001, S. 11; LG Landshut JurBüro 00, 436; a. A.: Stöber, a. a. O., Rdnr. 1158.

Satz 3 i. V. m. § 36 Abs. 1 Satz 2 InsO in der Wohlverhaltensperiode Anwendung finden. § 850 c ZPO legt z. b. die Höhe des pfändbaren Anteiles des Einkommens fest und macht diesen von der Höhe des Nettoeinkommen und den bestehenden gesetzlichen Unterhaltsverpflichtungen des Schuldners abhängig.

Nach § 850 a ZPO sind unpfändbar z. b. die Hälfte der Überstundenvergütung, das Urlaubsgeld oder eine Aufwandsentschädigung wie z. B. eine Fahrtkostenerstattung oder eine Auslösung. Weihnachtsgeld ist gem. § 850 a Nr. 4 ZPO pfändbar bis zum Betrage der Hälfte des monatlichen Arbeitseinkommens, höchstens aber bis zu einem Betrag von 540 DM (entspricht einem Betrag von 276,10 €).

b) Sozialleistungen

Folgende Sozialleistungen sind ohne Ausnahme unpfändbar: 68

- Leistungen der Sozialhilfe, § 4 Abs. 1 BSHG
- Erziehungsgeld nach Bundeserziehungsgeldgesetz und ähnliche Leistungen der Länder, § 54 Abs. 3 Nr. 1 SGB I
- Pflegegeld der Pflegeversicherung an den Pflegebedürftigen, § 54 Abs. 3 Nr. 3 SGB I.[128]
- Geldleistungen, die einen durch einen Körper- oder Gesundheitsschaden bedingten Mehraufwand ausgleichen sollen, § 54 Abs. 3 Nr. 3 SGB I.[129]
- Kindergeld, § 54 Abs. 5 SGB I.

Alle weiteren Sozialleistungen sind pfändbar wie Arbeitseinkommen, § 54 Abs. 4 SGB I. Auch Wohngeld ist pfändbar.[130]

c) Berücksichtigung der Unterhaltsverpflichtungen des Schuldners

Unterhaltsverpflichtungen des Schuldners werden bei der Berechnung des pfändbaren Einkommensanteiles berücksichtigt, wenn eine gesetzliche Unterhaltspflicht besteht und tatsächlich Unterhalt geleistet wird. Kinder des Schuldners müssen für eine Berücksichtigung bei der Berechnung nicht auf der Lohnsteuerkarte vermerkt sein, der Schuldner kann seine Unterhaltspflicht auch durch andere Belege nachweisen. Unterliegt das Einkommen beider Elternteile der Abtretung gem. § 287 Abs. 2 Satz 1 InsO, werden die unterhaltsberechtigten Kinder bei beiden Elternteilen berücksichtigt.[131] Dies gilt solange, bis ein Kind durch die Unterhaltsgewährung des einen Elternteiles ein so hohes eigenes Einkommen erzielt, dass es bei der 69

---

128 Sauer/Meiendresch, NJW 96, 765.
129 Siehe zur weiteren Erläuterung Kommentierung zu § 1610 a BGB, z. B. Palandt/Diederichsen, § 1610 a Rdnr. 4/5 InsO.
130 LG München, BAG-SB Informationsdienst der Bundesarbeitsgemeinschaft Schuldnerberatung, Heft 2 2001, S. 11; LG Landshut JurBüro 00, 436; a. A.: Stöber, a. a. O., Rdnr. 1158.
131 Stöber, a. a. O., Rdnr. 1053.

Berechnung des pfändbaren Einkommensanteiles des anderen Elternteiles gem. § 850 c Abs. 4 ZPO unberücksichtigt bleibt. Ein Unterhaltsberechtigter wird gem. § 850 c Abs. 4 ZPO solange bei der Berechnung des Einkommens des Schuldners berücksichtigt, bis sein eigenes Einkommen gewisse Grenzen nicht übersteigt. Wie diese Grenze im Einzelfall zu bestimmen ist, ist streitig.[132] Man geht z. B. vom unpfändbaren Grundbetrag der Pfändungstabelle oder von einem um 20% erhöhten Sozialhilfesatz aus. Wird diese Grenze unterschritten, kommt noch eine teilweise Berücksichtigung in Betracht.

6. Gerichtliche Zuständigkeit im Streitfall

70 Wie in Zwangsvollstreckungsverfahren ist die Höhe des pfändbaren Anteiles des Einkommens des Schuldners auch im Insolvenzverfahren und in der Wohlverhaltensperiode häufig zwischen Treuhänder, Gläubigern und Schuldner streitig. Der Streit wird zumeist zu folgenden Fragen geführt:

- Können mehrere Einkünfte des Schuldners gem. § 850 e ZPO zusammengerechnet werden? Wenn die Zusammenrechnung möglich ist, wer führt sie durch?
- Kann der Schuldner die Anhebung der Pfändungsgrenze nach § 850 f ZPO beantragen? Wenn die Anhebung möglich ist, wer entscheidet über sie?
- Wer entscheidet, ob ein Angehöriger des Schuldners als Unterhaltsberechtigter gem. § 850 c Abs. 1 Satz 2 ZPO anzuerkennen ist?
- Wer entscheidet, ob ein Angehöriger des Schuldners, der eigenes Einkommen hat, gem. § 850 c Abs. 4 ZPO noch als Unterhaltsberechtigter, ggf. in welchem Umfang, anzusehen ist?
- Wer stellt den pfändbaren Einkommensanteil des selbstständig tätigen Schuldners fest, dessen Einkommen unter § 850 ZPO fällt?

Im Zwangsvollstreckungsrecht bereitet die Klärung dieser Fragen keine Probleme. Das Vollstreckungsgericht entscheidet entsprechend den Regelungen der ZPO auf Antrag. Soweit nicht, wie z. B. zu den Problemen Erhöhung der Pfändungsgrenze oder Zusammenrechnung von Einkommen mit den §§ 850 f oder 850 e ZPO eindeutige gesetzliche Regelungen vorliegen, ist anerkannt, dass das Vollstreckungsgericht in Zweifelsfällen im Wege einer so genannten »klarstellenden« Entscheidung Streitfragen klären kann.[133]

---

132 Siehe Zöller/Stöber, a. a. O., § 850 c Rdnr. 15 InsO.
133 Vgl. Stöber, a. a. O., Rdnr. 929.

Henning

> **Beispiel aus der Praxis:**
> Der Arbeitgeber erkennt bei der Berechnung des pfändbaren Anteiles des Einkommens des Schuldners anlässlich einer Gehaltspfändung nur eine Unterhaltsberechtigung an, da auf der Lohnsteuerkarte des Schuldners nur ein Kinderfreibetrag vermerkt ist. Eine vorgelegte Geburtsurkunde eines weiteren Kindes wird als Nachweis für nicht ausreichend gehalten. Der Schuldner kann im Wege der Erinnerung nach § 766 Abs. 1 ZPO gegen den Pfändungs- und Überweisungsbeschluss einen Beschluss des Vollstreckungsgericht erwirken, der dem Drittschuldner aufgibt, bei der Berechnung des pfändbaren Einkommensanteiles zwei Unterhaltsberechtigte zu berücksichtigen.

Das InsOÄndG vom 28.6.01 hat mit den neugefassten §§ 36 Abs. 1, 292 Abs. 1 die ZPO-Regelungen über die Pfändbarkeit des schuldnerischen Einkommens nunmehr weitgehend in der Wohlverhaltensperiode für anwendbar erklärt. Gem. §§ 36 Abs. 4 Satz 2, 292 Abs. 1 Satz 3 InsO geht hierbei die Antragsberechtigung des Gläubigers, z. B. gem. § 850 c Abs. 4 ZPO, auf den Treuhänder über.[134] Zur bisherigen, unklaren Rechtslage, die in den vor dem 1.12.01 eröffneten Verfahren weiter zu beachten ist, siehe einerseits AG Duisburg/AG Köln[135] (gegen eine Anwendung der §§ 850 ff. ZPO) und andererseits OLG Köln/OLG Frankfurt/LG München[136] (für eine Anwendung der §§ 850 ff. ZPO).

7. Muster eines Antrages auf Anhebung des unpfändbaren Einkommensanteils nach § 850 f ZPO

An das
Amtsgericht Dortmund
– Insolvenzgericht –

In dem Insolvenzeröffnungsverfahren

Petra Meier
3 IK 5/99

wird beantragt,

den unpfändbaren Einkommensanteil der Schuldnerin in Anwendung des § 850 f Abs. 1 a ZPO auf einen Betrag von monatlich 1394,75 € anzuheben.

Begründung
Die Schuldnerin hat einen Sozialhilfebedarf in Höhe von 1394,75 €.

---

[134] Anders noch für vor dem 1.12.01 eröffnete Verfahren: BayObLG ZInsO 01, 799.
[135] AG Duisburg NZI 00, 385; AG Köln NZI 01, 160 und NZI 01, 162.
[136] OLG Köln ZInsO 00, 499; ebenso: LG München I ZInsO 00, 410 und ZInsO 00, 628 = OLG Köln ZInsO 00, 603 = OLG Frankfurt ZInsO 00, 614.

> Beweis: Bescheinigung des Sozialamtes der Stadt Dortmund vom 31.1.01, Kopie anbei.
>
> Nach OLG Köln InVo 98, 135 ist der Sozialhilfebedarf in einem Verfahren der vorliegenden Art regelmäßig durch eine Bescheinigung des örtlichen Sozialhilfeträgers nachzuweisen.[137]
>
> Der Arbeitgeber der Schuldnerin zahlt vom Einkommen der Schuldnerin zurzeit lediglich einen Betrag in Höhe von 1312,45 € aus, der Restbetrag wird an einen Pfändungsgläubiger abgeführt.
>
> Beweis: Gehaltsabrechnung vom 26.1.01, Kopien anbei
>
> Rechtsanwalt

VII. Der Ausschluss der Abtretung

73   Tarifverträge, Betriebsvereinbarungen oder auch der einzelne Arbeitsvertrag können so genannte »Abtretungsausschlüsse« enthalten. In ihnen wird vereinbart, dass der Arbeitgeber vorgelegte Abtretungen eines Gläubigers des Schuldners nicht akzeptieren muss.

Textbeispiel Rahmentarifvertrag Bau, § 5 InsO, Gehaltsgrundlagen:

> »3.7 Die Abtretung und Verpfändung von Gehaltsansprüchen ist nur mit Zustimmung des Arbeitgebers zulässig.«

Gem. § 287 Abs. 3 InsO kann ein solcher Abtretungsausschluss die Abtretung nach § 287 Abs. 2 Satz 1 InsO nicht beeinträchtigen. Ein vorliegender Abtretungsausschluss erfasst aber auch im Insolvenzverfahren die einem Insolvenzgläubiger gegebene Abtretung und führt so zu deren Unwirksamkeit im Verhältnis zu dem Arbeitgeber des Schuldners. Der Gläubiger verliert daher durch den Abtretungsausschluss die Privilegierung seiner Forderung nach 114 Abs. 1.[138]

---

137 Nach OLG Köln ZInsO 00, 499 ist das Insolvenzgericht allerdings an diese Bescheinigung nicht gebunden. Der Schuldner muss daher ggf. eine konkrete Berechnung des Sozialhilfebedarfs selbst vornehmen. Belege sind dann beizufügen. Siehe hierzu z. B. eine sehr aufschlussreiche Berechnung des AG Göttingen ZInsO 01, 275.
138 FK-InsO/Ahrens, § 287 Rdnr. 95 InsO.

Henning

VIII. Die Obliegenheiten des Schuldners gem. § 295 Abs. 1 InsO

1. Einführung

Die Auflistung der Obliegenheiten des Schuldners in §§ 295 und 296 Abs. 2 InsO ist ebenso wie die Auflistung der Versagensgründe in § 290 Abs. 1 InsO enumerativ.[139] Es bestehen also neben diesen Obliegenheiten keine weiteren Verpflichtungen des Schuldners in der Wohlverhaltensperiode, deren Nichtbeachtung zu einer Versagung der Restschuldbefreiung führen könnte. Die Obliegenheiten geben den Gläubigern auch keinen klageweise durchsetzbaren Anspruch gegenüber dem Schuldner. Der Schuldner, der sich in der Wohlverhaltensperiode befindet, kann also nicht gerichtlich zur Aufnahme einer bestimmten Arbeit gezwungen werden. Die Gläubiger haben vielmehr im Falle der Nichtbeachtung einer Obliegenheit die Möglichkeit, die Versagung der Restschuldbefreiung zu beantragen.[140]

74

2. Der so genannte »Nullfall«

Streitig ist, ob auch der Schuldner seine Restschuldbefreiung erreichen kann, der während der Wohlverhaltensperiode keine pfändbaren Einkommensanteile erzielt, hierbei eine der in §§ 295 Abs. 1 und 296 Abs. 2 InsO aufgeführten Obliegenheiten aber nicht verletzt. Als Beispiel kann der Dauerarbeitslose oder der Familienvater mit zahlreichen Unterhaltsverpflichtungen und geringem Einkommen angenommen werden. Die Gläubiger erhalten in einem solchen Fall während der Wohlverhaltensperiode keinerlei Zahlungen des Schuldners, es liegt ein so genannter »Nullfall« vor.

75

Unstreitig ist dem Wortlaut des § 295 Abs. 1 InsO keine Obliegenheit des Schuldners zu entnehmen, eine Mindestleistung in der Wohlverhaltensperiode an die Gläubiger zu erbringen. Auch eine Mindestquote, wie sie z. B. § 213 Abs. 1 und 2 der österreichischen Konkursordnung vorsieht, ist in der InsO nicht enthalten. Gleichwohl wurde in der Rechtsprechung vereinzelt beispielsweise eine mindestens 10%-Befriedigung der Gläubigerforderungen als Voraussetzung für eine Restschuldbefreiung angenommen. Gestützt wurde diese Ansicht auf § 1 Satz 1 InsO.[141]

Die obergerichtliche Rechtsprechung hat sich mit dem so genannten »Nullfall« bislang im Zusammenhang mit der Überprüfung außergerichtlicher und gerichtlicher Schuldenbereinigungspläne beschäftigt und die Zulässig-

---

139 FK-InsO/Ahrens, § 295 Rdnr. 5 InsO.
140 Wenzel, NZI 1999, 15.
141 AG Würzburg ZInsO 99, 178.

Henning

keit so genannter Nullpläne eindeutig angenommen.[142] Es ist zu erwarten, dass die gerichtlichen Entscheidungen zur Nullfallproblematik im Rahmen der Entscheidung gem. § 300 Abs. 1 InsO nach Abschluss der Wohlverhaltensperiode entsprechend ausfallen werden.[143] Ob gegen diese Entscheidungen dann die von Gläubigerseite wiederholt vorgetragenen verfassungsrechtlichen Bedenken[144] durchgreifen werden, bleibt abzuwarten.

3. § 295 Abs. 1 Nr. 1 InsO: Arbeitsverpflichtung des Schuldners

a) Einführung

76 Diese Vorschrift enthält drei alternative Tatbestände, die dem abhängig beschäftigten Schuldner, je nach dem ob er eine Beschäftigung ausübt oder beschäftigungslos ist, verschiedene Verpflichtungen aufgibt:

- 1. Tatbestandsalt.: Der Schuldner muss eine angemessene Tätigkeit ausüben, wenn er einer Arbeit nachgeht,

- 2. Tatbestandsalt.: Der Schuldner muss sich um eine angemessene Tätigkeit bemühen, wenn er beschäftigungslos ist,

- 3. Tatbestandsalt.: Der Schuldner darf eine zumutbare Arbeit nicht ablehnen, wenn er beschäftigungslos ist.

Folglich muss sich der Schuldner nicht um eine angemessene Tätigkeit bemühen, wenn er lediglich irgendeine nicht angemessene Tätigkeit ausübt. In diesem Fall liegt ggf. ein Verstoß gegen die 1. Tatbestandsalt., nicht aber gegen die 2. Tatbestandsalt. vor. Übt der Schuldner eine angemessene Tätigkeit aus, muss er sich nicht um eine besser bezahlte, nicht angemessene Arbeit bemühen. Der Schuldner muss sich nach dem Wortlaut der Vorschrift auch nur um eine angemessene Arbeit, nicht aber um eine zumutbare Arbeit bemühen.

> ▶ **Beispiel aus der Praxis:**
> Der Schuldner übt als gelernter Verwaltungsangestellter eine angemessene Tätigkeit aus. Ein Gläubiger weist einen Arbeitsplatz für den Schuldner nach, auf dem dieser netto 500 € mehr verdienen könnte. Der Schuldner müsste auf diesem Arbeitsplatz im 3-Schichtendienst körperlich schwer arbeiten.

Der Schuldner verletzt seine Obliegenheiten nicht, wenn er den besser bezahlten Arbeitsplatz nicht annimmt, da er bereits eine angemessene Tätigkeit ausübt.

---

142 OLG Köln ZInsO 99, 658 = ZIP 99, 1929; Bay ObLG ZInsO 99, 645 = ZIP 99, 1926.
143 Beachte aber die neue Zuständigkeit des BGH gem. § 7 InsO, §§ 574–577 ZPO; siehe hierzu Schmerbach, ZInsO 01, 1087, 1094.
144 Z. B.: Schmidt, InVo 01, 156; LG Mönchengladbach, ZInsO 01, 1115.

77 Zentrale Bedeutung bei der Anwendung der Vorschrift kommt den drei unbestimmten Rechtsbegriffen angemessene Erwerbstätigkeit, Bemühen um eine angemessene Erwerbstätigkeit und zumutbare Tätigkeit zu. Die Anwendung dieser unbestimmten Rechtsbegriffe ist im Rechtsbeschwerdeverfahren der §§ 6, 7 InsO voll nachprüfbar.[145] Gerichtliche Entscheidungen liegen bislang allerdings kaum vor.

Bei der Auslegung dieser drei Begriffe werden sich stets die Interessen der Gläubiger an möglichst hohen Zahlungen des Schuldners auf die bestehenden Verbindlichkeiten und die Interessen des Schuldners persönlicher, familiärer und beruflicher Art gegenüberstehen. Dieser Interessengegensatz ist mit den Interessenkollisionen im Verhältnis des Empfängers einer BSHG-Leistung zur Allgemeinheit (§ 18 BSHG),[146] dem Verhältnis des Arbeitslosen zur Versichertengemeinschaft (§ 121 SGB III)[147] oder dem Verhältnis des Unterhaltsverpflichteten zum Unterhaltsberechtigten (§ 1574 BGB)[148] vergleichbar. Die zu diesen Problemkreisen vorliegende Rechtssprechung und Kommentierung wird bei der Auslegung der unbestimmten Rechtsbegriffe des § 295 Abs. 1 Nr. 1 InsO herangezogen und zum Teil auch, sinnvollerweise, übernommen werden.

Es wird hierbei allerdings zu beachten sein, dass in dem Restschuldbefreiungsverfahren der InsO die höchstmögliche Gläubigerbefriedigung stets im Vordergrund steht.[149] Der arbeitslose Schuldner wird z. B. einen anderen Fortbildungs- oder Umschulungsanspruch gegenüber der Bundesanstalt für Arbeit bzw. der Versichertengemeinschaft haben, als gegenüber seinen Gläubigern. Letztere werden zu Recht eine Fortbildung oder Umschulung nur für angebracht halten, wenn sie selbst von dieser finanziell noch profitieren werden. Die Anforderungen an den Schuldner werden in diesem Fall also strenger sein als in dem vergleichbaren Rechtsgebiet.[150] Im Vergleich zum familienrechtlichen Unterhaltsrecht kann sich aber auch eine Besserstellung des Schuldners ergeben. Die Möglichkeit der Absenkung der Pfändungsgrenze des § 850 c ZPO über § 850 Abs. 2 ZPO kann z. B. die Übernahme einer gering bezahlten Tätigkeit für den Unterhaltsschuldner noch geboten erscheinen lassen, während sie von dem Schuldner in der Wohlverhaltensperiode gem. § 296 Abs. 1 InsO nur erwartet werden kann, wenn sich bei dem zu erzielenden Einkommen auch ein pfändbarer Betrag ergibt.

b) Angemessene Tätigkeit

78 Der Begriff der angemessenen Erwerbstätigkeit beinhaltet zunächst sowohl eine zeitliche als auch eine finanzielle Komponente. Zeitlich angemessen ist

---

145 HK-InsO/Kirchhof, § 7 Rdnr. 18 InsO.
146 Die Vorschrift ist im Anhang abgedruckt.
147 Wie zuvor.
148 Wie zuvor.
149 Wenzel, NZI 1999, 15.
150 Vgl. Nerlich/Römermann, a. a. O., § 295 Rdnr. 13 InsO.

Henning

grundsätzlich die Vollzeitbeschäftigung,[151] deren konkrete Wochenstundenzahl, zumeist wohl zwischen 35 und 40 Stunden, sich aus tarifvertraglichen oder betrieblichen Regelungen ergeben dürfte. Finanziell angemessen ist eine Tätigkeit, mit der der Schuldner ein Einkommen erzielt, das als üblich anzusehen ist,[152] z. B. einer tarifvertraglichen Vergütung entspricht. Eine Verschleierung von Einkommensanteilen z. B. durch eine Erhöhung von Fahrtkosten- oder Spesenerstattungen, die den üblichen Rahmen eindeutig übersteigen, führt zu einer unangemessenen Vergütung und kann zugleich eine Obliegenheitsverletzung gem. § 295 Abs. 1 Nr. 3 InsO durch ein Verheimlichen der wahren Einkünfte darstellen.

▶ **Beispiele aus der Rspr:**
- Der Schuldner arbeitet als Zahntechnikermeister im familieneigenen Betrieb und erzielt hierbei ohne Unterhaltsverpflichtungen keine pfändbaren Einkommensanteile. Da ein Zahntechnikermeister üblicherweise ein sehr viel höheres Einkommen erzielt, liegt der Verdacht nahe, dass der Schuldner neben dem »offiziellen« Einkommen weitere Leistungen erhält. Eine angemessene Erwerbstätigkeit des Schuldners liegt damit nicht vor.[153]
- Ein 30-jähriger, lediger und kinderloser Schuldner verletzt seine Obliegenheiten aus § 295 Abs. 1 Nr. 1 InsO, wenn er lediglich einer Teilzeittätigkeit von 25 Wochenstunden nachgeht und sich um eine Vollzeitbeschäftigung nicht bemüht.[154]

Die Angemessenheit einer Beschäftigung folgt daneben aus

- der Ausbildung und Qualifikation,
- dem Lebensalter,
- dem bereits zurückgelegten Berufsweg,
- der sich noch bietenden beruflichen Perspektive,
- dem Gesundheitszustand,
- der Erfahrung,
- der familiären Situation

des Schuldners. Übt der Schuldner vor dem Verfahren bereits eine Tätigkeit aus, so spricht eine Vermutung für die Angemessenheit dieser Tätigkeit.[155]

aa) Erziehungsverpflichtungen

79 Die grundsätzliche Verpflichtung zur Übernahme einer Vollzeitstelle kann vor allen Dingen durch die Erziehungspflichten Kindern gegenüber einge-

---

151 AG Hamburg NZI 01, 103.
152 *AG Dortmund NZI 99, 420.*
153 Wie zuvor.
154 AG Hamburg NZI 01, 103.
155 FK-InsO/Ahrens, § 295 Rdnr. 14 InsO.

Henning

schränkt sein. Aber auch aus anderen Gründen, z. B. gesundheitlichen kommt eine Einschränkung in Betracht.

Der Schuldner kann sich auf eine Erziehungsverpflichtung nur berufen, wenn die Betreuung der Kinder nicht durch den anderen Elternteil gewährleistet ist. Sind beide Elternteile berufstätig, kann auch der Schuldner die Möglichkeit eines Erziehungsurlaubes in Anspruch nehmen, solange die Inanspruchnahme dieser gesetzlichen Möglichkeit sich nicht als offensichtlich rechtsmissbräuchlich darstellt.

In Anlehnung an die Rechtssprechung und Kommentierung zu § 1570 BGB[156] wird man folgende Arbeitsverpflichtungen für den Schuldner annehmen können, der Kinder zu erziehen und beaufsichtigen hat:

- 1 Kind: Bis zum Alter von 3 Jahren keine Arbeitsverpflichtung. Im Alter von 3 bis 6 Jahren Verpflichtung zur Teilzeitarbeit, wenn die Kinderbetreuung im Kindergarten gesichert und die Arbeit während der Betreuung möglich ist. Im Alter von 6 bis 10 Jahren gilt dasselbe, wenn die Tätigkeit während der Schulzeiten möglich ist und auch die weiter gehende Betreuung des Kindes sichergestellt ist. Ab 10 Jahren steigt der zeitliche Umfang der Arbeitsverpflichtung mit Verselbstständigung des Kindes weiter an. Ab einem Alter von 15, 16 Jahren ist von einer Verpflichtung zur Übernahme einer Vollzeitstelle auszugehen.

- 2 Kinder: Solange beide Kinder unter 10 Jahren alt sind, besteht keine Arbeitsverpflichtung. Mit zunehmendem Alter kann sich zunächst eine Verpflichtung zur stundenweisen Tätigkeit, ab einem Alter von 13 Jahren des jüngeren Kindes zur Halbstagsbeschäftigung und ab einem Alter von 16 Jahren des jüngeren Kindes zur Vollzeitbeschäftigung ergeben.

- 3 und mehr Kinder: Auch hier liegt eine Arbeitsverpflichtung nicht vor, solange alle Kinder unter 10 Jahren alt sind. Bei älteren Kindern wird auf die Umstände des Einzelfalles, z. B. den Altersunterschied zwischen den Geschwisterkindern abzustellen sein. Eine Verpflichtung zur Ausübung einer Vollzeitstelle kann auch hier erst vorliegen, wenn das jüngste Kind mindestens 16 Jahre alt ist.

Es werden im Einzelfall immer die individuellen Umstände entscheidend sein. Ein erziehungsauffälliges Kind wird mehr Betreuungszeit benötigen als ein unproblematisches Kind. Betroffene Schuldner sollten sich entsprechende Bescheinigungen ausstellen lassen, die ggf. den Gläubigern oder dem Insolvenzgericht im Verfahren gem. § 296 Abs. 2 InsO vorgelegt werden können.

Übt der erziehungspflichtige Schuldner keine Beschäftigung aus, obwohl er hierzu verpflichtet ist, kann seine Obliegenheitsverletzung aber nur dann zu einer Versagung der Restschuldbefreiung führen, wenn gem. § 296 Abs. 1 InsO durch den Obliegenheitsverstoß die Gläubigerbefriedigung beein-

---

156 Vgl. z. B. Palandt/Brudermüller, a. a. O., § 1570 Rdnr. 8–14 InsO.

Henning

trächtigt wird.[157] Diese Beeinträchtigung kann sich aber nur ergeben, wenn bei Aufnahme einer Beschäftigung auch pfändbares Einkommen erzielt wird. Berücksichtigt man, dass bei zwei Unterhaltsverpflichtungen nach der neuen Pfändungstabelle zu § 850 c ZPO demnächst bis zu 2.880 DM oder 1.480 € netto unpfändbar sein werden, so wird die Nichtaufnahme einer Teilzeitbeschäftigung in den meisten Fällen die Gläubigerbefriedigung nicht beeinträchtigen.

bb) Einzelfragen

- Pflicht des Schuldners, Karrieremöglichkeiten wahrzunehmen

80 Der Schuldner muss die Möglichkeiten einer üblichen beruflichen Entwicklung und Karriere nutzen und wahrnehmen, auch wenn hierdurch berufliche Mehrbelastungen entstehen. Der Schuldner kann sich aber auf persönliche oder familiäre Gründe berufen, aus denen er eine berufliche Verbesserung ablehnt.

- Fortbildung und Umschulung

81 Der Schuldner wird im Regelfall eine Fortbildung oder Umschulung, die mit einer Aufgabe der bisherigen Beschäftigung und dem Wegfall des Einkommens verbunden ist, nur dann durchführen dürfen, wenn diese Maßnahme für die Gläubiger bezogen auf die gesamte Dauer der Wohlverhaltensperiode zumindest keine Verminderung der Zahlungen des Schuldners bedeutet, der Schuldner also den vorübergehenden Wegfall der Bezüge durch ein späteres höheres Einkommen ausgleicht.[158]

- Steuerklassenwahl

82 Der Schuldner hat durch die Wahl seiner Lohnsteuerklasse im Rahmen der steuerrechtlichen Vorschriften die Möglichkeit, die Höhe seines Nettoeinkommens zu beeinflussen. Da Lohnsteuererstattungen der Finanzämter nicht von der Abtretung nach § 287 Abs. 2 Satz 1 InsO erfasst werden, könnte der Schuldner durch die Wahl einer für ihn zunächst ungünstigen Steuerklasse den Gläubigern Bezüge über den Umweg der Lohnsteuererstattung vorenthalten. Erzielt der Schuldner durch dieses Vorgehen rechtsmissbräuchlich kein angemessenes Einkommen mehr, liegt ein Obliegenheitsverstoß gegen die 1. Tatbestandsalternative des § 295 Abs. 1 Nr. 1 InsO vor. Möglicherweise ist auch ein Obliegenheitsverstoß nach § 295 Abs. 1 Nr. 3 InsO durch ein Verheimlichen von Einkommensanteilen gegeben. Andererseits ist der Schuldner nicht gehindert, seine steuerrechtlichen Möglichkeiten auszuschöpfen. Er muss also nicht stets die für die Gläubigerbefriedigung günstigste Steuerklasse wählen. Dies gilt insbesondere, wenn der Schuldner seine Steuerklasse schon lange vor dem Beginn der Wohlverhaltensperiode gewählt hat.[159]

---

157 Siehe unten Rdnr. 106, Gläubigerbeeinträchtigung.
158 Wenzel, NZI 1999, 15, III. 1.
159 LG Osnabrück DGVZ 98, 190.

- Straf- oder Untersuchungshaft

Streitig und durch die Rechtssprechung zu klären ist, ob der inhaftierte Schuldner während der Verbüßung seiner Haftstrafe oder während der Untersuchungshaft seiner Obliegenheit aus § 295 Abs. 1 Nr. 1 InsO dadurch nachkommen kann, dass er seine Arbeitsverpflichtung nach § 41 StVollzG erfüllt.[160] Für diese Möglichkeit des Schuldners spricht, dass der Schuldner im Strafvollzug grundsätzlich einer Arbeit nachgehen muss und sein hierbei erzieltes Einkommen auch pfändbar ist. Mögliche deliktische Forderungen von Straftatopfern sind zudem ebenso wie Geldstrafen gem. § 302 InsO von der Restschuldbefreiung ausgenommen. Der Strafgefangene erzielt in der Strafhaft allerdings ein deutlich geringeres Einkommen, die Gläubigerbefriedigung wird also durch die Inhaftierung eingeschränkt.

83

- Überstunden

Sind Überstunden im Beschäftigungsbetrieb des Schuldners üblich, kann sie der Schuldner nicht generell ablehnen. Dies gilt insbesondere, wenn der Schuldner vor Beginn der Wohlverhaltensperiode stets Überstunden gemacht hat. Der Schuldner kann sich aber auf persönliche oder familiäre Gründe berufen, aus denen er die Leistung von Überstunden ablehnt.

84

- Studium

Der Schuldner kann seine Erwerbstätigkeit nicht unterbrechen, um ein Studium aufzunehmen. Anderes gilt nur, wenn er nach dem Studium in der noch verbleibenden Laufzeit der Wohlverhaltensperiode eine Gläubigerbefriedigung erreichen kann, die der entspricht, die er auch ohne Studium erreicht hätte.[161]

85

- Beendigung des Arbeitsverhältnisses

Endet das Arbeitsverhältnis durch arbeitgeberseitige Kündigung, kann unter Umständen ein Obliegenheitsverstoß vorliegen, wenn der Schuldner die Kündigung durch sein Verhalten vorsätzlich oder grob fahrlässig herbeigeführt hat.[162] Der Schuldner ist verpflichtet, sich gegen eine Kündigung auch arbeitsgerichtlich zu wehren, wenn dies Erfolg versprechend ist. Kündigt der Schuldner selber oder schließt er einen Aufhebungsvertrag, liegt nur dann kein Obliegenheitsverstoß vor, wenn der Schuldner schwer wiegende Gründe für sein Verhalten anführen kann. Dies können z. B. eine wiederholte Vertragsverletzung durch den Arbeitgeber, so genanntes »mobbing« durch andere Arbeitnehmer oder eine gesundheitliche Belastung durch den Arbeitsplatz sein.[163]

86

---

160 So FK-InsO/Ahrens, § 295 Rdnr. 12 InsO; Kübler/Prütting, a. a. O., § 287 Rdnr. 8 InsO; a. A.: Franke, NStZ 99, 548.
161 Wenzel, NZI 1999, 15, III. 1.
162 FK-InsO/Ahrens, § 295 Rdnr. 17 InsO.
163 FK-InsO/Ahrens, § 295 Rdnr. 19 InsO.

Henning

c) Bemühen um eine angemessene Tätigkeit

87 An den arbeitslosen Schuldner werden strenge Anforderungen bei dem Bemühen um eine angemessene Tätigkeit gestellt.[164] Die Meldung bei dem zuständigen Arbeitsamt und die Einhaltung der Verpflichtungen diesem gegenüber reichen nicht aus. Vom Schuldner sind auch eigene Bemühungen, z. B. durch Initiativbewerbungen und aktive Stellensuche zu fordern. Begrenzt werden diese Bemühungen zum einen aber durch die finanziellen Möglichkeiten des Schuldners, die zumeist eher gering sein werden. Auch das Arbeitsamt ersetzt dem Schuldner nur Bewerbungsaufwendungen in Höhe von 250 € pro Jahr. Zum anderen wird man von einem Schuldner in offensichtlich aussichtsloser Bewerbungssituation kaum ständige Bewerbungen verlangen können. In einem solchen Fall dürfte die Meldung bei dem zuständigen Arbeitsamt ausreichen.

Der Schuldner sollte seine Bewerbungsbemühungen belegen können, also z. B. Abschriften seiner Bewerbungen sowie bearbeitete Stellenanzeigen verwahren.

> **Beispiel aus der Rspr:**
> Der Schuldner beschränkt sich bei seinen Bemühungen um einen neuen Arbeitsplatz auf einen zu kleinen Teil des Arbeitsmarktes. Damit verletzt er seine Obliegenheiten aus § 295 Abs. 1 Nr. 1 InsO.[165]

d) Annahme einer zumutbaren Tätigkeit

88 Der arbeitslose Schuldner muss sich nach dem Wortlaut des § 295 Abs. 1 Nr. 1 InsO lediglich um eine angemessene Tätigkeit, nicht aber um eine zumutbare bemühen. Letztere darf er nur nicht ablehnen. Literatur und Rechtsprechung trennen hier allerdings nicht sehr scharf,[166] so dass dem Schuldner wegen der noch unklaren Rechtslage auch ein Bemühen um einen zumutbaren Arbeitsplatz anzuraten ist.

Der Begriff der »zumutbaren Beschäftigung« wird im Arbeitsförderungsrecht in § 121 SGB III[167] näher umschrieben. Die dortigen Festlegungen dürften im Wesentlichen auch zur Auslegung des Begriffes der »zumutbaren Tätigkeit« des § 295 Abs. 1 Nr. 1 InsO herangezogen werden.

§ 121 Abs. 2 SGB III legt fest, dass eine Beschäftigung unzumutbar ist, wenn sie gegen gesetzliche und tarifliche Arbeitsschutzbestimmungen verstößt. Eine Beschäftigung ist aber gem. § 121 Abs. 5 SGB III nicht schon deshalb unzumutbar, weil der arbeitsuchende Schuldner sie bislang noch nicht ausgeübt hat oder für sie nicht ausgebildet ist.

---

164 Wenzel, NZI 1999, 15, III. 2.; FK-InsO/Ahrens, § 295 Rdnr. 27 InsO.
165 LG Hamburg ZInsO 99, 649.
166 Wenzel, NZI 1999, 15, III. 2.; AG Hamburg NZI 01, 103.
167 Die Vorschrift ist im Anhang abgedruckt.

§ 121 Abs. 3 SGB III enthält eine mit fortschreitender Dauer der Arbeitslosigkeit absinkende, flexible Zumutbarkeitsgrenze hinsichtlich des mit der neuen Beschäftigung zu erzielenden Einkommens:

- In den ersten drei Monaten der Arbeitslosigkeit darf das neue Arbeitsentgelt das alte Einkommen um nicht mehr als 20% unterschreiten.
- In den dann folgenden drei Monaten bis zum sechsten Monat der Arbeitslosigkeit darf das neue Arbeitsentgelt das alte Einkommen um nicht mehr als 30% unterschreiten.
- Ab dem siebten Monat ist jede Tätigkeit zumutbar, deren Netto-Arbeitsentgelt das Arbeitslosengeld des Schuldners nicht unterschreitet.

Eine Verschärfung dieser Anforderungen dem arbeitsuchenden Schuldner gegenüber ist wenig sinnvoll. Denn auch das Interesse der Gläubiger ist darauf gerichtet, dass der Schuldner einen möglichst gut vergüteten Arbeitsplatz findet. Die zu schnelle Annahme irgendeines, schlecht vergüteten Arbeitsplatzes kann die Aufnahme eines finanziell attraktiven Arbeitsplatzes verhindern.

Einzelfragen:

- Ortswechsel/Umzug zur Arbeitsaufnahme

Dem Schuldner ist grundsätzlich auch ein Ortswechsel zur Arbeitsaufnahme zuzumuten.[168] Dies gilt insbesondere für jüngere, allein stehende Arbeitslose. Älteren, auch familiär gebundenen Schuldner ist der Ortswechsel meist nicht zuzumuten. Auch die Kosten des Umzugs müssen bei der Beurteilung der Zumutbarkeit berücksichtigt werden, da die Schuldner im Regelfall über keine eigenen Mittel verfügen.

89

- Pendeln zum Arbeitsplatz

§ 121 Abs. 4 SGB III nennt als zumutbare Pendelzeiten 2,5 Stunden bei mehr als sechsstündiger Tätigkeit und 2,0 Stunden bei bis zu sechsstündiger Tätigkeit. Sind regional längere Pendelzeiten üblich, gelten diese. Eine Anhebung dieser Zeiten für arbeitslose Schuldner dürfte auch aus Kostengründen kaum zumutbar sein.

90

- Schichtarbeit/Nachtschicht

Schichtarbeit, auch in drei Schichten, ist grundsätzlich zumutbar. Sie kann im individuellen Fall aus gesundheitlichen[169] oder zwingenden familiären Gründen unzumutbar sein.

91

---

168 Gagel/Steinmeyer, Sozialgesetzbuch III, 15. Lfg. 2000, § 121 Rdnr. 91 InsO.
169 Gagel/Steinmeyer, a. a. O., § 121 Rdnr. 99 InsO.

Henning

- Befristete Arbeitsverhältnisse

92 Die Aufnahme befristeter Arbeitsverhältnisse ist zumutbar. Dies gilt allerdings nicht, wenn mit der Aufnahme des befristeten Arbeitsverhältnis ein Ortswechsel verbunden ist.

4. § 295 Abs. 1 Nr. 2 InsO: Herausgabe des hälftigen Erbanteiles

93 Der Schuldner hat einen Vermögenserwerb von Todes wegen zur Hälfte an den Treuhänder herauszugeben. Diese Obliegenheit betrifft jeden Vermögenserwerb i. S. d. § 1374 Abs. 2 BGB. Sie stellt die einzige Ausnahme von der an sich nach Abschluss des Insolvenzverfahrens beendeten allgemeinen Verwertung[170] des Vermögens des Schuldners dar. Die Beschränkung auf die Herausgabe lediglich der Hälfte des Erwerbes soll den Schuldner veranlassen, die Erbschaft nicht auszuschlagen.[171] Denn die Ausschlagung der Erbschaft kann dem Schuldner ebenso wenig wie der Verzicht auf die Geltendmachung des Pflichtteiles vorgeworfen werden, da es sich um Rechte höchstpersönlicher Art handelt.[172]

Die Herausgabe erfolgt grundsätzlich durch Zahlung eines entsprechenden Geldbetrages. Die Vermögensverwertung gehört nicht zu den Aufgaben des Treuhänders.[173] Ist der Schuldner allerdings Mitglied einer Erbengemeinschaft oder droht die Zwangsvollstreckung eines Neugläubigers,[174] kann die Verpflichtung des Schuldners bestehen, die Hälfte seines Erbanteiles oder seines Erbes an den Treuhänder zu übertragen. Der Treuhänder wird die Verwertung dann auch Dritten gegen Vergütung übertragen können, wenn er sie nicht selbst durchführen kann.

Neben dem Erwerb von Todes wegen hat der Schuldner weitere Vermögenszuflüsse während der Wohlverhaltensperiode nicht abzuführen. Schenkungen und Lotteriegewinne verbleiben so dem Schuldner.[175] Der Schuldner könnte also in der Wohlverhaltensperiode Lottomillionär werden und die Restschuldbefreiung erreichen, ohne von seinem Gewinn etwas an die Gläubiger abführen zu müssen. Diese Festlegung des Gesetzgebers, so selten sie auch Bedeutung erlangen mag, wird seitens der Gläubiger immer wieder als besondere Provokation empfunden.

---

170 Siehe oben Rdnr. 42, Vermögensrechtliche Stellung des Schuldners in der Wohlverhaltensperiode.
171 HK-InsO/Landfermann, § 295 Rdnr. 6 InsO.
172 Wie zuvor; App, MDR 2000, 1226.
173 *HK-InsO/Landfermann*, *§ 295*, Rdnr. 6 a InsO.
174 Siehe hierzu Preuß, NJW 99, 3451.
175 HK-InsO/Landfermann, § 295 Rdnr. 7 InsO; siehe zur Diskussion dieses Problems im Gesetzgebungsverfahren: Nerlich/Römermann, a. a. O., § 295 Rdnr. 1–3.

Henning

5. § 295 Abs. 1 Nr. 3 InsO: Mitteilungs- und Auskunftspflichten des Schuldners

Der Schuldner hat während der Wohlverhaltensperiode jeden Wechsel des Wohnsitzes und der Beschäftigungsstelle unverzüglich sowohl dem Insolvenzgericht als auch dem Treuhänder anzuzeigen. Unter Wohnsitz ist hier vor dem Hintergrund der jederzeitigen Erreichbarkeit des Schuldners im Insolvenzverfahren der Ort zu verstehen, der den tatsächlichen Lebensmittelpunkt des Schuldners darstellt.

94

Der Schuldner darf Einkommen, das von der Abtretungserklärung nach § 287 Abs. 2 InsO erfasst wird und einen Erwerb von Todes wegen nach § 295 Abs. 1 Nr. 2 InsO nicht verheimlichen. Die Auslegung des unbestimmten Rechtsbegriffes »verheimlichen« ist streitig. Zum einen wird vertreten, der Schuldner habe von sich aus nur auf eine Veränderung der Einkommens- oder Vermögenslage hinzuweisen, wenn hierzu eine besondere Offenbarungspflicht bestehe.[176] Ansonsten sei unter »verheimlichen« die unrichtige Angabe oder die falsche Auskunft auf Fragen zu verstehen. Die Gegenmeinung sieht im Verschweigen schon ein »verheimlichen«.[177] Der Schuldner soll von sich aus und unaufgefordert seiner Mitteilungspflicht nachkommen. Der Wortlaut der Vorschrift, der zwischen »verheimlichen« und »Auskunft erteilen« unterscheidet, spricht wohl eher für die zuletzt genannte Auslegung, da ansonsten die vom Gesetzgeber vorgenommene Unterscheidung nicht erforderlich gewesen wäre.

▶ **Beispiel aus der Praxis:**
Die Ehefrau des Schuldners ist zu Beginn der Wohlverhaltensperiode nicht berufstätig. Sie wird daher als Unterhaltsberechtigte bei der Berechnung des pfändbaren Einkommensanteiles des Schuldners berücksichtigt. Die Ehefrau nimmt nun eine Arbeitsstelle an und erzielt ein Einkommen, mit dem sie ihren Lebensunterhalt allein bestreiten kann. Das eigene Einkommen der Ehefrau führt gem. § 850 c Abs. 4 ZPO zur Möglichkeit, die Unterhaltsberechtigung der Ehefrau bei der Berechnung des pfändbaren Einkommensanteiles des Schuldners nicht mehr zu berücksichtigen.

Das Beispiel verdeutlicht die Schwierigkeiten, die bei Anwendung des Begriffes »verheimlichen« auftreten können. Folgt man der schuldnerfreundlicheren Auslegung, hat der Schuldner keine Mitteilungsverpflichtung, es sei denn, er ist vom Treuhänder ausdrücklich zu einer entsprechenden Auskunft verpflichtet worden. Hier droht die Gefahr, dass an sich pfändbare Einkommensanteile nicht dem Treuhänder zufließen. Die gläubigerfreundlichere Auslegung steht vor dem Problem, dass dem Schuldner nicht immer klar sein dürfte, welche Auswirkungen bestimmte Umstände auf seinen

---
176 FK-InsO/Ahrens, § 295 Rdnr. 49 InsO.
177 HK-InsO/Landfermann, § 295 Rdnr. 8 InsO; Kübler/Prütting, a. a. O., § 290 Rdnr. 24 InsO.

pfändbaren Einkommensanteil haben. Es erscheint daher unbillig, dem Schuldner eine pauschale Mitteilungsverpflichtung für Veränderungen aufzuerlegen, die er als solche gar nicht erkennt.

6. § 295 Abs. 1 Nr. 4 InsO: Gleichbehandlung der Gläubiger

95 Die Vorschrift steht in engem Zusammenhang mit § 294 Abs. 2 InsO. Beide Vorschriften sollen sicherstellen, dass der Schuldner die Insolvenzgläubiger gleichbehandelt. § 295 Abs. 1 Nr. 4 InsO gibt dem Schuldner auf, die Gläubiger gleich zu behandeln, § 294 Abs. 2 InsO bezieht auch dritte Personen ein und erklärt Abkommen mit einzelnen Insolvenzgläubigern, die diesen einen Sondervorteil verschaffen, für nichtig.

Der Schuldner wird in den meisten Fällen kein Interesse daran haben, Sonderzahlungen an einzelne Insolvenzgläubiger am Treuhänder vorbei zu leisten. Zuweilen stellt sich die Interessenlage des Schuldners aber anders dar:

▶ **Beispiele aus der Praxis:**
- Der Schuldner hat eine deliktische Verbindlichkeit im Sinne des § 302 Nr. 1 InsO. Er möchte auf diese Verbindlichkeit Sonderzahlungen leisten, um die Forderung, deren am Ende der Wohlverhaltensperiode verbleibender Restbetrag von der Restschuldbefreiung nicht erfasst wird, ebenfalls bis zum Ende der Wohlverhaltensperiode abzutragen.
- Der Schuldner hat Verbindlichkeiten bei einem kommunalen Energielieferungsunternehmen, die dazu geführt haben, dass der Schuldner zurzeit weder Strom noch Gas bezieht. Er möchte daher diese Verbindlichkeiten möglichst schnell vollständig abtragen, um wieder Energie beziehen zu können.

In beiden dargestellten Fällen bleiben Sonderzahlungen der Schuldner an die Gläubiger gem. § 296 Abs.1 Satz 1 InsO dann ohne Konsequenzen für die Schuldner, wenn die Gelder aus den unpfändbaren Einkommensanteilen, also nicht aus der Haftungsmasse, entnommen werden. Eine Beeinträchtigung der übrigen Gläubiger kann dann nicht vorliegen.[178]

Gleichwohl ist der Treuhänder von diesen Zahlungen in Kenntnis zu setzen, um sie bei der jährlichen Ausschüttung an die Gläubiger nach § 292 Abs. 1 Satz 2 InsO wie folgt berücksichtigen zu können. Wird die Forderung eines Gläubigers vollständig in der Wohlverhaltensperiode befriedigt, steht die auf diese Forderung entfallende Quote den übrigen Gläubigern zu. Solange die Forderung, auf die der Schuldner Sonderzahlungen leistet, nicht voll befriedigt ist, ist diese Forderung vom Treuhänder aber mit der Quote des Schlussverzeichnisses zu bedienen, da dieses nicht nachträglich abgeändert werden kann.

---

178 FK-InsO/Ahrens, § 295 Rdnr. 57 InsO.

7. § 295 Abs. 2 InsO: Zahlungspflichten des selbstständig tätigen Schuldners

Der in der Wohlverhaltensperiode selbstständig tätige Schuldner hat Zahlungen an den Treuhänder zu leisten, die die Gläubiger so stellen sollen, als wenn der Schuldner angemessen abhängig beschäftigt wäre. Durch diese Regelung des § 295 Abs. 2 InsO wird dem Schuldner zunächst die Möglichkeit eingeräumt, in der Wohlverhaltensperiode auch eine selbstständige Tätigkeit auszuüben. Der Schuldner ist also nicht verpflichtet, eine abhängige Beschäftigung aufzunehmen. Die Regelung findet nur auf die selbstständigen Tätigkeiten Anwendung, die nicht unter § 850 ZPO fallen.[179]

96

Die Höhe der zu leistenden Zahlungen hängt von dem für den jeweiligen Schuldner angemessenen Dienstverhältnis ab, das dieser alternativ hätte eingehen können. Der selbstständige Architekt wird also Zahlungen in der Höhe leisten müssen, wie sie ein angestellter Architekt zu leisten hätte. Bei der Ermittlung der Vergleichszahlung eines abhängig Beschäftigten ist der pfändbare Einkommensanteil maßgeblich. Unterhaltsverpflichtungen sind auf diesem Wege auch bei dem selbstständig tätigen Schuldner zu berücksichtigen.

Die Zahlungen müssen nicht monatlich, quartalsweise oder jährlich, sondern lediglich innerhalb der Wohlverhaltensperiode erfolgen.[180] Hierdurch soll dem Schuldner ermöglicht werden, seine Zahlungen auf die jeweilige Gewinnsituation seines Unternehmens abzustellen. Im eigenen Interesse sollte der Schuldner mit dieser Freiheit aber verantwortungsvoll umgehen und möglichst laufende Zahlungen an den Treuhänder leisten. Erzielt der selbstständig tätige Schuldner mehr Einkommen als mit der angemessenen abhängigen Beschäftigung, hat er diesen »Mehrerlös« nicht herauszugeben.[181] Bleibt das Einkommen des Schuldners aus der selbstständigen Tätigkeit hinter dem Vergleichseinkommen eines angemessenen Dienstverhältnisses zurück, hat der Schuldner gleichwohl die festgelegten Zahlungen zu leisten. Gelingt ihm dies nicht, erfüllt er seine Obliegenheit nicht.

▸ **Beispiel aus der Praxis:**[182]

Der 55-jährige Schuldner in der Wohlverhaltensperiode war langzeitarbeitslos. Er konnte weder eine angemessene noch eine zumutbare Arbeitsstelle finden. Bei dem zuständigen Arbeitsamt galt er als nicht mehr vermittelbar. Er entschließt sich zur Aufnahme einer selbstständigen Tätigkeit, die schon nach kurzer Zeit erhebliche Gewinne abwirft.

---

179 Siehe oben Rdnr. 57; FK-InsO/Ahrens, § 295 Rdnr. 62 InsO.
180 HK-InsO/Landfermann, § 295 Rdnr. 4 InsO; Trendelenburg, ZInsO 2000, 437; Wenzel, NZI 1999, 15, 17.
181 HK-InsO/Landfermann, § 295 Rdnr. 4 InsO; **a. A.:** Wenzel, NZI 1999, 15, 17; siehe zur Diskussion im Gesetzgebungsverfahren: Nerlich/Römermann, a. a. O., § 295 Rdnr. 1–3 InsO.
182 Vgl. Trendelenburg, ZInsO 2000, 437, III. 2.

Dieses Beispiel verdeutlicht exemplarisch die möglichen Schwierigkeiten bei der Festsetzung der Höhe des Betrages, den der selbstständige Schuldner mit einem angemessenen Dienstverhältnis hätte erzielen können. Dieser Schuldner hat nachweisbar weder angemessene noch zumutbare Beschäftigung auf dem Arbeitsmarkt finden können. Ist der vom jetzt selbstständig tätigen Schuldner abzuführende Betrag daher mit 0 € anzunehmen[183] oder ist der Schuldner, entgegen der Wirklichkeit, so zu stellen, als wenn er jederzeit auch eine abhängige Beschäftigung aufnehmen könnte?

Die Festsetzung der Höhe des abzuführenden Betrages sollte in die Entscheidung des Gerichts gem. §§ 289 Abs. 1 Satz 2, 291 Abs. 1 und 2 InsO einbezogen werden, wenn zu diesem Zeitpunkt schon feststeht, dass der Schuldner eine selbstständige Tätigkeit ausüben wird. In entsprechender Anwendung des § 289 Abs. 1 Satz 1 InsO müssten zuvor Gläubiger und Insolvenzverwalter auch zu dieser Frage angehört werden.

Nimmt der Schuldner erst zu einem späteren Zeitpunkt eine selbstständige Tätigkeit auf, sollte zunächst im Wege einer einvernehmlichen Lösung ein Betrag gemeinsam von Schuldner, Treuhänder und Gläubigern festgelegt werden. Scheitert dies, hat das Insolvenzgericht[184] die Höhe des abzuführenden Betrages durch Beschluss festzulegen.

8. § 297 Abs. 1 InsO: Verurteilung wegen einer Insolvenzstraftat während der Wohlverhaltensperiode

97 Die Regelung des § 297 InsO ergänzt § 295 Abs. 1 Nr. 1 InsO. Auch eine Verurteilung wegen einer Insolvenzstraftat nach §§ 283 bis 283 c StGB[185] nach dem Schlusstermin und während der Wohlverhaltensperiode führt auf Gläubigerantrag hin zur Versagung der Restschuldbefreiung.

9. § 296 Abs. 2 InsO: Mitwirkungspflichten im Versagungsverfahren nach § 296 Abs. 1 InsO

98 Im Versagungsverfahren nach § 296 Abs. 1 InsO hat der Schuldner besondere Obliegenheitsverpflichtungen, deren Nichterfüllung zur Versagung der Restschuldbefreiung von Amts wegen führen kann. Der Schuldner hat

- auf Ladung des Gerichts in einem anberaumten Termin zu erscheinen,
- Auskunft über die Erfüllung seiner Obliegenheiten aus § 295 InsO zu erteilen und
- hat die Richtigkeit seiner Auskünfte an Eides statt zu versichern.

---

183 So wohl Trendelenburg, a. a. O.
184 Siehe zur Zuständigkeit des Insolvenzgerichts oben Rdnr. 70.
185 Siehe hierzu oben Rdnr. 22.

Kommt der Schuldner diesen Verpflichtungen ohne hinreichende Entschuldigung nicht nach, versagt das Insolvenzgericht die Restschuldbefreiung von Amts durch den Rechtspfleger. Insofern unterscheidet sich diese Obliegenheit von den weiteren Obliegenheiten des Schuldners, die nur auf Gläubigerantrag hin zu einer Versagung der Restschuldbefreiung führen können.

10. § 298 Abs. 1 InsO: Fehlende Deckung der Mindestvergütung des Treuhänders

Decken die an den Treuhänder abgeführten pfändbaren Einkommensanteile und die sonstigen Zahlungen des Schuldners die Mindestvergütung des Treuhänders in Höhe von 200 DM[186] jährlich nicht, so hat der Schuldner auf Aufforderung des Treuhänders den Betrag einzuzahlen. Kommt er dieser Aufforderung nicht nach, so wird auf Antrag des Treuhänders die Restschuldbefreiung versagt.

99

Maßgeblich ist nicht das Kalenderjahr oder eine Frist von 12 Monaten, sondern die Jahresfristen sind vom Beginn des Treuhänderamtes an zu rechnen.[187] Der Treuhänder kann seinen Versagensantrag nach dem Wortlaut der Vorschrift nur auf die nicht gezahlte Vergütung des vorangegangenen Jahres, nicht auf davor liegende Fehlbeträge stützen.[188]

Sind die Verfahrenskosten gem. § 4 a InsO gerundet worden, greift § 298 InsO nicht.

IX. Der Versagensantrag wegen eines Verstoßes gegen Obliegenheiten aus §§ 295 und 297 InsO

Der Verstoß gegen eine der Obliegenheiten aus §§ 295 und 297 InsO kann zur Versagung der Restschuldbefreiung führen. Der Verstoß muss zunächst während der Wohlverhaltensperiode erfolgt sein, also nach Aufhebung oder Einstellung des Insolvenzverfahrens und vor dem Ende der Laufzeit. Eine Besonderheit gilt bei § 297 InsO, der auch den Zeitraum zwischen Schlusstermin und Aufhebung oder Einstellung des Insolvenzverfahrens einbezieht. Der Versagensantrag eines Gläubigers muss zulässig und begründet sein, insbesondere muss der Schuldner schuldhaft gehandelt haben und die Gläubigerinteressen müssen durch den Obliegenheitsverstoß beeinträchtigt worden sein.

100

---

186 § 14 Abs. 3 Insolvenzrechtliche Vergütungsverordnung.
187 HK-InsO/Landfermann, § 298 Rdnr. 2 InsO.
188 FK-InsO/Ahrens, § 298 Rdnr. 10 InsO.

1. Zulässigkeit des Versagensantrages

a) Antrag eines Gläubigers

101 Die Restschuldbefreiung wird nur auf Gläubigerantrag hin versagt. Das Gericht kann von Amts wegen eine Versagung nicht aussprechen, auch wenn sich mögliche Versagensgründe aus den Verfahrensunterlagen ergeben.[189] Antragsberechtigt sind alle Insolvenzgläubiger.[190]

b) Form des Antrages und Antragsmuster

Eine gesetzliche Form ist für den Antrag nicht vorgeschrieben. Er kann daher mündlich zu Protokoll oder schriftlich gestellt werden.

102
> An
> Amtsgericht Dortmund
> – Insolvenzgericht –
>
> In dem Insolvenzverfahren
>
> 2. 5. 2001
>
> Petra Meier
> 3 IK 5/99
>
> wird beantragt,
>
> der Schuldnerin die Restschuldbefreiung gem. § 296 Abs. 1 InsO wegen einer Verletzung ihrer Obliegenheiten aus § 295 Abs. 1 Nr. 1, 3 InsO zu versagen.
>
> Begründung
>
> Der Antragsteller ist Insolvenzgläubiger der Schuldnerin.
>
> Beweis/Glaubhaftm.: Schlussverzeichnis des vorliegenden Verfahrens, lfd. Nr. 3
>
> Die Wohlverhaltensperiode der Schuldnerin hat am 2. 11. 2000 begonnen. Die Schuldnerin übt neben der bislang von ihr angegebenen Beschäftigung eine weitere Beschäftigung aus und erzielt so ein weit höheres Nettoeinkommen als bislang angenommen.
>
> Beweis/Glaubhaftm.: Gehaltsabrechnung vom Dezember 2000 der Firma Müller KG für die Schuldnerin, Kopie anbei
>
> Der Antragsteller hat durch einen anonymen Hinweis von dieser Tätigkeit am 2. 1. 2001 erfahren. An diesem Tage hat eine Angestellte des Antragstellers die obige Gehaltsabrechnung in der Geschäftspost des Antragstellers aufgefunden.
>
> Beweis/Glaubhaftm.: Eingangsstempel des Antragstellers auf der Gehaltsabrechnung der Schuldnerin vom Dezember 2000; ggf. eidesstattliche Versicherung der Angestellten
>
> Die Schuldnerin hat die weitere Beschäftigung dem Treuhänder nicht angezeigt. Der Treuhänder hat unter Einbeziehung des weiteren Einkommens einen um ca. 400 DM höheren *pfändbaren Einkommensanteil der Schuldnerin* berechnet.

---

189 Siehe oben Rdnr. 28.
190 FK-InsO/Ahrens, § 296 Rdnr. 16 InsO.

> Beweis/Glaubhaftm.: Schriftliche Bestätigung und Berechnung des Treuhänders vom 2. 2. 2001, Kopie anbei
>
> Rechtsanwalt

c) Antragsfrist

103 Der Antrag kann nur innerhalb eines Jahres nach Kenntniserlangung des antragstellenden Gläubigers vom Obliegenheitsverstoß des Schuldners gestellt werden. Letzte Möglichkeit des Gläubigers einen Versagensgrund des Schuldners in der Wohlverhaltensperiode vorzutragen, ist die Anhörung gem. § 300 Abs. 1 InsO. Die Fristberechnung erfolgt über § 4 InsO gem. §§ 222 Abs. 1 ZPO, 187 f BGB.[191] Der Gläubiger hat den Zeitpunkt der Kenntniserlangung des Obliegenheitsverstoßes gem. § 296 Abs. 1 Satz 3 InsO im Antrag mitzuteilen und glaubhaft zu machen.

d) Glaubhaftmachung des Versagensgrundes

104 Der Antrag eines Gläubigers ist gem. § 296 Abs. 1 Satz 3 InsO nur zulässig, wenn ein Obliegenheitsverstoß und der Zeitpunkt der Kenntniserlangung von diesem Verstoß glaubhaft gemacht wird. Eine Mindermeinung in der Literatur will hier die Glaubhaftmachung nicht im Sinne des § 294 ZPO verstehen, sondern fordert lediglich eine plausible Darstellung eines Sachverhaltes durch den antragstellenden Gläubiger, da sich die Gläubiger Informationen über den Schuldner nur schwer beschaffen könnten.[192] Diese Ansicht findet im Gesetz allerdings keine Stütze und stellt de facto wohl eine bedenkliche Beweislastumkehr dar. Zudem hat der Gläubiger die Möglichkeit, den Treuhänder gem. § 292 Abs. 2 InsO mit der Überwachung des Schuldners zu beauftragen. Die Informationsbeschaffung dürfte somit kein so grosses Problem sein. Der Gläubiger muss sich daher zur Glaubhaftmachung der üblichen Beweismittel der ZPO bedienen. Gem. § 294 ZPO kann er auch auf eine eidesstattliche Versicherung zurückgreifen.

2. Begründetheit des Versagensantrages

105 Der Antrag ist begründet, wenn der Gläubiger den vollen Beweis führen kann, dass der Schuldner die objektiven Voraussetzungen eines der Versagensgründe der §§ 295, 297 InsO erfüllt hat und hierdurch die Gläubigerbefriedigung beeinträchtigt hat. Die Versagung der Restschuldbefreiung wegen eines ganz unwesentlichen Verstoßes ist rechtsmissbräuchlich und daher ausgeschlossen.[193]

---

191 Zu weiteren Einzelheiten siehe FK-InsO/Ahrens, § 296 Rdnr. 18–23 InsO.
192 Bruckmann, a. a. O., § 4 Rdnr. 41 InsO.
193 HK-InsO/Landfermann, § 296 Rdnr. 5 InsO.

a) Gläubigerbeeinträchtigung

106 Der Obliegenheitsverstoß des Schuldners muss zu wirtschaftlichen Konsequenzen bei der Gläubigerbefriedigung führen. Zwischen der Obliegenheitsverletzung und der Gläubigerbeeinträchtigung muss ein Kausalzusammenhang bestehen.[194]

▸ **Beispiele aus der Praxis:**

- Der Schuldner wechselt seinen Wohnsitz und teilt dem Treuhänder die neue Anschrift nicht mit. Ein Verstoß gegen § 295 Abs. 1 Nr. 3 InsO liegt vor. Da der Arbeitgeber des Schuldners die pfändbaren Einkommensanteile des Schuldners aber weiterhin an den Treuhänder abführt, wird die Gläubigerbefriedigung durch den Verstoß nicht beeinträchtigt.

- Der Schuldner übt keine Erwerbstätigkeit aus, da er sich gesundheitlich hierzu nicht in der Lage sieht. Nach vorliegenden ärztlichen Attesten wäre ihm aber eine Halbtagsbeschäftigung zuzumuten. Aus einer solchen Halbtagsbeschäftigung würde der Schuldner aber lediglich unpfändbares Einkommen erzielen. Eine Gläubigerbeeinträchtigung liegt daher nicht vor.

Fraglich ist, ob der Schuldner die durch einen Obliegenheitsverstoß eingetretene Gläubigerbeeinträchtigung durch nachträgliche Zahlung an den Treuhänder ausgleichen kann, um so die Versagung der Restschuldbefreiung zu verhindern. Der Wortlaut des § 296 Abs. 1 InsO spricht wohl eher dagegen. Dem Schuldner soll nicht ermöglicht werden, sich nach Bekanntwerden des Obliegenheitsverstoßes von seiner Verfehlung freizukaufen. Dies würde kaum dem Bild eines redlichen Schuldners entsprechen. Etwas anderes sollte allerdings gelten, wenn der Schuldner vor der Verteilung durch den Treuhänder gem. § 292 Abs. 1 Satz 2 InsO und vor einem Versagensantrag eines Gläubigers die Zahlungen nachholt.[195] In diesem Fall zeigt der Schuldner aus eigenem Antrieb seine Bereitschaft, die Obliegenheiten einzuhalten.

b) Verschulden des Schuldners

107 § 296 Abs. 1 Satz 1 2. HS InsO enthält eine Beweislastregel, nach der der Schuldner sein fehlendes Verschulden nachzuweisen hat.[196] Gelingt ihm dieser Nachweis nicht, so geht dies zu seinen Lasten. Im Gegensatz zu der Regelung in § 290 Abs. 1 InsO ist ein qualifiziertes Verschulden nicht erforderlich, ein einfaches Verschulden reicht aus.[197]

---

194 FK-InsO/Ahrens, § 296 Rdnr. 10 InsO.
195 FK-InsO/Ahrens, § 296 Rdnr. 14 InsO; HK-InsO/Landfermann, § 296 Rdnr. 3 InsO.
196 HK-InsO/Landfermann, § 296 Rdnr. 4 InsO; FK-InsO/Ahrens, § 296 Rdnr. 9 InsO.
197 FK-InsO/Ahrens, § 296 Rdnr. 8 InsO.

> **Beispiel aus der Praxis:**
> Der arbeitslose Schuldner hat sich bei dem zuständigen Arbeitsamt arbeitssuchend gemeldet. Nach Rücksprache mit dem Treuhänder bewirbt er sich zusätzlich mindestens zweimal wöchentlich auf Stellenangebote in der regionalen Presse. Ein Gläubiger stellt einen Versagensantrag, da er weit umfänglichere Bewerbungsbemühungen des Schuldners für geboten und somit eine Obliegenheitsverletzung für gegeben hält.

In diesem Fall dürfte der Schuldner nicht schuldhaft gehandelt haben, auch wenn die Ansicht des Gläubigers zutrifft, da er sich auf die Vereinbarung mit dem Treuhänder verlassen durfte.[198]

3. Antragsrücknahme

Der Versagensantrag kann nach dem Verfahrensgrundsatz der Gläubigerautonomie durch den antragstellenden Gläubiger jeder Zeit zurückgenommen werden.[199] **108**

4. Verfahren über den Antrag

Das Gericht hat Treuhänder, Schuldner und die Gläubiger gem. § 296 Abs. 2 InsO zu dem Antrag zu hören. Gegen die Entscheidung des Gerichts können Schuldner und antragstellender Gläubiger gem. § 296 Abs. 3 InsO die sofortige Beschwerde erheben. Wird die Versagung der Restschuldbefreiung rechtskräftig, enden gem. § 299 InsO die Wohlverhaltensperiode, das Amt des Treuhänders und die Beschränkung der Rechte der Gläubiger. **109**

X. Die Zwangsvollstreckung in der Wohlverhaltensperiode

Die Zwangsvollstreckung ist den Insolvenzgläubigern (§ 38 InsO) in der Wohlverhaltensperiode gem. § 294 Abs. 1 InsO untersagt. Neugläubiger, deren Forderungen nach Eröffnung des Insolvenzverfahrens entstanden sind, unterliegen diesem Vollsteckungsverbot nicht. Da der Schuldner seine pfändbaren Bezüge aber gem. § 287 Abs. 2 InsO an den Treuhänder abgetreten hat, bleibt Neugläubigern im Regelfall nur die Sachpfändung, außer sie können sich auf die Privilegierung des § 89 Abs. 2 Satz 2 InsO berufen. **110**

---
198 FK-InsO/Ahrens, § 296 Rdnr. 9 InsO.
199 FK-InsO/Ahrens, § 296 Rdnr. 16 InsO.

Pfändbar ist aber auch z. B. der Anspruch des Schuldners gegenüber dem Treuhänder aus § 292 Abs. 1 Satz 2 InsO auf Auszahlung des so genannten Bonus.

Bei Delikts- und Unterhaltsgläubigern ist wie folgt zu unterscheiden:

Handelt es sich um eine Delikts- oder Unterhaltsforderung, die vor Verfahrenseröffnung entstanden ist, nimmt der Gläubiger mit dieser Forderung ohne Sonderstellung am Verfahren teil. Hat ein solcher Gläubiger vor Verfahrenseröffnung in den bevorrechtigten Teil des Einkommens des Schuldners gepfändet, hat diese Pfändung nach § 114 Abs. 3 Satz 3 2. HS InsO i. V. m. § 89 Abs. 2 Satz 2 InsO Bestand. Nach Verfahrenseröffnung kann dieser Gläubiger als Insolvenzgläubiger aber nicht mehr in den bevorrechtigten Teil des Einkommens des Schuldners pfänden, da die Privilegierung des § 89 Abs. 2 Satz 2 InsO nur für Neugläubiger gilt.[200]

Das Vollstreckungsverbot gilt nach dem Wortlaut der Vorschrift nur für die Dauer der Wohlverhaltensperiode. Nach dem Sinn der Vorschrift ist aber der Zeitraum zwischen Ende der Wohlverhaltensperiode und Rechtskraft der Entscheidung über die Restschuldbefreiung gem. § 300 Abs. 1 InsO mit umfasst.[201]

Der Schuldner kann sich mit der Erinnerung nach § 766 ZPO gegen unzulässige Zwangsvollstreckungen zur Wehr setzen. Streitig ist, ob das Insolvenzgericht[202] oder das Vollstreckungsgericht[203] über die Erinnerung zu entscheiden hat.

XI. Das Problem auflaufender Unterhaltsschulden in der Wohlverhaltensperiode

112 Eine Forderung gegen den Schuldner auf Zahlung des laufenden Unterhalts kann vom Unterhaltsberechtigten in der Wohlverhaltensperiode wegen der Abtretung des Schuldners gem. § 287 Abs. 2 InsO nur mit dem Zugriff auf den sich aus § 850 d Abs. 1 ZPO ergebenden Teil des Einkommens beigetrieben werden. Reicht dieser Teil des Einkommens nicht aus, um die Unterhaltsverpflichtung des Schuldners zu erfüllen, und ist der Schuldner zu weitergehenden Zahlungen aus dem unpfändbaren Teil seines Einkommens nicht in der Lage, laufen in der Wohlverhaltensperiode unter Umständen erhebliche Unterhaltsrückstände auf. Der Schuldner kann dann zwar nach Ablauf der Wohlverhaltensperiode die Restschuldbefreiung erreichen, steht

---

200 HK-InsO/*Eickmann*, § 89 Rdnr. 12/13 InsO; OLG Zweibrücken ZInsO 01, 625.
201 HK-InsO/*Landfermann*, § 294 Rdnr. 3 a InsO.
202 FK-InsO/*Ahrens*, § 294 Rdnr. 25 InsO.
203 HK-InsO/*Landfermann*, § 294 Rdnr. 4 InsO.

aber zugleich vor einem neuen Schuldenberg aus nicht beglichenen Unterhaltsforderungen.[204]

Die Unterhaltsrückstände laufen auf, wenn bei der Festsetzung der Höhe der Unterhaltsverpflichtung des Schuldners von seinem fiktiven Nettoeinkommen und nicht von den ihm tatsächlich nach Abzug der pfändbaren Einkommensanteile in der Wohlverhaltensperiode zur Verfügung stehenden Mitteln ausgegangen wird.[205] Die Anhebung der Pfändungsgrenzen des § 850 c ZPO zum 1.1.2002 und die hiermit verbundene Ausweitung des Bereiches des § 850 d Abs. 1 ZPO entschärft das Problem, löst es aber nicht.

Eine insolvenzrechtliche Lösung könnte in der Beteiligung der Unterhaltsgläubiger am Neuerwerb des Schuldners in der Wohlverhaltensperiode[206] oder in der Einbeziehung der in der Wohlverhaltensperiode auflaufenden Unterhaltsschulden in die Restschuldbefreiung[207] gefunden werden. Kohte entwickelt eine Teillösung für übergegangene Ansprüche in Anlehnung an § 76 Abs. 2 SGB IV.[208] 113

Ein familienrechtlicher Lösungsweg könnte sich ergeben, wenn bei der Bestimmung der Leistungsfähigkeit des Unterhaltsschuldners berücksichtigt werden würde, dass der Unterhaltsschuldner in der Wohlverhaltensperiode tatsächlich nur über die unpfändbaren Einkommensanteile verfügt und der zu leistende Unterhalt entsprechend festgesetzt würde. 114

Eine solche Vorgehensweise würde der einschlägigen Rechtsprechung grundsätzlich nicht widersprechen. 115

▶ **Beispiele aus der Rspr.:**

Im Rahmen der Ermittlung des unterhaltserheblichen Einkommens des Verpflichteten sind unterhaltsrelevante Verbindlichkeiten mit zu berücksichtigen. Denn der für die Unterhaltsbemessung maßgebliche Standard wird letztlich nur durch tatsächlich verfügbare Mittel geprägt mit der Folge, dass sich die abgeleitete Lebensstellung des Kindes nach diesen Verhältnissen richtet.[209]

---

204 Siehe zu diesem Problem: Uhlenbruck, KTS 1999, 413, 429 ff.; ders., FamRZ 98, 1473; Henning, InVo 1996, 288, 290; MK-InsO/Schumann, § 40 Rdnr. 26–35 InsO.
205 Siehe allgemein zur Berücksichtigung von Verbindlichkeiten bei der Festsetzung des Unterhalts: Wendl/Staudigl u. a., Das Unterhaltsrecht in der familienrechtlichen Praxis, 5. Aufl. 2000, § 1 Rdnr. 514–549 InsO.
206 Siehe zur Schlechterstellung der Unterhaltsgläubiger durch die InsO im Vergleich zu den Regelungen der KO: Uhlenbruck, FamRZ 1998, 1473.
207 Döbereiner, Die Restschuldbefreiung nach der Insolvenzordnung, 1997, S. 254 ff.; Henning, InVo 1996, 288, 290.
208 Siehe Kohte/Ahrens/Grote, Restschuldbefreiung und Verbraucherinsolvenzverfahren, 1999, S. 446.
209 BGH FamRZ 96, 160, 161.

> Die Berücksichtigung einer Überschuldungssituation des Unterhaltsverpflichteten bei der Bestimmung der Leistungsfähigkeit ist auch dann möglich, wenn hierdurch ein Mangelfall entsteht.[210]

116 Die Rspr. stellt aber stets darauf ab, dass die Verbindlichkeiten berücksichtigungsfähig bzw. -würdig sein müssen. Die Entscheidung über diese Frage trifft der Tatrichter unter Abwägung der verschiedenen Interessen der Beteiligten und aller konkreten Umstände nach billigem Ermessen.[211] Die Verbindlichkeiten eines Schuldners, der sich in der Wohlverhaltensperiode befindet, müssten, um dieser Rspr. gerecht zu werden, pauschal als berücksichtigungsfähig angesehen werden. Eine Berücksichtigung in dieser Form wird durch folgende Gesichtspunkte gestützt:

- Der Gesetzgeber hat überschuldeten Personen mit der neuen Restschuldbefreiung der InsO eine Möglichkeit der Entschuldung eingeräumt, die gem. § 1 Satz 2 InsO jedem redlichen Schuldner offensteht. Die Restschuldbefreiung für den redlichen Schuldner ist ein eigenes Verfahrensziel der InsO.[212] Dieser Wille des Gesetzgebers ist auch bei der Auslegung anderer Rechtsvorschriften, hier des § 1603 BGB, zu berücksichtigen, da Insolvenz- und Familienrecht als Rechtsgebiete einer einheitlichen Rechtsordnung nicht beziehungslos nebeneinanderstehen.[213] Würden aber nach familienrechtlicher Beurteilung während der Wohlverhaltensperiode erhebliche neue Verbindlichkeiten auflaufen können, würde die Möglichkeit der Restschuldbefreiung der InsO unterlaufen.

- Die Möglichkeit der Restschuldbefreiung des InsO-Verfahrens dient auch der wirtschaftlichen Resozialisierung eines Schuldners und soll ein Abtauchen des Schuldners in die so genannte Schattenwirtschaft verhindern.[214] Damit stabilisiert und motiviert die Möglichkeit der Restschuldbefreiung den Schuldner und sichert so auch die Leistung zumindest eines begrenzten Unterhalts durch den Schuldner während der Wohlverhaltensperiode.

- Gem. §§ 290 und 295 InsO erlangt nur der redliche Schuldner Restschuldbefreiung. Zur Redlichkeit gehört gem. § 295 Abs. 1 Nr. 1 InsO auch eine Arbeitsverpflichtung. Eine Flucht des zum Unterhalt verpflichteten Schuldners in ein »bequemes Insolvenzverfahren« kann es folglich nicht geben.

- Es ist zu bedenken, dass auch ein überschuldeter Unterhaltsverpflichteter, der nicht in ein Insolvenzverfahren geht, unter Umständen während des gesamten Zeitraumes der Unterhaltsverpflichtung bei entsprechender Pfändungssituation Zahlungen an die Unterhaltsberechtigten nur aus dem Bereich des § 850 d Abs. 1 ZPO leisten kann.

---

210 OLG Hamm NJW 95, 1843; OLG Hamm FamRZ 95, 629.
211 Wendl/Staudigl, a. a. O., § 1, Rdnr. 541 InsO.
212 *BGH NJW 2000, 1869, 1870;* HK-InsO/Kirchhof, § 1 Rdnr. 7 InsO; Ahrens, VuR 00, 8.
213 Siehe allgemein zum Einfluss der neuen InsO auf geltendes Recht: Schulze, NJW 98, 2100.
214 Smid, a. a. O., S. 355.

Henning

▶ **Beispiel aus der Praxis:**

Der unterhaltsverpflichtete Schuldner hat Verbindlichkeiten aus einer gescheiterten Baufinanzierung in Höhe von 100.000 € gegenüber der C-Bank. Sein pfändbarer Einkommensanteil beträgt 100 €. Die C-Bank nimmt den ersten Pfändungsrang bei dem Arbeitgeber des Schuldners ein. Die weiteren Gläubiger des Schuldners werden hier auch bei einem deutlichen Anstieg des pfändbaren Einkommensanteiles nicht zum Zuge kommen.

- Das OLG Hamm sieht die unterhaltsrechtliche Pflicht eines Überschuldeten, ein Verbraucherinsolvenzverfahren zu beginnen, um Zahlungen auf Verbindlichkeiten hierdurch zu reduzieren.[215] Geht der Schuldner dann tatsächlich in ein Verbraucherinsolvenzverfahren, darf dieses nicht durch auflaufende Unterhaltsverbindlichkeiten für den Schuldner gleichzeitig wieder sinnlos werden.

- Ein Unterhaltsberechtigter darf durch die Trennung oder Scheidung schließlich nicht besser gestellt werden als bei Fortdauer der Ehe oder des Zusammenlebens.[216] Lebt ein Kind bei einem überschuldeten Vater, der sich in der Wohlverhaltensperiode befindet, kann der Vater Naturalunterhalt auch nur aus dem unpfändbaren Einkommensanteil leisten. Würde man jetzt den Unterhalt des getrennt lebenden Kindes ausgehend vom Nettoeinkommen bestimmen, würde man das getrennt lebende Kind bevorzugen.

XII. Die Aufrechnung in der Wohlverhaltensperiode

Aufrechnungslagen, die zur Zeit der Eröffnung des Insolvenzverfahrens bestehen, bleiben gem. §§ 94, 95 InsO erhalten. Gem. § 96 Abs. 1 Nr. 1 InsO ist dem Insolvenzgläubiger aber die Aufrechnung mit einer nach Verfahrenseröffnung entstandenen Forderung untersagt. Verschiedene Standpunkte werden zu der Frage vertreten, ob das Aufrechnungsverbot des § 96 InsO auch in der Wohlverhaltensperiode gilt[217] oder ob die Aufrechnung in der Wohlverhaltensperiode wieder zulässig ist.[218]

117

▶ **Beispiel aus der Praxis:**

Der Schuldner befindet sich seit 2 Jahren in der Wohlverhaltensperiode. Entgegen seinen eigenen Erwartungen ist es ihm möglich, aus den unpfändbaren Einkommensanteilen monatlich einen Betrag in Höhe von 100 € zurückzulegen. Er richtet bei seiner ehemaligen Hausbank ein Spar-

---

215 OLG Hamm, FamRZ 01, 441.
216 BGH, FamRZ 82, 23, 24; BGH, FamRZ 82, 678, 679; BGH, FamRZ 96, 160.
217 AG Neuwied NZI 00, 334; wohl auch HK-InsO/Landfermann, § 294 Rdnr. 8 InsO; BayObLG NZI 01, 367; ZInsO 01, 619; AG Göttingen ZInsO 01, 329.
218 LG Koblenz ZInsO 00, 507; AG Bielefeld ZInsO 01, 240 (Ls).

buch ein. 5 Monate später möchte der Schuldner zur Urlaubszeit den angesparten Betrag abheben. Seine ehemalige Hausbank, die auch Insolvenzgläubigerin ist, verweigert die Auszahlung und erklärt die Aufrechnung.

Der Grundsatz der Gläubigergleichbehandlung, den die InsO in den §§ 294 und 295 Abs. 1 Nr. 4 InsO hervorhebt, spricht für eine weite Auslegung des § 96 InsO. Die Aufrechnung in der Wohlverhaltensperiode ist daher für alle Insolvenzgläubiger im Rahmen der Einschränkung des § 294 Abs. 3 InsO unzulässig.

Eine weitere praktische Schwierigkeit spricht gegen eine Aufrechnungsmöglichkeit in der Wohlverhaltensperiode. Denn ein Aufrechnungsbetrag reduziert die angemeldete und in das Schlussverzeichnis nach § 197 Abs. 1 Nr. 2 InsO aufgenommene Forderung des aufrechnenden Insolvenzgläubigers. Es würde die gebotene Gläubigergleichbehandlung nicht beachtet werden,[219] wenn das Schlussverzeichnis nach erfolgter Aufrechnung nicht abgeändert würde, um eine gerechte Verteilung gem. § 292 Abs. 1 Satz 1 InsO zu gewährleisten. Da diese Abänderung aber nicht von dem Treuhänder vorgenommen werden kann, müsste sie durch das Insolvenzgericht erfolgen. Die Möglichkeit einer solchen Abänderung des Schlussverzeichnisses sieht die InsO allerdings nicht vor.[220]

XIII. Die Bonusregelung des § 292 Abs. 1 InsO

118 Gem. § 292 Abs. 1 Satz 2 InsO wird dem Schuldner ab dem 5. Jahr der Wohlverhaltensperiode ein Anteil der an den Treuhänder abgeführten Zahlungen von diesem als so genannter »Motivationsbonus«[221] ausgezahlt. Dies gilt allerdings nur, wenn gestundete Verfahrenskosten abzüglich der Kosten der Beiordnung eines Rechtsanwaltes bereits berichtigt sind. Diese Einschränkung wird wiederum durch § 292 Abs. 1 Satz 3 InsO mit dem Hinweis auf die Einkommensgrenze des § 115 Abs. 1 ZPO beschränkt.

Berechnungsgrundlage für die an den Schuldner auszuzahlende Summe sind sämtliche Zahlungen, die der Treuhänder vereinnahmt hat, also z. B. auch Zahlungen des Schuldners aus einer Erbschaft.[222]

Der Treuhänder kann nach seinem Ermessen festlegen, in welchen Zeitabschnitten er den Bonus an den Schuldner auszahlt[223] Bei geringeren Beträgen wird sich die jährliche Ausschüttung des § 292 Abs. 1 Satz 2 InsO anbieten, bei höheren Beträgen eine häufigere, ggf. auch monatliche.

---

219 FK-InsO/Grote, § 292 Rdnr. 12 InsO.
220 Siehe auch unten Rdnr. 125.
221 Vgl. Nerlich/Römermann, a. a. O., § 292 Rdnr. 38 InsO.
222 HK-InsO/Landfermann, § 292 Rdnr. 7 InsO.
223 HK-InsO/Landfermann, § 292 Rdnr. 8 InsO.

Henning

Ein Neugläubiger des Schuldners kann den Auszahlungsanspruch des Schuldners aus § 292 Abs. 1 Satz 2 InsO pfänden, da für ihn das Zwangsvollstreckungsverbot des § 294 Abs. 1 InsO nicht gilt.[224]

XIV. Aufgaben und Stellung des Treuhänders in der Wohlverhaltensperiode

1. Einführung

Das Insolvenzgericht bestimmt im Beschluss über die Ankündigung der Restschuldbefreiung nach §§ 289 Abs. 1, 291 Abs. 1 InsO auch gem. § 291 Abs. 2 InsO den Treuhänder, der in der Wohlverhaltensperiode die pfändbaren Einkommensanteile (§ 287 Abs. 2 Satz 1 InsO) und die weiteren Zahlungen des Schuldners oder Dritter einzieht und an die Gläubiger weiterleitet. Handelt es sich um ein Verbraucherinsolvenzverfahren, ist der Treuhänder gem. § 313 Abs. 1 Satz 2 InsO bereits mit Eröffnung des vereinfachten Insolvenzverfahrens bestimmt worden. Der Einsetzung kann ein Vorschlag gem. § 288 InsO vorausgegangen sein. Der Treuhänder muss über ausreichende Sachkunde verfügen und unabhängig sein. Er hat die Aufgaben des § 292 Abs. 1 InsO zu erfüllen und kann gem. § 292 Abs. 2 InsO von der Gläubigerversammlung zusätzlich beauftragt werden, die Erfüllung der Obliegenheiten durch den Schuldner zu überwachen. Er steht bei der Ausübung seines Amtes unter der Aufsicht des Insolvenzgerichts. Der Treuhänder hat einen Vergütungsanspruch gem. § 293 InsO und kann eigenständig die Versagung der Restschuldbefreiung beantragen, wenn der Schuldner im Falle des § 298 Abs. 1 InsO die Mindestvergütung nicht leistet. Der Treuhänder ist zu Versagens- und Widerrufsanträgen eines Gläubigers gem. §§ 296 Abs. 2 Satz 1 und 303 Abs. 3 Satz 1 InsO sowie vor der abschließenden Erteilung der Restschuldbefreiung gem. § 300 Abs. 1 InsO zu hören. Der Treuhänder haftet für Pflichtverstöße bei seiner Amtsausübung. Sein Amt endet nach Erfüllung der Aufgaben, vorzeitig gem. § 299 InsO oder durch Entlassung gem. § 59 InsO.

119

2. Vorschlagsrecht gem. § 288 InsO

Schuldner und Gläubiger können gem. § 288 InsO dem Insolvenzgericht eine zur Übernahme des Amtes bereite natürliche Person als Treuhänder vorschlagen. Nach der Vorstellung des Gesetzgebers sollte durch dieses Vorschlagsrecht die Möglichkeit geschaffen werden, auf Personen hinzuweisen,

120

---

224 Preuß, NJW 1999, 3450.

die bereit sind, das Amt unentgeltlich zu übernehmen.[225] Das Vorschlagsrecht ist bislang wohl weitgehend ohne praktische Bedeutung geblieben. Die Insolvenzgerichte setzen zumeist die Personen als Treuhänder ein, denen auch Insolvenzverwaltungen übertragen werden.

3. Einsetzung des Treuhänders und Beginn des Amtes

121 In den Beschlüssen gem. §§ 291 Abs. 2 oder 313 Abs. 1 Satz 2 InsO bestimmt das Gericht den Treuhänder. Gegen die Ernennung steht der als Treuhänder vorgesehenen Person kein Rechtsmittel zu. Das Amt kann frühestens mit Rechtskraft dieser Beschlüsse beginnen. Zur Übernahme der Treuhänderschaft ist die im Beschluss angegebene Person aber nicht verpflichtet. Das Amt des Treuhänders mit seinen gesetzlichen Pflichten und Rechten beginnt erst mit ausdrücklicher oder stillschweigender Amtsübernahme durch die bestimmte Person.[226] Das Insolvenzgericht wird daher im Regelfall die Übernahme des Amtes mit dem beabsichtigten Treuhänder absprechen.

Weder Schuldner noch Gläubiger können die Einsetzung einer bestimmten Person als Treuhänder angreifen. Gem. § 292 Abs. 3 Satz 2 InsO kann jeder Insolvenzgläubiger allerdings die Entlassung des Treuhänders aus einem wichtigem Grund[227] beantragen. Dem Schuldner steht dieses Antragsrecht nicht zu, er wird aber dem Gericht entsprechende Gründe vortragen und eine Entlassung anregen können.

4. Erforderliche Qualifikation des Treuhänders

122 Nur eine natürliche Person kann die Treuhänderschaft übernehmen.[228] Eine bestimmte Qualifikation ist nicht erforderlich, der Treuhänder muss aber gem. § 56 Abs. 1 InsO

- die zur Erfüllung der Aufgabe notwendige Sachkunde und Erfahrung in geschäftlich-finanziellen Angelegenheiten besitzen und
- er muss von Gläubigern und Schuldner unabhängig[229] sein.

Damit dürfte die Übernahme einer Treuhänderschaft weder für Schuldnerberater oder anwaltliche Vertreter des Schuldners[230] noch für anwaltliche Vertreter der Gläubiger oder Mitarbeiter von Inkassobüros möglich sein.

---

225 Nerlich/Römermann, a. a. O., § 288 Rdnr. 2 InsO.
226 Vallender, InVo 1999, 334.
227 Beispiele: HK-InsO/Eickmann § 59 Rdnr. 3 InsO; Nerlich/Römermann, a. a. O., § 59, Rdnr. 7 InsO.
228 *FK-InsO/Grote*, § 288 Rdnr. 6 InsO; **a. A.:** Kübler/Prütting, a. a. O., § 288 Rdnr. 2 InsO.
229 Siehe OLG Celle ZInsO 01, 1106.
230 So auch Pape, ZInsO 01, 1025.

5. Aufgaben des Treuhänders gem. § 292 InsO

a) Einführung

Der Treuhänder hat gem. § 292 InsO folgende Aufgaben: 123

- Er hat die Abtretung nach § 287 Abs. 2 InsO gegenüber dem zur Zahlung der Bezüge Verpflichteten anzuzeigen.
- Er hat sämtliche Beträge, die er aufgrund der Abtretung vom Schuldner oder Dritten erhält von seinem Vermögen getrennt zu verwahren und einmal jährlich an die Gläubiger zu verteilen.
- Ab dem fünften Jahr der Wohlverhaltensperiode hat er einen Anteil der erhaltenen Beträge an den Schuldner auszuzahlen.
- Er hat die Erfüllung der Obliegenheiten durch den Schuldner in der Wohlverhaltensperiode zu überwachen, wenn ihn die Gläubigerversammlung hierzu beauftragt.
- Der Treuhänder ist nach Beendigung seines Amtes zur Rechnungslegung dem Insolvenzgericht gegenüber verpflichtet.

Es ist nicht die Aufgabe des Treuhänders,

- das Vermögen des Schuldners in der Wohlverhaltensperiode zu verwalten oder zu verwerten. Dies gilt insbesondere bzgl. der ggf. vom Schuldners gem. § 295 Abs. 1 Nr. 2 InsO herauszugebenden Vermögenswerte. Der Schuldner hat dieser Herausgabepflicht durch Zahlung eines entsprechenden Geldbetrages nachzukommen.[231] Zahlt der Schuldner diesen Betrag nicht ein, liegt ein Obliegenheitsverstoß vor. Zur Einziehung dieses Betrages ist der Treuhänder aber nicht berechtigt. Anderes kann unter Umständen gelten, wenn der Schuldner Mitglied einer Erbengemeinschaft ist oder die Zwangsvollstreckung eines Neugläubigers droht.[232] In diesen Fällen kann die Verpflichtung des Schuldners bestehen, zur Sicherung der Gläubigerrechte die Hälfte seines Erbanteiles oder seines Erbes an den Treuhänder zu übertragen. Der Treuhänder wird die Verwertung dann auch Dritten gegen Vergütung übertragen können oder in analoger Anwendung des § 292 Abs. 2 Satz 3 InsO einen Vorschuss für diese zusätzliche Tätigkeit von den Gläubigern verlangen können,
- in der Wohlverhaltensperiode die steuerrechtlichen Verpflichtungen des Schuldners gegenüber den Finanzbehörden zu erfüllen. Der Treuhänder hat keine Verpflichtungen aus §§ 34, 35 AO,[233]
- die allgemeine Lebensführung des Schuldners zu beaufsichtigen und zu kontrollieren und ihn z. B. zu einer besonders sparsamen Lebensweise anzuhalten. Der Schuldner hat daher gem. § 295 Abs. 1 Nr. 3 InsO dem

---
231 HK-InsO/Landfermann, § 295 Rdnr. 6 a InsO.
232 Siehe hierzu Preuß, NJW 1999, 3450.
233 Schulz, InVo 00, 365.

Treuhänder auch lediglich Auskunft über seine Erwerbstätigkeit, seine Bezüge oder sein Vermögen[234] zu erteilen.

▶ **Beispiel aus der Praxis:**

Zu Beginn der Wohlverhaltensperiode fordert der Treuhänder den Schuldner auf, den Mietvertrag über seine Wohnung vorzulegen, da die Miethöhe auf ihre Angemessenheit hin überprüft werden müsse.

Zu einer solchen Überprüfung ist der Treuhänder weder verpflichtet noch berechtigt.

b) Anzeige der Abtretung gegenüber dem Zahlungsverpflichteten

124 Der Treuhänder hat die Abtretung nach § 287 Abs. 2 InsO dem zur Zahlung der Bezüge Verpflichteten mitzuteilen und ihn zur Weiterleitung der pfändbaren Einkommensanteile an den Treuhänder aufzufordern. Kommt der Verpflichtete dieser Aufforderung nicht nach, hat der Treuhänder die Beträge notfalls auch gerichtlich einzuziehen.[235] Die Kosten einer solchen Einziehung können dem Sondervermögen nach § 292 Abs. 1 Satz 2 InsO entnommen werden oder als Vorschuss von den Gläubigern in analoger Anwendung des § 292 Abs. 2 Satz 3 InsO angefordert werden.

Der Treuhänder hat auch die Berechnung des Zahlungsverpflichteten zur Pfändbarkeit des Einkommens zu überprüfen. Der Treuhänder kann hierzu den Schuldner zur Auskunft, z. B. durch Vorlage einer Gehaltsabrechnung, gem. § 295 Abs. 1 Nr. 3 InsO auffordern. Ebenso hat der Treuhänder eine im Hinblick auf § 114 Abs. 1 InsO vorgelegte Abtretung auf ihre Wirksamkeit hin zu überprüfen.[236]

c) Verwahrung und Verteilung der eingegangenen Beträge

125 Der Treuhänder hat die eingegangenen Beträge von seinem Vermögen getrennt zu verwahren. Er hat ein Anderkonto einzurichten, für das ausschließlich er verfügungsberechtigt ist. Er hat möglichst eine risikofreie Verzinsung der verwahrten Beträge zu erreichen.[237]

Einmal jährlich hat der Treuhänder die erhaltenen Beträge an die Gläubiger auf Grund des Schlussverzeichnisses (§ 197 Abs. 1 Nr. 2 InsO) auszuschütten. Vor der Verteilung an die Gläubiger hat der Treuhänder den eingegangenen Beträgen ggf. den Bonus des Schuldners, seine Vergütung und die nach § 4 a InsO gestundeten und noch nicht berichtigten Verfahrenskosten zu entnehmen.

---

[234] Die Auskunftspflicht bezüglich des Vermögens besteht nur hinsichtlich § 295 Abs. 1 Nr. 2 InsO, da eine allgemeine Vermögensverwertung nicht erfolgt.
[235] FK-InsO/Grote, § 292 Rdnr. 6 InsO.
[236] FK-InsO/Grote, § 292 Rdnr. 7 InsO.
[237] Nerlich/Römermann, a. a. O., § 292 Rdnr. 34 InsO.

Da die Verteilung auf der Grundlage des Schlussverzeichnisses erfolgt, erhalten nur die Gläubiger eine Ausschüttung, die ihre Forderung im Verfahren angemeldet haben. Eine »Nachmeldung« einer Forderung dem Treuhänder gegenüber ist nicht möglich.

Eine Abänderung des Schlussverzeichnisses ist vom Gesetz nicht vorgesehen.[238] Dies führt in einigen Fällen zu noch zu lösenden Verteilungsproblemen:

- Beruft sich ein Gläubiger auf eine zu seinen Gunsten vorliegende Abtretung gem. § 114 Abs. 1 InsO, stellt sich die Frage, mit welcher Höhe die Forderung dieses Gläubigers nach Ablauf des Privilegierungszeitraumes an der Verteilung zu beteiligen ist. Es wird vorgeschlagen, dem absonderungsberechtigten Abtretungsgläubiger gem. § 190 Abs. 1 InsO aufzugeben, bis zum Schlusstermin nicht nur den bisherigen Ausfall, sondern auch den zukünftigen mitzuteilen. Kommt der Gläubiger dieser Verpflichtung nicht nach, wird er mit seiner Forderung nicht in das Schlussverzeichnis aufgenommen.[239] Diese zutreffende Vorgehensweise wird in der Praxis noch selten gewählt.

- Erklärt ein Gläubiger in der Wohlverhaltensperiode die Aufrechnung,[240] reduziert sich seine angemeldete Forderung um den Aufrechnungsbetrag. Diesem Gläubiger wird man wegen der Ungewissheit zukünftiger Aufrechnungsmöglichkeiten kaum aufgeben können, seinen zukünftigen Ausfall bis zum Schlusstermin mitzuteilen. Der Treuhänder kann lediglich bei vollständiger Befriedigung des Gläubigers durch die Aufrechnung dessen quotalen Betrag auf die weiteren Gläubiger verteilen. Weitere Lösungsansätze fehlen bislang und werden schwer zu entwickeln sein. Die spricht auch gegen die Zulässigkeit der Aufrechnung in der Wohlverhaltensperiode.

- Der Schuldner begleicht in der Wohlverhaltensperiode eine Forderung vollständig.[241] In diesem Fall kann der Treuhänder den Verteilungsbetrag des befriedigten Gläubigers an die weiteren Gläubiger verteilen.

- Der Schuldner leistet Sonderzahlungen auf eine Forderung, ohne diese in der Wohlverhaltensperiode vollständig zu befriedigen.[242] Hier könnte die Verteilungsgerechtigkeit gewahrt werden, indem diese Sonderzahlungen als antizipierte Tilgung der noch nach der Erteilung der Restschuldbefreiung verbleibenden Verbindlichkeit dieses Gläubigers angesehen werden.

- Die vor Verfahrenseröffnung ausgebrachte Zwangsvollstreckung des Insolvenzgläubigers einer deliktischen Forderung hat gem. § 114 Abs. 3 Satz 3 2. HS InsO im Verfahren Bestand. Es ist fraglich, ob Zahlungen,

---

238 FK-InsO/Grote, § 292 Rdnr. 12 InsO.
239 FK-InsO/Grote, § 292 Rdnr. 13 InsO.
240 Es ist streitig, ob dies möglich ist, siehe oben Rdnr. 117.
241 Siehe Beispielsfall oben Rdnr. 95.
242 Wie zuvor.

die der Gläubiger aus dieser Zwangsvollstreckung erhält, ebenfalls als antizipierte Tilgung angesehen werden können oder wie hier sonst verfahren werden könnte.

d) Ausschüttung des Bonus an den Schuldner

126 Der Treuhänder hat gem. § 292 Abs. 1 Satz 3 InsO ab dem 5. Jahr der Wohlverhaltensperiode ein Anteil der an ihn abgeführten Zahlungen als so genannten »Motivationsbonus«[243] an den Schuldner auszuzahlen. Dies gilt allerdings nur, wenn gestundete Verfahrenskosten abzüglich der Kosten der Beiordnung eines Rechtsanwaltes bereits berichtigt sind. Diese Einschränkung wird wiederum durch § 292 Abs. 1 Satz 3 InsO mit dem Hinweis auf die Einkommensgrenze des § 115 Abs. 1 ZPO beschränkt. Der so genannte »Altfallschuldner« (Art. 107 EGInsO) erhält den Bonus im letzten Jahr seiner 5-jährigen Wohlverhaltensperiode.

Berechnungsgrundlage für die an den Schuldner auszuzahlende Summe sind sämtliche Zahlungen, die der Treuhänder vereinnahmt hat, also z. B. auch Zahlungen des Schuldners aus einer Erbschaft.[244] Der Treuhänder hat den Bonus entsprechend der im Gesetz festgelegten Prozentzahlen zu berechnen. Erst nach Berechnung des Bonus des Schuldners hat der Treuhänder dem verbleibenden Rest seine Gebühren zu entnehmen und dann die Verteilung an die Gläubiger durchzuführen.[245]

Der Treuhänder kann nach seinem Ermessen festlegen, in welchen Zeitabschnitten er den Bonus an den Schuldner auszahlt.[246] Bei geringeren Beträgen wird sich die jährliche Ausschüttung des § 292 Abs. 1 Satz 2 InsO anbieten, bei höheren Beträgen eine häufigere, ggf. auch monatliche.

e) Überwachung des Schuldners

127 Die Gläubigerversammlung kann gem. § 292 Abs. 2 InsO dem Treuhänder die Aufgabe der Überwachung der Erfüllung der Obliegenheiten durch den Schuldner übertragen. Dies hat spätestens im Schlusstermin zu erfolgen, da eine Einberufung der Gläubigerversammlung in der Wohlverhaltensperiode nicht mehr vorgesehen ist.[247] Die Übertragung der zusätzlichen Aufgabe kann der Treuhänder nicht ablehnen,[248] sondern gem. § 292 Abs. 2 Satz 3 InsO nur von der Absicherung der ihm zustehenden zusätzlichen Vergütung[249] abhängig machen. Das Insolvenzgericht überträgt die Aufgabe durch Beschluss. Die Gläubigerversammlung kann dem Treuhänder kon-

---

243 Vgl. Nerlich/Römermann, a. a. O., § 292 Rdnr. 38 InsO.
244 HK-InsO/Landfermann, § 292 Rdnr. 7 InsO.
245 Wie zuvor; FK-InsO/Grote, § 292 Rdnr. 16 InsO.
246 HK-InsO/Landfermann, § 292 Rdnr. 8 InsO.
247 *HK-InsO/Landfermann*, § 292 Rdnr. 10 InsO; FK-InsO/Grote, § 292 Rdnr. 17 InsO.
248 FK-InsO/Grote, § 292 Rdnr. 18 InsO.
249 Siehe § 15 Insolvenzrechtliche Vergütungsverordnung.

Henning

krete Vorgaben für die Ausführung des Auftrages erteilen,[250] die in den Beschluss aufzunehmen sind. Ansonsten liegt es im pflichtgemäßen Ermessen des Treuhänders, wie er seine zusätzliche Aufgabe erfüllt. In den meisten Fällen wird der Treuhänder die Überwachung durch gesteigerte Auskunftsverlangen dem Schuldner gegenüber erledigen, detektivische Ermittlungen sind nicht erforderlich.[251] Der Schuldner ist gem. § 295 Abs. 1 Nr. 3 InsO zur Auskunftserteilung verpflichtet. Der Treuhänder wird hierbei den Schuldner, der einer angemessenen Tätigkeit nachgeht, seltener zur Auskunft auffordern als den arbeitslosen Schuldner, der seine Bewerbungsbemühungen öfter wird belegen müssen. Der Umfang der Ermittlungen wird mittelbar durch § 15 Abs. 2 Satz 1 InsVV begrenzt, der die Vergütung für die zusätzliche Überwachung auf einen Betrag in Höhe des Gesamtvergütungsbetrag nach § 14 InsVV begrenzt.

Hat der Treuhänder einen Obliegenheitsverstoß des Schuldners festgestellt, hat er die Gläubiger gem. § 292 Abs. 2 Satz 2 InsO unverzüglich über den Verstoß zu benachrichtigen. Die Benachrichtigung der Gläubiger sollte zur Vermeidung von Regressansprüchen im Wege der Zustellung[252] erfolgen. Ob ein Verstoß vorliegt, hat der Treuhänder selbstständig zu entscheiden.

f) Pflicht zur Rechnungslegung

Die Rechnungslegung gem. § 292 Abs. 3 Satz 1 InsO erfolgt nach Abschluss der Wohlverhaltensperiode gegenüber dem Insolvenzgericht und muss eine Aufstellung sämtlicher Ein- und Ausnahmen enthalten. Die Gläubiger haben Einsichtsrecht.[253]

128

6. Stellung des Treuhänders und Aufsicht des Gerichts

Der Treuhänder ist Amtswalter[254] und doppelseitiger Treuhänder im Interesse der Gläubiger und des Schuldners.[255] Er steht gem. §§ 292 Abs. 3 Satz 2, 58 Abs. 1 InsO unter der Aufsicht des Insolvenzgerichts und kann gem. §§ 292 Abs. 3 Satz 2, 59 Abs. 1 InsO ggf. aus wichtigem Grund von Amts wegen oder auf Antrag eines Gläubigers entlassen werden. Als wichtiger Grund werden eine schwer wiegende einmalige oder wiederholte Pflichtverletzungen angesehen.[256] Der Treuhänder kann gem. §§ 292 Abs. 3

129

---

250 HK-InsO/Landfermann, § 292 Rdnr. 11 InsO.
251 Nerlich/Römermann, a. a. O., § 292 Rdnr. 48 InsO.
252 FK-InsO/Grote, § 292 Rdnr. 20 InsO.
253 HK-InsO/Landfermann, § 292 Rdnr. 12 InsO.
254 Vallender, InVo 99, 334.
255 Nerlich/Römermann, a. a. O., § 292 Rdnr. 13 InsO; FK-InsO/Grote, § 292 Rdnr. 2 InsO.
256 Beispiele: HK-InsO/Eickmann § 59 Rdnr. 3 InsO; Nerlich/Römermann, a. a. O., § 59 Rdnr. 7 InsO.

Satz 2, 59 Abs. 2 InsO seine Entlassung, der antragstellende Gläubiger die Ablehnung der Entlassung mit der sofortigen Beschwerde angreifen.

7. Vergütung des Treuhänders

130 Die Höhe der Vergütung des Treuhänders gem. § 293 InsO folgt gem. § 14 InsVV aus der Höhe der Summe der Beträge, die zur Befriedigung der Gläubiger beim Treuhänder eingehen. Die Mindestvergütung beträgt gem. § 14 Abs. 3 InsVV 200 DM pro Jahr (entspricht 102,26 €). Der Treuhänder hat Anspruch auf Erstattung seiner Auslagen, zu denen auch verauslagte Prozesskosten gehören können.[257] Der Treuhänder hat gem. §§ 293 Abs. 2, 63 Abs. 2 InsO im Falle der Stundung der Verfahrenskosten nach § 4a InsO einen Vergütungsanspruch gegen die Staatskasse, falls die eingegangenen Beträge die Vergütung nicht decken. Eine Vorgehensweise des Treuhänders gem. § 298 InsO entfällt damit bei einer Stundung der Verfahrenskosten.

8. Anhörung des Treuhänders

131 Der Treuhänder ist gem. §§ 296 Abs. 2, 300 Abs. 1 und 303 Abs. 3 InsO vor einer Entscheidung des Insolvenzgerichts anzuhören. Durch die Anhörung wird dem Treuhänder als Verfahrensbeteiligtem rechtliches Gehör i. S. d. Art. 103 Abs. 1 GG gewährt. Im Falle der Anhörung gem. § 300 Abs. 1 InsO kann der Treuhänder letztmalig einen Versagensantrag gem. § 298 Abs. 1 InsO stellen. Die Anhörung des Treuhänders dient aber nicht der Informationsbeschaffung der Gläubiger, die hierfür den Weg über § 292 Abs. 2 InsO wählen müssen.

9. Haftung des Treuhänders

132 Der Treuhänder ist in entsprechender Anwendung des § 60 InsO im Falle eines Pflichtverstoßes allen Beteiligten zum Schadensersatz verpflichtet.[258] Soweit eine Haftung über § 60 InsO nicht angenommen wird, soll diese aus den allgemeinen zivilrechtlichen Grundsätzen folgen.[259]

---

[257] HK-InsO/Landfermann, § 293 Rdnr. 5 InsO.
[258] HK-InsO/Landfermann, § 292, Rdnr. 14 InsO; vgl. zur Haftung dem Schuldner gegenüber: Gerigk, Die Berücksichtigung der Schuldnerinteressen an einer zügigen *Aufhebung des Insolvenzverfahrens und die Aufgaben des Treuhänders in der Wohlverhaltensperiode*, ZInsO 01, 931.
[259] Nerlich/Römermann, a.a.O., § 292 Rdnr. 52–55 InsO; FK-InsO/Grote, § 292, Rdnr. 2 InsO.

10. Ende des Treuhänderamtes

Das Amt des Treuhänders endet im Regelfall mit Erfüllung der Aufgaben, nicht mit Ende der Wohlverhaltensperiode.[260] Nach Ablauf der Wohlverhaltensperiode werden insbesondere noch die letzte Verteilung gem. § 292 Abs. 1 InsO, die Rechnungslegung gem. § 292 Abs. 3 InsO und die Beteiligung am Verfahren über die Erteilung der Restschuldbefreiung gem. § 300 Abs. 1 InsO anfallen. Das Amt kann vorzeitig gem. § 299 InsO bei Versagung der Restschuldbefreiung bzw. einem Abbruch der Wohlverhaltensperiode aus anderem Grunde[261] oder durch eine Entlassung aus wichtigem Grund gem. § 59 InsO enden.

133

XV. Checklisten Wohlverhaltensperiode

1. Für den Vertreter des Schuldners

- Ist die vom Schuldner ausgeübte Tätigkeit angemessen?
- Bemüht sich der arbeitlose Schuldner ausreichend um eine angemessene Tätigkeit?
- Wurde dem arbeitslosen Schuldner eine zumutbare Stelle angeboten?
- Erwartet der Schuldner einen Erwerb von Todes wegen oder hat er ihn bereits erhalten?
- Wurde dieser Erwerb ggf. dem Treuhänder angezeigt und wurde eine entsprechende Ausgleichszahlung geleistet?
- Kennt der Schuldner seine Mitteilungspflichten? Hat er den Wohnsitz oder den Arbeitsplatz gewechselt? Wurde dieser Wechsel ggf. dem Gericht und dem Treuhänder angezeigt?
- Leistet der Schuldner Sonderzahlungen an einzelne Gläubiger? Hat er Sondervereinbarungen mit einzelnen Gläubigern getroffen?
- Wurden dem Schuldner die Verfahrenskosten gem. § 4 a InsO gestundet?
- Ist der Schuldner vom Treuhänder aufgefordert worden, dessen Mindestvergütung einzuzahlen? Hat der Schuldner diese Mindestvergütung an den Treuhänder gezahlt?
- Hat der selbstständige Schuldner Zahlungen an den Treuhänder geleistet? Ist die Höhe der zu leistenden Zahlungen festgelegt worden? Ist der Schuldner zu diesen Zahlungen imstande?

134

---

260 Nerlich/Römermann, a. a. O., § 292 Rdnr. 18 InsO.
261 Siehe oben Rdnr. 46.

- Ist der Schuldner von seinem anwaltlichen Vertreter über seine Obliegenheiten in der Wohlverhaltensperiode belehrt worden? Hat er diese Belehrung schriftlich bestätigt?

2. Für den Vertreter des Gläubigers

135
- Ist geprüft worden, ob der Schuldner eine angemessen Tätigkeit ausübt?
- Ist geprüft worden, ob der arbeitslose Schuldner sich ausreichend um eine Beschäftigung bemüht?
- Ist bekannt, ob der Schuldner im Laufe der Wohlverhaltensperiode mit einer Erbschaft zu rechnen hat?
- Ist bekannt, ob der Schuldner nach dem Schlusstermin des Insolvenzverfahrens wegen einer Insolvenzstraftat rechtskräftig verurteilt worden ist?
- Liegen Umstände vor, die eine Strafanzeige gegen den Schuldner wegen einer Insolvenzstraftat rechtfertigen?
- Sind sämtliche Informationsquellen (Bundesanzeiger, Internet, Akteneinsicht) genutzt worden?
- Soll ein vorliegender Obliegenheitsverstoß für einen Versagensantrag genutzt werden?
- Wann ist dem Gläubiger dieser Verstoß bekannt geworden?
- Hat der Verstoß die Gläubigerbefriedigung beeinträchtigt?
- Kann der Verstoß glaubhaft gemacht werden?
- Wer ist als Treuhänder eingesetzt?
- Ist der Treuhänder mit der Überwachung der Erfüllung der Obliegenheiten durch den Schuldner beauftragt?
- Sind jährliche Zahlungen des Treuhänders an den Gläubiger erfolgt?
- Bestehen Einwände gegen die Art und Weise, wie der Treuhänder sein Amt ausübt?
- Hat der Schuldner seine pfändbaren Einkommensanteile an den Gläubiger abgetreten?
- Ist diese Abtretung ggf. offen gelegt worden und wird sie vom Arbeitgeber/bzw. auszahlenden Stellen berücksichtigt?

3. Für den Treuhänder

136
- Liegt der Einsetzungsbeschluss des Amtsgerichts vor?
- Liegt die Bescheinigung des Amtsgerichts über die Bestellung vor?

Henning

- Wann beginnt die Wohlverhaltensperiode des Schuldners, wann endet sie?
- Liegt ein Auftrag zur Überwachung gem. § 292 Abs. 2 InsO vor?
- Ist die Abtretung nach § 287 Abs. 2 InsO dem Arbeitgeber/der auszahlenden Stelle angezeigt worden?
- Ist ein Anderkonto bereits eingerichtet? Ist die Möglichkeit der Verzinsung des Sondervermögens geprüft worden?
- Liegt eine aktuelle Einkommensabrechnung des Schuldners vor?
- In welcher Höhe gehen Gelder des Arbeitgebers/der auszahlenden Stelle ein? Ist die Berechnung des pfändbaren Einkommensanteiles zutreffend?
- Hat ein Insolvenzgläubiger eine Abtretung im Hinblick auf § 114 Abs. 1 InsO angezeigt?
- Ist diese Abtretung wirksam i. S. d. Rechtssprechung des BGH?
- Wann endet ggf. der Privilegierungszeitraum des Abtretungsgläubigers?
- Sind alle Einkommen des Schuldners bekannt?
- Werden verschiedene Einkommen des Schuldners zusammengerechnet?
- Liegt zur Verteilung an die Gläubiger das Schlussverzeichnis des Insolvenzverfahrens vor?
- Sind Sonderzahlungen an einzelne Insolvenzgläubiger bekannt?
- Hat der Schuldner schon Anspruch auf einen Bonus gem. § 292 Abs. 1 InsO?
- Deckt das Sondervermögen die eigene Vergütung?
- Wurden dem Schuldner die Verfahrenskosten gestundet?
- Wann wurde der letzte Vergütungseingang gebucht?
- Wurde der Schuldner ggf. zur Zahlung der Mindestvergütung aufgefordert?

E. Die Erteilungsphase

I. Das Ende der Wohlverhaltensperiode

Mit dem Verstreichen der Laufzeit der Abtretungserklärung endet die Wohlverhaltensperiode. Die pfändbaren Anteile des schuldnerischen Einkommens stehen nicht mehr dem Treuhänder, sondern wieder dem Schuldner zu. Der Treuhänder hat den Zahlungsverpflichteten über das Ende der Wohlverhaltensperiode zu informieren. Der Schuldner hat die Obliegenheiten nach §§ 295, 296 InsO nicht mehr zu beachten.

II. Die Entscheidung über die Restschuldbefreiung

138 Die Restschuldbefreiung wird allerdings gem. § 300 Abs. 1 InsO erst durch weiteren ausdrücklichen Beschluss des Insolvenzgerichts nach Anhörung der Insolvenzgläubiger, des Treuhänders und des Schuldners erteilt. Die Anhörung wird regelmäßig in dem kurzen Hinweis auf die beabsichtigte Erteilung aufgrund des vorliegenden Schuldnerantrags bestehen.[262] Die Restschuldbefreiung wird versagt, wenn die Voraussetzungen der §§ 296 Abs. 1, 296 Abs. 2 Satz 3, 297 oder 298 InsO vorliegen. Die Zwangsvollstreckung bleibt trotz des insoweit unklaren Wortlautes des § 294 Abs. 1 InsO bis zur Entscheidung des Gerichts gem. § 300 Abs. 1 InsO wegen des Gleichbehandlungsgrundsatzes für die Insolvenzgläubiger untersagt.[263]

Im Falle eines Treuhänderantrages wegen Nichtzahlung der Mindestvergütung gem. § 298 Abs. 1 InsO kann der Schuldner die Mindestvergütung bis zur Entscheidung des Gerichts nachentrichten. Das Rechtsschutzbedürfnis für den Treuhänderantrag entfällt dann, eine Versagung der Restschuldbefreiung ist nicht möglich.[264]

Der Schuldner kann die Versagung der Restschuldbefreiung, der antragstellende Gläubiger die Ablehnung der Versagung der Restschuldbefreiung gem. § 300 Abs. 3 Satz 3 InsO mit der sofortigen Beschwerde angreifen.

III. Die Wirkungen der Restschuldbefreiung

1. Einführung

139 Die rechtskräftige Erteilung der Restschuldbefreiung wirkt gem. § 301 Abs. 1 InsO gegen alle Insolvenzgläubiger, soweit es sich bei deren Forderung nicht um eine ausgenommene Forderung gem. § 302 InsO handelt. Die Restschuldbefreiung gilt gem. § 301 Abs. 1 Satz 2 InsO ausdrücklich auch gegenüber den Gläubigern, die ihre Forderung nicht angemeldet oder die auch schuldlos[265] keine Kenntnis vom Insolvenzverfahren des

---

262 HK-InsO/Landfermann, § 300, Rdnr. 3 InsO.
263 FK-InsO/Ahrens, § 302 Rdnr. 18 InsO.
264 FK-InsO/Ahrens, § 300 Rdnr. 9 InsO.
265 FK-InsO/Ahrens, § 301 Rdnr. 4 InsO.

Schuldners erlangt haben. Die im Verfahren nicht befriedigten Forderungen der Gläubiger werden gem. § 301 Abs. 3 InsO zu so genannten unvollkommenen Forderungen, die freiwillig erfüllt aber nicht mehr zwangsweise durchgesetzt werden können.[266]

Durch die Erteilung der Restschuldbefreiung entsteht das Nachforderungsrecht der Gläubiger aus § 201 Abs. 1 InsO nicht. Ein Anspruch der Gläubiger auf Erteilung einer vollstreckbaren Ausfertigung aus der Tabelle gem. § 201 Abs. 2 Satz 3 InsO besteht nicht. Die Zwangsvollstreckung der Gläubiger aus anderen Titeln kann vom Schuldner mit der Vollstreckungsgegenklage abgewehrt werden.[267]

Forderungen von Neugläubigern werden von der Restschuldbefreiung nicht erfasst. Ebenso berührt die Restschuldbefreiung Rechte der Insolvenzgläubiger gegen Mitschuldner und Bürgen des Schuldners nicht, Personalsicherheiten werden also nicht erfasst. Die Rückgriffsansprüche der Inanspruchgenommenen fallen allerdings gem. § 301 Abs. 2 Satz 2 InsO unter die Restschuldbefreiung.

Dingliche Sicherheiten der Gläubiger werden gem. § 301 Abs. 2 Satz 1 InsO nicht berührt, die Verwertungsrechte der Gläubiger bleiben bestehen.

2. Der Schuldner als Bürge oder Mitverpflichteter[268]

Haftet der Schuldner als Bürge oder Mitverpflichteter, kann und sollte der Gläubiger gem. § 43 InsO seine Forderung gegen den Schuldner anmelden, auch wenn der Hauptschuldner z. B. die vereinbarten Kreditraten auf die bestehende Verbindlichkeit leistet. Denn mit Erteilung der Restschuldbefreiung wird der Schuldner von der Forderung aus der Bürgschaft oder der Mitverpflichtung befreit, der Gläubiger verliert diese Sicherheiten also.

140

Werden aus der Insolvenzmasse oder in der Wohlverhaltensperiode auf die Quote des Gläubigers der angemeldeten Bürgschafts- oder Mitverpflichtungsforderung Beträge gezahlt, erwirbt der Schuldner einen Ausgleichsanspruch gegenüber dem Hauptschuldner gem. 774 Abs. 1 Satz 1, 426 Abs. 2 Satz 1 BGB. Dieser Anspruch fällt im Insolvenzverfahren als Vermögenswert in die Masse, in der Wohlverhaltensperiode steht er allerdings dem Schuldner zu, da es sich bei dem Ausgleichsanspruch nicht um Einkommen gem. § 287 Abs. 2 Satz 1 InsO handelt.

---

266 HK-InsO/Landfermann, § 301 Rdnr. 1 InsO.
267 HK-InsO/Landfermann, § 301 Rdnr. 3 InsO.
268 Siehe im Einzelnen: Kohte/Ahrens/Grote, a. a. O., S. 383 ff.

Henning

3. Bürgen und Mitverpflichtete des Schuldners[269]

141 Gem. § 43 InsO kann der Gläubiger seine Forderung sowohl vom Schuldner als auch vom Bürgen oder vom Mitverpflichteten fordern. Der Bürge oder der Mitverpflichtete können ihrerseits gem. § 44 InsO ihre Rückgriffsansprüche gegen den Schuldner nur im Verfahren geltend machen, wenn der Gläubiger die Forderung nicht mehr geltend macht.

Hat ein Bürge oder Mitverpflichteter vor Verfahrenseröffnung die Verbindlichkeit des Schuldners vollständig ausgeglichen, wird er Insolvenzgläubiger der Forderung. Erfolgte eine Teilzahlung des Bürgen oder Mitverpflichteten vor Verfahrenseröffnung, nimmt dieser am Verfahren mit dem Teilrückgriffsanspruch teil. Begleichen Bürge oder Mitverpflichteter die Verbindlichkeit im Insolvenzverfahren vollständig, nehmen sie mit ihrer vollen Rückgriffsforderung am weiteren Verfahren teil. Erfolgen Zahlungen des Bürgen oder Mitverpflichteten in der Wohlverhaltensperiode, rücken diese mit ihren Rückgriffsansprüchen in die Stellung des Gläubigers.

IV. Die von der Restschuldbefreiung ausgenommenen Forderungen

142 Die Restschuldbefreiung berührt gem. § 302 InsO nur Verbindlichkeiten des Schuldners aus einer vorsätzlich begangenen unerlaubten Handlung, Geldstrafen sowie gleichgestellte Zahlungsauflagen mit Sanktionscharakter und Verbindlichkeiten aus zinslosen Darlehen i. S. d. § 302 Nr. 3 InsO *nicht*. Die Restschuldbefreiung der InsO kann damit im Vergleich z. B. zur US-amerikanischen Restschuldbefreiung[270] als sehr weit gehend bezeichnet werden. Eine Ausnahme familien- oder steuerrechtlicher[271] Forderungen von der Restschuldbefreiung ist vom Gesetz nicht vorgesehen.

1. Deliktische Verbindlichkeiten gem. § 302 Nr. 1 InsO

a) Anmeldung der deliktischen Forderung gem. § 174 Abs. 2 InsO

143 Forderungen aus einer vorsätzlich begangenen unerlaubten Handlung des Schuldners werden von der Restschuldbefreiung nicht erfasst, wenn der Gläubiger bei der Forderungsanmeldung gem. § 174 Abs. 2 InsO die Tatsachen angegeben hat, aus denen nach seiner Einschätzung folgt, dass es sich um eine deliktische Forderung handelt, und der Schuldner diesem Vortrag

---

269 Wie zuvor.
270 Siehe HK-InsO/Landfermann, § 302 Rdnr. 1 InsO.
271 Siehe OLG Köln ZInsO 00, 519.

nicht gem. § 178 Abs. 1 InsO widerspricht. Die deliktische Eigenschaft der Forderung ist dann gem. § 178 Abs. 3 InsO wie in einem rechtskräftigen Urteil festgestellt.[272] Der Schuldner kann den Deliktscharakter der Forderung nicht mehr angreifen. Widerspricht der Schuldner, folgt aus § 201 Abs. 2 InsO, dass der Gläubiger in einem zivilgerichtlichen Feststellungsstreit außerhalb des Insolvenzverfahrens die Deliktseigenschaft der Forderung durchsetzen muss. Der Fortgang des Insolvenzverfahren wird hierdurch nicht behindert. Gelingt dem Gläubiger eine Durchsetzung seiner Ansicht, berührt die später gem. § 300 Abs. 1 InsO dem Schuldner erteilte Restschuldbefreiung seine Deliktsforderung nicht, gelingt ihm die Feststellung nicht, wird seine Forderung von der Restschuldbefreiung erfasst. Wird durch einen Gläubiger eine deliktische Forderung angemeldet, hat das Gericht den Schuldner gem. § 175 Abs. 2 InsO auf die Möglichkeit des Widerspruchs hinzuweisen.

b) Erfordernis einer vorsätzlich begangenen unerlaubten Handlung

Die Forderung muss aus einer vorsätzlich begangenen unerlaubten Handlung folgen, wobei bedingter Vorsatz ausreicht.[273] Ob der Schuldner bei seinen Handlungen den Eintritt eines tatbestandlichen Erfolges für möglich hält und die Tatbestandsverwirklichung billigend in Kauf[274] nimmt, wird im Einzelfall allerdings häufig schwer festzustellen sein:

144

▸ **Beispiel aus der Rspr:**[275]

Der Schuldner bestellt Waren beim Versandhandel. Er ist schon seit längerem nicht mehr in der Lage, seine sämtlichen Verbindlichkeiten zu begleichen, befriedigt mit noch vorhandenen liquiden Mitteln aber immer die ältesten oder aus seiner Sicht dringlichsten Forderungen. Es kann daher nicht ohne Weiteres die Zahlungsunwilligkeit des Schuldners bezüglich der zuletzt beim Versandhandel bestellten Waren und damit eine Strafbarkeit nach § 263 StGB angenommen werden.

c) Nebenforderungen und Zinsen

Verschuldensunabhängig entstandene Nebenforderungen und Kostenerstattungsansprüche werden im Gegensatz zur deliktischen Hauptforderung von der Restschuldbefreiung erfasst.[276] Zinsen werden nur dann von der Restschuldbefreiung nicht erfasst, wenn sie aus § 849 BGB folgen.[277] Ein Gläubiger kann daher für die Zeit der Wohlverhaltensperiode keine Ver-

145

---

272 Vallender, NZI 01, 561, 567.
273 Nerlich/Römermann, a. a. O., § 302 Rdnr. 3 InsO.
274 Definition des dolus eventualis in ständiger Rechtsprechung des BGH (BGHSt 36, 1, 9 f.).
275 BGH Strafverteidiger 91, 419.
276 FK-InsO/Ahrens, § 302 Rdnr. 9 InsO.
277 Wie zuvor.

Henning

zugszinsen für seine von der Restschuldbefreiung nicht erfasste Forderung verlangen.

d) Deliktische Forderungen im Insolvenzverfahren

146 Die deliktische Forderung nimmt ohne Sonderrechte am Insolvenzverfahren teil.[278] Sie wird in das Schlussverzeichnis aufgenommen und vom Treuhänder bei der Verteilung in der Wohlverhaltensperiode gem. § 292 Abs. 1 InsO berücksichtigt. Das Vollstreckungsverbot des § 89 Abs. 1 InsO gilt auch für den Insolvenzgläubiger, der eine deliktische Forderung angemeldet hat.[279] Die Privilegierung des § 89 Abs. 2 Satz 2 InsO gilt nur für Neugläubiger einer deliktischen Forderung.[280] Gem. § 114 Abs. 3 Satz 3 2. HS InsO hat aber die vor dem Verfahren ausgebrachte Zwangsvollstreckung des Insolvenzgläubigers einer deliktischen Forderung im Verfahren Bestand.

e) Forderungen aus einer Steuerhinterziehung

147 Forderungen aus einer vorsätzlich begangenen Steuerhinterziehung sind keine deliktischen Forderungen im Sinne des § 850 f ZPO. Der Straftatbestand der Steuerhinterziehung ist kein Schutzgesetz im Sinne des § 823 Abs. 2 BGB.[281] Diese Rechtssprechung des BFH, die im Bundessteuerblatt veröffentlicht ist[282] und damit für die Finanzbehörden bindend ist, ist wegen des identischen Wortlautes der §§ 850 f ZPO und 302 Nr. 1 und den vergleichbaren weiteren Voraussetzungen auch auf § 302 Nr. 1 InsO anzuwenden. Die Forderungen aus einer Steuerhinterziehung werden folglich von der Restschuldbefreiung erfasst.

f) Forderungen aus einer Straftat nach § 266 a StGB

148 Der selbstständige Schuldner kann eine vorsätzliche unerlaubte Handlung begehen, wenn er die Arbeitnehmerbeiträge zur Sozialversicherung in der Zeit des Niedergangs seines Betriebes nicht mehr abführt. Der Straftatbestand des § 266 a StGB ist Schutzgesetz i. S. d. § 823 Abs. 2 BGB. Hierbei sind allerdings nach der aktuellen Rechtsprechung einige Besonderheiten zu berücksichtigen:

- Die deliktische Haftung des GmbH-Geschäftsführers kann durch interne Zuständigkeitsvereinbarungen beschränkt sein.[283]
- Führt der Schuldner Arbeitnehmerbeiträge zur Sozialversicherung nicht ab, kann ein Schaden des Sozialversicherungsträgers zu verneinen sein,

---

278 HK-InsO/Landfermann, § 302 Rdnr. 4 InsO.
279 Wie zuvor.
280 *OLG Zweibrücken ZInsO 01*, 625.
281 BFH NJW 97, 1725.
282 BStBl. II 1997, 308.
283 BGHZ 133, 370.

wenn die Beitragszahlung im Insolvenzverfahren erfolgreich hätte angefochten werden können.[284]

- Der Schuldner kann Arbeitnehmerbeiträge zur Sozialversicherung auch dann i. S. d. § 266 a StGb vorenthalten, wenn er für den betreffenden Zeitraum keinen Lohn an die Arbeitnehmer auszahlt.[285]
- Dem Schuldner muss die Erfüllung der Zahlungspflicht gegenüber dem Sozialversicherungsträger tatsächlich möglich gewesen sein. Zahlungsfähigkeit des Schuldners muss also zumindest hinsichtlich der Abführungsbeträge noch vorgelegen haben.[286] Für diesen Umstand trägt der Gläubiger die Beweislast.[287]

2. Geldstrafen und gleichgestellte Verbindlichkeiten gem. § 302 Nr. 2 InsO

Geldstrafen und die gem. § 39 Abs. 1 Nr. 3 InsO gleichgestellten Verbindlichkeiten werden von der Restschuldbefreiung nicht erfasst. Der Verweis auf § 39 Abs. 1 Nr. 3 InsO bezieht sämtliche Geldauflagen mit Sanktionscharakter gegen den Schuldner z. B. nach §§ 74 a, 74 c StGB ein. Steuersäumniszuschläge werden aber von der Restschuldbefreiung erfasst, ebenso wie die möglichen weiteren finanziellen Nebenfolgen einer Straftat.

149

▶ **Beispiel aus der Praxis:**
Die Gläubigerin macht gegenüber dem Schuldner Schadensersatzansprüche wegen einer Körperverletzung geltend. Als weiteren Schaden macht sie die Kosten Ihrer strafgerichtlichen Nebenklage im Strafverfahren gegen den Schuldner geltend.

Die Ansprüche aus der Körperverletzung sind von der Restschuldbefreiung ausgenommen, die Kosten der Nebenklage werden aber von ihr erfasst.

3. Forderungen aus bestimmten zinslosen Darlehen gem. § 302 Nr. 3 InsO

Mit dieser Regelung soll es Stiftungen sowie öffentlichen oder karitativen Einrichtungen ermöglicht werden, dem Schuldner die Verfahrenskosten als zinsloses Darlehen zur Verfügung zu stellen. Ohne diese Regelung würden die Einrichtungen durch die Erteilung der Restschuldbefreiung ihren Rückzahlungsanspruch verlieren.

150

---

284 BGH NZI 01, 138 = ZInsO 01, 225.
285 BGH ZInsO 01, 124.
286 Siehe auch: OLG Celle ZInsO 01, 1109.
287 OLG Hamm ZInsO 00, 118 (LS); a. A.: OLG Düsseldorf NJW-RR 96, 289 und VersR 99, 372.

V. Der Widerruf der Restschuldbefreiung

151 Gem. § 303 Abs. 1 InsO kann auf Antrag eines Insolvenzgläubigers die Erteilung der Restschuldbefreiung widerrufen werden. Dieser Widerruf kann zunächst nur wegen eines Verstoßes des Schuldners gegen eine seiner Obliegenheit aus § 295 InsO beantragt werden. Eine Verurteilung des Schuldners wegen einer Insolvenzstraftat nach Erteilung der Restschuldbefreiung ist hier unbeachtlich.

Im Vergleich zur Regelung des § 296 Abs. 1 InsO enthält § 303 Abs. 1 InsO folgende Weiterungen:

- Der Schuldner muss vorsätzlich gehandelt haben und
- er muss die Gläubigerbefriedigung erheblich beeinträchtigt haben.

Wann im Vergleich zur Beeinträchtigung des § 296 Abs. 1 InsO eine erhebliche Gläubigerbeeinträchtigung vorliegt, wird durch die Gerichte zu entscheiden sein. Die Anwendung dieses unbestimmten Rechtsbegriffes durch das Insolvenzgericht ist im Rechtsbeschwerdeverfahren der §§ 6, 7 InsO voll nachprüfbar.[288] In der Literatur wird eine erhebliche Beeinträchtigung u. a. bei einer Verschlechterung der Quote um 10% angenommen.[289]

Der Antrag ist nur innerhalb eines Jahres nach Rechtskraft der Erteilung der Restschuldbefreiung zulässig. Die Fristberechnung erfolgt über § 4 InsO gem. §§ 222 Abs. 1 ZPO und 187 f BGB. Eine Wiedereinsetzung bei Fristversäumnis ist nicht möglich, da es sich nicht um eine Notfrist handelt. Der Gläubiger muss zudem das Vorliegen der Voraussetzungen des § 303 Abs. 1 InsO sowie glaubhaft machen, dass er vor der Rechtskraft der Erteilung der Restschuldbefreiung keine Kenntnis von dem Obliegenheitsverstoß des Schuldners gehabt hat.

Gem. § 303 Abs. 3 Satz 1 InsO können Schuldner und antragstellender Gläubiger die Entscheidung über den Antrag auf Widerruf der Restschuldbefreiung mit der sofortigen Beschwerde angreifen.

---

[288] HK-InsO/Kirchhof, § 7 Rdnr. 18 InsO.
[289] Nerlich/Römermann, a. a. O., § 303 Rdnr. 5 InsO.

F. Die Gerichtskosten und Rechtsanwaltsgebühren im Restschuldbefreiungsverfahren

I. Die Gerichtskosten

Für das Restschuldbefreiungsverfahren fallen keine gesonderten Gerichtskosten an. Für die Entscheidung über den Antrag auf Versagung oder Widerruf der Restschuldbefreiung nach §§ 296, 297, 300 und 303 InsO wird nach Nr. 4150 des Kostenverzeichnisses zum GKG eine Gebühr in Höhe von 60 DM fällig. Kostenschuldner ist gem. § 50 Abs. 2 GKG der antragstellende Gläubiger, der auch für die weiteren Kosten, z. B. der für die Veröffentlichung der Versagung der Restschuldbefreiung, haftet. Die Gebühr im Beschwerdeverfahren gegen die Entscheidung über den Antrag auf Versagung oder Widerruf der Restschuldbefreiung beträgt nach Nr. 4301 des Kostenverzeichnisses 100 DM (entspricht 51,13 €).

152

II. Die Rechtsanwaltsgebühren

1. Gebühren des Vertreters des Gläubigers

Für die Tätigkeit im Restschuldbefreiungsverfahren erhält der Rechtsanwalt eine 10/10 Gebühr gem. § 74 Abs. 1 Satz 1 BRAGO. Ist der Anwalt im Verfahren über einen Insolvenzplan und im Restschuldbefreiungsverfahren tätig geworden, erhält er die Gebühr nach § 74 Abs. 1 Satz 1 und 2 BRAGO nur einmal.

153

Gem. § 74 Abs. 2 Satz 1 BRAGO erhält der Rechtsanwalt eine weitere 5/10 Gebühr für das Tätigwerden in einem Verfahren über den Antrag auf Versagung oder Widerruf der Restschuldbefreiung gem. §§ 296, 287, 300 und 303 InsO, wenn dieses Verfahren nach Aufhebung oder Einstellung des Insolvenzverfahrens beginnt.

In einem Beschwerdeverfahren steht dem Rechtsanwalt gem. § 76 BRAGO eine gesonderte 5/10 Gebühr zu. Im Beschwerdeverfahren können auch eine 5/10 Verhandlungs-/Erörterungsgebühr, eine 5/10 Beweisgebühr und eine 10/10 Vergleichsgebühr anfallen.[290]

Der Gegenstandswert ist gem. § 77 Abs. 3 BRAGO i. V. m. § 8 Abs. 2 Satz 2 BRAGO nach billigem Ermessen zu bestimmen. Es werden 8000 DM[291]

---

290 Beule, JurBüro 99, 169, 170.
291 Kohte/Ahrens/Grote, a. a. O., S. 433.

(entspricht 4.090,34 €), der hälftige Betrag der zur Insolvenztabelle angemeldeten Forderungen[292] oder der Betrag der Forderung des Gläubigers, der die Versagung betreibt,[293] angenommen. Auf Antrag muss das Gericht gem. § 10 BRAGO den Anwaltsgebührenwert festsetzen.

2. Gebühren des Vertreters des Schuldners

154 Der anwaltliche Vertreter des Schuldners berechnet seine Gebühren so wie der Vertreter des Gläubigers. Lediglich bei der Bestimmung des Gegenstandswertes ergibt sich ein Unterschied. Das Interesse des Schuldners ist auf die Befreiung von den verbliebenen Verbindlichkeiten gerichtet, für die Restschuldbefreiung beantragt wird. Diese Restschulden können daher als Anwaltsgebührenwert angenommen werden.[294]

G. Die Rechtsbehelfe im Restschuldbefreiungsverfahren

I. Die Rechtsbehelfe des Schuldners

155
- § 289 Abs. 2 InsO: Sofortige Beschwerde gegen Versagung der Restschuldbefreiung

- § 289 Abs. 2 InsO analog: Sofortige Beschwerde gegen Nichtanerkennung eines Altfalles nach Art. 107 EGInsO

- § 289 Abs. 2 InsO analog: Sofortige Beschwerde des selbstständig tätigen Schuldners gegen die Festsetzung des gem. § 295 Abs. 2 InsO abzuführenden Betrages

- § 296 Abs. 3 InsO: Sofortige Beschwerde gegen Versagung der Restschuldbefreiung wegen Verstoßes gegen Obliegenheit in Wohlverhaltensperiode

- § 11 Abs. 2 RpflG: Sofortige Erinnerung gegen Beschluss des Insolvenzgerichts über Fragen der Pfändbarkeit des Einkommens gem. §§ 292 Abs. 1, 36 Abs. 1 Satz 2 InsO[295]

- § 297 Abs. 2 InsO: Sofortige Beschwerde gegen Versagung der Restschuldbefreiung wegen Verurteilung nach §§ 283 bis 283 c StGB

---

292 LG Bochum ZInsO 01, 564.
293 Beule, JurBüro 99, 169, 171, 172.
294 Wie zuvor; siehe auch: LG Bochum ZInsO 01, 564.
295 OLG Köln NZI 00, 529; ZInsO 00, 499; OLG Hamburg ZInsO 01, 807; a. A.: Vallender, NZI 01, 561, 562: sofortige Beschwerde mit dem Instanzenzug des Zwangsvollstreckungsverfahrens.

- § 298 Abs. 3 InsO: Sofortige Beschwerde gegen Versagung der Restschuldbefreiung wegen fehlender Deckung der Treuhändervergütung
- § 300 Abs. 3 InsO: Sofortige Beschwerde gegen Entscheidung über Versagung der Restschuldbefreiung nach Abschluss der Wohlverhaltensperiode
- § 303 Abs. 3 InsO: Sofortige Beschwerde gegen den Widerruf der Restschuldbefreiung

II. Die Rechtsbehelfe des Gläubigers

- § 289 Abs. 2 InsO: Sofortige Beschwerde gegen Ankündigung der Erteilung der Restschuldbefreiung des Gläubigers, der Versagung beantragt hat
- § 289 Abs. 2 InsO analog: Sofortige Beschwerde gegen Anerkennung eines Altfalles nach Art. 107 EGInsO des Gläubigers, der Nichtanerkennung beantragt hat
- § 289 Abs. 2 InsO analog: Sofortige Beschwerde gegen Festsetzung des vom selbstständig tätigen Schuldner gem. § 295 Abs. 2 InsO abzuführenden Betrages
- § 292 Abs. 3 InsO i. V. m. § 59 Abs. 2 InsO: Sofortige Beschwerde gegen Ablehnung der Absetzung des Treuhänders jedes Insolvenzgläubigers
- § 296 Abs. 3 InsO: Sofortige Beschwerde gegen Ablehnung der Versagung der Restschuldbefreiung wegen Verstoßes gegen Obliegenheit in Wohlverhaltensperiode des Gläubigers, der Versagung beantragt hat
- § 297 Abs. 2 InsO: Sofortige Beschwerde gegen Ablehnung der Versagung der Restschuldbefreiung wegen Verurteilung des Schuldners nach §§ 283 bis 283 c StGB des Gläubigers, der die Versagung beantragt hat
- § 300 Abs. 3 InsO: Sofortige Beschwerde gegen die Ablehnung der Versagung der Restschuldbefreiung nach Abschluss der Wohlverhaltensperiode des Gläubigers, der die Versagung beantragt hat
- § 303 Abs. 3 InsO: Sofortige Beschwerde gegen die Ablehnung des Widerrufs der Restschuldbefreiung des Gläubigers, der den Widerruf beantragt hat

156

III. Die Rechtsbehelfe des Treuhänders

157
- §§ 293 Abs. 2, 64 Abs. 3 InsO: Sofortige Beschwerde gegen Vergütungsfestsetzung

- § 298 Abs. 3 InsO: Sofortige Beschwerde gegen die Ablehnung der Versagung der Restschuldbefreiung wegen fehlender Deckung der Treuhändervergütung

- § 292 Abs. 3 InsO i. V. m. § 59 Abs. 2 InsO: Sofortige Beschwerde gegen Entlassung

- § 292 Abs. 3 InsO i. V. m. § 59 Abs. 2 InsO: Sofortige Beschwerde gegen Ablehnung der Entlassung

- § 11 Abs. 2 RpflG: Sofortige Beschwerde gegen Beschluss des Insolvenzgerichts über Fragen der Pfändbarkeit des Einkommens des Schuldners gem. §§ 292 Abs. 1 InsO, 36 Abs. 1 Satz 2.[296]

IV. Die Gegenvorstellung

158 Wenn ein Rechtsmittel gegen eine insolvenzgerichtliche Entscheidung nicht zulässig ist, ist die »Gegenvorstellung« der gebotene Rechtsbehelf, mit dem eine Überprüfung der gerichtlichen Entscheidung angeregt werden kann.[297]

---

[296] *OLG Köln NZI 00*, 529; *ZInsO 00*, 499; *OLG Hamburg ZInsO 01*, 807; a. A.: Vallender, NZI 01, 561, 562: sofortige Beschwerde mit dem Instanzenzug des Zwangsvollstreckungsverfahrens.
[297] AG Hamburg WM 00, 895.

Henning

H. Die gerichtlichen Zuständigkeiten im Restschuldbefreiungsverfahren[298]

I. Die Zuständigkeit des Rechtspflegers[299] gem. §§ 3 Nr. 2 e), 18, 11 Abs. 1 RpflG

In den Zuständigkeitsbereich des Rechtspflegers fallen alle nicht nach § 18 Abs. 1 Rechtspflegergesetz dem Richter vorbehaltenen Entscheidungen. Dies sind insbesondere die Entscheidungen

159

- gem. § 292 Abs. 3 InsO i. V. m. § 59 Abs. 1 über die Entlassung des Treuhänders,
- über die Verwerfung eines Antrages als unzulässig bei fehlender Abtretungserklärung nach § 287 Abs. 2 InsO,[300]
- über die Erteilung der unbestrittenen Restschuldbefreiung gem. § 300 InsO,
- über die Versagung der Restschuldbefreiung von Amts wegen gem. § 296 Abs. 2 InsO,
- über die Versagung der Restschuldbefreiung gem. § 298 InsO,[301]
- über die Anträge des Schuldners oder des Gläubigers gem. §§ 292 Abs. 1, 36 Abs. 1 Satz 2 InsO i. V. m. §§ 850 ff. ZPO,[302]
- über die Ankündigung der Restschuldbefreiung gem. § 291 Abs. 1 InsO soweit kein Versagensantrag vorliegt,
- über die Beschwerde gegen eigenen Beschluss, §§ 11 Abs. 1 RpflG, 6 Abs. 2 InsO.

---

298 Siehe auch Fuchs, ZInsO 01, 1033.
299 Siehe auch: Vollübertragung des Insolvenzverfahrens auf den Rechtspfleger, ZInsO 01, 1097.
300 OLG Köln ZInsO 00, 608.
301 HK-InsO/Landfermann, § 298 Rdnr. 3 InsO.
302 Z. B. OLG Köln ZInsO 00, 603.

II. Die Zuständigkeit des Richters gem. §§ 11 Abs. 2, 18 Abs. 1 und 2 RpflG

Vom Richter sind im Wesentlichen die folgenden Entscheidungen zu treffen:
- Einsetzung des Treuhänders mit Beschluss gem. § 291 Abs. 2 InsO,
- Versagung und Widerruf der Restschuldbefreiung nach §§ 289 Abs. 1 Satz 2, 291 Abs. 1, 296 Abs. 1, 297 Abs. 1, 300 Abs. 1 InsO, soweit ein Versagensantrag vorliegt, und 303 Abs. 1 InsO,
- Entscheidung über Rechtspflegererinnerung nach § 11 Abs. 2 RpflG,
- alle weiteren Entscheidungen im Insolvenzverfahren, wenn der Richter das Verfahren gem. § 18 Abs. 2 Satz 1 RpflG an sich zieht.

J. Anhang

I. §§ 283 bis 283 c StGB

§ 283 Bankrott

161   1) Mit Freiheitsstrafen bis zu fünf Jahren oder mit Geldstrafe wird bestraft, wer bei Überschuldung oder bei drohender oder eingetretener Zahlungsunfähigkeit

1. Bestandteile seines Vermögens, die im Falle der Eröffnung des Insolvenzverfahrens zur Insolvenzmasse gehören, beiseite schafft oder verheimlicht oder in einer den Anforderungen einer ordnungsgemäßen Wirtschaft widersprechenden Weise zerstört, beschädigt oder unbrauchbar macht,

2. in einer den Anforderungen einer ordnungsgemäßen Wirtschaft widersprechenden Weise Verlust- oder Spekulationsgeschäfte oder Differenzgeschäfte mit Waren oder Wertpapieren eingeht oder durch unwirtschaftliche Ausgaben, Spiel oder Wette übermäßige Beträge verbraucht oder schuldig wird,

3. Waren oder Wertpapiere auf Kredit beschafft und sie oder die aus diesen Waren hergestellten Sachen erheblich unter ihrem Wert in einer den Anforderungen einer ordnungsgemäßen Wirtschaft widersprechenden Weise veräußert oder sonst abgibt,

4. Rechte anderer vortäuscht oder erdichtete Rechte anerkennt,

Henning

5. Handelsbücher, zu deren Führung er gesetzlich verpflichtet ist, zu führen unterlässt oder so führt oder verändert, dass die Übersicht über seinen Vermögensstand erschwert wird,

6. Handelsbücher oder sonstige Unterlagen, zu deren Aufbewahrung ein Kaufmann nach Handelsrecht verpflichtet ist, vor Ablauf der für Buchführungspflichtige bestehenden Aufbewahrungsfristen beiseite schafft, verheimlicht, zerstört oder beschädigt und dadurch die Übersicht über seinen Vermögensstand erschwert,

7. entgegen dem Handelsrecht
   a) Bilanzen so aufstellt, dass die Übersicht über seinen Vermögensstand erschwert wird, oder
   b) es unterlässt, die Bilanz seines Vermögens oder das Inventar in der vorgeschriebenen Zeit aufzustellen, oder

8. in einer anderen, den Anforderungen einer ordnungsgemäßen Wirtschaft grob widersprechenden Weise seinen Vermögensstand verringert oder seine wirklichen geschäftlichen Verhältnisse verheimlicht oder verschleiert.

2) Ebenso wird bestraft, wer durch eine der in Absatz 1 bezeichneten Handlungen seine Überschuldung oder Zahlungsunfähigkeit herbeiführt.

3) Der Versuch ist strafbar.

4) Wer in den Fällen
1. des Absatzes 1 die Überschuldung oder die drohende oder eingetretene Zahlungsunfähigkeit fahrlässig nicht kennt oder
2. des Absatzes 2 die Überschuldung oder Zahlungsunfähigkeit leichtfertig verursacht,
wird mit Freiheitsstrafe bis zu zwei Jahren oder mit Geldstrafe bestraft.

5) Wer in den Fällen
1. des Absatzes 1 Nr. 2, 5 oder 7 fahrlässig handelt und die Überschuldung oder die drohende oder eingetretene Zahlungsunfähigkeit wenigstens Fahrlässig nicht kennt oder
2. des Ansatzes 2 in Verbindung mit Absatz 1 Nr. 2, 5 oder 7 fahrlässig handelt und die Überschuldung oder Zahlungsunfähigkeit wenigstens leichtfertig verursacht,
wird mit Freiheitsstrafe bis zu zwei Jahren oder mit Geldstrafe bestraft.

6) Die Tat ist nur dann strafbar, wenn der Täter seine Zahlungen eingestellt *hat oder über sein* Vermögen das Insolvenzverfahren eröffnet oder der Eröffnungsantrag mangels Masse abgewiesen worden ist

§ 283 a Besonders schwerer Fall des Bankrotts

1) In besonders schweren Fällen des § 283 Abs. 1 bis 3 wird der Bankrott mit Freiheitsstrafe von sechs Monaten bis zu zehn Jahren bestraft. Ein besonders schwerer Fall liegt in der Regel vor, wenn der Täter

1. aus Gewinnsucht handelt oder
2. wissentlich viele Personen in die Gefahr des Verlustes ihrer ihm anvertrauten Vermögenswerte oder in wirtschaftliche Not bringt.

§ 283 b Verletzung der Buchführungspflicht

1) Mit Freiheitsstrafe bis zu zwei Jahren oder mit Geldstrafe wird bestraft, wer
1. Handelsbücher, zu deren Führung er gesetzlich verpflichtet ist, zu führen unterlässt oder so führt oder verändert, dass die Übersicht über seinen Vermögensstand erschwert wird,
2. Handelsbücher oder sonstige Unterlagen, zu deren Aufbewahrung er nach Handelsrecht verpflichtet ist, vor Ablauf der gesetzlichen Aufbewahrungsfristen beiseite schafft, verheimlicht, zerstört oder beschädigt und dadurch die Übersicht über seinen Vermögensstand erschwert,
3. entgegen dem Handelsrecht
    a) Bilanzen so aufstellt, das die Übersicht über seinen Vermögensstand erschwert wird, oder
    b) es unterlässt, die Bilanz seines Vermögens oder das Inventar in der vorgeschriebenen Zeit aufzustellen.

2) Wer in den Fällen des Absatzes 1 Nr. 1 oder 3 fahrlässig handelt, wird mit Freiheitsstrafe bis zu einem Jahr oder mit Geldstrafe bestraft.

§ 283 c Gläubigerbegünstigung

1) Wer in Kenntnis seiner Zahlungsunfähigkeit einem Gläubiger eine Sicherheit oder Befriedigung gewährt, die dieser nicht oder nicht in der Art oder nicht zu der Zeit zu beanspruchen hat, und ihn dadurch absichtlich oder wissentlich vor den übrigen Gläubigern begünstigt, wird mit Freiheitsstrafe bis zu zwei Jahren oder mit Geldstrafe bestraft.

2) Der Versuch ist strafbar.

3) § 283 Abs. 6 gilt.

II. § 18 BSHG

162 Beschaffung des Lebensunterhalts durch Arbeit

(1) Jeder Hilfesuchende muss seine Arbeitskraft zur Beschaffung des Lebensunterhalts für sich und seine unterhaltsberechtigten Angehörigen einsetzen.

(2) Es ist darauf hinzuwirken, dass der Hilfesuchende sich um Arbeit bemüht und Arbeit findet. Hilfesuchende, die keine Arbeit finden können,

sind zur Annahme einer für sie zumutbaren Arbeitsgelegenheit nach § 19 oder § 20 verpflichtet. Für Hilfesuchende, denen eine Arbeitserlaubnis nicht erteilt werden kann, gilt Satz 2 entsprechend, wenn kein Arbeitsverhältnis im Sinne des Arbeitsrechts begründet wird. Die Träger der Sozialhilfe und die Dienststellen der Bundesanstalt für Arbeit, gegebenenfalls auch die Träger der Jugendhilfe und andere auf diesem Gebiet tätigen Stellen sollen hierbei zusammenwirken.

(3) Dem Hilfesuchenden darf eine Arbeit oder eine Arbeitsgelegenheit nicht zugemutet werden, wenn er körperlich oder geistig hierzu nicht in der Lage ist oder wenn ihm die künftige Ausübung seiner bisherigen überwiegenden Tätigkeit wesentlich erschwert würde oder wenn der Arbeit oder der Arbeitsgelegenheit ein sonstiger wichtiger Grund entgegensteht. Ihm darf eine Arbeit oder Arbeitsgelegenheit vor allem nicht zugemutet werden, soweit dadurch die geordnete Erziehung eines Kindes gefährdet würde. Die geordnete Erziehung eines Kindes, das das dritte Lebensjahr vollendet hat, ist in der Regel dann nicht gefährdet, wenn und soweit unter Berücksichtigung der besonderen Verhältnisse in der Familie des Hilfesuchenden die Betreuung des Kindes in einer Tageseinrichtung oder in Tagespflege im Sinne der Vorschriften des Achten Buches Sozialgesetzbuch sichergestellt ist; die Träger der Sozialhilfe sollen darauf hinwirken, dass Alleinerziehenden vorrangig ein Platz zur Tagesbetreuung des Kindes angeboten wird. Auch sonst sind die Pflichten zu berücksichtigen, die dem Hilfesuchenden die Führung eines Haushalts oder die Pflege eines Angehörigen auferlegt. Eine Arbeit oder Arbeitsgelegenheit ist insbesondere nicht allein deshalb unzumutbar, weil

1. sie nicht einer früheren beruflichen Tätigkeit des Hilfeempfängers entspricht,
2. sie im Hinblick auf die Ausbildung des Hilfeempfängers als geringerwertig anzusehen ist,
3. der Beschäftigungsort vom Wohnort des Hilfeempfängers weiter entfernt ist als ein früherer Beschäftigungs- oder Ausbildungsort,
4. die Arbeitsbedingungen ungünster sind als bei den bisherigen Beschäftigungen des Hilfeempfängers.

(4) Soweit es im Einzelfall geboten ist, kann auch durch Zuschüsse an den Arbeitgeber sowie durch sonstige geeignete Maßnahmen darauf hingewirkt werden, dass der Hilfeempfänger Arbeit findet. Die Bestimmungen des *Dritten Buches Sozialgesetzbuch* bleiben unberührt.

(5) Der Träger der Sozialhilfe soll Hilfeempfänger zur Überwindung von Hilfebedürftigkeit bei der Eingliederung in den allgemeinen Arbeitsmarkt fördern. Zu diesem Zweck kann dem Hilfeempfänger bei Aufnahme einer sozialversicherungspflichtigen oder selbstständigen Erwerbstätigkeit ein Zuschuss bis zur Höhe des Regelsatzes für einen Haushaltsvorstand und bis zur Dauer von 12 Monaten gewährt werden. Von den Maßgaben des Sat-

Henning

zes 2 kann befristet abgewichen werden, soweit es zur Erprobung von Maßnahmen oder im Einzelfall zur Eingliederung in den allgemeinen Arbeitsmarkt gerechtfertigt ist; die Erprobung von Maßnahmen ist unter Beteiligung des Landes auszuwerten. Satz 3 tritt am 31. Dezember 2002 außer Kraft.

III. § 1574 BGB

163 Angemessene Erwerbstätigkeit

(1) Der geschiedene Ehegatte braucht nur eine ihm angemessene Erwerbstätigkeit auszuüben.

(2) Angemessen ist eine Erwerbstätigkeit, die der Ausbildung, den Fähigkeiten, dem Lebensalter und dem Gesundheitszustand des geschiedenen Ehegatten sowie den ehelichen Lebensverhältnissen entspricht; bei den ehelichen Lebensverhältnissen sind die Dauer der Ehe und die Dauer der Pflege oder Erziehung eines gemeinschaftlichen Kindes zu berücksichtigen.

(3) Soweit es zur Aufnahme einer angemessenen Erwerbstätigkeit erforderlich ist, obliegt es dem geschiedenen Ehegatten, sich auszubilden, fortbilden oder umschulen zu lassen, wenn ein erfolgreicher Abschluss der Ausbildung zu erwarten ist.

IV. § 1610 a BGB

164 Werden für Aufwendungen infolge eines Körper- oder Gesundheitsschadens Sozialleistungen in Anspruch genommen, wird bei der Feststellung eines Unterhaltsanspruchs vermutet, dass die Kosten der Aufwendungen nicht geringer sind als die Höhe dieser Sozialleistungen.

V. § 121 SGB III

165 Zumutbare Beschäftigungen

(1) Einem Arbeitslosen sind alle seiner Arbeitsfähigkeit entsprechenden Beschäftigungen zumutbar, soweit allgemeine oder personenbezogene Gründe der Zumutbarkeit einer Beschäftigung nicht entgegenstehen.

(2) Aus allgemeinen Gründen ist eine Beschäftigung einem Arbeitslosen insbesondere nicht zumutbar, wenn die Beschäftigung gegen gesetzliche, tarifliche oder in Betriebsvereinbarungen festgelegte Bestimmungen über Arbeitsbedingungen oder gegen Bestimmungen des Arbeitsschutzes verstößt.

(3) Aus personenbezogenen Gründen ist eine Beschäftigung einem Arbeitslosen insbesondere nicht zumutbar, wenn das daraus erzielbare Arbeitsentgelt erheblich niedriger ist als das der Bemessung des Arbeitslosengeldes zugrunde liegende Arbeitsentgelt. In den ersten drei Monaten der Arbeitslosigkeit ist eine Minderung um mehr als 20 vom Hundert und in den folgenden drei Monaten um mehr als 30 vom Hundert dieses Arbeitsentgelts nicht zumutbar. Vom siebten Monat der Arbeitslosigkeit an ist dem Arbeitslosen eine Beschäftigung nur dann nicht zumutbar, wenn das daraus erzielbare Nettoeinkommen unter Berücksichtigung der mit der Beschäftigung zusammenhängenden Aufwendungen niedriger ist als das Arbeitslosengeld.

(4) Aus personenbezogenen Gründen ist einem Arbeitslosen eine Beschäftigung auch nicht zumutbar, wenn die täglichen Pendelzeiten zwischen seiner Wohnung und der Arbeitsstätte im Vergleich zur Arbeitszeit unverhältnismäßig lang sind. Als unverhältnismäßig lang sind im Regelfall Pendelzeiten von insgesamt mehr als zweieinhalb Stunden bei einer Arbeitszeit von mehr als sechs Stunden und Pendelzeiten von mehr als zwei Stunden bei einer Arbeitszeit von sechs Stunden und weniger anzusehen. Sind in einer Region unter vergleichbaren Arbeitnehmern längere Pendelzeiten üblich, bilden diese den Maßstab.

(5) Eine Beschäftigung ist nicht schon deshalb unzumutbar, weil sie befristet ist, vorübergehend eine getrennte Haushaltsführung erfordert oder nicht zum Kreis der Beschäftigungen gehört, für die der Arbeitnehmer ausgebildet ist oder die er bisher ausgeübt hat.

Henning

15. KAPITEL – VERFAHRENSKOSTENSTUNDUNG

Inhalt

		Seite
A.	Einführung	1584
B.	Überblick: Das Modell der Verfahrenskostenstundung	1587
C.	Verfahrenskostenstundung im Eröffnungsverfahren	1590
	I. Subjektive Voraussetzungen	1590
	1. Natürliche Person	1590
	2. Antrag auf Restschuldbefreiung	1590
	3. Nicht ausreichendes Vermögen	1592
	II. Objektive Voraussetzungen	1594
	III. Antrag auf Verfahrenskostenstundung	1595
	IV. Gerichtliche Entscheidung	1597
	1. Bewilligung und Eröffnung	1597
	2. Stundung der Verfahrenskosten	1597
	3. Vorrangige Berichtigung der Verfahrenskosten	1599
D.	Verfahrenskostenstundung in weiteren Verfahrensabschnitten	1600
	I. Stundung im eröffneten Insolvenzverfahren	1600
	II. Stundung in der Treuhandperiode	1601
	III. Stundung im Schuldenbereinigungsplanverfahren	1602
E.	Anwaltliche Beiordnung	1604
F.	§ 4 b InsO: Zweite Stundungsstufe	1606
	I. Einkommens- und Vermögensprüfung	1607
	II. Verfahrensrechtliche Fragen	1608
	III. Änderung der Verhältnisse	1609

G. Aufhebung der Verfahrenskostenstundung 1610
        1. Unrichtige Angaben/Fehlende Angaben 1611
        2. Fehlende Voraussetzungen 1613
        3. Verschuldeter Zahlungsrückstand 1614
        4. Unterlassen angemessener Erwerbstätigkeit 1615

V.   Versagung und Widerruf der Restschuldbefreiung 1616

VI.   Verfahrensrechtliche Fragen 1617

A. Einführung

1 Im klassischen Konkursrecht erschienen die Beantragung und Bewilligung von Prozesskostenhilfe für den Gemeinschuldner als ein grundlegend verfehltes Verhalten. In über hundert Jahren wurde nur eine Gerichtsentscheidung zu diesem Thema veröffentlicht; konsequent wurde eine solche Möglichkeit prinzipiell abgelehnt, da der Gemeinschuldner am Verfahren im Wesentlichen nur durch die Pflicht zu Auskünften teilnehme. Er sei am Konkursverfahren nicht aktiv beteiligt und trage auch – anders als im Erkenntnisverfahren – nicht das Risiko des Unterliegens, da das Ziel des Verfahrens ausschließlich die geordnete Befriedigung der Gläubiger sei.[1] In der Literatur wurde diesen Grundsätzen zugestimmt und darauf verwiesen, dass es wegen des fehlenden Verfahrenszieles für den Gemeinschuldner auch keinen Erfolg und somit auch keine hinreichende Erfolgsaussicht geben könne.[2]

2 Diese hergebrachten Grundsätze des Konkursrechts wurden in Deutschland erstmals zur Debatte gestellt, als 1990 durch die Normierung eines erweiterten Vollstreckungs- und materiellen Existenzschutzes in § 18 Abs. 2 Satz 3 GesO den ostdeutschen Insolvenzschuldnern ein plausibles Verfahrensziel und -interesse an der eigenen Gesamtvollstreckung attestiert wurde. In der Literatur wurde daher bald auf diesen grundlegenden Wechsel hingewiesen und daraus abgeleitet, dass damit die Bejahung der Möglichkeit der Prozesskostenhilfe für den Schuldner, der einen solchen Antrag gestellt hat, geboten sei.[3] In der – wiederum recht spärlichen – Judikatur konnte sich diese Position nicht durchsetzen; eine Bewilligung von Prozesskostenhilfe erschien als eine ungerechtfertigte sozialstaatliche Anreicherung des Gesamtvollstreckungsverfahrens.[4]

---

1 LG Traunstein NJW 1963, 959.
2 *Uhlenbruck*, ZIP 1982, 288; Kilger/Schmidt, K., Kommentar zur Konkursordnung, 17. Aufl. 1997, § 72 Rdnr. 4.
3 Smid, NJW 1994, 2678.
4 Dazu LG Dresden ZIP 1996, 1671; 1997, 207; zur Kritik: Pape, ZIP 1997, 190.

Seit 1985 wurde intensiv beraten, wie die allgemein anerkannte Aufgabe einer umfassenden Insolvenzrechtsreform mit der Einführung des Instituts einer Restschuldbefreiung verbunden werden könne. In den ersten Entwürfen des Bundesjustizministeriums wurde an ein modernisiertes, jedoch in den Grundwertungen kaum verändertes Konkursverfahren eine weitere Restschuldbefreiungsphase angehängt, die dann bei entsprechender Redlichkeit des Schuldners zur gerichtlich angeordneten Restschuldbefreiung führen sollte. Obgleich in der Literatur von Anfang an auf die Notwendigkeit einer Flankierung durch Prozesskostenhilfe hingewiesen worden war,[5] wurde eine Integration der Prozesskostenhilfe in das Insolvenzrecht noch nicht vorgenommen. In einer relativ frühen Phase wurde die fehlende Insolvenzkostenhilfe damit begründet, dass in dem damals geplanten verwalterlosen Verfahren nur geringe Gerichtskosten anfielen, die auch ein Schuldner mit einem sehr niedrigen Einkommen regelmäßig aufbringen könne.[6] In der Anhörung, die der Rechtsausschuss des Bundestages 1993 durchführte, sowie in der folgenden literarischen Diskussion wurde diese Position nachhaltig kritisiert.[7] Obgleich der Rechtsausschuss das vorgesehene Restschuldbefreiungsverfahren nachhaltig korrigierte und ein eigenständiges Verbraucherinsolvenzverfahren schuf, erfolgte keine explizite Regelung des Problems der Prozesskostenhilfe. Offensichtlich ging man davon aus, dass diese schwierige und kontroverse Frage von den Gerichten beantwortet werden sollte.[8]

3

Von Anfang an gehörte die Frage der Prozesskostenhilfe zu den besonders umstrittenen Fragen des neuen Insolvenzrechts, die von Bezirk zu Bezirk, manchmal auch innerhalb der Bezirke oder am selben Gericht, unterschiedlich beantwortet wurde.[9] Auch die Kommentarliteratur hatte Schwierigkeiten, die verschiedenen und nicht selten verschlungenen Entscheidungslinien aktuell wiederzugeben, so dass eine verlässliche Beratung der Beteiligten ohne Nutzung der Dateien und Landkarten im Internet[10] kaum möglich war.

4

Die erwartete bzw. erhoffte Problemlösung durch die Gerichte war kurzfristig nicht mehr möglich, nachdem der zuständige Senat des BGH den Anwendungsbereich des § 7 InsO für die ihm vorliegenden weiteren Beschwerden wegen fehlender Bewilligung der Prozesskostenhilfe nicht eröffnet sah, so dass die klassische Form der Vereinheitlichung einer divergenten Rechtsprechung durch die Obergerichte nicht mehr in Betracht kam.[11]

---

5 Scholz, ZIP 1988, 1157, 1164; Reifner, VuR 1990, 132, 134.
6 BT-Drucks. 12/2443 S. 266.
7 Dazu nur Kohte, ZIP 1994, 184, 186.
8 Leeb, WM 1998, 1575; ähnlich bereits Schumacher, ZIP 1995, 576, 587.
9 Dazu anschaulich der Überblick von König, NJW 2000, 2487.
10 Bemerkenswert war vor allem die Datei www.olg-oldenburg.de.
11 BGH NJW 2000, 1869 = ZInsO 2000, 280, mit abl. Anm. Pape.

5   Die 70. Konferenz der Justizminister hatte bereits im Juni 1999 eine Bund-Länder-Arbeitsgruppe beauftragt, Schwachstellen des Insolvenzrechts, besonders des Verbraucherinsolvenzverfahrens, zu untersuchen und gesetzgeberische Handlungsvorschläge zu unterbreiten. Die Arbeitsgruppe legte zügig einen Zwischenbericht vor,[12] so dass bereits die 71. Konferenz der Justizminister im Mai 2000 diese Fragen entscheiden konnte. Die Arbeitsgruppe kam zu dem Ergebnis, dass das Problem der Prozesskostenhilfe zu den wichtigsten bisher noch ungelösten Problemen des Insolvenzrechts gehöre und dass eine eigenständige Kodifikation erforderlich sei.[13] Die Arbeitsgruppe schlug dazu ein Modell der Verfahrenskostenstundung vor, das sich an Erfahrungen des österreichischen Rechts anlehnte.[14] Auf dieser Basis wurde vom Bundesjustizministerium kurzfristig ein Diskussionsentwurf erarbeitet.[15] In der folgenden Diskussion wurde die grundlegende Entscheidung für eine Kostenhilfe bestätigt, wenn auch konkrete Änderungsvorschläge zu bestimmten Einzelfragen gemacht worden waren,[16] so dass nach relativ kurzer Beratungszeit im Sommer 2001 ein Regierungsentwurf in den Bundestag eingebracht werden konnte, der noch im Frühherbst 2001 abschließend beraten werden konnte. In diesen Beratungen wurden keine Änderungen am Konzept der Verfahrenskostenstundung vorgenommen, so dass nach Art. 103 a EGInsO dieses neue Rechtsinstitut seit dem 1. 12. 2001 für alle Verfahren gilt, die bis zu diesem Zeitpunkt noch nicht eröffnet worden sind.[17]

6   Diese Kodifikation verfolgt zwei Ziele: Zum einen soll angesichts der divergierenden Judikatur Rechtssicherheit für alle Beteiligten geschaffen werden; zum anderen soll völlig mittellosen Schuldnern die Möglichkeit eröffnet werden, ein Insolvenzverfahren zum Zweck der Erlangung der Restschuldbefreiung durchzuführen.[18] In dieser grundsätzlichen Orientierung hat dieses Modell der Verfahrenskostenstundung mit seinen Grundlinien, die jetzt in §§ 4 a bis 4 d InsO normiert worden sind, auch in der Literatur im Wesentlichen Zustimmung erfahren.[19] Im Folgenden soll zunächst ein Überblick über die wesentlichen Elemente der Verfahrenskostenstundung gegeben werden.

---

12 Dazu Graf-Schlicker/Remmert, ZInsO 2000, 321.
13 Graf-Schlicker, WM 2000, 1984, 1986.
14 Zu diesen nur ZInsO 1999, 311.
15 Dazu Text in ZIP 2000, 1688 ff.
16 Dazu Schmerbach/Stephan, ZInsO 2000, 541 ff.
17 Vgl. nur OLG Celle ZInsO 2002, 191, 192; Göbel, ZInsO 2001, 500.
18 Dazu die Begründung BT-Drucks. 14/5680, S. 12.
19 Pape, ZInsO 2001, 587, 588; Vallender, NZI 2001, 561, 562; Grote, NJW 2001, 3665.

B. Überblick: Das Modell der Verfahrenskostenstundung

Das Modell der Verfahrenskostenstundung ist ein eigenständiges insolvenzrechtliches Rechtsinstitut, das in dieser Form bisher im deutschen Recht noch nicht kodifiziert worden war. Es übernimmt wesentliche Bausteine aus dem österreichischen Recht,[20] die jedoch in das deutsche Insolvenzrecht integriert werden. In seiner systematischen Struktur lehnt es sich allerdings an das Recht der Prozesskostenhilfe an,[21] so dass bei offenen Fragen – wenn auch mit der gebotenen Vorsicht – auf die Systematik und die Judikatur des Prozesskostenhilferechts zurückgegriffen werden kann.

In Anlehnung an den Grundsatz des § 119 ZPO, der eine Bewilligung der Prozesskostenhilfe in die jeweiligen kostenrelevanten Abschnitte vorsieht, hatte bereits die bisherige Judikatur seit 1999 überwiegend die Bewilligung der Prozesskostenhilfe im Insolvenzverfahren auf die jeweiligen Verfahrensabschnitte bezogen. Dieser Grundsatz ist nunmehr in § 4 a Abs. 3 Satz 2 InsO normiert. Danach ist die Verfahrenskostenstundung nach den jeweiligen Verfahrensabschnitten zu bewilligen. Eine konkrete Definition der Verfahrensabschnitte ist nicht vorgenommen worden. Im Folgenden sollen in Übereinstimmung mit der Mehrheit der bisherigen Judikatur[22] folgende Verfahrensabschnitte unterschieden werden:[23]

- das Insolvenzeröffnungsverfahren,
- das eröffnete Insolvenzverfahren,
- das Restschuldbefreiungsverfahren, sowie gegebenenfalls
- das Schuldenbereinigungsplanverfahren.

Gesondert zu bewerten sind Zwischenverfahren, insbesondere Beschwerdeverfahren.[24]

Die tatbestandlichen Voraussetzungen der Bewilligung einer Verfahrenskostenstundung sind in gleicher Weise gegliedert wie bei § 114 ZPO.

> **Voraussetzungen zur Bewilligung der Verfahrenskostenstundung:**
> - subjektive Voraussetzungen
>   - fehlendes Vermögen
>   - rechtzeitige Antragstellung
> - objektive Voraussetzungen
>   - spezielle Regeln zur hinreichenden Erfolgsaussicht (§ 4 a Abs. 1 S. 4 InsO).

---

20 Mohr, ZInsO 1998, 311; vgl. Springeneer, VuR 2001, 370.
21 So zutreffend: Pape, ZInsO 2001, 587, 590.
22 Übersicht dazu bei Limpert, Prozesskostenhilfe im Verbraucherinsolvenzverfahren, Diss. Würzburg 2000, S. 119 ff.
23 Ausführlich dazu FK-InsO/Kohte, 3. Aufl. 2002, § 4 a Rdnr. 22 ff.
24 Dazu FK-InsO/Schmerbach, § 13 Rdnr. 78; Kübler/Prütting, Kommentar zur Insolvenzordnung, 3. Lfg. 2001, § 4 a Rdnr. 22.

10 Liegen diese Voraussetzungen vor, so hat das Gericht die Stundung zu bewilligen. Diese Bewilligung hat folgende Konsequenzen:

- Stundung der Gerichtskosten,
- Verweisung der Insolvenzverwalter, Treuhänder und sonstigen Funktionsträger auf einen Sekundäranspruch für ihre Vergütung gegen die Staatskasse,
- Gewährung eines Auslagenersatzanspruchs der Staatskasse gegen den Schuldner, der ebenfalls gestundet wird,
- Verweisung beigeordneter Rechtsanwälte auf einen Sekundäranspruch gegen die Staatskasse wie bei § 122 ZPO und Stundung des auf die Staatskasse übergegangenen Vergütungsanspruchs gegen den Schuldner.

11 Diese Stundung führt dazu, dass eine Eröffnung des Insolvenzverfahrens nicht mehr an mangelnder Kostendeckung nach § 26 Abs. 1 Satz 1 InsO scheitern kann. Daher wird diese für alle Beteiligten elementar wichtige Konsequenz nunmehr ausdrücklich in § 26 Abs. 1 Satz 2 InsO hervorgehoben.

12 Eine weitere zentrale Konsequenz ergibt sich aus § 53 InsO: Nach dieser Norm sind aus der Insolvenzmasse die Kosten des Insolvenzverfahrens vorweg zu berichtigen. Gerade dieser Mechanismus ist in den Beratungen der Bund-Länder-Arbeitsgruppe als ein zentraler Unterschied gegenüber der klassischen Prozesskostenhilfe herausgestellt worden. Die gestundeten Forderungen sind – wie sich aus § 271 BGB ergibt – erfüllbar, so dass der Insolvenzverwalter bzw. Treuhänder verpflichtet ist, diese nach § 53 InsO vorweg zu befriedigen, sobald Mittel – wie z. B. bisher gepfändetes Arbeitsentgelt (dazu § 89 InsO) – der Insolvenzmasse zufließen. Dieser Mechanismus ist in § 292 Abs. 1 Satz 2 InsO auch für das Restschuldbefreiungsverfahren normiert worden; mit Ausnahme etwaiger Anwaltsgebühren sind auch in dieser Phase des Verfahrens die Verfahrenskosten aus den abgetretenen Einkommensteilen des Schuldners vom Treuhänder vorweg zu berichtigen.

13 Damit ist der Sache nach ein neues Insolvenzvorrecht geschaffen worden. Mit Ausnahme der Abtretungsgläubiger, die in den ersten beiden Jahren nach § 114 Abs. 2 InsO einen Befriedigungsvorrang geltend machen können, müssen alle anderen Gläubiger zunächst zurückstehen; das Ausfallrisiko des Justizfiskus wird damit deutlich gemindert. Dies bedeutet für ungesicherte Insolvenzgläubiger, dass sie vor allem in kostenaufwendigeren Regelinsolvenzverfahren typischerweise keine bzw. nur eine sehr geringe Quote erwarten haben; soweit Gläubiger nicht auf ein Scheitern des Restschuldbefreiungsverfahrens nach §§ 290, 296 InsO setzen wollen – was nur durch deren eigene Verfahrensaktivitäten möglich wäre – ist es für den Regelfall damit für einen Gläubiger ökonomisch rational, in allen *Fällen, in denen* im Verlauf der folgenden sechs Jahre mit einer gewissen Insolvenzmasse bzw. abtretbaren Einkommensbestandsteilen gerechnet werden kann, einen Schuldenbereinigungsplan zu vereinbaren, der ihnen

eine reale Quote ohne die nachteilige Konkurrenz mit dem Justizfiskus ermöglicht.[25]

Der Nachrang der Gläubigerbefriedigung bei Verfahrenskostenstundung entfällt erst in der zweiten Verfahrensstufe, wenn nach sechs Jahren seit Eröffnung des Verfahrens (§ 287 Abs. 2 InsO) eine Festsetzung von Ratenzahlungen zugunsten des Justizfiskus in entsprechender Anwendung von § 115 ZPO erfolgt. Diese weitere Kostenhaftung kann nach § 4 b InsO bis zu vier Jahre zusätzlich dauern, so dass sich für die Schuldner ein zehnjähriger Haftungszeitraum ergeben kann. Da in Schuldenbereinigungsplänen solche Fristen weder üblich noch sinnvoll sind, ergibt sich damit auch für die Schuldner ein nachhaltiges Interesse, durch Vereinbarung eines Schuldenbereinigungsplans eine konkrete zeitliche Perspektive für das Entschuldungsverfahren zu gewinnen.[26]

14

Die Bewilligung der Stundung erfolgt jeweils auf der Grundlage prognostischer Entscheidungen. Prognosen können fehlerhaft sein; daher ist dem Insolvenzgericht die Möglichkeit eingeräumt, nach § 4 c InsO die Stundung bei qualifizierten Prognosefehlern bzw. Obliegenheitsverletzungen des Schuldners aufzuheben, so dass die gestundeten Kosten und Auslagen kurzfristig fällig werden können. Die Regelung des § 4 c InsO vermeidet Doppelprüfungen; zugleich wird auch hier wieder die Bedeutung des Handelns der Beteiligten statuiert, denn die Verfahrenskostenstundung kann z. B. nach § 4 c Nr. 5 InsO nur aufgehoben werden, wenn vorher durch das aktive und fristgerechte[27] Handeln der Gläubiger die Restschuldbefreiung versagt worden ist.

15

Insgesamt ist damit das Modell der Verfahrenskostenstundung als ein differenziertes Regelwerk konstruiert worden, in dem die verschiedenen Teile aufeinander bezogen sind und im Rahmen eines funktionsfähigen Verfahrens jeweils ihre spezifische Aufgabe realisieren.

16

Wenn es dagegen zu Störungen kommt und die bei der Eröffnung zugrunde gelegten Prognosen nicht mehr realisierbar sind bzw. Schuldner ihnen im Gesetz zugewiesene Obliegenheiten nicht bzw. nicht korrekt erfüllen, kann das Insolvenzgericht die Verfahrenskostenstundung aufheben.

17

---

25 Dazu auch Kübler/Prütting, a. a. O., § 4 a Rdnr. 8; Kirchhof, ZInsO 2001, 1, 13; FK-InsO/Kohte, Vor § 304 Rdnr. 2 a; Kohte, VuR 2002, 108, 110.
26 Kübler/Prütting, a. a. O., § 4 a Rdnr. 9; kritisch zur Länge dieser Phase: Hergenröder, DZWiR 2001, 397, 408.
27 Dazu LG Nürnberg-Fürth VuR 2002, 31 mit Anm. Kohte.

Kohte

C. Verfahrenskostenstundung im Eröffnungsverfahren

18 Die Bund-Länder-Arbeitsgruppe ist bei ihren Beratungen von dem bisher wichtigsten Hindernis für mittellose Schuldner ausgegangen: Nach § 26 InsO wurden die Insolvenzanträge zurückgewiesen, wenn keine ausreichende Masse vorhanden bzw. zu erwarten war und dieses Defizit auch nicht durch einen Kostenvorschuss ausgeglichen werden konnte. Daher normiert § 26 Abs. 1 Satz 2 InsO die wesentliche Funktion der Stundung, die den Schuldnern hilft, diese erste Kostenhürde zu überwinden und den Zugang zum Insolvenzverfahren zu erreichen.

I. Subjektive Voraussetzungen

1. Natürliche Person

19 Die Durchführung des weiteren Insolvenzverfahrens hat für die Schuldner das maßgebliche Ziel, am Ende die Restschuldbefreiung erlangen zu können, so dass damit jeder Person, die Restschuldbefreiung nach § 286 ff. InsO erreichen kann, die Möglichkeit der Verfahrenskostenstundung eingeräumt ist. Diese gilt daher für jede natürliche Person, schließt aber juristische Personen von der Verfahrenskostenstundung notwendigerweise aus. Eine Beschränkung auf Verbraucher wird in Übereinstimmung mit der neueren insolvenzrechtlichen Judikatur[28] abgelehnt, so dass die Verfahrenskostenstundung kein verbraucherrechtliches, sondern ein allgemein insolvenzrechtliches Institut ist. Gerade bei Regelinsolvenzverfahren, bei denen wesentlich höhere Kosten anfallen können, wird sich die Verfahrenskostenstundung als ein besonders wichtiges Instrument erweisen.

2. Antrag auf Restschuldbefreiung

20 Weiter wird verlangt, dass der Schuldner einen Antrag auf Restschuldbefreiung gestellt hat. Hier sind verschiedenen Situationen zu unterscheiden, die bei der Beratung im Vorfeld beachtet werden müssen. Von Bedeutung ist hier vor allem, dass durch das InsOÄndG in § 287 Abs. 1 Satz 2 InsO den Schuldnern eine knappe Frist zur Antragstellung gesetzt worden ist.

> **Anwaltliche Fristenkontrolle:**
> Frist für Antragstellung nach §§ 20 Abs. 2, 287 Abs. 1 S. 2 InsO beachten!

---

28 Dazu nur AG Göttingen ZInsO 2000, 342; zustimmend: Smid, Kommentar zur Insolvenzordnung, 2. Aufl. 2001, § 4 a Rdnr. 3; ders. a. a. O., § 304 Rdnr. 28.

Im Verbraucherinsolvenzverfahren sind Schuldner verpflichtet, bereits mit **21** dem Antrag auf Eröffnung des Verbraucherinsolvenzverfahrens zugleich den Antrag auf Restschuldbefreiung zu stellen (§ 305 Abs. 1 Nr. 2 InsO). Dies ist inzwischen weitgehend bekannt und wird bei den verschiedenen hier üblichen Vordrucken in der Regel auch deutlich hervorgehoben.[29] Wenn im Verbraucherinsolvenzverfahren ein Gläubiger den Insolvenzantrag gestellt hat, dann ist nach neuem Recht nunmehr dem Schuldner nach § 306 Abs. 3 InsO Gelegenheit zu geben, ebenfalls einen Eröffnungsantrag zu stellen. In diesem Fall ist zunächst ein außergerichtlicher Einigungsversuch durchzuführen; falls dieser scheitert, ist dann ein Schuldnerantrag zu stellen, der mit einem Antrag auf Restschuldbefreiung zu verbinden ist. Als Frist greift hier eine Drei-Monats-Frist nach § 305 Abs. 3 Satz 3 InsO ein; diese geht als spezielle Regelung der knappen Zwei-Wochen-Frist in § 20 Abs. 2 InsO vor.[30] Bei Anträgen des Schuldners im Regelinsolvenzverfahren fehlt eine mit § 305 Abs. 1 Nr. 2 InsO vergleichbare Norm, so dass der Schuldner den Antrag auch ohne Erklärung zur Restschuldbefreiung stellen kann. In einem solchen Fall soll das Gericht ihn darauf hinweisen, dass er nach Maßgabe der §§ 286 bis 303 InsO Restschuldbefreiung erlangen kann. Der Zugang dieses Hinweises setzt dann die Frist des § 287 Abs. 1 Satz 2 InsO in Gang, so dass nunmehr innerhalb einer Frist von zwei Wochen ein Antrag auf Restschuldbefreiung zu stellen ist, falls Schuldner dieses Ziel verfolgen wollen. Diese Frist ist recht knapp, so dass zu verlangen ist, dass das Gericht einen aussagekräftigen und verständlichen Hinweis erteilt.[31] Angesicht der einschneidenden Konsequenzen aus § 287 Abs. 1 Satz 2 InsO ist zu erwarten, dass die in der neueren Judikatur bereits für die ähnlich einschneidende Frist des § 305 Abs. 3 InsO aufgestellte Anforderung einer förmlichen Zustellung[32] auch für diese Frist übernommen wird.[33] Ob bei Versäumen dieser Frist Wiedereinsetzung in den vorigen Stand möglich ist, ist in der Literatur umstritten; Anwältinnen und Anwälte, die von Schuldnern zur Beratung aufgesucht werden, haben daher nach dem Vorsichtsprinzip die Frage der rechtzeitigen Antragstellung unverzüglich zu prüfen.

Stellt dagegen nur ein Gläubiger einen Eröffnungsantrag im Regelinsol- **22** venzverfahren, dann ist der Schuldner – anders als im Verbraucherinsolvenzverfahren – nicht gezwungen, zur Wahrung der Möglichkeit der Restschuldbefreiung einen eigenen Insolvenzantrag zu stellen. Er soll gleichwohl nach Prüfung der Zulässigkeit des Gläubigerantrages nach § 20 Abs. 2 InsO auf die Möglichkeit der Restschuldbefreiung hingewiesen wer-

---

29 Vgl. nur FK-InsO, Anhang V, S. 2924 und jetzt den amtlichen Vordruck für das Verbraucherinsolvenzverfahren BGBl. I 2002, S. 703 ff.
30 Dazu FK-InsO/Ahrens, § 287 Rdnr. 11 a; vgl. MK-InsO/Schmahl, 2001 ff., § 20 Rdnr. 98.
31 Dazu FK-InsO/Schmerbach, § 20 Rdnr. 19; Kübler/Prütting, a. a. O., § 20 Rdnr. 31 f.
32 So jetzt BayObLG ZInsO 2001, 1013.
33 Vgl. Vallender, ZInsO 2001, 561, 566; FK-InsO/Ahrens, § 287 Rdnr. 11 b; FK-InsO/Schmerbach, § 20 Rdnr. 18; Kübler/Prütting, a. a. O., § 20 Rdnr. 29 f.

den. In der Literatur wird aus der Systematik des § 287 Abs. 1 Satz 2 InsO abgeleitet, dass in diesen Fällen die Belehrung keine Ausschlussfrist in Gang setzt, da diese nur bei der Verknüpfung von Eigenantrag auf Eröffnung des Insolvenzverfahrens und Antrag auf Restschuldbefreiung eingreift.[34]

3. Nicht ausreichendes Vermögen

23 Als weitere Voraussetzung für die Verfahrenskostenstundung wird in § 4a Abs. 1 Satz 1 InsO verlangt, dass das Vermögen des Schuldners voraussichtlich nicht ausreichen wird, um die Kosten des Verfahrens zu decken. Die Voraussetzung orientiert sich an der Vermögensprüfung des § 26 Abs. 1 InsO und verlangt damit auch für die Verfahrenskostenstundung eine Differenzbewertung. Es sind sowohl die voraussichtlichen Kosten des Verfahrens als auch das Vermögen des Schuldners zu ermitteln; wenn die Kosten das Vermögen überstiegen, dann war bisher der Antrag mangels Masse abzuweisen; nach neuem Recht kann sich gerade daraus die Begründetheit des Antrags auf Verfahrenskostenstundung und damit auch die Möglichkeit der Eröffnung nach § 26 Abs. 1 Satz 2 InsO ergeben. Diese Differenzbewertung erfordert zunächst eine Prognose der voraussichtlichen Kosten des Verfahrens. Diese Prognose ist insoweit schwierig, als sich die Kosten des Verfahrens nach § 37 GKG am Wert der Insolvenzmasse orientieren, der zum Ende Verfahrens festgestellt werden kann. Obgleich das Insolvenzrecht seit 1999 durch das legislative Bestreben gekennzeichnet ist, die Kosten des Verfahrens überschaubar zu halten, haben sich in der gerichtlichen Praxis weiterhin Tendenzen fortgesetzt, mit hoch angesetzten Kosten prohibitiv zu agieren. Mehrfach mussten daher überhöhte Ansätze im Beschwerdeverfahren korrigiert werden.[35] In Zukunft wird weiter darauf zu achten sein, dass hier realistische Beträge angesetzt werden.

24 Das zweite Element der Differenzbewertung ist die Schätzung der Vermögenswerte des Schuldners. Diese werden regelmäßig niedriger sein als die Verbindlichkeiten, da ansonsten das Merkmal der Zahlungsunfähigkeit in § 17 InsO nur schwer zu erfüllen sein wird. Zu beachten ist aber weiter, dass nunmehr auch der Neuerwerb zur Masse gezogen wird, so dass monatlich beständiger Neuerwerb dazu führen kann, dass die monatlich zur Verfügung stehende Masse zur Durchführung des Insolvenzverfahrens ausreichen kann. In der bisherigen Literatur wird mindestens eine Frist von sechs bis zwölf Monaten ab Eröffnung des Insolvenzverfahrens befürwortet,[36] so dass relativ schnell Klarheit über die Voraussetzungen der Verfahrenskostenstundung geschaffen werden kann.

25 Als zweite Möglichkeit sieht § 26 InsO die Möglichkeit vor, dass Dritte den Verfahrenskostenvorschuss einzahlen. Diese Art der Finanzierung ist er-

---
[34] Dazu MK-InsO/Schmahl, § 20 InsO Rdnr. 98; FK-InsO/Ahrens, § 287 Rdnr. 11a.
[35] LG Traunstein NZI 2000, 439; LG Berlin ZInsO 2001, 718.
[36] Köhler, ZInsO 2001, 743; LG Kaiserslautern VuR 2001, 327 m. Anm. Kohte; FK-InsO/Schmerbach § 26 Rdnr. 15.

wünscht und wird nunmehr in § 302 Nr. 2 InsO ausdrücklich von der gesetzlichen Restschuldbefreiung ausgenommen. Wenn Schuldner diesen Weg wählen, dann bedarf es keiner Verfahrenskostenstundung, die insoweit subsidiär ist.[37]

Die Möglichkeit des Verfahrenskostenvorschusses verlangt eine spezifische Kommunikation zwischen Gericht und Schuldner, da das Gericht von Amts wegen den Schuldner über die aus seiner Seite zu erwartende Höhe der Kosten – und damit auch des Kostenvorschusses – zu informieren hat.[38] Schuldner, denen die Möglichkeit einer solchen Unterstützung durch Dritte fehlt, sollten direkt im Antrag darauf hinweisen, dass keine Möglichkeiten externe Finanzierung des Verfahrenskostenvorschusses bestehen, so dass auf diese Weise keine spezifische Erörterung der Höhe der Kosten erforderlich ist.

26

Weitere komplizierte Berechnungen sind für die Differenzbewertung nach § 4a Abs. 1 Satz 1 InsO nicht erforderlich; die gesetzliche Neuregelung zielt auf eine zügige und einfache Schlussfassung über die Eröffnung des Verfahrens. Tendenzen in der Gerichtspraxis, dass umfassende Daten zum Vermögen des Schuldners erhoben werden, widersprechen den Vereinfachungszielen des InsOÄndG; zumindest in den Fällen, in denen sich ein Schuldner auf Zahlungsunfähigkeit nach § 17 InsO beruft, sind detaillierte Ermittlungen über Wirtschaftsdaten wie Mietbelastungen und weitere Nebenkosten für die Strukturierung des Restschuldbefreiungsverfahrens zu diesem Zeitpunkt nicht geboten.

27

Einige Gerichte verlangen seit dem Inkrafttreten des InsOÄndG bei der Prüfung der Voraussetzungen des § 4a InsO Aussagen des Schuldners zum Bestehen eines familiären Anspruchs auf Prozesskostenvorschuss, der vorrangig vor einem Gerichtsverfahren heranzuziehen wäre.

28

Materiell-rechtlich ist ein solcher Prozesskostenvorschuss für Kosten eines Rechtsstreits, der eine persönliche Angelegenheit betrifft, in § 1360a Abs. 4 BGB kodifiziert. Diese Norm betrifft Eheleute während des Bestands der Ehe; sie gilt weder für geschiedene Ehepartner noch bei Lebensgemeinschaften oder nichtehelichen Lebensgemeinschaften.[39] Eine analoge Übertragung auf Verhältnisse zwischen Eltern und Kindern wird von der Judikatur nur in geringem Umfang vorgenommen; überwiegend wird eine Verweisung volljähriger Kinder auf einen Prozesskostenvorschuss abgelehnt.[40] Der Anspruch auf Prozesskostenvorschuss gilt im Übrigen nur für Kosten eines Rechtsstreits, der eine persönliche Angelegenheit betrifft. Hier ist es fraglich, ob ein Insolvenzverfahren als persönliche Angelegenheit qualifiziert werden kann. In der bisherigen Judikatur werden dazu Streitigkeiten gerechnet, die ihre Wurzeln in der Lebensgemeinschaft haben.[41] Es ist in

29

---

37 BT-Drucks. 14/5680, S. 20.
38 FK-InsO/Kohte, § 4a Rdnr. 11; § 311 Rdnr. 32.
39 Palandt/Brudermüller, Kommentar zum BGB, 61. Aufl. 2002, § 1360a Rdnr. 9.
40 OLG Hamm FamRZ 1996, 1021; OLG Köln FamRZ 1994, 1409; Palandt/Diederichsen, a. a. O., § 1610 Rdnr. 13.
41 BGHZ 31, 384.

der Regel nicht anzunehmen, dass Verschuldung und die Notwendigkeit der Restschuldbefreiung ihre Wurzeln in der ehelichen Lebensgemeinschaft haben. Soweit dies im Einzelfall zu bejahen wäre, dürfte dann allerdings in aller Regel die Leistungsfähigkeit des anderen Ehepartners nicht gegeben sein, denn diesem muss nicht nur der notwendige, sondern der angemessene Unterhalt verbleiben.[42] Zudem ist eine Verweisung auf einen Prozesskostenvorschuss regelmäßig nur möglich, wenn es sich um einen zweifelsfrei bestehenden und liquiden Anspruch handelt.[43] Soweit Zweifel an der unmittelbaren Realisierbarkeit bestehen, kann – so die regelmäßige Judikatur zur Prozesskostenhilfe – eine Verweisung des Schuldners auf einen zweifelhaften Anspruch nicht erfolgen. Diese Parallele zeigt daher, dass schwierige Ermittlungen zum Prozesskostenvorschuss nicht im summarischen Verfahren nach § 4 a InsO zu erfolgen haben. Soweit ein familiärer Prozesskostenvorschuss nicht freiwillig nach § 26 Abs. 1 Satz 2 InsO geleistet wird, wird es regelmäßig sachgerecht sein, wenn diese komplizierte Frage nicht im Stundungsverfahren, sondern im Insolvenzverfahren geklärt wird.[44] Soweit es sich um realisierbares Vermögen handelt, hat der Insolvenzverwalter/Treuhänder einen solchen Anspruch zur Masse zu ziehen und zu realisieren. In einem solchen Fall würden dann nach § 53 InsO mit diesen Mitteln die Verfahrenskosten bezahlt werden, so dass eine sachgerechte Verfahrensgestaltung gesichert wäre.[45]

II. Objektive Voraussetzungen

30   Zu den klassischen objektiven Voraussetzungen des Rechts der Prozesskostenhilfe gehört die hinreichende Erfolgsaussicht des Antragstellers. In der Gesetzgebung sind Beispiele bekannt, in denen im Interesse einer zügigen Entscheidung diese Anforderungen vereinfacht sind, so z. B. § 11 a ArbGG. In den Beratungen zum InsOÄndG ist ausführlich erörtert worden, ob sämtliche tatbestandlichen Voraussetzungen der Restschuldbefreiung, also vor allem die Möglichkeit von Versagungsanträgen nach § 290 InsO vorab umfassend zu prüfen sind. Angesichts der offenen Formulierung in § 290 InsO ist im Interesse der Vereinfachung dieses summarischen Prüfungsverfahrens auf eine umfassende Erörterung der verschiedenen Alternativen des § 290 InsO bewusst verzichtet worden. Verlangt wird ausschließlich, dass die beiden Voraussetzungen, die mit liquiden Beweismitteln einfach unterlegt werden können, vom Schuldner im Eröffnungsverfahren nachgewiesen werden: das Fehlen einer strafgerichtlichen Verurteilung (§ 290 Abs. 1 Nr. 1

---

42 OLG Zweibrücken FamRZ 1997, 757, 758; Staudinger/Hübner/Voppel, 13. Aufl. 1993 ff., § 1360 a Rdnr. 75.
43 Dazu OLG Köln NJW 1975, 353; FamRZ 1985, 1067; Kohte, DB 1981, 1174, 1178 wohl auch Kübler/Prütting, a. a. O., § 26 Rdnr. 13.
44 Vgl. auch Kübler/Prütting, a. a. O., § 4 a Rdnr. 33.
45 So auch Grote, ZInsO 2002, 179, 181.

InsO) und das Fehlen von Vorstrafen wegen insolvenztypischer Straftaten (§ 290 Abs. 1 Nr. 3 InsO). Weitere Prüfungen einer zusätzlichen Erfolgsaussicht sind nicht statthaft, die Gesetzgebung hat insoweit bewusst eine eingeschränkte Erfolgsprüfung kodifiziert.[46] Der Schuldner hat dem Antrag eine Erklärung beizufügen, ob einer dieser beiden Versagungsgründe in § 290 Abs. 1 Nr. 1 oder Nr. 3 InsO vorliegt. Ist dies der Fall, dann ist die Verfahrenskostenstundung ausgeschlossen; ist dies nicht der Fall, dann ist damit auch das letzte Tatbestandsmerkmal für die Bewilligung der Verfahrenskostenstundung nachgewiesen.

III. Antrag auf Verfahrenskostenstundung

Ein formloser Antrag auf Verfahrenskostenstundung könnte sich an dem Formularvorschlag der Zentralen Schuldnerberatung in Stuttgart orientieren. Dieser sieht folgendermaßen aus:

31

Antrag auf Stundung der Kosten für das Verbraucherinsolvenzverfahren gemäß § 4 a Abs. 1 InsO

Name, Vorname
Straße, Hausnummer
PLZ, Ort

An das
Amtsgericht
– Insolvenzgericht –
Postfach/Straße Hausnummer
PLZ, Ort

Hiermit beantrage ich die Stundung der Kosten für das Verbraucherinsolvenzverfahren bis zur Erteilung der Restschuldbefreiung gem. § 4 a Abs. 1 InsO.

Mein Vermögen reicht voraussichtlich nicht aus, um die Kosten des Verfahrens über den Schuldenbereinigungsplan, des gerichtlichen Insolvenzverfahrens und des Verfahrens zur Restschuldbefreiung zu decken.

Ich kann keinen Kostenvorschuss gem. § 26 Abs. 1 Satz 2 InsO leisten. Insofern verweise ich auf meinen Antrag auf Eröffnung des Insolvenzverfahrens gem. § 305 InsO, insbesondere auf die beigefügte Vermögensübersicht und das Vermögensverzeichnis.

Gemäß § 4 a Abs. 1 InsO erkläre ich, dass Gründe zur Versagung der Restschuldbefreiung gemäß § 290 Abs. 1 Nr. 1 und 3 InsO nicht vorliegen. Ich bin weder wegen einer Insolvenzstraftat nach §§ 283–283 c StGB rechtskräftig verurteilt noch ist mir die Restschuldbefreiung in *den letzten 10 Jahren* erteilt bzw. nach §§ 296, 297 InsO versagt worden. Ich verweise auf meinen Antrag auf Restschuldbefreiung gem. § 287 InsO.

Ort, Datum

Unterschrift

---

[46] FK-InsO/Kohte, § 4 a Rdnr. 14 ff; Kübler/Prütting, a. a. O., § 4 a Rdnr. 38; Smid, a. a. O., § 4 a Rdnr. 6.

32 Falls die Vertretung eines Rechtsanwalts trotz der dem Gericht obliegenden Fürsorge erforderlich erscheint (vgl. § 4 a Abs. 2 InsO), muss der Schuldner zusätzlich dessen Beiordnung beantragen und begründen:[47]

> »Ich beantrage
> - die Beiordnung eines/einer zur Vertretung bereiten Rechtsanwalts/Rechtsanwältin
> - die Beiordnung von Rechtsanwältin/Rechtsanwalt (Name, Anschrift)
>
> Begründung:
>
> Die Vertretung durch einen Rechtsanwalt ist trotz der dem Gericht obliegenden Fürsorge erforderlich, weil ...«

33 In ähnlicher Weise geht das AG Göttingen in seiner Formularsammlung vor.[48] In dem dortigen Vorschlag eines Insolvenzantrages ist in den Insolvenzantrag eingearbeitet ein Antrag auf Stundung mit folgendem Text:

> »Ich beantrage für die Durchführung des Insolvenzverfahrens Stundung der entstehenden Verfahrenskosten und stelle Antrag auf Restschuldbefreiung.
>
> Ich versichere
> - dass ich nicht wegen einer Straftat nach den §§ 283 bis 283 c des Strafgesetzbuches verurteilt worden bin,
> - dass mir in den letzten Jahren nicht Restschuldbefreiung erteilt oder nach § 296 InsO oder § 297 InsO versagt worden ist.«

34 Zusätzlich ist zu den subjektiven Voraussetzungen im Rahmen der Erklärungen zum Insolvenzgrund, vor allem zur Zahlungsunfähigkeit, aufgeführt:

- Angaben zum Vermögen:
- Höhe der Verbindlichkeiten ca. EURO:
- Höhe des Vermögens ca. EURO:

35 Manche Gerichte verlangen die Benutzung ihrer Formulare und Vordrucke. Dies ist unzulässig, denn ein Formularzwang ist für die Verfahrenskostenstundung im Gesetz nicht vorgesehen. Im Insolvenzrecht ist ein solcher Formularzwang ausschließlich in § 305 InsO für den Antrag des Schuldners im Verbraucherinsolvenzverfahren vorgesehen; in diesem Formular sind keine verpflichtenden Formulierungen zur Verbraucherinsolvenz aufgenommen. Eine dem § 117 ZPO entsprechende Formularvorschrift ist bewusst in das Insolvenzrecht nicht übernommen worden, so dass die Gerichte jeden Antrag, der eindeutig Verfahrenskostenstundung beantragt und die erforderlichen Angaben zu den subjektiven und objektiven Voraussetzungen der Verfahrenskostenstundung enthält, sachlich zu bescheiden haben.[49] Sobald ein solcher Antrag gestellt ist, tritt nach § 4 a Abs. 3 Satz 3 InsO sofort – also ohne einen speziellen Gerichtsbeschluss – die Stundungswirkung ein,

---

[47] Zentrale Schuldnerberatung Stuttgart, Infodienst Schuldnerberatung 4/2001, S. 42.
[48] Abgedruckt in ZInsO 2002, 118 ff.
[49] So auch Grote, ZInsO 2002, 179, 181; vgl. Bruckmann, InVo 2001, 41, 43 und Kohte VuR 2002, 115.

so dass Vorschüsse nicht mehr geltend gemacht werden dürfen und ein Beschluss auf Abweisung der Eröffnung des Insolvenzverfahrens mangels Masse erst erfolgen darf, wenn der Stundungsantrag rechtskräftig zurückgewiesen worden ist.[50]

IV. Gerichtliche Entscheidung

1. Bewilligung und Eröffnung

Das Gericht, das auch unverzüglich über den Antrag auf Insolvenzeröffnung zu entscheiden hat, hat zügig über den Antrag auf Verfahrenskostenstundung zu befinden. Wird der Antrag zurückgewiesen, dann steht dem Antragsteller nach § 4 d InsO die Möglichkeit der Beschwerde offen (dazu unten H). Ist der Antrag begründet, dann hat das Gericht in enger zeitlicher Koordinierung über den Eröffnungsantrag und den Antrag auf Stundung der Verfahrenskosten zu entscheiden, damit das Verfahren zügig seinen Fortgang findet. Eine Eröffnung ohne Entscheidung über den Antrag auf Verfahrenskostenstundung[51] ist mit der gesetzlichen Struktur nicht zu vereinbaren.

36

2. Stundung der Verfahrenskosten

Die Stundung bewirkt nach § 4 Abs. 3 Satz 1 InsO, dass die Staatskasse die Gerichtskosten und Auslagen nur nach den vom Insolvenzgericht festgesetzten Bestimmungen geltend machen kann. Diese Norm orientiert sich am Vorbild des § 122 ZPO; die Kosten sind nicht erlassen, sondern gestundet. Die Regierungsbegründung hat daraus geschlossen, dass die Staatskasse von einer Geltendmachung dieser Kosten bis zur Erteilung der Restschuldbefreiung abzusehen hat.[52] Insoweit bedarf es in den nächsten Abschnitten bei einer Bewilligung im Eröffnungsverfahren keiner zusätzlichen Bewilligungsbeschlüsse.

37

Das System der Verfahrenskostenstundung bedarf der Flankierung hinsichtlich der Vergütung des Insolvenzverwalters, des Treuhänders, des vorläufigen Insolvenzverwalters sowie der beigeordneten Rechtsanwälte. Für alle Akteure gilt, dass sie – insoweit wiederum in Übereinstimmung mit dem Vorbild des § 122 ZPO – keinen direkten Anspruch gegen den Schuldner geltend machen können, sondern auf einen Sekundäranspruch gegen die Staatskasse verwiesen werden. Ausführlich geregelt ist dieser Sekundäran-

38

---

50 Ebenso Kübler/Prütting, a. a. O., § 4 a Rdnr. 46.
51 So z. B. AG Hamburg ZIP 2001, 2241; dagegen jetzt zutreffend AG Göttingen ZVI 2002, 69.
52 BT-Drucks. 14/5680, S. 21.

spruch in § 63 Abs. 2 InsO, wonach dem Insolvenzverwalter ein Anspruch gegen die Staatskasse zusteht, soweit die Insolvenzmasse dafür nicht ausreicht. Notwendige Voraussetzung ist dazu jeweils die Festsetzung der Vergütung und der zu erstattenden Auslagen nach § 64 InsO durch das Insolvenzgericht. Wenn dieser Beschluss nach Bekanntmachung rechtskräftig geworden ist, steht dem Insolvenzverwalter das Recht zu, die festgesetzten Beträge aus der Masse zu entnehmen.[53] Bereits vorher kann nach § 9 InsVV der Insolvenzverwalter mit Zustimmung des Insolvenzgerichts einen Vorschuss auf die Vergütung und die Auslagen aus der Insolvenzmasse entnehmen.[54] Nach der bisherigen insolvenzgerichtlichen Judikatur ist ein Beschluss des Insolvenzgerichts nach § 9 Satz 1 InsVV, der einer solchen Entnahme zustimmt, nicht anfechtbar.[55]

39 Dieses Modell gilt nach § 21 Abs. 2 InsO auch für den vorläufigen Insolvenzverwalter sowie nach §§ 313 Abs. 1 Satz 3, 63, 64 InsO für den Treuhänder während des Verbraucherinsolvenzverfahrens. In sämtlichen Konstellationen besteht kein direkter Anspruch des Insolvenzverwalters/Treuhänders gegen den Schuldner, aus dessen massefreiem Vermögen Zahlungen auf seinen Vergütungsanspruch zu erbringen. Stattdessen geht der Anspruch des Treuhänders gegen die Insolvenzmasse auf die Staatskasse über. Diese kann ihn wiederum gem. Anlage KV 9017 zum GKG als Auslagenanspruch gegen den Schuldner geltend machen. Auch für diesen Anspruch gilt allerdings die Stundung nach § 4 a Abs. 3 Satz 1 InsO.

40 Für die beigeordneten Anwältinnen und Anwälte gilt eine vergleichbare Regelung. Ihre Ansprüche können sie gem. § 4 a Abs. 3 Satz 2 InsO ebenfalls nicht gegen den Schuldner geltend machen. Sie erhalten stattdessen mit der Bewilligung der Verfahrenskostenstundung einen Sekundäranspruch gegen die Staatskasse auf Zahlung der entsprechenden Vergütung. Mit der Zahlung dieser Vergütung geht der Vergütungsanspruch nach § 130 BRAGO auf die Staatskasse über und kann wiederum nach den allgemeinen Grundsätzen des Insolvenzrechts geltend gemacht werden. Genau wie bei § 122 ZPO[56] sind von der Forderungssperre nur diejenigen Zahlungen der Mandanten nicht erfasst, die in Kenntnis der rechtlichen Bedeutung eines Sekundäranspruchs freiwillig nach § 3 Abs. 4 BRAGO erbracht worden sind.[57] Diese Forderungssperre, die durch einen Rückforderungsanspruch gesichert ist, gilt auch bei freiwilligen Zahlungen Dritter – z. B. Verwandter – an den jeweiligen Rechtsanwalt.[58]

---

53 MK-InsO/Nowak, § 64 Rdnr. 17.
54 FK-InsO/Kind, § 64 Rdnr. 12.
55 LG Göttingen ZInsO 2001, 846, m. Anm. Foltes, S. 842.
56 Vgl. Musielak/Fischer, Kommentar zur ZPO, 2. Aufl. 2000, § 122 Rdnr. 7.
57 Dazu zuletzt Hartmann, Kostengesetze 30. Aufl. 2001, § 3 BRAGO Rdnr. 66 ff.
58 FK-InsO/Kohte, § 4 a Rdnr. 21.

3. Vorrangige Berichtigung der Verfahrenskosten

Obgleich die Verfahrenskosten gestundet sind, sind sie doch nach allgemeinen zivilrechtlichen Grundsätzen erfüllbar. Daher gilt weiterhin § 53 InsO, wonach aus der Insolvenzmasse vorweg die Kosten des Insolvenzverfahrens zu berichtigen sind. Diese Norm hat eine Schlüsselrolle für das Verständnis des Systems der Verfahrenskostenstundung. Fließen nach Eröffnung des Verfahrens der Insolvenzmasse, z. B. infolge des Pfändungsverbots nach § 89 InsO, Zahlungen zu, so sind die eingehenden Beträge vom Insolvenzverwalter bzw. vom Treuhänder vorweg zur Berichtigung der Verfahrenskosten einzusetzen. Diese Pflicht unterliegt der Aufsicht des Insolvenzgerichts, das hier wiederum im fiskalischen Interesse tätig wird, so dass die gestundeten Beträge wesentlich effektiver an die Staatskasse zurückfließen als beim System der Prozesskostenhilfe. Die Staatskasse hat gegen den jeweiligen Schuldner Monat für Monat entsprechende Ratenforderung geltend zu machen und mit den allgemeinen prozessrechtlichen Mitteln zu realisieren. Gerade in diesem Mechanismus des § 53 InsO hat die Regierungsbegründung ein Instrument gesehen, mit dem – anders als bei dem Verfahren nach § 120 ZPO – eine Verbesserung der wirtschaftlichen Verhältnisse des Schuldners der Staatskasse automatisch zugute komme und die Forderungen des Fiskus schneller bedient würden.[59]

41

Damit hat sich dies Situation der Gläubiger im Insolvenzverfahren nachhaltig verändert: Während bisher gerade im Verbraucherinsolvenzverfahren ein Kompromiss zwischen Gläubigern und Schuldner relativ selten war,[60] schadet dem einzelnen Gläubiger nunmehr eine vergleichsabweisende Verhandlungstaktik, da in der Mehrzahl der Fälle eine Verfahrenskostenstundung möglich sein dürfte und damit durch § 53 InsO faktisch ein fiskalisches Vorwegbefriedigungsrecht etabliert ist, das in nicht wenigen Verfahren den gesamten der Masse zufließenden Betrag aufzehren kann.[61]

42

Für die einzelnen Gläubiger bedarf es daher einer sorgfältigen Prüfung der jeweiligen Vergleichsstrategie, weil die nachhaltige Zurückhaltung bei Vergleichsverhandlungen zum Verlust jeglicher Befriedigungsmöglichkeit des einzelnen Gläubigers führen kann. Es gehört zu den anwaltlichen Beratungsaufgaben bei der Vertretung von Gläubigern im Insolvenzverfahren, ihren Mandanten dieses Kalkül, das sich von der bisherigen Situation deutlich unterscheidet, genau vor Augen zu führen. Letztlich kann sich daraus eine Korrektur des bisherigen Verhaltens im Schuldenbereinigungsplanverfahren (dazu unten D III) ergeben.

43

---

59 BT-Drucks. 14/5680, S. 13.
60 Vgl. dazu die Daten von Graeber, ZInsO 2001, S. 1040 ff.
61 Dazu auch Kirchhof, ZInsO 2001, 1, 13; Kübler/Prütting, a. a. O., § 4 a Rdnr. 8; Kohte, ZInsO 2002, 53, 54.

D. Verfahrenskostenstundung in weiteren Verfahrensabschnitten

44 § 4 a Abs. 3 Satz 2 InsO ordnet ausdrücklich an, dass für jeden Verfahrensabschnitt gesondert über die Verfahrenskostenstundung zu entscheiden ist. Insoweit passt sich das Gesetz an die überwiegende Entscheidungspraxis derjenigen Gerichte an, die seit 1999 Prozesskostenhilfe im Insolvenzverfahren bewilligt hatten. Diese Gerichte hatte in Anwendung von §§ 4 InsO, 119 ZPO eine Bewilligung für die einzelnen Verfahrensabschnitte vorgenommen, wobei in der Regel das Eröffnungsverfahren, das eröffnete Verfahren und die Treuhandperiode unterschieden worden waren.[62] In der Regierungsbegründung ist diese abschnittsbezogene Bewilligung ausdrücklich als ein Beitrag zur Vereinfachung des Verfahrens hervorgehoben worden.[63] Diese abschnittsweise Bewilligung darf allerdings nicht in der Weise missverstanden werden, dass die Voraussetzungen der Bewilligung unterschiedlich seien. Die objektive Voraussetzung der hinreichenden Erfolgsaussicht bestimmt sich während des gesamten Verfahrens ausschließlich an § 4 a Abs. 1 Satz 4 InsO und beschränkt sich auch in den nächsten Verfahrensabschnitten nur auf die beiden Versagungsgründe nach § 290 Abs. 1 Nr. 1 und 3 InsO; soweit das Gericht rechtskräftig eine Versagung aus einem der in § 290 InsO genannten Gründe entschieden hat, ist allerdings eine Aufhebung der Stundung nach § 4 c InsO zu prüfen (dazu unten G V); diese Regelung ist insoweit abschließend.[64]

I. Stundung im eröffneten Insolvenzverfahren

45 Auch für die subjektiven Voraussetzungen ist weiterhin die Differenz zwischen dem vorhandenen Vermögen und den durch das Verfahren entstehenden Kosten maßgeblich. War zum Beispiel wegen einer optimistischen Schätzung des pfändbaren Einkommens, das in die Masse fällt, eine Verfahrenskostenstundung abgelehnt worden, so kann im eröffneten Verfahren ein Antrag auf Verfahrenskostenstundung erfolgreich sein, wenn diese Schätzung sich als unrealistisch herausgestellt hat oder der wirtschaftliche Sachverhalt – z. B. wegen des Verlustes des Arbeitsplatzes – sich geändert hat. In einem solchen Fall könnte das weitere Verfahren wegen einer Einstellung nach § 207 InsO scheitern, da eine solche Einstellung nach § 289 Abs. 3 InsO den Weg zur Restschuldbefreiung blockiert. Insoweit nimmt § 207

---

62 Nähere Einzelheiten bei FK-InsO/Kohte, § 310 Rdnr. 15; LG Düsseldorf NZI 1999, 237; vgl. Smid, a. a. O., § 4 a Rdnr. 11.
63 BT-Drucks. 14/5680, S. 19.
64 So auch Kübler/Prütting, a. a. O., § 4 a Rdnr. 38.

InsO eine vergleichbare Hindernisfunktion wie § 26 InsO ein; das Mittel der Verfahrenskostenstundung soll dieses Hindernis aus dem Weg räumen, wie sich aus § 207 Abs. 1 Satz 2 InsO ergibt.

Die abschnittsweise Bewilligung der Verfahrenskostenstundung erweist sich hier als ein Mittel der gerichtlichen Prognosekorrektur. War die zu erwartende Masse zu günstig prognostiziert worden, so bedarf es einer neuen Entscheidung über eine Verfahrenskostenstundung, um die Hürde des § 207 InsO überwinden zu können. Dagegen ist eine umgekehrte Korrektur einer zu ungünstigen Einschätzung der Masse im Gesetz nicht vorgesehen und auch nicht erforderlich. Ist nämlich nach § 26 InsO – wenn auch mit Hilfe einer Verfahrenskostenstundung – das Verfahren eröffnet und ein Insolvenzverwalter/Treuhänder bestellt worden, so hat dieser nach § 53 InsO aus den eingehenden Mitteln zunächst die Verfahrenskosten zu befriedigen. Wenn daher die eingehenden Mittel größer sind, können die Kosten schneller befriedigt werden, so dass auch an die Gläubiger eine Quote ausgeschüttet werden könnte. Sollten im Einzelfall in solchem Umfang Werte zur Masse gezogen werden können, dass nicht nur die Kosten und Masseverbindlichkeiten, sondern auch sämtliche Insolvenzgläubiger befriedigt werden können, so ist das Verfahren nach § 212 InsO einzustellen. In einem solchen Fall erledigt sich auch die Verfahrenskostenstundung,[65] weil der mit ihr verfolgte Zweck erreicht ist. 46

II. Stundung in der Treuhandperiode

§ 4 a Abs. 1 Satz 2 InsO bezieht in die zu stundenden Verfahrenskosten auch die Kosten des Verfahrens zur Restschuldbefreiung ein. In der Regierungsbegründung wird dazu ausdrücklich ausgeführt, dass damit auch die Mindestvergütung des Treuhänders nach § 298 InsO bei entsprechender Bewilligung zu stunden ist.[66] Zutreffend wird in der Begründung auch erläutert, dass es wenig Sinn mache, durch den Einsatz öffentlicher Mittel ein aufwendiges Verfahren zur Erlangung der Restschuldbefreiung zu finanzieren, um dann kurz vor Erreichen dieses Ziels das Verfahren an der vergleichsweise niedrigen Mindestvergütung des § 298 InsO scheitern zu lassen.[67] Damit ist die frühere Sanktionsdrohung des § 298 InsO a. F. korrigiert worden, die von Anfang an in der Literatur auf umfassende Kritik gestoßen war.[68] Im Regelfall erfasst die bereits im Eröffnungsverfahren bewilligte Stundung auch die Mindestvergütung des Treuhänders, sofern diese nicht aus den vom Treuhänder eingezogenen Mitteln beglichen werden kann. Dagegen bezieht sich die Stundung nicht auf die zusätzliche Ver- 47

---

65 Dazu FK-InsO/Kohte, § 4 a Rdnr. 27.
66 BT-Drucks. 14/5680, S. 12.
67 So bereits Graf-Schlicker, FS Uhlenbruck 2001., S. 573, 576 f.; zustimmend Smid, a. a. O., § 304 Rdnr. 29.
68 Einzelheiten: FK-InsO/Grote, § 298 Rdnr. 3 ff.

gütung des Treuhänders für die Überwachung des Schuldners nach § 292 Abs. 2 Satz 3 InsO; insoweit haben weiterhin die Gläubiger etwaige Beträge vorzuschießen.[69]

48 Von besonderer Bedeutung für die anwaltliche Praxis ist die Neuregelung der Verteilung der vom Treuhänder eingezogenen Mittel in § 292 Abs. 1 Satz 2 InsO. Danach hat auch der Treuhänder nach dem Vorbild des § 53 InsO zunächst die Verfahrenskosten zu berichtigen, soweit nach dem Ende des Insolvenzverfahrens noch ungedeckte Verfahrenskosten bestanden bzw. während der Treuhandperiode neu entstanden sind. Zu diesen Kosten zählt auch die Treuhändervergütung. Dagegen werden die in der Treuhandperiode eingezogenen Mittel nur nachrangig zur Begleichung der gestundeten Anwaltskosten eingesetzt. Diese Kosten sollen erst berichtigt werden, wenn die Verbindlichkeiten der Gläubiger erfüllt sind, da – so die Regierungsbegründung – die anwaltliche Beiordnung Ausdruck einer besonderen Fürsorge des Staates gegenüber dem rechtsunkundigen Bürger sei, die nicht zu Lasten der einzelnen Gläubiger gehen solle.[70]

49 Soweit daher anwaltliche Kosten bis zum Ende des Insolvenzverfahrens noch nicht berichtigt sind bzw. in der Treuhandperiode neu entstehen, werden diese in aller Regel bis zum Ende der Treuhandperiode nicht ausgeglichen, so dass sie den Regelfall der noch offenen Kosten bilden werden, die nach § 4 b InsO im Rahmen der zweiten Stufe der Verfahrenskostenstundung durch ein Prozesskostenhilfemodell ratenweise abgezahlt werden sollen[71] (nähere Einzelheiten dazu unten F I). Die anwaltliche Beiordnung kann daher für die Mandanten zu einer Verlängerung der an die Staatskasse zu zahlenden Beträge führen. Der Anwalt ist durch seinen Sekundäranspruch nach § 4 a Abs. 2 Satz 2 InsO gesichert. Aus meiner Sicht ist dieser Sachverhalt so wichtig, dass vor der Beantragung einer anwaltlichen Beiordnung (dazu unten E) auf diese Konsequenzen hinzuweisen ist.

III. Stundung im Schuldenbereinigungsplanverfahren

50 Kostenrechtlich nimmt das Schuldenbereinigungsplanverfahren eine spezielle Rolle ein; obgleich nach § 306 InsO das Insolvenzverfahren ruht, werden doch Gerichtskosten nach KV 5110 zum GKG in Höhe einer halben Gebühr fällig. Nach § 37 GKG ist diese Gebühr nach dem Wert der Masse zu berechnen, der bei Verfahrensbeginn allenfalls geschätzt werden kann. Dies spricht dagegen, diese Gebühr sofort einzufordern, zumal nach § 65 GKG das gerichtliche Handeln im Schuldenbereinigungsplanverfahren

---

69 Kübler/Prütting, a. a. O., § 4 a Rdnr. 29.
70 BT-Drucks. 14/5680, S. 29.
71 Dazu FK-InsO/Grote, § 292 Rdnr. 9 a.

nicht von der vorherigen Zahlung der angeforderten Gebühr abhängig gemacht werden darf.[72]

Probleme ergaben sich bisher allerdings bei den Auslagen, z. B. für Zustellungen. Hier war es dem Gericht nach § 68 Abs. 3 GKG a. F. nach Meinung einiger Insolvenzgerichte möglich, Auslagenvorschüsse zu erheben und die eigenen Handlungen, wie z. B. die Zustellung des Schuldenbereinigungsplans, von der Zahlung des Auslagenvorschusses abhängig zu machen.[73] Diese Praxis einiger Insolvenzgerichte ist nunmehr eindeutig korrigiert worden; nach § 68 Abs. 3 Satz 2 GKG darf ein Auslagenvorschuss in einem Verfahren über den Schuldenbereinigungsplan nicht erhoben werden. Obgleich damit zuerst der Eindruck erweckt war, dass nunmehr Kostenprobleme im Schuldenbereinigungsplanverfahren »gelöst« worden seien, erwies sich diese Annahme als eine Fehleinschätzung. Eine vorläufige Problemlösung ohne sofortigen Stundungsbeschluss erfolgt nur, wenn das Schuldenbereinigungsplanverfahren scheitert und unmittelbar danach das Insolvenzverfahren fortgesetzt sowie über die Stundung endgültig entschieden wird. Soweit danach die Stundung bewilligt wird, werden die gerichtlichen Gebühren – darunter auch diejenigen des Schuldenbereinigungsplans – bis zur Erteilung der Restschuldbefreiung gestundet. Dasselbe gilt für die Auslagen nach § 68 GKG.

51

Kostenrechtlich schwierig wird die Situation, wenn das Schuldenbereinigungsplanverfahren erfolgreich ist und ein Vergleich zustande kommt, der vom Insolvenzgericht nach § 308 InsO ausdrücklich bekräftigt wird. In einem solchen Fall würden mit Abschluss des Verfahrens die Gebühren und Auslagen zugunsten der Staatskasse beigetrieben werden können; dies wäre entweder aussichtslos, weil ein Schuldenbereinigungsplan in aller Regel für mehrere Jahre den Schuldner zu Zahlungen verpflichtet, die in der Regel das pfändungsfreie Einkommen aufzehren. Gleichwohl könnte eine fiskalisch organisierte Vollstreckung für das fragile Gebilde eines Schuldenbereinigungsplans große Risiken aufwerfen.[74] Aus diesem Grund war der Diskussionsentwurf des Bundesjustizministeriums zur InsO, der noch keine ausdrückliche Einbeziehung des Schuldenbereinigungsplanverfahrens in die Verfahrenskostenstundung vorsah, in der Literatur nachhaltig kritisiert worden.[75] Daraufhin sind diese Regeln korrigiert worden; die Kosten des Schuldenbereinigungsplanverfahrens wurden in § 4a Abs. 1 S. 2 InsO ausdrücklich als stundbar qualifiziert, so dass dieses Instrument auch in diesem Verfahrensabschnitt zum Einsatz kommen kann. Soweit im Schuldenbereinigungsplanverfahren nur geringe Auslagen entstanden sind und der Wert der Insolvenzmasse nicht sehr hoch ist, könnten im Einzelfall die Schuldner auf Verfahrenskostenstundung verzichten und allein

52

---

72 FK-InsO/Schmerbach, § 13 Rdnr. 43.
73 AG Köln NZI 1999, 83, 85; AG Stuttgart NZI 2000, 386; zur Kritik: Köhler, ZInsO 2001, 743, 746; FK-InsO/Kohte, § 310 Rdnr. 11.
74 FK-InsO/Kohte, § 4a Rdnr. 33.
75 Schmerbach/Stephan, ZInsO 2000, 541, 543.

bzw. mit Hilfe familiärer Mittel die jeweiligen Finanzierungskosten übernehmen.

53 Sofern dagegen bereits im Schuldenbereinigungsplanverfahren zusätzliche Kosten im gerichtlichen Verfahren entstanden sind, weil z. B. ein vorläufiger Verwalter/Treuhänder bestellt worden ist und/oder eine anwaltliche Beiordnung z. B. im Zustimmungsersetzungsverfahren geboten war, wäre die Verfahrenskostenstundung dringlich, so dass Schuldner regelmäßig von der Antragsmöglichkeit Gebrauch machen dürften.

54 Ein solcher Antrag auf Verfahrenskostenstundung während des Schuldenbereinigungsplanverfahrens ist wiederum zügig zu bescheiden. Dem Gesetz sind keine spezifischen Kategorien für die Bewilligung eines solchen Antrags zu entnehmen, so dass auch in diesem Verfahren die oben beschriebenen subjektiven und objektiven Voraussetzungen zu prüfen sind. Eine gesonderte Vermögensprüfung erfolgt insoweit nicht. Auch wird die Prüfung nach den oben dargestellten allgemeinen Grundsätzen durchgeführt; da zu diesem Zeitpunkt möglicherweise noch nicht alle Informationen vorliegen, da das Gericht die Stundung bis zum Abschluss des Schuldenbereinigungsplanverfahrens befristen.[76] Effektive Planungssicherheit wird dabei allerdings nur erlangt, wenn sich an das Schuldenbereinigungsplanverfahren auch die zweite Stufe nach § 4 b InsO anschließt; dies ist zu bejahen (dazu auch unten F I).

55 Eine vergleichbare Struktur gilt auch im Insolvenzplanverfahren. Dieses Verfahren ist ebenfalls als gesonderter Verfahrensabschnitt zu verstehen, auch wenn – anders als beim Schuldenbereinigungsplanverfahren – dieses Zwischenverfahren erst nach Eröffnung des allgemeinen Insolvenzverfahrens ermöglicht wird. Angesichts der Komplexität des Insolvenzplanverfahrens dürfte nicht selten eine anwaltliche Beiordnung geboten sein, so dass in diesem Verfahren spezifische Kosten anfallen, die einer Absicherung durch entsprechende Kostenhilfen bedürfen. Somit ist auch im Schuldenbereinigungsplanverfahren und im Insolvenzplanverfahren die Verfahrenskostenstundung von spezifischer Bedeutung.

E. Anwaltliche Beiordnung

56 Nach § 4 a Abs. 2 InsO wird als weitere Rechtsfolge der Verfahrenskostenstundung angeordnet, dass dem Schuldner ein zur Vertretung bereiter Rechtsanwalt seiner Wahl beigeordnet wird, wenn diese Vertretung im Einzelfall erforderlich scheint. Diese Regelung korrigiert eine Praxis verschiedener Insolvenzgerichte, die pauschal eine anwaltliche Beiordnung wegen der im Insolvenzverfahren zu beachtenden Offizialmaxime abgelehnt hat-

---

76 So FK-InsO/Kohte, § 4 a Rdnr. 34.

ten, da die Schuldner hinreichend durch die Fürsorge des Gerichts geschützt seien.[77] Diese Position war von Anfang an unvereinbar mit der ständigen Rechtsprechung des Bundesverfassungsgerichts, das auch für die arme Partei eine eigenständige anwaltliche Vertretung angeordnet hatte. Eindeutig hat das BVerfG darauf hingewiesen, dass ungeachtet des Charakters eines Offizialverfahrens die Beteiligten in ihrem eigenen Rechtsstreit in der Lage sein müssen, ihre eigenen Anträge mit Hilfe einer sachkundigen Vertretung einbringen und erläutern zu können.[78] In dieser Hinsicht hat das InsOÄndG einen Teil der bisherigen gerichtlichen Praxis korrigiert.

Auf der anderen Seite hat das InsOÄndG auch hier die Verfahrenskostenstundung als ein eigenständiges insolvenzrechtliches Institut ausgestaltet. Während im allgemeinen Zivilprozess eine anwaltliche Beiordnung entweder bei sachlicher Erforderlichkeit oder bei anwaltlicher Vertretung des Gegners zu erfolgen hat (§ 121 ZPO), wird für das Insolvenzverfahren eine Prüfung der Erforderlichkeit im Einzelfall vorgeschrieben. Dabei soll besonders berücksichtigt werden, dass das Gericht gegenüber dem Schuldner zu einer besonderen Fürsorge verpflichtet sei.[79] Die Regierungsbegründung nennt als typische Beispiele der Erforderlichkeit die Beiordnung in den quasikontradiktorischen Verfahren, in denen der Schuldner nach §§ 290, 296 InsO für seine Restschuldbefreiung kämpft. Ebenso sind die Fälle der Zustimmungsersetzungsverfahren nach § 309 InsO hier zu berücksichtigen, in denen oft eine vergleichbare Konstellation besteht; hier hat bereits in den letzten Jahren ein Teil der Insolvenzgerichte eine anwaltliche Beiordnung bewilligt.[80] Mit diesen Beispielen sind jedoch die möglichen Konstellationen einer anwaltlichen Beiordnung nicht erschöpft. Als eine weitere Fallgruppe sind nach meiner Ansicht die Verfahren zu nennen, in denen vom Schuldner spezielle Mitwirkungshandlungen erwartet werden. Dazu rechnen z. B. diejenigen Schuldenbereinigungsverfahren, in denen vom Schuldner nach § 307 InsO eine Ergänzung bzw. Nachbesserung seines Schuldenbereinigungsplans verlangt wird.[81] Diese Mitwirkungshandlungen sind nicht auf das Schuldenbereinigungsplanverfahren beschränkt; sie gelten in ähnlicher Weise für das Insolvenzplanverfahren, das typischerweise ohne anwaltlichen Beistand für den Schuldner kaum realisierbar sein dürfte.

57

In weiteren Fällen, die bisher noch nicht typisiert worden sind, kann sich die Notwendigkeit einer anwaltlichen Vertretung im Einzelfall aus dem spezifischen Verfahrensablauf ergeben. Dies können z. B. die Fälle sein, in denen ein Gläubiger deliktische Ansprüche nach §§ 174, 302 InsO geltend macht,

58

---

77 So auch Busch/Graf-Schlicker, InVo 1998, 269, 272; LG Köln NZI 1999, 158.
78 BVerfG NJW 1997, 2103; zuletzt BVerfG RPfl 2002, 212.
79 So auch die Regierungsbegründung BT-Drucks. 14/5680, S. 21; vgl. Kocher, DzWiR 2002, 45, 47.
80 LG Konstanz ZIP 1999, 1643, 1646.
81 LG Göttingen ZIP 1999, 1017, 1018; LG Göttingen ZInsO 2001, 627; FK-InsO/Kohte, § 310 Rdnr. 21.

denen im Verfahren widersprochen werden soll.[82] Weiter kann sich dies bei den Verfahren als notwendig erweisen, in denen Fragen der Anfechtbarkeit eine Rolle spielen – sei es in der Konstellation, dass die mögliche Anfechtbarkeit bei der Berechnung der Masse zu beurteilen ist, sei es in der Konstellation, dass einzelne Gläubiger aus diesem Grund im Zustimmungsersetzungsverfahren besondere Rechte geltend machen.

59 Nach den bisherigen Erfahrungen ist davon auszugehen, dass in der insolvenzgerichtlichen Praxis die bisherige Zurückhaltung bei anwaltlichen Beiordnungen fortgesetzt wird. So ist selbst im Gerichtsbezirk des AG Göttingen, das seit 1999 anwaltliche Beiordnungen bewilligt hat, im sorgfältig ausdifferenzierten Antragsformular keine Spalte für einen Antrag auf anwaltliche Beiordnung vorgesehen.[83] Daraus ist die Schlussfolgerung zu ziehen, dass Anträge auf anwaltliche Beiordnung in jedem Fall einer speziellen und individuellen Begründung bedürfen.

60 Die anwaltliche Beiordnung wird regelmäßig nach Verfahrensabschnitten erfolgen; die Regelung des § 4 a Abs. 3 Satz 2 InsO wird gerade unter diesem Gesichtspunkt praktisch bedeutsam, so dass eine solche Beiordnung typischerweise nur für jeden Abschnitt einzeln bewilligt wird und auf der anderen Seite aber auch aus den Besonderheiten des jeweiligen Verfahrensabschnitts abgeleitet werden kann. So können z. B. Konflikte in der Treuhandperiode eine gesonderte Beiordnung nur für Auseinandersetzungen um die Auslegung der §§ 296, 298 InsO rechtfertigen. In diesen Fällen ist allerdings der Antragsteller vorher auf die spezifische Verrechnung nach § 292 Abs. 1 Satz 2 InsO hinzuweisen.

F. § 4 b InsO: Zweite Stundungsstufe

61 Nach rechtskräftiger Erteilung der Restschuldbefreiung endet nach § 4 a InsO die Stundung der Verfahrenskosten. Wenn zu diesem Zeitpunkt noch zu zahlende Kosten bestehen – und bei anwaltlicher Beiordnung wird dies nach § 292 Abs. 1 Satz 2 InsO regelmäßig zu erwarten sein – müsste der Schuldner nunmehr den gesamten noch offenen Betrag unmittelbar an die Staatskasse zahlen. Eine solche Zahlungsverpflichtung würde jedoch das mit der Erteilung der Restschuldbefreiung verfolgte Ziel eines wirtschaftlichen Neuanfangs verhindern. Aus diesem Grund ist durch § 4 b InsO eine zweite Stundungsstufe eingeführt worden, die sich unmittelbar an das Vorbild der Prozesskostenhilfe anlehnt und durch Anordnung von Ratenzahlungen an die Staatskasse eine allmähliche Tilgung der noch offenen Verfahrenskosten ermöglichen soll. Da in diesem Stadium des Verfahrens weder ein Insolvenzverwalter noch ein Treuhänder zur Verfügung

---

82 FK-InsO/Kohte, § 4 a Rdnr. 39.
83 ZInsO 2002, 118, 121.

steht, ist nunmehr auf die üblichen Mechanismen der Prozesskostenhilfe direkt Bezug genommen worden. § 4 b Abs. 1 InsO verweist auf die entsprechenden Regelungen.

Der Erteilung der Restschuldbefreiung ist der Beschluss zur Annahme des Schuldenbereinigungsplans nach § 308 InsO gleichzustellen, denn nur so kann die erforderliche Nahtlosigkeit zwischen der ersten Stundung und der zweiten Stufe nach § 4 b InsO gewährleistet werden.[84]

62

I. Einkommens- und Vermögensprüfung

Die vom Insolvenzgericht nunmehr vorzunehmende Prüfung wendet die Kategorien an, die aus dem allgemeinen Recht der Prozesskostenhilfe bekannt sind. Danach ist das Einkommen nach § 115 Abs. 1 ZPO zu ermitteln; weiter ist nach § 115 Abs. 2 ZPO zu prüfen, ob verwertbares Vermögen vorhanden ist und eingesetzt werden kann.

63

Für die Einkommensprüfung gelten die regelmäßig im Bundesgesetzblatt bekannt gemachten Werte der Prozesskostenhilfebekanntmachung. Die Prozesskostenhilfebekanntmachung 2001[85] hat für den Zeitraum vom 1. 1. – 30. 6. 2002 folgende Abzugsbeträge festgelegt:

64

- Einkommensfreibetrag für Rechtssuchende   353,00 €
- Unterhaltsfreibetrag für Ehepartner   353,00 €
- Unterhaltsfreibetrag für jede weitere Person, der aufgrund gesetzlicher Unterhaltspflicht Unterhalt geleistet wird   248,00 €

Diese Beträge sind nach § 115 Abs. 1 Satz 3 Nr. 2 ZPO vom Bruttoeinkommen abzusetzen. Weiter sind die in § 76 Abs. 2 und 2 a BSHG bezeichneten Beträge abzusetzen. Die Kosten für Unterkunft, Heizung sowie weitere Beträge für besondere Belastungen abzusetzen. Insoweit gelten keine insolvenzspezifischen Besonderheiten, so dass auf die allgemeinen ZPO-Kommentare und Handbücher zur Prozesskostenhilfe verwiesen werden kann. Soweit danach einzusetzendes Einkommen festgestellt werden kann, ist dieses nach der folgenden Tabelle zu berechnen:

65

einzusetzendes Einkommen (Euro)	eine Monatsrate von (Euro)
bis 15	0
50	15
100	30
150	45

---

84 FK-InsO/Kohte, § 4 b Rdnr. 9.
85 BGBl. I 2001, S. 1204.

200	60
250	75
300	95
350	115
400	135
450	155
500	175
550	200
600	225
650	250
700	275
750	300
über 750	300 zzgl. des 750 übersteigenden Teils des einzusetzenden Einkommens

66 Neben dem Einkommen ist auch Vermögen gem. § 115 Abs. 2 ZPO zu verwerten. Maßgeblich sind hier die Grenzen für das Schonvermögen, die sich aus § 88 BSHG ergeben. In der Praxis wird zu erwarten sein, dass es den meisten Schuldnern während der Treuhandperiode kaum möglich gewesen sein wird, neues Vermögen zu erwerben, das die Grenzen des Schonvermögens überschreitet. Soweit Ratenzahlungen festzusetzen sind, werden diese sich im Regelfall aus dem Einkommen ergeben.

II. Verfahrensrechtliche Fragen

67 Die Normstruktur des § 4b Abs. 1 InsO orientiert sich an der Parallele zu § 120 Abs. 4 ZPO.[86] Die hier zu treffende Entscheidung ist damit nicht vergleichbar mit der Erstbewilligung von Prozesskostenhilfe, so dass weder der Vordruckzwang nach § 117 ZPO.[87] Falls dem Gericht aus der Schlussabrechnung des Treuhänders[88] bekannt ist, dass der Schuldner zur Ratenzahlungen nicht in der Lage ist, hat es diesen von sich aus zur beabsichtigten Verlängerung der Stundung anzuhören. In aller Regel dürfte allerdings der Schuldner die Initiative ergreifen und ausdrücklich eine Verlängerung der Stundung bzw. Ratenzahlung beantragen. Insoweit wird ein Schuldner

---

[86] BT-Drucks. 14/5680, S. 22; vgl. Kocher, DzWiR 2002, 45, 47.
[87] Zum fehlenden Vordruckzwang bei § 120 ZPO: OLG Naumburg FamRZ 2000, 761; Thomas/Putzo, Kommentar zur ZPO, 23. Aufl. 2001, § 120 ZPO Rdnr. 9.
[88] Dazu FK-InsO/Grote, § 292, Rdnr. 24.

gut beraten sein, die entsprechenden Informationen dem Gericht zur Verfügung zu stellen und nachzuweisen. Das Gericht hat sodann das Einkommen möglichst genau festzustellen[89] und zu entscheiden, ob nach den o. g. Kriterien die Stundung verlängert bzw. Raten festgesetzt werden können.

III. Änderung der Verhältnisse

§ 4 b Abs. 2 InsO verpflichtet den Schuldner, dem Gericht eine wesentliche Änderung der Verhältnisse unverzüglich anzuzeigen. Dies wird bei Verschlechterungen der wirtschaftlichen Verhältnisse – z. B. durch Verlust des Arbeitsplatzes – von der Mehrzahl der Schuldner unverzüglich eingewandt werden. Im Übrigen ist das Gericht bei Ausbleiben der Zahlungen auch von Amts wegen verpflichtet, zu klären, ob insoweit eine Änderung der Verhältnisse erfolgt ist. 68

Verbesserungen der Einkommensverhältnisse des Schuldners sind wesentlich, wenn sie den Lebensstandard nachhaltig prägen. In der Gerichtspraxis zu § 120 ZPO wird erwartet, dass bei einer nicht nur kurzfristigen Verbesserung des Nettoeinkommens um wenigstens 10 % eine solche Mitteilung erfolgt.[90] 69

Die in der Gerichtspraxis zu § 120 Abs. 4 ZPO diskutierten Fallgruppen neuen Vermögenserwerbs durch Veräußerung von Grundeigentum oder durch Erhalt namhafter Summen aus dem Zugewinnausgleich werden nach Abschluss eines Insolvenzverfahrens in aller Regel nicht zu erwarten sein; insoweit werden in den ersten 4 Jahren nach Abschluss des Insolvenzverfahrens Verbesserungen der Vermögenslage allenfalls durch einen Erbfall in Betracht kommen.[91] 70

Der Schuldner ist durch § 4 b Abs. 2 Satz 2 InsO verpflichtet, von sich aus das Gericht zu informieren; andererseits ist das Gericht nicht zu einer allgemeinen Überwachung ohne konkrete Anhaltspunkte aufgerufen. Soweit dem Gericht Anhaltspunkte für eine Verbesserung der Verhältnisse bekannt werden, hat es den Schuldner aufzufordern, eine entsprechende Erklärung nach § 4 b Abs. 2 InsO abzugeben. Diese Aufforderung ist in Anlehnung an die Judikatur zu § 120 ZPO sowohl an den Schuldner als Partei als auch an den bisherigen Prozessbevollmächtigten bzw. eine eingeschaltete Schuldnerberatungsstelle zu richten.[92] Unterbleibt nach einer korrekten Anhörung die geforderte Erklärung, dann ist eine Aufhebung der Stundung nach § 4 c Nr. 1 InsO zu prüfen. 71

---

89 Kübler/Prütting, a. a. O., § 4 b Rdnr. 4.
90 Vgl. LAG Düsseldorf JurBüro 1989, 1446.
91 Dazu FK-InsO/Kohte, § 4 b Rdnr. 17.
92 Dazu FK-InsO/Kohte, § 4 b Rdnr. 21; § 4 c Rdnr. 13.

G. Aufhebung der Verfahrenskostenstundung

72 Die Verfahrenskostenstundung nach § 4 a InsO wird auf der Basis prognostischer Schätzungen in einem notwendigerweise summarischen Verfahren beschlossen. Zur Konzeption des InsOÄndG gehört es, dass die Verfahrenskostenstundung zügig und ohne schwer wiegende Hürden bewilligt werden kann. Damit können im Einzelfall Bewilligungsfehler vorkommen, so dass es notwendig war, ein Verfahren zur Fehlerkorrektur zu schaffen. Diese Möglichkeit bietet der Katalog der Aufhebungsgründe nach § 4 c InsO. Die Regierungsbegründung hebt deutlich hervor, dass die Stundung für die Schuldner existenzielle Bedeutung hat und dass nicht wenige Schuldner das Restschuldbefreiungsverfahren nur realisieren können, wenn eine solche Stundung gesichert ist.[93] Die Aufhebungsgründe in § 4 c InsO sind daher nicht offen formuliert, sondern stellen einen »abschließenden Katalog der Aufhebungsgründe« dar.[94]

73 In dieser Funktion ist § 4 c InsO dem Vorbild des § 124 ZPO nachgebildet worden, so dass im Folgenden jeweils Gemeinsamkeiten und Differenzen gegenüber der Judikatur und Literatur zu § 124 ZPO beachtet werden. Für diese Norm ist in Judikatur und Literatur anerkannt, dass der abschließende Katalog der Aufhebungsgründe zugleich einen gewissen Bestandsschutz für die Schuldner garantiert, da das Gericht die bewilligte Prozesskostenhilfe nicht ohne weiteres, sondern nur unter den in dieser Norm genannten Voraussetzungen, entziehen kann.[95] Der Zweck des Bestandsschutzes ist im Insolvenzverfahren von besonderer Bedeutung, weil die Mehrzahl der Schuldner das Restschuldbefreiungsverfahren nur mit Hilfe einer verlässlichen Stundung effektiv durchstehen kann.[96] Insgesamt sind fünf Aufhebungsgründe im Gesetz normiert:

- vorsätzlich oder grob fahrlässig abgegebene unrichtige Angabe des Schuldners/Nichtabgabe einer vom Gericht verlangten Erklärung,
- von Anfang an fehlende persönliche oder wirtschaftliche Voraussetzungen für die Stundung,
- schuldhafter Rückstand mit der Zahlung einer Monatsrate für mehr als drei Monate,
- keine Ausübung einer angemessenen Erwerbstätigkeit bzw. keine hinreichende Bemühung um eine solche Erwerbstätigkeit,
- rechtskräftige Versagung bzw. rechtskräftiger Widerruf der Restschuldbefreiung.

Dieser Katalog enthält eine Reaktion auf Prognosefehler (Nr. 2 und Nr. 5) sowie eine Antwort auf schwer wiegende und nachhaltige Verletzungen ver-

---

[93] BT-Drucks. 14/5680 S. 13, 24.
[94] BT-Drucks. 14/5680 S. 22; MK-InsO/Ganter, §§ 4 a–4 d Rdnr. 17; Hess, InsOÄndG, § 4 c Rdnr. 1; Smid, a. a. O., § 4 c Rdnr. 1.
[95] OLG Bamberg FamRZ 1989, 884; Musielak/Fischer, a. a. O., § 124 ZPO Rdnr. 1.
[96] BT-Drucks. 14/5680, S. 23; FK-InsO/Kohte, § 4 c Rdnr. 2.

fahrensbezogener Mitwirkungspflichten des Schuldners (Nr. 1, 3 und 4). Im Rahmen der Auslegung des § 124 ZPO ist allgemein anerkannt, dass mit den Aufhebungsgründen ein Regel-Ausnahme-Verhältnis normiert ist, wonach der für die Schuldner verlässliche Bestandsschutz als Regelfall qualifiziert wird und die Aufhebung der Restschuldbefreiung einen besonderen Fall markiert.[97]

Die Struktur der Norm weist weiter aus, dass Prognosefehler bzw. Obliegenheitsverletzungen nicht automatisch zum Widerruf der einmal erteilten Stundung führen; solche Fehler und Pflichtverletzungen sind vielmehr ein Anlass für eine eingehende gerichtliche Prüfung; erst wenn im Einzelfall die Tatsachen für eine entsprechende Pflichtverletzung festgestellt sind, kann eine Aufhebung bzw. ein Widerruf der bewilligten Verfahrenskostenstundung erfolgen.[98]

74

I. Unrichtige Angaben/Fehlende Angaben

Während im Prozesskostenhilferecht unrichtige Angaben in einem relativ großen Umfang zum Widerruf berechtigen,[99] ist der Gegenstand dieser Angaben im Insolvenzrecht nunmehr wesentlich präziser gefasst. Drei Fehlertypen sind in § 4 c Nr. 1 InsO alternativ denkbar:

75

- unrichtige Angaben zur Eröffnung des Insolvenzverfahrens,
- unrichtige Angaben zur Verfahrenskostenstundung sowie,
- keine Abgabe einer vom Gericht verlangten Erklärung.

Unrichtige Angaben, die für die Eröffnung des Insolvenzverfahrens maßgebend sind, beziehen sich in erster Linie auf den Eröffnungsgrund nach §§ 17, 18 ZPO. Es muss sich daher um Angaben handeln, die für die Prüfung des Insolvenzgerichts bei der Eröffnung eines Verfahrens maßgebend sind. Eine solche Unrichtigkeit ist z. B. gegeben, wenn ein zahlungsfähiger Schuldner sich als zahlungsunfähig dargestellt hat, um auf diese Weise ein Insolvenzverfahren mit Restschuldbefreiung erlangen zu können.[100] Dagegen sind Angaben, die sich auf die Abgrenzung von Regel- und Verbraucherinsolvenzverfahren beziehen, nicht von Bedeutung, da sie sich nicht unmittelbar auf die Eröffnung beziehen.[101] Ebenso wenig sind unrichtige Angaben von Bedeutung, die sich allein auf das Schuldenbereinigungsverfahren beziehen. Diese Angaben sind ebenfalls nicht für die Eröffnung maßgeblich.[102] Diese Fallgruppe bezieht sich auf unrichtige Angaben, die für die Stundung »maßgebend sind«. Für die Stundung kommt es, wie oben bereits dargestellt, zu-

76

---

97 Vgl. FK-InsO/Kohte, § 4 c Rdnr. 3.
98 FK-InsO/Kohte, § 4 c Rdnr. 6.
99 MK-ZPO/Wax, 2. Aufl. 2000 ff., § 124 Rdnr. 9; Zöller, Kommentar zur ZPO, 22. Aufl. 2001, § 124 Rdnr. 6.
100 BT-Drucks. 14/5680, S. 22; Kübler/Prütting, a. a. O., § 4 c Rdnr. 5.
101 FK-InsO/Kohte, § 4 c Rdnr. 7.
102 Kübler/Prütting, a. a. O., § 4 c Rdnr. 7.

nächst auf die Erfolgsaussicht an. Hier sind nur die Angaben zu prüfen, die sich auf § 290 Abs. 1 Nr. 1 und 3 beziehen, also auf die Erlangung einer Restschuldbefreiung in den letzten 10 Jahren sowie eine frühere registerrechtlich nicht getilgte Verurteilung wegen einer Insolvenzstraftat. Für die Stundung weiter maßgeblich sind Angaben zum Vermögen; unrichtig sind Angaben, durch die z. B. vorhandenes Vermögen, das die vollständige Bezahlung der Verfahrenskosten sichert, verschwiegen wird.[103]

77 Sind unrichtige Angaben festgestellt, so wird für den subjektiven Tatbestand verlangt, dass diese Angaben vorsätzlich oder grob fahrlässig abgegeben worden sind. Vorsatz bedeutet Wissen und Wollen der objektiven Tatbestandselemente.[104] Grob fahrlässig handelt ein Schuldner, wenn ihm ein besonders schwerer Verstoß gegen die objektiv erforderliche Sorgfalt zur Last fällt, weil dasjenige Verhalten unterblieben ist, das im gegebenen Fall jedem einzuleuchten hat.[105] Bei der Bewertung unrichtiger Angaben des Schuldners wird man als Erfahrungssatz zu beachten haben, dass nicht wenige insolvente Schuldner den Überblick über ihre Vermögenslage verloren haben.[106] Insoweit bedarf es bei der Feststellung grober Fahrlässigkeit jeweils einer genauen Überprüfung der Umstände des Einzelfalls.

78 Schließlich ist ein Widerruf der Stundung nach § 4c Nr. 1 InsO möglich, wenn der Schuldner eine vom Gericht verlangte Erklärung über seine Verhältnisse nicht abgegeben hat. Damit ist Bezug genommen auf die Erklärungspflicht des Schuldners nach § 4b Abs. 2 InsO, eine wesentliche Änderung seiner Verhältnisse auch ohne Aufforderung seitens des Gerichts anzuzeigen. Die Verletzung dieser Pflicht reicht allein jedoch nicht für den Widerruf der Stundung aus; verlangt wird eine qualifizierte Verletzung der Kommunikationspflicht: nicht der untätige Schuldner, sondern ausschließlich derjenige, der auf eine ausdrückliche gerichtliche Aufforderung nicht geantwortet hat, soll die Rechte aus der Verfahrenskostenstundung verlieren.[107] Damit nimmt die gerichtliche Aufforderung zur Abgabe einer Erklärung eine Schlüsselrolle ein, so dass es wiederum gerechtfertigt ist, auf die Judikatur zu § 124 ZPO zurückzugreifen. Diese verlangt für die parallele Widerrufsmöglichkeit nach § 124 c Nr. 2 ZPO, dass das Gericht eine hinreichend konkrete Aufforderung erlässt, welche Informationen und Daten vom Schuldner beizubringen sind.[108] Weiter wird verlangt, dass in der Aufforderung auf die rechtlichen Folgen einer Missachtung hingewiesen werden.[109] Eine solche Aufforderung ist an die Partei und, sofern diese bisher anwaltlich vertreten war, auch an den jeweiligen Prozessbevollmächtigten zu richten (dazu oben F III). Das Aufhebungsverfahren kann erst durch-

---

103 Dazu Kübler/Prütting, a. a. O., § 4c Rdnr. 15.
104 Vgl. LG Stuttgart ZInsO 2001, 134, 135.
105 BGH NJW 1997, 1012, 1013; FK-InsO/Ahrens, § 290, Rdnr. 26.
106 Dazu LG Hamburg NZI 2000, 46, 47; Kübler/Prütting, a. a. O., § 4c Rdnr. 12.
107 BT-Drucks. 14/5680, S. 23; Kübler/Prütting, a. a. O., § 4c Rdnr. 18.
108 OLG Nürnberg FamRZ 1995, 750; OLG Koblenz FamRZ 2000, 104; MK-ZPO/Wax, § 124 Rdnr. 11.
109 OLG Zweibrücken JurBüro 1999, 198; MK-ZPO/Wax, § 124 Rdnr. 11.

Kohte

geführt werden, wenn der Zugang dieses Verlangens und der Ablauf der dem Schuldner gesetzten Frist festgestellt worden sind.[110] Mit der überwiegenden Judikatur und Literatur zu § 124 ZPO ist davon auszugehen, dass eine solche Erklärung noch im Beschwerdeverfahren nachgeholt werden kann; es ist allerdings zu beachten, dass nach dem neuen Zivilprozessrecht im Beschwerdeverfahren den Beteiligten nach § 571 ZPO nunmehr Ausschlussfristen gesetzt werden können, so dass daher die Nachholmöglichkeit nicht unbegrenzt eröffnet ist.

II. Fehlende Voraussetzungen

In Anlehnung an den Aufhebungsgrund nach § 124 Nr. 3 ZPO gestattet § 4 c Nr. 2 InsO die Aufhebung der Stundung, wenn die persönlichen oder wirtschaftlichen Voraussetzungen für die Stundung nicht vorgelegen haben. Unter persönlichen Voraussetzungen ist dabei das Nichtvorliegen eines der Versagungsgründe des § 290 Abs. 1 Nr. 1 oder 3 InsO zu verstehen; die wirtschaftlichen Voraussetzungen betreffen die Bedürftigkeit des Schuldners.[111] Es ist erforderlich, dass diese Voraussetzungen zum Zeitpunkt der früheren gerichtlichen Entscheidung über die Bewilligung der Verfahrenskostenstundung nicht vorgelegen haben; bei nachträglichen Änderungen ist ausschließlich das Verfahren nach § 4 b Abs. 2 InsO durchzuführen.[112]

79

Aus dem Wortlaut des § 4 c Nr. 2 InsO könnte abgeleitet werden, dass eine Aufhebung auch dann möglich wäre, wenn das Gericht nunmehr die von Anfang an bekannten Tatsachen rechtlich anders würdigt. In Übereinstimmung mit der Judikatur und Literatur zu § 124 Nr. 3 ZPO legitimieren diese Fälle einer justizinternen Korrektur jedoch keine Aufhebung der Stundung.[113] Damit betrifft § 4 c Nr. 2 InsO ausschließlich Fälle, in denen Angaben des Schuldners, die dem Gericht zum Zeitpunkt der Bewilligung vorlagen, objektiv unzutreffend waren. Ebenso wie bei § 124 Nr. 3 ZPO ergibt sich aus der systematischen Auslegung, dass ein solcher Fehler nur dann beachtlich ist, wenn er für die Entscheidung des Gerichts kausal gewesen ist; wenn auch bei zutreffenden Angaben eine Verfahrenskostenstundung hätte erfolgen müssen, kann § 4 c Nr. 2 InsO nicht eingreifen.[114] Selbst wenn die persönlichen und wirtschaftlichen Voraussetzungen für die Verfahrenskostenstundung nicht vorgelegen haben, ist die Aufhebung nach § 4 c Nr. 2 InsO gleichwohl ausgeschlossen, wenn seit der Beendigung des Verfahrens 4 Jahre vergangen sind. Die Regierungsbegründung hat sich insoweit auf die

80

---

110 FK-InsO/Kohte, § 4 c Rdnr. 13.
111 Dazu Kübler/Prütting, a. a. O., § 4 c Rdnr. 23.
112 Kübler/Prütting, a. a. O., § 4 c Rdnr. 24; FK-InsO/Kohte, § 4 c Rdnr. 16; vgl. zu § 124 Nr. 3 ZPO: OLG Stuttgart FamRZ 1986, 1124.
113 Dazu nur OLG Hamburg FamRZ 1996, 874; OLG Brandenburg FamRZ 2000, 1229; Musielak/Fischer, a. a. O., § 124 ZPO Rdnr. 7.
114 FK-InsO/Kohte, § 4 c Rdnr. 18; zu § 124 Nr. 3 ZPO: MK-ZPO/Wax, § 124 Rdnr. 12.

Verjährungsregelung in § 10 GKG bezogen, so dass diese Berechnung zugrunde zu legen ist. Wird kurz vor Ablauf dieser Frist die Stundung aufgehoben, soll das Gericht bei seiner Entscheidung die bereits verflossene Zeit und das Verhalten des Schuldners berücksichtigen.[115]

III. Verschuldeter Zahlungsrückstand

81 In Anlehnung an § 124 Nr. 4 ZPO kann die Verfahrenskostenstundung aufgehoben werden, wenn der Schuldner länger als 3 Monate mit der Zahlung einer Monatsrate in Rückstand ist. Im Recht der Prozesskostenhilfe war lange Zeit umstritten, ob dieser Rückstand verschuldet sein muss; dies ist inzwischen durch eine Entscheidung des BGH für die Judikatur geklärt.[116] Damit ist ein Widerruf nach § 124 Nr. 4 ZPO unzulässig, wenn die Nichtzahlung der Raten nicht auf einem Verschulden des Bedürftigen beruhen.

82 Diese Judikatur ist in § 4 c InsO aufgenommen worden; die Norm verlangt ausdrücklich, dass der Schuldner mit der Zahlung schuldhaft im Rückstand ist. Damit können auch die allgemeinen Grundsätze aus der Diskussion um § 124 ZPO, die aus der BGH-Entscheidung zutreffend auf den fehlenden Sanktionscharakter von § 124 ZPO geschlossen hatten,[117] für die Auslegung von § 4 c InsO nutzbar gemacht werden.

83 Der schuldhaften Nichtzahlung einer Monatsrate wird die fehlende Zahlung eines »sonstigen Betrages« gleichgestellt; dieser Begriff bezieht sich auf Zahlungen aus dem Vermögen, die im Prozesskostenhilferecht nach § 115 ZPO und im Insolvenzrecht nach § 4 b Abs. 1 InsO angeordnet werden können.[118]

84 Das Verschulden der Partei bestimmt sich nach §§ 276, 286 Abs. 4 BGB. Schuldnern, die aus dem pfändbaren Einkommen diese Beträge nicht erbringen können oder denen pfändbares Einkommen fehlt, kann in aller Regel kein Verschulden vorgeworfen werden. Da das Verfahren auch im Rahmen des § 4 c InsO durch den Amtsermittlungsgrundsatz geprägt ist, hat ein Insolvenzgericht, dem Anhaltspunkte für eine mangelnde Leistungsfähigkeit des Schuldners bekannt werden, diesen nachzugehen. Ein Hinweis der Partei auf die Verschlechterung ihrer wirtschaftlichen Lage ist regelmäßig als Abänderungsantrag auszulegen,[119] so dass vor einer Aufhebung der Verfahrenskostenstundung die Hilfsbedürftigkeit des Schuldners erneut beurteilt werden muss. Ergibt sich dabei eine geringere Rate oder der Ausfall der gesamten Rate, so dürfen die zu Unrecht verlangten Rückstände nicht nachteilig im Rahmen des § 4 c Nr. 2 InsO Berücksichtigung finden.

---

115 BT-Drucks. 14/5680, S. 23; Hess, InsOÄndG, § 4 c Rdnr. 11.
116 BGH NJW 1997, 1077 = LM Nr. 2 zu § 124 ZPO, m. Anm. Wax.
117 So Wax, a. a. O.
118 Dazu FK-InsO/Kohte, § 4 c Rdnr. 20.
119 Zöller, a. a. O., § 124 Rdnr. 19 a; vgl. Smid, a. a. O., § 4 c Rdnr. 4; Kübler/Prütting, a. a. O., § 4 c Rdnr. 30.

IV. Unterlassen angemessener Erwerbstätigkeit

Nach § 4 c Nr. 4 InsO ist der Widerruf weiter möglich, wenn der Schuldner keine angemessene Erwerbstätigkeit ausübt bzw. sich nicht um eine solche Erwerbstätigkeit bemüht. Im klassischen Konkursrecht war bewusst keine Erwerbspflicht des Gemeinschuldners während des Verfahrens vorgesehen.[120] Seit 1999 ist für den Schuldner in § 295 InsO eine bestimmte Erwerbspflicht vorgesehen, die nunmehr auch für Phasen vor der Eröffnung des Verfahrens reklamiert wird. Die Normierung in § 4 c Nr. 4 ist systematisch unpräzise, da § 4 c als Folgenorm an Verhaltenspflichten bzw. Obliegenheiten anzuknüpfen hat, die jedoch für den Zeitraum vor Beginn der Treuhandperiode noch nicht eingreifen.[121]

85

Die Regierungsbegründung geht jedoch davon aus, dass als Indiz für die Motivation des Schuldners, dieses mehrjährige Verfahren durchzustehen, eine solche Erwerbsobliegenheit geboten sei und eine gewisse Parallele zur Prüfung der Erfolgsaussicht im Rahmen der Prozesskostenhilfe darstelle.[122] Aus diesem Grund sei dem Gericht die Möglichkeit eröffnet worden, in entsprechender Anwendung von § 296 Abs. 2 InsO vom Schuldner Auskunft über die Erfüllung seiner Obliegenheiten verlangen zu können und bei fehlender Auskunft die Stundung aufheben zu können. Mit dieser Möglichkeit sei jedoch keine Pflicht des Insolvenzgerichts begründet worden, die Erwerbsobliegenheiten des Schuldners zu überwachen. Das Insolvenzgericht ist sodann gehalten, tätig zu werden, wenn tatsächliche Anhaltspunkte eine Obliegenheitsverletzung des Schuldners nahe legen.[123]

86

Eine nähere Bestimmung zum Umfang angemessener Erwerbsobliegenheiten ist den Materialien zum InsOÄndG nicht zu entnehmen, so dass die bisherigen Unschärfen in der Auslegung des § 295 InsO auch bei § 4 c Nr. 4 InsO zu beachten sind. Mit der überwiegenden Literatur ist davon auszugehen, dass als Parallelwertung die Judikatur und Literatur zur unterhaltsrechtlichen Erwerbsobliegenheit nach § 1574 BGB heranzuziehen sind.[124] Gerade für die unterhaltsrechtliche Judikatur ist kennzeichnend, dass sie Pauschalierungen vermeidet und eine sorgfältige Einzelfallprüfung anhand der Situation des jeweiligen Arbeitsmarktes und des beruflichen und fachlichen Leistungsvermögens der jeweiligen Person vornimmt.[125] Es wäre rechtssystematisch nur schwer begründbar, wenn den Schuldner gegenüber dem Justizfiskus weiter gehende Erwerbsobliegenheiten als gegenüber den Unterhaltsgläubigern treffen sollten.

87

---

120 Dazu nur RGZ 70, 226, 230.
121 So MK-InsO/Ganter, § 4 a–d Rdnr. 18.
122 BT-Drucks. 14/5680, S. 23.
123 BT-Drucks. 14/5680, S. 23.
124 Dazu FK-InsO/Ahrens, § 295 Rdnr. 12 ff.; Kübler/Prütting, a. a. O., § 295 Rdnr. 3; HK-InsO/Landfermann, 2. Aufl. 2001, § 295 Rdnr. 2.
125 Dazu nur BGH FamRZ 1986, 244, 246.

88 Angesichts der Unschärfe des Rechtsbegriffs der angemessenen Erwerbsobliegenheit kann der mit § 4 c InsO intendierte Bestandsschutz nur realisiert werden, wenn die Aufhebung der Stundung – ebenso wie bei der Versagung nach § 296 InsO – nur stattfinden kann, wenn den Schuldner ein Verschulden bei der Verletzung der Obliegenheit trifft. Dies entspricht der systematischen Auslegung, denn nach der Judikatur des BGH ist der Grundsatz des Verschuldens bei Obliegenheitsverletzungen ein allgemeiner Grundsatz, der die gesamte Rechtsordnung durchzieht und auch in Fällen Anwendung findet, in denen eine Verschuldensprüfung nicht ausdrücklich angeordnet ist.[126] Daraus ist abzuleiten, dass in Anlehnung an die allgemeinen Verfahrensregelungen zu § 124 ZPO zunächst eine Anhörung des Schuldners erforderlich ist, dem das Gericht zu verdeutlichen hat, wie es die angemessene Erwerbstätigkeit bestimmt und welche konkreten Anforderungen zu stellen sind. Dies ist besonders wichtig bei den selbstständigen Schuldnern, da die Obliegenheit nach § 4 c Nr. 4 auch durch selbstständige Tätigkeit erfüllt werden kann.[127]

V. Versagung und Widerruf der Restschuldbefreiung

89 Schließlich ordnet § 4 c Nr. 5 InsO an, dass die Stundung aufgehoben werden kann, wenn die Restschuldbefreiung versagt oder widerrufen wird. Mit dieser Regelung wird das Stundungsverfahren entlastet, denn die Versagungsgründe nach § 290 Abs. 1 Nr. 2 sowie Nr. 4–6 InsO sind weder im Bewilligung – noch im Widerrufsverfahren eigenständig zu prüfen. Zutreffend hat die Regierungsbegründung hervorgehoben, dass ein Tätigwerden des Insolvenzgerichts zur Aufhebung der Stundung nicht geboten ist, wenn die unmittelbar von einer Restschuldbefreiung betroffenen Gläubiger einen Verstoß des Schuldners als nicht so schwer wiegend eingestuft haben und die Versagung der Restschuldbefreiung nicht beantragt bzw. nicht durchgesetzt haben.[128] Damit wird zugleich deutlich, dass dem Insolvenzgericht keine allgemeine Überwachungspflicht hinsichtlich der verschiedenen Versagungsgründe zukommt. Die bereits 1994 herausgearbeitete Bedeutung der Gläubigerautonomie in dem neuen Insolvenzrecht legitimiert die akzessorische Regelung des § 4 c Nr. 5 InsO. Es ist zunächst Sache der sachnäheren Gläubiger, bei entsprechenden Problemen eigenständig zu prüfen, ob ein Versagungsverfahren eingeleitet werden soll.[129]

---

126 Dazu BGH NJW-RR 1993, 590; FK-InsO/Kohte, § 4 c Rdnr. 26.
127 Zu den Problemen selbstständigen Erwerbs in diesem Zusammenhang Kübler/Prütting, a. a. O., § 4 c Rdnr. 34 ff.
128 BT-Drucks. 14/5680, S. 23.
129 So auch Kübler/Prütting, a. a. O., § 4 c Rdnr. 41; Hess, InsOÄndG, § 4 c Rdnr. 26; MK-InsO/Ganter, § 4 a–d Rdnr. 18.

VI. Verfahrensrechtliche Fragen

Die Aufhebung der Stundung ist – wie das Wort »kann« dokumentiert – als eine Ermessensentscheidung des Insolvenzgerichts ausgestaltet. Sie bedarf daher eines der existenziellen Bedeutung einer solchen Aufhebung gemäßen Verfahrens. Wiederum ist der Rückgriff auf die Entscheidungspraxis zu § 124 ZPO geboten. Dort wird generell verlangt, dass vor einer Aufhebung eine Anhörung des Schuldners und, soweit eine entsprechende Vertretung erfolgte, der Anwälte – im Insolvenzverfahren also gegebenenfalls auch der Schuldnerberatungsstelle – zu erfolgen hat. Damit soll den Beteiligten die Möglichkeit gegeben werden, auf eine mögliche Aufhebungsentscheidung Einfluss zu nehmen.[130]

90

Kommt das Gericht zu dem Ergebnis, dass ein Aufhebungsgrund nach § 4 c Nr. 1–5 InsO gegeben ist, dann folgt daraus nicht automatisch die Aufhebung der Stundung. In Übereinstimmung mit der Judikatur zu § 124 ZPO ist es weiter geboten, dass eine Ermessenabwägung erfolgt. Es wird sich die Frage stellen, wie schwer das Fehlverhalten des Schuldners wiegt und in welchem Verhältnis es zu den existenziellen Folgen der Aufhebungsentscheidung[131] steht. Daraus kann sich im Einzelfall ergeben, dass sich eine Aufhebungsentscheidung als unverhältnismäßig erweist und zu unterbleiben hat.[132]

91

In jedem Fall ist das Insolvenzgericht gehalten, in der Begründung des Beschlusses deutlich zu machen, dass und wie das eingeräumte Ermessen ausgeübt worden ist.[133]

92

Wird die Stundung aufgehoben, dann kann nunmehr die Staatskasse ungeachtet der bisherigen Sperre nach § 4 a InsO die gestundeten Beträge von den Schuldnern verlangen. Die durch die Beiordnung begründeten Ansprüche des Rechtsanwalts gegenüber der Staatskasse werden durch die Aufhebung der Stundung nicht verkürzt; insoweit kann auch hier wieder auf die Judikatur und Literatur zu § 122 ZPO zurückgegriffen werden.[134]

93

---

130 Zöller, a. a. O., § 124 ZPO Rdnr. 21; LG Marburg RPfleger 1994, 469.
131 Dazu BT-Drucks. 14/5680, S. 22.
132 OLG Hamm FamRZ 1986, 1015.
133 Zu § 124 z. B. MK-ZPO/Wax, § 124 Rdnr. 20.
134 So auch Kübler/Prütting, a. a. O., § 4 c Rdnr. 43.

16. KAPITEL NACHLASSINSOLVENZVERFAHREN

Inhalt

			Seite
A.	Einleitung		1622
B.	Antrag auf Eröffnung des Insolvenzverfahrens		1622
	I.	Antragsberechtigte Personen nach § 317 InsO	1623
		1. Der Erbe als antragsberechtigte Person gemäß § 317 Abs. 1 InsO	1623
		2. Nachlassverwalter und Nachlasspfleger als Antragsberechtigte	1624
		3. Der Testamentsvollstrecker als Antragsberechtigter	1624
		4. Der Nachlassgläubiger als Antragsberechtigter	1625
		5. Antragstellung eines einzelnen Erben einer Erbengemeinschaft (§ 317 Abs. 2 InsO)	1625
		6. Antragstellung bei Vorliegen einer Testamentsvollstreckung (§ 317 Abs. 3 InsO)	1625
	II.	Antragsrecht nach § 318 InsO	1626
	III.	Antragsfrist	1626
	IV.	Zulässigkeit der Eröffnung	1627
		1. Nachlassinsolvenzverfahren bei noch nicht erfolgter Erbschaftsannahme	1627
		2. Die unbeschränkte Erbenhaftung	1628
		3. Nachlassinsolvenzverfahren bei Nachlassteilung	1629
		4. Nachlassinsolvenzverfahren über einen Erbteil	1629
	V.	Eröffnungsgründe	1629
		1. Eröffnungsgrund der Zahlungsunfähigkeit	1630
		2. Überschuldung als Eröffnungsgrund	1630
		3. Drohende Zahlungsunfähigkeit als Eröffnungsgrund	1631
C.	Zuständigkeit		1633
	I.	Sachliche Zuständigkeit	1633
	II.	Örtliche Zuständigkeit	1633
	III.	Auseinanderfallen von Insolvenz- und Nachlassgericht	1633

D. Beteiligte am Nachlassinsolvenzverfahren 1634

    I.   Der Schuldner... 1634

        1. Der Erbe als Schuldner des Nachlassinsolvenzverfahrens 1634
        2. Stellung vom Testamentsvollstrecker und Nachlassverwalter .. 1634

    II.   Gläubiger... 1635

    III.   Der Insolvenzverwalter................................... 1635

E. Die Insolvenzmasse 1635

    I.   Allgemeines.. 1635

    II.   Besonderheiten der Insolvenzmasse 1637

        1. Erwerbsgeschäft im Nachlass........................... 1637
            a) Die Einzelfirma im Nachlass 1637
            b) Die Kapitalgesellschaft im Nachlass................ 1637
        2. Der Gesellschaftsanteil in der Nachlassinsolvenz 1638
            a) Der Erblasser als Gesellschafter einer BGB-Gesellschaft... 1638
                aa) Die Auflösung der Gesellschaft 1638
                bb) Fortsetzungsklauseln............................ 1638
                cc) Nachfolgeklauseln............................... 1639
            b) Der Erblasser als Gesellschafter der OHG oder der KG ... 1639
            c) Der Kommanditist als Erblasser..................... 1640

F. Insolvenzanfechtung im Rahmen des Nachlassinsolvenzverfahrens 1640

    I.   Allgemeines.. 1641

    II.   Voraussetzungen der Anfechtbarkeit nach § 322 InsO.......... 1641

    III.   Inhalt des Anfechtungsrechts.............................. 1641

    IV.   Erfüllungshandlung....................................... 1642

    V.   Weitere Anfechtungstatbestände 1643

        1. Allgemeine Anfechtungsvoraussetzungen 1643
        2. Anfechtungsgründe 1644

G. Verbindlichkeiten im Nachlassinsolvenzverfahren 1645

    I.   Nachlassverbindlichkeiten 1645

        1. Erblasserschulden...................................... 1645
        2. Erbfallschulden.. 1646
        3. Nachlasskosten- und Nachlassverwaltungsschulden 1646
        4. Nachlasserbenschulden 1647

    II.   Ansprüche des Erben nach § 326 InsO 1647

        1. Der Erbe als Gläubiger 1647
        2. Folge der Erfüllung von Nachlassverbindlichkeiten durch den Erben... 1648
        3. Eingeschränkter Ausschluss der Legalzession 1649

Silcher

III.	Nachrangige Verbindlichkeiten im Nachlassinsolvenzverfahren.		1649
	1.	Hintergründe der Regelung des § 327 InsO.	1649
	2.	Nachrangige Verbindlichkeiten i. S. d. § 39 InsO.	1650
	3.	Verbindlichkeiten gegenüber Pflichtteilsberechtigten	1650
	4.	Nachrang der Verbindlichkeiten aus Vermächtnissen und Auflagen.	1650
	5.	Sonderproblem des Vermächtnisses zur Ausschließung des Pflichtteilanspruches	1651
	6.	Rangverhältnis von im Aufgebotsverfahren ausgeschlossenen Gläubigern	1651
	7.	Rechte und Pflichten des nachrangigen Gläubigers.	1652
	8.	Stellung der nachrangigen Gläubiger im Insolvenzplan	1652
IV.	Masseverbindlichkeiten		1653
	1.	Aufwendungen gemäß § 324 Abs. 1 Nr. 1 InsO.	1653
	2.	Verbindlichkeiten gemäß § 324 Abs. 1 Nr. 2 InsO.	1654
	3.	Masseverbindlichkeiten gemäß § 324 Abs. 1 Nr. 3 InsO.	1654
	4.	Masseverbindlichkeiten gemäß § 324 Abs. 1 Nr. 4 InsO.	1654
	5.	Masseverbindlichkeiten gemäß § 324 Abs. 1 Nr. 5 InsO.	1655
	6.	Masseverbindlichkeiten gemäß § 324 Abs. 1 Nr. 6 InsO.	1655
	7.	Masseunzulänglichkeit.	1656
V.	Regelung des § 328 InsO		1656
	1.	Verwendungsverbot bezüglich auf Grund anfechtbarer Handlungen zurückgewährter Insolvenzmasse	1656
	2.	Beschränkung des Anspruches der im Wege des Aufgebotsverfahren ausgeschlossenen Gläubiger bei Ersatzleistung des Erben	1657
H. Nacherbfolge und Erbschaftskauf			1657
	I.	Nacherbfolge.	1658
		1. Eintritt der Nacherbfolge im Nachlassinsolvenzverfahren	1658
		2. Eintritt der Nacherbfolge vor Eröffnung des Nachlassinsolvenzverfahrens	1658
		3. Ansprüche des Vorerben nach § 329 InsO	1659
	II.	Erbschaftskauf	1659
		1. Schuldnerstellung bei Erbschaftskauf.	1659
		2. Antragsberechtigung	1660
		3. Insolvenzmasse.	1660
		4. Folgen der Verfahrenseröffnung	1660
		5. Fortbestehen des Antragsrechts der Erben	1661
		6. Anwendung des § 330 InsO auf weitere Verträge	1661
J. Zeitgleiche Nachlass- und Erbeninsolvenz			1662
	I.	Allgemeines	1662
	II.	Die Erbeninsolvenz	1662
	III.	Die Gesamtvermögensinsolvenz	1662

Silcher

IV.	Haftungsbeschränkung nach § 331 Abs. 1 InsO		1663
V.	Zum Gesamtgut gehörender Nachlass gemäß § 331 Abs. 2 InsO		1664
K.	Zwangsvollstreckung nach dem Erbfall		1665
	K.	Zwangsvollstreckungsmaßnahmen i. S. d. § 321 InsO	1665
	II.	Ausnahmetatbestände	1665
	III.	Rechtliche Folgen des Verbots	1666

A. Einleitung

1 Die Insolvenzordnung enthält in den §§ 315 ff. InsO Regelungen für ein Sonderinsolvenzverfahren über den Nachlass. Auch die Konkursordnung hatte bereits den Nachlasskonkurs als Sonderverfahren vorgesehen (vgl. §§ 214 ff. KO).

In den §§ 315 ff. InsO werden dabei die verfahrensrechtlichen Aspekte des Nachlassinsolvenzverfahrens abschließend geregelt, ergänzend gelten im Übrigen die allgemeinen Vorschriften der InsO. Das Nachlassinsolvenzverfahren übernimmt dabei weitestgehend die Beurteilungen, Wertungen und Prämissen der bürgerlich-rechtlichen Regelungen zum Erbrecht.

Dem Erben wird durch das Nachlassinsolvenzverfahren ermöglicht, die persönliche Haftung für die Nachlassverbindlichkeiten auf den Nachlass zu beschränken, (§ 1975 BGB). Damit können die Nachlassgläubiger lediglich noch aus dem Nachlass und damit aus diesem Sondervermögen Befriedigung erlangen; gleichzeitig werden die Nachlassgläubiger auch vor einem Zugriff der Erben auf den Nachlass geschützt.

Auch beim Nachlassinsolvenzverfahren kann sich der Erbe, soweit die Eröffnung mangels einer die Kosten des Verfahrens deckenden Masse abgelehnt wird, gegenüber den Gläubigern auf die Dürftigkeit des Nachlasses berufen (§ 1990 BGB). Dies gilt auch bei Einstellung des Insolvenzverfahrens mangels Masse (§ 1990 BGB, § 207 InsO).

B. Antrag auf Eröffnung des Insolvenzverfahrens

2 Der Antrag auf Eröffnung des Insolvenzverfahrens über den Nachlass ist vom Antragsberechtigten unter Wahrung der Antragsfrist und bei Vorliegen eines Eröffnungsgrundes beim zuständigen Nachlassgericht zu stellen.

Silcher

I. Antragsberechtigte Personen nach § 317 InsO

Die antragsberechtigten Personen ergeben sich aus § 317 InsO. Dieser entspricht der bisherigen Regelung des § 217 KO. Allerdings ist der Kreis der Antragsberechtigten nach der Insolvenzordnung insgesamt weiter.

3

> **Antragsberechtigte nach § 317 Abs. 1 InsO:**
> - Erbe:
>   - bei mehreren jeder alleine
>   - Vorerbe bis Eintritt Nacherbfall
>   - Nacherbe ab Eintritt Nacherbfall
>   - mehrere nur gemeinschaftlich
> - Nachlassverwalter
> - Nachlasspfleger
>   - mehrere nur gemeinschaftlich
> - Testamentvollstrecker mit allgemeiner Verwaltungsbefugnis
>   - mehrere nur gemeinschaftlich
> - Nachlassgläubiger
>   - bea. Frist § 319 InsO!

1. Der Erbe als antragsberechtigte Person gemäß § 317 Abs. 1 InsO

Generell antragsberechtigt ist der *Erbe*. Unter Erbe ist jeder zu verstehen, der im Wege des Erbfalles in die Vermögensposition des Erblassers einrückt. Gibt es mehrere Erben, kann *jeder Erbe alleine* den Eröffnungsantrag stellen. Dabei bezieht sich der Antrag jedoch stets auf den gesamten Nachlass.

4

Korrespondierend zu der Antragsberechtigung des Erben ist dessen *Antragspflicht*. Nach § 1980 Abs. 1 BGB besteht eine solche, soweit der Erbe vom Insolvenzgrund Kenntnis erlangt bzw. nach § 1980 Abs. 2 BGB, soweit er fahrlässig Unkenntnis vom Insolvenzgrund hat.

5

Die Antragspflicht umfasst allerdings nicht denjenigen Erben, der sich noch im Ausschlagungs- oder Anfechtungszeitraum befindet. Soweit jedoch der Erbe den *Nachlass ausgeschlagen* hat, ist er auch *nicht mehr antragsberechtigt*. Die Ausübung des Gestaltungsrechts der Ausschlagung führt zum Erlöschen des Antragsrechts. Die Ausschlagung führt allerdings nicht dazu, dass das auf Gläubigerantrag hin eröffnete Nachlassinsolvenzverfahren für erledigt erklärt würde.[1]

6

Soweit *Vor- und Nacherbschaft* vorliegen, richtet sich die Antragsberechtigung nach dem Zeitpunkt des Nacherbfalles. Nach § 2139 BGB endet die

7

---

[1] Vgl. OLG Koblenz Rpfleger 1989, 510.

Erbenstellung der Vorerben mit dem Eintritt des Nacherbfalles. Damit ist bis zum Eintritt des Nacherbfalles der Vorerbe antragsberechtigt, mit diesem Zeitpunkt nur der Nacherbe.

2. Nachlassverwalter und Nachlasspfleger als Antragsberechtigte

8   Antragsberechtigt ist ferner der *Nachlassverwalter,* der auf Antrag des Erben bestellt wird (§ 317 Abs. 1 InsO, §§ 1981 ff. BGB). Für die Antragstellung zu beachten ist, dass *mehrere Nachlassverwalter* den Antrag auf Eröffnung des Nachlassinsolvenzverfahrens *nur gemeinsam* stellen können.

Auch beim *Nachlassverwalter* korrespondiert zur Antragsberechtigung die materiellrechtliche *Antragspflicht* gemäß § 1985 Abs. 2 Satz 2 BGB i. V. m. § 1980 BGB. Eine verschuldete Nichtantragstellung kann damit die Haftung nach § 1980 BGB gegenüber den Gläubigern nach sich ziehen.

Weiterhin ist jeder andere *Nachlasspfleger,* wie der Nachlasspfleger vor Annahme der Erbschaft (§ 1960 Abs. 1 Satz 1, § 1961 BGB), oder der Nachlasspfleger bei unbekanntem Erben (§ 1960 Abs. 1 Satz 2 BGB), antragsberechtigt. Sind *mehrere Nachlasspfleger* beteiligt, muss der *Antrag gemeinschaftlich* gestellt werden. Soweit keine Einigung erzielt wird, entscheidet das Nachlassgericht (§§ 1797 Abs. 1, 1915, 1962 BGB).

Beim *Nachlasspfleger* besteht *keine haftungsbegründende Pflicht zur Antragstellung*; eine Haftung nach §§ 1985 Abs. 2, 1980 BGB scheidet damit aus.

Er kann jedoch den Erben gegenüber aus wirtschaftlichen Erwägungen heraus zur Antragstellung verpflichtet sein.

3. Der Testamentsvollstrecker als Antragsberechtigter

9   Der *Testamentsvollstrecker* als Verwalter des Nachlasses ist ebenfalls berechtigt, Antrag auf Eröffnung des Insolvenzverfahrens zu stellen. Soweit *mehrere* Testamentsvollstrecker bestellt sind, ist die Antragstellung *gemeinschaftlich* von diesen auszuüben. Das Antragsrecht besteht aber nur, wenn dem Testamentsvollstrecker gemäß § 2205 BGB die allgemeine Verwaltungsbefugnis für den Nachlass zusteht.

10 Anders ist der Fall zu werten, wenn dem Testamentsvollstrecker im Falle des § 2208 BGB die *Verwaltungsbefugnis weitgehend* beschränkt oder *entzogen* ist. Damit besteht in diesem Fall auch *keine Antragsberechtigung* im Hinblick auf ein Nachlassinsolvenzverfahren. Entscheidend ist damit, inwieweit dem Testamentsvollstrecker die Verwaltung des gesamten Nachlasses obliegt (§ 317 Abs. 3 InsO).[2] Weiter begründet die reine Vermächtnisvollstreckung kein Antragsrecht.

---

[2] Vgl. Hess, Kommentar zur Insolvenzordnung, 1999, § 317 Rdnr. 21 f.

Eine materiell-rechtliche *Antragspflicht* aus den gesetzlichen Regelungen korrespondiert für den Testamentsvollstrecker *nicht*. Allerdings kann eine Haftung des Testamentsvollstreckers gegenüber den Erben aus § 2219 Abs. 1, 1. Alt. BGB resultieren, soweit er durch die Nichtantragstellung die Pflichten als ordnungsgemäßer Verwalter verletzt.

11

Antragspflichtige:
- Erbe gemäß § 1980 BGB (aber, solange noch im Ausschlagungszeitraum befindlich, keine Antragspflicht)
- Nachlassverwalter (§ 1985 Abs. 2 Satz 2 BGB i. V. m. § 1980 BGB)

4. Der Nachlassgläubiger als Antragsberechtigter

Auch jeder *Nachlassgläubiger* ist antragsberechtigt. Dabei ist streng zwischen den Nachlassgläubigern und den Eigengläubigern des Erben zu differenzieren. Zugunsten des Nachlassgläubigers muss eine Nachlassverbindlichkeit bestehen. Zu beachten ist, dass für den Antrag des Nachlassgläubigers die Frist des § 319 InsO gilt.[3] Die weiteren Anforderungen ergeben sich aus § 14 InsO.

12

5. Antragstellung eines einzelnen Erben einer Erbengemeinschaft (§ 317 Abs. 2 InsO)

Soweit der einzelne *Erbe einer Erbengemeinschaft* Antrag auf Eröffnung des Insolvenzverfahrens stellt, sind *zusätzliche Voraussetzungen* erforderlich (§ 317 Abs. 2 InsO). So hat der Miterbe den behaupteten Eröffnungsgrund glaubhaft zu machen. Für die *Glaubhaftmachung* gelten die Regelungen des § 4 InsO i. V. m. § 294 ZPO. Danach sind die anderen *Miterben* vor der Verfahrenseröffnung zu dem Insolvenzgrund *zu hören*. Hiervon kann nur in Extremfällen, wie bei unbekanntem Aufenthalt eines Miterben, abgesehen werden.

13

6. Antragstellung bei Vorliegen einer Testamentsvollstreckung (§ 317 Abs. 3 InsO)

Soweit eine Testamentsvollstreckung vorliegt, ist bei Erbenantrag der Testamentsvollstrecker zu hören (§ 317 Abs. 3 InsO). Soweit der Testamentsvollstrecker den Antrag stellt, ist entsprechend zunächst dem Erben *rechtliches Gehör* zu gewähren.

14

---

3 Vgl. hierzu die Ausführungen unter Rdnr. 18 f.

II. Antragsrecht nach § 318 InsO

15 § 318 InsO stellt eine Sonderregelung zur Antragsberechtigung dar. Die Regelung ergänzt § 317 InsO im Hinblick auf die Antragsberechtigung auf der Schuldnerseite. Erfasst wird der Fall, dass bei Gütergemeinschaft nach §§ 1415 ff. BGB die Erbschaft eines in Gütergemeinschaft lebenden Ehegatten in das Gesamtgut fällt. Dies ist der Fall, wenn die Erbschaft nicht nach § 1418 Abs. 2 Nr. 2 BGB zum Vorbehaltsgut erklärt wird. Dies hat zur Folge, dass die Erbschaft gemeinschaftliches Vermögen der Ehegatten wird.

16 Damit sind jeweils folgende Personen gemäß § 318 Abs. 1 Satz 1 InsO zur *Antragstellung berechtigt:*

> **Antragsberechtigte:**
> - der Ehegatte, der zugleich Erbe ist;
> - der Ehegatte, der Nichterbe ist, dem jedoch alleine die Verwaltung des Gesamtgutes obliegt (§ 1422 ff. BGB);
> - der Ehegatte, der zwar kein Erbe ist, jedoch gemeinschaftlich mit dem anderen Ehegatten das Gesamtgut verwaltet (§ 1450 BGB).

17 Soweit der allein verwaltungsberechtigte Ehegatte selbst Erbe ist, kann nur dieser den Insolvenzantrag stellen; hier bleibt es beim Antragsrecht nach § 317 InsO.

Gemäß § 318 Abs. 1 Satz 2 bedarf es *keiner Zustimmung des anderen Ehegatten* bei Antragstellung nach § 318 Abs. 1 Satz 1 InsO; damit stellt § 318 Abs. 1 Satz 1 InsO eine Ausnahme von der nach §§ 1423 ff. BGB sowie §§ 1451 ff. BGB notwendigen Zustimmung der Ehegatten bei wirtschaftlich erheblichen Handlungen dar. Nach § 318 Abs. 1 Satz 3 InsO hat das Ende der Gütergemeinschaft keine Auswirkung auf das Antragsrecht.

Soweit nur ein Ehegatte den Antrag auf Eröffnung des Nachlassinsolvenzverfahrens stellt, hat er den Eröffnungsgrund *glaubhaft zu machen* (§ 318 Abs. 2 InsO, § 294 ZPO). Weiter ist nach § 318 Abs. 2 Satz 2 InsO der andere Ehegatte vor der Verfahrenseröffnung zu hören. Die Anhörung ist zwingend, ein Ermessen des Gerichts besteht nicht. Allerdings wird auf die Ausnahmeregelung nach § 10 InsO hingewiesen, die auch hier eingreift.

III. Antragsfrist

18 Die Antragsfrist des § 319 InsO gilt *nur* für den Fall des *Antrages durch einen Nachlassgläubiger*. Regelungszweck war hier die Überlegung, dass ansonsten eine Sonderung der Vermögensmassen des Nachlasses als auch des Eigenvermögens des Erben bei längerfristiger Dauer bis zur Antragstellung erschwert wird.

Silcher

Dagegen können Erben, Nachlassverwalter, Nachlasspfleger oder Testamentsvollstrecker unbefristet Antrag auf Eröffnung des Insolvenzverfahrens über den Nachlass stellen. Eine Beschränkung dieser Antragsberechtigten war auf Grund der in diesen Fällen korrespondierenden Antragspflicht bzw. drohender Schadensersatzansprüche der Gläubiger bzw. der Erben nicht angezeigt.

Für den Fristbeginn der 2-Jahresfrist nach § 319 InsO ist die Erbschaftsannahme entscheidend (§ 1943 BGB), oder der Ablauf der Ausschlagungsfrist nach § 1943, 2. HS i.V. m. § 1944 Abs. 1 BGB. Soweit mehrere Erben vorhanden sind, beginnt der Fristlauf erst mit der zuletzt erklärten Annahme bei Berücksichtigung sämtlicher Erben. Die Antragsfrist nach § 319 InsO stellt eine *Ausschlussfrist* dar und ist von Amts wegen zu beachten.

IV. Zulässigkeit der Eröffnung

§ 316 InsO stellt im Hinblick auf vier erbrechtliche Sondersituationen die Möglichkeit der Durchführung eines Nachlassinsolvenzverfahrens dar.

> **Die Regelung erfasst folgende vier Fallkonstellationen:**
> - die noch nicht erfolgte Erbschaftsannahme (§ 316 Abs. 1, 1. Alt. InsO),
> - die unbeschränkte Erbenhaftung (§ 316 Abs. 1, 2. Alt. InsO),
> - die durchgeführte Nachlassteilung bei Erbengemeinschaft (§ 316 Abs. 2 InsO),
> - die Insolvenzfähigkeit eines Erbteils (§ 316 Abs. 3 InsO).

1. Nachlassinsolvenzverfahren bei noch nicht erfolgter Erbschaftsannahme

Der Erbe tritt mit dem Erbfall ohne ausdrückliche Erklärung in die Rechte und Pflichten des Erblasser ein. Allerdings hat er die Möglichkeit, binnen 6 Wochen die Erbschaft auszuschlagen bzw. die Annahme der Erbschaft anzufechten (§§ 1944, 1954, 1956 BGB).

Gemäß § 316 Abs. 1, 1. Alt. InsO kann bereits während dieser Zeit ein Nachlassinsolvenzverfahren eröffnet werden. Dabei ist der Erbe, obwohl er die Erbschaft noch nicht angenommen hat, in dieser Überlegungsfrist bereits zur Antragstellung berechtigt. Der Antrag ist dabei nicht als Annahmeerklärung, auch nicht als konkludente, zu bewerten.[4] Schuldner des Nachlassinsolvenzverfahrens ist auch in diesem Fall der Erbe.

---

[4] Vgl. Kuhn/Uhlenbruck, Kommentar zur Konkursordnung, 11. Aufl. 1994 § 216 Rdnr. 2; Breutigam/Blersch/Goetsch, Kommentar zur Insolvenzordnung, 2001, § 316 Rdnr. 5.

Silcher

Für den Fall der Anordnung einer Nachlasspflegschaft in der Überlegungsfrist wird mit Eröffnung des Nachlassinsolvenzverfahrens der Nachlasspfleger Schuldner des Verfahrens. Die Eröffnung bedeutet dabei nicht das Ende der Nachlasspflegschaft; diese dauert vielmehr an. Allerdings verliert der Nachlasspfleger die Verwaltungs- und Verfügungsbefugnis über den Nachlass an den Insolvenzverwalter.

2. Die unbeschränkte Erbenhaftung

22 Die unbeschränkte Erbenhaftung kommt

- zum einen gegenüber allen Nachlassgläubigern,
- zum anderen nur gegenüber einzelnen Nachlassgläubigern

in Betracht.

Die *unbeschränkte Erbenhaftung gegenüber allen Nachlassgläubigern* tritt beispielsweise ein, wenn der Erbe

- die Frist zur Erstellung eines Inventars über den Nachlass versäumt hat (§§ 1994 Abs. 1 Satz 2, 1996 BGB) oder
- bei unvollständigen oder unrichtigen Angaben im Inventar (§ 2005 Abs. 1 BGB).

Dagegen besteht die *unbeschränkte Haftung einzelnen Nachlassgläubigern gegenüber*, wenn der Erbe beispielsweise

- die eidesstattliche Versicherung über die Vollständigkeit des Inventars verweigert (§ 2006 Abs. 2 BGB),
- auf sein Recht zur Haftungsbeschränkung vertraglich verzichtet,
- versäumt, sich die Haftungsbeschränkung im Erkenntnisverfahren vorzubehalten (§ 780 ZPO).

In diesen Fällen können die Nachlassgläubiger damit auch auf das persönliche Erbenvermögen Zugriff nehmen. Das Nachlassinsolvenzverfahren bleibt dennoch zulässig, auch wenn damit nicht mehr eine Haftungsbeschränkung zu Gunsten des Erben erreicht werden kann. Sinn und Zweck des Verfahrens ist in diesen Fällen die Befriedigung der Nachlassgläubiger aus dem Nachlassvermögen.

Die Eröffnung des Nachlassinsolvenzverfahrens hat nicht zur Folge, dass damit das Erbenvermögen gesichert wäre. Vielmehr kann hierauf von den Nachlassgläubigern im Wege der Einzelzwangsvollstreckung zugegriffen werden; ebenso kann auch Insolvenzantrag über das Erbenvermögen gestellt werden.

3. Nachlassinsolvenzverfahren bei Nachlassteilung

Soweit mehrere Erben vorhanden sind und die Aufteilung des Nachlasses an sämtliche Erbberechtigte erfolgte, besteht rein tatsächlich und rechtlich das »Sondervermögen Nachlass« nicht mehr.

23

§ 316 Abs. 2 InsO fingiert es jedoch als bestehend, womit erst die Durchführung des Nachlassinsolvenzverfahrens ermöglicht wird. Ansonsten wäre, obwohl hier die Nachlassmasse entgegen der Regelungen des § 2046 BGB vor Berichtigung der Nachlassverbindlichkeiten geteilt wurde, kein Zugriff mehr möglich.

Für die Feststellung des Umfangs der Insolvenzmasse ist als *Zeitpunkt* in diesem Fall derjenige *der Nachlassteilung entscheidend*. Sämtliche verteilten Vermögenswerte unterfallen der Insolvenzmasse und unterliegen insoweit dem Nachlassinsolvenzverfahren. Der Insolvenzverwalter hat einen Anspruch auf Herausgabe dieser Vermögenswerte gegen die Erben, um das Verfahren durchführen zu können (§ 148 Abs. 2 InsO).

Soweit sich jedoch Nachlassgegenstände bereits nicht mehr bei den Erben, sondern im Eigentum Dritter befinden, besteht der Herausgabeanspruch nur, soweit der Übereignung ein nach §§ 129 ff. InsO anfechtbares Rechtsgeschäft zugrunde lag.

4. Nachlassinsolvenzverfahren über einen Erbteil

Gemäß § 316 Abs. 3 InsO kann über einen Erbteil ein *separates Nachlassinsolvenzverfahren nicht eröffnet werden*. Dieses ist nur für den Nachlass insgesamt zulässig. Antragsrecht und Antragspflicht bestehen jeweils nur bezogen auf den gesamten Nachlass. Die Regelung beruht darauf, dass auch materiellrechtlich für Nachlassverbindlichkeiten die gesamtschuldnerische Haftung des Nachlasses nach § 2058 BGB besteht. Allerdings unterliegt der Erbteil der Einzelzwangsvollstreckung nach § 859 Abs. 2 ZPO.

24

V. Eröffnungsgründe

In § 320 InsO sind die Eröffnungsgründe abschließend geregelt. Im Unterschied zur bisherigen Regelung der KO ist nunmehr auch die drohende Zahlungsunfähigkeit als Eröffnungsgrund einbezogen worden. Die Zahlungsunfähigkeit selbst wurde als Eröffnungsgrund der Überschuldung gleichgestellt. Während die KO nur die Überschuldung als Eröffnungsgrund kannte, war in der GesO auch die Zahlungsunfähigkeit als Eröffnungsgrund enthalten. Die Erweiterung der Eröffnungsgründe auch bei Nachlassinsolvenzverfahren war aus den Erwägungen heraus, dass auch der Nachlass wirtschaft-

25

lichen Veränderungen unterworfen ist und eben keine abgeschlossene Vermögensmasse darstellt, angezeigt.

1. Eröffnungsgrund der Zahlungsunfähigkeit

26 Die Zahlungsunfähigkeit ist generell ein Eröffnungsgrund, unabhängig davon, wer den Antrag auf Eröffnung des Insolvenzverfahrens über den Nachlass stellt.

Der Begriff der *Zahlungsunfähigkeit* definiert sich dabei nach § 17 Abs. 2 InsO, wobei »*Schuldner*« im Sinne dieser Vorschrift der *Nachlass* ist.[5] Konsequenterweise müsste man als Schuldner den *Erben* – beschränkt auf den Nachlass – nennen; der Regierungsentwurf hat hier als Schuldner den Nachlass als solchen genannt, da es nur auf die wirtschaftlichen Verhältnisse des Nachlasses und nicht auf die wirtschaftlichen Verhältnisse des Erben ankommt. Damit ist von Zahlungsunfähigkeit des Nachlasses auszugehen, wenn die fälligen Nachlassverbindlichkeiten mit den flüssigen Mitteln des Nachlasses nicht erfüllt werden können.

Da Schuldner allein der Nachlass ist, sind die sonstigen Vermögensverhältnisse des Erben in die Bewertung nicht einzubeziehen.

Die Vermutungswirkung des § 17 Abs. 2 Satz 2 InsO tritt mit Zahlungseinstellung aus dem Nachlass ein. Die Zahlungseinstellung hat dabei Indizwirkung; ein Rückschluss auf die Zahlungsunfähigkeit wird hieraus auf Grund der Erkennbarkeit der Zahlungsunfähigkeit nach außen gezogen. Fehlt die Zahlungseinstellung, muss über eine Bilanz festgestellt werden, dass aus den vorhandenen Aktiva die Zahlung der gegen den Nachlass bestehenden Forderungen nicht möglich ist.

2. Überschuldung als Eröffnungsgrund

27 Unabhängig vom Antragsteller ist auch die Überschuldung des Nachlasses stets ein zulässiger Eröffnungsgrund.

Definiert ist die Überschuldung in der allgemeinen Vorschrift des § 19 Abs. 2 InsO. Auch hier ist »*Schuldner*« im Sinne des § 19 InsO der *Nachlass*. Zur Ermittlung der Überschuldung ist eine *Überschuldungsbilanz* aufzustellen. Hierfür ist zunächst das haftende Vermögen zu ermitteln. Dieses ergibt sich aus der Vermögensgesamtheit des Nachlasses, wobei der Vermögenswert entscheidend ist, den der Nachlass zum *Zeitpunkt der gerichtlichen Entscheidung über den Eröffnungsantrag* aufweist. Damit ist der Zeitpunkt des Erbfalles für die Beurteilung unerheblich.

---

5 Vgl. Breutigam/Blersch/Goetsch, a. a. O., § 320 Rdnr. 12; Kübler/Prütting, Kommentar zur Insolvenzordnung, 3. Lfg. 2001, § 320 Rdnr. 3.

Dem Vermögenswert ist der Wert der Nachlassverbindlichkeiten gegenüberzustellen. Nachlassverbindlichkeiten sind dabei Masseverbindlichkeit nach §§ 324, 55 InsO, sowie die Nachlassverbindlichkeiten gemäß §§ 325–327 InsO. Es werden damit also auch Verbindlichkeiten aus Vermächtnissen und Auflagen erfasst. Für betagte, bedingte oder ungewisse Forderungen wird auf §§ 2321 BGB, 41, 42, 45, 46 InsO verwiesen. Soweit die Nachlassverbindlichkeiten den Nachlasswert übersteigen, liegt Überschuldung vor.

28

Überschuldungsbilanz

Aktiva:	Passiva:
= Wert der Vermögensgesamtheit des Nachlasses zum Zeitpunkt der Eröffnung des Verfahrens	= Wert aller Nachlassverbindlichkeiten

• Bankguthaben
• Debitorenforderungen (ggf. wertberichtigt) einschließlich Schadenersatzansprüchen
• Vermögensgegenstände
  – bewegliche Gegenstände des Anlagevermögens
  – Grundvermögen
• Beteiligungen; vermögenswerte Rechte
	• Masseverbindlichkeiten nach §§ 324 InsO, 55 InsO
	• sonstige Nachlassverbindlichkeiten einschließlich Vermächtnissen und Auflagen nach §§ 325–327 InsO

Hinzuweisen ist in diesem Zusammenhang darauf, dass bei der *Beurteilung der Antragspflicht* nach § 1980 BGB für die Feststellung der Überschuldung die Vermächtnisse und Auflagen außer Betracht bleiben. In diesem Fall besteht keine Antragspflicht. Soweit die Überschuldung lediglich auf Vermächtnissen und Auflagen beruht, kann der Erbe nämlich das Insolvenzverfahren durch Erhebung der Unzulänglichkeitseinrede (§ 1992 BGB), abwenden. Dies gilt ebenso für den Fall, dass die Überschuldung lediglich auf ausgeschlossenen Nachlassverbindlichkeiten beruht[6] (§ 1973 BGB).

29

3. Drohende Zahlungsunfähigkeit als Eröffnungsgrund

Gemäß § 320 Satz 2 InsO kann den *Eröffnungsgrund der drohenden Zahlungsunfähigkeit* nur der Erbe, der Nachlassverwalter, der Nachlasspfleger oder der Testamentsvollstrecker geltend machen. Damit steht das Antragsrecht in diesem Fall allein der Schuldnerseite zu. Somit *kann* sich der *Nach-*

30

---

6 Vgl. Kilger/Schmidt, K., Kommentar zur Konkursordnung 16. Aufl. 1993, § 215 Anm. 2.

lassgläubiger nicht auf diesen Eröffnungsgrund berufen. Dies soll zum einen verhindern, dass der Erbe unter Druck gesetzt werden kann.[7] Zum anderen dürfte für die erforderliche Prognoseerstellung den Nachlassgläubigern in aller Regel die Detailkenntnis fehlen.

31 Der Eröffnungsgrund der drohenden Zahlungsunfähigkeit begründet *keine Antragspflicht nach § 1980 BGB*, womit bei Unterlassung auch keine Schadensersatzpflicht des Erben oder sonstigen Antragstellers erwachsen kann.[8]

Die Legaldefinition des Eröffnungsgrundes der drohenden Zahlungsunfähigkeit ergibt sich aus § 18 Abs. 2 InsO. Auch in diesem Fall ist als Schuldner der Nachlass anzusehen. Die Feststellung der drohenden Zahlungsunfähigkeit des Nachlasses ist nur über eine *Prognoseerstellung* möglich.

Die Feststellung hat sich dabei auf die Entwicklung des Nachlassvermögens bis Fälligkeit aller bereits zum Eröffnungszeitpunkt entstandenen Verbindlichkeiten zu erstrecken. Es sind also auch die noch nicht fälligen Forderungen zu berücksichtigen.[9] Hinzu treten noch die bereits zum Zeitpunkt der Eröffnung fälligen wesentlichen Nachlassverbindlichkeiten.[10] Diesen Gesamtverbindlichkeiten ist das Nachlassvermögen einschließlich noch zu erwartender Einnahmen gegenüberzustellen. Soweit aus dieser Gegenüberstellung die Wahrscheinlichkeit abgeleitet werden kann, dass das zu erwartende Nachlassvermögen die prognostizierten Nachlassverbindlichkeiten nicht deckt, ist von einer drohenden Zahlungsunfähigkeit auszugehen. Der Eintritt der Zahlungsunfähigkeit muss dabei auf jeden Fall wahrscheinlicher sein als die Vermeidung der Zahlungsunfähigkeit.[11] Dies hat zur Konsequenz, dass damit die Verfahrenseröffnung bereits erfolgen kann, wenn in diesem Zeitpunkt tatsächlich noch keine Zahlungsunfähigkeit besteht.

Es wird – wie mit der Einführung dieses Eröffnungsgrundes beabsichtigt – damit eine Vorverlagerung der Insolvenzantragsstellung bei Erkennen von Zahlungsschwierigkeiten erreicht. Dem Schuldner wird insoweit ermöglicht, durch die Vorverlagerung der Verfahrenseröffnung seine Schulden weitgehend zu bereinigen und eine weitest mögliche Befriedigung der Gläubiger zu erreichen.

---

7 Vgl. Begr. zu § 22 RegE [§ 18 InsO], BT-Drucks. 12/2443.
8 Vgl. Breutigam/Blersch/Goetsch, a. a. O., § 320 Rdnr. 18.
9 Vgl. BT-Drucks. 12/2443 S. 114.
10 Vgl. BT-Drucks. 12/2443 S. 115.
11 Vgl. BT-Drucks. 12/2443, S. 115; Breutigam/Blersch/Goetsch, a. a. O., § 320 Rdnr. 15.

C. Zuständigkeit

I. Sachliche Zuständigkeit

Für die Durchführung des Nachlassinsolvenzverfahrens ist das *Insolvenzgericht* sachlich zuständig. Die sachliche Zuständigkeit ist *ausschließlich*. 32

II. Örtliche Zuständigkeit

Die örtliche Zuständigkeit bei Nachlassinsolvenzverfahren ist in § 315 InsO geregelt. § 315 Satz 2 InsO knüpft dabei an den Ort an, an dem der Erblasser einer *selbstständigen wirtschaftlichen Tätigkeit* nachgegangen ist. Dieser Gerichtsstand ist *vorrangig* gegenüber dem allgemeinen Gerichtsstand nach § 315 Satz 1 InsO. 33

Soweit ein Mittelpunkt der selbstständigen wirtschaftlichen Tätigkeit vorliegt, ist die *ausschließliche örtliche Zuständigkeit* des Gerichts an diesem Ort begründet. Eine abweichende Vereinbarung über die Zuständigkeit ist in diesem Fall nicht möglich.

Ansonsten bestimmt sich nach § 315 Satz 1 InsO die örtliche Zuständigkeit nach dem *allgemeinen Gerichtsstand* des Erblassers. Damit ist der Wohnsitz entscheidend. Soweit für den Erblasser mehrere allgemeine Gerichtsstände bestehen ist nach § 3 Abs. 2 InsO dasjenige Gericht örtlich zuständig, bei dem zuerst die Eröffnung des Nachlassinsolvenzverfahrens beantragt wurde. 34

Häufig tritt auch der Fall auf, dass ein Erblasser lediglich über inländisches Vermögen verfügt, jedoch im Inland keinen allgemeinen Gerichtsstand hat. In einem solchen Fall bestimmt sich die örtliche Zuständigkeit nach Artikel 102 Abs. 3 EGInsO. Entscheidend ist dabei der Ort der Belegenheit des Vermögens entsprechend § 23 ZPO bzw. entsprechend § 24 ZPO, soweit es sich um unbewegliche Gegenstände handelt. § 102 EGInsO erfasst dabei jedes Vermögen. 35

III. Auseinanderfallen von Insolvenz- und Nachlassgericht

Die Regelung der örtlichen Zuständigkeit nach § 315 InsO für das Nachlassinsolvenzverfahren hat zur Folge, dass Insolvenzgericht und Nachlassgericht auseinanderfallen können. Dies resultiert zum einen aus der Rege- 36 lung über die selbstständige wirtschaftliche Tätigkeit, zum anderen aus der Konzentrationsregelung des § 2 Abs. 1 InsO. Soweit damit bereits ein Aufgebotsverfahren nach § 1970 ff. BGB vorlag, muss im Fall des Insolvenzverfahrens erneut eine Forderungsanmeldung erfolgen.

D. Beteiligte am Nachlassinsolvenzverfahren

I. Der Schuldner

37 Im Rahmen des Nachlassinsolvenzverfahrens wird der Nachlass selbst nicht als Rechtssubjekt behandelt. Er stellt vielmehr ein Sondervermögen dar, das keine eigene Rechtspersönlichkeit hat. Allerdings ist er entscheidend für die Beurteilung des Vorliegens von Insolvenzgründen, weshalb in diesem Umfang vom Nachlass als »Schuldner« ausgegangen wird.

1. Der Erbe als Schuldner des Nachlassinsolvenzverfahrens

38 Die *Stellung des Schuldners im Verfahren* übernimmt vielmehr der *Erbe als Träger des Nachlasses*, der sich aus den Vermögenswerten als auch aus den Verbindlichkeiten zusammensetzt. Damit bestimmt sich die Frage, wer Schuldner ist, allein nach bürgerlich-rechtlichen Vorschriften, womit der Erbe oder bei mehreren Erben die Erbengemeinschaft in die Schuldnerrolle eintreten.

Somit entfallen auf den Erben alle Rechte und Pflichten des Schuldners des Insolvenzverfahrens. Hierzu zählen neben der Auskunftspflicht nach § 20 InsO auch die Mitwirkungspflichten nach §§ 89, 99 InsO. Ebenso kann der Erbe im Prüfungstermin nach § 176 InsO Forderungen bestreiten. Dagegen treffen den Erben keine außerinsolvenzrechtlichen Beschränkungen bürgerlichen Rechts.

2. Stellung vom Testamentsvollstrecker und Nachlassverwalter

39 Soweit ein *Testamentsvollstrecker* eingesetzt ist, *verliert* dieser mit Eröffnung des Insolvenzverfahrens die *Verwaltungs- und Verfügungsbefugnis* über den Nachlass (§§ 2205, 2206 BGB) an den Insolvenzverwalter. Insoweit kann der Testamentsvollstrecker im Insolvenzverfahren lediglich Verfahrenshandlungen wie das Bestreiten von Forderungen nach § 176 InsO vornehmen.

Soweit ein *Nachlassverwalter* bestellt ist *endet dessen Amt* sofort mit der Eröffnung des Nachlassinsolvenzverfahrens (§ 1988 BGB). Dieser ist damit ebenso wenig wie der Testamentsvollstrecker Schuldner des Nachlassinsolvenzverfahrens. 40

II. Gläubiger

Nach §§ 317, 325 InsO haben die Gläubigerstellung selbstverständlich ausschließlich Gläubiger von Nachlassverbindlichkeiten inne. Eigengläubiger des Erben sind nicht im Nachlassinsolvenzverfahren zu berücksichtigen. Hieran ändert auch die Schuldnerstellung des Erben nichts; dieser übernimmt faktisch nur die Handlung für den Nachlass, auf diesen ist seine Stellung bezogen. 41

III. Der Insolvenzverwalter

Im Rahmen des Nachlassinsolvenzverfahrens gelten keinerlei Besonderheiten für die Stellung des Insolvenzverwalters. Dessen Rechte und Pflichten regeln sich vollumfänglich nach den Bestimmungen des Regelinsolvenzverfahrens. 42

E. Die Insolvenzmasse

I. Allgemeines

Die Masse des Nachlassinsolvenzverfahrens besteht aus dem *Vermögen*, welches *zum Eröffnungszeitpunkt* des Insolvenzverfahrens zum Nachlass gehörig ist.[12] 43

Nach § 36 Abs. 1 InsO ist weitere Voraussetzung die *Pfändbarkeit* der Vermögensgegenstände. Bei der Frage der Prüfung, inwieweit relative Pfändungsverbote vorliegen, ist auf die Erben abzustellen. Dies ist der Fall, soweit die Pfändbarkeit einer persönlichen Beschränkung, wie beispielsweise in § 811 Nr. 1–7, 10 ZPO genannt, unterliegt. Gerade bei Zugehörigkeit der Gegenstände zum Berufs- oder Erwerbsbetrieb kommt eine Einschränkung

---

12 Vgl. Kuhn/Uhlenbruck, a. a. O., § 214 Rdnr. 2.

im Hinblick auf die Pfändbarkeit in Betracht; insoweit hat hier eine Prüfung der Nachlassgegenstände bezüglich ihrer Pfändbarkeit zur Feststellung der tatsächlichen Ist-Masse zu erfolgen.

Weiterhin zählt nach § 35 2. HS InsO auch im Nachlassinsolvenzverfahren der *Neuerwerb* nach Eröffnung des Verfahrens zur Masse, wobei hierunter der Neuerwerb des Nachlasses zu verstehen ist.

Weiterhin fallen *vermögenswerte Rechte und Anwartschaften* in die Nachlassmasse.

44 Da häufig zwischen dem Erbfall und dem Antrag auf Eröffnung des Nachlassinsolvenzverfahrens ein erheblicher Zeitablauf verstreicht, verändert sich der Nachlass regelmäßig. Zum einen können *Vermögenszuwächse* auftreten, zum Beispiel soweit Zinsgewinne oder auch Gewinnausschüttungen bei Aktien zu verzeichnen sind.

Weiterhin kann der *Nachlass* durch die Veräußerung von Nachlassgegenständen *gemindert* worden sein. Soweit Nachlassgegenstände veräußert wurden, können gegebenenfalls *Ersatzansprüche* gegen Erben oder gegen Nachlassverwalter in die Masse fallen. Soweit damit Vermögensgegenstände im Rahmen der Verwaltung dem Nachlass entzogen wurden, gehören diese nämlich nicht mehr zur Masse; auch gibt es hierfür keine Surrogation. Der Anspruch der Masse richtet sich damit auf den Schadensersatzanspruch gemäß § 1978 Abs. 1 Satz 2 BGB i. V. m. §§ 667, 681 BGB.

Soweit der Erbe den Gegenwert noch nicht erlangt hat, kann der Insolvenzverwalter auch die Abtretung dieses Gegenanspruchs vom Erben verlangen.[13] Soweit mehrere Erben vorhanden sind, ist auch die Regelung des § 2041 BGB zu beachten. Damit gehört auch das im Rahmen eines Rechtsgeschäfts bezogen auf den Nachlass erzielte Vermögen in die Masse des Nachlasses.

Allerdings kann in der Verfügung über einzelne Nachlassgegenstände auch eine anfechtbare Handlung vorliegen, womit das durch Anfechtung erlangbare ebenfalls einbezogen werden muss.

45 Weiter sind bei der Klärung der Masse des Nachlasses folgende Ersatzansprüche zu berücksichtigen; diese gehören zum Nachlass und entsprechend auch zur Insolvenzmasse:

> **Zur Insolvenzmasse gehörende Ersatzansprüche:**
>
> - Wegen fehlerhafter Verwaltung Ansprüche aus §§ 1978, 1985 BGB.
>
> - Der *Verstoß gegen die Antragspflicht* zur Eröffnung des Nachlassinsolvenzverfahrens führt nach § 1980 BGB ebenfalls zu einem Schadenersatzanspruch, der in die Insolvenzmasse fällt.

---

13 Vgl. Kuhn/Uhlenbruck, a. a. O., § 214 Rdnr. 4.

Silcher

> • Daneben können auch Ersatzansprüche *gegen Dritte* in die Insolvenzmasse fallen, soweit diese Nachlassgegenstände entzogen haben oder z. B. Beschädigungen erfolgt sind.

II. Besonderheiten der Insolvenzmasse

Im Rahmen von Nachlassinsolvenzverfahren kommt es ebenfalls vor, dass nicht nur die üblichen Vermögenswerte oder Grundstücke, sondern beispielsweise auch Handelsgeschäfte oder Gesellschaftsanteile in den Nachlass fallen. Hierbei sind nachfolgende Punkte zu beachten.

46

1. Erwerbsgeschäft im Nachlass

a) Die Einzelfirma im Nachlass

Soweit der Erblasser ein Handelsgeschäft betrieben hat, fällt dieses grundsätzlich in den Nachlass. Es wird damit bei Eröffnung des Nachlassinsolvenzverfahrens Massebestandteil und unterliegt in diesem Umfang auch der Verwertung durch den Insolvenzverwalter. Selbst wenn der Erbe das Erwerbsgeschäft nach Erbfall fortgeführt hat, zählt es weiterhin zur Masse. Dabei wird auch all das, was dem Geschäftsbetrieb dient, Massebestandteil. Hierunter fällt beispielsweise auch die Firma eines Handelsgeschäftes.

47

Soweit der Insolvenzverwalter im Rahmen seiner Verwertungsbefugnis eine Veräußerung der Firma anstrebt, ist dies allerdings regelmäßig an die Einwilligung des Erben – soweit dieser Namensträger der Firma ist – gebunden.[14]

b) Die Kapitalgesellschaft im Nachlass

Dagegen kann bei einer Kapitalgesellschaft der Insolvenzverwalter ohne Einwilligung des Namensgebers die Veräußerung vornehmen.[15] Soweit der Erblasser ein Unternehmen als Einmanngesellschafter betrieb, also eine Ein-Personen-GmbH vorliegt, kann neben dem Nachlassinsolvenzverfahren auch ein Insolvenzverfahren über das Vermögen der Ein-Mann-GmbH stattfinden.[16]

48

---

14 Vgl. BGHZ 32, 103.
15 Vgl. BGH NJW 1983, 755.
16 Vgl. Kilger/Schmidt, K., a. a. O. § 235 Anm. 2.

2. Der Gesellschaftsanteil in der Nachlassinsolvenz

49 Es kann ebenfalls vorkommen, dass der Erblasser Gesellschafter einer Personengesellschaft war. Soweit der Erblasser damit Gesellschafter einer BGB-Gesellschaft, einer OHG oder auch einer KG war, zählt die Beteiligung des Erblassers hieran in aller Regel zum Nachlass.

a) Der Erblasser als Gesellschafter einer BGB-Gesellschaft

aa) Die Auflösung der Gesellschaft

50 Für die BGB-Gesellschaft gilt die Regelung des § 727 BGB, wonach der Tod eines Gesellschafters kraft Gesetzes die Auflösung der Gesellschaft zur Folge hat. Dies gilt allerdings nur, soweit keine Vereinbarung zwischen den Gesellschaftern über die Fortsetzung der Gesellschaft bzw. keine Nachfolgevereinbarung getroffen worden ist.

Der Anteil des Erblassers an der Gesellschaft zählt damit zum Nachlass. Dies bedeutet, dass im Falle der Insolvenz des Nachlasses der Insolvenzverwalter Mitglied der Liquidationsgesellschaft wird. Damit gehört das bei der Liquidation ermittelte und auf den Erblasser entfallende *Auseinandersetzungsguthaben* zur Masse des Nachlassinsolvenzverfahrens.

bb) Fortsetzungsklauseln

51 Bei der BGB-Gesellschaft können allerdings auch so genannte *Fortsetzungsklauseln* geschlossen werden, die bei Versterben eines Gesellschafters den Fortbestand der BGB-Gesellschaft gewährleisten. Für die Nachlassinsolvenz bedeutet das Vorliegen solcher Klauseln, dass der Verstorbene mit seinem Tod aus der Gesellschaft ausscheidet und die Gesellschaft unter den verbliebenen Gesellschaftern fortgesetzt wird. Der Gesellschaftsanteil wächst, wie nunmehr gemäß gesetzlicher Regelung für die OHG und KG vorgesehen, den übrigen Gesellschaftern zu. Der an diese Stelle tretende *Abfindungsanspruch* gemäß § 738 Abs. 1 Satz 2 BGB fällt sodann in den Nachlass und gehört damit zur Masse des Nachlassinsolvenzverfahrens.

Allerdings besteht die Möglichkeit, dies durch Gesellschaftsvertrag auszuschließen. Grundsätzlich sind abweichende Vereinbarungen im Hinblick auf den Abfindungsanspruch zulässig. So kann bei Gesellschaften mit ideeller Zielsetzung der Abfindungsanspruch auch ausgeschlossen werden.[17]

Soweit die Gesellschaft wirtschaftlich tätig ist unterliegt der *Ausschluss des Abfindungsanspruches* der Prüfung im Rahmen der §§ 138, 723 Abs. 3 BGB sowie 133 Abs. 3 HGB. Zulässig ist beispielsweise die Außerachtlassung des Firmenwertes und der stillen Reserven bei Ermittlung des Abfindungsgut-

---

17 Vgl. BGHZ 135, 387.

habens; ebenso ist die Beschränkung des Abfindungsanspruches auf den Buchwert nach der letzten Jahresbilanz zulässig.¹⁸

cc) Nachfolgeklauseln

Allerdings gibt es neben den bereits unter Rdnr. 51 dargestellten Fortsetzungsklauseln auch die so genannten *Nachfolgeklauseln*. Dies bedeutet, dass eine gesellschaftsvertragliche Vereinbarung dahingehend besteht, dass bei Versterben eines Gesellschafters die Gesellschaft mit dem oder den Erben fortgesetzt wird. Damit wächst der Gesellschaftsanteil des Erblassers entsprechend dem oder den Erben zu; soweit mehrere Erben vorhanden sind, werden diese im Wege der Sondererbfolge in der Höhe ihres Erbteils Gesellschafter. In diesem Fall findet also ein Eintritt der Gesamthand und damit der Erbengemeinschaft in die Gesellschaftsanteile nicht statt.

52

Soweit eine BGB-Gesellschaft mit Nachfolgevereinbarung bestand, ergibt sich die entsprechende Auslegung aus § 728 BGB analog; die BGB-Gesellschaft löst sich damit auf; der Auseinandersetzungsanspruch fällt in die Insolvenzmasse. Sofern aber eine Fortsetzung unter den verbliebenen Gesellschaftern im Gesellschaftsvertrag vereinbart ist, fällt der Abfindungsanspruch in Masse.¹⁹

Für die Insolvenzmasse ändert sich auch bei Vorliegen einer so genannten *qualifizierten Nachfolgeklausel* nichts. Unter der qualifizierten Nachfolgeklausel ist zu verstehen, dass lediglich ein oder mehrere bestimmte Erben in die Gesellschafterstellung des Erblassers eintreten. Auch in diesem Fall gehört der Gesellschaftsanteil zum Nachlass; bei Vorliegen einer Nachlassinsolvenz löst sich entsprechend die BGB-Gesellschaft auf. Das Auseinandersetzungsguthaben fällt jeweils in die Insolvenzmasse.

53

b) Der Erblasser als Gesellschafter der OHG oder der KG

Bis zum 1. Juli 1998 haben die vorgenannten Bestimmungen auch für die OHG und die KG gegolten. Seit Inkrafttreten des Handelsrechtsreformgesetzes wurden jedoch für die OHG und die KG die Auflösungsgründe der Gesellschaft in Tatbestände umgewandelt, die das *Ausscheiden des Gesellschafters* bedingen (§ 131 Abs. 3 HGB).

54

Insoweit wird auch bei den Personenhandelsgesellschaften die Unternehmenskontinuität nunmehr als vorrangig vor der Personenkontinuität angesehen. Dies bedeutet, dass bei Tod eines Gesellschafters dieser aus der Gesellschaft ausscheidet; sein Gesellschaftsanteil wächst entsprechend den anderen Gesellschaftern zu. Der *Auseinandersetzungs- und Abfindungsanspruch* fällt sodann bei Insolvenz des Erblassers in die Masse des Nachlassinsolvenzverfahrens.

---

18 Vgl. BGH WM 1980, 1362.
19 Vgl. Palandt/Sprau, Kommentar zum BGB, 60. Aufl. 2001, § 728 BGB Rdnr. 2.

Silcher

Auch bei der OHG gibt es die so genannten *Nachfolgeklauseln*. Hinsichtlich des Inhaltes wird auf die Ausführung unter Rdnr. 52 f. verwiesen.

Ist nunmehr das Nachlassinsolvenzverfahren eröffnet, scheidet der nachfolgende Erbe analog § 131 Abs. 3 Nr. 2 HGB aus der Gesellschaft aus. Hier wurde in Analogie zur Insolvenz des Gesellschafters auch für die *Nachlassinsolvenz* dahingehend eine *Auslegung* getroffen, dass in diesem Fall *die Nachfolgeklausel nicht greift*, sondern das Ausscheiden der Erben erfolgt und damit die Fortführung der Gesellschaft erreicht wird. Der entsprechende *Abfindungsanspruch* fällt in die Insolvenzmasse.

Bei Vorliegen der so genannten *qualifizierten Nachfolgeklausel* wird ebenfalls in Analogie zur Insolvenz des Gesellschafters für die Eröffnung des Nachlassinsolvenzverfahrens die Auslegung dahingehend getroffen, dass die qualifizierte Nachfolgeklausel nicht greift. Der Erbe scheidet sodann aus der OHG aus. Für die OHG ergibt sich diese Folge aus §§ 131 Abs. 3 Nr. 2 HGB analog, 105 Abs. 2 HGB, 738 Abs. 1 BGB.

Zu beachten ist, dass zur *Masse* lediglich der *Abfindungsanspruch* zählt. Soweit andere Erben auf Grund des Vorliegens einer qualifizierten Nachfolgeklausel Ansprüche gegen den durch diese Nachfolgeklausel begünstigten Erben haben, sind dies persönliche Ansprüche dieser Erben. Der Vermögensanteil des Abfindungsanspruches kann ja von Ausgleichsansprüchen nicht übertroffen werden; diese stellen nur Forderungen gegen den Nachlass dar.[20]

c) Der Kommanditist als Erblasser

55 Gemäß § 177 HBG hat der Tod eines Kommanditisten immer zur Folge, dass der Erbe in den Anteil des Verstorbenen eintritt.

Dies bedeutet bei Eröffnung der Nachlassinsolvenz, dass der Erbe gemäß §§ 161 Abs. 1, 131 Abs. 3 Nr. 2 HGB aus der Kommanditgesellschaft ausscheidet und der als Ausgleich bestehende Abfindungsanspruch gemäß §§ 161 Abs. 2, 105 Abs. 2 HBG, 738 Abs. 1 BGB in die Masse fällt.

F. Insolvenzanfechtung im Rahmen des Nachlassinsolvenzverfahrens

56 Neben den allgemeinen Anfechtungsregeln der §§ 129 ff. InsO, die auch im Nachlassinsolvenzverfahren gelten, erfasst § 322 InsO den Spezialfall der *Anfechtung bei Nachlassinsolvenzverfahren*, soweit der Erbe vor Eröff-

---

20 Vgl. insgesamt auch Kübler/Prütting, a. a. O., § 315 Rdnr. 17 ff.

nung des Insolvenzverfahrens aus dem Nachlass Pflichtteilsansprüche, Vermächtnisse oder Auflagen erfüllt.

Die Regelung des § 322 InsO entspricht derjenigen des § 222 KO.

I. Allgemeines

§ 322 InsO trägt den Regelungen der §§ 1991 Abs. 4 BGB, 327 InsO und damit der Rangfolge der Forderungen Rechnung, wonach Verbindlichkeiten aus Pflichtteilsansprüchen, Vermächtnissen oder Auflagen bei nicht ausreichendem Nachlass nach allen anderen Verbindlichkeiten zu erfüllen sind.   57

Es handelt sich insoweit um die *Erfüllung gesetzlicher Ansprüche*. Die Regelung des § 322 InsO ermöglicht dennoch die *Rückabwicklung dieser Erfüllungsgeschäfte*, womit die Anordnung des § 327 InsO wiederhergestellt wird.

II. Voraussetzungen der Anfechtbarkeit nach § 322 InsO

Entscheidend ist auch für die Anfechtung nach § 322 InsO die Regelung in § 134 InsO. § 322 InsO stellt die hier genannten Rechtshandlungen dem Fall der Schenkungsanfechtung gleich.   58

Schuldner ist dabei der Erbe, der Nachlasspfleger, der Nachlassverwalter oder auch der Testamentsvollstrecker. Die *Leistung* selbst ist im Fall des § 322 InsO die *Erfüllungshandlung*. *Anfechtungsgegner* ist der *Leistungsempfänger*. § 322 InsO ändert dabei die Anfechtungsbestimmungen selbst nicht. So gelten die zeitlichen Schranken der §§ 134, 146 InsO auch für die in § 322 InsO ermöglichten Anfechtungen.[21]

III. Inhalt des Anfechtungsrechts

Der Rückgewähranspruch erfasst dabei nach § 143 InsO alles, was durch die Handlung aus dem Nachlass entfernt wurde. Gemäß § 143 Abs. 2 Satz 1 InsO haftet der gutgläubige Empfänger jedoch nur, soweit er bereichert ist.   59

---

21 Vgl. Kilger/Schmidt, K., a.a.O., § 222, Anm. 2.

Lag dagegen beim Empfänger im Hinblick auf die Massearmut des Nachlasses Bösgläubigkeit vor, ist die Rückgabeverpflichtung nach § 143 Abs. 2 Satz 2 InsO unbeschränkt.

Die Rückabwicklung des Erfüllungsgeschäftes nach § 322 InsO hat zur Folge, dass gemäß § 144 InsO der Pflichtteilsanspruch, das Vermächtnis oder der Auflagenanspruch wieder aufleben. Insoweit ist der Berechtigte allerdings gemäß § 327 InsO nur nachrangiger Gläubiger im Nachlassinsolvenzverfahren.

IV. Erfüllungshandlung

60 Erfasst werden vom Anfechtungsanspruch des § 322 InsO allerdings nur *bestimmte Ansprüche*, die in einem bestimmten Zeitraum erfüllt wurden.

> **Erfasst wird die Erfüllung**
>
> - der Pflichtteilsansprüche nach §§ 2303 ff. BGB,
> - der Ansprüche aus Vermächtnissen nach §§ 2174 ff. BGB,
> - der Ansprüche aus Auflagen nach §§ 2192 ff. BGB.

61 Streitig ist, inwieweit *Erbersatzansprüche* gemäß § 1934 a BGB ebenfalls von § 322 InsO erfasst werden. Es wurde hier auf eine Gleichstellung dieser Ansprüche aus § 1934 b Abs. 2 BGB geschlossen, der auf diese die Regeln des Pflichtteilrechts für anwendbar erklärte.[22]

62 Mit dem Gesetz zur Reform des Kindschaftsrechts und dem Gesetz zur erbrechtlichen Gleichstellung nichtehelicher Kinder ist § 1934 b BGB weggefallen. Insoweit ist auch die Stellung des Erbersatzberechtigten, die das nichteheliche Kind bis zu diesem Zeitpunkt inne hatte, entfallen. Die Frage wird damit nur noch für Altfälle relevant. Die Gleichstellung ist aus den materiell-rechtlichen Überlegungen heraus, obwohl der Gesetzgeber die Erbersatzberechtigten ausdrücklich in die Neuregelung des § 322 InsO hätte aufnehmen können, geboten.[23] Andere nachrangige Ansprüche fallen nicht unter § 322 InsO.

63 Die Erfüllung muss vom Erben bzw. vom Nachlassverwalter bewirkt worden sein.

Zum Erfüllungsbegriff ist anzumerken, dass hierunter *auch Erfüllungsersatzhandlungen* wie z. B. die Annahme an Erfüllung statt oder auch die Hin-

---

22 Vgl. Kilger/Schmidt, K., a. a. O., § 222 Rdnr. 1.
23 Vgl. insg. zur Diskussion Hess, a. a. O., § 322 Rdnr. 3; FK-InsO/Schallenberg/Rafiqpoor, 3. Aufl. 2002 § 322 Rdnr. 4 und 5.

Silcher

terlegung bzw. die Aufrechnung oder auch eine Sicherheitengewährung fallen.[24]

Grundsätzlich ist nicht entscheidend, mit welchen Mitteln die Erfüllung der Ansprüche aus dem Nachlass erfolgt war. Diese kann sowohl aus Nachlassmitteln als auch aus Eigenmitteln des Erben erfolgen.[25]

Bei Vorliegen eines unbeschränkt haftenden Erben ist keine Erfüllung aus dem Nachlass gegeben, soweit er mit eigenem Vermögen die Erfüllung bewirkt hat.

Zeitlich muss die Erfüllungshandlung zwischen dem Eintritt des Erbfalls und der Eröffnung des Nachlassinsolvenzverfahrens liegen. Die Handlung darf allerdings nicht früher als 4 Jahre vor Eröffnung des Nachlassinsolvenzverfahrens vorgenommen worden sein, insoweit wird auf §§ 134, 139 InsO Bezug genommen.

V. Weitere Anfechtungstatbestände

Weiterhin greifen auch im Nachlassinsolvenzverfahren die Anfechtungstatbestände der §§ 129 ff. InsO. Diese sollen hier nur in Kürze dargestellt werden.

1. Allgemeine Anfechtungsvoraussetzungen

Gegenstand der Anfechtung sind vor der Eröffnung des Insolvenzverfahrens vorgenommenen Rechtshandlungen, wobei jedes Verhalten mit rechtlicher Relevanz erfasst wird. Eine Rechtshandlung gilt nach § 140 InsO als vor Verfahrenseröffnung vorgenommen, wenn der Zeitpunkt, in der ihre rechtlichen Wirkungen eintreten vor dem Eröffnungszeitpunkt liegt. Gemäß § 140 Abs. 3 InsO bleiben allerdings bedingte oder befristete Rechtshandlungen außer Betracht.

Nach § 147 InsO unterliegen auch Rechtshandlungen nach Verfahrenseröffnung der Insolvenzanfechtung, soweit ein Rechtsverlust auf Grund gutgläubigen Erwerbs vorliegt.

Weitere Voraussetzung ist stets die Gläubigerbenachteiligung. Es genügt dabei jeder, auch ein mittelbarer, Nachteil für die Schuldnerposition.[26]

Als weitere Voraussetzungen muss ein Anfechtungsgrund vorliegen; diese sind in den §§ 130 bis 137 InsO normiert.

---

24 Vgl. Kuhn/Uhlenbruck, a. a. O., § 222 Rdnr. 5.
25 Vgl. Kilger/Schmidt, K., a. a. O., § 222 Rdnr. 1.
26 Vgl. BGH NJW 1995, 1093 f.

Silcher

2. Anfechtungsgründe

65
- § 130 InsO erfasst die *Anfechtung* der so genannten »*kongruenten*« Deckungen. Hier muss die Sicherung oder Befriedigung objektiv in den letzten drei Monaten vor dem Insolvenzeröffnungsantrag bzw. nach diesem vorgenommen worden sein, wobei zu diesem Zeitpunkt bereits Zahlungsunfähigkeit des Schuldners vorliegen musste. Weiter ist erforderlich, dass der Gläubiger die Zahlungsunfähigkeit bzw. den Eröffnungsantrag kannte, wobei § 130 Abs. 2 InsO eine Beweiserleichterung enthält. Ergänzend wird auf die Ausführungen zur Anfechtung im Allgemeinen Teil des Handbuchs verwiesen.

- § 131 InsO erfasst die so genannten »*inkongruenten*« Deckungen. Hier werden Sicherungs- oder Befriedigungshandlungen, die der Insolvenzgläubiger nicht in dieser Art oder nicht zu der Zeit verlangen konnte, erfasst. Anfechtbar sind diese Handlungen, wenn sie im letzen Monat vor dem Insolvenzeröffnungsantrag oder danach vorgenommen worden sind. Soweit sie aus dem zweiten oder dritten Monat vor dem Insolvenzantrag stammen, ist die Handlung anfechtbar, wenn der Schuldner zum Zeitpunkt der Vornahme der Handlung bereits zahlungsunfähig war.

- Soweit Rechtshandlungen, die nicht von §§ 130 ff. InsO erfasst werden, zu einer unmittelbaren Benachteiligung der Insolvenzgläubiger führen, sind diese nach § 132 InsO entsprechend § 130 InsO anfechtbar.

- § 133 InsO erfasst die *Absichtsanfechtung* aus vorsätzlicher Gläubigerbenachteiligung. Solche Handlungen sind anfechtbar, soweit sie in einem Zeitpunkt innerhalb der letzten zehn Jahre vor den Eröffnungsantrag bzw. danach bis zur Verfahrenseröffnung vorgenommen wurden und der Gläubiger die Benachteiligungsabsicht kannte. § 133 Abs. 1 Satz 2 InsO enthält hier auch eine Beweiserleichterung.

- § 133 Abs. 2 InsO enthält die unwiderlegliche Vermutung der Kenntnis vom Benachteiligungsvorsatz, sofern es sich um die Anfechtung eines entgeltlichen Vertrages mit einer nahe stehenden Person handelt; der von der Anfechtung erfasste Zeitraum dieser Rechtshandlung umfasst zwei Jahre vor dem Insolvenzantrag.

- § 134 InsO erfasst Rechtshandlungen, die *unentgeltliche Leistungen* darstellen, sofern sie innerhalb der letzen vier Jahre vor dem Insolvenzantrag vorgenommen wurden.

- § 135 InsO erfasst die Rechtshandlungen, die zur Sicherung oder Befriedigung einer Forderung aus *Kapitalersatz* führten.

Relevant im Rahmen der hier genannten Anfechtungsnormen dürften im Nachlassinsolvenzverfahren in erster Linie die Anfechtung wegen der kongruenten *bzw*. inkongruenten Deckung als auch die Absichtsanfechtung sein, weiterhin die unentgeltlichen Leistungen.

Silcher

G. Verbindlichkeiten im Nachlassinsolvenzverfahren

Auch im Nachlassinsolvenzverfahren ist zwischen Masseverbindlichkeiten, nachrangigen Verbindlichkeiten und Ansprüchen des Erben zu differenzieren. Weiterhin ist der Begriff der Nachlassverbindlichkeiten überhaupt zu klären.

I. Nachlassverbindlichkeiten

Wie bereits ausgeführt, können im Nachlassinsolvenzverfahren lediglich Nachlassverbindlichkeiten geltend gemacht werden.

66

> **Nachlassverbindlichkeiten:**
> - Erblasserschulden
> - Erbfallschulden einschließlich
>   - Kosten der Todeserklärung
>   - Kosten der Testamentseröffnung etc.
>   - Pflichtteilsansprüche; Auflagen; Vermächtnisse als nachrangige Verbindlichkeiten nach § 327 InsO
> - Nachlasskostenschulden
> - Nachlassverwaltungsschulden
> - Nachlasserbenschulden
> - Ansprüche des Erben nach § 326 InsO

Die Frage, ob eine Nachlassverbindlichkeit vorliegt, ist an Hand von § 1967 Abs. 2 BGB zu klären. Es ist zwischen Erblasserschulden, Erbfallschulden, Nachlasskostenschulden, Nachlassverwaltungsschulden sowie Nachlasserbenschulden zu unterscheiden.

1. Erblasserschulden

Unter Erblasserschulden sind alle Schulden des Erblassers und damit all diejenigen Verbindlichkeiten zu verstehen, die bereits *in der Person des Erblassers entstanden* sind. Erfasst werden dabei auch bedingte und befristete Forderungen. Es reicht aus, dass die Schulden vom Entstehungsgrund her an die Person des Erblassers geknüpft sind, d. h., dass die wesentliche Entstehungsgrundlage zum Zeitpunkt des Erbfalles schon soweit gegeben war, dass eine Zurechnung zu den Erblasserschulden gerechtfertigt erscheint.[27] Irrelevant ist, ob es sich um gesetzlich oder vertraglich begründete Verbindlichkeiten handelt.

67

---

27 Vgl. BGH NJW 1968, 152.

Soweit Dauerschuldverhältnisse, beispielsweise Mietverhältnisse des Erblassers vorlagen und diese vom Erben übernommen werden, handelt es sich jedoch nach dem Erbfall um Erbenschulden.

Weiterhin ist zu beachten, dass Unterhaltsverpflichtungen des Erblassers bzw. höchstpersönliche Verpflichtungen mit dem Tod des Erblassers erlöschen. Diese sind nicht im Wege der Universalsukzession übertragungsfähig. Neben den Unterhaltsansprüchen erlöschen beispielsweise auch die Ansprüche gemäß § 520 BGB aus einem Rentenversprechen.

Im Rahmen der Unterhaltsverpflichtungen des Erblassers sei auf die Regelungen der §§ 1586 b, 1587 e Abs. 4, 1615 l Abs. 3 sowie 1615 n BGB hingewiesen. Danach werden diese Unterhaltspflichten auf die Erben als vererbliche Schulden und damit als Nachlassverbindlichkeiten übertragen, womit gemäß § 40 InsO bei Haftung des Erben diese gegen den Erben geltend gemacht werden können. Insoweit sind allerdings auch die gesetzlichen Haftungsbeschränkungen gegeben. So haftet beispielsweise gemäß § 1586 b Abs. 1 Satz 3 BGB der Erbe nicht über den Betrag hinaus, der dem Pflichtteilsanspruch entspricht, welcher dem Berechtigten bei nicht erfolgter Ehescheidung zugestanden hätte.

2. Erbfallschulden

68 Erbfallschulden entstehen frühestens aus Anlass des Erbfalls oder durch dessen Abwicklung. Sie entstehen dabei *in der Person des Erben*. Weiter zählen hierzu die Kosten, die im Rahmen des § 324 Abs. 1 Nr. 3 und 4 InsO anfallen.

Auch zählen die Pflichtteilrechte, die Vermächtnisse und die Auflagen hierzu. Sie werden, wie bereits ausgeführt, gemäß §§ 1991 Abs. 4 BGB, 327 InsO als nachrangige Forderungen behandelt. Hierzu kommen noch die Vorausvermächtnisse und Erbersatzansprüche.

3. Nachlasskosten- und Nachlassverwaltungschulden

69 Nachlasskosten sind solche, die nach dem Erbfall eintreten und aus der Verwaltung und Abwicklung des Erbfalls resultieren als auch Verbindlichkeiten aus Geschäften für den Nachlass.

Unter die Nachlassverwaltungsschulden fallen insbesondere Verbindlichkeiten aus Verwaltungshandlungen bei Anordnung einer Nachlassverwaltung oder einer Testamentsvollstreckung.

4. Nachlasserbenschulden

Unter Nachlasserbenschulden werden diejenigen Verbindlichkeiten gefasst, die der *Erbe bei einer Verwaltunghandlung eingeht*. Die Entstehung solcher Verbindlichkeiten resultiert daraus, dass der Erbe bei deren Eingehung keine Beschränkung der Haftung auf den Nachlass erklärt. Die Gläubiger sind damit sowohl Nachlassgläubiger als auch Eigengläubiger des Erben. Sie können allerdings im Hinblick auf ihren Anspruch gegen den Nachlass diesen im Nachlassinsolvenzverfahren geltend machen. Beispielhaft für Nachlasserbenschulden ist z. B. die Inanspruchnahme einer dem Erblasser eingeräumten Kreditlinie durch den Erben.[28]

Dagegen stellt die Erbschaftssteuer keine Nachlassverbindlichkeit sondern vielmehr eine Eigenschuld des Erben dar.[29] Weitere Eigenschulden des Erben stellen durch diesen verwirklichte Haftungstatbestände dar, die beispielsweise aus der fehlerhaften Nachlassverwaltung resultieren.

Soweit der Erbe ordnungsgemäß verwaltet hat, haftet der Nachlass ebenso wie der Erbe.[30]

70

II. Ansprüche des Erben nach § 326 InsO

Auch der Erbe kann Ansprüche gegen den Erblasser innehaben. Dies ist regelmäßig der Fall, wenn er nach dem Erbfall Verbindlichkeiten begleicht, als Erbe in Anspruch genommen wurde oder gesetzliche Verpflichtungen erfüllt hat.

71

Mit Eröffnung des Nachlassinsolvenzverfahrens werden die Vermögensmassen von Erbe und Erblasser wieder getrennt. Die Anspruchseinräumung nach § 326 InsO trägt dieser Trennung Rechnung; der Erbe soll durch die Eröffnung des Nachlassinsolvenzverfahrens keinen Nachteil erleiden. Dabei hindert auch die grundsätzliche Stellung des Erben als Schuldner des Nachlassinsolvenzverfahrens nicht, dass er gleichzeitig Gläubiger der Masse ist.

1. Der Erbe als Gläubiger

§ 326 Abs. 1 InsO hält nochmals fest, dass der Erbe die ihm gegen den Erblasser zustehenden Ansprüche geltend machen kann. Dies trägt der Trennung der Vermögensmassen durch die Eröffnung des Insolvenzverfahrens Rechnung, womit rückwirkend die Vereinigung und das durch diese be-

72

---

28 Vgl. LG Darmstadt WM 1996, 1857.
29 Vgl. OLG Hamm MDR 1990, 1014.
30 Vgl. BGHZ 32, 60.

wirkte Erlöschen der Forderungen aufgehoben wird. Voraussetzung ist, dass die Forderungen bereits zum Zeitpunkt des Erbfalls entstanden sind. Hierbei werden sämtliche Ansprüche des Erben erfasst.

Soweit also *Erblasserschulden* im Bezug auf den Erben vorliegen, berechtigen diese als Nachlassverbindlichkeiten zur Teilnahme am Insolvenzverfahren; der Erbe wird hier den übrigen Gläubigern gleichgestellt. Die Rechte des Erben richten sich dabei nach seinem Anspruch und insoweit nach den allgemeinen Vorschriften der InsO.

2. Folge der Erfüllung von Nachlassverbindlichkeiten durch den Erben

73 § 326 Abs. 2 InsO regelt die *Forderungen des beschränkt haftenden Erben* im Nachlassinsolvenzverfahren, wenn dieser eine Nachlassverbindlichkeit erfüllt hat.

Soweit der Erbe eine Nachlassverbindlichkeit aus seinem Eigenvermögen bedient hat, hat er gemäß § 326 Abs. 2 InsO im Wege des gesetzlichen Forderungsübergangs einen Anspruch gegen die Nachlassinsolvenzmasse. Er tritt entsprechend an die Stelle des Gläubigers und ihm steht die Verbindlichkeit zu.[31] Dabei ist nicht entscheidend, wie die Erfüllung durch den Erben erfolgt.

Auf den gesetzlichen Foderungsübergang nach § 326 Abs. 2 InsO sind die Regelungen der §§ 412, 401 sowie 404 BGB entsprechend anzuwenden. Es gehen sämtliche Neben- und Vorzugsrechte der Forderung auf den Erben über; ebenso bleiben alle für den Nachlassgläubiger gegebenen Einwendungen aufrechterhalten. Hinsichtlich der Nachlassverbindlichkeit ist der Erbe sodann Insolvenzgläubiger.

Weiterhin ist für die cessio legis unerheblich, ob die Forderung vom Erben aus Eigenmitteln oder aus Nachlassmitteln erfüllt wird.[32]

> **Allerdings ist in zwei Fällen gemäß § 326 Abs. 2 InsO die Legalzession ausgeschlossen:**
> - die Erfüllung erfolgte als für Rechnung des Nachlasses;
> - der Erbe haftet unbeschränkt.

Die Erfüllung darf nicht als für Rechnung des Nachlasses erfolgt gelten. Dies schließt einen Forderungsübergang auf den Schuldner aus. Eine Erfüllung für Rechnung des Nachlasses wird dann angenommen, wenn der Erbe von ausreichend Masse zur Deckung des Nachlasschulden ausging. Insoweit besteht keine Ersatzpflicht der Masse.

---

31 Vgl. RGZ 55, 157, 161.
32 Vgl. Kilger/Schmidt, K., a. a. O., § 225 Anm. 2; Kübler/Prütting, a. a. O., § 326 Rdnr. 3.

Weiterhin tritt der gesetzliche Forderungsübergang nicht bei unbeschränkter Erbenhaftung ein. Dem Erben steht insoweit der Ersatzanspruch wegen § 2013 BGB nicht zu.

3. Eingeschränkter Ausschluss der Legalzession

Für den Fall, dass der *Erbe* einzelnen Gläubigern gegenüber *unbeschränkt haftet*, greift die Sonderregelung des § 326 Abs. 3 InsO.

74

Soweit die unbeschränkte Erbenhaftung gegenüber einzelnen Gläubigern besteht, können diese sowohl im Rahmen des Nachlassinsolvenzverfahrens als auch außerhalb des Verfahrens direkt gegen den Erben ihre Forderungen geltend machen.

Nach § 326 Abs. 3 InsO kann der Erbe nunmehr die Gläubigerforderung im Nachlassinsolvenzverfahren geltend machen, ohne dass er zuvor den Gläubiger befriedigt haben müsste. Dieses Recht steht allerdings insoweit unter der aufschiebenden Bedingung, dass der Gläubiger die Forderung nicht selbst im Insolvenzverfahren geltend macht. Da die Forderung als Forderung des Gläubigers und damit als Fremdforderung geltend gemacht wird, können dem Erben Einreden aus der Person des Gläubigers entgegengehalten werden.[33]

III. Nachrangige Verbindlichkeiten im Nachlassinsolvenzverfahren

Wie bereits im Rahmen der Anfechtbarkeit nach § 322 InsO angesprochen, stellen Verbindlichkeiten gegenüber Pflichtteilsberechtigten als auch Verbindlichkeiten aus vom Erblasser angeordneten Vermächtnissen und Auflagen nachrangige Verbindlichkeiten nach § 327 InsO dar.

75

1. Hintergründe der Regelung des § 327 InsO

Im Rahmen des Nachlassinsolvenzverfahrens soll das Nachlassvermögen in erster Linie der Befriedigung der Gläubiger dienen. Ansonsten bestünde die Gefahr, dass bei Bedienung von Vermächtnisnehmern und Pflichtteilsberechtigten kein Nachlassvermögen mehr für die anderen Nachlassgläubiger verbliebe.

76

---

33 Vgl. Kilger/Schmidt, K., a. a. O., § 225 Anm. 3.

Bezüglich des Nachranges wird auch auf die materiell-rechtlichen Vorschriften der §§ 1991 Abs. 4 und 1992 BGB verwiesen.

2. Nachrangige Verbindlichkeiten i. S. d. § 39 InsO

77 Gemäß § 327 Abs. 1 InsO sind die darin genannten nachrangigen Verbindlichkeiten im Rang nach den in § 39 InsO bezeichneten Verbindlichkeiten zu befriedigen. Die von § 39 InsO umfassten Verbindlichkeiten werden im Nachlassinsolvenzverfahren im Rang nach den Insolvenzforderungen bedient.

3. Verbindlichkeiten gegenüber Pflichtteilsberechtigten

78 § 327 Abs. 1 Nr. 1 InsO erfasst die Verbindlichkeiten gegenüber Pflichtteilsberechtigten. Den Pflichtteilsberechtigten steht gemäß § 2303 ff. BGB gegen den Erben ein gesetzlicher Anspruch in Höhe ihres Pflichtteils zu. Zu beachten ist, dass von dem Nachrang gemäß § 327 Abs. 1 Nr. 1 InsO auch die Erhöhungsmöglichkeit in Form des Ergänzungsanspruchs gemäß § 2325 BGB erfasst wird.

Dagegen fallen Zugewinnausgleichsforderungen nicht unter die Regelung des § 327 Abs. 1 Nr. 1 InsO.

4. Nachrang der Verbindlichkeiten aus Vermächtnissen und Auflagen

79 Gemäß 327 Abs. 1 Nr. 2 InsO sind auch die Verbindlichkeiten aus Vermächtnissen und aus Auflagen nachrangig. Die Vorschrift erfasst dabei neben den *Vermächtnissen* nach §§ 2147 ff. BGB auch die gesetzlichen Vermächtnisse nach §§ 1932, 1969 BGB, den Voraus des Ehegatten und den so genannten »Dreißigsten«.

Dagegen stellt der gesetzliche Unterhaltsanspruch der Mutter nach § 1963 Abs. 2 BGB keine Vermächtnisforderung dar, sondern eine Insolvenzforderung.[34]

Weiterhin werden Verbindlichkeiten, die aus *Auflagen* nach §§ 2192 ff. BGB durch letztwillige Verfügungen des Erblassers entstanden sind, erfasst. Zu beachten ist, dass diese Verbindlichkeiten *nach* den in Nr. 1 genannten Verbindlichkeiten der Pflichtteilsberechtigen zu berücksichtigen sind. Argumentativ resultiert dies aus der Überlegung heraus, dass die Pflichtteilsberechtigten nicht durch Verfügungen des Erblassers in ihren Rechten beschränkt werden sollen.

---

34 Vgl. Kilger/Schmidt, K., a. a. O. § 226 Anm. 3 e).

Silcher

Soweit im Rahmen des Nachlassinsolvenzverfahrens nach Befriedigung der Insolvenzgläubiger, der nachrangigen Verbindlichkeiten nach § 39 InsO als auch der Pflichtteilsberechtigten noch Masse verbleibt, erfolgt die Befriedigung der Vermächtnisnehmer und der Begünstigten aus Auflagen des Erblassers anteilig; diese haben grundsätzlich den selben Rang.

Sofern jedoch der *Erblasser eine Befriedigungsreihenfolge* im Hinblick auf die Vermächtnisse und die Auflagen *festgelegt hat*, ist diese auch im Nachlassinsolvenzverfahren zu berücksichtigen (§ 327 Abs. 2 Satz 2 InsO).

5. Sonderproblem des Vermächtnisses zur Ausschließung des Pflichtteilanspruches

§ 327 Abs. 2 Satz 1 InsO erfasst den Fall, in dem der Pflichtteilsberechtigte vom Erblasser mit einem Vermächtnis bedacht wurde und insoweit der Pflichtteilsanspruch ausgeschlossen ist. 80

Diese Konstellation würde bei Anwendung von § 327 Abs. 1 InsO einen Rangverlust bedeuten. Allerdings wird über die Regelung in § 327 Abs. 2 Satz 1 InsO die Bestimmung des § 2307 BGB übernommen, womit der Pflichtteilsberechtigte in Höhe seines Pflichtteilsanspruches den Rang der Nr. 1 geltend machen kann; soweit darüber hinaus ein weiter gehender Vermächtnisanspruch verbleibt, erfolgt die Befriedigung im Range der Nr. 2.

6. Rangverhältnis von im Aufgebotsverfahren ausgeschlossenen Gläubigern

§ 327 Abs. 3 InsO regelt das Rangverhältnis von im Aufgebotsverfahren ausgeschlossenen Gläubigern. 81

Soweit Gläubiger im Aufgebotsverfahren nach §§ 1970–1973 BGB i. V. m. §§ 989–998, 946 ff. ZPO ausgeschlossen sind ist ihre Forderung, ebenso wie die der Gläubiger nach § 1974 BGB, einredebehaftet. Dies hat zur Folge, dass Befriedigung letztendlich nur verlangt werden kann, soweit der Nachlass durch nicht ausgeschlossene Gläubiger nicht ausgeschöpft ist.

Die Regelung in § 327 Abs. 3 InsO stuft insoweit die ausgeschlossenen oder gleichgestellten Gläubiger als nachrangige Gläubiger ein. Für die *Rangfolge der Befriedigung* gilt damit:

- diese Verbindlichkeiten stehen im Rang nach den in § 39 InsO genannten Verbindlichkeiten;
- soweit die Verbindlichkeiten Vermächtnisse, Pflichtteilsansprüche oder Ähnliches im Sinne des § 327 Abs. 1 InsO darstellen, werden Sie allerdings erst nach diesen in § 327 Abs. 1 Nr. 1–3 InsO genannten Verbindlichkeiten befriedigt. Dies hat zwar keine Auswirkung auf die Rangstelle;

allerdings erfolgt eine zeitlich nacheinander gestaffelte Befriedigung bezogen auf den vollen Wert und keine anteilsmäßige Befriedigung.

7. Rechte und Pflichten des nachrangigen Gläubigers

82 Grundsätzlich unterliegt auch der nachrangige Gläubiger den selben Rechten und Pflichten wie der Insolvenzgläubiger.

Soweit allerdings bei Eröffnung des Verfahrens bereits abzusehen ist, dass der nachrangige Gläubiger keine Befriedigung erlangen kann, werden die Verfahrensrechte der nachrangigen Gläubiger beschränkt. Dies erfolgt, um Verfahrensverzögerungen zu vermeiden.

Insoweit erfolgen *Anmeldung und Prüfung der Forderungen* der nachrangigen Gläubiger *nur, wenn* das Gericht zur Anmeldung dieser Forderungen *besonders aufgefordert* hat, vgl. §§ 174 Abs. 3, 177 Abs. 2 InsO. Auch gewähren angemeldete nachrangige Forderungen nach § 77 Abs. 1 Satz 2 InsO *kein Stimmrecht in der Gläubigerversammlung.*

Nach § 187 Abs. 2 Satz 2 InsO sind nachrangige Gläubiger *von der Abschlagsverteilung ausgeschlossen.*

8. Stellung der nachrangigen Gläubiger im Insolvenzplan

83 Nachrangige Gläubiger werden in den Insolvenzplan einbezogen. Allerdings fingiert bei Nichtbestehen besonderer Vereinbarungen § 225 Abs. 1 InsO das Erlöschen der nachrangigen Forderungen. Soweit besondere Vereinbarungen bestehen, ist bezüglich einer Zustimmung der nachrangigen Insolvenzgläubiger die Regelung des § 246 InsO zu beachten. Insgesamt wird auf die Ausführungen im Allgemeinen Teil verweisen.

Rangfolge der Nachlassverbindlichkeiten:

- Masseverbindlichkeiten nach §§ 54, 55, 324 InsO
- Nachlassverbindlichkeiten im Rang des § 38 InsO
- Nachrangige Verbindlichkeiten nach § 39 InsO
- Verbindlichkeiten nach § 327 Abs. 1 Nr. 1 InsO – Verbindlichkeiten nach § 327 Abs.3 InsO der im Aufgebotsverfahren ausgeschlossenen Gläubiger; soweit Ansprüche nach § 327 Abs.1 Nr. 1 oder 2 InsO aber nach diesen zu befriedigen, trotz gleichem Rang
- Verbindlichkeiten nach § 327 Abs. 1 Nr. 2 InsO: Auflagen und Vermächtnisse gleichrangig, soweit der Erblasser nicht anderweitig verfügt hat.

IV. Masseverbindlichkeiten

Auch im Nachlassinsolvenzverfahren wird das System des Regelinsolvenzverfahrens übernommen, wonach die hierunter fallenden Verbindlichkeiten vor der Befriedigung der Insolvenzgläubiger aus der Masse zu berichtigen sind.

84

Zu beachten ist, dass hierunter in erster Linie Verbindlichkeiten fallen, die nach Eintritt des Erbfalls im Rahmen einer ordnungsgemäßen Verwaltung der Erbschaft entstehen. Insoweit ist nicht der Zeitpunkt der Eröffnung des Nachlassinsolvenzverfahrens für die Beurteilung dieser Verbindlichkeiten *maßgebend*, sondern der *Erbfallzeitpunkt*.

Zu den Masseverbindlichkeiten nach §§ 54, 55 InsO zählen insbesondere die Kosten des Insolvenzverfahrens als auch die Insolvenzverwaltervergütung. Daneben greift der – abschließende – Katalog des § 324 Abs. 1, Nr. 1–6 InsO, der die Masseverbindlichkeiten um die hier genannten, im Rahmen der Verwaltung anfallenden Verbindlichkeiten erweitert.

1. Aufwendungen gemäß § 324 Abs. 1 Nr. 1 InsO

Zu den Masseverbindlichkeiten zählt hiernach der Aufwendungsersatzanspruch des Erben gemäß § 1978 Abs. 3 BGB. Diese Aufwendungen sind aus dem Nachlass zu ersetzen.

85

Zu beachten ist hierbei, dass dieser Ersatzanspruch nur für den beschränkt haftenden Erben (§ 2013 BGB) aus der Geschäftsführung für den Nachlass besteht. Der Aufwendungsersatzanspruch rührt insoweit aus den Vorschriften der §§ 683, 670 BGB her.

Im Rahmen der Nachlassaufwendungen des Erben ist streng zu differenzieren, ob der Erbe eine Nachlass- oder eine Eigenverbindlichkeit begründete. So muss die Forderung einen engen Bezug zum Nachlass haben, weiter müssen die Aufwendungen einer sinnvollen und ordnungsgemäßen Nachlassverwaltung entsprechen.[35]

Den selben Anspruch auf vorzugsweise Befriedigung hat auch die Erbengemeinschaft inne. Jeder Miterbe hat dabei den Anspruch auf Ersatz der Verwendungen im Rahmen der ordnungsgemäßen Verwaltung des Nachlasses. Zwischen Nacherben vor dem Nacherbfall besteht dabei keine Erbengemeinschaft.[36] Insoweit erfolgt die anteilmäßige Befriedigung über die Regelung des § 420 BGB.

Begründet der Erbe in seiner Person eine Verbindlichkeit zum Zwecke der Nachlasserhaltung, hat er einen entsprechenden Freistellungsanspruch gegen die Masse gemäß § 257 BGB.

---

35 Vgl. RGZ 90, 91, 95.
36 Vgl. BGH FamRZ 1993, 801.

2. Verbindlichkeiten gemäß § 324 Abs. 1 Nr. 2 InsO

86 Masseverbindlichkeiten sind weiterhin die *Kosten der Beerdigung* des Erblasser. Diese Kosten hat gemäß § 1968 BGB der Erbe zu tragen, womit diesem der entsprechende Erstattungsanspruch gegen die Masse zusteht. Hierbei hat sich die Beerdigung vom finanziellen Rahmen her nach der letztwilligen Verfügung des Erblasser zu richten. Soweit keine solche vorliegt, hat sich die Beerdigung an der Lebensstellung des Erblassers auszurichten; in diesem Umfang können dann auch die Kosten ersetzt verlangt werden. Damit ist alles ersatzfähig, was nach den in den Erblasserkreisen herrschenden Bräuchen zu einer würdigen und angemessenen Beerdigung gehört.[37] Hierzu gehört auch ein angemessenes Grabdenkmal.

Keine Masseverbindlichkeiten stellen die Aufwendungen für Instandhaltung und Pflege der Grabstätte dar.[38]

3. Masseverbindlichkeiten gemäß § 324 Abs. 1 Nr. 3 InsO

87 Von den Masseverbindlichkeiten werden weiterhin die *Kosten der Todeserklärung* erfasst. Das gerichtliche Verfahren zur Todeserklärung nach dem Verschollenheitsgesetzt legt die Kosten des Verfahrens nach §§ 1 ff., 13 ff. und 34 Abs. 2 VerschG i. V. m. §128 KostO dem Nachlass auf. Diese Regelung entspricht auch der Billigkeit, da das Nachlassinsolvenzverfahren die Todeserklärung voraussetzt. Insoweit müssen die Kosten dem Nachlass auferlegt werden; allerdings kann das Gericht gemäß § 34 Abs. 1 VerschG eine andere Entscheidung treffen.

4. Masseverbindlichkeiten gemäß § 324 Abs. 1 Nr. 4 InsO

88 Weiter zählen zu den Masseverbindlichkeiten i. S. d. § 324 InsO:

- *die Kosten der Eröffnung einer Verfügung des Erblassers von Todes wegen*, wie beispielsweise eines Testaments oder Vermächtnisses (vgl. §§ 2060 ff., 2147 ff., 2273, 2300 BGB);
- *die Kosten der gerichtlichen Sicherung des Nachlasses* (vgl. § 1960 Abs. 1 BGB);
- die Kosten, die durch die *Anordung einer Nachlasspflegschaft* oder einer Nachlassverwaltung bis zur Erbschaftsannahme entstehen (§ 1960 Abs. 2 BGB). Hierzu zählen auch die Vergütungsansprüche der zur Sicherung oder Verwaltung berufenen Personen nach §§ 1836, 1915 BGB sowie der Nachlassverwaltung nach § 1987 BGB;
- die *Kosten des Aufgebots der Nachlassgläubiger* nach §§ 1970 ff. BGB, 989 ff. ZPO.

---

37 Vgl. BGHZ 61, 238, 239.
38 Vgl. BGHZ a. a. O.

- die *Kosten der Inventarrichtung* gemäß §§ 1993 ff. BGB.

Die in § 324 Abs. 1 Nr. 4 genannten Kosten sind dabei *abschließend*.

5. Masseverbindlichkeiten gemäß § 324 Abs. 1 Nr. 5 InsO

Weiterhin zählen zu den Masseverbindlichkeiten nach § 324 Abs. 1 Nr. 5 InsO die Verbindlichkeiten aus den von einem Nachlasspfleger oder einem Testamentsvollstrecker vorgenommenen Rechtsgeschäften. Die Massegläubigerschaft beruht hier auf der Vertretungsmacht der genannten Personen. Diese erstreckt sich gerade auf die Verwaltung des Nachlasses, woraus sich die Gläubigerstellung der Masse ergibt; eine Eigenverpflichtung kann durch Handlungen der genannten nicht erfolgen.

89

Die Handlungen des Nachlasspflegers (vgl. §§ 1960 ff. BGB), des Nachlassverwalters (vgl. §§ 1981 ff. BGB) und des Testamentsvollstreckers (vgl. §§ 2206 ff. BGB) müssen dabei im Rahmen einer ordnungsgemäßen Verwaltung entstanden sein.

Weiterhin muss es sich um *Rechtsgeschäfte* handeln. Dieser Begriff erfasst hier alle Geschäfte, die der Nachlassverwalter oder Testamentsvollstrecker[39] in ordnungsgemäßer Verwaltung vorgenommen hat. Damit werden sowohl alle Rechtsgeschäfte i. S. d. BGB als auch die in einem unmittelbaren Zusammenhang stehenden rechtlichen Folgen erfasst, wie beispielsweise Steuerschulden, die durch diese Rechtsgeschäfte ausgelöst werden.

Zu beachten ist, dass *Verwaltungshandlungen des Erben selbst nicht* unter § 324 Abs. 1 Nr. 5 InsO fallen.

6. Masseverbindlichkeiten gemäß § 324 Abs. 1 Nr. 6 InsO

Weiter werden Verbindlichkeiten des Erben erfasst, die nach §§ 670, 677 BGB aus der Geschäftsführung für den Nachlass durch Handlungen des Nachlasspflegers, des Testamentsvollstreckers oder eines Erben, der die Erbschaft ausgeschlagen hat, entstanden sind. Voraussetzung ist hierbei jedoch, dass diese Geschäftsbesorgung im Interesse und auch im mutmaßlichen Willen der Nachlassgläubiger erfolgte.[40]

90

---

39 Zur Diskussion in der Literatur um die Massegläubigerschaft für vom Testamentsvollstrecker vorgenommene Rechtsgeschäfte wird insgesamt auf die Ausführung von Schallenberg/Rafiqpoor in FK-InsO, § 324 Rdnr. 17–21 verwiesen.
40 Vgl. BGHZ 94, 313, 315.

7. Masseunzulänglichkeit

91 Für den Fall, dass Masseunzuläglichkeit vorliegt und insoweit das Insolvenzverfahren wegen Masselosigkeit einzustellen ist, erfolgt eine Gleichstellung der Masseverbindlichkeiten gemäß § 324 InsO mit den Verbindlichkeiten gemäß § 209 Abs. 1 Nr. 3 InsO.

Dies bedeutet, dass die Masseverbindlichkeiten gemäß § 324 InsO unmittelbar nach den Verfahrenskosten und nach den nach Anzeige der Masseunzulänglichkeit begründeten Masseverbindlichkeiten zu begleichen sind. Sie sind insoweit den Masseverbindlichkeiten, die vor Anzeige der Masseunzulänglichkeit begründet worden oder entstanden ist, gleichgestellt.

Die Befriedigung erfolgt entsprechend dem Verhältnis der Forderungsbeträge.

V. Regelung des § 328 InsO

92 § 328 InsO verstärkt für die Gruppe der Pflichtteils-, Vermächtnis- und Auflagenberechtigten noch die Zurücksetzung deren Verbindlichkeiten.

1. Verwendungsverbot bezüglich auf Grund anfechtbarer Handlungen zurückgewährter Insolvenzmasse

93 Soweit wegen Anfechtung nach den §§ 129 ff. InsO Gegenstände zur Insolvenzmasse zurückgewährt wurden, dient dieser zurückerstattete Betrag als Massebestandteil selbstverständlich der Gläubigerbefriedigung.

Allerdings sind im Hinblick auf die auf Grund Anfechtung zurückgewährten Massebestandteile die in § 327 Abs. 1 InsO genannten Berechtigten ausgeschlossen. Dieser *Ausschluss* ist *absolut* zu verstehen. Vom Regelungszweck her dient § 328 Abs. 1 InsO dem Schutz der Gläubiger, die bereits zum Zeitpunkt der Vornahme der anfechtbaren Handlung Ansprüche gegen den Erblasser hatten. Der Anfechtungsgegner kann dabei sogar im Anfechtungsprozess den Einwand erheben, dass ein Überschuss verbleiben wird und insoweit keine vollständige Rückgewähr erforderlich ist; in diesem Fall hat der Insolvenzverwalter den Einwand zu entkräften.[41]

Weiterhin ist zu beachten, dass § 328 InsO selbstverständlich nur Anfechtungen nach der InsO und damit Anfechtungen, die eine Benachteiligung der Nachlassgläubiger zu Folgen hätten, erfasst. Die Anfechtung nach den bürgerlich-rechtlichen Vorschriften (§§ 119 ff. BGB), ist hiervon nicht erfasst.

---

[41] Vgl. Jaeger/Weber, Kommentar zur Konkursordnung, 8. Aufl. 1985, § 228 Rdnr. 3.

Dies bedeutet, dass selbst bei vollständiger Befriedigung aller anderen Gläubiger und bestehendem Überschuss diese Berechtigten nicht befriedigt werden, sondern das Zurückgewährte dem von der Anfechtung betroffenen Gläubiger zurückzugeben ist.

2. Beschränkung des Anspruches der im Wege des Aufgebotsverfahren ausgeschlossenen Gläubiger bei Ersatzleistung des Erben

Soweit gegen den Erben gemäß §§ 1978–1980 BGB Ansprüche bestehen, führt deren Beitreibung ebenfalls zur Erhöhung der Insolvenzmasse. Damit werden die Ansprüche aus sorgfaltswidriger Geschäftsführung nach § 1978 BGB, aus nicht rechtzeitiger Antragstellung nach § 1980 BGB sowie aus der fehlerhaften Berichtigung von Nachlassverbindlichkeiten nach § 1979 BGB erfasst. 94

Allerdings schränkt die Regelung des § 328 Abs. 2 InsO bezüglich dieser Masseanteile die im Aufgebotsverfahren ausgeschlossenen Gläubiger im Hinblick auf ihre Befriedigungschance ein. Diese werden nur berücksichtigt, wenn der Erbe gemäß § 1973 Abs. 2 Satz 1 BGB auch aus ungerechtfertigter Bereicherung haften würde. Insoweit wird hier wieder die Haftung entsprechend der bürgerlich-rechtlichen Maßgaben geregelt.

Ist dies nicht der Fall und ergibt sich insoweit ein Überschuss der Insolvenzmasse, ist diese ebenfalls wieder dem Erben zurückzugewähren.

Auch hier gilt die Regelung des § 328 Abs. 2 InsO nur für den beschränkt haftenden Erben (§ 2013 BGB); bei unbeschränkter Erbenhaftung wird die Ersatzpflicht nicht eingeschränkt; insoweit gilt auch nicht die Regelung des § 328 Abs. 2 InsO.

H. Nacherbfolge und Erbschaftskauf

Im Rahmen des Nachlassinsolvenzverfahrens ist weiterhin die Regelung zur Nacherbfolge zu beachten. Diese hat Auswirkungen auf die Schuldnerstellung, das Antragsrecht und die Erbansprüche. Weiterhin ist der Fall des Erbschaftskaufs im Hinblick auf die Schuldnerstellung und die Gläubigerstellung zu berücksichtigen. 95

I. Nacherbfolge

96 § 329 InsO regelt den Fall, dass während eines laufenden Nachlassinsolvenzverfahrens die Nacherbfolge eintritt.

Der Eintritt der Nacherbfolge bedeutet, dass der Vorerbe kraft Gesetzes seine Erbenstellung verliert (vgl. § 2139 BGB). Der Nacherbe tritt insoweit in die Stellung des Vorerben ein, außer er schlägt die Erbschaft aus (§ 2142 BGB). Weiterhin rückt der Nacherbe in die Schuldnerstellung des Vorerben ein. Damit gehen mit dem Nacherbfall alle Verbindlichkeiten und Rechte auf den Nacherben über.

1. Eintritt der Nacherbfolge im Nachlassinsolvenzverfahren

97 Auch der Vorerbe kann Antrag auf Eröffnung eines Nachlassinsolvenzverfahrens stellen, vgl. insoweit die Regelung in § 83 Abs. 2 InsO.

Tritt der Nacherbfall nach Eröffnung des Nachlassinsolvenzverfahrens ein, rückt der Nacherbe, soweit er die Erbschaft nicht ausschlägt, in die Rechtsstellung des Vorerben als Schuldner ein. Der Nacherbe muss dabei die Rechtshandlungen des Vorerben im Nachlassinsolvenzverfahren gegen sich gelten lassen; er übernimmt die Schuldnerstellung damit im Verfahrensstadium zum Zeitpunkt des Eintritts des Nacherbfalls. Dabei wirken auch Versäumnisse des Vorerben gegen den Nacherben.[42]

Dagegen hat die Forderungsfeststellung gegen den Nacherben keine Vollstreckbarkeitswirkung nach § 201 Abs. 2 InsO. Die Feststellung einer Forderung im Prüfungstermin kann, wenn der Vorerbe keine Widerspruch erhoben hat, nicht gegen den Nacherben wirken. Ebenso wenig kann ein gegen den Vorerben ergangenes Urteil Wirkung gegen den Nacherben entfalten (§ 326 Abs. 1 ZPO).[43]

2. Eintritt der Nacherbfolge vor Eröffnung des Nachlassinsolvenzverfahrens

98 Soweit das Nachlassinsolvenzverfahrens bei Eintritt der Nacherbfolge noch nicht eröffnet ist, wird der annehmende Nacherbe mit Verfahrenseröffnung Schuldner. Es gelten ohne Ausnahmen die Regelungen der §§ 315 ff. InsO.

---

42 Vgl. Kuhn/Uhlenbruck, a. a. O., § 231 Rdnr. 1.
43 Vgl. Kuhn/Uhlenbruck, a. a. O., § 231 Rdnr. 1.

3. Ansprüche des Vorerben nach § 329 InsO

Zum einen kann der Vorerbe Ansprüche gemäß §§ 1978, 1979 BGB für seine Verwaltungshandlungen im Rahmen der Nachlassverwaltung geltend machen. Er kann also die im zustehenden Gläubigerrechte gemäß § 329 InsO i. V. m. den §§ 323, 324 Abs. 1 Nr. 1 und § 326 Abs. 2 Nr. 2 InsO in dem Umfang geltend machen, wie er sie erworben hat. 99

Aus § 329 InsO ergibt sich, dass dem Vorerben im Gegenzug kein Zurückbehaltungsrecht nach § 323 InsO zusteht. Allerdings werden seine Aufwendungsersatzansprüche nach § 324 Abs. 1, Nr. 1 InsO als Masseverbindlichkeiten behandelt.

Soweit der Vorerbe Masseverbindlichkeiten berichtigt hat, tritt er gemäß § 326 Abs. 2 InsO an die Stelle des befriedigten Gläubigers. Ebenso findet die Regelung des § 326 Abs. 3 InsO Anwendung.[44]

Soweit dem Vorerben Ansprüche gegen den Erblasser zustehen, kann er diese im Nachlassinsolvenzverfahren selbstverständlich als Insolvenzgläubiger geltend machen. Diese wurden ja bereits vor dem Erbfall begründet.

II. Erbschaftskauf

§ 330 InsO regelt den Fall, dass gemäß §§ 2371 ff. BGB die *gesamte Erbschaft* durch den Erben veräußert worden ist. § 330 InsO findet dagegen keine Anwendung, soweit nur einzelne Nachlassgegenstände veräußert worden sind. Hierdurch wird die gesetzliche Gesamtrechtsnachfolge nicht ausgelöst. 100

1. Schuldnerstellung bei Erbschaftskauf

Soweit der Erbe die Erbschaft nach § 2371 ff. BGB insgesamt veräußert hat, dies nicht den Verlust der Erbenstellung zur Folge. Vielmehr haftet er gemäß § 2382 Abs. 1 BGB den Nachlassgläubigern fort. 101

Allerdings tritt mit Abschluss des Kaufvertrages der Käufer als Gesamtschuldner nach § 2382 Abs. 2 BGB neben den haftenden Erben. Der Haftungsumfang richtet sich dabei nach der Haftungslage vor dem Erwerb.

Über die Vermögensmasse des Nachlasses ist trotz Veräußerung die Eröffnung eines Nachlassinsolvenzverfahrens möglich (§ 2383 BGB). Dies hat zur Folge, dass der Käufer für das Insolvenzverfahren Schuldner des

---

[44] Insoweit wird auf die Ausführungen unter Rdnr. 73 f. zum Inhalt der Regelungen verwiesen.

Nachlassinsolvenzverfahrens ist. Gemäß § 330 Abs. 1 InsO wird die Schuldnerposition insoweit auf den Erwerber übertragen.

Der Erwerber tritt vollumfänglich in die Rechtsposition des Erben ein; wird dabei jedoch nicht selbst Erbe. Vielmehr stehen ihm die Befugnisse des Erben zu. Sinn und Zweck ist, dass der Erwerber insoweit auch seine Haftung auf den Nachlass beschränken kann.

2. Antragsberechtigung

102 Der Käufer ist auch Antragsberechtigter nach § 317 InsO. Ebenso obliegt ihm die Pflicht zur Antragstellung aus § 1980 BGB.

Entsprechendes gilt auch bei Erwerb eines Erbanteiles durch den Käufer. Dies ist gemäß § 2033 BGB bei Vorliegen einer Erbengemeinschaft vom Miterben erwerbbar. Hinzuweisen ist darauf, dass die Verfügung über den Erbteil als Ganzes nur mit den anderen Miterben gemeinschaftlich erfolgen kann.

Das Antragsrecht steht dem Erwerber aber nur zu, wenn das Rechtsgeschäft mit dem Erben wirksam ist, also insbesondere die Form des § 2371 BGB gewahrt ist.[45]

3. Insolvenzmasse

103 Beim Erbschaftskauf erfasst die Masse ebenfalls den gesamten Nachlass, unabhängig davon, ob er bereits auf den Käufer übertragen ist, oder ob sich Teile noch beim Erben befinden.

4. Folgen der Verfahrenseröffnung

104 Es treten ganz allgemein die Wirkungen der Eröffnung des Nachlassinsolvenzverfahrens ein. Der Käufer übernimmt, wie dargestellt, die Schuldnerstellung. Bei der Anfechtbarkeit von gläubigerbenachteiligenden Handlungen tritt neben die Person des Erblassers oder des Erben auch die des Käufers.

Weiterhin tritt die Unterbrechung für Rechtsstreitigkeiten über Nachlassverbindlichkeiten nur für schwebende Prozesse bezüglich des Käufers ein. Soweit Prozesse gegen den Erben geführt werden, betreffen diese nicht die Insolvenzmasse. Hier wird relevant, dass der Erbe weiterhin für die Nachlassverbindlichkeiten gemäß § 2382 BGB haftet.

---

45 Vgl. OLG Köln ZIP 2000, 627.

5. Fortbestehen des Antragsrechts der Erben

Da der Erbe weiterhin für die Nachlassverbindlichkeiten haftet, kann er trotz Veräußerung seine Haftung für die Nachlassverbindlichkeiten gemäß §§ 2383 Abs. 1, 1975 BGB beschränken.

105

Nach § 317 InsO ist der Erbe allerdings nach Veräußerung der Erbschaft nicht mehr als solcher antragsberechtigt für ein Nachlassinsolvenzverfahren. Hier eröffnet § 330 Abs. 2 InsO dem Erben ein Antragsrecht als Nachlassgläubiger für den Fall, dass er beschränkt haftet oder keine Nachlassverwaltung angeordnet ist.

Wegen Verbindlichkeiten gegen den Erbschaftskäufer kann der Erbe selbst während der Nachlassverwaltung den Antrag auf Eröffnung des Nachlassinsolvenzverfahrens stellen (§ 330 Abs. 2 Satz 1 InsO). Verbindlichkeiten zwischen dem Erben und dem Erbschaftserwerber fallen gemäß § 2378 BGB letzterem zur Last, soweit nicht der Erbe nach § 2376 BGB dafür zu haften hat, dass sie nicht bestehen. Dies gilt unabhängig vom vorliegenden Haftungsumfang.

Da der Erbe hier als Nachlassgläubiger antragsberechtigt ist, gilt für ihn die Antragsfrist des § 319 InsO. Ebenso besteht die Antragsberechtigung, soweit eine Nachlassverbindlichkeit besteht, für die der Käufer dem Erben nicht haftet (§ 330 Abs. 2 Satz 2 InsO). Dies betrifft insbesondere die Nachlassverbindlichkeiten nach §§ 2376, 2379 Satz 2 BGB, für die der Käufer dem Erben gegenüber nicht auf Erfüllung haftet, womit insbesondere Pflichtteilsansprüche, Vermächtnisse und Auflagen erfasst werden. Insoweit ist der Erbe allerdings einem Nachlassgläubiger gleichgestellt.[46]

Weiterhin ist der Erbe gemäß § 330 Abs. 2 Satz 3 InsO als originärer Nachlassgläubiger antragsberechtigt. Soweit er nach § 326 Abs. 1 InsO Ansprüche gegen den Erblasser hat, leben diese nach § 2377 BGB mit dem Erbschaftskauf wieder auf.

6. Anwendung des § 330 InsO auf weitere Verträge

Gemäß § 330 Abs. 3 InsO gelten die Regelungen des § 330 Abs. 1 und Abs. 2 InsO nicht nur für den Erbschaftskauf. Diese Regelung trägt § 2385 BGB Rechnung.

106

Vielmehr werden hiervon auch verwandte Verträge, wie beispielsweise der Unterverkauf der Erbschaft, die Schenkung, der Tausch oder auch die Hingabe an Erfüllung statt erfasst. Weiter werden Verträge erfasst, die die Rückabwicklung eines Erbschaftskaufvertrages beinhalten.[47]

---

46 Vgl. Kuhn/Uhlenbruck, a. a. O., § 232 Rdnr. 4.
47 Vgl. Kuhn/Uhlenbruck, a. a. O., § 234 Rdnr. 1.

Nach § 2385 Abs. 2 Satz 2 BGB hat der Schenker nur bei arglistigem Verschweigen dafür einzustehen, dass der Nachlass nicht mit Pflichtteilsrechten, Vermächtnissen und Auflagen beschwert ist. Dies ist relevant für die Regelung in § 330 Abs. 2 InsO.

J. Zeitgleiche Nachlass- und Erbeninsolvenz

I. Allgemeines

107 § 331 InsO regelt den Fall, dass nicht nur über den Nachlass das Insolvenzverfahren eröffnet wurde, sondern auch über das Vermögen des Erben. Normzweck ist die Beschränkung der Ansprüche der Nachlassgläubiger, denen gegenüber der Erbe unbeschränkt haftet.

II. Die Erbeninsolvenz

108 Über das Vermögen des Erben kann ebenfalls ein Erbeninsolvenzverfahren getrennt vom Nachlassinsolvenzverfahren eröffnet werden. Das Erbeninsolvenzverfahren stellt ein Regelinsolvenzverfahren dar; insoweit gelten die allgemeinen Vorschriften und nicht die Sonderregelungen der §§ 315 ff. InsO. Die Eröffnung des Nachlassinsolvenzverfahrens hindert die Eröffnung des Insolvenzverfahrens über das Eigenvermögen des Erben nicht.

Gläubiger im Erbeninsolvenzverfahren sind diejenigen, die an den Erben Eigenforderungen haben sowie die Nachlassgläubiger, denen gegenüber der Erbe unbeschränkt haftet (326 Abs. 3 InsO).

III. Die Gesamtvermögensinsolvenz

109 Von der Erbeninsolvenz streng zu trennen ist die so genannte *Gesamtvermögensinsolvenz*. Diese erfasst das nach dem Erbfall vorhandene Erbenvermögen, das sich mit dem Nachlass verbunden hat. Hier haben sich damit die Vermögensmassen bereits vereinigt und der Erbe ist anschließend insolvent geworden. Insoweit wird das Verfahren über beide Vermögensmassen einheitlich eröffnet. *Allerdings* darf keine Sonderung durch Nachlassinsolvenzverfahren oder Nachlassverwaltung vorliegen.

Eine Testamentsvollstreckung hindert das Insolvenzverfahren über das Gesamtvermögen des Erben nicht.

Während des Gesamtvermögensinsolvenzverfahrens kann jeder der in § 317 InsO genannten Antragsberechtigten Antrag auf Eröffnung des Nachlassinsolvenzverfahrens stellen. Soweit der Erbe im Rahmen des Gesamtvermögensinsolvenzverfahrens die Verwaltungs- und Verfügungsbefugnis über sein Vermögen verliert, steht ihm dieses Antragsrecht allerdings nicht zu; dieses geht sodann auf den Insolvenzverwalter über. Sobald dann das Nachlassinsolvenzverfahren eröffnet wird, kommt es zur Trennung der Vermögensmassen.

Soweit zunächst ein Nachlassinsolvenzverfahren eröffnet wird, scheidet die Gesamtvermögensinsolvenz beim Erben aus; in diesem Fall kann nur noch ein Erbeninsolvenzverfahren eröffnet werden.

Die Regelung des § 331 InsO erfasst dagegen nicht den Fall, dass im Laufe eines Regelinsolvenzverfahrens der Schuldner verstirbt und insoweit eine Überleitung in das Nachlassinsolvenzverfahren erfolgt.

IV. Haftungsbeschränkung nach § 331 Abs. 1 InsO

Bei Gleichzeitigkeit von Erben- als auch Nachlassinsolvenzverfahren gibt es Gläubiger, die sowohl am Erbeninsolvenzverfahren auf Grund der unbeschränkten Haftung des Erben als auch am Nachlassinsolvenzverfahren teilnehmen können.

110

§ 331 Abs. 1 InsO *stellt* diese Gläubiger *den absonderungsberechtigten Gläubigern* von der Behandlung her *gleich*. Dies bedeutet, dass diese Nachlassgläubiger im Eigeninsolvenzverfahren des Erben nur Befriedigung erlangen können, soweit sie im Nachlassinsolvenzverfahren mit ihrer Forderung ausgefallen sind oder auf die Geltendmachung ihrer Forderung im Nachlassinsolvenzverfahren verzichtet haben.

Verzicht meint in diesem Fall die Aufgabe der Anspruchsgeltendmachung für das Nachlassinsolvenzverfahren, nicht den Rechtsverzicht. Dieser würde ansonsten auch den Anspruch gegen den Erben erfassen.

Soweit ein Insolvenzplan aufgestellt wird, haben die Nachlassgläubiger, *denen auch der Erbe unbeschränkt haftet*, nur ein Stimmrecht, soweit sie im Nachlassinsolvenzverfahren ausgefallen sind oder auf die Geltendmachung ihrer Forderungen verzichteten (§ 237 Abs. 1 Satz 2 InsO).

Zu beachten ist, dass diese Ausführungen nicht für die Nachlasserbenschuld gelten, durch die der Erbe sowohl den Nachlass als auch sein Eigenvermögen im Rahmen der Verwaltung verpflichtet.

§ 331 Abs. 1 InsO gilt auch, soweit neben dem Eigeninsolvenzverfahren Nachlassverwaltung angeordnet ist (§ 1981 ff. BGB).

V. Zum Gesamtgut gehörender Nachlass gemäß § 331 Abs. 2 InsO

111 § 331 Abs. 1 InsO gilt gemäß 331 Abs. 2 InsO auch für den Fall, dass der Ehegatte Erbe ist und der Nachlass zum vom anderen Ehegatten alleinverwalteten Gesamtgut gehört, soweit das Insolvenzverfahren über das Vermögen des verwaltenden Ehegatten sowie über das Gesamtgut eröffnet wird.

In diesem Fall sind die Nachlassverbindlichkeiten auch Gesamtgutsverbindlichkeiten (§§ 1437, 1439, 1459, 1461 BGB). Hier haftet der verwaltende Erbe den Nachlassgläubigern unbeschränkt. Diese können damit sowohl im Nachlassinsolvenzverfahren als auch im Eigeninsolvenzverfahren des Erben ihre Forderungen geltend machen.

Insoweit wurde für den Fall der unbeschränkten Haftung des Erben eine Unterwerfung der Nachlassgläubiger unter das Ausfallprinzip entsprechend geregelt.

Für den Fall, dass beide Ehegatten das Insolvenzverfahren beantragen, können die Nachlassgläubiger im Verhältnis zum unbeschränkt haftenden Ehegatten in jedem Insolvenzverfahren nur die Ausfallforderung oder den Betrag geltend machen, auf den sie im anderen Insolvenzverfahren verzichtet haben.

Eine Beschränkung dieser Gläubiger auf den Ausfall gilt auch für den Fall, dass beide Ehegatten das Gesamtgut gemeinsam verwalten (§ 331 Abs. 2 HS 2). Gemäß § 1416 BGB fällt der Nachlass in das Gesamtgutsvermögen.

Soweit über das Gesamtgut ein Insolvenzverfahren eröffnet wird, kann gleichzeitig dennoch ein Insolvenzverfahren über das Vermögen des Ehegatten, der Nichterbe ist, eröffnet werden.

Für die Konstellation, dass ein Eigeninsolvenzverfahren eines mitverwaltenden Ehegatten, der Erbe ist, mit einem Gesamtgutinsolvenzverfahren zusammentrifft, gelten die Regelungen des § 331 Abs. 1 InsO im Hinblick auf die Beschränkung der Gläubigerrechte direkt.

K. Zwangsvollstreckung nach dem Erbfall

§ 321 InsO verbietet die abgesonderte Befriedigung bei Pfändungspfandrechten, die *nach dem Erbfall* erlangt worden sind. Damit wird hier die Unwirksamkeitsfolge für Zwangsvollstreckungsmaßnahmen für das Nachlassinsolvenzverfahren auf den Zeitpunkt des Erbfalls vorverlagert.

112

I. Zwangsvollstreckungsmaßnahmen i. S. d. § 321 InsO

Unter dem Begriff »*Maßnahmen der Zwangsvollstreckung*« fallen

113

- die Zwangsvollstreckung im eigentlichen Sinne,
- die Vollziehung des Arrestes,
- die einstweilige Verfügung.

Zwangsvollstreckungsmaßnahmen werden dabei

- zum einen von Nachlassgläubigern,
- zum anderen nach Annahme der Erbschaft von persönlichen Gläubigern des Erben

durchgeführt. Die Regelung des § 321 InsO erfasst beide Gruppen und sämtliche Maßnahmen der Zwangsvollstreckung.

Dabei erfasst § 321 InsO lediglich den *Ersterwerb des Absonderungsrechtes* durch die Zwangsvollstreckungsmaßnahme; nicht erfasst sind Maßnahmen, die nach dem Erbfall durch einen bereits Absonderungsberechtigten vorgenommen werden.

Soweit Vollstreckungsmaßnahmen bereits vor Eröffnung des Nachlassinsolvenzverfahrens beendet wurden und Befriedigung des Gläubigers – auch teilweise – eingetreten ist, kann diese lediglich über die Regelung der §§ 129 ff. InsO und damit der Anfechtung gegebenenfalls angegriffen werden.

II. Ausnahmetatbestände

Dagegen fallen die *gesetzlich erworbenen Pfandrechte* nicht in den Anwendungsbereich des § 321 InsO. Dies bedeutet, dass auch nachträgliche Pfändungen gemäß § 559 BGB oder gemäß § 647 das Recht zur abgesonderten Befriedigung gewähren; die Gegenstände auf die sich die Pfändung bezieht, müssen allerdings bereits vor dem Erbfall von dem gesetzlichen Pfandrecht

114

erfasst worden sein.[48] Hierfür reicht die Einbringung der Gegenstände aus.

Soweit Vorpfändungen gemäß § 845 ZPO erfolgt sind, ist der entscheidende Zeitpunkt derjenige der gerichtlich bewirkten Pfändung. Soweit diese erst nach dem Erbfall erfolgte, kann der Gläubiger auch keine Rechte mehr aus der Vorpfändung herleiten. Diese kann ihre Wirkung wegen § 321 InsO eben nicht mehr entfalten.[49]

Streitig ist die Anwendung des § 321 InsO für die Fälle, in denen die Eigengläubiger des Erben Befriedigung aus dem Nachlass erlangt haben. Überwiegend wird hier über eine Trennung der beiden Vermögensmassen ein Ausgleichsanspruch zu Gunsten der Insolvenzmasse über § 812 BGB vertreten.[50]

III. Rechtliche Folgen des Verbots

115   Das Verbot in § 321 InsO führt dazu, dass das Pfändungspfandrecht nicht mehr zur abgesonderten Befriedigung aus dem Pfandgegenstand berechtigt; die Unwirksamkeit wird dabei gegenüber der Insolvenzmasse begründet. Das *Verbot der abgesonderten Befriedigung* erstreckt sich auf die gesamte Dauer des Nachlassinsolvenzverfahrens.

Droht die Verwertung eines Nachlassgegenstandes kann der Insolvenzverwalter Vollstreckungserinnerung gemäß § 766 ZPO einlegen. Soweit bereits eine Zwangshypothek eingetragen wurde steht dem Insolvenzverwalter der entsprechende Löschungsanspruch zu.[51] Der betroffene Nachlassgläubiger erhält damit lediglich die Stellung eines Insolvenzgläubigers und muss entsprechend wie die anderen Nachlassgläubiger seine Forderung zur Tabelle anmelden.

Bei Verwertung des gepfändeten Gegenstandes durch den Insolvenzverwalter erlischt das Pfändungspfandrecht des Gläubigers auf Dauer. Ein Bereicherungsanspruch steht ihm wegen § 321 InsO nicht zu.

Soweit im Nachlassinsolvenzverfahren keine Verwertung des Nachlassgegenstandes stattfindet, lebt allerdings die rechtliche Wirkung des Pfändungspfandrechtes mit Verfahrensbeendigung vollumfänglich wieder auf. Der Gläubiger kann dann seine Pfändung fortsetzen. Soweit es um ein Grundstück und eine eingetragene Zwangssicherungshypothek geht, kann er vom Verwalter die Wiedereintragung verlangen. Selbiges gilt für den Fall der Einstellung des Nachlassinsolvenzverfahrens.

---

48 Vgl. Kilger/Schmidt, K., a. a. O., § 221 Anm. 1 b.
49 Vgl. Kilger/Schmidt, K., a. a. O., § 221 Anm. 1 b.
50 Vgl. insgesamt zum Streitstand Kuhn/Uhlenbruck, a. a. O., § 221 Rdnr. 2, FK-InsO/Schallenberg/Rafiqpoor, § 321 Rdnr. 8–10.
51 Vgl. Kuhn/Uhlenbruck, a. a. O., § 221 Rdnr. 6.

Soweit das Pfändungspfandrecht nicht einem Nachlassgläubiger sondern einem Eigengläubiger des Erben zustand, wird dieses wegen § 321 InsO zeitweilig unwirksam. Im Falle der Verwertung durch den Insolvenzverwalter erlangt der Gläubiger den Rang eines Nachlassgläubigers.

Soweit das Pfändungspfandrecht nicht einem Nachlassgläubiger, sondern einem Eigengläubiger des Erben zusteht, wird dieser wegen § 321 InsO zeitweilig unwirksam. Im Falle der Verwertung durch den Insolvenzverwalter erlangt der Gläubiger den Rang eines Nachlassgläubigers.

17. KAPITEL BESONDERHEITEN DER BAUINSOLVENZ

Inhalt

Seite

A. Wirtschaftliche Überlegungen des Insolvenzverwalters 1674

I. Vorüberlegungen 1674

    1. Eigenarten der Bauproduktion 1674
       a) Absatzbedingte Eigenarten 1674
       b) Fortführung der Bauunternehmung und Auftragsrisiko.... 1675
    2. Preisbildung durch Ausschreibungsverfahren 1675

II. Grundlagen der Kalkulation eines Bauauftrags 1677

    1. Einführung 1677
    2. Hintergrundwissen für die sachgerechte Kalkulation 1678
       a) Die Baustelle als Produktionsort (Produktion »vor Ort«).. 1678
       b) Die Hilfsbetriebe und die Verwaltungsstellen des Bauunternehmens als Produktionsorte für innerbetriebliche Leistungen 1679

III. Wirtschaftliche Überlegungen in Bezug auf die Eigenart der Baustellenfertigung 1680

    1. Einführung 1680
    2. Die VOB/B als notwendiges Instrument für die Finanzierung der Fertigung der Bauleistung......................... 1680
    3. Verschiedene Vertragsformen in der VOB 1681
    4. Vorleistungspflicht des Auftragnehmers.................... 1681
    5. Umsatzsteuerliche Besonderheiten bei der Rechnungsstellung von Bauleistungen 1682
    6. Umsatzsteuerliche Besonderheiten bei Stundenlohnarbeiten... 1683

IV. Die Belastung des Bauunternehmers durch Sicherheitsleistungen 1683

    1. Einführung 1683
    2. Arten der Sicherheitsleistung nach VOB 1684
       a) Bürgschaft als Regelform............................ 1684
          aa) Bietungsbürgschaft 1685
          bb) Anzahlungsbürgschaft 1685
          cc) Ausführungsbürgschaft/Vertragserfüllungsbürgschaft . 1685
          dd) Gewährleistungsbürgschaft...................... 1685
       b) Bareinbehalte 1685

Thiele

V.	Baurisiken als Finanzierungsproblem..................	1686
	1. Technische Risiken..................................	1686
	2. Die bauvertraglichen Risiken.......................	1687
	3. Die wirtschaftlichen Risiken.......................	1687
	4. Verzögerungsrisiko.................................	1688
	5. Kalkulationsrisiko – Unerwarteter Verlustauftrag.....	1688
	6. Erhöhtes Risiko aufgrund nicht wirksamer dinglicher Sicherung des Unternehmers bei der Bauproduktion.....	1688
	7. Weitere wirtschaftliche Risiken....................	1689
	a) Das Beschäftigungsrisiko.....................	1689
	b) Das Risiko der begrenzten Anzahl von Aufträgen.....	1689
VI.	Die Leistungsabrechnung als weitere Besonderheit im Baubetrieb	1689
	1. Grundsätze der Leistungsabrechnung im Baubetrieb.....	1689
	2. Positionen mit nur teilweise ausgeführten Arbeiten.....	1691
VII.	Die Beurteilung des Jahresabschlusses unter der Berücksichtigung der Branchenbesonderheiten.............................	1691
	1. Einführung..	1691
	2. Saisoncharakter der Baufertigung in der Bilanz.....	1692
	3. Bauen in Arbeitsgemeinschaften....................	1692
	4. Vorwiegend langfristige Auftragsfertigung in der Bilanz.....	1693
	5. Bewertung von Bauleistungen.......................	1693
VIII.	Bilanzsicht beim Bauunternehmen durch den Insolvenzverwalter	1694
	1. Baubranchenbedingte Korrekturen....................	1695
	2. Zu den Korrekturen im Berichtsjahr im Einzelnen.....	1695
	a) Gewinnreserven in unabgerechneten eigenen Bauten.....	1695
	b) Abgrenzung des ARGE-Anteils................	1696
	c) Zukünftige Verluste im Auftragsbestand.....	1696
	d) Abgrenzung anteiliges ARGE-Ergebnis........	1696
	e) Gewinnreserven bei unabgerechneten ARGE-Baustellen..	1697
	f) Abgrenzung der Erträge aus der Auflösung von Rückstellungen	1697
	3. Garantierückstellungen............................	1697
IX.	Bewertung der noch auszuführenden Verträge durch den vorläufigen Insolvenzverwalter.............................	1698

B. Rechtliche Überlegungen des Insolvenzverwalters................ 1699

I.	Allgemeine Probleme des Bauvertragsrechts................	1699
	1. Einführung..	1699
	2. Zur fehlenden Möglichkeit des Bauunternehmens, Sicherheitengestellungen gegenüber dem Auftraggeber zur Begrenzung des Ausfallrisikos durchzusetzen.........................	1700
	3. Problematik der Erfolgsschuld des Bauunternehmens.....	1701
	4. Problematik der Symptomtheorie.....................	1702
	5. *Zur Problematik* mehrstufiger Vertragsverhältnisse.........	1703
	a) Einführung.....................................	1703
	b) Generalunternehmer............................	1703
	c) Generalübernehmer............................	1704

Thiele

Besonderheiten der Bauinsolvenz 17. Kapitel 1671

C. Der vorläufige Insolvenzverwalter in der Krise des Bauunternehmens.... 1705

I. Einführung 1705

    1. Ausgangslage im Unternehmen 1705
    2. Rechte des vorläufigen Insolvenzverwalters 1706
    3. Übergang der Verwaltungs- und Verfügungsbefugnis auf den vorläufigen Insolvenzverwalter 1706

II. Beachtung der umsatzsteuerlichen Problematik durch den vorläufigen Insolvenzverwalter 1706

    1. Einführung 1706
    2. Entstehung der Umsatzsteuer 1707
    3. Fälligkeit der Umsatzsteuer bei Werkleistungen und -lieferungen 1707
    4. Probleme bei der Umsatzsteuer auf Abschlagszahlungen...... 1707

III. Sicherung der Leistungen Dritter zur Fortführung des Bauunternehmens 1708

    1. Befugnisse des vorläufigen Insolvenverwalters mit Verfügungsbefugnis 1708
    2. Zur Sondervorschrift des § 648 a BGB 1708
    3. Befugnisse des vorläufigen Insolvenverwalters ohne Verfügungsbefugnis 1709

IV. Kündigungsmöglichkeit des Bestellers gemäß § 8 Nr. 2 Abs. 1 VOB/B 1709

    1. Einfluss der VOB 2000 1709
    2. Besondere Bedeutung des § 8 Nr. 2 Abs. 1 VOB/B 1710
    3. Aufmaß- und Abnahmeverlangen des Auftragnehmers nach Insolvenzkündigung. 1710
    4. Fälligkeit der Schlusszahlung nach erfolgter Insolvenzkündigung 1711
    5. Fortgeltendes Mängelbeseitigungsrecht des Auftragnehmers... 1712
    6. Fortgeltende Kündigungsmöglichkeit des Bestellers nach Verfahrenseröffnung. 1713

V. Zahlungsmodalitäten bei Vertragskündigung wegen Insolvenz.. 1714

    1. Unterschiedliche Behandlung der Fälligkeit der Schlussrechnung in VOB und BGB. 1714
    2. Aufrechnungslage im Abrechnungsverhältnis nach erfolgter Kündigung 1714
    3. Die Bedrohung des Insolvenzverwalters mit der dem Auftraggeber jederzeit möglichen Kündigung des Bauvertrags nach § 8 Nr. 2 VOB/B 1715
        a) Vereinbarung des Kündigungsverzichts mit dem Auftraggeber *erforderlich*. 1715
        b) Vorgehensmöglichkeit des Auftraggebers nach §§ 280 ff. BGB 1715
        c) Mögliches Vorgehen des Auftraggebers nach § 271 BGB... 1716

VI. Einführung zu § 103 InsO 1716

    1. Grundsätzliche Erwägungen 1716
    2. § 103 InsO und der Erfüllungsanspruch des Bestellers 1717
        a) Anwendbarkeit des § 103 InsO 1717

Thiele

		b) Erfüllung durch den Gemeinschuldner	1717
		c) Besonderheiten hinsichtlich der Erfüllung eines Bauvertrags	1718
	3.	Ablehnung der Erfüllung durch den Insolvenzverwalter	1718
	4.	Der Werklohnanspruch bei Erfüllungswahl	1718
	5.	Wirkungen der Abnahme bei Erfüllungswahl	1718
	6.	Einschub: Abnahmeverlangen des Insolvenzverwalters nach dem Gesetz zur Beschleunigung fälliger Zahlungen	1719
	7.	Wie erfolgt die Abrechnung der Bauleistung im Falle der Verweigerung der Vertragserfüllung durch den Insolvenzverwalter?	1720
	8.	Umwandlung der Forderung bei Insolvenzeröffnung	1721
	9.	§ 103 InsO und einseitig erfüllte Bauverträge	1721
	10.	Forderungen des Insolvenzverwalters im Abrechnungsverhältnis nach § 103 InsO	1722
VII.		**Abrechnung bei Einheits- und Pauschalpreisvertrag unter Berücksichtigung des § 103 InsO**	1722
	1.	Einheitspreisvertrag	1722
	2.	Pauschalpreisvertrag	1723
	3.	Notwendige Überlegungen des Insolvenzverwalters bei der Abwicklung von gekündigten Pauschalverträgen	1724
	4.	Fälligkeitsvoraussetzungen für den Werklohn unter Berücksichtigung des § 103 InsO	1726
	5.	Der Werklohnanspruch bei Ablehnung der Erfüllung durch den Insolvenzverwalter unter Berücksichtigung des § 103 InsO	1726
	6.	§ 103 InsO und Zurückbehaltungsrechte des Bestellers unter Berücksichtigung des neuen § 641 Abs. 3 BGB	1727
	7.	Mängelbeseitigung durch den Auftraggeber in Ersatzvornahme für den Gemeinschuldner	1727
	8.	Verwertungsrecht des Auftraggebers nur nach Aufforderung zur Mängelbeseitigung	1729
	9.	Verjährungsproblematik bei Erfüllungswahl	1729
	10.	Möglichkeit der Verjährungsunterbrechung durch Anmeldung zur Tabelle	1729
	11.	Mehrkosten des Auftraggebers bei Fertigstellung in Ersatzvornahme	1730
VIII.		**Erfüllungswahl des Insolvenzverwalters bei teilbaren Leistungen**	1730
	1.	Zu dem neuen § 105 InsO	1730
	2.	Was ist im Bauwesen eine teilbare Leistung?	1731
IX.		**Behandlung von Verzugsschaden und Vertragsstrafe durch den Insolvenzverwalter**	1733
	1.	Zur Berechtigung der Vertragsstrafe	1733
	2.	Wie wirkt sich die Geltendmachung von Verzugsschaden und Vertragsstrafe auf das Abrechnungsverhältnis aus?	1733
	3.	Durch den Gemeinschuldner entstandener Verzugsschaden	1734
	4.	Durch den Insolvenzverwalter entstandener Verzugsschaden	1734
	5.	Gegenrechte des Insolvenzverwalters	1734

Thiele

X.	Behandlung von Sicherheitseinbehalten durch den Insolvenzverwalter.	1735
	1. Erforderliche Vereinbarung.	1735
	2. Behandlung von Sicherheitseinbehalten nach VOB/B	1735
XI.	Sonderproblem: Der Gemeinschuldner befindet sich bei Insolvenzeröffnung in ARGE mit anderen Bauunternehmern.	1737
	1. Begriffsbestimmungen.	1737
	2. ARGE-Vertrag.	1737
	3. Vertragscharakter des ARGE-Vertrags.	1738
	4. Organe der baurechtlichen Arbeitsgemeinschaft.	1738
	a) Die Aufsichtsstelle (Gesellschafterversammlung).	1738
	b) Kaufmännische und Technische Geschäftsführung.	1738
	5. Die ARGE und die Insolvenz eines Gesellschafters.	1739
XII.	Probleme des Insolvenzverwalters der Bauunternehmung mit dem Subunternehmer des Gemeinschuldners.	1740
	1. Einführung.	1740
	2. Besondere Bedeutung des § 16 Nr. 6 VOB/B.	1740
	3. Problematik des gerichtlichen Verfügungsverbots bei mehrstufigen Vertragsverhältnissen.	1741
XIII.	Insolvenz und Nachbesserungsansprüche gegen den Gemeinschuldner.	1742
	1. Grundlegende Bemerkungen.	1742
	2. Ansprüche des Auftraggebers vor Insolvenzeröffnung.	1742
	3. Nachbesserungsrecht des Gemeinschuldners.	1742
	4. Gewährleistungspflicht des Auftragnehmers ohne Verschulden	1743
	5. Pflicht (und Recht) des Bauunternehmers zur Nachbesserung.	1743
	6. Einwand des Bauunternehmers gegenüber dem Nachbesserungsanspruch des Auftraggebers.	1744
XIV.	Insolvenzanfechtung bei der Bauinsolvenz.	1744
	1. Wirtschaftliche Ausgangslage.	1744
	2. Zur Einführung folgender umfassender Praxisfall:	1745
XV.	Allgemein zur Kenntnis des Gläubigers von der Zahlungsunfähigkeit des Schuldners nach der Insolvenzordnung.	1749
	1. § 130 InsO.	1749
	2. Die InsO-Regelung ist für den Insolvenzverwalter und damit für die Gläubiger günstiger:	1749
	3. Weitere Erleichterungen durch die neue Regelung.	1749
	4. Wann liegt nach der Insolvenzordnung Zahlungsunfähigkeit vor?	1750
	5. § 130 Abs. 2 InsO als Beweiserleichterung für die Gläubiger.	1750
	6. Inkongruente Deckung durch Abtretung.	1752
	7. Zu § 131 Abs. 1 Nr. 2 InsO.	1753
	8. § 131 Abs. 2 Nr. 1 InsO.	1754
	a) Unkomplizierter Nachweis der Kenntnis durch den Insolvenzverwalter.	1754

Thiele

		b)	Was geschieht mit der Abtretung, wenn diese vom Insolvenzverwalter erfolgreich angefochten worden ist? . . .	1754

      9. Rechtslage bei Abtretung noch nicht fälliger Forderungen 1755

XVI. **Insolvenzanfechtung und Direktzahlungen des Bestellers an Gläubiger des Unternehmers gemäß § 16 Nr. 6 VOB/B** 1755

      1. Rechtslage bei Zahlung nach § 16 Nr. 6 VOB/B 1756
      2. Rechtslage nach Erlass eines allgemeinen Veräußerungsverbots – entweder in der vorläufigen Insolvenz oder nach der Insolvenzeröffnung 1756
      3. Rechtslage vor Erlass eines allgemeinen Veräußerungsverbots . . 1756

XVII. **Bauinsolvenz und Weitergabe von Kundenschecks durch den Schuldner an seine Gläubiger** 1757

Vorbemerkung:
Gemäß § 22 Abs. 1 Nr. 2 InsO hat der vorläufige Insolvenzverwalter das Bauunternehmen des Schuldners grundsätzlich fortzuführen, auf jeden Fall hat er über die Fortführung zu entscheiden. Die Fortführung setzt bei dem Insolvenzverwalter Kenntnisse von der Situation der Bauwirtschaft voraus, die nachfolgend dargestellt werden.

A. Wirtschaftliche Überlegungen des Insolvenzverwalters

I. Vorüberlegungen

1. Eigenarten der Bauproduktion

a) Absatzbedingte Eigenarten

1 Das Bauwesen wird in seiner Eigenart geprägt durch die Trennung von Planung und Ausführung. Die Planung für das Bauvorhaben wird von Architekten und Ingenieuren durchgeführt, hingegen die Ausführung dieser Planung von Bauunternehmern. Die Bauproduktion ist daher zum einen fremdbestimmt, zum anderen abhängig von der jeweiligen Planung, d. h. aber jeweils anders. Diese Produktionsbedingungen verlangen von dem Bauunternehmer, sich auf die jeweilige Planung mit seiner Produktion einstellen zu können. Hierfür bedarf der Unternehmer deshalb der umfangrei-

Thiele

chen Vorhaltung von Fachpersonal und Baugeräten, um für verschiedene Arten von Bauaufträgen gerüstet zu sein.

b) Fortführung der Bauunternehmung und Auftragsrisiko

Ein weiteres Charakteristikum der Bauproduktion besteht darin, dass die Bauinitiative in aller Regel vom Auftraggeber ausgeht. Hieraus entsteht für den Bauunternehmer zum einen regelmäßig das Risiko, Ausmaß und Schwierigkeitsgrad eines Bauauftrags nicht von Anfang an richtig beurteilen zu können. Zum anderen weiß der Bauunternehmer nicht, ob er weitere Aufträge erhält.

Der Insolvenzverwalter muss sich vor der Fortführung einer Bauunternehmung über das so genannte Auftragsrisiko klare Vorstellungen machen. Dieses Auftragsrisiko liegt darin, dass fehlende Anschlussaufträge, oder Aufträge, die nicht zum richtigen Zeitpunkt und am richtigen Ort erfolgen und nicht in den Rahmen des Leistungsprogramms passen, die Existenzgrundlagen der Bauunternehmung gefährden.

Selbst wenn die Kapazitäten eines Bauunternehmens nur für eine kurze Periode nicht ausgelastet sind, können die Belastungen des Bauunternehmens mit allgemeinen Geschäftskosten, die durch das Vorhalten von nicht genutzten Geräten und nicht beschäftigtes Stammpersonal bedingt sind, bei wenig Eigenmitteln oder Kreditmöglichkeiten zu Problemen bei der Zahlungsfähigkeit führen, deren letzte Konsequenz die Insolvenz wäre.[1]

Des Weiteren muss vom Insolvenzverwalter bedacht werden, dass es in der Bauwirtschaft – insbesondere bei großen Bauvorhaben – für das Produkt »Bauwerk« in aller Regel keinen Marktpreis im Sinne anderer Industrien gibt, da der Bauherr sich den geeigneten Ausführungspartner für ein Bauwerk oder für Teilleistungen im Rahmen eines Ausschreibungsverfahrens sucht.

2. Preisbildung durch Ausschreibungsverfahren

Unter Ausschreibung versteht man allgemein die Aufforderung an einen oder mehrere Bieter, bis zu einem bestimmten Zeitpunkt ein verbindliches Preisangebot abzugeben. Innerhalb des Bereichs der Auftragsvergabe unterscheidet man zwischen dem öffentlichen Auftraggeber und dem privaten Auftraggeber. Gemäß § 101 GWB in Verbindung mit § 3 VOB/A haben die öffentlichen Auftraggeber in der Regel die öffentliche Ausschreibung bei der Auftragsvergabe zu wählen.

Die VOB/A[2] regelt in den sog. Basisparagraphen das Ausschreibungsverfahren für den öffentlichen Auftraggeber bei der so genannten »Innerdeutschen Vergabe« (unterhalb der sog. »Schwellenwerte«) das als öffentliche,

---

1 Vgl. zu diesen Überlegungen grundsätzlich: Leimböck, Bilanzen und Besteuerung von Bauunternehmen 1997.
2 Verdingungsordnung für die Vergabe von Bauleistungen (DIN 1960).

Thiele

beschränkte oder als freihändige Vergabe erfolgen kann. Der Vergabe von Bauleistungen durch private Auftraggeber erfolgt zumeist in Form einer beschränkten Ausschreibung, im Wesentlichen aber nach Gutdünken des Auftraggebers.

Das GWB regelt mit den §§ 97–129 das Vergaberecht oberhalb der sog. »Schwellenwerte«, wobei Bezug zu nehmen ist auf die sog. a-Paragraphen, die sich aus der Baukoordinierungsrichtlinie und auf die sog. b-Paragraphen, dies sich auf die sog. »Sektorenrichtlinie« beziehen.

4 Die öffentliche Ausschreibung, die beim öffentlichen Auftraggeber als Normalfall gelten kann, wendet sich an eine unbeschränkte Bieterzahl und wird in amtlichen Veröffentlichungsblättern, in Tageszeitungen oder Fachzeitschriften bekannt gegeben. Sind besondere Anforderungen an die Bauleistungen gestellt (z. B. schwierige Konstruktionen), so ist für den öffentlichen Auftraggeber eine beschränkte Ausschreibung vertretbar, die sich an eine bestimmte Anzahl von Bietern richtet. Die freihändige Vergabe soll die Ausnahme sein, denn bei dieser Vergabeart wird nur ein einziger Bieter unter Ausschaltung des Wettbewerbes zum Preisangebot aufgefordert.

Auf Seiten des Bauunternehmers müssen bei der Bearbeitung eines Angebots für eine Ausschreibung in jedem Fall, d. h. sowohl beim öffentlichen wie beim privaten Auftraggeber, sowohl die kaufmännischen als vor allem auch die technischen Kenntnisse vorhanden sein, um einen marktorientierten, vor allem aber auch einen für das Bauunternehmen auskömmlichen Angebotspreis errechnen zu können.

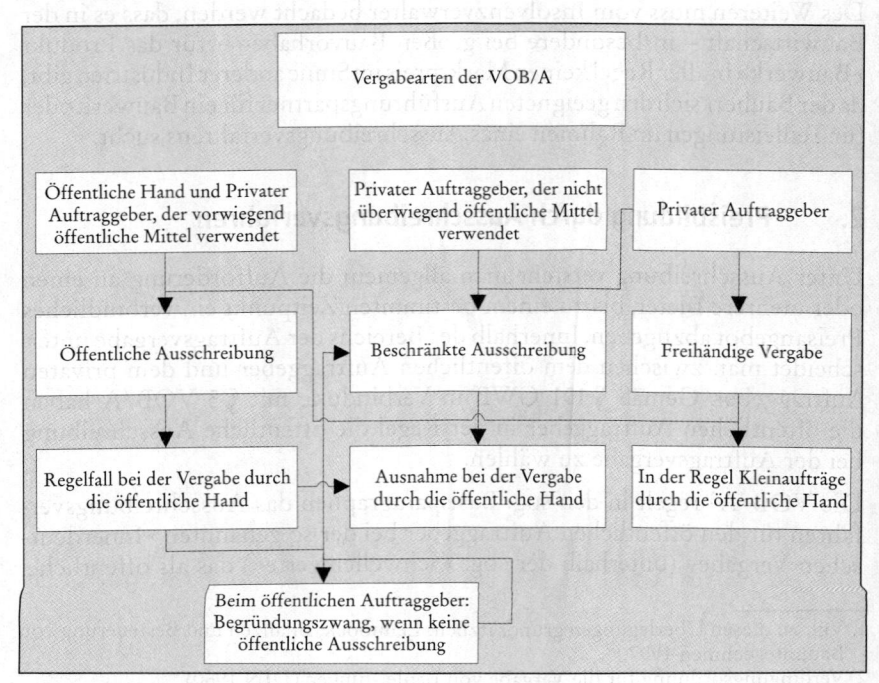

```
                          Vergabearten der VOB/A

┌─────────────────────┐   ┌─────────────────────┐   ┌─────────────────────┐
│ Öffentliche Hand    │   │ Privater Auftrag-   │   │ Privater            │
│ und Privater Auf-   │   │ geber, der nicht    │   │ Auftraggeber        │
│ traggeber, der vor- │   │ überwiegend öffent- │   │                     │
│ wiegend öffentliche │   │ liche Mittel        │   │                     │
│ Mittel verwendet    │   │ verwendet           │   │                     │
└─────────────────────┘   └─────────────────────┘   └─────────────────────┘
           │                         │                         │
           ▼                         ▼                         ▼
┌─────────────────────┐   ┌─────────────────────┐   ┌─────────────────────┐
│ Öffentliche         │ ► │ Beschränkte         │   │ Freihändige         │
│ Ausschreibung       │   │ Ausschreibung       │   │ Vergabe             │
└─────────────────────┘   └─────────────────────┘   └─────────────────────┘
           │                         │                         │
           ▼                         ▼                         ▼
┌─────────────────────┐   ┌─────────────────────┐   ┌─────────────────────┐
│ Regelfall bei der   │   │ Ausnahme bei der    │   │ In der Regel Klein- │
│ Vergabe durch       │ ► │ Vergabe durch       │   │ aufträge durch      │
│ die öffentliche Hand│   │ die öffentliche Hand│   │ die öffentliche Hand│
└─────────────────────┘   └─────────────────────┘   └─────────────────────┘
                                    │
                                    ▼
                       ┌──────────────────────────┐
                       │ Beim öffentlichen Auf-   │
                       │ traggeber: Begründungs-  │
                       │ zwang, wenn keine        │
                       │ öffentliche Ausschreibung│
                       └──────────────────────────┘
```

Thiele

II. Grundlagen der Kalkulation eines Bauauftrags

1. Einführung

Die Grundlage dieser Preisermittlung stellt die Kalkulation der Selbstkosten dar, die vor Erstellung des Bauwerkes zu erfolgen hat und dabei ganz wesentlich von Schätzungen abhängt:

- hinsichtlich der Leistungsabgabe von Personal und Baugeräten
- und hinsichtlich der Preise am Beschaffungsmarkt von Baustoffen und den anderen Produktionsfaktoren.

Hinzu kommen noch folgende weiteren Kalkulationsrisiken, die bedingt sind

- durch die Wahl des Kalkulationsverfahrens,
- durch die unterschiedlichen örtlichen Verhältnisse auf der Baustelle,
- durch zu kurze Fertigungsfristen und
- durch die Auswirkungen von Vertragsbedingungen, die unter Umständen einseitig belastend formuliert sind.

Da im Baualltag zudem der Bieter mit dem niedrigsten Angebotspreis in der Regel bei der Durchführung eines Ausschreibungsverfahrens durch den öffentlichen Auftraggeber den Zuschlag bekommen wird, erhält – zumindest tendenziell gesehen- derjenige den Auftrag, der die Schwierigkeiten der Bauausführung und die Kalkulationsrisiken möglicherweise nicht vollständig berücksichtigt oder unterschätzt hat.

Eigentlich sieht die VOB/A 2000 vor, dass der Bauherr den fachlich geeignetsten Bieter mit dem wirtschaftlichsten Angebot und mit dem günstigsten Preis-Leistungs-Verhältnis auswählen soll. In der Realität wird aber zumeist der billigste Bieter genommen. Wenn der Insolvenzverwalter ein Bauunternehmen fortführt, das noch Bauaufträge aufgrund gewonnener Ausschreibungen abwickeln muss, sollte er deren Kalkulation von sachkundiger Hand durchprüfen lassen. Erweist sich, dass schon die Angebotskalkulation nicht auskömmlich war, kann er davon ausgehen, dass das gesamte Bauvorhaben nicht auskömmlich ist. Dies sollte der Insolvenzverwalter bei der Entscheidung berücksichtigen, ob er nach § 103 InsO erfüllt oder die Erfüllung ablehnt.

Die nicht auskömmliche Kalkulation unter Wettbewerbsbedingungen ist auch der entscheidende Grund dafür, dass die Preisgestaltung in der Bauwirtschaft in vielen Fällen auf die Erstattung der Selbstkosten tendiert und besonders in Zeiten schlecht ausgelasteter Kapazitäten – zumindest auf Teilmärkten – zu ruinösem Wettbewerb führen kann.

2. Hintergrundwissen für die sachgerechte Kalkulation

a) Die Baustelle als Produktionsort (Produktion »vor Ort«)

7 Die Bauunternehmung errichtet zur Durchführung der Bauproduktion in aller Regel auf dem Grundstück des Auftraggebers die Baustelleneinrichtung und muss dann die weiteren zur Produktion notwendigen Produktionsfaktoren (Arbeitskraft, Baustoffe, Schal- und Rüstmaterial, Geräte) zur Baustelle transportieren.

Die damit zusammenhängende Eigenart der »Produktion vor Ort« besteht darin, dass die Bauunternehmen grundsätzlich kein eigenes Produktionsprogramm haben. Vielmehr erfolgt die Produktion nach den schriftlichen und zeichnerischen Vorgaben des Auftraggebers bzw. seines Architekten. Dies gilt nicht nur hinsichtlich des Entwurfes und der Konstruktion, sondern auch hinsichtlich der Form und Qualität der Bauteile, der Art und Güte des Materials sowie des Produktionsbeginns und des Fertigstellungstermins.

8 Die Risiken, die in dieser speziellen Art der Bauproduktion als Auftragsfertigung liegen, sind vielfältig. Die Erstellung eines Bauwerkes ist eine Einzelfertigung, die einer Reihe von Einflüssen unterliegt, die häufig nicht vorhersehbar sind. Solche Einflüsse sind z. B.

- die Witterungsbedingungen,
- fehlende bzw. geänderte Planungen durch den Auftraggeber während der Bauzeit oder
- schwer koordinierbares und damit kalkulierbares Zusammenwirken zwischen den am Bau Beteiligten (Auftraggeber, Architekt, Statiker, Sonderfachleute, Baubehörden, ausführende Firmen).

Hinzu kommen unvorhersehbare Kostensteigerungen, die nicht nur – wie sonst auch üblich – durch Preiserhöhungen bei Baustoffen bzw. durch tarifbedingte Lohnkostensteigerungen bedingt sind, sondern auch durch Behinderungen[3] oder Unterbrechungen[4] der Baudurchführung, die nicht vom Bauunternehmer zu vertreten sind.

Für den Insolvenzverwalter ist es daher unabdingbar, dass er diese Faktoren genauestens kennt, so dass er in der Phase der Angebotsbearbeitung (Kalkulation) in der Lage ist, nicht nur den Bauproduktionsablauf vorab technisch und wirtschaftlich zu analysieren, sondern auch die produktionsbedingten Risiken angemessen zu berücksichtigen. Hierfür braucht der Insolvenzverwalter gestandene Baumanager, d. h. erfahrene Kalkulatoren und Bauleiter. Nur dadurch wird es möglich sein, die durch die Herstellung des Bauobjek-

---

[3] Behinderung berechtigt den Bauunternehmer nach § 6 VOB/B ggf. zur Verlängerung der Bauzeit.
[4] Unterbrechung ist gem. § 6 Nr. 5 VOB/B die Behinderung für lange Zeit, ohne dass die Ausführung dauernd unmöglich wird.

Thiele

tes voraussichtlich entstehenden Kosten und Risiken so sicher wie möglich zu erfassen und einen sinnvollen Angebotspreis zu errechnen. Um aber beurteilen zu können, ob im verwalteten Betrieb die geeigneten Kalkulatoren sind, muss der Insolvenzverwalter aber auch wenigstens Grundsätze der Auftragskalkulation kennen.

b) Die Hilfsbetriebe und die Verwaltungsstellen des Bauunternehmens als Produktionsorte für innerbetriebliche Leistungen

Neben der Baustelle als der eigentlichen Produktionsstätte haben die meisten Bauunternehmungen noch so genannte Hilfsbetriebe, die als eigenständige Betriebsteile sowohl für die Baustellen als auch für andere Hilfsbetriebe und eventuell auch für Dritte tätig werden können. Oftmals sind diese Hilfsbetriebe im so genannten »Bauhof« zusammengefasst. Beispiele für diese Hilfsbetriebe sind das Magazin, das der Lagerung und Verwaltung von Stoffen, Kleingeräten, Werkzeugen usw. dient, ein Biegebetrieb, durch den der Betonstahl für die Baustellen gebogen wird, oder auch der Fuhrpark, der nach Fahrzeuggruppen oder nach einzelnen Fahrzeugen organisiert sein kann.

Die laufenden Kosten dieser Hilfsbetriebe sind bei der Auftragskalkulation mit einzukalkulieren. Dies erfolgt so, dass die Leistungen, die von den Hilfsbetrieben erstellt werden, innerbetrieblich, z. B. auf die Baustellen mit sog. Zuschlag- oder Verrechnungssätzen verrechnet werden. Das wesentliche Merkmal dieser Verrechnung ist, dass der Vorgang für die Baustelle eine Kostenbelastung ist und für den Hilfsbetrieb eine Leistung darstellt.

In der Insolvenz bedeutet dies: Ein Insolvenzverwalter muss mit Hilfe der sog. Baubetriebsabrechnung klären, wie hoch diese innerbetrieblichen Verrechnungssätze sind und ob vergleichbare Leistungen etwa billiger vom Markt zu beschaffen sind (Zukauf von Leistungen). Dabei muss allerdings bedacht werden, dass die eigenen Hilfsbetriebe in aller Regel eine größere Flexibilität bei zeitlichen und unter Umständen auch technischen Schwierigkeiten haben, die z.B, durch Störungen im Bauablauf bedingt sind.

Neben den Baustellen und den Hilfsbetrieben kann die Verwaltung einer Bauunternehmung je nach Größe auch kostenmäßig sehr stark ins Gewicht fallen. Hier ist ebenfalls zu überlegen, ob die Verwaltung nicht ausgelagert oder verringert werden kann.

Thiele

III. Wirtschaftliche Überlegungen in Bezug auf die Eigenart der Baustellenfertigung

1. Einführung

10 Die vorherrschende Baustellenfertigung bestimmt wesentlich das Anlagevermögen der Bauunternehmen, das vorwiegend mobiles Baustellengerät ist.

Viel mobiles Baugerät im Anlagevermögen des Bauunternehmens bedeutet aus der Sicht des Insolvenzverwalter zunächst einmal mehr Möglichkeiten, zur Ausführung von Bauleistungen. Allerdings kann das Gerät aber gleichzeitig auch sicherungsübereignet sein. Wichtiger ist für den Insolvenzverwalter der Rückschluss, dass entsprechend qualifiziertes Bedienungspersonal vorhanden sein muss. Dieser Umstand ist bei der Beschäftigtenauswahl im arbeitsrechtlichen Interessenausgleich zu berücksichtigen, wenn der Insolvenzverwalter fortführen will oder muss.

2. Die VOB/B als notwendiges Instrument für die Finanzierung der Fertigung der Bauleistung

11 Die meisten großen Bauaufträge im Inland werden nach der VOB/B[5] ausgeführt. Obwohl die VOB den neuen Verhältnissen laufend angepasst wurde, blieb ihre grundsätzliche Konzipierung für eine vorwiegend handwerkliche Baufertigung bestehen.

Die VOB kennt – im Gegensatz zum übrigen Werkvertragsrecht – Anzahlungen als Systembestandteil, wie sie in anderen Wirtschaftszweigen mit langfristiger Auftragsfertigung üblich ist. Gemäß § 16 Nr. 2 VOB/B können sog. »Vorauszahlungen« vereinbart werden. Allerdings ist eine derartige Vorgehensweise beim reinen Bauvertrag die Ausnahme. Geläufig ist die Anzahlung jedoch zum Beispiel beim Pauschalvertrag. Ihr Prinzip ist vielmehr die kurzfristige Erstattung der Baukosten, die Abschlagszahlung genannt wird. Das wesentliche Verdienst der VOB/B liegt darin, dass mit ihrer Vereinbarung dem Unternehmer von Vertrags wegen Abschlagszahlungen gewährt werden (vgl. § 16 Nr. 1 VOB/B), so dass der Unternehmer den Bauvertrag trotz werkvertraglicher Vorleistungspflicht ohne große Vorfinanzierung ausführen kann.[6]

Abschlagszahlungen für noch nicht abgenommene Teilleistungen kann der Auftragnehmer gemäß § 16 Nr. 1 VOB/B »in möglichst kurzen Zeitabständen« verlangen. Basis ist die »Höhe des Wertes der jeweils nachgewiesenen

---

5 Verdingungsordnung für die Ausführung von Bauleistungen, DIN 1961 in der Fassung vom September 2000.
6 Vgl. zum Zahlungssystem § 16 VOB/B.

Thiele

vertragsgemäßen Leistungen«. Gegenforderungen (z. B. für Mängel, die während der Ausführung entdeckt werden) können vom Auftraggeber nach § 320 BGB einbehalten werden. Die Schlusszahlung erfolgt nach der ausgeführten Bauleistung. An die Stelle der Schlussrechnung können mehrere Teilschlussrechnungen treten. Die Schlusszahlung ist gemäß § 16 Nr. 3 VOB/B »spätestens zwei Monate nach Zugang« der Schlussrechnung zu leisten.

Dasselbe gilt auch für den Bauträger mit der Makler- und Bauträgerverordnung, die zumindest eine Teilleistung für die erste Zahlung erfordert.

3. Verschiedene Vertragsformen in der VOB

Da die VOB betont marktwirtschaftlich orientiert ist, hat sie auch die verschiedenen Vertragsformen in eine Rangfolge gebracht. Der frei aushandelbare Werkvertrag, der den Auftragnehmer leistungsverpflichtend und leistungsnachweisend bindet, hat Vorrang vor dem Dienstvertrag in Form des Stundenlohnvertrages und vor allem vor dem Selbstkostenerstattungsvertrag.

Es gelten folgende Vergütungsformen und in dieser Rangfolge:

- Einheitspreisvertrag oder (gleichwertig) Pauschalvertrag
- Selbstkostenerstattungsvertrag
- Dienstvertrag; Regelform: Stundenlohnvertrag für Bauleistungen geringeren Umfangs.

Es können auch Vorauszahlungen vereinbart werden. Die VOB behandelt sie lediglich, soweit sie nach Vertragsabschluss vereinbart werden. Für diesen Fall trifft sie Regelungen zur Sicherung des Auftraggebers und für die Verzinsung. Die Zahlungsform der Pauschalverträge enthält regelmäßig einen vertraglichen Zahlungsplan, der dem Terminplan der Auftragsausführung angepasst ist. Auch hier löst die Abnahme die Fälligkeit für den noch nicht vergüteten Auftragsteil aus. Ausführungs- und Schlusseinbehalt werden auch hier angewandt.

4. Vorleistungspflicht des Auftragnehmers

Bedingt durch das Zahlungssystem der VOB muss der Auftragnehmer zum Teil erhebliche Mittel zur Finanzierung der Bauaufträge bereitstellen. Erst recht gilt dies, wenn die VOB/B nicht vereinbart wurde und deshalb das Werkvertragsrecht nach BGB gilt. Unter der Geltung des BGB kann der Auftragnehmer nunmehr[7] nach § 632 a BGB für vertragsgemäß erbrachte Teilleistungen angemessene Abschlagszahlungen verlangen.

---

7 Seit dem 1. 5. 2000, eingeführt durch das Gesetz zur Beschleunigung fälliger Zahlungen.

Trotz der vorgenannten Erleichterungen ist die Liquiditätsanspannung des Bauunternehmers bei jedem Bauvorhaben enorm. Dies nicht zuletzt deswegen, weil zwar gemäß § 16 VOB/B Abschlagszahlungen in Höhe des Wertes der nachgewiesenen Leistungen in möglichst kurzen Zeitabständen zu gewähren sind, die Praxis aber zeigt, dass sie nicht selten bei 6 Wochen liegen. Dasselbe wird sich auch unter der Anwendbarkeit von § 632a BGB erweisen. Das Vorgenannte gilt auch für Schlusszahlungen des Auftraggebers, denn sie werden – unabhängig vom Umfang der Bauarbeiten und damit vom Schwierigkeitsgrad der Überprüfung der Schlussrechnung – vielfach erst 2 Monate nach Rechnungsstellung bezahlt. Diese Zahlungsweise stellt zwar einen Missbrauch der Auftraggeberrechte dar, ist aber Realität, insbesondere bei der Zahlweise der öffentlichen Hand.

14 Auch für Stundenlohnarbeiten, die gemäß VOB/A nur für kleinere Bauleistungen zu vergeben sind, ist ein besonderes Abrechnungs- und Zahlungsverfahren festgelegt (VOB/B § 15). Für die geleisteten Arbeitsstunden und den besonders zu vergütenden Aufwand etwa an Stoffen oder andere etwaige Sonderkosten sind – wenn nichts anderes vereinbart ist – »werktäglich und wöchentlich« Stundenlohnzettel anzufertigen und dem Bauherrn vorzulegen (vgl. § 15 VOB/B).

Der Bauherr muss diese Stundenzettel binnen 6 Werktagen nach Zugang zurückgeben. Dabei kann er Einwendungen erheben, nicht fristgemäß zurückgegebene Stundenzettel gelten als anerkannt. Stundenlohnabrechnungen sind dem Bauherrn alsbald nach Abschluss der Arbeit, längstens jedoch in vierwöchigem Abstand vorzulegen und von ihm »alsbald« zu bezahlen. Damit gilt für die Zahlungstermine die Bestimmung des § 16 VOB für Leistungsverträge, wobei die regelmäßigen Zahlungen für längeraufende Stundenlohnarbeiten nach den Bestimmungen für Abschlagszahlungen zu leisten sind.

5. Umsatzsteuerliche Besonderheiten bei der Rechnungsstellung von Bauleistungen[8]

15 Die deutsche Umsatzsteuer ist nach ihrer Konstruktion eine Sollsteuer. Die Abnahme der erbrachten Werkleistung durch den Bauherrn löst die Umsatzsteuerpflicht aus, deren Betrag durch die Rechnung an den Bauherrn festgelegt wird. Die Einstufung der Umsatzsteuer als Sollsteuer erfolgte, weil in den Fällen, in denen Umsätze sich über einen längeren Erstellungszeitraum erstreckten und die Leistungsempfänger nach Erbringungsfortschritt laufend Zahlungen bewirkten, ohne dass es zur Entstehung der Umsatzsteuer im Rahmen der Sollversteuerung kam, bestand für den Staat als Steuergläubiger ein besonderes Steuerausfallrisiko. Deshalb wurde die sofortige Steuerpflicht von Zahlungen vor Ausführung des Umsatzes im Rahmen der Sollversteuerung eingeführt (sog. Mindest-Istversteuerung). Soweit bei einem

---

8 Vgl. zu dieser Problematik im Folgenden Abschnitt 187 UStR.

Thiele

Umsatz das Entgelt oder auch nur ein Teil des Entgelts vor Ausführung der Leistung vereinnahmt wird, entsteht die Steuerschuld hinsichtlich dieses Entgeltteils nach dem Ist (=Zahlungseingang), hinsichtlich des restlichen Entgeltteils nach dem Soll (=Leistungsbewirkung); gleichgültig, wann letztlich die Zahlungen nach Ausführung des Umsatzes später, tatsächlich vereinnahmt werden.

Dies bedeutet: Anforderungen von Abschlagszahlungen durch den Bauunternehmer lösen grundsätzlich keine Umsatzsteuer aus, jedoch deren Bezahlung durch den Besteller.

Die Umsatzsteuer als Finanzierungsaufgabe ergibt sich daher 16

- aus dem Betrag der schlussberechneten Steuer abzüglich bezahlter Ist-Beträge,
- aus der Forderungslaufzeit der Schlussrechnung bis zu ihrer Bezahlung durch den Bauherrn.

Die Steuer ist unabhängig von dieser Laufzeit, auch unabhängig von einer etwaigen Zweifelhaftigkeit der Forderung sofort voll fällig.

6. Umsatzsteuerliche Besonderheiten bei Stundenlohnarbeiten

Da bei Stundenlohnarbeiten die Vergütung nicht nach erbrachter Leistung – 17 bestätigt durch die Abnahme –, sondern nach geleisteten Arbeitsstunden rechtskräftig wird, gelten die in einer Zeiteinheit (Monat) erbrachten Leistungen steuerlich als ausgeführt. Dementsprechend wird die Umsatzsteuer dem Bauherrn monatlich berechnet.

IV. Die Belastung des Bauunternehmers durch Sicherheitsleistungen

1. Einführung

Nach der Verdingungsordnung für Bauleistungen (hier § 17 VOB/B) kön- 18 nen zwischen Bauherrn und Bauunternehmen im Rahmen des Bauvertrags Sicherheitsleistungen vereinbart werden, die dazu dienen, »die vertragsgemäße Ausführung der Leistung und die Gewährleistung sicherzustellen«.

Die Sicherheitsleistung des Auftraggebers an das ausführende Bauunternehmen (vor allem die Bauhandwerkssicherungshypothek) fällt meist dem Wettbewerb zwischen den Anbietern am Baumarkt zum Opfer, obwohl das Bauunternehmen während der gesamten Bauzeit finanziell vorleistet. Dagegen sind Sicherheitsleistungen der Bauunternehmen für den Auftraggeber weit verbreitet und daher für die Unternehmen von großer Bedeutung.

Als Sicherungsmittel während der Ausführung kommt § 648 a BGB in Betracht. Die Vorschrift wurde mit Wirkung 1. 5. 2000 geändert mit vorteilhaften Folgen für den Bauunternehmer: Künftig kann der Auftragnehmer nämlich für Vorleistungen »einschließlich dazugehöriger Nebenforderungen« eine Sicherheit verlangen. Für die Praxis bedeutet dies, dass beispielsweise bei einem vorzeitig beendeten Vertrag der Bauunternehmer nicht nur seine Vergütung absichern lassen kann, die er bisher noch nicht erhalten hat. Er kann die Ansprüche auch auf den »quasi entgangenen Gewinn« ausdehnen.

2. Arten der Sicherheitsleistung nach VOB

a) Bürgschaft als Regelform

19 Als Sicherheitsleistung nennt die VOB im Wesentlichen die Bürgschaft und die Anlage von Sperrkonten. Daneben kennt die Praxis die Hinterlegung von Sichtwechseln oder Wertpapieren. Inzwischen hat die Bürgschaft als Sicherheitsleistung die größte Verbreitung erlangt. Sie bietet dem Auftraggeber stärkere Sicherheit als z. B. der Sichtwechsel, da die Bürgschaft von einem zweifellos zahlungsfähigen Unternehmen (»im Inland zugelassenes Kreditinstitut oder Kreditversicherer«) geleistet werden muss.

Die Bürgschaft ist in der Banksprache ein Avalkredit. Bar- und Avalkredit unterscheiden sich wie folgt:

Beim Barkredit stellt der Kreditgeber (die Bank) dem Kreditnehmer (Bauunternehmen) unmittelbar Geld zu Verfügung. Beim Avalkredit – auch Kreditleihe genannt – bekommt der Kreditnehmer kein Geld, sondern der Kreditgeber verbürgt sich für die Verpflichtungen seines Kreditnehmers gegenüber einem Dritten.

Beim in der Bauwirtschaft üblich gewordenen Avalkredit geht der Kreditgeber ein bedingtes Zahlungsversprechen ein: er haftet mit seinem Vermögen dann, wenn der Kreditnehmer seinen Verpflichtungen gegenüber dem Dritten (Gläubiger) nicht nachkommt. Die Verbürgung durch ein Kredit- oder Versicherungsinstitut (=Warenkreditversicherer) erfolgt immer in Geldform. Das Kreditinstitut verbürgt sich somit nicht dafür, dass bestimmte Bauleistungen oder Gewährleistungsarbeiten auch durch das Bauunternehmen ausgeführt werden, sondern es zahlt dem Bauherrn die im Bürgschaftsvertrag festgelegte Geldsumme, wenn das Bauunternehmen die vereinbarten Leistungen nicht erbringt.

Da die Bürgschaft also die Erfüllung vertraglicher Verpflichtungen sichert, kann sie jeden Teil des abgeschlossenen Vertrags betreffen. Man unterscheidet folgende Formen:

aa) Bietungsbürgschaft

Sie soll verhindern, dass unseriöse Angebote abgegeben werden. Der Bürge zahlt, wenn der Bieter entgegen seinem Angebot nicht zum Vertragsabschluss bereit ist.

bb) Anzahlungsbürgschaft

Der Bürge verpflichtet sich zur Rückzahlung, wenn der Auftragnehmer seine vertraglichen Leistungsverpflichtungen nicht erfüllt. Für den Auftragnehmer bildet die Bürgschaft einen Teil des Preises, mit dem er sich eine Vorauszahlung erkauft; weitere mögliche Preisbestandteile sind die Kürzung der Angebotssumme, die Fristverkürzung oder die Streichung von Preisgleitklauseln.

cc) Ausführungsbürgschaft/Vertragserfüllungsbürgschaft

Der Bürge zahlt einen bestimmten Betrag, wenn die Leistung nicht vertragsgemäß erbracht wird. Die Bürgschaft kann dem Auftragnehmer den Ausführungseinbehalt ersparen. Die Entscheidung zwischen beiden Belastungen liegt aber praktisch stets beim Bauherrn,

dd) Gewährleistungsbürgschaft

Die Sicherheit besteht in der Zahlungszusage des Bürgen für den Fall, dass der Auftragnehmer seinen Gewährleistungsverpflichtungen (Mängelbeseitigung nach Abnahme) nicht vertragsgerecht nachkommt. Verpflichtungen aus Gewährleistung (BGB § 634; VOB/B § 13) ergeben sich aus der Gewähr des Auftragnehmers, dass seine Leistung zur Zeit der Abnahme die vertraglich zugesicherten Eigenschaften hat, den anerkannten Regeln der Technik entspricht und nicht mit Fehlern behaftet ist, die den Wert oder die Tauglichkeit zu dem gewöhnlichen oder dem nach dem Vertrag ausgesetzten Gebrauch aufheben oder mindern.

Die Gewährleistungsdauer beträgt nach der VOB für Bauwerke – soweit vertraglich nichts anderes vereinbart ist – zwei Jahre, beginnend mit der Abnahme.

b) Bareinbehalte

Die Praxis kennt Zahlungskürzungen des Ausführungseinbehalts und des Schlusseinbehalts. Während der Bauzeit wird von den Abschlagsrechnungen regelmäßig 10% als Ausführungseinbehalt abgezogen, sofern der Auftragnehmer nicht bei Vertragsschluss bzw. bei Beginn der Ausführung eine Bankbürgschaft in Gestalt einer Vertragserfüllungsbürgschaft – zumeist in Höhe von 5 % der Bruttoauftragssumme – beibringt.

Wenn der Insolvenzverwalter in den insolvent gewordenen Baubetrieb kommt, muss er sich schnellstmöglich die Liste aller Bareinbehalte mitsamt den zugehörigen Gewährleistungsfristen geben lassen. In der Praxis hat sich nämlich Folgendes durchgesetzt. Insbesondere dann, wenn Bauunternehmer nicht in der Lage sind, bei ihrer Bank oder bei einem Kreditversicherer Sicherheiten für die Begebung einer Bankbürgschaft zu stellen, werden vertraglich so genannte Bareinbehalte mit dem Auftraggeber vereinbart. Mit jeder Abschlagszahlung behält der Besteller zumeist 10 % des Zahlbetrags dafür, im Falle von Mängelbeseitigung finanzielle Rückendeckung zu haben. Diese Einbehalte werden zumeist bis zum Ende der Gewährleistungsfrist für die Bauleistung einbehalten. Unter diesen Bareinbehalten lassen sich zumeist auch Einbehalte finden, die schon länger als die vereinbarte Gewährleistungsfrist beim Auftraggeber verblieben sind. Diese Einbehalt kann der Insolvenzverwalter sodann einfordern und damit die Liquidität des Gemeinschuldners erhöhen. Vielfach wird der Einbehalt auch ohne zugrunde liegende Vereinbarung vom Auftraggeber zurückbehalten. Hier hat der Insolvenzverwalter den Herausgabeanspruch nach § 812 ff. BGB.

Nach der Bauabnahme reduziert sich der Bareinbehalt auf regelmäßig 5 % der Schlussrechnung. Letzterer Einbehalt wird als Schlusseinbehalt bezeichnet. Diese Zahlungskürzungen dienen dem Auftraggeber zur Durchsetzung von Gewährleistungsansprüchen. Dabei kann der Schlusseinbehalt durch Sicherheitsleistungen abgelöst werden. Der Schlusseinbehalt ist regelmäßig ein Ablösungseinbehalt, d. h. der Auftraggeber ist zur Zahlung des ungekürzten ausstehenden Auftragsentgelts gegen Gestellung einer Sicherheit bereit.

V. Baurisiken als Finanzierungsproblem

1. Technische Risiken

25 Folgende generelle Untergliederung von Risiken gelten für die Bauwirtschaft:

> **Technische Risiken können unter anderem auftreten:**
>
> - in der Phase der Vorkalkulation, d. h. bei der Festlegung der Angebotssumme, z. B. während eines Ausschreibungsverfahrens. Das Kalkulationsrisiko besteht dabei unter anderem darin:
>   - die Preise am Beschaffungsmarkt sind in der Zeit zwischen Vorkalkulation und Bauausführung nur Annahmen;
>   - *das Abschreibungsrisiko* entsteht, wenn die der Abschreibung zugrunde gelegte Nutzungsdauer in Wirklichkeit viel kürzer war, da sie falsch eingeschätzt wurde;

> – die angenommenen Leistungsansätze für Arbeitskräfte und Geräte sind Erfahrungswerte und können bei einem neu zu erstellendem Bauobjekt abweichen.
> - in der Phase der Bauausführung. Diese Risiken bestehen vor allem für:
> – Personen- und Sachschäden bei eigenen und fremden Personen bzw. Sachen;
> – witterungsbedingte Einflüsse auf die Produktion;
> – Abweichungen zwischen der ausgeschriebenen und der tatsächlich erbrachten Leistung. Dies kann auf der Leistungsbeschreibung beruhen oder darin begründet sein, dass die ausgeschriebenen nicht mit den erbrachten Mengen übereinstimmen.

2. Die bauvertraglichen Risiken

Bei der Konzipierung der VOB ist das Prinzip des Interessenausgleiches zwischen Auftraggeber und Auftragnehmer von zentraler Bedeutung. Liegt also dem Bauvertrag die VOB zugrunde, ist das vertragliche Risiko für den Auftragnehmer überschaubarer und annehmbarer als bei vielen Bauverträgen, die entweder gar nicht oder nur zum Teil auf der VOB beruhen oder bei denen sich im Nachhinein herausstellt, dass die VOB/B als Ganzes nicht gilt.[9]

26

Darüber hinaus können auch bei Anwendung der VOB/B finanzielle Risiken entstehen, denn es geschieht in der Praxis häufig, dass einzelne VOB-Regelungen einseitig belastend zu Ungunsten des Auftragnehmers geändert werden, ohne dass deshalb in den Kernbereich der VOB/B eingegriffen worden ist.

3. Die wirtschaftlichen Risiken

Unter diese Gruppe fallen vor allem das Beschäftigungsrisiko und die Risiken aus schwebenden oder erfüllten Geschäften. Im ersten Fall sind die personellen und sachlichen Kapazitäten nicht ausgelastet, die Kosten laufen aber weiter. Im zweiten Fall sind die personellen und sachlichen Kapazitäten ausgelastet, aber die vorfinanzierte Bauleistung wird nicht oder erheblich später oder erheblich gemindert vergütet.

27

Beide Risiken schließen sich nicht aus: Bei schlechter Konjunktur herrscht in aller Regel Auftragsmangel, Aufträge müssen zu unauskömmlichen Prei-

---

9 Die VOB/B als Ganzes sind »privilegierte AGB«, die durch § 23 Abs. 5 AGBG geschützt sind; wenn aber durch die VOB/B abändernde Klauseln in den »Kernbereich« der VOB/B eingegriffen wird, fällt der generelle Schutz nach § 23 AGBG weg und jede einzelne Klausel der VOB/B unterliegt – wie jede andere Klausel – der Inhaltskontrolle durch das AGBG, vgl. BGH BauR 1993, 723, 726 (st. Rspr.).

Thiele

sen hereingenommen werden. Auch hinsichtlich der Kundschaft kann der Bauunternehmer nicht so wählerisch sein, wie in Zeiten der Baukonjunktur. Daher geht der Auftragnehmer häufiger auch hinsichtlich des Auftraggebers Bonitätsrisiken ein.

4. Verzögerungsrisiko

28 Auch die Risiken aus erfüllten Geschäften, also aus abgerechneten Bauten, sind zu beachten. Dabei handelt es sich darum, dass z. B. die Forderungen ganz oder teilweise ausfallen (Ausfallrisiko) oder verzögert beglichen werden (Verzugsrisiko).

Diese Risiken verschärfen sich mit rückläufiger Konjunktur, also in einer Zeit, die auch durch verringerte Bauerlöse charakterisiert ist. In derartigen Zeiten verschlechtert sich durchweg die Zahlungsmoral, auch diejenige der öffentlichen Hand.

5. Kalkulationsrisiko – Unerwarteter Verlustauftrag

29 Ein branchentypisches Risiko ist der unerwartete Verlustauftrag.

Größere und schwierige Bauleistungen sind mit dem Kalkulationsrisiko behaftet. Der Wettbewerb am Baumarkt bietet der Kalkulation aber nicht Raum, alle technisch möglichen Risiken im Angebotspreis zu berücksichtigen. Die Auffangposition »Wagnis und Gewinn« in der Kalkulation ist nur ein geringes pauschales Gegengewicht.

Aber durch die branchenspezifische Eigenart der Bauaufträge und durch das Zahlungssystem der VOB gefährdet das Risiko der Verlustaufträge bereits die Zahlungsfähigkeit des Bauunternehmens, bevor der Verlustauftrag sich im Ergebnis des Unternehmens niederschlägt.

6. Erhöhtes Risiko aufgrund nicht wirksamer dinglicher Sicherung des Unternehmers bei der Bauproduktion

30 Den Bauforderungen der Unternehmer fehlt fast stets eine dingliche Sicherung. Überall da, wo die Bauunternehmung nicht auf ihrem eigenen Grund und Boden baut, sondern auf dem des Auftraggebers (oder eines Dritten), geht ihre Produktion nicht erst nach, sondern bereits während der Erstellung des Bauwerks unmittelbar in das Eigentum des Grundeigentümers über. Ein Eigentumsvorbehalt an mit dem Grundstück fest verbundenen eingebauten Sachen scheidet damit aus.

Die rechtlich mögliche Bauhandwerkssicherungshypothek fällt bei Vertragsschluss dem Wettbewerb zwischen den Bietern zum Opfer. Kein Bauunternehmer kann sich wegen der derzeitigen Nachfragemacht der Bauherren erlauben, zur Absicherung der Ausführung eine im Rang wirksam verwertbare Sicherungshypothek zu verlangen. Wird eine derartige Hypothek dagegen erst während der Ausführung wegen Zahlungsverzug des Bauherrn bestellt, sind die »bereiten« Grundbuchrangstellen längst vergeben. Dieser Sachverhalt gibt nicht nur dem Ausfallrisiko, sondern auch dem Verzögerungsrisiko der Forderung Gewicht.

7. Weitere wirtschaftliche Risiken

a) Das Beschäftigungsrisiko

Das Bauunternehmen ist, gemessen am Durchschnitt der Industrie, nicht anlage-, aber personalintensiv. Die bei Unterbeschäftigung weiterlaufenden Personalkosten führen schnell zum Verlust, noch schneller zu Zahlungsschwierigkeiten, da diese Kosten zum großen Teil aus Baraufwendungen bestehen. 31

b) Das Risiko der begrenzten Anzahl von Aufträgen

Der Umsatz des Bauunternehmens setzt sich, gemessen am Durchschnitt der Industrie, aus einer begrenzten Zahl von Aufträgen zusammen. Dadurch bekommt der einzelne Auftrag ein relativ großes Gewicht für die Ergebnis- und die Finanzlage des Unternehmens. Konkret kann sich deshalb schon ein einziger Auftrag entscheidend negativ auf die Bilanz und damit dem Liquiditätsabfluss des Bauunternehmens auswirken. 32

VI. Die Leistungsabrechnung als weitere Besonderheit im Baubetrieb

1. Grundsätze der Leistungsabrechnung im Baubetrieb

Um zu einem bestimmten Stichtag das Baustellenergebnis errechnen und eine Abschlagszahlungsanforderung an den Auftraggeber stellen zu können, müssen alle Leistungen, die bis zum Stichtag erbracht sind, in einer Leistungsmeldung errechnet werden. 33

Dabei wird wie folgt vorgegangen:[10]

---

[10] Vgl. hierzu: Kosten- und Leistungsrechnung der Bauunternehmen, KLR Bau, S. 83.

Thiele

Leistungsmeldung

Zunächst werden pro Position des Leistungsverzeichnisses mit Hilfe des Aufmaßes die zum Stichtag erbrachten Mengen ermittelt; diese Mengen werden mit dem im Einheitspreisvertrag festgelegten Einheitspreisen multipliziert.

Also:

Erbrachte Menge pro Position × Einheitspreis pro Position = erbrachte Leistung pro Position. Die Summe aller erbrachten Leistungen = erbrachte Leistung per Stichtag.

Leistungsmeldung in Euro

1. Erbrachte Bauleistungen
1.1 Bauleistungen lt. LV (Leistungsverzeichnis)
1.2 Nachtragsarbeiten (nicht im LV enthalten)
1.2.1 Mit anerkannten Einheitspreisen
1.2.2 Mit noch nicht anerkannten Einheitspreisen 1.3 Stundenlohnarbeiten 1.4 Leistungen von Nach- und Nebenunternehmen (soweit nicht in 1.1, 1.2 und 1.3 erfasst) 1.5 Sonstige Leistungen (z. B. für Dritte)

2. Leistungsberichtigungen
2.1 Erhöhungen
2.1.1 Ansprüche aus Lohngleitklauseln
2.1.2 Ansprüche aus Materialpreisgleitklauseln
2.1.3 Ansprüche aus anderen Gleitklauseln
2.2 Minderungen
2.2.1 Minderungen wegen Preisnachlässen
2.2.2 Minderungen wegen Materialbeistellungen durch Auftraggeber (soweit unter 1. erfasst)
2.2.3 Minderungen wegen Rückstellungen für Nacharbeiten
2.2.4 Minderungen wegen zu erwartender Rechnungsabstriche
Gesamtleistung zum Stichtag (1 ./. 2)

3. Davon abgerechnet

4. Davon nicht abgerechnet
Rückstellungen für Gewährleistungsarbeiten

Anschließend werden die Nachtragsarbeiten, die Stundenlohnarbeiten und eventuelle sonstige Leistungen, z. B. Verkauf von Zement an Dritte, in gleicher Weise ermittelt.

Um ein richtiges Baustellenergebnis zu erhalten, müssen noch die Leistungsberichtigungen berücksichtigt werden, die als Leistungserhöhungen z. B. aus Ansprüchen aus Gleitklauseln (Lohngleitklauseln, Materialpreisgleitklauseln), resultieren können.

Thiele

> Leistungsminderungen können sein: Minderungen wegen Preisnachlässen oder Rückstellungen für Nacharbeiten.
>
> Werden Leistungen – wie z. B. technische Bearbeitung und/oder Baustelleneinrichtung und/oder Baustellengehaltskosten – in mehrere oder alle Positionen eingerechnet, so ist zur Beurteilung des Baustellenergebnisses anhand der Kalkulation zu schätzen, welche Leistungsanteile noch nicht erbracht worden sind, das heißt, für welche Leistungen noch keine Kosten angefallen sind.

2. Positionen mit nur teilweise ausgeführten Arbeiten

Wenn aber einzelne Positionen in ihren Arbeitsgängen nur teilweise ausgeführt sind oder auch z. B. nur vorbereitende Arbeiten geleistet wurden, dann sind die Mengen und Preise entsprechend dem Herstellungszustand am Ende des Berichtszeitraumes anteilig anzusetzen. Gegebenenfalls müssen mehrere Mengensätze mit unterschiedlichen Preisen angesetzt werden, wobei die Anteile der Preise aus der Kalkulation herzuleiten sind. 34

Angelieferte, aber noch nicht eingebaute Stoffe, wie z. B. Fertigteile von Dritten, sind mit den um das Einbauen reduzierten Preisen in die Leistungsmeldung aufzunehmen, da diese mit bestimmten Vorleistungen versehene Materialien auch Kosten sind.

VII. Die Beurteilung des Jahresabschlusses unter der Berücksichtigung der Branchenbesonderheiten

1. Einführung

Will der Insolvenzverwalter ein aktuelles Bild der wirtschaftlichen Lage eines Bauunternehmens erhalten, muss man den Jahresabschluss unter Berücksichtigung der branchenbedingten Besonderheiten analysieren. 35

Dies sind insbesondere:

- der Saisoncharakter der Baufertigung,
- das Bauen in Arbeitsgemeinschaften,
- die vorwiegend langfristige Auftragsfertigung.

Die dem Insolvenzverwalter vorgelegte Bilanz zum Abschluss des Wirtschaftsjahres zeigt kein typisches Bild für das Geschäftsjahr, sondern das Bild eines Ausnahmetages. Der Zeitpunkt, für den die Bilanzen der Bauunternehmen aufgestellt werden, ihr »Bilanzstichtag«, ist zumeist der letzte Tag des Kalenderjahres, also ein Tag des frühen Winters. In dieser Zeit ist die Bautätigkeit entweder bereits stark zurückgegangen oder voll zum Erliegen gekommen.

2. Saisoncharakter der Baufertigung in der Bilanz

36 Der zahlenmäßige Einfluss dieser These zeigt sich wie folgt:

In der Bauwirtschaft werden zum Jahresende viele Bauleistungen fertig gestellt und vom Auftraggeber abgenommen. Insbesondere bei Aufträgen der öffentlichen Hand muss die abgenommene Baumaßnahme spätestes zum 15. November eines Jahres eingereicht sein und wird zum Jahresende abgerechnet, d. h. die hierfür vorgesehenen Haushaltsmittel werden ausgekehrt.

Das bedeutet, dass die Position »nicht abgerechnete Bauleistungen« zum Jahresende geringer und die Position »Forderungen aus Lieferungen und Leistungen«, also aus abgerechneten Aufträgen, zum Jahresende größer ist als im Jahresdurchschnitt.

Instandhaltungen und Instandsetzungen von Baugeräten werden, soweit vertretbar, bis zum Ende der Bausaison hinausgeschoben. Da die im neuen Jahr nachgeholten Reparaturen wirtschaftlich noch dem abgelaufenen Jahr zugehören, müssen die dafür entstehenden Kosten dem alten Jahr belastet und als Rückstellungen passiviert werden.

Auch auf die Liquidität hat der Saisoncharakter der Bauindustrie Einfluss. Der beginnende Winter bedeutet für das Bauunternehmen die schwächste Kapitalbeanspruchung während des Jahres. Den steigenden Einnahmen aus Abschlagszahlungen für Leistungen in den Hauptmonaten und auch aus Schlusszahlungen für in diesen Monaten fertig gestellte Bauten stehen geringere Ausgaben für die stark verringerte Bauleistungen gegenüber. Die für den 31.12. eines Wirtschaftsjahres aufgestellten Bilanzen der Bauunternehmen zeigen daher nicht die durchschnittliche, sondern meist die höchste Liquidität des Jahres und nicht die durchschnittliche Beanspruchung laufender Bankkredite, sondern den niedrigsten Kreditstand.

3. Bauen in Arbeitsgemeinschaften

37 In Bezug auf den Stand des Vermögens in der Bilanz hat das Bauen in Arbeitsgemeinschaften folgenden Einfluss:

Die gesamte Bauleistung eines Bauunternehmens ergibt sich als Summe aus der eigenen Bauleistung und aus der anteiligen ARGE-Bauleistung. Dieser *vollen Bauleistung entspricht die Summe* aus Gesamtvermögen und anteiligem ARGE-Vermögen.

Diese Zahl geht aber aus der Bilanz nicht hervor: Vielmehr stellt das in der Bilanz ausgewiesene Vermögen nur das Vermögen des Unternehmens aus eigener ungeteilter Bauleistung dar und enthält somit kein anteiliges Vermögen der ARGEn, an denen das Bauunternehmen beteiligt ist. Zudem wird das Vermögen des Unternehmens auch von den ARGEn genutzt; das Bauunternehmen vermietet z. B. Geräte an die ARGE. Dieser Einfluss muss bedacht werden, wenn man Aussagen über Relationen zwischen Bauleistung und Vermögen machen will.

Auf die Gewinn- und Verlustrechnung hat die Beteiligung an Arbeitsgemeinschaften folgenden Einfluss: In der Gewinn- und Verlustrechnung des Bauunternehmens wird nur das anteilige ARGE-Ergebnis verbucht und zwar als Umsatzerlös. Die anteiligen ARGE-Ergebnisse werden von den ARGE-Partnern erst nach einer Abnahme oder Teilabnahme durch den Bauherrn übernommen.

Außerdem erzielen die ARGE-Partner Erlöse aus Umsätzen mit der ARGE. Solche Umsätze resultieren aus der Übernahme von technischer und kaufmännischer Federführung, von technischer Auftragsbearbeitung oder Arbeitsvorbereitung, aus Gerätevermietung. aus Bearbeitung der Lohn- und Gehaltsabrechnung und unter Umständen auch aus Nachunternehmertätigkeit, wenn das Bauunternehmen von der ARGE als Nachunternehmer eingesetzt wird.

4. Vorwiegend langfristige Auftragsfertigung in der Bilanz

In der Kosten- und Leistungsrechnung (KLR) des laufenden Unternehmens werden die in dem jeweiligen Zeitraum erbrachten Bauleistungen und die diesen Leistungen entsprechenden Kosten gegenübergestellt, um das periodenechte Bauergebnis zu ermitteln. Im Gegensatz hierzu zeigt der Jahresabschluss ein anderes Ergebnis:

- Zum einen werden die Auftragsgewinne erst nach Fertigstellung des einzelnen Bau-Objektes in vollem Umfang bilanziert (Realisationsprinzip).
- Zum anderen sind drohende Bauverluste bereits im Jahresabschluss berücksichtigt (Imparitätsprinzip).

5. Bewertung von Bauleistungen

Bei Baubetrieben werden vor allem bei folgenden Positionen spezielle Überlegungen dieser Art anzustellen sein:

- Wie sind die teilfertigen Bauten zu bewerten; wie hoch ist der Bewertungsunterschied nach Herstellungskosten oder nach Auftragspreisen (Leistungswerten); wie hoch sind demnach die hier enthaltenen stillen Reserven?

- Sind andererseits die Preise für vorliegende Auftragsbestände kostendeckend, versprechen sie überhaupt Gewinn?
- Sind Verlustaufträge durch Wertberichtigungen abgesichert, oder weist die Bilanz hier gar nicht mehr existierendes Vermögen aus?
- Wie muss die Bonität von Bauherren beurteilt werden; ist von dieser Seite die Finanzierung gesichert, oder werden Abschlagszahlungen ausbleiben?
- Sind zugesicherte Abschlagszahlungen ausgeblieben; welche Maßnahmen hat der Betrieb ergriffen bzw., will er ergreifen?
- Wie sind die Rückstellungen für Gewährleistungen angesetzt worden; wie wären diese Risiken »verkehrsgerecht« und entsprechend den Bestimmungen der VOB oder (und) des BGB – mit zweijähriger oder fünfjähriger Frist zu beurteilen?
- Sind für notleidende Forderungen ausreichend Wertberichtigungen gebildet worden?
- Wie wirkt sich die Abschreibungspolitik im Sachanlagevermögen für die Selbstfinanzierung des Bauunternehmens aus?
- Sind Sonderabschreibungen gesondert festgehalten und eliminiert worden?
- Hat der Baubetrieb – und wenn ja, in welchem Umfang – von der degressiven auf die lineare Abschreibung umgestellt?
- Wie hoch ist der Wert des Grundbesitzes (nicht nach Einheitswerten, sondern nach Verkehrswerten bei vernünftiger aktueller Bemessung)? Hier wird auch oft der sog Realisationswert eine Rolle spielen, also der Wert, welcher sich bei Veräußerung des betreffenden Teils des Grundvermögens ergäbe.

VIII. Bilanzsicht beim Bauunternehmen durch den Insolvenzverwalter

40 Der im Jahresabschluss ausgewiesene Bilanzgewinn ist nur in Ausnahmefällen das erzielte Jahresergebnis. Die Unternehmen sind regelmäßig in der Lage, den Bilanzgewinn zu steuern. Das heißt für erfolgreiche Unternehmen, dass sie in der Regel einen geringeren als den erzielten Gewinn ausweisen. Will man als Außenstehender das vom Unternehmen tatsächlich erzielte Ergebnis ermitteln, so steht in aller Regel nur die veröffentlichte Rechnungslegung mit dem Jahresabschluss als Kernstück zur Verfügung. Dieser Jahresabschluss aber enthält:

Thiele

- einen Gewinn aus den abgerechneten Bauleistungen, nicht den Gewinn aus den erbrachten Bauleistungen,
- einen Gewinn, der von außerbetrieblichen und außerperiodischen Posten beeinflusst ist,
- einen Gewinn, der auch Zukunftsgrößen enthält, wie z. B. drohende Verluste, bedingt durch Bilanzgrundsätze,
- einen Gewinn, der auch durch die Bilanzpolitik geformt ist.

1. Baubranchenbedingte Korrekturen

Zunächst werden die Korrekturposten angegeben, im Anschluss daran werden die einzelnen Korrekturen erläutert. 41

Korrekturen auf der Ertragsseite (betriebliche Erträge)

- Gewinnreserven in unabgerechneten eigenen Bauten abzüglich zukünftige Verluste im Auftragsbestand
- Abgrenzung anteiliger ARGE-Ergebnisse
- Gewinnreserven bei unabgerechneten ARGE-Baustellen
- Abgrenzung der Erträge aus dem Abgang von Gegenständen des Anlagevermögens
- Abgrenzung der Erträge aus Auflösungen von Rückstellungen
- Berichtigung der Rückstellung für Gewährleistungen
- Steueraufschiebende Gewinnzuweisung in den Sonderposten gemäß § 6 b EStG
- Bewertungsreserven (Bildung oder Auflösung versteuerter Bewertungsreserven)

2. Zu den Korrekturen im Berichtsjahr im Einzelnen

a) Gewinnreserven in unabgerechneten eigenen Bauten

Die regelmäßig bedeutendste Gewinnreserve des Bauunternehmens enthält der Bilanzbestand unabgerechneter Aufträge. In diesem Bestand ist die Zusammensetzung aus Gewinn- und Verlustaufträgen von Bedeutung. Vom System her enthalten nur unabgerechnete Gewinnaufträge Gewinnreserven, da bei ihnen die Gewinne erst bei Abnahme des Bauobjekts realisiert werden. Verlustaufträge enthalten in ihren Bilanzansätzen Gewinnreserven 42 nur dann, wenn bei der zuvorigen Bewertung von einer zu hohen Verlusterwartung ausgegangen wurde.

b) Abgrenzung des ARGE-Anteils

43 Das Bauunternehmen hat sowohl eigene Bauleistungen als auch anteilige ARGE-Leistungen erbracht. Daher muss man zur Schätzung der Gewinnreserven auch diese Trennung vornehmen. Handelt es sich bei dem ARGE-Auftrag um einen Gewinnauftrag, handelt es sich um eine Bestandserhöhung an nicht abgerechneten Bauten. Zum realistischen Jahresergebnis gehören auch die durch diese Leistung geschaffenen – unrealisierten – Gewinne.

Wenn das Bauunternehmen, wie sich aus ihrer Berichterstattung ergibt, die Bauten nur mit aktivierungspflichtigen, aber nicht mit aktivierungsfähigen Herstellungskosten angesetzt hat, ist der zu schätzende Gewinn die Summe aus den nicht aktivierungspflichtigen Herstellungskosten und den nicht ausgewiesenen (nicht realisierten) Auftragsgewinnen.

c) Zukünftige Verluste im Auftragsbestand

44 Gemäß dem Imparitätsprinzip müssen bei unabgerechneten Verlustbaustellen im Berichtsjahr bei der Verlustermittlung alle im Berichtszeitpunkt (Erstellung der Bilanz) zu erwartenden Verluste zum Bauende einschließlich der Rückstellungen für Gewährleistungen berücksichtigt werden.

Dies bedeutet, dass das Ergebnis des Berichtsjahres bereits mit Verlusten belastet ist, die erst in Zukunft eintreten. Weder aus dem Jahresabschluss (Bilanz, GuV-Rechnung) noch aus dem Anhang lässt sich die Höhe der bereits berücksichtigten, aber noch nicht eingetretenen Verluste entnehmen.

Bei dem jeweiligen Gemeinschuldner muss der Insolvenzverwalter die Problematik der unabgerechneten Verlustbaustellen mit den zuständigen Bauleitern unter Einsichtnahme in die Leistungsmeldungen zu ermitteln versuchen und – kaufmännisch vorsichtig – mit Schätzwerten arbeiten.

d) Abgrenzung anteiliges ARGE-Ergebnis

45 In der Bauindustrie ist es üblich, in das Rechnungswesen der Bauunternehmen nur das anteilige ARGE-Ergebnis zu übernehmen, und zwar in den Posten Umsatzerlöse der Gewinn- und Verlustrechnung. Das anteilige ARGE-Ergebnis kann allerdings in dieser Form nicht in die Bilanz übernommen werden. Das hängt damit zusammen, dass die anteiligen ARGE-Gewinne erst nach einer Abnahme oder Teilabnahme durch den Bauherrn von den Partnern als Umsatzerlöse übernommen werden. Dieser Einfluss ist beim Ausweis anteiliger ARGE-Gewinne vor allem dann erheblich, wenn Arbeitsgemeinschaften über mehrere Jahre hinweg eine Bauleistung

Thiele

erstellen und erst im letzten Jahr der gesamte anteilige Gewinn in die Gewinn- und Verlustrechnung des ARGE-Partners übernommen wird.

e) Gewinnreserven bei unabgerechneten ARGE-Baustellen

Ein Bauunternehmen hat im Berichtsjahr gewöhnlich einen bestimmten Prozentsatz der gesamten Bauleistungen anteilig in ARGEn abgewickelt. Inwieweit zum Ende des Berichtsjahres noch unabgerechnete ARGE-Gewinn-Baustellen vorliegen, kann – auch nach Rücksprache mit den jeweiligen Projektverantwortlichen – nur überschlägig geschätzt werden. Dies ist allerdings notwendig, da auch bei diesen ARGE-Baustellen unrealisierte Gewinne vorliegen. 46

Die Schätzung dieser Gewinnreserve beruht allerdings auf verhältnismäßig unsicheren Annahmen, deshalb muss der Insolvenzverwalter diesbezüglich von sachkundiger Stelle, wie z. B. vom Zentralverband der Deutschen Bauindustrie, den entsprechenden Erfahrungswert heranziehen.

f) Abgrenzung der Erträge aus der Auflösung von Rückstellungen

Rückstellungen für drohende Verluste aus schwebenden Verträgen sind in der stark von der Konjunktur abhängigen Baubranche von großer steuerlicher Bedeutung. Sie kommen auch für bewusst und gewollt geschlossene Verträge mit Verlustfolgen, also bei Vorhersehbarkeit der Verluste, in Frage. In Phasen der Rezession ist zum Halten von Arbeitskräften bzw. zur Auslastung der Kapazität das gelegentliche Eingehen von Verlustkontrakten nicht vermeidbar. 47

3. Garantierückstellungen

Garantierückstellungen, der steuerrechtliche Ausdruck für Rückstellungen aus Gewährleistungsrisiken, weisen in der Bilanz eines Unternehmens das Risiko künftiger Erlösminderungen für bereits durchgeführte Lieferungen oder Leistungen aus. 48

Der Ansatz kann als Einzel- oder Pauschalrückstellung erfolgen. Auch gemischte Verfahren sind zulässig. Voraussetzung ist in jedem Fall, dass die Verbindlichkeiten, für welche die Rückstellung gebildet wird, mit einiger Wahrscheinlichkeit bestehen oder entstehen werden, das Bauunternehmen also ernsthaft damit rechnen muss, von seinen Auftraggebern in Anspruch genommen zu werden.

Wegen der Höhe der Garantierückstellung kann nur auf eigenbetriebliche Erfahrungen der Vergangenheit zurückgegriffen werden. Auf dieser Basis ist grundsätzlich eine Schätzung zum Bilanzstichtag möglich. Es genügt allerdings seitens des Steuerzahlers nicht, auf die bloße Wahrscheinlichkeit einer Inanspruchnahme zu verweisen. Die Erfahrungen der Vergangenheit müssen vielmehr anhand entsprechender Aufzeichnungen und Unterlagen aus früheren Jahren nachvollziehbar sein. Liegen diese Nachweise nicht vor, wird eine Garantierückstellung nach eigenbetrieblichen Erfahrungen vom Finanzamt nicht anerkannt werden.

Ein Hinweis auf Vergleichsbetriebe, die Rückstellungen in ähnlicher Höhe bilden, wird dabei i. d. R. auch nicht helfen, weil es – aufgrund der doch immer wieder unterschiedlichen betrieblichen Strukturen der einzelnen Unternehmen – zumeist an der objektiven Vergleichbarkeit fehlt. Dem betroffenen Steuerzahler bleibt in diesen Fällen lediglich der Rückgriff auf die von der Finanzverwaltung ohne weiteren Nachweis akzeptierte Pauschalrückstellung von 0,5 % des garantiebehafteten Umsatzes des betreffenden Wirtschaftsjahres.

Der Insolvenzverwalter kann folglich bei der Betrachtung des Jahresabschlusses dafür Sorge tragen, ob und inwieweit die Rückstellung von dem Gemeinschuldner richtig eingeschätzt und auch entsprechend den Gewährleistungsrisiken richtig aufgelöst worden ist.

IX. Bewertung der noch auszuführenden Verträge durch den vorläufigen Insolvenzverwalter

49   Bei der Frage der Fortführung des Unternehmens ist im Hinblick auf die noch vorhandenen Verträge Folgendes zu beachten:

- Sind laufende Bauverträge seitens der Besteller/Auftraggeber bereits gekündigt?
- Sollte der vorläufige Insolvenzverwalter die nicht gekündigten Bauverträge weiterhin erfüllen?

In der Phase zwischen Insolvenzantragstellung und Entscheidung über die Eröffnung eines Insolvenzverfahrens muss der vorläufige Insolvenzverwalter die laufenden Bauverträge sachkundig auf Gewinn- oder Verlustauftrag bewerten und kaufmännisch vorsichtig abschätzen, welche Forderungen aus bereits abgeschlossenen Bauverträgen beigetrieben werden können.

Hierbei muss er – neben den zuvor bereits dargestellten betriebswirtschaftlichen Überlegungen – die besonderen Insolvenzrisiken am Bau in Betracht ziehen.

Thiele

> **Besondere Insolvenzrisiken am Bau:**
>
> - das Problem der Vorleistungspflicht,
> - möglicherweise unausgewogene Verträge, in denen sich bereits die Nachfragemacht des Auftraggebers zum Nachteil des in der Krise befindlichen Auftragnehmers widerspiegelt,
> - die fehlende Möglichkeit, Sicherheitengestellungen gegenüber dem Auftraggeber zur Begrenzung des Ausfallrisikos durchzusetzen
> - die fehlende oder mangelhafte Kalkulation von Bauvorhaben, auch ein typisches Vorzeichen von Illiquidität
> - Verlust des Eigentums an den gelieferten Baumaterialien durch Verbindung mit dem Grundstück (wesentlicher Bestandteil des Gebäudes und damit des Grundstücks)
> - die Problematik mehrstufiger Vertragsverhältnisse (d. h. Forderungen gegen Generalunternehmer, Verbindlichkeiten gegenüber Subunternehmern)

B. Rechtliche Überlegungen des Insolvenzverwalters

I. Allgemeine Probleme des Bauvertragsrechts

1. Einführung

Die Vergütungsvorschrift des § 641 BGB geht von der Vorleistungspflicht des Auftragnehmers Werkvertrag aus, d. h., der Bauunternehmer kann seine Vergütung erst dann verlangen, wenn er seine Leistung mangelfrei (§§ 633, 634 BGB) erbracht hat. Diesbezüglich schafft der neue § 632a BGB für den Auftragnehmer Erleichterung, weil nunmehr auch unter Zugrundelegung eines BGB-Werkvertrags für vertragsgemäß erbrachte und in sich abgeschlossene Teilleistungen vom Auftraggeber Abschlagszahlungen verlangt werden können. Ähnlich, wenngleich auch etwas vorteilhafter für den Auftragnehmer, verhält sich die Rechtslage unter Zugrundelegung der VOB/B. Nach § 16 Nr. 1 VOB/B kann der Auftragnehmer schon für »nachgewiesene« vertragsmäßige Teilleistungen Abschlagszahlungen verlangen. 50

Trotz dieser gesetzgeberischen Linderungen der Vorleistungslast des Bauunternehmers bleibt es grundsätzlich bei dem für den Auftragnehmer sehr nachteiligen Vorleistungsprinzip, weil er zum einen das Risiko der Insolvenz des Auftraggebers trägt und zum anderen für jede neu zu erbringende Bauleistung mit einer Vorfinanzierungspflicht belastet ist.

Thiele

2. Zur fehlenden Möglichkeit des Bauunternehmens, Sicherheitengestellungen gegenüber dem Auftraggeber zur Begrenzung des Ausfallrisikos durchzusetzen

51 Nicht nur für den Auftraggeber, sondern auch für seine Werkunternehmer eskaliert das Insolvenzrisiko, wenn das fertig gestellte Gewerbe- oder Wohnobjekt nicht vermietet oder vermarktet ist. Hieraus resultiert folgendes – leider alltägliches – Problem. Da für den Auftraggeber Eigenkapital und Fremdkapital zur Deckung des Gesamtaufwandes nicht mehr ausreichen, bietet sich häufig als weitere »Finanzhilfe« für den Auftraggeber an, die fälligen Vergütungsansprüche des Bauunternehmers nicht mehr zu bezahlen. Der Unternehmer wird also zu einem ungesicherten und zinslosen Kredit in Höhe seines Restwerklohns gezwungen.

Der Investor präsentiert die Zahlungseinbehalte auf einer rechtlich unangreifbar erscheinenden Plattform: Er erstellt umfangreiche Mängellisten ohne Angabe der Nachbesserungskosten und beruft sich auf die Einrede des nichterfüllten Vertrages gemäß § 320 Abs. 1 BGB, der im Grundsatz ein Totalverweigerungsrecht gewährt.[11] Jetzt muss erst einmal der Unternehmer die Mängelbeseitigungskosten beziffern.[12]

Weiter muss er im Einzelfall aus Treu und Glauben begründen, warum der Besteller trotz der geltend gemachten Mängelbeseitigungsansprüche die Zahlung nicht insgesamt, sondern ausnahmsweise nur teilweise – z. B. in Höhe des Dreifachen der Mängelbeseitigungskosten – verweigern kann.[13]

Diese Möglichkeiten des Auftraggebers wurden vom Gesetzgeber mit dem Gesetz zur Beschleunigung fälliger Zahlungen vom 1. 5. 2000 mit dem neuen § 641 Abs. 3 BGB noch verbessert: Nach dem nunmehr geltenden § 641 Abs. 3 BGB kann der Besteller nach der Abnahme die Zahlung eines angemessenen Teils der Vergütung, »mindestens« in Höhe des Dreifachen der für die Beseitigung der erforderlichen Mängelbeseitigungskosten, verweigern, wenn er die Beseitigung eines Mangels verlangen kann.

Hieraus folgt, dass der Auftraggeber nunmehr ohne Nachweis mindestens den dreifachen Mängelbeseitigungsbetrag einbehalten kann.[14] Die somit erfolgte gesetzliche Regelung geht weit über die bisher von der Rechtsprechung getroffenen Grundsätze, wonach der Auftraggeber auf Nachweis auch das bis zu Dreifache der Mängelbeseitigungskosten zur Sicherheit einbehalten darf.[15] Diese Regelung führt eben nicht zu einer Beschleunigung der Realisierung der Werklohnforderung, sondern eröffnet neuen Spielraum die Auftraggeber, noch größere Einbehalte rechtfertigen.[16]

---

11 BGH BauR 1997,133, 134; BGHZ 54, 244, 249; Ingenstau/Korbion, Kommentar zum VOB/B, 14. Aufl. 2001, § 13 Rdnr. 593.
12 BGH BauR 1997, 133, 134; OLG Oldenburg OLGR 95, 229, IBR 1995, 470 – Werner.
13 BGH BauR 1997,133,134.
14 Siehe hierzu die gleichgerichtete Kritik von Craushaar, BauR 2001, 478.
15 BGH BauR 1992, 401, 402; Werner/Pastor, Der Bauprozess, 9. Aufl. 1999, Rdnr. 2527, m. w. N.
16 Vgl. hierzu die grundsätzlichen Ausführungen von Roos, BauR 2000, 460, 465 ff.

Thiele

Obwohl also der Gemeinschuldner die Leistung fertig gestellt und – wie bei diesem Beitrag unterstellt wird – abgenommen ist, hat der Insolvenzverwalter eine doppelte Last, seinen fälligen Zahlungsanspruch einredefrei zu stellen.

- Erste Darlegungs- und Beweislast: Bezifferung der Mängelbeseitigungskosten.
- Zweite Darlegungs- und Beweislast: Begründung des sog. Druckfaktors zur Beschränkung der Totalverweigerung.

Der Insolvenzverwalter darf nicht verkennen, dass dieses Leistungsverweigerungsrecht vom Auftraggeber häufig missbräuchlich ausgenutzt wird. Dies erfolgt insbesondere dann, wenn das erstellte Gewerbe- oder Wohnobjekt leer steht. Bei voller Nutzung eines solchen Objektes kann die Berufung auf das Leistungsverweigerungsrecht sehr viel seltener erfolgen, weil das Objekt mit der Belegung augenscheinlich mängelfrei, zumal abgenommen ist.

Es nutzt dem Insolvenzverwalter gar nichts, wenn die Missbräuchlichkeit des geltend gemachten Leistungsverweigerungsrechts nach einem langen Prozess mit zeitraubendem Sachverständigen- und Zeugenbeweis festgestellt wird. Der Gemeinschuldner hat demzufolge die Wahl: Entweder begibt er sich an die Mängelbeseitigung, mit dem Ergebnis, dass der Auftraggeber anschließend doch wieder neue Mängel auflistet. Außerdem tut er damit schlüssig kund, dass er die Vertragserfüllung wählt. Oder er leitet einen kosten- und zeitintensiven Prozess ein, an dessen Ende – oft nach vielen Jahren – ein faktisch nicht vollstreckbares Zug-um-Zug-Urteil steht. Denn der Insolvenzverwalter erhält dann nur die Vergütung zur Masse, wenn er seinerseits nachbessert. Zu diesem Zeitpunkt besteht der Gemeinschuldner zumeist nicht mehr.

3. Problematik der Erfolgsschuld des Bauunternehmens

Eine ordnungsgemäße Erfüllung der vertraglichen Leistungspflichten des Bauunternehmens ist nach §§ 633, 634 BGB nur dann gegeben, wenn der Unternehmer ein mangelfreies Werk herstellt. Es muss die zugesicherten Eigenschaften haben und darf nicht mit Fehlern behaftet sein, die den Wert und die Tauglichkeit zu dem gewöhnlichen oder nach dem Vertrag vorausgesetzten Gebrauch aufheben oder mindern. Im System des Werkvertrags gilt – im Übrigen auch unter Geltung der VOB/B – führt erst die erfolgreiche Herstellung des (Bau-)Werks zu seiner Abnahmefähigkeit und damit zum Vergütungsanspruch des Auftragnehmers.

52

Wenn der Insolvenzverwalter fortführen will und mit dem Eingang von Forderungen aus der Zeit vor der Insolvenzeröffnung rechnet, kann er diese nur in seiner Liquiditätsplanung berücksichtigen, wenn die zugrundeliegenden Bauleistungen mangelfrei bzw. nicht bemängelt und vom Auftraggeber abgenommen worden sind. Erst nach der Abnahme der Bauleistung als mangelfrei kann die Vergütungsforderung fällig sein.

4. Problematik der Symptomtheorie

53 Riskant für den Insolvenzverwalter ist die erhebliche Erleichterung, die durch höchstrichterliche Rechtsprechung dem Besteller in Bezug auf die Darlegung und Beweisführung von Mängeln nach der Abnahme der Bauleistung gewährt wird.

Nach der ständigen Rechtsprechung des Bundesgerichtshofs[17] ist zu unterscheiden zwischen der Abweichung der Werkleistung von der vertragsgemäßen Beschaffenheit (dem Mangel des Werkes) und den Mangelerscheinungen, d. h. den Mängelsymptomen, an denen sich die Abweichung des Werkes von der vertraglich geschuldeten Leistung zeigt. Wenn in einem Gewährleistungsprozess vom Besteller die Symptome des Mangels hinreichend genau bezeichnet werden, kann der Mangel als selbst bezeichnet und damit Gegenstand der jeweiligen Vertragserklärungen werden.

Den Mangel selbst, also die wirklichen Ursachen der Symptome, braucht der klagende Auftraggeber hingegen nicht zu bezeichnen. Mit der Darlegung der Mangelerscheinungen werden die Rechtswirkungen des Prozesses oder das weitere Vorgehen nicht auf die bezeichneten oder vermuteten Ursachen beschränkt. Vielmehr sind auch dann immer alle Ursachen für die bezeichneten Symptome von seinen jeweiligen Erklärungen erfasst. Das gilt nach Meinung des Bundesgerichtshofs auch dann, wenn die angegebenen Symptome des Mangels nur an einigen Stellen aufgetreten sind, während ihre Ursache und damit der Mangel des Werkes in Wahrheit das ganze Gebäude erfasst.[18]

Zur Frage, inweit die Rüge von Mangelerscheinung auch die Verjährungsfristen für den eigentlichen Mangel hemmt, eine weitere Entscheidung des Bundesgerichtshofs, BGH – VII ZR 334/87 – Urteil vom 20. 4. 1989:[19] Nach dieser Rechtsprechung kann sich der Auftraggeber bei seinem Schlüssigkeitsvorbringen auf das Symptom beschränken, aus dem er die Mangelhaftigkeit der Anlage herleitet.[20]

Wichtig für den Insolvenzverwalter eines Bauunternehmens in diesem Zusammenhang: Ob die Ursachen dieses Symptoms tatsächlich in einer vertragswidrigen Beschaffenheit der Konstruktion oder der Ausführung zu suchen sind, ist Gegenstand des Beweises und nicht Erfordernis des Sachvor-

---

17 St. Rechtsprechung seit BGH BauR 1989, 79 = ZfBR 1989, 27; auch BauR 1998, 632.
18 BGH BauR 1989, 79 = ZfBR 1989, 27; BGHZ 110, 99 = BauR 1990, 356 = ZfBR 1990, 172 = NJW 1990, 1472.
19 BGH BauR 1989, 603.
20 Vgl. vor allem die Entscheidungen des VII. Zivilsenats seit BGH NJW-RR 1989, 208 = BauR 1989, 81 = ZfBR 1989, 54; BGH NJW 1990, 1442 = BGHZ 90, 99 = BauR 1990, 56, beide m. w. N.; zuletzt BGH BauR 1997, 1029; BauR 1998, 632.

trages. D. h. der Besteller genügt mit dem bloßen Sachvorbringen von Erscheinungen, die auf Mängel hindeuten, seiner Darlegungslast. Der Insolvenzverwalter hat mit einer derart erleichterten Darlegungslast für den Besteller kaum Chancen, in einem Gewährleistungsprozess zu obsiegen, zumal ihm – wie sehr häufig in Bauunternehmen – keine Dokumentation des Baustellenablaufs (Bautagebuch) vorliegt und er daher seiner Darlegungslast kaum nachkommen kann.

5. Zur Problematik mehrstufiger Vertragsverhältnisse

a) Einführung

Im Zuge der fortschreitenden Arbeitsteilung im Bau werden auf der Baustelle die Arbeiten häufig auf viele Subunternehmen weiterverteilt. Gegenläufig zur weiteren Auffächerung der Arbeitsteilung besteht andererseits im modernen Baugeschehen aber der Wunsch der Bauherren, hinsichtlich der Ausführung nur einen einzigen Ansprechpartner zu haben, dem man verbindlich alle Bauherrenwünsche antragen kann und der im Schadensfall als alleiniger Anspruchsgegner des Bauherrn fungiert. Demzufolge befinden sich insolvente Bauunternehmen häufig in Subunternehmerverhältnissen zu Generalunternehmern oder Generalübernehmern.

54

b) Generalunternehmer

Gemeint sind die Fälle, in denen neben dem Hauptunternehmer Subunternehmer zur Erfüllung der Bauleistung eingeschaltet, und die Hauptunternehmer als Generalunternehmer tätig sind.

55

Als Generalunternehmer wird derjenige Hauptunternehmer bezeichnet, der sämtliche für die Herstellung eines Bauwerkes erforderlichen Bauleistungen zu erbringen hat und wesentliche Teile hiervon selbst ausführt.[21] Die als wesentlich bezeichneten Teile des gesamten Bauwerks sind in den meisten Fällen die Rohbauarbeiten, sie betragen etwa wertmäßig ein Drittel der beauftragten Gesamtleistung. Bei höherem technischen Ausstattungsgrad nimmt dieser Anteil entsprechend ab. Der Generalunternehmer ist für die beauftragten Leistungen der ausschließliche Vertragspartner des Bauherrn und er hat als Hauptunternehmer sämtliche Aufgaben im eigenen Namen wahrzunehmen. Die vom Generalunternehmer beauftragten Nachunternehmer sind dessen Erfüllungsgehilfen, deshalb haftet der Generalunternehmer für die frist- und fachgerechte Erfüllung der von den Nachunternehmern zu erbringenden Leistungen einschließlich der Gewährleistung als Hauptunternehmer gegenüber dem Auftraggeber unmittelbar.

---

21 VHB, Hrsg. Bundesminister für Raumordnung und Städtebau, Bonn 1973 mit aktuellen Ergänzungen, § 8 A, 13.2.

Häufig ist es für den Insolvenzverwalter so, dass der Gemeinschuldner als Subunternehmer eines Generalunternehmers gebunden ist. Hierzu ist die Folge: Die vom Generalunternehmer eingeschalteten Subunternehmer und Lieferanten stehen nicht mehr in einer direkten Vertragsbeziehung zum Bauherrn. In diesem Fall kann der Generalunternehmer als Auftraggeber des Subunternehmers dem insolvent gewordenen Subunternehmer nach § 8 Nr. 2 VOB/B den Vertrag kündigen.

Zukünftig wird § 641 Abs. 2 BGB die wirtschaftliche Lage der Subunternehmer verbessern können, denn nach dieser neu eingeführten Vorschrift ist die Vergütung des Subunternehmers spätestens dann fällig, wenn der Generalunternehmer seinerseits die Vergütung erhalten hat. Diese Vorschrift wird auch unter der VOB/B Geltung haben, weil die Subunternehmerproblematik in der VOB/B in Bezug auf deren Zahlung nicht geregelt ist und daher das BGB ergänzend Anwendung findet.

c) Generalübernehmer

56 Vom Generalunternehmer zu unterscheiden ist der Generalübernehmer. Während ersterer auf der Auftragnehmerseite steht, steht der letztere auf der Seite des Auftraggebers. Er übernimmt im Verhältnis zum Auftragnehmer bzw. den Auftragnehmern die Rolle des Auftraggebers, ohne dadurch allerdings selbst Bauherr zu werden.

Gegenüber dem Bauherrn hat er seinen eigenen Vertrag, der im Allgemeinen auch als Werkvertrag i. S. einer Geschäftsbesorgung (vgl. § 675 BGB) zu kennzeichnen ist.

Vielfach handelt es sich bei den Generalübernehmern um Architekten oder Bauträger, die im Allgemeinen ohne Verstoß neben den ihnen oder Dritten obliegenden Planungs- und Aufsichtsaufgaben bzw. Betreuungsaufgaben noch das so genannte Projektmanagement übernehmen, nicht aber selbst Bauleistungen ausführen. Es ist also nicht der sonst übliche Architekt, der im Namen des Bauherrn handelt, sondern der Generalübernehmer wird regelmäßig selbst aus dem Vertrag mit dem Auftragnehmer berechtigt und verpflichtet, wie z. B. auch zur Beschaffung der Baugenehmigung.

Der vorläufige Insolvenzverwalter des ausführenden Bauunternehmens muss dann wissen, dass er im Falle einer Generalübernahme auf der Bauherrenseite als Partner den Generalübernehmer und nicht den Bauherrn selbst hat, falls nicht von diesem selbst gewisse Sonderverpflichtungen (Bürgschaft, Sicherheitsleistung, Schuldübernahme, Garantie) eingegangen worden sind.

C. Der vorläufige Insolvenzverwalter in der Krise des Bauunternehmens

I. Einführung

Die Ausführungen zu den Besonderheiten der Bauinsolvenz sind abgestellt auf die Situation des vorläufigen Insolvenzverwalters. Diese Betonung ist deshalb praktisch notwendig, weil an die Fortführung eines Bauunternehmens nur gedacht werden kann, wenn mit Verfahrensbeginn die richtigen Entscheidungen getroffen werden können. Diese Entscheidungen müssen aber schon vom vorläufigen Insolvenzverwalter getroffen werden.

57

1. Ausgangslage im Unternehmen

Oftmals sind die Gründe für die Existenzgefährdung bei den Bauunternehmern hausgemacht oder entfalten im Zusammenspiel mit externen Faktoren ihre gefährliche Wirkung. So dürfte jedem Bauunternehmen das Problem wachsender Außenstände bzw. Verluste durch Forderungsausfall bekannt sein. Wenn gleichzeitig nicht mehr effizient gearbeitet werden kann, weil man sich bei Angebotsabgaben verkalkuliert hat oder wegen der Billigkonkurrenz nicht mehr kostendeckende Preise angeboten hat, ist der Eintritt der Illiquidität fast vorprogrammiert. Insolvenzursachen können sich jedoch auch aus falschen Investitionsentscheidungen ergeben (Anschaffung von teuren Baumaschinen in Zeiten des Auftragsrückgangs) oder im Bereich der Leistung auftauchen, etwa wenn Bauverträge wegen schlechter Qualität oder Unpünktlichkeit gekündigt werden und der Werklohnforderung plötzlich Zurückbehaltungsrechte gegenüberstehen.

Bei laufenden, noch nicht vom Besteller gekündigten Bauvorhaben, sind vor allem folgende Fragen zu klären:

- Innerhalb welchen Zeitraumes, mit welchem Personalbedarf und welchem Aufwand für Drittleistungen (Subunternehmer, Lieferanten usw.) kann das Bauvorhaben ordnungsgemäß fertig gestellt werden?
- Steht für das Bauvorhaben überhaupt noch hinreichend spezialisiertes und motiviertes Personal zur Verfügung oder lösen sich die maßgeblichen *Mitarbeiter* bereits vom Betrieb?
- Ist das (fortzuführende) Bauvorhaben auskömmlich kalkuliert oder liegt eine Unterkalkulation vor?
- Wie war bisher das Zahlungsverhalten des Auftraggebers? Ist bei schneller Fortführung des Bauvorhabens damit zu rechnen, dass der Besteller dies honoriert und Abschlags- und Schlussrechnungen zügig bezahlt, oder wird der Besteller vielmehr zahlreiche Gegenforderungen einführen?

Thiele

- Sind einzelne Bauvorhaben für einen potenziellen Betriebsübernehmer von besonderem Interesse?

2. Rechte des vorläufigen Insolvenzverwalters

58 Im Unterschied zum Recht der Konkursordnung ist der vorläufige Insolvenzverwalter mit Verwaltungs- und Verfügungsbefugnis i. S. d. § 22 Abs. 1 Satz 1 InsO gem. § 24 Abs. 2 InsO berechtigt, sowohl Aktiv- als auch Passivprozesse bereits in diesem Stadium aufzunehmen. § 240 ZPO n. F. verlagert die entsprechenden Rechte bereits in das Insolvenzeröffnungsverfahren.

3. Übergang der Verwaltungs- und Verfügungsbefugnis auf den vorläufigen Insolvenzverwalter

59 Die Verwaltungs- und Verfügungsbefugnis im Bezug auf das gesamte Schuldnervermögen geht gem. § 22 Abs. 1 Satz 1 InsO dann auf den vorläufigen Insolvenzverwalter über, wenn nach § 21 Abs. 2 Nr. 2 Alt. 1 InsO ein allgemeines Verfügungsverbot dem Schuldner gleichzeitig mit seiner Bestellung auferlegt wird.

Für den letztgenannten Fall begründet der vorläufige Insolvenzverwalter gem. § 55 Abs. 2 Satz 1 InsO Masseverbindlichkeiten im nachfolgenden Insolvenzverfahren.

II. Beachtung der umsatzsteuerlichen Problematik durch den vorläufigen Insolvenzverwalter

1. Einführung

60 Die Bauwirtschaft führt unter umsatzsteuerlichen Gesichtspunkten Werklieferungen und Werkleistungen auf fremdem Grund und Boden aus. Die Werkleistung erfolgt in der Regel nicht in Teilleistungen, sondern als einheitliche Leistung. Eine Werklieferung liegt beim Bauunternehmen vor, wenn der Unternehmer ein bestelltes Werk unter Verwendung eines oder mehrerer von ihm selbst beschaffter Hauptstoffe erzielt, vgl. § 3 Abs. 4 UstG. Eine Werkleistung liegt vor, wenn der Bauunternehmer für die Leistung keinen Hauptstoff benötigt, z. B. wenn er auf dem Grundstück des Auftraggebers *nur den Erdstoff aushebt*.

Thiele

2. Entstehung der Umsatzsteuer

Gemäß § 13 Abs. 1 Nr. 1 a UstG entsteht bei Versteuerung nach vereinbarten Entgelten (sog. Sollbesteuerung) die Umsatzsteuer grundsätzlich mit Ablauf des Voranmeldungszeitraums, in dem die Leistung/Teilleistung ausgeführt worden ist. Wichtig: Davon abweichend entsteht die Umsatzsteuer bei Voraus- und Anzahlungen.

61

3. Fälligkeit der Umsatzsteuer bei Werkleistungen und -lieferungen

Werkleistungen sind nicht erst mit der Abnahme, sondern bereits mit der Vollendung der Werkleistung ausgeführt. Bei Werklieferungen hingegen ist die Lieferung erst dann ausgeführt, wenn dem Auftraggeber die Verfügungsmacht an dem erstellten Werk verschafft worden ist.[22] Die Übergabe der Verfügungsmacht erfolgt mit der Vollendung der Abnahme durch den Auftraggeber.

62

4. Probleme bei der Umsatzsteuer auf Abschlagszahlungen

Die Umsatzsteuer entsteht in den Fällen, in denen das Entgelt oder ein Teil des Entgelts (Voraus- und Abschlagszahlungen) vor endgültiger Ausführung der Bauleistung bereits mit Ablauf des Voranmeldungszeitraums, in dem die Zahlung vom Bauunternehmer vereinnahmt worden ist, § 13 Abs. 1 Nr. 1 a Satz 4 UstG). Die Umsatzsteuer entsteht unabhängig davon, ob die beteiligten Unternehmer von der Möglichkeit der Rechnungserteilung mit gesondertem Steuerausweis Gebrauch gemacht haben oder nicht. Insoweit geht das UStG nach der Ist-Versteuerung vor. Die Probleme entstehen für den vorläufigen Insolvenzverwalter aus der Tatsache, dass häufig die an sich fälligen Umsatzsteuern aus bereits vereinnahmten Abschlagszahlungen vom späteren Gemeinschuldner vor Insolvenzeröffnung nicht abgeführt worden waren und somit der vorläufige Insolvenzverwalter aus den möglicherweise fortführbaren Bauvorhaben mit hohen Umsatzsteuerforderungen nebst Zinsen und Zuschlägen belastet ist.

63

Der vorläufige Insolvenzverwalter/Gutachter muss die Rechtslage im Blick behalten, die mit einer dann fast unweigerlich folgenden Erfüllungswahl durch ihn in seiner späteren Rolle als Verwalter verbunden ist.

Nach der Rechtsprechung des Bundesfinanzhofs,[23] ist bei Erfüllungswahl des Verwalters das Bauwerk insgesamt erst mit der Fertigstellung geliefert worden, so dass die auf dieser Lieferung beruhende Umsatzsteuer (für das gesamte Bauwerk) als Masseverbindlichkeit (§ 55 Abs. 1 Nr. 2 InsO) zu be-

---

22 Vgl. UstR 178.
23 BFH KTS 1979, 208.

friedigen ist, soweit die Umsatzsteuer aus den Abschlagszahlungen nicht beglichen wurde.

Diese höchstrichterliche, und daher zu beachtende, Auffassung macht eine Fortführung von Bauvorhaben in all den Fällen unlukrativ, in denen der Besteller bereits für wesentliche erbrachte Leistungsteile Abschlagszahlungen zusammen mit ausgewiesener Umsatzsteuer bezahlt hat, der Schuldner die Umsatzsteuer aber nicht an das Finanzamt abgeführt hat und mithin für die fertigzustellenden Restleistungen nunmehr eine Restzahlung des Bestellers zu erwarten ist, welche die aus der gesamten Abrechnungssumme noch zu entrichtende Umsatzsteuer allenfalls geringfügig übersteigt.

III. Sicherung der Leistungen Dritter zur Fortführung des Bauunternehmens

1. Befugnisse des vorläufigen Insolvenverwalters mit Verfügungsbefugnis

64 Soweit nach Abwägung obiger Faktoren im Einzelfall die Fortführung von Bauvorhaben zweckmäßig ist, werden vom vorläufigen Insolvenzverwalter oft die Leistungen Dritter benötigt.

Diese haben aufgrund der finanziellen Unsicherheit bei einer Insolvenz ein spezielles Sicherungsbedürfnis, welches wie folgt befriedigt werden kann: Hat das Insolvenzgericht einen vorläufigen Verwalter eingesetzt und ihn mit Verfügungsbefugnis über das Schuldnervermögen versehen, erwachsen aus Bestellungen und Aufträgen des vorläufigen Verwalters im Zeitraum vor Verfahrenseröffnung später Verbindlichkeiten der Insolvenzmasse, §§ 55 Abs. 2 Satz 1, 22 Abs. 1 InsO.[24]

2. Zur Sondervorschrift des § 648 a BGB

65 Da im Verlauf des Insolvenzverfahren die Masseunzulänglichkeit eintreten kann, muss seitens des vorläufigen Insolvenzverwalters eingesehen werden, dass liefernde oder leistende Dritte ihre Zahlungsansprüche über § 648 a BGB absichern wollen.

Nach dieser Vorschrift kann der Bauhandwerker für weitere Werkleistungen Sicherheit gemäß § 648 a BGB fordern und bei Nichterbringung seine Leistungen verweigern; der Baustofflieferant und -verkäufer kann gemäß

---

24 Vgl. hierzu ausführlich Schmitz, Der Baukonkurs, 1999, Seite 2 ff.

§ 320 BGB auf Zahlung Zug-um-Zug gegen Übereignung der Ware bestehen.

Nach § 648 a Abs. 1 BGB steht die zu fordernde Sicherheit dem Unternehmer eines Bauwerks zu. Dies ist jeder, der eine Bauwerkleistung auf werkvertraglicher Grundlage erbringt.[25]

Zu den sicherungsberechtigten Unternehmern gehören neben dem Bauunternehmer Subunternehmer, Generalunternehmer, Generalübernehmer, Architekten und sonstige Planer. Der Baustofflieferant kann sich hingegen nicht auf § 648 a BGB berufen, er ist auf das Leistungsverweigerungsrecht nach § 320 BGB angewiesen.

3. Befugnisse des vorläufigen Insolvenzverwalters ohne Verfügungsbefugnis

Wird dagegen nur ein ohne Verfügungsbefugnis ausgestatteter vorläufiger Verwalter eingesetzt, so resultieren aus dessen Bestellungen und Aufträgen keine Masseverbindlichkeiten.[26]

66

In § 55 Abs. 2 InsO wird geregelt, dass vom vorläufigen Insolvenzverwalter begründete Verbindlichkeiten nach Verfahrenseröffnung als Masseschulden gelten, falls die Verfügungsbefugnis über das Schuldnervermögen auf ihn übergegangen war.

IV. Kündigungsmöglichkeit des Bestellers gemäß § 8 Nr. 2 Abs. 1 VOB/B

1. Einfluss der VOB 2000

Die neue VOB 2000 berücksichtigt erstmals die Einführung der InsO in § 8 Nr. 2 VOB/B wie folgt:

67

> »Der Auftraggeber kann den Vertrag kündigen, wenn der Auftragnehmer seine Zahlungen einstellt oder das Insolvenzverfahren beziehungsweise ein vergleichbares gesetzliches Verfahren beantragt oder ein solches Verfahren eröffnet wird oder dessen Eröffnung mangels Masse abgelehnt wird.«

---

25 So Werner/Pastor, a. a. O., Rdnr. 322.
26 BGH ZIP 1997, 1551, 1552.

Dass außerdem bei Zahlungseinstellung dem Besteller ein Kündigungsrecht gewährt wird, hilft diesem nicht immer weiter, da dieser Umstand für ihn anders als eine förmliche Antragstellung schwer nachzuweisen ist.

2. Besondere Bedeutung des § 8 Nr. 2 Abs. 1 VOB/B

68 Die besondere Bedeutung von § 8 Nr. 2 Abs. 1 VOB/B liegt für den Insolvenzverwalter nicht in dem Kündigungsrecht als solchem. Denn auch nach dem BGB ist gemäß § 649 Satz 1 BGB dem Besteller bis zur Vollendung des Werks jederzeit die Vertragskündigung möglich. Im Unterschied zu § 649 BGB gewährt § 8 Abs. 2 Satz 2 VOB/B dem Auftraggeber über die Kündigung auch noch einen Schadenersatzanspruch wegen Nichterfüllung des Bauauftrags.

In § 8 Nr. 2 Abs. 2 VOB/B wird nämlich wie folgt bestimmt:

> »Die ausgeführten Leistungen sind nach § 6 Nr. 5 abzurechnen. Der Auftraggeber kann Schadensersatz wegen Nichterfüllung des Restes verlangen.«

3. Aufmaß- und Abnahmeverlangen des Auftragnehmers nach Insolvenzkündigung

69 Der Auftragnehmer kann nach erfolgter Insolvenzkündigung Aufmaß und Abnahme der von ihm ausgeführten Leistungen alsbald nach der Kündigung verlangen (§ 8 Nr. 6 Halbsatz 1 VOB/B). Nach § 8 Nr. 2 Satz 2 i. V. m. § 6 Nr. 5 VOB/B kann der Auftragnehmer die ausgeführten Leistungen entsprechender der Aufmaße nach den Vertragspreisen abrechnen. Außerdem stehen dem Auftragnehmer gemäß § 6 Nr. 5 VOB/B die Erstattung der Kosten zu, die ihm bereits zum Zeitpunkt der Kündigung hinsichtlich der Vorbereitung der weiteren Arbeiten entstanden sind.

Dem gegenüber steht der Schadensersatzanspruch des Auftraggebers wegen Nichterfüllung der restlichen Bauaufgabe gemäß § 8 Nr. 2 Abs. 2 Satz 2 VOB/B. Der Besteller hat also Anspruch darauf, so gestellt zu werden, als hätte der Unternehmer die Werkleistung ordnungsgemäß zu den vertraglichen Bedingungen erbracht.

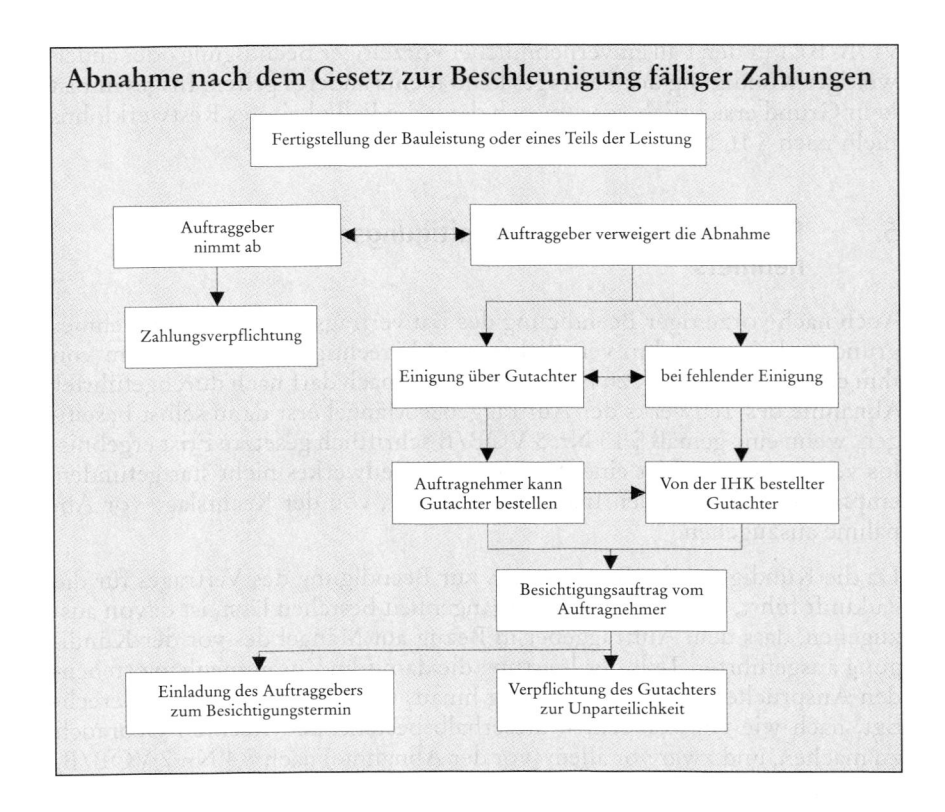

Abnahme nach dem Gesetz zur Beschleunigung fälliger Zahlungen

```
                  Fertigstellung der Bauleistung oder eines Teils der Leistung
                                              │
                ┌─────────────────────────────┴──────────────────────────────┐
                ▼                                                            ▼
         Auftraggeber  ◄──────────────────────►  Auftraggeber verweigert die Abnahme
         nimmt ab
                │                                              │
                ▼                              ┌───────────────┴───────────────┐
    Zahlungsverpflichtung                      ▼                               ▼
                                     Einigung über Gutachter  ◄──►  bei fehlender Einigung
                                                │                               │
                                                ▼                               ▼
                                     Auftragnehmer kann              Von der IHK bestellter
                                     Gutachter bestellen                  Gutachter
                                                │                               │
                                                └───────────────┬───────────────┘
                                                                ▼
                                                      Besichtigungsauftrag vom
                                                           Auftragnehmer
                                                                │
                                           ┌────────────────────┴────────────────────┐
                                           ▼                                         ▼
                                Einladung des Auftraggebers            Verpflichtung des Gutachters
                                 zum Besichtigungstermin                   zur Unparteilichkeit
```

4. Fälligkeit der Schlusszahlung nach erfolgter Insolvenzkündigung

Während nach dem Recht des BGB die Vergütung bei der Abnahme des Werkes zu entrichten ist (§ 641 Abs. 1 BGB), ist bei vereinbarter Geltung der VOB/B die Schlusszahlung alsbald nach Prüfung und Feststellung der Schlussrechnung, spätestens innerhalb zwei Monaten nach Zugang, zu leisten (§ 16 Nr. 3 Abs. 1 Satz 1 VOB/B)

70

Dies gilt nach Meinung des BGH auch bei vorzeitiger Beendigung des Vertrages, für die § 16 VOB/B keine anderweitige Regelung enthält.[27] Auch – und gerade – unfertige Werkleistungen bedürfen einer prüfbaren Abrechnung gemäß § 14 VOB/B.[28] So schreiben denn auch die §§ 8 Nr.- 6, 9 Nr. 5 VOB/B für den Fall der Kündigung durch Auftraggeber oder Auftragnehmer vor, dass letzterer (unverzüglich) eine prüfbare Rechnung über die ausgeführten Leistungen vorzulegen hat (vgl. auch § 6 Nr. 7 Satz 2

---

[27] Vgl. BGHZ 53, 222, 225; OLG Düsseldorf BauR 1978, 404, 405; OLG Hamm BauR 1981, 376, 377.
[28] Vgl. Nicklisch/Weick, Kommentar zum VOB/B, 3. Aufl. 2001, § 8 Rdnr. 62.

VOB/B). Für den Fall einvernehmlicher vorzeitiger Beendigung oder anderweitiger Kündigung des Vertrages kann nichts anderes gelten. Insgesamt ist kein Grund ersichtlich, warum sich dann die Fälligkeit des Restwerklohns nicht nach § 16 Nr. 3 Abs. 1 Satz 1 VOB/B richten soll.

5. Fortgeltendes Mängelbeseitigungsrecht des Auftragnehmers

71 Auch nach vorzeitiger Beendigung des Bauvertrags ist der Auftragnehmer grundsätzlich weiterhin verpflichtet und berechtigt, Mängel an dem von ihm erstellten Teilwerk zu beseitigen.[29] Demnach darf nach durchgeführter Abnahme des Teilwerks der Auftraggeber Mängel erst dann selbst beseitigen, wenn eine gemäß § 13 Nr. 5 VOB/B schriftlich gesetzte Frist ergebnislos verstrichen ist. Hat eine Abnahme des Teilwerkes nicht stattgefunden, empfiehlt es sich für den Insolvenzverwalter, von der Rechtslage vor Abnahme auszugehen.

Da die Kündigung des Bauvertrages zur Beendigung des Vertrages für die Zukunft führt, ihn aber für die Vergangenheit bestehen lässt, ist davon auszugehen, dass dem Auftraggeber in Bezug auf Mängel des vor der Kündigung ausgeführten Teils der Leistung die damit im Zusammenhang stehenden Ansprüche über die Kündigung hinaus zustehen. Daher ist er berechtigt, nach wie vor von seinen dieserhalb bestehenden Rechten Gebrauch zu machen, und zwar vor allem (vor der Abnahme) nach § 4 Nr. 7 VOB/B, soweit es sich um den Ersetzungs- und den Schadensersatzanspruch handelt, sowie (nach der Abnahme) nach § 13 Nr. 5–7 VOB/B, ausgerichtet nach den jeweils dafür maßgebenden Voraussetzungen.

Das betrifft in erster Linie den Nachbesserungsanspruch, zumal hier insbesondere auch ein Nachbesserungsrecht des gekündigten Auftragnehmers besteht, vor allem, um sich insoweit den auf die ausgeführte Leistung entfallenden Teilvergütungsanspruch voll zu erhalten.[30] Daher ist u. U. auch in diesem Bereich eine Verurteilung des Auftraggebers zur Zahlung Zug um Zug gegen Nachbesserung geboten.

Der Auftraggeber ist an das Verlangen auf Nachbesserung gebunden, solange sich der Auftragnehmer – auch in der Insolvenz – noch nachbesserungsbereit zeigt, also von seinem Nachbesserungsrecht Gebrauch macht.

---

29 BGH BauR 1987, 689.
30 Vgl. BGH BauR 1987, 689 = NJW 1988, 140 = SFH § 8 VOB/B Nr. 11 = Siegburg EWiR § 8 VOB/B 1/87, 1027 = MDR 1988, 44 = Betrieb 1987, 2093 = LM § 8 VOB/B Nr. 15; BGH BauR 1988, 82 = SFH § 8 VOB/B Nr. 12 = NJW-RR 1988, 208 = Betrieb 1988, 282 = MDR 1988, 309; OLG Frankfurt NJW-RR 1987, 979; Soergel, Festschrift für Korbion, 1986, S. 427, 430, 433; RGRK-Glanzmann § 649 BGB Rdnr. 26. – Insoweit im Ergebnis zutreffend: Nicklisch/Weick a. a. O., Vor §§ 8, 9 Rdnr. 40; Heiermann/Riedl/Rusam, Kommentar zur VOB, Teil B, 9. Aufl. 2000, § 8 Rdnr. 10; OLG Düsseldorf, BauR 1979, 325; LG Osnabrück MDR 1978, 50.

Thiele

Anders liegt es, und der Nachbesserungsanspruch des Auftraggebers entfällt, wenn er selbst dem gekündigten Auftragnehmer die Nachbesserung verweigert; dann ist der Auftragnehmer nicht mehr vorleistungspflichtig, und der Auftraggeber ist wegen der ausgeführten Leistungen nach §§ 8 Nr. 2 i. V. m. § 6 Nr. 5 VOB/B voll vergütungspflichtig.[31]

72

Soweit ansonsten Erfüllungs- oder Gewährleistungsansprüche nach den dafür maßgebenden Voraussetzungen nicht im Bereich der Ersetzung oder Nachbesserung durch den Auftragnehmer bestehen, sondern in Geld (Kosten der Ersetzung bzw. Nachbesserung durch einen Dritten, insoweit sowohl als Erstattungs- als auch als Vorschussanspruch, Minderung nach § 13 Nr. 6 VOB/B, Schadensersatz nach §§ 4 Nr. 7 Satz 2, 13 Nr. 7 VOB/B), werden diese zu Lasten des Auftragnehmers mit dem ihm verbleibenden Vergütungsanspruch bei der Abrechnung verrechnet, oder sie können auch noch gesondert vom Auftraggeber geltend gemacht werden.[32]

Der Auftraggeber muss demnach dem Insolvenzverwalter zunächst eine angemessene Frist zur Beseitigung des Mangels setzen und dazu erklären, dass er ihm nach fruchtlosem Fristablauf das Nachbesserungsrecht entziehe, um dann den Vertrag hinsichtlich der nicht erbrachten Mängelbeseitigung (nochmals) zu kündigen (§ 4 Nr. 7 Satz 3 i. V. m. § 8 Nr. 3 Abs. 1 VOB/B). Da dieses Vorgehen kompliziert, zeitaufwendig und fehlerträchtig ist, liegt eine Abnahme des Teilwerks auch im Interesse des Bestellers.

6. Fortgeltende Kündigungsmöglichkeit des Bestellers nach Verfahrenseröffnung

Nach Auffassung des BGH[33] kann der Besteller selbst im Zeitraum nach Verfahrenseröffnung trotz Erfüllungswahl des Verwalters den Bauvertrag auf Grundlage von § 8 Nr. 2 Abs. 1 VOB/B kündigen. Der für Bauvertragssachen zuständige VII. Senat ist in mehreren Urteilen davon ausgegangen, dass § 8 Nr. 2 VOB/B nicht gegen ein aus § 17 KO ableitbares gesetzliches Verbot verstößt und damit wirksam ist.[34]

73

---

31 Vgl. für den Fall der Aufforderung an den Auftragnehmer, die Baustelle endgültig zu verlassen und abzurechnen: OLG Düsseldorf, NJW-RR 1995, 155.
32 Ingenstau/Korbion, a. a. O., § 8 B Rdnr. 32; Motzke/Pietzcker/Prieß, Beck'scher VOB-Kommentar, § 8 Nr. 1 B Rdnr. 9; so wohl auch BGH BauR 1987, 689, 690.
33 BGHZ 96, 34 = ZIP 1985, 1509; dazu EWiR 1986, 87 (Kilger).
34 BGH WM 1963, 964; 1971, 1474; BGHZ 68, 379, 381; zuletzt BGHZ 96, 34.

Thiele

V. Zahlungsmodalitäten bei Vertragskündigung wegen Insolvenz

1. Unterschiedliche Behandlung der Fälligkeit der Schlussrechnung in VOB und BGB

74 Während nach dem Recht des BGB die Vergütung bei der Abnahme des Werkes zu entrichten ist (§ 641 Abs. 1 BGB), ist bei vereinbarter Geltung der VOB/B die Schlusszahlung erst alsbald nach Prüfung und Feststellung der Schlussrechnung, spätestens aber innerhalb zwei Monaten nach Zugang der Schlussrechnung beim Auftraggeber, zu leisten (§ 16 Nr. 3 Abs. 1 Satz 1 VOB/B). Dies gilt auch bei vorzeitiger Beendigung des Vertrages, für die die Zahlungsvorschrift des § 16 VOB/B keine anderweitige Regelung enthält.[35] Auch unfertige Werkleistungen bedürfen einer prüfbaren Abrechnung gemäß § 14 VOB/B.[36]

So ist es denn auch sach- und interessengerecht, in allen Fällen vorzeitiger Beendigung und damit auch im Fall der Insolvenzkündigung eines VOB-Bauvertrags die Fälligkeit aller sich daraus ergebenden vergütungsgleichen Ansprüche des Auftragnehmers, also auch solcher, die über die Vergütung für erbrachte Leistungen hinausgehen,[37] von der Erteilung einer Schlussrechnung abhängig zu machen.[38]

Im Übrigen gilt: Der Auftragnehmer hat seinen Vergütungsanspruch für die vor der Kündigung erbrachte Teilleistung nach § 8 Nr. 6 i. V. m. § 6 Nr. 7 VOB/B abzurechnen. Der Auftraggeber hat den von ihm geltend gemachten Schadensersatzanspruch nach den Grundsätzen des § 8 Nr. 3 Abs. 4 nachzuweisen.[39]

2. Aufrechnungslage im Abrechnungsverhältnis nach erfolgter Kündigung

75 Da mit der Kündigung der Vergütungsanspruch des Auftragnehmers und der Schadensersatzanspruch des Auftraggebers rechtlich selbstständig werden,[40] stehen beide Ansprüche einander aufrechenbar gegenüber. Nach

---

35 So argumentiert BGHZ 53, 222, 225; OLG Düsseldorf BauR 1978, 404, 405; OLG Hamm BauR 1981, 376, 377.
36 Vgl. Nicklisch/Weick, a. a. O., § 8 Rdnr. 62.
37 §§ 6 Nr. 5 bis 7, 8 Nr. 1 Abs. 2, 9 Nr. 3 Satz 2 VOB/B.
38 Vgl. dazu Ingenstau/Korbion, a. a. O., § 6 Rdnr. 55 a. E.; Heiermann/Riedl/Rusam, a. a. O., § 6 Rdnr. 30; vgl. a. Nicklisch/Weick, a. a. O., § 6 Rdnr. 63, § 8 Rdnr. 62; a. A. OLG Frankfurt BauR 1980, 570, 571.
39 Vgl. Ingenstau/Korbion, a. a. O., Rdnr. 72; Motzke/Pietzcker/Prieß, a. a. O., § 8 Nr. 2 Rdnr. 43.
40 BGHZ 36, 316 = NJW 62, 907; BGH BauR 77, 284 = NJW 77, 1345.

der Rechtsprechung des BGH ist die Aufrechnung auch nach Eröffnung des Insolvenzverfahrens über das Vermögen des Auftragnehmer möglich,[41] weil der Schadensersatzanspruch als schon vor der (damals) Konkurseröffnung aufschiebend bedingt entstanden gilt.

Wichtig: Der Auftraggeber ist dagegen nicht berechtigt, seinen Anspruch auf Schadensersatz wegen Nichterfüllung auch gegen die Forderung des Insolvenzverwalters mit Ansprüchen, die erst nach der Eröffnung des Insolvenzverfahrens entstehen (z. B. dem Anspruch auf Vergütung der nach Nr. 3 Abs. 3 in Anspruch genommenen Geräte, Gerüste usw.) zur Aufrechnung zu stellen.[42]

Eine Verrechnung der einzelnen Ansprüche ist nur beim großen Schadensersatzanspruch (Rdn. 18) möglich (Motzke a. a. O. Rdn. 46).

3. Die Bedrohung des Insolvenzverwalters mit der dem Auftraggeber jederzeit möglichen Kündigung des Bauvertrags nach § 8 Nr. 2 VOB/B

a) Vereinbarung des Kündigungsverzichts mit dem Auftraggeber erforderlich

In der Praxis bleibt für den vorläufigen Verwalter nur folgender Weg, um entsprechend der vorzitierte Rechtsprechung des VII. Senats das »Damoklesschwert« der jederzeitigen Kündigung des fortgeführten Bauvertrages auszuschließen: Er sollte mit dem Besteller schriftlich vereinbaren, dass dieser auf das Kündigungsrecht aus § 8 Nr. 2 Abs. 1 VOB/B verzichtet. Bei einer solchen Vereinbarung besteht das allgemeine Kündigungsrecht des Bestellers aus § 8 Nr. 3 Abs. 1 VOB/B fort, so dass der Besteller auf gleichwohl fortbestehende Probleme beim Bau (Verzug, mangelhafte Leistungen usw.) angemessen reagieren kann und nicht schutzlos gestellt ist.

76

Das ordentliche Kündigungsrecht § 649 BGB ist für den Auftraggeber wegen der hiermit verbundenen Zahlungspflicht abzüglich ersparter Aufwendungen uninteressant. Die werkvertragliche Verzugsregelung des § 636 Abs. 1 BGB ist von der Tatbestands- und Rechtsfolgenseite her sehr schwer handhabbar und weniger weit reichend.

b) Vorgehensmöglichkeit des Auftraggebers nach §§ 280 ff. BGB

Der Auftraggeber kann gemäß §§ 280, 281, 286 BGB vorgehen, um Schadenersatz geltend zu machen. Der demnach erforderliche Verzug des Unternehmers lässt sich unschwer feststellen, wenn – wie in der Krise üblich – verbindlich festgelegte Zwischentermine nicht eingehalten worden sind.

77

---

41 BGH BauR 87, 146, 148.
42 Heiermann/Riedl/Rusam, a. a. O., § 8 Rdnr. 19.

c) Mögliches Vorgehen des Auftraggebers nach § 271 BGB

78 Fehlt es dagegen an solchen detaillierten Festlegungen, gilt für die Fälligkeit der Leistungen des Unternehmers § 271 Abs. 1 BGB, wonach die Leistung auf Verlangen des Gläubigers sofort zu erbringen ist.

Welche Leistung (hinsichtlich welchen Gewerks oder Bauabschnitts) der Auftraggeber im Einzelnen sofort verlangen kann, bemisst sich nach Art und Umfang der Leistung, einem etwa vorgegebenen Gesamtausführungszeitraum und der demnach anhand allgemeiner Erfahrungen und Leistungswerte angemessenen Ausführungszeit für die einzelnen Teilleistungen und Gewerke. Hinzukommen muss beim Vorgehen nach § 271 BGB aber stets eine Mahnung des Bestellers, um Verzug zu begründen.

Ein Verzug des Unternehmers scheidet dagegen trotz Insolvenzantragstellung aus, wenn der Besteller die ihm obliegenden Vorleistungen (z. B. Baugenehmigung; Abbruch von Altbestand Gesetz ihm obliegen. usw.) nicht erbracht hat.

VI. Einführung zu § 103 InsO

1. Grundsätzliche Erwägungen

79 § 103 InsO hat denselben – zweiseitigen – Zweck wie früher § 17 KO. Die Vorschrift soll sowohl dem Schutz des Vertragspartners des Gemeinschuldners als auch dem der Insolvenzmasse dienen.

Nach dem Grundgedanken der Vorschrift soll der Vertragspartner des Gemeinschuldners nicht mehr verpflichtet sein, seine vertraglich vereinbarte Leistung nach der Eröffnung des Insolvenzverfahrens zu erbringen, wenn er hinsichtlich der ihm zustehenden Gegenleistung nur noch auf die Quote verwiesen werden kann. Andererseits soll aber die Erfüllung des Vertrags in den Fällen möglich bleiben, bei denen sie im Interesse der Insolvenzmasse liegt und zu deren Stärkung herangezogen werden kann.[43]

Um dieser Zielsetzung weitestgehend gerecht zu werden, räumt § 103 dem Insolvenzverwalter ein Erfüllungswahlrecht ein.

Für den Insolvenzverwalter bestehen 2 Möglichkeiten:

- Sofern sich der Insolvenzverwalter für die Vertragserfüllung entscheidet, muss er den Vertragspartner vollständig aus der Insolvenzmasse befriedigen. Die Forderung des Vertragspartners ist dann Masseschuld.

---

[43] Vgl. FK-InsO/Wegener, 3. Aufl. 2002, § 103 Rdn. 1.

- Lehnt der Insolvenzverwalter hingegen die Erfüllung ab, wandelt sich der Erfüllungsanspruch des Vertragspartners in einen Geldanspruch um. Der Vertragspartner kann nur noch einen Schadensersatzanspruch als einfache Insolvenzforderung anmelden, vgl. § 103 Abs. 2 Satz 1 InsO, § 38 InsO.

Nach inzwischen ständiger Rechtsprechung des BGH wird das Rechtsverhältnis zwischen dem Gemeinschuldner und seinem Vertragspartner mit der Eröffnung des Insolvenzverfahrens in einen einseitigen Anspruch auf Schadensersatz wegen Nichterfüllung umgestaltet.[44]

2. § 103 InsO und der Erfüllungsanspruch des Bestellers

a) Anwendbarkeit des § 103 InsO

Der Erfüllungsanspruch des Vertragspartners (= Bestellers) erlischt durch die InsO und kann nur durch das Erfüllungsverlangen des Insolvenzverwalters wieder neu entstehen. Auch der Bauvertrag fällt als gegenseitiger Vertrag unter § 103 InsO. 80

Die Anwendbarkeit des § 103 InsO ist nur gegeben, wenn keiner der Vertragspartner den Vertrag vollständig erfüllt hat.[45] Sobald durch einen Vertragspartner bereits Leistungserfüllung eingetreten ist, sind die allgemeinen Abwicklunsregeln anzuwenden.[46]

b) Erfüllung durch den Gemeinschuldner

Bei Erfüllung durch den Gemeinschuldner fällt die Gegenleistung des Auftraggebers vollständig in die Masse. Die Eröffnung des Insolvenzverfahrens hat hierauf keine Auswirkungen mehr. Erfüllt der Vertragspartner des Gemeinschuldners vor der Eröffnung des Insolvenzverfahrens, so erhält er für seine Forderung nur noch die Quote. 81

Für die Anwendung des § 103 InsO spielt es keine Rolle, aus welchen Gründen bisher noch keine Erfüllung des Vertrages eingetreten ist. Selbst bei unverschuldeter Nichterfüllung ist § 103 InsO unter Zugrundelegung der bisherigen Rechtsprechung zu § 17 KO anwendbar.[47] Auch Leistungsverzug hindert die Anwendung des § 103 InsO nicht.[48]

---

44 Seit der grundsätzlichen Entscheidung vom 20. 12. 1986 = BGHZ 106, 236; neuere Rechtsprechung des BGH: BGHZ 116, 156; 129, 336; BGH ZIP 1991, 955; BGH ZIP 1993, 600.
45 FK-InsO/Wegener, § 103 Rdnr. 35.
46 BGH NJW 1980, 226, 227; Kilger/Schmidt, K., Kommentar zur Konkursordnung, 16. Aufl. 1993, § 17 Anm. 3 a; Kuhn/Uhlenbruck, Kommentar zur Konkursordnung, 11. Aufl. 1994, § 17 Rdnr. 17.
47 Vgl. zu § 17 KO RGZ 85, 402, 404.
48 FK-InsO/Wegener, § 103 Rdnr. 40.

c) Besonderheiten hinsichtlich der Erfüllung eines Bauvertrags

82 Beim Werkvertrag tritt Erfüllung bis zur Beseitigung sämtlicher Mängel nicht ein. Der Anspruch auf Beseitigung der Mängel steht in einem Gegenseitigkeitsverhältnis mit dem Werklohnanspruch.[49]

Fordert der Insolvenzverwalter vom Besteller den Werklohn, hat er sich für die Erfüllung entschieden und muss infolge dessen auch nachbessern.

3. Ablehnung der Erfüllung durch den Insolvenzverwalter

83 Der Insolvenzverwalter ist häufig nicht zur Herstellung des Werks in der Lage, oder es ist ihm die Fortführung der Werkerstellung nicht anzuraten, dann wird er in der Regel die Erfüllung ablehnen.

In der Praxis besteht auch das Risiko für den Insolvenzverwalter des Bestellers, wenn er Nachbesserung verlangt, dass er sodann auch den Werklohn als Masseschuld zu entrichten hat.

4. Der Werklohnanspruch bei Erfüllungswahl

84 Mit dem Gesetz zur Beschleunigung fälliger Zahlungen ist für die Einbehaltsmöglichkeit des Bestellers § 641 Abs. 3 BGB eingeführt worden, welcher besagt: Kann der Besteller die Beseitigung eines Mangels verlangen, so kann er nach der Abnahme der Zahlung eines angemessenen Teils der Vergütung verweigern, mindestens in Höhe des Dreifachen der für die Beseitigung des Mangels erforderlichen Kosten zurückbehalten. Nach Gesetz kann der Besteller demzufolge »mindestens« das Dreifache der voraussichtlichen Mängelbeseitigungskosten einbehalten. Im Übrigen kann der Besteller nach § 320 Abs. 1 BGB wegen eines Mangels die Zahlung des noch offenen Werklohns verweigern; das Gesetz sieht eine Beschränkung des Leistungsverweigerungsrechts auf einen, dem noch ausstehenden Teil der geschuldeten Gegenleistung entsprechenden, Teil grundsätzlich nicht vor. Vielmehr muss der Unternehmer dartun, dass der einbehaltene Betrag auch bei Berücksichtigung des Durchsetzungsinteresses des Bestellers unverhältnismäßig und deshalb unbillig ist. Dies kann er nach dem neuen § 641 Abs. 3 BGB aber erst, wenn der dreifache Betrag der voraussichtlichen Mängelbeseitigungskosten überstiegen ist.

5. Wirkungen der Abnahme bei Erfüllungswahl

85 Wenn der Insolvenzverwalter und der Auftraggeber über die Mängel der Bauleistung des gemeinschuldnerischen Unternehmen streiten, kommt es

---

[49] FK-InsO/Wegener, § 103 Rdnr. 54.

entscheidend darauf an, ob und inwieweit die Bauleistung vom Auftraggeber abgenommen worden ist. Die Abnahme ist im Werkvertragsrecht eine Hauptleistungspflicht (allgemeine Meinung). Geringfügige Mängel oder Restarbeiten stehen der Abnahme nicht entgegen.[50] Auch die Rüge von Mängeln schließt die Abnahme nicht aus.[51] Zu verweisen ist in diesem Zusammenhang auf den neuen § 640 Abs. 1 Satz 2 BGB, wonach die Abnahme wegen »unwesentlicher« Mängel nicht mehr verweigert werden kann. Diese Regelung wurde mit dem Gesetz zur Beschleunigung fälliger Zahlungen in das BGB eingeführt und entspricht § 12 Nr. 3 VOB/B, so dass es zwischen der BGB-Regelung und der VOB/B keine Regelungsunterschiede mehr gibt.[52] Die Neuregelung gilt für alle BGB-Werkverträge, die nach dem 30. 4. 2000 abgeschlossen wurden (Art. 229 Abs. 2 EGBGB).

Im Übrigen gilt für die Abnahme Folgendes:

Mit der Abnahme entfällt die Vorleistungspflicht des Werkunternehmers, der Erfüllungsanspruch beschränkt sich auf das konkret abgenommene Werk. Die Vergütungsgefahr geht auf den Bauherrn über (bis zur Abnahme trägt der Auftragnehmer die Gefahr, bei zufälligem Untergang, zufälliger Verschlechterung oder zufällig eintretender Unausführbarkeit des Auftrages, seinen Werklohnanspruch zu verlieren, §§ 644, 645 BGB).

Der Gefahrübergang tritt auch dann ein, wenn der Auftraggeber in Verzug der Annahme der Bauleistung kommt (vgl. Werner/Pastor, Rdn. 1185).

Bei einem VOB-Vertrag gilt § 12 Nr. 6 i. V. m. § 7, wonach ausnahmsweise der Auftraggeber bereits die Vergütungsgefahr trägt, wenn die ganz oder teilweise ausgeführte Leistung vor der Abnahme durch höhere Gewalt, Krieg, Aufruhr oder andere unabwendbare, vom Auftragnehmer nicht zu vertretende Umstände beschädigt oder zerstört wird.

Ohne Abnahme trägt hingegen der Insolvenzverwalter auch weiterhin die volle Beweislast für die Mängelfreiheit; nach Abnahme (ohne Rüge dieser Mängel) liegt sie dagegen sowohl dem Grunde wie der Höhe nach wiederum beim Besteller.

6. Einschub: Abnahmeverlangen des Insolvenzverwalters nach dem Gesetz zur Beschleunigung fälliger Zahlungen

Der Insolvenzverwalter kann nunmehr nach dem Gesetz zur Beschleunigung fälliger Zahlungen vom 1. 5. 2000 die Abnahme durch gutachterliche Fertigstellungsbescheinigung herbeiführen.

Wenn der Auftraggeber Mängel der Werkleistung behauptet und deswegen die Abnahme verweigert, hatte der Unternehmer bisher nur die Möglich-

---
50 BGH ZfBR 1995, 29, 30; jetzt auch gesetzlich geregelt durch § 640 Abs. 1 Satz 2 BGB.
51 BGHZ 54, 352, 354 = NJW 1971, 99.
52 So Niemöller, BauR 2001, 481, 482.

keit, den Auftraggeber auf Zahlung zu verklagen und vor Gericht die Mangelfreiheit seiner Arbeit zu beweisen. Hierbei kann es mitunter mehrere Jahre dauern, bis der Besteller rechtskräftig zur Zahlung verurteilt wird.

Um dieses Verfahren abzukürzen, hat der Werkunternehmer nach dem neu in das Bürgerliche Gesetzbuch eingefügten § 641 a BGB nunmehr die Möglichkeit, die Abnahme durch ein Sachverständigengutachten zu ersetzen. Stellt der Gutachter die Mangelfreiheit des Werks fest, gilt die Abnahme als erfolgt und der Anspruch auf den Werklohn wird fällig.

Als Sachverständiger kommt entweder eine Person in Betracht, auf die sich die Vertragsparteien geeinigt haben oder ansonsten ein im Auftrag des Unternehmers von einer Industrie- und Handelskammer, einer Handwerkskammer, einer Architektenkammer oder von einer Ingenieurkammer bestimmter öffentlich bestellter und vereidigter Sachverständiger.

Die Frage, ob die Werkleistung mangelhaft ist, beurteilt der Gutachter anhand des schriftlichen Vertrags. Daher scheidet das Bescheinigungsverfahren bei mündlich abgeschlossenen Werkverträgen aus. Etwaige vom Besteller behauptete Mängel werden vom Gutachter nicht mehr berücksichtigt, wenn diese nach dem Abschluss der vom Gesetz zwingend vorgeschriebenen Besichtigung des Werks durch den Gutachter vorgebracht werden. Der Gutachter muss den Besichtigungstermin dabei dem Besteller mindestens zwei Wochen vorher ankündigen und ihn zur Teilnahme einladen. Der Besteller ist verpflichtet, dem Gutachter die Untersuchung des Werks zu gestatten. Verweigert er dies, wird vermutet, dass das Werk vertragsgemäß hergestellt wurde. Der Unternehmer erhält dann ohne weiteres die beantragte Bescheinigung. Das Bescheinigungsverfahren kann für alle Werkverträge durchgeführt werden, die nach dem 30. 4. 2000 abgeschlossen wurden (Art. 229 Abs. 2 EGBGB).

7. Wie erfolgt die Abrechnung der Bauleistung im Falle der Verweigerung der Vertragserfüllung durch den Insolvenzverwalter?

87   Das Abrechnungsverfahren nach § 649 BGB ist im Fall der Verweigerung des Insolvenzverwalters nicht anwendbar. Die Grundsätze des BGH zu § 649 BGB[53], sind nicht anwendbar, weil die Erfüllungsverweigerung keine Vertragskündigung darstellt. Die ersparten Aufwendung muss der Insolvenzverwalter unter Aufdeckung der Kalkulation nicht darlegen.

---

53 Vgl. NJW 1997, 733, 735.

8. Umwandlung der Forderung bei Insolvenzeröffnung

Grundsätzlich wird die Forderung gegen den Gemeinschuldner bei Eröffnung des Insolvenzverfahrens zu einer Insolvenzforderung gemäß § 38 InsO umgewandelt[54], da die Erfüllungsansprüche der Parteien aus dem gegenseitigen, nicht vollständig erfüllten Vertrag erlöschen.[55] 88

Die Vorschrift des § 103 InsO ändert daran nichts, sie gewährt aber dem Insolvenzverwalter ein Wahlrecht, mit dem er sich für oder gegen die Erfüllung des noch nicht erfüllten Vertrags entscheiden kann. Der Vergütungsanspruch wird zur Forderung der Insolvenzmasse.

9. § 103 InsO und einseitig erfüllte Bauverträge

Ist ein Bauvertrag von einer Seite vollständig erfüllt, so ist für die Anwendung des § 103 InsO kein Raum. Dies betrifft insbesondere die Fälle, in denen der Besteller den Werklohn des Unternehmers komplett bezahlt hat, aber auch die Fälle, in denen der Unternehmer seine Leistungen – inklusive der Beseitigung von nach der Abnahme aufgetretenen Mängeln – abgeschlossen hat. 89

Der Anwendungsbereich des § 103 InsO ist dagegen eröffnet, wenn noch Leistungen des Gemeinschuldners ausstehen und der Auftraggeber nicht vollständig bezahlt hat. Ausreichend für die Anwendbarkeit des § 103 InsO sind bereits Gewährleistungsansprüche nach Abnahme.[56] Denn im Werkvertragsrecht ist auch der Mängelbeseitigungsanspruch ist ein (modifizierter) Erfüllungsanspruch.[57]

Andererseits reichen noch so geringe Zahlungsrückstände, auch hinsichtlich des bei Verfahrenseröffnung oft noch nicht fälligen Sicherheitseinbehalts aus, um den Anwendungsbereich des § 103 InsO zu begründen. Schwierigkeiten für die Frage, ob § 103 InsO anwendbar ist, bereitet aber die Behandlung von strittigen Mängelrügen im Zeitraum nach Abnahme.

> **Beispiel:**
> Das Werk ist mangelfrei abgenommen. Offen ist noch ein nominal unstrittiger Betrag von DM 20 000. Auf die Zahlungsaufforderung des Verwalters hin behauptet der Besteller, es seien nun (innerhalb laufender Gewährleistungsfrist) Risse aufgetreten, deren Beseitigung DM 20 000 kosten werde. Der Verwalter akzeptiert diese Mängelbehauptung nicht.

Ob ein beiderseitig nicht vollständig erfüllter Vertrag vorliegt, kann erst nach abschließender sachverständiger Beurteilung in einem Prozess rechts-

---

54 BGHZ 106, 236, 242; ZIP 1987, 304, 305.
55 BGH WM 1987, 380, WM 1989, 229.
56 BGH BauR 1979, 420, 425.
57 BGH NJW 1976, 143, 143 r. Sp.

kräftig festgestellt werden. Erweist sich in einem solchen Prozess die Mängelrüge des Bestellers als unbegründet, so liegt tatsächlich kein Fall des § 103 InsO vor, sondern vielmehr die Fallgruppe des (zum Zeitpunkt der letzten mündlichen Verhandlung) vom Unternehmer vollständig erfüllten Vertrages.

Bis zu dieser Klarheit empfiehlt es sich für alle Beteiligten, den Fall zweigleisig zu durchdenken (§ 103 InsO anwendbar oder nicht).

10. Forderungen des Insolvenzverwalters im Abrechnungsverhältnis nach § 103 InsO

90 Während der Bundesgerichtshof einer bereicherungsrechtlichen Lösung zuzuneigen scheint[58], hat der Bundesfinanzhof eine Abrechnung nach den Vertragspreisen des ursprünglichen Werkvertrags für das Steuerrecht als maßgeblich erachtet.[59] Dieser Auffassung schloss sich dann das OLG Frankfurt an.[60] Gegen eine bereicherungsrechtliche Lösung spricht nach Schmitz[61] insbesondere, dass der Schuldner seine Leistung nicht nur zur Erlangung der Gegenleistung, sondern auch zum Zwecke der Erfüllung der eigenen (vor Verfahrenseröffnung relevanten) Vertragspflicht erbracht hat und dieser Leistungszweck nicht dadurch entfällt, dass das Vertragsverhältnis umgestaltet wird. Diese Ansicht erscheint deshalb richtig, weil die Insolvenzeröffnung den Rechtsgrund der Leistung nicht wegfallen lässt, sondern nur den aus der Leistung resultierenden Gegenanspruch umwandelt.

VII. Abrechnung bei Einheits- und Pauschalpreisvertrag unter Berücksichtigung des § 103 InsO

1. Einheitspreisvertrag

91 Bei der Abrechnung nach Einheitspreisvertrag muss der Verwalter – wie jeder Auftragnehmer – nach § 14 VOB/B zu den einzelnen Positionen des Vertrags die erbrachten Leistungen ordnungsgemäß aufmessen und diese Vordersätze mit den Einheitspreisen des Vertrags multiplizieren. Vom Schuldner eingeräumte Nachlässe und Ähnliches sind zugunsten des Bestellers in voller Höhe berücksichtigungsfähig.

---

58 BGH NJW 1977, 1345.
59 BFH ZIP 1980, 796, 798 1. Sp.
60 OLG Frankfurt/M. KTS 1984, 702, 703.
61 Schmitz, a. a. O., Rdnr. 45.

2. Pauschalpreisvertrag

Für die Abrechnung des Pauschalvertrags nach Kündigung (wobei unerheblich ist, welcher Vertragspartner kündigt) hat der Bundesgerichtshof[62] folgende Grundsätze festgehalten: Der Bauunternehmer – und damit der Insolvenzverwalter[63] – muss die erbrachten Leistungen aufmessen, nur die dafür anzusetzende Vergütung darlegen und von dem nicht mehr ausgeführten Teil abgrenzen. Das bedeutet weiter, dass er das Verhältnis der bewirkten Leistungen zur vereinbarten Gesamtleistung und des Preisansatzes für die Teilleistungen zum Pauschalpreis aufzuschlüsseln hat.

92

Die mit dieser Abrechnungsrechtsprechung verbundenen Probleme sind zahlreich: Einer der prägenden Vorteile des Pauschalpreisvertrags für den Auftragnehmer ist es, dass er seine Leistungen zum Zweck der Abrechnung nicht aufmessen muss, sondern nach Fertigstellung den Pauschalpreis in Rechnung stellen kann oder nach einem vertraglich bestimmten Zahlungsplan kontinuierlich bedient wird.

Eine Kündigung oder Vertragsumgestaltung führt dagegen dazu, dass beim Pauschalvertrag sehr kurzfristig entsprechende Aufmaße nachgeholt werden müssen. Dieser Nachteil trifft den Insolvenzverwalter besonders hart, wenn er vielleicht gar nicht mehr die Fachkräfte zur Aufmessung und der nachfolgenden schriftlichen Aufmaßerstellung zur Verfügung hat. In der Praxis ist dies für den Insolvenzverwalter äußerst schwierig, weil im Unternehmen der Bautenstand des pauschal abzurechnenden Bauvorhabens als Aufmaß zumeist nicht sorgfältig und erschöpfend dokumentiert ist. Denn vielfach wurde seitens der Bauleitung auf Aufmaße – wenigstens in Teilbereichen – verzichtet, weil nach dem zugrundeliegenden pauschal abgerechnet werden konnte.

Daher muss schon der vorläufige Insolvenzverwalter einen noch im Betrieb befindlichen Bauleiter anweisen, sofort Aufmaß zu nehmen und hierfür projektkundige Mitarbeiter zur Verfügung stellen. Mit dem Auftraggeber sollte der Insolvenzverwalter sofort Einvernehmen suchen und diesen auffordern, an dem Aufmaß teilzunehmen, bzw. geeignete Mitarbeiter hierfür zur Verfügung zu stellen. Das Einvernehmen mit dem Auftraggeber ist daher wichtig, weil zumeist auch Bauleistungen aufgemessen werden müssen, die durch den Baufortschritt bereits überdeckt und der Aufmaßnahme nicht mehr zugänglich sind, wie z. B. Erdarbeiten, Aushubarbeiten, Verlegearbeiten etc. Die von Claus Schmitz unter Hinweis auf den von BGH ZIP 1986, 848 entschiedenen Ausnahmefall vorgenommene Differenzierung dieser Problematik im Falle von Großbauvorhaben, bei denen genügen soll, dass Leistungen erkennbar abgeschlossen sind,[64] erscheinen wegen der Ausleg-

---

62 Z.B. BGH BauR 1995, 691.
63 OLG Köln ZIP 1999, 495; dazu EWiR 1999, 217 (C. Schmitz).
64 So Schmitz, a. a. O., Rdnr. 54.

barkeit der »Erkennbarkeit« kaum praktizierbar. (siehe aber hierzu die nachfolgenden Ausführungen in Bezug auf Großprojekte)

3. Notwendige Überlegungen des Insolvenzverwalters bei der Abwicklung von gekündigten Pauschalverträgen

93 Der vorläufige Insolvenzverwalter hat vielmehr zu bedenken, dass der Auftraggeber in dieser Situation und unter Zugrundelegung der vorgenannten Rechtsprechung der Stärkere ist. Dies gilt insbesondere für die Abrechnung, zumal wenn die VOB/B vereinbart ist. Nach § 14 Nr. 4 VOB/B hat der Auftraggeber das Recht, nach entsprechender Fristsetzung selbst die Abrechnung des Auftragnehmers mit Rechtswirkung gegen den Auftragnehmer zu stellen.

Die vom Auftraggeber nach § 16 Nr. 4 VOB/B im Wege der Ersatzvornahme aufgestellte prüfbare Rechnung hat grundsätzlich die gleichen Rechtswirkungen im Gefolge wie die vom Auftragnehmer vorgelegte prüfbare Rechnung.[65] Das betrifft bei Schlussrechnungen bzw. Teilschlussrechnungen insbesondere die Fälligkeit nach Abnahme[66] sowie den damit verbundenen Beginn der Verjährungsfrist.[67] Im Übrigen ist die vom Auftraggeber aufgestellte prüfbare Rechnung nunmehr die alleinige Abrechnungsgrundlage in einem etwaigen Rechtsstreit, so dass der Auftragnehmer seine darüber hinausgehenden Vergütungsansprüche im Einzelnen darlegen und beweisen muss, ohne sich auf seine später erstellte abweichende eigene Rechnung berufen zu können, wenn diese in ihrem Aufbau von der prüfbaren Schlussrechnung des Auftraggebers abweicht.[68]

94 Bei Großbauvorhaben (z. B. Schlüsselfertigbau) werden schon durch die Projektleitung des bauseits beauftragten Planerbüros bzw. Projektsteuerers kontinuierlich Aufmaße genommen, so dass man es in solchen Fällen genügen lassen kann, wenn die erkennbar für sich vollständig fertig gestellten Gewerke (z. B. Rohbau, Elektroarbeiten usw.) entsprechend den – allerdings nachzuvollziehenden – Aufstellungen des Planerbüros ausgewiesen sind.

Hinsichtlich der abrechenbaren Preise beim Pauschalvertrag hat der Bundesgerichtshof folgenden Hinweis gegeben: Soweit zur Bewertung der erbrachten Leistungen Anhaltspunkte aus der Zeit vor Vertragsschluss nicht vorhanden (zum Beispiel ein ursprüngliches, auf Einheitspreisen basierendes Angebot des Gemeinschuldners) oder – wegen vieler nachträglicher Änderungen der Ausführung – für eine derzeitige Abrechnung nicht ergiebig sind, muss der Unternehmer, also der Gemeinschuldner im Nachhinein

---

65 OLG Düsseldorf BauR 1995, 258 = SFH § 14 VOB/B Nr. 11 = NJW-RR 1995, 535.
66 Ingenstau/Korbion, a. a. O., § 14 Rdnr. 64.
67 BGH BauR 1984, 182 = NJW 1984, 1757 = SFH § 16 Nr. 3 VOB/B Nr. 31 = ZfBR 1984, 74 = MDR 1984, 569 = Betrieb 1984, 825 = LM § 16 B VOB/B Nr. 5.
68 OLG Düsseldorf BauR 1995, 258.

Thiele

im Einzelnen darlegen, wie die erbrachten Leistungen unter Beibehaltung des Preisniveaus der vereinbarten Pauschale zu bewerten sind.⁶⁹

Derartige nachträgliche Kalkulationen werden jedoch in vielerlei Hinsicht Anlass zu Streit geben und sind im Übrigen sehr teuer, vor allem dann, wenn sie zur eigenen Absicherung durch einen neutralen Sachverständigen erstellt werden sollen.

> **Angesichts der geschilderten schwierigen Situation bei der Abrechnung gekündigter Pauschalverträge ist für den Insolvenzverwalter praktisch Folgendes wichtig:**
>
> 1. Ist über das pauschal abzurechnende Bauvorhaben ein Bautagebuch ordnungsgemäß geführt worden?
> 2. Ist nach der, dem Pauschalvertrag zugrundeliegenden, Leistungsbeschreibung ausgeführt worden?
> 3. Gibt es im Betrieb des Gemeinschuldners noch einen erfahrenen Abrechner, von dem der Insolvenzverwalter den Eindruck hat, dieser sieht die abzurechnende Bauleistung annähernd objektiv, und dieser ist auch in der Lage, anhand der Aktenlage ordentlich abzurechnen?

95

Zu 1:
Da dem Gemeinschuldner bei den im Pauschalvertrag abzurechnenden Bauleistungen die volle Darlegungs- und Beweislast obliegt, muss der Abrechner über den tatsächlichen Bauablauf, insbesondere über das, vom Auftraggeber zusätzlich angeordnet wurde, Bescheid wissen und gegenüber dem Auftraggeber einen Beleg hierüber führen können.

Zu 2:
Der Insolvenzverwalter braucht zur Darlegung der Erfüllung der Vertragsleistungen den Leistungstext der Leistungsbeschreibung und die zugehörigen Aufmaße, d. h. die durch Messungen unterlegte Abrechnung der getätigten Bauleistungen. Es ist demzufolge wichtig, bei dem Gemeinschuldner nach »Aufmaßblättern« zu fragen, die bereits von der abzurechnenden Leistung gefertigt worden sind. Diese Aufmassblätter entfalten volle Beweiskraft, wenn sie auch von der Auftraggeberseite gegengezeichnet worden sind. Ansonsten muss der Insolvenzverwalter den Auftraggeber zum gemeinsamen Aufmaß laden.

Zu 3.
Wichtig ist das Vorhandensein eines zur Abrechnung befähigten Personals, weil eine unsachgemäß ausgestellte Rechnung in der Regel nicht prüffähig ist und damit die Vergütungsforderung nicht fällig werden kann.

---

69 BGH BauR 1996, 846, 848 r. Sp.

4. Fälligkeitsvoraussetzungen für den Werklohn unter Berücksichtigung des § 103 InsO

96 Wird ein VOB/B-Vertrag ordnungsgemäß durchgeführt, so wird die Werklohnforderung des Unternehmers erst fällig, wenn folgende Voraussetzungen[70] erfüllt sind:

- Abnahme der Bauleistung,
- prüfbare Schlussrechnung gemäß § 14 VOB/B,
- Abschluss der Rechnungsprüfung durch den Besteller oder Ablauf der vom Zugang der Rechnung an laufenden Zwei-Monats-Frist (§ 16 Nr. 3 Abs. 1 VOB/B).

Beim BGB-Bauvertrag hat sich durch das Gesetz zur Sicherung von Bauforderungen das Werkvertrag teilweise zu Gunsten des Unternehmers verändert. Aber nach wohl noch herrschender Meinung hängt die Fälligkeit unter Bezugnahme von § 641 Abs. 1 Nr. 1 BGB allein von der Abnahme des Werks ab; nach einer im Vordringen befindlichen Meinung, die eingehend referiert und diskutiert wird von *Werner/Pastor*,[71] lässt grundsätzlich erst die Erteilung der Rechnung und nicht schon die Abnahme des Werks den Werklohn fällig werden.

5. Der Werklohnanspruch bei Ablehnung der Erfüllung durch den Insolvenzverwalter unter Berücksichtigung des § 103 InsO

97 Die vorgenannten, im normalen Bauvertragsabwicklungsverhältnis geltenden, Grundsätze der Fälligkeit müssen bei der Erfüllungsablehnung gemäß § 103 InsO ebenso modifiziert werden wie bei einer sonstigen vorzeitigen Vertragsbeendigung durch Kündigung einer Partei.

In den beiden vorgenannten besonderen Fälle bedarf es für die Fälligkeit der Vergütung keiner Abnahme des Teilwerks mehr, wohl aber im Anwendungsbereich der VOB/B der Erteilung einer Schlussrechnung.[72]

Eine Abnahme nach insolvenzbedingter Vertragsumgestaltung mag sich gleichwohl für beide Vertragspartner aus denselben Gründen der Klarheit und Feststellung empfehlen, die bereits hinsichtlich einer Bestellerkündigung gemäß § 8 Nr. 2 Abs. 1 VOB/B dargelegt wurden.

---

70 Werner/Pastor, a. a. O., Rdnr. 1401.
71 Werner/Pastor, a. a. O., Rdnr. 1368 ff.
72 BGH BauR 1987, 95.

6. § 103 InsO und Zurückbehaltungsrechte des Bestellers unter Berücksichtigung des neuen § 641 Abs. 3 BGB

Ebenso gilt zu etwaigen Zurückbehaltungsrechten des Bestellers: Wenn ein Insolvenzverwalter etwaige Mängel der gemeinschuldnerischen Bauleistung nicht beseitigt, hat er keinen Anspruch auf denjenigen Teil des Werklohns, der dem Wert der Mängel entspricht. Der Besteller kann dann gemäß §§ 634 Abs. 4, 472 Abs. 1 BGB den Werklohn mindern.

98

Eine Zurückhaltung des Werklohns in Höhe des mindestens dreifachen Mängelbeseitigungsaufwands muss auch die Insolvenzmasse nach dem neuen § 641 Abs. 3 BGB gegen sich gelten lassen. Dies setzt aber voraus, dass der Insolvenzverwalter nachbessern will oder muss. Hat der Insolvenzverwalter hingegen die Erfüllung abgelehnt, so kann der Besteller keine Nachbesserung mehr verlangen, weil der Nachbesserungsanspruch im Werkvertragsrecht schon nach dem Wortlaut des § 633 Abs. 1 BGB ein Erfüllungsanspruch und kein Gewährleistungsanspruch ist. Demzufolge kann auch für den Fall der Erfüllungsablehnung der neue § 641 Abs. 3 BGB gelten.

7. Mängelbeseitigung durch den Auftraggeber in Ersatzvornahme für den Gemeinschuldner

Bei Übernahme eines Verwaltermandats sieht sich der Insolvenzverwalter häufig in der Situation, dass er Bauvorhaben abrechnen möchte, allerdings der Auftraggeber die Abnahme bereits vor Insolvenzeröffnung verweigert und nunmehr die Gelegenheit sucht, die Mängel auf Kosten des Gemeinschuldners auszubessern.

99

Wenn der Auftraggeber vor Abschluss der Auseinandersetzungen mit dem Verwalter die Mängel beseitigen will oder beseitigen muss, zum Beispiel, weil er selbst Auftragnehmer ist, muss der Insolvenzverwalter Folgendes beachten:

Die automatische Umgestaltung des Vertragsverhältnisses gemäß § 103 InsO darf den Auftraggeber nicht zu dem Irrtum verleiten, er dürfe Mängel ohne vorherige Aufforderung gegenüber dem Verwalter beseitigen.

Der Insolvenzverwalter muss für die Masse aufgefordert werden, die Mängel zu beseitigen. Will der Auftraggeber die Mängel selbst beseitigen, muss er den von BGB und VOB/B vorgesehenen Weg wählen und zunächst den Insolvenzverwalter zur Mängelbeseitigung unter Fristsetzung und Ersatzvornahmeandrohung auffordern, vgl. § 637 BGB und § 13 Nr. 5 Abs. 2 VOB/B.

Der Insolvenzverwalter kann zwar durch seine Erfüllungswahl das umgestaltete Vertragsverhältnis wieder entstehen lassen, nur übernimmt er dann auch für die Masse die Verantwortung für die Kosten der Mängelbeseitigung. Daher ist es für den Verwalter angebracht, erst nach veranlasster fachmännischer Schätzung die Kosten der Mängelbeseitigung gegen die noch anstehenden Forderungen abzuwägen und sich sodann für Erfüllung oder Ablehnung der Erfüllung zu entscheiden.

Zur besseren Vorabinformation des Insolvenzverwalter für seine Entscheidung ist es in allen Fällen unerlässlich, den ersatzvornahmewilligen Auftraggeber zu einer detaillierten Kostenaufstellung über die Mängel aufzufordern. Dies gilt insbesondere dann, wenn die Bauleistung bereits abgenommen ist. Denn in diesen Fällen kann sich der Insolvenzverwalter darauf berufen, dass dem Auftraggeber nach der Abnahme die volle Darlegungs- und Beweislast für das Vorhandensein und das Ausmaß der Fehler obliegt.

Aber auch in den Fällen, in denen noch keine Abnahme der Bauleistung des Gemeinschuldners vorliegt, ist der Insolvenzverwalter selbst nicht gänzlich dem Risiko der »blinden« Entscheidung ausgesetzt. Wenn nicht schon zu diesem Zeitpunkt der Schuldner wegen der Mängel aktenkundig zur Nachbesserung aufgefordert worden ist, kann vom Verwalter aus dem Gesichtspunkt des § 242 BGB nicht erwartet werden, noch gar nicht gerügte Mängel quasi im Voraus zu erkennen und sich hierzu zu erklären.[73]

Deshalb ist dem Auftraggeber vor Ersatzvornahme zuzumuten, den Verwalter zu informieren und gemäß § 103 Abs. 3 Satz 2 InsO Frist zur (konstitutiven) Erklärung setzen, ob der Verwalter insoweit den Vertrag erfülle.

100 Der Insolvenzverwalter ist aber nur insoweit schutzwürdig, wie er sich gegenüber dem Auftraggeber hierzu unverzüglich i. S. d. § 121 BGB erklärt. muss sich dann »unverzüglich«

Die angemessene Frist zur Erklärung des Insolvenzverwalters hängt davon ab, inwieweit der Auftraggeber seine der Mängelrügen dargelegt und belegt hat.

Dem Insolvenzverwalter ist allerdings zuzumuten, dem Auftraggeber unverzüglich auf die Mängelrüge zu antworten und diesen um nähere Darlegung der Mängel zu bitten.

Benötigt der Verwalter wegen eines Ortstermins eine Verlängerung der Frist, so obliegt es ihm, dies unverzüglich dem Auftraggeber mitzuteilen.

Gibt der Verwalter bis zum Ablauf der gesetzten Frist keine oder eine negative Erklärung ab, so ist für den Auftraggeber endgültig auch hinsichtlich der gerügten Mängel klargestellt, dass der Vertrag umgestaltet ist und Mängelbeseitigung nicht zu erwarten ist.

Der Insolvenzverwalter muss zum Vorteil der Masse aber aufpassen, dass der Auftraggeber genau dieses Verfahren einhält. Denn wenn der Auftrag-

---

73 So auch Schmitz, a. a. O., Rdnr. 85.

geber das vorgezeigte Prozedere nicht beachtet, so kann er wegen von ihm eigenmächtig beseitigter Mängel die Beseitigungskosten nicht in das Abrechnungsverhältnis einstellen.

8. Verwertungsrecht des Auftraggebers nur nach Aufforderung zur Mängelbeseitigung

Der Auftraggeber kann eine ihm zur Verfügung stehende Sicherheitsleistung verwerten, sofern und soweit bereits Mängel aufgetreten sind und der Auftraggeber die Voraussetzungen, wie Aufforderung der Mängelbeseitigung unter Fristsetzung mit Androhung der Ersatzvornahme, eingehalten hat.

101

Solange dies nicht geschehen ist, muss der Auftraggeber den Gemeinschuldner bzw. den Konkursverwalter zur Mängelbeseitigung auffordern und – falls diese nicht erfolgt – eine Nachfrist nach § 13 Nr. 5 Abs. 2 VOB/B setzen, bevor er einen anderen Unternehmer mit der Mängelbeseitigung beauftragen kann.[74]

9. Verjährungsproblematik bei Erfüllungswahl

Schadensersatzansprüche wegen Nichterfüllung verjähren wie der Erfüllungsanspruch, an dessen Stelle sie treten. Folglich beginnt die Verjährung eines anlässlich der Insolvenzeröffnung entstandenen Anspruches auf Schadensersatz wegen Nichterfüllung nach § 13 Nr. 4 VOB/B, ebenso wie bei § 634 a BGB, mit der Abnahme der Bauleistung.

102

Entsprechend dem Gesetzeswortlaut des § 634 a ist der Verjährungsbeginn für sämtliche Gewährleistungsrechte auf den Zeitpunkt der Abnahme festgelegt.

Daher beginnt die Verjährung der mangelbedingten Ansprüche auch dann mit der Abnahme, wenn die Mängel erst viel später auftreten.

10. Möglichkeit der Verjährungsunterbrechung durch Anmeldung zur Tabelle

Der Verjährungsablauf wird auch nicht durch ein anhängiges Insolvenzverfahren beeinflusst, da der Auftraggeber seine entsprechende Insolvenzforderung nach §§ 174, 175 InsO beim Insolvenzverwalter zur Tabelle anmelden und damit nach § 204 Nr. 10 BGB die Hemmung der Verjährung herbeiführen kann. Diese Rechtsfolge kann auch mit einem an den Insol-

103

---

74 OLG Düsseldorf NJW-RR 1993, 1110.

Thiele

venzverwalter gerichteten schriftlichen Mängelbeseitigungsverlangen erreicht werden.[75]

11. Mehrkosten des Auftraggebers bei Fertigstellung in Ersatzvornahme

104　Der Auftraggeber muss mittels prüffähiger Rechnung die Kosten aufführen, die nach dem noch mit dem Gemeinschuldner geschlossenen Vertrag bei endgültiger und fachgerechter Fertigstellung der Leistungen entstanden wären. Diesen Kosten muss er detailliert die Kosten gegenüberstellen, die er nun an Drittunternehmer bezahlen musste, um die vertragsgemäße Fortführung des Werks sicherzustellen.[76]

Der Insolvenzverwalter kann gegenüber den Rechnungen des Auftraggebers zunächst einmal einwenden, dass die Rechnungen nicht prüffähig sind, was in der Praxis in vielen Fällen gegeben ist. Hierbei handelt es sich aber nur um eine Anspruchsabwehr auf Zeit, denn im Rechtsstreit kann der Auftraggeber auch noch auf richterlichen Hinweis eine prüffähige Rechnung einreichen.[77]

VIII. Erfüllungswahl des Insolvenzverwalters bei teilbaren Leistungen

1. Zu dem neuen § 105 InsO

105　Wichtig ist nunmehr auch der neue § 105 InsO, der in der Konkursordnung keine Entsprechung hatte. Die neue Vorschrift ändert nunmehr folgende Rechtslage der Konkursordnung: Wollte der Konkursverwalter früher einen Vertrag, der aufteilbare Leistungen zum Gegenstand hatte, fortsetzen, musste er mit der Vertragserfüllung auch die vor Verfahrenseröffnung entstandenen Verbindlichkeiten aus der Masse erfüllen.

Die Praxis hatte unter der Konkursordnung die Probleme insbesondere zu Energielieferungsverträgen mit dem sog. Wiederkehrschuldverhältnis gelöst. Aufgrund des Kontrahierungszwangs der Versorgungsunternehmen konnte der Verwalter die bisherigen Verträge kündigen und sogleich erneut abschließen. Damit hatten die Versorgungsunternehmen indes die Möglich-

---

[75] So überzeugend BGHZ 95, 375 = NJW 1986, 310 = MDR 1986, 229 = BB 1986, 215 = LM § 638 BGB Nr. 56 = SFH § 13 Nr. 5 VOB/B Nr. 14 = Betrieb 1986, 323 = ZIP 1985, 1380 = WM 1985, 1387 = Horn, EWiR § 768 BGB 1/85, 973 = ZfBR 1986, 28 m. w. N.
[76] Beachte, dass der Auftraggeber zuvor dem Insolvenzverwalter Gelegenheit zur Nachbesserung zu geben hatte.
[77] So die zutreffenden Überlegungen von Schmitz, a. a. O., Rdnr. 98.

keit, den alten Vertrag nicht zu den mit dem Schuldner ausgehandelten Sonderkonditionen fortsetzen zu müssen.

Sinn der Vorschrift des § 105 InsO ist es, dem Insolvenzverwalter die Fortführung des Unternehmens zu erleichtern. Er muss jetzt bei der Ausübung seines Wahlrechts gem. § 103 InsO nur noch die zukünftigen Leistungen für die Insolvenzmasse berücksichtigen. Dadurch behält er die Möglichkeit, auch günstige Verträge unter den gleichen Bedingungen fortzusetzen.

Für den Insolvenzverwalter einer Bauunternehmung ist die Vorschrift des § 105 InsO deshalb von großer Wichtigkeit in Bezug auf zwei verschiedene typische Situationen.

Schuldet der Gemeinschuldner die Erfüllung einer teilbaren Bauleistung, und ist der Bauunternehmer hinsichtlich seiner Bauleistungen vor Insolvenz überzahlt, kann er – falls § 105 InsO anwendbar ist – nach Erfüllungswahl für die noch zu erbringenden Bauleistungen die volle Vergütung verlangen, ohne dass der Auftraggeber mit den Überzahlungen verrechnen darf. Vielmehr kann der Auftraggeber seine Forderungen nur zur Tabelle anmelden.[78]

Hatte der Bauunternehmer mit einem Baustofflieferanten günstige Lieferkonditionen in einem Sukzessivlieferungsvertrag vereinbart, kann er bei Erfüllungswahl die Konditionen weiterhin in Anspruch nehmen und der Lieferant muss seine vor der Insolvenz begründeten Forderungen als Insolvenzgläubiger zur Tabelle anmelden.

Von § 105 InsO werden sämtliche Verträge erfasst, deren vertragliche Leistungen getrennt beurteilt werden können. § 105 InsO greift, wenn die weiteren Voraussetzungen vorliegen, für sämtliche gegenseitigen Verträge, daher auch für Bauverträge. Die Teilbarkeit kann sich aus der Parteiabrede, aber auch aus der Natur der Sache ergeben.[79]

2. Was ist im Bauwesen eine teilbare Leistung?

Eine gesetzliche Definition der teilbaren Leistung i. S. d. § 105 InsO fehlt. Eine Leistung ist nach alter Rechtsprechung teilbar, wenn sie ohne Wertminderung und ohne Beeinträchtigung des Leistungszwecks in Teilleistungen zerlegt werden kann.[80]

Auch Werkleistungen können teilbar sein. Das setzt allerdings voraus, dass einzelne Leistungsbereiche in selbstständige Teile aufgespalten werden können.[81] Zur Abgrenzung: Allein ein Zahlungsplan im Bauvertrag, der bestimmte Teilbeträge für einzelne Leistungsabschnitte vorsieht, ist kein

106

---

78 FK-InsO/Wegener, § 105 Rdnr. 3.
79 Hess, Kommentar zur Konkursordnung, 6. Aufl. 1998, § 17 Rdnr. 41.
80 RGZ 155, 306, 313.
81 BGZ 67, 242 ff.

Thiele

hinreichender Anknüpfungspunkt für abtrennbare Leistungen.[82] Hieraus ergibt sich, dass höchstens diejenigen Bauverträge, in denen eine Teilabnahme vereinbart ist, dem Anwendungsbereich des § 105 InsO unterliegen. Der Gedanke kommt aus dem Inhalt des Werkvertragsrechts und der VOB/B wie folgt:

Gemäß dem seit 1. 5. 2000 geltenden § 632 a BGB kann der an von dem Auftraggeber für in sich abgeschlossene Teile des Werks Abschlagszahlungen für die erbrachten vertragsmäßigen Leistungen verlangen. Dies gilt nach § 632 a BGB auch für erforderliche Stoffe oder Bauteile, die eigens angefertigt oder angeliefert sind. Der Anspruch besteht nach der Vorschrift aber nur, wenn dem Auftraggeber Eigentum an den Teilen des Werks, an den Stoffen oder Bauteilen übertragen oder Sicherheit hierfür geleistet wird.

Nach § 4 Ziffer 10 VOB/B ist der Zustand von Teilen der Leistung auf Verlagen einer Vertragspartei gemeinsam von Auftraggeber und Auftragnehmer festzustellen, wenn diese Teile der Leistung durch die weitere Ausführung der Prüfung und Feststellung entzogen werden. In diesem Zusammenhang gibt § 12 Ziffer 2 VOB/B dem Auftragnehmer die Möglichkeit, hinsichtlich in sich abgeschlossener Teile der Leistung von dem Auftraggeber die (Teil-)Abnahme zu verlangen. Zumindest in diesen Fällen muss der § 105 InsO anwendbar sein.

Entsprechende Rechtsprechung zu § 105 InsO liegt noch nicht vor, aus der jüngeren Rechtsprechung unter Geltung der Konkursordnung lässt sich aber entnehmen, dass § 105 InsO in der vorbeschriebenen Weise anzuwenden ist.[83]

Nach dieser Rechtsprechung des BGH hatte der Fall, in dem nicht der Gemeinschuldner, sondern der Vertragspartner vor Konkurseröffnung ihm obliegende teilbare Leistungen zum Teil erbrachte, zur notwendigen Folge, dass die Masse für die entsprechenden Gegenleistungen nicht aufzukommen hat.

Andernfalls – so der BGH a. a. O. – hätte der Insolvenzverwalter aus der Insolvenzmasse Aufwendungen für Leistungen zu erbringen, die lediglich dem Gemeinschuldner, nicht aber der Masse selbst zugeflossen sind.

Ähnlich wie bei einer teilweisen vorkonkurslichen Leistung des Gemeinschuldners erlosch der Anspruch auf die der teilweisen vorkonkurslichen Leistung des Vertragspartners entsprechende Gegenleistung mit Konkurseröffnung nicht, sondern blieb als einfache Konkursforderung bestehen.

---

82 BGHZ 67, 242, 250.
83 BGHZ 135, 25 = DB 1997, 1563 = JZ 1998, 154 = MDR 1997, 671 = NJW 1997, 2184 = WM 1997, 794 = ZIP 1997, 688.

Thiele

IX. Behandlung von Verzugsschaden und Vertragsstrafe durch den Insolvenzverwalter

Häufig kommt es in der Praxis vor, dass der Auftraggeber im Abrechnungsverhältnis entstandenen Verzugsschaden bzw. verwirkte Vertragsstrafen geltend macht.

1. Zur Berechtigung der Vertragsstrafe

Insbesondere bei der Vertragsstrafe muss der Insolvenzverwalter die Anspruchsvoraussetzungen wie folgt prüfen:

> **Prüfung einer Vertragsstrafe**
> - Ist die Vertragsstrafe wirksam vereinbart?
> - Wenn die Vertragsstrafe mittels AGB vereinbart ist, hält die Vereinbarung den Anforderungen der §§ 305 ff. BGB stand?[84]
> - Ist die Fristüberschreitung mit Verschulden des Gemeinschuldner erfolgt?
> - Beim VOB/B-Vertrag – hat sich der Auftraggeber die Geltendmachung der Vertragsstrafe bei der Abnahme vorbehalten, was nach § 11 Nr. 4 VOB/B als Anspruchsvoraussetzung für die Geltendmachung der Vertragsstrafe zu beachten ist.

107

Des Weiteren hat der Insolvenzverwalter beim VOB/B-Vertrag zu beachten, dass gemäß § 8 Nr. 7 VOB/B die Vertragsstrafe nur in der Höhe verlangt werden kann, wie sie bis zum Zeitpunkt des Zugangs der Kündigung – z.B. nach § 8 Nr. 2 VOB/B – entstanden war.

2. Wie wirkt sich die Geltendmachung von Verzugsschaden und Vertragsstrafe auf das Abrechnungsverhältnis aus?

Im Abrechnungsverhältnis kann für die Geltendmachung nichts anderes gelten als bei einer normalen Vertragsabwicklung. Der Auftraggeber muss – wie auch sonst – seinen angegebenen Verzögerungsschaden konkret darlegen und beweisen.

108

Insbesondere ist in diesem Zusammenhang zu erörtern, wie die durch die Einleitung und Eröffnung der Insolvenz selbst entstandenen Verzögerungsschäden zu handhaben sind.

---

[84] Beachte hierzu insbesondere § 309 Nr. 6 BGB und die Generalklausel § 307 BGB.

3. Durch den Gemeinschuldner entstandener Verzugsschaden

109 Das Problem ist bisher noch nicht durch die Rechtsprechung gelöst worden. M. E. ergibt sich aus der Natur des Abrechnungsverhältnisses, dass durch die Insolvenzeröffnung alle Verzugsansprüche als angefallen anzusehen sind. Dies gilt allerdings nur für die Ansprüche, die der Gemeinschuldner – wegen § 286 Nr. 4 BGB schuldhaft – verursacht hat. Für die Insolvenzlage gilt dies eingeschränkt, solange der Insolvenzverwalter noch nicht sein Wahlrecht nach § 103 InsO ausgeübt hat.

4. Durch den Insolvenzverwalter entstandener Verzugsschaden

110 Auch der durch den Insolvenzverwalter selbst verursachte Verzögerungsschaden muss grundsätzlich für den Auftraggeber zu ersetzen sein. Dies gilt aber nur unter den Voraussetzungen des Verzuges selber, d. h. der Insolvenzverwalter muss als Schuldner des nach der Insolvenzeröffnung entstandenen Verzögerungsschaden diesen schuldhaft verursacht haben, § 285 BGB. Die Darlegungs- und Beweislast für das Vorliegen des Verschuldens bzw. Nichtverschuldens liegt grundsätzlich bei dem Schuldner,[85] d. h. demzufolge beim Insolvenzverwalter.

Dies bedeutet in der Praxis: Der Insolvenzverwalter haftet mit der Insolvenzmasse, bzw. bei Pflichtverletzung gemäß §§ 60, 61 InsO selbst, für den von ihm schuldhaft verursachten Verzögerungsschaden des Auftraggebers.

5. Gegenrechte des Insolvenzverwalters

111 Dem Insolvenzverwalter stehen aber Gegenrechte zu:

- Er kann darlegen und beweisen, er habe schnellstmöglich die Akten des konkreten Bauvorhabens bearbeitet und sich sodann unverzüglich für Erfüllung oder Ablehnung der Erfüllung entschieden. In diesem Fall wird dem Insolvenzverwalter bzw. der Insolvenzmasse wegen Nichtverschuldens ein eigener Verzugsschaden nicht anzulasten sein.

- Kann der Insolvenzverwalter ein Nichtverschulden nicht darlegen und beweisen, so verbleibt ihm gemäß § 254 BGB gegenüber dem Auftraggeber der Einwand dessen Mitverschuldens. Zum Beispiel habe der Auftraggeber das Bauvorhaben im Übrigen weiterführen können oder der Auftraggeber habe noch fällige Abschlagszahlungen einbehalten, die er zur zügigen Weiterführung des Bauvorhabens hätte verwenden können.

---

85 St. Rspr. des BGH seit BGHZ 32, 322.

X. Behandlung von Sicherheitseinbehalten durch den Insolvenzverwalter

1. Erforderliche Vereinbarung

Regelmäßig liegen für die Abwicklung von Bauvorhaben auf Seiten des Auftraggebers Sicherheiten vor, die es in der Insolvenz abzuwickeln gilt. Für die Sicherheit generell hat die VOB/B in § 17 besonderer Handhabungsregelungen getroffen. Bevor der Insolvenzverwalter sich allerdings mit der Bearbeitung von Sicherheiten befasst, muss er prüfen, ob die ursprünglichen Vertragsparteien tatsächlich die einbehaltenen Sicherheiten vereinbart haben. Hierfür gilt zuvorderst: allein die bloße Einbeziehung der VOB/B in den Bauvertrag bedeutet nicht, dass der Besteller einen Sicherheitseinbehalt geltend machen darf.

112

Sicherheiten (z. B. Bankbürgschaften) bzw. Sicherheitseinbehalte müssen im Bauvertrag mit dem Schuldner ausdrücklich vereinbart sein. Nur in diesem Fall ist der Verwalter hieran gebunden, denn der Verwalter kann für die Masse grundsätzlich nicht mehr und keine anderen Rechte beanspruchen, als dem Schuldner zustehen.[86]

Zu beachten ist, dass § 17 VOB/B nur Anwendung findet, wenn überhaupt dem Grunde nach ein Sicherheitseinbehalt vertraglich vereinbart wurde.[87] Fehlt eine wirksame Abrede über den Sicherheitseinbehalt – was auch auf der Unwirksamkeit einer allgemeinen Geschäftsbedingung beruhen kann[88], so kann der Besteller einen solchen nicht etwa allein wegen der Insolvenz beanspruchen. Insbesondere hat der Auftraggeber keinen Anspruch auf Sicherheitsleistung wegen bisher nicht bekannter, allenfalls möglicher Mängel des abgenommenen Werks.[89]

2. Behandlung von Sicherheitseinbehalten nach VOB/B

Im Übrigen ist unter der Geltung des § 17 VOB/B Folgendes zu beachten: Gemäß § 17 Nr. 6 Abs. 1 Satz 2 VOB/B muss der Auftraggeber dem Auftragnehmer – und damit auch dem Insolvenzverwalter – den jeweils einbehaltenen Betrag mitteilen. Damit ist geklärt, dass der Auftraggeber den Sicherheitseinbehalt – wenn der Sicherungsanspruch noch begründet ist – für sich behalten darf. Hierbei wird durch § 17 Nr. 6 Abs. 1 Satz 2 VOB/B das Einbehaltsrecht entscheidend modifiziert, als nach der vorgenannten

113

---

86 BGH ZIP 1999, 199, 2001. Sp.; dazu EWiR 1999, 269 (W. Schmitz); LG Lüneburg BauR 1998, 1018.
87 Ingenstau/Korbion, a. a. O., § 17 B Rdnr. 9.
88 BGH ZIP 1997, 1549; dazu EWiR 1997, 1149 (Siegburg); hierzu aus der Literatur insbesondere: Belz, ZfBR 1998, 1; Bomhard, BauR 1998, 179; Hogrefe, BauR 1999, 111.
89 BGH ZIP 1994, 714; dazu EWiR 1994, 591 (Mönch); OLG Hamburg MDR 1988, 861.

VOB/B-Vorschrift der Auftraggeber verpflichtet ist, den einbehaltenen Betrag auf ein Sperrkonto, über das er nur gemeinsam mit dem Insolvenzverwalter verfügen kann, einzurichten.

Deshalb kann der Auffassung von Wietersheim[90], dass der Sicherheitseinbehalt bei insolvenzbedingter Umgestaltung des Vertrages vor Ablauf der Gewährleistungsfrist an den Verwalter auszuzahlen ist, nicht gefolgt werden. Denn der (vereinbarte) Sicherheitseinbehalt soll den Auftraggeber in der eingetretenen Insolvenz des Unternehmers davor schützen, dass der Besteller wegen auftretender und gerügter Mängel diese faktisch nicht mehr auf Kosten des verursachenden Gemeinschuldners beheben kann.

> **Im Übrigen muss der Insolvenzverwalter bei Vorliegen von Sicherheitseinbehalten folgendes Verfahren tätigen:**
>
> - Der Insolvenzverwalter muss den Auftraggeber dazu auffordern, den Sicherheitseinbehalt auf ein Sperrkonto mit gemeinsamer Verfügungsberechtigung einzubezahlen.
>
> - Erledigt der Besteller dies trotz angemessener Nachfristsetzung nicht, wird der Sicherheitseinbehalt sofort zur Rückzahlung fällig, § 17 Nr. 6 Abs. 3 Satz 2 VOB/B.[91] Der Auftraggeber hat damit seinen Sicherungsanspruch verwirkt.

Zahlt dagegen der Besteller den Sicherheitseinbehalt ordnungsgemäß ein, so hat dies immerhin den Vorteil, dass auflaufende Zinsen dem Verwalter zustehen (§ 17 Nr. 5 Satz 2 VOB/B) und dass er vor einer späteren Insolvenz des Bestellers effektiv geschützt ist.[92]

Höchst gefährlich ist es im Hinblick auf die Haftung des Insolvenzverwalters, wenn dieser mit dem Auftraggeber eine Vereinbarung trifft, mit der ein Teilbetrag des Sicherheitseinbehalts sofort zur Masse ausgezahlt wird und der Rest vergleichsweise dem Auftraggeber zur Verfügung bleibt, unabhängig davon, ob der Auftraggeber mit diesem Betrag die noch vorhandenen Mängel des Bauvorhabens beseitigt.

---

90 Wietersheim, ZInsO 1999, 393, 395.
91 Diese Rechtsfolge bestätigend: KG SFH Nr. 2 zu § 17 VOB/B (1973); OLG Nürnberg IBR 1998, 142.
92 Motzke/Pietzcker/Prieß, a. a. O., § 17 Nr. 6 B Rdnr. 16.

XI. Sonderproblem: Der Gemeinschuldner befindet sich bei Insolvenzeröffnung in ARGE mit anderen Bauunternehmern

Häufig findet der vorläufige Insolvenzverwalter bei dem Bauunternehmen Beteiligungen an Arbeitsgemeinschaften (i. f. ARGE) zur gemeinschaftlichen Erstellung eines Bauvorhabens vor. Hierzu muss der Verwalter Folgendes wissen:

114

1. Begriffsbestimmungen

Arbeitsgemeinschaften sind Zusammenschlüsse von Unternehmern auf vertraglicher Grundlage mit dem Zweck, Bauaufträge für gleiche oder verschiedene Fachgebiete oder Gewerbezweige gemeinsam auszuführen; sie können vertikal (Unternehmen verschiedener Fachrichtungen) oder horizontal (Unternehmen gleicher Fachrichtungen, z. B. Ingenieur-Hochbau) gegliedert sein. (Definition nach dem Vergabehandbuch der öffentlichen Auftraggeber)

2. ARGE-Vertrag

Unter einem normalen ARGE-Vertrag ist die übereinstimmende mündliche oder schriftliche Vereinbarung mehrerer Unternehmer zu verstehen, gemeinsam sich um einen Bauauftrag zu bewerben und/oder einen erteilten Auftrag zusammen auszuführen.[93]

115

Damit verbunden sind – wie bei jedem anderen Gesellschaftsvertrag auch – Verpflichtung jedes einzelnen Unternehmer/Gesellschafters gegenüber den anderen. Entsprechend den im Innenverhältnis getroffenen Vereinbarungen muss der Unternehmer/Gesellschafter mit zur Erreichung des vorgenommenen Zieles beitragen. Der Gesellschafterbeitrag erfolgt grundsätzlich im Rahmen der intern vertraglich festgelegten Möglichkeiten, die das einzelne Unternehmen seiner Art, seinem Gegenstand und seinem Umfang nach bietet. Allerdings muss das Bauunternehmen in der Lage sein, zumindest einen Teil der geforderten Leistung selbst auszuführen.[94]

---

93 Vgl. Ingenstau/Korbion, a. a. O., Anhang »Die Unternehmereinsatzformen« Rdnr. 8.
94 Ingenstau/Korbion, a. a. O.

Thiele

> **Folgende ARGEn sind zu unterscheiden:**
>
> - *Vertikale ARGE* ist der Zusammenschluss von Bauunternehmen verschiedener Fachrichtung zur Errichtung eines oder mehrerer gemeinsamer Bauvorhaben.
>
> - *Horizontale ARGE* ist der Zusammenschluss von Unternehmen gleicher Fachrichtung zu einem oder mehreren gemeinschaftlichen Bauvorhaben.
>
> - Von den gewöhnlichen ARGEn ist die so genannte Dach-ARGE zu unterscheiden. Bei dieser ARGE-Form erfüllen die Gesellschafter ihre gesellschaftsrechtliche Beitragspflicht durch ihre selbstständige und eigenverantwortliche Bauleistung für das jeweilige Einzellos.

3. Vertragscharakter des ARGE-Vertrags

116 Nach übereinstimmender Meinung in Literatur und Rechtsprechung handelt es sich bei der baurechtlichen Arbeitsgemeinschaft um eine Gesellschaft des bürgerlichen Rechts, §§ 705 ff. BGB.[95]

Diese gesetzlichen Bestimmungen zur BGB-Gesellschaft finden auf das Verhältnis nach außen zum Auftraggeber und nach innen unter den Gesellschaftern Anwendung, soweit im letzteren Fall nicht im Arbeitsgemeinschaftsvertrag abweichende Bestimmungen getroffen worden sind.[96]

4. Organe der baurechtlichen Arbeitsgemeinschaft

a) Die Aufsichtsstelle (Gesellschafterversammlung)

117 Die Aufsichtsstelle hat die Geschäftstätigkeit der Arbeitsgemeinschaft im Allgemeinen zu überwachen. Sie hat über alle Fragen von grundsätzlicher Bedeutung zu entscheiden, die ihr entweder von den Gesellschaftern unterbreitet werden oder über die sie nach dem Arge-Vertrag zu befinden hat.

b) Kaufmännische und Technische Geschäftsführung

118 Zweites Organ einer ARGE ist die kaufmännische und technische Geschäftsführung. Diese muss die Beschlüsse der Aufsichtsstelle ausführen und hat alle Geschäfte wahrzunehmen, die nicht von dieser zu erledigen sind bzw. erledigt werden.

---

95 Vgl. BGHZ 23, 307 = NJW 1957, 750 = BB 1957, 273 = SFH Z 2.224 Bl. 4; BayObLG SFH § 269 BGB Nr. 1; Wussow, IB 1965, 45; vgl. auch RGZ 73, 286; 78, 305.
96 Ingenstau/Korbion, a. a. O., Anhang »Die Unternehmereinsatzformen« Rdnr. 15.

Thiele

5. Die ARGE und die Insolvenz eines Gesellschafters

Die Arbeitsgemeinschaft als solche ist als GbR grundsätzlich insolvenzfähig, vgl. § 11 Abs. 2 InsO. Allerdings besitzt die ARGE zumeist kein eigenes Vermögen und damit ist eine Insolvenz der ARGE faktisch nicht möglich. Die für die Erstellung eines Bauvorhabens nötigen Leistungen und Geräte stellen sich die Unternehmer/Gesellschafter nämlich wechselseitig innerhalb der ARGE zur Verfügung. Hierüber wird für die Abrechnung Buch geführt und es bestehen wechselseitig Überlassungsverträge hinsichtlich Personal, Material, Geräten und Leistung.

119

Ein Insolvenzverfahren kommt daher nur hinsichtlich des Vermögens der Gesellschafter in Betracht, daher wird nicht das Vermögen der Arbeitsgemeinschaft, sondern nur der Anteil des betreffenden Gesellschafters an der Arbeitsgemeinschaft erfasst.

Haben Mitglieder einer Bauarbeitsgemeinschaft die Leistung eines in Insolvenz gefallenen Mitgliedes erbracht, so geht im Hinblick auf § 103 InsO mangels Erfüllungsverlangens des Insolvenzverwalters ein Schadensersatzanspruch vom Gläubiger auf sie über, wenn sie intern aus dem Gesamtschuldverhältnis Ausgleichung verlangen können. Eine allein für den Erfüllungsanspruch des ausgefallenen Mitgliedes gegebene Bürgschaft können die ausgleichsberechtigten Gesamtschuldner in Anspruch nehmen.

Um das von der Arbeitsgemeinschaft gesetzte Ziel dennoch zu erreichen, vor allem gegenüber dem Auftraggeber vertragstreu zu sein, ist es aber auch hier für den Fall der Insolvenz eines Gesellschafters geboten, wenn irgend möglich gemäß § 736 BGB die Fortsetzung der Gesellschaft unter den übrigen Gesellschaftern vertraglich zu vereinbaren, so dass dann nur der betroffene Gesellschafter ausscheidet und den übrigen Gesellschaftern dessen Gesellschaftsanteil anwächst.

120

Dies bedeutet für den Insolvenzverwalter, zunächst einmal, dass er den Anteil nicht zur Masse ziehen kann.

Gleiches gilt für den Fall der Ablehnung der Konkurseröffnung mangels Masse. Bei Zugrundelegung der Bestimmungen des Arge-Mustervertrages geht bei einer Zweimann-Arge bei Ausscheiden eines Gesellschafters durch Eröffnung des Insolvenzverfahrens dessen Anteil ohne besonderen Übertragungsakt durch Anwachsung auf den anderen Gesellschafter über; also wird die Gesellschaft nicht aufgelöst und nicht auseinander gesetzt.[97]

Haben Mitglieder einer Bauarbeitsgemeinschaft die Leistung eines weiteren, in Konkurs gefallenen Mitglieds erbracht, so geht im Hinblick auf § 103 InsO mangels Erfüllungsverlangens des Konkursverwalters ein Schadensersatzanspruch des Gläubigers (§ 425 BGB) auf sie über (§ 426 Abs. 2, 1 BGB), wenn sie intern aus dem Gesamtschuldverhältnis Ausgleich verlan-

---

97 Vgl. OLG Hamm BauR 1986, 462 m. w. N.

gen können; eine allein für den Erfüllungsanspruch des ausgefallenen Mitgliedes gegebene Bürgschaft können die ausgleichsberechtigten Gesamtschuldner in Anspruch nehmen.[98]

XII. Probleme des Insolvenzverwalters der Bauunternehmung mit dem Subunternehmer des Gemeinschuldners

1. Einführung

121   Prägend für den heutigen Baualltag sind mehrstufige Vertragsverhältnisse, d. h. es besteht ein Vertragshierarchie mit Bauherr, Generalunternehmer, Hauptunternehmer, Subunternehmer.

Angesprochen mit den nachfolgenden Ausführungen ist zunächst der Insolvenzverwalter des Hauptunternehmers, sodann der Insolvenzverwalter des Generalunternehmers.

Wenn der Hauptunternehmer vor Insolvenzeröffnung einen Bauvertrag teilweise mittels eines Subunternehmers ausgeführt hat, so lässt die Insolvenz des Hauptunternehmers dessen vertraglichen Anspruch gegen den Auftraggeber grundsätzlich unbelastet. Der Insolvenzverwalter des Hauptunternehmers kann den Vergütungsanspruch grundsätzlich zur Masse ziehen. Der Subunternehmer hingegen hat grundsätzlich hinsichtlich der eigentlich nur von ihm erbrachten Leistung lediglich eine Insolvenzforderung gegen die Masse.

Dieses Ergebnis gilt insbesondere dann, wenn der Subunternehmer seinerseits keine Sicherheiten vom Hauptunternehmer für seine Ausführung erhalten hatte.

2. Besondere Bedeutung des § 16 Nr. 6 VOB/B

122   Der unter Geltung der VOB/B ausführende Subunternehmer kann sich aber im vorab unter Zuhilfenahme des Bauherrn bzw. des Generalunternehmers wehren, indem er diesen veranlasst nach § 16 Nr. 6 VOB/B die ihm zustehende Vergütung an diesen auszuzahlen. Zumeist funktioniert dies in der Praxis reibungslos, wenn der Subunternehmer dem Generalunternehmer die Fortsetzung des Gewerks als Hauptunternehmer anbietet.

Der Insolvenzverwalter des Hauptunternehmers hat die Chance diese Zahlung an den Subunternehmer klageweise als unwirksam feststellen zu lassen,

---

98   BGH Betrieb 1990, 2257 = MDR 1991, 145 = ZIP 1990, 1354 = BB 1990, 2213 = NJW 1991, 97 = ZfBR 1991, 12 = Selb, EWiR § 426 BGB 1/91, 135.

wenn der Generalunternehmer ohne Beachtung der Voraussetzungen des § 16 Nr. 6 VOB/B an den Subunternehmer gezahlt hat.

Der Generalunternehmer hat nach § 16 Nr. 6 VOB/B das Recht (nicht die Pflicht), dem Subunternehmer direkt die diesem zustehende Vergütung zu zahlen, wenn die Voraussetzungen der Vorschrift gegeben sind. Gemäß § 16 Nr. 6 VOB/B ist der Auftraggeber berechtigt, zur Erfüllung seiner Verpflichtungen an Gläubiger des Auftragnehmers zu leisten, wenn sich der Auftragnehmer gegenüber seinem Gläubiger aufgrund eines Dienst- oder Werkvertrags in Verzug befindet.

Wenn der betreffenden Subunternehmer demzufolge nachweist, dass sich der Hauptunternehmer hinsichtlich einer Zahlung gegenüber dem Subunternehmer in Zahlungsverzug befindet, kann der Generalunternehmer am Hauptunternehmer vorbei an den Subunternehmer leisten.

Wenn die Subunternehmer überfällige Forderungen gegenüber dem Gemeinschuldner haben, muss der Insolvenzverwalter des Hauptunternehmers demzufolge darauf achten, die Forderungen des Gemeinschuldners – auch mit großzügigen Kompromissen gegenüber dem Generalunternehmer – zur Masse zu ziehen. Ansonsten ginge die Masse wegen § 16 Nr. 6 VOB/B leer aus.

3. Problematik des gerichtlichen Verfügungsverbots bei mehrstufigen Vertragsverhältnissen

Für den Insolvenzverwalter des Generalunternehmers gilt: Im Zeitraum vor der förmlichen Insolvenzeröffnung kann dieser nicht mehr an die Subunternehmer des Hauptunternehmers leisten, wenn das Insolvenzgericht ein Verfügungsverbot ausgesprochen hat und der Beschluss veröffentlicht ist.

123

Die Verfügungsmöglichkeit nach § 16 Nr. 5 VOB/B allein reicht nicht aus, um die Forderung aus dem Vermögen des Gemeinschuldners ausscheiden zu lassen. Erst die Verfügung selbst nimmt die Forderung aus dem Vermögen des Gemeinschuldners.[99]

---

99 BGH ZIP 1999, 1269.

XIII. Insolvenz und Nachbesserungsansprüche gegen den Gemeinschuldner

1. Grundlegende Bemerkungen

124 Entscheidet sich der Insolvenzverwalter für die Vertragserfüllung oder gar zur Fortführung des Baubetriebes, so zeigt er dem Gläubiger dies an.

Unter diesen Umständen kann vom Auftraggeber auch Nachbesserung für fehlerhafte Leistungen des Gemeinschuldners durch das Bauunternehmen, vertreten durch den Verwalter, verlangt werden.

2. Ansprüche des Auftraggebers vor Insolvenzeröffnung

125 Ist nach erfolgter Zahlungseinstellung über die Insolvenz und die Bestellung eines Verwalters noch nicht entschieden, so muss der Auftraggeber den in der Krise befindlichen Bauunternehmer mit den Nachfristsetzungen des § 637 BGB bzw. § 13 Nr. 5 VOB/B in den Zustand bringen, dass er zur so genannten Ersatzvornahme berechtigt ist. D. h. der Auftraggeber muss dem Bauunternehmer zur Nachbesserung der mangelhaften Leistung angemessene Nachfristen setzen. Wenn der Auftragnehmer die Leistung in der Krise nicht mehr ausführen kann. lässt er automatisch die Nachfrist verstreichen und der Auftraggeber ist zur Nachbesserung berechtigt. Dann hat der Auftraggeber auch gegenüber dem Auftragnehmer Anspruch auf Ersatz der Mangelbeseitigungskosten mittels der Ersatzvornahme.

3. Nachbesserungsrecht des Gemeinschuldners

126 Entscheidet sich der Insolvenzverwalter für die Fortführung bzw. die Vertragserfüllung, muss der folgende besonderen Konsequenzen bei den einzelnen Bauverträgen beachten:

Bevor Wandelung und Minderung geltend gemacht werden können, ist dem Unternehmer zunächst die Nachbesserung zu ermöglichen. Gewährleistungsansprüche setzen grundsätzlich eine Fristsetzung mit Ablehnungsandrohung voraus, § 637 Abs. 1 BGB. Innerhalb der gesetzten Frist muss der Auftragnehmer versuchen, den angerichteten Schaden im Wege der Nachbesserung zu beseitigen. Erst nach fruchtlosem Ablauf der Frist können vom Auftraggeber Wandelung und Minderung geltend gemacht werden.

Thiele

4. Gewährleistungspflicht des Auftragnehmers ohne Verschulden

Die Pflicht des Bauunternehmers zur Nachbesserung, sowie die Rechte des Auftraggebers auf Wandelung und Minderung sind verschuldensunabhängig. Der Insolvenzverwalter kann daher nicht gegenüber seinem Auftraggeber argumentieren, dass ein geltend gemachter Mangel von ihm zwar verursacht, aber nicht von ihm verschuldet sei.

127

Verlangt der Auftraggeber aber im Nachhinein von ihm Schadensersatz nach §§ 634, 636 BGB, so kann der Insolvenzverwalter sehr wohl mangelndes Verschulden des Gemeinschuldners anspruchshindernd einwenden.

5. Pflicht (und Recht) des Bauunternehmers zur Nachbesserung

Bei Mängeln, die bereits während der Ausführung der Bauleistung erkannt werden und die noch zu beheben sind, hat der Bauunternehmer die Pflicht, aber auch das Recht zur Nachbesserung, § 634 BGB. In der Praxis der Insolvenzverwaltung wird insbesondere das Recht zur Nachbesserung recht häufig nicht gesehen. Die Nachbesserung ist insbesondere dann für die Masse von Vorteil, wenn der Nachbesserungsaufwand noch mit eigenem Personal und mit dem auf der Baustelle verbliebenen Baugerät erledigt werden kann.

128

Die Nichtbeachtung des Rechtes zur Nachbesserung durch den (ersatzvornehmenden) Auftraggeber kann für den Insolvenzverwalter des Auftragnehmers folgenden Vorteil bedeuten:

Der Auftraggeber kann – wenn er die Voraussetzungen der Ersatzvornahme nicht beachtet – keine Ansprüche mehr durchsetzen, wenn er es versäumt hat, den Bauunternehmer zuvor aufzufordern, die Mängel zu beseitigen, dies ergibt sich aus dem neuen § 637 Abs. 1 BGB. Das Mangelbeseitigungsrecht setzt die Verweigerung durch den Auftragnehmer voraus.

Die Kosten der Mängelbeseitigung hat der Auftragnehmer – und damit die Insolvenzmasse – selbst zu tragen, § 633 Abs. 2 in Verbindung mit § 476 a BGB.

Die Pflicht des Bauunternehmers zur Mangelbeseitigung ist zugleich sein Recht. D. h. der Auftraggeber hat nicht die Wahl, ob er von dem Bauunternehmer lieber Minderung der Vergütung verlangen soll. Zunächst muss der Auftraggeber dem Bauunternehmer das Recht auf Nachbesserung einräumen.

Thiele

6. Einwand des Bauunternehmers gegenüber dem Nachbesserungsanspruch des Auftraggebers

129 Gemäß § 635 Abs. 3 BGB kann der Unternehmer gegenüber dem Auftraggeber die Nachbesserung verweigern, wenn diese einen unverhältnismäßigen Aufwand erfordert. Unverhältnismäßig ist der Aufwand im Zweifel dann, wenn er die Höhe des von dem Planer zu beanspruchenden Honorars überschreitet. In diesem Fall kann der Fachplaner dem Auftraggeber gegenüber die Nachbesserung verweigerung und ihn auf dessen Recht zur Minderung des Honorars »gegen Null« verweisen.

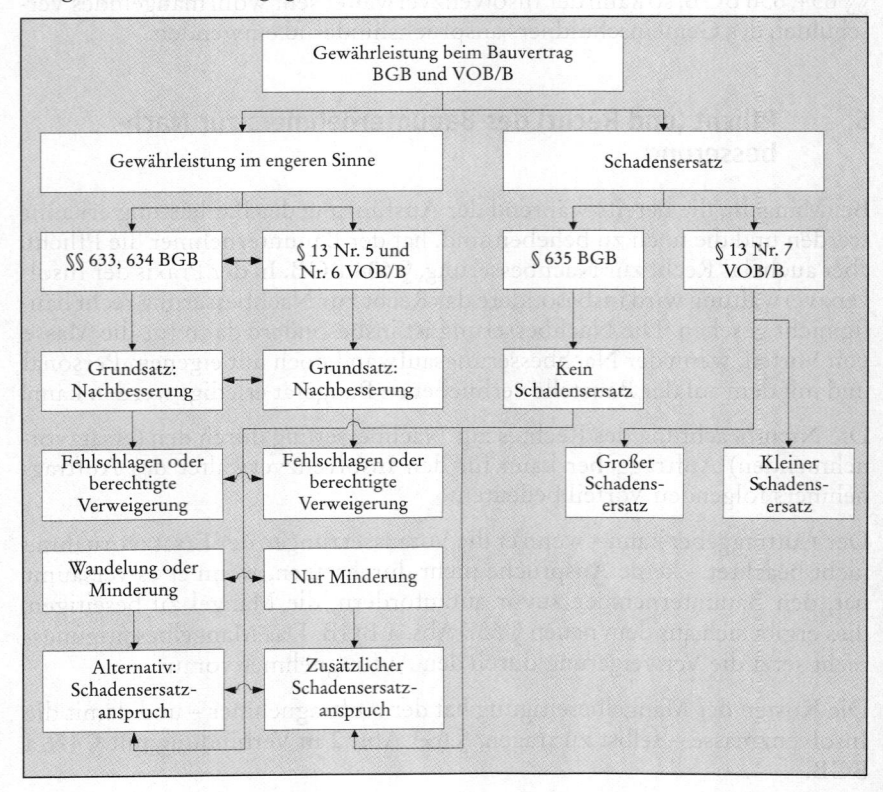

```
                    Gewährleistung beim Bauvertrag
                          BGB und VOB/B
                    ┌──────────┴──────────┐
        Gewährleistung im engeren Sinne       Schadensersatz
         ┌──────────┴──────────┐         ┌──────────┴──────────┐
    §§ 633, 634 BGB    § 13 Nr. 5 und    § 635 BGB        § 13 Nr. 7
                       Nr. 6 VOB/B                          VOB/B
         │                  │                 │                 │
     Grundsatz:         Grundsatz:           Kein
    Nachbesserung      Nachbesserung      Schadensersatz
         │                  │
   Fehlschlagen oder  Fehlschlagen oder    Großer           Kleiner
    berechtigte        berechtigte       Schadens-        Schadens-
    Verweigerung       Verweigerung        ersatz           ersatz
         │                  │
   Wandelung oder       Nur Minderung
     Minderung
         │                  │
    Alternativ:         Zusätzlicher
  Schadensersatz-     Schadensersatz-
     anspruch            anspruch
```

XIV. Insolvenzanfechtung bei der Bauinsolvenz

1. Wirtschaftliche Ausgangslage

130 Gerade im Bauwesen ist die Anzahl der Insolvenzen in den letzten Jahren dramatisch angestiegen. Häufig sind diese Verfahren masseram, weil im Vorfeld der Insolvenz von dem in der Krise befindlichen Unternehmen zahlreiche Geschäfte getätigt werden, die dazu bestimmt sind, der späteren Insol-

venzmasse liquide Mittel zu entziehen. So werden an besonders drängende Gläubiger, z. B. einem noch für das Unternehmen tätigen Bauhandwerker in der Krise im Übermaß Forderungen abgetreten, nur um diesen zum Weiterarbeiten zu bewegen. Insbesondere ist in diesem Zusammenhang an § 648 a BGB zu denken, der dem Bauhandwerker ein Leistungsverweigerungsrecht hinsichtlich der weiter erforderlichen Bauarbeiten gewährt, wenn der Auftraggeber keine Sicherheit für die Werklohnforderung beigebracht hat. Durch die Abtretung der Forderungen zu Sicherheit des einzelnen Bauhandwerkers wird aber die den übrigen Gläubigern zur Befriedigung bereitstehende Insolvenzmasse geschmälert und damit die Befriedigungsmöglichkeiten der übrigen Gläubiger verkürzt.

Dieser Entwicklung will das Insolvenz-Anfechtungsrecht vorbeugen.

2. Zur Einführung folgender umfassender Praxisfall:

Umfassender Praxisfall

Der Insolvenzverwalter ist Verwalter über das Vermögen der einer Baufirma B (nachfolgend auch Schuldnerin genannt). Der Insolvenzeröffnungsantrag erfolgte am 13. Juni 2000 und die Insolvenz wurde mit Beschluss vom 29. Juli 2000 angeordnet.

Die Schuldnerin war von der K. M. Bauunternehmung GmbH & Co. KG (fortan: Auftraggeberin) mit den Rohbauarbeiten am Neubau der Grund- und Gesamtschule in B./Br. beauftragt worden und hatte dem dort ansässigen Bauhandwerker einen Teil der von ihr zu erbringenden Leistungen als Subunternehmer übertragen.

Die Gewinn- und Verlustrechnung der Schuldnerin für das Jahr 1999 schloss mit einem Fehlbetrag von mehr als 4,8 Mio. DM ab. Schon mit Schreiben vom 18. November 1999 kündigte die Commerzbank, Filiale Görlitz, die von der Schuldnerin damals in Höhe von mehr als 1 Mio. DM in Anspruch genommenen Kredite und forderte zur Rückzahlung innerhalb eines Monats auf. Am 22. Dezember 1999 verpflichtete sich die Schuldnerin, alle Zahlungen auf Forderungen aus der der Bank tags zuvor ausgehändigten Liste der abtretbaren Forderungen der sowie 70 % der Eingänge aus zukünftigen Forderungen der B gegen Auftraggeber zur Rückführung der Verbindlichkeiten zu verwenden.

Seit März 2000 wurden die Löhne nicht ausbezahlt und die Forderungen der *Sozialversicherungsträger* nicht mehr ausgeglichen.

Der Bauhandwerker BW erteilte der B am 30. März und am 2. Mai 2000 zwei Abschlagsrechnungen über 43 983,85 DM sowie 36 478,68 DM.

Mit Schreiben vom 11. Mai 2000 bat die Schuldnerin ihre Auftraggeberin, die Firma A, »aufgrund vorübergehender Liquiditätsprobleme« Lieferanten- und Subunternehmerrechnungen – unter Verrechnung mit den Forderungen der Schuldnerin – direkt zu begleichen.

Thiele

Mahn- und Vollstreckungsbescheide

Zu diesem Zeitpunkt hatten bereits mehrere Gläubiger Mahn- und Vollstreckungsbescheide gegen die Schuldnerin erwirkt.

Zahlungsunfähigkeit

Am 16. Mai 2000 hielt der Geschäftsführer der Schuldnerin in einem Aktenvermerk fest, dass »jetzt der Zustand der Zahlungsunfähigkeit eingetreten« sei.

Die Auftraggeberin bezahlte die Forderungen des Bauhandwerkers am 3. und 10. Juni 2000.

Der Insolvenzverwalter hat diese Leistungen im Gesamtbetrag von 80 462,53 DM mit der am 29. Juli 2001 eingereichten, dem Bauhandwerker am 29. August 2001 zugestellten Klage unter dem Gesichtspunkt der Anfechtung zurückgefordert.

Der Insolvenzverwalter hat behauptet, die Schuldnerin sei seit Anfang des Jahres 2000 zahlungsunfähig gewesen. Der Bauhandwerker habe die Zahlungseinstellung der Schuldnerin gekannt. Das Brandenburgische Oberlandesgericht hat die Klageabweisung durch das Landgericht Potsdam bestätigt. Mit der Revision an den Bundesgerichtshof verfolgte der Insolvenzverwalter den Anspruch weiter. Dieser gab dem Insolvenzverwalter im Wesentlichen Recht.

Zeitplan	
18. 11. 1999	Kreditkündigung durch Commerzbank Görlitz
22. 12. 1999	Globalzession an die Commerzbank
03/2000	Keine Lohnzahlung mehr
30. 3. 2000	1. Abschlagsrechnung durch Bauhandwerker
2. 5. 2000	2. Abschlagsrechnung durch Bauhandwerker
16. 5. 2000	Aktenvermerk des Geschäftsführers der B, dass nunmehr Zahlungsunfähigkeit besteht
3. 6. 2000	1. Zahlung an Bauhandwerker
10. 6. 2000	2. Zahlung an Bauhandwerker
13. 6. 2000	Insolvenzeröffnungsantrag
29. 7. 2000	Insolvenzeröffnung

Schaubild vom Ausgangsfall:

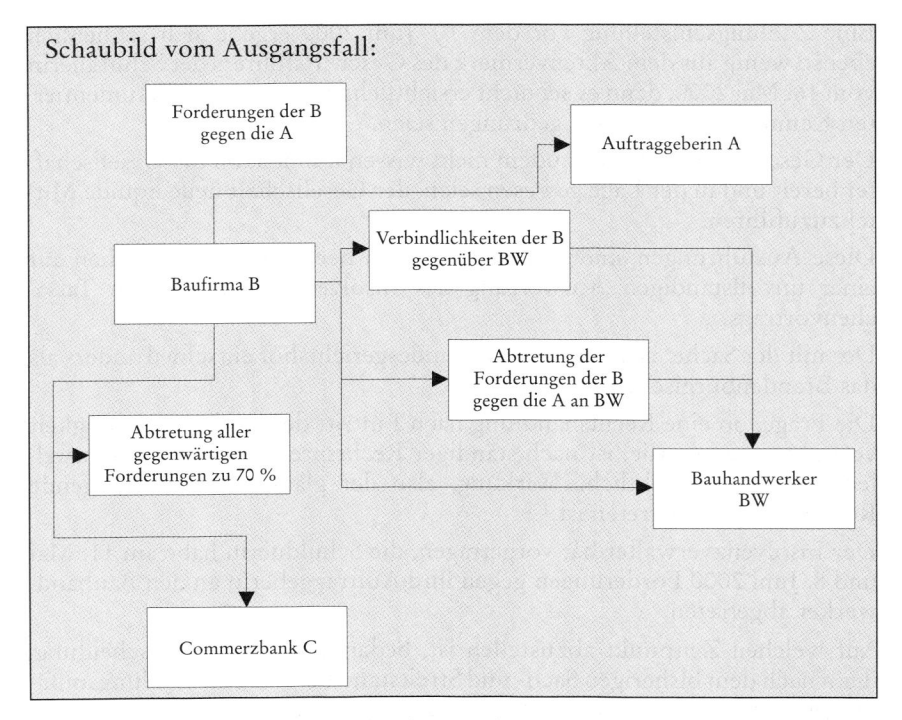

```
Forderungen der B
gegen die A  ───────────►  Auftraggeberin A
     ▲
     │
Baufirma B  ───►  Verbindlichkeiten der B
     │            gegenüber BW
     │                ▲
     ├───────►  Abtretung der
     │         Forderungen der B
     │         gegen die A an BW  ──────┐
     │                                  ▼
     ├───►  Abtretung aller      Bauhandwerker
     │     gegenwärtigen              BW
     │     Forderungen zu 70 %
     ▼
Commerzbank C
```

Das Brandenburgische Oberlandesgericht hatte dem Insolvenzverwalter eine Anfechtung schon deshalb versagt, weil er nicht hinreichend dargetan hatte, dass die Rechtshandlung des Schuldners nach der Zahlungseinstellung vorgenommen worden sei.

Argumente des Brandenburgischen Oberlandesgerichts:

Die Einstellung der Lohnzahlungen an die Arbeitnehmer biete keinen hinreichenden Anhaltspunkt für eine Zahlungseinstellung.

Gerade im Baugewerbe sähen die Arbeitnehmer häufig davon ab, ihren Lohn ernsthaft einzufordern, um, zur Erhaltung ihrer Arbeitsplätze, dem Arbeitgeber Liquidität zu gewähren.

Finanzverwaltung und Sozialversicherungsträger stundeten aus diesen Gründen gerade im Beitrittsgebiet häufig ihre Forderungen.

Die Zahlungseinstellung sei auch nicht durch die Commerzbank herbeigeführt worden; denn der Insolvenzverwalter habe nicht dargetan, dass diese Bank das für die Liquidität der Schuldnerin maßgebliche Kreditinstitut gewesen sei.

Der Insolvenzverwalter habe nicht vorgetragen, ob und in welchem Umfang die Schuldnerin Geschäftsverbindungen zu anderen Kreditinstituten unterhalten habe. Außerdem habe die Vereinbarung vom 22. Dezember 1993 mit der Commerzbank dem Zweck gedient, die Zahlungsfähigkeit der Schuldnerin zu erhalten.

Thiele

Eine Zahlungseinstellung vor dem 10. Juni 2000 ergebe sich schließlich ebenso wenig aus dem Aktenvermerk des Geschäftsführers der Schuldnerin vom 16. Mai 2000; denn es sei nicht ersichtlich, dass die darin dokumentierten Kenntnisse nach außen gedrungen seien.

Der Geschäftsführer habe zudem nicht wissen können, ob die Gesellschafter bereit und in der Lage gewesen seien, der Gesellschaft neue liquide Mittel zuzuführen.

Diese Ausführungen sind von Rechtsirrtum beeinflusst und beruhen auf einer unvollständigen Auswertung des Insolvenzverwalterischen Tatsachenvortrags.

Der mit der Sache nachher befasste Bundesgerichtshof entschied anders als das Brandenburgische OLG

Die Frage, ob eine Rechtshandlung nach Eintritt der Zahlungsunfähigkeit vorgenommen wurde, ist nach ständiger Rechtsprechung darauf abzustellen, wann ihre rechtliche Wirkung, also der gläubigerbenachteiligende Rechtserfolg, eingetreten ist.[100]

Der Insolvenzverwalter hat vorgetragen, die Schuldnerin habe am 11. Mai und 8. Juni 2000 Forderungen gegen ihre Auftraggeberin an den Bauhandwerker abgetreten.

Auf welchen Zeitpunkt abzustellen ist, bedarf hier keiner Entscheidung; denn nach dem bisherigen Sach- und Streitstand kommt eine Zahlungsunfähigkeit der B schon vor dem 11. Mai 2000 in Betracht.

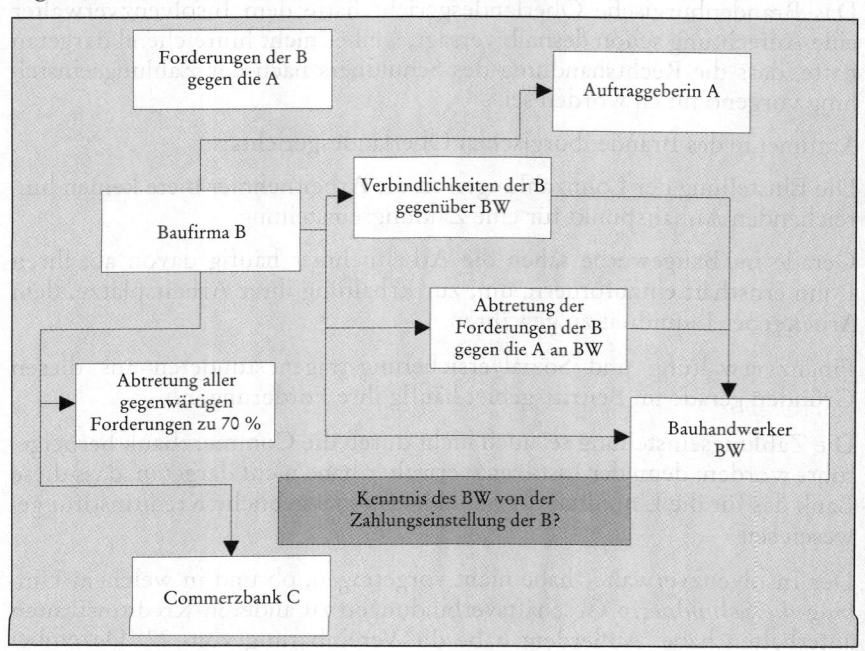

---

100 BGH ZIP 1996, 2080, 2082 m. w. N.; BGH ZIP 1997, 513, 514.

XV. Allgemein zur Kenntnis des Gläubigers von der Zahlungsunfähigkeit des Schuldners nach der Insolvenzordnung

1. § 130 InsO

Anders als § 30 KO stellt die Vorschrift des § 130 InsO nicht auf die Zahlungseinstellung, sondern auf die Zahlungsunfähigkeit ab. Damit trägt die neue Regelung dem Umstand Rechnung, dass zwar die Zahlungseinstellung eine wichtige Erscheinungsform der Zahlungsunfähigkeit ist, es aber auch Fälle gibt, in denen Zahlungsunfähigkeit vorliegt, obwohl der Schuldner noch einzelne Gläubiger befriedigt (so auch die Begründung zum Regierungsentwurf BT-Drucks. U/2443, S. 157).

132

Der Begriff der Zahlungsunfähigkeit ist im Vergleich zur Zahlungseinstellung also zugunsten der Gläubiger weiter gehend.

2. Die InsO-Regelung ist für den Insolvenzverwalter und damit für die Gläubiger günstiger:

Alte Rechtslage: Keine Kenntnisse von der Zahlungseinstellung, weil der Insolvenzverwalter nur unzulänglichen Einblick in die Vermögensverhältnisse des Gemeinschuldners hat. In den Fällen der Zahlungseinstellung wird der Anfechtungsgegner – in unserem Praxisfall also der Bauhandwerker – jedoch nur dann die Kenntnis von einem Missverhältnis der vorhandenen bzw. kurzfristig verfügbaren Zahlungsmitteln zu den notwendigen Auszahlungen besitzen, wenn er erhebliche Einblicke in die Vermögensverhältnisse des Schuldners hatte. Diese Kenntnis liegt aber in vielen Fällen bei den Gläubigern nicht vor, so dass es für diese nahezu unmöglich ist, dem Schuldner die Zahlungseinstellung nachzuweisen.

133

3. Weitere Erleichterungen durch die neue Regelung

Unerheblich ist es dabei, wenn der Schuldner die Einstellung seiner Zahlung erklärt, er aber noch zahlen kann.[101] Umgekehrt kommt es nicht darauf an, ob der Schuldner Kenntnis von seiner Zahlungsunfähigkeit hatte.[102] Eine Anfechtung entfällt jedoch, wenn der Schuldner zunächst zahlungsunfähig war, die Zahlungsunfähigkeit aber in dem in § 140 InsO genannten Zeitpunkt etwa durch Bewilligung eines neuen Kredits beseitigt wird.[103]

134

---

101 Vgl. Kilger/Schmidt, K., a. a. O., § 30 Anm. 5.
102 BGH WM 1985, 396 f.
103 BGH WM 1975, 6.

4. Wann liegt nach der Insolvenzordnung Zahlungsunfähigkeit vor?

135 Zahlungsunfähigkeit liegt nach der Legaldefinition in § 17 Abs. 2 Satz 1 InsO vor, wenn der Schuldner nicht in der Lage ist, die fälligen Zahlungspflichten zu erfüllen.

In Lehre und Rechtsprechung wurde Zahlungsunfähigkeit bisher als auf dem Mangel an Zahlungsmitteln beruhendes dauerndes Unvermögen des Schuldners verstanden, den wesentlichen Teil seiner ernsthaft eingeforderten fälligen Verbindlichkeiten zu erfüllen.[104]

Die InsO hingegen stellt, indem die Merkmale der Wesentlichkeit und der Dauer nicht in die Legaldefinition aufgenommen worden sind, im Vergleich zur alten Rechtslage höhere Anforderungen an die Zahlungsfähigkeit des Schuldners.[105] Außenstände und Anlagevermögen können nur dann eine Zahlungsunfähigkeit ausschließen, wenn diese innerhalb von etwa einem Monat in liquide Mittel umgewandelt werden können.[106]

Die Zahlungsunfähigkeit in §§ 130 -132 InsO ist nicht gleichzusetzen mit der drohenden Zahlungsunfähigkeit, wie sie jetzt in § 18 InsO definiert ist. Auch nicht zu verwechseln ist die Zahlungsunfähigkeit mit der in § 19 InsO genannten Überschuldung. Die Zahlungsunfähigkeit setzt auch keine Überschuldung voraus.[107]

Danach muss für die beteiligten Verkehrskreise erkennbar geworden sein, dass der Schuldner wegen eines voraussichtlich dauernden Mangels an Zahlungsmitteln seine fälligen und vom jeweiligen Gläubiger ernsthaft eingeforderten Verbindlichkeiten nicht mehr erfüllen kann.

5. § 130 Abs. 2 InsO als Beweiserleichterung für die Gläubiger

136 Eine weitere Erleichterung für den anfechtenden Insolvenzverwalter und damit für die Gläubiger der Insolvenzmasse bietet § 130 Abs. 2 InsO:

§ 130 Abs. 2 InsO: Der Kenntnis der Zahlungsunfähigkeit oder des Eröffnungsantrags steht die Kenntnis von Umständen gleich, die zwingend auf die Zahlungsunfähigkeit oder den Eröffnungsantrag schließen lassen.

Dem Anfechtungsgegner – hier dem Bauhandwerker – muss die Zahlungsunfähigkeit des Schuldners oder im Fall des § 130 Abs. 1 Nr. 2 InsO alternativ der Eröffnungsantrag zum Zeitpunkt der Handlung bekannt gewesen sein.

---

104 Vgl. BGH ZIP 1997, 367 [370]; ZIP 1986, 720; Kuhn/Uhlenbruck, a. a. O., § 30 Rdnr. 21.
105 Burger/Schellberg, BB 1995, 264.
106 BGH ZIP 1999,76, 78.
107 Kuhn/Uhlenbruck, a. a. O., § 30 Rdnr. 9.

Erforderlich ist entweder positives Wissen bzw. die positive Kenntnis solcher Umstände, die zwingend auf die Zahlungsunfähigkeit oder den Eröffnungsantrag schließen lassen (§ 130 Abs. 2 Satz 1 InsO).

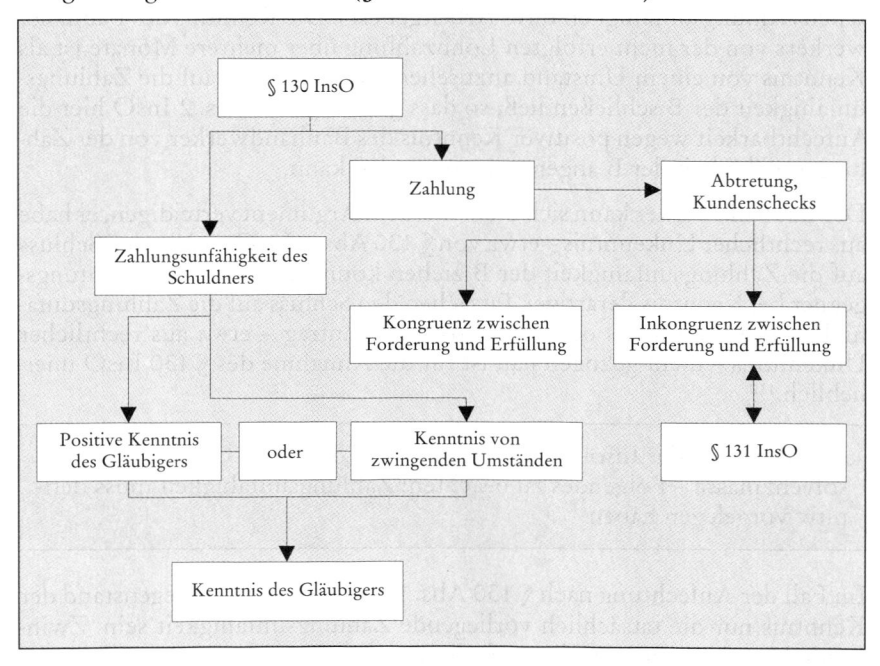

```
                          ┌──────────────┐
                          │  § 130 InsO  │
                          └──────┬───────┘
              ┌──────────────────┼────────────────────┐
              │                  ▼                    ▼
              │             ┌─────────┐      ┌────────────────┐
              │             │ Zahlung │─────▶│  Abtretung,    │
              │             └────┬────┘      │  Kundenschecks │
              ▼                  │           └────────┬───────┘
    ┌──────────────────┐         │                    │
    │ Zahlungsunfähig- │         │                    │
    │ keit des         │         │                    │
    │ Schuldners       │         ▼                    ▼
    └─────┬────────────┘  ┌──────────────┐   ┌──────────────────┐
          │               │ Kongruenz    │   │ Inkongruenz      │
          │               │ zwischen     │   │ zwischen         │
          │               │ Forderung    │   │ Forderung        │
          │               │ und Erfüllung│   │ und Erfüllung    │
          │               └──────┬───────┘   └─────────┬────────┘
          │                      │                     │
    ┌─────▼────────┐  ┌──────┐  ┌▼─────────────┐  ┌────▼───────┐
    │ Positive     │  │ oder │  │ Kenntnis von │  │ § 131 InsO │
    │ Kenntnis des │  │      │  │ zwingenden   │  │            │
    │ Gläubigers   │  │      │  │ Umständen    │  │            │
    └──────┬───────┘  └──────┘  └──────┬───────┘  └────────────┘
           │                           │
           └─────────────┬─────────────┘
                         ▼
                ┌──────────────────┐
                │ Kenntnis des     │
                │ Gläubigers       │
                └──────────────────┘
```

Im Interesse der Rechtssicherheit ist die Regelung in § 130 Abs. 2 InsO der positiven Kenntnis stark angenähert. Damit wird ein neuer Haftungstatbestand eingeführt, der zwischen positiver Kenntnis und grob fahrlässiger Unkenntnis einzuordnen ist.[108]

Es ist von dem Gläubiger (Bauhandwerker) die Kenntnis von Tatsachen zu fordern, an welche die Berufs- und Geschäftskreise des Anfechtungsgegners mit ihrer Erfahrung verständlicherweise die Erwartung knüpfen, dass der Schuldner seine Zahlungspflichten nicht wird erbringen können bzw. ein Eröffnungsantrag gestellt worden ist.[109]

Auswirkungen auf den Eingangsfall:

137

Der Bauhandwerker hatte bereits vor der Abtretung durch die B erfahren, *dass die Beschäftigten* der B seit Monaten keinen Lohn mehr erhalten hatten. Wenn das Brandenburgische Oberlandesgericht hierzu meint, dies sei im Beitrittsgebiet möglich und lasse noch nicht den Schluss auf die Zahlungsunfähigkeit der B zu, so kann diese Auffassung nur als lebensfremd be-

---

[108] Obermüller/Hess, InsO, 3. Aufl. 1999, Rdnr. 658.
[109] FK-InsO/Dauernheim, § 130 Rdnr. 34; vgl. auch BGH ZIP 1995, 929, 931 f.; Jaeger/Henckel, Kommentar zur Konkursordnung, 9. Aufl. 1997, § 30 Rdnr. 50.

zeichnet werden. Richtig daran ist nur, dass die Beschäftigten in den jungen Bundesländern oftmals auf Lohn verzichten, um ihren Arbeitsplatz zu erhalten. Dieser Verzicht erfolgt aber auch im Wissen der tatsächlich eingetretenen Zahlungsunfähigkeit ihres Arbeitgeberrs. Die Kenntnis des Bauhandwerkers von der nicht erfolgten Lohnzahlung über mehrere Monate ist als Kenntnis von einem Umstand anzusehen, der zwingend auf die Zahlungsunfähigkeit der B schließen ließ, so dass gemäß § 130 Abs. 2 InsO hier die Anfechtbarkeit wegen positiver Kenntnis des Bauhandwerker von der Zahlungsunfähigkeit der B angenommen werden kann.

Der Bauhandwerker kann sich nicht mit dem Argument verteidigen, er habe aus rechtlicher Unkenntnis – etwa von § 130 Abs. 2 InsO – nicht den Schluss auf die Zahlungsunfähigkeit der B ziehen können. Dass der Anfechtungsgegner bei Kenntnis derartiger Tatsachen den Schluss auf die Zahlungsunfähigkeit des Schuldners oder den Eröffnungsantrag – etwa aus rechtlicher Unkenntnis – nicht gezogen hat, ist für die Annahme des § 130 InsO unerheblich.[110]

> Allerdings hat der Insolvenzverwalter – und damit die Gläubiger der Insolvenzmasse – Folgendes zu beachten: Zahlungsunfähigkeit muss definitiv vorgelegen haben

Im Fall der Anfechtung nach § 130 Abs. 1 Nr. 1 InsO kann Gegenstand der Kenntnis nur die tatsächlich vorliegende Zahlungsunfähigkeit sein. Zwingende Voraussetzung für die Anfechtung nach § 130 Abs. 1 Nr. 2 InsO ist der tatsächlich gestellte Eröffnungsantrag. Das Prozessgericht der Anfechtungsklage hat damit festzustellen, dass der Schuldner im Zeitpunkt der Rechtshandlung zahlungsunfähig war bzw. der Eröffnungsantrag schon vorgelegen hat.[111]

6. Inkongruente Deckung durch Abtretung

138 Hat der Anfechtungsgegner eine inkongruente Deckung erhalten, kann dies ein wesentliches Beweisanzeichen dafür darstellen, dass er die Zahlungsunfähigkeit hätte erkennen müssen. Diese Wertung beruht auf der Erfahrung, dass Schuldner im Geschäftsverkehr regelmäßig nicht bereit sind, etwas anderes oder mehr zu gewähren als das, wozu sie vertraglich verpflichtet sind.

Wurde die Handlung, d. h. hier die Abtretungen im letzten Monat vor dem Antrag auf Eröffnung des Insolvenzverfahrens oder sogar nach diesem Antrag vorgenommen, führt allein die Inkongruenz dazu, dass die Anfechtung

---

[110] FK-InsO/Dauernheim, § 130 Rdnr. 34: WarnR 1912 Nr. 50; BGH, WM 1964, 196 [198 f.]; Kuhn/Uhlenbruck, a. a. O, § 30 Rdnr. 28.
[111] Vgl. auch §§ 157, 158 Regierungsentwurf, die hierfür ein gesondertes Feststellungsverfahren vor dem Insolvenzgericht vorsahen; hierzu Gerhardt, Festschrift für Brandner, S. 618.

Erfolg hat; weiterer objektiver oder subjektiver Merkmale bedarf es nicht (§ 131 Abs. 1 Nr. 1 InsO).

Zur Erinnerung noch einmal der Zeitplan:
18. 11. 1999: Kreditkündigung durch Commerzbank Görlitz 22. 12. 1999: Globalzession an die Commerzbank 03/2000: Keine Lohnzahlung mehr 30. 3. 2000: 1. Abschlagsrechnung durch Bauhandwerker 2. 5. 2000: 2. Abschlagsrechnung durch Bauhandwerker 16. 5. 2000: Aktenvermerk des Geschäftsführers der B, dass nunmehr Zahlungsunfähigkeit besteht 11. 5. 2000: Anweisung an die A durch die B, direkt an den Bauhandwerker zu zahlen Alternativ: Abtretung der Forderung der B gegen die A an den Bauhandwerker 3. 6. 2000: 1. Zahlung an Bauhandwerker durch die A 10. 6. 2000: 2. Zahlung an Bauhandwerker durch die A 13. 6. 2000: Insolvenzeröffnungsantrag 29. 7. 2000: Insolvenzeröffnung

Inkongruenz der Abtretung

Im Ausgangsfall ist unter Zugrundelegung einer Abtretung der Forderung gegen A durch B an den Bauhandwerker die Leistung (Zahlung), obschon eigentlich eine Vergütung durch Dritte, deshalb inkongruent, weil die Zahlung durch die A am 3. Juni und am 10. Juni erfolgte und somit die Zahlung im Monat vor dem Insolvenzeröffnungsantrag am 13. 6. 2000 erfolgte.

7. Zu § 131 Abs. 1 Nr. 2 InsO

Wie ist die Rechtslage, wenn die Zahlung durch die A innerhalb des zweiten oder dritten Monats vor dem Insolvenzeröffnungsantrag erfolgt wäre, beispielsweise am 5. 4. 2000?

Wurde dagegen die Handlung innerhalb des zweiten oder dritten Monats – zum Beispiel am 6 Tage nach Rechnungsstellung am 5. 4. 2000 – vor dem Eröffnungsantrag vorgenommen, ist weitere objektive Voraussetzung, dass *der Schuldner zur Zeit der Handlung zahlungsunfähig war*.

Dabei ist unerheblich, ob diese Zahlungsunfähigkeit dem späteren Anfechtungsgegner bekannt war oder nicht (§ 131 Abs. 1 Nr. 2 InsO).

8. § 131 Abs. 2 Nr. 1 InsO

140 Eine weitere Alternative als Anfechtungstatbestand stellt § 131 Abs. 1 Nr. 3 InsO dar:

Ist die Handlung innerhalb des zweiten oder dritten Monats vor dem Eröffnungsantrag vorgenommen worden, hat die Insolvenzanfechtung Erfolg, wenn dem Gläubiger zur Zeit der Handlung bekannt war, dass sie die Insolvenzgläubiger benachteiligte.

Dabei steht jedoch der Kenntnis der Benachteiligung die Kenntnis von Umständen gleich, die zwingend auf die Benachteiligung schließen lassen (§ 131 Abs. 2 Nr. 1 InsO).

a) Unkomplizierter Nachweis der Kenntnis durch den Insolvenzverwalter

Wenn der Schuldner dem einzelnen Gläubiger eine inkongruente Deckung gewährt hat, kann der Insolvenzverwalter diesem die Kenntnis der zwingenden Umstände im Sinne des § 131 Abs. 2 InsO relativ einfach nachweisen.

Denn die Rechtsprechung sieht in der Gewährung einer inkongruenten Deckung ein starkes Indiz (Beweisanzeichen) dafür, dass der Schuldner in Benachteiligungsabsicht gehandelt und der Anfechtungsgegner dies auf Grund der Kenntnis zwingender Umstände auch erkannt hat.

Der Bundesgerichtshof begründet dies damit, dass es der allgemeinen Lebenserfahrung entspricht, dass Schuldner im Geschäftsverkehr grundsätzlich nicht bereit sind, etwas anderes oder gar mehr dem Gläubiger zu gewähren, als diesem zusteht. Sicherungsabtretung anstatt Zahlung; in einem solchen Fall gibt der Schuldner dem Gläubiger zusätzlich zu seiner Forderung noch eine Abtretung als Sicherheit. Dies macht der Schuldner nur deshalb, weil er die Forderung – jedenfalls im Augenblick der Fälligkeit – nicht begleichen kann. Die Sicherungsabtretung ist demzufolge objektiv inkongruent. Subjekt wird diese Erkenntnis, nämlich dass der Schuldner nicht zahlungsfähig ist, dem Gläubiger als zwingender Umstand im Sinne des § 131 Abs. 2 zugerechnet.[112]

b) Was geschieht mit der Abtretung, wenn diese vom Insolvenzverwalter erfolgreich angefochten worden ist?

141 Rechtsfolge einer erfolgreichen Anfechtung der Abtretung ist, dass der Anfechtungsgegner die durch ihn von dem Dritten (Zessionar) eingezogenen Beträge an die Masse bezahlen muss, im Falle der nicht erfolgten Forderungseinziehung aber die anfechtbar erlangte Forderung rückabtreten muss.[113]

---

112 In diesem Sinne argumentieren BGH ZIP 1993, 1653, 1655 und BGH ZIP 1998, 2008, 2011 l. Sp.
113 Bei gleichzeitiger Herausgabe der Abtretungsurkunde so OLG Brandenburg ZIP 1998, 1367, 1368 r. Sp./1369 l. Sp.

9. Rechtslage bei Abtretung noch nicht fälliger Forderungen

Zunächst zum Ausgangsfall: Hätte die B dem Bauhandwerker eine Forderung gegen ihre Auftraggeberin A abgetreten, die noch gar nicht fällig war, dann käme für das Recht des Insolvenzverwalters zur Anfechtung nicht der Zeitpunkt der Abtretung, sondern der Entstehungszeitpunkt der Forderung in Betracht. 142

▶ **Beispiel:**
Die Forderung der B gegen die A wird mit Abnahme fällig, diese erfolgt am 8. 6. 2000, wohingegen die eigentliche Abtretung bereits am 11. 5. 2001 erfolgt war. Hier ist der anfechtungsrechtlich relevante Zeitpunkt das Entstehen der Fälligkeit der Forderung mit Abnahme am 8. 6. 2000.

XVI. Insolvenzanfechtung und Direktzahlungen des Bestellers an Gläubiger des Unternehmers gemäß § 16 Nr. 6 VOB/B

Ein baurechtliches Problem besonderer Art ist im Rahmen des Anfechtungsrechts die von der VOB/B in § 16 Nr. 6 vorgesehene Befugnis des Auftraggebers, unter bestimmten Voraussetzungen direkt an die Gläubiger des Auftragnehmers zu zahlen. Für den Insolvenzverwalter eines auftragnehmenden Baubetriebs können hierdurch erhebliche Forderungen verloren gehen. Denn der Auftraggeber leistet mit den Zahlungen unter den Voraussetzungen des § 16 Nr. 6 VOB/B befreiend gegenüber dem Auftragnehmer. 143

1. Rechtslage bei Zahlung nach § 16 Nr. 6 VOB/B

```
                    Schema § 16 Nr. 6 VOB/B

  ┌─────────────┐      ┌──────────────────────┐      ┌─────────────┐
  │ Auftraggeber│ ───► │ Zahlungsverpflichtung│ ───► │ Auftragnehmer│
  │             │      │   des Auftraggebers  │      │             │
  └─────────────┘      └──────────────────────┘      └─────────────┘
         │                                                   ▲
         ▼                                                   │
  ┌─────────────┐                                    ┌─────────────────┐
  │ Erfüllung der│                                   │Erfüllung (befreiende│
  │Zahlungsverpflichtung│                            │    Wirkung)     │
  └─────────────┘                                    └─────────────────┘
         │                                                   ▲
         ▼                                                   │
  ┌─────────────┐                                            │
  │ Recht, keine│                                            │
  │   Pflicht   │                                            │
  └─────────────┘                                            │
         │                                                   │
         ▼                                                   │
  ┌─────────────┐       ┌──────────────────┐                │
  │   Zahlung   │ ────► │    Gläubiger des │────────────────┘
  │             │       │   Auftragnehmers │
  └─────────────┘       └──────────────────┘
```

2. Rechtslage nach Erlass eines allgemeinen Veräußerungsverbots – entweder in der vorläufigen Insolvenz oder nach der Insolvenzeröffnung

Erfolgen solche Direktzahlungen des Bestellers im Zeitraum nach dem Erlass eines allgemeinen Veräußerungsverbotes (von dem der Besteller Kenntnis hat) oder nach Verfahrenseröffnung, so hat die Zahlung im Verhältnis zum Verwalter keine befreiende Wirkung, so dass der Besteller weiterhin zur ungeschmälerten Zahlung an die Insolvenzmasse verpflichtet bleibt; das Insolvenzanfechtungsrecht kommt in derartigen Fällen demnach gar nicht zur Anwendung.

3. Rechtslage vor Erlass eines allgemeinen Veräußerungsverbots

Zurück zum Ausgangsfall:

Die Auftraggeberin A der Schuldnerin B zahlt auf Bitten der B direkt an den Bauhandwerker. Die Zahlung erfolgt – wenn VOB/B vereinbart ist – nach § 16 Nr. 6 VOB/B unter Umgehung von B direkt von A an den Bauhandwerker.

Thiele

Wie ist die Rechtslage, wenn zum Zeitpunkt der Zahlung von A an den Bauhandwerker bereits die Insolvenzeröffnung beantragt ist und der Insolvenzverwalter aber nur als vorläufiger Insolvenzverwalter ohne allgemeines Veräußerungsverbot bestellt ist. (sog. Schwacher vorläufiger Insolvenzverwalter)

Zahlung im Zeitraum vor Erlass eines Veräußerungsverbots

Zahlt der Auftraggeber im Zeitraum vor Erlass eines allgemeinen Veräußerungsverbotes bzw. förmlicher Verfahrenseröffnung an einen Gläubiger des Unternehmers, so handelt es sich um eine inkongruente Befriedigung des Zahlungsempfängers.

Auch hier ist eine Inkongruenz gegeben. Der Bauhandwerker hatte nämlich gegenüber der A keinen Zahlungsanspruch, vielmehr hatte die A nur das Recht auf Zahlung an den Bauhandwerker. Der Bauhandwerker erlangt also mehr als er als normaler Schuldner beanspruchen könnte. Dieses »Mehr« begründet die Annahme einer Inkongruenz.

Soweit die weiteren objektiven und subjektiven Merkmale des § 131 InsO vorliegen, ist demzufolge die inkongruente Deckung anfechtbar, und der begünstigte Bauhandwerker muss als Anfechtungsgegner den erlangten Betrag an die Insolvenzmasse zurückerstatten.

XVII. Bauinsolvenz und Weitergabe von Kundenschecks durch den Schuldner an seine Gläubiger

Ausgangsfall mit folgender Alternative: 144

Die B erhält von der A einen Scheck als Begleichung ihrer Forderungen aus Bauleistungen. Diesen Scheck reicht sie aber bei der Commerzbank nicht zur Gutschrift ein. Auf Grund der mit der Bank getroffenen Zessionsvereinbarung dürfte diese nämlich 70 % der Scheckgutschrift zur Tilgung der Verbindlichkeiten der B verwenden und brauchte nur die restlichen 30 % gutschreiben. Um dies zu vermeiden, übergibt die B dem Bauhandwerker den Scheck zur Einlösung. Einen Teilbetrag verwendet dieser zur Befriedigung seiner Forderungen gegen B, den Rest der Scheckgutschrift zahlt er (eventuell gegen einen entsprechenden Abschlag) der B zur Verwendung aus.

In Folge dieses Vorgangs gelangen der Scheck und der Scheckbetrag zu keinem Zeitpunkt in das Vermögen der B, so dass er von dem Insolvenzverwalter auch nicht zur Masse gezogen werden kann.

Hier muss der Insolvenzverwalter den Bauhandwerker auf Anfechtung der Scheckeinlösung verklagen. Seine Argumentation: Die Hingabe des Kundenschecks war inkongruent, weil der Bauhandwerker nur einen Anspruch auf Zahlung hatte, dagegen nicht auf die Scheckhingabe.

18. KAPITEL – HAFTUNG DES INSOLVENZVERWALTERS

Inhalt

	Seite
Vorwort	1760
A. Die Haftung des Verwalters bis zur Einführung der Insolvenzordnung	1761
B. Die allgemeine Haftung des Insolvenzverwalters	1762
I. Insolvenzspezifische Haftungsgrundlagen (§ 60 InsO)	1762
1. Rechtsnatur der Haftung des Insolvenzverwalters gemäß § 60 InsO	1762
2. Geltendmachung des Anspruchs	1763
3. Beteiligte	1764
4. Pflichtverletzung des Verwalters	1764
5. Pflichten gegenüber Aussonderungsberechtigten	1767
6. Kausalität	1768
7. Verschulden	1768
8. Schaden	1769
II. Nicht insolvenzspezifische Haftungsgrundlagen	1769
1. Haftung aus Verletzung vertraglicher Pflichten	1769
2. Haftung aufgrund Verschulden bei Vertragsabschluss	1770
3. Haftung aufgrund unerlaubter Handlung	1770
4. Haftung aus dem gesetzlichen Steuerrechtsverhältnis	1772
5. Haftung nach öffentlich rechtlichen Vorschriften	1772
C. Die Haftung für Masseverbindlichkeiten (§ 61 InsO)	1772
I. Allgemeines	1772
II. Voraussetzungen	1773
1. Masseverbindlichkeit	1773
2. Keine vollständige Erfüllung	1773
III. Rechtsfolge: Schadensersatz	1773
IV. Anspruchsausschluss	1774

V.	Haftung des Insolvenzverwalters bei Betriebsfortführung	1775
	1. Verfahrensrechtliche Haftung	1775
	2. Haftung aus übergegangener Unternehmerstellung	1777

D. Ausblick ... 1777

E. Die Haftung für Gehilfen (§ 60 Abs. 2 InsO) ... 1778

    I. Gehilfen ... 1778

    II. Selbstständige ... 1778

    III. Angestellte des Schuldners ... 1779

F. Die Verjährung von Haftungsansprüchen (§ 62 InsO) ... 1779

G. Exkurs: Die Haftung des vorläufigen Insolvenzverwalters (§§ 21 Abs. 2 Nr. 1, 60 ff. InsO) ... 1780

H. Exkurs: Die Haftung des Gläubigerausschusses (§ 71 InsO) ... 1781

J. Exkurs: Die Haftung des Insolvenzgerichts (§§ 21 Abs. 2 Nr. 1, 58, 59 InsO; § 839 BGB i. V. m. Art. 34 GG) ... 1782

K. Strafrechtliche Risiken für den Insolvenzverwalter ... 1782

Vorwort

1 Die Einleitung und Durchführung eines Insolvenzverfahrens ist gekennzeichnet durch eine Vielzahl von schwierigen und zumeist verfahrenen Situationen, die hohe Ansprüche an die Qualität der Entscheidungen und Handlungen derjenigen Verfahrensbeteiligten stellen, die versuchen müssen, diese Situationen in den Griff zu bekommen. Durch die in Insolvenzverfahren somit vielschichtigen und ständig variierenden Handlungsanforderungen an den Insolvenzverwalter ergeben sich gleichermaßen kaum überschaubare und einzeln darstellungsfähige Haftungssituationen. Daher haben sich die einschlägigen Literatur- und Kommentarveröffentlichungen überwiegend zu umfangreichen Einzelfalldarstellungen entwickelt. Die Darlegung aller Fallkonstellationen ist praktisch kaum möglich und würde den Rahmen eines Handbuches jedenfalls sprengen. Es wird deshalb die Struktur der Haftung des Insolvenzverwalters und in der Folge der weiteren Verfahrensbeteiligten herausgearbeitet. Lediglich im Zusammenhang mit bestimmten, mit besonderem Haftungsrisiko behafteten Sachverhaltskomplexen, erfolgt eine detailliertere Darstellung der Haftungsumstände.

A. Die Haftung des Verwalters bis zur Einführung der Insolvenzordnung

In § 82 KO bestand lediglich eine rudimentäre Regelung der Haftung des Konkursverwalters dahingehend, dass der Konkursverwalter allen am Verfahren Beteiligten für die Erfüllung der ihm obliegenden Pflichten persönlich verantwortlich ist. Für den Vergleichsverwalter bestand eine gleich lautende Regelung in § 42 VerglO, für den Gesamtvollstreckungsverwalter in § 8 Abs. 1 Satz 2 GesO. Bis Mitte der 80er Jahre bestimmte die Rechtsprechung den Kreis der anspruchsberechtigten Personen nach einem überaus weit gezogenen Beteiligtenbegriff, wonach jeder beteiligt sei, demgegenüber dem Konkursverwalter als solcher Kraft Gesetzes oder Vertrages Pflichten zu erfüllen habe, eine unmittelbare Verfahrensbeteiligung sei nicht erforderlich.[1] Neben diesem weiten Beteiligtenbegriff wurde nach herrschender Meinung eine dreißigjährige Verjährungsfrist für den Haftungsanspruch und eine unbegrenzte Anwendung des § 278 BGB angenommen. Insbesondere diese rechtliche Beurteilung führte zu einem erhöhten Haftungsrisiko des Konkursverwalters bei einer Betriebsfortführung. Das Eingehen von Neumasseverbindlichkeiten führte regelmäßig zu einer persönlichen Haftung des Konkursverwalters für den Schaden, der durch die Eingehung der Neumasseverbindlichkeit entstand, wenn solche Masseansprüche aus der Konkursmasse schließlich nicht bedient werden konnten.[2]

Mit der Entscheidung des Bundesgerichtshofes vom 4. 12. 1986 erfolgte eine grundlegende Rechtsprechungsänderung dahingehend, dass zunächst im Rahmen einer Betriebsfortführung die Haftung des Konkursverwalters auf die Verletzung von konkursspezifischen Pflichten beschränkt wurde.[3] Diese Rechtsprechungsänderung wurde vom Bundesgerichtshof dann auch auf Bereiche erstreckt, in denen eine Betriebsfortführung nicht stattfand.[4] Eine persönliche Haftung des Konkursverwalters sollte nur noch dann in Betracht kommen, wenn der Konkursverwalter eigene Pflichten ausdrücklich übernommen oder insoweit einen Vertrauenstatbestand geschaffen habe, an dem er sich festhalten lassen müsse. Aufklärungspflichten bei Verhandlungen und Vertragsabschlüssen stellen demnach keine konkursspezifischen Verwalterpflichten dar.

Auch bezüglich der Verjährung von Ansprüchen gemäß § 82 KO erfolgte eine Änderung der Rechtssprechung dahingehend, dass angesichts des hohen Haftungsrisikos des Konkursverwalters eine zeitliche Begrenzung dessen geboten sei. Die Ansprüche gegen den Konkursverwalter gemäß § 82

---
1 BGH NJW 1973, 1043; zur Entwicklung der Rechtsprechung: Lüke, Die persönliche Haftung des Konkursverwalters, 1986, 29 ff.; Vallender, ZIP 1997, 345.
2 BGH KTS 1958, 143, 144.
3 BGH BGHZ 1999, 151, ZIP 1987, 115.
4 BGH BGHZ 100, 278, 285, ZIP 1987, 650, 652.

KO sollten demnach in entsprechender Anwendung des § 852 BGB in 3 Jahren verjähren.[5]

B. Die allgemeine Haftung des Insolvenzverwalters

I. Insolvenzspezifische Haftungsgrundlagen (§ 60 InsO)

5   Im Grundsatz sollte es auch mit Einführung der InsO entsprechend der KO/VerglO/GesO dabei bleiben, dass der Insolvenzverwalter allen am Verfahren Beteiligten für die Erfüllung der ihm obliegenden Pflichten persönlich verantwortlich ist. Jedoch wird in § 60 Abs. 1 Satz 1 InsO nunmehr hervorgehoben, dass nur die Verletzung solcher Pflichten zu einer Haftung des Insolvenzverwalters führen soll, die ihm in seiner Eigenschaft als Insolvenzverwalter nach den Vorschriften der InsO obliegen. Eine Erklärung was unter solchen »insolvenzspezifischen« Pflichten zu verstehen ist, erfolgt nicht. Allerdings wurde der Umfang der Pflichten des Insolvenzverwalters im Rahmen der Insolvenzordnung deutlich erweitert, insbesondere durch Erweiterung seines Aufgabenkreises (Vorrang der Unternehmensfortführung, Erstellung des Insolvenzplanes, Führung der Insolvenztabelle etc.) und durch die Normierung bisher streitiger Pflichten (z. B. § 155 InsO Rechnungslegungspflicht). Ungeachtet dessen ging die Intention des Gesetzgebers dahin, der Gefahr einer Ausuferung der Haftung des Insolvenzverwalters mit der Fokussierung auf den »insolvenzrechtlichen Pflichtenkreis« vorzubeugen.[6]

6   Die Rechtsprechung zu der Haftung des Konkursverwalters und den von diesem zu beachtenden konkursspezifischen Pflichten wird auf die Haftung des Insolvenzverwalters gemäß § 60 Abs. 1 Satz 1 InsO für insolvenzspezifische Pflichten direkt übertragen werden können. Es ist dennoch zu erwarten, dass § 60 InsO in der Behandlung und Anwendung durch die Rechtsprechung zunächst eine längere Etablierungsphase erfahren wird. Den Gang bzw. Verlauf dieser Etablierungsphase werden derzeitige und zukünftige Insolvenzverwalter mit Interesse und genauestens zu verfolgen haben.

1. Rechtsnatur der Haftung des Insolvenzverwalters gemäß § 60 InsO

7   Normzweck der Haftung des Insolvenzverwalters ist die Sicherstellung der sachgerechten Erfüllung der Verwalterpflichten. Die Risiken des Handelns

---

5 BGHZ 93, 278, 285; BGH ZIP 1985, 359, 362.
6 BegrRegE zu § 60 InsO.

des Verwalters werden insbesondere daran deutlich, dass die Tätigkeit des Insolvenzverwalters sich durch die Wahrnehmung vielzähliger und oftmals auch gegensätzlicher Interessen auszeichnet. § 60 InsO normiert somit einen Haftungstatbestand für Vermögensschäden der Beteiligten bei Wahrnehmung einer fremdnützigen Tätigkeit. Der Insolvenzverwalter soll damit zu einem ordnungs- und pflichtgemäßen Handeln veranlasst werden.

Der Rechtsgrund für eine Haftung des Insolvenzverwalters liegt in den §§ 60 bis 62 InsO mit der Normierung einer persönlichen Verantwortlichkeit des Insolvenzverwalters gegenüber allen von Pflichtverletzungen des Insolvenzverwalters betroffenen Personen sowie in §§ 58, 59 InsO mit der Normierung des Aufsichtsrechts und der Disziplinarbefugnis des Insolvenzgerichtes.

8

Rechtlich ist die persönliche Haftung des Insolvenzverwalters als gesetzliches Schuldverhältnis mit deliktischem Einschlag zwischen dem Insolvenzverwalter und denjenigen Personen, denen gegenüber er insolvenzspezifische Pflichten zu erfüllen hat (den »Beteiligten«), anzusehen.[7]

9

2. Geltendmachung des Anspruchs

Zwischen Gesamtschaden und Individualschaden ist im Hinblick auf § 92 InsO eine Differenzierung erforderlich geworden. Nach § 92 InsO können Ansprüche der Insolvenzgläubiger auf einen ihnen gemeinschaftlich entstandenen Schaden während der Dauer des Insolvenzverfahrens nur vom Insolvenzverwalter geltend gemacht werden. Es handelt sich dabei gewissermaßen um eine Rechtsfolgenverweisung, die bereits eine Schadensersatzpflicht des Insolvenzverwalters bzw. Dritter voraussetzt.

10

Die sich gegen den Insolvenzverwalter richtenden Schadensersatzansprüche können nur durch einen neu bestellten Insolvenzverwalter geltend gemacht werden (§ 92 Satz 2 InsO). Der Regierungsentwurf der Insolvenzordnung sah in § 103 InsO alternativ zur Ersetzung des Insolvenzverwalters die Einsetzung eines Sonderverwalters bei Geltendmachung von Ansprüchen gegen den Insolvenzverwalter vor. Von der ausdrückliche Nennung der Möglichkeit der Einsetzung eines Sonderinsolvenzverwalters sah der Gesetzgeber jedoch schließlich ab, da man diese Möglichkeit für selbstverständlich erachtete.[8]

11

Zu beachten ist, dass von § 92 InsO nur pflichtwidrige Handlungen und Unterlassungen des Insolvenzverwalters, die zu Lasten der Masse gehen, erfasst werden, nicht etwa Handlungen des Insolvenzverwalters, die einen Aussonderungs- oder Absonderungsberechtigten schädigen.

12

---

7 KTS 1958, 142, LM § 82 KO Nr. 1; BGH ZIP 1993, 1886; BGH NJW 1994, 323, 324; Kuhn/Uhlenbruck, Kommentar zur Konkursordnung, 11. Aufl. 1994, § 82 Rdnr. 1; Kritisch zu dieser Ansicht, aber zustimmend W. Lüke, a. a. O., S. 44 f., 74.
8 BT-Drucksache 12/7302, S. 162.

3. Beteiligte

13 Der Insolvenzverwalter ist für die Erfüllung der ihm obliegenden Pflichten allen Beteiligten gegenüber verantwortlich (§ 60 Abs. 1 Satz 1 InsO). Insolvenzbeteiligte sind nach der InsO der Schuldner, die Insolvenz- und Massegläubiger sowie die Aus- und Absonderungsberechtigten. Weitere Beteiligte können eine Bank als Hinterlegungsstelle[9] sowie ein Zwangsvergleichsbürge[10] und ein Nacherbe im Hinblick auf § 83 Abs. 1 Satz 2 InsO sein.

Nichtbeteiligte sind demgegenüber z. B. die Mieter eines Schuldners,[11] Personen, die zur Insolvenzmasse gehörende Gegenstände erwerben oder ein Bürge, auf den die Forderung noch nicht nach § 774 Abs. 2 BGB übergegangen ist.[12]

4. Pflichtverletzung des Verwalters

14 Nur eine Verletzung »insolvenzspezifischer« Pflichten soll zu einer Haftung des Insolvenzverwalters führen. Nicht die Verletzung jeglicher Pflichten führt zu einer Haftung des Insolvenzverwalters, sondern nur die Verletzung solcher Pflichten »insolvenzspezifischer Natur«. Folglich führt nur die Verletzung von Pflichten, die dem Insolvenzverwalter nach der InsO obliegen, zu einer Schadensersatzverpflichtung des Insolvenzverwalter (§ 60 Abs. 1 Satz 1 InsO).

Es kommt entscheidend darauf an, dass es sich um spezielle im Zusammenhang mit der Verwaltungstätigkeit stehende Pflichten handelt, die besondere Risiken für die von dem Handeln des Insolvenzverwalters betroffenen Personen bergen. Das zentrale haftungsbegründende Merkmal des § 60 InsO stellt somit die Verletzung einer Pflicht des Verwalters dar, die ihm nach der InsO obliegt. Der Gesetzgeber stellt mit dieser Formulierung in Umsetzung der jüngeren höchstrichterlichen Rechtsprechung klar, dass nicht jede Pflichtverletzung des Insolvenzverwalters zu seiner Haftung nach der InsO führt, sondern nur die Verletzung einer speziell insolvenzrechtlichen Pflicht, welche sich aus der InsO, d. h. ihren Einzelvorschriften unmittelbar ableiten lässt. Auf diese Weise soll nach dem Willen des Gesetzgebers der Gefahr der Ausuferung der Haftung des Insolvenzverwalters vorgebeugt werden.[13]

15 Als Maßstab für die bei Pflichterfüllung anzuwendende Sorgfalt hat der Gesetzgeber ausdrücklich diejenige eines ordentlichen und gewissenhaften In-

---

9 BGH KTS 1962, 106.
10 RGZ 74, 262.
11 BGH WM 1987, 144; Hess, Kommentar zur Konkursordnung, 6. Aufl. 1998, § 82 Rdnr. 1 m. w. N.
12 BGH ZIP 1984, 1506.
13 BegrRegE, Kübler/Prütting, Bd. I, S. 233.

solvenzverwalters normiert (§ 60 Abs. 1 Satz 2 InsO). Obwohl diese Formulierung bei erster Betrachtung an die Formulierung in der Konkursordnung von 1877 erinnert,[14] hat der Gesetzgeber dennoch einen gängigen technischen Begriff gewählt. Die Formulierung ist angelehnt an die entsprechenden Regelungen im HGB (§ 347 Abs. 1 HGB), im Aktiengesetz (§ 93 Abs. 1 Satz 1 AktG), im Genossenschaftsgesetz (§ 34 Abs. 1 Satz 1 GenG) und im GmbHG (§ 43 Abs. 1 Satz 1 GmbHG). Zum Einen wollte der Gesetzgeber die in diesen Zusammenhängen entwickelten Auslegungsregeln für die Begriffe »ordentlich« und »gewissenhaft« ansprechen, zum Anderen aber auch eindeutig klarstellen, dass die im Zusammenhang mit den genannten Vorschriften entwickelten Sorgfaltsanforderungen keinesfalls unverändert auf den Insolvenzverwalter übertragen werden können.[15]

Mit der Anknüpfung an den Idealtypus des Insolvenzverwalters soll den Besonderheiten Rechnung getragen werden, die sich aus den Aufgaben des Insolvenzverwalters und aus den Umständen ergeben, unter denen er seine Tätigkeit ausübt. Häufig fehlen dem Insolvenzverwalter wichtige Informationen, weil er meist ohne jegliche Einarbeitungszeit ein krisengeschütteltes und abgewirtschaftetes Unternehmen, oft auch ohne geordnete Buchführung, sofort zu übernehmen hat. Er arbeitet unter erheblich ungünstigeren Bedingungen als der sonst heranzuziehende Idealtypus des Geschäftsleiters eines werbenden Unternehmens.[16] Es ist also der Sorgfaltsmaßstab aus der konkreten Stellung des jeweiligen Insolvenzverwalters heraus anhand der Umstände des Einzelfalls zu bestimmen. Für diese einzellfallbezogene Betrachtung spricht auch die ausdrückliche Begründung des Gesetzgebers, dass im Falle einer bloßen Liquidation des Schuldnerunternehmens ohnehin nur ein besonderer, speziell auf die Insolvenzverwaltertätigkeit bezogener Sorgfaltsmaßstab in Betracht komme.[17]

16

Es wird also im Streitfall individuell zu ermitteln sein, wie sich ein sorgfältiger Insolvenzverwalter in der betreffenden Situation verhalten und welche Vorkehrungen er zur Vermeidung des jetzt eingetretenen Schadens getroffen hätte. Daneben muss aber immer gefragt werden, ob der Insolvenzverwalter in der konkreten Situation zu diesen Vorkehrungen nach der Insolvenzordnung auch verpflichtet war, da Maßstab nicht ein übervorsichtiger und gesetzesübersteigenden Anforderungen genügender Insolvenzverwalter sein kann, sondern nur ein solcher, der seine ihm gesetzlich auferlegten Pflichten erfüllt, nicht mehr, aber auch nicht weniger. Nur auf diese Weise wird man der besonders bei Unternehmensfortführungen in hohem Maße risikoträchtigen Tätigkeit des Insolvenzverwalters gerecht und gewährleistet, dass *auch zukünftig professionelle* und qualifizierte Insolvenzverwalter in ausreichendem Umfang zur Übernahme eines solchen Amtes bereit sind.

17

---

14 »Der Verwalter hat die Sorgfalt eines ordentlichen Hausvaters anzuwenden.«
15 BegrRegE, Kübler/Prütting, Bd. 1, S. 233.
16 A. a. O.; Bork, Einführung in das neue Insolvenzrecht, 2. Aufl. 1998, Rdnr. 59.
17 BegrRegE, Kübler/Prütting, Bd. 1, S. 233.

18   Die Abgrenzung, ob es sich noch um Wahrnehmung spezifischer Insolvenzverwaltungstätigkeiten oder sonstiger Tätigkeiten handelt, kann in Einzelfällen Schwierigkeiten bereiten. Im Allgemeinen gilt jedoch, dass Pflichten, wie sie jeden Vertreter fremder Vermögensinteressen treffen, keine spezifischen Verpflichtungen im Rahmen der InsO sind. Z. B. haftet der Insolvenzverwalter nur nach § 823 BGB, wenn er eine allgemeine Verkehrssicherungspflicht verletzt, die jeden Besitzer einer Sache trifft.[18]

19   Auch ist nicht bereits jede unzweckmäßige Handlung des Insolvenzverwalters als Pflichtverletzung anzusehen. Es muss vielmehr ein deutlicher Verstoß gegen die Regelungen der InsO vorliegen. Dem Verwalter ist in vielen Fallkonstellationen ein gewisses Ermessen zuzubilligen und er kann eigene Zweckmäßigkeitserwägungen anstellen, allgemeine Grundsätze und Regeln der Wirtschaftlichkeit hat er jedoch zu beachten.

20   Die Hauptaufgabe des Insolvenzverwalters ist es, durch möglichst günstige Verwertung des Vermögens des Schuldners oder durch Erhalt des Unternehmens des Schuldners eine möglichst umfassende Befriedigung der Gläubiger des Schuldners zu erreichen (§ 1 InsO). Diese Verpflichtung besteht einerseits gegenüber den Gläubigern des Schuldners und andererseits gegenüber dem Schuldner selbst, der daran interessiert sein muss, dass seine Restverschuldung nach Verwertung des Vermögens so gering wie möglich ist, so dass für den Schuldner eine möglichst große Enthaftung oder gar ein Überschuss erzielt werden kann. Der Insolvenzverwalter hat daher bei Veräußerung von Vermögensgegenständen des Schuldners darauf zu achten, dass zumindest ein angemessener Preis erzielt wird. Leichtfertige und übereilte Veräußerungsentscheidungen können zu Schadenersatzansprüchen führen, was beispielsweise im Fall einer Unternehmensveräußerung bejaht wurde, bei der ein geringerer Preis erzielt wurde, als dies objektiv möglich gewesen wäre, wenn der Insolvenzverwalter nicht übereilt gehandelt hätte.[19]

21   Im Weiteren werden die Pflichten des Insolvenzverwalters in zahlreichen Einzelvorschriften in der Insolvenzordnung konkretisiert (z. B.: § 40 InsO, Aussonderung von nicht zur Insolvenzmasse gehörenden Gegenständen; § 50 InsO, abgesonderte Befriedigung von Pfandgläubigern; § 66 InsO, Rechnungslegungspflicht; §§ 80 ff. InsO, Verwaltungs- und Verfügungsrechte und -pflichten; etc.). Es ist daher eine Vielzahl verschiedener Fallkonstellationen denkbar, die eine Pflichtverletzung im Rahmen der »insolvenzspezifischen« Aufgaben des Insolvenzverwalters möglich erscheinen lassen.

---

18 BGH WM 1987, 1404.
19 BGH ZIP 1995, 423 ff.

5. Pflichten gegenüber Aussonderungsberechtigten

Aussonderungsberechtigte nehmen formal am Verfahren nicht teil, dennoch obliegen dem Insolvenzverwalter ihnen gegenüber Pflichten im Sinne des § 60 InsO. Die Aussonderungsrechte sind zu beachten und der Insolvenzverwalter ist verpflichtet, Gegenstände auf die sich Rechte Dritter beziehen, von der Verwertung auszunehmen. Hat er eine fremde Sache in Besitz genommen, weil er sie für massezugehörig oder die Fremdberechtigung für nachprüfungsbedürftig hält, so entsteht das Aussonderungsrecht und damit die Pflicht des Insolvenzverwalters auf dessen Beachtung. Die Frage der subjektiven Pflichtwidrigkeit hängt von den Umständen des Einzelfalles ab. Der Insolvenzverwalter ist in der Regel nicht verpflichtet, von sich aus mögliche Aussonderungsrechte zu ermitteln und dahingehende Nachforschungen anzustellen, zumal in der Regel die Eigentumsvermutung gemäß § 1006 BGB zugunsten des Schuldners sprechen wird. Fahrlässig handelt der Insolvenzverwalter beispielsweise jedoch, soweit er rechtsirrig annimmt, dass ein Aussonderungsrecht nicht besteht. Eine Aufklärungspflicht des Insolvenzverwalters besteht jedoch nur bei Vorliegen entsprechender Anhaltspunkte.

22

Bei fehlender Berücksichtigung von Aussonderungsrechten ist der Berechtigte zunächst auf die Möglichkeit der Ersatzaussonderung gemäß § 48 InsO zu verweisen. Ist die Gegenleistung nicht mehr unterscheidbar vorhanden, hat der Berechtigte einen Bereicherungsanspruch gegen die Masse gemäß § 55 Abs. 1 Nr. 3 InsO. Bei bewusstem Hinwegsetzen über Aussonderungsrechte durch den Insolvenzverwalter kommt zunächst ein gegen die Masse gerichteter Schadensersatzanspruch gemäß § 55 Abs. 1 Nr. InsO in Frage sowie zusätzlich eine persönliche Haftung des Insolvenzverwalters gemäß § 60 InsO.

23

Im Falle des Verlustes oder der Beschädigung des Aussonderungsgegenstandes nicht durch Veräußerung des Gegenstandes durch den Insolvenzverwalter sieht die Rechtsprechung Raum für eine konkursspezifische Pflichtverletzung des Insolvenzverwalters.[20] Die generelle Obhutspflicht des Insolvenzverwalters geht jedoch weiter als die Verpflichtung eine Verwertung zu unterlassen und an der Aussonderung mitzuwirken. Es bestehen erhebliche Bedenken eine derartige Obhutspflicht als eine dem Insolvenzverwalter obliegende persönliche Sorgfaltspflicht in Sinne des § 60 InsO anzusehen, da bei obligatorisch begründeten Aussonderungsrechten herrührende Schadensersatzansprüche als einfache Insolvenzforderungen gemäß § 38 *InsO oder als Masseverbindlichkeiten* gemäß § 55 Abs. 1 Nr. 2 InsO angesehen werden. Eine Sorgfaltspflichtverletzung wird dem Insolvenzverwalter hier nicht persönlich, sondern der Insolvenzmasse zugerechnet. Allein die übergegangenen Verwaltungs- und Verfügungsbefugnisse führen zu Obhutpflichten des Insolvenzverwalters und begründen keine speziellen Sorgfaltspflichten gegenüber Aussonderungsberechtigten. Nach der systemati-

24

---

20 OLG Köln ZIP 1982, 977.

schen Einordnung der Insolvenzverwalterhaftung ist die Haftung das Korrelat für die Übertragung der Vermögens- und Haftungsabwicklung in die Hand des Insolvenzverwalters. Dem Insolvenzverwalter wird unter anderem auferlegt, dafür zu sorgen, dass fremde Masse nicht insolvenzmäßig verwertet wird, sondern unter Anerkennung der fremden Rechtsposition aus der vorgefundenen Masse ausgesondert wird. Weitere besondere Pflichten des Insolvenzverwalters zum Aussonderungsberechtigten sind daraus jedoch nicht zu entnehmen.

25 Absonderungsrechte gemäß §§ 49 ff. InsO sind vom Insolvenzverwalter zu beachten und gemäß §§ 160 ff. zu verwerten. Hier bestehen insolvenzspezifische Pflichten gegenüber den Absonderungsberechtigten. Die Rechtsprechung sieht in der Beschädigung eines Absonderungsgegenstandes Raum für eine insolvenzspezifische Pflichtverletzung.[21]

6. Kausalität

26 Wie auch bei sonstigen Haftungsvorschriften muss die festgestellte objektive Verletzung insolvenzspezifischer Pflichten für den eingetretenen Nachteil ursächlich gewesen sein. Der Nachteil muss einem Tun oder Unterlassen des Insolvenzverwalters billigerweise zurechenbar sein,[22] d. h., die objektive Kausalität wird durch Zurechenbarkeitsgesichtspunkte eingeschränkt. Die Pflichtverletzung muss adäquat kausal sein. Es muss daher im konkreten Einzelfall gefragt werden, ob die nach der InsO gebotenen Vorkehrungen und in zumutbarer Weise vom Insolvenzverwalter zu erlangenden Kenntnisse zum jeweiligen Verfahrenzeitpunkt geeignet gewesen wären, den jetzt geltend gemachten Nachteil zu verhindern.

7. Verschulden

27 Voraussetzung für die Schadenersatzpflicht des Insolvenzverwalters ist das Vorliegen eines Verschuldens des Insolvenzverwalters, wobei hierbei eine leichte Fahrlässigkeit bereits genügt.[23] Der Verwalter haftet nicht für jede erdenkliche Sorgfalt, sondern lediglich im Rahmen des § 60 Abs. 1 Satz 2 InsO. Beurteilt der Insolvenzverwalter eine rechtlich schwierige Frage falsch, z. B. die Entstehung einer neuen Sache im Wege der Verarbeitung gemäß § 950 BGB, so kann dies, muss aber noch nicht eine Fahrlässigkeit indizieren.[24] Als Sorgfaltsmaßstab nennt § 60 Abs. 2 Satz 2 InsO die Sorgfalt eines ordentlichen und gewissenhaften Insolvenzverwalters.

---

21 BGHZ 105, 230, 236 f. = ZIP 1988, 1411, 1413.
22 Kuhn/Uhlenbruck, a. a. O., § 82 Rdnr. 10.
23 Vallender, ZIP 1997, 345, 350.
24 OLG Köln ZIP 191, 1606, 1607.

Ein Verschulden ist zu verneinen, wenn der Verwalter nach objektiven Gesichtspunkten alles Erforderliche veranlasst hat. Das Verschulden entfällt jedoch nicht automatisch mit Zustimmung der Gläubigerversammlung zu bestimmten Handlungen des Insolvenzverwalters.[25] Diese Zustimmung kann jedoch Indiz dafür sein, dass der Insolvenzverwalter seinen Sorgfaltspflichten zu genüge nachgekommen ist, so z. B. wenn der Verwalter auf Beschluss der Gläubigerversammlung und gegebenenfalls mit Zustimmung des Insolvenzgerichts ein Unternehmen fortführt.[26] Hierbei wird jedoch vorausgesetzt, dass die Gläubigerversammlung als auch das Insolvenzgericht vom Insolvenzverwalter nicht schuldhaft falsch bzw. unzureichend informiert hat.

8. Schaden

Ein vom Insolvenzverwalter zu ersetzender Schaden bemisst sich grundsätzlich nach den allgemeinen Vorschriften der §§ 249 ff. BGB, wobei ein eventuelles Mitverschulden des Geschädigten nach § 254 BGB stets zu berücksichtigen bleibt. Ein Mitverschulden kann die Haftung des Insolvenzverwalters dem Grunde nach ausschließen oder deren Umfang nach mindern. In Betracht kommt auch eine gesamtschuldnerische Haftung des Verwalters neben Mitgliedern des Gläubigerausschusses.[27] Ein Schaden ist vom Insolvenzverwalter in voller Höhe zu ersetzen, der Schadenersatz ist nicht durch die Höhe der Vergütung des Insolvenzverwalters begrenzt.

II. Nicht insolvenzspezifische Haftungsgrundlagen

Neben der insolvenzspezifischen Haftung nach § 60 InsO sieht sich der Insolvenzverwalter im Rahmen des Insolvenzverfahrens auch dem Haftungsrisiko nach den allgemeinen Vorschriften und Grundsätzen zum Schadensersatz ausgesetzt.

1. Haftung aus Verletzung vertraglicher Pflichten

In erster Linie kommt hier eine Verantwortlichkeit des Insolvenzverwalters aus der Verletzung vertraglicher Verpflichtungen, welche er im Rahmen der *Abwicklung des Insolvenzverfahrens* über das Vermögen des Schuldners eingegangen ist, in Frage. Für die Nichterfüllung seiner Hauptpflichten aus solchen vertraglichen Verpflichtungen ist die Haftung des Insolvenzver-

---

25 BGH ZIP 1985, 423, 425, 427.
26 BGHZ 99, 151, 153 ff.; BGH ZIP 1987, 115.
27 Zum Ausgleich dieser Gesamtschuldner untereinander nach § 426 BGB vergleiche Kuhn/Uhlenbruck, a. a. O., § 82, Rdnr. 17.

walters bereits im § 61 InsO geregelt. Bei Verletzung von Aufklärungs- und Sicherungs- bzw. Treupflichten bleiben die allgemeinen Grundsätze, positive Forderungsverletzung etc., anwendbar.

2. Haftung aufgrund Verschulden bei Vertragsabschluss

32 Eine Haftung des Insolvenzverwalters kann sich aus den Grundsätzen des Verschuldens bei Vertragsschluss (culpa in contrahendo) ergeben, soweit der Insolvenzverwalter besonderes Vertrauen bei der Eingehung vertraglicher Verpflichtungen in Anspruch genommen hat.[28] Eine persönliche Haftung des Insolvenzverwalters aufgrund eines Vertrauenstatbestandes, an dem sich der Insolvenzverwalter festhalten muss, setzt jedoch zumindest voraus, dass bei den Vertragsverhandlungen in besonderem Maße persönliches Vertrauen vom Insolvenzverwalter in Anspruch genommen worden ist.[29]

33 Ein Insolvenzverwalter ist zur Vermeidung einer eigenen persönlichen Haftung grundsätzlich nicht verpflichtet, einen Vertragspartner auf die Risiken bei Geschäften mit der Insolvenzmasse hinzuweisen, diese sind bereits durch die Eröffnung des Insolvenzverfahrens gewarnt und müssen sich bewusst sein, dass Sie Risiken eingehen, insbesondere das Risiko der Masseunzulänglichkeit. Den Geschäftspartnern des Insolvenzverwalters bleibt es jederzeit unbenommen, Geschäfte mit dem Insolvenzverwalter bzw. der Insolvenzmasse abzulehnen. Der Insolvenzverwalter ist daher nicht verpflichtet, auf die regelmäßig vorhandenen, im Allgemeinen auch bekannten Gefahren hinzuweisen, die Geschäfte mit dem Insolvenzverwalter bzw. der Insolvenzmasse zwangsläufig mit sich bringen.

3. Haftung aufgrund unerlaubter Handlung

34 Die Haftung des Insolvenzverwalters nach § 60 InsO schließt eine Haftung nach den allgemeinen deliktischen Vorschriften, wie z. B. §§ 823, 826 BGB, § 47 PatG,[30] § 1 UWG, §§ 14, 15 MarkenG, nicht aus.[31]

35 Der Bundesgerichtshof betont wiederholt, dass eine persönliche Haftung des Insolvenzverwalters in Frage komme, wenn er eine unerlaubte Handlung im Sinne der §§ 823 ff. BGB begangen habe.[32] In einer Entscheidung des Bundesgerichtshofes vom 17. 9. 1987 wurde in der Insolvenz als Adressat der massebezogenen Organisations- und sonstigen Verkehrssicherungspflichten ebenso wie speziell der auf die Gehilfen des Gemeinschuldners be-

---

28 BGH WM 1987, 695.
29 BGH NJW 1995, 1544; OLG Köln BB 1997, 112.
30 BGH NJW 1975, 1969.
31 BGH WM 1989, 114.
32 BGHZ 100, 346, 342; BGHZ 103, 310, 315; BGH ZIP 1990, 242, 245.

zogenen Auswahl-, Instruktions- und Überwachungspflichten in erster Linie der Insolvenzverwalter persönlich angesehen.[33]

Die Rechtsprechung wird in ihrer Pauschalität in der Literatur zum Teil abgelehnt, da Parallelen zur deliktischen Außenhaftung von Organen juristischer Personen, bei denen verneint wird, dass diese Pflichten die Organe persönlich treffen,[34] eine diskriminierende Behandlung des Insolvenzverwalters inakzeptabel und unbegründet erscheinen lassen würden. Primärer Adressat der auf die Sachherrschaft über insolvenzmassezugehörige Gegenstände gestützten Verkehrspflichten soll nicht der Insolvenzverwalter persönlich, sondern der Insolvenzverwalter in seiner »Amtssphäre« und damit letztlich der Schuldner als Rechtsträger des Sondervermögens der »Insolvenzmasse« sein. Die Verkehrssicherungspflichten sollen sich an den Insolvenzverwalter in seiner Eigenschaft als Amtstreuhänder der Insolvenzmasse richten, für deren Verletzung dem Geschädigten unmittelbar allein die Insolvenzmasse hafte.[35]

36

Gemäß § 60 Abs. 2 InsO unterscheidet sich die Haftung des Insolvenzverwalters und die der Organe juristischer Personen, soweit der Verwalter den Beteiligten regelmäßig nach § 278 BGB für das Verschulden der für die Insolvenzmasse tätigen Erfüllungsgehilfen einzustehen hat, demgegenüber für Erfüllungsgehilfen der juristischen Person diese und nicht das Organ der juristischen Person haftet. Entsprechend haftet der Insolvenzverwalter für die Verrichtungsgehilfen nach § 831 BGB.

Der Insolvenzverwalter haftet nach § 826 BGB bzw. nach § 823 Abs. 2 BGB i. V. m. § 263 StGB beispielsweise, soweit er einen Vertragspartner dadurch zum Abschluss eines Vertrages und zur Lieferung veranlasst, dass er über die Risiken dieses Vertragsabschlusses täuscht, insbesondere eine Massezulänglichkeit vorspiegelt und einen daraus dem Vertragspartner erwachsenden Schaden erkennt und diesen in Kauf nimmt.[36]

37

Die Nutzung eines fremden Patents im Rahmen der Fortführung des Geschäftsbetriebes des Schuldners führt zu einer persönlichen Haftung des Insolvenzverwalters nach § 139 PatG.[37] Auch besteht eine persönliche Haftung des Insolvenzverwalters, soweit er in seinen Berichten an die Gläubigerversammlung des Schuldners durch eine verletzende Äußerung fremde Persönlichkeitsrechte verletzt.[38]

38

---

33 BGH KTS 1988, 131 = ZIP 1987, 1398,
34 BGHZ 125, 366 ff., 374 f.
35 Eckhardt, KTS 1997, 413 ff.
36 BGH NJW 1987, 3133.
37 BGH NJW 1975, 1969.
38 BGH NJW 1995, 397.

4. Haftung aus dem gesetzlichen Steuerrechtsverhältnis

39 Des Weiteren unterliegt der Insolvenzverwalter einer Haftung aus dem gesetzlichen Steuerrechtsverhältnis nach der Abgabenordnung, da er in vollem Umfange in die steuerrechtliche Stellung des Schuldners eintritt, jedoch beschränkt auf die Insolvenzmasse.

Nach § 155 Abs. 1 Satz 2 InsO hat der Insolvenzverwalter in Bezug auf die Insolvenzmasse die handels- und steuerrechtlichen Pflichten des Schuldners zur Buchführung und zur Rechnungslegung zu erfüllen. § 155 Abs. 1 Satz 2 InsO entspricht § 34 Abs. 1 AO und § 3 AO, nach denen der Insolvenzverwalter die steuerlichen Pflichten des Schuldners zu erfüllen hat. Verletzt der Insolvenzverwalter seine Pflicht, steuerliche Masseverbindlichkeiten zu erfüllen, ist somit als Haftungsnorm § 69 AO als lex specialis zu § 60 InsO heranzuziehen.[39] Bei der Tilgung von Masseverbindlichkeiten gilt für den Ersatzanspruch nach § 69 AO der Grundsatz der anteiligen Tilgung. Der Insolvenzverwalter haftet somit nur, soweit er es versäumt, die Steuerverbindlichkeiten »etwa gleicher Maßen« zu tilgen wie die Forderungen anderer Massegläubiger.[40]

5. Haftung nach öffentlich rechtlichen Vorschriften

40 Der Insolvenzverwalter unterliegt im Weiteren einer Haftung, welche sich für ihn aus öffentlich-rechtlichen Vorschriften des Baurechts, Sozialrechts und Umweltrechts ergeben.

C. Die Haftung für Masseverbindlichkeiten (§ 61 InsO)

I. Allgemeines

41 Mit Einführung der Insolvenzordnung wurde der bereits im Rahmen des früheren Konkursrechts kontrovers diskutierte Problemkreis des Verhältnisses des Verwalters zu denjenigen Massegläubigern, deren vom Verwalter zuvor begründete Ansprüche aus der Masse nicht befriedigt werden können, in § 61 InsO nunmehr ausdrücklich gesetzlich geregelt. § 60 InsO besteht hierzu parallel als Anspruchsgrundlage des Massegläubigers bei Pflichtverletzungen des Insolvenzverwalters, denn § 61 InsO stellt einen Spezialfall des § 60 InsO mit einer Konkretisierung bzw. Erweiterung der insolvenzspezifischen Verwalterpflichten dar.

---

39 BGHZ 106, 134, 137.
40 BFH ZIP 1991, 108; BFH BB 1993, 281.

II. Voraussetzungen

1. Masseverbindlichkeit

Gegenstand der Haftung des Insolvenzverwalters gemäß § 61 InsO sind Masseverbindlichkeiten, die durch Rechtshandlungen des Insolvenzverwalters begründet und vom Insolvenzverwalter jedoch nicht vollständig erfüllt worden sind. Masseverbindlichkeiten werden in § 55 InsO definiert. Die Verantwortlichkeit des Insolvenzverwalters gemäß § 61 InsO besteht jedoch nicht für den Fall der Masseverbindlichkeiten gemäß § 55 Abs. 1 Nr. 3 InsO, da eine ungerechtfertigte Bereicherung der Insolvenzmasse keinesfalls auf eine Rechtshandlung des Insolvenzverwalters zurückgehen kann. Der Begründung einer neuen Verbindlichkeit durch eine Rechtshandlung des Insolvenzverwalters steht es gleich, wenn der Insolvenzverwalter gemäß § 103 InsO die Erfüllung eines gegenseitigen Vertrages verlangt oder gemäß § 108 ff. InsO von der möglichen Kündigung eines Dauerschuldverhältnisses absieht.

42

Für »aufgezwungene Masseverbindlichkeiten«, wie z. B. Lohnansprüche aus Arbeitsverhältnissen sowie Mietansprüche, jeweils innerhalb der kürzestmöglichen Kündigungsfristen oder sonstiger Dauerschuldverhältnisse, soweit der Insolvenzverwalter die jeweilige Leistung des Gläubigers nicht angenommen hat, haftet der Insolvenzverwalter gemäß § 61 InsO nicht, da er auf die Entstehung und die Höhe dieser Ansprüche keinerlei Einfluss hat.[41]

43

2. Keine vollständige Erfüllung

Die Masseverbindlichkeiten dürfen vom Insolvenzverwalter nicht vollständig erfüllt worden sein. Dem Insolvenzverwalter muss eine vollständige Erfüllung tatsächlich, d. h. bei fehlender Masse, oder rechtlich nicht mehr möglich sein. Eine solche rechtliche Unmöglichkeit besteht nach der Anzeige der Masseunzulänglichkeit gemäß § 208 InsO, nach der für die Befriedigung der Masseverbindlichkeiten die in § 209 InsO vorgegebene Rangfolge einzuhalten ist

44

III. Rechtsfolge: Schadensersatz

Sind vom Insolvenzverwalter begründete Verbindlichkeiten aus tatsächlichen oder rechtlichen Gründen nicht vollständig erfüllt worden, so besteht

45

---

[41] OLG Hamm ZIP 1987, 528.

ein gegen den Insolvenzverwalter gerichteter Schadensersatzanspruch gemäß § 61 InsO.

46 Der Schadensersatzanspruch des Massegläubigers richtet sich auf den Ersatz des sog. Vertrauensschadens, den der Massegläubiger erlitten hat, indem er bei Begründung der Verbindlichkeit auf die Möglichkeit der Erfüllung durch den Insolvenzverwalter vertraut hat. Somit wird die Vertrauenshaftung des Insolvenzverwalters auch durch das Erfüllungsinteresse der Massegläubigers begrenzt.

IV. Anspruchsausschluss

47 Der Insolvenzverwalter ist dem Massegläubiger gemäß § 61 Satz 2 InsO nicht zum Schadensersatz verpflichtet soweit er bei Begründung der Masseverbindlichkeit nicht erkennen konnte, dass die Insolvenzmasse voraussichtlich zur Erfüllung der Masseverbindlichkeit nicht ausreichen wird.

48 § 61 Satz 2 InsO enthält insoweit eine Beweislastverteilung, nach der die fehlende Erfüllung der Masseverbindlichkeit zunächst einen schuldhaften Pflichtenverstoß des Insolvenzverwalters und somit eine Schadensersatzpflicht vermuten lässt, was aber vom Insolvenzverwalter durch den Nachweis, dass die Nichterfüllung nicht erkennbar war, widerlegt werden kann.

Die Beweislastumkehr in § 61 Satz 2 InsO rechtfertigt sich durch den Umstand, dass der Massegläubiger regelmäßig Einzelheiten des Ablaufs des Insolvenzverfahrens über das Vermögen des Schuldners nicht kennt und regelmäßig allein der Insolvenzverwalter hier eine übergreifende Kenntnis hat und auch haben muss. Der Insolvenzverwalter muss zu seiner Exculpation in einer Ex-Ante-Betrachtung aus der Sicht eines gewissenhaften und pflichtgemäß handelnden Insolvenzverwalters unter Berücksichtigung aller Erkenntnismöglichkeiten, die dem Insolvenzverwalter im konkreten Verfahren zur Verfügung standen, darlegen, dass ihn ein Verschulden nicht trifft. Somit sind auch in dieser Frage die besondere Situation des Insolvenzverfahrens und die sich daraus ergebenden Besonderheiten zu beachten.[42]

49 Die Anzeige der Masseunzulänglichkeit gemäß § 208 InsO führt nicht zu einem Ausschluss der Haftung des Insolvenzverwalters gemäß § 61 InsO. Die gemäß § 208 InsO angezeigte Masseunzulänglichkeit wird im Hinblick auf die Rangfolge der Befriedigung der Masseverbindlichkeiten gemäß § 209 InsO vielmehr regelmäßig eine Voraussetzung für die Haftung des Insolvenzverwalters gemäß § 61 InsO sein.

---

42 Siehe hierzu Rdnr. 14 f.

V. Haftung des Insolvenzverwalters bei Betriebsfortführung

Soweit der Geschäftsbetrieb des Schuldners nicht bereits vor Insolvenzantragstellung bzw. vor Verfahrenseröffnung zum Erliegen gekommen ist, steht der Insolvenzverwalter vor der Entscheidung, ob der Geschäftsbetrieb des Schuldners fortgeführt werden kann oder vollständig stillzulegen ist. **50**

1. Verfahrensrechtliche Haftung

In § 22 Abs. 1 Nr. 2 InsO wird die Fortführung des Geschäftsbetriebes des Schuldners bis zur Entscheidung über die Eröffnung des Insolvenzverfahrens über das Vermögen des Schuldners als Regelfall normiert. Nur mit Zustimmung des Insolvenzgerichtes kann eine Stilllegung des Geschäftsbetriebes des Schuldners im Hinblick auf die Vermeidung einer erheblichen Verminderung des Vermögens des Schuldners erfolgen. **51**

Der vorläufige Insolvenzverwalter hat daher aufgrund einer Vergleichsrechnung festzustellen, inwieweit die Fortführung des Geschäftsbetriebes des Schuldners oder dessen sofortige Zerschlagung ein besseres Verwertungsergebnis erbringt. Insbesondere bezüglich halbfertiger Erzeugnisse sowie Roh-, Hilfs- und Betriebsstoffe ist eine Entscheidung, ob diese fertig gestellt bzw. verbraucht werden sollen, herbeizuführen, da diese im Falle einer Zerschlagung des schuldnerischen Geschäftsbetriebes regelmäßig wertlos sein werden. **52**

Hält der vorläufige Insolvenzverwalter im Insolvenzeröffnungsverfahren die Stilllegung des schuldnerischen Geschäftsbetriebes für geboten, da die Aufrechterhaltung des Geschäftsbetriebes des Schuldners das Vermögen des Schuldners bzw. die Insolvenzmasse des Schuldners erheblich vermindern würde, so ist der vorläufige Insolvenzverwalter verpflichtet, diese Voraussetzungen unter Vorlage von Nachweisunterlagen wie z. B. Plan- bzw. Liquiditätsrechnungen, dem Insolvenzgericht bzw. dem vorläufigen Gläubigerausschuss detailliert darzulegen. Sind diese Angaben des vorläufigen Insolvenzverwalters schuldhaft unrichtig oder unvollständig und erfolgt auf Grundlage dieser Angaben eine Entscheidung des Gerichts bzw. des vorläufigen Gläubigerausschusses, die im Hinblick auf die tatsächliche Sachlage nicht hätte erfolgen dürfen, so hat der vorläufige Insolvenzverwalter den entstandenen Schaden zu ersetzen. **53**

Der vorläufige Insolvenzverwalter haftet zum Einen für eine erhebliche Verminderung der Insolvenzmasse, wenn er dies durch rechtzeitige Stilllegung des schuldnerischen Geschäftsbetriebes hätte verhindern können, und andererseits für eine nicht angezeigte Stilllegung des schuldnerischen Geschäftsbetriebes, falls er schuldhaft der unzutreffenden Meinung war, die Voraus- **54** setzungen zur Stilllegung des schuldnerischen Geschäftsbetriebes hätten vorgelegen, und das Gericht bzw. der vorläufige Gläubigerausschuss nach fiktiver ordnungsgemäßer Unterrichtung beschlossen hätte, den schuldnerischen Geschäftsbetrieb nicht stillzulegen und vorläufig fortzuführen.

55 Bei erfolgter Fortführung des schuldnerischen Geschäftsbetriebes ist der fortführende vorläufige Insolvenzverwalter gegenüber den so genannten Neugläubigern, mit denen er innerhalb der Fortführung des schuldnerischen Geschäftsbetriebes Verträge über Lieferungen und Leistungen sowie zur Ausführung von Aufträgen abgeschlossen hat, persönlich verantwortlich. Kann der vorläufige Verwalter zunächst gegen die Insolvenzmasse gerichtete Ansprüche auf den Ausgleich von Fortführungsverbindlichkeiten aus der Insolvenzmasse nicht regulieren, haftet er gemäß § 61 InsO persönlich, soweit er dies als ordentlicher und gewissenhafter Geschäftsleiter nicht hätte erkennen können und müssen.

56 Allerdings ist die verschärfte Haftung des § 61 InsO solange ausgeschlossen, wie die Fortführung des schuldnerischen Geschäftsbetriebes durch den gemäß § 22 Abs. 1 S. 1 InsO mit einer Verwaltungs- und Verfügungsbefugnis ausgestatteten »starken« vorläufigen Insolvenzverwalter sich als gesetzliche Pflichtaufgabe darstellt, zu der der »starke« vorläufige Insolvenzverwalter keine andere Alternative hat. Solange eine Pflicht zur Fortführung des Geschäftsbetriebes des Schuldners besteht, scheidet die Haftung nach § 61 InsO für den »starken« vorläufigen Insolvenzverwalter aus.[43]

57 Die Haftungsrisiken für den vorläufigen Insolvenzverwalter im Zusammenhang mit einer Fortführung des Geschäftsbetriebes des Schuldners sind jedoch stets unter der Prämisse zu beurteilen, dass eine Haftung des vorläufigen Insolvenzverwalters auszuschließen ist, soweit der vorläufige Insolvenzverwalter bei Begründung der Fortführungsverbindlichkeit nicht erkennen konnte, dass die Insolvenzmasse voraussichtlich zur Erfüllung der Fortführungsverbindlichkeiten nicht ausreicht. Dennoch befindet sich der vorläufige Insolvenzverwalter im Rahmen einer Fortführung des Geschäftsbetriebes des Schuldners stets in einer überaus unangenehmen Situation und sieht sich einem erheblichen Haftungsrisiko ausgesetzt. Dies kann bei einem vorsichtigen vorläufigen Insolvenzverwalter durchaus dazu führen, dass der einfachere und risikoärmere Weg der Zerschlagung des schuldnerischen Unternehmens gewählt wird.[44]

58 Soweit das Gericht der substantiiert dargelegten Empfehlung des Insolvenzverwalters, den Geschäftsbetrieb des Schuldners stillzulegen, nicht folgen sollte und eine dahingehende Zustimmung verweigert, führt dies zu einer Haftungsfreistellung des Insolvenzverwalters während der dann erfolgenden Fortführung des Geschäftsbetriebes des Schuldners, da der Insolvenzverwalter nun trotz gegenteiliger Empfehlung verpflichtet ist, den *Geschäftsbetrieb des Schuldners im Auftrag des Gerichts fortzuführen.*

---

43 Kirchhoff, ZInsO 1999, 365 ff.; Wiester, ZInsO 1998, 99 ff.
44 Vallender, ZIP 1997, 345 ff. (Fußnote 8).

2. Haftung aus übergegangener Unternehmerstellung

Im Rahmen einer Fortführung des Geschäftsbetriebes des Schuldners wird der Insolvenzverwalter per gesetzlicher Anordnung im Hinblick auf § 1 InsO zum »Manager«, der das Betriebsvermögen des Schuldners sorgfältig, überlegt und nicht zum eigenen Wohl zu verwalten hat.

59

Damit sind auch unternehmerische Misserfolge und Fehlentscheidungen des Insolvenzverwalters möglich. Diese sind jedoch nur justiziabel, soweit sich der Insolvenzverwalter nicht sorgfältig informiert hat, in einem Interessenskonflikt gehandelt hat, seine Handlungen oder Entscheidungen unter keinem vernünftigen unternehmerischen Gesichtspunkt begründbar sind oder wenn keine Schadenskontrollen eingerichtet worden sind.[45] Der Insolvenzverwalter hat jedoch gemäß § 60 Abs. 1 Satz 2 InsO nur für die Sorgfaltspflicht eines ordentlichen und gewissenhaften Insolvenzverwalter einzustehen mit der Folge, dass an ihn nicht gleich hohe Anforderungen wie im sonstigen wirtschaftlichen Verkehr an einen »Manager« gestellt werden können. Die Besonderheiten, mit denen ein Insolvenzverwalter konfrontiert wird, müssen beachtet werden, So ist z. B. zu berücksichtigen, dass der Insolvenzverwalter sich in einem fremden Unternehmen, einer gegebenenfalls ihm unbekannten Branche erst einarbeiten muss oder dass regelmäßig die schuldnerischen Buchführungsunterlagen nicht auf dem neuesten Stand sind bzw. teilweise völlig fehlen können. Es verbietet sich somit, dieselben Maßstäbe anzulegen, die an einen Geschäftsführer bzw. »Manager« eines gesunden Unternehmens gestellt werden müssen.

60

D. Ausblick

Die Entwicklung der Rechtsprechung zur Haftung des Insolvenzverwalters nach den Regelungen der Insolvenzordnung wird abzuwarten sein, zumal entsprechende Entscheidungen bisher noch kaum erfolgt sind. Eine rigorose Handhabung der Haftung des Insolvenzverwalters durch die Rechtsprechung würde jedoch sicherlich dem Zweck des Vorrangs der Unternehmensfortführung deutlich zuwiderlaufen, da haftungsscheue und vorsichtige Insolvenzverwalter Neumasseverbindlichkeiten nur in Notfällen eingehen würden und im Zweifel der Geschäftsbetrieb zunächst eingestellt werden würde.

61

---

45 OLG Düsseldorf ZIP 1995, 1183.

E. Die Haftung für Gehilfen (§ 60 Abs. 2 InsO)

62 Der Insolvenzverwalter haftet gemäß § 278 BGB für das Verschulden von Personen, deren er sich zur Erfüllung der ihm als Insolvenzverwalter obliegenden Pflichten bedient hat. Die Insolvenzordnung folgt diesem Grundsatz, sieht jedoch in § 60 Abs. 2 InsO hinsichtlich der Angestellten des Schuldners, die der Insolvenzverwalter im Rahmen der bisherigen Tätigkeit einsetzen muss, eine Beschränkung auf das Überwachungs- und Auswahlverschulden des Insolvenzverwalters vor

I. Gehilfen

63 Noch im Regierungsentwurf zur Insolvenzordnung war ein eigener Absatz vorgesehen, nach dem der Insolvenzverwalter für Personen nach § 278 BGB haften sollte, deren er sich zur Erfüllung seiner Pflichten bedient. Auf eine Beschlussempfehlung des Rechtsausschusses ist dieser Absatz jedoch aus redaktionellen Gründen entfallen.[46] Auch hier ist jedoch als Verschuldensmaßstab der insolvenzspezifische Pflichtenkreis des Verwalters anzulegen.[47]

II. Selbstständige

64 Soweit der Insolvenzverwalter für anfallende Sonderaufgaben, die eine besondere Sachkunde erfordern, selbstständige oder freiberufliche Mitarbeiter einschaltet, z. B. betriebswirtschaftliche Sachverständige, Steuerberater oder Wirtschaftsprüfer, erfüllt der Insolvenzverwalter seine Pflichten durch eine sorgfältige Auswahl, Anweisung und Aufsicht über diese Mitarbeiter. Eine Haftung des Insolvenzverwalters für ein fremdes Verschulden gemäß § 278 BGB entfällt und wird nur dann angenommen werden, wenn der Insolvenzverwalter erkennen konnte, dass der betreffende Mitarbeiter nachlässig arbeitet.[48]

---

46 BegrRegE, Kübler/Prütting, Bd. I, S. 234.
47 Siehe hierzu Rdnr. 14 f.
48 BGH ZIP 1980, 25.

III. Angestellte des Schuldners

In § 60 Abs. 2 InsO wird festgehalten, dass der Insolvenzverwalter für Schäden, die Angestellte des Schuldners, derer er sich im Rahmen ihrer bisherigen Tätigkeit bedient hat und die nicht offensichtlich ungeeignet sind, verursacht haben, nicht gemäß § 278 BGB haftet. Der Insolvenzverwalter ist jedoch verpflichtet, diese Angestellten des Schuldners zu überwachen und Entscheidungen von besonderer Bedeutung selbst zu treffen.

65

Insbesondere bei größeren Unternehmensinsolvenzen und umfangreichen Betriebsfortführungen ist der Insolvenzverwalter auf die Mitwirkung der Angestellten des Schuldners unerlässlich angewiesen. Nur über diese Mitwirkung kann der Insolvenzverwalter kurzfristig einen ausreichenden Einblick in die betrieblichen Verhältnisse des Schuldners gewinnen. Allerdings hat der Gesetzgeber die Haftungsbeschränkung gemäß § 60 Abs. 2 InsO im Hinblick auf Angestellte des Schuldners dahingehend eingeschränkt, dass der Insolvenzverwalter nach den Umständen des Einzelfalls keine andere Möglichkeit haben darf, als zur Erfüllung seiner Aufgaben die Angestellten des Schuldners einzusetzen.[49] Der Insolvenzverwalter muss daher gezwungen sein, aus besonderen, z. B. finanziellen Gründen oder wegen besonderer Kenntnisse einzelner Angestellter des Schuldners diese für sich tätig werden zu lassen. Außerhalb dieser Zwangssituation verbleibt es bei der uneingeschränkten Verschuldenszurechnung nach § 278 BGB beim Insolvenzverwalter.

F. Die Verjährung von Haftungsansprüchen (§ 62 InsO)

Schadensersatzansprüche aus den §§ 60, 61 InsO gegenüber dem Insolvenzverwalter verjähren gemäß § 62 InsO nach drei Jahren nach dem Zeitpunkt, in dem der Geschädigte von dem Schaden und den die Ersatzpflicht des Insolvenzverwalters begründenden Umständen Kenntnis erlangt hat. Insoweit ist im Allgemeinen eine Kenntnis gefordert, die es dem Geschädigten erlaubt, eine hinreichend aussichtsreiche, wenn auch nicht risikolose, und ihm daher zumutbare Feststellungsklage zu erheben.[50] Der Geschädigte muss jedoch aufgrund seines Kenntnisstandes in der Lage sein, eine auf § 60 InsO oder § 61 InsO gestützte Schadensersatzklage schlüssig begründen zu können.[51]

66

§ 62 Satz 2 InsO sieht ausdrücklich eine endgültige Verjährung der Schadensersatzansprüche aus §§ 60, 61 InsO gegenüber dem Insolvenzverwalter

67

---

49 BegrRegE, Kübler/Prütting, Bd. 1, S. 234.
50 BGHZ 102, 246.
51 BGH NJW 1994, 3092.

nach maximal drei Jahren nach Aufhebung des Insolvenzverfahrens (§ 200 InsO) oder der rechtskräftigen Einstellung des Insolvenzverfahrens (§§ 207 ff. InsO) bzw. im Planüberwachungsverfahren nach drei Jahren nach Vollzug der Nachtragsverteilung (§ 260 InsO) und der Beendigung der Überwachung (§ 268 InsO) vor.

G. Exkurs: Die Haftung des vorläufigen Insolvenzverwalters (§§ 21 Abs. 2 Nr. 1, 60 ff. InsO)

68 Nach § 21 Abs. 2 Nr. 1 InsO gelten für den vorläufigen Insolvenzverwalter die den endgültigen Insolvenzverwalter betreffenden Haftungsvorschriften der §§ 60, 61, 62 InsO entsprechend. § 60 InsO sieht in seiner entsprechenden Anwendung vor, dass auch der vorläufige Insolvenzverwalter allen Beteiligten zum Schadensersatz verpflichtet ist, wenn er schuldhaft diejenigen Pflichten verletzt, die ihm nach der Insolvenzordnung obliegen.

69 Hier ist der Aufgaben- und Haftungsmaßstab jedoch nicht darauf gerichtet, das Vermögen des Schuldners zugunsten der Gläubiger zu verwerten, sondern vielmehr es vor dem Zugriff des Schuldners und von Dritten zu schützen, so dass die Insolvenzmasse zugunsten aller Gläubiger des Schuldners festgestellt und gesichert werden kann.[52] Entsprechend der Haftung des Insolvenzverwalters ist auch die Haftung des vorläufigen Insolvenzverwalters in seinem Pflichtenkreis durch den besonderen Charakter seiner Tätigkeit geprägt – durch die in aller Regel ungünstigen Bedingungen, die der vorläufige Insolvenzverwalter bei der Übernahme seines Amtes beim jeweiligen Schuldner antrifft. Insbesondere ist der vorläufige Insolvenzverwalter bei seinem Amtsantritt mit dem Unternehmen des Schuldners, dessen Strukturen und Besonderheiten nicht vertraut, wobei in vielen Fällen solche Strukturen, wie z. B. eine geordnete Buchführung, nicht einmal mehr vorgefunden werden. So ist für das Tätigwerden auch des vorläufigen Insolvenzverwalters nach § 60 Abs. 1 Satz 2 InsO der Maßstab der Sorgfalt eines ordentlichen und gewissenhaften Insolvenzverwalters zugrunde zu legen.[53]

70 Gegenüber dem vorläufigen Insolvenzverwalter greift die besondere Haftungsregelung des § 61 InsO nur ein, sofern er überhaupt Masseverbindlichkeiten begründen kann. Dies ist der Fall, soweit der »starke« vorläufige Insolvenzverwalter durch Beschluss des Insolvenzgerichtes gemäß § 22 Abs. 1 InsO mit der Verwaltungs- und Verfügungsbefugnis über das Vermögen des Schuldners ausgestattet wird oder gemäß § 22 Abs. 2 InsO rechtswirksam zur Begründung von Masseschulden ermächtigt worden ist.

---

52 OLG Celle ZInsO 1998, 389.
53 Siehe hierzu Rdnr. 5 ff.

Der »schwache« vorläufige Insolvenzverwalter, der mit Verwaltungs- und Verfügungsbefugnissen nicht ausgestattet wurde, handelt somit bei der Begründung von Masseverbindlichkeiten auf eigenes Risiko, da die gerichtliche Ermächtigung keine Legitimationswirkung zugunsten des endgültigen Insolvenzverwalters entfaltet.[54]

71

H. Exkurs: Die Haftung des Gläubigerausschusses (§ 71 InsO)

Die Mitglieder des Gläubigerausschusses sind allen Beteiligten für die Erfüllung ihrer Pflichten ebenso verantwortlich wie der Insolvenzverwalter und bei Verletzung ihrer Pflichten unter Umständen schadensersatzpflichtig (§ 71 InsO).[55] So haftet der Gläubigerausschuss beispielsweise, wenn er es versäumt, die Berichte des Insolvenzverwalters durch Prüfung der Kasse, der Konten und der dazugehörigen Belege zu kontrollieren, vorausgesetzt, er hätte bei dieser Prüfung erkennen können, dass der Insolvenzverwalter die Masse geschädigt hat, und bei sofortigem Einschreiten den Schaden abwenden können.[56]

72

Die Ausschussmitglieder müssen sich über ihre Aufgaben und Pflichten rechtzeitig informieren und die Wahl ablehnen, wenn ihnen die nötigen Kenntnisse für die Ausübung des Amtes fehlen.[57] So kann z. B. ein Kaufmann fahrlässig handeln, wenn er sich wählen lässt, obwohl der Insolvenzverwalter darauf hinweist, dass im Ausschuss fast ausschließlich Rechtsfragen behandelt werden müssen.[58] Krankheit entbindet das Ausschussmitglied nicht ohne weiteres von seinen Pflichten.[59] Andererseits kann das Ausschussmitglied sich aber damit entschuldigen, dass es gegen den pflichtwidrigen Beschluss des Ausschusses gestimmt hat.[60] Einzelne Mitglieder des Gläubigerausschusses kann die Gläubigerversammlung von ihren Pflichten nicht entbinden, da sämtliche Mitglieder dieselben Pflichten haben.

73

Der Gläubigerausschuss unterliegt keinen Weisungen durch das Gericht; es kann wirksam gefasste Beschlüsse weder überprüfen noch deren Ausführung untersagen.

74

---

54 Gerhardt, ZInsO 2000, 574.
55 OLG Frankfurt ZIP 1990, 722.
56 Merz, WM 1983, 106; BGH WM 1978, 634 (Überwachung).
57 Jaeger/Weber, Kommentar zur Konkursordnung, 8. Aufl. 1985, § 89 Anm. 2.
58 W. Obermüller, Festschrift für Möhring, 1975, S. 106.
59 RG HRR 1937, 1252.
60 Jaeger/Weber, a. a. O., § 89 Anm. 2.

J. Exkurs: Die Haftung des Insolvenzgerichts (§§ 21 Abs. 2 Nr. 1, 58, 59 InsO; § 839 BGB i. V. m. Art. 34 GG)

75 Das Insolvenzgericht ist gemäß § 58 InsO verpflichtet, die Amtsführung des Insolvenzverwalters zu überwachen. Die Ausübung dieser Aufsicht ist Amtspflicht im Sinne des § 839 BGB und deren Verletzung mithin eine Amtspflichtverletzung.

76 Das Insolvenzgericht kann eine Nichtwahrnehmung der Aufsichtsverpflichtung gemäß § 58 InsO nicht durch eine Überlastung rechtfertigen, da die Wahrung gesetzlicher Aufgaben durch den Richter Kernbereich seiner richterlichen Tätigkeit und Unabhängigkeit ist. Dem Insolvenzgericht bleibt in diesem Fall die Möglichkeit eine Überlastungsanzeige gegenüber dem Gerichtspräsidium abzugeben um die Wahrnehmung der Aufsichtsverpflichtung gemäß § 58 InsO sicherzustellen.[61]

77 Sowohl Richter als auch Rechtspfleger des Insolvenzgerichtes müssen zur Erfüllung der Aufsichtsverpflichtung gemäß § 58 InsO die fachliche Kompetenz innehaben, diese Aufsicht zu führen. Insoweit müssen Richter und Rechtspfleger in der Lage sein wirtschaftliche, bilanzielle und insolvenzrechtliche Zusammenhänge herzustellen und einer Prüfung zu unterziehen. § 58 InsO berechtigt das Insolvenzgericht jederzeit Einblick in die Buch- und Verfahrensführung des Insolvenzverwalters zu nehmen und Auskunft über Handlungen des Insolvenzverwalters zu verlangen.

78 Das Ermessen des Insolvenzverwalters kann jedoch nicht durch eigenes Ermessen des Gerichts ersetzt werden.[62]

79 Das Insolvenzgericht wird in aller Regel die Aufsichtsverpflichtung gemäß § 58 InsO durch sorgfältige Durchsicht der vom Insolvenzverwalter überreichten Gutachten, sowie sonstiger Sachstandsmitteilungen ausüben und gegebenenfalls in Einzelfragen gesonderte Sachstandsanfragen an den Insolvenzverwalter richten.

K. Strafrechtliche Risiken für den Insolvenzverwalter

80 Verwalterspezifische Deliktsfelder existieren nicht.[63]
In einzelnen Fällen kommen Vorwürfe der Nötigung zum Nachteil der Unternehmensverantwortlichen oder der Unterschlagung bzw. Untreue zum Nachteil der Insolvenzmasse in Betracht. Die Beurteilung findet über das

---

61 LG Magdeburg RPfleger 1995, 224.
62 LG Halle ZIP 1993, 1739.
63 Weyand, ZInsO 2000, 413.

allgemeine Strafrecht statt, ein besonderer Zusammenhang zwischen Insolvenzverwaltertätigkeit und strafbarem Verhalten im Einzelfall ist jedoch nicht gegeben.

Über die Grenzen des § 138 StGB (Nichtanzeige geplanter Straftaten) ist der Insolvenzverwalter nicht verpflichtet, strafbares Verhalten anderer Personen von sich aus zu offenbaren, selbst wenn er solche Informationen im Rahmen seiner Insolvenzverwaltertätigkeit erlangt. Auf Fragen der Ermittlungsbehörden hat der Insolvenzverwalter jedoch zu antworten. Unterlässt er dies, kann er sich dem Vorwurf der Strafvereitelung gemäß § 258 StGB ausgesetzt sehen. Das Amt des Insolvenzverwalters verpflichtet jedoch nicht automatisch, für eine Sanktionierung von Straftätern zu sorgen. 81

Es bestehen Überlegungen von Strafermittlungsbehörden, eine Strafbarkeit von vorläufigen Insolvenzverwaltern mit Verfügungsbefugnis (= »starker« vorläufiger Insolvenzverwalter) gemäß § 266 a StGB (Vorenthalten und Veruntreuen von Arbeitsentgelt) anzunehmen, soweit diese das schuldnerische Unternehmen mit dessen Belegschaft oder Teilen dessen Belegschaft fortführen.[64] Der objektive Tatbestand des § 266 a StGB ist jedoch nicht erfüllt. Zunächst ist der vorläufige Insolvenzverwalter mit Verfügungsbefugnis als funktioneller Arbeitgeber in Verbindung mit § 14 Abs. 2 StGB anzusehen, jedoch kann von einer Möglichkeit und Zumutbarkeit des Abführens von Sozialversicherungsbeiträgen allgemein nicht ausgegangen werden. Eine Unmöglichkeit liegt insoweit vor, wie der vorläufige Insolvenzverwalter mit Verfügungsbefugnis bei Amtsübernahme keine ausreichenden Mittel zur Begleichung der alsbald fälligen Beiträge vorfindet und diese bis zum Fälligkeitszeitpunkt auch nicht erwirtschaften kann. War der vorläufige Insolvenzverwalter bei Fälligkeit der Sozialversicherungsbeiträge jedoch objektiv in der Lage, diese zu begleichen, befriedigt er aber andere Verbindlichkeiten (zur Aufrechterhaltung des Unternehmens), so liegt eine rechtliche Unmöglichkeit nicht vor. In aller Regel scheitert eine Strafbarkeit des vorläufigen Insolvenzverwalters mit Verfügungsbefugnis an der erforderlichen Zumutbarkeit. Eine Zumutbarkeit ist zu verneinen, da der vorläufige Insolvenzverwalter gemäß § 22 InsO verpflichtet ist, das Vermögen des Schuldners zu sichern und zu erhalten sowie bis zur Entscheidung über die Verfahrenseröffnung eine Stilllegung des Unternehmens zu vermeiden. 82

Im Weiteren ist der vorläufige Insolvenzverwalter nicht berechtigt, einzelne Gläubiger durch vorrangige Befriedigung zu bevorzugen. Mit der Abschaffung der Rangordnung des § 61 Abs. 1 KO bzw. des § 17 GesO durch die InsO sind Forderungen der Sozialversicherungsträger einfache Insolvenzforderungen gemäß § 38 InsO, womit sich eine Bevorzugung dieser Forderungen für den vorläufigen Insolvenzverwalter im Hinblick auf ihm vorzuwerfende Untreue gemäß § 266 StGB und Gläubigerbevorteilung gemäß § 283 c StGB zum Nachteil der übrigen Gläubiger des Schuldners verbietet.

---

64 Rundschreiben der StA Dresden vom 28. 12. 2000, www.insolnet.de./aktuelles.

Die Strafbarkeit des vorläufigen Insolvenzverwalters sollte somit bereits auf der Ebene des Tatbestandes scheitern.

83 Selbst bei Bejahung des Tatbestandes des § 266 a StGB ist jedoch von einer Rechtfertigung des vorläufigen Insolvenzverwalters mit Verfügungsbefugnis auszugehen, da im Hinblick auf die Fortführungspflicht gemäß § 22 Abs. 1 InsO, die Pflicht zur Gleichbehandlung der Gläubiger und die Abschaffung der Rangordnung der Gläubigerforderungen gegenüber einer Pflicht zur Zahlung fälliger Sozialversicherungsbeiträge von einer rechtfertigenden Pflichtenkollision auszugehen ist und nicht ersichtlich ist, dass eine dieser kollidierenden Pflichten Vorrang genießt.

84 In diesem Problemfeld erscheint eine Klarstellung durch den Gesetzgeber bzw. die Rechtssprechung dringend erforderlich, was im Regierungsentwurf zur Änderung der InsO im vorgesehenen § 55 Abs. 3 InsO bereits auf den Weg gebracht wurde und durch das Bundesarbeitsgericht durch die Entscheidung vom 4. 4. 2001 – Az. AZR 143/00 bereits erfolgt ist.

19. KAPITEL BUCHFÜHRUNG, BILANZIERUNG

Inhalt

			Seite
A.	Grundlagen der Buchführung		1787
	I.	Einführung	1787
	II.	Überblick über die Technik der doppelten Buchführung	1789
		1. Die Bilanz als Ausgangspunkt der doppelten Buchführung	1789
		2. Änderung der Bilanz durch Geschäftsvorfälle	1790
		a) Aktiv-Tausch, Passiv-Tausch und Aktiv-Passiv-Tausch	1790
		b) Die Bedeutung von Eigenkapitalveränderungen	1790
		3. Die Auflösung der Bilanz in Konten und Bildung von Buchungssätzen	1791
		4. Der Kontenabschluss	1793
		5. Die zweifache Gewinnermittlung als Merkmal der doppelten Buchführung	1793
	III.	Rechtliche und organisatorische Grundlagen der Buchführung	1794
		1. Belege und Belegwesen	1794
		2. Kontenplan und Kontenrahmen	1795
		3. Die Bücher	1796
		a) Grundbuch und Hauptbuch	1796
		b) Nebenbücher	1797
		4. Buchführungsverfahren	1797
		a) Übertragungsbuchführung und Amerikanisches Journal	1797
		b) Durchschreibebuchführung	1797
		c) EDV-Buchführung	1797
		d) Manuelle Offene-Posten-Buchführung	1798
B.	Grundlagen der Bilanzierung und Bewertung		1798
	I.	Systematisierung der wichtigsten Bilanzierungsgrundsätze	1798
		1. Grundsätze der Bilanzierung	1798
		a) Allgemeine Grundsätze	1798
		b) Grundsätze für die Bilanzierung dem Grunde nach / Ausweis	1799
		c) Grundsätze für die Bilanzierung der Höhe nach / Bewertung	1799
		2. Die Grundsätze ordnungsmäßiger Buchführung	1799
		a) Materielle und formelle Ordnungsmäßigkeit der Buchführung	1799

    b) Einzelanforderungen an die formelle Ordnungsmäßigkeit.. 1801
     aa) Fortlaufende Eintragungen und Belege 1801
     bb) Aufbewahrungsfristen 1803
     cc) Buchführungssysteme 1803
     dd) Art der Bücher 1804
  3. Die Bedeutung des Inventars für die Ordnungsmäßigkeit der Buchführung.. 1805
    a) Begriff, Aufgaben und Anforderungen 1805
    b) Die Inventur des Anlagevermögens 1806
    c) Die Inventur des Umlauf- respektive des Vorratsvermögens 1807
    d) Inventurvereinfachungsverfahren 1809
  4. Die Grundsätze der Bilanzklarheit und Bilanzwahrheit....... 1810
  5. Der Grundsatz der Bilanzkontinuität..................... 1810

II. **Allgemeine Bilanzierungs- und Bewertungsgrundsätze**......... 1811

  1. Die Maßgeblichkeit der Handelsbilanz für die Steuerbilanz ... 1812
  2. Die Umkehrung des Maßgeblichkeitsgrundsatzes............ 1813
  3. Der Grundsatz der Bilanzidentität...................... 1814
  4. Der Grundsatz der Unternehmensfortführung 1814
    a) Die Einzelbewertung............................... 1815
    b) Die Festbewertung................................ 1816
    c) Die Gruppen- oder Sammelbewertung 1817
    d) Die Verbrauchs- oder Veräußerungsfolgebewertung 1818
  5. Das Stichtagsprinzip 1821
  6. Der Grundsatz der Vorsicht 1822
  7. Der Grundsatz der Periodisierung 1824
  8. Der Grundsatz der Bewertungsstetigkeit.................. 1824
  9. Abweichungen von den Bewertungsgrundsätzen 1826

III. **Die Bewertungsmaßstäbe** 1826

  1. Anschaffungskosten 1826
  2. Herstellungskosten................................... 1829
    a) Grundlagen...................................... 1829
    b) Umfang der Herstellungskosten 1829
    c) Die Ermittlung der Herstellungskosten 1831
  3. Andere Wertmaßstäbe 1832
    a) Der beizulegende Wert (Zeitwert) 1832
    b) Der aus dem Börsen- oder Marktpreis abgeleitete Wert.... 1832
    c) Der zur Vermeidung künftiger Wertschwankungen notwendige Wert 1833
    d) Der für Steuerzwecke zulässig gehaltene Wert 1833
    e) Der Nennbetrag.................................. 1833
    f) Der Rückzahlungsbetrag........................... 1834
    g) Der Barwert 1834

IV. **Abschreibungen** 1834

  1. Begriff und Bedeutung................................ 1834
  2. Die planmäßige Abschreibung 1835
  3. Außerplanmäßige Abschreibungen...................... 1836

V. **Wertaufholung** 1836

VI.	Bewertung der Bilanzposten	1836
	1. Die Aktivseite	1836
	a) Abnutzbares Anlagevermögen	1837
	b) Nicht abnutzbares Anlagevermögen	1837
	c) Umlaufvermögen	1838
	2. Die Passivseite	1838
	a) Kapital	1838
	b) Verbindlichkeiten	1838
	c) Rückstellungen	1838
C.	**Aufbau und Inhalt des Jahresabschlusses**	**1839**
I.	Gesetzliche Vorschriften und Inhalt der Bilanz	1839
II.	Die handelsrechtliche Bilanzgliederung	1839
	1. Grundsätzliches zum Bilanzaufbau	1839
	2. Inhalt der Bilanzpositionen	1842
III.	Aufbau der Gewinn- und Verlustrechnung	1844
	1. Allgemeines	1844
	2. Die Positionen im Einzelnen	1845
	3. Gesamtkosten- und Umsatzkostenverfahren	1854
IV.	Die Erläuterung der Bilanz und der Gewinn- und Verlustrechnung durch den Anhang und den Lagebericht	1856
	1. Der Anhang gem. §§ 284 und 285 ff. HGB	1856
	2. Der Lagebericht gem. § 289 HGB	1856

A. Grundlagen der Buchführung

I. Einführung

Aufgabe des betrieblichen Rechnungswesen ist es, das wirtschaftliche Geschehen in einem Unternehmen zu erfassen, auszuwerten, zu steuern und zu überwachen. Zum betrieblichen Rechnungswesen gehören vor allem die Finanzbuchführung, die Kosten- und Leistungsrechnung und die Finanzplanung. 1

Die Finanzbuchführung (im Folgenden nur noch als Buchführung bezeichnet) dient dazu, den Erfolg eines Unternehmens für eine Periode zu ermitteln. Hierzu reicht es nicht nur aus, Zahlungsströme zu erfassen. Es müssen alle Geschäftsvorfälle eines Betriebes dokumentiert werden, um so die Aufwendungen und Erträge einer Periode zu ermitteln. Unter Aufwendungen versteht man hierbei den Werteverzehr an Gütern und Dienstleistungen; unter Erträgen den Wert aller erbrachten Güter und Dienstleistungen.

Aufgabe der Kosten- und Leistungsrechnung ist vor allem die Kontrolle der Wirtschaftlichkeit des Unternehmens. Sie erfasst daher nur diejenigen Größen, die durch die Erfüllung der typischen bzw. betriebsnotwendigen Aufgaben verändert werden.

Die Finanzplanung ist eine Planungsrechnung, deren Ziel es ist, den voraussichtlichen Bestand an Zahlungsmitteln zu ermitteln, um rechtzeitig Maßnahmen zu Deckung eines Kapitalbedarfs einleiten zu können und so die Liquidität des Unternehmens sicherzustellen.

Der Buchführung kommt im betrieblichen Rechnungswesen eine besondere Bedeutung zu. Sie erfolgt in der Regel nicht freiwillig, sondern aufgrund rechtlicher Verpflichtungen.[1] Zum anderen ist sie häufig Grundlage für die anderen Bereiche des betrieblichen Rechnungswesens. So können beispielsweise aus den Daten der Buchführung Finanzpläne abgeleitet werden.

2   Die Vorschriften zur Buchführung, Inventur und Jahresabschlusserstellung finden sich im 3. Buch des HGB, das wie folgt aufgebaut ist:

1. Vorschriften für alle Kaufleute §§ 238–263

2. Ergänzende Vorschriften für Kapitalgesellschaften §§ 264–335

3. Ergänzende Vorschriften für eingetragene Genossenschaften §§ 336–339

4. Ergänzende Vorschriften für Unternehmen bestimmter Geschäftszweige §§ 340–341.

Diese Gesetze wurden geschaffen, um den Informationsbedürfnissen und Interessenlagen der Unternehmensbeteiligten gerecht zu werden (Interessensausgleichsfunktion des Gesetzgebers). Die gewonnenen Informationen können sowohl von unternehmensinternen Personen (insbesondere Geschäftsleitung, Aufsichtsrat, Anteilseigner und Arbeitnehmer) zur Selbstinformation als auch von externen Beteiligten (z. B. Banken, Gläubiger oder Lieferanten, Fremdkapitalgeber, Fiskus) genutzt werden.

Mit der Jahresabschlusserstellung werden die gesetzlichen Pflichten zur Rechenschaftslegung erfüllt. Ferner können die Buchführungsunterlagen als Beweismittel dienen.[2]

Der Jahresabschluss ist darüber hinaus auch Grundlage für die Ermittlung von Zahlungsverpflichtungen des Unternehmens (z. B. Ausschüttungen an Anteilseigner, Steuerzahlungen, gewinnabhängige Prämien, etc.)

---

1 Vgl. §§ 238 ff. HGB.
2 Vgl. §§ 258 ff. HGB.

II. Überblick über die Technik der doppelten Buchführung

1. Die Bilanz als Ausgangspunkt der doppelten Buchführung

Die buchhalterische Bilanz ist eine stichtags- und wertbezogene Aufstellung in Kontenform. Auf der Aktivseite wird das vorhandene Unternehmensvermögen, auf der Passivseite seine Finanzierung dargestellt.[3]

Der Ausweis der Aktiva erfolgt nach dem Prinzip steigender Liquidität. Es wird unterschieden in Anlage- und Umlaufvermögen. Zum Anlagevermögen gehören die Gegenstände, die dazu bestimmt sind, dauernd dem Geschäftsbetrieb zu dienen, wie z. B. Gebäude, Geschäftsausstattungen oder Maschinen.[4] Gegenstände des Umlaufvermögens sind dagegen nur zur vorübergehenden Anlage, zum Verbrauch oder zur kurzfristigen Veräußerung bestimmt (z. B. Roh-, Hilfs- und Betriebsstoffe, Waren oder Kassenbestände).

Die Passivseite zeigt die Mittelherkunft und gliedert sich in Eigenkapital und Verbindlichkeiten.

Aktiva	Passiva
Anlagevermögen – immaterielle Vermögensgegenstände – Sachanlagen – Finanzanlagen Umlaufvermögen – Vorräte – Forderungen – Wertpapiere – Kasse bzw. Bank	Eigenkapital Verbindlichkeiten – langfristig – kurzfristig

Die Summe beider Bilanzseiten muss stets übereinstimmen (Summe der Aktiva = Summe der Passiva; sog. Bilanzgleichung). Aufgabe der Buchführung ist es, die Veränderungen der Bilanz zwischen zwei Bilanzstichtagen zu erfassen. Verändert sich eine Bilanzposition, so muss sich aufgrund der Bilanzgleichung mindestens eine weitere Bilanzposition ändern. Dieses Prinzip ist das wichtigste Merkmal der doppelten Buchführung.

---

3 Vgl. § 266 HGB.
4 Vgl. § 247 Abs. 2 HGB.

2. Änderung der Bilanz durch Geschäftsvorfälle

a) Aktiv-Tausch, Passiv-Tausch und Aktiv-Passiv-Tausch

5 Bei Bilanzveränderungen kann man drei typische Vorgänge unterscheiden:
- Der Vorgang berührt ausschließlich die Aktivseite der Bilanz (Aktiv-Tausch). Die Bilanzsumme und die Passivseite verändern sich nicht.

> **Beispiel:**
> Kunde begleicht Forderung in bar
> Kauf von Wertpapieren

- Der Vorgang berührt ausschließlich die Passivseite der Bilanz (Passiv-Tausch). Die Bilanzsumme und die Aktivseite verändern sich nicht.

> **Beispiel:**
> Umwandlung einer kurzfristigen in eine langfristige Verbindlichkeit
> Begleichung einer fälligen Verbindlichkeit vom Privatkonto

- Der Vorgang berührt sowohl die Aktiv- als auch die Passivseite (Aktiv-Passiv-Tausch). Die Bilanzsumme erhöht oder vermindert sich.

> **Beispiel:**
> Kauf von Vorräten auf Ziel (Bilanzsummenerhöhung)
> Entnahme von Bargeld für private Zwecke (Bilanzsummenverminderung)

b) Die Bedeutung von Eigenkapitalveränderungen

6 Rein bilanztechnisch betrachtet ist das Eigenkapital (Reinvermögen) die Differenzgröße der Bilanz. Sie ist die Differenz zwischen den Aktiva (Rohvermögen) und den Schulden auf der Passivseite.

Verändert sich durch einen Vorgang das Eigenkapital, so kann dies durch Vorgänge zwischen dem Betrieb und dem privaten Lebensbereich des Unternehmers veranlasst sein. Privat veranlasste Eigenkapitaländerungen bezeichnet man als Privatentnahmen (Verminderung des Eigenkapitals) und Neueinlagen (Erhöhung des Eigenkapitals). Ebenso kann eine Eigenkapitalveränderung ausschließlich betriebliche Ursachen haben. Diese Eigenkapitalveränderungen nennt man Aufwendungen (Eigenkapitalminderung) und Erträge (Eigenkapitalerhöhung).

Aufwendungen und Erträge sind erfolgswirksame, Privatentnahmen und Neueinlagen erfolgsneutrale Eigenkapitaländerungen.

> **Beispiele für erfolgsneutrale Eigenkapitalveränderungen:**
> Unternehmer bringt ein Grundstück in das Unternehmen ein (Neueinlage)
> Begleichung einer fälligen Verbindlichkeit vom Privatkonto (Neueinlage)
> Entnahme von Bargeld für private Zwecke (Privatentnahme)

▶ **Beispiele für erfolgswirksame Eigenkapitalveränderungen:**
Kunde begleicht Reparaturrechnung in bar

Erläuterung:

Die Bilanzposition Kasse (Aktiva) erhöht sich, die Schulden ändern sich nicht, also ändert sich als Differenzgröße das Eigenkapital (kein privat veranlasster Vorgang, Eigenkapitalerhöhung = Ertrag)

Verbrauch von Rohstoffen (Aufwand)

Erläuterung:

Die Bilanzposition Vorräte (Aktiva) vermindert sich, die Schulden ändern sich nicht, also ändert sich als Differenzgröße das Eigenkapital (kein privat veranlasster Vorgang, Eigenkapitalverminderung = Aufwand)

3. Die Auflösung der Bilanz in Konten und Bildung von Buchungssätzen

Zur Darstellung der Veränderungen der einzelnen Bilanzpositionen zwischen zwei Bilanzstichtagen zerlegt man die Bilanz in (Sach-)Konten. Für jede Bilanzposition wird ein Konto geführt, auf dem man die Veränderungen des Anfangsbestandes (Zu- und Abgänge) erfassen kann. Genauso wie die Bilanz sind auch die Konten zweiseitige Rechnungen. Die linke Seite eines Kontos bezeichnet man als Soll, die rechte als Haben. Dem Bilanzaufbau entsprechend unterscheidet man Aktiv- und Passivkonten.

Bei den Aktivkonten wird der Anfangsbestand aus der (Eröffnungs-)Bilanz im Soll (auf der linken Seite) erfasst, ebenso alle Zugänge. Im Haben (auf der rechten Seite) werden bei Aktivkonten die Abgänge erfasst.

Umgekehrt erfolgt die Erfassung auf Passivkonten. Anfangsbestand und Zugänge werden im Haben und Abgänge im Soll erfasst. Das Konto für die Bilanzposition Eigenkapital bezeichnet man als Kapitalkonto.

Buchen auf Konten			
Aktivkonto		Passivkonto	
Anfangsbestand Zugänge	Abgänge	Abgänge	Anfangsbestand Zugänge

Da Eigenkapitalveränderungen sowohl privat als auch betrieblich veranlasst sein können, ist das Kapitalkonto in weitere Konten zu unterteilen. Für Privatvorgänge wird ein Privatkonto eingerichtet. Entnahmen werden im Soll, Einlagen im Haben erfasst. Betrieblich veranlasste Eigenkapitaländerungen werden auf Aufwands- und Ertragskonten erfasst, Aufwendungen im Soll, Erträge im Haben.

8   Die Kontierungsregeln führen dazu, dass bei jedem Geschäftsvorfall mindestens ein Konto im Soll und ein Konto im Haben angesprochen wird. Nennt man nun das Konto der Sollbuchung und dessen Wert und verbindet es durch das Wort „an" mit dem Konto der Habenbuchung und dessen Wert, erhält man einen Buchungssatz („Soll" an „Haben").

Bei der Bildung von Buchungssätzen sind daher immer folgende Fragen zu beantworten:

- Welche Konten werden durch einen Geschäftsvorfall berührt?
- Um welche Kontenarten handelt es sich dabei?
- Wie verändern sich diese Konten (z. B. Zu- oder Abgang)?
- Auf welcher Kontenseite werden diese Veränderungen gem. Kontierungsregeln erfasst?
- Wie lautet der Buchungssatz?

▶ **Beispiele (ohne Umsatzsteuer):**
Kauf von Waren auf Ziel für 500 €
Konto Vorräte nimmt zu: Sollbuchung
Konto Verbindlichkeiten nimmt zu: Habenbuchung

Buchungssatz:
   Vorräte   500 € an Verbindlichkeiten   500 €

Barentnahme von 500 €
Privatkonto nimmt ab: Sollbuchung
Konto Kasse nimmt ab: Habenbuchung

Buchungssatz:
   Privatkonto   500 € an Kasse   500 €

Erhalt einer Reparaturrechnung i. H. v. 250 €
Aufwand: Sollbuchung
Konto Verbindlichkeiten nimmt zu: Habenbuchung

Buchungssatz:
   Reparaturaufwand 250 € an Verbindlichkeiten   250 €

Nach diesem Prinzip können auch zusammengesetzte Buchungssätze gebildet werden.

▶ **Beispiel:**
Kunde begleicht eine Forderung i. H. v. 500 €. Er zahlt 150 € in bar, den Rest durch Banküberweisung.

Buchungssatz:
   Kasse   150 €
   Bank   350 € an Forderungen   500 €

4. Der Kontenabschluss

Am Schluss eines jeden Geschäftsjahres werden die Kontensalden (Wertdifferenz zwischen Soll und Haben) ermittelt und zu einer (Schluss-)Bilanz zusammengeführt. Salden der Aktivkonten befinden sich immer im Haben, Salden der Schuldkonten immer im Soll. Sie werden direkt als Endbestände in die Schlussbilanz überführt.

Der Saldo des Privatkontos befindet sich im Soll, wenn die Einlagen die Entnahmen überwiegen, und im Haben bei einem Entnahmeüberschuss.

Die Salden der Aufwandskonten (im Haben) und der Ertragskonten (im Soll) werden zunächst auf einem Sammelkonto zusammengefasst. Dieses nennt man Gewinn- und Verlustkonto. Es erfasst alle Aufwendungen im Soll und alle Erträge im Haben. Überwiegen die Erträge die Aufwendungen, so wird als Saldogröße im Soll ein Gewinn ausgewiesen, im umgekehrten Fall ein Verlust auf der Habenseite. Beide Salden, des Privatkontos und des Gewinn und Verlustkontos, werden über das Kapitalkonto abgeschlossen. Der Saldo des Kapitalkontos (i. d. R. im Soll) zeigt den neuen Stand des Eigenkapitals, der in die Schlussbilanz übernommen wird.

Neben diesen reinen Bestandskonten (Aktivkonten und Schuldkonten) und Erfolgskonten werden in Ausnahmefällen auch Mischkonten geführt, die sowohl Bestandsveränderungen als auch Erfolgswirkungen erfassen (z. B. Wareneinkaufskonto, Konto Roh-, Hilfs- und Betriebsstoffe).

5. Die zweifache Gewinnermittlung als Merkmal der doppelten Buchführung

Das zentrale Merkmal der doppelten Buchführung besteht darin, dass bei jedem Geschäftsvorfall mindestens zwei Konten berührt werden. Eine weitere Eigenschaft der doppelten Buchführung ist, dass sich der Gewinn auf zweifache Weise ermitteln lässt. Zum einen ergibt sich der Gewinn (Verlust) als Saldogröße aus der Gewinn- und Verlustrechnung. Zum anderen erhält man ihn, wenn man die Eigenkapitalveränderung zweier aufeinander folgender Bilanzstichtage vergleicht.[5] Da das Eigenkapital eine Differenzgröße aus Rohvermögen (Aktiva) und Schulden darstellt, benötigt man zur Ermittlung keine Gewinn- und Verlustrechnung. Da die Eigenkapitalveränderung innerhalb eines Geschäftsjahres entweder betriebliche (erfolgswirksame) oder private (erfolgsneutrale) Ursachen haben kann, muss man zur Gewinnermittlung lediglich die erfolgten Einlagen und Entnahmen des abgelaufenen Geschäftsjahres wieder herausrechnen. Überträgt man diese Vorgehensweise auf die steuerliche Gewinnermittlung, so spricht man vom Betriebsvermögensvergleich nach § 4 Abs. 1 EStG. Dabei ist der Begriff Betriebsvermögen die steuerliche Bezeichnung für Eigenkapital.

---

5 Vgl. § 275 HGB.

11

Der Gewinn ermittelt sich durch Betriebsvermögensvergleich wie folgt:
Betriebsvermögen am Ende des Wirtschaftsjahres
./. Betriebsvermögen am Ende des vorangegangenen Wirtschaftsjahres + Privatentnahmen
./. Neueinlagen
= Gewinn/ Verlust

▶ **Beispiel:**
Zu Beginn des Geschäftsjahres betrug das Eigenkapital 50.000 €. Am Ende des Jahres ergab sich eine Bilanzsumme von 175.000 €, die Schuldposten betrugen 100.000 €. Monatlich wurden 5000 € entnommen. Im Juli wurde ein Grundstück im Wert von 100.000 € eingelegt. Wie hoch ist der Gewinn/Verlust am Ende des Jahres?

Lösung:

Zunächst ist das Eigenkapital (Betriebsvermögen) am Ende des Geschäftsjahres zu ermitteln. Da das Eigenkapital die Differenz aus Aktiva und Schulden ist und die gesamten Aktiva der Bilanzsumme entsprechen, gilt:

175.000 € – 100.000 € = 75.000 €

Der Gewinn/Verlust ermittelt sich nun wie folgt:

Eigenkapital am Ende des Jahres	75.000 €
Eigenkapital am Ende des Vorjahres	– 50.000 €
Privatentnahmen	+ 60.000 €
Neueinlagen	– 100.000 €
Verlust	– 15.000 €

III. Rechtliche und organisatorische Grundlagen der Buchführung

1. Belege und Belegwesen

12 Jeder Kaufmann, der verpflichtet ist, Bücher zu führen, hat seine Buchführung so einzurichten, dass jeder Geschäftsvorgang von Anfang bis Ende nachvollzogen werden kann.[6] Eine Buchung kann daher nie ohne Beleg erfolgen.

---

6 Vgl. § 238 HGB i. V. m. § 1 HGB.

Ein Beleg ist ein urkundlicher Nachweis für den Geschäftsvorfall und die Auswirkungen, die seine Verbuchung auslösen. Belege sind beispielsweise Quittungen, Eingangs- und Ausgangsrechnungen, Kontoauszüge, Lohnlisten, Anweisungen für Umbuchungen, Geschäftsbriefe, Materialentnahmescheine etc. Damit die Buchführung nachvollziehbar ist, müssen die Belege nicht nur geordnet aufbewahrt werden, sondern auch so gekennzeichnet sein, dass sich der Zusammenhang zwischen jeweiliger Buchung und Beleg herstellen lässt. Dies geschieht i. d. R. durch einen Kontierungsstempel, der auf dem Beleg angebracht wird. Die Vorbereitung der Belege zur Buchung gehört auch in Zeiten der EDV-Buchführung zu den Aufgaben in der Buchhaltung. Notwendig ist eine formale, rechnerische und sachliche Prüfung der Belege und eine Vorsortierung nach Buchungskreisen (z. B. für Kasse, Bank, Postgiro, Eingangs- und Ausgangsrechnungen etc.) für Sammelgegenbuchungen.

2. Kontenplan und Kontenrahmen

Zur Buchungsvorbereitung gehört auch das Kontieren, also das Bestimmen der Konten, die durch einen Geschäftsvorfall angesprochen werden. Die Kontenordnung legt jedes Unternehmen durch einen Kontenplan fest. Es erfolgt eine numerische Ordnung nach einem sinnvollen Gliederungsprinzip. Die Konten werden dabei in 10 Kontenklassen mit den Nummern 0 bis 9 eingeteilt. Jede Kontenklasse wird in Kontengruppen unterteilt, diese gegebenenfalls noch tiefer untergliedert. Die erste Zahl einer Kontennummer kennzeichnet immer die Kontenklasse, die zweite die Kontengruppe. 13

Zwar bestehen keine rechtlichen Gliederungsvorschriften für Kontenpläne, jedoch sollte immer beachtet werden, dass die Gliederungstiefe die Aussagekraft der Buchführung bestimmt. Die Kontenordnung wird je nach Wirtschaftszweig verschieden sein. Ein inner- oder außberbetrieblicher Vergleich ist nur möglich, wenn stets nach den gleichen Prinzipien und auf den gleichen Konten gebucht wird. Kapitalgesellschaften haben aus der Buchführung einen Jahresabschluss zu erstellen, der den gesetzlichen Gliederungsvorschriften entspricht.[7]

Aufgrund dieser Argumente werden für einzelne Wirtschaftszweige einheitliche aber unverbindliche Kontenplanmodelle aufgestellt, die man als Kontenrahmen bezeichnet. Aus einem Kontenrahmen kann dann ein für das Unternehmen individueller Kontenplan abgeleitet werden. So existieren beispielsweise Kontenrahmen für den Einzelhandel, Groß- und Außenhandel, für das Handwerk oder für die Industrie (Gemeinschafts- und Industriekontenrahmen, GKR und IKR). 14

Der Aufbau der einzelnen Kontenrahmen unterscheidet sich darin, ob sich die Kontengliederung am Betriebsablauf orientiert (Prozessgliederungsprinzip), also beispielsweise den Produktionsprozess nachvollzieht (z. B.

---
7 Vgl. §§ 266, 275 HGB.

GKR) oder nach den handelsrechtlichen Gliederungsvorschriften für Bilanz und Gewinn- und Verlustrechnung richtet (z. B. IKR), sog. Abschlussgliederungsprinzip.

Weiterhin können Konten der Kosten- und Leistungsrechnung in das System einbezogen werden (Einkreissystem, z. B. GKR) oder einen eigenen Rechnungskreislauf darstellen (Zweikreissystem, z. B. IKR).

Die Unterschiede im Aufbau von Kontenrahmen am Beispiel von IKR und GKR.		
Klasse	GKR Prozessgliederungsprinzip Einkreissystem	IKR Abschlussgliederungsprinzip Zweikreissystem
0	Anlagevermögen und langfristiges Kapital	Immaterielle Vermögensgegenstände und Sachanlagen
1	Finanz-/Umlaufvermögen und kurzfristige Verbindlichkeiten	Finanzanlagen
2	Neutrale Aufwendungen und Erträge	Umlaufvermögen und aktive Rechnungsabgrenzung
3	Stoffe – Bestände	Eigenkapital und Rückstellungen
4	Kostenarten	Verbindlichkeiten und passive Rechnungsabgrenzung
5	Frei für Kostenstellenkontierung der Betriebsabrechnung	Erträge
6	Frei für Kostenstellenkontierung der Betriebsabrechnung	Betriebliche Aufwendungen
7	Bestände an halbfertigen und fertigen Erzeugnissen	Weitere Aufwendungen
8	Erträge	Ergebnisrechnungen
9	Abschluss	Kosten- und Leistungsrechung

3. Die Bücher

a) Grundbuch und Hauptbuch

15 Ein weiteres Merkmal der doppelten Buchführung ist die zweifache Ordnung der Geschäftsvorfälle. Die Erfassung erfolgt in zeitlicher Reihenfolge in Grundbüchern, auch als Primanota, Tagebuch oder Journal bezeichnet. Die chronologische Ordnung dient dazu, den Geschäftsvorfall bis zum Beleg zurückzuverfolgen. Die sachliche Ordnung der Geschäftsvorfälle wiederum erfolgt im Hauptbuch. Hier findet die eigentliche Erfassung auf Kon-

ten statt. Die Aufzeichnungen des Hauptbuches sind Grundlage für die Jahresabschlusserstellung.

b) Nebenbücher

Die Übersichtlichkeit der Buchführung wird durch das Führen von Nebenbüchern gewährleistet. Nebenbücher sind sog. Hilfsbücher, in denen die Geschäftsvorfälle bestimmter betrieblicher Funktionsbereiche erfasst werden. Ausschließlich die Salden der Nebenbücher werden regelmäßig ins Hauptbuch übertragen. Die Aufzeichnungen in Nebenbüchern erfolgen meist nicht nach dem Prinzip der doppelten Buchführung, d. h. in den Nebenbüchern werden keine Gegenbuchungen vorgenommen. Die in der Praxis am häufigsten anzutreffenden Nebenbücher sind bspw. Kontokorrentbücher (Einzelsalden aller Kundenkonten = Debitoren entspricht dem Bestand an »Forderungen aus Lieferungen und Leistungen«; Einzelsalden aller Lieferantenkonten = Kreditoren entspricht Bestand an »Verbindlichkeiten aus Lieferungen und Leistungen«), Lohn- und Gehaltsbücher, Lagerbücher und Anlagekarteien. 16

4. Buchführungsverfahren

a) Übertragungsbuchführung und Amerikanisches Journal

Die Übertragungsbuchführung wird heute nicht mehr angewandt. Sie basierte auf der getrennten Erfassung von Grundbuch und Hauptbuch in verschiedenen Büchern. Eine erste Erleichterung brachte das Amerikanische Journal, in dem auf die getrennte Erfassung in Grund- und Hauptbuch verzichtet wurde. Es erfolgte zunächst eine chronologische Erfassung der Geschäftsvorfälle und danach eine sachliche Zuordnung auf Konten (in Tabellenform). 17

b) Durchschreibebuchführung

Eine entscheidende Verbesserung brachte die Einführung der Durchschreibebuchführung. Bei diesem Buchführungsverfahren erfolgt die gleichzeitige Buchung im Grundbuch und auf losen Kontenblättern als Durchschrift. Aufgrund der Durchschreibetechnik sind Übertragungsfehler nicht möglich und die Zahl von Sachkonten auf losen Kontenblättern ist unbegrenzt. Ebenso ist dadurch eine Einbeziehung des Kontokorrentbuches in die Durchschreibebuchführung möglich. Mit Einführung dieses Verfahrens war erstmals eine *maschinelle Erfassung* in der Buchhaltung möglich (Lochkarten). 18

c) EDV-Buchführung

Nach § 239 Abs. 4 HGB sowie §§ 146 Abs. 5 und 147 Abs. 2 AO kann den Aufzeichnungspflichten auch mit Hilfe der elektronischen Datenverarbeitung nachgekommen werden. Von dieser Möglichkeit wird heute in fast jedem Unternehmen Gebrauch gemacht. 19

Stocker

Die EDV-Buchführung zeichnet sich neben Rationalisierungseffekten durch hohe Geschwindigkeit der Datenerfassung aus. Weiterhin ist insbesondere die Vermeidung von Rechen- und Übertragungsfehlern, die zu jeder Zeit verfügbaren Salden sowie die vielseitige Verwendbarkeit der gespeicherten Daten, z. B. Überwachung des Zahlungsverkehrs, Anzeige offener Posten, automatische Errechnung von Skonto und vielseitige betriebswirtschaftliche Auswertungen, verbunden.

Alle Rechnungslegungsunterlagen mit Ausnahme der Eröffnungsbilanz, des Jahresabschlusses und des Konzernabschlusses können auch auf Datenträgern aufbewahrt werden, vorausgesetzt sie können jederzeit innerhalb einer angemessenen Frist lesbar gemacht werden.[8] Problematisch ist diese Form der Aufbewahrung immer dann, wenn Buchführungsprogramme aktualisiert und diese zu alten Versionen nicht mehr kompatibel sind.

d) Manuelle Offene-Posten-Buchführung

20 § 239 Abs. 4 HGB[9] lässt zu, dass Aufzeichnungen von Geschäftsvorfällen auch durch die geordnete Ablage der Belege ersetzt werden kann. Dies geschieht sehr häufig bei der Kontokorrentbuchführung. Geordnete Ablage bedeutet hierbei, dass die Belege zweifach abgelegt werden, einmal nach Namen geordnet und zum anderen als Ersatz des Grundbuches nach Nummern (chronologische Ordnung). Bei der Offene-Posten-Buchführung haben die Belege Buchfunktion. Nicht zu verwechseln ist dieses Buchführungsverfahren mit der Anzeige Offener Posten bei der EDV-Buchführung. Der große Unterschied besteht darin, dass die den angezeigten Offenen Posten zugrunde liegenden Belege bereits verbucht sind.

B. Grundlagen der Bilanzierung und Bewertung

I. Systematisierung der wichtigsten Bilanzierungsgrundsätze

1. Grundsätze der Bilanzierung

a) Allgemeine Grundsätze

21 Es gibt eine Anzahl von allgemeinen Grundsätzen der Rechnungslegung, die sowohl bei der Führung der Bücher als auch bei der Aufstellung des Jahresabschlusses beachtet werden müssen. Formelle Grundsätze (z. B. Klar-

---

8 Vgl. § 257 Abs. 3 HGB.
9 Vgl. auch § 146 Abs. 5 AO.

heit und Übersichtlichkeit, Beibehaltung der gewählten Gliederung der Bilanz, der Erfolgsrechnung und des Anhangs) dienen der besseren Information der Bilanzadressaten und der Vergleichbarkeit des Jahresabschlusses mit früheren Jahresabschlüssen. Ihre Verletzung hat jedoch keinen Einfluss auf die Höhe des ausgewiesenen Vermögens und Erfolgs. Dagegen kann die Verletzung materieller Grundsätze (z. B. Vollständigkeit und Richtigkeit der Buchführung oder der Angaben im Anhang) zur Folge haben, dass das gesetzliche Gebot des § 264 Abs. 2 HGB, dass der Jahresabschluss ein den tatsächlichen Verhältnissen entsprechendes Bild der Vermögens-, Finanz- und Ertragslage vermitteln soll, nicht erfüllt werden kann.

b) Grundsätze für die Bilanzierung dem Grunde nach / Ausweis

Bei der Bilanzierung dem Grunde nach lautet die Fragestellung: Welche Vermögensgegenstände und Schulden müssen, welche dürfen und welche dürfen nicht bilanziert werden. 22

Man unterscheidet in Aktivierungs- und Passivierungsgebote, Aktivierungs- und Passivierungswahlrechte, Aktivierungs- und Passierungsverbote. Diese Grundsätze beeinflussen die Höhe des Vermögens, der Schulden und des Erfolgs. Wird ein Aktivierungswahlrecht eingeräumt, so bedeutet eine Entscheidung für die Aktivierung den Ausweis eines im Vergleich zur Nichtaktivierung höheren Vermögens und Erfolges. Besteht ein Passivierungswahlrecht, so deutet die Passivierung (z. B. Bildung einer Rückstellung) einen höheren Schuldenausweis und eine entsprechende, den Periodenerfolg mindernde Verrechnung im Aufwand.

c) Grundsätze für die Bilanzierung der Höhe nach / Bewertung

Bei der Bilanzierung der Höhe nach geht es um die Frage: Wenn ein Vermögensgegenstand oder eine Schuld bilanziert werden muss oder darf, wie ist dann zu diese zu bewerten? 23

Man unterscheidet Bewertungsgebote und Bewertungswahlrechte bzw. Bewertungsspielräume (Ermessensspielräume).

2. Die Grundsätze ordnungsmäßiger Buchführung

a) Materielle und formelle Ordnungsmäßigkeit der Buchführung

Das Führen von Büchern und Aufzeichnungen hat nach bestimmten Ordnungsmäßigkeitsgrundsätzen zu erfolgen. Gefordert wird eine materielle (sachliche) und formelle Ordnungsmäßigkeit der Buchführung. Handelsrecht[10] und Steuerrecht[11] haben einige Grundregeln aufgestellt, deren Beachtung Voraussetzung für die Anerkennung der Ordnungsmäßigkeit der 24

---

10 Vgl. §§ 238, 239 HGB.
11 Vgl. §§ 145–147 AO.

Buchführung ist. Sie sind jedoch nicht erschöpfend und wurden im Laufe der Zeit durch die Rechtsprechung ergänzt.

Nach den Einkommensteuer-Richtlinien[12] liegt eine ordnungsmäßige Buchführung vor, wenn folgende Grundsätze beachtet sind:

- Eine Buchführung ist ordnungsgemäß, wenn sie den Grundsätzen des Handelsrechts entspricht. Das ist der Fall, wenn die für die kaufmännische Buchführung erforderlichen Bücher geführt werden, die Bücher förmlich in Ordnung sind und der Inhalt sachlich richtig ist. Ein bestimmtes Buchführungssystem ist nicht vorgeschrieben. Allerdings muss bei Kaufleuten, soweit sie nicht Minderkaufleute im Sinne des § 4 HGB sind, die Buchführung den Grundsätzen der doppelten Buchführung entsprechen.[13] Im Übrigen muss die Buchführung so beschaffen sein, dass sie einem sachverständigen Dritten innerhalb angemessener Zeit einen Überblick über die Geschäftsvorfälle und über die Vermögenslage des Unternehmens vermitteln kann. Die Geschäftsvorfälle müssen sich in ihrer Entstehung und Abwicklung verfolgen lassen.

- Die Eintragungen in den Geschäftsbüchern und die sonst erforderlichen Aufzeichnungen müssen vollständig, richtig, zeitgerecht und geordnet vorgenommen werden (§ 239 Abs. 2 HGB). Die zeitgerechte Erfassung der Geschäftsvorfälle erfordert – mit Ausnahme des baren Zahlungsverkehrs – keine tägliche Aufzeichnung. Es muss jedoch ein zeitlicher Zusammenhang zwischen den Vorgängen und ihrer buchmäßigen Erfassung bestehen. Dabei ist die Entwicklung der Verhältnisse zu berücksichtigen. Aus Gründen der Rationalisierung der Buchführungsarbeiten und zum wirtschaftlichen Einsatz von Datenverarbeitungsanlagen bei der Erstellung der Buchführung werden in der Praxis die Geschäftsvorfälle nicht laufend, sondern nur periodenweise verbucht.

25 Materielle Ordnungsmäßigkeit erfordert, dass sämtliche Geschäftsvorfälle vollständig und richtig aufgezeichnet worden sind.

Ein sachlicher Mangel liegt vor, wenn die Eintragungen in den Büchern nicht der Wahrheit entsprechen, weil bspw.

- Geschäftsvorfälle, die stattgefunden haben, nicht aufgezeichnet werden,
- Geschäftsvorfälle falsch aufgezeichnet werden,
- Geschäftsvorfälle aufgezeichnet werden, die nicht stattgefunden haben,
- bei der Inventur nicht alle Vermögensgegenstände erfasst werden,
- bei der Inventur Vermögensgegenstände aufgeführt werden, die nicht vorhanden sind,

---

12 Vgl. Abschnitt 29 EStR.
13 Vgl. § 242 Abs. 3 HGB.

- Vermögensgegenstände falsch, d. h. nicht den gesetzlichen Vorschriften entsprechend, bewertet werden.

Vollständigkeit und Richtigkeit allein genügen nicht für die Ordnungsmäßigkeit der Buchführung. Die Bücher müssen außerdem in formaler Hinsicht so geführt werden, dass sich nicht nur der Buch-Führende selbst, sondern auch ein sachverständiger Dritter (z. B. Wirtschaftsprüfer, Betriebsprüfer) zurechtfindet und die Aufzeichnungen somit jederzeit nachprüfbar sind. Die formelle Ordnungsmäßigkeit durch Klarheit und Übersichtlichkeit der Buchführung soll erreicht werden:

- durch die Organisation der Buchführung, insbesondere die Anwendung eines Kontenrahmens,
- durch das Buchführungssystem und die Art der geführten Bücher.

Weitere Einzelheiten zur Organisation der Buchführung enthalten die §§ 239, 243, 244, 257, 261 HGB – z. T. gleich lautend – die §§ 145–147 AktG.

b) Einzelanforderungen an die formelle Ordnungsmäßigkeit

aa) Fortlaufende Eintragungen und Belege

Nach § 146 Abs. 1 AO sollen die Eintragungen in den Büchern vollständig, richtig, zeitgerecht und geordnet erfolgen. Die Buchungen sind in der richtigen zeitlichen Reihenfolge, nach Möglichkeit täglich, in den Grundbüchern zu erfassen. Für Kasseneinnahmen und -ausgaben wird die tägliche Aufzeichnung ausdrücklich gefordert.[14] Die Buchungen müssen auch räumlich fortlaufend erfolgen, d. h. sie dürfen nicht über mehrere gleichartige Bücher, Listen oder Karteien in einer Art verteilt werden, dass die Übersichtlichkeit der Buchführung beeinträchtigt wird. Werden diese Anforderungen nicht beachtet, so kann ein formaler Mangel vorliegen. 26

Die Finanzverwaltung führt jedoch zur Frage der zeitnahen Erfassung der Geschäftsvorfälle aus, dass in der Praxis aus Gründen der Rationalisierung der Buchführungsarbeiten und zum wirtschaftlichen Einsatz von Datenverarbeitungsanlagen die Geschäftsvorfälle nicht laufend, sondern periodenweise verbucht werden. Um diese Rationalisierungsbestrebungen nicht zu beeinträchtigen, ist es nicht zu beanstanden, wenn die grundbuchmäßige Erfassung der Kreditgeschäfte eines Monats bis zum Ablauf des folgenden Monats erfolgt. Dies setzt voraus, dass organisatorische Vorkehrungen getroffen werden, um sicherzustellen, dass Buchführungsunterlagen bis zu ihrer grundbuchmäßigen Erfassung nicht verloren gehen.

Neben der zeitnahen Erfassung der Geschäftsvorfälle muss auch der Jahresabschluss innerhalb einer bestimmten Frist erstellt werden. Für Kapitalgesellschaften bestimmt § 264 Abs. 1 HGB, dass der Jahresabschluss von den gesetzlichen Vertretern innerhalb von 3 Monaten nach Ende des Ge- 27

---
14 Vgl. § 146 Abs. 1 AO.

schäftsjahres zu erstellen ist. Eine Ausnahme besteht für kleine Kapitalgesellschaften, die ihren Abschluss innerhalb der ersten sechs Monate des Geschäftsjahres erstellen können, wenn dies einem ordnungsgemäßen Geschäftsgang entspricht. Für alle anderen Unternehmen schreibt § 243 Abs. 3 HGB vor, dass der Jahresabschluss innerhalb der einem ordnungsmäßigen Geschäftsgang entsprechenden Zeit aufzustellen ist. Der BFH hat diesbezüglich entschieden, dass die Ordnungsmäßigkeit der Buchführung nicht vorliegt, wenn die Bilanz nicht innerhalb eines Jahres nach dem Bilanzstichtag aufgestellt wird.

28   Die Bücher sind in einer lebenden Sprache zu führen.[15] Diese Bestimmung darf jedoch nicht so ausgelegt werden, dass ein deutscher Betrieb seine Aufzeichnungen in einer fremden Sprache führen darf, wenn der Unternehmer Deutscher ist. Grundsätzlich dürfen keine Maßnahmen getroffen werden, welche die Ausübung der Aufsicht der Finanzämter behindern oder erschweren. Ausländer, die im Inland einen Betrieb haben, dürfen die Aufzeichnungen in ihrer Muttersprache und in ausländischer Währung vornehmen, sind jedoch verpflichtet, einen im Inland aufzustellenden handelsrechtlichen Jahresabschluss in deutscher Währung und in der Regel auch in deutscher Sprache anzufertigen.[16]

29   Die formelle Ordnungsmäßigkeit der Buchführung setzt nach § 239 Abs. 3 HGB weiterhin voraus, dass Buchungen oder Aufzeichnungen nicht in einer Weise verändert werden, dass ihr ursprünglicher Inhalt nicht mehr feststellbar ist.

30   Die Ordnungsmäßigkeit erfordert ferner, dass die Belege mit Nummern zu versehen und aufzubewahren sind. Einer der wichtigsten Grundsätze der Buchführung ist es, dass keine Buchung ohne Beleg (Rechnungen, Lieferscheine, Frachtbriefe, Bank- und Postscheckauszüge, Kassenzettel, Inventurunterlagen u. a.) ausgeführt werden darf. Eine Buchung kann nur dann gegenüber der Betriebsprüfung bewiesen werden, wenn ein Beleg vorgelegt werden kann; Belege bilden also einen Bestandteil der Buchführungsunterlagen.

Die Belege müssen nicht nur aufbewahrt, sondern auch in einer systematischen Ordnung abgelegt und mit Nummern oder Buchungszeichen versehen werden, damit sie als Beweis für die Richtigkeit der einzelnen Buchungen herangezogen werden können. Ebenso muss bei der Buchung ein Hinweis auf den Beleg gegeben werden, damit von dem Buchungsvorfall jederzeit auf den Beleg zurückgegriffen werden kann. Umgekehrt aber auch vom Beleg jederzeit die dazugehörige Buchung überprüft werden kann. Fehlen derartige gegenseitige Verweisungen, so kann das die formelle Ordnungsmäßigkeit der Buchführung beeinträchtigen, da sich dann auch ein sachverständiger Dritter nur noch mit Schwierigkeiten und außerordentlich hohen Zeitaufwand in einer derartigen Buchführung zurechtfindet.

---

15 Vgl. § 239 Abs 1 Satz 1 HGB, § 146 Abs. 3 AO.
16 Vgl. § 244 HGB.

Buchführung, Bilanzierung 19. Kapitel 1803

Das Fehlen von Belegen kann zur Folge haben, dass die Ordnungsmäßigkeit der Buchführung nicht anerkannt wird.

bb) Aufbewahrungsfristen

> **Aufzubewahren sind nach § 257 Abs. 1 HGB sowie § 147 Abs. 1 AO:**   31
> - Handelsbücher, Inventare, Eröffnungsbilanzen, Jahresabschlüsse, Lageberichte, Konzernabschlüsse, Konzernlageberichte sowie Arbeitsanweisungen und sonstige Organisationsunterlagen,
> - die empfangenen Handelsbriefe,
> - Wiedergaben der abgesandten Handelsbriefe,
> - Belege für Buchungen in den nach § 238 Abs. 1 HGB zu führenden Büchern,
> - sonstige Unterlagen, soweit sie für die Besteuerung von Bedeutung sind.

Die Frist für die Aufbewahrung der unter (1) genannten Unterlagen beträgt gem. § 257 Abs. 4 HGB 10 Jahre, die für die übrigen in § 257 Abs. 1 HGB bzw. in § 147 Abs. 1 AO aufgezählten Unterlagen 6 Jahre. Für steuerliche Zwecke schreibt § 147 Abs. 3 AO die gleichen Fristen vor. Nach Maßgabe des § 257 Abs. 3 HGB können die unter § 257 ABS. 1 HGB aufgeführten Unterlagen, mit Ausnahme der Eröffnungsbilanzen, Jahresabschlüsse und Konzernabschlüsse auch auf einem Bildträger oder auf anderen Datenträgern aufbewahrt werden. § 147 Abs. 5 AO bestimmt weiter, dass der Betrieb auf Verlangen der Finanzbehörden oder der Gerichte auf seine Kosten die Unterlagen auszudrucken oder ohne Hilfsmittel lesbare Reproduktionen vorzulegen hat, wenn Unterlagen auf Grund der Mikroverfilmung nur in einer ohne Hilfsmittel nicht lesbaren Form vorgelegt werden können.

Eine Aufbewahrungspflicht für Lochkarten, Lochstreifen, Magnetbänder oder Plattenspeicher besteht nur, wenn sie Beleg- oder Buchfunktion erfüllen, d. h. wenn sie an die Stelle von Belegen und Konten der Buchhaltung treten, wie z. B. bei der Offene-Posten-Buchführung. Die Aufbewahrungsfrist beträgt dann 6 bzw. 10 Jahre.

cc) Buchführungssysteme

Welches Buchführungssystem – ob einfache, doppelte oder auch kameralistische Buchführung – angewendet werden muss, damit die formelle Ordnungsmäßigkeit gegeben ist, ist nirgends gesetzlich vorgeschrieben, sondern hängt im Einzelfall von der Art und der Größe des Betriebes ab. Die Geschäftsvorfälle müssen sich jedoch in ihrer Entstehung und Abwicklung verfolgen lassen. Die Buchführungsrichtlinien verlangen im Regelfall die doppelte Buchführung. Unter besonderen Verhältnissen, besonders in kleinen Betrieben des Einzelhandels und des Handwerks ist die einfache   32

Buchführung anhängig. Da die kameralistische Buchführung jedoch in der Regel eine reine Einnahmen-Ausgabenrechnung ist, ist sie für Betriebe, die ihren Gewinn durch Vermögensvergleich[17] ermitteln wollen, nicht ausreichend.

Auch nach neuem Bilanzrecht hat der Betrieb theoretisch die Wahl zwischen der einfachen und der doppelten Buchführung. Praktisch ergibt sich jedoch die Erfordernis der doppelten Buchführung aus der Verpflichtung zur Aufstellung einer Gewinn- und Verlustrechnung in § 242 Abs. 2 HGB, da die einfache Buchführung keine Erfolgskonten besitzt und folglich eine Feststellung des Gewinns oder Verlusts der Periode mittels einer Erfolgsrechnung nicht möglich ist. Der Gewinn wird bei der einfachen Buchführung nur durch Vergleich des Eigenkapitalkontos zu Beginn und zu Ende des Geschäftsjahres (unter Abzug der Einlagen und Hinzurechnung der Entnahmen) ermittelt. Seine Entstehung lässt sich aber aus der Buchführung nicht erklären. Das ist nur im System der doppelten Buchführung durch Gegenüberstellung der Aufwendungen und der Erträge der Abrechnungsperiode möglich.

Die zunehmende Verwendung elektronischer Datenverarbeitungsanlagen zur Buchführung hat eine Anzahl von Problemen aufgeworfen, die vor allem bei der Buchführung für steuerliche Zwecke noch nicht endgültig geklärt sind. Grundsätzlich kann die formelle Ordnungsmäßigkeit in diesen Fällen erreicht werden. Die Rechtsvorschriften dürfen dann allerdings nicht so eng ausgelegt werden, dass der Rationalisierungseffekt der Datenverarbeitungsanlagen durch den Zwang, die gespeicherten Zahlen in kurzen Zeitabständen auszudrucken, verloren geht. Die steuerliche Betriebsprüfung wird allerdings zunächst noch darauf bestehen müssen, dass das gespeicherte Buchungsmaterial bei einer Betriebsprüfung ausgedruckt werden kann.

Die Finanzverwaltung besteht in Abschnitt 29 Abs. 5 EStR grundsätzlich darauf, dass bei Aufzeichnungen auf Datenträgern, z. B. Lochkarten, Lochstreifen, Magnetbändern, Disketten u. ä. die allgemeinen Anforderungen an eine ordnungsmäßige Buchführung erfüllt sind. Bei einer Buchung auf Datenträgern müssen die Daten jederzeit innerhalb angemessener Zeit lesbar gemacht werden können. Auf Verlangen der Finanzbehörde, z. B. bei einer Außenprüfung, kann ein vollständiges oder teilweises Ausdrucken der Daten gefordert werden.

dd) Art der Bücher

33 Die Ordnungsmäßigkeit der Buchführung hängt also nicht vom gewählten Buchführungssystem ab, sondern davon, ob die durch das angewandte System bedingten Anforderungen erfüllt, also insbesondere bestimmte Bücher geführt werden. Hierfür gibt es keine erschöpfenden gesetzlichen Vorschrif-

---

17 Vgl. §§ 4 Abs. 1 und 5 EStG.

ten, jedoch fordern einfache und doppelte Buchführung ein Minimum an Büchern, ohne die das jeweils angewandte System in sich nicht ordnungsmäßig sein kann. Welche Aufgliederung in den Büchern erfolgt und welche Hilfsbücher zusätzlich geführt werden, hängt von der Art des Betriebes und der Betriebsgröße ab. Heute ist in der Regel die Lose-Blatt-Buchführung geschäftsüblich.

Eine ordnungsmäßige kaufmännische Buchführung setzt voraus, dass sämtliche Geschäftsvorfälle in zeitlicher Reihenfolge vollständig und richtig in den Grundbüchern erfasst werden, damit sie sich auf Grund der Eintragungen in den Grundbüchern in ihrer Entstehung und Abwicklung verfolgen lassen. Bei den unbaren Geschäftsvorfällen (Kreditgeschäften) sind die Entstehung von Forderungen und Schulden und ihre Tilgung buchmäßig als getrennte Geschäftsvorfälle zu behandeln. Ein Grundbuch, in dem auch die unbaren Geschäftsvorfälle festgehalten werden, gehört deshalb zum System der Buchführung.

Bei einer doppelten Buchführung ist für die unbaren Geschäftsvorfälle neben den Aufzeichnungen im Grundbuch in der Regel ein Kontokorrentbuch – möglichst unterteilt nach Schuldnern und Gläubigern – zu führen, damit der Betrieb über den Stand seiner Forderungen und Verpflichtungen gegenüber seinen Geschäftspartnern auf dem Laufenden ist. Der Zweck des Kontokorrentbuches kann jedoch auch durch Führung besonderer Personenkonten oder durch eine geordnete Ablage der nicht ausgeglichenen Rechnungen (Offene-Posten-Buchhaltung) erfüllt werden. Die Einkommensteuer-Richtlinien beschäftigen sich eingehend mit der Führung des Kontokorrentbuches,[18] das heute im Allgemeinen in Lose-Blatt-Form als Kunden- und Lieferantenkartei geführt wird. Neben dem Kontokorrentbuch legt die Steuerrechtsprechung vor allem Wert auf die ordnungsmäßige Führung eines Kassenbuches.

3. Die Bedeutung des Inventars für die Ordnungsmäßigkeit der Buchführung

a) Begriff, Aufgaben und Anforderungen

Ein wesentliches Erfordernis für die Ordnungsmäßigkeit der Buchführung und Bilanzierung ist die Durchführung einer körperlichen Bestandsaufnahme am Bilanzstichtag (Inventur) und die Erstellung eines Bestandsverzeichnisses (Inventar). Nach § 240 Abs. 1 und 2 HGB ist der Betrieb verpflichtet, jährlich neben der Handelsbilanz für den Bilanzstichtag ein Inventar aufzustellen, in dem die Vermögensgegenstände und die Schulden des Betriebes art-, mengen- und wertmäßig einzeln aufgezeichnet sind. Das Handelsrecht sieht im Inventar ein Instrument zur Vermögensstellung zum Schutze der Gläubiger. Für das Steuerrecht liegt die Bedeutung des In-

34

---

18 Vgl. Abschnitt 29 Abs. 2 Nr. 4 EStR.

ventars in erster Linie in der richtigen Abgrenzung des Periodenerfolges. Das Inventar ergibt sich aus einer Inventur des Umlaufvermögens und einer Aufnahme des Anlagevermögens in ein Bestandsverzeichnis.

35 Mit Hilfe der Inventur soll kontrolliert werden, ob die tatsächlich vorhandenen Wirtschaftsgüter (Istbestände) mit den sich aus den Büchern ergebenden Beständen (Sollbestände) in Art, Menge und Wert übereinstimmen. Bei Betrieben, die keine Lagerbuchführung haben, können die Endbestände nur mit Hilfe der Inventur festgestellt werden.

36 Eine erschöpfende gesetzliche Regelung darüber, welche Anforderungen an die Genauigkeit der Inventur gestellt werden, existiert nicht. Die Anforderungen hängen vor allem von der Art des Wirtschaftszweiges, der Betriebsgröße, der Artikelzahl, insbesondere auch von der Bedeutung der einzelnen Waren oder Halb- und Fertigfabrikate im Rahmen des Sortiments bzw. des Produktionsprogramms ab. Handelt es sich um Wirtschaftsgüter, die im Wesentlichen gleichartig sind, so dürfen sie zu einem Posten zusammengefasst werden.

Die körperliche Bestandsaufnahme für den Bilanzstichtag braucht nicht am Bilanzstichtag vorgenommen zu werden. Die Einkommensteuer-Richtlinien verlangen, dass die körperliche Bestandsaufnahme zeitnah, d. h. in der Regel innerhalb einer Frist von zehn Tagen vor oder nach dem Bilanzstichtag erfolgt, und dass die Bestandsveränderungen zwischen dem Bilanzstichtag und dem Stichtag der Inventur an Hand von Belegen und Aufzeichnungen ordnungsmäßig berücksichtigt werden.

Nach § 241 Abs. 3 HGB kann am Schluss des Geschäftsjahres auf eine Aufzeichnung derjenigen Vermögensgegenstände verzichtet werden, die nach Art, Menge und Wert in ein besonderes Inventar aufgenommen worden sind, das für einen Tag innerhalb der letzten drei Monate vor oder der beiden ersten Monate nach dem Bilanzstichtag aufgestellt worden ist. Durch Anwendung eines den Grundsätzen ordnungsmäßiger Buchführung entsprechenden Fortschreibungs- oder Rückrechnungsverfahrens ist sicherzustellen, dass der am Schluss des Geschäftsjahres vorhandene Bestand an Vermögensgegenständen für den Bilanzstichtag ordnungsgemäß bewertet werden kann.

Durch eine Verteilung der Inventurarbeiten auf einen größeren Zeitraum wird eine höhere Flexibilität bei den Unternehmen erreicht. Eine weitere bedeutende Verbesserung der Inventurvorschriften ist, dass bei der Aufstellung des Inventars der Bestand der Vermögensgegenstände nach Art, Menge und Wert auch mit Hilfe anerkannter mathematisch-statistischer Methoden auf Grund von Stichproben ermittelt werden darf.

b) **Die Inventur des Anlagevermögens**

37 Nach § 240 HGB und §§ 140, 141 AO ist der Betrieb verpflichtet, auch ein Verzeichnis der Gegenstände des beweglichen Anlagevermögens aufzustellen, in das auch Wirtschaftsgüter aufzunehmen sind, die bereits auf den Er-

innerungswert abgeschrieben worden sind. Ausgenommen sind geringwertige Anlagegüter,[19] die im Jahre der Anschaffung oder Herstellung in voller Höhe als Aufwand verrechnet worden sind. Sie brauchen nicht in das Bestandsverzeichnis aufgenommen zu werden, wenn ihre Anschaffungs- oder Herstellungskosten 60 € nicht übersteigen oder auf einem besonderen Konto verbucht worden sind.[20]

Ferner kann auf die Aufnahme derjenigen Wirtschaftsgüter in das Bestandsverzeichnis verzichtet werden, für die ein Ansatz mit einem Festwert[21] steuerlich zulässig ist. Sie müssen an jedem Hauptfeststellungszeitpunkt für die Feststellung des Einheitswertes des Betriebsvermögens, d. h. an jedem dritten, spätestens aber an jedem fünften Bilanzstichtag, durch körperliche Bestandsaufnahme erfasst werden.

Die Vorschriften über die permanente Inventur und das Wertnachweisverfahren durch das besondere Inventar gelten sinngemäß für das Bestandsverzeichnis des beweglichen Anlagevermögens. Wirtschaftsgüter der gleichen Art können unter Angabe der Stückzahl zusammengefasst werden, wenn sie im gleichen Wirtschaftsjahr angeschafft worden sind, die gleiche Nutzungsdauer und gleiche Anschaffungskosten haben und nach der gleichen Methode abgeschrieben werden. Güter, die bereits voll abgeschrieben sind, müssen mengenmäßig ebenfalls in das Bestandsverzeichnis aufgenommen werden.

Wird das Bestandsverzeichnis fortlaufend geführt, so wird eine jährliche körperliche Bestandsaufnahme von der Finanzverwaltung nicht gefordert, wenn der Betrieb jeden Zu- und Abgang laufend in das Bestandsverzeichnis einträgt und somit die Wirtschaftsgüter des beweglichen Anlagevermögens auf Grund des fortlaufenden geführten Bestandsverzeichnisses ermittelt werden können. In diesem Falle muss das Bestandsverzeichnis außer der genauen Bezeichnung des Wirtschaftsgutes und dem Bilanzwert am Bilanzstichtag noch Angaben über den Tag der Anschaffung oder Herstellung, den Tag des Abganges und der Höhe der Anschaffungs- oder Herstellungskosten enthalten. Auch wenn eine Anlagekartei geführt wird, ist eine körperliche Bestandsaufnahme nicht erforderlich.

Hat der Betrieb kein Bestandsverzeichnis oder ist es unvollständig, so kann darin ein formeller oder ein materieller Mangel der Buchführung liegen, der zu den nachfolgend dargestellten Konsequenzen führen kann, die sich bei fehlender formeller oder materieller Ordnungsmäßigkeit ergeben.

c) Die Inventur des Umlauf- respektive des Vorratsvermögens

Die Bestände des Vorratsvermögens sind grundsätzlich am Bilanzstichtag körperlich aufzunehmen. Dabei sind sämtliche Vermögensgegenstände zu

38

---

19 Vgl. § 6 Abs. 2 EStG.
20 Vgl. Abschnitt 31 Abs. 3 EStR.
21 Vgl. § 240 Abs. 3 HGB.

erfassen. Sind sie wertlos, muss ein Erinnerungswert angesetzt werden. Das gilt für Roh-, Hilfs- und Betriebsstoffe, für Halb- und Fertigfabrikate und Waren ohne Ausnahme. Es muss möglich sein, die Vollständigkeit der Erfassung nachzuprüfen. Ist eine Inventuraufnahme am Bilanzstichtag aus betrieblichen, klimatischen (Außenlager) oder sonstigen Gründen nicht möglich, so müssen die Belege über die Veränderungen der Bestände zwischen Aufnahmetag und Stichtag der Bilanz strengen Anforderungen genügen.[22] Dasselbe gilt auch für Vermögensgegenstände, die sich auf dem Transport befinden.

Die Stichtagsinventur darf unter bestimmten Voraussetzungen durch die permanente Inventur ersetzt werden, bei der die körperliche Bestandsaufnahme über das ganze Jahr verteilt werden kann. Die zwischen dem Aufnahmetag und dem Bilanzstichtag durch Zu- und Abgänge eingetretenen Veränderungen werden durch Fortschreibung in den Lagerkarteien erfasst.

Die permanente Inventur hat sich in der Praxis immer mehr durchgesetzt, weil sie erhebliche betriebswirtschaftliche Vorteile bietet. Die Stichtagsinventur führt zu einem großen Arbeitsanfall innerhalb weniger Tage, der bei vielen Betrieben Betriebsunterbrechungen zur Folge hat. Bei permanenter Inventur kann dagegen ein Arbeitsplan aufgestellt werden, der eine Verteilung der Inventurarbeiten über das ganze Jahr vorsieht.

Bei Anwendung der permanenten Inventur werden strenge Anforderungen an die Lagerbücher gestellt. Sie müssen mittels durch Belege nachgewiesene Einzelangaben über die Bestände und über alle Zu- und Abgänge nach Tag, Art und Menge enthalten. Die sich den Lagerbüchern ergebenden Bestände sind in jedem Wirtschaftsjahr mindestens einmal durch körperliche Bestandsaufnahme zu kontrollieren. Die Prüfung darf sich nicht nur auf Stichproben beschränken. Ergeben sich Differenzen zwischen Buch- und Istbeständen, so sind die Lagerbücher entsprechend zu berichtigen. Über Ergebnisse der körperlichen Bestandsaufnahme sind Aufzeichnungen anzufertigen, die unter Angabe des Zeitpunktes von den verantwortlichen Personen zu unterzeichnen und wie Handelsbücher aufzubewahren sind.

Die Anwendung der permanenten Inventur und die Aufstellung eines besonderen Inventars nach § 241 Abs. 3 HGB sind steuerrechtlich für Bestände nicht zugelassen, bei denen durch Schwund, Verdunsten, Verderb, leichte Zerbrechlichkeit oder ähnliche Vorgänge ins Gewicht fallende unkontrollierbare Abgänge eintreten, so dass die Buchmenge dieser Bestände am Bilanzstichtag nur mit Hilfe einer theoretischen Schwund- und Abfallrechnung oder auf andere Weise durch Schätzung ermittelt werden kann.[23]

---

22 Vgl. Abschnitt 30 Abs. 1 Satz 6 EStR.
23 Vgl. Abschnitt 30 Abs. 4 EStR.

d) Inventurvereinfachungsverfahren

Zwar hat die Inventur prinzipiell zum Bilanzstichtag zu erfolgen, also i. d. R. zum 31.12. eines jeden Jahres,[24] es ist jedoch möglich, den Inventurtermin 10 Tage vor- oder nachzuverlegen.[25] Für die Bestandsveränderungen in der Zwischenzeit reicht der Nachweis von Belegen oder Aufzeichnungen.   39

Da eine Inventurdurchführung zum Jahreswechsel für viele Unternehmen nicht praktikabel ist, sieht das Gesetz weitere zeitliche Inventurerleichterungen vor:

- Permanente Inventur gem. § 241 Abs. 2 HGB, R 30 Abs. 2 u. 3 EStR, H 30 EStH: 40

Hierbei ist der Inventurzeitpunkt frei wählbar. Es erfolgt eine Fortschreibung der Bestände durch die Lagerbuchführung. Die ermittelten Sollbestände zum Bilanzstichtag werden in den Jahresabschluss übernommen. Die permanente Inventur darf nicht bei besonders wertvollen Gegenständen und bei Materialien mit unkontrollierbaren Abgängen, wie Schwund, Diebstahl oder Verderb durchgeführt werden.

- Zeitlich verlegte Inventur gem. § 241 Abs. 3 HGB, R 30 Abs. 2 u. 3 EStR: 41

Es besteht die Möglichkeit, die Inventur bis zu drei Monate vor oder zwei Monate nach dem Bilanzstichtag durchzuführen. Die so ermittelten Bestände werden in einem gesonderten Verzeichnis festgehalten. Durch Fortschreibungs- bzw. Rückrechnungsverfahren werden die Bestände zum Bilanzstichtag ermittelt. Für wertvolle Gegenstände oder Gegenstände mit unkontrollierbarem Abgang ist auch dieses Verfahren nicht zulässig.[26]

- Festwertansatz gem. § 240 Abs. 3, R 31 Abs. 3 u. 4 EStR: 42

Für Sachanlagen und Roh-, Hilfs- und Betriebsstoffe, die regelmäßig ersetzt werden und deren Gesamtwert von nachrangiger Bedeutung ist sowie deren Bestand nur geringen Veränderungen unterliegt kann der Bilanzansatz für drei Jahre festgeschrieben werden. Die in dieser Zeit vorgenommenen Zukäufe werden direkt als Aufwand verbucht. Eine Inventur ist daher nur alle drei Jahre erforderlich.

Darüber hinaus gibt es Verfahren, welche die Inventuraufnahme erleichtern: 43

- Stichprobeninventur gem. § 241 Abs. 1 HGB:

Für alle Vermögensgegenstände gilt, dass aus ihrem Gesamtbestand eine Stichprobe ausgewählt und für diese die Inventur durchgeführt wird. Die *so ermittelten Bestände* werden durch ein anerkanntes mathematisch-statistisches Schätzungsverfahren für den Gesamtbestand hochgerechnet.

---

24 Vgl. § 240 Abs. 1 HGB.
25 Sog. zeitnahe Inventur; § 240 Abs. 2 HGB, R 30 Abs. 1 EStR.
26 Vgl. R 30 Abs. 3 EStR.

- Gruppenbewertung gem. § 240 Abs. 4 HGB:

Gleichartige Vorräte und gleichartige oder annähernd gleichwertige bewegliche Vermögensgegenstände können zu Gruppen zusammengefasst und dann mit dem gewogenen Durchschnittswert angesetzt werden.

4. Die Grundsätze der Bilanzklarheit und Bilanzwahrheit

44 Der Grundsatz der Bilanzklarheit ist in § 243 Abs. 2 HGB erstmals für alle Kaufleute gesetzlich kodifiziert worden. Die Beachtung des Grundsatzes der Bilanzklarheit soll den Gläubigern, den Gesellschaftern und Aktionären und nicht zuletzt der Geschäftsführung selbst einen möglichst sicheren Einblick in die Vermögens-, Finanz- und Ertragslage des Betriebes gewähren. Das Bilanzrecht hat diese Aufgabe des Jahresabschlusses im Gesetzestext für Kapitalgesellschaften ausdrücklich festgehalten[27]

Die Klarheit und Übersichtlichkeit der Bilanzierung wird erreicht durch eine den Bilanzzwecken entsprechende Gliederung des Vermögens und des Kapitals. Dabei müssen die einzelnen Bilanzpositionen inhaltlich umrissen und gegen andere Positionen abgegrenzt werden. Es dürfen keine Vermögensgegenstände in einer Position zusammengefasst werden, wenn sich dadurch Fehlinformationen für die Interessenten des Jahresabschlusses ergeben können. Vor allem aber ist das Bruttoprinzip voll anzuwenden. So dürfen nach § 246 Abs. 2 HGB Posten der Aktivseite nicht mit Posten der Passivseite, Aufwendungen nicht mit Erträgen verrechnet werden. Die Gliederung darf aber auch nicht so tief sein, dass die geforderte Übersichtlichkeit verloren geht.

Bei Kapitalgesellschaften wird die Bilanzklarheit durch den Anhang[28] vergrößert. In diesem sind Erläuterungen zu den einzelnen Posten der Bilanz und Gewinn- und Verlustrechnung sowie zusätzliche Angaben, z. B. über Restlaufzeiten oder besondere Sicherung von Verbindlichkeiten oder über aus der Bilanz nicht zu ersehende Haftungsverhältnisse zu machen.[29] Der Anhang ist als Bestandteil des Jahresabschlusses zu veröffentlichen (siehe hierzu auch die nachfolgenden Kapitel).

5. Der Grundsatz der Bilanzkontinuität

45 Die Forderung nach Bilanzkontinuität (Bilanzstetigkeit, Bilanzverknüpfung) hat das Verhältnis der Schlussbilanz eines Wirtschaftsjahres zur Anfangsbilanz und zur Schlussbilanz des folgenden Wirtschaftsjahres zum Inhalt und bezieht sich einmal auf die Bilanz als Ganzes, zum anderen auf die einzelnen Bilanzpositionen. Ziel dieses Grundsatzes ist es, dass einerseits

---

27 Vgl. § 264 HGB.
28 Vgl. §§ 284 ff. HGB.
29 Vgl. § 285 HGB.

trotz der Zerlegung der Totalperiode eines Unternehmens in Teilperioden (Wirtschaftsjahre) die Summe aller Periodenerfolge gleich dem Totalerfolg ist und dass andererseits die einzelnen Periodenabschlüsse formal (Gliederung) und materiell (Bewertung) miteinander vergleichbar sind. Diese Ziele sollen mit Hilfe folgender Bilanzierungsprinzipien erreicht werden:[30]

- Bilanzidentität[31]

Darunter versteht man die Gleichheit von Schlussbilanz eines Geschäftsjahres und Anfangsbilanz des folgenden Geschäftsjahres. Für den Begriff der Bilanzidentität finden sich in der Literatur auch die Bezeichnungen Bilanzzusammenhang, Bilanzstetigkeit, Bilanzkontinuität, Bilanzkongruenz und totale Bilanzverknüpfung.

- Formale Bilanzkontinuität[32]

Hierunter ist die Beibehaltung der Form, insbesondere der Gliederung aufeinander folgender Bilanzen zu verstehen.

- Materielle Bilanzkontinuität[33]

Sie umschließt zwei Prinzipien:
– die Stetigkeit der Bewertungsgrundsätze
– die Fortführung der Wertansätze

II. Allgemeine Bilanzierungs- und Bewertungsgrundsätze

Die für alle Kaufleute geltenden Bewertungsvorschriften sind in den §§ 252 bis 256 HGB geregelt. Die Bewertungsvorschriften sind grundsätzlich rechtsform- und größenunabhängig. Allerdings gelten für Kapitalgesellschaften teilweise besondere Vorschriften (z. B. gem. § 279 HGB). Besondere Bedeutung haben die handelsrechtlichen Bewertungsvorschriften auch deshalb, weil sie aufgrund der Maßgeblichkeit der Handelsbilanz für die Steuerbilanz in der Regel auch Auswirkung auf die Bewertung in der Steuerbilanz haben.

46

---

30 Vgl. §§ 252 Abs. 1 Nr. 1 und Nr. 6, 265 Abs. 1 und 2 HGB.
31 Vgl. § 252 Abs. 1 Nr. 1 HGB, § 4 Abs. 1 Satz 1 EStG.
32 Vgl. § 265 Abs. 1 HGB, § 5 Abs. 1 EStG.
33 Vgl. § 252 Abs. 1 Nr. 6.

1. Die Maßgeblichkeit der Handelsbilanz für die Steuerbilanz

47 Gemäß § 5 Abs. 1 Satz 1 EStG müssen Buch führende Gewerbetreibende für Zwecke der steuerlichen Gewinnermittlung das Betriebsvermögen zum Schluss eines Wirtschaftsjahres ansetzen, das nach den Grundsätzen ordnungsmäßiger Buchführung auszuweisen ist. Aus dieser steuerlichen Vorschrift leitet sich die sog. Maßgeblichkeit der Handelsbilanz für die Steuerbilanz ab, wonach für die Steuerbilanz die handelsrechtlichen Bilanzierungs- und Bewertungsvorschriften maßgeblich sind. Die Handelsbilanz soll bei vorsichtiger, am Gläubigerschutzprinzip orientierten Bewertung die Vermögensgegenstände und Schulden eines Unternehmens zum Abschlussstichtag ausweisen. Dabei darf sich der Kaufmann nicht reicher machen, als er ist, um Gläubiger und die interessierte Öffentlichkeit nicht über die Höhe des die Schulden deckenden Vermögens bzw. des Haftungsvermögens zu täuschen (sog. kaufmännische Vorsicht bzw. Imparitätsprinzip). Die Vermögensgegenstände werden in der Handelsbilanz tendenziell eher unterbewertet.

48 In der Steuerbilanz geht es darum, den periodengerechten Gewinn zu ermitteln, der als Bemessungsgrundlage für die Besteuerung dient.

Durch dieses aus § 5 Abs. 1 Satz 1 EStG abgeleitete Prinzip wird das Verhältnis von Handels- und Steuerbilanz gesetzlich geregelt. Für die Steuerbilanz sind demnach alle handelsrechtlichen Vorschriften der §§ 238 bis 283 HGB maßgeblich. Die handelsrechtlichen Bewertungsvorschriften kommen immer dann zum Zuge, wenn keine bestimmte steuerrechtliche Bewertungsvorschrift anzuwenden ist. Sind verschiedene steuerrechtliche Wertansätze möglich (steuerrechtliches Bewertungswahlrecht), so richtet sich die Bewertung nach dem handelsrechtlich tatsächlich erfolgten Ansatz. Dieser kann durch eine spezielle handelsrechtliche Bewertungsvorschrift konkret bestimmt sein. Er kann aber auch aus der Ausnutzung eines handelsrechtlichen Bewertungswahlrechts resultieren. Auch in diesem Fall, bei gleichzeitigem steuerrechtlichen Wahlrecht, ist der handelsrechtlich gewählte Ansatz maßgeblich für die Steuerbilanz.

> ▸ **Beispiel:**
> Ein Unternehmer erwirbt für 25.000 € Wertpapiere, die dem Anlagevermögen zuzurechnen sind. Der Wert (Tages- bzw. Teilwert) der Wertpapiere beträgt am Abschlussstichtag 12.500 €. Es handelt sich um eine dauerhafte Wertminderung.
>
> Steuerrechtlich besteht gem. § 6 Abs. 1 Nr. 2 EStG ein Wahlrecht, die Wertpapiere zum Abschlussstichtag mit den Anschaffungskosten oder dem niedrigeren Teilwert anzusetzen. Da handelsrechtlich wegen des Niederstwertprinzips der niedrigere Tageswert anzusetzen ist,[34] ist diese Bewertung aufgrund des Maßgeblichkeitsprinzips auch für die Steuerbilanz maßgeblich.

---

34 Vgl. § 253 Abs. 2 Satz 3 letzter Halbsatz HGB.

Variante:

Es liegt nur eine vorübergehende Wertminderung vor.

Gemäß § 253 Abs. 2 Satz 3 1. Halbsatz HGB besteht nunmehr sowohl handels- als auch steuerrechtlich gem. § 6 Abs. 1 Nr. 2 EStG ein Wahlrecht, die Wertpapiere mit den Anschaffungskosten oder dem niedrigeren Tages- bzw. Teilwert zu bewerten. Entscheidet sich der Kaufmann in der Handelsbilanz z. B. für die Bewertung mit den Anschaffungskosten von 25.000 €, so ist diese Bewertung für die Steuerbilanz maßgeblich.

Wie bereits erwähnt, gilt der Maßgeblichkeitsgrundsatz für die Ansatzvorschriften uneingeschränkt. Hinsichtlich der Bewertung wird das Maßgeblichkeitsprinzip aber durch den sog. Bewertungsvorbehalt des § 5 Abs. 6 EStG wesentlich eingeschränkt, wonach die handelsrechtlichen Vorschriften nur anzuwenden sind, wenn keine anders lautenden steuerrechtlichen Vorschriften[35] zu beachten sind. Diese Einschränkung ergibt sich aus den unterschiedlichen Zielen, die mit der Handels- und Steuerbilanz verfolgt werden.

49

▶ **Beispiel:**
Ein Unternehmer hat in seiner Handelsbilanz unfertige und fertige Erzeugnisse mit ihren Einzelkosten (Fertigungslöhne und Fertigungsmaterial) von 100.000 € angesetzt. Die darauf entfallenden Fertigungs- und Materialgemeinkosten betragen 120.000 €.

Nach der steuerlichen Vorschrift[36] müssen die Erzeugnisse in der Steuerbilanz nicht nur mit den Einzelkosten, sondern auch mit den Fertigungs- und Materialgemeinkosten, insgesamt also mit 220.000 €, angesetzt werden.

2. Die Umkehrung des Maßgeblichkeitsgrundsatzes

Über die Maßgeblichkeit der Handelsbilanz für die Steuerbilanz gem. § 5 Abs. 1 Satz 1 EStG hinaus gibt es auch eine Maßgeblichkeit von steuerlichen Vorschriften für die Handelsbilanz. Diese so genannte umgekehrte Maßgeblichkeit ist praktisch eine Fortentwicklung der Maßgeblichkeit der Handelsbilanz für die Steuerbilanz. Bei handels- und steuerrechtlichen Wahlrechten kann natürlich für den Unternehmer auch die Ausübung des Wahlrechts in der Steuerbilanz entscheidend sein. In diesem Fall ist die Steuerbilanz maßgeblich für die Handelsbilanz.

50

Die umgekehrte Maßgeblichkeit ist allgemein und umfassend ausdrücklich in § 5 Abs. 1 Satz 2 EStG geregelt, wonach steuerrechtliche Wahlrechte bei der Gewinnermittlung in Übereinstimmung mit der handelsrechtlichen Jah-

---
35 Vgl. §§ 6, 7 EStG.
36 Vgl. R 33 Abs. 1 EStR.

resbilanz auszuüben sind. Die umgekehrte Maßgeblichkeit gilt damit also bei allen steuerrechtlichen Wahlrechten. Damit haben viele steuerrechtliche Sondervorschriften (z. B. steuerfreie Rücklagen, erhöhte Absetzungen, Sonderabschreibungen), die meist aus wirtschafts- und sozialpolitischen Gründen gewährt werden und die zu einer zeitlichen Steuerbelastungsverschiebung für den Steuerpflichtigen führen sollen, Einfluss auf die handelsrechtliche Bilanzierung und Bewertung. Zunehmend kommt es zu einer Ausrichtung der Handelsbilanz an der Steuerbilanz. In diesem Zusammenhang ist jedoch auch auf die Entwicklung und Akzeptanz internationaler Rechnungslegungsvorschriften (bspw. US-GAAP und IAS) zu verweisen.

▶ **Beispiel:**
Beim Verkauf eines Grundstücks aus dem Betriebsvermögen eines Unternehmens werden stille Reserven aufgelöst. Die Voraussetzungen für die Bildung einer Rücklage im Sinne von § 6 b EStG liegen vor.

Wird diese Rücklage in der Steuerbilanz gebildet, so muss der Unternehmer sie nach der umgekehrten Maßgeblichkeit gem. § 5 Abs. 1 Satz 2 EStG auch in der Handelsbilanz als Sonderposten mit Rücklageanteil ausweisen.

3. Der Grundsatz der Bilanzidentität

51 Gemäß § 252 Abs. 1 Nr. 1 HGB müssen die Wertansätze in der Eröffnungsbilanz des Geschäftsjahres mit denen der Schlussbilanz des vorangegangenen Geschäftsjahres übereinstimmen. Die Auslegung dieser Vorschrift kann sich jedoch nicht nur auf die wertmäßige Identität beschränken. Eine Übereinstimmung der Schlussbilanz eines Geschäftsjahres mit der Eröffnungsbilanz des Folgejahres bedingt ebenso Identität hinsichtlich des Ausweises. Der Grundsatz der Bilanzidentität bringt beides zum Ausdruck.

4. Der Grundsatz der Unternehmensfortführung

52 Gemäß § 252 Abs. 1 Nr. 2 HGB ist bei der Bewertung der Vermögensgegenstände und Schulden von der Fortführung der Unternehmenstätigkeit auszugehen, falls dem nicht tatsächliche oder rechtliche Gegebenheiten entgegenstehen. Dieser auch als going-concern bezeichnete Grundsatz galt schon immer als Grundsatz ordnungsmäßiger Buchführung, gleichwohl er erst in jüngerer Zeit allgemeine Anerkennung erlangte. Vor Erstellung eines Jahresabschlusses und der Klärung anstehender Bewertungsfragen ist jeweils zunächst zu prüfen, inwieweit von einer Fortführung der Unternehmenstätigkeit tatsächlich auszugehen ist.

In der Regel wird von einer umfassenden Fortführung ausgegangen; d. h., dass das Anlage- und Umlaufvermögen entsprechend seiner Zweckbestimmung im Leistungsprozess eingesetzt wird. Diese Aussage kann aber mehr oder weniger eingeschränkt sein. Im Extremfall gilt das insofern, als von einer baldigen Liquidation auszugehen ist. In diesem Fall ist den Vermögensgegenständen lediglich der Wert beizumessen, der im Rahmen einer Liquidation bei einer Veräußerung erzielt werden könnte. Dieser Wert wird in der Regel unter dem Wert liegen, der bei Annahme der Unternehmensfortführung anzusetzen ist, dies umso mehr, je betriebsspezifischer der Vermögensgegenstand ist. Siehe hierzu auch die nachfolgenden Ausführungen in diesem Buch.

Eine differenzierte Betrachtung ist erforderlich, wenn nur für bestimmte Unternehmensteile die Unterstellung der Fortführung der Unternehmenstätigkeit verneint werden muss. Dies kann z. B. für einen bestimmten Produktionsbereich der Fall sein, der wegen fehlender Nachfrage aus Wettbewerbsgründen (tatsächliche Gegebenheiten) oder aus wettbewerbsrechtlichen Gründen (rechtliche Gegebenheiten) seine Tätigkeit einstellen muss und wenn die betroffenen Produktionsfaktoren auch sonst im Leistungsprozess des Unternehmens keinen Einsatz mehr finden. Diese Vermögensgegenstände sind mit den bei einer zu erwartenden Liquidation zum Liquidationszeitpunkt anzunehmenden Verkaufswerten anzusetzen. Vermögensgegenstände des Anlagevermögens sind ggf. bis zu diesem Zeitpunkt auf die entsprechenden Werte abzuschreiben.

Die Unterstellung der Fortführung der Unternehmenstätigkeit beruht auf mehr oder weniger hypothetischen Annahmen über die zukünftige Entwicklung des Unternehmens. Bloße Annahmen ohne tatsächlichen konkreten Hintergrund (z. B. anhaltend schlechte Ertragslage, Liquiditätsengpässe) dürfen nicht zur Aufgabe des Grundsatzes der Unternehmensfortführung führen. Bei der Urteilsfindung ist der ordentliche und vorsichtig beurteilende Kaufmann an die tatsächlichen wirtschaftlichen und rechtlichen Verhältnisse gebunden, die bereits eingetreten oder sicher vorhersehbar sein müssen.

Der Gesetzgeber unterscheidet folgende Bewertungsansätze für Vermögensgegenstände:

a) Die Einzelbewertung

Gemäß § 252 Abs. 1 Nr. 3 HGB sind die Vermögensgegenstände und Schulden zum Abschlussstichtag einzeln zu bewerten. Der Grundsatz der Einzelbewertung ergibt sich für die Bewertung des Inventars bereits aus § 240 Abs. 1 HGB. Durch die Einzelbewertung soll jedem einzelnen Vermögensgegenstand und jeder einzelnen Schuld der jeweilige objektiv zutreffende Wert beigemessen werden. Dazu ist zunächst eine mengenmäßige Einzelerfassung und anschließend eine individuelle Wertzuordnung erforderlich. Zusammenfassungen oder gar Verrechnungen untereinander sind nicht zulässig, insbesondere dürfen Posten der Aktivseite nicht mit Posten der Passivseite saldiert werden.[37] Auch ein Wertausgleich zwischen Vermögensge-

53

---

[37] sog. Verrechnungsverbot nach § 246 Abs. 2 HGB.

genständen oder Schulden, z. B. in der Form, dass Werterhöhungen bei einem Vermögensgegenstand mit Wertminderungen eines anderen verrechnet werden, ist nicht zulässig.

Der Grundsatz der Einzelbewertung findet jedoch dort seine Grenzen, wo zur Ermittlung der individuellen Werte ein unverhältnismäßig hoher Aufwand erforderlich ist oder aus technischen Gründen eine solche Wertzumessung nicht mehr möglich ist. Dies ist insbesondere bei sog. Massengütern (z. B. Roh-, Hilfs- und Betriebsstoffen) der Fall. Eine zutreffende Einzelbewertung ist hier oft nicht mehr möglich, wenn bei unterschiedlichen Verbrauchsfolgen den vorhandenen Beständen die ursprünglichen Anschaffungs- oder Herstellungskosten nicht mehr direkt zugerechnet werden können. Deshalb sind Bewertungsvereinfachungsverfahren als Ausnahme vom Grundsatz der Einzelbewertung zulässig. Neben der im § 256 Satz 1 HGB angesprochenen Verbrauchs- oder Veräußerungsfolgebewertung werden als allgemeine Vereinfachungsverfahren durch § 256 Satz 2 HGB ausdrücklich die Verfahren gem. § 240 Abs. 3 HGB (Festwertbewertung) und gem. § 240 Abs. 4 HGB (Gruppen- oder Sammelbewertung bzw. Durchschnittsbewertung) zugelassen. Gemäß § 256 Satz 3 HGB sind die das Inventar betreffenden Vorschriften des § 240 Abs. 3 und 4 HGB ausdrücklich auch auf den Jahresabschluss anwendbar.

b) Die Festbewertung

54 Gemäß § 240 Abs. 3 in Verbindung mit § 256 Satz 2 HGB können Vermögensgegenstände des Sachanlagevermögens (z. B. Gerüst- und Schalungsmaterial, Werkzeuge, Geschirr und Bettwäsche im Hotelgewerbe) und Roh-, Hilfs- und Betriebsstoffe mit einem Festwert bewertet werden, soweit sie regelmäßig ersetzt werden und ihr Gesamtwert für das Unternehmen von untergeordneter Bedeutung ist. Was als von untergeordneter Bedeutung zu verstehen ist, wird im Einzelfall gewissenhaft festzustellen sein. Weitere Voraussetzung ist, dass die Vermögensgegenstände hinsichtlich der Größe, des Wertes und der Zusammensetzung des Bestandes nur geringen Veränderungen unterliegen. Es wird unterstellt, dass die jährlichen Neuzugänge in etwa den jährlichen Abgängen und Abschreibungen entsprechen.

Die Vermögensgegenstände sind mit einer gleichbleibenden Menge und mit einem gleichbleibenden Wert, dem sog. Festwert, anzusetzen. Die Ausgaben für die Zugänge sind im Jahr des Zugangs als sofort abzugsfähiger Aufwand zu behandeln. Da auch keine Abschreibungen zu berücksichtigen sind, bleibt der Festwert in derselben Höhe bestehen.

Der Festwert wird einmal (meist durch Inventur) festgestellt und bleibt dann für eine gewisse Zeit bestehen. Zu jedem dritten Bilanzstichtag ist durch körperliche Bestandsaufnahme zu prüfen, ob der Festwert hinsichtlich der Menge und des Wertes noch gerechtfertigt ist.[38] Liegt der neu ermit-

---

38 Vgl. § 240 Abs. 3 Satz 2 HGB.

telte Wert (zu Anschaffungskosten) nicht nur geringfügig[39] über dem bisherigen Festwert, so ist er zu korrigieren. Liegt er niedriger, so richtet sich die Bewertung gem. dem Niederstwertprinzip nach dem niedrigeren Wert.

Das einmal gewählte Festwertverfahren darf nicht willkürlich aufgegeben werden, sonst liegt ein Verstoß gegen den Grundsatz der Bewertungsstetigkeit gem. § 252 Abs. 1 Nr. 6 HGB vor. Das Festwertverfahren ist auch steuerlich zulässig.[40]

c) Die Gruppen- oder Sammelbewertung

Gemäß § 240 Abs. 4 in Verbindung mit § 256 Satz 2 HGB dürfen gleichartige Vermögensgegenstände des Vorratsvermögens sowie andere gleichartige und annähernd gleichwertige bewegliche Vermögensgegenstände jeweils zu einer Gruppe zusammengefasst und mit dem gewogenen Durchschnittswert angesetzt werden.

Gleichartig sind Vermögensgegenstände, wenn sie von der Art und der Beschaffenheit her gleich sind (Artgleichheit) oder der Verwendungszweck derselbe ist (Funktionsgleichheit). Artgleichheit liegt insbesondere dann vor, wenn sich Waren derselben Gattung nur in ihren Abmessungen, Gewichten oder ähnlichen Eigenschaften unterscheiden. Funktionsgleichheit liegt vor, wenn Waren hinsichtlich der Verwendung substituierbar sind.

Für die Vermögensgegenstände des Vorratsvermögens stellt § 240 Abs. 4 HGB lediglich auf die Gleichartigkeit ab. Da durch die Gruppenbewertung ein dem Gesamtwert der Summe der Einzelwerte weitgehend entsprechender Wert ermittelt werden soll, dürfen auch wertmäßig keine erheblichen Unterschiede gegeben sein.

Die Bewertung der zu einer Gruppe zusammengefassten Vermögensgegenstände erfolgt mit dem gewogenen Durchschnittswert (einfach und gleitend). Beim einfachen gewogenen Durchschnittswertverfahren wird die Summe aus dem Wert des Anfangsbestandes zuzüglich der Werte aller Zugänge durch die Summe der Menge des Anfangsbestandes zuzüglich der Mengen der Zugänge dividiert. Der so ermittelte Durchschnittswert für eine Mengeneinheit ist mit der Menge des Endbestandes zu multiplizieren.

> **Beispiel**
> Folgendes Beispiel soll die Problematik noch einmal verdeutlichen. Dabei wurden Daten aus der Lagerkartei eines bestimmten Vermögensgegenstandes entnommen. Diese wurden dann mit dem einfachen gewogenen Durchschnitt bewertet.

---

39 Vgl. R 31 Abs. 4 EStR bei mehr als 10 % Abweichung.
40 Vgl. H 36 „Festwert" EStH.

		Mengen-einheiten	Preis pro Einheit in €	Zugänge	Gewogener Durchschnitt in €
Anfangsbestand	01.01.	1 000	116	1 000	116 000
Zugang	02.02.	2 000	110	2 000	220 000
Verbrauch	01.03.	2 000	0	0	0
Zugang	01.06.	2 500	114	2 500	285 000
Zugang	01.07.	500	118	500	59 000
Verbrauch	01.10.	3 500	0	0	0
Zugang	01.11.	500	96	500	48 000
Endbestand	31.12.	1 000		6 500	728 000

Der Durchschnittswert pro Einheit ergibt sich dabei aus dem Wert des Anfangsbestandes plus aller Zugänge in der zu betrachtenden Periode (hier: 1.000 + 5.500) dividiert durch dem sich daraus ergebenden Gesamtwert (hier: 728.000,00 €). Der Durchschnittswert pro Einheit beträgt 112,00 €.

Für den Endbestand von 1.000 Einheiten ergibt sich ein Wert von 112.000,00 €. Dieser Wert ist für die Vermögensgegenstände anzusetzen. Zu beachten ist ein evtl. niedriger Wert gem. § 253 Abs. 3 HGB.

Beim gleitenden gewogenen Durchschnittswertverfahren ergibt sich insofern eine Verfeinerung, als jeder Abgang mit stufenweise ermittelten Durchschnittspreisen zu bewerten ist. Der Durchschnittswert pro Einheit würde hier 105,00 € betragen.

Beide Verfahren sind sowohl handels- als auch steuerrechtlich[41] zulässig. Bei Anwendung des Gruppenbewertungsverfahrens ist bei Kapitalgesellschaften § 284 Abs. 2 Nr. 4 HGB zu beachten.

d) Die Verbrauchs- oder Veräußerungsfolgebewertung

56 Für gleichartige Vermögensgegenstände des Vorratsvermögens ergeben sich gem. § 256 HGB weitere Bewertungsvereinfachungsverfahren. Für die Ermittlung der Bestandswerte kann aus Vereinfachungsgründen von bestimmten Verbrauchs- oder Veräußerungsfolgen ausgegangen werden. Damit soll den sich in der Praxis ergebenden Schwierigkeiten Rechnung getragen werden, die sich bei der Zumessung der tatsächlichen[42] individuellen Anschaffungs- oder Herstellungskosten zu den Bestandsmengen ergeben.

---

41 Vgl. R 36 Abs. 3 EStR.
42 eigentlich historischen AK/HK.

Aus der Formulierung als Kannvorschrift ergibt sich, dass es sich hinsichtlich der Anwendung an sich bzw. der Entscheidung für eines der Verbrauchs- oder Veräußerungsfolgebewertungsverfahren um ein Wahlrecht handelt. Das heißt, dass eines der möglichen Verfahren unabhängig von der tatsächlich im Betrieb erkennbaren Verbrauchs- oder Verkaufsfolge anwendbar ist.

Voraussetzung für die Anwendung eines Bewertungsvereinfachungsverfahrens ist, dass es sich dabei um ein den Grundsätzen ordnungsmäßiger Buchführung entsprechendes Verfahren handelt. Diese Voraussetzung ist nur dann nicht gegeben, wenn die unterstellte Verbrauchsfolge im Einzelfall nach Lage der tatsächlichen Verhältnisse undenkbar ist. Das kann zum Beispiel bei der Bewertung von verderblicher Ware der Fall sein, die am darauf folgenden Bilanzstichtag nicht mehr vorhanden sein kann.

Als Verbrauchsfolgeverfahren im Sinne von § 256 HGB kommen in der Praxis im Wesentlichen das Fifo-, Hifo- und das Lifo-Verfahren in Frage. Das Lofo-Verfahren (lowest in, first out) scheidet für die Praxis schon deshalb aus, weil hiernach die Bewertung zu Höchstpreisen erfolgt und damit gegen das im Handelsrecht immer zu beachtende Vorsichtsprinzip verstoßen wird. Von den übrigen Verfahren ist steuerlich nur das Lifo-Verfahren gem. § 6 Abs. 1 Nr. 2 a EStG anwendbar. Das Fifo-Verfahren kommt in der Steuerbilanz grundsätzlich nicht in Frage, es sei denn, der Steuerpflichtige macht glaubhaft, dass die Wirtschaftsgüter bei ihm in entsprechender Reihenfolge verbraucht werden.

- Das Fifo (first in, first out)-Verfahren

Bei diesem Verfahren wird unterstellt, dass die zum Bilanzstichtag vorhandenen Vorratsbestände aus den letzten Einkäufen oder Produktionen stammen, d. h. dass die zuerst eingekauften oder hergestellten Vermögensgegenstände als zuerst verbraucht gelten.

▸ **Beispiel**

Letzter Zugang	11.11.	500 Einh. zu	96 € =	48.000 €
letzter Zugang davor	20.09.	500 Einh. zu	118 € =	59.000 €
Endbestand	31.12.	1.000 Einheiten		107.000 €

Der Endbestand ist mit 107.000 € anzusetzen, falls nicht ein niedrigerer Wert gem. § 253 Abs. 3 HGB maßgeblich ist.

- Das Hifo (highest in, first out)-Verfahren

Beim Hifo-Verfahren wird unterstellt, dass die Vermögensgegenstände mit den höchsten Anschaffungs- oder Herstellungskosten zuerst verbraucht oder verkauft werden.

> **Beispiel**
>
> | Zugang | 11.11. | 500 Einh. zu | 96 € = | 48.000 € |
> |---|---|---|---|---|
> | | 03.03. | 500 (von 2.000) Einh. zu | 110 € = | 55.000 € |
> | Endbestand 31.12. | | 1.000 Einheiten | | 103.000 € |
>
> Der Endbestand zum 31.12. ist mit 103.000 € anzusetzen, falls nicht ein niedrigerer Wert gem. § 253 Abs. 3 HGB maßgeblich ist.

Von allen hier zur Debatte stehenden Bewertungsvereinfachungsverfahren gewährleistet das Hifo-Verfahren in konsequentester Weise eine möglichst niedrige Bewertung und trägt damit dem Vorsichtsgrundsatz im Handelsrecht am ehesten Rechnung. Dem steht freilich der Nachteil gegenüber, dass es steuerlich nicht anwendbar ist.

- Das Lifo (last in, first out)-Verfahren

Bei diesem Verfahren wird unterstellt, dass die zuletzt angeschafften oder hergestellten Vermögensgegenstände zuerst verbraucht oder verkauft werden.

Das Lifo-Verfahren führt in Zeiten steigender Preise zur Bildung stiller Reserven und trägt damit dem Vorsichtsgrundsatz in besonderem Maße Rechnung. Gleichzeitig werden der Ausweis und die Besteuerung von Scheingewinnen vermieden.

In seiner praktischen Ausgestaltung kann das Lifo-Verfahren in Form des Perioden-Lifo oder in Form des permanenten Lifo[43] angewendet werden. Üblich ist in der Praxis das Perioden-Lifo, bei dem die Bewertung des Bestandes und des Verbrauchs nur zum jeweiligen Bilanzstichtag vorgenommen wird. Die Bewertung des Bestandes bereitet keine Schwierigkeiten, wenn der Bestand am Bilanzstichtag gleich hoch oder kleiner ist als der Bestand am vorangegangenen Bilanzstichtag. In diesen Fällen ist der Bestand mit dem Preis pro Einheit wie im Vorjahr zu bewerten.

Ist der Bestand höher als im Vorjahr, können gem. R 36a Abs. 4 Satz 4 EStR die Mehrbestände mit dem Anfangsbestand zu einem neuen Gesamtbestand zusammengefasst oder als besondere Posten, sog. Layer (Ableger), gebildet werden. Die Bildung von Layer ist einerseits verwaltungstechnisch aufwendiger, hat aber andererseits gegebenenfalls den Vorteil, dass bei bis zum Bilanzstichtag gesunkenen Preisen auf einzelne Layer eine außerplanmäßige Abschreibung bzw. eine Teilwertabschreibung vorgenommen werden muss, die sonst nicht möglich wäre.

58 Die Ergebnisse bei Anwendung der verschiedenen Bewertungsvereinfachungsverfahren können recht unterschiedlich sein, was dem Unternehmen *bilanzpolitischen Spielraum* verschafft. Freilich sind die Unternehmer im

---

43 Vgl. R 36a Abs. 4 Satz 1 EStR.

Hinblick auf das Stetigkeitsprinzip grundsätzlich an ein einmal gewähltes Verfahren gebunden.

In der Praxis wird das Lifo-Verfahren, in der Regel das Perioden-Lifo, bevorzugt, weil dieses Verfahren bei steigenden Preisen, in der Handelsbilanz einerseits dem Vorsichtsgrundsatz Rechnung trägt und andererseits in die Steuerbilanz übernommen werden kann und dort einen möglichst geringen Gewinn und damit eine möglichst niedrige Steuerbelastung gewährleistet.

5. Das Stichtagsprinzip

Gemäß §§ 242 und 252 Abs. 1 Nr. 3 HGB richten sich sowohl die Bilanzierung als auch die Bewertung der Vermögensgegenstände und Schulden nach den Verhältnissen zum Abschlussstichtag. Im Gegensatz zur Gewinn- und Verlustrechnung, die eine Zeitraum- und Periodenbetrachtung ist, werden in der Bilanz die Verhältnisse zu einem bestimmten Zeitpunkt, dem Abschluss- bzw. Bilanzstichtag, dargestellt. Nach Feststellung der Verhältnisse zum Abschlussstichtag ist zunächst für jede einzelne Position zu prüfen, inwieweit spezielle gesetzliche Vorschriften oder Grundsätze ordnungsmäßiger Buchführung ein Abweichen von den festgestellten tatsächlichen Werten vorschreiben oder Wahlrechte gewähren. So ist z. B. für Vermögensgegenstände des Anlagevermögens bei gestiegenen Wiederbeschaffungskosten das sog. Anschaffungskostenprinzip zu beachten, wonach die Bewertung höchstens zu den historischen Anschaffungskosten, ggf. abzüglich der Abschreibungsbeträge, zu erfolgen hat.[44] Der Fixierung einer Obergrenze bei der Bewertung der Vermögensgegenstände entspricht die Festsetzung einer Untergrenze für die Bewertung der Schulden,[45] denn diese sind mindestens mit ihrem Rückzahlungsbetrag zu bewerten. Vorhersehbare Risiken und Verluste sind als wertmindernde Faktoren gem. § 252 Abs. 1 Nr. 4 HGB zu berücksichtigen. Insofern sind über den Abschlussstichtag hinaus in die Zukunft wirkende Gegebenheiten, soweit sie hinreichend konkretisiert sind und ihre Verursachung im Geschäftsjahr gegeben ist, zum Abschlussstichtag bereits zu berücksichtigen.

59

In der Regel werden Bilanzen erst einige Zeit nach dem Bilanzstichtag aufgestellt. Bis dahin können sich bessere Erkenntnisse über die Verhältnisse am Abschlussstichtag ergeben. Nach der sog. Aufhellungstheorie oder auch Wertaufhellungstheorie, die sich nicht nur indirekt aus dem Stichtagsprinzip, sondern auch direkt aus dem Wortlaut des § 252 Abs. 1 Nr. 4 HGB ergibt, müssen bessere Erkenntnisse über vor dem Abschlussstichtag verursachte bzw. realisierte Verhältnisse am Abschlussstichtag berücksichtigt werden, selbst wenn sie erst zwischen diesem Zeitpunkt und dem Zeitpunkt der Bilanzaufstellung bekannt werden. Die Berücksichtigung besserer Er-

---

44 Vgl. § 253 Abs. 1 Satz 1 HGB.
45 Vgl. § 253 Abs. 1 Satz 2 HGB.

kenntnisse nach der Aufhellungstheorie kann also nur wertklarstellende und nie wertverändernde Funktion haben.

▶ **Beispiel**

Ein Unternehmer hat zum Abschlussstichtag 31.12.01 gegenüber seinem Kunden eine Forderung über 10.000 €. Eine Woche vor Bilanzaufstellung im März 02 erfährt der Unternehmer, dass sein Kunde bereits im November 01 Antrag auf Konkurs gestellt hat, der im Dezember 01 mangels Masse abgelehnt wurde.

In der Bilanz zum 31.12.01 ist die Forderung mit 0 € zu bewerten, da den gewonnenen besseren Erkenntnissen über die tatsächlichen Verhältnisse am Abschlussstichtag entsprechend die Forderung als wertlos anzusehen ist.

Variante

Der Unternehmer erfährt eine Woche vor der Bilanzaufstellung im März 02, dass sein Kunde nach einer Explosion im Produktionsbereich Anfang Januar 02, gegen deren Folgen das Unternehmen nicht ausreichend versichert war, im Februar 02 Antrag auf Konkurs gestellt hat, der im März 02 mangels Masse abgelehnt wurde.

Die zum 31.12.01 noch existierende Forderung gegenüber dem Kunden K ist in der Bilanz zum 31.12.01 mit 10.000 € zu bewerten, da der Umstand des tatsächlichen Forderungsausfalls erst im Jahr 02 eingetreten ist.

6. Der Grundsatz der Vorsicht

60 Gemäß § 252 Abs. 1 Nr. 4 1. Halbsatz ist vorsichtig zu bewerten. Der Grundsatz der Vorsicht[46] wird anschließend in zweierlei Hinsicht konkretisiert. Namentlich sind alle bis zum Abschlussstichtag entstandenen und vorhersehbaren Risiken und Verluste unter Beachtung wertaufhellender Erkenntnisse zu berücksichtigen, während Gewinne nur zu berücksichtigen sind, wenn sie am Abschlussstichtag realisiert sind (sog. Realisationsprinzip).

Der Grundsatz der Vorsicht wird allgemein als einer der wichtigsten Grundsätze ordnungsmäßiger Buchführung bezeichnet. Unter dem Aspekt des Gläubigerschutzes darf sich der Kaufmann nicht reicher machen als er tatsächlich ist. So sind Überbewertungen der Vermögensgegenstände nicht zulässig, eher ist zu niedrig zu bewerten. Schulden dürfen nicht unterbewertet werden.

Damit soll ein zu optimistisches Bild von der Lage des Unternehmens den Gläubigern oder der Öffentlichkeit gegenüber vermieden werden. Durch Vermeidung überhöhter Ausschüttungen und Entnahmen soll einer Sub-

---

46 Vgl. auch Vorsichtsprinzip.

stanzaushöhlung der Unternehmung entgegengewirkt werden. Andererseits darf der Vorsichtsgedanke nicht so weit führen, dass willkürliche Unterbewertungen, namentlich die Legung ungerechtfertigter stiller Reserven, erfolgen. Jede Bewertung, auch unter Zugrundelegung einer vorsichtigen kaufmännischen Beurteilung, hat sich in einem objektiv nachweisbaren Rahmen zu bewegen, der durch das Gebot der Willkürfreiheit begrenzt wird.

Gemäß § 252 Abs. 1 Nr. 4 letzter Satz HGB sind Gewinne nur zu berücksichtigen, wenn sie am Abschlussstichtag realisiert sind. Das aus dieser Formulierung abzuleitende sog. Realisationsprinzip bestimmt, dass nicht realisierte Gewinne nicht ausgewiesen werden dürfen. Sind z. B. für einen Vermögensgegenstand die Preise gestiegen, darf ein Gewinn erst ausgewiesen werden, wenn er durch Veräußerung oder Entnahme realisiert, d. h. verwirklicht, wird. Dadurch soll vermieden werden, dass Gewinne schon ausgewiesen (und damit ggf. ausgeschüttet oder besteuert) werden, wenn nur die Aussicht auf Gewinnrealisierung besteht. Wertsteigerungen des ruhenden Vermögens dürfen grundsätzlich nicht als Gewinne ausgewiesen werden, vielmehr muss eine Vermögensumschichtung vorliegen. **61**

Durch die Formulierung des § 252 Abs. 1 Nr. 4 HGB wird allerdings nicht klar zum Ausdruck gebracht, wann genau Erträge als realisiert gelten. Es kommen dafür mehrere Zeitpunkte in Frage. Für Geschäftsvorfälle z. B. der Zeitpunkt des Vertragsabschlusses, der Leistungserbringung durch den Kaufmann, der Zufluss der Einnahmen. Während der Zeitpunkt des Vertragsabschlusses wegen der Ungewissheit, ob die vertraglichen Leistungen überhaupt erfüllt werden, zu früh liegt, erscheint der Zeitpunkt des Zuflusses der Einnahmen, insbesondere bei langfristigen Ratenzahlungen, als zu spät. Als allgemein anerkannter Realisationszeitpunkt gilt nach herrschender Meinung der Zeitpunkt der Leistung des Kaufmanns, d. h. wenn der Kaufmann als Leistungserbringer alles Erforderliche getan hat, um seine vertraglichen Pflichten zu erfüllen und der Anspruch auf Gegenleistung gegeben ist. Sollte sich dann allerdings abzeichnen, dass der Anspruch auf Gegenleistung, in der Regel also eine Forderung, gar nicht oder nur zum Teil realisiert werden kann, so ist diesem Umstand durch eine entsprechende Bewertung Rechnung zu tragen.

Während Gewinne erst berücksichtigt werden dürfen, wenn sie als realisiert gelten, sind vorhersehbare Risiken und Verluste gem. § 252 Abs. 1 Nr. 4 HGB bereits zum Abschlussstichtag auszuweisen, selbst wenn sie bis dahin noch nicht realisiert, wohl aber entstanden bzw. verursacht sind (sog. Prinzip der Verlustantizipation).[47] Die ungleiche Behandlung von noch nicht realisierten Gewinnen und noch nicht realisierten Verlusten wird als Imparitätsprinzip (Vorsichtsprinzip) bezeichnet. **62**

---

47 Beachte auch in diesem Zusammenhang die Wertaufhellungstheorie.

Stocker

7. Der Grundsatz der Periodisierung

63 Gemäß § 252 Abs. 1 Nr. 5 HGB sind Aufwendungen und Erträge des Geschäftsjahres unabhängig vom Zeitpunkt der entsprechenden Zahlung im Jahresabschluss zu berücksichtigen. Der Grundsatz entspricht bereits früher geltenden Grundsätzen ordnungsmäßiger Buchführung.

Der Gesetzgeber fordert, dass der Kaufmann für den Schluss eines jeden Geschäftsjahres einen Jahresabschluss aufzustellen hat.[48] Deshalb ist das auf die gesamte Lebensdauer eines Unternehmens bezogene Totalergebnis in jährliche Teilergebnisse zu zerlegen (hierzu sind zeitliche Zuordnungen erforderlich). Die Summe der Teilergebnisse muss mit dem Totalergebnis übereinstimmen. Unabhängig von Einzahlungs- oder Auszahlungsvorgängen kommt es bei der Periodisierung auf die wirtschaftliche Betrachtungsweise an. So sind z. B. Aufwendungen für abnutzbare Vermögensgegenstände des Anlagevermögens über die Dauer der Nutzung des Anlagegutes zu verteilen.[49] Ausgaben vor dem Abschlussstichtag, die wirtschaftlich Aufwand für die Zeit nach diesem Tag darstellen, sind als aktive Rechnungsabgrenzungsposten zu aktivieren,[50] Einnahmen, die als Ertrag des nächsten Geschäftsjahres anzusehen sind, sind entsprechend als passive Rechnungsabgrenzungsposten zu passivieren.[51] Erhaltene Anzahlungen, die noch nicht Gegenleistung für eine vom Unternehmen bereits erbrachte Leistung sind, können aufgrund der wirtschaftlichen Betrachtungsweise nicht als Ertrag des Geschäftsjahres ausgewiesen werden, sondern sind passivisch abzugrenzen.

Der Grundsatz der Periodisierung zieht sich durch das gesamte Handelsrecht und schlägt sich in vielen speziellen gesetzlichen Vorschriften nieder.

8. Der Grundsatz der Bewertungsstetigkeit

64 Gemäß § 252 Abs. 1 Nr. 6 HGB sollen die auf den vorhergehenden Jahresabschluss angewandten Methoden zur Bewertung der Vermögensgegenstände und Schulden beibehalten werden.

Ziel des Grundsatzes der Bewertungsstetigkeit ist es, durch die Fortführung und Beibehaltung für die Vermögensgegenstände und Schulden gewählter Bewertungsmethoden die Vergleichbarkeit der Jahresabschlüsse zu sichern. Verboten sind insbesondere willkürliche Wechsel der Bewertungsmethoden, die den möglichst sicheren Einblick in die Entwicklung der Ertrags- und Vermögenslage eines Unternehmens stark beeinträchtigen können.[52]

---

48 Vgl. § 242 HGB.
49 Vgl. § 253 HGB.
50 Vgl. § 250 Abs. 1 HGB.
51 Vgl. § 250 Abs. 2 HGB.
52 Vgl. §§ 238 Abs. 1 und 243 HGB.

Stocker

Die Forderung nach Beibehaltung der Bewertungsmethoden bezieht sich auf Vermögensgegenstände und Schulden, die bereits zum vergangenen Abschlussstichtag bilanziert waren. Das bedeutet, dass entsprechend dem Grundsatz der Einzelbewertung für dasselbe Bewertungsobjekt dieselbe Bewertungsmethode anzuwenden ist. Bei Vermögensgegenständen, für die eines der Bewertungsvereinfachungsverfahren angewandt wurde, gilt entsprechendes.

Beibehaltung der Bewertungsmethode bedeutet im Einzelnen, dass die Bewertungsmaßstäbe für Anschaffungs- und Herstellungskosten nach denselben Methoden zu ermitteln sind. So dürfen bei der Ermittlung der Herstellungskosten für gleiche Fertig- und Halbfertigfabrikate grundsätzlich nicht andere Kostenarten angesetzt werden als in der Vorperiode. Auch der unbegründete Wechsel von der Ermittlung auf Teilkostenbasis zur Ermittlung auf Vollkostenbasis ist nicht zulässig. Eine nach § 252 Abs. 2 HGB zulässige Ausnahme könnte sich jedoch z. B. für den Fall ergeben, dass durch eine Umstellung der Betriebsbuchhaltung wesentlich exaktere Informationen zur Verfügung stehen und eine Änderung der Bewertungsmethode zu einem verbesserten Einblick in die Entwicklung der Ertrags- und Vermögenslage führt.

Die Abschreibungsmethoden und -pläne sind grundsätzlich beizubehalten. Ein planmäßiger und zulässiger Übergang von der degressiven zur linearen Abschreibung steht dem nicht entgegen.

Der Grundsatz der Bewertungsstetigkeit wird zum anderen überwiegend auch auf im neuen Geschäftsjahr zu bilanzierende Vermögensgegenstände und Schulden ausgedehnt, wenn in der Vorperiode für gleiche oder gleichartige Vermögensgegenstände und Schulden bestimmte Bewertungsmethoden festgelegt wurden. Dies bedeutet z. B. für eine neu angeschaffte Maschine, dass sie nach der gleichen Methode wie eine bereits vorhandene gleichartige Maschine (gleiche Nutzung und gleicher Nutzungsverlauf unterstellt) abzuschreiben ist.

Der Grundsatz der Bewertungsstetigkeit gem. § 252 Abs. 1 Nr. 6 HGB ist als Sollvorschrift formuliert. Gemäß § 252 Abs. 2 HGB sind in begründeten Ausnahmefällen Abweichungen möglich; zwingend ist ein Abweichen, wenn gesetzliche Vorschriften dies erfordern. Das ist z. B. beim Wegfall einer notwendigen Bedingung denkbar, wie es bei den Bewertungsvereinfachungsverfahren gem. § 240 Abs. 3 und 4 HGB der Fall sein könnte, wenn die Voraussetzung der nachrangigen Bedeutung nicht mehr gegeben ist. In *einem solchen* Fall ist ein Methodenwechsel zwingend. Auch wenn Irrtümer hinsichtlich der Wahl von Bewertungsmethoden in einer vorangegangenen Periode festgestellt werden, ist eine Änderung der Bewertungsmethode vorzunehmen. Der Grundsatz der Richtigkeit und Wahrheit hat insofern Vorrang.

Ein Abweichen von den Bewertungsmethoden gem. § 252 Abs. 2 HGB aus sachlichen Gründen kann vielerlei Ursachen haben, die allerdings begründete Ausnahmefälle darstellen müssen. Die Umstellung der Betriebsbuchhaltung mit Einfluss auf die Ermittlung der Herstellungskosten wurde bereits als Ausnahmefall genannt. In schwierigen Konjunkturphasen kann der Grundsatz der Bewertungsstetigkeit insofern eingeschränkt werden, als aufgrund des Vorsichtsprinzips durchweg niedrigere und damit vorsichtigere Wertansätze angebracht sind. Eine Änderung der Bilanzierungs- und Bewertungsziele ergibt sich u. U. in Unternehmen, in denen eine neue Unternehmensleitung neue Ziele setzt oder diese z. B. durch Einbeziehung in einen Konzern vorgeschrieben werden. Unternehmen, die einen Anhang aufzustellen haben, müssen gegebenenfalls gem. § 284 Abs. 2 Nr. 4 HGB über Bewertungsänderungen im Anhang berichten.

Im Hinblick auf die Bewertungsstetigkeit des § 252 Abs. 1 Nr. 6 HGB, von der nur in Ausnahmefällen, abgewichen werden darf, ist immer dann eine besonders große Sorgfalt notwendig, wenn bei Vermögensgegenständen oder Schulden anzuwendende Bewertungsmethoden erstmalig festzulegen sind.

9. Abweichungen von den Bewertungsgrundsätzen

66 Gemäß § 252 Abs. 2 HGB darf von den in § 252 Abs. 1 HGB genannten Grundsätzen nur in Ausnahmefällen abgewichen werden. Dies ist der Fall, wenn bestimmte gesetzliche Bestimmungen weggefallen sind. Man spricht dann von der sog. zwingenden Abweichung. Weiterhin kann in bestimmten, begründeten Ausnahmefällen, z. B. wegen grundsätzlicher Umstellungen der Bilanzpolitik, von den gesetzlichen Bestimmungen abgewichen werden.

Es wird im Einzelfall darzulegen sein, inwieweit Abweichungsgründe bei der Bewertung vorliegen. Dabei sind strenge Maßstäbe anzulegen. Unternehmen, die einen Anhang aufzustellen haben, müssen über Abweichungen ggf. gem. § 284 Abs. 2 Nr. 3 HGB im Anhang berichten.

III. Die Bewertungsmaßstäbe

67 Bevor über die Bewertung von Vermögensgegenständen und Schulden entschieden werden kann, ist zu untersuchen, welche Bewertungsmaßstäbe in Frage kommen können.

1. Anschaffungskosten

Der Begriff der Anschaffungskosten ist in § 255 Abs. 1 HGB geregelt. Danach sind Anschaffungskosten die Aufwendungen, die geleistet werden, um einen Vermögensgegenstand zu erwerben und ihn in einen betriebsbereiten

Zustand zu versetzen, soweit sie dem Vermögensgegenstand einzeln zugeordnet werden können.[53] Auch die Nebenkosten und die nachträglichen Anschaffungskosten gehören gem. § 255 Abs. 1 Satz 2 HGB zu den Anschaffungskosten. Nach § 255 Abs. 1 Satz 3 HGB sind Anschaffungspreisminderungen abzusetzen. Bei der Abfassung des § 255 Abs. 1 HGB war die Rechtsprechung des BFH[54] zum Begriff der Anschaffungskosten maßgeblich.

> **Die Definition des § 255 Abs. 1 HGB kann auf folgende Formel gebracht werden:**
>
> Anschaffungspreis
> + Anschaffungsnebenkosten
> − Anschaffungspreisminderungen
> +/− nachträgliche Änderungen der Anschaffungskosten
>
> = Anschaffungskosten

Die Anschaffungskosten setzen sich zusammen aus Aufwendungen für die Überführung eines Vermögensgegenstandes von der fremden in die eigene Verfügungsmacht. Dazu gehören der Anschaffungspreis selbst und die bei Beschaffung anfallenden Nebenkosten sowie Aufwendungen, die anfallen, damit der Vermögensgegenstand den ihm zugedachten Zweck im Unternehmen erfüllen kann (betriebsbereiter Zustand).

Demnach sind grundsätzlich alle Anschaffungsnebenkosten, z. B. Frachten, Transportkosten, Transportversicherung, Abladekosten, Eingangszölle, Börsenumsatzsteuer, Grunderwerbssteuer, Maklergebühren, Notarkosten, Provisionen, Gutachterkosten, bei dem angeschafften Vermögensgegenstand zu aktivieren. Nur tatsächlich anfallende Kosten (sog. pagatorische Kosten) kommen für die Aktivierung in Frage. Allerdings können Anschaffungsnebenkosten aus Vereinfachungsgründen auf Grund von Erfahrungssätzen oder einer Durchschnittsrechnung auch pauschal zugerechnet werden.

Außer den extern anfallenden Anschaffungsnebenkosten können auch innerbetriebliche Nebenkosten bis zur Betriebsbereitschaft anfallen. Dies können z. B. Montagekosten, Aufstellkosten, Einweisungskosten u. ä. Aufwendungen sein. Derartige Kosten können allerdings, wie sich aus § 255 Abs. 1 Satz 1 HGB ergibt, nur zugerechnet werden, soweit es sich um Einzelkosten handelt. Gemeinkosten, z. B. solche, die bei der Bestellung eines Vermögensgegenstandes anfallen, dürfen dagegen nicht zu den Anschaffungskosten gerechnet werden.

Finanzierungskosten, die im Zusammenhang mit der Anschaffung stehen, sind grundsätzlich nicht zu aktivieren, weil neben dem Kaufvertrag ein an-

---
53 Vgl. § 255 Abs. 1 Satz 1 HGB.
54 Vgl. hierzu grundlegend das Urteil des BFH vom 24. 5. 1967, BStBl 1968 II, 574.

derer Vertrag, der Kreditvertrag, steht. Die Zinsen haben ihre Ursache in der Überlassung des Kapitals, nicht aber in der Anschaffung eines Vermögensgegenstandes.

Nicht zu den Anschaffungskosten gehört auch die in Rechnung gestellte Vorsteuer, wenn sie nach § 15 UStG als solche abzugsfähig ist. Demnach ist Vorsteuer, die nach § 15 Abs. 2 und 3 UStG nicht abzugsfähig ist, zu aktivieren. Wenn Vorsteuer teilweise abzugsfähig und teilweise nicht abzugsfähig ist, dürften die Aufteilungsregeln des § 9 b Abs. 1 Satz 2 EStG über den Grundsatz der umgekehrten Maßgeblichkeit auch handelsrechtlich maßgeblich sein.

Nach § 255 Abs. 1 Satz 3 HGB sind jegliche Minderungen des Anschaffungspreises, z. B. Rabatte, Boni, Nachlässe, Skonti, abzusetzen. Das ergibt sich auch schon aus § 255 Abs. 1 Satz 1 HGB, weil insoweit keine Aufwendungen geleistet werden.

Nicht eindeutig geklärt ist die Frage, ob Zuschüsse, die für die Anschaffung eines Vermögensgegenstandes gegeben werden, die Anschaffungskosten zwingend mindern müssen. Überwiegend wird die Auffassung vertreten, dass solche Zuschüsse die Anschaffungskosten mindern. Das entspricht auch § 255 Abs. 1 Satz 1 HGB. Demgegenüber ist in R 34 Abs. 2 EStR ein Wahlrecht ausgesprochen, die Anschaffungskosten zu mindern oder den Zuschuss erfolgswirksam zu berücksichtigen. Aus dem umgekehrten Maßgeblichkeitsgrundsatz lässt sich somit auch ein handelsrechtliches Wahlrecht ableiten.

Auch Aufwendungen, die nicht mehr in einem zeitlichen Zusammenhang mit dem Beschaffungsvorgang eines Vermögensgegenstandes stehen, können zu den Anschaffungskosten gehören. Sind beispielsweise Jahre nach der Anschaffung eines Grundstückes Erschließungskosten zu entrichten, handelt es sich eindeutig um nachträgliche Anschaffungskosten.

68 Abgrenzungsprobleme zu den Herstellungskosten ergeben sich, wenn an einem Vermögensgegenstand einige Zeit nach seiner Anschaffung Aufwendungen vorgenommen werden, die zu einer verbesserten oder gar geänderten Nutzungsmöglichkeit führen. In diesen Fällen kann es dahingestellt sein, ob nachträgliche Anschaffungs- oder Herstellungskosten vorliegen. Es besteht jedenfalls Aktivierungspflicht, wenn etwas Neues, bisher nicht Vorhandenes geschaffen wird.

Von anschaffungsnahen Aufwendungen spricht man (d. h. es liegt ebenfalls Aktivierungspflicht vor), wenn die Aufwendungen im Anschluss an die Anschaffung im Verhältnis zum Kaufpreis relativ hoch sind und durch die Aufwendungen im Vergleich zu dem Zustand im Anschaffungszeitpunkt das Wesen des Vermögensgegenstandes verändert, der Nutzungswert erheblich *erhöht oder die Nutzungsdauer erheblich verlängert wird.* Diese auf dem Beschluss des BFH vom 22. 08. 1966[55] basierende, zwischenzeitlich mehr-

---

55 Vgl. BStBl. III 1966, 672 ff.

mals bestätigte und in R 157 Abs. 4 EStR sowie H 157 »anschaffungsnahe Aufwand« EStH niedergelegte steuerrechtliche Rechtsprechung sollte wiederum entsprechend dem umgekehrten Maßgeblichkeitsgrundsatz auch handelsrechtlich beachtet werden.

2. Herstellungskosten[56]

a) Grundlagen

Selbst hergestellte Vermögensgegenstände, z. B. Halbfabrikate, Fertigfabrikate, Anlagen, Werkzeuge u. ä. werden zu Herstellungskosten bewertet. Die Ermittlung der Herstellungskosten ist schwieriger als die der Anschaffungskosten. Die Herstellungskosten setzen sich aus einer Vielzahl von Kostenarten zusammen, von denen nur ausnahmsweise Belege und zum Teil Fremdbelege in Form von Rechnungen vorliegen und die im Übrigen nach einer innerbetrieblichen Leistungsverrechnung zum handelsrechtlich zulässigen Wertansatz aufbereitet werden müssen.

69

b) Umfang der Herstellungskosten

Ähnlich wie bei den Anschaffungskosten können zu den handelsrechtlichen Herstellungskosten nur tatsächlich anfallende Kosten gerechnet werden. Die Herstellungskosten werden in der Kostenrechnung bzw. mit ihrer Hilfe ermittelt. In der Kostenrechnung sind aber, weil sie andere Zwecke verfolgt, auch tatsächlich nicht anfallende oder nicht in gleicher Höhe tatsächlich anfallende Kosten, z. B. kalkulatorische Kosten, enthalten. Sie müssen deshalb für die Ermittlung der Herstellungskosten eliminiert bzw. in tatsächlich anfallende Kosten (Aufwendungen) umgewandelt werden.

70

Für die Frage, welche Kosten zu den Herstellungskosten gerechnet werden müssen oder dürfen, ist in erster Linie die Aufteilung in Einzelkosten und Gemeinkosten von großer Bedeutung. Das ergibt sich sowohl aus der handelsrechtlichen Definition des § 255 Abs. 2 HGB als auch aus der steuerlichen Vorschrift der R 33 Abs. 1 EStR.

71

Für die Einzelkosten besteht nach § 255 Abs. 2 Satz 2 HGB eine Aktivierungspflicht, und zwar sowohl für die allgemeinen Einzelkosten, den Fertigungslöhnen und dem Fertigungsmaterial, als auch für die Sondereinzelkosten der Fertigung. Die Einzelkosten stellen damit die handelsrechtliche *Wertuntergrenze* für die Herstellungskosten dar.

Für die Gemeinkosten (i. e. S. Material- und Fertigungsgemeinkosten) besteht gem. § 255 Abs. 2 Satz 3 HGB ein Wahlrecht, diese anzusetzen oder nicht. Für die Bemessung der Herstellungskosten nach § 255 Abs. 2 HGB

---

56 Vgl. § 255 Abs. 2 HGB sowie R 33 EStR.

hat die Aufgliederung der Gemeinkosten in variable und fixe somit keine Bedeutung.

Dem Gesetz ist nicht zu entnehmen, was es bedeutet, dass die Einbeziehung auf angemessene Teile und die notwendigen Gemeinkosten beschränkt ist. Hierunter ist zu verstehen, dass zum einen nur diejenigen Gemeinkosten einbezogen werden dürfen, die auf die Zeit der Fertigung entfallen. Zum anderen dürfen höchstens die tatsächlich angefallenen Gemeinkosten berücksichtigt werden, und zwar auch dann, wenn diese wegen bspw. geringer Beschäftigung außergewöhnlich hoch sind.

Es wird aber auch die Einrechnung fiktiver Gemeinkosten, z. B. für die Normalbeschäftigung oder die optimale Beschäftigung, für möglich gehalten, weil diese ja allenfalls niedriger sind als die tatsächlichen Gemeinkosten und sich ihre Ansatzmöglichkeit schon aus dem Wahlrecht des § 255 Abs. 2 Satz 3 HGB ergibt.

Zu den Fertigungsgemeinkosten gehört auch der Wertverzehr des Anlagevermögens, soweit er durch die Fertigung veranlasst ist.[57] Neutraler Aufwand, der nicht durch die Fertigung veranlasst ist, darf hier, wie auch bei den übrigen Gemeinkosten, nicht einbezogen werden.

Das Wahlrecht des § 255 Abs. 2 Satz 3 HGB besteht nur handelsrechtlich. Steuerrechtlich müssen diese Gemeinkosten gem. R 33 Abs. 1 EStR einbezogen werden.

72 Ein weiteres handelsrechtliches Wahlrecht, und in diesem Fall auch steuerrechtlich, besteht ungeachtet der Frage, ob es sich um Fertigungs-, Material- oder Verwaltungsgemeinkosten handelt, gem. § 255 Abs. 2 Satz 4 HGB für folgende Kosten:

- Kosten der allgemeinen Verwaltung,
- Aufwendungen für soziale Einrichtungen des Betriebes,
- freiwillige soziale Leistungen,
- betriebliche Altersversorgung.

Ob Steuern (Einkommen-, Körperschaft-, Vermögen-, Gewerbesteuer) zu den Herstellungskosten zu rechnen sind oder nicht, ist nicht eindeutig. Handelsrechtliche Vorschriften zur Aktivierung der genannten Steuern sind nicht vorhanden. Überwiegend wird die Meinung vertreten, dass Ertragsteuern (Einkommen-, Körperschaft- und Gewerbeertragsteuern) nicht durch die Herstellung veranlasst, sondern erst nach der Herstellung anfallen und deshalb nicht aktiviert werden dürfen. Ein handelsrechtliches Wahlrecht liegt dagegen bei den Substanzsteuern (Vermögen- und Gewerbekapitalsteuer) vor.

73 Eine besondere Regelung gilt für Fremdkapitalzinsen. Grundsätzlich dürfen diese gem. § 255 Abs. 3 Satz 1 HGB nicht angesetzt werden. Es besteht

---

57 Vgl. § 255 Abs. 3 Satz 3 HGB.

aber gem. § 255 Abs. 3 Satz 2 HGB ein Aktivierungswahlrecht, soweit sie auf den Zeitraum der Herstellung entfallen (insbesondere bei langfristigen Projekten wie beispielsweise im Schiffsbau).[58]

Schließlich besteht für die Vertriebskosten gem. § 255 Abs. 2 Satz 6 HGB ein Aktivierungsverbot.

Übersicht über Bestandteile der Herstellungskosten:			74
Kostenarten	Handelsrecht § 255 Abs. 2 HGB	Steuerrecht R 33 EStR	
Materialeinzelkosten	P	P	
Fertigungseinzelkosten	P	P	
Sondereinzelkosten der Fertigung	P	P	
Handelsrechtliche Untergrenze	=	X	
Materialgemeinkosten	W	P	
Fertigungsgemeinkosten	W	P	
Wertverzehr des Anlagevermögens	W	P	
Steuerrechtliche Wertuntergrenze	X	=	
Kosten der allgemeinen Verwaltung	W	W	
Aufwendungen für soziale Einrichtungen	W	W	
Freiwillige soziale Einrichtungen	W	W	
Betriebliche Altersversorgung	W	W	
Fremdkapitalzinsen (unter best. Voraussetzungen)	W	W	
Handels- und steuerrechtliche Wertobergrenze	=	=	
Vertriebskosten	V	V	

c) Die Ermittlung der Herstellungskosten

Die Ermittlung der Herstellungskosten, deren Zusammensetzung im vorangegangenen Kapitel beschrieben wurde, ist in dieser Weise und mit der erforderlichen Genauigkeit nur möglich in Unternehmungen mit einer funktionierenden Kostenrechnung. In der Regel werden für die Gemeinkosten Zuschlagsätze ermittelt, die sich aus dem Betriebsabrechnungsbogen errechnen lassen. 75

Schwierigkeiten ergeben sich schon bei Unternehmen mit Divisionskalkulation, die bei Betrieben möglich ist, die nur ein Produkt oder einige gleich-

---

58 Vgl. auch steuerliches Wahlrecht gem. R 33 Abs. 4 Satz 1 EStR.

artige Produkte produzieren. Aus der Kalkulation alleine können dann die Gemeinkostenzuschläge nicht abgeleitet werden, weil für die Kalkulation eine Aufteilung in Einzelkosten und Gemeinkosten nicht erforderlich ist. Für eine genaue Ermittlung der Herstellungskosten ist dann eine solche Aufteilung in Einzel- und Gemeinkosten sowie eine zusätzliche Kostenstellenrechnung vorzunehmen.

Besonders große Schwierigkeiten ergeben sich natürlich bei Betrieben, die keine Kostenrechnung haben. Die Herstellungskosten können dann in der beschriebenen Art und Weise nur schätzungsweise ermittelt werden. Ausgehend von den Verkaufspreisen kann auch auf die Herstellungskosten zurückgerechnet werden, wobei Anhaltspunkte für diese Berechnung aus den Zahlen der Buchhaltung und der Gewinn- und Verlustrechnung der Vorjahre zu entnehmen sind.

3. Andere Wertmaßstäbe

76 Die in den vorangegangenen Kapiteln besprochenen Anschaffungs- und Herstellungskosten stellen die wichtigsten Bewertungsmaßstäbe dar. Darüber hinaus kommen aber noch andere Wertmaßstäbe in Betracht.

a) Der beizulegende Wert (Zeitwert)

Das Handelsrecht verwendet in § 253 Abs. 2 Satz 3 HGB und in § 253 Abs. 3 Satz 2 HGB den Begriff „Wert, der am Abschlussstichtag beizulegen ist". Dieser Wert ist nur dann relevant, wenn er niedriger ist, als die Anschaffungs- oder Herstellungskosten, welche gegebenenfalls um die planmäßigen Abschreibungen vermindert sind. Diesen Wert kann man auch als Zeitwert bezeichnen. Zu vergleichen ist dieser am Stichtag beizulegende Wert mit dem in § 6 Abs. 1 Nr. 1 Satz 3 EStG definierten steuerlichen Teilwert.

Demnach liegt der Zeitwert zwischen dem Wiederbeschaffungspreis und dem Einzelveräußerungspreis. Da gem. § 252 Abs. 1 Nr. 2 HGB grundsätzlich von der Fortführung der Unternehmenstätigkeit auszugehen ist, wird der Zeitwert in der Regel in Höhe des Wiederbeschaffungspreises anzunehmen sein.

b) Der aus dem Börsen- oder Marktpreis abgeleitete Wert

77 Der aus dem Börsen- oder Marktpreis abgeleitete Wert ist bei Vermögensgegenständen des Umlaufvermögens gem. § 253 Abs. 3 Satz 1 HGB anzusetzen, wenn er niedriger ist als die Anschaffungs- oder Herstellungskosten.

Der Börsenpreis ist der an einer Börse amtlich festgestellte Preis für die an der betreffenden Börse zum Handel zugelassenen Wertpapiere oder Waren. Eine amtliche Feststellung des Marktpreises gibt es nicht. Er ist derjenige Preis, der an einem Handelsplatz für Waren einer bestimmten Gattung von durchschnittlicher Art und Güte gefordert und gezahlt wird.

Der aus dem Börsen- oder Marktpreis abgeleitete Wert ist nun wiederum aus Käufersicht um die Ankaufsnebenkosten zu erhöhen und aus Verkäufersicht um die Verkaufskosten zu vermindern. Demnach sind bei Roh-, Hilfs- und Betriebsstoffen, weil diese unter dem Gesichtspunkt der Notwendigkeit ihrer Beschaffung zu beurteilen sind, die Ankaufskosten hinzuzurechnen. Dagegen wird bei unfertigen und fertigen Erzeugnissen sowie bei Waren von Handelsunternehmen der aus dem Börsen- oder Marktpreis abgeleitete Wert unter Abzug der Verkaufskosten zu ermitteln sein, weil diese Vermögensgegenstände zum baldigen Verkauf bestimmt sind.

c) Der zur Vermeidung künftiger Wertschwankungen notwendige Wert

Beim Umlaufvermögen kommt gem. § 253 Abs. 3 Satz 3 HGB auch ein Wert in Frage, der bereits einer zukünftigen Wertminderung Rechnung trägt. Voraussetzungen sind: 78

- Es muss sich um Vermögensgegenstände handeln, bei denen in nächster Zukunft Wertschwankungen zu erwarten sind. Unter nächster Zukunft ist nach herrschender Meinung ein Zeitraum von etwa zwei Jahren nach dem Bilanzstichtag zu verstehen.[59]
- Der niedrigere Wertansatz muss »nach vernünftiger kaufmännischer Beurteilung notwendig sein«, d. h. es müssen konkrete, nachweisbare Anhaltspunkte für einen niedrigeren Wert in nächster Zukunft gegeben sein.

d) Der für Steuerzwecke zulässig gehaltene Wert

Es gibt eine Reihe von erhöhten Absetzungen, Sonderabschreibungen und Bewertungsfreiheiten, z. B. gem. §§ 7 k, 7 g EStG u. v. a. m., die aus unterschiedlichen Gründen steuerlich zugelassen sind. § 254 HGB eröffnet die Möglichkeit, auch in der Handelsbilanz den Wert anzusetzen, der sich nach Inanspruchnahme einer erhöhten Absetzung, einer Sonderabschreibung oder einer Bewertungsfreiheit des Steuerrechts ergibt[60] (vgl. hierzu auch die Erörterungen zur umgekehrten Maßgeblichkeit). 79

e) Der Nennbetrag

Ein denkbarer Wertansatz ist auch der Nennbetrag. Wertpapiere, insbesondere Aktien und Anleihen, Banknoten u. ä., lauten auf einen Nennbetrag bzw. auf einen Nennwert oder Nominalwert. Auch Verbindlichkeiten gegenüber Kreditinstituten haben einen Nennwert. Der Nennbetrag kann von anderen Werten, z. B. dem Kurswert oder dem Marktwert, mehr oder weniger stark abweichen. 80

---

59 Vgl. vgl. ADS Tz 511 zu § 253 HGB.
60 Vgl. Ausführungen zur umgekehrten Maßgeblichkeit.

f) Der Rückzahlungsbetrag

81 Verbindlichkeiten haben einen Rückzahlungsbetrag. Es handelt sich um den Betrag, den der Schuldner, abgesehen von den Zinsen, an den Gläubiger zurückzuzahlen hat. Vom Rückzahlungsbetrag einer Verbindlichkeit zu unterscheiden ist der Ausgabebetrag. In der Regel ist der Ausgabebetrag kleiner. Der Unterschiedsbetrag wird als Disagio, Damnum oder Abgeld bezeichnet.

g) Der Barwert

82 Der Ansatz mit dem Barwert kommt bei Rentenverpflichtungen in Frage.[61] Unter dem Barwert ist die Summe aller in Zukunft zu zahlenden Beträge zu verstehen, die auf den Bewertungsstichtag abgezinst sind.

Der Barwert einer Rentenverpflichtung ist nach den Grundsätzen der Versicherungsmathematik unter Berücksichtigung von Zinseszinsen und bei natürlichen Personen der Lebenserwartung zu ermitteln. Für die Höhe des Bartwertes ist demnach der Zinssatz von entscheidender Bedeutung. Es dürfte angebracht sein, sich auch im Handelsrecht nach dem steuerrechtlich für Pensionsverpflichtungen vorgeschriebenen Zinssatz von 6% gem. § 6a Abs. 3 Satz 3 EStG zu richten.

IV. Abschreibungen

83 Bei der Bewertung von Vermögensgegenständen und Schulden müssen in vielen Fällen Abschreibungen berücksichtigt werden. Deshalb werden diese nachfolgend kurz aufgeführt:

1. Begriff und Bedeutung

Die Anschaffungs- oder Herstellungskosten von Vermögensgegenständen des Anlagevermögens dürfen nicht sofort als Aufwand berücksichtigt werden. Vielmehr müssen sie aktiviert werden. Als Aufwand sind bei Vermögensgegenständen mit einer zeitlich begrenzten Nutzung nur diejenigen Beträge anzusetzen, die auf den jeweiligen Abrechnungszeitraum entsprechend ihrer Nutzungsdauer entfallen. Diese Beträge werden als Abschreibungen bezeichnet.

Die Abschreibungen sind vorzunehmen im Sinne einer periodengerechten Gewinnermittlung und tragen dem Wertverzehr von Vermögensgegenständen des abnutzbaren Anlagevermögens Rechnung und dienen damit der richtigen Darstellung der Vermögenslage. Allerdings muss mit der techni-

---

61 Vgl. § 253 Abs. 1 Satz 2 HGB.

schen Abnutzung eines Vermögensgegenstandes gleichzeitig nicht unbedingt eine tatsächliche Wertminderung einhergehen. Eine so genannte planmäßige Abschreibung ist gem. § 253 Abs. 2 Satz 1 HGB aber auch dann zwingend vorzunehmen, wenn der wirkliche Wert eines solchen Vermögensgegenstandes gleich geblieben oder gar gestiegen ist.

Abschreibungen sind auch bei Vermögensgegenständen des nicht abnutzbaren Anlagevermögens und des Umlaufvermögens vorzunehmen. Diese Abschreibungen (bspw. Wertminderungen) werden als außerplanmäßige bezeichnet.[62] Als außerplanmäßig werden auch die steuerrechtlich zulässigen Abschreibungen im Sinne von § 254 HGB bezeichnet.

An die Stelle der planmäßigen Abschreibungen des Handelsrechts treten im Steuerrecht die Absetzung für Abnutzung und die Absetzung für Substanzverringerung. Den außerplanmäßigen Abschreibungen im Handelsrecht entsprechen die Absetzung für außergewöhnliche Abnutzung und die Teilwertabschreibung. Den außerplanmäßigen Abschreibungen des Handelsrechts im Sinne des § 254 HGB sind im Steuerrecht die Sonderabschreibungen und erhöhten Absetzungen gleichzusetzen.

2. Die planmäßige Abschreibung

Nach § 253 Abs. 2 Satz 2 HGB sind die gesamten Anschaffungs- oder Herstellungskosten eines Vermögensgegenstandes des Anlagevermögens auf die Zeit ihrer voraussichtlichen Nutzung zu verteilen (zu periodisieren).

84

Bei der Festlegung der Nutzungsdauer ist zu beachten, dass es sich hierbei um eine mit großen Unsicherheitsfaktoren verbundene Schätzung für die Zukunft handelt. Auch die von der Finanzverwaltung herausgegebenen AfA-Tabellen können Anhaltspunkte geben. Im Zweifel sollte im Hinblick auf das handelsrechtliche Vorsichtsprinzip der kürzeren Nutzungsdauer der Vorzug gegeben werden.

Eine ganz bestimmte Abschreibungsmethode ist nach dem Gesetz nicht vorgesehen. Die Abschreibungen müssen nur den Grundsätzen ordnungsmäßiger Buchführung entsprechen.

> **Grundsätzlich unterschiedliche Abschreibungsmethoden sind die Abschreibung nach der Zeit und die Abschreibung nach der Leistung:**
>
> - Abschreibung in gleich bleibenden Jahresbeträgen (lineare Abschreibung)
> - Abschreibung in fallenden Jahresbeträgen (degressive Abschreibung)
> - Abschreibung in steigenden Jahresbeträgen (progressive Abschreibung)

---

62 Vgl. § 253 Abs. 2 Satz 3 HGB.

Bei der linearen Abschreibung sind die Abschreibungsbeträge in den einzelnen Jahren gleich hoch. Zur Berechung der Höhe werden die Anschaffungs- oder Herstellungskosten durch die Nutzungsdauer dividiert.

Die degressive Abschreibung entspricht in der Regel am ehesten den betriebswirtschaftlichen Gegebenheiten, weil im Anfang der Nutzungszeit neben dem technischen Verschleiß die wirtschaftliche Abnutzung bspw. durch technischen Fortschritt besonders stark ist.[63]

3. Außerplanmäßige Abschreibungen

85 Außerplanmäßige Abschreibungen kommen nicht nur bei Vermögensgegenständen des abnutzbaren Anlagevermögens, sondern auch beim nicht abnutzbaren Anlagevermögen und beim Umlaufvermögen[64] in Frage. Als Gründe können vorübergehende oder dauerhafte Wertminderung, Legung von stillen Reserven,[65] [66] oder der Ansatz des steuerlich zulässigen niedrigen Wertes genannt werden.[67]

V. Wertaufholung

86 Wenn bei Vermögensgegenständen eine im vorigen Abschnitt beschriebene außerplanmäßige Abschreibung vorgenommen worden ist, kann es sein, dass die Gründe für die außerplanmäßige Abschreibung später wieder wegfallen. Es stellt sich die Frage, ob eine Wertaufholung bzw. eine Zuschreibung vorgenommen werden kann oder muss.[68] Obergrenze für eine gegebenenfalls mögliche Wertaufholung sind die Anschaffungs- oder Herstellungskosten abzüglich planmäßiger Abschreibungen.

VI. Bewertung der Bilanzposten

1. Die Aktivseite

87 Vermögensgegenstände der Aktivseite sind hinsichtlich ihrer Bewertung wie folgt zu unterteilen:

---

63 Vgl. auch § 7 EStG.
64 Vgl. § 253 Abs. 3 Satz 3 HGB.
65 Vgl. § 253 Abs. 4 HGB.
66 Nicht jedoch für Kapitalgesellschaften gem. § 279 Abs. 1 Satz 1 HGB.
67 Vgl. § 254 HGB sowie umgekehrte Maßgeblichkeit.
68 Vgl. § 253 Abs. 5 HGB bzw. § 280 Abs. 1 und 2 HGB.

a) Abnutzbares Anlagevermögen

Die Vermögensgegenstände des abnutzbaren Anlagevermögens sind im Normalfall gem. § 253 Abs. 1 Satz 1 HGB höchstens mit den Anschaffungs- oder Herstellungskosten abzüglich planmäßiger Abschreibungen zu bewerten.

Ist bei diesen Vermögensgegenständen eine vorübergehende Wertminderung eingetreten, so besteht gem. § 253 Abs. 2 Satz 3 HGB ein Wahlrecht, den niedrigeren Wert anzusetzen. Man bezeichnet dies als gemildertes Niederstwertprinzip. Bei dauerhafter Wertminderung ist der niedrigere Wert anzusetzen (Strenges Niederstwertprinzip).

Das Wahlrecht des § 253 Abs. 2 Satz 3 HGB bei vorübergehender Wertminderung wird Kapitalgesellschaften nicht gewährt. Nach § 279 Abs. 1 Satz 2 HGB besteht ein Verbot, den niedrigeren Wert anzusetzen. Im Zusammenhang mit der umgekehrten Maßgeblichkeit des § 5 Abs. 1 Satz 2 EStG (Teilwertabschreibung) könnte allerdings der § 279 Abs. 2 HGB außer Kraft gesetzt werden. Wenn die Gründe für die Abschreibung wegfallen, haben sowohl die Einzelkaufleute, als auch die Personen- und Kapitalgesellschaften ein Aufwertungswahlrecht.[69]

b) Nicht abnutzbares Anlagevermögen

Die Vermögensgegenstände des nicht abnutzbaren Anlagevermögens sind im Normalfall gem. § 253 Abs. 1 Satz 1 HGB höchstens mit den Anschaffungs- oder Herstellungskosten zu bewerten.

Ist bei diesen Vermögensgegenständen eine vorübergehende Wertminderung eingetreten, so haben Einzelkaufleute und Personengesellschaften gem. § 253 Abs. 2 Satz 3 HGB ein Wahlrecht, den niedrigeren Wert anzusetzen,[70] während Kapitalgesellschaften diesen gem. § 279 Abs. 1 Satz 2 HGB nicht ansetzen dürfen.[71] Eine gesetzlich vorgesehene Ausnahme besteht gem. § 279 Abs. 1 Satz 2 HGB für Finanzanlagen (dies gilt auch für Kapitalgesellschaften).

Bei einer dauerhaften Wertminderung haben alle Kaufleute gem. § 253 Abs. 2 Satz 3 HGB die Pflicht, den niedrigeren Wert anzusetzen (Strenges Niederstwertprinzip).

Wenn die Gründe einer außerplanmäßigen Abschreibung beim nicht abnutzbaren Anlagevermögen nicht mehr gegeben sind, besteht für Einzelkaufleute und Personengesellschaften[72] sowie für Kapitalgesellschaften[73] ein uneingeschränktes Aufwertungswahlrecht.

---

69 Vgl. § 253 Abs. 5 HGB sowie § 280 Abs. 1 und 2 HGB i. V. m. § 6 Abs. 1 Satz 4 und § 5 Abs. 1 Satz 2 EStG.
70 Entspricht dem gemilderten Niederstwertprinzip.
71 Beachte aber hier auch die umgekehrte Maßgeblichkeit.
72 Vgl. § 253 Abs. 5 HGB.
73 Vgl. § 280 Abs. 1 und 2 HGB i. V. m. umgekehrter Maßgeblichkeit.

c) Umlaufvermögen

89 Die Vermögensgegenstände des Umlaufvermögens sind gem. § 253 Abs. 1 Satz 1 HGB höchstens mit den Anschaffungs- oder Herstellungskosten aktiviert. Bei einer vorübergehenden oder dauernden Wertminderung besteht für alle Kaufleute gem. § 253 Abs. 3 Satz 1 HGB das strenge Niederstwertprinzip. Ein evtl. Aufwertungswahlrecht bei Wegfall der Gründe für eine außerplanmäßige Abschreibung ist in § 253 Abs. 5 HGB bzw. für Kapitalgesellschaften in § 280 Abs. 1 und 2 HGB geregelt.

2. Die Passivseite

a) Kapital

90 Das gezeichnete Kapital ist gem. § 283 HGB mit dem Nennbetrag anzusetzen. Der § 283 HGB regelt aber vielmehr den Ausweis des gezeichneten Kapitals. Eine Bewertung findet beim gezeichneten Kapital nicht statt.

b) Verbindlichkeiten

91 Verbindlichkeiten sind gem. § 253 Abs. 1 Satz 2 HGB mit dem Rückzahlungsbetrag anzusetzen. Wenn dieser höher ist als der Ausgabebetrag, so kann der Unterschiedsbetrag (Damnum, Disagio) gem. § 250 Abs. 3 Satz 1 HGB als Rechnungsabgrenzungsposten aktiviert oder sofort als Aufwand verrechnet werden. Wird vom Wahlrecht der Aktivierung Gebrauch gemacht, so ist der Betrag durch planmäßige jährliche Abschreibung[74] auf die gesamte Laufzeit der Verbindlichkeiten zu verteilen. Rentenverpflichtungen, für die eine Gegenleistung nicht mehr zu erbringen ist, sind mit dem Barwert anzusetzen. Insbesondere bei Schulden in ausländischer Währung kann der Zeitwert bzw. Teilwert (im Steuerrecht) von den Anschaffungskosten abweichen.[75] Es gilt hier das strenge Niederstwertprinzip mit umgekehrtem Vorzeichen.

c) Rückstellungen

92 Rückstellungen sind in Höhe des Betrages anzusetzen,[76] der nach vernünftiger kaufmännischer Beurteilung notwendig ist. Eine Abzinsung von Rückstellungen ist nur dann relevant, wenn die ihnen zugrundeliegenden Verbindlichkeiten einen Zinsanteil enthalten.

---

74 Vgl. § 250 Abs. 3 Satz 2.
75 Vgl. H 37 Fremdwährungsverbindlichkeiten EStH.
76 Vgl. § 253 Abs. 1 Satz 2 HGB.

C. Aufbau und Inhalt des Jahresabschlusses

I. Gesetzliche Vorschriften und Inhalt der Bilanz

Jeder Kaufmann ist verpflichtet, eine Eröffnungs- und Schlussbilanz zu erstellen, welche die Lage seines Vermögens und seiner Schulden zeigt (§ 242 Abs. 1 HGB). Ferner ist er verpflichtet, alle Aufwendungen und Erträge eines Geschäftsjahres in der Gewinn- und Verlustrechnung darzustellen (§ 242 Abs. 2 HGB). Bilanz und Gewinn- und Verlustrechnung bilden zusammen den Jahresabschluss (§ 242 Abs. 3 HGB). Kapitalgesellschaften haben den Jahresabschluss noch um einen Anhang zu erweitern. (§ 264 Abs. 1 HGB).

93

Im Anhang werden vor allem die Bilanzierungs-, Bewertungs- und Umrechnungsmethoden sowie einzelne Posten der Bilanz und der Gewinn- und Verlustrechnung erläutert oder Zusatzangaben gemacht (z. B. über Haftungsverhältnisse, Beziehungen zu verbundenen Unternehmen, Organschaftsverhältnisse etc., Vgl. z. B. §§ 265, 268, 274, 284 ff. HGB).

Der Lagebericht, den mittelgroße und große Kapitalgesellschaften zu erstellen haben (§ 264 Abs. 1 HGB), zählt nicht zum Jahresabschluss. Der Lagebericht enthält Angaben zum Geschäftsverlauf, zur Vermögens-, Finanz- und Ertragslage des Unternehmens, zu bedeutsamen Vorgängen nach dem Bilanzstichtag und zum Unternehmensbereich Forschung und Entwicklung (vgl. § 289 HGB).

II. Die handelsrechtliche Bilanzgliederung

1. Grundsätzliches zum Bilanzaufbau

Die Bilanz ist in Kontoform aufzustellen. Dabei haben große und mittelgroße Kapitalgesellschaften[77] auf der Aktivseite die in Absatz 2 und auf der Passivseite die in Absatz 3 bezeichneten Posten gesondert und in der vorgeschriebenen Reihenfolge auszuweisen. Kleine Kapitalgesellschaften[78] brauchen nur eine verkürzte Bilanz aufzustellen, in die nur die Absätze mit Buchstaben und römischen Zahlen bezeichneten Posten gesondert und in der vorgeschriebenen Reihenfolge aufgenommen werden.

94

---

77 Vgl. § 267 Abs. 3, 2.
78 Vgl. § 267 Abs. 1.

AKTIVSEITE

A. Anlagevermögen:
I. Immaterielle Vermögensgegenstände:
   1. Konzessionen, gewerbliche Schutzrechte und ähnliche Rechte und Werte sowie Lizenzen an solchen Rechten und Werten;
   2. Geschäfts- oder Firmenwert;
   3. geleistete Anzahlungen;
II. Sachanlagen:
   1. Grundstücke, grundstücksgleiche Rechte und Bauten einschließlich der Bauten auf fremden Grundstücken;
   2. technische Anlagen, Betriebs- und Geschäftsausstattung;
   3. andere Anlagen, Betriebs- und Geschäftsausstattung;
   4. geleistete Anzahlungen und Anlagen im Bau;
III. Finanzanlagen:
   1. Anteile an verbundenen Unternehmen;
   2. Ausleihungen an verbundene Unternehmen;
   3. Beteiligungen;
   4. Ausleihungen an Unternehmen, mit denen ein Beteiligungsverhältnis besteht;
   5. Wertpapiere des Anlagevermögens;
   6. sonstige Ausleihungen.

B. Umlaufvermögen:
I. Vorräte:
   1. Roh-, Hilfs- und Betriebsstoffe;
   2. unfertige Erzeugnisse, unfertige Leistungen;
   3. fertige Erzeugnisse und Waren;
   4. geleistete Anzahlungen;
II. Forderungen und sonstige Vermögensgegenstände:
   1. Forderungen aus Lieferungen und Leistungen;
   2. Forderungen gegen verbundene Unternehmen;
   3. Forderungen gegen Unternehmen, mit denen ein Beteiligungsverhältnis besteht;
   4. sonstige Vermögensgegenstände;
III. Wertpapiere:
   1. Anteile an verbundenen Unternehmen;
   2. eigene Anteile;
   3. sonstige Wertpapiere;
IV. Schecks, Kassenbestand, Bundesbank- und Postgiroguthaben, Guthaben bei Kreditinstituten.

C. Rechnungsabgrenzungsposten.

PASSIVSEITE

A. *Eigenkapital:*
I. Gezeichnetes Kapital;
II. Kapitalrücklage;

Stocker

III.	Gewinnrücklagen: 1. gesetzliche Rücklage; 2. Rücklage für eigene Anteile; 3. satzungsmäßige Rücklagen; 4. andere Gewinnrücklagen;
IV.	Gewinnvortrag/Verlustvortrag;
V.	Jahresüberschuss/Jahresfehlbetrag.
B.	**Rückstellungen:** 1. Rückstellungen für Pensionen und ähnliche Verpflichtungen; 2. Steuerrückstellungen; 3. sonstige Rückstellungen.
C.	**Verbindlichkeiten:** 1. Anleihen, 2. Verbindlichkeiten gegenüber Kreditinstituten; 3. erhaltene Anzahlungen auf Bestellungen; 4. Verbindlichkeiten aus Lieferungen und Leistungen; 5. Verbindlichkeiten aus der Annahme gezogener Wechsel und der Ausstellung eigener Wechsel; 6. Verbindlichkeiten gegenüber verbundenen Unternehmen; 7. Verbindlichkeiten gegenüber Unternehmen, mit denen ein Beteiligungsverhältnis besteht; 8. sonstige Verbindlichkeiten, davon aus Steuern, davon im Rahmen der sozialen Sicherheit
D.	**Rechnungsabgrenzungsposten**

Die Tiefe der Untergliederung der einzelnen Bilanzpositionen richtet sich nach der Größe der Kapitalgesellschaft.[79] Das Handelsrecht unterscheidet in kleine, mittelgroße und große Kapitalgesellschaften. Die Größenkriterien sind hierbei die Bilanzsumme, die Umsatzerlöse und die Zahl der Arbeitnehmer. Die Arbeitnehmerzahl wird quartalsweise ermittelt und ein Durchschnittswert gebildet. Zu den Arbeitnehmern zählen alle Beschäftigten (auch Teilzeitkräfte), jedoch keine Auszubildenden.[80] Unabhängig von den Größenkriterien gilt eine Kapitalgesellschaft stets als große, wenn von ihr ausgegebene Aktien oder andere Wertpapiere an der Börse gehandelt werden.[81] Größenabhängige Rechtsfolgen (z. B. Gliederungstiefe der Bilanz oder Erstellung eines Lageberichtes) treten jedoch erst ein, wenn man die Kriterien an zwei aufeinander folgenden Geschäftsjahren erfüllt.[82]

95

Die nachfolgende Abbildung zeigt die im § 267 HGB vorgenommene Umschreibung der Größenklassen, wobei mindestens zwei der drei Merkmale erfüllt sein müssen (Angaben in €).

---

79 Vgl. §§ 266 Abs. 1, 267 HGB.
80 Vgl. § 267 Abs. 5 HGB.
81 Vgl. § 267 Abs. 3 5. 2 HGB.
82 Vgl. § 267 Abs. 4 HGB.

Kriterium \ Unternehmensgröße	klein	mittelgroß	groß
Bilanzsumme	< 3.438.000	> 3.438.000 < 13.750.000	> 13.750.00
Umsatzerlöse	< 6.875.000	> 6.875.000 < 27.500.000	> 27.500.000
Arbeitnehmer	< 50	> 50 < 250	> 250

Auch für Einzelkaufleute und Personengesellschaften sind diese Größenmerkmale von Bedeutung. Das Publizitätsgesetz enthält Sondervorschriften für sehr große Personenunternehmen. Ein Unternehmen gilt als sehr groß, wenn es mindestens zwei der drei nachfolgenden Merkmale erfüllt:

Merkmale für sehr große Unternehmen	
Bilanzsumme	> 65 Mio. €
Umsatzerlöse	> 130 Mio. €
Arbeitnehmerzahl	> 5.000

2. Inhalt der Bilanzpositionen

96 Betrachtet man zunächst die Aktivseite der Bilanz, so sind die Vermögensgegenstände danach zu unterscheiden, ob sie zum Anlagevermögen oder zum Umlaufvermögen gehören. Zum Anlagevermögen gehören alle Gegenstände, die bestimmt sind, dauernd dem Geschäftsbetrieb zu dienen.[83]

Unter der Position 1 werden alle immateriellen Vermögensgegenstände ausgewiesen, die entgeltlich erworben wurden.[84] Hierzu zählen Konzessionen, gewerbliche Schutzrechte (z. B. Patente, Urheberrechte) oder ein Geschäfts- oder Firmenwert. Ebenso sind geleistete Anzahlungen auf diese Posten darunter auszuweisen.

Zu den Sachanlagen gehören vor allem Grundstücke, grundstücksgleiche Rechte, Gebäude, technische Anlagen und Maschinen, Betriebs- und Geschäftsausstattungen sowie Anlagen im Bau. Hierauf geleistete Anzahlungen sind ebenfalls gesondert auszuweisen.

Unter der Position Finanzanlagen sind zunächst die Anteile an verbundenen Unternehmen[85] und Anteile an Unternehmen mit denen ein Beteiligungsverhältnis besteht[86] auszuweisen. Neben den Wertpapieren des Anla-

---

[83] Vgl. § 247 Abs. 2 HGB.
[84] Vgl. § 248 Abs. 2 HGB, § 5 Abs. 2 EStG.
[85] Vgl. § 271 Abs. 2 HGB.
[86] Vgl. § 271 Abs. 1 HGB.

gevermögens sind darüber hinaus Ausleihungen aufzuführen. Ausleihungen sind zur Kapitalanlage geeignete Kapitalforderungen.

Noch vor dem Anlagevermögen sind nach § 272 Abs. 1 HGB sog. ausstehende Einlagen auszuweisen. Sie entstehen, wenn Gesellschaften von ihren Gesellschaftern zunächst nicht die volle Pflichteinlage verlangen.

Im Umlaufvermögen werden Vorräte und darauf geleistete Anzahlungen, Forderungen, sonstige Vermögensgegenstände, Wertpapiere, die der kurzfristigen Kapitalanlage dienen, und flüssige Mittel ausgewiesen. Auch bei den Forderungen sind solche gegenüber verbundenen Unternehmen und Beteiligungsunternehmen gesondert aufzuführen. Die Position sonstige Vermögensgegenstände stellt einen Restposten dar. Dort werden alle Vermögensgegenstände des Umlaufvermögens zusammengefasst, die den anderen Posten nicht zugerechnet werden können (z. B. Steuererstattungsansprüche oder gewährte Lohnvorschüsse).

Als (aktive) Rechnungsabgrenzungsposten sind in der Bilanz Ausgaben vor dem Abschlussstichtag auszuweisen, soweit sie Aufwand für eine bestimmte Zeit nach diesem Tag darstellen.[87]

▸ **Beispiel**
Zahlung von Versicherungsbeiträgen in Höhe von 450 € im November für die Monate Dezember bis Februar.

Der Buchungssatz lautet:

<pre>
aktiver Rechnungsabgrenzungsposten (ARA)   300 €
sonstiger betrieblicher Aufwand   150 €   an Bank
</pre>

Im darauf folgenden Geschäftsjahr wird der aktive Rechnungsabgrenzungsposten aufgelöst und aufwandswirksam gebucht:

<pre>
sonstiger betrieblicher Aufwand   300 € an ARA
</pre>

Sofern das Eigenkapital durch Entnahmen und Verluste aufgebraucht ist, wird die negative Differenz aus Aktiva und Schulden am Ende der Aktivseite als »nicht durch Eigenkapital gedeckter Fehlbetrag« ausgewiesen.[88]

Die Passivseite enthält folgende Positionen:

Das Eigenkapital ist als erste Position auf der Passivseite auszuweisen und hinreichend aufzugliedern.

Unter der Position Rückstellungen werden solche Verpflichtungen passiviert, die zwar ihre Entstehungsursachen im jeweiligen Geschäftsjahr haben, die jedoch hinsichtlich ihrer Höhe oder ihres zeitlichen Anfalls noch ungewiss sind. Rückstellungen beruhen zahlenmäßig daher meist auf Schätzungen.

97

---

[87] Vgl. § 250 Abs. 1 HGB.
[88] Vgl. § 268 Abs. 3 HGB.

Der Buchungssatz lautet immer: Aufwandskonto an Rückstellungskonto

§ 249 HGB enthält eine abschließende Aufzählung aller Rückstellungsgebote und -wahlrechte. In der Bilanz sind Pensions- und Steuerrückstellungen gesondert auszuweisen. Sie gehören zu den Rückstellungen für ungewisse Verbindlichkeiten und sind daher zwingend zu bilden. Alle weiteren Rückstellungen können unter der Position sonstige zusammengefasst werden.

Unter der Position Verbindlichkeiten sind zunächst Anleihen auszuweisen. Das sind langfristige Kapitalmarktkredite, die durch die Ausgabe von Schuldverschreibungen verbrieft sind. Unter diese Position gehören auch Verbindlichkeiten gegenüber Kreditinstituten, aus Lieferungen und Leistungen, aus Wechselgeschäften, gegenüber verbundenen Unternehmen und gegenüber Beteiligungsunternehmen sowie erhaltene Anzahlungen auf Bestellungen.[89] Die Position „sonstige Verbindlichkeiten" ist ein Sammelposten für bisher nicht erfasste Verbindlichkeiten (z. B. Verbindlichkeiten gegenüber dem Finanzamt oder den Sozialversicherungsträgern).

Unter der letzten Bilanzposition, den passiven Rechnungsabgrenzungsposten, sind alle Einnahmen vor dem Abschlussstichtag zu erfassen, soweit sie Ertrag für eine bestimmte Zeit nach diesem Stichtag darstellen.[90]

▶ **Beispiel**
Ein Beispiel hierfür ist der Erhalt von Mietzahlungen im Monat Dezember für den Monat Januar. Der Buchungssatz lautet:

Bank an passiver Rechnungsabgrenzungsposten

Im Folgejahr wird dieser erfolgswirksam aufgelöst:

Passiver Rechnungsabgrenzungsposten an Mieterträge

III. Aufbau der Gewinn- und Verlustrechnung

1. Allgemeines

98   In der Gewinn- und Verlustrechnung als Zeitraumrechnung werden die Aufwendungen den Erträgen eines Geschäftsjahres gegenübergestellt und damit der Jahresüberschuss/ -fehlbetrag ermittelt. Ebenso wie für die Bilanz enthält das Handelsrecht auch umfassende Gliederungsvorschriften für die Gewinn- und Verlustrechnung von Kapitalgesellschaften,[91] wobei für kleine Kapitalgesellschaften Erleichterungen vorgesehen sind.[92] Die Ge-

---

89 Vgl. § 268 Abs. 5. 2 HGB.
90 Vgl. § 250 Abs. 2 HGB.
91 Vgl. § 275 HGB.
92 Vgl. § 276 HGB.

winn- und Verlustrechnung ist in Staffelform aufzustellen.[93] Die Gliederung hat nach dem Gesamtkosten- oder nach dem Umsatzkostenverfahren (GKV und UKV) zu erfolgen.[94]

Wie in der Bilanzgliederung gibt es auch bei der Gliederung der Gewinn- und Verlustrechnung Erleichterungen für kleinere und mittlere Kapitalgesellschaften. Diese können die ersten fünf Positionen zum Rohergebnis zusammenfassen. Diese Verkürzung der Gewinn und Verlustrechnung ist wichtig, um bspw. Konkurrenten trotz Veröffentlichungspflicht die Umsatzhöhe verbergen zu können. Die einzige Erleichterung im Bereich der Publizitätspflichten betrifft nur die kleinen Kapitalgesellschaften, die Angaben über die Gewinn- und Verlustrechnung nicht in den Anhang aufnehmen müssen.[95]

Eine tiefere Untergliederung der einzelnen Positionen oder Änderungen der mit arabischen Zahlen versehenen Posten der Gewinn- und Verlustrechnung ist möglich[96] und, wenn es der Grundsatz der Klarheit und Übersichtlichkeit oder die Generalnorm nach § 264 Abs. 2 HGB erfordert, auch geboten. Zur Aufstellung ist auch § 265 Abs. 1 HGB zu beachten, wonach die Gliederung wenn möglich beizubehalten ist, um die Vergleichbarkeit zu gewährleisten. Abweichungen sind im Anhang anzugeben.

2. Die Positionen im Einzelnen

In der nachfolgenden Abbildung werden die beiden Darstellungsmöglichkeiten gegenübergestellt und der Inhalt der einzelnen Positionen näher erläutert. Die Gewinn- und Verlustrechnung ist in Staffelform nach dem Gesamtkostenverfahren oder dem Umsatzkostenverfahren aufzustellen.

99

> **Bei Anwendung des Gesamtkostenverfahrens sind auszuweisen:**
> 1. Umsatzerlöse
> 2. Erhöhung oder Verminderung des Bestandes an fertigen und unfertigen Erzeugnissen
> 3. andere aktivierte Eigenleistungen
> 4. sonstige betriebliche Erträge
> 5. Materialaufwand:
>   a) Aufwendungen für Roh-, Hilfs- und Betriebsstoffe und für bezogene Waren
>   b) Aufwendungen für bezogene Leistungen
> 6. Personalaufwand:
>   a) Löhne und Gehälter

---

93 Vgl. § 275 Abs. 1 HGB.
94 Vgl. § 275 Abs. 2 und 3 HGB.
95 Vgl. § 326 HGB.
96 Vgl. § 265 Abs. 5 und 6 HGB.

b) soziale Abgaben und Aufwendungen für Altersversorgung und für Unterstützung,
7. Abschreibungen:
   a) auf immaterielle Vermögensgegenstände des Anlagevermögens und Sachanlagen sowie auf aktivierte Aufwendungen für die Ingangsetzung und Erweiterung des Geschäftsbetriebs
   b) auf Vermögensgegenstände des Umlaufvermögens, soweit diese die in der Kapitalgesellschaft üblichen Abschreibungen überschreiten
8. sonstige betriebliche Aufwendungen
9. Erträge aus Beteiligungen,
   davon aus verbundenen Unternehmen
10. Erträge aus anderen Wertpapieren und Ausleihungen des Finanzanlagevermögens,
    davon aus verbunden Unternehmen
11. sonstige Zinsen und ähnliche Erträge,
    davon aus verbundenen Unternehmen
12. Abschreibungen auf Finanzanlagen und auf Wertpapiere des Umlaufvermögens
13. Zinsen und ähnliche Aufwendungen,
    davon an verbundene Unternehmen
14. Ergebnis der gewöhnlichen Geschäftstätigkeit
15. außerordentliche Erträge
16. außerordentliche Aufwendungen
17. außerordentliches Ergebnis
18. Steuern vom Einkommen und vom Ertrag
19. sonstige Steuern
20. Jahresüberschuss/Jahresfehlbetrag

Bei Anwendung des Umsatzkostenverfahrens sind auszuweisen:

1. Umsatzerlöse
2. Herstellungskosten der zur Erzielung der Umsatzerlse erbrachten Leistungen
3. Bruttoergebnis vom Umsatz
4. Vertriebskosten
5. allgemeine Verwaltungskosten
6. sonstige betriebliche Erträge
7. sonstige betriebliche Aufwendungen
8. Erträge aus Beteiligungen,
   davon aus verbundenen Unternehmen
9. Erträge aus anderen Wertpapieren und Ausleihungen des Finanzanlagevermögens,
   davon aus verbundenen Unternehmen
10. sonstige Zinsen und ähnliche Erträge,
    davon aus verbundenen Unternehmen

Stocker

11. Abschreibungen auf Finanzanlagen und auf Wertpapiere des Umlaufvermögens
12. Zinsen und ähnliche Aufwendungen,
davon an verbundene Unternehmen
13. Ergebnis der gewöhnlichen Geschäftstätigkeit
14. außerordentliche Erträge
15. außerordentliche Aufwendungen
16. außerordentliches Ergebnis
17. Steuern vom Einkommen und vom Ertrag
18. sonstige Steuern
19. Jahresüberschuss/Jahresfehlbetrag

Im Folgenden werden die einzelnen Positionen der Gewinn- und Verlustrechnung nach dem Gesamtkostenverfahren (GKV) dargestellt und erläutert:

- Umsatzerlöse

Die Umsatzerlöse enthalten Nettoerträge (ohne Umsatzsteuer) aus Lieferungen und Leistungen aus der gewöhnlichen Geschäftstätigkeit der Gesellschaft, also der typischen Erzeugnisse, Waren und Dienstleistungen.[97] Sie sind auszuweisen nach Abzug von Erlösschmälerungen wie Rabatten, Kundenskonti und Boni.

Mit den Begriffen der gewöhnlichen Geschäftstätigkeit sowie der typischen Erzeugnisse, Waren und Dienstleistungen soll zum Ausdruck gebracht werden, dass nicht alle Erträge der Gesellschaft, die der Umsatzsteuer unterliegen, unter den ersten Posten, den Umsatzerlösen fallen, sondern nur die aus der engeren Geschäftstätigkeit, die durch den Geschäftszweck bestimmt wird.

- Erhöhung oder Verminderung des Bestandes an fertigen und unfertigen Erzeugnissen

Bei unfertigen und fertigen Erzeugnissen ergeben sich im Industriebetrieb von Bilanzstichtag zu Bilanzstichtag Veränderungen des Lagerbestandes (nur beim Gesamtkostenverfahren). Um ein aussagefähiges Jahresergebnis ermitteln zu können, sind folgende Buchungen notwendig:

– Eine Ertragsbuchung bei Lagerbestandserhöhung: Erzeugnisse an Erhöhung des Bestandes an Erzeugnissen

– Eine Aufwandsbuchung bei Lagerbestandsverminderung: Verminderung des Bestands an Erzeugnissen

In dieser Position sind gem. § 277 Abs. 2 HGB jedoch nicht nur Mengen, sondern auch Wertänderungen zu berücksichtigen. Abschreibungen nach

---

97 § 277 Abs. 1 HGB.

§ 253 Abs. 3 und § 254 i. V. m. § 279 Abs. 2 HGB sowie Zuschreibungen auf die Erzeugnisbestände sind also als Bestandsänderungen auszuweisen. Überschreiten die Abschreibungen jedoch die in der Kapitalgesellschaft üblichen Abschreibungen, so sind sie unter Abschreibungen auf Vermögensgegenstände des Umlaufvermögens auszuweisen.

Selbsterzeugte Roh- Hilfs- und Betriebsstoffe sind bilanztechnisch unfertige Erzeugnisse, deren Bestandsveränderungen unter erweiterter Postenbezeichnung grundsätzlich hier auszuweisen sind; falls sie in der Bilanz jedoch wegen der Schwierigkeit ihrer Erfassung zusammen mit den bezogenen Roh-, Hilfs- und Betriebsstoffen ausgewiesen werden, muss die Bestandsveränderung unter den Aufwendungen für Roh- Hilfs- und Betriebsstoffen verrechnet werden.

Auch die Bestandsveränderung noch nicht abgerechneter Leistungen, wie in bspw. in Arbeit befindliche Aufträge werden hier berücksichtigt. Die Bestandsveränderung von Handelswaren wird allerdings in der Bilanz mit den fertigen Erzeugnisse und nicht unter den Bestandsveränderungen ausgewiesen. Bestandserhöhungen bei Handelswaren betreffen nicht die GuV, sondern unmittelbar die Vorratskonten. Bestandsverminderungen sind unter dem Posten Aufwendungen für Roh- Hilfs- und Betriebsstoffen auszuweisen.

- Andere aktivierte Eigenleistungen

Von der Systematik ist diese Position die gleiche Ertragsposition wie die Bestandserhöhung bei Erzeugnissen. Der einzige Unterschied besteht darin, dass sich hinter den aktivierten Eigenleistungen selbsterstellte Gegenstände des Anlagevermögens verbergen, die das Unternehmen eigentlich für Kunden erstellt, in diesem Fall jedoch selbst als Produktionsmittel nutzen möchte. Die Bewertung hat aufgrund des Realisationsprinzips mit Herstellungskosten zu erfolgen.

– Buchungssatz: Technische Anlage an Andere aktivierte Eigenleistungen

- Sonstige betriebliche Erträge

Hierunter sind alle Erträge zu erfassen, die weder aus dem Absatz der betrieblichen Leistungen noch aus dem Finanzanlagevermögen herrühren, noch außerordentlich sind. Die Position stellt ein Sammelbecken unterschiedlicher Ertragsarten dar. Um die Ertragsquellen etwas durchschaubarer zu gestalten, gibt es in einzelnen Vorschriften die Verpflichtung, einen Davon-Vermerk anzufügen oder den betreffenden Teilbetrag im Anhang anzugeben. Dies gilt bspw. für die Auflösung von Sonderposten mit Rücklageanteil, der die steuerliche Mehrabschreibung gegenüber der handelsrechtlichen Normalabschreibung enthält.[98]

---

98 Vgl. § 281 Abs. 2 HGB.

Erträge aus Verlustübernahme und auf Grund einer Gewinngemeinschaft oder eines Gewinnabführungsvertrags sind ebenfalls gesondert auszuweisen.[99]

- Materialaufwand

Hierzu gehören Aufwendungen für Roh-, Hilfs- und Betriebsstoffe, für bezogene Waren und für bezogene Leistungen. Hier kann also der gesamte Materialverbrauch des Unternehmens sowie Aufwendungen für von Dritten bezogene Leistungen ausgewiesen werden. Die Aufwendungen sind zu den Einstandswerten der verbrauchten Materialien, ohne verrechenbare Umsatzsteuer (Vorsteuer) auszuweisen. Ebenfalls werden Inventur- und Bewertungsdifferenzen unter diesem Posten ausgewiesen.

Abschreibungen nach § 253 Abs. 3 und § 254 i. V. m. § 279 Abs. 2 HGB sind ebenfalls hier auszuweisen, sofern diese nicht die übliche Höhe überschreiten.

- Personalaufwand

Um einen möglichst guten Einblick in die Ertragslage zu geben, ist der Personalaufwand in Löhne und Gehälter, soziale Abgaben und Aufwendungen für Altersversorgung bzw. Unterstützung untergliedert auszuweisen. In der Position Aufwendungen für Altersversorgung stecken laufende Zahlungen von Betriebsrenten,[100] die Zuführung zu Pensionsrückstellungen, Zahlungen an Unterstützungskassen.

- Abschreibungen

> **Die Abschreibungen sind unterteilt in**
>
> - Abschreibungen auf immaterielle Vermögensgegenstände des Anlagevermögens und Sachanlagen sowie aktivierte Aufwendungen für die Ingangsetzung und Erweiterung des Geschäftsbetriebs,
> - Abschreibungen auf Vermögensgegenstände des Umlaufvermögens, soweit diese die in der Kapitalgesellschaft üblichen Abschreibungen überschreiten.

Außerplanmäßige Abschreibungen gem. § 253 Abs. 2 Satz 3 HGB auf das Anlagevermögen sind nach § 277 Abs. 3 HGB gesondert auszuweisen oder in den Abschreibungen auf immaterielle Vermögensgegenstände zu belassen und im Anhang zu erläutern. Entsprechendes gilt für außerplanmäßige Abschreibungen im Umlaufvermögen.[101]

---

99 Vgl. § 277 Abs. 3 HGB.
100 Achtung: bei Verrechnung mit Pensionsrückstellungen nicht!
101 Vgl. § 253 Abs. 3 Satz 3 HGB.

- Sonstige betriebliche Aufwendungen

Hierunter sind alle Aufwendungen zu erfassen, die weder aus dem Absatz der betrieblichen Leistungen noch aus dem Finanzanlagevermögen herrühren noch außerordentliche Aufwendungen darstellen.

Wie die sonstigen betrieblichen Erträge enthält die Position sonstige betriebliche Aufwendungen eine Vielfalt verschiedenartiger Aufwendungen. Teilweise existieren Vorschriften bzgl. Davon-Vermerk oder Anhangsangaben. Damit soll mehr Klarheit und Einblick in die Position gewährleistet werden. Die Position wird oft auch in Aufwendungen für Betrieb, Vertrieb, Verwaltung, Werbung, Kraftfahrzeuge und Sonstige unterteilt.

- Erträge aus Beteiligungen

Bei Erträgen aus Beteiligungen kann es sich um Dividenden oder Gewinnanteile aus Beteiligungen[102] an Kapitalgesellschaften oder Personenhandelsgesellschaften handeln. Bei erhaltenen Gewinnausschüttungen von Kapitalgesellschaften ist der Beteiligungsertrag brutto zu verbuchen, also einschließlich der anrechenbaren Kapitalertrag- und Körperschaftssteuer. Erträge aus Beteiligungen an verbundenen Unternehmen[103] sind als Davon-Vermerk anzugeben.

- Erträge aus anderen Wertpapieren und Ausleihungen des Finanzanlagevermögens

Hierzu gehören Dividenden von Unternehmen, mit denen kein Beteiligungsverhältnis besteht, Zinsen aus festverzinslichen Wertpapieren und Zinsen aus langfristigen Darlehensvergaben.

- Sonstige Zinsen und ähnliche Erträge

Unter dieser Position sind dem Geschäftsjahr zuzuordnende Zinseinnahmen aus Bankguthaben, aus kurzfristig gewährten Darlehen sowie Disagioerträge, Provisionserträge aus Finanzgeschäften auszuweisen. Einnahmen von verbundenen Unternehmen sind als Davon-Vermerk anzugeben.

- Abschreibungen auf Finanzanlagen und auf Wertpapiere des Umlaufvermögens

Es handelt sich um außerplanmäßige Abschreibungen, die nach § 277 Abs. 3 HGB getrennt voneinander anzugeben oder im Anhang anzugeben sind.

- Zinsen und ähnliche Aufwendungen

Unter dieser Position sind dem Geschäftsjahr zuzuordnende Zinsausgaben auf Bankschulden, aus kurzfristigen Darlehensverbindlichkeiten sowie Disagioaufwendungen, Provisionen, Bankspesen aus Finanzgeschäften auszuweisen. Entsprechende Zahlungen an verbundene Unternehmen sind als *Davon-Vermerk* anzugeben.

---

102 Vgl. § 271 Abs. 1 HGB.
103 Vgl. § 271 Abs. 2 HGB.

- Ergebnis der gewöhnlichen Geschäftstätigkeit

Diese Zwischensumme umfasst das Ergebnis aus der Erstellung und Verwertung der betrieblichen Leistung sowie aus dem Finanzbereich vor Steuern. Nach § 285 Nr. 6 HGB ist im Anhang anzugeben, in welchem Umfang die Steuern vom Einkommen und vom Ertrag sich auf das gewöhnliche und das außerordentliche Ergebnis beziehen.

- Außerordentliche Erträge und Aufwendungen

Die außerordentlichen Erträge und Aufwendungen sind solche, die außerhalb der gewöhnlichen Geschäftstätigkeit der Gesellschaft anfallen.[104] Sie kommen nicht regelmäßig vor, sind aber in der Regel einem anderen Geschäftsjahr zuzurechnen (Steuernachzahlung/-erstattung) und müssen eine nicht unbeträchtliche Höhe aufweisen. Sie sind im Anhang hinsichtlich ihrer Art und ihres Betrages zu erläutern, sofern sie für die Beurteilung der Ertragslage nicht von untergeordneter Bedeutung sind. Aufgrund der restriktiven inhaltlichen Abgrenzung gehören nur wenige Transaktionen zum außerordentlichen Bereich.

- Steuern vom Einkommen und Ertrag

Hierzu gehören die Aufwendungen für Körperschaftssteuer, Solidaritätszuschlag und Gewerbeertragsteuern. Die Einkommensteuer eines Einzelkaufmanns oder der Gesellschafter einer Personengesellschaft gehören nicht hierher, da es sich nicht um eine betriebliche, sondern um eine rein private Steuerschuld handelt.

Es sind auch die Aufwendungen und Erträge aus der Bildung, Inanspruchnahme oder Auflösung von Steuerabgrenzungsposten nach § 274 HGB zu erfassen. Lediglich Auflösungen auf Grund des Aktivierungswahlrechts nach § 274 Abs. 2 HGB und wegen geänderter Erwartungen hinsichtlich künftiger Be- oder Entlastungen sind nicht hier, sondern unter den sonstigen betrieblichen Erträgen bzw. sonstigen betrieblichen Aufwendungen auszuweisen.

Bei steuerlichen Organschaftsverhältnissen ist die Absicht des Gesetzgebers zu berücksichtigen, dass unter dem Ergebnis der gewöhnlichen Geschäftstätigkeit die Erträge aus Gewinnabführungsvertrag ausgewiesen werden. Auch der Ausweis in einem gesonderten Posten sowie unter den sonstigen betrieblichen Erträgen ist zulässig. Die Organschaft muss dagegen die ihr weiterbelasteten Steuern gesondert unter den Steuern vom Einkommen und Ertrag ausweisen, da dies dem wirtschaftlichen Sachverhalt entspricht. Beachte hierzu auch die Anforderungen im Anhang.

- Sonstige Steuern

Diese Position beinhaltet alle nicht gewinnabhängigen betrieblichen Steuern (Kfz-Steuer, Grundsteuer).

---

[104] Vgl. § 277 Abs. 4 HGB.

Jahresüberschuss/Jahresfehlbetrag

Als Endergebnis eines Geschäftsjahres wird der Jahresüberschuss bzw. der Jahresfehlbetrag ausgewiesen, der aufgrund des Systems der doppelten Buchführung mit dem Ergebnis in der Bilanz übereinstimmen muss. Aus der Gewinn- und Verlustrechnung wird aufgrund der Staffelform deutlich, wie sich das Jahresergebnis aus dem Ergebnis der gewöhnlichen Geschäftstätigkeit, dem außerordentlichen Ergebnis und den Steuern als Abzugsposten zusammensetzt.

Der ausgewiesene Betrag stellt bei der Aktiengesellschaft die Ausgangsgrundlage für das Gewinnverwendungsrecht[105] sowie für die Gewinnbeteiligung der Vorstandsmitglieder dar.[106]

101 Die wichtigsten Inhalte der einzelnen Posten bei der Gliederung nach dem Umsatzkostenverfahren sollen nachfolgend dargestellt werden.

- Herstellungskosten der zur Erzielung der Umsatzerlöse erbrachten Leistungen

Während die Umsatzerlöse inhaltlich mit dem Posten nach dem Gesamtkostenverfahren übereinstimmen, wird nach dem Umsatzkostenverfahren der Posten Herstellungskosten der zur Erzielung der Umsatzerlöse erbrachten Leistungen neu aufgenommen. Dieser Posten soll die Herstellungskosten der verkauften Produkte und in Rechnung gestellten Leistungen nachweisen unabhängig deren zeitlichen Entstehungszeitpunkt. Für die Bewertung sind die Herstellungskosten nach § 255 Abs. 2 HGB maßgeblich. Verwaltungskosten, die dem Herstellungsbereich zurechenbar sind, werden auch unter diesem Posten ausgewiesen (im weiteren Gliederungsverlauf sind in der Position Verwaltungskosten lediglich die allgemeinen zu erfassen). In der Praxis wird die Zurechenbarkeit erschwert durch Begrenzungen in der Finanzbuchhaltung bzw. Kostenrechnung. Vertriebskosten dürfen auch nach dem Umsatzkostenverfahren nicht in den Herstellungskosten erfasst werden.

In den Herstellungskosten der zur Erzielung der Umsatzerlöse erbrachten Leistungen sind unter Beachtung des § 255 Abs. 2 HGB auch alle diejenigen Kosten für verkaufte Produkte auszuweisen, die im weiteren Sinne dem Herstellungsbereich zuzurechnen sind und die nicht unter die Vertriebskosten oder die allgemeinen Verwaltungskosten (z. B. Kosten für Forschung und Entwicklung, für Gewährleistungen, etc.) fallen.

---

105 Vgl. § 58 AktG.
106 Vgl. § 86 abs.2 AktG.

> Herstellungskosten der zur Erzielung der Umsatzerlöse erbrachten Leistungen sind also Herstellungskosten für
> - im Geschäftsjahr verkaufte, zu Beginn des Jahres vorhandene fertige Erzeugnisse und fertige Leistungen, bewertet mit dem Bilanzwerten des letzten Jahresabschlusses,
> - im Geschäftsjahr verkaufte, zu Beginn des Jahres vorhandene und in der Zwischenzeit fertig gestellte unfertige Erzeugnisse und unfertige Leistungen, bewertet mit den Bilanzwerten des letzten Jahresabschlusses zuzüglich der im laufenden Jahr angefallenen Herstellungskosten,
> - im Geschäftsjahr produzierte und verkaufte Erzeugnisse und erbrachte Leistungen, bewertet mit den Herstellungskosten

- Bruttoergebnis vom Umsatz

Dieser Posten ist eine Saldogröße aus den Umsatzerlösen und den Herstellungskosten der zur Erzielung der Umsatzerlöse erbrachten Leistungen.

- Vertriebskosten

Hier erfolgt die periodengerechte Zuordnung der Vertriebskosten. Voraussetzung einer Zuordnung, die in direkt und indirekt zuordenbar unterteilt werden kann, ist eine entsprechend ausgebaute Kostenrechnung. Vertriebskosten stellen in der Regel Aufwendungen der Verkaufsabteilung, Werbeabteilung, Marketingabteilung etc. dar.

Vertriebseinzelkosten und damit direkt zurechenbare Kosten sind bspw. Verpackungs- und Transportkosten sowie Provisionen. Zu den Vertriebsgemeinkosten gehören die Personalkosten des Vertriebes, die Kosten der Marktforschung, Werbung, Kundenschulung, kostenlose Warenproben und Muster.

- Allgemeine Verwaltungskosten

Hier werden alle allgemeinen Verwaltungskosten ausgewiesen, so weit sie nicht in den Herstellungskosten berücksichtigt werden konnten. Zu den allgemeinen Verwaltungskosten gehören beispielsweise die Kosten der Geschäftsführung, des Rechnungswesens, der Finanzabteilung, etc. Abgrenzungsprobleme kann es mit dem auch nach dem Umsatzkostenverfahren gültigen Posten Sonstige betriebliche Aufwendungen geben. In Zweifelsfällen ist der detailliertere Ausweis in den Allgemeinen Verwaltungskosten sowie *den erst genannten Positionen* vorzuziehen. Dies führt zu einer letztendlich höheren Transparenz über den Einsatz der Mittel im Geschäftsverlauf.

- Sonstige betriebliche Erträge

Dieser Posten stimmt inhaltlich weitgehend mit dem Posten nach dem Gesamtkostenverfahren überein. Eine Ausnahme kann beispielsweise aus der Berücksichtigung von Fremdkapitalzinsen oder betrieblichen Steuern in der Bemessung der Herstellungskosten eines aktivierten Vermögensgegenstandes kommen.

- Sonstige betriebliche Aufwendungen

Dieser Posten ist analog dem Gesamtkostenverfahren. Die Aufwandshöhe müsste allerdings auf Grund des separaten Ausweises in den vorab aufgeführten Positionen niedriger sein.

Alle übrigen Posten müssten mit den Posten nach dem Gesamtkostenverfahren übereinstimmen.

3. Gesamtkosten- und Umsatzkostenverfahren

102 Beim Gesamtkostenverfahren wird der Gesamtleistung (Umsatzerlöse, Bestandsveränderungen an Halb- und Fertigfabrikaten sowie andere aktivierte Eigenleistungen) die gesamten Aufwendungen der Periode gegenübergestellt. Die Aufwendungen werden dabei nach Faktorarten gegliedert (Materialaufwand, Personalaufwand, Abschreibungen). Beim Umsatzkostenverfahren hingegen werden von den Umsatzerlösen lediglich die Umsatzherstellungskosten (Herstellungskosten für die abgesetzten Produkte) und die übrigen Aufwendungen (Vertrieb, Verwaltung) abgezogen. Zur Darstellung nach dem Umsatzkostenverfahren benötigt man daher eine Kosten- und Leistungsrechnung (Betriebsabrechnung), die eine Verteilung der Aufwendungen auf die betrieblichen Teilbereiche ermöglicht. Wie in der Zuschlagskalkulation üblich, werden die Aufwendungen nach Funktionsbereichen (Fertigung, Verwaltung, Vertrieb) gegliedert.

Das Ergebnis der Gewinn- und Verlustrechnung, der Jahresüberschuss/-fehlbetrag, ist jedoch in beiden Fällen gleich. Das Gesamtkostenverfahren ist in Deutschland sehr verbreitet, das Umsatzkostenverfahren findet hauptsächlich im Ausland Anwendung. Viele international tätige Konzerne weisen daher ihre Gewinn- und Verlustrechnung nach dem Umsatzkostenverfahren aus. Während die Internationalen Rechnungslegungsvorschriften nach US-GAAP (General Accepted Accounting Principles) das Umsatzkostenverfahren erfordern, besteht nach IAS (International Accounting Standards) ein Wahlrecht.

GuV-Konto beim Gesamtkostenverfahren			
Gesamte Aufwendungen	1.000 €	Umsatzerlöse	800 €
Jahresüberschuss	200 €	Bestandserhöhung	400 €
GuV-Konto beim Umsatzkostenverfahren			
Umsatzaufwendungen	600 €	Umsatzerlöse	800 €
Jahresüberschuss	200 €		

Das Gesamtkostenverfahren stellt die gesamten Aufwendungen den gesamten Leistungen einer Periode einschließlich Bestandsveränderungen gegenüber. Es erfolgt eine Aufgliederung der Aufwendungen nach den verbrauchten Produktionsfaktoren (Aufwandsarten). Die Herleitung der Informationen und Zahlen erfolgt in der Regel aus der Finanzbuchhaltung. Das Gesamtkostenverfahren ist auch bei langfristiger Fertigung aussagefähig, hat jedoch geringe Gestaltungsspielräume.

Das Umsatzkostenverfahren stellt den abgesetzten Leistungen die entsprechenden Aufwendungen gegenüber. Eine Aufgliederung der Aufwendungen erfolgt nach betrieblichen Funktionen wie aus der Zuschlagskalkulation. Im Anhang sind Zusatzinformationen über Personal- und Materialaufwand zu machen.[107] Das Umsatzkostenverfahren setzt eine ausgebaute Kostenstellenrechnung voraus. Durch die Kostenschlüsselung sind enorme Gestaltungsspielräume möglich. Bei langfristiger Fertigung ist das Umsatzkostenverfahren wenig aussagefähig.

Vergleicht man die beiden Verfahren unter dem Aspekt des Aussagegehalts für einen externen Bilanzleser, so ist festzustellen, dass beim Umsatzkostenverfahren durch die Angabe der Personal- und Materialaufwendungen im Anhang[108] und der Angabe der Geschäftsjahresabschreibung in der Bilanz oder im Anhang alle Informationen gegeben werden, die auch das Gesamtkostenverfahren enthält. Darüber hinaus erfährt der Bilanzleser die Aufgliederung der Aufwendungen nach Funktionsbereichen, wobei insbesondere das Ausmaß der Verwaltungskosten interessant ist. Problematisch beim Umsatzkostenverfahren sind die Gestaltungsspielräume bei der Zuordnung von Aufwendungen zumal umstritten ist, ob eine Bindung des Herstellungskostenumfangs an die Wahlrechtsausübung bei der Vorratsbestandsbewertung in der Bilanz besteht. Beim Gesamtkostenverfahren ist durch die Angabe der Gesamtleistung des Geschäftsjahres eine aussagefähige Kennzahlenberechnung möglich.

Die Entscheidung für bzw. gegen ein Verfahren ist im Einzelfall abzuwägen. Dabei kann die Produktionspalette und Struktur aber auch die Art der betrieblichen Kostenerfassung und -verrechnung entscheidend sein. Die Anwendung des Umsatzkostenverfahrens setzt voraus, dass die Kosten nach den Bereichen Herstellung, allgemeine Verwaltung, Vertrieb und Sonstige aufgeschlüsselt werden. Dazu ist eine entsprechende Kostenstellen- und Kostenträgerrechnung empfehlenswert. Weiterhin können entsprechende Vorgaben aufgrund der Konzerngestaltung aber auch zunehmend die Anforderungen des Kapitalmarktes (bspw. im Rahmen von Börsengängen und daraus resultierend Internationale Rechnungslegungsstandards), maßgeblich auf die Entscheidung zu Gunsten eines Verfahrens hinwirken.

---

107 Vgl. § 285 Nr. 8 HGB.
108 Vgl. § 285 Nr. 8 HGB.

IV. Die Erläuterung der Bilanz und der Gewinn- und Verlustrechnung durch den Anhang und den Lagebericht

1. Der Anhang gem. §§ 284 und 285 ff. HGB

103 Zweck des Anhangs ist es, die Erfüllung der Generalnorm zu verbessern,[109] indem die Posten der Bilanz und Gewinn- und Verlustrechnung erläutert, aber auch zusätzliche Informationen gegeben werden. Außerdem besteht für eine Reihe von Angaben eine Wahlmöglichkeit des Ausweises in Bilanz bzw. Gewinn- und Verlustrechnung oder im Anhang.

In den Anhang sind diejenigen Angaben aufzunehmen, die zu den einzelnen Posten der Bilanz oder der Gewinn- und Verlustrechnung vorgeschrieben oder die im Anhang zu machen sind, weil sie in Ausübung eines Wahlrechts nicht in die Bilanz oder in die Gewinn- und Verlustrechnung aufgenommen wurden.

Inhalt und Umfang des Anhangs bestimmen sich danach, dass Bilanz, Gewinn- und Verlustrechnung und Anhang zusammen unter Beachtung der Grundsätze ordnungsmäßiger Buchführung ein den tatsächlichen Verhältnissen entsprechendes Bild der Vermögens- Finanz- und Ertragslage der Kapitalgesellschaft zu vermitteln haben.[110] Falls dies aufgrund besonderer Umstände nicht der Fall sein sollte, so sind im Anhang zusätzliche Angaben zu machen.[111] Die Angaben müssen vollständig sein.

Der Anhang dient dem Verständnis und der Ergänzung von Bilanz und Gewinn- und Verlustrechnung. Er bringt Angaben, Aufgliederung, Begründung, Darstellungen und Erörterungen zur Bilanz und Gewinn- und Verlustrechnung oder zu einzelnen Posten, zu ihrem Inhalt, zu den angewandten Bewertungs- und Abschreibungsmethoden sowie zu Unterbrechungen der Darstellungs- und Bewertungsstetigkeit. Er enthält darüber hinaus Informationen über wichtige finanzielle Daten, die keinen Niederschlag in der Bilanz gefunden haben sowie über eine Reihe anderer Tatbestände.

2. Der Lagebericht gem. § 289 HGB

104 Der Lagebericht gehört zwar nicht zum Jahresabschluss, muss aber gem. § 264 Abs. 1 HGB von mittelgroßen und großen Kapitalgesellschaften[112] aufgestellt und bei prüfungspflichtigen Unternehmen auch vom Wirtschaftsprüfer geprüft werden.[113]

---

109 Vgl. § 264 Abs. 2 Satz 2 HGB.
110 Vgl. § 264 Abs. 2 Satz 1 HGB.
111 Vgl. § 264 Abs. 2 Satz 2 HGB.
112 Vgl. § 267 Abs. 2 und 3 HGB.
113 Vgl. § 316 Abs. 1 HGB; vgl. auch Veränderungen durch KapCoRiLiG für Personenhandelsgesellschaften.

Der Inhalt des Lageberichts wird durch § 289 HGB bestimmt. Danach sind zumindest der Geschäftsverlauf und die Lage der Gesellschaft so darzustellen, dass ein den tatsächlichen Verhältnissen entsprechendes Bild vermittelt wird. Außerdem soll der Lagebericht auch eingehen auf Vorgänge von besonderer Bedeutung nach Schluss des Geschäftsjahres, auf die voraussichtliche Entwicklung der Gesellschaft, auf den Bereich Forschung und Entwicklung sowie auf bestehende Zweigniederlassungen.

Die Anforderungen an den Lagebericht ergeben sich aus der Generalnorm des § 289 Abs. 1 HGB (... ein den tatsächlichen Verhältnissen entsprechendes Bild vermittelt wird ...). Der Lagebericht sollte klar und übersichtlich strukturiert sein.

Der Lagebericht sollte u. a. dafür verwendet werden, Angaben über Vorgänge zu machen, welche nicht unmittelbar den Jahresabschluss betreffen und die nicht ohne weiters aus dem Jahresabschluss abgeleitet werden können, bzw. nicht nach § 289 Abs. 2 HGB gefordert wird. Vorgänge also, welche für die wirtschaftliche Gesamtbeurteilung der Gesellschaft und ein den tatsächlichen Verhältnissen entsprechendes Bild vom Geschäftsverlauf und Lage wichtig sind.

Neben der Vermittlung eines Gesamtbildes der Gesellschaft ist ferner über bedeutsame Vorgänge während des Geschäftsjahres zu berichten. Die Darstellung von Entwicklungen im Personal- und Sozialbereich sowie Berichterstattung über Umweltpolitik, -programme und -ziele des Unternehmens werden zunehmend unabdingbar.

Neben der Berichterstattung über den Geschäftsverlauf und Lage der Gesellschaft müssen insbesondere Risiken der künftigen Entwicklung zutreffend dargestellt werden.[114] Anhaltspunkte für berichtpflichtige Risiken werden sich insbesondere aus der Auswertung eines bei dem Unternehmen eingerichteten Risikofrüherkennungssystem ergeben.[115]

Das Nicht-Vorhanden-Sein von Risiken wird durch eine Negativerklärung zum Ausdruck gebracht.

---

114 Vgl. Einführung KonTraG.
115 Vgl. hierzu die Ausführungen in Going Public Heft 05/2001 »Risikomanagement/Chancenmanagement« von Dr. Thomas Zinser und Bernd Stocker.

20. KAPITEL – BILANZANALYSE

Inhalt

		Seite
A. Grundlagen der Jahresabschlussanalyse		1860
B. Analysebereiche und Vergleichsebenen der Jahresabschlussanalyse		1861
C. Grenzen der Jahresabschlussanalyse		1862
D. Aufbereitung der Bilanz und des Anhangs		1864
E. Strukturanalyse der Bilanz		1867
I. Analyse der Vermögensstruktur		1867
1. Intensitätskennzahlen		1868
2. Umschlagskoeffizienten		1869
II. Analyse der Kapitalstruktur		1870
F. Analyse der Unternehmensliquidität und Finanzierung		1871
I. Statische Liquidität		1871
1. Analyse der Finanzlage		1871
2. Statische Liquiditätskennzahlen		1872
II. Dynamische Liquiditätsanalyse		1873
1. Cash Flow-Analyse		1873
2. Kapitalflussrechnung		1875
G. Analyse der Gewinn- und Verlustrechnung		1877
I. Erfolgsspaltung		1878
II. Analyse der Aufwands- und Ertragsstruktur		1880
III. Wertschöpfungsanalyse		1881
IV. Analyse der Rentabilität		1883
H. Fallbeispiel zur Jahresabschlussanalyse		1884

Schneider

A. Grundlagen der Jahresabschlussanalyse

1 Um ein Unternehmen erfolgreich zu führen, benötigt die Unternehmensführung ständig Informationen über den aktuellen Geschäftsverlauf. Eine wichtige Informationsquelle hierfür ist das betriebliche Rechnungswesen.

Hauptaufgabe des betrieblichen Rechnungswesens ist es, die Ergebnisse des Wirtschaftens eines Unternehmens und die damit verbundenen Veränderungen des Unternehmensvermögens und -kapitals in einer Periode festzuhalten. Es liefert damit Daten für die Kosten- und Leistungsrechnung und die Unternehmensplanung und ermöglicht damit Soll-Ist-Vergleiche und eventuell notwendige Abweichungsanalysen.[1]

Nachdem jeder Kaufmann verpflichtet ist, Buch zu führen (§ 238 Abs. 1 HGB) und am Ende einer Periode einen Jahresabschluss zu erstellen (§ 242 HGB), sind die laufende Buchhaltung und der Jahresabschluss die wichtigsten Elemente des betrieblichen Rechnungswesens.

2 Der Jahresabschluss eines Unternehmens setzt sich aus der Bilanz, der Gewinn- und Verlustrechnung (GuV) sowie dem Anhang zusammen. Darüber hinaus ist von bestimmten Unternehmen zusätzlich ein Lagebericht aufzustellen.[2]

Der Jahresabschluss erfüllt insbesondere folgende Funktionen:[3]

- Zahlungsbemessungsfunktion,
- Rechenschaftslegungsfunktion,
- Dokumentationsfunktion und die
- Informationsfunktion

Als Informationsadressaten können vor allem die Unternehmensführung, Eigen- und Fremdkapitalgeber, der Staat, Arbeitnehmer sowie Kunden und Lieferanten genannt werden.

Die Praxis zeigt, dass gerade in kleineren Unternehmen sowie in Krisenunternehmen systematisch und kontinuierlich erstelltes Datenmaterial über den gesetzlich vorgeschriebenen Jahresabschluss hinaus fehlt. Der Jahresabschluss und dessen Analyse stellt damit gerade im Falle einer Unternehmenskrise bzw. einer Unternehmensinsolvenz eine wichtige und unentbehrliche Datenquelle dar.

---

[1] Vgl. zu den Grundlagen des betrieblichen Rechnungswesens z. B. Weber, Einführung in das Controlling, 5. Aufl. 1994, S. 174 ff.; Bitz, Kompendium der Betriebswirtschaftslehre, 3. Aufl. 1993, Bd. 2, Kap. D 1, S. 219 ff. und Kap. D 2, S. 315 ff.
[2] Vgl. zu den Bestandteilen und rechtlichen Grundlagen des Jahresabschlusses z. B. Grefe, Kompakt-Training, Bilanzen, 1999, S. 19 ff.
[3] Vgl. zu den Grundlagen des Jahresabschlusses z. B. Grefe, a. a. O.; Vollmuth, Bilanzen richtig lesen, besser verstehen, optimal gestalten, 3. Aufl. 1998.

Schneider

Im Rahmen der Erstellung eines Insolvenzplans als Sanierungsinstrument[4] gemäß der Insolvenzordnung (InsO) gewinnt die Jahresabschlussanalyse weiter an Bedeutung. Im darstellenden Teil des Insolvenzplans ist entsprechend der IDW FAR-Verlautbarung das Unternehmen zu beschreiben und zu analysieren, das Leitbild des sanierten Unternehmens sowie die zur Erreichung notwendigen Sanierungsmaßnahmen darzustellen sowie eine Planverprobungsrechnung aufzustellen.[5]

Bei der Beschreibung der finanzwirtschaftlichen Entwicklung und Verhältnisse sowie bei der Krisenursachenanalyse spielt die Jahresabschlussanalyse eine tragende Rolle.[6] Darüber hinaus bildet sie eine wichtige Vergleichsbasis für die Plausibilität der Planverprobungsrechnung.[7]

Unter dem Begriff der Jahresabschlussanalyse[8] werden nun im Allgemeinen alle Maßnahmen zur Aufbereitung und Auswertung der Daten und Informationen aus Jahresabschlüssen von Unternehmen verstanden.[9]

Ziel der Jahresabschlussanalyse ist es also, die gegenwärtige wirtschaftliche Situation eines Unternehmens zu beurteilen und die zukünftige Entwicklung abzuschätzen.

B. Analysebereiche und Vergleichsebenen der Jahresabschlussanalyse

Im Rahmen der Jahresabschlussanalyse werden insbesondere folgende Analysebereiche unterschieden:[10]

- Liquiditäts- und Finanzierungsanalyse:
  Analyseziel ist es abzuschätzen, in wie weit ein Unternehmen auch zukünftig in der Lage ist, seinen Zahlungsverpflichtungen nachzukommen.
- Bilanzstrukturanalyse:
  Analysiert wird die Vermögens- und Kapitalstruktur mit dem Ziel, Aussagen über Kapitalaufbringung und -verwendung sowie den betrieblichen Zusammenhang zwischen beiden abzuleiten.

3

---

4 Vgl. exemplarisch Wimmer/Stenner, Lexikon des Insolvenzrechts, 1999, S. 207 ff.
5 Vgl. IDW-FAR, Entwurf einer Verlautbarung: Anforderungen an Sanierungskonzepte, in FX-IDW, Nr. 9/1991, S. 319–324.
6 Vgl. z. B. Hess/Fechner/Freund/Körner, Sanierungshandbuch, 3. Aufl. 1998, S. 47 ff.
7 Vgl. FK-InsO/Jaffé, 3. Aufl. 2002, S. 1670.
8 Die nachfolgenden Ausführungen beziehen sich auf die so genannte traditionelle Jahresabschlussanalyse. Zu weiterführenden Konzepten vgl. z. B. Hüls, Früherkennung insolvenzgefährdeter Unternehmen, 1995.
9 Vgl. Coenenberg, Jahresabschluss und Jahresabschlussanalyse, 1994, S. 481 ff.
10 Bitz/Schneeloch/Wittstock, Der Jahresabschluss, 2. Aufl. 1995, S. 331.

- Erfolgsanalyse:
  die Elemente und Einflussfaktoren des Unternehmenserfolgs zu erkennen und daraus Hinweise auf die zukünftige Erfolgsentwicklung zu gewinnen.

Ergebnis der Teilanalysen sind jeweils bestimmte Kennzahlen, die in komprimierter Form Informationen über betriebswirtschaftliche Zusammenhänge zur Verfügung stellen. Es kann sich hierbei entweder um absolute Größen oder auch um Verhältniszahlen handeln.[11]

Die ermittelten Jahresabschlusskennzahlen erhalten allerdings erst dann eine Aussagekraft, wenn man sie zu bestimmten Referenzwerten ins Verhältnis setzt. Solche Referenzwerte bzw. Vergleichsebenen können sein:[12]

- Zeitvergleich,
- Betriebs- bzw. Branchenvergleich,
- Normvergleich.

Der Vergleich der vergangenen Entwicklung mit den aktuellen Kennzahlen (Zeitvergleich) dient beispielsweise im Rahmen der Krisenursachenanalyse der Feststellung, wann und wo die Verschlechterung der Unternehmenssituation eingetreten ist. Darüber hinaus bildet der Zeitvergleich die Grundlage sowohl für die Anfertigung als auch für die Beurteilung der Planverprobungsrechnung.[13]

Ein Branchenvergleich kann wertvolle Hinweise im Hinblick auf die Lagebeurteilung und die Zukunftsaussichten des Unternehmens geben und ist damit ein Indikator für die Sanierungschancen.

Oftmals ist eine ausreichende Bonität eines Schuldners bzw. die Sanierungswürdigkeit eines Unternehmens erst dann gegeben, wenn bestimmte »Schwellenwerte«, die bestimmte Kennzahlen erreichen müssen bzw. nicht überschreiten dürfen, gegeben sind (Normvergleich).

C. Grenzen der Jahresabschlussanalyse

4 Zu beachten ist, dass die durch eine Jahresabschlussanalyse gewonnenen Informationen zum Teil erheblichen Einschränkungen unterworfen sind:[14]

- Die Daten eines Jahresabschlusses beziehen sich auf einen vergangenen Zeitraum. Sollen also Aussagen über zukünftige Entwicklungen abgeleitet werden, muss die Extrapolationsfähigkeit der entdeckten Entwicklungstendenzen unterstellt werden.

---

11 Vgl. Vollmuth, a. a. O., S. 36 ff.
12 Vgl. Bitz/Schneeloch/Wittstock, a. a. O., S. 331 ff.
13 Vgl. FK-InsO/Jaffé, S. 1670.
14 Vgl. Coenenberg, a. a. O., S. 484 ff.

- Die Daten einer Bilanz sind stichtagsbezogen, so dass die Gefahr von Manipulationen besteht (sog. »Windows Dressing«)
- Als weiteres Problem tritt hinzu, dass die entsprechenden Unterlagen in der Regel erst mit gewisser zeitlicher Verzögerung dem Unternehmen, aber erst recht dem (externen) Analytiker zur Verfügung stehen.
- Problematisch sind auch die bilanzpolitischen Spielräume, die das HGB gewährt, wie z. B. die Spielräume bei der Festlegung der Herstellkosten bzw. Bewertung von unfertigen und fertigen Erzeugnissen oder auch die Wahlrechte hinsichtlich der Bilanzierung von bestimmten Aufwandsrückstellungen.
- Jahresabschlüsse enthalten nicht alle beurteilungsrelevanten Daten, wie z. B. Kreditspielräume, eingeräumte publizitätslose Mobiliarsicherheiten und wirtschaftliche Potenziale wie Marktstellung, Innovationsfähigkeiten etc.

Aufgrund dieser Einschränkungen ist es geboten, die Jahresabschlussanalyse im Sinne einer fundamentalen Unternehmensanalyse zu erweitern,[15] um die Trends, Hinweise und offenen Fragen aus der Jahresabschlussanalyse weiter zu verfolgen. Hierbei werden über die Analysebereiche der Jahresabschlussanalyse hinaus in der Regel noch folgende Bereiche betrachtet:[16]

- Unternehmensstrategie in Bezug auf Markt und Wettbewerb
- Innerbetriebliche Wertschöpfungsstruktur mit
  - Finanzen und Controlling,
  - Logistik und Produktion,
  - Beschaffung,
  - Forschung und Entwicklung,
  - Absatz bzw. Marketing,
  - Personalwesen,
  - Management,
  - Organisation und EDV.

Trotz aller Kritik stellt die Jahresabschlussanalyse wichtige Informationen über Unternehmen und ihr Wirtschaften zur Verfügung und bildet somit die Basis für weiterführende Fragestellungen und eine fundierte Unternehmensanalyse.

---

15 Vgl. Weidekind/Rödl, Der Steuerberater als Insolvenzberater, 1999, S. 49 ff.
16 Vgl. zu den Analysebereichen und -methoden z. B. Buth/Hermanns, Restrukturierung, Sanierung und Insolvenz, 1988, S. 362 ff.; Hess/Fechner/Freud/Körner, a. a. O., S. 45 ff.; Fechner, Praxis der Unternehmenssanierung, 1999, S. 46 ff.

Schneider

D. Aufbereitung der Bilanz und des Anhangs

5 Erster Schritt bei der Durchführung einer Jahresabschlussanalyse ist die Sichtung der vorhanden Unterlagen und deren anschließende Aufbereitung.

Bei der Sichtung und Aufbereitung ist der Anhang des Jahresabschlusses von besonderer Bedeutung. Hier werden Zusatzinformationen gegeben und vor allem die wichtigsten Positionen der Bilanz und Gewinn- und Verlustrechnung in Bezug auf deren Bewertung und Zusammensetzung erläutert.[17]

Große und mittlere Kapitalgesellschaften bzw. rechnungslegungspflichtige Unternehmen[18] müssen über den Jahresabschluss hinaus einen Lagebericht aufstellen.[19] Dieser muss »alle Angaben enthalten, die für die Gesamtbeurteilung der wirtschaftlichen Lage des Unternehmens sowie der Risiken der künftigen Entwicklung (...)«[20] notwendig sind. Damit stellt der Lagebericht nunmehr ein Instrument zur Verdeutlichung der Informationen dar, die aus dem Jahresabschluss abgeleitet werden können.[21]

Nach der Sammlung und ersten Sichtung der Unterlagen ist in der Regel die Aufstellung einer so genannten Strukturbilanz notwendig. Sie wird aus der Bilanz des Jahresabschlusses abgeleitet und dient unter anderem einem stringenten und über die Zeit kontinuierlichen Vorgehen. Darüber hinaus versucht man, durch bestimmte Korrekturen einzelner Bilanzpositionen bilanzpolitische Maßnahmen des Unternehmens zu neutralisieren.

Neben der Umgliederung und Zusammenfassung einzelner Bilanzpositionen werden häufig die in dem hier gewählten Schema berücksichtigten Korrekturen bei der Erstellung der Strukturbilanz vorgenommen:[22]

- Für bestimmte aktive Bilanzpositionen, wie z. B. Aufwendungen für die Ingangsetzung und Erweiterung des Geschäftsbetriebs (§ 269 HGB), aktivierter Geschäfts- oder Firmenwert, aktivierte latente Steuern sowie Disagio, existieren lediglich Aktivierungswahlrechte bzw. die Positionen sind lediglich so genannte Bilanzierungshilfen. Sie ermöglichen Unternehmen die Verteilung besonderer Aufwendungen über mehrere Perioden. Nachdem diese Positionen keine realen Vermögenswerte im engeren Sinne darstellen, werden die Aktiva und das Eigenkapital entsprechend gekürzt.

---

17 Vgl. zur Bedeutung und Funktion des Anhangs ausführlich Grefe, a. a. O., S. 137–144.
18 Vgl. § 289 HGB i. V. m. § 264 Abs.1 Satz 1 HGB, § 336 HGB, § 340a Abs. 1 HGB, § 341a Abs. 1 HGB, § 290 Abs. 1 HGB, § 5 Abs. 2 PublG.
19 Vgl. zur Bedeutung und Inhalt des Lageberichts ausführlich Grefe, a. a. O., S. 145–149.
20 IDW RS HFA 1, Aufstellung des Lageberichts (Stand: 26. 6. 1998), WPg 1998, 654.
21 Vgl. zum Inhalt des Lagebericht nach KonTraG, IDW RS HFA 1, Aufstellung des Lageberichts (Stand: 26. 6. 1998), WPg 1998, 653–662.
22 Vgl. hierzu und zu Folgendem Bitz/Schneeloch/Wittstock, a. a. O., S. 334 ff.; Coenenberg, a. a. O., S. 485 ff.; Engel-Bock, Bilanzanalyse leicht gemacht, 3. Aufl. 1995, S. 96 ff.

- Der Eigenkapitalausweis wird um ausstehende Einlagen und eigene Anteile gekürzt, nachdem diese oftmals keine Vermögenswerte darstellen.
- Sonderposten mit Rücklageanteil (SoPo m. Rkl.) werden aus steuerlichen Gründen aufwandswirksam gebildet und müssen in Folgeperioden ertragswirksam, d. h. meist auch ertragssteuerwirksam, aufgelöst werden. Damit haben SoPo m. Rkl. teilweise Fremdkapital- und teilweise Eigenkapitalcharakter. Nachdem eine eindeutige Zuordnung im Voraus nicht erfolgen kann, werden SoPo m. Rkl. meist hälftig zum Eigenkapital und hälftig dem Fremdkapital zugeordnet.

Für die Strukturbilanz existiert keine allgemein anerkannte Struktur, so dass die nachfolgend dargestellte Form lediglich eine von vielen Möglichkeiten ist. Im Hinblick auf eine bessere Interpretation und Übersicht sollten aber auf jeden Fall mehrere aufeinander folgende Jahresabschlüsse (je nach Zweck 3 bis 5 Wirtschaftsjahre) gleichartig aufbereitet werden. Darüber hinaus empfiehlt es sich, i. d. R. die Beträge des Jahresabschlusses nur in vollen Tausend bzw. Millionen darzustellen, um die Übersichtlichkeit zu erhöhen.

	Strukturbilanz Aktiva	Periode 1 T€	in % BS	Periode 2 T€	in % BS
1.	Immaterielle Vermögensgegenstände – Geschäfts- und Firmenwert – Aufw. für Ingangs./Erweit. d. Geschäftsbetriebs				
2.	+ Sachanlagen				
3.	+ Finanzanlagen				
4.	**= Summe Anlagevermögen (AV)**				
5.	Roh-, Hilfs- u. Betriebsstoffe (RHB)				
6.	+ Fertige u. Unfertige Erzeugnisse (FE/UE)				
7.	= Zwischensumme Vorräte				
8.	Forderungen aus Liefrungen				
9.	+ sonstige Forderungen				
10	= Zwischensumme Forderungen				
11.	+ Liquide Mittel inkl. Wertpapiere – Eigene Anteile				
12.	+ Rechnungsabgrenzungsposten – aktiviertes Disagio – aktivierte latente Steuern				
13.	**= Summe Umlaufvermögen (UV)**				
14.	**Bilanzsumme (BS)**		100%		100%

	Strukturbilanz Passiva	Periode 1 T€	in % BS	Periode 2 T€	in % BS
1.	Gezeichnetes Kapital – nicht eigeford. ausst. Einlagen				
2.	+ Rücklagen – Rücklagen für eigene Anteile				
3.	+ Gewinnvortrag/ -Verlustvortrag				
3.	+ Bilanzgewinn – Geschäfts- u. Firmenwert – Aufw. für Ingangs./Erweit. d. Geschäftsbetriebs – aktiviertes Disagio – aktivierte latente Steuern				
4.	+ EK-Anteil SoPO m. Rkl.				
5.	= Summe Eigenkapital (EK)				
6.	Verbindlichkeiten mit Restlaufzeit > 5 Jahren				
7.	+ Pensionsrückstellungen				
8.	= Zwischensumme langfr. Fremdkapital (LFK)				
9.	Verbindlichkeiten Restlaufzeit 1 bis 5 Jahre				
10.	+ FK-Anteil SoPo m. Rkl.				
11.	= Zwischensumme mittelf. Fremdkapital (MFK)				
12.	Steuerrückstellungen				
13.	+ Sonstige Rückstellungen				
14.	+ Verbindlichkeiten Restlaufzeit < 1 Jahr				
15.	+ Rechnungsabgrenzungsposten				
16.	= Zwischensumme kurzf. Fremdkapital (KFK)				
17.	= Summe Fremdkapital (FK)				
18.	**Bilanzsumme (BS)**		100%		100%

Die so aufbereitete Bilanz gibt bereits einen ersten komprimierten Überblick über die wirtschaftliche Entwicklung und Lage eines Unternehmens.

7 Die bilanzpolitischen Maßnahmen lassen sich in eher negativ oder positiv zu beurteilende Sachverhalte einordnen. Die nachfolgende Tabelle gibt einen rudimentären Überblick:[23]

---

23 Vgl. ausführlich z. B. Bitz/Schneeloch/Wittstock, a. a. O., S. 487 ff.; Vollmuth, a. a. O., S. 273 ff.

Bewertung von bilanzpolitischen Maßnahmen	Informationsquellen
Eher positiv zu bewertende Sachverhalte	
1. Überwiegend degressive Abschreibungen	Anhang
2. Bildung von Aufwandsrückstellungen	Bilanz/Anhang
3. Bildung sonstiger Rückstellungen	Bilanz/Anhang
4. Schnelle Abschreibung des Geschäfts- und Firmenwertes	Anhang
5. Umfangreicher Informationen im Anhang und Lagebericht	Anhang/Lagebericht
6. Bewertung der Vorräte zum Mindestansatz	Anhang
7. Abschreibungen zur Vorwegnahme künftiger Wertschwankungen im Umlaufvermögen	GuV/Anhang
Eher negativ zu bewertende Sachverhalte	
1. Änderung der Gliederung gegenüber dem Vorjahresabschluss	Bilanz/GuV/Anhang
2. Änderung der Bewertungs- und Bilanzierungsmethoden gegenüber dem Vorjahresabschluss	Anhang
3. Ausweis aktivierter Ingangsetzungs- und Erweiterungsaufwendungen	Bilanz
4. Ausweis aktivierter Geschäfts- und Firmenwerte	Bilanz
5. Ausweis aktivierten Disagios	Bilanz
6. Überwiegend lineare Abschreibungen	Anhang
7. Fehlende Sofortabschreibungen für geringwertige Wirtschaftsgüter	Anhang
8. Niedriger Ansatz von Aufwandsrückstellungen (Garantie, Instandsetzung, Drohverluste, etc.)	
9. Inanspruchnahme von Zuschreibungen auf Vermögen	Anlagespiegel
10. Unzureichende/knappe Informationen im Anhang/Lagebericht	Anhang/Lagebericht

Um einen tieferen Einblick zu erhalten, werden nachfolgend wichtige Kennzahlen bezüglich der Bilanzstruktur und Unternehmensliquidität erläutert.

E. Strukturanalyse der Bilanz
I. Analyse der Vermögensstruktur

Im Rahmen der Vermögensstrukturanalyse steht die Fragestellung über Art und Zusammensetzung des Unternehmensvermögens im Vordergrund. Bei der Analyse jeder einzelnen Vermögensposition im Hinblick auf die Zukunft geht es insbesondere um die Frage nach der Veränderung im Zeitablauf und der Dauer der Vermögensbindung bzw. der Liquidierbarkeit.

Bei der Analyse der wesentlichen Posten des Anlagevermögens ist zunächst zwischen Sach- und Finanzanlagen zu unterscheiden.

Sachanlagen werden in Immobilien und Mobilien eingeteilt. Im Rahmen der Erstellung eines Sanierungskonzeptes sind insbesondere Fragen nach der Betriebsnotwendigkeit und dem Zustand der Anlagen zu stellen.

Bei der Betrachtung der Entwicklung des Umlaufvermögen stehen vor allem die Positionen Vorräte und Forderungen als einzelne Vermögenspositionen im Mittelpunkt der Betrachtung. Dabei sind die Veränderungen insbesondere bezüglich der Bewertung oder einer bestehenden Saisonalität zu hinterfragen.

1. Intensitätskennzahlen

9   Um die Vermögenslage und -struktur eines Unternehmens zu analysieren, werden Positionen der Aktiva einer Bilanz mit der Bilanzsumme in Verhältnis gesetzt. Ergebnis sind so genannte Intensitätskennzahlen.[24]

Ziel ist es, Informationen bezüglich der Zusammensetzung und Bindungsdauer der Vermögenswerte zu erhalten.

> **Die gebräuchlichsten Kennzahlen sind:**
>
> - Anlagenintensität = $\dfrac{\text{Anlagevermögen}}{\text{Bilanzsumme}} \cdot 100$
>
> - Umlaufintensität = $\dfrac{\text{Umlaufvermögen}}{\text{Bilanzsumme}} \cdot 100$
>
> - Forderungsintensität = $\dfrac{\text{Forderungen}}{\text{Bilanzsumme}} \cdot 100$

Selbstverständlich können darüber hinaus beliebige Kennzahlen bzgl. weiterer Einzelpositionen gebildet werden.

10   Interpretiert werden diese Kennzahlen als kosten- und leistungswirtschaftliche Indikatoren für die Flexibilität von Unternehmen.

> ▶ **Beispiel:**
>
> Je höher die Anlagenintensität ist, desto stärker werden sich in der Regel Beschäftigungsschwankungen auswirken, weil die Fixkostenbelastung aus dem Anlagevermögen entsprechend hoch ist. Eine hohe Anlagenintensität lässt eventuell auch auf niedrigere Kapazitätsauslastungen und eine geringere Flexibilität hinsichtlich veränderter Bedingungen auf den Absatz- und Beschaffungsmärkten des Unternehmens schließen.

---

24 Bitz/Schneeloch/Wittstock, a. a.O, S. 382 ff.; Coenenberg, a. a. O., S. 499 ff.; Vollmuth, a. a. O., S. 189 ff.

Folgende Einschränkungen hinsichtlich einer Interpretation dieser Kennzahlen sind allerdings anzumerken: 11

- Preisschwankungen wirken sich stärker bei großen Beständen im Umlaufvermögen aus, nachdem diese schneller umgeschlagen werden;
- Saisonale Schwankungen lassen den Aussagewert der Kennzahl eventuell zunichte machen;
- Ein Steigen der Anlagenintensität im Zeitablauf kann beispielsweise auf Rationalisierungen in der Lagerwirtschaft hinweisen;
- Fixkosten fallen auch unabhängig vom bilanzierten Anlagevermögen an (zum Beispiel haben Mieten, Leasing- und Personalkosten zumindest weitgehend Fixkostencharakter).

2. Umschlagskoeffizienten

Aufgrund der oben genannten Schwachstellen sollten die Intensitätskennzahlen in Verbindung mit weiteren Kennzahlen betrachtet werden. Insbesondere folgende Umschlagskoeffizienten bieten sich hierfür an, nachdem die Bindungsdauer einzelner Vermögenswerte mit ihrer Hilfe besser erfasst werden können:[25] 12

- Debitorenziel = $\dfrac{\text{(durchschnittliche) Kundenforderungen}}{\text{Umsatz} \cdot 365}$

- Umschlagshäufigkeit des Gesamtkapitals = $\dfrac{\text{Umsatz}}{\text{Gesamtkapital}}$

- Umschlagshäufigkeit des Sachanlagevermögens = $\dfrac{\text{Umsatz}}{\text{Sachanlagevermögen}}$

- Umschlagshäufigkeit des Umlaufvermögens = $\dfrac{\text{Umsatz}}{\text{Umlaufvermögen}}$

Die Kennzahl Debitorenziel gibt näherungsweise die durchschnittliche Anzahl von Tagen an, in der Kunden ihre Forderungen begleichen. Ein Ansteigen der Relation gibt beispielsweise Hinweise auf eine verschlechterte Zahlungsmoral der Kunden.

Vergrößern sich im Zeitablauf die Umschlagsrelationen, wird dies im Rahmen der Jahresabschlussanalyse als positiv gewertet, nachdem die »Bindungsdauer« der Vermögenswerte sinkt und diese damit besser »ausgenutzt« werden. Es ist allerdings darauf hinzuweisen, dass verbesserte Relationen beispielsweise auch aufgrund von Finanzierungsgestaltungen

---

[25] Bitz/Schneeloch/Wittstock, a.a.O., S. 384 ff.; Coenenberg, a.a.O., S. 502 ff.; Vollmuth, a.a.O., S. 190 ff.

(Leasing statt Kauf), Investitionsvernachlässigung und Bewertungsvorgängen beruhen können. Zur leichteren Interpretation können die Umschlagsrelationen z. B. zu 365 Tagen ins Verhältnis gesetzt werden, so dass man den Umschlag in Tagen erhält. Es gilt dann, dass ein Ansteigen eher negativ gewertet wird.

II. Analyse der Kapitalstruktur

13 Mit der Datenerhebung zur Entwicklung der Kapitalstruktur bewegt man sich auf der Passivseite der Bilanz. Im Mittelpunkt der Kapitalstrukturanalyse stehen die Fragestellungen nach der Kapitalaufbringung eines Unternehmens und deren Veränderung. Die Analyse ist insbesondere bei Kreditgebern von Interesse, um Finanzierungsrisiken abzuschätzen.[26]

Besondere Verbreitung haben folgende Kennzahlen erhalten:

- Eigenkapitalquote = $\dfrac{\text{Eigenkapital}}{\text{Gesamtkapital}} \cdot 100$

- Fremdkapitalquote = $\dfrac{\text{Fremdkapital}}{\text{Gesamtkapital}} \cdot 100$

- (statischer) Verschuldungsgrad = $\dfrac{\text{Fremdkapital}}{\text{Eigenkapital}} \cdot 100$

- Kreditorenziel = $\dfrac{\text{Verbindlichkeiten aus Lieferungen und Leistungen}}{\text{Wareneingang}} \cdot 365$

Je größer der Eigenkapitalanteil am Gesamtkapital ist, umso solider wird die Finanzierungsstruktur und damit die finanzielle Unabhängigkeit eines Unternehmens beurteilt. Um einen Einblick in die Fristigkeit des Fremdkapitals zu bekommen, wird bei der Berechnung der Fremdkapitalquote in der Regel jeweils eine Kennzahl für das langfristige und eine für das kurzfristige Fremdkapital berechnet.

Das Kreditorenziel soll die durchschnittliche Anzahl der Tage widerspiegeln, die ein Unternehmen seine Lieferantenkredite in Anspruch nimmt, d. h. die Zeitspanne bis zur Rechnungsbegleichung. Der Wareneingang errechnet sich annäherungsweise aus der Summe der Materialaufwendungen und der Veränderungen des Bestandes an Roh-, Hilfs- und Betriebsstoffen (RHB).

---

26 Bitz/Schneeloch/Wittstock, a. a. O., S. 387 ff.; Coenenberg, a. a. O., S. 505 ff.; Vollmuth, a. a. O., S. 192 ff.

Gelegentlich finden sich in der Literatur noch Aussagen über Verschuldungsgrade, die als Obergrenzen für eine noch gesunde Finanzierungsstruktur angesehen werden. Eine objektive und theoretisch fundierte Begründung für die empfohlenen Relationen existiert aber nicht. Bei der Beurteilung muss auch darauf geachtet werden, dass die Kennzahlen stark von der Bewertung der Aktiva abhängig sind, nachdem diese direkten Einfluss auf die Höhe des Eigenkapitals hat. Des Weiteren wird der Aussagegehalt durch bilanzunwirksame Finanzierungsformen, z. B. Factoring und Leasing, eventuell stark beeinträchtigt.

F. Analyse der Unternehmensliquidität und Finanzierung

Unter dem Begriff Liquidität wird die Fähigkeit eines Unternehmens verstanden, seinen bestehenden Zahlungsverpflichtungen zu jedem Zeitpunkt nachkommen zu können. Im Rahmen der Liquiditätsanalyse wird der Zusammenhang zwischen Finanzierung (Mittelherkunft) und Investition (Mittelverwendung) untersucht.

Dies geschieht zum einen anhand von Bestandsgrößen (statische Liquidität) und zum anderen anhand von Stromgrößen (dynamische Liquidität).

I. Statische Liquidität

1. Analyse der Finanzlage

Zur Untersuchung sind so genannte (Anlagen-) Deckungsgrade in Verbindung mit Finanzierungsregeln üblich.[27]

Ermittlung der statischen Liquidität
• Deckungsgrad 1 = $\dfrac{\text{Eigenkapital}}{\text{Anlagevermögen}}$
• Deckungsgrad 2 = $\dfrac{\text{Eigenkapital + langfristiges Fremdkapital}}{\text{Anlagevermögen}}$

Grundlage für die Interpretation ist die Überlegung, dass die Liquidität eines Unternehmens dann gewährleistet ist, wenn die Vermögenswerte ent-

---

[27] Bitz/Schneeloch/Wittstock, a. a. O., S. 342 ff.; Coenenberg, a. a. O., S. 510 ff.; Vollmuth, S. 204 ff.; Engel-Bock, a. a. O., S. 123 ff.

sprechend den Verbindlichkeitsfälligkeiten monetarisiert werden können, d. h. Fristenkongruenz zwischen Mittelherkunft und -verwendung besteht.

Die Kennzahlen werden dementsprechend dahingehend interpretiert, dass die Finanzierungssituation eines Unternehmens umso besser ist, je größer die Werte der Deckungsgrade ausfallen.

Die so genannte »goldene Bilanzregel« verlangt, dass der Deckungsgrad DG 1 $\geq$ 1 ist, die so genannte »goldene Finanzierungsregel« verlangt dass der Deckungsgrad DG 2 $\geq$ 1 ist. Diese Finanzierungsregeln können jedoch höchstens sehr grobe Anhaltspunkte für eine fristenkongruente Finanzierung bieten.

2. Statische Liquiditätskennzahlen

Zum Zweck der statischen Liquiditätsanalyse werden die nach Fälligkeiten geordneten kurzfristigen Verbindlichkeiten einer Unternehmung seinen kurzfristig veräußerbaren Vermögenswerten gegenübergestellt.[28]

Man unterscheidet im Allgemeinen drei Abstufungen, je nach Liquiditätsgrad der Vermögenswerte.

Liquiditätsgrade:

- Liquidität 1. Grades $= \dfrac{\text{Liquide Mittel}}{\text{kurzfristiges Fremdkapital} \cdot 100}$

- Liquidität 2. Grades $= \dfrac{(\text{Liquide Mittel} + \text{kurzfristige Forderungen})}{\text{kurzfristiges Fremdkapital} \cdot 100}$

- Liquidität 3. Grades $= \dfrac{\text{Umlaufvermögen}}{\text{kurzfristiges Fremdkapital} \cdot 100}$

Liquide Mittel sind der Kassenbestand, Schecks, Bank- und Postscheckguthaben, Kundenwechsel sowie sofort veräußerbare Wertpapiere.

Die oben genannten Kennzahlen werden dahingehend interpretiert, dass die Liquiditätssituation umso besser ist, je größer die Werte der Liquiditätskennzahlen ausfallen.

Bei Betrachtung dieser Kennzahlen ist auf jeden Fall zu beachten, dass hier versucht wird, von Bestandsgrößen auf Stromgrößen zu schließen. Dabei werden laufende Zahlungsverpflichtungen, z. B. aus Löhnen, nicht betrachtet und die Unsicherheit bezüglich eines Zahlungseingangs aus Vermögenswerten (z. B. »Ladenhüterproblematik«) weitgehend außer Acht gelassen.

---

28 Bitz/Schneeloch/Wittstock, a. a. O., S. 342 ff.; Coenenberg, a. a. O., S. 510 ff.; Vollmuth, a. a. O, S. 204 ff.; Engel-Bock, a. a. O., S. 120 ff.

Schneider

Auch bei diesen Kennzahlen wird oftmals die Einhaltung von Finanzierungsnormen verlangt.

Beispielsweise verlangt der so genannte »acid-Test«, dass die Liquidität 2. Grades L 2 $\geq$ 1 sein soll und die so genannte »Bankers Rule« verlangt, dass die Liquidität 3. Grades L 3 $\geq$ 2 beträgt. Diese Finanzierungsregeln sind in der Literatur umstritten, allerdings erhält die Einhaltung der Regeln praktische Relevanz, nachdem sich oftmals Kreditgeber im Rahmen der Kreditwürdigkeitsprüfung an diesen Normen orientieren.[29]

Im Rahmen der Liquiditätsanalyse werden außerdem die Kennzahlen »Net Working Capital« und die »Effektiv Verschuldung« verwendet:

- Net Working Capital = Umlaufvermögen – kurzfristiges Fremdkapital
- Effektiv Verschuldung = Fremdkapital-monetäres Umlaufvermögen

Das Net Working Capital ist der Teil des Umlaufvermögens, der nicht zur Deckung (Rückzahlung) der kurzfristigen Verbindlichkeiten benötigt wird und damit im Unternehmen »arbeiten« kann. Es dient damit auch als Indikator für die Finanzkraft eines Unternehmens.

Der Effektiv-Verschuldung liegt die Idee zugrunde, dass ein Teil des Fremdkapitals durch die kurzfristige Monetarisierung von bestimmten Vermögenswerten getilgt werden könnte.

II. Dynamische Liquiditätsanalyse

Die Schwäche der statischen Liquiditätskennzahlen liegt insbesondere in der reinen Betrachtung der Bestandsgrößen aus der Bilanz. Nachdem für die Beurteilung der Liquidität aber nicht die Stichtagsliquidität zum Zeitpunkt der Bilanzerstellung ausschlaggebend ist, sondern die Liquidität in der Zukunft, ist die Berücksichtigung der Gewinn- und Verlustrechnung von großer Bedeutung.

1. Cash Flow-Analyse

Die Kennzahl Cash Flow beurteilt den Innenfinanzierungsspielraum eines Unternehmens, in dem er die Differenz von einnahmewirksamen Erträgen und ausgabewirksamen Aufwendungen ausweist. Er zeigt damit die Fähigkeit eines Unternehmens, aus »eigener Kraft« Einzahlungsüberschüsse aus dem betrieblichen Leistungs- und Umsatzprozesses zu erwirtschaften. Mit dem Cash Flow könnte ein Unternehmen also z. B. neue Investitionen finanzieren, Dividenden zahlen oder Schulden tilgen. Mit steigendem Cash

---

[29] Vgl. z. B. Bitz/Schneeloch/Wittstock, a. a. O., S. 332 ff.

Flow nimmt dementsprechend das Finanzpotenzial eines Unternehmens zu.[30]

Der Cash Flow nimmt damit eine besonders wichtige Stellung im Rahmen der Erstellung von Sanierungskonzepten ein.

Bezüglich der Berechnung der Kennzahl besteht allerdings keine Übereinstimmung in der Literatur. Im einfachsten Fall wird der Cash Flow nach der so genannten Praktiker-Formel definiert.

Cash Flow nach der Praktiker-Formel:

Jahresüberschuss
+ Abschreibungen
− Zuschreibungen
+ Erhöhung von (langfristigen) Rückstellungen
− Verminderung von (langfristigen) Rückstellungen
= Praktiker Cash Flow

Je nach Analyseziel kann diese einfachste Berechnungsmethode um weitere Korrekturen, z. B. um periodenfremde oder außerordentliche Erträge/Aufwendungen, erweitert werden. Die nachfolgende dargestellte Form eines erweiterten Cash Flow besitzt zwar noch Unschärfen, hat aber den Vorteil, dass sie ohne Schwierigkeiten aus dem Jahresabschluss abgeleitet werden kann. Die Positionsangaben beziehen sich auf das Bilanzschema gemäß § 266 HGB und die GuV-Gliederung gemäß § 275 Abs. 2 HGB.[31]

Erweiterter Cash Flow

Positionsbezeichnung	Position
Jahresüberschuss	GuV 20
+ Abschreibungen auf Anlagevermögen und Wertpapiere	GuV 7 a, 12 a
− Zuschreibungen auf Anlagevermögen	Anlagespiegel
+ Veränderung der Rückstellungen	Passiva B
+ Veränderung der SoPo mit RKl	Passiva/GuV/Anhang
+ Veränderung passivisch ausgewiesener Pauschalwertberichtigungen	Passiva
+ Veränderung Verbindlichkeiten aus Lieferungen u. Leistungen	Passiva C4
+ Veränderung der Verbindlichkeiten	Passiva C5–7
+ Veränderung der erhaltenen Anzahlungen	Passiva C3
+ Veränderung der passiven Rechnungsabgrenzungsposten	Passiva D
− Veränderung der Vorräte	Aktiva B I

---

30 Bitz/Schneeloch/Wittstock, a. a. O., S. 346 ff.; Coenenberg, a. a. O., S. 517 ff.; Vollmuth, a. a. O., S. 212 ff.; Engel-Bock, a. a. O., S. 137 ff.
31 Vgl. Bitz/Schneeloch/Wittstock, a. a. O., S. 353 ff.

Erweiterter Cash Flow	
Positionsbezeichnung	Position
– Veränderung der Forderungen/sonst. Vermögensgegenstände	Aktiva B II
– Veränderung der aktiven Rechnungsabgrenzungsposten	Aktiva C
– andere aktivierte Eigenleistungen	GuV 3
= erweiterter Cash Flow	

Die Aussagekraft des absoluten Cash Flow kann durch die Bildung von Verhältniskennzahlen weiter ausgebaut werden.

Die gebräuchlichsten Cash Flow-Kennzahlen sind:

- dynamischer Verschuldungsgrad $= \dfrac{\text{Fremdkapital}}{\text{Cash Flow}}$

- Selbstfinanzierungsquote $= \dfrac{\text{Cash Flow}}{\text{Zugänge im Anlagevermögen} \cdot 100}$

- Cash Flow-Umsatz-Quote $= \dfrac{\text{Cash Flow}}{\text{Umsatz}}$

Der dynamische Verschuldungsgrad soll die Entschuldungsfähigkeit des Unternehmens abbilden. Er gibt an, wie viele Jahre ein Unternehmen braucht, um die Verbindlichkeiten durch den Cash Flow zu tilgen. Dabei ist jedoch zu berücksichtigen, dass diese Aussage lediglich unter bestimmten Annahmen gilt. Die ermittelte Anzahl von Jahren bis zur Entschuldung gilt nur dann, wenn der Cash Flow auch in den nächsten Jahren in derselben Höhe anfällt und dieser Mittelzufluss ausschließlich zur Schuldentilgung verwendet wird.

Die Selbstfinanzierungsquote soll angeben, zu welchem Teil das Unternehmen notfalls Investitionen aus eigener Kraft, das heißt ohne Rückgriff auf externe Finanzierungsquellen, realisieren könnte.

Die Cash Flow-Umsatz-Quote gibt an, wie viel € (Währungseinheiten) an zahlungswirksamem Überschuss dem Unternehmen für 1 € (Währungseinheit) Umsatz verbleiben.

2. Kapitalflussrechnung

Einen weiter gehenden Einblick in die Finanzmittelströme einer Unternehmung gibt die Kapitalflussrechnung. Sie stellt eine Bewegungsrechnung dar und fasst die finanzwirtschaftlichen Vorgänge in einem Unternehmen für eine abgelaufene Wirtschaftsperiode systematisch zusammen. Mit ihrer Hilfe können Informationen bezüglich der Mittelherkunft und Mittelverwendung gewonnen werden.[32]

Die Kapitalflussrechnung wird in der Regel in folgenden Schritten entwickelt:
1. Erstellung einer Beständedifferenzenbilanz
2. Ableitung einer Bewegungsbilanz
3. Erstellung der Kapitalflussrechnung

Die Beständedifferenzenbilanz gewinnt man aus der Saldierung von zwei aufeinander folgenden Jahresbilanzen. Sie zeigt dementsprechend Bestandsmehrungen und Bestandsminderungen der Aktiva und Passiva. Dieser Schritt kann z. B. bereits im Zuge der Aufstellung der Strukturbilanz vollzogen werden.

Im zweiten Schritt werden positive Differenzen (Zunahme von Aktivposten und Abnahme von Passivposten) aus der Beständedifferenzenbilanz als Mittelverwendung und negative Differenzen (Abnahme von Aktivposten und Zunahme von Passivposten) als Mittelherkunft interpretiert. Die Zusammenstellung ergibt eine so genannte Bewegungsbilanz mit folgendem Bild:

Mittelverwendung	Mittelherkunft
Aktivmehrungen	Aktivminderungen
Passivminderungen	Passivmehrungen

Die Bewegungsbilanz gibt bereits Einblicke in die Finanzbewegungen einer Periode. Sie ist allerdings noch mit erheblichen Mängeln behaftet, nachdem Bilanzveränderungen aus reinen Buchungs- und Bewertungsvorgängen zahlungswirksam erscheinen können. Beispielsweise würde die Erhöhung von Rückstellungen (Passivmehrung) zu einer Interpretation als Mittelherkunft führen, obwohl diese lediglich einen nicht zahlungswirksamen Aufwand darstellt.

22   Die Kapitalflussrechnung ist eine Weiterführung der Bewegungsbilanz. Die Zahlungsströme werden nun in folgende Bereiche gegliedert:[33]

- Laufende Geschäftstätigkeit
- Investitionstätigkeit
- Finanzierungstätigkeit

Es ergibt sich folgende empfohlene Mindestgliederung der Kapitalflussrechnung bei indirekter Ermittlung:

---

[32] Vgl. hierzu und zu Folgendem z. B. Schwarzecker/Spandl, Krisenmanagement mit Kennzahlen, S. 51 ff.; Rehkugler/Schindel, Finanzierung, S. 258 ff.; Vollmuth, a. a. O., S. 219 ff.

[33] Die Darstellung bezieht sich auf die Stellungnahme HFA 1/1995 der Schmalenbach-Gesellschaft/Deutsche Gesellschaft für Betriebswirtschaft e. V., Die Wirtschaftsprüfung, Heft 6/1995, S. 210 ff.

Mindestgliederung der Kapitalflussrechnung	
1.	Jahresüberschuss/Fehlbetrag
2. +/−	Abschreibungen/Zuschreibungen auf Gegenstände des Anlagevermögens
3. +/−	Zunahme/Abnahme der kurzfristigen Rückstellungen
4. +/−	Sonstige zahlungsunwirksame Aufwendungen/Erträge
5. +/−	Gewinn/Verlust aus dem Abgang von Gegenständen des Anlagevermögens
6. +/−	Zunahme/Abnahme der Vorräte, der Forderungen aus Lieferungen und Leistungen sowie anderer Aktiva
7. +/−	Zunahme/Abnahme der Verbindlichkeiten aus Lieferungen und Leistungen sowie anderer Passiva
8. =	**Mittelzufluss/-abfluss aus laufender Geschäftstätigkeit**
9.	Einzahlungen aus Abgängen (z. B. Verkaufserlöse, Tilgungsbeträge) von Gegenständen des Anlagevermögens (Restbuchwerte der Abgänge erhöht um Gewinne und vermindert um Verluste aus dem Anlagenabgang)
10. −	Auszahlungen für Investitionen in das Anlagevermögen
11. =	**Mittelzufluss/-abfluss aus der Investitionstätigkeit**
12.	Einzahlungen aus Kapitalerhöhungen und Zuschüssen der Gesellschafter
13. −	Auszahlungen an Gesellschafter (Dividenden, Kapitalrückzahlungen, andere Ausschüttungen)
14. +	Einzahlung aus der Begebung von Anleihen und aus der Aufnahme von (Finanz-)Krediten
15. −	Auszahlungen für die Tilgung von Anleihen und (Finanz-)Krediten
16. =	**Mittelzufluss/-abfluss aus der Finanzierungstätigkeit**
17.	Zahlungswirksame Veränderung des Finanzmittelbestandes (Summe der Zeilen 8, 11, 16) = Netto Cash Flow
18. +/−	Wechselkursbedingte und sonstige Wertänderungen des Finanzmittelbestands
19. +	Finanzmittelbestand am Anfang der Periode (Netto)
20. =	**Finanzmittelbestand am Ende der Periode (Netto)**

G. Analyse der Gewinn- und Verlustrechnung

Im Rahmen der strukturellen Erfolgsanalyse werden die Ertrags- und Aufwandspositionen der Gewinn- und Verlustrechnungen (GuV) aus der Vergangenheit eines Unternehmens untersucht. Grundlegendes Ziel ist es da- 23 bei, das nachhaltige Unternehmensergebnis aus dem Jahresüberschuss abzuleiten und die Ursachen für die Entwicklung des Jahreserfolges zu ermitteln. Damit wird letztlich versucht, Anhaltspunkte für eine zukünftige Entwicklung des Unternehmenserfolges zu gewinnen.

Im Hinblick auf die Unternehmensanalyse und etwaiger Sanierungsmaßnahmen ist dabei die Entwicklung der Aufwands- und Ertragsstruktur von besonderer Bedeutung.[34]

I. Erfolgsspaltung

24 Um »extrapolations- bzw. prognosefähige von nicht extrapolations- bzw. prognosefähigen Erfolgskomponenten der Vergangenheitserfolge zu trennen«, wird das Gesamtergebnis im Rahmen einer Erfolgsspaltung zunächst nach den Kriterien »Betriebszugehörigkeit« und »Stetigkeit« der Erfolgsquellen gegliedert. Das Jahresergebnis wird dementsprechend wie folgt aufgegliedert:

- Ordentliches Betriebsergebnis:
  beinhaltet die regelmäßig anfallenden Erträge und Aufwendungen, die bei Produktion und Vertrieb von Leistungen anfallen, die dem Geschäftszweck eines Unternehmens dienen.
- Finanzergebnis (ordentliches betriebsfremdes Ergebnis):
  beinhaltet alle Aufwendungen und Erträge, die mit Finanztransaktionen im Zusammenhang stehen.
- Außerordentliches Ergebnis:
  beinhaltet alle außergewöhnlichen, aperiodischen, betriebsfremden und bewertungsbedingten Erträge und Aufwendungen.

25 Zur detaillierten Umgliederung der einzelnen Bilanzpositionen kann das nachfolgende Schemata verwendet werden. Zu dessen Gliederung ist insbesondere Folgendes anzumerken: Der unterschiedliche Ansatz der sonstigen betrieblichen Aufwendungen und Erträge in das außerordentliche bzw. ordentliche Ergebnis ist nicht unproblematisch, nachdem beide Positionen i. d. R. ordentliche und außerordentliche Komponenten enthalten. Nachdem eine eindeutige Zuordnung aber aufgrund mangelnder Aufgliederung im Jahresabschluss oft nicht möglich ist, werden im Rahmen einer eher konservativen Beurteilung die sonstigen betrieblichen Erträge voll dem außerordentlichen Ergebnis und die sonstigen betrieblichen Aufwendungen voll dem ordentlichen zugerechnet. Ist eine Aufsplittung allerdings möglich, sollte sie auch entsprechend genutzt werden.[35]

---

34 Bitz/Schneeloch/Wittstock, a. a. O., S. 397 ff.; Coenenberg, a. a. O., S. 595 ff.
35 Vgl. Coenenberg, a. a. O., S. 597.

	GuV-Position gem. § 275 Abs. 2 HGB	
1.	1	Umsatzerlöse
2.	2	+ Bestanderhöhungen
3.	3	+ andere aktivierte Eigenleistungen
4.	5	− Materialaufwand
5.	6	= Rohertrag (Zwischensumme 1. bis. 4.)
6.	7 a/c/d	− Personalaufwand
7.	8	− Abschreibungen
8.	8 a	− sonstige betriebliche Aufwendungen
9.	19	(-Einstellungen in den SoPo mit Rücklageanteil) − sonstige Steuern
10.		= Ordentliches Betriebsergebnis
11.	9	Erträge aus Beteiligungen
12.	10	+ Erträge aus anderen Wertpapieren
13.	11	+ sonstige Zinsen und ähnliche Erträge
14.	12	− Abschreibungen auf Finanzanlagen und Wertpapiere des UV sowie Aufwendungen aus Verlustübernahmen
15.	13	− Zinsen und ähnliche Aufwendungen
16.		= Finanzergebnis
17.		= Ordentliches Ergebnis (10.+ 16.)
18.	4	Sonstige betriebliche Erträge
19.	4 a	+ Erträge aus der Auflösung von SoPo mit Rücklageanteil
20.	15	+ Außerordentliche Erträge
21.	16	− Außerordentliche Aufwendungen
22.	7 b	− unübliche Abschreibungen auf Umlaufvermögen
23.	8 a	− Einstellungen in den SoPo mit Rücklageanteil
24.		= Außerordentliches Ergebnis
25.		= Gesamtergebnis vor Steuern (17.+ 24.)
26.	18	Steuern vom Einkommen und vom Ertrag
27.		= Gesamtergebnis nach Steuern (25. + 26.)

II. Analyse der Aufwands- und Ertragsstruktur

26 In der Theorie und Praxis sind zur Analyse der Aufwands- und Ertragsstruktur eine Vielzahl von Kennzahlen entwickelt worden. Nachfolgend werden lediglich die für einen Zeitvergleich wichtigsten Kennzahlen dargestellt.[36]

> **Bei der Analyse der Umsatzentwicklung und der Zusammensetzung der Gesamtleistung haben die folgenden Kennzahlen Bedeutung erlangt:**
>
> - $\text{Umsatzquote} = \dfrac{\text{Umsatz}}{\text{Gesamtleistung} \cdot 100}$
>
> - $\text{Umsatzquote der i-ten Sparte} = \dfrac{\text{Umsatz der Sparte i}}{\text{Gesamtumsatz} \cdot 100}$
>
> - $\text{Exportquote} = \dfrac{\text{Auslandsumsatz}}{\text{Gesamtumsatz} \cdot 100}$

27 Die Struktur des Gesamtergebnisses kann durch die Verhältnisse der einzelnen Erfolgskomponenten zum Gesamtergebnis vor Steuern, so genannte Ergebnisquoten, verdeutlicht werden.

> **Struktur des Gesamtergebnisses:**
>
> - $\text{Betriebsergebnisquote} = \dfrac{\text{ordentliches Betriebsergebnis}}{\text{Gesamtergebnis vor Steuern} \cdot 100}$
>
> - $\text{Finanzergebnisquote} = \dfrac{\text{Finanzergebnis}}{\text{Gesamtergebnis vor Steuern} \cdot 100}$

28 Zur Analyse der Kostenschwerpunkte ist die Berechnung von Aufwandsquoten, so genannte Aufwandsintensitätskennzahlen, sinnvoll. Zu diesem Zweck werden einzelne Aufwandspositionen zur Gesamtleistung in Beziehung gesetzt.

> **Besonders bekannte Kennzahlen zur Analyse der Kostenschwerpunkte:**
>
> - $\text{Materialintensität} = \dfrac{\text{Materialaufwand}}{\text{Gesamtleistung} \cdot 100}$
>
> - $\text{Personalintensität} = \dfrac{\text{Personalaufwand}}{\text{Gesamtleistung} \cdot 100}$
>
> - $\text{Abschreibungsintensität} = \dfrac{\text{Abschreibungen}}{\text{Gesamtleistung} \cdot 100}$

---

36 Coenenberg, a. a. O., S. 603 ff.

Die Intensitätskennzahlen geben damit das Gewicht der einzelnen Produktionsfaktoren an und zeigen die Sensitivität bezüglich der Veränderungen des Preis-Mengengerüsts bei den einzelnen Faktoren (z. B. Verteuerung der Materialkosten, Lohnsteigerungen etc.). Besonders im Zeitvergleich geben diese Kennzahlen wertvolle Hinweise auf Veränderungen im Produktionsablauf. 29

▸ **Beispiel:**
Eine steigende Materialintensität kann auf gestiegene Materialeinstandspreise (Abhängigkeit von Lieferanten? Fehlende Marktmacht gegenüber Abnehmern?) oder aber auch auf eine gesunkene Fertigungstiefe und eine damit einhergehende Erhöhung des Fremdbezugs hinweisen. Eine hohe Personalintensität zeigt eine entsprechend hohe Fixkostenbelastung, die in Zeiten von Unterbeschäftigung besonders problematisch ist.[37] Eine sinkende Abschreibungsintensität kann z. B. auf eine überalterte Produktionsstruktur hinweisen.[38]

Einen tiefere Analyse der Produktivität bzw. des Lohn- und Gehaltsniveaus können die Kennzahlen 30

- Pro-Kopf-Leistung $= \dfrac{\text{Gesamtleistung}}{\text{Beschäftigtenanzahl}}$

- Pro-Kopf-Personalaufwand $= \dfrac{\text{Personalaufwand}}{\text{Beschäftigtenanzahl}}$

geben. Die Angaben zur Personalstärke sind dem Anhang zur Bilanz (§ 285 Nr. 7 HGB) entnehmbar.

III. Wertschöpfungsanalyse

Ein weiteres Analyseinstrument im Rahmen der Erfolgsanalyse ist die so genannte Wertschöpfungsanalyse. Unter dem Begriff Wertschöpfung wird im Allgemeinen der Teil des Ergebnisses verstanden, den ein Unternehmen nach Berücksichtigung der Vorleistungen durch Lieferanten erwirtschaftet. Die Wertschöpfung gilt als Maßstab für die Beurteilung der Produktivität eines Unternehmens. Die Analyse zeigt insbesondere auch die Verteilung der Einkommen, die im Unternehmen erwirtschaftet werden.[39] 31

---

37 Im Rahmen einer Zukunftsprognose sind Lohnsteigerungen in die Betrachtung einzubeziehen.
38 Problematisch bei der Interpretation der Abschreibungsintensität ist, dass eventuell vermehrt Leasingverträge abgeschlossen wurden und so Abschreibungsaufwand durch sonstigen betrieblichen Aufwand substituiert wurde!
39 Schwarzecker/Spandl, Krisenmanagement mit Kennzahlen, 2. Aufl. 1996, S. 57 ff.; Vollmuth, a. a. O., S. 215 ff.; Coenenberg, a. a. O., S. 620 ff.

Ausgangsbasis für eine näherungsweise Ableitung der Wertschöpfungsrechnung aus der GuV sind eine Entstehungs- und eine Verteilungsrechnung. Ein vereinfachtes Berechnungsschema ist nachfolgend dargestellt. Je nach Informationslage können weitere Bereinigungen bzw. Umgliederungen der Positionen vorgenommen werden.

Entstehungsrechnung		Periode 1	Periode 2	Abweichung	
		T€	T€	T€	%
1.	Umsatzerlöse				
2.	+/- Bestandsveränderungen				
3.	+ andere aktivierte Eigenleistungen				
4.	= Betriebsleistung				
5.	+ sonstige betriebliche Erträge				
6.	- Liquidations-/ Bewertungserträge				
7.	= Gesamtleistung (Produktionswert)				
8.	Materialaufwand				
9.	+ Abschreibungen				
10.	+ sonstige betriebliche Aufwendungen				
11.	+ sonstige Steuern				
12.	= Vorleistungen				
13.	= Wertschöpfung (Nr. 7 ./. Nr. 12)				

Verteilungsrechnung		Periode 1	%	Periode 2	%
		T€	%	T€	%
1.	Personalaufwand				
2.	+ Steuern v. Einkommen u. Ertrag				
3.	+ Zinsen und ähnliche Aufwendungen				
4.	+ Bilanzgewinn				
5.	+ sonstige betriebliche Erträge				
6.	+/- Restbetrag (Rückstellungen, Zinserträge etc.)				
7.	= Wertschöpfung		100%		100%

32 Eine Interpretation der absoluten Wertschöpfungskennzahl erfolgt i. d. R. im Zeitvergleich. Hilfreich ist auch die Analyse der prozentualen Zusam-

mensetzung der Verteilungskomponenten in Bezug auf die Wertschöpfung. Neben der absoluten Größe der Wertschöpfung haben insbesondere folgende Relationen Verbreitung gefunden:

- Arbeitsproduktivität $= \dfrac{\text{Wertschöpfung}}{\text{Beschäftigtenanzahl}}$

- Wertschöpfungsquote $= \dfrac{\text{Wertschöpfung}}{\text{Gesamtleistung} \cdot 100}$

Die Arbeitsproduktivität gibt die Wertschöpfung je Mitarbeiter an. Die Wertschöpfungsquote wird oft als Maß der Fertigungstiefe von Unternehmen interpretiert und dient insbesondere als Anhaltspunkt im Rahmen von Unternehmensvergleichen.

IV. Analyse der Rentabilität

Fremd- und Eigenkapitalgeber erwarten für ihre Investition in ein Unternehmen i. d. R. eine ihrem Investitionsrisiko entsprechend angemessene Rendite. Im Rahmen der Rentabilitätsanalyse wird dementsprechend versucht, Aussagen über die Verzinsung des eingesetzten Kapitals abzuleiten. Zu diesem Zweck werden absolute Ergebnisgrößen mit entsprechenden Vermögens- bzw. Kapitalgrößen in Beziehung gesetzt. Die bekanntesten Kennzahlen sind:[40]

33

- Eigenkapitalrentabilität $= \dfrac{\text{Ergebnis}}{\text{Eigenkapital} \cdot 100}$

Die Eigenkapitalrentabilität gibt die Verzinsung des Eigenkapitals an. Sie sollte i. d. R. höher als die Verzinsung des Fremdkapitals sein.

- Gesamtkapitalrentabilität $= \dfrac{(\text{Ergebnis} + \text{Fremdkapitalzinsen})}{\text{Gesamtkapital} \cdot 100}$

Die Kennzahl gibt die Verzinsung des gesamten im Unternehmen investierten Kapitals an. Die Kennzahl findet oft bei Betriebsvergleichen Verwendung.

---

[40] Bitz/Schneeloch/Wittstock, a. a. O., S. 414 ff.; Coenenberg, a. a. O., S. 611 ff.; Engel-Bock, a. a. O., S. 135 ff.

Schneider

$$\text{Umsatzrentabilität} = \frac{\text{ordentliches Betriebsergebnis}}{\text{Umsatz} \cdot 100}$$

Die Umsatzrentabilität zeigt an, wie viel »umsatzbezogener Gewinn« einem Unternehmen pro umgesetzter DM übrig bleiben, das heißt sie zeigt die Gewinnmarge.

34 Eine weitere populäre Kennzahl ist der so genannte Return On Investment (ROI), obwohl in der Literatur keineswegs Einigkeit über eine einheitliche Definition der Kennzahl herrscht. Häufig findet sich allerdings folgende Kennzahlendefinition:

$$\text{ROI} = \frac{\text{ordentliches Betriebsergebnis}}{\text{betriebsnotwendiges Vermögen} \cdot 100}$$

Das betriebsnotwendige Vermögen stellt dabei den Teil des Unternehmensvermögens dar, der zur Erzielung des Betriebsergebnisses nötig war.

Errechnung des betriebsnotwendigen Vermögens:	
Bezeichnung	Bilanzpositionen
Sachanlagen u. immaterielle Vermögensgegenstände	Aktiva A I/II
+ Vorräte	Aktiva B I
+ Forderungen	Aktiva B II 1–3
+ Liquide Mittel	Aktiva B IV
+ Aktive Rechnungsabgrenzung	Aktiva C
= betriebsnotwendiges Vermögen	Aktiva BI

H. Fallbeispiel zur Jahresabschlussanalyse

35 Im nachfolgenden Beispiel zur Jahresabschlussanalyse werden die wichtigsten der besprochenen Kennzahlen und Konzepte aufgegriffen und interpretiert. Berechnungsgrundlage sind zwei Jahresabschlüsse eines fiktiven Unternehmens, die nachfolgend dargestellt sind:

Bilanz der xyz AG zum 31. 12. 1999					
Aktiva			Passiva		
	1999 TDM	1998 TDM		1999 TDM	1998 TDM
Immaterielle Vermögensgegenstände	207,00	207,00	Gezeichnetes Kapital	7.200,00	7.200,00
Sachanlagen	10.136,70	9.315,00	Kapitalrücklage	5.058,00	5.058,00
Finanzanlagen	698,40	698,40	Gewinnrücklage	2.894,40	1.260,90
Roh-, Hilfs- u. Betriebsstoffe	4.489,20	4.248,00	Jahresüberschuss	1.217,80	1.633,50
Unfertige-/Fertigerzeugnisse	10.907,00	1.107,00	Rückstellungen	1.005,30	126,00
Forderungen	4.426,20	3.321,00	Langfristige Verbindlichkeiten	4.134,60	3.060,90
Sonstige Vermögensgegenstände	278,10	211,50	Verbindlichkeiten aus L. u. L.	6.540,30	3.913,20
Wertpapiere	279,00	279,00	sonstige Verbindlichkeiten	10.231,10	324,00
Schecks, Kasse und Bankguthaben	6.859,90	3.189,60			
Bilanzsumme	38.281,50	22.576,50	Bilanzsumme	38.281,50	22.576,50

Gewinn- und Verlustrechnung xyz AG	1999 TDM	1998 TDM
Umsatzerlöse	34.560,10	37.848,60
Bestandsveränderungen	9.800,00	0,00
sonstige betriebliche Erträge	134,10	110,70
Gesamtleistung	44.494,20	37.959,30
Materialaufwand	21.595,50	18.399,60
Personalaufwand	12.505,50	12.161,70
Abschreibungen	1.963,80	1.695,60
Sonstige betrieblichen Aufwendungen	5.006,70	3.087,00
Erträge aus Beteiligungen	63,00	56,70
Sonstige Zinserträge	153,00	132,30
Zinsaufwendungen	1.352,60	509,40

Gewinn- und Verlustrechnung xyz AG	1999 TDM	1998 TDM
Ergebnis der gewöhnlichen Geschäftstätigkeit	2.286,10	2.295,00
Außerordentliche Erträge	72,90	93,60
Außerordentliche Aufwendungen	59,40	66,60
Steuern	1.081,80	688,50
Jahresüberschuss	1.217,80	1.633,50

36 Nach der Aufbereitung der Daten in das hier vorgestellte Schema, ergeben sich eine Strukturbilanz und die Darstellung der Erfolgsspaltung.

	Strukturbilanz Aktiva	1998 TDM	in % BS	1999 TDM	in % BS	Abweichung TDM	%
1.	Immaterielle Vermögensgegenstände	207	1%	207	1%	0	0%
	– Geschäfts- und Firmenwert	0	–	0	–	0	–
	– Aufw. für Ingangs./ Erweit. d. Geschäftsbetriebs	0	–	0	–	0	–
2.	+ Sachanlagen	9.315,00	41%	10.137	26%	822	9%
3.	+ Finanzanlagen	698	3%	698	2%	0	0%
4.	= Summe Anlagevermögen (AV)	10.220	45%	11.042	29%	822	8%
5.	Roh-,Hilfs- u. Betriebsstoffe (RHB)	4.248	19%	4.489	12%	241	6%
6.	+ Fertige u. Unfertige Erzeugnisse (FE/UE)	1.107	5%	10.907	28%	9.800	885%
7.	= Zwischensumme Vorräte	5.355	24%	15.396	40%	10.041	188%
8.	Forderungen a. Lieferungen u. Leistungen (LuL)	3.321	15%	4.426	12%	1.105	33%
9.	+ sonstige Forderungen/Vermögensgegenstände	212	1%	278	1%	67	31%
10.	= Zwischensumme Forderungen	3.533	16%	4.704	12%	1.172	33%

	Strukturbilanz Aktiva	1998 TDM	in % BS	1999 TDM	in % BS	Abweichung TDM	%
11.	+ Liquide Mittel inkl. Wertpapiere	3.469	15%	7.139	19%	3.670	106%
	– Eigene Anteile	0	–	0	–	0	–
12.	+ Rechnungsabgrenzungsposten	0	–	0	–	0	–
	– aktiviertes Disagio	0	–	0	–	0	–
	– aktivierte latente Steuern	0	–	0	–	0	–
13.	= Summe Umlaufvermögen (UV)	12.356	55%	27.239	71%	14.883	120%
14.	Bilanzsumme (BS)	22.577	100%	38.282	100%	15.705	70%

	Strukturbilanz Passiva	1998 TDM	in % BS	1999 TDM	in % BS	Abweichung TDM	%
1.	Gezeichnetes Kapital	7.200	32%	7.200	19%	0	0%
	– nicht eingeford. ausst. Einlagen	0	–	0	–	0	–
2.	+ Rücklagen	6.319	28%	7.952	21%	1.634	26%
	– Rücklagen für eigene Anteile	0	–	0	–	0	–
3.	+ Gewinnvortrag/ –Verlustvortrag	0	–	0	–	0	–
3.	+ Bilanzgewinn	1.634	7%	1.218	3%	–416	–25%
	– Geschäfts- u. Firmenwert	0	–	0	–	0	–
	– Aufw. f. Ingangs./ Erweit. d. Geschäftsbetriebs	0	–	0	–	0	–
	– aktiviertes Disagio	0	–	0	–	0	–
	– aktivierte latente Steuern	0	–	0	–	0	–
4.	+ EK-Anteil SoPo mit Rücklagenanteil	0	–	0	–	0	–
5.	= Summe Eigenkapital (EK)	15.152	67%	16.370	43%	1.218	8%

	Strukturbilanz Passiva	1998 TDM	in % BS	1999 TDM	in % BS	Abweichung TDM	%
6.	Verbindlichkeiten mit Restlaufzeit > 5 Jahren	3.061	14%	4.135	11%	1.074	35%
7.	+ Pensionsrückstellungen	0	–	0	–	0	–
8.	= Zwischensumme langfr. Fremdkapital (LFK)	3.061	14%	4.135	11%	1.074	35%
9.	Verbindlichkeiten Restlaufzeit 1 bis 5 Jahre	0	–	0	–	0	–
10.	+ FK-Anteil SoPo m. Rkl.	0	–	0	–	0	–
11.	= Zwischensumme mittelfr. Fremdkapital (MFK)	0	–	0	–	0	–
12.	Steuerrückstellungen	0	–	0	–	0	–
13.	+ Sonstige Rückstellungen	126	1%	1.005	3%	879	698%
14.	+ Verbindlichkeiten Restlaufzeit < 1 Jahr	4.237	19%	16.771	44%	12.534	296%
	davon Verbindlichkeiten aus Lieferungen u. Leistungen	3.913	17%	6.540	17%	2.627	67%
15.	+ Rechnungsabgrenzungsposten	0	–	0	–	0	–
16.	= Zwischensumme kurzf. Fremdkapital (KFK)	4.363	19%	17.777	46%	13.414	307%
17.	= Summe Fremdkapital (FK)	7.424	33%	21.911	57%	14.487	195%
18.	Bilanzsumme (BS)	22.577	100%	38.282	100%	15.705	70%

	GuV-Position gem. § 275 Abs. 2 HGB	1998 TDM	in % GL	1999 TDM	in % GL	Abweichung TDM	in %
1.	1 Umsatzerlöse	37.849	100%	34.560	78%	−3.289	−9%
2.	2 + Bestandserhöhungen	0	0%	9.800	22%	9.800	–
3.	3 + andere aktivierte Eigenleistungen	0	0%	0	0%	0	–
	= **Gesamtleistung (Zwischensumme 1. bis. 3.)**	**37.849**	**100%**	**44.360**	**100%**	**6.512**	**17%**
4.	5 − Materialaufwand	18.400	49%	21.596	49%	3.196	17%
	= **Rohertrag**	**19.449**	**51%**	**22.765**	**51%**	**3.316**	**17%**
5.	6 − Personalaufwand	12.162	32%	12.506	28%	344	3%
6.	7 a/c/d − Abschreibungen	1.695,6	4%	1.964	4%	268,20	16%
7.	8 − sonstige betriebliche Aufwendungen	3.087	8%	5.007	11%	1.920	62%
8.	8 a (− Einstellungen in den SoPo mit Rücklageanteil)	0	0%	0	0%	0	–
9.	19 − sonstige Steuern	0	0%	0	0%	0	–
10.	= **Ordentliches Betriebsergebnis**	**2.505**	**7%**	**3.289**	**7%**	**784**	**31%**
11.	9 Erträge aus Beteiligungen	57	0%	63	0%	6	11%
12.	10 + Erträge aus anderen Wertpapieren	0	0%	0	0%	0	–
13.	11 + sonstige Zinsen und ähnliche Erträge	132	0%	153	0%	21	16%
14.	12 − Abschr. a. Finanzanlagen/ Wertpapiere des UV sowie Aufw. a. Verlustübernahmen	0	0%	1	0%	1	–
15.	13 − Zinsen und ähnliche Aufwendungen	509	1%	1.353	3%	843	166%

	GuV-Position gem. § 275 Abs. 2 HGB		1998 TDM	in % GL	1999 TDM	in % GL	Abweichung TDM	in %
16.	=	Finanzergebnis	−320	−1%	−1.138	−3%	−817	255%
17.	=	Ordentliches Ergebnis (10. + 16.)	2.184	6%	2.151	5%	−33	−2%
18.	4	Sonstige betriebliche Erträge	111	0%	134	0%	23	21%
19.	4 a +	Erträge aus der Auflösung von SoPo mit Rkl.	0	0%	0	0%	0	−
20.	15 +	Außerordentliche Erträge	94	0%	73	0%	−21	−22%
21.	16 −	Außerordentliche Aufwendungen	67	0%	59	0%	−7	−11%
22.	7 b −	unübliche Abschreibungen auf Umlaufvermögen	0	0%	0	0%	0	−
23.	8 a −	Einstellungen in den SoPo mit Rkl.	0	0%	0	0%	0	−
24.	=	Außerordentliches Ergebnis	138	0%	148	0%	10	7%
25.	=	Gesamtergebnis vor Steuern (17.+ 24.)	2.322	6%	2.299	5%	−23	−1%
26.	18	Steuern vom Einkommen und vom Ertrag	689	2%	1.082	2%	393	57%
27.	=	Gesamtergebnis nach Steuern (25. + 26.)	1.634	4%	1.217	3%	−417	−26%

Die so aufbereiteten Daten geben in dem einfachen Beispiel bereits einen guten Einblick in den Verlauf der vergangenen Wirtschaftsperiode der xyz AG, so dass man folgende Aussagen treffen kann:

- Das Unternehmen hat kräftig investiert.
- Die Lagerbestände an fertigen und unfertigen Erzeugnissen sowie die liquiden Mittel haben überproportional zugenommen.
- Es erfolgte eine volle Gewinnthesaurierung des Jahreserfolges 1998.
- Die Verbindlichkeiten, insbesondere im kurzfristigen Bereich, sowie die Rückstellungen haben sich überproportional erhöht.
- Die Gesamtleistung ist bei einem rückläufigen Umsatz kräftig gestiegen.
- Der Materialaufwand stieg analog zu den Gesamtleistungen, während sich die Personalkosten gegenüber der Gesamtleistung unterproportional entwickelten.
- Die sonstigen betrieblichen Aufwendungen sind überproportional gestiegen.
- Die Zinsaufwendungen sind korrespondierend zu der Ausweitung der kurzfristigen Verbindlichkeiten stark angestiegen.
- Insbesondere aufgrund des Finanzergebnisses ist der Jahresüberschuss gesunken.

Setzt man die im Rahmen der Datenaufbereitung erhaltenen Werte in die Kennzahlenformeln ein, können im Rahmen einer Kennzahlenanalyse nun weiter gehende Aussagen gemacht werden:

1. Strukturanalyse				
1.1 Vermögensstrukturanalyse	1998	Dimension	1999	Dimension
Anlagenintensität	45,27	Prozent	28,84	Prozent
Umlaufintensität	54,73	Prozent	71,16	Prozent
Forderungsintensität	15,65	Prozent	12,29	Prozent
Vorratsintensität	23,72	Prozent	40,22	Prozent
Debitorenziel	32,027	Tage	46,746	Tage
Umschlagshäufigkeit Gesamtkapital	1,676	... in einer Periode	0,903	... in einer Periode
Gesamtkapitalumschlag	217,721	Tage	404,303	Tage
Umschlagshäufigkeit Sachanlagevermögen	4,063	... in einer Periode	3,409	... in einer Periode
Sachanlagenvermögensumschlag	89,831	Tage	107,057	Tage
Umschlagshäufigkeit Umlaufvermögen	3,063	... in einer Periode	1,269	... in einer Periode

1. Strukturanalyse				
1.1 Vermögensstruktur-analyse	1998	Dimension	1999	Dimension
Anlagenintensität	45,27	Prozent	28,84	Prozent
Umlaufvermögens-umschlag	119,158	Tage	287,684	Tage
Umschlagshäufigkeit des Lagers	7,068	... in einer Periode	2,245	... in einer Periode
Lagerumschlag	51,642	Tage	162,604	Tage
1.2 Kapitalstruktur-analyse	1998	Dimension	1999	Dimension
Eigenkapitalquote	67,1	Prozent	42,8	Prozent
Fremdkapitalquote	32,9	Prozent	57,2	Prozent
Verschuldungsgrad	49,0	Prozent	133,8	Prozent
Kreditorenziel	78	Tage	109	Tage

Die Kennzahlen legen die Problematik des Geschäftsverlaufs deutlich offen:

- Die Vermögensstruktur hat sich erheblich zugunsten des Umlaufvermögens verschoben.
- Die Ausweitung der Vorräte ist vor allem fremdfinanziert worden.
- Die Umschlagskennzahlen zeigen, dass das gebundene Vermögen 1999 weniger gut als in 1998 genutzt wurde.
- Das Kreditorenziel lässt auf ein verschlechtertes Zahlungsverhalten des Unternehmens schließen. Skontozahlungen werden wahrscheinlich nicht genutzt.

2. Finanzierungs- und Liquiditätsanalyse				
2.1 Statische Liquidität	1998	Dimension	1999	Dimension
Deckungsgrad 1	148,26	Prozent	148,25	Prozent
Deckungsgrad 2	178,21	Prozent	185,70	Prozent
goldene Bilanzregel	erfüllt		erfüllt	
goldene Finanzierungs-regel	erfüllt		erfüllt	
Liquidität 1. Grades	79,50	Prozent	40,16	Prozent
Liquidität 2. Grades	155,61	Prozent	65,06	Prozent
Liquidität 3. Grades	166,43	Prozent	124,32	Prozent
acid-Test	erfüllt		nicht erfüllt	
Bankers Rule	nicht erfüllt		nicht erfüllt	
Net Working Capital	7992,90	TDM	9462,70	TDM
Effektiv-Verschuldung	423,00	TDM	10068,10	TDM

Die Deckungsgrade zeigen, dass das Anlagevermögen vollkommen »eigenkapitalfinanziert« und damit fristenkongruent finanziert ist. Dieses Verhältnis ist als sehr gut zu bewerten. 39

Die (statische) Liquidität des Unternehmens hat sich dagegen deutlich verschlechtert. Hier zeigt sich, dass die Ausweitung des Umlaufvermögens vor allem kurzfristig finanziert wurde und es sich bei der Ausweitung vor allem um Vorratsbestände handelt. Diesen Umstand spiegelt auch die Effektiv-Verschuldung deutlich wieder.

2.2 Dynamische Liquidität	1998	Dimension	1999	Dimension
Jahresüberschuss	1633,50	TDM	1216,80	TDM
+ Abschreibungen	1695,60	TDM	1963,80	TDM
− Zuschreibungen	0,00	TDM	0,00	TDM
+ Erhöhung von (langfristigen) Rückstellungen	0,00	TDM	879,30	TDM
− Verminderung von (langfristigen) Rückstellungen	0,00	TDM	0,00	TDM
= Praktiker Cash Flow	3329,10	TDM	3180,60	TDM
Jahresüberschuss	1.634	TDM	1.217	TDM
+ Abschreibungen auf Anlagevermögen und Wertpapiere	1.696	TDM	1.964	TDM
− Zuschreibungen auf Anlagevermögen	0	TDM	0	TDM
+ Veränderung der Rückstellungen	−	TDM	879	TDM
+ Veränderung der SoPo mit RKl	−	TDM	0	TDM
+ Veränderung passivisch ausgewiesener Pauschalwertberichtigungen	−	TDM	0	TDM
+ Veränderung Verbindlichkeiten aus Lieferungen u. Leistungen	−	TDM	2.627	TDM
+ Veränderung der Verbindlichkeiten geg. verb. Unternehmen/Wechsel	−	TDM	0	TDM
+ Veränderung der erhaltenen *Anzahlungen*	−	TDM	0	TDM
+ Veränderung der passiven Rechnungsabgrenzungsposten	−	TDM	0	TDM
− Veränderung der Vorräte	−	TDM	10.041	TDM
− Veränderung der Forderungen/ sonst. Vermögensgegenstände	−	TDM	1.172	TDM

2.2 Dynamische Liquidität	1998	Dimension	1999	Dimension
Jahresüberschuss	1633,50	TDM	1216,80	TDM
− Veränderung der aktiven Rechnungsabgrenzungsposten	−	TDM	0	TDM
− andere aktivierte Eigenleistungen	−	TDM	0	TDM
= erweiterter Cash Flow	3.329	TDM	−4.526	TDM
Dynamischer Verschuldungsgrad	2,23	Jahre	6,89	Jahre
Selbstfinanzierungsquote	−	−	114,20	Prozent
Cash Flow − Umsatz-Quote	0,09	DM	0,09	DM

40 Im abgelaufenen Geschäftsjahr war der erwirtschaftete Cash Flow nicht ausreichend, um die gesamten Vorratsinvestitionen selbstständig zu finanzieren. Hier zeigt sich, dass der Praktiker Cash Flow lediglich einen rudimentären Anhaltspunkt für die Zahlungsströme im Unternehmen geben kann.

Die Bewegungsbilanz und die Kapitalflussrechnung geben nun einen detaillierteren Einblick in die Struktur der Investitionen und Finanzierung:

Bewegungsbilanz xyz AG 1999			
Mittelverwendung	**TDM**	**Mittelherkunft**	**TDM**
I. Aktivmehrungen		**I. Aktivminderungen**	
Sachanlagen	822	keine im Jahresverlauf	
Roh-, Hilfs- u. Betriebsstoffe (RHB)	241		
Fertige u. Unfertige Erzeugnisse (FE/UE)	9.800	**II. Passivmehrungen**	
Forderungen Lieferungen u. Leistungen	1.105		
sonstige Forderungen/Vermögensgegenstände	67	Verbindlichkeiten mit Restlaufzeit > 5 Jahren	1.074
Liquide Mittel inkl. Wertpapiere	3.670	Sonstige Rückstellungen	879
		Verbindlichkeiten Restlaufzeit < 1 Jahr	12.534
II. Passivminderungen		Eigenkapital	1.218
keine im Jahresverlauf			
Summe	**15.705**	**Summe**	**15.705**

	Kapitalflussrechnung xyz AG	1999 TDM
1.	Jahresüberschuss/Fehlbetrag	1.217
2.	+/-Abschreibungen/Zuschreibungen auf Gegenstände des Anlagevermögens	1.964
3.	+/- Zunahme/Abnahme der kurzfristigen Rückstellungen	879
4.	+/- Sonstige zahlungsunwirksame Aufwendungen/Erträge	0
5.	-/+Gewinn/Verlust aus dem Abgang von Gegenständen des Anlagevermögens	0
6.	-/+Zunahme/Abnahme der Vorräte, der Forderungen aus Lieferungen und Leistungen sowie anderer Aktiva	-11.213
7.	+/- Zunahme/Abnahme der Verbindlichkeiten aus Lieferungen und Leistungen sowie anderer Passiva	12.534
8.	= Mittelzufluss/-abfluss aus laufender Geschäftstätigkeit	5.381
9.	Einzahlungen aus Abgängen (z. B. Verkaufserlöse, Tilgungsbeträge) von Gegenständen des Anlagevermögens	
10.	- Auszahlungen für Investitionen in das Anlagevermögen	-2.785
11.	= Mittelzufluss/-abfluss aus der Investitionstätigkeit	-2.785
12.	Einzahlungen aus Kapitalerhöhungen und Zuschüssen der Gesellschafter	0
13.	- Auszahlungen an Gesellschafter (Dividenden, Kapitalrückzahlungen, andere Ausschüttungen)	0
14.	+ Einzahlung aus der Begebung von Anleihen und aus der Aufnahme von (Finanz-) Krediten	1.074
15.	- Auszahlungen für die Tilgung von Anleihen und (Finanz-) Krediten	0
16.	= Mittelzufluss/-abfluss aus der Finanzierungstätigkeit	1.074
17.	Zahlungswirksame Veränderung des Finanzmittelbestandes (Summe der Zeilen 8, 11, 16) = Netto Cash Flow	3.670
18.	+/-Wechselkursbedingte und sonstige Wertänderungen des Finanzmittelbestands	0
19.	+ Finanzmittelbestand am Anfang der Periode (Netto)	3.469
20.	= Finanzmittelbestand am Ende der Periode (Netto)	7.138

Die Rechenwerke zeigen deutlich auf, dass die Investitionen in Anlage- und Umlaufvermögen zum großen Teil kurzfristig finanziert wurden. Zu hinterfragen sind die Gründe für die hohen Bestände an liquiden Mitteln.

3. Erfolgsanalyse				
3.1 Analyse der Ertragsstruktur	1998	Dimension	1999	Dimension
Materialintensität	48,61	Prozent	48,68	Prozent
Personalintensität	32,13	Prozent	28,19	Prozent
Abschreibungsintensität	4,48	Prozent	4,43	Prozent
Pro-Kopf-Leistung (150/154 MA)	252,32	TDM	288,05	TDM
Pro-Kopf-Personalaufwand (150/154 MA)	81,08	TDM	81,20	TDM
Arbeitsproduktivität	98,51	TDM	103,42	TDM
Wertschöpfungsquote	38,93	Prozent	17,61	Prozent
3.2 Analyse der Rentabilität	1998	Dimension	1999	Dimension
Eigenkapitalrentabilität	10,78	Prozent	7,43	Prozent
Gesamtkapitalrentabilität	9,49	Prozent	6,71	Prozent
Umsatzrentabilität	6,62	Prozent	9,52	Prozent
Betriebsnotwendiges Vermögen	16312	TDM	21909	TDM
Return in Investment (ROI)	15,36	Prozent	15,01	Prozent

42 Die Kennzahlen lassen darauf schließen, dass sich die Produktivität der Mitarbeiter in der vergangenen Periode verbessert hat. Grundlage hierfür dürften die getätigten Investitionen in das Anlagevermögen sein.

Demgegenüber zeigen die Rentabilitätskennzahlen einen negativen Trend, nachdem der Ertrag sich nicht analog zum Geschäftsverlauf entwickelt hatte. Die Kennzahlen würden sich noch wesentlich schlechter darstellen, wenn die Bestandsveränderungen aus 1999 nicht voll werthaltig[41] wären.

Wertschöpfungsanalyse					
Entstehungsrechnung		1998 TDM	1999 TDM	Abweichung TDM	%
1.	Umsatzerlöse	37.849	34.560	-3.289	-8,7%
2.	+/- Bestandsveränderungen	0	9.800	9.800	–
3.	+ andere aktivierte Eigenleistungen	0	0	0	–
4.	= Betriebsleistung	37.849	44.360	6.512	17,2%
5.	+ sonstige betriebliche Erträge	111	134	23	21,1%
6.	– Liquidations-/Bewertungserträge	0	0	0	–
7.	= Gesamtleistung (Produktionswert)	37.959	44.494	6.535	17%
8.	Materialaufwand	18.400	21.596	3.196	17%

[41] Beispiele wären überhöht ausgewiesene Bestände von nur mit Verlust verkaufbaren Fertigerzeugnissen.

Wertschöpfungsanalyse					
Entstehungsrechnung		1998 TDM	1999 TDM	Abweichung TDM	%
1.	Umsatzerlöse	37.849	34.560	–3.289	–8,7%
9.	+ Abschreibungen	1.696	1.964	268	16%
10.	+ sonstige betriebliche Aufwendungen	3.087	5.007	1.920	62%
11.	+ sonstige Steuern	0	0	0	–
12.	= Vorleistungen	23.182	28.566	5.384	23%
13.	= Wertschöpfung (Nr. 7 ./. Nr. 12)	14.777	15.928	1.151	8%
Verteilungsrechnung		1998 TDM	%	1999 TDM	%
1.	Personalaufwand	12.162	82,3%	12.506	78,5%
2.	+ Steuern v. Einkommen u. Ertrag	689	4,7%	1.082	6,8%
3.	+ Zinsen und ähnliche Aufwendungen	509	3,4%	1.353	8,5%
4.	+ Bilanzgewinn	1.634	11,1%	1.217	7,6%
5.	+/– Restbetrag (Rückstellungen, Zinserträge etc.)	–216	–1,5%	–230	–1,4%
6.	= Wertschöpfung	14.777	100,0%	15.927	100,0%

Die Wertschöpfungsanalyse zeigt, dass der Anteil der Mitarbeiter an der Wertschöpfung in der vergangenen Periode gesunken ist. Korrespondierend zu der Kennzahl Pro-Kopf-Leistung lässt dies auf eine gestiegene Mitarbeiterproduktivität schließen. Dagegen stieg der Anteil, den der Staat, die Fremdfinanziers und Anteilseigner von der Wertschöpfung erhielten.

Zusammenfassend sind insbesondere folgende Punkte weiter kritisch zu hinterfragen:

- Was waren die Gründe für das Sinken der Umsatzerlöse und das exorbitante Ansteigen der Lagerbestände?
- Sind die Lagerbestände voll werthaltig, kann also mit einer verlustfreien Liquidation der Bestände gerechnet werden?
- Funktioniert das Liquiditätsmanagement im Unternehmen bzw. warum werden so hohe liquide Mittel gehalten, während die kurzfristigen Verbindlichkeiten sehr stark angewachsen sind?
- Was sind die Gründe für das überproportionale Ansteigen der sonstigen betrieblichen Aufwendungen?
- Was sind die Gründe für die gestiegenen Steueraufwendungen?

Es zeigt sich, dass die Bilanzanalyse erste Hinweise über die wirtschaftliche Entwicklung gibt. Die aufgeworfenen Fragen müssen nun weiter gehend analysiert werden. Dazu sind Informationen und Daten notwendig, die über den Jahresabschluss hinausgehen.

21. KAPITEL RECHNUNGSLEGUNG IN DER INSOLVENZ

Inhalt

Seite

- A. Überblick 1901
  - I. Allgemeines 1901
  - II. Dualismus der Rechnungslegung 1901
    1. Zielsetzung und Zweck der internen Rechnungslegung 1902
    2. Zielsetzung und Zweck der externen Rechnungslegung 1903
- B. Interne (insolvenzrechtliche) Rechnungslegung 1904
  - I. Rechnungslegung im Vorfeld der Eröffnung des Insolvenzverfahrens – Prüfung der insolvenzauslösenden Tatbestände 1905
    1. Zahlungsunfähigkeit (§ 17 InsO) 1906
    2. Drohende Zahlungsunfähigkeit (§ 18 InsO) 1907
    3. Überschuldung (§ 19 InsO) 1908
  - II. Rechnungslegung während des Insolvenzverfahrens 1909
    1. Verzeichnis der Massegegenstände (§ 151 InsO) 1909
       - a) Ansatz (§ 151 Abs. 1 InsO) 1910
         - aa) Zugehörigkeit zur Insolvenzmasse 1910
         - bb) Einzelansatz 1911
         - cc) Ermittlung 1912
       - b) Bewertung (§ 151 Abs. 2 InsO) 1912
         - aa) Liquidationswert 1913
         - bb) Fortführungswert 1913
         - cc) Übersicht über die Bewertungsgrundlagen 1915
       - c) Darstellung 1915
       - d) Muster eines Masseverzeichnisses 1916
       - d) Unterlassen der Aufzeichnung (§ 151 Abs. 3 InsO) 1916
    2. Gläubigerverzeichnis (§ 152 InsO) 1917
       - a) Ansatz 1917
       - b) Bewertung 1919
       - c) Darstellung 1920

		d) Muster eines Gläubigerverzeichnisses	1921
	3.	Vermögensübersicht (Insolvenzeröffnungsbilanz; § 153 InsO)..	1923
		a) Ansatz..	1924
		b) Bewertung	1924
		c) Darstellung...................................	1925
		d) Muster einer Vermögensübersicht	1925
		e) Eidesstattliche Versicherung (§ 153 Abs. 2 InsO)	1927
	4.	Verwalterbericht (§ 156 InsO).........................	1928
	5.	Forderungstabelle (§ 175 InsO)........................	1930
	6.	Zwischenrechnungslegung (§ 66 Abs. 3 InsO)..............	1933
		a) Einnahmen/ Ausgaben – Überschussrechnung (Insolvenzbuchhaltung)............................	1933
		b) Zwischenbericht................................	1933
	7.	Rechnungslegung im Rahmen eines Insolvenzplanverfahrens ..	1934
		a) Vermögensübersicht (§ 229 Satz 1 InsO)	1935
		b) Plan-GuV (Ergebnisplan; § 229 Satz 2 InsO)	1936
		c) Planliquiditätsrechnung (Finanzplan; § 229 Satz 2 InsO)...	1937
III.		**Rechnungslegung zur Beendigung des Insolvenzverfahrens**	1938
	1.	Verteilungsverzeichnis (§ 188 InsO).....................	1938
		a) Zweck..	1938
		b) Inhalt..	1939
		c) Sonstiges.....................................	1940
	2.	Schlussrechnung (§ 66 Abs. 1 InsO).....................	1940
		a) Allgemeines...................................	1941
		b) Inhalt..	1942
		aa) Einnahmen/Ausgaben – Überschussrechnung	1942
		bb) Insolvenzschlussbilanz	1943
		cc) Schlussbericht...............................	1943
		dd) Schlussverzeichnis	1943
		ee) Muster eines Schlussberichts (mit Einnahmen/ Ausgaben-Überschussrechnung als Anlage)..........	1944
		c) Prüfung der Schlussrechnung (§ 66 Abs. 2 InsO)	1951
C.	**Externe (handels- und steuerrechtliche) Rechnungslegung**		1952
I.		**Rechnungslegung nach Handelsrecht**	1953
	1.	Allgemeines..	1953
		a) Handelsrechtliche Rechnungslegungspflicht............	1953
		b) Die aufzustellenden Rechenwerke (Überblick)..........	1954
	2.	Rechnungslegung im Vorfeld der Eröffnung des Insolvenzverfahrens – Schlussbilanz des werbenden Unternehmens	1956
	3.	Rechnungslegung nach Eröffnung des Insolvenzverfahrens....	1958
		a) Handelsrechtliche (Insolvenz-) Eröffnungsbilanz.........	1959
		b) Zwischenrechnungslegung – Buchführungspflicht	1960
	4.	Rechnungslegung zur Beendigung des Insolvenzverfahrens – Handelsrechtliche (Insolvenz-) Schlussbilanz	1961
II.		**Steuerrechtliche Buchführungs- und Rechnungslegungspflichten**...	1963

A. Überblick

I. Allgemeines

Um den unterschiedlichen Informationsbedürfnissen der am Insolvenzverfahren Beteiligten gerecht zu werden, beinhaltet die Insolvenzordnung (InsO) für den Insolvenzverwalter die Verpflichtung, *zahlreiche Rechenwerke* während seiner Tätigkeit aufzustellen.

Die Erfüllung dieser Aufgaben dürfte für einen Verwalter, der nicht bilanzsicher ist, nahezu unmöglich sein. Zwar handelt es sich bei der Rechnungslegung um *keine höchstpersönliche Pflicht* des Insolvenzverwalters, so dass es zulässig ist, einen Steuerberater oder Wirtschaftsprüfer damit zu beauftragen.[1] Doch vor allem *bei massearmen Verfahren* besteht das Problem, dass eine derartige Delegierung mit sehr hohem finanziellen Aufwand für die Masse verbunden ist (Masseverbindlichkeit).

Sollte der Insolvenzverwalter schuldhaft die ihm nach der InsO obliegenden Rechnungslegungspflichten verletzen, so unterliegt er der *Haftung* gemäß § 60 Abs. 1 Satz 1 InsO: Der Verwalter ist allen Beteiligten zum Schadenersatz verpflichtet. Daneben untersteht er der Aufsicht des Insolvenzgerichts, das bei Nichterfüllung seiner Aufgaben gegen ihn ein *Zwangsgeld* festsetzen (§ 58 Abs. 2 Satz 1 InsO) oder ihn aus wichtigem Grund *aus dem Amt entlassen* kann (§ 59 Abs. 1 Satz 1 InsO).

II. Dualismus der Rechnungslegung

Ausgehend von verschiedenen Zielsetzungen und Zwecken der einzelnen Rechenwerke unterscheidet man, wie schon vor In-Kraft-treten der Insolvenzordnung, zwischen der

- *internen (insolvenzrechtlichen) Rechnungslegung*,
  die sich unmittelbar und ausschließlich aus der InsO ergibt, und der
- *externen (handels- und steuerrechtlichen) Rechnungslegung*,
  deren Grundlage die Vorschriften des Handelsrechts (§§ 238 ff. HGB) und des Steuerrechts (§§ 34 Abs. 1 und 3 i. V. m. 140 f. AO) bilden. Auf die Erfüllung der handels- und steuerrechtlichen Pflichten wird in § 155 Abs. 1 Satz 1 InsO ausdrücklich hingewiesen.

---

1 Pink, ZIP 1997, 177: Keine höchstpersönliche Pflicht, aber volle persönliche Verantwortung im Rahmen der Haftung. A. A. Winnefeld, Bilanz-Handbuch, 2000, S. 2249, Rdnr. 938, der trotz Höchstpersönlichkeit von der Zulässigkeit der Hinzuziehung interner und externer Hilfskräfte ausgeht.

Gietl

Man spricht vom sog. *Dualismus* (bzw. von der Inkongruenz) der Rechnungslegung im Insolvenzverfahren.[2]

5 Die Verpflichtung, sowohl nach Insolvenzrecht als auch nach Handels- und Steuerrecht[3] Bücher zu führen und Abschlüsse anzufertigen, resultiert aus den geltenden gesetzlichen Regelungen:[4]

Die handelsrechtliche Rechnungslegungspflicht gemäß §§ 238 ff. HGB besteht in der Insolvenz unverändert fort,[5] da sich durch die Eröffnung des Insolvenzverfahrens die Kaufmannseigenschaft des Unternehmens grundsätzlich nicht ändert.[6] Insofern beinhaltet § 155 Abs. 1 Satz 1 InsO lediglich eine Klarstellung, indem er feststellt, dass die handels- und steuerrechtlichen Pflichten zur Buchführung und zur Rechnungslegung unberührt bleiben. In Bezug auf die Insolvenzmasse hat der Insolvenzverwalter, nicht der Schuldner, diese Pflichten zu erfüllen (§ 155 Abs. 1 Satz 2 InsO).

Die fortbestehenden handelsrechtlichen Verpflichtungen werden durch die Vorschriften über die insolvenzrechtliche Rechnungslegung erweitert,[7] z. B. durch §§ 151 ff. InsO.

1. Zielsetzung und Zweck der internen Rechnungslegung

6 Die interne, insolvenzrechtliche Rechnungslegung trägt den Besonderheiten des Insolvenzverfahrens Rechnung und hat grundsätzlich die *Information der am Insolvenzverfahren Beteiligten sowie die Kontrolle des Insolvenzverwalters* zum Ziel. Sie regelt die Rechenschaftspflicht des Insolvenzverwalters gegenüber den Insolvenzgläubigern, dem Insolvenzschuldner und dem Insolvenzgericht.

Da sie den jeweiligen Stand des Abwicklungsgeschehens wiedergeben muss, erfolgt die insolvenzrechtliche Rechnungslegung nicht periodisch in bestimmten Zeitabständen:[8] Sie beginnt mit der Eröffnung des Insolvenzverfahrens und endet mit dessen Abschluss.

7 Ausgehend von ihrer Zielsetzung verfolgt die *interne Rechnungslegung* hauptsächlich also folgende Zwecke.[9]

---

2 Kunz/Mundt, DStR 1997, 622.
3 Im Folgenden wird lediglich von der »handelsrechtlichen Rechnungslegungspflicht« gesprochen, was die steuerrechtliche einschließt (§ 140 AO).
4 Vgl. zum Folgenden Braun, ZIP 1997, 1013.
5 Evtl. modifiziert durch § 270 Abs. 1 AktG, § 71 Abs. 1 GmbHG.
6 Ausführlich zur Grundlage der handelsrechtlichen Rechnungslegungspflicht s. unten Rdnr. 87 ff.
7 Winnefeld, a. a. O., S. 2249 Rdnr. 935.
8 Pink, ZIP 1997, 178.
9 In Anlehnung an Winnefeld, a. a. O., S. 2249 Rdnr. 936.

Gietl

> **Zwecke der internen Rechnungslegung**
> - Dokumentation der Vermögensverhältnisse des Insolvenzschuldners zum Zeitpunkt der Verfahrenseröffnung.
> - Dokumentation der ordnungsgemäßen Verwaltung, Verwertung und Verteilung des schuldnerischen Vermögens.
> - Grundlage für die Kontrolle der Insolvenzverwaltertätigkeit durch Gläubigerausschuss und Insolvenzgericht.
> - Grundlage für Entscheidungen des Insolvenzgerichts, des Gläubigerausschusses und der Gläubigerversammlung, z. B.
>   – über die Stilllegung des Unternehmens (§ 157 Satz 1 InsO),
>   – über die Unternehmensfortführung (§ 157 Satz 1 InsO),
>   – über die Beauftragung des Insolvenzverwalters, einen Insolvenzplan auszuarbeiten (§ 157 Satz 2 InsO).
> - Information über die zu erwartende Insolvenzquote.

2. Zielsetzung und Zweck der externen Rechnungslegung[10]

Das Ziel der externen, handels- und steuerrechtlichen Rechnungslegung ist, *Informationen für extern interessierte Personenkreise* bereitzustellen.

Im Rahmen der *handelsrechtlichen* Rechnungslegung sollen folglich die laufenden Geschäftsvorfälle während des Insolvenzverfahrens erfasst und deren Ergebnisse in laufenden Jahresabschlüssen dargestellt werden, um die *Gesellschafter* und *externe Gläubiger (Kreditgeber, Lieferanten usw.)* zu informieren.

Durch die *steuerrechtliche* Rechnungslegung wird unter Verwendung der Buchführungsdaten und des handelsrechtlichen Jahresabschlusses die Bemessungsgrundlage für die Ertragsteuern und die Umsatzsteuer ermittelt. Zweck der externen Rechnungslegung unter steuerlichen Gesichtspunkten ist die zutreffende Besteuerung des Schuldners bis zur Beendigung des Insolvenzverfahrens.[11]

Diese Informationen dienen ausschließlich dem *Fiskus*.

---

10 Vgl. Winnefeld, a. a. O., S. 2249 Rdnr. 937.
11 König, Gesonderte oder harmonisierte Rechnungslegung für den Verwalter und das Unternehmen, 1987, S. 226.

B. Interne (insolvenzrechtliche) Rechnungslegung

10 Wie oben beschrieben,[12] erfüllt das interne Rechnungslegungssystem drei Hauptzwecke.[13]

> **Hauptzielsetzung der internen Rechnungslegung**
> - Informationsbereitstellung für die Gläubiger (v. a. bzgl. der zu erwartenden Insolvenzquote),
> - Vermittlung von Informationen zur Entscheidungsfindung durch das Insolvenzgericht, den Gläubigerausschuss und die Gläubigerversammlung,
> - Rechenschaft des Insolvenzverwalters, um eine Kontrolle durch die Gläubiger zu ermöglichen.

Ausgerichtet an diesen Zielsetzungen ordnet das Insolvenzrecht die Aufstellung folgender Rechenwerke an, die alle in der InsO gesetzlich verankert sind:

> - Masseverzeichnis (§ 151 InsO),
> - Gläubigerverzeichnis (§ 152 InsO),
> - Vermögensübersicht (§ 153 InsO),
> - Verwalterbericht (§ 156 InsO),
> - Forderungstabelle (§ 175 InsO),
> - ggf. Zwischenrechnungslegung (§ 66 Abs. 3 InsO),
> - ggf. Insolvenzplananlagen (§ 229 InsO),
> - Verteilungsverzeichnis (§ 188 InsO),
> - Schlussrechnung (§ 66 Abs. 1 InsO).

Der Zeitpunkt der Aufstellung der einzelnen Bestandteile des internen Rechnungslegungssystems korrespondiert mit den Verfahrensstadien der Insolvenz.

---

12 S. oben Rdnr. 6 ff.
13 Vgl. Braun/Uhlenbruck, Unternehmensinsolvenz, 1997, S. 531.

I. Rechnungslegung im Vorfeld der Eröffnung des Insolvenzverfahrens – Prüfung der insolvenzauslösenden Tatbestände

Bereits vor der eigentlichen Eröffnung eines Insolvenzverfahrens kann die Notwendigkeit der Aufstellung eines internen (insolvenzrechtlichen) Rechenwerkes gegeben sein.

11

Die interne Rechnungslegung im Vorfeld der Insolvenz dient der Dokumentation der Prüfung, ob *ein insolvenzauslösender Tatbestand*, also

- Zahlungsunfähigkeit (§ 17 InsO),
- drohende Zahlungsunfähigkeit (§ 18 InsO), oder
- Überschuldung (§ 19 InsO),

gegeben ist.[14]

Diese Art der »vorausschauenden« Rechnungslegung kann, neben ihrer Funktion als Selbstkontrolle des Unternehmens, im Eröffnungsverfahren auch dem Insolvenzgericht bei seinen Prüfungen der insolvenzauslösenden Tatbestände dienen.

Ebenso können durch diese Dokumentation die Fortführungschancen im Falle einer Insolvenz besser und schneller beurteilt werden.[15]

Im Rahmen einer sich meist schrittweise manifestierenden Unternehmenskrise besteht die Verpflichtung, mit zunehmender Intensität und Häufigkeit das Vorliegen der insolvenzrechtlichen Eröffnungsgründe zu prüfen.

> **Mögliche insolvenzauslösende Tatbestände:**[16]
> - Sinkender Auftragseingang bei gleichzeitigem Verlust von Marktanteilen und Rückgang der durchschnittlichen Auftragsgröße.
> - Lieferanten kürzen Kreditlinien und Zahlungsziele, verzögern die Auslieferung.
> - Fremdkapitalquellen versiegen, Banken verlangen Sicherheiten und kündigen Kredite.

Jedenfalls ergibt sich ein Prüfungsanlass, je konkreter aufgrund der geschäftlichen Entwicklung die Befürchtungen sind, dass das Eigenkapital aufgezehrt werden und dadurch eine buchmäßige Überschuldung eintreten könnte.[17]

---

14 Ausführlich zu den Insolvenzeröffnungsgründen s. Kapitel 1.
15 Baetge, Beiträge zum neuen Insolvenzrecht, 1998, S. 46.
16 Hess/Fechner/Freund/Körner, Sanierungshandbuch, 3. Aufl. 1998, Teil B, Rdnr. 98 ff.
17 Baetge, a. a. O., S. 46; Winnefeld, a. a. O., S. 2250 Rdnr. 941.

1. Zahlungsunfähigkeit (§ 17 InsO)

12 Die *Zahlungsunfähigkeit* ist allgemeiner Eröffnungsgrund für ein Insolvenzverfahren (§ 17 Abs. 1 InsO). Gemäß § 17 Abs. 2 Satz 1 InsO ist beim Schuldner Zahlungsunfähigkeit gegeben, wenn er nicht in der Lage ist, die fälligen Zahlungspflichten zu erfüllen. Zahlungsunfähigkeit ist in der Regel anzunehmen, wenn der Schuldner seine Zahlungen eingestellt hat (§ 17 Abs. 2 Satz 2 InsO).

Eine *vorübergehende Zahlungsstockung* begründet noch keine Zahlungsunfähigkeit: Ein Schuldner, dem in einem bestimmten Zeitpunkt liquide Mittel fehlen (etwa, weil eine erwartete Zahlung nicht eingegangen ist), der sich die Liquidität aber kurzfristig wieder beschaffen kann, ist dennoch in der Lage seinen fälligen Zahlungsverpflichtungen i. S. d. § 17 Abs. 2 Satz 1 InsO nachzukommen.[18]

13 Instrument zur Überprüfung, ob Zahlungsunfähigkeit des Schuldners eingetreten ist, ist der *Finanzplan*.[19] In diesem ist die gesamte Finanzentwicklung des Schuldners dargestellt.

Die Basis eines Finanzplans bildet ein sog. *Finanzstatus*, in dem inventarmäßig das verfügbare Finanzmittelpotenzial des Unternehmens nach dem Grad der Liquidität und Liquidierbarkeit geordnet den Verbindlichkeiten gegenübergestellt wird.[20] Der Finanzplan berücksichtigt die Bestände an liquiden Mitteln sowie zukünftige Planein- und -auszahlungen.[21]

Finanzplan	Tage 1. 2. 7.	Wochen 1. 2. 3.	Monate 1. 2. 3.
I. Einzahlungen 1. Einzahlungen aus ordentlichen Umsätzen 1.1 Barverkäufe 1.2 Leistungen auf Ziel 2. Einzahlungen aus Desinvestitionen 2.1 Anlagenverkäufe 2.2 Auflösung von Finanzinvestitionen 3. Einzahlungen aus Finanzerträgen 3.1 Zinserträge 3.2 Beteiligungserträge			
II. Auszahlungen 1. Auszahlungen für laufende Geschäfte 1.1 Löhne und Gehälter 1.2 Roh-, Hilfs- und Betriebsstoffe			

---

18 Kübler/Prütting, Kommentar zur InsO, 3. Lfg. 2001, BegrRegE zu § 21, S. 175.
19 Eisele, Technik des betrieblichen Rechnungswesens, 1999, S. 1054.
20 Hess, Kommentar zur Insolvenzordnung, 1999, § 17, Rdnr. 13.
21 Winnefeld, a. a. O., S. 2252 Rdnr. 953.

Finanzplan	Tage 1. 2. 7.	Wochen 1. 2. 3.	Monate 1. 2. 3.

1.3 Steuern/Abgaben
1.4 ....
1.5 ....
2. Auszahlungen für Investitionszwecke
2.1 Sacheinkäufe
    Ankäufe
    Vorauszahlungen
    Restzahlungen
2.2 Finanzinvestitionen
3. Auszahlungen im Rahmen des Finanzverkehrs
3.1 Kredittilgung
3.2 Akzepteinlösung
3.3 Eigenkapitalminderung
    (z. B. Privatentnahmen)
3.4 Zinsen			

III. Ermittlung der Über- bzw. Unterdeckung durch I. ./. II. + Zahlungsmittelbestand bei Antragstellung bzw. der Vorperiode			
IV. Ausgleichs und Anpassungsmaßnahmen 1. Bei Unterdeckung 1.1 Kreditaufnahme 1.2 Eigenkapitalerhöhung 1.3 Rückführung gewährter Darlehen 1.4 zusätzliche Desinvestition 2. Bei Überdeckung 2.1 Kreditrückführung 2.2 Anlage in liquiden Mitteln			
V. Zahlungsbestand am Periodenende unter Berücksichtigung der Ausgleichs und Anpassungsmaßnahmen			

2. Drohende Zahlungsunfähigkeit (§ 18 InsO)

Bei Insolvenzantragstellung durch den Schuldner ist neuerdings auch die drohende Zahlungsunfähigkeit *Eröffnungsgrund* (§ 18 Abs. 1 InsO).

Drohende Zahlungsunfähigkeit liegt gemäß § 18 Abs. 2 InsO vor, wenn der Schuldner voraussichtlich nicht in der Lage sein wird, die bestehenden Zahlungspflichten im Zeitpunkt der Fälligkeit zu erfüllen, wenn also die Zahlungsunfähigkeit noch nicht eingetreten ist, aber mit großer Wahrscheinlichkeit innerhalb kurzer Zeit eintreten wird.[22]

Die Einführung des neuen Eröffnungsgrundes der drohenden Zahlungsunfähigkeit soll die Vorverlagerung des Insolvenzverfahrens ermöglichen. Durch einen frühzeitigen Insolvenzantrag werden die Chancen für eine Sanierung des schuldnerischen Unternehmens vergrößert.

15 Im Rahmen der *Feststellung der drohenden Zahlungsunfähigkeit* ist zu überprüfen, ob in der absehbaren, näheren Zukunft des Unternehmens sein wirtschaftliches Überleben gesichert erscheint. Zentrale Frage ist: Kann das Unternehmen seine Verbindlichkeiten planmäßig und fristgerecht erfüllen?

Die Feststellung der drohenden Zahlungsunfähigkeit erfolgt – ähnlich wie bei der Zahlungsunfähigkeit – durch die *Aufstellung eines Finanzplans*.[23] Abweichend vom Finanzplan bei eingetretener Zahlungsunfähigkeit werden bei der drohenden Zahlungsunfähigkeit auch diejenigen Zahlungspflichten des Schuldners in die Betrachtung einbezogen, die schon bestehen, aber *noch nicht fällig* sind. Ist damit zu rechnen, dass der Schuldner im Zeitpunkt der Fälligkeit diesen Verpflichtungen nicht nachkommen kann, liegt drohende Zahlungsunfähigkeit vor.[24]

Gemäß der Begründung des Regierungsentwurfs[25] muss in die Prognose, die bei der drohenden Zahlungsunfähigkeit anzustellen ist, die gesamte Entwicklung der Finanzlage des Schuldners bis zur Fälligkeit aller bestehenden Verbindlichkeiten einbezogen werden. In diesem Rahmen sind *neben den zu erwartenden Einnahmen auch die zukünftigen, noch begründeten Zahlungspflichten* zu berücksichtigen.

3. Überschuldung (§ 19 InsO)

16 Bei einer juristischen Person ist auch die Überschuldung *Eröffnungsgrund* (§ 19 Abs. 1 InsO).

Überschuldung liegt gemäß § 19 Abs. 2 Satz 1 InsO vor, wenn das Vermögen des Schuldners die bestehenden Verbindlichkeiten nicht mehr deckt.

---

22 Winnefeld, a. a. O., S. 2251 Rdnr. 951.
23 Zum Finanzplan s. oben Rdnr. 13.
24 Vgl. Kübler/Prütting, a. a. O., BegrRegE zu § 22, S. 177.
25 Kübler/Prütting, a. a. O.

> Die *Überschuldungsprüfung* (§ 19 Abs. 2 InsO) erfolgt in zwei Schritten:[26]
> - Zunächst sind die Überlebenschancen des Unternehmens in einer *Fortführungsprognose* zu beurteilen. Die Grundlage dafür stellt das jeweilige Unternehmenskonzept dar.
> - Dann werden Vermögen und Schulden des Unternehmens in einem stichtagsbezogenen *Überschuldungsstatus* gegenübergestellt. Bei (überwiegend wahrscheinlicher, § 19 Abs. 2 Satz 2 InsO) positiver Fortbestehensprognose werden Fortführungswerte zur Bewertung herangezogen, bei negativer Fortbestehensprognose Liquidationswerte.[27]

Da die Prüfung des Vorliegens der insolvenzrechtlichen Eröffnungstatbestände im *Vorfeld des eigentlichen Insolvenzverfahrens* angesiedelt ist, trifft diese Verpflichtung die *Geschäftsleitung* des jeweiligen Unternehmens.

II. Rechnungslegung während des Insolvenzverfahrens

Folgende Rechenwerke der internen Rechnungslegung sind während des Insolvenzverfahrens, also nach rechtskräftiger Eröffnung (mit Eröffnungsbeschluss, § 27 InsO) aufzustellen. 17

Diese vom Verwalter anzufertigenden Informationsgrundlagen sollen der Gläubigerversammlung ermöglichen, im Berichtstermin (§ 157 InsO) über die vorläufige Fortführung oder Stilllegung des Unternehmens zu entscheiden

1. Verzeichnis der Massegegenstände (§ 151 InsO)

Gemäß § 151 Abs. 1 Satz 1 InsO hat der Insolvenzverwalter ein Verzeichnis der einzelnen Gegenstände der Insolvenzmasse (Masseverzeichnis) aufzustellen. 18

Das Masseverzeichnis ist zusammen mit dem Gläubigerverzeichnis (§ 152 InsO) Grundlage für die Vermögensübersicht (§ 153 InsO), die den Insolvenzgläubigern eine Beurteilung der Vermögenslage des Schuldners zum

---
26 Zur Überschuldungsprüfung in zwei Schritten s. vor allem Winnefeld, a. a. O., S. 2253 Rdnr. 961 ff. und Baetge, a. a. O., S. 47 ff.
27 Euler, Offene Fragen im Überschuldungsstatus und steuerrechtliche Behandlung von Besserungs- und Rangrücktrittsvereinbarungen in der Insolvenz, Diplomarbeit Bayreuth, 2000, S. 40.
Zur Bewertungsproblematik (vor allem in Bezug auf die Fortführungswerte) s. unten Rdnr. 27 ff.

Zeitpunkt der Insolvenzeröffnung ermöglichen soll.[28] Es ist vollständig auf die Aktivseite des Vermögensverzeichnisses zu übernehmen.[29] Inhaltlich entspricht die Vorschrift weitestgehend der alten Rechtslage (§ 123 KO).

Der Schuldner ist in der Regel zur Aufstellung des Masseverzeichnisses hinzuzuziehen, wenn dadurch keine Verzögerung zu befürchten ist (§ 151 Abs. 1 Satz 2 InsO). Daraus ergibt sich auch, dass er bei einer persönlichen Verhinderung kein Recht auf Teilnahme an der Aufstellung hat.

Aus § 153 Abs. 2 Satz 1 InsO kann geschlossen werden, dass den Schuldner bzgl. der Insolvenzmasse eine Auskunftspflicht trifft. Bei der Bewertung der einzelnen Gegenstände hat er dem Insolvenzverwalter Informationen zu geben (§ 97 Abs. 2 InsO).[30]

a) Ansatz (§ 151 Abs. 1 InsO)

aa) Zugehörigkeit zur Insolvenzmasse

19 Im Masseverzeichnis sind sämtliche körperlichen Vermögensgegenstände des schuldnerischen Unternehmens, also die einzelnen *Gegenstände der Insolvenzmasse*, aufzulisten. Ob ein Vermögensgegenstand zur Insolvenzmasse gehört, richtet sich nach § 35 InsO. Danach erfasst das Insolvenzverfahren das gesamte Vermögen, das dem Schuldner zur Zeit der Eröffnung des Verfahrens gehört und das er während des Verfahrens erlangt.

Das Vermögen ist so im Masseverzeichnis wiederzugeben, wie es dem Insolvenzschuldner persönlich zusteht, d. h. mit allen Rechten, Belastungen und Beschränkungen.

20 Gegenstände, an denen ein *Aussonderungsrecht* gemäß § 47 InsO besteht, sind nicht in das Masseverzeichnis aufzunehmen. Sie gehören nicht zu Insolvenzmasse, da man unter Aussonderung gerade die Geltendmachung der Nichtzugehörigkeit eines Gegenstandes zur Insolvenzmasse aufgrund eines hieran bestehenden dinglichen oder persönlichen Rechts eines Dritten versteht.[31]

Es bietet sich jedoch an, diese Gegenstände in einem gesonderten Verzeichnis darzustellen.[32] Dadurch sollen in erster Linie die am Insolvenzverfahren Beteiligten über das Bestehen von Aussonderungsrechten informiert werden, da der Verwalter das Recht hat, sich der sofortigen Herauslösung dieser Gegenstände durch die Gläubiger zu widersetzen (§ 30 d Abs. 1 Nr. 1 ZVG). Zeitlich ist dies nur bis zur Entscheidung über das weitere Verfahren im Berichtstermin (§ 157 InsO), möglich.

---

28 Schmidt-Räntsch, Insolvenzordnung, 1995, S. 320 Rdnr. 1.
29 Winnefeld, a. a. O., S. 2260 Rdnr. 1005.
30 HK-InsO/Irschlinger, 2. Aufl. 2001, § 151 Rdnr. 4.
31 FK-InsO/Joneleit/Imberger, 3. Aufl. 2002, § 47 Rdnr. 3.
32 Möhlmann, DStR 1999, 164.

Der Insolvenzverwalter kann somit bestimmen, dass einzelne Gegenstände bis zum Berichtstermin im Unternehmen verbleiben, obwohl sie mit Aussonderungsrechten belastet sind.

Absonderungsfähige Gegenstände (§§ 49 ff. InsO), gehören vollumfänglich zur Insolvenzmasse, d. h. sie sind als solche auch im Verzeichnis der Massegegenstände darzustellen.

Zwar sind die Gläubiger solcher Vermögensgegenstände, an denen ein Absonderungsrecht besteht, berechtigt, daraus die Einzelzwangsvollstreckung vorzunehmen. Jedoch unterliegen die besicherten beweglichen Gegenstände einem generellen Abräumverbot (§ 166 Abs. 1 InsO): Den Gläubigern ist der Zugriff auf die wirtschaftliche Einheit des schuldnerischen Unternehmens verwehrt, die Möglichkeit für eine zeitweilige oder dauernde Fortführung des Unternehmens bleibt erhalten. Zusätzlich eröffnet sich für den Verwalter die Möglichkeit, zusammengehörige, aber für unterschiedliche Gläubiger belastete Gegenstände als Einheit zu verwerten, und somit den Erlös zu steigern.[33]

Aus diesen Gründen ist es notwendig, die absonderungsfähigen Gegenstände im Masseverzeichnis besonders *kenntlich zu machen*.

Somit sind folgende Vermögensgegenstände (Insolvenzmasse) in das Verzeichnis der Massegegenstände aufzunehmen:[34]

> **Zu den Massegegenständen zählendes Vermögen:**
> - unbewegliches Vermögen (z. B. Grundstücke und grundstücksgleiche Rechte),
> - bewegliche Sachen, soweit sie der Zwangsvollstreckung unterliegen (§ 36 Abs. 1 InsO),
> - Forderungen, soweit sie pfändbar sind,
> - Rechte (z. B. Patent-, Urheber- und Gesellschaftsrechte),
> - sonstiges verwertbares Vermögen (z. B. Anfechtungsansprüche, Rückforderungen gegenüber Gesellschaftern),
> - Privatvermögen des Einzelkaufmanns.

bb) Einzelansatz

Entsprechend dem Wortlaut des § 151 Abs. 1 Satz 1 InsO ist bei der Aufstellung des Masseverzeichnisses der *Grundsatz des Einzelansatzes (Einzelerfassungsgebot)* zu beachten, d. h. jeder Gegenstand ist »einzeln« aufzunehmen und exakt zu bezeichnen (bei Forderungen ist beispielsweise der Schuldgrund, bei Grundstücken das Grundbuchblatt anzugeben).

Dem Einzelerfassungsgebot kann jedoch dann nicht mehr Rechnung getragen werden, wenn aus tatsächlichen Gründen eine einzelne Darstellungs-

---

33 FK-InsO/Wegener, § 166 Rdnr. 2.
34 Entnommen bei Winnefeld, a. a. O., S. 2260 Rdnr. 1007.

weise überhaupt nicht mehr durchführbar oder zumindest mit unverhältnismäßig hohem Aufwand verbunden ist.

Die Angabe von Art und Menge ist bei größeren Vermögensgruppen, die in sich gleichartig und gleichwertig sind, ausreichend (vor allem bei Verbrauchsmaterial wie z. B. Nägel, Schrauben usw.). In diesen Fällen ist eine analoge Anwendung der handelsrechtlichen Vorschriften über Erleichterungen und Vereinfachungen bei der Inventur zulässig (§§ 240 Abs. 4, 241 Abs. 1 HGB).[35] Im Masseverzeichnis muss jedoch auf die Anwendung der Vereinfachungsvorschriften hingewiesen werden.

cc) Ermittlung

24 Bei den zur lückenlosen Aufzeichnung der Vermögensgegenstände notwendigen Ermittlungsarbeiten, ist auf *Inventurgrundsätze* zurückzugreifen. Die *körperlichen Gegenstände* sind durch Zählen, Wiegen und Messen (ggf. auch durch Schätzen) zu erfassen.

Zur Bestimmung von *Forderungen, Ansprüchen und Rechten* wird eine sog. »Buchinventur« durchgeführt. Neben den Unterlagen aus der Buchhaltung sind aber auch sonstige Urkunden, v. a. Verträge, Konto- und Grundbuchauszüge zur Einsichtnahme heranzuziehen.

b) Bewertung (§ 151 Abs. 2 InsO)

25 Im Verzeichnis der Massegegenstände ist bei jedem Vermögensgegenstand dessen tatsächlicher Wert anzugeben (§ 151 Abs. 2 Satz 1 InsO; Prinzip der Einzelbewertung, vgl. § 123 Abs. 1 Satz 1 KO). Sollte der Wert des jeweiligen Gegenstandes, je nachdem ob das Unternehmen fortgeführt oder stillgelegt wird, unterschiedlich zu beurteilen sein, sind im Masseverzeichnis sowohl der *Fortführungs-* als auch der *Liquidationswert* anzugeben (§ 151 Abs. 2 Satz 2 InsO). Die gleichzeitige Angabe der beiden Werte macht die »Ergebnisoffenheit« des neuen Insolvenzrechts deutlich:

Die Insolvenzgläubiger entscheiden erst nach dem Berichtstermin (§ 156 InsO) über den Fortgang des Verfahrens (§ 157 InsO).[36]

Um eine Beeinflussung der Gläubigerversammlung hinsichtlich ihrer Entscheidung über Stilllegung oder vorläufige Fortführung des Unternehmens (§ 157 Satz 1 InsO) zu verhindern, ist der Verwalter nicht berechtigt, nach seinem Ermessen lediglich den Fortführungs- oder den Liquidationswert im Masseverzeichnis anzugeben.[37]

26 Gemäß § 151 Abs. 2 Satz 3 InsO kann nur noch bei besonders schwierigen Bewertungen (z. B. bei Grundstücken) ein *Sachverständiger* hinzugezogen werden.

---

35 FK-InsO/Wegener, § 151 Rdnr. 11.
36 Möhlmann, DStR 1999, 164.
37 Schmidt-Räntsch, a. a. O., S. 320 Rdnr. 2.

Die bisherige Praxis der Insolvenzverwalter, mit der Aufnahme und Bewertung der mobilen Betriebsausstattung zu Lasten der Masse sachverständige Dritte zu beauftragen, steht mit § 151 Abs. 2 Satz 3 InsO nicht in Einklang. Bedient sich der Insolvenzverwalter sachverständiger Dritter, ohne dass eine besonders schwierige Bewertung vorzunehmen ist, wird durch diesen Auftrag nicht die Insolvenzmasse, sondern der Verwalter verpflichtet.[38]

aa) Liquidationswert

Im Rahmen der Bewertung bei geplanter Stilllegung des Unternehmens ist der *Liquidationswert* der Vermögensgegenstände für die Darstellung im Masseverzeichnis maßgebend. Betriebswirtschaftlich betrachtet bildet der Liquidationswert eines Unternehmens dessen theoretische Wertuntergrenze. 27

Unter Liquidationswert versteht man die Summe der Preise, die sich erzielen lassen, wenn die Gegenstände des Unternehmens im Rahmen der Unternehmensauflösung veräußert werden. Er ist davon abhängig, ob mehrere Gegenstände als Einheit veräußert werden (»Zerschlagungsintensität«) und innerhalb welchen Zeitraums liquidiert wird (»Zerschlagungsgeschwindigkeit«).[39]

Aufgrund dieser Faktoren, ist es nahezu unmöglich, die exakten Liquidationswerte zu prognostizieren. Um jedoch das Bewertungsverfahren zu objektivieren, ist bei der Bestimmung der Liquidationswerte auf die *Einzelveräußerungswerte* der Vermögensgegenstände abzustellen.[40] Diese werden ermittelt, indem man die Wertansätze für die einzelnen Vermögensgegenstände unter Veräußerungsgesichtspunkten unter Berücksichtigung der am Absatzmarkt erzielbaren Veräußerungserlöse schätzt.[41] 28

Ein Abweichen von den Einzelveräußerungswerten soll nur dann vorgenommen werden, wenn hinreichend sichere Anhaltspunkte über Verkaufsmöglichkeiten verbundener Vermögensgegenstände oder ganzer Unternehmensteile vorliegen (z. B. konkrete Kaufangebote oder bereits Vorverträge). Auch hier ist die Gesamtheit aller Vermögensgegenstände grundsätzlich einzeln zu bewerten, durch den geschlossenen Verkauf kann jedoch möglicherweise ein höherer Verwertungserlös erzielt werden als durch die Einzelveräußerung.[42] 29

bb) Fortführungswert

Um der ersten Gläubigerversammlung im Berichtstermin (§ 157 InsO) die Entscheidung zwischen sofortiger Zerschlagung und vorläufiger Fortfüh- 30

---

38 HK-InsO/Irschlinger, § 151 Rdnr. 8.
39 Vgl. zu allem Höffner, BB 1999, 199.
40 Möhlmann, DStR 1999, 164.
41 Höffner, BB 1999, 199.
42 Budde/Förschle/Grimm, Sonderbilanzen, 1994, Kapitel L, S. 341 Rdnr. 55.

rung des Unternehmens zu ermöglichen, müssen gemäß § 151 Abs. 2 Satz 1 InsO neben den Liquidationswerten auch die *Fortführungswerte* im Masseverzeichnis angegeben werden, wenn sie nicht identisch sind.

Die Notwendigkeit zur Angabe zweier Werte resultiert daraus, dass der Wert des Gesamtunternehmens bei dessen Veräußerung normalerweise über der Summe der Zerschlagungswerte liegt, weil bei der Ermittlung des Fortführungswertes die zukünftigen Einnahmeüberschüsse aus der werbenden Tätigkeit des Unternehmens berücksichtigt werden[43]

31 Bei der Ermittlung der Fortführungswerte ergeben sich jedoch nahezu unlösbare Schwierigkeiten. Im Gegensatz zu den Liquidationswerten bei Zerschlagung des Unternehmens sind *Fortführungswerte für einzelne Vermögensgegenstände nicht bestimmbar*.[44] Denn Fortführungswerte beinhalten eine Gesamtbetrachtung des Unternehmens unter Berücksichtigung der in Zukunft zu erwirtschaftenden Ertragsüberschüsse. Hierbei kommen Gesichtspunkte zum Tragen, die in einer Einzelbewertung nicht erfasst werden können. Die dabei in Betracht kommenden wertbildenden bzw. wertsteigernden Faktoren (z. B. Marktstellung, Kundenstamm, Firmenwert, usw.) sind nur in der Lage den Gesamtwert des Unternehmens zu beeinflussen. Eine Aufteilung auf die einzelnen Massegegenstände ist nicht durchführbar.[45]

Der in § 151 Abs. 2 Satz 1 InsO verankerte Grundsatz der Einzelbewertung bzw. des Einzelansatzes[46] erfordert aber gerade die Wertangabe für jeden einzelnen Gegenstand der Insolvenzmasse. Infolgedessen ist zur Wertbestimmung der Vermögensgegenstände auf ein Verfahren zurückzugreifen, das eine Einzelbewertung erlaubt.[47]

In der Literatur werden verschiedene Ansätze zur Lösung dieses Problems angeboten:

- Fortführungswerte als diejenigen Werte, die sich im Falle der Aufrechterhaltung des Unternehmens nach den allgemeinen Bewertungsgrundsätzen des HGB ergeben. Dazu werden lediglich die Werte aus der Handelsbilanz auf den Tag der Insolvenzeröffnung fortgeschrieben und in das Masseverzeichnis übernommen.[48]
- Fortführungswerte als Teilwert gemäß § 6 Abs. 1 Nr. 1 Satz 3 EStG analog[49]
- Gänzlicher Verzicht auf Fortführungswerte. Statt dessen lediglich formfreie Berichterstattung des Verwalters (§ 156 InsO), die dann Informatio-

---

43 Höffner, ZIP 1999, 2089.
44 Heni bezeichnet die Vorstellung eines Fortführungswertes für einzelne Vermögensgegenstände als »blanke Illusion«, WPg 1990, 96; zustimmend auch Niethammer, WPg 1990, 202.
45 Vgl. zu allem Höffner, ZIP 1999, 2089.
46 S. oben Rdnr. 23.
47 Möhlmann, DStR 1999, 165.
48 Höffner, ZIP 1999, 2090; Winnefeld, a. a. O., S. 2262 Rdnr. 1018.
49 Kübler/Prütting, Kommentar zur Insolvenzordnung, 3. Lfg. 2001, § 151 Rdnr. 23 f.

nen über Umsatzzahlen, Kostenstrukturen, Know-how und Geschäftsbeziehungen des insolventen Unternehmens beinhalten soll.[50]

Keine der aufgezeigten Lösungsansätze ist jedoch geeignet, die in § 151 Abs. 2 Satz 2 InsO (bzw. in § 153 Abs. 1 Satz 2 InsO) geforderten Fortführungswerte im Sinne des Gesetzgebers zu ermitteln.

Um seine Pflichten aus § 151 InsO ordnungsgemäß zu erfüllen, bietet sich für den Insolvenzverwalter an, den *Wiederbeschaffungswert*[51] eines Gegenstandes als seinen *Fortführungswert* anzusetzen.[52]

cc) Übersicht über die Bewertungsgrundlagen

Folgende Quellen können beispielsweise als Bewertungsgrundlage herangezogen werden:[53]

32

Bewertungsgrundlage:
- *Grundstücke*: Wertfeststellungen der Gutachterausschüsse, Beleihungsunterlagen der Bank.
- *Gebäude*: Sachwertverfahren.
- *Kraftfahrzeuge*: Allgemein zugängliche Tabellen (z. B. Schwacke-Liste).
- *Roh-, Hilfs- und Betriebsstoffe*: Marktwerte mit evtl. Abschlägen für Veralterung und Überbestände.
- *Warenbestände*: Bisherige Abgabepreise mit evtl. Abschlägen für eingeschränkte Marktgängigkeit und Großabnahmen.
- *Forderungen aus Lieferungen und Leistungen*: Regelwert ist der Nennwert, bei dem evtl. Abschläge für mangelnde Bonität vorzunehmen sind.
- *Sonstige Vermögenswerte*: Bei Ansprüchen aus Anfechtungen, Geschäftsführer- und Gesellschafterhaftung sowie bei Schadenersatzansprüchen ist wegen der meist streitigen Auseinandersetzungen der Vorsichtsgesichtspunkt zu beachten, so dass regelmäßig Wertabschläge geboten sind.

---

c) Darstellung

Die Gliederung des Masseverzeichnisses gemäß § 151 InsO entspricht derjenigen bei der Aufzeichnung der Massegegenstände nach altem Recht (§ 123 KO).[54] Sie sollte sich am Zweck des Masseverzeichnisses orientieren,

33

---

50 Heni, WPg 1990, 96.
51 Unter Wiederbeschaffungswert versteht man den Aufwand, der zur Wiederbeschaffung des betreffenden Vermögensgegenstandes erforderlich ist.
52 Möhlmann, DStR 1999, 165; Höffner, ZIP 1999, 2092; Damit nähert man sich der Auffassung an, die den Teilwert (§ 6 EStG analog) als Fortführungswert ansetzen möchte. Der Wiederbeschaffungswert stellt die obere Grenze des Teilwertes dar.
53 Entnommen aus Winnefeld, a. a. O., S. 2262 Rdnr. 1021.
54 Schmidt-Räntsch, a. a. O., S. 320 Rdnr. 1.

nämlich der möglichst klaren und übersichtlichen Darstellung der Massegegenstände.[55]

Das handelsrechtliche Gliederungsschema des § 266 HGB bildet die Grundlage für die Einteilung in der *Vertikalen*.[56] *Horizontal* sind die unterschiedlichen Angaben über Werte und Massezugehörigkeit anzugeben,[57] welche von § 151 InsO gefordert werden und welche zur Information der Gläubigerversammlung notwendig sind.

d) Muster eines Masseverzeichnisses[58]

34

Aktiva	Wert bei Ansatz von		Rechte Dritter	Freie Masse bei Ansatz von	
	Liquidations-werten	Fortführungs-werten		Liquidations-werten	Fortführungs-werten
I. Ausstehende Einlagen					
II. Anlagevermögen					
1. Grundstücke, Gebäude und grundstücksgleiche Rechte.					
2. Maschinen/maschinelle Anlagen					
3. Fuhrpark					
4. Betriebs- und Geschäftsausstattung					
III. Umlaufvermögen					
1. Forderungen aus Lieferungen und Leistungen					
2. Sonstige Forderungen					
3. Kassenbestand					
4. Bankguthaben					
IV. Sonstiges					
1. Anfechtungsansprüche					
2. Schadensersatzansprüche					
3. Bereicherungs- und Erstattungsansprüche					

d) Unterlassen der Aufzeichnung (§ 151 Abs. 3 InsO)

35 Auf Antrag des Verwalters kann das Insolvenzgericht gestatten, dass die Aufstellung des Verzeichnisses unterbleibt (§ 151 Abs. 3 Satz 1 HS. 1 InsO). Ein dahingehender Antrag ist vom Insolvenzverwalter zu begründen (§ 151 Abs. 3 Satz 1 HS. 2 InsO). Gründe, um auf ein Masseverzeichnis zu verzich-

---

55 Winnefeld, a. a. O., S. 2263 Rdnr. 1023.
56 U. a. Breuer, Insolvenzrechts-Formularbuch, 1999, S. 107; **a. A.** Möhlmann, DStR 1999, 165, der die Massepositionen nach dem Grad ihrer Liquidierbarkeit aufgliedern möchte, also beginnend mit dem Kassenbestand und mit den unfertigen Erzeugnissen und sonstigen Vermögensgegenständen am Ende.
57 Winnefeld, a. a. O., S. 2263 Rdnr. 1023.
58 Entnommen Breuer, a. a. O., S. 106.

ten, sind z. B. geringer übersichtlicher Aktivbestand, Vorliegen einer zeitnahen und zuverlässigen Aufstellung oder Geringwertigkeit der Masse.[59]

Ist ein Gläubigerausschuss bestellt, so kann der Verwalter den Antrag nur mit Zustimmung des Gläubigerausschusses stellen (§ 151 Abs. 3 Satz 2 InsO).

2. Gläubigerverzeichnis (§ 152 InsO)

Gemäß § 152 Abs. 1 InsO hat der Insolvenzverwalter ein Verzeichnis aller Gläubiger des Schuldners (Gläubigerverzeichnis) aufzustellen.

36

Das Gläubigerverzeichnis ist das passive Pendant zum Masseverzeichnis (§ 151 InsO) und bildet die Passivseite des Vermögensverzeichnisses (§ 153 InsO). *Zweck des Gläubigerverzeichnisses* ist, alle Verbindlichkeiten des Insolvenzschuldners, wegen derer aus der Insolvenzmasse Befriedigung gesucht werden kann, einzeln und in übersichtlicher Form darzustellen.[60] Wie das Verzeichnis der Massegegenstände einen möglichst vollständigen Überblick über das Vermögen verschaffen soll, das zur Befriedigung der Gläubiger zur Verfügung steht, so soll das Gläubigerverzeichnis die diesem Vermögen gegenüberstehenden Belastungen so vollständig wie möglich wiedergeben.[61]

Das Gläubigerverzeichnis gemäß § 152 InsO ist von der vom Insolvenzverwalter nach § 175 InsO zu führenden Forderungstabelle zu unterscheiden, denn das Gläubigerverzeichnis erfasst auch die Gläubiger, die ihre Forderungen nicht oder bis zur Erstellung des Verzeichnisses noch nicht angemeldet haben. Dies liegt darin begründet, dass das Gläubigerverzeichnis einen möglichst vollständigen Überblick über die Belastungen des Vermögens verschaffen soll, und daher die Verbindlichkeiten so vollständig wie möglich wiedergeben soll.[62]

a) Ansatz

§ 152 Abs. 1 bestimmt, dass *sämtliche Gläubigerforderungen* im Gläubigerverzeichnis darzustellen sind.

37

Zusätzlich sind bei jedem Gläubiger

- die *Anschrift* sowie
- der *Grund* und
- der *Betrag* seiner Forderung anzugeben (§ 152 Abs. 2 Satz 2 InsO).

---

59 HK-InsO/Irschlinger, § 151 Rdnr. 9.
60 FK-InsO/Wegener, § 152 Rdnr. 1.
61 Hess, Kommentar zur Insolvenzordnung, 1999, BegrRegE zu § 171, § 152 Rdnr. 3.
62 Haarmeyer/Wutzke/Förster, Handbuch zur Insolvenzordnung, 1998, Kapitel 5, S. 379 Rdnr. 109; zur Forderungstabelle nach § 175 InsO s. unten Rdnr. 58 ff.

38 Wegen der unterschiedlichen Stellung der verschiedenen Gläubigergruppen im Insolvenzverfahren verlangt § 152 Abs. 2 Satz 1 InsO eine entsprechende *Differenzierung* in

- Insolvenzgläubiger (§ 38 InsO),
- absonderungsberechtigte Gläubiger (§§ 49 ff. InsO), und
- nachrangige Insolvenzgläubiger (in Rangklassen gemäß § 39 InsO eingeteilt).[63]

Bei den absonderungsberechtigten Gläubigern sind zusätzlich der *Gegenstand, an dem das Absonderungsrecht* besteht, und die *Höhe des mutmaßlichen Ausfalls* zu bezeichnen (§ 152 Abs. 2 Satz 3 HS. 1 InsO).

39 Die *aussonderungsberechtigten Gläubiger* können bei der Aufstellung des Gläubigerverzeichnisses außer Betracht bleiben, da sie am Insolvenzverfahren nicht teilnehmen.[64] Um jedoch die vom Gesetzgeber beabsichtigte Parallelität zwischen Masseverzeichnis und Gläubigerverzeichnis herzustellen, sollen die aussonderungsberechtigten Gläubiger in das Gläubigerverzeichnis aufgenommen werden.[65]

40 Um die Aussagekraft des Gläubigerverzeichnisses zu vervollständigen, ist weiter anzugeben, welche *Möglichkeiten der Aufrechnung* (§§ 94–96 InsO) bestehen (§ 152 Abs. 3 Satz 1 InsO). Denn eine bestehende Aufrechnungslage kann ebenso zur vollen Befriedigung des Gläubigers führen wie ein Recht auf abgesonderte Befriedigung.[66] Weiterhin sind die *Masseverbindlichkeiten* im Falle einer zügigen Verwertung des Vermögens des Schuldners anzugeben (§ 152 Abs. 3 Satz 2 InsO).

41 Die *Ermittlung* der für die Aufstellung des Gläubigerverzeichnisses notwendigen Informationen stellt für den Verwalter in der Regel kein Problem dar: Die Gläubigerforderungen ergeben sich meist bereits aus der Buchhaltung des Schuldners durch die Einsichtnahme in die Kreditoren-Saldenliste, durch Forderungsanmeldungen der Gläubiger oder werden in sonstiger Weise (z. B. durch gerichtliche Verfahren, Korrespondenz) bekannt.[67]

Liegt mangels vorhandener Buchhaltung kein aktuelles Kreditorenverzeichnis vor, so dienen die vorliegenden Geschäftspapiere, insbesondere die Eingangsrechnungen als Basis zur Ermittlung der Gläubiger. Bei Ermittlung der Schulden die buchhalterisch (noch) nicht erfasst sind, muss der Insolvenzschuldner als Informationsquelle herangezogen werden.[68]

---

[63] Vgl. Winnefeld, a. a. O., S. 2264 Rdnr. 1028.
[64] S. oben Rdnr. 20.
[65] Möhlmann, DStR 1999, 166.
[66] Hess, a. a. O., BegrRegE zu § 171, § 152 Rdnr. 6.
[67] Vgl. Winnefeld, a. a. O., S. 2264 Rdnr. 1027.
[68] FK-InsO/Wegener, § 152 Rdnr. 5.

b) Bewertung

Wie bei der Aufstellung des Masseverzeichnisses (§ 151 Abs. 1 InsO), gilt auch bei der Bewertung der Passiva der *Grundsatz der Einzelbewertung* (bzw. des Einzelansatzes).[69]   42

Die *Gläubigerforderungen* sind in der Höhe in das Gläubigerverzeichnis aufzunehmen, in der sie von den Gläubigern geltend gemacht werden (Nennwert). Der Nennwert wird in der Regel dem Nennbetrag der Verbindlichkeit entsprechen, zu dem sie ursprünglich entstanden ist.[70]   43

Auch die *strittigen* und *zweifelhaften Gläubigerforderungen* sind aus Praktikabilitätsgründen in Höhe ihres geltend gemachten Betrags anzusetzen, obwohl nicht sicher ist, in welcher Höhe sich der Schuldner am Ende wirklich der Verbindlichkeit ausgesetzt sieht. Ein evtl. vorgenommener Bewertungsabschlag ist jedoch jedenfalls im Gläubigerverzeichnis zu vermerken.[71]   44

Die Angabe des *mutmaßlichen Ausfalls* der mit Absonderungsrechten besicherten Forderungen (§ 152 Abs. 2 Satz 3 InsO), ist auf Grund einer Differenzrechnung zwischen dem ausgewiesenen Gläubigeranspruch einerseits und dem Wert des als Sicherheit dienenden Massegegenstandes andererseits zu ermitteln.[72] Sinnvollerweise sind hierbei die Liquidationswerte der Massegegenstände maßgeblich, nicht die Fortführungswerte.[73]   45

Im Rahmen der Angabe der *Aufrechnungsmöglichkeiten* (§ 152 Abs. 3 Satz 1 InsO), sind die Gläubigerforderungen, die sich mit noch ausstehenden Zahlungen an den Schuldner aufrechnen lassen (§§ 94–96 InsO), nach den genannten, allgemeinen Grundsätzen zu bewerten.[74] Die *Höhe der Masseverbindlichkeiten* (§ 152 Abs. 3 Satz 2 InsO), ist im Wege der Schätzung zu ermitteln. Dabei ist vom Falle einer zügigen Verwertung, also von Liquidationswerten auszugehen.[75]

Die alsbaldige Liquidation soll deshalb unterstellt werden, da die bei einer Unternehmensfortführung entstehenden Masseverbindlichkeiten in ihrer Höhe maßgeblich von der Dauer der Fortführung abhängen und daher im Voraus kaum geschätzt werden können.[76]

---
69 S. oben Rdnr. 23.
70 Winnefeld, a. a. O., S. 2265 Rdnr. 1032.
71 Möhlmann, DStR 1999, 167.
72 Winnefeld, a. a. O.
73 Möhlmann, a. a. O.
74 S. oben Rdnr. 42 ff.
75 Zu den Faktoren, welche den Liquidationswert beeinflussen können, s. oben Rdnr. 25 f.
76 Schmidt-Räntsch, a. a. O., S. 32 Rdnr. 3.

c) Darstellung

46 Die Insolvenzordnung beinhaltet zwar keine spezielle Gliederungsvorschrift für das Gläubigerverzeichnis, eine sinnvolle und übersichtliche Darstellungsweise lässt sich jedoch aus den von § 152 InsO geforderten Pflichtangaben ableiten:

In der *Vertikalen* ist eine Gliederung nach den verschiedenen Gläubigergruppen vorzunehmen (§ 152):

> **Gläubigergruppen**
> - Insolvenzgläubiger (§ 38 InsO),
> - absonderungsberechtigte Gläubiger (§§ 49 ff. InsO) und
> - nachrangige Insolvenzgläubiger (welche wiederum in die verschiedenen Rangklassen nach § 39 InsO eingeteilt werden müssen).

Die Angaben in der *Horizontalen* gliedern sich folgendermaßen:

> **Angaben zu jedem Gläubiger**
> - Name des Gläubigers mit Anschrift (§ 152 Abs. 1 Satz 1 und § 152 Abs. 2 Satz 2 InsO),
> - Grund der Forderung (§ 152 Abs. 2 Satz 2 InsO),
> - Betrag der Forderung (§ 152 Abs. 2 Satz 2 InsO),
> - Gegenstand an dem das Absonderungsrecht besteht (bei absonderungsberechtigten Gläubigern; § 152 Abs. 2 Satz 3 InsO),
> - Höhe des mutmaßlichen Ausfalls (§ 152 Abs. 2 Satz 3 InsO),
> - Aufrechnungsmöglichkeiten (§ 152 Abs. 3),
> - evtl. Verzeichniserweiterung: Ansatz der aussonderungsberechtigten Forderungen.

d) Muster eines Gläubigerverzeichnisses[77]

Gläubigerverzeichnis **47**

In dem Insolvenzverfahren

Über das Vermögen der Firma

Amtsgericht
– Insolvenzgericht –

Geschäfts-Nr.

Gläubigerverzeichnis
Teil I. Insolvenzgläubiger

Insolvenzverwalter	III. Schuldner	IV. Insolvenzgericht	Geschäfts-Nr.

Insolvenzgläubiger	Verfahrensbevollmächtigter	Vollmacht	Tag der Anmeldung
Name/Firmenbezeichnung			
Anschrift			
Kontoverbindung			
Konto-Nr.			
BLZ:			

Forderung	Forderungshöhe	Grund der Forderung	Urkundliche Beweisstücke
Hauptforderung			
Zinsen			
Kosten			

Aufrechnungsbefugnis	Grund der Aufrechnung	Aufrechnungshöhe

---

77 Entnommen Breuer, a. a. O., S. 108.

Gläubigerverzeichnis
Teil II. Absonderungsrechte

Insolvenzverwalter	Schuldner	Insolvenzgericht	Geschäfts-Nr.

Absonderungs-berechtigter	Verfahrens-bevollmächtigter	Vollmacht	Tag der Geltend-machung
Name/Firmen-bezeichnung			
Anschrift			
Kontoverbindung			
Konto-Nr.			
BLZ:			

Absonderungsrecht	Rechtsgrund	Absonderungsgegenstand		
Forderung	Rechtsgrund	Beweismittel	Voraussichtlicher Ausfall bei	
Hauptforderung			Liquida-tion	Fortfüh-rung
Zinsen				
Kosten				

Aufrechnungs-befugnis	Grund der Aufrech-nung	Aufrechnungshöhe

Gläubigerverzeichnis
Teil III. Nachrangige Insolvenzgläubiger

Insolvenzverwalter	V. Schuldner	VI. Insolvenzgericht	Geschäfts-Nr.

Nachrangige Insolvenzgläubiger	Verfahrensbevollmächtigter	Vollmacht	Tag der Geltendmachung
Name/Firmenbezeichnung			
Anschrift			
Kontoverbindung			
Konto-Nr.			
BLZ:			

Forderung nach § 39 InsO	Betrag	Grund der Forderung	Urkundliche Beweise
Abs. 1 Nr. 1 InsO			
Abs. 1 Nr. 2 InsO			
Abs. 1 Nr. 3 InsO			
Abs. 1 Nr. 4 InsO			
Abs. 1 Nr. 5 InsO			
Abs. 2 InsO			
Abs. 3 InsO,			
Zinsen, Kosten			

3. Vermögensübersicht (Insolvenzeröffnungsbilanz; § 153 InsO)

Der Insolvenzverwalter hat gemäß § 153 InsO eine geordnete Übersicht aufzustellen, in der die Gegenstände der Insolvenzmasse und die Verbindlichkeiten des Schuldners aufgeführt und einander gegenübergestellt werden. Vermögen (Aktiva) und Schulden (Passiva) des Insolvenzschuldners sollen komprimiert und übersichtlich dargestellt werden. Denn *Hauptzweck* der Vermögensübersicht nach § 153 InsO ist, den Insolvenzgläubigern die voraussichtliche Befriedigungsquote darzustellen und somit als Entscheidungsgrundlage für die von der Gläubigerversammlung im Berichtstermin (§ 156 InsO) zu fassenden Beschlüsse zu dienen.

Zusätzlich ist die Vermögensübersicht ein Instrument der gerichtlichen Kontrolle der Tätigkeit des Insolvenzverwalters (§ 58 InsO) und der Überwachung durch den Gläubigerausschuss (§ 69 InsO).[78] *Stichtag* für die Aufstellung des Vermögensverzeichnisses ist der Zeitpunkt der Eröffnung des Insolvenzverfahrens (§ 153 Abs. 1 Satz 1 InsO).

a) Ansatz

49 Die Vermögensübersicht soll auf der Grundlage des Verzeichnisses der Massegegenstände (*Masseverzeichnis*, § 151 InsO) und des Gläubigerverzeichnisses (§ 152 InsO) erstellt werden,[79] d. h., die ansatzpflichtigen Werte des Masse- und des Gläubigerverzeichnisses sind in die Vermögensübersicht zu übernehmen:[80]

- *Aktivseite*: Massegegenstände aus dem Masseverzeichnis.
- *Passivseite*: Forderungen aus dem Gläubigerverzeichnis.

Wie bei Masse- und Gläubigerverzeichnis ist auch beim Ansatz im Rahmen der Vermögensübersicht fraglich, ob aussonderungspflichtige Gegenstände und aussonderungsberechtigte Gläubigeransprüche darzustellen sind. Eine dahingehende Pflicht zur Aufnahme in die Vermögensübersicht besteht nicht.[81] Jedoch wird auch hier empfohlen eine Verzeichniserweiterung vorzunehmen, da der Zweck der Vermögensübersicht nicht ausschließlich die Berechnung einer voraussichtlichen Insolvenzquote, sondern auch die Information der Insolvenzgläubiger über die Vermögenslage des Schuldners ist.[82]

b) Bewertung

50 Der Grundsatz, dass die Vermögensübersicht auf der Grundlage des Masse- und des Gläubigerverzeichnisses erstellt werden soll, ist auch für die Frage der Bewertung von entscheidender Bedeutung.

Zusätzlich bestimmt § 153 Abs. 1 Satz 2 InsO, dass für die Bewertung der Gegenstände (Aktivseite) § 151 Abs. 2 InsO entsprechend anzuwenden ist. Für die Passivseite existiert eine solche Verweisung nicht. Folglich gilt auch im Rahmen der Bewertung, dass lediglich die entsprechenden Zahlen aus dem Masse- und dem Gläubigerverzeichnis zu übernehmen sind.[83]

In der Begründung des Regierungsentwurfs[84] wird dies durch folgende Aussagen klargestellt:

---

[78] Fk-InsO/Wegener, § 153 Rdnr. 4.
[79] Kübler/Prütting, a. a. O., BegrRegE zu § 172, S. 372.
[80] Zum Ansatz im Rahmen des Masse- und des Gläubigerverzeichnisses s. oben Rdnr. 17 ff. und 34 ff.
[81] S. zur Parallelproblematik bei Masse- und Gläubigerverzeichnis oben Rdnr. 18 und 36.
[82] Möhlmann, DStR 1999, 168.
[83] Zu den dabei auftretenden Bewertungsproblemen s. oben Rdnr. 23 ff. und 39 ff.
[84] Kübler/Prütting, a. a. O., S. 372.

Rechnungslegung in der Insolvenz 21. Kapitel 1925

- »Buchwerte sind nicht zulässig« (der Verwalter kann sich also nicht auf eine vorhandene Handelsbilanz beziehen, sondern muss die Vermögensübersicht neu erstellen).
- »In der Vermögensübersicht sind die Fortführungs- und Einzelveräußerungswerte nebeneinander anzugeben.«

c) Darstellung

In der Vermögensübersicht werden die Gegenstände der Insolvenzmasse und die Verbindlichkeiten des Schuldners ähnlich *wie in einer Bilanz* zusammengefasst und gegenübergestellt.[85] 51

Orientiert am *Zweck* des Vermögensverzeichnisses und mit der *Darstellungsweise des Masse- und des Gläubigerverzeichnisses als Grundlage* ergibt sich folgende Gliederung:[86]

d) Muster einer Vermögensübersicht[87]

Aktiva	Wert bei Ansatz von		Rechte Dritter	Freie Masse bei Ansatz von		52
	Liqudationswerten	Fortführungswerten		Liqudationswerten	Fortführungswerten	
I. Ausstehende Einlagen						
II. Anlagevermögen						
1. Grundstücke, Gebäude und grundstücksgleiche Rechte.						
2. Maschinen/maschinelle Anlagen						
3. Fuhrpark						
4. Betriebs- und Geschäftsausstattung						
III. Umlaufvermögen						
A. Vorratsvermögen						
1. Roh-, Hilfs- und Betriebsstoffe						
2. Halbfertige Arbeiten						
B. Besondere Gegenstände des Umlaufvermögens						
1. Forderungen aus Lieferungen und Leistungen						
2. Sonstige Forderungen						
3. *Kassenbestand*						
4. Bankguthaben						

---

85 Kübler/Prütting, a. a. O.
86 Das Gesetz enthält bezüglich der Darstellung des Vermögensverzeichnisses lediglich eine einzige Vorschrift: § 153 Abs. 1 Satz 2 InsO bestimmt, dass bezüglich der Gliederung der Verbindlichkeiten § 152 Abs. 2 Satz 1 InsO entsprechende Anwendung findet.
87 Entnommen Breuer, a. a. O., S. 111.

Aktiva	Wert bei Ansatz von		Rechte Dritter	Freie Masse bei Ansatz von	
	Liquidationswerten	Fortführungswerten		Liquidationswerten	Fortführungswerten
IV. Sonstiges					
1. Anfechtungsansprüche					
2. Schadensersatzansprüche					
3. Bereicherungs und Erstattungsansprüche					

Passiva	Wert	Sicherheiten	Insolvenzforderungen	Nachrangige Insolvenzforderungen	Masseverbindlichkeiten
I. Absonderungsrechte					
II. Insolvenzforderungen					
1. Verbindlichkeiten aus Lieferung und Leistungen					
2. Verbindlichkeiten gegenüber verbundenen Unternehmen					
3. Verbindlichkeiten gegenüber Kreditinstituten					
4. Löhne und Gehälter					
5. Aufwendungen zur Altersunterstützung					
6. Sozialabgaben					
7. Steuern und Abgaben					
8. Sonstige Verbindlichkeiten					
9. Eventualverbindlichkeiten					
III. Nachrangige Insolvenzforderungen, gem. § 39 InsO					
1. Zinsforderungen					
2. Kosten der Verfahrensteilnahme					
3. Sanktionsgelder					
4. Forderungen auf unentgeltlicher Basis					
5. Forderungen aus Eigenkapitalersatz					
6. Forderungen mit vereinbartem Nachrang					
IV. Verfahrenskosten und Masseverbindlichkeiten					
1. Verfahrenskosten					
a. Gerichtskosten					
b. Kosten des vorläufigen Insolvenzverwalters					
c. Kosten des Insolvenzverwalters					
d. Gläubigerausschusskosten					
2. Sonstige Masseverbindlichkeiten					

Passiva	Wert	Sicherheiten	Insolvenzforderungen	Nachrangige Insolvenzforderungen	Masseverbindlichkeiten
a. Kosten der Abwicklung, § 55 Abs. 1 Nr. 1, Abs. 2 InsO					
b. Kosten aus gegenseitigen Verträgen, § 55 Abs. 1 Nr. 2 InsO					
c. Ungerechtfertigte Bereicherung, § 55 Abs. 1 Nr. 3 InsO					
d. Schuldnerunterstützung §§ 100, 101 Abs. 1 Satz 3 InsO					
e. Sozialplananforderungen, § 123 Abs. 2 Satz 1 InsO					
f. Ggf. § 324 InsO					

e) Eidesstattliche Versicherung (§ 153 Abs. 2 InsO)

Nach der Aufstellung der Vermögensübersicht kann das Insolvenzgericht auf Antrag des Verwalters oder eines Gläubigers dem Schuldner aufgeben, die Vollständigkeit der Vermögensübersicht eidesstattlich zu versichern, § 153 Abs. 2 Satz 1 InsO. Die eidesstattliche Versicherung gemäß § 153 Abs. 2 InsO ist ein Sonderfall des § 807 ZPO und soll als Hilfsmittel der Zwangsvollstreckung die Vollständigkeit der Vermögensübersicht sicherstellen.[88]

53

Da die Vermögensübersicht die Gegenstände der Insolvenzmasse (§ 151 Abs. 1 Satz 1 InsO) ebenso wie die Verbindlichkeiten (§ 152 InsO) umfasst, hat der Schuldner die Vollständigkeit sowohl der Aktiva[89] als auch der Passiva eidesstattlich zu versichern.[90] Auch bzgl. des Neuerwerbs, der neben den in der Vermögensübersicht aufgeführten Gegenständen im Laufe des Verfahrens eventuell hinzukommt, besteht die Pflicht zur eidesstattlichen Versicherung.[91]

---

88 FK-InsO/Wegener, § 153 Rdnr. 8.
89 Hess a. a. O., § 153 Rdnr. 19: Während § 807 ZPO das gesamte Aktivvermögen erfasst, bezieht sich die eidesstattliche Versicherung des § 153 Abs. 2 InsO nur auf die Vollständigkeit der Angaben des zur Insolvenzmasse (§ 35 InsO) gehörigen Aktivvermögens im Zeitpunkt der Verfahrenseröffnung.
90 HK-InsO/Irschlinger, § 153 Rdnr. 11.
91 Hess a. a. O., § 153 Rdnr. 20.

54 *Voraussetzungen* für die Anordnung der Abgabe der eidesstattlichen Versicherung durch das Insolvenzgericht sind:

- Aufstellung eines *Vermögensverzeichnisses* nach § 153 Abs. 1 Satz 1 InsO.
- *Ordnungsgemäßer Antrag* (§ 152 Abs. 2 Satz 1 InsO), der ausschließlich vom Insolvenzverwalter oder von einem Insolvenzgläubiger (§ 38 InsO) gestellt werden kann.
- Auffassung des Insolvenzgerichts, dass die Abgabe der eidesstattlichen Versicherung zur Herbeiführung wahrheitsgemäßer Aussagen erforderlich erscheint (§ 153 Abs. 2 Satz 2 InsO i. V. m. § 98 Abs. 1 Satz 1 InsO).

Die *Anordnung*, dass die Abgabe einer eidesstattlichen Versicherung vorzunehmen ist, erfolgt durch das Insolvenzgericht. Zur *Abnahme* ist das Insolvenzgericht indes nicht zwingend zuständig: Die eidesstattliche Versicherung kann zu Protokoll auch vor einem sonstigen Gericht, einem Notar usw. erfolgen.[92]

Ist der *Schuldner keine natürliche Person*, so ist die eidesstattliche Versicherung von den organschaftlichen Vertretern (§ 153 Abs. 2 Satz 2 InsO i. V. m. § 101 Abs. 1 Satz 1 InsO) sowie durch ehemalige organschaftliche Vertreter, die nicht länger als zwei Jahre vor dem Insolvenzantrag ausgeschieden sind (§ 153 Abs. 2 Satz 2 InsO i. V. m. § 101 Abs. 1 Satz 2 InsO), abzugeben. Für Angestellte und frühere Angestellte besteht die eidesstattliche Versicherungspflicht nicht.[93]

4. Verwalterbericht (§ 156 InsO)

55 Die zuvor dargestellten Rechnungslegungsinstrumente – Masseverzeichnis (§ 151 InsO), Gläubigerverzeichnis (§ 152 InsO) und Vermögensübersicht (§ 153 InsO) – dienen dazu, der Gläubigerversammlung im Berichtstermin (§ 157 InsO) eine möglichst zuverlässige und vollständige Informationsgrundlage zur Entscheidung über den weiteren Verfahrensablauf zu geben.[94] Zur Ergänzung hat der Insolvenzverwalter gemäß § 156 InsO im Berichtstermin den so genannten *Verwalterbericht* zu erstatten.

---

[92] FK-InsO/Wegener, § 153 Rdnr. 12; HK-InsO/Irschlinger, § 153 Rdnr. 10; **a. A.** Hess a. a. O., § 153 Rdnr. 29.
[93] HK-InsO/Irschlinger, § 153 Rdnr. 17.
[94] Baetge, a. a. O., S. 62.

In diesem Bericht hat der Insolvenzverwalter zu folgenden Themen Stellung zu nehmen: 56

> **Stellungnahme des Insolvenzverwalters:**
> - Zur wirtschaftlichen Lage des Schuldners und zu ihren Ursachen (§ 156 Abs. 1 Satz 1 InsO).
> - Zu den Aussichten, das Unternehmen des Schuldners im Ganzen oder in Teilen zu erhalten (§ 156 Abs. 1 Satz 2 InsO). Wird die Möglichkeit, das Unternehmen zu erhalten, bejaht, so hat der Insolvenzverwalter dazu Stellung zu nehmen, ob dies im Rahmen einer Sanierung[95] des bisherigen Unternehmensträgers oder durch eine Gesamtveräußerung an einen Dritten, eine sog. übertragende Sanierung,[96] erfolgen kann.
> - Zur Frage, welche Möglichkeiten für einen Insolvenzplan[97] bestehen (§ 156 Abs. 1 Satz 2 InsO).
> - Zusätzlich ist darzustellen, welche Auswirkungen *jeweils* für die Befriedigung der Gläubiger eintreten würden (Vergleichsrechnungen zwischen den Verwertungsalternativen; § 156 Abs. 1 Satz 2 InsO).

Adressat des Verwalterberichts ist die Gläubigerversammlung. Deshalb orientiert sich der detaillierte Inhalt des Berichts am Informationsbedürfnis der Gläubiger, die gemäß § 157 InsO im Berichtstermin über den weiteren Verlauf des Insolvenzverfahrens zu entscheiden haben.[98] Der Bericht ist im Termin *mündlich* zu erstatten. Sein Inhalt ist ins Protokoll aufzunehmen, entweder wörtlich oder durch Beifügung seiner schriftlichen Fassung.[99]

Ausgerichtet am Interesse der Gläubiger an umfassender Information ist folgende Gliederung des Verwalterberichts empfehlenswert:[100] 57

> **Gliederung des Verwalterberichts:**
> - Lage des Unternehmens und Ursachen der Insolvenz mit Angaben über
>   → die bisherige Unternehmensentwicklung,
>   → die rechtlichen Verhältnisse,
>   → die Leistungs- und Organisationsstruktur
>   → die leistungswirtschaftliche Lage,
>   → die finanzwirtschaftlichen Verhältnisse,
>   → die Ursachen der Unternehmenskrise.
> - Erhalt des Unternehmens im Ganzen oder in Teilen durch Sanierungsmaßnahmen

---

95 Zur Unternehmenssanierung s. Kapitel 12.
96 Zur übertragenden Sanierung s. Kapitel 2C3; 12.
97 Zum Insolvenzplanverfahren s. Kapitel 12.
98 Vgl. Winnefeld, a. a. O., S. 2268 Rdnr. 1050.
99 HK-InsO/Flessner, § 156 Rdnr. 5.
100 Entnommen bei Winnefeld, a. a. O., S. 2269 Rdnr. 1052 ff.

> Mögliche Sanierungsmaßnahmen sind einzuteilen in:
> → Sofortmaßnahmen zur Herstellung eines finanziellen Gleichgewichts,
> → Maßnahmen zum Ausgleich operativer Verluste und zur Wiedererlangung einer gleich bleibenden positiven Ertragslage und
> → Maßnahmen zur Wiedererlangung der Wettbewerbsfähigkeit
> • Möglichkeiten eines Insolvenzplans
> • Auswirkungen der Alternativen auf die Gläubigerbefriedigung

5. Forderungstabelle (§ 175 InsO)

Der Insolvenzverwalter hat jede von einem Insolvenzgläubiger *angemeldete Forderung* in eine Tabelle einzutragen (§ 175 Satz 1 InsO).

Neben der Entlastung der Insolvenzgerichte hat die *Forderungstabelle* vor allen Dingen den *Zweck*, den Insolvenzverwalter und die Gläubiger über die angemeldeten Forderungen zu informieren.[101] Zusätzlich ist die Tabelle die Grundlage für das gerichtliche Prüfungsverfahren: Nur die Forderungen, die in die Tabelle eingetragen worden sind, können im Prüfungstermin geprüft und erörtert werden (§ 176 InsO).[102]

59 Die gesetzlichen Vorschriften zur *Gestaltung der Tabelle* sind nicht sonderlich detailliert. Ihre Gliederung hat sich an den Grundsätzen der Zweckmäßigkeit und Sachdienlichkeit zu orientieren.[103]

> **Die Forderungstabelle sollte folgende Bestandteile beinhalten:**[104]
> • *Stammdaten des Insolvenzschuldners.*
> • *Laufende Tabellennummer* (in der Regel in alphabetischer Reihenfolge).
> • Bezeichnung des *Insolvenzgläubigers* mit *Anschrift* und *Wohnort* (wegen der Titelfunktion der Forderungstabelle, § 201 Abs. 2 InsO).
> • *Tag der Anmeldung.*
> • *Grund* und *Betrag* der Forderung (§ 175 Satz 1 InsO i. V. m. § 174 Abs. 2 InsO).
> • Weiterhin hat der Insolvenzverwalter aufgrund der bei ihm eingegangenen Anmeldungen bei den nachrangigen Forderungen deren *Eigenschaft als nachrangige Forderungen* und den *jeweiligen Rang* (§ 39 InsO) einzutragen.
> • Geltend gemachte *Aus-*, *Absonderungs-* und *Aufrechnungsbefugnisse* nach Höhe und Rechtsgrund.
> • *Ergebnisse des Prüfungstermins* (nach der Erörterung der Forderungen im Prüfungstermin hat jedoch nicht der Insolvenzverwalter das Ergebnis in die Tabelle einzutragen, sondern, wegen des Urkundscharakters der Feststellung, das Insolvenzgericht[105]).

---

101 Breuer, a. a. O., S. 197 Rdnr. 1; Winnefeld, a. a. O., S. 2275 Rdnr. 1090.
102 FK-InsO/Schulz, § 175 Rdnr. 1.
103 Breuer, FK-InsO, Rdnr. 1.
104 Vgl. zu allem folgenden Breuer, S. 197 f. Rdnr. 1–13.
105 Haarmeyer/Wutzke/Förster, Kapital 7, a. a. O., S. 576 Rdnr. 53.

Muster einer Forderungstabelle[106]

Schuldner/in Amtsgericht Geschäfts-Nr. Insolvenzeröffnungsdatum Insolvenzverwalter					(reklamierte/s)				
Laufende Tabellen-Nr.	Gläubiger/Gläubigervertreter	Tag der Anmeldung	Betrag (Euro)	Forderungsgrund (Euro)	Absonderungsrecht in Höhe von (Euro)	Aussonderungsrecht in Höhe von (Euro)	Aufrechnungsbefugnis in Höhe von (Euro)	Rechtsgrund	Prüfungsergebnisse/Bemerkungen
	• Name/Firma • Anschrift • Ggf. vertreten durch • Kontoverbindung • Konto-Nr. • Bankleitzahl • Vollmacht Ja ( )/Nein ( )		1. 2. 3. 4. ………. insgesamt	1. 2. 3. 4. ………. insgesamt					• Berichtigungen • Forderung festgestellt für den Ausfall – in voller Höhe: vorläufig bestritten – in Höhe von €: • Forderung bestritten durch a. Insolvenzverwalter b. Gläubiger c. Schuldner/in in Höhe von Euro:

---

106 Entnommen Breuer, a. a. O., S. 196.

61 Die Forderungstabelle kann sowohl in Form von Einzelblättern,[107] als auch in Form einer sog. *Sammelliste* geführt werden.[108]

62 **Muster einer Sammelliste**[109]

Tab	Gläubiger/ Gläubigervertreter	Anmelde-tag	Angemel-dete Forde-rung €	Grund der Forderung	Ergebnis der Prüfung in €	
1	Holz-, Kunststoff- Glasverarbeitungs GmbH Küstriner Straße 44 15234 Frankfurt Rechtsanwalt Dr. Georg Meier Besskower Chaussee 14 15234 Frankfurt	28. 2. 1999	206055,00 200000,00 5400,00 655,00	Gesamtforde-rung, davon Warenlieferung Zinsen Kosten	206055,00 200000,00 5400,00 655,00	Gesamtergebnis festgestellt bestritten bestritten
2	Schmiedemeister Otto Steffens August-Bebel-Str. 4 15234 Frankfurt	25. 2. 1999	1396,83 1396,83	Gesamtforde-rung, davon Handwerker-leistungen	1396,83 1396,23	Gesamtergebnis festgestellt
3	Kassen-Center GmbH Harburger Str. 4 71155 Buxtehude	1. 3. 1999	1264,26 1264,26	Gesamtforde-rung, davon Handwerker-leistungen	1264,26 1264,26	Gesamtergebnis festgestellt
4	Bezirkskamin-kehrermeister Christoph Wegwert Ernst Thälmann-Str. 43 15234 Frankfurt	5. 3. 1999	45,62 44,42 1,20	Gesamtforde-rung, davon Dienstleistung Kosten	45,62 44,42 1,20	Gesamtergebnis festgestellt festgestellt
5	Reparatur- und Bauschlosserei Inh.: U. Watschke Rosengartenstr. 8 15234 Rosengarten	7. 5. 1999	25898,92 25725,01 173,91	Gesamtforde-rung, davon Handerwerker-leistung Zinsen	25898,82 25725,01 173,91	Gesamtergebnis festgestellt festgestellt
	Endsumme		234660,63	Gesamt-forderung	228605,63 6055,00	festgestellt bestritten

---

107 S. oben Muster bei Rdnr. 60.
108 Haarmeyer/Wutzke/Förster, a. a. O., Kapitel 7, S. 566 Rdnr. 30.
109 Entnommen aus Haarmeyer/Wutzke/Förster, a. a. O., S. 578.

6. Zwischenrechnungslegung[110] (§ 66 Abs. 3 InsO)

§ 66 Abs. 3 InsO ermöglicht es der Gläubigerversammlung (durch Beschluss), vom Insolvenzverwalter in bestimmten Abständen *Zwischenrechnung* zu verlangen. Hierdurch soll eine umfassende Aufsicht der Gläubiger über das Verfahren ermöglicht werden.[111]

Die Vorlage einer Zwischenrechnung kann sowohl zu bestimmten Zeitpunkten, als auch in regelmäßigen Abständen verlangt werden.[112] Die Anzahl und Zeitpunkte der *Berichte* sollten möglichst zu Beginn des Insolvenzverfahrens durch einen Beschluss der Gläubigerversammlung festgelegt werden.[113] Art und Umfang der *Zwischenrechnung* ergeben sich aufgrund der Verweisung in § 66 Abs. 3 Satz 2 InsO aus dem entsprechend anzuwendenden § 66 Abs. 1 und Abs. 2 InsO: Der Verwalter hat bei der Schlussrechnung erforderliche Rechenwerke zeitraumbezogen zu erstellen und berichtsweise zu erläutern.[114]

Im Rahmen der Zwischenrechnung wird vom Insolvenzverwalter vor allem *ein rechnerischer* und *ein beschreibender Teil* gefordert.[115]

a) Einnahmen/ Ausgaben – Überschussrechnung (Insolvenzbuchhaltung[116])

Die Insolvenzbuchhaltung ist eine reine Einnahmen – Überschussrechnung. Die Summe aller Einnahmen abzüglich der Summe aller Ausgaben ergibt den Sollbestand.

Mit Eröffnung des Insolvenzverfahrens beginnt auch die interne, insolvenzrechtliche Buchhaltung. Sie endet mit bzw. nach Verteilung der Insolvenzmasse.

b) Zwischenbericht

Aus der Tätigkeit des Insolvenzverwalters als Verwalter fremder Vermögensinteressen ergibt sich die Notwendigkeit eines im Gesetz nicht ausdrücklich geregelten Zwischenberichts.[117]

---

110 Bei der Zwischenrechnungslegung sind die Grundsätze der Schlussrechnung entsprechend anzuwenden. Ausführlich zur Schlussrechnung s. unten Rdnr. 77 ff.
111 Vgl. Hess a. a. O., § 66 Rdnr. 79.
112 HK-InsO/Eickmann, § 66 Rdnr. 3.
113 FK-InsO/Hössl, § 66 Rdnr. 14.
114 Smid, Kommentar zur Insolvenzordnung, 2. Aufl. 2001, § 66 Rdnr. 21; Zu Einzelheiten s. Rdnr. 72 ff.
115 HK-InsO/Eickmann, § 66 Rdnr. 7.
116 Vgl. zum Folgenden Haarmeyer/Wutzke/Förster, a.a.O., Kapitel 5, S. 387 ff. Rdnr. 138 ff.; Zu den Details der Insolvenzbuchhaltung (Struktur, Kontierung und Buchung) s. Haarmeyer/Wutzke/Förster, a.a.O., Zur Einnahmen/Ausgaben – Überschussrechnung s. unten Rdnr. 80.
117 Winnefeld, a.a.O., S. 2285 Rdnr. 1165 (zur Begründung der Notwendigkeit des Schlussberichts im Rahmen der Schlussrechnung s. § 66 Abs. 1 InsO).

Im Zwischenbericht hat der Verwalter den Abwicklungshergang (bis zum Zeitpunkt der Zwischenrechnung) in Form eines *Tätigkeitsberichts* darzustellen.[118] Dieser soll einen umfassenden Überblick über die Geschäftsführung des Insolvenzverwalters geben.[119] und soll das Zustandekommen der Überschussrechnung erklären und transparent machen.

> **Zwischenbericht des Insolvenzverwalters über:**[120]
> - Freigaben,
> - Masseverwertungen,
> - Abwicklung bedeutsamer Vertragsverhältnisse, Ergebnisse wichtiger Rechtsstreitigkeiten,
> - Gründe der Nichtverwertbarkeit von Vermögensgegenständen sowie
> - Gründe für etwaige Abweichungen von den Daten eines Insolvenzplans.

7. Rechnungslegung im Rahmen eines Insolvenzplanverfahrens[121]

66 Die §§ 217, 218 InsO erlauben den Gläubigern mittels eines Insolvenzplans eine von den Vorschriften der InsO abweichende Regelung für die Verwertung und Verteilung der Insolvenzmasse zu vereinbaren.

Die Rechte und Pflichten des Schuldners, der Insolvenzgläubiger, der nachrangigen Insolvenzgläubiger, sowie der absonderungsberechtigten Gläubiger können auf diesem Wege modifiziert und damit den tatsächlichen Gegebenheiten angepasst werden. Den Beteiligten soll dadurch eine flexiblere und wirtschaftlichere Abwicklung des Insolvenzverfahrens ermöglicht werden.

Sollen die Gläubiger aus den Erträgen des von dem Schuldner oder von einem Dritten fortgeführten Unternehmens befriedigt werden (sog. Sanierungs- bzw. Fortführungsplan), normiert § 229 Satz 1 InsO die Pflicht, dem Insolvenzplan bestimmte Anlagen beizufügen.[122] Im Falle von Liquidations- oder Übertragungsplänen bedarf es dieser Plananlagen nicht, da in diesen Fällen die Gläubiger unmittelbar befriedigt werden.[123]

---

118 Hess, a. a. O., § 66 Rdnr. 30.
119 HK-InsO/Eickmann, § 66 Rdnr. 8.
120 Entnommen aus Winnefeld, a. a. O., S. 2285 Rdnr. 1165.
121 Einzelheiten zum Insolvenzplanverfahren s. Kapitel 12.
122 Braun/Uhlenbruck, a. a. O., S. 528 ff.
123 FK-InsO/Jaffé, § 229, Rdnr. 1 f.

a) Vermögensübersicht (§ 229 Satz 1 InsO)

In der Vermögensübersicht sollen die Aktiva und die Passiva dargestellt werden, wie sie sich im Falle einer Planbestätigung gegenüberstehen.[124] Der Ansatz und die Bewertung ergeben sich aus dem darstellenden Teil des Insolvenzplans, da dort der planmäßige Ansatz und die planmäßige Bewertung für jeden Vermögensgegenstand und für jede Verbindlichkeit ersichtlich ist.

Die Vermögensübersicht stellt die Buchwerte der bilanzmäßig aufgeführten Vermögensgegenstände und Verbindlichkeiten des Schuldners den jeweiligen Zeitwerten unter der jeweiligen Planprämisse – Liquidation oder Fortführung des Unternehmens – gegenüber.

Darstellung:[125]

Aktiva

Anlagevermögen
- Bebaute und unbebaute Liegenschaften
- Maschinen und maschinelle Anlagen
- Betriebs- und Geschäftsausstattung
- immaterielle Vermögenswerte
- Beteiligungen

Umlaufvermögen
- Roh-, Hilfs- und Betriebsstoffe
- Halbfertige Erzeugnisse
- Fertigerzeugnisse
- Forderungen aus Lieferungen und Leistungen
- sonstige Forderungen, z. B. ausstehende Stammeinlagen

Passiva
- Grundstücksbelastungen
- Verbindlichkeiten aus Lieferungen und Leistungen
- sonstige Verbindlichkeiten
- Rückstände an Steuern und Löhnen
- Absonderungsrechte
- Nachrangige Forderungen i. S. d. § 39 InsO

---

124 Braun/Uhlenbruck, a. a. O.
125 FK-InsO/Jaffé, § 229 Rdnr. 16 ff.

69 *Bewertung*:

> Im Einzelnen gilt[126]
>
> - Vermögensgegenstände sind mit den Fortführungswerten, Verbindlichkeiten sind mit ihren Rückzahlungsbeträgen anzusetzen.
> - Wenn Verbindlichkeiten erlassen werden, wird die Passivseite entlastet.
> - Forderungen sind mit ihrem Nennwert abzüglich erforderlicher Wertberichtigungen anzusetzen.
> - Wird neues Kapital in Form von Eigen- oder Fremdkapital zugeführt, so erhöht sich der Aktivposten.
>
> Bilanziell ist dann ein höheres Eigenkapital auszuweisen oder ein geringerer durch Eigenkapital nicht gedeckter Fehlbetrag.
> - Im Falle der Stilllegung einzelner Betriebsteile erfolgt die Bewertung der entsprechenden Vermögenswerte zum Liquidationswert.
> - Bei der Fortführung von Betriebsteilen erfolgt die Bewertung gemäß den bisherigen Handelsbilanzwerten. Sie sind mit den Herstellungskosten abzüglich AfA anzusetzen.
> - Vorratsvermögen wird mit dem bei Plandurchführung zu erzielenden Erlös abzüglich der Veräußerungskosten bewertet.
> - Ab- und Aussonderungsrechte sind in jedem Fall gesondert auszuweisen, da sie für die Gläubigerbefriedigung nicht zur Verfügung stehen.
> - Die Auflösung von stillen Reserven ist nicht möglich. Die Gläubigerbefriedigung erfolgt aus Unternehmenserlösen und nicht aus der Substanz.
>
> Eine Ausnahme besteht, wenn die Veräußerung der sie verkörpernden Gegenstände bereits geplant war und keine anderen Werte zur Gläubigerbefriedigung zur Verfügung stehen.

b) Plan-GuV (Ergebnisplan; § 229 Satz 2 InsO)

70 Neben der Vermögensübersicht ist eine Plan-GuV zu erstellen.

In dieser ist darzustellen, welche Aufwendungen und Erträge für denjenigen Zeitraum zu erwarten sind, in welchem die Gläubiger befriedigt werden sollen.[127] Nur so wird zahlenmäßig nachvollziehbar, ob das Sanierungskonzept schlüssig ist und ob die Gläubiger die im Plan in Aussicht gestellte Befriedigungsquote erhalten werden.

Die Plan-GuV folgt, abgesehen von den Prognosedaten, den Regeln der handelsrechtlichen GuV. Sie ist daher mit einem in der nach handelsrecht-

---

126 Kübler/Prütting, a.a.O., § 229 Rdnr. 10; Braun/Uhlenbruck, a.a.O., S. 536 ff.; Hess/Kranemann/Pink, InsO 99 – Das neue Insolvenzrecht, 1998, Teil Abs. 1 Rdnr. 1052 ff.
127 Winnefeld, a.a.O., S. 2273 Rdnr. 1080.

licher Rechnungslegung geführten Eröffnungsbilanz aufgelisteten Bestand an Vermögen und Verbindlichkeiten zu beginnen, wie er zum Tag der Eröffnung der Insolvenz gegeben ist.

Firma						
Gewinn- und Verlustrechnung €		Jahr 1	Jahr 2	Jahr 3	Jahr 4	Jahr 5
1	Erträge					
1.1	Umsatzerlöse	0	0			
1.2	Bestandsveränderung	0	0	0	0	0
1.3	Aktivierte Eigenleistungen	0	0			
1.4	Sonstige betriebliche Erträge	0	0	0	0	0
1.5	Summe Erträge	0	0	0	0	0
2	Aufwendungen					
2.1	Materialaufwand	0	0	0	0	0
2.2	Fremdleistungen	0	0			
2.3	Personal	0	0	0	0	0
2.4	Leasing	0	0			
2.5	Abschreibungen	0	0	0	0	0
2.6	Sonstiger betrieblicher Aufwand	0	0	0	0	0
2.7	Rückstellungen	0	0	0	0	0
2.8	Außerordentliche Aufwendungen	0	0			
2.9	Summe Aufwendungen	0	0	0	0	0
3	Ergebnis der gewöhnlichen Geschäftstätigkeit	0	0	0	0	0
4	Zinsen und ähnliche Aufwendungen	0	0	0	0	0
5	Staatliche Zuschüsse	0	0			
6	Steuern					
6.1	Steuern vom Einkommen und vom Ertrag	0	0			
6.2	Sonstige Steuern	0	0			
7	Jahresüberschuss/Jahresfehlbetrag	0	0			

c) **Planliquiditätsrechnung (Finanzplan; § 229 Satz 2 InsO)**

Schließlich verlangt das Gesetz eine Darstellung durch welche Einnahmen und Ausgaben die Zahlungsfähigkeit des Unternehmens während der Planphase gewährleistet werden soll.[128]

Entwickelt wird der Finanzplan aus der Planbilanz und der Plan-GuV in der Weise, dass sämtliche dort aufgeführten Geschäftsvorgänge, Aufwendungen und Erträge auf ihre Auswirkungen auf die Liquidität überprüft werden und als Einzahlungen oder Auszahlungen in den Finanzplan eingestellt werden.[129] Er ist mit dem Stichtag der Insolvenzverfahrenseröffnung aufzustellen. Die Planliquidationsrechnung beginnt inhaltlich mit dem Ist-Bestand

---

128 Weisemann/Smid, Handbuch der Unternehmensinsolvenz, 1999, Kap. 16 Rdnr. 22.
129 Kübler/Prütting, a. a. O., Rdnr. 20.

zu diesem Zeitpunkt. Sie muss für einen bestimmten Zeitraum aufgestellt werden. Die Laufzeit ist eine Frage des Einzelfalles, sie muss jedoch sinnvoll und planbar sein. Es bietet sich an, die Liquidität im ersten Drittel der Laufzeit des Finanzplanes in Wochen, danach in Monaten darzustellen. Die Wochen- oder Monatsbestände werden in einer gesonderten Spalte aufgeführt, um den Bestand zum jeweiligen Stichtag zu ermitteln.

III. Rechnungslegung zur Beendigung des Insolvenzverfahrens

72 Zum Abschluss des Insolvenzverfahrens hat der Insolvenzverwalter
- das Verteilungsverzeichnis (§ 188 InsO) und
- die Schlussrechnung (§ 66 Abs. 1 InsO)

aufzustellen.

1. Verteilungsverzeichnis (§ 188 InsO)

73 Gemäß § 188 Satz 1 InsO hat der Insolvenzverwalter vor einer Verteilung, also bevor er Zahlungen an die Insolvenzgläubiger vornimmt, ein *Verzeichnis der Forderungen* aufzustellen, die bei der Verteilung zu berücksichtigen sind (Verteilungsverzeichnis).

a) Zweck

74 Die Eintragung einer Forderung (des jeweiligen Insolvenzgläubigers) in das Verteilungsverzeichnis begründet den *verfahrensrechtlichen Anspruch*[130] auf Teilnahme an der Verteilung. Forderungen, die in das Verzeichnis nicht aufgenommen sind, bleiben bei der Verteilung ausgeschlossen.[131] Deshalb soll durch die Aufstellung des Verteilungsverzeichnisses den nicht oder nicht ordnungsgemäß berücksichtigten Insolvenzgläubigern die Möglichkeit gegeben werden, *Einwendungen zu erheben*[132] und vor der Vornahme der Verteilung *Änderungen* oder *Ergänzungen* zu erwirken.

---

130 Eine materielle Anerkennung der Forderung ist mit dem Ausweis im Verteilungsverzeichnis nicht verbunden, Winnefeld, a. a. O., S. 2282 Rdnr. 1145.
131 Hess a. a. O., § 188 Rdnr. 6.
132 Unter Beachtung der Ausschlussfristen der §§ 189 Abs. 1 und 194 Abs. 1 InsO.

> **Im Einzelnen hat das Verteilungsverzeichnis folgende Aufgaben:**[133]
> - Schaffung der Voraussetzung für die rechnerische Ermittlung des Forderungsbestandes für Zwecke der Abschlagszahlungen oder bei der endgültigen Befriedigung der Insolvenzgläubiger.
> - Vergewisserung der Insolvenzgläubiger, dass ihre Forderungen dem Grunde und der Höhe nach bei der Verteilung berücksichtigt werden, so dass andernfalls zur Wahrnehmung ihrer Rechte bei dem Insolvenzgericht Einwendungen erhoben oder der Nachweis nach §§ 189, 190 InsO geführt werden können.

b) Inhalt

Das Verteilungsverzeichnis ist identisch mit der Forderungstabelle *unter Berücksichtigung* von Berichtigungen aufgrund rechtskräftiger Entscheidungen in Feststellungsprozessen (§ 183 Abs. 1 und Abs. 2 InsO) sowie der durch den Insolvenzverwalter nachträglich zur Forderungstabelle anerkannten Insolvenzforderungen.[134] In das Verzeichnis werden die *Namen der zu befriedigenden Insolvenzgläubiger* und die *Höhe der Forderungen* aufgenommen.[135]

75

Im Einzelnen sind folgende Forderungen in das Verteilungsverzeichnis aufzunehmen:[136]
- Ordnungsgemäß *festgestellte* Insolvenzforderungen,
  d. h. kein Widerspruch des Insolvenzverwalters oder eines Insolvenzgläubigers im Prüfungstermin oder im schriftlichen Verfahren (§ 178 Abs. 1 Satz 1 Alt. 1 InsO) bzw. Beseitigung des erhobenen Widerspruchs (§ 183 Abs. 1 InsO i. V. m. § 178 Abs. 1 Satz 1 Alt. 2 InsO). Ein Widerspruch des Insolvenzschuldners bleibt unberücksichtigt (§ 178 Abs. 1 Satz 2 InsO),
- *aufschiebend bedingte* Forderungen (§ 191 InsO),
  außer, die Möglichkeit des Bedingungseintritts ist so fern liegend, dass die Forderung zur Zeit der Verteilung keinen Vermögenswert hat (§ 191 Abs. 2 Satz 1 InsO),
- *auflösend bedingte* Forderungen, solange die Bedingung nicht eingetreten ist (§ 42 InsO),
- *Ausfallforderungen absonderungsberechtigter Gläubiger* in Höhe des nachgewiesenen oder des zu erwartenden (und glaubhaft gemachten) Ausfalls (§ 190 InsO),
- *bestrittene Forderungen*, wenn im Prüfungstermin ein vollstreckbarer Schuldtitel oder ein Endurteil vorliegt (§ 179 InsO),
- *bestrittene Forderungen, für die kein vollstreckbarer Titel oder Endurteil vorliegt*, wenn der Insolvenzgläubiger spätestens innerhalb einer Aus-

---

133 Entnommen aus Winnefeld, a. a. O., S. 2282 Rdnr. 1144.
134 HK-InsO/Irschlinger, § 188 Rdnr. 1.
135 FK-InsO/Schulz, § 188 Rdnr. 1.
136 Vgl. Hess, a. a. O., § 188 Rdnr. 7 ff.; Winnefeld, a. a. O., S. 2282 f. Rdnr. 1146 f.

schlussfrist von zwei Wochen nachweist, dass er die Feststellungsklage erhoben oder einen durch das Verfahren unterbrochenen Rechtsstreit wieder aufgenommen hat, § 189 Abs. 1 InsO.

c) Sonstiges

76 Das Verteilungsverzeichnis ist auf der Geschäftsstelle zur Einsicht der Beteiligten *niederzulegen* (§ 188 Satz 2 InsO). Den Gläubigern wird dadurch die Möglichkeit gegeben, *Einwendungen* gegen das Verzeichnis zu erheben (§ 194 InsO).

Gemäß § 188 Satz 3 InsO hat der Verwalter die Summe der Forderungen und den für die Verteilung verfügbaren Betrag aus der Insolvenzmasse *öffentlich bekannt zu machen* (§ 9 InsO). Der Insolvenzverwalter muss für die *ordnungsgemäße Aufstellung* des Verteilungsverzeichnisses einstehen. Er ist verpflichtet, das Verzeichnis mit den übrigen Insolvenzunterlagen zu vergleichen und auf *Richtigkeit* und *Vollständigkeit* zu überprüfen.[137]

> **Beispiel:**[138]
>
> Nimmt der Insolvenzverwalter eine zur Tabelle festgestellte Forderung ganz oder teilweise nicht in das Verteilungsverzeichnis auf, haftet er dem Insolvenzgläubiger gemäß § 60 Abs. 1 InsO für hieraus resultierende Schäden (der Insolvenzgläubiger hat evtl. nach erfolgter Verteilung keine Zahlung mehr aus der Insolvenzmasse zu erwarten).
>
> Erkennt dabei der Insolvenzgläubiger jedoch schuldhaft nicht, dass die Aufnahme der Forderung in das Verteilungsverzeichnis trotz Feststellung nicht erfolgt ist und erhebt er dagegen keine oder lediglich verspätete Einwendungen, so sind bei der Haftung des Insolvenzverwalters die Grundsätze des § 254 BGB anzuwenden.

2. Schlussrechnung (§ 66 Abs. 1 InsO)

77 In einem von der Gläubigerautonomie geprägten Verfahren ist es angemessen, dass der Insolvenzverwalter vor allem den Gläubigern Rechnung legt.[139] Gemäß § 66 Abs. 1 InsO hat deshalb der Insolvenzverwalter bei Beendigung seines Amtes *Rechenschaft über die Verwaltung und Verwertung der Insolvenzmasse* gegenüber dem Insolvenzgericht, dem Gläubigerausschuss und der Gläubigerversammlung abzugeben.

---

137 FK-InsO/Schulz, § 188 Rdnr. 5.
138 Vgl. HK-InsO/Irschlinger, § 188 Rdnr. 7.
139 Kübler/Prütting, a. a. O., BegrRegE zu § 76, S. 240.

a) Allgemeines

Durch die sog. *Schlussrechnung* ist ein vollständiger Überblick über die gesamte Geschäftsführung und den Verbleib aller zur Masse gehörenden Gegenstände zu geben.[140] Dieser Tätigkeitsbericht soll vor allem auch die Ordnungsmäßigkeit des Verwalterhandelns darstellen.

78

Die Rechnungslegung nach § 66 Abs. 1 InsO hat in einer angemessenen Zeit nach Beendigung des Insolvenzverwalteramtes zu erfolgen. Das Gericht kann dem Verwalter im Rahmen seiner Aufsichtsbefugnis (§ 58 Abs. 1 Satz 1 InsO), eine *Frist* zur Abgabe der Schlussrechnung setzen.[141] Kommt der Insolvenzverwalter seiner Rechnungslegungspflicht aus § 66 Abs. 1 InsO nicht oder nicht rechtzeitig nach, so kann das Insolvenzgericht nach vorheriger Androhung *Zwangsgeld* gegen ihn festsetzen (§ 58 Abs. 2 Satz 1 InsO).

Ein Dritter kann im Wege der *Ersatzvornahme* nicht vom Insolvenzgericht mit der Erstellung der Schlussrechnung beauftragt werden,[142] da es sich um einen (persönlichen) Tätigkeitsbericht handelt. Die Verpflichtung zur Rechnungslegung geht auch nicht auf die Erben des Insolvenzverwalters über. Lediglich Auskünfte über Einnahmen und Ausgaben können von diesen verlangt werden.[143]

Eine *Beendigung seines Amtes* i. S. d. § 66 Abs. 1 InsO liegt auch bei Abwahl (§ 57 InsO) oder Entlassung (§ 59 InsO) des Insolvenzverwalters vor, d. h. auch zu diesen Zeitpunkten ist er zur Rechnungslegung verpflichtet.

Auch bei *Einstellung des Insolvenzverfahrens*
- mangels Masse (§ 207 InsO),
- nach Anzeige der Masseunzulänglichkeit (§ 211 InsO),
- wegen Wegfalls des Eröffnungsgrundes (§ 212 InsO) oder
- mit Zustimmung der Gläubiger (§ 213 InsO).

entfällt die Verpflichtung zur Schlussrechnung *nicht*, weil auch in diesen Fällen der Insolvenzverwalter für die Ordnungsmäßigkeit der bis dahin abgewickelten Maßnahmen den Gläubigern, dem Schuldner und dem Insolvenzgericht gegenüber verantwortlich ist.[144]

---

140 Vgl. Winnefeld, a. a. O., S. 2283 Rdnr. 1150.
141 FK-InsO/Hössl, § 66 Rdnr. 3.
142 LG Bayreuth Rpfleger 1965, 306.
143 Eickmann, Rpfleger 1970, 320 f; a. A. Kuhn/Uhlenbruck, a. a. O., § 86 Rdnr. 2.
144 Winnefeld, a. a. O., S. 2283 Rdnr. 1152.

b) Inhalt

> **79** Die Schlussrechnung des Insolvenzverwalters setzt sich zusammen aus
> - einer Einnahmen/Ausgaben – Überschussrechnung,
> - einer Insolvenzschlussbilanz,
> - einem Schlussbericht und
> - einem Schlussverzeichnis.

aa) Einnahmen/Ausgaben – Überschussrechnung

80 Im Rahmen der Einnahmen/Ausgaben-Überschussrechnung hat keine Darstellung von Vermögen und Schulden zu erfolgen. Sie ist eine reine Geldrechnung, d. h. es wird lediglich auf erfolgte Zahlungen abgestellt. Als Grundlage ist ein Kassenbuch bzw. aufeinander folgende Kontoauszüge, durch die alle Zahlungen nachvollzogen werden können, ausreichend. In Mehrspaltenheften oder in Computermasken sind sämtliche Zahlungsvorgänge fortlaufend in zeitlicher Reihenfolge einzutragen. Die Geldzu- und -abgänge sind mit den dazugehörigen Ein- und Ausgangsrechnungen zu belegen.

Die Insolvenzbuchführung[145] ist als wesentlicher Bestandteil der Einnahmen- und Ausgabenrechnung mit dieser und den Belegen bei Gericht einzureichen, um eine sachgerechte Prüfung der Schlussrechnung (§ 66 Abs. 2 InsO) zu ermöglichen.[146] Um die Übersichtlichkeit der Überschussrechnung zu gewährleisten, bietet sich folgende Einteilung der Einnahmen und Ausgaben an:[147]

> *Einnahmen* aus
>
> - Lieferungen und Leistungen,
> - Anlagenverkäufen,
> - Zuschüssen,
> - Beteiligungserträgen und Zinsen,
> - erhaltene Umsatzsteuer,
> - sonstiges.
>
> *Ausgaben* für
>
> - Beschaffung von Waren und Leistungen,
> - Beschaffung von Roh-, Hilfs- und Betriebsstoffen,
> - Löhne und Gehälter,
> - gezahlte Umsatzsteuer,
> - sonstige Steuern,
> - Sonstiges.

---

145 S. oben Rdnr. 64.
146 Hess, a. a. O., § 66 Rdnr. 25.
147 Entnommen Winnefeld, a. a. O., S. 2284 Rdnr. 1155.

bb) Insolvenzschlussbilanz

Die Insolvenzschlussbilanz steht im Kontext zur Vermögensübersicht nach § 153 InsO (und somit zur früheren Konkurseröffnungsbilanz gemäß § 124 KO) und ist aus dieser zu entwickeln.[148] Sie soll meiner bilanzierenden Gegenüberstellung entsprechend aufgebaut und geordnet werden, so dass das zahlenmäßige Ergebnis der gesamten Verwertungs- und Abwicklungstätigkeit des Insolvenzverwalters dargestellt wird. Die Insolvenzschlussbilanz stellt damit einen statusmäßigen Überblick über das Ergebnis der Abwicklung des Unternehmens und die zur Ausschüttung gelangende Quote dar.[149]

81

cc) Schlussbericht

Der gesetzlich nicht vorgeschriebene Schlussbericht bildet den *erläuternden Teil* der Schlussrechnung. Der Insolvenzverwalter hat den gesamten Abwicklungsvorgang in Form eines *Tätigkeitsberichts* darzustellen. Der Schlussbericht dient der Erklärung der verschiedenen zahlenmäßigen Darstellungen der Schlussrechnung. Er soll gewährleisten, dass der Inhalt der Überschussrechnung und der Insolvenzbilanz für die Adressaten verständlich wird.

82

Besondere Vorgänge, über die der Verwalter im Rahmen des Schlussberichts Rechenschaft abzulegen hat sind beispielsweise:[150]
- Freigaben,
- Masseverwertungen,
- Abwicklung bedeutsamer Vertragsverhältnisse, Ergebnisse wichtiger Rechtsstreitigkeiten,
- Gründe der Nichtverwertbarkeit von Vermögensgegenständen sowie
- Gründe für etwaige Abweichungen von den Daten eines Insolvenzplans.

dd) Schlussverzeichnis

Das Schlussverzeichnis ist nicht direkter Bestandteil, sondern notwendige Ergänzung der Schlussrechnung für den Fall eines Verteilungsverfahrens.[151] Beim Schlussverzeichnis handelt es sich um eine Liste der bei der Verteilung zu berücksichtigenden Forderungen unter Nennung auch der streitig gebliebenen Forderungen, also um die *Fortschreibung des Verteilungsverzeichnisses nach § 188 InsO zum Abschluss des Insolvenzverfahrens*.[152]

83

---

148 Zur Vermögensübersicht s. oben Rdnr. 48 ff.
149 Hess, a. a. O., § 66 Rdnr. 27 und 29.
150 Vgl. Winnefeld, a. a. O., S. 2285 Rdnr. 1165.
151 Hess, a. a. O., § 66 Rdnr. 34.
152 Vgl. Winnefeld, a. a. O., S. 2285 Rdnr. 1170;
 Zum Verteilungsverzeichnis s. oben Rdnr. 73 ff.

ee) **Muster eines Schlussberichts (mit Einnahmen/Ausgaben-Überschussrechnung als Anlage)**[153]

84 Schlussbericht

Amtsgericht Köln
Abteilung ...
Reichenspergerplatz 1

50670 Köln

Geschäfts-Nr ......

In dem Insolvenzverfahren

über das Vermögen der Firma ......, diese ehemals vertreten durch ihren alleinvertretungsberechtigten Liquidator, Herrn ......

erstatte ich folgenden

Schlussbericht

I. Allgemeines

1. Das Amtsgericht – Insolvenzgericht – Köln hat durch Beschluss vom 19. August 20.. – ...... – das Insolvenzverfahren über das Vermögen der Firma ......, diese ehemals vertreten durch ihren alleinvertretungsberechtigten Liquidator, Herrn ......, eröffnet und den Unterzeichner zum Insolvenzverwalter ernannt.

Ich nehme Bezug auf meinen umfangreichen Verwalterbericht, den ich mit seinen Anlagen zum Gegenstand dieser Schlussrechnung mache.

2. *Gründe der Insolvenz*

Der wirtschaftliche Niedergang der Schuldnerin war in der Hauptsache darauf zurückzuführen, dass zahlreiche der Gesellschaft erteilte Sanierungsaufträge aufgrund bestehender Koordinationsmängel auf der Führungsebene und in der Personalauswahl nicht ordnungsgemäß abgewickelt werden konnten.

Hinzu kam, dass bestehende Außenstände nicht oder nur zu einem geringen Teil eingezogen werden konnten und die Gemeinschuldnerin für die Geschäfte der von ihr betriebenen Art von Anfang an kapitalmäßig zu gering ausgestattet war.

3. *Masseunzulänglichkeit*

Der Insolvenzverwalter war wegen der bestehenden Masseverbindlichkeiten gezwungen, nach Eröffnung des Insolvenzverfahrens die Masseunzulänglichkeit anzuzeigen, die auch im Amtsblatt für den Regierungsbezirk Köln veröffentlicht wurde.

---

153 Entnommen Breuer, a. a. O., S. 452.

Das Belegblatt liegt dem Amtsgericht vor.

Es steht abzuwarten, ob die bislang bekannt gewordenen und anerkannten Masseschulden von insgesamt Euro 7722,22 nach abschließender Festsetzung der Gerichtskosten und der Insolvenzverwaltervergütung in voller Höhe ausgeglichen werden können.

II. *Verlauf des Insolvenzverfahrens*

1. Verwertetes Vermögen

   Im Verlaufe des Insolvenzverfahrens konnten vom Insolvenzverwalter folgende Vermögenswerte der Schuldnerin realisiert werden:

   a) *Eingänge vor Insolvenzeröffnung*   Euro 2066,94

   Der Betrag setzt sich wie folgt zusammen:

   (...... wird ausgeführt)

   b) *Betriebs- und Geschäftsausstattung*   Euro 6467,84

   Die noch vorhandene Betriebs- und Geschäftsausstattung der Schuldnerin konnte zu einem Kaufpreis von Euro 6467,84 an die Unternehmensberatungsgesellschaft ...... veräußert werden.

   c) *Forderung gegenüber dem Gesellschafter...*   Euro 5768,11

   Der Alleingesellschafter und vormalige Geschäftsführer der Schuldnerin, Herr ......, entnahm auf sein Geschäftsführergehalt unmittelbar vor Insolvenzantragstellung, nämlich am 5.7.20.., aus dem Vermögen der Gesellschaft noch einen Betrag von insgesamt Euro 5768,11.

   Die Entnahmen unterlagen nach Auffassung des Insolvenzverwalters der Insolvenzanfechtung, die gegenüber Herrn ...... geltend gemacht wurde.

   Daraufhin wurde der Betrag von Herrn ...... an die Masse zurückerstattet.

   d) *Offene Stammeinlage*   Euro 19 285,19

   Zwischen dem Insolvenzverwalter und dem Alleingesellschafter ...... war eine bestehende Einzahlungsverpflichtung des Gesellschafters auf das mit Euro 25 564,59 angegebene Stammkapital der Gesellschaft streitig.

   In einem daraufhin am 19.1.20.. geschlossenen Vergleich verpflichtete sich Herr ......, zu Händen des

Insolvenzverwalters an die Insolvenzmasse einen Betrag von Euro 25 564,59 zu zahlen.

Nachdem Herr ...... trotz mehrfacher Aufforderungen Zahlungen hierauf nicht leistete, musste gegen ihn vor dem Landgericht Köln Zahlungsklage erhoben werden.

Durch Versäumnisurteil vom 10.7.20.. wurde der Klage im vollen Umfange stattgegeben. Das Urteil ist rechtskräftig.

Auf die titulierte Schuldsumme leistete Herr ...... in der Folgezeit bis zum 30. August 20.. Teilzahlungen in Höhe von insgesamt Euro 11 615,82.

Zu weiteren Zahlungen sah sich der Gesellschafter finanziell außerstande.

Auf diesem Hintergrund bot er dem Insolvenzverwalter den Abschluss eines Vergleichs an, der vorsah, dass zur Erledigung der Angelegenheit von dritter Seite ein Betrag von Euro 7669,38 an die Insolvenzmasse gezahlt werde.

Im Hinblick auf die finanzielle Situation des Gesellschafters erklärte sich der Insolvenzverwalter aus wirtschaftlichen Erwägungen heraus mit dem Vergleichsabschluss einverstanden. Der Betrag wurde zwischenzeitlich auf das Insolvenztreuhandkonto überwiesen.

e) Verkaufserlöse vor Insolvenzeröffnung   Euro 1175,97

Der Betrag setzt sich aus vor dem Insolvenzverfahren getätigten Verkäufen des Gesellschafters/Geschäftsführers zusammen.

f) Erstattung ...... Lebensversicherung AG   Euro 764,76

Es handelt sich um die Erstattung der Rückkaufwerte zur VS.-Nr ...... und VS.-Nr ......

g) Erstattung Finanzamt ......   Euro 736,88

Auf Antrag des Insolvenzverwalters wurden vom Finanzamt ...... an Umsatzsteuern Euro 208,42 und Euro 528,46 der Insolvenzmasse erstattet.

h) Zinserlös   Euro 23,82

In der genannten Höhe wurden Zinserlöse erzielt.

2. *Noch zu verwertendes Vermögen*

Folgende Vermögenswerte sind noch zu verwerten:

a) Forderung gegen die Firma ......

Bereits in den Vorberichten wurde dargestellt, dass sich die Schuldnerin bei Insolvenzbeantragung Forderungen in Höhe von insgesamt Euro 170 034,72 berühmte.

Sämtliche Forderungen der Gesellschaft aus Warenlieferungen und sonstigen Leistungen sowie aus sonstigen Rechtsgründen waren durch Globalzession vom 5.5.20.. sicherungsabgetreten an die ...... Bank AG.

In Ansehung der bei der ...... Bank AG zum Zeitpunkt der Insolvenzantragstellung bestehenden Verbindlichkeiten von Euro 78 029,00 (abgerundet) war diese mindestens in Höhe von Euro 33 745,26 übersichert.

Auf diesem Hintergrund wurde mit der ...... Bank AG vereinbart, dass die Forderungen vom Unterzeichner treuhänderisch eingezogen und 20 v. H. der eingehenden Beträge der Insolvenzmasse zufließen sollen.

Daraufhin wurden sämtliche Schuldner nochmals vom Insolvenzverwalter zur Zahlung aufgefordert. Trotz zeitgleicher Bemühungen des Gesellschafters ...... konnten Zahlungen hierauf nicht vereinnahmt werden. In der überwiegenden Zahl der Fälle wurde die Aufrechnung mit Gegenansprüchen erklärt.

Nach nochmaliger Überprüfung der Werthaltigkeit der Forderungen wurde im Einvernehmen und auf Kosten der ...... Bank AG Zahlungsklage in Höhe von Euro 22 826,48 zum Landgericht ...... eingereicht.

Termin zur mündlichen Verhandlung ist noch nicht bestimmt.

Für den Fall des Obsiegens entfällt entsprechend der vereinbarten Quote auf die Insolvenzmasse ein Betrag von ca. Euro 4499,37.

b) Veräußerung des Unternehmens

Der Gesellschafter ...... stellte in Aussicht, dass er die Möglichkeit sehe, das Unternehmen der Schuldnerin einschließlich des Rechts zur Firmenfortführung ohne Aktiva und Passiva für die Insolvenzmasse zu einem Kaufpreis von Euro 2556,46 an einen noch zu benennenden Dritten zu veräußern.

c) *Umsatzsteuer-Erstattungsanspruch aus der noch festzusetzenden Insolvenzverwaltervergütung*

Der Erstattungsanspruch ist gegenüber dem Finanzamt noch geltend zu machen.

Zu a) – c):

Es wird *beantragt,*

die Einziehung der vorstehenden Ansprüche dem Insolvenzverwalter treuhänderisch zu übertragen und insoweit die Nachtragsverteilung anzuordnen, soweit Zahlungen hierauf nicht bis zum Abschluss des Verfahrens eingehen.

3. *Nicht verwertbares Vermögen*

Forderungen aus Lieferungen und Leistungen

Aus den bereits dargestellten Gründen wurde – mit Ausnahme der gegen die Firma ...... bestehenden Forderung – von einer Weiterverfolgung der Ansprüche abgesehen.

III. *Feststellung der Forderungen*

1. Masseschulden   Euro 7722,22

Bis zum Zeitpunkt der Berichterstattung wurden Masseschulden in der genannten Höhe geltend gemacht.

Der Betrag setzt sich wie folgt zusammen:

(...... wird ausgeführt)

Zahlungen hierauf wurden aufgrund der angezeigten Masseunzulänglichkeit bislang nicht geleistet.

2. *Massekosten*

Die Gerichtskosten und die Insolvenzverwaltervergütung müssen durch das Amtsgericht noch festgesetzt werden.

An die Gerichtskasse wurde zur Deckung der Massekosten ein Vorschuss von Euro 1022,58 eingezahlt.

3. *Festgestellte Insolvenzforderungen*

Ausweislich des beigefügten Schlussverzeichnisses wurden folgende Forderungen zur Tabelle festgestellt:

a) *Bevorrechtigte Insolvenzforderungen*

Die zur Forderungstabelle festgestellten, bevorrechtigten Forderungen betragen in

Abt. 1/I Euro 951,98
Abt. 1/II Euro 36,30
Abt. 1/III Euro 0,00

b) Einfache Insolvenzforderungen

Die zur Forderungstabelle festgestellten, einfachen Insolvenzforderungen betragen in Abt. 2 Euro 298 742,70

IV. *Einnahmen/Ausgaben-Überschussrechnung und Schlussverzeichnis*

1. Die Einnahmen/Ausgaben-Überschussrechnung wird überreicht

    – Anlage 1 –.

    Diese schließt mit Einnahmen in Höhe von Euro 37 978,05
    denen Ausgaben in Höhe von Euro 9 938,58
    gegenüberstehen, so dass ein Bestand von Euro 28 039,46
    vorhanden ist.

2. Das Schlussverzeichnis wird überreicht

    – Anlage 2 –.
    Aus diesem geht hervor, dass bevorrechtigte Gläubiger
    mit Forderungen von Euro 988,28
    und nicht bevorrechtigte mit solchen von Euro 298 742,70
    an dem Insolvenzverfahren teilgenommen haben.

3. Der derzeitige Massebestand beträgt Euro 28 039,46.

    Eine abschließende Übersicht über die für die Verteilung zur Verfügung stehende Masse lässt sich erst nach abschließender Festsetzung der Gerichtskosten und der Insolvenzverwaltervergütung gewinnen.

4. Die bei der ...... Bank AG, Filiale ......, Zweigstelle ......, unterhaltenen Treuhandkonten weisen im Berichtszeitpunkt folgende Guthaben aus:

    a) *Konto-Nr* ......

    (laufendes Konto) Euro 12 676,89

    b) *Konto-Nr* ......
    (Festgeldkonto) Euro 15 362,57

    insgesamt Euro 28 039,46

    Die Kontenbelege sind im Original beigefügt.

V. *Es wird beantragt,*

1. die Schlussverteilung zu genehmigen und Schlusstermin anzuberaumen,

2. die Gerichtskosten für das Verfahren
festzusetzen.

Der Antrag auf Festsetzung der Insolvenzverwaltervergütung wird mit gesondertem Schriftsatz gestellt.

Köln, den ......

Rechtsanwalt
als Insolvenzverwalter   *Anlagen*

Anlage 1
Einnahmen/Ausgaben-Überschussrechnung

In dem Konkursverfahren über das Vermögen der Firma ......, diese ehemals vertreten durch ihren alleinvertretungsberechtigten Liquidator, Herrn ......,

– .... –

I. Einnahmen

1. Übernommenes Kontoguthaben	Euro	2 066,94
2. Übernahme Kassenbestand	Euro	10,00
3. Veräußerung Betriebs- und Geschäftsausstattung/ Warenbestand	Euro	6 467,84
4. Erstattung ....../Verkaufserlöse vor Insolvenzeröffnung	Euro	1 175,97
5. Zahlungen Gesellschafter	Euro	25 053,30
6. Erstattung ...... Versicherung	Euro	764,76
7. Erstattung Finanzamt	Euro	736,88
8. Fehlüberweisung	Euro	1 678,53
9. Zinserlöse	Euro	23,82
Einnahmen insgesamt	Euro	37 978,05

II. Ausgaben

1. Masseschulden	Euro	0,00
2. Massekosten	Euro	9 056,61
a) Sachverständigenvergütung gem. Beschluss des Amtsgerichts Köln vom 19.8.20..	Euro	715,93
b) Gerichtskostenvorschuss	Euro	1 022,58
c) Kosten Veröffentlichung Masseunzulänglichkeit	Euro	19,02

    d) Gerichtskosten
        Rechtsstreit   Euro   1 004,69

    e) Gebühren ......   Euro   4 510,68

    f) Fehlüberweisung ......   Euro   1 678,53

    g) Bankspesen   Euro   105,18

        Ausgaben insgesamt   Euro   9 056,61

Einnahmen   Euro 37 978,05

./. Ausgaben   Euro   9 056,61

vorhandener Massebestand   Euro 28 921,44

Der Betrag wird auf den bei der ...... Bank AG, Filiale ......, Zweigstelle ......, eingerichteten Treuhandkonten wie folgt ausgewiesen:

1. Konto-Nr ......
    (laufendes Konto)   Euro 12 676,89

2. Konto-Nr ......
    (Festgeldkonto)   Euro 15 362,57

                                                       Euro 27 906,53

Köln, den ......

Rechtsanwalt
als Insolvenzverwalter

c)   Prüfung der Schlussrechnung (§ 66 Abs. 2 InsO)

Die Schlussrechnung des Insolvenzverwalters wird gemäß § 66 Abs. 2 Satz 1 InsO zunächst vom Insolvenzgericht (durch den funktionell zuständigen Rechtspfleger) geprüft. Durch die vorgezogene gerichtliche Prüfung (vor derjenigen durch die Gläubigerversammlung) soll eine sachgemäße Prüfung sichergestellt werden, die einem Gläubiger infolge mangelnder Sachkunde unter Umständen nicht möglich ist.[154]   **85**

Handelt es sich um ein umfangreiches und schwer zu durchdringendes Verfahren, kann sich das Insolvenzgericht eines *Sachverständigen* bedienen.[155] Die Entscheidung, einen Sachverständigen zu beauftragen ist vom Verwalter nicht angreifbar, es steht ihm jedoch das Recht zu, diesen wegen *Besorgnis der Befangenheit* abzulehnen.[156]   **86**

---

154 FK-InsO/Hössl, § 66 Rdnr. 7.
155 OLG Hamm ZIP 1986, 724.
156 OLG Köln ZIP 1990, 58.

Die Kosten des Sachverständigengutachtens sind Masseverbindlichkeiten.

87 Das Insolvenzgericht prüft die *formelle Richtigkeit* der Schlussrechnung, also die äußere Ordnungsmäßigkeit unter Einschluss ihrer rechnerischen Richtigkeit.[157]

Dabei ist insbesondere zu beachten,
- ob die Insolvenzbuchführung ordnungsgemäß angelegt ist,
- ob die Anfangsbestände der Insolvenzeröffnungsbilanz lückenlos übernommen worden und,
- ob alle Belege vollständig und alle Einnahmen und Ausgaben nach den einzelnen Kategorien getrennt sind.[158]

In *materieller Hinsicht* ist stichprobenartig zu prüfen, ob die Schlussrechnung ein in sich schlüssiges Bild der Abwicklung des Insolvenzverfahrens gibt, also ob die Darstellung der Verwertung des Vermögens nachzuvollziehen ist.[159]

88 Nach der Prüfung durch das Insolvenzgericht hat dieses einen Prüfungsvermerk anzufertigen und ihn nebst der Schlussrechnung dem Gläubigerausschuss zuzuleiten (§ 66 Abs. 2 Satz 2 InsO). Der Gläubigerausschuss hat die Schlussrechnung in angemessener Zeit zu prüfen und eine Stellungnahme abzugeben.[160] Dazu kann ihn das Gericht durch Fristsetzung anhalten, § 66 Abs. 2 Satz 2 InsO. Ist nach Ablauf der Frist keine Stellungnahme erfolgt, so können die Unterlagen ohne eine solche ausgelegt werden.[161]

89 Der Schlussbericht, der Prüfungsvermerk und evtl. das Sachverständigengutachten und die Stellungnahme des Gläubigerausschusses sind vom Insolvenzgericht in seiner Geschäftsstelle auszulegen. Der Auslegungszeitraum soll nach § 66 Abs. 2 Satz 3 InsO eine Woche bis zum Termin der (abschließenden) Gläubigerversammlung (§ 197 Abs. 1 Satz 1 InsO – Schlusstermin) betragen.[162]

C. Externe (handels- und steuerrechtliche) Rechnungslegung

90 Wegen des bestehenden Dualismus (bzw. Inkongruenz) der Rechnungslegungspflichten ist neben der oben dargestellten Verpflichtung zur internen

---

157 Smid, a. a. O., § 66 Rdnr. 12.
158 Smid, a. a. O.
159 Hess/FK-InsO, § 66 Rdnr. 48 und 50.
160 FK-InsO/Hössl, § 66 Rdnr. 11.
161 FK-InsO/Hössl, a. a. O.
162 Smid, a. a. O., § 66 Rdnr. 16.

Rechnungslegung auch die *externe Rechnungslegungspflicht* vom Insolvenzverwalter zu beachten.[163]

Diese Verpflichtung resultiert aus § 155 Abs. 1 InsO, der klarstellt, dass die Bestimmungen über die insolvenzrechtliche Rechnungslegung die Buchführungs- und Rechnungslegungspflichten des Handels- und Steuerrechts unberührt lassen und dass auch diese Pflichten, soweit es um die Insolvenzmasse geht, vom Insolvenzverwalter zu erfüllen sind.[164]

Die externe Rechnungslegungspflicht beinhaltet somit die Aufstellung von *Rechenwerken nach Handels- und Steuerrecht*. Zweck der externen Rechnungslegung ist, *Informationen für extern interessierte Personenkreise* bereitzustellen.[165]

I. Rechnungslegung nach Handelsrecht

Im Folgenden wird dargestellt, woraus sich die Verpflichtung zur Rechnungslegung nach *Handelsrecht* im Einzelnen ergibt, welche einzelnen Rechenwerke notwendigerweise aufgestellt und welche insolvenzbedingten Besonderheiten bei der Aufstellung beachtet werden müssen.

91

1. Allgemeines

a) Handelsrechtliche Rechnungslegungspflicht

Aufgrund der Klarstellung in § 155 Abs. 1 Satz 1 InsO, nämlich dass die handels- und steuerrechtlichen Pflichten des Schuldners durch die insolvenzrechtlichen Vorschriften nicht beeinflusst werden, folgt die Verpflichtung, unter Beachtung der Grundsätze ordnungsgemäßer Buchführung Bücher zu führen und Jahresabschlüsse zu erstellen aus §§ 238 ff. HGB (i. V. m. § 155 Abs. 1 InsO).

92

Ob eine handelsrechtliche Rechnungslegungspflicht während der Insolvenz besteht, ist nach den gleichen Kriterien zu beurteilen wie außerhalb des Insolvenzverfahrens.[166]

Hintergrund der fortbestehenden Buchführungs- und Bilanzierungspflicht ist der Umstand, dass mit Verfahrenseröffnung die *Kaufmannseigenschaft des Schuldners* nicht zwangsläufig entfällt,[167] und dass gemäß §§ 240, 242

---

163 Zum Dualismus der Rechnungslegung s. oben Rdnr. 4 f.
164 Kübler/Prütting, a. a. O., BegrRegE zu § 174, S. 374.
165 Zur Aufgabe der externen Rechnungslegung s. oben Rdnr. 8.
166 Bayer, Insolvenzrechnungslegung, 2000, S. 19.
167 Frotscher, Besteuerung bei Insolvenz, 2000, S. 35; Hess/Boochs/Weis, Steuerrecht in der Insolvenz, 1996 S. 185 Rdnr. 948.

HGB zur handelsrechtlichen Rechnungslegung jeder verpflichtet ist, der die Kaufmannseigenschaft (§§ 1 bis 7 HGB) erfüllt.

93 Die Kaufmannseigenschaft des Schuldners kann sich, da diesbezüglich die Vorschriften des HGB gelten, im Laufe des Insolvenzverfahrens ändern. Sollte irgendwann das Unternehmen des Kaufmanns nach Art oder Umfang einen in kaufmännischer Weise eingerichteten Geschäftsbetrieb nicht mehr erfordern, so entfällt die Kaufmannseigenschaft,[168] er wird zum *Kleingewerbetreibenden*, § 1 Abs. 2 HGB. Er unterfällt ab diesem Zeitpunkt nicht mehr dem HGB,[169] sondern wird wie ein »normaler BGB-Bürger« behandelt: Seine Pflicht zur Führung von Handelsbüchern entfällt.[170] Dies gilt natürlich nicht für *Kapitalgesellschaften*, die sog. Formkaufleute sind und für die ein Vorliegen der Voraussetzungen des § 1 Abs. 2 HGB unbeachtlich ist (§ 6 Abs. 2 HGB).

94 Eine Personengesellschaft kann durch Eintragung ins Handelsregister auch dann in der Rechtsform einer OHG oder KG geführt werden, wenn ein in kaufmännischer Weise eingerichteter Geschäftsbetrieb nicht erforderlich ist (§§ 1 Abs. 2, 105 Abs. 2, 161 Abs. 2 HGB). Die Eintragung hat konstitutive Wirkung. Als Personenhandelsgesellschaft ist sie zur handelsrechtlichen Rechnungslegung verpflichtet (§ 6 Abs. 1 HGB i. V. m. §§ 238 ff. HGB). Verringert sich der Umfang der Tätigkeit, z. B. aufgrund von Reorganisationsmaßnahmen, bleibt sie dennoch solange rechnungslegungspflichtig, wie sie im Handelsregister eingetragen ist.[171]

95 Das Fortbestehen der Kaufmannseigenschaft (also des Handelsgewerbes) ist bei *Unternehmensfortführung* während des Insolvenzverfahrens unproblematisch gegeben: Die werbende Tätigkeit des Unternehmens wird im Falle der Sanierung aufrechterhalten, das Handelsgewerbe wird in der Regel weiterhin betrieben.

Doch auch im Falle der *Liquidation* des Unternehmens besteht die Kaufmannseigenschaft fort: Die insolvenzbedingte Abwicklung des Unternehmens bleibt weiterhin Gewerbebetrieb, da die Absicht der bestmöglichen Verwertung des vorhandenen Vermögens eine *Gewinnerzielungsabsicht* darstellt.[172]

b) Die aufzustellenden Rechenwerke (Überblick)

96 Nach h. M. sind im Rahmen der externen handelsrechtlichen Rechnungslegung folgende Rechenwerke vom Insolvenzverwalter aufzustellen:[173]

---

168 Anders jedoch, wenn er im Handelsregister eingetragen ist (§ 2 Satz 1 HGB).
169 Außer nach besonderen Vorschriften wie z. B. §§ 84 Abs. 4, 93 Abs. 3, 383 Abs. 2, 407 Abs. 3 Satz 2 , 453 Abs. 3 Satz 2, 467 Abs. 3 Satz 2 HGB.
170 Baumbach/Hopt, Kommentar zum HGB, 2000 § 1 Rdnr. 53.
171 Vgl. zu allem Bayer, a. a. O., S. 23.
172 Hess, a. a. O., § 155 Rdnr. 21.
173 Kunz/Mundt, DStR 1997, 624.

> **Aufzustellende Rechenwerke:**
>
> - Schlussbilanz des werbenden Unternehmens,
> - Handelsrechtliche (Insolvenz-) Eröffnungsbilanz,
> - Periodische Jahresabschlüsse (Zwischenrechnungslegung),
> - Handelsrechtliche (Insolvenz-) Schlussbilanz.

Dabei ist jedoch fraglich, auf welcher Rechtsgrundlage die Verpflichtung zur Darlegung der verschiedenen Rechenwerke beruht. **97**

Ausgehend von § 155 Abs. 1 Satz 1 InsO, der bestimmt, dass die handels- und steuerrechtlichen Pflichten des Schuldners zur Buchführung und zur Rechnungslegung vom Insolvenzverfahren unberührt bleiben, wird einen vertreten, dass auch nach Eröffnung des Insolvenzverfahrens die *Liquidationsrechnungslegungsvorschriften* (§§ 154 und 161 HGB, § 270 AktG, § 71 GmbHG) analog anzuwenden seien.[174]

Begründet wird die analoge Anwendung damit, dass das Insolvenzverfahren nichts anderes darstelle als ein besonderes Verfahren der Liquidation, das in Form einer Zwangsliquidation vollzogen werde. Die Vorschriften zur Liquidationsrechnungslegung träfen daher auch für das Insolvenzverfahren zu.[175]

Weiterhin wird in § 155 Abs. 1 Satz 1 InsO zwar nicht ausdrücklich auf eine entsprechende Anwendung der §§ 270 AktG, 71 GmbHG im Insolvenzverfahren verwiesen, jedoch werden in der Begründung zum Regierungsentwurf derartige Parallelen zu den genannten Vorschriften mehrfach und ausdrücklich gezogen.[176]

Von der Gegenseite wird vertreten, dass sich die *Verpflichtung zur handelsrechtlichen Rechnungslegung unmittelbar aus § 155 Abs. 1 Satz 1 InsO i. V. m. §§ 238 ff. HGB* ergebe.[177] Es ergebe sich aus dem Regelungsinhalt der §§ 238 ff. HGB, dass es der generellen analogen Anwendung der gesellschaftsrechtlichen Rechnungslegungsvorschriften (§§ 154 und 161 HGB, § 270 AktG, § 71 GmbHG) mangels Regelungslücke und ausreichendem Normvorrat über §§ 238 ff. HGB nicht bedarf.[178] **98**

Weiterhin ist nicht die Zerschlagung des Unternehmens Primärziel des Insolvenzverfahrens. Vielmehr kann das insolvente Unternehmen zeitweise fortgeführt oder sogar saniert werden. Unter diesem Gesichtspunkt er-

---

[174] Hess, a. a. O., § 155 Rdnr. 33 ff.; Kilger/Schmidt, K., Insolvenzgesetz, 17. Aufl. 1997, § 124 KO, S. 436, 1)b).; Scherrer/Heni, Liquidationsrechnungslegung, 1996, S. 19 f; Kuhn/Uhlenbruck, Kommentar zur Konkursordnung, 11. Aufl. 1994, § 124 Rdnr. 1; Pelka/Niemann, Praxis der Rechnungslegung im Insolvenzverfahren, 1987, S. 33 f.
[175] Schmidt, Liquidationsbilanzen und Konkursbilanzen, 1989, S. 83.
[176] Vgl. Scherrer/Heni, a. a. O., S. 19 f.; Kübler/Prütting, a. a. O., BegrRegE, S. 374.
[177] Bayer, a. a. O., S. 30 ff.; Pink, ZIP 1997, 180 ff.; Kunz/Mundt, DStR 1997, 664 ff.; Heni, ZInsO 1999, 614.
[178] Vgl. Kunz/Mundt, DStR 1997, 664.

scheint es nicht haltbar, die Verpflichtung zur handelsrechtlichen Rechnungslegung während des Insolvenzverfahrens allein aus den Vorschriften herzuleiten, welche die Liquidation des Unternehmens betreffen.

99 Bei näherer Betrachtungsweise ist erkennbar, dass sich durch diesen eher akademischen Streit nahezu keine Auswirkungen für die praktische Tätigkeit ergeben, da die Vorschriften über die Liquidationsrechnungslegung auf die Anwendbarkeit der §§ 238 ff. HGB verweisen und diese lediglich modifizieren (§§ 154 und 161 HGB, § 270 Abs. 2 Satz 2 AktG, § 71 Abs. 2 Satz 2 GmbHG).

100 Da für Einzelkaufleute ebenfalls die §§ 238 ff. HGB gelten,[179] ist im jeweiligen Einzelfall zwischen folgenden Rechenwerken zu unterscheiden:[180]

	Einzelkaufmann	Personenhandelsgesellschaft	Kapitalgesellschaft
Schlussbilanz des werbenden Unternehmens	Bilanz, Gewinn- und Verlustrechnung, § 242 HGB	Bilanz, Gewinn- und Verlustrechnung, § 242 HGB	Bilanz, Gewinn- und Verlustrechnung, Anhang, Lagebericht §§ 242, 264 HGB
Handelsrechtliche (Insolvenz-) Eröffnungsbilanz	keine Verpflichtung	Bilanz §§ 154, 161, 242 HGB (bzw. § 155 Abs. 1 Satz 1 InsO i. V. m. § 242 HGB)	Bilanz, Erläuterungsbericht, § 270 Abs. 1 AktG, § 71 Abs. 1 GmbHG i. V. m. §§ 242, 264 HGB § 155 Abs. 2 InsO
Zwischenrechnungslegung	Bilanz, Gewinn- und Verlustrechnung, § 242 HGB	Bilanz, Gewinn- und Verlustrechnung, § 242 HGB	Bilanz, Gewinn- und Verlustrechnung, Anhang, Lagebericht § 270 Abs. 1 AktG, § 71 Abs. 1 GmbHG i. V. m. §§ 242, 264 HGB (bzw. § 155 Abs. 1 Satz 1 InsO i. V. m. §§ 242, 264 HGB)
Handelsrechtliche (Insolvenz-) Schlussbilanz	Bilanz, Gewinn- und Verlustrechnung § 242 HGB	Bilanz, Gewinn- und Verlustrechnung § 242 HGB	Bilanz, Gewinn- und Verlustrechnung, Anhang, Lagebericht § 270 Abs. 1 AktG, § 71 Abs. 1 GmbHG i. V. m. §§ 242, 264 HGB (bzw. § 155 Abs. 1 Satz 1 InsO i. V. m. §§ 242, 264 HGB)

---

179 Jedoch nur für die laufenden handelsrechtlichen Jahresabschlüsse.
180 In Anlehnung an Hess, a. a. O., § 155 Rdnr. 44.

2. Rechnungslegung im Vorfeld der Eröffnung des Insolvenzverfahrens – Schlussbilanz des werbenden Unternehmens

Gemäß § 155 Abs. 2 Satz 1 InsO beginnt mit der Eröffnung des Insolvenzverfahrens ein neues Geschäftsjahr. Wenn das reguläre Geschäftsjahr des Unternehmens nicht durch Zufall genau am Tag vor der Verfahrenseröffnung endet, wird i. d. R. ein *Rumpfgeschäftsjahr* entstehen.

101

Die Pflicht zur Aufstellung einer *Bilanz*[181] auf diesen Zeitpunkt folgt aus § 242 Abs. 1 Satz 1 HGB, der bestimmt, dass der Kaufmann für den Schluss eines jeden Geschäftsjahrs einen das Verhältnis seines Vermögens und seiner Schulden darstellenden Abschluss (Bilanz) aufzustellen hat.[182] Des Weiteren hat er für den Schluss eines jeden Geschäftsjahrs eine Gegenüberstellung der Aufwendungen und Erträge des Geschäftsjahrs (*Gewinn- und Verlustrechnung*) aufzustellen (§ 242 Abs. 2 HGB).

Bei Kapitalgesellschaften ist daneben ein *Anhang* und ein *Lagebericht* erforderlich, § 264 Abs. 1 Satz 1 HGB. Der Jahresabschluss (§ 242 Abs. 3 HGB) und der Lagebericht von Kapitalgesellschaften, die nicht kleine sind i. S. d. § 267 Abs. 1 HGB sind durch einen Abschlussprüfer zu *prüfen* (§ 316 Abs. 1 Satz 1 HGB), und gemäß §§ 325 ff. HGB *offen zu legen*.[183]

Dieses Rechenwerk zum Abschluss des werbenden Unternehmens dient der Information der Gläubiger und der Öffentlichkeit und hat ferner Bedeutung für Ansprüche, die ihre Grundlage im Jahresabschluss haben (z. B. umsatz- und gewinnabhängige Tantiemen oder Provisionen).[184]

Die Aufstellung der Schlussbilanz des werbenden Unternehmens ist uneingeschränkt nach den *allgemeinen Bilanzierungsvorschriften des HGB* (bezüglich Ansatz und Bewertung) auszurichten, die auch für die Jahresabschlüsse des werbenden Unternehmens Anwendung finden.[185]

102

Bei der Aufstellung der Schlussbilanz des werbenden Unternehmens ist fraglich, ob nach Fortführungs- oder Liquidationsgesichtspunkten zu be-

103

---

181 Scherrer/Heni, a. a. O., S. 24 m. w.N; a. A. Onusseit/Kunz, Steuern in der Insolvenz, 2. Aufl. 1997, S. 72 Rdnr. 206; Förschle/Kropp/Deubert, DB 1994, 998 ff.
Da Personenhandels- und Kapitalgesellschaften verpflichtet sind, eine Insolvenz- (bzw. Liquidations-) Eröffnungsbilanz aufzustellen, entsteht wegen des Grundsatzes des Bilanzzusammenhangs auch eine Verpflichtung, für das werbende Unternehmen eine Schlussbilanz aufzustellen, vgl. FK-InsO/Boochs (§ 155, Rdnr. 84).
182 Die Schlussbilanz ist auch aufzustellen, wenn das Unternehmen des Schuldners nach Eröffnung des Insolvenzverfahrens fortgeführt wird.
183 Gemäß § 155 Abs. 2 Satz 2 InsO wird die Zeit bis zum Berichtstermin in die gesetzlichen Fristen für die Aufstellung oder die Offenlegung eines Jahresabschlusses nicht eingerechnet. Für die Bestellung des Abschlussprüfers gilt gemäß § 155 Abs. 3 Satz 1 InsO § 318 HGB mit der Maßgabe, dass die Bestellung ausschließlich durch das Registergericht auf Antrag des Verwalters erfolgt. Ist für das Geschäftsjahr vor der Eröffnung des Verfahrens bereits ein Abschlussprüfer bestellt, so wird die Wirksamkeit dieser Bestellung durch die Eröffnung nicht berührt (§ 155 Abs. 3 Satz 2 InsO).
184 Winnefeld, a. a. O., S. 2258 Rdnr. 990.
185 Vgl. Scherrer/Heni, a. a. O., S. 28; Hess, a. a. O., § 155 Rdnr. 115.

werten ist. Gemäß § 252 Abs. 1 Nr. 2 HGB ist bei der Jahresabschlussbewertung von der Unternehmensfortführung (going concern) auszugehen. Dies gilt auch bei kritischer Unternehmenslage. Lediglich, wenn der Unternehmensfortführung tatsächliche oder rechtliche Gegebenheiten entgegenstehen, sind Zerschlagungswerte anzusetzen.[186]

Das nach der InsO eröffnete Insolvenzverfahren hat jedoch nicht zwingend die Liquidation des Unternehmens zur Folge. Vielmehr entscheidet erst die Gläubigerversammlung im Berichtstermin, ob das Unternehmen stillgelegt oder vorläufig fortgeführt wird. Auch kann die Sanierung des Unternehmens mittels Insolvenzplan angestrebt werden (§ 157 Satz 1 und 2 InsO). Der Berichtstermin findet u. U. erst drei Monate nach dem Tag des Eröffnungsbeschlusses statt (§ 29 Abs. 1 Nr. 1 InsO).

Allein das eröffnete Insolvenzverfahren für sich ist also nicht als rechtliches Hindernis (§ 252 Abs. 1 Nr. 2 HGB) für die Annahme der Fortführung des Unternehmens anzusehen. Entscheidend für die Prüfung der Unternehmensfortführung ist vielmehr, ob nach den Umständen des Einzelfalls am Stichtag aus wirtschaftlichen Gründen nicht mehr von einer solchen ausgegangen werden kann.[187]

Die Bewertung unter Fortführungsgesichtspunkten darf nicht erst aufgegeben werden, wenn der Geschäftsbetrieb eingestellt ist. Vielmehr ist bereits in der Schlussbilanz nach Liquidationsgesichtspunkten zu bewerten, falls aus Sicht des Stichtags mit der Einstellung des Geschäftsbetriebs zu rechnen ist.[188]

Ist mit Abschluss des Insolvenzverfahrens die Einstellung des Geschäftsbetriebs geplant, ist der Grundsatz der Unternehmensfortführung folglich nicht mehr anwendbar. Zu berücksichtigen sind wegen der notwendigen Identität mit der (Abwicklungs-)Eröffnungsbilanz[189] bereits durch die Abwicklung eintretende Vermögensminderungen, z. B. Abschreibungen auf voraussichtliche Veräußerungserlöse.[190]

104 Erweist sich die Fortführungsprognose aufgrund einer anders lautenden Entscheidung der Gläubigerversammlung im Berichtstermin als falsch, so handelt es sich um ein sog. *wertaufhellendes Ereignis*, das die tatsächliche Verhältnisse am Stichtag der Schlussbilanz widerspiegelt.[191]

Bei Zugrundelegung einer Liquidationsprognose müssen in der Schlussbilanz *Einzelveräußerungswerte* angesetzt werden.[192]

---

186 Baumbach/Hopt, a. a. O., § 252 Rdnr. 7.
187 Pankow/Sarx, Beck&cher Bilanz-Kommentar, 1999,, § 252 Rdnr. 12.
188 Winnefeld, a. a. O., S. 2258 Rdnr. 992.
189 Zur Identität zwischen Schlussbilanz und Eröffnungsbilanz s. unten Rdnr. 107.
190 Vgl. FK-InsO/Boochs, § 155 Rdnr. 85.
191 Baumbach/Hopt, § 252, Rdnr. 8.
192 Pankow/Sarx, a. a. O., § 252 Rdnr. 20.

3. Rechnungslegung nach Eröffnung des Insolvenzverfahrens

Folgende Rechenwerke der externen Rechnungslegung sind während des Insolvenzverfahrens, also nach rechtskräftiger Eröffnung (mit Eröffnungsbeschluss, § 27 InsO) aufzustellen.

a) Handelsrechtliche (Insolvenz-) Eröffnungsbilanz

Auf den Tag der Eröffnung des Insolvenzverfahrens (vgl. § 27 Abs. 2 Nr. 3 bzw. Abs. 3 InsO) besteht für Personen- (gemäß §§ 154 und 161 HGB) und Kapitalgesellschaften (gemäß § 270 Abs. 1 AktG, § 71 Abs. 1 GmbHG) die Verpflichtung zur Aufstellung einer handelsrechtlichen Insolvenz- (bzw. Liquidations-) Eröffnungsbilanz.[193] Einzelkaufleute trifft diese Verpflichtung nicht. *Zweck* dieses Rechenwerks ist, dem Insolvenzverwalter einen vorläufigen Überblick über den Stand der Aktiva und Passiva zu geben, um die Aussichten für die Durchführung des Abwicklungsverfahrens beurteilen zu können, und, als Grundlage der Verhandlungen mit den Gläubigern zu dienen.[194]

Die *Ansätze für die Eröffnungsbilanz* sind aus der letzten handelsrechtlichen Schlussbilanz zu entnehmen, denn es gilt hier der *Grundsatz der Bilanzidentität* (Grundsatz des Bilanzzusammenhangs, § 252 Abs. 1 Nr. 1 HGB). Danach muss die Anfangsbilanz des neuen Geschäftsjahres mit der Schlussbilanz des alten übereinstimmen.[195] Die beiden Rechenwerke sind deshalb *inhaltlich identisch*.[196]

Die endgültige Entscheidung der Gläubigerversammlung im Berichtstermin (§ 157 InsO) über Abwicklung oder Fortführung des Unternehmens hat lediglich *wertaufhellenden* Charakter.[197] Bezüglich der Frage, ob unter Fortführungs- oder Stilllegungsgesichtspunkten zu bewerten ist, gelten die Ausführungen zur Schlussbilanz des werbenden Unternehmens entsprechend.[198]

Mit der Eröffnungsbilanz von Kapitalgesellschaften ist weiterhin ein *Erläuterungsbericht* zu erstellen (§ 270 Abs. 1 AktG, § 71 Abs. 1 GmbHG ana-

---

[193] Hess, a. a. O., § 155 Rdnr. 121 f.
  Nach anderer Ansicht (vgl. oben Rdnr. 93) folgt die Verpflichtung zur Aufstellung dieses Rechenwerks (v. a. bei Fortführung des Unternehmens) unmittelbar aus § 155 Abs. 1 Satz 1 InsO i. V. m. §§ 238 ff. HGB (§ 242 Abs. 1 HGB), da gemäß § 155 Abs. 2 Satz 1 InsO mit der Eröffnung des Insolvenzverfahrens ein neues Geschäftsjahr beginnt, vgl. Winnefeld, a. a. O., S. 2275 Rdnr. 1095.
[194] Baumbach/Hopt, a. a. O., § 154 Rdnr. 2.
[195] Weisang, BB 1998, 1149, 1151; Baumbach/Hopt, a. a. O., § 252 Rdnr. 6.
[196] FK-InsO/Boochs, § 155 Rdnr. 85; Winnefeld, a. a. O., S. 2275 Rdnr. 1095; Hess, a. a. O., § 155 Rdnr. 113; a. A. Scherrer/Heni, S. 27, nach denen keine generelle Identität der beiden Rechenwerke unterstellt werden darf, da die Schlussbilanz des werbenden Unternehmens z. B. von den liquidationsspezifischen Bewertungsbestimmungen (z. B. § 71 Abs. 2 Satz 3 GmbHG) keinen Gebrauch machen kann.
[197] Winnefeld, a. a. O., S. 2275 Rdnr. 1095; s. oben Rdnr. 99.
[198] Auch wegen des Grundsatzes der Bilanzidentität; s. oben Rdnr. 103 ff.

log).[199] Für den erläuternden Bericht sind nach h. M. die Vorschriften für den *Anhang* (§§ 284 ff. HGB) und den *Lagebericht* (§§ 289 ff. HGB) anzuwenden.[200]

b) Zwischenrechnungslegung – Buchführungspflicht

109 Im Rahmen der Tätigkeit des Insolvenzverwalters (Verwaltung und Verwertung der Insolvenzmasse, §§ 148 ff. InsO) besteht für ihn die Pflicht, auch weiterhin nach den handelsrechtlichen Vorschriften regelmäßig (Zwischen-) Rechnung zu legen.[201] Die Kaufmannseigenschaft, an welche die Verpflichtungen nach §§ 238 ff. HGB anknüpfen, erlischt nicht zwingend mit der Eröffnung des Insolvenzverfahrens.[202] *Die handelsrechtlichen Buchführungs- und Abschlusspflichten bestehen unverändert fort.*

110 Die fortbestehende Buchführungspflicht hat den *Zweck*,[203]
- bei Unternehmensfortführung den Nachweis erbringen zu können, dass dadurch die Masse gemehrt, zumindest aber nicht gemindert wurde, (*handelsrechtliche Erfolgsermittlung*),
- der Überprüfung der *Zweckmäßigkeit der Unternehmensfortführung* und
- der Dokumentation der *Unternehmensabläufe* gegenüber den Gläubigern.

111 Gemäß den handelsrechtlichen Vorschriften beinhaltet die Buchführungspflicht des Insolvenzverwalters folgende Rechenwerke:

Rechenwerke des Insolvenzverwalters gemäß der Buchführungspflicht
- *Führung von Handelsbüchern*, §§ 238, 239 HGB und
- *Aufstellung des Jahresabschlusses*, § 242 HGB, evtl. mit *Anhang* (§§ 284 ff. HGB) und *Lagebericht* (§ 289 HGB), in welchem vor allem der Stand des Insolvenzverfahrens darzulegen ist.

Dabei muss der Insolvenzverwalter
- nach den *Grundsätzen ordnungsmäßiger Buchführung* verfahren, § 243 Abs. 1 HGB, d. h. vor allem die handelsrechtlichen Ansatz- (§§ 246 ff. HGB) und Bewertungsvorschriften (§§ 252 ff. HGB) beachten,

---
199 Winnefeld, a. a. O., S. 2276 Rdnr. 1100.
200 Bayer, a. a. O., S. 33, m. w. N.
201 Für Einzelkaufleute, Personengesellschaften und Kapitalgesellschaften ergibt sich diese *Verpflichtung* aus § 155 Abs. 1 Satz 1 InsO i. V. m. §§ 238 ff. HGB (bzw. für Kapitalgesellschaften – zumindest, wenn das Unternehmen liquidiert werden soll – aus § 270 AktG, § 71 GmbHG).
202 Zur Rechnungslegungspflicht s. oben Rdnr. 92 ff.
203 Entnommen Winnefeld, a. a. O., S. 2277 Rdnr. 1107.

- evtl. die Vorschriften über die Pflicht zur Prüfung befolgen, §§ 316 ff. HGB.

Die periodischen Insolvenz-Jahresabschlüsse sind auf das Ende eines jeden Insolvenz-Geschäftsjahres aufzustellen: 112

Gemäß § 155 Abs. 2 Satz 1 InsO beginnt mit der Eröffnung des Insolvenzverfahrens ein neues Geschäftsjahr, auf das eine Insolvenz-Eröffnungsbilanz zu erstellen ist. *Der erste laufende Jahresabschluss* ist ein Jahr später mit dem Abschluss des Insolvenz-Geschäftsjahres zu verfassen (§ 242 Abs. 1 Satz 1, Abs. 2 und Abs. 3 HGB).[204]

Sollte das Insolvenzverfahren eine Dauer von mehreren Jahren aufweisen, so ist jeweils nach Ablauf von 12 Monaten ein weiterer Jahresabschluss zu erstellen.

Die *Bilanzierung* hat *nach Unternehmensfortführungsgrundsätzen* zu erfolgen, wenn und solange eine Stilllegung des Unternehmens nicht abzusehen ist und noch nicht beschlossen wurde. Maßgebend für diese Beurteilung sind wiederum die Verhältnisse am Bilanzstichtag.[205] 113

Entschließt sich der Insolvenzverwalter nach zeitweiliger Unternehmensfortführung zur Betriebseinstellung, ist er verpflichtet, für das *werbende insolvente Unternehmen* 114
- eine Schlussbilanz,
- eine Gewinn- und Verlustrechnung und
- einen Anhang und einen Lagebericht (bei Kapitalgesellschaften)

zu erstellen.

Diese Verpflichtung ergibt sich aus dem Erfordernis der Umstellung von der Fortführungsrechnungslegung auf eine Zerschlagungsrechnungslegung.[206] Die Rechnungslegung hat nunmehr die Funktion einer *Vermögensermittlung*: Die Interessen der Gläubiger sind nicht mehr auf laufende Fortführungsergebnisse gerichtet, sondern auf *künftige Befriedigungschancen* und auf die *Insolvenzquote*.[207]

4. Rechnungslegung zur Beendigung des Insolvenzverfahrens – Handelsrechtliche (Insolvenz-) Schlussbilanz

Die Verpflichtung zur Erstellung einer *Schlussbilanz* ergibt sich nach h. M. auch für den Abschluss des Insolvenzverfahrens aus den Grundlagennormen der §§ 238, 242, 264 HGB (i. V. m. § 155 Abs. 1 Satz 1 InsO). Diesen 115

---

204 Vgl. Hess, a. a. O., § 155 Rdnr. 141.
205 Zur Bilanzierung bei Fortführung bzw. Stilllegung des Unternehmens s. oben Rdnr. 87 ff.
206 Weisemann/Smid, a. a. O., Kapitel 20, S. 716 Rdnr. 15.
207 Vgl. Winnefeld, S. 2281, Rdnr. 1134.

Normen zufolge darf keine Periode innerhalb der Gesellschaftsexistenz ohne handelsrechtliche Rechnungslegung bleiben.[208]

116 Das Verfahren nach der InsO stellt zwei Möglichkeiten bereit, die Gläubiger aus dem Unternehmen zu befriedigen. Zum einen kann das Unternehmen *liquidiert* werden, d. h., die Vermögensgegenstände werden verwertet und der Erlös verteilt. Zum anderen können die Gläubiger aus den künftigen Erträgen befriedigt werden, wenn das Unternehmen *fortgeführt* und *saniert* wird (z. B. durch einen Insolvenzplan).

Aus diesen Alternativen folgt, dass die zum Ende des Insolvenzverfahrens aufzustellende Schlussbilanz unterschiedlich strukturiert sein kann:

117 Im *Liquidationsfall* erfolgt die Schlussverteilung, sobald die Insolvenzmasse vollständig verwertet worden ist (§ 196 Abs. 1 InsO). Sobald die Schlussverteilung vollzogen ist, beschließt das Insolvenzgericht gemäß § 200 Abs. 1 InsO die Aufhebung des Insolvenzverfahrens. Dieses ist damit beendet.

Der Insolvenzverwalter hat zum Zeitpunkt der Schlussverteilung die Schlussbilanz[209] aufzustellen.[210] Sie soll aufzeigen, ob bzw. inwieweit das zu Beginn des Insolvenzverfahrens vorhandene Vermögen verwertet bzw. zur Befriedigung von Verbindlichkeiten verwendet worden ist.[211] Deshalb besteht der *Inhalt* der Schlussbilanz i. d. R. aus den durch die Verwertung des Schuldnervermögens erzielten *liquiden Mittel* (die im Rahmen der Schlussverteilung verteilt werden können) und aus den nicht verwertbaren Vermögensgegenständen (Bilanzansatz ohne Wertangaben). Auf der Passivseite sind noch ausstehende Verbindlichkeiten (z. B. Steuern) auszuweisen.[212]

118 Bei *Fortführung* und *Sanierung* des Unternehmens mittels Insolvenzplan endet das Insolvenzverfahren mit Aufhebungsbeschluss des Insolvenzgerichts gemäß § 258 Abs. 1 InsO. Mit der Aufhebung des Insolvenzverfahrens erhält der Schuldner das Recht zurück, über die Insolvenzmasse frei zu verfügen (§ 259 Abs. 1 Satz 2 InsO). Gleichzeitig erlischt das Amt des Insolvenzverwalters (§ 259 Abs. 1 Satz 1 InsO).

Da der Insolvenzverwalter während der Ausübung seiner Tätigkeit gleichsam Treuhänder der Insolvenzmasse ist, hat er zum Zeitpunkt der Aufhebung des Insolvenzverfahrens einen *Abschluss nach den allgemeinen handelsrechtlichen Vorschriften* aufzustellen, um das Ergebnis seiner Tätigkeit im fortgeführten Unternehmen zu dokumentieren.[213]

---

208 Scherrer/Heni, a. a. O., S. 39; Schmidt, Kapitel 3, a. a. O., S. 46.
209 Des Weiteren eine GuV-Rechnung und ggf. ein Anhang und ein Lagebericht.
210 Winnefeld, a. a. O., S. 2286 Rdnr. 1176.
211 Scherrer/Heni, a. a. O., S. 179.
212 Winnefeld, a. a. O., a. a. O.
213 Winnefeld, a. a. O., S. 2286 Rdnr. 1180, der noch auf die Notwendigkeit einer Eröffnungsbilanz für weiterzuführende Unternehmen hinweist.

Gietl

II. Steuerrechtliche Buchführungs- und Rechnungslegungspflichten

Gemäß § 155 Abs. 1 Satz 1 InsO bleiben die handels- und *steuerrechtlichen Pflichten* des Schuldners zur Buchführung und zur Rechnungslegung im Insolvenzverfahren unberührt. In Bezug auf die Insolvenzmasse (§ 35 InsO) hat der *Insolvenzverwalter* diese Pflichten zu erfüllen (§ 155 Abs. 1 Satz 2 InsO).

119

§ 34 Abs. 3 AO bestimmt, dass den Insolvenzverwalter (als Vermögensverwalter i. S. d. Vorschrift) die *steuerlichen Pflichten*[214] *i. S. d. § 34 Abs. 1 AO* obliegen.

Dabei handelt es sich im Einzelnen um[215]
- Buchführungs- und Aufzeichnungspflichten,
- Erklärungs-, Auskunfts- und Vorlagepflichten,
- Steuer-, Einbehaltungs- und Entrichtungspflichten und
- Duldungspflichten.

Die Pflicht zur steuerlichen *Buchführung und Rechnungslegung* ergibt sich aus den §§ 140 und 141 AO (i. V. m. § 155 Abs. 1 Satz 1 InsO und § 34 Abs. 3, Abs. 1 AO). Gemäß § 141 AO hat derjenige, der nach anderen Gesetzen als den Steuergesetzen Bücher und Aufzeichnungen zu führen hat, welche für die Besteuerung von Bedeutung sind, diese Verpflichtungen, die ihm nach anderen Gesetzen obliegen, auch für die Besteuerung zu erfüllen (sog. *derivative bzw. abgeleitete Buchführungspflicht*). D. h., dass die bereits beschriebenen handelsrechtlichen Rechenwerke[216] ebenfalls für das Steuerrecht aufzustellen sind (§ 155 Abs. 1 Satz 1 InsO i. V. m. §§ 238 ff. bzw. § 270 AktG, § 71 GmbHG).

120

> Für Zwecke der steuerlichen Rechnungslegung sind folgende Rechenwerke aufzustellen:[217]
>
> - Schlussbilanz des werbenden Unternehmens,
> - Steuerrechtliche (Insolvenz-) Eröffnungsbilanz,
> - Periodische Jahresabschlüsse (Zwischenrechnungslegung),
> - Steuerrechtliche (Insolvenz-) Schlussbilanz.

---

214 Zu den steuerlichen Rechten und Pflichten des Insolvenzverwalters und zu Steuern in der Insolvenz im Allgemeinen s. Kapitel 8.
215 Klein, Abgabenordnung, 2000, § 34, Rdnr. 13; Hess, Insolvenzrecht, 1999, Rdnr. 1021.
216 S. oben Rdnr. 96 ff.
217 Kunz/Mundt, DStR 1997, 624.

121 Im Einzelfall, wenn § 140 AO i. V. m. §§ 238 ff. HGB nicht einschlägig ist,[218] können sich steuerliche Buchführungspflichten auch anderweitig ergeben.

Die *originären bzw. ursprünglichen steuerlichen Buchführungspflichten* haben ihre Rechtsgrundlage in § 141 AO. Diese Vorschrift betrifft Steuerpflichtige, die nicht bereits nach den sog. »anderen« Gesetzen i. V. m. § 140 AO für die Besteuerung Bücher und Aufzeichnungen zu führen haben, und die bestimmte Wertgrenzen überschreiten.[219]

---

218 Wenn beispielsweise die Kaufmannseigenschaft beim schuldnerischen Unternehmen nicht vorliegt.
219 Mösbauer, DStZ 1996, 723.

22. KAPITEL – ALLGEMEINE BETRIEBSWIRTSCHAFTLICHE ASPEKTE

Inhalt

		Seite
A.	Betriebswirtschaftliche Aspekte der Insolvenzordnung	1967
I.	Allgemeine markt- bzw. betriebswirtschaftliche Ausrichtung der Insolvenzordnung	1967
II.	Betriebswirtschaftliche Herausforderungen für den Insolvenzverwalter	1970
III.	Der Insolvenzplan als betriebswirtschaftliches Kernstück des neuen Insolvenzrechtes	1973
	1. Arten von Insolvenzplänen	1973
	2. Bestandteile des Insolvenzplans	1975
	3. Der Insolvenzplan als Sanierungsplan	1976
B.	Allgemeine betriebwirtschaftliche Grundlagen zur Analyse des Unternehmens	1977
I.	Begriffe und Inhalte	1977
II.	Beschreibung des Unternehmens	1979
	1. Bisherige Unternehmensentwicklung	1981
	2. Rechtliche und finanzwirtschaftliche Verhältnisse	1981
	3. Leistungswirtschaftliche Verhältnisse	1982
	4. Organisatorische Grundlagen	1984
III.	Krisenursachenanalyse	1985
IV.	Lagebeurteilung	1990
C.	Relevante Erkenntnisse aus der strategischen Planung	1997
I.	Begriff und Entwicklung der strategischen Planung	1997
II.	Unternehmensexterne Analyse	2002
	1. Marktanalyse	2002
	2. Branchenanalyse	2003
	3. Konkurrenzanalyse	2004

Weidekind

III.	Instrumente der empirischen Planungsforschung		2004
	1. Das PIMS-Programm		2005
	2. Die Erfahrungskurven-Analyse		2007
	3. Das Lebenszyklus-Konzept		2010
IV.	Instrumente zur Unternehmensanalyse		2012
	1. Potenzial- und Lückenanalyse		2012
	2. Portfolio-Analyse		2017
		a) Das Marktwachstums-Marktanteils-Portfolio	2018
		b) Das Marktattraktivitäts-Wettbewerbs-Portfolio	2020
	3. Stärken-Schwächen-Analyse		2021
V.	Von der strategischen Planung zum operativen Marketing		2023

D. Marketing ... 2025

I.	Begriff und Entwicklung des Marketing		2025
II.	Bestandteile eines Marketing-Konzeptes		2028
	1. Marketing-Philosophie		2028
	2. Marketing-Forschung		2029
	3. Marketing-Mix		2030
		a) Klassisches absatzpolitisches Instrumentarium	2030
		b) »Neuere« absatzpolitische Instrumente	2031
III.	Gegenstand und Methoden der Marketing-Forschung		2033
	1. Abgrenzung zwischen Markt- und Marketingforschung		2033
	2. Quantitative und qualitative Markt- bzw. Marketingforschung		2034
	3. Marktsegmentierung		2035
IV.	Instrumente des Marketing-Mix		2036
	1. Produktpolitik		2037
	2. Preispolitik		2039
	3. Vertriebspolitik		2040
		a) Wahl der Absatzwege	2040
		b) Zahl und Art der Absatzmittler	2041
	4. Kommunikationspolitik		2042
		a) Werbung	2042
		b) Verkaufsförderung	2043
		c) Öffentlichkeitsarbeit	2044
		d) Sponsoring	2045

E. Organisation und Personalwesen ... 2046

I.	Begriff und Entwicklung		2046
II.	Organisationstheoretische Fragestellungen		2047
	1. Unterlagen zur Darstellung der Organisation		2048
	2. Grundlagen zur Aufbauorganisation		2049
		a) Horizontale Aufbauorganisation	2049

Weidekind

		b) Vertikale Aufbauorganisation	2050
		aa) Prinzipien der Aufgabengliederung	2050
		bb) Gestaltung des Leitungssystems	2051
	3.	Grundlagen zur Ablauforganisation	2054
III.	Personalwirtschaftliche Fragestellungen		2055
	1.	Grundlagen zur Personalpolitik/zum Personalmanagement im Insolvenzfall	2056
	2.	Personalbestand und Personalkosten	2058
		a) Bestandsaufnahme im Personalbereich	2058
		b) Untersuchung der Kosten- und Leistungssituation im Personalbereich	2060
		c) Motivation und Führungsstil	2061

F.	Controlling		2064
	I.	Begriff und Entwicklung des Controlling	2064
	II.	Controlling als System	2066
	III.	Aufgaben des Controlling	2068
		1. Planung	2069
		2. Information	2070
		3. Kontrolle	2071
		4. Steuerung	2072
	IV.	Bereiche des Controlling	2073

A. Betriebswirtschaftliche Aspekte der Insolvenzordnung

I. Allgemeine markt- bzw. betriebswirtschaftliche Ausrichtung der Insolvenzordnung

Die neue Insolvenzordnung (InsO) ist zum 1. 1. 1999 in Kraft getreten und hat damit die drei in der Bundesrepublik Deutschland bislang nebeneinander geltenden Gesetzeswerke – die Konkursordnung (KO), die Vergleichsordnung (VglO) und die Gesamtvollstreckungsordnung (GesO) abgelöst. Auch wenn das neue Gesetzeswerk in vielen Tatbeständen an die alte Rechtslage anknüpft, beinhaltet es doch eine Vielzahl von Neuerungen, die zu einer mehr oder minder drastischen Veränderung der »Abwicklung« 1 von Insolvenzverfahren führen (könnten).[1] Allen voran ist hierbei die markt- bzw. betriebswirtschaftliche Ausrichtung des neuen Insolvenzrechtes zu nennen, die in verschiedenen Vorschriften zum Ausdruck kommt.

Bereits in § 1 Satz 1 InsO (Ziele des Insolvenzverfahrens) wird zur Erreichung der bestmöglichen gemeinschaftlichen Befriedigung der Gläubiger aus dem Schuldnervermögen die *Liquidation* oder die *(übertragende) Sanierung* als Verfahrensalternative genannt. Hiermit wird sowohl der Grundsatz »par condicio creditorum«, die Vermögensorientierung des Insolvenzverfahrens als auch die Sanierung als gleichwertige Verwertungsart pointiert. Mithin soll das neue Insolvenzrecht die Rahmenbedingungen für eine marktkonforme Insolvenzbewältigung schaffen, d. h. marktwirtschaftlich sinnvolle Sanierungen ermöglichen und die dem alten Recht implizite »Zerschlagungsautomatik« beseitigen.

2   In der Praxis führte der Konkurs bislang – wenn das Verfahren überhaupt eröffnet wurde – in der Regel zur Zerschlagung des Unternehmens.[2] Es liegt auf der Hand, dass bei einer Einzelveräußerung der Vermögens- bzw. Massegegenstände des Unternehmens lediglich Werte erzielt werden können, die weitaus geringer sind, als die, die bei einer Veräußerung des Unternehmens als Ganzes oder in größeren Einheiten erzielt werden können. Angesichts des vom Gesetzgeber in § 1 Abs. 1 InsO festgeschriebenen Ziels, der bestmöglichen Verwertung des Schuldnervermögens im Gläubigerinteresse, kam es somit bislang jedoch eher zu einer Ressourcenvernichtung.

Dieser Umstand wurde allerdings in weitaus größerem Maße durch die Tatsache begünstigt, dass die Mehrzahl der Verfahren in der Bundesrepublik Deutschland erst gar nicht eröffnet wurden (und werden). In diesem Fall fehlt jedwede Möglichkeit, die Masse zu sichern oder gar anzureichern, sei es durch eine Unternehmensfortführung oder durch die Durchsetzung konkurs- bzw. insolvenzrechtlicher Haftungs- und Anfechtungstatbestände. Will man das Ziel bestmöglicher Gläubigerbefriedigung tatsächlich erreichen, muss es nicht nur zu einer Erhöhung der Anzahl der eröffneten Verfahren kommen; das Unternehmen muss – soweit ökonomisch sinnvoll und vertretbar – ohne vorzeitige Gläubigereingriffe fortgeführt werden, um bestenfalls als Ganzes veräußert, wenn nicht sogar saniert zu werden.[3]

Die Vermutung, dass das neue Recht eine wie auch immer geartete Sanierung zumindest zulassen will, wenn nicht sogar präferiert, wird auch anhand folgender Regelungen ersichtlich. Nach altem Recht gingen im eröffneten Konkursverfahren die Verwertungsrechte automatisch auf die absonderungsberechtigten Gläubiger über. Hier greift nun § 80 Abs. 1 InsO, der

---

1   Vgl. hierzu exemplarisch Wimmer/Stenner, Lexikon des Insolvenzrechts, 2. Aufl. 1999, S. 17 ff.
2   Vgl. hier und im Folgenden Weidekind/Rödl, Der Steuerberater als Insolvenzverwalter, 1999, S. 19 ff.
3   Smid/Rattunde, Der Insolvenzplan, 1998, S. 13, sprechen sogar von der Sanierung als »conditio sine qua non eines geordneten Verfahrens«.

das *alleinige Verwaltungs- und Verwertungsrecht* im Hinblick auf eine bestmögliche Verwertung der Masse auf den Insolvenzverwalter überträgt.

Des Weiteren ist in diesem Zusammenhang die *Rückschlagsperre* des § 88 InsO zu nennen, die dazu führt, dass masseschmälernde Handlungen vor Verfahrenseröffnung rückgängig gemacht werden. Diese Vorschriften erleichtern es dem Insolvenzverwalter, das Schuldnervermögen im Ganzen »zusammen zu halten«, um »in Ruhe« eine Bestandsaufnahme vornehmen zu können. Sie schaffen somit auch die Grundlage zur Vornahme einer »Sanierungsfähigkeitsprüfung«.

Im gleichen Kontext ist der § 22 Abs. 1 Nr. 2 InsO anzuführen, nach dem der vorläufige Insolvenzverwalter das Unternehmen bis zur Entscheidung über die Verfahrenseröffnung unter bestimmten Umständen fortzuführen hat. Gemäß § 22 Abs. 1 Nr. 3 kann er auch vom Gericht als Gutachter beauftragt werden, die »Sanierungschancen« des betroffenen Unternehmens zu prüfen.

Die endgültige Entscheidung über den Fortgang des Verfahrens trifft gemäß § 157 InsO nach wie vor die Gläubigerversammlung. Der Gesetzgeber überlässt es dem ökonomischen Sachverstand der Gläubiger, über die bestmögliche Variante zur Erfüllung ihrer Ansprüche zu entscheiden.[4] Die Insolvenzordnung stellt hierbei nun drei grundsätzliche Varianten zur Verfügung:

Varianten der Insolvenzordnung:

- Liquidation
- Übertragende Sanierung
- Insolvenzplan

Die Gläubigerversammlung kann gemäß § 157 Satz 1 InsO die Liquidation des Unternehmens beschließen. Die übertragende Sanierung bleibt nach wie vor als eigenständige Alternative bestehen, was sich schon aus der systematischen Stellung der §§ 162, 163 InsO ergibt[5]; sie kann auch im Rahmen eines Insolvenzplan-Verfahrens durchgeführt werden. Darüber hinaus kann der Insolvenzplan gemäß § 217 InsO auch eine von den gesetzlichen Bestimmungen abweichende Form der Liquidation des Unternehmens vorsehen; er wird sich jedoch, in der Mehrzahl der Fälle als Sanierungsplan darstellen.[6]

---

4 Vgl. hierzu Wimmer/Stenner, a. a. O., S. 18.
5 Vgl. hierzu Smid/Rattunde, a. a. O., S. 15.
6 Vgl. hierzu Wimmer/Stenner, a. a. O., S. 207.

II. Betriebswirtschaftliche Herausforderungen für den Insolvenzverwalter

5   Insbesondere der Insolvenzverwalter wird durch die InsO erhöhten betriebswirtschaftlichen Anforderungen ausgesetzt.[7] Dies zeigt sich insbesondere an der Veränderung bzw. Erweiterung der Aufgaben des Insolvenzverwalters. Angesichts der Ziele der Insolvenzreform wird von ihm zunehmend effizientes (insbesondere schnelles) und kaufmännisches Denken und Handeln erwartet.[8] Im Vordergrund dürfte dabei zunächst die Prüfung der *Fortführungsaussichten* stehen. So übernimmt der »vorläufige« Insolvenzverwalter – wie bereits angesprochen – gemäß § 22 Abs. 1 Nr. 2 InsO die *Betriebsfortführung*, soweit diese nicht zu einer erheblichen Verminderung des Vermögens des betroffenen Unternehmens führt.

Vor dem Hintergrund der erweiterten Haftungsinanspruchnahme des Insolvenzverwalters gemäß § 60 InsO birgt diese Vorschrift nicht unerhebliche Probleme in sich: Der »vorläufige« Insolvenzverwalter muss vor Aufnahme seiner Tätigkeit nach § 22 Abs. 1 Nr. 2 InsO zunächst erst einmal prüfen, ob die Betriebsfortführung unter Umständen zu erheblichen Vermögensverlusten führt.

Der vorläufige Insolvenzverwalter kann sich jedoch auch nicht dadurch absichern, dass er dem Insolvenzgericht die sofortige *Betriebstilllegung* infolge drohender Vermögensverluste empfiehlt; dem steht die Haftungsinanspruchnahme gemäß § 60 InsO ebenfalls entgegen. Sollte z. B. eine Ausproduktion doch noch zu einer Masseanreicherung führen, könnten ihn die Gläubiger ebenfalls in die Haftung nehmen. Es besteht mithin eine unumgängliche Verpflichtung zur Überprüfung der finanziellen Konsequenzen einer Betriebsfortführung.

Darüber hinaus resultieren aus der Betriebsfortführung für den Insolvenzverwalter die gleichen handels- und steuerrechtlichen *Rechnungslegungspflichten* wie für jeden anderen Unternehmer auch.

6   Ferner kann das Insolvenzgericht gemäß § 22 Abs. 1 Nr. 3 InsO den vorläufigen Insolvenzverwalter mit Gutachtertätigkeiten beauftragen. Dabei ist zunächst die Überprüfung des tatsächlichen Vorliegens des Insolvenz-Eröffnungsgrundes zu nennen. Diese Aufgabe wurde in der Praxis bereits in der Vergangenheit von vielen Konkursverwaltern übernommen; sie erhält durch die Verschärfung der oben angeführten Haftungstatbestände allerdings verschärfte Brisanz.

7   Darüber hinaus kann das Insolvenzgericht den vorläufigen Insolvenzverwalter mit der Prüfung beauftragen, welche (grundsätzlichen) Aussichten

---

7 Vgl. Weidekind/Rödl, a. a. O., S. 20 ff.
8 Vgl. Haarmeyer/Wutzke/Förster, Handbuch zur Insolvenzordnung, 3. Aufl. 2001, S. 338.

für die Fortführung des Unternehmens bestehen. Dabei ist in der Literatur strittig, welche Gestalt, genauer gesagt, welchen Analysehorizont diese Prüfung hat.[9] Hinsichtlich des Betrachtungszeitraums gehen einige Autoren davon aus, dass eine Prüfung gemäß § 22 Abs. 1 Nr. 3 InsO sich auf die Zeit bis zum Berichtstermin erstreckt. Andere sehen dagegen eine Deckungsgleichheit mit der Sanierungsfähigkeitsprüfung im Sinne einer Beurteilung der grundsätzlichen Überlebensfähigkeit des Unternehmens.[10]

Da der Insolvenzverwalter gem. §§ 29 Abs. 1, Nr. 1, 156 ff. InsO im Berichtstermin die grundsätzlichen Fortführungsaussichten darzulegen hat, sollte man sich der zuletzt angeführten Ansicht anschließen. Grundsätzlich hat der Insolvenzverwalter im Berichtstermin folgende Aufgaben:[11]

Aufgaben des Insolvenzverwalters im Berichtstermin:
- Bericht über die wirtschaftliche Lage des Unternehmens und deren Ursachen.
- Darstellung der Aussichten, ob das Unternehmen im Ganzen oder in Teilen erhalten werden kann.
- Möglichkeiten für einen Insolvenzplan und
- Auswirkungen der entsprechenden Maßnahmen oder Vorgehensweisen für die Gläubiger.

Die zuletzt genannte Aufgabenstellung kann wohl dahingehend interpretiert werden, dass in diesem Zusammenhang auch Prognosen alternativer Unternehmens- (Fortführungs-) Konzepte und deren jeweiligen Auswirkungen auf die Befriedigung der Gläubiger für folgende Möglichkeiten darzustellen sind:

Alternative Unternehmens-(Fortführungs-)Konzepte:
- Erhaltung des Unternehmens im Ganzen
- Erhaltung von Unternehmensteilen
- Möglichkeiten der Durchführung eines Insolvenzplans

Die Darlegungen, die der Insolvenzverwalter im Berichtstermin zu machen hat, sind nach der hier vertretenen Ansicht hauptsächlich betriebswirtschaftlicher Natur. Dies gilt sowohl für die anstehenden Entscheidungstatbestände, als auch für die dabei eingesetzten Instrumente und Methoden.

Im Mittelpunkt steht die »einfache« Frage: Liquidation oder Sanierung des Unternehmens im Ganzen oder in Teilen bzw. durch Übertragung. Diese Frage stellt aus Sicht der Gläubiger ein *investitionstheoretisches Problem* dar, das durch Gegenüberstellung des Liquidationswertes und des noch nä-

---
9 Vgl. hierzu Bichlmeier/Engberding/Oberhofer, Insolvenzhandbuch, 1998, S. 301.
10 Vgl. hierzu FK-InsO/Schmerbach, 3. Aufl. 2002, § 22 Rdnr. 36.
11 Vgl. hier und im Folgenden Bichlmeier/Engberding/Oberhofer, a. a. O., S. 132.

her zu betrachteten Fortführungswertes entschieden wird.[12] Einer wie auch immer gearteten Fortführung werden die Gläubiger nur zustimmen, wenn sie sich durch die Fortführung (finanziell) besser stellen, als durch die sofortige Zerschlagung.

Die Ermittlung dieses Fortführungswertes ist hingegen ein Problem der Unternehmensbewertung und damit gleichzeitig Gegenstand der Sanierungsfähigkeitsprüfung.[13] Die Sanierungsfähigkeitsprüfung untersucht, inwieweit das Unternehmen die wirtschaftliche Stabilität und eine wettbewerbsfähige Ertragskraft aus eigener Kraft wieder gewinnen kann.

Vereinfacht bedeutet dies die Frage danach, ob das Unternehmen aus sich selbst heraus einen nachhaltigen Überschuss der Einnahmen über die Ausgaben erzielen kann. Dementsprechend ist der Ertragswert der Unternehmens-Fortführung zu ermitteln, der als Diskriminanzwert zwischen Unternehmens-Fortführung und Liquidation entscheidet. Diese Aufgabenstellung fällt typischerweise in das Tätigkeitsgebiet der Wirtschaftsprüfung.

9 Analogien zu den Aufgabebereichen der Unternehmensberatung bzw. Sanierung ergeben sich für den Insolvenzverwalter, wenn er gemäß § 157 Satz 2 InsO mit der Erstellung eines Insolvenzplans beauftragt wird. Die extremste Umkehr der Ausrichtung der Tätigkeiten vom juristisch geprägten Insolvenzverwalter zum betriebswirtschaftlich orientierten Unternehmensberater ergibt sich für den Fall der Eigenverwaltung durch den Schuldner (§§ 270 ff. InsO).[14] Der Gesetzgeber hat diese Möglichkeit wohl mit dem Ziel vorgesehen, den Schuldner zu motivieren, im Hinblick auf die noch verfügbare Masse, den Insolvenzantrag möglichst frühzeitig zu stellen. Wird der Insolvenzverwalter in diesem Fall als Sachwalter des Schuldners tätig, hat er gem. § 284 Abs. 1 Satz 2 InsO bei der Ausarbeitung des Insolvenzplans durch den Schuldner beratend mitzuwirken.[15]

Der letzte Aspekt weist zusätzlich darauf hin, dass das Planinitiativrecht zur Erstellung eines Insolvenzplans somit auch beim Schuldner liegen kann. Gemäß § 218 Abs. 1 Satz 2 InsO kann der Schuldner einen solchen gleichzeitig mit dem Eröffnungsantrag vorlegen. Auch in dieser Situation ist der Insolvenzverwalter wieder gefordert, da er zu dem entsprechenden Insolvenzplan im Fall der Annahme durch das Insolvenzgericht nach § 232 Abs. 1 Nr. 3 InsO eine Stellungnahme abzugeben hat. Legt der Schuldner nach erfolgter Zurückweisung seines ersten Plans einen weiteren vor, ist auch dieser vom Insolvenzverwalter zu begutachten (§ 231 Abs. 2 InsO). Die größten betriebswirtschaftlichen Herausforderungen dürften sich für den Insolvenzverwalter mithin im Zusammenhang mit dem Insolvenzplan ergeben.

---

12 Vgl. hierzu Groß, Sanierung durch Fortführungsgesellschaften, 2. Aufl., 1988, S. 26; vgl. hierzu auch Weidekind, DSWR 7/1998, 192–193.
13 Vgl. hierzu Schmidt/Uhlenbruck, Die GmbH in Krise, Sanierung und Insolvenz, 2. Aufl. 1999, S. 133; vgl. hierzu auch Weidekind, a. a. O., 1998/1, S. 193.
14 Vgl. Smid/Rattunde, a. a. O., S. 15.
15 Vgl. hier und im Folgenden Weidekind/Rödl, a. a. O., S. 21 ff.

III. Der Insolvenzplan als betriebswirtschaftliches Kernstück des neuen Insolvenzrechtes

Der Insolvenzplan wird als das betriebswirtschaftliche Kernstück der neuen Insolvenzordnung bezeichnet.[16] Er stellt den Rechtsrahmen der Gläubiger für eine einvernehmliche Insolvenzbewältigung durch autonome Entscheidungsprozesse dar.[17] Die gesetzlichen Grundlagen zum Insolvenzplan regeln die §§ 217 ff. InsO. Gemäß § 217 InsO ist der Insolvenzplan das Instrument in dem abweichend von den Vorschriften der Insolvenzordnung folgende Sachverhalte geregelt werden können:

10

> Der Insolvenzplan regelt
> - die Befriedigung der absonderungsberechtigten Gläubiger und Insolvenzgläubiger,
> - die Verwertung der Insolvenzmasse und deren Verteilung an die Beteiligten sowie
> - die Haftung des Insolvenzschuldners nach Beendigung des Insolvenzplanverfahrens.

1. Arten von Insolvenzplänen

Gegenstand des Insolvenzplans kann also eine von den gesetzlichen Vorschriften abweichende Form der Liquidation des Unternehmens sein. Darüber hinaus kann die Befriedigung der Gläubiger auch in anderer Form erfolgen, sei es durch eine übertragende Sanierung oder insbesondere durch eine finanz- und leistungswirtschaftliche Sanierung des Unternehmensträgers. Dementsprechend ist der Insolvenzplan als universelles Instrument der Masseverwertung zu bezeichnen. Je nach gewählter Verwertungsart handelt es sich dann beim Insolvenzplan um einen Liquidationsplan, einen Übertragungsplan, einen Sanierungsplan oder eine Mischform.

11

Der *Liquidationsplan* sieht die Verwertung der Insolvenzmasse und deren Verteilung an die Gläubiger vor. Mit der Aufstellung eines von den gesetzlichen Vorschriften abweichenden Liquidationsplans lässt sich zum einen das Ziel verfolgen, die Veräußerung des Unternehmens über einen verlängerten Zeitraum hinaus vorzunehmen.[18] Zum anderen kann damit eine Verringerung der Auflösungsintensität bei der Vermögensveräußerung beabsichtigt sein. Diese Optionen verdeutlichen wieder das gesetzgeberische Ziel, die im Gläubigerinteresse bestmögliche Verwertung des Schuldnervermögens zu erreichen.

---

16 Vgl. hierzu exemplarisch Schmidt/Uhlenbruck, a. a. O., S. 439.
17 Vgl. hierzu FK-InsO/Jaffé, § 217 Rdnr. 14.
18 Vgl. hier und im folgenden Weidekind/Rödl, a. a. O., S. 23.

Grundsätzlich lassen sich, wie bereits dargestellt wurde, bei einer Veräußerung des Unternehmens als Ganzem oder zumindest in größeren Teilen und mit vermindertem Zeitdruck höhere Erlöse erzielen als bei einer Einzelveräußerung der Vermögens- bzw. Massegegenstände des Unternehmens. Im Liquidationsplan ist dementsprechend darzustellen, in welcher Form die Insolvenzmasse verwendet wird. Ferner beinhaltet der Liquidationsplan eine Auflistung der Verteilung der Erlöse an die Beteiligten. Im Liquidationsplan kann ferner gegebenenfalls vorgesehen werden, dass ein Treuhänder einzusetzen ist.

12 Der *Übertragungsplan* sieht die Übertragung des gesamten Unternehmens, eines Betriebes oder nicht fortführungsnotwendiger Betriebsteile an einen Dritten vor. Hierbei kann es sich sowohl um ein bestehendes Unternehmen als auch um ein neu zu gründendes Unternehmen handeln. Die Gläubigerbefriedigung im Rahmen der Übertragung erfolgt dann entweder durch den Verkaufserlös oder auch durch die zukünftigen Überschüsse des neuen Unternehmens, wobei es sich dann gleichzeitig um eine übertragende Sanierung handelt.

13 Der *Sanierungsplan* zielt dagegen auf die Wiederherstellung der Ertragskraft des schuldnerischen Unternehmens ab. Dabei erfolgt die Befriedigung der Gläubigeransprüche aus den zukünftigen Überschüssen dieses Unternehmens. Der Sanierungsplan beinhaltet die Darstellung aller leistungswirtschaftlichen, finanzwirtschaftlichen und rechtlich, organisatorischen Maßnahmen, die erforderlich sind, damit das Unternehmen wieder aus eigener Kraft nachhaltige Einnahmeüberschüsse erzielen kann.

Aus den genannten Grundformen lassen sich sonstige Insolvenzpläne als Mischformen bilden. So können Betriebsteile eines Unternehmens sowohl saniert als auch liquidiert werden. Ferner können auch Moratoriums- und »Null-Pläne« hierunter subsumiert werden.[19] In der folgenden Abbildung werden die drei hauptsächlichen Ausgestaltungsformen des Insolvenzplans dargestellt:[20]

---

19 Vgl. hierzu Hess/Weis, Liquidation und Sanierung nach der Insolvenzordnung, 1999, S. 172 ff.
20 Vgl. Schmidt/Uhlenbruck, S. 440; Wimmer/Stenner, a. a. O., S. 209.

Weidekind

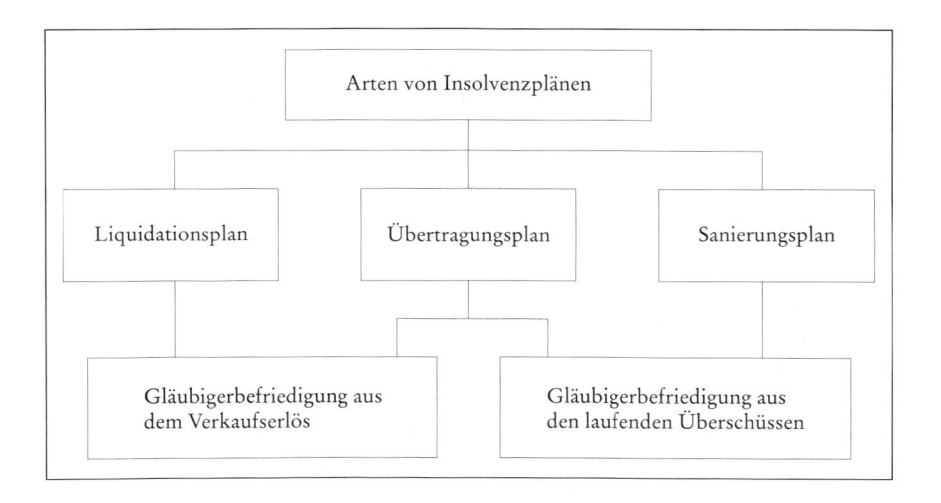

```
                    Arten von Insolvenzplänen
         ┌──────────────────┬──────────────────┐
   Liquidationsplan    Übertragungsplan    Sanierungsplan
         │                  │
   Gläubigerbefriedigung aus    Gläubigerbefriedigung aus
   dem Verkaufserlös            den laufenden Überschüssen
```

2. Bestandteile des Insolvenzplans

Gemäß § 219 InsO müssen alle Insolvenzpläne, unabhängig von den oben genannten Ausgestaltungsformen, aus einem darstellenden und einem gestaltenden Teil bestehen. Der darstellende Teil umfasst nach weitläufiger Meinung die Prüfung der Sanierungsfähigkeit des betroffenen Unternehmens und eine Vergleichsrechnung, mit der den am Verfahren Beteiligten die wirtschaftlichen Ergebnisse des Unternehmens bei Durchführung des Plans bzw. dessen Unterlassung dargelegt werden sollen.

Im gestaltenden Teil des Insolvenzplans sind die durch den Plan beabsichtigten Maßnahmen, die in die Rechtsstellung der Beteiligten eingreifen, darzustellen. Beteiligte im Sinne des § 221 InsO sind die absonderungsberechtigten Gläubiger und die Insolvenzgläubiger. Der Schuldner gehört nicht zum Kreis der Beteiligten; seine Rechtsstellung kann dementsprechend nicht im gestaltenden Teil des Insolvenzplans geändert werden. Allerdings kann dort eine von den Vorschriften des Gesetzes abweichende nachteilige Regelung seiner Haftung nach Beendigung des Insolvenzverfahrens von den Beteiligten vorgesehen werden. In diesem Fall ist die entsprechende Änderung der Restschuldbefreiung im gestaltenden Teil darzulegen.

Gemäß § 229 InsO gehören zum Insolvenzplan eine Vermögensübersicht und ein Ergebnis- und Finanzplan als Anlagen. Ergebnis- und Finanzplan *sind dem Insolvenzplan* jedoch nur dann beizufügen, wenn es sich bei diesem um einen Sanierungsplan handelt: In diesem Fall erfolgt die Gläubigerbefriedigung ja aus den künftigen Überschüssen des zu sanierenden Unternehmens, so dass hier den Gläubigern die Realisierbarkeit ihrer Ansprüche belegt werden muss.

Stellt der Insolvenzplan einen Liquidationsplan dar, können die Gläubiger die zur Verwertung zur Verfügung stehenden Masse der Vermögensübersicht entnehmen. Anderenfalls muss die Vermögensübersicht in Form einer Planbilanz und der Ergebnisplan in Form einer Plan-Gewinn- und Verlustrechnung erstellt werden, woraus zusammen das Erfordernis der Erstellung von Planjahresabschlüssen resultiert. Darüber hinaus ist ein Finanzplan zu erstellen, mit dem den Gläubigern für den Betrachtungszeitraum dargelegt wird, dass ihre Befriedigung aus den Überschüssen des Unternehmens heraus wahrscheinlich ist.

3. Der Insolvenzplan als Sanierungsplan

15 Wie bereits dargestellt, wird davon ausgegangen, dass das Insolvenzplanverfahren in der Mehrzahl der Fälle für die Sanierung in der Insolvenz gewählt wird. In diesem Fall ist, wie ebenfalls schon angesprochen, darzulegen, wie die Ertragskraft des Unternehmens wieder hergestellt werden und die Befriedigung der Gläubiger aus den künftigen Überschüssen erfolgen kann. Hierbei handelt es sich um die klassischen Aufgabenstellungen einer so genannten Sanierungsfähigkeitsprüfung.

Die wesentlichen Bestandteile einer Sanierungsfähigkeitsprüfung können z. B. der Verlautbarung »Anforderungen an Sanierungskonzepte« des IDW/Fachausschuss Recht entnommen werden.[21] Es zeigt sich, dass die entsprechenden Untersuchungen auf der Basis einer intensiven Markt-, Branchen- bzw. Konkurrenzanalyse zu erfolgen haben, die nicht nur hinsichtlich der Informationsbeschaffung, sondern auch bei der Informationsauswertung spezielles betriebswirtschaftliches Recherche-Know-how voraussetzt.

In diesem Zusammenhang entstehen somit wiederum nicht unerhebliche betriebswirtschaftliche Anforderungen an den Insolvenzverwalter. Zieht man in diesem Zusammenhang noch einmal das IDW/FAR-Konzept heran, so zeigt sich, dass das IDW darüber hinaus zum einen die Analyse von Planabweichungen im Sanierungskonzept als auch eine Planfortschreibung zwar nicht als zwingende Bestandteile der Planverprobungsrechnung ansieht, sich aber für deren Erstellung genauso wie auch für eine fortgesetzte Beratung in der Sanierungsphase ausspricht.[22] Damit wird der Insolvenzverwalter zwingend zum (Unternehmens-)Berater des betroffenen Unternehmens.[23]

---

21 Vgl. FN-IDW Nr. 9/1991, S. 319 ff.
22 Vgl. FN-IDW Nr. 9/1991, S. 321.
23 Vgl. hierzu auch Smid/Rattunde, a. a. O., S. 15.

B. Allgemeine betriebwirtschaftliche Grundlagen zur Analyse des Unternehmens

I. Begriffe und Inhalte

Der darstellende Teil des Insolvenzplans als Sanierungsplan ist, wie bereits angeführt, nach weitläufiger Meinung in Theorie und Praxis wie eine Sanierungsfähigkeitsprüfung auszugestalten. Diese umfasst entsprechend der IDW/ FAR-Verlautbarung folgende Bestandteile:

> **Bestandteile der Sanierungsprüfung:**
> - Beschreibung des Unternehmens
> - Analyse des Unternehmens
>   - Krisenursachenanalyse
>   - Lagebeurteilung
> - Leitbild des sanierten Unternehmens
> - Maßnahmen zur Sanierung des Unternehmens
> - Planverprobungsrechnung

Unabhängig von der konkreten Ausgestaltungsform des Insolvenzplans kommt den ersten beiden Teilen, der *Beschreibung* und *Analyse des Unternehmens*, wie noch gezeigt wird, auch in anderen Prüfungssituationen Bedeutung zu. Im ersten Teil ist die Situation des Unternehmens über die Erfassung der Unternehmensstammdaten und die Berechnung von Kennzahlen und Trends zu beschreiben. In diesem Bereich ergeben sich Analogien zu Fragestellungen mit denen bereits heute Steuerberater und Wirtschaftsprüfer im Rahmen von Unternehmensbewertungen befasst sind. Hieran schließt sich die Unternehmensanalyse an, die sich aus der sog. Krisenursachenanalyse und der »Lagebeurteilung« zusammensetzt.

In der Praxis führt bereits die Bestandsaufnahme zur Beschreibung der Ist-Situation des insolventen Unternehmens zu ersten Eindrücken über mögliche Krisenursachen. Diese gilt es im Rahmen der so genannten *Krisenursachenanalyse* zu verfeinern.[24] Dabei sind nicht nur unternehmensinterne Krisenherde, sondern auch mögliche unternehmensexterne Krisenherde in die Betrachtung miteinzubeziehen. Die Krisenursachenanalyse liefert *bereits erste* Anhaltspunkte dafür, ob und wenn ja wie, die jeweilige Krisensituation bewältigt werden kann.

Die *Lagebeurteilung* dient der abschließenden Verdeutlichung vorhandener Interdependenzen zwischen den einzelnen Krisenfaktoren. Dabei sollen

---
24 Vgl. hier und im Folgenden Weidekind, Der Insolvenzplan, Seminar-Skript SUIT-KAT-THIES + Partner, Karlsruhe 1998/3, S. 49 f.

nicht nur die Zusammenhänge innerhalb des Unternehmens aufgedeckt werden, sondern auch das Beziehungsgeflecht zwischen dem Unternehmen und seiner Umwelt. Ferner ist die Relevanz der verschiedenen Einflussgrößen auf eine etwaige Betriebsfortführung zu ermitteln. Die zusammenfassende Beurteilung der Lage des Unternehmens stellt gleichermaßen die Grundlage für die Bestimmung des zukünftigen Handlungsrahmens dar.

Es zeigt sich, dass in beiden Analyseschritten die selben Betrachtungsgegenstände – unternehmensendogene und unternehmensexogene Faktoren – eine Rolle spielen, so dass sich für die praktische Arbeit ein paralleles Vorgehen, in Form folgender vereinfachter Gliederungssystematik anbietet:[25]

Analysefeld	Ist-Situation	Relevanz	Ausblick	Stärken-/ Schwächen	Chancen-/ Risiken	Maßnahmen
extern						
– Umwelt						
– Markt						
– Branche						
intern						
– finanzwirtschaftliche Situation						
– leistungswirtschaftliche Situation						

Beide Betrachtungsgegenstände dienen der Beurteilung der Ist-Situation des insolventen Unternehmens und gehen dementsprechend der Frage nach, ob das Unternehmen endgültig zu liquidieren ist oder in irgendeiner noch festzulegenden Form fortgeführt werden kann. Insofern zeigt sich, dass die durch das entsprechende Konzept vorgegebene Gliederungssystematik auch für folgende Prüfungen herangezogen werden kann:

Prüfung der Unternehmens-Fortführungschancen
- Fortführungsprognose im Rahmen der Überschuldungsprüfung im vorinsolvenzlichen Bereich,
- Prüfung der Konsequenzen der Betriebsfortführung durch den vorläufigen Insolvenzverwalter gemäß § 22 Abs. 1 Nr. 2 InsO,
- gutachterliche Überprüfung, ob der Tatbestand der »Überschuldung« als Eröffnungsgrund tatsächlich vorliegt gemäß § 22 Abs. 1 Nr. 3 InsO,

---

25 Vgl. Weidekind, a. a. O., 1998/3, S. 50.

- gutachterliche Überprüfung der Fortführungschancen gemäß § 22 Abs. 1 Nr. 3 InsO,
- Bericht des Insolvenzverwalters gegenüber der Gläubigerversammlung gemäß § 156 Abs. 1 InsO.

Würde die den entsprechenden Prüfungen zugrundeliegende Beschreibung und Analyse der Ist-Situation des Unternehmens ergeben, dass keine Fortführungschancen bestehen, wäre die Betrachtung des *Leitbildes des sanierten Unternehmens* in Punkt 3 obsolet. Dieses orientiert sich nach dem IDW-Konzept sehr stark am »Corporate Identity-Konzept«,[26] das allerdings in dem vorgesehenen Detaillierungsgrad nur auf Unternehmen ab einer bestimmten Größenordnung angewendet werden kann bzw. das in der Betriebswirtschaftslehre inzwischen von eher untergeordneter Bedeutung ist.

Wird das Unternehmen als sanierungsfähig erachtet, sind die *Maßnahmen zur Sanierung* darzustellen, die sich je nach Krisenstadium des Unternehmens vorrangig oder alternativ auf den finanzwirtschaftlichen, den leistungswirtschaftlichen und/oder den rechtlich-organisatorischen Bereich eines Unternehmens erstrecken können. 18

Ohne rechnerische Veranschaulichung seiner Ausführungen, wird der Insolvenzverwalter wohl in keiner der zuvor angeführten Prüfungen auskommen. Der Gutachter hat darüber hinaus mit diesen Rechenwerken die jeweilige Entscheidung für die Liquidation, Übertragung oder Sanierung des Unternehmens zu begründen.

Die Erstellung einer *Planverprobungsrechnung* mit den in § 220 Abs. 2 InsO genannten Rechenwerken ist wiederum unabhängig von der konkreten Ausgestaltungsform des Insolvenzplans als verpflichtend anzusehen. Hiermit werden den am Verfahren Beteiligten im Rahmen einer Vergleichsrechnung die wirtschaftlichen Ergebnisse des Unternehmens bei Durchführung des Plans bzw. Unterlassung verdeutlicht. Damit werden den Gläubigern die Auswirkungen des Plans auf die Befriedigung ihrer Ansprüche dargelegt und dem Gericht die Möglichkeit zur Überprüfung der Plankonsequenzen im Hinblick auf das Obstruktionsverbot gegeben.

II. Beschreibung des Unternehmens

In diesem Bereich kann – wie bereits angesprochen – mit den vom IDW Fachausschuss Recht (FAR) veröffentlichten »Anforderungen an Sanierungskonzepte« auf einen Leitfaden zurückgegriffen werden, der eine umfangreiche, aber nicht in allen Teilbereichen vollständige Orientierungshilfe 19

---

26 Vgl. FN-IDW Nr. 9/1991, S. 320 und S. 322.

darstellt und die dementsprechend mittlerweile mehrfach modifiziert wurde:[27]

> **Beschreibung des Unternehmens**
>
> 1. Bisherige Entwicklung
>   - Unternehmensgeschichte
>   - Finanzwirtschaftliche Entwicklung
>   - Mitarbeiterentwicklung und arbeitsrechtlicher Rahmen
>
> 2. Rechtliche Verhältnisse
>   - Gesellschaftsrechtliche Verhältnisse
>   - Steuerrechtliche Verhältnisse
>   - Dauerschuldverhältnisse
>   - Relevante Rechtsstreite
>
> 3. Finanzwirtschaftliche Verhältnisse
>   - Banken
>   - Lieferanten
>   - Gesellschafter
>
> 4. Leistungswirtschaftliche Verhältnisse
>   - Produkt- und Leistungsprogramm
>   - Standort
>   - Produktion
>   - Beschaffung
>   - Forschung & Entwicklung
>   - Absatz
>
> 5. Organisatorische Grundlagen
>   - Aufbau- und Ablauforganisation
>   - Informationssystem
>   - Controlling

Für die Beschreibung der Ausgangssituation des Unternehmens ist es erforderlich, alle relevanten Daten vollständig zu erfassen und zusammenzustellen. Die hierzu erforderlichen Arbeiten der Datenerhebung stellen die Grundlage der Krisenursachenanalyse und der Beurteilung der Lage des Unternehmens dar. Darüber hinaus können sie – im Fall gegebener Sanierungsfähigkeit und -würdigkeit – bereits erste Anhaltspunkte für mögliche Sanierungsmaßnahmen liefern.

---

27 Vgl. hierzu Bichlmeier/Engberding/Oberhofer, a. a. O., S. 334; ferner Braun/Uhlenbruck, Muster eines Insolvenzplans, 1998; Weidekind, a. a. O., 1998/3; Weidekind/Rödl, a. a. O., S. 47 ff.

1. Bisherige Unternehmensentwicklung

Für die Darstellung der bisherigen Unternehmensentwicklung ist die Unternehmensgeschichte, die finanzwirtschaftliche Entwicklung, die Entwicklung der Mitarbeitersituation und der arbeitsrechtliche Rahmen zu beschreiben.[28] Es dürfte auf der Hand liegen, dass hierbei die Bereiche betrachtet werden, in denen Hauptkrisenursachen liegen können.

Die Beschreibung der bisherigen Unternehmensentwicklung soll den Gutachter in die Lage versetzen zu erkennen, wann Krisensymptome deutlich wurden und auf welche Fehlentwicklungen diese zurückzuführen sind. Dementsprechend sollte die Darstellung der *Unternehmensgeschichte* bis auf den Gründungszeitpunkt zurückgehen.

Für die Darstellung der *finanzwirtschaftlichen Entwicklung* aber auch einen Teil der noch später zu betrachtenden finanzwirtschaftlichen Verhältnisse dienen die Unterlagen des Finanz- und Rechnungswesens als Grundlage. Die Analyse der finanzwirtschaftlichen Entwicklung eines Unternehmens erfolgt im Rahmen der traditionellen Jahresabschlussanalyse, wie sie in einem vorstehenden Kapitel schon ausführlich behandelt wurde.

Dabei ist zu berücksichtigen, dass die Kritik an der traditionellen Jahresabschlussanalyse auch, wenn nicht sogar in weitaus größerem Maße, für die Analyse eines insolventen Unternehmens gilt. Auf der Basis vergangenheitsorientierter Daten sollen Aussagen über die »gesicherte« Zukunft eines heute insolventen Unternehmens gemacht werden. Als weiteres Problem kommt bei diesen Unternehmen erschwerend hinzu, dass die entsprechenden Unterlagen in diesem Fall erst recht mit mehr oder minder zeitlicher Verzögerung zur Verfügung stehen, da in der Regel Arbeitsrückstände des Finanz- und Rechnungswesens aufgeholt werden müssen.

Kennzahlen der Jahresabschlussanalyse können auch zur Darstellung der *Mitarbeiterentwicklung* herangezogen werden. Die Bestandsaufnahme im Personalbereich, insbesondere der *arbeitsrechtlichen Rahmenbedingungen* soll Hinweise auf etwaige noch mögliche entsprechende Sanierungsmaßnahmen geben. Die Darstellung der Hauptkrisenursachen im Personalbereich bzw. der Anforderungen an ein effizientes Personalmanagement erfolgt hier in einem eigenständigen Kapitel.

2. Rechtliche und finanzwirtschaftliche Verhältnisse

Auf eine eingehende Beschreibung und Analyse der im Zusammenhang mit den *rechtlichen Verhältnissen* zu untersuchenden Betrachtungsgegenstände kann hier wohl aus gegebenem Anlass verzichtet werden. Die im IDW-Konzept genannten Aspekte stehen in engem Zusammenhang mit den im nächsten Schritt zu untersuchenden finanzwirtschaftlichen Verhältnissen.

---

28 Vgl. hier und im Folgenden Weidekind, a. a. O., 1998/3, S. 4 ff.

> **Zu untersuchende finanzwirtschaftliche Verhältnisse**
>
> - gesellschaftsrechtliche Verhältnisse einschließlich der Fragen zu Kapitalerhaltung und -ersatz sowie verbundenen Unternehmen bzw. Beteiligungen,
> - steuerrechtliche Verhältnisse,
> - Dauerschuldverhältnisse,
> - relevante Rechtsstreite.

Bei der Beschreibung der rechtlichen Verhältnisse wird somit zum einen untersucht, wohin die Gelder aus dem Unternehmen geflossen sind, bzw. wie diese gegebenenfalls zurückgeholt werden können. Darüber hinaus wird offen gelegt, mit welchen Zahlungsverpflichtungen in der Zukunft zu rechnen ist.

24 Die Darstellung der *finanzwirtschaftlichen* Verhältnisse dient zunächst der lückenlosen Erfassung aller Verbindlichkeiten eines Unternehmens. Darüber hinaus wird hierbei aber auch gleichzeitig das Ziel verfolgt, eventuell noch existierende, aber noch nicht ausgeschöpfte Finanzierungsquellen offen zu legen. Dementsprechend bietet es sich zur Darstellung der gegebenen Finanzierungssituation – aber auch bereits im Hinblick auf die später erforderlichen und darzustellenden finanzwirtschaftlichen Sanierungsmaßnahmen – an, die unterschiedlichen Gruppen von Kapitalgebern (Banken, Lieferanten und Gesellschafter) separat zu erfassen.[29] Gegenüber der zuletzt genannten Gruppe können unter Umständen noch (Rück-)Zahlungsansprüche geltend gemacht werden. Vermögens-, Schulden- und Erfolgslage sind wiederum Betrachtungsgegenstände der klassischen Jahresabschlussanalyse.

3. Leistungswirtschaftliche Verhältnisse

25 Die Beschreibung der leistungswirtschaftlichen Verhältnisse hat sich an der spezifischen Unternehmensaufgabe, die das *Produkt- und/oder Leistungsangebot* des Unternehmens bestimmt, zu orientieren. Die nachfolgend dargestellten Betrachtungsgegenstände differieren je nachdem, ob es sich bei dem betroffenen Unternehmen um ein Produktions-, ein Handels- oder ein Dienstleistungsunternehmen handelt. Unabhängig davon ist in allen Fällen die »*Standort*-Problematik« zu untersuchen. Fragen der »Produktpolitik« und Standortanalyse fallen in den Bereich des Marketing bzw. der Marktforschung und werden dementsprechend in einem eigenständigen Kapitel betrachtet.

Die im Folgenden vorgenommene Untergliederung orientiert sich wiederum an der *Gliederung des IDW/FAR-Konzeptes* und damit am Typus eines Produktionsunternehmens. Dabei soll jedoch nicht außer Acht gelas-

---

[29] Vgl. hierzu Weidekind, a. a. O., 1998/3, S. 30 f.

sen werden, dass auch Handels- und Dienstleistungsunternehmen zunehmend in Krisensituationen geraten.[30]

Bei der Betrachtung der Bereiche »Produktion«, »Beschaffung« und »Forschung und Entwicklung« handelt es sich um spezifische technische Fragestellungen, die sowohl zur Beschreibung als auch erst recht zur Analyse die Hinzuziehung von Spezialisten erforderlich machen. Dies wird z. B. deutlich, wenn man als Checkliste die Beurteilungskriterien der Gliederung des IDW/FAR-Konzeptes zum Bereich der *Produktionstechnik* heranzieht:[31]

- Produktionskonzept
- Technische Ausstattung
- Produktionsprogramm und Fertigungstiefe
- Produktionskapazität und Kapazitätsauslastung
- Produkttechnologie und Elastizität der Produktionsanlagen
- Produktivitätsentwicklung und Ausschussquote.

Die häufigsten Fehler im Bereich der *Beschaffung* lassen sich im Bestellwesen und der Materialwirtschaft finden. Beide Bereiche sollen dafür sorgen, dass die für den Produktionsprozess benötigten Materialien in abgestimmter Menge, zum erforderlichen Qualitätsstandard, zu den terminlich richtigen Zeiten und bei kostengünstigen Preisen bereitgestellt werden. Damit dürfte leicht ersichtlich sein, dass gerade bei krisenbehafteten Unternehmen diese betriebswirtschaftlichen Zielvorgaben nicht eingehalten werden.

Auch auf die Bedeutung von Forschungs- und Entwicklungsaktivitäten für die Existenzsicherung eines Unternehmens wird an späterer Stelle noch mehrfach verwiesen. Sie sollen grundsätzlich dafür Sorge tragen, dass die Produkte des Unternehmens im Sinne des ebenfalls noch darzustellenden Produktlebenszykluses nicht »veralten«. Krisenherde aus dem Bereich *»Forschung und Entwicklung«* können sich infolge gänzlich fehlender oder falsch geplanter bzw. durchgeführter F&E-Aktivitäten ergeben.

Werden im betroffenen Unternehmen F&E-Tätigkeiten betrieben, so sind diese infolge der spezifischen technischen Fragestellungen ebenfalls durch einen externen Gutachter zu analysieren. Dabei sollte zunächst eine Bestandsaufnahme der laufenden Projekte vorgenommen werden. In Abhängig von der Entscheidung, ob das Unternehmen überhaupt fortgeführt wird, ist zu klären, welche Projekte abgebrochen und welche fortgeführt werden sollen. Unter Umständen hat das Unternehmen sogar im F&E-Bereich Projekte entwickelt, die auf dem Markt eigenständig »veräußerbar« sind.

Damit ist man beim letzten Punkt dieses Kapitels angelangt, nämlich der Frage, wie das Unternehmen seinen *»Absatz«* generell gestaltet. Entsprechend der allgemeinen Erkenntnisse der Betriebswirtschaftslehre, sollte hier jedoch nicht nur auf die Absatzpolitik alleine, sondern das generelle Marketing-Verständnis des Unternehmens abgestellt werden. Nach dem

---
30 Vgl. FN-IDW, Nr. 9/1991, S. 322.
31 Vgl. FN-IDW, Nr. 9/1991, S. 322.

am ehesten im Schrifttum verbreiteten Verständnis ist der Grundgedanke des Marketing die systematische Marktorientierung des gesamten unternehmerischen Prozesses und Denkens, wie es in einem späteren Kapitel noch ausführlich dargestellt wird.

Mithin gilt es im Rahmen der Bestandsaufnahme zu ermitteln, inwieweit das Unternehmen diesem Anspruch überhaupt noch gerecht wird. Die Absicht der Kundenorientierung erfordert eine genaue Kenntnis des Marktes und der auf ihm agierenden Marktpartner. Diese Aufgabe setzt das Vorhandensein eines Informationssystems zur Markt- bzw. Marketingforschung voraus, womit bereits ein Analysefeld des nächsten Gliederungspunkts angesprochen ist.

4. Organisatorische Grundlagen

27 Die Beschreibung des Unternehmens sollte auch eine Darstellung der organisatorischen Grundlagen des Unternehmens enthalten.[32] Mit dem Begriff »*Organisation*« wird in der Literatur ein System von betriebsgestaltenden Regelungen bezeichnet, das der zielgerichteten, arbeitsteiligen Erfüllung der unternehmerischen Gesamtaufgabe dient. Mittlerweile hat der Erkenntnisfortschritt in der Betriebswirtschaftslehre zur Entwicklung einer eigenständigen Organisationstheorie geführt, so dass zur Analyse dieses betrieblichen Funktionsbereichs wiederum die Hinzuziehung eines Spezialisten empfehlenswert ist. Die betriebswirtschaftlichen Grundlagen zu diesem Thema werden ebenfalls in einem späteren Kapitel dargestellt.

Zur Darstellung der Ist-Situation des Unternehmens gehört auch die Beschreibung des Vorhandenseins und der Ausbaustufen eines *betrieblichen Informationssystems*. Viele Unternehmen beschränken sich gerade aus Kostengründen auf das betriebliche Rechnungswesen als einziger Informationsquelle. Nicht nur in diesem Falle ist daher auch das betriebliche Rechnungswesen einer eingehenden Überprüfung zu unterziehen. Dabei steht zunächst die Frage nach dem Vorhandensein aller Bestandteile eines ordnungsgemäßen Finanz- und Rechnungswesens im Vordergrund, wie es bereits in einem vorstehenden Kapitel beschrieben wurde.

An dieser Stelle soll lediglich darauf hingewiesen werden, dass sich in diesem Bereich eine der wichtigsten Herausforderungen des Insolvenzverwalters stellt, Arbeitsrückstände innerhalb kürzester Zeit abzubauen, um schnellstmöglich zu sicheren Planungsunterlagen zu gelangen. Zu untersuchen ist dementsprechend, wann der letzte ordnungsgemäße Jahresabschluss erstellt wurde, ob in den vergangenen Wochen überhaupt noch gebucht wurde und wenn ja, mit welcher Qualität die Buchführung geführt wurde.[33]

---

32 Vgl. hier und im Folgenden Weidekind, a. a. O., 1998/3, S. 45 ff.
33 Vgl. Hess/Fechner/Freund/Körner, Sanierungshandbuch, 3. Aufl., S. 3.

Oftmals wird das Finanz- und Rechnungswesen auch zur Erfüllung der Informationsfunktion des *Controlling* herangezogen. Dabei ist allerdings zu beachten, dass dies nur als Grundlage dienen kann, und für die Zwecke des Controlling darüber hinausgehende Informationen eingeholt werden müssen. Das Rechnungswesen als Instrument des Controlling ist insbesondere aufgrund der handels- und steuerrechtlichen Einflüsse nur eingeschränkt geeignet.

Mittlerweile ist es in der Betriebswirtschaftslehre gesicherte Erkenntnis, dass ein Unternehmen nicht nur über ein effizientes und effektives Informationssystem verfügen soll, sondern über ein umfassendes System zur Planung, Information, Steuerung und Kontrolle. Diese Funktionen werden als typische Charakteristika des Controlling angesehen und ebenfalls in einem eigenständigen Kapitel noch ausführlich betrachtet. Teilt man dieses Verständnis des »Controlling«, so wird die Überschneidung zum vorstehenden Betrachtungsgegenstand deutlich. Dies mag darauf zurückzuführen sein, dass bis heute in Theorie und Praxis keine einheitliche Auffassung über das Aufgabengebiet des Controlling vertreten wird.

III. Krisenursachenanalyse

Die Grundlagen für die Krisenursachenanalyse werden – wie bereits mehrfach dargestellt – schon durch die Tätigkeiten der Datenerhebung bei der Beschreibung der Unternehmenssituation gelegt. Dementsprechend geht es jetzt darum, konkret zu untersuchen, wo die eigentlichen Krisenherde liegen und ob Aussicht auf eine Bewältigung der Krisensituation besteht.[34] Die Fortführungschancen des betroffenen Unternehmens werden dabei allerdings wesentlich davon beeinflusst, welche Sanierungsmaßnahmen hierzu erforderlich sind. Stellen z. B. im Fall der Überschuldung lediglich erhebliche Forderungsverzichte aller beteiligten Gläubiger die einzige Maßnahme zur Sanierung des Unternehmens dar, dürften die Chancen auf eine Betriebsfortführung relativ gering sein.

28

Für die Systematisierung der (Arbeit der) Krisenursachenanalyse werden in der Literatur verschiedene Vorgehensweisen vorgeschlagen:[35]

- Krisenherd: Haus-, Absatz-/ Beschaffungsmarkt-, Wirtschaftskrise
- *Unternehmenszyklus*: Gründungs-, Wachstums-, Alterskrise
- Unternehmensentwicklung: Wachstums-, Stagnations-, Schrumpfungskrise

---

34 Vgl. hierzu Fechner, Praxis der Unternehmenssanierung, 1999, S. 49.
35 Vgl. hierzu Gless, Unternehmenssanierung; Grundlagen, Strategien, Maßnahmen, 1996, S. 15.

- bedrohte Unternehmenspotenziale: Strategie-, Erfolgs-, Liquiditätskrise
- Beeinflussbarkeit: potenzielle, latente, akute Krise
- Krisenstadium: existenzbedrohende, existenzvernichtende Krise.

29 Eine Unterscheidung von Krisenarten nach den *Krisenherden* stellt darauf ab, dass diese ihren Ursprung sowohl im Unternehmen als auch außerhalb des Unternehmens haben können. Unternehmensexogene Krisen können auf die gesamtwirtschaftliche Lage und/ oder die Situation auf den Absatz- und Beschaffungsmärkten zurückzuführen sein. In Theorie und Praxis wird jedoch davon ausgegangen, dass in der Mehrzahl der Sanierungs- und Insolvenzfälle ausschließlich endogene, d. h. im Unternehmen begründet liegende Krisenherde ausschlaggebend sind. In der Regel ist bei den so genannten exogenen Krisen davon auszugehen, dass es der Geschäftsführung nicht gelungen ist, das Unternehmen rechtzeitig an die veränderten Umweltbedingungen anzupassen. Folgende Systematisierung kann in diesem Zusammenhang zur Anwendung kommen:[36]

Unternehmensexogene Krisenherde	Unternehmensendogene Krisenherde
Umwelt – gesamtwirtschaftliche Krise – politisch-rechtliche Krisenherde – sozio-demographische Krisenherde – technologische und ökologische Krisenherde	Unternehmensführung, Personal und Organisation – fehlende Qualifikation und Motivation – zu hohe Personalkosten – Fehler in der Aufbau- und Ablauforganisation
Absatzmarkt – Veränderungen der Abnehmerstruktur – Wandel im Verbraucherverhalten	leistungswirtschaftlicher Bereich, Fehler in – Produktion – Forschung und Entwicklung – Beschaffung – Absatz
Branche – Anstieg der Zahl der Mitbewerber – Veränderungen im Verhalten der Mitbewerber	finanzwirtschaftlicher Bereich – drohende Zahlungsunfähigkeit – Zahlungsunfähigkeit – zu geringe Eigenkapitalausstattung – zu hoher Verschuldungsgrad – Überschuldung

30 Die Einteilung von Krisen nach dem *Unternehmenszyklus* stammt aus dem Bereich der so genannten quantitativen Krisenursachenforschung. Hierbei werden insolvente Unternehmen nach gemeinsamen Merkmalen unter-

---

36 Vgl. hierzu Weidekind/Rödl, a. a. O., S. 70.

sucht, die dann als Krisenindikatoren fungieren können. Die entsprechenden Untersuchungen sind allerdings nicht unumstritten, da hierbei eben nur insolvente Unternehmen betrachtet werden; Unternehmen, die trotz des Vorliegens der Krisenmerkmale nicht in den Konkurs gegangen sind, gehen nicht in die zu untersuchende Grundgesamtheit ein. Dementsprechend handelt es sich bei der quantitativen Krisenursachenforschung eher um die Ermittlung statistischer Korrelationen, als um die Aufdeckung von Ursache/Wirkungs-Zusammenhängen. Dennoch sollen die im Rahmen der quantitativen Krisenursachenforschung ermittelten Merkmale hier noch kurz angeführt werden.[37]

Quantitative Krisenursachenforschung aufgrund
- Unternehmenszyklus bzw. -alter,
- Unternehmensgröße,
- Branchenzugehörigkeit,
- Rechtsform.

Die quantitative Krisenursachenforschung hat ergeben, dass ca. 65 % der Insolvenzen Unternehmen betreffen, deren *Unternehmensalter* bei bis zu 10 Jahren liegt. Daraus wird dementsprechend abgeleitet, dass gerade junge Unternehmen besonders krisenanfällig sind. Je älter also ein Unternehmen ist, desto geringer wäre danach die Insolvenzgefährdung. Praktische Erfahrungen widerlegen jedoch gerade dieses Ergebnis und weisen damit wiederum auf den Hauptkritikpunkt an der quantitativen Krisenursachenforschung hin: Die hierbei ermittelten Merkmale stellen keine primären Krisenursachen, sondern allenfalls Krisensymptome dar.

Dies gilt auch für das Merkmal der *Unternehmensgröße*. Empirischen Untersuchungen zufolge betreffen Insolvenzen in 90 % aller Fälle Unternehmen mit bis zu 100 Mitarbeitern. Dabei hat die quantitative Krisenursachenforschung ergeben, dass in den einzelnen Größenklassen die Insolvenzgefährdung mit wachsender Mitarbeiterzahl steigt und erst ab einer Größenordnung von 500 Mitarbeitern wieder sinkt. Da festgestellt wurde, dass die meisten Insolvenzen »junge« Unternehmen betreffen, ist wohl auch davon auszugehen, dass diese noch keinen großen Mitarbeiterstamm aufgebaut haben.

Bei einem Vergleich der *Branchenzugehörigkeit* der insolventen Unternehmen hat sich gezeigt, dass die Krisenanfälligkeit hiernach sehr unterschiedlich ausgeprägt ist. Dabei steht zurzeit die Baubranche an erster Stelle; circa ein Drittel aller Unternehmensinsolvenzen ging in den letzten Jahren zu Lasten des Bauhaupt- und Baunebengewerbes. Die quantitative Krisenursachenforschung hat ferner ergeben, dass ca. 70 % aller Insolvenzen Unternehmen in der *Rechtsform* der GmbH und der GmbH & Co. KG betreffen. Dabei ist allerdings zu berücksichtigen, dass die Rechtsform der GmbH am

---

[37] Vgl. hierzu Krystek, Unternehmenskrisen, 1987, S. 41 ff.

häufigsten in der Bundesrepublik Deutschland gewählt wird und damit auch am häufigsten am Markt vertreten ist.

31 Der Klassifizierung von Krisen nach der *Unternehmensentwicklung* liegt ein weiteres empirisches betriebswirtschaftliches Konzept zugrunde, der so genannte Markt- bzw. Produkt-Lebenszyklus, der ebenfalls im nächsten Kapitel noch näher betrachtet wird. Von der Position des Unternehmens in den jeweiligen Lebenszyklus-Phasen hängen zum einen die zu erwartenden Unternehmens-Gewinne ab. Darüber hinaus ergeben sich aus den Verhaltensweisen des Unternehmens in den einzelnen Phasen Anhaltspunkte für Krisensituationen.[38] Die Einteilung des Lebenszyklus erfolgt nach herrschender Meinung in folgende 5 Phasen:

Marktlebenszyklus
- Einführung
- Wachstum
- Reifezeit
- Sättigung
- Degeneration

Die *Einführungsphase* ist der Zeitraum, in dem ein neuer Markt überhaupt erst entsteht. Neue Produkte werden auf dem Markt bekannt gemacht und müssen sich dort durchsetzen. Infolge des geringen Bekanntheitsgrades des Unternehmens und seiner Produkte sind in dieser Phase nur geringe Umsätze zu erzielen. Den geringen Umsätzen stehen dagegen hohe Kosten für Werbung und den Aufbau einer Produktions- und Vertriebsorganisation gegenüber. In dieser Phase sind die »jungen« Unternehmen relativ stark gefährdet. Fehler könnten bereits beim Unternehmens- und insbesondere Finanzierungskonzept im Rahmen der Existenzgründung gemacht worden sein. Darüber hinaus werden häufig die Anlaufkosten unterschätzt, so dass das Unternehmen diese Phase erst gar nicht überlebt.

Hat das Unternehmen die Markteinführung geschafft, wechselt es in die so genannte *Wachstumsphase*. Jetzt sollten die verkauften Stückzahlen und damit die Gewinne steigen. Die steigende Nachfrage begründet jedoch weitere Investitionsausgaben. Soll der steigende Bedarf befriedigt und der Marktanteil ausgebaut werden, muss die Produktion erweitert werden. Häufig erhöht sich auch die Anzahl der Konkurrenzanbieter, was dazu führen kann, dass das Angebot allmählich schneller wächst als die Nachfrage. Eine Wachstumskrise kann auftreten, wenn das Unternehmen zwar den Markteinführungs-, nicht aber den Marktausbauinvestitionen gewachsen ist.

Das Umsatzmaximum sollte in der *Reifephase* erreicht werden. Dabei ist allerdings zu berücksichtigen, dass die verschärfte Konkurrenzsituation zu

---

38 Vgl. hier und im Folgenden Weidekind, Betriebswirtschaftliche Grundlagen der Insolvenzrechtsreform, Seminar-Skript, SUITKAT-THIES + Partner, Karlsruhe 1998/2, S. 25 ff.

einem steigenden Angebot und damit einhergehenden rückläufigen Preise bzw. Mengen führt. Die Umsatzzuwachsraten können somit geringer bzw. sogar negativ werden. Der Übergang in die *Sättigungs- bzw. Degenerationsphase* hängt im Wesentlichen davon ab, ob das Unternehmen sich rechtzeitig durch Produktinnovationen an sich zwangsläufig verändernde Marktbedingungen angepasst hat. Haben die Verbraucher die Möglichkeit, zu besseren bzw. billigeren Ersatzprodukten überzuwechseln, kommt es nicht nur zu rückläufigen Umsätzen, sondern auch zu rückläufigen Gewinnen.

Anhand der bedrohten *Unternehmenspotenziale* können Krisen in Strategie-, Erfolgs- und Liquiditätskrise eingeteilt werden.[39] Bei *einer strategischen Krise* sind die Erfolgspotenziale des Unternehmens gestört, eventuell sogar zerstört. Auf die Bedeutung der Erfolgspotenziale im Rahmen der strategischen Planung wird im nächsten Kapitel noch näher eingegangen. Erfolgspotenziale bezeichnen alle Ressourcen und/oder Fähigkeiten eines Unternehmens, die das Unternehmen in die Lage versetzen, nachhaltig Gewinne zu erzielen. Beispiele hierfür sind rentable und verkäufliche Produkte, qualifizierte und engagierte Mitarbeiter, rationelle Fertigungsverfahren, ein »guter« Markenname und/oder »treue« Kunden.

Eine *Erfolgskrise* zeichnet sich durch anhaltende bzw. nachhaltige Verluste des Unternehmens aus. Diese Verluste können aus einem Umsatzrückgang, Kostensteigerungen oder einem Preisverfall entstehen. Die *Liquiditätskrise* bezeichnet die drohende bzw. akute Zahlungsunfähigkeit des Unternehmens. Beispiele hierfür sind Wechselfälligkeiten und/ oder Zinsfälligkeiten ohne Deckung, Lohnzahlungen, die erfolgen müssen, obwohl keine »Kasse« mehr vorhanden ist bzw. die Kreditlinien ausgeschöpft sind.

Diese drei genannten Krisenarten stehen in einer zeitlichen Verbindung sowohl hinsichtlich der *Entstehungsfolge* als auch der Erkennungsfolge zueinander. Bei den meisten insolventen Unternehmen dürften die ersten Fehler, die eine strategische Krise begründen, in der ferneren Vergangenheit gemacht worden sein. Falsche Unternehmensstrategien begründen zumeist zwangsläufig eine Erfolgskrise. Strategische »Fehler« führen zu anhaltenden bzw. nachhaltigen Verlusten, die sich dann auch auf die Liquiditätssituation des Unternehmens auswirken. Somit kann es zu einer Liquiditätskrise kommen, die sich in drohender bzw. akuter Zahlungsunfähigkeit darstellt. Empirischen Untersuchungen zu Folge durchlaufen 60 % aller insolventen Unternehmen alle drei Krisenarten.[40]

Problematisch für den Gutachter ist allerdings, insbesondere angesichts des Zeitdrucks, unter dem man in der Insolvenz steht, dass die *Erkennungsfolge* der genannten Krisenarten in umgekehrter Richtung verläuft. Das Vorlie-

---

[39] Vgl. hier und im Folgenden Weidekind, a. a. O. 1998/3, S. 50 ff; vgl. hierzu auch Hess/Fechner/Freund/Körner, a. a. O., S. 18 ff.
[40] Vgl. hierzu Hess/Fechner/Freund/Körner, a. a. O., S. 22 und die dort zitierte Literatur.

gen einer Liquiditätskrise wird zumeist durch den Insolvenz-Eröffnungsgrund der Zahlungsunfähigkeit dokumentiert. Gleiches gilt für die Erfolgskrise, die in die Überschuldung führen kann. Während beide Krisenursachen im Idealfall relativ schnell beseitigt werden können, ist sowohl die Identifikation als auch die Beseitigung der strategischen Krise problematisch und langwierig. Hierfür ist insbesondere das Wissen um die Erkenntnisse der strategischen Planung, wie sie im nächsten Kapitel dargestellt werden, erforderlich.

Die Einteilung der Krisenarten nach der *Beeinflussbarkeit* führt zu einer Unterscheidung zwischen potenziellen, latenten und akuten Krisen. Bei einem insolventen Unternehmen ist klar, dass es sich um eine akute Krise handelt. Fraglich ist allerdings, ob diese auch noch in der Insolvenz bewältigt werden kann. Damit steht diese Klassifizierung im engen Zusammenhang mit der Einteilung der Krisenarten nach dem *Krisenstadium*. Ob die Krisenursachen des insolventen Unternehmens endgültig existenzvernichtend sind, hängt von dem abschließenden Ergebnis der Fortführungsanalyse durch die Lagebeurteilung ab.

IV. Lagebeurteilung

34 Die Lagebeurteilung dient der systematischen Beurteilung des Unternehmens als Ganzem. Dabei soll, wie bereits dargestellt, insbesondere auch das Beziehungsgeflecht zwischen dem Unternehmen und seiner Umwelt dargestellt werden. Darüber hinaus sollen auch solche Sachverhalte und Zusammenhänge aufgedeckt werden, die sich nicht unmittelbar aus den vom Unternehmen erhältlichen Informationen ergeben. Um ein planvolles Vorgehen zu gewährleisten, sollten bei der Lagebeurteilung alle verwendeten Informationsquellen systematisch aufgelistet werden.[41] In der betriebswirtschaftlichen Literatur wird dabei gemeinhin zwischen unternehmensinternen und unternehmensexternen Quellen unterschieden:

- Unternehmensinterne Quellen umfassen insbesondere das betriebliche Rechnungswesen bzw. das Controlling und beinhalten ferner die Befragung der im Unternehmen Verantwortlichen.

- Als unternehmensexterne Quellen stehen Kunden und Lieferanten zur Verfügung, als auch Steuerberater bzw. Wirtschaftsprüfer sowie u. U. Mitarbeiter aus Kreditinstituten.

Gemäß den Grundsätzen der Erstellung von Sanierungskonzepten hat der Gutachter in seinem Bericht nicht nur anzugeben, woher er die jeweiligen Informationen bezogen hat (Grundsatz der Vollständigkeit); er hat darüber hinaus auch Angaben zur Art der Aussagekategorie (Tatsachen, wissen-

---

41 Vgl. Weidekind, a. a. O., 1998/2, S. 11 ff.

Weidekind

schaftliche Hypothesen, eigene Anschauungen/Schlussfolgerungen) zu machen (Grundsatz der Klarheit und Übersichtlichkeit).[42]

Die folgende Tabelle gibt somit einen Überblick über die Vielfalt externer Informationsquellen, wobei ferner der Versuch unternommen wird, danach zu unterscheiden, ob es sich um bereits interpretierte Informationen (qualitative Indikatoren) oder reine Zahlenangaben (quantitative Indikatoren) handelt.[43]

externe Informationsquellen	quantitative Indikatoren	qualitative Indikatoren
Deutsche Bundesbank – Monatsberichte – Statistische Beihefte – Sonderveröffentlichungen – etc.	 X X X	 X X X
Statistische Ämter – des Bundes (Monatsberichte, Jahrbuch, etc.) – der Länder – der Gemeinden	 X X X	
Ministerien und sonstige staatliche Institutionen (z. B. Bundesanstalt für Arbeit)	X	X
Mitteilungen des Sachverständigenrates	X	
amtliche Statistiken und Veröffentlichungen (z. B. Arbeitsamt, Katasteramt etc.)	X	X
Wirtschaftsverbände und Kammern	X	X
allgemeine Wirtschaftsforschungsinstitute – Geschäftsklimaindex und Informationen über die Kapazitätsauslastung vom Ifo-Institut – Konsumklimaindex der GfK	 X X	 X
fachliches und allgemeines Schrifttum	X	X
Finanzdienstleistungsunternehmen (z. B. Kreditinstitute, Versicherungen etc.)	X	X
Veröffentlichungen internationaler Organisationen	X	X
amtliche und nichtamtliche Statistiken bzw. Veröffentlichungen aus dem Ausland	X	X

---

[42] Vgl. hierzu Peemöller/Weigert, BB, 1995, 2311–2317.
[43] Vgl. Weidekind, Finanzierungsmarketing, 1994, S. 81.

35 Die Lagebeurteilung dient – wie bereits angesprochen – zum einen der Verdeutlichung vorhandener Interdependenzen unternehmensexterner und -interner Determinanten und zum anderen der Darstellung der unterschiedlichen Bedeutung der verschiedenen Einflussgrößen auf die Unternehmensentwicklung.[44] Diese Analyse stellt die Grundlage zur Bestimmung des zukünftigen Handlungsrahmens dar. Die Lagebeurteilung ist somit für folgende Bereiche durchzuführen:

- Analyse des globalen Umfeldes
- Analyse des aufgabenbezogenen Umfeldes
- Analyse der unternehmensinternen Faktoren.

Bei der Analyse des globalen Umfelds geht es um die Untersuchung sämtlicher externen Rahmendaten, die auf die Situation eines Unternehmens Einfluss nehmen können. Die Analyse des aufgabenbezogenen Umfelds umfasst die Untersuchung aller, für das Zustandekommen von Marktbeziehungen relevanten Gruppen, als da wären Kunden, Lieferanten, Konkurrenten und sog. Absatzmittler. Bei der Analyse der unternehmensinternen Faktoren werden die einzelnen betriebswirtschaftlichen Funktionsbereiche analysiert.

Diese Vorgehensweise weist Analogien zu den betriebswirtschaftlichen Fragestellungen der *strategischen Planung* auf, wie sie im nächsten Kapitel betrachtet wird und die sich in der Hauptsache auf folgende Bereiche konzentriert:

- Analyse des Ausgangszustandes
- unternehmensexterne Analyse
- unternehmensinterne Analyse
- Entwicklung von Strategiekonzepten.

Die Entwicklung von Strategiekonzepten ist dagegen in der Sanierungsfähigkeitsprüfung erst Gegenstand des dritten Schrittes, bei dem für ein sanierungsfähiges Unternehmen das zukünftige Leitbild ermittelt wird.

Für die entsprechenden Aufgaben der Informationsbeschaffung und -verarbeitung hat die Betriebswirtschaftslehre eine Vielzahl unterschiedlicher Verfahren entwickelt, von denen z. B. das IDW/FAR-Konzept die folgenden nennt:[45]

- Szenario-Technik
- Portfolio-Methoden
- Konkurrentenanalyse
- Wertanalyse
- etc.

Die entsprechende Auflistung ist aber noch nicht vollständig. So können hier sehr wohl alternativ noch die Stärken-Schwächen-Analyse, die Potenzial- und Lückenanalyse aber auch das »neuere« Benchmarking-Verfahren

---

44 Vgl. hier und im Folgenden Weidekind, a. a. O., 1998/2, S. 3 ff.
45 Vgl. FN-IDW Nr. 9/1991, S. 320.

eingesetzt werden.⁴⁶ Bevor die zum Teil recht komplexen und umfangreichen Verfahren im nächsten Kapitel dargestellt werden, sei noch auf einen weiteren, für die praktische Arbeit relevanten Aspekt hingewiesen, dem nicht unerheblichen Zeitdruck, unter dem die Unternehmensanalyse zu erfolgen hat. Infolge der begrenzten Zeit sollte die Analyse des Unternehmens in der Praxis als eine Analyse des Unternehmens im weiteren Sinne verstanden werden und dementsprechend folgende zwei bzw. drei Bestandteile umfassen:⁴⁷

- Prüfung des vorliegenden Insolvenzeröffnungsgrundes und der Möglichkeit seiner Beseitigung
- Bei Überschuldung, Prüfung der Zahlungsfähigkeit
- Analyse des Unternehmens im engeren Sinne.

Da im Insolvenzfall bereits davon ausgegangen werden kann, dass einer der beiden genannten Insolvenzauslöser vorliegt, ist dies zuerst zu belegen. Im Zusammenhang mit dem Eröffnungsgrund der Überschuldung ist des Weiteren schnellstmöglich zu überprüfen, ob und wie lange noch Zahlungsfähigkeit gegeben ist. Erst dann sollte die Analyse des Unternehmens im Sinne einer Sanierungsfähigkeitsprüfung erfolgen. Unter dem Aspekt, dass für eine Sanierung auch in der Insolvenz in der Regel nur begrenzte Zeit zur Verfügung steht, ist die Unternehmensanalyse im engeren Sinne gegebenenfalls im Hinblick auf Umfang und Tiefe zu begrenzen.⁴⁸

Nichtsdestotrotz hat die gesamte Unternehmensanalyse in einem planvollen Vorgehen zu erfolgen, um die Vollständigkeit der Analyse zu gewährleisten, Zufälle auszuschließen bzw. persönliche Vorurteile zu begrenzen. Da die Wissenschaft eine Vielzahl von Verfahren zur Unternehmensanalyse entwickelt hat, setzt dieser Bereich einen zunehmenden Anspruch an das Gutachter-Know-how. Es liegt in seinem Ermessen zu bestimmen, welche Verfahren angewendet werden. Im schriftlichen Bericht sollten dann zunächst die Verfahren, welche zur Unternehmensanalyse ausgewählt worden sind, benannt werden. Des Weiteren ist diese Verfahrenswahl zu begründen, um die erforderliche Nachvollziehbarkeit für externe Dritte zu gewährleisten.⁴⁹

In der Betriebswirtschaftslehre wird im Zusammenhang mit der Informationsbeschaffung und -auswertung zunächst zwischen dem jeweiligen Erkenntnisobjekt unterschieden. Hierzu wird auf die o. a. Einteilung aus der strategischen Planung in unternehmensexterne und unternehmensinterne Analyse zurückgegriffen. Darüber hinaus kann bei den jeweils eingesetzten Instrumenten zwischen Analyse- und Prognoseverfahren unterschieden werden. Erstere dienen der Beurteilung der gegenwärtigen Situation, letztere hingegen der Vorausschau auf künftige Entwicklungen in den relevan-

---

46 Vgl. zu einem umfangreichen Überblick über mögliche Analyseverfahren WP-Handbuch/Dörner, 1992, Band 2 Rdnr. 101 ff.; Hess/Fechner/Freund/Körner, a. a. O., S. 92 ff.
47 Vgl. Weidekind, a. a. O., 1998/2, S. 10 f.
48 Vgl. hierzu Hess/Fechner/Freund/Körner, a. a. O., S. 49 ff.
49 Vgl. hierzu Peemöller/Weigert, 1995, 2311.

ten Bereichen. Hierzu gehört auch die in der o. a. Auflistung als Erstes genannte Szenario-Technik.[50]

Bei der *Szenarioanalyse* geht es um die Beschreibung der zukünftigen Entwicklung des Unternehmens bei alternativen Rahmenbedingungen. Ziel ist es also, die Zukunft anhand alternativer Szenarien zu prognostizieren. Szenarien sind auf eine bestimmte Fragestellung bezogene, möglichst vollständige und in sich plausible Zusammenstellung von Ereignissen und Ereignisfolgen. Sie sollen nicht nur tatsächlich erwartete Entwicklungen abbilden, sondern die gesamte Breite denkbarer Tendenzen aufzeigen. Diese Technik findet ihren Einsatz hauptsächlich im Rahmen der Prognose des globalen Umfelds.

Die gängigste Methode zur Analyse des globalen Umfelds eines Unternehmens dürfte dagegen die sog. *Umweltanalyse* sein. Hierbei wird das globale Umfeld eines Unternehmens in folgende Komponenten aufgeteilt:

- gesamtwirtschaftliches Umfeld
- politisch-rechtliches Umfeld
- demographisches Umfeld
- kulturelles Umfeld
- technologisches Umfeld.

Die folgende Tabelle stellt die wichtigsten Betrachtungsobjekte und deren relevante Komponenten, die die Situation des Unternehmens beeinflussen können, überblicksartig dar:[51]

Analysefeld	relevante Daten
Gesamtwirtschaftliches Umfeld – national – international	allgemeine volkswirtschaftliche Daten (Bruttosozialprodukt, Konjunkturverlauf etc.)
	wirtschaftspolitische Daten (Konjunkturpolitik, Steuerpolitik, Forderungen der Arbeitnehmerverbände etc.)
	Finanzmarktdaten (Zinsniveau, Börsentendenzen, Wechselkurse etc.)
politisch-rechtliches Umfeld – national – international	Gesetzgebung (Ordnungspolitik, Steuergesetze etc.)
	Rechtsprechung (verschärfte Sanktionierungen)
	internationale Entwicklungen (Niederlassungs-, Kapitalverkehrsfreiheit etc.)

---

50 Vgl. hierzu WP-Handbuch/Dörner a. a. O., Rdnr. 120.
51 Vgl. hier und im Folgenden Weidekind, a. a. O., S. 94 ff.

Weidekind

Analysefeld	relevante Daten
demographisches Umfeld	Nachfragepotenzial (globale, nationale, regionale Zahlen) Nachfragestruktur (Alter, Einkommen, Haushaltsgröße etc.)
kulturelles Umfeld	gesellschaftliche und individuelle Wertvorstellungen (Arbeitseinstellung, Freizeitbedürfnis etc.)
technologisches Umfeld	Informations- und Kommunikationstechnologien Produktionstechnologien (F&E-Aktivitäten, ökologische Aspekte etc.)

Es dürfte leicht ersichtlich sein, dass die bei der Umweltanalyse gewonnenen Erkenntnisse nicht nur der Beschreibung der gegenwärtigen Situation dienen, sondern darüber hinaus Anhaltspunkte für externe Krisenursachen geben können. Ferner ergeben sich durch Aussagen zu künftigen Entwicklungen in den einzelnen Bereichen Aufschlüsse darüber, ob das Unternehmen in Zukunft überhaupt eine Chance hat, sich am Markt zu behaupten. Die in der Auflistung im Folgenden genannten anderen Instrumente können den einzelnen Bereichen der Unternehmensanalyse wie folgt zugeordnet werden und sollen daher auch erst später an den entsprechenden Stellen betrachtet werden:[52]

Instrument	Analysebereich
Konkurrentenanalyse	aufgabenbezogenes Umfeld
Portfolio-Methoden	aufgabenbezogenes Umfeld unternehmensinterne Faktoren
Potenzial- und Lückenanalyse	unternehmensinterne Faktoren
Stärken-Schwächenanalyse	unternehmensinterne Faktoren

Mit den nun folgenden Darlegungen soll keine allgemeine Einführung in die Grundzüge der Betriebswirtschaftslehre gegeben werden. Dies würde zum einen den Rahmen der Ausführungen sprengen. Zum anderen kann hier auf eine Vielzahl einschlägiger Fachpublikationen zurückgegriffen werden, auf die auch an den entsprechenden Stellen verwiesen wird.[53]

---

52 Vgl. Weidekind, a. a. O., 1998/2, S. 19.
53 Zu den allgemeinen Grundlagen der Betriebswirtschaftslehre vgl. exemplarisch Bea/Dichtl, Allgemeine Betriebswirtschaftslehre, 3 Bände, 6. Aufl. 1997; Baetge/Bitz, Vahlens Kompendium der Betriebswirtschaftslehre, 4. Aufl. 1998; Wöhe, Einführung in die Allgemeine Betriebswirtschaftslehre, 20. Aufl. 2000.

Betrachtet werden hier (lediglich) die betriebswirtschaftlichen Themengebiete, mit denen der Insolvenzverwalter an unterschiedlichen Stellen bei Fragen im Zusammenhang mit der Liquidation und/oder der (übertragenden) Sanierung konfrontiert wird. Dabei werden die entsprechenden Problemstellungen im Kontext des jeweiligen Teilbereichs der Betriebswirtschaftslehre betrachtet, um dem interessierten Leser die Möglichkeit zu geben, sich vertiefend mit der entsprechenden Materie zu beschäftigen. Üblicherweise werden die betriebswirtschaftlichen Funktionsbereiche wie folgt unterteilt:

Betriebswirtschaftliche Funktionsbereiche

- Produktion/Forschung und Entwicklung
- Beschaffung
- Marketing
- Organisation und Personalwesen
- Finanz- und Rechnungswesen

Auf eine nähere Betrachtung der beiden zuerst genannten Bereiche wird an dieser Stelle bewusst verzichtet. Im Mittelpunkt stehen dabei insbesondere technische Fragestellungen, wie bereits im Zusammenhang mit den Ausführungen zur Beschreibung der Unternehmen deutlich geworden sein sollte, für die spezifisches Know-how erforderlich ist, das sich der Insolvenzverwalter extern beschaffen muss.

Betrachtet werden hier die drei zuletzt genannten Themengebiete, wobei der Focus zum »Finanz- und Rechnungswesen« auf das Controlling gelegt wird. Darüber hinaus wird mit der Darstellung der Erkenntnisse zur »strategischen Planung« begonnen. Dabei dürfte es sich um den betriebswirtschaftlichen Funktionsbereich handeln, der in den betroffenen Unternehmen am stärksten krisenbehaftet ist. Die im Rahmen der strategischen Planung angewendeten Instrumente können darüber hinaus auch für die vom Insolvenzverwalter vorzunehmende Analyse der Fortführungsaussichten verwendet werden.

Auch für die Beschreibung der Ist-Situation des betroffenen Unternehmens bietet es sich – wie bereits dargestellt – an, nach den einzelnen betriebswirtschaftlichen Funktionsbereichen getrennt vorzugehen. Um die Bewertung der Krisenursachen und damit letztlich auch der Fortführungsaussichten zu erleichtern, wird im Folgenden auch die »optimale« Ausgestaltung des jeweiligen Funktionsbereichs dargestellt. Somit können gleichzeitig auch die für ein insolventes Unternehmen erforderlichen Sanierungsmaßnahmen abgeschätzt werden.

Weidekind

C. Relevante Erkenntnisse aus der strategischen Planung

I. Begriff und Entwicklung der strategischen Planung

Das Know-how aus dem Bereich der strategischen Planung ist im hier betrachteten Zusammenhang aus verschiedenen Gründen erforderlich. Zum einen dürfte es sich um den betriebswirtschaftlichen Funktionsbereich handeln, der im betroffenen Unternehmen nicht oder nur unzulänglich behandelt wurde und somit als potenzieller Krisenherd fungiert. Zum anderen wird man sich der noch darzustellenden Instrumente der strategischen Unternehmensplanung bei der Analyse der Fortführungschancen bzw. der Sanierungsfähigkeitsprüfung des betroffenen Unternehmens bedienen.[54]

38

Unter dem *Begriff* der strategischen Planung versteht man gemeinhin einen managementbetriebenen Prozess zur Anpassung der Ziele und Ressourcen des Unternehmens an sich ändernde Umweltbedingungen.[55] Unter einer *Strategie* wird dabei ein Plan zur künftigen Zielerreichung unter Berücksichtigung der momentanen Situation verstanden. Die Beschäftigung mit Fragen der strategischen (Unternehmens-) Planung hat – wie so viele andere Entwicklungen in der Betriebswirtschaftslehre auch – ihren Ursprung in »drastischen« Veränderungen der Umwelt der Unternehmen.

War in den 50er und zu Beginn der 60er Jahre die Planung in den Unternehmen noch auf eine kurzfristige Planung im Produktions- und Finanzbereich beschränkt, so machten konjunkturelle Einbrüche in den 60er Jahren verstärkte Umweltanalysen und -prognosen zumindest im kurzfristigen Bereich erforderlich. Die in den Folgejahren an Komplexität und Dynamik gewinnenden Umweltveränderungen (Wandel vom Verkäufer- zum Käufermarkt, Ölkrisen etc.) sowie wachsende Unternehmensgrößen und verstärkter Wettbewerb, zwangen die Unternehmen mehr und mehr dazu, eine einheitliche Planung aller Unternehmensteile auch für die fernere Zukunft zu implementieren.

Die *Notwendigkeit* der strategischen Planung ergibt sich nach wie vor aus den noch immer schneller werdenden Markt- und Umweltveränderungen und dem zunehmenden Wettbewerbsdruck zwischen den Unternehmen. *Ziel* der strategischen Planung ist es mithin, dass sich Unternehmen im Rahmen der hierbei anstehenden Tätigkeiten frühzeitig an sich verändernde Marktgegebenheiten anpassen und somit ihre Überlebensfähigkeit sichern. Die Erkenntnisse aus dem Prozess der strategischen Planung sollen dazu

---

54 Vgl. hierzu WP-Handbuch/Dörner, a. a. O., Rdnr. 53 ff; Hess/Fechner/Freund/Körner, a. a. O., S. 221 ff.
55 Vgl. zu Begriff und Aufgaben der strategischen Planung exemplarisch Hinterhuber, Strategische Unternehmensführung, 6. Aufl. 1996; Kreikebaum, Strategische Unternehmensplanung, 7. Aufl. 1997.

beitragen, dass die Unternehmen stets angemessene Gewinne erwirtschaften, die sie zu ihrer Existenzsicherung benötigen.

Die hierbei anfallenden Aufgaben werden in einem *Prozess der strategischen Planung* erfüllt, der einer laufenden Anpassung des Unternehmens an sich ändernde Umweltbedingungen dienen soll.

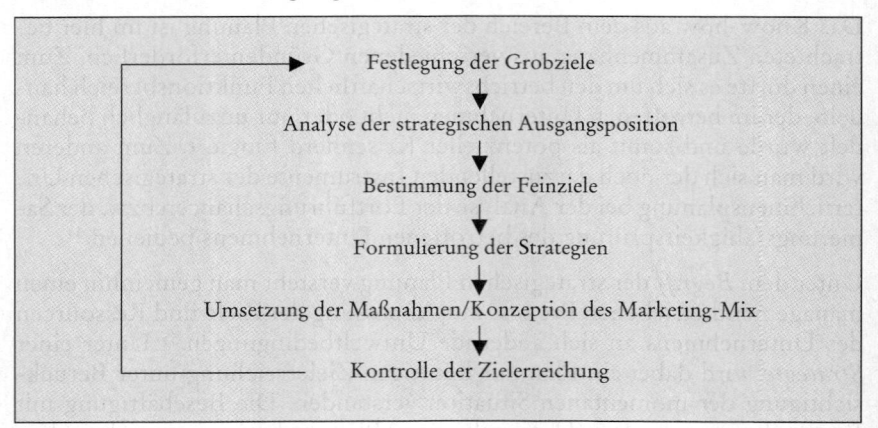

```
         ┌──────▶ Festlegung der Grobziele
         │                  ↓
         │       Analyse der strategischen Ausgangsposition
         │                  ↓
         │          Bestimmung der Feinziele
         │                  ↓
         │          Formulierung der Strategien
         │                  ↓
         │   Umsetzung der Maßnahmen/Konzeption des Marketing-Mix
         │                  ↓
         └─────── Kontrolle der Zielerreichung
```

39 Im ersten Schritt der strategischen Planung wird die Unternehmensmission (oder auch Unternehmensvision genannt) bestimmt und die Grobziele des Unternehmens festgelegt. Unter der Unternehmensmission versteht man die generelle Aufgabe, die das Unternehmen aus Sicht des Marktes zu erfüllen hat, wobei noch kein konkreter Bezug auf das Produkt- oder Leistungsprogramm genommen wird. Hierbei handelt es sich in der Regel um eine einmalige Aufgabe, die gemeinhin bei der Gründung des Unternehmens ansteht.

Gerade im Falle der Sanierung krisenbehafteter Unternehmen kann es allerdings geboten sein, die Unternehmensmission neu zu überdenken. Hierbei handelt es sich um die vom IDW als »Erstellung eines Leitbilds des sanierten Unternehmens« bezeichnete Aufgabe im Rahmen der Sanierungsfähigkeitsprüfung.[56] Hat die Analyse des Unternehmens nämlich ergeben, dass eine Sanierung sinnvoll erscheint, ist dann im nächsten Schritt darzustellen, wie das Unternehmen in Zukunft nach Abschluss der Sanierungsmaßnahmen aussehen soll.

40 Der zweite Planungsschritt im Rahmen der strategischen Planung dient der Analyse der strategischen Ausgangsposition des Unternehmens und der Verdeutlichung möglicher Entwicklungstendenzen innerhalb und außerhalb des Unternehmens. Die hierbei zum Einsatz kommenden Instrumente werden im Folgenden eingehend betrachtet. Es dürfte leicht ersichtlich sein, dass den hierbei anstehenden Tätigkeiten gerade bei der Analyse der Zu-

---

56 Vgl. FN-IDW Nr. 9/1991, S. 320; vgl. hierzu auch Weidekind/Rödl, a. a. O., S. 80 ff.

kunftschancen krisenbehafteter und/oder insolventer Unternehmen besondere Bedeutung zukommt.

Aus den hierbei gewonnenen Erkenntnissen werden dann die Fein- bzw. Bereichsziele für das Unternehmen ermittelt. Im Anschluss daran werden für die einzelnen Unternehmensbereiche Strategien für die Zukunft formuliert. Hiermit sind die eigentlichen Tätigkeiten der strategischen Planung abgeschlossen.

Es schließt sich nun die so genannte »operative Planung« an. Im Rahmen der operativen Planung werden die Strategien in konkrete Maßnahmen – u. a. aus dem Bereich des Marketing, das ebenfalls in einem späteren Kapitel betrachtet wird – umgesetzt. Im letzten Schritt, der die strategische Planung zu einem revolvierenden Prozess macht, wird der Grad der Zielerreichung kontrolliert. Diese Kontrolle fällt u. a. in den Bereich des so genannten (Marketing-) Controlling. Die Ergebnisse des hierbei anzustellenden Soll-/Ist-Vergleichs können es erforderlich machen, frühere Schritte neu zu überdenken.

Die Abgrenzung der strategischen von der operativen Planung erfolgt üblicherweise über die zeitliche Dimension. Strategische Planung wird als langfristige Planung verstanden, die operative Planung hat dagegen kurzfristigen Charakter. Strategische und operative Planung unterscheiden sich jedoch noch in anderen Aspekten.

Merkmal	Strategische Planung	Operative Planung
Planungsobjekt	Gesamt-Unternehmen; strategische Geschäftseinheiten	Teilbereiche; betriebliche Funktionsbereiche
Planungsziel	Existenzsicherung und Weiterentwicklung	Umsetzung der Strategien durch Vorgaben für die operative Ebene
Planungsverantwortlicher	Geschäftsführung; Top-Management	Abteilungsleiter, Middle-Management
Planungshorizont	langfristig	kurzfristig
Planungsrhythmus	ereignisorientiert	laufend

Während sich die strategische Planung auf das gesamte Unternehmen und dessen – später noch darzustellende – strategischen Geschäftseinheiten bezieht, erfolgt die operative Planung für die einzelnen Teil- bzw. Funktionsbereiche des Unternehmens. Die Verantwortlichen für die entsprechenden Tätigkeiten sind bei der strategischen Planung Mitglieder der Geschäftsführung bzw. des Top-Management, bei der operativen Planung die des so genannten »Middle Management«.

Wie bereits angesprochen sind bestimmte Tätigkeiten der strategischen Planung nur einmal im Unternehmensleben zu absolvieren; generell ist davon ausgehen, dass die Tätigkeiten der strategischen Planung problembezogen oder ereignisorientiert zu erfüllen sind. Aufgaben der operativen Planung fallen hingegen regelmäßig an bzw. sind sogar periodisch in kurzen, festen Zeitabständen zu erfüllen.

42 Der wesentliche Unterschied ergibt sich aus dem Planungsziel. Während es bei der strategischen Planung um die zukunftsorientierte Entwicklung von Strategien zur Existenzsicherung für das Gesamtunternehmen geht, trägt die operative Planung für die aktuelle Umsetzung der Strategien in den einzelnen Teilbereichen des Unternehmens Sorge. Hier werden Vorgaben für die Ausführungsebene entwickelt, die zum optimalen Einsatz der Ressourcen des Unternehmens beitragen sollen.

Damit die strategische Planung die genannte Aufgabe erfüllen kann, steht die Schaffung bzw. die Erhaltung von *Erfolgspotenzialen* des Unternehmens im Mittelpunkt. Unter den Erfolgspotenzialen eines Unternehmens versteht man gemeinhin die Gesamtheit aller dem Unternehmen langfristig zur Verfügung stehenden Voraussetzungen zur Erzielung von Vermögenszuwächsen.[57] Beispiele hierfür sind qualifizierte und motivierte Mitarbeiter, ein rentables und erfolgreiches Angebot, treue Kunden etc. Hieran wird ersichtlich, dass gerade das Fehlen einer strategischen Planung bzw. Mängel in deren Durchführung eine Krisenursache des insolventen Unternehmens sein können und die Einführung eines effizienten Planungssystems dann eine (leistungswirtschaftliche) Sanierungsmaßnahme darstellt.

43 Da in den meisten Fällen Unternehmen nicht nur ein Produkt oder eine Dienstleistung anbieten, muss spätestens für die erfolgreiche Umsetzung der Strategien in konkrete Maßnahmen (Planungsschritt 5) das Gesamt-Unternehmen in »kleinere Einheiten« aufgeteilt werden. Diese werden als *strategische Geschäftsfelder* bezeichnet. Es dürfte leicht ersichtlich sein, dass sich bereits bei der Analyse der Entwicklungstendenzen (Planungsschritt 2) für die verschiedenen Geschäftsfelder eines Unternehmens unterschiedliche Ergebnisse ergeben können. Mithin muss die strategische Planung für jedes einzelne Geschäftsfeld eines Unternehmens vorgenommen werden.[58]

Damit die Tätigkeiten der strategischen Planung erfolgreich sind, müssen die einzelnen Geschäftsfelder des Unternehmens klar definiert und voneinander abgegrenzt werden. Hierfür reicht es nicht aus, die Branche und das aktuelle Produkt- bzw. Leistungsprogramm zu benennen. Darüber hinaus sind folgende Kriterien unbedingt zu berücksichtigen:

- Kundengruppen
- Kundenprobleme
- eingesetzte Produktionstechnologie.

Um die Abgrenzung der einzelnen Bereiche noch differenzierter zu gestalten, hat sich in Theorie und Praxis eine Einteilung der Unternehmen in so

---

57 Vgl. hierzu Hess/Fechner/Freund/Körner, a. a. O., S. 4 und S. 177.
58 Vgl. hierzu Dörner, a. a. O., Rdnr. 123 ff.

Weidekind

genannte *strategische Geschäftseinheiten (SGE)* heraus gebildet.[59] Ziel ist es, dass die einzelnen Geschäftseinheiten dabei in sich möglichst homogen und zu den anderen möglichst heterogen sein sollen. Eine strategische Geschäftseinheit besteht aus einem oder mehreren zusammenhängenden Geschäftsfeldern; sie ist ferner durch einen bestimmten Kreis von Konkurrenten gekennzeichnet; sie wird durch ein eigenes Management geleitet, das auch über strategische Entscheidungskompetenz verfügt. Im Rahmen der strategischen Planung wird dann zunächst für jede strategische Geschäftseinheit deren aktuelle Ist-Situation analysiert.

Die betriebswirtschaftlichen Konzepte bzw. Instrumente zur Analyse der strategischen Ausgangsposition eines Unternehmens lassen sich dabei in folgende drei Gruppen einteilen:[60]

- Instrumente zur Umweltanalyse
- Instrumente der empirischen Planungsforschung
- Instrumente zur Unternehmensanalyse.

Mit Hilfe der zum Teil bereits im vorstehenden Kapitel angesprochenen *unternehmensexternen Analyse* sollen die Faktoren identifiziert werden, aus denen sich nachhaltige Wettbewerbsvorteile ergeben können. Ziel der strategischen Planung ist es bekanntlich, dass sich das Unternehmen durch entsprechende Verhaltensweisen rechtzeitig an Veränderungen der Umwelt bzw. spezifischer Umwelt-Segmente anpasst.

Bei den *Instrumenten der empirischen Planungsforschung* spricht man auch von den so genannten Erfolgstheorien. Hierbei handelt es sich um Forschungsansätze, die in der Praxis länder- und/oder branchenübergreifend nach strategischen Erfolgsfaktoren suchen. Die Theorie der Strategielehre unterscheidet hiervon in der Theorie entwickelte Instrumente zur Unternehmensanalyse.

Bei der *unternehmensinternen Analyse* versucht man, zu einem objektiven Bild der Kompetenzen des Unternehmens angesichts der zuvor im Rahmen der Umweltanalyse identifizierten Faktoren zu gelangen. Darüber hinaus sollen auch Gründe für etwaige Leistungsdifferenzen gegenüber der Konkurrenz identifiziert werden.

Allen Methoden ist gemeinsam, dass sie nach *strategischen Wettbewerbsvorteilen* eines Unternehmens suchen. Generelles Kennzeichen eines strategischen Wettbewerbsvorteils ist dessen Einzigartigkeit gegenüber der Konkurrenz. In der Literatur werden hierzu folgende vier Bedingungen einer *strategischen* Ressource angeführt:[61]

- Einmaligkeit
- eingeschränkte Imitierbarkeit

---

59 Vgl. hierzu Becker, Marketing-Konzeption, 6. Aufl. 1998, S. 419 f.
60 Vgl. Kreikebaum, a. a. O., S. 96 ff.
61 Vgl. hier und im Folgenden Kreikebaum, a. a. O., S. 133 ff.

- fehlende Substituierbarkeit
- strategischer Wert

»Einmaligkeit« ist nicht unbedingt »im wahrsten Sinne des Wortes« zu interpretieren; allerdings verfügt ein Unternehmen nur dann über strategische Wettbewerbsvorteile, wenn diese nicht auch bei allen Konkurrenten vorhanden sind. Kennzeichnend für strategisches Denken und Handeln ist gerade das Suchen nach den Differenzen zur Konkurrenz, wobei es um solche Ressourcen und Fähigkeiten geht, über die die Mitbewerber eben nicht verfügen.

Eingeschränkte Imitierbarkeit ist insbesondere bei Ressourcen gegeben, die von der Konkurrenz kausal nicht verstanden werden, historisch gewachsen oder sozial komplex sind. Sie gilt dementsprechend nur für Ressourcen, die nicht käuflich bzw. nicht verkäuflich sind. Als Beispiel hierfür lassen sich selbst geschaffene Patente oder ein gutes Betriebsklima anführen.

Fehlende Substituierbarkeit liegt bei allen Ressourcen vor, die nur schwer ersetzbar, nicht häufig und/oder nicht billig sind. Auch hierfür mag wiederum ein Beispiel aus dem Personalbereich dienen. In spezifischen Bereichen kann – trotz allgemein hoher Arbeitslosigkeit – ein Mangel an Fachkräften bestehen, so dass der Verlust der entsprechenden Mitarbeiter für das Unternehmen zu großen Problemen führt.

Ressourcen eines Unternehmens haben nur dann einen *»strategischen Wert«*, wenn sie tatsächlich zur Entwicklung und Umsetzung von Strategien des Unternehmens beitragen, die dann auch wiederum zu Effektivitätssteigerungen führen. Ressourcen, die für die geplante Strategie des Unternehmens nicht verwendet werden können, sind, selbst wenn sie die zuvor genannten Kriterien erfüllen, nicht wertvoll.

II. Unternehmensexterne Analyse

Die unternehmensexterne Analyse umfasst gemeinhin folgende drei Betrachtungsobjekte:

- Marktsituation
- Branchensituation und
- Konkurrenzverhältnisse.

1. Marktanalyse

Bei der Marktanalyse werden unterschiedliche Bereiche untersucht.[62] Dies können entweder abgegrenzte Märkte, Teilmärkte oder Marktsegmente

---

[62] Vgl. zu den zusammenzustellenden Daten Hess/Fechner/Freund/Körner, a. a. O., S. 55 ff. u. S. 65 ff.

sein. Ziel der Marktanalyse ist es, Informationen über Struktur und Veränderungen der Märkte für die Gestaltung und Formulierung von Strategien im Absatzbereich zu erlangen. In der Regel werden die Fragen der Marktanalyse eng mit denen der Branchenanalyse verknüpft, so dass zunächst die Einordnung des Unternehmens in eine bestimmte Branche erfolgt. Mithin werden sich hierbei Erkenntnisse darüber ergeben, ob es sich um eine sog. »Not leidende« Branche oder eine Wachstumsbranche handelt.[63]

Die entsprechenden Erkenntnisse werden durch folgende drei Aspekte konkretisiert:

- Aussagen zum Marktvolumen
- Aussagen zum Marktpotenzial
- Aussagen zum Marktanteil.

Das *Marktvolumen* gibt Auskunft über die »Stoßrichtung« des Branchenwachstums. Fragen nach dem *Marktpotenzial* dienen der Information über die durchschnittliche Rendite, die in der Branche erzielt wird. Im nächsten Schritt geht es um die Untersuchung des (noch verbleibenden) *Marktanteils* des Unternehmens. Der Marktanteil sollte dabei anhand der relativen Branchenposition gemessen werden, die die Ertragskraft des Unternehmens im Verhältnis zum Branchendurchschnitt angibt. Selbst in Branchen mit hoher durchschnittlicher Rendite (Marktpotenzial) und positiver Branchenstruktur (Marktvolumen) kann ein Unternehmen durch eine schlechte relative Branchenposition in die Verlustzone geraten.

2. Branchenanalyse

Bei der Branchenanalyse werden alle Unternehmen einer Gruppe untersucht, deren Produkte sich gegenseitig nahezu ersetzen können. Konkret sollen zwei wesentliche Bereiche analysiert werden, das Branchenwachstum (Branchenstruktur) und die Wettbewerbssituation (Branchenattraktivität).

Die Beschreibung der Branchenentwicklung stellt ebenfalls Bestandteil der Lagebeurteilung des Unternehmens dar. Ziel ist hierbei die Suche nach einer Wettbewerbsstrategie, die das Unternehmen in der Branche wieder verteidigungsfähig machen könnte. Die *Branchenstruktur* wird durch die Zuwachsraten bei Umsatz und Gewinn bestimmt. Die Frage nach der *Branchenattraktivität* wird im Wesentlichen durch die Wettbewerbsverhältnisse bestimmt. Neben den quantitativen Komponenten im Hinblick auf die Wettbewerber, als da wären Anzahl, Größe (Umsatz, Gewinn) und Ertragskraft dürfte auch deren Verhalten die Marktposition eines Unternehmens beeinflussen. Hierauf wird im Zusammenhang mit der Konkurrenzanalyse noch näher eingegangen.

---

63 Vgl. Groß, a. a. O., S. 57.

Die beiden zuletzt genannten Aspekte zählen zu den so genannten fünf »Wettbewerbskräften«, die sowohl die Branchenstruktur, als auch die Branchenattraktivität beeinflussen.[64] Neben Aussagen zur »Rivalität unter den Wettbewerbern«, der Gefahr des Auftretens »neuer Konkurrenten« bzw. so genannter »Substitutionsprodukte«, die das Angebot des Unternehmens billiger oder besser ersetzen können, ist hierbei insbesondere die Verhandlungsstärke der Kunden und der Lieferanten zu untersuchen.

3. Konkurrenzanalyse

48   Bei der Konkurrenzanalyse geht es um die Sammlung aller Daten der Konkurrenzunternehmen, die für die eigenen Entscheidungen von Bedeutung sind. Ziel der Konkurrenzanalyse ist die Vermeidung von Fehlallokationen der eigenen Ressourcen durch Aufdeckung des Leistungsangebots und der geschäftlichen Aktivitäten der Konkurrenz. Als Kritik an der Konkurrenzanalyse ist anzuführen, dass hierbei meist ausschließlich die Betrachtung der zwei größten Wettbewerber erfolgt. Dabei wird vernachlässigt, dass gerade kleine Unternehmen eine große Wachstumsdynamik aufweisen können. Die Konkurrenzanalyse setzt sich gemeinhin aus zwei Bestandteilen zusammen, der Identifizierung der Konkurrenten und der Analyse des Konkurrentenverhaltens.

Die *Identifizierung der Konkurrenten* wurde bereits im Zusammenhang mit der Branchenanalyse angesprochen und bezieht sich danach auf die Frage nach Namen, Anzahl, Größe und Ertragskraft der Wettbewerber.

Die *Analyse des Verhaltens der Konkurrenz* sollte sich nicht nur auf den »status quo« beziehen; sie erlangt ebenfalls Bedeutung, wenn es darum geht die Reaktion der Konkurrenz auf bestimmte geplante eigene Aktivitäten des betroffenen Unternehmens zu antizipieren.[65] Die Analyse des Konkurrentenverhaltens ist dementsprechend nicht nur im Hinblick auf die Lagebeurteilung von Bedeutung; sie dient auch der Abschätzung des Konkurrentenverhaltens auf etwaige beabsichtigte Sanierungsmaßnahmen, da nicht zwingend davon auszugehen ist, dass die Konkurrenzverhältnisse dieselben bleiben, wenn das betrachtete Unternehmen am Markt verbleibt.

III. Instrumente der empirischen Planungsforschung

Wie bereits kurz angesprochen, sind diese Instrumente bzw. Erkenntnisse aufgrund empirischer Untersuchungen aus der Praxis entwickelt worden. Die entsprechenden Ergebnisse lassen sich wiederum zur Analyse und

---

64 Vgl. hierzu Porter, Wettbewerbsvorteile, 1986, S. 19 ff.
65 Vgl. hierzu Hess/Fechner/Freund/Körner, a. a. O., S. 135 ff.

Prognose der strategischen Ausgangsposition eines Unternehmens heranziehen. Im Folgenden werden dabei drei Konzepte betrachtet:

- PIMS-Programm
- Erfahrungskurvenanalyse
- Produktlebenszyklus-Konzept.

1. Das PIMS-Programm

Die Abkürzung *PIMS* steht für »profit impact of market strategy«. Ziel des Programms ist die Identifizierung von Markt-Gesetzmäßigkeiten, die die Höhe von Unternehmensergebnissen beeinflussen. Ursprünglich wurde dieses Programm intern bei und für General Electric entwickelt; seit 1975 wird es vom unabhängigen Strategic Planning Institute mit über 600 Unternehmen durchführt.[66]

Als Indikator der Unternehmensergebnisse wird die finanzwirtschaftliche Kennzahl des *»Return on Investment«* (ROI) verwendet. Das PIMS-Programm hat nun eine Vielzahl von Schlüsselgrößen ermittelt, die die Höhe des ROI beeinflussen. Als wichtigste Determinanten werden dabei folgende benannt:

- relativer Marktanteil
- relative Produktqualität
- Kapitalintensität.

Der *relative Marktanteil* ergibt sich aus dem Verhältnis des eigenen Marktanteils zu dem des stärksten Konkurrenten, wobei im PIMS-Programm auf den relevanten Markt abgestellt wird. Ein Pkw-Produzent wird also nicht mit allen anderen Pkw-Produzenten verglichen, sondern nur mit denen seiner »Klasse«, also z. B. im Bereich der Mittelklasse-Fahrzeuge.

Die relative Produktqualität bezeichnet den Nutzen, den ein Produkt dem Kunden wiederum im Vergleich zu denen der Konkurrenz bringt. Beide Variablen sind gemäß der PIMS-Studie positiv mit dem ROI korreliert, d. h. mit zunehmendem Marktanteil bzw. zunehmender Produktqualität steigt auch der ROI.

Die *Kapitalintensität* gibt das Verhältnis des Investments in einem Unternehmen zu dessen Wertschöpfung an. Hier wurde ein negativer Zusammenhang zum ROI ermittelt; d. h. je höher die Kapitalintensität eines Unternehmens ist, desto geringer ist der ROI.

Die dargestellten Zusammenhänge lassen sich nun wie folgt erklären: Ein Unternehmen mit einem hohen Marktanteil verfügt auch über eine entsprechende Marktmacht. Es kann mithin eine aggressivere Preispolitik sowohl

---

[66] Vgl. hierzu Hess/Fechner/Freund/Körner, a. a. O., S. 124 ff. und die dort zitierte Literatur; Kreikebaum, a. a. O., S. 113 ff.

auf dem Absatz- als auch auf dem Beschaffungsmarkt betreiben. Darüber hinaus dürften bei hohem Marktanteil und damit einhergehender hoher Ausbringungsmenge auch Größendegressionseffekte, wie sie im nächsten Kapitel im Zusammenhang mit dem Erfahrungskurvenkonzept beschrieben werden, zum Tragen kommen. Die entsprechenden Effekte führen alle zu einer Verbesserung des Betriebsergebnisses.

Selbst bei geringem relevanten Marktanteil kann eine hohe relative Produktqualität zu einem gegenüber der Konkurrenz höheren ROI führen. Auch hierfür sind preispolitische Auswirkungen verantwortlich. Es dürfte leicht ersichtlich sein, dass ein Kunde bereit ist, für ein Produkt mehr zu bezahlen, wenn dies ihm mehr Nutzen stiftet, als die Produkte der Konkurrenz. Auch hier bedingt die Preiselastizität der Nachfrage die höheren Betriebsergebnisse.

Kapitalintensive Unternehmen weisen eine Kostenstruktur auf, die durch einen hohen Anteil fixer Kapitalkosten, wie z. B. Abschreibungen, kalkulatorische Zinsen, im Vergleich zu den anderen Kostenarten gekennzeichnet ist. Diese zu den beschäftigungs-unabhängigen Kosten zählenden Kosten führen dementsprechend dazu, dass sich Beschäftigungsrückgänge negativ auf das Betriebsergebnis auswirken, da die entsprechenden Kosten nicht im gleichen Umfang zurückgefahren werden können.

Das PIMS-Programm ist jedoch einer Vielzahl von Kritikpunkten ausgesetzt. So kann trotz der großen Anzahl beteiligter Unternehmen nicht von einer Repräsentativität der Studie ausgegangen werden. Des Weiteren ist fraglich, ob der ROI den einzigen und richtigen Maßstab für den Unternehmenserfolg darstellt. Insbesondere die Variable der relativen Produktqualität kann nur über subjektive Kriterien ermittelt bzw. geschätzt werden.

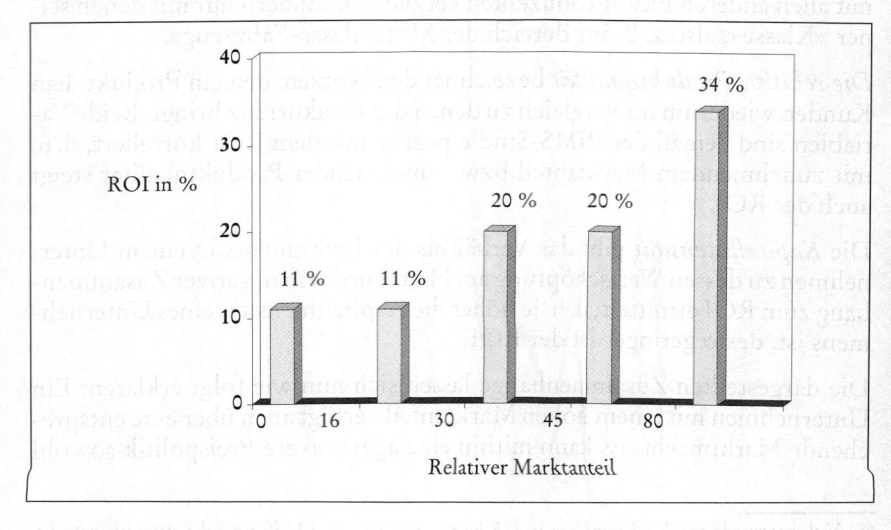

Weidekind

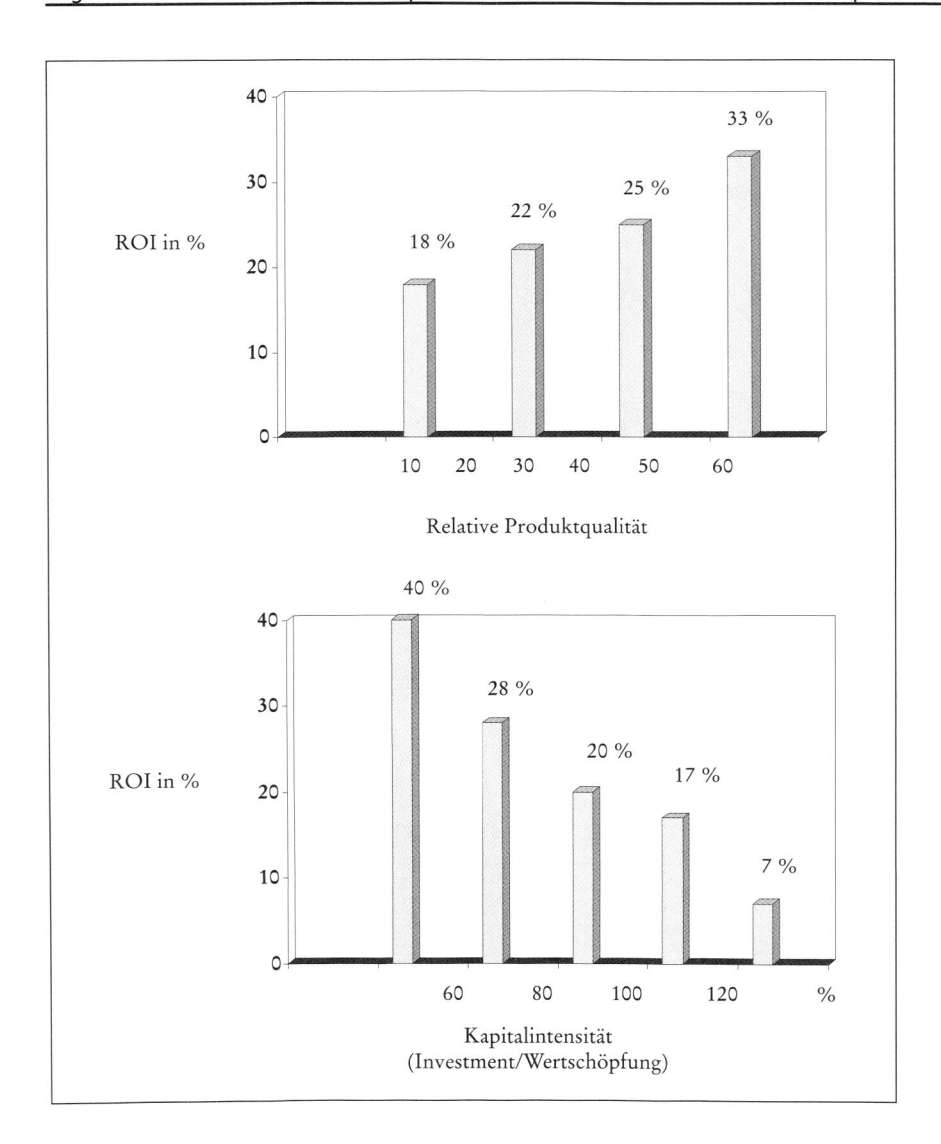

Allgemeine betriebswirtschaftliche Aspekte   22. Kapitel 2007

[Diagramm 1: ROI in % vs. Relative Produktqualität]
- 10: (keine Angabe)
- 20: 18 %
- 30: 22 %
- 40: (keine Angabe)
- 50: 25 %
- 60: 33 %

[Diagramm 2: ROI in % vs. Kapitalintensität (Investment/Wertschöpfung)]
- 40 %
- 28 %
- 20 %
- 17 %
- 7 %

2. Die Erfahrungskurven-Analyse

Die *Erfahrungskurven-Analyse* zeigt den Zusammenhang zwischen der insgesamt produzierten Menge und den tatsächlichen Stückkosten.[67] Empirischen Untersuchungen zufolge, geht mit einer Verdoppelung der Menge ein Stückkostensenkungspotenzial von 20–30 % einher. Dieser Zusammenhang wurde von der Boston Consulting Group im Jahr 1966 ermittelt. Der unterstellte konstante prozentuale Kostenrückgang impliziert, dass die Er-

---

[67] Vgl. hier und im folgenden Kreikebaum, a. a. O., S. 98 ff.

Weidekind

fahrungskurve eine hyperbolische Funktion ist. Als Gründe für den Effekt sind die zunehmende Übung und Erfahrung bei der Produktion zu nennen, die zu steigender Produktivität und sinkenden Stückkosten führen.

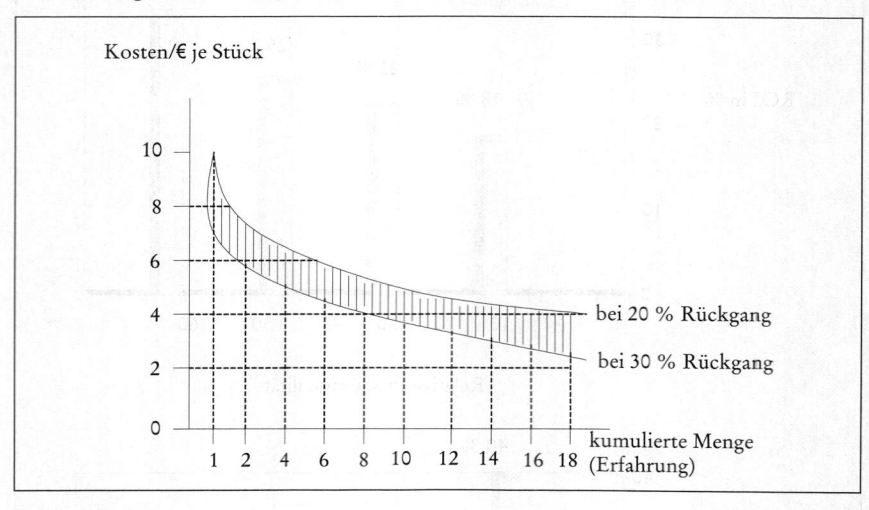

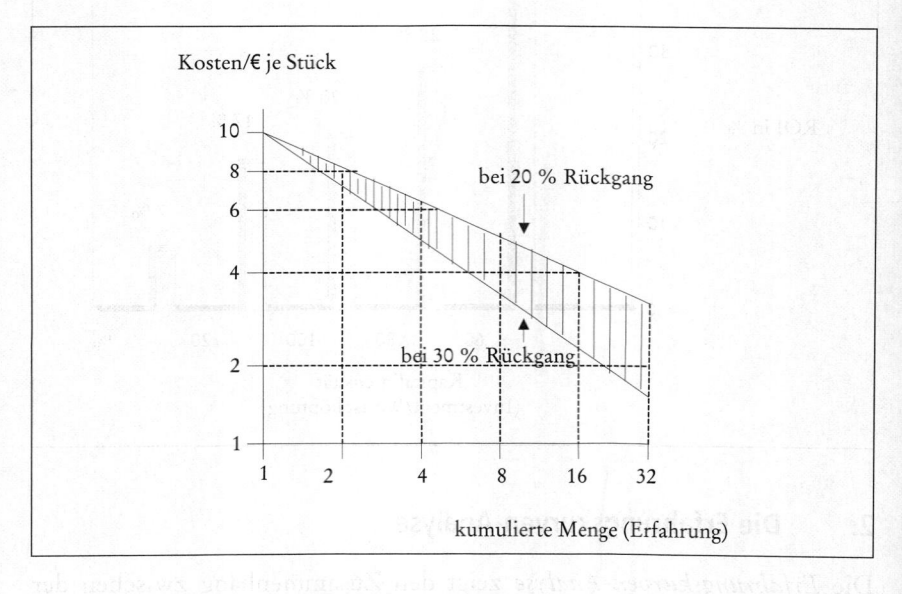

In so genannten »neueren« Erfahrungskurven-Konzepten wird sogar davon ausgegangen, dass nicht nur die Stückkosten, sondern auch die Gemeinkosten sinken, da die genannten Effekte nicht nur für die Produktion sondern für das gesamte Unternehmen und damit auch für den Vertrieb, die Verwaltung, die Entwicklungs-Abteilung etc. gelten. Allerdings tritt der Erfahrungskurven-Effekt nicht automatisch ein, sondern muss aktiviert werden.

Zur Begründung des Erfahrungskurvenkonzeptes werden dabei folgende theoretische Konzepte herangezogen:[68]

- Theorie der Lernkurven
- Größendegressionseffekt
- Technischer Fortschritt
- Rationalisierung.

In ihrer ursprünglichen Fassung geht die *Theorie der Lernkurven* davon aus, dass jeder arbeitende Mensch während seiner Tätigkeit seine Fertigkeiten vervollkommnet. Man spricht hier von so genannten Übungsgewinnen. Dementsprechend führt eine Verdopplung der produzierten kumulierten Menge auch zu einer Abnahme der Fertigungsstunden bzw. Fertigungslöhne und zwar um einen bestimmten konstanten Prozent-Satz. Wie diese Kurve tatsächlich verläuft, ist vom individuellen Einzelfall, insbesondere den jeweiligen Arbeitsbedingungen, abhängig.

Das Konzept der *Größendegression* geht von einer periodenbezogenen statistischen Kostensenkung aus. Daraus ergibt sich, dass die gesamten Stückkosten ceteris paribus mit einer Erhöhung der Betriebsgröße bzw. der Kapazität sinken. In der Produktionstheorie sprich man von den so genannten »*economies of scale*«, d. h. von steigenden Skalenerträgen. Eine Erhöhung des Inputs führt also zu einer überproportionalen Erhöhung des Outputs. Größendegressions- und Erfahrungskurveneffekt unterscheiden sich nun dadurch, dass bei ersterem die Auswirkungen der Erhöhung der Ausbringungsmenge eines Jahres, bei letzterem der kumulierten Menge eines Unternehmens betrachtet werden.

Im Zusammenhang mit den Erkenntnissen des *technischen Fortschritts* wird zwischen Produktions- und Verfahrensinnovationen unterschieden, wobei hier nur solche Innovationen relevant sind, die eine wirtschaftlichere Herstellung ermöglichen. Der Erfahrungskurveneffekt ist also auch auf solche Verfahrensinnovationen zurückzuführen, die zu einer Senkung der Produktions-Kosten-Funktion führen, z. B. durch Verfahren, die eine verbesserte Produktionssteuerung ermöglichen.

Der Effekt von *Rationalisierungsmaßnahmen* wird ebenfalls zur Begründung des Erfahrungskurven-Effektes herangezogen. Rationalisierungsmaßnahmen sollen generell wirtschaftsbetriebliche Strukturen und Prozesse verbessern. Bei konstanten Kosteneinflussgrößen dienen sie der Ausschöpfung von Kostensenkungspotenzialen.

Als weiterer Effekt werden die Wirkungen des Erfahrungskurven-Konzeptes durch die entsprechende »*Marktmacht*« des Unternehmens beeinflusst: Hohe Stückzahlen, die gleich bedeutend mit einem hohen Absatzvolumen sind, führen auch zu einem hohen Marktanteil. Hieraus ergeben sich Möglichkeiten, die bereits beschriebene aktive Preispolitik im Sinne einer Preisbestimmung zu betreiben, was sowohl für die Absatz- als auch die Beschaf-

---
[68] Vgl. hierzu Kreikebaum, a. a. O., S. 100 ff.

fungsseite gilt. Unternehmen mit einem hohen Marktanteil verfügen darüber hinaus häufig auch über einen bestimmten politischen Einfluss, mit dem sie ihre Kostenstruktur – z. B. bei Verhandlungen mit den Gewerkschaften – beeinflussen können.

Der Erkenntnisbeitrag des Erfahrungskurven-Effektes für die strategische Planung besteht nun darin, dass sich erklären lässt, warum bestimmte kostenintensive Maßnahmen zur Erhöhung des Absatzvolumens, wie z. B. Preissenkungen oder Werbekampagnen, nicht zwangsläufig zu einem Rückgang des Deckungsbeitrages führen müssen; der Preisverfall bzw. die zusätzlichen Kosten werden eben durch den Erfahrungskurven-Effekt kompensiert. Es ist jedoch noch einmal zu betonen, dass es sich beim Erfahrungskurven-Effekt nicht um ein »Naturgesetz« handelt.

3. Das Lebenszyklus-Konzept

51 Auch das Lebenszyklus-Konzept fußt auf verschiedenen empirischen Untersuchungen in der Praxis. Das entsprechende Analyse-Instrument kann dabei auf folgende zwei Untersuchungsgegenstände angewendet werden:[69]

- Marktlebenszyklus (Produktlebenszyklus im weiteren Sinne)
- Produktlebenszyklus (Produktlebenszyklus im engeren Sinne)

Das erste Konzept, das *Marktlebenszyklus-Konzept*, beschäftigt sich mit den Phasen, die ein Unternehmen von der Gründung bis zum Marktaustritt durchläuft und wurde bereits im Zusammenhang mit der Krisenursachenanalyse betrachtet. Das Produktlebenszyklus-Konzept im engeren Sinne betrachtet den Zeitraum von der Entstehung der Produktidee bis zum Ausscheiden des Produktes aus dem Markt. Die Einteilung des Produktlebenszykluses erfolgt nach herrschender Meinung in folgende 5 Phasen:[70]

Produktlebenszyklus

- Markteinführung
- Wachstum
- Reifezeit
- Sättigung
- Degeneration (Verfall, Absterben)

---

69 Vgl. hierzu Hess/Fechner/Freund/Körner, a. a. O., S. 94 ff.; Kreikebaum, a. a. O., S. 109 ff.
70 Vgl. hierzu exemplarisch Becker, a. a. O., S. 725 ff.

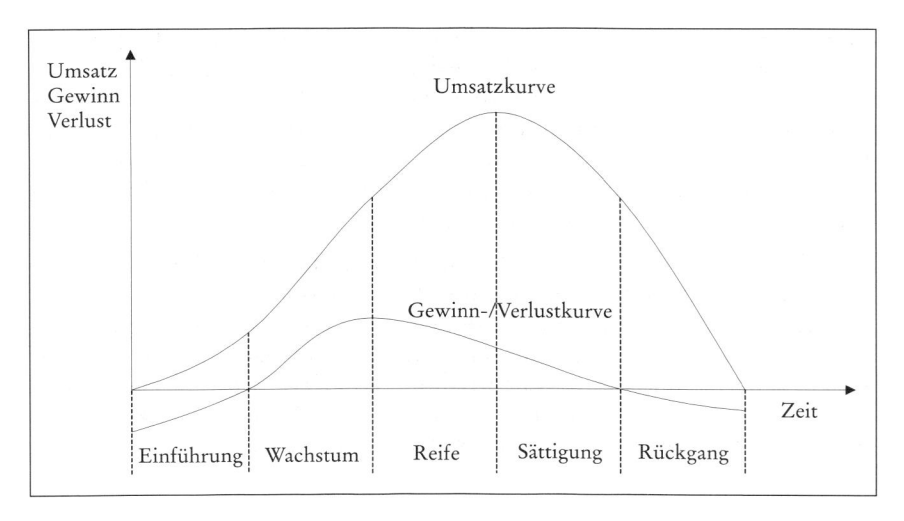

```
Umsatz
Gewinn
Verlust                    Umsatzkurve


                                    Gewinn-/Verlustkurve
                                                              Zeit
  Einführung  Wachstum    Reife     Sättigung    Rückgang
```

Von der Position des Produktes in der jeweiligen Phase hängt zunächst der zu erwartende Umsatz ab, der sich als Produkt der jeweils erzielbaren Mengen und Preise ergibt. Die spezifischen Kosten in den einzelnen Phasen determinieren darüber hinaus die zu erwartenden Produktgewinne. Die Ausprägungen des Gewinns in den einzelnen Phasen lässt sich wie folgt charakterisieren:[71]

Neue Produkte müssen zunächst am Markt eingeführt werden und sich dort durchsetzen. Dementsprechend sind in der *Markteinführungsphase* nur geringe Umsätze zu erzielen. Da der Bekanntheitsgrad des Produktes noch gering ist, werden nur kleine Serien produziert; der Stückpreis ist relativ hoch. Den geringen Umsätzen stehen hohe Aufwendungen für Werbung und Aufbau der Produktions- und Vertriebsorganisation gegenüber.

Ist das Produkt eingeführt, wechselt es in die *Wachstumsphase*. Bei in etwa gleich bleibenden Preisen steigen die verkauften Stückzahlen und damit die Gewinne. Jedoch bestehen weiterhin hohe Investitionsausgaben, die aus den Erweiterungsinvestitionen resultieren, die aufgewendet werden müssen, um die steigende Nachfrage zu befriedigen und den Marktanteil auszubauen. Gleichzeitig treten die ersten Konkurrenzanbieter auf, was dazu führt, dass das Angebot allmählich schneller wächst als die Nachfrage. In der *Reifephase* wird das Umsatzmaximum erreicht. Die Umsatzzuwachsraten werden jetzt allerdings – infolge des steigenden Angebots und der damit rückläufigen Preise bzw. Mengen – geringer bzw. negativ.

Der Übergang in die *Sättigungs- bzw. Degenerationsphase* hängt im Wesentlichen davon ab, wie leicht das angebotene Produkt zu substituieren ist. Diese Phasen sind durch rückläufige Umsätze bzw. rückläufige Gewinne gekennzeichnet, was insbesondere darauf zurückzuführen ist, dass

---
[71] Vgl. hier und im folgenden Weidekind/Rödl, a. a. O., S. 71 ff.

die Verbraucher zu besseren bzw. billigeren Ersatzprodukten übergewechselt sind, womit gleichzeitig die Frage der Substituierbarkeit des Produktes angesprochen ist. Ein weiterer Grund kann darin liegen, dass sich mittlerweile – vom Unternehmen unberücksichtigt – die Bedürfnisse der Nachfrager geändert haben. Inwieweit eine derartige Situation in eine gravierende Unternehmenskrise mündet bzw. gemündet hat, hängt von der Forschung und Entwicklung und der Lizenzvergabe ab.

Eine Krise kann vermieden werden, wenn im Rahmen der Forschung und Entwicklung rechtzeitig Produktinnovationen entwickelt worden sind. Inwieweit das zu untersuchende Unternehmen dieser Anforderung nachgekommen ist bzw. dies in Zukunft schaffen kann, ist Gegenstand der Krisenursachenanalyse und der Lagebeurteilung. Die Krise wird dagegen gefördert, wenn das Unternehmen bereits in der Wachstumsphase durch großzügige Lizenzvergabe sein Know-how den Wettbewerbern überlassen hat.

IV. Instrumente zur Unternehmensanalyse

1. Potenzial- und Lückenanalyse

52 Die *Potenzial- und Lückenanalyse* (auch Gap-Analyse genannt) ist das älteste Instrument der strategischen Planung.[72] Sie berücksichtigt dabei unmittelbar die bereits genannten Bedingungen einer strategischen Ressource. Allgemein wird bei der Gap-Analyse eine quantitativ geplante Zielgröße (z. B. der Umsatz) für einen überschaubaren Zeitraum der realistisch erwarteten Entwicklung gegenübergestellt. Die Gap-Analyse arbeitet dementsprechend mit zwei Zukunftsprojektionen, den Soll-Größen, die die Unternehmensziele in ihrer gewünschten bzw. angestrebten Entwicklung abschätzen und den Ist-Größen, die durch eine Extrapolation der Vergangenheitswerte zur Prognose der Zielerreichungsgrade ohne zusätzliche Unternehmensaktivitäten ermittelt werden.

Die Differenz zwischen geplanter (gewünschter) und erwarteter Entwicklung wird dann als strategische Lücke (Gap) bezeichnet. Das Management soll somit in die Lage versetzt werden, möglichst frühzeitig Maßnahmen ergreifen zu können, um diese Lücke zu schließen, seien es solche aus dem Bereich des Marketing, der Produktion und/oder der Produktentwicklung. Ziel der Gap-Aanalyse ist es also, strategische Probleme rechtzeitig zu erkennen, bzw. die Aufmerksamkeit überhaupt erst einmal auf zukünftige Probleme zu lenken.

---

72 Vgl. hierzu Kreikebaum, a. a. O., S. 133 ff.

In ihrer speziellen Form wurde die Gap-Analyse bereits in den 60er Jahren entwickelt. Dabei soll das Management eines Unternehmens mit Hilfe der Gap-Analyse erkennen, wie sich die geplanten Umsatz-Zahlen von den erwarteten Umsatz-Zahlen unterscheiden. Es wird also der künftige Soll-Umsatz mit dem künftigen Ist-Umsatz verglichen:[73]

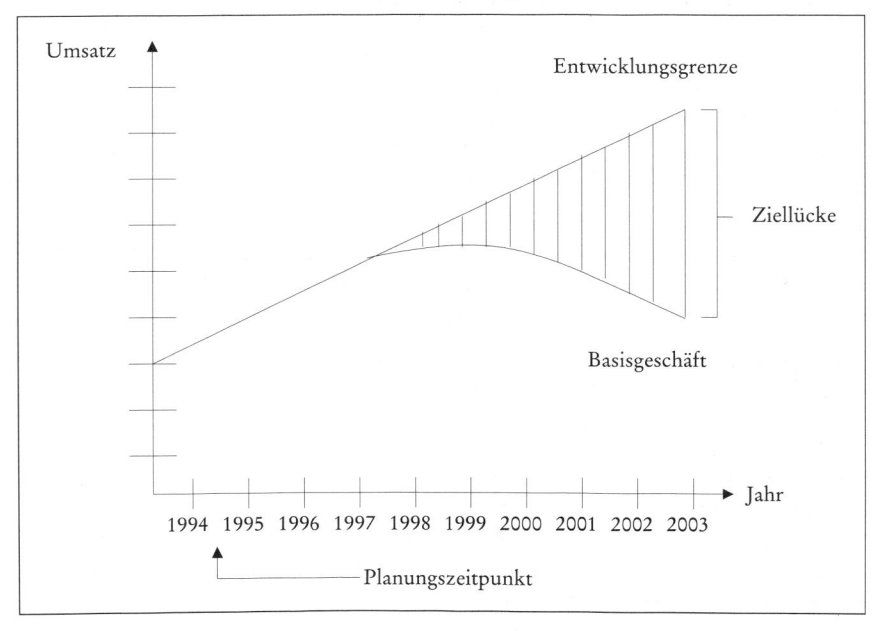

Der Bereich des Basisgeschäftes bezeichnet den Umsatz, den man mit den bestehenden Produkten auf den vorhandenen Märkten erzielen kann, ohne größere Veränderungen an der Unternehmenspolitik vorzunehmen. Mit Hilfe operativ unterstützender Maßnahmen wie z. B. Rationalisierung, intensitätsmäßige Anpassung, Mitarbeitermotivation etc. aber eben auch strategischen Veränderungen kann das Basisgeschäft in Richtung »Entwicklungsgrenze« ausgeweitet werden. Die Gap-Analyse umfasst dementsprechend zwei Untersuchungsgegenstände, nämlich die vorhandenen Potenziale eines Unternehmens zur Ausweitung des Basisgeschäfts und die bestehenden Lücken.

Bei der Potenzial-Analyse werden die Ressourcen eines Unternehmens unter dem Aspekt ihrer Verfügbarkeit für strategische Entscheidungen untersucht und zwar nach räumlichen, zeitlichen und finanziellen Kriterien.

Ziel dabei ist es, unter Einsatz der untersuchten Potenziale Möglichkeiten zu erkennen, wie man das Basisgeschäft bis zur Entwicklungsgrenze hin ausweiten kann. Dabei bezieht sich die Untersuchung auf

- vorhandene Potenziale,

---

[73] Vgl. Nieschlag/Dichtl/Hörschgen, Marketing, 18. Aufl. 1997, S. 899.

- alternativ und zusätzlich verfügbare Potenziale,
- in naher Zukunft verfügbare, im Unternehmen aber noch nicht eingesetzte Potenziale.

Alle genannten Potenziale bestimmen dann die Entwicklungsgrenze. Diese ist infolge der Dynamik der Marktprozesse allerdings nie zur Gänze erreichbar. Mit Innovationen im Neugeschäft soll allerdings versucht werden, ihr so nahe wie möglich zu kommen. Eine mögliche Vorgehensweise ist es dabei, die Untersuchungsgegenstände funktionsbezogen zu definieren, d. h. es werden die wichtigsten Kompetenzbereiche des Unternehmens analysiert, als da wären Produktion, Organisation, Unternehmensplanung sowie Informations- und Kommunikationstechnik.

54 Die Lückenanalyse untersucht dann die Differenz zwischen dem angestrebten und dem erreichten bzw. erreichbaren Zustand. Der Abstand zwischen dem Basisgeschäft und der Entwicklungsgrenze ist dabei über den Umsatz, den Gewinn und/oder das Betriebsergebnis messbar.

Man spricht dann dementsprechend von einer Umsatz-, einer Gewinn- oder einer Leistungslücke, die sowohl quantitativ als auch qualitativ analysiert werden kann. Die Lücke wird quantitativ umso größer sein, je schwächer die Potenzialnutzung in dem betreffenden Unternehmen ist. Mit der qualitativen Analyse versucht man Möglichkeiten zu finden, den jeweiligen Abstand weitestgehend zu schließen, z. B. durch neue Produktideen oder sonstige Planungsbeiträge. In diesem Zusammenhang wird die Ableitung von Strategiekombinationen auf der Basis der so genannten Marktfeldstrategien (Produkt-Markt-Matrix) vorgeschlagen:[74]

Märkte / Produkte	aktuell	neu
aktuell	Marktdurchdringung	Marktentwicklung
neu	Produktentwicklung	Diversifikation

Diese so genannte Ansoff-Matrix baut auf einer Markt- und einer Produktachse auf, die jeweils durch zwei Merkmale »aktuell« und »neu« gekennzeichnet sind. Die entsprechenden Strategien in den einzelnen Quadranten sollen verhindern, dass eine strategische Lücke überhaupt erst entsteht bzw. deren Schließung dienen. Zu berücksichtigen ist allerdings, dass diese Strategien auch als *Wachstumsstrategien* bezeichnet werden, mithin auch nur uneingeschränkte Anwendbarkeit auf Wachstumsmärkte finden. Angesichts der Tatsache, dass die meisten insolventen Unternehmen in schrumpfenden Märkten agieren, muss die Eignung dieses Strategiekonzeptes in diesem Zusammenhang in Frage gestellt werden.

---

74 Vgl. hier und im Folgenden Becker, a. a. O., S. 148 ff. und die dort angegebene Literatur.

Dieses Manko lässt sich allerdings dadurch beheben, wenn man genauer hinterfragt, was unter neuen Märkten zu verstehen ist. Angesichts steigender Internationalisierungs- bzw. Globalisierungstendenzen sind neue Märkte für Unternehmen, insbesondere insolvente, kaum zu finden. In Theorie und Praxis hat sich im Zusammenhang mit der Ansoff-Matrix dementsprechend die Ansicht durchgesetzt, neue Märkte als neue Teilmärkte bzw. Marktsegmente zu interpretieren.

Bei der *Marktdurchdringung* soll es zu einem verstärkten Absatz der vorhandenen Produkte auf den gegenwärtigen Märkten durch bestimmte Anreize zum Mehrverbrauch kommen. Dabei lassen sich wiederum zwei Arten von Strategien unterscheiden, die so genannte Push-Strategie und die Pull-Strategie.

Bei der Push-Strategie wird ein Angebotsdruck durch den verstärkten Einsatz preis- bzw. konditionspolitischer Maßnahmen, solchen des persönlichen Verkaufs oder des Lieferservices etc. mit dem Ziel der Absatzerhöhung erzeugt. Bei der Pull-Stratgie wird dagegen eine Sog-Wirkung erzeugt; dies ist allerdings nur bei Herstellern mit einem mehrstufigen Vertrieb, wie in der Markenartikelindustrie, möglich. Durch verstärkten Einsatz z. B. kommunikationspolitischer Maßnahmen soll die Nachfrage der Endabnehmer gesteigert werden.

Die mit dieser Strategie einhergehenden Risiken sind im Vergleich zu den noch darzustellenden Risiken der anderen Strategien relativ gering. Wird zur Umsetzung dieser Strategie jedoch insbesondere eine aggressive Preispolitik betrieben, kann es je nach Konkurrenzsituation zu einem ruinösen Verdrängungswettbewerb kommen. Auch die Chancen, das Ziel einer Umsatzerhöhung durch Marktanteilssteigerung zu erreichen, sind bei dieser Strategie relativ gering, angesichts der schwachen noch darzustellenden Wirkungen kommunalpolitische Maßnahmen in diesem Zusammenhang.

Die Strategie der *Marktentwicklung* sieht den vermehrten Absatz der bestehenden Produkte auf neuen nationalen oder internationalen Märkten bzw. in neuen Marktsegmenten, d. h. bei neuen Käuferschichten vor. Problematisch sind in diesem Zusammenhang die so genannten Markteintrittsbarrieren, die durch die Konkurrenten gesetzt werden können. Diese ergeben sich z. B. aus absoluten Kostenvorteilen, die die Wettbewerber infolge ihres Know-how-Vorsprungs in den für das Unternehme neuen Märkten aufgebaut haben.

Diese können darüber hinaus auch über Betriebsgrößenvorteile infolge der »economies of scale« verfügen. Ferner können so genannte Produktdifferenzvorteile bestehen, da die neu anzusprechenden Kunden infolge der Markenkenntnis bzw. Markentreue nicht wechselwillig sind. Abhilfe können hier wiederum so genannte Markteintrittsstrategien schaffen, als da wären Lizenznahme, Akquisitionen anderer Unternehmen, Joint Ventures etc. Auch diese Strategie erscheint, insbesondere angesichts fehlender Produktentwicklungskosten, relativ risikoarm und insbesondere kostengünstig. Gerade die Überwindung der dargestellten Markteintrittsbarrieren dürfte diesen Eindruck allerdings relativieren.

57 Bei der *Produktentwicklung* werden für die bestehenden Märkte bzw. Marktsegmente neue oder verbesserte Produkte entwickelt. Hierbei wird zwischen der echten Produktinnovation und der Produktdifferenzierung unterschieden; letztere kann sich sowohl auf das Kernprodukt beziehen als auch auf den zum Produkt gebotenen Service. Die neuen Produktvarianten oder völlig neuen Produkte sollen zu einer Umsatzerhöhung infolge verbesserter Kundenansprache führen. Somit werden natürlich auch neue Marktsegmente des derzeitigen Gesamtmarktes angesprochen.

Die dabei entstehenden Produktentwicklungs- und Markteinführungskosten gestalten diese Strategie risikoreicher als die zuvor betrachteten. Wird das Ziel der verbesserten Kundenansprache und damit auch der Kundenbindung aber tatsächlich erreicht, bietet diese Strategie die große Chance, nicht nur die strategische Lücke zu schließen, sondern sich darüber hinaus auch dauerhaft gegenüber der Konkurrenz zu profilieren.

58 Als Letztes ist die *Diversifikation* zu nennen, bei der neue Produkte auf neuen Märkten angeboten werden. Bei der Diversifikationsstrategie begibt sich das Unternehmen tatsächlich auf völlig neue Märkte und bedient nicht nur neue Marktsegmente des aktuellen Marktes. Damit dürfte es auf der Hand liegen, dass diese Strategie die risikoreichste Variante darstellt. Sie wird von vielen Unternehmen häufig zu optimistisch betrachtet, da die »ungeahnten« Chancen eben auch mit einer Vielzahl von unbekannten Risiken einhergehen.

Unter Diversifikation wird in der Literatur die Aufnahme von Produkten und/oder Leistungen verstanden, die in keinerlei Zusammenhang mit den bisherigen Aktivitäten des Unternehmens stehen. Man unterscheidet dabei drei verschiedene Formen der Diversifikation:

- horizontale Diversifikation,
- vertikale Diversifikation,
- laterale Diversifikation.

Bei der *horizontalen Diversifikation* wird das Absatzprogramm auf Produkte und/oder Leistungen auf der gleichen Wirtschaftsstufe, d. h. in derselben Branche ausgedehnt. Die horizontale wird auch häufig als mediale Diversifikation bezeichnet, bei der insbesondere noch ein sachlicher Zusammenhang zum bisherigen Programm besteht, der sich z. B. aus dem gleichen verwendeten Produktions-Know-how oder denselben genutzten Vertriebswegen ergibt. Als horizontale externe Diversifikation bezeichnet man den Aufkauf eines direkten Konkurrenten. Beispiele aller Art lassen sich hierfür insbesondere im Bereich der Automobilindustrie finden.

Bei der *vertikalen Diversifikation* begibt sich das Unternehmen auf vor- bzw. nachgelagerte Wirtschaftsstufen. Es lassen sich dementsprechend folgende zwei Formen unterscheiden: Zum einen wird das Absatzprogramm des Unternehmens entweder auf Produkte bzw. Leistungen der Vorstufe (Rückwärtsintegration) oder aber auf nachgelagerte Produkte bzw. Leistungen (Vorwärtsintegration) erweitert. Beispiele können aus dem Bereich der Bekleidungsindustrie angeführt werden, bei dem Markenartikel-Unternehmen über eine eigene Stoffproduktion (Vorstufe) oder eigene Verkaufsshops (Nachstufe) verfügen.

Unter der *lateralen Diversifikation* werden Strategien verstanden, bei denen überhaupt kein erkennbarer sachlicher Zusammenhang zwischen dem gegenwärtigen Absatzprogramm und den neu aufgenommenen Produkten und/oder Leistungen besteht. Das Unternehmen begibt sich auf völlig fremde Märkte. Derartige Strategien wurden z. B. von vielen Unternehmen der Stahl-Industrie beschritten, die heute auch als Mobilfunk-Anbieter oder Unternehmen der Tourismus-Branche auftreten.

Ziel aller Diversifikationsbestrebungen ist es zunächst, die geplanten Umsatzerwartungen auch in der Praxis zu realisieren. Darüber hinaus soll versucht werden, die Risiken, die mit einer zu engen Produkt- bzw. Leistungspalette verbunden sind, im Sinne der noch darzustellenden Portfolio-Theorie zu reduzieren. In den 80er Jahren konnte man dabei einen starken Trend an lateralen Diversifikationen ausmachen. Mittlerweile wird, insbesondere infolge der zunehmenden Marktmacht des Handels, verstärkt die vertikale Diversifikation in Form der Vorwärts-Integration betrieben. Viele Produktionsunternehmen sind dazu übergegangen eigene Direktvertriebsorganisationen aufzubauen, sei es durch eigene Filialen, gebundene Händler oder Franchise-Systeme.

2. Portfolio-Analyse

Das bekannteste Instrument zur Unternehmens-Analyse im Rahmen der strategischen Planung ist die *Portfolio-Analyse*. Die Grundidee der Portfolio-Analyse kommt aus der Finanzwirtschaft. Dabei geht es um die optimale Gestaltung von Finanzanlagen-Portfolios oder so genannten Portefeuilles. Ein Portfolio oder Portefeuille ist ein bestimmter Bestand von Wechseln und/oder Wertpapieren. Bei der so genannten Portefeuille-Theorie handelt es sich um eine Planungsmethode zur Zusammenstellung von Wertpapier-Bündeln, die eine optimale Verzinsung des investierten Kapitals erbringen soll.

Anfang der 70er Jahre fand dann diese Portefeuille-Theorie auch auf ganzheitliche Problemstellungen diversifizierter Unternehmen Anwendung und wurde zuerst von der Boston Consulting Group bei General Electric eingesetzt.[75] Auf die strategische Planung übertragen bedeutet dies, dass man zunächst das gesamte Unternehmen als Summe der verschiedenen Ge-

---

75 Vgl. hier und im Folgenden WP-Handbuch/Dörner, a. a. O., Rdnr. 123 ff; Hess/Fechner/Freund/Körner, a. a. O., S. 137 ff.

schäftseinheiten betrachtet, die hinsichtlich ihres Beitrags zum gesamten Unternehmenserfolg unterschiedlich eingeschätzt werden. Aufgabe der strategischen Planung ist es nun, ein ausgewogenes Portfolio aus strategischen Geschäftseinheiten zu bilden, das sowohl in der Gegenwart als auch in der Zukunft zur Existenzsicherung des Unternehmens optimal beiträgt.

a) Das Marktwachstums-Marktanteils-Portfolio

60 Das erste Konzept, das nach diesem Prinzip entwickelt wurde, ist die so genannte Vier-Felder-Matrix, die von der Boston Consulting Group (BCG) entwickelt wurde. Dabei wird auf der Y-Achse der Matrix das *Marktwachstum* abgebildet. Dieses Kriterium soll Angaben über die Attraktivität eines Marktes machen, auf dem die strategische Geschäftseinheit dieses Unternehmens agiert. Die entsprechenden Zahlenangaben werden aus Vergangenheitswerten oder geschätztem künftigen Wachstum abgeleitet. Auf der X-Achse wird der relevante *Marktanteil* abgebildet. Dieses Kriterium gibt Auskunft über die Wettbewerbs-Position (der strategischen Geschäftseinheit) eines Unternehmens. Der relative Marktanteil wird angegeben durch das Verhältnis des eigenen Anteils zum Anteil des stärksten Konkurrenten.

Anhand dieser beiden Kriterien werden nun die verschiedenen strategischen Geschäftseinheiten des Unternehmens in der Matrix positioniert. Die Größe der jeweiligen Kreise bemisst sich nach dem *Umsatz* der *strategischen Geschäftseinheit*.

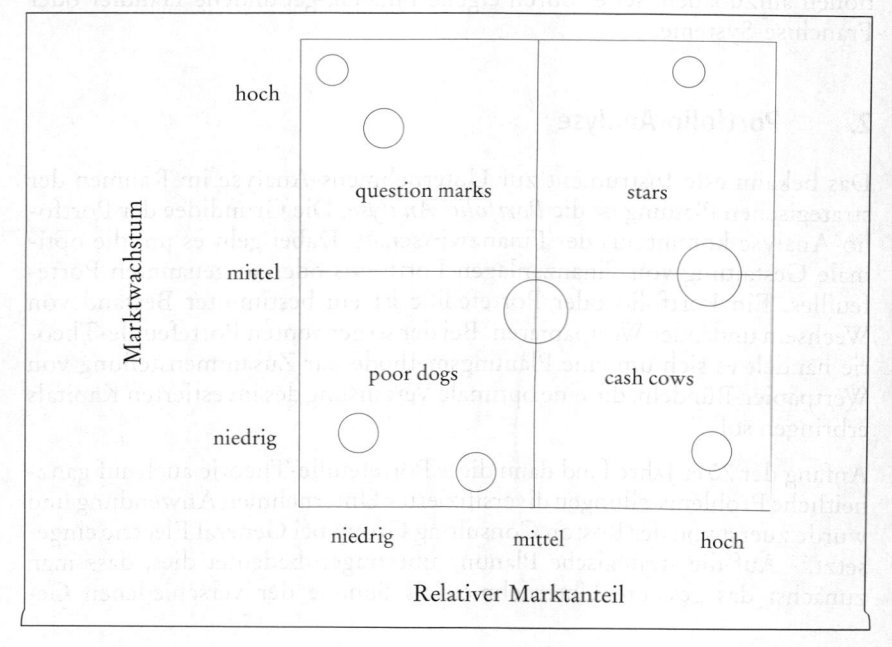

Je nachdem in welchem der vier Felder eine strategische Geschäftseinheit eingeteilt wurde, spricht man von question marks, stars, cash cows poor dogs.

Als theoretische Grundlagen dieses Portfolio-Konzeptes können wiederum das Lebenszyklus- und das Erfahrungskurven-Konzept herangezogen werden. Auf deren Erkenntnissen aufbauend werden dann für die einzelnen strategischen Geschäftseinheiten bestimmte Normstrategien vorgegeben. In Anlehnung an das Lebenszyklus-Konzept wird zunächst davon ausgegangen, dass jede strategische Geschäftseinheit die verschiedenen Stadien durchlaufen kann und der erwartete Cash-Flow sich in den einzelnen Phasen nach den Erkenntnissen des Erfahrungskurven-Konzepts richtet.

Das »Fragezeichen« stellt eine strategische Geschäftseinheit dar, die sich in der Einführungsphase befindet. Der Marktanteil ist noch gering. Der Cash-Flow ist geringer als der Finanzierungs-Bedarf für Erweiterungs-Investitionen; es wird ein weiterer Einschuss von liquiden Mitteln erforderlich. Die empfohlene Markt-Strategie sieht die Beibehaltung eines niedrigen Preisniveaus bei gleich bleibender Qualität vor, ist allerdings abhängig vom Konkurrenzverhalten und bedarf daher der permanenten Kontrolle. Selbst wenn man sich in wachsenden Märkten bewegt, ist der Erfolg noch ungewiss.

Der »Stern« stellt eine strategische Geschäftseinheit dar, die sich in der Wachstumsphase befindet. Der Gewinn ist größer als Null, was für den Cash-Flow aber nicht gelten muss. Auch hier sind weitere Investitionen erforderlich, weil man sich gegenüber stärker werdenden Konkurrenten behaupten muss. Hat man hingegen die Stellung des Marktführers bereits erreicht, müssten die Gewinne dementsprechend hoch sein.

Bei der »Cash Cow« handelt es sich um eine strategische Geschäftseinheit, die sich in der Reifephase befindet. Der Cash-Flow ist größer Null aufgrund der so genannten Wachstums- bzw. Skalenerträge des Erfahrungskurvenkonzepts. Diese Geschäftseinheit ist zu »melken«. Sie erwirtschaftet deutliche Überschüsse an Finanzierungsmitteln. Da nicht gesichert ist, ob diese für den Auf- und Ausbau anderer Geschäftsfelder ausreichen, müssen allerdings rechtzeitig neue Cash Cows aufgebaut werden.

»Poor dogs« bezeichnen dagegen strategische Geschäftseinheiten, die sich in der Sättigungs- bzw. Degenerationsphase befinden. Der Cash-Flow kann größer oder kleiner als Null sein. Ob eine solche Geschäftseinheit aufrecht erhalten werden sollte, ist fraglich. Hier wird zumeist eine Desinvestitions-Strategie vorgeschlagen.

Zusammenfassend lautet die Empfehlung, dass ein Unternehmen darauf achten sollte, zum einen über genügend »Stars« zu verfügen. Darüber hinaus sollten auch strategische Geschäftseinheiten im Feld der »Fragezeichen« vorhanden sein, bei denen es sich allerdings um erfolgsversprechende Nachwuchsprodukte handeln sollte. Auch müssen »Cash cows« vorhanden sein, mit deren Erträgen die Investitionen in den anderen strategischen Geschäftseinheiten finanziert werden.

Weidekind

Kritisch ist allerdings anzumerken, dass es sich hierbei um »Norm«-Strategien handelt. Es kann im Einzelfall durchaus geboten sein, sich entgegen dieser Handlungsempfehlungen zu verhalten. Darüber hinaus wird die Auswahl der Kriterien kritisch hinterfragt. So ist das »Marktwachstum« sicher nicht der einzige Hinweis auf einen attraktiven Markt. Fraglich ist auch, ob der relative Marktanteil ausreicht, um die Wettbewerbsvorteile zu beschreiben.

b) Das Marktattraktivitäts-Wettbewerbs-Portfolio

62 Basierend auf den vorstehenden Überlegungen wurde von der Consultingfirma McKinsey eine Neun-Felder-Matrix konzipiert, die insbesondere die oben genannten Kritikpunkte berücksichtigt. Statt des Marktwachstums wird das Kriterium der *Marktattraktivität* verwendet, das sich wiederum aus verschiedenen Kriterien, unter anderem auch dem Marktwachstum, zusammensetzt. Statt des relativen Marktanteils wird der relative Wettbewerbsvorteil als zweite Dimension angeführt, die sich ebenfalls aus verschiedenen Unter-Kriterien ergibt.[76] Beide Indikatoren werden darüber hinaus noch gewichtet, um der unterschiedlichen Relevanz Rechnung zu tragen.

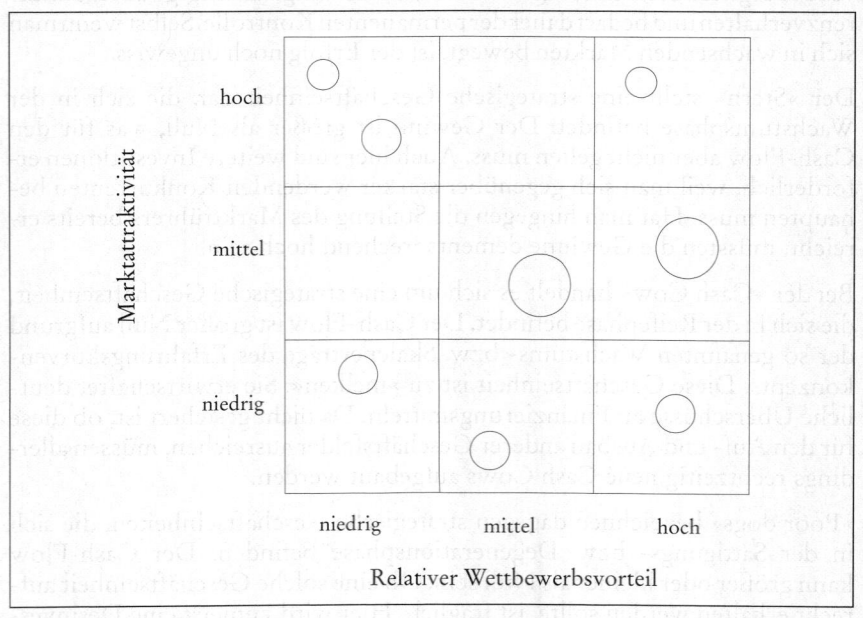

Die Position der strategischen Geschäftseinheit führt auch hier wieder zur Anwendung bestimmter Normstrategien, als da wären:

- Investitionsstrategien
- Abschöpfungsstrategien
- *Selektive Strategien*

---

[76] Vgl. zur Ermittlung der Marktattraktivität und des relativen Wettbewerbsvorteils exemplarisch Nieschlag/Dichtl/Hörschgen, a. a. O., S. 913 f.

In die strategische Geschäftseinheit mit hoher Marktattraktivität und hohen Wettbewerbsvorteilen ist zu investieren. Will man gegebenenfalls die Marktführerschaft erlangen bzw. diese halten, sind hohe Investitionsausgaben erforderlich. Nimmt dagegen die Marktattraktivität ab, ist ein selektives Vorgehen anzuraten. Hier muss für den Einzelfall analysiert werden, ob weiter investiert wird, die Position zu halten oder bereits der Rückzug anzustreben ist.

Strategische Geschäftseinheiten mit niedriger Marktattraktivität und niedrigen Wettbewerbsvorteilen sind »abzuschöpfen«; unter Umständen ist auch hier der Rückzug einzuleiten. Auch hier ist also ein selektives Vorgehen anzuraten, da Investitionen kaum mehr als lohnend erscheinen.

Auch an dieser Vorgehensweise kann Kritik geübt werden. Im Vordergrund steht dabei die Subjektivität und Manipulierbarkeit der Kriterienbildung und -bewertung. Insbesondere kann die spezifische Form der Bewertung die Aussagekraft verfälschen. Bei den ausgesprochenen Handlungsanweisungen handelt es sich ebenfalls um starre Norm-Strategien.

3. Stärken-Schwächen-Analyse

Die *Stärken-Schwächen-Analyse* des Unternehmens erfolgt grundsätzlich unter Einbeziehung der Konkurrenz und ist das wichtigste Instrument zur Bestimmung des aktuellen Zustands des Unternehmens.[77] Im Mittelpunkt stehen in der Regel Informationen über eigene finanzielle, sachliche und personelle Kapazitäten gegenüber dem stärksten Konkurrenten.

Unter Hinzuziehung repräsentativer bzw. objektivierter Untersuchungen über Märkte, Kundenmeinungen und/oder die Konkurrenz bilden die entsprechenden Informationen darüber hinaus die Grundlage für die Formulierung und Beurteilung von Strategien. In Theorie und Praxis hat sich dabei die Analyse insbesondere folgender Bereiche durchgesetzt:

Analysebereiche der Stärken-Schwächen-Analyse
- Produkt- und/oder Leistungsangebot
- Produktion; Forschung und Entwicklung
- Marketing
- Management und Mitarbeiter
- Finanzbereich

Werden die Erfolgspotenziale in den einzelnen betriebswirtschaftlichen Funktionsbereichen des Unternehmens mit Hilfe der Stärken-Schwächen-Analyse untersucht, so bilden die dort gewonnenen Erkenntnisse die Grundlage für die im Fall eines sanierungsfähigen Unternehmens vorzu-

---

[77] Vgl. hierzu WP-Handbuch/Dörner, a. a. O., Rdnr. 113 ff.; vgl. hierzu auch Meffert, Marketing, 8. Aufl. 1998, S. 64 ff.

nehmenden Sanierungsmaßnahmen. Von besonderer Bedeutung dürfte in Sanierungsfällen in diesem Zusammenhang die Attraktivität (von bestimmten Eigenschaften) der *angebotenen Produkte* im Vergleich zu denen der Konkurrenz sein. Dabei wird untersucht, wie die von den Kunden gewünschten sog. »kritischen Erfolgsfaktoren« durch die »Kompetenzen« des Unternehmens befriedigt werden.

Besonderen Stellenwert im Rahmen von Stärken-Schwächen-Analysen erlangen auch sog. *Imageaspekte*. Im Vordergrund stehen dabei im Allgemeinen zunächst Informationen über den Bekanntheitsgrad des Unternehmens und der Konkurrenten in der allgemeinen Öffentlichkeit. Gerade in Sanierungs-, aber auch Insolvenzfällen dürfte darüber hinaus die Akzeptanz, die das Unternehmen (noch) in der Öffentlichkeit genießt, von besonderer Bedeutung sein.

Die Vorgehensweise zur Durchführung der Stärken-Schwächen-Analyse gestaltet sich dabei wie folgt: Zunächst ist ein Kriterien-Katalog für die zu untersuchenden Bereiche zu erstellen, wobei die angeführten Kriterien gegebenenfalls unterschiedlich gewichtet werden. Die notwendigen Informationen werden dann über Methoden der internen und externen Marktforschung gewonnen. In der Regel beschränkt man sich hierbei allerdings auf die Befragung ausgewählter Führungskräfte, die dann als Experten in den jeweiligen Bereichen fungieren. Im nächsten Schritt ist somit ein Punkte-Rahmen festzulegen, anhand dessen die Experten die einzelnen Bereiche beurteilen. Die Punkte-Skala kann sich dabei am Schulnoten-System orientieren. Darüber hinaus sollten die Befragten ihre Bewertungen begründen. Somit entsteht ein spezifisches Stärken-Schwächen-Profil, das eventuell zu Wettbewerbsvergleichen herangezogen werden kann.

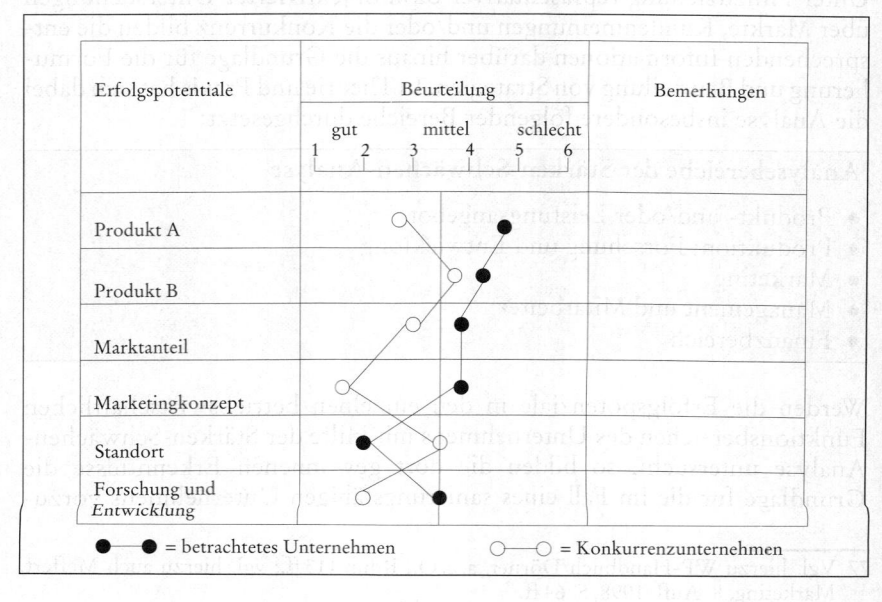

Erfolgspotentiale	Beurteilung	Bemerkungen
	gut mittel schlecht 1 2 3 4 5 6	
Produkt A		
Produkt B		
Marktanteil		
Marketingkonzept		
Standort		
Forschung und *Entwicklung*		

●—● = betrachtetes Unternehmen   ○—○ = Konkurrenzunternehmen

Im vorliegenden Fall zeigt diese vereinfachte Darstellung ein Unternehmen, dessen Produktlinien gegenüber der Konkurrenz erhebliche Schwächen aufweisen. Da die Forschungs- und Entwicklungs-Aktivitäten als befriedigend, der Standort als gut bewertet werden, könnte unter Umständen durch entsprechende Marketing-Aktivitäten ein Ausbau des Marktanteils erreicht werden.

Das Ergebnis dieser Stärken-Schwächen-Analyse begründet allein jedoch noch nicht den unmittelbaren Handlungsbedarf, sondern ist insbesondere vor dem Hintergrund der Kundenwünsche und Wettbewerbssituation kritisch zu beleuchten. So kann ein Unternehmen durchaus mit bestimmten Schwächen leben, sofern diese die *Kundenwünsche* nicht negativ tangieren. Zum anderen ist es auch nicht sinnvoll, Ressourcen zum Ausbau bestehender Stärken einzusetzen, wenn diese nur eine geringe Kundenakzeptanz finden.

Darüber hinaus ist die jeweilige *Wettbewerbssituation* des Unternehmens mit in die Betrachtung einzubeziehen, da auch hiervon abhängig ist, in welchen Bereichen Ressourcen eingesetzt oder aber auch gespart werden können. Ziel aller Aktivitäten sollte es sein, strategische Engpässe zu beseitigen, d. h. die Schwächen abzubauen, die momentan eine günstigere Entwicklung am stärksten behindern.

V. Von der strategischen Planung zum operativen Marketing

Nachdem die Analyse der strategischen Ausgangsposition erfolgt ist, mögliche Entwicklungen diskutiert wurden, sind Strategien zu formulieren, die dazu führen sollen, die gesteckten Ziele zu erreichen. Wichtigstes Ziel ist es, dass die Umsatzerwartungen des Unternehmens realisiert werden. Rechnerisch ergibt sich der Umsatz als Produkt aus Preis mal Menge. Da Preiserhöhungen insbesondere für die hier betrachteten Unternehmen kein probates Mittel zur Steigerung der Umsatzerlöse sein dürften, muss die Absatzmenge erhöht werden. Dies wird dem Unternehmen nur gelingen, wenn der Nutzen seiner Produkte und/oder Leistungen für den Kunden höher ist als bei der Konkurrenz. In diesem Bereich kommen die so genannten Wettbewerbsstrategien zum Einsatz, die wie folgt eingeteilt werden:[78]

- Kostenführerschaft,
- Qualitätsführerschaft/Differenzierung,
- Spezialisierung/Nischenstrategie.

---

[78] Vgl. hierzu exemplarisch Becker, a. a. O., S. 370 ff. und die dort angegebene Literatur.

Da bei der Strategie die *Kostenführerschaft* wiederum der Preis der wichtigste Aktionsparameter ist, muss deren Tauglichkeit für die hier betrachteten Unternehmen bezweifelt werden. Grundsätzlich wird hierbei der Markt mit großen Mengen bedient, wobei aufgrund der bereits angeführten Degressionseffekte beschaffungsseitig Kostenvorteile erzielt werden. Diese werden mittels niedriger Preise an die Kunden weitergegeben, so dass die Produkte des Unternehmens billiger sind als die der Konkurrenz.

Bei der Strategie der *Qualitätsführerschaft* versucht das Unternehmen sich mit seinen Produkten gegenüber denen der Konkurrenz zu profilieren bzw. von denen zu differenzieren und dadurch Präferenzen bei den Kunden aufzubauen. Führt die Differenzierung dazu, dass das Produkt als »einzigartig« bezeichnet werden kann, handelt es sich bereits um eine *Nischenstrategie*. Grundsätzlich bezeichnet die Nischenstrategie die Beschränkung des Unternehmens auf bestimmte Teilmärkte.

Gerade die beiden zuletzt genannten Strategien machen es deutlich, wie wichtig es ist, dass das Unternehmen die Wünsche und Bedürfnisse der Kunden kennt; diese sind je nach Teilmarkt unterschiedlich. In diesem Zusammenhang kommt das aus dem Marketing stammende und dementsprechend später noch ausführlich darzustellende Instrument der Marktsegmentierung zum Einsatz.

Ohne Marktsegmentierung lässt sich kaum erfolgreich auf einem Markt agieren. Diese auch als *undifferenziertes Marketing* bezeichnete Strategie lässt sich nur dann verfolgen, wenn das Unternehmen ein Produkt- und/oder Leistungsprogramm anbietet, mit dem bei niedrigen Preisen ein hohes Preis-Leistungsverhältnis erreicht wird. Alle anderen Unternehmen müssen »*differenziertes Marketing*« betreiben, bei dem zunächst der Markt segmentiert wird, daran anschließend der Zielmarkt (die Zielmarktsegmente) festgelegt werden, auf denen sich dann das Unternehmen positioniert. Agiert ein Unternehmen als Spezialist lediglich in einem Segment oder relativ wenig Segmenten spricht man von *konzentriertem Marketing*.

Die Kenntnis der Wünsche und Bedürfnisse der Kunden in den einzelnen Marktsegmenten ist nicht nur Voraussetzung für die Erstellung eines bedarfsgerechten Produkt- und/oder Leistungsprogramms. Auch die im Rahmen des operativen Marketing vorzunehmende Ausgestaltung der einzelnen Instrumente des Marketing-Mix hat sich daran zu orientieren. Dementsprechend werden im nächsten Kapitel die Erkenntnisse der »Marketing-Theorie« ausführlich dargestellt.

D. Marketing

I. Begriff und Entwicklung des Marketing

Der Grundgedanke des Marketing, die konsequente Orientierung am Markt und insbesondere an den Marktpartnern, hat in nahezu allen Bereichen des Wirtschaftslebens Eingang gefunden und mag daher als Selbstverständlichkeit erscheinen.[79] In der Marketing-Theorie wurden dazu spezifische Konzepte für einzelne Märkte aber auch für innerbetriebliche Teilbereiche erarbeitet. Die zeitliche Entwicklung dieser Konzepte wurde dabei durch die jeweiligen »Engpass-Situationen« bedingt, mit denen sich die Unternehmen konfrontiert sahen.

So wurde der Marketing-Gedanke zunächst in der Konsumgüterindustrie entwickelt. Da sich mit der Zeit zeigte, dass infolge der typischen Eigenarten dieser Branche, dieses Konzept nicht ohne weiteres auf die anderen Wirtschaftssektoren zu übertragen war, kam es zur Entwicklung weiterer Konzepte, speziell für die Investitionsgüterindustrie, den Handel und das Dienstleistungsgewerbe. Zusammengefasst werden diese Bereiche als Profit-Organisationen bezeichnet. Aber auch für Unternehmen des öffentlichen Bereichs, deren primäres Ziel gerade nicht die Gewinnerzielung ist, so genannte Non-Profit-Organisationen wie z. B. Hochschulen, Theater, Krankenhäuser, werden mittlerweile Marketing-Konzepte erstellt.

Zeitgleich mit der Entwicklung dieser Absatzmarketing-Konzepte wurde der Grundgedanke des Marketing auch auf andere Bereiche bzw. relevante Märkte eines Unternehmens übertragen und zwar wiederum in dem Maße, wie es hier zu Engpass-Situationen kam. Bei den entsprechenden Märkten ist zunächst der Beschaffungsmarkt zu nennen, der hier in einem engen Sinne als Markt für Betriebsmittel und Werkstoffe verstanden wird. Die für das Konzept des Beschaffungsmarketing relevanten Marktpartner sind mithin die Lieferanten von allen für den Betriebsprozess relevanten Anlagen, Sachgütern und Dienstleistungen. Bei einer weiten Begriffsfassung wird Beschaffung verstanden als die Bereitstellung sämtlicher Güter, Dienstleistungen, Geldmittel und Arbeitskräfte, die für den Betriebsprozess erforderlich sind, womit sich die Überleitung zu zwei weiteren Marketing-Konzepten ergibt.

---

79 Vgl. zu Begriff und Instrumenten des Marketing exemplarisch Becker, Marketing-Konzeption; Meffert, Marketing; Nieschlag/Dichtl/Hörschgen, Marketing.

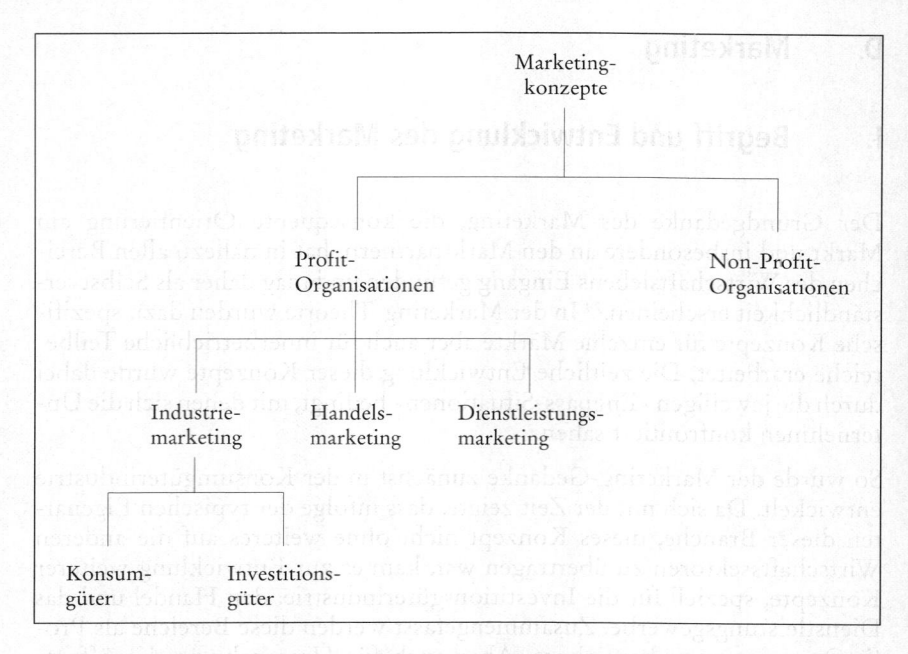

```
                        Marketing-
                        konzepte
                            |
            ┌───────────────┴───────────────┐
         Profit-                        Non-Profit-
      Organisationen                   Organisationen
            |
    ┌───────┼───────────┐
 Industrie-  Handels-   Dienstleistungs-
 marketing   marketing  marketing
    |
 ┌──┴──────┐
 Konsum-   Investitions-
 güter     güter
```

Engpässe auf dem Arbeitsmarkt haben dabei die Entwicklung so genannter Personal-Marketingkonzepte bedingt. Eine eindeutige Zuordnung zum Bereich des Absatzmarketing bzw. des Beschaffungsmarketing erscheint dagegen nicht möglich. Entscheidend dürfte dabei die Sichtweise des jeweiligen Unternehmens sein, bei dem entweder der »Verkauf« attraktiver Arbeitsplätze oder die »Beschaffung« von Mitarbeitern im Vordergrund stehen. Ähnliche Zuordnungsschwierigkeiten ergeben sich auch für so genannte Finanz-Marketingkonzepte (Finanzierungs-, Aktienmarketing). Derartige Konzepte wenden sich an die Finanzmärkte bzw. die derzeitigen und potenziellen Geldgeber eines Unternehmens.

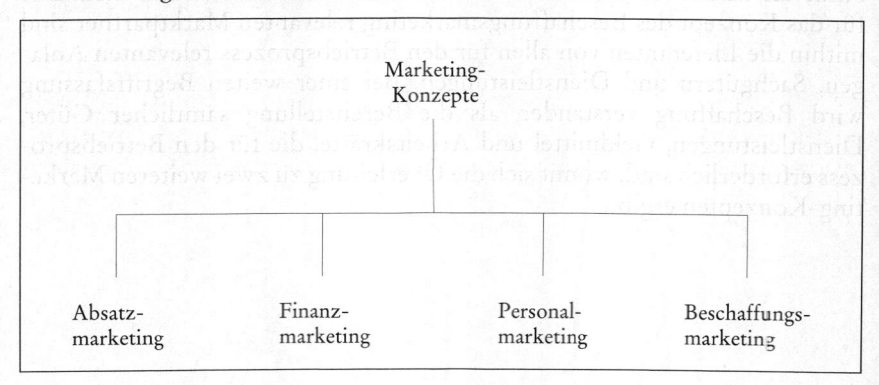

```
                    Marketing-
                    Konzepte
                        |
       ┌────────┬───────┴────────┬────────────┐
    Absatz-   Finanz-         Personal-    Beschaffungs-
   marketing  marketing       marketing    marketing
```

66 Der Beitrag aller dieser Marketing-Konzepte besteht nun nicht in der Erkenntnis, dass nur eine stringente Ausrichtung auf den jeweiligen Markt bzw. Marktpartner den Bestand des Unternehmens langfristig gewährleistet; diese Erkenntnis stellt den Grundgedanken des marktwirtschaftlichen Ordnungssystems dar. Der Beitrag der genannten Marketing-Konzepte besteht vielmehr darin, Methoden und Instrumente aufzuzeigen, wie man diese Aufgaben am besten erfüllen kann.

Dass dies nun gerade bei den hier betrachteten Unternehmen nicht gelungen ist, dürfte auf der Hand liegen. Zu untersuchen ist dabei im konkreten Einzelfall, wo die entscheidenden Fehler gemacht worden sind. Entsprechend der vorstehenden Unterscheidung, kann zunächst danach gefragt werden, ob der Grundgedanke des Marketing »aus den Augen verloren« wurde, oder ob die Fehler bzw. Unterlassungen beim Einsatz der Methoden und Instrumente gemacht wurden. Diese Einteilung entspricht den drei Aspekten, die dem modernen Marketing-Verständnis zugrunde liegen:

- Marketing als Maxime,
- Marketing als Methode,
- Marketing als Mittel.

Der Grundgedanke des Marketing soll zur systematischen Marktorientierung des gesamten unternehmerischen Prozesses und Denkens führen (»Marketing als Maxime«). Durch systematische Techniken der Entscheidungsfindung im Rahmen der Entwicklung von Marketing-Strategien (»Marketing als Methode) wird die Erreichung spezifischer Unternehmensziele unterstützt. Zusätzlich werden dem Unternehmen bestimmte Instrumente zur Verfügung gestellt (»Marketing als Mittel«), die das Unternehmen bei der Zielrealisierung unterstützen sollen.

Marketing wird auch definiert als Planung, Koordination und Kontrolle aller auf die aktuellen und potenziellen Märkte ausgerichteten Unternehmensaktivitäten. Hier dürfte die Nähe zu den Tätigkeiten im Rahmen der strategischen Planung deutlich werden. Der methodische Charakter des Marketing zwingt dazu, auch hierbei zunächst die strategische Ausgangsposition zu analysieren, mögliche Entwicklungen zu prognostizieren, Ziele und Strategien zur Zielerreichung festzulegen, bevor die spezifischen Marketinginstrumente eingesetzt werden können. Damit kommt es auch hier zu einer Zweiteilung in strategisches und operatives Marketing.

Gegenstand des strategischen Marketing ist die Formulierung von Marketing-Strategien, die damit das Ergebnis der strategischen Planung des Unternehmens beinhalten und somit mit einem Teilbereich der strategischen Planung gleichgesetzt werden können. Die Umsetzung der Strategien durch die spezifischen Marketing-Instrumente erfolgt dann im Bereich des operativen Marketing.

Weidekind

II. Bestandteile eines Marketing-Konzeptes

68 Nach der herrschenden Meinung in der allgemeinen Marketing-Literatur besteht ein effizientes Marketing-Konzept aus folgenden drei Bestandteilen:
- Marketing-Philosophie,
- Marketing-Forschung,
- Marketing-Mix.

Damit zeigt sich, dass sich auch drei potenzielle Fehlerquellen für Unternehmen ergeben können: Ausschlaggebend für die Krise bzw. Insolvenz des Unternehmens kann eine fehlende oder falsche Unternehmensphilosophie sein. Das Unternehmen kann es des Weiteren unterlassen haben, sich infolge umfassender Marketing-Forschung rechtzeitig auf etwaige Umwelt- und/oder Marktveränderungen einzustellen. Darüber hinaus können auch Fehler beim Einsatz des Marketing-Mix entstanden sein.

1. Marketing-Philosophie

69 Wie bereits angesprochen charakterisiert die herrschende Meinung in der Literatur Marketing als Konzept einer marktorientierten Sichtweise des gesamten unternehmerischen Denkens und Handelns, die in einer konsequenten Ausrichtung aller den Markt tangierenden Aktivitäten an den Bedürfnissen der Nachfrager münden soll *(Marketing-Philosophie)*.[80] Die Kundenorientierung als unternehmenspolitisches Oberziel bewirkt allerdings – wie ebenfalls schon dargestellt – alleine noch nicht automatisch einen Wettbewerbsvorteil.

Hieran muss sich die Umsetzung der Orientierung am Marktpartner in konkreten Maßnahmen, seien es solche der Organisation oder konkreter Markt- bzw. Marketing-Aktivitäten, anschließen. Erst dies kann die Voraussetzungen dafür schaffen, Präferenzen für das eigene Angebot bei den Nachfragern zu erzeugen, um Wettbewerbsvorteile zu erzielen, die gegenüber der Konkurrenz über einen längeren Zeitraum aufrecht erhalten werden können.

Fehlt es an der konsequenten Kundenorientierung des gesamten unternehmerischen Denkens und Handelns ist die Insolvenz die zwangsläufige Konsequenz im Rahmen des marktwirtschaftlichen Ordnungssystems. Da die Kundenorientierung von allen im Unternehmen Verantwortlichen und nicht nur von den für das Marketing Zuständigen gelebt werden muss, kann dieses Defizit wohl kaum durch die im Rahmen einer Sanierung zur Verfügung stehenden Maßnahmen beseitigt werden. Dieses Defizit ist

---

[80] Vgl. hier und im Folgenden Weidekind, a. a. O., 1998/2, S. 52 ff.; vgl. hierzu auch Meffert, a. a. O., S. 7 ff.

kennzeichnend für die bereits betrachtete strategische Krise. Der für die Beseitigung dieser Krisenart erforderliche Zeitaufwand steht einer Sanierung in der Insolvenz entgegen.

Darüber hinaus muss die Marketing-Philosophie auch ihren Niederschlag in der Marketing-Strategie des Unternehmens finden. Häufig mangelt es den betroffenen Unternehmen an einer langfristig orientierten Marketing-Strategie. Es wird einfach »drauf los« agiert, ohne genaue Kenntnis des Marktes, auf dem man sich bewegt. Es wird unterlassen, konkrete Marktsegmente zu identifizieren und darüber hinaus zu untersuchen, wie sich diese in der Zukunft entwickeln könnten. Dies weist darauf hin, dass die Ausgestaltung der Marketing-Strategie nicht »auf den Moment« gerichtet sein darf, sondern in die Zukunft weisen muss.

Viele der hier betrachteten Unternehmen haben deshalb sich bietende Marktchancen nicht rechtzeitig erkannt und damit eine Expansion in attraktive Marktsegmente verpasst. Andere agieren dagegen »kopflos« auf Märkten in denen wegen hoher Konkurrenz und bestehendem Verdrängungswettbewerb kein langfristiger Erfolg mehr möglich ist. Die in diesem Zusammenhang erforderlichen Informationsbeschaffungs-Aktivitäten sind durch die so genannten Markt- bzw. Marketingforschung vorzunehmen.

2. Marketing-Forschung

Die Absicht der Kundenorientierung setzt eine genaue Kenntnis des Marktes und der auf ihm agierenden Marktpartner voraus. Im Rahmen der hierbei erforderlichen Markterkundung erhält das Instrument der *Marktforschung bzw. Marketing-Forschung* mit seinen Methoden der Informationsbeschaffung und -verarbeitung seine wesentliche Bedeutung. Welche Anforderungen an ein für die Marketing-Forschung geeignetes Informationssystem zu stellen sind, wird später noch ausführlich dargestellt.

Bei insolventen Unternehmen sind häufig generelle Informationsdefizite festzustellen. Es werden Fehler bei der Umfeldanalyse, wie sie bereits im Zusammenhang mit der strategischen Planung dargestellt wurden, gemacht. Diese Unternehmen führen ihre Krise auf »Überraschungen« mit den Banken oder aus dem geschäftlichen Umfeld zurück. Dies alles weist auf Mängel bei der so genannten Markt- bzw. Marketingforschung hin. Marktforschungs-Aktivitäten umfassen alle Maßnahmen der Informationsbeschaffung, die sich nicht nur auf das Unternehmen selbst, sondern auch sein allgemeines Umfeld und insbesondere seine relevanten Marktpartner beziehen.

Marktforschungs-Aktivitäten dienen nicht nur dazu quantitative Angaben über (Markt-) Entwicklungen und Veränderungen zusammenzutragen; sie sollten sich auch qualitativen Aspekten – insbesondere der so genannten Verhaltensanalyse aller relevanten Marktpartner – widmen. Resultieren die Probleme des Unternehmens aus dem Bankbereich und/oder dem sonstigen geschäftlichen Umfeld, ist dies in der Regel darauf zurückzuführen, dass man sich über die Erwartungen und Reaktionen der Beteiligten nicht ausreichend Gedanken gemacht hat. Relevante Marktpartner, deren Verhaltensweisen es zu analysieren und prognostizieren gilt, sind neben den Banken auch Kunden, Konkurrenten und Lieferanten.

Die Marktforschung soll gerade dazu beitragen, dass das Unternehmen bei der späteren Marktbearbeitung (mit Hilfe des so genannten Marketing-Mix) »vor Überraschungen gefeit ist«. Die für die Beseitigung von Fehlern bzw. Unterlassungen im Bereich der Markt- bzw. Marketing-Forschung erforderliche Zeit, dürfte bei einer Sanierung in der Insolvenz wohl kaum vorhanden sein. Dabei ist allerdings danach zu unterscheiden, welcher Betrachtungsgegenstand hiervon betroffen ist. Handelt es sich dabei um nicht erkannte Veränderungen bei den originären Kunden, gilt das zur strategischen Krise Gesagte. Wie gravierend die Missachtung etwaiger Veränderungen in den anderen genannten Betrachtungsfeldern ist, muss im Einzelfall bewertet werden.

3. Marketing-Mix

a) Klassisches absatzpolitisches Instrumentarium

71 Zur Erfüllung des Grundgedankens des Marketing, der strikten Markt- bzw. Kundenorientierung, stehen dem Unternehmen mit dem sog. *Marketing-Mix* (oder auch marketing-politisches Instrumentarium genannt) bestimmte Instrumente zur Verfügung, deren koordinierter Einsatz neben der Befriedigung bestehender Kundenbedürfnisse auch deren systematische Gestaltung ermöglicht.[81] In der allgemeinen Marketing-Literatur wird dabei gemeinhin zwischen folgenden Instrumenten unterschieden:

Marketing-Mix
• Produktpolitik (product)   • Preispolitik (price)   • Vertriebs- oder Distributionspolitik (place)   • Kommunikationspolitik (promotion)

In der allgemeinen Marketing-Theorie bezeichnet die Produktpolitik allgemein formuliert alle Entscheidungstatbestände, welche sich auf die marktgerechte Gestaltung des Leistungsprogramms eines Unternehmens beziehen. Unter Preispolitik werden im Rahmen des Marketing sämtliche Entscheidungen subsumiert, die mit der Festlegung von Einstandspreisen, Preisnachlässen oder sonstigen preisbeeinflussenden Entscheidungen zu tun haben. Die Vertriebspolitik umfasst alle Entscheidungen, die den Weg eines Produktes vom Hersteller bis zum Endabnehmer betreffen. Unter

---

81 Vgl. hier und im Folgenden Becker, a. a. O., S. 485 ff.

Weidekind

Kommunikationspolitik werden alle Maßnahmen der Informationsübertragung subsumiert.

Viele der hier betrachteten Unternehmen haben häufig nur eine vage Vorstellung davon, wer ihre Produkte kauft. Selbst wenn eine bestimmte Zielgruppe benannt werden kann, unterlässt man es, sich mit deren konkreten Wünschen und Bedürfnissen auseinander zu setzen. Die Entscheidungen im Rahmen der Produktpolitik sollen jedoch gerade dazu führen, dass die angesprochene Zielgruppe beim Unternehmen und nicht bei der Konkurrenz kauft. Dies wird nur dann gelingen, wenn das Angebot des Unternehmens die Nachfrage der Kunden besser befriedigt als das der Konkurrenz, was zwingend die genaue Kenntnis der Wünsche und Bedürfnisse der angestrebten Kunden-Zielgruppe voraussetzt.

Das Marketing-Mix umfasst nicht nur die zielgruppenspezifische Produktgestaltung sondern auch eine marktgerechte Preisgestaltung, denn es muss auch ein am Markt durchsetzbarer Preis bestimmt werden. Dieser richtet sich natürlich zum einen nach den Herstellkosten; er muss darüber hinaus aber auch die anzusprechende Zielgruppe, die Konkurrenzsituation und die allgemeine Preispolitik auf dem entsprechenden Markt berücksichtigen.

Das Marketing-Mix eines Unternehmens muss auch ein Vertriebskonzept umfassen, d. h. es muss der Frage nachgegangen werden wie, wo und wann das Angebot die potenzielle Zielgruppe erreicht. Im Mittelpunkt vertriebspolitischer Fragestellungen steht bei vielen krisenbehafteten Unternehmen die Standortproblematik. Natürlich stellen sich auch diese Probleme bei Unternehmen je nach Branche unterschiedlich dar. Historisch gewachsene Produktionsunternehmen haben häufig »Platzprobleme«. Bei Handelsunternehmen steht die Standortproblematik mit Fragen nach der Infra-Struktur und der Erreichbarkeit im Vordergrund.

Zum Marketing-Mix eines Unternehmens gehören ferner die sog. kommunikationspolitischen Entscheidungen eines Unternehmens. Bereits in einem vorstehenden Kapitel wurde auf die Vorurteile gegenüber den Aktivitäten des Marketing hingewiesen. Dies gilt insbesondere auch für die Kommunikationspolitik, die bei vielen Unternehmen ausschließlich mit Werbung gleichgesetzt wird. Die Kommunikationspolitik umfasst neben der Werbung noch eine Vielzahl anderer Instrumente, die nicht nur darauf abzielen, den Absatz der Produkte, sondern auch das »Image« des Unternehmens positiv zu beeinflussen. Viele Unternehmen neigen hier zu »extremen« Verhaltensweisen, in dem sie sich mit diesem Thema gar nicht beschäftigen oder aber »viel zu viel« Geld dafür ausgeben.

b) »Neuere« absatzpolitische Instrumente

Die bislang angesprochenen, infolge der englischen Begriffe auch als 4 Ps bezeichneten Instrumente wurden mittlerweile auf 7 Ps erweitert. Dies ist, ähnlich zu der Entwicklung verschiedener Marketing-Konzepte zu begründen, da Unternehmen unterschiedlicher Branchen von den genannten Instrumenten in unterschiedlichem Maße Gebrauch machen bzw. bestimmte Instrumente der klassischen 4 Ps gar nicht verwenden können.

Als Beispiel seien hier Dienstleistungs-Unternehmen genannt, deren Angebot nicht im Rahmen der »klassischen« Produktpolitik gestaltet werden kann, da es hier z. B. keine »Verpackung« im originären Sinne gibt. Gleiches gilt für Internet-Unternehmen, die darüber hinaus bestimmte Leistungen sogar kostenlos anbieten. Dabei steht also nicht das Thema »price« sondern »promotion« im Vordergrund. Ferner beschäftigt sich die klassische Vertriebspolitik vorrangig mit Fragen des physischen Vertriebs, während mit dem Internet den Unternehmen ein eher »virtueller« Vertriebsweg zur Verfügung steht. Dementsprechend wird in der modernen Marketing-Literatur das klassische Marketing-Mix um folgende 3 Ps ergänzt, die insbesondere aus dem Dienstleistungs-Marketing stammen: process management, physical facilities und personnel.

Die Qualität einer Dienstleistung hängt im Wesentlichen vom Prozess der Leistungserstellung ab. Das *process management* fungiert mithin insbesondere für solche Unternehmen als marketing-politisches Instrument, die auf die Einhaltung bestimmter Qualitätsstandards angewiesen sind. Als Beispiel kann hier die ISO-Zertifizierung angeführt werden, die in einigen Unternehmen fakultativ als Gütesiegel angestrebt und eingesetzt wird, in anderen dagegen, wie z. B. in der Automobilzulieferer-Industrie, obligatorisch ist.

Unter dem Begriff der *physical facilities* werden alle »materiellen« Entscheidungen eines Unternehmens, die nicht die unmittelbare Leistungserstellung betreffen, subsumiert. Dieses marketingpolitische Instrument erhält besondere Bedeutung für alle Unternehmen, die ansonsten immaterielle Produkte bzw. Leistungen anbieten. So stehen gerade bei Dienstleistungs- und Handelsunternehmen Fragen der Auswahl und Gestaltung ihres Standortes und ihrer Verkaufsräume im Vordergrund.

Das Instrument »*personnel*« trägt der existenziellen Bedeutung des (Verkaufs-) Personals für den Marketing-Erfolg eines Unternehmens Rechnung. Die Mitarbeiter im Verkauf sollen nicht nur den »Boden für Verkaufsabschlüsse bereiten« bzw. diese unmittelbar bewirken. Sie müssen darüber hinaus zunächst die Kundenkontakte erst einmal herstellen. Dafür sind Informationen (über die Kunden) zu sammeln und Informationen (über das Unternehmen und sein Angebot) zu übermitteln. Beim persönlichen Verkauf mischen sich dementsprechend vertriebliche und kommunikative Elemente. Insoweit ist im Rahmen der Prüfung der Fortführungschancen auch zu untersuchen, inwieweit das im Unternehmen tätige Verkaufspersonal dieser Aufgabenstellung gerecht wird.

Weidekind

III. Gegenstand und Methoden der Marketing-Forschung

Das Wissen über Gegenstand und Methoden der Markt- bzw. der Marketingforschung dient nicht nur der Beurteilung der Fähigkeiten des krisenbehafteten bzw. insolventen Unternehmens in diesem Bereich. Die hierbei vorzunehmende Informationsbeschaffung ist, wie bereits dargestellt, der erste Schritt der strategischen Planung und charakterisiert somit auch die Fähigkeit des Unternehmens in diesem Bereich. Markt- bzw. Marketing-Forschung muss der Insolvenzverwalter aber auch selbst betreiben, will er die Fortführungsaussichten des betroffenen Unternehmens beurteilen.

1. Abgrenzung zwischen Markt- und Marketingforschung

Insofern ist zunächst näher zu definieren, was unter Marktforschung bzw. Marketing-Forschung zu verstehen ist.[82] Der Unterschied zwischen den beiden Begriffen stellt nicht lediglich eine semantische Abweichung dar, sondern ist Ausdruck eines generellen Problems in der deutschsprachigen Marketing-Literatur, in der die Begriffe Marktforschung und Marketing-Forschung nicht klar genug voneinander abgegrenzt werden.[83]

	Marketing-Forschung	
Marktforschung	innerbetriebliche Sachverhalte allgemein – Absatzerfolgsrechnung – Vertriebskostenanalyse – Kapazitätsprogramme – etc.	

Absatzmarkt
– Marktpotenzial/
  Marktvolumen/
  Marktstruktur
– Konkurrenz
– Bedarfsstruktur
– etc.
	Beschaffungsmarkt
	– Lieferanten
	– Beschaffungswege
	– Lieferfristen
	– Transportmittel
	– etc.
		Marketingaktivitäten insbesondere
		– Distributionsforschung
		– Werbewirksamkeitsstudien
		– etc.

Gewinnung externer Informationen	Gewinnung interner Informationen	

Im Mittelpunkt der *Marktforschung* steht die Untersuchung eines Marktes anhand spezifischer, vornehmlich quantitativer Merkmale wie Größe und Struktur, insbesondere hinsichtlich dessen Fähigkeit, Geschäftsbeziehungen entstehen zu lassen. Unter *Marketing-Forschung* wird dagegen die Ge-

---
82 Vgl. hier und im Folgenden Meffert, a. a. O., S. 89 ff.
83 Vgl. Weidekind, a. a. O., S. 75.

samtheit aller Maßnahmen zur Aufbereitung sämtlicher externer und interner Informationen verstanden, die sowohl für konkrete Geschäftsbeziehungen als auch für die Marktposition des Unternehmens insgesamt relevant sind.

Dabei sind im Insolvenzfall insbesondere auch die marketingrelevanten unternehmensinternen Sachverhalte zu untersuchen. Gefragt werden muss, ob das Unternehmen die entsprechende »Rechenwerke« überhaupt erstellt hat und wenn ja, mit welchen Ergebnissen. Unter Umständen kann es erforderlich sein, diese noch nachträglich zu erstellen, um die Fortführungsaussichten zu beurteilen. Anhand der Vertriebskostenanalyse und/ oder Untersuchungen zur Werbewirksamkeit kann z. B. kontrolliert werden, ob das Unternehmen hier Geld »vergeudet« hat.

Die vorstehenden Ausführungen sollen keine Wertung in dem Sinne darstellen, dass die Bedeutung der Marktforschung in Frage gestellt wird. Ihr Stellenwert dürfte bereits im Rahmen der Darstellungen zur strategischen Planung ersichtlich geworden sein. Sie ist darüber hinaus unumgänglich, will man die Fortführungsaussichten des betroffenen Unternehmens beurteilen. Inwieweit derartige Aktivitäten von Unternehmen selbst ergriffen worden sind, gibt dementsprechend ferner darüber Auskunft, mit welcher Effektivität »strategische Planung« und »Marketing« in den betreffenden Unternehmen betrieben worden sind.

Allerdings sollten gerade zur Beurteilung der Fortführungschancen auch die Aspekte betrachtet werden, der sich die Marktforschung in dem Maße nicht widmet, die aber nach der hier vertretenen Ansicht Gegenstand der Marketing-Forschung darstellen. Dies gilt umso mehr, wenn die Ergebnisse der Marktforschung bzw. Marktanalyse im Rahmen der strategischen Planung hierbei zu keinem eindeutigen Ergebnis führen. In diesem Zusammenhang sei noch die weitere begriffliche Unterscheidung in quantitative und qualitative Markt- bzw. Marketingforschung eingegangen.

2. Quantitative und qualitative Markt- bzw. Marketingforschung

74 Während die Marktanalyse im Rahmen der strategischen Planung vorrangig auf die quantitativen Kriterien eines Marktes abstellt, stehen im Mittelpunkt der im Rahmen des Marketing vorzunehmenden Untersuchungen qualitative Aspekte und hierbei allen voran das Verhalten der Marktteilnehmer. Gerade zur Beurteilung der Fortführungsaussichten dürfte es von besonderem Interesse sein, wie sich im konkreten Einzelfall die betreffenden Marktpartner des Unternehmens verhalten werden. Insofern ist das Verhalten folgender Personenkreise eingehend zu analysieren und zu prognostizieren: Kunden, Konkurrenten, Lieferanten und Absatzmittler.

Auch in diesem Zusammenhang kann auf eine Vielzahl von Forschungsergebnissen aus Theorie und Praxis zurückgegriffen werden. Dabei sind an erster Stelle die Forschungsansätze zum Käuferverhalten zu nennen. Im Zusammenhang mit den Ausführungen zur strategischen Planung wurde bereits darauf hingewiesen, dass in der Regel nicht davon auszugehen ist, dass ein Unternehmen mit einem Produkt alle Käufer eines Gesamtmarktes bedient. Der jeweilige Aktionsradius des Unternehmens wurde dort durch die *strategischen Geschäftseinheiten* bestimmt. Ein analoges Ziel strebt im Zusammenhang mit der Analyse des Käuferverhaltens das Instrument der so genannten »*Marktsegmentierung*« an.

3. Marktsegmentierung

Ausschlaggebend für die Fortführungschancen eines krisenbehafteten bzw. insolventen Unternehmens ist die Bedarfsgerechtigkeit des angebotenen Produkt- und/oder Leistungsprogramms des Unternehmens. Um dieses einschätzen und beurteilen zu können, ist die Kenntnis der Wünsche und Bedürfnisse der derzeitigen, aber auch der potenziellen Kunden zwingend erforderlich.

Im Rahmen der Marktsegmentierung wird nach geeigneten Kriterien gesucht, anhand derer sich ein Gesamtmarkt in unterschiedliche Segmente aufteilen lässt.[84] Im Hinblick auf die dort jeweils anzutreffenden Kundenbedürfnisse sollen diese Segmente in sich relativ homogen, zu den anderen dagegen möglichst heterogen sein. Die Kenntnis (um die Notwendigkeit) des Instrumentes der Marktsegmentierung dient nicht nur als Grundlage der Verhaltensanalyse bei den Kunden. Im Idealfall wurde die Marksegmentierung bereits durch die betreffenden Unternehmen selbst durchgeführt. Ist dies jedoch nicht der Fall, kann hieran nämlich eine weitere Krisenursache festgemacht werden.

Zur Durchführung der Marktsegmentierung existieren eine Vielzahl von unterschiedlichen Kriterien, deren Auswahl sich an der Tauglichkeit für die jeweiligen Untersuchungsgegenstände, insbesondere in Abhängigkeit von dem vom Unternehmen angebotenen Produkt- und/oder Leistungsprogramm zu orientieren hat. Grundsätzlich werden hierbei folgende, nicht ganz überschneidungsfreie Aspekte genannt: geographisch, demographisch, psychographisch und verhaltensorientiert.

Die ausschließliche Verwendung von Segmentierungskriterien der ersten beiden Kategorien dient vorrangig der Identifizierung von Käufern und Nichtkäufern, d.h. des so genannten Marktpotenzials. Geht es dagegen darum, Aufschlüsse darüber zu erhalten, welches Produkt von welcher Gruppe aus welchen Gründen präferiert wird, ist nach der psychographischen bzw. verhaltensorientierten Segmentierung vorzugehen. Des Weiteren ist zu berücksichtigen, dass die beiden mittleren Segmentierungskriterien im Bereich des Konsumgüter-Marketing entwickelt wurden, mithin

---

84 Vgl. hier und im Folgenden Becker, a. a. O., S. 250 ff.

Weidekind

eher für Märkte geeignet, auf denen private Kunden und keine Unternehmen angesprochen werden.

Bei der *geographischen Segmentierung* wird der Markt in verschiedene regionale Untereinheiten aufgeteilt, auf dem das Unternehmen sein Angebot absetzt bzw. platzieren möchte. Dieses Kriterium sollte für Märkte bzw. Produkte und/oder Leistungen verwendet werden, bei denen es spezifische regionale Unterschiede in den Bedürfnissen der Kunden und/oder der globalen Umfeldstrukturen gibt. Aus den bereits im Zusammenhang mit der strategischen Planung genannten Betrachtungsgegenstände der Umweltanalyse sind hierbei insbesondere Unterschiede in den rechtlichen Umfeldstrukturen zu nennen.

Die *demographische Segmentierung* wird, wie bereits dargestellt, hauptsächlich bei privaten Kunden verwendet. Zur Einteilung werden allgemeine personenbezogene Kriterien, wie z. B. Alter, Geschlecht, Einkommen, Beruf und Familienstand herangezogen. Hierbei handelt es sich um die am häufigsten verwendete Variante der Marktsegmentierung, da davon ausgegangen wird, dass zwischen bestimmten demographischen Merkmalen und den Bedürfnissen und Wünschen der Kunden ein enger Zusammenhang besteht.

Die *psychographische Segmentierung*, die für den selben Kundenkreis Verwendung findet, unterteilt die Käufer dagegen nach Kriterien wie der Zugehörigkeit zu einer bestimmten sozialen Schicht, dem Lebensstil oder bestimmten Persönlichkeitsmerkmalen. Diese Methode wird zwar als aussagekräftiger als die demographische Segmentierung beurteilt, ist aber mit Schwierigkeiten bei der Erhebung der genannten Merkmale verbunden. Für die hier am meisten interessierende *verhaltensorientierte Segmentierung* liegen eine Vielzahl theoretischer Erklärungsansätze vor, die sich Kriterien wie Kaufanlässen, Verwendungsraten, Loyalitätsstatus, Stadium der Kaufbereitschaft und allgemeinen Einstellungen der Kunden widmen und daher für Privatpersonen sowie Unternehmen als Kunden geeignet sind.

IV. Instrumente des Marketing-Mix

Im Folgenden sollen die klassischen Instrumente des Marketing-Mix in ihren Grundlagen skizziert werden.[85] An den dargestellten, im jeweiligen Zusammenhang zu treffenden Entscheidungen kann wiederum untersucht werden, ob und wenn ja in welchen Bereichen in den betreffenden Unternehmen Krisenursachen gelegt wurden. Darüber hinaus ergeben sich hieraus gleichzeitig Erkenntnisse für etwaige Sanierungsmaßnahmen.

---

85 Vgl. zu den Instrumenten des Marketing-Mix Becker, a. a. O., S. 481 ff.; Meffert, a. a. O., S. 317 ff.

1. Produktpolitik

Mittelpunkt produkt- bzw. sortimentspolitischer Entscheidungen ist die Gestaltung des Absatzprogramms. In der Marketing-Theorie bezeichnet die *Produktpolitik* allgemein formuliert alle Entscheidungstatbestände, welche sich auf die marktgerechte Gestaltung des Leistungsprogramms eines Unternehmens beziehen. Im Rahmen der Absatzpolitik ist die Produktpolitik dementsprechend nicht als technisches, sondern als marktbezogenes Entscheidungsproblem aufzufassen. Ausgangspunkt bilden die Bedürfnisse, Wünsche und Probleme der Nachfrager. Durch eine dauerhafte Befriedigung der Nachfragerbedürfnisse wird die Realisierung der Unternehmensziele auf lange Zeit hin sichergestellt. Die zweckmäßige und attraktive Gestaltung des Leistungsprogramms ist für die Stellung des Unternehmens im Wettbewerb, sein Wachstum und seine Sicherheit mithin von zentraler Bedeutung.

76

Das Angebot verkäuflicher und ertragsstarker Produkte stellt den wesentlichen Erfolgsfaktor eines Unternehmens dar. Im Vordergrund und Mittelpunkt der Betrachtungen des Gutachters sollte damit stehen, inwieweit es dem Unternehmen in der Zukunft gelingt, ein erfolgreiches, d. h. gewinnträchtiges Angebot am Markt zu platzieren.[86] Hierfür ist es unabdingbar, die Sicht der gegenwärtigen, aber insbesondere auch die der potenziellen neuen Kunden einzunehmen. Über den Erfolg des Angebots eines Unternehmens entscheidet einzig und allein die Bedarfsgerechtigkeit, d. h. ob und in welchem Maße das Angebot des Unternehmens auch tatsächlich bestehende Bedürfnisse der Kunden befriedigt. Im Mittelpunkt der Krisenursachenanalyse stehen dementsprechend Fragen nach der Fähigkeit des Unternehmens zum Erkennen von Kundenbedürfnissen und zur Herstellung bedarfsgerechter Marktleistungen.

Instrumente, die der Analyse der Kundenbedürfnisse dienen, sind Marktforschungsstudien, insbesondere Kundenbefragungen, die ebenfalls zur Lagebeurteilung herangezogen werden können. In dem Maße, in dem hier eine individuelle Untersuchung der produktbezogenen Erfolgspotenziale vorgenommen wird, können auch gleichzeitig Fragen nach der Marktstellung des Unternehmens und seines Images mit einbezogen werden.

Der Terminus »Produkt« wird in der Literatur sehr unterschiedlich ausgelegt. In diesem Kapitel soll »Produkt« als Sammelbegriff für alles verstanden werden, was einem Markt als Objekt der Aufmerksamkeit, zum Erwerb oder Konsum angeboten werden kann. Der Begriff umfasst demnach sowohl konkrete Gegenstände, Dienstleistungen, Personen, Orte, Organisationen und Ideen, wird hier also im weitesten Sinne verwendet. Darüber hinaus kann der Produktbegriff in verschiedene Ebenen unterteilt werden, als das wären:

---

86 Vgl. hier und im Folgenden Weidekind, a. a. O., 1998/2, S. 21 ff.; vgl. hierzu auch Fechner, a. a. O., S. 180 ff.

- Kernprodukt,
- formales Produkt,
- erweitertes Produkt.

Auf der fundamentalen Ebene kann vom *Kernprodukt* gesprochen werden, was gleich bedeutend ist mit der Beantwortung der Frage »Was wird eigentlich verkauft«. Unter dem Produkt wird dementsprechend nichts anderes verstanden, als die Verpackung eines Problemlösungsdienstes. Die Aufgabe des Unternehmens liegt nicht darin, Produkteigenschaften, sondern vielmehr sog. Kernvorteile zu verkaufen.

Das *formale Produkt* ist dann die größere »Verpackung« des Kernproduktes; es ist die konkrete physische Einheit, die unmittelbar als Kaufobjekt erkannt wird. In der Literatur werden hier Kriterien wie »Styling«, »Markenname« oder »Qualitätsniveau« zur Bewertung angeführt.

Schließlich umfasst das *erweiterte Produkt* die Gesamtheit aller Vorteile, die der Käufer mit dem Erwerb des formalen Produktes erhält oder erfährt, wobei in der Literatur davon ausgegangen wird, dass nur noch diese zusätzlichen Serviceleistungen den Erfolg ausmachen.[87] Dementsprechend sind im Hinblick auf das Produktangebot des Unternehmens folgende Fragen zu beantworten:

- Welches Produkt wird angeboten/soll in Zukunft angeboten werden?
- Welche (qualitativen) Ausstattungsmerkmale hat das Produkt/soll es haben?
- Welche zusätzlichen Eigenschaften sollen mit dem Angebot verbunden werden?

Zur Beurteilung des Produktangebots des betroffenen Unternehmens kann das bereits dargestellte Produkt-Lebenszyklus-Konzept herangezogen werden. Ausgehend vom Stand des Produktes im Produkt-Lebenszyklus und damit den Erkenntnissen über den Grad der Bedürfnisbefriedigung durch die angebotenen Produkte und deren daraus resultierender Qualität könnten die Maßnahmen der Produktpolitik zu folgenden Entscheidungen führen, die gleichzeitig leistungswirtschaftliche Sanierungsmaßnahmen bedingen:[88]

Produkteinschätzung	leistungswirtschaftliche Sanierungsmaßnahmen
konkurrenzfähig	halten
verbesserungsfähig	verbessern
eliminierungsverdächtig	eher eliminieren
veraltet	eliminieren

---

87 Vgl. hierzu Fechner, a. a. O., S. 184.
88 Vgl. Weidekind, a. a. O., 1998/2, S. 27.

Weidekind

Da Produkt- und Preismerkmale häufig als »Bündelerlebnis« in die Nutzeneinschätzung der Abnehmer eingehen, ergibt sich an dieser Stelle die Überleitung zur Preisgestaltung des Produktangebots.

2. Preispolitik

Unter Preispolitik werden im Rahmen des Marketing sämtliche Entscheidungen subsumiert, die mit der Festlegung von Einstandspreisen, Preisnachlässen und sonstigen preisbeeinflussenden Entscheidungen zu tun haben. Bei der Preisfindung, d. h. der Kalkulation der Verkaufspreise, sind verschiedene Faktoren zu berücksichtigen, als da wären

- kostenorientierte Preisfindung,
- kundenorientierte Preisfestsetzung,
- wettbewerbsorientierte Preisfestsetzung.

Um das oberste Unternehmensziel der Gewinnerzielung zu realisieren, müssen die Umsätze langfristig betrachtet die *Kosten* nicht nur decken. Die kurzfristige Preisuntergrenze wird dabei durch die variablen Stückkosten bestimmt. Langfristig müssen aber auch die fixen Kosten gedeckt sein. Ferner ist dabei ein kalkulatorischer (und angemessener) Gewinn zu berücksichtigen. Die kostenorientierte Preisfindung ist insofern problematisch, da Preise, Mengen und Kosten sich wechselseitig bedingen. Bei der Kalkulation besteht insbesondere die Schwierigkeit, die Menge in Abhängigkeit der Preise zu bestimmen. Diese Abhängigkeit wird durch die Konkurrenzsituation und durch das Nachfrageverhalten bedingt.

Wie nun der einzelne *Nachfrager* auf die Preisbildung reagiert, hängt von dem subjektiven Nutzen ab, dem ihm das Produkt stiftet. Es ist also erforderlich durch Methoden der Marktforschung, diese Nutzeneinschätzung des Kunden zu ermitteln. Problematisch ist dabei, dass es die objektive Einschätzung nicht gibt, sondern viele unterschiedliche subjektive Vorstellungen. In diesem Zusammenhang spielt auch die Preiselastizität der Nachfrage eine große Rolle, aber auch die momentane und zukünftige Konkurrenzsituation.

Darüber hinaus wird die Preisfindung also auch von der *Wettbewerbssituation* beeinflusst. Da die meisten Unternehmen auf polypolistischen Märkten, d. h. mit vielen Konkurrenten, agieren, wirkt der Marktpreis als bestimmende Determinante. Versucht das Unternehmen diesen zu überbieten, wird die abgesetzte Menge zurückgehen und auf längere Sicht weder Kundenakzeptanz noch Kostendeckung erreichbar sein. Kostendeckungsprobleme ergeben sich jedoch auch im umgekehrten Fall. Darüber hinaus besteht angesichts starker Konkurrenz die Gefahr, einen ruinösen Preiskampf zu entfachen. Allenfalls Nischenanbieter und Monopolisten haben die Möglichkeit, eine individuelle Preispolitik zu betreiben. In oligopolistischen Märkten, d. h. solchen mit wenigen großen Anbietern, findet man dagegen häufig eine übereinstimmende Preispolitik.

3. Vertriebspolitik

78 Die Vertriebspolitik umfasst alle Entscheidungen, die den Weg eines Produktes vom Hersteller zum Endabnehmer (-verbraucher) betreffen.[89] In diesem Rahmen werden in der Regel zwei Themenkomplexe behandelt, die Absatzwege- und die Vertriebsdurchführungsentscheidung.

Die Fragen zur *Absatzwegeentscheidung* beschäftigen sich mit der Suche und Analyse der Lösungen, welche Institutionen die Vertriebstätigkeit zwischen Hersteller und Verwender übernehmen sollen und wie die Gesamtvertriebsleistung auf die Beteiligten aufgeteilt wird. Bei den Absatzwegeentscheidungen geht es konkret um Art und Anzahl der Absatzstufen (Aufteilung der Gesamtvertriebsleistung) als auch um Art und Anzahl der Absatzmittler (Wahl der Institution).

Die *Vertriebsdurchführungsentscheidungen* (auch Entscheidungen über die »physische Distribution« oder solche im »logistischen System« genannt) betreffen die physische Bewegung der Produkte zwischen Hersteller und Endabnehmer. Konkret ist damit sowohl die Einrichtung von Absatzlagern als auch der Bereich des Transportwesens angesprochen.

Da es sich bei den hier vorgestellten Themenkomplexen grundsätzlich um langfristig orientierte/bedeutsame und zugleich schwer revidierbare Entscheidungen handelt, soll im Folgenden vom strategischen Bereich der Vertriebspolitik gesprochen werden. Im operativen Bereich geht es dann konkret darum zu untersuchen bzw. für die Zukunft festzulegen, zu welchem Zeitpunkt und in welchem Umfang die langfristig etablierten Absatzkanäle jeweils genutzt wurden bzw. genutzt werden sollen. Die Gestaltung des Systems der Absatzkanäle umfasst allgemein folgende Entscheidungen:

- Wahl der Absatzwege (direkter oder indirekter Vertrieb),
- Zahl und Art der (auf jeder Stufe) einzuschaltenden Absatzmittler,
- Ausgestaltung der vertraglichen Bindungen,
- Art und Anzahl der einzusetzenden Außendienstmitarbeiter.

a) Wahl der Absatzwege

79 Im ersten Schritt ist festzustellen, wie das Unternehmen seine Produkte am Markt absetzt. Aus der Entscheidung über die Wahl der Absatzwege bzw. Absatzstufen resultiert unmittelbar die Entscheidung über die Anzahl der Absatzmittler. Absatzmittler werden nach ihrer Rechtsstellung unterschieden. Zunächst ist die Gruppe zu nennen, die die Bedingungen des Kaufvertrages lediglich aushandelt, jedoch nicht selbst in den Vertrag eintritt. Hierbei ist wiederum zwischen dem unselbstständigen »Reisenden« und einem selbstständigen Vertreter zu unterscheiden. Die zweite Gruppe stellen die Händler dar, die die betreffenden Produkte kaufen und weiterverkaufen.

---

[89] Vgl. hier und im Folgenden Weidekind, a. a. O., 1998/2, S. 55 ff.

Dementsprechend stehen dem Unternehmen grundsätzlich drei Möglichkeiten zur Verfügung:

- direkter Vertrieb,
- indirekter Vertrieb über eine Stufe,
- indirekter Vertrieb über mehrere Stufen.

Allgemein gilt, dass ein Absatzweg umso kostenintensiver ist, je direkter die Verbindung zwischen dem Produzenten und dem Endabnehmer ist. Mit dem Übergang von einem direkten zu einem indirekten Vertriebssystem ist zumeist ein überproportionaler Rückgang der Vertriebskosten verbunden. Bei der Entscheidung zwischen direktem und indirektem Vertrieb sollten ferner folgende Aspekte Berücksichtigung finden:

Tendenziell gilt, dass für Produkte mit starker »Erklärungsbedürftigkeit« der direkte Vertrieb zu bevorzugen ist. Der direkte Vertrieb sollte auch dann gewählt werden, wenn die regionale Konzentration der Abnehmer sehr hoch ist bzw. sich hohe Bedarfspotenziale in bestimmten Gebieten abzeichnen. Gleiches gilt für Produkte, die nur in großen zeitlichen Abständen gekauft werden. Die dahinter stehenden Überlegungen dürften auf der Hand liegen. In den ersten beiden Fällen sind die Abnehmer durch das Unternehmen selbst »kostengünstig« zu erreichen; im zuletzt genannten Fall sollte der Erfolg der Verkaufsgespräche »nicht aus der Hand gegeben werden«.

b) Zahl und Art der Absatzmittler

Für den Fall, dass sich das Unternehmen so genannter Absatzmittler bedient, ist zu untersuchen, ob die entsprechende Zusammenarbeit strategisch geplant und auch kontrolliert wird. Wichtige Kriterien zur Analyse der Geschäftsbeziehungen sind die folgenden:

- Vertriebskosten,
- Kriterien des Marketingplans,
- Kontrollmöglichkeit und Konfliktpotenzial,
- Anpassungsfähigkeit,
- Wachstumspotenzial und »Treueaspekte«.

Bei den *Außendienstmitarbeitern* ist besonderes Augenmerk auf die Themen »Kompetenz«, »Motivation« und »Entlohnung« zu legen ist. Häufig ist festzustellen, dass in insolventen Unternehmen keine »Top-Verkäufer« vorhanden sind. Um die Fixkostenbelastung durch fest angestellte Mitarbeiter zu reduzieren, bedienen sich viele Unternehmen stattdessen sog. *Handelsvertreter* oder *Handelsmakler*. Die entsprechenden Personen sind selbstständig und arbeiten darüber hinaus in der Regel für mehrere Unternehmen, so dass hierbei darauf zu achten ist, dass auch tatsächlich die ausgewählten Zielgruppen des Unternehmens angesprochen werden. Infolge der »Unabhängigkeit« der genannten Personen ist ferner zu hinterfragen, inwieweit sie auch tatsächlich die Vorstellungen des Unternehmens umsetzen.

Eröffnet das Unternehmen *firmeneigene Niederlassungen*, kann es seinen Aktionsradius wesentlich erweitern und auch die entsprechenden Vertriebsaktivitäten gut kontrollieren. Die entsprechenden Maßnahmen sind allerdings sehr kostenintensiv. Um sich die zuvor genannten Möglichkeiten kostengünstig zu erschließen, kann sich das Unternehmen mit anderen im Rahmen von *Vertriebskooperationen* zusammenschließen. Natürlich muss hierbei eine gewisse »Gleichartigkeit« der Produkte, aber auch der Interessen bestehen.

Die Positionierung der Produkte in *Einzelhandelsgeschäften* wird heute immer schwieriger. Wenn *Großhändler* hier als »Vermittler« fungieren, lassen sich die Vertriebskosten zwar merklich reduzieren. Dabei ist jedoch die »Marktmacht« der entsprechenden Organisationen im Auge zu behalten, die sich wiederum auf die Konditionen auswirkt. Das Gleiche gilt auch für den *Fachhandel*, der ebenfalls die »Margen drückt«.

4. Kommunikationspolitik

81 Als Kommunikationspolitik wird in der allgemeinen Marketing-Literatur die bewusste Gestaltung aller auf den Markt gerichteten Informationen verstanden. Allgemeine Aufgabe der Kommunikationspolitik ist es dementsprechend einerseits, potenzielle Kunden mit Informationen über das Angebot des Unternehmens zu versorgen. Die Kommunikationspolitik soll auf das Angebot aufmerksam machen und dessen »Problemlösungspotenzial« der angesprochenen Zielgruppe vermitteln. Darüber hinaus sollen diejenigen, die bereits Geschäftspartner des Unternehmens sind, in der »Richtigkeit« ihrer Entscheidung bestätigt werden.[90]

Es dürfte hiermit leicht ersichtlich sein, dass gerade angesichts des »beschädigten« Images insolventer Unternehmen eine intensive Auseinandersetzung mit den Maßnahmen der Kommunikationspolitik von besonderer Bedeutung ist, wenn das Unternehmen überleben soll. Auch im Bereich der Kommunikationspolitik stehen dem Unternehmen verschiedene Maßnahmen zur Verfügung, als da wären:

- Werbung,
- Verkaufsförderung,
- Öffentlichkeitsarbeit und,
- Sponsoring.

a) Werbung

82 Unter *Werbung* versteht man gemeinhin die Gesamtheit aller von einem Unternehmen initiierten Formen der Beeinflussung der Zielgruppen. Dabei werden spezifische Kommunikationsmittel eingesetzt, die die Zielgruppen

---

[90] Vgl. hier und im Folgenden Weidekind, a. a. O., 1998/ 2, S. 62 ff.

positiv beeinflussen, insbesondere unmittelbar zum Kauf animieren sollen. Als geläufigste Varianten dieses Vorgehens seien hier folgende aufgeführt:

- Anzeigen in Zeitschriften, Fernseh- und Radiospots,
- Prospekte, Kataloge und Werbebriefe,
- Schaufensterdekorationen, Plakate und Leuchtschriften,
- Kundenzeitschriften, -anschreiben.

Als Vorteil dieses Kommunikationsinstrumentes wird die Möglichkeit zur breiten Streuung der jeweiligen Werbebotschaft angesehen. Gerade im Rahmen der Krisenursachenanalyse, aber auch der zukünftigen Möglichkeiten des Unternehmens, ist dabei zu beachten, dass die entsprechenden Maßnahmen nicht unerhebliche Kosten verursachen. In diesem Zusammenhang sind zunächst die Werbebudgets der Vergangenheit zu analysieren. Gerade wenn es um die Beeinflussung des Images des Unternehmens für die Zukunft geht, ist einem weiteren Kritikpunkt an der Wirksamkeit von Werbemaßnahmen Beachtung zu schenken:

Problematisch ist, dass im Prinzip alle Zielgruppen mit Werbebotschaften aus den verschiedensten Bereichen »überflutet« werden. Diese Informationsüberflutung kann dazu führen, dass der umworbene Interessent der Botschaft keine Beachtung schenkt. Insofern ist zunächst auch zu untersuchen, inwieweit sich das Unternehmen in der Vergangenheit mit der sog. »Werbewirksamkeitsanalyse« beschäftigt oder das Geld lediglich »zum Fenster hinaus geworfen« hat. Darüber hinaus ist zu untersuchen, ob die Werbung tatsächlich das geeignete Instrument ist, das beschädigte Image des Unternehmen in Zukunft »aufzupolieren« oder zumindest einer schnellstmöglichen Ankurbelung des Absatzes dient.

b) Verkaufsförderung

Verkaufsförderung oder auch »sales promotion« genannt, soll die klassische Werbung unterstützen. Es handelt sich dabei um eine Vielzahl »werblicher« Maßnahmen, die kurzfristig den Absatz eines Produktes oder einer Dienstleistung unterstützen sollen. Hiermit sind insbesondere solche Kommunikationsmittel gemeint, mit denen ein Unternehmen die am Verkauf ihrer Leistungen beteiligten Personen oder Institutionen bei dieser Tätigkeit vor Ort (am sog. »point of purchase«) unterstützen kann. Aus dieser Definition folgt unmittelbar, dass die Instrumente der Verkaufsförderung an drei Adressatenkreise, namentlich den eigenen Verkaufsstab, die Absatzmittler und die Konsumenten zu richten sind.

Im Hinblick auf die *eigene Verkaufsorganisation* stellt sich zunächst die (personalpolitische) Fragen nach deren Eignung. Sind die Mitarbeiter nicht hinreichend qualifiziert und motiviert, lassen sich Absatzprobleme leicht erklären. Betrachtet man andererseits die Motivationsmaßnahmen, die zur Verkaufsförderung beim eigenen Verkaufsstab eingesetzt werden, können auch hier bestimmte Krisenherde liegen. In der Literatur werden Schulungsmaßnahmen, Verkäuferbesprechungen und sog. Incentiv-Reisen als verkaufsfördernde Maßnahmen genannt. Das hierin liegende Risikopotenzial dürfte leicht ersichtlich sein. Schulungsmaßnahmen können bei nicht hinlänglicher Planung »ins Leere laufen«; in vielen Unternehmen ist ein Übermaß an »meetings« festzustellen, die zu keinerlei konkreten Ergebnissen führen; für sog. »fringe benefits« der Mitarbeiter wird unnötig viel Geld ausgegeben.

Den für das Unternehmen agierenden *Absatzmittlern* können im Rahmen der Verkaufsförderung Informations- und Demonstrationsmaterialien, Werbemittel, Produkt-Schulungen etc. zur Verfügung gestellt werden. Krisenursachen ergeben sich oftmals dadurch, dass die Hersteller ihre Absatzmittler »allein« lassen und nicht genug bei ihrer Verkaufstätigkeit unterstützen. Die Bedeutung von verkaufsfördernden Maßnahmen, die sich an den *Endabnehmer* richten, ist umstritten. Als Maßnahmen werden hier Zugaben wie Kalender, Kugelschreiber, Kartenspiele, Kundenwettbewerbe, Vorführungen und Ausstellungen genannt. Die entsprechenden Mittel sind zum Teil recht kostenintensiv und hinsichtlich ihrer Wirkung nicht eindeutig zu klassifizieren. Es bedarf hinsichtlich der Beurteilung des Verhaltens des Unternehmens in der Vergangenheit und der gegebenenfalls für die Zukunft geplanten Maßnahmen einer intensiven Analyse.

Auch wenn die Möglichkeiten der Verkaufsförderung ebenso wie ihre Adressatenkreise breit gefächert sind, ist jedoch ein Gefahrenpunkt darin zu sehen, dass sie bei häufigem und langem Einsatz vom Adressatenkreis nicht mehr wahrgenommen und damit wirkungslos wird. Im Rahmen der Analyse des Unternehmens ist dementsprechend nicht nur darauf zu achten, ob das Unternehmen überhaupt Verkaufsförderung betrieben hat, sondern wie häufig und von welcher Dauer der Einsatz der entsprechenden Maßnahmen war. Wurden bislang noch keine Maßnahmen der Verkaufsförderung durchgeführt, können diese trotz oder gerade wegen ihrer kurzfristigen bzw. taktischen Natur speziell im gemeinsamen Einsatz mit der Werbung den Absatz von Produkten für ein zu sanierendes Unternehmen kurzfristig effizient unterstützen.

c) Öffentlichkeitsarbeit

84 Unter *Öffentlichkeitsarbeit* versteht man das methodische Bemühen eines Unternehmens um Verständnis sowie um den Aufbau und die Pflege von Vertrauen in der Öffentlichkeit, d. h. um die Schaffung eines positiven Images, das letztlich dazu dient, die Unternehmensziele besser zu erreichen. Gerade bei insolventen Unternehmen können in Spezialfällen die Krisenursachen gerade in Versäumnissen in diesem Bereich zu suchen sein. Gedacht sei hier z. B. an ein Unternehmen, dessen Image durch die Verwendung umweltschädigender Produktionsverfahren geschädigt wurde und daher von *den Abnehmern »gemieden«* wird. Zu beachten ist dann aber bei der Sanierung, dass die Wirkung der Öffentlichkeitsarbeit eher langfristig, d. h. strategisch orientiert ist. Ein einmal beschädigtes Image ist daher nur mit großem Zeit- und Kostenaufwand wieder herzustellen.

Weidekind

Eine weitere für die Sanierung bedeutsame Unterscheidung im Zusammenhang mit der Öffentlichkeitsarbeit ist die Einteilung der Adressatenkreise. Hierbei lässt sich zu unterscheiden in Maßnahmen, die sich an die sog. »allgemeine« Öffentlichkeit (Public Relations) und solche, die sich speziell an die Geldgeber eines Unternehmens (Investor Relations) richten.[91] Im zuletzt genannten Fall geht es um das kritische Hinterfragen, inwieweit das Vertrauensverhältnis zwischen dem Unternehmen und seinen Geldgebern bereits unwiederbringlich gestört ist. Den entsprechenden Ergebnissen dürfte des Weiteren ein nicht unerheblicher Erkenntnisbeitrag für die Prüfung der Sanierungsfähigkeit und insbesondere der Sanierungswürdigkeit des betroffenen Unternehmens zukommen.

Wenn auch im vorangegangenen den Maßnahmen der *Public Relations* keine allzu große Bedeutung für die akute Wiederherstellung des Unternehmensimages beigemessen wurde, dürften dagegen Maßnahmen, die das Vertrauen bei den Geldgebern des Unternehmens (wieder) aufbauen sollen, von existenzieller Bedeutung sein. Unter *Investor Relations* wird die Gesamtheit aller *freiwilligen* Maßnahmen der Beziehungspflege verstanden, die darauf gerichtet sind, die Beziehungen zu der Investor-Öffentlichkeit im Allgemeinen und den derzeitigen und potenziellen Geldgebern im Besonderen im Hinblick auf die Finanzierungsbedingungen eines Unternehmens zu pflegen und zu verbessern. Mithin ist es von existenzieller Bedeutung zu untersuchen, inwieweit die Geldgeber des betroffenen Unternehmens (noch) bereit sind, eine mögliche Sanierung »mitzugehen«.

Investor Relations kann nur dann erfolgreich sein, wenn die entsprechenden Aktivitäten überzeugend und glaubwürdig erscheinen; dazu gehört – gerade in Krisensituationen – die uneingeschränkte Bereitschaft, zu den negativen Entwicklungen Stellung zu nehmen. Dies erscheint umso erforderlicher zu sein, wenn es das Unternehmen in der Vergangenheit versäumt hat, »Reputation« bei seinen Geldgebern aufzubauen.

Unter »Reputation« wird in der finanzwirtschaftlichen Literatur der (gute) Ruf eines Unternehmens bei seinen Geldgebern verstanden, der jedoch nicht durch eine »metamorphorische« Größe wie das Vertrauen begründet wird, sondern auf konkrete Verhaltensweisen des Unternehmens in der Vergangenheit, die durch Sorgfalt und Berechenbarkeit gekennzeichnet sind, zurückzuführen ist. Hierzu gehört zum einen die zeitnahe und vollständige Vorlage der Jahresabschlussunterlagen in Kreditgesprächen mit den Banken und des Weiteren die lückenlose und ehrliche Information der Gesellschafter.

d) Sponsoring

Unter *Sponsoring* wird allgemein die Zuwendung von Finanz-, Sach- oder Dienstleistungen von einem Unternehmen (Sponsor) an eine Person, Perso-

---
91 Vgl. hier und im Folgenden Weidekind, a. a. O., 1994, S. 304 ff.

nengruppe, Organisation oder Institution (Gesponsertem) aus dem Umfeld des Unternehmens gegen die Gewährung von Rechten zur kommunikativen Nutzung von Personen und/oder Aktivitäten auf der Basis einer vertraglichen Vereinbarung verstanden. Gemeinhin unterscheidet man dabei zwischen Sport-, Kultur-, und Soziosponsoring. Weitere Aktivitäten sind das Öko-, Polit- oder Technologiesponsoring.

Es dürfte auf der Hand liegen, dass infolge der nicht unerheblichen Kosten, die mit den Maßnahmen in diesem Bereich verbunden sind, das Sponsoring als kommunikationspolitisches Instrument eines zu sanierenden Unternehmens kaum in Frage kommt. Allerdings kann im Rahmen der Krisenursachenanalyse untersucht werden, ob das Unternehmen durch »wahllose« Aktivitäten in diesem Bereich, in der Vergangenheit »Geld zum Fenster hinaus geworfen« hat.

Grundsätzlich ist wohl davon auszugehen, dass der Einsatz kommunikationspolitischer Instrumente zur Sanierung eines insolventen Unternehmens nur bedingt geeignet ist. Am erfolgversprechendsten dürften sich noch Aktivitäten im Rahmen der hier als Investor Relations bezeichneten Maßnahmen darstellen. Nichtsdestotrotz darf das Unternehmen aber auch nicht in den Augen der allgemeinen Öffentlichkeit, sofern es denn sanierungsfähig ist, »vom Markt verschwinden«.[92]

E. Organisation und Personalwesen

I. Begriff und Entwicklung

86 Auch mit den Themengebieten »Organisation« und »Personalwesen« ist der Insolvenzverwalter in unterschiedlichen Zusammenhängen konfrontiert. Dabei steht auch hier wiederum die Bestandsaufnahme, d. h. die Beschreibung der aktuellen Situation in dem betroffenen Unternehmen an erster Stelle. Darüber hinaus kann in beiden Bereichen eine Vielzahl von unterschiedlichen Krisenursachen begründet sein. Bestimmte Erkenntnisse der betriebswirtschaftlichen Organisationslehre und des Personalwesens sind insbesondere – wie noch zu zeigen sein wird – auch zu berücksichtigen, wenn der Insolvenzverwalter in die Sanierung des betroffenen Unternehmens involviert ist.

Für die Definition des Begriffes der Organisation lässt sich in der Betriebswirtschaftslehre eine Vielzahl unterschiedlicher Ansätze finden. Die Darstellung der Begriffsdiskussion kann hier jedoch insofern verdichtet werden, dass unter Organisation eines Unternehmens ein System von be-

---

92 Vgl. hierzu auch Hess/Fechner/Freund/Körner, a. a. O., S. 233 f.

Weidekind

triebsgestaltenden Regelungen verstanden wird, das die zielgerichtete arbeitsteilige Erfüllung einer unternehmerischen Gesamtaufgabe ermöglichen soll.[93] Dementsprechend lassen sich aus der betriebswirtschaftlichen Literatur folgende Krisenursachen aus dem Organisationsbereich eines Unternehmens anführen:

- falsche Organisationsform,
- starre Organisationsstrukturen,
- unklare Geschäftsprozesse,
- unklare Informations- und Kommunikationswege.

Die genannten Mängel führen dazu, dass die Unternehmensaufgaben nicht zweckmäßig und damit letztlich auch nicht wirtschaftlich erfüllt werden können. Die gewählte Organisationsform des betroffenen Unternehmens ist zweckmäßig, wenn sie zur Erfüllung der branchen- und unternehmensspezifischen Aufgaben geeignet ist. Wie später noch darzustellen sein wird, existieren unterschiedliche Kriterien, die die Zweckmäßigkeit der Organisationsform determinieren. Unter wirtschaftlichen Aspekten ist zu untersuchen, ob die Aufgabenerfüllung mit dem geringstmöglichen Ressourceneinsatz erfolgt.

Während die Erkenntnisse der Organisationslehre zur Analyse der Geschäftsprozesse herangezogen werden, dienen – auf die betroffenen Unternehmen bezogen – die Erklärungsansätze der Personalwirtschaftslehre zur quantitativen und qualitativen Beurteilung der diese Geschäftsprozesse ausführenden Personen. Da qualifizierte und motivierte Mitarbeiter ein wesentliches Erfolgspotenzial, wenn nicht sogar das ausschlaggebende Erfolgspotenzial eines Unternehmens, darstellen, dürfte leicht ersichtlich sein, dass den Untersuchungen des Personalbereichs bei der Analyse der Fortführungschancen eine erhebliche Bedeutung zukommt. Dabei schließen sich die in der Literatur genannten Krisenursachen des Personalbereichs »nahtlos« an die des Organisationsbereichs an, als da wären

- unkontrolliertes Wachstum,
- unklare Aufgabenabgrenzung,
- »Wasserkopf« in der Verwaltung,
- geringe Qualifikation/Motivation der Mitarbeiter,
- hohe Fluktuationsrate.

II. *Organisationstheoretische Fragestellungen*

Organisationstheoretische Fragestellungen befassen sich ganz allgemein mit der Untersuchung, wie Teilaufgaben in einem Unternehmen an die Ar-

---

[93] Vgl. hierzu exemplarisch Bühner, Betriebswirtschaftliche Organisationslehre, 5. Aufl. 1991, S. 5.

beitsplätze der einzelnen Mitarbeiter zugewiesen sind.[94] Dabei werden zwei Problembereiche separat betrachtet und zwar die Struktur bzw. der Aufbau des Unternehmens im Ganzen und – in einem weiteren Schritt – der Ablauf der Prozesse innerhalb des Unternehmens. Dementsprechend stehen im Folgenden zwei Themengebiete im Vordergrund:

- die Aufbauorganisation (Strukturorganisation),
- die Ablauforganisation (Prozessorganisation).

1. Unterlagen zur Darstellung der Organisation

88 Organisationstheoretische Untersuchungen gehen der Frage nach, welche Mitarbeiter, welche Aufgaben an welchen Objekten verrichten. Analysiert wird dementsprechend die Strukturierung des Unternehmens in Stellen bzw. Stellenmehrheiten. Hinzu treten Fragen nach der Kompetenzverteilung, der Leitungsmacht, der Kommunikation und Information zwischen den verschiedenen Stellen. Die entsprechenden Regelungen sind in verschiedenen noch darzustellenden Unterlagen schriftlich zu fixieren. Dazu gehören:

> **Unterlagen zur Darstellung der Organisation**
> - Organigramm/Organisationsplan
> - Stellengliederungsplan
> - Aufgabengliederungsplan
> - Kommunikations- und Funktionsdiagramm
> - Stellenbeschreibung
> - Anforderungsprofile

Die genannten Unterlagen können zur Darstellung und Analyse der (Informations- und Kommunikations-) Struktur des betroffenen Unternehmens herangezogen werden. Ein *Organigramm* stellt die vorhandene betriebliche Aufbauorganisation in einem Schaubild dar. *Stellen- und Aufgabengliederungspläne* beschreiben das »Nebeneinander« und das »Über- und Unterordnungsverhältnis« der Aufgabenverteilung zwischen den einzelnen Abteilungen. Die kommunikativen Beziehungen zwischen verschiedenen Abteilungen werden durch *Kommunikationsdiagramme* abgebildet. Das *Funktionsdiagramm* stellt die Funktionen, die verschiedene Stellen im Hinblick auf eine bestimmte Aufgabe zu erfüllen haben, in einem Schaubild dar.

Eine *Stellenbeschreibung* nennt die Aufgaben, Kompetenzen und Anforderungen der jeweiligen Stelle sowie deren organisatorische Einbindung. Die *Anforderungsprofile* bauen auf den jeweiligen Stellenbeschreibungen auf und stellen die verschiedenen Anforderungsarten einer Stelle detaillierter

---

[94] Vgl. hier und im Folgenden Weidekind, a. a. O., 1998/2, S. 87 ff.

dar. Im Vergleich mit den tatsächlichen Fähigkeiten und Fertigkeiten des einzelnen Stelleninhabers kann dessen Eignung für die Ausführung der beschriebenen Tätigkeiten überprüft werden. Diese letzten beiden Unterlagen sind bereits dem Personalbereich zuzuordnen und lassen sich darüber hinaus als Grundlage für die Beschreibung und Analyse der Situation des betroffenen Unternehmens auch hinsichtlich der Mitarbeiterqualifikation heranziehen.

Fehlen die genannten Unterlagen, mag dies als Indiz dafür gelten, dass sich das Unternehmen mit den entsprechenden betriebswirtschaftlichen Fragestellungen noch nicht beschäftigt hat. Das Vorhandensein der entsprechenden Unterlagen garantiert alleine jedoch noch nicht, dass die Organisation des Unternehmens einwandfrei funktioniert. Voraussetzung ist ferner, dass die schriftlich fixierte Struktur des Unternehmens als solche auch von den Mitarbeitern wahrgenommen wird. Dieser Zustand wird in der Literatur als »organisatorische Integrität« bezeichnet und liegt in vielen der hier betrachteten Unternehmen nicht vor.[95]

2. Grundlagen zur Aufbauorganisation

Die Analyse der Aufbauorganisation erfolgt aus zwei verschiedenen Perspektiven: Die Analyse der *vertikalen Aufbauorganisation* untersucht die hierarchische Struktur des Unternehmens, d. h. die Gliederung der Befehlswege von oben nach unten. Die Untersuchung der *horizontalen Aufbauorganisation* betrachtet die jeweilige Führungsebene. Beide Problembereiche beschäftigen sich mit der Frage nach der erforderlichen bzw. optimalen Organisation eines Unternehmens. Dies entspricht dem oben bereits genannten Analysekriterium der Zweckmäßigkeit. Es wird untersucht, ob die Aufbauorganisation des Unternehmens auf dessen spezifische Verhältnisse zugeschnitten ist, vor dem Hintergrund von Rechtsform, Angebotsspektrum und Größe bzw. Anzahl der Mitarbeiter.

a) Horizontale Aufbauorganisation

Die horizontale Aufbauorganisation wird zum Teil bereits durch die Rechtsform vorgegeben, wobei zwischen zwei Systemen, der Singularinstanz und der Pluralinstanz, unterschieden wird. Das System der *Singularinstanz* liegt in solchen Unternehmen vor, bei denen die Unternehmensleitung nur durch eine Person vertreten wird. Dies ist häufig bei Personengesellschaften anzutreffen, kann aber auch in Kapitalgesellschaften der Fall sein. Da sich die Entscheidungskompetenz hier auf eine Person konzentriert, sollte sich diese von Spezialisten bei der Entscheidungsfindung unterstützen lassen, womit bereits der Analysegegenstand der vertikalen Aufbauorganisation angesprochen ist.

---

95 Vgl. hierzu Groß, a. a. O., S. 56 ff.

Beim System der *Pluralinstanz* obliegt die Unternehmensleitung mehreren Personen, wobei zwischen dem Direktorialsystem und dem Kollegialsystem unterschieden wird. Bei dem Direktorialsystem handelt es sich um eine Mischform zu der bereits vorgestellten Singularinstanz, da auch hier bestimmte Entscheidungen letztlich nur durch eine Person getroffen werden. Beim Kollegialprinzip gilt dagegen der Grundsatz der Gleichberechtigung aller Mitglieder. Nichtsdestotrotz können sich auch in diesem System Krisenursachen ergeben, wie in der nachfolgenden Tabelle veranschaulicht wird:

Krisenursachen	
Singularinstanz	Pluralinstanz
– Entscheidungsüberlastung – Fehlentscheidungen – unkritisches Verhalten – Selbstüberschätzung etc.	– Koordinationsmängel – Kompetenzstreitigkeiten – Ressortdenken – fehlende Kontrolle der mittleren Führungsebene etc.

b) Vertikale Aufbauorganisation

aa) Prinzipien der Aufgabengliederung

91 Das Angebotsspektrum des Unternehmens stellt die bedeutendste Determinante der vertikalen Aufbauorganisation eines Unternehmens dar.[96] Diese kann unterschiedlichen Gliederungsprinzipien folgen, als da wären:

- Verrichtungsprinzip,
- Regionalprinzip,
- Objektprinzip.

Unternehmen, die lediglich ein Produkt oder eine Leistung anbieten, können sich ausschließlich am *Verrichtungsprinzip* orientieren. Dabei erfolgt die Aufgabengliederung nach den verschiedenen betriebswirtschaftlichen Funktionsbereichen, als da wären Produktion bzw. Leistungserstellung, Beschaffung, eventuell Forschung und Entwicklung, Marketing, Personal und Organisation bzw. Verwaltung. Je größer die Angebotspalette, aber auch die Ausweitung der Geschäftstätigkeiten z. B. auf ausländische Märkte wird, desto problematischer wird die Koordination nach dieser Organisationsform. In diesem Fall müssen in den einzelnen Funktionsbereichen eigenständige Produkt- bzw. Marktverantwortliche installiert werden.

Im Hinblick auf die Ausbreitung der Geschäftstätigkeit auch auf ausländische Märkte kommt das *Regionalprinzip* zum Tragen. Dabei werden die Aufgaben (zusätzlich) nach Regionen gegliedert. Dies hat zur Folge, dass

---

96 Vgl. hier und im Folgenden zu Begriff und Formen der Aufbauorganisation exemplarisch Bühner, a. a. O.; Frese, Grundlagen der Organisation, 6. Aufl. 1995.

die genannten Funktionsbereiche nach dem Verrichtungsprinzip mehrfach für jede Region vorgehalten werden müssen. Dies kann wiederum zu Koordinationsschwierigkeiten führen und erscheint nur sinnvoll für Unternehmen ab einer bestimmten Größenordnung. Allenfalls, wenn das Unternehmen auf Märkten agiert, die sich durch extreme regionale Besonderheiten auszeichnen, erscheint diese Organisationsform angebracht. Dies ist jedoch angesichts der zunehmenden »Globalisierung der Märkte« mittlerweile zu relativieren.

Bei der in der Praxis am häufigsten anzutreffenden Organisationsform dürfte es sich um das *Objektprinzip* handeln, da die meisten Unternehmen über ein diversifiziertes Leistungsprogramm und damit über unterschiedliche Kundengruppen in unterschiedlichen Marktsegmenten verfügen. Hierbei erfolgt die Aufgabengliederung entweder nach Produkten, Kunden oder bestimmten Absatzregionen. Die entsprechenden Organisationseinheiten werden dann als Geschäftsbereiche bezeichnet.

bb) Gestaltung des Leitungssystems

Die Aufgabengliederung nach den genannten Prinzipien sagt noch nichts darüber aus, in welcher Beziehung die einzelnen Stellen im Unternehmen zueinander stehen. Hinsichtlich des Leitungssystems in einem Unternehmen können folgende Formen unterschieden werden:

- Linienorganisation,
- Stablinienorganisation,
- Funktionale Organisation,
- Matrix-Organisation.

Die *Linienorganisation* ist dadurch gekennzeichnet, dass jede Stelle im Unternehmen nur über eine vorgelagerte und gegebenenfalls eine nachgelagerte Stelle oder Abteilung verfügt. Es ergibt sich mithin ein streng hierarchischer Aufbau. Kompetenz- und Verantwortungsbereiche sind klar geregelt. Die Nachteile dürften auf der Hand liegen und werden für diese und die noch darzustellenden Systeme in einer nachfolgenden Tabelle dargestellt.

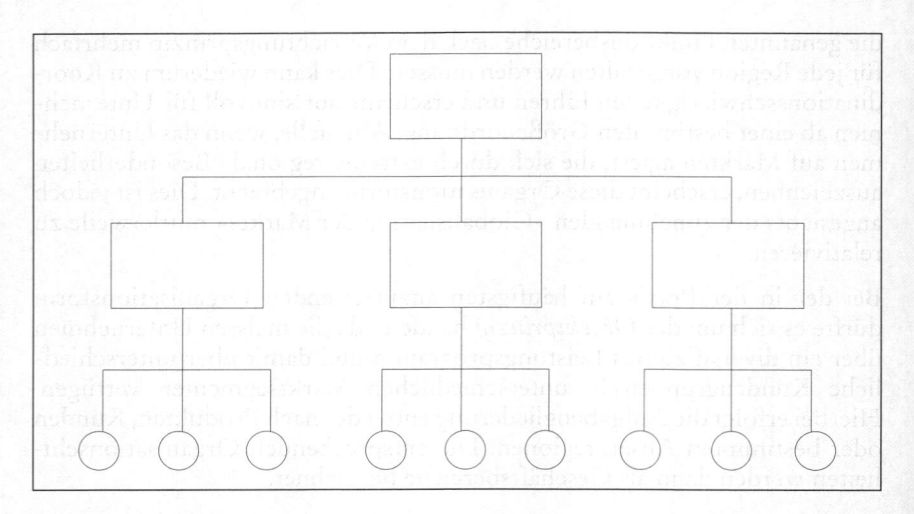

Die Hauptgefahrenquelle des Einlinien-Systems, die in der Überlastung der Führungskräfte besteht, hat zur Entwicklung der *Stablinienorganisation* geführt. Dabei werden den Entscheidungsinstanzen Stabstellen zur Seite gestellt, die diese bei ihren Tätigkeiten unterstützen sollen. Dabei bleiben die einheitlichen Verantwortungs- und Kommunikationsstrukturen des Einlinien-Systems erhalten; es kann aber zusätzlich eine starke Spezialisierung erfolgen.

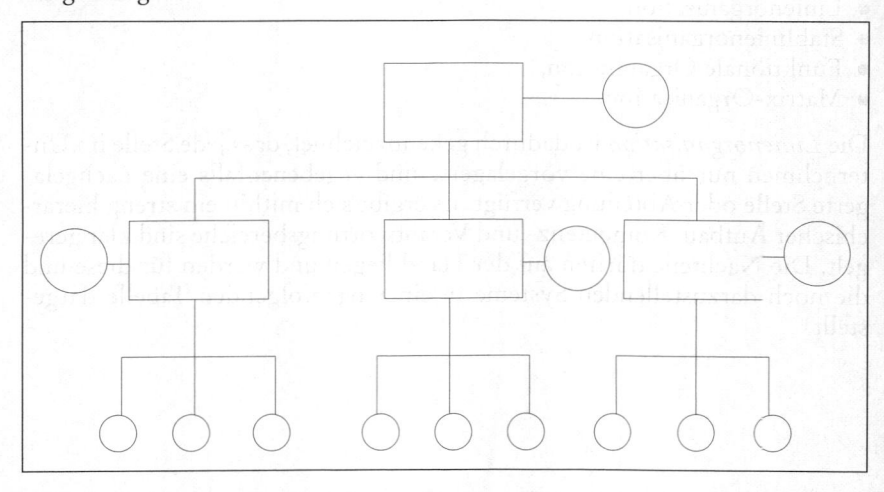

Dem Grundsatz der Spezialisierung folgt auch die *funktionale Organisation*. In einem Mehrlinien-System können bestimmte Fachabteilungen verschiedenen nachgelagerten Stellen Anweisungen erteilen, soweit deren Aufgaben in ihren Zuständigkeitsbereich fallen. Hierdurch lassen sich Kommunikations- und Dienstwege – im Gegensatz zum Einlinien-System – verkürzen und Expertenwissen, das in verschiedenen Abteilungen vorhanden ist, kann genutzt werden.

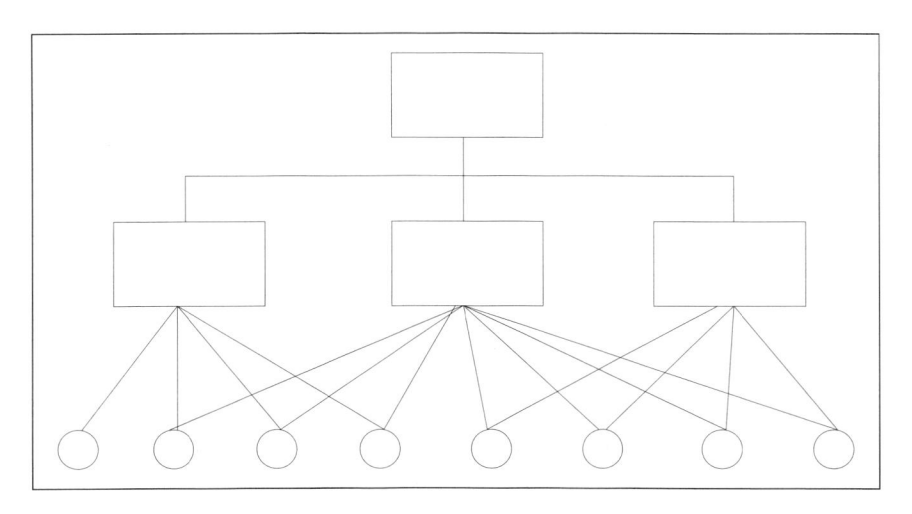

Bei der *Matrix-Organisation* handelt es sich um eine mehr-, in der Regel zweidimensionale Organisationsform. Sie entsteht z. B. dadurch, dass das Verrichtungsprinzip mit einer Form des Objektprinzips kombiniert wird. Eine Stelle erhält dann in Abhängigkeit von ihrer jeweiligen (Teil-)Aufgabe Anweisungen von verschiedenen Abteilungen. Hierdurch werden die Kompetenzabgrenzungs-Probleme durch einen institutionalisierten Zwang der Dimensionsleiter zur Teamarbeit überwunden.

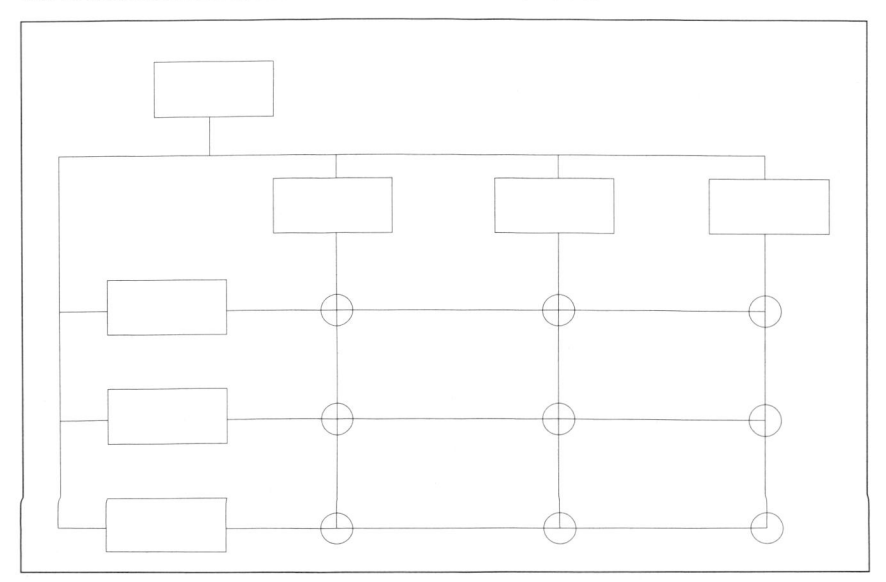

Die folgende Abbildung stellt zusammenfassend die Nachteile der betrachteten Leitungssysteme dar. Sanierungsmaßnahmen im Organisationswesen eines Unternehmens sind dementsprechend darauf gerichtet, die gegebenenfalls entstandenen »Auswüchse« des jeweiligen Leitungssystems zu beseitigen. Darüber hinaus kann es über alle genannten Systeme hinweg erforderlich sein, die Anzahl der Leitungsebenen zu reduzieren.

| Nachteile der Leitungssysteme ||||
Linien-organisation	Stablinien-organisation	Funktionale Organisation	Matrix-Organisation
– lange Kommunikations- und Dienstwege – Schwerfälligkeit – Bürokratisierung – Hierarchie – Überlastung der Führungskräfte – keine Spezialisierung möglich	– Stab als »inoffizielles« Machtzentrum – zu viele Stabstellen – Kaschieren von Fehler bei der Delegation – Konfliktpotenzial zwischen Stab- und Fachabteilung	– Unsicherheit der Untergebenen bei den Prioritäten – Kompetenzstreitigkeiten unter den Vorgesetzten – schwierige Koordination und Kontrolle – Einschränkung des »ganzheitlichen« Denkens und Handelns	– aufwendige Regelung der Kompetenzabgrenzung – hoher Diskussionsbedarf – hohes Konfliktpotenzial – Entscheidungsfindung schwer nachvollziehbar – Entscheidungsverantwortliche schwer identifizierbar

3. Grundlagen zur Ablauforganisation

93 Im nächsten Schritt ist die Strukturierung der Arbeitsprozesse im Unternehmen (Geschäftsprozessanalyse) zu untersuchen. Hiermit ist der Betrachtungsgegenstand der Ablauforganisation angesprochen. Bei der Analyse der Ablauforganisation stehen folgende Fragen im Vordergrund:

- »*Wo* werden die Aufgaben erfüllt?«
- »*Wann* werden die Aufgaben erfüllt?«
- »*Wie* werden die Aufgaben erfüllt?«

Die erste Frage widmet sich der konkreten Betrachtung der Arbeitsplätze und ihrer Anordnung. Dabei ist auf eine logische, räumliche Aneinanderreihung der Arbeitsschritte und effektive Ausgestaltung der einzelnen Arbeitsplätze zu achten. Dies gilt auch im Hinblick auf die zeitliche Dimension der Aufgabenerfüllung. Das Tempo der Aufgabenerfüllung wird des Weiteren von der Arbeitsweise beeinflusst. Neben den eingesetzten Arbeitsmitteln sind dabei auch der erforderliche Informationsbedarf und der notwendige Entscheidungsspielraum zur Aufgabenerfüllung zu untersuchen.

Bei dieser Analyse stehen somit die Prinzipien von Wirtschaftlichkeit, Schnelligkeit und (Qualitäts-) Sicherheit im Mittelpunkt. Damit dürfte zum einen der enge Zusammenhang zwischen den Auswirkungen der gewählten Ablauforganisation und der Kostensituation des Unternehmens auf der Hand liegen. Darüber hinaus besteht – wie sich auch aus der nachstehenden Tabelle ergibt – Deckungsgleichheit mit der Analyse der Leistungserstellung, wie sie vom Gutachter bei der Untersuchung des betriebswirtschaftlichen Funktionsbereichs der Produktion vorzunehmen ist.

Krisenursachen	
Aufbauorganisation	Ablauforganisation
– Zweckmäßigkeit – Flexibilität – hierarchische Strukturen – Definition von Zuständigkeiten und Verantwortungsbereichen	– Kapazitätsauslastung – Arbeitsbestände – Durchlaufzeiten – Termintreue – kundengerechte Problemlösungen

Die Untersuchungen der Organisation des betroffenen Unternehmens widmen sich insbesondere den angesprochenen Aspekten der Zweckmäßigkeit und der Wirtschaftlichkeit. Die Aufgabenerfüllung im Sinne dieser Kriterien wird davon beeinflusst, ob das Unternehmen über ein effizientes Informationssystem verfügt. Entsprechend der Erkenntnisse der Betriebswirtschaftslehre sollte ein Unternehmen nicht nur über ein effizientes Informationssystem verfügen, sondern über ein umfassendes System der Planung, Information, Kontrolle und Steuerung. Diese Funktionen werden als typische Charakteristika eines Controlling-Systems angesehen, wie es in einem nächsten Kapitel betrachtet wird.

III. Personalwirtschaftliche Fragestellungen

Im Personalbereich ist man im Insolvenzfall in der Hauptsache mit zwei Problemkreisen konfrontiert, die zwingend spezifisches Know-how erfordern: Zunächst sind dabei arbeitsrechtliche Problemstellungen zu nennen, auf die in diesem Kapitel jedoch nicht weiter eingegangen wird. Daneben tritt eine Vielzahl von personalwirtschaftlichen Fragestellungen, die die Personalpolitik des betroffenen Unternehmens untersuchen. Ein effizientes Personalmanagement sollte sich mit folgenden Fragestellungen beschäftigen:[97]

---

97 Vgl. hier und im Folgenden Weidekind, Der Steuerberater als Personalberater, 1999, S. 36 ff.

> **Aufgabengebiete des Personalmanagements**
> - Personalpolitik
> - Personalplanung
> - Personalentwicklung
> - Personalentlohnung
> - Personalgewinnung

1. Grundlagen zur Personalpolitik/zum Personalmanagement im Insolvenzfall

95 Wie bereits zu Beginn dieses Kapitels dargestellt wurde, ergeben sich die personalwirtschaftlichen Fragestellungen als unmittelbare Konsequenz der organisatorischen Entscheidungen in dem betreffenden Unternehmen. Dieser Gedanke hat auch Eingang in die Theorie zum Personalwesen, im Rahmen des so genannten Human Resource Management-Ansatzes, gefunden.[98] Der Erkenntnisbeitrag des Human Resource Management-Ansatzes liegt nicht nur darin, dass hoch qualifizierte und motivierte Mitarbeiter die Schlüsselgröße für den Erfolg eines Unternehmens darstellen. Diese Ansicht sollte sich mittlerweile in Theorie und Praxis durchgesetzt haben.

Entgegen der herkömmlichen Sichtweise personalwirtschaftlicher Aufgabenstellungen konzentriert sich der Human Resource Management-Ansatz nicht nur auf die Mitarbeiter und das Management, sondern bezieht größere (Teil-)Bereiche des Unternehmens, aber auch der Unternehmensumwelt, mit ein. Analog zur Vorgehensweise in der strategischen Planung hat auch das Personalmanagement hiernach neben unternehmensexternen Einflussgrößen die spezifischen Gegebenheiten des Unternehmens, aber auch die individuellen Umstände der Mitarbeiter zu berücksichtigen. Da alle drei genannten Bereiche permanenten Veränderungen ausgesetzt sind, darf das Personalmanagement keine statische Funktion erfüllen, sondern muss sich auf diese situativen Faktoren einstellen können.

Die personalpolitischen Themenstellungen sind dementsprechend in Abstimmung mit der gesamten Unternehmensstrategie, der Organisationsstruktur und den Organisationsprozessen des Unternehmens zu treffen. Hauptziel des Personalmanagement ist mithin der Aufbau und die Erhaltung einer wettbewerbsfähigen Belegschaftsstruktur. Das Human Resource Management umfasst mithin folgende Themenkomplexe:

---

[98] Vgl. hier und im Folgenden Rödel/Kastl/Weidekind, Going Global, 2000, S. 29 ff; vgl. hierzu auch Oechsler, Personal und Arbeit, 6. Aufl., 1997, S. 16 ff.

Weidekind

> **Aufgabengebiete des Human Resource Managements**
> - Unternehmensstrategie
> - Organisationsstruktur und -prozesse
> - Entgelt und Leistung
> - Personalentwicklung und Qualifizierung
> - Personal-(bedarfs-)Planung

Das Human Resource Management hat damit die Aufgabe, das für die Umsetzung der Unternehmensstrategie in der entsprechenden Organisationsstruktur erforderliche Personal zu gewinnen, zu erhalten, weiter zu entwickeln und wirtschaftlich einzusetzen. Das dies bei einem insolventen Unternehmen nicht der Fall ist, dürfte auf der Hand liegen. Die strategischen und organisatorischen Fehler wurden dabei schon in den vorangegangenen Kapiteln dargestellt.

In den nachfolgenden Ausführungen sind dementsprechend die theoretischen Grundlagen zur Beurteilung des Personalbereichs des betroffenen Unternehmens zu legen. Die zunächst vom Insolvenzverwalter vorzunehmende Bestandsaufnahme im Personalbereich stellt nicht nur die Grundlage für die Krisenursachenanalyse dar. Dabei werden ferner die für die Beurteilung der Fortführungsaussichten notwendigen Daten erhoben. Bei der Betrachtung der Personalsituation ist dabei nicht nur auf *quantitative Größen* (Beschäftigtenzahl, Personalkosten etc.) abzustellen. Darüber hinaus sind aus den noch näher zu beschreibenden Gründen auch *qualitative Aspekte* (wie z. B. Motivation und Qualifikation) zu betrachten.

Die Erkenntnisse aus der Beurteilung der Ist-Situation im Personalbereich verdeutlichen somit auch die notwendigen Sanierungsmaßnahmen, wobei auch hier zwischen quantitativen und qualitativen Maßnahmen unterschieden werden kann. Als *quantitative Maßnahmen* werden alle Veränderungen bezeichnet, die vorrangig an messbaren Größen angreifen, sei es im Hinblick auf die Beschäftigungsstruktur des gesamten Betriebes, sei es im Hinblick auf die individuellen vertraglichen Regelungen des einzelnen Mitarbeiters. Die entsprechenden Informationen sind bereits bei der Bestandsaufnahme zu erheben.

Gleiches gilt auch im Hinblick auf die *qualitativen Maßnahmen*, die alle Veränderungen bezeichnen, die im weitesten Sinne das Arbeitsumfeld generell bzw. die individuellen Einstellungen der einzelnen Mitarbeiter betreffen. Welche Maßnahmen im Einzelfall einzusetzen sind, hängt natürlich davon ab, welche Situation im betroffenen Unternehmen vorgefunden wird. Grundsätzlich wird dabei in den nachfolgenden Ausführungen zwischen den zwei Gruppen »Führungskräfte« und »Mitarbeiter« unterschieden.

Die Aufgabenstellungen im Personalbereich lassen sich an folgendem Schaubild noch einmal darstellen: Zunächst ist die Aufnahme des Personalbestands in quantitativer und qualitativer Hinsicht vorzunehmen. Wie weiter verfahren wird, hängt natürlich von der grundsätzlichen Entscheidung über den Fortbestand des Unternehmens ab. Selbst bei einer wie auch immer gearteten Fortführung des Unternehmens kann es erforderlich sein, weiteres Personal abzubauen. Wird dagegen ein quantitativer und/oder qualitativer Personalbedarf identifiziert, ist zu hinterfragen, wie dieser angesichts der spezifischen Situation des Unternehmens zu decken ist. Maßnahmen der Personalentwicklung und/oder der Personalbeschaffung verursachen zusätzliche Kosten und führen nicht (zwangsläufig) zum sofortigen Erfolg.

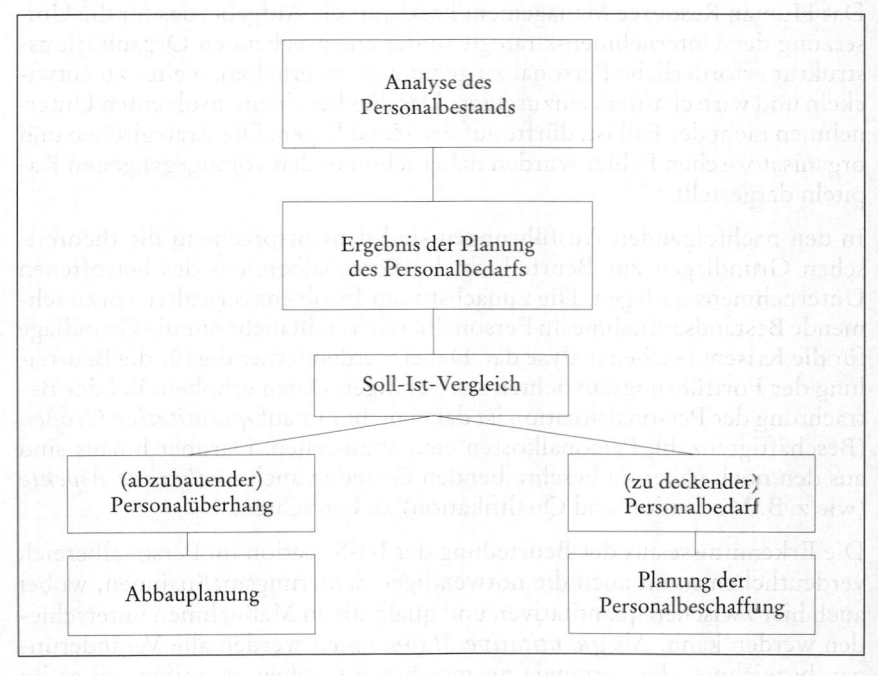

```
                    Analyse des
                   Personalbestands
                          |
                   Ergebnis der Planung
                   des Personalbedarfs
                          |
                   Soll-Ist-Vergleich
                    /              \
         (abzubauender)          (zu deckender)
         Personalüberhang        Personalbedarf
              |                        |
         Abbauplanung            Planung der
                                 Personalbeschaffung
```

2. Personalbestand und Personalkosten

a) Bestandsaufnahme im Personalbereich

96 Unter quantitativen Gesichtspunkten kann auf das ganze Unternehmen bezogen sowohl ein Personalüberhang, als auch ein Defizit vorliegen. Die Personaldecke eines insolventen Unternehmens dürfte in den meisten Fällen als relativ dünn zu bezeichnen sein. Es muss davon ausgegangen werden, dass gerade die höher qualifizierten und motivierten Mitarbeiter das Unternehmen im Krisenverlauf bereits verlassen haben. Dies dürfte für die Leistungsträger auf allen hierarchischen Ebenen gelten.[99]

---

[99] Vgl. hier und im Folgenden Böckenförde, Unternehmenssanierung, 2. Aufl. 1996, S. 37 ff; Weidekind/Rödl, a. a. O. S. 100 ff.

Stimmt man der nicht häufig genug zu wiederholenden Aussage zu, dass die Mitarbeiter einen Schlüsselfaktor zum Erfolg des Unternehmens ausmachen, ist fraglich, wie die Fortführungschancen eines derartigen Unternehmens zu bewerten sind. Für eine erfolgreiche Sanierung wäre es erforderlich, über ein hohes Potenzial an qualifiziertem und motiviertem Personal zu verfügen. Auf der Ebene der Mitarbeiter kann hiervon, unabhängig von der verbleibenden Anzahl, wohl nicht davon ausgegangen werden. Häufig dürfte im Krisenverlauf Resignation, wenn nicht sogar Depression gewachsen sein. Hieraus resultieren in nicht zu unterschätzendem Maße auch personalpolitische Herausforderungen.

Eine bereits bestehende »Unruhe« bei den Mitarbeitern darf im Falle beabsichtigter Sanierungsmaßnahmen nicht vergrößert werden, da deren vorbehaltlose Mitwirkung für den Erfolg unabdingbar ist. Die Notwendigkeit weiterer Einsparungsmaßnahmen aller Art im Personalbereich sollte nicht zu einer weiteren erheblichen Störung des Betriebsklimas führen. Hierbei erscheint die Einbindung eines spezialisierten Beraters, der die Funktion eines Moderators und Coach übernimmt, unabdingbar. Dies gilt insbesondere auch im Hinblick auf die noch bzw. wieder zu mobilisierenden Potenziale.

Inwieweit die verbliebenen Mitarbeiter zu mobilisieren sind, hängt im Wesentlichen auch vom Verhalten der Führungskräfte ab. Letztere haben in mehr oder minder großen Umfang die Krise des Unternehmens zu verantworten. Mit dem Ausbruch der Krise, aber spätestens mit dem Insolvenzantrag wird ihr Fehlverhalten offensichtlich; sie verlieren auf alle Fälle ihre Vorbildfunktion. Entscheidend ist nun, welche Reaktionen sie angesichts der Unternehmens-Situation an den Tag legen. Ein restriktiver Führungsstil wird die Situation dabei nur noch verschlimmern. Gehen sie dagegen »mit guten Beispiel voran«, kann – auch durch die Hinzuziehung Externer – wieder Optimismus aufkommen.[100]

Auch bei den Führungskräften ist davon auszugehen, dass die fähigsten das Unternehmen bereits verlassen haben. Dies mag unterschiedliche Gründe haben, sei es dass sie sich der Verantwortung entziehen wollen oder aber ihre Warnungen kein Gehör gefunden haben. Ferner ist zu befürchten, dass die verbliebenen Führungskräfte nicht nur das Vertrauen ihrer Mitarbeiter, sondern auch das der sonstigen Geschäftspartner des Unternehmens verloren haben. Häufig erweist es sich dann als sinnvoll, diese durch sog. »Interims-Manager« zu ersetzen, die von allen Beteiligten als befähigt erachtet werden, die nun erforderlichen Maßnahmen zu ergreifen und durchzusetzen.

Im Rahmen der Krisenursachenanalyse kann neben den Angaben zur Anzahl der noch Beschäftigten aber auch deren zahlenmäßiger Entwicklung im Zeitablauf von Bedeutung sein. Größere Brüche, sei es durch Ausweitung der Betriebstätigkeit, Unternehmenskäufe oder bereits erfolgte Entlassungen können hierbei als Indikatoren dienen. Darüber hinaus sollten die entsprechenden Betrachtungen zwischen den Mitarbeitern mit administra-

---
100 Vgl. hierzu auch Hess/Fechner/Freund/Körner, a. a. O., S. 14 f.

tiven und solchen mit operativen Tätigkeiten differenzieren. Da Zielrichtung dieser Untersuchungen die Aufdeckung von Fehlentwicklungen in der Personalstruktur ist, sollte an dieser Stelle darüber hinaus mit Branchenvergleichswerten gearbeitet werden. Dies gilt auch für die sich daran anschließende Betrachtung der Kosten bzw. der Leistung der Mitarbeiter.

b) Untersuchung der Kosten- und Leistungssituation im Personalbereich

97 Übermäßige Personalkosten sind der Hauptrisikofaktor im Personalbereich.[101] Dementsprechend sind bei der Beschreibung der Krisenursachenanalyse der betroffenen Unternehmen alle Daten zu erheben, die Aufschluss über die Personalkostenentwicklung der Vergangenheit geben. Hieraus können sich gleichzeitig Indizien für die bereits genannten anderen Risiken in der Organisations- bzw. Personalstruktur ergeben. Auch hier spielen die ebenfalls bereits im Zusammenhang mit der Organisation angeführten Unterlagen eine wesentliche Rolle. Darüber hinaus sind folgende Unterlagen einzuholen, als da wären:

- Personalliste,
- (Muster-)Arbeitsverträge,
- Anstellungsverträge der Mitarbeiter,
- Personaleinsatzpläne.

Die (Entwicklung der) Lohnkosten wird anhand der Bruttolohn- und Gehaltssumme gemessen. Auch hier sind die oben bereits angesprochenen Differenzierungen vorzunehmen. In der Entwicklung der Bruttolohn- und Gehaltssumme spiegelt sich auch die Gehaltspolitik des betroffenen Unternehmens wieder. Das Einkommen als »Hygienefaktor« steht im engen Zusammenhang mit der Mitarbeitermotivation. Bestimmte »Unverhältnismäßigkeiten« oder »Ungerechtigkeiten« zwischen verschiedenen Bereichen können im erheblichen Maße die Mitarbeiter-Motivation beeinflussen.

Im Kosten- und Leistungsbereich des Personalwesens spielen ebenfalls betriebswirtschaftliche Kennzahlen aus dem Bereich der Jahresabschlussanalyse eine nicht unwesentliche Rolle. Hierbei ist zunächst der »Pro-Kopf-Aufwand« zu nennen. Darüber hinaus sollten bestimmte »Leistungskennzahlen« gebildet werden (Pro-Kopf-Leistung, Pro-Kopf-Ertrag, Pro-Kopf-Umsatz), die Aufschluss über die Mitarbeiter-Produktivität und damit auch über die Mitarbeiter-Motivation geben. Auch diesen Kennzahlen sind wiederum Branchenvergleichswerte gegenüber zu stellen. Im Hinblick auf die Krisenursachenanalyse sind dabei noch einige weitere Kennzahlen von Bedeutung, wie durchschnittliche Betriebszugehörigkeit, Fluktuationsrate im Unternehmen, durchschnittliche Entwicklung der Überstunden, durchschnittlicher Absentismus und durchschnittlicher Krankheitsstand in Tagen.

---

101 Vgl. hier und im Folgenden Weidekind, a. a. O., 1998/3, S. 17 ff.

Den entsprechenden Kennzahlen wird eine gewisse Aussagekraft im Hinblick auf den im Unternehmen vorherrschenden Führungsstil und die daraus resultierende Mitarbeiter-Motivation zugeschrieben. Eine geringe durchschnittliche Betriebszugehörigkeit und/oder eine hohe Fluktuationsrate weisen auf Unzufriedenheiten seitens der Mitarbeiter hin, die sich insbesondere auch aus Führungsfehlern ergeben können. Gleiches gilt auch für die drei anderen Kennzahlen. Insofern sollten auch die im Unternehmen angestellten Führungskräfte und der vorherrschende Führungsstil einer eingehenden Betrachtung unterzogen werden.

Die Angaben zum Management sollten zunächst mit einer Aufstellung über die Entwicklung in der Unternehmensleitung beginnen. Die entsprechenden Angaben sollten im Hinblick auf künftige Haftungsfragen auch Zuständigkeiten, Ein- und Austrittsdatum sowie Stellvertreterregelungen umfassen. Darüber hinaus kann z. B. ein häufiger Wechsel in der Führungsebene auf Streitigkeiten in der Geschäftsführung hinweisen. Da Fehler im Management als häufigste Krisenursache angeführt wurden, ist der Qualifikation und Motivation der Führungskräfte besonderes Augenmerk zu schenken. Zusammengefasst determinieren sie wiederum den im Unternehmen vorherrschenden Führungsstil.

c) Motivation und Führungsstil

In der Literatur werden grundsätzlich drei verschiedene Führungsstile unterschieden, die sich über die Gestaltung der Ablauforganisation auf das gesamte Unternehmen auswirken:[102]

98

- kollegialer/kooperativer Führungsstil,
- autoritärer Führungsstil,
- formalistischer Führungsstil.

Während sich der formalistische Führungsstil ausschließlich am Organisationsplan orientiert, lassen sich die zwei anderen Führungsstile durch folgende Charakteristika beschreiben:

	kooperativ	autoritär
grundlegende Funktionsweise/ Entscheidungsprozess	Beteiligung aller	Unternehmer oder Einzelne
Ideenfluss/Ideenentstehung	bottom-up	top-down
Entscheidungsprozess/ Entscheidungsfindung	demokratisch	durch Einzelne
Entwicklungsmöglichkeiten der Mitarbeiter	gemäß Eignung	Nachfolgeprobleme werden negiert

---

102 Vgl. hier und im Folgenden Weidekind, a. a. O., 1998/2, S. 78 f.

In einem Unternehmen, in dem ein autoritärer Führungsstil herrscht, dürfte es schwer sein, die für eine Sanierung erforderlichen Kräfte zu mobilisieren. Inwieweit ein vollständiger Austausch der Führung hier zu einem Stimmungsumschwung führen kann, kann nur für den Einzelfall beurteilt werden.[103]

Geht man davon aus, dass sich Unternehmen in einem Umfeld bewegen, das in allen Bereichen zunehmend von den Spielregeln einer Dienstleistungsgesellschaft bestimmt ist, entscheidet letztendlich auch die Kundenorientierung eines jeden einzelnen Mitarbeiters über den Erfolg des Unternehmens. Mitarbeiter werden aber nur dann bereit sein, sich dieser Überlebensmaxime des Unternehmens zu stellen, wenn auch ihren eigenen Bedürfnissen von Seiten des Unternehmens Rechnung getragen wird.

Im Insolvenzfall stehen sich die Interessen des Unternehmens und der Mitarbeiter aber diametral entgegen, da Personal eher abgebaut werden muss, als dass in Personal – wie auch immer geartet – investiert werden kann. Im Fall der Sanierung des insolventen Unternehmens sollte aber zumindest darauf geachtet werden, dass gegenüber der verbleibenden Mannschaft eine »moderne« Personalpolitik betrieben wird, wie sie mit dem Konzept des Human Resource Management zu Beginn dieses Kapitels beschrieben wurde.

In vielen gerade der hier betrachteten Unternehmen beschränkt sich die Arbeit der Personalabteilung auf die Tätigkeit der *Personalverwaltung* mit den Aufgaben Lohn- und Gehaltsabrechnung, Ein- und Ausstellungen von Mitarbeitern sowie arbeitsrechtlichen Fragestellungen.[104] Die Aufgabenstellungen, die für die notwendige Qualifikation und Motivation der Mitarbeiter sorgen, gehören aber zum Bereich der so genannten *Personalgestaltung*, insbesondere der fachlichen und persönlichen Personalentwicklung.

Personalarbeit besteht auch nicht in der Bewahrung eines bestehenden Zustandes, der insbesondere von der Kostensituation determiniert wird. »Moderne« Personalarbeit versteht sich als kreative Suche nach neuen, flexiblen Lösungen für sich verändernde interne und externe Umfeldbedingungen. In vielen der hier betrachteten Unternehmen wurde im Personalbereich schon weit vor der Insolvenz häufig übereilt und unüberlegt die »Kostenbremse getreten«. Dabei ist die Höhe des Umsatzes zwangsläufig von hochmotivierten und -qualifizierten Mitarbeitern abhängig.

Verständnis und Einsicht der Mitarbeiter in die wirtschaftlichen Notwendigkeiten des Unternehmens lassen sich jedoch nicht herstellen, wenn man diese »auf Distanz hält« und ausschließlich über quantitativ ausgerichtete Kontrollsysteme nach einem »Belohnungs-(Bestrafungs-)Prinzip« führt. Es muss Transparenz über die Gewinn- bzw. Verlustsituation hergestellt werden. Nur wenn Offenheit, Fairness und Vertrauen in alle Richtun-

---

103 Vgl. hierzu auch Hess/Fechner/Freund/Körner, a. a. O., S. 14 ff.
104 Vgl. Weidekind, a. a. O., 1999, S. 46 ff.; vgl. hierzu auch Hess/Fechner/Freund/Körner, a. a. O., S. 661 f.

Weidekind

gen gelten, kann ein »Wir-Gefühl« erzeugt werden, das erforderlich ist, um den »turn around« zu schaffen.

Abschließend soll noch ein kurzer Überblick möglicher Sanierungsmaßnahmen im Personalbereich gegeben werden.[105] Diese lassen sich anhand der bereits im Vorfeld angeführten Unterscheidung in zwei Kategorien einteilen. Zum einen existieren quantitative Möglichkeiten, die zu Veränderungen vorrangig messbarer Größen in Zusammenhang mit den Arbeitsverträgen der Mitarbeiter führen. Qualitative Maßnahmen betreffen dagegen das Arbeitsumfeld der Mitarbeiter. Beide Arten von Maßnahmen können ferner danach unterschieden werden, ob sie kurzfristig umsetzbar oder eher strategisch orientiert sind.

	quantitativ	qualitativ
kurzfristig umsetzbar	– Entlassungen – Entgeltkürzungen – Kurzarbeit – Beförderungs-, Lohn- und Gehalts-, Einstellungsstop – Kurzarbeit	– Umstrukturierung der Stellenbeschreibung – Verbesserung der Personaleinsatzplaung – Mitarbeiterbefragung – Qualitätszirkel
strategisch orientiert	– innerbetriebliche Versetzung – Umwandlung von Voll- in Teilzeitarbeitsverträge – Ausnutzung der natürlichen Fluktuation – Nichtbesetzung frei werdender Arbeitsplätze	– Weiterbildung – Motivation – Verbesserung des Führungsstils – Coaching

---

105 Vgl. Weidekind, a. a. O., 1998/3, S. 103.

F. Controlling

I. Begriff und Entwicklung des Controlling

99 In Theorie und Praxis besteht Einigkeit darüber, dass das Controlling ein unverzichtbarer Bestandteil moderner Unternehmensführung ist.[106] Die Kenntnis des Controlling als Instrument der Planung, Information, Steuerung und Kontrolle versetzt den Gutachter zum einen in die Lage, das Vorhandensein eines derartigen Systems in den betroffenen Unternehmen zu prüfen. In den meisten Fällen muss wohl davon ausgegangen werden, dass ein Controlling nicht existiert bzw. nicht voll funktionsfähig ist. Dementsprechend ist auch die Kenntnis unterschiedlicher Controlling-Ausbaustufen hilfreich. Darüber hinaus stellt die Einführung eines derartigen Systems eine leistungswirtschaftliche Sanierungsmaßnahme dar.[107]

Das Controlling ist, wie so viele andere betriebwirtschaftliche Konzeptionen auch, eine aus den USA stammende Entwicklung. Die Grundlagen des modernen Controlling-Konzepts wurden dort in den 20er Jahren gelegt, entstammen aber dem Bereich der öffentlichen Verwaltung, wobei es darum ging, die geplanten Budgets und die Verwendung der Einnahmen in angemessener Weise zu kontrollieren. Diese Aufgabenstellung wurde dann von den Unternehmen nahezu unverändert übernommen.[108]

Die Bedeutung, die das Controlling heute gewonnen hat, zeigt sich u. a. an der Vielzahl der Veröffentlichungen zu dieser Thematik. Dabei ist die Entwicklung der Controlling-Diskussion durch folgende Phasen gekennzeichnet: In den 50er und frühen 60er Jahren wurden die Aufgaben von Controllern in amerikanischen Unternehmen beschrieben. Die nächste Phase wurde durch die Bemühungen um eine Erarbeitung konzeptioneller Grundlagen geprägt. So ging es um die Präzisierung des »Wesens der Controller-Funktion« und die begrifflich-analytische Erklärung des Controller-Begriffs. Danach wurden die begrifflich-analytischen Erörterungen durch systemtheoretische Betrachtungsweisen ergänzt. Den Abschluss bildet die Phase der empirischen Untersuchungen des Controlling.

Auffallend ist dabei, dass bislang keine einheitliche Auffassung über das Aufgabengebiet des Controlling vertreten wird. Eine Diskussion über die zweckmäßige Aufgabenerfüllung des Controlling bzw. des Controllers setzt jedoch eine klare Begriffsbestimmung voraus. Dem aus dem Amerikanischen kommenden »Controlling« lässt sich nicht durch einfache Übersetzung des Begriffs näher kommen. So lassen sich über 50 verschiedene Bedeutungen des Wortstamms »to control« zusammentragen.

---

106 Vgl. Horvath, Controlling, 7. Aufl. 1998, S. 1.
107 Vgl. hier und im Folgenden Weidekind, a. a. O., 1998/2, S. 96 ff.
108 Vgl. hier und im Folgenden Preißler (Hrsg.), Controlling in der Praxis, Intensivkurs für Führungskräfte, 1985, S. 15.

Weidekind

Weit gehende Übereinstimmung herrscht heute darüber, dass »Controlling« nicht gleich bedeutend mit »Kontrolle« ist, sondern weit darüber hinaus geht. Dafür werden folgende Begründungen angeführt: Die Vorstellungsinhalte des englisch-sprachigen Ausdrucks werden als erheblich umfangreicher angesehen, wobei zu berücksichtigen ist, dass selbst im spezifischen betriebswirtschaftlichen Sprachgebrauch dem Wort »Kontrolle« ein umfassender Bedeutungsgehalt beigemessen wird. Ferner wird die Übersetzung mit »Kontrolle« aufgrund der vermeintlich negativen Assoziationen abgelehnt. Diese gelten allerdings auch im angloamerikanischen Sprachgebrauch.

Im Controlling hat sich jedoch im Zeitablauf ein klar abgrenzbarer Wandel vollzogen. Standen am Anfang primär Kontrollaktivitäten im Vordergrund, so hat das Controlling heute in vielen Unternehmen Führungsfunktion übernommen und fungiert als integriertes Instrument der Planung, Information, Steuerung und der Kontrolle. Ausschlaggebend für diese Entwicklung waren dabei analog zu der Historie der strategischen Planung externe Strukturveränderungen. Vor diesem Hintergrund lassen sich somit drei Controlling-Generationen unterscheiden.

Der entsprechenden Darstellung liegt das Verständnis des Controlling als situations- und engpassbezogenes Steuerungsinstrument zugrunde, d. h. als ein Instrument, das eine zielorientierte Steuerung in Abhängigkeit der Umweltsituation des Unternehmens gewährleistet. Für die einzelnen Generationen lassen sich somit folgende Engpassfaktoren aufdecken, die dementsprechend die Ausgestaltung des Controlling und der Controller-Funktionen determinieren:

	1950 – Anfang der 60er Jahre	1960 – Anfang der 70er Jahre	1970 – heute
Engpass	Produktion	Nachfrager	Zielgruppe
Controlling-Instrumentarium	produktionsorientiert	marketingorientiert	zielgruppen-(segment-)orientiert
Ziel	transparenter und steuerbarer Kostenbereich	transparente Produkt-, Produktgruppen-. Sortiments- und Markenstrukturen	qualitatives Wachstum
Controller-Funktion	Registrator	Navigator	Innovator

II. Controlling als System

100 Auch wenn hier von dem »Controller« gesprochen wurde, ist damit nicht zwingend eine bestimmte Person oder Position gemeint. Das Aufgabengebiet des Controller kann von verschiedenen Personen oder auch der Geschäftsführung selbst übernommen werden. Dies gilt insbesondere für kleine oder mittelständische Unternehmen. Erst in Unternehmen mit mehr als 200 Mitarbeitern – so wird in der Literatur vorgeschlagen – wird die Einführung einer eigenständigen Controllerstelle erforderlich.[109]

Nichtsdestotrotz ist in allen Arten von Unternehmen zu untersuchen, welches Controlling-Verständnis hier vertreten wird. In diesem Zusammenhang kann auf eine Klassifizierung des Controlling zurückgegriffen werden, wonach sich folgende drei Definitionstypen unterscheiden lassen:[110]

Controlling-Definitionstypen

- Typ 1: Institutionales Controlling-Verständnis
- Typ 2: Controlling als Sammelbegriff für bestimmte Aufgaben der Unternehmensführung
- Typ 3: Controlling als Führungsmodell

Beim *Typ 1* handelt es sich um die engste Fassung der Definitionstypen. Kernpunkte des Controlling sind damit die Soll-Ist-Vergleiche und die aus ihnen mögliche Informationsgewinnung. Gleichzeitig bleiben damit die konkreten Aufgabenbereiche dieses Controlling-Typs relativ unbestimmt, da sie einen Sammelbegriff für eine Vielzahl von Tätigkeiten innerhalb eines Unternehmens darstellen.

Von einem großen Teil der Autoren wird Controlling als Institutionalisierung bestimmter Aufgaben der Unternehmenssteuerung verstanden *(Typ 2)*. Für die Aufgaben des Controlling, die hier im Mittelpunkt der Betrachtung stehen, existiert eine organisatorische Einheit, die innerhalb des Organisationsgefüges einfach oder mehrfach auftreten kann.

Die Entwicklung des Controlling-*Typs 3* hat sich erst in den letzten Jahren vollzogen. Hierbei handelt es sich um die weiteste Fassung, bei der alle Bestandteile von Führungsmodellen, wie Führungsprinzipien, -techniken und -instrumenten, Motivationskonzepte und Informationspolitik etc. unter den Tätigkeitsbereich des Controlling miteinbezogen werden.

Die meisten Definitionen und Controlling-Typen in der Praxis lassen sich unter das zweite Interpretationsmuster einordnen. Dieses wird auch in der Literatur präferiert, da sich hierunter die wesentlichen Koordinations- und Informationsaufgaben subsumieren lassen. Die Besonderheit des Con-

---

109 Vgl. Kosmider, Controlling im Mittelstand, 2. Aufl. 1994, S. 139.
110 Vgl. Harbert, Controlling-Begriffe und Controlling-Konzeptionen, 1982, S. 48–101.

trolling liegt also darin, dass die Aspekte der Planung, Information und Kontrolle miteinander verknüpft werden.

Das Controlling stellt somit das Bindeglied zwischen der strategischen Planung und dem operativen Rechnungswesen dar, abstrakter formuliert zwischen dem Planungs- und dem Informations-(versorgungs-)System eines Unternehmens, was insofern zu betonen ist, um der Gefahr zu entgehen, das (externe) Rechnungswesen als ausschließliche Informationsquelle des Controlling anzusehen. Die Unterschiede zwischen beiden Systemen sollen anhand der nachfolgenden Tabelle zunächst veranschaulicht werden:[111]

	Informationssystem des Rechnungswesen	Informationssystem des Controlling
Empfänger	Externe – Fiskus – Banken	Interne – Management – Mitarbeiter
Zielsetzung	Erfüllung gesetzlicher, insbesondere handels- und steuerrechtlicher Vorschriften	Information als Grundlage für Planung, Kontrolle und Steuerung
Betrachtungsgegenstand	quantitative Größen, insbesondere Aufwand und Ertrag	quantitative und qualitative Größen
Erstellung	periodisch	laufend

Das Rechnungswesen ist zwar eine wichtige Grundlage des Controlling; es stellt aber nur einen Baustein im Rahmen eines umfassenden Management-Informationssystems dar. In vielen Unternehmen entspricht die Ausgestaltung des Finanz- und Rechnungswesens gerade den gesetzlichen Anforderungen, um den Pflichten gegenüber dem Finanzamt gerecht zu werden. (Für die hier betrachteten Unternehmen dürfte nicht einmal mehr davon ausgegangen werden.) Soll dagegen das Management bei der Erfüllung der Aufgaben der strategischen Planung unterstützt werden, dürfte – wie im Zusammenhang mit den Ausführungen in dem entsprechenden Kapitel deutlich geworden sein sollte – ganz andere Anforderungen zu erfüllen sein.

Da die strategische Planung selbst als Regelkreis dargestellt wurde und ein umfassendes Planungssystem nicht nur die strategische, sondern auch die operative Planung beinhaltet, muss auch die Informationsbereitstellung zeitnah, aktuell und flexibel sein. Die Informationsbereitstellung im Finanz- und Rechnungswesen wird wiederum durch die gesetzlichen Verpflichtungen determiniert und dürfte bei den hier betrachteten Unternehmen nicht einmal mehr diesen genügen. Insofern zeigt sich, von welcher

---

111 In Anlehnung an Mayer, Controlling-Konzepte, 2. Aufl. 1987, S. 52.

existenziellen Bedeutung es für den Fortbestand des Unternehmens ist, ob und wenn ja, wie schnell ein umfassendes Informationssystem aufgebaut werden kann. Diese Ausführungen sollen noch einmal anhand der nachstehenden Abbildung verdeutlicht werden:[112]

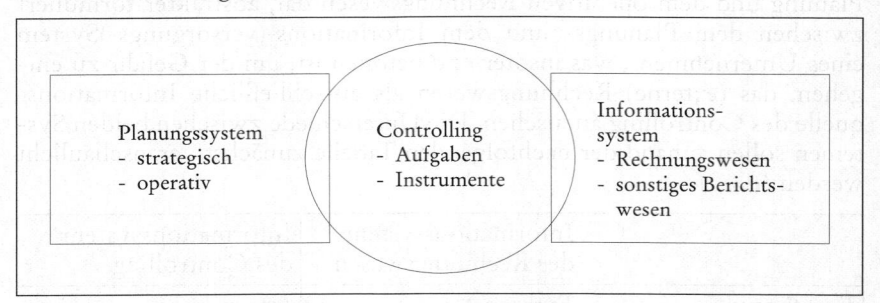

```
┌─────────────────────┐       ┌─────────────────────┐
│  Planungssystem     │   ╱─────╲   │  Informations-      │
│  - strategisch      │  │ Controlling │  │  system             │
│  - operativ         │  │ - Aufgaben  │  │  - Rechnungswesen   │
│                     │  │ - Instrumente│  │  - sonstiges Berichts-│
│                     │   ╲─────╱   │     wesen            │
└─────────────────────┘       └─────────────────────┘
```

101 Bevor die einzelnen Aufgaben des Controlling besprochen werden, soll noch auf die in der Literatur vorgenommene Einteilung in strategisches und operatives Controlling hingewiesen werden. Jeder Aufgabe kommt in beiden Bereichen eine entsprechende Bedeutung zu. Eine Unterscheidung der beiden Bereiche lässt sich über die Begriffe der Effektivität und der Effizienz vornehmen.

Während das *strategische Controlling* auf eine hohe Effektivität im Sinne des Grades der Erreichung der Unternehmensziele gerichtet ist, sollen die Maßnahmen des *operativen Controlling* dafür Sorge tragen, dass dies möglichst effizient, z. B. im Sinne von »günstig« geschieht. Darüber hinaus setzt sich das strategische Controlling in der Hauptsache mit der Unternehmensumwelt auseinander, wobei – wie bereits dargestellt – auch nicht quantifizierbare Faktoren zu berücksichtigen sind. Im operativen Controlling stehen die unternehmensinternen Prozesse im Mittelpunkt, die anhand von quantifizierbaren Größen betrachtet werden.

III. Aufgaben des Controlling

102 Zunächst soll hier die Tätigkeit der Person betrachtet werden, die mit dem Aufgabenbereich des Controlling betraut ist. Wie aus der o. a. Abbildung ersichtlich werden sollte, handelt es sich dabei insbesondere auch um eine Koordinationsaufgabe. Versteht man unter Koordination die Abstimmung von Teilaktivitäten, so hat der Controller im Hinblick auf das Planungs- und das Informationssystem folgende zwei Aufgaben zu erfüllen:[113]

---

112 In Anlehnung an Horvath & Partner, Das Controlling-Konzept, 4. Aufl. 2000, S. 11.
113 Vgl. hier und im Folgenden Horvath & Partner, a. a. O., S. 10 ff.

Weidekind

- Aufbau und/oder Weiterentwicklung,
- simultane und/oder sukzessive Abstimmung.

Da sich Informations-, Planungs- und Kontrollsysteme gegenseitig bedingen, muss deren Aufbau sowie deren Weiterentwicklung inhaltlich und formal aufeinander abgestimmt sein. Die Notwendigkeit der laufenden Abstimmung resultiert aus folgenden Zusammenhängen: Zur (strategischen) Planung werden Informationen benötigt; die hierbei ermittelten Soll-Vorgaben sind den sich im Zeitablauf ergebenden Ist-Größen gegenüber zu stellen. Ergeben sich hierbei Abweichungen sind diese zu hinterfragen, gegebenenfalls hat eine Modifizierung der Planung zu erfolgen. Dementsprechend kann das Aufgabengebiet des Controlling wie folgt skizziert werden:

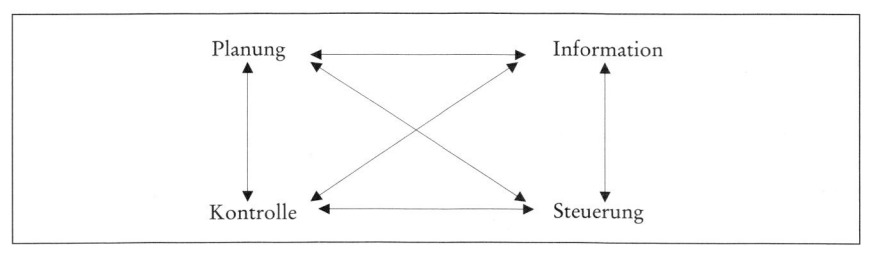

```
   Planung  ←――――――→  Information
       ↕    ╲      ╱    ↕
            ╲    ╱
            ╱    ╲
       ↕    ╱      ╲    ↕
   Kontrolle ←―――――→ Steuerung
```

Nur durch eine gleichzeitige Erfüllung der genannten Funktionen kann das Controlling seinen Aufgaben gerecht werden. Es handelt sich um ein System von Regelkreisen mit permanenter Rückkopplung. Die mangelnde Berücksichtigung eines Funktionsbereiches führt zu erheblichen Störungen im gesamten Controlling-System.[114]

1. Planung

Eine Steuerung ist nur möglich, wenn im Voraus Ziele festgelegt werden, die es zu verfolgen gilt. Planung bezeichnet allgemein die Vorwegnahme künftigen Handelns durch Abwägen verschiedener Alternativen. Der Gegenstand der strategischen Planung wurde bereits in einem vorstehenden Kapitel betrachtet. Die (operative) Planung legt dabei die Ziele für die kommende Periode fest. Die alleinige Festlegung der Ziele reicht jedoch nicht aus. Damit diese Ziele für die Planung und Kontrolle brauchbar sind, müssen sie bestimmte Anforderungen erfüllen:

- Operationalität,
- *Konformität*,
- Realisierbarkeit,
- Partizipative Zielfindung.

Es muss sich um operationale Ziele handeln, d. h. der einzelne Entscheidungsträger muss in der Lage sein, sich mit diesen Zielen zu identifizieren

---

114 Vgl. Schröder, Modernes Unternehmens-Controlling, 1982, S. 19.

und die Wirksamkeit seiner Entscheidungen am Grad der Zielerreichung überprüfen zu können. Die Einzelziele müssen darüber hinaus mit dem Unternehmensziel vereinbar sein, d. h. es muss ein bestimmter Zweck-Mittel-Zusammenhang zum übergeordneten Ziel bestehen.

Die operative Jahresplanung orientiert sich dabei an den Vorgaben der strategischen Planung. Die Zielvorgaben müssen realistisch sein, so dass sie den Entscheidungsträger anspornen. Die Zielformulierung muss ferner partizipativ sein, d. h. die Zielformulierung soll unter Beteiligung aller Betroffenen mit dem Controller als Moderator erfolgen. Die Vorgehensweise entspricht dabei dem Konzept des »management by objectives«, wobei die »objectives« die Ziele angeben, die die Beteiligten anstreben sollen.

2. Information

Planung ist nur auf der Grundlage von Informationen möglich. Damit ist wiederum das Informationssystem als Kernstück eines jeden Controlling-Systems angesprochen.[115] Es signalisiert die tatsächliche Entwicklung und zeigt auf, welche Abweichungen in der Realität gegenüber der Planung entstanden sind. Aus diesem Feedback erhalten die Entscheidungsträger die Impulse, die sie zur Steuerung benötigen. Will man die Informationsfunktion des Controlling untersuchen, so gilt es folgende Problembereiche zu betrachten:

- die Informationsversorgung,
- die Ermittlung des Informationsbedarfs,
- die Informationsbeschaffung und –aufbereitung und
- die Informationsübermittlung.

Im Vordergrund steht dabei zunächst die Untersuchung der Funktionsfähigkeit des eingesetzten Informationssystems. Für die Gestaltung eines *strategischen Informationssystems* gibt es bislang nur wenige Ansätze. Bei der Entwicklung eines derartigen Systems ist grundsätzlich zu fragen von wem, wann, in welcher Form, was, an wen zu berichten ist. Der strategischen Information dienen dabei in erster Linie die Ergebnisse aus der strategischen Kontrolle. Hierbei handelt es sich um die Erkenntnisse, die aus dem Einsatz der Instrumente der strategischen Planung, wie sie in einem vorstehend Kapitel betrachtet wurden, gezogen werden können.

Mit dem *operativen Controlling-Informationssystem* ist zunächst wiederum das Rechnungswesen angesprochen. Dabei ist darauf zu achten, wie die Daten der Finanzbuchhaltung in das Controlling-Informationssystem integriert werden. Es muss u. a. untersucht werden, ob zwischen den einzelnen Umsatz- und Kosteneinflussgrößen klar genug unterschieden werden kann (z. B. Kostenartenrechnung). Ferner ist zu hinterfragen, ob *eine direkte Zuordnung der Ergebnisse* auf klar abgegrenzte Verantwortungsbereiche möglich ist (z. B. Kostenstellen-, Kostenträgerrechnung).

---

115 Vgl. hierzu Biethahn/Huch (Hrsg.), Informationssysteme für das Controlling, 1994.

Weidekind

Der Informationsbedarf umfasst alle Informationen, die zur Realisierung einer Aufgabe objektiv notwendig sind. In der Praxis ist allerdings meistens eine Situation gegeben, bei der sich Informationsangebot, -nachfrage und -bedarf nicht decken, daher muss der tatsächliche Informationsbedarf unternehmensindividuell ermittelt werden. Hinsichtlich der Aufgaben des Controller im Zusammenhang mit der Erfüllung des Informationsbedarfs durch Informationsbeschaffung, -aufbereitung und -übermittlung ist zu untersuchen, ob die Informationen folgenden Kriterien entsprechen:

- rechtzeitig verfügbar,
- in der notwendigen Verdichtung,
- problemadäquat,
- wirtschaftlich beschafft,
- empfängerorientiert,
- objektiv.

Im Anschluss an die Feststellung des Informationsbedarfs folgen die Beschaffung und Aufbereitung der benötigten Informationen. Im Mittelpunkt stehen dabei nformationen über Umweltbedingungen sowie Stärken und Schwächen des Unternehmens (strategischer Bereich) und über das Rechnungswesen (operativer Bereich).

Zwischen der Informationsentstehung und der Informationsverwendung findet die Informationsübermittlung statt, diese wird auch als »Betriebliches Berichtswesen« bezeichnet. Hierunter hat man im weiteren Sinne die Einrichtungen, Mittel und Maßnahmen eines Unternehmens zur Erarbeitung, Weiterleitung und Verarbeitung von Informationen über den Betrieb und seine Umwelt zu verstehen.

3. Kontrolle

Ohne Kontrolle sind Planungsaktivitäten sinnlos. Das Feedback der Kontrolle bildet des Weiteren die Grundlage für die Steuerung. Bei den Kontrolltätigkeiten lassen sich die verfahrensorientierte und die ergebnisorientierte Kontrolle unterscheiden.

Die ergebnisorientierte Kontrolle vergleicht die tatsächlich eingetretene Entwicklung mit den vorgegebenen Plandaten. Hierbei handelt es sich um den klassischen Soll-Ist-Vergleich, der für unterschiedliche Größen (z. B. Umsatz, Kosten, Deckungsbeiträge) vorgenommen werden kann *und über tiefergehende* Abweichungsanalysen Engpässe im Unternehmen aufzeigt.[116] Folgende drei Bereiche stehen dabei im Mittelpunkt:

- Beschäftigungsabweichung,
- Verbrauchsabweichung,
- Preisabweichung.

---

116 Vgl. hierzu Horvath & Partner, a. a. O., S. 87 ff.

Beschäftigungsabweichungen resultieren daraus, dass die Plan- (Absatz-) Menge nicht der Ist-Menge entspricht. Diese Differenz schlägt sich dann auch im Verbrauch der eingesetzten Betriebsmittel nieder. Können die geplanten Mengen nicht am Markt platziert werden, reagieren Unternehmen häufig mit Preissenkungen. Preisabweichungen können darüber hinaus auch dadurch resultieren, dass die Beschaffungspreise variieren.

Da sich die Kontroll-Tätigkeiten des Controlling nicht auf Soll-Ist-Vergleiche beschränkt, fällt auch die verfahrensorientierte Kontrolle in diesen Bereich. Hierbei sind die Aktivitäten des Unternehmens selbst bei der Planerstellung, der Informationsermittlung und der Steuerung Gegenstand der Untersuchung.

Da Controlling, wie bereits erwähnt, nicht nur Kontrolle bedeutet, sind die Kontrolltätigkeiten durch intensive Analysen zu ergänzen, die Abweichungen aufzeigen, Lösungen suchen und die Umsetzung der Lösungen beobachten.

4. Steuerung

106 Der Regelkreis des Controlling-Aktivitäten-Vierecks wird mit der Steuerung abgeschlossen. Alle vorgelagerten Funktionen haben die Aufgabe, die Geschäftspolitik des Unternehmens festzulegen, ihre Einhaltung zu signalisieren bzw. Abweichungen aufzuzeigen. Die Steuerung hat dagegen eine zukunftsgerichtete und regulierende Funktion.

Sollten Abweichungen festgestellt werden, sind Gegenmaßnahmen zu ergreifen, die unter Umständen dazu führen können, dass die Geschäftspolitik neu überdacht werden muss. Informationen darüber, welche Gegenmaßnahmen im konkreten Fall ergriffen werden müssen, sollten bereits im Zusammenhang mit den Kontrollaktivitäten des Controlling ermittelt worden sein. Der Schwerpunkt der Aktivitäten des Controlling in diesem Bereich soll ja, wie bereits mehrfach angeführt wurde, nicht auf der eigentlichen Kontrolle, sondern der intensiven Abweichungsanalyse und Vorbereitung von Gegensteuerungsmaßnahmen dienen.

Die Art der zu ergreifenden Gegensteuerungsmaßnahme hängt davon ab, in welchen Bereichen die Abweichungen festgestellt werden. Resultieren diese aus externen Umweltveränderungen, ist wiederum die strategische Planung angesprochen und demgemäß zu modifizieren. Unternehmensinterne Probleme lassen sich durch operative Maßnahmen in den betriebswirtschaftlichen Funktionsbereichen entgegnen.

Abschließend sei noch darauf hingewiesen, dass ein Controlling-Spezifikum in der Lösung von Koordinationsproblemen besteht. Bislang wurde dabei allerdings nur die Abstimmung von Informations-, Planungs- und Kontrollsystem betrachtet. Bei einem umfassenden Controlling-System geht es jedoch nicht allein um die koordinierende Abstimmung von Ent-

Weidekind

scheidungen oder Informationsbedürfnissen. Gefordert ist ein komplexer Koordinationsmechanismus, der z. B. auch folgende Koordinationsmaßnahmen durchführen sollte:

- Implementierung und Weiterentwicklung eines Planungs- und Kontrollsystems (technokratische Koordination),
- Schaffung von Kommunikationsbeziehungen zwischen den organisatorischen Einheiten (strukturelle Koordination),
- Kooperatives Betriebsklima (personenorientierte Koordination).

IV. Bereiche des Controlling

Neben einem das gesamte Unternehmen umfassenden Controlling-System, gibt es auch die Möglichkeit in bestimmten Unternehmensbereichen ein dezentrales Controlling zu installieren. Exemplarisch können hier neben den bereits betrachteten Funktionsbereichen noch der Investitionsbereich, die Forschungs- und Entwicklungsaktivitäten und die Logistik eines Unternehmens genannt werden.[117] Damit ist auch – soweit vorhanden – die Funktionsfähigkeit des eigenständigen Controllings folgender Bereiche zu untersuchen:

- Marketing-Controlling,
- Personal-Controlling,
- Investitions-Controlling,
- Logistik-Controlling,
- Forschungs- und Entwicklungs-Controlling.

Das *Marketing-Controlling* arbeitet an der Schnittstelle zwischen strategischer Planung und Marketing. Hier wird durch Soll-Ist-Vergleiche untersucht, ob es gelungen ist, die mit den entwickelten Strategien verfolgten Ziele im Marketing-Mix umzusetzen und zu erreichen. Dabei kommen im Hinblick auf die einzelnen Instrumentalbereiche, die bereits im Zusammenhang mit der Marketingforschung genannten Rechenwerke wie z. B. die Distributions- und Werbewirksamkeitsforschung zum Einsatz.

Auch für das *Personal-Controlling* sind noch Definitionsschwierigkeiten festzustellen. Versteht man unter Personalplanung einen Teilbereich des strategischen Personalmanagements, der dafür Sorge tragen soll, dass dem *Unternehmen* jederzeit die erforderliche Anzahl von Mitarbeitern mit den entsprechenden Qualifikationen zu angemessenen Konditionen zur Verfügung stehen, dürften die Aufgaben deutlich werden.[118] Auch wenn »explodierende« Personalkosten eine häufige Insolvenzursache darstellen, sollte sich das Personal-Controlling auch qualitativer Aspekte, wie z. B.

---
117 Vgl. hierzu Horvath & Partner, a. a. O., S. 132 ff. und S. 287 ff.
118 Vgl. hierzu Wambach, Personalwirtschaft 1/1997, S. 50.

der Nachwuchssituation und der Mitarbeiter-Fluktuation widmen. Voraussetzung hierfür ist ein aussagekräftiges Personalinformationssystem, in dem Kennzahlen für die einzelnen Bereiche ermittelt und im Zeitablauf beobachtet werden. Beispielhaft können hier die in einem vorstehenden Kapitel bereits genannten Kennzahlen wie der Pro-Kopf-Aufwand und die Fluktuationsrate genannt werden.

Investitions-Controlling umfasst zunächst die klassischen »Investitionsrechenverfahren«, wie z. B. Kapitalwert-, interne Zinsfuß-Methode, Amortisationszeit etc. Inwieweit sich das Unternehmen dieser Methoden überhaupt bei der Entscheidung über die Durchführung seiner Investitionsvorhaben bedient hat, ist wiederum ein Indiz für mögliche Insolvenzursachen. Darüber hinaus ist für die notwendige Vergleichbarkeit und Überprüfbarkeit der jeweiligen Alternativen ein gewisses Maß an Standardisierung erforderlich, was die eingesetzten Rechenverfahren betrifft.

Im Rahmen des Investitions-Controlling werden ferner auch einzelne Positionen des Produktionsverfahrens analysiert, wie z. B. die Kapazitätsauslastung, der Personal- und/oder Materialaufwand. Hierbei handelt es sich zum Teil auch um Kennzahlen der »klassischen« Jahresabschlussanalyse, wie sie ebenfalls in einem vorstehenden Kapitel betrachtet wurden.

Das *Logistik-Controlling* lässt sich insbesondere in solchen Unernehmen finden, für die die so genannten Vertriebsdurchführungsentscheidungen ein Hauptproblem darstellen. Wie im Zusammenhang mit der Vertriebspolitik als Instrument des Marketing-Mix bereits dargestellt wurde, handelt es sich dabei um alle Entscheidungen, die die physische Bewegung der Produkte zum Endabnehmer betreffen. Dies betrifft z. B. Industrie- und Handelsunternehmen, insbesondere Versandhäuser.

Zum Einsatz kommen hierbei insbesondere Techniken und Instrumente des so genannten Operations-Research. Hierbei handelt es sich um mathematische Modelle und Rechenverfahren, die allgemein zur Unterstützung von Entscheidungsprozessen, hierbei insbesondere zur Optimierung der Durchlaufprozesse, herangezogen werden. Auch hier können wiederum bestimmte Kennzahlen der Jahresabschlussanalyse wie z. B. Produktivitäts- und Umschlagskoeffizienten Verwendung finden.

Auf die besondere Bedeutung von Forschungs- und Entwicklungsaktivitäten für langfristige Existenzsicherung eines Unternehmens wurde bereits mehrfach hingewiesen. Existenzielle Bedeutung hat aber nicht nur die Frage danach, ob ein Unternehmen überhaupt Forschung- und Entwicklung betreibt, sondern mit welchen Kosten, welchem Zeitaufwand und welchen qualitativen Ergebnissen diese verbunden sind. Die Einführung eines funktionsfähigen *Forschungs- und Entwicklungs-Controlling* stellt dabei eine leistungswirtschaftliche Sanierungsmaßnahme dar, die nicht nur sehr schnell umgesetzt werden kann, sondern darüber auch schon kurzfristig zu Erfolgen führt.

Die Ausführungen in diesem Kapitel sollten neben der Darstellung des »Wesens« des Controlling darüber hinaus deutlich machen, dass sich die entsprechenden Erkenntnisse und Erfordernisse auch auf die Tätigkeit des Insolvenzverwalters übertragen lassen. Dies gilt insbesondere für den Fall der Sanierung in der Insolvenz. In diesem Zusammenhang kann ein weiteres Controlling-Konzept herangezogen werden, das so genannte Projekt-Controlling. Auch die im Rahmen einer Sanierung durchzuführenden Aufgaben lassen sich als Projektmanagement-Zyklus darstellen, so dass auch der Insolvenzverwalter mit Fragen der Planung, Information, Kontrolle und Steuerung befasst ist.[119]

---

119 Vgl. Hess/Fechner/Freund/Körner, a.a.O., S. 9 ff.

Die Ausführungen in diesem Kapitel sollten neben der Darstellung des Wesens des Controlling darüber hinaus deutlich machen, dass sich die entsprechenden Erkenntnisse und Erfordernisse auch auf die Tätigkeit des Insolvenzverwalters übertragen lassen. Dies gilt im besonderen für den Fall der Sanierung in der Insolvenz. In diesem Zusammenhang kann ein weiteres Controlling-Konzept herangezogen werden, das so genannte Projekt-Controlling. Auch die im Rahmen einer Sanierung durchzuführenden Aufgaben lassen sich als Projektmanagement-Zyklus darstellen, sodass auch der Insolvenzverwalter mit Fragen der Planung, Information, Kontrolle und Steuerung befasst ist.[19]

23. KAPITEL VERSICHERUNGEN IM INSOLVENZVERFAHREN

Inhalt

	Seite
A. Vorbemerkung	2077
B. Abschluss eines Rahmenvertrags	2078
C. Abschluss notwendiger betrieblicher Versicherungen	2079
D. Der Musterrahmenvertrag	2081
E. Hinzuziehung eines Versicherungsfachmanns oder eigene Risikoeinschätzung durch den Insolvenzverwalter?	2084
F. Typische Praxisprobleme	2086

A. Vorbemerkung

Die nachstehenden Ausführungen sind nicht dazu gedacht, den Sachverhalt in allen Einzelheiten zu vertiefen, sondern sprechen in einer Art Überblick Probleme an, die Stolpersteine für den Insolvenzverwalter werden könnten, und worauf er sein Augenmerk richten sollte. Die erforderliche Risikoeinschätzung sollte in die Hände eines mit Versicherungsfragen vertrauten Fachmannes gelegt werden.

Durch die Einführung der Insolvenzordnung erhält der Aspekt der *Betriebsfortführung* eine neue Gewichtung. Mit den damit verbundenen Chancen ergeben sich zugleich im Bereich der Versicherungen neue Risiken. Diese betreffen sowohl den Insolvenzverwalter selbst als auch den Betrieb. Das Prinzip der Fortführung des Betriebes fordert vom Insolvenzverwalter häufig die *Abgabe von verbindlichen Erklärungen* wie z. B. Zahlungsversprechen gegenüber Lieferanten, Banken und nicht zuletzt gegenüber Versicherungsgesellschaften zur Erfüllung von Verträgen. Insoweit steht er vor der Frage, welche Versicherungen notwendig sind, um den Bestand des Betriebs zu sichern. Andererseits muss er sein besonderes Augenmerk auf seine Haftung als Insolvenzverwalter, die in den §§ 60, 61 InsO geregelt ist, richten.

Um diesen besonderen Risiken gerecht zu werden, ist es erforderlich, *den passenden Versicherungsschutz* zu erreichen. Ungenügend ist im Regelfall, auf die bestehende Berufshaftpflichtvermögensversicherung z. B. als Rechtsanwalt zurück zu greifen. Investitions-, Kalkulations- oder Organisationstätigkeiten aber auch Obliegenheiten aus Versicherungsverträgen (§ 6 VVG) bergen Haftpflichtrisiken in sich, die getrennt versicherungsrechtlich erfasst werden müssen. Außerdem reichen die jeweiligen *Deckungssummen* selten für das laufende Verfahren aus. Daneben hat der Insolvenzverwalter ein höchst persönliches Interesse, seinen Stammvertrag nicht durch Schadenfälle aus dem Insolvenzverfahren zu belasten, denn beim Zusammentreffen mehrere Schäden kann die Grenze der maximal zur Verfügung stehenden Deckungssummen pro Jahr überschritten werden. Es ist folglich dringend zu empfehlen, mit einer *eigenständigen Verfahrensversicherung* diesen Gefahren vorzubeugen.

B. Abschluss eines Rahmenvertrags

2   Liegt der Schwerpunkt des Rechtsanwalts im Bereich der Insolvenzverwaltertätigkeit, sollte er mit einem Versicherer den Abschluss eines Rahmenvertrags anstreben. Dieser muss auch die Frage der Kooperation während der Dauer des Vertrags regeln.

Während sich die Risiken im Bereich von 2,5 bis 5 Mio. € noch relativ einfach bei einem Versicherer eindecken lassen, entsteht in der Praxis bei umfangreichen Verfahren oft ein Bedarf jenseits von 10 Mio. bis weit über 50 Mio. € an Deckungssummen. Hier stellt sich die Frage, ob der Versicherer dies schnell und unbürokratisch bieten kann, denn in diesen Regionen sind im Regelfall die Rückversicherer des Versicherungsunternehmens von diesem zu kontaktieren.

Vor dem Beginn einer Zusammenarbeit mit einem bestimmten Versicherer sollte unbedingt die Frage nach einer schnellen und unbürokratischen Erhöhung der Deckungssumme geklärt werden.

Der Versicherer sollte sich ferner flexibel zeigen, wenn während des Verfahrens Deckungssummen geändert (nach oben oder unten), Risiken ein- oder ausgeschlossen oder vorzeitig Verträge beendet werden müssen. Er muss ferner bereit sein, neu erkannte Gefahren im Sach- und Haftbereich einzudecken, sofern hierfür Versicherungsschutz erlangt werden kann.

Bei einer geplanten Zusammenarbeit im Haftpflichtvermögensbereich sollte die Frage der Behandlung von Sach- und Haftverträgen gleichwertig mitbehandelt werden.

Ein Haftpflichtvermögensvertrag ist ohne großen Aufwand für den Versicherer zu gestalten. Die eigentliche Arbeit beginnt aber mit den Verträgen, die im Zusammenhang mit der Betriebsfortführung stehen.

C.   Abschluss notwendiger betrieblicher Versicherungen

Daher ist es ebenso für den Insolvenzverwalter ohne Rahmenvertrag, der nur gelegentlich ein Insolvenzverfahren betreut, von Bedeutung, vor Abschluss eines eigenen *Haftpflichtvermögensvertrags* für das Verfahren bei dem Versicherer nachzufragen, wie er zu der Frage steht, notwendige betriebliche Versicherungen – auch solche, die an sich vom Versicherer unerwünscht sind – abzuschließen und auch kurzfristige Risiken zu zeichnen. Unter kurzfristig versteht man nicht nur Verträge mit einer Laufzeit von einem Jahr und weniger, denn der Normalfall ist für jeden Versicherer die Etablierung von 5-Jahresverträgen. Unter kurzfristig sollen auch solche Verträge verstanden werden, die aufgrund verfahrensbedingter Änderungen unvorhersehbar schnell wieder aufgelöst werden müssen, sei es weil Auffanggesellschaften gegründet wurden oder der Betrieb oder Teile von ihm verkauft wurden. Hier kann schon nach ein paar Wochen oder Monate die Notwendigkeit der Vertragsauflösung stehen.

Die Erfahrung zeigt leider allzu oft eine Neigung des Versicherers, derartig gewünschten Versicherungsschutz auszuklammern, denn er ist ohne Zweifel mit erheblichen Aufwand verbunden. Generell besteht aber dann eine erhöhte Bereitschaft des Versicherers, wenn eine fachlich ausgestattete Agentur vorgeschaltet ist, die im Vorfeld die Sachverhalte aufarbeiten, Fragen klären und eine laufende Betreuung sicherstellen kann.

Der für die Agentur anfallende Arbeitsaufwand ist nicht zu unterschätzen. Eine *Versicherungsanalyse* eines Betriebs ist dann einfach gelagert, wenn die Unterlagen geordnet und auf dem neusten Stand sind. Wie leider die Praxis zeigt, wird in diesem Bereich im Regelfall eine ungeordnete Ablage, die zudem unvollständig ist, vorgefunden. Viele Firmen widmen dem Bereich Versicherungen nicht die Aufmerksamkeit, die dieser wegen der damit verbundenen existenziellen Fragen verdient hätte. Auch ein erfahrener Versicherungsfachmann wird je nach Größe des Betriebes mehr als einen Arbeitstag für eine sorgfältige Bestandsaufnahme benötigen. Diese an sich vom Insolvenzverwalter zu leistende Arbeit kann er sich durch die Regelung einer Zusammenarbeit mit einer entsprechend ausgestatteten Agentur ersparen. Ein weiterer Nebeneffekt ist die Auslagerung des Risikos einer möglichen Fehlanalyse.

Nach einer erfolgten Feststellung des Bestandes an Versicherungen muss ein *Vergleich mit den tatsächlichen Gegebenheiten* erfolgen. Hierzu gehören z. B. die Ermittlung der Werte der Betriebseinrichtung und der Waren, die Erfassung der aktuellen betrieblichen Tätigkeiten und der zum Einsatz kommenden Maschinen und Anlagen. Für evtl. mit zu versichernde Gebäude sind die Brandversicherungswerte festzustellen, denn diese stimmen nur in Ausnahmefällen mit dem tatsächlichen baulichen Zustand überein. Vielfach sind bauliche Verbesserungen vorgenommen worden, ohne diese entsprechend den Versicherungsbedingungen nachzumelden.

Eine Besonderheit stellt der *Fuhrpark* dar. Durch die eingetretene Zahlungsunfähigkeit des Betriebs ist in besonderem Maße darauf zu achten, ob zumindest die Prämien zur Haftpflichtversicherung gezahlt sind. Oftmals besteht nach Mahnungen entsprechend § 39 VVG kein Versicherungsschutz, ohne dass dies dem Verantwortlichen im Betrieb bewusst geworden ist. Wenn nicht bereits die Kennzeichen auf Veranlassung der Zulassungsstelle entstempelt wurden, ist besonderer Augenmerk darauf zu richten, ob nicht ein Fahrzeug im öffentlichen Straßenverkehr ohne Versicherungsschutz benutzt wird. Insoweit könnte eine Strafbarkeit des Insolvenzverwalters neben dem jeweiligen Fahrer wegen des Gestattens des Führens eines Kfz ohne Versicherungsschutz eintreten. Um diese Gefahr zu vermeiden, ist die sofortige Hinterlegung einer Versicherungsbestätigung bei der Zulassungsstelle nötig. Und auch hier ist eine Regelung zwischen Insolvenzverwalter, Agentur und Versicherer unumgänglich, da bei einer Kündigung einer Kfz-Versicherung wegen Nichtzahlung der Prämie ein Versicherer nicht verpflichtet ist, eine vorläufige Versicherungsbestätigung auszuhändigen.

Die vorstehend geschilderten Vorgehensweisen bringen jedoch ein nicht zu unterschätzendes weiteres praktisches Problem mit sich. Eine Agentur lebt von den anfallenden Provisionen. Diese fallen bei kurzfristigen Risiken nicht in dem Maße an, wie es der Arbeitsaufwand an sich erfordert. Daneben trägt die Agentur bei vorzeitiger Vertragsbeendigung auch das Risiko des Stornos. Besonders bei der Anordnung eines vorläufigen Insolvenzverfahrens kann die geleistete Arbeit der Agentur vergebens sein, wenn es nicht zu Vertragsabschlüssen kommt. Hier ist eine feine Abstimmung zwischen Insolvenzverwalter, Versicherer und Agentur gefragt.

Erklärt der Versicherer demnach seinen Willen zur entsprechenden Zusammenarbeit, wird er – wie die Praxis zeigt – im Rahmenvertrag nicht zuletzt auch zur Minderung des Schadenrisikos für den Haftpflichtvermögensvertrag eine eigene Absicherung wollen. Diese wird meistens beinhalten, dass der Insolvenzverwalter innerhalb einer bestimmten Frist die bestehenden Versicherungsverträge im Betrieb der Gemeinschuldnerin unter Hinzuziehung eines Mitarbeiters einer Versicherung – nicht notwendig der eigenen – oder einer Agentur prüfen lässt und zu ihrer Fortsetzung oder Wiederinkraftsetzung bzw. Neuabschluss des Versicherungsschutzes notwendige

D. Der Musterrahmenvertrag

Da es nach den Allgemeinen Versicherungsbedingungen für Rechtsanwälte (AVB-A), in deren Rahmen auch die Tätigkeit eines Rechtsanwaltes als Insolvenzverwalter versichert ist, nur *zwei* für Insolvenzverwalter relevante *Deckungseinschränkungen* gibt, nämlich die so genannte Kaufmannsklausel (§ 20 AVB-A) und § 1 AVB-A (Ausschluss von Ansprüchen öffentlich-rechtlichen Inhalts), kann die Rahmenvereinbarung entsprechend kurz gefasst sein.

4

Der an die Gegebenheiten des Insolvenzverfahrens ausgerichtete Rahmenvertrag wird in einem für den Insolvenzverwalter vorteilhaften Fall mit folgendem Wortlaut angeboten:

Rahmenvereinbarung

zwischen

...
– Versicherungsnehmer –

und

...
– Versicherer –

Gegenstand dieser Rahmenvereinbarung sind die vom Versicherungsnehmer als vorläufiger oder endgültiger Insolvenzverwalter zur Deckung durch eine Vermögensschadenhaftpflichtversicherung eingebrachten Insolvenzverfahren.

Die Parteien vereinbaren für diese Versicherungen die Geltung der AVB-A HV 34/03, ergänzt durch die als Anlage beigefügte Besondere Vereinbarung zur Haftung als Insolvenzverwalter.

(Anmerkung: Gegen diese meist vom Versicherer benutzte Formulierung ist im Grunde nichts einzuwenden. Allerdings ist auf die Beschränkung des Versicherungsschutzes auf »eingebrachte Insolvenzverfahren« zu achten. Eingebracht ist ein Verfahren dann, wenn für dieses ein gesonderter Vertrag abgeschlossen wird. Dies bedeutet, alle Verfahren die im Rahmen des Stammvertrags eingedeckt werden sollen, genießen nicht den Versicherungsschutz der besonderen Vereinbarung. Es gelten damit für nicht eingebrachte Verfahren die üblichen Ausschlüsse.)

Besondere Vereinbarung zur Haftung als Insolvenzverwalter

I. § 20 der Allgemeinen Versicherungsbedingungen zur Haftpflichtversicherung für Vermögensschäden von Rechtsanwälten und Patentanwälten (AVB-A) findet keine Anwendung.

(Anmerkung: § 20 der AVB-A beinhaltet die sog. Kaufmannsklausel, wonach Ansprüche wegen Schäden aus einer kaufmännischen Kalkulations-, Spekulations- oder Organisationstätigkeit ausgeschlossen sind.)

II. Mitversichert sind in Abänderung von § 1 AVB-A Ansprüche gemäß §§ 34 und 69 der Abgabenordnung.

(Anmerkung: In § 1 AVB-A ist die Versicherung von Ansprüchen privatrechtlichen Inhalts geregelt. Öffentlich-rechtliche Ansprüche wie aus den §§ 34 u. 69 AO wären ohne diese Erweiterung demnach ausgeschlossen.)

III. § 3 Abs. II Ziffer 4 und 5 AVB-A gelten als gestrichen.

(Anmerkung: Im § 3 Abs. II Ziffer 4 und 5 AVB-A ist der Selbstbehalt im Schadenfall geregelt. Dieser sollte in jedem Fall ausgeschlossen werden.)

IV. Auf einen Gebühreneinwurf wird verzichtet.

(Anmerkung: Im Schadenfall wird durch diese Vereinbarung die aus dem Verfahren erhaltene Gebühr nicht von der Schadenzahlung in Abzug gebracht.)

V. Mitversichert sind weiterhin Haftpflichtansprüche, die darauf beruhen, dass der Versicherungsnehmer

– Fehl- oder Doppelüberweisungen veranlasst hat;
– Rechen- oder Schreibfehler in schriftlichen Unterlagen gemacht hat;
– falsche Erklärungen gegenüber Berufsgenossenschaft oder Krankenkassen abgegeben hat;
– gerichtliche oder außergerichtliche Mahnverfahren unterlassen oder fehlerhaft betrieben hat;
– Rechtsmittelfristen versäumt hat;
– Fehler bei der Einstellung oder Entlassung von Arbeitnehmer gemacht hat;
– Angestellte oder Arbeiter ungerechtfertigt entlassen hat, wobei bei fristlosen Entlassungen und Massenentlassungen jedoch nur Fristversäumnisse versichert sind.

(Anmerkung: Wenn möglich, sollte der Insolvenzverwalter auf eine ersatzlose Streichung dieser Passage bestehen. Sie liest sich zwar gut, hat aber nur einen aufzählenden Charakter, der im Zweifelsfall zum Nachteil des Versicherungsnehmers ausgelegt werden kann, in dem behauptet werden könnte, es handele sich um eine abschließende Aufzählung unter Ausschluss sonstiger denkbarer Versicherungsfälle. In jedem Fall ist hier weniger mehr.)

VI. Änderungen oder Ergänzungen dieser Vereinbarung bedürfen zu ihrer Wirksamkeit der Schriftform.

VII. Soweit einzelne Bestimmungen dieser Vereinbarung unwirksam sein sollten, gelten die AVB bzw. die gesetzlichen Bestimmungen. Die Wirksamkeit der übrigen Vereinbarungen wird hiervon nicht berührt.

Gleichgültig, ob Punkt V. der »Besonderen Vereinbarung zur Haftung als Insolvenzverwalter« vereinbart ist oder nicht, sollte das Nachstehende gewährleistet sein:

- Die versicherungsrechtliche Gleichstellung zwischen vorläufigem und endgültigem Insolvenzverwalter.
- Mitversicherung von solchen Überweisungen, die rechtlich keine Fehlüberweisungen sind, weil genau der Empfänger, der in der Überweisung *genannt ist, das Geld* erhalten soll, sich aber später herausstellt, dieser hatte keinen Anspruch auf eine Leistung.

- Keine Unterscheidung zwischen traditionellen Überweisungen und Onlinebanking, bei dem besonders wegen der Schnelligkeit der Handhabung und der Möglichkeit von Sammelüberweisungen eine gesteigerte Gefahr von Fehl- oder Doppelüberweisungen vorliegt.

Ferner sollten folgende Fälle uneingeschränkt versichert sein:
- Der Insolvenzverwalter berechnet einen Verkaufspreis zu niedrig, d. h. er verkalkuliert sich zum Nachteil der Masse. Er muss den Vertrag zu diesen Konditionen erfüllen.
- Der Insolvenzverwalter vergibt einen Auftrag, den er erhalten hat, zur Ausführung an einen Subunternehmer. Dieser verursacht einen Schaden, für den der Insolvenzverwalter als Vertragspartner haftet. Der Insolvenzverwalter hatte versäumt, eine entsprechende Betriebshaftpflichtversicherung abzuschließen.
- Der Insolvenzverwalter unterlässt den Abschluss oder die Fortführung einer notwendigen betrieblichen Versicherung. Ein entsprechender Schaden begründet einen Anspruch.

Auch wenn diese Fälle über die Haftpflichtvermögensversicherung gedeckt sind, muss vor der Überlegung gewarnt werden, neben dieser Versicherung seien weiter Sach- und Haftpflichtversicherungen zu vernachlässigen. Abgesehen von der zu prüfenden Frage eines vorsätzlichen Handelns mit der Folge eines Haftungsausschlusses sind beispielhaft folgende Punkte hervorzuheben:
- Es sind Pflichtversicherungen zu beachten (z. B. Kraftfahrthaftpflicht; bestimmte Umweltrisiken durch Anlagen), deren Fehlen straf- oder bußrechtliche Konsequenzen haben.
- Die Deckungssumme der Haftpflichtvermögensversicherung ist unzureichend (z. B. Deckungssumme 1 Mio. €; Sachschaden durch Feuer 5 Mio. € und daraus resultierende Personenschäden 2 Mio. €).
- Durch die Inanspruchnahme der Haftpflichtvermögensversicherung durch Schäden aus anderweitig versicherbaren Risiken mindert sich deren Deckungssumme für eigentliche Vermögensschäden.

Sollten dem Insolvenzverwalter aber nicht ausreichend Mittel für diese notwendigen betrieblichen Versicherungen zur Verfügung stehen, wird zwar ein persönliches Verschulden zu verneinen sein. Allerdings sollte er tunlichst die Deckungssumme seiner Haftpflichtvermögensversicherung entsprechend nach oben korrigieren.

Vollkommen andes gelagert ist ein Fall, den der BGH durch Urteil vom 19. 7. 2001 (IX ZR 62/00) entschied. Zwar erging das Urteil zu Lasten eines Konkursverwalters. Es dürfte aber entsprechende Anwendung auf Insolvenzverwalter finden.

Ein Mitarbeiter eines Konkursverwalters hatte Massegelder durch Überweisungen auf von ihm kontrollierte Konten fließen lassen. Sein betrügerisches Verhalten rechnete der BGH dem Konkursverwalter gemäß § 278 BGB mit der Folge einer Erstattungspflicht gemäß § 82 KO zu.

Versicherungsschutz kann für diese besonderen Fälle wegen des Ausschlusses nach § 4 Ziff. 3 AVB-A *nicht* über die Haftpflichtvermögensversicherung für Insolvenzverwalter geboten werden (*Anmerkung: § 4 Ziff. 3 AVB-A schließt Schäden durch Veruntreuung durch Personal, Sozien oder Angehörige des Versicherungsnehmers aus*).

Allerdings sind diese Risiken gesondert und pauschal über eine Vertrauensschadensversicherung versicherbar. Eine Tarifierung erfolgt in der Regel nach der Anzahl der Mitarbeiter, die nicht echte Sozien sind (echte Sozien können als Inhaber nicht versichert werden), sowie der gewünschten Deckungssumme.

E. Hinzuziehung eines Versicherungsfachmanns oder eigene Risikoeinschätzung durch den Insolvenzverwalter?

5   Gelegentlich wird von einigen Versicherern ein *Pauschalvertrag* für eine unbestimmte Anzahl kleinerer Insolvenzverfahren pro Jahr mit Deckungssummen zwischen 25 000,- € und max. 500 000 € zu einem festen Jahresbeitrag angeboten. Der Vorteil ist, es tritt ohne Nennung des Verfahrens sofortiger Versicherungsschutz bis zur Höhe der vereinbarten Versicherungssumme ein. Außerdem gelten – wenn vereinbart – die Deckungserweiterungen einer Besonderen Vereinbarung, wie vorstehend formuliert. Daneben erfolgt keine Belastung des Stammvertrages im Schadenfall.

Der eindeutige Nachteil ist jedoch die fehlende Möglichkeit der Berechnung des Beitrages in einem einzelnen Verfahren dieser Klasse, denn es gibt keine Zuordnung des Vertrages. Der Insolvenzverwalter hat diese Prämie selbst zu buchen. Außerdem hat er auf die Erledigung aller Fragen im Zusammenhang mit der versicherungstechnisch zu behandelnden Betriebsfortführung, wie weiter unten beschrieben, selbst zu achten, sofern er es versäumt, um Unterstützung durch einen Versicherungsfachmann zu ersuchen. Denn automatisch erlangt der Versicherer wegen der Anonymität der Verfahren für ihn keine Kenntnis vom Versicherungsbedarf.

Sollte der Versicherer *nicht* auf die Hinzuziehung eines Versicherungsfachmannes *innerhalb einer bestimmten* Frist ab Bestellung zum Insolvenzverwalter verzichten, so hat dies für den Insolvenzverwalter folgende Auswirkungen:

Schneider

Versäumt er die gesetzte Frist ohne einen Versicherer mit der Überprüfung des Versicherungsschutzes zu beauftragen, und tritt ein Schaden ein, für den Versicherungsschutz hätte erlangt werden können, droht ihm ein *Haftungsausschluss* für diesen Schaden im Haftpflichtvermögensvertrag. Beachtet er die Auflage, wird das entsprechende Risiko – und was nicht zu unterschätzen ist – auch der Arbeitsaufwand auf den Versicherer verlagert. Nur stellt sich in der Praxis die Frage, ob bei den vielen Aufgaben, die der Insolvenzverwalter gleich zu Beginn des Verfahrens zu erledigen hat, er an diese Obliegenheit denkt.

Sollte der Insolvenzverwalter sich entschließen, eine *eigene Risikoeinschätzung* vorzunehmen, sind bei der Entscheidungsfindung über einen notwendigen Versicherungsschutz von ihm *folgende Überlegungen* anzustellen:

- Sind die bestehenden Versicherungen eingelöst bzw. bezahlt, d. h. besteht Versicherungsschutz?
- *Falls ja.* Ist diese Versicherung im laufenden Verfahren noch sinnvoll, d. h. soll sie gekündigt oder gegebenenfalls unter Änderungen fortgesetzt werden? Stimmen die Deckungssummen? Ist die Versicherungssumme noch aktuell oder muss sie angepasst werden?
- *Falls nein.* Ist der Versicherungsschutz erforderlich und ggf. in welchem Umfang? Soll durch eine Neueindeckung des Risikos oder mit einer Wiederinkraftsetzung eines bestehenden Vertrags durch Zahlung der Prämie der Versicherungsschutz aufgebaut werden? Von Interesse ist hier die Entscheidung des Insolvenzverwalters, die Verträge nicht erfüllen zu wollen. Es treten dann an die Stelle des Versicherungsvertrags Schadenersatzansprüche des Versicherers wegen Nichterfüllung. Allerdings wird der Anspruch des Versicherers nur schwer zu berechnen sein, da einem einzelnen Vertrag kaum eine Prognose gegeben werden kann, ob er bis zum regulären Ablauf einen Gewinn oder aber einen Verlust gebracht hätte.

▶ **Beispiel:**
In einem Produktionsbetrieb besteht eine Betriebsunterbrechungsversicherung für eine Maschine, die als so genannte Engpassmaschine eingeschätzt wurde, d. h. deren Ausfall würde zum sofortigen Stillstand des Betriebes führen. Bei einer Überprüfung wird jedoch festgestellt, der Ausfall dieser besonderen Maschine kann zum Teil durch eine Produktionsverlagerung auf andere Maschinen überbrückt werden. Verweigert *nun der Insolvenzverwalter* die Fortsetzung dieser speziellen Versicherung, weil die Prämie für diesen Vertrag zu keinem vertretbaren Verhältnis zu einem Schaden durch einen Ausfall steht, hätte der Versicherer zur Begründung seines Schadens zu beweisen, der Vertrag wäre bei seiner Fortführung gut verlaufen und er verliere daher den Gewinn aus dem entgangenen Beitrag. Der Versicherer müsste folglich eine Aussage über die zukünftige Entwicklung dieses Vertrags machen, was ihm in der Praxis nicht gelingen dürfte.

Schneider

F. Typische Praxisprobleme

6 Bei den einzelnen Versicherungsverträgen tauchen in der Praxis immer die gleichen Probleme auf.

- Unabhängig von der Bedeutung einzelner Verträge müssen Mittel vorhanden sein, diese auch erfüllen zu können. Es gehört sicherlich nicht zu den leichtesten Aufgaben eines Insolvenzverwalters, die Gläubiger von der Notwendigkeit bestimmter Versicherungen zu überzeugen, damit diese Geldmittel bereitstellen. Es ist aber in jedem Fall dem Insolvenzverwalter anzuraten, die Gläubiger schnellstens schriftlich über den erforderlichen Versicherungsbedarf zu informieren und auf die Konsequenzen eines fehlenden Versicherungsschutzes hinzuweisen.

- Die Bedeutung der *Versicherung einer Betriebsunterbrechung* wird leider allzu oft verkannt. Durch diese Versicherungsform wird der Betrieb im Schadenfall finanziell so gestellt, als sei dieser nicht eingetreten. Es macht wenig Sinn, z. B. das Feuerrisiko ohne eine solche Versicherung abzudecken, denn nach einem Schaden würden nur die reinen Sachwerte ersetzt, nicht aber laufende Kosten, Gehälter und Löhne sowie nicht zuletzt der Gewinn. Hier ist der Insolvenzverwalter gefordert. Der Fortführungsgrundsatz der InsO zwingt ihn zu einer Antwort, wie er die Aussichten und den Umfang der Zukunft des Betriebes beurteilt. Hiernach ist die richtige Versicherungssumme zu bilden. Sollte eine derartige Versicherung nicht bestanden haben, ist dem Insolvenzverwalter der Abschluss einer solchen anzuraten. Dies dürfte bei den Gläubigern, die durch reine Sachwerte abgesichert sind, auf wenig Verständnis stoßen. Bestehen z. B. Grundpfandrechte, durch deren Verwertung die Forderungen dieser Gläubiger befriedigt werden könnten, wird der Insolvenzverwalter mit seinem Antrag auf finanzielle Zugeständnisse für die Betriebsunterbrechungsversicherung auf wenig Unterstützung bauen können. Allerdings steht hier der Insolvenzverwalter in der Pflicht.

- Die *Feuerversicherung* ist existenziell notwendig, doch stimmen in den seltensten Fällen die Versicherungssummen. Teils wurden die Werte bewusst niedrig angegeben, um Prämien zu sparen. Teils haben sich seit der letzten Überprüfung erhebliche Änderungen ergeben. Und nicht zuletzt wird besonders im Bereich des Warenbestands ein Durchschnittswert der vorhandenen Güter gebildet. Richtig ist jedoch bei der Wertermittlung vom Warenhöchstbestand auszugehen.

- Das soeben Gesagte trifft auch auf die Einbruchdiebstahl-, Vandalismus-, Leitungswasser-, Sturm- und Hagelversicherungen zu, wobei diese Risiken nicht in allen Betriebsarten eine Bedrohung der Existenz darstellen.

Eine *Einbruchdiebstahl-/Vandalismusversicherung* verknüpft mit einer entsprechenden Absicherung der Betriebsunterbrechung ist z. B. bei Firmen anzuraten, die auf den Verkauf modischer oder saisonabhängiger Artikel spezialisiert sind, denn diese werden in der Regel mehrere Monate vor dem geplanten Verkauf geordert und können nicht nachbestellt werden.

Eine *Leitungswasserversicherung* mit Mitversicherung der Betriebsunterbrechung hat z. B. eine besondere Bedeutung bei Betrieben mit einem Schwerpunkt auf Druckerzeugnissen.

In eingeschossigen Gebäuden oder bei Betriebsstätten direkt unter dem Dach ist in jedem Fall eine *Sturm-/Hagelversicherung* zusammen mit einer Betriebsunterbrechungsversicherung zu empfehlen.

- Die Haftpflichtversicherung ist ebenfalls einer eingehenden Prüfung zu unterziehen. Anders als bei einer auf die Sachverwaltung beschränkten Tätigkeit, die durch Absicherung des so genannten Betriebsstättenrisikos eingedeckt werden kann, muss der Insolvenzverwalter bei der Fortführung eines Betriebes ermitteln, welche Tätigkeiten weiterhin durch den Betrieb durch dessen Fortführung ausgeübt werden. Hierzu gehören Montagearbeiten, Anfertigung von Teilen, die beim Abnehmer weiterverarbeitet oder eingebaut werden u. ä.

- In den Hintergrund rücken Versicherungen wie betriebliche Unfallversicherungen, Firmendirektversicherungen und dgl. Hier sollte der Insolvenzverwalter mit den Gesellschaften statt einer Kündigung die Sistierung der Verträge bis zur endgültigen Entscheidung über die Zukunft des Betriebes vereinbaren.

Zusammenfassend ist es nicht nur wegen des zusätzlichen und erheblichen Arbeitsaufwands, der die richtige Behandlung dieser Punkte erfordert, dem Insolvenzverwalter nahe zu legen, sich der Hilfe eines im Firmenbereich erfahrenen Versicherungsfachmanns zu bedienen.

24. KAPITEL – VERGÜTUNG DES INSOLVENZVERWALTERS

Inhalt

Seite

A.	Vergütung des Insolvenzverwalters		2094
	I. Allgemeines		2094
		1. Grundlagen und Ziele der Neuregelung des Vergütungsrechts	2094
		2. Der Geltungsbereich der InsVV gegenüber der VergVO	2095
		3. Struktur der InsVV	2096
	II. Berechnungsgrundlage (§ 1 InsVV)		2098
		1. Allgemeines	2098
		2. Insolvenzmasse als Berechnungsgrundlage (§ 1 Abs. 1 InsVV)	2099
		a) Schlussrechnung als Bezugspunkt	2099
		b) Vorzeitige Verfahrensbeendigung	2100
		3. Berechnung der Masse (§ 1 Abs. 2 InsVV)	2101
		a) Zweck der Regelung	2101
		b) Verwertung von Absonderungsgut (§ 1 Abs. 2 Nr. 1 InsVV)	2102
		c) Abfindung von Aus- und Absonderungsrechten (§ 1 Abs. 2 Nr. 2 InsVV)	2105
		d) Aufrechenbare Forderungen (§ 1 Abs. 2 Nr. 3 InsVV)	2106
		e) Berücksichtigung von Masseverbindlichkeiten (§ 1 Abs. 2 Nr. 4 InsVV)	2107
		f) Vorschüsse, Zuschüsse (§ 1 Abs. 2 Nr. 5 InsVV)	2109
	III. Regelvergütung (§ 2 InsVV)		2109
		1. Allgemeines	2109
		2. Berechnung der Regelvergütung (§ 2 Abs. 1 InsVV)	2111
		3. Mindestvergütung (§ 2 Abs. 2 InsVV)	2116
	IV. Abweichen von der Regelvergütung (§ 3 InsVV)		2117
		1. Allgemeines	2117
		2. Zuschläge zur Regelvergütung (§ 3 Abs. 1 InsVV)	2119
		a) Bearbeitung von Aus- und Absonderungsrechten (§ 3 Abs. 1 Buchst. a InsVV)	2119
		b) Unternehmensfortführung und Hausverwaltung (§ 3 Abs. 1 Buchst. b InsVV)	2122
		c) Degressionsausgleich (§ 3 Abs. 1 Buchst. c InsVV)	2123

		d)	Bearbeitung arbeitsrechtlicher Sachverhalte (§ 3 Abs. 1 Buchst. d InsVV)	2125
		e)	Ausarbeitung eines Insolvenzplanes (§ 3 Abs. 1 Buchst. e InsVV)	2126
		f)	Weitere Erhöhungstatbestände	2127
	3.		Abschläge von der Regelvergütung (§ 3 Abs. 2 InsVV)	2129
		a)	Tätigkeit eines vorläufigen Insolvenzverwalters (§ 3 Abs. 2 Buchst. a InsVV)	2130
		b)	Fortgeschrittene Masseverwertung (§ 3 Abs. 2 Buchst. b InsVV)	2130
		c)	Vorzeitige Verfahrens-/Amtsbeendigung (§ 3 Abs. 2 Buchst. c InsVV)	2131
		d)	Große Masse/geringer Aufwand (§ 3 Abs. 2 Buchst. d InsVV)	2133
		e)	Weitere Abschlagskriterien	2133
	4.		Berechnung der Prüfungsreihenfolge	2134
V.			Sonderinsolvenzverwalter	2138
VI.			Mehrere Insolvenzverwalter	2140
VII.			Vergütungsvereinbarungen	2141
VIII.			Einsatz besonderer Sachkunde (§ 5 InsVV)	2141
	1.		Allgemeines	2141
	2.		Rechtsanwalt als Insolvenzverwalter (§ 5 Abs. 1 InsVV)	2143
	3.		Weitere Berufsgruppen (§ 5 Abs. 2 InsVV)	2146
IX.			Geschäftskosten (§ 4 InsVV)	2146
	1.		Allgemeines	2146
	2.		Allgemeine Geschäftskosten und die Inanspruchnahme von Fremdleistungen (§ 4 Abs. 1 InsVV)	2147
		a)	Allgemeine Geschäftskosten	2147
		b)	Inanspruchnahme von Fremdleistungen	2149
	3.		Auslagen (§ 4 Abs. 2 InsVV)	2153
	4.		Zusätzliche Haftpflichtversicherung (§ 4 Abs. 3 InsVV)	2154
X.			Nachtragsverteilung (§ 6 Abs. 1 InsVV)	2155
	1.		Allgemeines	2155
	2.		Nachtragsverteilung	2155
XI.			Überwachung und Erfüllung eines Insolvenzplans (§ 6 Abs. 2 InsVV)	2158
	1.		Allgemeines	2158
	2.		Vergütungsanspruch	2158
	3.		Durchsetzung des Vergütungsanspruchs	2160
XII.			Umsatzsteuer (§ 7 InsVV)	2161
XIII.			Festsetzungsverfahren (§ 8 InsVV)	2162
	1.		Allgemeines	2162

	2.	Festsetzungsverfahren	2163
		a) Antrag	2163
		b) Rechtliches Gehör	2164
		c) Entscheidung über den Vergütungsantrag	2165
		d) Bekanntmachung	2166
	3.	Auslagenpauschale (§ 8 Abs. 3 InsVV)	2167
	4.	Entnahmerecht/Berücksichtigung von Gegenforderungen	2167
	5.	Muster eines Antrags auf Vergütung des Insolvenzverwalters	2167
XIV.	Rechtsmittel		2171
XV.	Rechtskraft		2171
XVI.	Fälligkeit		2172
XVII.	Verjährung		2173
XVIII.	Vergütungsansprüche bei Masseunzulänglichkeit		2174
	1.	Ausfall bei Massenunzulänglichkeit	2174
	2.	Erstattung aus der Staatskasse	2175
XIX.	Vorschuss (§ 9 InsVV)		2176
	1.	Allgemeines	2176
	2.	Anspruchsvoraussetzungen	2178
		a) Antrag	2178
		b) Berechtigtes Interesse	2178
		c) Zustimmung des Gerichts	2179
	3.	Entnahmerecht	2180
	4.	Bekanntmachung und Rechtsmittel	2180

B. **Vergütung des vorläufigen Insolvenzverwalters, des Sachwalters und des Treuhänders im vereinfachten Verfahren** ... 2181

I.	Allgemeines		2181
II.	Vorläufiger Insolvenzverwalter (§§ 11, 10 InsVV)		2182
	1.	Allgemeines	2182
	2.	Anspruch auf Vergütung und Auslagen	2183
		a) Anspruchsgrundlage	2183
		b) Fälligkeit	2183
		c) Vorschüsse	2183
	3.	Die Vergütung des vorläufigen Insolvenzverwalters (§ 11 Abs. 1 InsVV)	2184
		a) Berechnungsgrundlage (§ 11 Abs. 1 i. V. m. §§ 10, 1 InsVV)	2185
		b) »Regelvergütung«	2188
		aa) Der »starke« vorläufige Insolvenzverwalter	2190
		bb) Der »schwache« vorläufige Insolvenzverwalter	2191
		c) Zuschläge und Abschläge auf die »Regelvergütung«	2192
	4.	Besondere Sachkunde, Auslagen und Umsatzsteuer	2195
	5.	Schuldner der Vergütung/Ausfallhaftung der Staatskasse	2195
		a) Eröffnetes Verfahren	2195
		b) Nicht eröffnetes Verfahren	2196
	6.	Vergütung als Sachverständiger (§ 11 Abs. 2 InsVV)	2198

			a) Grundlagen der Vergütung	2198
			b) Vergütungshöhe	2198
			c) Festsetzungsverfahren	2199
		7.	Muster eines Antrags auf Festsetzung der Vergütung eines vorläufigen Insolvenzverwalters	2200
		8.	Muster eines Antrags auf Festsetzung der Entschädigung des insolvenzrechtlichen Sachverständigen nach ZSEG	2203
III.	Sachwalter (§§ 12, 10 InsVV)			2207
	1.	Allgemeines		2207
	2.	Anspruch auf Vergütung und Auslagen		2208
		a) Anspruchsgrundlage		2208
		b) Fälligkeit		2208
		c) Vorschüsse		2208
	3.	Berechnungsgrundlage		2209
	4.	Regelvergütung		2209
	5.	Zu- und Abschläge von der Regelvergütung		2211
		a) Zuschläge		2211
		b) Abschläge		2212
	6.	Besondere Sachkunde, Auslagen und Umsatzsteuer		2212
		a) Besondere Sachkunde		2212
		b) Auslagen		2213
		c) Umsatzsteuer		2213
	7.	Festsetzung		2213
	8.	Ausfallhaftung der Staatskasse		2213
IV.	Treuhänder im vereinfachten Verfahren (§§ 13, 10 InsVV)			2214
	1.	Allgemeines		2214
	2.	Anspruch auf Vergütung und Auslagen		2215
		a) Vergütungen		2215
		b) Fälligkeit		2215
		c) Vorschüsse		2215
	3.	Berechnungsgrundlage		2216
	4.	Regelsatz		2217
	5.	Zuschläge/Abschläge/Mindestvergütung		2217
		a) Zuschläge		2217
		b) Abschläge/Mindestvergütung		2218
	6.	Besondere Sachkunde, Auslagen und Umsatzsteuer		2218
		a) Besondere Sachkunde		2218
		b) Auslagen		2219
		c) Umsatzsteuer		2219
	7.	Festsetzungsverfahren		2219
	8.	Vergütung des vorläufigen Treuhänders		2219
	9.	Ausfallhaftung der Staatskasse		2220

C. Treuhänder im Restschuldbefreiungsverfahren (§§ 14–16 InsVV) 2220

I.	Allgemeines	2220
II.	Vergütung nach § 14 InsVV und Auslagenersatz	2222
	1. Berechnungsgrundlage	2222

		2.	Vergütungshöhe	2222
			a) Vergütung	2222
			b) Mindestvergütung	2223
			c) Erstattungsanspruch gegen die Staatskasse	2223
	III.	Vergütung nach § 15 InsVV		2224
		1.	Voraussetzungen des Vergütungsanspruchs	2224
		2.	Vergütungshöhe	2224
		3.	Vergütungsgarantie	2225
		4.	Vorschuss (§ 292 Abs. 2 Satz 3 InsO)	2226
	IV.	Festsetzung der Vergütung		2226
		1.	Allgemeines	2226
		2.	Festsetzung des Stundensatzes (§ 16 Abs. 1 Satz 1, 2 InsVV) ...	2227
		3.	Festsetzung der Treuhändervergütungen und der Auslagen (§ 16 Abs. 1 Satz 2–4 InsVV)	2228
			a) Festsetzung der Treuhändervergütung gemäß § 14 InsVV und der Auslagen	2228
			b) Festsetzung der Vergütung des Treuhänders gemäß § 15 InsVV und der Auslagen	2229
		4.	Entnahme/Rückzahlung	2230
	V.	Vorschüsse (§ 16 Abs. 2 InsVV)		2231
	VI.	Rechtsmittel		2232
D.	Vergütung der Mitglieder des Gläubigerausschusses (§§ 17, 18 InsVV)			2232
	I.	Allgemeines		2232
	II.	Regelmäßige Zeitvergütung (§ 17 Satz 1 InsVV)		2234
	III.	Abweichungen vom Regelsatz (§ 17 Satz 2 InsVV)		2235
	IV.	Ausschluss des Vergütungsanspruchs		2238
	V.	Auslagenersatz (§ 18 Abs. 1 InsVV)		2239
	VI.	Umsatzsteuer (§ 18 Abs. 2 InsVV)		2241
	VII.	Festsetzungsverfahren		2241
	VIII.	Ausfallhaftung der Staatskasse		2243
	IX.	Vorschüsse		2243
E.	Übergangs- und Schlussvorschriften			2244

A. Vergütung des Insolvenzverwalters

I. Allgemeines

1. Grundlagen und Ziele der Neuregelung des Vergütungsrechts

1 In § 63 Satz 1 InsO hat der Verordnungsgeber die gesetzliche Grundlage geschaffen, nach der der Insolvenzverwalter einen **Anspruch auf eine angemessene Vergütung** seiner Tätigkeit und auf Erstattung der ihm entstandenen Auslagen besitzt. Des Weiteren wurde in § 63 Satz 2 InsO festgelegt, dass als Berechnungsgrundlage für die Vergütung der Wert der Insolvenzmasse zur Zeit der Verfahrensbeendigung anzusetzen ist. Insoweit hat diese neue gesetzliche Ausgestaltung einen wesentlichen Fortschritt gegenüber den bisherigen Regelungen im Zusammenhang mit der Konkursordnung erfahren, da in § 35 InsO die zu Grunde zu legende Insolvenzmasse definiert ist. Danach entspricht die Insolvenzmasse als Berechnungsgrundlage dem Vermögen, welches dem Schuldner bei Verfahrenseröffnung gehört und welches er während des Verfahrens hinzu erwirbt. § 63 Satz 3 InsO normiert ergänzend den wirtschaftlichen Umfang der vom Insolvenzverwalter zu beanspruchenden Vergütung. Es gilt hier der Grundsatz, dass die Entlohnung für die Tätigkeit des Insolvenzverwalters nicht pauschal, sondern auf den Einzelfall bezogen unter Berücksichtigung des Umfangs und der Schwierigkeiten der Verwaltertätigkeit zu berechnen ist. Gleichzeitig ergibt sich allerdings auch aus § 63 Satz 3 InsO, dass grundsätzlich in Normalfällen eine gesetzlich festgelegte Vergütung (Regelsatz) zu bezahlen ist und Abweichungen im Rahmen des Umfangs und der Schwierigkeit der Verwaltertätigkeit nur durch Anpassungen des Regelsatzes zu berücksichtigen sind. Der Verordnungsgeber hat es in der von ihm erlassenen InsVV versäumt, neben der Festlegung der Regelgebühr den Umfang eines »Normalverfahrens« zu definieren, so dass in diesem Bereich ein Streitpunkt vorprogrammiert wurde.[1]

2 Neben der Festlegung des grundsätzlichen Vergütungsanspruchs des Insolvenzverwalters in § 63 InsO hat § 64 InsO die **verfahrensrechtliche Durchsetzung** des Anspruches geregelt.

§ 64 Abs. 1 InsO legt fest, dass sowohl die Vergütung als auch die zu erstattenden Auslagen durch Beschluss des Insolvenzgerichts festgesetzt werden. Dies setzt voraus, dass der Insolvenzverwalter die Festsetzung seiner Vergütung beantragt. Der Antrag ist zwar grundsätzlich formlos möglich, doch sollte er schriftlich gestellt werden, damit die beanspruchte Vergütung nachvollziehbar ermittelt werden kann. Darüber hinaus ist gemäß § 64 Abs. 3 InsO der Festsetzungsbeschluss rechtsmittelfähig, so dass auch aus diesem Grunde heraus ein schriftlich begründeter Antrag dem Insolvenzgericht

---

1 Vgl. Blersch, Kommentar zur InsVV, 2000, Vorbemerkung Rdnr.3

Lorenz

einzureichen ist, um dem Beschwerdegericht die Möglichkeit der vollständigen Überprüfung zu geben.²

In § 64 Abs. 2 InsO wurde die öffentliche Bekanntmachung des Festsetzungsbeschlusses nach § 9 InsO festgelegt. Des Weiteren ist der Beschluss dem Verwalter, dem Schuldner und, sofern ein Gläubigerausschuss bestellt ist, den Mitgliedern des Ausschusses besonders zuzustellen. Die festgesetzten Beträge sind nicht zu veröffentlichen.

Bereits in § 64 Abs. 3 InsO, also außerhalb der InsVV, legt der Gesetzgeber fest, dass der Festsetzungsbeschluss entsprechend § 6 InsO durch die **sofortige Beschwerde** angegriffen werden kann.³ Gegen die Entscheidung über die sofortige Beschwerde ist gemäß § 7 InsO unter den dort festgelegten Voraussetzungen die weitere sofortige Beschwerde zulässig. Durch diese Regelung wird darüber hinaus die Möglichkeit eröffnet, bei Vorliegen der Voraussetzungen des § 7 Abs. 2 InsO, wenn beispielsweise ein Oberlandesgericht von der Entscheidung eines anderen Oberlandesgerichts abweichen will, eine Entscheidung des *Bundesgerichtshofes* herbeizuführen.⁴ Durch diese Neuregelung konnte zwischenzeitlich die wichtige Entscheidung des *Bundesgerichtshofes* im Zusammenhang mit dem Streitpunkt der Berechnung der Teilungsmasse bei der Vergütungsfestsetzung für den vorläufigen Insolvenzverwalter herbeigeführt werden.⁵

3

Zur Einlegung der Beschwerde berechtigt ist, entsprechend den Regelungen des § 64 Abs. 3 InsO, der Insolvenzverwalter, der Schuldner sowie jeder Insolvenzgläubiger, soweit er nach allgemeinen verfahrensrechtlichen Grundsätzen durch die Vergütungsfestsetzung beschwert wurde.⁶ Die Beschwer muss sich nach § 567 Abs. 2 Satz 2 ZPO auf mindestens EUR 50,00 belaufen.

In § 65 InsO enthält die Insolvenzordnung die gesetzliche Ermächtigungsgrundlage zum Erlass der insolvenzrechtlichen Vergütungsverordnung vom 19. 8. 1998.⁷

2. Der Geltungsbereich der InsVV gegenüber der VergVO

Die insolvenzrechtliche Vergütungsverordnung (InsVV), die am 1. 1. 1999 in Kraft getreten ist, hat die Verordnung über die Vergütung des Konkursverwalters, des Vergleichsverwalters, der Mitglieder des Gläubigerausschuss und der Mitglieder des Gläubigerbeirats vom 25. 5. 1960 (VergVO)

4

---

2 FK-InsO/Kind, 3. Aufl. 2002, § 64 Rdnr. 13 ff.
3 Vg. hierzu Keller, Vergütung und Kosten im Insolvenzverfahren, 2000, Rdnr. 159 ff.; Blersch, a. a. O., § 8 Rdnr. 46 f.
4 Blersch, a. a. O., Vorbemerkungen, Rdnr. 19
5 Vgl. BGH ZIP 2001, 296.
6 Vgl. Blersch, a. a. O., Vorbemerkungen, OLG Stuttgart ZInsO 2000, 158, sowie die Besprechung von Förster, ZInsO 2000, 381.
7 Vgl. hierzu Begründung des Verordnunggebers, A. I.

nicht aufgehoben, sondern **beide Verordnungen** gelten **parallel** weiter. Dies ergibt sich zwingend daraus, dass im Rahmen der Insolvenzordnung durch Übergangsregelungen (§ 103 EG InsO; § 19 InsVV) festgelegt wurde, dass die bis zum Inkrafttreten der Insolvenzordnung unter der Konkursordnung erfassten Verfahren unter deren gesetzlicher Regelung fort zu führen sind. Folglich hat die Geltung der VergVO parallel zur Fortgeltung der Konkursordnung zu erfolgen. Es ist daher noch für einen längeren Zeitraum zu erwarten, dass beide Vergütungsverordnungen nebeneinander gelten. Da die InsVV in wesentlichen Elementen auf die VergVO zurückgeführt werden kann, dürften sich aus auftretenden Fragen Wechselwirkungen hinsichtlich einzelner Lösungsansätze ergeben.

3. Struktur der InsVV

5   Der Verordnungsgeber hat im **ersten Abschnitt (§§ 1–9 InsVV)** umfassend die Vergütung des Insolvenzverwalters geregelt. Die Regelungen in den §§ 1–9 InsVV stellen die Grundlage für die Vergütung des Insolvenzverwalters im eröffneten Regelinsolvenzverfahren dar. Die Vergütungsregelungen und insbesondere die daraus resultierende Vergütungshöhe ermöglichen es, permanent während des laufenden Insolvenzverfahrens, die Berechnung der anfallenden Vergütung vorzunehmen, was insbesondere dann wesentlich ist, wenn die Frage der Masseunzulänglichkeit des § 207 InsO im Raum steht. Denn gemäß § 207 InsO ist ein Insolvenzverfahren mangels Masse sofort einzustellen, wenn die Verfahrenskosten nicht mehr gedeckt sind.

Die Darstellung der Vergütung des Insolvenzverwalters stellt auch darüber hinaus die Basis der Berechnung der Vergütung der weiteren Vergütungsberechtigten dar.

6   Der Verordnungsgeber hat im **zweiten Abschnitt (§§ 10–13 InsVV)** bei der Regelung der Ansprüche der neben dem Insolvenzverwalter Anspruchsberechtigten (vorläufiger Insolvenzverwalter, Sachwalter und Treuhänder im vereinfachten Insolvenzverfahren) weitestgehend darauf verzichtet, eigene Vergütungsregelungen zu treffen, sondern nur bezogen auf den zu regelnden Einzelfall wiederum die Grundlage geschaffen und hinsichtlich der Ausgestaltung auf die §§ 1–9 InsVV verwiesen.

Demzufolge werden in den §§ 10–13 InsVV die Vergütung des vorläufigen Insolvenzverwalters, des Sachwalters sowie des Treuhänders im vereinfachten Insolvenzverfahren normiert. Die Ausgestaltung der im zweiten Abschnitt der Verordnung geregelten Ansprüche erfolgt somit durch die in § 10 InsVV festgelegte Verweisung auf die Regelungen für den Insolvenzverwalter im ersten Abschnitt.

Dieser Bereich der Neuregelung stellt einen wesentlichen Fortschritt gegenüber der »alten« VergVO dar, da durch den Verordnungsgeber erstmalig der Anspruch des **vorläufigen Insolvenzverwalters** bzw. des Gutachters nach der Entscheidung über den Eröffnungsantrag normiert wurde. Die VergVO sah keine entsprechende Regelung vor, so dass durch Rechtsprechung und Literatur zwar einerseits ein Anspruch grundsätzlich entwickelt werden konnte, jedoch andererseits Inhalt und Umfang des Anspruchs für den Sequester, dessen Tätigkeit zumindest vergleichbar mit der des vorläufigen Insolvenzverwalters ist, heftig umstritten war.[8]

Über diesen weit reichenden Aspekt hinaus entfaltet die Regelung der Vergütung für den vorläufigen Insolvenzverwalter auch Wirkung in das **materielle Insolvenzrecht** hinein. Das Insolvenzgericht hat im Zusammenhang mit einem gestellten Insolvenzantrag bei der Frage über die Eröffnung zu entscheiden, ob die Kosten des Verfahrens gedeckt sind. Für den Fall der vorgesehenen Abweisung des Insolvenzantrages muss daher vom Insolvenzgericht der ggf. zu fordernde bzw. vom Antragsteller zu leistende Vorschuss benannt werden können. In all diesen Fällen kommt es dementsprechend darauf an, in welcher Höhe tatsächlich Kosten anfallen. Hierzu beauftragt regelmäßig das Insolvenzgericht den vorläufigen Insolvenzverwalter ggf. in Verbindung mit der Bestellung als Sachverständigen damit, (für das Gericht) festzustellen, ob die zu erwartende Insolvenzmasse ausreicht, die im eröffneten Insolvenzverfahren entstehenden Kosten zu decken.

Unter Berücksichtigung des § 54 InsO sind diese »Verfahrenskosten« aus den zu ermittelten Gerichtskosten und der Vergütung und den Auslagen auch des vorläufigen Insolvenzverwalters, des Insolvenzverwalters usw. zu berechnen. Diese Berechnung kann nunmehr – zumindest annähernd – fundiert auf Grund der Neuregelungen in den §§ 10–13 InsVV vorgenommen werden.[9]

Im **dritten Abschnitt** der Verordnung, der die Vergütungsansprüche des Treuhänders im Restschuldbefreiungsverfahren in den **§§ 14–16 InsVV** enthält, wird auf den Vergütungsanspruch des Insolvenzverwalters nicht verwiesen, da dessen gesetzliche Grundlagen von denen des Insolvenzverwalters abweichen. § 293 InsO normiert für den Treuhänder einen von den Regelungen des Insolvenzverwalters unabhängigen Vergütungsanspruch, der gesondert gestaltet ist und gesondert berechnet wird.

7

Da die Tätigkeit und auch die Haftung der Mitglieder des Gläubigerausschusses von der des Insolvenzverwalters völlig abweicht, wurde in § 73 InsO der Vergütungsanspruch für die Mitglieder des Gläubigerausschusses gesondert normiert. **Im vierten Abschnitt, §§ 17, 18,** der Verordnung ist eine eigenständige Regelung der Vergütung für die Mitglieder des Gläubigerausschusses vorgenommen worden, die nicht auf das System der Berechnung der Vergütung für den Insolvenzverwalter verweist. Der in § 73 InsO enthaltene Verweis auf die §§ 64 und 65 InsO gilt dementsprechend nur im formellen Bereich.[10]

8

---

8 Vgl. Eickmann, Kommentar zur VergVO, 2. Aufl. 1997, S. 155 ff. m. w. N.
9 Vgl. Blersch, a. a. O., Vorbemerkungen, Rdnr. 27 ff.
10 Begründung des Verordnungsgebers, A. 1.

Lorenz

II. Berechnungsgrundlage (§ 1 InsVV)

1. Allgemeines

9 § 63 Satz 2 InsO definiert den Grundsatz der Vergütung des Insolvenzverwalters in der Form, dass der Regelsatz der Vergütung nach dem Wert der Insolvenzmasse zur Zeit der Beendigung des Insolvenzverfahrens berechnet wird. Dementsprechend enthält § 1 InsVV die Darstellung der an der Insolvenzmasse orientierten **Berechnungsgrundlage,** auf deren Basis dann in der Folge gemäß § 2 InsVV die Regelvergütung des Insolvenzverwalters ermittelt wird. Die Neuregelung lehnt sich sehr stark an die Vorschriften der §§ 1, 2 VergVO an. § 1 InsVV nimmt Bezug auf § 63 Satz 2 InsO, um dann in seinem Absatz 2 die Methode der Berechnung der zu Grunde zu legenden Masse unter Berücksichtigung der Insolvenzmasse bei Abschluss des Verfahrens darzulegen. § 1 Abs. 2 InsVV definiert im Einzelnen die vorzunehmenden Korrekturen an der zum Zeitpunkt der Beendigung des Verfahrens sich ergebenden Masse. Dabei sind die Regelungen des Absatzes 2 abschließend und lassen keinen Ermessensspielraum zu.[11]

10 Durch die Zugrundelegung der Insolvenzmasse als Anknüpfungspunkt zur Berechnungsgrundlage entspricht die Neuregelung den bisherigen Ansätzen in der VergVO, die die Teilungsmasse der Schlussrechnung als Basis der Vergütung definierte.[12] Damit wird jedoch gleichzeitig wiederum auf den Grundgedanken der bisherigen Konkurs- und Gesamtvollstreckungsordnung abgestellt, wonach die Liquidation im Vordergrund steht. Das neben der Liquidation in § 1 InsO neu aufgenommene Ziel durch von der Liquidation abweichende Maßnahmen das Unternehmen zu erhalten, wodurch ggf. gerade keine wesentliche Masseerhöhung zu erreichen ist, wird in der InsVV nicht gleichrangig berücksichtigt. Gerade im Bereich der Sanierung sind ggf. umfassende und umfangreiche Tätigkeiten eines Insolvenzverwalters gefordert, die nicht zu einer Masseerhöhung führen können und somit nicht angemessen vergütet werden.[13]

Nicht übernommen hat der Verordnungsgeber die in § 1 Abs. 2 der bisherigen VergVO geregelte Begrenzung der Masse durch den Gesamtbetrag der Konkursforderungen, wenn dieser geringer ist als der Wert der Masse.[14] Zu Recht wurde darauf hingewiesen, dass gerade ein Masseüberschuss auf einer besonderen Leistung des Verwalters beruhe und dementsprechend auch angemessen zu vergüten sei.

Ebenfalls nicht übernommen wurde § 2 Nr. 3 Satz 2 der bisherigen VergVO, wonach vom Verwalter aus der Masse verauslagte Prozess- oder Vollstre-

---

11 Vgl. Blersch, a.a.O., § 1 Rdnr. 1; Haarmeyer/Wutzke/Förster, InsVV/VergVO, 2. Aufl. 1999, § 1 Rdnr. 5.
12 Vgl. Eickmann, Vergütungsrecht, 1999, § 1 Rdnr. 3.
13 Keller, a.a.O., Rdnr. 38.
14 Vgl. Begründung des Verordnungsgebers, B zu § 1

ckungskosten mit späteren Erstattungen zu verrechnen sind. Gleichwohl sollen derartige Beträge bei der Berechnungsgrundlage nicht berücksichtigt werden, da sie real nicht zu einer Masseerhöhung führen. Insoweit wird in § 1 Abs. 2 Nr. 3 InsVV zum Ausdruck gebracht, dass bei Verrechnungen insgesamt nur der Überschuss zu berücksichtigen ist.[15]

Der Verordnungsgeber ist in § 1 Abs. 2 Nr. 1 InsVV den Forderungen der Insolvenzpraxis gefolgt, wonach bei der Ermittlung der Berechnungsgrundlage Gegenstände, die mit Absonderungsrechten belastet sind, zu berücksichtigen sind. Er hat allerdings nicht – nicht konsequent – den gesamten Wert der mit Absonderungsrechten belasteten Gegenstände zu Grunde gelegt, sondern eine »Deckelung« in Höhe der Hälfte der Feststellungskostenbeiträge nach § 171 InsO vorgesehen.

Die Definition der Berechnungsgrundlage gemäß § 1 InsVV ist **entsprechend anwendbar** auf die Berechnung der Vergütung des vorläufigen Insolvenzverwalters[16] sowie des Sachwalters[17] im Rahmen der insolvenzrechtlichen Eigenverwaltung auf Grund der in § 10 InsVV vorgenommenen Verweisung. Demgegenüber ist § 1 InsVV für den Treuhänder im vereinfachten Insolvenzverfahren (§ 13 InsVV) nach dem Willen des Verordnungsgebers nur eingeschränkt anwendbar.[18] Die Berechnungsgrundlage für den Treuhänder im Restschuldbefreiungsverfahren wird davon abweichend ermittelt.[19]

11

2. Insolvenzmasse als Berechnungsgrundlage (§ 1 Abs. 1 InsVV)

a) Schlussrechnung als Bezugspunkt

§ 63 Satz 2 InsO als »Anspruchsgrundlage« normiert, dass die Vergütung des Insolvenzverwalters nach dem Wert der Insolvenzmasse zur Zeit der Beendigung des Insolvenzverfahrens berechnet wird. Der auf dieser Norm beruhende § 1 Abs. 1 Satz 1 InsVV bestimmt folgerichtig, dass die Vergütung nach dem Wert der Insolvenzmasse berechnet wird, auf die sich die Schlussrechnung bezieht (Istmasse). Die **Schlussrechnung** (§ 66 InsO) stellt nämlich die Summe aller vom Insolvenzverwalter erzielten Einnahmen bzw. Verwertungserlöse dar und bestimmt somit die zu Grunde zulegende Vermögensmasse. Mit dieser Festlegung wird wiederum § 35 InsO Rechnung getragen, der den Begriff der Insolvenzmasse als das vom Insolvenzverfahren erfasste gesamte Vermögen, das dem Schuldner zur Eröffnung des Verfahrens gehörte und das er während des Verfahrens erlangte, definiert.

12

---

15 Vgl. Blersch, a. a. O., § 1 Rdnr. 2.
16 S. u. Rdnr. 115 ff.
17 S. u. Rdnr. 142.
18 Vgl. hierzu die Begründung des Verordnungsgebers, B zu § 1 und s. u. die Ausführungen unter Rdnr. 155.
19 S. u. Rdnr. 169.

Allerdings würde die Begrenzung auf diese Masse der Tätigkeit des Insolvenzverwalters, der auch Gegenstände, die im Eigentum Dritter (z. B. Vorbehaltseigentum) stehen oder mit Rechten Dritter belastet sind (z. B. Sicherungseigentum), zu »verwalten« hat, hinsichtlich der Berechnung der Vergütung nicht gerecht werden. Dementsprechend wird in § 1 Abs. 1 Ziffer 1 InsVV und auch in § 3 Abs. 1 Buchst. a InsVV insoweit eine Erweiterung der zu berücksichtigenden Vermögenswerte vorgenommen bzw. die Aus- und Absonderungsrechte zumindest teilweise bei der Vergütungsberechnung mitberücksichtigt.[20]

Das Insolvenzgericht ist bei der Festsetzung der Vergütung an die eingereichte Schlussrechnung gebunden, soweit sie der ordnungsgemäßen Rechnungslegung entspricht. Sollte das Gericht auf Unstimmigkeiten stoßen, so kann es zur Berechnung der Vergütung keine Anpassung der Schlussrechnung vornehmen, sondern der Verwalter ist anzuhalten, die Schlussrechnung ggf. zu überarbeiten.[21]

Da bis zum Schlusstermin Einwendungen der Gläubiger und auch des Gemeinschuldners gegen die Schlussrechnung erhoben werden können und in der Folge ggf. eine Entscheidung des Gerichts über die erhobenen Einwendungen zu erfolgen hat, steht erst nach dem vorgenannten Zeitpunkt der Inhalt der Schlussrechnung und damit die Höhe der Grundlage der Berechnungsmasse gemäß § 1 Abs. 1 InsVV fest. Eine Entscheidung über den Vergütungsantrag kann daher erst zu diesem Zeitpunkt erfolgen.[22]

b) Vorzeitige Verfahrensbeendigung

13 In der InsO sind verschiedene Fallkonstellationen geregelt, bei deren Vorliegen das Insolvenzverfahren nicht bis zur vollständigen Verwertung des Vermögens bzw. Verteilung der Erlöse durchgeführt wird, sondern stattdessen das Verfahren vorzeitig beendet wird. Dies ist der Fall bei einer Einstellung mangels Masse (§ 207 InsO), einer Einstellung wegen Wegfall des Eröffnungsgrundes (§ 212 InsO) und bei Einstellung mit Zustimmung aller Gläubiger gemäß § 213 InsO. Weiterhin ist dabei auch an die Beendigung des Verfahrens durch einen bestätigten, rechtskräftigen Insolvenzplan gemäß § 258 i. V. m. § 248 InsO zu denken. Zur Berechnung der Vergütung kann in all diesen Fällen auf eine Schlussrechnung entsprechend § 66 InsO nicht zurückgegriffen werden. Nach § 1 Abs. 1 Satz 2 InsVV ist in diesem Falle die Vergütung nach dem **Schätzwert der Masse** zur Zeit der Beendigung des Verfahrens zu berechnen, womit wiederum eine Verbindung zu § 63 InsO hergestellt wird. Die vorzunehmende Schätzung hat auf der Basis nachvollziehbarer und objektiver Grundlagen zu erfolgen.[23] Zur Durchfüh-

---

[20] Vgl. Blersch, a. a. O., § 1 Rdnr. 5.
[21] Vgl. Haarmeyer/Wutzke/Förster, a. a. O., § 1 Rdnr. 8.
[22] Vgl. Haarmeyer/Wutzke/Förster, a. a. O., § 1 Rdnr. 8.
[23] Vgl. Haarmeyer/Wutzke/Förster, a. a. O., § 1 Rdnr. 9; Keller, a. a. O., Rdnr. 44 ff. mit ausführlicher Darstellung verschiedener Fallkonstellationen.

rung der Schätzung und als nachvollziehbare Anhaltspunkte kann dabei auf die Vermögensübersicht oder die Eröffnungsbilanz nach den §§ 153, 155 InsO zurückgegriffen werden. Auch das Sachverständigengutachten oder der Bericht des vorläufigen Insolvenzverwalters können hinreichende Anhaltspunkte ergeben.

Als Berechnungsgrundlage im Bereich der Beendigung des Insolvenzverfahrens nach Bestätigung eines Insolvenzplanes ist vorrangig auf die Vermögensübersicht gemäß § 229 Satz 1 InsO zurückzugreifen. Diese Vermögensübersicht stellt die für den Fall der Annahme des Planes zu Grunde zu legenden Vermögenswerte dar, so dass sie als taugliche Grundlage für die Berechnung der Vergütung anzusehen ist.[24] Dies insbesondere auch deshalb, da in der Vermögensübersicht der tatsächliche Wert der einzelnen Gegenstände angesetzt wird.[25] Die Angemessenheit der Vermögensübersichten ergibt sich auch daraus, dass je nach Gestaltung des Insolvenzplanes als Liquidationsplan bzw. als Fortführungs(Sanierungs-)Plan die jeweils entsprechenden Liquidations- bzw. Fortführungswerte angesetzt werden.[26]

Endet das Amt des Insolvenzverwalters vor Beendigung des Insolvenzverfahrens wird seitens des Insolvenzgerichts ein neuer Verwalter bestellt.[27] In diesem Falle ist als Berechnungswert gesondert für jeden Insolvenzverwalter die seiner Verwaltung unterliegende Insolvenzmasse als Grundlage der Vergütungsberechnung anzusehen.[28]

3. Berechnung der Masse (§ 1 Abs. 2 InsVV)

a) Zweck der Regelung

§ 1 Abs. 2 InsVV bezweckt, dass die sich aus der gemäß § 66 Abs. 1 InsO vorzulegenden Schlussrechnung ergebenden Werte – allgemein formuliert – um Beträge verringert werden, die den Insolvenzgläubigern keinerlei Vorteile erbracht oder sich auf den Bestand der Insolvenzmasse im Ergebnis nicht ausgewirkt haben. Beispielsweise soll die Insolvenzmasse um durchlaufende Posten bereinigt werden oder der Fall Berücksichtigung finden, dass ein Insolvenzgläubiger gegen eine Forderung der Insolvenzmasse aufrechnet.[29]

14

Andererseits werden bei der Neuregelung unter ausdrücklich festgelegten Begrenzungen Massegegenstände, die mit Absonderungsrechten belastet sind, berücksichtigt, wenn sie durch den Verwalter verwertet werden. Die

---

24 Ausführlich Haarmeyer, ZInsO 2000, 241; Hess, InVo 2000, 113.
25 Vgl. BGHZ 119, 201, 204.
26 Eickmann, a. a. O., § 1 Rdnr. 12 f.
27 S. hierzu die Einzelheiten unter Rdnr. 54.
28 MK-InsO/Nowak, 2001 ff., Anhang zu § 65 InsVV § 1 Rdnr. 9.
29 Vgl. Keller, Rdnr. 57.

im Bereich der Konkursordnung geltende VergVO sah grundsätzlich eine Berücksichtigung der mit Aus- und Absonderungsrechten belasteten Gegenstände nicht vor. Die Neuregelung bringt insoweit eine für den Insolvenzverwalter angemessene Erhöhung der Tätigkeitsvergütung, so dass die im Rahmen der VergVO entwickelten »künstlichen« Modelle zur Entlohnung des Insolvenzverwalters für die arbeitsintensive Erledigung der Absonderungsrechte[30] hinfällig sind.

b) Verwertung von Absonderungsgut (§ 1 Abs. 2 Nr. 1 InsVV)

15   Mit der Neuregelung in § 1 Abs. 2 Nr. 1 InsVV wird unter Berücksichtigung der erweiterten Aufgabenstellung des Insolvenzverwalters, nachdem ihm gemäß §§ 159, 165, 166 InsO das Verwertungsrecht auch bei mit Fremdrechten belasteten beweglichen und unbeweglichen Gegenständen zugebilligt wird, Rechnung getragen. Dementsprechend werden Massegegenstände in die Berechnungsgrundlage mit einbezogen, die mit **Absonderungsrechten** belastet sind. Berücksichtigt werden allerdings nur Absonderungsrechte entsprechend §§ 49–51 InsO. Nicht erfasst von § 1 Abs. 2 Nr. 1 InsVV sind alle Gegenstände, die Aussonderungsrechten gemäß § 47 f. InsO unterliegen.[31]

Dabei legt § 1 Abs. 2 Nr. 1 Satz 3 InsVV den Grundsatz fest, wonach Absonderungsgut nur soweit berücksichtigt wird, als aus ihm der Masse ein Überschuss zusteht.[32]

Die weiteren neu geschaffenen Tatbestände der Einbeziehung von Absonderungsgut in § 1 Abs. 2 Nr. 1 InsVV setzen die Verwertung des Absonderungsgutes durch den Verwalter voraus. Hierzu wird ein aktives Tätigwerden des Verwalters in Bezug auf diese Massegegenstände vorausgesetzt.[33] Die Art und Weise der vom Verwalter durchgeführten Verwertungshandlung ist unerheblich. Im Bereich der **unbeweglichen Gegenstände** wird dies die Einleitung der Insolvenzverwalterversteigerung gemäß §§ 172 ff. ZVG sein oder ggf. der Beitritt zu einem bereits laufenden Zwangsversteigerungsverfahren. Umfasst ist auch die Veräußerung eines Grundstücks durch den Insolvenzverwalter ggf. in Absprache mit dem Grundpfandgläubiger.

Bei **beweglichen Gegenständen**, wobei das Verwertungsrecht hier grundsätzlich gemäß §§ 165 ff. InsO dem Verwalter zusteht, kommt regelmäßig die freihändige Verwertung in Betracht. Für die Ermittlung der Berechnungsgrundlage sind dabei alle Bruttoerlöse einschließlich Umsatzsteuer der vom Verwalter verwerteten Gegenstände zu berücksichtigen.

---

30 »Kölner Modell«, *OLG Köln* KTS 1977, 56; »Mannheimer Modell«, *AG Mannheim* ZIP 1984, 207.
31 Vgl. Blersch, a. a. O., § 1 Rdnr. 8.
32 Vgl. Eickmann, a. a. O., § 1 Rdnr. 18.
33 Vgl. Blersch, a. a. O., § 1 Rdnr. 9; Eickmann, § 1 Rdnr. 19.

Zunächst ist unter Einbeziehung aller Vermögenswerte einschließlich derjenigen, die mit Absonderungsrechten belastet sind, die Berechnungsgrundlage festzustellen. Danach ist auf der Basis des vorstehend dargestellten Wertes die Regelvergütung des Insolvenzverwalters nach § 2 InsVV zu ermitteln. Da § 1 Abs. 2 Ziffer 1 Satz 2 InsVV eine Kappungsgrenze darstellt, muss eine zusätzliche **Vergleichsberechnung** durchgeführt werden. Es ist hierzu weiter die Vergütung zu errechnen, die sich aus der im gesamten Insolvenzverfahren erzielten Insolvenzmasse gemäß § 1 Abs. 1, Abs. 2 Nr. 2–5 InsVV unter Ausschluss des Wertes des vom Verwalter verwerteten Absonderungsgutes ergeben würde. Dabei ist bei dem nunmehr nicht zu berücksichtigenden Wert des vom Verwalter verwerteten Absonderungsgutes lediglich der Nettowert ohne Umsatzsteuer und ohne Feststellungskostenanteile anzusetzen.[34] Denn die Umsatzsteuer und die Feststellungskostenanteile stehen der Masse nämlich immer zu – unabhängig von der Verwertung durch den Verwalter. Beide errechneten Vergütungsbeträge sind gegenüber zu stellen, wobei die sich daraus ergebende Vergütungsdifferenz den Mehrbetrag im Sinne des § 1 Abs. 2 Nr. 1 Satz 2 InsVV darstellt. In der Folge hat eine Gegenüberstellung zu erfolgen von einerseits dem vorstehend festgestellten Vergütungsmehrbetrag und andererseits dem Feststellungskostenbeitrag, welchen der Verwalter nach § 171 Abs. 1 InsO bzw. § 10 Abs. 1 Nr. 1 a ZVG für die von ihm verwerteten Absonderungsgegenstände erzielt hat. Bei der Berechnung des Feststellungskostenbeitrags sind allerdings nur diejenigen Beiträge zu berücksichtigen, die der Verwalter für von ihm verwertete Gegenstände erhalten hat und nicht für Gegenstände, die er beispielsweise einem Gläubiger nach § 173 InsO zur Verwertung überlassen hat.[35] Demgegenüber sind allerdings diejenigen Feststellungskostenbeiträge zu berücksichtigen, die der Insolvenzverwalter mit einem Gläubiger vereinbart hat. Dabei ist jedoch zu fordern, dass die zwischen dem Gläubiger und dem Insolvenzverwalter getroffene Vereinbarung die vereinbarten Massebeiträge ausdrücklich als Feststellungskostenbeiträge bezeichnet.[36]

16

Die dem Insolvenzgericht darzulegende Vergleichsrechnung im Rahmen des Vergütungsantrages setzt auch voraus, dass aus der Schlussrechnung des Insolvenzverwalters sowohl der jeweilige Kostenbeitrag, der zur Insolvenzmasse geflossen ist, als auch der Wert der jeweils verwerteten Massegegenstände ersichtlich ist.[37] § 1 Abs. 2 Ziffer 1 Satz 2 InsVV begrenzt nun den errechneten Vergütungsmehrbetrag auf die Hälfte des Feststellungskostenbeitrages. Bis zur Hälfte des Feststellungskostenbeitrages erhöht sich die Vergütung des Verwalters für die Verwertung der Absonderungsgüter.

---

34 Vgl. Eickmann, a. a. O., § 1 Rdnr. 21.
35 Vgl. Blersch, a. a. O., § 1 Rdnr. 10.
36 Vgl. Blersch, a. a. O., § 1 Rdnr. 10.
37 Vgl. Keller, a. a. O., Rdnr. 69.

> **Beispiel:**
>
> Der Insolvenzverwalter verwertete im Rahmen des Verfahrens einen sicherungsübereigneten beweglichen Gegenstand in Höhe von EUR 580 000,00 (brutto). Die enthaltene Mehrwertsteuer beläuft sich auf EUR 80 000,00. Die Insolvenzmasse beträgt gemäß Schlussrechnung ohne Berücksichtigung der Absonderungsrechte und ohne Feststellungskostenbeitrag aus der Verwertung EUR 150 000,00. Unter Berücksichtigung des vereinnahmten Feststellungskostenbeitrags in Höhe von EUR 23 200,00 (4 % aus EUR 580 000,00) ergibt sich folgende Berechnung der Vergütung:
>
> 1. Regelvergütung gemäß § 2 InsVV aus
>
>   EUR 730 000,00 (EUR 580 000,00 +
>
>   EUR 150 000,00) beträgt   EUR   42 350,00
>
> 2. Insolvenzmasse ohne Absonderungsgut   EUR 150 000,00
>
>   zzgl. Umsatzsteuer (Verwertungsgut)   EUR   80 000,00
>
>   zzgl. Feststellungskostenbeitrag
>
>   (4 % aus EUR 580 000,00)   EUR   23 200,00
>
>   Insgesamt   EUR 203 200,00
>
>   Regelvergütung hieraus   EUR   26 974,00
>
> Der Vergütungsmehrbetrag errechnet sich wie folgt:
>
> 3. Vergütung inklusive Absonderungsrechte EUR   42 350,00
>
>   abzgl. Vergütung ohne
>
>   Absonderungsrechte   –   EUR   26 974,00
>
>   ergibt Vergütungsmehrbetrag   EUR   15 376,00
>
> 4. Die Kappungsgrenze ergibt sich
>
>   aus 50 % von EUR 23 200,00 somit   EUR   11 600,00
>
> 5. Vergütungsmehrbetrag beträgt der allerdings begrenzt ist durch die Kappungsgrenze in Höhe von EUR 11 600,00.   EUR   15 376,00
>
> 6. Die Gesamtvergütung errechnet sich:
>
>   Vergütung ohne Absonderungsrechte   EUR   26 974,00
>
>   Vergütungsmehrbetrag (begrenzt durch
>
>   Kappungsgrenze siehe Ziffer 5.)   EUR   11 600,00
>
>   Gesamtvergütung   EUR   38 574,00

Lorenz

Absonderungsgegenstände werden darüber hinaus bei der Feststellung der 18
Berechnungsgrundlage ausschließlich dann und nur so weit berücksichtigt,
als sich aus ihrer Verwertung ein **Überschuss** ergibt, § 1 Abs. 2 Nr. 1 Satz 3
InsVV, ungeachtet ob der Gegenstand vom Verwalter oder einem Dritten
verwertet wird.[38]

Ein Sonderfall ist dann anzunehmen, wenn der Verwalter sowohl einen
Feststellungskostenbeitrag als auch einen Überschuss erzielt, da dann der
Absonderungsgegenstand einschließlich des erzielten Überschusses mit
seinem vollen Wert anzusetzen ist. Eine Begrenzung auf die 50 %ige
Kappungsgrenze ist hier nicht begründet, da neben dem vom Verwalter erzielten Feststellungskostenbeitrag der Überschuss gerade zu einer Masseerhöhung geführt hat. Die vom Verordnungsgeber vorgesehene Begrenzung
auf 50 % der erzielten Feststellungskostenbeiträge entfällt, da durch eine
tatsächliche Masseerhöhung Mittel für eine Vergütungserhöhung zugeflossen sind.[39]

Gegenstände, die dem gesetzlichen Vermieterpfandrecht unterliegen, sind,
abweichend von der bisherigen Rechtslage gemäß § 2 Nr. 1 Satz 2 VergVO,
nicht mehr uneingeschränkt bei der Berechnungsgrundlage zu berücksichtigen. Eine Einbeziehung ist nur dann vorzunehmen, wenn entweder der
Verwalter die Gegenstände selbst verwertet oder die Verwertung einen
Überschuss erbringt. Der neue § 1 Abs. 2 Nr. 1 InsVV findet somit in vollem Umfange auch auf die dem Vermieterpfandrecht unterliegenden Gegenstände Anwendung.[40]

c) Abfindung von Aus- und Absonderungsrechten (§ 1 Abs. 2 Nr. 2 InsVV)

In § 1 Abs. 2 Nr. 2 InsVV wird der Fall geregelt, in dem der Verwalter den 19
Aus- und Absonderungsberechtigten durch Zahlung eines Abgeltungsbetrages zu einem Verzicht auf die Geltendmachung seines Rechtes veranlasst.
Der der Belastung unterliegende Gegenstand verbleibt somit in der Masse
und der Berechtigte verzichtet auf abgesonderte bzw. vorzugsweise Befriedigung aus dem Verwertungserlös. Da der betreffende Gegenstand mit vollem Wert in der Masse verbleibt und gleichzeitig allerdings die Masse um
den Abgeltungsbetrag verringert worden ist, fließt nach § 1 Abs. 2 Nr. 2
InsVV der Wert des frei gewordenen Gegenstandes nicht in vollem Umfange in die Vergütungsberechnung ein. Die Regelung sieht vor, dass von
dem fiktiv festzustellenden Sachwert des Gegenstandes die vom Verwalter
bezahlte Abfindung *in Abzug* zu bringen ist. Der dann verbleibende Wert
erhöht entsprechend die Insolvenzmasse. Bei der Berechnung zu Grunde
zu legen ist dabei der (fiktive) Sachwert des Gegenstandes und nicht der spä-

---

38 Vgl. Blersch, a. a. O., § 1 Rdnr. 12.
39 Vgl. Blersch, a. a. O., § 1 Rdnr. 12; einschränkend Haarmeyer/Wutzke/Förster,
 a. a. O., § 1 Rdnr. 22.
40 Vgl. Blersch, § 1 Rdnr. 13; a. A. Haarmeyer/Wutzke/Förster, a. a. O., § 1, Rdnr. 18.

Lorenz

tere ggf. geringere Veräußerungserlös.[41] Der angesetzte Wert ist vom Insolvenzverwalter mit nachvollziehbaren Kriterien zu schätzen, wobei insbesondere ein Sachverständigengutachten einen sicheren Nachweis darstellt. Unerheblich bei der anzustellenden fiktiven Berechnung ist der später vom Insolvenzverwalter erzielte Verwertungserlös. Insbesondere erfolgt keine Berücksichtigung eines ggf. geringeren Verwertungserlöses, da der Verordnungsgeber hier die besondere Tätigkeit des Insolvenzverwalters, die in dem Aushandeln des Abfindungsbetrages zu sehen ist, gesondert vergüten wollte.[42] Neben der Berücksichtigung des Überschusses gemäß § 1 Abs. 2 Nr. 2 InsVV kommt dann eine zusätzliche Vergütung gemäß § 1 Abs. 2 Nr. 1 InsVV in Betracht, wenn der Insolvenzverwalter nach der Abfindung den betreffenden Gegenstand verwertet. Zwar ist die Belastung des Massegegenstandes, die § 1 Abs. 2 Nr. 1 InsVV vorsieht, nicht mehr vorhanden, doch sollte der Verwalter in diesem Fall nicht schlechter gestellt werden, als derjenige Verwalter, der den belasteten Gegenstand erst verwertet und im Anschluss daran den Erlös an den Absonderungsberechtigten auskehrt.[43]

d) Aufrechenbare Forderungen (§ 1 Abs. 2 Nr. 3 InsVV)

20 Die Neuregelung in § 1 Abs. 2 Nr. 3 InsVV entspricht sinngemäß der bisherigen Regelung in § 2 Nr. 4 VergVO, wonach bei der Durchsetzung einer Forderung durch den Insolvenzverwalter die durch **Aufrechnung** mit einer Gegenforderung teilweise zum Erlöschen gebracht wird, ausschließlich der erzielte Überschuss bei der Berechnungsgrundlage angesetzt werden darf. Es soll sich dementsprechend nur der tatsächlich zugeflossene Teil vergütungserhöhend auswirken. Der Ansatz lediglich des Überschusses und nicht der gesamten Forderung erfolgt allerdings nur bei Aufrechnungslagen entsprechend den §§ 94–96 InsO.[44] Insoweit ist die Aufrechnung seitens eines Gläubigers mit Masseschuldansprüchen nicht der Fallkonstellation des § 1 Abs. 2 Nr. 3 InsVV zuzuordnen, da gerade nach § 1 Abs. 2 Nr. 4 InsVV Masseverbindlichkeiten im Zusammenhang mit der Vergütungsberechnung nicht zu berücksichtigen (d. h. abzuziehen) sind.[45] Gleichermaßen unterliegen die im Laufe des Insolvenzverfahrens außerhalb der jeweiligen Voranmeldezeiträume bezahlten Umsatzsteuern und erhaltenen Vorsteuererstattungen nicht dem Regelungsbereich des § 1 Abs. 2 Nr. 3 InsVV.[46]

---

41 Vgl. Eickmann, a. a. O., § 1 Rdnr. 39.
42 *Vgl. Begründung des Verordnungsgebers,* B zu § 1
43 Vgl. Blersch, a. a. O., § 1 Rdnr. 14; Haarmeyer/Wutzke/Förster, a. a. O., § 1 Rdnr. 22.
44 Vgl. Haarmeyer/Wutzke/Förster, a. a. O., § 1 Rdnr. 23; Blersch, a. a. O., § 1 Rdnr. 15.
45 Vgl. Blersch, a. a. O., § 1 Rdnr. 15; Eickmann, a. a. O., § 1 Rdnr. 40.
46 Vgl. Blersch, a. a. O., § 1 Rdnr. 15; Haarmeyer/Wutzke/Förster, a. a. O., § 1 Rdnr. 23.

e) Berücksichtigung von Masseverbindlichkeiten (§ 1 Abs. 2 Nr. 4 InsVV)

Auch bei der Neuregelung wird – wie bereits in § 2 Nr. 3, 5 VergVO – festgelegt, dass sowohl die **Masseverbindlichkeiten** gemäß §§ 55, 123 Abs. 2 InsO wie auch die **Kosten des Insolvenzverfahrens** gemäß § 54 InsO bei der Ermittlung der Berechnungsgrundlage nicht in Abzug gebracht werden. Von diesem Grundsatz wurden allerdings vom Verordnungsgeber **zwei Ausnahmen** vorgesehen, die auch bereits bei der bisherigen Rechtslage zu berücksichtigen waren.

21

Als Erstes eliminiert § 1 Abs. 2 Nr. 4 a InsVV diejenigen Beträge, die der Verwalter nach § 5 InsVV als Vergütung für den **Einsatz besonderer Sachkunde** erhält. Insbesondere sind dies Tätigkeiten, die dem Insolvenzverwalter als Rechtsanwalt, Wirtschaftsprüfer oder Steuerberater persönlich aus der Insolvenzmasse im Verlaufe des Verfahrens gesondert vergütet werden. Dieser Vergütungsbetrag wird bei der Berechnung der Masse in Abzug gebracht. Ausschließlich der Nettobetrag ist dann zu berücksichtigen, wenn die Insolvenzmasse vorsteuerabzugsberechtigt ist.[47] Richtigerweise weist Blersch[48] daraufhin, dass Grund für den Abzug nicht der Umstand ist, dass der Verwalter für diese Tätigkeit bereits vorab vergütet worden ist, sondern die Tatsache, dass die Insolvenzmasse bereits auf Grund der Vergütungszahlungen an den Verwalter reduziert wurde, so dass der entsprechende Betrag nicht nochmals als Berechnungsgrundlage einzubeziehen ist. Folgerichtig wird auch dann kein Abzug vorgenommen, wenn der Insolvenzverwalter zwar eine Sondervergütung erhalten hat, aber der Vergütungsbetrag beispielsweise von einem unterlegenen Prozessgegner zu erstatten ist.[49] Die Berechnungsgrundlage ist auch nicht um diejenigen Vergütungen zu vermindern, die nicht an den Insolvenzverwalter persönlich, sondern an Personen- oder Kapitalgesellschaften bezahlt werden, an denen der Verwalter lediglich beteiligt ist.[50] Schon der Wortlaut des § 1 Abs. 2 Nr. 4 a InsVV verbietet eine Ausweitung auf entsprechende Gesellschaften. Darüber hinaus fließt dem Verwalter bei einer entsprechenden Beteiligung nicht der Gesamtbetrag der Vergütung, sondern allenfalls der sich aus der wirtschaftlichen Beteiligung – bezogen auf den jeweiligen Einzelfall – ergebende Ertrag.[51]

Entgegen der Auffassung,[52] dass Auslagen nicht abzuziehen sind, fordert der Wortlaut der Vorschrift mit dem Begriff »Beträgen« dies, so dass die ge-

---

47 Vgl. Eickmann, a.a.O., § 1 Rdnr. 43; Haarmeyer/Wutzke/Förster, a.a.O., § 1 Rdnr. 24.
48 Blersch, a.a.O., § 1 Rdnr. 18.
49 Vgl. Blersch, a.a.O., § 1 Rdnr. 18.
50 Vgl. Eickmann, a.a.O., § 1 Rdnr. 44; Haarmeyer/Wutzke/Förster, a.a.O., § 1 Rdnr. 24.
51 Vgl. Blersch, a.a.O., § 1, Rdnr. 18.
52 Vgl. Haarmeyer/Wutzke/Förster, a.a.O., § 1 Rdnr. 24; Eickmann, a.a.O., § 1 Rdnr. 43.

samte Sondervergütung gemäß § 5 InsVV zuzüglich aller Auslagen in Abzug zu bringen ist.[53]

22 § 1 Abs. 2 Nr. 4 b InsVV stellt eine weitere Ausnahme dar. Diese Regelung sieht vor, dass im Falle der **Fortführung des Unternehmens** durch den Insolvenzverwalter nur der Überschuss aus dieser Tätigkeit zu berücksichtigen ist, der sich nach Abzug der Ausgaben von den Einnahmen ergibt. Damit führt der Verordnungsgeber ein erfolgsorientiertes Merkmal bei der Vergütung ein, was grundsätzlich in der InsVV nicht vorgesehen ist. Derjenige Verwalter, der auf Grund besonderer Fähigkeiten im Rahmen der Betriebsfortführung einen Überschuss erzielt, soll neben der in § 3 InsVV vorgesehenen rein tätigkeitsbezogenen Erhöhung zusätzlich durch Hinzurechnung des Überschusses bei der Berechnungsgrundlage eine weiter gehende Vergütung erhalten.[54] Gleichzeitig wird mit dieser Regelung allerdings auch verhindert, dass lediglich die Einnahmen entsprechend der Grundregel des § 1 Abs. 2 Nr. 4 InsVV berücksichtigt werden und die zur Betriebsfortführung erforderlichen Ausgaben (Masseschulden) in der Berechnung keinen Eingang finden.[55] Dazu wurde festgelegt, dass nur der sich nach Abzug der Ausgaben von den Einnahmen ergebende Überschuss Berücksichtigung findet. Da der Insolvenzverwalter diesen Überschuss nachvollziehbar darlegen muss, ist es erforderlich, über den gesamten Zeitraum der Betriebsfortführung, im Rechnungswesen die durch die Betriebsfortführung vorgenommenen Ausgaben abgegrenzt zu erfassen und sie wiederum von den Einnahmen abzusetzen.[56] Als Ausgaben sind nur diejenigen Verbindlichkeiten zu berücksichtigen, die der Insolvenzverwalter bei der Unternehmensfortführung als Masseschulden gemäß § 55 InsO begründet.[57] Bei der Überschussrechnung nicht abzuziehen sind allerdings diejenigen Masseschulden, die unabhängig von der Unternehmensfortführung entstanden wären, wie beispielsweise Lohnansprüche der Arbeitnehmer oder Mietzinsverbindlichkeiten bzw. sonstige Verbindlichkeiten, die dem Verwalter nach § 55 Abs. 1 Nr. 2 InsO entstehen. Der sich aus der Ausgaben- und Einnahmenrechnung ergebende Überschuss ist zur Insolvenzmasse hinzuzurechnen. Sollte der Insolvenzverwalter im Rahmen der Betriebsfortführung keinen Überschuss erzielen, so gilt der in § 1 Abs. 2 Nr. 4 Satz 1 InsVV niedergelegte Grundsatz, dass weder die Ausgaben noch ein entstandener Verlust von der Berechnungsgrundlage in Abzug zu bringen sind.[58] Eine besondere Berücksichtigung der Unternehmensfortführung erfährt der Verwalter im Rahmen der Vergütung unabhängig von der Erwirtschaftung eines Überschusses gemäß § 3 Abs. 1 b InsVV, da hier ein Zuschlag gewährt wird.

---

53 Vgl. Blersch, a. a. O., § 1 Rdnr. 19.
54 Vgl. Haarmeyer/Wutzke/Förster, a. a. O., § 1 Rdnr. 25; Blersch, a. a. O., § 1 Rdnr. 20.
55 Vgl. Blersch, a. a. O., § 1 Rdnr. 20.
56 Vgl. Haarmeyer/Wutzke/Förster, a. a. O., § 1 Rdnr. 26; Keller, a. a. O., Rdnr. 90.
57 Vgl. Haarmeyer/Wutzke/Förster, a. a. O., § 1 Rdnr. 26; Eickmann, a. a. O., § 1 Rdnr. 48; Blersch, a. a. O., § 1 Rdnr. 20.
58 Vgl. Haarmeyer/Wutzke/Förster, a. a. O., § 1 Rdnr. 26.

f) Vorschüsse, Zuschüsse (§ 1 Abs. 2 Nr. 5 InsVV)

Gemäß § 1 Abs. 2 Nr. 5 InsVV sind bei der Ermittlung der Berechnungsgrundlage diejenigen **Vorschüsse** in Abzug zu bringen, die Dritte zur Durchführung des Verfahrens geleistet haben. Des Weiteren sind außer Acht zu lassen diejenigen Beträge, die ein Dritter zur Erfüllung eines Insolvenzplans geleistet hat. Die Begründung hierzu ergibt sich bereits daraus, dass dieser **Zuschuss** nicht Bestandteil der Insolvenzmasse gemäß § 1 Abs. 1 InsVV wird. Miteingerechnet wird allerdings ein Vorschuss, den der Schuldner selbst erbracht hat. Aber auch der Zuschuss eines Dritten zur Abdeckung der Verfahrenskosten, der insbesondere von Gläubigern geleistet wird, die ein besonderes Interesse an der Verfahrenseröffnung besitzen, ist hinzuzurechnen, da regelmäßig der Dritte auf die Rückzahlung des erbrachten Vorschusses verzichtet.[59]

23

III. Regelvergütung (§ 2 InsVV)

1. Allgemeines

§ 2 InsVV definiert die Regeln, nach denen ausgehend von der gemäß § 1 InsVV ermittelten Berechnungsgrundlage die Vergütung zu errechnen ist. In der Norm wird eine Vergütungshöhe für ein sog. Normalverfahren festgelegt, wobei § 3 InsVV vorsieht, diese **Regelvergütung** bei Besonderheiten des jeweiligen Verfahrens bei der Vergütung durch Zu- und Abschläge anzupassen. Die dargestellten Regelsätze stellen keinen durchgängigen Prozentsatz der in Ansatz zu bringenden Masse dar, sondern nehmen mit fortschreitender Teilungsmasse in sieben Stufen von 40 % ausgehend auf 0,5 % ab. Wie der Verordnungsgeber in seiner Begründung darlegt, sollen die eingeführten sieben Berechnungsstufen eine ausgeprägtere Differenzierung der Vergütungshöhen bei großen Massen ermöglichen.[60] Der Verordnungsgeber wollte bei sehr hohen Teilungsmassen Vergütungen ausschließen, die als unangemessen hoch empfunden wurden.[61] Er ist wohl von einigen durch in der Presse bekannt gewordenen Fälle, die außergewöhnlich hohe Vergütungen beinhaltet haben, veranlasst worden, in m. E. unangemessener Weise, sich gegenüber der bisherigen in der Rechtsprechung sich entwickelten Vergütungshöhe restriktiv zu verhalten. Hier kommen darüber hinaus eher subjektive »Angemessenheitserwägungen«[62] zum Ausdruck, statt einer, methodengerechten Grundkonzeption einer Tätigkeitsvergütung. Es ist nicht ersichtlich, dass die Erwirtschaftung der jeweiligen Mehrbeträge innerhalb

24

---

59 Vgl. Blersch, a. a. O., § 1 Rdnr. 21.
60 Vgl. Begründung des Verordnungsgebers, A 4.
61 Vgl. Eickmann, a. a. O., § 2 Rdnr. 1.
62 Vgl. Blersch, a. a. O., § 2, Rdnr. 5.

der Teilungsmasse einen geringeren Arbeits- oder Kostenaufwand erfordert als für den jeweiligen vorherigen Wertteil, dennoch wird durch den degressiven Aufbau immer mehr Arbeit immer geringer bezahlt. Es wird auch völlig verkannt, dass von den Insolvenzverwaltern in der Regel eine Großzahl von (Klein-) Verfahren mit geringen Vergütungshöhen abgewickelt werden, die teilweise nicht kostendeckend sind. Die »Unterdeckung« kann nur dadurch ausgeglichen werden, dass in einzelnen Fällen besonders hohe Vergütungen erwirtschaftet werden, um im Schnitt angemessene Einkünfte zu erzielen, wie Artikel 12 GG es vorsieht.[63] In diesem Zusammenhang ist umso mehr zu berücksichtigen, dass in der Regel die im Insolvenzbereich tätigen Verwalter überwiegend diese Tätigkeit ausüben und auf die angemessenen Vergütungen angewiesen sind, um den notwendigen »Verwaltungsapparat« vorhalten zu können.

Unter Verkennung dieser Situation hat der Verordnungsgeber in seiner Begründung die Auffassung vertreten, dass eine »Verschlechterung« gegenüber der bisherigen Vergütungspraxis nicht eingetreten sei.[64] Zwar hat sich der Verordnungsgeber an der bisherigen Vergütungspraxis, wonach in sog. Normalverfahren ein vierfacher Regelsatz nach § 3 Abs. 1 VergVO gewährt wurde, orientiert, jedoch ergeben sich durch die eingeführten Staffelsätze bei sehr kleinen und auch sehr großen Massen erhebliche Verschlechterungen gegenüber der bisherigen in der Rechtsprechung entwickelten Vergütungspraxis.[65] Insbesondere im Bereich der neuen Bundesländer, in denen regelmäßig der fünffache Regelsatz nach der VergVO gewährt wurde, ist noch eine wesentlich größere Verschlechterung eingetreten.[66] Blersch[67] stellt die erheblichen Abweichungen durch ausführliche Tabellen dar und weist auch die doch prägnante Verschlechterung der Vergütungssituation nach.

Die vom Verordnungsgeber eingeführte wesentliche Verschlechterung ist insbesondere deshalb nicht nachvollziehbar, da im Rahmen der Neugestaltung der InsO dem Insolvenzverwalter gleichzeitig eine Erweiterung des Aufgabenbereiches gegenüber demjenigen des früheren Konkursverwalters »verordnet« wurde. Z. B. hat der Insolvenzverwalter nunmehr selbst die Tabelle zu führen. Darüber hinaus wurde ihm vorrangig die Verwertung von seinen im Besitz befindlichen Gegenständen, die mit Absonderungsrechten belastet sind, zugewiesen. Des Weiteren hat er zusätzlich gemäß § 93 InsO die persönliche Haftung der Gesellschafter einer Personengesellschaft auch für die Gläubiger geltend zu machen. Außerdem hat der Insolvenzverwalter nach § 156 InsO die Gläubiger im Berichtstermin nicht nur über die Unternehmenssituation zu informieren, sondern nach einer umfassenden Prüfung die Gläubiger auch dahingehend zu beraten und Empfehlungen auszuspre-

---

63 Vgl. Eickmann, a. a. O., § 2 Rdnr. 1.
64 Vgl. Begründung des Verordnungsgebers, B zu § 1
65 Vgl. Blersch, a. a. O., § 2 Rdnr. 1.
66 Vgl. Haarmeyer/Wutzke/Förster, a. a. O., § 2 Rdnr. 3.
67 Blersch, a. a. O., § 2 Rdnr. 1, 3.

Lorenz

chen, inwieweit eine Liquidation, Sanierung oder die Aufstellung eines Insolvenzplans in Betracht kommen kann.[68] Dabei ist der Verordnungsgeber davon ausgegangen, dass die nunmehr definierten Regelsätze für Normalverfahren maßgeblich sind, ohne dass weiter gehende Multiplikatoren oder Zuschläge zu gewähren wären.[69] Da allerdings die Vergütungsstufen bezogen auf das Normalverfahren unter Berücksichtigung der dem Insolvenzverwalter obliegenden Aufgaben als kaum angemessenen angesehen werden können, bleibt abzuwarten, inwieweit in der Praxis bereits im Bereich der Regelvergütung Zuschläge vorgenommen werden, um eine angemessene Vergütung zu gewähren.

Die Regelung des § 2 InsVV ist auf Grund der in § 10 InsVV vorgenommenen Verweisung auch **entsprechend anwendbar** auf die Vergütung des vorläufigen Insolvenzverwalters gemäß § 11 InsVV[70] sowie des Sachwalters gemäß § 12 InsVV.[71]

25

Demgegenüber ist § 2 InsVV bei der Vergütungsberechnung für den Treuhänder im vereinfachten Insolvenzverfahren (§ 13 Abs. 2 InsVV)[72] oder im Restschuldbefreiungsverfahren (§ 14 ff. InsVV)[73] sowie für die Mitglieder des Gläubigerausschusses (§ 17 InsVV)[74] nicht anwendbar, da hierfür die vorgenannten Vorschriften abweichende Regelungen enthalten.

2. Berechnung der Regelvergütung (§ 2 Abs. 1 InsVV)

Nach der Ermittlung der Berechnungsgrundlage gemäß § 1 InsVV wird die Regelvergütung nach § 2 Abs. 1 InsVV nach dem Wert der zu Grunde zu legenden Masse auf den in der gesetzlichen Regelung vorgesehenen **Wertstufen** errechnet. Dabei ist die Höhe der Regelvergütung in jedem konkreten Fall besonders zu errechnen. Je nach Höhe der maßgeblichen Masse nach § 1 InsVV werden auf den jeweiligen Wertstufen entsprechende Teilvergütungen berechnet. Die einzelne Teilvergütung wird wiederum errechnet aus der Differenz zwischen den einzelnen Wertstufen, also aus dem jeweiligen Mehrbetrag bis die nächste Wertstufe erreicht ist. Alle Teilvergütungen werden zusammenaddiert und ergeben die Gesamtvergütung.

26

▶ **Berechnungsbeispiel:**

Bei einer Teilungsmasse von EUR 650 000,00 ergibt sich folgende Vergütung:

---

[68] Vgl. Blersch, a. a. O., § 2 Rdnr. 5.
[69] Vgl. Begründung des Verordnungsgebers, A 4.
[70] S. u. Rdnr. 119 ff.
[71] S. u. Rdnr. 143.
[72] S. u. Rdnr. 156.
[73] S. u. Rdnr. 169 ff.
[74] S. u. Rdnr. 173 ff.

Lorenz

Masse bis	Mehrbetrag	Satz	Teilvergütung
25 000,00 EUR	25 000,00 EUR	40 %	10 000,00 EUR
50 000,00 EUR	25 000,00 EUR	25 %	6 250,00 EUR
250 000,00 EUR	200 000,00 EUR	7 %	14 000,00 EUR
500 000,00 EUR	250 000,00 EUR	3 %	7 500,00 EUR
650 000,00 EUR	150 000,00 EUR	2 %	3 000,00 EUR
Gesamtvergütung			40 750,00 EUR

In gleicher Art und Weise ist für den Fall der alternativen Vergütungsberechnung gemäß § 1 Abs. 2 InsVV eine Berechnung des Werts der mit Absonderungsrechten belasteten Massegegenstände vorzunehmen. Die aus beiden Vergütungen berechnete Differenz ist dann den der Masse zugeflossenen Feststellungskostenbeiträgen gegenüber zu stellen, so dass die Kappungsgrenze berücksichtigt werden kann.[75]

27 Wie bereits die Überschrift des § 2 InsVV »Regelvergütung« angibt, erhält der Insolvenzverwalter diese sich aus der Staffel gemäß § 2 Abs. 1 InsVV ergebende Vergütung als Regelvergütung. Damit soll zum Ausdruck gebracht werden, dass diese Vergütung ein sog. Normalverfahren oder durchschnittliches Insolvenzverfahren vergütet. Der Verordnungsgeber hat allerdings weder den Insolvenzverwaltern noch den die Festsetzung der Vergütung vornehmenden Gerichten Merkmale definiert, die ein Normalverfahren ausmachen und dementsprechend mit der Regelvergütung entlohnt werden sollen.[76] Zur Definition eines Normalverfahrens ist auf die in der InsO geregelten insolvenzspezifischen Pflichten des Verwalters, die er in jedem Verfahren grundsätzlich zu erfüllen hat, abzustellen. Gleichzeitig ist auch zu berücksichtigen, welchen Aufwand der Insolvenzverwalter zur Abwicklung des Verfahrens betreiben muss. Es können dabei allerdings nicht einzelne Kriterien wie beispielsweise die Anzahl der Gläubiger oder die reine Verfahrensdauer zur Typisierung eines Durchschnittsverfahrens herangezogen werden. Die Beurteilung kann nur durch eine Gesamtschau unter Berücksichtigung einer Vielzahl von Kriterien vorgenommen werden. Beispielsweise können wenige Gläubiger, bei denen schwierige Rechtsverhältnisse im Bereich der Sicherungsrechte zu bearbeiten sind, einen erheblichen Bearbeitungsaufwand darstellen und demgegenüber bei einer Großzahl von Gläubigern mit einfach gelagerten Forderungsverhältnissen ein wesentlich geringerer Arbeitsaufwand entstehen. Ebenso lässt sich nicht allein aus der Dauer des Verfahrens erschließen, ob es sich hier um ein umfangreiches oder einfach gelagertes Verfahren handelt, insbesondere auch deshalb, da der Insolvenzverwalter erheblichen Einfluss auf die Dauer des Verfahrens sowohl in positiver wie auch negativer Hinsicht ha-

---

75 Blersch, a. a. O., § 2 Rdnr. 10.
76 Vgl. Blersch, a. a. O., § 2 Rdnr. 11; Haarmeyer/Wutzke/Förster, a. a. O., § 2 Rdnr. 6.

ben kann. Folgerichtig ist ein Maßstab für die Beurteilung eines Regelverfahrens bzw. eines hiervon abweichenden Verfahrens nur unter Berücksichtigung sowohl qualitativer als auch quantitativer Kriterien sachgerecht.[77] Unter Berücksichtigung dieser qualitativen und quantitativen Elemente haben sich die nachfolgend dargestellten Kriterien zur Beurteilung entwickelt:[78]

Objektive Kriterien: 28

- Umsatz bis zu 1 500 000,00 €
- Verfahrensdauer bis zu zwei Jahren
- Bis zu 20 Arbeitnehmer
- Nur eine Betriebsstätte
- Forderungsanmeldung von bis zu 100 Gläubigern
- Bearbeitung von bis zu 100 Debitoren
- Bis zu 300 Buchungsvorgänge in der Insolvenzbuchhaltung
- Keine Auslandsberührung
- Ordnungsgemäße Buchhaltung des Schuldners
- Keine Ausarbeitung eines Insolvenzplans durch den Insolvenzverwalter
- Ohne Haus- und Grundstücksverwaltung
- Ohne Betriebsfortführung
- Rechtliche Prüfung und Bearbeitung von Massegegenständen, die mit Aus- und Absonderungsrechten belastet sind in einem Umfang von höchstens 50 % der Aktivmasse.[79]

Entgegen der h. M. ist als »Grenzwert« 50 % der Aktivmasse (nicht Schuldenmasse) anzunehmen. Dies ergibt sich schon daraus, dass die Vergütung des Verwalters sich grundsätzlich an dem vorhandenen – freien – Aktivvermögen orientiert und nicht an der »Schuldenmasse«. Wenn nun der Insolvenzverwalter sich mit der Bearbeitung von mit Aus- und Absonderungsrechten belasteten Gegenständen beschäftigt hat, so erfolgt eine Berücksichtigung dieser ggf. aufwändigen Tätigkeit lediglich durch Zubilligung eines auf den hälftigen Feststellungskostenbeitrag begrenzten Mehrbetrages bei der Verwertung von mit Absonderungsrechten belasteten Gegenständen

---

77 Vgl. Haarmeyer/Wutzke/Förster, a. a. O., § 2 Rdnr. 9 ff., 22 ff.
78 Vgl. hierzu Haarmeyer/Wutzke/Förster, a. a. O., § 2 Rdnr. 22; Blersch, a. a. O., § 2 Rdnr. 11; Keller, a. a. O., Rdnr. 106; teilweise abweichend Eickmann, a. a. O., § 3 Rdnr. 12; MK-InsO/Nowak, Anhang zu § 65, InsVV § 2 Rdnr. 3.
79 A. A. die h. M. die von 50 % der Schuldenmasse ausgeht (vgl. Eickmann, a. a. O.; Haarmeyer/Wutzke/Förster, a. a. O.; Blersch, a. a. O.).

(§ 1 Abs. 2 Nr. 1 InsVV). Darüber hinaus erhöht sich die Vergütung nur bei Gewährung eines Zuschlags gemäß § 3 Abs. 1 Buchst. a InsVV. Dementsprechend ist bei der Beurteilung der Kriterien eines »Regelverfahrens« eine Abgrenzung zu den zuschlagserhöhenden Tätigkeiten vorzunehmen. Ein Abstellen in diesem Zusammenhang auf das Verhältnis der Aus- und Absonderungsrechte zu der Schuldenmasse geht an dieser Zielsetzung vorbei, da die Höhe der Schuldenmasse »rein zufällig« und auch unabhängig vom Verhältnis des Aktivvermögens zu den mit Aus- und Absonderungsrechten belasteten Gegenständen ist. So kann z. B. die Schuldenmasse durch Sozialplan, Pensionsverpflichtungen, Grundstücksaltlasten usw. also durch außergewöhnliche Umstände erhöht sein, so dass das Verhältnis der Aus- und Absonderungsrechte zu der Schuldenmasse ggf. ausschließlich wegen der besonderen Umstände nicht den Wert von 50 % überschreitet. Die Tätigkeit des Insolvenzverwalters hat jedoch bezüglich der mit Aus- und Absonderungsrechten belasteten Gegenständen den identischen Umfang, wenn die vorgenannten schuldenerhöhenden Faktoren gerade nicht gegeben wären und dadurch das Verhältnis der Aus- und Absonderungsrechte zur Schuldenmasse 50 % überschreitet. Im ersten Fall wäre kein Abweichen vom Regelverfahren gegeben, aber im zweiten Fall wäre dies – zuschlagsbegründend – zu bejahen, obwohl der Tätigkeitsumfang identisch wäre. Da grundsätzlich aber der Tätigkeitsumfang des Verwalters zur Beurteilung eines Regelverfahrens heranzuziehen ist, kann das Verhältnis der Schuldenmasse zu den Aus- und Absonderungsrechten gerade nicht berücksichtigt werden. Entscheidend ist daher das Verhältnis vom Wert des Aktivvermögens zum Wert der mit Aus- und Absonderungsrechten belasteten Gegenstände. Hier ist ein Verhältnis von bis zu 50 % der mit Drittrechten belasteten Gegenständen zum Aktivvermögen im Regelverfahren anzunehmen.

29 Ergänzend sind zu den vorstehend dargestellten objektiven Kriterien weitere subjektive Kriterien[80] anzusetzen:

- Inbesitznahme und Sicherung der Masse
- Aufbau des Masseverzeichnisses und der Vermögensübersicht
- Aufbau der Buchhaltung
- Prüfung der Fortführungsmöglichkeiten
- Prüfung von Anfechtungsrechten
- Vertragsabwicklung/Kündigung
- Prüfung der Anfechtungsrechte
- Entscheidung über Aufnahme von Rechtsstreitigkeiten
- Erstellung des Gläubigerverzeichnisses
- Prüfung der angemeldeten Forderungen

---
80 Vgl. Haarmeyer/Wutzke/Förster, a. a. O., § 2 Rdnr. 10 ff.

- Führung der Tabelle/Prüfung der Tabelleneintragungen
- Prüfung von Aus- und Absonderungsrechten
- Masseverwertung, Befriedigung der Massegläubiger, Quotenausschüttung

Die vorstehend aufgezählten einzelnen Kriterien sind allerdings als nicht abschließend und vor allem nicht als feststehender Umfang anzusehen. Insbesondere deshalb nicht, da im bereits dargestellten Wechselspiel der **qualitativen und quantitativen Kriterien** ein Abweichen innerhalb eines gewissen Rahmens weder eine Erhöhung noch eine Minderung der Regelvergütung bedingen. Es sind im Einzelnen alle im Verfahren festzustellenden Kriterien und die sich dabei ergebenden Wechselwirkungen gegenüberzustellen und abzuwägen.[81] Bei Abweichungen von den aufgezählten Kriterien ist des Weiteren zu untersuchen, in wieweit sich daraus beachtliche Veränderungen hinsichtlich des Bearbeitungsaufwandes zur Abwicklung des Verfahrens für den Insolvenzverwalter ergeben haben. Grundsätzlich dürfte im Bereich der quantitativen Kriterien eine Abweichung von 20 % sowohl als Minder- als auch als Mehraufwand zu keiner Veränderung der Regelvergütung führen.[82] Ergänzend ist auch im Rahmen einer derartigen Abweichung immer festzustellen, inwieweit sich diese im Bereich des Bearbeitungsaufwandes beim Insolvenzverwalter ausgewirkt hat. Das die Vergütung festsetzende Gericht hat eine Gesamtwürdigung aller Elemente und Kriterien vorzunehmen. Folglich sollte der Insolvenzverwalter im Rahmen seines Vergütungsantrages gemäß § 8 InsVV im Einzelnen die erwähnten Kriterien darstellen und die Auswirkungen eventueller Abweichungen hiervon im Bereich des Bearbeitungsaufwandes erläutern. Insbesondere ist dies für den Fall einer erhöhenden Abweichung zu empfehlen.

Bewegt sich die Tätigkeit des Insolvenzverwalters im Rahmen der qualitativen und auch quantitativen Kriterien, so liegt ein Regelverfahren im Sinne des § 2 Abs. 1 InsVV vor. Sobald feststeht, dass es sich um ein Regelverfahren handelt, ergibt sich gleichzeitig für den Insolvenzverwalter ein verfassungsrechtlicher Anspruch auf gerichtliche Festsetzung der Regelvergütung, die wiederum die in § 2 Abs. 1 InsVV festgelegten Vergütungssätze beinhaltet.[83] Weicht dagegen das Verfahren in Umfang und Art vom Normalverfahren ab, so ist eine Anpassung der Vergütung durch Zu- und Abschläge gemäß § 3 InsVV vorzunehmen.[84] Der Gegenmeinung ist entgegenzuhalten, dass die Höhe der Regelvergütung gemäß § 2 InsVV nicht durch die Art und den Um-

---

81 Vgl. Blersch, a. a. O., § 2 Rdnr. 12.
82 Vgl. Haarmeyer/Wutzke/Förster, a. a. O., § 2 Rdnr. 26; Blersch, a. a. O., § 2 Rdnr. 12; Eickmann, a. a. O., § 3 Rdnr. 2.
83 Vgl. Haarmeyer/Wutzke/Förster, a. a. O., § 2 Rdnr. 24.
84 MK-InsO/Nowak, Anhang zu § 65 InsVV § 2 Rdnr. 3; a. A. Haarmeyer/Wutzke/Förster, a. a. O., § 2 Rdnr. 36, die bereits im Bereich des § 2 InsVV eine Anpassung der Regelvergütung unter Berücksichtigung des konkreten Verfahrens vornehmen und im Bereich des § 3 InsVV nur darüber hinausgehende Besonderheiten berücksichtigen wollen.

fang des konkreten Einzelverfahrens beeinflusst werden kann.[85] Wie sich bereits aus der Begründung des Verordnungsgebers[86] ergibt, sollen die neu geschaffenen Regelsätze maßgeblich sein, ohne dass im Bereich eines Normalverfahrens Multiplikatoren oder Zuschläge vorzunehmen sind. Nur sofern im einzelnen konkreten Verfahren Besonderheiten vorliegen, sind die in § 3 InsVV geregelten Zu- und Abschläge zu berücksichtigen. Daher kann der Gegenmeinung[87] nicht gefolgt werden, denn diese könnte dazu führen, dass ggf. die Regelvergütung des § 2 InsVV erhöht wird und darüber hinaus durch entsprechende Zuschläge gemäß § 3 InsVV dieselbe Tätigkeit zweifach entlohnt werden würde. Sowohl die Systematik der §§ 2, 3 InsVV als auch der Wortlaut der Vorschriften widerspricht einer derartigen Vorgehensweise. Es ist daher zunächst immer ausgehend von der Regelvergütung des § 2 InsVV die Staffelvergütung festzustellen und sodann unter Berücksichtigung der Kriterien des § 3 InsVV eine angemessene Vergütung für das konkrete Insolvenzverfahren zu ermitteln.

3. Mindestvergütung (§ 2 Abs. 2 InsVV)

30 Der Insolvenzverwalter hat ungeachtet der Höhe der Berechnungsgrundlage Anspruch auf eine **Mindestvergütung** in Höhe von EUR 500,00.

Es wird zu Recht in der Literatur darauf hingewiesen, dass es nicht nachvollziehbar ist, warum die Mindestvergütung so gering bemessen wurde, wo doch schon nach dem alten Vergütungsrecht der vierfache Regelsatz eine Mindestvergütung von EUR 800,00 ergeben hat.[88] Zutreffend wird auch angemerkt, dass in der Praxis mit einem Betrag von EUR 500,00 die qualifizierte Tätigkeit eines Verwalters allenfalls in einem Umfang von zwei bis drei Stunden angemessen vergütet wird.[89] Die Festlegung der Mindestvergütung auf EUR 500,00 ist umso weniger nachvollziehbar als gleichzeitig die neu geschaffene InsO die Möglichkeiten der Eröffnung des Insolvenzverfahrens erleichtert hat, so dass gerade Verfahren mit äußerst geringer Masse in größerem Umfange zu erwarten sind. Eine kostendeckende Abwicklung dieser Verfahren mit der vorgesehenen Mindestvergütung dürfte kaum möglich sein, so dass im Interesse einer ordnungsgemäßen Abwicklung dieser »Kleinverfahren« die Gerichte sich im Rahmen der Vergütungsfestsetzung zu einer »großzügigen Handhabung« der Zuschläge durchringen sollten.

---

85 MK-InsO/Nowak, Anhang zu § 65 InsVV § 2 Rdnr. 3.
86 Begründung des Verordnungsgebers, B zu § 2.
87 Haarmeyer/Wutzke/Förster, a. a. O.
88 Vgl. Haarmeyer/Wutzke/Förster, a. a. O., § 2 Rdnr. 39; Blersch, a. a. O., § 2 Rdnr. 13.
89 Haarmeyer/Wutzke/Förster, a. a. O., § 3 Rdnr. 39.

IV. Abweichen von der Regelvergütung (§ 3 InsVV)

1. Allgemeines

Die Regelungen des § 3 InsVV stehen in unmittelbarer Verbindung mit § 63 Satz 3 InsO, wonach dem **Umfang und der Schwierigkeit** der Geschäftsführung des Verwalters durch Abweichungen vom Regelsatz, welcher in § 2 InsVV geregelt ist, Rechnung zu tragen ist.[90] Des Weiteren wird mit dieser Vorschrift den Vorgaben des vom *Bundesverfassungsgericht*[91] aufgestellten verfassungsrechtlichen Gebotes Folge geleistet, nämlich dem Insolvenzverwalter eine auf den Einzelfall bezogene angemessene Vergütung zu gewähren. Da § 2 InsVV ein starres Prinzip der Regelvergütung bezogen auf die Insolvenzmasse darstellt, wird die gemäß § 63 Satz 3 InsO durchzuführende einzelfallbezogene Anpassung durch die Regelungen des § 3 InsVV vorgenommen. Es wird damit die Möglichkeit geschaffen, im Rahmen eines flexiblen Systems von Regelbeispielen die Vergütung den tatsächlichen Gegebenheiten eines Insolvenzverfahrens anzupassen und dabei insbesondere den konkreten Arbeitsaufwand des Insolvenzverwalters angemessen zu vergüten. Da die Insolvenzverwaltung regelmäßig von Angehörigen der freien Berufe (Rechtsanwälte, Steuerberater, Wirtschaftsprüfer) ausgeführt wird, stellt das System der Zu- und Abschläge gemäß § 3 InsVV gleichzeitig die Gewährleistung einer aufwandsbezogenen Vergütung dar. Dies ist im Bereich der freien Berufe schon auf Grund der Ausflüsse des Art. 12 GG zwingend geboten, da das Vergütungsrecht die an sich für Freiberufler übliche freie Vereinbarung von Entgelten gerade nicht zulässt.[92]

31

Der Verordnungsgeber hat bei der Regelung der **Zu- und Abschläge** in § 3 InsVV das bisherige in der VergVO verwendete Prinzip der Verwendung unbestimmter Rechtsbegriffe wie beispielsweise »Besonderheit«, »erforderlich«, »kann gerechtfertigt sein« aufgegeben.[93] Stattdessen wird ein objektiviertes System von Voraussetzungen für Zu- und Abschläge normiert. Damit wird eine flexible Möglichkeit der Vergütungsfestsetzung für die Gerichte geschaffen, bei denen die individuellen und tätigkeitsbezogenen qualitativen und quantitativen Merkmale berücksichtigt werden. Der Verordnungsgeber bringt ausdrücklich durch die Verwendung des Begriffes »insbesondere« zum Ausdruck, dass die von ihm im Einzelnen genannten Merkmale, die zu einer Erhöhung bzw. Verminderung der Vergütung führen können, lediglich Regelbeispiele sind. Dadurch wird gewährleistet, dass die Gerichte im Einzelnen nicht geregelte Merkmale der Tätigkeit des Insolvenzverwalters *zu berücksichtigen haben*, sofern und soweit sie sich im Bereich des Umfanges und auch der Schwierigkeit bei der Tätigkeit des Insolvenzverwalters

32

---

90 Vgl. Haarmeyer/Wutzke/Förster, a. a. O., § 3 Rdnr. 1; Blersch, a. a. O., § 3 Rdnr. 1.
91 BVerfG ZIP 1989, 382 ff.
92 Vgl. Blersch, a. a. O., § 3 Rdnr. 1.
93 Vgl. Haarmeyer/Wutzke/Förster, a. a. O., § 3 Rdnr. 1; Blersch, a. a. O., § 3 Rdnr. 2.

ausgewirkt haben.[94] Dies ergibt sich unmittelbar auch bereits aus der Begründung des Verordnungsgebers zu § 3 InsVV,[95] die ausdrücklich auf den nicht abschließenden Charakter der Regelbeispiele hinweist und insbesondere auch nicht geregelte Beispiele, die zu Zuschlägen führen können, aufführt. Grundgedanke des Systems des § 3 InsVV ist es, den tatsächlich gestiegenen oder geminderten Arbeitsaufwand des Insolvenzverwalters zur Bemessung der Vergütung heranzuziehen, was § 63 Satz 3 InsO gebietet.

§ 3 InsVV stellt somit die »Schlüsselnorm«[96] der InsVV dar. Sie ist Ausfluss des **Verfassungsgebotes** einer tätigkeitsbezogenen, angemessenen Vergütung. Darüber hinaus wird ihr Gewicht noch dadurch erhöht, dass sie über § 10 InsVV entsprechend anwendbar auf die Bemessung der Vergütung des vorläufigen Insolvenzverwalters (§ 11 InsVV) sowie auch des Sachwalters (§ 12 InsVV) ist. § 3 InsVV wirkt sich daher durchgängig im Bereich der Unternehmensinsolvenzen auf sämtliche Fälle der Vergütung des Verwalters/Sachwalters aus.

Der Verordnungsgeber hat, wie bereits erwähnt, das »alte« System der Multiplikatoren aufgegeben und durch ein Zuschlagssystem eine einzelfallgerechte Bewertung herbeigeführt, wodurch gleichzeitig auch eine weitestgehend einheitliche Vergütungspraxis bei den Insolvenzgerichten herbeigeführt werden kann.[97] Gerade ein einheitliches und dementsprechend durch- und überschaubares System wurde in der bisherigen Vergütungspraxis vermisst.[98]

33 Voraussetzung für ein nachvollziehbares Zuschlagssystem, welches sich aus § 3 InsVV ergibt bzw. entwickeln kann, ist allerdings die Bestimmung eines sog. »**Normalverfahrens**«, für das die Vergütung gemäß § 2 InsVV festzusetzen ist.[99] Zum Inhalt eines »Normalverfahrens« vgl. die Ausführungen unter Rdn. 24 ff.

Bei Vorliegen von Abweichungen des in § 2 InsVV vorausgesetzten »Normalverfahrens« im Bereich der quantitativen und/oder qualitativen Kriterien greift § 3 InsVV ein.

Der Verordnungsgeber hat in § 3 Abs. 1 InsO zwingend festgelegt, dass bei Vorliegen vergütungserhöhender Merkmale eine den Regelsatz übersteigende Vergütung vom Gericht festzusetzen ist.[100] Diese Auslegung ergibt sich zwingend aus der Verwendung des Begriffes »ist [...] festzusetzen«. Die Formulierung »insbesondere« soll lediglich festlegen, dass die Aufzählung nicht abschließend ist, sondern beispielhaft. Die Vergütung ist immer

---

94 Haarmeyer/Wutzke/Förster, a. a. O., § 3 Rdnr. 2.
95 Begründung des Verordnungsgebers, B zu § 3.
96 Vgl. Haarmeyer/Wutzke/Förster, a. a. O., § 3 Rdnr. 3.
97 Vgl. Eickmann, a. a. O., § 3 Rdnr. 4.
98 Vgl. Kuhn/Uhlenbruck, Kommentar zur Konkursordnung, 11. Aufl. 1994, § 85 Rdnr. 1.
99 Vgl. Haarmeyer/Wutzke/Förster, a. a. O., § 3 Rdnr. 3.
100 Vgl. Blersch, a. a. O., § 3 Rdnr. 3; Haarmeyer/Wutzke/Förster, a. a. O., § 3 Rdnr. 4; Eickmann, a. a. O., § 3 Rdnr. 9; Keller, a. a. O., Rdnr. 108.

unter Berücksichtigung der tatsächlich verwirklichten quantitativen und qualitativen Merkmale festzusetzen. Eine vorausschauende abschließende Darstellung aller Faktoren, die zu einer Erhöhung führen können, ist ausgeschlossen, so dass auch nach dem Willen des Verordnungsgebers eine Vielzahl von Fällen denkbar ist, die gleichermaßen – wie die Regelbeispiele -zu einem zu berücksichtigenden Mehraufwand des Verwalters führen und sich dementsprechend vergütungserhöhend auswirken sollen.

In § 3 Abs. 2 InsVV hat der Verordnungsgeber – entgegen der zwingenden Regelung des Absatzes 1 – eine Minderung der Vergütung selbst im Falle des tatsächlichen Vorliegens der dort genannten Regelbeispiele nicht verpflichtend festgelegt. Dem Gericht wurde lediglich auferlegt, zu prüfen, ob bei Vorliegen derartiger Umstände ein Zurückbleiben hinter dem Regelsatz »gerechtfertigt« ist.[101]

2. Zuschläge zur Regelvergütung (§ 3 Abs. 1 InsVV)

a) Bearbeitung von Aus- und Absonderungsrechten (§ 3 Abs. 1 Buchst. a InsVV)

Mit dieser Neuregelung in der InsVV wird der Verordnungsgeber dem in der Insolvenzabwicklung regelmäßig anfallenden Umstand gerecht, dass in großem Umfange **Aus- und Absonderungsrechte** vom Insolvenzverwalter in rechtlicher und tatsächlicher Hinsicht zu bearbeiten sind, somit einen erheblichen Arbeitsaufwand darstellen. Durch die Aus- und Absonderung der Gegenstände und somit grundsätzlich auch dem Entzug des Wertes aus der Berechnungsgrundlage musste neben der Regelung über die Kostenbeiträge des § 171 InsO bzw. § 10 Abs. 1 Nr. 1 a ZVG eine den zusätzlichen Arbeitsanfall berücksichtigende Vergütungserhöhung vorgesehen werden. Die Absonderungsrechte fließen zwar vergütungserhöhend durch die Kostenbeiträge (§ 171 InsO) bzw. unter den Voraussetzungen des § 1 Abs. 2 Nr. 1 oder Nr. 2 InsVV in die Ermittlung der Vergütung ein, doch würde häufig der tatsächliche Arbeitsaufwand für die Bearbeitung von Aus- und Absonderungsrechten nicht angemessen abgegolten werden. Mit § 3 Abs. 1 Buchst. a InsVV werden die den Regelfall übersteigenden Bearbeitungsfälle vergütungsrelevant berücksichtigt.

34

Grundvoraussetzung für eine Erhöhung der Regelvergütung ist die Bearbeitung von Aus- und Absonderungsrechten durch den Insolvenzverwalter. Es hat somit eine tatsächliche Bearbeitung der Aus- und Absonderungsrechte in rechtlicher oder abwicklungstechnischer Hinsicht zu geschehen. Dabei ist an die Prüfung von komplizierten Gestaltungen von Eigentumsvorbehalten, Sicherungsabsprachen, Vergleichsregelungen mit Gläubigern, insbesondere auch im Bereich der weiteren Verarbeitung von vorhandenen Be-

---

101 Vgl. Haarmeyer/Wutzke/Förster, a.a.O., § 3 Rdnr. 5; Keller, a.a.O., Rdnr. 108; wohl a. A. Eickmann, a.a.O., § 3 Rdnr. 32.

ständen oder an die rechtliche Prüfung von schwierigen Belastungssituationen bei Grundstücken zu denken.[102] Es handelt sich dabei ausschließlich um die Bearbeitung der Aus- und Absonderungsrechte nicht dagegen um die Verwertung.[103] Dies ergibt sich schon aus der Einschränkung durch den Ausschluss der Anwendung des Regelbeispiels bei Vorliegen eines entsprechenden Mehrbetrages nach § 1 Abs. 2 Nr. 1 InsVV. Es wird auf den Begriff »Mehrbetrag«, der ausschließlich eine Vergütungserhöhung darstellt, nicht aber eine Erhöhung der Insolvenzmasse abgestellt.[104] Beispielsweise ergibt sich im Falle einer Verwertung des Absonderungsgegenstandes durch den Gläubiger gerade keine Vergütungserhöhung nach § 1 Abs. 2 Nr. 1 InsVV, so dass grundsätzlich das Regelbeispiel eingreifen kann. Daher ist die Verwertung durch den Insolvenzverwalter in diesem Zusammenhang grundsätzlich nicht notwendig.

Weitere Voraussetzung für das Eingreifen des Regelbeispiels ist es, dass die Bearbeitung der Aus- und Absonderungsrechte einen **erheblichen Teil der Tätigkeit** des Insolvenzverwalters ausgemacht hat. Dementsprechend ist eine Prüfung dahingehend vorzunehmen, inwieweit der Umfang der Bearbeitungstätigkeit vom Normalverfahren abweicht. Entsprechend der in § 2 InsVV dargestellten Merkmale eines Regelverfahrens wird von einem Umfang durchschnittlicher Fremdrechte ausgegangen, der etwa 50 % der Aktivmasse nicht übersteigt.[105] Bei einer wesentlichen Überschreitung des Umfanges von 50 %, wobei von einer nicht vergütungsrelevanten Überschreitung von etwa 10 % auszugehen ist, ist somit bei einem Umfange von mehr als 60 % das Vorliegen des Regelbeispiels anzunehmen.[106]

Dabei ist allerdings ausdrücklich darauf hinzuweisen, dass bei dem »50 %-Merkmal« von durchschnittlich gelagerten Fremdrechtsverhältnissen ausgegangen wird. In den Fällen äußerst komplizierter Sicherungsfälle in tatsächlicher und/oder rechtlicher Hinsicht kann auch bei Vorliegen eines geringeren Umfanges als 50 % bis 60 % ein Erhöhungsmerkmal vorliegen, insbesondere wenn keine Kostenbeiträge die Insolvenzmasse erhöhen.[107]

Wesentliches Merkmal ist in diesem Zusammenhang auch, dass die Tätigkeit des Insolvenzverwalter selbst sich auf die Bearbeitung der Aus- und Absonderungsrechte erstreckt. Bei einer Übertragung dieser Tätigkeit auf einen Dritten ist im Einzelnen zu prüfen, inwieweit der tatsächliche Arbeitsanfall des Insolvenzverwalters eine Erhöhung noch rechtfertigt.[108]

---

102 Vgl. Blersch, a. a. O., § 3 Rdnr. 7; Haarmeyer/Wutzke/Förster, a. a. O., § 3 Rdnr. 8.
103 Vgl. Haarmeyer/Wutzke/Förster, a. a. O., § 3 Rdnr. 8.
104 Vgl. Blersch, a. a. O., § 3 Rdnr. 9.
105 Siehe hierzu die Begründung des Verordnunggebers, oben unter Rdnr. 24 ff.; a. A. die h. M. Blersch, a. a. O., § 3 Rdnr. 8; Haarmeyer/Wutzke/Förster, a. a. O., § 3 Rdnr. 9; Keller, a. a. O., Rdnr. 110, die von 50 % der »Schuldenmasse« ausgehen.
106 Vgl. Blersch, a. a. O., § 3 Rdnr. 8; Haarmeyer/Wutzke/Förster, a. a. O., § 3 Rdnr. 9; Keller, a. a. O., Rdnr. 110.
107 Vgl. Blersch, a. a. O., § 3 Rdnr. 8.
108 Vgl. Haarmeyer/Wutzke/Förster, a. a. O., § 3 Rdnr. 10.

Lorenz

Die Gewährung eines Zuschlags auf die Regelvergütung ist dann ausgeschlossen, wenn ein entsprechender Mehrbetrag nach § 1 Abs. 2 Nr. 1 angefallen ist. Wie bereits erwähnt, bezieht sich der Begriff »Mehrbetrag« ausschließlich auf die Vergütung und nicht auf die Insolvenzmasse. Eine Erhöhung der Insolvenzmasse und damit auch der Vergütung allein durch die Kostenbeiträge gemäß § 171 InsO bzw. § 10 Abs. 1 Nr. 1a ZVG schließt dementsprechend das Regelbeispiel nicht aus, da sich unmittelbar nur die Insolvenzmasse und lediglich in der Folge die Vergütung erhöht.[109] Die Gegenmeinung,[110] wonach auch im Falle der Erhöhung der Berechnungsgrundlage im Zusammenhang mit der Bearbeitung von Aus- und Absonderungsrechten die Anwendung des Regelbeispiels ausgeschlossen sein soll, dürfte schon auf Grund des ausdrücklichen Verweises im Regelbeispiel auf § 1 Abs. 2 Nr. 1 InsVV nicht zutreffend sein.

Problematisch stellen sich die Fälle dar, bei denen sowohl fremdbelastete Gegenstände vorliegen, die gemäß § 1 Abs. 2 Nr. 1 InsVV Berücksichtigung gefunden haben, als auch fremdbelastete Gegenstände, die nicht zu berücksichtigen waren. Zu einer sachgerechten Lösung dürfte der Weg führen, die gemäß § 1 Abs. 2 Nr. 1 InsVV berücksichtigten Gegenstände mit ihrem Wert aus der Gesamtberechnung herauszunehmen und bezüglich des Werts der zu berücksichtigenden fremdbelasteten Gegenständen zu prüfen, inwieweit der Umfang eine Erhöhung der Vergütung unter Berücksichtigung des tatsächlichen Aufwandes des Insolvenzverwalters gerechtfertigt ist, also eine Überschreitung des Regelverfahrens vorliegt. Liegt ein entsprechender Erhöhungsfall vor, so ist die zu erhöhende Regelvergütung um den bereits nach § 1 Abs. 2 Nr. 1 InsVV hinzugerechneten Betrag zu vermindern und von dem verbleibenden Vergütungsbetrag der Zuschlag zu berechnen.[111]

Die Höhe des Zuschlages, der gemäß § 3 Abs. 1 Buchst. a InsVV zu gewähren ist, kann nicht als starre Größe genannt werden, sondern ist nach dem Umfang der Bearbeitungstätigkeit zu bestimmen. Hierbei ist auch als wesentlicher Faktor zu berücksichtigen, in welchem Wertverhältnis die Insolvenzmasse zu dem Wert der Aus- und Absonderungsrechte steht. Entsprechend ist der Zuschlag zu erhöhen. Als Ausgangswert für einen Zuschlag bei Vorliegen des Regelbeispiels sind 25 % anzunehmen. Von diesem Prozentsatz ausgehend ist unter Berücksichtigung des Schwierigkeitsgrades und des Umfangs der zu bearbeitenden Aus- und Absonderungsrechte der Zuschlag zu bestimmen, so dass auch eine Erhöhung bis zu 150 % der Regelvergütung denkbar ist.[112] In besonders schwierigen und arbeitsintensiv gelagerten Fällen kann nur durch einen Zuschlag, der die Regelgebühr als Betrag übersteigt, eine dem Arbeitsaufwand angemessene Vergütung erreicht werden.

---

109 Vgl. Blersch, a. a. O., § 3 Rdnr. 9.
110 Vgl. Haarmeyer/Wutzke/Förster, a. a. O., § 3 Rdnr. 8.
111 Vgl. Blersch, a. a. O., § 3 Rdnr. 9.
112 Vgl. die tabellarische Darstellung bei Eickmann, a. a. O., § 3 Rdnr. 31; Blersch, a. a. O., § 3 Rdnr. 10; Keller, Anhang I mit tabellarischer Darstellung.

b) Unternehmensfortführung und Hausverwaltung (§ 3 Abs. 1 Buchst. b InsVV)

36 Dem Insolvenzverwalter ist auch für den Fall ein Zuschlag zuzubilligen, in dem er das **Unternehmen fortführt** oder **Häuser verwaltet**. Der Insolvenzverwalter hat gemäß § 158 InsO die Verpflichtung – zumindest bis zum Berichtstermin – das Unternehmen des Schuldners fortzuführen. In dieser Vorschrift kommt der in der InsO verankerte Gedanke der Erhaltung bzw. Sanierung des Unternehmens zum Ausdruck. Diese Unternehmensfortführung stellt regelmäßig einen erheblichen Arbeitsaufwand des Insolvenzverwalters – verbunden mit beachtlichen Haftungsrisiken – dar. Bei der Ermittlung der Berechnungsgrundlage gemäß § 1 InsVV wird lediglich der sich aus der Betriebsfortführung ergebende Überschuss hinzugerechnet. Dies stellt keinen adäquaten Ausgleich für die vom Verwalter übernommenen Tätigkeiten und Risiken dar. Dementsprechend wollte hier der Verordnungsgeber durch die Regelung des Zuschlags einen weiteren Ausgleich schaffen.[113]

Die vom Verordnungsgeber neben der Betriebsfortführung erwähnte Hausverwaltung stellt genau betrachtet lediglich einen Unterfall der Aufrechterhaltung des Geschäftsbetriebes dar. Wenn der Schuldner vor dem Insolvenzverfahren Einnahmen aus Vermietung und Verpachtung erzielt hat, so ist dies als Bestandteil des Geschäftsbetriebes anzusehen. Der Begriff der Hausverwaltung ist allerdings weit auszulegen und umfasst die Bewirtschaftung der im schuldnerischen Vermögen befindlichen Immobilien. Daher sind neben der Erzielung von Einkünften aus Vermietung und Verpachtung die Erhaltungsmaßnahmen und sonstigen Betreuungsmaßnahmen mit einbezogen.[114] Gerade bei Insolvenzabwicklungen mit erheblichem Immobilienvermögen führt der Verwalter in Absprache mit den Grundpfandgläubigern praktisch eine Art »Zwangsverwaltung« durch, in dem er die Objekte bewirtschaftet und die Mietzinsen vereinnahmt sowie diese auch an die Grundpfandgläubiger wiederum ausschüttet. Oftmals führt dies zu keiner wesentlichen Erhöhung der Insolvenzmasse, mit Ausnahme der von den Grundpfandgläubigern gebilligten Masseanteile. Um auch diesen umfangreichen und arbeitsintensiven Tätigkeiten des Insolvenzverwalters gerecht zu werden, wird hier ein Zuschlag dem Grunde nach gewährt.

37 Aber auch in diesem Regelbeispiel ist zur Ermittlung eines Zuschlages eine Relation herzustellen zwischen dem **tatsächlichen Aufwand** des Insolvenzverwalters zu der vergütungsrelevanten Masse bzw. der Vergütung ohne einen entsprechenden Zuschlag. Dies hat der Verordnungsgeber durch Schaffung der Voraussetzung, dass die Masse durch die Hausverwaltung nicht ent-

---

[113] Vgl. Haarmeyer/Wutzke/Förster, a.a.O., § 3 Rdnr. 12 f.; Blersch, a.a.O., § 3 Rdnr. 11.
[114] Vgl. Blersch, a.a.O., § 3 Rdnr. 11; Haarmeyer/Wutzke/Förster, a.a.O., § 3 Rdnr. 15 f.

sprechend größer geworden ist, zum Ausdruck gebracht. Dementsprechend ist zunächst zu prüfen, ob auf Grund der Betriebsfortführung oder der Hausverwaltung überhaupt ein Überschuss erzielt wurde, der der Berechnungsgrundlage zugeflossen ist und dementsprechend zu einer Vergütungserhöhung geführt hat. Ist dies der Fall, schließt das Regelbeispiel allerdings den Zuschlag nicht grundsätzlich aus, sondern nur dann, wenn die Masseerhöhung die Vergütung unter Berücksichtigung des Arbeitsumfangs des Insolvenzverwalters »entsprechend« erhöht hat.[115] Mithin ist unter Berücksichtigung aller Umstände auch in diesem Bereich eine Abwägung und Wertung durchzuführen, ob die durch den erzielten Überschuss entstehende Vergütungserhöhung ausreicht, um die Haftungsrisiken und die Tätigkeiten des Insolvenzverwalters im Rahmen der Betriebsfortführung bzw. Hausverwaltung abzudecken.[116] Zur Beurteilung der Höhe des Zuschlages sind dabei insbesondere die Dauer der Unternehmensfortführung/ Hausverwaltung, das Volumen des Unternehmens/Hausverwaltung und insbesondere auch die vom Verwalter übernommenen Haftungsrisiken, sowie die zusätzliche Arbeitsbelastung, heranzuziehen. Hier ist von einem Mindestzuschlag von 25 % auszugehen, wobei bei der Fortführung von Großunternehmen oder der Abwicklung von Immobiliengesellschaften mit einem großen Bestand, die ggf. zu mehrjährigen Betriebsfortführungen führen, von einem Zuschlag bis zu 150 % auszugehen ist.[117] Der Mindestzuschlag von 25 % dürfte bereits bei einer kurzen Betriebsfortführung von bis zu drei Monaten und wenigen Arbeitnehmern angemessen sein, insbesondere unter Berücksichtigung der regelmäßig insolvenzbedingten schwierigen Situation im Bereich der Arbeitnehmerschaft, aber auch der Kunden sowie der Lieferanten. Gegenüber der normalen Geschäftstätigkeit sind regelmäßig zusätzliche arbeitsintensive Maßnahmen für den Insolvenzverwalter erforderlich.

Gleichermaßen ist die Situation für die Insolvenzverwalter im Bereich der Hausverwaltung bzw. Immobilienbewirtschaftung zu sehen. Da die Abwicklung der Hausverwaltung sich stark der Tätigkeit des Zwangsverwalters annähert, kann in diesem Bereich der Zuschlag an der Vergütung des Zwangsverwalters nach § 152 a ZVG unter Verweis auf die Zwangsverwaltervergütungsverordnung orientiert werden.[118]

c) Degressionsausgleich (§ 3 Abs. 1 Buchst. c InsVV)

Der Verordnungsgeber hat mit dem in § 3 Abs. 1 Buchst. c InsVV normierten Zuschlag einen **Ausgleich** dafür schaffen wollen, dass er die Regelvergütung bei großen vergütungsrelevanten Massen extrem **degressiv** gestaltet hat. Grund der überdurchschnittlichen Degression waren Aufsehen erregende Sonderfälle, die zu außergewöhnlich hohen Vergütungen geführt ha-

38

---

115 Vgl. Blersch, a. a. O., § 3 Rdnr. 12.
116 Vgl. Haarmeyer/Wutzke/Förster, a. a. O., § 3 Rdnr. 13; Blersch, a. a. O., § 3 Rdnr. 12; Eickmann, a. a. O., § 3 Rdnr. 20.
117 Vgl. Eickmann, a. a. O., § 3, Rdnr. 31; Blersch, a. a. O., § 3 Rdnr. 12.
118 Blersch, a. a. O., § 3 Rdnr. 12; Haarmeyer/Wutzke/Förster, a. a. O., § 3 Rdnr. 15.

ben, ohne dass diesen eine entsprechende Gegenleistung des Verwalters gegenüber stand. Der Verordnungsgeber ging bei der degressiven Gestaltung offensichtlich davon aus, dass der Arbeitsaufwand nicht parallel zu der Massevergrößerung steigt, so dass nach seiner Vorstellung in diesen Fällen einer immer größeren Masse ein immer geringerer Arbeitsaufwand gegenüber steht. Allerdings sind auch Fälle denkbar, in denen der Verwalter eine große Masse schafft, die auf einer besonders arbeitsintensiven Insolvenzabwicklung beruht. Auf Grund der eingeführten Degression wäre keine adäquate Vergütung dem – besonders tüchtigen – Insolvenzverwalter zugeflossen. Dies hätte zur Verfassungswidrigkeit der eingeführten Degression geführt, da der bereits erwähnte Grundsatz der angemessenen Vergütung missachtet worden wäre.[119] Durch die Einführung der Zuschlagsregelung in diesem Bereich wird gewährleistet, dass im Ergebnis eine dem Arbeitsaufwand und den Haftungsrisiken entsprechende Vergütung vom Gericht festgesetzt werden kann.

Da andererseits die Möglichkeit besteht, eine große Masse ohne besonders arbeitsintensive Tätigkeit, z. B. durch Übernahme eines vorhandenen großen Barvermögens zu schaffen, hat der Verordnungsgeber in § 3 Abs. 2 Buchst. d InsVV praktisch als Gegenpol zu dem Zuschlag in diesen Fällen einen Abschlag vorgesehen.

Der Zuschlag ist von dem festsetzenden Gericht dann zu gewähren, wenn eine große Masse vorhanden ist. Den Begriff der »**großen Masse**« hat der Verordnungsgeber nicht geregelt. Da allerdings diese Zuschlagsregelung als Korrelat zur Degression zu sehen ist, ergibt sich der Grenzwert zur großen Masse dort, wo sich die Degression der Regelvergütung erheblich auswirkt. Eine massive Reduzierung des Prozentsatzes erfolgt von der zweiten zur dritten Stufe (von 25 % auf 7 %) und dann nochmals von der dritten zur vierten Wertstufe (von 7 % auf 3 %). Auf Grund des massiven Sprungs von 25 % auf 7 % im Bereich des Grenzwertes von EUR 250 000,00 ist ab dieser Summe von einer großen Masse auszugehen. Dies insbesondere auch deshalb, da nach den statistischen Erhebungen für das bisherige Vergütungsrecht eine durchschnittliche Masse von EUR 175 000,00 anzunehmen war. Der Betrag von EUR 250 000,00 stellt insoweit eine überdurchschnittliche und damit auch eine große Masse unter diesem Gesichtspunkt dar.[120]

39 Neben der Voraussetzung des Vorhandenseins einer großen Masse ist es für die Gewährung des Zuschlages erforderlich, dass der Verwalter einen **erheblichen Arbeitsaufwand** zur Schaffung der großen Masse betrieben hat. Dies ist beispielsweise nicht der Fall, wenn er die große Masse bereits als Barvermögen übernommen hat. Die zusätzliche intensive Tätigkeit hat daher der Insolvenzverwalter gegenüber dem Gericht ausführlich und substantiiert darzulegen.[121] Diese zusätzlichen Tätigkeiten sind wiederum in das Verhält-

---

119 Vgl. Blersch, a. a. O., § 3 Rdnr. 14.
120 Vgl. Blersch, a. a. O., § 3 Rdnr. 15; Eickmann, a. a. O., geht in § 3 Rdnr. 23 von einem Grenzwert von EUR 500 000,00 aus.
121 Vgl. Blersch, a. a. O., § 3 Rdnr. 16.

nis zu der daraus resultierenden erhöhten (großen) Masse zu setzen.[122] Als Beispielsfälle für einen entsprechenden Zuschlag ist das Auffinden größerer Vermögensteile im Ausland oder die Massemehrung durch Klärung schwieriger Probleme, die zu beachtlichen – realisierten – Forderungen führen, zu erwähnen.

Soweit ein tatsächlich nachgewiesener Mehraufwand im Verhältnis zu einer großen Masse feststeht, stellt sich die Frage der Höhe des Zuschlages.

Es wird dazu die Auffassung[123] vertreten, dass ein Mittelwert aus den degressiv gestalteten Wertstufen des § 2 Abs. 1 InsVV zu entwickeln ist, der einen Satz von 11,2 % ergibt. Der Zuschlag soll sich dann aus 11,2 % des den Grenzwert einer »großen Masse« (EUR 250 000,00) übersteigenden Betrages errechnen. Bei nicht sehr großer Überschreitung des Grenzwertes von EUR 250 000,00 ergeben sich zunächst noch angemessene Vergütungen. Doch wie Blersch[124] nachweist, ist bei einer Masse von beispielsweise EUR 5,0 Mio. eine nicht mehr akzeptable hohe Mehrvergütung gegeben. Darüber hinaus wird die Festlegung eines starren Prozentsatzes dem Grundgedanken des § 3 InsVV nicht gerecht, nämlich eine Vergütungserhöhung unter Berücksichtigung des Mehraufwandes im Verhältnis zum Regelfall zu gewähren.

Dementsprechend ist auch in diesem Fall eine **einzelfallbezogene Angemessenheitsprüfung** durchzuführen. Dabei sind sämtliche Faktoren und Merkmale zu berücksichtigen, insbesondere der tatsächliche zusätzliche Arbeitsaufwand, das eingesetzte besondere Geschick, die besonderen Fähigkeiten des Insolvenzverwalters sowie insgesamt die zusätzliche Belastung und hierzu ist die daraus vom Insolvenzverwalter herbeigeführte zusätzliche Masse ins Verhältnis zu setzen. Unter Berücksichtigung all dieser Kriterien ist ein angemessener Zuschlag zu ermitteln. Eine starre Regelung mit einem festen Prozentsatz oder »Faustregeln«[125] mit bestimmten Merkmalen lassen sich in diesem Bereich nicht anwenden, da hier eine Gesamtschau aller Merkmale vorzunehmen ist.

d) Bearbeitung arbeitsrechtlicher Sachverhalte (§ 3 Abs. 1 Buchst. d InsVV)

§ 3 Abs. 1 Buchst. d InsVV gewährt dem Insolvenzverwalter einen Zuschlag, wenn **arbeitsrechtliche Fragen** beispielsweise in Bezug auf das Insolvenzgeld, den Kündigungsschutz oder einen Sozialplan zu erheblicher Inanspruchnahme geführt haben. Auch im bisherigen Vergütungsrecht wurde dem Verwalter eine Vergütungserhöhung zugebilligt, wenn in größerem Umfange arbeitsrechtliche Fragen zu bearbeiten waren. Die in der Verordnung genannten Bereiche sind nicht abschließend benannt, sondern nur

40

---

122 Vgl. Blersch, a. a. O., § 3 Rdnr. 16.
123 Vgl. Haarmeyer/Wutzke/Förster, a. a. O., § 3 Rdnr. 18 f.
124 Vgl. Blersch, a. a. O., § 3 Rdnr. 17.
125 A. A. Blersch, a. a. O., § 3 Rdnr. 18 mit der Darstellung einer »Faustregel«.

beispielhaft aufgeführt. Dabei ist zu berücksichtigen, dass durch die vielfältigen gesetzlichen Regelungen im Bereich des Arbeitsrechtes dem Insolvenzverwalter als »Arbeitgeber« im Rahmen der Abwicklung eines Insolvenzverfahrens gesetzliche Pflichten, die er zu erfüllen hat, auferlegt sind. Dieser arbeitsrechtliche Bereich stellt zwischenzeitlich einen Großteil der vom Insolvenzverwalter zu erbringenden Tätigkeiten im Rahmen einer Unternehmensabwicklung dar. Er hat gleichermaßen wie der ursprüngliche Unternehmensträger die Vorschriften des Kündigungsschutzgesetzes, des Arbeitsförderungsgesetzes sowie insbesondere auch der betrieblichen Altersversorgung zu erfüllen. In diesem Bereich haben sich erhebliche arbeitsintensive Pflichten des Insolvenzverwalters entwickelt, die regelmäßig qualifizierte Mitarbeiter des Verwalters erfordern und dementsprechend sich als kostenintensiv darstellen. Hinzu kommen gerade im Bereich der Insolvenz durch das Insolvenzgeld und besondere Kündigungsvorschriften noch zusätzliche insolvenzspezifische Arbeiten. Daher wurde bereits bei der Definition des »Normalverfahrens« das Vorhandensein von weniger als 20 Arbeitnehmer als ausreichend angenommen, so dass bei Überschreiten dieser Anzahl grundsätzlich ein Zuschlag zu gewähren ist.[126]

Der Grenzwert von 20 Arbeitnehmern ergibt sich auch daraus, dass gemäß §§ 111 ff. BetrVG regelmäßig ab dieser Arbeitnehmerzahl bei Vorhandensein eines Betriebsrates Verhandlungen über einen Sozialplan geboten sind. Folglich ist grundsätzlich die Verhandlung über einen Sozialplan als zuschlagsbegründend anzusehen.[127] Der Zuschlag ist allerdings auch wiederum nur dann zu gewähren, wenn der Insolvenzverwalter mit den arbeitsrechtlichen Fragen und Problemstellungen befasst ist und er sie nicht einem entsprechend spezialisierten Berater überträgt, der wiederum aus der Masse vergütet wird.[128] Insoweit ist auch hier zu prüfen, inwieweit durch das Vorhandensein einer größeren Anzahl von Arbeitnehmern und besonderen arbeitsrechtlichen Fragestellungen der Insolvenzverwalter zusätzlich gegenüber einem Regelverfahren in Anspruch genommen worden ist. Diese zusätzliche Tätigkeit ist dann durch entsprechende Zuschläge zu vergüten. Denkbar sind je nach Arbeitnehmeranzahl und Vorhandensein umfangreicher arbeitsrechtlicher Problemstellungen Zuschläge bis zu 100 %.[129]

e) Ausarbeitung eines Insolvenzplanes (§ 3 Abs. 1 Buchst. e InsVV)

41 Der neu in die InsO aufgenommene Grundsatz der Sanierung und Betriebsfortführung hat seinen Ausfluss in der Ausgestaltung des »**Insolvenzplanverfahrens**« gemäß §§ 217 ff. InsO gefunden. Der Insolvenzverwalter kann im Rahmen des Insolvenzverfahrens aus eigenem Recht oder nach entsprechender Beauftragung durch die Gläubigerversammlung (§ 218 InsO)

---

126 Vgl. Blersch, a. a. O., § 3 Rdnr. 19.
127 Vgl. Haarmeyer/Wutzke/Förster, a. a. O., § 3 Rdnr. 25; Keller, a. a. O., Rdnr. 119; Eickmann, a. a. O., § 3 Rdnr. 14.
128 Vgl. Blersch, a. a. O., § 3 Rdnr. 19.
129 Vgl. MK-InsO/Nowak, Anhang zu § 65 InsVV § 3 Rdnr. 10.

einen Insolvenzplan erstellen bzw. das Planverfahren durchführen. Die Ausarbeitung des Insolvenzplanes rechtfertigt nach dem Regelbeispiel einen angemessenen Zuschlag. Dabei geht das Regelbeispiel ausschließlich von der Erstellung des Insolvenzplanes aus.[130] Die Durchführung des Insolvenzplanverfahrens wird nicht vorausgesetzt, da hierfür eine gesonderte Vergütung außerhalb des Zuschlagssystems erfolgt (vgl. § 6 Abs. 2 InsVV).

Im Rahmen dieses Regelbeispiels ist einzelfallbezogen – unter Berücksichtigung der Art und Weise sowie des Umfangs des Insolvenzplanes und der damit in Verbindung stehenden zusätzlichen Tätigkeiten des Insolvenzverwalters – der Zuschlag zu ermitteln. Dabei sind als wesentliche Faktoren zum Einen der Umfang des Insolvenzplans, zum Anderen aber auch die Anzahl der Gläubiger, die Problemstellungen bei der Gruppenbildung sowie zusätzliche gestaltende Elemente wie beispielsweise Aufnahme einer Übertragung eines GmbH-Geschäftsanteils, Durchführung von Kapitalherabsetzung und Kapitalerhöhung oder Ausgestaltung als langfristig ausgerichteter Sanierungsplan, usw. mit zu berücksichtigen. Des Weiteren sind der Umfang der ggf. im Rahmen der Erstellung des Insolvenzplans durchgeführten Verhandlungen mit einzelnen Gläubigergruppen, wie beispielsweise Banken, Arbeitnehmervertreter, absonderungsberechtigten Gläubigern usw. mit einzubeziehen. Unter Berücksichtigung sämtlicher Kriterien ist ein Mehraufwand zu ermitteln und mit einem entsprechenden Zuschlag zu vergüten. Hier ist von einem Mindestzuschlag von 20 % bis zu einem Mehrfachen des Regelsatzes auszugehen, insbesondere beim Vorhandensein einer relativ geringen Masse im Verhältnis zu einem umfangreichen Insolvenzplan.[131]

Die Aufhebung des Insolvenzverfahrens auf Grund der Annahme des Insolvenzplanes (§§ 248, 258 InsO) bewirkt keinen Abschlag gemäß § 3 Abs. 2 c InsVV, da die Beendigung des Insolvenzverfahrens durch einen Insolvenzplan gerade keine vorzeitige Verfahrensbeendigung darstellt, sondern eine in § 1 InsO ausdrücklich vorgesehene Form der Beendigung des Insolvenzverfahrens ist. Die teilweise noch verbreitete Abneigung von Insolvenzverwaltern gegen die vom Verordnungsgeber der InsO vorgesehene Sanierungsmöglichkeit durch einen Insolvenzplan sollte seitens der die Vergütung festsetzenden Gerichte durch einen beachtlichen Zuschlag abgebaut werden, da auch diese Maßnahme dem sicherlich positiven Sanierungsansatz zusätzliche Unterstützung zu Teil werden lässt.[132]

f) Weitere Erhöhungstatbestände

Wie bereits dargestellt wurde, sind die Regelbeispiele des § 3 Abs. 1 InsVV **nicht abschließend**, sondern spiegeln lediglich beispielhaft die Wertvorstel-

42

---

130 Vgl. Blersch, a. a. O., § 3 Rdnr. 21.
131 Vgl. Haarmeyer/Wutzke/Förster, a. a. O., § 3 Rdnr. 27; Keller, a. a. O., Anhang I: 50 % bis 200 %.
132 Vgl. Blersch, a. a. O., § 3 Rdnr. 23.

lungen des Verordnungsgebers wieder. Dementsprechend sind Zuschläge auch bei nicht die Regelbeispiele ausfüllenden Umständen seitens der Gerichte zu gewähren, wobei wiederum die Regelbeispiele das Maß des Verhältnisses zwischen Umfang der Tätigkeit und der Vergütung darstellen.[133] Dabei ist auf den jeweiligen Einzelfall abzustellen, inwieweit auf Grund besonderer über den in § 2 InsVV normierten Regelfall hinaus zusätzliche Umstände vorhanden sind, die zu einem beachtlichen Mehraufwand des Insolvenzverwalters geführt haben und durch die Regelvergütung nicht abgegolten sind. Es haben sich dazu bereits in der Vergangenheit unter Geltung der VergVO bestimmte Erhöhungskriterien herausgebildet, auf die auch entsprechend unter Geltung der InsVV zurückgegriffen werden kann.

43 Unter Berücksichtigung des jeweiligen Einzelfalles sind insbesondere als Zuschlagskriterien anzusehen:
- Überschreitung einer Dauer von zwei Jahren begründen je weiteres Jahr einen Zuschlag von 10 %, sofern keine zögerliche Bearbeitung durch den Insolvenzverwalter gegeben ist,
- Fehlen einer ordnungsgemäßen oder vollständigen Buchhaltung rechtfertigt einen Zuschlag von bis zu 25 %,
- Mehrere Betriebsstätten oder Auslandsbetriebsstätten oder Auslandsvermögen rechtfertigen einen Zuschlag von bis zu 30 %,
- Übersteigen der Gläubigerzahl von 100 rechtfertigt einen Zuschlag von 10 % je weiterer 100 Insolvenzgläubiger,
- Hohe Anzahl von Drittschuldnern im Bereich der Beitreibung von Außenständen rechtfertigen einen Zuschlag von 10 % je 100 Drittschuldner,
- Eine große Anzahl von Rechtsstreitigkeiten, insbesondere Aktiv-/Beitreibungsprozesse, von einem Insolvenzverwalter, der kein Rechtsanwalt ist und keine Übertragung auf einen Rechtsanwalt erfolgt, rechtfertigen einen Zuschlag von 10 % je 100 Rechtsstreitigkeiten/Mahnverfahren,
- Fordert das Gericht oder der Gläubigerausschuss über das übliche Maß hinaus mehrfach die Vorlage von Verwalterberichten oder Rechnungslegungen, insbesondere bei komplexen Sach- oder Rechtsfragen ist ein Zuschlag von bis zu 25 % gerechtfertigt,
- Befinden sich im Insolvenzvermögen in größerem Umfange Grundstücke mit Altlasten und wird dadurch ein Mehraufwand des Insolvenzverwalters erforderlich ist ein Zuschlag von bis zu 50 % angemessen,
- Treten bei der Verwertung von Massegegenständen, insbesondere Grundstücken erhebliche Schwierigkeiten auf oder hat der Insolvenzverwalter zusätzlich erhebliche Tätigkeiten zur Verwertung vorzunehmen, rechtfertigt dies einen Zuschlag von bis zu 75 % bei beweglichen Gegenständen und bis zu 125 % bei Grundstücken,
- Stellt sich die Inbesitznahme oder die Verwaltung der Insolvenzmasse

---

133 Vgl. Haarmeyer/Wutzke/Förster, a. a. O., § 3 Rdnr. 28.

> als überdurchschnittlich schwer dar, z. B. kontraproduktiver Schuldner, sind Zuschläge von 10–25 % gerechtfertigt,
> - Ein unkooperativer oder flüchtiger Schuldner rechtfertigt Zuschläge von bis zu 25 %,
> - Prüfung von Anfechtungsfragen in überdurchschnittlichem Umfang rechtfertigen Zuschläge bis zu 50 %,
> - Beinhalten Forderungsanmeldungen überdurchschnittliche Problemstellungen sind Zuschläge bis zu 15 % angemessen.

Zur Höhe der jeweiligen Zuschläge werden in Literatur und Rechtsprechung unterschiedliche auch weit voneinander abweichende Auffassungen vertreten, wobei allerdings einhellig auf die Beurteilung des Einzelfalls unter Berücksichtigung der quantitativen und qualitativen Merkmale abgestellt wird.[134] Da die InsVV erst verhältnismäßig kurze Zeit in Kraft ist und umfangreiche Insolvenzverfahren noch nicht abgeschlossen sein dürften, so dass die Auffassung der Rechtsprechung zur Höhe der Vergütung des Insolvenzverwalters noch nicht vorliegt, ist zu hoffen, dass sich eine verhältnismäßig einheitliche Zuschlagsbemessung durchsetzt und die doch massiven Abweichungen im Geltungsbereich der VergVO vermieden werden.

3. Abschläge von der Regelvergütung (§ 3 Abs. 2 InsVV)

Entgegen der Regelung in § 3 Abs. 1 InsVV, wonach bei Vorliegen der Voraussetzungen für einen Zuschlag ein Anspruch des Verwalters auf entsprechende Festsetzung besteht, sieht § 3 Abs. 2 InsVV keine Verpflichtung des Gerichts vor, hinter dem Regelsatz zurückzubleiben. Der Verordnungsgeber bringt lediglich zum **Ausdruck**, dass bei Vorliegen entsprechender Kriterien ein Abschlag gerechtfertigt ist. Damit wird das Insolvenzgericht nur angehalten, zu überprüfen, ob der Umfang der Tätigkeit des Verwalters im Insolvenzverfahren derart geringer als in einem Normalverfahren war, so dass die Zubilligung einer Regelvergütung als nicht angemessen erscheint. Dabei ist zu berücksichtigen, dass ein Anlass zur Überprüfung überhaupt erst dann entsteht, wenn das Missverhältnis die bereits dargestellte Toleranzgrenze von 20 % noch weiter unterschreitet.[135] Nur wenn ein weiter gehendes Missverhältnis zwischen der vom Verwalter tatsächlich ausgeübten Tätigkeit und der einer Regelvergütung angemessenen Tätigkeit vorhanden ist, kommt ein Abschlag in Betracht. Dieser Maßstab ist bei der Auslegung der Regelbeispiele wie aber auch aller sonstigen Abschlagskriterien zu berücksichtigen.

44

---

134 Vgl. MK-InsO/Nowak, Anhang zu § 65 InsVV § 3 Rdnr. 12 ff.; Eickmann, a. a. O., § 3 Rdnr. 30; Blersch, a. a. O., § 3 Rdnr. 24, Haarmeyer/Wutzke/Förster, a. a. O., § 3 Rdnr. 29 ff.
135 Blersch, a. a. O., § 3 Rdnr. 25.

a) Tätigkeit eines vorläufigen Insolvenzverwalters (§ 3 Abs. 2 Buchst. a InsVV)

45 Der Wortlaut dieses Regelbeispiels lässt an sich den Schluss zu, dass bereits in jedem Falle der Bestellung eines **vorläufigen Insolvenzverwalters** ein Abschlag vorzunehmen ist. Dies entspricht allerdings nicht dem bereits vorstehend dargestellten Maß des Missverhältnisses und auch nicht dem Grundgedanken des § 3 InsVV. Richtigerweise ist das Regelbeispiel dahingehend auszulegen, dass ein Abschlag nur dann in Erwägung zu ziehen ist, wenn der Umfang der Tätigkeit des vorläufigen Insolvenzverwalters sich derart im eröffneten Insolvenzverfahren ausgewirkt hat, dass in diesem Bereich eine vom Regelverfahren wesentlich abweichende Minderbelastung zu verzeichnen ist.[136]

Mithin ist unter dem Maßstab des Regelverfahrens und unter Berücksichtigung aller Umstände zu prüfen, ob die Tätigkeit des vorläufigen Insolvenzverwalters den Umfang des abzuwickelnden Insolvenzverfahrens derart reduziert hat, dass der Maßstab des Regelverfahrens nicht mehr erreicht wird.

Nicht zu Abschlägen führen Kriterien, die bei dem Insolvenzverwalter zu einem Zuschlag geführt hätten, diese erhöhungsbegründenden Maßnahmen allerdings bereits vom vorläufigen Insolvenzverwalter durchgeführt wurden. Insoweit hat der Insolvenzverwalter sich lediglich den Zuschlag nicht »verdient«, sondern – richtigerweise – der vorläufige Insolvenzverwalter. Ein Abschlag ist allein aus diesem Grunde, wenn im Übrigen der Umfang eines Regelverfahrens eingehalten wurde, nicht begründet.[137]

Da das eröffnete Insolvenzverfahren immer bestimmte Kerntätigkeiten des Insolvenzverwalters vorsieht, die weitestgehend die Kriterien eines Regelverfahrens erfüllen, können die für den vorläufigen Insolvenzverwalter vergütungserhöhenden Maßnahmen nur in geringem Umfange zu Abschlägen bei der Vergütung des Insolvenzverwalters führen.[138]

Grundsätzlich dürfte bei Vorliegen des Regelbeispiels allenfalls ein Abschlag von 10 % bis 25 % angemessen sein.

b) Fortgeschrittene Masseverwertung (§ 3 Abs. 2 Buchst. b InsVV)

46 Dieses Regelbeispiel hat ein bereits im Geltungsbereich der VergVO angenommenes Abschlagskriterium, nämlich die bereits vor Amtsübernahme durchgeführte wesentliche Verwertung der Masse, übernommen. Da der vorläufige Insolvenzverwalter nach der InsO grundsätzlich zur Verwertung

---

136 Haarmeyer/Wutzke/Förster, a. a. O., § 3 Rdnr. 29 ff.; Blersch, a. a. O., § 3 Rdnr. 26; Keller, a. a. O., Rdnr. 128.
137 Blersch, a. a. O., § 3 Rdnr. 26.
138 Blersch, a. a. O., § 3 Rdnr. 26; Haarmeyer/Wutzke/Förster, a. a. O., § 3 Rdnr. 58.

nicht berechtigt ist, kommt die Anwendung dieses Regelbeispiels regelmäßig nur bei Bestellung eines Folgeverwalters in Betracht.[139]

Der Abschlag kann darüber hinaus nur in Betracht gezogen werden, wenn ein **wesentlicher Teil der Masse** bereits bei Übernahme des Amtes verwertet war. Nach einhelliger Auffassung ist ein Verwertungsanteil von mindestens 50 % als wesentlich anzusetzen.[140] Da vergütungsrelevant nur ein Überschreiten der Schwankungsbreite von 20 % ist, ergibt sich somit insgesamt ein Verwertungsanteil von 70 %.

Ungeachtet des tatsächlichen Verwertungsanteils ist entsprechend dem Grundgedanken des § 3 InsVV eine Abwägung der Minderbelastung im Verhältnis zum Regelverfahren vorzunehmen. Denn es sind auch Fälle denkbar, bei denen bereits ein wesentlicher vergütungsrelevanter Masseanteil verwertet ist und dennoch bezüglich des verbleibenden Verwertungsanteils in großem Umfange mit erheblichem Arbeitsaufwand eine Verwertung durchzuführen ist. In diesem Falle ist ein Abschlag auf Grund des fehlenden Missverhältnisses nicht gerechtfertigt.[141] Grundsätzlich kommt bei diesem Regelbeispiel ein Abschlag von 5 % bis 15 % in Betracht.

c) Vorzeitige Verfahrens-/Amtsbeendigung (§ 3 Abs. 2 Buchst. c InsVV)

§ 3 Abs. 2 Buchst. c InsVV führt das bereits in § 4 Abs. 3 Buchst. c VergVO enthaltene Abschlagskriterium **vorzeitiger Verfahrensbeendigung** fort und wird ergänzt mit dem Begriff der **vorzeitigen Beendigung des Verwalteramtes**.[142] Formell ist das Abschlagskriterium dann erfüllt, wenn das Amt mit Aufhebung des Eröffnungsbeschlusses im Beschwerdewege endet (vgl. § 34 InsO) oder der Insolvenzverwalter gemäß § 59 InsO entlassen wird sowie in den regelmäßigen Fällen der vorzeitigen Verfahrensbeendigung. Die Aufhebung des Insolvenzverfahrens nach § 258 InsO i. V. m. § 248 InsO stellt keine vorzeitige Verfahrensbeendigung im Sinne dieser Vorschrift dar.[143] Zur Beantwortung der Frage, ob ein Abschlag bei vorzeitiger Beendigung vorzunehmen ist, muss wiederum eine Vergleichsbetrachtung zwischen dem Umfang eines Regelverfahrens und der tatsächlich vom Insolvenzverwalter erbrachten Leistung vorgenommen werden. Zu berücksichtigen sind hierzu sämtliche tatsächlich vom Insolvenzverwalter vorgenommenen Tätigkeiten, die insbesondere in der Anfangsphase eines Insolvenzverfahrens auf Grund der Abwicklungssystematik der InsO arbeitsintensiv sind. Bereits in den ersten Monaten eines Insolvenzverfahrens *werden regelmäßig die Kerntätigkeiten* eines Insolvenzverwalters (Masse-

47

---

139 Blersch, a. a. O., § 3 Rdnr. 27.
140 Blersch, a. a. O., § 3 Rdnr. 28, Haarmeyer/Wutzke/Förster, a. a. O., § 3 Rdnr. 30; Eickmann, a. a. O., § 3 Rdnr. 37.
141 Blersch, a. a. O., § 3 Rdnr. 28.
142 Blersch, § 3 a. a. O., Rdnr. 29.
143 Blersch, a. a. O., § 3 Rdnr. 27; a. A. Eickmann, a. a. O., § 3 Rdnr. 38; Haarmeyer/Wutzke/Förster, a. a. O., § 3 Rdnr. 61.

feststellung, Einleitung von Verwertungsmaßnahmen, Versendung des Eröffnungsbeschlusses, Bearbeitung der Forderungsanmeldungen in Verbindung mit Erstellung der Forderungstabelle, Erstellung des Berichts für die erste Gläubigerversammlung usw.) ausgeführt. Dementsprechend liegt ein Schwerpunkt der Tätigkeit des Insolvenzverwalters mit erheblichem Arbeitsaufwand in diesem Anfangsbereich eines Insolvenzverfahrens. Es kann daher eine Unterteilung dahingehend vorgenommen werden, dass der Verfahrensabschnitt bis zum Berichtstermin mit 50 %, die Prüfung der angemeldeten Forderung einschließlich Wahrnehmung des Prüfungstermins mit 20 % und die verbleibenden Verwertungshandlungen einschließlich Verfahrensabwicklung mit 30 % eingeschätzt werden.[144] Diese prozentuale Aufteilung der Verfahrensabschnitte kann allerdings nicht starr gesehen werden, sondern sie sind jeweils auch – einzelfallbezogen – unter Berücksichtigung der vom Verwalter gegebenenfalls darzulegenden Tätigkeiten in das Verhältnis zum Umfang eines Regelverfahrens zu setzen, so dass danach der ggf. vorzunehmende Abschlag zu berechnen ist.

Bei einer vorzeitigen Beendigung des Verfahrens auf Grund vorliegender Massearmut ist ein Vergütungsabschlags grundsätzlich nicht vorzunehmen. Dies ergibt sich schon daraus, dass bei massearmen Verfahren regelmäßig die Masse kaum ausreicht, um überhaupt eine angemessene Vergütung des Insolvenzverwalters zu gewährleisten.[145]

Bei vorzeitiger Verfahrens- oder Amtsbeendigung ist die Berechnungsgrundlage grundsätzlich durch eine Schätzung zum Zeitpunkt der jeweiligen Beendigung des Amtes bzw. des Verfahrens zu ermitteln.[146]

Die Pflichtverletzung oder die Ungeeignetheit eines Insolvenzverwalters, die zu seiner vorzeitigen Entlassung führen, rechtfertigen per se keinen Vergütungsabschlag.[147] Die Bemessung der Vergütung orientiert sich nicht an den Fähigkeiten des Verwalters, sondern ausschließlich an dem tatsächlich erbrachten bzw. ersparten Arbeitsaufwand, der ins Verhältnis zum Regelverfahren zu setzen ist. Gleichermaßen ist auch gegenüber dem vorzeitig entlassenen Verwalter vorzugehen. Die vom entlassenen Verwalter verursachten Schäden sind im Rahmen der Haftung des Insolvenzverwalters auf Schadenersatz entsprechend §§ 60, 61 InsO geltend zu machen.[148]

Der Bereich der Abschläge dürfte sich bei diesem Regelbeispiel zwischen 10 % und 40 % bewegen.

---

144 *Teilweise* abweichend Blersch, a. a. O., § 3 Rdnr. 30.
145 Blersch, a. a. O., § 3 Rdnr. 31; Haarmeyer/Wutzke/Förster, a. a. O., § 3 Rdnr. 61.
146 Haarmeyer/Wutzke/Förster, a. a. O., § 3 Rdnr. 62.
147 Blersch, a. a. O., § 3 Rdnr. 31.
148 Blersch, a. a. O., § 3, Rdnr. 31.

d) Große Masse/geringer Aufwand (§ 3 Abs. 2 Buchst. d InsVV)

§ 3 Abs. 2 Buchst. d InsVV stellt das Korrelat zur Zuschlagsregelung in § 3 Abs. 1 Buchst. c InsVV dar. Dies entspricht der bisherigen Abschlagsregelung gemäß § 4 Abs. 3 d der VergVO. Nach den Vorstellungen des Verordnungsgebers soll bei der Festsetzung der Vergütung ein Abschlag dann vorgenommen werden, wenn zwar eine verhältnismäßig **große Masse** vorhanden ist, der Insolvenzverwalter hierfür allerdings in erheblichem Maße von seinem Tätigkeitsumfang her unter dem Maßstab eines Regelverfahrens geblieben ist. 48

Dementsprechend ist zunächst festzustellen, inwieweit tatsächlich eine »große Masse« vorliegt. Diese ist wie bereits im Bereich der Zuschläge dargelegt,[149] bei einem Massebetrag in Höhe von etwa EUR 250 000,00 anzunehmen.[150] Allein das Vorliegen einer »großen Masse« rechtfertigt allerdings noch nicht die Annahme eines Abschlages, sondern es muss in einem vergütungserheblichen – großen – Umfang eine Minderbelastung des Insolvenzverwalters vorgelegen haben. Dies umso mehr, als der Verordnungsgeber bereits bei der Berechnung der Regelvergütung nach § 2 Abs. 1 InsVV eine extreme Degression vorgesehen hat. Da insoweit die Degression nochmals verstärkt werden würde, muss die Minderbelastung außergewöhnlich groß gewesen sein, um einen Abschlag zu rechtfertigen.[151] Somit kommen nur Konstellationen in Betracht, bei denen der Insolvenzverwalter ein großes Barvermögen übernommen hat und weder ein aktives Unternehmen noch Personal vorhanden war oder sonstige wesentliche Abwicklungstätigkeiten vorzunehmen waren.[152] Der dann zu berechnende Maßstab hat sich an den im Regelverfahren üblicherweise auszuführenden Tätigkeiten im Verhältnis zu den vom Verwalter im konkreten Insolvenzverfahren ersparten Handlungen zu orientieren. Es ist wiederum eine Gesamtbetrachtung vorzunehmen, so dass durch eine konkrete, überdurchschnittlich arbeitsintensive Tätigkeit des Insolvenzverwalters ggf. das Fehlen auszuführender Maßnahmen ausgeglichen werden kann. Bei Vorliegen des Regelbeispiels ist allgemein von Abschlägen bis zu 30 % auszugehen.

e) Weitere Abschlagskriterien

Gleichermaßen wie bei der Zuschlagsregelung gemäß § 3 Abs. 1 InsVV stellt auch § 3 Abs. 2 InsVV **keine abschließende Aufzählung** von Regelbeispielen dar, sondern es kommen Abschläge auch dann in Betracht, wenn unter Berücksichtigung des Maßes der Regelbeispiele eine Entlastung des Insolvenzverwalters gegenüber dem Umfang der Tätigkeit im Regelverfahren vorliegt. Es ist dementsprechend unter Berücksichtigung sämtlicher Umstände des konkreten Insolvenzverfahrens zu prüfen, inwieweit eine 49

---

149 S. o. unter Rdnr. 47.
150 Haarmeyer/Wutzke/Förster, a. a. O., § 3 Rdnr. 63.
151 Blersch, a. a. O., § 3 Rdnr. 33.
152 Blersch, a. a. O.

wesentliche außerhalb der Schwankungsbreite von 20 % liegende Abweichung vorliegt, die einen Abschlag rechtfertigt. In Betracht kommen dabei Verfahren mit nur sehr wenigen und unproblematischen Forderungen oder Verfahren, bei denen keine oder nur geringe Verwertungshandlungen oder sonstige Maßnahmen zur Schaffung der Insolvenzmasse erforderlich sind.[153] Allein das Vorliegen einer kurzen Verfahrensdauer rechtfertigt noch keinen Abschlag, da diese auf einer besonders intensiven Arbeitsleistung eines Insolvenzverwalters beruhen kann, die mit einem Abschlag nicht zu bestrafen ist.

Eine Minderung der Regelvergütung ist auch dann vorzunehmen, wenn der Insolvenzverwalter einen von ihm zu erbringenden Arbeitsaufwand auf Dritte überträgt, der wiederum von der Masse vergütet wird. Gemäß § 8 Abs. 2 InsVV hat der Verwalter in seinem Vergütungsfestsetzungsantrag im Einzelnen anzugeben, welche Dienst- oder Werkverträge für von ihm auszuführende Arbeiten während des Insolvenzverfahrens von ihm abgeschlossen worden sind. § 4 Abs. 1 Satz 2 InsVV billigt dem Insolvenzverwalter grundsätzlich das Recht des Abschlusses entsprechender Verträge zu und berechtigt ihn auch, die Vergütung aus der Masse zu bezahlen. Fraglich ist nur, inwieweit der Verwalter durch Verlagerung bestimmter Tätigkeitsbereiche auf Dritte eine Minderbelastung bei sich – bezogen auf den Umfang eines Regelverfahrens – herbeigeführt hat. Dementsprechend ist auch in diesem Bereich im Rahmen einer Gesamtbetrachtung ein Abgleich dahingehend vorzunehmen, ob der Insolvenzverwalter alle ein Regelverfahren umfassenden Tätigkeiten selbst ausgeübt hat und er lediglich Aufgaben, die ihm einen Zuschlag erbracht hätten, auf Dritte übertragen hat. In diesem Falle ist ein Abschlag nicht gerechtfertigt, da der Umfang des Regelverfahrens eingehalten wurde. Wurden demgegenüber Pflichtaufgaben, die mit der Regelvergütung abgegolten werden, auf Dritte zu Lasten der Masse übertragen, ist bei einem außergewöhnlich großen Umfang der Entlastung ein Abschlag bis zu 15 % gerechtfertigt.[154]

4. Berechnung der Prüfungsreihenfolge

50 Vergütung/Bei der Berechnung der Vergütung bzw. Prüfung des Vergütungsfestsetzungsantrages durch das Insolvenzgericht ist von **folgender Vorgehensweise** auszugehen:[155]

> **Berechnung der Vergütung**
>
> - Feststellung der Insolvenzmasse entsprechend § 1 Abs. 1 InsVV auf Grund der vorliegenden Schlussrechnung bzw. in den sonstigen Fällen auf Grund einer Schätzung,

---

153 Blersch, a. a. O., § 3 Rdnr. 35.
154 Blersch, a. a. O., § 3 Rdnr. 34; Haarmeyer/Wutzke/Förster, a. a. O., § 3 Rdnr. 68.
155 Vgl. Blersch, a. a. O., § 3 Rdnr. 36.

- Nach § 1 Abs. 2 InsVV ist unter Berücksichtigung der Alternativberechnung gemäß § 1 Abs. 2 Nr. 1 InsVV die Berechnungsgrundlage zu ermitteln,
- Ermittlung der Regelvergütung gemäß § 2 InsVV,
- Differenzberechnung hinsichtlich der Mehrvergütung nach § 1 Abs. 2 Nr. 1 InsVV und des hälftigen Feststellungskostenbeitrags gemäß § 171 Abs. 1 InsO, § 10 Abs. 1 Nr. 1 a ZVG für das vom Verwalter verwertete Absonderungsgut,
- Ermittlung der Kappungsgrenze und damit des zulässigen Mehrbetrags der Regelvergütung (50 % der Feststellungskostenbeiträge),
- Berechnung der endgültigen Regelvergütung unter Berücksichtigung der Staffelung des § 2 InsVV sowie des zulässigen Mehrbetrages gemäß § 1 Abs. 2 Nr. 1 InsVV,
- Gegenüberstellung der Kriterien eines Regelverfahrens mit den Merkmalen des konkreten Insolvenzverfahrens,
- Festlegung der Abweichungen vom Normalverfahren und Festlegung der konkreten Zu- und Abschläge gemäß § 3 InsVV,
- Berechnung der endgültigen Vergütung.

Die einzelnen Zu- und Abschläge gemäß § 3 InsVV sind ausschließlich auf der Basis der Regelvergütung zu berechnen. Dementsprechend sind die Zu- und Abschläge vor Berechnung der endgültigen Vergütung zu saldieren und der dann verbleibende gesamte Zu- oder Abschlag (Prozentsatz) sodann der Regelvergütung hinzuzurechnen bzw. von ihr in Abzug zu bringen.[156]

Aus der Konzeption des § 3 InsVV, in Form von Regelbeispielen und damit einem offenen System der Gewährung von Zu- und Abschlägen auf Grund einer anzustellenden Gegenüberstellung des Arbeitsaufwandes im konkreten Verfahren gegenüber einem Regelverfahren, ergibt sich zwangsläufig die Verpflichtung des Insolvenzverwalters zur Darlegung der konkreten Umstände des jeweiligen Insolvenzverfahrens. Da insbesondere im Bereich der Gewährung von Zuschlägen dem Insolvenzgericht keinerlei Ermessen, sondern allenfalls ein begrenzter, rechtlich voll überprüfbarer Beurteilungsspielraum[157] zusteht, sind sämtliche Kriterien zur Beurteilung der Abweichung von dem Umfang eines Regelverfahrens detailliert bereits in der Schlussrechnung und dann wiederum im Festsetzungsantrag vom Insolvenzverwalter darzulegen. Insbesondere zur Erzielung der Zuschläge empfiehlt es sich bereits bei der Erstellung der Schlussrechnung sämtliche vergütungserhöhenden Kriterien – ausführlich und nachvollziehbar sowie insbesondere auch die für die Insolvenzmasse gezogenen Vorteile, sofern vorhanden – zu beschreiben. Parallel hierzu sind im Rahmen des Vergütungsantrages unter Hinweis auf die Ausführungen in der Schlussrechnung die Abweichungen vom Regelverfahren darzulegen und den konkreten Zu-

---

156 Haarmeyer/Wutzke/Förster, a. a. O., § 3 Rdnr. 57; Eickmann, a. a. O., § 3 Rdnr. 34; Blersch, a. a. O., § 3 Rdnr. 37.
157 Blersch, a. a. O., § 3 Rdnr. 3; Haarmeyer/Wutzke/Förster, a. a. O., § 3 Rdnr. 1.

Lorenz

bzw. Abschlag auf die vergütungsändernden Merkmale zu berechnen, wobei ausführlich die Mehr- oder Minderbelastung im Verhältnis zur »Normalbelastung« eines Regelverfahrens zu erläutern ist. Auf der Grundlage einer ausführlichen und konkreten Darlegung kann dann wiederum das Insolvenzgericht den Vergütungsfestsetzungsantrag nachvollziehen und auch darauf aufbauend die Festsetzung vornehmen. Im eventuell durchzuführenden Beschwerdeverfahren ist dann auch eine vollständige Überprüfung der Festsetzung möglich.[158]

51 Der Aufbau des Systems der Zu- und Abschläge durch die Darstellung einzelner Regelbeispiele, wobei daneben jeweils bezogen auf den konkreten Einzelfall eine Bewertung der Abweichung vom Regelverfahren vorzunehmen ist, verbietet an sich eine – im bisherigen Recht verwendete – »Faustregeltabelle« anzuwenden. Gleichwohl sind bei der Abwicklung von Insolvenzverfahren regelmäßig ähnlich gelagerte Konstellationen denkbar. Insoweit kann eine »**Faustregeltabelle**« zumindest als Anhaltspunkt für vorzunehmende Zu- oder Abschläge oder auch als »Abgleichmöglichkeit« bei der Erstellung der Schlussrechnung bzw. des Vergütungsantrages durch den Insolvenzverwalter dienen. Dementsprechend wird eine Zusammenstellung von Zu- und Abschlägen zur Regelvergütung als »Faustregeltabelle« nachfolgend dargestellt.[159]

52 Zu- und Abschläge zur Regelvergütung

Zuschläge	
Erhöhungstatbestand	Erhöhung des Regelsatzes in %
A. Gesetzliche Erhöhungstatbestände	
I. Aus- und Absonderungsrechte in großem Umfang	
1. Keine wesentlichen Rechtsprobleme (z. B. Sicherungs-Eigentum, Eigentumsvorbehalt u. ä.)	25 % – 50 %
2. Schwierigere Rechtsprobleme (z. B. verlängerter Eigentumsvorbehalt, mehrere Rohstofflieferanten mit Verarbeitungsklauseln u. ä.)	50 % – 75 %
3. Rechtlich und/oder tatsächlich besonders schwierige und ggf. unübersichtliche Verhältnisse (z. B. großes Warenlager mit vielen Lieferanten, Sicherungspool, u. ä.)	75 % – 150 %
II. Betriebsfortführung	
1. Unternehmen mit bis zu 20 Mitarbeitern	
a) Fortführung bis 3 Monate	25 %
b) Fortführung bis 1 Jahr	50 %

---

158 Blersch, a. a. O., § 3 Rdnr. 38.
159 MK-InsO/Nowak, Anhang zu § 65 InsVV § 3; Keller a. a. O., Anhang I, Schaubild 5; Eickmann § 3 Rdnr. 40.

c) Fortführung über ein Jahr für jedes angefangene Jahr	10 %
2. Mittleres Unternehmen mit bis zu 150 Mitarbeitern	
a) Fortführung bis 3 Monate	50 %
b) Fortführung bis 1 Jahr	75 %
c) Fortführung über ein Jahr für jedes angefangene Jahr	15 %
3. Großes Unternehmen mit über 150 Mitarbeitern	
a) Fortführung bis 3 Monate	75 %
b) Fortführung bis 1 Jahr	100 %
c) Fortführung über ein Jahr für jedes angefangene Jahr	20 %
III. Hausverwaltung	
1. Verwaltungstätigkeit	
a) bei 10 bis zu 20 Mieter/Wohnungseigentumseinheiten	25 %
b) bei über 20 Mieter/Wohnungseigentumseinheiten	1 % je Mieter/WE
2. Zusätzliche Tätigkeiten (z. B. Sanierung, Modernisierung, Umbau, größere Reparaturen)	10 % – 50 %
IV. Degression	ab einer Masse von mehr als EUR 250 000,00 nach Gesamtschau aller Merkmale
V. Arbeits- und sozialrechtliche Fragen in besonderem Umfang ab 20 Arbeitnehmer (Insolvenzgeld, Kündigungsschutz, Masseentlassungsanzeige, Sozialplan, Betriebsrenten, Betriebsvereinbarungen, Kurzarbeitergeldforderungen, Vorruhestandsregelungen, u. ä.)	25 % bis zu 100 %
VI. Insolvenzplan	20 % bis zu 300 %
B. Sonstige Erhöhungstatbestände	
I. Verfahrensdauer	
1. ab 2 Jahre für jedes weitere angefangene Jahr	10 %
II. Hohe Gläubigerzahl	
ab 100 Gläubiger je 100 Insolvenzgläubiger mehr	10 %
III. Beizutreibende Außenstände	
Für je 100 Schuldner	10 %
IV. Unvollständige/unzureichende Buchhaltung	bis zu 25 %
V. Vielzahl von Rechtsstreitigkeiten	
1. Für 100 bis zu 200 Zivilprozesse/Mahnverfahren	15 %
2. Für je 100 weitere Zivilprozesse/Mahnverfahren	10 %
VI. Verwalterberichte in besonderem Umfang	bis zu 25 %
VII. Vermögen im Ausland	bis zu 30 %

VIII. Altlasten nach Aufwand des Verwalters	bis zu 50 %
IX. Verwertungsprobleme	
1. bewegliche Gegenstände	bis zu 75 %
2. Grundstücke	bis zu 125 %
X. Weitere Erhöhungstatbestände	
1. Erschwerte Inbesitznahme und Verwaltung (z. B. mehrere Betriebsstätten, Inbesitznahme im Wege der Zwangsvollstreckung, Anordnung von Arresten, Übertragung der Zustellungen u. ä.)	bis zu 30 %
2. Erschwerte Masseaufnahmen (z. B. Bewertungsgutachten, Verzeichnisse und Listen über den Lagebestand, die Inventur und die Anlagen älter als ein Jahr)	bis zu 10 %
3. Unkooperativer/flüchtiger Schuldner	bis zu 25 %
4. Anfechtungen in größerem Umfang oder unter besonderen Schwierigkeiten (z. B. aufwendige Sachverhaltsermittlungen, komplexe Vertragsgestaltungen, schwierige Rechtsfragen u. ä.)	bis zu 50 %
5. Forderungsanmeldungen mit besonderen Problemstellungen (z. B. umfangreiche Korrespondenz zu einzelnen Anmeldungen u. ä.)	bis zu 15 %

Abschläge Minderungstatbestand	Minderung des Regelsatzes in %
I. Gesetzliche Minderungstatbestände	
1. Vorläufiger Verwalter	10 % bis zu 25 %
2. Fortgeschrittene Masseverwertung (ca. 70 %)	5 % bis zu 15 %
3. Vorzeitige Beendigung des Verfahrens oder des Amtes	10 % bis zu 40 %
4. Große Masse/geringe Anforderungen	bis zu 30 %
II. Sonstige Minderungstatbestände	
1. Hilfskräfte	bis zu 15 %
2. Unterschreitung des Normalverfahrens um mindestens 20 %	bis zu 25 %

V. Sonderinsolvenzverwalter

53 Ein **Sonderinsolvenzverwalter** ist in Ausnahmefällen vom Insolvenzgericht dann zu bestellen, wenn der Insolvenzverwalter wegen tatsächlicher oder rechtlicher Verhinderungen nicht in der Lage ist, einzelne Aufgaben

zu erfüllen.[160] Denkbar ist dabei der Fall, dass der Insolvenzverwalter auf Grund des Selbstkontrahierungsverbots gemäß § 181 BGB von einzelnen Handlungen ausgeschlossen ist (z. B. eine Person ist in zwei unabhängigen Verfahren Insolvenzverwalter und es sind wechselseitig Ansprüche in den jeweiligen Insolvenzverfahren geltend zu machen). Der dann für den Insolvenzverwalter tätige Sonderverwalter entspricht in seiner Funktion dem des Ergänzungspflegers gemäß § 1909 BGB.[161] § 77 des Regierungsentwurfs einer Insolvenzordnung sollte die Bestellung eines Sonderinsolvenzverwalters ausdrücklich regeln. Der Gesetzgeber sah zwar vor, durch Verweisung auf die §§ 56–66 InsO dem Sonderinsolvenzverwalter eine ähnlich gelagerte Stellung wie dem Insolvenzverwalter zuzuweisen. Da insoweit auch die §§ 63–65 InsO umfasst worden wären, wäre eine Vergütung unter Berücksichtigung der Regelungen für den Insolvenzverwalter an sich als angemessen anzusehen. Doch enthielt der ursprüngliche Entwurf der insolvenzrechtlichen Vergütungsverordnung aus dem Jahre 1994 in § 12 InsVV eine gesonderte Regelung für den Sonderinsolvenzverwalter. Dabei sollte das Insolvenzgericht unter Berücksichtigung des Umfangs und der Dauer seiner Tätigkeit die Vergütung bestimmen. In der Folge wurde aber § 77 des Regierungsentwurfs auf Vorschlag des Rechtsausschusses ersatzlos gestrichen. Der Rechtsausschuss ging davon aus, dass auf der Basis der bisherigen Vergütungspraxis im Zusammenhang mit der Konkursordnung die Bestellung eines Sonderinsolvenzverwalters ohne ausdrückliche gesetzliche Regelung möglich sei. Die bisherige Praxis der Vergütung des Sonderverwalters, die nach der Vorstellung des Verordnungsgebers weiter angewendet werden soll, orientierte sich unter Berücksichtigung der vom Sonderverwalter ausgeübten Tätigkeit sowohl am »Wert der Berechnungsgrundlage« aber auch an der BRAGO. So ist bei dem in der Literatur vielfach erörterten Beispielsfall, dass ein Sonderinsolvenzverwalter eventuelle Schadensersatzansprüche gegenüber dem amtierenden Insolvenzverwalter zu prüfen hat, eine Vergütung unter Berücksichtigung der im Raum stehenden Ersatzansprüche als Gegenstandswert für die Berechnung der Vergütung – gemäß § 118 BRAGO – herangezogen worden.[162] Die von Haarmeyer[163] und von Blersch[164] vorgebrachte Kritik hierzu, wonach eine Vergütung im Geltungsbereich der InsO unter entsprechender Anwendung der InsVV zu erfolgen habe, ist nicht berechtigt. Angemessen ist bei einem Sonderinsolvenzverwalter, der als Rechtsanwalt tätig ist, eine Vergütung unter Berücksichtigung der BRAGO, wobei für die gerichtliche Tätigkeit § 31 BRAGO und für die außergerichtliche Tätigkeit § 118 BRAGO heranzuziehen ist. Dies insbesondere deshalb, da die Anwendung der insolvenzrechtlichen Vergütungsregelungen *in der Regel* zu unangemessen hohen Honoraransprüchen des Sonderinsolvenzverwalters im Verhältnis zur Tätigkeit eines Insolvenz-

---

160 Vgl. Nerlich/Römermann, Kommentar zur Insolvenzordnung, 2000, § 56 Rdnr. 18 ff.
161 Kuhn/Uhlenbruck, a. a. O., § 78 Rdnr. 9.
162 Vgl. Eickmann, a. a. O., Vor § 1 Rdnr. 56.
163 Haarmeyer/Wutzke/Förster, a. a. O., § 1 a. a. O., Rdnr. 39.
164 Blersch, a. a. O., Vorbemerkungen Rdnr. 41 ff.

verwalters führen würden. Die InsVV regelt die Vergütung für eine in der Regel auf längere Zeit angesetzte Tätigkeit eines Insolvenzverwalters, wobei dem gegenüber die Tätigkeit eines Sonderinsolvenzverwalters in der Regel nur punktuell und dementsprechend auch nur auf kürzere Zeit bezogen ist. Die Unangemessenheit der Anwendung der InsVV belegt das Beispiel von Eickmann,[165] bei dem ein Sonderverwalter »lediglich« einen Kaufvertrag zwischen der Masse und dem Insolvenzverwalter abschließt, also nur eine punktuelle Tätigkeit ausübt. Bei einem Kaufpreis von EUR 5 000,00 wären bei Anwendung der InsVV EUR 2 000,00 und bei Anwendung von § 118 Abs. 1 BRAGO EUR 297,50 dem Sonderverwalter als Vergütung zu bezahlen.

VI. Mehrere Insolvenzverwalter

54 Neben der unter Rdnr. 53 aufgeführten Möglichkeit, dass zwei Insolvenzverwalter nebeneinander tätig werden, kommen Fälle in Betracht, bei denen zwei **Insolvenzverwalter nacheinander** tätig sind. Diese Situation tritt insbesondere dann ein, wenn ein Verwalter infolge Ablebens oder Entlassung aus dem Amt ausscheidet und darauf hin ein neuer Verwalter bestellt werden muss. In diesem Fall erhält jeder Insolvenzverwalter eine Vergütung, die sich – nach allgemeinen Regeln – aus der seiner Verwaltung unterliegenden Teilungsmasse bestimmt.[166] Jeder Verwalter muss über seine Verwaltungszeit gesondert Schlussrechnung legen. Stichtag ist der Tag der Beendigung des Amtes. Auf der Basis dieser Schlussrechnung wird die Vergütung gemäß §§ 1–3 InsVV berechnet.[167]

Die im weiteren Verlauf des Verfahrens endgültig festzustellende Teilungsmasse kann nicht einheitlich zugrunde gelegt werden. Das ergibt sich zum Einen daraus, dass die Feststellung der »eigentlichen« Teilungsmasse erst zu einem sehr viel späteren Zeitpunkt möglich sein wird, die Verwaltervergütung jedoch mit Beendigung des Amts fällig wird.[168] Zum Anderen ist nach allgemeinen Grundsätzen nur die Tätigkeit, die dem zu Vergütenden zurechenbar ist, Grundlage der Vergütung. Vermögen, das nach dem Stichtag in die Masse fließt und dessen Gewinnung auf den Ausgeschiedenen zurückgeführt werden kann (z. B. als Ergebnis von Freigabeverhandlungen des Ausgeschiedenen mit Sicherungsgläubigern), wird zu dem vom Ausgeschiedenen verwalteten Vermögen gezählt.[169]

---

165 Eickmann, a. a. O., Vor § 1 Rdnr. 57.
166 Vgl. Eickmann, a. a. O., Vor § 1 Rdnr. 58, m. w. N.
167 Siehe im Einzelnen Rdnr. 9 ff., 24 ff., 31 ff.
168 S. o. Rdnr. 94.
169 Vgl. Eickmann a. a. O., Vor § 1 Rdnr. 58.

Lorenz

VII. Vergütungsvereinbarungen

Das Verfahren der gerichtlichen Festsetzung von Vergütung und Auslagen des Insolvenzverwalters soll dessen Unabhängigkeit gegenüber den am Insolvenzverfahren Beteiligten gewährleisten. Gerade § 56 Abs. 1 InsO bringt den **Grundsatz der Unabhängigkeit** des Insolvenzverwalters von den Verfahrensbeteiligten zum Ausdruck. Auch im Geltungsbereich der bisherigen Konkursordnung war der Grundsatz der Unabhängigkeit des Konkursverwalters beherrschend. Aus diesem Grunde heraus wurden bislang Vergütungsvereinbarungen zwischen dem Konkursverwalter und Verfahrensbeteiligten grundsätzlich gemäß § 134 BGB als nichtig angesehen.[170] Lediglich Vergütungsvereinbarungen des Konkursverwalters, die nicht seinen gesetzlich beschriebenen Pflichtenkreis und einen Zeitraum nach Abschluss des Verfahrens betrafen, wurden als wirksam anerkannt. Als zulässig angesehen wurden auch Vereinbarungen betreffend die Tätigkeit des Insolvenzverwalters als Rechtsanwalt im Zusammenhang mit den Gebühren nach der BRAGO, soweit die Grenzen der §§ 49 b BRAO und § 3 Abs. 5 BRAGO eingehalten wurden.[171]

55

Auch wenn während der Entwicklung der InsVV Überlegungen seitens des Verordnungsgebers angestellt wurden, Vergütungsvereinbarungen zuzulassen, ist nach dem Erlass der InsVV weiterhin von einer Unzulässigkeit von Vereinbarungen zwischen dem Insolvenzverwalter und Dritten hinsichtlich der festzusetzenden Vergütung auszugehen.[172] Durch das Verbot der Vergütungsvereinbarungen wird und bleibt die Unabhängigkeit des Insolvenzverwalters entsprechend § 56 Abs. 1 InsO gewährleistet. Der Insolvenzverwalter wird dadurch auch aus einer Wettbewerbssituation herausgehalten, die ihn ggf. zwingen würde, einerseits ein Insolvenzverfahren »preiswert« abzuwickeln, um andererseits versucht zu sein, im Rahmen der Abwicklung zusätzliche eigene Einnahmen zu generieren. Des Weiteren entstünde auch das Risiko, worauf Blersch zutreffend hinweist, dass Insolvenzverfahren aus Kostengründen nur noch oberflächlich abgewickelt werden würden.[173]

VIII. Einsatz besonderer Sachkunde (§ 5 InsVV)

1. Allgemeines

§ 5 InsVV stellt eine Neuregelung zu der bisherigen VergVO dar, wobei allerdings der in der Norm zum Ausdruck gekommene Grundsatz im alten

56

---

170 Vgl. Kuhl/Uhlenbruck, a. a. O., § 85 Rdnr. 15, *BGH* ZIP 1981, 1350.
171 Vgl. Eickmann, a. a. O., Vor § 1 Rdnr. 52.
172 Blersch, a. a. O., Vorbemerkungen Rdnr. 47.
173 Vgl. hierzu Blersch, a. a. O., Vorbemerkungen Rdnr. 47.

Recht nach Rechtsprechung und Literatur allgemein anerkannt war.[174] In § 5 Abs. 1 InsVV wird geregelt, dass einem Insolvenzverwalter, der als Rechtsanwalt zugelassen ist, ein **zusätzlicher Vergütungsanspruch** zusteht, sofern er seine besondere Sachkunde als Rechtsanwalt der Masse zur Verfügung stellt. Nach § 5 Abs. 2 InsVV gilt dies auch bei besonderen Qualifikationen als Wirtschaftsprüfer oder Steuerberater oder einer ähnlichen speziellen Sachkunde.

Entsprechend der Regelung des § 56 InsO kann das Insolvenzgericht jede für den Einzelfall geeignete insbesondere geschäftskundige Person als Verwalter bestellen, ohne dass eine entsprechende Zusatzqualifikation als Rechtsanwalt, Wirtschaftsprüfer oder Steuerberater zu fordern ist. Wenn nun der bestellte Insolvenzverwalter über eine derartige besondere Qualifikation verfügt und er seine Spezialkenntnisse gleichermaßen der Masse zur Verfügung stellt, die ein nicht zu dieser Berufsgruppe gehörender Insolvenzverwalter einem Dritten übertragen würde, so ist er wie dieser – zusätzlich – zu vergüten. Auch bei einer Übertragung dieser Spezialtätigkeit müsste die Masse gemäß § 55 Abs. 1 Nr. 1 InsO die angemessene Vergütung an den Dritten entrichten.[175] Die Vorschrift sieht allerdings ausdrücklich vor, dass nur dann Rechtsanwaltskosten oder Kosten der besonderen Berufsqualifikation erstattet werden können, wenn die Tätigkeit angemessenerweise dem speziell qualifizierten Dritten übertragen worden wäre. Die Abgrenzung kann nach der Rechtsprechung des *BGH* im Zusammenhang mit der Zusatzvergütung eines Rechtsanwaltes, der als Liquidator tätig ist, beurteilt werden.[176] Dementsprechend ist die Abgrenzung dahingehend vorzunehmen, dass der als Insolvenzverwalter tätige Rechtsanwalt oder der sonstige »besonders Qualifizierte« für die jeweils in Frage stehende Aufgabe, die eine geschäftserfahrene Person üblicherweise ohne fremden Beistand erledigt hätte, kein über die Vergütung hinausgehendes Honorar verlangen kann.[177] Es ist daher der Maßstab eines geschäftskundigen erfahrenen »Insolvenzverwalters« anzulegen und zu fragen, inwieweit er bei entsprechend schwierigen Fallkonstellationen einen besonders Qualifizierten, wie insbesondere Rechtsanwalt, Steuerberater oder Wirtschaftsprüfer, beauftragen oder die Aufgabe selbst in Person lösen würde.

Der für die konkrete Tätigkeit zu zahlende Vergütungsbetrag unterliegt nicht der Festsetzung durch das Insolvenzgericht, sondern ist als Masseverbindlichkeit gemäß § 55 Abs. 1 Nr. 1 InsO[178] direkt aus der Masse zu bezahlen. Die Entnahme bedarf nicht der Zustimmung des Insolvenzgerichts.

---

174 Vgl. Eickmann, a.a.O., § 5 Rdnr. 1; Blersch, a.a.O., § 5 Rdnr. 1; MK-InsO/Nowak, Anhang zu § 65 InsVV § 5 Rdnr. 1.
175 Vgl. hierzu Blersch, a.a.O., § 5 Rdnr. 2.
176 Vgl. *BGH* ZIP 1998, 1793; MK-InsO/Nowak, Anhang zu § 65 InsVV § 4 Rdnr. 1.
177 Vgl. *BGH* ZIP 1998, 1793, 1795.
178 Eickmann, a.a.O., § 5 Rdnr. 21; a.A. Blersch, a.a.O., § 5 Rdnr. 4: Verfahrenskosten gem. § 54 Nr. 2 InsO.

Entsprechend § 58 InsO hat das Insolvenzgericht jedoch grundsätzlich die 57
Aufsichtspflicht gegenüber dem Insolvenzverwalter. Insoweit kann das Insolvenzgericht auch überprüfen, ob der Insolvenzverwalter Zusatzvergütungen für besondere Sachkunde der Masse in Rechnung gestellt hat und inwieweit diese sich im Rahmen der Vorgaben des § 5 InsVV, insbesondere hinsichtlich der Angemessenheit (»angemessenerweise«), hält.[179] Sind das Insolvenzgericht und der Insolvenzverwalter hinsichtlich der Berechtigung der Entnahme unterschiedlicher Auffassung, so kann das Insolvenzgericht kraft eigener Kompetenz nicht die Rückforderung des in Frage stehenden Betrages an die Masse fordern.[180] Das Insolvenzgericht kann lediglich fordern, dass der strittige Entnahmebetrag bis zur Entscheidung im Zivilrechtswege hinterlegt wird. Zur Rückforderung des Anspruchs hat das Insolvenzgericht einen Sonderverwalter zu bestellen, der den nach Auffassung des Gerichts bestehenden Rückzahlungsanspruch ggf. im Klagewege geltend macht.[181]

Neben der Überwachungspflicht des § 58 InsO hat das Insolvenzgericht im Rahmen des Festsetzungsverfahrens eine Prüfungspflicht, inwieweit der Insolvenzverwalter gemäß § 8 Abs. 2 InsVV die Masse ordnungsgemäß berechnet hat.[182] Mithin hat das Insolvenzgericht auch zu prüfen, ob der Insolvenzverwalter gemäß § 1 Abs. 2 Nr. 4 a InsVV die Absetzung der entsprechenden Vergütungsbeträge vorgenommen hat. Das Insolvenzgericht ist hier allerdings nicht berechtigt, weitergehend zu prüfen, ob die Geltendmachung einer Vergütung wegen besonderer Sachkunde berechtigt ist, sondern hat nur zu prüfen, inwieweit tatsächlich die bezahlten Beträge in Abzug gebracht worden sind.[183] Bei Beanstandungen kann das Insolvenzgericht wie vorstehend beschrieben gegen den Insolvenzverwalter vorgehen.

2. Rechtsanwalt als Insolvenzverwalter (§ 5 Abs. 1 InsVV)

Der **Rechtsanwalt**, der als Insolvenzverwalter tätig ist, kann bei Inanspruchnahme seiner besonderen Fachkunde eine gesonderte Vergütung erhalten. Die Abgrenzung ist dahingehend vorzunehmen, ob ein Insolvenzverwalter ohne juristische Ausbildung die zu beurteilende Fragestellung ohne besondere Schwierigkeiten und ohne Eingehung eines besonderen Haftungsrisikos erledigen könnte oder ob er auf Grund der Schwierigkeit und Komplexität der Frage einen Rechtsanwalt einschalten würde. Insoweit unterliegt die Beurteilung einer hypothetischen Betrachtung aus der Sicht eines durchschnittlichen Insolvenzverwalters mit den üblicherweise einem 58

---

179 Vgl. *OLG Köln* KTS 1977, 56; MK-InsO/Nowak, Anhang zu § 65 InsVV § 5 Rdnr. 3; Haarmeyer/Wutzke/Förster, a. a. O., § 5 Rdnr. 33 ff.
180 Haarmeyer/Wutzke/Förster, a. a. O., § 5 Rdnr. 33 ff.
181 Haarmeyer/Wutzke/Förster, a. a. O., § 5 Rdnr. 35.
182 S. u. Rdnr. 79 ff.
183 Vgl. MK-InsO/Nowak, Anhang zu § 65 InsVV § 5 Rdnr. 4, a. A. Haarmeyer/Wutzke/Förster, a. a. O., § 5 Rdnr. 36, die von der Berechtigung des Insolvenzgerichts ausgehen, bei der festzusetzenden Vergütung die pflichtwidrig entnommenen Beträge in Abzug zu bringen.

Insolvenzverwalter zuzuordnenden Fähigkeiten.[184] Nicht entscheidend ist es allerdings, ob es sich um eine gerichtliche oder außergerichtliche Angelegenheit handelt. Denn neben der gerichtlichen Tätigkeit, die üblicherweise einem Anwalt übertragen wird, gibt es im Rahmen der Insolvenzabwicklung erhebliche juristische Fragestellungen und Aufgaben, die auch ein geschäftskundiger Insolvenzverwalter ohne juristische Vorbildung einem Rechtsanwalt sofort übertragen würde.

59 Regelmäßig erhält ein Insolvenzverwalter, der zugleich Rechtsanwalt ist, alle für Zivilrechtsstreitigkeiten nach der **BRAGO** festzusetzenden Rechtsanwaltskosten gesondert, wenn entweder in dem anhängigen Rechtsstreit Anwaltszwang besteht oder ein Insolvenzverwalter, der nicht Rechtsanwalt ist, in »angemessenerweise« einen Rechtsanwalt beauftragt hätte.[185] Dabei sind dem Insolvenzverwalter, entsprechend der BRAGO, die Rechtsanwaltsgebühren zuzubilligen, die er erhalten würde, wenn er diesen Prozess in eigener Angelegenheit führen würde. Die Erstattungsfähigkeit ist allerdings nicht auf den Zivilrechtsstreit beschränkt, sondern gilt auch für sämtliche Streitigkeiten vor den Arbeits-, Verwaltungs-, Finanz- und Patentgerichten:[186]

> **Zusatzvergütungen**
>
> - Bei *Zwangsvollstreckungsmaßnahmen* stehen dem Insolvenzverwalter grundsätzlich gesonderte Vergütungsansprüche zu, wobei allerdings eine Einschränkung dahingehend vorzunehmen ist, dass dies für einfach durchzuführende Vollstreckungsmaßnahmen nicht gilt.[187] Für einen durchschnittlichen Insolvenzverwalter ohne entsprechende juristische Vorbildung ist zu fordern, dass er einfache Vollstreckungsmaßnahmen selbst einleiten bzw. durchführen lassen kann (Vollstreckungsauftrag an Gerichtsvollzieher für Sachpfändung, Antrag auf Abgabe der eidesstattlichen Versicherung gemäß § 807 ZPO oder Pfändung von Arbeitseinkommen).
>
>   Bei schwierigen Vollstreckungskonstellationen wie z. B. im Bereich der Pfändung von speziellen Vermögensrechten oder von Hypothekenforderungen sowie Anträge auf Eintragung von Zwangssicherungshypotheken steht dem Insolvenzverwalter zweifelsohne eine gesonderte Vergütung entsprechend der BRAGO zu.[188]
>
> - Bei *Zwangsversteigerungen* ist grundsätzlich von komplizierteren Fallgestaltungen auszugehen, so dass in diesem Bereich regelmäßig dem Insolvenzverwalter ein gesonderter Vergütungsanspruch zusteht. Der-

---

184 Vgl. Blersch, a. a. O., § 5 Rdnr. 5, 8.
185 Vgl. MK-InsO/Nowak, Anhang zu § 65 InsVV § 5 Rdnr. 4 m. w. N.
186 Vgl. MK-InsO/Nowak, Anhang zu § 65 InsVV § 5 Rdnr. 5 m. w. N.; Eickmann, a. a. O., § 5 Rdnr. 6, 10, 17.
187 Vgl. Eickmann, a. a. O., § 5 Rdnr. 20; MK-InsO/Nowak, Anhang zu § 65 InsVV § 5 Rdnr. 6; a. A. Blersch, a. a. O., § 5 Rdnr. 12.
188 Vgl. hierzu auch MK-InsO/Nowak, Anhang zu § 65 InsVV § 5 Rdnr. 6.

artige Spezialkenntnisse sind von einem Insolvenzverwalter, der nicht Rechtsanwalt ist, nicht zu fordern.[189]

- Dem Insolvenzverwalter als Rechtsanwalt sind auch gesonderte Vergütungen im Bereich der Erarbeitung von komplizierteren *Vertragsgestaltungen* zuzubilligen. Dies ist insbesondere bei schwierigen Verträgen im Bereich des Gesellschaftsrechts, bei Unternehmensveräußerungen oder bei Erbauseinandersetzungen anzunehmen.[190]

- Ein Insolvenzverwalter, der zugleich *Notar* ist, darf keine Beurkundungen vornehmen (vgl. §§ 3, 6, 7 Beurkundungsgesetz), so dass vorgenommene Beurkundungen nichtig sind. Dementsprechend kann eine gesonderte Vergütung für derartige Beurkundungstätigkeiten nicht gefordert werden.[191] Ungeachtet dessen kann der Notar selbstverständlich eine gesonderte Vergütung für den Entwurf schwieriger Verträge, z. B. von Grundstückskaufverträgen – beispielsweise bei der Verwertung eines Betriebsgrundstücks – bei schwierigen Konstellationen fordern. Dieser Anspruch steht auch einem Rechtsanwalt, der nicht Notar ist, entsprechend § 118 Abs. 1 Nr. 1 und 2 BRAGO zu.[192]

- Im zivilprozessualen Bereich kann der Insolvenzverwalter als Rechtsanwalt eine sog. *Vergleichsgebühr* wie auch eine *Beweisgebühr* gemäß § 91 Abs. 2 Satz 4 ZPO bei Vorliegen der allgemeinen prozessualen Voraussetzungen fordern.[193]

- Eine *Verkehrsanwaltsgebühr* kann der Insolvenzverwalter als Rechtsanwalt nicht fordern, da Personenidentität zwischen Partei und Übermittler besteht, so dass § 52 BRAGO schon begrifflich nicht anwendbar ist.[194]

- Eine *Hebegebühr* gemäß § 22 BRAGO kann der Insolvenzverwalter als Anwalt nicht berechnen, da die Verwaltung von Geldmitteln eine typische Insolvenzverwaltertätigkeit ist.[195]

- Im Bereich der *Steuerangelegenheiten* kann ein Rechtsanwalt, der über besonderes steuerliches Fachwissen (z. B. Fachanwalt für Steuerrecht) verfügt, für die Bearbeitung von schwierigen steuerlichen Fragen eine gesonderte Vergütung in Ansatz bringen.

---

[189] Vgl. Eickmann, a. a. O., § 5 Rdnr. 20; Blersch, a. a. O., § 5 Rdnr. 12; MK-InsO/Nowak, Anhang zu § 65 InsVV § 5 Rdnr. 7.
[190] Vgl. Eickmann, a. a. O., § 5 Rdnr. 16; MK-InsO/Nowak, Anhang zu § 65 InsVV § 5 Rdnr. 8.
[191] Vgl. MK-InsO/Nowak, Anhang zu § 65 InsVV § 5 Rdnr. 8.
[192] Vgl. MK-InsO/Nowak, Anhang zu § 65 InsVV § 6 Rdnr. 10.
[193] Vgl. MK-InsO/Nowak, Anhang zu § 65, InsVV § 6 Rdnr. 12; Haarmeyer/Wutzke/Förster, InsVV, § 5 Rdnr. 16.
[194] Vgl. Blersch, a. a. O., § 5 Rdnr. 11; Haarmeyer/Wutzke/Förster, a. a. O., § 5 Rdnr. 17.
[195] Vgl. MK-InsO/Nowak, Anhang zu § 65 a. a. O., § 6 Rdnr. 13.

3. Weitere Berufsgruppen (§ 5 Abs. 2 InsVV)

60 Nach der Regelung des § 5 Abs. 2 InsVV gelten die für Rechtsanwälte dargestellten Grundsätze gleichermaßen für **Wirtschaftsprüfer, Steuerberater** oder **sonstige besonders qualifizierte Personen**, die als Insolvenzverwalter tätig sind. Dementsprechend können Insolvenzverwalter, die in einem Spezialgebiet über besondere Sachkunde verfügen, die üblicherweise von einem durchschnittlichen Insolvenzverwalter nicht gefordert werden kann, für die Zurverfügungstellung dieser Sachkunde gegenüber der Insolvenzmasse eine gesonderte Vergütung in Rechnung stellen. Die Abgrenzung ist auch hier in der Form vorzunehmen, dass zu beurteilen ist, ob ein durchschnittlicher Insolvenzverwalter – ohne die besondere Sachkunde – die zu bearbeitende Angelegenheit einem besonders qualifizierten Dritten übertragen hätte. Ist dies der Fall kann die Vergütung in Ansatz gebracht werden. Die gesonderte Vergütung ist vorrangig der für die spezielle Berufsgruppe geltenden Vergütungsregelung zu entnehmen. Dabei ist insbesondere auch auf die Steuerberatergebührenverordnung oder die Gebührenordnung für Wirtschaftsprüfer zu verweisen. Sofern keine berufsspezifische Vergütungsregelung vorhanden ist, kann der Insolvenzverwalter eine üblicherweise in dieser Berufsgruppe anzusetzende Vergütung in Rechnung stellen. Eine Gewährung von Zuschlägen gemäß § 3 Abs. 1 InsVV ist dagegen abzulehnen, da diese dem Normzweck des § 5 InsVV widersprechen würden, der gerade die übliche Vergütung für die besondere Sachkunde in Ansatz gebracht haben will.[196] Von dem Insolvenzverwalter, der einer Berufsgruppe angehört, für die keine besondere Vergütungsregelung gilt, ist allerdings zu fordern, dass er die Berechnung der gesonderten Vergütung nachvollziehbar darlegt, ggf. mit Hinweisen auf die Marktüblichkeit und auf eventuelle Nachprüfungsmöglichkeiten, so dass dem Insolvenzgericht im Rahmen dessen Prüfungspflicht die Möglichkeit der tatsächlichen Kontrolle auch gegeben ist.

IX. Geschäftskosten (§ 4 InsVV)

1. Allgemeines

61 Der Verordnungsgeber hat in § 4 InsVV im Hinblick auf die bisherige Regelung in § 5 VergVO nunmehr klarstellende Regelungen im Zusammenhang mit den **Geschäftskosten** und der zu erstattenden Aufwendungen für Auslagen, Beschäftigungsverhältnisse und Haftpflichtversicherung getroffen. Insbesondere im Zusammenhang mit der Einstellung von Mitarbeitern *bezogen auf ein konkretes Insolvenzverfahren* weicht der Verordnungsgeber bewusst von der bisherigen Regelung des § 5 Abs. 2 VergVO ab und schließt

---

[196] A. A. Blersch, a. a. O., § 5 Rdnr. 25.

insbesondere auf Grund der schwierigen Abgrenzung eine Erstattung in diesem Bereich grundsätzlich aus.[197] Gleichzeitig sollte allerdings dem Insolvenzverwalter nicht das Recht genommen werden, für ein konkretes Insolvenzverfahren Dienst- bzw. Werkverträge zum Abschluss zu bringen und die Vergütung dann bei entsprechender Angemessenheit unmittelbar aus der Masse als Masseverbindlichkeit gemäß § 55 Abs. 1 Nr. InsO zu bezahlen. Gegenüber der bisherigen Rechtslage ist auch eine gerichtliche Zweckmäßigkeits- bzw. Angemessenheitsprüfung im Zusammenhang mit der Beschäftigung von Hilfskräften oder Dienstleistern nicht mehr geboten.[198] Derartige Aufwendungen im Zusammenhang mit der Abwicklung von Insolvenzverfahren erlangen demgegenüber nur noch Berücksichtigung bei der Ermittlung der angemessenen Vergütung im Zusammenhang mit der Frage eines Vergütungsabschlages gemäß § 3 Abs. 2 InsVV, inwieweit der Insolvenzverwalter durch Übertragung von Aufgaben auf Dritte eine vergütungsrelevante Entlastung erreicht hat.[199]

Durch die in § 10 InsVV vorgenommene Verweisung auf die Vergütungsregelungen des Insolvenzverwalters – für den vorläufigen Insolvenzverwalters gemäß § 11 InsVV,[200] den Sachwalter bei der Eigenverwaltung gemäß § 12 InsVV[201] sowie für den Treuhänder im vereinfachten Insolvenzverfahren (nach § 313 InsO) gemäß § 13 InsVV[202] – ist § 4 InsVV in diesem Bereichen grundsätzlich entsprechend anwendbar.[203]

2. Allgemeine Geschäftskosten und die Inanspruchnahme von Fremdleistungen (§ 4 Abs. 1 InsVV)

a) Allgemeine Geschäftskosten

Unter Fortführung der bisherigen Rechtslage bestimmt der Verordnungsgeber in § 4 Abs. 1 Satz 1 InsVV, dass mit der Vergütung die **allgemeinen Geschäftskosten** des Insolvenzverwalters mit abgegolten sind. Als allgemeine Geschäftskosten sind diejenigen Kosten anzusehen, die beim Verwalter ohne Bezug auf ein bestimmtes Verfahren anfallen und die dementsprechend auch entstanden wären, wenn der Insolvenzverwalter das konkrete Insolvenzverfahren nicht abgewickelt hätte.[204] Daraus ergibt sich allerdings dann auch, dass die vom Gericht festzusetzende Vergütung unter Berücksichtigung der als laufende Kosten beim Insolvenzverwalter anfallenden Bürokosten so zu bemessen ist, dass sie unter Einbeziehung der von den Insol-

62

---

197 Haarmeyer/Wutzke/Förster, a. a. O., § 4 Rdnr. 1; Blersch, a. a. O., § 4 Rdnr. 3.
198 Vgl. Blersch, a. a. O., § 4 Rdnr. 4.
199 Siehe Begründung des Verordnungsgebers, B zu § 4; Haarmeyer/Wutzke/Förster, a. a. O., § 4 Rdnr. 1.
200 S. u. Rdnr. 128.
201 S. u. Rdnr. 147.
202 S. u. Rdnr. 160.
203 Eickmann, a. a. O., § 13 Rdnr. 7.
204 Eickmann, a. a. O., § 4 Rdnr. 2; Haarmeyer/Wutzke/Förster, a. a. O., § 4 Rdnr. 3 f.

venzgerichten geforderten hohen Einsatzbereitschaft und der Übernahme sowohl der Verantwortung als auch des damit in Verbindung stehenden Haftungsrisikos ein angemessenes Entgelt darstellt. Dabei ist zu beachten, dass bei regelmäßig tätigen Insolvenzverwaltern durchgängig hoch qualifiziertes Personal »vorgehalten« wird, was zu einer durchschnittlichen Kostenbelastung von mindestens 70 % im Verhältnis zum Umsatz führt.[205] Die bei verschiedenen Insolvenzgerichten nicht selten anzutreffende restriktive Handhabung der Vergütung verkennt des Öfteren diese doch erhebliche Kostenstruktur eines Insolvenzverwalterbüros im Gegensatz zu einer forensisch tätigen Anwaltskanzlei, die regelmäßig kein zusätzliches qualifiziertes Personal benötigt. Die Insolvenzgerichte sollten bei der Bemessung der angemessenen Vergütung den durch die professionelle Struktur einer Verwalterkanzlei und den damit anfallenden Kostenblock berücksichtigen, da die Gerichte wiederum bei der Auswahl eines Insolvenzverwalters als ein ganz wesentliches Kriterium die Qualifikations- und Organisationsstruktur heranziehen und dementsprechend auch fordern.

Der Verordnungsgeber definiert in § 4 Abs. 1 Satz 2 InsVV den Inhalt des Begriffs der allgemeinen Geschäftskosten. Eine Abgrenzung gegenüber den besonderen Kosten des § 4 Abs. 2 InsVV kann in der Form erfolgen, dass die allgemeinen Geschäftskosten diejenigen Kosten sind, die von einem konkreten Insolvenzverfahren unabhängig regelmäßig anfallen.[206] Zu den allgemeinen Geschäftskosten gehören insbesondere die Kosten der Unterhaltung des eigenen Büros wie beispielsweise Miete, Heizkosten aber auch die Anschaffungs- und laufenden Kosten für die gesamte Betriebs- und Geschäftsausstattung, weiterhin sämtliche das Büro betreffende Versicherungen, Kosten der Versorgung und der Kommunikation und auch sämtliche Finanzierungskosten. Die besonderen Kosten gemäß § 4 Abs. 2 InsVV werden durch den unmittelbaren Bezug der Aufwendungen zu einem konkreten Insolvenzverfahren bestimmt.

63 Zu den allgemeinen Kosten des § 4 Abs. 1 Satz 1 InsVV gehören aber auch solche Aufwendungen, die der Insolvenzverwalter anlässlich eines konkreten Insolvenzverfahrens entstehen lässt, aber allgemein sein Verwalterbüro betreffen. Dabei ist beispielsweise an eine spezielle Insolvenzverwaltungssoftware zu denken, die anlässlich eines ggf. größeren Insolvenzverfahrens angeschafft wird, aber unabhängig davon vom Insolvenzverwalterbüro weiterhin genutzt wird.[207] Auch eine teilweise Umlegung auf das konkrete Insolvenzverfahren ist nicht zulässig.

Mit umfasst von dem Begriff des »Büroaufwandes« sind auch die Gehälter der Mitarbeiter des Insolvenzverwalters. Hier hat der Verordnungsgeber gegenüber der bisherigen Regelung in § 5 Abs. 2 Satz 1 VergVO Klarheit ge-

---

205 *Ausführlich* hierzu Blersch, a. a. O., § 4 Rdnr. 6 f.; Haarmeyer/Wutzke/Förster, a. a. O., § 4 Rdnr. 4, m. w. N.
206 Haarmeyer/Wutzke/Förster, a. a. O., § 4 Rdnr. 3, 5; Keller, a. a. O., Rdnr. 141; Blersch, a. a. O., § 4 Rdnr. 8.
207 Vgl. auch Blersch, a. a. O., § 4 Rdnr. 8.

schaffen. Die frühere unklare Regelung, wonach auch Personal anlässlich eines konkreten Insolvenzverfahrens angestellt werden konnte und dies unmittelbar die Insolvenzmasse belastete, wurde nicht übernommen. Nach der Neuregelung ist der Aufwand für eigenes Personal grundsätzlich nicht erstattungsfähig. Dies gilt auch dann, wenn der Insolvenzverwalter anlässlich eines konkreten Insolvenzverfahrens zusätzliches Personal anstellt.[208] Neben den Gehältern für Angestellte erfasst der Normzweck auch Vergütungen für freie Mitarbeiter oder ähnlich gelagerte Vertragsverhältnisse, die zum Insolvenzverwalter oder seiner Sozietät entstehen oder anlässlich eines Insolvenzverfahrens abgeschlossen werden. Durch diese Neuregelung wird die Kontrolltätigkeit des Insolvenzgerichtes wesentlich erleichtert, da grundsätzlich vom Verwalter persönlich die Mitarbeiter zu entlohnen sind und nur gemäß § 8 Abs. 2 InsVV vom Verwalter bei seinem Vergütungsantrag detailliert darzulegen ist, welche Dienst- oder Werkverträge er für besondere Aufgaben im Rahmen der Insolvenzverwaltung, d. h. zu Lasten der Insolvenzmasse, abgeschlossen hat. Wie Blersch[209] zu Recht ausführt, dürften die vorgesehenen Zuschläge für den Fall, dass der Insolvenzverwalter eigenes Personal zur Erbringung besonderer Leistungen verwendet, nicht dem Trend entgegenwirken, dass Insolvenzverwalter zunehmend zu Lasten der Masse Leistungen »fremd vergeben«, da das Vorhalten von hochspezialisiertem Personal erhebliche Kosten verursacht, demgegenüber die »Auslagerung« allenfalls die Nichtgewährung von Zuschlägen zur Folge hat. Dementsprechend sollten die Insolvenzgerichte bei der Beurteilung und Festsetzung von Vergütungen, die vom Verwalter und seinen hoch qualifizierten Mitarbeitern erbrachten umfassenden Leistungen im Rahmen eines Insolvenzverfahrens auch unter dem Blickwinkel honorieren, dass die Masse nicht anderweitig zusätzlich mit erheblichen Beträgen belastet worden ist.

b) Inanspruchnahme von Fremdleistungen

Die Neuregelung des § 4 InsVV gibt dem Insolvenzverwalter jedoch die Berechtigung für die Durchführung eines beispielsweise besonders schwierigen oder umfangreichen Insolvenzverfahrens zusätzliche Hilfskräfte zu Lasten der Masse direkt zu verpflichten und entsprechende Dienst- oder Werkverträge abzuschließen.[210] Zulässig ist auch der Abschluss von **entsprechenden Dienst- oder Werkverträgen** mit juristischen Personen, an der auch der Insolvenzverwalter beteiligt sein kann.[211] Da allerdings bei derartigen Konstellationen grundsätzlich die Frage der Interessenkollision im Raum steht, ist dem Insolvenzverwalter dringend anzuraten, vor Abschluss *von entsprechenden* Verträgen eine Mitteilung gegenüber dem Insolvenzgericht hierüber zu machen.[212]

64

---

208 MK-InsO/Nowak, Anhang zu § 65 InsVV § 4 Rdnr. 5 f.
209 Blersch, a. a. O., § 4 Rdnr. 8.
210 MK-InsO/Nowak, Anhang zu § 65 InsVV § 4 Rdnr. 6; Blersch, a. a. O., § 4 Rdnr. 9.
211 Vgl. BGH ZIP 1991, 324.
212 MK-InsO/Nowak, Anhang zu § 65 InsVV § 4 Rdnr. 6.

Durch die gesetzliche Regelung ist auch eine Beschäftigung von Mitarbeitern des Insolvenzverwalters durch Abschluss von Verträgen unmittelbar mit der Insolvenzmasse nicht ausgeschlossen, allerdings nur dann, wenn der Insolvenzverwalter den konkreten Tätigkeitsbereich dieses Mitarbeiters nachvollziehbar festlegt und zum anderen das Insolvenzverfahren als solches eine entsprechende Beschäftigung überhaupt erfordert (z. B. Größe des Insolvenzverfahrens, Betriebsfortführung, spezielle Branche usw.). Dabei sind diejenigen Bereiche klar abzugrenzen, die dem Insolvenzverwalter – auf Grund seiner Funktion – persönlich übertragene Aufgaben darstellen und die auch mit der entsprechenden Vergütung abgegolten werden. Eine »Entleerung« der Tätigkeit des Insolvenzverwalters durch Delegation mit entsprechenden die Masse belastenden unmittelbaren Verträgen will der Verordnungsgeber gerade nicht, sondern er möchte ein derartiges Verhalten der Insolvenzverwalter verhindern. Da das Insolvenzgericht die vom Insolvenzverwalter persönlich oder von seinem Büro ausgeführten Tätigkeiten bei der Vergütungsfestsetzung zu beurteilen bzw. die »ausgelagerten« Tätigkeitsbereiche abzugrenzen hat, bedarf es der Darlegung aller hier in Frage kommenden Rechtsverhältnisse und Kostenbelastungen der Masse gemäß § 8 Abs. 2 InsVV.

Die vom Insolvenzverwalter durch Abschluss gesonderter Dienst- oder Werkverträge herbeigeführten Belastungen der Masse stellen gemäß § 55 Abs. 1 Nr. 1 InsO **Masseverbindlichkeiten** dar. Der Insolvenzverwalter kann, ohne ein besonderes Prüfungsverfahren durch das Insolvenzgericht, die Entgelte aus der Masse entnehmen. Sind die vereinbarten Vergütungen oder Gehälter unangemessen hoch, d. h. nicht marktgerecht, macht sich der Insolvenzverwalter schadensersatzpflichtig und muss der Masse die über die übliche Vergütung hinausgehenden Beträge wieder erstatten. Im Rahmen der Prüfung der Schlussrechnung und des Vergütungsantrages hat das Insolvenzgericht dementsprechend unter Berücksichtigung des Umfang des Verfahrens, der Art der ausgeführten Tätigkeiten und auch der bezahlten bzw. vereinbarten Entgelte eine entsprechende sachliche Prüfung vorzunehmen.[213] Entgegen der Auffassung von Eickmann[214] ist die Auslagerung von einzelnen Tätigkeiten, die die Masse bezahlen muss, durch die »hohe Belastung« des Insolvenzverwalters infolge mehrerer Verfahren nicht gerechtfertigt.[215] Diese persönlichen Gründe des Insolvenzverwalters können nicht berücksichtigt werden, da die Ursache der »Auslagerung« bestimmter Tätigkeiten nicht in der Besonderheit des einzelnen Verfahrens liegt, sondern lediglich in der jeweiligen Situation des Insolvenzverwalters, für die die Masse eben nicht gerade zu stehen hat. Eine andere Auffassung würde die Insolvenzverwalter bevorzugen, die durch umfassende Auslagerungen von Tätigkeiten in nahezu unbegrenzter Zahl Verfahren abwickeln und praktisch keinen persönlichen Bezug zum jeweiligen Verfahren mehr besitzen. Auf die Person des Insolvenzverwalters käme es dann im Ergebnis nicht mehr an, sondern lediglich noch auf die Frage der »Abwicklungsorganisation« durch Auslagerung.

---

213 Vgl. Eickmann, a. a. O., § 4 Rdnr. 27 f.
214 Eickmann, a. a. O., § 4 Rdnr. 27.
215 MK-InsO/Nowak, Anhang zu § 65 InsVV § 4 Rdnr. 6.

Lorenz

Die Delegation von Aufgaben durch den Insolvenzverwalter kann je nach Fallkonstellation Auswirkungen auf die Höhe der Vergütung des Insolvenzverwalters haben.[216] Dabei ist entscheidendes Kriterium, inwieweit der Insolvenzverwalter von ihm auszuführende Regelaufgaben delegiert hat oder ob es sich um die Delegation von Aufgaben handelt, die gemäß § 3 InsVV Zuschläge rechtfertigen.[217] Überträgt der Insolvenzverwalter die Erfüllung von Regelaufgaben, die im Umfang der Regelvergütung gemäß § 2 InsVV enthalten ist, auf Dritte, so ist die Vergütung des Verwalters angemessen zu reduzieren. Es ist allerdings kein pauschaler Abschlag vorzunehmen, sondern unter Berücksichtigung des Umfangs der delegierten Tätigkeit und der Höhe des hierfür bezahlten Entgelts zu Lasten der Masse ein wirtschaftlich angemessener Bruchteil zu ermitteln.[218] Delegiert demgegenüber der Insolvenzverwalter Tätigkeiten, die gemäß § 3 Abs. 1 InsVV einen Zuschlag rechtfertigen, so entfällt lediglich der Zuschlag. Dabei ist ebenfalls, wie bei der Berechnung des Abschlags im Rahmen der Übertragung von Regeltätigkeiten unter Berücksichtigung der Tätigkeit und der Höhe des hierfür bezahlten Entgelts ggf. auch nur ein Bruchteil des Zuschlages in Abzug zu bringen, so dass dennoch zumindest teilweise ein Zuschlag noch gewährt werden kann. Entscheidend ist auch hier die Angemessenheit der Vergütung für die vom Insolvenzverwalter erbrachten Tätigkeiten in Relation zu den »ausgelagerten« Tätigkeiten. Bei zuschlagsauslösenden Tätigkeiten, die übertragen wurden, ist auf jeden Fall eine Minderung der Regelvergütung nicht vorzunehmen.[219]

65

Im Rahmen der Verwaltertätigkeiten haben sich die Bereiche, in denen **Tätigkeiten ganz oder teilweise übertragen** werden, abgrenzbar entwickelt.

66

- Im Bereich der Buchhaltung und Bilanzierung ist dem Insolvenzverwalter grundsätzlich – mit Ausnahme einfachst gelagerter Fälle – die Auslagerung der Buchhaltung und der Bilanzierung des Unternehmens des Schuldners zu Lasten der Masse zuzubilligen. Waren diese Tätigkeitsbereiche in dem Unternehmen auf ein Drittunternehmen übertragen, so kann der Insolvenzverwalter dies mit Kostenbelastung der Masse fortführen.
- Sofern die Tätigkeit noch im Unternehmen mit entsprechend ausgebildetem Personal durchgeführt wurde und dieses Personal steht für den Zeitraum der Insolvenzverwaltung weiter zur Verfügung, so können diese Dienstverträge zu Lasten der Masse fortgeführt werden. Sofern keine der beiden vorgenannten Konstellationen möglich ist oder gar die Buchhaltung sich absolut ungeordnet darstellt, so ist es dem Insol-

---

216 Vgl. auch § 8 Abs. 2.
217 Vgl. Blersch, a.a.O., § 4 Rdnr. 16 f.; MK-InsO/Nowak, Anhang zu § 65 InsVV § 4 Rdnr. 9.
218 Vgl. MK-InsO/Nowak, Anhang zu § 65 InsVV § 4 Rdnr. 9; Blersch, a.a.O., § 4 Rdnr. 16 f.
219 Eickmann, a.a.O., § 4 Rdnr. 31.

venzverwalter überlassen, ob er die Bearbeitung auf Dritte überträgt oder ob er dies mit eigenem Personal, dann allerdings vergütungserhöhend, selbst durchführt.

- Gleichermaßen ist die Bearbeitung von Steuerangelegenheiten, insbesondere die Erstellung von Steuererklärungen zu beurteilen. Lediglich einfache Steuerfragen sind vom Insolvenzverwalter selbst zu klären. weiter gehende Bearbeitungen sind entweder vom Verwalter vergütungserhöhend selbst auszuführen oder können ohne Belastung der Regelvergütung auf Dritte übertragen werden.[220]

- Die Beitreibung von Forderungen im Rahmen der Insolvenzverwaltung hat der Insolvenzverwalter im Rahmen des üblichen Maßes ohne entsprechende Vergütungserhöhung selbst durchzuführen. Überträgt er diese Tätigkeiten auf Dritte, so ist ein Abschlag vorzunehmen. Ist allerdings die Anzahl oder die Schwierigkeit der beizutreibenden Forderungen über das übliche Maß hinausgehend, so hat der Insolvenzverwalter bei eigener Bearbeitung einen Anspruch auf einen Zuschlag oder er kann ohne Verminderung seiner Vergütung die Tätigkeit auf Dritte oder ggf. auf seine eigene Anwaltssozietät übertragen (eventuell Minderung der Berechnungsgrundlage gemäß § 1 Abs. 2 Ziffer 4 a InsVV). Bei durchschnittlicher Schwierigkeit der Forderungsangelegenheiten dürfte bei einer Schuldnerzahl von 100 die Grenze zu ziehen sein.[221]

- Die nicht selten vorkommende Immobilienverwaltung im Rahmen eines Insolvenzverfahrens als so genannte kalte Zwangsverwaltung rechtfertigt dann ohne Verminderung der Vergütung eine Übertragung auf Dritte, wenn der Umfang der zu verwaltenden Wohnungen sich auf mehr als 20 beläuft. Verwaltet der Insolvenzverwalter die Wohnungen selbst, ergibt sich bereits in § 3 Abs. 1 b InsVV ein Anspruch auf einen Zuschlag.

- Die Verwertung von Wirtschaftsgütern des Insolvenzschuldners stellt an sich eine originäre Tätigkeit des Insolvenzverwalters dar. Mit zu berücksichtigen ist, dass der Insolvenzverwalter in der Regel selbst keinen direkten Zugang zum Markt von Immobilien, aber auch von Gebrauchtmaschinen oder Maschinenparks hat. Folglich ist dem Insolvenzverwalter zuzubilligen ohne Verminderung seiner Regelvergütung, die Verwertungstätigkeit auf Makler insbesondere aber auch auf Auktionatoren zu verlagern, mit Ausnahme der wenig umfangreichen Verfahren.[222] Dabei ist anzumerken, dass der Insolvenzverwalter auch bei Einschaltung von professionellen Verwertern, regelmäßig die Verkaufsverhandlungen mitführt und im Ergebnis die Kaufverträge entwirft bzw. verantwort-

---

220 Vgl. MK-InsO/Nowak, Anhang zu § 65 InsVV § 4 Rdnr. 10, 11.
221 A. A. MK-InsO/Nowak, Anhang zu § 65 InsVV § 4 Rdnr. 13 mit einem »Grenzwert« von 200 Fällen.
222 A. A. Eickmann, a. a. O., § 4 Rdnr. 24; MK-InsO/Nowak, Anhang zu § 65 InsVV § 4 Rdnr. 14.

> lich abschließt. Darin dürfte auch die dem Insolvenzverwalter obliegende »Regeltätigkeit« im Bereich der Verwertung liegen, nämlich die Bearbeitung des Verkaufs und des Einzugs des Verkaufserlöses, wobei dass Auffinden von potenziellen Interessenten – auch – durch Dritte erfolgen kann.

3. Auslagen (§ 4 Abs. 2 InsVV)

Gemäß § 4 Abs. 2 InsVV sind besondere Kosten, insbesondere Reisekosten, **Auslagen**, die dem Verwalter zu erstatten sind. Diese besonderen Kosten sind zu § 4 Abs. 1 Satz 1 InsVV abzugrenzen, wobei der konkrete Bezug zu einem Insolvenzverfahren die Abgrenzung darstellt. Im Fall des § 4 Abs. 1 Satz 1 InsVV obliegen die Kosten ausschließlich dem Verwalter und sind nicht erstattungsfähig. Dagegen wird im Fall des § 4 Abs. 1 Satz 3 InsVV die Insolvenzmasse unmittelbar verpflichtet und die zu bezahlenden Vergütungen stellen Masseverbindlichkeiten gemäß § 55 Abs. 1 Nr. 1 InsO dar. § 4 Abs. 2 InsVV erfasst demgegenüber die im Rahmen der Abwicklung des Insolvenzverfahrens dem Verwalter persönlich entstandenen Auslagen, wie beispielsweise durch Buchung eines Fluges. Diese persönlich entstandenen Auslagen sind erstattungsfähig. Das Insolvenzgericht ist nicht berechtigt, die Zweckmäßigkeit der angefallenen Auslagen, insbesondere auch bei Reisen zu prüfen.[223] Jedoch ist in § 63 Satz 1 InsO ausdrücklich die Erstattung angemessener Auslagen normiert, so dass das Insolvenzgericht die Angemessenheit grundsätzlich zu prüfen hat.[224] Der Prüfungsumfang erstreckt sich dabei nur auf offensichtlich unangemessene Auslagen.[225] Insoweit ist sicherlich da eine Grenze zu ziehen, wo die Angemessenheit des den angefallenen Auslagen zu Grunde liegenden Vorganges in Bezug auf das konkrete Insolvenzverfahren überschritten wird. Beispielsweise bei Flugreisen oder Hotelkosten dürfte ein Bezug auf die Üblichkeit in der jeweiligen Branche des Insolvenzunternehmens als Maßstab sachgerecht sein.[226]

67

Der Verordnungsgeber hat statt der Geltendmachung der einzelnen tatsächlich angefallenen Auslagen in § 8 Abs. 3 InsVV zugelassen, dass der Insolvenzverwalter (aber auch der vorläufige Insolvenzverwalter, der Sachwalter, oder Treuhänder im vereinfachten Insolvenzverfahren) **Pauschalsätze ohne Nachweise** berechnen kann.[227]

68

Wählt der Insolvenzverwalter nicht die Einzelberechnung der Auslagen, so ist er berechtigt eine Pauschale in Ansatz zu bringen. Diese hat er im Einzel-

---

223 Eickmann, a. a. O., § 4 Rdnr. 10.
224 Haarmeyer/Wutzke/Förster, a. a. O., § 4 Rdnr. 49, 53.
225 Eickmann, a. a. O., § 4 Rdnr. 11.
226 Vgl. auch MK-InsO/Nowak, Anhang zu § 65 InsVV § 4 Rdnr. 16; Haarmeyer/Wutzke/Förster, a. a. O., § 4 Rdnr. 49, 53.
227 Vgl. hierzu die Ausführungen bei Rdnr. 89.

nen zu berechnen und auch darzulegen. Das Insolvenzgericht hat bei der Prüfung des Auslagenpauschalsatzes keinen Ermessensspielraum bezüglich der Höhe des Pauschalsatzes. Es unterliegt daher auch nicht der gerichtlichen Prüfung, ob die Auslagen im Vergleich zur Tätigkeitsdauer angemessen sind.[228]

Bei der Berechnung der Pauschalen hat der Verordnungsgeber, um überhöhte Beträge zu vermeiden, eine Kappungsgrenze von EUR 250,00 je angefangenem Monat der Gesamtverfahrensdauer festgelegt. Zur Ermittlung der Höchstpauschale »... je angefangenen Monat der Dauer...« ist nicht auf die Anzahl der Kalendermonate abzustellen, sondern ist nur bei Überschreiten einer Monatsfrist der nachfolgende – angefangene – Monat noch einzubeziehen. Zur Berechnung ist auf die §§ 187 ff. BGB zurückzugreifen.[229] Dabei ist die Höchstgrenze nicht für einzelne Zeitabschnitte des Verfahrens (insbesondere erstes Zeitjahr und folgende Zeitjahre), sondern, unter Berücksichtigung der gesamten Verfahrensdauer zu berechnen.[230] Bei einer Verfahrensdauer von z. B. 40 Monaten ergibt sich somit als Höchstbetrag für die Pauschale EUR 10 000,00, auch wenn für einzelne Zeitabschnitte ein monatlicher Pauschalbetrag von EUR 250,00 überschritten werden sollte. Entscheidend ist die gesamte Verfahrensdauer unter Berücksichtigung der Kappungsgrenze von EUR 250,00 monatlich.

Abschnittsweise ist allerdings die Pauschale dann zu berechnen, wenn unterschiedliche Verfahrenssituationen abgrenzbar vorhanden sind. Dies ist insbesondere der Fall zwischen vorläufiger Insolvenzverwaltung und Abwicklung des Insolvenzverfahrens und ggf. noch sich anschließender Planüberwachung.[231]

4. Zusätzliche Haftpflichtversicherung (§ 4 Abs. 3 InsVV)

69 § 4 Abs. 3 Satz 1 InsVV bestätigt den schon nach § 5 Abs. 1 Satz 4 VergVO geltenden Grundsatz, wonach mit der Vergütung die Kosten einer allgemeinen Haftpflichtversicherung abgegolten sind. In § 4 Abs. 3 Satz 2 InsVV wird allerdings normiert, dass die **Kosten einer zusätzlichen Haftpflichtversicherung**, sofern das konkrete Insolvenzverfahren ein besonderes Haftungsrisiko in sich trägt, zu erstatten sind. Dementsprechend können gesonderte Zusatzversicherungen dann abgeschlossen werden, wenn erkennbar ist, dass das konkrete Insolvenzverfahren Risiken beinhaltet, die das Risikomaß eines »normalen« Insolvenzverfahren überschreitet. Dabei ist entgegen der amtlichen Begründung[232] nicht auf ein durchschnittliches Insolvenzverfahren abzustellen, sondern auf die durchschnittlichen Risiken eines Insol-

---

228 Vgl. *LG Chemnitz* ZIP 2000, 710.
229 Vgl. *OLG Zweibrücken* InVo 2001, 200.
230 Vgl. Blersch, a. a. O., § 8 Rdnr. 42.
231 Vgl. das Beispiel bei Eickmann, a. a. O., § 8 Rdnr. 30.
232 Begründung des Verordnunggebers, B zu § 4.

venzverfahrens. Ein durchschnittliches Insolvenzverfahren stellt lediglich das Maß des Umfangs des Verfahrens dar, sagt allerdings nichts über die Höhe der Risiken aus. Auch kleine Insolvenzverfahren können überdurchschnittliche Risiken in sich trägen, die dann auch für den Insolvenzverwalter die zusätzliche Gefahr birgt, dass nur eine geringe Masse mit einer entsprechend geringen Vergütung gegeben ist.[233] Überdurchschnittliche Risiken ergeben sich insbesondere bei Betriebsfortführungen, bei der Beurteilung gesellschaftsrechtlicher Verhältnisse, insbesondere auch bei Konzernstrukturen.[234] Auch die Verwaltung und Verwertung von gewerblichen Schutzrechten wie auch die Verwaltung und Verwertung von größerem Grundvermögen bergen regelmäßig besondere Risiken. Insbesondere im Grundstücksbereich ist hier die Frage der »Altlasten« zu erwähnen.[235]

X. Nachtragsverteilung (§ 6 Abs. 1 InsVV)

1. Allgemeines

§ 6 InsVV normiert einen eigenständigen Vergütungsanspruch des Insolvenzverwalters für die **Durchführung einer Nachtragsverteilung** gemäß den §§ 203, 206, 211 Abs. 3 InsO und für die Überwachung der Erfüllung eines Insolvenzplans gemäß §§ 260–269 InsO.

70

Die Regelungen des § 6 Abs. 1 InsVV stellen nunmehr gegenüber dem bisherigen § 4 Abs. 4 VergVO klar, dass der Insolvenzverwalter für die Nachtragsverteilung grundsätzlich einen Anspruch besitzt und normiert auch gleichzeitig dessen Höhe. Es wird lediglich ein Ausschluss dieses Anspruchs für den Fall vorgesehen, dass die Nachtragsverteilung bereits bei Beendigung des Insolvenzverfahrens vorhersehbar war und bei der Festsetzung der Vergütung des Insolvenzverwalters die Nachtragsverteilung bereits in die Berechnung eingeflossen ist.[236] Der Verordnungsgeber macht bedauerlicher Weise keine Ausführungen zu seinen Vorstellungen im Zusammenhang mit dem Begriff der »Vorhersehbarkeit«.

2. Nachtragsverteilung

Dem Insolvenzverwalter steht nach dieser Vorschrift grundsätzlich ein Anspruch auf Vergütung für die Durchführung der Nachtragsverteilung zu.

71

---

233 Vgl. auch MK-InsO/Nowak, Anhang zu § 65 InsVV § 4 Rdnr. 18.
234 Vgl. hierzu Blersch, a. a. O., § 4 Rdnr. 34 ff.
235 Vgl. Blersch, a. a. O., § 4 Rdnr. 35.
236 Vgl. Begründung des Verordnungsgebers, B zu § 6.

Der Verordnungsgeber lässt gemäß § 6 Abs. 1 Satz 2 InsVV den Vergütungsanspruch nur dann entfallen, wenn die Nachtragsverteilung **vorhersehbar** war und bei der Festsetzung der Vergütung für das Insolvenzverfahren **berücksichtigt** worden ist. Da die Frage der Vorhersehbarkeit als erstes Ausschlussmerkmal neben das weitere Ausschlussmerkmal, nämlich die Berücksichtigung bei der Festsetzung der Verwaltervergütung, gestellt ist, kann sich der Zeitpunkt der Vorhersehbarkeit nur auf den Zeitpunkt der Festsetzung der Vergütung des Insolvenzverwalters beziehen.[237] Es stellt sich somit die Frage, ob der Insolvenzverwalter bei der Beantragung bzw. bei der Festsetzung seiner Vergütung vorhersehen konnte, dass eine Nachtragsverteilung durchzuführen sein wird. Ausreichend für die Vorhersehbarkeit ist nicht, dass eine Nachtragsverteilung lediglich möglich oder wahrscheinlich ist. Allein die Tatsache, dass beispielsweise hinterlegte Beträge bei Abschluss des Insolvenzverfahrens noch vorhanden sind, die dann später zur Insolvenzmasse fließen, begründet noch nicht die Vorhersehbarkeit, da gerade der Zufluss zur Masse nicht gesichert ist.[238] Auch die Tatsache, dass die hinterlegten Beträge in die Berechnungsgrundlage der Vergütung für die Durchführung des Insolvenzverfahrens eingeflossen sind, ergibt noch nicht die Vorhersehbarkeit der späteren Nachtragsverteilung, da diese Beträge auch mit berücksichtigt worden wären, wenn der Zufluss an die Masse aus den hinterlegten Beträgen nicht erfolgen würde.[239]

Der Anspruch auf die Zusatzvergütung entfällt auch nur dann, wenn die vorhersehbare Nachtragsverteilung bereits bei der Festsetzung (besser: Berechnung) der Vergütung des Insolvenzverwalters für die Durchführung des Insolvenzverfahrens berücksichtigt worden ist. Dies ist nur dann anzunehmen, wenn die Vergütung des Insolvenzverwalters ausdrücklich unter Bezugnahme auf die noch durchzuführende Nachtragsverteilung mit einem Zuschlag gemäß § 3 Abs. 1 InsVV erhöht worden ist.[240]

Grundsätzlich ist davon auszugehen, dass der Ausschluss des Vergütungsanspruchs gemäß § 6 Abs. 1 Satz 2 InsVV nur dann gegeben ist, wenn dem Insolvenzverwalter im Rahmen seiner Vergütung für die Durchführung des Insolvenzverfahrens im Rahmen des Festsetzungsbeschlusses ein Zuschlag gemäß § 3 Abs. 1 InsVV zugebilligt wurde oder dass durch entsprechende Ausführungen des Gerichts von der Vornahme eines Abschlags abgesehen wurde, da noch eine Nachtragsverteilung zu erwarten war. Denn nur in diesem Fall war die Nachtragsverteilung einerseits vorhersehbar und andererseits auch bei der Festsetzung der Vergütung bereits berücksichtigt.

Die Höhe der Vergütung setzt das Gericht gemäß § 6 Abs. 1 Satz 1 InsVV nach billigem Ermessen fest. Der Verordnungsgeber weist ausdrücklich darauf hin, dass bei der Ausübung dieses Ermessens der Wert der nachträglich

---

237 *Wohl a. A.* MK-*InsO*/Nowak, Anhang zu § 65 InsVV § 6 Rdnr. 3.
238 Vgl. hierzu Eickmann, a. a. O., § 6 Rdnr. 3.
239 Vgl. Eickmann, a. a. O., § 6 Rdnr. 3.
240 Vgl. Eickmann, a. a. O., § 6 Rdnr. 3; MK-InsO/Nowak, Anhang zu § 65 InsVV § 6 Rdnr. 4.

verteilten Insolvenzmasse zu berücksichtigen ist.[241] Da der Verordnungsgeber festlegt, dass dieser Wert nur »zu berücksichtigen ist«, bedeutet dies im Umkehrschluss, dass auch weitere Umstände, in die Berechnung mit einzufließen haben. Dabei ist insbesondere an die in § 3 InsVV zur Berechnung von Zu- und Abschlägen genannten Kriterien, wie besondere Schwierigkeiten, Umfang der anfallenden Arbeit und auch die Haftungsrisiken zu denken.[242] Das billige Ermessen des Gerichts hat allen im Rahmen der Nachtragsverteilung anfallenden Umständen Rechnung zu tragen.

Entsprechend der Systematik der InsVV ist die Vergütung ausgehend von der **Staffelvergütung des § 2 InsVV**[243] zu berechnen, wobei der Wert der nachträglich verteilten Insolvenzmasse die Berechnungsgrundlage darstellt.[244] Die von Haarmeyer/Wutzke/Förster[245] vertretene Auffassung, wonach die Vergütung auch nach Zeitaufwand oder entsprechend der Vergütung des Treuhänders nach § 14 InsVV berechnet werden kann, ist nicht zu folgen. Die Systematik der InsVV geht bei der Berechnungsgrundlage gemäß § 1 InsVV grundsätzlich von dem Wert des Aktivvermögens aus und berechnet gemäß § 2 InsVV eine Regelvergütung, die gemäß § 3 InsVV mit Zu- und Abschlägen unter Berücksichtigung des konkreten Verfahrens versehen wird. Mit der von Haarmeyer/Wutzke/Förster[246] vorgeschlagenen Vorgehensweise würde die Systematik der InsVV verlassen, ohne dass hierfür eine sachgerechte Begründung vorhanden ist. Denn die Systematik der InsVV liefert auch bei der Berechnung der Vergütung des Insolvenzverwalters im Rahmen der Nachtragsverteilung ein Regelwerk, welches zu angemessenen Vergütungen führt.

72

Ausgehend vom Wert der zur Nachtragsverteilung gelangten Masse und der Annahme, dass die Nachtragsverteilung keine weiteren Besonderheiten ausweist, dürfte eine Vergütung in Höhe von 35 % der Regelvergütung des § 2 InsVV angemessen sein.[247] Je nach Umfang und Schwierigkeit der Nachtragsverteilung, wobei auch die Dauer zu berücksichtigen ist, sind Zu- und Abschläge vorzunehmen, so dass sich die Bandbreite der Vergütung zwischen 25 % und 150 % der Regelvergütung des § 2 InsVV bewegt.[248]

§ 6 Abs. 1 InsVV regelt lediglich den Vergütungsanspruch, nicht allerdings den Anspruch auf Auslagen. Dieser ist entsprechend § 4 Abs. 2 InsVV[249] ge-

---

241 Vgl. auch die Begründung des Verordnungsgebers, B zu § 6.
242 Vgl. MK-InsO/Nowak, Anhang zu § 65 InsVV § 6 Rdnr. 5.
243 S. o. Rdnr. 24 ff.
244 Vgl. Eickmann, a. a. O., § 6 Rdnr. 4 ff., MK-InsO/Nowak, Anhang zu § 65 InsVV § 6 Rdnr. 5; a. A. Haarmeyer/Wutzke/Förster, a. a. O., § 6 Rdnr. 9.
245 Haarmeyer/Wutzke/Förster, a. a. O., § 6 Rdnr. 9.
246 Haarmeyer/Wutzke/Förster, a. a. O.
247 A. A. Eickmann, a. a. O., § 6 Rdnr. 6, der von 25 % ausgeht; MK-InsO/Nowak mit einem Satz von 50 %.
248 Vgl. MK-InsO/Nowak, Anhang zu § 65 InsVV § 6 Rdnr. 5.
249 S. o. Rdnr. 67 f.

geben, soweit die Auslagen im Rahmen der Nachtragsverteilung verursacht worden sind.[250]

Gleichermaßen ergibt sich der Umsatzsteuererstattungsanspruch entsprechend § 7 InsVV;[251] die Festsetzung der gesonderten Vergütung erfolgt entsprechend § 8 InsVV, so dass jeweils auf die dortigen Ausführungen verwiesen werden kann.[252]

XI. Überwachung und Erfüllung eines Insolvenzplans (§ 6 Abs. 2 InsVV)

1. Allgemeines

73   § 6 Abs. 2 InsVV gibt dem Insolvenzverwalter, der einen Insolvenzplan gemäß §§ 260–269 InsO überwacht einen **gesonderten Vergütungsanspruch**. In dem nach altem Recht vergleichbar gelagerten Fall der Überwachung der Erfüllung eines Zwangsvergleiches war ein Vergütungsanspruch des überwachenden Konkursverwalters in der VergVO nicht geregelt, so dass der Verwalter ggf. gezwungen war, im Zivilprozessweg seinen Vergütungsanspruch gemäß §§ 675, 612 Abs. 2 BGB geltend zu machen.[253] Durch die neu geschaffene Vorschrift wird insoweit im Interesse des Insolvenzverwalters Klarheit geschaffen. Zu Recht weist Eickmann[254] darauf hin, dass sich die unterschiedliche Behandlung zwingend aus der Stellung des Insolvenzverwalters im Bereich der Planüberwachung ergibt, da sein Amt gemäß § 261 Abs. 1 Satz 2 InsO für den Zeitraum der Planüberwachung insoweit fortbesteht.

2. Vergütungsanspruch

74   § 6 Abs. 2 InsVV begründet einen Anspruch auf die gesonderte Vergütung des Insolvenzverwalters für die **Überwachung der Erfüllung des Insolvenzplanes** entsprechend den Regelungen der §§ 260 ff. InsO. Zwar sieht § 258 InsO vor, dass nach entsprechender Bestätigung eines Insolvenzplanes das Verfahren aufgehoben wird, dennoch kann der Insolvenzplan festlegen, dass dessen Erfüllung entsprechend § 260 Abs. 1 InsO überwacht wird. Die Überwachung wird gemäß § 261 Abs. 1 Satz 1 InsO durch den Insolvenzverwalter durchgeführt. § 261 Abs. 1 Satz 2 InsO regelt, dass in diesem

---

250   Vgl. Haarmeyer/Wutzke/Förster, a. a. O., § 6 Rdnr. 11.
251   S. o. Rdnr. 77.
252   S. o. Rdnr. 78 ff.
253   Vgl. Eickmann, a. a. O., Vor § 1 Rdnr. 39, 44, 47, 52, 55, m. w. N.
254   Eickmann, a. a. O., § 6 Rdnr. 2.

Fall das Amt des Insolvenzverwalters, aber auch das der Mitglieder des Gläubigerausschusses fortbesteht. Da somit nach Beendigung des Insolvenzverfahrens der Insolvenzverwalter zusätzliche Tätigkeiten auszuführen hat, normiert § 6 Abs. 2 InsO hierfür eine gesonderte Vergütung.

§ 6 Abs. 2 Satz 2 sieht vor, dass die Vergütung unter Berücksichtigung des Umfangs der Tätigkeit nach billigem Ermessen festzusetzen ist. Der Tätigkeitsbereich des Insolvenzverwalters im Rahmen der Planüberwachung wird von § 260 Abs. 2 und 3 InsO sowie § 261 Abs. 2 Satz 2 InsO umschrieben. Der Insolvenzverwalter hat insbesondere die Erfüllung der Ansprüche zu überwachen und, soweit der Insolvenzplan dies vorsieht, gemäß § 260 Abs. 3 InsO ferner die Überwachung auch dahingehend zu erstrecken, dass die Ansprüche seitens einer Übernahmegesellschaft erfüllt werden. Gemäß § 261 Abs. 2 InsO besteht eine Berichtspflicht und gemäß § 262 InsO eine Prüfungs- und Anzeigepflicht. Zusätzlich kann gemäß § 263 InsO dem Insolvenzverwalter ein Zustimmungsvorbehalt für bestimmte Rechtsgeschäfte übertragen werden, sowie die Überwachung bestimmter Kreditgeschäfte gemäß § 264 InsO.

Unter Berücksichtigung der vorgenannten vom Insolvenzverwalter auszuführenden Tätigkeiten, die je nach Lage des Einzelfalles ganz oder teilweise vorliegen, hat das Insolvenzgericht die Vergütung nach billigem Ermessen zu berechnen. Der Verordnungsgeber hat in seiner Begründung[255] als Beispiel für vergütungserhöhende Faktoren die Bindung einzelner Geschäfte an die Zustimmung des Verwalters gemäß § 263 InsO oder die Eröffnung des Kreditrahmens gemäß § 264 InsO genannt.

Auch im Bereich der Überwachung eines Insolvenzplanes bietet sich die Berechnung **der Vergütung** unter der Systematik der **§§ 1–3 InsVV**[256] an. Dementsprechend sollte Berechnungsgrundlage die im Insolvenzplan dargestellte Vermögensmasse sein. Als Berechnungsgrundlage ist vorrangig auf die Vermögensübersicht gemäß § 229 Satz 1 InsO zurückzugreifen. Diese Vermögensübersicht stellt die für den Fall der Annahme des Planes zu Grunde zu legenden Vermögenswerte dar, so dass sie als taugliche Grundlage für die Berechnung der Vergütung anzusehen ist.[257] Dies insbesondere auch deshalb, da in der Vermögensübersicht der tatsächliche Wert der einzelnen Gegenstände angesetzt wird.[258] Die Angemessenheit der Vermögensübersichten als Grundlage ergibt sich auch daraus, dass je nach Gestaltung des Insolvenzplanes als Liquidationsplan bzw. als Fortführungs(Sanierungs-)Plan die jeweils entsprechenden Liquidations- bzw. Fortführungswerte angesetzt werden.[259] Ausgehend von der Staffelvergütung gemäß § 2 InsVV ist ein angemessener Bruchteil für ein »Normalverfahren«, welches es zu überwachen gilt, festzusetzen. Da insbesondere die Überwa-

75

---

255 Begründung des Verordnungsgebers, B zu § 6.
256 S. o. Rdnr. 9 ff, 24 ff., 31 ff.
257 Ausführlich Haarmeyer, ZInsO 2000, 241; *Hess*, InVo 2000, 113.
258 Vgl. *BGHZ* 119, 201, 204.
259 Eickmann, a. a. O., § 1 Rdnr. 12 f.

chung der Erfüllung der Gläubigeransprüche vorzunehmen ist, sollte ein Normalverfahren dahingehend definiert werden, dass nicht mehr als 100 Gläubiger vorhanden sind und keine weiteren Zusatzverpflichtungen gemäß §§ 263, 264 InsO seitens des Verwalters bestehen. Bei einem derartigen »Normalfall« ist von 50 % der Verwaltervergütung gemäß § 2 InsVV auszugehen. Der von Eickmann[260] vorgeschlagene Satz von 30 % der Verwaltervergütung des § 2 InsVV erscheint als zu niedrig, da die Einsetzung des Insolvenzverwalters als »Planüberwacher« mit erheblichen Prüfungs- und Kontrollaufgaben verbunden ist. Werden dem Insolvenzverwalter im Rahmen des Insolvenzplanes weitere Verpflichtungen gemäß §§ 263, 264 InsO oder gemäß § 259 Abs. 3 InsO auferlegt, so sind auf den Durchschnittssatz von 50 % Zuschläge je nach Umfang in der Größenordnung von 5 % bis 25 % vorzunehmen.[261]

Bei wesentlichem Unterschreiten der Kriterien eines Normalverfahrens sind Abschläge vom Durchschnittssatz von 50 % in angemessenem Umfange anzusetzen.

3. Durchsetzung des Vergütungsanspruchs

76 Der Verordnungsgeber hat es versäumt, im Bereich der Vergütung des »Planüberwachers« eine **Sicherstellung der Vergütung** vorzusehen. Die Festsetzung der Vergütung für die Planüberwachung kann naturgemäß erst nach der Überwachung vorgenommen werden, so dass eine einseitige Risikoverlagerung für die Erfüllung der Vergütungszahlung auf den Insolvenzverwalter gegeben ist.[262] Da der Insolvenzschuldner oder die Übernahmegesellschaft die Vergütung schuldet, trägt der Insolvenzverwalter das Risiko, dass das Unternehmen während der Planphase erneut insolvent wird oder jedenfalls nicht über ausreichende Mittel am Ende der Planphase verfügt. Um hier dem Insolvenzverwalter das Risiko des Ausfalls zu minimieren, muss entsprechend § 9 InsVV[263] dem Insolvenzverwalter das Recht zugebilligt werden, sich Teilvergütungen festsetzen zu lassen.[264] Dabei ist zu berücksichtigen, dass sowohl hinsichtlich der Teilvergütungen als auch hinsichtlich der Festsetzung der endgültigen Vergütung die Festsetzungsbeschlüsse ausdrücklich gegen den Zahlungspflichtigen entsprechend § 269 InsO, nämlich den Schuldner oder die Übernahmegesellschaft erfolgen.[265]

Die teilweise in der Literatur dargestellten Wege wie beispielsweise die entsprechende Anwendung von § 292 Abs. 2 Satz 2 InsO, wonach die Vergü-

---

260 Eickmann, a. a. O., § 6 Rdnr. 12.
261 Vgl. Eickmann, a. a. O., § 6 Rdnr. 12.
262 Vgl. Haarmeyer/Wutzke/Förster, a. a. O., § 6 Rdnr. 13 ff.; Blersch, a. a. O., § 6 Rdnr. 26 f.
263 Siehe im Einzelnen Rdnr. 92.
264 Vgl. MK-InsO/Nowak, Anhang zu § 65 InsVV § 6 Rdnr. 6.
265 Vgl. Eickmann, a. a. O., § 6 Rdnr. 9.

tung in den Insolvenzplan aufgenommen und hinterlegt wird[266] oder die Berichtigung als Masseanspruch gemäß § 258 Abs. 2 InsO,[267] sind nicht sachgerecht, da insbesondere bei Bestätigung des Plans, d. h. am Anfang der Überwachungsphase die Höhe der Vermögensmasse und der Umfang der vom Verwalter tatsächlich zu erbringenden Überwachungsleistungen nicht feststeht.[268] Die Festsetzung der angemessenen Vergütung kann nur während der Überwachungsphase durch Teilvergütungen bzw. an deren Ende mit der endgültigen Vergütung tatsächlich entsprechend der Verordnungsregelung unter Berücksichtigung des Umfangs der Tätigkeit nach billigem Ermessen festgesetzt werden.

XII. Umsatzsteuer (§ 7 InsVV)

In der Neuregelung des § 7 InsVV bestimmt der Verordnungsgeber nunmehr ausdrücklich, dass der Insolvenzverwalter zu seiner Vergütung und den zu erstattenden Auslagen den vollen Betrag, der von ihm abzuführenden **Umsatzsteuer** erhält. Der Verordnungsgeber bringt in seiner Begründung[269] klar zum Ausdruck, dass die bisherige Regelung des § 4 Abs. 5 VergVO, wonach in der Vergütung der Umsatzsteuerbetrag bereits enthalten war und vom Insolvenzverwalter nur ein halber Umsatzsteuersatz abzuführen war, ihre Grundlage verloren hat.

77

Die Insolvenzmasse muss nunmehr dem Insolvenzverwalter den vollständigen, nach dem jeweiligen geltenden Prozentsatz fälligen, Umsatzsteuerbetrag erstatten. Die Insolvenzmasse selbst wiederum ist nach allgemeiner Auffassung vorsteuerabzugsberechtigt.[270] Gleichermaßen hat die Insolvenzmasse dem Insolvenzverwalter die Umsatzsteuer auf die festgesetzten Auslagen zu erstatten.

Gemäß dem Wortlaut des § 7 InsVV ist die Umsatzsteuer neben der Vergütung und der Auslagen festzusetzen, so dass auch ein entsprechender Antrag seitens des Insolvenzverwalters zu fordern ist. Daher sollte der Insolvenzverwalter bei seinem Antrag jeweils die Umsatzsteuer gesondert ausweisen.[271]

Der Insolvenzverwalter hat über die sich aus dem Festsetzungsbeschluss ergebende Vergütung und Auslagen nebst gesondertem Umsatzsteuerausweis dem Insolvenzschuldner eine Rechnung entsprechend § 14 UStG zu erstel-

---

266 Haarmeyer/Wutzke/Förster, a. a. O., § 6 Rdnr. 14.
267 Blersch, a. a. O., § 6 Rdnr. 28.
268 Vgl. MK-InsO/Nowak, Anhang zu § 65 InsVV § 6 Rdnr. 6.
269 Begründung des Verordnunggebers, B zu § 7.
270 Vgl. Haarmeyer/Wutzke/Förster, a. a. O., § 7 Rdnr. 1 f.
271 Vgl. Blersch, a. a. O., § 7 Rdnr. 5.

len. Auf der Basis dieser Rechnung ist wiederum der Insolvenzschuldner zum Vorsteuerabzug berechtigt.

Da der Insolvenzverwalter verpflichtet ist, die Insolvenzmasse vollständig zu realisieren, ist er auch verpflichtet, die Vorsteuer auf Grund der an ihn gezahlten Vergütung und Auslagen zur Insolvenzmasse zu ziehen. Aus Praktikabilitätsgründen sollte die Vorsteuer bereits vor Ausschüttung der Quote zur Insolvenzmasse gezogen werden, um eine nachfolgende Nachtragsverteilung zu vermeiden.[272]

XIII. Festsetzungsverfahren (§ 8 InsVV)

1. Allgemeines

78 In § 8 InsVV wird – weitgehend in Übereinstimmung mit § 6 VergVO und § 85 Abs. 1 Satz 2 KO – **das Verfahren für die Festsetzung der Vergütung** des Insolvenzverwalters, aber auch der weiteren Funktionsträger, nämlich des vorläufigen Insolvenzverwalters (§ 11 InsVV), des Sonderverwalters,[273] des Sachwalters (§ 12 InsVV) und des Treuhänders (§ 13 InsVV), (vgl. allerdings § 16 Abs. 1 InsVV für den Treuhänder gemäß §§ 286 ff. InsO) und der Mitglieder des Gläubigerausschusses, geregelt. § 8 InsVV erfasst jedoch nicht die Vergütung des Insolvenzverwalters für Tätigkeiten außerhalb seines insolvenzrechtlichen Pflichtenkreises, wie z.B. Rechtsanwalts- oder Steuerberaterhonorare.[274]

§ 8 InsVV beruht bereits auf der Grundnorm des § 64 InsO, die festlegt, dass die Vergütung und die zu erstattenden Auslagen des Insolvenzverwalters vom Insolvenzgericht durch Beschluss festzusetzen sind. Ergänzend regelt § 64 Abs. 2 InsO die Bekanntgabe des Festsetzungsbeschlusses. In § 64 Abs. 3 InsO wird unter Verweis auf § 567 Abs. 2 der ZPO die Zulassung eines Rechtsmittels normiert.

In § 8 Abs. 1 InsVV wird ausdrücklich festgelegt, dass die Vergütung und die Auslagen nur auf Antrag festgesetzt werden. In § 8 Abs. 2 InsVV wird der Mindestinhalt der Antragsbegründung normiert. Aus Vereinfachungsgründen wurde in § 8 Abs. 3 InsVV die Regelung zur Erstattung der Auslagen des Insolvenzverwalters nach § 4 Abs. 2, 3 InsVV um eine Auslagenpauschale erweitert.[275]

---

272 Vgl. Blersch, a.a.O., § 7 Rdnr. 11.
273 Vgl. Eickmann, a.a.O., § 8 Rdnr. 2.
274 Vgl. Eickmann, a.a.O., § 8 Rdnr. 1; MK-InsO/Nowak, Anhang zu § 65 InsVV § 8 Rdnr. 2.
275 S.o. Rdnr. 67 f.

2. Festsetzungsverfahren

a) Antrag

Die Festsetzung der Vergütung und Auslagen setzt einen **Antrag gemäß § 8 Abs. 1 Satz 1 InsVV** voraus. Entsprechend den allgemeinen Grundsätzen des Kosten und Gebührenrechts muss bereits bei Antragstellung die Vergütung fällig sein. Vergütungen nach der InsVV stellen Tätigkeitsvergütungen dar, so dass sie mit Erledigung der zu vergütenden Tätigkeit entstehen und mit tatsächlicher Beendigung der Tätigkeit fällig[276] werden.[277] Der Vergütungsanspruch entsteht daher unabhängig von der Festsetzung der Vergütung und wird vom Insolvenzgericht durch den Festsetzungsbeschluss unter Berücksichtigung der dem Insolvenzgericht verbliebenen Beurteilungsspielräume nur konkretisiert.[278] Darüber hinaus stellt der Festsetzungsbeschluss die Berechtigung des Insolvenzverwalters zur Entnahme der festgesetzten Vergütung aus der Insolvenzmasse dar.

79

Der zur Festsetzung unabdingbare, vorzugsweise schriftliche Antrag soll im zeitlichen Zusammenhang mit der Schlussrechnung gestellt werden (vgl. § 8 Abs. 1 Satz 3 InsVV). Durch den zeitlichen Zusammenhang mit der Einreichung der Schlussrechnung soll gewährleistet werden, dass dem Insolvenzgericht die zur Prüfung des Vergütungsantrages erforderlichen Informationen und Unterlagen vorliegen. Bei der Vergütung des vorläufigen Insolvenzverwalters ist insoweit auf dessen Bericht oder Gutachten, welches regelmäßig mit einem Vermögensstatus versehen ist, zurückzugreifen.

Da gemäß § 8 Abs. 1 Satz 2 InsVV eine gesonderte Festsetzung sowohl der Vergütung als auch der **Auslagen** erfolgt, hat der Antragsteller jeweils einen konkreten Betrag anzugeben.[279] Nicht zulässig ist ein Antrag, der die Höhe der Vergütung oder der Auslagen in das Ermessen des Gerichts stellt.[280]

In der Begründung des Antrags muss in nachvollziehbarer Form der konkrete Betrag aus der Regelvergütung des § 2 InsVV hergeleitet werden. Bei Abweichungen von der Regelvergütung sind die Zu- und Abschläge gemäß § 3 InsVV darzulegen. Grundsätzlich sind auch Zuschläge im Einzelnen zu begründen ggf. unter Verweisung auf konkrete Ausführungen in der Schlussrechnung. Darüber hinaus muss die Berechnungsgrundlage gemäß § 1 InsVV konkret und nachvollziehbar berechnet werden, so dass sowohl das Insolvenzgericht als auch die Verfahrensbeteiligten eine Überprüfung vornehmen können.[281] In den Ausführungen sollen konkrete Tätigkeiten und Vorgänge, die die Berechnungsgrundlage beeinflussen oder in

80

---

[276] Näheres zu Fälligkeit s. u. Rdnr. 94.
[277] Vgl. MK-InsO/Nowak, Anhang zu § 65 InsVV § 63 Rdnr. 7; Blersch, a. a. O., § 8 Rdnr. 7.
[278] Blersch, a. a. O.
[279] Vgl. Haarmeyer/Wutzke/Förster, a. a. O., § 8 Rdnr. 8; Eickmann, a. a. O., § 8 Rdnr. 4.
[280] Vgl. Eickmann, a. a. O.
[281] MK-InsO/Nowak, Anhang zu § 65 InsVV § 8 Rdnr. 4.

Verbindung mit Zu- oder Abschlägen stehen, ausführlich dargelegt werden. Dies ist auch im Hinblick auf das Rechtsmittelverfahren dringend zu empfehlen. Durch ausdrückliche Darlegungen zwingt der Antragsteller das Insolvenzgericht sich mit konkreten Vorgängen auseinander zu setzen und eigene Abweichungen wiederum ausführlich zu begründen.[282]

81 Da das Insolvenzgericht im Rahmen des § 8 Abs. 2 InsVV auch verpflichtet ist, zu prüfen, inwieweit der Insolvenzverwalter die Masse ordnungsgemäß berechnet hat, sind detailliert diejenigen Beträge anzugeben, die er für den Einsatz besonderer Sachkunde der Masse entnommen hat.[283] In diesem Zusammenhang ist darauf hinzuweisen, dass das Insolvenzgericht im Rahmen der **Prüfung des Vergütungsantrages** nicht berechtigt ist, die Zweckmäßigkeit des Verwalterhandelns im Zusammenhang mit dem Einsatz besonderer Sachkunde zu überprüfen. Das Gericht ist lediglich berechtigt, hier die Vollständigkeit und die rechnerische Richtigkeit zu überprüfen. Die Frage der Zweckmäßigkeit, Wirtschaftlichkeit und Angemessenheit des einzelnen Verwalterhandelns, insbesondere für die Inanspruchnahme besonderer Sachkunde, haben ausschließlich der Gläubigerausschuss oder der einzelne Gläubiger zu klären. Darüber hinaus können zivilprozessuale Schadensersatz- bzw. Feststellungsklagen entweder durch einen Insolvenzgläubiger oder einen neuen Insolvenzverwalter gemäß § 92 InsO erhoben werden.[284]

82 Gemäß § 8 Abs. 2 2. Halbsatz InsVV hat der Verwalter detailliert anzugeben, welche **Dienst- oder Werkverträge** er bei der Insolvenzverwaltung zur Erledigung besonderer Aufgaben zum Abschluss gebracht hat. Diese Regelung ist Voraussetzung dafür, dass das Insolvenzgericht beurteilen kann, inwieweit ein Abschlag oder ein verringerter Zuschlag gemäß § 3 InsVV angemessen ist. Der Verwalter hat den Inhalt und die Art des Dienst- bzw. Werkvertrages sowie auch den Vertragspartner anzugeben und auch die Höhe der bezahlten Entgelte zu nennen.

83 Auf Grund § 8 Abs. 1 Satz 2 InsVV sind die Vergütungen und die Auslagen gesondert zu berechnen. Die Auslagen sind dabei detailliert darzustellen und durch Vorlage entsprechender Belege nachzuweisen sowie ggf. gesondert zu begründen, wenn deren Berechtigung nicht offensichtlich ist. Da neben der Vergütung und Auslagen auch die **Umsatzsteuer** festzusetzen ist, ist diese ebenfalls zu berechnen und darzulegen.

b) Rechtliches Gehör

84 Rechtliches Gehör ist nach überwiegender Auffassung in der Literatur den Verfahrensbeteiligten vor Festsetzung der Vergütung nicht zu gewähren.[285]

---

282 Blersch, a. a. O., § 8 Rdnr. 14.
283 Vgl. MK-InsO/Nowak, Anhang zu § 65 InsVV § 8 Rdnr. 4.
284 Vgl. MK-InsO/Nowak, Anhang zu § 65 InsVV § 8 Rdnr. 7.
285 Vgl. Blersch, a. a. O., § 8 Rdnr. 23; Eickmann, a. a. O., § 8 Rdnr. 8; a. A. MK-InsO/Nowak, Anhang zu § 65 InsVV § 8 Rdnr. 5 m. w. N.

Lorenz

Die Gewährung **rechtlichen Gehörs** durch Übersendung des Antrages gegenüber allen Gläubigern ist praktisch und technisch nicht durchführbar, gleichermaßen ist eine öffentliche Bekanntmachung des Vergütungsantrages schon aus Kostengründen abzulehnen.[286]

Eine Anhörung des Gläubigerausschusses ist schon deshalb nicht geboten, da weder der Ausschuss noch dessen einzelne Mitglieder ein Beschwerderecht besitzen (vgl. § 64 Abs. 3 Satz 1 InsO). Die in § 64 Abs. 2 InsO vorgeschriebene öffentliche Bekanntmachung und Zustellung des Festsetzungsbeschlusses entspricht den verfassungsrechtlichen Mindestanforderungen, die auch unter Praktikabilitäts- und Kostengründen zu beurteilen sind. Die Verfahrensbeteiligten sind nach Bekanntmachung bzw. Zustellung in die Lage versetzt, ihre – gegenteiligen – Auffassungen darzulegen und entsprechende Rechtsmittel einzulegen.

Die von Nowak[287] vorgeschlagene Vorgehensweise zur Art und Weise der Gewährung rechtlichen Gehörs vor der Festsetzung der Vergütung ist deshalb abzulehnen, da sie zum einen nicht praktikabel ist und zum anderen Kosten verursacht, die u. U. außer Verhältnis zur Insolvenzmasse stehen. Darüber hinaus wird dort vorgeschlagen, je nach Umfang und Art des Verfahrens, unterschiedliche Formen der Information der Verfahrensbeteiligten vorzunehmen. Rechtssicherheit wird dadurch nicht geschaffen.

c) Entscheidung über den Vergütungsantrag

Die Entscheidung zur **Festsetzung von Vergütung und Auslagen** ergeht gemäß § 64 Abs. 1 InsO i. V. m. § 8 Abs. 1 InsVV als Beschluss. Im Beschlusstenor sind die jeweiligen Beträge für die Vergütung und die Auslagen sowie die auf die Vergütung und Auslagen zu erstattende Umsatzsteuer getrennt auszuweisen.

85

Für die Entscheidung ist grundsätzlich der Rechtspfleger gemäß § 18 RPflG zuständig, soweit sich nicht der Richter gemäß § 18 Abs. 2 RPflG das Insolvenzverfahren ganz oder zum Teil zur eigenen Bearbeitung vorbehalten hat. Gleichermaßen ist auch für die Entscheidung über den Vergütungsantrag des ehemaligen vorläufigen Insolvenzverwalters nach Eröffnung des Insolvenzverfahrens der Rechtspfleger zuständig. Insoweit stellt § 18 Abs. 1 RPflG lediglich eine zeitliche Grenze fest, bis zu der der Insolvenzrichter zuständig ist.[288]

Sofern sich die Vergütung auf Tätigkeiten im Bereich der Planüberwachung gemäß § 6 Abs. 2 InsVV bezieht, besteht eine Besonderheit dahingehend, dass die Vergütung nicht aus einer vom Insolvenzverwalter verwalteten Masse entnommen werden kann. Vielmehr ist in diesem Falle die Zahlungsverpflichtung gemäß § 269 InsO von einem Dritten zu erfüllen, so dass der

---

286 Vgl. Eickmann, a. a. O., § 8 Rdnr. 7.
287 MK-InsO/Nowak, Anhang zu § 65 InsVV § 8 Rdnr. 6.
288 Vgl. Blersch, a. a. O., § 8 Rdnr. 25.

Festsetzungsbeschluss als Vollstreckungstitel – gegen den Insolvenzverwalter oder die Übernahmegesellschaft – zu gestalten ist.[289]

86 Der Festsetzungsbeschluss ist zu begründen. Ohne Begründung wäre der Beschluss im Rechtsmittelverfahren nicht überprüfbar, dementsprechend muss auch die Begründung Bestandteil des Festsetzungsbeschlusses sein.[290] Die teilweise vertretene Auffassung, dass auch ein gesonderter Aktenvermerk als Begründung ausreicht[291] genügt nicht diesen Anforderungen.[292]

Der Inhalt der Begründung muss sich mit dem Vergütungsantrag und dem zu Grunde liegenden Sachverhalt auseinander setzen und eine entsprechende rechtliche Würdigung vornehmen. Die bloße Darstellung des Gesetzestextes oder die Wiederholung von Leerformeln genügt hierzu nicht. Zulässig ist allerdings die Bezugnahme auf eine ausführliche Begründung des Antrags.[293]

87 Aus § 64 Abs. 2 InsO ergibt sich, dass der Beschluss öffentlich bekannt zu machen und dem Verwalter, dem Schuldner und, wenn ein Gläubigerausschuss bestellt ist, den Mitgliedern des Ausschusses besonders zuzustellen ist. Zustellungen können gemäß § 8 InsO erfolgen.

d) Bekanntmachung

88 Die öffentliche Bekanntmachung erfolgt nach § 9 InsO durch Veröffentlichung in den amtlichen Bekanntmachungsblättern des Gerichts, wobei der Schuldner exakt anzugeben ist. Dabei ist darauf hinzuweisen, dass nach § 9 Abs. 3 InsO die **öffentliche Bekanntmachung** zum Nachweis der Zustellung an alle Beteiligten ausreicht. Damit beginnt der Lauf der Rechtsmittelfristen für den betroffenen Personenkreis bereits mit Bekanntmachung, unabhängig der Zustellung gegenüber Verwalter, Schuldner und Gläubigerausschussmitglieder. Der vorgenannte Personenkreis kann sich daher hinsichtlich des Laufs der Rechtsmittelfristen nicht auf die Einzelzustellung verlassen, da ausschließlich die öffentliche Bekanntmachung entscheidend ist.[294]

Gemäß § 64 Abs. 2 Satz 2 InsO sind die im Vergütungsbeschluss festgesetzten Vergütungs- und Auslagenbeträge nicht zu veröffentlichen, sondern in der Bekanntmachung der Hinweis aufzunehmen, dass der vollständige Beschluss in der Geschäftsstelle des Insolvenzgerichts eingesehen werden kann.

---

289 Vgl. zur Formulierung Eickmann, a. a. O., § 8 Rdnr. 9 f.
290 Vgl. MK-InsO/Nowak, Anhang zu § 65 InsVV § 8 Rdnr. 10.
291 Vgl. Eickmann, a. a. O., § 8 Rdnr. 14.
292 Vgl. Blersch, a. a. O., § 8 Rdnr. 30
293 Vgl. MK-InsO/Nowak, Anhang zu § 65 InsVV § 8 Rdnr. 10.
294 Vgl. § 9 Abs. 1 Satz 3 InsO.

3. Auslagenpauschale (§ 8 Abs. 3 InsVV)

In § 8 Abs. 3 InsVV wurde als Neuerung eingeführt, dass der Insolvenzverwalter (aber auch der vorläufige Insolvenzverwalter, der Sachwalter oder Treuhänder im vereinfachten Insolvenzverfahren) die Auslagen in Form einer **Pauschale** geltend machen kann.[295]

89

4. Entnahmerecht/Berücksichtigung von Gegenforderungen

Der Festsetzungsbeschluss berechtigt den Insolvenzverwalter die festgesetzten Beträge aus der Masse zu entnehmen. Die **Entnahme** ist auch bereits vor Rechtskraft des Beschlusses zulässig, wobei der Verwalter dann allerdings bei späterer Änderung der Festsetzungsentscheidung zur Rückzahlung verpflichtet ist. Entsprechend § 717 Abs. 2 ZPO schuldet in diesem Fall der Insolvenzverwalter Prozesszinsen gemäß § 291 BGB.[296]

90

Der rechtskräftige Festsetzungsbeschluss stellt einen Vollstreckungstitel für den Verwalter dar, so dass er in die Lage versetzt ist, in das Schuldnervermögen zu vollstrecken. Gegenforderungen seitens des Schuldners bzw. der Insolvenzmasse wie beispielsweise Schadensersatz wegen fehlerhafter Abwicklung des Verfahrens, stehen zwar dem Vergütungsanspruch grundsätzlich aufrechenbar gegenüber, doch ist die Zwangsvollstreckung lediglich durch eine Vollstreckungsgegenklage gemäß § 767 ZPO abzuwenden. Eine Präklusion von Einwendungen, die bereits vor dem Festsetzungsverfahren entstanden sind, findet gemäß § 767 Abs. 2 ZPO nicht statt.[297] Dies ist damit zu begründen, dass die Schlechtleistungen, d. h. die Schadenersatzforderungen und damit auch die Aufrechnung im Festsetzungsverfahren nicht berücksichtigt werden können. Derartige Ansprüche gegenüber dem Insolvenzverwalter sind als Gesamtschaden von einem Sonderverwalter bzw. einem neu zu bestellenden Insolvenzverwalter im Rahmen einer Zivilprozessklage im ordentlichen Rechtsweg geltend zu machen.[298]

5. Muster eines Antrags auf Vergütung des Insolvenzverwalters

Nachfolgend wird ein **Muster** eines Antrages auf Festsetzung der Vergütung des Insolvenzverwalters, das von Blersch, Anhang II Seite 283 übernommen wurde, dargestellt:

91

---

295 Im Einzelnen s. o. Rdnr. 67 f.
296 Vgl. Eickmann, a. a. O., § 8 Rdnr. 26.
297 Vgl. Haarmeyer/Wutzke/Förster, a. a. O., § 8 Rdnr. 28.
298 Vgl. Blersch, a. a. O., § 8 Rdnr. 55.

Adresse:

Amtsgericht
– Insolvenzgericht –

Az: .... IN ..../.

In dem Insolvenzverfahren über das Vermögen der Fa. ....

beantrage ich die Vergütung des Insolvenzverwalters

auf _____ EUR

sowie die zu erstattenden Auslagen auf _____ EUR

zzgl. 16 % Umsatzsteuer auf Vergütung und
Auslagen _____ EUR

festzusetzen.

Begründung:

Nach § 1 Abs. 1 InsVV wird die Vergütung des Insolvenzverwalters nach dem Wert der Insolvenzmasse berechnet, auf die sich die Schlussrechnung bezieht. Dabei ist die für die Vergütungsberechnung maßgebliche Masse abweichend von der Insolvenzmasse i. S. des § 35 InsO nach den einzelnen Regelungen in § 1 Abs. 2 InsVV zu berechnen.

(Bearbeitungshinweis: Alternativ ist auf eine Schätzung der Insolvenzmasse nach Aufhebung bzw. Einstellung des Verfahrens oder vorzeitiger Beendigung des Amtes des Insolvenzverwalters abzustellen.)

1. Maßgebliche Insolvenzmasse

Nach der vorgelegten Schlussrechnung/Schätzung beträgt der Nettowert der während des Insolvenzverfahrens verwalteten Insolvenzmasse die der Summe der vereinnahmten Erlöse abzüglich der entstandenen Geldtransfers

_____ EUR.

Daneben sind nach der insoweit getrennten Rechnungslegung aus der Fortführung des schuldnerischen Unternehmens in der Zeit von _____ bis _____ Überschüsse in Höhe von

_____ EUR

entstanden.

Dabei wurden folgende Ausgaben während des Betriebsfortführungszeitraums nicht einnahmemindernd abgesetzt, weil sie auch ohne Betriebsfortführung auf Grund der gesetzlichen Vorschriften im Insolvenzverfahren entstanden wären:

(Bearbeitungshinweis: Hier folgt eine Aufstellung der in der Saldierung der Einnahmen/ Ausgaben während der Betriebsfortführung nicht enthaltenen Positionen [z. B. Personalkosten für die Kündigungszeit nach § 113 InsO], durch die der Überschuss naturgemäß erhöht wird.)

Des Weiteren war die verwaltete Insolvenzmasse um folgende Abzugspositionen des § 1 *Abs. 2 InsVV zu vermindern:*

(Bearbeitungshinweis: Es folgen nun ggf. Ausführungen zu den Abzugspositionen in § 1 Abs. 2 Nr. 2, Nr. 3 und Nr. 5 InsVV.)

Als Vergütung für den Einsatz besonderer Sachkunde hat der Verwalter gem. § 5 InsVV ausweislich der vorgelegten Schlussrechnung Nettohonorare ohne Umsatzsteuer in Höhe von insgesamt _____ EUR erhalten, die ebenfalls nach § 1 Abs. 2 Nr. 4 a) InsVV bei Ermittlung der für die Vergütungsberechnung maßgeblichen Masse von der Insolvenzmasse abzuziehen sind.

Im Verfahren hat der Verwalter ausweislich der vorgelegten Schlussrechnung mit Absonderungsrechten belastete Vermögensgegenstände

in Höhe von _____ EUR
verwertet.

Für diese vom Verwalter verwerteten Absonderungsgegenstände konnte gem. § 171 Abs. 1 InsO, § 10 Abs. 1 Nr. 1 a) ZVG ein Feststellungskostenbeitrag

in Höhe von insgesamt

_____ EUR

erzielt werden.

Unter Berücksichtigung der zuvor erläuterten Einzelwerte ergibt sich also eine maßgebliche Masse ohne Berücksichtigung der verwerteten Absonderungsgegenstände

in Höhe von _____ EUR,
sowie eine maßgebliche Masse nach § 1 Abs. 2 Nr. 1 InsVV unter Einbeziehung des Werts der vom Verwalter verwerteten Absonderungsgegenstände

in Höhe von _____ EUR.

2. Regelvergütung § 2 InsVV

Aus der zuvor dargelegten maßgeblichen Masse errechnet sich nach § 2 Abs. 1 InsVV im vorliegenden Insolvenzverfahren ohne Einbeziehung des Werts der Absonderungsrechte eine Regelvergütung in Höhe von _____ EUR,

sowie unter Einbeziehung des Werts der vom Verwalter verwerteten Absonderungsgegenstände eine Regelvergütung in Höhe von

_____ EUR.

Der durch die Werteinbeziehung der Absonderungsgegenstände entstandene Mehrvergütungsbetrag beläuft sich demnach auf

_____ EUR.

Dieser Differenzbetrag ist nach § 1 Abs. 2 Nr. 1 InsVV begrenzt auf die Hälfte des im Verfahren realisierten und oben bezifferten Feststellungskostenbeitrages, d. h. auf einen Betrag von

_____ EUR.

Unter Berücksichtigung des zuvor errechneten zulässigen Vergütungsmehrbetrages ergibt sich also für das vorliegende Verfahren eine Gesamtregelvergütung des Insolvenzverwalters

in Höhe von _____ EUR.

3. Zuschläge und Abschläge bzw. Verträge nach § 4 Abs. 1 Satz 3 InsVV

a) Zuschläge nach § 3 Abs. 1 InsVV
(Bearbeitungshinweis: An dieser Stelle erfolgen substantiierte Ausführungen zu den einzelnen anerkannten Erhöhungsfaktoren im Insolvenzverfahren, die beispielhaft in § 3 Abs. 1 a) bis d) InsVV aufgeführt sind).

Lorenz

b) Abschläge gem. § 3 Abs. 2 InsVV
(Bearbeitungshinweis: Ggf. folgen hier Ausführungen zu eventuell erforderlichen Abschlägen von der oben nach § 2 InsVV berechneten Regelvergütung des Insolvenzverwalters nach der in § 3 Abs. 2 InsVV enthaltenen beispielhaften Aufzählung, wobei Zuschläge und Abschläge einzeln zu bewerten und anschließend zu saldieren sind.)

Unter Berücksichtigung der zuvor dargelegten und bewerteten Besonderheiten ergibt eine Saldierung der Zu- und Abschläge insgesamt einen Zuschlag/Abschlag von der oben berechneten Regelvergütung in Höhe von _____ %.

c) Verträge nach § 4 Abs. 1 Satz 3 InsVV
Gem. § 8 Abs. 2 InsVV wird mitgeteilt, dass folgende Dienst- und Werkverträge zur Erledigung besonderer Aufgaben im Rahmen der Insolvenzverwaltung vom Verwalter abgeschlossen und daraus resultierende vertragliche Vergütungen gezahlt wurden:

(Bearbeitungshinweis: Es folgt eine Auflistung der während der Insolvenzverwaltung vergebenen Fremdaufträge sowie der im Einzelnen dafür aus der Masse gezahlten Vergütungen entsprechend der gesetzlichen Anforderung in § 8 Abs. 2 InsVV. Dies soll dem Gericht eine Beurteilung ermöglichen, inwieweit durch eine solche Fremdvergabe von Aufgaben eine wesentliche Entlastung des Verwalters eingetreten ist, die evtl. einen Vergütungsabschlag rechtfertigt.)

Unter Einbeziehung der oben unter a) und b) errechneten Zuschläge/Abschläge ggü. der Regelvergütung nach § 2 Abs. 1 InsVV ergibt sich für den Insolvenzverwalter im vorliegenden Verfahren eine Gesamtvergütung in Höhe von _____ EUR.

4. Auslagenerstattung

Während des Insolvenzverfahrens sind dem Insolvenzverwalter die aus der als

Anlage

beigefügten Aufstellung nebst Originalbelegen ersichtlichen Auslagen entstanden, die in entsprechender Höhe ebenfalls zur Erstattung beantragt werden.

(Alternativ Auslagenpauschale:)

Nach § 8 Abs. 3 InsVV kann der Verwalter nach seiner Wahl anstelle der tatsächlich entstandenen Auslagen einen Pauschalsatz fordern, der im ersten Jahr des Verfahrens 15 %, danach 10 % der gesetzlichen Vergütung, höchstens jedoch 250,00 € je angefangenen Monat der Dauer der Tätigkeit des Verwalters beträgt.

Daraus errechnet sich unter Berücksichtigung der oben bezifferten gesetzlichen Vergütung des Insolvenzverwalters sowie der Höchstbeträge nach § 8 Abs. 3 InsVV eine Auslagenpauschale:

in Höhe von insgesamt _____ EUR.

5. Umsatzsteuer

Vergütung und Auslagen des Insolvenzverwalters unterliegen nach § 7 InsVV der gesetzlichen Umsatzsteuer von 16 %, so dass sie um einen Betrag von insgesamt _____ EUR zu erhöhen sind, da der Insolvenzverwalter die Umsatzsteuer auf Vergütung und Auslagen abzuführen hat.

Es wird um antragsgemäße Festsetzung sowie um Erteilung der Zustimmung gebeten, die festgesetzten Beträge aus der beim Insolvenzverwalter verfügbaren freien Insolvenzmasse *zu entnehmen.*

Rechtsanwalt

als Insolvenzverwalter

XIV. Rechtsmittel

§ 64 Abs. 3 Satz 1 InsO gewährt dem Insolvenzverwalter, dem Schuldner 92
und jedem Insolvenzgläubiger den Rechtsbehelf der **sofortigen Beschwerde**. Dies gilt auch, wenn der Rechtspfleger entschieden hat, § 11 RPflG. Voraussetzung zur Einlegung der sofortigen Beschwerde ist allerdings, dass der Einlegende beschwert ist.[299] Beispielsweise ist das dann nicht der Fall, wenn die Insolvenzgläubiger in voller Höhe befriedigt werden. Eine Beschwer ist erst dann gegeben, wenn die Befriedigungsmöglichkeit des Rechtsmittelführers durch die angegriffene Vergütungsentscheidung tatsächlich beeinträchtigt wird.[300] Massegläubiger sind in einem Verfahren, welches nicht mit Massearmut beendet wird, grundsätzlich nicht beschwert, wogegen in massearmen Verfahren, auf Grund der in § 209 InsO geregelten Rangfolge, eine Beschwer anzunehmen ist.[301]

Die sofortige Beschwerde ist gemäß § 64 Abs. 3 Satz 2 InsO i. V. m. § 567 Abs. 2 Satz 2 ZPO bei einer Beschwer von mindestens EUR 50,00 zulässig. Zur Berechnung der Beschwer ist entscheidend, in welchem Umfang sich der Rechtsmittelführer durch die Einlegung des Rechtsmittels wirtschaftlich verbessert.[302] Somit ist bei einer beantragten Verringerung der Vergütung die bei tatsächlicher Vornahme der Verringerung dann auf den Beschwerdeführer entfallende Quote (d. h. die Differenz der Quotenbeträge) entscheidend.

Gemäß § 7 InsO ist gegen die Beschwerdeentscheidung die sofortige weitere Beschwerde in Form einer Zulassungsbeschwerde zulässig.[303]

XV. Rechtskraft

Die **Rechtskraft** des Festsetzungsbeschlusses tritt **formell** ein, wenn die 93
Rechtsbehelfsfristen abgelaufen sind oder die den Rechtszug abschließende Entscheidung wirksam geworden ist, § 6 Abs. 3 InsO.[304] Der Vergütungs- und Auslagenfestsetzungsbeschluss ist entsprechend den Grundsätzen für das Kostenfestsetzungsverfahren gemäß §§ 103 ff. ZPO und § 19 BRAGO der **materiellen Rechtskraft** fähig, wobei allerdings diese sich nur auf die jeweiligen Einzelpositionen, auf denen die Vergütungsberechnung beruht, *erstreckt*. Dementsprechend kann der Insolvenzverwalter nicht beantragte

---

299 Vgl. Eickmann, a. a. O., § 8 Rdnr. 20.
300 Vgl. Blersch, a. a. O., § 8 Rdnr. 47.
301 Vgl. Eickmann, a. a. O., § 8 Rdnr. 19.
302 Vgl. MK-InsO/Nowak, Anhang zu § 65 InsVV § 8 Rdnr. 13.
303 Vgl. MK-InsO/Nowak, Anhang zu § 65 InsVV §§ 8, 14; Eickmann, a. a. O., § 8 Rdnr. 24.
304 Vgl. MK-InsO/Nowak, Anhang zu § 65 InsVV § 8 Rdnr. 15.

oder nicht berücksichtigte oder nachträglich ihm bekannt gewordene Einzelumstände auch nach Rechtskraft geltend machen und eine Änderung der bereits formell rechtskräftigen Entscheidung herbeiführen.[305]

XVI. Fälligkeit

94 Anspruchsgrundlage für die Vergütung und angemessene Auslagenerstattung ist § 63 InsO. Der Anspruch auf Vergütung bzw. Auslagen entsteht allein schon mit dem Tätigwerden bzw. mit dem Anfallen des Aufwandes.[306]

Die in § 64 Abs. 1 InsO vorgesehene Festsetzung hat demgegenüber rein deklaratorischen Charakter.[307] Sie konkretisiert den Anspruch lediglich der Höhe nach. Darüber hinaus ist die Festsetzung durch das Gericht als Voraussetzung dafür anzusehen, dass der Insolvenzverwalter berechtigt ist, die festgesetzte Vergütung und die Auslagen aus der von ihm verwalteten Insolvenzmasse zu entnehmen.[308]

Die Fälligkeit des Anspruchs ergibt sich nach den **allgemeinen Regeln des Kostenrechts** (z.B. § 16 BRAGO), so dass der Anspruch auf Vergütung und Auslagenersatz erst dann fällig wird, wenn die Tätigkeit beendet ist. Im Verlaufe des Insolvenzverfahrens steht dem Insolvenzverwalter dementsprechend allenfalls ein Anspruch gemäß § 9 InsVV auf einen Vorschuss zu.

Im Normalfall tritt daher Fälligkeit des Vergütungsanspruchs des **Insolvenzverwalters** erst mit Verfahrensbeendigung ein, weil auch erst zu diesem Zeitpunkt der Insolvenzverwalter seine (gesamte) Tätigkeit erfüllt hat.[309] Als weitere Beendigungsmöglichkeiten kommen die Entlassung des Insolvenzverwalters, dessen Tod oder der Abschluss eines gesondert zu vergütenden Tätigkeitsabschnitts in Betracht.

Die Tätigkeit des **vorläufigen Insolvenzverwalters** kann durch Verfahrenseröffnung, Ablehnung der Eröffnung, Verfahrensaufhebung, Entlassung des vorläufigen Insolvenzverwalters und dessen Tod beendet werden.[310] Im Normalfall wird dementsprechend die Vergütung des vorläufigen Insolvenzverwalters mit der Entscheidung des Gerichts über den Eröffnungsantrag fällig.

Für den **Sachwalter** lösen die Beendigungstatbestände Beendigung des Verfahrens gemäß § 200 InsO, Aufhebung der Eigenverwaltung gemäß § 273 InsO, Einstellung des Verfahrens gemäß §§ 207, 212, 213 InsO sowie Entlas-

---

305 Vgl. Blersch, a.a.O., § 8 Rdnr. 51.
306 *Eickmann*, a.a.O., vor § 1 Rdnr. 3; BGH ZIP 1992, 120.
307 Vgl. Kuhn/Uhlenbruck, a.a.O., § 85 Rdnr. 1; Keller, a.a.O., Rdnr. 22.
308 Vgl. Blersch, a.a.O., Vorbemerkungen Rdnr. 48.
309 Vgl. hierzu auch § 8 Abs. 1 Satz 3 InsVV.
310 MK-InsO/Nowak, Anhang zu § 65 InsVV § 11 Rdnr. 3.

sung des Sachwalters bzw. dessen Tod die Fälligkeit des Vergütungsanspruchs aus.[311]

Beim **Treuhänder im vereinfachten Verfahren** tritt bei Beendigung des Verfahrens gemäß § 200 InsO, Einstellung des Verfahrens gemäß §§ 207, 212, 213 InsO oder Entlassung des Treuhänders bzw. dessen Tod Fälligkeit des Vergütungsanspruches ein.

Fälligkeit ist beim **Treuhänder nach § 293 der Insolvenzordnung** dementsprechend bei rechtskräftiger Versagung der Restschuldbefreiung gemäß §§ 296, 297, 298 und § 299 InsO, Erteilung der Restschuldbefreiung, § 300 InsO, Entlassung des Treuhänders, Tod des Treuhänders oder des Schuldners sowie Befriedigung aller Gläubiger anzunehmen, da in diesen Fällen die Tätigkeit des Treuhänders endet.[312]

Die Fälligkeit wird nicht dadurch beseitigt, dass der entsprechende Vergütungsantrag nicht nachvollziehbar dargelegt wird.[313] Vergütungen nach der InsVV stellen Tätigkeitsvergütungen dar, so dass sie mit Erledigung der zu vergütenden Tätigkeit entstehen und mit tatsächlicher Beendigung der Tätigkeit fällig werden.[314] Der Vergütungsanspruch entsteht daher unabhängig von der Festsetzung der Vergütung und wird vom Insolvenzgericht durch den Festsetzungsbeschluss unter Berücksichtigung der dem Insolvenzgericht verbliebenen Beurteilungsspielräume nur konkretisiert.[315]

XVII. Verjährung

Die festgesetzten Ansprüche des (vorläufigen) Insolvenzverwalters unterliegen der **dreißigjährigen Verjährungsfrist**, wie titulierte Ansprüche gemäß § 218 BGB.[316] Die Frage der Verjährungsfrist für nichtfestgesetzte Vergütungen ist umstritten. Im insolvenzrechtlichen Schrifttum geht man von der **kurzen Verjährung** gemäß § 196 Abs. 1 Nr. 15 BGB aus.[317] Demgegenüber wird in der bürgerlich-rechtlichen Literatur eine Anwendung dieser Norm auf Tätigkeiten abgelehnt, die auch von einem Dritten, der nicht Rechtsanwalt ist, ausgeführt werden können.[318] Eickmann folgt zu Recht dieser Auffassung mit der Folge, dass die Regelverjährung des § 195 BGB mit einem Verjährungsbeginn gemäß § 198 BGB anzunehmen ist,[319] da ge-

95

---

311 MK-InsO/Nowak, Anhang zu § 65 InsVV § 13 Rdnr. 3.
312 Vgl. MK-InsO/Nowak, Anhang zu § 65 InsVV § 14 Rdnr. 4.
313 *LG Göttingen* ZInsO 2001, 317.
314 Vgl. MK-InsO/Nowak, § 63 Rdnr. 7, Anhang zu § 65 InsVV § 8 Rdnr. 3; Blersch, a. a. O., § 8 Rdnr. 7.
315 Blersch, a. a. O., § 8 Rdnr. 7.
316 Vgl. Eickmann, a. a. O., Vor § 1 Rdnr. 6
317 Vgl. Jaeger/Weber, Kommentar zur Konkursordnung, 8. Aufl. 1985, § 85 Rdnr. 4.
318 Vgl. hierzu Eickmann, a. a. O., Vor § 1 Rdnr. 7 m. w. N.
319 Vgl. Eickmann, a. a. O., Vor § 1 Rdnr. 7.

mäß § 56 InsO die Tätigkeit eines Insolvenzverwalters nicht nur von Rechtsanwälten ausgeübt werden kann.

Lediglich für diejenigen Ansprüche des Insolvenzverwalters, die er auf Grund besonderer Anwalts-, Steuerberater- oder Wirtschaftsprüfertätigkeiten neben seiner Vergütung als Insolvenzverwalter verlangen kann, ist die **kurze Verjährung** gemäß § 196 Abs. 1 Nr. 15 BGB einschlägig.

Die Verjährungsfrist beginnt für den festgesetzten, aber auch für den nicht festgesetzten Anspruch auf Vergütung und Auslagen des Insolvenzverwalters entsprechend § 198 Satz 1 BGB mit Entstehung des Vergütungsanspruches und für die vorerwähnten daneben stehenden zusätzlichen Ansprüche gemäß § 201 Satz 1 BGB mit dem des Jahres in dem der Vergütungsanspruch entstanden ist.[320]

XVIII. Vergütungsansprüche bei Masseunzulänglichkeit

1. Ausfall bei Massenunzulänglichkeit

96 Im Bereich der Geltung der VergVO bzw. der Konkurs- und Vergleichsordnung ging die höchstrichterliche Rechtsprechung davon aus, dass im Falle der Masseunzulänglichkeit die Vergütungsansprüche aufzuteilen waren in den Zeitraum vor und in den Zeitraum nach Eintritt der **Masseunzulänglichkeit**.[321] Dadurch lief der Konkursverwalter Gefahr, bei späterer Massearmut gemäß § 60 KO, mit Teilen seines Vergütungsanspruches auszufallen.

Der Verordnungsgeber hat durch die Regelungen des § 209 Abs. 1 Nr. 1 InsO, wonach die Verfahrenskosten durchgängig vorrangig vor allen anderen Ansprüchen zu bedienen sind, diese Nachteile und Problemstellungen beseitigt. Die Regelung des § 209 Abs. 1 Nr. 1 InsO umfasst unter Berücksichtigung des § 54 Nr. 2 InsO auch die Vergütungs- und Auslagenerstattungsansprüche des vorläufigen Insolvenzverwalters, des Sachwalters und Treuhänders sowie auch der Mitglieder des Gläubigerausschusses, wobei eine eventuell eintretende Zäsur durch eine Masseunzulänglichkeit nicht zu berücksichtigen ist.

Keine gesetzliche oder vergütungsrechtliche Regelung erfahren die Vergütungsansprüche des vorläufigen Insolvenzverwalters, die auf Grund nicht ausreichender Vermögensmasse nicht gedeckt sind. Es stellt sich hier nach wie vor die Streitfrage ebenso wie im Geltungsbereich der Konkursord-

---

320 Vgl. Eickmann, Vergütungsrecht, Vor § 1 Rdnr. 8; Blersch, a. a. O., Vorbemerkungen Rdnr. 50
321 Vgl. *BGH* ZIP 1993, 120; Kuhn/Uhlenbruck, a. a. O., § 85 Rdnr. 20 a ff.

nung, ob für diese Vergütungsansprüche neben dem Insolvenzschuldner[322] nicht auch die Staatskasse haftet. In der Begründung zur InsVV[323] geht der Verordnungsgeber davon aus, dass eine Einstandspflicht der Staatskasse nicht besteht. Der Verordnungsgeber hat nunmehr allerdings seine eigenen bisherigen Vorstellungen teilweise durchbrochen und durch eine gesetzliche Neuregelung im InsOÄndG 2001 in Teilbereichen eine Erstattung der Vergütung und Auslagen durch die Staatskasse geschaffen.[324] Im Übrigen sind die Ausführungen in der Begründung zu § 11 InsVV zwar aus Haushaltsgesichtspunkten heraus nachvollziehbar, allerdings nicht sachgerecht.[325]

Wie Blersch zutreffend ausführt, wird dem vorläufigen Insolvenzverwalter entsprechend § 21 Abs. 2 Nr. 4 InsO schon im Eröffnungsverfahren ggf. die Aufgabe übertragen, nach § 8 Abs. 3 InsO die Durchführung sämtlicher Zustellungen vorzunehmen. Bei »massearmen« vorläufigen Insolvenzverfahren würde dies bedeuten, dass der vorläufige Insolvenzverwalter gezwungen sei, ihm übertragene hoheitliche Aufgaben unentgeltlich durchzuführen. Dies wiederum würde den verfassungsrechtlich abgesicherten Grundsätzen des Gebühren- und Kostenrechts widersprechen, dass hoheitlich übertragene Tätigkeiten zu vergüten und entstehende Auslagen zu erstatten sind.[326] Daher ist eine Haftung der Staatskasse zu bejahen.[327]

2. Erstattung aus der Staatskasse

Insbesondere im Zusammenhang mit der Änderung der Regelungen für das Verbraucherinsolvenzverfahren (InsOÄndG 2001) und der dabei neu geschaffenen Vorschrift des § 4 a InsO wurde eine **Stundungsregelung** hinsichtlich der Kosten des Verfahrens gegenüber dem Schuldner eingeführt. Durch die Regelung des neu eingeführten § 63 Abs. 2 InsO (n. F.) wurde für den Insolvenzverwalter im Falle der Stundung gemäß § 4 a InsO n. F. ein **Erstattungsanspruch gegenüber der Staatskasse** normiert. Über die Verweisung des § 293 Abs. 2 InsO gilt dies auch für den Treuhänder im Restschuldbefreiungsverfahren, über die Verweisung in § 313 Abs. 1 Satz 3 InsO für den Treuhänder im vereinfachten Insolvenzverfahren und gemäß einem neu geschaffenen Abs. 2 in § 73 InsO gilt dies auch für die Mitglieder des Gläubigerausschusses. Für den vorläufigen Verwalter wirkt die Neuregelung unmittelbar über § 63 Abs. 2 InsO n. F.

97

---

322 Vgl. hierzu und insbesondere zum Haftungsausschluss bei dem antragstellenden Gläubiger die Ausführungen unten Rdnr. 130 ff.
323 Siehe Begründung des Verordnunggebers B, zu § 11.
324 S. u. Rdnr. 82.
325 Vgl. Blersch, a. a. O., Vorbemerkungen Rdnr. 37 f.
326 Vgl. *BVerfG* NJW 1980, 2179.
327 Vgl. Eickmann, a. a. O., Vor § 1 Rdnr. 45 ff. mit umfassender Begründung; Haarmeyer/Wutzke/Förster, a. a. O., § 11 Rdnr. 65.

Die Stundungsregelung des § 4 a InsO n. F. greift dann ein, wenn die Insolvenzmasse zur Abdeckung der Verfahrenskosten nicht ausreicht. Diese Neuregelung hinsichtlich des Erstattungsanspruchs ist der Ausgleich dafür, dass bei angeordneter Stundung der Verfahrenskosten das Verfahren dennoch durchgeführt wird und der Verwalter das Risiko ansonsten tragen würde, keine Vergütung zu erhalten, wenn die Masse »arm« bliebe. Ergänzend hierzu hat der Gesetzgeber in dem InsOÄndG 2001 die Frage abschließend geklärt, dass die an oben genannte Verfahrensbeteiligte aus der Staatskasse erstatteten Beträge gegen den Schuldner zum Soll gestellt werden können (vgl. § 50 GKG). Deswegen wurde die Anlage 1 zum GKG in der Form ergänzt, dass ein neuer Auslagentatbestand Nr. 9017 aufgenommen wird. Dieser legt fest, dass die an die o. g. Verfahrensbeteiligten zu zahlenden Beträge als Auslagen des Verfahrens festgestellt werden. Dementsprechend übernimmt somit die Staatskasse – für den Fall der Übernahme der Vergütung und Auslagen der Verfahrensbeteiligten – das Ausfallrisiko gegenüber dem Schuldner.[328]

XIX. Vorschuss (§ 9 InsVV)

1. Allgemeines

98 Das Insolvenzgericht kann dem Insolvenzverwalter auf seinen Antrag hin einen **Vorschuss** auf die demnächst festzusetzende Vergütung bewilligen und die **Entnahme aus der Insolvenzmasse** gestatten.

Die insolvenzrechtlichen Vergütungsregelungen (vgl. z. B. § 63 Satz 2 InsO; § 8 Abs. 1 Satz 3 InsVV) gehen von der Fälligkeit der jeweiligen Vergütung nach Abschluss der Tätigkeit aus. Da andererseits das gesamte Vergütungsrecht dem Grundsatz unterliegt, dass die Vergütung angemessen sein muss, ist es dem Insolvenzverwalter grundsätzlich nicht zumutbar, bezüglich der Vergütung seiner Leistungen bis zu deren Fälligkeit, d. h. bis zum Ende seiner Tätigkeit zuzuwarten.[329] Dabei ist insbesondere zu berücksichtigen, dass ein professionelles Insolvenzverwalterbüro normalerweise eine größere Anzahl von Mitarbeitern vorhält, die zu regelmäßigen Kostenbelastungen und Betriebsausgaben führen, wobei darüber hinaus noch zu beachten ist, dass Insolvenzverfahren häufig über mehrere Jahre abgewickelt werden. Ein derartiger Vorfinanzierungsaufwand, wobei der Insolvenzverwalter außerdem in den Fällen der §§ 207, 208 InsO das Risiko trägt, ggf. keine angemessene Vergütung zu erhalten, ist nicht zumutbar. Um dieser Interessenlage gerecht werden, hat der Verordnungsgeber in § 9 InsVV normiert, dass der Insolvenzverwalter aus der Insolvenzmasse mit Zustimmung des Insol-

---

328 Vgl. umfassend zur Neuregelung durch das InsOÄndG: Pape, *ZInsO* 2001, 587 ff.
329 Vgl. Eickmann, a. a. O., § 9 Rdnr. 1.

venzgerichts einen Vorschuss auf seine Vergütung und die Auslagen entnehmen kann. Dabei ist als Grundsatz anzunehmen, dass der Verwalter einen Vorschuss in der Größenordnung zu beanspruchen hat, der seiner bisher erbrachten Verwalterleistung – bezogen auf den Zeitpunkt der Antragstellung – etwa entspricht.[330]

Die Regelung des § 9 InsVV ist über **§ 10 InsVV entsprechend anwendbar** auf die Vergütung des vorläufigen Insolvenzverwalters, insbesondere bei länger andauernden vorläufigen Insolvenzverfahren, des Sachwalters bei der insolvenzrechtlichen Eigenverwaltung sowie des Treuhänders im vereinfachten Insolvenzverfahrens nach den §§ 311 ff. InsO.[331] Da § 16 Abs. 2 InsVV eine eigene Vorschussregelung für den Treuhänder im Rahmen der Restschuldbefreiung enthält, ist § 9 InsVV in diesem Bereich nicht einschlägig.[332] Übt der Treuhänder eine Überwachungstätigkeit aus, ist er zu dieser Tätigkeit nur dann verpflichtet, wenn die zusätzliche Vergütung gedeckt oder vorgeschossen ist (§ 292 Abs. 2 Satz 3 InsO), so dass sich auch hier eigene Vorschussregelungen finden. Für die Mitglieder des Gläubigerausschusses gibt es keine ausdrückliche Regelung über den Vorschuss.[333] Nach allgemeinen Grundsätzen ist jedoch ein Vorschussanspruch zuzubilligen.[334]

99

Als **Berechnungsgrundlage** gemäß §§ 1, 2 InsVV für den Ansatz der Vorschusshöhe ist die zum jeweiligen Bewilligungszeitpunkt tatsächlich vorhandene oder als wahrscheinlich anzusehende Teilungsmasse heranzuziehen.[335] Insbesondere bei dem Risiko eines massearmen Verfahrens ist dem Insolvenzverwalter großzügig unter Berücksichtigung der bereits von ihm erbrachten Verwaltertätigkeiten ein Vorschuss zuzubilligen, um das Risiko eines Ausfalles zu minimieren.[336]

100

Auch in Planüberwachungsverfahren kann in entsprechender Anwendung des § 9 InsVV ein Vorschuss auf die Vergütung gemäß § 6 Abs. 2 InsVV beansprucht werden. Dem planüberwachenden Insolvenzverwalter ist es grundsätzlich nicht zuzumuten, in einem Zeitraum von bis zu drei Jahren (§ 268 Abs. 1 InsO) ohne Vergütung tätig zu sein und die Auslagen zu bevorschussen.[337] Auf die Vergütung und die Auslagen sind daher angemessene Vorschüsse zu gewähren, die allerdings – entsprechend auch dem Vergütungsantrag – gegen den Zahlungspflichtigen gemäß § 269 InsO vollstreckbar festzusetzen sind.[338]

---

330 Vgl. Eickmann, a. a. O., § 9 Rdnr. 10.
331 Vgl. Blersch, a. a. O., § 9 Rdnr. 4.
332 S. u. Rdnr. 177 ff.
333 S. u. Rdnr. 203 ff.
334 Siehe hierzu im Einzelnen Rdnr. 111 f., 141, 154.
335 Vgl. Eickmann, a. a. O., § 9 Rdnr. 11.
336 Vgl. Blersch, a. a. O., § 9 Rdnr. 2.
337 Vgl. MK-InsO/Nowak, Anhang zu § 65 InsVV § 9 Rdnr. 16.
338 Vgl. Eickmann, a. a. O., § 9 Rdnr. 2.

Auslagen kann der Insolvenzverwalter, soweit sie bereits angefallen sind, oder aber demnächst anfallen und bereits hinreichend bestimmbar sind, im Vorschusswege geltend machen.[339]

Neben der Vergütung und der Auslagen, die im Vorschusswege gewährt werden, ist auch die darauf entfallende **Umsatzsteuer** festzusetzen.[340]

2. Anspruchsvoraussetzungen

a) Antrag

101 Der Insolvenzverwalter hat vor der Entnahme die Zustimmung des Insolvenzgerichts einzuholen und dementsprechend einen Antrag zu stellen.[341] Der Antrag und dessen Erfordernisse entsprechen im Wesentlichen denen des späteren Vergütungsantrags. Der Inhalt der **Antragsschrift** muss dem Insolvenzgericht ermöglichen die Berechnung nachzuvollziehen. Weiterhin muss der Antrag hinsichtlich der Vergütung, der Auslagen und der Umsatzsteuer der Höhe nach bestimmt sein und die einzelnen Beträge gesondert ausweisen. Darüber hinaus ist der Festsetzungsantrag zu begründen, wobei der Umfang der Begründung dem Gericht eine sachgerechte Prüfung ermöglichen muss. Zu berücksichtigen ist, dass in diesem Stadium des Verfahrens dem Insolvenzgericht noch keine umfangreichen Unterlagen, wie beispielsweise bei Beendigung des Verfahrens in der Form der Schlussrechnung, vorliegen.[342] Zum Inhalt des Antrags kann auf die Ausführungen unter Rdnr. 79 ff. verwiesen werden.

Den Verfahrensbeteiligten ist kein rechtliches Gehör zu dem Vorschussantrag zu gewähren. Die Zustimmungserklärung ist nämlich keine Vergütungsfestsetzung, sondern eine insolvenzrechtliche Erlaubnis. Gegen die Entscheidung des Gerichts ist daher auch kein Rechtsmittel[343] gegeben.[344]

b) Berechtigtes Interesse

102 Als weitere Voraussetzung ist allgemein zu definieren, dass ein »**berechtigtes Interesse**« des Insolvenzverwalters an einer Vorschussgewährung besteht. Der Gesetzestext vermutet ein berechtigtes Interesse bei zwei Anwendungsfällen, nämlich dem Ablauf von sechs Monaten oder besonders hohen Auslagen aus.

---

339 Vgl. Eickmann, a. a. O., § 9 Rdnr. 4.
340 Vgl. Eickmann, a. a. O., § 9 Rdnr. 17.
341 Vgl. MK-InsO/Nowak, Anhang zu § 65 InsVV § 9 Rdnr. 8; Eickmann, a. a. O., § 9 Rdnr. 15; einschränkend Haarmeyer/Wutzke/Förster, a. a. O., § 9 Rdnr. 3; Blersch, a. a. O., § 9 Rdnr. 5.
342 Vgl. MK-InsO/Nowak, Anhang zu § 65 InsVV § 9 Rdnr. 8.
343 S. o. Rdnr. 92.
344 *LG Göttingen* ZInsO 2001, 846; Foltis, ZInsO 2001, 842; a. A. Eickmann, a. a. O., § 9 Rdnr. 19.

Diese Kriterien sind allerdings nur als »Beispiele« für das Vorhandensein eines »berechtigten Interesses« zu werten.[345]

Der Verordnungsgeber geht davon aus, dass eine Vorfinanzierung der Tätigkeit des Insolvenzverwalters über einen Zeitraum von mehr als sechs Monaten hinaus grundsätzlich nicht zumutbar ist.

Ein Vorschuss ist auch dann zu gewähren, wenn besonderes hohe Auslagen den Insolvenzverwalter persönlich mit erheblichen Kosten belasten. Das ist beispielsweise der Fall, wenn in größerem Umfange Aufwendungen anfallen, z. B. für Zustellungen, die gemäß § 8 Abs. 3 InsO dem Verwalter übertragen wurden. Als Grenzwert ist hier ein Betrag von EUR 500,00 anzunehmen.[346]

Neben diesen vom Verordnungsgeber exakt definierten berechtigten Interessen, ist auch das Sicherungsinteresse des Insolvenzverwalters anzuerkennen, wenn beispielsweise eine spätere Massearmut nach § 207 InsO oder eine Masseunzulänglichkeit nach § 208 InsO droht. Darüber hinaus besteht ein berechtigtes Interesse, wenn der Verwalter in beachtlichem Umfange tätig geworden ist.[347]

Bei Vorliegen eines berechtigten Interesses ist der Insolvenzverwalter nicht an die sechsmonatige Mindestfrist gebunden. Er kann bereits zuvor bei Vorliegen entsprechender Umstände, die er in seiner Begründung darzulegen hat, einen Vorschuss beantragen.[348] Bei einer Verfahrensdauer von sechs Monaten oder mehr bedarf es keiner näheren Begründung hinsichtlich des berechtigten Interesses, da dieses vom Verordnungsgeber als gegeben vermutet wird.

Die Höhe des Vorschusses orientiert sich unter Berücksichtigung der vom Insolvenzverwalter darzulegenden Berechnungsgrundlage an der bisherigen Tätigkeit des Insolvenzverwalters aber auch an der zu erwartenden endgültigen Vergütung zum Ende des Verfahrens. In Verfahren, die bereits Kriterien für Zu- oder Abschläge gemäß § 3 InsVV zum Zeitpunkt der Antragstellung erkennen lassen, ist somit die Beantragung eines Vorschusses ggf. über die Regelvergütung gemäß § 2 InsVV hinaus zulässig. Voraussetzung hierfür ist allerdings, dass bereits mit der erforderlichen Sicherheit sowohl die Berechnungsgrundlage, als auch insbesondere die zu erwartenden Zuschläge dargelegt und auch nachgewiesen werden können.[349]

c) Zustimmung des Gerichts

Das Insolvenzgericht hat bei der Prüfung der Frage, ob ein Vorschuss zu gewähren ist, ein **pflichtgemäßes billiges Ermessen** auszuüben. § 9 InsVV ge-

---

345 Vgl. Haarmeyer/Wutzke/Förster, a. a. O., § 9 Rdnr. 6; Blersch, a. a. O., § 9 Rdnr. 10.
346 Vgl. Blersch, a. a. O., § 9 Rdnr. 15.
347 Vgl. Blersch, a. a. O., § 9 Rdnr. 10.
348 Vgl. MK-InsO/Nowak, Anhang zu § 65 InsVV § 9 Rdnr. 11.
349 Vgl. Blersch, a. a. O., § 9 Rdnr. 8 m. w. N.

währt zwar von der gesetzlichen Regelung her keinen Anspruch auf einen Vorschuss, doch hat das Insolvenzgericht das berechtigte Interesse des Insolvenzverwalters einen Vorschuss zu erhalten unter dem verfassungsrechtlichen Gebot einer angemessenen Vergütung, das auch eine zeitliche Komponente hat, zu berücksichtigen.[350] Folglich hat das Insolvenzgericht die Verpflichtung den Vorschuss dann zu gewähren, wenn die Voraussetzungen des § 9 Satz 2 InsVV vorliegen oder der Verwalter ein berechtigtes Interesse nachvollziehbar darlegt. Die Zustimmung kann nur dann verweigert werden, wenn die Abwicklungstätigkeit des Verwalters mangelhaft war oder die Höhe des beantragten Vorschusses außer Verhältnis zum Verfahrensstand steht.[351]

3. Entnahmerecht

105 Liegt die Zustimmung durch das Insolvenzgericht vor, so ist der Insolvenzverwalter **berechtigt**, den zugebilligten Vorschussbetrag aus der Masse **zu entnehmen**, § 9 Satz 1 InsVV.

Da die Auszahlung des Vorschusses gegenüber der Insolvenzmasse Tilgungswirkung hat, erlischt die latent bestehende Masseverbindlichkeit gemäß § 54 Nr. 2 InsO in Höhe des Vorschussbetrages. Mithin ist der Insolvenzverwalter bei eventuellem späteren Eintritt einer Masseunzulänglichkeit nach § 208 InsO oder einer Massearmut gemäß § 207 InsO nicht verpflichtet, den erhaltenen Betrag zurückzuzahlen.[352]

Für den Fall, dass die entnommenen Vorschussbeträge den bei Abschluss festgesetzten Vergütungsbetrag übersteigen, ist der Insolvenzverwalter allerdings zur Rückzahlung des Mehrbetrages nach bereicherungsrechtlichen Grundsätzen verpflichtet.[353]

4. Bekanntmachung und Rechtsmittel

106 Die Zustimmungserklärung des Insolvenzgerichts ist nicht öffentlich bekannt zu machen, sondern lediglich dem Insolvenzverwalter mitzuteilen. Dies ergibt sich daraus, dass die Zustimmung keine Vergütungsfestsetzung im Sinne des § 64 Abs. 1 InsO darstellt.[354] Die Zustimmungserklärung ist als eine rein insolvenzrechtliche Erlaubnis gerade keine Vergütungsentscheidung. In der Folge ist weder gegen die Zustimmungserteilung noch gegen ihre Versagung ein **Rechtsmittel** gegeben.[355] Die teilweise vertretene Auf-

---

350 Vgl. Blersch, a. a. O., § 9 Rdnr. 17.
351 Vgl. Blersch, a. a. O., § 9 Rdnr. 17.
352 Vgl. Haarmeyer/Wutzke/Förster, a. a. O., § 9 Rdnr. 15.
353 Vgl. Blersch, a. a. O., § 9 Rdnr. 24 m. w. N.
354 Vgl. Blersch, a. a. O., § 9 Rdnr. 25; a. A. Eickmann, a. a. O., § 9 Rdnr. 19.
355 Vgl. Blersch, a. a. O., § 9 Rdnr. 26 ff.; *LG Göttingen* ZInsO 2001, 846 f.; Foltis, ZInsO 2001, 842 f.

fassung, wonach die Beteiligten bei einer Zustimmung des Gerichts keine Rechtsbehelfe, dem Insolvenzverwalter allerdings bei einer ablehnenden Entscheidung die sofortige Beschwerde zustehen soll[356] ist als widersprüchlich und nicht konsequent abzulehnen. Die Zustimmung des § 9 InsVV ist auch deshalb als reine insolvenzrechtliche Erlaubnis anzusehen, da sie formell **nicht bekannt gemacht** wird.[357]

B. Vergütung des vorläufigen Insolvenzverwalters, des Sachwalters und des Treuhänders im vereinfachten Verfahren

I. Allgemeines

§ 10 InsVV, der nur im Zusammenhang mit den §§ 11–13 InsVV gesehen werden kann, stellt klar, dass für die im zweiten Abschnitt geregelten Vergütungsfälle grundsätzlich die **Regelungen des ersten Abschnitts entsprechend anwendbar** sind.[358] Dabei weist die Norm ausdrücklich daraufhin, dass die entsprechende Anwendung allerdings nur insoweit gilt, als in den §§ 11–13 InsVV nichts anderes bestimmt ist. Der Verordnungsgeber ging davon aus, dass die Tätigkeiten des vorläufigen Insolvenzverwalters, des Sachwalters und auch des Treuhänders im vereinfachten Verfahren in wesentlichen Punkten mit der Tätigkeit des Insolvenzverwalters vergleichbar sind und folglich für die Struktur, Berechnung und Festsetzung der Vergütung dieser Personen weitgehend die Vorschriften zur Vergütung des Insolvenzverwalters gelten.[359] Soweit auf die jeweilige Tätigkeit bezogen Abweichungen von dem Umfang der Tätigkeit des Insolvenzverwalters gegeben sind, enthalten die §§ 11–13 InsVV ergänzende Sonderregelungen.[360]

107

---

356 Vgl. Haarmeyer/Wutzke/Förster, a. a. O., § 9 Rdnr. 18; Keller, a. a. O., Rdnr. 173.
357 Vgl. Blersch, a. a. O., § 9 Rdnr. 26.
358 Eickmann, a. a. O., § 10 Rdnr. 1; MK-InsO/Nowak, Anhang zu § 65 InsVV § 10.
359 Vgl. Begründung des Verordnunggebers, B zu §§ 10 ff.
360 Einzelheiten s. u. Rdnr. 108 ff., 138 ff., 151 ff.

II. Vorläufiger Insolvenzverwalter (§§ 11, 10 InsVV)

1. Allgemeines

108 Mit den Regelungen des § 11 InsVV hat der Verordnungsgeber nunmehr einen eigenständigen Vergütungsanspruch des vorläufigen Insolvenzverwalters begründet. Damit hat der Verordnungsgeber die bisherige Praxis der Zubilligung einer Vergütung für einen im Konkurseröffnungsverfahren tätigen Sequester, wobei für diesen in der VergVO keine Regelung enthalten war, übernommen.[361] Mit dem **eigenständigen Vergütungsanspruch** ist darüber hinaus klargestellt, dass der vorläufige Insolvenzverwalter und der Insolvenzverwalter jeweils eigenständige Vergütungsansprüche besitzen, ungeachtet einer eventuellen Personenidentität. Da der Verordnungsgeber davon ausgegangen ist, dass die Tätigkeit eines vorläufigen Insolvenzverwalters nur Teilbereiche der Tätigkeit eines Insolvenzverwalters umfasst, wobei er auf die einzelnen Ausprägungen und Risiken, die je nach Umfang der übertragenden Funktionen variieren, nicht eingegangen ist, wird festgelegt, dass der vorläufige Insolvenzverwalter einen Bruchteil der Vergütung des Insolvenzverwalters erhält. Durch diese pauschale Regelung wird zwar einerseits gewährleistet, dass keine starren Vergütungssätze zu beachten sind, sondern tatsächlich die angemessene Vergütung festgesetzt wird, andererseits wird damit jedoch einem Interpretationsstreit Tür und Tor geöffnet.[362] Durch die Verweisung in § 10 InsVV ist klar, dass der Verordnungsgeber auch bezogen auf die Vergütung des vorläufigen Insolvenzverwalters von dem System der Berechnung einer Regelvergütung für ein durchschnittliches vorläufiges Insolvenzverfahren ausgegangen ist, wonach die Regelvergütung einen Bruchteil der Vergütung des Insolvenzverwalters darstellt. Gleichzeitig ergibt sich allerdings aus der Verweisung, dass auch für den vorläufigen Insolvenzverwalter das offene System der Abweichung von der Regelvergütung durch Zu- und Abschläge gemäß § 3 InsVV ebenfalls einschlägig ist.[363]

Das entspricht auch dem verfassungsrechtlichen Grundsatz der Festsetzung einer angemessenen Vergütung für die jeweils erbrachte Tätigkeit und übernommenen Haftungsrisiken.

Erfreulicherweise legt der Verordnungsgeber in § 11 Abs. 2 InsVV nunmehr ausdrücklich fest, dass für den Fall der Bestellung des vorläufigen Insolvenzverwalters gleichzeitig zum Sachverständigen er eine gesonderte Entschädigung nach dem ZSEG erhält, ungeachtet der ihm zuzubilligenden Vergütung als vorläufiger Insolvenzverwalter.[364]

---

361 Vgl. Begründung des Verordnunggebers, B zu § 11.
362 Vgl. auch Eickmann, a. a. O., § 11, Rdnr. 1.
363 Vgl. Blersch, a. a. O., § 11 Rdnr. 4.
364 Vgl. die Begründung des Verordnungsgebers, B zu § 11.

2. Anspruch auf Vergütung und Auslagen

a) Anspruchsgrundlage

Aus § 11 Abs. 1 Satz 1 InsVV ergibt sich der Anspruch des vorläufigen Insolvenzverwalters. Diese Ansprüche entstehen gleichermaßen wie diejenigen des Insolvenzverwalters mit dem Tätigwerden.[365] Daher wird der **Anspruch** nicht erst mit der Festsetzung durch das Gericht begründet, sondern die gerichtliche Festsetzung konkretisiert den Anspruch und gibt gleichzeitig die Erlaubnis zur Entnahme.

109

b) Fälligkeit

Die **Fälligkeit** des Anspruchs ergibt sich nach den allgemeinen Regelungen des Kostenrechts.[366]

110

c) Vorschüsse

Da § 10 InsVV insgesamt auf den ersten Abschnitt der InsVV verweist und in § 11 InsVV kein entsprechender Ausschluss enthalten ist, gilt für den vorläufigen Insolvenzverwalter die Regelung des § 9 InsVV ebenfalls, so dass er berechtigt ist – bei Vorliegen der Voraussetzungen – **Vorschüsse** zu fordern. Dies ist auch angemessen, da der Verordnungsgeber dann von der Berechtigung zur Entnahme von Vorschüssen bei Insolvenzverwaltern und damit auch beim vorläufigen Insolvenzverwalter ausgeht, wenn ein berechtigtes Interesse gegeben ist. Unter Berücksichtigung des in § 9 InsVV geforderten »berechtigten Interesses« ist jeweils zu prüfen, inwieweit dies im Rahmen der vorläufigen Insolvenzverwaltung für den vorläufigen Insolvenzverwalter gegeben ist. Zu denken ist dabei an eine besonders lange Dauer der vorläufigen Insolvenzverwaltung oder an den Anfall verhältnismäßig hoher Auslagen. Ein »berechtigtes Interesse« ist aber auf jeden Fall dann einem vorläufigen Insolvenzverwalter zuzubilligen, wenn die wirtschaftliche Situation der von ihm verwalteten Masse ein erhöhtes Risiko bezüglich eines Ausfalls mit der Begleichung der Vergütungsansprüche erkennen lässt. Gerade im vorläufigen Verfahren ist das Risiko einer plötzlichen Massearmut besonders gegeben, da weitere Verfahrensabläufe oder rechtliche Situationen (z. B. Rechte Dritter an Massegegenständen) nicht überschaubar sind.

111

Analog § 9 InsVV bedarf der vorläufige Insolvenzverwalter zur Entnahme von Vorschüssen der Zustimmung des Insolvenzgerichts. Nach dem Grundgedanken des Gebührenrechts ist der Vorschuss so zu bemessen, dass er dem Umfang der bisher vom vorläufigen Verwalter erbrachten Leistungen entspricht.[367] Folglich ist der vorläufige Insolvenzverwalter berechtigt, den Vorschussbetrag unter Berücksichtigung der Regelvergütung aber auch

112

---

[365] Siehe hierzu im Einzelnen die Ausführungen oben Rdnr. 94.
[366] Siehe hierzu im Einzelnen die Ausführungen oben Rdnr. 94.
[367] Vgl. die Ausführungen oben Rdnr. 98.

der anzusetzenden Zu- und Abschläge zu berechnen.[368] Dem vorläufigen Insolvenzverwalter ist daher anzuraten, seinen Vorschussantrag entsprechend den Vorgaben des § 9 InsVV detailliert unter Darlegung der Berechnungsgrundlage und der sich daraus ergebenden Regelvergütung, insbesondere der vorzunehmenden Zu- und Abschläge zu formulieren. Der mit Zustimmung des Insolvenzgerichts entnommene Vorschuss stellt eine Teilvergütung dar, so dass der vorläufige Insolvenzverwalter insoweit als befriedigt anzusehen ist. Sollte sich zu einem späteren Zeitpunkt die Masseunzulänglichkeit herausstellen, besteht kein Rückforderungsanspruch. Demgegenüber ist der vorläufige Insolvenzverwalter nach bereicherungsrechtlichen Grundsätzen (§ 812 BGB) zur Rückzahlung dann verpflichtet, wenn die endgültig festgesetzte Vergütung geringer ist als der bereits entnommene Vorschuss.[369]

3. Die Vergütung des vorläufigen Insolvenzverwalters (§ 11 Abs. 1 InsVV)

113 Der Verordnungsgeber hat in § 11 Abs. 1 Satz 2 InsVV lediglich normiert, dass die Vergütung des vorläufigen Insolvenzverwalters in der Regel einen **angemessenen Bruchteil der Vergütung des Insolvenzverwalters** nicht überschreiten soll. Er hat damit die bereits im Bereich der Sequestervergütung strittige Frage, auf welcher Basis diese Vergütung zu berechnen ist bzw. wie hoch die »fiktive Verwaltervergütung«, deren Bruchteil dann festzusetzen ist, sich berechnet, nicht geregelt. In der Begründung des Verordnungsgebers[370] wird auf die bisherige Sequestervergütung, die regelmäßig 25 % der Konkursverwaltervergütung ausmacht, hingewiesen und dargelegt, dass die Tätigkeit des vorläufigen Insolvenzverwalters in der Regel lediglich einen Teil der Arbeit des Insolvenzverwalters darstellt. Es wurde damit die Figur eines »fiktiven Insolvenzverwalters« geschaffen, dessen Vergütung zu berechnen ist, wobei hiervon dann der angemessene Bruchteil für den vorläufigen Insolvenzverwalter zu errechnen ist. Dabei hat der Verordnungsgeber allerdings übersehen, dass die Tätigkeiten des vorläufigen Insolvenzverwalters und des Insolvenzverwalters sich schon nach der Intention des Verordnungsgebers regelmäßig in vielen Teilen unterscheiden. Gerade durch die Schaffung des eigenständigen Vergütungsanspruchs des vorläufigen Insolvenzverwalters und der damit zum Ausdruck gebrachten Abgrenzung der beiden Tätigkeitsbereiche wäre die Bestimmung einer eigenen Berechnungsgrundlage für die Vergütung des vorläufigen Insolvenzverwalters klarer gewesen und hätte auch zu vorausberechenbareren Vergütungsfestsetzungen geführt.[371] Im Ergebnis hat der Verordnungsgeber die Schaffung der Berechnungsgrundlagen der Rechtsprechung und Literatur über-

---

368 MK-InsO/Nowak, Anhang zu § 65 InsVV § 11 Rdnr. 5.
369 Vgl. Haarmeyer/Wutzke/Förster, a. a. O., § 9 Rdnr. 15.
370 Vgl. die Begründung des Verordnunggebers, B zu § 11.
371 Vgl. hierzu Blersch, a. a. O., § 11 Rdnr. 6.

rechte werden durch entsprechende Mitteilung über die vorläufige Insolvenzverwaltung gesichert.[384]

Bei Vorliegen der dargestellten Handlungen des vorläufigen Insolvenzverwalters ist von einer »nennenswerten« Tätigkeit des vorläufigen Insolvenzverwalters auszugehen, so dass die entsprechenden Vermögenswerte, auch wenn sie mit Aus- und Absonderungsrechten belastet sind, in die Berechnungsgrundlage einbezogen werden.

Eine entsprechende Anwendung des § 1 Abs. 2 Nr. 1 InsVV ist bei dem vorläufigen Insolvenzverwalter nicht angemessen. Die Beschränkung auf zum Einen lediglich mit Absonderungsrechten belastete Gegenstände und zum Anderen nur auf einen Erhöhungsbetrag von 50 % der Feststellungskosten ist bezogen auf die Tätigkeit des vorläufigen Insolvenzverwalters nicht angemessen. § 1 Abs. 2 Ziffer 1 InsVV bezieht sich nur auf die typische Tätigkeit des (endgültigen) Insolvenzverwalters, der im Wesentlichen hinsichtlich dieser Gegenstände Verwertungsaufgaben hat. Der vorläufige Insolvenzverwalter hat demgegenüber in diesem Bereich vollumfänglich Sicherungs- und damit auch Verwaltungstätigkeiten auszuüben, wobei davon auch die mit Aussonderungsrechten belasteten Gegenstände umfasst werden.

117

Die in die Berechnungsgrundlage einzubeziehenden Massegegenstände sind nach ihren Verkehrswerten und nicht zu Bilanzwerten anzusetzen.[385] Sofern bezogen auf einzelne Gegenstände für den Fall der Zerschlagung bzw. den Fall der Fortführung unterschiedliche Werte gegeben sind, hat der vorläufige Insolvenzverwalter in seinem Vergütungsantrag eine entsprechende Einschätzung, d. h. eine Zukunftsprognose, abzugeben, wobei nachvollziehbare Anhaltspunkte darzulegen sind.[386] Insbesondere im Fall der Rücknahme des Eigenantrages kann auf die im Zusammenhang mit dem Antrag vom Schuldner gemachten Angaben zur Vornahme einer Schätzung zurückgegriffen werden.[387] Die sich ggf. nach Stellung des Vergütungsantrages ergebenden Wertveränderungen (z. B. Eingang eines Sachverständigengutachtens) bis zur Rechtskraft des Festsetzungsbeschlusses sind zu berücksichtigen. Es kommt allerdings eine Heraufsetzung der Vergütung nur in Betracht, wenn dies vom vorläufigen Insolvenzverwalter auch ergänzend beantragt wird.[388]

118

Bei der Ermittlung der Berechnungsgrundlage gemäß § 1 InsVV sind auch die Anrechnungsregeln des § 1 Abs. 2 InsVV grundsätzlich anzuwenden, wobei allerdings § 1 Abs. 2 Nr. 1 InsVV den oben dargestellten Grundsätzen folgend bei einer nennenswerten Tätigkeit des vorläufigen Insolvenz-

---

384 Vgl. zu den vorstehenden Kriterien Haarmeyer/Förster, a. a. O.
385 OLG Jena ZIP 2000, 1839.
386 Vgl. OLG Zweibrücken ZIP 2000, 1306; MK-InsO/Nowak, Anhang zu § 65 InsVV § 11 Rdnr. 6.
387 LG Mannheim ZIP 2001, 1600.
388 Vgl. MK-InsO/Nowak, Anhang zu § 65 InsVV § 11 Rdnr. 6.

verwalters bezogen auf mit Aus- und Absonderungsrechten belasteten Gegenstände nicht anzuwenden ist.

b) »Regelvergütung«

119 Auf Grund des Verweises in § 10 InsVV ergibt sich aus der Systematik der InsVV, dass der vorläufige Insolvenzverwalter entsprechend §§ 2, 3 InsVV eine »**Regelvergütung**« erhält, die mit **Zu- und Abschlägen** versehen werden kann, sofern die Voraussetzungen hierfür gegeben sind. Dementsprechend ist auch für den vorläufigen Insolvenzverwalter von der Bewertung des Verordnungsgebers ausgehend eine »Regelvergütung« zu ermitteln, die als »Basiswert« bezeichnet werden kann. Gemäß § 11 Abs. 1 Satz 2 InsVV soll die Vergütung des vorläufigen Insolvenzverwalters einen Bruchteil der Vergütung des Insolvenzverwalters betragen. Der Verordnungsgeber hat in seiner Begründung darauf hingewiesen, dass die Tätigkeit des vorläufigen Insolvenzverwalters regelmäßig nur einen Teil der Tätigkeit des Insolvenzverwalters, nämlich Sicherung und Erhaltung der Insolvenzmasse und ggf. vorläufige Fortführung des Unternehmens, darstellt.[389] In diesem Zusammenhang hat der Verordnungsgeber noch die im Bereich der Konkursordnung geübte Praxis erwähnt, wonach der Sequester 25 % einer Konkursverwaltervergütung erhielt.[390] Damit soll allerdings nicht fixiert werden, dass der vorläufige Insolvenzverwalter regelmäßig 25 % der Regelvergütung eines Insolvenzverwalters gemäß § 2 InsVV erhalten soll. Entsprechend dem Verfassungsgrundsatz einer angemessenen Vergütung unter Berücksichtigung der tatsächlich ausgeübten Tätigkeit, der auch die Vergütung des Insolvenzverwalters prägt, ist auch im Bereich der Vergütung des vorläufigen Insolvenzverwalters eine jeweils auf den Einzelfall bezogene die tatsächliche Tätigkeit und sein Haftungsrisiko einbeziehende angemessene Vergütung zu ermitteln.[391] Daher sind bei der Bemessung der Vergütung des vorläufigen Insolvenzverwalters sämtliche Kriterien, insbesondere auch die Unterscheidung zwischen »starkem« (gemäß § 22 Abs. 1 InsO) und »schwachem« (gemäß § 22 Abs. 2 InsO) vorläufigen Insolvenzverwalter zu berücksichtigen. Darüber hinaus ist nach der Rechtsprechung des BGH[392] jeweils im Einzelfall zu prüfen, inwieweit der vorläufige Insolvenzverwalter, insbesondere bezogen auf die Gegenstände, die mit Aus- und Absonderungsrechten belastet sind, aber auch bezogen auf weitere Tätigkeitskreise, lediglich eine »**nennenswerte**« oder aber eine »**erhebliche**« **Verwaltungstätigkeit** ausgeübt hat.[393] Klarstellend ist darauf hinzuweisen, dass der Bundesgerichtshof in seiner Entscheidung im Wesentlichen die Frage der Einbeziehung der Vermögenswerte, welche mit Aus- und Absonderungsrechten belastet sind, erörtert hat. Im Bereich der Bearbeitung von

---

389 *Begründung des* Verordnungsgebers, B zu § 11.
390 Vgl. Begründung des Verordnungsgebers, B zu § 11.
391 Vgl. *BVerfG* ZIP 1993, 838, 841.
392 BGH ZInsO 2001, 165 ff.
393 Vgl. *BGH* ZInsO 2001, 165, 168 f.; Klaas, ZInsO 2001, 581, 582 ff.

Aus- und Absonderungsrechten durch den vorläufigen Insolvenzverwalter hat der BGH entschieden, dass bei »nennenswerter Tätigkeit«[394] die mit Aus- und Absonderungsrechten belasteten Vermögensgegenstände mit in die Berechnungsgrundlage einzubeziehen sind und bei »beachtlicher Tätigkeit« – ungeachtet der sonstigen Tätigkeitsbereiche des vorläufigen Insolvenzverwalters – eine »Regelvergütung« von mindestens 25 % der Staffelvergütung des § 2 angemessen ist.[395] Der BGH prüft daher zunächst, ob bezogen auf die mit Aus- und Absonderungsrechten belasteten Gegenstände eine »nennenswerte« Tätigkeit ausgeübt wurde. Ist das zu bejahen, werden diese Gegenstände in die Berechnungsgrundlage einbezogen. Stellt sich darüber hinaus heraus, dass der vorläufige Insolvenzverwalter auch eine »erhebliche« Tätigkeit bezogen auf die Gegenstände ausgeübt hat, so ergibt sich eine »Regelvergütung« von mindestens 25 % der Staffelvergütung des § 2 InsVV. Nicht berücksichtigt sind dabei weitere Tätigkeiten, nämlich diejenigen, die nicht die mit Drittrechten belasteten Gegenstände betreffen und die ggf. zu Zuschlägen gem. § 3 InsVV führen können.[396]

120
Als Kriterien für die »erhebliche« Verwaltungstätigkeit sind die von Haarmeyer/Förster[397] aufgestellten Kriterien anzusetzen, wobei diese teilweise ergänzend mit Mindestwerten zu versehen sind, da ansonsten keine Abgrenzung zu den »nennenswerten« Tätigkeiten möglich ist.

Qualitative Merkmale:

- Inbesitznahme;
- faktische Vermögenspflege und Sicherung der Masse;
- Erledigung laufender notwendiger Aufgaben in Bezug auf die Masse;
- Inventarisierung;
- Entscheidung über die Aufnahme von Rechtsstreitigkeiten einschließlich der Vorprüfung der Erfolgsaussichten;
- Herbeiführung der vollständigen Auskunftserteilung;
- Prüfung der Massekostendeckung.

Quantitative Merkmale:

- Umsatz mindestens EUR 0,5 Mio. bis EUR 1,5 Mio.;
- Dauer der Verwaltungstätigkeit zwischen vier und sechs Wochen;
- 10 bis 20 Arbeitnehmer;
- eine einzige Betriebsstätte;
- Forderungen gegen 50 bis zu 100 Schuldner.

---

394 S. o. Rdnr. 115.
395 Vgl. BGH a. a. O.; Haarmeyer/Förster, ZInsO 2001, 215; Klaas, a. a. O.
396 S. o. Rdnr. 31 ff.
397 Haarmeyer/Förster, a. a. O.

Nach Erreichen dieser Schwellenwerte ist die Regelvergütung mit mindestens 25 % der Staffelvergütung allein unter der Prämisse der Einbeziehung der mit Drittrechten belasteten Gegenstände anzusetzen. Bei zusätzlichem Überschreiten der Obergrenze der qualitativen und/oder quantitativen Merkmale ist folglich eine Erhöhung des Bruchteils in angemessener Höhe vorzunehmen. Werden die vorgenannten Kriterien allerdings nicht erreicht und der vorläufige Insolvenzverwalter hat lediglich die Kriterien für »nennenswerte« Verwaltungstätigkeiten bezogen auf die mit Aus- und Absonderungsrechten belasteten Gegenstände erfüllt, so sind entsprechend dem Bundesgerichtshof[398] insoweit Abschläge vorzunehmen.

Ausdrücklich ist darauf hinzuweisen, dass die Entscheidung des BGH nicht durchgängig konsequent ist, da weitestgehend auf die Einbeziehung der Aus- und Absonderungsrechte abgestellt wird und der Ansatz der Regelvergütung von 25 % ebenfalls nur unter Berücksichtigung dieses Umstandes erfolgt. Da die Entscheidung des Bundesgerichtshofes nur einen – allerdings erheblichen – Teilbereich der Tätigkeit des vorläufigen Insolvenzverwalters betrifft, sind darüber hinaus die weiteren vom vorläufigen Insolvenzverwalter ausgeübten Tätigkeiten und auch sein Haftungsrisiko in die Beurteilung des konkreten Falles einzubeziehen. Insbesondere ist aber auch differenziert zu betrachten, inwieweit er als »starker« (§ 22 Abs. 1 InsO) oder »schwacher« (§ 22 Abs. 2 InsO) vorläufiger Insolvenzverwalter bestellt worden ist.

aa) Der »starke« vorläufige Insolvenzverwalter

121 Der »starke« vorläufige Insolvenzverwalter (§ 22 Abs. 1 InsO) hat in einem Verfahren, in dem dem Schuldner darüber hinaus ein allgemeines Verfügungsverbot auferlegt worden ist, weitgehende Sicherungs- und Erhaltungsaufgaben und Befugnisse.

Die dem »starken« vorläufigen Insolvenzverwalter obliegenden Aufgaben sind wesentlich weitreichender als die des früheren Sequesters und beinhalten erhebliche Haftungsrisiken. Dementsprechend kann auch die für einen Sequester geltende ursprüngliche Regelung von 25 % der Konkursverwaltervergütung auf den »starken« vorläufigen Insolvenzverwalters nicht anwendbar sein. Hier muss eine »Regelvergütung« von 50 % der Staffelvergütung des § 2 InsVV zugebilligt werden, insbesondere dann, wenn der »starke« vorläufige Insolvenzverwalter erhebliche Tätigkeiten bezüglich der mit Drittrechten belasteten Gegenständen ausgeübt hat.[399] Die teilweise in Literatur[400] und Rechtsprechung[401] vertretene Auffassung, dass der »starke« vorläufige Insolvenzverwalter das »qualitative Leitbild« des vorläufigen Insolvenzverwalters sei und folglich eine »Regelvergütung« von 25 % der

---

398 Haarmeyer/Förster, a. a. O.
399 Vgl. Nerlich/Römermann, a. a. O., § 63 Rdnr. 35; MK-InsO/Nowak, Anhang zu § 65 InsVV § 11 Rdnr. 8; a. a. O., Eickmann, § 11 Rdnr. 14.
400 Vgl. Haarmeyer/Wutzke/Förster, a. a. O., § 11 Rdnr. 2.
401 Vgl. OLG Braunschweig ZInsO 2000, 336; AG Bielefeld ZInsO 2000, 35 mit einem Bruchteil von 40 %.

Staffelvergütung gemäß § 2 InsVV anzusetzen sei, ist abzulehnen. Dieser Ansatz wird dem Umfang der geforderten Tätigkeiten und auch dem Haftungsrisiko des »starken« vorläufigen Insolvenzverwalters in keiner Weise gerecht und widerspricht somit dem Verfassungsgrundsatz einer angemessenen Tätigkeitsvergütung.

bb) Der »schwache« vorläufige Insolvenzverwalter

Richtigerweise ist die Bestellung eines »**schwachen« vorläufigen Insolvenzverwalters** als Normalfall mit einem Ansatz von 25 % der Staffelvergütung anzusehen.[402]

122

Entsprechend der Regelungen des § 22 Abs. 2 InsO, indem dem Schuldner kein allgemeines Verfügungsverbot auferlegt wurde, können dem »schwachen« vorläufigen Insolvenzverwalter durch das Insolvenzgericht in unterschiedlichsten Varianten Verfügungsbefugnisse ggf. in Verbindung mit Zustimmungsvorbehalten übertragen werden. Mithin ist ausgehend von dem »Regelsatz« von 25 % für den »schwachen« vorläufigen Insolvenzverwalter entsprechend dem Umfang der – weiteren – Pflichten und Tätigkeiten und den daraus resultierenden Haftungsrisiken bezogen auf den konkreten Fall die »Regelvergütung« zu bestimmen.[403] Der Bruchteil der »Regelvergütung« des »schwachen« vorläufigen Insolvenzverwalters ist umso höher anzusetzen, als ihm Befugnisse und Verpflichtungen übertragen und dem Insolvenzschuldner Zustimmungsvorbehalte und Verfügungsbeschränkungen auferlegt wurden. Dabei kann von folgenden Zu- und Abschlägen bei einer Basis von 25 % ausgegangen werden:

Umfang der übertragenen Befugnisse	Abschläge vom Ausgangswert 25 %	Zuschläge vom Ausgangswert 25 %
Keine Verfügungsbefugnis/ kein Zustimmungsvorbehalt	10–15 %	
Verfügungsbeschränkungen mit Übertragung der Verwaltungsverfügungsbefugnis auf den vorl. Insolvenzverwalter bezogen auf einzelne Gegenstände		je nach Umfang und Anzahl der Vermögensgegenstände 5 % – 20 %
Allgemeiner Zustimmungsvorbehalt		10 % – 15 %
konkrete einzelfallbezogene Zustimmungsvorbehalte		5 % – 15 %

---
402 Vgl. Blersch, a. a. O., § 11 Rdnr. 34; LG Wiesbaden InVo 2000, 165; AG Regensburg ZInsO 2000, 344.
403 MK-InsO/Nowak, Anhang zu § 65 InsVV § 11 Rdnr. 3.

c) Zuschläge und Abschläge auf die »Regelvergütung«

123 Die vorstehend für den »starken« und für den »schwachen« vorläufigen Insolvenzverwalter angegebenen Bruchteile bzw. Prozentsätze vergüten die Tätigkeit des vorläufigen »starken« oder »schwachen« Insolvenzverwalters soweit es sich nach Art und Umfang des Verfahrens um ein sog. »Normalverfahren« handelt. Sie stellen die »Regelvergütung« für den vorläufigen Insolvenzverwalter dar. Weicht dagegen der Umfang und das Haftungsrisiko des vorläufigen Insolvenzverfahrens von dem des Normalverfahrens ab, sei es geringer oder sei es umfangreicher, sind **entsprechende Zu- oder Abschläge** vorzunehmen. Als Kriterien für ein Normalverfahren sind die im Bereich der Ermittlung des Schwellenwerts der »erheblichen« Verwaltungstätigkeit beschriebenen Umstände anzusetzen. Diese wurden bereits unter b) im Einzelnen dargelegt. Insoweit können bei der Frage von Zu- oder Abschlägen bei Abweichungen vom Normalverfahren, ohne dass insoweit die Frage der Einbeziehung von Aus- und Absonderungsrechten bei der Berechnungsgrundlage zu prüfen ist, diese Kriterien auch für die Beurteilung eines Normalverfahrens herangezogen werden. Diesen weitgehend anerkannten Kriterien[404] kommt insoweit eine Doppelfunktion zu, da sie einerseits bei der Frage der Einbeziehung der mit Aus- und Absonderungsrechten belasteten Gegenständen in die Berechnungsgrundlage, andererseits auch zur Beurteilung eines Normalverfahrens herangezogen werden können.

124 Bei Abweichungen von Art und Umfang der vorläufigen Verwaltertätigkeit – unter Zugrundelegung der vorstehend besprochenen Kriterien – ist bezogen auf den Einzelfall eine Anpassung der Vergütung durch Zu- und Abschläge vorzunehmen. Dabei sind insbesondere gemäß § 11 Abs. 1 Satz 3 InsVV Art, Dauer und Umfang der Tätigkeit bei der Festsetzung zu berücksichtigen. Über die Verweisung des § 10 InsVV ist darüber hinaus § 3 InsVV entsprechend anwendbar. Auszugehen ist allerdings immer zunächst von der Feststellung der Grundvergütung insbesondere durch Abgrenzung zwischen »schwachem« und »starkem« Insolvenzverwalter. Auf der Grundlage der dann festgestellten »Regelvergütung« sind bezogen auf den konkreten Tätigkeitsumfang des vorläufigen Insolvenzverwalters dann wiederum die Zu- und Abschläge zu ermitteln. Ergänzend ist darauf hinzuweisen, dass nach der Rechtsprechung des Bundesgerichtshofs[405] für den Fall, dass in die Berechnungsgrundlage Vermögenswerte einbezogen sind, die mit Aus- und Absonderungsrechten belastet sind, ein Abschlag von der »Regelvergütung« dann vorzunehmen ist, wenn der vorläufige Insolvenzverwalter bezüglich der entsprechenden Gegenstände lediglich eine »**bloß nennenswerte**« **Tätigkeit** ausgeübt hat und nicht die »Schwelle« der »**erheblichen**« **Verwaltungstätigkeit** bezogen auf diese Vermögenswerte erreicht hat. Der BGH sieht in diesem Fall den vorläufigen Insolvenzverwalter allein schon

---

404 Vgl. Haarmeyer/Förster, ZInsO 2001, 216; *Klaas*, ZInsO 2001, 581, 582 ff.
405 BGH ZInsO 2001, 165, 168 f.

durch die wesentliche Erhöhung der Berechnungsgrundlage als »ausreichend« vergütet an.

Zusätzlich zu den sich aus der Frage der Einbeziehung von mit Aus- und Absonderungsrechten belasteten Gegenständen ergebenden Zu- oder Abschlägen sind bezogen auf die konkrete – weitere – Verwaltungstätigkeit unter Berücksichtigung des § 3 InsVV ergänzend Zu- und Abschläge anzusetzen, die allerdings nicht pauschal, sondern am **konkreten Fall** orientiert unter Berücksichtigung des Umfangs der Tätigkeit des vorläufigen Insolvenzverwalters, der Dauer des vorläufigen Verfahrens und des vom vorläufigen Insolvenzverwalter eingegangen Haftungsrisikos zu beurteilen sind. Im Einzelnen kommen folgende Faktoren, die jedoch nicht abschließend sind, in Betracht:[406]

125

Zu- und Abschlagsfaktoren auf die »Regelvergütung«

Erhöhungsfaktoren:

- Sanierungsbemühungen/Vorbereitung einer übertragenden Sanierung
- Betriebsfortführung, ggf. Abwicklung des Bestellwesens für Insolvenzunternehmen über Verwalterbüro
- Verhandeln und Erarbeiten eines Sozialplans
- Forderungseinzug in erheblichem Umfang (mehr als 150 Schuldner)
- Vorfinanzierung von Insolvenzgeld
- Verwertungsmaßnahmen/Veräußerung von Betriebsvermögen
- Hohe Gläubigerzahl (Überschreiten des Normalfalles von bis zu 100 Gläubiger um mehr als 50 %)
- Erschwerte Verwaltung gegenüber dem Normalfall (unkooperativer/flüchtiger Schuldner; mehrere Betriebsstätten; Auslandsvermögen; unvollständige Buchhaltung usw.)
- Ungewöhnlich lange Dauer des vorläufigen Verfahrens über zwei Monate hinaus, allerdings nur bei sachlichen Gründen für die lange Dauer
- Hausverwaltung in größerem Umfange (mehr als 10 Wohneinheiten)

Abzugsfaktoren:

- Ungewöhnlich kurze Dauer des Verfahrens (weniger als 10 Tage)
- Vorzeitige Beendigung des Verfahrens ohne Bericht/Gutachten des vorläufigen Verwalters (z. B. Antragsrücknahme)
- Nur wenige Gläubiger (weniger als 30)
- Keine Arbeitnehmer oder Geschäftsbetrieb bereits eingestellt

---

406 Vgl. hierzu Haarmeyer/Wutzke/Förster, a. a. O., § 11 Rdnr. 50; MK-InsO/Nowak, Anhang zu § 65 InsVV § 11 Rdnr. 15.

127 Unter Berücksichtigung der zitierten Entscheidung des BGH,[407] die insbesondere hinsichtlich der »bloß nennenswerten« und der »erheblichen« Tätigkeit des Insolvenzverwalters unterscheidet und sich diese Kriterien einerseits auf die Einbeziehung von Aus- und Absonderungsrechten in die Berechnungsgrundlage auswirken, aber auch andererseits zur Beurteilung eines »Regelverfahrens« herangezogen werden können, kann von folgender **Prüfungsreihenfolge** ausgegangen werden:

> **Prüfungsreihenfolge für die Ermittlung der Gesamtvergütung**
>
> - Feststellung der Berechnungsgrundlage entsprechend § 1 Abs. 1 InsVV (Bericht/Gutachten d. vorl. Verwalters, ggf. Schätzung insbesondere bei Antragsrücknahme ggf. Rückgriff auf Angaben des Schuldners)
>   - Prüfung der Einbeziehung der mit Aus- und Absonderungsrechten belasteten Gegenständen entsprechend BGH.[408] Einbeziehung bei zumindest »nennenswerter« Tätigkeit des vorl. Verwalters bezogen auf diese Gegenstände
> - Berechnung der Regelvergütung nach § 2 InsVV
> - Berechnung des Regelbruchteils der Staffelvergütung
>   - Abgrenzung »schwacher« (25 %) und »starker« (50 %) vorl. Verwalter
>   - Beim »schwachen« vorläufigen Verwalter sind unter Berücksichtigung der konkreten Befugnisse für den vorläufigen Verwalter bzw. der Zustimmungsvorbehalte gegenüber dem Schuldner konkrete Zu- und Abschläge ausgehend von der Basis 25 % zu ermitteln.
> - Prüfung, ob »bloß nennenswerte« oder »erhebliche« Tätigkeit des vorläufigen Verwalters bezogen auf Gegenstände, die mit Aus- und Absonderungsrechten belastet sind
> - Vornahme eines Abschlags vom »Regelbruchteil« bei »bloß nennenswerter« und nicht »erheblicher« Tätigkeit des vorl. Verwalters
> - Ermittlung der Zu- und Abschläge gemäß § 3 InsVV
>   - Ermittlung der Zuschläge entsprechend § 3 Abs. 1 InsVV unter Berücksichtigung von Art, Umfang und Dauer des vorläufigen Verfahrens sowie auch des Haftungsrisikos
>   - Ermittlung der Abschläge entsprechend § 3 Abs. 2 InsVV unter Berücksichtigung von Art, Umfang und Dauer des vorläufigen Verfahrens sowie ggf. eines eingeschränkten Haftungsrisikos
> - Saldierung der Zu- und Abschläge
> - Berechnung der endgültigen Vergütung des vorl. Verwalters unter Berücksichtigung des festgestellten »Regelbruchteils« und des Saldos aus den ermittelten Zu- und Abschlägen.

---

407 BGH a. a. O.
408 BGH ZInsO 2001, 165.

4. Besondere Sachkunde, Auslagen und Umsatzsteuer

Auch im Rahmen des vorläufigen Insolvenzverfahrens ist bei Inanspruchnahme der **besonderen Sachkunde** des vorläufigen Insolvenzverwalters ebenfalls eine gesonderte Vergütung entsprechend § 5 InsVV über die Verweisung des § 10 InsVV zuzubilligen. Die Abgrenzung ist – ebenso wie bei dem Insolvenzverwalter – dahingehend vorzunehmen, ob ein nicht mit der besonderen Sachkunde ausgestatteter vorläufiger Insolvenzverwalter die Bearbeitung eines anstehenden Problembereiches einem Rechtsanwalt, Steuerberater oder Wirtschaftsprüfer übertragen hätte.[409] Eine Festsetzung dieser gesonderten Vergütung durch das Insolvenzgericht hat nicht zu erfolgen. Der »starke« vorläufige Insolvenzverwalter kann, da er Verwaltungsbefugnis besitzt, diese Beträge entnehmen. Ein »schwacher« vorläufiger Insolvenzverwalter ist zur Entnahme nicht berechtigt. Daher hat das Insolvenzgericht hier seine Befugnisse zu erweitern und hinsichtlich des Entnahmerechts eine gesonderte Ermächtigung auszusprechen.[410]

128

Die **Auslagen** des vorläufigen Insolvenzverwalters sind auf Grund der Verweisung in § 10 InsVV entsprechend § 4 InsVV zu beantragen und vom Insolvenzgericht gemäß § 8 InsVV festzusetzen.[411] Die Auslagenpauschale des § 8 Abs. 3 InsVV kann auch vom vorläufigen Insolvenzverwalter geltend gemacht werden.[412]

Die Umsatzsteuer ist durch den Verweis gemäß § 10 InsVV nach § 7 InsVV anlog ebenfalls dem vorläufigen Insolvenzverwalter zuzuerkennen und entsprechend festzusetzen.[413]

5. Schuldner der Vergütung/Ausfallhaftung der Staatskasse

a) Eröffnetes Verfahren

Im Falle der Eröffnung des Insolvenzverfahrens stellen die Vergütung, die Auslagen und die darauf entfallende Umsatzsteuer gemäß § 54 Nr. 2 InsO **Massekosten** dar. Bei Einstellung des Insolvenzverfahrens zu einem späteren Zeitpunkt mangels Masse nach § 207 Abs. 3 InsO bzw. Eintritt der Masseunzulänglichkeit erfolgt eine Begleichung entsprechend den Grundsätzen des § 209 Abs. 1 Nr. 1 InsO vorrangig aus dem vorhandenen Barvermögen.[414]

129

---

409 Vgl. hierzu die Anmerkungen in Rdnr. 56 ff.
410 Vgl. MK-InsO/Nowak, Anhang zu § 65 InsVV § 11 Rdnr. 18.
411 Siehe im Einzelnen Rdnr. 61 ff., 78 ff.
412 Einzelheiten ergeben sich aus Rdnr. 67 f.
413 Insoweit wird auf die Ausführungen unter Rdnr. 77 verwiesen.
414 Vgl. Blersch, a. a. O., § 11 Rdnr. 52; s. o. Rdnr. 96 f.

b) Nicht eröffnetes Verfahren

130 Der Verordnungsgeber hat **keine Regelung** hinsichtlich der **Kostentragungspflicht** für den Fall getroffen, dass das Insolvenzverfahren nicht eröffnet wird.[415] Der Verordnungsgeber ging davon aus, dass die Kosten des Verfahrens und damit auch die Vergütung und die Auslagen des vorläufigen Insolvenzverwalters vom Schuldner bzw. Antragsgegner (bei Gläubigerantrag) zu tragen sind.[416] Das Insolvenzgericht setzt die Vergütung und die Auslagen einschließlich Umsatzsteuer gegenüber dem Insolvenzschuldner fest, so dass der vorläufige Insolvenzverwalter die festgesetzten Beträge aus der verwalteten Masse entnehmen kann.[417] Zur Absicherung des Vergütungsanspruchs des vorläufigen Insolvenzverwalters hat das Insolvenzgericht gemäß § 25 Abs. 2 Satz 1 InsO vor Aufhebung der Sicherungsmaßnahmen dem vorläufigen Verwalter die Möglichkeit zu geben, die festgesetzten Beträge aus dem Vermögen des Insolvenzschuldners zu entnehmen.[418]

Der Insolvenzgläubiger, der den Insolvenzantrag zurücknimmt, hat ausschließlich die Verfahrenskosten gemäß § 4 InsO, § 269 Abs. 3 Satz 2 ZPO zu tragen, jedoch nicht die Kosten der vorläufigen Insolvenzverwaltung.[419] Dies ergibt sich daraus, dass gemäß § 50 Abs. 1 Satz 2 GKG die Vergütung des vorläufigen Insolvenzverwalters nicht zu den Gerichtskosten des Verfahrens gehört.[420] Eine Auferlegung der gesamten Kostenlast einschließlich der Vergütung des vorläufigen Insolvenzverwalters auf den antragsstellenden Gläubiger würde diesem ein unkalkulierbares Kostenrisiko zumuten.[421] Darüber hinaus ergehen auch alle Sicherungsmaßnahmen seitens des Insolvenzgerichts nicht nur im Interesse des antragstellenden Gläubigers, sondern im Interesse der Gesamtheit aller Gläubiger.[422] Somit ergibt sich eine ausschließliche Kostentragungspflicht des Schuldners.

131 Als problematisch stellt sich allerdings die Situation dann dar, wenn die Vermögensmasse des Schuldners nicht ausreicht, die gesamten Vergütungs- und Auslagenansprüche des vorläufigen Insolvenzverwalters abzudecken. In diesem Fall wird in Literatur und Rechtsprechung eine **Haftung der Staatskasse** diskutiert. Der Verordnungsgeber ging dabei davon aus, dass eine Ausfallhaftung des Fiskus nicht gegeben ist, sondern hat dem vorläufigen Insolvenzverwalter insoweit ein begrenztes Ausfallrisiko bewusst aufer-

---

415 FK-InsO/Schmerbach, § 26 InsO Rdnr. 68 f. m. w. N.; Keller a. a. O., Rdnr. 177; Blersch, § 11 Rdnr. 53 ff.
416 FK-InsO/Schmerbach, § 26 InsO Rdnr. 68; Begründung des Verordnungsgebers, B zu § 11.
417 Vgl. MK-InsO/Nowak, Anhang zu § 65 InsVV § 11 Rdnr. 22; Blersch, a. a. O., § 11 Rdnr. 45 ff.
418 Vgl. MK-InsO/Nowak, Anhang zu § 65 InsVV § 11 Rdnr. 22.
419 Vgl. Keller, a. a. O., Rdnr. 177, 277.
420 Vgl. Keller, a. a. O.
421 Vgl. Eickmann, a. a. O., § 11 Rdnr. 32.
422 FK-InsO/Schmerbach, § 13 InsO Rdnr. 53 ff.

legt.[423] Jedoch ergibt sich eine subsidiäre Haftung des Fiskus, die Vergütung des vorläufigen Insolvenzverwalters zu tragen, aus dem allgemeinen Rechtsgrundsatz des Art. 12 GG unter Berücksichtigung der §§ 1835, 1836 BGB bzw. §§ 675, 612, 632 BGB entsprechend. Das Bundesverfassungsgericht hat bereits 1980[424] im Zusammenhang mit der Vergütung von Rechtsanwälten im Bereich der Vormunds- und Pflegertätigkeiten entschieden, dass die Staatskasse bei nicht ausreichendem Mündelvermögen die Vergütungen und Auslagen zu tragen hat.[425] Auf der Grundlage dieser Entscheidung ist dem vorläufigen Insolvenzverwalter ein subsidiärer Anspruch auf Zahlung seiner Vergütung und seiner Auslagen gegenüber der Staatskasse zuzubilligen.[426]

Die ursprünglich in der Begründung zur Verordnung[427] vom Verordnungsgeber geäußerte Auffassung, dass keine Erstattungspflicht besteht, wird nunmehr auch durch das InsOÄndG 2001 gelockert.

132

Durch den neu eingeführten § 63 Abs. 2 InsO wird geregelt, dass im Falle der Stundung der Verfahrenskosten gemäß dem neu geschaffenen § 4 a InsO dem Insolvenzverwalter auch für seine Vergütung und seine Auslagen ein Anspruch gegen die Staatskasse zusteht, soweit die Insolvenzmasse dafür nicht ausreicht. Diese Regelung ist der Ausgleich dafür, dass bei angeordneter **Stundung der Verfahrenskosten** das Verfahren dennoch durchgeführt wird und der Verwalter das Risiko ansonsten tragen würde, keine Vergütung zu erhalten, wenn die Masse »arm« bliebe. Ergänzend hierzu hat der Verordnungsgeber in dem InsOÄndG 2001 die Frage abschließend geklärt, dass die dem vorläufigen Insolvenzverwalter aus der Staatskasse erstatteten Beträge gegen den Schuldner zum Soll gestellt werden können.[428] Dies erfolgt durch eine Ergänzung der Anlage 1 zum GKG in der Form, dass ein neuer Auslagentatbestand Nr. 9017 aufgenommen wird, der festlegt, dass die an den vorläufigen Insolvenzverwalter zu zahlenden Beträge als Auslagen des Verfahrens festgestellt werden. Somit trägt die Staatskasse – für den Fall der Übernahme der Vergütung und Auslagen des vorläufigen Insolvenzverwalters – das Ausfallrisiko gegenüber dem Schuldner.[429]

---

423 Begründung des Verordnunggebers, B zu § 11, FK-InsO/Schmerbach, § 26 InsO Rdnr. 70 bzw. § 13 Rdnr. 56 ff., mit ausführlicher Darstellung des Streitstandes.
424 *BVerfG* NJW 1980, 2179.
425 Vgl. auch Eickmann, Vor § 1 Rdnr. 46 ff.; Blersch, a. a. O., § 11 Rdnr. 56 ff.
426 Vgl. auch *LG Mainz* NZI 1998, 131.
427 Begründung des Verordnunggebers, B zu § 11.
428 Vgl. Eickmann, a. a. O., § 11 Rdnr. 33.
429 Siehe hierzu auch Rdnr. 97.

6. Vergütung als Sachverständiger (§ 11 Abs. 2 InsVV)

a) Grundlagen der Vergütung

133 § 22 Abs. 2 Nr. 3 InsO sieht vor, dass ein **»starker« vorläufiger Insolvenzverwalter** mit Verfügungsbefugnis ergänzend als Sachverständiger zur Prüfung der Frage bestellt wird, ob das Vermögen des Schuldners die Kosten des Verfahrens decken wird. Er kann zusätzlich auch als Sachverständiger bestellt werden, dem die Prüfung der Frage obliegt, ob beim Schuldner ein Eröffnungsgrund vorliegt und welche Aussichten für eine Fortführung des Schuldnerunternehmens bestehen. Im Rahmen des Amtsermittlungsgrundsatzes der §§ 5, 20, 21 Abs. 1 InsO ist weiterhin dem Insolvenzgericht die Möglichkeit gegeben, einen Sachverständigen zu bestellen, der insoweit Feststellungen für das Gericht trifft. Folglich kann es auch – bei der Bestellung eines **»schwachen«** vorläufigen Insolvenzverwalters – diesen ergänzend zum Sachverständigen mit der Prüfung bestimmter Fragen im Zusammenhang mit der Situation des Insolvenzschuldners beauftragen.[430] Nach den Regelungen des ZSEG erhält der jeweilige gerichtlich bestellte Sachverständige für seine Tätigkeit eine Entschädigung. In § 11 Abs. 2 InsVV hat der Verordnungsgeber nunmehr endgültig klargestellt, dass der vorläufige Insolvenzverwalter, der auch zum Sachverständigen bestellt wurde, neben seiner Vergütung als vorläufiger Insolvenzverwalter eine Entschädigung nach dem ZSEG erhält.[431]

b) Vergütungshöhe

134 Auf der Grundlage des § 3 Abs. 2 ZSEG ergibt sich ein **Stundensatz** für die Tätigkeit des Sachverständigen in Höhe von EUR 25,00 bis EUR 50,00. Gemäß § 3 Abs. 2 Satz 3 ZSEG ist für die gesamte Zeit der Tätigkeit des Sachverständigen ein einheitlicher Stundensatz anzusetzen. Auf Grund dessen, dass im Bereich des Insolvenzrechts vom Sachverständigen einerseits hochspezialisiertes Wissen und andererseits auch betriebswirtschaftliche Kenntnisse gefordert werden, ist grundsätzlich von einem hohen Grad an Fachkenntnissen auszugehen. Dementsprechend ergibt sich bei der Begutachtung von Unternehmen ein Entschädigungssatz im oberen Bereich, so dass durchgängig EUR 45,00 bis EUR 50,00 angemessen sind.[432] Darüber hinaus kann bei Vorliegen der Voraussetzungen des § 3 Abs. 3 ZSEG der Stundensatz um bis zu 50 % erhöht werden. Eine Erhöhung ist dann geboten, wenn sich der Sachverständige im Rahmen seines Auftrags eingehend mit der wissenschaftlichen Lehre auseinander gesetzt hat. Eine weitere Erhöhungsmöglichkeit – nach billigem Ermessen des Gerichts – ist auch dann anzunehmen, wenn der Sachverständige durch die Dauer oder Häufigkeit seiner Heranziehung einen nicht zumutbaren Erwerbsverlust erleiden

---

430 Vgl. Blersch, a. a. O., § 11 Rdnr. 60.
431 Vgl. Begründung des Verordnungsgebers, B zu § 11.
432 Vgl. Blersch, a. a. O., § 11 Rdnr. 62 m. w. N.

würde oder wenn er seine Berufseinkünfte zumindest zu 70 % als gerichtlich oder außergerichtlich bestellter Sachverständiger erzielt. Gemäß § 3 Abs. 3 Buchst. b ZSEG ist somit auch die Persönlichkeit des Sachverständigen und auch sein Verdienst zu berücksichtigen.[433] Bei professionell tätigen Insolvenzverwaltern, die regelmäßig von Insolvenzgerichten als Sachverständige bestellt werden, kommt überwiegend die Alternative in Betracht, dass durch die Dauer und Häufigkeit der Heranziehung ein nicht zumutbarer Erwerbsverlust zu erleiden wäre. In diesem Zusammenhang ist darauf hinzuweisen, dass nach Inkrafttreten der InsO von Insolvenzgerichten bei Eröffnungsanträgen wesentlich häufiger zunächst ein Sachverständiger beauftragt und davon abgesehen wird, einen vorläufigen Insolvenzverwalter zu bestellen. Der Umfang der Ermittlungs- und Feststellungstätigkeit des Sachverständigen ist mit der des vorläufigen Insolvenzverwalters zu vergleichen, obwohl der Sachverständige nach dem ZSEG eine wesentlich geringere »Vergütung« erhält. Professionellen Insolvenzverwaltern, die als Sachverständige anzusehen sind, ist daher eine Erhöhung um 50 % des Stundensatzes zu gewähren, wenn der Umfang ihrer Tätigkeit als Gutachter in diesem Bereich mehr als 240 Stunden pro Jahr beträgt.[434]

Neben der Entschädigung für die Tätigkeit hat der Sachverständige Anspruch auf Ersatz seiner Aufwendungen gemäß §§ 8–11 ZSEG, insbesondere hat er Anspruch auf Erstattung der Umsatzsteuer.

c) Festsetzungsverfahren

Der Sachverständige hat die Festsetzung beim Insolvenzgericht zu beantragen. In seiner Antragsschrift hat er den Zeitaufwand und die sonstigen Aufwendungen gemäß §§ 8–11 ZSEG nachvollziehbar darzulegen. Das Insolvenzgericht ist verpflichtet, die Angaben zu prüfen, wobei das Gericht grundsätzlich von der Richtigkeit der Angaben ausgehen kann.[435]

135

Nach entsprechendem Antrag des vorläufigen Verwalters erfolgt die **Festsetzung durch das Insolvenzgericht** gemäß § 16 Abs. 1 ZSEG. Gegen den Beschluss ist gemäß § 16 Abs. 2 ZSEG die einfache Beschwerde zulässig, wenn der Wert des Beschwerdegegenstandes EUR 50,00 übersteigt. Neben dem vorläufigen Insolvenzverwalter ist auch die Staatskasse berechtigt, die Beschwerde einzulegen.

---

433 Vgl. MK-InsO/Nowak, Anhang zu § 65 InsVV § 11 Rdnr. 25.
434 Vgl. *OLG Düsseldorf* MDR 1993, 1024; a. A. Eickmann, a. a. O., § 11 Rdnr. 44, der lediglich einen durchschnittlichen Stundensatz von DM 80,00 (= 40,90 €) zugrunde legt.
435 MK-InsO/Nowak, Anhang zu § 65 InsVV § 12 Rdnr. 26 m. w. N.

7. Muster eines Antrags auf Festsetzung der Vergütung eines vorläufigen Insolvenzverwalters

136 Nachfolgend wird ein Muster eines Antrages auf Festsetzung der **Vergütung eines vorläufigen Insolvenzverwalters**[436] dargestellt:

Amtsgericht

– Insolvenzgericht –

Az: .... IN . . . ./.

In dem Insolvenzeröffnungsverfahren über das Vermögen der . ...

beziehe ich mich auf den Beschluss vom _____ und beantrage,

die Vergütung des vorläufigen Insolvenzverwalters auf _____ EUR

sowie die zu erstattenden Auslagen auf _____ EUR

festzusetzen.

Begründung:

Nach § 11 Abs. 1 InsVV wird die Tätigkeit des vorläufigen Insolvenzverwalters im Insolvenzeröffnungsverfahren besonders vergütet. Dabei soll die Vergütung des vorläufigen Insolvenzverwalters in der Regel einen angemessenen Bruchteil der Vergütung des Insolvenzverwalters nicht überschreiten. Zur Bemessung der Höhe dieser Vergütung sind nach § 11 Abs. 1 Satz 3 InsVV Art, Dauer und Umfang der Tätigkeit des vorläufigen Insolvenzverwalters zu berücksichtigen.

Für die Berechnung der Vergütung des vorläufigen Insolvenzverwalters im Einzelnen verweist § 10 InsVV auf die insoweit für den Insolvenzverwalter geltenden Vorschriften der §§ 1 bis 9 InsVV und ordnet deren entsprechende Anwendung an.

1. Berechnungsgrundalge §§ 11, 10, 1 Abs. 1 InsVV

Nach der in § 10 InsVV enthaltenen Verweisung für die Vergütung des vorläufigen Insolvenzverwalters gem. § 11 Abs. 1 InsVV bemisst sich diese gem. § 1 Abs. 1 Satz 1 InsVV nach dem Wert der Insolvenzmasse, auf die sich die Schlussrechnung bezieht bzw. die bei Beendigung des Verfahrensabschnitts festgestellt werden kann.

Nach dem mit diesem Antrag überreichten Bericht des vorläufigen Insolvenzverwalters vom _____ nebst ausführlichem Vermögensstatus bzw. dem gleichzeitig erstatteten Sachverständigengutachten vom _____ nebst Vermögensstatus unterlagen während der Dauer des Insolvenzeröffnungsverfahrens der Verwaltung des Unterzeichners Vermögensgegenstände mit einem Aktivwert in Höhe von

_____ EUR.

Für den Wertansatz wurde auf Zerschlagungs-/Fortführungswerte abgestellt, da nach der im Bericht des vorläufigen Insolvenzverwalters/Sachverständigengutachten enthaltenen Verfahrensprognose eine Sanierung und Fortführung des Schuldnerunternehmens wahrscheinlich/unwahrscheinlich erscheint.

Auf Grund der nur entsprechenden Verweisung in § 10 InsVV sind Abzugspositionen an die-

---

[436] Angelehnt an das Muster von Blersch, a. a. O., Anhang II B. unter Berücksichtigung der Entscheidung des *BGH* ZIP 2001, 296.

ser Vermögensmasse zur Feststellung der Vergütungsberechnungsgrundlage i. S. einer maßgeblichen Masse nach § 1 Abs. 2 InsVV grundsätzlich nicht mehr vorzunehmen.

ergänzend

Alternative 1:

Die mit Aus- und Absonderungsrechten belasteten Vermögensgegenstände, bei denen der vorläufige Insolvenzverwalter keine »nennenswerte« Tätigkeit entfaltet hat, sind nicht eingerechnet (vgl. BGH ZInsO 2001, 165 ff.). *oder*

Alternative 2:

In die Berechnungsgrundlage sind die mit Aus- und Absonderungsrechten belasteten Gegenstände mit eingerechnet. Der vorläufige Insolvenzverwalter hat bezüglich der mit Drittrechten belasteten Gegenständen zumindest eine »nennenswerte Verwaltungstätigkeit« (BGH ZInsO 2001, 165 ff.) entfaltet.

Im Einzelnen wurden bezüglich folgender mit Drittrechten belasteter Gegenstände eine nennenswerte Verwaltungstätigkeit ausgeübt: *hier Aufzählung der Vermögenswerte mit der konkret bezogenen Tätigkeit (z. B. Immobilien, bewegliche Gegenstände, Forderungen, Anfechtungsrechte usw.)*

2. Fiktive Verwaltervergütung

(Da § 11 Abs. 1 Satz 2 InsVV für den Regelfall auf einen angemessenen Bruchteil der Vergütung des Insolvenzverwalters abstellt, ist zunächst auf der unter 1. dargelegten Berechnungsgrundlage diese sog. fiktive Verwaltervergütung zu ermitteln.)

Nach § 2 Abs. 1 InsVV errechnet sich auf dieser Berechnungsgrundlage eine Regelvergütung für den Insolvenzverwalter in Höhe von

_____ DM (EUR).

3. Berechnung der Vergütung des vorläufigen Insolvenzverwalters

Nach § 11 Abs. 1 Satz 2 InsVV soll die Vergütung regelmäßig einen angemessenen Bruchteil der zuvor berechneten fiktiven Insolvenzverwaltervergütung nicht überschreiten. Gegenüber dieser Regelvergütung sind Art, Dauer und Umfang der Tätigkeit des vorläufigen Insolvenzverwalters ggf. durch Abweichungen entsprechend §§ 10, 3 InsVV zu berücksichtigen.

a) Im vorliegenden Insolvenzeröffnungsverfahren wurde der Unterzeichner am (Datum) zum vorläufigen Insolvenzverwalter bestellt. Darüber hinaus wurde ein/kein allgemeines Verfügungsverbot mit Übergang der Verwaltungs- und Verfügungsbefugnis angeordnet *(Ausführungen zur Abgrenzung »starker« oder »schwacher« – in den verschiedenen Gestaltungen – vorläufiger Insolvenzverwalter).*

b) Während der Dauer der vorläufigen Insolvenzverwaltung lag der Schwerpunkt der Tätigkeit auf folgenden Bereichen:

(Bearbeitungshinweis: Es folgt eine substantiierte Darstellung der Sicherungs- bzw. Verwaltungsaktivitäten, einer eventuellen Fortführung des Schuldnerunternehmens und sonstiger besonderer Erschwernisse während des Eröffnungsverfahrens; ggf. kann in diesem Zusammenhang auch auf den Bericht des vorläufigen Insolvenzverwalters verwiesen werden, soweit dieser ausreichend aussagekräftig ist. Zu bedenken ist aber immer, dass der Vergütungsantrag ggf. vom Beschwerdegericht in tatsächlicher und rechtlicher Hinsicht überprüft werden muss und sich bloße Bezugnahmen auf ein Sachverständigengutachten bzw. einen Bericht des vorläufigen Insolvenzverwalters nachteilig auswirken könnten).

Lorenz

c) Nach den vorstehenden Darlegungen unter 3 a) wurde der vorläufige Insolvenzverwalter als »starker«/»schwacher« vorläufiger Insolvenzverwalter mit folgenden Befugnissen ausgestattet bzw. dem Schuldner wurden folgende Beschränkungen auferlegt *(hier sind ggf. ergänzende Ausführungen vorzunehmen).*

Folglich ergibt sich grundsätzlich eine Regelvergütung von *(alternativ)* 50 % (»starker«) oder 25 % (»schwacher«) *(Hinweis: Hier sind mit Begründung je nach Ausgestaltung Zu- und Abschläge vorzunehmen).*

d) Unter Berücksichtigung ...

(Bearbeitungshinweis: Zunächst sind entsprechend dem Beschluss des BGH (ZInsO 2001, 165 ff.) Ausführungen dahingehend zu machen, ob bezüglich der mit Aus- und Absonderungsrechten belasteten Gegenständen eine »bloß nennenswerte Tätigkeit« oder aber auch eine »beachtliche Tätigkeit« des vorläufigen Insolvenzverwalters vorgelegen hat. Bei einer nur »nennenswerten Tätigkeit« ist von der »Regelvergütung« (je nach Ausgestaltung der Funktion des vorläufigen Insolvenzverwalters – »stark«/»schwach« (s. o. b)) –) ein Abzug vorzunehmen. In der Folge ist dann wiederum ausgehend von der –nunmehr- festgestellten »Regelvergütung« zu prüfen, inwieweit auf Grund der tatsächlichen Ausgestaltung der vorläufigen Insolvenzverwaltung bzw. dem erforderlichen Tätigkeitsaufwand eine Abweichung vom definierten »Regelverfahren« vorliegt und welche Zu- und Abschläge (§ 3 InsVV) sich daraus ergeben. Dabei sind die dargestellten Abweichungen vom Normalfall einzeln zu gewichten und danach zu einem Gesamtzuschlagsbetrag zu saldieren).

Insgesamt wird daher für das vorliegende Insolvenzeröffnungsverfahren ein Bruchteil in Höhe von _____ % der oben gerechneten fiktiven Verwaltervergütung für angemessen angesehen.

Zur Vergütungsberechnung auf der Basis dieses Bruchteils darf auf das als

Anlage 1

beigefügte Berechnungsblatt verwiesen werden, aus dem sich die dargelegten Einzelwerte sowie der Gang der Berechnung entnehmen lassen.

4. Auslagenerstattung

Während der Dauer der Tätigkeit des vorläufigen Insolvenzverwalters sind notwendige Auslagen gem. der als

Anlage 2

beigefügten Auflistung nebst den dort beigefügten Originalbelegen entstanden.

(alternativ Auslagenpauschale:)

Nach §§ 11, 10, 8 Abs. 3 InsVV kann auch der vorläufige Insolvenzverwalter nach seiner Wahl anstelle der tatsächlich entstandenen Auslagen einen Pauschsatz fordern, der für den Zeitraum des Insolvenzeröffnungsverfahrens für die ersten 12 Monate 15 %, für einen Verfahrenszeitraum danach 10 % der oben berechneten gesetzlichen Vergütung, höchstens jedoch EUR 250,00 je angefangenen Monat der Dauer der Tätigkeit des vorläufigen Verwalters beträgt.

Danach errechnet sich unter Berücksichtigung der Dauer des Insolvenzeröffnungsverfahrens vorliegend eine Auslagenpauschale

in Höhe von

_____ EUR.

Lorenz

5. Umsatzsteuer

Die berechnete Vergütung sowie die Auslagen des vorläufigen Insolvenzverwalters sind nach den §§ 11,10, 7 InsVV um die darauf entfallende Umsatzsteuer in Höhe von derzeit 16 %, d. h. in Höhe des Betrages von

insgesamt _____ EUR

zu erhöhen.

Es wird also um antragsgemäße Festsetzung der Vergütung und zu erstattenden Auslagen sowie um Erteilung der Zustimmung zur Entnahme aus dem Schuldnervermögen gebeten.Rechtsanwaltals (vorläufiger) Insolvenzverwalter

8. Muster eines Antrags auf Festsetzung der Entschädigung des insolvenzrechtlichen Sachverständigen nach ZSEG

Nachfolgend wird ein Muster eines Antrages auf Festsetzung der Entschädigung des insolvenzrechtlichen Sachverständigen[437] dargestellt:

Amtsgericht

– Insolvenzgericht –

Az: ... IN .../.

In dem Insolvenzeröffnungsverfahren über das Vermögen der . ...

beziehe ich mich auf den Beschluss vom und beantrage,

meine Entschädigung als Sachverständiger nach ZSEG gem. nachstehender Berechnung festzusetzen.

(Bearbeitungshinweis: Es folgt eine Aufstellung nach Datum, stichwortartiger Beschreibung der Tätigkeit, verbrauchten Zeiteinheiten sowie des in Anspruch genommenen Stundensatzes gem. § 3 Abs. 2 Satz 1 ZSEG (EUR 25,00 bis EUR 50,00) bzw. Abs. 3 Satz 1 lit. b) 1. Variante ZSEG (EUR 50,00 bis EUR 75,00). In einfachen Fällen regelmäßig EUR 50,00 gem. nachstehender Begründung A. Bei der Begutachtung von Unternehmen oder besonderen Schwierigkeiten – z. B. unkooperativer Schuldner oder mangelhaften Buchhaltungsunterlagen – regelmäßig zwischen EUR 50,00 und EUR 75,00 gem. nachstehender, dann zusätzlicher Begründung B).

Übertrag Zwischensumme 1 _____ EUR

Schreibauslagen gem. § 8 Abs. 1 Nr. 3 ZSEG

(Anzahl der Seiten des Gutachtens,

inkl. Anlagen) á EUR 2,00 _____ EUR

Kosten für Vorbereitung und Erstattung des Gutachtens,

Auslagen bzw. Hilfskräfte

gem. § 8 Abs. 1 Nr. 1 ZSEG _____ EUR

---

437 Übernommen von Blersch, a. a. O., Anhang II C.

Kosten für angefertigte Lichtbilder gem. § 8 Abs. 1 Nr. 2

ZSEG (Erstes Lichtbild EUR 2,00,

jedes weitere Bild EUR 0,50) _____ EUR

Fahrtkosten gem. § 9 Abs. 3 Nr. 1 ZSEG

(Anzahl der km) × EUR 0,26 _____ EUR

Aufwandsentschädigung nach

§ 10 Abs. 1 ZSEG _____ EUR

Abwesenheitsgeld nach

§ 10 Abs. 2 ZSEG _____ EUR

(bei Abwesenheit bis zu 6 Stunden lediglich EUR 3,00; bei Übernachtungen angemessene Auslagen gem. § 10 Abs. 2 Satz 4 ZSEG bzw. Verzehrkosten gem. § 10 Abs. 3 ZSEG bis zu EUR 3,00 pro Tag bei Abwesenheit von mehr als 4 Stunden)

Ersatz sonstiger Aufwendungen gem. § 11 ZSEG

gemäß den als Anlage

beigefügten Nachweisen _____ EUR

(Bearbeitungshinweis: Hier ist die Notwendigkeit und Angemessenheit der zuvor nicht gesondert genannten Auslagen bzw. Aufwendungen kurz darzulegen; ebenso fallen darunter sonstige Schreibauslagen und Kopien gem. § 11 Abs. 2 ZSEG; Seiten 1–50 EUR 0,50/Seite, darüber hinaus EUR 0,15/Seite).

Zwischensumme 2 _____ EUR

16 % Umsatzsteuer gem.

§ 8 Abs. 1 Nr. 4 ZSEG _____ EUR

Gesamtbetrag

(Zwischensumme 1+2+Ust-Betrag) _____ EUR

(Bearbeitungshinweis: Nachfolgend Begründung A für bloße Inanspruchnahme der Obergrenze des Stundensatzes nach § 3 Abs. 2 Satz 1 ZSEG; EUR 50,00)

Die Höhe der Entschädigung des Sachverständigen richtet sich nach § 3 ZSEG. Nach Abs. 2 Satz 1 dieser Vorschrift beträgt die Grundentschädigung je Stunde der erforderlichen Zeit zwischen EUR 25,00 und EUR 50,00. Weiter bestimmt § 3 Abs. 2 Satz 2 ZSEG, dass für die Bemessung des Stundensatzes der Grad der erforderlichen Fachkenntnisse, die Schwierigkeit der Leistung sowie besondere Umstände maßgebend sind, unter denen das Gutachten zu erarbeiten war. Diese Kriterien hat das Gericht sorgfältig gegeneinander abzuwägen und dabei ohne jegliche Schematisierung immer auf den Einzelfall abzustellen; vgl. Hartmann, Kostengesetze, 27. Aufl., § 3 ZSEG Rn. 61 m. w. N.

Für die Anwendbarkeit dieses Vergütungsrahmens geht das Gesetz von einem Gutachten gewöhnlicher Art aus, das keine besonderen Fachkenntnisse erfordert, keine besonderen Schwierigkeiten aufweist und bei dessen Ausarbeitung keine weiteren Komplikationen auftreten; vgl. Hartmann, Kostengesetze, 27. Aufl., § 3 ZSEG Rn. 26, 27. Dazu gehört z. B. ein einfaches handwerkliches Gutachten.

Dagegen erfolgte die Bestellung des Unterzeichnes zum Sachverständigen im Rahmen des Insolvenzeröffnungsverfahrens zur Verbesserung der Ermittlungsmöglichkeiten des Insolvenzgerichts nach §§ 5, 20, 21 Abs. 1, 22 Abs. 1 Satz 2 Nr. 3 InsO zunächst mit dem Auftrag, die Notwendigkeit von Sicherungsmaßnahmen zu prüfen. Darüber hinaus war auftragsgemäß zu prüfen, ob eine die Kosten des Insolvenzverfahrens deckende Insolvenzmasse vorhanden ist, obeim Schuldner ein Insolvenzgrund nach den §§ 17–19 InsO gegeben ist und welche Aussichten für die Fortführung des Unternehmens bestehen.

Zur Erfüllung dieses Auftrags musste kurzfristig das Unternehmen des Schuldners umfassend analysiert werden, um die bestehende wirtschaftliche Situation zu ermitteln. Es waren also die Betriebsabläufe zu erfassen, alle vorhandenen Vermögensgegenstände unter Berücksichtigung der besonderen wirtschaftlichen Verhältnisse und Fortführungschancen einzeln zu ermitteln und alternativ zu bewerten, entsprechende Unterlagen zu sichten und die Verbindlichkeiten und Fremdrechte festzustellen. Dazu war eine intensive Durchsicht und vor allem umfassende rechtliche Prüfung der beim Schuldner bestehenden Rechtsverhältnisse erforderlich. Es war also sowohl ein überdurchschnittliches allgemeines zivilrechtliches Fachwissen einzusetzen, als auch das beim Sachverständigen auf Grund seiner nahezu ausschließlichen Tätigkeit in diesem Bereich vorhandenes, spezifisch insolvenzrechtliches Spezialwissen.

Dazu ist neben einer langjährigen praktischen Erfahrung regelmäßig eine abgeschlossene Hochschulausbildung mit ggf. wirtschaftswissenschaftlichen Zusatzqualifikationen erforderlich. Diese beim Unterzeichner vorliegenden Qualifikationen stellen einen hohen Grad an Fachwissen i. S. d. § 3 Abs. 2 Satz 2 ZSEG dar; der für sich allein schon den Ansatz der Obergrenze des Stundensatzrahmens des § 3 Abs. 2 ZSEG rechtfertigt, vgl. Hartmann, Kostengesetze, 27. Aufl., § 3 ZSEG Rn. 40, 44.

Darüber hinaus ist auf die oben bereits dargestellte Schwierigkeit der Leistung sowie auf die besonderen Umstände abzustellen, unter denen solche Gutachten regelmäßig zu erstatten sind.

(Bearbeitungshinweis: Hier sind individuell etwaige besondere Umstände darzulegen, wie z. B. unkooperativer Schuldner, mangelhafte Unterlagen, Zeitdruck, etc.)

Die Tätigkeit des Sachverständigen ist zunächst vergleichbar mit der einer Unternehmensbewertung. Hinzu kommt aber noch, dass sich der Schuldner bzw. die Vertretungsorgane der Schuldnerunternehmens mit Beginn des Insolvenzeröffnungsverfahrens meist in einer unternehmerischen und menschlichen Ausnahmesituation befinden, die anders als bei der kooperativen Unternehmensbewertung die notwendigen Ermittlung des Sachverständigen zusätzlich erschwert. Schon für die Vornahme einer Unternehmensbewertung hat aber die Rechtsprechung sogar den Ansatz des Höchstsatzes von EUR 7,50 nach § 3 Abs. 3 ZSEG anerkannt; vgl. Meyer/Höver/Bach, Kommentar zum ZSEG, 20. Auflage, Nr. 48 3 zu § 3 unter Hinweis auf OLG Hamburg zum alten Recht, JurBüro1988, 1400, so dass angesichts der Komplexität und Schwierigkeit der Tätigkeit des insolvenzrechtlichen Sachverständigen davon ausgegangen werden kann, dass die Gutachtertätigkeit im Insolvenzeröffnungsverfahren regelmäßig jedenfalls mit dem Höchstsatz des § 3 Abs. 2 ZSEG in Höhe von EUR 50,00 abzugelten ist.

Im Übrigen ist bei Bemessung der Entschädigungshöhe auch der Grundsatz der Verhältnismäßigkeit zu wahren. So wird schon für ein Gutachten zur Unfallrekonstruktion ein Stundensatz von EUR 41,50 für angemessen angesehen; OLG Koblenz, r + s 1997, 305. Nach Auffassung des OLG Düsseldorf ist ein Stundensatz von EUR 37,50 für die überdurchschnittliche Leistung eines Kfz-Sachverständigen keine hinreichende Entschädigung; vgl. MDR 1995, 1173. Schließlich werden auch reine Verkehrswertgutachten in Zwangsvollstreckungssachen (nicht Zwangsversteigerung) bereits mit EUR 37,50 pro Stunde vergütet; LG Osnabrück, NdsRPfl. 1998, 42, so dass im Verhältnis dazu angesichts der hier eingesetzten Fachkenntnis und dargestellten Komplexität sowie der besonderen Schwierigkeiten und Umstände der Ansatz eines Stundensatzes unter EUR 50,00 nicht mehr vertretbar ist; in diesem Sinne auch Hartmann, Kostengesetze, 27. Aufl., § 3 ZSEG Rn. 44.

(Bearbeitungshinweis: Begründung B bei Überschreitung der Obergrenze (§ 3 Abs. 2 ZSEG) der Entschädigung nach § 3 Abs. 3 lit. B) 1. Variante ZSEG; EUR 50,00 – EUR 75,00)

Darüber hinaus ist weiter zu berücksichtigen, dass der Unterzeichner gerichtsbekannt regelmäßig als Sachverständiger in Insolvenzeröffnungsverfahren tätig ist und daher durch die Dauer und Häufigkeit seiner Heranziehung bei Ansatz eines bloßen Stundensatzes in Höhe von EUR 50,00 nach § 3 Abs. 2 ZSEG ein nach der heutigen Kostenstruktur einer hochspezialisierten Insolvenzverwalterkanzlei nicht mehr zumutbarer Erwerbsausfall eintreten würde. Dies gilt umso mehr, als seit Inkrafttreten der Insolvenzordnung die Gerichtspraxis wegen der mit einer automatischen Anordnung der vorläufigen Insolvenzverwaltung verbundenen nicht unerheblichen Risiken dazu übergegangen ist, oft nur noch Sachverständigenaufträge zu erteilen, die inhaltlich aber die Berichtspflichten des ansonsten zu bestellenden vorläufigen Insolvenzverwalters noch übersteigen.

In einem solchen Fall ist nach § 3 Abs. 3 lit. b) ZSEG eine Erhöhung der grundsätzlich in § 3 abs. 2 Satz 1 ZSEG vorgesehenen Sachverständigenentschädigung um bis zu 50 % vorgesehen. Diese Erhöhung kann ein sog. Berufssachverständiger i. S. der vorgenannten Vorschrift beanspruchen, wenn er glaubhaft darlegt, dass auf seine gutachterliche Tätigkeit bei Gericht ein Zeitaufwand von ca. 240 Stunden pro Jahr entfällt; OLG Düsseldorf, MDR 1993, 1024; OLG Düsseldorf, BauR 1995, 431. Üblicherweise entsteht gerichtsbekannt für die Ausarbeitung eines Gutachtens im Insolvenzeröffnungsverfahren je nach den Umständen des Einzelfalls ein Zeitaufwand von mindestens 20 bis 30 Stunden. Da der Unterzeichner ebenfalls gerichtsbekannt im vergangenen Jahr mehr als zehn solcher Gutachten erstellt hat, liegt diese Voraussetzung bei mir vor.

Außerdem ist die betreffende Gutachtertätigkeit zumindest gleichzustellen mit den Fällen, in denen die Rechtsprechung eine Erhöhung des Stundensatzes nach § 3 Abs. 3 ZSEG gewährt. So wird bereits für ein Schallschutzgutachten mit besonderen Schwierigkeiten der Höchstsatz nach § 3 Abs. 3 ZSEG zuerkannt; OLG Düsseldorf, BauR 1997, 698. Der Deutsche Kraftfahrzeug-Überwachungsverein (DEKRA) erhält für Gutachten in Strafverfahren regelmäßig einen Zuschlag von 50 % nach § 3 Abs. 3 Satz 1 lit. b) ZSEG; OLG Zweibrücken, RPfleger 1989, 42. Auch unter diesen Gesichtspunkten liegen also die Voraussetzungen des Erhöhungstatbestandes nach § 3 Abs. 3 Satz 1 lit. b) 1. Variante ZSEG hier vor.

Die Entschädigung des Sachverständigen sollte schließlich so bemessen sein, dass sie möglichst nicht weniger als 75 % des für ein vergleichbares Privatgutachten erzielbaren Stundensatzes beträgt; OLG Saarbrücken, RPfleger 1998, 165. In diesem Zusammenhang darf ergänzend darauf hingewiesen werden, dass der Unterzeichner in seiner Eigenschaft als Insolvenzverwalter im Gerichtsbezirk Rechtsstreitigkeiten führt, in denen gerichtliche Beweisbeschlüsse ergangen sind, wonach über das Vorliegen der von den jeweiligen Beklagten regelmäßig bestrittenen Überschuldung Beweis durch Einholung eines Sachverständigengutachtens erhoben werden sollte. In keinem dieser Verfahren war auch nur ein einziger ausreichend qualifizierter Gutachter (Wirtschaftsprüfer mit entsprechender Erfahrung) bereit, das gerichtlich angeforderte Sachverständigengutachten selbst für den Höchstsatz nach § 3 Abs. 3 ZSEG zu erstatten. Die zur Vereinbarung durch die Parteien vorgeschlagenen Stundensätze lagen durchweg deutlich darüber. *(Sollte dies hier zutreffen, sollten hier die Rubren sowie Aktenzeichen der betreffenden Rechtsstreitigkeiten angegeben werden).*

Da die Tätigkeit des Sachverständigen im Insolvenzeröffnungsverfahren schon nach dem Auftragsumfang deutlich über eine bloße Überschuldungsprüfung auf der Basis entsprechend vom Verwalter bereits aufbereiteter Unterlagen hinausgeht, erscheint es geboten, auch im vorliegenden Fall den Höchststundensatz in Höhe von EUR 75,00 anzusetzen.

> Bestätigt wird diese Einschätzung auch aus der Erfahrung, dass heute schon für eine übliche Handwerkerarbeitsstunde ein Betrag von ca. EUR 42,50 aufzuwenden ist. Auch die nach neuesten Erhebungen ermittelte Kostendeckungsgrenze eines Richters liegt zwischen EUR 90,00 und EUR 100,00 pro Stunde. Die effektive kostendeckende Vergütung eines professionellen und erfahrenen Insolvenzverwalters ist nach den mittlerweile durchgeführten Praxiserhebungen mit einem Betrag von EUR 200,00 bis EUR 300,00 pro Stunde anzusetzen; vgl. Haarmeyer/Wutzke/Förster, InsVV/VergVO § 11 InsVV Rn. 68.
>
> Im Zweifel ist also auch bei der Bemessung der Sachverständigenentschädigung Großzügigkeit ratsam. Wen das Gericht vertrauensvoll zum Sachverständigen ernennt, der verdient trotz der Erfüllung staatsbürgerlicher Pflichten innerhalb der Rechtspflege nicht schlechter gestellt zu werden, als ein tüchtiger Handwerker. Vielmehr sollte man den Sachverständigen durchweg deutlich besser entschädigen, da man von ihm weit mehr als eine bloß handwerkliche Tätigkeit erwartet; Hartmann, Kostengesetze, 27. Aufl., § 3 ZSEG Rn. 44; OLG Düsseldorf, MDR 1994, 1049.
>
> Schließlich sind auch haushaltsrechtliche Erwägungen im Zusammenhang mit der Sachverständigenentschädigung unangebracht, da der an den Sachverständigen ausgezahlte Betrag als gerichtliche Auslage vom Schuldner bzw. Insolvenzantragssteller nach den Regelungen des GKG zu erstatten ist.
>
> Es wird daher um antragsgemäße Festsetzung sowie um anschließende Anweisung des festgesetzten Betrages auf das im Briefbogen angegebene Konto gebeten.
>
> Rechtsanwalt
>
> als Sachverständiger

III. Sachwalter (§§ 12, 10 InsVV)

1. Allgemeines

Die Ansprüche des Sachwalters, der im Fall der Eigenverwaltung durch den Schuldner (§§ 270–285 InsO) eingesetzt wird, auf **Vergütung und Auslagen** werden in § 12 InsVV geregelt. Die Position des Sachwalters wurde vom Verordnungsgeber in Verbindung mit dem neu geschaffenen Institut der insolvenzrechtlichen Eigenverwaltung eingeführt. Der Sachwalter hat gegenüber dem Insolvenzverwalter eine wesentlich weniger umfassende Tätigkeit, so dass die Vergütung gesondert zu regeln ist. Im Wesentlichen hat der Sachwalter gemäß §§ 274, 283 Abs. 3 InsO Prüfungspflichten, gemäß § 274 InsO Überwachungsaufgaben und weitere Leistungen, beispielsweise *Insolvenzanfechtung*, Überwachung der Planerfüllung, Tätigkeiten im Bereich von Zustimmungsvorbehalten usw. zu erbringen, wobei ihm je nach Fallgestaltung ein erhebliches Haftungsrisiko zugewiesen wird.[438]

138

---

[438] Zur Beschreibung der Tätigkeit des Sachwalters: FK-InsO/Foltis, Vor §§ 270 ff. InsO Rdnr. 19 ff.

2. Anspruch auf Vergütung und Auslagen

a) Anspruchsgrundlage

139 Die Grundlagen der Ansprüche des Sachwalters auf Vergütung und Auslagen entsprechen denjenigen der Ansprüche des Insolvenzverwalters. Insbesondere sind auf Grund der Verweisung des § 10 InsVV die allgemeinen Regeln für die Vergütung des Insolvenzverwalters auf den Sachwalter anwendbar. Folglich ist auch die Vergütung des Sachwalters eine **Tätigkeitsvergütung** und kein Erfolgshonorar.[439] Ebenso entsteht der Anspruch nicht erst mit der gerichtlichen Festsetzung, sondern diese konkretisiert lediglich den Anspruch in seiner Höhe.[440]

b) Fälligkeit

140 Der Anspruch auf Vergütung und Auslagen wird **fällig** mit Abschluss der entsprechenden Tätigkeit. Dies ergibt sich aus den allgemeinen Regelungen des Kosten- und Vergütungsrechts wie z. B. in § 16 BRAGO geregelt.[441]

c) Vorschüsse

141 Durch den Verweis gemäß § 10 InsVV ist die Vorschussregelung des § 9 InsVV auch auf den Sachwalter anwendbar. Genauso wenig wie der Insolvenzverwalter nicht zur Vorfinanzierung verpflichtet ist,[442] wird dies nicht vom Sachwalter gefordert. Folglich kann gemäß § 9 InsVV der Sachwalter beim Insolvenzgericht beantragen, dass dieses die Zustimmung erteilt, gegenüber dem zu überwachenden Schuldner einen Vorschuss zu fordern. Da der Sachwalter die Insolvenzmasse nicht selbst verwaltet, besteht kein Entnahmerecht. Liegt eine Zustimmung des Insolvenzgerichts zur Vorschusszahlung vor und weigert sich der Insolvenzschuldner die Vorschussleistung zu erbringen, so hat – auf Antrag des Sachwalters – das Insolvenzgericht entsprechend § 8 InsVV den Anspruch gegen den Insolvenzschuldner festzusetzen.[443] Der Anspruch auf Zahlung eines Vorschusses stellt einen Massekostenanspruch gemäß § 54 Abs. 2 InsO dar. Da nach allgemeinen Grundsätzen der Vorschuss in etwa dem bisherigen Tätigkeitsumfang des Sachwalters entsprechen soll, kann der **Vorschuss** die Regelvergütung, Zuschläge zur Regelvergütung sowie bereits entstandene und darüber hinaus zu erwartende Auslagen einschließlich der Umsatzsteuer umfassen. Wie bereits oben[444] dargelegt, stellt auch hier der Vorschuss eine Teilvergütung dar, so dass insoweit der Sachwalter in Höhe des bezahlten Betrages befriedigt ist und bei späterer Masseunzulänglichkeit keine Rückzahlungsverpflich-

---

439 Haarmeyer/Wutzke/Förster, a. a. O., Vor § 1 Rdnr. 27.
440 Vgl. im Einzelnen die Ausführungen unter Rdnr. 94.
441 Vgl. im Einzelnen die Ausführungen unter Rdnr. 94.
442 Vgl. im Einzelnen die Ausführungen unter Rdnr. 98 ff.
443 Vgl. MK-InsO/Nowak, Anhang zu § 65 InsVV § 12 Rdnr. 5.
444 S. o. die Ausführungen unter Rdnr. 98 ff.

3. Berechnungsgrundlage

Die der Bemessung der Vergütung zu Grunde zu legende Berechnungsgrundlage ist grundsätzlich nach § 1 InsVV über die Verweisung gemäß § 10 InsVV zu ermitteln. Gemäß § 281 Abs. 3 InsO ist der in Eigenverwaltung befindliche Schuldner zur Erstellung einer Schlussrechnung gemäß § 281 Abs. 3 Satz 2 InsO i. V. m. § 66 InsO verpflichtet ist. Aus dieser wird gemäß **§ 1 InsVV analog** die **Berechnungsgrundlage** ermittelt, so dass ergänzend auf die dortigen Ausführungen verwiesen werden kann.[445] Endet die Tätigkeit des Sachwalters vorzeitig oder wird das Verfahren vorzeitig beendet, so ist Berechnungsgrundlage die zum Zeitpunkt der Beendigung vorhandene Vermögensmasse, soweit sich die Tätigkeit des Sachwalters darauf bezogen hat.[446] Da in diesen Fällen eine Schlussrechnung nicht vorliegt, erfolgt die Wertbemessung gemäß § 1 Abs. 1 Satz 2 InsVV durch Schätzung.[447] Die gemäß § 1 Abs. 2 InsVV vorzunehmenden Absetzungen sind bei Erstellung der Berechnungsgrundlage mit zu berücksichtigen. Nicht anwendbar ist jedoch § 1 Abs. 2 Ziffer 1 InsVV, da die Verwertung durch den Schuldner selbst erfolgt und insoweit Feststellungskostenbeiträge nicht anfallen.[448] Allerdings werden gemäß § 282 Abs. 1 Satz 3 InsO die Verwertungskosten und die Umsatzsteuerbeträge hinzugerechnet.[449]

142

4. Regelvergütung

§ 12 Abs. 1 InsVV geht davon aus, dass der Sachwalter **in der Regel einen Bruchteil der Vergütung des Insolvenzverwalters in Höhe von 60 %** erhält. Der Verordnungsgeber ging davon aus, dass die Tätigkeit des Sachwalters der des Vergleichsverwalters nach altem Recht ähnelt und hat in der Folge an die für den Vergleichsverwalter getroffene Vergütungsregel angeknüpft. Der Vergleichsverwalter hat regelmäßig 50 % der für den Konkursverwalter vorgesehenen Vergütung erhalten (§ 9 VergVO). Da der Tätigkeitsumfang und das Haftungsrisiko höher als das des Vergleichsverwalters angesehen wurde, wurde der Bruchteil auf 60 % festgelegt.[450] Der Verordnungsgeber hat allerdings den Umfang eines Normalverfahrens – ebenso

143

---

445 S. o. die Ausführungen unter Rdnr. 9 ff.
446 Haarmeyer/Wutzke/Förster, a. a. O., § 1 Rdnr. 9; MK-InsO/Nowak, Anhang zu § 65, InsVV § 12 Rdnr. 6.
447 Vgl. hierzu die Ausführungen unter Rdnr. 9 ff.
448 Vgl. § 282 Abs. 1 Satz 2 InsO.
449 Vgl. Eickmann, a. a. O., § 12 Rdnr. 4.
450 Vgl. Begründung des Verordnungsgebers, B zu § 12.

wenig wie bei der Vergütung für den Insolvenzverwalter – nicht umschrieben. Über die Verweisung des § 10 InsVV sind insoweit zur Beurteilung eines Normalverfahrens die §§ 2 und 3 InsVV heranzuziehen. Im Einzelnen kann auf die dortigen Ausführungen verwiesen werden. Unter Berücksichtigung der in den Ausführungen zu § 2 InsVV[451] dargestellten Grundsätze zur Beurteilung eines Normalverfahrens können folgende Kriterien für den Bereich des Sachwalters zu Grunde gelegt werden:[452]

> **Kriterien für den Sachwalter**
>
> - Umsatz bis zu EUR 1,5 Mio.
>
> - Verfahrensdauer bis zu zwei Jahren
>
> - Bis 20 Arbeitnehmer
>
> - Nur eine Betriebsstätte
>
> - Bis 100 Gläubiger
>
> - Bis 100 Debitoren
>
> - Bis zu 300 Vorgänge in der Insolvenzbuchhaltung des Schuldners
>
> - Rechtliche Prüfung von Sonderrechten an Massegegenständen mit einem Wert von höchstens 50 % des Aktivvermögens und Überwachung der Verwertung durch den Schuldner entsprechend § 282 InsO.
>
> Blersch[453] geht in diesem Bereich demgegenüber von maximal 50 % der Schuldenmasse aus. Der Ansatz der Schuldenmasse hinsichtlich des Umfangs der Prüfung von Sonderrechten an Massegegenständen ist allerdings als nicht zutreffend anzusehen. Entscheidend ist der Umfang der mit Aus- und Absonderungsrechten belasteten Gegenständen im Verhältnis zu der insgesamt vorhandenen Aktivmasse. Da die Vergütungsbemessung grundsätzlich das – freie – Aktivvermögen zu Grunde legt, sollte der Umfang des Regelverfahrens bzw. ggf. auch der Umfang eines Zuschlags am Anteil der mit Sonderrechten belasteten Gegenstände an der Aktivmasse des Schuldners orientiert werden und nicht am Verhältnis der Sonderrechte zur Schuldenmasse.[454]

Soweit sich die Tätigkeit des Sachwalters auf ein Schuldnerunternehmen in der vorgenannten Größenordnung bezieht, hat er Anspruch auf die Regelvergütung entsprechend § 12 Abs. 1 InsVV. Weicht allerdings der Umfang oder der Schwierigkeitsgrad des konkreten Verfahrens von dem vorgenannten Rahmen ab, ist unter Berücksichtigung der Erhöhungs- und Minderungskriterien des § 3 InsVV die angemessene Vergütung zu ermitteln.

---

451 S. o. Rdnr. 24 ff.
452 Vgl. hierzu Blersch, a. a. O., § 12 Rdnr. 15.
453 Blersch; a. a. O.
454 Siehe im Einzelnen die Ausführungen unter Rdnr. 24 ff.

Lorenz

5. Zu- und Abschläge von der Regelvergütung

a) Zuschläge

Da auch im Bereich der Tätigkeit eines Sachwalters grundsätzlich die entsprechend dem Umfang und dem Schwierigkeitsgrad der Tätigkeit angemessene Vergütung festzusetzen ist, sind auch bei Vorliegen von den Umfang eines Regelverfahrens übersteigenden Kriterien Zuschläge zuzubilligen. Hierzu nennt der Verordnungsgeber in § 12 Abs. 2 InsVV ein speziell auf die Tätigkeit des Sachwalters bezogenes **Erhöhungskriterium**. Die Regelvergütung ist danach immer dann mit einem Zuschlag zu versehen, wenn das Insolvenzgericht gemäß § 277 Abs. 1 InsO gegenüber dem Schuldner sog. Zustimmungsvorbehalte angeordnet hat. In diesem Fall hat der Sachwalter zusätzliche Prüfungs- und Überwachungstätigkeiten vorzunehmen, die folglich angemessen zu vergüten sind. Neben diesem vom Verordnungsgeber selbst genannten Erhöhungskriterium sind über § 10 InsVV die weiteren Erhöhungskriterien des § 3 InsVV zu berücksichtigen, so dass ergänzend auf die oben dargestellten Ausführungen verwiesen werden kann.[455] Zuschläge zur Regelvergütung sind daher immer dann zu gewähren, wenn der Umfang der Tätigkeiten, die Mitwirkungspflichten oder das Haftungsrisiko über den Rahmen eines sog. Normalverfahrens hinaus gehen.[456] Als besondere spezifische Kriterien sind dabei die gemäß § 284 Abs. 1 InsO vorgesehene Bearbeitung eines Insolvenzplans, die Überwachung der Planerfüllung gemäß § 284 Abs. 2 InsO, die Kassenführung gemäß § 275 Abs. 2 InsO sowie die Mitwirkungs- und Zustimmungsfälle der §§ 276, 279, 281, 282 Abs. 2, 283 Abs. 2 bzw. 284 Abs. 1 Satz 2 InsO zu erwähnen, wobei allerdings überdurchschnittliche rechtliche oder tatsächliche Schwierigkeiten oder ein überdurchschnittlicher Umfang erforderlich sind.[457]

144

Die Höhe des Zuschlags ist gleichermaßen wie bei der Vergütung des Insolvenzverwalters unter Berücksichtigung der erbrachten Tätigkeit und des Haftungsrisikos zu entlohnen. Dabei ist jeweils der **konkrete Umfang** der Tätigkeit des Sachwalters zu berücksichtigen. Entspricht der Umfang der Tätigkeit derjenigen eines Insolvenzverwalters, so hat der Sachwalter einen Anspruch auf einen Zuschlag in gleicher Höhe wie der Insolvenzverwalter. Dies ist z. B. der Fall, wenn der Insolvenzverwalter einen Insolvenzplan erarbeitet[458] oder die Erfüllung des Insolvenzplanes überwacht.[459] Hier sind dem Sachwalter durch Zuschläge Beträge zuzubilligen, die der Insolvenzverwalter gemäß § 6 Abs. 2 InsVV zu beanspruchen hätte.[460]

Im Bereich der Anordnungen nach § 277 InsO dürften unter Berücksichtigung des Umfangs der Zustimmungsvorbehalte Zuschläge von 10 % bis

---

455 Siehe im Einzelnen die Ausführungen unter Rdnr. 31 ff.
456 Ausführlich hierzu Blersch, a. a. O., § 12 Rdnr. 24 ff.
457 Vgl. Eickmann, a. a. O., § 12 Rdnr. 7.
458 Siehe im Einzelnen die Ausführungen unter Rdnr. 31 ff.
459 Vgl. im Einzelnen die Ausführungen unter Rdnr. 73 ff.
460 Eickmann, a. a. O., § 12 Rdnr. 8.

40 % zuzubilligen sein.[461] Auch die Übernahme der Kassenführung erfordert eine umfangreiche zusätzliche Tätigkeit und erhöht darüber hinaus das Haftungsrisiko, so dass hier ebenfalls 10 % bis 40 % als Zuschlag zu gewähren sind. Im Übrigen dürften bei den einzelnen Mitwirkungs- und Zustimmungsfällen jeweils Zuschläge in Höhe von 5 % – 10 % angemessen sein."[462]

b) Abschläge

145 Abschläge können (keine Verpflichtung)[463] dann vorgenommen werden, wenn der Umfang der Tätigkeit oder das Haftungsrisiko für den Sachwalter sich als wesentlich geringer als in einem Normalverfahren darstellt. Aus der Besonderheit des Verfahrens ergeben sich **spezielle Abschlagskriterien**. Ein Abschlag ist angebracht, wenn keine oder nur sehr wenige Mitwirkungs- oder Zustimmungsfälle vorliegen oder die Überwachungstätigkeit nicht umfangreich war, da der Betätigungsbereich des Schuldners klein war.[464] Darüber hinaus können auch hier zur Beurteilung eventueller Minderungsgründe über § 10 InsVV die Regelungen des § 3 Abs. 2 Buchst. b – d InsVV entsprechend angewendet werden. § 3 Abs. 2 Buchst. a InsVV ist nach Sinn und Zweck dagegen nicht anwendbar. Nach Ermittlung der einzelnen Abschlagskriterien im konkreten Verfahren ist die Vergütung des Sachwalters angemessen zu mindern. Dabei bezieht sich die Minderung auf die Regelsätze und nicht auf einzelne dem Sachwalter zustehende Zuschläge, so dass Zu- und Abschläge zu saldieren sind.[465] Hinsichtlich der weiteren Minderungskriterien kann im Einzelnen auf die Ausführungen unter Rdnr. 31 ff. verwiesen werden.

6. Besondere Sachkunde, Auslagen und Umsatzsteuer

a) Besondere Sachkunde

146 Ebenso wie bei der Tätigkeit des Insolvenzverwalters ist es auch beim Sachwalter möglich, dass dieser seine **besondere Sachkunde** als Rechtsanwalt, Wirtschaftsprüfer oder Steuerberater zu Gunsten der Insolvenzmasse einsetzt. Insbesondere im Bereich der §§ 274 Abs. 2, 269 Abs. 3, 280 und 284 Abs. 1 InsO können dem Sachwalter auf Grund der besonderen Sachkunde einzelne Tätigkeiten übertragen werden.[466] Soweit der Sachwalter hier gesondert tätig war, kann er gemäß § 5 InsVV über die Verweisung des § 10 InsVV seine angemessenen Honorare gegenüber der Insolvenzmasse bzw.

---

461 Vgl. hierzu Haarmeyer/Wutzke/Förster, a. a. O., § 12 Rdnr. 8; a. A. Eickmann, a. a. O., § 12 Rdnr. 8 mit Zuschlägen von lediglich bis zu 10 %.
462 Vgl. Eickmann, a. a. O., § 12 Rdnr. 8.
463 Siehe im Einzelnen die Ausführungen unter Rdnr. 31 ff.
464 Vgl. Eickmann, a. a. O., § 12 Rdnr. 10.
465 Vgl. MK-InsO/Nowak, Anhang zu § 65 InsVV § 12 Rdnr. 10.
466 Vgl. Blersch, a. a. O., § 12 Rdnr. 37.

dem Schuldner geltend machen.[467] Grundsätzlich (außer in den Fällen des § 275 Abs. 2 InsO) besteht allerdings für den Sachwalter kein Entnahmerecht, da der Schuldner in Eigenverwaltung sein Vermögen selbst verwaltet. Verweigert der Schuldner die Zahlung der entsprechenden Honorare, so sind diese als Massekosten gegen den Schuldner festzusetzen.[468]

b) Auslagen

Für den Sachwalter gilt die Vorschrift über die **Auslagen** gemäß § 4 InsVV über die Verweisung des § 10 InsVV entsprechend.[469] Der Verordnungsgeber hat allerdings den Höchstsatz der Auslagenpauschale des § 8 Abs. 3 InsVV gemäß § 12 Abs. 3 InsVV auf monatlich EUR 125,00 beschränkt.   147

c) Umsatzsteuer

Dem Sachwalter ist gemäß § 7 i. V. m. § 10 InsVV die **Umsatzsteuer** auf die Vergütung und die Auslagen zu erstatten.[470]   148

7. Festsetzung

Für die Festsetzung der Sachwaltervergütung ist § 8 InsVV über § 10 InsVV entsprechend anwendbar.[471] Folglich hat der Sachwalter die **Festsetzung** der Vergütung, der Auslagen und der Umsatzsteuer beim **Insolvenzgericht zu beantragen**. Sie stellen gemäß § 54 Nr. 2 InsO Massekosten dar (vgl. § 274 Abs. 1 InsO) und sind gegenüber dem Schuldner vollstreckbar festzusetzen, da dem Sachwalter außer in den Fällen des § 275 Abs. 2 InsO mangels Verfügungsbefugnis das Entnahmerecht fehlt.[472]   149

8. Ausfallhaftung der Staatskasse

Ein subsidiärer Vergütungs- und Auslagenersatzanspruch wird nach § 63 Abs. 2 InsO n. F. der InsOÄndG 2001 über die Verweisung des § 274 Abs. 1 InsO auf die §§ 56–60 und §§ 62–66 InsO auch dem Sachwalter gegen die **Staatskasse** zugebilligt, sofern dem Schuldner die Verfahrenskosten gemäß § 4 a des InsOÄndG 2001 gestundet wurden. Gleichzeitig kann durch die neu eingeführte Nr. 9017 der Anlage 1 zum Gerichtskostengesetz der dem Sachwalter erstattete Betrag gegenüber dem Schuldner zum Soll gestellt werden. Im Einzelnen ist zu verweisen auf die Ausführungen unter Rdnr. 96 f.   150

---

467 Siehe hierzu die Ausführungen unter Rdnr. 56 ff.
468 Vgl. MK-InsO/Nowak, Anhang zu § 65 InsVV § 12 Rdnr. 11.
469 Im Einzelnen siehe hierzu die Ausführungen Rdnr. 67 f.
470 Siehe hierzu die Ausführungen unter Rdnr. 77.
471 Im Einzelnen siehe hierzu die Ausführungen unter Rdrn. 78 ff.
472 Vgl. Eickmann, a. a. O., § 12 Rdnr. 13.

IV. Treuhänder im vereinfachten Verfahren (§§ 13, 10 InsVV)

1. Allgemeines

151 § 13 InsVV normiert den Vergütungsanspruch des Treuhänders im vereinfachten Insolvenzverfahren (§§ 311–314 InsO), der seine Grundlage in § 313 Abs. 1 Satz 3 und in § 63 InsO hat. Dabei wird die **Vergütung des Treuhänders pauschalisiert** und es erfolgt gleichzeitig eine Begrenzung der Vergütungshöhe. Folgerichtig wird die Anwendung der §§ 2 und 3 InsVV ausgeschlossen. Wie der Verordnungsgeber bereits in seiner Begründung zu Recht ausführt, geht dem vereinfachten Insolvenzverfahren der Versuch einer außergerichtlichen Schuldenbereinigung und das Verfahren über den Schuldenbereinigungsplan voraus, so dass bereits zum Zeitpunkt der Eröffnung des Verfahrens die Unterlagen und die Situation des Schuldners weitgehend geklärt und aufbereitet sind. Darüber hinaus ist der Umfang der Tätigkeit des Treuhänders kleiner als der des Insolvenzverwalters, da der Berichtstermin entfällt und die Anfechtungshandlungen nur von den Gläubigern ausgeübt werden können. Hinzu kommen weitere gesetzliche Regelungen zur Entlastung der Tätigkeit des Treuhänders.[473] Folglich wird die Vergütung des Treuhänders nach einer anderen Systematik und insbesondere wesentlich geringer vergütet als die des Insolvenzverwalters. Ebenso erfolgt zu Pauschalisierungszwecken und aus Gründen der Verfahrensökonomie der Ausschluss einer Staffelvergütung gemäß § 2 InsVV sowie der Ausschluss der Vornahme von Zu- oder Abschlägen gemäß § 3 InsVV. Insoweit allerdings inkonsequent führt der Verordnungsgeber in § 13 Abs. 1 Satz 2 und 3 InsVV einen Minderungstatbestand ein. Gleichzeitig wird ein Mindestvergütungsbetrag in Höhe von EUR 250,00 festgelegt. Bei einer Insolvenzmasse von EUR 1.666,66 oder darunter hat der Treuhänder einen Anspruch auf die Mindestvergütung von EUR 250,00, die dann wiederum allerdings gemäß § 13 Abs. 1 Satz 3 2. Halbsatz InsVV auf EUR 100,00 reduziert werden kann.[474] Grund der Einführung der Mindestvergütungsregeln ist insbesondere, dass durch zu hohe und zu starre Vergütungssätze die Durchführung vereinfachter Insolvenzverfahren nicht belastet bzw. ausgeschlossen werden soll.[475]

---

473 Vgl. im Einzelnen die Begründung des Verordnungsgebers, B zu § 13.
474 Vgl. MK-InsO/Nowak, Anhang zu § 65 InsVV § 13 Rdnr. 1.
475 Vgl. Begründung des Verordnungsgebers, B zu § 13.

2. Anspruch auf Vergütung und Auslagen

a) Vergütungen

Die Grundlagen der Ansprüche des Treuhänders entsprechen denjenigen der Ansprüche des Insolvenzverwalters. Insbesondere sind auf Grund der Verweisung des § 10 InsVV die allgemeinen Regeln für die Vergütung des Insolvenzverwalters auf den Treuhänder anwendbar. Mithin ist auch die Vergütung des Treuhänders eine **Tätigkeitsvergütung** und kein Erfolgshonorar.[476] Ebenso entsteht der Anspruch nicht erst mit der gerichtlichen Festsetzung, sondern diese konkretisiert lediglich den Anspruch in seiner Höhe.[477]

152

Im Einzelnen kann ergänzend zu den Grundlagen des Anspruchs auf die Ausführungen unter Rdnr. 78 ff. und Rdnr. 9 verwiesen werden.

b) Fälligkeit

Der Anspruch auf Vergütung und Auslagen wird mit Abschluss der Tätigkeit **fällig**.[478]

153

c) Vorschüsse

Durch den Verweis gemäß § 10 InsVV ist die Vorschussregelung des § 9 InsVV auch auf den Treuhänder anwendbar.[479] Ebenso wenig wie der Insolvenzverwalter zur Vorfinanzierung verpflichtet ist, wird dies gleichermaßen nicht vom Treuhänder gefordert. Folglich kann der Treuhänder gemäß § 9 InsVV beim Insolvenzgericht beantragen, dass dieses die Zustimmung erteilt, einen **Vorschuss** aus der von ihm verwalteten Masse zu entnehmen. Dem Treuhänder ist vom Insolvenzgericht als Vorschuss in etwa ein Betrag zuzubilligen, der seiner bisher erbrachten Tätigkeit entspricht. Wie bereits unter Rdnr. 98 ff. dargelegt, stellt auch hier der Vorschuss eine Teilvergütung dar, so dass insoweit der Treuhänder in Höhe des bezahlten Betrages befriedigt ist und bei späterer Masseunzulänglichkeit keine Rückzahlungsverpflichtung besteht. Lediglich in dem Fall, in dem der Vorschuss höher als die am Ende der Tätigkeit festgesetzte Treuhändervergütung ist, besteht nach bereicherungsrechtlichen Grundsätzen (§ 812 BGB) eine Rückzahlungsverpflichtung seitens des Treuhänders.

154

---

476 Vgl. Haarmeyer/Wutzke/Förster, a. a. O., Vor § 1 Rdnr. 27.
477 Vgl. Eickmann, Vergütungsrecht, Vor § 1 Rdnr. 3.
478 Vgl. im Einzelnen die Ausführungen in Rdnr. 94.
479 Vgl. auch die Ausführungen in Rdnr. 98 ff.

3. Berechnungsgrundlage

155 Durch den Verweis in § 10 InsVV ist auch für die Vergütung des Treuhänders § 1 InsVV anwendbar.[480] Die Insolvenzmasse, die sich aus der Schlussrechnung gemäß §§ 313 Abs. 1 Satz 1, 66 InsO ergibt, stellt die Berechnungsgrundlage für die Vergütung des Treuhänders dar. Berechnungsgrundlage der Vergütung des Treuhänders ist die **Summe aller Einnahmen und des Zuerwerbs** während der Dauer des vereinfachten Insolvenzverfahrens.[481] Die Abzugstatbestände des § 1 Abs. 2 InsVV greifen auch hier Platz.[482] Insbesondere findet auch § 1 Abs. 2 Nr. 4 b InsVV in dem Fall Anwendung, dass der Treuhänder das Unternehmen im vereinfachten Insolvenzverfahren fortführt oder hier die Fortführung begleitet.[483] Im Einzelnen kann auf die Ausführungen in Rdnr. 9 ff. verwiesen werden. Es sind allerdings bei der Anwendung des § 1 InsVV die Besonderheiten des vereinfachten Verfahrens zu berücksichtigen.[484] Eine Erhöhung der Masse durch Berücksichtigung der Kostenbeiträge gemäß § 171 InsO kommt nicht in Betracht, da gemäß § 313 Abs. 3 InsO der Treuhänder nicht zur Verwertung von Gegenständen an denen Drittrechte bestehen, berechtigt ist. Fällt allerdings ein Überschuss bei der Verwertung eines derartigen Gegenstandes durch den Gläubiger an, so wird dieser hinzugerechnet.[485] Auf Grund des fehlenden Verwertungsrechts des Treuhänders ist auch § 1 Abs. 2 Nr. 1 InsVV nicht anwendbar, ebenso wenig wie § 1 Abs. 2 Nr. 2 InsVV. Im Übrigen gelten die Abzugstatbestände des § 1 Abs. 2 InsVV.

Für den Fall, dass das Insolvenzgericht gemäß § 314 InsO dem Schuldner aufgibt, einen bestimmten Betrag an den Treuhänder zu bezahlen, so tritt dieser an die Stelle der Teilungsmasse. Auf diesen Betrag ist § 1 Abs. 2 Nr. 5 InsVV nicht anwendbar, da er nach Sinn und Zweck der Norm das Surrogat für die Masse darstellen soll.[486]

Sofern das Amt des Treuhänders oder das Verfahren vorzeitig beendet wird, ist die Bemessungsgrundlage der Wert auf den sich die Tätigkeit des Treuhänders zum Zeitpunkt der Beendigung des Verfahrens bzw. seines Amtes bezogen hat.[487] Liegt eine Schlussrechnung des Treuhänders nicht vor, ist gemäß § 1 Abs. 1 Satz 2 InsVV[488] der Wert der Masse zum Beendigungszeitpunkt zu schätzen.[489]

---

480 Vgl. die Ausführungen in Rdnr. 9 ff.
481 Vgl. *OLG Schleswig* ZInsO 2001, 180.
482 Keller, a. a. O., Rdnr. 220.
483 *OLG Schleswig* a. a. O.; Blersch, a. a. O., § 13 Rdnr. 14.
484 Vgl. Eickmann, a. a. O., § 13 Rdnr. 3.
485 Vgl. *Eickmann*, a. a. O., § 13 Rdnr. 3.
486 Vgl. Eickmann, a. a. O., § 13 Rdnr. 4.
487 Haarmeyer/Wutzke/Förster, a. a. O., § 1 Rdnr. 9.
488 S. o. Rdnr. 9 ff.
489 Vgl. Begründung des Verordnungsgebers, B zu § 13.

4. Regelsatz

Entsprechend § 13 Abs. 1 InsVV wird dem Treuhänder eine Regelvergütung in Höhe von durchgängig **15 % der Insolvenzmasse** zu gebilligt. Wegen § 13 Abs. 2 InsVV ist die gestaffelte Berechnung nach § 2 InsVV ausgeschlossen.

156

5. Zuschläge/Abschläge/Mindestvergütung

a) Zuschläge

Obwohl § 13 Abs. 2 InsVV die Anwendung des § 3 InsVV verneint hat, schließt dies die Gewährung von **Zuschlägen** außerhalb der Regelbeispiele des § 3 InsVV[490] nicht aus.[491] Die Gegenmeinung, die Zuschläge grundsätzlich verneint, beruft sich auf die Verordnungsmaterialien, wonach gerade durch den Ausschluss des § 3 InsVV Zu- und Abschläge ausdrücklich nicht vorzunehmen sind.[492] Dies vermag im Hinblick auf den Wortlaut des § 13 Abs. 1 Satz 1 und 2 InsVV und auch die Interessenlage des Schuldners und Treuhänder nicht zu überzeugen. Bereits der Wortlaut des § 13 Abs. 1 Satz 1 InsVV lässt sowohl ein Unter- als auch ein Überschreiten zu. Der in § 13 Abs. 2 InsVV geregelte Ausschluss von § 3 InsVV verneint nur die in § 3 InsVV genannten Kriterien für Zu- und Abschläge. Unter Einbeziehung der verschiedensten Konstellationen, in denen ein Treuhänder im vereinfachten Insolvenzverfahren tätig ist, kann auch in Einzelfällen eine überdurchschnittliche Leistung vorliegen, die nach dem verfassungsrechtlichen Grundsatz der angemessenen Vergütung entsprechend zu entlohnen ist, so dass auch Zuschläge geboten sein können.[493] Als Beispiel kann hier auf eine langjährige Verfahrensdauer mit einer Vielzahl von Gläubigern oder ein Verfahren mit erheblichem Immobilienbestand hingewiesen werden.[494]

157

Die Problematik der Zuschläge dürfte allerdings durch die gesetzliche Neuregelung des § 304 im InsOÄndG 2001 entschärft werden, die den Anwendungsbereich des Verbraucherinsolvenzverfahrens deutlich einschränkt. Danach wird das Verbraucherinsolvenzverfahren nur noch bei natürlichen Personen durchgeführt, die keine selbstständige wirtschaftliche Tätigkeit ausüben oder ausgeübt haben oder die zwar eine selbstständige wirtschaftliche Tätigkeit ausüben oder ausgeübt haben, aber die Vermögensverhältnisse überschaubar sind und keine Forderungen aus Arbeitsverhältnissen

---

490 S.o. Rdrn. 34 ff.
491 *OLG Schleswig* ZInsO 2001, 180 ff.; Haarmeyer/Wutzke/Förster, a.a.O., § 13 Rdnr. 6; Blersch, a.a.O., § 13 Rdnr. 22.
492 Vgl. MK-InsO/Nowak, Anhang zu § 65 InsVV § 13 Rdnr. 8; Eickmann, a.a.O., § 13 Rdnr. 5.
493 Vgl. hierzu ausführlich Blersch, a.a.O., § 13 Rdnr. 22 ff.; *OLG Schleswig* ZInsO 2001, 180, 182.
494 Vgl. Blersch, a.a.O., § 13 Rdnr. 23 ff.

bestehen. Entscheidendes Kriterium ist darüber hinaus, dass zum Zeitpunkt der Stellung des Eröffnungsantrages weniger als 20 Gläubiger vorhanden sind.

b) Abschläge/Mindestvergütung

158 **Abschläge** entsprechend § 3 Abs. 2 InsVV[495] sind auf Grund der Regelung des § 13 Abs. 2 InsVV nicht vorzunehmen. In § 13 Abs. 1 Satz 2 InsVV wird eine eigenständige Minderungsregelung eingeführt. Zwar lässt die Formulierung »... insbesondere ...« einen Abschlag aus den verschiedensten Gründen zu, doch ergibt sich aus der Begründung des Verordnungsgebers,[496] dass ein Abschlag nur im Falle einer **vorzeitigen Verfahrensbeendigung** zulässig ist. Je nach Dauer des vorzeitig beendeten Verfahrens kann die Kürzung um bis zu 60 % entsprechend der höchstmöglichen Kürzung des Mindestbetrages (§ 13 Abs. 1 Satz 3 InsVV) betragen, so dass dem Treuhänder als Vergütung zumindest 6 % der Teilungsmasse zustehen.[497]

Bei Massen unter EUR 1.666,66 beträgt die **Mindestvergütung** EUR 250,00, die allerdings gemäß § 13 Abs. 2 Satz 3 2. Halbsatz InsVV bis auf EUR 100,00 reduziert werden kann. Auch hier ist allerdings die Kürzung nur zulässig, sofern eine vorzeitige Beendigung des Verfahrens entsprechend Abs. 1 Satz 2 und darüber hinaus eine außergewöhnlich kurze Verfahrensdauer sowie nur ein außergewöhnlich einfacher Fall gegeben ist.[498] Eine Herabsetzung der Mindestvergütung ist nur in diesen Fällen zulässig, da der Verordnungsgeber dem reduzierten Aufgabenkreis eines Treuhänders bereits durch die auf 15 % des Wertes der Insolvenzmasse beschränkte Vergütung hinreichend Rechnung getragen hat.[499]

6. Besondere Sachkunde, Auslagen und Umsatzsteuer

a) Besondere Sachkunde

159 Bei Einsatz **besonderer Sachkunde** des Treuhänders ist über § 10 InsVV auch hier § 5 InsVV anwendbar. Die Geltung des § 5 InsVV ist für den Treuhänder auch sachlich geboten, da beispielsweise ein Treuhänder, der als Rechtsanwalt tätig ist, einen Feststellungsrechtsstreit gemäß § 179 ff. InsO zu führen hat.[500] In Betracht kommt auch die Erstellung von Steuererklärungen für den Schuldner oder die Führung von Prozessen über die Massezugehörigkeit eines Gegenstandes.[501] Gleichermaßen wie bei einem Insolvenz-

---

495 S. o. Rdnr. 44 ff.
496 Begründung des Verordnunggebers, B zu § 13.
497 Vgl. Eickmann, a. a. O., § 13 Rdnr. 5.
498 Vgl. Eickmann, a. a. O., § 13 Rdnr. 6.
499 Vgl. *LG Koblenz* ZInsO 2001, 24; *AG Potsdam* ZInsO 2001, 189.
500 Blersch, a. a. O., § 13 Rdnr. 13.
501 Blersch, a. a. O.; Eickmann, a. a. O., § 13 Rdnr. 8.

verwalter erfolgt die Abgrenzung danach, inwieweit ein geschäftserfahrener Treuhänder, der nicht als Rechtsanwalt, Steuerberater oder Wirtschaftsprüfer tätig ist, die gesondert zu vergütende Tätigkeit einem Dritten mit besonderer Sachkunde übertragen hätte. Der Treuhänder kann die Kosten aus der Insolvenzmasse – ohne Genehmigung des Insolvenzgerichts – entnehmen. Im Einzelnen ist auf die Ausführungen unter Rdnr. 56 ff. zu verweisen.

b) Auslagen

Durch den Verweis in § 10 InsVV ist auch § 4 InsVV auf den Treuhänder anwendbar. Er kann dementsprechend die Erstattung der **Auslagen** fordern, wobei auch von ihm eine Auslagenpauschale gemäß § 8 Abs. 3 InsVV geltend gemacht werden kann. Ergänzend kann auf die Ausführungen unter Rdnr. 67 ff. verwiesen werden. 160

c) Umsatzsteuer

Auf Grund der Regelungen des § 10 InsVV i. V. m. § 7 InsVV ist dem Treuhänder die **Umsatzsteuer** auf die Vergütung und die Auslagen zu erstatten. Im Einzelnen ist auf die Ausführungen unter Rdnr. 77 zu verweisen. 161

7. Festsetzungsverfahren

Auf Grund des in § 313 Abs. 1 Satz 3 InsO vorgenommenen Verweises auf § 64 InsO und durch den weiteren Verweis in § 10 InsVV sind die Vergütung und die Auslagen sowie die Umsatzsteuer des Treuhänders entsprechend § 8 InsVV durch das Insolvenzgericht **festzusetzen**. Die Vergütung, die Auslagen und die Umsatzsteuer stellen Massekosten gemäß § 54 Nr. 2 InsO dar.[502] 162

8. Vergütung des vorläufigen Treuhänders

Der Verordnungsgeber hat das Rechtsinstitut des vorläufigen Treuhänders nicht geregelt, so dass auch eine Vorschrift über die Vergütung des vorläufigen Treuhänders nicht gegeben ist. Die Bestellung eines vorläufigen Treuhänders ist aber bei Verhandlungen über den Schuldenbereinigungsplan unter Anordnung von Sicherungsmaßnahmen gem. §§ 306 Abs. 2, 22 InsO möglich und auch geboten.[503] Einem bestellten vorläufigen Treuhänder ist folglich auch eine angemessene Vergütung zuzubilligen. Es ist sachgerecht, den vorläufigen Treuhänder **analog § 11 Abs. 1 InsVV** mit einem angemessenen Bruchteil der Vergütung eines Treuhänders zu entschädigen.[504] Da der 163

---

502 Vgl. im Einzelnen die Ausführungen unter Rdnr. 78 ff.
503 FK-InsO/*Schmerbach*, § 22 InsO Rdnr. 7.
504 Eickmann, a. a. O., § 13 Rdnr. 9; *AG Kaiserslautern* ZInsO 2000, 624; a. A. *AG Köln* InVo 2000, 166, das einen Bruchteil der Vergütung eines Insolvenzverwalters festsetzt.

Tätigkeitsumfang des vorläufigen Treuhänders dem eines »schwachen« vorläufigen Insolvenzverwalters ähnelt, ist der anzusetzende Bruchteil gleichermaßen zu ermitteln. Regelmäßig erhält der »schwache« vorläufige Verwalter, der lediglich mit Sicherungs- und Überwachungsaufgaben betraut ist 25 % des einfachen Staffelsatzes nach § 2 InsVV.[505] Dementsprechend sollte der vorläufige Treuhänder eine Vergütung in Höhe von 25 % der Vergütung des endgültigen Treuhänders erhalten.[506]

9. Ausfallhaftung der Staatskasse

164 Ein subsidiärer Vergütungs- und Auslagenersatzanspruch wird nach § 63 Abs. 2 InsO n. F. der InsOÄndG 2001 über die Verweisung des § 313 Abs. 1 Satz 3 InsO auf die §§ 56–66 InsO auch dem Treuhänder im vereinfachten Insolvenzverfahren gegen die **Staatskasse** zugebilligt, sofern dem Schuldner die Verfahrenskosten gemäß § 4 a des InsOÄndG 2001 gestundet wurden. Gleichzeitig kann durch die neu eingeführte Nr. 9017 der Anlage 1 zum Gerichtskostengesetz der dem Treuhänder erstattete Betrag gegenüber dem Schuldner zum Soll gestellt werden. Im Einzelnen ist zu verweisen auf die Ausführungen unter Rdnr. 96 ff.

C. Treuhänder im Restschuldbefreiungsverfahren (§§ 14–16 InsVV)

I. Allgemeines

165 Die Vergütung des Treuhänders im Restschuldbefreiungsverfahren (§ 286 ff. InsO) ist in einem eigenen, dritten Abschnitt der InsVV (§§ 14–16) geregelt. Die Gestaltung eines eigenen Abschnitts für die Vergütung des Treuhänders ist damit begründet, dass nach der Auffassung des Verordnungsgebers das Amt des Treuhänders im geltenden Recht kein Gegenstück hat.[507] Darüber hinaus lässt sich die Tätigkeit des Treuhänders mit der Tätigkeit der Verfahrensbeteiligten, deren Vergütung im ersten und zweiten Abschnitt geregelt ist, nicht vergleichen.[508] Die Anspruchsgrundlage der Vergütung des Treuhänders ergibt sich daher auch nicht aus § 63 InsO, sondern folgerichtig aus § 293 Abs. 1 Satz 1 InsO.

---

505 Vgl. die Ausführungen unter Rdnr. 108 ff.
506 Vgl. Eickmann, a. a. O.; *AG Kaiserslautern* a. a. O.
507 Vgl. Begründung des Verordnungsgebers, B zu § 14 ff.
508 Blersch, a. a. O., § 13 Rdnr. 1.

166 § 14 InsVV stellt die Grundnorm des dritten Abschnitts dar, der im Einzelnen die Vergütung des im Rahmen der Restschuldbefreiung tätigen Treuhänders regelt. Der Gesetzgeber stellt als Rahmen für die Vergütung in § 293 Abs. 1 Satz 2 InsO den Zeitaufwand und den Umfang der Tätigkeit auf. Allerdings geht die Vorschrift des § 14 InsVV in seiner Ausgestaltung gerade nicht auf den Zeitaufwand und auch nicht auf den Umfang der Tätigkeit ein, sondern orientiert sich lediglich an den eingegangenen Geldbeträgen mit einem gestaffelten Prozentsatz.[509] Auch wenn der Verordnungsgeber in seiner Begründung darauf hinweist, dass die gesetzliche Vorgabe des § 293 Abs. 1 Satz 2 InsO dahingehend »konkretisiert« wurde, dass von der Summe der beim Treuhänder eingehenden Beträge auszugehen ist,[510] stellt sich die Frage, ob die Vorschrift sich noch im Rahmen der Ermächtigungsnorm bewegt.[511]

Der Ansatz des Verordnungsgebers, sich bei der Vergütung für den Treuhänder an der Vergütungsregelung für den Zwangsverwalter im Zwangsverwaltungsverfahren entsprechend §§ 146 ff. ZVG zu orientieren, kann grundsätzlich als sachgerecht angesehen werden. Der Verordnungsgeber übernimmt auch die in § 24 der Verordnung über die Geschäftsführung und die Vergütung des Zwangsverwalters vom 16. 2. 1970 vorgesehene degressive Staffelvergütung. Allerdings wurden in § 14 InsVV die dort genannten Wertstufen sowie Prozentsätze nicht eingearbeitet, sondern der Verordnungsgeber setzt wesentlich geringere Vergütungssätze an. Der Verordnungsgeber weist in seiner Begründung zwar daraufhin, dass die für den Zwangsverwalter geltenden Sätze von der Praxis als nicht ausreichend empfunden werden, jedoch geht er davon aus, dass seine Vergütungssätze in Relation zum Zwangsverwalter angemessen seien, da die Tätigkeit eines Zwangsverwalters regelmäßig schwieriger, umfangreicher und verantwortungsvoller ist als die des Treuhänders.[512]

167 In § 15 InsVV ist eine zusätzliche Vergütung für den Fall vorgesehen, dass der Treuhänder mit der Überwachung der Obliegenheiten des Schuldners gemäß § 292 Abs. 2 Satz 1 InsO beauftragt wurde. Voraussetzung hierfür ist allerdings, dass der Treuhänder gemäß § 292 Abs. 2 Satz 3 InsO zur Überwachung verpflichtet ist.[513] In diesem Fall erhält der Treuhänder eine zusätzliche Vergütung in Form eines Stundenhonorars. In § 15 Abs. 1 Satz 2 InsVV wird normiert, dass der Stundensatz regelmäßig EUR 15,00 je Stunde beträgt. Der Stundensatz von EUR 15,00 pro Stunde orientiert sich an der Regelung zur Entschädigung von Zeugen gemäß § 2 Abs. 2 Satz 1 ZSEG. In § 15 Abs. 2 InsVV wird zusätzlich noch ein Höchstbetrag der Vergütung *für das gesamte Verfahren* dahingehend festgelegt, dass dieser den Gesamtbetrag der Vergütung nach § 14 InsVV nicht überschreiten darf. Es ist aller-

---

509 Vgl. Eickmann, a. a. O., § 14 Rdnr. 2.
510 Vgl. Begründung des Verordnungsgebers, B zu § 14 ff.
511 Eickmann, a. a. O., § 14 Rdnr. 2.
512 Siehe die Begründung des Verordnungsgebers, B zu § 14 ff.
513 FK-InsO/Grothe, § 292 InsO Rdnr. 18.

dings unter Berücksichtigung der Gläubigerautonomie in § 14 Abs. 2 Satz 2 InsVV zugelassen, dass die Gläubigerversammlung eine abweichende Regelung treffen kann.

168 § 16 InsVV stellt eine eigenständige Regelung hinsichtlich der Festsetzung der Vergütung und Auslagen des Treuhänders im Restschuldbefreiungsverfahren dar. Der Verordnungsgeber[514] wollte das Festsetzungsverfahren vereinfachen, insbesondere sollte das Gericht nur einmal mit der Festsetzung der Vergütung und Auslagen befasst werden, nämlich bei Beendigung der Tätigkeit. Daher werden sowohl in verfahrensrechtlicher als auch in materiellrechtlicher Hinsicht die für den Insolvenzverwalter in den §§ 4–9 InsVV formulierten Regelungen in § 16 InsVV zusammengefasst. Aus Vereinfachungsgründen wird in § 16 Abs. 2 InsVV abweichend von § 9 Satz 2 InsVV eine eigenständige Vorschussregelung geschaffen.

Hinsichtlich Anspruchsentstehung, Fälligkeit und Verjährung kann auf die allgemeinen Ausführungen unter Rdnr. 94, 95 verwiesen werden.

II. Vergütung nach § 14 InsVV und Auslagenersatz

1. Berechnungsgrundlage

169 Die Vergütung des Treuhänders errechnet sich – in Abweichung von § 1 InsVV – aus der **Summe aller eingegangenen Beträge** während des gesamten Restschuldbefreiungsverfahrens (fünf bzw. sieben Jahre). Einzubeziehen sind dabei die auf Grund der Abtretungserklärung gemäß § 287 Abs. 2 InsO, gemäß § 295 Abs. 1 Nr. 2, 4 und gemäß § 295 Abs. 2 InsO bei dem Treuhänder eingehenden Beträge sowie alle Leistungen Dritter, die an den Treuhänder erbracht werden.[515] Nicht zu berücksichtigen sind die Zahlungen des Schuldners gemäß § 298 Abs. 1 auf die Mindestvergütung.[516]

2. Vergütungshöhe

a) Vergütung

170 Die Vergütung des Treuhänders errechnet sich aus den in § 14 Abs. 2 InsVV festgelegten **gestaffelten Prozentsätzen** bezogen auf die Berechnungsgrundlage. Mit der daraus errechneten Vergütung ist die gesamte Tätigkeit im Rahmen des § 292 Abs. 1 InsO abgedeckt. Entgegen der in § 293 Abs. 1 Satz 2 InsO vorgesehenen Einbeziehung des Zeitaufwandes und des Um-

---

514 Vgl. Begründung des Verordnungsgebers, B zu § 16.
515 Vgl. Eickmann, a. a. O., § 14 Rdnr. 4.
516 Vgl. MK-InsO/Nowak, Anhang zu § 65 InsVV § 14 Rdnr. 7.

fangs der Tätigkeit bei der Vergütungsbemessung ist nach dem eindeutigen Wortlaut des § 14 Abs. 2 InsVV, der auch keine Zuschläge zulässt, die Berücksichtigung derartiger Umstände ausgeschlossen.[517]

b) Mindestvergütung

Die Mindestvergütung normiert in § 14 Abs. 3 InsVV mit EUR 100,00 pro angefangenem Jahr.

171

Bei eingegangenen Beträgen von weniger als EUR 14 000,00 – bezogen auf eine siebenjährige Tätigkeitsdauer – erhält der Treuhänder die Mindestvergütung. Anspruch auf die Mindestvergütung hat der Treuhänder auch dann, wenn keine Beträge eingehen.[518] Gemäß § 298 Abs. 1 InsO kann der Treuhänder einen Antrag auf Versagung der Restschuldbefreiung stellen, wenn die Mindestvergütung nicht gedeckt ist und er im vorausgegangenen Geschäftsjahr bereits keine Mindestvergütung erhalten hat.[519] Das Geschäftsjahr beginnt mit der Übernahme des Amtes durch den Treuhänder.[520]

c) Erstattungsanspruch gegen die Staatskasse

Das Risiko der Versagung der Restschuldbefreiung wegen fehlender Deckung der Mindestvergütung wird für den Schuldner durch die Einführung der Stundungsregelung gemäß §§ 4 a–d InsO entsprechend dem InsO-ÄndG 2001 genommen. Im Falle der Stundung greift über die Verweisung des § 293 Abs. 2 InsO n. F. auf § 63 Abs. 2 InsO n. F. eine **subsidiäre Haftung der Staatskasse** ein. Damit wird die Mindestvergütung für den Treuhänder sichergestellt und gleichzeitig vermieden, dass wegen nicht ausreichender Masse die Restschuldbefreiung versagt wird. Durch die Neueinführung des Auslagentatbestands Nr. 9017 in der Anlage 1 zum GKG können die von der Staatskasse an den Treuhänder bezahlten Beträge gegen den Schuldner zum Soll gestellt werden.

172

---

517 Vgl. Haarmeyer/Wutzke/Förster, a. a. O., § 14 Rdnr. 6; a. A. Eickmann, a. a. O., § 14 Rdnr. 7, der in Erwägung zieht, Zuschläge von 2 bis 3 % auf die Prozentsätze des Absatzes 2 zuzulassen.
518 Vgl. Eickmann, a. a. O., § 14 Rdnr. 8.
519 Vgl. MK-InsO/Nowak, Anhang zu § 65 InsVV § 14 Rdnr. 9.
520 Vgl. Eickmann, a. a. O., § 14 Rdnr. 9.

III. Vergütung nach § 15 InsVV

1. Voraussetzungen des Vergütungsanspruchs

173 Voraussetzung für den Anspruch auf Zusatzvergütung ist die Beschlussfassung der Gläubigerversammlung dahingehend, dass dem Treuhänder die Aufgabe übertragen wird, die Obliegenheiten des Schuldners zu überwachen, entsprechend § 292 Abs. 1 Satz 1 InsO. Die Übertragung der **Überwachungsaufgabe** erfordert somit einen Beschluss der Gläubigerversammlung in dem Schlusstermin, in dem nach § 289 InsO über den Antrag des Schuldners auf Restschuldbefreiung zu entscheiden ist.[521] Die grundsätzliche Überwachungsverpflichtung des Treuhänders ist damit bis zur Beendigung des Restschuldbefreiungsverfahrens (§§ 299, 300 InsO) festgelegt. Er hat damit auch grundsätzlich einen Vergütungsanspruch gemäß § 15 InsVV. Die Verpflichtung zur Überwachung besteht allerdings gemäß § 292 Abs. 2 Satz 3 InsO nur unter der Voraussetzung, dass die zusätzliche Vergütung des § 15 InsVV gedeckt ist oder vorgeschossen wird. Der Gesetzestext ist dahingehend zu verstehen, dass der Gesamtbetrag der Zusatzvergütung für die ganze Überwachungszeit gedeckt bzw. vorgeschossen sein muss. Abweichende Vereinbarungen zwischen dem Treuhänder und den Gläubigern sind dabei zulässig, so dass ggf. nur für bestimmte Zeiträume Vorschüsse gefordert werden können.[522] Sobald die vorhandenen/eingehenden Mittel die Vergütung nicht mehr decken oder der Vorschuss verbraucht ist, ist der Treuhänder berechtigt, seine Überwachungstätigkeit einzustellen.[523]

2. Vergütungshöhe

174 Da die Überwachungstätigkeit je nach Verfahrensverlauf (z. B. nichtkooperativer Schuldner) einen erheblichen Umfang erreichen kann und die dadurch zu zahlende Vergütung sich masseminderd auswirkt, hat der Verordnungsgeber festgelegt, dass der Stundensatz regelmäßig – nur – **EUR 15,00 je Stunde** beträgt. Der Stundensatz kann allerdings vom Insolvenzgericht je nach Lage des Einzelfalls höher oder niedriger festgesetzt werden. Die Festsetzung der Höhe des Stundensatzes erfolgt gemäß § 16 Abs. 1 InsVV[524] schon bei der Ankündigung der Restschuldbefreiung. Darüber hinaus ist in § 15 Abs. 2 InsVV eine Höchstgrenze vorgesehen, die sich an der Vergütung des Treuhänders für das Restschuldbefreiungsverfahren orientiert. Diese Kappungsgrenze kann auf Grund der im Zusammenhang mit der Gläubigerautonomie zugelassenen abweichenden Regelung durch die Gläu-

---

521 FK-InsO/Grothe, § 292 InsO Rdnr. 17.
522 Vgl. Eickmann, a. a. O., § 15 Rdnr. 7.
523 Vgl. MK-InsO/Nowak, Anhang zu § 65 InsVV § 15 Rdnr. 2.
524 S. u. Rdnr. 178 f.

bigerversammlung gemäß § 15 Abs. 2 Satz 2 InsVV durchbrochen werden.[525]

3. Vergütungsgarantie

Da der Treuhänder die Überwachungstätigkeit nur bei gesicherter Vergütung (§ 292 Abs. 2 Satz 3 InsO) ausführen muss, ist der konkrete Betrag zu ermitteln.

175

Sofern in der Gläubigerversammlung keine abweichende Festlegung – ggf. mit Zustimmung des Treuhänders – hinsichtlich des Betrages getroffen worden ist, der gemäß § 292 Abs. 2 Satz 3 InsO gedeckt oder vorgeschossen werden muss, ist auf die gesamte Überwachungszeit abzustellen.[526] Da die Höhe des Gesamtbetrages zum Zeitpunkt der Ankündigung der Restschuldbefreiung nicht feststeht, gleichzeitig eine Deckung oder Vorschussleistung gegeben sein muss, ist diese zu berechnen. Dabei ist zunächst die Höchstgrenze gemäß § 15 Abs. 2 InsVV dadurch zu ermitteln, dass die während des vereinfachten Insolvenzverfahrens angefallenen pfändbaren Beträge des Schuldners festzustellen sind und diese auf die zu erwartende Dauer des Restschuldbefreiungsverfahrens (sieben oder fünf Jahre) hochgerechnet werden. Die daraus ermittelte – voraussichtliche – Vergütung des § 14 InsVV für den Treuhänder stellt dann die Deckelung der Zusatzvergütung gemäß § 15 Abs. 2 InsVV dar. Dieser Betrag ist entweder durch Separierung vorhandener Vermögenswerte zu sichern oder der Gesamtbetrag der zu erwartenden – geschätzten – Vergütung wird von den Gläubigern **vorgeschossen**.[527] Die Schätzung kann auf der Basis des gemäß § 16 Abs. 1 Satz 1 InsVV festgelegten Stundensatzes und des zu erwartenden Zeitumfangs bezogen auf die gesamte Laufzeit des Restschuldbefreiungsverfahrens überschlägig erfolgen. Die Gläubigerversammlung ist allerdings gemäß § 15 Abs. 2 Satz 2 InsVV berechtigt, eine abweichende Regelung, die sowohl eine Minderung als auch eine Erhöhung enthalten kann, zu treffen. Der von der Gläubigerversammlung festgesetzte Gesamtbetrag ist dann entweder aus der vorhandenen Masse zu decken oder durch Vorschuss zur Verfügung zu stellen. Denkbar ist auch, dass die Gläubigerversammlung den Treuhänder völlig von der Kappungsgrenze freistellt.[528] Legt die Gläubigerversammlung allerdings einen Höchstbetrag fest bzw. bestimmt einen Vorschuss auf die Zusatzvergütung, der nicht die Mindestvergütung erreicht, so besteht keine Überwachungspflicht.[529] In diesem Fall stellt auch die Ablehnung der Überwachung keine Pflichtverletzung dar, so dass auch das In-

---

525 S. nachfolgend Rdnr. 175.
526 MK-InsO/Nowak, Anhang zu § 65 InsVV § 15 Rdnr. 3; einschränkend Eickmann, a. a. O., § 15 Rdnr. 7.
527 Vgl. Haarmeyer/Wutzke/Förster, a. a. O., § 15 Rdnr. 2.
528 Vgl. Eickmann, a. a. O., § 15 Rdnr. 5.
529 Vgl. MK-InsO/Nowak, Anhang zu § 65 InsVV § 15 Rdnr. 4.

solvenzgericht keine Maßnahmen gemäß § 58 i. V. m. § 292 Abs. 3 InsO vornehmen kann.[530]

Regelmäßig wird nur eine Erhöhung in Betracht kommen, da gerade bei Schuldnern, die über kein Arbeitseinkommen auf Grund vorhandener Arbeitslosigkeit verfügen, unter Berücksichtigung des § 295 Abs. 1 Nr. 1 ein gesteigerter Überwachungsbedarf gegeben ist. Die gebotene – sicherlich zeit- und dadurch kostenintensive – Überwachungstätigkeit könnte jedoch wegen der gesetzlichen Kappungsgrenze – ohne Erhöhungsbeschluss – an sich nicht vergütet werden.[531]

4. Vorschuss (§ 292 Abs. 2 Satz 3 InsO)

176 Gemäß § 292 Abs. 2 Satz 3 InsO besteht eine Verpflichtung des Treuhänders zur Ausführung der Überwachungstätigkeit nur dann, wenn die zusätzliche Vergütung gedeckt ist oder vorgeschossen wird. Sollten ausreichende Mittel nicht vorhanden sein, so ist der Treuhänder berechtigt, **von den Gläubigern einen Vorschuss** anzufordern.[532] Der Treuhänder hat nachvollziehbar darzulegen, dass eine Deckung seines Vergütungsanspruchs gemäß § 15 InsVV nicht gegeben ist[533] und hat hierzu den voraussichtlich anfallenden Zeitaufwand zu schätzen und unter Berücksichtigung des Stundensatzes[534] zu errechnen. Die Gläubiger haften für die Zahlung des Vorschusses gemäß § 427 BGB als Gesamtschuldner, so dass der Treuhänder nach eigenem Ermessen alle oder auch einzelne Gläubiger in Anspruch nehmen kann.[535]

IV. Festsetzung der Vergütung

1. Allgemeines

177 Das Festsetzungsverfahren der Vergütung des Treuhänders ist in § 16 InsVV **gesondert geregelt**, so dass § 8 InsVV nicht anzuwenden ist. Die für den Insolvenzverwalter in §§ 4–9 InsVV formulierten Regelungen wurden für den Treuhänder im Restschuldbefreiungsverfahren in § 16 InsVV sowohl in verfahrensrechtlicher als auch in materiellrechtlicher Hinsicht zusammengefasst.

---

530 Vgl. Haarmeyer/Wutzke/Förster, a. a. O., § 15 Rdnr. 2.
531 Vgl. Eickmann, a. a. O., § 15 Rdnr. 4.
532 S. auch oben Rdnr. 173.
533 Vgl. Eickmann, Vergütungsrecht, § 15 Rdnr. 7.
534 S. o. Rdnr. 174.
535 Vgl. Eickmann, Vergütungsrecht, § 15 Rdnr. 6.

Darüber hinaus ist bei der Anwendung der Vorschrift die Vergütungsnorm des § 293 InsO, mit der in Abs. 2 vorgenommenen Verweisung auf § 64 InsO einzubeziehen. Daher erfolgt gemäß § 64 Abs. 1 InsO die Festsetzung im Beschlusswege durch das Insolvenzgericht.[536]

Die Norm erfasst den Stundensatz gemäß § 15 InsVV, die Vergütungen der §§ 14, 15 InsVV, die Auslagen und die jeweils darauf entfallende Umsatzsteuer. Auch hier ist der vergütungsrechtliche Grundsatz, dass die Vergütung am Ende des jeweiligen Verfahrens festgesetzt wird, eingehalten. Dieser Grundsatz erfährt allerdings eine Ausnahme, indem in § 16 Abs. 1 Satz 1 InsVV festgelegt wird, dass der Stundensatz vorab festgesetzt wird, nämlich bei der Ankündigung der Restschuldbefreiung.

Ggf. vom Treuhänder gesondert geltend gemachte Rechtsanwaltshonorare oder ähnliche Vergütungen unterliegen nicht dem Verfahren des § 16 InsVV.

2. Festsetzung des Stundensatzes (§ 16 Abs. 1 Satz 1, 2 InsVV)

Der Treuhänder, dem die Überwachung der Erfüllung der Obliegenheiten des Schuldners nach §§ 292 Abs. 2, 295 InsO übertragen worden ist, erhält eine zusätzliche Vergütung nach § 15 Abs. 1 Satz 1 InsVV. Diese bemisst sich nach dem Zeitaufwand und wird im Regelfall mit **EUR 15,00 pro Stunde** vergütet.[537] Das Insolvenzgericht kann allerdings diesen Stundensatz bei Vorliegen vergütungsrechtlicher Besonderheiten angemessen erhöhen.[538] Eine Erhöhung ist beispielsweise bei der Überwachung eines selbstständig tätigen Schuldners (§ 295 Abs. 2 InsO) geboten, da hier die Überwachung anspruchsvoller ist als bei der Überwachung von abhängig Tätigen.[539] Der Verordnungsgeber spricht zwar von »anpassen«, doch dürfte eine Verminderung des Stundensatzes von EUR 15,00, welcher ein an sich schon – nicht vertretbar – niedriger Stundensatz ist, unter Berücksichtigung des Grundsatzes einer angemessenen Vergütung nicht in Betracht kommen.[540]

178

Die Festsetzung des Stundensatzes erfolgt gemäß § 64 Abs. 1 i. V. m. § 293 Abs. 2 InsO sowie gemäß § 16 Abs. 1 Satz 1 InwsVV durch das Insolvenzgericht. Grundsätzlich trifft die Entscheidung der Rechtspfleger, sofern sich nicht der Insolvenzrichter gemäß § 18 Abs. 2 RPflG die Entscheidung im laufenden Insolvenzverfahren vorbehalten hat.[541] Der Beschluss, der den Stundensatz festlegt, ergeht von Amts wegen, sobald durch die Gläubigerversammlung ein **Beschluss** gemäß § 292 Abs. 2 InsO gefasst worden ist. Die Beschlussfassung erfolgt im Schlusstermin des vorangegangenen Insolvenzverfahrens, in welchem auch gemäß §§ 289 Abs. 1 Satz 2, 291 InsO sei-

179

---

536 Vgl. Blersch, a. a. O., § 16 Rdnr. 2.
537 Vgl. zu den Grundlagen des Stundensatzes s. o. Rdnr. 174.
538 Vgl. Begründung des Verordnungsgebers, B zu § 15.
539 Eickmann, a. a. O., § 15 Rdnr. 3.
540 Vgl. Blersch, a. a. O., § 16 Rdnr. 6.
541 Vgl. Blersch, a. a. O., § 16 Rdnr. 7.

tens des Insolvenzgerichts über die Ankündigung der Restschuldbefreiung und über die weitere Vorgehensweise entschieden wird. Der Verordnungsgeber hat diesen Zeitpunkt für die Festsetzung des Stundensatzes gemäß § 16 Abs. 1 Satz 1 InsVV deshalb festgelegt, um dadurch den am Verfahren Beteiligten einen Überblick über die zu erwartenden Kosten hinsichtlich der Überwachungstätigkeit zu ermöglichen. Darüber hinaus ist gleichzeitig auch dem Treuhänder im Laufe des Restschuldbefreiungsverfahrens die Möglichkeit gegeben, zu prüfen, ob die von ihm zu beachtende »Höchstgrenze« der besonderen Vergütung gemäß § 15 Abs. 2 InsVV erreicht wird. Denn in diesem Falle kann er dann seine Überwachungstätigkeit einstellen.

Der Festsetzungsbeschluss gemäß § 64 Abs. 1 i. V. m. § 293 Abs. 2 InsO ist wegen der in § 64 Abs. 3 InsO zulässigen sofortigen Beschwerde zu begründen.[542] Der Beschluss ist gemäß § 64 Abs. 2 InsO bekannt zu machen.[543] Bezüglich der Rechtskraft des Festsetzungsbeschlusses und der Verjährung des Anspruches kann auf die Ausführungen unter Rdnr. 93 bzw. 95 verwiesen werden.

3. Festsetzung der Treuhändervergütungen und der Auslagen (§ 16 Abs. 1 Satz 2–4 InsVV)

a) Festsetzung der Treuhändervergütung gemäß § 14 InsVV und der Auslagen

180 Die Vergütung des Treuhänders nach § 14 InsVV wird vom Insolvenzgericht nur **auf Antrag festgesetzt**. Ebenso wie bei der Vergütung des Insolvenzverwalters erfolgt die Festsetzung der Vergütung des Treuhänders im vereinfachten Insolvenzverfahren gemäß § 14 InsVV und ggf. § 15 InsVV bei Beendigung des Amtes. Als Beendigungszeitpunkte sind die rechtskräftige Versagung der Restschuldbefreiung gemäß §§ 296, 297, 298 und 299 InsO; die vorzeitige Beendigung des Verfahrens durch Tod des Schuldners oder die vollständige Befriedigung aller Gläubiger, der Tod oder die Entlassung des Treuhänders, der Abschluss des Verfahrens durch rechtskräftige Erteilung oder Versagung der Restschuldbefreiung gemäß § 300 InsO anzusehen. Nach § 292 Abs. 3 Satz 1 InsO besteht die Verpflichtung des Treuhänders dem Insolvenzgericht bei Beendigung des Amtes Rechnung zu legen, so dass dem Gericht die für die Berechnung der Insolvenzmasse und damit der Vergütung gemäß § 14 InsVV erforderlichen Unterlagen zur Verfügung stehen.[544]

Im Antrag hat der Treuhänder einen bestimmten Betrag als Vergütung schriftlich geltend zu machen. Darüber hinaus ist die Festsetzung der Aus-

---

542 Vgl. Blersch, a. a. O., § 16 Rdnr. 11.
543 S. hierzu Rdnr. 78 ff.
544 Vgl. MK-InsO/Nowak, Anhang zu § 65 InsVV § 16 Rdnr. 3.

lagen zu beantragen. Die Vergütung und die Auslagen sind getrennt darzustellen. Im Einzelnen kann hierzu auf die Ausführungen unter Rdnr. 78 ff. verwiesen werden. Des Weiteren ist gemäß § 16 Abs. 1 Satz 4 InsVV die Festsetzung der Umsatzsteuer auf die Vergütung und auf die Auslagen[545] zu beantragen, § 7 InsVV analog.[546]

Der Antrag ist im Einzelnen zu begründen, so dass die Vergütungsberechnung vom Insolvenzgericht nachvollzogen bzw. überprüft werden kann. Insbesondere ist die Berechnungsgrundlage gemäß § 14 Abs. 1 InsVV auf der Basis der gemäß § 292 Abs. 3 Satz 1 InsO vorzulegenden Schlussrechnung darzulegen. In der Folge ist die Vergütung zu ermitteln. Die Auslagen sind gemäß § 16 Abs. 1 Satz 3 InsVV einzeln aufzuführen und zu belegen. Der Anfall und die Höhe der Auslagen bedürfen einer Begründung, sofern sich aus deren Inhalt die Begründung nicht ohne weiteres erschließt.[547] Eine Pauschalregelung entsprechend § 8 Abs. 3 InsVV hat der Verordnungsgeber nicht vorgesehen, da er davon ausgegangen ist, dass sich der Umfang der Auslagen in einem geringen Rahmen hält.

Ergänzend ist darauf hinzuweisen, dass auf Grund der von § 9 InsVV abweichenden Regelung (§ 16 Abs. 3 InsVV), wonach der Treuhänder Vorschüsse ohne Zustimmung des Gerichts[548] entnehmen darf, die entnommenen Vorschüsse in dem Vergütungsantrag sowie in der Schlussrechnung im Einzelnen darzulegen sind.

Die Festsetzung erfolgt durch das Insolvenzgericht, wobei der Rechtspfleger funktional zuständig ist, sofern sich nicht der Richter dies gemäß § 18 Abs. 2 RPflG vorbehalten hat.

Das Insolvenzgericht entscheidet gemäß §§ 293 Abs. 2, 64 Abs. 1 InsO über die endgültige Vergütung und die Auslagen durch Beschluss. Der Beschluss ist zu begründen, da gemäß § 64 Abs. 3 InsO die Möglichkeit der sofortigen Beschwerde gegeben ist. Nach § 64 Abs. 2 InsO ist der Vergütungsbeschluss bekannt zu machen.[549] Bezüglich der Rechtskraft des Vergütungsbeschlusses und der Verjährung des Anspruches gelten die unter Rdnr. 93 und 95 dargestellten Grundsätze, so dass insoweit verwiesen werden kann.

b) Festsetzung der Vergütung des Treuhänders gemäß § 15 InsVV und der Auslagen

Die – zusätzliche – Vergütung des Treuhänders nach § 15 InsVV wird gemäß § 16 Abs. 1 Satz 2–4 InsVV festgesetzt. Der Beschluss erfolgt durch das Insolvenzgericht unter Berücksichtigung der Grundsätze des § 18 RPflG. 181

---

545 Vgl. die Ausführungen unter Rdnr. 67 f.
546 Siehe ergänzend die Ausführungen unter Rdnr. 77.
547 Vgl. MK-InsO/Nowak, Anhang zu § 65 InsVV § 16 Rdnr. 4.
548 S. u. Rdnr. 182.
549 S. o. Rdnr. 78 ff.

Auch die **zusätzliche Vergütung des § 15 InsVV** wird mit Beendigung des Amtes fällig,[550] so dass zu diesem Zeitpunkt der Antrag zu stellen ist. Aus Praktikabilitätsgründen sollte der Antrag mit dem Antrag auf Vergütung nach § 14 InsVV verbunden werden, insbesondere unter Berücksichtigung des § 15 Abs. 2 InsVV, damit das Insolvenzgericht prüfen kann, inwieweit die Vergütungsbegrenzung eingehalten wurde.[551]

Der Antrag hat einen bestimmten Betrag für Vergütung und Auslagen bzw. Umsatzsteuer zu enthalten. Ausgehend von dem vom Insolvenzgericht mit der Ankündigung der Restschuldbefreiung festgesetzten Stundensatz ist im Einzelnen detailliert darzulegen, mit welchem Zeitaufwand die Überwachungstätigkeit verbunden war. Der Treuhänder hat im Einzelnen einen nachvollziehbaren Stundennachweis vorzulegen, so dass der Umfang der ausgeübten Überwachungstätigkeit umfassend überprüft werden kann. Es ist daher zu empfehlen, laufende Stundenaufzeichnungen zu führen. Pauschalierungen oder Schätzungen sind auf Grund der eindeutigen Regelung der Vorschrift nicht zulässig.[552]

Auch im Bereich des § 15 InsVV sind wegen der Regelung des § 16 Abs. 1 Satz 3 InsVV die Auslagen im Einzelnen aufzulisten und ggf. zu erläutern. Darüber hinaus ist sowohl auf die Vergütung als auch auf die Auslagen bezogen die Umsatzsteuer getrennt zu berechnen.

Wie bereits zur Vergütung des § 14 InsVV dargelegt[553] muss auch im Bereich der Vergütung des § 15 InsVV wegen der Möglichkeit der Vorschussentnahme ohne Zustimmung des Gerichts[554] detailliert dargelegt werden, in welchem Umfange Vorschüsse entnommen worden sind.

Bezüglich der Festsetzung durch Beschluss, der erforderlichen Begründung und der Rechtskraft sowie der Bekanntmachung des Beschlusses kann auf die oben dargelegten Grundsätze verwiesen werden.[555]

4. Entnahme/Rückzahlung

182 Der Festsetzungsbeschluss gibt dem Treuhänder die **Berechtigung**, die festgesetzten Beträge zu **entnehmen**. Soweit der Treuhänder bereits vor Rechtskraft des Beschlusses Entnahmen vornimmt und sich im Rechtsbehelfsverfahren eine Verminderung ergibt, so ist er zur Rückzahlung verpflichtet. Gleichermaßen ist er zur Rückzahlung nach bereicherungsrechtlichen Grundsätzen verpflichtet, sofern – berechtigte – Vorschüsse die endgültig festgesetzten Beträge in ihrer Summe überschreiten.

---

550 S. o. Rdnr. 94.
551 Vgl. Blersch, a. a. O., § 16 Rdnr. 21.
552 Vgl. Blersch, a. a. O., § 16 Rdnr. 23.
553 Vgl. Rdnr. 180.
554 S. u. Rdnr. 183.
555 Rdnr. 78 ff. und 93.

Eine Aufrechnung mit Schadensersatzansprüchen ist im Festsetzungsverfahren nicht zulässig. Hier ist ausschließlich die Vergütung zu beurteilen, da Schadensersatzansprüche in einem Klageverfahren geltend zu machen sind. Nach der Festsetzung ist allerdings die Vollstreckungsgegenklage gemäß § 767 ZPO auch nach Rechtskraft zulässig. Dies ergibt sich daraus, dass eine Präklusion der Schadensersatzansprüche gemäß § 767 Abs. 2 ZPO nicht gegeben ist, denn diese konnten im Festsetzungsverfahren nicht geprüft werden.[556]

V. Vorschüsse (§ 16 Abs. 2 InsVV)

§ 16 Abs. 2 InsVV enthält eine eigenständige Regelung bezüglich der Entnahme von Vorschüssen. Daraus ergibt sich, dass § 9 InsVV nicht anwendbar ist. Aus Vereinfachungsgründen hat der Verordnungsgeber vorgesehen, dass der Treuhänder im Restschuldbefreiungsverfahren **ohne Zustimmung des Insolvenzgerichts** Vorschüsse auf seine Vergütung entweder aus den bei ihm nach § 287 Abs. 2, § 291 Abs. 2 InsO eingegangenen Beträgen oder den Sicherstellungen nach § 292 Abs. 2 Satz 3 InsO entnehmen kann.[557] Das umfänglich begrenzte Entnahmerecht und auch die Aufsicht des Insolvenzgerichts gemäß §§ 58 und 59 InsO schützen gegen Missbrauch. Die Höhe der Vorschüsse wird gemäß § 16 Abs. 2 Satz 2 InsVV auf den Betrag, der dem vom Treuhänder bereits verdienten Teil der Vergütung entspricht und darüber hinaus durch die Höhe der Mindestvergütung seiner Tätigkeit begrenzt. Der Wortlaut des § 16 Abs. 2 InsVV sieht ein Entnahmerecht für Auslagen an sich nicht vor. Doch geht die Begründung des Verordnungsgebers[558] davon aus, dass der Treuhänder auch Vorschüsse auf ihm bereits entstandene Auslagen entnehmen kann. Dementsprechend ist die Vorschussregelung – nach allgemeinem Grundsätzen- sowohl auf die Auslagen als auch auf die anfallende Umsatzsteuer zu erstrecken.[559]

183

Da § 16 Abs. 2 Satz 2 InsVV die Vorschussentnahme ohne Zustimmung des Gerichts der Höhe nach begrenzt, um einem Missbrauch vorzubeugen, ist davon auszugehen, dass **höhere Vorschüsse mit ausdrücklicher Zustimmung** des Gerichts beantragt werden können.[560] Diese Interpretation der Norm entspricht dem allgemeinen Grundsatz des Gebühren- und Vergü-

184

---

556 Siehe ergänzend hierzu die Ausführungen unter Rdnr. 78 ff.
557 Blersch, a. a. O., § 16 Rdnr. 26.
558 Begründung des Verordnunggebers, B zu § 16.
559 Vgl. MK-InsO/Nowak, Anhang zu § 65 InsVV § 16 Rdnr. 15; Eickmann, a. a. O., § 16 Rdnr. 11.
560 Vgl. Blersch, a. a. O., § 16 Rdnr. 29; MK-InsO/Nowak, Anhang zu § 65 InsVV § 17 Rdnr. 15; unklar Haarmeyer/Wutzke/Förster a. a. O., § 16 Rdnr. 3: »Pflichtverletzung bei echtem Vorschuss«; Eickmann, a. a. O., § 16 Rdnr. 10.

tungsrechts, dass zum Zeitpunkt des Antrags auf Zustimmung in etwa das zu vergüten ist, was der bisherigen »Verwaltertätigkeit« entspricht. Dementsprechend können gemäß § 16 Abs. 2 Satz 2 InsVV ohne Zustimmung des Insolvenzgerichts jeweils Vorschüsse bis zur Höhe der Mindestvergütung, wobei hier von einer jährlichen Entnahme auszugehen ist, entnommen werden. Darüber hinausgehende Beträge können auf Antrag nach Zustimmung des Insolvenzgerichts entnommen werden, sofern die Masse hierfür vorhanden ist.[561]

VI. Rechtsmittel

185 Auf Grund der in § 293 Abs. 2 InsO enthaltenen Verweisung auf § 64 Abs. 3 InsO ist gegen sämtliche Entscheidungen des Insolvenzgerichts nach § 16 Abs. 1 InsVV das Rechtsmittel der **sofortigen Beschwerde** entsprechend §§ 6, 7 InsO zulässig.[562] Unter Berücksichtigung des § 64 Abs. 3 InsO sind der Treuhänder (anstelle des Insolvenzverwalters) und der Schuldner, denen der Beschluss gemäß § 64 Abs. 2 InsO bekannt zu machen ist, sowie alle Insolvenzgläubiger aus dem rechtskräftigen Schlussverzeichnis des Insolvenzverfahrens (§ 292 Abs. 1 InsO) beschwerdeberechtigt. Voraussetzung ist allerdings auch hier, dass der jeweils Betroffene beschwert ist und die Mindestbeschwer gemäß § 567 Abs. 2 Satz 2 ZPO i. V. m. § 64 Abs. 3 InsO i. H. v. EUR 50,00 erreicht wird.[563]

Zur Berechnung der Beschwer des einzelnen Gläubigers siehe die Ausführungen unter Rdnr. 92.

D. Vergütung der Mitglieder des Gläubigerausschusses (§§ 17, 18 InsVV)

I. Allgemeines

186 Die Vergütung und der Auslagenersatz der Mitglieder des Gläubigerausschusses werden im vierten Abschnitt der InsVV geregelt. Die Formulierung eines eigenen Abschnitts beruht darauf, dass in § 73 InsO ein eigenständiger Vergütungsanspruch des einzelnen Ausschussmitglieds normiert ist.

---

561 Vgl. MK-InsO/Nowak, Anhang zu § 65 InsVV § 17 Rdnr. 15.
562 Vgl. hierzu die Ausführungen unter Rdnr. 92.
563 Vgl. Blersch, a. a. O., § 16 Rdnr. 32 f.

§ 17 InsVV ist maßgebend für die Berechnung der Vergütung. Die bisherige Regelung der Vergütung der Mitglieder des Gläubigerausschusses im Konkursrecht ging vom Grundsatz der Vergütung des erforderlichen Zeitaufwandes aus (vgl. § 13 Abs. 1 Satz 2 der VergVO). Dabei erfolgt eine individuelle Berechnung der Vergütung für jedes Ausschussmitglied gesondert nach seiner jeweiligen Tätigkeit. Der ursprünglich in § 13 VergVO vorgesehene Stundensatz von DM 15,00 wurde in der Vergangenheit wegen seiner geringen Höhe regelmäßig weit überschritten. Dementsprechend hat der Verordnungsgeber unter Berücksichtigung der allgemeinen Preisentwicklung und der Erweiterung des Aufgabenkreises für die Mitglieder des Gläubigerausschusses die Regelstundensätze angehoben.[564] Gleichzeitig wurde vorgesehen, dass dieser Regelstundensatz dem tatsächlichen Aufwand in quantitativer und qualitativer Hinsicht angepasst wird.[565] Schon bezüglich des alten Rechts war nach einhelliger Auffassung auch eine andere Bewertung der Tätigkeit der Ausschussmitglieder als nach dem reinen Zeitaufwand zulässig.[566] Dies soll auch im Geltungsbereich der InsVV fortgeführt werden, was der Verordnungsgeber in seiner Begründung ausdrücklich so vorgesehen hat.[567] In Betracht kommen beispielsweise Pauschalvergütungen,[568] die Entschädigung nach dem ZSEG[569] oder eine Orientierung der Vergütung an der Verwaltervergütung,[570] wobei hier Sätze von 1 bis 5 % in Erwägung gezogen werden.[571] Grundsätzlich ist aber die individuell erbrachte Tätigkeit eines Ausschussmitglieds angemessen zu vergüten. Dabei sind als Kriterien der Umfang der Tätigkeit, die Zeit, die Intensität der Mitwirkung, die übernommene Verantwortung und das Haftungsrisiko sowie auch die Schwierigkeit des einzelnen Verfahrens mit einzubeziehen. Hinzu kommen noch eine besondere Sachkunde und die Qualifikation des Ausschussmitglieds. Zu berücksichtigen ist auch, dass kompetente Ausschussmitglieder nur gewonnen werden können, wenn eine angemessene Vergütung für eine qualifizierte und engagierte Arbeit zugebilligt werden kann. Die Vergütung sollte darüber hinaus berücksichtigen, dass die Mitarbeit im Gläubigerausschuss nicht nur die Vertretung der eigenen Interessen des Gläubigers beinhaltet, sondern eine zusätzliche Leistung, die dem allgemeinen Interesse der Gläubigerschaft dient, und auf Grund des Engagements und der Qualifikation der Ausschussmitglieder eine erfolgreiche Insolvenzabwicklung erst ermöglicht wird. Daher ist die Vergütung regelmäßig an der Honorierung einer ähnlich gelagerten Tätigkeit außerhalb eines Gläubigerausschusses zu orientieren.

187

---

564 Vgl. die Begründung des Verordnungsgebers, B zu § 17.
565 Vgl. MK-InsO/Nowak, Anhang zu § 65 InsVV § 17 Rdnr. 2.
566 Vgl. Eickmann, a. a. O., § 17 Rdnr. 2 m. w. N.
567 Vgl. Begründung des Verordnungsgebers, B zu § 17.
568 *AG Gummersbach* ZIP 1986, 659.
569 Haarmeyer/Wutzke/Förster, a. a. O., § 17 Rdnr. 20.
570 Vgl. Haarmeyer/Wutzke/Förster, a. a. O., § 17 Rdnr. 24; Eickmann, a. a. O., § 17 Rdnr. 10 f.
571 Vgl. Haarmeyer/Wutzke/Förster, a. a. O., § 17 Rdnr. 24; Eickmann, a. a. O., § 17 Rdnr. 11.

Hinsichtlich Fälligkeit und Verjährung der Ansprüche kann auf die allgemeinen Grundsätze[572] verwiesen werden.

188 In § 18 InsVV wird der in § 73 Abs. 1 InsO bereits normierte Anspruch des Gläubigerausschussmitglieds auf Erstattung der angemessenen Auslagen konkretisiert. Darüber hinaus regelt § 18 Abs. 2 InsVV die bisher strittige Frage dahingehend, dass dem Gläubigerausschussmitglied auch die anfallende Umsatzsteuer zu erstatten ist und insoweit § 7 InsVV entsprechend gilt.

Nicht vorgesehen ist die Festsetzung eines Pauschalbetrages, entgegen der Regelung für den Insolvenzverwalter in § 8 Abs. 3 InsVV.[573]

Durch den Verweis in § 73 Abs. 2 InsO ist bezüglich der Bekanntgabe der Festsetzungsentscheidung und der Rechtsbehelfe § 64 InsO entsprechend anwendbar. Auf Grund des ausdrücklichen Wortlauts des § 54 Nr. 2 InsO sind die Auslagen und die darauf entfallende Umsatzsteuer als Massekosten einzustufen.

II. Regelmäßige Zeitvergütung (§ 17 Satz 1 InsVV)

189 Nach § 17 Satz 1 InsVV orientiert sich die Vergütung der Mitglieder des Gläubigerausschusses grundsätzlich an dem Zeitaufwand. Dabei erhält aber jedes Ausschussmitglied eine individuell berechnete Vergütung.[574] Die Berechnung der Vergütung nach dem Zeitaufwand ist somit die regelmäßige Vorgehensweise, soweit das Verfahren keine über ein sog. Normalverfahren im besonderen Maße hinausgehende Besonderheiten aufweist.[575] § 17 Abs. 1 InsVV lässt einen **Rahmenstundensatz von EUR 25,00 bis EUR 50,00 je Stunde** zu. Nach den allgemeinen Regeln des Gebührenrechts ergibt sich somit, falls keine Besonderheiten im Verfahren vorliegen, ein Mittelwert von EUR 37,50. Als Normalfall ist ein Verfahren dann zu bezeichnen, wenn der Insolvenzverwalter die Regelvergütung des § 2 InsVV erhält.[576] Dieses Kriterium ist deshalb angemessen, da sich die Beanspruchung des jeweiligen Ausschussmitglieds und auch der Umfang sowie der Inhalt seiner Tätigkeit an dem konkreten Insolvenzverfahren orientiert. Es ist grundsätzlich ein Gleichlauf der Tätigkeiten des Insolvenzverwalters als auch des jeweiligen Gläubigerausschussmitgliedes anzunehmen. Ausnahmen sind hiervon allerdings möglich, wie z. B. dass das Insolvenzverfahren für den Verwalter ein Normalverfahren darstellt, aber einzelne Ausschussmitglieder eine überdurchschnittliche Inanspruchnahme, z. B. bei

---

572 S. o. Rdnr. 94, 95.
573 Vgl. Begründung des Verordnungsgebers, B zu § 17.
574 Vgl. Eickmann, a. a. O., § 17 Rdnr. 11.
575 Vgl. Eickmann, a. a. O., § 17 Rdnr. 3.
576 Vgl. Haarmeyer/Wutzke/Förster, a. a. O., § 17 Rdnr. 20.

der Überwachung des Verwalters bzw. bei der Geschäftsführung gemäß § 69 InsO oder überdurchschnittliche Haftungsrisiken gemäß § 71 InsO, verzeichnen müssen. Das Ausschussmitglied, dass hier zu seinen Gunsten eine Abweichung geltend machen will, die zu einer Erhöhung des Stundensatzes führt, muss im Einzelnen die von ihm ausgeübten Tätigkeiten sowie die übernommenen Haftungsrisiken substantiiert darlegen und u. U. glaubhaft machen.[577]

Soweit sich allerdings der Umfang der Tätigkeit sowie die Inanspruchnahme des Ausschussmitglieds innerhalb eines durchschnittlichen Verfahrens bewegt, ist der Mittelwert von EUR 37,50 angemessen. Die einzelnen Ausschussmitglieder können unter Berücksichtigung ihrer individuellen Inanspruchnahme und ihres Tätigkeitsumfanges mit unterschiedlichen Stundensätzen vergütet werden.[578]

Da sich die Vergütung weitestgehend am Zeitumfang orientiert, ist jedem Ausschussmitglied dringendst anzuraten, den bei ihm tatsächlich entstandenen Zeitaufwand festzuhalten, so dass der spätere Vergütungsantrag entsprechend begründet werden kann.[579] Soweit auf Grund der Intensität der Tätigkeit oder Nachlässigkeit eine Zeiterfassung nicht möglich war oder vorgenommen wurde, kann das Insolvenzgericht eine Pauschale festsetzen oder an der Tätigkeit der übrigen Ausschussmitglieder orientiert die Vergütung schätzen.[580]

III. Abweichungen vom Regelsatz (§ 17 Satz 2 InsVV)

Der Verordnungsgeber geht in seiner Begründung[581] selbst davon aus, dass vom Rahmen des Stundensatzes abgewichen werden kann, um der Tätigkeit des einzelnen Ausschussmitgliedes gerecht zu werden (§ 17 Satz 2 InsVV). Zu berücksichtigen sind dabei insbesondere die **Schwierigkeit des Verfahrens** aber auch der **individuelle Umfang der Mitarbeit** des einzelnen Ausschussmitgliedes.[582] Ebenso wie bei der Beurteilung der Zu- und Abschläge der Vergütung des Insolvenzverwalters ist ebenfalls bei dem jeweiligen Ausschussmitglied auf die besonderen Umstände des Einzelfalles, aus denen sich Abweichungen vom Normalfall ergeben, abzustellen. Berücksichtigung kann auch eine besondere Sachkunde des Ausschussmitgliedes finden, da dieses im Interesse aller Gläubiger von dem betreffenden Ausschussmitglied eingebracht wird.

190

---

577 Vgl. Blersch, a. a. O., § 17 Rdnr. 8.
578 Vgl. Eickmann, § 17 Rdnr. 6; Haarmeyer/Wutzke/Förster, a. a. O., § 17 Rdnr. 11, 18.
579 Vgl. Blersch, a. a. O., § 17 Rdnr. 9.
580 Vgl. Blersch, a. a. O., § 17 Rdnr. 9.
581 Vgl. Begründung des Verordnungsgebers, B zu § 17.
582 Vgl. Begründung des Verordnungsgebers, B zu § 17.

> **Als objektive oder subjektive Kriterien kommen folgende Umstände in Betracht:**[583]
> - Unternehmensfortführung
> - Haus- und Grundstücksverwaltung
> - Hohe Gläubigerzahl
> - Prüfung mehrer Rechnungslegungen
> - Auslandsbezüge tatsächlicher oder rechtlicher Art
> - Besondere tatsächliche und rechtliche Probleme
> - Besondere Haftungsrisiken
> - Besondere Tätigkeiten wie z. B. Kassenprüfung
> - Besondere berufliche Stellung, Sachkunde und Qualifikation des Mitglieds

Ist eines oder mehrere dieser Kriterien erfüllt, ist – entsprechend der Vergütung des Insolvenzverwalters – ein auf die Person oder die Tätigkeit bezogen angemessener Stundensatz durch sachgerechte Zuschläge zu ermitteln. Dabei sind unter Berücksichtigung auch der beruflichen Qualifikation Stundensätze von bis zu EUR 300,00 als angemessen anzusehen.[584] Dabei können für die einzelnen Ausschussmitglieder jeweils unterschiedliche Stundensätze als angemessen ermittelt werden, da die jeweils anfallenden Kriterien individuell zu berücksichtigen sind.

191 Zulässig ist auch ein **Unterschreiten des Regelstundensatzrahmens**, wobei allerdings dies nur ausnahmsweise als angemessen angesehen werden kann, da sich die Rahmenbeträge schon an der untersten Grenze bewegen. Als Ausgangspunkt kann auch hier die Beurteilung der Vergütung des Insolvenzverwalters herangezogen werden. Abschläge können daher bei den Ausschussmitgliedern allenfalls erwogen werden, wenn auch beim Insolvenzverwalter Abschläge vorgenommen werden.

---

583 Vgl. die beispielhafte Auflistung bei Haarmeyer/Wutzke/Förster, a. a. O., § 17 Rdnr. 21 und MK-InsO/Nowak, Anhang zu § 65 InsVV § 17 Rdnr. 5.
584 Vgl. Blersch, a. a. O., § 17 Rdnr. 14; Haarmeyer/Wutzke/Förster, a. a. O., § 17 Rdnr. 21 a. A. MK-InsO/Nowak, Anhang zu § 65 InsVV § 17 Rdnr. 6 mit Zuschlägen von »nur« 5 % – 50 %.

Lorenz

> Als stundensatzmindernde Kriterien kommen beispielhaft in Betracht:[585]
> - Unterdurchschnittliches Insolvenzverfahren
> - Vorzeitige Verfahrensbeendigung
> - Fortgeschrittene Masseverwertung (ca. 50 %)
> - Kein besonderes Fachwissen
> - Fehlende berufliche oder fachliche Qualifikation oder Sachkunde
> - »Mittragen« der Entscheidungen des Verwalters ohne eigene Aktivitäten

Als unterste Grenze der Vergütung nach Vornahme von Abschlägen dürfte in etwa die Hälfte der »Regelvergütung« (EUR 18,75) anzusehen sein.[586] Beträge unterhalb dieser Grenze sind, ungeachtet einer auch geringfügigen Mitarbeit des Gläubigerausschussmitgliedes als nicht mehr angemessene Vergütung anzusehen.

Wenn auch der Verordnungsgeber in § 73 Abs. 1 InsO bzw. § 17 InsVV die regelmäßige Vergütung an Stundensätzen orientiert vorgesehen hat, ist jedoch die Bemessung der Vergütung **nach anderen Kriterien** nicht ausgeschlossen.[587] Der Verordnungsgeber geht in seiner Begründung selbst davon aus, dass in besonders gelagerten Einzelfällen eine Vergütung, die nicht auf den Zeitaufwand bezogen ist, angemessen sein kann.[588] Denkbar ist dabei, wie auch bereits im bisherigen Recht, der Ansatz einer Vergütungspauschale oder die Bemessung nach einem Bruchteil der Verwaltervergütung.[589] Da allerdings der Verordnungsgeber vorrangig den Zeitaufwand als Maßstab angesehen hat, sollte nur in Ausnahmefällen von dieser Vorgabe abgewichen werden. Dies ist regelmäßig nur dann der Fall, wenn auf der Grundlage des Zeitumfangs den besonderen Verfahrensumständen nicht Rechnung getragen werden kann, insbesondere bei einer äußerst schwierigen oder intensiven Tätigkeit des Ausschussmitglieds.[590] Gerade in den Fällen, bei denen das Ausschussmitglied insbesondere durch seine Mitarbeit teilweise in den Tätigkeitsbereich des Insolvenzverwalters »einbricht«, bietet es sich an, die ggf. aufwändige und Haftungsrisiken beinhaltende Tätigkeit in Form eines Bruchteils der Verwaltervergütung angemessen zu entlohnen. In der Praxis wurden hierbei Bruchteile von 1 % – 5 % der Verwaltervergütung bereits zugebilligt.[591]

192

---

585 Vgl. Haarmeyer/Wutzke/Förster, a. a. O., § 17 Rdnr. 22; MK-InsO/Nowak, Anhang zu § 65 InsVV § 17 Rdnr. 7.
586 Vgl. Haarmeyer/Wutzke/Förster, a. a. O., § 17 Rdnr. 22.
587 Vgl. Blersch, a. a. O., § 17 Rdnr. 16.
588 Vgl. Begründung des Verordnungsgebers, B zu § 17.
589 Vgl. Blersch, a. a. O., § 17 Rdnr. 16.
590 Vgl. Blersch, a. a. O., § 17 Rdnr. 16.
591 Vgl. Eickmann, a. a. O., § 17 Rdnr. 11.

193 Darüber hinaus ist auch denkbar, dass das Insolvenzgericht eine angemessene Vergütung durch Festsetzung eines **Pauschalbetrages** gegenüber einer reinen Zeiterfassung als sachgerechter ansieht. In Betracht kommt diese Vorgehensweise auch bei einer fehlenden Zeiterfassung des Ausschussmitglieds. In einfachen Verfahren ist eine Pauschale zwischen EUR 250,00 und EUR 2 500,00 adäquat. Bei langjährigen und auch schwierigen Verfahren, bei denen die Ausschussmitglieder zu erheblicher Mitarbeit veranlasst worden sind, ist eine Pauschale von bis zu EUR 25 000,00 auch noch als angemessen zu beurteilen.[592]

IV. Ausschluss des Vergütungsanspruchs

194 Aus § 1 Abs. 2 Nr. 4 a InsVV kann der in der InsVV verankerte allgemeine Rechtsgedanke hergeleitet werden, dass **Doppelhonorare**, die zu Lasten der Insolvenzmasse zu bezahlen wären, unzulässig sind. Folglich ist Mitgliedern von Gläubigergremien, die auf Grund berufsspezifischer Sachverhalte »auch« für die Ausschusstätigkeit von ihrem Dienstherrn oder Auftraggeber entlohnt werden, grundsätzlich kein Anspruch auf eine Vergütung gemäß § 17 InsVV zuzubilligen.[593] Soweit allerdings der Dienstherr oder Auftraggeber die Ausschusstätigkeit nicht oder teilweise nicht vergütet, ist eine angemessene Entlohnung für den betreffenden Teil zulässig.[594] Daher ist der jeweils in Frage stehende Vergütungsanspruch differenziert zu beurteilen.

Nach Auffassung des Bundesgerichtshofs[595] können Behörden grundsätzlich nicht Mitglieder eines Gläubigerausschusses werden, da es ihnen an der erforderlichen personalen Rechtsfähigkeit fehlt. Allerdings ist es zulässig, dass ein Angehöriger der Behörde persönlich, d. h. als Privatperson, Mitglied eines Gläubigerausschusses wird, soweit eine Nebentätigkeitsgenehmigung vorliegt. In dieser Funktion ist dann der Angehörige der Behörde gleichermaßen zu behandeln wie alle übrigen Ausschussmitglieder.[596] Ihm steht dementsprechend ein Anspruch auf eine angemessene Vergütung zu. Unerheblich ist dabei, ob im Innenverhältnis zwischen dem Ausschussmitglied und seinem Dienstherrn eine Abführungspflicht der Vergütung besteht.[597] Der Ersatz für Zeitversäumnis entfällt allerdings dann für das Ausschussmitglied, wenn er von seinem Dienstherrn – ohne Nacharbeitspflicht – gerade für diese Tätigkeit freigestellt wird. Soweit er jedoch seine Dienste in vollem Umfange erbringen muss oder für die Ausschusstätigkeit Urlaub

---

592 Vgl. Blersch, a. a. O., § 17 Rdnr. 17; Haarmeyer/Wutzke/Förster, a. a. O., § 17 Rdnr. 23 m. w. N.
593 Vgl. Haarmeyer/Wutzke/Förster, a. a. O., § 17 Rdnr. 26.
594 Vgl. *OLG Köln* ZIP 1988, 992, 993.
595 BGH ZIP 1994, 40.
596 A. A. Eickmann, Vor § 17 Rdnr. 7.
597 Vgl. AG Elmshorn ZIP 1982, 981.

bzw. Freizeit aufwenden muss, besteht grundsätzlich der Vergütungsanspruch gemäß § 17 InsVV.[598]

Keinen Anspruch auf Vergütung besitzen solche Ausschussmitglieder, die als Vertreter bestimmter Gläubiger (z. B. im Rahmen ihrer Berufsausübung als Rechtsanwalt, Wirtschaftsprüfer, Steuerberater) tätig sind.[599] Hier besteht das die Entlohnung auslösende Rechtsverhältnis zwischen dem Ausschussmitglied und seinem Auftraggeber. Allerdings kann wiederum dem Auftraggeber ein Vergütungsanspruch gegenüber der Masse gemäß § 17 InsVV zustehen, soweit es sich nicht um eine öffentlich-rechtliche Institution handelt.[600] Darüber hinaus besitzen alle anderen Unternehmen oder teilrechtsfähigen Organisationen sowie auch die sog. institutionellen Gläubiger (wie der Pensionssicherungsverein, die Gewerkschaften oder Sozialversicherungsträger) grundsätzlich einen Anspruch auf eine angemessene Vergütung, soweit ein »fest angestellter« Vertreter im Gremium tätig ist.[601] Soweit »fest angestellte« Mitarbeiter dieser Institutionen oder Organisationen als Privatpersonen im Ausschuss tätig sind und hierfür von ihrem Arbeitgeber entlohnt werden, haben sie keinen eigenen Anspruch auf Vergütung, da insoweit der Grundsatz der Doppelvergütung durchbrochen wäre.[602] Gleichermaßen ist die Situation vergütungsrechtlich zu beurteilen, wenn das Ausschussmitglied von der Organisation oder Institution als Selbstständiger gesondert beauftragt worden ist und entsprechend entlohnt wird.[603]

195

V. Auslagenersatz (§ 18 Abs. 1 InsVV)

Dem einzelnen Mitglied des Gläubigerausschusses ist gemäß § 73 Abs. 1 Satz 1 InsO neben seiner Vergütung ein Anspruch auf Erstattung angemessener Auslagen zugebilligt worden. Durch die eigenständige Regelung wurde auch eine entsprechende Anwendung des § 8 Abs. 3 InsVV mit der Möglichkeit einer Pauschalisierung des Auslagenersatzes ausgeschlossen. Der Verordnungsgeber geht davon aus, dass lediglich die angemessenen Auslagen zu erstatten sind. Als angemessen sind diejenigen Auslagen anzusehen, die aus der Sicht des Ausschussmitglieds zum Zeitpunkt des Entstehens der Auslagen als erforderlich zu beurteilen waren.[604] Dementsprechend ist maßgeblich, ob nach objektiven Kriterien das Mitglied des Gläu-

196

---

598 Vgl. Haarmeyer/Wutzke/Förster, a. a. O., § 17 Rdnr. 28; Blersch, a. a. O., § 17 Rdnr. 10.
599 Vgl. Blersch, a. a. O., § 17 Rdnr. 11.
600 Vgl. Eickmann, Vor § 17 Rdnr. 8 f.; Blersch, a. a. O., § 17 Rdnr. 11.
601 Vgl. Haarmeyer/Wutzke/Förster, a. a. O., § 17 Rdnr. 28; Blersch, a. a. O., § 17 Rdnr. 11.
602 Vgl. Haarmeyer/Wutzke/Förster, a. a. O., § 17 Rdnr. 28.
603 Vgl. MK-InsO/Nowak, Anhang zu § 65 InsVV § 17 Rdnr. 11.
604 Vgl. Blersch, a. a. O., § 18 Rdnr. 4; Haarmeyer/Wutzke/Förster, a. a. O., § 18 Rdnr. 2.

Lorenz

bigerausschusses zum Zeitpunkt des Anfalls der Auslagen den verursachten Aufwand als zur Erfüllung seiner Aufgaben erforderlich halten durfte.[605] Es sind daher nicht alle angefallenen Auslagen zu ersetzen. Zur Beurteilung der Erforderlichkeit der jeweiligen Auslagen ist eine Anlehnung an die für den Insolvenzverwalter geltenden Grundsätze hinsichtlich der Erstattung seiner Auslagen möglich.[606]

Konkret zu erstatten sind vor allem Reisespesen, insbesondere Fahrtkosten zur Teilnahme an den Ausschusssitzungen, Telefon- und Telefaxkosten, Aufwand für Büro- und Schreibmaterial sowie auch für Kopien.[607] Dagegen ist ein allgemeiner Büroaufwand, der dem Ausschussmitglied durch seine Tätigkeit entsteht, nicht erstattungsfähig.[608] Allerdings sind Kosten für Schreibkräfte dann erstattungsfähig, wenn sie bezogen auf eine konkrete Tätigkeit, z. B. Erledigung von Korrespondenz, Erstellung von Stellungnahmen erforderlich waren.[609]

197 Auch wenn der Verordnungsgeber nicht konkret geregelt hat, dass Gläubigerausschussmitglieder eine Erstattung der Prämien für eine gesondert abgeschlossene **Haftpflichtversicherung** beanspruchen können (anders als beim Insolvenzverwalter gemäß § 4 Abs. 3 InsVV), ist dies zu bejahen. Gerade durch die in der InsO neu geregelte weitergehende Gläubigerautonomie und die Erweiterung des Tätigkeitsumfangs des Gläubigerausschusses wurde das Haftungsrisiko entscheidend erhöht. Auch aus diesem Grunde heraus ist der Abschluss einer Haftpflichtversicherung für Ausschussmitglieder notwendig und auch dringend geboten. Es sind daher die Kosten einer Haftpflichtversicherung, die die besonderen Haftungsrisiken eines konkreten Insolvenzverfahrens abdeckt, gesondert als Auslagen erstattungsfähig.[610] In dringenden Fällen ist der Insolvenzverwalter berechtigt, mit Zustimmung des Insolvenzgerichts, zur Herbeiführung eines vorläufigen Versicherungsdeckungsschutzes für die Gläubigerausschussmitglieder gemäß § 55 Abs. 1 Nr. 1 InsO eine entsprechende Masseverbindlichkeit einzugehen.[611] Bei besonderer Eilbedürftigkeit ist auch eine nachträgliche Einholung der Zustimmung des Insolvenzgerichts möglich.[612]

Das jeweilige Ausschussmitglied hat im Rahmen seines Antrages auf Festsetzung der Auslagen die angefallenen Auslagen im Einzelnen darzulegen und entsprechende Belege beizufügen. Ggf. sind Ausführungen zur Erforderlichkeit der jeweiligen Auslagen zu machen, soweit sich dies nicht bereits aus den Belegen unmittelbar ergibt. Pauschalierungen sind auf Grund der

---

605 Haarmeyer/Wutzke/Förster, a. a. O.; MK-InsO/Nowak, Anhang zu § 65 InsVV § 18 Rdnr. 2.
606 Vgl. Blersch, a. a. O.
607 Haarmeyer/Wutzke/Förster, a. a. O., § 18 Rdnr. 3; Blersch, a. a. O.
608 Eickmann, a. a. O., § 18 Rdnr. 2.
609 Vgl. MK-InsO/Nowak, Anhang zu § 65 InsVV § 18 Rdnr. 9.
610 Vgl. MK-InsO/Nowak, Anhang zu § 65 InsVV § 18 Rdnr. 6; Blersch, a. a. O., § 18 Rdnr. 7.
611 Vgl. Blersch, a. a. O.
612 Vgl. Blersch, a. a. O.

Lorenz

eindeutigen gesetzlichen Regelung nicht möglich. Zulässig dürfte es allerdings sein, im Bereich der Telefax-, Telefon- und Portokosten einen angemessenen Pauschalbetrag geltend zu machen.[613]

VI. Umsatzsteuer (§ 18 Abs. 2 InsVV)

Nach § 18 Abs. 2 InsVV hat das Insolvenzgericht soweit Umsatzsteuer anfällt diese gesondert festzusetzen.[614] Auf Grund des ausdrücklichen Verweises ist § 7 InsVV auch für das Gläubigerausschussmitglied anwendbar. Die **Umsatzsteuer** ist allerdings nur dann vom Insolvenzgericht festzusetzen, wenn das Gläubigerausschussmitglied umsatzsteuerpflichtig ist bzw. die auf seine Vergütung entfallende Umsatzsteuer tatsächlich auch abzuführen hat. Das Ausschussmitglied hat dies im Einzelnen darzulegen und ggf. nachzuweisen.[615] Bei Ausschussmitglieder, die als Freiberufler oder Selbstständige tätig sind, besteht grundsätzlich eine Vermutung für die Umsatzsteuerpflicht, wogegen bei abhängig tätigen Ausschussmitgliedern eine Vermutung gegen eine Umsatzsteuerpflicht besteht und somit ein konkreter Nachweis zu fordern ist.[616]

198

VII. Festsetzungsverfahren

Entsprechend dem Verfahren zur Festsetzung der Insolvenzverwaltervergütung hat auch jedes Ausschussmitglied einen **eigenen Antrag** auf Festsetzung schriftlich bei Gericht einzureichen und einen bestimmten Betrag geltend zu machen. Der Antrag ist erst dann zulässig, wenn die Vergütung fällig ist.[617] Weiterhin ist der Antrag im Einzelnen zu begründen, damit das Insolvenzgericht in der Lage ist, den beanspruchten Vergütungsbetrag der Höhe und dem Grunde nach nachzuvollziehen. Insbesondere sind Zeitaufzeichnungen vorzulegen, aus denen sich im Einzelnen der Zeitumfang und die jeweils erbrachte Tätigkeit ergeben.[618] Einzubeziehen in den Zeitaufwand ist dabei nicht nur die konkrete Ausschusstätigkeit, sondern jede Tätigkeit, die dazu bestimmt war, die Aufgabe als Ausschussmitglied sachgerecht wahrzunehmen.[619] Zu erwähnen sind in diesem Zusammenhang insbesondere alle Zeiten der An- und Abfahrten, des Aktenstudiums, Vorbereitung, Telefo-

199

---

613 Vgl. Blersch, a. a. O., § 18 Rdnr. 5.
614 Haarmeyer/Wutzke/Förster, a. a. O., § 18 Rdnr. 6.
615 Vgl. Blersch, a. a. O., § 18 Rdnr. 8.
616 Vgl. Blersch, a. a. O.; Haarmeyer/Wutzke/Förster, a. a. O., § 18 Rdnr. 6.
617 Vgl. zur Fälligkeit oben Rdnr. 94.
618 Vgl. Haarmeyer/Wutzke/Förster, a. a. O., § 17 Rdnr. 14 m. w. N.
619 Vgl. Haarmeyer/Wutzke/Förster, a. a. O.

nate und ggf. auch Literaturstudium sowie Einholung von Informationen z. B. bei anderen Unternehmen.

Sollte ein Ausschussmitglied über kein ausreichendes Nachweismaterial verfügen, so ist das Insolvenzgericht berechtigt, eine Schätzung der Vergütung vorzunehmen, insbesondere unter Berücksichtigung der vorliegenden Unterlagen anderer Ausschussmitglieder oder entsprechend den Angaben des Insolvenzverwalters.[620]

Beantragt das Ausschussmitglied einen höheren Betrag als den Regelstundensatz, so ist dies im Einzelnen detailliert zu begründen.

Die Festsetzung der Vergütung, der Auslagen und der Umsatzsteuer erfolgt gemäß §§ 73 Abs. 2, 64 InsO durch das Insolvenzgericht. Einer vorherigen Anhörung der Gläubigerversammlung bedarf es – entgegen § 91 KO für das alte Recht – nicht.[621] Zu dem Festsetzungsantrag ist allerdings der Schuldner zu hören.[622]

200 Das Insolvenzgericht entscheidet über den Antrag des einzelnen Ausschussmitglieds durch **Beschluss**, wobei dieser das Rubrum, den Tenor und die Entscheidungsgründe zu enthalten hat. Ebenso wie bei dem Vergütungsbeschluss über die Insolvenzverwaltervergütung ist gesondert die festgesetzte Vergütung, die hierauf entfallende Umsatzsteuer, die Auslagen und die hierauf entfallende Umsatzsteuer darzustellen.

Der Festsetzungsbeschluss ist im Einzelnen zu begründen.[623] Die Begründung ist schon deshalb erforderlich, da gegen den Festsetzungsbeschluss die Möglichkeit eines Rechtsmittels gegeben ist.

201 Der Beschluss ist nach den in § 9 InsO festgelegten Grundsätzen **öffentlich bekannt zu machen** und an den Antragsteller (Ausschussmitglied) und an den Schuldner allerdings nicht an den Insolvenzverwalter zuzustellen. Dies ergibt sich daraus, dass nach § 73 Abs. 2 InsO eine entsprechende Anwendung des § 64 Abs. 2 InsO erfolgt und dort der »Verwalter« durch das antragstellende »Ausschussmitglied« zu ersetzen ist,[624] denn § 64 Abs. 2 InsO gilt unmittelbar nur für den Verwalter.

Bei der öffentlichen Bekanntmachung sind die festgesetzten Beträge nicht zu veröffentlichen, es ist lediglich darauf hinzuweisen, dass der vollständige Beschluss bei der Geschäftsstelle des Insolvenzgerichts eingesehen werden kann (§ 73 Abs. 2 i. V. m. § 64 Abs. 2 Satz 2 InsO). Durch den Verweis auf § 64 InsO ergibt sich gemäß dessen Abs. 3 der Rechtsbehelf der sofortigen

---

620 Vgl. Haarmeyer/Wutzke/Förster, a. a. O.
621 Blersch, a. a. O., § 18 Rdnr. 12, a. A. Eickmann, a. a. O., § 17 Rdnr. 15; Haarmeyer/Wutzke/Förster, a. a. O., § 17 Rdnr. 16, 25; MK-InsO/Nowak, Anhang zu § 65 InsVV § 18 Rdnr. 14.
622 Weitergehend MK-InsO/Nowak, Anhang zu § 65 InsVV § 17 Rdnr. 14, wonach auch der Verwalter und der Gläubigerausschuss zu hören sein sollen.
623 Vgl. hierzu die Ausführungen unter Rdnr. 78 ff.
624 Vgl. Blersch, a. a. O., § 18 Rdnr. 12.

Lorenz

Beschwerde. Anwendbar darauf sind die §§ 6, 7 InsO, so dass ggf. auch eine sofortige weitere Beschwerde zugelassen werden kann.[625] Berechtigt zur Einlegung der Beschwerde ist das betroffene Ausschussmitglied, der Schuldner und jeder Insolvenzgläubiger gemäß § 73 Abs. 2 InsO i. V. m. § 64 Abs. 3 InsO. Der Insolvenzverwalter ist nicht beschwerdeberechtigt, da, wie bereits oben dargelegt, durch die Verweisung des § 73 Abs. 2 auf § 64 Abs. 3 InsO dort der »Verwalter« durch das »Ausschussmitglied« zu ersetzen ist. Darüber hinaus ist auch der Insolvenzverwalter durch die Vergütungsfestsetzung gegenüber den Ausschussmitgliedern nicht beschwert.[626]

Die sofortige Beschwerde ist nur bei Erreichen der Beschwerdesumme in Höhe von EUR 50,00 gemäß § 64 Abs. 3 Satz 2 i. V. m. § 567 Abs. 2 ZPO zulässig. Hinsichtlich der Berechnung des Wertes der Beschwer, insbesondere wenn ein Insolvenzgläubiger Beschwerde einlegt, wird auf die Ausführungen unter Rdnr. 92 verwiesen.

VIII. Ausfallhaftung der Staatskasse

Ein subsidiärer Vergütungs- und Auslagenersatzanspruch gegen **die Staatskasse** wird nach § 63 Abs. 2 InsO n. F. des InsOÄndG 2001 über die Verweisung des § 73 Abs. 2 n. F. des InsOÄndG 2001 auch den Mitgliedern des Gläubigerausschusses zugebilligt, sofern dem Schuldner die Verfahrenskosten gemäß § 4 a des InsOÄndG 2001 gestundet werden. Gleichzeitig kann durch die neu eingeführte Nr. 9017 der Anlage 1 zum GKG der dem Ausschussmitglied erstattete Betrag gegenüber dem Schuldner zum Soll gestellt werden. Im Einzelnen ist auf die Ausführungen unter Rdnr. 96 f. zu verweisen.

202

IX. Vorschüsse

Bereits im Bereich der VergVO war ohne gesetzliche Normierung allgemein anerkannt, dass auch den Gläubigerausschussmitgliedern ein angemessener Vorschuss auf die Vergütung und die bereits entstandenen Auslagen zuzubilligen ist.[627] Der erste Entwurf zur InsVV sah auch in § 18 Abs. 3 InsVV ausdrücklich eine Vorschussregelung vor. In die endgültige InsVV wurde allerdings dieser vorgesehene Abs. 3 nicht übernommen. Auch in der Begrün-

203

---

625 Vgl. die Ausführungen unter Rdnr. 92.
626 Vgl. Blersch, a. a. O., § 18 Rdnr. 13; a. A. Eickmann, a. a. O., § 17 Rdnr. 17; MK-InsO/Nowak, § 73 Rdnr. 17, Anhang zu § 65 InsVV § 17 Rdnr. 18.
627 Vgl. Blersch, a. a. O., § 18 Rdnr. 9; Eickmann, a. a. O., § 17 Rdnr. 18.

dung zu der InsVV wurden hierzu keine Ausführungen gemacht. Hieraus kann geschlossen werden, dass der Verordnungsgeber davon ausgegangen ist, dass eine ausdrückliche Regelung deshalb nicht in den Verordnungstext aufzunehmen ist, da einhellig ein Vorschussanspruch der Ausschussmitglieder bereits im Bereich der VergVO anerkannt wurde und daher diese anerkannte Auffassung auch für die InsVV gelten soll.[628] Im Übrigen entspricht auch die **Gewährung von Vorschüssen** für Ausschussmitglieder dem allgemeinen verfassungsrechtlichen Grundsatz, dass keine Pflicht besteht, die durch die Tätigkeit entstehenden Kosten und Auslagen über einen längeren Zeitraum vorzufinanzieren. Folglich ist den Ausschussmitgliedern ein angemessener Vorschuss auf ihre Vergütung und ihre bereits entstandenen Auslagen zuzubilligen, wobei hinsichtlich der Vorgehensweise – mit Ausnahme des Entnahmerechts – § 9 InsVV entsprechend anwendbar ist.[629] Als angemessener Vorschuss sind dabei die unter Berücksichtigung des Regelstundensatzes und etwaiger Zuschläge bereits geleisteten Tätigkeitszeiten zzgl. bisher entstandener Auslagen anzusehen.[630] Da der Vorschuss als Teilvergütung anzusehen ist, bestehen für das den Vorschuss beantragende Ausschussmitglied Nachweispflichten, insbesondere sind im Einzelnen die bereits angefallenen Tätigkeitszeiten sowie die Auslagen darzulegen und ggf. zu begründen. Entsprechend § 9 InsVV bedarf der Vorschuss der Zustimmung des Insolvenzgerichts,[631] einer Anhörung der Gläubigerversammlung allerdings nicht, da die Zustimmung lediglich eine insolvenzrechtliche Erlaubnis und keine Vergütungsfestsetzung ist.[632] Der vom Insolvenzgericht im Rahmen des Vorschusses angesetzte Stundensatz ist nicht bindend für die endgültige Vergütungsfestsetzung.[633]

E. Übergangs- und Schlussvorschriften

204   Die InsVV soll nur auf Tätigkeiten in den Verfahren nach der neuen Insolvenzordnung ab 1. 1. 1999 Anwendung finden.[634] Soweit nach der Übergangsvorschrift des Artikel 103 EG InsO auch nach dem 1. 1. 1999 noch Konkursverfahren, Vergleichsverfahren und Gesamtvollstreckungsverfahren einschließlich eventuell vorgelagerten vorläufigen Verfahren durchge-

---

628 Vgl. Eickmann, a. a. O., § 17 Rdnr. 18; Blersch, a. a. O., § 18 Rdnr. 9, der von einem Redaktionsversehen des Verordnungsgebers ausgeht.
629 Vgl. Keller, a. a. O., Rdnr. 264; Blersch, a. a. O., § 18 Rdnr. 9; Haarmeyer/Wutzke/Förster, a. a. O., § 17 Rdnr. 2; MK-InsO/Nowak, § 73 Rdnr. 12, Anhang zu § 65 InsVV § 9 Rdnr. 9, § 17 Rdnr. 12.
630 Vgl. MK-InsO/Nowak, Anhang zu § 65 a. a. O.
631 Keller, a. a. O.
632 S. o. Rdrn. 106; Blersch, a. a. O., § 18 Rdnr. 9; a. A. MK-InsO/Nowak, Anhang zu § 65, a. a. O.
633 Vgl. MK-InsO/Nowak, Anhang zu § 65 a. a. O.
634 Begründung des Verordnungsgebers, B zu § 19.

führt werden, gilt ausschließlich die bislang geltende Vergütungsverordnung. Folglich ist davon auszugehen, dass die VergVO parallel noch über einen längeren Zeitraum hinaus für die Vergütungsfestsetzung anwendbar bleibt. Es ist allerdings denkbar, dass auf Grund der ab 1. 1. 1999 erfolgten praktischen Anwendung der InsVV und daraus sich ggf. entwickelnder Grundsätze diese auch Auswirkungen auf die Interpretation der VergVO haben können.[635] Da der Verordnungsgeber der InsVV die sich durch Rechtsprechung und Literatur fortentwickelte Auslegung der VergVO miteinbezogen hat, dürfte es angemessen sein, auch sich neu ergebende Interpretationen aus der Anwendung der InsVV zur Auslegung der VergVO heranzuziehen.[636]

---

[635] Vgl. Blersch, a. a. O., § 19 Rdnr. 2.
[636] Vgl. Blersch, a. a. O.

Stichwortverzeichnis

halbfette Ziffer = Kapitel, magere Ziffer = Rdnr.

A

Abberufung **1** 27
Abfindung **7** 592
- Absonderungsrechte **24** 19
- Aussonderungsrechte **24** 19
abnutzbares Anlagevermögen **19** 83
Abrechnung der Bauleistung **17** 87
- Verweigerung der Vertragserfüllung durch den Insolvenzverwalter **17** 87
Absatzpolitische Instrumente
- klassisches absatzpolitisches Instrumentarium **22** 71
- »Neuere« absatzpolitische Instrumente **22** 72
Abschläge **24** 32, 44
- Faustregeltabelle **24** 51, 52
- fortgeschrittene Masseverwertung **24** 46
- geringe Verwertungshandlung **24** 49
- große Masse/geringer Aufwand **24** 48
- Hilfskräfte **24** 52, 65
- Sachwalter **24** 145
- Tätigkeit eines vorläufigen Insolvenzverwalters **24** 45
- Treuhänder im vereinfachten Verfahren **24** 157
- Übertragung auf Dritte **24** 49
- vorläufiger Insolvenzverwalter **24** 119, 120, **24** 125
- Vorschuss **24** 103
- vorzeitige Beendigung **24** 47
- vorzeitige Entlassung **24** 47
Abschlagsverteilung **2** 462
- Ausschlussfrist **2** 468
- Auszahlung **2** 478
Abschluss- bzw. Bilanzstichtag **19** 59

Abschreibungen **19** 83
- auf Finanzanlagen und auf Wertpapiere des Umlaufvermögens **19** 100
Absonderung **4** 68
- Globalzession **2** 111
- Sicherungsübereignung **2** 109
Absonderungsgegenstand **24** 18
Absonderungsgläubiger **2** 394
Absonderungsgut **24** 15
Absonderungsrecht **1** 44, **24** 12, 24, 28
- Abfindung **24** 19
- Berechnungsregeln **24** 15, 16
- Immobiliarpfandrechte **4** 71
- Mobiliarpfandrechte **4** 79
- Verwertung **4** 95
- vorläufiger Insolvenzverwalter **24** 115
- Zuschläge **24** 34
Abtretung nach § 287 Abs. 2 InsO
- Ausschluss **14** 73
- Einkommen aus selbstständigen Tätigkeiten **14** 57
- Einkommen aus Sozial- oder sonstigen Ersatzleistungen **14** 60
- Einkommen aus unselbstständigen Tätigkeiten **14** 48
- Pfändbarkeit des Einkommens **14** 67
Abtretungsgläubiger **15** 13
Abwahl des Insolvenzverwalters, Wahlberechtigung **2** 69
Abweichung vom Regelsatz, Vergütung **24** 186
Abweisung der Insolvenzeröffnung **8** 44
Abzugsfaktoren, vorläufiger Insolvenzverwalter **24** 125
Akteneinsicht **3** 98
Akteneinsichtsrecht des Insolvenzverwalters **2** 56

Akteneinsichtsrecht von Gläubigern 2 64
Aktiengesellschaft 1 10, 27
Aktiv- und Passivkonten 19 7
Aktivmasse 24 28
Aktivprozess 2 364, 3 73
– Ablehnung der Aufnahme 2 371
– Aufnahme durch den Insolvenzverwalter 2 364
– Verzögerung der Aufnahme 2 368
Allgemeine Verwaltungskosten 19 101, 24 62
allgemeiner Gerichtsstand 1 89
andere aktivierte Eigenleistungen 19 100
Änderung der Verhältnisse 15 68
– Verbesserungen der Einkommensverhältnisse 15 69
– Verschlechterungen 15 68
Änderungskündigung 7 24
Anerkennung ausländischer Verfahren 11 9, 74
Anfechtung 5 28, 6 2
– Anfechtungstatbestände der §§ 129 ff. InsO 16 63
– besondere 6 34
– Erfüllungshandlung 16 60
– Gläubigerbenachteiligungsvorsatz 6 64
– Inkongruenz 6 49, 16 65
– Inhalt 16 59
– kapitalersetzendes Darlehen 6 81
– Nachlassinsolvenzverfahren gem. § 322 InsO 16 56
– unentgeltliche Leistung 6 74
– Voraussetzungen 6 9, 16 58
– Zeitpunkt 6 22
Anfechtungsfrist 6 114, 141
Anfechtungsgegner 6 151
Anhang 19 103
Anmeldung von Steuerforderungen 8 77
Anschaffungskosten 19 67
anschaffungsnahe Aufwendungen 19 68
Anschaffungsnebenkosten 19 67

Anspruch des Erben
– als Gläubiger 16 72
– aus Vermächtnissen und Auflagen 16 79
– eingeschränkter Ausschluss der Legalzession 16 74
– Erfüllung von Nachlassverbindlichkeiten 16 73
– gegenüber Pflichtteilsberechtigten 16 78
– im Sinne des § 39 InsO 16 77
– nachrangige Verbindlichkeiten 16 75
– Rangverhältnis 16 81
– Rechte und Pflichten des nachrangigen Gläubigers 16 82
– Sonderproblem 16 80
– Stellung der nachrangigen Gläubiger im Insolvenzplan 16 83
Anspruch auf Vergütung 24 1, 12, 94, 109
– Sachwalter 24 139
– Treuhänder im Restschuldbefreiungsverfahren 24 165
– Treuhänder im vereinfachten Verfahren 24 151
– Vergütung des vorläufigen Insolvenzverwalters 24 109
Anstifter oder Gehilfe 9 185
– Außenverhältnis 9 185
– Einfluss 9 185
– Insolvenzverschleppung 9 185
– Unterstützung 9 185
Antrag
– Muster für den Antrag auf Entschädigung 24 136
– Muster für den vorläufigen Insolvenzverwalter 24 136
– Muster für Insolvenzverwalter 24 91
Antrag auf Eröffnung des Insolvenzverfahrens 8 6, 16 2
– Ermessen 8 8
– Form 8 8
– Leistungsklage auf Rücknahme des Antrages 8 15

- Mindesthöhe 8 15
- Rechtsschutzinteresse 8 7
- vorläufiger Rechtsschutz 8 16

Antrag auf Restschuldbefreiung 15 21
- Abtretungserklärung gem. § 287 Abs. 2 InsO
- - Abgabefrist 14 13
- - Textbeispiel 14 11
- Antrag 14 6
- Gesellschafter 14 6
- Hinweis 15 21
- Regelinsolvenzverfahren 15 21
- Rücknahme 14 14

Antrag auf Verfahrenskostenstundung 15 31
- Formularvorschlag 15 31

Antrag auf Vergütung 24 2, 79
- Überwachungsaufgabe des Treuhänders im Restschuldbefreiungsverfahren 24 181

Antrag eines Gläubigers 1 43
Antragsberechtigte Personen nach § 317 InsO 16 2
- bei Vorliegen einer Testamentsvollstreckung 16 14
- einzelne Erben einer Erbengemeinschaft 16 13
- Erbe 16 4
- Nachlassgläubiger 16 12
- Nachlasspfleger 16 7
- Nachlassverwalter 16 7
- Testamentsvollstrecker 16 8

Antragsberechtigung 1 26
Antragsfrist 16 18
Antragspflicht 1 7, 9 34, 93
- Abberufung 9 40
- Ablauf 9 99
- Aktiengesellschaft 9 108
- Altgläubiger 9 100, 105
- Amtsniederlegung 9 40
- Anhörung 9 45
- Anscheinsbeweis 9 104
- Antragsfrist 9 39, 96
- Antragsrücknahme 9 41
- Antragsteller 9 38

- Außenhaftung 9 109
- Auskunftspflichten 9 40
- Beginn 9 39
- Bericht des Insolvenzverwalters 9 104
- Beweislast 9 104
- Darlegungslast 9 104
- drohende Zahlungsunfähigkeit 9 34
- Einsichtnahme 9 104
- faktischer Geschäftsführer 9 94
- fehlerhafte Buchführung 9 109
- fehlerhafte Gesellschaft 9 43
- Formel 9 101
- Fremdantrag 9 39
- Fristbeginn 9 98
- Fristende 9 99
- gelöschte Gesellschaft 9 44
- Geltendmachung 9 105
- Gesamtgläubigerschaden 9 105
- Gesamtschuldner 9 93
- Geschäftsführer 9 38, 93
- Geschäftsverteilung 9 93
- Glaubhaftmachung des Insolvenzgrundes 9 45
- Haftung des Insolvenzverwalters 9 106
- Haftungsmasse 9 100
- Haftungsumfang 9 100
- Handelndenhaftung 9 42
- Höchstfrist 9 97
- Individualschaden 9 105
- Insolvenzakte 9 104
- Insolvenzverwalter 9 105
- Kenntnis 9 98
- Liquidator 9 38
- Masse 9 101
- Mitverschulden 9 95
- Mitwirkungspflichten 9 40
- natürliche Personen 9 34
- negatives Interesse 9 102
- neuer Geschäftsführer 9 41
- Neugläubiger 9 102, 105
- Quotenschaden 9 100, 101
- rechtliches Interesse 9 104
- Rechtsverhältnis 9 104

- Risikoabwägung 9 97
- Rücknahmeberechtigung 9 41
- Schadensersatzhaftung 9 35
- Sondermasse 9 105
- Sorgfalt 9 93
- Überschuldung 9 34
- Übersicht 9 36
- Überwachungspflichten 9 93
- Unternehmenslage 9 93
- Verjährung 9 107
- Verlängerung 9 99
- Verletzung 9 35
- Verschulden 9 95
- Vertrauensschaden 9 102
- Vorgesellschaft 9 42
- Vorschusszahlung 9 35
- Weisungen von Gesellschaftern 9 38
- weitere Fälle der Antragspflicht 9 103
- weiterer Geschäftsführer 9 41
- Zahlungsunfähigkeit 9 34
- Zeitpunkt 9 37
- Zeitraum 9 97
- Zuständigkeitsvereinbarung 9 93

Antragsrecht 9 32
- Eigenanträge 9 32
- Gläubigerantrag 9 33
- nachrangige Gläubiger 9 33
- nach § 318 InsO 16 15

anwaltliche Beiordnung 15 57, 60
- Insolvenzplanverfahren 15 57
- Nachbesserung seines Schuldenbereinigungsplans 15 57
- quasiskontradiktorisches Verfahren 15 57
- Verfahrensabschnitte 15 60
- Zustimmungsersetzungsverfahren 15 57

Anwartschaftsrecht 5 72
Anwendbares Recht 11 83
- Absonderungsrechte 11 86
- Anfechtung 11 94
- *Arbeitsverhältnisse* 11 91
- Aufrechnung 11 88
- Aussonderungsrecht 11 86
- Eigentumsvorbehalt 11 89
- Miet- oder Pachtverträge 11 90

Anwendbarkeit des § 103 InsO 17 80
- Ablehnung der Erfüllung 17 83
- Abnahme bei Erfüllungswahl 17 85
- Erfüllung durch den Gemeinschuldner 17 81
- Erfüllung eines Bauvertrags 17 82
- Werklohnanspruch bei Erfüllungswahl 17 84

Arbeitseinkommen 3 111
Arbeitsentgelt 7 383
Arbeitsverhältnisse 11 42
Arbeitszeitkonten 7 484
ARGE 17 114
- Anwachsen des Gesellschafteranteils 17 120
- ARGE-Vertrag 17 115, 116
- Aufsichtsstelle 17 117
- Begriffsbestimmungen 17 114
- Insolvenz eines Gesellschafters 17 119
- Kaufmännische und Technische Geschäftsführung 17 118
- Organe 17 117

atypisch stiller Gesellschafter 9 193
- Befugnisse zur Einflussnahme 9 193

außergerichtliche Verhandlungen
- gesetzliche Anforderungen 13 20
- Kritik 13 18
- Prüfung durch das Insolvenzgericht 13 23

außergerichtlicher Einigungsversuch 8 349
außergerichtlicher Plan
- Ausgestaltung 13 38
- gesetzliche Anforderungen 13 37
- Muster eines Standardplans 13 41
- Verfallklausel 13 40

außergerichtliches Rechtsbehelfsverfahren, Aussetzung der Vollziehung 8 96
- Aktivrechtsstreite 8 97

außerordentliche Erträge und Aufwendungen 19 100
außerordentliche Kündigung 7 33
außerplanmäßige Abschreibungen 19 85
Aufbewahrungsfristen 19 30
Aufgaben des Insolvenzverwalters 2 171
– gerichtliche Maßnahmen 2 171
– – Terminsbestimmungen 2 171
– – Vermögensübersicht 2 174
– – Verzeichnisse 2 174
– – Zustellungen 2 173
Aufgabenbereich des Rechtspflegers 1 75
Aufhebung der Stundung 15 90
– Anhörung des Schuldners 15 90
– Begründung des Beschlusses 15 92
– Ermessensentscheidung 15 90
Aufhebungsgrund 15 72
– abschließender Katalog 15 72
– persönliche Voraussetzungen 15 79
– unrichtige Angaben 15 75
– Zahlungsrückstand 15 81
Aufhebungsverfahren 12 188
Auflösung 1 137
Auflösungsverluste wesentlich beteiligter Gesellschafter gemäß § 17 Abs. 4 EStG 8 395
– Auflösungsverluste bei Bürgschaften gemäß § 17 EStG 8 403
– Auflösungsverluste bei Darlehen gemäß § 17 EStG 8 398
– Drittaufwand 8 407
– Fremdwährungsdarlehen als nachträgliche Anschaffungskosten auf eine Beteiligung gemäß § 17 EStG 8 402
– persönlicher Geltungsbereich 8 395
– risikobehaftete Bürgschaft 8 404
– risikobehaftetes Darlehen 8 399

– Rückgriffs- und Ausgleichsansprüche 8 406
– Voraussetzungen des § 17 Abs. 1–4 EStG 8 396
– Zeitpunkt der Berücksichtigung von Auflösungsverlusten 8 409
– Zeitpunkt der Bürgschaftsübernahme 8 408
– zunächst krisenfreie, später risikobehaftete Bürgschaften 8 405
– zunächst krisenfreie, später risikobehaftete Darlehen 8 400
Aufrechnung 3 60, 4 159, 5 38, 113, 7 617, 8 26, 11 41, 24 20
– Aufrechnungslage nach Verfahrenseröffnung 4 176
– Aufrechnungsverbote 4 169
– Berechnungsregeln 24 20
– Dauerschuldverhältnisse 4 181
– Garantiefunktion 11 41
– Gesetzliche Unzulässigkeit 4 183
Aufsichtspflicht 24 57
Ausfallhaftung
– Gläubigerausschussmitglieder 24 202
– Treuhänder im Restschuldbefreiungsverfahren 24 172
– Treuhänder im vereinfachten Verfahren 24 164
– vorläufiger Insolvenzverwalter 24 96, 129
Ausfallrisiko 24 97
– vorläufiger Insolvenzverwalter 24 131
Auskunftserteilung 6 154
Auskunftspflicht 3 25
– des Gläubigers 13 30
– des Insolvenzverwalters 2 52
Auslagen 24 61, 67, 89
– Gläubigerausschussmitglieder 24 188, 196
– Pauschale 24 68, 89
– rechtliches Gehör 24 84
– Sachwalter 24 138, 147
– Treuhänder im Restschuldbefreiungsverfahren 24 180

- Treuhänder im vereinfachten Verfahren 24 160
- Überwachungsaufgabe des Treuhänders im Restschuldbefreiungsverfahren 24 181
- vorläufiger Insolvenzverwalter 24 128
- Vorschuss 24 98

Auslagenpauschale
- Gläubigerausschussmitglieder 24 188, 196
- Sachwalter 24 147
- Treuhänder im Restschuldbefreiungsverfahren 24 180
- Treuhänder im vereinfachten Verfahren 24 161
- vorläufiger Insolvenzverwalter 24 128

Auslandsvermögen 3 104
Ausschlussfrist 2 468
Ausschreibungsverfahren 17 2
- beschränkte Ausschreibung 17 4
- freihändige Vergabe 17 4

Ausschüttung 2 499
Ausschüttung-Rückholverfahren 9 146
- Bewertung 9 146
- Eintragung 9 147
- Kapitalaufbringung 9 147
- Kapitalerhöhungsbeschluss 9 146
- Offenlegung 9 147
- Sacheinlagen 9 146
- Tilgung 9 146
- Umgehungsverbot 9 146

Ausschüttungsverbot 6 110
Aussonderung 4 1
- Eigentumsvorbehalt 2 105
aussonderungsfähige Rechte 4 19
Aussonderungsgläubiger 2 393
Aussonderungsrecht 1 44, 4 7, 24 28
- Abfindung 24 19
- vorläufiger Insolvenzverwalter 24 115
- Zuschläge 24 34

Aussonderungsverfahren 4 56

Auswahl des Insolvenzverwalters 2 1, 15
Autokran-Urteil 9 160
- Ausfallhaftung 9 160
- beherrschender Einfluss 9 160, 163
- Beherrschungsvertrag 9 163
- Beweislast 9 164
- einheitliche Leitung 9 160
- herrschendes Unternehmen 9 160
- Konzerninteresse 9 160
- Konzernverhältnis 9 160, 161
- Leitungsmacht 9 160
- nachteilige Einzeleingriffe 9 162
- natürliche Person 9 164
- Unternehmen 9 164

B

Bankrott
- Beeinträchtigung von Vermögensbestandteilen 10 6
- Beiseiteschaffen 10 7
- besonders schwerer Fall 10 32
- Einstellung gegen Geldauflage 10 31
- Fahrlässigkeitstat 10 30
- geschützte Vermögensbestandteile 10 6
- mögliche Sanktionen 10 31
- Strafbarkeit des Versuchs 10 31
- subjektiver Tatbestand 10 30
- Vorsatz 10 30

Bankrottdelikte
- objektive Bedingung der Strafbarkeit 10 2
- Sicherungszweck 10 4

Baukostenzuschuss 5 112
Bauproduktion 17 1
- Auftragsrisiko 17 2
- Ausschreibungsverfahren 17 3
- Baugeräte 17 1
- Fachpersonal 17 1
- Planung 17 1

Baurisiken 17 25
- erhöhtes Risiko 17 30
- Kalkulationsrisiko 17 29

- technische Risiken 17 25
- Verzögerungsrisiko 17 28
- weitere wirtschaftliche Risiken 17 31
- – Beschäftigungsrisiko 17 31
- – Risiko der begrenzten Anzahl von Aufträgen 17 32
- – wirtschaftliche Risiken 17 27
Baustellenfertigung 17 10
- Einführung 17 10
- umsatzsteuerliche Besonderheiten
- – Rechnungsstellung 17 15
- – Stundenlohnarbeiten 17 17
Bauträgervertrag 5 68
Bauvertrag 5 5
Bauvertragsrecht 17 50
- Erfolgsschuld 17 52
- mehrstufige Vertragsverhältnisse 17 54
- – Generalübernehmer 17 56
- – Generalunternehmer 17 55
- Sicherheitengestellungen zur Begrenzung des Ausfallrisikos 17 51
- Symptomtheorie 17 53
beachtliche Tätigkeit, vorläufiger Insolvenzverwalter 24 119
Beendigung 9 83
- Beschlagnahmebeschluss 9 83
- funktionales Eigenkapital 9 83
Beendigung des Amtes des Insolvenzverwalters 2 69
Beendigung des Insolvenzverfahrens 2 513, 21 72
- Einstellung mit Zustimmung der Gläubiger 2 549
- Einstellung wegen Masselosigkeit 2 521
- Einstellung wegen Masseunzulänglichkeit 2 531
- Einstellung wegen Wegfalls des Eröffnungsgrundes 2 546
Beginn 9 28
- Gesamthandsvermögen 9 28
- Handelsgesellschaft 9 28
- Juristische Personen 9 28

- Sondervermögen 9 28
- Vorgesellschaft 9 28
- Vorgründungsgesellschaft 9 28
Begründungspflicht, Vergütungsbeschluss 24 86
Beiseiteschaffen und Vernichten von Handelsbüchern 10 22
beizulegender Wert 19 76
Bekanntmachung 24 2
- Festsetzungsverfahren 24 87, 88
- öffentliche 3 32
- Vorschuss 24 106
Berechnung
- Regelvergütung 24 26, 50
Berechnungsgrundlage 24 1, 9, 14
- Sachwalter 24 142
- Treuhänder im Restschuldbefreiungsverfahren 24 169
- Treuhänder im vereinfachten Verfahren 24 155
- vorläufiger Insolvenzverwalter 24 115
Berechnungsregeln
- Absonderungsrechte 24 15, 16
- Aufrechnung 24 20
- Masseverbindlichkeiten 24 21
Berechnungsstufen 24 24
berechtigtes Interesse, Vorschuss 24 102
Berechtigung zum Vorsteuerabzug 24 77
Berichtigung von Steuererklärungen 8 330
Berichtstermin 2 303, 22 7
Beschaffung 22 25
Beschäftigungsverhältnis 24 61
Bescheinigung gem § 305 Abs. 1 Nr. 1, Inhalt 13 81
Beschlussinhalt, Festsetzungsverfahren 24 86
Beschreibung des Unternehmens 22 19
- finanzwirtschaftliche Verhältnisse 22 19
- gesellschaftsrechtliche Verhältnisse 22 19

- leistungswirtschaftliche Verhältnisse 22 19
- rechtliche Verhältnisse 22 19
- steuerrechtliche Verhältnisse 22 19

Beschwer 24 3, 92

Beschwerde
- sofortige 3 92, 24 3, 92
- sofortige weitere 24 92

Beschwerdeberechtigung 24 3, 92

besondere Kosten 24 62

besondere Sachkunde
- Einsatz 24 128
- Sachwalter 24 146
- vorläufiger Insolvenzverwalter 24 128

Bestandsänderungen 19 100

Bestandskonten 19 9

Bestandsverzeichnis 19 37

Besteuerung des Veräußerungs- und Betriebaufgabegewinns 8 368

Beteiligte am Nachlassinsolvenzverfahren
- Erbe als Schuldner 16 37
- Gläubiger 16 41
- Insolvenzverwalter 16 42
- Nachlassverwalter 16 39
- Schuldner 16 37
- Testamentsvollstrecker 16 39

Beton- und Monierbau-Entscheidung 9 175
- Abhängigkeit 9 175
- Einwirkungsmöglichkeiten 9 175

betriebliches Rechnungswesen 22 27

Betriebsänderung 7 203, 329

Betriebsaufspaltung 8 191

betriebsbedingte Kündigung 7 8

Betriebseinstellung 2 100

Betriebsfortführung 2 89, 144, 2 277, 22 5
- Aufgaben des Insolvenzverwalters 2 285

Betriebsübergang 7 173

Betriebsveräußerung 7 355

Betriebsvereinbarungen 7 363

Beurteilungsspielraum 24 50

Beweisgebühr 24 59

Beweislast 9 87

Bewertung 1 217

Bewertungsmaßstäbe 19 67

Bewertungsvorbehalt 19 49

Bewertungsvorschriften 19 46

BGB-Gesellschaft 1 27

Bilanz 10 23
- Bilanzierungsfristen 10 26

Bilanzaufbau 19 94

Bilanzgliederung 19 94

Bilanzidentität 19 45

Bilanzkontinuität 19 45
- Bilanzstetigkeit 19 45
- Bilanzverknüpfung 19 45

Bilanzsicht 17 40
- baubranchenbedingte Korrekturen 17 41
- Garantierückstellungen 17 48
- Korrekturen im Berichtsjahr 17 42
- – ARGE-Anteil 17 43
- – Auflösung von Rückstellungen 17 47
- – Gewinnreserven bei unabgerechneten ARGE-Baustellen 17 46
- – Gewinnreserven in unabgerechneten eigenen Bauten 17 42
- – Zukünftige Verluste 17 44

Bilanzwahrheit 19 44

bloß nennenswerte Verwaltungstätigkeit, vorläufiger Insolvenzverwalter 24 115

Branchenanalyse 22 47
- Branchenattraktivität 22 47
- Branchenstruktur 22 47
- Branchenwachstum 22 47

Bruttoergebnis vom Umsatz 19 101

Buchführungs- und Bilanzdelikte, Bedeutung 10 17

Buchführungslücken und Strafbarkeit 10 21

Buchführungspflicht und freie
  Berufe 10 22
Buchführungssysteme 19 32
Buchführungsverfahren 19 16
Buchhaltung
– Bedeutung für das Wirtschaftsleben 10 18
– Interesse der Geschäftspartner
  10 18
– Selbstinformationszweck 10 18
Bund-Länder-Arbeitsgruppe 15 5
– Ziele 15 6

C
Controlling 22 27, 99
– Begriff 22 99
– Funktion 22 99
– System 22 100
– Typ 22 100

D
Darlegungs- und Beweislast 9 168
– Anspruchsteller 9 168
– beherrschender Gesellschafter
  9 168
– Kläger 9 169
– Rechtsfolge 9 169
Darlehen 5 5
Darlehen
– gesellschafterbesicherte Darlehen
  9 71
– Rückforderung 9 71
– Zeitpunkt 9 72
Darlehenszusage 9 64
– Auszahlung 9 64
– kreditunwürdig 9 64
– Kreditzusage 9 64
– Rückzahlungssperre 9 64
Dauerschuldverhältnis 3 91
Deckungsanfechtung 6 45
degressive Abschreibung 19 84
deliktische Forderungen
– Anmeldung 13 175
– Tabelle 13 177
– unterlassener Hinweis des Gerichts 13 178

Devisengeschäfte 5 57
Dienstbezüge 3 88
Dienstvertrag 24 63
Differenzgeschäfte 10 10
Diversifikation 22 58
– horizontale 22 58
– laterale 22 58
– vertikale 22 58
doppelte Buchführung 19 3, 10,
  19 33
– Reinvermögen 19 6
– Rohvermögen 19 6
drohende Zahlungsunfähigkeit 1 29,
  9 18, 21 14
– Finanz- und Ertragslage 9 19
– Genossenschaften 9 20
– Masse 9 18
– Sanierung 9 18
– verfrühte Antragstellung 9 19
Dualismus 21 4
Durchführung des vereinfachten
  Verfahrens 8 357
Durchführung eines Nachlassinsolvenzverfahrens 16 20
– Nachlassteilung 16 23
– noch nicht erfolgte Erbschaftsannahme 16 21
– über einen Erbteil 16 24
– unbeschränkte Erbenhaftung
  16 22
Durchgriffshaftung 9 200
– Aufrechnung 9 200
– Beherrschung 9 201
– Einfluss 9 201
– Missbrauch 9 201
– Treu und Glauben 9 201

E
EGInsO 11 73
Ehemaklervertrag 5 7
Eidesstattliche Versicherung
  21 53
Eigenantrag 1 24
eigenkapitalersetzende Bürgschaften 9 73
– Einschaltung Dritter 9 74

- gemeinsame Darlehensaufnahme 9 74
- Kreditunwürdigkeit 9 73
- verbundene Unternehmen 9 74

eigenkapitalersetzende Darlehen 9 56
- Bürgschaft eines Gesellschafters 9 59
- Dritte 9 57
- Eigenkapitalzufuhr 9 58, 19 96
- Fremdmittel 9 58
- funktionales Eigenkapital 9 58
- Gesellschafter 9 57
- Indizien 9 57
- Kreditunwürdigkeit 9 59
- Krise 9 57
- Krisendarlehen 9 57
- Sicherheiten 9 59
- Überschuldung 9 57

eigenkapitalersetzende Nutzungsüberlassung 6 128

Eigentumsvorbehalt 5 5, 70
- erweiterter 5 83
- nachgeschalteter 5 81
- verlängerter 5 80
- weitergeleiteter 5 82

Eigenverwaltung 3 6, 4 18, 8 364

Einflussnahme auf Aktiengesellschaft 9 187
- Beeinflussung 9 191
- Einflussnahme 9 188
- Geltendmachung 9 189
- Nutznießer 9 191
- Schädigung 9 188
- Verjährung 9 190

Einheitspreisvertrag 17 91

Einkommen- und Körperschaftsteuerjahresschuld 8 52

Einkommensteuer 8 137, 157
- Aufteilung auf Steuerinsolvenzforderung und Steuermasseforderung 8 168
- Begriff des Einkommens 8 162
- *Betriebsaufgabe* 8 137
- Betriebsveräußerung 8 137
- Ehegatten 8 160
- Ermittlung des zu versteuernden Einkommens 8 158
- getrennte Veranlagung 8 161
- Gewinnermittlungszeitraum 8 164

Einkommensteuer- und Körperschaftsteuervorauszahlungen 8 51, 173

Einlage und Haftung 9 226
- Abfindung 9 228
- Altgläubiger 9 227
- Aufleben der Haftung 9 228
- Ausscheiden des Kommanditisten 9 227
- Besonderheiten der GmbH & Co KG 9 233
- Beweislast 9 230
- Darlehensforderung 9 226
- Erfolgsbilanz 9 229
- Gegenleistung 9 226
- Geschäftsübernahme 9 228
- Gläubigerbeeinträchtigung 9 228
- Gläubigerschutz 9 229
- Haftsumme 9 229
- Haftung des ausgeschiedenen Kommanditisten 9 227
- Haftung des persönlich haftenden Gesellschafters 9 232
- Haftung nach Buchverlust 9 229
- Haftungsbefreiung des Kommanditisten 9 233
- Haftungsbetrag 9 227
- Insolvenzverwalter 9 227, 230
- Kapitalaufbringungsprinzip 9 229
- Kapitalerhaltung 9 234
- Kapitalerhaltungsvorschriften 9 228
- Kommanditist 9 230
- Leistung der Stammeinlage 9 233
- Leistungen aus dem Privatvermögen 9 228
- Rückgewähr 9 226
- Rückgewähr der Einlage 9 228
- Rückzahlungsverbot 9 228
- Sonderabschreibungen 9 229

- Sondermasse 9 227
- stille Reserven 9 229
- Unterdeckung 9 229
- verdeckte Einlagenrückgewähr 9 231
- Zahlung von Zinsen 9 231
Einlagenrückgewähr 6 147
Einsatz
- besondere Sachkunde 24 128
- Rechtsanwalt 24 58
- Sachwalter 24 146
Einsatz besonderer Sachkunde
- Steuerberater 24 60
- Treuhänder im vereinfachten Verfahren 24 159
- Verjährung 24 95
- Wirtschaftsprüfer 24 60
einseitige Erledigungserklärung 1 33
Einzelbewertung 19 53
Einzelkosten 19 71
Einzelsteuer 8 157
Endabrechnung 2 499
Ende 9 29
- Auflösung 9 29
- Bruchteilsgemeinschaften 9 31
- Gesellschaft 9 31
- Gesellschafter 9 31
- Innengesellschaften 9 30
- Nachtragsverteilung 9 29
- stille Gesellschaften 9 30
- Vermögen 9 29
- Vollbeendigung 9 29
endgültiger Gläubigerausschuss 2 297
Entnahmerecht 24 94
- Sachwalter 24 141, 149
- Treuhänder im Restschuldbefreiungsverfahren 24 180, 182
- *Vergütung des Insolvenzverwalters* 24 90
- vorläufiger Insolvenzverwalter 24 128
- Vorschuss des Insolvenzverwalters 24 105
- Vorschuss des Sachwalters 24 141

Entscheidung über den Schuldenbereinigungsplan 8 352
Entscheidung über den Vergütungsantrag 24 85
Erbeninsolvenz 16 108
Erbschaftskauf 16 100
Erfahrungskurven-Konzept 22 50
- Gemeinkosten 22 50
- Größendegression 22 50
- Stückkosten 22 50
Erfahrungskurvenanalyse 22 48
Erfolgsanalyse 20 23
- Analyse der Aufwands- und Ertragsstruktur 20 26
- Erfolgsspaltung 20 24
- Rentabilitätsanalyse 20 33
- Wertschöpfungsanalyse 20 31
Erfolgskonten 19 9
Erfüllung des Vertrages 5 1
Erfüllungsablehnung 5 33
Erfüllungsverlangen 5 30
Erfüllungswahl bei teilbaren Leistungen 17 105
Ergänzungsaufforderung gem. § 305 Abs. 3 InsO 13 100
Ergebnis der gewöhnlichen Geschäftstätigkeit 19 100
Ergebnis- und Finanzplan 22 14
Erhaltung des Stammkapitals 9 46
- Aktiengesellschaft 9 55
- Aktivseite 9 47, 48
- Aufrechnung 9 54
- Aufstellung 9 48
- Ausschüttungssperre 9 54
- Auszahlungsverbot 9 49
- Berechnung 9 47
- Beweislast 9 50
- Ersatz für Eigenkapital 9 53
- fehlendes Eigenkapital 9 53
- Finanzierungsrisiko 9 53
- Gegenleistung 9 49
- Gesellschafterdarlehen 9 52
- ordnungsgemäße Stammkapitalaufbringung 9 53
- Passivseite 9 47, 48
- Rückgewähr 9 54

- Rücklagen **9** 55
- Stichtag **9** 48
- Überschuldungsstatus **9** 48
- Unterbilanzaufstellung **9** 47
- Verjährung **9** 51

erhebliche Verwaltungstätigkeit **24** 119, 120

Erhöhung der Vergütung nach Rechtskraft **24** 93

Erhöhungsfaktoren, vorläufiger Insolvenzverwalter **24** 125

Erhöhungskriterien, *siehe Zuschläge*

Erinnerungswert **19** 37

Erlass und Bekanntgabe von Steuerverwaltungsakten **8** 105
- Feststellungsbescheid **8** 117
- Insolvenzverwalter Adressat **8** 107
- kein Steuerbescheid **8** 117
- nichttitulierte Forderung **8** 113
- *Tenor* **8** 116
- Titulierte Forderungen **8** 118
- Vollmachten **8** 107
- vorläufiges Bestreiten **8** 111
- Widerspruch wegen Steuerforderungen **8** 110
- Zustellungsvollmachten **8** 107

Erlöschen der Haftung **9** 207

Ermächtigungsgrundlage für InsVV **24** 3

Eröffnung des Insolvenzverfahrens **8** 2, 41, **21** 101
- Verfügungsverbot **8** 41

Eröffnungsbeschluss **3** 36

Eröffnungsbilanz **10** 23, 27

Eröffnungsgründe **8** 4
- drohende Zahlungsunfähigkeit **8** 4, **16** 30
- Überschuldung **8** 5, **16** 27
- Zahlungsunfähigkeit **8** 4, **16** 26

Eröffnungszeitpunkt **3** 37

Erörterungs- und Abstimmungstermin **12** 116

Ersatzansprüche bei der Aktiengesellschaft **9** 177
- herrschendes Unternehmen **9** 177
- Klagerecht **9** 177
- Verantwortlichkeit der Organe **9** 177
- Verantwortlichkeit der Verwaltungsmitglieder **9** 178

Ersatzvornahme **17** 104

Erstattungsanspruch **8** 68, **24** 96, 172
- gegenüber der Staatskasse **24** 97
- Treuhänder im vereinfachten Verfahren **24** 164
- vorläufiger Insolvenzverwalter **24** 96, 129

Erstellung einer Insolvenztabelle **2** 423

Erträge aus anderen Wertpapieren und Ausleihungen des Finanzanlagevermögens **19** 100

Erträge aus Beteiligungen **19** 100

Erwerbsobliegenheiten **15** 87
- Anhörung **15** 88
- Einzelfallprüfung **15** 87

EwiV-AG **1** 10

Externe (handels- und steuerrechtliche) Rechnungslegung **21** 8, 90

F

Fahrtkosten zur Arbeit **13** 186

faktischer Geschäftsführer **1** 12, 27, **9** 181
- Beweislast **9** 184
- externes Auftreten **9** 183
- Fortbestehensprognose **9** 184
- Geschäftsführungsfunktionen **9** 181
- Haftungsumfang **9** 183
- Handeln **9** 183
- interne Stellung **9** 182
- Mitverschulden **9** 183
- Quotenschaden **9** 184
- Verantwortung **9** 181

Fälligkeit **24** 79, 94
- Forderung **8** 72
- Gläubigerausschussmitglieder **24** 187

- Insolvenzverwalter 24 94
- Sachwalter 24 140
- Treuhänder im Restschuldbefreiungsverfahren 24 168
- Treuhänder im vereinfachten Verfahren 24 153
- vorläufiger Insolvenzverwalter 24 94, 110

Faustregeltabelle
- Abschläge 24 51, 52
- Zuschläge 24 51, 52

Fehlbetrag 19 9
fehlerhafter Gesellschaftsvertrag 1 122
Festbewertung 19 54
Festsetzungsbeschluss 24 2
Festsetzungsverfahren
- Antragsmuster 24 91
- Anwendbarkeit auf Zusatzvergütung 24 78
- Auslagen 24 78
- Bekanntmachung 24 87, 88
- Beschluss 24 78
- Beschlussinhalt 24 86
- Entnahmerecht 24 90
- Entscheidung über den Vergütungsantrag 24 85
- Gläubigerausschussmitglieder 24 199
- Nichtberücksichtigung von Gegenforderungen 24 90
- Planüberwachung 24 85
- Rechtskraft 24 93
- Rechtsmittel 24 92
- Sachverständiger 24 135
- Sachwalter 24 149
- Treuhänder im Restschuldbefreiungsverfahren 24 177, 180
- Treuhänder im vereinfachten Verfahren 24 162
- Voraussetzung 24 79
- vorläufiger Insolvenzverwalter 24 130
- Zustellung 24 87

Feststellungskostenbeitrag 24 16, 18

Festwertansatz 19 42
Fifo-Verfahren 19 57
Finanz- und Rechnungswesen 22 27
Finanzbuchführung 19 1
Finanzierungskosten 19 67
Finanzleistung 5 57
Finanzplan 21 13
Finanzplandarlehen 9 67
- allgemeine Grundsätze 9 68
- Einlageverpflichtung 9 69
- Geschäftsrisiken 9 67
- Kapitalausstattung 9 67

Finanzplanung 19 1
Finanztermingeschäfte 5 51, 56
Fixgeschäfte 5 51, 52
Forderung
- befristet 8 75
- nicht fällig 8 72
- unverzinslich 8 72

Forderungsanmeldung 2 398
- Adressat 2 399
- fehlerhafte Anmeldungen 2 420
- Form 2 400
- Frist 2 402
- Inhalt 2 404
- nachrangige Forderungen 2 421

Forderungsprüfung 2 431
- bestrittene Forderungen 2 449
- - Kostenerstattung 2 459
- - nicht titulierte Forderungen 2 450
- - titulierte Forderungen 2 455
- Einzelprobleme 2 434
- festgestellte Forderungen 2 445
- Folgen 2 445
- Prüfungstermin 2 428

Forderungstabelle 21 57
- Gliederung 21 59

Forderungsverzeichnis 13 86
Formularzwang 15 35
Forschung und Entwicklung 22 26
Fortbestehensprognose 1 198
Fortführung des Unternehmens 24 22
Fortführungspläne 12 12
Fortführungswert 2 181, 22 8

Fortsetzungsverfahren
- Antrag 24 79
- Auslagen 24 79
- Sonderinsolvenzverwalter 24 53
Freigabe von Insolvenzmasse 2 244
- Arten 2 249
- - Freigabe an den Gläubiger 2 251
- - Freigabe an den Schuldner 2 250
- Erklärung 2 253
- Gegenstand 2 252
- prozessuale Auswirkungen 2 274
- steuerliche Auswirkungen 2 266
- Wirkung 2 256
freihändige Verwertung 24 15
frühzeitige Eröffnung des Insolvenzverfahrens 1 144
funktionelle Zuständigkeit 1 78

G
Gap-Analyse 22 52
- Lückenanalyse 22 53
- Potenzial-Analyse 22 53
Gefahr im Verzuge 2 281
gegenseitiger Vertrag 5 4, 5
Geltungsbereich 24 4, 204
Gemeinkosten 19 71
gemeinschaftliche Gläubigerbefriedigung 1 143
gemildertes Niederstwertprinzip 19 87
Generalnorm 19 103
Genossenschaft 1 10
geringwertige Anlagegüter 19 37
Gervais Danone-Entscheidung 9 173
- Beherrschungsvertrag 9 173
- Beweislast 9 173
Gesamtkostenverfahren 19 98
Gesamtvermögensinsolvenz 16 109
Geschäftsbesorgungsvertrag 5 126, 132
Geschäftsführer-Abberufung 1 13
Geschäftskosten 24 61

Gesellschafter einer GbR, Antrag auf Restschuldbefreiung 14 6
Gesellschaftsanteile 3 113
Gesellschaftsvertrag 5 7
Gewerbesteuer 8 54, 141, 8 218
- Einspruchs- und Widerspruchsverfahren 8 228
- Einzelgewerbetreibende 8 219
- Kapitalgesellschaften 8 220
- Personengesellschaften 8 219
- Widerspruch gegen den Gewerbesteuerbescheid 8 233
Gewinn- und Verlustkonto 19 9
Gewinn- und Verlustrechnung 10 23
gewogener Durchschnittswert 19 55
Girokonto des Schuldners 13 182
Glaubhaftmachung 1 48
- im Verfahren gem. § 309 13 137
Gläubiger 15 43
- unbekannte 13 33
- Vergleichsstrategie 15 43
Gläubigeranfechtung 6 6
Gläubigerantrag, im Verbraucherinsolvenzverfahren 13 95
Gläubigerausschuss 2 92, 290
- Aufgaben 2 301
- endgültiger 2 297
- Kosten 2 522
- Schlusstermin 2 491
- vorläufiger 2 291
- Zusammensetzung 2 296
Gläubigerausschussmitglieder 24 186
- Abweichungen vom Regelsatz 24 190
- Ausfallhaftung 24 202
- Auslagen 24 188, 196
- Auslagenpauschale 24 188, 196
- Ausschluss des Vergütungsanspruchs 24 194
- Behörde 24 194
- Erhöhung 24 190
- Erstattungsanspruch 24 202
- Fälligkeit 24 187

- Festsetzungsverfahren **24** 199
- Gläubigerausschussmitglieder **24** 186
- Haftpflichtversicherung **24** 197
- institutionelle Gläubiger **24** 195
- Mindestvergütung **24** 191
- Normalverfahren **24** 189
- Pauschalbetrag **24** 193
- Rechtsgrundlage **24** 186
- Rechtsmittel **24** 201
- Staatskasse **24** 202
- Stundensatz **24** 189
- Umsatzsteuer **24** 188, 198
- Vergütungsantrag **24** 199
- Verjährung **24** 187
- Vorschuss **24** 203
- Zeitvergütung **24** 189
- Zuschläge **24** 190

Gläubigerautonomie **2** 276
Gläubigerbegünstigung **10** 36
- inkongruente Deckung **10** 37
- Strafbarkeit des Begünstigten **10** 38

Gläubigerbenachteiligung **6** 15, 38
Gläubigerforderung **21** 37
- Aufrechnung **21** 40
- Aussonderung **21** 39
- Darstellung **21** 45
- Einzelbewertung **21** 42

Gläubigergleichbehandlung **11** 47, **12** 34
Gläubigerschutzprinzip **19** 47
Gläubigerversammlung **2** 92, 303
- Beschlüsse **2** 282
- Beschlussfähigkeit **2** 306

Gläubigerverzeichnis **2** 184, **21** 36
Gleichbehandlung **6** 1, **11** 47, **12** 34
Gleichzeitigkeit von Nachlass- und Erbeninsolvenz
- Haftungsbeschränkung **16** 110
- zum Gesamtgut gehörender Nachlass **16** 111

GmbH **1** 10
GmbH & Co. KG **1** 27
GmbH & Co. KG und AG **9** 90
- Aktionärsdarlehen **9** 90

- Rückgewähr **9** 90

GmbH-Geschäftsführer
- Beratung im Restschuldbefreiungsverfahren **13** 60
- Verbraucherinsolvenzverfahren **13** 12

GmbHG **1** 27
going-concern **19** 52
Gratifikation **7** 395
große Masse **24** 38, 48
Grundbuch **5** 60, **19** 15
Grunderwerbsteuer **8** 64, 145, **8** 318
Grundsatz der Bewertungsstetigkeit **19** 64
Grundsatz der Periodisierung **19** 63
Grundsatz der Vorsicht **19** 60
Grundsätze der Bilanzierung **19** 21
- Bilanzierung dem Grunde nach **19** 22
- Bilanzierung der Höhe nach **19** 23

Grundsätze der Bilanzklarheit **19** 44
Grundsätze ordnungsmäßiger Buchführung **10** 20, **19** 24
Grundsteuer **8** 146, 322
Grundstückskaufvertrag **5** 11
Gründungshaftung bei der Aktiengesellschaft **9** 217
- Kapitalaufbringung **9** 219
- Minderheitenschutz **9** 219
- Verantwortlichkeit der Gründer **9** 217
- Verantwortlichkeit Dritter **9** 218
- Vergleich **9** 219
- Verjährung **9** 219
- Verzicht **9** 219

Gruppen- oder Sammelbewertung **19** 43, 55
Gutachtenmodell **2** 79, 159
Gutachtervergütung, vorläufiger Insolvenzverwalter **24** 133
GuV **10** 23

H

Haft **3** 30
Haftpflichtversicherung **24** 61, 69

– Gläubigerausschussmitglieder
  24 197
Haftung 9 89
– des Gläubigerausschusses 18 72
– des Insolvenzgerichts 18 75
– des Insolvenzverwalters 18 5
Haftung der Kommanditisten
  9 220
– Außenhaftung 9 220, 225
– Aufrechnung 9 224
– beschränkte Haftung 9 222
– Einlage 9 220
– Eintragung der Haftsumme 9 222
– Eintragung eines Kommanditisten 9 222
– Geltendmachung 9 224
– Gläubiger 9 224
– Haftsumme 9 220
– Haftung vor Eintragung 9 222
– Haftungsbefreiung 9 221
– Haftungsumfang 9 223
– Innenverhältnis 9 225
– Insolvenzverwalter 9 224
– Kapitalaufbringungsprinzip
  9 225
– Leistung der Einlage 9 225
– objektiver Wert 9 225
– Pflichteinlage 9 220, 221
– Resteinlage 9 221
– rückständige Einlage 9 221
– Sondermasse 9 224
– unbeschränkte Haftung 9 222
– Wegfall der Haftung 9 225
– Wertzufuhr 9 225
Haftung des GmbH-Geschäftsführers 9 91
Haftung des Insolvenzverwalters
  8 333
– Haftung nach Insolvenzrecht
  8 338
– Haftung nach Steuerrecht 8 334
– Haftung von Gesellschaftern
  oder Geschäftsführern 8 380
Haftung des stillen Gesellschafters
  9 235
– atypisch ausgestaltete 9 237

– Eigenkapital 9 236
– eigenkapitalersetzende stille Einlage 9 237
– Einlage 9 235
– Einlagepflicht 9 235
– Innengesellschaft 9 235
– Rechtsstellung 9 237
– rückständige Einlage 9 235
– Rückzahlung 9 236, 237
– stille Einlage als Pflichteinlage
  9 236
– Unterbeteiligung 9 241
– Unterbilanzhaftung 9 239
– Voraussetzungen 9 238
Haftung von Gesellschaftern oder
  Geschäftsführern
– Haftung für Lohnsteuer 8 389
– Haftungszeitraum 8 385
– Quotenermittlung 8 386
– Umfang der Haftung 8 386
– Voraussetzung der Haftung nach
  § 69 AO 8 383
Haftungsansprüche 8 71
Haftungsfolgen 9 194
Haftungskapital 9 5
– Einlageansprüche 9 5
– Sanierung 9 6
– Schadensersatzansprüche 9 5
– Schuldenbereinigungsplan 9 9
Haftungsschulden nach § 69 AO
  8 412
Handelndenhaftung (§ 11 Abs. 2
  GmbHG) 9 202
– Gesellschaftsvertrag 9 203
– Vorgründungsstadium 9 203
Handelskauf 5 5
Handelsrecht 21 91
– Buchführungs- und Bilanzierungspflicht 21 92
– Einzelkaufmann 21 100
– Kapitalgesellschaft 21 100
– Personenhandelsgesellschaft
  21 100
– Rechenwerke 21 96
handelsrechtliche Buchführungspflicht 10 19

handelsrechtliche Schlussbilanz **21** 115
– Fortführung **21** 118
– Liquidationsfall **21** 117
– Sanierung **21** 118
Hauptbuch **19** 15
Hauptinsolvenzverfahren **11** 12, 36, 83
– Anerkennung **11** 34
– Anerkennung gem. UNCITRAL-Modellbestimmung **11** 64
– anwendbares Recht **11** 36, 83
– Arbeitsverhältnisse **11** 42
– Aufrechnung **11** 41
– Finanzmärkte **11** 43
– Insolvenzbeschlag **11** 84
– Insolvenzstatut als Gesamtstatut **11** 83
– lex fori concursus **11** 83
– Vorrecht **11** 85
Hebegebühr **24** 59
Heilung der verdeckten Sacheinlage **9** 150
– abweichendes Einlagegeschäft **9** 151
– Bareinlage **9** 153
– Eigenkapitalersatz **9** 156
– Kapitalerhaltungsgrundsatz **9** 156
– künftige Verrechnung **9** 152
– Liquidität **9** 153
– Rückgewähranspruch **9** 156
– Sacheinlagefähigkeit **9** 157
– Satzungsänderung **9** 153
– Umgehung **9** 153
– Umwandlung **9** 150
– Verrechnung **9** 150
– Verrechnung einer Gewinnauszahlung **9** 151
– *Verrechnung von Gehalts*forderungen **9** 152
– Vorabsprache **9** 151, 152
– Voraussetzungen **9** 154
– Werthaltigkeit **9** 155
Herausgabeansprüche **5** 39
Herstellungskosten **19** 69, 101

Hifo-Verfahren **19** 57
Hilfskräfte **24** 64
– Abschläge **24** 52, 65
– Beitreibung von Forderungen **24** 66
– Bilanzierung **24** 66
– Buchhaltung **24** 66
– Interessenkollision **24** 64
– juristische Person **24** 64
– kalte Zwangsverwaltung **24** 66
– Steuerangelegenheit **24** 66
– Vergütungsschuldner **24** 64, 65
– Verwertung **24** 66
Hilfsverfahren **11** 16
Hin- und Herzahlungen **9** 139
– Aufrechnungsverbot **9** 139
– Einlagepflicht **9** 139
– Mindesteinlage **9** 139
– Sachübernahme **9** 139
Honoraransprüche **3** 111
Human Resource Management **22** 95

I

Immaterialgüterrechte **3** 112
Immobiliarsicherheiten **9** 1
– Aussonderungsrechte **9** 1
– Zwangsvollstreckung **9** 1
Inanspruchnahme persönlichen Vertrauens **9** 196
– Beweislast **9** 198
– Eindruck hoher Sachkompetenz **9** 197
– Haftungsumfang **9** 199
– negatives Interesse **9** 199
– Vertretene **9** 197
– Vertreter **9** 197
Informationssystem **22** 100
Inkongruenz **6** 54
Innengesellschaft **9** 241
Innenhaftung **9** 110
– alleiniger Gesellschafter **9** 112
– Angestellte **9** 118
– Annahme **9** 119
– Arbeitsrecht **9** 110
– Ausnahmen **9** 112

- Ausschlussfristen 9 115
- Auszahlungen 9 118
- Beachtung von Weisungen 9 112
- Beweislast 9 114, 122
- eigenkapitalersetzende Darlehen 9 120
- Einschränkungen 9 116
- Entlastung der Geschäftsführung 9 116
- Entlastungsbeschluss 9 116
- Erhaltung des Stammkapitals 9 118
- Geltendmachung 9 113
- Geschäftsführer 9 114, 122
- Gesellschaft 9 114, 122
- Gesellschafterbeschluss 9 113
- Gläubiger 9 123
- Haftung der Mitgesellschaft 9 121
- Haftungsumfang 9 117
- Insolvenzverwalter 9 113, 114
- masselose Insolvenz 9 123
- Mitgeschäftsführer 9 117
- Nachweis des Schadens 9 122
- Pflichtverletzung 9 110
- Prokuristen 9 118
- Sanierungspflicht 9 110
- Sanierungsprüfung 9 110
- Schadensersatzanspruch 9 110
- Sorgfaltsmaßstab 9 111
- Treuepflichtverletzung 9 115
- Typische Fälle 9 119
- Verantwortung 9 117
- Verjährung 9 115
- Zuständigkeitsregelungen 9 117

Insolvenzanfechtung bei der Bauinsolvenz 17 130
- Abtretung 17 141
- Beweiserleichterung 17 136
- Direktzahlungen des Bestellers an Gläubiger des Unternehmers 17 143
- *inkongruente Deckung durch Abtretung* 17 138
- Kenntnis des Gläubigers 17 132
- Mahn- und Vollstreckungsbescheide 17 131
- Nachweis der Kenntnis durch den Insolvenzverwalter 17 140
- Praxisfall 17 131
- Rechtslage nach Erlass eines allgemeinen Veräußerungsverbots 17 143
- Rechtslage vor Erlass eines allgemeinen Veräußerungsverbots 17 143
- wirtschaftliche Ausgangslage 17 130
- Zahlung im Zeitraum vor Erlass eines Veräußerungsverbots 17 143
- Zahlungsunfähigkeit 17 131, 135

Insolvenzausfallgeld 8 211
Insolvenzeröffnungsbilanz 21 48
Insolvenzfähigkeit 9 22
- BGB-Gesellschaft 9 25
- Eigengesellschaften 9 22
- EWIV 9 27
- faktische Gesellschaft 9 26
- fehlerhafte Gesellschaft 9 26
- Gemeinden und Landkreise 9 22
- Geschäftsfähigkeit 9 22
- Gesellschafter 9 25
- Juristische Personen 9 22
- KG 9 24
- natürliche Personen 9 22
- öffentliches Recht 9 22
- OHG 9 24
- Parteifähigkeit 9 22, 25
- Privatrecht 9 22
- Religionsgemeinschaften 9 22
- Scheingesellschaften 9 26
- Umfang 9 22
- Verein 9 22
- Vermögensmasse 9 23
- Vorgesellschaften 9 24, 25
- Vorgründungsgesellschaften 9 25

Insolvenzforderungen 2 392
- Rangordnung 2 392

insolvenzfreies Vermögen 8 23
insolvenzfremde Zwecke 1 63

Insolvenzgeld **7** 406
– Höhe **7** 564
– Verfahren **7** 547
– Voraussetzung **7** 434
– Zeitraum **7** 452
Insolvenzgläubiger **2** 396
Insolvenzgründe **9** 11
– Eröffnungsgrund **9** 11
Insolvenzmasse **3** 102, **9** 2, **16** 43,
 24 9
– Abschlagsverteilung **2** 462
– Anfechtungsrechte **9** 4
– Erwerbsgeschäft **16** 47
– Freigabe **2** 244
– Gesellschaftsanteil **16** 49
– Inbesitznahme und Verwaltung
 2 217
– Ist-Masse **9** 4
– Soll-Masse **9** 4
– Umfang **2** 204
– Verteilung **2** 461
– Verteilungsverzeichnis **2** 464
Insolvenzplan **2** 321, **8** 342, **12** 2, 20,
 22 10, 11
– Bestandteile **22** 14
– Beteiligte **12** 27
– darstellender Teil **12** 21, **22** 14
– Erhöhungskriterien **24** 41
– gerichtliche Bestätigung **12** 150
– gestaltender Teil **12** 26, **22** 14
– Liquidationsplan **22** 11
– Mustergliederung **12** 50
– Regelungsgegenstand **12** 7
– Sanierungsplan **22** 11
– Übertragungsplan **22** 11
– Vollstreckung **12** 184
– Wirkungen **12** 171, 172
– Zusatzvergütung für Überwachung **24** 73
Insolvenzplanverfahren **12** 50,
 15 55, **21** 66
– anwaltliche Beiordnung **15** 55
– Finanzplan **21** 71
– Plan-GuV **21** 70
– Verfahrensgang **12** 55
– Vermögensübersicht **21** 67

Insolvenzrechtsreform **15** 3
– Prozesskostenhilfe **15** 3
Insolvenztabelle
– Änderung **2** 439
– Erstellung **2** 423
Insolvenzverfahren **11** 17, **21** 16,
 22 1
– Aufhebung **2** 513
– Beendigung **2** 513
– Einheit **11** 20
– Kosten **2** 522
– Mehrheit **11** 20
– Ziele des Insolvenzverfahrens
 22 1
Insolvenzverschleppung **9** 92
– Altgläubiger **9** 92
– Anspruchsgrundlage **9** 92
– Außenverhältnis **9** 92
– Innenverhältnis **9** 92
– Neugläubiger **9** 92
Insolvenzverwalter **2** 1, 354, **4** 13,
 18 14, **22** 5
– Abwahl **2** 69
– Akteneinsichtsrecht **2** 56
– – Akten des Anwalts des
   Schuldners **2** 57
– – Akten des Finanzamtes/Finanzgerichtes **2** 58
– – im Verwaltungsprozess **2** 59
– – in Strafakten **2** 60
– – informationelles Selbstbestimmungsrecht **2** 63
– – Insolvenzakten **2** 56
– Aktivprozesse **2** 364
– allgemeine Passivprozesse **2** 380
– Anforderungen **2** 1
– – Geschäftskunde **2** 6
– – natürliche Person **2** 13
– – Unabhängigkeit **2** 11
– Aufgaben **22** 5
– – Postsperre **2** 201
– Aufhebung des Insolvenzverfahrens **2** 76
– Ausgangslage im Unternehmen
 17 57
– Auskunftspflicht **2** 52

- Auswahl 2 1
- Auswahlverfahren 2 15
- – Auswahlermessen 2 15
- – Bestellung 2 16
- – Verfassungsmäßigkeit 2 20
- Beendigung 2 69
- besondere Passivprozesse 2 373
- Betriebsfortführung 2 89
- Einstellung des Insolvenzverfahrens 2 77
- Entlassung 2 72
- Erhaltung des Vermögens 2 85
- Fälligkeit 24 94
- Haftung 2 279
- Inbesitznahme
- – ausländisches Vermögen 2 242
- – Besitz dritter Personen 2 233
- – Betriebsräume 2 223
- – Gegenstände von Aus-/Absonderungsgläubigern 2 237
- – Immobilien 2 228
- – Privaträume 2 225
- – Rechtsmittel 2 243
- – Unterlagen des Rechtsanwalts/Steuerberaters 2 234
- – Wertgegenstände 2 229
- Masseverwerter 2 319
- Prozesspartei 2 354
- – anhängige Prozesse 2 359
- – Prozessbeginn nach Insolvenzeröffnung 2 354
- Rechte 17 58
- Rechtsmittel 2 25
- Schadensersatzverpflichtung 18 14
- schwacher vorläufiger 2 78, 139
- Sicherung des Vermögens 2 82
- starker vorläufiger 2 78, 81
- Tätigkeitsverbote 2 65
- – Sozietätserstreckung 2 68
- – Vorbefassung als Insolvenzverwalter 2 67
- – Vorbefassung als Rechtsanwalt 2 66

- Übergang der Verwaltungs- und Verfügungsbefugnis 17 59
- umsatzsteuerliche Problematik 17 60
- Verschwiegenheitspflicht 2 41
- – berufsspezifische Pflichten 2 45
- – Einschränkungen 2 44
- – Umfang 2 43
- Vertretung 2 28
- – im Berichtstermin 2 30
- – im Prüfungstermin 2 32
- – im Schlusstermin 2 34
- Verwaltungs- und Verfügungsbefugnis 2 213
- vorläufiger 2 78, 17 57
- Zeugnisverweigerungsrecht 2 48
- – im Strafprozess 2 49
- – im Zivilprozess 2 51
Instrumente zur Unternehmensanalyse 22 52
- Portfolio-Analyse 22 52
- Potenzial- und Lückenanalyse 22 52
- Stärken-Schwächen-Analyse 22 52
Internationale Übereinkommen
- Deutsch-österreichischer Konkursvertrag 11 24
- Richtlinie 11 48
- Richtlinie für Kreditinstitute 11 48
- Richtlinie für Versicherungsunternehmen 11 57
- UNCITRAL-Modellbestimmungen 11 60
- Verordnung über Insolvenzverfahren 11 26
- Verträge mit der Schweiz 11 23
Internationale Zuständigkeit 11 75
- allgemeiner Gerichtsstand des Schuldners 11 75
- Sitz 11 75
- wirtschaftliche Tätigkeit 11 75
Internationales Insolvenzrecht 11 1 6

interne Rechnungslegung 21 6
- Zielsetzung und Zweck 21 6
Inventar 19 34
- Aufstellungsfrist 10 26
Inventur 19 34, 41
Inventurvereinfachungsverfahren
   19 39
Investitionszulage 8 67, 148, 8 321
Investor Relations 22 84
Ist-Masse 4 3
ITT-Urteil 9 171
- Konzernumlage 9 171
- Leitungsmacht 9 171
- Treuepflicht 9 171

J
Jahresabschluss 10 23, 17 35, 20 2
- Branchenbesonderheiten 17 35
- - Bauen in Arbeitsgemeinschaften 17 37
- - Bewertung von Bauleistungen 17 39
- - langfristige Auftragsfertigung 17 38
- - Saisoncharakter 17 36
- Elemente 20 1
- Funktionen 20 2
- Informationsadressaten 20 2
Jahresabschlussanalyse 20 2, 5
- Analysebereiche 20 3
- Aufbereitung der Daten 20 5
- Aufgabe im Rahmen des Insolvenzplans 20 2
- Definition 20 2
- Einschränkungen 20 4
- Jahresabschlusskennzahlen 20 3
- Kapitalstrukturanalyse 20 13
- Liquiditätsanalyse 20 14
- Strukturbilanz 20 5
- *strukturelle Erfolgsanalyse* 20 23
- Vergleichsebenen 20 3
- Vermögensstrukturanalyse 20 8
- Ziel 20 2
Jahresüberschuss/Jahresfehlbetrag
   19 100

K
Kaduzierung von Geschäftsanteilen
   9 242
- Ablauf der Zahlungsfrist 9 244
- Aktiengesellschaft 9 255
- Androhung des Ausschlusses
   9 245
- Ausfallhaftung 9 243, 250
- bedingter Forderungsverzicht
   9 258, 260
- beschränkte Nachschusspflicht
   9 254
- Besserungsklausel 9 260
- des Ausgeschlossenen 9 249
- Durchführung der Versteigerung
   9 248
- erneute Zahlungsaufforderung
   9 245
- Folgen des Ausschlusses 9 247
- Fremdverbindlichkeiten 9 262
- Geltendmachung der Ausfallhaftung 9 249
- Geltendmachung der weiteren Ausfallhaftung 9 250
- Gläubigerschutz 9 262
- Grundsatzentscheidung 9 257
- Haftung 9 243
- Kaduzierung 9 250
- Kaduzierungsrecht 9 255
- Kapitalersatz und Rangrücktritt
   9 256
- Nachfrist 9 245
- Nachrang 9 257
- Nichtigkeit 9 252
- Passivierung 9 262
- Passivierungspflicht 9 259, 263
- Rangklasse 9 260
- Rangrücktritt 9 260, 263
- Rangrücktrittserklärung 9 257, 258, 9 262
- Rangstelle 9 256
- Rechtsfolgen 9 243
- Rückstände 9 243
- Überblick 9 242
- Überschuldung 9 257, 260
- Überschuldungsbilanz 9 262

- Überschuldungsstatus 9 257, 260, 9 263
- Verjährung 9 253
- Verkauf 9 248
- Verlustigerklärung 9 246
- Versteigerung 9 248
- Verwertung 9 243
- Verwertung des Geschäftsanteils 9 248
- Zahlungsaufforderung 9 243
- Zahlungsklage 9 252
- Zwangsverkauf 9 250

Kalkulation 17 5
- Hilfsbetriebe 17 9
- Kalkulationsrisiken 17 5
- Produktionsort 17 7
- Verwaltungsstellen 17 9
- Wahl des Kalkulationsverfahrens 17 5

Kapitalerhöhung 9 145
- Bareinlageverpflichtung 9 145
- Erhöhungsbeschluss 9 145
- Umgehungsverbot 9 145
- Verrechnung 9 145

kapitalersetzendes Gesellschafterdarlehen 6 89

kaufmännische Vorsicht bzw. Imparitätsprinzip 19 47

Kaufvertrag 5 3, 11
Kausalität 18 26
Klageantrag 6 156
Klageerhebungsfrist 7 167
Kleinbeteiligungen 9 85
- Altfälle 9 85
- Beteiligungsquote 9 85
- Einflussmöglichkeiten 9 85
- Geschäftsführer 9 85
- Haftung 9 85

Kommanditgesellschaft 1 10
Kommunikationspolitik 22 81
- Öffentlichkeitsarbeit 22 81
- Sponsoring 22 81
- Verkaufsförderung 22 81
- *Werbung 22 81*

Konkurrenzanalyse 22 48
- Konkurrentenverhalten 22 48

- Konkurrenzunternehmen 22 48

Konkursrecht 15 1
- GesO 15 2
- Prozesskostenhilfe 15 1, 2

Kontenplan 19 13
Kontenrahmen 19 14
Kontokorrent 6 59
Kontokorrentvorbehalt 5 84
Kontopfändung 13 191
Kontoübertragung 9 136
- Forderungsabtretung 9 136
- Vorauszahlungen 9 136
- Vorgründungsgesellschaft 9 136
- Zweckbestimmung 9 136

kontrollierte Universalität 11 21

Konzernhaftung 9 158
- Außenhaftung 9 159
- Ausfallhaftung 9 159
- Ausgangslage 9 158
- Beherrschungsverhältnisse 9 159
- Einwirkungsmöglichkeiten 9 159
- Leitung 9 159
- Trennungsprinzip 9 159

Konzernvorbehalt 5 85

Kopf- und Summenmehrheit 2 69, 13 116

Körperschaftsteuer 8 138, 193

Kosten 3 79
Kosten der Absonderung 4 138
Kosten- und Leistungsrechnung 19 1

Kostendeckung 2 132
Kraftfahrzeugsteuer 8 65, 147, 8 320

Kreditunwürdigkeit 6 96

Krisenarten
- Erfolgskrise 22 32
- Liquiditätskrise 22 32
- Strategiekrise 22 32

Krisenursachenanalyse 22 17
- Krisenherde 22 17

Kundenscheck 17 144
Kündigungsausschluss 7 79
Kündigungsfrist 5 103, 7 78
Kündigungsmöglichkeit des Bestellers 17 67

- Aufmaß- und Abnahmeverlangen des Auftragnehmers **17** 69
- Bedeutung des § 8 Nr. 2 Abs. 1 VOB/B **17** 68
- Fälligkeit der Schlusszahlung **17** 70
- fortgeltendes Mängelbeseitigungsrecht **17** 71

Kündigungsschutz **7** 296
- präventives Beschlussverfahren **7** 327

Kündigungsschutzgesetz **7** 1
Kündigungssperre **5** 106
kurzfristige Überbrückungskredite **9** 66

L
Lagebericht **19** 104
Lagebeurteilung **22** 34, 35
- aufgabenbezogenes Umfeld **22** 35
- globales Umfeld **22** 35
- unternehmensexterne Analyse **22** 35
- unternehmensinterne Analyse **22** 35
- unternehmensinterne Faktoren **22** 35

Lebenszyklus-Konzept **22** 51
- Marktlebenszyklus **22** 51
- Produktlebenszyklus **22** 51

Leistungsabrechnung **17** 33
- Grundsätze **17** 33
- Positionen **17** 34

lex fori **11** 5
Lifo-Verfahren **19** 57
lineare Abschreibung **19** 84
Liquidation **22** 4
Liquidationspläne **12** 17
Liquiditätsanalyse **20** 14
- dynamische **20** 14
- statische Liquidität **20** 14

Liquiditätsgrade **20** 16
Liquiditätslücken **1** 165
Liquiditätsstatus **1** 169
Lohnsteuer **8** 139, 199

- Insolvenzverfahren des Arbeitgebers **8** 204
- Insolvenzverfahren des Arbeitnehmers **8** 200

Lohnsteuerforderungen **8** 53
Lösungsklauseln **5** 24

M
Mandatsverhältnis **2** 234
Marketing **22** 65
- Begriff **22** 65
- Entwicklung **22** 65
- Instrumente **22** 65

Marketing-Forschung **22** 68
Marketing-Konzepte
- Absatzmarketing **22** 65
- Beschaffungsmarkt **22** 65
- Finanz-Marketing **22** 65
- Personal-Marketing **22** 65

Marketing-Mix **22** 68
Marketing-Philosophie **22** 68

Marktanalyse **22** 46, 73
- Marktanteil **22** 46
- Marktpotenzial **22** 46
- Marktvolumen **22** 46

Marktforschung **22** 70
Marktsegmentierung **22** 74
Masseberechnung **24** 14
Massegegenstände, Verzeichnis **2** 175

Massegläubiger **2** 395, **8** 20
- Kosten des Insolvenzverfahrens **8** 20
- sonstigen Masseverbindlichkeiten **8** 20

Massekostendeckung **3** 90
Massenentlassung **7** 38
Masseschmälerung **9** 124
- Beweislast **9** 127
- Erstattungsanspruch **9** 126
- Gegenansprüche **9** 128
- Gegenleistung **9** 126
- Insolvenzreife **9** 124
- Pflichten des Geschäftsführers **9** 126

- Schaden **9** 128
- Subsidiarität **9** 128
- Verjährung **9** 129
- Verschulden **9** 127
- Zahlung **9** 124, 126
- Zahlungsverbot **9** 124
- Zweckmäßigkeit **9** 128

Masseunzulänglichkeit **2** 166, 531, **8** 152, **24** 5, 96
- Anzeige **2** 539
- Folgen **2** 540
- Prüfung **2** 538
- Verfahren **2** 544

Masseverbindlichkeiten **2** 93, 387, **16** 84, **24** 21
- Aufwendungen gemäß § 324 Abs. 1 Nr. 1 InsO **16** 85
- Begründung von Masseverbindlichkeiten **2** 128
- Berechnungsregeln **24** 21
- gemäß § 324 Abs. 1 Nr. 2 InsO **16** 86
- gemäß § 324 Abs. 1 Nr. 3 InsO **16** 87
- gemäß § 324 Abs. 1 Nr. 4 InsO **16** 88
- gemäß § 324 Abs. 1 Nr. 5 InsO **16** 89
- gemäß § 324 Abs. 1 Nr. 6 InsO **16** 90
- Masseunzulänglichkeit **16** 91
- sonstige **2** 532

Masseverzeichnis **21** 18
- Aussonderungsrecht **21** 20
- Bewertung **21** 25
- – Liquidationswert **21** 27
- – Einzelveräußerungswerte **21** 28
- – Fortführungswert **21** 30
- – Wiederbeschaffungswert **21** 31
- Einzelansatz **21** 23
- Ermittlung **21** 24
- *Insolvenzmasse* **21** 22
- Massegegenstände **21** 18
- Muster **21** 33

- Unterlassen der Aufzeichnung **21** 35
- Zugehörigkeit zur Insolvenzmasse **21** 19

Materialaufwand **19** 100
Materialwirtschaft **22** 26
mehrere Insolvenzverwalter **24** 47
mehrere Niederlassungen **1** 86
Mehrheit von Verwalter **24** 53, 54
Mehrheit von Verwaltern, Berechnungswert **24** 13
Mietverhältnisse **3** 57, **5** 1, 86, 100, **13** 181
Mindestvergütung
- Gläubigerausschussmitglieder **24** 191
- Insolvenzverwalter **24** 30
- Treuhänder im vereinfachten Verfahren **24** 157

Mischkonten **19** 9
Mitteilungen in Zivilsachen **13** 99
Mitwirkungspflichten **3** 25
Muster
- alphabetisches Tabellenverzeichnis **2** 426
- Antrag auf Entschädigung **24** 136
- Antrag auf Vergütung eines (vorläufigen) Insolvenzverwalters **24** 91, 136
- einfache Schlussrechnung **2** 484
- Erstanschreiben **13** 25
- Forderungstabelle **21** 60
- Gläubigerverzeichnis **2** 191, **21** 47
- Insolvenztabellenblatt **2** 426
- Klage auf Erteilung der Forderungsaufstellung **13** 30
- Mandantenbelehrung zur GmbH-Geschäftsführerhaftung **13** 61
- Masseverzeichnis **21** 33
- Merkblatt für Insolvenzgläubiger **2** 398
- Sammelliste **2** 426, **21** 62
- Schlussbericht **21** 84
- Schlussverzeichnis **2** 489
- Schuldenbereinigungsplan **13** 91

- Standardplan **13** 40, 41
- Vermögensübersicht **2** 200, **21** 52
- Versagensantrag gem. §§ 295, 296 InsO **14** 101
- Verteilungsverzeichnis nach § 188 InsO **2** 466
- Verzeichnis der Massegegenstände **2** 183

Mutterschutz **7** 119

N

Nachbesserungsansprüche gegen den Gemeinschuldner **17** 124
- Ansprüche des Auftraggebers vor Insolvenzeröffnung **17** 125
- Einwand des Bauunternehmers gegenüber dem Nachbesserungsanspruch des Auftraggebers **17** 129
- Gewährleistungspflicht des Auftragnehmers ohne Verschulden **17** 127
- Nachbesserungsrecht des Gemeinschuldners **17** 126
- Pflicht (und Recht) des Bauunternehmers zur Nachbesserung **17** 128

Nacherbfolge **16** 96
Nachlassinsolvenz **1** 10
Nachlassinsolvenzverfahren **1** 88
- Anfechtung **16** 56
- Antrag **16** 2, 18
- Beteiligte **16** 37
- Durchführung **16** 20
- Eröffnung **16** 25
- Zuständigkeit **16** 32

Nachlassverbindlichkeiten **16** 66
- Erbfallschulden **16** 68
- Erblasserschulden **16** 67
- Nachlasserbenschulden **16** 70
- Nachlasskosten **16** 69
- Nachlassverwaltungsschulden **16** 69

nachrangige Forderungen **2** 421
nachrangiger Insolvenzgläubiger **2** 397

nachträgliche Sitzverlegungen **1** 81
Nachtragsliquidator **13** 34
Nachtragsverteilung **2** 506, **24** 70, 71, **24** 72
- Abschlag **24** 71
- Auslagen **24** 72
- Festsetzung **24** 72
- Umsatzsteuer **24** 72
- Zuschlag **24** 71

nahe stehende Person **6** 28, 72
natürliche Person **15** 19
- Verbraucherinsolvenzverfahren **15** 21

Nebenforderungen, Säumniszuschläge, Verspätungszuschläge, Zinsen **8** 323
Nennbetrag **19** 90
nennenswerte Verwaltungstätigkeit, vorläufiger Insolvenzverwalter **24** 119
Neugläubiger **3** 105
Nichtzahlung **9** 138
- Scheinzahlungen **9** 138

Nießbrauch **3** 111
Niederlegung **1** 27
Normalfall **24** 1
Normalverfahren **24** 27
- objektive Kriterien **24** 28
- Sachwalter **24** 143
- subjektive Kriterien **24** 29
- Treuhänder im vereinfachten Verfahren **24** 157
- vorläufiger Insolvenzverwalter **24** 123

Notar **24** 59
Notgeschäftsführung **5** 131, 137
Novellen-Regeln **9** 61
- Eigenmittel **9** 61
- Insolvenz **9** 61

Nutzungsüberlassungen **9** 75
- Betriebsaufspaltungen **9** 77
- Betriebseinrichtung **9** 77
- Eigenkapitalzuführung **9** 76
- Eigentum **9** 82
- Eintritt **9** 80

- Gebrauchsüberlassung 9 75, 79
- Grundsatz 9 76
- Krisenlage 9 82
- Kündigung 9 80
- Lagergrundstück I 9 79
- Lagergrundstück II 9 80
- Lagergrundstück III 9 81
- Lagergrundstück IV 9 82
- Laufzeit des Vertrags 9 81
- Mietzins 9 81
- Nutzungsüberlassung 9 77
- Nutzungsverhältnis 9 80
- Pachtvertrag 9 78
- Überlassungsunwürdigkeit 9 78
- Unterbilanz 9 82
- Vergleichbarkeit 9 76
- Verwertung 9 82
- Weiternutzung 9 82
- Zeitpunkt 9 79

O
Obstruktionsverbot 12 135
offene Handelsgesellschaft 1 10, 27
Offene-Posten-Buchhaltung 19 33
operative Planung 22 41
Optionsgeschäfte 5 57
Optionsscheinhandel 10 10
Ordnungsmäßigkeit 19 26
Ordre public 11 76
Organhaftung gegenüber der Gesellschaft 9 110
Organisation 22 27, 86, 22 87
- Ablauforganisation 22 87
- Aufbauorganisation 22 87
- Geschäftsprozessanalyse 22 93
- Organisationsform 22 86
- Organisationsplan 22 88
- Organisationsstrukturen 22 86
Organschaftsverhältnis 8 191

P
Pachtverhältnisse 3 57
Pachtverträge 5 86
parteifähig 1 18
Passivbilanz 6 85
Passivprozesse 2 373, 380, 3 74

Pauschalpreisvertrag 17 92
- Abwicklung von gekündigten Pauschalverträgen 17 93
permanente Inventur 19 38
Personalaufwand 19 100
Personalbereich 22 95
- Personalbestand 22 95
- Personalkosten 22 95
- Personalsituation 22 95
Personalmanagement 22 94
- Personalentwicklung 22 94
- Personalplanung 22 94
Personalpolitik 22 98
- Führungsstil 22 98
- Motivation 22 98
Personalwesen 22 86
Pfandgläubiger 9 192
- Einflussnahme 9 192
- Stellung eines Gesellschafters 9 192
Pflichterfüllung 18 15
Pflichtverletzung 18 19
PIMS-Programm 22 48
PKW des Schuldners 13 185
Plan-Gewinn- und Verlustrechnung 22 14
Plananlagen 12 44
- Bilanz 12 45
- Erfolgsrechnung 12 45
- Liquiditätsrechnung 12 45
Planannahme 12 125
- Kopfmehrheit 12 131
- Summenmehrheit 12 132
Planbilanz 22 14
Planinhalt 12 38
Planinitiativrecht 12 62
Planüberwachung 12 193
- Festsetzungsverfahren 24 85
- Kosten 12 206
- verfahrensrechtliche Regelungen 12 203
- Vorschuss 24 76
Planüberwachungsverfahren 24 74, 100
Planverprobungsrechnung 22 15
Planvorlage 12 62

- Erörterungs- und Abstimmungstermin **12** 92
- Frist **12** 65
- Insolvenzverwalter **12** 68
- Kollision **12** 74
- Mitwirkung **12** 72
- Sachwalter **12** 73
- Schuldner **12** 66
- Vorprüfung **12** 77
- Zurückweisungsgründe **12** 79

Portfolio-Analyse **22** 59
- Marktattraktivitäts-Wettbewerbs-Portfolio **22** 59
- Marktwachstums-Marktanteils-Portfolio **22** 59

Postsperre **2** 201, **3** 23, 95
Preispolitik **22** 77
- Preisbildung **22** 77
- Preisfindung **22** 77

Privatkonto **19** 7
Produkt-Lebenszyklus **22** 31
- Degenerationsphase **22** 31
- Einführungsphase **22** 31
- Reifephase **22** 31
- Sättigung **22** 31
- Wachstumsphase **22** 31

Produktion **22** 25
Produktlebenszyklus-Konzept **22** 48
Produktpolitik **22** 76
Prognosezeitraum **1** 179, 209
progressive Abschreibung **19** 84
Provisionen **7** 394, 475
Prozessfähigkeit **1** 18, 106
Prozessführung durch Insolvenzverwalter **24** 58
Prozesshandlung **1** 15
Prozesskosten **2** 387
- Einheit der Kostenentscheidung **2** 389

Prozesskostenbeihilfe **6** 158
Prozesskostenhilfe **15** 63
- Einkommensprüfung **15** 64
- - Prozesskostenhilfebekanntmachung **15** 64
- Schonvermögen **15** 66

Prüfung der Schlussrechnung **21** 85
- formelle **21** 87
- materielle **21** 87

Prüfungspflicht **24** 57
Prüfungsreihenfolge
- Vergütung **24** 50
- vorläufiger Insolvenzverwalter **24** 127

Prüfungstermin **3** 38, **8** 78
- Einsprüchen **8** 79
- Widerspruchs- und Feststellungsverfahren **8** 78

Q
Quasi-Gesellschafterhaftung **9** 186

R
Rangfolge der Nachlassverbindlichkeiten **16** 83
Rangklassen **2** 191
Rangordnung von Insolvenzforderungen **2** 392
Rangrücktritt **1** 242
Ratenkreditvertrag **5** 6
Realisationsprinzip **19** 60
Rechnungslegung **21** 16, 66, **21** 72, 78, **21** 91, 101
- Einnahmen/Ausgaben – Überschussrechnung **21** 80
- externe **21** 8, 90
- Insolvenzschlussbilanz **21** 81
- Schlussbericht **21** 82
- Schlussbilanz **21** 101
- Schlussverzeichnis **21** 83

Rechnungslegung nach Eröffnung des Insolvenzverfahren **21** 105
- handelsrechtliche (Insolvenz-) Eröffnungsbilanz **21** 106
- Kaufmannseigenschaft **21** 109
- Zwischenrechnungslegung – Buchführungspflicht **21** 109

Rechnungslegung zur Beendigung des Insolvenzverfahrens **21** 115
- Fortführung **21** 118
- Liquidationsfall **21** 117
- Sanierung **21** 118

Rechnungswesen 20 1
- Elemente 20 1
- Hauptaufgabe 20 1
Recht des Eröffnungsstaats 11 36
- Abweichungen 11 36
- Dingliche Rechte 11 37
- Grundbuch- und Registereintragungen 11 39
rechtliches Gehör bei Vergütung 24 84
Rechtsanwälte 15 40, 24 21, 56, 58
- Forderungssperre 15 40
- Sekundäranspruch 15 40
Rechtsbeschwerde 3 97
rechtsfähiger Verein 1 10
Rechtsfähigkeit 1 105
Rechtsfolgen 9 144
- Aufrechnung 9 144
- Bareinlagepflicht 9 144
- Insolvenzforderung 9 144
Rechtsgrundlage
- Gläubigerausschussmitglieder 24 186
- Sachwalter 24 139
- Treuhänder im Restschuldbefreiungsverfahren 24 165
- Treuhänder im vereinfachten Verfahren 24 151
- Vergütung 24 1, 109
Rechtskraft 24 93
- Erhöhung der Vergütung nach 24 93
- Festsetzung 24 93
- formell 24 93
- materielle 24 93
- Treuhänder im Restschuldbefreiungsverfahren 24 179
Rechtsmittel 24 3
- Festsetzungsverfahren 24 92
- Gläubigerausschussmitglieder 24 201
- Treuhänder im Restschuldbefreiungsverfahren 24 185
- Überwachungsaufgabe des Treuhänders im Restschuldbefreiungsverfahren 24 185

- Vorschuss 24 106
Rechtsprechungsregeln 9 60
- Insolvenz 9 60
- Kapitalerhaltung 9 60
- Rückzahlung 9 60
- Sicherheiten 9 60
- stille Reserven 9 59
Rechtsschutzinteresse 1 60
Regelbruchteil
- Sachwalter 24 143
- vorläufiger Insolvenzverwalter 24 113
Regelsatz 24 1, 9
- Treuhänder im vereinfachten Verfahren 24 156
Regelungskompetenz für InsVV 24 3
Regelvergütung 24 9, 24, 24 26, 72
- Nachtragsverteilung 24 72
- Sachwalter 24 143
- Treuhänder im vereinfachten Verfahren 24 156
- vorläufiger Insolvenzverwalter 24 112, 119
Reisekosten des Verwalters 24 67
Restschuldbefreiung 8 360, 22 14
- ausgenommene Forderungen 14 142
- - deliktische Verbindlichkeiten 14 143
- - Forderungen aus zinslosen Darlehen 14 150
- - Geldstrafen 14 149
- dingliche Sicherheiten 14 139
- Erteilung 14 138
- Obliegenheiten des Schuldners gem. § 295 Abs. 1 InsO 14 74
- - angemessene Tätigkeit 14 78
- - Arbeitsverpflichtung des Schuldners 14 76
- - Gleichbehandlung der Gläubiger 14 95
- - Herausgabe des hälftigen Erbanteiles 14 93
- - Mitteilungs- und Auskunftspflichten 14 94

– – Nullfall 14 75
– – Zahlungspflichten des selbstständig tätigen Schuldners 14 96
– – zumutbare Tätigkeit 14 88
– Rechtsbehelfe 14 154
– – des Gläubigers 14 155
– – des Schuldners 14 154
– – des Treuhänders 14 156
– – Gegenvorstellung 14 158
– Schuldner als Bürge oder Mitverpflichteter 14 140
– Verfahren 14 4
– Versagensantrag 14 100
– Versagensgründe
– – frühere Restschuldbefreiung oder -versagung 14 24
– – unrichtige oder unvollständige Angaben 14 23
– – Verletzung von Auskunfts- und Mitwirkungspflichten 14 26
– – Vermögensverschwendung und Verfahrensverzögerung 14 25
– – Verurteilung wegen Insolvenzstraftat 14 22
– Versagensgründe gem. § 290 Abs. 1 InsO 14 18
– Versagung, Redlichkeit 14 18
– Wirkungen 14 139
– Zulässigkeit des Antrags 14 19
Restschuldbefreiungsverfahren 24 165
– siehe auch Treuhänder im Restschuldbefreiungsverfahren
Risikogeschäfte 10 10
Rückforderung 24 57
Rückgewähr 6 163
Rücknahme 1 31
Rücknahmeerklärung 1 66
Rückschlagsperre 3 82
Rücktritt 5 5, 93
Rückzahlung 9 142
– Aufrechnung 9 143
– Betrag 19 91

– Betriebsaufspaltung 9 143
– Finanzplankredite 9 142
– Gläubigerbefriedigung 9 143
– Hin- und Herzahlen 9 143
– Kapitalaufbringung 9 142
– Kommanditist 9 143
– Mittelrückfluss 9 142
– Steuerberatermodell 9 143
– Stundungsabrede 9 142
Rückzahlungsverpflichtung
– Sachwalter 24 141
– Treuhänder im Restschuldbefreiungsverfahren 24 182
– Treuhänder im vereinfachten Verfahren 24 154
– vorläufiger Insolvenzverwalter 24 112
– Vergütung 24 90
– Vorschuss 24 105

S
Sachkunde, Einsatz besonderer 24 56
– Steuerberater 24 60
– Treuhänder im vereinfachten Verfahren 24 159
– Wirtschaftsprüfer 24 60
Sachverständigentätigkeit 2 138
Sachverständiger 3 3, 24 6
– Festsetzungsverfahren 24 135
– Grundlagen 24 133
– Handhabung 3 3
– Muster eines Antrags auf Entschädigung 24 136
– Vergütung 24 133
Sachwalter 24 94, 138
– Abschläge 24 145
– Anspruchsgrundlage 24 139
– Ausfallhaftung 24 150
– Auslagen 24 138, 147
– Auslagenpauschale 24 147
– Berechnungsgrundlage 24 142
– Entnahmerecht 24 141, 149
– Fälligkeit 24 140
– Festsetzungsverfahren 24 149
– Normalverfahren 24 143

- Rechtsgrundlage 24 139
- Regelbruchteil 24 143
- Regelvergütung 24 143
- Sachwalter 24 94
- Schuldner 24 150
- Sondervergütung 24 146
- Umsatzsteuer 24 148
- Vergütung 24 138
- Vorschuss 24 141
- Zuschläge 24 144

Sanierung 22 2
Sanierungschancen 1 9
Sanierungsfähigkeitsprüfung 22 3, 16
- Bestandteile der Sanierungsfähigkeitsprüfung 22 16

Sanierungskonzept 22 15
- Anforderungen an Sanierungskonzepte 22 19

Sanierungskredite 9 66
Sanierungsmaßnahmen 22 28
Sanierungsplan 12 6
- Sanierungsfähigkeit 12 13

Sanierungsprivileg 9 86
- Eintritt der Krise 9 86
- Sanierungsfähigkeit 9 86
- Sanierungskredite 9 86

Säumnis- und Verspätungszuschläge 8 49
Schaden 18 29
Schadensersatzanspruch 5 34, 24 53
Schätzung 24 13
Scheinbilanz 10 27
Scheingeschäfte 10 16
Schleudergeschäfte 10 13
Schlussbericht 2 483
Schlussrechnung 2 484, 21 77, 24 12, 50
Schlusstermin 2 490
Schlussverteilung 2 481
- chronologische Abfolge 2 502
- Schlussrechnung im engeren Sinne 2 484

Schlussverzeichnis 2 485
Schlussvorschriften 24 204

Schuldenbereinigungsplan
- Aufnahme aller Gläubiger 13 90
- gesetzliche Anforderungen 13 88
- Kündigung 13 143
- Muster 13 91

Schuldenbereinigungsplanverfahren 15 50
- Abänderung 13 114
- Auslagenvorschuss 15 51
- Beteiligung der Gläubiger 13 110
- Beteiligung des Schuldners 13 108
- Inkassounternehmen 13 111
- Stellungnahme eines Gläubigers 13 112
- Vertretung der Gläubiger 13 111

Schuldenbereinigungsverfahren 8 351
Schuldenmasse 24 28
Schuldner, Sachwalter 24 150
Schuldner der Vergütung 24 96, 164
- Stundungsregelung 24 172
- vorläufiger Insolvenzverwalter 24 129

Schuldnerbegünstigung 10 39
schwacher vorläufiger Insolvenzverwalter 2 139
- Aufgaben 2 139
- Betriebsfortführung 2 144
- Erhaltung des Vermögens 2 140
- Sicherung des Vermögens 2 140
- Sicherungsmaßnahmen 2 163
- sonstige Befugnisse und Pflichten 2 147
- – Bankgeheimnis 2 157
- – Betreten der Geschäftsräume 2 147
- – Einsicht in Geschäftsbücher 2 147
- – Prozessführung 2 149
- – Steuergeheimnis 2 154
- vorläufiger Insolvenzverwalter 24 122
- Zustimmungsvorbehalt 2 145

Schweigepflicht 8 367
selbstständige wirtschaftliche Tätigkeit 1 84

- unterhaltsrechtlicher Prozesskostenvorschuss 13 154
- Vermögensprüfung 13 154
Stundungsregelung 24 97
- Schuldner der Vergütung 24 172
- vorläufiger Insolvenzverwalter 24 132
Stundungsverfahren 8 101
Subunternehmer 17 121
- Bedeutung des § 16 Nr. 6 VOB/B 17 122
- Einführung 17 121
- gerichtliches Verfügungsverbot bei mehrstufigen Vertragsverhältnissen 17 123
Sukzessivlieferungsverträge 5 44
Surrogate als Bankrottobjekte 10 14
Synallagma 5 3

T
Tabellenführung durch Insolvenzverwalter 24 24
Tätigkeitsverbote des Insolvenzverwalters 2 65
TBB-Urteil 9 167
- Leitung 9 167
- Leitungsmacht 9 167
- missbräuchliche Ausübung 9 167
- objektiver Missbrauch 9 167
- Rücksicht 9 167
Teilbarkeit 5 46
Teilleistungen 5 41
Teilwertabschreibung 9 87
Termingeschäfte 10 10
Territorialverfahren 1 13, 44
- Partikularverfahren 1 15, 44, 11 98
- Sekundärinsolvenzverfahren 11 14, 44, 11 98
- Universalität 11 97
Tiefbau-Urteil 9 165
- finanzieller Bereich 165
- Leitungsmacht 9 1(
- subjektiver Umstand 9 165
- Verlustausgleichspflt 9 165

Tilgungswirkung, Vorschuss 24 105
Tochtergesellschaften 1 86
Treuhänder 15 38, 24 165
- Aufgaben 13 168
- Sekundäranspruch 15 38
- vorläufiger 13 101
Treuhänder im Restschuldbefreiungsverfahren 24 165, 173
- Anspruchsgrundlage 24 165
- Ausfallhaftung 24 172
- Auslagen 24 180
- Auslagenpauschale 24 180
- Berechnungsgrundlage 24 169
- Entnahmerecht 24 180, 182
- Entnahmerecht bei Vorschuss 24 183
- Fälligkeit 24 168
- Festsetzungsverfahren 24 177, 180
- Festsetzungszeitpunkt für Stundensatz 24 178
- Rechtsgrundlage 24 165
- Rechtskraft 24 179
- Rechtsmittel 24 185
- Rückzahlungsverpflichtung 24 182
- Staatskasse 24 172
- Überwachung der Obliegenheit des Schuldners 24 173
- Überwachungsverfahren 24 177, 180
- Umsatzsteuer 24 180
- Verfahrensbeendigung 24 180
- Vergütung 24 165, 169
- Vergütung bei Überwachungsaufgabe des Treuhänders 24 173
- Verjährung 24 179
- Vorschüsse 24 183
- Zusatzvergütung 24 173
Treuhänder im vereinfachten Verfahren 24 94, 151, 24 163
- Abschläge 24 157
- Ausfallhaftung 24 164
- Auslagen 24 160
- Auslagenpauschale 24 161

- Berechnungsgrundlage 24 155
- Einsatz besonderer Sachkunde 24 159
- Fälligkeit 24 153
- Festsetzungsverfahren 24 162
- Mindestvergütung 24 157
- Normalverfahren 24 157
- Regelsatz 24 156
- Regelvergütung 24 156
- Rückzahlungsverpflichtung 24 154
- Schuldner der Vergütung 24 164
- Sondervergütung 24 159
- Staatskasse 24 164
- Umsatzsteuer 24 161
- Vergütung des vorläufigen Treuhänders 24 163
- Vorschuss 24 154
- Zuschläge 24 157

Treuhänder in der Wohlverhaltensperiode
- Allgemeines 14 119
- Aufgaben des Treuhänders gem. § 292 InsO 14 123
- – Anzeige der Abtretung 14 124
- – Ausschüttung des Bonus 14 126
- – Pflicht zur Rechnungslegung 14 128
- – Überwachung des Schuldners 14 127
- – Verwahrung und Verteilung der eingegangenen Beträge 14 125
- Entlassung 14 129
- Haftung 14 132
- Vergütung 14 130

Treuhänder nach § 293 der Insolvenzordnung 24 94

Treuhandperiode 15 47
- Mindestvergütung 15 47
- Stundung 15 47

Typenhaus-Entscheidung 9 172
- *Haftungsdurchgriff* 9 172
- totale Eingliederung 9 172

U

Übergangsregelung 24 4, 204
Übernahmegesellschaft 12 192
Überschuldung 1 186, 6 87, 97, 9 15, 14 2, 21 16
- Begriff 9 15
- Beweislast 9 16
- Dokumentation 9 16
- Folgen 14 2
- Fortführungsprognose 9 15
- Fortführungswerte 9 15
- rechnerische Überschuldung 9 15
- Überschuldungsbilanz 9 15, 16 27
- Überschuldungsprüfung 21 16
Überschuldungsstatus 1 197
Überschuss bei der Schlussverteilung 9 264
- Hinterlegung 9 265
- Insolvenzmasse 9 264
- Liquidation 9 265
Überschussverteilung 2 504
übertragende Sanierung 22 4
Übertragungspläne 12 15
Überwachung der Obliegenheit des Schuldners 24 173
Überwachung und Erfüllung eines Insolvenzplans 24 73
Überwachungsaufgabe, Voraussetzungen 24 173
Überwachungsaufgabe des Treuhänders in Restschuldbefreiungsverfahren 24 168
- Antrag auf Vergütung 24 181
- Auslagen 24 181
- Festsetzungszeitpunkt für Stundensatz 24 174
- Kappungsgrenze 24 174
- Rechtsmittel 24 185
- Regelstundensatz 24 174
- Sondervergütung des Treuhänders im Restschuldbefreiungsverfahrens 24 178
- Umsatzsteuer 24 181
- Vergütungshöhe 24 174
- Vergütungsvereinbarung 24 175
- Vorschuss 24 176

Überwachungspflicht **24** 57
Überwachungsverfahren, Treuhänder im Restschuldbefreiungsverfahren **24** 177, 180
Umfang der Insolvenzmasse
  2 204
Umgehungsabrede **9** 140
− Abrede **9** 140, 141
− Umgehungsabsicht **9** 140
− wirtschaftlicher Erfolg **9** 140
− zeitlicher und sachlicher Zusammenhang **9** 141
− Zeitraum **9** 141
umgekehrte Maßgeblichkeit **19** 50
Umsatzerlöse **19** 100
Umsatzkostenverfahren **19** 98
Umsatzsteuer **8** 55, 140, **8** 234, **24** 77
− Abzug von Vorsteuerbeträgen **8** 240
− Antrag **24** 77
− Auslagen **24** 77
− Begründetheit einer Umsatzsteuerforderung **8** 235
− Eröffnung des Insolvenzverfahrens **8** 238
− Gläubigerausschussmitglieder **24** 188, 198
− laufender Voranmeldungszeitraum **8** 238
− Sachwalter **24** 148
− Treuhänder im Restschuldbefreiungsverfahren **24** 180
− Treuhänder im vereinfachten Verfahren **24** 161
− Überwachungsaufgabe des Tuhänders im Restschuldbefreiungsverfahren **24** 181
− umsatzsteuerliche Tätigkeitsbereiche **8** 243
− Unternehmer **8** 244
− Vergütung **24** 77
− Vorschuss **24** 100
− Wahlrecht **8** 240
umsatzsteuerliche Organschaft
  8 314

umsatzsteuerliche Problematik
  17 60
− Entstehung **17** 61
− Fälligkeit der Umsatzsteuer **17** 62
− Umsatzsteuer auf Abschlagszahlungen **17** 63
umsatzsteuerliche Stellung des Insolvenzverwalters **8** 331
Umweltanalyse **22** 36
unbenannte Zuwendungen **6** 78
UNCITRAL-Modellbestimmungen **11** 60
unerlaubte Handlung **18** 35
unfertige und fertige Erzeugnisse
  19 100
unrichtige Angaben **15** 77
− subjektiver Tatbestand **15** 77
Unter-Preis-Verkauf **10** 11
Unterbilanz **1** 191, **6** 86, 98
Unterkapitalisierung **6** 83
Unternehmensanalyse **22** 35
Unternehmensbewertung **2** 181
unternehmensexterne Analyse
  22 45
− Branchenanalyse **22** 45
− Konkurrenzanalyse **22** 45
− Marktanalyse **22** 46
Unternehmensfortführung **19** 52
Unternehmenskonzept **1** 204
Unternehmenskrise **1** 146
unwirtschaftliche Ausgaben **10** 12
Urlaubsabgeltung **7** 480

V
VEBA/Gelsenberg-Entscheidung
  9 176
− Aktienbesitz **9** 176
− Beteiligungshöhe **9** 176
− Einfluss **9** 176
− Unternehmereigenschaft **9** 176
Verantwortlichkeit der Vorstandsmitglieder **9** 130
− Beweislast **9** 130
− Fehlerhaft bestellter Vorstand
  9 131
− Geltendmachung **9** 134

- Schadensersatz 9 130
- unternehmerischer Ermessensspielraum 9 132
- Verjährung 9 133
Veräußerung 5 115
Verbindlichkeiten 19 91
verbotene Verrechnung 9 148
- Auszahlung von Gewinn 9 148
- Einlageforderung 9 148
- Einlageverbindlichkeiten 9 148
- Gesellschafterbeschluss 9 149
- Sanierungsfälle 9 149
- Stammkapitalerhöhung 9 149
- Voreinzahlung 9 149
Verbraucherinsolvenzverfahren 1 35, 39, 8 348, 13 1
Verbraucherüberschuldung, Entwicklung in der BRD 13 1
Verbrauchs- oder Veräußerungsfolgebewertung 19 56
Verdeckte Sacheinlage 9 137
- Altgesellschafter 9 137
- arglistige Täuschung 9 137
- Ausfallhaftung 9 137
- Bareinzahlung 9 137
- Differenzhaftung 9 137
- Gesellschafterwechsel 9 137
- Neugesellschafter 9 137
- rückständige Leistungen 9 137
- Unterbilanzhaftung 9 137
Verfahrensabschnitt 15 8, 44
Verfahrensbeendigung 24 94
- Treuhänder im Restschuldbefreiungsverfahren 24 180
- Verjährung 24 95
- vorzeitige 24 13
Verfahrenskosten 15 41, 48
- Berichtigung 15 41
- Treuhandperiode 15 48
- - Anwaltskosten 15 48
Verfahrenskostenstundung 15 6, 9, 15 49
- Konsequenzen 15 10
- objektive Voraussetzungen 15 30
- Voraussetzungen 15 9
- zweite Stufe 15 49

Verfügungsbefugnis 3 41
Vergleichsberechnung 24 15
Vergleichsgebühr 24 59
Vergütung 24 7, 9
- Abweichung vom Regelsatz 24 186
- Berechnung 24 50
- Insolvenzverwalter 24 5, 9
- Mitglieder des Gläubigerausschusses 24 8
- Prüfungsreihenfolge 24 50
- Sachverständiger 24 6
- Sachwalter 24 6, 138
- Sonderinsolvenzverwalter 24 53
- Treuhänder im Restschuldbefreiungsverfahren 24 7, 165, 169
- Treuhänder im vereinfachten Insolvenzverfahren 24 6, 151
- vorläufiger Insolvenzverwalter 24 6, 113
Vergütung bei Überwachungsaufgabe des Treuhänders, Treuhänder im Restschuldbefreiungsverfahren 24 173
Vergütung des Insolvenzverwalters 8 332
Vergütung des vorläufigen Treuhänders 24 163
- Treuhänder im vereinfachten Verfahren 24 163
Vergütungsantrag 24 79
- Gläubigerausschussmitglieder 24 199
- Muster für den vorläufigen Insolvenzverwalter 24 136
- Muster für Insolvenzverwalter 29 1
- Überwachungsaufgabe des Treuhänders im Restschuldbefreiungsverfahren 24 181
Vergütungsbeschluss 24 86
Vergütungsfestsetzung 24 85
Vergütungsgarantie, Überwachungsaufgabe des Treuhänders Restschuldbefreiungsverfahren 24 175

Vergütungshöhe **24** 24
- Überwachungsaufgabe des Treuhänders im Restschuldbefreiungsverfahren **24** 174
Vergütungsstufen **24** 24
Vergütungsvereinbarungen **24** 55
verhaltensbedingte Kündigung **7** 30
Verhaltenskodex **3** 104
Verhältnis **9** 62
- Darlehenstilgung **9** 63
- Nennbetrag **9** 62
- Rückzahlung **9** 62
- Stammkapitalziffer **9** 62
- zweistufiges Schutzsystem **9** 62
Verjährung **5** 37, **6** 161, **9** 88, **18** 66, **24** 95
- Einsatz besonderer Sachkunde **24** 95
- Gläubigerausschussmitglieder **24** 187
- Sondervergütung **24** 95
- Treuhänder im Restschuldbefreiungsverfahren **24** 179
- Verfahrensbeendigung **24** 95
Verkehrsanwaltsgebühr **24** 59
Verlagsverträge **5** 5
Verletzung der Buchführungspflicht **10** 35
Verlustausgleich und Verlustabzug **8** 379
Verlustdeckungshaftung **9** 212
- Außenhaftung **9** 215, 216
- echte Vor-GmbH **9** 216
- Einlageverpflichtung **9** 212
- Einmann-Vor-GmbH **9** 216
- Eintragung **9** 212, 213
- Eintragungsabsicht **9** 214
- Gleichlauf **9** 216
- Gründerhaftung **9** 214
- Haftung in der Gründungsphase **9** 213
- Innenhaftung **9** 214, 216
- Insolvenzverwalter **9** 216
- unechte Vor-GmbH **9** 21 215
- Unterbelastung **9** 213
- Unterbilanzhaftung **9** 21 213

- Vermögenslosigkeit **9** 216
- Verwertung **9** 216
- Vorbelastungsverbot **9** 213
- Vorgesellschaft **9** 216
Verlustgeschäfte **10** 10
Vermieterpfandrecht **24** 18
Vermögen des Schuldners **15** 23
- Differenzbewertung **15** 23
- familiärer Anspruch **15** 28
- Neuerwerb **15** 24
- Verfahrenskostenvorschuss **15** 25
Vermögensstrukturanalyse **20** 8
- Intensitätskennzahlen **20** 9
- Umschlagskoeffizienten **20** 12
Vermögensübersicht **2** 192, **21** 48, **22** 14
- Bewertung **21** 50
Vermögensvermengungs-Urteil **9** 174
Versagung der Restschuldbefreiung
- Antragsrücknahme **14** 34
- Gründe **14** 18
- Versagensantrag **14** 28
- - Antragsberechtigung **14** 28
- - Antragsfrist **14** 30
- - Glaubhaftmachung **14** 32
Versagungsantrag wegen Verstoßes gegen Obliegenheiten
- Begründetheit **14** 105
- Rücknahme **14** 108
- Verfahren über den Antrag **14** 109
- Zulässigkeit **14** 101
Verschulden, des Insolvenzverwalters **18** 27, **23** 1
Verschwiegenheitspflicht **2** 41
Versendungskauf **5** 11
Versicherungen **23** 1
- Musterrahmenvertrag **23** 4
- Risikoeinschätzung **23** 5
Versicherungsverträge **5** 5
Versteuerung der stillen Reserven **8** 177
Verteilung der Insolvenzmasse **2** 461
- Schlussverteilung **2** 481
Verteilungsverzeichnis **2** 464, **21** 73

- Einwendungen 2 475
- Inhalt 21 75
Vertragskündigung wegen Insolvenz 17 74
- Aufrechnungslage im Abrechnungsverhältnis 17 75
- Fälligkeit der Schlussrechnung in VOB und BGB 17 74
Vertragsstrafe 17 106
Vertretung des Insolvenzverwalters 2 28
- Überblick 2 40
Vertriebskosten 19 101
Vertriebspolitik 22 78
- Absatzwegeentscheidung 22 78
- Vertriebsdurchführungsentscheidung 22 78
Verwahrungsvertrag 5 5
Verwalterbericht 21 55
- Gliederung 21 57
Verwaltung 3 41
Verwaltungs- und Verfügungsbefugnis 2 213
- Verlust 2 514
Verweisungsnorm 24 107
Verwertung 2 319
- Einzelprobleme 2 326
- Sicherungsgut
- - Absonderungsrecht 8 291
- - durch den Insolvenzverwalter 8 296
- - durch den Sicherungsnehmer (Gläubiger) 8 300
- - durch Insolvenzschuldner 8 297
- - echte Freigabe an den Gläubiger zur Verwertung 8 303
- - Eintrittsrecht 8 299
- - Einziehung einer sicherungshalber abgetretenen Forderung 8 309
- - gesicherte Gläubiger 8 299
- - Immobilienverwertung 8 310
- - modifizierte Freigabe 8 300
- - Sicherungsgut 8 305
- - Sicherungsnehmer 8 305

- - Theorie vom Doppelumsatz 8 300
- - vor Eröffnung des Insolvenzverfahrens 8 307
- - vorläufige Verwalter 8 308
Verwertung und Verteilung, Aussetzung 12 99
Verzugsschaden 17 106
Video-Urteil 9 166
- Anspruch 9 166
- Einmann-GmbH 9 166
- Konzerninteresse 9 166
- Leitungsmacht 9 166
VOB/B 17 11
- Vertragsformen 17 12
- - Einheitspreisvertrag 17 12
- - Pauschalvertrag 17 12
- - Selbstkostenerstattungsvertrag 17 12
- - Stundenlohnvertrag 17 12
- - Vorleistungspflicht des Auftragnehmers 17 13
Vollmacht 5 133
Vollstreckung des Finanzamtes wegen Masseforderungen 8 149
Vollstreckungsverfahren 8 101
Vorbehaltsverkäufer 5 71
Vorbelastungshaftung 9 208
- Differenzhaftung 9 208, 209
- Einlage 9 210
- Ertragswert 9 209
- Firmenwert 9 209
- Handeln im Namen der Vor-Aktiengesellschaft 9 211
- Kapitallücke 9 209
- Nachzahlungspflicht 9 209
- Organisationseinheit 9 209
- Rechtsfolgen 9 210
- Stammkapitalaufbringung 9 20
- Unterbilanz 9 209
- Unterbilanzhaftung 9 208
- Vorgesellschaft 9 208
Vorfeld 21 101
Vorgesellschaft 1 11, 9 205
- Einmanngesellschaft 9 206

Stichwortverzeichnis 2285

- Eintragung im Handelsregister 9 205
- Gesellschaftsvertrag 9 205

Vorgründungsgesellschaft 9 204
- Gründungsvertrag 9 204

Vorkaufsrecht 5 63

vorläufige Insolvenzverwaltung 8 341

vorläufiger Gläubigerausschuss 2 291

vorläufiger Insolvenzverwalter 2 78, 4 14, 8 36, 24 94, 108
- Abschläge 24 119, 120, 24 125
- Absonderungsrecht 24 115
- Abzugsfaktoren 24 125
- Anspruchsgrundlage für Vergütung 24 109
- Ausfallhaftung 24 129
- Ausfallrisiko 24 131
- Auslagen 24 128
- Auslagenpauschale 24 128
- Aussonderungsrecht 24 115
- beachtliche Tätigkeit 24 119
- Berechnungsgrundlage 24 115
- Berichterstattung 2 167
- besondere Sachkunde 24 128
- bloß nennenswerte Verwaltungstätigkeit 24 115
- Einsatz 24 128
- Entnahmerecht 24 128
- erhebliche Verwaltungstätigkeit 24 119, 120
- Erhöhungsfaktoren 24 25
- Erstattungsanspruch 24 29
- Fälligkeit 24 110
- Gutachtertätigkeit 24 13
- Muster eines Antrags auf Entschädigung 24 136
- Muster eines Antrags auf Vergütung 24 136
- nennenswerte Verwaltungstätigkeit 24 119
- Normalverfahren 24 12:
- Prüfungsreihenfolge 24 '
- Rechtsgrundlage für Vergung 24 109

- Regelbruchteil 24 113
- Regelvergütung 24 112, 119
- Sachverständiger 24 133
- Schuldner der Vergütung 24 129
- schwacher vorläufiger Insolvenzverwalter 24 122
- Sondervergütung 24 128
- Staatskasse 24 129
- starker vorläufiger Insolvenzverwalter 24 121
- Stundungsregelung 24 132
- Vergütung 24 113
- Vorschüsse 24 111
- Zuschläge 24 119, 122, 24 125

Vormerkung 5 5, 60

Vorratsvermögen 19 38

Vorrechte 8 129

Vorschuss 24 23, 94, 24 98
- Abschläge 24 103
- Auslagen 24 98
- Bekanntmachung 24 106
- berechtigtes Interesse 24 102
- Entnahmerecht 24 105
- Gläubigerausschussmitglieder 24 203
- Höhe 24 100, 103
- massearmes Verfahren 24 100
- Planüberwachung 24 76
- Planüberwachungsverfahren 24 100
- rechtliches Gehör 24 101
- Rechtsmittel 24 106
- Rückzahlungsverpflichtung 24 105
- Sachwalter 24 99, 141
- Tilgungswirkung 24 105
- Treuhänder im vereinfachten Insolvenzverfahren 24 99, 154, 183
- Überwachungsaufgabe des Treuhänders im Restschuldbefreiungsverfahren 24 176
- Umsatzsteuer 24 100
- vorläufiger Insolvenzverwalter 24 99, 111
- Zuschläge 24 103

– Zustimmung des Gerichts 24 104, 106
Vorsteuer in der Insolvenz 8 251
– Abrechnungsverhältnis 8 285
– halbfertige Arbeiten 8 273, 282
– nicht vollständig erfüllte Verträge 8 273
– unbezahlte Rechnungen 8 253
– Vorsteuerberichtigungsanspruch 8 253
– Vorsteuerberichtigungsanspruch gemäß § 15 a UStG bei Änderung der Verhältnisse 8 269
– Vorsteuerberichtigungsanspruch im Fall der Aussonderung 8 263
– Wahlrecht 8 273
Vorsteuerabzug aus Rechnungen über eigene Leistungen eines Insolvenzverwalters 8 312
vorzeitige Verfahrensbeendigung 24 13
vorzeitige Entlassung, Abschlag 24 47

W
Wahlrecht 5 17
Werbungskosten 8 410
Werkvertrag 24 61, 63
Wertaufhellungstheorie 19 59
Wertverzehr von Vermögensgegenständen 19 83
Wettbewerbsstrategien 22 64
– Differenzierung 22 64
– Kostenführerschaft 22 64
– Nischenstrategie 22 64
– Qualitätsführerschaft 22 64
– Spezialisierung 22 64
Wette 5 7
Widerruf 5 28
Widerspruch des Schuldners 8 128
Wiederherstellung 9 84
wirtschaftliche Schlechterstellung
– deliktische Forderungen 13 122
– Einmalzahlungen 13 129
– fehlende Anpassungsklausel 13 131

– fehlende Aufrechnungsmöglichkeit 13 124
– fehlende Erbfallklausel 13 125
– fehlende Wiederauflebens- bzw. Verfallklausel 13 132
– flexibler Nullplan 13 126
– Forderungen des Finanzamtes 13 121
– Leistungen aus dem unpfändbaren Einkommensanteil 13 128
– Plan auf Hauptforderungsbasis 13 127
– Rechtswirksamkeit einer Abtretung 13 130
– Versagensgründe gem. § 290 13 123
Wirtschaftsprüfer 24 21, 60
Wohlverhaltensperiode
– Altfall 14 45
– Aufrechnung 14 117
– Beginn 14 41
– Checklisten 14 133
– – Treuhänder 14 135
– – Vertreter des Gläubigers 14 134
– – Vertreter des Schuldners 14 133
– Treuhänder 14 119
– – Einsetzung 14 121
– – Qualifikation 14 122
– vermögensrechtliche Stellung des Schuldners 14 42
– vorzeitige Beendigung 14 46
– Zwangsvollstreckung 14 110
– – Deliktsgläubiger 14 110
– – Unterhaltsgläubiger 14 110
Wohnraummiete 5 100
Wohnraummietverhältnis des Schuldners 13 181
Wohnsitz des Schuldners, im Ausland 13 10

Z
Zahlungseinstellung 10 2
Zahlungspflicht 1 154
Zahlungsstockungen 1 161

lungsunfähigkeit 1 54, 151, 9 12, 11 12
– drohende 21 14
– Gesellschaft 9 14
– Gesellschafter 9 14
– GmbH & Co KG 9 14
– Zahlungseinstellung 9 12
– Zahlungsstockung 9 13
Zahlungsunwilligkeit 1 158, 9 13
zeitlich verlegte Inventur 19 41
Zeitpunkt 6 5
Zeitvergütung, Gläubigerausschussmitglieder 24 189
Zerschlagung des Unternehmens 22 2
Zeugnisverweigerungsrecht des Insolvenzverwalters 2 48
Zinsabschlag in der Insolvenz 8 392
Zulässigkeit des Eröffnungsantrags 1 94
Zulassungsverfahren 1 1
Zuordnungsübersicht, Regel und Verbraucherinsolvenz 13 8
Zurückbehaltungsrecht 5 114
Zusammenveranlagung mit dem
  Ehegatten des Schuldners 8 180
  abgesonderter Befriedigung 8 185
  getrennten Veranlagung 8 184
  Verluste 8 181
Zusatzvergütung 24 57
  Treuhänder im Restschuldbefreiungsverfahren 24 173
  Zuschläge 24 32, 34
  Absonderungsrechte 24 34
  Anfechtung 24 43
  Ausarbeitung eines Insolvenzplanes 24 41
  Aussonderungsrechte 24 34
  Bearbeitung arbeitsrechtlicher Sachverhalte 24 40
  besondere Verwalterberichte 24 43
  Degressionsausgleich 24 38
  Faustregeltabelle 24 51, 52
  fehlende Buchhaltung 24 43

– Gläubigerausschussmitglieder 24 190
– Hausverwaltung 24 36
– hohe Anzahl von Drittschuldnern 24 43
– hohe Gläubigerzahl 24 43
– lange Dauer 24 43
– mehrere Betriebsstätten 24 43
– problematische Forderungsanmeldungen 24 43
– Probleme durch Schuldner 24 43
– Rechtsstreitigkeiten 24 43
– Sachwalter 24 144
– Treuhänder im vereinfachten Verfahren 24 157
– Unternehmensfortführung 24 36
– Verwaltungsprobleme 24 43
– vorläufiger Insolvenzverwalter 24 119, 122, 24 125
– Vorschuss 24 103
Zuschuss 24 23
Zuständigkeit 1 69
– funktionale 3 10
– örtliche 3 11, 16 32
– sachliche 3 12, 16 32
Zuständigkeiten der Dienststellen der Finanzämter 8 415
Zustellung 3 31, 24 2
– Festsetzungsverfahren 24 87
Zustimmung des Gerichts, Vorschuss 24 104, 106
zustimmungspflichtige Geschäfte 2 309
– Wirkung der Zustimmung 2 315
Zwangsvollstreckung 13 51
– außergerichtliche Verhandlungen 13 51
Zwangsvollstreckung nach dem Erbfall 16 112
zweite Stundungsstufe 15 61
Zwischenrechnungslegung 21 62
– Tätigkeitsbericht 21 65
– Überschussrechnung 21 64
– Zwischenbericht 21 65